H. 15514.

HISTOIRE GÉNÉALOGIQUE

DE LA MAISON

DE BEAUMONT,

EN DAUPHINÉ.

TOME SECOND,
CONTENANT LES PREUVES.

HISTOIRE GÉNÉALOGIQUE

DE LA MAISON

DE BEAUMONT,

EN DAUPHINÉ.

.... Perit omnis in illo,
Nobilitas, cujus laus eſt in origine folâ. *Lucan.*

TOME SECOND,
CONTENANT LES PREUVES.

A PARIS,
DE L'IMPRIMERIE DU CABINET DU ROI.

M. DCC. LXXIX.

PIECES JUSTIFICATIVES

POUR SERVIR DE PREUVES

A L'HISTOIRE GÉNÉALOGIQUE

DE LA MAISON

DE BEAUMONT.

PIÈCES JUSTIFICATIVES
POUR SERVIR DE PREUVES
A L'HISTOIRE GÉNÉALOGIQUE
DE LA MAISON
DE BEAUMONT.

LIVRE PREMIER.

CHAPITRE PREMIER.

HUMBERT DE BEAUMONT, Ier du nom.

Donation faite, par Eudes d'Uriage, au Monaſtere de Domene, des Dixmes de l'Egliſe de Sainte-Marie ; & Confirmation de cette Donation par Pons & Guillaume, fils dudit Eudes.

Extrait du Cartulaire du Prieuré de Domene en Dauphiné, d'une écriture du douzième ſiécle, fol. 48 verſo, 49 R°. & V°. & 50 R°. Ce Cartulaire eſt conſervé en original dans les Archives du Prieuré de Saint Denis-de la Chartre, à Paris.

N°. 96. Carta ODDONIS DE AURIATGE & BOSONIS Presbiteri ; de primiciis & decimis & aliis Beneficiis Eccleſie Sanctæ Marie.

EGO ODDO DE AURIATGE offero, Deo omnipotenti & beatiſſimis Apoſtolis ejus Petro & Paulo, in manu Domni Hugonis Prioris de Dominâ, filium meum nomine Petrum ut ſuſcipiat habitum Sancti Benedicti ad ſalutem & ad remedium anime ejuſdem & anime mee, uxoriſque mee ipſius filii matris, nec non & aliorum filiorum meorum, omniumque propinquorum meorum tam vivorum quam defunctorum ; pro hoc autem quod ſupradictum, dono in helemoſinam Domino Deo & predictis Apoſtolis ad Monaſterium de Domina ubi Domnus Hugo preeſſe videtur, omnia quecumque Boſo presbiter habebat de me in Eccleſia Sanctæ Marie, videlicet primicias, decimas & omnia alia Beneficia que pertinent ad ipſam Eccleſiam ; ultra hoc eciam dono cymiterium quod dicitur Vetus, ut ipſe Prior predicti Monaſterii, ſucceſſoreſque ſui teneant & poſſideant & mittant ibi de Monachis ſubditis ſibi, ut vivant & meliorem locum de ſupradicto dono & de aliis beneficiis que Deus permiſerit mihi adaugere

Vers l'an 1080.

A ij

aliifque fuccefforibus meis; accipio autem pro ifto dono à prediéto Priore de fubftancia prefati Monafterii centum folidos & duos equos.

Carta BOSONIS, Presbiteri.

SCIENDUM autem quod Bofo Presbiter per hanc ipfam cartam dimifit in manu Domni Hugonis Prioris totum quicquid habebat in fupradiéta Ecclefia Sanéte Marie primiciarum, decimarum, poffeffionum eo tenore ut habeant & poffideant predicti Monachi de Domina & faciant fine ulla occafione & calumpnia quicquid eis inde placuerit, ut neque per fe neque per aliquem Parentum fuorum fe confenciente deinceps ulla calumpnia eis eveniant: Laudatores vero & Teftes fuerunt fratres mei Artaldus, Torencus & nepos meus Petrus, Thetbertus, Poncius Aynardus, Aynardus Blancus, Willelmus & Thetbertus, Prefbiteri. Accepi autem pro iftâ guirpicione à prefato Hugone Priore unam mulam & centum triginta fex folidos & unum Blialdum de Fuftanio.

N°. 96. bis. De querelâ filiorum Oddonis, Poncii & Guilelmi.

POST mortem vero Oddonis longo valde tempore, filii ejus Poncius & Wilelmus pleni fpiritu iracundie ceperunt occafiones querere in fupradiéta Ecclefia & in tantum excrevit hec querimonia ut ante Priorem Cluniacenfem veniret, qui illis diebus huc venerat. Qui, caufis auditis, omnimodo ut fapiens homo temptavit pacificare, ad hoc ufque rem profequens ut ambo illi idem Poncius & Willelmus omnes querelas quas querebant, videlicet de Monachis quos querebant, & quicquid aliud in ipfa Ecclefia vel in alio honore calumpniabantur, qui ad Monafterium de Domina pertinebat, totum ex integro finierunt & relinquerunt. Hanc guirpicionem fecit pro uxore fua & infantibus, quia necdum erant idonei placito intereffe, Poncius, & accepit pro hoc XXV folidos. Willelmus autem habuit XV. Signum Odonis qui hanc cartam fieri juffit & poftea laudavit. Signum uxoris ejus Sufficie. Signum filiorum ejus Poncii, Adonis, Oddonis, Willelmi, qui omnes laudaverunt, Petri eciam fupradiéti. Signum Ifardi nepotis ejus. Signum UMBERTI DE BELLOMONTE. Signum Wolberti Presbiteri & Pagani. Signum Otmari, Atulfi & Ifardi Efgoreura. Si quis autem huic dono contratius, quod abfit, exiftere prefumpferit, nullatenus confequi valeat quod male ufurpaverit; infuper Sancti Apoftoli fint ei contrarii & excludant eum ab ingreffu Paradifi, nifi ad emendacionem congruam venerit. Amen, amen, amen.

Confirmation par PIERRE & GUIGUES DE BEAUMONT, d'une Donation faite à l'Evêque de Grenoble, par HUMBERT, leur pere.

Extrait du Cartulaire de S. Hugues, cotté : Cartularius S. Hugonis Epifcopi Gratianopolitani, optimæ notæ, fol. c. *confervé en Original en parchemin dans les Archives du Palais Epifcopal de Grenoble.*

Cal. de Février 1108.

EGO PETRUS HUMBERTI & frater meus GUIGO HUMBERTI (a) reddimus & donamus Domino Deo & Beate Marie, atque Sancto Vincentio, & Epifcopo Hugoni Gracinopolitano, totam decimam quam nos habemus in Parrochia de Roagh, & in Parrochia de Maires, & in Parrochia Sancti Erigii, & fuccefforibus fuis, ficut ipfe prediéus Epifcopus melius intelligit ad utilitatem fuam & fucceforum fuorum, pro anima PATRIS NOSTRI HUMBERTI DE BELLOMONTE qui reddidit predictam decimam Hugoni Epifcopo circa finem fuum, & pro anima MATRIS NOSTRI BEATRICIS que huic decimam guirpuivit & laudavit Epifcopo Hugoni & fuccefforibus fuis. Scripta eft hec Carta K'l. Fébroarii, anno Incarnationis Dominice milleffimo c. VIII. Anno Pontificatus Domini Hugonis Epifcopi XXVIII. Signum Odolrici. Signum Arberti de Lafcharena. Signum Columbi de Bricone. Signum Guigonis converfi. Signum Letardi. Signum Teuderici. Signum Petri Orgerii. Amatus C. S. R. (*c'eft-à-dire,* Canonicus Sancti Rufi) fcripfit hanc Cartam.

(a) Le mot *filius* eft foufentendu, comme il eft très-ordinaire en ces temps réculés; ce qui fe prouve par cette Charte même, puifque cinq lignes plus bas, Pierre & Guigues nomment leur pere *Humbert de Beaumont*; il y en a d'autres exemples dans le même Cartulaire. Le Dauphin Guigues le Gras, fils de Guigues le Vieux, s'y défigne en ces mots : *Ego Guigo Craffus Guigonis Veteris* ; le mot *filius* eft foufentendu.

CHAPITRE II.

GUIGUES DE BEAUMONT, fils d'HUMBERT Ier; ses enfans, son frere & ses neveux.

Donation faite par Guillaume de Domene, oncle de GUIGUES DE BEAUMONT, au Monastere de Domene.

Extrait du Cartulaire original de ce Monastere, conservé dans les Archives du Prieuré de Saint Denis-de-la-Chartre, à Paris; fol. x. V°.

N°. 14. Carta Domini WILELMI DE DOMINA, de honore quem Sancto Petro dedit & Monachis Cluniensibus atque Monasterio de Domina.

IN nomine Domini. Noverint omnes fideles quod ego Willelmus dono Domino Deo & Sanctis Année 1106. Apostolis Petro & Paulo, imprimis memetipsum, scilicet in festivitate Sancti Benedicti cujus habitum devote suscipio. Dono mansum Gisberti de Monte cum appenditiis suis & totum quicquid de me tenet, & clausum meum de Domina. Dono etiam honorem de quo solebam facere anniversarium patris mei, pro quo debet Humbertus Eldulphus unam coxam de vacca & duos panes; & hoc facit propter medietatem campi de Miselleria, & propter medietatem casamenti de Molare ubi stetit Walterius avus ejus. Et dono honorem quem tenet Petrus Rascha, scilicet campum qui est juxta vineam Nantelmi Torenet; & propter hoc debet unam coxam & quatuor panes. Et insuper dono honorem quem tenet Willelmus Aroldi, videlicet vineam de Nespiario, pro quo debet unam coxam & duos panes. Dono & honorem pro quo Bernardus Landaldus debet decem denarios & quatuor panes, & unum sextarium de vino. & tres eminas de avena; & hoc facit propter terciam partem mansi Wadalberti, quod est decem sestarade de terra, & tres sestarade de prato, & tertia pars molendini, & casamentum suum, & tertia pars de insula, & unum salicetum, & una secturada de prato, & tercia pars campi ad Petram grossam. Dono etiam totum campum qui est juxta vineam Walerusi; de hoc volo ut anniversarium meum, simul cum anniversario patris mei ac matris mee, semper fiat. Hoc quod superius diximus de Bernardo sit pro piscibus in refectorio ad anniversarium. Dono etiam medietatem boschi mei juxta boschum Hugonis Atenulfi. Dono etiam mansum de Serro qui fuit Bone filie & unde fuit maritata mater mea, & do vineam meam que est in manso. Dono & mansum de Capella unde similiter mater mea fuit maritata, & cabannariam de Pesleriis. Dono & mansum de Rouro Alavars, quem primum mater mea dederat ad predictum Monasterium de Domina. Hoc autem donum laudavit & corroboravit Domnus Wigo Comes, & uxor ejus Regina que fuit de Anglia. Et si quid juris in supradicto honore habeant, totum fideliter & sine *egaunno** ad predictum Monasterium de * Pro *inganno*. Domina donaverunt. Fecit autem hoc predictus Wigo Comes pro anima sua & anima matris sue que ibi sepulta jacet, & pro salute uxoris sue & filiorum suorum. Testes hujus doni Comitis fuerunt Willelmus de Cassinatico, Wigo Gatinus, Alvisus de Domina, Stephanus de Herons, Paganus Presbiter.

Est autem factum hoc anno Dominice Iucarnationis millesimo c°. vi°. Indictione XIIII[a] tempore Domini Hugonis Prioris secundi.

Laudaverunt autem hoc donum Domnus Ainardus & filius ejus Ainardus, & uxor Domni Pontii Beatrix & filius ejus Wigo, & Hugo Atenulfus, & soror Domini Willelmi Willa & filii ejus, Willelmus de Martello, Petrus & Hugo, & WIGO DE BELLOMONTE, NEPOS DOMNI WILLELMI.

Donation faite par Anselme de Saint-André, à Hugues, Evéque de Grenoble.

Extrait du Cartulaire de S. Hugues, Evêque de Grenoble, fol. XXVIII. conservé en original aux Archives du Palais Episcopal de cette Ville.

Carta de decima Anselmi Sancti Andreæ.

NOTUM sit filiis Gracianopolitane Ecclesie, presentibus & futuris, quod Anselmus de Sancto De 1080 à 1132. Andrea in fine vite sue & uxor sua Amaldrada, & filius eorum Nantelmus, guirpiverunt, donaverunt & laudaverunt spontanee, totam decimam quam habebant in Parrochia Sancti Andree, Deo & Beate Marie, & Sancto Vincentio, & Episcopo Hugoni & successoribus ejus, sine omni retinemento.

Signum Airaldi Decani. Signum Geraldi socii ejus. Signum Geraldi de Chinino. Signum GUIGONIS DE BELLOMONTE. Signum Achini fratris ejusdem Anselmi.

Nota. Cette Chatte n'a d'autre époque que l'Episcopat de Hugues, qui a occupé le siége de Grenoble depuis 1080 jusqu'à 1132.

Vente faite par GUIGUES DE BEAUMONT, MATILDE, *sa femme*, GUILLAUME, *son fils*, & *ses autres enfans*, à *Hugues, Evéque de Grenoble.*

Extrait du même Cartulaire, fol. IIII^{xx}. XII.

Carta GUIGONIS DE BELLOMONTE.

Année 1108.

EGO GUIGO DE BELLOMONTE, ET UXOR MEA NOMINE MATILDIS ET FILIUS MEUS GUILELMUS, ET ALII INFANTES MEI, omnes vendimus unam petiam terre Deo & Ecclesie Gracinopolitane, & Episcopo Hugoni, & successoribus ejus, & Ecclesie Sancti Andree de Savogia, & Heiraldo Decano, & omnibus Clericis, tam presentibus quam futuris, in eadem Ecclesia Deo servientibus.

Est autem predicta terra in Parrochia de Voluredo, & habet afrontationes, à parte Orientis, terra sive vinea filiorum Guincterii Mainerii; à Meridie, terra Petri Gotafredi sive Petri Radulfi; ab Occidente, terra filiorum Geraldi Moreti; ab Aquilone, terra filiorum Malleni. Habuique ego Guigo pro predicta terra unum equum pro LX^a solidis & unum insellamentum pro x solidis a Folcherio Canonico & fratris Geraldi Moreti; quos predictos *denarios* dedit pro anima sua Ecclesie Beati Andree.

Terram autem supra nominatam dedi per alodium omni tempore Ecclesiis prescriptis, sicut melius intellexit Hugo Episcopus ad profectum suum & successorum suorum. Facta hec venditio anno Domine Incarnationis millesimo c. VIII. Laudat hec UXOR MEA MATILDIS, ET FILIUS MEUS GUILELMUS, ET ALII INFANTES MEI. Testes sunt hujus venditionis Jozlenus, & Asselmus, & Achinus, & Sofiredus, Milites, & alii plures laici, sive Presbyteri atque Clerici.

Amatus C. S. R. (*c'est-à-dire*, Canonicus Sancti Rufi) scripsit hanc Cartam.

Donation de l'Alpe ou Montagne de Bovinant, faite à la Grande-Chartreuse, par GUITFRED DE BEAUMONT & GUIGUES (II), *son frere, tous deux fils de* GUIGUES (I); *par la femme & les enfans dudit* GUIGUES (II); *par* GUITFRED DE BEAUMONT, *oncle desdits* GUITFRED & GUIGUES (II); *& par* GUITFRED & BERLION, *leurs cousins, fils dudit* GUITFRED, *leur oncle.*

Extrait d'un ancien Manuscrit qui contient copie de partie des anciens Titres tirés de la Grande-Chartreuse, & conservé aux Archives de cette Maison; collationné par les Notaires Royaux de Chartreuse, le 16 Février 1756. (Signé) Brevard & Bonnet; & légalisé le 21 du même mois par Antoine Joubert de Monleron, Ecuyer, Conseiller du Roi, Vibailly de Viennois, Lieutenant Général, Civil & Criminel au Siége Royal-Présidial du Graisivodan, séant à Grenoble.

De 1103 à 1132.

NOTUM sit omnibus, tam presentibus, quam futuris, quod Fratribus in eremo Cartusie habitantibus donavit GUITFREDUS DE BELLOMONTE FILIUS GUIGONIS, quantum ad eum pertinebat, & GUITFREDUS AVUNCULUS EJUS CUM FILIIS SUIS, NECNON ET GUIGO HUJUS GUITFREDI NEPOS, ILLIUS AUTEM PRIORIS FRATER, CUM UXORE ET FILIIS SUIS, alpem de Bovinant, pro remedio animarum suarum, ut possint evadere penas eterne gehenne & adipisci gaudia eterne glorie. Hoc autem factum est Domino Hugone Gracianopolitano Episcopo presente, laudante, corroborante. Signum Folcherii Canonici & Bernardi Decani. Signum Gosleni, Aquini & Anselmi, fratrum. Signum Petri Gottafredi & signum Guitfredi Moreth.

GUITFREDUS DE BELLOMONTE FILIUS GUIGONIS, ET GUITFREDUS AVUNCULUS EJUS CUM FILIIS SUIS GUITFREDO ET BERLIONE, NECNON ET GUIGO NEPOS HUJUS, PRIORIS AUTEM GUITFREDI FRATER, CUM UXORE AC FILIIS SUIS, dederunt Fratribus habitantibus in eremo Cartusie alpem de Bovinant. Sed in hac alpe erant prata que possidebant Constantinus & Bruno

DE LA MAISON DE BEAUMONT. Liv. I.

frater ejus, & nepotes eorum filii Radulphi; qui omnes divino instinctu compuncti prompta voluntate & pari consensu, dederunt supradicta prata prædictis habitatoribus pro remedio animæ suæ, laudante GUIGONE SENIORE, SUA CUM UXORE AC FILIIS SUIS. Signum Rotlandi Presbyteri fratris eorum. Signum Petri Gottafredi. Signum Aquini. Signum Aymonis & David fratrum.

Nota. On conjecture que la premiere de ces Chartes n'a été donnée que postérieurement à l'année 1103, d'après la signature de Bernard Doyen, qui n'a pu posséder cette dignité plutôt, puisque par le titre de la donation du lieu de Chartreuse faite en l'année 1084, & par les Lettres du Comte de Guigues écrites en 1103, on trouve que Wigues a été pendant tout ce temps-là Doyen. On conjecture pareillement que cette Chartre ne peut être postérieure à l'année 1132, par la présence de S. Hugues, qui mourut en cette même année 1132.

CHAPITRE III.

SOFFREY DE BEAUMONT.

Confirmation de la fondation de l'Abbaye de S. Sulpice en Bugey, par Amé III. Comte de Savoye.

Histoire de Bresse & de Bugey, par Guichenon, imprimée en 1650, IV.ᵉ Partie, Preuves, page 243. L'Auteur dit que cette Charte est « extraite des Archives de ce Monastere ». La même Charte se trouve à la page 32 des Preuves de l'Histoire Généalogique de la Maison de Savoye, par le même Guichenon, imprimée en 1660.

EGO Amedeus Comes & Marchio, quatenus eleemosinæ meæ beneficium inviolabile perseveret, universis præsentibus & futuris utile & necessarium decet notificare quod Sancti Sulpicii Fratribus in illa quam incolunt eremo quidquid propietatis habebam pro mea meorumque salute contulerim: videlicet territorium Raverlarium cum suis appendentiis, & quidquid in territorio Hostiarum & in appendentiis ejus habebam. Si quis vero prædictis Fratribus aliquid ex iis quæ per me possident donaverit seu vendiderit illis, in allodium habere concessu perpetuum. Ut autem quiete deinceps ac pacifice divinis laudibus intendere possint, terminos illis constitui intra quos nulli penitus Domum & quodlibet aliud ædificium licentia sit construendi: Rupem videlicet quæ est super Tynnayum, & Rupem de Tart quæ jugo imminet, & Rupem de Licen, quæ est super Sollenchias, Villam quoque de Armies & Sappum de Viriaco, Fagetum quod est in monte de Tapponana & pendet versus BELLOMONTEM, Crucem Sancti Mauritii, collum de Cormarenchy, & Villam quæ dicitur Longacumba. Igitur quicumque ista legerit & audiverit, hoc donum me fecisse cognoscat tempore, quo in montanis Fratres hospitando retinui, scilicet antequam de uxore mea habuissem infantem. Quicumque ergo hoc beneficium meum violare præsumpserit, securus certe mea possessione privabitur atque insuper sexagenta libras mihi persolvet. Hoc nostrum factum est apud Yennam in domo-Siboudi Farly, testibus ibidem existentibus Pontio Belliceñsi Episcopo, Humberto Gebenneñsi Episcopo, Decano Seyseriaci, SOFFREDO DE BELLOMONTE, Bernardo de Rossilione, Humberto de Bocsezello, Ufredo de Charbonneriis, Quintino des Ais, Ilione de Balma, Uldrico fratre ejus, & Ufredo de Sancto Sixto tunc temporis Vicecomite.

Vers l'an 1137.

Extrait de l'Histoire Généalogique de la Maison de Savoye par Guichenon, imprimée en 1660, tom. I. pages 227 & 228.

» LES affaires des Chrestiens estant en mauvais estat en la Palestine, S. Bernard prescha en
» France la Croisade contre les Infidelles, ce qui obligea le Roy Louys le Jeune & les principaux
» Princes & grands Seigneurs de son Royaume de se croiser pour faire le voyage d'Outremer.
» S. Bernard après cela passa en Italie où il trouva le Comte de Savoye & Guillaume Marquis
» de Monferrat disposés à cette pieuse entreprise. Avant que d'exécuter un si noble dessein,
» Amé fit sa déclaration en faveur des Religieux de Sainct Sulpice des donations qu'il leur avoit
» faites pour la fondation de ce Monastere qu'il augmenta notablement. Cette Chartre n'est
» pas accompagnée de la datte; mais elle doit être de l'an 1145, parce que ce Prince dit qu'il
» estoit prest d'aller faire le voyage de Jérusalem avec le Roy de France, ensuite des Prédica-
» tions de Sainct Bernard Abbé de Clervaux. Amé se croysa à Mets avec Guillaume Marquis
» Monferrat son frére uterin, Renaud Comte de Mouson, Hugues Comte de Vaudemont,
» Estienne Evesque de Mets, Henry Evesque de Toul & autres......................
» Or, quoique ce voyage eût été résolu l'an 1145, il ne se fit pourtant que l'an 1147. Outre
» le témoignage des Historiens, nous apprenons cette circonstance d'une donation que ce Prince

1147.

PREUVES DE L'HISTOIRE GÉNÉALOGIQUE

» fit la même année au Monastére de Sainct Just de Suze, en préfence du Pape Eugene, où il
» nomme Humbert Comte & Marquis fon pere ; & Humbert fon fils fait mention de toutes les
» libéralités faites par les Marquis de Suze fes Prédéceffeurs, par fon pere, par le Marquis Oddon
» & par la Comteffe Adelays; déclare qu'il avoit eu l'abfolution de fes péchés du Pape Eugene,
» & qu'il alloit en Jérufalem vifiter le Saint Sépulchre de Noftre Seigneur. Entre autres perfon-
» nages de qualité qui le fuivirent en ce fameux voyage, un ancien MS. cité par Pingon a re-
» marqué ceux-cy, Aymond Seigneur de Foucigny, Rodolphe de Foucigny, fon Fils, Guichard
» Sire de Beaujeu, Guerric Sire de Coligny, Guillaume de Vienne, Humbert Sire de Thoire,
» Didier de la Balme, Guillaume de Chaftillon, Geoffroy de Miolans, Guillaume d'Amefin,
» Ardutius de Barges, Amé de Montmayeur, Pierre de Seyffel, Humbert de Luyrieux, Gui-
» chard de Viry, Aymar de Ferlay, Pierre de Cuyne, Oddon & Amé de la Chambre Freres,
» Toreftan de Chevelu, fils de Bernard, Bofon de Sainct Romain, Guillaume de Chevron, Jean
» de Bufly, Raymond de Tors, Ademar de Breffieux, Aymond de Briançon, Guillaume de
» Morenay, Tibaud de Montfalcond, Guillaume de Blonnay, Genis de Faverges, Geoffroy de
» Rogemont, Ulrich de Soufmont, SOFFREY DE BELMONT, Humbert de Grandmont; Bernard
» de Roffillon, Aymond de Bochezel, Joffroy de Surron, Miles de Serrieres, Pierre de la Palu,
» Gautier d'Aix, Pierre de Grefy, Guillaume de Chignin, & autres».

Extrait de l'Hiftoire Généalogique de plufieurs Maifons du Dauphiné, & entre autres de la Maifon de Beaumont, par Guy Allard, Préfident en l'Election de Grenoble, pages 195 & 196 du III. Volume imprimé à Grenoble en 1680.

1163. » SOFFREY SEIGNEUR DE BEAUMONT, Homme lige d'Amée III. Comte de Savoye, qu'il fuivit
» en la Terre Sainte l'an 1147 lorfqu'il y paffa avec le Roy de France Louis le Jeune, le Marquis
» de Montferrat & plufieurs autres Princes & Seigneurs de l'Europe qui s'étoient croifez à la
» follicitation de S. Bernard, Abbé de Clervaux. Ce SOFFREY s'y fignala; & le Pape Alexandre III.
» luy inféoda en récompenfe quelques dixmes dans le Viennois par Bulle expreffe du 5 des
» Ides de May de l'année 1163, fa Sainteté eftant alors en France à caufe du Schifme. Je crois
» que ce ne fut qu'une confirmation d'une ancienne inféodation ; car le Concile de Latran qui
» s'eftoit tenu quelques années auparavant avoit expreffément prohibé ces fortes d'inféodations.
» SOFFREY avoit été préfent à la fondation faite par le mefme Amé de l'Abbaye de S. Sulpice
» «(en Bugey)» l'an 1130».

CHAPITRE IV.

GUILLAUME DE BEAUMONT.

Donation faite par Eudes, Evêque de Valence à Eudes de Retourtour, fon neveu, du château de Beauchaftel ; en préfence de GUILLAUME DE BEAUMONT.

Extrait des Archives de l'Evêché de Valence ; vol. 1er des Hommages.

Février 1179. CUM omnibus Ecclefiis jurifdictioni mee fubjectis ex injuncto mihi officio ftudiofâ debeam follicitudine providere, potiffimùm Ecclefiam Valentinam que regimini meo fe tradidit gubernandam & indignum filium in patrem me conftituens, de Decano tandem in Epifcopum, licet infufficientem, per Dei gratiam fublimavit, quibufcumque potero modis paternis beneficiis & neceffariis incrementis femper honorare teneor & dilatare ; ea propter ego Odo Valentin Epifcopus diutinâ prehabitâ deliberatione quicquid Dominii five juris quocumque modo habebam vel habere videbar & alias nomine meo in caftro quod *Bellum caftellum* dicitur vel in mandamento ejufdem proprietatem & Dominium, Ecclefie Valent. transferens dono, laudo & confirmo atque in perpetuum habendum concedo & Odoni de Retortor Nepoti meo idem Caftrum fub tali conditione poffidendum trado, ut tam ipfe quam heres ejus nomine Ecclefie teneat & fidelitatem & hominium fibi faciat & quandocumque ego vel fucceffor meus Epifcopus vel Ecclefia Valentina ceffante Epifcopo idem Caftrum requifierit infra xv. die tam ipfe quam heres ejus procul dubio fibi reddat, que omnia fe fideliter & efficaciter femper obfervaturum idem nepos meus fub juramento cautione promittens, hominium & fidelitatem mihi fecit, quod fequaces ejus per omnia facere debent. Ut autem hec donatio firma femper & inconcuffa perpetuis temporibus obfervetur ad majorem ejus conftanciam & perpetuam firmitatem prefentem cartam figilli mei
impreffione

DE LA MAISON DE BEAUMONT. Liv. I.

impreſſione corroboravi. Facta ſunt hec apud Libetonem in domo Geraldi Ruphi anno ab incarnatione Domini M. C. LXXVIIII. menſe Febr. Dno. Alexandro Eccl. Roman. preſidente, ac Dno. Friderico Rom. Imperium gubernante. Teſtes ſunt Lambertus Decanus, Rico, Ugo de Stella, Eudes, Magiſter Romeus, Wills. de Cruzolio, Wills. de Vaeſc, Aquinus, Achilleus, Wills. de Bellomonte, Petrus de Auriolo Vicarius, Guigo de Bellocaſtello, Petrus de Retortor, Wlls. Rameri, Ardeneus Bermundus Bajulus, Wlls. Pareti, Ramerius Pareti & multi alii.

Traité paſſé entre Falques, Evéque de Valence, & les Chanoines de ſon Egliſe; dont Guillaume de Beaumont eſt l'un des Garants.

Extrait des Archives de l'Evêché de Valence, vol. 1ᵉʳ des Hommages.

Ego Falco Dei gratiâ, Valentin. Epiſcopus per preſentem cartam ſigillo meo ſignatam 3 des Cal. de Févr. preſentibus & futuris notum facio quod à fratribus noſtris Eccleſ. Valent. canonicis M. ſolid. de l'an 1190. mutuo accepi, ex quibus medietatem caſtri de Cruſſol à Guione medietatis Caſtri Domino in pignus accepi. Verum C. ſol. pro beneficio in gatgeria annuatim percipere debet donec caſtrum redimatur & vice illorum C. ſol. nominatis canonicis obligo XL. libras cere quas mihi annuatim perſolvebant & cartallum olei & omne ordeum cenſuale quod *regale* dicitur quod ſimiliter in terris prefate Ecclef. apud Longoures percipiebant & V. ſol. cenſuales in calcatoriis Andree Otgerii nil de iſtis in ſortem computatur; ſed ſi forte mentionatum molendinum vel calcatoria vendita fuerint prefati canonici placitamentum recipient & in ſortem computabunt; fide juſiores etiam de ſalva gatgetia fidem donavi Riconem, Iſmidonem de Cabeolo per Vicarium Jar. de Biſago, V. de Stella, Ambiardum, W. de Vaeſco, Bertrand de Stella, W. de Libeone; Teſtes ſunt omnes ſupradicti Canonici & Magiſter Senioretus. W. de Fuiceu, Pr. Chamcors, Magiſter Aynardus, W. de Bellomonte, W. de Bellovidere, V. Baile, Magiſter Pectenarus, Ademarus Bajulus, Garnerius & Chriſtianus Sacerdotes, Juvenis Pelliparius, Pe. Murator, Audebertus Otgerii, Arbertus, Johannes Gauterii, Petr. de Salis, W. de Caſtrobucco, Aimo de Riperia, Guigo de Turnône, Pet. Boſuis, Po. de Cruciolo, W. de Malehailla, Girbertus Mercator, Po. Ruphus & G. filius ejus. Preterea Dominus A. Viennenſis Archiepiſcopus ad preces noſtras, ut ſepedicti canonici in pace habeant & quiete poſſideant ſic ſupra ſcriptum eſt, huic ſcripture ſigillum ſuum juſſit apponi. Acta ſunt hec anno verbi incarnati M. C. XC. III. Kal. Febr. Ego Jacobus Domini Epiſcopi Notarius XI°. anno Pontificatus ipſius preſentem cartam mandato ejus ſcripſi.

Accord paſſé entre les Chanoines de l'Egliſe de S. Pierre du Bourg, près Valence, & Guy & Adelbert de Cruſſol, freres; en preſence de Guillaume de Beaumont.

Original conſervé aux Archives de ladite Egliſe de Saint-Pierre-lès Valence, en Dauphiné.

Noverint univerſi.... quod inter Eccleſiam Sancti Petri de Burgo & Guidonem de Crucolio 17 des Cal. de Mai & Aldebertum fratrem ejus ad cujus jus pertinebat quicquid pater eorum in portu de Burgo 1209. habuerat.... ſuper eodem portu de Burgo amicabilis eſt habita inter ipſos compoſitio in hunc modum. Canonici Eccleſie Sancti Petri proponebant eandem Eccleſiam habere plene medietatem dominii in dicto portu; quod ab ipſo Aldeberto & Guidone fratre ipſius in dubium vertebatur. Set hac preſenti compoſicione actum eſt inter ipſos ut abſque contradictione ipſorum & ſucceſſorum eorum Eccleſia deinceps plenarie habeat in perpetuum medietatem tocius dominii in portu & omnium proventuum que jure dominii obveniunt.... Aſſiſtentibus huic facto ex parte Eccleſie. Wllo. Arnaldi. Guigone Bernardi. Bertrando de Stella. Chaberto de Burgo. Wllo. Berengarii, Canonicis Sancti Petri. Ab utraq; patte ſunt recepta. In preſentia Dni. Vmberti Valen. Epiſcopi qui ad preces Aldeberti & Guidonis ſupradicta laudavit & conceſſit Eccleſie in perpetuum. Acta fuerunt hec apud Valentiam in Camera Dni. Epi. inferioris de Turre. Anno Domini M°. CC°. VIIIJ°. C. littera Dominicali. xvij. Kl. Maii. Teſtes interfuerunt, Bernardus de Stella. Wlls. de Bellomonte. Magiſter Vgo Bellicen. Guigo Bernardi. W. Arnaudi. Chabertus de Burgo. W. Berengarii. Petrus de Sonna, Clericus. Bartholomeus Bajuli, filius. Petrus de Salis. Paganus de Criſta. Coindatus. Folco de Crucolio. Petrus Malleni. Inſuper ad peretennem rei memoriam, de voluntate utriuſque partis facta eſt preſens carta ſigillo Domini Vmberti Valen. Epiſcopi confirmata.

Ego Jacobus Domini Epiſcopi notarius, decimo anno pontificatus ipſius preſentem cartam mandato ejus ſcripſi.

B

CHAPITRE V.
Pierre de BEAUMONT.

Traité entre Ainarde, veuve d'Aimard de Breſſieu, & Albert de la Tour, contenant un projet de mariage entre leurs enfans ; fait en préſence de P. DE BEAUMONT, & de ſon fils.

Hiſtoire de Dauphiné par le Préſident de Valbonnais, Edition de Genève, 1722, Tome Ier, page 182, colonnes 1 & 2 ; & page 183, colonne 2. En marge de cette Charte, on lit la citation ſuivante : « Chambre des Comptes de Dauphiné, Caiſſe de Viennois ».

11 des Cal. de Décembre 1198. NOVERINT univerſi... quod Domina Aynarda quondam uxor Audemari de Briſſeu & mater Audemari pueri, conſilio & voluntate Domini Ainardi Viennenſis Archiepiſcopi, & Odonis de Tornon viri ſui, & Militum & proborum virorum Curiæ de Briſſeu, convenit cum Arberto de Turre ut filiam ſuam traderet uxorem Audemaro de Briſſeu filio ſuo, cum ad virilem ætatem pervenerit.... Hoc factum eſt apud Briſſeu, feſto die Sanctæ Ceciliæ, per manum Domini Ainardi Viennenſis Archiepiſcopi, in præſentia Ardenchi Prioris, & Attenulſi Supprioris Marnan. & Guillelmi Surfredi & aliorum Clericorum, &c. P. DE BELMONT ET FILII EJUS, P. Falavel, & Petri de Morinais, & Willelmi de Briſſeo, & Guidonis de Bocſozello, & Falconis Ainardi, & Othmari de Paſſarins, & Gothofredi & Willelmi Gothofredi, & Amedei & Aimonis Seneſredi, & Willelmi Siboudi, & Falconis Vicarii, & Arberti ſui filii, & Siboudi Rovoiri, & aliorum plurimorum. Anno Domini milleſimo centeſimo nonageſimo octavo, xi. Calendas Decembris, luna xix.

Confirmation par Guillaume de Clermont, d'une Donation faite à l'Abbaye de Bonnevaux, par Siboud de Clermont, ſon pere, & par Amedée d'Hauterive.

Cet Acte eſt imprimé (d'après le Cartulaire de cette Abbaye d'une Ecriture d'environ 1300,) au Regiſtre Ve de la Nobleſſe de France, par M. d'Hozier, Ire Partie, à la ſuite de la Vie du Vénérable Amedée d'Hauterive, pag. 12, Article de la Maiſon du Chaſtellard.

Vers l'an 1200. AMEDEUS de Alta-Ripa dedit Fratribus Bonevallis quandam vineam apud Tercinam & de nemoribus ſuis quicquid ipſi vineæ & domui neceſſarium eſſet. Poſtea vero Sibodus de Claromonte in dono de nemoribus calumniam movit. Denique rogatus ab Amedeo Lauſanenſi Epiſcopo, quicquid calumniabatur, & ſi quid ſui juris erat participationem de beneficiis ipſorum poſtulans, prædictis Fratribus dedit ; & ut filios ſuos laudare id faceret promiſit. Hoc factum eſt per manum ipſius Amedei Epiſcopi in preſentia Adonis, Falconis, Petri, jam dicti loci monachorum, nec non & Amblardi Sancti Valerii Prioris. Teſtes ſunt Vuillelmus Giroudi & filius ejus Giroudus, & Nicholaus prædicti Sibodi miniſtralis, & filius Ainardi de Montecanuto, & filius Gauterii Permene, de Revel. Hoc ipſum laudavit filius ejuſdem Sibodi Vuillelmus in preſentia Adonis & fratris ejus de Leems & Moiſy Viennenſis Canonici. Teſtes ſunt PETRUS DE BELLOMONTE, Guitfredus de Peladru.

CHAPITRE VI.

HUMBERT DE BEAUMONT, II. du nom, & ſes enfans.

Donation faite à l'Egliſe de S. Maurice, par HUMBERT DE BEAUMONT, Dame AGNÉS, ſa femme, GUILLAUME, ALBERT, PIERRE & ALIX DE BEAUMONT, leurs enfans.

Extrait du Cartulaire original de l'Egliſe de S. Maurice de Vienne, fol. 87. R°.

De Decimâ de Peladru.

ANNO Incarnati Verbi M. CC. HUMBERTUS DE BELLOMONTE reſipiſcens de injuria quam intulerat Eccleſie Sancti Mauricii, conceſſit in pace tam ipſe quam ſui, quicquid accipiebat juſte vel injuſte in Decimis Sancti Petri & omni juri ſibi competenti abrenunciavit. Et tam ipſe quàm uxor ejus AGNES & filii eorum GUILLELMUS & ALBERTUS & PETRUS juraverunt ſe bona fide obſervaturos ; jurato quoq́ tenentur omnes prediǎi ut quemdam filium HUMBERTI ad preſtandum idem juramentum compellant cum ad pubertatem venerit. AALIS quoque filia HUMBERTI ſupradicti idem conceſſit & jurato firmavit. Et factum fuit hoc ante Eccleſiam Sancti Petri. DOMINA quoque AGNES & PETRUS & ALBERTUS filii ejus, & AALIS hoc conceſſerunt in publico. Teſtes ſunt Arbertus de Vireu & Guillelmus de Peladru, & Guido Girberti & Johannes Sacerdos de Ponte, & Guillelmus Sacerdos de Piſſins, & Petrus Sacerdos Sancti Michaelis, & Johannes Pelins, & Guillelmus de Sancto Deſiderio, & Stephanus Rufus, & Petrus Marchianz, Stephanus de Sancto Petro, & Bernardus Tiſons, & Martinus Gruers, & Johannes Amanderus, & Johannes de Beuries, & frater Theodericus, & ſupradictus HUMBERTUS habuit inde à Domino Decano Bornone centum ſolidos.

Ann. 1200.

Fol. id. R°. *On trouve une Charte de la même année, par laquelle :* Arbertus Clericus guerpivit in teſtamento ſuo querelam quam movebat in decimis Sancti Petri & conceſſit Deo & Beato Mauricio . . . . . . quocunque modo ipſam moviſſet juſte vel injuſte & reliquit . . . . in eodem teſtamento Eccleſia Beati Mauricii domos & pedas quas tenebat à Beato Mauricio, & guerpivit quicquid juris ibidem habebat, Maria de Burgo & filius ejus ſupradicta conceſſerunt & juraverunt ſe obſervaturos. Guillelmuſque de Sancto Deſiderio juravit ut hec eadem ſemper pacifice ſervaret.

A la ſuite de cette Charte, fol. id. V°. *eſt écrit ce qui ſuit :* UMBERTUS DE BELMONT ET FILII EJUS, hec eadem conceſſerunt : Teſtes ſunt Johannes Sacerdos de Ponte & Guillelmus Sacerdos de Piſſins, & Guillelmus Sacerdos de Sancto Deſiderio & Petrus Capellanus Sancti Micahelis.

Extrait des Titres de la Maiſon de Clermont-Tonnerre.

CONTRAT de mariage paſſé au mois d'Avril 1220, entre Sibaud, fils de Guillaume de Clermont, d'une part ; & Béatrix de Virieu, fille de Martin, Seigneur de Virieu, d'autre part; dont les témoins ſont *Guileſius* de Saint-Geoire, beau-pere de Martin de Virieu, *Veerius* de Moirenc, HUMBERT DE BEAUMONT, Hugues de Lemps, Guigues & Hugues de Paladru, freres, & Pierre de Clermont.

Avril 1220.

CHAPITRE VII.

Guillaume de BEAUMONT, II. du nom, Chevalier.

Donation faite par FRANCONE D'AVIGNON, femme de GUILLAUME DE BEAUMONT, Chevalier, à l'Abbaye des Hayes, Diocèse de Grenoble.

Original en parchemin, conservé aux Archives de cette Abbaye; Caisse de Varse.

8 des Ides d'Octobre de l'année 1247.
ANNO Domini M. CC. XLVII. octavo idus Octobris, indictione V_a. Innocentio Papa quarto apud Lugdunum existente, Domina FRANCONA DE AVINIONE, uxor VILLELMI DE BELLOMONTE, Militis, donavit .... Deo & Monasterio de Ays .... medietatem viginti sex sestariatarum terre .... que erat de feudo Villelmi de Vado, Militis, filii quondam Guigonis de Vado, que ... eidem Domine FRANCONE obvenerat.... de bonis Villelmi de Sala fratris sui quondam. Qui Villelmus de Vado.... confirmavit Domine Villelme Priorisse .... hoc totum nomine sui monasterii & promisit.... defendere.... ab omni persona... specialiter à fratre suo.... & est dicta terra apud Varseam... apud Berloneyras... & possidet ab una parte monasterium Sancti Roberti & ab altera Villelmus de Eschaylone... Lantelmus Chaberti.... Petrus Malicie... &... Giraldus Beroardi, de Varsea..... Actum fuit hoc apud Varseam ante hostium domus quam ibi habet dictum Monasterium de qua erat... Laurentius de Costa conversus & Gubernator... & interfuerunt... Testes... Dominus Radulphus de Vado, Lantelmus Delluchaor, Villelmus de Eschaylone, Milites, Vgo Biays, Raynaldus de Brione & dictus VILLELMUS DE BELLOMONTE, de consensu & voluntate cujus fecit dictum donum dicta Domina FRANCONA. Postmodum eodem anno vi°. Kl˜ Decembris, apud vicum, ante domum Durandi Pelati, presentibus.... Stephano Guiberti Canonico de Roca, Villelmo de Eschaylone Milite, Boneto Rovoison, dictus Villelmus de Vado fuit confessus.... se à dicto Laurentio habuisse pro investimento dicti feudi triginta solidos .....

Ego vero Lambertus de Eschaylone Notarius Sacri Palacii istis interfui & hanc cattam rogatus scripsi & tradidi feliciter.

Traité passé entre Charles d'Anjou, Comte de Provence, & le Dauphin Guigues, touchant l'Hommage du Gapençois; en présence de GUILLAUME DE BEAUMONT.

Extrait de l'Histoire de Dauphiné, par M. le Président de Valbonnais, imprimée en 1722, Tom. Ier, page 205, des Preuves; il y est dit que ce Traité est tiré du Cartulaire d'Embrun.

Ann. 1257.
IN nomine Domini nostri Jesu Christi, Amen. Anno Incarnationis ejusdem M. CC. LVII. die Martis ante festum Beate Marie Magdalene, notum sit, &c. Actum apud Regium in domo Episcopali, presentibus infrascriptis Testibus: Nobili Viro Dom. Guidone Comite Foresii, DOM. GUILLELMO DE BELLOMONTE, Dom. Henrico de Lusarchiis, Canonico Carnotensi, dicti Domini Comitis Capellano; Dom. Sindone de Fontanis Milite, Provincie Senescallo; Dom. Berlione de Turre; Dom. Alamando Domino de Condriaco; Dom. Guillelmo Ogerio; Dom. Raymundo de Monte-Albano; Dom. Bertrando de Medullione de Chalma; Petro Rostagni de Rosseto; Dom. Johanne de Bona-Mona, Majori Judice Provincie; Bastardino de Monteferrato; Ademario de Bressiaco & Me Johanne Masilero, Notario dicti Comitis.

DE LA MAISON DE BEAUMONT. Liv. I.

Etat des Nobles & Hommes Liges du Dauphin, Comte de Graisivodan, à cause du lieu de Beaumont, entre lesquels sont nommés GUILLAUME *&* LANTELME DE BEAUMONT.

Extrait tiré du Registre cotté : Libet Recognitionum Antiquarum vocatus PROBUS, fol. 355. V°. & 359. V°. *ensuite d'Ordonnance de la Chambre des Comptes de Dauphiné, du Septembre 1747, & signé Chabert, Greffier en Chef de ladite Chambre.*

ANNO Domini millesimo ducentesimo sexagesimo sexto, decima quarta Calendas Martii, 14 des Calendes convocata universitate hominum Burgi, Mure & parochie ipsius loci coram Hugone Castronovo de Mars 1266. Inquisitore jurium domini G. Dalphini, & Andrea de Sancto Theofredo publico Notario, &c.
BELLUS MONS.
Dominus Comes habet plenum dominium in Castro BELLIMONTIS, &c.
Dominus Martinus Charbonenz est homo ligius, &c.
Dominus Petrus Romani.
Dominus Hugo de Morges.
Joannes Joubert.
Guillelmus Mayeri & Humbertus Fabre.
Humbertus de le Hais.
Nantelmus Lachesa.
Dominus GUILLELMUS DE BELLOMONTE est homo Ligius Comitis & tenet de eo quinque sestariatas terrè ad Lachast, & unam falcariatam prati libere, & sexdecim fossoriatas vineæ ad Passavache & ad rivum Claret ad quartonem qui valet per annum duo sestaria vini, & tenet in mandamento viginti quatuor solidos censuales, & duas sestariatas terræ juxta viam quæ tendit ad Muram ad tachiam que valet per annum unum quartale anone & unum quartale avene.
Jacmes de Rez.
Petrus del Testouz.
Jacmes Chais.
Reyverius del Mayeroz.
Guigo del Trest.
Albertus Guichars.
Humbertus Coschans.
Lantelmus Reyniers.
Guillelmus Maissellers.
Disderius de Valbonneis.
Petrus Ruffi.
Guillelmus de Caroloco.
Guigo de Ponte alto.
Guillelmus major.
Umbertus Derbeis.
Disderius Terraz.
Guillelmus Chardonnoz.
Guigo de Lha.
Humbertus de Serguini.
Umbertus Meyers.
Stephanus Descalons.
LANTELMUS DE BELLOMONTE & Lantelmus Eymido tenent de Comite octo sestariatas terre ad malum dumum & unam quartatatam prati ibidem & debent inde decem solidos censuales, tria quartalia annone & totidem avene ad M. M. & unam gallinam & unum quartale nucleorum, & debent de duabus sestariatis dictæ terre mayteriam & tachiam que valent unam eminam annone & unam eminam avene ad M. Ven. &c.

ND# LIVRE II.

SEIGNEURS DE BEAUMONT.

CHAPITRE PREMIER.

Artaud de BEAUMONT, Ier du nom, Chevalier.

Donation faite par Artaud de Beaumont, *Chevalier;* Artaud, Amedée *&* François, *ses fils, à la Chartreuse de S. Hugon, de l'Alpe ou Montagne du Sueil.*

Extrait du Cartulaire de la Chartreuse de S. Hugon en Dauphiné, petit in-4°, sur velin, écrit vers l'an 1300, conservé en original à ladite Chartreuse.

Anno ab incarnatione Domini M°. CC°. L°. indictione xiii. x°. KI Junii, præsentibus subscriptis testibus, Dominus Artaudus de Bellomonte, Miles, pro se & benefactoribus suis donavit & concessit & tradidit in pura eleemosina & in bona Domui vallis sancti Hugonis & omnibus in dicta domo habitantibus in perpetuum, omne jus & requisitionem & actionem & dreituram quod & quam habet & habere debet & potest in Alpe de Suellio tamquam durat, que jacet juxta Alpem de Arcu, de qua Alpe dictus Dominus Artaudus se & suos devestivit & Domnum Nantelmum Priorem dictæ domus investivit, nomine dictæ domus & in possessionem posuit & induxit vel quasi, promittendo dictus Dominus Artaudus pro se & suis, juramento prestito super sancta Dei Evangelia, dictum jus & requisitionem quod & quam habet vel habere debet in dicta Alpe dictæ Domui salvare & conservare perpetuo, in jure ab omni persona, nec contravenire per se vel per alium. Renuntians inofficiosæ donationi & omni beneficio pro se introducto & juri dicenti generalem renuntiationem non valere. Item incontinenti Artaudus & Amedeus & Franciscus fratres, filii dicti Artaudi de Bellomonte Militis, dictam eleemosinam de dicta Alpe ratam & firmam habuerunt & habebunt perpetuo & promiserunt juramento prestito contra non venire sed defendere in jure à se & suis heredibus ; Renuntiantes minori etati & omni beneficio pro se introducto & omni legum decretorum & decretalium auxilio, & omni actioni exceptioni & constitutioni. Incontinenti dictus Domnus Nantelmus Prior, nomine dictæ Domus recepit dictum Dominum Artaudum cum liberis suis & uxore sua quondam Ambrosia in beneficio spirituali dictæ Domus. Actum est hoc apud prata de Goncelino juxta grangiam heremitarum ubi testes fuerunt vocati ad hoc & rogati, Hug. Brunicardi Capellanus de Boiseria. Pe. de Crolles, Miles. Humbertus de Theys, Anselmetus de Toveto, Perrus de Murs, Correarius Domus vallis Sancti Hugonis, frater Jo. Chaberti, frater Villelmus Conversi. Ego Ray̆ auctoritate imperiali Notarius hiis fui & sic rogatus hanc cartam scripsi & tradidi feliciter.

10 des Cal. de Juin 1250.

Vente faite par Artaud de Beaumont, *Chevalier,* Artaud, Amedée *&* François, *ses fils, à l'Abbesse des Hayes, de ce qu'ils possedent à la Montagne d'Arquille.*

Original en parchemin, conservé aux Archives de ladite Abbaye; caisse d'Arquille.

Anno Domini Millesimo CC°. quinquagesimo VI°. Inditione XIII. die x. exeunte mense Julii Dominus Artaudus de Bello.... (*) Miles, non errans, non coactus, non deceptus, set in sua sana mente costitutus vendidit jure proprio imperpetuum per se & suos heredes Dominæ Guilelmæ Abbatissæ domus de Ays recipienti nomine dictæ domus omnia jura & rationes & omne dominium que & quas & quod habet vel videtur habere in quodam Alpo qui dicitur Alpus de Egailla, quam venditionem jam dictam predictus venditor per se & suos heredes atque bono-

21 Juillet 1256.

(*) Ici, le parchemin est un peu déchiré par vétusté.

rum suorum successores tradidit, dedit & concessit eidem Domine Abbatisse recipienti nomine dictæ domus ad habendum ac tenendum & possidendum & quasi & quicquid eidem Domine Abbatisse & aliis Abbatissis in dicta domo venientibus deinceps placuerit faciendum, cum accessibus, ingressibus & egressibus suis & cum omnibus supra se & infra se habentibus in integrum pro pretio *de* centum sol. bonorum Vianensium, quod pretium totum confessa est à predicta Domina Abbatissa se recepisse & habuisse & in suam utilitatem processisse, renunciando *exceptioni* non accepti pretii & non acceptæ pecunie & non numeratæ, & omni legum auxilio. Quam venditionem jam dictam predictus venditor per se & suos heredes promisit eidem Domine Abbatisse nomine dictæ domus ab omni persona deffendere cum suis propriis expensis sub pena dupli ante litem contestatam, & post non expectata evictione sub obligatione omnium bonorum suorum presentium & futurorum, & si venditio jam dicta valet plus pretio jam dicto, dedit eidem emptrici nomine dictæ domus; renunciando legi dicenti quod si venditor decipiatur ultra dimidiam justi pretii venditio *recindatur*, vel quod deest justo pretio supleatur, & beneficio in integrum restitutionis quod datur majoribus vel minoribus, vel minoribus (*sic*) in contractibus lesis, & se & suos de dicta venditione devestivit & dictam empticem nomine dictæ domus investivit & in possessionem corporalem posuit & induxit vel quasi cedendo eidem Domine Abbatisse recipienti nomine & vice dictæ domus omne jus reale & personale, utile & directum & omnes actiones reales & personales utiles & directas seu mixtas quod & quas in predicta venditione habebat vel habere poterat. Hec omnia jam dicta prout superius sunt expressa, ARTAUDUS DE BELLOMONTE & AMEDUS & FRANCISCUS fratres laudaverunt, concesserunt prefate Domine Abbatisse; & hec omnia jam dicta, tam dictus Dominus ARTAUDUS, quam predicti filii sui juraverunt ad sancta Dei Evangelia bona fide attendere & observare. Actum fuit hoc juxta Ecclesiam dicti Monasterii. Testes fuerunt vocati & rogati, Dominus Lantelmus de Tesio, Guigo Falatteu, Miles, Wilelmus Rauneis, Dominus Guigo, Capellanus de dicto Monasterio. Et ego Antonius auctoritate Imperiali publicus Notarius interfui & rogatus scripsi.

CHAPITRE II.

ARTAUD DE BEAUMONT, II. du nom, Chevalier, Seigneur de Beaumont, fils d'ARTAUD Ier.

Acquisition faite par ARTAUD DE BEAUMONT, *de plusieurs héritages en la Paroisse du Touvet.*

Original en parchemin conservé dans les Archives de la Terre des Adrets; en Dauphiné; appartenant à M. le Comte de Vaussere-des Adrets.

18 des Calendes de Février 1260. ANNO ab incarnatione Domini Mº. CCº. LXº. Indictione quarta XVIIIº. Klis Februarii, coram testibus infrascriptis, Villelma de Motario & Johannes maritus suus, sine ullo dolo, metu, coactione, violentia & absque deceptione vendiderunt & nomine venditionis concesserunt pro se suisque heredibus ARTAUDO filio Domini ARTAUDI DE BELLOMONTE, Militis, suisque heredibus in perpetuum, aut cui donare vel dimitere voluerit, sex jornalia terre que jacent in Parrochia de Toveto, quorum quatuor coheret ab utroque latere Revoyria de Bellomonte, & duobus jornalibus coheret ab uno latere terra de Bartolomeuz, & ab alio latere, terra Saliceturn del Falconz & de Albertis. Item octo fossoratas vinee que coherent ad invicem, quibus coheret ab uno latere vinea Villelmi Regis de la Frayta, & ab alio latere via publica que tendit versus Tovetum cum *alboribus* ibidem sitis & cum omnibus suis pertinentiis. Item duas sesteratas prati que jacent subtus Maladeria de Goncelino, quibus coheret ab uno latere pratum Aynardi de Croles & ab alio latere pratum Guigonis Ravetii, cum omni jure, actione, requisitione & petitione quod & quam dicti conjugales habebant vel habere poterant in predictis rebus, pro pretio quindecim librarum bonorum Viennensium, quod confessi sunt dicti conjugales se habuisse & recepisse à dicto ARTAUDO; de quibus rebus omnibus & singulis supradictis dicti conjugales se devestierunt & dictum ARTAUDUM investierunt & quasi, ponendo ipsum in corporalem possessionem & quasi omnium supradictorum; constituendo se possidere predicti conjugales res predictas nomine ipsius ARTAUDI, donec intraverit corporalem possessionem, in quam intrandi eidem ARTAUDO licentiam dedit propria auctoritate, cedendo, mandando, prestando eidem ARTAUDO omnes actiones & petitiones pro dictis rebus sibi competentes, facientes ipsum ARTAUDUM procuratorem ut in rem suam; que omnia universa & singula supradicta promissa promiserunt dicti conjugales per stipulationem & per sacramentum dicto ARTAUDO stipulanti rata & firma perpetuo habere & nunquam

DE LA MAISON DE BEAUMONT. Liv. II.

quam contra venire aliquo jure vel aliqua ratione, fet deffendere & confervare, manutere dictam venditionem ab omni perfona & contradictione fuis propris expenfis. Renuntiantes in hoc facto predicti conjugales exceptioni pecunie non numerate & non recepte, doli, mali & in factum, & juridicenti quod fi alter contrahentium decipiatur in contractu ultra dimidiam partem jufti pretii, quod contractus *recindatur*, vel quod deeft jufto pretio fuppleatur, & beneficio reftitutionis in integrum & fenatui confulto Veleyano & legi Julie que inhibet alienationem fundi doralis & omni alii juri canonico & civili per quod poffent venire contra predicta vel aliqua de predictis, & juridicenti generalem renunciationem non valere. Et Guigo Artoudi predictam venditionem laudavit dicto ARTAUDO & promifit per facramentum dicto ARTAUDO contra predictam nunquam venire aliquo jure vel aliqua ratione. Actum eft hoc apud Goncelinum in Ecclefia ubi teftes ad hoc fpecialiter fuerunt vocati & rogati, Magifter Stephanus de Goncelino, Aynardus de Croles, Guigo de fancto Johanne Domicellus, Villelmus Bex, Granyeret de la Conchi. Et ego Johannes Julliani auctoritate imperiali Notarius his omnibus interfui & fic rogatus hanc cartam fcripfi feliciter.

Au commencement & à la fin de cet acte eft figuré le Monogramme du Notaire.

---

*Reconnoiffances données à **Guigues Dauphin**, par les Habitans du lieu & mandement de la Buiffiere, & par ceux de la Paroiffe de S. Vincent, dans lefquelles il eft dit que Meffire* ARTAUD DE BEAUMONT *a auffi des redevances dans ladite Paroiffe.*

Extrait d'un Regiftre original en parchemin, cotté : Liber Recognitionum antiquarum vocatus PROBUS, *fol. 126 & fuiv. étant aux Archives de la Chambre des Comptes du Dauphiné; délivré en vertu d'Ordonnance de ladite Chambre, du 16 Octobre 1747, & figné Pizon, Greffier en Chef de la même Chambre.*

De Boyfferia & Mandamento ejufdem.

ANNO Domini M°. CC°. LXII°. menfe Februarii, venerunt apud Boyfferiam, Magifter Johannes de Baynolio & Petrus Thonini publici Notarii, inquifitores ex parte Domini G. Dalphini & fecerunt venire coram ipfis totam univerfitatem ipfius mandamenti; que univerfitas elegit de fe ipfis, videlicet Pe. Billons, Giroudum Guillelmi, Guillelmum Furbant, Saumayol, Andream Helenger, Benedictum Radulphi de Flacheri, Johannem Berenger, Pe. Vial, Guigonem Claret, & quofdam alios, tanquam meliores & melius fcientes jura Domini, qui electi, jurati dixerunt ad interrogationem predictorum inquifitorum, quod omnes homines ipfius loci & mandamenti funt homines Domini Dalphini legii, exceptis quibufdam hominibus Nobilium, & omnia que tenent & funt in dicto loco & mandamento, tenent ab ipfo Domino, exceptis quibufdam feudis & rebus que tenent à dictis Nobilibus, fed ipfi Nobiles tenent ea & dictos fuos homines ab ipfo Domino & omnia funt de feudo & dominio ejus.

Interrogati fi fint taillabiles Domino; refponderunt, quod non, fed liberi funt, &c.

Février 1262.
F.° VI. XX. VI.

Sequitur de cenfibus que continentur in libro veteri.

F.° VI. XX. V.° IX.

Nobiles.

Dominus Comes habet apud Bufferiam in manu fua XL fofforeatas vinee, &c.
Dominus Hugo Alvernaz eft homo ligius Comitis, falva fidelitate Domini de Intermontes & tenet de eo XVI feftaria & unum quartum vini, & duo feftaria avene, &c.
Heredes Domine Marguerite de Dorchia debent homagium ligium Comiti & tenent de eo, &c.
Guifredus de la Chavana eft homo ligius Comitis & tenet de eo, ipfe, & fratres fui tenementum GUILLELMI BELMONT, & debet inde placitum ad mifericordiam. Humbertus de Theys eft homo ligius Comitis. &c.
Item Bofo fancti Andree percipit ibi pro tafchia IIII feftaria, &c.
Item ILLI DE BELLOMONTE unum feftarium avene, &c.
Item Bofo de Harenis percipit ibi, &c.
Item Humbertus de Teys octo feftaria vini.
Item ILLI DE BELLOMONTE unum feftarium avene, &c.

F.° VI. XX. XIII.
F.° VI. XX. XIIII.

Parrochia Sancti Vincentii.

Giroldus Billons, Petrus Maffoz, Guillelmus Souners, Johannes Mouners, Petrus Vetus, Marcoz, Petrus Teyfloz, & eorum participes funt homines Comitis & tenent de eo manfum Billim, & debent ipfi Comiti feptem folidos, fex denarios cenfus, quatuor feftaria avene, unum feftarium ordei, unum feftarium nucum ad parvam menfuram, & XII feftaria vini, unam gallinam & pro recepto, unum quartale frumenti ad magnam menfuram, & quatuor pullos, & unum faffium feni quilibet de tenentibus, & preter ifta, folvunt Alberto Groffo, Miftrali feptem

F.° VI. XX. V.° XV.

C

solidos census & tres quartas frumenti pro placentis & unam eminam vini & unam gallinam, & solvunt Aymoni Barral duo sestaria avene ad parvam mensuram & novem denarios & unum sestarium vini ; item Domino ARTAUDO DE BELLOMONTE, unum sestarium avene pro pratis eorum custodiendum & tres eminas bladi de taschiis ; item Castellano unum sestarium vini pro vineis eorum custodiendis ; item Humberto Mandaer octodecim denarios pro taschiis , &c.

Acquisition faite par ARTAUD DE BEAUMONT, *de plusieurs Fiefs situés dans la Paroisse de S. Michel-du-Mont.*

Original en parchemin conservé dans les Archives de la Terre du Touvet, en Dauphiné, appartenant à M. le Marquis de Marcieu.

3 des Ides de Décembre 1268.

ANNO Domini M°. CC°. sexagesimo octavo, Indicione duodecima, III Idus Decembris, presentibus testibus infrascriptis, Unbertus de Thesyo, Domicellus... vendidit... & concessit ARTAUDO DE BELLOMONTE filio condam Domini ARTAUDI DE BELLOMONTE, Militis ; ejusque successoribus in perpetuum... pro pretio quatuor viginti librarum bonorum Viennensium ; quod confessus fuit ipse Unbertus se habuisse & numerasse ab ipso ARTAUDO, omnes res, omnia jura possessiones atque dreyturas, homines, servitia, placita & quælibet usagia, feuda, albergamenta, terras & nemora quas & que ipse Unbertus habebat & habere videbatur , seu exigere poterat de jure vel de facto, vel alter pro ipso, aut nomine ipsius, apud Sanctum Michaelem in monte, aut in Parrochia sicud protenditur a rupe inferiori per tenementum Brunetorum quod est juxta domum Johannis Channelli usque ad summitatem rupis superioris , & à rupe que est sub Sancto Michaele sicud protenditur per rectum per rivum qui est juxta domum Blancheti usque ad rupem superiorem . . . de quibus... ipse Unbertus de Thesyo se devestivit & ipsum ARTAUDUM investivit & in vacuam possessionem vel quasi induxit, constituens se possidere vel quasi ea predicta contenta in dicta venditione, nomine dicti ARTAUDI, donec ipse ARTAUDUS intraverit corporalem possessionem, in quam intrandi licentiam ei dedit & concessit sine judiciali aditu, & cedendo eidem ARTAUDO omnes actiones reales & personales, utiles & directas contrarias atque mixtas, competentes & competituras ipsi Unberto, de jure vel de facto in predictis & ipsum ARTAUDUM constituens procuratorem in eisdem ut in rem suam ; & promisit ipse Unbertus de Thesyo per solempnem stipulationem & per sacramentum ab ipso corporaliter prestitum super Sancta Dei Evangelia dicto ARTAUDO stipulanti deffendere in purum alodium & liberum predictam venditionem & que continentur in ea ab omni persona in jure, propriis suis expensis, auctorizare & conservare in pace . . . retinuit tamen sibi ipse Unbertus de Thesyo, de voluntate & consensu expresso dicti ARTAUDI lygitates homagiorum & fidelitatum quas & que ipsi Unberto debebant & in quibus sibi tenebantur Panetii de Toveto & Androudi & Brunus de Toveto pro rebus & juribus quas & que tenebant ab ipso Unberto in feudum infra terminos supra dictos, ita quod ipsi prenominati homines non teneantur ipsi ARTAUDO de aliquo homagio vel fidelitate pro ipsis, vel pro aliquibus contentis in dicta venditione, sed de aliis tantum usagiis inde debitis ipsi ARTAUDO, ejusque successoribus in perpetuum teneantur. Actum est hoc publice apud Tovetum in Clauftro juxta Ecclesiam ubi interfuerunt ad hoc specialiter testes vocati & rogati, AMEDEUS DE BELLOMONTE, Domicellus, Franciscus de Petra, Franciscus Bovet, Ugo Neyret, Petrus de Herbeysio, & ego Petrus de Toveto publicus Notarius hiis omnibus interfui & sic rogatus hanc cartam scripsi & subscripsi fideliter & tradidi.

Au commencement de cet acte est figuré le Monogramme du Notaire.

Vente faite par Robert de la Terrasse, Damoiseau, à ARTAUD DE BEAUMONT, *aussi Damoiseau, de ce que ledit Robert tient en Fief dudit* ARTAUD, *qui inféode sur le champ lesdits biens vendus à Pellerin de la Terrasse.*

Original en parchemin conservé dans les Archives de la Terre des Adrets.

4 des Nones de Février 1268.

ANNO Domini M°. CC°. sexagesimo octavo, Indicione duodecima, IIII Non Februarii, in presentia testium subscriptorum, Robertus de Terracia, Domicellus... vendidit... atque concessit ARTAUDO DE BELLOMONTE, Domicello, ejusque successoribus in perpetuum... pro pretio quadraginta & octo librarum & decem solidorum bonorum Viennensium, quod confessus est ipse Robertus se habuisse totum & numerasse ab ipso ARTAUDO, duas petias prati & quamdam petiam insule que jacent in loco qui vulgariter dicitur Cleyeta, quarum una petia prati jacet juxta pratum Bosoneti Rychardi, ex una parte, & juxta nemus Gualarycorum, ex altera; & alia petia prati jacet juxta pratum Petri de Herbesyo, ex una parte & juxta pratum Pellarini de Terracia ex altera ; & dicta petia insule jacet ex una parte juxta pratum de Cochet & ex alia parte

DE LA MAISON DE BEAUMONT. LIV. II.

juxta brachium Izare. Item & omnes res omniaque jura poffeffiones atque totam dreyturam quas & que ipfe Robertus tenebat vel quafi à dicto ARTAUDO in feudum & fpecialiter tres folidos annuatim de fervitio & feptem folidos & dimidium Viennenfes de placito quandos contigerit, quos ipfi Roberto debebat Pellarinus de Terracia, & omne jus, omneque dominium quod habebat & habere poterat & debebat feu exigere de jure vel de facto in rebus feu juribus pro quibus ipfe Pellarynus debebat dictum fervitium & dictum placitum dicto Roberto ; de qui-bus jam dictis in dicta venditione contentis, dictus Robertus fe deveftivit vel quafi, & prefatum ARTAUDUM inveftivit... & promifit ipfe Robertus per folempnem ftipulationem & per facramentum ab ipfo corporaliter preftitum fuper Sancta Dei Evangelia dicto ARTAUDO ftipulanti deffendere predictam venditionem que continentur in ea ab omni perfona in jure & confervare in pace... & confeffus fuit ipfe Robertus dicto ARTAUDO fe tenere ab ipfo ARTAUDO in feudum omnia predicta in dicta venditione contenta, & fe debere pro eis ipfi ARTAUDO homagium & fidelitatem, falvis duobus dominis... Item dictus Pellarinus de Terracia, de mandato dicti Roberti fe conftituit principalem debitorem & perfolutorem de cetero erga dictum ARTAUDUM recipientem de dictis tribus folidis de fervitio & de dictis feptem folidis & dimidio de placito, & promifit ipfe Pellarinus fe teneri de cetero dicto ARTAUDO de ipfis & de omnibus rebus & juribus pro quibus illud fervitium & placitum debebat ficud tenebatur de eis dicto Roberto. Actum eft hoc publice apud Tovetum in Ecclefia ubi interfuerunt ad hoc fpecialiter teftes vocati & rogati, Bernardus Efcoferii, de Toveto, Guigo de fancto Johanne, Gilbertus de Toveto, Francyfcus Bonet, Petrus Boys de Terracia, Eynardus de Crolles, Petrus de Sabaudia. Et ego Petrus de Toveto publicus Notarius hiis omnibus interfui & fic rogatus hanc cartam fcripfi & fubfcripfi fideliter & tradidi.

Vis-à-vis la premiere ligne de cet acte eſt figuré le Monogramme du Notaire.

Acquifition faite par Meſſire ARTAUD DE BEAUMONT, *Chevalier, d'*AMÉDÉE DE BEAUMONT, *Damoiſeau, ſon frere, de différens Fiefs ſitués en la Paroiſſe du Touvet & dans le Mandement de Beaumont.*

Original en parchemin conſervé dans les Archives de la Terre des Adrets.

ANNO Domini Mº. CCº. LXXIIº. Inditione prima, non" Klˢ Novembris, coram me Notario & teftibus infrafcriptis, AMEDEUS DE BELLOMONTE, Domicellus,... vendit... tradit & conceffit Domino ARTAUDO DE BELLOMONTE, Militi, fratri fuo fuifque fucceffforibus omnibus... pro pretio fex librarum Viennenfium quas confitetur fe habuiffe & recepiffe ab eodem Domino ARTAUDO, omne feudum feu omnia feuda quod vel que Guigo de fancto Johanne , nomine Marguarite uxoris fue & Marguarita filia olim Willermi Didier & Hugo Didiers tenent feu & tenere dignofcuntur à dicto AMEDEO in Parrochia de Tovero , feu in mandamento DE BELLOMONTE, quecumque fint & ubicumque fint vel inveniri poffint infra dictam Parrochiam feu infra predictum mandamentum & quocumque nomine cenfeantur ; vendit , inquam, cum omni placito, jure, ufu , adque dominio fibi de dictis feudis feu in dictis feudis competentibus ; denuntians eidem Domino ARTAUDO quod Guigo de fancto Johanne nomine quo fupra debebat eidem AMEDEO pro dicto feudo quindecim folidos Viennenfes de placito qum contingit ; item Marguarita filia olim Willermi Didier & Hugo Didiers predictus debebat eidem AMEDEO venditori decem folidos Viennenfes de placito qum contingit, videlicet quilibet ipforum quinque folidos de placito pro feudo feu pro feudis antedictis; de quibus omnibus fupradictis dictus AMEDEUS fe deveftivit & dictum Dominum ARTAUDUM, Militem inveftivit... Item jurat eidem Domino ARTAUDO quod res predictas non credit ab aliquo fe tenere... mandans infuper idem AMEDEUS per prefens inftrumentum feudatariis antedictis ut de dictis feudis eidem Domino ARTAUDO & fuis heredibus de cetero teneantur quamadmodum eidem AMEDEO totaliter tenebantur. Actum apud Tovetum retro Ecclefiam ; teftes fuerunt vocati & rogati fpecialiter Aymonetus de Chinino, Antonius de Buxeria, Pafcalis de Lumbyno , Rabaftetus de Toveto , & ego Jocobus de Bruxeria, publicus Notarius hiis fui & rogatus hanc cartam fcripfi.

9 des Calendes de Novembre 1272.

Au commencement & à la fin de cet acte eſt figuré le Monogramme du Notaire.

Inféodation faite par Aymon, Comte de Geneve, à Meſſire ARTAUD DE
BEAUMONT, *Chevalier, de tout ce que ce Comte poſſéde dans les Paroiſſes
des Adrets & de Theys, par la donation que lui en a fait feue Dame*
PHILIPPE, *femme dudit* ARTAUD.

Original en parchemin conſervé dans les Archives de la Terre des Adrets.

Juillet 1273.   Nos Aymo, Comes Gebenñ notum facimus univerſis preſentes litteras inſpecturis, quod nos non vi, nec dolo non metu inducti, nec ab aliquo circumventi damus & concedimus in feudum & in beneficio feodi dilecto & fideli noſtro Domino ARTAUDO DE BELLOMONTE, Militi quicquid juris, rationis, proprietatis & poſſeſſionis habèmus vel habere debemus in rebus que fuerunt quondam Domine PHILIPE, uxoris dicti Domini ARTAUDI nobis donatis à dicta Domina PHILIPA, ſive ſint prata, nemora, cenſe, uſagia, ſervitia, homines, dominationes, alpes & generaliter qualeſcumque res ſint & qualicumque jure ſeu nomine cenſeantur infra Parrochiam de Adretis & in toto mandamento de Petra & in tota Parrochia de Teſyo, excepta quadam ſpetia terre ſita in dicta Parrochia de Adretis, videlicet quatuor jugera juxta domum dicte Domine PHILIPE ex una parte, & domum Bonifacii ex altera, & excepta quadam alia ſpetia terre ſita ibidem juxta terram dicte Domine PHILIPE ex utraque parte, & excepto quodam ſeſtario frumenti quod facere tenetur eidem Johannes Quarterii & Johannes Raymundi & exceptis duobus jugeribus terre ſitis ibidem juxta terram Guillelmi Hoſtaſchii ex una parte & juxta terram Enrici de Adretis ex altera. Item damus & concedimus modo quo ſupra dicto Domino ARTAUDO tres ſeſtarios frumenti cenſuales quos debebat nobis Willermus & Hugo dicti Barba & Nantelmus de Chochia & quamdam eminam frumenti cenſus quam debebant nobis predicti homines cum tribus ſeſtariis predictis. Item tres eminas frumenti cenſus quas debebant nobis Brunus Roſſeti & tres ſolidos quos debebat idem Brunus. Item ſeptem ſolidos cenſus quos debebant nobis Barba, Item tresdecim ſolidos cenſus quos debebat nobis Jocerandus Ferrati; & ſciendum quod dicta Domina PHILIPA res ſuperius exceptatas nobis nec dedit, ſet ea retinuit in donatione quam nobis fecit. Nos vero dictus Comes dictum Dominum ARTAUDUM de predictis rebus ſibi donatis à nobis in feodum & in beneficio feodi inveſtimus & promittimus bona fide dicto Domino ARTAUDO ſtipulanti dictum feodum manutenere, deffendere ab omnibus & contra, in judicio & extra judicium exigente juſtitia garentire; nec eſt pretermitendum quod nos facimus dicto Militi, dictum feodum & concedimus conditionibus apoſitis infraſcriptis, videlicet quod dictus Dominus ARTAUDUS debet & tenetur nobis & ſucceſſoribus noſtris ad fidelitatem ligiam, excepta fidelitate Domini Dalphini, donec pro predictis & feodo predicto nobis redderit unum de filiis in hominem ligium, & ille homo noſter ligius debet habere & tenere omnia ſupradicta à nobis in feodum ſub fidelitate ligia & debet habere dictus homo noſter domum quam habet dictus Miles in mandamento DE BELLOMONTE que vocatur Briſitorta; & ſciendum quod ſi forte contingeret, quod abſit, nos alienare terram noſtram de Greſivoudam, quod nos non poſſumus fidelitatem dicti Militis vel filii ſui vendere nec diſtrahere nec modo aliquo alienare. Teſtes vocati fuerunt & rogati, Magiſter Johannes de Vien, Magiſter Johannes de Verſonay & Johannes de Chominet Clerici noſtri & plures alii. In cujus rei teſtimonium ſigillum noſtrum preſentibus duximus apponendum. Datum apud Petram in vigilia Beate Marie Magdalene anno Domini M°. CC°. LXX°. tertio.

Echange paſſé entre Meſſire ARTAUD DE BEAUMONT, *Chevalier, & Guigues
de la Rochette, auſſi Chevalier, des Biens que ledit* ARTAUD *poſſéde à Greſſe
contre ceux dudit Guigues, ſitués au Mandement d'Avalon.*

*Original en parchemin conſervé dans les Archives de M. le Comte de Beaumont-de-la-Roque,
au Château du Repaire, en Périgord.*

5 des Ides d'A-   ANNO ab incarnatione Domini M°. CC°. LXXVI°. Inditione IIII. v. Idus Aprilis, coram
vril 1276.   teſtibus infraſcriptis. Dominus Guigo de Rupecula, Miles & Francicus ejus filius; non decepti, non coacti neque dolo aliquo inducti, ſed ſua ſpontanea voluntate & evidenti utilitate, ſcientes, prudentesque, pro ſe ſuiſque liberis & heredibus dederunt & conceſſerunt nomine eſcambii ſeu permutationis Domino ARTAUDO DE BELLOMONTE, Militi & ſuis liberis & heredibus aut cui dare vendere vel dimittere voluerit in teſtamento vel extra vel aliter alienare, quicquid juris, actionis & requiſitionis, quod & quam predictus Dominus Guigo & ejus filius Francicus habebant, tenebant, poſſidebant vel quaſi vel alter ab ipſis & pro ipſis vel nomine ipſorum apud Avalonem & in mandamento de Avalone & in territorio ſeu in diſtrictu de Avalone, videlicet in ſerviciis, placitis & aliis uſagiis & in hominibus & in aliis rebus qae predicti Dominus Guigo & ejus filius Fran-

cicus habebant feu videbantur habere in dictis locis; quicquid fit corporale vel incorporale. Item verfavice predictus Dominus Artaudus de Bellomonte non deceptus non coactus, neque dolo aliquo inductus, fed fua fpontanea voluntate & evidenti utilitate, fciens, prudenfque pro fe fuifque liberis & heredibus dedit, donavit & conceffit nomine efcambii feu permutationis Domino Guigoni de Rupecula & ejus filio Francico & fuis liberis & heredibus, aut cui dare, vendere vel dimitere voluerit in teftamento vel extra vel alter alienare, quicquid juris, actionis & requifitionis quod & quam predictus Dominus Artaudus habebat, tenebat; poffidebat vel quafi feu debebat habere vel alter ab ipfo & pro ipfo & nomine ipfius apud Grayfe & in Patrochia de Grayfe & apud Montemcelos & in mandamento feu territorio feu in diftrictu de Montecellos, videlicet in rebus, juribus, poffeffionibus vel quafi & in ferviciis & placitis & hominibus & aliis ufagiis que predicto Domino Artaudo debebantur in predictis locis. De quibus rebus univerfis & fingulis fupradictis que predicti Dominus Guigo & Francicus ejus filius habebant apud Avalonem & in mandamento predicte fe & fuos deveftiverunt & quafi & dictum Dominum Artaudum inveftiverunt & quafi; & ipfe Dominus Artaudus de predictis rebus de Grayfe & de Montecellos fe & fuos deveftivit, & quafi & predictos Dominum Guigonem & ejus filium Francicum inveftivit & quafi; & predicti, tam Dominus Guigo & ejus filius Francicus, quam Dominus Artaudus fe conftituerunt poffidere & quafi omnia predicta, nomine unius alterius donec intraverint corporalem poffeffionem, in quam intrandi & adhipifcendi & apprehendi propria auctoritate unius alterius licentiam dedit & conceffit, cedendo & mandando unus alteri omnes actiones reales & perfonales mixtas & contratas fibi in hoc facto conpetentes vel conpetituras. Promittentes, tam predicti Dominus Guigo & Francicus ejus filius, quam Dominus Artaudus pro fe fuifque liberis & heredibus per ftipulationem & juramento fuper fancta Dei Evangelia corporaliter preftito uni alteri & fuis liberis & heredibus contra-predicta efcambia feu permutationes non venire, fed rata, grata & firma perpetuo habere & inviolabiliter obfervare; & ipfi Dominus Guigo & Francicus juraverunt & promiferunt de fe & de omnibus heredibus fuis predicto Domino Artaudo omnia predicta que habebant apud Avalonem & in mandamento de Avalone falvare, cuftodire, defendere in jure ab omni perfona pro fe interpofita; & ipfe Dominus Artaudus pro fe fuifque liberis & heredibus juravit & promifit predictis Domino Guigoni & Francifco, & fuis liberis & heredibus ea predicta omnia que habebat apud Grayfe & in Patrochia & apud Montem cellos & in mandamento falvare, cuftodire, defendere in jure ab omni perfona & contradictore, falvo Domino Comite Sabaudie, nec impedimentum apponere vel appofuiffe ullo modo. Et quia pars predicti Domini Guigonis plus valet parte dicti Domini Artaudi, de Grayfe, ipfe Dominus Artaudus dedit eidem Domino Guigoni & filio fuo predicto VII libras bonorum Viennenfium; de quibus habuerunt X f. Vien. Francifcus Bovetz & Guigo Notarius. Renuntiaverunt predicti Dominus Guigo & Francifcus exceptioni non numerate & non recepte pecunie, doli, mali & in factum; & Dominus Artaudus predictus & Dominus Guigo & Francifcus renuntiaverunt omni juri omnique actioni & exceptioni per contra predicta vel aliqua de predictis venire poffent nec irritari, retractari vel etiam annullari & omni juri fibi in hoc facto conpetenti vel conpetituro, & generalem renuntiationem non valere. Item preceperunt fieri michi Guigoni Notario fubfcripto de predictis rebus duo inftrumenta ejufdem tenoris, unum ad opus predicti Domini Guigonis & filii fui & aliud ad opus Domini Artaudi & fuorum heredum atque fucceforum. Actum eft hoc apud Heremitaniam Thamedei fubtus Avalonem, ubi fuerunt teftes vocati & rogati, frater Domengos Magifter dicte Heremitanie, frater Guillelmus Creyfns converfus, Guillelmus Mannarz de Vilario benedicto, Johannes filius Jacobi de Molino condam. Et ego Guigo publicus facri Palatii Notarius hanc cartam fcripfi & hiis omnibus interfui & tradidi fideliter.

Au commencement & à la fin de cet acte eft figuré le Monogramme du Notaire.

Reconnoiffance de divers cens dûs à Artaud de Beaumont, *Chevalier, dans la Seigneurie de Guillaume de Clays, auffi Chevalier.*

Original en parchemin confervé dans les Archives de M. le Comte de Beaumont-de la Roque, au Château du Repaire, en Périgord.

Anno incarnationis dominice M°. CC°. LXXX°. Inditione nona, tertio Non Novembris, coram me Notario & teftibus infrafcriptis fpecialiter rogatis ad inftanciam & requifitionem Domini Guillelmi de Clayfio, Militis, & Lanteimi Flayelli & Petri Arma, datis pro Curia à dicto Domino Guillelmo, Guillelmus Orfeti de Podio & Guillelmus Grenonis & Marcia Garrelle & Johannes Garrelli ejus filius, non coacti, non dolo inducti, confeffi fuerunt & publice recognoverunt fe tenere & poffidere de dominio dicti Domini Guillelmi res infrafcriptas pro quibus faciunt feu facere renentur Domino Artaudo Bellomontis, Militi & dicto Domino Guillelmo ufagia infrafcripta: fcilicet dictus Guillelmus Orfeti facit dicto Domino Artaudo tres cartallos frumenti cenfus & dicto Domino Guillelmo duos folidos de placito in mutatione Domini & poffefforis perfolvandos pro duabus petiis prati & pro una petia terre que jacent, quarum uni coheret ex una parte pratum Johannis Bruni & ex altera coheret terra liberorum Michaelis Grenonis, & alii petie

3 des Nones de Novembre 1280.

coheret ex una parre terra filie Jacobi Gauterii & ex altera coheret terra Johannis Poyeti, & alii petie coheret ex una parte pratum Johannis Poyeti & ex altera coherent cafales condam Raynaudi Poyeti. Item dictus Guillelmus Grenonis nomine uxoris fue & Marcia Garrelle & Johannes ejus filius faciunt feu facere tenentur dicto Domino ARTAUDO unum cartallum frumenti cenfus & dicto Domino Guillelmo duos capones cenfus & unum cartallum frumenti de placito in mutatione Domini & poffefforis perfolvendos pro quadam petia terre fita apud Coffeil in loco qui dicitur Valjala, ex una parte cujus poffident Giroudi & ex altera Charbonnelli ; & confitentur dicti recognitores omne dominium omnium rerum & ufagiorum predictorum effe dicti Domini Guillelmi, unde dicti recognitores promiferunt bona fide & ad fancta Dei Evangelia juraverunt ratione predictorum dicto Domino Guillelmo nunc & in pofterum fideles effe tam ipfi quam fucceffibus ejufdem. Renunciantes in hoc facto dicti recognitores doli metus & in factum actioni & beneficio in integrum reftitutionis & omni alii juri canonico & civili contra predicta vel aliquod predictorum poffent aliquo tempore ire vel venire per fe vel per aliam interpofitam perfonam, de facto vel de jure. Fuit etiam actum quod prefens inftrumentum poffit meliorari & refici ad confilium fapientum. Actum apud Clayfium in cimiterio, prefentibus, Jacobo Ganterii, Guillelmo Feniculi, Johanne Brunielli & pluribus aliis, & ego Lant' Focherii auctoritate imperiali publicus Notarius hiis omnibus interfui & hanc cartam rogatus fcripfi & tradidi feliciter.

Au commencement & à la fin de cet acte eft figuré le Monogramme du Notaire.

Confirmation d'Amé, Comte de Geneve, d'une donation faite par feu Aymon, auffi Comte de Geneve, fon frere, à Meffire ARTAUD DE BEAUMONT, *Chevalier.*

Cet acte eft inféré dans une inveftiture donnée la veille des calendes d'Avril 1317, par Guillaume, Comte de Geneve, à ARTAUD (IV.) DE BEAUMONT, *& rapportée au dégré de ce dernier,* Livre III, Chapitre Ier de ces Preuves.

Du mercredi après la Fête de S. Michel 1287.

Nos Amedeus Comes Geben notum facimus univerfis prefentes litteras infpecturis quod nos vidimus quamdam litteram figillatam figillo bone memorie Aymonis quondam Comitis Geben fratris noftri, in qua littera continebatur quedam donatio que fuit facta Domino ARTAUDO DE BELLOMONTE, Militi de quibufdam rebus contentis in dicta littera; quam quidem donationem nos dictus Amedeus dicto Domino ARTAUDO roboramus & confirmamus; cujus littere tenor fic incipit in prima linea : nos Aymo Comes Geben & finit ante datum, duximus aponendum. Datum apud Domenam in clauftro die Mercurii poft feftum Beati Michaelis anno Domini M°. CC°. LXXX°. feptimo. In cujus rei teftimonium nos dictus Amedeus figillum noftrum duximus prefentibus litteris apponendum.

Ratification d'une Vente faite à Meffire ARTAUD DE BEAUMONT, *Chevalier, d'héritages fitués en la Paroiffe du Touvet.*

Original en parchemin confervé dans les Archives de la Terre du Touvet.

Nones de Mai 1291.

ANNO Domini M°. CC°. nonagefimo primo, Inditione quarta, die Lune poft feftum Inventionis fanctæ Crucis Non Maii, in prefentia teftium infra fcriptorum, Johannes filius condam Hugonis Diderii, de Ayma & Hugonetus frater ejus voluntate & confenfu ipfius Johannis tutoris fui, non decepti nec coacti, nec aliquo dolo inducti, fed fpontanea voluntate ratificaverunt, approbaverunt & confirmaverunt michi Petro Notario infra fcripto recipienti nomine & ad utilitatem Domini ARTAUDI DE BELMONT, Militis, quamdam venditionem ei factam per manum Domini Raymondi, Cappellani de Terracia de mandato dictorum fratrum ut afferunt, de quadam petia vinee fita in Parrochia de Tovero, juxta vineam Laurentii de Comba & juxta terram Petri Chapuys & de uno feftario frumenti de fervitio cenfus quod eifdem fratribus debebant Villelmus Roffet, de Combis & Petrus & Martinus Roffet, de Combis & de omnibus rebus, poffeffionibus & dreyturis quas dicti fratres vel alter eorum habebant vel habere debebant à Ravoiria de Terracia ufque ad rivum de Bruyfum in plano & in monte, five fint terre, prata, nemora, cenfus, hufagia & quecumque alie res que alio nomine cenfeantur, prout dicta venditio continetur in quodam publico inftrumento confecto per manum Aymonis Conbri publici Notarii, quod incipit anno ab incarnatione Domini milleſimo CC°. nonagefimo, Inditione quarta, die Mercurii poft feftum Beati Mathie Apoftoli ... habentes dicti fratres ratam & firmam folutionem factam Domino Raymondo predicto nomine pretii dicte venditionis ... confitendo quod res predictas venditas tenebant in feudum la dicto Domino ARTAUDO. Promitentes dicti fratres & quilibet eorum in folidum per ftipulationem pro fe & nomine condam Bofonis fratris fui,

DE LA MAISON DE BEAUMONT. Liv. II.

tanquam heredes, quia defunctus est ipse Boso, & per Sacramentum super sancta Dei Evangelia prestitum michi Petro Notario antedicto stipulanti vice & nomine dicti Domini ARTAUDI contra dictam venditionem de cetero non venire nec agere de jure vel de facto... volentes & precipientes quod presens instrumentum dictetur semper & emendetur ad consilium sapientum pro utilitate dicti Domini ARTAUDI, substantia non mutata. Actum apud Landrey supra domum dicti Johannis & propre turrim, presentibus Villelmo Lauberti de Terratia, Anselmeto Viry de Fendaylles & Peroneto Fabri de Landrey, testibus ad hoc vocatis & rogatis; & ego Petrus de sancto Johanne de Bellavilla, imperiali auctoritate Notarius hanc cartam scripsi rogatus.

Vis-à-vis la première ligne de cet acte est figuré le Monogramme du Notaire.

Reconnoissance donnée à Messire ARTAUD DE BEAUMONT, *Chevalier, par François Boneti, de tout ce qu'il tient en Fief dudit Chevalier en la Paroisse du Touvet; entre autre la Mistralie dudit lieu, la Bannerie ou droit de ban, &c.*

Cet acte est inseré en entier dans un Hommage rendu le 12 Février 1384, à AMBLARD DE BEAUMONT, *Damoiseau, arriere petit-fils d'*ARTAUD II, *& rapporté en original sur le degré de ce sujet, au* VIIe *Livre de ces Preuves, Chapitre II.*

ANNO a nativitate Domini millesimo ducentesimo nonagesimo quarto, Indictione VII. septimo ydus mensis Junii, coram testibus infrascriptis, ad instantiam & requisitionem nobilis viri Domini ARTAUDI DE BELLOMONTE, Militis, instantis & requirentis pro se & suis heredibus, Franciscus Boneti *, de Thoveto, non deceptus, non coactus neque aliquo dolo inductus, sed spontaneus, confessus fuit & in jure recognovit, & per sacramentum, coram Girardo filio Viviani de Thoveto, & me Petro Notario infra scripto, datis & positis pro curia sua a dicto Domino ARTAUDO, & concessis & approbatis a dicto Francisco Boneti, ea que tenet à dicto Domino ARTAUDO in feudum vel in albergamentum perpetuum seu in emphithosim & usagia que dicto Domino ARTAUDO debet. In primis, dictus Franciscus Boneti recognovit coram predicta curia & per sacramentum se tenere & velle tenere a dicto Domino ARTAUDO in feudum ea que secuntur: videlicet quamdam peciam vinee sitam in Parrochia de Thoveto juxta vineam Delbeuz ex una parte, & juxta vineam Stephani Passardi ex altera; quam vineam predictam dictus Franciscus Boneti albergavit Jacobo Fabri de Goncellino & Johanni Saralleti ejusdem loci; item quamdam aliam peciam vinee sitam in dicta Parrochia Thoveti juxta vineam dicti Domini ARTAUDI ex una parte, & juxta vineam Johannis Sarralleti de Goncellino ex altera; item quoddam jornale terre & quamdam peciolam prati ad invicem coherentes, & jacent in dicta Parrochia de Thoveto in loco ubi dicitur apud Villare, juxta Salicetum Domini Radulphi de Intermontibus ex una parte, & juxta terram Stephani de Sabaudia; item tres seyturatas prati sitas apud Goletum, juxta pratum Malederie pratis ex una parte, & juxta pratum deuz vineriis ex altera; item quamdam peciam vinee sitam in dicta Parrochia de Thoveto in loco ubi dicitur a Bayetam, juxta vineam Guigonis Crollis ex una parte, & juxta vineam Joffredi Olardi condam ex altera; pro qua predicta pecia vinee de Bayetta confitetur dictus Franciscus Boneti se debere & velle debere dicto Domino ARTAUDO sex denarios Viennenses de servitio census, & duplum placitum quando contingerit. Item dictus Franciscus Boneti tenet in feudum a dicto Domino ARTAUDO copagia nemorum de Bruissone ubicunque dicta copagia sint sive reperiri possint apud Bruyssonem. Item tenet dictus Franciscus Boneti in feudum a dicto Domino ARTAUDO Mistraliam & Banneriam de Thoveto. Item fuit actum & conventum inter partes predictas videlicet inter dictum Dominum ARTAUDUM DE BELLOMONTE ex una parte, & dictum Franciscum Boneti ex altera, quod omnes menuti Banni *que* adveniunt in Parrochia de Thoveto & garde de Thoveto sint dicti Francisci Boneti. Et est sciendum quod in grossis Bannis Dominus ARTAUDUS & sui habent & percipere debent quando accedunt, videlicet duas partes, & dictus Franciscus Boneti tertiam partem. Et confitetur dictus Franciscus Boneti se tenere & velle tenere in feudum a dicto Domino ARTAUDO dictos menutos Bannos & Gardam de Thoveto. Et pro predictis omnibus universis & singulis superius declaratis dictus Franciscus Boneti confitetur coram predicta Curia se debere & velle debere dicto Domino ARTAUDO decem solidos bonorum Viennensium seu equivalentis monete de placito, quando contingerit. Et pro predictis omnibus superius declaratis dictus Franciscus Boneti confitetur & per sacramentum suum coram predicta Curia esse homo ligidus sive ligius dicti Domini ARTAUDI DE BELLOMONTE, Militis, excepto uno, videlicet Domino Dalphino. Item confitetur dictus Franciscus Boneti coram predicta Curia quod si ipse habebat vel habere poterat duos filios masculos ex legali matrimonio, quod unus ipsorum duorum filiorum debet esse homo ligius dicti Domini ARTAUDI & heredum suorum. Item confitetur dictus Franciscus Boneti per sacramentum coram predicta Curia se tenere & velle tenere a dicto Domino ARTAUDO in emphithosim & de dominio ipsius Domini ARTAUDI ea que secuntur: videlicet quamdam seysturiatam prati, que sita est apud Golletum juxta pratum dicti Francisci Boneti ex una parte, & juxta pratum Perreti Vayreti, ex altera; item quamdam aliam sestur' prati sitam apud Rivale juxta pratum Perreti Rosse, ex una parte, & juxta pratum Perreti Guaynour, ex altera; pro quibus predictis duabus sestur' prati

7 des Ides de Juin 1294.

* On peut lire également *Boveti.*

dictus Franciscus debet dicto Domino Artaudo sex denarios Viennenses de servitio census, in festo Beati Michaelis, & duplum placitum quando contingerit. Item dictus Franciscus tenet in emphit*h*osim a dicto Domino Artaudo quartam partem unius jornalis terre sit' apud Vilarium juxta terram Perreti Rosse ex una parte, & inde debet dicto Domino Artaudo tres denarios Viennenses de servitio census, & duplum placitum quando contingerit; item sex cartas & dymidiam frumenti census, quas dicto Francisco Boneti debent liberi Guigonis Rostan pro uno jornale & dymidio terre, sito apud Charmilium, juxta terram dicti Francisci Boneti ex una parte. Item confitetur dictus Franciscus Boneti se tenere in emphit*h*osim a dicto Domino Artaudo & de dominio ipsius quandam peciam vinee sitam in loco ubi dicitur Enbruneta, juxta vineam Laurenteti ex una parte & juxta terram Hugonis Chapuys ex altera; pro qua dicta pecia vinee debet dicto Domino Artaudo quinque solidos de placito quando contingerit. Item tenet quandam seyturiatam prati sit. subtus pratum Gobeti, juxta pratum Ruphi Audru ex una parte, & juxta pratum Malederie ex altera. Item tenet quoddam dymidium jornale terre situm apud Thovetum juxta terram Jaquemeti Razonis ex una parte; pro qua seytur' prati & dymidio jornalis terre predictis dictus Franciscus Boneti debet dicto Domino Artaudo duos solidos & unum denarium Viennensem de servitio census, in festo Beati Michaelis, & duplum placitum quando contingerit. Item tenet magis a dicto Domino Artaudo dictus Franciscus in emphit*h*osim quandam peciolam saliceti & terre coherentes ad invicem, sit' juxta pratum Viviani de Thoveto ex una parte, & juxta viam publicam ex altera; & inde debet dicto Domino Artaudo duos denarios Viennenses de servitio census & duplex placitum quando contingerit. Promittens dictus Franciscus Boneti, per solempnem stipulationem & per sacramentum super sancta Dei Euvangelia corporaliter prestitum dicto Domino Artaudo solepniter stipulanti, contra predictas confessiones de cetero aliquathenus non venire, de jure vel de facto, sed eas ratas & gratas habere in perpetuum & tenere; renuntians dictus Franciscus Boneti in hoc facto exceptioni doli, mali, metus, & in factum actioni & erronnee confessioni, & juri dicenti quod confessio facta coram non suo pare non valeat, & omni alii juri canonico & civili per quod posset facere vel venire contra predicta vel aliqua de predictis, & juri dicenti generalem renuntiationem non valere nisi precesserit specialis. Volentes & precipientes dicte partes quod de predictis fiant duo publica instrumenta ejusdem tenoris de quibus unum habeat dictus Dominus Artaudus & dictus Franciscus Boneti aliud. Actum fuit hoc apud Fraytam in domo dicti Domini Artaudi, ubi testes fuerunt vocati & rogati, Johannes de Bellomonte, & Guigo qui alio nomine vocatur Oyeta, & Guigo Visco, de Thoveto. Et ego Petrus Lumbardi habitator Goncellini, Imperiali auctoritate Notarius publicus, qui hiis omnibus interfui vocatus & rogatus hanc cartam scripsi ac tradidi fideliter.

Inféodation faite par Béatrix de Savoye à François de Beaumont, *fils d'*Artaud de Beaumont, *Chevalier, de plusieurs héritages situés au Touvet.*

Original en parchemin conservé dans les Archives de la Terre des Adrets.

10 Avril 1301. N. B. Filia inclite recordarionis Domini P. Comitis Sabaudie, domina Fucigniaci, notum facimus universis presentes Litteras inspecturis, quod cum Franciscus de Bellomonte, filius Domini Artaudi de Bellomonte, Militis, de voluntate & consensu ipsius patris sui, nobis fecerit homagium ligium, nos in beneficio & recompensationem ipsius homagii, eidem Francisco, heredibus & successoribus ejus sub dicto homagio damus, tradimus & concedimus in feudum & in beneficium feudi, tanquam grato & bene merito ea que inferius subsequuntur: in primis quatraginta solidos & quatuor gallinas census que nobis facit Petrus Peyrodi pro quodam campo sito apud Tovetum, cum grangià infra sita, qui campus vocatur Corvata de Expallye, cui possidet ab unâ parte Petrus Escoferii, & ab aliâ parte Petrus Berodi. Item quandam vineam que vocatur Clausum, que sita est apud Tovetum, cui possidet ab unâ parte Franciscus Boneti, & ab aliâ iter publicum, que vinea extimata est usque ad valorem quinquaginta solidorum cens. Item molendinum nostrum quod habemus apud Tovetum cum rivagio & parrochagio dicto molendino actenus consueto; quod molendinum per nos acensatum estitit duodecim sest. frumenti & duodecim sest' avene, quod bladum estimatur centum & octo solidos annuales; que omnia cum rebus pro quibus predicta dicto Francisco concedimus & tradimus modo quo supra, ex nunc in anteà, per eumdem, vel per alium, mandato ipsius voluntati sue possidenda; investientes eumdem de predictis per traditionem presentium Litterarum; que omnia in summa eidem reddimus & assetamus pro decem libris annualibus seu censualibus, donantes tamen eidem plus valens quod excederet quantitatem supra dictam, promittentes etiam eidem Francisco quod 'si aquirere possemus domum cum redditibus de Brenino quod quondam fuit Domini Johannis Falaterii, nos ibidem dictas decem libratas terre, eodem modo, dicto Francisco asetaremus & copiose, ita tamen quod si dictum asetamentum fieri contingeret in dicto loco de Bregnino, quod dicte res superius designate & asetate incontinenti ad manus nostras pervenirent, & hec omnia promitimus per nos heredesque nostros rata & firma habere & tenere, & nunquam contra facere

DE LA MAISON DE BEAUMONT. LIV. II.

facere vel venire. Datum & actum apud Montem Flur cum appositione sigilli nostri, die Lunæ ; videlicet, decimâ intrante Aprili, anno Domini millesimo tricentesimo primo.

Cet acte est sçellé sur double queue de parchemin, d'un sçeau en cire verte à moitié brisé.

Notice du partage que Messire ARTAUD DE BEAUMONT*, Chevalier, a fait de ses Biens entre* ARTAUD*,* FRANÇOIS *&* GUIGUES DE BEAUMONT*, ses enfans.*

Extrait d'un ancien Répertoire des titres de la Chartreuse de S. Hugon, fait par Maître Jean Audriey, Notaire & Secrétaire de la Chambre des Comptes de Dauphiné, ainsi qu'il résulte d'une note du 13 Mars 1425, mise en marge du cinquante troisième article dudit Répertoire, conservé en original dans les Archives de cette Maison.

ITEM divisio facta per Dominum ARTAUDUM DE BELLOMONTE, Militem, de bonis & rebus suis, de quibus fecit tres partes ad opus ARTAUDI, FRANCISCI & GUIGONIS DE BELLOMONTE fratrum, filiorum suorum; de quibus, bona que ad partem dicti FRANCISCI devenerunt, in instrumento ipsius divisionis particulariter declarantur, recepto & grossato per Jacobum Luys, Notarium sub anno Domini millesimo tercentesimo secundo, Indictione decimâ quintâ, duodecimo Kal⁵ Febroarii ; & signato per LXIII.

12 des Calendes de Février 1302.

Inféodation faite par Messire ARTAUD DE BEAUMONT*, Chevalier, à Pierre de Boges, de plusieurs héritages situés en la Paroisse du Touvet, dont celui-ci rend hommage-lige audit Chevalier.*

Original en parchemin, conservé dans les Archives de la Terre des Adrets.

ANNO a nativitate Domini millesimo tricentesimo quarto, Inditione secundâ, decimâ octavâ Kal' Octobris ; coram me Petro Notario & testibus infrascriptis, nobilis vir Dominus ALTAUDUS DE BELLOMUNTE, Miles, non deceptus, non coactus, neque aliquo dolo inductus, set suâ merâ & spontaneâ voluntate, pro se, suis liberis, heredibus & successoribus suis alberguavit in feudum, & nomine alberguamenti perpetui seu nomine contractus enfeudi, tradidit & concessit Petro de Bogiis habitatori Parrochie Toveti, & ipsius heredibus & successoribus suis in perpetuum ea que sequntur. Primo quamdam petiam prati que continet circua sex seyturatas, que petia prati sita est in Parrochia Toveti, videlicet apud Fraytam, justa pratum Johannis Magnoudi ex unâ parte, & justa pratum Petri Boysonis ex alterâ, & justa pratum Rosseti de Combis ex alterâ. Item duas fossoratas vineæ que site sunt desuper clausum vineæ Domini Rodulphi de Intermuntibus apud Fraytam, justa vineam Diderii de Crollis ex unâ parte, & justa vineam Domini Petri, Capellani Toveti ex alterâ, & justa vineam Blanchardi de Montabun ex alterâ ; ad habendum, tenendum & possidendum predictas petiam prati & vineæ, dictus Petrus de Bogiis & sui de cetero pacifice & quiete pro uno sestario pulcri frumenti de servicio annuatim solvendo dicto Domino ALTAUDO & ipsius heredibus in festo Beati Michaelis, ita quod de cetero dictus Petrus de Bogiis dictam petiam prati & dictas duas fossoratas vineæ ipse Petrus & sui, habeat, possideat & teneat de cetero in pace pro ussagio supradicto & quicquæ de ipsis petiis prati & vineæ dicto Petro de Bogiis placuerit faciendum ; confitendo dictus Dominus ALTAUDUS se habuisse & recepisse à dicto Petro de Bogiis quatraginta solidos monete modo curribilis per Dalphinatum pro introgiis dicti alberguamenti, de quâ predictâ petiâ prati, & de dictis duabus fossoratis vineæ, dictum Petrum de Bogiis dictus Dominus ALTAUDUS investivit & in possessionem induxit. . . . . Et incontinenti coram me Petro Notario & testibus infrascriptis ad instanciam & requisitionem dicti Domini ALTAUDI DE BELLOMUNTE, Militis, instantis & requirentis nomine suo & heredum suorum, dictus Petrus de Bogiis confitetur & recognoscit se dictam petiam prati, & dictas duas fossoratas vineæ se tenere & velle tenere in feudum & de dominio dicti Domini ALTAUDI sub servicio supradicto, videlicet de sestarii frumenti & pro dicto feudo & fine feudo confitetur dictus Petrus de Bogiis se esse homo ligius dicti Domini ALTAUDI, & incontinenti, flexis genibus & manibus suis junctis positis inter manus dicti Domini ALTAUDI, osculando pollices dicti Domini ALTAUDI, dictus Petrus de Bogiis pro se suis liberis descendentibus ab ipso Petro fecit homagium ligium dicto Domino ALTAUDO recipienti pro se & heredibus suis ; promittendo dictus Petrus de Bogiis per pactum & per sacramentum super sancta Dei Euvangelia corporaliter prestitum dicto Domino ALTAUDO stipulanti pro se & suis, contra dictam confessionem & fidelitatem dicti homagii de cetero non venire, de jure vel de facto, nec alicui persone contravenire volenti consentire. Item dictus Petrus de Bogiis promisit sub juramento predicto de venire stare super feudum dicti Domini ALTAUDI in Parrochia de Toveto, & dictus Dominus ALTAUDUS sibi pro-

18 des Calendes d'Octobre 1304.

misit dare quoddam chaffale domus in quo domum fuam edificavit dictus Petrus de Bogiis, & ibi manfionem fuam faciet retro feudum dicti Domini ALTAUDI.... Volentes dictæ partes, quod de predictis fiant duo publica inftrumenta ejufdem tenoris, de quibus unum habeat dictus Dominus ALTAUDUS, & aliud dictus Petrus de Bogiis. Actum eft hoc apud Tovetum in Ciminterio jufta Ecclefiam, ubi teftes fuerunt vocati & roguati, Guillermerius, Famulus dicti Domini ALTAUDI, Petrus Efcoferii de Toveto, Jacobus de fancto Johanne & Dominus Anricus Perrini, Monacus Toveti. Et ego Petrus Lumbardi habitator Guncelini, Imperiali auctoritate, Notarius publicus qui hanc cartam rogatus fcripfi & tradidi fideliter.

Vis-à-vis les premieres lignes de cet acte est figuré le Monogramme du Notaire.

Déclaration faite par Messire ARTAUD DE BEAUMONT, *Chevalier, sur la portion assignée à* ARTAUD, *son fils aîné, dans le partage qu'il a fait de ses Biens entre ledit* ARTAUD; GUIGUES, *son autre fils;* PHILIPPE & FRANÇOISE, *filles de* FRANÇOIS, *aussi son fils; dans laquelle portion se trouve le Château de* BEAUMONT.

Original en parchemin conservé dans les Archives de la Terre du Touyet.

7 des Ides de Janvier 1304. ANNO a nativitate Domini M°. tricentefimo quarto, Inditione prima, feptimo Idus Januarii, Dominus ARTAUDUS DE BELLOMONTE, Miles, non deceptus, non coactus, neque aliquo dolo inductus, fed fpontaneus, confiderans & refpiciens maximam utilitatem liberorum fuorum, videlicet, ARTAUDI DE BELLOMONTE, GUIGUONIS DE BELLOMONTE fratrum, & PHILIPE & FRANCECHIE fororum, filiarum FRANCISCI DE BELLOMONTE condam, de omnibus rebus *rebus* fuis fecit partes feu divifiones, de quibus rebus fecit tres partes, videlicet, unam ad opus dicti ARTAUDI primogeniti fui, & aliam ad opus dicti GUIGUONIS, & aliam ad opus dictarum fororum, contentas in tribus inftrumentis; in hac vero parte ad opus dicti ARTAUDI, pofuit Caftrum de BELLOMONTE cum ejus edificio & fedili. Item & medietatem Ayę ̇tam de fubtus BELLOMONTE, a parte de verfus Brifitorta, ficut dividit livions quod venit de Revoyria Domini Rodulphi de Intermontibus, Militis, & prout tendit dicta aya ufque ad terram GUILLELME DE BELLOMONTE & ufque ad combam Elueyrez que dividit BELLOMONTEM & Brifitottam. Item pofuit in hac parte quidquid habebat in tota Parrochia Sancti Mich' de Monte, aut fint fervicia, placcita, feuda, & dominia, homines & feynoria, vel alie res que alio nomine cenfeantur effe dicti Domini ARTAUDI in dicta Parrochia, & a Parrochia Sancti Bernardi, ufque ad Bellam Cameram in toto monte inter duos rivos; item pofuit in hac parte totum feudum quod ab ipfo tenebat Difderius de Crollis, pro quo debebat homagium ipfi Domino ARTAUDO dictus Difderius, & totum feudum quod ab eodem tenebat idem Difderius ad fervitium & homagium & etiam dictum fervitium cum fuo placito. Item pofuit in hac parte quoddam pratum quod ab eodem tenebat Li Vial ad Meyeriam, & fervitium quod inde fibi debebant. Item & quatuor feytoriatas de marefco quas ab ipfo tenebant Li Vial prenominati, & fervitium quod inde fibi debebant. Item pofuit in hac parte unum feftarium frumenti quod eidem debebant Li Guaruer pro quadam feytor prati fita juxta predictum pratum quod tenent Li Vial. Item pofuit in hac parte quamdam petiam vinee que vulgaliter appellatur Sotreyeri pofitam apud Fraytam cum nucibus & aliis arboribus dictę vinee contiguis, & poffidet ab una parte Hugo Neyreti. Item pofuit in hac parte quamdam petiam vinee, que appellatur Mollifola, eo ne ipfe ARTAUDUS petat aliquid in rebus quas habet idem Dominus ARTAUDUS ultra Yfaram in terra Domini A. Comitis Gebenenfis quas tenet in feudum a dicto Domino Comite. Item pofuit in hac parte feptem quartalia frumenti cenfus, que debent Roffeti de Combis, & fex denarios quos debebant Li Aftier de Terracia. Item pofuit in hac parte totum fervitium & uffagium quod fibi debebat Perretus Mueri. Item pofuit in hac parte decem novem quartas frumenti cenfus, quas fibi debebat ofpitium Elchalmanczons. Item pofuit in hac parte totum uffagium quod fibi debebat Guillelma Vacheri. Item pofuit in hac parte Hugonem Favardi & Guillelmam Favardam, cum omni uffagio quod fibi debebant. Item pofuit in hac parte totum uffagium quod eidem debebant Lorencerus de Comba & Mayencia de Comba. Item & unam eminam frumenti cenfus, quam fibi debebant ANDROUDUS DE BELMONT, ET SOROR SUA. Item & unam eminam frumenti cenfus, quam fibi debebant Les Berardes. Item & unum quartale frumenti cenfus, quod fibi debebat Perrinus de Frayta. Item & unam eminam frumenti, unum pullum cenfus, que debebat eidem Li Revolla de Frayta; item & tres quartas frumenti decem denarios cenfus, quas & quos fibi debebant Les Roffetes de Montabon. Item pofuit in hac parte quinque quartas frumenti cenfus, & dimidiam, quas fibi debebat Bertolomeus Gorra de Goncelino. Item pofuit in hac parte totum feudum quod ab ipfo tenebat Francifcus Boveti, & uffagium quod inde fibi debebat. Retinuit tamen fibi duos folidos, octo denarios, unam quartam frumenti, quos & quam fibi debebat Hugo Neyreti pro uxore fua cum uno quartali frumenti cenfus quod fibi debet Guillemetus Erlondi pro uxore fua & cum fervitio quod fibi debet Martinus Pennini; que poffit idem Dominus ARTOUDUS, ubicumque

DE LA MAISON DE BEAUMONT. LIV. II.

voluerit, pro anima sua, relinquere seu legare, cum uno pullo, duabus gallinis, quas & quem debent predicti Huguo, & Guillemetus & Martinus, prout hec omnia dicit dictus Dominus ARTAUDUS: quas res predictas & dicta servitia, cum eorum placitis feudis & dominiis pro quibus debentur, exceptis his que sibi retinuit idem Dominus ARTAUDUS ex causa divisionis, dedit, donavit, tradidit atque cessit michi infrascripto Notario recipienti nomine dicti ARTAUDI primogeniti sui, & de ipsis rebus ut supra declarantur, me subscriptum Notarium recipientem nomine quo supra investivit per traditionem cujusdam baculi, ut moris est, & se devestivit cum omni jure, usu, dominio, actione & requisitione sibi competentibus, & in posterum competituris, constituendo se possidere nomine dicti ARTAUDI res predictas, & quamlibet ipsarum, donec per ipsum, vel aliquem alium suo nomine, corporalis po*ſe*ssio, vel quasi fuerit aprehensa, cujus aprehendende & deinceps retinende dedit & concessit michi infrascripto Notario, recipienti, nomine quo supra, plenariam potestatem & liberam licentiam, sua propria auctoritate, retento tamen u*ſſ*ufructu ad vitam suam; volens idem Dominus ARTAUDUS ipsum ARTAUDUM filium suum esse contentum pro ipsis rebus supra contentis; de omnibus aliis rebus suis ipsum excludendo, & quod ipse ARTAUDUS teneatur pro tertia parte, suos clamores emendare & sua debita solvere; mandans & precipiens dictus Dominus ARTAUDUS predictis filiis suis, & filiabus predicti FRANCISCI condam, & cuilibet ipsorum per hoc presens instrumentum, ut divisiones factas per ipsum de rebus contentis in instrumentis dictarum divisionum teneant de cetero pacificè & quietè; nolens insuper, quod unus teneatur erga alium de evictione. Item voluit & precepit quod si forte invenirent aliquas res indivi*ſſ*as, quod eas inter se communiter dividerent & quod quelibet pars transeat cum *honore* suo. Actum est hoc apud Fraytam in platea, ante domum dicti Domini ARTAUDI, ubi testes fuerunt vocati & rogati, videlicet Dominus Artaudus de Chalenderia, Miles, Artaudetus ejus filius, Franciscus Boveti, de Thoveto, Bernardus ejus filius, Perretus Bruardi. Et ego Jacobus Luys, auctoritare Imperiali, Notarius qui rogatus hanc cattam scripsi & tradidi fideliter.

Vis-à-vis la premiere ligne de cet acte est figuré le Monogramme du Notaire.

---

*Confirmation faite par Me*ſſ*ire* ARTAUD DE BEAUMONT, *Chevalier, du Testament de* FRANÇOIS, *son fils.*

Original en parchemin conservé aux Archives de M. le Comte de Beaumont-de la Roque, au Château du Repaire, en Périgord.

ANNO a natavitate Domini millesimo tricentesimo sexto, Inditione quarta, VXI^a (1) die Madii, Dominus ARTAUDUS DE BELLOMONTE, Miles, sine alicujus circumventione ductus comendavit Domino GUERSO DE BELLOMONTE, Militi, filio suo, videlicet filias FRANCISCI DE BELLOMONTE filii sui condam sub fide alti*ſſ*imi Creatoris & dicti Domini GUERSI, precipiendo ipsi Domino GUERSO idem Dominus ARTAUDUS ut dictas filias predicti FRANCISCI, sorores regat seu gubernet bene & fideliter & eodem modo & forma quibus dictus FRANCISCUS condam precipit in suo testamento; vult insuper predictus Dominus ARTAUDUS & precipit quod predictum testamentum ipsius FRANCISCI filii sui condam stet & valeat prout dictus FRANCISCUS condam ipsum ordinavit in sua ultima volontate ipsum testamentum aprobando & ratificando idem *Dominus* ARTAUDUS; & dictus Dominus GUERSUS promisit & ad sancta Dei Evangelia juravit omnia que in dicto testamento continentur integraliter *a*tendere pro po*ſſ*e suo de bonis tamen ipsius FRANCISCI; requirendo me infrascriptum Notarium predictus ARTAUDUS ut de premi*ſſ*is facerem publicum instrumentum ad opus omnium illorum quorum poterit interesse. Actum est hoc apud Fraytam in domo dicti Domini ARTAUDI coram Domino Artaudo de Chalenderia, Milite; ARTAUDETUS DE BELLOMONTE, Bernar*di* filius Francisci Boneti de Thoveto, Johannes familiaris predicti Domini ARTAUDI DE BELLOMONTE & me Jacobo Luys auctoritate Imperiali publico Notario qui hanc cattam scripsi & tradidi fideliter.

16 Mai 1306.

(1) Sic: *C'est une inversion de chiffres; il faudroit* XVI^a.

Vis-à-vis les premieres lignes de cet acte est figuré le Monogramme du Notaire.

CHAPITRE III.

ARTAUD DE BEAUMONT, IIIe du nom, Damoiseau, Seigneur de Beaumont, de la Freyte & du Touvet, & FRANÇOIS, son frere; enfans d'ARTAUD II.

Acte par lequel ARTAUD DE BEAUMONT, fils de Messire ARTAUD DE BEAUMONT, Chevalier, assigne pour dot à MARGUERITE, sa fille, la Maison de feue Dame Marguerite du Mas.

Original en parchemin conservé dans les Archives de la Terre des Adrets.

3 des Nones de Février 1294.

ANNO Domini millesimo ducentesimo nonagesimo quarto, Indictione VII. tertio Non. Febroarii, coram me Notario & testibus infrascriptis; cum ARTAUDUS DE BELLOMONTE, filius Domini ARTAUDI DE BELLOMOMTE, Militis, promiserit assignare & assestare undecim libras Viennenses census ALBERTETO FILIO GUILLELMI BIGOT pro dote seu nomine dotis MARGUARITE filie ipsius ARTAUDI, uxoris predicti Alberteti, predictus ARTAUDUS non deceptus, non cohactus set prudens & spontaneus, pro se suisque liberis & heredibus universis in perpetuum predictas undecim libras Viennenses census assignavit & assestavit ipsi Alberto nomine quo supra ut infra sequitur. Imprimis assignavit pro pretio sex librarum Viennensium census, triginta fossoreatas vinee cum arboribus ibidem sitis, que jacent in pendente gorgie subtus domum quondam Domine Marguarite de Manso, juxta castanetum dicte gorgie & si quo sunt alie coerentie. Item & unam aliam petiam vinee cum arboribus in eadem sitis, que vinea jacet subtus sanctum Julianum, juxta vineam Nantelmi de Grangia & juxta viam publicam quo itur versus mansum. Item assignavit pro novem sestariis de frumento censuali novem jornalia terre sita apud locum qui dicitur Condamina, juxta terram Hugonis de Comeriis. Item & duo jornalia terre sita apud Mansum, juxta viam publicam qua itur versus Froges, & si que sunt alie coerentie. Item posuit in predicta assignatione dictus ARTAUDUS unum quartallum de frumento censuali cum suo placito, feudo ac dominio, quod usagium sibi debebat Petrus Ruphi pro suo tenemento. Item & tres eminas de frumento censuali ad mensuram Domene & duo *honera* de amarenis, cum suo placito, feudo ac dominio, quam usagium predictum debebant dicto ARTAUDO filie quondam Martini de Manso pro rebus quas tenebant ab eodem; item & unam gallinam census cum suo placito, feudo ac dominio quam debebat Libaros pro suo tenemento. Item & duo sestaria de frumento ad mensuram Goncelini & duas gallinas & sex denarios census cum suo placito, feudo ac dominio, quod usagium sibi debebat Guigo Saluchat pro suo tenemento. Item & novem denarios census cum suo placito, feudo ac dominio quos sibi debebat Guillelmus Andree pro suo tenemento. Item & tres denarios census cum suo placito, feudo ac dominio, quos ipsi ARTAUDO debebat Petrus Goncelini pro suo tenemento. Item posuit in jam dicta assignatione unam petiam prati & insule cum suis pertinentiis, sitam in insulis de Brinoudo, que condam fuerunt Domine Margarite de Manso. Item & unum sestarium de frumento cum suo placito, feudo ac dominio quod sibi debebant Hugonetus Samier & sui parerii pro suis tenementis. Item posuit dictus ARTAUDUS in ipsa assignatione predictis conjugibus quamdam domum cum suo solio & cum omnibus suis pertinentiis & appendentiis, que domus jacet apud Mansum & fuit quondam Domine Margarite de Manso. Assignavit inquam predicta omnia dictus ARTAUDUS predictis conjugibus, ut dictum est supra ad habendum, tenendum, possidendum; levandum seu recuperandum de cetero pacifice & quiete & quicquid ipsis conjugibus deinceps placuerit faciendum pro quinque solidis de placito ipsi ARTAUDO & suis heredibus à dictis conjugibus *qum* contingerit faciendis, videlicet per mortem Domini & possessoris. De quibus rebus predictis in predicta assignatione positis, dictus ARTAUDUS se devestivit & dictos conjuges investivit vel quasi & in vacuam possessionem ipsos induxit vel quasi, constituens se possidere vel quasi singula supradicta nomine ac vice ipsorum conjugum quousque per ipsos, vel per quemlibet ipsorum corporalis possessio fuerit aprehensa, in quam intrandi sibi licentiam dedit & concessit propria auctoritate sua ut in rem suam propriam; promittens dictus ARTAUDUS solempni stipulatione interposita, juramentoque super sancta Dei Evangelia prestito corporali, predictis Alberto & MARGARITE conjugibus presentibus & solempniter stipulantibus contra non facere vel venire per se vel per alium, nec impedimentum apponere vel apposuisse de jure, vel de facto, set in perpetuum ab omnibus personis salvare & deffendere in judicio & extra cum suis propriis sumptibus & expensis pro quinque de placito ante dictis; renunciando dictus ARTAUDUS in hoc facto exceptioni doli, mali, metus & in factum actioni, & juri dicenti quod si alter contrahentium fuerit deceptus ultra dimidium justi pretii, quod contractus rescindatur, vel quod deest justo pretio supleatur; & omni alii juri tam canonico quam civili pro

DE LA MAISON DE BEAUMONT. Liv. II.

eo introducto, & juri dicenti generalem renuntiationem non valere nifi preceſſerit ſpecialis. Quæ omnia prædicta in prædicta aſſignatione poſita dicti conjuges ſpontanei & certa ſcientia acceperunt gratis pro prædictis undecim libris Viennenſibus antedictis, & juraverunt ad ſancta Dei Evangelia ipſi Artaudo preſenti & ſolempniter ſtipulanti, quod nichil aliud non poſſunt petere de cetero à dicto Artaudo vel alio ipſius nomine occaſione prædictæ pecuniæ ſummæ. Actum fuit hoc publicè apud Chaparult ante domum Donetæ uxoris Guillelmi Bigot, ubi teſtes fuerunt vocati ſpecialiter ad hoc & rogati Franciscus de Bellomonte, Johannetus filius Berlionis de Bellacomba, & Guillemetus de Pratis, de ſancto Naczario. Et ego Petrus Kaſſardi, publicus Notarius hiis omnibus interfui qui præſens inſtrumentum ſcripſi roguatus & tradidi fideliter.

Vis-à-vis les deux premieres lignes de cet acte eſt figuré le Monogramme du Notaire.

Extraits de la main de M. l'Abbé le Laboureur, faits d'après les originaux de la Chambre des Comptes de Paris : ces Extraits conſervés au Cabinet de l'Ordre du S. Eſprit; Recueil cotté : Titres scellés; *vol,* 2, *fol.* 8. *bis.*

François de Biaumont, Eſcuier, reçoit de Me Guillaume, Chantre de Milly, & Geffroy du Bois, Clercs du Roy, 40 liv. 10 ſ. tournois, pour arrerage de ſon ſervice en Flandres ; à Bruges le 26 Mai 1301 ; cette Quittance ſcellée en cire verte d'un ſceau repréſentant *une Faſce qui paroît chargée de trois Fleurs de Lys ou Loſanges* ; *briſé d'une cotice.*

26 Mai 1301.

---

*Proteſtation des Religieux de la Chartreuſe de S. Hugon, contre la déclaration que leur Prieur a faite de tenir en fief d'*Artaud de Beaumont, *Damoiſeau, les Biens donnés à leur Maiſon, par* Artaud de Beaumont, *Chevalier, par autre* Artaud de Beaumont, *auſſi Chevalier, pere & ayeul dudit Damoiſeau; & par* Amédée, *ſon oncle.*

Original en parchemin, conſervé aux Archives de la Grande Chartreuſe, près Grenoble.

Anno Domini milleſimo trecentenſimo decimo, Indictione octava, die Veneris poſt Feſtum Sancti Michaëlis & coram teſtibus infraſcriptis, cum Arthaudus de Bellomonte, Domicellus, moveritqueremoniam fratri Johanni de Moliis, Priori Domus Vallis ſancti Hugonis, nomine Domus ipſius ſuper montes vocatas del Sul, de Auzfol & de Auclu & eorum paſcuis pro indiviſis : tandem dictis Arthaudo & Priore convenientibus, coram Aymone Conbront, auctoritate Imperiali publico Notario habitatori de Goncelino apud pratum Goncelini in grangia Vallis ſancti Hugonis Heremitanorum dictus Arthaudus confirmavit, ratificavit & approbavit dicto Priori nomine dictæ Domus vallis ſancti Hugonis requirenti & recipienti quandam donacionem olim factam purè & irrevocabiliter dictæ Domui per nobiles viros Dominum Arthaudum de Bellomonte, Militem, patrem dicti Arthaudi, & per Amedeum fratrem dicti Militis de omni jure, requiſicione & deytrura quod & quæ dicti fratres habebant & habere poterant in pacuis moncium ſive in montaneis prædictis ubicumque ſint ſive in plano, ſive in rupibus, ſive in nemoribus nihil ſibi retinentes dicti donatores in prædictis paſcuis niſi hoc ſolum quod quando habuerint neceſſe extrahere de nemoribus dictorum moncium aliquas mayerias quod tunc boves ducentes dictas mayerias poſſint *pacere* in dictis paſcuis. Jurantes dicti donatores dictam donacionem perpetuo obſervare & contra in aliquo non venire prout hec & plures alii inſtrumento inde facto per manum Jocobi de Boyſeria, publici Notarii lacius continentur. Item confirmavit dicto Priori ut ſupra recipienti & requirenti quamdam aliam donacionem olim purè & ſimpliciter & ſine aliqua retentione factam dictæ Domui per nobilem virum Dominum Arthaudum de Bellomonte patrem condam predicti Domini Arthaudi, Militis, patris dicti Arthaudi, Domicelli, de omni jure, requiſicione, auctione & deytruta quod & quæ dictus donator habet & habere poterat in alpes del Suol prout tenditur uſque ad alpem de Autour & juravit dictus donator ad ſancta Dei Evangelia contra dictam donacionem aliquo tempore non venire, ſed que dederat ſalvare & perpetuo conſervare ab omni perſona, dictæ que donacioni conſenſerunt dictus Dominus Arthaudus, Miles, pater dicti Arthaudi, Domicelli, & Amedeus, & Franciscus fratres, & filii dicti Domini Arthaudi, Militis, proximi donatoris; promitentes dicti fratres & filii juramento ab eis corporaliter præſtito contra predictam donacionem aliquo tempore per ſe vel per alium non venire ſed eam ad ſe defendere & à ſuis prout hec in inſtrumento inde facto per Reymondum auctoritate Imperiali publicum Notarium publicum lacius continetur ſupra dictas donaciones, confirmaciones & approbaciones, & omnia in predictis inſtrumentis contenta juravit

Vendredi après la Fête de S. Michel, de l'an 1310.

PREUVES DE L'HISTOIRE GÉNÉALOGIQUE

dictus ARTHAUDUS, Domicellus, ad sancta Dei Evangelia ab eo corporaliter taucta pro se & suis heredibus dicto Priori nomine dicte Domus follempniter ftipulanti perpetuo ratas habere & tenere & defendere in jure fuis propriis fomptibus & expenfis prout hec lacius continentur in quodam publico inftrumento facto per manum Aymonis Conbront, auctoritate Imperiali publici Notarii, de quibus predictis inftrumentis & in eis contentis michi Notario infrafcripto facta eſt piena fides per Monacos de Conventu Domus Vallis fancti Hugonis inferius nominatos; de quibus fic prenominatos in fine predicti inftrumenti facti per manum Aymonis Conbront in quo continentur ante dicte ratificaciones confirmaciones & approbaciones facte per dictum ARTHAUDUM Domicellum repertitur fcriptum in hunc modum; videlicet, & dictus Prior Domus nomine dicte Domus Vallis fancti Hugonis confeffus fuit & publicè reconovit dicto ARTHAUDO prefenti & recipienti
(*) Cet &c. eſt quod dicte alpes & dicta pafcua fint & effe debent de feudo & dominio ejufdem ARTHAUDI, &c. (*)
dans l'original. Unde Monachi de Conventu Domus predicte more & loco folicito tractaturi de arduis in unum ut Conventus in fimul congregati in prefencia mei Notarii & teftium infrafcriptorum, videlicet Frater Petrus de Teyfio, Vicarius dicte Domus. Domnus Raymondus. Domnus Jacobus de Betoneto. Domnus Johannes de Goncelino. Domnus Guigo. Domnus Johannes de Altovilario. Jacobus de Avalone. Domnus Bartholomeus de Châpamrillâ Sacriſta dicte Domus. Johannes de Plantatis. Domnus Jacobus de Cruce. Domnus Hymido; atendentes eciam eam effe contrariam donacionibus & confirmacionibus fuperius nominatis factis per illos qui eas facere poterant de omni jure & de omni deytrura que in dictis alpibus & pafcuis habere poterant dicti donatores, quas donaciones ut facte erant, dictus ARTHAUDUS, Domicellus ante dictam confeffionem aprobaverat cum juramento de non veniendo in contrarium, & fic per confeffionem factam dicto ARTHAUDO nullum jus atribuere; atendentes infuper dictum Priorem quantum in eo eſt per talem confeffionem fubmiffe jura & bona dicte Domus dominio temporali ex quo ipfo facto amifit & fufpenfus eſt de jure per tricennium ab omni officio & beneficio & ab omni ammiſtracione; atendentes eciam dictam confeffionem dicto ARTHAUDO tanquam contra jura factam non proficere, nec ei cauſam
(*) Sic : pour perrefcribendi preftrari inmo excommunicatore effer ipfo jure fi dei * infifteret dicte confeffioni
deinde. tanquam juri fcripto & juri dicte Domus contrarie, non confenciunt, imo eam approbavit & quantum poffont anichilant & anullant; petentes, fuplicantes Priori Cartufie tenenti fupra annum loco capitulli generalis Carturfienfis ordinis ut auctoritate fua & dicti capituli dictam confeffionem inprobet & anullet, & dictum Priorem fic confitentem a dicto Prioratu de facto amoveat, & diciplinam eidem ex hoc talem inponat ut ceteris remaneat in exemplum. Super predictis omnibus requirentes me Notarium infrafcriptum fibi dari & confici publicum inftrumentum; unde ego Guillelmus Regis Notarius publicus facri Palatii & Domini Comitis Sabaudi ad requiſicionem dictorum Dominorum Monachorum & Fratrum dicte Domus Vallis fancti Hugonis fic fcripfi & eis tradidi, apud Vallem fancti Hugonis ante fururnum dnorum Monachorum.

Au commencement de cet acte eſt figuré le Monogramme du Notaire.

Confirmation par ARTAUD DE BEAUMONT, *Damoiſeau, des Donations faites à la Chartreuſe de S. Hugon, par* ARTAUD DE BEAUMONT, *Chevalier; autre* ARTAUD DE BEAUMONT, *auſſi Chevalier, ſes pere & ayeul; & par* AMÉDÉE DE BEAUMONT, *ſon oncle.*

Original en parchemin conſervé aux Archives de la Grande Chartreuſe.

18 des Calendes ANNO a Nativitate Domini milleſimo tercenteſimo decimo, Indicione octava, XVIIIᵃ. Kal.
de Février 1310. Feb. ARTAUDUS DE BELLOMONTE, Domicellus, filius Domini ARTAUDI DE BELLOMONTE, Militis condam, ratificavit & approbavit & confirmavit religioſo viro Domino Fratri Johanni de Moylliis, Priori religioſe Domus Vallis fancti Hugonis recipienti nomine dicte Domus & omnibus habitantibus dicte Domus quamdam donationem eidem Domui factam per Dominum ARTAUDUM DE BELLOMONTE, Militem, patrem dicti ARTAUDI condam & per AMEDEUM fratrem ſuum, de omni jure, actione & dreytura quod & quam habebant, & habere debebant & poterant in pafcuis de alpibus de Arcu & de Autor & del Sueyl ubicumque dicta pafcua fuerint five in rupibus, five in nemoribus, five extra nemora, five in plano five in monte, prout protenditur a colle Belle fontis ufque ad alpetam Nalvyant prout dicta donatio continetur in quodam inftrumento publico confecto per manum Jacobi de Buyferia publici Notarii fub annotatione Domini milleſimo CCº. LXXº. primo, Indicione XIIIIᵃ. VIº. Kalendas Junii, &c. (*) Item ratificavit & aprobavit dictus ARTAUDUS dicto Domino Priori recipienti, nomine quo fupra, quamdam
(*) Ces &c. font aliam donarionem factam dicte Domui per Dominum ARTAUDUM DE BELLOMONTE, Militem,
dans l'original. patrem condam dicti Domini ARTAUDI de jure actione & dreytura quod & quam habebat vel habere debebat in alpe de Sueylo tanquam durat, quo jacet juxta alpem de Arcu prout dicta donatio continetur in quodam publico inftrumento confecto per manum Raymundi Notarii fub annotatione Domini milleſimo CCº. Lº. Indicione VIIIᵃ. Xº. Kal. Junii, &c. (*) & omnia alia que in dicti inftrumentis continentur dictus ARTAUDUS pro fe fuifque liberis & heredibus dicto

DE LA MAISON DE BEAUMONT. LIV. II.

Domino Priori recipienti ut supra ratificavit & aprobavit & promisit per stipulationem & per sacramentum super sancta Dei Evangelia dicto Domino Priori stipulanti nomine dictæ Domus contra dictas donationes & contra dictas ratificationes de cetero non venire de jure vel de facto, sed predicta donata & dicta pascua eidem Domui salvare & deffendere ob omni persona in jure ipsius propriis sumptibus & expensis, retentis sibi omnibus que dicti antecessores sui & donatores predicti in predictis alpibus sibi retinuerunt; renunciando dictus ARTAUDUS in hoc facto exceptioni, doli, mali, & in factum actioni, & juri dicenti quod si alter contrahendum decipiatur in contractu quod possit agere ut *decipiatur* & omni jure canonico, civili per quod possit venire contra predicta vel aliqua de predictis & juri dicenti generalem renunciationem non valere. Confitendo dictus ARTAUDUS se habuisse & recepisse a dicto Domino Priore viginti libras monete nunc currentis per Dalphinatum pro dictis ratificationibus; renunciando exceptioni pecunie non numerate & non recepte; & dictus Dominus Prior nomine dictæ Domus Vallis sancti Hugonis confessus fuit & publicè recognovit dicto ARTAUDO presenti & recipienti quod dictæ alpes & dicta pascua sunt & esse debent de feudo & dominio ejusdem ARTAUDI. Renunciando dictus Dominus Prior in hoc facto juri dicenti confessionem extra judicium & sine causa factam non valere & omni juri per quod possit venire contra predicta vel aliqua de predictis & juri dicenti generalem renuntiationem non valere; de quibus preceperunt fieri duo publica & instrumenta ejusdem tenoris de quibus unum habeat dictus Dominus Prior & dictus ARTAUDUS aliud. Actum est hoc apud pratum Goncelini in grangiâ Heremitarum Vallis sancti Hugonis, ubi testes fuerunt vocati & rogati Stephanus Masuers, Jacobus Chapuys, Jaquerius de Pomers, Dominus GUERSUS DE BELMONT, Miles; & ego Aymo Combri anctoritate Inperiali publicus Notarius his omnibus interfui, & sic vocatus & rogatus hanc cartam scripsi & tradidi feliciter.

Au commencement & à la fin de cet acte est figuré le Monogramme du Notaire.

Reconnoissances féodales données à ARTAUD DE BEAUMONT, *Damoiseau, par ses Tenanciers.*

Extrait du Registre cotté : Papirus Stephani Combri Notarii fol. XVI. v°. *étant aux Archives de la Chambre des Comptes de Dauphiné, Caisse de Graisivodan ; délivré en vertu d'Ordonnance de cette Chambre du 16 Octobre 1747, & signé* Chabert, *Greffier en Chef de la même Chambre.*

ANNO a nativitate Domini millesimo tercentesimo decimo tertio, Indictione undecimâ, octavo Idus Augusti ad instantiam & requisitionem ARTAUDI DE BELLOMONTE, Domicelli, omnes illi, quorum nomina inferiùs continentur, confessi fuerunt in jure & per sacramentum & publicè recognoverunt eidem coràm Curiâ ipsius ARTAUDI, videlicet Aymone Combri & Perroneto de Turre de Goncelino, jam data & concessa ab infrascriptis recognoscentibus res & possessiones & dreyturas quas tenent ab ipso ARTAUDO in feudum vel in emphiteosim seu alio modo & promitunt usagia & placita que sibi debent. In primis Johannes Eymendi de sancto Michaele confessus fuit in jure & per sacramentum coràm Curia predicta se tenere & tenere debere in emphiteosim ab eodem ARTAUDO, & nomine ipsius se constituit possidere, videlicet quandam petiam prati continentem circa unam seyturatam prati sitam in Patrochia sancti Michaelis in loco dicto Pragirardi juxta terram Petri Hugonis ex duabus patribus...pro quibus rebus confessus fuit dictus Joannes se debere eidem quinque solidos, novem denarios cum obolo & dimidiam pitam bonorum Viennens. veterum de servitio censuali in Festo sancti Michaelis annis singulis persolvendo & duplex placitum, & unam cartam & unam mouduram frumenti de servitio censuali ad mensuram de Thoveto, cum jetis, & unam cartam talis bladi, qualis venit in dictis terris, videlicet pro quolibet jornali, exceptis leguminibus, & pro predictis rebus debet operam & manu operam, videlicet in bastimentis faciendis per ipsum ARTAUDUM ubicumque sint in Patrochia de Thoveto & pro suis fenis actandis, & in congregandis lignis, & sustam tanquam homo ligidus.

Item tenet, &c.

Item Petrus Eymendi confessus fuit in jure & per sacramentum coram Curia & testibus predictis se tenere & tenere velle & tenere debere in emphiteosim ab ipso ARTAUDO & nomine ipsius se constituit possidere videlicet se, ut predictus Johannes Emendi.

Item Petronilla uxor Perroneti Eymendi......&c. ut alii superius nominati.

Item Guillemeta uxor condam Guillemeti Guicardi certificata jure sibi competenti in hoc facto confessa fuit, &c.

Item Perronetus Calliardi confessus fuit..... & operam ut alii.

Item Domengia uxor condam Petri Calliardi....confessa fuit..... & operam ut alii.

Item Ucitia relicta Ysoardi de Vourey, &c. confessa fuit tenere in emphiteosim ab eodem ARTAUDO, &c.

Item Guillemetus filius condam Domingii Eymendi confessus fuit......, & operam ut alii.

Item Anthonius de Rustia confessus fuit..... & operam.

8 des Ides d'Août 1313.

PREUVES DE L'HISTOIRE GÉNÉALOGIQUE

Item Aymo Borno, Peronetus Bornonis ejus nepos & Domingia uxor Petri Bornonis, &c.
Item Ermengiona Panieri uxor Domingi Revelli, &c.
Item Peronetus filius dicte Ermengione, &c.
Item Perretus Giroudi confessus fuit ..... & operam ut alii.
Item Johannes Chanelli confitetur tenere in emphiteosim ab eodem ARTAUDO, &c.
Item Petronilla Reyreta, &c.
Item Margarona Guilarda.
Item Guillemeta Bornona.
Item Petrus Gros.
Item Ermengiona Balba.
Item Guillemetus Romans & Peronetus Bornonis filius Aymonis Bornonis, &c.
Item Domingenta uxor Peroneti Bornonis.
Item Domingia uxor Johanneti Eymendi.
Item Perretus Blancheti.
Item Benevenuta uxor Petri Hugonis *Testes*, *dictus Aynardus & Bannes & Bertonus Combri.*
Item sexto Idus Augusti Petrus Hugonis ..... confessus fuit in jure & per sacramentum coram curiâ & testibus predictis se tenere & tenere debere in feudum ab ipso ARTAUDO, &c.
Item Jaquemeta uxor Guillelmi Pilosi.
Item Margarona Samuella.
Item Guillemeta uxor Petri Banes.
Item Ermengiona Bornona & Guillemetus ejus filius.
Item Perretus Bruni.
Item Margarita Eymenda uxor Johanneti Eymendi.
Item Jaquerius Eymendi.
Item Domengia Hugona.
Item Gatteretus Balbi.
Item Perretus Calliardi.
Item Petronilla Blancheta tuterio nomine Guillemete & Domengie filiarum suarum, &c. *Testes Hugonetus & Peronetus Combri fratres.*
Anno & Indictione quibus supra XVI°. Kal. Septembris Johannetus Calliardi.., confessus fuit..... se tenere ...... in feudum ab ipso ARTAUDO & de dominio ipsius, &c.,...& operam ut alii & homagium ligidum. ....
Item Domengetus Blancheti.
Item Guillemetus Bescenz.
Item Peronetus Paconis.
Item Guillemetus Andronz, de Belmont pro se & pro Pasqueta sorore sua, &c.
Item Jameta Audronde.
Item Margaronz Balba confessa fuit in jure & per sacramentum coram Curia & testibus supra dictis se tenere & tenere velle in emphiteosim ab ipso ARTAUDO, videlicet, &c. *Testes*, *Aymo Combri*, *Peronetus de Turre*, *Guillermerius de Colonia de Crollis.*
Anno a nativitate Domini millo CCC°. XIII°. Ind. x. v. Idus Augusti Guillemeta uxor Petri Bannes filia que Petri Samuelli condam ... dedit ... & concessit. ... de consensu & voluntate ARTAUDI DE BELLOMONTE, predicto Petro marito suo presenti & recipienti, ipsius que liberis, dicti Petri, & dicte Guillemete conjugum, imperpetuum videlicet tria jornalia terre..... Item duas seyturatas prati..... pro XII. denariis, & unam gallinam de servitio censuali cum duplici placito, faciendo viro nobili ARTAUDO DE BELLOMONTE, Domicello, una cum homagio sibi inde debito..... quam donationem predictus ARTAUDUS eidem Petro laudavit & aprobavit & ipsum de predictis retinuit & investivit, salvis suis usagiis ante dictis, & salva sibi operâ & manuoperâ consuetâ & jure cujuslibet alieno. Actum apud Maladeriam de Prata.

Confirmation faite par ARTAUD DE BEAUMONT, *fils de feu* ARTAUD DE BEAUMONT, *Chevalier, & par* ARTAUDET, *son fils, de la Constitution de la dot de* MARGUERITE, *sa fille, sœur dudit* ARTAUDET.

Original en parchemin conservé aux Archives de la Terre des Adrets.

8 des Ides de Juillet 1314.

ANNO a nativitate Domini M°. CCC°. XIIII°. Indictione XII. octavo Idus Julii, coram me Petro, Notario infrascripto & testibus infrascriptis, ALTAUDUS DE BELLOMUNTE, filius condam Domini ALTAUDI DE BELLOMUNTE, Militis, & ALTOUDETUS filius dicti ALTAUDI, nun decepti, non coacti, neque aliquo dolo inducti, set spuntaney ut dicebant, & dictus ALTOUDETUS de precepto & voluntate dicti ALTAUDI patris sui ibidem presentis, & quislibet eorum pro se & insolidum pro se eorum heredibus & sucessoribus suis universis solverunt penitus & quitaverunt
Alberto

DE LA MAISON DE BEAUMONT. Liv. II.

Alberto Bigoti, de Petrâ & Margot uxori dicti Alberti filie dicti Altaudi & sorori dicti Altoudeti, videlicet totum tale jus, actionem, petitionem & requisitionem quod & quam dicti, Altaudus de Bellomunte, & Altoudetus ejus filius habebant, habere debebant, seu habere poterant de jure vel de facto, videlicet in tali terra & in tale feudo, servitio, placito & dominio, quale dictus Altaudus de Bellomunte tradiderat & reddiderat dicto Alberto Bigoti nomine dotis, & pro dote dicte Margot filie dicti Artaudi, uxoris dicti Alberti Bigoti que, terra, feudum, servicium, placitum & dominium situm est apud Massum, quam terram, feudum, servicium, placitum & dominium dictus Albertus Bigoti tenuit & possiduit usque ad hanc diem hodiernam ratione dotis dicte Margot uxoris sue : sub tali formâ & sub tali conditione dicti Altaudus & Altoudetus ejus filius fecerunt quitationem quod dictus Albertus Bigoti, de Petrâ de cetero teneatur & debeat ratione dicte terre de Masso facere erga nobilem virum Dominum Hugonem de Comeriis, Militem, totum tale homagium & fidelitatem, & totum tale placitum deinde solvere, quale dicto Domino Hugoni debetur ratione dicte terre de Masso & servicium solvere, si servicium reperriebatur quod dicta terra deberet..... Quam predictam terram de Masso, dictus Altaudus de Bellomunte dicto Alberto Bigoti tradidit & reddit nomine dotis dicte Margot ejus uxoris XX. anni sunt elapsi pro ut clariùs continetur per quoddam publicum instrumentum factum, per manum Petri Cassardi, de Barralibus Notarii publici sub anotatione Domini M°. CC°. LXXXX°. IV°. Indictione VII^a. tertiâ Nonâ mensis Febroarii ..... Roguantes & requirentes dicti Altaudus de Bellomunte, & Altoudetus ejus filius, per hoc presens publicum instrumentum dictum Dominum Hugonem de Comeriis, Militem, ut sibi placeat dictum Albertum Bigoti de predicta terra sita apud Masum retinere & investire ; renuntiantes dicti Altaudus de Bellomonte, & Altoudetus ejus filius, exceptioni doli, mali, metus... Actum est hoc apud Castrum Petre in domo dicti Alberti Bigoti & Nantermeti fratris sui ubi testes fuerunt vocati & roguati, Dominus Guersus de Bellomonte, Miles, Bernardus Boneti de Thoveto, Nantermetus Bigoti, de Petrâ & Gilerus de Thoveto ; & ego Petrus Lumbardi, habitator Guncelini, auctoritate Imperiali, Notarius publicus qui hiis omnibus interfui vocatus & rogatus hanc cartam scripsi & tradidi fideliter.

Vis-à-vis les premieres lignes de cet acte est figuré le Monogramme du Notaire.

Bail emphiteótique passé par Artaud de Beaumont, *Seigneur de la Freyte, fils de feu* Artaud, *Seigneur de* Beaumont.

Original en parchemin conservé aux Archives de la Terre des Adrets.

Anno nativitatis Domini millesimo CCC°. decimo sexto, Inditione decima quarta, die decima mensis Maii, coram me Notario & testibus infrascriptis, nobilis vir Arthaudus de Bellomonte, Dominus Frayte, filius quondam Arthaudi Domini Bellimontis, non vi, non dolo, fraude seu machinatione aliqua inductus..... albergavit in perpetuum & dedit in emphiteosim perpetuam & titulo albergamenti & donationis in emphiteosim perpetuam tradidit, cessit & quasi concessit Michelono de Briniolo filio naturali Michaelis de Briniolo, Tavernario presenti, stipulanti..... videlicet quandam petiam terre..... continentem circa quinque jornalia, sitam apud Brinoudum juxta viam publicam per quam itur à Brinoudo versus Domenam.... ad habendum, tenendum..... pro tribus sestariis frumenti ad mensuram Goncelini census, annis singulis solvendis.... & pro viginti libris bonorum Viennensium de investitura.... quam quidem petiam terre promisit dictus Arthaudus ut bonus & fidelis nobilis dicto Micheleto.... salvare, manutenere.... Actum fuit hoc apud Brinoudum in domo Michaelis, Tabernarii dicti loci, ubi testes fuerunt vocati & rogati Bernardus Boneti, Albertus Bigoti, Raymundus Rimiaci & Petrus Giroudi, de Valle sancti Stephani ; & ego Antonius Meyllureti, auctoritate Imperiali, Notarius publicus hiis omnibus presens fui & hanc cartam rogatus scripsi & tradidi, signo que meo signavi.

10 Mai 1316.

Vis-à-vis les quatre premieres lignes de cet acte est figuré le Monogramme du Notaire.

Reconnoissance féodale donnée à Jean Dauphin de Viennois, par Artaud de Beaumont, *Damoiseau, pour ses Biens situés au Mandement d'Avalon.*

Extrait du Registre cotté: primus Liber Copiarum *35 & 37, du 24 Juin 1317, étant aux Archives de la Chambre des Comptes de Dauphiné; délivré & signé comme celui de l'acte du 8 des Ides d'Août 1313, rapporté ci-devant.*

Nos Johannes Dalphinus Viennensis, notum facimus universis quod Arthaudus de Bellomonte Domicellus, confessus fuit & recognovit se tenere, & tenere constituit nomine nostro

14 Juin 1317.

res quas habet cenfus, ufagia, jura, fervitutes & alia omnia que habet, tenet, poffidet vel quafi in mandamento Avalonis in feodo & de dominio noftro francum & nobile, &fpecialiter recoguovit & confeffus fuit fe tenere, tenere velle & poffidere nomine noftro fe conftituit, quamdam vineam fitam fubtus Caftrum de Avalone, que condam fuit Cohardorum, & que confrontatur ex una parte meniis Ville, & ex alia, vineæ quorumdam vocatorum les Chatelains, alias de Claufarz, & ex alia juxta nemus Domine Margarite de Avalone; item quemdam domum fitam in Burgo de Avalone, que condam fuit Cohardorum prediétorum, que confrontatur ex una parte, cum domo Domine Margarite de Avalone' & cum domo Johannis Pellicerii ex altera, ad fidelitatem ligiam; hoc aéto tamen & convento inter nos & diétum ARTHAUDUM, quod diétus ARTHAUDUS debeat, reddere duos homines ligios de liberis fuis, unum pro faéto & feodo BELLIMONTIS cum pertinentiis fuis, & alium pro feodo fupra nominato Avalonis; hoc aéto etiam inter nos expreffe quod fi diétus ARTHAUDUS non haberet plures liberos vel haberet heredes, per confequens duos homines reddere tenerentur & duo homagia fieri debeant nobis & noftris heredibus & fucceffo- ribus; & nos de vinea & domo fuperius expreffatis diétum ARTHAUDUM pro fe & fuccefforibus ac heredibus fuis per prefentes inveftimus & eumdem, fuos heredes & fucceffores in poffeffionem earum, promittimus defendere atque tueri contra omnes bona fide, & etiam de prediétis feodis nos noftro & heredum ac fuccefforum noftrorum nomine diétum ARTHAUDUM, heredes que fuos & fucceffores, folvimus penitus & quittamus fi, ratione canonis non foluti, diéta feoda effent nobis commiffa vel apperta, confitemur & recognofcimus nobis satisfactum fuiffe à tem- poribus retroaétis ufque ad hodiernam diem de omnibus ufagiis in quibus nobis reperiretur teneri occafione & caufa feodorum prediétorum; renuntiantes, &c. & conceffum eft per nos, & diétum ARTHAUDUM quod fuper hiis fiat melius inftrumentum quod per fapientes diétari valeat, faéti fubftantia non mutata, in cujus rei teftimonium figillum noftrum prefentibus duximus apponen- dum; datum Grationopoli die vicefima quarta Junii anno Domini milleſimo tercenteſimo decimo feptimo.

Declaration de Jean Dauphin de Viennois, en faveur d'ARTAUD DE BEAU- MONT & d'ARTAUDET, fon fils, par laquelle il reconnoît qu'ils ont toute Juſtice en la Paroiſſe du Touvet, & leur en fait une nouvelle Conceſſion.

Extrait tiré d'un cahier en papier, cotté : Touvet, Graiſivodan ; Procès contre les Seigneurs du Touvet, de Beaumont & de la Freyte, étant aux Archives de la Chambre des Comptes de Dauphiné ; délivré & ſigné comme celui de l'acte du mois de Février 1262, rapporté au Cha- pitre II du Livre II de ces Preuves.

22 Juin 1318. Nos Johannes Dalphinus Viennenſis, Albonis Comes, Dominusque de Turre, tenore prefen- tium, notum facimus univerſis has prefentes Litteras infpecturis, quod excitati frequentibus & affiduis querimoniis dileétorum fidelium noftrorum, ARTHAUDI de BELLOMONTE ſenioris, & ARTHAUDETI ejus filii, proponentium & querelantium, quod licet, tam de jure, quam de anti- qua confuetudine, juridiétionem omnimodam, una cum mero & mixto imperio habere dican- tur in hominibus fuis, tam maribus, quam feminis commorantibus in Patrochia de Thoveto, contrahentibus, vel quaſi, feu delinquentibus in eodem, vel quaſi ; tamen a modico tempore citra impediti extiterunt feu perturbati per officiales noftros in Grayſivodano in exercitio feu uſu prediétorum, quare fibi per nos diétum Dalphinum provideri requirebant & fupplicabant fuper hiis de opportuno remedio ; quorum fupplicationem & requifitionem nos prenominatus Dalphi- nus videntes & attendentes juri confonam, meditantes etiam QUALITER PRENOMINATI PATER ET FILIUS NOBIS ET NOSTRIS PROGENITORIBUS DEVOTE ET FIDELITER SERVIERUNT, delibe- rato Confilio, & ex certa ſcientia certiorati de juribus noftris, & ad plenum informati, de eifdem fuper propofitis & fupplicatis per prenominatos patrem & filium & dependentibus ex eifdem, tenore prefentium pronunciamus, ordinamus & declaramus per nos & fucceffores noftros univer- fos in perpetuum, quod diétus ARTHAUDUS ſenior, etiam & diétus ARTHAUDETUS ejus filius, & heredes & fucceffores eorum univerſi in perpetuum habent & habere debeant & confueve- runt, retrohaétis temporibus, ac etiam predeceffores eorumdem, omnimodam juridiétionem altam & baffam, punitionem & cohertionem una cum meto & mixto imperio in hominibus eorumdem maribus & feminis commorantibus & delinquentibus, vel quaſi, in Parrochia prediéta ; quam etiam juriditionem altam & baffam, una cum mero & mixto imperio, & exercitio eorum- dem, nos prenominatus Dalphinus ex certa ſcientia pro nobis & noftris fuccefforibus univerſis in perpetuum, prefatis, ARTHAUDO ſeniori, & ARTHAUDETO ejus filio, prefentibus & recipien- tibus pro fe & fuis heredibus & fuccefforibus univerſis, de novo ad cautelam damus & conce- dimus in omnibus & fingulis hominibus eorumdem, maris & feminis quos nunc habent, vel in futurum quoquomodo aquirent in Parrochia prediéta & in defcendentibus feu pofteritatibus ho- minum prediétorum ; volentes & concedentes eifdem, quod de diéta juriditione alta & baffa, mero & mixto imperio, & de omnibus queftionibus perfonalibus & realibus, miftis & criminali- bus per fe vel judicem fuum uti poffint infra Parrochiam prediétam inter homines fuos prediétos quos nunc habent vel in futurum habebunt, nulla alia licentia fuper hoc expeétata ; concedentes

DE LA MAISON DE BEAUMONT. Liv. II.

etiam tenore prefentium, prenominatis, ARTHAUDO & ARTHAUDETO quod furcas, feu *Billirit* vel poftellum erigere poffint infra dictam Parrochiam pro exercitio predictorum, meri & mixti imperii & exequtionibus fuis faciendis, temporibus quibufcumque in eorum feudis, & quecumque alia facere fine quibus predicta expediri non poffent, & cum quibus poffent aptius expediri; dantes, concedentes & volentes quod penas corporales, in pecuniarias mutare & comitere poffint, fecundum quod Judices & Officiales noftri Grayfivoudani hec facere confueverunt ; jure tamen fuperioritatis noftre & refforti nobis & noftris falvo & falvis, retento & retentis; nos enim prenominatus Dalphinus pro nobis & noftris fucceffóribus univerfis predictas, pronunciationem, declarationem & etiam conceffionem promitimus fub obligatione omnium bonorum noftrorum, & ad fancta Dei Evangelia corporaliter juramus dicto ARTHAUDO feniori, & etiam dicto ARTHAUDETO filio fuo prefentibus & recipientibus pro fe & fuis heredibus & fucceffóribus univerfis, ratas, gratas & firmas perpetuo tenere & inviolabiliter cuftodire, adentes in predictis quod prenominati ARTHAUDUS & ARTHAUDETUS fuper feudis & retrofeudis eorumdem uti poffint juriditione alta & baffa, mero & mixto imperio & alia cognitione juriditionis quacumque; mandantes & precipientes diftricte tenore prefentium Caftellanis noftris Buxerie, Avalonis, Moreftelli & aliis quibufcumque officialibus noftris Grayfivoudani qui nunc funt & qui pro tempore fuerint, quatinus fuper predictis & dependentibus feu emergentibus ex eifdem, minime impedire feu perturbare audeant, moleftare vel inquietare predictos, ARTHAUDUM & ARTHAUDETUM & eorum fucceffóres, citando vel inquirendo, feu aliter procedendo quoquomodo contra dictos homines predictorum, patris & filii vel aliquem ex eifdem, pro aliqua queftione civili vel criminali que includi poffit in pronunciatione, declaratione & conceffione predictis, jure refforti noftri in omnibus nobis falvo; nos enim fi fecus a quoquam feu in contrarium actemptatum fuerit, illud ex nunc, prout ex tunc difcernimus irritum & inhane, non obftantibus penis, feu multis apponendis fuper dictis proceffibus per Officiales noftros, feu aliquem eorumdem, quas irritas ex nunc pronunciamus & inanes, etiam fi Locumtenentes, vel Officiales dictorum, ARTHAUDI & ARTHAUDETI delinquerent infra Parrochiam predictam, dum tamen effent homines eorumdem, falvo jure feudi & fuperioritatis nobis retentis, in predictis, vel circa predicta; renuntiantes nos predictus Dalphinus expreffe & per pactum, juramento ad fancta Dei Evangelia corporaliter preftito, vallatum, exceptioni predictorum non factorum, non conceffórum, non declaratorum, ficut fuperius fcripta funt, & non rite & legitime factorum, declaratorum feu conceffórum, & omnibus juribus fcriptis & non fcriptis per que venire poffet contra predicta vel aliqua de predictis; confitentes & recognofcentes nos dictus Dalphinus habuiffe & recepiffe pro predictis declarationibus & conceffionibus & aliis fuperius contentis, confirmatis & conceffis eifdem, patri & filio ducentas libras bonorum Viennencium ab eifdem per manus Guigonis Bonielli & Petri Fabri Thefauratiorum noftrorum. Actum & datum Grationopoli die vicefima fecunda menfis Junii, anno Domini milleiimo trecentefimo decimo octavo. Expedita per nos ore tenus, prefentibus & confulentibus nobis, nobilibus & difcretis viris Dominis, Petro Aynardi, Hugone de Comeriis & Andrea Czuppi fidelibus & Confiliariis noftris, cum appofitione figilli noftri in robur & teftimonium premifforum.

Confirmation de l'acte précédent, par Hugues Dauphin, Seigneur de Foucigny, en faveur defdits ARTAUD & ARTAUDET DE BEAUMONT, pere & fils.

Original en parchemin confervé aux Archives de la Terre du Touvet.

Nos Hugo Dalphinus, Dominus terre Fucigniaci, notum facimus univerfis prefentibus & futuris, quod cum magnificus vir kariffimus frater nofter Dominus nofter Dalphinus Viennenfis fecundum propofita etiam & probata per ALTADUM DE BELLOMONTE feniorem & ALTADETUM ejus filium primogenitum declaraverit...... at etiam ordinaverit dictos ALTAUDUM & ALTADETUM, predeceffóres, heredes, fucceffóres & pofteros eorumdem habere & habere debent juriditionem omnimodam altam & baffam, una cum mero & mixto inperio in Parrochia & infra Parrochiam de Thoveto in hominibus tam mafculis quam femellis eorumdem infra dictam Parrochiam quos nunc habent & in futurum habebunt, & in feodis & in retrofeodis eorumdem & etiam ad cautelam de novo dederit & conceffèrit dictis patri & filio, heredibus & fucceffóribus eorum, merum & mixtum Inperium & omnimodam juriditionem ut fupra in omnibus hominibus tam mafculis quam femellis eorumdem infra Parrochiam predictam habitis & habendis feodis & retrofeodis eorum in dicta Parrochia & infra dictam Parrochiam exiftentibus prout de predictis nobis plene conftat ...... Nos ex certa fcientia & cum plena deliberatione & maturitate Confiliariorum noftrorum nobis affiftantium dictos ALTAUDUM & ALTADETUM ejus filium eorum heredes & fucceffóres, & progenitores eorumdem, pronunciamus, declaramus ut etiam ordinamus habere & habere debere & habuiffe, temporibus retroactis at etiam ad cautelam de novo eifdem heredibus & fucceffóribus eorum concedimus, atque damus juriditionem altam & baffam una cum mero & mixto inperio, & omnimodam juriditionem in omnibus hominibus eorumdem, tam mafculis quam femellis, quos nunc habent vel habebunt in futurum feu acquirent de alio dominio & juriditione preterquam de dominio & juriditione noftris in Parrochia & infra Parrochiam de Thoveto & in feodis & retrofeodis que dicti pater & filius, eorum progenitores, heredes & fucceffóres eorumdem in dicta Parrochia & infra dictam Parrochiam tenent & tenere debent

Le Lundi après la fête de S. Luc, (Octob.) 1318.

E ij

PREUVES DE L'HISTOIRE GÉNÉALOGIQUE

a nobis vel etiam tenuerunt tam a nobis quam ab aviâ nostrâ & Dominâ inclite recordationis Dominâ B. Dalphinâ coudam Dominâ terre Fuſigniaci temporibus retroactis, jure ſuperioritatis & reſorti nobis & heredibus noſtris retento in feodis noſtris & retrofeodis ſupradictis... concedentes.... poſſint uti mero & mixto inperio & omnimoda juriditione & furcas ſeu *Billuryt* levare ſeu erigere & erecta tenere ubicumque voluerint preterquam ſuper feodum noſtrum & predicta in dictos ſuos homines tam maſculos quam femellas exercere prout dictus Dominus Dalphinus eiſdem conceſſit ...... confidentes nos habuiſſe a predictis patre & filio pro ſupradictis conceſſionibus centum flurinos aureos & ſexaginta libras Vien bonorum in quibus dicto ALTAUDO patri tenebamur. Datum & actum apud Bonam nobiſcum aſtantibus viris nobilibus Domino Roberto Vagnyardi, Milite, Humberto de Thor, Domicello, & Stephano Pugini Clerico, Conſiliaribus noſtris. Die Lune poſt feſtum beati Lucce Euvangeliſte, anno Domini milleſimo tricenteſimo decimo octavo; cum appoſitione ſigili noſtri in robur & teſtimonium voluntatis.

Cet acte eſt ſcellé ſur double lacs de ficelle d'un grand ſceau en cire jaune, où l'on voit un Chevalier armé de toutes pieces, le caſque en tête, l'épée nue à la main droite, & tenant de l'autre un écuſſon écartelé des armes des Dauphins & de Faucigny; le cheval caparaçonné des mêmes armes. On lit encore ſur la légende à moitié briſée.... in Hugonis Dal.. ni Dñi Fu...: le contreſceau repréſente un lion avec cette légende : S. Roberti Vagnardi.

Extrait de l'Inventaire des titres de Dauphiné, conſervé à la Bibliothéque du Roi, volume cotté: DAUPHINÉ EN GÉNÉRAL, n°. 33. fol. 395 v°. & 396 r°. délivré le 9 Février 1774, par le Garde des Manuſcrits de ladite Bibliothéque & ſigné Bejot.

Vers 1329. DANS l'armoire du Dauphiné, eſt un acte en papier, dans lequel il eſt dit que les Etats de la Province ayant emprunté cinq mille trois cens florins d'un Florentin, il lui en fut paſſé obligation à Avignon, le 3 Août & le 13 du Pontificat de Jean XXII; où les trois Ordres s'obligerent, les noms des Nobles & Eccléſiaſtiques ſont ci-après :

Henry Dauphin, Seigneur de Montauban & de Meuouillon, Jean Comte de Foreſt, Graton Seigneur de Clerieu, Reymond Seigneur de la Rote, Albert Vieux & Guillaume Maotet, Chevalier Flotard, Berrard, Prevoſt d'Oulx de l'Ordre de S. Auguſtin, Pierre Faure, Chanoine de Gap, Albert de Breyda, habitant d'Aviſan, Guigues Dauphin, Albert de Saſſenage, Ecuyer, Oddobert Seigneur de Chateauneuf, Gui de Groſlée, Seigneur de Neyrieu, ALTAUD DE BEAUMONT, Damoiſeau, Seigneur dudit lieu, François de Bardonnanche, Damoiſeau, Conſeigneur de la Vallée de Bardonnanche, Reymond Arnaud, fils de Guillaume, Bertrand, Arnaud, fils de Hugues, Raymond Chaix, Reymond du Plan, Bertrand Carrelle, Jourdan de Chaudebonne, Pierre Chaix & Pons Flome.

A la ſuite ſont nommés pluſieurs Roturiers qualifiés *probos viros* & après eux nobles Reymond Reybaud, Seigneur de la Baſtie, Verdun Benoit de Noucyſan, Conſeigneur dudit lieu, Jourdan Dayrolles, Seigneur de la Baſtie de Coſtes chaudes.

Reconnoiſſance féodale donnée à noble Dame AGNÈS, Veuve d'ARTAUD DE BEAUMONT, Damoiſeau ; & à GUIGUES, ARTAUD, & AMBLARD DE BEAUMONT, leurs enfans.

Original en parchemin conſervé dans les Archives de M. le Comte de Beaumont-de la Roque, au Château du Repaire, en Périgord.

6 Juin 1331. ANNO a nativitate Domini milleſimo trecenteſimo triceſimo primo, Inditione decima quarta, die ſexta menſis Junii, ad inſtantiam & requiſitionem nobilis Domine AGNESIE relicte ARTAUDI DE BELLOMONTE, Domicelli quondam, GUIGONIS & ARTAUDI DE BELLOMONTE fratrum liberorum ſuorum & dicti ARTAUDI quondam & mei Notarii inſtantis nomine Domini AMBLARDI fratrum ſuorum; omnes illi quorum nomina inferius continentur confeſſi fuerunt & recognoverunt eis feuda que ab eis tenent in feudum ſeu in emphiteoſim & uſagia que inde ſibi debent coram Hugone de Flacheriâ, prepoſito pro curiâ per dictos fratres, & ab eis recognoſcentibus (*) Cet &c. eſt laudatâ & approbatâ, & coram teſtibus infraſcriptis : & inprimis, &c. (*) Item Berthetus Endrici, dans l'acte. nomine ſuo & nomine Petri Endrici dicti Gridin & Perelli Endrici confitetur quod ipſi Parerii tenent apud Thovetum in rivagio Thoveti unum molendinum ſubtus unum tectum ſubtus domum Roberti de Intermontibus, pro quo molendino & rivagio debent ipſi Parerii dictis nobilibus pro parte Dominii eorum, unam emenam frumenti cenſus; promittens dictus Berthetus nomine quo ſupra per ſolemnem ſtipulationem & per ſacramentum ſuper ſancta Dei Euvangelia

DE LA MAISON DE BEAUMONT. Liv. II.

corporaliter prestitum per eumdem & sub obligatione omnium bonorum suorum presentium & futurorum eisdem Domine AGNESIE & GUIGONI & ARTAUDONO fratri & mihi Notario, stipulantibus nominibus quibus supra, contra predictam confessionem..... de cetero non venire..... Actum fuit hoc apud Thovetum retro domum Guillermeti Laurenceti, ubi testes inter fuerunt vocati & rogati, videlicet Berthonus Viteos, Petrus Cuygneti, & Johannetus Lamberti.....

A la fin de cet acte est figuré le Monogramme du Notaire.

Testament d'AGNÈS, Dame DE BEAUMONT, en faveur d'AMBLARD, ARTAUDET & FRANÇOISE DE BEAUMONT, ses enfans.

Original en parchemin conservé dans les Archives de M. le Comte de Beaumont-de la Roque, au Château du Repaire, en Périgord.

IN nomine Domini Jhū xp̄i amen. Anno à nativitate ejusdem millesimo CCC°. XXX°. VII°. Inditione quinta, die secunda mensis Februarii, in mei Notarii & testium infrascriptorum presencia nobilis AGNES Domina BELLIMONTIS ... constituta ... & sana mente licet corpore sit infirma .... requisivit me Petrum Furbaudi Notarium infrascriptum .... ut suum testamentum per nuncupationem factum in formam redigem publicam.... In primis ... sepulturam .... corporis sui eligit in Cimiterio Ecclesie de Thoveto rogans & requirens .... virum religiosum Dominum Priorem dicti loci ut ipsam induere habitu Monachali Ordinis Clugniacensis teneatur ... dans & legans Domino Priori Prioratus dicti loci viginti solidos Viennenses annuatim ... ut ... annis singulis tali die quali sepelietur prefata testatrix unum universarium seu convivium quinque Capellanis facere teneatur, quibus bene & honorificè in prandio preparetur & ad ipsum universarium Capellanus Sancti Michaelis de Munte annis singulis convocetur ... item dat & legat Capellano seu Curato dicti loci duodecim denarios ... item dat ... Ecclesie de Thoveto unum anil quod ab ipsa tenent heredes Martini Bosonis, de Bellomunte ... item Ecclesie sancti Michaelis de Munte aliud anil quod tenent ab eadem dicti heredes ... item Capellano dicti loci v solidos ... item Capellano sancti Bernardi v. solidos ... item Rectori Ecclesie beate Marie Magdelene de Portu v. s ... item dat & legat Fratribus Dominis Monachis Vallis sancti Hugonis quatraginta sol. .... item Fratribus Minoribus Gratianopolis quatraginta sol. ... item Fratribus Predicatoribus dicti loci triginta sol. ... item Fratribus Dominis Monachis Cartusie triginta sol. ... item dat & legat religioso viro Domino Sacriste sancti Petri de Alavardo, decem solidos ... quem rogat & requirit ut ipsam sepelire teneatur .... item vult ... ad ejus sepulturam quatraginta Capellanos convocari ... item quod infra unum annum post ejus obitum unum fiat convivium quatraginta Capellanis quibus bene & honorificè in prandio preparetur & cuilibet in messa xxx denarii offerantur ... item dat & legat dilecte sue Francesie filie Johannis Passardi decem solidos ... & precepit eidem Francesie solvi & reddi decem solidos .... quos Leonete matri ipsius Francesie condam dedit HENRICUS DE BELLOMONTE in sua ultima voluntate .... item dat, legat .... dilecte filie sue jure institutionis FRANCESIE uxori JOFREDI GALON decem solidos quos sibi solvi ... vult .... per heredes suos una cum aliis decem solidis .... quos eidem FRANCESIE olim dedit dictus HENRICUS condam in sua ultima voluntate ... item dat & legat dilecto filio suo ARTAUDETO preter partem sibi contingentem in omnibus aliis suis bonis quandam domum suam quam inhabitat ... sitam in Patrochia de Thoveto .... item census, usagia, feuda, dominia, placita que dicta testatrix habet ... pro dote sua a rivo Bruyssonis ultra ... item omnes census, usagia, feuda, dominia, plateas que dicta testatrix condam aquisivit ab Humberto de Thesio .... item omnes census, usagia feuda ... que dicta testatrix aquisivit à Diderio de Trellis ... item XII denarios censuales ... in quibus eidem tenetur Johannes Episcopi ... item tres denarios censuales ... in quibus eidem tenentur heredes Guillelmi Chaboudi, eâ causâ qued predicta omnia universa & singula dictus ARTAUDETUS habeat .... extra partem sibi contingentem in omnibus aliis suis bonis ... item dat & legat dilecto filio suo Domino AMBLARDO Legum Doctori extra partem sibi contingentem in omnibus aliis suis bonis census, usagia, fidelitates & homagia in quibus Arthaudus Boneti eidem testatrici tenetur .... volens & constituens dicta testatrix quod si dictum ARTAUDETUM ejus filium contingeret decedere ab humanis ante dictum Dominum AMBLARDUM sine herede libero a suo corpore proprio procreato vel dictum Dominum AMBLARDUM sine libero a proprio corpore procreato quod bona superiùs sibi legata ad alium superviventem liberè devolvantur ; in omnibus aliis vero suis bonis mobilibus immobilibus rebus & aliis juribus quibuscumque heredes suos generales & universsales instituit sibi dictos suos filios Dominum AMBLARDUM GROSSUM & ARTAUDETUM DE BELLOMONTE e quali porcione ... Executores vero suos .... eligit & constituit Dominum ARTAUDUM DE BELLOMONTE, Militem, Eynardum de Bellacomba & Fratrem Petrum de Cheyllasio ... Actum fuit hoc in Patrochia de Thoveto intùs domum ipsius testatricis in cambera cubiculari ejusdem, testibus presentibus ad hoc specialiter vocatis & rogatis, videlicet Humberto Passardi Notario, Magistro Arnaudo Manatii Medico, Peroneto Mayachi, Johanne Lamberti, Stephano de Perreria,

2 Février 1337.

Guillelmo Mayachi & Johanne de Francia, Latomo.... Ego vero Petrus Furbaudi, publicus auctoritate Imperiali Notarius, predictis omnibus una cum dictis testibus interfui & presens testamentum scripsi fideliter.

Vis-à-vis les premieres lignes de cet acte est figuré le Monogramme du Notaire.

CHAPITRE IV.

GUIGUES, dit GUERS DE BEAUMONT, Chevalier, Bailli de Graisivodan & Châtelain d'Avalon, d'Allevard & de Morestel, 3.ᵉ fils d'ARTAUD II. du nom.

Reconnoissances féodales données à GUIGUES DE BEAUMONT, fils d'ARTAUD DE BEAUMONT, Chevalier.

Original en parchemin conservé aux Archives de la Terre des Adrets.

Veille des Calendes de Janvier 1304.

NOTUM sit omnibus presentibus & futuris presens publicum instrumentum inspecturis, quod cum Aymo Combri Notarius, morte preventus, plures & diversas notulas seu imbreviaturas recepetit, que nundum in formam publicam redacte fuerunt per dictum Aymonem vel per alium, & michi Petro Combri Notario, tanquam coadjutori Stephani Combri, Notarii, filii quondam dicti Aymonis, cui comisse fuerunt dicte notule seu imbreviature, auctoritas judicialis concessa fuerit seu data ad grossandum hanc notulam seu imbreviaturam quam in protocollis ipsius Aymonis inveni non cancellatam, in formam publicam redegi auctoritate predicta, cujusquidem notule tenor sequitur in hunc modum. Anno à nativitate Domini M°. CCC°. quarto, Indictione secunda, pridie Kalendas Januarii, omnes illi quorum nomina inferius leguntur confessi fuerunt in jure & publice recognoverunt GUIGONI DE BELMONT, filio Domini ARTAUDI DE BELMONT, Militis, presenti & recipienti, res & dreyturas quas tenent & tenere debent ab ipso in feudum vel in emphiteosim, seu alio modo & census & usagia & placita que sibi debent, coram Francisco Bonet posito pro curia & ab probata ab ipsis. In primis Petrus Garners confitetur se tenere & tenere velle de feudo & dominio dicti GUIGONIS unum jornale terre & prati situm ad Garners, juxta viam publicam que tendit versus Domenam.... Item Michel Payns confitetur se tenere, & tenere & tenere velle de feudo & dominio dicti GUIGONIS septem seyturatas prati sitas in Costis subtus la Pomarea & possidet ex una parte Johannes Bochez & rivus de la Monra fluit ex altera... Item Petrus Jays, filius Viviani Jay quondam pro se & Viviano fratre suo confitetur se tenere & tenere velle de feudo & dominio dicti GUIGONIS quoddam molendinum situm in rivo deuz Bochez ex una parte coheret via publica que tendit versus Thesium & Vallem... Item Johannes Bochez confitetur se tenere & tenere velle de feudo & dominio dicti GUIGONIS unum jornale terre situm juxta Villam de Adretis, & possidet ex una parte Jacobus Bonifacii, & eidem Johannes possidet ex altera... Item Marieta de Gebennis confitetur se tenere & tenere velle de feudo & dominio dicti GUIGONIS quamdam domum sitam, juxta domum liberorum Viviani Jays, & Johannes Bochez possidet ex altera.... Actum est hoc apud los Adreyts in domo dicti GUIGONIS DE BELMONT ubi fuerunt testes vocati & rogati, videlicet Hugonetus dictus Cochi, Hugonetus de Albins & Andreas Falasterii. Et ego Petrus Combri, Notarius publicus predictus hanc cartam in formam publicam redegi, auctoritate predicta michi data & concessa, in signum meum consuetum apposui in testimonium premissorum.

Vis-à-vis les premieres lignes de cet acte est figuré le Monogramme du Notaire.

Vente faite par JEAN DE BEAUMONT, à GUERS DE BEAUMONT, Chevalier.

Original en parchemin conservé aux Archives de la Terre des Adrets.

4 des Calendes de Mai 1307.

ANNO a nativitate Domini M°. tricentesimo septimo, Inditione quinta, quarta Kal⁻ May, JOHANNES DE BELLOMONTE non deceptus, non coactus.... vendidit.... & nomine venditionis pure & perfecte tradidit & concessit Domino GUERSO DE BELLOMONTE, Militi, presenti & recipienti nomine suo & heredum atque successorum suorum.... videlicet unum sestarium frumenti & unam quartam & dimidiam frumenti, tres solidos, duos denarios cum obolo, unam gallinam,

DE LA MAISON DE BEAUMONT. LIV. II. 39

tres pollatos de servitio cens˜ annuatim, quod servitium debebant eidem JOHANNI videlicet, Jacous Viauz, de Conchia & Perretus Viauz & Jaquemetus Viauz ejusdem loci, fratres, nepotes, predicti Jacou. Item & duodecim denarios de servitio cens˜ annuatim quas ipsi JOHANNI debebat Guillermus Lorenceti, de Combâ. Item & unam quartam avene de servitio cens˜ annuatim, quam eidem JOHANNI debebat Johannes Panerii, de Goncelino pro rebus quas ab ipso JOHANNE tenebant predicti emphitheote, ut hec omnia predictus JOHANNES venditor dicit & asserit.... pro pretio viginti librarum monete curribilis....de quibus serviciis & eorum placcitis, feudis & dominiis pro quibus debentur, dictus JOHANNES venditor se devestivit & predictum Dominum GUERSUM ad unum baculum ut moris est, & in possessionem corporalem eum induxit... Actum est hoc apud Goncelinum in domo mei infrascripti Notarii ubi testes fuerunt vocati & rogati, videlicet Pruchous de Goncelino, Hugo Pachondi ejusdem loci, Giroudus Cueti ejusdem loci; & ego Jacobus Luys, auctoritate Inperiali, Notarius qui rogatus hanc cartam scripsi & tradidi fideliter.

Vis-à-vis les deux premieres lignes de cet acte est figuré le Monogramme du Notaire.

Quittance donnée par ARTAUDET DE BEAUMONT, *à* GUERS DE BEAUMONT, *Chevalier, son oncle.*

Original en parchemin conservé aux Archives de la Terre des Adrets.

NOTUM sit omnibus hoc presens publicum instrumentum inspecturis, quod cum Aymo de Mayrens, Notarius publicus plures & diversas notulas seu imbreviaturas receperit, que nundum in formam publicam redacte fuerunt per dictum Aymonem, ex eo quia dictus Aymo a terrâ Dalphinatus se absentavit & affugiit; & discreti & sapientes viri Dominus Rodulphus de Moyrenco, Judex Major in Graysivodano pro Domino Dalphino, & Dominus Durandus Apothecarii, Judex communis Curie Grationopolis, michi Anthonio Meylluretti Notario publico, tanquam coadjutori Johannis Bouardi Notarii publici, cui notule seu imbreviature predicte comisse fuerunt autoritate judiciariâ, comiserint, ut notulas seu imbreviaturas quas in protocollis dicti Aymonis inveniam non cancellatas, in formam publicam redigam.... Idcirco ego dictus Anthonius, auctoritate michi comissâ a judicibus supradictis, notulam seu imbreviaturam infrascriptam in formam publicam redegi, scripsi, prout in protocollis dicti Aymonis inveni, nichil adito, mutato vel diminuto.... cujus notule seu imbreviature tenor talis est. Anno Domini millesimo CCCº. septimo, Inditione quintâ, die XIIIIª. exeunte Augusto, cum Dominus GUERSUS DE BELLOMONTE, Miles, promisisset ARTAUDETO DE BELLOMONTE nepoti suo assetare eidem ARTAUDETO decem libras bone monete censûs, & inde dedisset fidejussores, predictis omnibus attendendis, dictus ARTAUDETUS pro se que suis liberis heredibus quittavit eidem Domino GUERSO & suis liberis heredibus dictas decem libras cens˜ & inde fidejussores suos propter hec sibi obligatos quittavit & super sancta Dei Euvangelia juravit contra predictam quittationem, ex nunc imperpetuum non agere vel venire, se devestivit de predictis, & dictum Dominum GUERSUM, quasi, per traditionem baculi, ut moris est, investivit; renuncians omni juri contradicenti. Actum apud Adextros retro domum dicti Domini GUERSI, presentibus Bernardo Boneti, Sofredo de Arciis, Perreto Bruardi testibus. Ego vero dictus Anthonius, auctoritate Imperiali, publicus Notarius hoc presens instrumentum de predictâ notulâ seu imbreviaturâ traxi, scripsi, signoque meo signavi.

18 Août 1307.

Vis-à-vis la premiere ligne de cet acte est figuré le Monogramme du Notaire.

Vente faite par AMÉDÉE DE BEAUMONT, *à* GUERS DE BEAUMONT, *Chevalier.*

Original en parchemin conservé aux Archives de la Terre des Adrets.

ANNO a nativitate Domini millesimo CCCº. IXº. Inditione VIIª. IIº. Idus Januarii, AMEDEUS DE BELLOMONTE non deceptus, non coactus.... vendidit Domino GUERSO DE BELLOMONTE, Militi, presenti & recipienti pro pretio tresdecim librarum monete currentis ad presens, quam pecuniam confessus fuit dictus AMEDEUS se habuisse & recepisse ab ipso, videlicet tresdecim cartas frumenti de servitio censuali, spatio octo annorum proxime venturorum incipiendorum in festo beati Johannis Baptiste proxime venienti quod frumentum debent feodatarii infrascripti: Imprimis Guillemetus Belli, debet tres cartas. Item Johannes Belli, tres cartas. Item Perretus Belli tres cartas. Item Hugonetus Bruysons unam emenam; precipiendo dictus AMEDEUS dictis feodatariis quod dicto Domino GUERSO solvant quolibet anno dictum frumentum pacifice &

2 des Ides de Janvier 1309.

quiete ; ita tamen quod tranfactis dictis octo annis, dictum frumentum redite debet ad manum dicti AMEDEI. Item fuit actum inter eos quod dictus AMEDEUS non poffit dictis feodatariis facere *toutam* talliam neque compleyntam, nec etiam poffit eifdem feyfire nec defeyfire dum modo dictus Dominus GUERSUS manutenebit dictum fervitium fpatio predicto, nifi effet de voluntate dictorum feodatariorum.... Actum in prata de Goncelino, juxta iter quod tendit à Goncelino verfus Fraytam, ubi teftes fuerunt vocati & rogati ARTAUDETUS DE BELLOMONTE, & Petrus filius *filius*(*) Domino Artaudi de Chalenderia quondam Militis. Et ego Stephanus Combti, publicus imperiali auctoritate Notarius predictis omnibus una cum dictis teftibus interfui & fic vocatus & rogatus hanc cartam fcripfi & tradidi, meoque figno fignavi.

(*) Sic : *Ce dernier mot eft fouspončtué dans l'original pour indiquer qu'il eft inutile ; on ne défignoit point autrement ces fortes de mots qu'on ne raturoit jamais.*

Vis-à-vis les premieres & les dernieres lignes de cet acte eft figuré le Monogramme du Notaire.

Sentence arbitrale prononcée entre noble homme Rolet d'Entremont & Meffire GUERS DE BEAUMONT, Chevalier.

Original en parchemin confervé aux Archives de la Terre du Touvet.

17 des Calendes de Février 1309.

IN nomine Dei amen. Anno a nativitate ejufdem Domini milleſimo tricenteſimo nono, Inditione feptima, Kal⁻ XVII*. Febroarii coram me Notario & teſtibus infrafcriptis, cum lis, difcordia rancura, feu dicentio verteretur & effet, & major verti fperaretur in futurum inter virum nobilem Roletum de Intermontibus ex una parte, & Dominum GUERSUM DE BELLOMONTE, Militem ex altera, fuper eo quod dictus Roletus dicebat, & afferebat quod idem Dominus GUERSUS tenebat & poffidebat quandam petiam vineæ fitam in Parrochia de Toveto verfus Fraytam.... juxta tenementum dicti Domini GUERSI, pro qua quidem petia vineæ tenebatur idem Dominus GUERSUS Domino Rodulpho, Domino de Intermontibus, patri condam dicti Roleti facere homagium & fidelitatis preftare juramentum, quod homagium, & fidelitatem idem Dominus GUERSUS fecerat & preftiterat dicto Domino Rodulpho legitime pro vinea ante dicta & cum idem Dominus Rodulphus viam univerfæ carnis fuiffet ingreffus & dictus Dominus GUERSUS dicto Roleto tanquam heredi dicti Domini Rodulphi cefaffet facere & preftare homagium & fidelitatem predictum & predictam fpatio unius anni, & plus pro vinea fupradicta.... Idcirquo dictus Roletus dictam vineam petebat comiffam fibi reddi, tradi & reftitui per dictum Dominum GUERSUM. Item dicebat & afferebat idem Roletus ut fupra quod idem Dominus GUERSUS aquifiverat titulo emprionis vel alio titulo res, bona, juraque condam fuerunt Jaquemeti Porcheti & quæ idem Jaquemetus Porcheti tenebat....in Parrochia de Toveto... confenfu & acenfu dicti Domini Rodulphi minime requifitis....quæ quidem res, bona & jura erant & fuerant temporibus preteritis de feudo & dominio dicti Domini Rodulphi propter quod dicta bona fic. aquifita per dictum Dominum GUERSUM fuerant aperta & comiffa dicto Domino Rodulpho & pet confequens dicto Roleto tanquam heredi ipfius Domini Rodulphi : dicto Domino GUERSO decente & neguante predicta bona fuiffe aperte comiffa ex cauſis predictis predicto Domino Rodulpho condam vel dicto Roleto ; dicebat etiam dictus Dominus GUERSUS quod dictus Dominus Rodulphus fibi tenebatur afignare & afeſtare decem folidos bonæ monete verule cenfuales in feudis ydoneis, vel fibi dare & tradere pratum de Queyfart quare petebat dictus Dominus GUERSUS predicta adtenti & compleri per dictum Roletum heredem dicti Domini Rodulphi.... Tandem poſt multas alterquationes & varios tractatus habitos per amicos comunes, dictæ partes....fe alte & baffe de novo compromiferunt in nobiles viros Richardum de Mayllis, ARTAUDUM DE BELLOMONTE, Petrum Salvagni, de Intermonibus & in Hugonem Darbins, de Montealverio, tanquam in arbitros arbitratores & amicabiles compofitores.... Qui arbitri....dixerunt, ordinaverunt, & amicabiliter pronunciaverunt quod dictus Dominus GUERSUS faciat & facere teneatur dicto Roleto de Intermontibus pro predicta vinea homagium ac fidelitatis teneatur preftare juramentum. Item quod dicta bona res & jura quæ condam fuerunt propria, & proprie dicti Jaquemeti Porcheti remaneant dicto Domino GUERSO, falva & retenta eidem Roleto quadam pecia nemoris quæ quondam fuit dicti Jaquemeti Porcheti quæ cita eft defuper domo dicti Roleti in loco ubi dicitur in Cumba Chanane Pafqualis. Ita quod dictus Dominus GUERSUS dicta bona habeat & teneat in feudum, & in augmentum feudi a dicto Roleto, & fub annuo cenfu trium feftariorum frumenti ad menfuram Toveti, venacis, & ementis fingulis annis folutorum dicto Roleto & fuis heredibus in feſto beati Michaelis & fub placito trigenta folidorum bonorum monete antiquorum femper folvendorum in mutatione Domini &. poffefforis. Item dixerunt arbitratores & amicabiles compofitores quod predictus Dominus GUERSUS, tam pro dicta vinea, quam pro predictis omnibus aliis rebus quæ quondam fuerunt dicti Jaquemeti Porcheti unum homagium facere & fidelitatis juramentum preftare teneatur falva & exceptata fidelitate illuſtris Principis Domini Comitis Gebennarum ; quod quidem homagium & fidelitatis juramentum dictus Dominus GUERSUS & dicti amicabiles compofitores afferebant, & confitebantur dictum Dominum GUERSUM nuper feciffe dicto Roleto......Quibus fic actis prefactus Roletus dictum Dominum GUERSUM de predictis vinea & bonis.... per baculi traditionem inveſtivit ut moris eft, & amodo voluit, & conceffit dictus Roletus dicto Domino GUERSO,

DE LA MAISON DE BEAUMONT. Liv. II.

Guerso, quod idem Dominus Guersus prædicta bona ex nunc in antea habeat, teneat & possideat, & quasi in feudum, & de feudo dicti Roleti sibi retento majore dominio in predictis bonis, & rebus.... Actum est hoc apud Fraytam in platea juxta turrem dicti Domini Guersi ubi testes fuerunt vocati & rogati Rossetus de Paris, Castellanus Terracie, Humbertus de Toveto, Jurisperitus; Humbertus de Tessio; Amedeus de Bellomonte, Johanetus Berengerii, de sancto Vincentio de Malcusa, & Petrus Charpini, de Toveto, & ego Petrus Lumbardi, habitator Guncelini autoritate Inperiali Notarius publicus qui hiis omnibus interfui vocatus & rogatus hanc cartam scripsi & tradidi fideliter & meo signo signavi.

Vis-à-vis les premieres lignes de cet acte est figuré le Monogramme du Notaire.

Reconnoissance féodale donnée à Guers de Beaumont, Chevalier, par Didier de Crolles, de ce qu'il tient de lui à la Freyte.

Original en parchemin conservé aux Archives de la Terre des Adrets.

Notum sit omnibus presentibus & futuris presens publicum instrumentum inspecturis, quod cum Aymo Combri, Notarius morte preventus plures & diversas notulas, seu imbreviaturas receperit que nundum in formam publicam redacte fuerunt per dictum Aymonem vel per alium, & michi Petro Combri Notario publico, tanquam coadjutori Stephani Combri publici Notarii filii condam dicti Aymonis cui comisse fuerunt dicte notule seu imbreviature auctoritas judicialis concessa fuerit seu data ad grossandum hanc notulam seu imbreviaturam quam in protocollis ipsius Aymonis inveni non cancellatam, in formam publicam redegi auctoritate predicta; cujus quidem notule tenor sequitur in hunc modum. Anno a nativitate Domini M°. CCC°. X°. Inditione VIII^a. Kalendas Julii, ad instantiam Domini Guersi de Bellomonte, Militis, Disderius de Crollis non deceptus, non coactus, neque aliquo dolo inductus, set spontaneus confessus fuit & publice recognovit eidem presenti & recipienti coram Curiâ ipsius laudatâ, concessâ & approbatâ ab ipso, videlicet me Notario infrascripto, se tenere ac tenere velle in feudum & de dominio suo res, censum, servitia & placita & homagia que inferius continentur, videlicet unum quartale frumenti census quod annuatim debet sibi Perretus Gayneres pro quadam petiâ vinee sita apud Frayram subtus campum Sofredi.... Item tresdecim cartas frumenti & tres solidos & tres denarios & obolum & tres gallinas.... de servitio censuali quod annuatim debebant eidem Johannes Barruelz & Petrus Barruez, fratres cum homagiis eorum.... Item tenet ab eodem Domino Guerso ut supra, tres denarios census quos sibi debet annuatim Perretus Falcos & duos solidos & dimidium de placito, pro uno jornali terre sito apud Ravoyriam, juxta terram Guillermi Ruphi & juxta terram Johannis Lamberti, prout dictus Perrerus confitetur.... Item & quatuordecim denarios & obolum de servitio censuali bone monete, quod annuatim debet eidem Domino Guerso Bartholomeus Gorra pro quâdam petiâ vinee sitâ apud Mollisola, juxta vineam Johannis Barruel & juxta vineam Artaudi de Bellomonte..... quos census & placita confitetur tenere & tenere velle de feudo & dominio dicti Domini Guersi... pro quibus rebus confitetur se debere eidem Domino Guerso decem solidos de placito bone monete in mutatione Domini & possessoris & homagium, salvo homagio Domini Hugonis de Fucigniaco & Alberti de Monfort qui sunt pro uno Domino, & salvo homagio in quo dicto Domino Hugoni tenetur, salvo uno Domino.... Actum est hoc apud Thovetum ante domum Francisci Bonet ubi fuerunt testes vocati & rogati, Pererus Bruardi, Galterius Darboys, Artaudetus de Belmont & Guillelmus de Belmont. Et ego Petrus Combri, Notarius publicus predictus hanc cartam in formam publicam redegi, autoritate predictâ michi datâ & concessâ & signum meum consuetum apposui in testimonium premissorum.

Calendes de Juillet 1310.

Vis-à-vis les premieres lignes de cet acte est figuré le Monogramme du Notaire.

Acquisition faite par Messire Guers de Beaumont, Chevalier, de plusieurs Cens en la Paroisse de Barraux.

Original en parchemin conservé aux Archives de la Terre des Adrets.

Anno Domini M°. CCC°. duodecimo, Inditione decima, die XII. exeunte Feb. Notum sit cunctis presentibus & futuris, quod in presentia mei.... Notarii & testium infra scriptorum, Guiguonetus de Monte majore, filius quondam Guiguonis ejusdem loci, non deceptus.... sciens, prudens... dedit vendidit & titulo pure & perfecte venditionis irrevocabilis cessit & concessit nobili viro Domino Guersso de Bellomonte, Militi, presenti, pro se que suis heredibus recipienti & ementi presias & fructus suorum frumenti, vini & pecunie censsuum sibi debitorum infrascriptorum in Parrochia de Barralibus in monte & in plano, & infra mandamentum Boyllerie usque

17 Février 1312.

ad decem annos fibi continuos & completos, fic tamen computentur ut decem prefias percipiat idem Dominus GUERSSUS, videlicet viginti quatuor feftaria frumenti ad menfuram Goncelini, & tres jarlas cum dimidia vini puri & fex libras, quinque folidos, duos denarios, obolum bone monete veteris & antique cenfus; quosquidem cenfus & quantitatem predictam bladi, vini & pecunie faciunt homines infrafcripti... vendidit inquam, predicta idem Guiguonetus pretio & nomine pretii ducentarum viginti duarum librarum Viennenfium monete Sabaudie quod pretium idem Guiguonetus confeffus fuit & contentus fe habuiffe & recipiffe....Nomina vero hominum, cenfus & quantitatem bladi, vini & pecunie predictorum debentium & venditorum ipfi Domino GUERSSO funt hec : videlicet primo Petrus de Chavannes.... Item Dominus Bernardus Capellanus.... Item Remondus Tochimi.... Item heredes Bernardi Tochimi.... Item Guiguo Villacys... Item heredes Guiguonis Lamberti... Item Ruphus Richardi... Item Johannes Tochimi... Item Milletus de Barralibus... Item Dominus Vyanes... Item Bernardus de Fontana... Item Guiguo Selveftros... Item Guiguo filius Henrici de Bellacomba... Item Johannes Arvez... Item heredes G. Tochimi... Item Jacobus Gotafreys... Item heredes Mabilini & G. Travalles... Item Johannes Crifpini ac Petrus & G. fratres... Item Petrus Monerii... Item idem Petrus & nepotes fui... Item Johannes Tochimi & Humbertus & Petrus Tochimi... Item Johannes Muraz... Item Johannes & Petrus Muraz... Item nepotes dicti Johannis... Item Johannes de Platea... Item Johannes Caffardi... Item Johannes Granet... Item Petrus Bovato, de Monte, & heredes fui... Item Perretus de Bruneto... Item Hugo Bernerii... Item Petrus Selveftros.... Item Johannes Tochimi... Item Humbertus Faber... Item Petrus Boudiers... Item Bofo Bertrandi, de Chaparylent... Item Verfana filia Boni-filii... Item Petrus Efcoferii, de Boyfferia... Item Rofferii & Ogerii de Montanea... Item G. Rofferii... Item Humbertus filius Amedei de Barralibus.... Item Richardus Vybodi & Petrus Selveftros... Item Domengi Duranda & Johanna Duranda... Item Johannes Nibaz, de Monte... Item Margarita filia quondam del Tor... Item Comes... Item heredes Johannis Sapientis... Item Petrus Aymonis... Item Guichardus... Item Caffardi & Parerii.... Item Johannes Martini, de Boyfferia... Item Guigo frater Johannis de Platea... Item Petrus Aleyreos... Item Remondetus & frater fuus.... Item Maladeria de Barralibus... Item uxor Ruphini... Item filia Lovati... Item Ermenjons Sayny... Item Richardus Carcavellii... Actum apud Avalonem infra domum Domini Dalphini coram me Notario infrafcripto, prefentibus, Andrea Phallafterii, ARTAUDETO DE BELLOMONTE filio ARTAUDI DE BELLOMONTE, Salleto de Villar Salleti, Bernardo Boneti, de Thoveto, teftibus vocatis & rogatis. Et ego Aymo de Mayrens, Notarius publicus ab Imperiali aula conftitutus hanc cartam rogatus fcripfi figno meoque fignavi.

A la fin de cet acte eft figuré le Monogramme du Notaire.

Sentence arbitrale prononcée entre Rolet d'Entremont, Seigneur du Touvet, & GUIGUES dit GUERS DE BEAUMONT, Chevalier.

Original en parchemin confervé aux Archives de la Terre du Touvet.

10 Juillet 1313. ANNO a nativitate Domini millefimo tercentefimo tertio decimo, Inditione undecima, die Martis poft quindenam fefti nat beati Johannis Baptifte que eft dies decima menfis Julii, coram me Notario & teftibus infrafcriptis, cum queftio, difcordia, feu rancura verteretur & effet inter nobilem virum Roletum de Intermontibus, Dominum de Thoveto ex una parte; & Dominum GUIGONEM DE BELLOMONTE, Militem, dictum Dominum GUERSUM DE BELLOMONTE ex altera. Super eo quod dicte partes dicebant olim fuiffe factam quamdam compofitionem inter ipfos fuper quadam petia vinee fita in Patrochia de Thoveto verfus Fraytam, que quidem petia vinee fuerat de Chanel. Item fuper rebus & bonis que quondam fuerunt Jaquemeti Porcheti; que omnia petebat dictus Roletus a dicto Domino GUERSO fibi reftitui certis de caufis. Item fuper decem folidis cenfus bone monete veteris quos petebat fibi affignari dictus Dominus GUERSUS per dictum Roletum; quam compofitionem factam fuper predictis & dependentibus ex eifdem petebat dictus Roletus fervari & attendi ; dicto Domino GUERSO dicente dictam compofitionem fe non teneri obfervare quia plus fuerat fcriptum quam dictum in dicta compofitione de qua compofitione conftat per quoddam publicum inftrumentum confectum & fignatum ut prima facie apparebat manu Petri Lombardi habitatoris Goncelini publici Notarii, auctoritate Imperiali.... factum fub anotatione Domini millefimo tercentefimo nono, Inditione feptima decima, feptima Kal Febr. Tandem dicte partes fuper predictis queftionibus, & dependentibus ex eifdem, in nobiles viros Francifcum Dominum de Caffenatico, Dominum Girardum de Pontevitrio, Hugonem de Comeriis, Milites & Guillelmum Grinde, Jurisperitum fe compromiferunt alte & baffe tanquam in arbitris arbitratores & amicabiles compofitores & fibi ad invicem promiferunt folemnibus ftipulationibus premiffis fub obligatione omnium bonorum fuorum & tactis facrofanctis Evangeliis manualiter juraverunt ftare dicto laudo pronunciationi predictorum arbitrorum.... qualitercunque pronunciaverint ... fub pena centum marcharum argenti boni & fini ... cujus pene medietas Domino Dalphino aplicetur & alia medietas parti hobedienti totiens quotiens commiteretur etiam fi millefies commiteretur, & exigeretur. Qui arbitri fequendo formam amicabilium compofitorum,

DE LA MAISON DE BEAUMONT. Liv. II.   43

auditis que partes dicere & proponere voluerunt ; dixerunt pronunciaverunt & in mandatis dederunt dictis partibus sub pena & juramentis predictis quod compositio, pronunciatio contenta in dicto instrumento confecto manu dicti P. Lombardi sub anotatione predicta per partes antedictas servetur, attendatur & compleatur ... dixerunt etiam & pronunciaverunt dicti domini & amicabiles compositores ... quod idem Dominus GUERSUS .... homagium faciat dicto Roleto, salva fidelitate Comitis Gebennensis ; qui Dominus GUERSUS incontinenti, osculo oris interveniente inter dictos Roletum & Dominum GUERSUM, eidem Roleto homagium fecit, salva fidelitate Domini Comitis Gebenn" ; & eidem Roleto stipulanti pro se & heredibus suis, & successoribus, promisit idem Dominus GUERSUS pro se & heredibus suis & successoribus, & super sancta Dei Evangelia corporaliter juravit esse fidelis eidem Roleto & successoribus suis in omnibus capitulis, tam novis quam veteribus que sub jure fidelitatis tenerentur. Item quamdam pronunciationem, ordinationem ... dicte partes laudaverunt approbaverunt, emologaverunt & sub pena predicta promiserunt omnia universa & singula, ordinata & pronunciata tenere, custodire & inviolabiliter observare ... Acto & convento inter dictas partes quod de predictis duo fiant ejusdem tenoris publica instrumenta ad opus cujuslibet partis, unum ad dictamen Domini Guillelmi Grinde supra dicti. Actum apud Grationopolim in viridario domus ipsius Domini Guillelmi, presentibus testibus, videlicet Domino P. de Royno, Priore Sancti Martini de Miseriaco, Domino Aynardo Leuczonis, Milite, Domino Mermeto de Theyzio, Decano Grationopolitano, Domino Leuczone Berardi, Milite, Alberto de Cassenatico, Ginneto de Theysio, Guillermo Passardi & nonnullis aliis ; & ego Durandus Rostagni, de Fontanis, Imperiali auctoritate publicus Notarius hiis omnibus interfui, & hanc cartam scripsi signo que meo signavi.

Vis-à-vis la premiere ligne de cet acte est figuré le Monogramme du Notaire.

Compte rendu au Dauphin, par GUERS DE BEAUMONT, Bailli du Graisivodan, en qualité de Châtelain d'Avalon, d'Allevard & de Morestel.

Extrait d'un Cartulaire original des comptes du Graisivodan de 1313, fol. 4, étant aux Archives de la Chambre des Comptes de Dauphiné ; délivré comme celui du mois de Février 1262, rapporté au Chapitre II du Livre II de ces Preuves.

Avalon.

ANNO Domini M°. CCC°. XIII°. die X°. mensis Novembris coram predictis Auditoribus computorum, constitutus Dominus GUERSUS DE BELLOMONTE, Baylivus Graysivodani condam, & Castellanus Avalonis, computavit a die undecima mensis Januarii, currente anno Domini M°. CCC°. XIII°. usque ad diem festi beati Mathieu proxime subsequentem & preteritum, currente anno Domini predicto, videlicet de omnibus obventionibus & escheutis loci predicti per tempus predictum, & de solutionibus & expensis per eum factis in dicto tempore.   10 Novembre 1313.
Recepta denariorum.
Recepit a Benedicto Judeo Alavardi III°. libras debiles. Item, &c.
Expense & solutiones.
Primo solvit pro edificiis & bastimentis factis in castro Avalonis, reddidit particulas, VII°. XLI. lib. VIII. fol. IIII. den. debiles & pro chalfatis .... &c.
Item pro suo salario Avalonis, Morestelli & Alavardi cc. libras, &c.

Alavardum & Morestellum.

Ibidem & coram eisdem computatoribus, computavit dictus Dominus GUERSUS de Castellania Alavardi & Morestelli per idem tempus & eodem modo, quibus superius de Castellania Avalonis computavit, & de hiis etiam que debebat de fine computorum suorum ... primo solvit & deliberavit pro Domino & sumptibus & venutis Domini & gentium suarum, reddit litteras VIII°. LXIII. libras. .... Item debet dicto Domino GUERSO LXX. lib. debilium quas dimisit Dominus illis de Tesio, de quibus computaverat, Item XL. lib. debilium quas Dominus dedit Beroardo pro garda quorumdam captorum Sabaudie. Et sic finaliter debet Dominus dicto Domino GUERSO VIII°. IIII^{xx}. XVI. lib. debilium.

Autre compte rendu par le même, en la même qualité.

Extrait des comptes de Châtellenies du Briançonnois, Gapençois & Graisivodan, pour les années 1312 & 1313, étant aux Archives de la Chambre des Comptes de Dauphiné; délivré comme le précédent, & signé Chabert, Greffier en Chef de cette Chambre.

Comitatus Graisivodani. Avalonem; per Dominum GUERSUM DE BELLOMONTE.

23 Novembre 1313.

ANNO Domini millesimo tercentesimo decimo tertio, die vicesima tertia mensis Novembris, coram computatoribus predictis computavit Dominus GUERSUS DE BELLOMONTE, Castellanus Avalonis de censibus & redditibus unius anni integri, finiti in festo beati Joannis Baptiste prope preterito, & de obventionibus escheutis & solutionibus factis per unum annum integrum finitum hac presenti die.....

Subsequéter, computat dictus Castellanus de Castellania Allavardi modo & forma quibus supra computavit de Castellania Avalonis.....

Subsequéter computat dictus Dominus GUERSUS de Castellania Moréstelli modo & forma quibus supra computavit de Castellania Allavardi.....

Inféodation faite par Messire GUERS DE BEAUMONT, à Lantelme des Adrets.

Original en parchemin conservé dans les Archives de la Terre des Adrets.

7 des Ides de Décembre 1313.

..... ANNO a nativitate Domini millesimo CCC°. XIII°. Inditione undecima, VII°. Ydus Decembris, Lantelmetus de Adretis filius Bonifacii de Adretis condam, non deceptus, non coactus... asserens se tenere de puro & franco alodio res infrascriptas & accepit eas in feudum a Domino GUERSO DE BELLOMONTE, ita quod pro ipsis rebus sibi & heredibus suis teneatur ad homagium ligidum, salvo tamen homagio ligido in quo tenetur Domino Comiti Gebennarum & eidem faciat & solvat quinque solidos bone monete Viennensium antiquorum de placito in mutatione Domini & possessoris, & incontinenti fecit sibi homagium pro dictis rebus, salvo homagio dicti Domini Comitis ; hec sunt res quas accepit in feudum a dicto Domino GUERSO; videlicet medietas cujusdam petie prati & arborum ibi sitarum, quod situm est subtus Sanctam Mariam de Marcusa.... Item medietas trium seyturiatarum prati quibus coheret pratum Lantelmi χprfori & pratum Lantelmi de Grangiis, salvo tamen jure & dominio Perreti de Grangiis quod habet in prato quod tenet ab ipso..... Item medietas cujusdam jornalis terre quod situm est super Maladeriam Sanctæ Marie, juxta terram Jacobi Gelandi quondam... quas res se constituit possidere nomine dicti Domini GUERSI & de feudo ipsius sub homagio & placito supradictis, confitendo se habuisse & recepisse ab ipso Domino GUERSO dictus Lantelmus triginta libras monete nunc currentis per Dalphinatum, nomine renumerationis quam sibi fecit pro eo quod dictas res accepit in feudum ab eodem... Actum fuit hoc apud Goncelinum in domo mei Aymonis Combri, ubi fuerunt testes vocati & rogati, videlicet Stephanus Combri, Beroardus Boneti, de Thoveto, Guillelmus Passardi & Petrus Endrys qui dicitur Goudins. Et ego Petrus Combri, Notarius... hanc cartam in formam publicam redegi autoritate predicta michi data & concessa, & signum meum consuetum apponi in testimonium premissorum.

Vis-à-vis les premieres lignes de cet acte est figuré le Monogramme du Notaire.

Confirmation faite par Guillaume, Comte de Geneve, de l'albergement du rivage des Adrets, passé par son Châtelain à GUERS DE BEAUMONT, Chevalier.

Original en parchemin conservé aux Archives de la Terre des Adrets.

Le Lundi aprés la Fête de Saint Georges (Avril) 1316.

NOS Guill^{us} Comes Gebnñ notum facimus universis presentem litteram inspecturis quod cum Dominus Jacobus de Sancto Germano, Miles, Castellanus noster de Petrâ & de Theys nomine nostro dederit & concesserit in albergamentum perpetuum dilecto nostro Domino GUERSSO DE BELLOMONTE, Militi, videlicet rivum seu rivagium des Adrets... Nos vero dictus Comes pro nobis & successoribus nostris in futurum dictum albergamentum ipsius rivi seu rivagii des Adrets dicto Domino GUERSSO & suis successoribus laudamus, gratulamus & etiam confirmamus.... promittentes bonâ fide in contrarium non facere nec venire, confitentes nos habuisse viginti solidos Gebnñ pro confirmatione dicti usus in dicto rivo... in cujus rei testimonium

DE LA MAISON DE BEAUMONT. Liv. II. 45

figillum noftrum duximus prefentibus apponendum. Datum apud Ternye die Lune poft Feftum beati Georgii anno Domini M°. CCC°. decimo fexto.

Cet acte est scellé sur simple queue de parchemin d'un sceau & contresceau en cire verte, aux armes des Comtes de Geneve, avec cette légende: S. GUILLERMI COMITIS GEBENENSIS.

Notice d'une donation faite par Messire GUERS DE BEAUMONT, Chevalier, à la Chartreuse de S. Hugon.

Extrait d'un ancien Répertoire des titres de la Chartreuse de S. Hugon, dressé vers 1425, & conservé en original aux Archives de cette Maison.

ITEM donacio facta dicte Domui per Dominum GUERSUM DE BELLOMONTE, Militem, per quam pro remedio anime fue affignavit & affeptavit eidem Domui quinquaginta folidos bonorum Vian veterum de fervicio cenf, de quibus debet Bertus Darbonis, de Goncelino viginti quinque folidos fuper domo fua, & Johannetus Ruffi & Hugonetus Bonyfons, DE BELLOMONTE fratres debent novem folidos pro rebus quas tenent ab ipfo, & Guillermus habitator de Toveto debet duodecim denarios pro rebus quas ab ipfo tenet, & Gonterius Darboys debet quindecim folidos; quos cenfus promiferunt dicti feudatarii de juffu & voluntate expreffa dicti Domini GUERSI folvere annis fingulis dictis Domui & Conventui, prout eumdem Domino GUERSO perfolvere tenebantur; ad hoc quod Conventus dicte Domus teneatur facere in dicta Domo duo anniverfaria annis fingulis, fcilicet primum prima die quadragefime, & fecunda die videlicet in craftinum aliud anniverfarium. Retinendo tamen dictus Dominus GUERSUS fibi & fuis placitum & directum dominium rerum pro quibus dicta fervicia debentur. Et fi dicti cenfus in folidum vel in parte reperirentur fore de dominio alterius perfone, ita quod contra dictam Domum ab hoc aliqua queftio oriretur, quod dicti heredes teneantur eidem Domui alibi totidem & in bono loco affeptare; recepta per Stephanum Conbri, Notarium fub anno Domini millefimo tercentefimo decimo feptimo, Inditione decima quinta, die Martis poft feftum beati Anthonii. Signata per lxiiij.

Janvier 1317.

Teftament de GUERS DE BEAUMONT, Chevalier, fils d'ARTAUD DE BEAUMONT, auffi Chevalier, en faveur d'ARTAUDET, de GUIGONET dit GUERS, d'ARTAUD, d'AMBLARD, de HENRI & d'AGNÈS DE BEAUMONT, fes neveux & niece.

Original en parchemin conservé aux Archives de M. le Comte de Beaumont-de la Roque, au Château du Repaire, en Périgord.

IN nomine Sancte & invidue Trinitatis, Patris & Filii & Spiritus Sancti amen. Anno à nativitate Domini M°. CCC°. XVII°. Inditione xvª. ix°. Kl⁻ Febroarii, in prefentiâ Nantelmeti Efcalone publici Notarii & teftium infrafcriptorum ad hoc fpecialiter vocatorum & roguatorum.... Ego GUERSUS DE BELLOMONTE, Miles, filius condam Domini ARTAUDI DE BELLOMONTE, Militis, licet eger corpore tamen conftitutus fanâ mente... condo facio & ordino teftamentum meum nuncupativum.... in modum qui fequitur.... In primis,... corpori meo eligo fepulturam in Cimiterio Domus religiofe Vallis Sancti Hugonis, cui Domui religiofe do & lego pro remedio anime mee & anime FRANCISCI fratris mei quinquaginta folidos cenfuales annuos pro duabus pidantiis faciendis anno quolibet.... quos quinquaginta folidos cenfuales dicte Domui affignavi.... Item do & lego dicte Domui religiofe pro dictis duabus pidantiis melius complendis viginti libras bone monete Viennenfis femel pro viginti folidis cenfualibus acquirendis ad complendum quolibet anno dictas pidantias. Item do & lego Capellano Incurato de Thoveto triginta folidos cenfuales annuos... tam pro me, quam pro legato viginti folidorum quod fecit FRANCISCUS frater meus; pro quibus triginta folidis, dictus Capellanus in perpetuum teneatur facere quolibet anno unum anniverfarium pro remedio anime mee & dicti FRANCISCI fratris mei, fex Sacerdotibus & dare cuilibet Capellano in mensâ trefdecim denarios. Item do & lego Ecclefie beati Andree de Adextris, unam eminam frumenti annuatim de fervitio... Item do & lego Ecclefie beate Marie de Campo viginti & quinque folidos cenfuales annuatim pro uno aniverfario quolibet anno faciendo pro remedio animarum mei & FRANCISCI fratris mei & PHILIPE mattris mee, feptem facerdotibus convocatis, de quibus fit unus Capellanus de Adextris, & alii fint Canonici, & Capellanus de Campo. Item do & lego Cappelle Maladerie de prata quatuor folidos cenfuales annuatim. Item do & lego omnibus Maladeriis firis ab Efte ufque ad rivum de Cervone, & a geriâ ufque ad rivum de Breyda, cuilibet Maladerie duodecim denarios femel. Item do & lego Capellano Incurato de Thoveto decem folidos femel. Item do & lego Monacho dicti loci decem folidos femel. Item do & lego Priori de Campo viginti folidos femel. Item Capel-

9 des Calendes de Février 1317.

lano & Canonicis dicti loci, cuilibet quinque folidos femel. Item do & lego Fratribus Minoribus Grationopolis pro unâ pidentiâ anno quolibet viginti quinque folidos pro me & FRANCISCO fratre meo & aliis predeceſſoribus meis... Item do & lego Fratribus Predicarotibus dicti loci pro unâ pidantiâ, fexaginta folidos femel. Item do & lego Conventui Clauftri Domene pro unâ pidantiâ XLª. folidos femel. Item do & lego Monachis Clauftri Sancti Laurentii Gratianopolis pro eodem XLª. folidos femel. Item Servitoribus Ecclefie beate Marie Grationopolis pro unâ librâ faciendâ fexaginta folidos femel. Item do & lego Domui religiofe Sancti Martini de Miferiaco pro uno aniverfario faciendo Canonicis dicti loci quadraginta folidos femel. Item do & lego omnibus Capellanis qui venerint ad primă finodum poft obitum meum, cuilibet trefdecim denarios bone monete femel. Item monacâbus & prefbiteris Domus religiofe de Aiis, cuilibet XVIII. denarios femel, & cuilibet Clericali fex denarios femel. Item monacabus & prefbiteris de Becone, cuilibet duodecim denarios, & cuilibet Clericali fex denarios femel. Item do & lego Domui religiofe de Carthufiâ pro unâ pidantiâ centum folidos femel. Item do & lego Capellano Incurato Thefii viginti folidos femel. Item do & lego Ecclefie beate Marie de Thefio duodecim denarios cenfuales annuatim.... Item do & lego Domine HUGONE, Monache, forori meo, ad vitam ipfius tantum, unam eminam frumenti annuatim cenfualem cum aliâ eminâ quam fibi debeo... & pro eo fit contenta de omnibus bonis meis... Item do & lego BERNARDO BONETI, CONSANGUINEO MEO Revoyriam meam fitam fubtus BELLUMMONTEM juxta Revoyriam ARTAUDI DE BELLOMONTE fratris mei. Item do & lego eidem Bernardo totum illud ufagium quod mihi debet Guigo Crolles homo dicti Bernardi & feudum placitum & dominium pro quibus debetur dictum ufagium. Item do & lego dicto Bernardo omnia ufagia & res quecumque fint & quocumque nomine cenfeantur, que & quas acquifivi a Guerfa Manderie. Item do & lego eidem Bernardo omnia ufagia, cenfus, fervitia & fervitutes quecumque fint & quocumque nomine cenfeantur in quibus ipfe Bernardus mihi tenetur & tenere poffet pro rebus quas de dominio meo tenet, & quas eidem legavi, ita quod quinque folidos de placito ipfe Bernardus & heredes fui teneantur facere heredi meo univerfali in mutatione Domini & poffefforis tantum, & dictas res ad dictum placitum teneat fub dominio & de dominio heredis mei. Item do & lego eidem Bernardo quatuor Cifos argenteos quod feci fieri apud Aneff. Item duos anulos fequentes poft quatuor primos, excepto uno in quo non eft lapis. Item do & lego Liaunete de Terraciâ fexaginta folidos femel. Item do & lego Capellano Incurato Ecclefie fancti Michaelis de Monte feftarium boni vini puri Anfi. de fervitio ad celebrandum miffas eidem affignandum per heredem meum univerfalem infrafcriptum. Item do & lego Hugoneto Veyfos, familiari meo centum folidos femel & unam raubam de tribus garnimentis. Item do & lego Oyete, familiari meo decem feftaria frumenti de quadraginta feftariis in quibus mihi tenetur dictus Oyeta pro fine computi fui. Item do & lego Domine BIATRICI, uxori mee, unum Cyphum argenteum, videlicet majorem, excepto uno quem legavi, vel inferiùs legabo AGNETI nepti mee. Item do & lego eidem Domine BIATRICI ducentas libras quas fibi promifi tempore fponfalitii in aumentum dotis ipfius de quo legato prius deducantur & remitantur heredi meo univerfali infrafcripto centum libre quas mihi promiferunt amici dicte Domine BIATRICIS pro ornamentis ipfius, & ita quod folvendo centum libras dictus heres meus, & cedendo jura dicte Domine BIATRICIS talia qualia habeo pro dictis centum libris promiffis recuperandis a dicto legato fit liberatus, & pro predictis ipfam Dominam BIATRICEM volo effe contentam de omnibus bonis meis, ita quod nichil ulterius de dictis bonis meis petere poffit. Item do & lego GUIGONETO dicto Gʳˢᵒ filio ARTAUDI fratris mei & ARTAUDO fratri fuo natis ab AGNETE, uxore dicti ARTAUDI fratris mei, totum feudum & quicquid teneo de dominio Roleti de Intermontibus.... Item do & lego dictis fratribus quicquid habeo in Mandamento de Avalone & tali conditione predictâ omnia dictis fratribus relinquo, quod fi unus ipforum decederet fine herede ex fuo corpore legitime procreato, vel haberet redditus, aud aliquod beneficium, vel Religionem intraret aliquo privilegio clericali, quod predicta remaneant alio fuperftiti, vel ipfo deficiente, ad alium fratrem fuum vel ad alios fratres fuos qui fupereffent ex dictâ AGNETE natos. Item volo & difpono quod dictus ARTAUDUS frater meus habeat ufumfructum de omnibus qua legavi, vel inferius legabo dictis liberis fuis ex dicta AGNETE natis. Item do & lego AMBLARDO nepoti meo, filio dicti ARTAUDI, centum flurinos de quodam debito ducentorum flurinorum in quibus michi tenetur Dominus Comes Gibenˉ q'n recuperati fuerint. Am do & lego ENRICO fratris dicti AMBLARDI alios centum flurinos dicti debiti. Item do & lego AGNETI matri ipforum, uxori dicti ARTAUDI fratris mei quinquaginta libras bone monete femel.... Item do & lego dicto ARTAUDO fratri meo feudum & homagium in quibus michi tenentur Nanfelmetus de Adextris, & Hugonetus de Flacheriâ. Item do & lego AGNETI, nepti mee, uxori ANCELOTI DE AVALONE quingintas libras quas eidem Anceloto dare promifi pro dote dicte AGNETIS. Item do & lego eidem AGNETI decem libras annui redditus.... quas.... precipio afignari... apud Adextros vel apud Thovetum... Item do & lego eidem AGNETI nepti mee unum Cyphum argenteum cum pede doratum meliorem hofpitii mei & quatuor anulos meliores & quamdam Lodicem de Cendar & duo paria veftimentorum, que fibi debentur, volens & difponens atque mandans quod pro predictis dicta AGNES fit contenta de omnibus bonis meis & FRANCISCI fratris mei quondam, ita quod nichil ulterius petere poffit... Item volo quod fi dicta AGNES folvere voluerit & folverit viginti libras quas debeo in domo Johannis Merceeii, quod ipfa habeat unam coronam & unum chapelletum & quofdam laqueos quos ibidem habeo, aliter non. Item do & lego SOFFREDO DE ARCIIS nepoti meo omnes res, cenfus & ufagia que habeo in Parrochia de Campo à rivo de Giroudis ufque ad rivum de Adextris, exceptâ vineâ quam permutavi Priori de Campo.... excepto homagio

DE LA MAISON DE BEAUMONT. Liv. II.

Conftancii de Campo. Item do & lego eidem Soffredo, duo feftaria frumenti cenfualia annuatim... & pro predictis ipfum Soffredum volo efle contentum de omnibus bonis meis, ita quod nichil ulterius petere poffit de dictis bonis meis, & fi quid aliud peteret eidem adimo dictum legatum, & predicta omnia do & lego dicto heredi meo univerfali infrafcripto. Item do & lego Annete f... (*) Johannis Henrici centum folidos femel ... volens ... quod ipfa Anneta & Guigonetus frater fuus provideantur in hofpitio meo ufque ad meffes perproximas ... Item do & lego Humberteto, filio meo naturali decem libras cenf" anñ cum feudis, placitis & dominiis pro quibus debentur, quas eidem reddere & affignare teneatur heres meus univerfalis infrafcriptus cum ad etatem viginti annorum pervenerit dictus Humbertetus, ita quod ipfe Humbertetus dictas decem libras teneat à dicto herede meo univerfali ad homagium ligium; volo etiam & difpono quod interim dictus Humbertetus provideatur condecenter de bonis meis, fi vero dictus heres ipfum Humbertetum competenter in ordine poterat colloquari & provideri, volo & difpono quod dictus heres meus fit intmunis ab afignatione dictarum decem librarum ceñ, & fi decederet fine herede legitimo, predicta remaneant dicto heredi. ... In omnibus autem bonis meis mobilibus & inmobilibus, juribus & actionibus, quecumque fint & quocumque nomine cenfeantur michi heredem univerfalem inftituo Artaudetum de Bellomonte, nepotem meum, primogenitum Artaudi fratris mei quem a M....(1) quondam uxore fuâ procreavit, volens & difponens quod dictus Artaudetus habitâ & munitâ pro fuo libito voluntatis domo mea de Frayta, ipfe teneatur quitare & dimitere dicto Artaudo patri fuo & heredibus ipfius Artaudi jus quod habet in domo parentum nostrorum quondam de Bellomonte, quod nifi facere vellet poftquam dictam domum de Frayta habuerit, vel habere poterit, ut fupradictum eft, dicto Artaudo fratri meo & aliis heredibus fuis dictam domum de Frayta do & lego. Item volo, ftatuo & ordino quod fi Artaudetus heres meus predictus filium vel filios mafculos ex legitimo matrimonio habuerit, hereditatem meam ei vel eis reftituat integraliter; fi vero, fine filio mafculo ex legitimo matrimonio decefferit relicta filia, unam vel duas ex legitimo matrimonio procreatis relinquerit, volo quod de dicta hereditate meâ unicuique dictarum filiarum det & reftituat quatercentum libras Vian" pro qualibet, fi vero ultra duas filias relinquerit, tertie, quarte & omnibus tot quot effent poft fecundam .... reftituat libras centum Vian" pro qualibet; alia vero omnia bona mea & hereditatem totam in quâ eum heredem inftitui, in eo cafu in quo decederet nullo relicto filio mafculo ex legitimo matrimonio a fe procreato, det, reddat & reftituat fratribus fuis filiis mafculis dicti Artaudi qui tunc fupervixerint, & dicti Artaudi fratris mei heredes erunt univerfales, & ipfos fratres fuos filios & heredes tunc dicti Artaudi fratris mei dicto Artaudeto heredi meo fubftituo per fidei comiffum. ... Exequtores autem hujus mee ultime voluntatis facio & conftituo Dominum Eynardum Leufonis, Militem, & Dominum Petrum de Royno Priorem Sancti Martini de Miferiaco abfentes, & Dominum Guigonem Alberti, Priorem de Campo & Bernardum Boneti prefentes & acceptantes.... Item volo & difpono quod dictus Artaudetus heres meus teneat & provideat bene & honorifice Petronillam de Villanova neptem meam dum erit in difcordia viri fui, vel quod eidem affignet ad vitam ipfius Petronille decem libras cenf"... Item volo & difpono quod de facto dotis Domine Artaude, uxoris mee condam & de reftitutione ipfius dicti exequtores mei plenariam & fpecialem habeant poteftatem ... & inde pro memoria retinenda rogo te Nantelmerum Efcalone Notarium publicum infrafcriptum ut conficias de predictis publicum inftrumentum ... Rogo etiam vos teftes infrafcriptos, quos ad hoc fpecialiter vocavi & roguavi videlicet, Magiftrum Anfelmum, Phificum de Chambariaco, Magiftrum Stephanum, Fificum habitatorem de Moyrenco, Guillm" Pafardi, de Guncelino, Guillermerium de Coloniâ, habitatorem de Toveto, Johannem Gilberti, de Sancto Georgio, Petrum Ypocras, de Vaurey, Petrum Chatardi, de Campo ut hujus mee ultime voluntatis & difpofitionis mei teftamenti & ordinationis, fitis teftes. Acta fuerunt hec predicta in domo de Frayta predicta & ibi interfuerunt dicti teftes vocati & roguati. Et ego Nantelmus Efcalone, Notarius publicus predictis omnibus & fingulis interfui vocatus & roguatus, una cum dictis teftibus, & predicta omnia mandato dicti Domini Guersi publicavi, poft ejus nuncupationem inmediatè fcripfi & in formam publici inftrumenti redegi & fignum meum apofui confuetum.

(*) Ce mot eft emporté par vétufté; on préfume qu'il y avoit *filie*.

Vis-à-vis les premieres lignes de cet acte eft figuré le Monogramme du Notaire.

(1) *On n'a ofé déterminer s'il y avoit ici* Martha *ou* Margarita ; *le nom eft écrit dans l'original* Mrt *avec une abréviation fur l'*M *& une autre fur la* t.

LIVRE

LIVRE III.
SEIGNEURS DE LA FREYTE.

CHAPITRE PREMIER.

ARTAUD DE BEAUMONT, IVe du nom, Chevalier, Seigneur de la Freyte, Châtelain d'Avalon, de Bellecombe & de Moirans, fils aîné d'ARTAUD III, rapporté au IIIe Chapitre du Livre précédent.

Acquisition faite par ARTAUDET, *fils d'*ARTAUD DE BEAUMONT.

Original en parchemin conservé aux Archives de la Terre des Adrets.

ANNO a nativitate Domini M°. CCC°. XVII°. die VII^a. mensis Mayii, coram me Notario & testibus infrascriptis, Hugonetus Pellarini, de Terraciâ Clericus filius quondam Hugonis Pellarini ejusdem loci, non deceptus non coactus.... vendidit & titulo pure & perfecte venditionis tradidit & concessit nobili viro ARTAUDETO DE BELLOMONTE, filio ARTAUDI DE BELLOMUNTE, & suis heredibus & sucessoribus in perpetuum... pro pretio XLII. solidorum bonorum Vien[―], quos dictus Hugonetus Pellarini venditor confessus fuit se habuisse & recepisse a predicto ARTAUDETO DE BELLOMONTE emptore, videlicet tres cartas frumenti ad mensuram Goncelini de servitio cens[―], cum suo placito, feudo & dominio pro quo debentur dicte tres carte frumenti ; quas predictas tres cartas frumenti de servitio cens[―] debent inter se communiter, Jordanus Castini de Avalone, nomine uxoris sue de Costis & Perretus de Costis, de Parrochiâ Goncelini & nepotes dicti Perreti de Costis liberorum quondam Hugonini de Costis fratris dicti Perreti de Costis ; quas predictas tres cartas frumenti de servitio, prenominati pareii debent inter se communiter pro unâ petiâ prati que jacet in prata Goncelini, cui coheret, ex unâ parte pratum Domini GUERSI DE BELLOMONTE, Militis, & ex aliâ parte coheret brachium malcerime, quod predictum pratum dictus Hugonetus Pellarini venditor prout dicit & asserit, tenebat de infiteosi & de dominio Domini GUERSI DE BELLOMONTE, Militis ; de quibus predictis tribus cartis frumenti de servitio censuali, dictus Huguonetus Pellarini venditor cum omni jure & dominio sibi competenti ratione dicti servitii se denudavit & devestivit & dictum ARTAUDETUM DE BELLOMONTE, emptorem investivit & in corporalem possessionem induxit per traditionem unius baculi, ut est moris.... Item die sabati sequenti quo supra apud Goncelinum in Estofariâ in domo Guillelmi Passardi ubi testes fuerunt vocati & rogati, Guillelmus Passardi, de Goncelino, Guigonerus de Bellacombâ, de Barralibus, & Perretus Jordant, de Avalone, Perretus Durandi de Costis, de Parrochiâ Goncelini pro se & suis pareriis respondidit solvere dicto ARTOUDETO DE BELLOMONTE & suis, annis singulis, dictas tres cartas frumenti de servitio cens[―], in festo Sancti Michaelis & placitum solvere quando contingerit, & promisit bonâ fide facere ratificari pareriis suis... Actum est hoc apud Gonroguati, nobilis vir Roletus de Intermontibus, Johannes Sias, de Morestello, & Petrus Guerra, de Vorapio. Et ego Petrus Lumbardi, habitator Guncelini, auctoritate Imperiali Notarius publicus in hanc cartam scripsi fideliter.

Vis-à-vis les premieres lignes de cet acte est figuré le Monogramme du Notaire.

7 Mai 1317.

Confirmation faite par Guillaume, Comte de Geneve, en faveur d'ARTAUDET DE BEAUMONT, des biens donnés en fief par ses prédécesseurs à ARTAUD DE BEAUMONT, Chevalier, & par lui-même à GUERS DE BEAUMONT, aussi Chevalier, oncle d'ARTAUDET, en la Paroisse des Adrets.

Original en parchemin conservé aux Archives de la Terre des Adrets.

Veille des Cal. ANNO a nativitate Domini millesimo CCC°. XVII°. Inditione quindecimâ, pridie Kalend.
d'Avril 1317. Aprilis, in presentia mei Nantelmi Escalone publici Notarii, & testium infrascriptorum, Dominus Guillelmus illustris Comes Gebenn, gratiose motus ad instantiam ARTAUDETI DE BELLOMONTE nepotis, scilicet filii fratris nobilis viri Domini GUERSI DE BELLOMONTE, Militis condam, suplicatione dicti ARTAUDETI intellectâ supplicantis eidem Domino Comiti ut ipsum investire dignaretur de feudo quod dictus Dominus GUERSUS, tam ab ipso Domino Comite, quam a suis predecessoribus receperat & ad homagium ligium tenebat ab ipso Domino Comite, & de quibus feudis erant publica instrumenta & ipsis instrumentis visis & intellectis sub hâc forma scriptis. Nos Aymo Comes Gebenn, notum facimus... quod nos.... damus & concedimus in feudum.... dilecto & fideli nostro Domino ARTAUDO DE BELLOMONTE, Militi, &c.... & alia littera sequitur & est talis: nos Amedeus, Comes Gebennensis, &c... alia vero littera sequitur & est talis: Anno ab Incarnatione Domini... illustris vir Dominus Guillelmus Comes Gebennensis... dat, tradit & concedit nobili viro GUERSO DE BELLOMONTE, Militi &c... dictus Dominus Comes, atento quod de dicto Domino GUERSO nullus filius erat, dictumque ARTAUDETUM suum heredem universalem relinquerat, ATENTA AFFECTIONE QUAM HABUIT AD DICTUM DOMINUM GUERSUM, sperans etiam dictum ARTAUDETUM sequi vestigia dicti Domini GUERSI, cum de ejus agnitione, sanguine & parentela sit, de dictis feudis omnibus & singulis supra scriptis voluit dictum ARTAUDETUM gaudere & predicta omnia & singula dicto ARTAUDETO recipienti dedit, tradidit & concessit in feudum tale, quale tenebatur per dictum Dominum GUERSUM ad homagium ligium faciendum; item dictum feudum augmentando dedit, tradidit & concessit dicto ARTAUDETO in feudum quamdam domum fortem sitam in juridictione dicti Domini Comitis, in Graysivodano, in loco dicto Vilar de Adextris, in Castellania de Thesio & de Petra, & que domus per dictum Dominum GUERSUM possidebatur, tempore vite suæ... item Petrum Morelli cum omni posteritate sua & quinque solidos ann quos dictus Petrus, dicto Domino Comiti faciebat pro persona sua ; volens & concedens dictus Dominus Comes, dicto ARTAUDETO pro se & heredibus suis recipienti, predicta omnia & singula concessa & donata de cetero in feudum ab eodem teneat possideat sicud dictus Dominus GUERSUS possidebat & tenebat secundum tenorem dictorum instrumentorum, & ex inde ut vassallus & homo ligius dicti Domini Comitis faciat quicquid facere potest & debet legitimus homo & vassallus de rebus feudalibus, & per se & suos dictus Dominus Comes dictum ARTAUDETUM pro se & suis heredibus recipientem investivit de dicto feudo & rebus feudalibus ipsumque in vacuam possessionem seu quasi omnium predictorum introduxit... promittendo etiam dictus Dominus Comes per se & suos heredes, dicto ARTAUDETO pro se & heredibus suis recipienti quod predicta omnia & singula dicto ARTAUDETO dimitet, salvabit, custodiet & defendet, tam in possestione quam in proprietate ab omni persona, Collegio & Universitate, sub obligatione omnium bonorum suorum. Quibus sic actis dictus ARTAUDETUS confessus fuit dicto Domino Comiti, se predicta omnia & singula in feudum ad homagium ligium recepisse a dicto Domino Comite & ibidem hominem ligium se esse constituit dicti Domini Comitis & porrectis manibus in manibus dicti Domini Comitis, eidem Domino Comiti stipulanti, fecit homagium ligium & fidelitatis homagium, & tactis sacrosanctis corporaliter scripturis, promisit & juravit ad sancta Dei Evangelia, dictus ARTAUDETUS quod de cetero & usque ad ultimam diem vite sue erit fidelis & homo ligius dicti Domini Comitis & heredum suorum & contra omnem hominem, & quod nunquam scienter erit in concilio, auxilio vel facto quod idem Dominus Comes amitat vitam vel membrum aliquod, vel in personam recipiat aliquam lesionem, contumeliam vel injuriam, vel quod amitat aliquem honorem quem nunc habet, vel de cetero possidebit, & quod si sciverit vel audiverit quod aliquis vellet aliquid predictorum facere contra ipsum Dominum Comitem ut non fiat pro posse suo impediet, & si impedimentum prestare non posset, eidem Domino Comiti quam scito posset nuntiabit & suum ajutorium prestabit eidem Domino Comiti & omnia alia & singula faciet, complebit & observabit, que homo ligius, nobilis & fidelis pro Domino suo facere tenetur & que in capitulo de forma fidelitatis, & que in capitulo de nova fidelitatis forma continentur.... Actum apud Domenam in Viridario retro Corum Ecclesie beati Petri ; presentibus testibus, videlicet Domino Nicholao Constancii de Alba, legum Doctore; Domino Jacobo Quadrati, Priore sancti Petri de Alvarado; Domino Alberto de Cleris, Milite; Domino Amedeo de Breysiaco, Abbate Intermontium; Domino Johanne de Montevitreo, Milite, & me Nantelmo Escalone auctoritate Imperiali Notario publico qui premissis omnibus interfui & hoc presens publicum instrumentum rogatus scripsi & tradidi, meoque signo signavi.

Vis-à-vis les premieres lignes de cet acte est figuré le Monogramme du Notaire.

DE LA MAISON DE BEAUMONT. Liv. III. 51

Investiture accordée par Hugues Dauphin, Seigneur de Faucigny, à Artaudet, fils d'Artaud de Beaumont, des fiefs qui ont appartenu à feus Guillaume & Guers de Beaumont.

Original en parchemin conservé aux Archives de la Terre des Adrets.

Nos Hugo Dalphini, Dominus Fugcin notum facimus universis presentes literas inspecturis seu etiam audituris, quod nos pro nobis nostrisque heredibus & successoribus dilectum & fidelem nostrum Artaudetum de Bellomonte filium Artaudi de Bellomonte presentem....de omnibus rebus, possessionibus, redditibus, servitiis & usagiis quibuscunque que quondam fuerunt Guillelmi de Bellomonte de feodo, dominio & seygnoriâ nostris, quas & que dictus Guillelmus in suâ ultimâ voluntate dimisit, dedit, contulit & reliquit viro nobili Domino Guerso de Bellomonte condam Militi, prout in quodam publico instrumento confecto per manum Petri Lumbardi, Notarii publici dicitur contineri in aumento & acres/imento feudi sub homagio & fidelitate quod & quam dictus Artaudus nobis fecit; tenore presentium dictum Artaudetum & suos heredes retinemus & investimus & in possessionem corporalem induximus, nobis astantibus Domino Roberto Vaynardi, Milite & Domino Stephano de Compesio, Consiliariis nostris. Datum cum apositione sigilli nostri, die VIIIª. mensis Febroarii, anno Domino Mº. CCCº. XVIIIº.

8 Février 1318.

Cet acte est scellé, sur simple de parchemin, d'un sceau en cire rouge, représentant un Ecusson écartelé aux armes des Dauphins & de Faucigny.

Compte rendu par Artaud de Beaumont, comme Châtelain d'Avalon.

Extrait des comptes de Châtellenie du Graisivodan & du Briançonnois pour l'année 1321, étant aux Archives de la Chambre des Comptes du Dauphiné, fol. 15, délivré en vertu d'Ordonnance de cette Chambre, du 16 Octobre 1747, & signé Chabert, Greffier en Chef de la même Chambre.

Avalonem; per Artaudum de Bellomonte.

Anno Domini millesimo tercentesimo vigesimo primo, die vigesima septima Septembris apud Grationopolim coram dicto Domino Electo & coram dictis computatoribus, computavit Artaudus de Bellomonte, Castellanus Avalonis de censibus & redditibus unius anni integri finiti in festo beati Johannis Baptiste preterito currente anno Domini millesimo tercentesimo vigesimo & de obventionibus & escheutis, solutionibus & expensis receptis & factis a die ultima mensis Julii preteritâ, currente anno Domini millesimo tercentesimo decimo nono usque ad eamdem diem ultimam mensis Julii currente anno Domini millesimo tercentesimo vigesimo.

27 Septembre 1321.

Bail emphitéotique passé par Artaud de Beaumont, Seigneur de la Freyte, fils d'autre Artaud de Beaumont.

Original en parchemin conservé aux Archives de la Terre des Adrets.

Anno Domini millesimo tercentesimo vicesimo primo, Inditione quarta, vicesima tertia die mensis Decembris, coram me Notario & testibus infrascriptis, nobilis Artaudus de Bellomonte, Dominus Frayte, filius Artaudi de Bellomonte, non deceptus, non vi, non dolo aliquo inductus, set sciens, prudens ac spontaneus, pro se suisque liberis & heredibus ac successoribus suis omnibus albergavit & dedit in emphitheosim nunc & in perpetuum Hugoneto Vessonis de Geria, habitatori de Barralibus presenti........ videlicet, tot, tale jus, actionem, partem seu requisitionem quod, quas & quale predictus Artaudus habebat..... in nemoribus quondam Micholeti Michaelis ratione successionis ejusdem cum Henrico filio quondam Raymondeti Michaelis, ubicumque dicta nemora sint vel inveniri possint infra Parrochiam de Barralibus, nisi albergata sint; specialiter tale jus quale habebat & habere videbatur & poterat seu exigere posset in nemoribus que sita sunt versus Geletans supra Barraur & alibi infra dictam Parrochiam ut dictum est si sint, ad habendum, tenendum, perpetuo possidendum.... pro duobus denariis, annuatim de servitio, ipsi Artaudo & suis faciendis, & pro quatuor denariis de placito eidem nobili Artaudo & suis, cum contingerit, faciendis...... Actum Barrautz infra Claustrum dicti

23 Décembre 1321.

G ij

PREUVES DE L'HISTOIRE GÉNÉALOGIQUE

loci ubi fuerunt testes vocati ad hoc specialiter & rogati, videlicet nobilis ARTAUDUS DE BEL-LOMONTE, pater dicti ARTAUDI, Bernardus Boneti, de Thoveto, Petrus filius quondam Bosonis de Barralibus ; & ego Johannes de Plathea, autoritate Imperiali publicus Notarius qui hiis omnibus interfui & rogatus scripsi, signo que meo signavi & tradidi fideliter.

Vis-à-vis les premieres lignes de cet acte est figuré le Monogramme du Notaire.

Compte rendu par ARTAUD DE BEAUMONT, *comme Châtelain d'Avalon.*

Extrait des comptes de Châtellenie du Graisivodan pour l'année 1322, étant aux Archives de la Chambre des comptes de Dauphiné, fol. 42 ; délivré & signé comme celui du 27 Septembre 1321, rapporté ci-dessus.

Avalonem ; per ARTAUDUM DE BELLOMONTE.

15 Juillet 1322. ANNO Domini millesimo tercentesimo vigesimo secundo, die quindecimâ Julii coram computatoribus predictis, computavit ARTAUDUS DE BELLOMONTE, Castellanus Avalonis, de censibus & redditibus Castellanie predicte unius anni integri finiti in festo beati Johannis Baptiste proxime preterito & de obventionibus & escheutis, solutionibus & expensis receptis & factis a die vigesima septima Septembris preterita, currente anno Domini millesimo tercentesimo vigesimo primo usque ad hanc presentem diem.

Reconnoissance donnée à ARTAUD DE BEAUMONT, *Seigneur de la Freyte.*

Original en parchemin conservé aux Archives de la Terre des Adrets.

27 Janvier 1324. ANNO nativitatis *ejusdem* Domini millesimo CCC°. vicesimo quarto, Inditione septimâ, die XXVII^a. mensis Januarii, ad instantiam & requisitionem m*is* Notarii infrascripti.... presentis stipulantis & recipientis vice, nomine & ad opus nobilis viri ARTHAUDI DE BELLOMONTE, Domini Frayte, liberorum, heredum, & sucessorum suorum; Guillermetus Milleti, de Goncelino non deceptus... recognovit publice in jure & per sacramentum super sancta Dei Euvangelia corporaliter prestitum per eumdem, nec non & coram Hugone de Flacheriâ dato pro Curiâ dicti ARTHAUDI... se tenere, possidere... a prefato ARTHAUDO, heredibus & sucessoribus suis ea que inferius continentur : censûs, servitia, jura, placita, & alia aliorum usagiorum exhactionum & servitutum genera que sequntur, in emphiteosim & in albergamentum perpetuum... Inprimis quandam petiam vinee continentem circa octo fossoratas vinee sitam apud Molare in Parrochiâ Toveti... Item & duas fossoriatas vinee, vel circa, sita in eâdem Parrochiâ apud Tuphum... Item & pro quinque fossoriatis vinee vel circa sitis apud Tovetum super domum nobilis viri Roleti de Intermontibus & possidet ab unâ parte, dictus Roletus de Intermontibus & Guillermus Garnerii possidet ex alterâ, & Margarona Durante possidet ex aliâ, &c... pro quibus omnibus universis & singulis supradictis, dictus Guillermetus Milleti confessus fuit pro se & suis se debere & debere velle eidem ALTHAUDO & suis de servitio annuali in festo beati Michaelis tria quartalia & unam mouduram frumenti cens^m ad mensuram Goncelini, de quibus unum quartale frumenti est de concremento dicto Guillermeto facto per Dominum GUERSUM quondam, & tres cartas, dimidiam cartam & dimidiam mouduram avene cens^m ad mensuram predictam Goncelini, unam gallinam censûs & quatuor solidos & duos denarios bonorum Vian cens^m & de denariis duplum placitum quando contingerit, in mutatione Domini vel possessoris ; & confessus fuit dictus Guillermetus Milleti pro se & suis se esse & esse velle, & esse debere homo ligius & franc*us* dicti ARTHAUDI, & omnes ab eodem descendentes, pro personâ tantum..... Quas vero res predictas..... Martinus Bues, Petrus Chaberti, Margarona & Babellona.... sorores filie quondam Humberti Vicini, Peronetus Vayreti, Guillermetus & Johannsonus Vayreti fratres, Petrus Bruni, de Thoveto, Guillermus Viebos, de Viverio, Johannes Favardi, Peronella & Margarona Favarde sorores dicti Johannis Favardi, de precepto & jussu & voluntate dicti Guillermeti Milleti confessi & confesse fuerunt esse de feudo, dominio & emphiteosi predicti ARTHAUDI, liberorum, heredum & sucessorum suorum... Actum fuit hoc Frayte in domo dicti ARTHAUDI, ubi testes fuerunt vocati & rogati, GUIGO GUERSI frater dicti ARTHAUDI, Hugonetus Veysonsi, de Geriâ, & Peronetus Fontane, de Avalone familiaris dicti ARTHAUDI ; & ego Antonius Meyllureti, auctoritate Imperiali Notarius publicus hiis omnibus presens fui & hanc cartam rogatus scripsi & tradidi, signoque meo signavi.

Vis-à-vis les premieres lignes de cet acte est figuré le Monogramme du Notaire.

DE LA MAISON DE BEAUMONT. Liv. III. 53

Autre Reconnoissance donnée au même ARTAUD DE BEAUMONT, comme héritier de GUERS DE BEAUMONT, Chevalier.

Original en parchemin conservé aux Archives de la Terre des Adrets.

ANNO Domini millesimo CCC^{mo}. vicesimo quarto, Inditione septimâ, die vicesimâ octavâ mensis Januarii, ad instantiam & requisitionem mis Notarii infrascripti, ut publice persone more solito, stipulantis & recipientis, vice nomine & ad opus nobilis viri ARTHAUDI DE BELLOMONTE heredis universalis nobilis viri Domini, BONE MEMORIE NOBILIS VIRI DOMINI GUERSI DE BELLOMONTE, Militis condam, nec non & coram Hugoneto de Flacheriâ & me Notario datis & concessis pro Curiâ dicti ARTHAUDI & a Johanneto, Guillermono & Petro Tayllardi fratribus filiis quondam Guilli^r Tayllardi nomine suo & nomine Jaquemeti & Domengeti fratrum suorum, laudatâ & approbatâ; predicti siquidem fratres pro se & suis nomine quo supra confessi fuerunt... tenere & possidere... & se & suos tenere constituerunt in emphiteosim perpetuam & albergamentum perpetuum a dicto ARTHAUDO & suis & de directo dominio dicti ARTHAUDI & suorum res & possessiones infrascriptas; imprimis medietatem pro indiviso duarum falcaturatarum prati vel circa sitarum subtus Maladeriam... Item quintam partem pro indiviso quatuor falcaturatarum prati, vel circa sitarum in prato Dyrnoyl... Item tres fossoriatas vinee sitas apud Mollysela, & possident ab unâ parte heredes ARTHAUDI Domini BELLIMONTIS quondam, & Ruphinus Apolini Lumbardus possidet ex alterâ... Actum fuit hoc apud Fraytam infra domum dicti ARTHAUDI ubi testes ac hoc fuerunt vocati & rogati Hugonetus Veysonii, de Geriâ & Perretus Fontane, de Avalone, familiares dicti ARTHAUDI. Et ego Antonius Meyllureti, auctoritate Imperiali Notarius publicus hiis omnibus, unâ cum dictis testibus presens fui & hanc cartam rogatus scripsi & tradidi signoque meo signavi in testimonium omnium premissorum.

28 Janvier 1324.

Vis-à-vis les premieres lignes de cet acte est figuré le Monogramme du Notaire.

Hommage rendu à Amédée, Comte de Geneve, par ARTAUD DE BEAUMONT, Damoiseau, des fiefs qu'il tient de ce Comte, comme neveu de GUERS DE BEAUMONT, Chevalier, dans les Paroisses des Adrets & de Theys, dans le Mandement de la Pierre, &c.

Original conservé aux Archives de la Terre des Adrets.

ANNO Domini millesimo CCC°. vicesimo sexto, Indictione nonâ, tertiâ die mensis Decembris, per hoc presens publicum instrumentum cunctis appareat evidenter, quod ad instantiam & requisitionem illustris viri Domini Amedei Comitis Geben^s ARTHAUDUS DE BELLOMONTE, Domicellus, nepos, scilicet filius fratris viri nobilis Domini GUERSI DE BELLOMUNTE, Militis quondam, certus plene instructus de jure & de facto... confitetur & publice recognoscit nomine suo & successorum suorum se tenere in feudum, & se & suos tenere velle & tenere debere constituit de feudo & directo dominio dicti Domini Comitis & successorum suorum res & bona infrascriptas, & infrascripta, & inde se debere homagium ligium seu fidelitatem ligiam dicto Domino Comiti & se esse hominem ligium ipsius Domini Comitis pro predictis; quod homagium ligium dictus ARTHAUDUS fecit dicto Domino Comiti incontinenti recipiente ipso Domino Comite ut supra manualiter, osculo pacis interveniente, & promisit dictus ARTHAUDUS per juramentum suum ad sancta Dei Evangelia coporaliter prestitum, & sub obligatione omnium bonorum suorum eidem Domino Comiti assistere contra omnem personam que mori & vivere potest & pro ipso omnia & singula facere & prestare que in nove & veteris forme fidelitatis articulis continentur, & que homo ligius pro Domino suo ligio facere & prestare tenetur... Inprimis confitetur tenere modo quo supra a dicto Domino Comite in feudum que sibi obvenerunt, ut dicit ex successione dicti Domini GUERSI quondam que ipsa tenebat in feudum a predecess^r dicti Domini Comitis, videlicet quicquid juris, rationis, proprietatis & possessionis habet ex successione dicti Domini GUERSI, de rebus que fuerunt Domine PHILIPPE uxoris (*) dicti Domini GUERSI quondam, que ratione donationis pervenerunt ad predecess^r dicti Domini Comitis & post modum ad ipsum Dominum GUERSUM, ratione donationis in feudum, five sint prata, nemora, cense, usagia, servitia, homines, dominationes, alpes & generaliter qualescumque res sint & qualicumque jure seu nomine censeantur infra Parrochiam de Adextris & in toto mandamento de Petrâ & in totâ Parrochiâ de Theysio... Item confitetur tenere a dicto Domino Comite in feudum quasdam certas res quas ad requisitionem dicti Domini Comitis declarabit, quas dictus Dominus Aymo Comes Gebennensis quondam dicto Militi quondam donavit & ipsam donationem post modum confirmavit, bone memorie, Dominus Amedeus Comes Gebennensis quondam...

3 Décembre 1326.

(*) Nota. C'est une erreur: il faut lire MATRIS. Voy. l'acte du mois de Juillet 1273, rapporté au Chapitre II du Livre précédent.

Item confitetur tenere a dicto Domino Comite in feudum res & homines infrascriptos, atque servitia, usagia, feuda & jura infrascripta, una cum omni jure utili & directo dominio que habet in predictis, que fuerunt data in augmentum alterius feudi, per bone memorie, Dominum Guillelmum Comitem Gebennensem quondam dicto Domino GUERSO quondam, ut dicit; que quidem usagia que debent persone infrascripte, que dicto quondam Militi data fuerunt in augmentum alterius feudi ut supra, sequntur infra, que sibi obvenerunt ex successione dicti quondam Militis, ut dicit; primo que debent Brunus Bosonis, Andreas Bosonis, Agnes Bosona & Peronella Bosona, tres eminas avene, ad mensuram Domene, censuales & duos solidos de placito... Item Chabertus Sonnerii & Quintinus Sonnerii tria quartalia frumenti... Item confitetur dictus ARTHAUDUS se tenere a dicto Domino Comite in feudum, ut supra, quam eidem ARTHAUDO donavit in augmentum alterius feudi dictus Dominus Guillelmus Comes Geben͞ quondam, ut dicit, quamdam domum fortem sitam in Juridictione dicti Domini Comitis in Greysivoudano, in loco dicto Villar͞ de Adextris in Castellaniâ de Theysio & de Petrâ... de quibus omnibus & singulis supradictis, prefatus Dominus Comes Amedeus, dictum ARTHAUDUM recipientem ut supra investivit & retinuit ut moris est, per traditionem unius ganmedis, salvo semper jure suo, & jure alterius persone... Actum apud Chamber͞ in domo Fratrum Minorum, in Camerâ juxta Cameram Hostelerie, ubi ad predicta fuerunt testes vocati & rogati, videlicet, viri nobiles Dominus Aymarus Dominus de Intermontibus Nono, Dominus Petrus de Duync, Milites, Dominus Johannes de Duync, Prior de Vyu, Anthonius de Claromonte, Petrus Faczonis Burgen͞ Chamber͞ & plures alii. Et ego Romanetus Barberii, de Chambr͞ auctoritate Imperiali publicus Notarius & Curie Domini Comitis Sabaudie juratus, hoc instrumentum rogatus recepi & ipsum scriptum & levatum in formam publicam per manum Mermeti Sortes, de Gebennâ pub͞ Not͞ coadjutorem meum in hac parte, auctoritate michi commissâ per prefatum Dominum Comitem signavi, signo meo consueto & manu propriâ subscripsi fideliter pro dicto ARTHAUDO. Nos vero Amedeus Comes Geben͞ predictus, comitentes, asserentes dillucide omnia & singula in presenti instrumento contenta sic acta gesta fuisse & ea pariter esse vera sigillum nostrum ad predictorum robur & testimonium duximus presentibus apponendum. Datum & actum anno & die quibus supra.

Vis-à-vis les premieres lignes de cet acte est le Monogramme du Notaire; le sçeau est perdu.

Investiture de la haute justice sur les hommes dependans de la Maison Forte de Mont-Adrets, accordée par Amédée, Comte de Geneve, à ARTAUD DE BEAUMONT; & reprise en fief noble, faite par celui-ci, du même Comte, d'hommes & de biens qu'il a jusques-là tenus en aleu.

Original en parchemin, scellé sur lacs de soie, du sceau d'Amédée, Comte de Geneve, & conservé aux Archives de la Terre des Adrets.

6 Février 1327. ANNO Domini millesimo CCC°. XXVII°. sumpto millesimo in nativitate Domini Inditione Xª. VIª. die mensis Februarii... cunctis appareat evidenter quod cum... vir nobilis ARTHAUDUS DE BELLOMONTE teneat in feodum ab illustri viro Amedeo Domino Comite Geben͞ sub homagio ligio domum suam fortem vulgo dictam apud Mont-Adreit, sitam in molario olim vocato molat Cusin in Greisivoudano a parte Domene in Castellaniâ Petre, unà cum certis rebus & hominibus ibi sitis, in quibus nec merum vel mistum imperium, nec jurisdictionem habet omnimodam, licet nonnulli nobiles circonstantes, in suos homines a predecessoribus dicti Domini Comitis ea duxerint acquirenda, propter quod, tam idem ARTHAUDUS, quam ejus homines supradicti oppressiones multifarias patiuntur ut dicit; dictus siquidem Dominus Comes, non vi, vel metu... set per Consiliarios suos... de suis juribus... informatus, prospectis & bonis servitiis per dictum ARTHAUDUM eidem exhibitis & impensis, QUOD ETIAM IPSIUS ARTHAUDI ET EJUS PROPAGINIS FAMOSA COMMENDATIO DEBET EIDEM MERITO SUFRAGARI, dat & concedit in feodum & augmentum feodi sub homagio supradicto pro se suisque successoribus & heredibus quibuscumque, prefato ARTHAUDO presenti & recipienti pro se suisque successoribus & heredibus in domo & homagio predictis merum & mistum imperium & juridictionem omnimodam in homines & personas inferius designatas, videlicet in Petrum Farnier, heredes Anthonii Ponceti, Johannem Grassi, Jarmetum de Cor, heredes Mermeti Morelli dicti Mec, heredes Mermeti Morelli filium Petri Morelli, Perretum Blondelli, Petrum Quarterii, Millonum Quarterii, heredes Pascalis Boscheti; Martinum Baro, Drevonum Baro, heredes Johannis Boschatii, Jordanum Jay, Guillelmerum Boschatii, Hugonem Boschatii, heredes Lantelmi Jay, heredes Hugonis Vulfri, heredes Michaelis Braiel, heredes fratris dicti Michaelis, heredes Cotavit, Richardum Chamosset, Odonem de Morestello, Peronetum Silvaignii, Laurencium Rogerii, heredes Petri Guichardi, heredes Michaelis Richardi, Michaelem Guichardi, heredes Johannis Avalonis, heredes Telmeti Grossi, heredes Hugonis Amalberti, Hugonem Amalberti, Durandum Amalberti, Johannem Guichardi, Hugonem Revolli, heredes Guigonis Grimaudi, heredes Guillelmi Grimaudi, heredes

DE LA MAISON DE BEAUMONT. LIV. III.

Telmeti Guichardi, Melmetum de Brignoudo, Peronetum de Brignoudo; Termetum de Brignoudo, Anthonium Prati & ejus fratrem, ac in ipsorum uxores, liberos & heredes cujuscumque sexus, dum tamen sint homines dicti ARTHAUDI, vel heredum, vel successorum suorum in domo & homagio supradictis, dans eidem ARTHAUDO recipienti ut supra potestatem & licentiam dictos suos homines & eorum predictos uxores & heredes conveniendi, citandi & super causis omnibus inter eos & super eos cognoscendi, sententias diffinitivas vel interlocutorias proferendi, ac eosdem pro quibuscumque delictis vel criminibus peccuniariter vel criminaliter secundum quod jus vel consuetudo dictaverit, puniendi, etiam si fustigatio, relegatio, bannimentum vel deportatio in carcere, detrusio membri, abscisio, capitis detruncatio, submersio, aut aliud ultimum suplitium infligi debeat delinquentibus vel inferri, furcas etiam erigendi & erectas habendi, destructasque reficiendi & generaliter omnia & singula faciendi que ad juridictionem simplicem & omnimodam, merum & mistum imperium & exercitium eorumdem noscuntur de jure vel consuetudine pertinere, nullum tamen exercitium predictorum possit dictus ARTHAUDUS facere, nisi in rebus quas idem ARTHAUDUS tenet in feodum per se vel per alium a Domino Comite supradicto, nullum etiam ex concessionibus supradictis ceteris in Greisivoudano juridictionem habentibus vel etiam concessionem a predicto Domino Comite, vel ab ejus predecessoribus ratione Mistralie vel alterius officii in bannis vel emolumentis aliquibus preterquam ipsi Domino Comiti, quantum dumtaxat superius est expressum, prejudicium generetur. Dictus autem ARTHAUDUS in recompensationem concessionis & muneris predictorum homines & redditus infrascriptos quos allodiales habebat ut asserit & tenebat, capiens a dicto Domino Comite in feodum nobile sub homagio predicto homines & redditus eosdem ac ipsas res pro redditibus extimatas inferius designatas constituit feodales ipsi Domino Comiti sub dicto homagio, directum dominium omnimodo transferens in eumdem, solum utile retinendo, & etiam dat dicto Domino Comiti viginti libras grossorum Turonensium pro predictis quas idem Dominus Comes confitetur se a dicto ARTHAUDO in bonâ peccuniâ realiter recepisse. Quibus actis, dictus Dominus Comes... prefatum ARTHAUDUM... de predictis omnibus & singulis... investit... & pro predictis... dictus ARTHAUDUS homagium predictum ligium & fidelitatem facit... ipsi Domino Comiti, oris osculo interveniente ac confitetur dictam domum cum ejus pertinentiis & appendentiis quibuscumque, ac juridictionem, merum & mistum imperium supradicta, ac se constituit se tenere & velle tenere in feodum a dicto Domino Comite & de feodo ejusdem sub homagio ligio supradicto : homines autem quos dictus ARTHAUDUS accipit in feodum à Domino Comite ut supra, secuntur infra, videlicet ; Antelmum Jay, Jordanum Jay, Lantelmum Bochaz, Johannem Bochaz, Hugonem Bochaz & Hugonem Vulfout, ac heredes, liberos, alberga & tenementa ipsorum: redditus vero quos similiter idem ARTHAUDUS accepit in feodum a Domino Comite.... infra particulariter continentur ; & est sciendum quod dictus ARTHAUDUS extimavit ipsos valere per annum viginti libras Viennenses... Primo... quamdam petiam nemoris vocatam la Pomarea cui coheret nemus Leozonorum..... Actum in Castro Chambr̃ in Camerâ dicti Domini Comitis ubi ad hoc fuerunt testes vocati & rogati, videlicet Dominus Aymarus Dominus de Inrermontibus Novo, Baillivus Comitanus Geben̄, Dominus Johannes de Foras Miles, Dominus Petrus de Muris, Jurisperitus & BERARDUS frater dicti ARTHAUDI. Et ego Romanetus Barberii, de Chambr̃ auctoritate Imperiali publicus Notarius & Curie Domini Comitis Sabaudie juratus hoc instrumentum rogatus recepi, scripsi, signavi, signo meo consueto pro ARTH̃. Nos vero Amedeus Comes Geben̄ predictus confitentes & asserentes dilucide omnia & singula in presenti instrumento contenta per nos & dictum ARTHAUDUM DE BELLOMONTE, sic acta concessa & gesta fuisse, ac ea pariter esse vera, sigillum nostrum in robur & testimonium premissorum duximus presentibus apponendum. Datum anno & die predictis.

Vis-à-vis les premieres lignes de cet acte est figuré le Monogramme du Notaire.

Sentence arbitrale, prononcée entre ARTAUD DE BEAUMONT, *Chevalier, &* Eudes, Aymeri & Raimond de Leuzon, *aussi Chevaliers, sur l'administration de la Justice dans les Mandemens de Theys & de la Pierre, dont les sept parts (les huit faisant le tout), appartiennent audit* ARTAUD DE BEAUMONT.

Original en parchemin conservé aux Archives de la Terre des Adrets.

ANNO a nativitate Domini millesimo tercentesimo vicesimo octavo, Inditione undecimâ die decimâ octavâ mensis Decembris, coram me Notario & testibus infrascriptis ad hoc specialiter vocatis & rogatis; cum lis & discordia verteretur inter. Dominum ARTHAUDUM DE BELLOMONTE, Militem, ex unâ parte, & Dominos Odonem Leuzonis, Eymericum Leuzonis, Raymundum Leuzonis, Milites & Guillelmum Leuzonis fratrem dicti Domini Raymundi nomine suo & Leuzoneti fratris dictorum Domini Raymundi & Guillelmi ex alterâ ; super usu & excercitu juridictionis quod & quam idem Dominus ARTHAUDUS asserebat se habere ex concessione sibi factâ per illustrem Principem Dominum Amedeum Comitem Geben̄ in hominibus suis & feu-

18 Décembre 1328.

dis habitantibus in Mandamentis de Thefio & de Petrâ ; dicebat, inquam, idem Dominus ARTHAUDUS fe debere folus & infolidum excercere & excercitium debere habere in dictis hominibus fitis in dictis Mandamentis ex conceffione fibi factâ per dictum Dominum Comitem; dictis Dominis Eymerico, Odone, Raymundo Leuzonis, Militibus, & Guillermo Leuzonis Domicello nominibus fuis & quo fupra in contrarium afferentibus, videlicet quod dictus Dominus Comes plus juris in dictum Dominum ARTHAUDUM transferre non potuit, quam ipfum Dominum Comitem coftet habere in dictis hominibus dicti Domini ARTHAUDI; nam predicti Dominus Eymericus & ejus confortes dicunt & afferunt fe habere octavam partem jurifditionis & excercitii omnium hominum habitantium in dictis Mandamentis & cognitionum feudorum & rerum fitarum in dictis Mandamentis... dicentibus etiam quod quotiens Judex creatur in dictis Mandamentis per dictum Dominum Comitem, quod idem Judex jurat & jurare tenetur in manibus dictorum Militum nomine fuo & quo fupra, jurifditionem feu jurifditiones, cognitionem caufarum feu cognitiones pro indivifo excercere pro partibus contingentibus, tam dictum Dominum Comitem, quam dictos Milites & eorum confortes. Tandem dictae partes nominibus fuis, & quibus fupra fe compromiferunt in nobiles viros, videlicet, in Dominum Francifcum de Thefio, Militem, & Berardum Boneti, de Thoveto de dictis queftionibus, & promiferunt ftare arbitrio predictorum arbitrorum... dantes eifdem poteftatem pronunciandi... fuper predictis... quequidem partes... promiferunt & ad fancta Dei Euvangelia juraverunt ftare alte & baffe & tenere dictam pronuntiationem... Quiquidem Domini arbitri arbitratores feu amacabiles compofitores, dictis queftionibus examinatis diligenter, volentes dictas partes ad concordiam reducere... pronunciaverunt, decreverunt & in mandatis dederunt in hunc qui fequitur modum : Inprimis Nos prenominati arbitri... dicimus, pronunciamus... & pro mandatis damus, quod idem Dominus ARTHAUDUS & fui teneantur ponere Judicem qui de caufis criminalibus & civilibus, emergentibus & orientibus in hominibus dicti Domini ARTHAUDI nunc & in pofterum habitantibus infra dicta Mandamenta de Thefio & de Petrâ & infra limitationes predictorum Dominorum Leuzonorum cognofcat, & omnia alia que ad officium judicis fpectant debeat complere, precepta & fententias dare & executioni mandare, feu mandari facere ; ita tamen quod idem Judex per dictum Dominum ARTHAUDUM creatus feu creandus teneatur jurare in manibus dictorum Dominorum Leuzonorum, feu in manibus alicujus, ex ipfis, recipientis nomine fuo & aliorum Dominorum Leuzonorum & eorum, fuum officium dictae judicaturae bene & legaliter excercere, tam pro parte dicti Domini ARTHAUDI & fuorum, quam pro parte dictorum Dominorum Leuzonorum & fuorum, ante quam idem Judex creatus vel creandus per dictum Dominum ARTHAUDUM aliquid aminiftret feu aminiftrare poffit nec debeat, ita quod fi ante juramentum preftitum in manibus predictorum Dominorum vel alicujus ex ipfis, aliquid cognofceret, declararet, ordinaret, vel alia quecumque expediret feu explicaret, ipfo jure fint nulla nullius momenti atque valoris, & quod dicti Domini Leuzones teneantur folvere dicto Judici de falario fuo, octavam partem. Item in mandatis damus & pronunciamus; quod predicti, Dominus ARTHAUDUS & fui teneantur ponere Notarium competentem Officium Notarii excercentem in hominibus dicti Domini ARTHAUDI & fuorum, qui debeat & teneatur jurare Officium Notarii fideliter excercere pro dicto Domino ARTHAUDO & fuis & pro dictis Leuzonibus pro octavâ parte eifdem contingente modo & formâ quo & quâ fupradictum eft declararum effe de Judice. Item dicimus & pronunciamus quod predictus Dominus ARTHAUDUS & fui & dicti Domini Leuzones & fui pro octavâ parte habeant quilibet per fe unum Nuntium feu familiarem, vel plures, prout eis videbitur expedire ; itaquod quilibet Nuntius dictorum Dominorum per fe folus & in folidum poffit citare, fayfire, areftare & defayfire nomine dictorum Dominorum, itaquod quidquid actum & expeditum fuerit per familiarem feu Nuntium dicti Domini ARTHAUDI teneatur fervari & executioni mandari per Nuntium dictorum Dominorum Leuzonorum & econtra ; ita tamen quod dicti Nuntii feu familiares compofitiones facere non poffint, nec etiam aliqua quitare feu remittere de juribus Dominorum, ita quod in creatione dictorum Nuntiorum teneantur jurare fideliter Officium fibi injunctum excercere nomine dictorum Dominorum & pro ratis eifdem contingentibus. Item pronunciamus & declaramus quod fi contingeret aliquem de hominibus dicti Domini ARTHAUDI vafallis, feu emphitheotecariis ligiis, feu non ligiis infra dicta Mandamenta & limitationes dictorum Dominorum Leuzonorum delinquere, feu delictum commitere vel quafi, feu que alia commitere feu facere propter que pet dictos Dominos areftaretur, feu per familiares eorumdem, quod idem Dominus ARTHAUDUS & fui teneantur per feptem partes expenf facere contribuere, & per feptem dies ipfum malefactorem cuftodire in fuis carceribus & tenere mancipatum & dicti Domini Leuzones pro octavâ patre fuâ expenf folvere & contribuere & pro octavâ parte temporis ipfum in fuis carceribus tenere & habere fecundum magis vel minus quod dicti delinquentes feu delinquens detineretur feu detinerentur & executionem facere pro ratâ quorumlibet dictorum Dominorum in dictâ jurifditione contingente pro indivifo. Item pronunciamus & declaramus quod idem Dominus ARTHAUDUS & fui faltim ad minus teneantur, femel in anno affifas tenere in dictis locis communibus, feu tociens quofciens fibi videbitur expedire infra limitationes dictorum Dominorum Leuzonorum. Item dicimus & pronunciamus quod in omnibus obventionibus, echeytis, condempnationibus, compofitionibus, & in omnibus aliis emolumentis provenientibus occafione dictae jurifditionis in dictis locis communibus & infra limites predictorum Dominorum Leuzonorum, predicti Domini Leuzones octavam partem percipere debeant & teneantur habere, exceptis laudimiis & venditionibus & commiffionibus feudorum... Confines feu limitationes funt hii : videlicet a rivo de Adextris, & de Forgiis, protendentem ufque ad Mandamentum de Terratiâ & ufque

DE LA MAISON DE BEAUMONT. LIV. III. 57

usque ad Mandamentum de Morestello & de Alavardo infra dictos confines, infra quos confines debent uti de dictâ jurisditione ut supra declaratum est... quam pronunciationem dictæ partes ibidem & incontinenti emologuaverunt, approbaverunt & ratifficaverunt; promitentes bonâ fide & tactis sacrosanctis Euvangeliis juraverunt predicta omnia & singula attendere & servare & contra non venire... Actum apud Gratianopolim in domo Domini Guigonis Falavelli, presentibus testibus, videlicet dicto Domino Guigone Falavelli, Domino Michaele de Sesanâ, Domino Raymundo Falavelli, Juriperitis, Hugone Pallari. Item incontinenti coram dicto Domino Guigone Falavelli, Domino Michaele de Sesana testibus ad hec vocatis, dictus Dominus Raymundus Falavelli, Jurisperitus, Judex à dicto Domino Arthaudo deputatus, juravit super sancta Dei Euvangelia esse fidelis in dicto Officio dictæ judicature, tam pro parte dictorum Dominorum Leuzonorum, quam pro parte dicti Domini Arthaudi, & dictum Officium dictæ judicature communiter & fideliter pro dictis partibus excercere, prout superius declaratur. Actum ut supra, & ego Nantelmetus Escalone, auctoritate Imperiali publicus Notarius, una cum dictis testibus interfui, & presens instrumentum manu Johannis Escalone publici Notarii scribi feci, auctoritate judiciali sibi commissâ, signumque meum consuetum, una cum signo ipsius Johannis aposui in testimonium premissorum.

Au commencement & à la fin de cet acte est figuré le Monogramme du Notaire.

Hommage lige rendu à ARTAUD DE BEAUMONT, *comme héritier universel de* GUERS DE BEAUMONT, *Chevalier.*

Original en parchemin conservé aux Archives de la Terre des Adrets.

IN nomine Domini amen. Anno nativitatis ejusdem millesimo tercentesimo vicesimo octavo, Indicione decimâ, duodecimâ die mensis Februarii, coram me Notario & testibus infrascriptis, ad instantiam & requisitionem nobilis viri Arthaudi de Bellomonte, heredis universalis nobilis viri Domini Guersi de Bellomonte, quondam Militis, presentis... nec non & coram me Antonio Meyllureti, auctoritate Imperiali, Notario publico dato pro Curiâ prefati Arthaudi & a Petro Prati & Antonio Prati fratri suo laudatâ & approbatâ, predicti siquidem fratres non vi, dolo... ad hoc inducti... confessi fuerunt se esse & esse velle ac debere esse homines ligii prefati Arthaudi, heredum, liberorum & successorum suorum, & omnes ab eisdem fratribus descendentes; quodquidem homagium ligium & fidelitatem ligiam, prefati Petrus & Antonius fratres nomine suo, liberorum, heredum & successorum suorum manuale prestiterunt, ipsum Arthaudum osculando in ongulis pollicum, ut moris est, in signum fidelitatis, homagii & amoris; promitentes prenominati fratres... contra dictam confessionem per se vel per alium... non venire... sed dictum homagium ligium & fidelitatem ligiam prefato Arthaudo & suis salvare, tenere, custodire... Actum apud Monadretz infra domum prefati Arthaudi coram granario suo ubi testes ad hoc fuerunt vocati & rogati Beroardus Boneti, Laurencius Rogerii, Peronerus Salvaynii, Jordanetus Jays & Stephanus de Layniaco dictus Bores. Et ego Michael Molini, de Buxeriâ, Clericus habitator Gratianopolis auctoritate Imperiali Notarius publicus, coadjutor Antonii Meyllureti Notarii publici, auctoritate Judicis michi concessâ, hoc publicum instrumentum scripsi & in formam publicam redegi prout in protocollis dicti Antonii inveni, & de dictâ notulâ tracxi, nichil adito vel mutato, signoque meo consueto signavi in testimonium omnium premissorum.

Au commencement & à la fin de cet acte est figuré le Monogramme du Notaire.

12 Février 1328.

Compte rendu par ARTAUD DE BEAUMONT, *Chevalier, en qualité de Châtelain d'Avalon.*

Extrait des comptes de Châtellenie de Graisivodan, de l'année 1330, étant aux Archives de la Chambre des Comptes de Dauphiné ; délivré & signé comme celui du 27 Septembre 1321, rapporté ci-dessus.

Avalonem; per Dominum ARTAUDUM DE BELLOMONTE.

ANNO Domini millesimo tercentesimo trigesimo, die decima septima Aprilis, coram computatoribus predictis computavit Dominus Artaudus de Bellomonte, Miles, Castellanus Avalonis de censibus & redditibus Castellanie predictæ unius anni integri, incepti in festo beati Johannis Baptiste prope preterito currente anno Domini millesimo tercentesimo vigesimo nono & finiendi in festo beati Johannis Baptiste proxime venturo currente, anno Domini millesimo tercentesimo

17 Avril 1330.

H

trigefimo & de obventionibus & efcheutis, folutionibus & expenfis, receptis & factis a die tertia Julii preterita currente anno Domini millefimo tercentefimo vigefimo nono, ufque ad hanc prefentem diem.

Extrait de l'inventaire des titres de la Chambre des Comptes de Dauphiné, étant à la Bibliothéque du Roi, tome I du Graifivodan, n°. 18, fol. 305, 365, 474, v°. 475, 476 & 478.

1330 & 1331. AU fol. 41 du Regiftre cotté fur la couverture de parchemin: *Comptes de Graifivodan 1330*, contenant 140 feuillets, eft le compte de ladite Chaftellenie d'Avalon, rendu par ARTAUD DE BEAUMONT, Chaftelain d'Avalon, pour l'année finiffant à la Saint Jean-Baptifte 1330.
En 1331, Guillaume *de Reyne* le Vieux, Chevalier, étoit Chaftelain id.
En 1332, Reymon Leucon étoit Chaftelain id.
En 1334, Aymon de S. Pierre, Chevalier, Chaftelain id.
En 1337 & 38, Girard de la Poype, Chevalier, Chaftelain id.
En 1340, c'étoit Amblard de Buord, Chevalier, &c. Item Raimond *de Theys*, Chevalier, en 1359 1362.
Au fol. 66 du Regiftre cotté fur la couverture de parchemin, *Comptes de plufieurs Bailliages 1331*, contenant 193 feuillets, eft le compte de la Chaftelenie de Bellecombe, rendu par ARTAUD DE BEAUMONT, Chevalier, pour l'année finie à la Saint Jean Baptifte 1331.
Au fol. 40 du Regiftre cotté *Graifivodan 1334*, compte de ladite Chaftelenie de Bellecombe, rendu par Jean Allemand, Seigneur de Sechilienne, pour l'année finie au mois de Mai 1334.
Au fol. 37, lettres d'Humbert Dauphin, du 21 Juin 1340, portant commiffion au Chaftelain de la Buiffiere & Bellecombe, d'affigner fur les revenus de la Chaftellenie dudit Bellecombe, à Joffrey Galon, Demoifeau, une rente annuelle de 12 liv. 10 f. ce qui fut exécuté par ledit Chaftelain le 2 Juin 1341.
En 1342, compte rendu par Guillaume Bigot, Chevalier.
En 1348, 49 & 50, comptes id. rendus par Laurent de Montfort, Chaftelain dudit Bellecombe.

Hommage lige rendu à ARTAUD DE BEAUMONT, *Chevalier, par Lantelme Bigot, de la Maifon de la Pierre.*

Original en parchemin confervé aux Archives de la Terre des Adrets.

27 Mars 1336. ANNO Domini millefimo trifcentefimo trigefimo fexto, Inditione quartâ, vicefimâ feptimâ die menfis Marcii, coram me Notario publico & teftibus infrafcriptis ad hec vocatis & rogatis, Lantelmus Bigoti, fciens & fpontaneus... ad inftantiam & requifitionem nobilis Domini ARTHAUDI DE BELLOMONTE, Militis, prefentis... confeffus fuit publice coram nobili Laurentio Rogerii, Domicello dato pro curia a dicto Domino ARTHAUDO, & per dictum Lantelmum expreffe approbato, fe effe & effe velle.... hominem ligium, falvâ tamen fidelitate ligiâ illuftris Principis Domini Comitis Gebñ; quodquidem homagium ibidem de novo fecit eidem Domino ARTHAUDO, complofis manibus & ofculato *ore*, ut folitum eft inter nobiles, videlicet reale & perfonale, prout folempnius effe poteft; promittens dictus Lantelmus... fe contra predicta de cetero non venire... nec non & effe fide*lis* Domino fuo predicto, volens & expreffe concedens dictus Lantelmus, quod ille feu illi liberorum fuorum qui tenebunt vel tenebit domum fuam de Petrâ.... teneantur vel teneatur dicto Domino ARTHAUDO & fuis, ad dictum homagium faciendum, falvâ tamen conditione jam expreffâ. Renuntians dictus Lantelmus... omni exceptioni, doli... Actum apud Petram in domo dicti Lantelmi, teftibus prefentibus, videlicet Domino Petro Feny, Curato de Adextris, Francifco Bigoti & Magiftro Johanne Efcoferii, habit' de Adextris. Ego vero Johannes Pafcalis, de Allenis, publicus auctoritate Imperiali Notarius, prefens inftrumentum de prothocollis Petri Taxani Notarii quondam, Hugonis Cabit Notarii Commiff' coadjutor, nomine ipfius levavi, fignavi & fubfcripfi ex commiffione Domini Bincini de Bruc Judicis in terrâ Domini Comitis Gebñ.

Vis-à-vis les premieres lignes de cet acte eft figuré le Monogramme du Notaire.

DE LA MAISON DE BEAUMONT. Liv. III.

Sentence arbitrale prononcée entre ARTAUD DE BEAUMONT, *Chevalier, & le Prieur de Champ.*

Original en parchemin conservé aux Archives de la Terre des Adrets.

ANNO Domino millesimo tercentesimo tricesimo septimo, Inditione quintâ, die nonâ mensis Octobris, coram me Notario publico & testibus infrascriptis, per hoc presens publicum instrumentum, cunctis appareat evidenter, quod cum discordia verteretur & esset inter virum nobilem Dominum ARTAUDUM DE BELLOMONTE, Militem; ex unâ parte, & Dominum Guigardum de Royno, Priorem Prioratus de Campo, nomine dicti Prioratus ex alterâ, super eo quod idem Dominus ARTAUDUS dicebat & asserebat quod dictus Dominus Prior nomine dicti Prioratus quedam molendina edifficaverat, seu edifficari & construi fecerat apud Frogias & ad dicta molendina rivum & percursum rivi de Bridoriâ ducebat & ducere faciebat, quod facere non debebat, nec poterat justo titulo ut asserebat dictus Dominus ARTAUDUS ex eo & pro eo quia rivagium dicti rivi & percursum ipsius tenet idem Dominus ARTAUDUS ad *sensum* & firmam a Domino Comite Gebenarum, & ex inde litteras dicti Domini Comitis de dicto assessamento habere asserit, & etiam quia supra feudum dicti Domini ARTAUDI in exitu & introytu capit & ducere facit dictum rivum; item & super eo quod dictus Dominus Prior, nomine quo supra dicebat & proponebat quod idem Dominus ARTAUDUS dicto Prioratui tenebatur in viginti quinque solidis bone monete cens~ nomine cujusdam legati eidem Prioratui olim facti per nobilem virum Dominum GUERSUM DE BELLOMONTE, Militem quondam.... Tendem habitis variis & diversis tractatibus inter partes predictas, dicte partes volentes & cupientes omnem rancurie & odii materiam amputare... volentes etiam facere plenum liberum ac generale compromissum... se compromiserunt... in viros nobiles Johannem Alberti, de Tencino & Humbertum Philippi, de Chaylasio, tanquam in amicos communes arbitros... Quibus sic actis, predicti arbitri... viso, audito & diligenter examinato processu... inprinsis dixerunt & pronuntiaverunt quod idem Dominus Prior & sui successores ex nunc in antea, possint & debeant dictum rivum & percursum ipsius rivi cappere, & super res dicti Domini Priori & ipsius successorum ducere necnon & super feudum dicti Domini ARTAUDI in introytu & exitu ut supra, ad opus dictorum molendinorum.... Item dixerunt & pronunciaverunt dicti arbitri quod idem Dominus ARTAUDUS dicto Prioratui predictos viginti quinque solidos cens~ per dictum Dominum GUERSUM olim legatos acetare & deponere debeat super feudis competentibus... retento semper eidem Domino ARTAUDO directo dominio in predictis feudis acetandis. Item dixerunt & pronunciaverunt quod idem Dominus Prior... det... & quittet *in* perpetuum dicto Domino ARTAUDO & suis heredibus & successoribus pro recompensatione rerum supradictarum homagium in quo dictus Prioratus tenebantur Guillemetus Bruneti, de Adrextris & sui heredes & successores... Actum apud Goncelinum coram domo Cappellanie dicti loci, presentibus, Domino Gileto Ysmidonis, Canonico de Campo, Amedeo Guiffredi dicto aliter Carrier, Petro Girardi, de Thesio, & Johanne Passardi, de Goncelino, vocatis & rogatis testibus ad premissa & me Stephano Moncerii, de Goncelino, auctoritate Imperiali publico Notario, omnia suprascripta notata & abreviata scripsi, signoque meo signavi in testimonio premissorum.

9 Octobre 1337.

Vis-à-vis les premieres lignes de cet acte est figuré le Monogramme du Notaire.

Extrait de l'Histoire de Dauphiné, de M. le President de Valbonnais, tome II, pages 440 & 443.

Gravamina ac querimonie Dom. Dalphini contra Burgenses de Romanis cum articulis pacis ab ipso impetrate per pred. Burgenses.

IN nomine Domini. Cunctis appareat quod anno nativitatis ejusdem 1342, Indict. decima & die men. 27 Febr. constitutis in presentia nostrum Notariorum & testium infrascriptorum, illustri Principe Dom. Humberto Dalphino Vienn.... &c... acta fuerunt hec infra villam de Romanis in Ecclesia Fratrum Minorum dicti loci, presentibus magnificis & potentibus viris Domini Guidone Comite Foresii, Raynaudo de Foresio fratre suo, Aymaro Dom. Rossillionis, Amedeo de Pictavia Dom. de Toliniano, Raymundo de Baucio Principe Auraice, Odoardo de Sabaudia Domicello, Humberto Dom. de Villariis, Girardo de Rossillione Dom. de Anjove, Guillelmo de Villariis dicto Gros Villaus, fratre dicti Dom. Humberti de Villariis, Johanne Pagani, Hugone Ademari Dom. de Garda, Gaucherio de Montilio Dom. de Montemareyo, Guillelmo Dom. Tumonis, ARTAUDO DE BELLOMONTE, AMBLARDO Dom. BELLIMONTIS, Rodulpho de Comeriis Dom. de Masso, Francisco de Theysio Dom. Thorane, Soffredo de Arciis Militibus, &c.

27 Février 1342.

H ij

Extrait de l'Histoire de Dauphiné de M. le Président de Valbonnais, édit. de 1722, tom. II, pag. 461 & 466.

Processus habitus Vienne coram Dom. Dalph. ac Procuratoribus regiis super traditione Castrorum Dalphinalium Ballivis ac Castellanis per ipsos noviter eligendis.

29 & 31 Juillet 1343.

IN nomine Domini amen. Sciant cuncti quod anno millesimo tricentesimo quadragesimo tertio, Indictione undecima, die vicesima nona mensis Julii, &c.
Ibidem & incontinenti dictus Dom. Dalphinus tradidit Baylliviam Graysivodani & Castra Allavardi & Morestelli & Castellaniam Civitatis Gratianopolis... Dom. Amblardo de Briordo, Militi, Dom. Serrate, Bayllivo Graysivodani... qui Dom. Amblardus juravit dicto Dom. Dalphino & predictis Consiliariis regiis & Procuratoribus recipientibus ut supra, &c.
Item, eodem modo, Baylliviam terre Turris & Vallis bone ac Castrum Montis Lupelli Dom. Desiderio de Cassenatico, Condomino Yseronis, qui juravit, &c.
Item, eodem modo Dom. Dalphinus, Baylliviam Comitatus Ebredunesii & Palatium Ebreduni reverendo Patri Dom. Henrico de Villariis Archiepiscopo Lugdunensi, qui ponendo manum ad pectus perpositis sacro sanctis Evangeliis promisit & juravit, &c.
Item, eodem modo Dom. Dalphinus Castrum & Castellaniam Moyrenci, Dom. ARTHAUDO DE BELLOMONTE, Militi, qui juravit, &c.
Item, eodem modo, Dom. Dalpinus Castrum & Castellaniam Bellecombe Dom. Guillelmo Bigoti, Militi, qui juravit, &c.
Item tradidit Jofredo Galonis Castrum Vallis & ejus custodiam & Castellaniam, qui juravit, &c.
Sequitur in eodem processu ratihabitio dictarum pactionum per D. Dalphinum ac Procuratores regios una cum juramento Prelatorum, nobilium ac Castellanorum de dictis pactionibus observandis.
In nomine, &c. noverint universi quod anno ejusdem millesimo tercentesimo quadragesimo tertio, Indictione undecima, die ultima mensis Julii, &c. Item magnifici, potentes & nobiles viri Dom. Aymarus Dom. Rossillionis, Johannes de Villariis... AMBLARDUS Dom. BELLIMONTIS, Amedeus de Roffillone, Condominus Boschagii, Franciscus de Thesio, Dom. Thorane... ARTHAUDUS DE BELLOMONTE, Dom. Frayte, Guillelmus de Royno senior, Amblardus de Briordo Dom. Serrate, Soffredus de Arciis... Milites... promiserunt & juraverunt de mandato expresso dicti Dom. Dalphini tactis per eos & eorum quemlibet Evangeliis sacro sanctis, predictas pactiones, &c.

Extrait du Registre cotté: PILATI, de l'année 1348 & 1349, n°. 8, étant aux Archives de la Chambre des Comptes de Dauphiné; délivré, signé & legalisé comme celui du 27 Septembre 1321, rapporté ci-dessus.

16 Juillet 1349.

HOMMAGE lige rendu le 16 Juillet 1349, par noble homme Monsieur ARTAUD, Seigneur DE BEAUMONT, à Charles Dauphin de Viennois le jeune, par le commandement de Humbert, ancien Dauphin de Viennois: cet hommage rendu debout, les mains jointes & en recevant le baiser.

Extrait de l'inventaire des Titres de la Chambre des Comptes de Dauphiné, étant à la Bibliothéque du Roi, tom. V du Graisivodan numéroté 22, f. 147, v°.

Morestel & Goncelin. Transactions, albergemens, procédures, &c.

1 Mars 1353.

AU registre cotté: *Copiæ plurium Litterarum mistraliarum Delphinalium & aliarum rerum pro Domino*, lettre N, f. 595 v°. sont les Lettres d'Henry de Villars, Archevêque de Lyon, Gouverneur de Dauphiné, du premier de Mars 1353, portant commission à noble ARTAUD DE BEAUMONT, Chastelain de Moiran, Rodolphe de Commiers, Chevaliers, & Raymond Falavel, Juge majeur de Graisivodan, pour se transporter aux lieux de Morestel & Goncelin, pour assigner à Amédée, Comte de Geneve, sur ladite terre, 500 livres Genevois, pour en jouir jusqu'à ce que les terres, contenues au traité fait entre ledit Comte & le Roy Dauphin, lui eussent été remises; & au cas qu'il n'y eût pas de revenu suffisant pour ladite assignation, de la lui faire ailleurs au lieu le plus commode.

DE LA MAISON DE BEAUMONT. LIV. III. 61

Quittance donnée par Eléonore d'Alleman, Dame de l'Argentiere, à ARTAUD DE BEAUMONT, Chevalier.

Original en papier conservé aux Archives de la Terre des Adrets.

EGO Odo de Calma de Bañ Notarius, procurator... Nobilis & potentis Domine Elyenoris 9 Septembre Alamande, condomine Argenterie... confiteor.... recepisse per manum Johannis Grimaudi de 1358. Parrochia de Adreytis solventis nomine Nobilis & potentis viri Domini ARTAUDI DE BELLOMONTE Militis, Domini de Frayta, quadraginta novem florenos auri & novem Turonenses argenti, parvi ponderis Dalphinalis, in quibus dictus Dominus ARTAUDUS dictae Domine Elyenori tenebatur in extenuationem majoris summe... Datum Bañ die nona mensis Septembris anno Domini millesimo CCC°. quinquagesimo octavo, sub sigillo meo, & propria manu scripsi.
(L. S.) Ita est dictus Odo.

Le sceau qui étoit en placard n'existe plus.

Reconnoissance féodale donnée à ARTAUD DE BEAUMONT, Chevalier, par Pierre d'Albin, Damoiseau, de ce qu'il tient de lui à Barraux.

Original en parchemin conservé aux Archives de la Terre des Adrets.

IN nomine Domini amen. Anno nativitatis ejusdem Domini millesimo triscentesimo quinqua- 27 Février 1358. gesimo octavo, Inditione undecimâ; die vicesimâ septimâ mensis Febroarii, coram me Notario & testibus infrascriptis, per hoc presens publicum instrumentum cunctis... appareat evidenter, quod ad instantiam... *mus* Notarii infrascripti ut publice persone stipulantis... vice, nomine & ad opus viri nobilis & potentis Domini ARTHAUDI DE BELLOMONTE, Domini de Frayta, Militis, & suorum liberorum heredum & successorum, constiturus personaliter... nobilis Petrus de Albino, Domicellus, sciens... comfessus fuit... coram nobili Bornon Amedei, de Barralibus dato pro Curiâ... recognovit se tenere... in feudum nobile a dicto Domino ARTHAUDO & suis census, servitia, usagia infrascripta, una cum jure feudi & directi dominii rerum infrascriptarum; & primo XIIII. cartas frumenti, unam gallinam & duos solidos... pro quâdam domo sitâ Barralibus... Item quinque cartas frumenti & unam gallinam census cum suo placito, que debet Guillelmus de Grangiâ, Notarius pro quâdam petiâ curtilis sitâ Barralibus... & pro predictis censibus, servitiis placitis & usagiis, tam pro ipsis, quam etiam pro quibusdam aliis que dictus Petrus tenet a dicto Milite, idem nobilis Petrus, pro se & suis... ab eodem comfessus fuit... se teneri... eidem Militi & suis in homagium liberum & franchum; quodquidem homagium asserit idem Petrus dicto Militi fecisse & prestitisse, prout in quodam publico instrumento manu Guillelmi Guillelmerii Notarii recepto asserit contineri, de Thoveto... Acta sunt Barralibus infra domum Johannis de Grangiâ.... testibus.... Morardo de Curiâ, Petro Mathei, & nobili Francisco de Grangiis, Domicello. Ego vero Johannes Pascalis, de Allenis, publicus auctoritate Imperiali Notarius premissis omnibus interfui vocatus, presens que instrumentum rogatus recepi.... fideliter & tradidi.

Vis-à-vis les premieres lignes de cet acte est figuré le Monogramme du Notaire.

Concession faite par ARTAUD DE BEAUMONT, Chevalier, en échange d'un cens acquis dans son domaine de la Freyte.

Original en parchemin conservé dans les Archives de M. le Comte de Beaumont-de la Roque, au Château du Repaire, en Périgord.

IN nomine Domini amen. Anno a nativitate ejusdem Domini millesimo tercentesimo quinqua- 26 Avril 1359. gesimo nono, Inditione duodecima die vicesima sexta mensis Aprilis, coram me Notario publico... cum Guillelmus Guillelmerii, de Thoveto Notarius... acquisivit à Bermondeto Bermondi... novem solidos... de servitio censuali... qui novem solidi... tenentur de feudo & dominio nobilis viri & potentis Domini ARTHAUDI DE BELLOMONTE, Militis, Dominique de Frayta, qui quidem Dominus ARTHAUDUS... dictos novem solidos... tanquam superior... ad se ipsum retinuerit... predictus Dominus ARTHAUDUS.... in recompensationem..... eidem Guillelmo Guillelmerii... reddidit, tradidit... quatuor solidos & octo denarios... quos... dicto Domino ARTHAUDO idem Guillelmus faciebat... &c. Actum fuit hoc apud Fraytam in Aulâ dicti Militis, testibus presentibus ad premissa vocatis & rogatis, videlicet Jaquemeto Falconis Naturali, Trimono Guischardi & Trimono Vallini & me Guillelmo Mirallii, Notario.

Vis-à-vis les premieres lignes de cet acte est figuré le Monogramme du Notaire.

---

*Lettres du Bailli de Graisivodan en faveur d'*ARTAUD DE BEAUMONT, *Chevalier, heritier de* GUERS DE BEAUMONT, *aussi Chevalier.*

Original en parchemin conservé aux Archives de la Terre des Adrets: & annexé aux Lettres de Guillaume, Comte de Geneve, du mois d'Avril 1316, rapportées au Chapitre IV du IIe Livre de ces Preuves.

20 Mai 1359. GUIGO de Comeriis, Miles, Bayllivus terre Graysivodani illustris Principis Domini Amedeï Comitis Geben" dilectis nostris Castellanis mandamentorum Thesii & Petre, atque familiariis & eorum cuilibet in solidum tenore presentium vobis precipimus & mandamus quatenus contenta

(*) Pour *annexo.* in instrumento presentibus *agnesso* (*) nobili viro Domino ARTHAUDO DE BELLOMONTE, Militi & suis, heredi nobilis viri Domini GUERSI DE BELLOMONTE, Militis quondam, firmiter observetis & ab omnibus & contra omnes observari faciatis, nullo alio mandato a nobis super hoc ulterius expectato, in cujus rei perpetue testimonium sigillum nostrum presentibus duximus apponendum. Datum Thesii, die XX. mensis Maii, anno Domini M°. CCC°. LIX°.

Cet acte étoit scellé en placard d'un petit sceau dont il ne reste plus de vestiges.

CHAPITRE II.

FRANÇOIS DE BEAUMONT, Ier du nom, Chevalier, Seigneur de la Freyte, des Adrets, du Touvet, de Pelafol, de Barbieres, de Fiançayes, de Royssieu, &c. & CATHERINE DE BEAUMONT, sa sœur, enfans d'ARTAUD IV.

Acte par lequel FRANÇOIS DE BEAUMONT, *Chevalier, Seigneur de Pelafol & de Barbieres, etablit Pons de Chevrieres, Châtelain de ses terres de Fiançayes & de Royssieu.*

Protocolle original de Francois Bermundi, Notaire de S. Theoffroy, fol. 33, conservé dans les Archives de la Terre de Crolles, appartenant à M. le Président de Barral.

9 Juillet 1361. IN nomine Domini nostri Jh'u x͞pi amen; noverint universi & singuli presentes & futuri quod anno ejusdem Domini millesimo CCC°. LX°. primo, Indictione XIIII, die nona mensis Julii, coram me Notario & testibus infrascriptis, cum dudum vir nobilis Dominus FRANCISCUS DE BELLOMONTE, Miles, Dominus Castrorum Pelafolli & Barberie, tradiderit ad firmam seu adcensaverit discreto viro Poncio de Capriliis, Burgensi Romanis, dicta Castra Pelafolli & Barberie, ac loca de Fianczaiis & de Royssiaco, cum ipsorum & cujuslibet eorum censibus, redditibus, emolumentis, juribus & obventionibus dicto Domino FRANCISCO debitis & pertinentibus in eisdem, ad habendum, tenendum & percipiendum per dictum Poncium spacio trium annorum, sub certo precio seu pensione annua inde solvenda dicto Domino FRANCISCO per eumdem Poncium, & sub certis pactis, modis, formis & conditionibus, prout in quodam instrumento publico, confecto & signato per manum Guillelmi Veroni, Notarii publici sub anno Incarnationis Domini millesimo CCC°. sexagesimo, die quarta mensis Junii plenius continetur; hinc est quod ipsi, Dominus FRANCISCUS ex una parte, & Poncius ex altera, non decepti, non cohacti... sed ad invicem... quietaverunt & absolverunt per... stipulationem... subsequtam de omnibus & singulis in ipso instrumento superius designato contentis, volentes quod ipsum instrumentum sit de cetero cassum & nullum, salvis tamen & reservatis infrascriptis; deinde dixerunt & asseruerunt dicti, Dominus FRANCISCUS & Poncius... se ad invicem fecisse inter se visionem de receptis & de liberatis per dictum Poncium de redditibus emolumentis & juribus dictorum Castrorum & locorum ac mandamentorum suorum pro tempore quo mediante adcensamento predicto dicta Castra, loca & mandamenta tenuit ipse Poncius, quâ visione factâ, remansit & remanet debens dictus Dominus

DE LA MAISON DE BEAUMONT. Liv. III.

Franciscus prenominato Poncio quaterviginti & novem florenos auri ponderis Dalphinalis, prout, ipsi ambo, Dominus Franciscus & Poncius publice confitebantur & etiam asserebant; quibus sic actis, dictus Dominus Franciscus non deceptus, non cohactus... tradidit ad firmam seu censam... eidem Poncio presenti & recipienti... census, redditus, proventus, obventiones, jura & emolumenta quoscumque & quecumque, ubicumque & in quibuscumque existentes, exceptis dumtaxat emolumentis compositionum & condempnationum ex ore Judicis procedentium & emolumentis mortalagiorum villarum, locorum, territoriorum, pertinentiarum & mandamentorum Fianczayarum & Royssiaci, ad habendum, tenendum... per ipsum Poncium... sibique retinendum spacio quatuor annorum continuorum proxime futurorum... pro censa seu pensione annua septem viginti florenorum auri boni & fini dicti ponderis Dalphinalis, solvendorum dicto Domino Francisco per dictum Poncium quolibet anno dictorum quatuor annorum.. Acto etiam quod dictus Poncius, durantibus dictis quatuor annis sit Castellanus dictorum locorum Fianczayarum & Royssiaci & tanquam Castellanus ibidem pro dicto Domino Francisco levare, recuperare & recipere teneatur & debeat per se, vel per alium seu alios, emolumenta compositionum, condempnationum & mortalagiorum predicta que sibi retinuit & retinet dictus Dominus Franciscus in locis & mandamentis predictis & de ipsis computare teneatur & rationem reddere dictus Poncius prefato Domino Francisco, quem Poncium ipse Dominus Franciscus Castellanum dictorum locorum & mandamentorum constituit & creavit, mandans universis & singulis ad quos spectat, quatinus eidem Poncio vel ejus Deputato tanquam Castellano obediant & intendant. Que omnia... promiserunt dicti, Dominus Franciscus & Poncius... & juraverunt tactis per eorum quemlibet Evangeliis sacrosanctis alter alteri & e converso rata, grata & firma habere, tenere, attendere & inviolabiliter observare.... & dictus Poncius Officium dicte Castellanie fideliter exercere, jura dicti Domini Francisci illesa pro viribus observare & subditos non opprimere... Renuntiantes, &c.... Acta fuerunt hec apud Gratianopolim in carreria publica Sancti Laurentii, ante domum mei Notarii infrascripti, presentibus Petro de Grangiis, de Buxeria, Francisco donato Domini Artaudi de Bellomonte, Militis condam, Domicellis, Stephano Bardini & Stephano Chalvetonis, de Romanis vocatis & rogatis testibus ad premissa, Ego vero Franciscus Bermundi, de Sancto Theofredo, Ebredunensis Diocesis, Imperiali & Domini Francorum Regis auctoritatibus Notarius publicus, premissis omnibus una cum dictis testibus interfui, hoc inde instrumentum publicum requisitus recepi & notavi, &c.

Grossatum est pro dicto Poncio.

Hommage rendu à l'Evêque de Valence, par François de Beaumont, *Chevalier, Seigneur de Pelafol.*

Cet acte est inséré en entier dans un autre Hommage rendu à l'Evêque de Valence, le 23 Juin 1441, rapporté en original au Chapitre III, du IVe Livre de ces Preuves.

In nomine Domin....(*) cunctis appareat evidenter quod anno Domini millesimo trecentesimo sexages.... (*) & die decima mensis Jull....(*) Patris & Domini Domini Ludovici Dei gratia Episcopi & Comitis Valen & Dyen͞ meique Notarii publici & testium....(*) presentia constitutus (*)........ us Franciscus de Bellomonte, Miles, Dominus de Pellafollo, Valentinensis Dyocesis.... confessus fuit & publice recognovit die....(*) Episcopo & Comite recipienti.... se tenere.... in feudum à dicto Domino Episcopo & Comite & ejus Ecclesiis Castrum.... fe damento, territorio & districtu mero & mixto imperio.... & pro predictis fecit sibi.... homagium non ligium, oris osculum (*)...... promisit sub juramento suo ad sancta Dei Euvangelia fidelitatem.... Item promisit.... quod semper erit fidelis dicto Domino Episcopo & Comiti & suis Ecclesiis & unionem Ecclesiarum & Comitatuum servari pro posse.... & dicto Domino Episcopo & Comiti & successoribus suis servire de feudo predicto, exceptâ tamen fidelitate Domini Dalphini Vienn͞ & Domini Aymari de Pictavia.... Acta fuerunt hec.... in grangiâ Sancti Ruffi, presentibus.... Reverendo Patre in x͞po Domino P. Abbate Sancti Ruffi, Domino Baudono Domino de Chalancone, Milite ; Domino Johanne de Bonenco (*); Domino Vincentio de Monte Sancti Johannis, Johannino Mayressi. Ego vero Petrus Vialonis de Valencia, publicus auctoritate Apostolicâ & Imperiali Notarius.... presens interfui &.... presens publicum instrumentum scribi feci.... & signum meum apposui consuetum.

10 Juillet 136....

(*) Il y a ici dans l'original quelques mots emportés par vétusté.

(*) On peut également lire *Bovenco* ou *Bouenco*.

64 PREUVES DE L'HISTOIRE GÉNÉALOGIQUE

Extrait d'un volume Mſſ. de feu M. du Fourny, Auditeur des Comptes, cotté au dos: « Extrait des Regiſtres du Tréſor & du Parlement, (cotté en bas) I. » Page 102 de ce volume, ſous le titre ſuivant: « Suite de l'Extrait du Re-» giſtre des Chartes du Tréſor, cotté CI. »

Ce volume in-fol. conſervé au Cabinet de M. d'Hozier de Serigny, Juge d'Armes de France.

Octobre 1369. REMISSION accordée à François Seigneur de Chaſſenage, Chevalier, de l'amande de mille marcs d'argent, en quoi il avoit été condamné ſur ce qu'ayant eu différent avec FRANÇOIS DE BEAUMONT, Seigneur de Pelafoil, Chevalier de Dauphiné, touchant le Château de la Baſtide en Royans, le Gouverneur du Dauphiné avoit ordonné que ledit Château demeureroit audit DE BEAUMONT, en payant audit Seigneur de Saſſenage IIII^c. florins d'or à certains termes, avec défenſe de ſe faire guerre ſous peine de mille marcs d'argent ; nonobſtant quoi ledit de Chaſſenage, accompagné de pluſieurs ſes parens & amis, étant à Grenoble pour la défenſe de ladite ville, avoit enlevé, devant la porte des Freres Prêcheurs, vers la fête de la Magdeleine derniere, ledit DE BEAUMONT, lui avoit fait paſſer la riviere d'Yſere, & l'avoit mené priſonnier en un de ſes Châteaux où encore il le détenoit. A Paris en Octobre 1369. N°. 124.

Extrait de l'inventaire des titres de la Chambre des Comptes de Dauphiné, étant à la Bibliothéque du Roi, tome VIII. du Graiſivodan, numéroté 25, fol. 293 & 327.

1369. DANS l'armoire du Graiſivodan, eſt le papier en terrier, contenant les reconnoiſſances paſſées au profit de noble FRANÇOIS DE BEAUMONT, Seigneur du Thouvet, concernant ſon fief de la Freyte, en 1369.
Sous Theys.

Un regiſtre cotté : *denominatio Domini de Adextris*, qui eſt un terrier non ſigné ni numéroté, des reconnoiſſances reçues au profit de noble FRANÇOIS DE BEAUMONT, Seigneur de la Freyte & des Adrets des cens & rentes dudit fief des Adrets, commencé le 6 Juin 1370, & la derniere reconnoiſſance eſt du 14 Février 1374.

Pacte de Famille, fait entre FRANÇOIS DE BEAUMONT, Chevalier, Seigneur de la Freyte & de Pelafol, fils d'ARTAUD (IV), & AMBLARD DE BEAUMONT, Seigneur DE BEAUMONT, auſſi Chevalier, ſon oncle ; par lequel ils ſe ſubſtituent & à leurs enfans mâles à l'infini, à l'excluſion des filles, leurs terres & Châteaux de Beaumont & de la Freyte, & ſe rendent réciproquement hommage.

Protocolle original de Jean Chaſtagnii, Notaire de Crolles, conſervé dans les Archives de M. le Comte de Beaumont-de la Roque, au Château du Répaire en Périgord.

14 Novembre 1373. IN nomine Domini, amen. Anno Nativitatis ejuſdem milleſimo, trecenteſimo LXXIII°. Indictione undecima, die decima quarta menſis Novembris : noverint univerſi & ſinguli preſentes pariter & futuri, ſerie preſentis inſtrumenti publici, quod cum queſtio verteretur & major verti ſperaretur inter nobiles & potentes viros Milites Dominos AMBLARDUM DE BELLOMONTE, Dominum BELLIMONTIS & Montisfortis ex una parte, & FRANCISCUM DE BELLOMONTE, Dominum Frayte & Pellafolli ejus nepotem ex parte altera, ſuper eo & pro eo quod dictus Dominus FRANCISCUS petebat, dicebat & aſſerebat Caſtrum Bellimontis predictum cum ſuo fundo, edificiis & pertinentiis ad ipſum in ſolidum pertinere & debere pertinere, quia erat & eſſe pertinebat Domino ARTHAUDO, patri ipſius Domini FRANCISCI quondam, fratri dicti Domini AMBLARDI. Item petebat, dicebat & aſſerebat idem dictus FRANCISCUS medietatem omnium bonorum quorumcumque GUIGONIS DE BELLOMONTE aliàs GUERSI ejus patrui quondam nuper defuncti, & quod idem GUIGO tempore mortis ſue habebat, tenebat & poſſidebat ad ipſum pertinere debere, tam ratione ſubſtractionis quam ſucceſſionis. Item petebat, dicebat & aſſerebat ſibi debere pertinere reddi & reſtitui per dictum Dominum AMBLARDUM ejus patruum, terram Thome de Comeriis quondam venditam

DE LA MAISON DE BEAUMONT. Liv. III.

venditam Domino Hugoni de Comeriis per Arthaudum de Bellomonte avum suum paternum quam vendere non poterat, quia evenire debebat dicto Domino Arthaudo patri ipsius Domini Francisci, & valet annuatim sexaginta libras annuales. Item petebat idem Dominus Franciscus sibi reddi & assettari per dictum Dominum Amblardum ejus patruum undecim libras annuales quas Dominus Arthaudus pater quondam dictorum Dominorum Arthaudi patris dicti Domini Francisci & Amblardi predicti dedit Alberto Bigoti quondam, quando contraxit matrimonium cum Margarita sorore dictorum Dominorum Arthaudi & Amblardi, que undecim libre erant de bonis matris dicti Domini Arthaudi. Item petebat sibi reddi partem quam eidem Domino Arthaudo ejus patri quondam evenire poterat & debebat pro duabus suis sororibus monialibus. Item petebat etiam dictus Franciscus ab eodem Domino Amblardo ejus patruo medietatem revoyriarum circumcirca Castrum predictum Bellimontis situatarum eidem titulo quo supra petit dictum Castrum Bellimontis sibi pertinere debere. Item petebat & asserebat idem Dominus Franciscus ad eumdem pertinere debere ut supra, residuum de bonis & terrâ quondam dicti Arthaudi avi sui que fuit divisa & secundum divisiones observari. Item petebat & requirebat idem Dominus Franciscus à dicto Domino Amblardo ejus patruo quod ipse se desistere velit à constructione & edificatione cujusdam molini quod edificare intendit in rivagio de Thoveto, cum esset & cederet in ipsius Domini Francisci grande dampnum & maximum prejudicium. Item petebat & requirebat idem Dominus Franciscus sibi debere assignari, compensari & assettari per dictum Dominum Amblardum ejus patruum quatuor sextarios frumenti census cum eorum feudo & dominio quos eidem Domino Francisco debebant dicti Bracheti & nonnulli alii Agricole pro certis rebus per dictum Dominum Amblardum aquisitis. Petebat etiam idem Dominus Franciscus arreyragia dictorum quatuor sextariorum frumenti à tempore quo dictus Dominus Amblardus predicta acquisivit, usque nunc. Item petebat & requirebat idem Dominus Franciscus ut supra sibi assignari & assectari debere per dictum Dominum Amblardum ejus patruum, unum quartale frumenti censuale, cum suo feudo & dominio quem sibi faciebat Domengius Teynturerii à quo dictus Dominus Amblardus feudum acquisivit. Item petebat, dicebat & asserebat idem Dominus Franciscus, jurisdictionem Anthonii Garnerii, habitatoris Frayte, olim hominis Domini Gratianopolis Episcopi & per eumdem Dominum Franciscum novissimè ab eodem Domino Episcopo acquisiti ad eumdem Dominum Franciscum pertinere, & in eodem habere debere jurisdictionem omnimodam quemadmodum in alios homines suos dicti loci Frayte, & per dictum Dominum Amblardum ejus patruum & ejus curiam indebite perturbatum in eadem. Item petebat idem Dominus Franciscus sibi recognosci & assignari per dictum Dominum Amblardum ejus patruum, septem libras bone monete census quas tenere debet idem dictus Amblardus ab eodem Domino Francisco sub homagio quas assignare convenit idem Dominus Amblardus Domino Arthaudo patri quondam ipsius Domini Francisci secundum conventiones & pacta habita inter dictos Dominos Arthaudum & Amblardum contenta in quodam publico instrumento per Guilelmum Guillelmerii Notarium quondam notato & signato, & manu Johannis Perriondi Notarii publici & Comissarii dicti Guillelmi grossato sub anno nativitatis Domini M°. CCC°. quinquagesimo secundo, Indictione quinta, die xix mensis Aprilis...Prefacto Domino Amblardo ex adverso dicente, proponente & respondente ad supra preposita per dictum Dominum Franciscum de Bellomonte ejus nepotem. Et primo : super prima petitione per dictum Dominum Franciscum facta de dicto Castro Bellimontis cum suis fondo, edifficio & pertinentiis; respondet idem Dominus Amblardus quod dictus Dominus Franciscus ejus nepos nullum jus habet neque petere potest in dicto Castro Bellimontis, fondo, edificio & pertinentiis suis, ymo ad ipsum Dominum Amblardum pertinet & pertinere debet in solidum, tam vigore testamenti Domini Guersi de Bellomonte ejus patrui, quam etiam quamplurimorum pactionum & conventionum habitarum cum dicto Domino Arthaudo ejus fratre, patre dicti Domini Francisci. Etiam quod idem Dominus Amblardus dictum Castrum de novo construxit & edificavit omnino & longo & longissimo tempore tenuit & possedit pacifficè & quietè, tanquam suum proprium. Item super petitione de medietate bonorum dicti quondam Guigonis de Bellomonte facta, respondet idem Dominus Amblardus quod dictus Guigo de bonis suis ordinavit, & de eisdem donationem fecit inter viros Amblardo filio dicti Domini Amblardi, eidem Domino Amblardo & Domine Beatrici Alamande ejus consorti, usufructibus retentis, propter quod nullum jus habet idem Dominus Franciscus in predictis. Item super petitione facta de terra Thome de Comeriis sibi restituenda, undecim librarum annualium, medietatis revoyriarum residui terre Domini Arthaudi avi sui, constructionis & edificationis molendini predicti, dictorum quatuor sextariorum frumenti cum fondo & dominio eorumdem, & cum arreyragiis eorumdem, Super omnibus petitionibus predictis, respondet idem Dominus Amblardus quod de predictis & super predictis facte fuerunt & concesse plura pacta & quittationes inter dictos Dominos Arthaudum quondam patrem Domini Francisci & Amblardum predictum, in tantum quod dictus Dominus Franciscus ulterius nullam debet facere petitionem de predictis neque in eisdem petendi nullum jus habet. Item super petitione dictarum septem librarum census cum homagio inde debito & pretio, pro eisdem respondet idem Dominus Amblardus quod dictas septem libras assignabit & homagium inde debitum faciet & prestabit juxta formam & tenorem quibus alias actum extitit inter dictos Dominos Arthaudum & Amblardum fratres contentum in dicto instrumento per dictum Guillelmum Guillelmerii Notarium quondam recepto & signato ut supra. Item super petitione jurisdictionis dicti Anthonii Garnerii, respondet idem Dominus Amblardus, dicendo & asserendo jurisdictionem predicti

66 PREUVES DE L'HISTOIRE GÉNÉALOGIQUE

Anthonii ad eumdem in solidum pertinere & de eadem usum fuisse spatio triginta quinque annorum & ultra ; & nullum jus in eadem dictum Dominum FRANCISCUM dixit habere. Preterea dixit, proponit & asserit idem Dominus AMBLARDUS contra dictum Dominum FRANCISCUM ejus nepotem quod dictus Dominus FRANCISCUS ejus nepos tenetur eidem Domino AMBLARDO recognoscere Domum suam fortem de Frayta cum suo fondo, edificio, pertinentiis cum decem libris censualibus & redditualibus sub homagio ligio, excepto homagio ligio Domini Comitis Gebennensis. Item dixit, proponit & asserit idem Dominus AMBLARDUS sibi fore commissas & appositas decem libras censûs quas tenet idem Dominus FRANCISCUS de bonis FRANCISCI DE BELLOMONTE quondam, & quas tenebat & que tenebat idem FRANCISCUS à Domina B. Dalphina sub homagio ligio, à qua Domina causam habet idem Dominus AMBLARDUS, ut constat litteris & instrumentis inde productis, quia dictus FRANCISCUS non fecit ea que natura dictarum decem librarum requirit, neque facere potest, cum ligium homagium debeat alteri. Item dixit... idem Dominus AMBLARDUS quod dictus Dominus FRANCISCUS tenetur sibi recognoscere quamplures res, bona, census, servicia que quondam fuerunt FRANCISCI, JOHANNIS, GUILLELMI & AMEDEI DE BELLOMONTE que tenebantur à Domino Dalphino sub homagio, & que tenentur à dicto Domino AMBLARDO, tanquam causam habente à Domino Dalphino. Item dixit... idem Dominus AMBLARDUS sibi per dictum Dominum FRANCISCUM ejus nepotem recognitionem fieri debere de mero, mixto imperio, juridictione & omnibus censibus hominibus que habet, tenet & possidet idem Dominus FRANCISCUS in Patrochia Thoveti & sancti Michaelis. Dicto Domino FRANCISCO ad proxime dicta per dictum Dominum AMBLARDUM ejus patruum repugnante, dicente & respondente : & primò, super petitionem recognitionis domus sue Frayte cum suo fondo, pertinentiis & cum dictis decem libris redditualibus fiende sub homagio predicto petito, respondet idem Dominus FRANCISCUS quod paratus est dictam recognitionem facere & predicta adimplere... Item super petitione recognitionis per ipsum fiende de bonis & rebus FRANCISCI, JOHANNIS, GUILLELMI & AMEDEI DE BELLOMONTE, respondet quod in quantum ipse tenet & reperiretur tenere de rebus, bonis predictis, quod in quantum reperiretur teneri à dicto Domino ejus patruo tanquam causam habentem à Domino Dalphino & que tenebantur à Domino Dalphino paratum se offert recognoscere & recognitionem debitam facere. Item super petitione recognitionis fiende per eumdem Dominum FRANCISCUM de mero mixto imperio & omnibus censibus & hominibus que habet, tenet & possidet in Parrochia de Thoveto & Sancti Michaelis, respondet se ad dictam recognitionem minimè teneri, nisi duntaxat ad recognoscendum merum, mixtum imperium & juridictionem quam habet in locis predictis. Plura que alia hinc inde dicebantur, proponebantur & apponebantur... Tandem anno, indictione & die quibus supra...dictæ siquidem partes non decepte... cupientes & volentes...materiam odii amputare ac parcere laboribus, expensis... mediantibus & tractantibus quibusdam eorum amicis... & insuper amicitia & consanguinitate que inter predictas partes extitit...transfigerunt, composuerunt prout sequitur infra. Et primo pro bono pacis, amicitie, consanguinitatis, dilectionis & concordie inter ipsas partes, dante Domino, perpetuo duraturis quod super predictis petitionibus per dictum Dominum FRANCISCUM factis de Castro predicto BELLIMONTIS cum suo fondo, pertinentiis & edificiis, de medietate bonorum GUICONIS DE BELLOMONTE aliàs GUERSI, ejusdem Domini FRANCISCI patrui, de terra Thome de Comeriis, de dictis undecim libris censualibus, donatis per Dominum ARTHAUDUM avum suum, Domino ALBERTO BIGOTI, de medietate revoyriarum situatarum circumcirca dictum Castrum BELLIMONTIS, de residuo, de terra dicti ARTHAUDI avi sui, de assignatione & assituatione quatuor sextariorum frumenti censûs, cum fondo & dominio eorum & etiam arreyragiorum eorumdem & etiam de jure & parte dicto Domino ARTHAUDO pertinente pro dictis duabus suis sororibus monialibus, dictus Dominus FRANCISCUS contentari teneatur & tacere debeat, ita quod de cetero nihil petere possit in predictis nec eorum occasione... nulla sibi possit neque valeat competere actio; sed si quam haberet seu sibi competeret actio in eisdem vel jus, partem & requisitionem aliquas haberet, habere & petere posset in predictis, predicta quittat atque remittit eidem Domino AMBLARDO ejus patruo cum pacto expresso de non perendo aliquid ulterius ab eodem premissorum occasione. Item fuit actum...... inter dictos Dominos AMBLARDUM & FRANCISCUM partes predictas quod dictus Dominus AMBLARDUS affectare teneatur & debeat eidem Domino FRANCISCO septem libras reddituales censûs in loco competenti & ydoneo, & inde homagium prestare & facere eidem Domino FRANCISCO pro eisdem & prout & quemadmodum prestitit & convenit dicto Domino ARTHAUDO ejus fratri, patri dicti Domini FRANCISCI...Item fuit actum inter dictas partes, quod juridictio dicti Anthonii Garnerii & ejus posteritatis ad dictum Dominum FRANCISCUM spectet & pertinere debeat; & in eodem Anthonio & jus posteritate omnimodam jurisdictionem habeat idem Dominus FRANCISCUS, prout habet in aliis hominibus suis dicti loci Frayte ; hac acto & in pactum deducto expressè quod dictus Dominus FRANCISCUS juridictionem & homagium dicti Anthonii Garnerii recognoscere teneatur & debeat eidem Domino AMBLARDO, unà cum aliis que tenet ab eodem Domino & sub homagio quo tenetur eidem Domino. Item fuit actum... quod dictus Dominus FRANCISCUS recognoscere teneatur & debeat idem Domino AMBLARDO eas res, census, servicia & bona que tenet de bonis FRANCISCI, JOHANNIS, GUILLELMI & AMEDEI DE BELLOMONTE quondam... scilicet ea que tenebantur à Domino Dalphino seu Domina Dalphina vel Domino Fuccigniaci à quibus causam habet idem Dominus AMBLARDUS ... Item fuit actum... quod dictus Dominus AMBLARDUS quittet & remittat eidem Domino FRANCISCO ejus nepoti omnem commissionem & apperturam si quam haberet vel habere posset quavis de causa in predictis decem libris quas tenet de bonis dicti FRANCISCI DE BELLOMONTE idem

DE LA MAISON DE BEAUMONT. Liv. III. 67

Dominus Franciscus, & que tenebantur à Domina Dalphina sub homagio ligio à qua idem Dominus Amblardus causam habet. Item etiam fuit actum... quod dictus Dominus Amblardus quittet & remittat eodem Domino Francisco omne jus quod habet in dicto molendino quem facere nitebatur dictus Dominus Amblardus in rivagio de Thoveto. Item fuit actum... quod dictus Dominus Franciscus facere teneatur & prestare eidem Domino Amblardo, homagium ligium salvo & excepto homagio ligio Domini Comitis Gebennensis, & inde recognoscere tenere à dicto Domino Amblardo & sub eodem homagio domum suam fortem de Frayta cum suo fondo, edifficio & pertinentiis & decem libris redditualibus quas declarare & pacificare teneatur eidem Domino Amblardo, una etiam cum aliis supradictis que tenet de bonis dictorum Francisci, Johannis, Guillelmi & Amedei de Bellomonte, & que tenebantur à Domino Dalphino vel Domina Dalphina seu Domino Fuccigniaci, à quibus causam habet idem Dominus Amblardus, & etiam cum homagio, juridictione dicti Anthonii Garnerii que omnia sub homagio predicto teneat à dicto Domino Amblardo ejus patruo. Item etiam tenere & recognoscere debeat idem Dominus Franciscus à dicto Demino Amblardo & sub homagio predicto & descendentibus ab eodem qui Dominus fuerit dicti Castri Bellimontis & de cognomine Bellimontis merum mixtum imperium, juridictionem & omnia alia que habet, tenet & possidet in mandamento Bellimontis & in Patrochia Thoveti & Sancti Michaelis & que tenebantur & reperirentur teneri à dictis Dominis Dalphino vel Dalphine seu Domino Fuccigniaci à quibus causam habet dictus Dominus Amblardus. Item fuit actum... quod homines dictorum Dominorum Amblardi & Francisci partium predictarum contrahere possint in eorum bonis mulieribus & in eorum hospiciis, scilicet homines dicti Domini Amblardi cum bonis mulieribus dicti Domini Francisci, & in eorum hospitiis, hoc acto, & in pactum expressè deducto quod quicumque de hominibus dicti Domini Amblardi contrahentes cum bonis mulieribus dicti Domini Francisci, & in hospicio dictarum mulierum dare & solvere teneantur eidem Domino Francisco pro sufferta homagii, unum quartale frumenti census singulis annis quousque fuerint liberi masculi ex dicto matrimonio legitimè procreati, hoc acto quod extantibus liberis masculis ex dicto matrimonio legitimè procreati, quod secundus nasciturus, sit homo dicti Domini Francisci, & omnes alii liberi masculi nascituri, sint homines dicti Domini Amblardi. Et sic cum fuerint plures liberi masculi semper unus sit & remaneat dicto Domino Francisco, & ulterius ad solutionem dicti quartalis frumenti minimè teneatur : si vero non extaret nisi unus liber masculus, quod ille sit homo dicti Domini Amblardi, & semper solvere teneatur dictum quartale frumenti dicto Domino Francisco... & aute minimè possit neque valeat in domo dicte mulieris dicti Domini Francisci matrimonium contrahere cum aliqua ex dictis bonis suis mulieribus nisi de ipsius Domini Francisci procederet voluntate... & pari forma etiam homines dicti Domini Francisci contrahere possint cum bonis mulieribus dicti Domini Amblardi & in eorum hospitiis, acto quod homines predicti sic contrahentes dare & solvere teneantur eidem Domino Amblardo pro sufferta homagii unum quartale frumenti censui singulis annis, donec plures fuerint liberi masculi ex dicto matrimonio legitimè procreati : quo casu secundus nasciturus sit homo dicti Domini Amblardi, & omnes alii dicti Domini Francisci ; ita quod semper unum habeat idem Dominus Amblardus de liberis predictis, & ulterius ad solutionem dicti quartalis frumenti minimè teneatur, dum tamen plures extarent liberi masculi ex quibus unum habeat dictus Dominus Amblardus, & casu quod plures non extarent nisi unum semper ad solutionem dicti quartalis frumenti teneatur ad cujusquidem quartalis frumenti solutionem se obligare teneatur & debeat, ille contrahens ante quam in hospitio mulieris dicti Domini Amblardi contrahat, nisi de ipsius Domini Amblardi procederet voluntate. Item fuit actum.... quod altera dictorum Dominorum Amblardi & Francisci partium predictarum non possit... acquirere juridictionem vel homagium in aliquam personam extraneam vel privatam in qua alter eorumdem primo homagium habuerit vel usufuerit juridictione predicta ; sed illi qui prius homagium acquisierit vel jurisdictione usufuerit, sit & remaneat nunc & semper. Item fuit actum... quod quelibet dictarum partium juridictionem & merum mixtum imperium habere, uti & exercere teneatur & debeat in hominibus & bonis mulieribus, feudis & retrofeudis suis, sicut hactenus habere & exercere consueverunt, salva semper dicto Domino Amblardo & excepta superioritate & jure superioritatis juridictione predicta. Item fuit actum... quod si aliqua partium predictarum haberet aliqua instrumenta, litteras vel documenta de quibus altera pars copiam indigeret habere, quod illa tradant partes predicte... specialiter quamdam litteram per illustrem Principem beate memorie Dominum Johannem Dalphinum concessam predecessoribus dictorum Dominorum Amblardi & Francisci, super juridictione quam habet ex antiquo in Patrochia Thoveti, cum confirmatione facta per Dominum Fucigniaci, que habet idem Dominus Franciscus, ut inde dicte partes fieri facere possint vidimus ex eisdem, coram Judice competenti... Item fuit actum, transactum & concordatum inter partes predictas Dominos Amblardum & Franciscum, quod alter dictorum Dominorum.... non possit.... homagium & recognitionem per alterum alteri prestitam & factam.. transferre. vel.. alienare.. in alteram personam extraneam, nisi in descendentibus ex eisdem partibus masculis & de eorum cognomine Bellimontis etiam de Castro predicto Bellimontis & de domo forti de Frayta, cum juribus, pertinentiis, censibus, servitiis, homagiis, juridictione & aliis appendentiis quibuscumque eorumdem, scilicet dictus Dominus Franciscus, de homagio dicti Domini Amblardi ejus patrui, & septem libris census, quas sub dicto homagio tenet idem Dominus Amblardus ab eodem Domino Francisco, nisi in illo qui fuerit Dominus Frayte, descendens à dicto Domino

I ij

FRANCISCO masculus vel ejus posteritati masculine & de cognomine BELLIMONTIS ; & vice versa, dictus Dominus AMBLARDUS, de homagio dicti Domini FRANCISCI ejus nepotis & his que sub homagio tenet idem Dominus FRANCISCUS a dicto Domino AMBLARDO ut superius sunt expressate, nisi in illo qui Dominus fuerit BELLIMONTIS, descendens masculus a dicto Domino AMBLARDO & ejus posteritati masculine & de cognomine BELLIMONTIS. Item fuit actum ... quod si contingeret, quod absit, alterum dictorum Dominorum AMBLARDI & FRANCISCI decedere sine posteritate masculina, vel modo simili eorum posteritatem masculinam decedere sine masculina posteritate, & sic successivè nullis restantibus masculis uno vel pluribus & de cognomine ipsorum BELLIMONTIS, quod alter supervivens Dominorum predictorum & ejus posteritas masculinà que supervixerit alteri, alteri sic descendenti succedere debeat pleno jure absque dominatione aliquali, & dictus Dominus AMBLARDUS & ejus posteritas masculina predicta si supervixerit dictum Dominum FRANCISCUM & ejus posteritatem masculinam in domo de Frayta predicta cum suis juribus, redditibus, juridictione, hominibus, feudis, retrofeudis & quibuscumque suis pertinentiis & appenditiis ; & è converso dictus Dominus FRANCISCUS & ejus posteritas masculina si dictum Dominum AMBLARDUM & ejus posteritatem masculinam decedere contigerit, quod absit, absque masculinâ posteritate ut supradictum est, succedere debeat in dicto Castro BELLIMONTIS cum suis juribus, pertinentiis, juridictione, redditibus, hominibus, feudis, retrofeudis & appendentiis quibuscumqae; ita tamen quod nunquam nulla separatio neque distractio, obligatio vel alienatio fieri possit de dictis Casto BELLIMONTIS & domo predicta de Frayta, cum eorum juribus, juridictione & appendentiis predictis, quin semper remaneant simul annexe & in familia & posteritate masculina dictorum Dominorum AMBLARDI & FRANCISCI & superviventi eorumdem ; hoc acto & expressè in pactum deducto quod si extarent filie ab altero dictorum Dominorum AMBLARDI & FRANCISCI seu eorum posteritatis masculine & ex legitimo matrimonio procreate quod maritentur pecunialiter per eorumdem vel alterius ipsorum liberos masculos superviventes secundum eorum statum, facultatem & possibilitatem ydoneè & competenter, & etiam legata, clamores & sepulture primo decedentium alter superviveus Dominus locorum predictorum solvere, cedare & supportare teneatur. Non intendentes dicti Domini AMBLARDUS & FRANCISCUS partes predicte quod nunquam nullo tempore nulla mulier descendens ab eisdem vel altero ipsorum seu eorum posteritatis neque altera persona quecumque in predictis Castro DE BELLOMONTE & domo de Frayta cum eorum juribus predictis succedere possit neque valeat aliqua de causa nisi fuerit masculus descendens ab eisdem & eorum posteritatis & de cognomine BELLIMONTIS ut supra dictum est. Deinde dicti Domini AMBLARDUS & FRANCISCUS DE BELLOMONTE premissis omnibus consideratis & attentis per se & suos heredes & successores in bonis feudalibus antedictis scientes & spontanei ut dicebant, alter ad instantiam alterius confessus fuit publice & recognovit, scilicet dictus Dominus FRANCISCUS ad instantiam & requisitionem dicti Domini AMBLARDI ejus patrui presentis, instantis, stipulantis & sollemniter recipientis pro se, heredibus suis masculis descendentibus ab eodem, & qui Dominus fuerit BELLIMONTIS predicti, se idem Dominus FRANCISCUS tenere ... & se & suos heredes masculos descendentes ab eodem qui fuerit Dominus Frayte & se tenere constituit in feudum francum à dicto Domino AMBLARDO & descendentibus ab eodem qui Dominus fuerit BELLIMONTIS & de cognomine BELLIMONTIS & de dominio & seignoriis ejusdem, videlicet domum suam fortem ipsius Domini Francisci de Frayta cum ejus fondo, edificio & pertinentiis, & cum dictis decem libris redditualibus ... unà cum omnibus aliis censibus, rebus & bonis que idem Dominus FRANCISCUS tenet & que quondam fuerunt dictorum FRANCISCI, JOHANNIS, GUILLELMI & AMEDEI DE BELLOMONTE que tenebantur & secundum quod teneri reperirentur à Dominis Dalphino vel Dalphine seu Domino Fucigniaci ... Item confitetur tenere idem Dominus FRANCISCUS ut supra à dicto Domino AMBLARDO & descendentibus ab eodem seu ejus posteritatis masculine qui Dominus fuerit dicti Castri BELLIMONTIS & de eorum cognomine BELLIMONTIS, videlicet merum mixtum imperium, juridictionem & omnia alia que idem Dominus FRANCISCUS habet, tenet & possidet in mandamento predicto BELLIMONTIS & in Parrochiis Thoveti & Sancti Michaelis ... Item & ultra predicta confitetur ut supra tenere idem Dominus FRANCISCUS homagium & juridictionem dicti Anthonii Garnerii à dicto Domino AMBLARDO & descendentibus ab eodem ut supra, & pro predictis se tenere confessus fuit idem Dominus FRANCISCUS eidem Domino AMBLARDO & descendentibus ab eodem ut supra, ad homagium ligium & fidelitatis sacramentum, salvo & excepto homagio ligio Domini Comitis Gebennensis. Quodquidem homagium ligium pro predictis, dictus Dominus FRANCISCUS pro se & suos heredes & descendentibus ab eodem ut supra fecit & prestitit dicto Domino AMBLARDO ejus patruo presenti & recipienti pro se, heredibus suis descendentibus ab eodem ut supra, tenendo manus suas junctas & complosas inter manus dicti Domini AMBLARDI more nobilium, & horis osculo interveniente inter eos in signum fidelitatis perpetui fidei & amoris ; & vice versa, ad instantiam & requisitionem dicti Domini FRANCISCI ... recipientis pro se & suos heredes & descendentes ab eodem masculos & ejus posteritatis masculine qui Dominus fuerit Frayte & de cognomine BELLIMONTIS, dictus Dominus AMBLARDUS ejus patruus pro se & descendentes ab eodem ut supra qui Dominus fuerit BELLIMONTIS, confessus fuit se tenere ... ut supra in feodum francum, nobile & antiquum à dicto Domino FRANCISCO & descendentibus ab eodem, ut supra masculis qui Dominus fuerit dicti loci Frayte & de eorum cognomine BELLIMONTIS, videlicet septem libras census aliàs per dictum Dominum AMBLARDUM Domino ARTHAUDO ejus fratre, patre Domini FRANCISCI recognitas ... & pro predictis se tenere confessus fuit idem Dominus AMBLARDUS nomine quo

DE LA MAISON DE BEAUMONT. Liv. III.

supra, eidem Domino Francisco.... ad homagium & fidelitatis sacramentum. Quodquidem homagium pro predictis, fecit & prestitit dictus Dominus Amblardus... eidem Domino Francisco ejus nepoti... tenendo manus suas junctas & complosas inter manus dicti Domini Francisci more nobilium & oris osculo interveniente ut supra; promittentes dictæ partes sibi ad invicem ut unus alteri tactis per eos Evvangeliis sacrosanctis, quod alter alteri & suis heredibus & descendentibus ab eisdem ut supra in feudis predictis ut supra, erit perpetuo bonus & fidelis vassallus Domino suo & pro eis faciet, servabit, complebit & attendet ea omnia & singula que bonus & fidelis vassallus Domino suo & pro eo facere tenetur & debet, & quod in sex capitulis que sunt; incolume, tutum, honestum, utile, facile & possibile & in aliis quibuscumque de forma fidelitatis nova & veteri & eorum declarationibus continentur... Quibus sic actis & in predictis dum sic agerentur astantibus & presentibus Domino Aymaro, Milite & Amblardo, Domicello ejus fratre, filiis dicti Domini Amblardi de expresso mandato dicti Domini Amblardi, eorum patris sibi precipientis, volentis & jubentis, dictus siquidem Dominus Aymarus volens mandatis dicti Amblardi ejus patris obedire, licet spontanea voluntate non motus esset ad predicta tamen nollens dictum Dominum ejus patrem irasci cum sua non intersit, ymo potius volens sibi complacere & ejus mandatis obedire & ob reverentia dicti Domini ejus patris : & dictus Dominus Amblardus, sponte & liberaliter motus ad infrascripta predicta omnia universa & singula supra & infrascripta & in hoc presenti instrumento publico contenta laudaverunt, approbaverunt & ratifficaverunt in quantum ipsos & quemlibet ipsorum tangit. Premissa autem omnia universa & singula convenerunt dicti Domini Amblardus & Franciscus partes predictæ, & dicti Domini Aymarus & Amblardus ejus frater quibus supra nominibus ac promiserunt & juraverunt corporaliter scripturis manibus tactis sibi ad invicem altera pars alteri ; & è contra mutuis & sollempnibus stipulationibus intervenientibus hinc inde & quillibet ipsorum rata, grata, firma & illibata habere perpetuo & tenere ac attendere complere, nunquam contra ea aut eorum aliqua dicere, facere vel venire per se, alium seu alios clam vel palam tacite vel expresse in judicio vel extra nec alicui contradicere vel venire volenti aliqualiter consentire in aliquo, neque dare, prebere vel prestare auxilium, consilium, favorem, juvamen quovismodo, & hoc sub obligatione omnium bonorum ipsarum partium & cujuslibet earumdem mobilium & immobilium, presentium & futurorum quorumcumque; renunciantes dictæ partes gratis & spontanee & quelibet ipsarum in hoc facto etiam virtute dicti eorum prestiti juramenti & per pactum expressum omni exceptioni, vis, doli, mali, metus & in factum, actioni, conditioni in debitis sine causa vel ex injusta causa exceptioni omnium universorum & singulorum predictorum non sic, non rite & non bene & legitime factorum, omnique juri canonico & civili, scripto & non scripto, privilegiis, statutis & consuetudinariis quibus vel eorum altera contra premissa vel eorum aliqua, dicere, facere vel venire possent, aut in aliquo se tueri, & demum juri dicenti generalem renuntiationem non valere nisi precesserit specialis. Et fuit actum inter partes predictas quod de predictis fiant plura publica instrumenta & tot quot habere voluerint dictæ partes unius ejusdemque tenoris per nos Johannem Chastagnii aliàs Rogerii, & Guillelmum Mirallii, Notarios publicos, scilicet per me dictum Johannem, Notarium publicum infrascriptum ad opus dicti Domini Amblardi unum vel plura que sibi facere petiit idem Dominus Amblardus, & aliud aut plura per dictum Guillelmum Mirallii ad opus dicti Domini Francisci que sibi facere requisivit dictus Dominus Franciscus dictanda, corrigenda & emendanda aut de novo reficienda semel vel pluries, in judicio producta vel non producta etiam si opportunum fuerit ad consilium & dictamen unius vel plurimorum peritorum, facti tamen substantia non mutata. Actum in Castro Bellimontis, scilicet in Camera inferiori dicti Domini Amblardi, presentibus nobilibus Arthaudo Boneti, Gonono de Crollis, Domino Petro de Lincastro, Lingonensis Diecesis Capellano & Johanne Perriondi, de Thoveto Notario, testibus vocatis & rogatis ad premissa. Ego vero Johannes Chastagnii aliàs Rogerii, de Crollis Gratianopolitanensis Diecesis, auctoritate imperiali Notarius publicus, premissis omnibus una mecum Guillelmo Mirallii Notario publico, cum dictis testibus interfui hoc inde publicum instrumentum rogatus & requisitus per dictum Dominum Amblardum recepi & notavi una cum dicto Guillelmo, Connotario etiam qui requisitus per dictum Dominum Franciscum confimile recipere instrumentum & in hanc publicam formam aliis occupatus negotiis scribi & redigi feci per Franciscum Guillermerii, Notarium ad hoc per me electum auctoritate judiciaria mihi in hac parte concessa in duabus pellis seu peciis pergameni simul filo scanapi sutis & junctis ad opus dicti Domini Francisci requisitus per eumdem, & facta diligenti collatione cum meo protocollo reperta vera concordantia, hic manu propria me subscripsi & signavi.

70 PREUVES DE L'HISTOIRE GÉNÉALOGIQUE

Reconnoissance donnée par FRANÇOIS DE BEAUMONT, *Chevalier, fils d'*ARTAUD (IV), *aussi Chevalier, de ce qu'il tient en fief de Pierre Comte de Geneve.*

Extrait du registre cotté : Reconnoissances des Nobles, de Theys, la Pierre & Domene, de l'année 1378, fol. LXIIII, *étant aux Archives de la Chambre des Comptes de Dauphiné; délivré signé & légalisé comme celui du 27 Septembre 1321, rapporté au Chapitre précédent.*

18 Juin 1377. IN nomine Domini amen. Anno à nativitate ejusdem Domini millesimo tercentesimo septuagesimo septimo, Inditione quindecimâ cum eodem anno sumptâ, die octavâ mensis Junii ... per hujus presentis publici instrumenti seriem cunctis .... veritas plenarie illuscescat ; quod in presentia Johannis Vicentii, de Tussello, Notarii dati pro Curiâ ab illustri Principe Domino Petro Comite Gebennensi, ad audiendum & recipiendum confessiones & recognitiones homagiorum suorum, servitiorum & tributorum eidem Domino Comiti in terrâ suâ Gressivodani debitorum & per virum nobilem Dominum FRANCISCUM DE BELLOMONTE, Militem, filium viri nobilis Domini ARTHAUDI DE BELLOMONTE, Militis condam, legitimè & expressè approbati ; ipse idem Dominus FRANCISCUS ... in mei Guillermi Fabri publici Notarii , more persone publice , stipulantis & recipientis, vice .. predicti Domini Comitis... confitetur in judicio publicè & manifestè recognoscit, se tenere ... a dicto Domino Comite ea que secuntur, ac homagia ... inferius descripta , ac se debere, debere velle, solvere que teneri ipsi Domino Comiti & suis censui , placitaque infra declarata ... & primo confitetur dictus Dominus FRANCISCUS se tenere in feudum a dicto Domino Comite ea que condam fuerunt Francisci Bigoti ... Item confitetur se tenere ad manum suam Miles memoratus quandam insulam nemoris Verneti, sitam in insulis Petre, loco dicto in insula Buriaon ; ex una parte , possident heredes Guillermi Bigoti , Johannes Heustachii possidet ex altera.... Item confitetur dictus Dominus FRANCISCUS ... se tenere in feudum a dicto Domino Comite medietatem cujusdam sue domus pro indiviso site apud Petram, videlicet partem superiorem a parte Castri dicti loci Petre, juxta domum ipsius confitentis ab inferiori parte... Item magis confitetur dictus Dominus FRANCISCUS, ut supra, se tenere in feudum a dicto Domino Comite homagia & fidelitates in quibus dicto Militi tenentur homines sui ipsius Militis taillabiles infrascripti, videlicet : Stephanus Fortis dictus Calaybri , Jaquinus Fortis dictus Jaqueras, Johannes & Anthonius Fortis filii Jacobi Fortis dicti Babuyn condam, Hugo Fortis alias Follus, Johannes & Petrus Fortis ejus filii, Anthonius filius Stephani Fortis dicti Branchi condam ... Item confiteur memoratus Dominus FRANCISCUS se tenere in emphiteusim a predicto Domino Comite quoddam nemus vocatum Aya, situm subtus Castrum Petre, inter fossalia Petre, & viam quâ itur à Domenâ versus Goncelinum ... Item plus confitetur dictus Dominus FRANCISCUS DE BELLOMONTE, se tenere ... in feudum à Domino Comiti supradicto domum suam fortem cum fossalibus & omnibus edificiis infra dictam domum existentibus... sitam loco dicto apud montem Adreyt & apud molarium Cusin ... Item confitetur idem Dominus FRANCISCUS se tenere ut supra in feudum a Domino Comite supradicto homines suos infrascriptos & homagia & fidelitates in quibus dicto Domino FRANCISCO tenentur dicti sui homines infra descripti , scilicet : Anthonium Farnerii alias Frayno, Quintinum Poncea, Martinum Quarterii , Termonum Quarterii , Guillermum de Viridario, Petrum Grossi, Guillermum Pasqualis, Johannem Quarterii , Guillermum Quarterii, Pasqualonum & Petrum Pasqualis fratres, Petrum Pasqualis ipsorum nepotem , Drevonum & Martinum Baro fratres, Anthonium Baro eorum nepotem, Drevonum Quarterii, Nantermum Pochies, Petrum Pochies alias Penot, Petrum Jay alias Jordaon , Jordanerum , Petrum & Johannem filios Petri Guichardi condam , Petrum Quarterii , Gonetum & Johannem Pochessii fratres , Gonetum Michaelem & Johannem Jay fratres, Johannem Jay, Petrum Guichardi filium Perreri Guichardi, Petrum Guichardi filium Michaelis Guichardi, Petrum Amalberti , Guillermum Avalonis, Goninum , Johannem & Guillermum Guichardi fratres, Johannetum Avalonis, Gonetum & Petrum Avalonis filios Nantermi Avalonis condam, Guillermum Avalonis filium Gonini Avalonis , Gonetum & Petrum Grimaudi fratres, Petrum Revolli, Michaelem filium Michaelis Grossi alias Polon. Item Petrum Brayelli ; item Petrum & Gonetum Castaygnii fratres, item Johannem Amalberti , alias Fellon , item liberos Johannis Chamosseti ... Item de donis factis per antecessores Domini, confitetur se tenere in feudum a dicto Domino Comite quatuordecim quartas frumenti & septem solidos bone monete census quas debent predicto Domino FRANCISCO, Johannes , Termerus, Stephanus Barbati & eorum nepotes, &c.... Item undecim solidos censûs quos debet predicto Militi, Franciscus de Theysio dicti Rosset condam, Domicellus ... Item quicquid tenet ... de rebus & bonis que quondam fuerunt Domini ARTHAUDI DE BELLOMONTE, Militis, felisse recordationis Domino Aymoni Comitis Gebenensi datis, & post modum per ipsum Dominum Aymonem in feudum concessis , & in beneficium feudi... Item confitetur se tenere ut supra, dictus Dominus FRANCISCUS, in feudum à dicto Domino Comite, Molare de Brisiorta sito in mandamento BELLIMONTIS, & pro premissis confitetur dictus Dominus FRANCISCUS pro se & suis heredibus... hominem ligium dicti Domini Comitis... nullo alio Domino preferre debenti : nec est pretermittendum quod inter , bone memorie, Dominum Aymonem Geben Comitem &

DE LA MAISON DE BEAUMONT. LIV. III.

Dominum ARTHAUDUM DE BELLOMONTE, proavum dicti confitentis fuit actum & conventum quemadmodum defcribitur in quâdam litterâ, Sigillo dicti Domini Comitis figillatâ, apud Petram datâ in vigiliâ beatæ Mariæ Magdalenæ, anno currenti M°. CC°. LXXIII°. Inditione feptima, & deinde in aliis publicis inftrumentis confirmatur quod dictus Dominus Comes, nec fui heredes homagium, feu fidelitatem dicti Domini ARTHAUDI, proavi fui, nec fuorum alienare nullatenus poffit... Item confitetur idem Dominus FRANCISCUS fe tenere in emphiteofim a dicto Domino Comite rippagium & difcurfum aque rivi de Adeftris, a lacu Frogetarum ufque ad flumen Yzere, & quinque molendina in tribus tectis exiftentia in dicto rippagio.... Promittens, &c.... Acta & lecta fuerunt predicta Domene, infra domum Guillelmi Anthonii, inferioris Burgi Domene, prefentibus nobilibus Alberto de Monteforti, Guillelmo de Chalanderia, Aymone de Luyfino, Johanne Silveftri, de Baralibus, Johanne Broteti, de Quinciaco, teftibus vocatis & rogatis ad premiffa; & me Guillelmo Fabri, Notario; levatum eft pro dicto Domino FRANCISCO.

Confirmation faite par FRANÇOIS DE BEAUMONT, Seigneur de la Freyte, de Pelafol, de Barbiere, &c. & par AMBLARD (II) DE BEAUMONT, Seigneur DE BEAUMONT & de Montfort, fon coufin germain, du pacte de famille conclu entre le même FRANÇOIS & AMBLARD (Ier) DE BEAUMONT; par laquelle, outre leurs Châteaux DE BEAUMONT & de la Freyte, ils fe fubftituent encore à l'infini, à l'exclufion des filles, leurs Châteaux de Montfort, de Pelafol, &c. & fe rendent réciproquement hommage.

Protocolle original de Jean Chaftagnii, Notaire de Crolles, confervé dans les Archives de M. le Comte de Beaumont-de la Roque, au Château du Repaire, en Périgord.

IN nomine Domini amen. Anno Nativitatis ejufdem M°. CCC°. LXXXIII°. Indictione VI, die 10 Juillet 1383. decima menfis Jullii, coram nobis Notariis & teftibus infrafcriptis: noverint univerfi & finguli hoc prefens publicum inftrumentum infpecturi quod cum dudum viri nobiles & potentes Domini AMBLARDUS DE BELLOMONTE, dicti loci BELLIMONTIS Dominus quondam, & FRANCISCUS DE BELLOMONTE, Dominus Frayte in Grayfivaudano, & Pelafolli in Valentin ejus nepos inter fe ad invicem per fe & fuos heredes & fucceffores defcendentes ex eifdem mafculis, & de eorum cognomine BELLIMONTIS, quamplures conventiones & pactiones fecerint, & fpecialiter & inter alia quod alter dictorum Dominorum AMBLARDI & FRANCISCI non poffit neque valeat homagium in quo alter alteri tenetur, neque res aliquas quas unus ab altero, fub homagio predicto tenet, etiam Caftrum BELLIMONTIS predictum & domum fortem de Frayta cum eorum juribus... homagiis, juridictione, feudis, retrofeudis... in toto vel in parte transferre feu transportare, vel aliqualiter alienare... in alteram perfonam extraneam, nifi in defcendentibus ex eifdem mafculis & de eorum cognomine BELLIMONTIS; fcilicet dictus Dominus FRANCISCUS de predictis domo de Frayta cum fuis pertinentiis & decem libris reddituabilis quas à dicto Domino AMBLARDO tenebat, etiam cum omnibus aliis que fub homagio ab eodem Domino tenebat: & è converfo, dictus Dominus AMBLARDUS de dicto Caftro BELLIMONTIS & de hiis omnibus que fub homagio à dicto Domino FRANCISCO tenebat & tenere reperiretur, una cum feptem libris cenfualibus, juribus, pertinentiis, redditibus dicti Caftri BELLIMONTIS, feudis, retrofeudis & aliis quibufcumque dicti Caftri BELLIMONTIS; ita quod fi contingeret alterum dictorum Domini AMBLARDI & FRANCISCI decedere fine pofteritate mafculina vel modo fimili eorum pofteritatem mafculinam decedere fine pofteritate mafculina & fic fucceffive, nullis reftantibus liberis mafculis de cognomine ipforum BELLIMONTIS, quod alter fuperveniens Dominorum predictorum & ejus pofteritas mafculina que fupervixerit alteri fic decedenti, fuccederere debeat pleno jure prout predicta & multa alia continentur in publicis inftrumentis factis & receptis per me Johannem Chatagnii alias Rogerii & Guillelmum Mirayellii Notarium... dum fic agebantur nobilis AMBLARDUS filius dicti Domini AMBLARDI Domini BELLIMONTIS quondam approbavit, laudavit & ratificavit quatinus ipfum pro tunc tangebat: hinc eft quod dicti Domini FRANCISCUS & jam dictus AMBLARDUS, tanquam heres & bonorum poffeffor dicti Domini AMBLARDI ejus patris... perfiftentes in hiis omnibus & fingulis que inter dictos Dominum AMBLARDUM & FRANCISCUM acta premiffa & conventa fuerunt... omnia univerfa & fingula in dictis inftrumentis contenta, certificati de eifdem per lecturam eorumdem publicorum inftrumentorum laudaverunt, approbaverunt & ratificaverunt... unierunt fcilicet dictus Dominus FRANCISCUS Caftra fua Pelafolli, Barberie, cum eorum mandamentis & mandamentis *Fiufayfiarum*, Sancti Mamani & de Ruyffiaco in Valentinefio, cum redditibus fuis, juridictione, homagiis nobilium & innobilium, feudis, retrofeudis... & dictus AMBLARDUS Caftrum Montisfortis cum redditibus, juridictione, homagiis nobilium & innobilium, territoriis, feudis & retrofeudis... ita quod nunquam nulla feparatio nec diftractio, obligatio vel alienatio fieri poffit per dictos Dominum FRANCISCUM & AMBLARDUM vel alterum eorumdem, feu eorum liberos & heredes quovis titulo de dictis Caftris BELLIMONTIS & Monisfortis & de domo predicta de Frayta, etiam de Caftris Pelafolli & Barberie & eorum mandamentorum, videlicet *Fiu*fayfiarum, Sancti Mama*ti* & de Ru*ffi*aco cum eorum juribus, pertinentiis eorumdem, nisi de ipsorum adinvicem procedente voluntate, qui semper remaneant simul annexa & in familia & posteritate masculina dictorum Domini FRANCISCI & AMBLARDI & descendentium ab eisdem & superviventium eorumdem : & si starent filie ab eisdem vel ab altero eorumdem Domini FRANCISCI & AMBLARDI vel ab eisdem descendentibus masculis ex legitimo matrimonio... pecuniali condecenter & juxta eorum potestatem legare valeant; volentes dicti Dominus FRANCISCUS & AMBLARDUS in omnibus & per omnia infequi conditiones & omnes claufulas de dictis Castris Montisfortis, Pelafolli, Barberie & eorum mandamentis, videlicet *Fiu*fayfiarum, Sancti Mama*ti* & de Ruyffiaco, cum eorum meris & mixtis imperiis, feudis, retrofeudis... confessi fuerunt alter ad instantiam alterius, scilicet dictus AMBLARDUS ad instantiam dicti Domini FRANCISCI presentis & recipientis pro se & suis heredibus masculis ab eodem descendentibus qui Domini fuerint predicte domus Frayte, confessus fuit idem AMBLARDUS pro se & descendentibus ab eodem masculis, qui Dominus fuerit BELLIMONTIS se tenere & teneri velle, &c. in feudum francum, nobile & antiquum à dicto Domino FRANCISCO & descendentibus ab eodem masculis ut supra, & qui Dominus fuerit dicti loci Frayte & de cognomine BELLIMONTIS, videlicem septem libris censuales quas declarare & particulare teneatur... & pro predictis se teneri ad homagium & fidelitatis facramentum. Quod homagium pro predictis idem AMBLARDUS idem Domino FRANCISCO prestitit atque fecit, &c. (*) Promittens, &c. & è converso ad instantiam dicti AMBLARDI DE BELLOMONTE, stipulantis & recipientis pro se & suis heredibus masculis qui Dominus fuerit BELLIMONTIS, confessus fuit, &c. dictus Dominus FRAMCISCUS DE BELLOMONTE se teneri, &c. sua mera & spontanea voluntate, &c. pro se & liberis suis masculis qui Dominus fuerit Frayte, in feudum francum, nobile & antiquum à dicto AMBLARDO & descendentibus ab eodem qui Dominus fuerit BELLIMONTIS & de cognomine BELLIMONTIS & de dominio, &c. videlicet domum de Frayta cum ejus fondo, edifficio, &c. & cum decem libris reddituabilus & aliis censibus & pro predictis se teneri ad homagium ligium & fidelitatis facramentum, falvis fidelitate & homagio ligio Domini Comitis Gebenn. Quodquidem homagium ligium predictum, dictus Dominus FRANCISCUS eidem AMBLARDO prestitit atque fecit, &c. promittentes dicte partes sibi ad invicem, &c.... Acta fuerunt hec Frayte in magna Camera dicti loci, presentibus Domino Sanctono Chaviardi, Capellano Ayarum, nobilibus Anthonio de Crollis, Meynoneto Morardi, Jaquemono Jordani, de Goncelino, Jacobo Lamberti, de Crollis, Johannes de Paffu, de Lubrio, Notario & nobis Johanne Chatagnii alias Rogier de Crollis, & me Johanne Silvestri, de Baralibus Notar. Ego vero Johannes Chastagnii alias Rogerii de Crollis Gratianopol. Dioceses auctoritate Imperiali, Notarius, &c.

(*) Tous ces &c. font dans l'original.

Transaction passée entre PIERRE DE ROUSSILLON, *Chevalier, &* CATHERINE DE BEAUMONT, *son épouse, veuve d'*HUMBERT DE LORAS, *aussi Chevalier; &* FRANÇOIS DE BEAUMONT, *Chevalier, Seigneur de la Freyte & de Pelafol, leur frere & beaufrere.*

Copie en papier, non signée ; mais de l'écriture du temps, conservée dans les Archives de M. le Marquis d'Autichamp, au Château d'Autichamp.

6 Septembre 1384.

IN nomine Domini Amen. Anno nativitatis ejusdem Domini millesimo tercentesimo octuagesimo quarto, Ind^e septima cum eodem anno fumpta & die sexta mensis Sedtempbris coram nobis Notariis publicis.... cum questio ... verteretur... inter Dominum PETRUM DE ROSSILLIONE Militem petentem nomine suo & Domine CATARINE DE BELLOMONTE ejus uxoris ex una parte & potentem virum Dominum FRANCISCUM DE BELLOMONTE Dominum Frayte & Peyllafollu Militem fratrem dicte Domine CATARINE deffendentem ex parte altera, super eo quod dictus Dominus PETRUS DE ROSSILLIONE... petebat eidem... restitui per prelibatum Dominum FRANCISCUM quandam domum fortem vocatam Anthollieys cum... censibus..., tributis, homagiis, & fidelitatibus dicte domui spectantibus &... mille & quingentos florenos auri... dotis... constitute in contractu matrimonii ipsius Domine CATARINE & Domini HUMBERTI DE LORASIO Militis ejus viri condam ... Domino FRANCISCO DE BELLOMONTE ... dicente... se ad predicta minime teneri ... quia dictam domum fortem... acquisivit a dicta Domina CATARINA ejus forore... instrumento... signato manu *mis* Johannis Broutini Notarii... Anno nativitatis Domini M°. tercentesimo octuagesimo quarto... die XXII mensis Febroarii... Tandem ... dicte partes... compromissum fecerunt alte & basse in viros nobiles & potentes viros Dominos Guichardum de Grolea & Guidonem de Grolea presentes.... quibus omnibus & singulis fic actis dicti amici arbitrii ... pronunciaverunt... quod dictus Dominus FRANCISCUS DE BELLOMONTE reddat... dictam domum de Anthollieys... & quod dictus PETRUS DE ROSSILLIONE... debeat... liberari facere per dictam Dominam CATARINAM ejus uxorem ... memoratum Dominum FRANCISCUM DE BELLOMONTE de dictis mille & quingentis florenis auri dicte dotis... quos asserit... solvisse prelibato Domino HUMBERTO DE LORASIO ejus Domine CATARINE viro condam &... indempnem servare erga Johannem de Montefaucon... nomine hereditario dicti Domini HUMBERTI
DE

DE LA MAISON DE BEAUMONT. Liv. III.

DE LORASIO.... Item dixerunt... quod omnes donationes... facte... dicto Domino FRANCISCO per dictam Dominam CATARINAM ejus fororem... inftrumentis receptis manu Johannis Silveftri Notarii... fint caffa... nullam que obtineant firmitatem..... Quamquidem pronunciationem... dicte partes... ratifficaverunt &... Guill͞us de Roffillione frater dicti Domini Petri de Roffillione... fidejuffor.... promifit... premiffa..'. complere..... & fuit actum quod de premiffis omnibus fiant... inftrumenta videlicet unum per Johannem de Saletis ad opus dictorum conjugum aliud vero per me Johannem Brouftini ad opus prefati Domini FRANCISCI...... Actum... apud Crimiacum... prefentibus Dominis, Guichardo de Poypia, Amedeo de Montedragone Militibus, viris nobilibus & Religiofis fratre Johanne de Palanifo, Helemofinario Sancti Theodorii, Amedeo de Palanifo fratre fuo, Joffre de Marcho, Johanne Peftorelli Domicello, Johanne Mufi alias Dormicayns, Hug͞ de Blandiffe Clerico, Johanne de Mura alias Meneft͞ teftibus ad premiffa vocatis & rogatis & nobis Johanne Broutini.

Reconnoiffance donnée à la Chartreufe de S. Hugon, de l'ordre de FRANÇOIS DE BEAUMONT, Chevalier, par le Prieur du Touvet, des biens donnés à ce Prieuré, par GUERS DE BEAUMONT, Chevalier.

Original en parchemin confervé dans les Archives de M. le Comte de Beaumont-de la Roque, au Château du Repaire, en Périgord.

ANNO Domini millefimo tercentefimo octuagefimo feptimo, Inditione decima, die fexta menfis Novembris per hoc publicum inftrumentum cunctis appareat.... quod ad inftantiam... mei Notarii infrafcripti ut more publice perfone folemnpriter ftipulantis... nomine religiofe domus Vallis Sancti Hugonis ordinis Carthufie & totius Conventus ejufdem... vir nobilis Dominus Hugo Morardi, Prior Prioratus Toveti... confitetur fe debere eidem Domui, non tanquam Prior, fed tanquam Laycus, de mandato recognofcendi eidem facto per Dominum FRANCISCUM DE BELLOMONTE, Militem... novem folidos, otto denarios... de helemofina annuali & perpetuâ... ex causâ... donationis facte per virum nobilem Dominum GUERSUM DE BELLOMONTE, Militem quondam.... Actum Toveti ante domum Petri Lamberti, ubi nobilis Johannes Berlionis, Francifcus Guillemerii, Notarius... pro teftibus vocati fuerunt & rogati; & ego Richardus de Furno, de Char͞ auctoritate Imperiali & Domini Comitis Sabaudie Notarius publicus, qui hanc cartam rogatus recepi.

6 Novembre 1387.

Au commencement de cet acte eft figurée la marque du Notaire.

Procuration paffée par dame CATHERINE DE BEAUMONT, veuve de PIERRE DE ROUSSILLON, Chevalier, à FRANÇOIS DE BEAUMONT, Chevalier, Seigneur de la Freyte, fon frere; à AMBLARD Seigneur DE BEAUMONT & autres.

Original en parchemin confervé aux Archives de la Terre des Adrets.

IN Dei nomine amen. Noverint univerfi... quod anno ab Incarnatione Domini millefimo tricentefimo octuagefimo nono & die decimâ octavâ menfis Junii, coram me Notario auctoritate Imperiali publico, Curieque majoris Vien͞ & terre Turris, & Domini Officialis Vien͞ jurato & teftibus infrafcriptis.... perfonaliter conftituta nobilis Domina CATHERINA DE BELLOMONTE relicta nobilis viri Domini PETRI DE ROSSILLIONE quondam Militis, fciens, prudens... fecit conftituit... fuos certos... procuratores, negotiorumque geftores & nuntios fpeciales & generales... videlicet nobiles & potentes viros, Dominum FRANCISCUM DE BELLOMONTE, Militem, Dominum de Freyttâ, AMBLARDUM DOMINUM BELLIMONTIS, Anthonium de Bellâ Combâ, Dominum Caftri Thoveti, Johannem Berlionis, Petrum de Grangiis & religiofum virum Dominum Hugonem Morardi, Priorem Prioratus Thoyeti, Domicell͞, nec non Petrum Clementis, Laurentium de Balone, Johannem Roffeti, Andr͞ Chambrer͞, Vincentium Ramberti, Michaelem Mathonis, Francifcum de Alamenro No͞r Vienne, Andr͞ Gutuherii, Jaquemetum Morelli, Francifcum Capeline, No͞r Sancti Marcellini, Petrum Rani, Johannem de Saletis, Matheum Bofonis, No͞r Crimiaci, Petrum Pereyferii, Laicum ejus miftralem, Francifcum Guillermerii, No͞r de Thoveto, Johannem Silveftri, No͞r de Barralibus, Johannem Rogerii, de Crolliis, Johannem Ran͞, Petrum de Erbeyfio, No͞r de Terraciâ, Johannem Pit & Johannem Brocherii No͞r Grationop͞, licet abfentes, tanquam prefentes & eorum quemlibet in folidum... in omnibus & fingulis caufis, litibus & negotiis ipfius nobilis Domine conftituentis... & fpecialiter prenominatis nobilibus, & potenti Domino FRANCISCO DE BELLOMONTE fratri ipfius nobilis Domine conftituentis, AMBLARDO DOMINO BELLIMONTIS, Anthonio de Bellâ Combâ, Johanni

18 Juin 1389.

K

Berlionis, Petro de Grangiis & dicto Domino Priori & eorum cuilibet in folidum dedit & conceffit dicta Domina....plenam... & liberam poteftatem... omnes & fingulos cenfus.... domos, caftra...ipfius nobilis Domine...pro ipfa & nomine ipfius...capiendi...diftrahendi adcenfandi, ad triennium & non ultra tradendi, arrendandi, miftrales, grangerios, agricolas, recuperatores, exactores feu arrendatores conftituendi...Acta fuerunt hec apud Anthollios in domo forti dicte Domine conftituentis...teftibus prefentibus ad predicta vocatis & rogatis, Michaele Bolliati, Peroneto Udini & Petro Biffonis, de Corbeyffiaco, & me Johanne Laveyfino, de Burgondio, Viennenfis Diocefis Notario... qui premiffis omnibus... prefens vocatus interfui, de ipfifque notam recepi, ex quâ notâ...hoc inftrumentum publicum extraxi, fcripfi & groffavi manu meâ propriâ & figno meo folito fignavi.

Vis-à-vis les dernieres lignes de cet acte est figuré le Monogramme du Notaire.

Quittance donnée à FRANÇOIS DE BEAUMONT, Seigneur de la Freyte & de Pelafol, de la dot de SEBELIE DE BEAUMONT, sa fille, épouse de Jean d'Alleman, Seigneur de Chechilliane.

Original en parchemin conservé aux Archives de la Terre des Adrets.

11 Mars 1391. IN nomine Domini amen. Anno a Nativitate ejufdem Domini milleimo tercentefimo nonagefimo primo, Indicione decimâ quartâ cum ipfo anno fumptâ & die undecimâ menfis Marcii coram me Notario publico... per hoc prefens publicum... inftrumentum... prefentibus & futuris fit... manifeftum quod ad inftanciam... & requificionem Nobilis viri & potentis Domini FRANCISCI DE BELLOMONTE Domini de Frayta & de Pelafollo.... & mei Francifci Guillermerii Notarii infrafcripti tanquam publice perfone ftipulantis nomine.... predicti Domini FRANCISCI DE BELLOMONTE & fuorum....Nobilis vir arque potens Dominus Johannes ALAMANDI, Dominus de Sechillina....confeffus fuit....recepiffe tam a dicto Domino FRANCISCO DE BELLOMONTE quam ab altera perfona nomine ejufdem Domini FRANCISCI.... in deminucionem fumme dotis dicto Domino Johanni Alamandi per dictum Dominum FRANCISCUM DE BELLOMONTE...conftitute... nomine nobilis Domine SEBILIE DE BELLOMONTE filie ejufdem Domini FRANCISCI & uxoris predicti Domini Johannis Alamandi tempore contractus matrimonii dictorum nobilium Domini JOHANNIS ALAMANDI & Domine SEBILIE DE BELLOMONTE conjugum, videlicet quatercentum & quindecim florenos auri.... Actum fuit hoc apud Fraytam in domo forti ipfius Domini FRANCISCI fupra gradus ante magnam cameram, prefentibus.... potenti viro Anthonio de Bellacomba Domino Caftri de Thoveto, Nobilibus Johanne de Poloniaco & Johanne Salvagii, & Petro Bonifacii Notario & me Francifco Guillermerii, de Thoveto, publico auctoritate imperiali Notario qui premiffis omnibus,... prefens fui... & requifitus hoc prefens publicum inftrumentum fideliter notavi & fic fcripfi... fignoque meo prefignavi.

Vis-à-vis les premieres lignes de cet acte est figuré le Monogramme du Notaire.

Nouvelle confirmation faite par FRANÇOIS DE BEAUMONT, Seigneur de la Freyte & de Pelafol; & par AMBLARD DE BEAUMONT, (IIIe du nom), fils d'AMBLARD (II), & petit-fils d'AMBLARD (Ier), du pacte de famille conclu entre le même FRANÇOIS & AMBLARD (Ier); en vertu duquel FRANÇOIS & AMBLARD (III) se rendent réciproquement hommage.

Protocolle original de Jean Chaftagnii, Notaire de Crolles, conservé dans les Archives de M. le Comte de Beaumont-de la Roque, au Château du Repaire, en Périgord.

27 Novembre 1399. IN nomine Domini noftri Jefu Chrifti, amen. Noverint univerfi...quod anno ejufdem Domini milleimo trecentefimo nonagefimo nono, Indictione feptima, die vicefima feptima menfis Novembris, in prefentia viri nobilis & potentis Domini FRANCISCI DE BELLOMONTE, Domini Frayte & Pelafolli conftitutus vir nobilis & potens AMBLARDUS filius quondam nobilis & potentis AMBLARDI filii & heredis viri magnifici & potentis Domini AMBLARDI DE BELLOMONTE, BELLIMONTIS & Montisfortis quondam Militis Domini ; necnon è converfo prefatus Dominus FRANCISCUS in prefentia dicti AMBLARDI conftitutus & coram nobis Notariis & teftibus infrafcriptis, vifis per ipfos & eorum quemlibet & diligenter infpectis tenoribus quorumdam inftrumentorum per me Johannem Chaftagni alias Rogerii, Notarium publicum infafcriptum receptorum & notatorum & ipforum prefentia exhibitorum & productorum, videlicet duorum : & primo unius conftituti & notati fub anno Nativitatis Domini M°. CCC°. LXXIII°. Indictione undecima, die

DE LA MAISON DE BEAUMONT. Liv. III.

decima quarta mensis Novembris continentis in effectu quandam transactionem factam inter prefatos Dominos AMBLARDUM, avum paternum dicti AMBLARDI DE BELLOMONTE, moderni Domini BELLOMONTIS & Montisfortis & FRANCISCUM DE BELLOMONTE ejusdem Domini AMBLARDI nepotem... alterius vero sub anno nativitatis Domini M°. CCC°. octuagesimo tertio, Indictione sexta, die decima mensis Julii, etiam in effectum continentis ratificationem, laudationem & approbationem factas inter prefatos Dominum FRANCISCUM & AMBLARDUM patrem quondam AMBLARDI moderni Domini de & super contentis in dicto primo instrumento cum pluribus aditis... quibus instrumentis sic visis & exhibitis ac perlectis... ipsi quidem Dominus FRANCISCUS & AMBLARDUS... pro se & suos heredes & successores, specialiter dictus AMBLARDUS de voluntate, consensu & mandato venerabilis & religiosi fratris Roberti de sancto Agniano Preceptore Avvernie ordinis sancti Anthonii, ejus patrui, necnon nobilis Johannis Berlionis, ejus Curatorum ibidem presentium, volentium & consentientium, considerantes inter se ad invicem & attendentes pactiones... additiones & adinventiones predictas... sibi & suis fore quamplurimum fructuosas & utiles, necnon attentis etiam consanguinitate, amicitia & dilectione inter ipsos & eorum heredes Domino concedente perpetuo duraturis, ea omnia universa... in ipsis instrumentis contenta... ratifficaverunt & emologaverunt, & inde dicti Dominus FRANCISCUS & AMBLARDUS DE BELLOMONTE... unus ad requisitionem alterius confessi fuerunt publicè & recognoverunt videlicet dictus AMBLARDUS ad instantiam... dicti Domini FRANCISCI... solempniter stipulantis pro se suisque heredibus & successoribus masculis duntaxat, descendentibus ab eodem & qui fuerit Dominus Frayte predicte, scilicet idem AMBLARDUS confessus fuit pro se & descendentibus ab eodem qui Dominus fuerit BELLIMONTIS se tenere... in feodum francum, nobile & antiquum à dicto Domino FRANCISCO & descendentibus ab eodem ut supra masculis qui fuerit Dominus dicti loci Frayte & de eorum cognomine BELLIMONTIS, videlicet septem libras census alias per dictum Dominum AMBLARDUM avum paternum dicti moderni AMBLARDI, Domino ARTHAUDO DE BELLOMONTE quondam patre dicti Domini FRANCISCI recognitas & pro predictis confessus fuit se teneri idem AMBLARDUS eidem Domino FRANCISCO, quo supra nomine, recipientis ad homagium & fidelitatis sacramentum : quodquidem homagium pro predictis fecit & prestitit dictus AMBLARDUS quo supra nomine, eidem Domino FRANCISCO... tenendo manus suas junctas & complosas inter manus dicti Domini FRANCISCI & horis osculo interveniente more nobilium inter eos in signum fidelitatis, perpetui federis & amoris; & versa vice idem Dominus FRANCISCUS... se tenere... & suos heredes masculos descendentes ab eodem qui fuerit Dominus Frayte, tenere constituit in feudum francum à dicto AMBLARDO & descendentibus ab eodem qui Dominus fuerit BELLIMONTIS & de cognomine BELLIMONTIS... videlicet domum suam fortem ipsius Domini FRANCISCI, de Frayta cum ejus fundo, edificio & pertinentiis, una cum decem libris reddituálibus alias per Dominum ARTHAUDUM patrem ejusdem Domini FRANCISCI eidem Domino AMBLARDO avo dicti moderni AMBLARDI recognitis, una etiam cum omnibus aliis censibus, rebus & bonis que idem Dominus FRANCISCUS tenet & que quondam fuerint.....
FRANCISCI, JOHANNIS, GUILLELMI & AMEDEI DE BELLOMONTE que tenebantur & secundum quod teneri reperirentur à Domino Dalphino vel Dalphine seu Domino Fucigniaci; & inde confitetur tenere idem Dominus FRANCISCUS à dicto AMBLARDO ut supra, & descendentibus ab eodem seu ejus posteritatis masculine qui Dominus fuerit dicti Castri BELLIMONTIS & de eorum cognomine BELLIMONTIS, videlicet merum, mixtum imperium, juridictionem & omnia alia que idem Dominus FRANCISCUS habet, tenet & possidet in mandamento predicto BELLIMONTIS & in Parrochiis Thoveti & sancti Michaelis, ipsumque AMBLARDUM in predictis mero mixto imperio & juridictione, Dominum & Superiorem suum recognoscendo : & pro predictis se teneri confessus fuit idem Dominus FRANCISCUS eidem AMBLARDO... ad homagium ligium, fidelitatis sacramentum , salvo & excepto homagio ligio ad quod tenebatur Domino quondam Comiti Gebennensi & ex nunc teneri dicitur Domino nostro Dalphino succedenti prefato Domino Comiti. Quodquidem homagium ligium pro predictis dictus Dominus FRANCISCUS... fecit & prestitit dicto AMBLARDO... recipienti pro se, heredibus suis descendentibus ab eodem masculis... tenendo manus suas junctas & complosas inter manus dicti AMBLARDI more nobilium , & horis osculo interveniente inter eos in signum fidelitatis, perpetui federis & amoris; promittentes sibi ad invicem... tactis per eos Evvangeliis sacrosanctis & alter alteri ut supra, in feudis predictis, erit perpetuo bonus & fidelis, ac... faciet... ea omnia & singula que bonus & fidelis vassallus Domino suo... facere tenetur & debet; & quod in sex capitulis que sunt incolume, sfutum, honestum, utile, facile & possibile... continetur... Actum in dicta domo forti de Frayta ejusdem Domini FRANCISCI, presentibus nobilibus Richardo Ferrando Berlionis, filio dicti Johannis Berlionis & Johanne de sancto Gervaisio, Scutifero dicti fratris Roberti Preceptoris, una cum dictis fratre Preceptore, & Johanne Berlionis testibus vocatis & rogatis ad premissa. Ego vero predictus Johannes Chastagnii alias Rogerii, de Crollis Grationop Diecesis, auctoritate Imperiali Notarius publicus, premissis omnibus, una mecum Anthonio Guillelmerii, senioris, Notarius publicus cum dictis testibus interfui, &c.

Sentence du Juge Mage de Vienne & de Valentinois, rendue en faveur de FRANÇOIS DE BEAUMONT, *Chevalier, & de Dame* POLIE DE CHABRILLAN, *son épouse, fille de feu Aynard de Chabrillan, Seigneur d'Autichamp, contre Louis de Poitiers, Comte de Valentinois & de Diois.*

Extrait sur l'original étant en une grande peau de parchemin, cotté : VALENTINOIS, *Jugement entre François de Beaumont & Polie de Chabrillan, son épouse; & Louis de Poitiers, Comte de Valentinois, caisse du Valentinois; délivré par le Greffier en Chef de la Chambre des Comptes du Dauphiné, signé* Chabert.

15 Février 1402. **N**OS Anthonius de Comeriis, Licentiatus in legibus, Consiliarius Dalphinalis, Judex Major Viennensis & Valentinensis, ac Commissarius in hac parte ab excellentia Dalphinali, specialiter deputatus, notum facimus universis litem sive causam fuisse coram nobis & aliquandiù agitatam inter nobilem & potentem virum Dominum FRANCISCUM DE BELLOMONTE, Militem, ac nobilem Dominam POLIAM DE ÇAPRELIANO ejus consortem actores, seu discretum virum Franciscum Capellenum eorum Procuratorem pro ipsis ex una parte, & egregium ac magnificum & potentem virum Dominum Ludovicum de Pictavia, Comitem Valentinensem & Diensem reum & se deffendentem, seu discretum virum Michalonum de Pasquerio ejus Procuratorem pro ipso ex parte altera; de & super contentis in quibusdam litteris dominicalibus a spectabili & magnifico viro Domino Jacobo de Monte Mauro Cambellano & Consiliario Regio, Gubernatore Dalphinatus emanatis, & cuidam supplicationi pro parte dictorum Dominorum conjugum actorum dicto Domino Gubernatori porrecte... quarum quidem litterarum dominicalium, supplicationis.... tenores seriatim sequuntur... Vobis magnifico & potenti viro Domino Jacobo de Montemauro Cambellano & Consiliario Regio, Gubernatori Dalphinatus exponitur, humiliter supplicando, pro parte Domini FRANCISCI DE BELLOMONTE, Vassalli Dalphinalis & Domine POLIE ejusdem Domini FRANCISCI consortis, filie condam Domini Aynardi DE CHA*brill*IANO Domini Alti Campi condam; super eo quod prenominatus Dominus FRANCISCUS, nomine prenominate Domine POLIE ejus uxoris, omnia jura...que... habebat... dicta Domina POLIA in bonis & hereditate que condam fuerunt prenominati Domini Aynardi de Chabrilliano in Castris Alti Campi, Capriliani, Almulphi, Saliancii, Criste & Ruppis propè Granam, pretio mille & centum florenorum auri legalis legis & ponderis Pedimontis, vendidit & concessit recolende memorie Domino Aymaro de Pictavia Comiti condam Valentinensi, quos mille & centum florenos dictus prenominatus Dominus Comes promisit solvere dicto Domino FRANCISCO nomine prenominate Domine POLIE; & inter alia promisit dictus Dominus Comes & convenit dicto Domino FRANCISCO... eidem dare Castellaniam Castri Gigorcii ad stipendium seu salarium centum florenorum auri; & ibidem ipsum Dominum FRANCISCUM, Castellanum suum constituit dicti Castri & Castellaniæ ad salarium predictum dictorum centum florenorum, usque quo dicti mille & centum floreni eidem Domino FRANCISCO fuerint soluti; & pro stipendis, ut pretenditur, eidem Domino FRANCISCO assignavit dictos centum florenos, anno quolibet percipiendos & recuperandos super emolumentis dictæ Castellaniæ, quamdiù prefatus Dominus Comes cessaret in solutione dictorum mille & centum florenorum auri... qui Dominus Comes predictum pretium non solvit predictis supplicantibus, nec solvere curavit; nec etiam dictam Castellaniam manutere dicto supplicanti, prout convenerat, nec etiam ILLUSTRIS PRINCEPS Dominus Comes modernus ejus heres curat, licet pluries fuerint requisiti; quo circa supplicatur pro parte quâ supra quathenus dignemini dictis supplicantibus providere de remedio opportuno, & ipsum Dominum Comitem modernum heredem predictum astringere ad observandum & complendum promissa... & ipsum coram vobis evocari facere... Jacobus de Montemauro, Cambellanus & Consiliarius Regius, Gubernator Dalphinatus, dilecto nostro Anthonio de Comeriis, Licentiato in legibus, Consiliario Dalphinali, Judici Majori Viennensi & Valentinensi salutem; supplicationem hiis annexam nobis traditam vobis providimus destinandam, harum serie vobis commictentes & mandantes quathenus, vocatis evocandis de & super contentis in supplicatione ipsa vos informetis procedendo summariè, simpliciter & de plano absque litis dispendio, provideatis que prout fuerit rationis bonum & breve justitie complementum ministrando. Datum Gratianopoli die quinta mensis Junii anno Domini M°.CCC°. nonagesimo nono; per Dominum Gubernatorem ad relationem Consilii, quo erant, Domini Jo. Sarpe, G. Gelinoti, & Syffredus Tholoni, A. Armueti... Nos dictus Judex & Commissarius, auditis predictis, viso tenore processus causæ hujusmodi... visisque omnibus universis & singulis aliis in dicto processu dictis, propositis, exceptatis, productis, allegatis, replicatis... sedentes pro tribunali more majorum nostrorum sacrosanctis scripturis coram nobis positis, deique nomine invocato... ad nostram diffinitivam sententiam processimus ut sequitur.... dicimus.... litteras precisas super dictis compulsoriis litteris concedi petitas pro parte dictorum Domini FRANCISCI & Domine POLIE ejus uxoris per nos concedi debere; quas hâc nostrâ sententiâ concedimus... salvo jure dicto Domino Comiti agendi... contra dictum Dominum FRANCISCUM DE BELLOMONTE super computo reddito per dictum Dominum FRANCISCUM, si quod fuerit effectualiter & constiterit fuisse legitimè redditum pro ut pro parte dicti Dom. Comitis asseritur, aut reddendo si redditum

non fuerit de & super ipsum Dominum FRANCISCUM vel deputatos per ipsum in dicta Castellania Gigorcii gestis, administratis & recuperatis in & super emolumentis quibuscumque dictæ Castellanie pro tempore octo annorum, quo dictus Dominus FRANCISCUS seu deputati ab eodem pro ipso dictam Castellaniam tenuerunt & rexerunt, seu ipse Dominus FRANCISCUS tenuit & rexit, prout per processum constat & apparet juxta & secundum tenorem instrumentorum dictarum venditionis & pactionum in presenti causa pro parte dicti Domini FRANCISCI & Domine POLIE ejus consortis producti...partem dicti Domini Comitis, seu dictum Dominum Comitem... in expensis presentis cause per partem dicti Domini FRANCISCI & Domine POLIE ejus uxoris legitimè factis condempnamus...de quibus omnibus dictus Franciscus Capellen*sius*....petiit, & nos eidem fieri concessimus has nostras presentes litteras per Notarium Curie nostræ juratum subscriptum sub sigillo Curie nostre; lata, lecta & pronunciata fuit dicta nostra sententia per nos dictum Judicem & Commissarium ut supra die decimâ quintâ Febroarii, anno Incarnationis Domini millesimo quarcentesimo secundo, presentibus testibus, nobili viro Domino Johanne Rivalli in utroque jure Baquellario, Johanne Savelli, Johanne Muleti, Johanne Salanionis, Jacobo de Pasquerio, Andrea Leussonis, Johanneno Reynaudi, Guigone Boysserati, Symondo Pepini Notariis dictæ Curie juratis ad predicta vocatis. Ita est per me P. Capellon Notarium.

Ordonnance de la Cour Majeure de Graisivodan en faveur de FRANÇOIS DE BEAUMONT, *Chevalier.*

Original en papier conservé aux Archives de la Terre des Adrets.

SYMON RENNONIS Licenciatus in legibus, Regens Cur̄ major̄ Dalph̄ Graysivodani, Castellano Buxerie vel ejus Locumtenenti, salutem. Instante Nobili & potenti viro Domino FRANCISCO DE BELLOMONTE Milite.... vobis.... mandamus quatenus visis presentibus.... compellatis Nobilem Guigonem de Grangiis filium & heredem Nobilis Petri de Grangiis condam ad... complendum... contenta in... instrumento... per dictum Petrum ejus patrem promissa & jurata, nisi tamen dictus Guigo ad premissa se opponere voluerit, quo casu citetis ipsum.... ut coram nobis compareat in curia Dalphinali Graysivodani die Martis proxima.... Datum die XII mensis Julii anno Domini millesimo IIIIᶜ. VIIᵒ....(*signé*) Garcini. 12 Juillet 1407.

(*Au dos est écrit ce qui suit:*)

Anno quo retro & die XIII. mensis Julii fuit executa presens littera per Nobilem Aymonem Salvagnii Locumtenentem Castellani Buxerie in propriam personam dicti Guigonis de Grangiis... tradita sibi copia ut retulit michi. (*signé*) Benefacti.

Extrait du fol. 93 *vᵒ. du registre cotté:* 4ᵘˢ Liber homagiorum Petri Paneti, *conservé en la Chambre des Comptes de Dauphiné, tom.* VIII *du Graisivodan, fol.* 356, *vᵒ. de l'inventaire.*

HOMMAGE presté le 2 Novembre 1413 par noble FRANÇOIS DE BEAUMONT, de tout ce qu'il avoit ès mandemens de Theys, la Pierre & Domaine, dont il promit de fournir le dénombrement dans un an, à peine de perte de fief. 2 Novembre 1413.

Nᵃ. *Cet hommage en parchemin est aussi dans l'armoire de Grenoble.*

Notice du Testament de FRANÇOIS DE BEAUMONT, *Chevalier, en faveur d'*ARTAUD *& d'*AYNARD DE BEAUMONT, *ses enfans.*

Cette notice non signée & d'une écriture d'environ 1500 *est à la suite du testament d'Artaud, petit-fils de François, du* 29 *Mars* 1477, *rapporté au Chapitre* VII *de ce Livre.*

Testamentum Domini FRANCISCI DE BELLOMONTE.

ANNO Domini Mᵒ. IIIIᶜ. XVII & mense Maii Dominus FRANCISCUS DE BELOMONTE, Miles, condidit ejus testamentum, &c. Mai 1417.

Sequitur clausula faciens ad consilium: In omnibus aliis suis bonis...idem nobilis Dominus FRANCISCUS DE BELLOMONTE, Miles, testator sibi heredes instituit universales...nobiles viros ARTHAUDUM & EYNARDUM DE BELLOMONTE filios suos carissimos...videlicet dictum nobilem

ARTHAUDUM in Castro & territorio de Frayta cum toto suo mandamento... juriditione... censibus, servitiis, homagiis, feudis, retrofeudis, placitis, terris, vineis, foris, nemoribus... & etiam in censibus, servitiis, homagiis, feudis & retrofeudis, placitis... que & quas ipse Dominus FRANCISCUS, Miles, testator habet... in mandamento Busserie & in Parrochia de Barralibus, salvo & reservato legato facto nobili AYMARO DE BELLOMONTE, & prius mortem ipsius AYMARI ut superius dictum & ordinatum est. Item pari modo... predictum nobilem EYNARDUM ejus filium heredem universalem sibi instituit in Castro suo & domo forti de Adestris cum suo mandamento, territorio & juriditione ejusdem & in censibus, servitiis, homagiis, feudis, retrofeudis, placitis, dominationibus & aliis juribus sibi Domino FRANCISCO testatori spectantibus. & pertinentibus etiam in mandamentis Theissii, Petre & Domene. Volens insuper... quod si contingeret... alterum dictorum nobilium ARTHAUDI & EYNARDI... decedere quandocumque sine liberis masculis... bona & hereditas illius sic decedentis... ad superviventem ex ipsis... & suos liberos legitimos & masculos... revertantur & pleno jure perpetuo debeant remanere. Et sic ordinavit & precepit de uno in alium usque ad ultimam decedentem ex ipsis ARTHAUDO & EYNARDO usque ad constitutionem suorum excequutorum hujusmodi testamenti.

CHAPITRE III.

ARTAUD DE BEAUMONT, V^e du nom, d'abord Seigneur de Barbieres, de Pelafol & de Fiançayes; puis de la Freyte, de Tullins, &c. fils aîné de FRANÇOIS Ier du nom.

Emancipation d'ARTAUD DE BEAUMONT, par FRANÇOIS DE BEAUMONT, Chevalier, Seigneur de la Freyte, son pere, qui lui fait donation des Châteaux de Barbieres & de Pelafol & de la Terre de Fiançayes; à la charge par le même ARTAUD de prendre le nom & les armes de la Maison de Rochefort, d'où proviennent ces biens.

Original en parchemin conservé aux Archives de la Terre des Adrets.

7 Septembre 1379.

IN nomine Sancte & individue Trinitatis... Nos Guillelmus Marchiandi, Juris utriusque peritus, Judex ordinarius Barberiarum, Pelafolli & Fiansayarum Valentinensis Dyocesis notum facimus... quod anno beatissime incarnationis ejusdem millesimo tricentesimo septuagesimo nono, Indicione secundâ & die Mercurii que fuit septima dies mensis Septembris Pontificatus sanctissimi in $\chi\bar{p}$o patris & Domini nostri Domini Clementis Pape septimi, anno primo; existentibus & personaliter constitutis in nostri, Notarii que & testium infrascriptorum presentiâ, nobis pro Tribunali sedentibus... nobili & potenti viro Domino FRANCISCO DE BELLOMONTE, Milite, Domino Frayte Grationop$\bar{}$ Dyocesis, ac dictorum locorum Barberie, Pelafolli & Fiansayarum dictæ Valentinensis Dyocesis, ex unâ parte; & nobili ARTHAUDO DE BELLOMONTE filio ipsius Domini FRANCISCI naturali & legitimo, majoris etatis quindecim annorum ut dicebant, & prout per aspectum sue persone, cuicumque intuenti clare poterat apparere, ex parte alterâ; ipse inquam ARTHAUDUS humiliter & devotè supplicavit dicto Domino FRANCISCO ejus patri presenti & audienti ut ipsi Domino FRANCISCO placeat ipsum ARTHAUDUM presentem & humiliter supplicantem emancipare... Quiquidem, Dominus FRANCISCUS pater, sciens, volens & cupiens dicti filii sui humili supplicationi annuere... motus piâ affectione paternâ... dictum ARTHAUDUM filium suum stantem flexis genibus coram ipso, & junctis suis & complosis manibus inter manus dicti Domini FRANCISCI patris sui presentis... à se emancipavit & a sacris ipsius patris nexibus, eum penitus relaxavit... Quibus sic actis... dictus Dominus FRANCISCUS DE BELLOMONTE... in premium emancipationis hujusmodi dedit... dicto ARTHAUDO filio suo presenti... videlicet dicta Castra sua.Pelafolli, Barberiarum & etiam locum & grangiargium suum nuncupatum de Fiansayes dictæ Valentinensis Dyocesis, cum suis mandamentis, hominibus, homargiis, juridictionibus altis, bassis, feudis, retrofeudis, domibus, edificiis, censibus, redditibus, laudimiis, venditionibus, placitis, vintenis, molendinis, furnis, vineis, patris, terris cultis & incultis, nemoribus, venationibus, aquarum decursibus, & aliis juribus, appendentiis & deppendentiis universis. In premissis tamen... retinet idem Dominus FRANCISCUS, & est intentionis retinendi beneplacitum & voluntatem spectabilium & magnificorum Dominorum de quorum feudis dicta Castra & dictus locus & grangiagium Fiansayarum tenetur... Rursus premissis sic actis... ibidem & incontinenti dictus ARTHAUDUS sciens, prudens... considerans & attendens magnam liberalitatem, gratiam & amorem per dictum Dominum FRANCISCUM ejus patrem eidem superius factas, & quod attento numero liberorum

DE LA MAISON DE BEAUMONT. Liv. III.

dicti Domini Francisci, dictus Arthaudus nedum suam portionem Frayreschiam & dreyturam bonorum paternorum & maternorum habuit sed ultra habet & eidem competit vigore dictæ donationis sibi factæ; idcirco... omne jus, actionem... Frayreschiam, successionem que & quas habet & sibi competunt... in bonis paternis & maternis suis quibuscumque... donavit, cessit... dicto Domino Francisco ejus patri... & fuit actum & in pactum expresse deductum... inter dictos Dominum Franciscum patrem & dictum Arthaudum filium suum quod favore & contemplatione illorum... quia processerunt ab illis de Rupeforti, ut dicit, quod ipse Arthaudus & sui heredes & impoſterum successores ab inde in antheà perpetuis temporibus debeant & teneantur, ac sint astricti cognominari loco & nomine de Bellomonte, videlicet de Ruppeforti, & suum cognomen suorumque heredum & successorum sit & esse debeat de Ruppeforti, & etiam ipse Arthaudus & sui heredes & successores debeant & teneantur portare Arma illorum de Ruppeforti, juxta formam, seriem & tenorem ordinationis super hoc factæ per bonæ memoriæ Dominum Humbertum de Ruppeforti Militem quondam, avunculum quondam dicti Domini Francisci in suo ultimo testamento... & ne presentes donationes in toto vel in aliquâ sui parte propter sui immensitatem seu inofficiositatem seu magnitudinem valeant imposterum irritari, ipse Dominus Franciscus pater pro se & suis, de predictis Castris, loco... homagiis, feudis... tot particulas, seu tot particulares donationes facit & factas esse vult dicto Arthaudo filio suo, quod neutra ipsarum particularium donationum summam quingentorum aureorum ullathenus excedat... Hec omnia... acta... sunt, dictis patre & filio volentibus... & nobis Judice nostram auctoritatem prestante & predicto actui legitimo, tam ipse pater, quam ipse filius subscripserunt in modum qui sequitur. Ita est Franciscus de Bellomonte. Ita est Arthaudus de Ruppeforti... Nosque dictus Judex fieri volumus & concessimus ad opus dictorum patris & filii & cujuslibet ipsorum per Johannem Guelisii Clericum, imperiali auctoritate Notarium publicum de Romanis Viennensis Dyocesis, duo vel plura publica instrumenta, tot quot petierint & habere voluerint... Acta data fuerunt hec... in villâ de Romanis... in studio dicti Domini Judicis, presentibus ad hec vocatis testibus nobilibus viris Amedeo Archiniaudi, de Cleyriaco... Pauleto de Vicedominis, de Romanis, discretis Johanne Fayni, Notario Monthilesii... & Stephano Polleni, & me Johanne Guelisii predicto qui, &c.

Vis-à-vis les dernieres lignes de cet acte est figuré le Monogramme du Notaire.

Extrait d'une montre militaire, conservée en original au Prieuré de S. Martin-des-Champs, à Paris.

Monstre de Mess. Anthoyne de la Tour, Banneret, ung autre Banneret, quatre Chevaliers Bacheliers, soixante & sept Escuyers & quatre Abalestriers, faite à Aucerre le 8e jour de Septembre l'an 1386, par Pierre d'Escombelles, Sergent d'armes du Roi, nostre Sire commis ad ce. 8 Septembre 1386.
Premierement Monf. Anthoine de la Tour, Seigneur de Vinay, Banneret.
Monf. Guillaume de Roussillon, Seigneur de Bochage, Banneret.

Chevaliers Bacheliers.

Monf. Emart de Chassenaiges.
Monf. Henry de Vaily.
Monf. Gile Copier.
Monf. Pierre de Roussillon.
Entre les Escuyers, sont
Jehan & Hugot Robert, Pierre de Chevanes, Jehan Nagre, François de la Fare, Heirat de Vaily, Jehan d'Asnieres; Artault de Beaumont, Humbert de Beaumont, Emart & Hugonet de Moretel, Paulo Alemam, Philippe d'Ars, Jacquemet d'Arces, Henry d'Asnieres, Humbert de Barraux, Loys Malet, Humbert de Franchelins, Amé de Noseray, Jehan de Cramone, Amé de S. Genis, le Sire de Silens, Pierre de Moretel, &c.

Testament d'Antonie de la Balme, femme de noble Artaud de Beaumont, en faveur de François, Aynard, Artaud & Aymon de Beaumont, leurs enfans.

Original en parchemin conservé dans les Archives de M. le Comte de Beaumont-de la Roque, au Château du Repaire, en Périgord.

In nomine Sanctæ & individuæ Trinitatis... Anno a nativitate Domini millesimo CCCC°. decimo tertio, Inditione tresdecimâ & die vicesimâ sextâ mensis Maii, per hoc presens publicum 26 Mai 1413.

instrumentum, cunctis appareat evidenter... quod nobilis ANTHONIA DE BALMA, uxor nobilis ARTHOUDI DE BELLOMONTE, Grationop. Diocesis, sanâ mente... licet infirma... in presentiâ mei Francisci Ruffi aliàs de Masso, de Scalis, Notarii publici & testium subscriptorum personaliter constituta & timens tamen mortis periculum ne decedat intestata... Idcirco... suum ultimum testamentum nuncupativum facit & ordinat per modum & formam inferius declaratos. In primis omnium, animam suam & corpus suum reddit & recommendat altissimo Creatori... Item corpori suo eligit sepulturam in Cemisterio Ecclesie beate Marie de Scalis in tumulo matris sue & suorum predecessorum, & vult & ordinat eadem testatrix quod in dictâ ejus sepulturâ sexaginta Capellani convocentur & intersint, & quod cuilibet ipsorum tres grossi Turonenses argenti semel nomine elemosine & pro eorum trezenâ donari & offerantur. Item... quod ejus luminaria in dictâ ejus sepulturâ fiant & eadem ponantur duodecim faces & quatuor cirozcere. Item Ecclesie beate Marie de Scalis, tam pro sepultura sui corporis, quam nomine elemosine sex grossos Turonenses argenti dat... Item Curato beate Marie de Scalis, duos florenos, semel, nomine elemosine dat & legat... Item fratribus hospitii & Curato beate Marie de Scalis qui nunc sunt vel qui pro tempore fuerunt pro uno aniversario anno quolibet fiendo per dictos servitores & curatum pro salute animarum dicte testatricis & suorum predecessorum decem florenos semel, nomine elemosine dat & legat. Item Curato & aliis servitoribus dicte Ecclesie beate Marie de Scalis... pro sexaginta solidis Viennensibus censualibus & de annuo censu, emendo & acquirendo ad opus dictorum Curati & servitorum, qui sexaginta solidi anno quolibet inter dictos servitores & Curatum dividantur, prout eisdem videbitur faciendum, ita tamen quod dicti servitores & Curatus qualibet septimanâ perpetuo in die sabbati unam missam de Virgine Mariâ celebrari teneantur pro remedio & salute animarum dicte testatricis & predecessorum suorum, sexaginta florenos semel, eadem nobilis ANTHONIA DE BLAMA testatrix dat & legat... In omnibus autem aliis bonis suis, rebus, possessionibus, ypothecis, juribus & actionibus quibuscumque ad ipsam nobilem ANTHONIAM DE BALMA testatricem pertinentibus & competentibus, jure & forma quibuscumque, FRANCISCUM, AYNARDUM, ARTHOUDUM & AYMONEM ejus filios carissimos & dilectos, nec non posthumum nasciturum ex dictâ nobili ANTHONIA testatrice si masculus sit & ad lucem pervenire contingerit, sibi heredes universales instituit & vult esse equalibus questionibus & mensuris, & eorum liberos & heredes in futurum; & si forte contingeret, alterum dictorum FRANCISCI, AYNARDI, ARTHOUDI & AYMONIS, nec non postumi, filiorum suorum & heredum universalium decedere ab hoc seculo sine liberis legitimis, uno vel pluribus à suo proprio corpore & ex legitimo matrimonio procreatis, alterum ipsorum superstitem & in seculo remanentem sibi substituit & succedere vult & ejus liberos & heredes in futurum vugaliter & per fidei comissum, & ipso casu adveniente dictum superstitem & in seculo remanentem eorumdem FRANCISCI, AYNARDI, ARTHOUDI & AYMONIS & postumi, sibi heredem universalem instituit & vult esse insolidum & pro toto & ejus liberos & heredes in futurum; & si forte contingeret quod absit, dictos FRANCISCUM, AYNARDUM, ARTHOUDUM, AYMONEM, nec non posthumum, filios suos & heredes universales omnes decedere ab hoc seculo sine liberis legitimis, uno vel pluribus a suis propriis corporibus vel eorum altero, & ex legitimo matrimonio procreato, vel procreatis, in eo casu propinquiores in genere ipsius testatricis ex paterno suo in bonis que habet apud Tollinum heredes universales instituit & succedere vult vulgaliter & per fideicomissum; & in bonis matris sue que habet in Comitatu Sabaudie, filium Guigonis de Naragio, nec non Anthonium & Johannem de Champronon, equalibus portionibus & mensuris sibi instituit & succedere vult vulgaliter & per fidei comissum... Actum Scalis, in domo dicte testatricis, presentibus Johanneto Maleti, fratre Mermeto de Calluerio, Francisco Collet, Petro Revelli, Jaqueto Jaquon, Marescallo, Jaqueto Pugnii & Soffredo Ragi, de Scalis, testibus ad premissa vocatis & rogatis. Ego quippe Franciscus Ruffi alias de Masso, de Scalis, auctoritate Imperiali & Domini Ducis Sabaudie Notarius publicus hanc presentem clausulam rogatus recepi, scripsi & signo meo consueto fideliter signavi ad opus dictorum Curati & servitorum.

Vis-à-vis les premières lignes de cet acte est figuré le Monogramme du Notaire.

Nota. Cet acte n'a dû être grossoyé que quelques années après sa datte, puisque le Notaire qui l'a reçu prend la qualité de Notaire du Duc de Savoye, & que le Comté de Savoye n'a été érigé en Duché qu'en l'année 1416.

CHAPITRE

DE LA MAISON DE BEAUMONT. Liv. III.   81

CHAPITRE IV.

FRANÇOIS DE BEAUMONT, II du nom, Seigneur de la Freyte, de Barraux, &c. ses freres & sœurs, enfans d'ARTAUD V.

Partage fait entre FRANÇOIS & ARTAUD DE BEAUMONT, des biens de leurs pere & mere, par lequel FRANÇOIS a la Maison forte de la Freyte ; & ARTAUD, les Echelles & Tullins.

Original en parchemin conservé dans les Archives de M. le Comte de Beaumont-de la Roque, au Château du Repaire, en Périgord.

ANNO Domini millesimo IIII^c vicesimo quarto, Inditione secundâ, die decimâ nonâ mensis Decembris, per hoc presens publicum instrumentum cunctis appareat.... quod cum nobiles & potentes viri FRANCISCUS & ARTHAUDUS DE BELLOMONTE, fratres, filii & heredes nobilium ARTHAUDI DE BELLOMONTE & ANTHONIE DE BALMA conjugum quondam, habeant omnia eorum bona paterna & materna & ipsorum parentum communia & hereditates ad invicem & pro indiviso & quia communio aliquotiens parit discordiam, volentes discordiam evictare... ipsa bona.... diviserunt ut sequitur; & primo voluerunt & expressè concesserunt quod ad partem dicti FRANCISCI eveniat & sit... Domus Fortis de Freyta, sita in Parrochia Thoveti & resorto mandamenti Buxerie & omnia alia jura, actiones & requisitiones que pertinebant nobili ARTHAUDO DE BELLOMONTE eorum patri quondam, ex testamento nobilis & potentis viri Domini FRANCISCI DE BELLOMONTE, Domini quondam dicti loci Freyte, patris dicti nobilis ARTHAUDI quondam, una cum redditibus, homagiis & seignioria & aliis juribus que ad ipsum ARTHAUDUM pertinebant & pertinere poterant & debeant in mandamento Boysserie & Bellecombe & Goncelini ; & hoc mediante quod dictus nobilis FRANCISCUS teneatur solvere & debeat omnia debita & legata in quibus dictus nobilis ARTHAUDUS eorum pater erat obligatus. Item voluerunt quod ad partem dicti nobilis ARTHAUDI eveniant Domus Scalarum & Tollini pleno jure cum pertinentiis earumdem & redditibus, terris... homagiis & altis quibuscunque cum eorum pertinentiis pertinente dicto nobili ARTHAUDO & suis heredibus, & hoc mediante quod ipse ARTHAUDUS teneatur & debeat solvere nobili viro. AYMARO Condomino d'URA & viri nobilis MARGARITE sororis dictorum FRANCISCI & ARTHAUDI dotem dictus ipsius MARGARITE; Item & omnia legata, debita, chargias & honera per dictam nobilem ANTHONIAM DE BALMA eorum matrem debita & solvi ordinata ultra dotem dicte MARGARITE: que predicta omnia & singula promiserunt dicti nobiles FRANCISCUS & ARTHAUDUS DE BELLOMONTE fratres... obsetvare... & nunquam contradicere.... Acta fuerunt hec apud Scalas in domo Cure dicti loci ubi testes ad hec vocati presentes fuerunt & rogati, videlicet venerabilis vir Dominus Johannes Guillieti, Curatus dicti loci, Guigo Vicherdi, de Villario, Parochianus Sancti Xpofori & Guillemetus Gay, Burgensis Scalarum. Ego vero Petrus de Masso, de Scalis, auctoritate Imperiali Notarius publicus hiis omnibus presens fui & hanc cartam rogatus recepi manu meâ propriâ scripsi & signo meo solito fideliter consignavi & ad opus dicti FRANCISCI tradidi.

19 Décembre 1424.

Vis-à-vis les premieres lignes de cet acte est figuré le Monogramme du Notaire.

Quittance donnée à FRANÇOIS DE BEAUMONT, Seigneur de la Freyte, au nom d'Henri & Guillaume Allemand, Seigneur de Vaux & de Chechiliane.

Original en papier conservé aux Archives de la Terre des Adrets.

ANNO Domini M°. IIIJ^c. XXXIJ^{do}. & die XXIJ. mensis Januarii confessus fuit publice Nobilis vir Guigo de Comeriis, Dominus Castri Sancti Johannis veteris se.... recepisse à nobili viro FRANCISCO DE BELLOMONTE Domino Frayte presente & solvente, nomine Nobilium Henrici Alamandi, Condomini Vallis & Guilli̅ Alamandi, Domini Sechilline, videlicet viginti quinque florenos monete Sabaudie, & hoc in diminucionem dotis nobilis Domicelle Briande Alamande ipsius Domini Sancti Johannis uxoris; de quibus quidem XXV florenis... prefatus Dominus Sancti Johannis, per se & suos, memoratos Nobiles Henricum & Guill̅m Alamandi dictumque DOMINUM FRAYTE.... quictat. ... Actum Grationop̅ in operatorio domus nove heredum magistri Andrici Garini con-

22 Janvier 1432.

L

82   PREUVES DE L'HISTOIRE GÉNÉALOGIQUE

dam ; prefentibus nobiḹ Rondeto Guiffredi dicto Malbuya de Voyrone & Johanne Chartoſſe, Parrochie Sancti Martini vinoſi, teſtibus vocatis, & me fubfcripto Notario publico (*ſigné*) Chaberti.

Extrait des fol. 65 & 67 du cahier des minutes originales d'Antoine Maſſon, Notaire de Crolles, conſervé dans les Archives de M. le Comte de Beaumont-de la Roque, au Château du Repaire, en Périgord.

Matrimonium Johannis filii Johannis Baruelli alias Michont & Michaele filii Johannis Gay, junioris.

17 Novembre
1436.

IN nomine Domini amen. Anno nativitatis ejuſdem milleſimo quatercenteſimo triceſimo ſexto, Inditione decimâ quartâ... & die xviia. menſis Novembris, coram nobis... Claudio Neyreti & Anthonio Maſſonis, Notariis publicis & teſtibus infraſcriptis ; noverint univerſi, &c. Actum apud Freytam in Parrochiâ Thoveti in domo habitationis dicti Johannis Baruelli, preſentibus nobili & potenti viro FRANCISCO DE BELLOMONTE Domino Frayete, Domino Jacobo Paſſatoris, Cappellano Curato Lumbini, nobili Petro Oyſiardi, Ambardo de Chalanderiâ... teſtibus ad premiſſa vocatis & rogatis.

Accord paſſé entre FRANÇOIS & ARTAUD DE BEAUMONT, freres, relativement à la penſion de JEANNE, leur ſœur, Religieuſe au Monaſtere de Mont-Fleuri.

Original en parchemin conſervé dans les Archives de M. le Comte de Beaumont-de la Roque, au Château du Repaire, en Périgord.

4 Décembre
1440.

IN nomine Domini amen. Anno nativitatis ejuſdem Domini milleſimo quatercenteſimo quadrageſimo, Indicione tertiâ cum ipſo anno ſumptâ & die quartâ menſis Decembris, coram me Notario publico & teſtibus ſubſcriptis, noverint univerſi... quod cum nobiles FRANCISCUS & ARTHAUDUS DE BELLOMONTE, fratres fecerunt eorum diviſiones de bonis paternis, que bona erant ipſis fratribus communia & pro indiviſo... ut conſtare aſſeritur inſtrumento dictorum diviſionum per diſcretum virum Poncium de Maſſo, de Scalis, Notarium publicum... nullam menſcionem fecerunt de nobili JOHANNA DE BELLOMONTE, moniali Monaſterii Montisfluriti, ſorore dictorum nobilium FRANCISCI & ARTHAUDI DE BELLOMONTE ; & quia nobilis FRANCISCUS DE BELLOMONTE teneatur ſolvere penſionem anualem dicte nobili JOHANNE ; Idcirco dictus nobilis ARTHAUDUS juſta contenta in eorum diviſionibus quictavit & per preſentes quictat dicto nobili FRANCISCO ſuo fratri ; videlicet omnia jura, omnes que actiones... ſibi ARTHAUDO pertinentes in bonis nobilis ARTHAUDI eorum patris, ubicunque fint exceptâ legali eycheutâ ſi & quando contingerit evenire, cedendo & renuntiendo, &c. Acta fuerunt infra Caſtrum Frayte in magnâ aulâ preſentibus nobili Guilḹo Guilliermerii, Caſtellano Frayte, Johanne de Ruppe, Michaele Magnioudi & Petro Beſſonis alias Fondrati, teſtibus ad premiſſa vocatis & rogatis. Et me Reymundo Lamberti, Clerico, auctoritatibus Imperiali & Dalphinali Notario publico qui in premiſſis... preſens fui & hoc preſens publicum inſtrumentum extraci, ſcripſi & groſſavi manu meâ propriâ... & ſigno meo... ſignavi in teſtimonium omnium premiſſorum.

Vis-à-vis les dernieres lignes de cet acte eſt figuré le Monogramme du Notaire.

Quittance donnée à FRANÇOIS DE BEAUMONT, Seigneur de la Freyte, par Siboud Allemand-de Chechiliane.

Original en papier conſervé aux Archives de la Terre des Adrets.

22 Décembre
1444.

NOVERINT univerſi... quod ego Syboudus Alamandi, de Sechillina, Prior Sanctorum Donati, &c. confiteor... recepiſſe a Nobili & potenti viro FRANCISCO DE BELLOMONTE Domino Frayete videlicet centum florenos auri, quindecim groſſis pro quolibet floreno computatis; & hoc per manus Michaelis Caſſardi... &... in diminucionem dotis Domine SIBILLE DE BELLOMONTE Domine Sechilline filie Nobilis & Potentis Domini FRANCISCI DE BELLOMONTE Militis condam Domini Frayte; de quibus quidem centum florenis.... ego jam dictus Syboudus Alamandi filius dicte Domine SYBILLE DE BELLOMONTE Domine Sechilline tam nomine meo proprio quam Guilḹo Alamandi Domini Sechilline quitto,.... dictum Nobilem FRANCISCUM DE BELLOMONTE Dominum

DE LA MAISON DE BEAUMONT. Liv. III. 83

Frayte & fuos... &, fi opus fit, facere ratificari omnia premiffa dicto Guill°o Alamandi Domino Sechilline & quos tangit & ... per manum Notarii... concedere laciorem quittanciam dicto DOMINO FRAYTE... tefte prefente. Cedula fcripta & fignata manu propriâ *mis* Prioris Sancti Donati jam dicti, anno Domini M°. IIIJc. XLIIIJto. & die xxIIda menfis Decembris.

Ita eft Sancti Don.

Teftament de FRANÇOIS DE BEAUMONT, *Seigneur de la Freyte, en faveur de* CLAUDE, JEAN *&* GEORGES DE BEAUMONT, *fes fils, auxquels il fubftitue graduellement & en ligne mafculine, à l'exclufion des filles,* ARTAUD, *fon frere*; AYNARD DE BEAUMONT, *Seigneur de Saint-Quentin*; GUILLAUME DE BEAUMONT, *Seigneur de Pelafol*; AMBLARD DE BEAUMONT, *Seigneur* DE BEAUMONT, *&* AYMON, *fon frere, & généralement tous les mâles du nom* DE BEAUMONT; *& après l'extinction de tous les mâles,* CATHERINE *fa fille & fes enfans mâles.*

Original en parchemin confervé dans les Archives de M. le Comte de Beaumont-de la Roque, au Château du Repaire, en Périgord.

IN nomine Domini amen. Univerfis... fiat notum... quod ego Francifcus de Thauco, Clericus, auctoritate Dalphinali Notarius & Tabellio publicus ac Commiffarius ad groffandum inftrumenta, notas & prothocolla difcretorum virorum Johannis Andrici & Firmini de Aureycâ quondam Notariorum... reperi in quodam regiftro dicti quondam Johannis Andrici claufulam teftamenti fubfcriptam ejus manu propriâ... a quo quidem regiftro ipfam claufulam à dicto teftamento ad requifitionem nobilis & potentis viri EYNARDI DE BELLOMONTE extraxi, levavi & in prefenti formâ manu meâ propriâ redegi virtute ipfius mee commiffionis; cujufquidem claufule tenor de verbo ad verbum fequitur & eft talis: Claufula teftamenti nobilis & potentis viri FRANCISCI DE BELLOMONTE, Domini de Frayta quondam, faciens ad opus prefati nobilis EYNARDI DE BELLOMONTE Domini Adeftrorum. In nomine fancte & individue Trinitatis... anno ejufdem fanctifiere nativitatis Domini milleſimo quatercenteſimo quadrageſimo fexto, Indictione.... ma & die viceſimâ feptimâ menfis Martii, per hujus publici & autentici inftrumenti feriem & tenorem, cunctis... appareat & fiat liquidè manifeftum, quod in *mis* Notarii publici fubfcripti, teftium que fubfcriptorum prefentiâ, perfonaliter conftitutus nobilis & potens vir FRANCISCUS DE BELLOMONTE, Dominus de Fraytâ, Gratiopolitane Dyocefis, qui, fana mente, licet aliquantulum fuppreffâ corporali infirmitate in bonam memoriam, Salvatoris gratiâ... fecit, condidit & ordinavit... fuum teftamentum nuncupativum... Inprimis animam fuam, licet nunc indignam & cum à fuo miferabili corpore egreffa fuerit, altiffimo Creatori, &c. (*) & in omnibus autem bonis fuis mobilibus immobilibus, poffeffionibus, cenfibus, fervitiis, rebus, actionibus & juribus quibufcumque ad ipfum teftatorem fpectantibus, quovis titulo, caufâ vel occaſione quacumque, dictus teftator fibi heredes univerfales inftituit, & ore fuo proprio nominavit nobiles fuos filios cariffimos, videlicet GLAUDIUM DE BELLOMONTE in Caftro de Frayta & juribus ejus & pertinentiis quibufcumque, & JOHANNEM DE BELLOMONTE in terrâ fuâ de Barralibus & fuis juribus & pertinentiis quibufcumque; fi vero contigerit dictum GLAUDIUM ab hoc feculo migrare fine liberis mafculis de fuo proprio corpore & legitimo matrimonio procreatis, fubftituit eidem in eo cafu dictum JOHANNEM, & in eo cafu nobilis GEORGIUS *de Barralibus* ejus filius habeat dictam terram de Barralibus, & fi decedat dictus JOHANNES etiam fine liberis mafculis ut fupra in legitimo matrimonio procreatis eidem fubftituit dictum GEORGIUM & fi omnes tres decederent fine liberis mafculis fubftituit nobilem ARTHAUDUM DE BELLOMONTE ejus fratrem & ejus liberos mafculos, & fi non effent, vel decederet fine liberis mafculis fubftituit nobiles filios mafculos nobilis AYNARDI DE BELLOMONTE, Domini Sancti Quintini qui tunc effent, fuis portionibus, & fi non effent, vel decederent fine liberis mafculis, fubftituit nobilem GUILLERMUM DE BELLOMONTE Dominum Pelafollii & ejus liberos mafculos, & fi non effent, vel decederet fine liberis mafculis, fubftituit nobiles AMBLARDUM DE BELLOMONTE Dominum BELLIMONTIS, & AYMONEM ejus fratrem equis portionibus, & eorum liberos mafculos, femper infequendo mentem teftamentorum, bone memorie, Dominorum AMBLARDI & ARTHAUDI DE BELLOMONTE Militum quondam; & cafu quo non ftarent aliqui DE BELLOMONTE de cognomine & armis, fubftituit nobilem CATHERINAM ejus filiam & ejus liberos mafculos per heredes fuos fuprafcriptos univerfales. Dictus teftator ordinavit, voluit & precepit debita fua & legata predicta folvi, reddi & actendi, & quofcumque clamores fuos breviter, fimpliciter & de plano emendari, pacificari fideliter & fedari ad cognitionem Sancte Matris Ecclefie ac proborum virorum, & nichilominus requirit humiliter dictos nobiles AYNARDUM & ejus fratrem & AYNARDAM ejus uxorem, eos eligendo fuos & prefentis teftamenti exequtores & tutores, in quantam indiguerit & neceffe fuerit, quibus exequtoribus & tutoribus dat & tribuit idem teftator pienum poffe & omnimodam poteftatem, omnia per dictum teftatorem ordinata

27 Mars 1446.

(*) *Cet &c. eft dans l'original.*

L ij

84 PREUVES DE L'HISTOIRE GÉNÉALOGIQUE

superius actendi & observari facere... casu quo heres suus universalis GLAUDIUS in predictis fuerit negligens & remissus ; qui vero heredes sui ambo universales supra scripti nichil possint vendere nec alias à se alienare de dictis bonis in quibus eosdem heredes suos sibi, ut supra instituit, sine consensu dictorum nobilium ARTHAUDI, EYNARDE ac nobilis JACOBI BONIPARIS ejus generis... Acta, lecta & recitata fuerunt hec in Castro Frayte, in camera desuper coquinam, presentibus nobilibus Domino ARTHAUDO DE BELLOMONTE ejus fratre, AYMONE DE BELLOMONTE, Jacobo Boniparis, Johanne de Thesio, de Bayetâ, Eynardo Guiffredi, Guillermo Guillermerii, Glaudo Neyreti, Notario, Berthono Garnerii, de Thoveto, Petro Ruffi, de Combis, Andrea Garcini & Johanne de Ruppe, servitore dicti Domini, testibus ad premissa... vocatis... & .. rogatis & me Johanne Andrici, Notario publico. Ego vero Franciscus de Thanco, Notarius & Commissarius predictus virtute mee commissionis... instrumentum suprà insertum à dicto registro ipsius quondam Johannis Andrici Notarii extraxi, levavi & in presente formâ manu meâ propriâ redegi, prout inveni, nichil addito nihilque remoto seu mutato... hic me subscripsi & signo meo tabellionali consueto me fideliter signavi in robur fidem testimonium omnium & singulorum premissorum de Thanco.

A la fin de cet acte est aussi figuré le Monogramme du Notaire.

CHAPITRE V.

CLAUDE DE BEAUMONT, Seigneur de la Freyte, & ses freres, enfans de FRANÇOIS II.

Procuration passée par HENRI DE BEAUMONT, Prieur du Touvet, à CLAUDE DE BEAUMONT, fils du Seigneur de la Freyte.

Extrait du fol. 36 R°. & V°. du cahier des minutes originales d'Antoine Masson, Notaire de Crolles, conservé dans les Archives de M. le Comte de Beaumont-de la Roque, au Château du Repaire, en Périgord.

12 Juin 1443.
IN nomine Domini amen. Noverint universi... hoc presens & publicum instrumentum inspecturi... quod anno Domini millesimo quatercentesimo quadragesimo tertio; Inditione sexta & die duodecima mensis Junii... personaliter constitutus venerabilis & religiosus vir Dominus HENRICUS DE BELLOMONTE, Prior Prioratus de Thoveto, quiquidem... fecit, constituit.. suos veros... procuratores speciales; videlicet : fratrem Guillelmum Rappeti, presbiterum, Anthonium Charassonis, Fratrem ANTHONIUM DE BELLOMONTE ordinis Sancti Anthonii, nobilem GLAUDIUM DE BELLOMONTE, filium Domini Frayte... ad accipiendum possessionem realem & corporalem Prioratus jam dicti de Thoveto... eundem Prioratum tenendum, regendum, gubernandum, census, servitia, obventiones, decimas, fructus... dicti Prioratus exigendum & recipiendum... Actum in Monasterio Ayarum presentibus Domino Petro Contor, Monacho, fratre Johanne Regis, Converso Ayarum... testibus ad premissa vocatis & rogatis & me Anthonio Massonis, Notario.

Confirmation faite par AMBLARD DE BEAUMONT, (IIIe du nom), Seigneur de BEAUMONT & de Montfort; & AYMON DE BEAUMONT, son frere; par CLAUDE DE BEAUMONT, Seigneur de la Freyte, & JEAN DE BEAUMONT, son frere, autorisés d'AYNARDE DE GUIFFREY, leur mere; par ARTAUD DE BEAUMONT, Damoiseau, Seigneur de Tullins; & par ANDRÉ DE BEAUMONT, Seigneur d'Autichamp, fils de feu HUMBERT DE BEAUMONT, Chevalier, des pactes de famille passés entre AMBLARD (Ier) DE BEAUMONT, ayeul dudit AMBLARD (III) & FRANÇOIS DE BEAUMONT, Seigneur de la Freyte, bisayeul dudit CLAUDE DE BEAUMONT.

Original en parchemin conservé dans les Archives de M. le Comte de Beaumont-de la Roque, au Château du Repaire, en Périgord.

7 Novembre 1446.
IN nomine Domini nostri Jhū xp̄i amen. Noverint universi.... quod anno nativitatis ejusdem Domini millesimo quatercentesimo quadragesimo sexto, Inditione nona ,,. & die septima mensis

DE LA MAISON DE BEAUMONT. Liv. III.

Novembris, in presentia mei Notarii testiumque inferius nominatorum, existentis & personaliter constituti infra Castrum Frayte Gratianopolis Dyocesis spectabiles & egregii viri AMBLARDUS DE BELLOMONTE, Dominus BELLIMONTIS & Montisfortis, AYMO DE BELLOMONTE ejus frater; GLAUDIUS DE BELLOMONTE, Dominus Frayte, JOHANNES DE BELLOMONTE frater suus, cum licentia & auctoritate nobilis AYNARDE GUIFFREDE eorum matris presentis & eis auctoritatem conferentis; nec non ARTAUDUS DE BELLOMONTE, Domicellus de Tullino, ac etiam ANDREAS DE BELLOMONTE, Dominus Alticampi filius & coheres STRENUI Militis Domini HUMBERTI DE BELLOMONTE Militis quondam; omnes simul & quilibet pro se & tam conjunctim quam divisim pro se & suis quibuscumque in futurum, non decepti non coacti... considerantes & attendentes tenorem & formam quorumdam utilium & laudabilium pactorum, transactionum & pactionum seu conventionum olim factorum, promissorum & juratorum, ut asserebant inter RECOLENDE MEMORIE viros egregios & potentes v.. os AMBLARDUM DE BELLOMONTE quondam Dominum BELLIMONTIS & Montisfortis avum paternum supra dicti nobilis Amblardi ex una parte, & Dominum FRANCISCUM DE BELLOMONTE quondam Dominum Frayte ex parte altera. Quequidem pacta asserunt constare publicis instrumentis olim... grossatis manibus discretorum quondam virorum Joannis Chastagnii & Joannis de Bregnino quondam Notariorum publicorum, & que etiam pacta & conventiones eisdem nobilibus DE BELLOMONTE preloquutis multum videntur utilia & inter eos grata. Hinc propterea... ipsi omnes & singuli prenominati nobiles AMBLARDUS, AYMO, CLAUDIUS, JOHANNES & ANDREAS DE BELLOMONTE omnes simul & invicem ad infra-scripta peragenda ubi supra congregati tam conjunctim quam divisim... volentes & affectantes eisdem pactis & conventionibus dictorum suorum predecessorum adherere & obtemperare pro eorum commodo & utilitate, ipsa quoque pacta... laudantes, ratificantes & quantum....(*) instrumentis continetur & declaratur, approbant & confirmant inter se ad invicem; promiserunt & juraverunt supra sancta Dei Evangelia... pro ipsis pactis & conventionibus antiquis in dictis instrumentis contentis & descriptis, melius & firmius reformando & observando in civitate Gra-tianopolis... & ibidem cum consilio & dictamine suorum parentorum & amicorum & Dominorum Jurisperitorum tunc ibidem inter eos communiter eligendorum ipsa omnia & singula pacta & conventiones in dictis instrumentis contenta... de novo & iterum recognoscere, reficere, restor-mare... Item & ulterius plus promiserunt & juraverunt ipsi omnes nobiles preloquuti..& eorum quilibet juravit quod interim neque ultra amodo quandocumque, ipsi nobiles neque alter eorumdem tacite neque expresse nichil seu quidquam de eorum & cujuslibet ipsorum bonis, rebus, juribus & facultatibus... ut sunt census, redditus, servicia, homagia, predia, proprietates & similia nunquam alienabunt, vendent aut transportabunt quovismodo ex venditione,donatione aut testamento fine... voluntate & consilio alterius ipsorum omnium nobilium preloquutorum & cujuslibet eorumdem quamdiu fuerint in humanis volentes & ordinantes... ipsi omnes nobiles & eorum quilibet quod si secus aut in contrarium facerent... quod talia pro non facta habeantur & reneantur in judicio & extra. Quin imo omnia & singula si que amodo fiant vel in aliorum manibus quam ipsorum nobilium seu de eorum voluntate & consensu vendantur, donentur vel transportentur ipsa omnia & singula ex nunc prout ex tunc & è contra annullant, cassant & revo-cant... Promittentes, &c... & jurantes, &c... Acta.. fuerunt premissa omnia in aulâ depictâ dicti Castri Frayte, presentibus ibidem & adstantibus nobilibus & potentibus Henrico Alamandi, Condomino Vallis, Guillelmo Guillelmerii, Claudio Conchi & Johanne de Ruppe, sutore dicti loci Thoveti testibus ad hec vocatis & rogatis. Et me Joanne Vialis, Cappellano dicti loci Thoveti Gratianopolis Diocesis, auctoritate Imperiali Notario publico Curieque Officialatus ejusdem Dioces., jurato qui omnibus premissis cum dictis testibus presens interfui...

(*) Ici l'acte est un peu endomma-gé par vétusté.

Vis-à-vis les dernieres lignes de cet acte est figuré le Monogramme du Notaire.

Contrat de mariage de CLAUDE DE BEAUMONT, *Seigneur de la Freyte, avec* ANTOINETTE DE SAINT-AIGNAN, *fille de Beraud, Chevalier, Seigneur de Gastine.*

Extrait des fol. 132 R°. & V°. 133 R°. & V°. 134 R°. & V°. & 135 R°. *du cahier des minutes originales d'Antoine Masson, Notaire de Crolles, conservé dans les Archivres de M. le Comte de Beaumont-de la Roque, au Château du Repaire, en Périgord.*

IN nomine Domini amen. Anno nativitatis ejusdem millesimo quatercentesimo quinquagesimo, Inditione tresdecimâ... & die vicesimâ sextâ mensis Januarii, coram nobis Notariis publicis & testibus infrascriptis noverint universi... quod... tractato... prohabito de matrimonio.. contrahendo... inter nobilem & potentem virum GLAUDIUM DE BELLOMONTE, Dominum Frayte, Parrochie Thoveti, Gratianopolis Diocesis ex una parte; & nobilem ANTHONIAM DE SANCTO AGNIANO, filiam nobilis & potentis viri Beraudi de Sancto Agniano, Militis, Domini Gastine & de Confosien Patrie Alvernie, ex altera. Huic est... quod dictus nobilis GLAUDIUS DE BELLOMONTE, Dominus Frayte promisit... dictam nobilem ANTHONIAM, Domisellam duxere & recipere in uxorem suam & sponsam legitimam... & vice versa dictus nobilis Beraudus... promisit,, quod dicta nobilis

26 Janvier 1450.

Anthonia Domicella contrahet matrimonium cum dicto nobili GLAUDIO DE BELLOMONTE... dedit, donavit... dicto nobili GLAUDIO DE BELLOMONTE... pro dote & nomine doris ejusdem, videlicet mille & quingentos florenos auri, boni auri... computatis duobus scutis auri.... ad rationem sexaginta quatuor pro marca, pro tribus florenis auri. Quosquidem mille & quingenta florenos... dictus Dominus Beraudus Mi*lles* promisit... solvere... & primo huic ad diem desponsationis... seu ante... ducentum scuta.... & deinde huic ad unum annum post ipsorum conjugum desponsationem quinquaginta florenos auri... & sic de anno in annum.... Item dictus nobilis GLAUDIUS DE BELLOMONTE... donavit... dictae nobili ANTHONIE Domicellae... casu quo contingeret... ab humanis decedere antequam dictam nobilem ANTHONIAM Domicellam... videlicet quingentos florenos auri... & fuit actum quod dictus Dominus Beraudus debeat providere de vestibus nupcialibus usque ad summam ducentum florenorum auri... Item plus fuit actum quod idem Dominus Frayte etiam providere teneatur de jocalibus usque ad summam quatercentum florenorum auri.... in die desponsationis dictorum fucturorum conjugum... Fuit actum quod supra... doyario debeant ipse partes... stare summarie ordinationi Reverendi in χjo patris Domini Petri de Sancto Agniano, Abbatis beate Marie de Boscodone pro parte dicti Domini de Gastina electi, & nobilis Anthonii Guisfredi pro parte ipsius Domini de Frayeta.... Item plus fuit actum quod nobilis EYNARDA GUIFFREDE, mater ipsius nobilis GLAUDI non possit.... divisionem aliqualem facere, seu desperare regimen & administrationem ipsius nobilis GLAUDII & suorum bonorum... Item plus fuit actum quod dicta nobilis EYNARDA non possit compellere dictum nobilem GLAUDIUS ejus filius de resta quingentorum florenorum de ejus dote.... quos eidem cedit & remictit... Item plus fuit actum quod dicta nobibis EYNARDA & GLAUDIUS suo posse teneantur procurare quod JOHANNES & GEORGIUS DE BELLOMONTE fratres dicti nobilis GLAUDII sint contenti de legatis sibi factis per eorumdem condam patrem. Item plus fuit actum quod dictus nobilis GLAUDIUS non possit vendere sine licentiâ dicte Domine ejus matris & nobilis ARTAUDI DE BELLOMONTE ejus avunculi... De quibus premissis... dicte partes pecierunt sibi fieri... duo publica instrumenta... per me Johannem Vialis, Cappellanum ad opus Domini Frayete &... per me Anthonium Massonis, Notarios, ab opus Domini Gastine.... Actum in Monasterio Ayarum... in Camera venerabilis & religiose Domine Ysabelle de Sancto Agniano, Abbatisse dicti Monasterii; presentibus, Reverendo in χjo patre Domino Petro de Sancto Agniano, Abbate beate Marie de Boscodone, nobilibus & potentibus viris AMBLARDO DE BELLOMONTE, Domino BELLIMONTIS & Montisfortis, AYMONE ejus fratre, ARTHAUDO DE BELLOMONTE, Johanne de Theysio, Anthonio & Johanne Guiffredi, Eynardo & Anthonio Guiffredi, Domino Guillelmo Maliolli, Cappellano Curato Crollarum & Domino Johanne de Ponte, testibus ad premissa vocatis & rogatis.

Assignation du douaire d'ANTOINETTE DE S. AIGNAN, par CLAUDE DE BEAUMONT, Seigneur de la Freyte.

Extrait des fol. 128 R°. & V°. & 129 R°. du cahier des minutes originales d'Antoine Masson, Notaire de Crolles, mentionné ci-dessus.

Doyerium nobilis egregie ANTHONIE DE GASTINA, Domicelle, uxoris fucture nobilis & potentis viri GLAUDII DE BELLOMONTE, Domini Frayte.

26 Janvier 1450. IN nomine Domini amen. Anno nativitatis ejusdem millesimo quatercentesimo quinquagesimo, Indictione tresdecima... & die vicesima sexta mensis Januarii... noverint universi... quod cum nobilis GLAUDIUS DE BELLOMONTE, Dominus Frayte... in contractu matrimonii inter ipsum & nobilem ANTHONIAM DE SANCTO AGNIANO, filiam Domini Beraudi de Sancto Agniano, Domini de Gastinâ & de Confollinco, Militis χjo duræ consumandi... dat, constituit... septuaginta quinque florenos auri... quam pencionem sive doeyrium promisit dictus Dominus Freyte... sub expressa obligatione... omnium bonorum suorum solvere... annis singulis.... casu quo contingeret dictum Dominum Frayte mori antequam dictam nobilem ANTHONIAM.... Actum in Camera nova Domine Abbatisse Ayarum, presentibus venerabili & religioso Domino Petro de Sancto Agniano, Abbate beate Marie de Boscodon... nobili & potenti viro AYMONE DE BELLOMONTE, testibus ad premissa vocatis & rogatis.

DE LA MAISON DE BEAUMONT. Liv. III.

Acquisition faite par Claude de Beaumont, *Seigneur de la Freyte, &*
Aynarde de Guiffrey, *sa mere ; d'*Amblard de Beaumont,
Seigneur de Beaumont *& de Montfort.*

Original en parchemin conservé aux Archives de la Terre du Touvet.

IN nomine Domini amen.... universis.... sit... manifestum quod anno nativitatis ejusdem Domini millesimo quatercentesimo quinquagesimo primo, Inditione decima quarta... die vero decima tertia mensis Decembris... nobilis & potens vir Amblardus de Bellomonte, Dominus de Bellomonte & Montisfortis... vendidit... nobilibus & potenti viro Claudio de Bellomonte, Domino Frayte & Eynarde Guiffrede ejus matri... videlicet homagia, fidelitates, omnimodam juridictionem altam & bassam, merumque & mixtum imperium que, quam & quod ipse idem Dominus Bellimontis... habet... in & super hominibus & personis subscriptis, eorum que liberis natis, nascituris, & ex eisdem descendentibus quibuscumque : Et primo super Petrum Vialis alias Michiel, Anthonium Pererii, Anthonium Blancheti, Johannem Garnerii, Petrum Betenti seniorem, & Johannem Chaberti de Vivero... & ulterius plus vendidit... operas, manuoperas, & corvatas quas ante hujusmodi vendidionem faciebant... prenominati homines... & hoc pretio & nomine pretii sexaginta florenorum monete currentis... Acta fuerunt premissa apud Fraytam infra Castrum dicti loci presentibus ibidem nobili Guillemo Guiliermerii, Anthonio Garcini, famulo dicti Domini Frayte, & Petro Giroudi alias Bernard... testibus vocatis & rogatis ad premissa & me Claudio Neyreti, de Thoveto, Clerico auctoritate Dalphinali Notario publico constituto, Curie que Offic̃ Grationopol~ jurato qui premissis omnibus... presens fui.

13 Décembre 1451.

Vis-à-vis les premieres lignes de cet acte est figuré le Monogramme du Notaire.

Acquisition faite par le même, du même.

Original en parchemin conservé aux mêmes Archives.

IN nomine Domini amen. Anno nativitatis ejusdem millesimo quatercentesimo quinquagesimo primo, Inditione decima quarta... & die vicesima prima mensis Marcii.... nobilis & potens vir Amblardus de Bellomonte, Dominus Bellimontis & Montisfortis... vendidit.,. nobili & potenti viro Claudio de Bellomonte Domino Castri & Mandamenti Frayte... homagia ligia & servitia, omnimodamque juridictionem altam & bassam, merum que & mixtum Imperium que, quam & quod ipse Dominus Bellimontis... habet... super hominibus & personis subscriptis... & primo supra Berthonum Garnerii alias Bayaudi, Johannem de Baftidâ, Johannem Cochacti & Anthonium Blanchardi, Parrochie Thoveti. Item plus vendidit ut supra operas, manuoperas & corvatas quas ipse persone nominate ante presentem venditionem dicto Domino Bellimontis faciebant & debebant facere... pretio & nomine pretii quadraginta quatuor florenorum..., Actum in Parrochia Terracie infra domum Cure dicti loci presentibus Domino Johanne del Ulmo, Capellano Cure dicti loci, Domino Johanne Hoe, Capellano, Vicario ejusdem loci & Claudio Neyreti Notario, testibus ad premissa vocatis & rogatis coram me Petro Saleni, Clerico de Terracia, authoritate Dalphinali, Notario publico, qui premissis omnibus dum sic agerentur presens cum dictis testibus interfui.

21 Mars 1451. (Vieux style.)

Remise de droits de lods & ventes, faite par Louis Dauphin à Claude de
Beaumont, *Seigneur de la Freyte, en considération de ses services militaires.*

Extrait du registre 4ᵘˢ copiarum Graisivodani, fol. xxix, étant aux Archives de la Chambre des
Comptes de Dauphiné ; délivré par le Greffier en Chef de cette Chambre, signé Chabert.

LOYS aîsiné fils du Roy de France, Daulphin de Viennoys, Conte de Valentinoys & de Dioys, à nos amés & féaulx les Gouverneur, ou son Lieutenant, & Gens de nostre Parlement, de nos Comptes & Trésoriers résidens à Grenoble : Salut & dilection savoir vous faisons que pour consideration de bons & agréables services que nous a faiz le temps passé nostre amé & féal vassal Glaude de Beaumont, Seigneur de la Frayte, tant au fait de la guerre, que autrement fait chacun jour, & espérons que plus face ou temps advenir, à icelluy pour ces causes & aussi en faveur d'aucuns ses amis nos spéciaulx serviteurs qui nous en ont requis, avons aujourd'huy

15 Février 1453.

donné, octroyé & quicté, donnons, octroyons & quictons de grace spéciale par ces présentes tout le droit des loz & ventes qui nous compete & appartient, & qui nous peuvent competer & appartenir à cause des achapts & acquisitions qu'il a faiz puis quatre ans en ça des terres & juridictions & sur les hommes & subgietz cy après desclarés ; & premierement de ce qu'il a achapté & acquis de AMBLARD DE BEAUMONT, Seigneur dudit lieu DE BEAUMONT & de Montfort... incluse en icelle acquisition une vendition d'aucuns hommes & juridition... faicte par ledit Seigneur DE BEAUMONT audit Seigneur de la Frayte ou à la noble AYNARDE sa mere & tout ce pour le pris & somme de cent florins monnoye courante ; Item à cause de ce que ledit Seigneur de la Frayte a achapté & acquis dudit Seigneur DE BEAUMONT... pour la somme de sexante florins d'icelle monnoye ; item aussi à cause de ce que ledit Seigneur de la Frayte & AYNARDE sadite mere ont acquis & achapté dudit Seigneur DE BEAUMONT... pour la somme de cinquante florins... item à cause de ce que ledit Seigneur de la Frayte a acquis par remission à luy faicte par Pierre Fontaine de Grenoble une piece de terre, ensemble ses homaiges, fiefs, devoirs & autres appartenances d'icelle nommée Bellechambre, &c... si vous mandons, commandons & expressement enjoignons & à chascun de vous, si comme à lui appartiendra, que de noz present don, octroy, & quictance vous faictes, souffrez & laissez ledit Seigneur de la Frayte joir & user plainement & paysiblement sans sur ce luy mettre, ou donner, ne souffrir être mis ou donné, ores, ne pour le temps advenir aucun arrest, destorbier ou empeschement en quelque maniere que ce soit... Car tel est notre plaisir... Donné à Valence le XVIᵉ jour de Février, l'an de grace mil IIIIᶜ cinquante-trois, par Monseigneur le Daulphin, le Gouverneur & Mareschal du Daulphiné, le Seigneur de Crussol & autres presents. Jo. de Sala.

Procuration de l'Abbesse des Hayes, passée en présence de CLAUDE DE BEAUMONT, Seigneur de la Freyte.

Extrait du fol. 14 Vᵒ. du protocolle original de Jean Masson, Notaire de Crolles ; conservé dans les Archives de M. le Président de Barral, à Crolles.

19 Janvier 1465. ANNO Domini millesimo quatercentesimo sexagesimo quinto & die xix mensis Januarii, coram me Notario publico & testibus infrascriptis, venerabilis & religiosa Domina, Domina Margarita de Sancto Agniano Abbatissa Monasterii Ayarum constituit... suos... procuratores, videlicet venerabilem & religiosum Dominum Johannem Thome, Patrem dicti Monasterii, Dominum Guillelmum Fabri, Cappellanum & Humbertum Bernardi... Actum in Castro Frayte presentibus nobili & potenti viro Beraudo de Sancto Agniano, nobili GLAUDIO DE BELLOMONTE Domino Frayte & PONTIO ejus nepote testibus. Et me Johanne Massonis Notario.

CHAPITRE VI.

PHILIPPE DE BEAUMONT, Dame de la Freyte, fille unique de CLAUDE, mariée, 1°. à HUMBERT DE LA TOUR, Chevalier, Seigneur de Vinay, & 2°. à CLAUDE DE CLERMONT, Seigneur de Sainte Helene.

Arrét du Parlement de Grenoble, qui déclare ouverte en faveur de PHILIPPE DE BEAUMONT, fille de CLAUDE, Seigneur de la Freyte, la substitution portée au testament d'ANTOINETTE DE LA BALME, bisayeule de ladite PHILIPPE ; contre les prétentions de SOFFREY DE BEAUMONT, Seigneur de Galerne, fils de JACQUES DE BEAUMONT, Seigneur de S. Quentin.

Extrait d'un rouleau en 3 peaux de parchemin, scellé du sceau Dalphinal en cire rouge, cotté : Theis 1517, Famille des Beaumont, étant aux Archives de la Chambre des Comptes de Dauphiné, caisse du Graisivodan ; délivré en vertu d'Ordonnance du 16 Octobre 1747, par le Greffier en Chef de cette Chambre, signé Chabert.

23 Décembre 1517. ARTUS Gouffier, Comes de Stampis & Caravasi, Baro de Maulevrier & Villedei, Dominus de Boysi, Consiliarius & Cambellanus Regius, magnus Magister Francie, Gubernator Dalphinatus universis

univerſis... notum fieri volumus... quod... ad cotam, in Curia Parlamenti Dalphinatus comparandum, ejuſque arreſtum & ſententiam diffinitivam proferendam, audiendum in quâdam cauſâ ſupplicationis, in & coram eâdem Curiâ motâ & pendente indeciſâ, inter nobilem & potentem virum GLAUDIUM DE BELLOMONTE Dominum Freyte, ac etiam Dominum JOHANNAM DE BELLOMONTE, Monialem incliti Monaſterii Montisfluriti, de licentia ſue Superioris ſupplicantes; & nobilem PHILLIPAM DE BELLOMONTE filiam ejuſdem nobilis GLAUDII DE BELLOMONTE ſupplicantis in dicta cauſa inde actricem, ex una parte; & nobilem & potentem virum JACOBUM DE BELLOMONTE, Dominum Sancti Quintini, & CAROLUM ejus filium ſupplicantes, & inde nobilem & potentem Dominum LAURENTIUM DE BELLOMONTE, heredem dicti nobilis JACOBI DE BELLOMONTE ſupplicati; & nobilem SOFFREDUM DE BELLOMONTE, Dominum Galerne indè ex alia, partibus... in ſupremo conſiſtorio Curie ſupreme Parlamenti Dalphinalis, & coram dictâ Curia comparuit diſcretus vir Magiſter Bernardinus Bayllivi, Procurator, & eo nomine nobilis PHILLIPE DE BELLOMONTE, filie nobilis GLAUDII DE BELLOMONTE in hac cauſa ſupplicantis... Ex adverſo ibidem comparuit magiſter Anthonius Avrilis, Procurator, & eo nomine nobilis SOFFREDI DE BELLOMONTE, Domini de Galerne... Et dicta Curia, auditis premiſſis... viſis... ſupplicatione articulata, & litteris citatoriis... parte ipſius nobilis GLAUDII DE BELLOMONTE, Domini Freyte ſupplicantis productis, quorum tenor ſequitur: Magnifico Dalphinali Parlamento humiliter exponendo ſupplicatur pro parte nobilis & potentis GLAUDII DE BELLOMONTE, Domini Freyte, ac etiam Domine JOHANNE DE BELLOMONTE, Monialis Montisfluriti... contra... nobilem & potentem JACOBUM DE BELLOMONTE, Dominum Sancti Quintini, ac etiam contra nobilem CAROLUM DE BELLOMONTE ejus filium... In primis quod nobilis ARTHAUDUS DE BELLOMONTE, Dominus Freyte, & ANTHONIA DE BALMA... fuerunt veri conjuges... Item quod ex dictis conjugibus... progeniti fuerunt... nobiles FRANCISCUS, EYNARDUS & ARTHAUDUS DE BELLOMONTE, & dicta Domina JOHANNA, Religioſa... Item quod dictus nobilis EYNARDUS DE BELLOMONTE... deceſſit ſine liberis legitimis, condito.. teſtamento, in quo ſibi heredes univerſales inſtituit dictos nobiles FRANCISCUM DE BELLOMONTE, Dominum Freyte & ARTHAUDUM, ejus fratres legitimos... Item quod dictus nobilis FRANCISCUS DE BELLOMONTE, Dominus Freyte... deceſſit, relicto ſuperſtite dicto nobili GLAUDIO Domino Freyte moderno ac ejus herede univerſali... Item quod dictus nobilis ARTHAUDUS DE BELLOMONTE, ab inteſtato, deceſſit ſine liberis legitimis... & ſuperſtitibus dictâ Dominâ JOHANNA religioſâ ejus ſorore ex utroque parente, & dicto nobili GLAUDIO DE BELLOMONTE, Domino Freyte moderno, filio fratris ex utroque latere predeſſuncti... Item quod propterea dicta Domina JOHANNA & nobilis GLAUDIUS DE BELLOMONTE, ſupplicantes ſunt proximiores legitimi heredes, & ad quos ſpectare debent bona & hereditas, que condam fuerunt dicti nobilis ARTHAUDI DE BELLOMONTE.. Item quod dictus nobilis ARTHAUDUS DE BELLOMONTE, tempore ejus vite & mortis quamplura bona mobilia & immobilia in hac patria Dalphinatus tenebat... videlicet in mandamento Tullini, domus, prata, vineas... Item etiam in mandamento de Chantamerloz, cum mero, mixto imperio... Item in villa de Romanis... Item in mandamento Alexiani... Item in mandamento de Charpey... Item quod dicta bona... tenent & de facto detinent dicti nobiles JACOBUS DE BELLOMONTE, Dominus Sancti Quintini, & CAROLUS ejus filius... Item quod propterea agunt dicti nobiles, GLAUDIUS DE BELLOMONTE, & Domina JOHANNA, & ſupplicant quathinus per veſtram diffinitivam ſententiam... declaretis ipſos ſupplicantes eſſe legitimos heredes dicti condam nobilis ARTHAUDI DE BELLOMONTE pro equis portionibus... condempnetis dictos nobiles JACOBUM DE BELLOMONTE, & CAROLUM ejus filium... ad reſtituendum... dictis ſupplicantibus bona & hereditatem que condam fuerunt dicti Domini ARTHAUDI DE BELLOMONTE in hac patria Dalphinatus.. ſupplicando humiliter preſentem cauſam.. in hoc ſupremo conſiſtorio retineri; actento QUOD AGITUR INTER BANNERETOS litteras ſi placet concedendo opportunas, de dolis: F. Marchi. Johannes de Daylloni, Miles, Dominus du Lude, Conſilliarius & Cambellanus regius, Gubernator Dalphinatus, &c... Datum Grationopoli, die decima ſexta menſis Maii, anno Domini M°. CCCC°. LXXVII°. per Dominum Gubernatorem ad relationem Curie quâ erant Domini P. Gruelli Preſidens, Gauffredus de Ecleſia, Ja. Roberteti, & Advocatus fiſcalis Dalphinatus, Doctores: Pradelli... Viſis etiam articulis exceptionalibus parte nobilis JACOBI DE BELLOMONTE, Domini Sancti Quintini... traditis... tenoris ſequentis: Excipiendo adverſus ſupplicatâ... contra nobilem & potentem JACOBUM DE BELLOMONTE, Dominum Sancti Quintini, & nobilem CAROLUM DE BELLOMONTE ejus filium... dantur brevia propoſita ſequentia... In primis, quod ſi conſtet.. dictos nobiles GLAUDIUM DE BELLOMONTE & JOHANNAM DE BELLOMONTE, Monialem, ſupplicantes fore & eſſe propinquiores, in genere nobilis condam ARTHAUDI DE BELLOMONTE, fuit tamen & eſt... quod dictus nobilis ARTHAUDUS... de anno preſenti M°. CCCC°. LXXVII°. & die penultima menſis Martii proxime lapſi... ſuum ultimum condidit teſtamentum... in quo heredem univerſalem ſibi inſtituit... dictum nobilem CAROLUM DE BELLOMONTE, filium dicti nobilis JACOBI DE BELLOMONTE Domini Sancti Quintini... qui nobilis CAROLUS heres inſtitutus ſaltim miniſterio dicti nobilis JACOBI Domini Sancti Quintini ejus pattris, adivit hereditatem dicti... teſtatoris... Viſis etiam articulis exordientibus replicando parte ipſius nobilis GLAUDII DE BELLOMONTE Domini Freyte... quorum tenor ſequitur: Replicando adverſus quaſdam aſſertas exceptiones, &c,... ſi conſtet vel appareat de pretenſo teſtamento dicti nobilis ARTHAUDI DE BELLOMONTE... eſt nullum... quod nobilis ARTHAUDUS, de tempore date pretenſi teſtamenti, fuit & etat excommunicatus & vinculo excommunicationis aſtrictus..&.. fuit publicè nunciatus excommunicatus in Ecleſia Parrochiali ſui domicillii..&.. ut publicus concubinarius fuit in vinculo excommunicationis, nedum per ſpatium unius anni, ſed quin-

M

que & ultra, citra tamen denigrationem honoris dicti nobilis ARTHAUDI.. qui nobilis ARTHAUDUS... fecum habuit per fpatium fex annorum & ultra & in ejus domo quamdam mulierem concubinam, nedum, fed etiam conftante matrimonio palam & publicè, citra tamen femper denigrationem honoris dicti nobilis ARTHAUDI, loquendo ut fupra Procurator. Item quod propterea dictum pretenfum teftamentum, licet aliàs fit nullum & invalidum, tamen ex eo quia conditum per excommunicatum non valet... Item quod de tempore dicti pretenfi teftamenti dictus nobilis ARTHAUDUS DE BELLOMONTE non erat fanus mente... non intelligebat verba que proferebantur, nec habebat intelligentiam illorum... Item quod... ad fui fubgeftionem nominaverit heredem in fuo pretenfo teftamento dictum nobilem CAROLUM, filium dicti Domini Sancti Quintini... quod... nichil ore fuo proferebat, fed tantum interrogatus dicebat interdum *Ay?* interdum dicebat, *ce que vous voudrez*, abfque intelligentia verborum que proferebantur... Qui nobilis ARTHAUDUS... dum ad intelligentiam ipfius pervenit talia verba vel confimilia... in propofito habuit... mutare... dictum pretenfum teftamentum... petiit ut affiftentes fibi facerent venire Notarium.. ad illos fines mutandi dictum fuum teftamentum ad favorem dicti Domini Freyte... Item quod dictus Dominus Sancti Quintini feu alii nomine ipfius, & nobilis CAROLI ejus filii... non permiferunt venire nec introire Notarium nec teftes... Item quod ideo ex premiffis... apparet de nullitate & invaliditate ipfius teftamenti pretenfi... & premaximè confiderato tenore cujufdam claufule dicti teftamenti in qua dictus Dominus Sancti Quintini acomodavit tantam fidem in favorem *ejufdem* nobilis JACOBI DE BELLOMONTE, fpurii dicti nobilis ARTHAUDI in fraudem legis faciendo civiliter & citra injuriam loquendo.. qui JACOBUS fuit progenitus ex dicto nobili ARTHAUDO ejus pater, conftante matrimonio, licet ex alia muliere, videlicet Gilleta de Turre que pro tunc erat uxorata magiftro Humberto Garnerii, Sarrallerio... ideo... dictus JACOBUS DE BELLOMONTE natus ex damnato cohitu eft incapax ad accipiendum ab ejus patre, feu aliâ interpofitâ perfonâ, nomine ipfius... Item quod in cafum in quem appareret de aliqua validitate dicti pretenfi teftamenti alio jure bona & hereditas que... tenebat dictus nobilis ARTHAUDUS, fpectant & pertinent dicto Domino Freyte... quia nobilis ANTHONIA DE BALMA, uxor nobilis ARTHAUDI DE BELLOMONTE, avia paterna dicti Domini Freyte, & mater dicti ARTHAUDI fuum condidit teftamentum... de anno Domini Mº. CCCCº. XIIIº. & die vicefima fexta menfis Maii... in quo... fuos heredes univerfales inftituit nobiles FRANCISCUM, EYNARDUM, ARTHAUDUM & AYMONEM ejus filios... & cafu quo contingeret alterum dictorum, FRANCISCI, EYNARDI, ARTHAUDI & AYMONIS, filiorum fuorum... decedere... fine liberis legitimis... alterum ipforum fuperftitem & in hoc feculo remanentem fibi fubftituit... & ejus liberos & heredes in futurum... Item quod dicti nobiles EYNARDUS, ARTHAUDUS & AYMO DE BELLOMONTE... decefferunt fine liberis legitimis.. Item quod dictus nobilis FRANCISCUS DE BELLOMONTE Dominus Freyte... deceffit relicto... dicto nobili GLAUDIO DE BELLOMONTE, Domino Freyte moderno, ejus filio legitimo & herede univerfali... Item quod bona & hereditas que tenebant dictus nobilis ARTHAUDUS... in mandamento Tullini & in mandamento Scallarum fuerunt de bonis dicte nobilis ANTHONIE DE BALMA teftatricis.. propterea fubftitutio facta in teftamento dicte nobilis ANTHONIE... vendicat fibi locum in perfonam dicti Domini Freyte moderni, attento quod eft folus fuperftes de liberis legitimis alterius filiorum inftitutorum... Vifis etiam articulis, exordientibus non habent obftare in aliquo, &c. parte dicti Domini Sancti Quintini datis.. quorum tenor fequitur... In primis quod.. nobilis ARTHAUDUS DE BELLOMONTE, Dominus de Chantamerlo.. fuum ultimum condidit teftamentum.. Item.. incontinenti.. dictus teftator.. codicillando dedit & legavit nobili GLAUDIO DE BELLOMONTE, Domino Freyte quoddam debitum in quo fibi tenebatur ipfe nobilis GLAUDIUS Dominus Freyte ex teftamento nobilis & potentis viri FRANCISCI Domini Freyte, patris condam dicti GLAUDII.. Item quod dictus nobilis ARTHAUDUS... tempore teftamenti & codicilli erat fanus mente & intellectu.. fidelis xpianus, & tanquam fidelis xpianus à quâcumque pretensâ fententiâ excommunicationis liberatus... Item... abfque eo... quod dictus nobilis ARTHAUDUS... effet excommunicatus, nec nominatim pronuntiatus excommunicatus publicè, & ita negatur... Item quod fi conftet... pretenfam fubftitutionem locum fibi vendicaffe... ipfe Dominus Freyte renunciavit dicte pretenfe fubftitutioni, quantum tangit bona dicte nobilis ANTHONIE DE BALMA... Vifis etiam articulis exordientibus...

(*) Il y a ainfi dans l'original au lieu de BELLOMONTE.

pro parte ipfius nobilis GLAUDII *DE CLAROMONTE*(*) Domini Freyte... dicit & proponit quod condam nobilis Miles, Dominus FRANCISCUS DE BELLOMONTE, Dominus Adextris & Freyte, proavus moderni Domini Freyte duos habens filios, videlicet nobiles, ARTHAUDUM & EYNARDUM DE BELLOMONTE, fuum condidit teftamentum... dictum nobilem ARTHAUDUM fibi heredem inftituit in Caftro & territorio de Freyta.. & dictum EYNARDUM... in Caftro fuo & domo forti de Adextris... Item voluit... ac precepit per expreffum, quod fi contingeret... alterum dictorum nobilium ARTHAUDI & EYNARDI... fine legitimis mafculis liberis... quod bona & hereditas illius ad fupervenientem ex ipfis.., & ad fuos liberos legitimos, de uno ad alium, ufque ad ultimum defcendentium ex ipfis.. revertantur & pleno jure perpetuo debeant remanere... Item quod.. pro heredibus eorum patris.. reputati fuerunt, videlicet, nobilis ARTHAUDUS in Caftro de Freyta & nobilis AYNARDUS in Caftro de Adextris.. quod per dictam fubftitutionem.. nedum fuit invitatus ad dictam hereditatem & Caftrum de quo agitur ipfe nobilis ARTHAUDUS, fed liberi ipfius ARTHAUDI, & liberi liberorum dicti ARTHAUDI, & fic modernus Dominus Freyte... ideo dictum Caftrum de Freyta de quo agitur, nedum pertinet Domino moderno Freyte ex difpofitione teftamentariâ FRANCISCI DE BELLOMONTE fui patris, vel fucceffione ab inteftato ARTHAUDI fui avi, fed ex difpofitione teftamentariâ Domini FRANCISCI proavi fui paterni... Item quod ad dictam hereditatem nedum fuerunt invitati dicti quatuor liberi ipfius ANTHONIE DE BALMA, fed liberi liberorum fuorum, & fic

DE LA MAISON DE BEAUMONT. Liv. III.

modernus Dominus Freyte & moderna Domina DE VINAYSIO ejus filia. Visis pariter.. instrumentis absolutionis testamenti nobilis AYNARDI DE BELLOMONTE, divisionum & testamenti Domini ARTHAUDI DE BELLOMONTE... viso pariter instrumento matrimonii inhiti inter nobilem HUMBERTUM DE TURRE, Militem, Dominum Vinayfii, & nobilem PHILLIPAM DE BELLOMONTE, filiam nobilis GLAUDII DE BELLOMONTE Domini Freyte... viso inde pariter testamento nobilis & potentis viri Domini FRANCISCI DE BELLOMONTE, Militis... visa denique supplicatione Curie oblata... parte nobilis PHILLIPE DE BELLOMONTE... de anno Domini M°. quingentesimo doudecimo & die decima sexta mensis Maii ; visis etiam articulis exordientibus latius, &c. pro parte dictae nobilis PHILLIPE DE BELLOMONTE Domine Sancte Helene contra... nobilem LAURENTIUM filium & heredem nobilis & potentis viri Domini JACOBI DE BELLOMONTE, Dominum Sancti Quintini... cujus tenor sequitur : Quia per processum... apparet ipsos predictos nobiles condam, ARTHAUDUM & ANTHONIAM, ac etiam dictos nobiles GLAUDIUM & JACOBUM.. decessisse & nobilem PHILLIPAM DE BELLOMONTE fuisse & esse filiam & donatariam universalem omnium bonorum dicti condam nobilis GLAUDII in eadem causa supplicantis, constante instrumento sui matrimonii... que bona propterea petit humiliter & requirit... sibi adjudicari... nichilominus proponendo cum suo juramento sequentia... Primo quod dictus nobilis condam GLAUDIUS DE BELLOMONTE... decessit superstite eâdem nobili PHILLIPA suâ filiâ, jam sunt duodecim anni effluxi, &c... Visis inde responsionibus... per nobilem LAURENTIUM DE BELLOMONTE, filium JACOBI DE BELLOMONTE Sancti Quintini super propositis... visâ pariter responsione per dictum SOFFREDUM DE BELLOMONTE, Dominum Galerne.. Visis denique articulis .. pro parte nobilis PHILLIPE DE BELLOMONTE datis.. quorum tenor talis est, . In primis quod .. fuit nobilis Dominus AYMO DE BALMA, Miles, habitator Tullini... Dominus & possessor quam plurimorum bonorum & censuum , & reddituum in loco & mandamento Tullini... tam apud Morestam, quam apud Renagium... qui Dominus AYMO DE BALMA, Miles... decessit relictâ & sibi superstite Domina ANTHONIA DE BALMA, suâ filiâ unicâ, naturali & legitimâ .. que predicta.. bona tenet & possidet ipse nobilis SOFFREDUS DE BELLOMONTE.. & occupat indebitè & injuste. Item & qui nobilis SOFFREDUS DE BELLOMONTE fuit & est filius nobilis condam JACOBI DE BELLOMONTE, Domini Sancti Quintini... Item & quequidem nobilis PHILLIPA DE BELLOMONTE vendidit & alienavit dictum Castrum Freyte, cum suis juribus & pertinentiis ejusdem magnifico Domino Francisco de Lucembourg... quemquidem magnifficum Dominum Franciscum de Luccembourg petit dictus nobilis SOFFREDUS DE BELLOMONTE evocari... Item quod, pendente hujusmodi lite, decessit nobilis CAROLUS DE BELLOMONTE... filius dicti nobilis JACOBI DE BELLOMONTE Domini Sancti Quintini, relicto superstite dicto nobili JACOBO suo patre... Item quod ex post, decessit dictus nobilis JACOBUS Dominus Sancti Quintini , relictis superstitibus nobilibus SOFFREDO & BALTHESARDO DE BELLOMONTE suis filiis naturalibus & legitimis, nec non nobili LAURENTIO DE BELLOMONTE, filio nobilis REFORCIATI DE BELLOMONTE sui filii, dictis, SOFFREDO & LAURENTIO patruo & nepote, eidem nobili JACOBO respectivè succedentibus... Item & qui nobilis LAURENTIUS cessit, quictavit & remisit eidem nobili SOFFREDO suo patruo omnia , & quecumque jura .. que .. habebat & habere poterat in ipsis bonis, de quibus agitur... visis etiam... aliis que partes hinc indè tam in jure quam in facto dicere & allegare voluerunt... Curia Parlamenti per suum Arrestum dicit & pronunciat substitutionem fideicommissariam per nobilem ANTHONIAM DE BALMA in ejus testamento... factam, per mortem nobilis condam ARTHAUDI DE BELLEMONTE alterius filiorum & heredum universalium dicte nobilis ANTHONII, ultimo loco ipsorum vita functi, sine liberis naturalibus & legitimis, locum habuisse & habere... in personam nobilis PHILLIPE DE BELLOMONTE, ultimo agentis, filie naturalis & legitime nobilis GLAUDII DE BELLOMONTE predefuncti, condempnando propterea nobilem SOFFREDUM DE BELLOMONTE, ultimo loco reum in hac causâ... & bonorum præfate condam nobilis ANTHONIE possessorem & derentorem ad restituendum & relaxandum eidem nobili PHILLIPE actrici hereditatem & bona predicta... detractis tamen per ipsum nobilem SOFREDUM, tam pro quarta trebellianica, quam jure legitimarum ejusdem nobilis ANTHONIE liberorum, sex unciis condimidia totius assis *r*.. oneribus tamen hereditariis & ere alieno, per eosdem nobiles SOFFREDUM & PHILLIPAM pro quota & portione , quemlibet ipsorum concernente, supportatis ; ipsam nobilem PHILLIPAM a ceteris petitis in eam parte ejusdem nobilis SOFFREDI in hac causa absolvendo, jus tamen ypotece per eumdem nobilem SOFFREDUM deductum, si quod eidem competat, tam contra magnifficum Dominum Franciscum de Lucembourg ultimate evocatum, quam alios, sibi nobili SOFFREDO reservando, expensas hujus litis, hinc inde compensando... Datum Gratianopoli die vicesima tertia mensis Decembris, anno Domini millesimo quingentesimo decimo septimo a nativitate sumpto : Per Dominum Gubernatorem ad relationem Curie quâ erant Domini Falco de Aurilhaco Presidens, A. Palmerii, P. Laterii, B. Raboti, F. Marchi, M. Galliani, St. Oliverii, Jo. Modi, Ja. Galliani ; per me Clavelli. Menonis.

Requisitoire adressé au Duc de Savoye, pour l'exécution de l'Arrêt ci-dessus.

Extrait annexé à cet Arrêt, délivré. & signé de même.

ILLUSTRISSIMO Principi & Domino Duci Sabaudie, Eminentique Consilio Ducali, Chamberiaci residenti... Artus Gouffier, Comes de Stampis & Caravasu, Baro de Mauleyrier.... 23 Décembre 1517.

92 PREUVES DE L'HISTOIRE GÉNÉALOGIQUE

Gubernator Dalphinatûs; honoris augmentum... visâ in Curiâ Parlamenti Dalphinatus fupplicatione & arrefto, five diffinitivâ fententiâ per eamdem Curiam latâ... pro parte nobilis PHILLIPE DE BELLOMONTE fupplicantis... Curia prefata exeqlutionem dicte fententie commifit... & nos commictimus per prefentes nobili Johanni Menonis, Dalphinali Secretario &... Graphario; quo circa... vos, prefatos Dominos... requirimus... rogamus quathinus eidem Commiffario... opem, auxilium concedatis... tantum pro nobis fi placet faventes, quantum nos pro vobis effe facturos velletis... Datum Grationopoli die vicefima tertia menfis Decembris, anno Domini millefimo quingentefimo decimo feptimo anativitate fumpto. Per Dominum Gubernatorem, ad relationem Curie quâ erant Domini, Prefidens A. Palmerii. P. Laterii. B. Roberti. F. Marchi. Jo. Morardi. Jacobus Galliani, & Merauldus Clavelli. Atnini.

Autre Arrêt du Parlement de Grenoble, en faveur de PHILIPPE DE BEAUMONT, *femme de* CLAUDE DE CLERMONT, *Seigneur de Sainte-Helene, concernant l'execution du précédent Arrêt.*

Extrait d'un rouleau de parchemin, fcellé du fceau dalphinal en cire rouge, cotté : Teys 1517, fentence & transaction entre la Famille de Beaumont, étant aux Archives de la Chambre des Comptes de Dauphiné, caiffe du Graifivodan; délivré & figné comme les précédens.

31 Mars 1520. GUILHERMUS Goffier, Regii ordinis Miles, Dominus de Bonivero, Confiliarius & Cambellanus Regius, Admiraldus Francie, Locumtenens Generalis, Gubernator perfone Domini noftri Dalphini & Dalphinatus... procedendo per infignem Curiam Dalphinalis in quadam caufa fuper exeqlutione fentencie & arrefti... per Magiftrum Johannem Menonis, Dalphinalem Secretarium, Comiffarium ad exeqlutionem ejufdem fententie & arrefti deputatum, coram dictâ Curiâ remifsâ & agitatâ inter nobilem PHILLIPAM DE BELLOMONTE, uxorem Domini Sancte Helene fuplicantem & agentem ex una; & nobilem SOFFREDUM DE BELLOMONTE fupplicatum & reum ex alia, partibus; in fuppremo Dalphinali Confiftorio... comparuit Magifter Bernardinus Bayllivi, Procurator... dicte nobilis PHILLIPE DE BELLOMONTE... &... Magifter Anthonius Aurilis, Procurator... dicte nobilis SOFFREDI DE BELLOMONTE, vifis pariter quibufdam articulis feu interrogatoriis pro parte dicte nobilis de BELLOMONTE... quorum... tenor fequitur... fuper infrafcriptis... interrogentur nobiles, honorabiles & difcreti, Amedeus Trolheti, Glaudius Clerici, Johannes Archaurius, Petrus Capitis, Johannes de Montargiaco & Guilhermus Belletonis, nec non Johannes Eynardi & Thomas Gardini feu eorum heredes & papirorum cuftodes... an in fuis, fuorumque predeceffortum papiris, notis, prothocollis feu regiftris viderint feu fciverint... aliqua inftrumenta... recepta de alienatis titulo venditionis, permutationis... per nobiles condam ARRTHAUDUM DE BELLOMONTE, maritum nobilis ANTHONIE DE BALMA, JACOBUM DE BELLOMONTE, Dominum Sancti Quintini, aut SOFFREDUM DE BELLOMONTE modernum, de bonis que condam fuerunt nobilis & potentis Domini AYMONIS DE BALMA & prefate nobilis ANTHONIE DE BALMA ejus filie, uxoris predicti nobilis ARTHAUDI DE BELLOMONTE... Curia, vifa fententiâ ad utilitatem nobilis PHILLIPE DE BELLOMONTE Domine Sancte Helene per Curiam latâ, de cujus exequtione nunc agitur... inftrumentifque, & aliis hinc inde productis... pronunciavit & pronunciat ut fequitur : Primo quo ad cautionem, per nobilem SOFFREDUM DE BELLOMONTE preftari, petitam, Curia ipfa ordinavit & ordinat quod dicta nobilis PHILLIPA, preftito prius per eam juramento quod credit non poffe invenire alias cautiones, quam cautiones per ipfam oblatas, caveat per nobilem CLAUDIUM DE CLAROMONTE ejus virum, nec non etiam per Arthaudum & Guillelmum Belletonis juxta ejus parte oblata... Curia ipfa ordinavit & ordinat fententiam ipfam ad utilitatem prefate nobilis PHILLIPE latam, de cujus exequtione agitur... fore & effe exequendam, & quam exequi jubfit & jubet in omnibus cenfibus, predictis, bonifque immobilibus que dictus nobilis SOFFREDUS tenet in locis, mandamentis & territoriis Tullini & Scalarum... exceptâ quâdam peciâ terre prope Galernam exiftente, titulo permutationis aquifitâ ab honorabili viro Petro Gardini condam... nec non etiam quâdam fervâ etiam titulo permutationis per dictum nobilem SOFFREDUM aquifitâ à nobili Jacobo Buffaventi... & quia tenore actorum. conftat & apparet dictum nobilem SOFFREDUM DE BELLOMONTE rerum alienaffe de bonis que condam fuerunt dicte nobilis ANTHONIE DE BALMA... Curia ordinavit... tradi & expediri eidem nobili PHILLIPE & ad illius electionem, pro concurrentibus tamen portionibus & quotis eidem adjudicatis, de bonis, dicto nobili SOFFREDO, pro fuis portionibus, adjudicatis ad extimam tamen proborum neutre parti fufpectorum... Quo ad portiones parte dicti nobilis SOFFREDI facta pro impenfâ funeris dicte nobilis ANTHONIE condam... Curia... ordinavit quod dicta nobilis PHILLIPA... det & folvat eidem nobili SOFFREDO DE BELLOMONTE fummam fexaginta florenorum parve & debilis monete... Datum Grationopoli die ultima menfis Martii, anno Domini millefimo quingentefimo vicefimo.

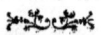

CHAPITRE VII.

ARTAUD DE BEAUMONT, Seigneur de Tullins, des Echelles & de Chantemerle, frere puîné de FRANÇOIS II. rapporté ci-dessus, pag. 81. de ces Preuves.

Extrait de l'Inventaire des titres de la Chambre des Comptes de Dauphiné, étant à la Bibliothéque du Roi, tome I de S. Marcelin, numéroté 27, f.° 216 v°.

AU reg. cotté : *Particulares denominationes feudorum Baillivatitium Viennesii & Valentinesii,* Ann. 1447. *ac terre Turris* 1447, lettre C, fol. 33, est un dénombrement sans datte, fourni par noble ARTAUD DE BEAUMONT, au nom de Demoiselle JEANNE BUFFEVANT, sa femme, héritiere de noble Pierre Buffevent & de Joyette Marchand, ses pere & mere, où il dénombra plusieurs cens, par quantité, contenance & confins, ès mandemens de BEAUMONT, de Peyrins, de S. Paul, de Clérieu & de Charpey; plus dénombra séparément plusieurs censes, comme dessus, au mandement de Tullins, à la fin duquel dénombrement se trouve un Mémoire détaché du registre, contenant que ledit dénombrement fut fourni le dernier Janvier 1448, & que ledit de BEAUMONT avoit produit son homage datté du 18 Février 1446.

Testament d'ARTAUD DE BEAUMONT, Seigneur de Tullins, des Échelles & de Chantemerle, en faveur de CHARLES DE BEAUMONT, son neveu (à la mode de Bretagne), fils de JACQUES DE BEAUMONT, Seigneur de S. Quentin, son cousin germain; avec son codicile en faveur de CLAUDE, son neveu, fils de FRANÇOIS DE BEAUMONT (II du nom), Seigneur de la Freyte, son frere.

Original en papier conservé dans les Archives de M. le Comte de Beaumont-de la Roque, au Château du Repaire, en Périgord.

IN nomine Sancte & individue Trinitatis, Patris & Filii & Spiritus sancti, amen... Anno a 30 Mars 1477. Nativitate Domini millesimo quatercentesimo septuagesimo septimo, Indicione decima... & die penultima mensis Marcii, apud Tullinum, scilicet in domo noviter hedificata & acquisita per nobilem virum ARTHAUDUM DE BELLOMONTE a nobili Johanne Borrellonis, dicti loci Tullini in loco de Plano, scilicet in camera inferiori Turris, coram nobis Anthonio & Guillermo Belletonis patre & filio de Tullino, ac Stephano Charmelli Notariis publicis... prefatus nobilis ARTHAUDUS DE BELLOMONTE dicti loci Tullini Gratianopolitanensis Diocesis, sanus mente... suum condidit atque fecit nuncupativum testamentum. In primis... sepulturam elegit in Ecclesia beati Laurentii Tullini, videlicet in Cappella per ipsum testatorem noviter constructa & hedificata in dicta Ecclesia & ibidem voluit honorifice sepelliri ut fidelis χpianus.... Item dedit & legavit dictus nobilis testator honorabilibus viris Dominis Johanni Roucini, prebitero, Curato dicti loci Tullini & Johanni Novelli eriam prebitero, ejusdem Curati Vicario, cuilibet ipsorum, unum florenum... ita quod ipsi... Deum teneantur exorare pro anima ipsius nobilis testatoris, ac etiam pro animabus parentum & benefactorum suorum... Item... cum ipse in dicta Ecclesia Parrochiali Tullini... de novo construi fecerit... ejus Cappellam ad laudem Dei & beate Marie Virginis... dedit pro dotatione ejusdem Cappelle, videlicet ducentos florenos monete, semel pro censibus & aliis bonis acquirendis... Item dedit... nobili Art...(*)...Buffaventi ejus servitori, ibidem presenti & gratis acceptanti... (*) L'acte est en singula debita in (*).... idem nobilis Arthaudus Buffaventi & nobilis Guillern (*).... Buffaventi dommagé par véquondam ejus pater eidem nobili testatori (*)...possent... Item... omnes census, redditus cum tusté en ces emplacitis in (*)... idem nobilis ARTHAUDUS DE BELLOMONTE eidem nobili testatori tenetur... pro certis suis rebus... droits. quas... velud heres nobilis Guillermi Buffaventi ejus patris condam tenet de feudo & dominio directo ipsius nobilis testatoris... taliter quod de cetero idem nobilis Arthaudus Buffaventi... sit quittus, liber & absolutus a dictis servitiis & placitis. Item dedit... nobili Arthaudo de Manisseno ejus servitori de Romanis... Officium Castellanie loci & mandamenti de Chantamerlo.... cum onere & honore ejusdem ad ipsius Arthaudi de Manasseno vitam... dumtaxat. Item dedit... nobili & potenti viro JACOBO DE BELLOMONTE, Domino Sancti Quintini ejus consobrino germano ibidem presenti,... omnia... feuda, retrofeuda, homagia, fidelitates, census, redditus, placita... domos terras... prata... nemora, nigra & alba molandina & rippagia... existentia in Ducatu Sabaudie, scilicet in Parrochia, districtu & mandato loci de Scalis... cum conditione adjecta quod... teneatur providere nobili JACOBO DE BELLOMONTE, FILIO NATURALI ipsius nobilis testatoris de bonis & hereditate in equipollentia.... bonorum prementionatorum.... Item dedit.... honeste mulieri Arthaude Belletone ejus filiole, filieque naturali & legitime mys infrascripti Anthonii Belletonis Notarii... unum scutum auri & hoc pro serviciis ibi factis & impensis... Item dedit... Gillete de Turre, ejus ancille, centum florenos... & hoc pro multis & variis serviciis, amoribus & beneplacitis... continuè factis & impensis... Item dedit... carissimis filiabus suis naturalibus, videlicet JOHANNE, ANTHONIE & MARGARITE DE BELLOMONTE sororibus, & cuilibet ipsarum summam centum florenorum bone monete & hoc pro substentatione earum victu & vestitu... Item reliquit dictus nobilis testator prenominatum nobilem JACOBUM DE BELLOMONTE, Dominum dicti loci Sancti Quintini Dominum, ususfructuarium, rectorem, gubernatorem & administratorem omnium... bonorum... & rerum suarum... In omnibus autem aliis.... bonis suis... sibi heredem generalem & universalem fecit... nobilem KAROLUM DE BELLOMONTE ejus nepotem carissimum filium naturalem & legitimum supranominati nobilis JACOBI DE BELLOMONTE, Domini Sancti Quintini. Commissarios autem suos & hujus sui nuncupativi testamenti executores... honorabiles & discretos ac religiosum viros Dominum Henricum Cellacii, Ordinis Sancti Benedicti, Priorem Prioratus ville Tullini, nec non Dominum Johannnem Roncini, prebiterum Curatum Ecclesie Parrochialis ejusdem ville... ac supra descriptum nobilem JACOBUM DE BELLOMOTE, Dominum Sancti Quintini ipsius nobilis testatoris consobrinum germanum... Acta fuerunt premissa... presentibus testibus... Dominis Petro Belletonis, Ordinis Sancti Benedicti Monacho claustrali Prioratus dicte ville Tullini... Johanne Roncini, Curato... Tullini, prebiteris, nobilibusque Arthaudo Buffaventi, Amedeo & Ludovico Trolheti fratribus dicti loci Tullini, Arthaudo de Manisleno ville de Romanis... & nobis Notariis publicis superius exaratis. Postque anno, indicione, die & loco quibus supra... dictus nobilis ARTHAUDUS DE BELLOMONTE, testator readvisus... actento quod... nullam... mencionem fecerit de nepote suo carissimo GLAUDIODE BELLOMONTE, Domino Frayte, codicillum suum fecit... In primis dictum nobilem GLAUDIUM DE BELLOMONTE, Dominum Frayte, filium quondam nobilis FRANCISCI DE BELLOMONTE... sibi heredem particularem instituit in quodam debito in quo dictus... ejus nepos... eidem nobili testatori tenebatur prout... asserit... constare... in testamento... dicti quondam nobilis FRANCISCI ejus fratris & dicti nobilis GLAUDII patris, facto... Acta fuerunt hec ubi supra presentibus testibus nobilibus Johanne Roberti, Arthaudo Buffaventi, Ludovico Trolheti, provido viro Johanne Tellerini Notario, filio Laurencii Tellerini etiam Notarii... & nobis Notariis supranominatis & hic subsignatis. Extracta fuit hec presens copia a suo proprio originali per me Notarium subsignatum facta debita colatione.... me subsignavi signo meo manuali consueto in robur & testimonium omnium premissorum. G. Belletonis.

CHAPITRE VIII.

GUIGUES dit GUERS, ARTAUD & HENRI DE BEAUMONT, freres puînés d'ARTAUD IV. rapporté ci-dessus pag. 49. de ces Preuves.

Hommage rendu à Humbert, Dauphin de Viennois, par GUIGUES dit GUERS DE BEAUMONT, de ce qu'il tient de ce Prince au Mandement d'Avalon.

Extrait du registre, cotté : Pilati, de l'année 1334, fol. 33, étant aux Archives de la Chambre des Comptes de Dauphiné ; délivré & signé comme celui de l'acte du 23 Septembre 1527, rapporté au Chapitre VI de ce Livre.

9 Janvier 1334. IN nomine Domini amen. Anno Nativitatis ejusdem millesimo tricentesimo tricesimo quarto, Indicione secunda, die nona mensis Januarii coram me Notario & testibus infrascriptis, constitutus in presentia illustris & magnifici Principis Domini Humberti Dalphini Viennensis, Vienne & Albonis Comitis, GUIGO DE BELLOMONTE, dictus GUERSUS, idem GUIGO confitens se esse hominem dicti Domini Dalphini pro rebus quas tenet ab eo apud Avalonem ; ignorans tamen utrum sit homagium ligium vel non ligium, dictum homagium, in quantum eum tangit, fecit pro dictis rebus quas tenet in Avalone & ejus Mandamento eo modo quo fecerat olim ARTHAUDUS, pater dicti GUIGONIS... junctis manibus ipsius GUIGONIS inter manus dicti Domini Dalphini, orisque osculo interveniente inter ipsos, ut est moris, & promisit & supra Sancta Dei Evangelia corporaliter, tacto libro, juravit quod ab hac hora in antea usque ad ultimam diem vite sue erit fidelis dicto Domino Dalphino contra omnem hominem & juravit quod nunquam scienter erit in consilio vel in facto quod idem Dominus Dalphinus vitam, vel membrum aliquod amittat, vel recipiat in

DE LA MAISON DE BEAUMONT. Liv. III.

perſona aliquam leſionem vel injuriam... & ſi ſciverit vel audiverit de aliquo qui velit aliquod iſtorum contra dictum Dominum Dalphinum facere, pro poſſe ſuo ut non fiat impedimentum preſtabit, & ſi impedimentum preſtare nequiverit prefato Domino Dalphino quam citiùs poterit nunciabit, & contra eum predicta in contrarium facientem, prout poterit dicto Domino Dalphino auxilium preſtabit; & ſi contingerit ipſum Dominum Dalphinum rem aliquam quam ipſe Dominus Dalphinus habet vel habebit, injuſte vel fortuito caſu amitere, eam recuperare juvabit & recuperatam omni tempore retinere, & ſi ſciverit ipſum Dominum Dalphinum velle aliquem juſtè offendere, & inde fuerit ſpecialiter vel generaliter requiſitus, ſuum ſicut poterit dicto Domino Dalphino preſtabit auxilium, conſilium & favorem & ſi aliquid ipſi fideli in ſecreto dictus Dominus Dalphinus manifeſtaverit, illud ſine licentia ipſius Domini non pandet, vel per quod pendatur faciet, & ſi conſilium ab ipſo fideli ſuper aliquo facto idem Dominus Dalphinus poſtulaverit illud eidem dabit conſilium quod ſibi magis dicto Domino Dalphino videbitur expedire... Quod homagium, juramentum & recognitionem dictus Dominus Dalphinus recepit... prefingens ipſe Dominus Dalphinus terminum prefato GUIGONI ut infra proximum feſtum Paſche ea omnia & ſingula que plura teneret a dicto Domino Dalphino & de ejus feudo recognoſcat apud Gratianopolim particulariter & diſtinctè...coram dicto Domino Dalphino, vel coram Dominis Jacobo Caputgraſſi, Nicolao Conſtancii, Guigone Berardi, legum Profeſſoribus & Judice majori Grayſivodani... Actum apud Gratian in domo Epiſcopali, preſentibus teſtibus, videlicet, Dominis Guilleimo, divinâ gratiâ Archiepiſcopo Brundicino, AMBLARDO DE BELLOMONTE, legum Doctore & Stephano de Rupho, Juriperito, vocatis & rogatis teſtibus ad premiſſa, & ego Humbertus Pilati, &c.

Donation faite par JAQUEMETTE DE SERRAVALLE, *du conſentement d'* ARTAUD DE BEAUMONT, *ſon mari, de tous ſes biens & droits paternels & maternels, à Hugues Julliani, de Chantemerle.*

Original en parchemin conſervé aux Archives de la Terre des Adrets.

ANNO Domini milleſimo CCC°. XXVIII°. Inditione xI^a. vI°. Kalendarum Aprilis... cunctis appareat.... quod JAQUEMETA, uxor ARTHAUDI DE BELLOMONTE, filia quondam Petri de SERRAVALLE, non coacta... preſente & conſentiente viro nobili ARTHAUDO DE BELLOMONTE viro ſuo... donavit, ceſſit... Hugoni Juliani, de Chantamerle mandamenti Brianczon Dyoceſis Ebredunenſis, tanquam bene merito & meliori renumeratione digno... omnia & ſingula bona & jura ſua, omneſque redditus, ſervitia, uſagia, feuda, homines & homagia... & jura...paterna & materna... & omnes actiones... ſibi competentia & competitura & omnem ſpem eorumdem, tam jure & nomine ſuceſſionis paterne & materne, quam alia ratione... Ita quod de cetero dictus Hugo... ſit & ſuccedat totaliter in locum & ſtatum dicte JAQUEMETE... deveſtiens ſe & ſuos dicta JAQUEMETA de omnibus & ſingulis ut ſupra donatis... & me Notarium infraſcriptum more publice perſone... ſtipulantem... & acceptantem per traditionem cujuſdam feſtule inveſtivit... Mandans... dicta JAQUEMETA... omnibus & hominibus ſuis vaſſallis feudariis...quatenus... eidem donatorio...de cetero pareant... homagia & fidelitates faciant... Actum apud Bellum fortem in ſuperiori aula ubi teſtes ad hec vocari fuerunt, videlicet Laurentius Rogerii, GUIGON DE BELLOMONTE dictus GUERS, Domicelli; Berthonus Baçalet, filius quondam Jaq^{ti} Bacaler, de Boſſeriâ, & ego Girodus de Frayney Clericus, auctoritate Imperiali Notarius publicus, coagitor Hug^s Groſſi, de Sancto Maximo Notarii hanc cattam inde feci, ſcripſi, ſubſcripſi & in formam publicam redegi....

Au commencement & à la fin de cet acte ſont figurés les Monogrammes des Notaires.

6 des Cal. d'Avril 1328.

Extrait de l'Inventaire des Titres de Dauphiné, conſervé à la Bibliothéque du Roi, volume cotté: DAUPHINÉ EN GÉNÉRAL, *tom.* I, *n°.* 33, *fol.* 392, 393, 394 R°. & V.° *délivré le 9 Février* 1774, *par le Garde des manuſcrits de ladite Bibliothéque, & ſigné Bejot.*

AU regiſtre cotté ſur ſa couverture de parchemain: *Comptes de Graiſivodan 1326*, dans un cayer ſéparé, eſt le compte de l'extraordinaire des guerres, rendu par Jaquemet de Die, dit Lapon, de tout ce qu'il avoit receu & délivré aux Officiers de Cavalerie du Dauphin, qui étoient à Varey & en Breſſe, dont les noms ſont cy-après; & parce qu'ils ſont tous qualifiés du mot de DOMINUS il y a apparence qu'ils eſtoient tous Gentilshommes. Quoyqu'il n'y ait point de datte, il apert par ce qui ſuit, & ce qui précéde, que c'étoit pour l'année 1326, & que s'étoit après la journée de Varey.

Ann. 1326.

96 PREUVES DE L'HISTOIRE GÉNÉALOGIQUE

NOMS DES OFFICIERS.

Robert de Meuouillon, le Seigneur de Roffillon, Guillaume Artaud, Agout des Beaux, le Seigneur Damond, le Seigneur de Tournon, le Seigneur de Châteauneuf de Galaure, Guillaume de Quint, Villein de Beaufemblant, Jean Aynard, Jacques Berenger, Lambert Marron, Eymaron Qunel, Euftache de Pizançon, Philippes de Montfevraud, Humbert de Quyene, Jarconnet Giraud, Guillaume Verné, Eftienne Rabbi, Artaud de Rochefort, le Châtelin de Seyue, le Baillif de Vienne, Frere Euftache de Montchenu, Humbert Dhelin, Pierre Beranger, Seigneur du Pont en Royans, Jean Allemand, Eftienne de Beaurepaire, Artaud, Hugues Tiflerand, Jean de Laval, Odebert de Châteauneuf, le Châtelain de Beaunoir, le Châtelain de Montrigaud, Gilles de Moras, Giraud Arnaud, Guillaume Guelis, Eftienne Bernard, Jean Plat, Huges d'Izel, le Châtelain de Chabeuil, Monet Criblier, Pierre Fournier, le Baillif de Montauban, Pierre de Bais, le Châtelain d'Hauteroche, Louis de Loras, Jean de la Tour, Eynard de Bellecombe, Jean de Vaux, Vinian Juif, Goyet de Rue, Jean Froment de Bellegarde, Guigonnet de Torchefeilon, Agout de Rue, François de Gertre, Rouffin Lambert, Amédée de Peytieu, le Seigneur du Pont, Hugues Aymard, Pierre Copier, Pierre de Vatillieu, Artaud de Roffillon, Guillaume Allemand de Champs, Ancelot de Briord, Guiomer Berard, Pons Dhyeres, Jean de Borfe, Guillaume de Rogemont, le Miftral de Vienne, Lambet & Raymond Virolet, Eftienne Bernard, Lantelme des Granges, Guillard de Montferrand, Pierre Chabert de Murinais, Jean Vignal; Reymond de Mautauban, Pierre de Montauban, Rolland Roffan, Guichard de Clerieu, Jean d'Autun, Guionnet Berrard, Jaques d'Izel, Guionnet de Caflan, Jean du Verger, le Seigneur d'Anjou, Henry de Vinay, Guillaume Armand, Lantelme Girin, Guillot de la Sonne, Perronet Singe, le Seigneur de Clermont, celui de Gorgiere, Jean Landeue, Gaillard de Voiffent, Guigues Correard, Guionnet de Villepaille, Godemaire de Barge, Jean Payan, Briffet Châtelain de Domaine Hugues Bœuf, Arnaud Flotte, Rolland de Rozans, Jean Allemand, Hugues Raymbaud de Montrigaud, Jean de la Tour-Vinay, Noble de Chafte, Guillaume de Zuins le Vieux, Guigues Voyers, Guillaume de Peytes, Aymard Jeune, Jean Lombard, André Cural, François Taillefer, Jean Rougier, Henry de Vinay, Ponçon Malet, André Cunil, Aymaron jeune, François Maniot, François Gilbert de Moirans, Repignel de Lalbenc, Raymond de Varfe, Pierre Regis, Aymonet de Briançon, le Seigneur de Morges, Bertrand Berenger, le Seigneur du Gua, celui de Pelafol, Pierre Dos, le Seigneur de Revel, Albert de Saffenage, Boudon de Comnieres, Rolland de Montjay, Raynaud de Mautauban, Difderon de Saffenage, HENRY DE BEAUMONT, Guillaume Bigot, Pierre Claret, Lantelme Buyamont, Jean de Coynet, Lantelme Jacfaud, Joffrey de Bouqueron, Odon d'Avignonnet, Guillaume Dagoud, François de Maurienne, Guigues de S. Jean, Monner de Jarjuye, Ramus Dalbin, Rolland, Charvet, Guigues Berrié, Reymond des Angonnes, Rolland de Montjai, Guillaume Alnulphe, Reynaud de Roffans, Lantelme de Touraine, Pafcal Agoud, Peronnet Claret, Reymond d'Efperon, Guillaume de la Tour, Oddon de Rame, Guigues Reynier, Roux de Pafquiers, Guillaume Salvaing, Bertrand de Mauterre, Pafcalet de la Mure, Reymond Lençon, Aynard Orpenne, Eftienne Darvilliers, Pierre de Baratiers, Guigues du Faure, Aynard Leuçon, Beraud Dagoud, Guigonnet Ezupe, Hugues Pellat, Guillon du Mortier, Jean Frelaud, Aymaret de Machines, Eymeric Leuçon, Jaque Giroud.

Extrait d'un Inventaire de Titres de la Maifon de Beaumont, dreffé en 1565, après la mort de LAURENT DE BEAUMONT, Seigneur de BEAUMONT, Crolles, &c. fol. CCXLV. V.° : cet Inventaire confervé en original dans les Archives de M. le Comte de Beaumont-la Roque, au Château du Repaire, en Périgord.

Ann. 1328. ITEM; Inftrument de Teftament de noble HENRY DE BEAULMONT, daté de l'an mil troys centz vingt-huict : cotté Lettre D.

LIVRE

PIECES JUSTIFICATIVES
POUR SERVIR DE PREUVES
A L'HISTOIRE GÉNÉALOGIQUE
DE LA MAISON
DE BEAUMONT.

LIVRE QUATRIEME.

LIVRE IV.

SEIGNEURS DE PELAFOL, DE BARBIERES, &c.
devenus depuis
SEIGNEURS D'AUTICHAMP.

CHAPITRE PREMIER.

HUMBERT DE BEAUMONT, Chevalier, Seigneur de Pelafol, de Barbieres, d'Autichamp, de la Baftie-Roland, de Rochefort, de Cremieu, de Dizimieu, d'Antoilles, de Fiançayes, & des Marches, fecond fils de FRANÇOIS DE BEAUMONT, Ier du nom, Seigneur de la Freyte, &c. rapporté au IIe Chapitre du Livre précédent; pag. 62.

Rémiffion accordée par Louis de Poitiers, Comte de Valentinois & de Diois, à HUMBERT DE BEAUMONT, *fils de* FRANÇOIS *& frere d'*ARTAUD (V) DE BEAUMONT.

Extrait du Regiftre in-folio cotté: Liber magnæ formæ, fignatus per C. Vitalis Lamberti & Johannis Raboti, 1334-1415, fol. IX^{xx}IX, *étant aux Archives de la Chambre des Comptes de Dauphiné; délivré enfuite d'Ordonnance du 16 Octobre 1747, par le Greffier en Chef de cette Chambre, figné* Chabert.

Remiffio Offenfarum Domini Comitis & HUMBERTI DE BELLOMONTE & Barberie.

IN nomine Domini amen... fit notum quod cum a tempore cujufdam concordie inter fpecta- 25 Janvier 1392. bilem & magnificum virum Dominum Ludovicum de Pictavia Comitem Valentinenfem & Dyenfem ex una parte, & Dominum FRANCISCUM DE BELLOMONTE Militem, ARTAUDUM & HUMBERTUM DE BELLOMONTE filios fuos parte ex altera; in loco Stelle dudum facte, de qua conftare dicitur per publicum inftrumentum indè receptum per Guillermum Yftoris, Notarium publicum fub anno Domini M°. CCC°. LXXXIX°. & die xx^a. v^a. menfis Februarii, dictus HUMBERTUS DE BELLOMONTE per fe & ejus valitores & fequaces tenendo caftra & fortalitia Pelafolli & Barberie & cum ipfis caftris & fortalitiis dicto Domino Comiti, patrieque, hominibus & fubditis fuis guerram fecerit; ex qua guerra, & ea durante, per ipfum HUMBERTUM & ejus valitores & fequaces multa & diverfa dampna, gravamina, injurie & offenfe facte, date & illate, ac illata fuerint prout fertur notorie dicto Domino Comiti, patrieque hominibus & fubditis fuis, tam in perfonis quam bonis eorumdem, multos capiendo, detinendo captivatos, apreyfonando, & arremfionari faciendo & aliàs diverfi modò dampnificando, ac aliquos etiam occidendo : hinc eft quod anno Dominice incarnationis M°. CCC°. nonagefimo fecundo Inditione prima & die xx. quinta menfis Januarii, hora prime, Pontificatûs Sanctiffimi in χ^{po} Patris & Domini noftri Domini Clementis, Divina Providentia, Pape feptimi, anno xv°. conftitutis perfonaliter in prefentia noftrum Notariorum publicorum & teftium fubfcriptorum, nobili & potenti viro Domino Guillermo Baftardo de Pictavia, Milite, Locumtenente dicti Domini Comitis, de qua Locumtenentiâ & poteftate fuâ fidem occultatam faciebat quibufdam patentibus litteris in pargameno fcriptis a dicto Domino Comite emanatis, & ejus figillo, ut prima facie apparebat, inpendenti figillatis...pro & nomine dicti Domini Comitis ex una parte, & dicto nobili HUMBERTO DE BELLOMONTE, nomine fuo ex altera; dictus Dominus Guillermus, Locumtenens, nomine prefati Domini Comitis valitorumque & fubdictorum fuorum quorumcumque & de ejus confcia, beneplacito, & licencia ut dicebat; ad humilem fupplicationem dicti HUM-

BERTI, ac mediantibus & intervenientibus precibus & supplicationibus per nonnullos nobiles & magnates pro ipso HUMBERTO, dicto Domino Comiti factis ut dicebant, ac aliis certis rationabilibus causis animum suum moventibus, prefato HUMBERTO presenti & humiliter postulanti & in ejus personam ac per eum omnibus valitoribus, auxiliatoribus & sequacibus suis quibuscumque, excluso tamen & excepto dicto Domino FRANCISCO patre suo quem dictus Dominus Locumtenens de voluntate & precepto dicti Domini Comitis, certis de causis, ut dicebat, duxit specialiter exceptandum, indulsit, pepercit, quictavit penitùs perpetuò totaliter & remisit sponte, liberè & ex certa scientia, eo meliori modo & forma quibus meliùs, fortiùs & saniùs potest intelligi sive dici, omnes universas & singulas offensas, injurias, dampna & gravamina quecumque per ipsum HUMBERTUM & ejus valitores, auxiliatores & sequaces quoscumque, dicto tamen ejus patre excepto, dicto Domino Comiti, ejusque patrie, hominibus subditis & valitoribus quibuscumque, tam in personis, quam bonis quomodocumque & qualitercumque factas, datas & illatas, facta, data & illata a tempore dictae concordie apud Stellam ut predicitur dudum facte, citra, usque ad hanc presentem diem, cum pacto expresso, solemni & valido de non petendo, exigendo vel querelando, peti, exigi vel querelari faciendo, nec permictendo de cetero aliquid ab eodem HUMBERTO, nec valitoribus & auxiliatoribus suis quibuscumque, dicto ejus patre ut supra excluso, pretextu & occasione omnium & singulorum premissorum aut partis alicujus eorumdem; promictens dictus Dominus Guillermus Locumtenens nomine prefati Domini Comitis & valitorum ac subditorum suorum quorumcumque bona fide sua, nec non & per juramentum suum proprium super Sancta Dei Evangelia ab eodem corporaliter prestitum manu tacta & sub expressa obligatione & ypotheca omnium bonorum prefati Domini Comitis presentium & futurorum dicto HUMBERTO presenti, acceptanti & recipienti nomine suo & valitorum suorum quorumcumque, dicto patre excepto ut supra, ac nobis Notariis stipulantibus & recipientibus nomine, vice & ad opus ipsorum valitorum & aliorum quorum interest, intererit seu interesse poterit in futurum, dicto patre excluso, supra dictas venie concessionem, indulgentiam, quictationem, remissionem, pactum de non petendo, & omnia alia & singula premissa ratas, gratas & firmas, rata, grata & firma habere ... preterea pacto convenit & promisit dictus Dominus Guillermus ut privata persona sub fide sui corporis & sub vinculo sui prestiti juramenti & sub obligatione & ypotheca bonorum suorum dicto HUMBERTO ut supra stipulanti se facturum & procuraturum cum effectu cum dicto Domino Comite, incontinenti quod ipse Dominus Comes predicta omnia rata & grata habebit, eaque ratificabit, emologabit, laudabit, approbabit & confirmabit, ac etiam de novo similiter indulgebit, remictet & quictabit ut superiùs continetur: de quibus omnibus dicti HUMBERTUS nomine suo & dictorum valitorum suorum, & Dominus Guillermus nomine prefati Domini Comitis petierunt, voluerunt & sibi ad invicem concesserunt fieri per nos, Johannem Raboti, & Guigonem Luci, Notarios publicos, & quemlibet nostrum insolidum ad opus cujuslibet ipsarum partium unum vel plura, tot quot habere voluerint publica instrumenta... Facta autem fuit lecta & recitata dicta remissio & alia premissa sic gesta & acta apud Cristam in domo Perononi Ruffi, Coyraterii in aula exteriori: presentibus ad hec vocatis testibus, venerabili viro Domino Arnaudo Monerii, utrius que juris Perito, Judice ordinario dicti Domini Comitis, nobili Domino Jacobo Bastardo de Pictavia, Milite, nobili Petro Chaberti, de Upiano, Jaqueto de Vialeta, Bastardo aliàs Arbelet, Petro de Sancta Alena, Barberio Criste & dicto Petro Ruffi, Coyraterio, & nobis, Johanne Raboti, & Guigone Luci, Notariis publicis supra dictis. Ita est Johannes Raboti. Ita est Guigo Luci.

Postque anno, Indictione, die & Pontifficatu quibus supra, videlicet die xxv. dicti mensis Januarii coram dicto Guigone Luci, Notario & me Girino Piconis de testibus subscriptis dictus Dominus Comes certifficatus per dictum Dominum Guillermum Bastardum, Locumtenentem suum, ibidem presentem, ac etiam per dictum Guigonem Luci, de remissione, quictatione, indulgentiâ, & venie concessione predictis per dictum Guillermum, Locumtenentem suum, nomine ipsius Comitis, dicto nobili HUMBERTO DE BELLOMONTE nomine suo, & valitorum suorum quorumcumque, ejus tamen patre excluso, supra factis & concessis, ac de omnibus aliis & singulis in supra remissionis instrumento contentis, asserens ipsas, remissionem, quictationem, indulgentiam seu venie concessionem, pactum de non petendo ac omnia alia premissa de voluntate, licentia, & mandato dicti Domini Comitis per dictum ejus Locumtenentem factas & facta fuisse, ac ea omnia & singula supra dicta, rata, grata habens & tenens ipsas remissionem, quictationem, indulgentiam seu venie concessionem, pactum de non petendo, promissionem, obligationem & omnia & singula supra dicta in predicto instrumento contenta & per dictum Locumtenentem suum, ejus nomine facta & gesta ratifficavit, laudavit, approbavit, emologavit, & ex sua certa scientia confirmavit, & nichilominus idem Dominus Comes nomine suo, valitorum & subditorum suorum quorumcumque yterùm & de novo dicto HUMBERTO licet absenti & valitoribus suis, dicto tamen ejus patre excluso ut supra, me Notario presente, & nomine ipsius HUMBERTI & valitorum suorum stipulante supradictas, offensas, injurias, dampna & gravamina quecumque pepercit, quictavit & totaliter remisit prout superiùs continetur, promisitque bona fide sua ac per juramentum suum proprium super Sancta Dei Evangelia corporaliter prestitum & sub obligatione omnium bonorum suorum dicto Guigoni Luci ut supra stipulanti, dictas remissionem, quictationem, pactum de non petendo ac omnia alia & singula supradicta ratas, gratas & firmas, rata, grata & firma habere, tenere, actendere & inviolabiliter perpetuò observare, & nunquam contradicere, facere vel venire, nec alicui contrafacere, dicere, vel venire volenti aliqualiter consentire, cum omni renunciatione juris & facti ad hec necessaria pariter & cauthela;

DE LA MAISON DE BEAUMONT. Liv. IV. 101

de quibus omnibus dictus Dominus Comes voluit dicto HUMBERTO per dictum Guigonem Luci, & etiam per me Girinum Piconis fieri publicum instrumentum ; acta fuerunt hec in magnâ aulâ Grane, presentibus dicto Domino Guillermo, Domino Eymaro de Podio, Guioneto Bastardo de Pictavia, & me Gitino Piconis.

Ratification faite par HUMBERT DE BEAUMONT, Seigneur de Pelafol, d'un Traité passé entre Louis, Roi de Jerusalem & de Sicile, Comte de Provence & de Forcalquier, & le méme HUMBERT.

Original en parchemin conservé dans les Archives de M. le Comte de Beaumont-de la Roque, au Château du Repaire, en Périgord.

IN nomine Domini... amen... cunctis... evidenter appareat.. quod cum nobilis & potens vir   16 Avril 1405.
HUMBERTUS DE BELLOMONTE, Domicellus, Dominus Pellafolli, Valen Dyocesis, teneretur...
facere... adimplere... prestare & dare cautiones & alia contenta... in quodam publico instrumento.... cujus.... (*).... inferius est insertus ; & cum hoc sit quod anno.... millesimo qua-   (*) *Le parche-*
tercentesimo quinto, Inditione decimâ tertiâ..(*).. sextâ mensis Aprilis, nobilis vir Guill us   *min est ou emporté*
Crispini, Domicellus, Castellanus de Berbentana, Commissarius deputatus per magnificum &   *ou totalement effa-*
potentem.... (*).......... Vic...(*).... Serenissimi Principis Domini nostri Regis Ludovici,   *cé par vétusté aux*
Dei gratia Jerl'm & Sicilie, Comictatuum Provincie & F.... (*)....... dicebat.... se habere   *endroits ainsi mar-*
literam in papiro scriptam à dicto Domino Senescallo emanatam secum assistent.... (*)......   *qués d'une* (*).
Avinio.... (*).......... civitatis Avinion.... Presentatis sibi per dictum nobilem HUMBERTUM
DE BELLOMONTE personaliter fidejussoribus pro..... (*)......... in dicto instrumento inferiùs
inserto·, videlicet : Nobilibus & potentibus viris Dominis Y.... (*)........ de Chaste, Vienn,
P.... (*)........ Grationopolit, Sybueto Veyerii, Domino de Silanis, dicte Vienn, Guillelmo
de Cordone, Domino de Marchiis, Lugdunensis, Domicellis.... (*).......... de Vallinis, dicte
Vienn & ARTHAUDO DE BELLOMONTE etiam Domicellis dicte Gropolitanen, Dyo-
cesum.... (*)..... per dictum Guillelmum Crispini Commissarium prefatum ut fertur ad-
missis.... Dictis anno, Inditione & die : videlicet anno.. Mº. CCCCº. Vº. Inditione decima
tertiâ & die xvi^a. mensis Aprilis, in presentiâ... dictorum Guill'i Crispini, Domini Regi-
naldi, nominibus predictis, dictorumque fidejussorum... dictus nobilis HUMBERTUS DE BELLO-
MONTE, verbo lingua laycali... dixit palàm... alta voce & intelligibiliter, semel, bis, ter &
pluries.... quod ipse volebat stare contentis in dicto instrumento inferius inserto.. cujus..
tenor... est talis : In nomine Domini nostri Jhu xpi amen. Anno à nativitate ejusdem mille-
mo quadringentesimo quinto die decimâ sextâ mensis Martii... coram magnifico viro Domino
Johanne de Tusseyo, Milite, Domino de Guerchiâ, Collaterali Consiliario Regio.... per Serenissimum Principem Dominum nostrum Regem Ludovicum, Dei gratiâ Jer'lm & Sicilie Comitatuum Provincie & For Comitem specialiter deputato, Nobilis HUMBERTUS DE BELLOMONTE,
Dominus Pellafolli.... promisit.... & juravit ad sancta Dei Evangelia suis manibus corporaliter
tacta in manibus dicti.... (*).... de Tusseyo.... inviolabiliter observare omnia contenta in capitulis infrascriptis in linguâ Gallicanâ : « Je YMBERT DE BEAUMONT, Seigneur de Pellafol,
» estant en la présence de vous très-hault & très-puissent Prince le Roy de Jhe'lm & de Secille,
» & Conte des Contés de Prouvence & de Forcalquier, mon très-redoublé Seigneur, jure &
» promet sur les sains Euvangiles de Dieu.. per ma part de Paradis... & en payne d'estre
» reputé faulz, traictre, parjure & foy mentie... de tenir, garder & observer les choses &
» promesses qui s'ensuient... & premierement je YMBERT dessusdit... vous promet que jamays
» ne tracteray contra vous par moy ne par aultre, ne ne seray en lieu, ne en place ou se tracte...
» mal, deshonneur, ne domage de vostre personne, de vostre bon Estat, de vostres Collateralx,
» Conceillers, Serviteurs & Officiers, subjes & vassaulx de Prouvence & de Forcalquier; & au
» cas que je sauroye aucun tractié qui se feist contre vous.. à tout mon povoir je le destorba-
» ray & le vous feray savoir.... Item vous jure & promet... que jamais ne feray ; ne pour-
» chesseray par moy ne par aultre en mon nom ne autrement guerre ne domage en vous païs
» & terres de vous Contes de Prouvence & Forcalquier, ne a vous autres terres adjescens a
» yceulx, ne aussi ez terres de vostres Royaumes... ne aux habitans en icelles qui vous sont
» presentement loyaux & obeissans, vassaulx & suges... reservé Monsieur le Dalphin,
» Monsr de Valentinoys, l'Evesque de Valence & Meiss^r Guill^e de Rigaut, Ch'lr, que en cas
» que il autoient afaire de moy & il m'en requeroient que je les puisse servir & faire leur com-
» mandement contre toutes personnes quellez quelle soyent. Item vous jure & promet... que
» jamais non seray, ne pourchesseray... guerre ne domage à n're St. Pere le Pape, à sa Cité
» d'Avignon, ne à sa Conté de Venaissi, ne aus habitans en ycelles Cité & Conté; & come il
» soit ainsi que pour aucuns debbas & querelles que je ay eues contra n're dit saint Pere le Pape,
» ladicte Cité d'Avignon & Conté de Venaissi, je aie prins & fait prendre aucunes personnes
» d'ycelles Cité & Conté & d'icelles personnes par moy & par aultres ay eu les foys & serement
» comme prisonniers eus, lesquels debbas & querelles je vous ai quité & encores presente-
» ment vous quite & remet pour en faire hault & bas à voustre voulenté, ordonance & bon

» plaifir comme de voftre chofe.... Item pour ce que moy & aucuns de mes gens avons eus &
» prins la foy & ferement de Meff" Jehan de Sauze & Meff" Gaultier Dolmet voz Confeilliers,
» de Jehan Revenchin, come mes Pri.... (*).... & auttes prifonniers des deffufdis Cité &
» Comté auxquelx.... je quicte leurfdictes foys & ferement en tant come par leur...(*)...
» pourtroient eftre raifonnablement tenus, & vous promet..jamais...ne leur en demander...
» aulcune chofe. Item pour tenir, faire & accomplir toutes les chofes deffufdictes...je jure &
» promet...de me préfenter en cefte voftre ville devant vous...ou devant celui qui vous
» plaira à ce comettre...par tout le moys d'Avril procheinemeut venant & vous donner...
» caucions, plages & fermances deffufdictes. Je vous jure...que je mectray mon corps dedens
» le Chaftel de cefte voftredicte ville & en ycelluy tendray prifon, arreft & hoftages fans jamais
» en partir en maniere quaicunque, fors par voftre licence, comandement & bon plaifir, &...
» pour plus grant feurté...je oblige mon corps & mes biens...à la Court de Chaftellet de
» Paris....à la Court de la Chambre de l'Auditeur de n̄re Saint Pere le Pape, de fon Mare-
» chal à la Court & à la Court de la Chambre de la Raifon d'Aicx.... En tefmoing des chofes
» deffufdictes je ay mis & fcellé ces prefens capitres de mon propre fcel, de mon nom & de
» mes armes, & confens que vous Secretaires Royaulx & Notaires en puiffiés faire Inftrumens
» publics ou Lettres patentes fcellées du Soiel Roial, au bon plaifir du Roy....Item le Roy
» veult & ordonne que la fomme de quarante mille frans en quoy il avoit cy devant ordonné
» donner pleges & fermances leur feront...remis à la fomme de dix mille frans; & ce conclus
» & fait en la ville de Tharafcon le XVIe jour du moys de Mars l'an de grace mil quatre cens
» & cinq » : De quibus omnibus & fingulis....juratis... per dictum YMBERTUM DE BELLO-
MONTE, prefatus Dominus Johannes de Tuffeyo pro parte dicti Domini noftri Regis, dictufque
nobilis YMBRTUS fibi & nobilis & egregius vir Dominus Johannes de Sado, legum Doctor, Confiliarius Regius nomine & pro parte Univerfitatum Civitatis Avinion̄ & Comitatus Venayffini &
omnium aliorum & fingulorum quorum intereft.... petierunt fieri unum vel plura publicum vel
publica confimilia inftrumenta per nos Secretarios Regios & Notarios... publicos... prefentibus... dicto Domino Johanne de Sado, Magiftro Anthonio Coftancii, Not" de Aquis, & Anthonio Blefini, de Sezarifta Chennefii, ac Criftano Platabe, Not" vocatis ad premiffa.. . Ego vero
Anthonius Ifnardi, de Aquis, Magifter Rationalis Provincie Secretarius Notarius publicus ubique
Apoftolica... & Reginali Auctoritatibus conftitutus... in premiffis...prefens fui.... Et ego
Anthonetus Ifnardi, Secretarius Regius Rationalis Provincie, Notarius publicus....Regiâ auctoritate conftitutus in premiffis fimiliter prefens fui. De quibus.... dictus HUMBERTUS petiit...
fibi fieri per me Notarium fubfcriptum unum vel plura publica Inftrumenta. Acta...fuerunt
premiffa anno, Inditione & die predictis, videlicet apud Romanis... in Albergariâ Mathei de
Trajecto-Alamagni... prefentibus...nobilibus viris Domino Petro Gafpardi, Legum Doctore...
Petro Burgondionis dicti loci de Romanis, A... (*).... & Gileto de Podio, fratribus, Francifco de Fayno, Amedeo Archiniaudi, Domicellis... & pluribus aliis Nobilibus fidedignis. Ego
vero Johannes Guelefii, dicti loci de Romanis Clericus, Notarius auctoritate Imperiali publicus
premiffis omnibus.... prefens fui; & hoc prefens Inftrumentum... in hanc formam publicam
redigi feci.... hic manu propriâ me infcripfi & fignum meum Tabellionale confuetum appofui.

Vis-à-vis les dernieres lignes de cet acte eft figuré le Monogramme du Notaire.

---

*Extrait du 2ᵉ Compte de Jean de Preffy, Treforier des Guerres du Roi, du
1ᵉʳ Mars 1410, au dernier Février 1411. Cet Extrait, fait par M. l'Abbé
le Laboureur, & écrit de fa main d'après l'original de la Chambre des
Comptes de Paris, eft inféré au vol. cotté : Billette du Cabinet de l'Ordre
du St Efprit ; fol. 469-485.*

Armées faites à Paris & ailleurs, &c.

Anh. 1411. FOL. 477. Mre Renier Pot, Gouverneur de Dauphiné, retenu par Lettres du Roi ; ledit Mre Renier Pot, 3 Chevaliers, 68 Efcuiers, 7 Archers reçus à Paris 7 Octobre 1411.

HUMBERT DE BEAUMONT, Efcuier, 41 Efcuiers reçus à Melun 15 Octobre 1411.

M. Amé de Grolée, 10 Efcuiers, idem.

Fol. 478. Monf. Loys Duc de Guienne, Dauphin de Viennois, aifné fils du Roi, lequel pour pourfuivre, pugnir ou faire pugnir... les ennemis dudit Seigneur, & pour reprendre & mettre en obeiffance dudit Seigneur aucunes Villes, Châteaux & Fortereffes que iceux ennemis, rebelles & defobeiffans, ou leurs gens pour eux detiennent... (eft) retenu, par Lettres du 16 Novembre 1411, au nombre de 3000 hommes d'armes & 2000 hommes de trait ou autres gens de guerre.... Les montres faites, c'eft-à-dire defdits Gens d'armes & Archers, par devant Nos Seigneurs les Marechaux de France & defdits Arbalêtriers, par devant Me David de Rambures & Me Jaques, Seigneur de Lonroy, ou l'un d'eux, commis de par ledit Seigneur ou

Gouvernement de l'Office de Me des Arbalêtriers, ou le Me des Arbalêtriers dudit Seigneur quand y fera de par lui ordonné.....
   Robert de Bar, Monfeigneur, Efcuier, 1 Chevalier Banneret, 6 Chevaliers, 17 Efcuiers reçus à Corbeil 24 Novembre.....
   M. Amé, Seigneur de Grolée, 27 Efcuiers reçus à Montleheri 19 Décembre.....
   Le Baftard de Clermont, Efcuier, 29 Efcuiers reçus à Corbeil 26 Novembre.
   HUMBERT DE BEAUMONT, Efcuier, 60 Efcuiers, reçus idem,...&c.

---

*Contrat de Mariage d'*HUMBERT DE BEAUMONT, *Chevalier, Seigneur de Pelafol, de Barbieres & d'Autichamp, avec* BRUNISSENDE DE CORNILLAN.

Copie en papier non fignée, mais de l'écriture du temps, confervée dans les Archives de M. le Marquis d'Autichamp, au Château d'Autichamp, en Dauphiné.

IIIIe. XV. & VIII. Octobre.

CUM tractaretur de matrimonio... inter nobilem & potentem virum Dominum HUMBERTUM DE BELLOMONTE, Militem, Dominum Pellafolli, Baberie & Alticampi.... ex una parte & nobilem & potentem virum Dominum Petrum Cornilhani, Militem, Dominum Balme, Cornilhane, Burfeti & Vinfobriatum nomine nobilis BRUNISSENDIS ejus filie & pro ea ex parte altera & propterea dictæ partes cum quibufdam eorumdem parentibus & amicis effent...congregate, hinc est quod anno & die predictis ipfe partes...fecerunt pacta...que fequuntur. Primo namque dictus Dominus HUMBERTUS promifit...quod...dictam nobilem BRUNISSENDAM accipiet in uxorem fuam legitimam... & vice verfa dictus Dominus Petrus Cornilhani etiam promifit...fe procuraturum...quod ipfa nobilis BRUNISSENDIS prefatum Dominum HUMBERTUM accipiet in virum fuum legitimum...in facie fanctæ matris Ecclefie... & quia decens est mulieres dotare...dictus Dominus Petrus Cornilhani dedit...eidem nobili BRUNISSENDI ejus filie...duo milia flor tales quod duo fcuti auri valeant tres florenos...Item plus raupas nubciales bonas & competentes juxta decenciam perfone ipfius nobilis BRUNISSENDIS & ftatum eorumdem futurorum conjugum. Que quidem duo milia flor & dictas raupas dictus Dominus Petrus Cornilhani & cum ejus auctoritate & licentia, nobilis Anthonius Cornilhani ejus filius folvere promiferunt...fine lite ac diffugio...Item fuit actum...quod dictus Dominus HUMBERTUS eidem nobili BRUNISSENDI... dare debeat jocalia ufque ad fummam tricentum florenorum... Item fuit actum...quod dictus Dominus HUMBERTUS apciorem ex liberis mafculis ex dicto futuro matrimonio procreandis feu illum quem prediliget in totâ terrâ fuâ fcitâ in Dalphinatu ubicumque exiftat ultra tamen Romanis fuum debeat inftituere heredem univerfalem... & filiam feu filias...bone & honoriffice matrimonio feu Religione collocare...Item...quod cafu quo dictum Dominum HUMBERTUM mori...contingeret...antequam dictam nobilem BRUNISSENDEM, quod heredes & bonatenentes ipfius Domini HUMBERTI eamdem BRUNISSENDEM in cum una Domicella exiftenti in ejus focietate in victu pariter & veftitu alimentare...teneantur bene & honoriffice quamdiu vitam vidualem duxerit & honeftam & cafu quo nobilis BRUNISSENDIS fua alimenta recipere nollet... quod...teneantur eidem...anno quoliber...folvere triginta fextaria frumenti, tria modia vini puri & viginti quinque florenos...Item fuit actum...quod mediante dictâ dote...prefata nobilis BRUNISSENDIS quictare debeat teneatur aliis liberis omnia bona paterna & materna.

   Au dos de ce contrat, on lit ces mots écrits de la même main que le corps de l'acte : Actum in Plateâ Fortalitii Monteyfonis.

                                                  8 Octobre 1415.

---

*Commiffion du Juge de Romans, accordée à la Requête d'*HUMBERT DE BEAUMONT, *Chevalier, Seigneur de Pelafol & de Barbieres ; pour faire expédier la Groffe d'un Acte paffé, le 7 Septembre 1379, entre* FRANÇOIS, *fon pere, &* ARTAUD (V), *fon frere ainé.*

Cette Commiffion, inférée dans cette même Groffe, confervée en parchemin dans les Archives de M. le Marquis d'Autichamp, au Château d'Autichamp.

IN nomine Domini amen... cum difcretus vir Johannes Guelifii condam Notarius Romanis... diverfas notas...receperit...quarum aliquas morte preventus groffare...nequivit ; fpecialiter quamdam notam...inter potentem virum Dominum FRANCISCUM DE BELLOMONTE Militem, Dominum pro tunc Pellafolli & Barberiarum, cum nobili ARTHAUDO DE BELLOMONTE ejus filio... & venerabilis vir Dominus Anthonius Galeti, Judex ordinarius communis Curie de Romanis ad

                                                    18 Juin 1418.

requeſtam nobilis & potentis viri Domini Humberti de Bellomonte, Militis, pronunc Domini dictorum Caſtrorum Pellafolli & Barberiarum... michi Johanni Morelli, Clerico, Notario & etiam Comiſſario notarum & prothocollorum dicti Johannis Gueliſii condam, expreſſam comiſſionem fecerit... ea propter... ipſam notam in uno prothocollorum dicti Notarii condam repertam & ſua propria manu ſcriptam & ſignatam... groſſavi... & eſt talis. In nomine ſancte & individue Trinitatis Patris & Filii & Spiritus ſancti amen. Nos Guill͡us Marchandi, juris utriuſque peritus, Judex ordinarius Barberiarum & Pellafolli Valentinenſis Dyoceſis, notum facimus univerſis... quod cum nobilis & potens vir Dominus Franciscus de Bellomonte, Miles, Dominus Frayte, Grationopolitanenſis Dyoceſis, Pellafolli & Barberiarum predictorum Valentinenſis Dyoceſis, nobilem Arthaudum de Bellomonte filium ſuum naturalem & legitimum emancipaverit... & remiſerit... dicto Arthaudo filio ſuo... caſtra ſua predicta Pellafolli & Barberiarum & etiam locum & grangiagium ſuum nuncupatum de Fianſayas... cum ſuis mandamentis, hominibus, homagiis... prout... conſtat per quoddam publicum inſtrumentum... ſignatum ſub anno, die, inditione & Pontificatu preſentibus. Tandem anno beatiſſime incarnationis ejuſdem milleſimo triceſimo ſeptuageſimo nono, Indicione ſecunda & die Mercurii que fuit dies ſeptima menſis Septembris, Pontificatus ſanctiſſimi in x͞po Patris & Domini noſtri Domini Clementis Pape ſeptimi anno primo... dictus ſiquidem Arthaudus de Bellomonte major etatis quindecim annorum... actendens magnam gratiam, largitatem & liberalitatem per dictum Dominum Franciscum factas... ceſſit... prefato Domino Francisco de Bellomonte ejus patri... uſus fructus... in dictis Caſtris.... & grangiagio... quandiu vixerit... & ultra... dedit... dicto... ejus patri... duo millia florenorum auri... ſuper dictis Caſtris... & grangiagio... in ſolvendis dotibus Filiarum Suarum Natarum et Naſciturarum, ſeu in piis cauſis... Acta data fuerunt hec... in villa de Romanis... in ſtudio dicti Domini judicis... teſtibus nobilibus viris Amedeo Archiniaudi, de Clayriaco, Pauleto de Vice-Dominis, de Romanis... diſcretis Johanne Fayni, Notario Montileſii... & Stephano Pollerii... Tenor vero comiſſionis mee... Anthonius Galleti, Baquallarius in legibus, Judex ordinarius comunis Curie ſecularis de Romanis, dilecto noſtro Johanni Morelli, Clerico Notario de Romanis.... & Comiſſario notarum & prothocollorum per Johannem Gueliſii condam Notarium dicti loci de Romanis receptorum ſalutem; veniens ad nos nobilis & potens vir Dominus Humbertus de Bellomonte, Miles, Dominus Pellafolli & Barberiarum, expoſuit quod dictus Johannes... recepit quedam pacta habita inter potentem virum Dominum Franciscum de Bellomonte Militem, patrem dicti Domini Humberti... cum nobili Arthaudo de Bellomonte filio etiam dicti Domini Francisci & fratre dicti Domini Humberti que pacta... pro ipſo Domino Humberto de preſenti faciunt tanquam Domino dictorum Caſtrorum... quamvis non fuerint ad ipſius Domini Humberti inſtantiam, ſtipulata... tibi propterea comictimus & mandamus quatenus ipſam notam... groſſatam... dicto Domino Humberto... tradas... Datum die nona menſis Junii anno Domini M͞o. quadringenteſimo decimo octavo... Ego vero Johannes Morelli... Notarius publicus... vigore & auctoritate comiſſionis... ſupra inſerte hoc preſens publicum inſtrumentum à notâ ſuperius deſcriptâ extraxi & in hanc formam publicam reddegi & ſignum meum Tabellionale appoſui in teſtimonium premiſſorum, (ſigné) J. Morelli.

Extrait d'un volume manuſcrit du Cabinet de l'Ordre du St Eſprit, cotté: Armées du Roi Charles VI ; ſuite des Etats des Maiſons des Rois, *vol. X. fol. 575.*

De l'Eſtat des Gens d'armes & de Trait qui ont ſervi le Roy & Mg͞r le Dauphin de Viennois, ſon Lieutenant Gn͞al par tout le Royaume, au païs de Languedoc, ſous Mg͞r Regnault de Chartres, Archevêque de Rheims, premier Pair de France, fait Lieutenant deſdits Seigneurs audit pays de Languedoc, & en Lionnois & Maſconnois, par Lettres du Dauphin, données à Poitiers le 16 Aouſt 1418.

3 Novembre 1418.

M͞r. Philippe de Levis, Chevalier, Banneret, Seigneur de Roche & de la Voulte, Vicomte de Lautrez, lequel mondit Sg͞r l'Archevêque, Duc de Reims, & Lieutenant ſuſdit par vertu du pouvoir à lui donné par Mg͞r le Dauphin, a retenu au nombre & charge de 60 ho͞es d'armes, ſa perſonne en ce compriſe, & de 24 hommes de trait pour ſervir le Roy notre Sire, & lui en leurs guerres au recouvrement du pays de Languedoc & ailleurs où il leur plaira, en la Compagnie & ſous le Gouvernement de mondit Sg͞r de Reims & Lieutenant, aux gages deſdits Sg͞rs. *(Enſuite eſt)*

M͞r. Imbert de Beaumont, Chevalier Bachelier & onze Eſcuyers de ſa Compagnie, du nombre des ſuſdits, ordonné audit M. de Roche, revus à Villeneufve-lez-Avignon le 3 Novembre 1418.

Extrait

DE LA MAISON DE BEAUMONT. Liv. IV.

Extrait de l'Histoire de Languedoc, tom. IV, colonne 412 des Preuves.

Articles pour la Pacification du Languedoc.

IN nomine Domini amen. Anno à Nativitate ejusdem Domini M. CCCC. XVIII. Indictione XII. die vero XIV. mensis Novembris, &c. Item, que celles choses venues à la cognoissance de M. le Dauphin, il veut comme raison donne, que ledit païs de Languedoc soit nuement obeissant au Roy ou à lui comme à son seul fils & Lieutenant Général, & pour leur considération à l'empeschement & détention de la personne du Roy notre Sire, son pere, & que en tel cas à lui seul appartient de pourvoir à la conservation des Seigneuries nuement appartenant au Roy & à lui, a envoyé mesdits Sg^{rs} les Lieutenant & Chambellan avec plusieurs autres Barons, Chevaliers, Escuyers, Nobles & de grand & notable renom ; c'est à sçavoir M. le Vicomte de Taliart, M. de Bel-Chatel, M^{re}. Guillaume de Meulhon, Sénéchal de Beaucaire, M. de Boschaige, M. de Caylar, M. de Grolée, M^{re}. IMBERT DE BEAUMONT, M^{re}. Jean de Clermont, M. de Maize, M. de Montrigaut, Guillaume de Martel, & plusieurs autres grands Barons, Ch^{rl}rs & Escuyers, qui seroit trop longue chose à raconter, pour avertir & aviser les gens d'Esglise, Nobles, Bourgeois & Habitans dudit Païs de Languedoc, de sa volonté, les défendre de toutes oppressions & violences, & les tenir en leurs franchises & libertez anciennes, &c.

14 Novembre 1418.

Extraits de Titres originaux de la Chambre des Comptes (de Paris) copiés de mot à mot sur les Pieces communiquées par M. d'Herouval, en 1663.

Ces Extraits conservés au Cabinet de l'Ordre du St. Esprit, vol. 8. des Mélanges, fol. 53-121.

FOL. 72. La Reveue de M. HUMBERT DE BEAUMONT, Chevalier Bachelier, & de 24 Escuyers de sa Compagnie, reçus à Valvert le 11 Janvier 1418.
  Ledit M^{re}. HUMBERT, Jean de Poligny, LOYS DE BEAUMONT... Jean Genevois... Jacquemon Barral... &c.

11 Janvier 1418.

Extraits de Titres originaux, écrits de la main de M. l'Abbé le Laboureur; vol. conservé au Cabinet de l'Ordre du St. Esprit, cotté 1er des TITRES SCELLÉS, fol. 173.

HUMBERT DE BEAUMONT, Chevalier, de la retenue de M. de Roche, reçoit de Jean de la Barre 390 liv. sur ses gages, & de 24 Escuiers de sa Chambre en la Compagnie de l'Archevesque de Reims, pour le Recouvrement de Languedoc, 8 Mars 1419. (Le sceau en) cire rouge représentant des Burelles.

8 Mars 1419.

  N^a. On conjecture que M. l'Abbé le Laboureur peut s'être trompé en qualifiant de Burelles, qui sont de petites fasces, la seule fasce qui entre dans les armes de la Maison de Beaumont, & qui pouvoit être en partie effacée lorsqu'il a fait son Extrait.

Traité de l'usage des Fiefs, par M. Salvaing de Boissieu, in-fol. édit. de 1693, pag. 37.

Extrait d'un Arrêt du Parlement de Grenoble, du 15 Mai 1607, entre M^e. Jean-Baptiste Escalin des Aymars, Seigneur & Baron de la Garde, Demandeur d'une part... & D^e. Jeanne Alian, Dame du Poët, Défenderesse d'autre.

VEU par la Cour l'Arrest donné entre ledit S^r. de la Garde & la Dame du Poët, pour raison de la Terre de la Bastie-Rolland, par lequel ladite Dame du Poët est condamnée à payer audit S^r. de la Garde, les lods de l'acquisition faite par le feu S^r. du Poët, son mary, de la Terre & Jurisdiction de la Bastie-Rolland, &c..... Responce faite.... par ladite Dame... par laquelle elle offre pour l'authorité du susdit Arrest.... de reconnoistre ladite Terre de la Bastie-Rolland à la forme des reconnoissances précédentes qui lui seront exhibées, mesmes conformément à la reconnoissance de feu IMBERT DE BEAUMONT, du 19 Aoust 1420, lors possesseur de ladite Terre,

19 Aoust 1420.

au profit de M^{re}. Louys Ademar de Monteil, Baron de la Garde..... Acte d'investiture du 19 Aoust 1420, passée à IMBERT DE BEAUMONT par feu M^{re}. Louys Ademar de Monteil, de ladite Terre de la Bastie-Rolland, &c.

Preuves de la Généalogie des Comtes de Valentinois de la Maison de Poitiers; par André du Chesne, vol. in-4°. *imprimé à la suite de son Histoire Généalogique des Ducs de Bourgogne; édit. de* 1628, *pag.* 69 & 70.

Extrait d'une Enquête faite en la ville de Romans en Dauphiné, l'an 1421, *par Adam de Cambray, Conseiller du Roi & Président en sa Cour de Parlement séant à Poitiers.*

Ann. 1421.
Maistre Pierre Bernart, Notaire Impérial, demourant à Valence, dit que le Comte de Valentinois, dernier trespassé, mourut au mois de Juillet l'an M. ccccxix. Dit de plus que ledit Comte laissa un fils naturel, auquel il donna le Chasteau Damazan....

Noble Homme Messire IMBERT DE BEAUMONT, Chevalier, Seigneur de Pelafol, demourant à Haukichamp, laquelle Terre de Pelafol est assise en la Comté de Valentinois, dit qu'il a longtemps demeuré avec le dernier Comte trespassé, DUQUEL IL ESTOIT PARENT, & qu'il a ouy dire audit feu Comte, qu'il avoit vendu à Dame Biétrix de Bressieu, le Chastel & Mandement ou Terre de S. Albani : & donné à Guillaume le Bastard de Poitiers, Chevalier, lequel fut Bailly de Chaumont, les Chasteaux & Terres de Anglu, & de Soyens...

Aynart Chabert, Escuyer, Capitaine de la Tour de Crest, dit que environ XXII ans a, il oyt dire à son pere que, Messire Guillaume le Bastard de Poitiers, Lieutenant pour lors du Comte dernier trespassé, qui estoit en France, avoit vendu pour & où nom dudit Comte, au Seigneur de Tournon, le Péage tant par eau que par terre du lieu de Roche de Cluz, pour le prix de mil vingt-cinq florins comme il luy semble. Dit aussi que ledit Comte en son vivant a eu guerre à Messire IMBERT DE BEAUMONT, Chevalier, à Messire Arnauti de Severac, & à plusieurs autres....

Maistre Bertrand Rabot, Notaire Impérial, demourant à Crest, dit que le dernier Comte pour faire assiete de treize cens florins de revenu, promis à Messire Charles de Poitiers, par la transaction du Pape Grégoire, il luy bailla le Chastel de Puissaussan & ses appartenances.... Dit aussi qu'il a payé à Messire UMZE DE BEAUMONT, la somme de unze cents florins, pour l'achapt de la part de la Terre de Chabrillan, que avoit LA MERE dudit Messire IMBERT, fille ou niepce de feu Messire Amé de CHABRILLAN, Chevalier, laquelle part le Comte Aimar le Gros achepta.

Extrait du Traité de l'usage des Fiefs, par M. Salvaing-de Boissieu; in-fol. *pag.* 132.

Hommage-Lige personnel.

12 Janviet 1421.
IN nomine Domini, amen. Notum sit... quod anno... Domini M°. CCCC°. XX°. primo & die XII^a. mensis Januarii apud Castrum Bastida in Royanis.... in præsentiâ nobilis & potentis Baronis Domini Henrici de Cassenatico, Militis, Domini ejusdem loci Cassenatici, &c..... præsentibus ibidem testibus nobilibus viris Domino HUMBERTO DE BELLOMONTE, Domino Pelafolli, Joanne Bolognie, Parochiæ Sancti Laurentii in Royanis, Hugone de Comeriis, scutifero dicti Domini Cassenatici.

Donation faite par Aynard de Cordon, à HUMBERT DE BEAUMONT, *Chevalier, Seigneur de Pelafol, du Château des Marches, en Savoye.*

Original en parchemin conservé aux Archives de M. le Comte de Beaumont-de la Roque, au Château du Repaire, en Périgord.

2. Septembre 1435.
(*) *Le parchemin est ou emporté ou totalement effacé aux endroits ainsi marqués d'une* (*).

IN nomine Domini, amen....(*)......... no Domini millésimo quatercentésimo tricésimo quinto, Inditione decimâ tertiâ.... & die secundâ mensis Septembris, in præsentiâ mei Mathei S....(*).......... Climaco, Viennensis Dyocesis Notarii publici....personaliter constituti.... nobilis & potens....(*)...... Aynardus de Cordone, Dominus Matchiarum.... & nobilis & potens vir Dominus HUMBERTUS DE BELLOMONTE, Miles, Dominus Pelafolli & Ruppis fortis....præfatus siquidem....(*)........dus de Cordone,... considerans,... grata servitia, beneficia, & obsequia....

DE LA MAISON DE BEAUMONT. LIV. IV.

fibi per dictum Dominum HUMBERTUM DE BELLOMONTE.... facta.... & impeufa quibus dictus Dominus HUMBERTUS ab eodem nobili Aynardo maximum comodum meruit.... dat, donat, tradit.... dicto Domino HUMBERTO.... omne jus, omnem que actionem.... proprietatem, que & quas....(*).... habet.... in Caftro Marchiarum.... in Ducatu Sabaudie.... & dictum Dominum HUMBERTUM DE BELLOMONTE, donatarium.... inveftit.... Acta fuerunt hec in domo forti dicti Domini HUMBERTI, de Antollieys, prefentibus venerabili viro Domino Andrea Martini Baquall....(*) in legibus, Janino Pigace, habitatore de Antollieys, Johanne de Ruppe de Mauriana & Rodulpho Alamandi, Domicello, Gratianop Diocefis.... Ego vero Matheus Surdi, Notarius fupranominatus.... hoc prefens publicum inftrumentum.... groffavi.... & expedivi fub figno meo confueto, in robur.... premifforum.

Vis-à-vis les dernieres lignes de cet acte eft figuré le Monogramme du Notaire.

Acquifition faite par HUMBERT DE BEAUMONT, *Chevalier, Seigneur de Pelafol & de Rochefort, du Château de la Barre, en Savoye.*

Original en parchemin confervé aux Archives de M. le Comte de Beaumont-de la Roque, au Château du Repaire, en Périgord.

IN nomine Domini amen.... Anno Domini millefimo quatercentefimo tricefimo quinto, Inditione decimâ tertiâ.... & die fecundâ menfis Septembris in mei Mathei Surdi, de Crimiaco Viennenfis Diocefis, auctoritate Imperiali Notarii publici & Curiarum Officialatus Vienne & Dalphinalis Majoris Viennefii & terre Turris jurati.... prefentiâ.... perfonaliter conftituti.... nobilis & potens Domicella Loyfia Chambua uxor nobilis & potentis viri Aynardi de Cordone, Domini Marchiarum, de... licentiâ.... & voluntate dicti Domini Marchiarum, viri fui.... ex unâ parte, & nobilis & potens vir Dominus HUMBERTUS DE BELLOMONTE, Miles, Dominus Pelafolli & Ruppis fortis... ex parte alterâ : prefata fiquidem nobilis Loyfia.... dat, donat, tradit.... prefato Domino HUMBERTO DE BELLOMONTE.... videlicet Caftrum de Barrâ in Ducatu Sabaudie fituatum cum toto ejus mandamento, omnimodâ que juriditione, altâ, mediâ & baffâ, hominibus, homagiis talliabilibus & aliàs homagiis, cenfibus, ferviciis, redditibus, talliis, corrvatis.... & aliis juribus.... Quod quiddem Caftrum de Barrâ.... fuit eidem nobili Loyfie adjudicatum.... pro dote ac augmento dotis & jocalibus ejufdem nobilis Loyfie, de beneplacito & voluntare illuftriffimi Principis Domini Ducis Sabaudie & per fententiam diffinitivam fuper hoc latam per venerabile confilium dicti Domini Ducis, Chamberiaci refidens... & hoc pro pretio.... duorum millium & quatercentum florenorum monete Pape, computatis duodecim groffis ipfius monete pro quolibet floreno.... Quofquidem duo milia & quatercentum florenos.... dicta nobilis Loyfia.... confitetur....'fe habuiffe....&,... recepiffe à dicto Domino HUMBERTO DE BELLOMONTE.... Ceterum cum inter ipfam nobilem Loyfiam.... & nobilem & potentem virum Guigonem de Cordone.... fit & pendeat caufa indecifa in auditorio Curie dicti venerabilis confili Domini Ducis Sabaudie, Chamberiaci refidentis, pretextu quorumdam per dictum nobilem Guigonem ab eâdem nobili Loyfiâ petitorum, tangentium factum dicti Caftri de Barrâ.... hinc eft quod cafu quo.... dicta nobilis Loyfia debeat folvere dicto nobili Guigoni.... petita per eum.... ipfa.... promifit.... dictum Dominum HUMBERTUM DE BELLOMONTE & fuos habere & tenere quictos.... erga dictum nobilem nobilem Guigonem de Cordone.... Preterea prefatus nobilis Aynardus de Cordone Dominus Marchiarum....,. etiam quictat, cedit.... & remicit.... dicto Domino HUMBERTO DE BELLOMONTE.... omne jus... quod.. habet & habere poteft,... in dicto Caftro de Barrâ.... promictens.... fimili modo facere quictari & remicti prefato Domino HUMBERTO.... per nobilem & potentem virum Anthonium de Cordone, fratrem ipfius nobilis Aynardi omnia.... jura.... ipfi.... competentia.... in predicto Caftro de Barrâ.... & infuper cum dictus Dominus HUMBERTUS DE BELLOMONTE, peteret à dicto nobili Aynardo, Domino Marchiarum & a dicto nobili Anthonio de CORDONE ejus fratre, fummam octies centum florenos auri una cum veftibus nuptialibus pro refta dotis nobilis Domine PERONETE condam uxoris ipfius Domini HUMBERTI, avuncule que dictorum nobilium Aynardi & Anthonii DE CORDONE.... inde eft quod dictus nobilis Aynardus vult & confentit quod dictus Dominus HUMBERTUS DE BELLOMONTE dictos octies centum florenos auri cum veftibus predictis recuperare poffit.... in & fupra bonis & hereditate que fuerunt nobilis & potentis viri Domini Rodulphi de Cordone condam avi paterni dicti nobilis Aynardi. Item & centum florenos quos dudum nobilis & potens Domina Domina de Byoleyâ condam dedit & legavit dicte Domine PERONETE condam uxori dicti Domini HUMBERTI, quos centum florenos nobilis & potens vir Dominus Guillelmus de Cordone, pater dicti nobilis Aynardi habuit & recuperavit.... Acta fuerunt hec in domo forti dicti Domini HUMBERTI DE BELLOMONTE, vocata de Antollieys, mandamento Crimiaci, prefentibus venerabili viro Domino Andrea Martini, Baquellario in legibus, nobili Lanceloto Peftorelli, Domicello, Johanne Crolardi, Petro Vacherii & Petro Chavretii, de Pannoffas, dicti mandamenti Crimiaci, teftibus.... vocatis.... Ego vero predictus Matheus Surdi.... Notarius publicus.... premiffis omnibus....

2 Septembre 1435.

O ij

interfui.... hoc presens publicum instrumentum.... grossavi.... & expedivi.... sub hoc signo meo consueto, in .... testimonium .... premissorum.

Vis-à-vis les dernieres lignes de cet acte est figuré le Monogramme.

Inféodation de la Terre des Marches, accordée par Louis de Savoye, Prince de Piemont, à HUMBERT DE BEAUMONT, Seigneur de Pelafol.

Original en parchemin conservé aux Archives de M. le Comte de Beaumont-de la Roque, au Château du Repaire, en Périgord.

29 Mai 1436. LUDOVICUS de Sabaudiâ, Princeps Pedemontium, Primogenitus, Locumtenens que generalis
(*) Le parchemin illustrissimi..(*)..mini genitoris mei Domini Amedei Ducis Sabaudie, Chablaysii & Auguste Principis,
est ou emporté ou Marchionis in Ytalia, Comitis Pedemontium & Gebenñ, Valentinensis que & Diensis ac Nycie
totalement effacé & Vercellarum Domini, universis seriem presentium inspecturis, rei geste noticiam cum salute.
par vétusté aux en- Cum Castrum, locus & pertinen....(*)........chiarum in resforto nostro Sancti Genesii &
droits ainsi mar- Cordonis situate, eidem genitori meo adjudicata, comissaque .... extiterunt velut confiscata,
qués d'une (*). deposcentibus atrocibus criminibus potissime que crimen lese Majestatis sapere videbantur per
Aynardum de Cordone adversus ipsum Dominum meum perpetratis. Super..(*).... dem loco
& pertinenciis Barre, SPECTABILIS AMICUS ET CONSILIARIUS NOSTER DILECTUS DOMINUS
HUMBERTUS DE BELLOMONTE, Dominus de Peylafol certa jura & actiones rationeque plurimarum obligationum & remissionum sibi de illis factarum habere se diceret.... tandem superveniens idem Dominus HUMBERTUS DE BELLOMONTE prefato Domino genitori meo, nobisque humiliter supplicaverit ut nostre mansuetudinis intuitum in eum, qui à suis primordiis famulatibus Domus Sabaudie cordialiter versatus est, vergere & .... fidelitatis nostre nexibus cui advida mente inhere anelat constipare dignaremur.... Nos, animi sinceritatem ipsius Domini HUMBERTI DE BELLOMONTE, quem satis in agilibus prefati Domini genitoris mei sue patrie Valentin & Diensˉ propicimus, comperimus, intuhentes....deliberatione prehabitâ de precepto & voluntate prefati Domini genitoris mei.... in presentia Consiliariorum nostrorum infra nominatorum.... harum serie infeudamus.... ac in feud....(*)......ile, ligium, antiquum, paternum & avitum ....sub homagio & fidelitate nobilibus & ligiis.... damus....& perpetuo remittimus prefato Domino HUMBERTO DE BELLOMONTE, Domino de Peylafol, pro se & suis heredibus & successoribus Dominis de Peylafol duntaxat, videlicet Castrum, mandamentum & pertinencias Marchiarum, cum illarum territorio.... una cum quibuscumque feudis, dominiis, homagiis, hominibus cujuslibet conditionis, feudatariis.... censibus, serviciis.... corvatis, taliis, bannis....decimis.... molendinis, Reyssiis, folonis baptistoriis & aliis artificiis....& insuper cum mero, mixto imperio & omnimoda juridictione alta, media & bassa.... etiam cum banchis, furchis....pilloriis....(*)....... reponendi quoscunque Judices ordinarios Castellanos & alios officiarios....salvis tamen causis appellationum ac juribus regalibus....&....nos de premissis nunc infeudatis devestientes & prefatum Dominum HUMBERTUM DE BELLOMONTE, Dominum de Peylafol.... traditione unius Dague investientes.... in Vaxallagium sub.... homagio & fidelitate nobilibus & ligiis....constituimus....in quorum omnium.... robur & testimonium.... litteras nostras per dilectum fidelem Secretarium nostrum subscriptum confectas, datas Rippaillis die vicesima nonâ......... anno Domini millesimo quatercentesimo trigesimo sexto, Indicionis decime quinte, majoris sigili nostri duximus appensione muniri. (*plus bas*) P. Dominum Principem, Locumtenentem, presentibus illustri ejus fratre Domino Philippo de Sabaudiâ, Comite Gebenn̄; nec non Dominis
 Jo. Domino Bellifortis, Cancellario.
 H. Bastardo de Sabaudiâ.
 Ludovico Domino Raconixii.
 Johanne Domino Barjacti, Marescallo Sabaudie.
 Jacobo Domino Miolani.
 Jacobo de Balmâ.
 Ja. Domino Montis Majoris.
 Petro Marchiandi, in Cancellariâ Locumtenente.
 Anthonio de Draconibus.
 Guillermo Bolomerii.
 Bartholomeo Chabodi, Thesaurario Sabaudie (*signé*) le Port (&) de Ruppe (*à côté est écrit*).
 Anno Domini millesimo quatercentesimo quinquagesimo tertio & die vicesimâ octavâ mensis Junii de expresso mandato prefati Domini nostri Ludovici tunc Principis Pedemontium nunc vero Ducis Sabaudie, presentibus Dominis Ja. ex Comitibus Vallispergie, Cancellario Sabaudie; Ja. Comite Montifmajoris, Petro de Balma, Domino Ruppis, Francisco de Thematis, Presidente Gebenn̄; Philiberto Domino de Monthou, Vonterio Chabodi, Mermeto de Juriâ, advocato fiscali; Johanne Championis, Ja. Menerii, Generali & Johanne Malleti, Thesaurario Sabaudie;

figillata fuit fuprafcripta infeudationis littera, figillis majori & Cancellarie quibus prefentialiter utitur. (*Signé*) Richardi.

Les Sceaux énoncés dans cet acte ne subsistent plus.

Hommage de la Terre des Marches, rendu au Duc de Savoye par HUMBERT
DE BEAUMONT*, Chevalier, Seigneur de Pelafol.*

Original en parchemin confervé aux Archives de M. le Comte de Beaumont-de la Roque, au Château du Repaire, en Périgord.

IN nomine Domini, amen.... cunctis fiat manifeftum quod cum Caftrum, locus & pertinencie 29 Mai 1436.
Marchiarum.... Illuftrimo Principi & excelfo Domino noftro, Domino Amedeo Duci Sabaudie,
Chablaysii & Augufte Principi, Marchioni in Italiâ, Comiti Pedemontium & Gebennenfis Valentinenfis que Dienfis adjudicata.... extiterunt velut confifcata ; fuper quibufquidem loco &
pertinenciis Barre fpectabilis Miles Dominus HUMBERTUS DE BELLOMONTE, Dominus de Peylafol
certa jura.... habere fe diceret.... Tandem.... illuftriffimus Princeps Dominus Ludovicus de
Sabaudie, Princeps Pedemontium, Primogenitus, Locumtenens que generalis prelibati Domini
Ducis Sabaudie.... hodie infeudaverit.... in feudum nobile, ligium, antiquum & avitum...
fepedicto Domino HUMBERTO DE BELLOMONTE, Domino de Peylafol.... prenominata Caftrum,
mandamentum & pertinencias Marchiarum.... & in Vaffallagium fub.... homagio & fidelitate
nobilibus & ligiis.... fub aliis modis & formis in litteris patentibus prelibati Domini Principis
Locumtenentis hodie datis.... Huic eft quod ipfe Dominus HUMBERTUS.... fcienter & fponte
de predictis Caftro, loco & pertinenciis Marchiarum.... fecit, preftitit.... eidem Domino Principi Locumtenenti prefenti ac pro prelibato Domino noftro Duce.... ftipulanti & recipienti
homagium ligium & fidelitatem ligiam.... reverenter, genibus flexis, manibus que junctis
inter manus ipfius Domini Principis Locumtenentis pofitis & interveniente oris ofculo in fignum
perpetui & indiffolubilis federis.... confitens idem Dominus HUMBERTUS.... fe & fuos....
heredes & fucceffores Dominos de Peylafol effe ac velle & debere effe homines nobiles vaf-
fallofque ligios & fideles ipfius Domini noftri & fuorum.... ad caufam dictorum Caftri,
loci & pertinenciarum Marchiarum.... ac illa tenere.... in feudum nobile, ligium, antiquum,
paternum & avitum fub homagio & fidelitate nobilibus & ligiis.... promictens ipfe Dominus
HUMBERTUS.... de.... premiffis Caftro, loco & pertinenciis.... prefato Domino noftro Duci...
fervire fideliter & ligie pacemque & guerram facere ac in illis ftipendarios fuos receptare pre
& contra ceteros Dominos & perfonas mondi.... Acta & data fuerunt premiffa Rippaillie Gebennenfis Diocefis i....(*)...... domus Decanatus Militarium Edium die vicefimâ nonâ Maii, (*) *Ici le parche-*
anno Domino milleflmo quatercentefimo tricefimo fexto, Indicionis decime quinte, prefentibus *min eft emporté*
fpectabilibus viris egregiis & nobilibus....(*)...... Johanne Domino Bellifortis, Cancellario, *par vétufté ; on*
Humberto Baftardo de Sabaudiâ, Ludovico Domino Raconifii, Johanne Domino Barjacti, *conjecture qu'il*
Marefcallis Sabaudie, Jacobo Domino Myolani, Jacobo de Balma, Jacobo Domino M...(*).... *pouvoir y avoir:*
majoris, Petro Marchiandi in Cancellaria Locumtenente, Anthonio de Draconibus Militibus; *in aulâ.*
Guillelmo Bolomerii, Domino Nerciaci & Bartholomeo Chabodi, Thefaurario Sabaudie, teftibus (*) *Le parchemin*
:....rogatis. Ego vero Vincentius de Ruppe, Matifconen Imperiali auctoritate Notarius ac *eft également em-*
prefati Domini noftri Ducis Sabaudie Secretarius, premiffis omnibus... prefens fui.... &.... *porté ici par vé-*
hoc publicum homagii & fidelitatis inftrumentum.... mei Tabellionatus figno fignavi.... *tufté.*

Vis-à-vis les dernieres lignes de cet acte eft le Monogramme du Notaire.

---

*Teftament d'*HUMBERT DE BEAUMONT*, Chevalier, Seigneur de Pelafol, de
Rochefort, &c. en faveur de* LOUIS, ANDRÉ, MARIE, LOUISE, FRAN-
ÇOISE, ANTHONIE, LUQUE & POLIE DE BEAUMONT, *fes enfans.*

*Copie en papier faite le 22 Juin 1560, & confervée dans les Archives de M. le Marquis d'Au-
tichamp, au Château d'Autichamp, en Dauphiné.*

L'AN mil cinq cens cinquante-fept & le vingt-cinquiefme jour d'Aouft, à Grenoble dans la 5 Novembre
grande falle de la Tréforetye du Daulphiné.... Me Jehan Duboys, Procureur, & *à ce nom de* 1436.
JEHAN & BEAUMONT (*) Efcuyers, freres & s'eft adreffé à moy Pierre Rochard, Notaire....
me remontrant que au procès pendant par-devant Monfieur le Vibailly de Vienne, d'entre led. (*) Sic.
JEHAN & ANTHOYNE DE BEAUMONT.... demandeurs d'une part, & Damoyfelle MARGUERITE
DE DYES DU PEGUE, en qualité qu'elle procede deffendereffe d'aultre, eft befoing.... avoir
ung extrait & coppie deuement figné du teftament faict le cinquiefme Novembre mil quatre

PREUVES DE L'HISTOIRE GÉNÉALOGIQUE

cens trente-six, par seü Messire Humbert de Beaumont, en son vivant Seigneur de Pellafol, & Rocheffort, receu par Mes Pierre Gaultier & Bertrand Fabri, Notaires publictz, à ceste cause auroit levé lettres dudit sieur Vibailly de Vienne contenans ma commission, par vertu desquelles auroit faict donner assignation à la Damoyselle de Dyes, en la personne de Me Anthoyne Argoud son Procureur fondé.... & .... faict fere commandement à Damoyselle Jehanne de la Columbierre, femme de Monsieur Me Artus Prunier, sieur de la Boissiere, Conseillier du Roy & Receveur Général du Dauphiné ; & en l'absence dudit sieur Prunier, qui se treuve avoir... le protochol où est inséré ledit testament de remectre en mes mains ledit prothocol... laquelle.... m'auroit remis ung prothocol dudit seü Gaultier, couvert de parchemin... auquel... ay trouvé ung testement commençant au feulhet 461... de telle teneur & substance que s'ensuit.

« Testamentum magnifici & potentis viri Domini Humberti de Bellomonte Militis
» Domini Pellafolli. In nomine Sancte & individue Trinitatis, Patris & Filii & Spiritûs sancti
» amen... Anno salutifere Incarnationis Dominice M°.CCCC°. XXX°. VI°. Indicione xv^a. & die
» v^a, mensis Novembris... in nostrum Petri Gaulterii... & Bertrandi Fabri auctoritate Imperiali
» Notariorum publicorum.... presentia.... Magnificus & potens vir Dominus Humbertus de
» Bellomonte, Milles, Dominus Pellafolli & Rupisfortis Valentinensis Diocesis... considerans
» quod... cum sit senex... diu vivere non potest... de se & omnibus bonis suis... disposuit...
» suumque ultimum testamentum... fecit... Inprimis... elegit sepulturam in Ecclesia Conventus
» Fratrum Minorum de Romanis in Cappella beate Marie Magdalenes per ipsum testatorem fun-
» datâ seu dotatâ & voluit... in ejus exequiis... fiendis quando ejus cadaver tradetur Ecclesias-
» tice sepulture.... convocari omnes fratres dicti Conventus ac totum venerabile Colle-
» gium Ecclesie Sancti Barnardi ac Curatum & servitores Ecclesie Parrochialis Sancti Nicolai
» de Romanis & dari ac librari presbiteris & Clericis ibidem interessentibus illud quod nobili
» Ludovico de Bellomonte, ejus filio & heredi universali... placuerit..... & ordinavit
» fieri in fine anni ejus obitus in dicta Ecclesia.... suam sepulturam bene & honorifice more
» nobilium... expresse tamen prohibens quod in dictâ suâ tunc fiendâ sepulturâ non offerentur
» equi, lances, scuta, aut alia quecumque arma.... Item dedit & legavit Johanne, filie Berthoni
» de la Frasse, de Bastida Rollandi decem florenos monete currentis, semel... quando in matri-
» monio collocabitur & non alias. Item dedit & legavit jure institutionis nobili Marie ejus filie
» legitime & naturali... mille & quingentos florenos auri de florenis auri Pape de presenti in
» Avinione comuniter currentibus & vestes nuptiales condecentes secundum statum ipsius Domini
» testatoris & dicte filie pro ipsâ filiâ in matrimonio decenter collocandâ..... Item... legavit....
» nobili Ludovice ejus filie legitime & naturali... mille & quingentos florenos auri & vestes
» nuptiales condecentes pro ipsâ.... in matrimonio decenter collocanda.... Item... legavit...
» nobili Francesie ejus filie legitime & naturali... mille & ducentum flor^s auri... & vestes nup-
» tiales condecentes pro ipsâ... in matrimonio decenter collocanda.... Item cum nobiles Luqua
» & Anthonia ejus filie legitime & naturales dudum fuerint religiose dedicate scilicet dicta
» Anthonia in Monasterio Sancti Justi, in Royanis, Gratonopolⁿ Diocesis & dicta Luqua in Mo-
» nasterio de Saletis, Lugdunensis Diocesis & ... quia Dominus Testator cuilibet... dum fuerint...
» recepte... dederit decem florenos monete... pentionales... hinc est quod ultra pentionem an-
» nuam predictam... legavit cuilibet dictarum Luque & Anthonie... decem florenos monete
» currentis semel tantum.... Item voluit & ordinavit quod nobilis Polia ejus filia legitima & na-
» turali Religioni dedicetur... in monasterio... per suum ipsius Domini Testatoris heredem
» aliosque parentes & amicos ipsius Polie eligendo & dedit... eidem Polie pro... legitima...
» decem florenos... pensionales... & ... decem florenos... semel tantum.... Item casu quo
» nobilis Brunissendis Cornilhana ipsius Domini Testatoris uxor... pareat filios seu
» posthumum vel posthumas... quod hujusmodi filii... & quilibet eorum religioni dedicentur.... Item
» dedit... nobili Andree de Bellomonte ipsius filio legitimo & naturali pro omni jure... etiam tunc
» ex vi pactorum quorumcumque contentorum in instrumento matrimonii ipsius Domini Testatoris
» & dicte Domine Brunissendis... domum... cum toto suo pertinemento quam habet in loco Cri-
» miaci, nec non locum suum... vocatum Antholhes & locum Dezemiaci, mandamenti dicti loci
» Crimiaci Viennensis Diocesis cum omnibus & singulis domibus, terris, pratis, vineis, pascuis, pisca-
» turis, venacionibus, homagiis, hominibus, corratis, censibus... juribus & pertinentiis... reservato
» tamen & retento quod dictus nobilis Ludovicus heres suus universalis infrascriptus & sibi substi-
» tuti, homines dictorum locorum more dicte patrie Crimiaci talliare possint & tallias ab eis exi-
» gere advenientibus casibus quibus supra dicte Marie, Ludovicæ & Francesiæ ejus filie... in
» matrimonium collocabuntur, non obstante quod dicta loca... tunc essent vigore presentis testa-
» menti in manibus dicti Andree aut aliorum quorumcumque.... Item... dedit... dicto Andree
» castrum locum... de Alticampo Valentinensis Diocesis cum toto suo tenemento ejusque alta &
» bassa Juridictione ac mero & mixto Imperio domibusque, terris cultis & incultis, pratis, vineis
» nemoribus, pascuis, homagiis, hominibus, corratis, censibus, redditibus,.. & pertinenciis... volens
» tamen quod dictus Ludovicus heres suus universalis infrascriptus vel sibi substituti... dicti
» castri Alticampi... possint... suos fructus facere donec & quousque legata supradictis nobilibus
» Marie, Ludovice & Francesie ejus filiabus... facta... fuerint... persoluta... infra viginti
» quinque annos proximos post obitum ipsius Domini Testatoris.... Item... dedit.. dicto Andree
» medietatem totius garnimenti superlectilis & domus utensilis... exceptis tamen tribus melioribus
» cubilibus cum eorum garnimentis debite munitis ipsius Domini Testatoris... & excepta tapisseria

DE LA MAISON DE BEAUMONT. Liv. IV.

» totali aule baſſe Ruppisfortis que... dicto LUDOVICO... prelegavit & etiam excepto garnimento...
» infra legando... quod... dictis LUDOVICO & ANDREÆ poſt obitum dictæ Domine BRUNISSEN-
» DIS equis portionibus pertineat.... ſi vero dictus ANDREAS decederet... ſine liberis maſculis...
» vel... dicti liberi decederent... ſine liberis maſculis... legitimo matrimonio... procreatis...
» ſubſtituit in omnibus... ſupra legatis... dictum nobilem LUDOVICUM DE BELLOMONTE... &...
» ſuos... liberos maſculos.... & niſi ipſe nobilis LUDOVICUS aut aliqui ſint liberi maſculi vel liberi
» maſculi liberorum ſuorum... ſubſtituit in locis ſupradictis Antholerii, Dezimiaci & domo Cri-
» miaci... nobilem ARTHAUDUM DE BELLOMONTE ipſius Domini Teſtatoris nepotem... &... ejus
» liberos maſculos.... Et in caſtro & territorio Alticampi... ſubſtituit nobilem FRANCISCUM DE
» BELLOMONTE Dominum de la Frayra ejus nepotem & ejus liberos maſculos... & ſucceſſive
» videlicet in illis... in quibus ſubſtituit ſupradictum nobilem ARTHAUDUM DE BELLOMONTE... &
» poſt omnes ſupradictos... maſculos... bona predicta ad propinquiores maſculos generis ſui...
» pertineant.... Item dedit... Dominæ BRUNISSENDE ejus uxori... pro ſuo doario... cum ter-
» centum florenis... totalem hereditatem quam ipſe Dominus Teſtator habet in loco & territorio
» Montillii Adhemarii... exceptâ tamen quâdam domo in dicto loco Montilii ſitâ, in qua de preſenti
» eſt Albergaria SIGNI FLORIS LILII... & legavit dictæ Domine BRUNISSENDI... quatuor cubilia...
» decenter munita... & de alio garnimento... quantum ſibi neceſſe fuerit pro ſuo ſtatu decenter
» tenendo.... Hereditas vero quam ipſe Dominus Teſtator habet in loco predicto Monthellii
» Adhemarii... Dominæ BRUNISSENDE legata... poſt obitum ipſius Dominæ... dicto nobili LU-
» DOVICO... pleno jure revertatur.... In omnibus autem... aliis bonis ſuis... heredem ſuum
» univerſalem ſibi fecit & inſtituit... ſupradictum nobilem LUDOVICUM DE BELLOMONTE ejus
» filium legitimum & naturalem & poſt eum ejus liberos maſculos... legitimo matrimonio... pro-
» creatos... gradatim... in infinitum... & poſtea... dictum nobilem ANDREAM DE BELLOMONTE
» ipſius Domini Teſtatoris filium... & maſculos liberorum ſuorum... in infinitum & omnes poſt
» ipſos maſculos... ſubſtituit ſupradictum nobilem FRANCISCUM DE BELLOMONTE Dominum de la
» Frayra ipſius Domini Teſtatoris nepotem... &... ejus liberos maſculos... in infinitum... & poſt
» obitum ultimi ipſorum... ſubſtituit videlicet nobilem EYNARDUM DE BELLOMONTE ipſius Do-
» mini Teſtatoris fratrem... & liberos maſculos liberorum ſuorum... in infinitum... & deficien-
» tibus omnibus predictis... maſculis, in omnibus & ſingulis bonis & hereditate predictis inſtituit
» alios PROPINQUIORES MASCULOS DE GENERE IPSIUS DOMINI TESTATORIS PORTANTES COGNO-
» MEN ET ARMA DOMUS DE BELLOMONTE A QUA TRAXIT ORIGINEM ita quod ſemper totalis
» ſua hereditas ad propinquiorem maſculum de genere ipſius Domini Teſtatoris... perveniat....
» Executores vero ſuos & hujus ſui ultimi teſtamenti... deputavit... nobiles Alamandum Domi-
» num Sancti Georgii & Ludovicum de Balma Dn̄is loci Suze... ac providum virum Garinum Fabri
» Burgenſem... de Romanis....... Acta & recitata fuerunt hec Romanis in domo ſolitæ habita-
» tionis ipſius Domini Teſtatoris que fuit Domini Jauſſerandi Gotafredi... preſentibus... venera-
» bilibus viris Dn̄is Petro de Plaſtro, Girardino Mareſcali, Concuratis dictæ Eccleſiæ Sancti Bar-
» nardi de Romanis, nobilibus Humberto Audeardi, Petro de Curia, Domino Franciſco de Sicar-
» dis legum Doctore, Ponſono Bardini, Johanneto Berengarii, Berlhione Aymeſleti, Mercator de
» Romanis teſtibus... & me Gaulterii». LESDICTES Lettres de Commiſſion... ſont cy-
après... A Vous Noſſeigneurs de la ſouveraine Court de Parlement de Daulphiné à Grenoble
Anthoyne de la Court, Docteur ez droictz, Seigneur de la Court du Buys, Conſeillier du Roy
Dauphin, Vibailly... de Vienne & Terre de la Tour... ſalut, comme procedant au procès
civil... entre nobles JEHAN & ANTHOYNE DE BEAUMONT... d'une part; & Damoyſelle MAR-
GUERITE DE DYES DU PEGUE... d'aultre; nous avons ordonné que leſdits demandeurs ſeroient
apparoir du teſtement par eulx allegué... Nous... vous prions... que faictes expedier par...
le premier Notaire Royal... extraict... à l'original du Teſtement de feu Meſſire HUMBERT DE
BEAUMONT... Seigneur des Terres & Juriſdictions d'Autichamp Diſimyeu & aultres........
Donné à Vienne en Jugement le dixneufvieſme jour d'Aouſt mil cinq cens cinquante ſept. De
la Court, Vib & Juge Dalphinal; Poinct. A Monſr. le Vibally de Griſivodan ſupplient humblement JEHAN & ANTHOYNE DE BEAUMONT, Eſcuyers, Seigneurs de Barbieres, comme il auroit
obtenu Lettres requiſitoires du Sr Vibailly de Vienne, pour avoir copie du Teſtement de feu
Meſſire HUMBERT DE BEAUMONT... ce conſideré vous plaiſe... octroyer... pareatis... ſi ferez
bien; Achard. Abel de Buſſevant, Docteur ez droictz, Seigneur de Malliſſolle, Conſeilhier du
Roy, Vibally... de Griſivodan: au premier Chaſtellain & Sergent royal ou ordinaire ſur ce
requis, ſaluct; ſuyvant... la requere... de JEHAN & ANTHOYNE DE BEAUMONT, Eſcuyers...
vous mandons... que miectes les lettres cy-attachées à deue & entiere execution,... Donné à
Grenoble le vingt & troizieſme Aouſt l'an mil cinq cens cinquante-ſept. Gaſpar Baro, Lieute-
nant particulier, Ficquet.... l'an que deſſus & le vingt-cinquieſme jour d'Aouſt, rapporte
Jehan Pra, Sergent royal... que par vertu de vos lettres... j'ay faict commandement... à
Damoyſelle Jehanne de la Columbiere, femme de Monſr. Me. Artus Prunier, Conſeillier du
Roy, Trezoryer & Recepveur general du Daulphiné... abſent... de remectre ez mains de
Me Pierre Rochard, Notaire... ung prothocol de feu Me Pierre Gaultier, Notaire... dans lequel
eſt... le Teſtement de feu Meſſire HUMBERT DE BEAUMONT... du cinquieſme Novembre mil
quatre cens trente-ſix, afin d'en faire un extraict... &... ay faict commandement audit Rochard, Notaire, ſuſdit, de faire ledit extraict.... ainſi le rapporte: Pra. Et lequel Inſtrument de
Teſtement ſus inſeré, j'ay extraict & levé... au préalable avoir faict due inquiſition... & ne
m'a apparu que pour iceulx il aye eſté levé, ny groſſoyé; vray eſt que au marge & commance-

ment d'icelluy a ces mots efcripts que s'enfuivent : *Factum teſtamentum pro herede univerſali groſſatum eſt per commiſſionem pro parte heredum nobilis* GUILHERMI DE BELLOMONTE. Auſſi ſuivant autre commandement... je l'ay levé... pour la part de Damoyſelle MARGUE-RITE DE DYES, veufve de feu Meſſire HUMBERT DE BEAUMONT... Seigneur d'Autichamp, comme mere & tuttice de DYANE DE BEAUMONT, ſa filhe, le xxiij^e Decembre mil cinq cens cinquante ſix... & lequel Teſtement j'ay trouvé deuement ſigné ainſi : *& me Gaulterii*, icelluy prothocol deue collation faicte par moy rendu à ladite Damoyſelle de la Columbiere. En foy de tout ce que deſſus me ſuis ſy ſoubzſigné... Rochard.... Receu copie... ce vingt-deuxieſme Mars, J. de Balme pour Damoyſelles LOYSE & FRANCOISE DE BEAUMONT.

La preſente copie a eſté par nous Procureurs ſoubzſignés collationnée à ſon propre original ou bien à l'extraict d'icelluy, & quant à moydit Pynard, l'ung deſdits Procureurs, je n'empelche, ains conſentz à ce que foy ſoit adjouſtée à la preſente copie... ſauf toutteffois à mes parties de contredire ledit original, ou bien extrait & d'icelluy aquerir la viſion.... Faict ce xxij^e Juing mil V^c. ſoixante. (*Signés*) Pynard (&) Fines.

CHAPITRE II.

LOUIS DE BEAUMONT, Seigneur de Pelafol, de Barbieres, des Marches, &c. fils aîné d'HUMBERT.

Remiſe de droits de lods & ventes faite par Louis de Poitiers, Comte de Valentinois, à LOUIS DE BEAUMONT, *ſon couſin.*

Original en parchemin conſervé dans les Archives de M. le Marquis d'Autichamp, au Château d'Autichamp.

26 Octobre 1424. LOYS de Poitiers, Comte de Valen^{ns} & de Dioys & Seigneur de Saint Valier ; à tous ceulz qui ces preſentes lettres verront, ſalut ; ſavoir faiſons que comme nous ſoyons informés que Beatris, femme que fu de feû Bartholomeu Perdris, de Dye, ait cedé... à NOSTRE CHIER & BIEN AMÉ COUSIN LOYS DE BEAUMONT, aucuns Gaucheurs & Bateurs de Ruſche, avec les Mayſons & Jardins à eulz touchans & appartenans, ſitués deſſobz le pont de Creſt, parmi quatre cens florins que ledit Loys li a payé... leſquels Bateurs furent de feû Jehan Ros, de Creſt ; & les ſe fit delivrer icelle Beatris, à l'enchant de la Cort de Creſt, en exeqution de ſa Verchiere, laquelle ledit Jean Ros ſon frere li devoit, leſquies ſe tiennent de noſtre directe Seignorie, & pareillement... que Arnaud Audoart, de Marſana... ait cedé... audit LOYS DE BEAUMONT... moytié de vigne, ſitué au Territoyre de Creſt, parmi ſeptante ung florins que ledit Loys li a payé, laquelle moytié ſe tient en partie de nous... Nous, à la requeſte dudit LOYS, de notre certaine ſcience & bonne volunté... avons inveſti & retenu... ledit LOYS... deſdits Gaucheurs & Bateurs, Maiſons & Jardins & de la moytié de ladite vigne... par le bailh d'une penne... &... pour les agréables ſervices & plaiſirs qu'il nous a faicts & fait de jour en jour il nous a remis... tous les los & ventes qu'il nous devoit... à cauſe deſdittes ceſſions... Et en teſmoing de ce nous avons fait plaquer notre ſcel à ces preſentes & nous ſommes ſoubſcriz de notre propre main. Donné à Eſtoile le xxvj^e jour du moys de Octobre l'an de grace mil quatre cens & vingt & quatre. (*Signé*) Louis de Poitiers.

N^a. *Le Sceau n'exiſte plus.*

Acquiſition faite par LOUIS DE BEAUMONT, *fils d'*HUMBERT DE BEAUMONT, *Chevalier.*

Extrait du Livré des nottes intitulé : Bertrand Rabot, *fol.* XIIII^{xx}. XV. *étant aux Archives de la Chambre des Comptes de Dauphiné ; délivré en vertu d'Ordonnance de ladite Chambre, du 25 Juin 1667. & ſigné* Molard.

Nobilis LUDOVICI DE BELLOMONTE, ceſſio ſibi facta per Johannem Piconis.

1 Septembre 1426. IN nomine Domini amen... Anno Dominice Incarnationis M^o. CCCC^o. XX°. VI°. Indictione quarta & die prima menſis Septembris Pontifficatus ſanctiſſimi in Chriſto patris & Domini noſtri Domini

DE LA MAISON DE BEAUMONT. Liv. IV.

Domini Martini, Divina Providentia, Pape quinti anno nono, ac sereniffimo Principe & Domino noftro Domino Carolo Dei gratia Francorum Rege...regnante.........conftitutis coram me Notario publico...nobili viro LUDOVICO DE BELLOMONTE filio nobilis & potentis viri Domini HUMBERTI DE BELLOMONTE, Militis, Domini Pellafolli & Alticampi ab una parte & provido viro Johanne Piconis, de Crifta, Dyenfis Diocefis, Mercatore, habitatore Valentie.... Ipfe dicti Johannes Piconis....tranftulit...prefato nobili LUDOVICO DE BELLOMONTE......pecuniarum fummas fibi...debitas &...eminam frumenti cenfualem...fibi pertinentem...in & fuper... certâ parte molendini & domo vocata lo Gravier...aliifque bonis...Perononi & Johannis Ruffi quondam patris & filii...confitens...recepiffe a dicto nobili LUDOVICO....in meris fcutis auri tricentum florenos, computatis viginti groffis cum dimidio monete pro quolibet dictorum fcutorum, & duodecim groffis dicte monete pro quolibet dictorum florenorum...de quibus... quictavit &...precepit...expediri...per heredes....Berthoni Barnaudi quondam Notarii dicti loci Crifte...inftrumentum debiti...nec non claufulam...fubftitutionis...per dictum quondam Johannem Ruffi fibi factam in...fuo teftamento per dictum...Barnaudi quondam fumpto & recepto dum & quando idem nobilis LUDOVICUS ea habere voluerit....Acta fuerunt hec in Capitulo Conventus Fratrum Minorum dicti loci Crifte, prefentibus...nobilibus Falcone de Quinciaco, Humberto Colonelli, Jacobo de Vileto alias Arbelis...necnon D...Chabaffii, Jacobo Chavillardi, Draperiis, Petro Ginefii, Macellario...& me Bertrando Raboti, Notario.

Reconnoiffances feodales paffées à LOUIS DE BEAUMONT, *Seigneur des Marches, fils d'*HUMBERT DE BEAUMONT, *Chevalier.*

Roulleau compofé de 8 peaux de parchemin, confervé en original aux Archives de M. le Comte de Beaumont-de la Roque, en fon Château du Repaire, en Périgord; il y en a un double.

IN nomine D....(*).........à nativitate ejufdem....(*).......fexto..(*).....duodecimâ menfis Auguf....(*)......Principis Domini noftri....(*)........& irrevocabilis venditionis ..(*)...nobili & potenti viro Domino Anthonio..(*)...videlicet quadraginta feftaria..(*).... de feudo & fidelitate prefati Domini noftri....(*)......prenominatus Dominus Marchiarum venditor ad opus & utilitatem dicti Domini Grolee, Militis emptoris......precio...quaterpro ut hec...t...latius continentur...in publico inftrumento...recepto...per Johanninum Billiodi & Johannem Tupini, Notarios publicos fub anno Domini milefimo quatercentefimo trigefimo fecundo....die quinta menfis Jullii....Item cum prenominato Domino Anthonius Dominus Grolee, miles....dederit..(*)...nobili & potenti viro nobili Eynardo de Cordone, venditori... poteftatem....reachetandi...(*).....& cum prenominatus...Eynardus de Cordone...ceferit....nobili & potenti viro Domino HUM....(*)......DE BELLOMONTE, Militi....omnia univerfa..(*)...que...habebat,...in Caftra & juridicione Marchiarum....Hinc eft quod.... in mei Francifci Miftralis Notarii publici....prefenciâ perfonaliter conftitutus fupranominatus Dominus Anthonius Dominus Grolee, miles....premenciata. quindecim feftaria frumenti revendit....prefato Domino HUMBERTO DE BELLOMONTE, Domino Pellafolli & Marchiarum.... precio centum & quinquaginta fcutorum auri....Acta fuerunt premiffa in Caftro Grolee prefentibus nobilibus & potentibus viris Dominis Hugone Domino Petre-Gordee, Andrea de Marteftibus, Domino Gradimontis, Militibus; nobili Petro de Roffillione alias Bonardi, Domicello... teftibus...vocatis....Confequenter vero....in prefenciâ mei Francifci Miftralis...Notarii... conftituti...tenementarii infrafcripti....ad inftanciam....& requificionem mis dicti Francifci Miftralis...ftipulantis...ad opus...viri nobilis & potentis LUDOVICI DE BELLOMONTE Domini Marchiarum, filii quondam fupronominati nobilis & potentis viri Domini HUMBERTI DE BELLOMONTE, Domini Marchiarum quondam rehemptoris, abfentis...confitentur...fe....renete....a dicto nobili LUDOVICO DE BELLOMONTE.....feuda.... Et primo anno milefimo quatercentefimo trigefimo octavo, Indicione primâ....die ultima menfis Januarii....Jacermetus Comparati, de Eviaco, Parrochie Sancti Benedicti de Seyffiaco....actum apud Eviacum in Turri feu domo nobilis Johannis de Cordone alias Jacermeti, prefentibus Guillelmo de Saugiâ, Benedicto Maczardi....Item Beneditus Burlacti alias Colandi, dicti loci Eviaci....Item Johannerus Saquini, dicti loci de Eviaco....Item Matheus Maczardi alias Philippo, dicti loci de Eviaco.... Datum die primâ menfis Februarii, anno Domini milefimo quatercentefimo trigefimo octavo.... Item Johannes Monachi alias Pitit & Johanna ejus foror, filii quondam Johannis Monachi alias Pitit, de Eviaco....Datum die XVII^a. menfis Februarii, anno....M°. CCCC°. XXX°. VIII°.... Item Johannes Saucherii alias Corbel, de Saugiâ....Item Johannes Saucherii, de Saugiâ.... Item Benedictus de Saugiâ alias Berton, dicti loci de Saugiâ....prefentibus Petro Morelli filio Jaquemini Morelli, de Saugiâ & Johanne Jarii, de Neyriaco....Item Stephanus de Saugiâ alias Berton, dicti loci de Saugiâ....prefentibus Petro, filio Jaquemini Morelli & Petro de Saugiâ, filio quondam Johanneti de Saugiâ alias Berton....Item Stephanus Pecheti alias Charamel de Eviaco...., Datum die decimâ quattâ menfis Februarii, anno M°. CCCC°. XXX°. VIII°....

31 Janvier; 1, 14, 17 & 18 Février 1438.

(*) Une partie du commencement de cet acte eft emporté par vetufté; particulierement aux endroits marqués d'une (*).

P

PREUVES DE L'HISTOIRE GÉNÉALOGIQUE

Item anno prædicto...die decimâ octavâ mensis Februarii...Andreas & Johannes Regis fratres, filii quondam Johannis Regis, de Glandiaco, Parrochiæ Sancti Bend͞ti de Seyssiaco....præsentibus....Petro Caulis, juniore, de Eviaco, Petro Regis aliàs Jaquerii, de Glandiaco....Item Marièta, relictâ Stephani Sancherii, de Saugiâ & Petrus Sancherii ipsorum quondam conjugum filius...Actum apud Saugiam in domo Johannis Sancherii....Ego nempe Franciscus Mistralis, Burgensis & habitator Sancti Genesii, Clericus auctoritatibus Imperiali & Sabaudiali, Notarius publicus præmissis omnibus interfui, præsensque publicum instrumentum....in hanc publicam formam redigi feci per x̃inum Mistralis, Notarium filium & coadjutorem meum...& signeto meo manuali in quâlibet juncturâ seu codurâ signavi fideliter....

Cet acte est en effet signé dudit Notaire, à chacun des endroits indiqués ci-dessus.

Acte de Tutelle de GUILLAUME, *fils mineur de* LOUIS DE BEAUMONT, *Seigneur de Pelafol, & de* LOUISE DE GROLÉE, *sa veuve.*

Original en papier conservé dans les Archives de M. le Marquis d'Autichamp, au Château d'Autichamp.

26 Juin 1447. IN nomine Domini amen. Nos Radulphus Dominus de Gaucourt, Consiliarius & primus Cambellanus Regius, Gubernator Dalphinatus notum facimus...quod cum defunctus nobilis & potens vir LUDOVICUS DE BELLOMONTE condam Dominus Peliafolii in suo ultimo nuncupativo testamento die secundâ Octobris M°. CCCC°. XXX°. IX°. condito, per Magistrum Bertrandum Raboti Notarium recepto, inter cetera, tutores...nobili GUILLELMO DE BELLOMONTE ejus filio pupillo naturali & legitimo ac heredi universali instituto, constituisset....nobilem LOYSIAM DE GROLEA ejus uxorem, matrem dicti pupilli nec non & nobilem FRANCISCUM DE BELLOMONTE Dominum Frayte ejus consobrinum Germanum...quamquidem tutelam...dicta nobilis LOYSIA mater & contutrix...repudiasset..&...Dominus Frayte... ipsam tutelam rexerit per certum tempus & inde suos dies clauserit extremos, relictis...dicto pupillo tutore destituto, nec non nobili CLAUDIO DE BELLOMONTE ipsius Domini Frayte quondam filio naturali & legitimo ac herede universali qui statim...coram dilecto nostro Judice Majore Valentinensis & Diensis..à dictâ tutela, ipse cum sit adultus...se exoneraverat...& coram dicto judice...orta extiterit lis & controversia inter nonnullos de agnatione, cognatione & armis DE BELLOMONTE petentes dictam tutelam...& nobilem & egregiam Dominam JOHANNAM DE GRUHERIA Dominam Briciaci, matrem dictæ nobilis LOYSIÆ & aviam maternam dicti GUILLELMI DE BELLOMONTE pupilli...Quequidem causa, virtute litterarum patentium ab Illustrissimo Principe Domino nostro Domino Ludovico, Regis Francorum Primogenito, Dalphino...ad nos & venerabile consilium Dalphinale...advocata extiterit...,hinc est quod anno Domini M°. CCCC°. XLVII°. & die xxvi̧ª. mensis Junii...apud Gratianopolim in domo Dalphinali in Camera posteriori supra Iseram in quâ tenetur consilium secretum & coram dicto venerabili consilio Dalphinali quo erant egregii potentes & circumspecti viri Domini, Aymarus de Claromonte Locumtenens noster, Stephanus Guillionis, Presidens, Miles, Matheus Thomassini, Guido Pape, Jacobus de Sancto Germano, Advocatus Fiscalis, Doctores legum & Andreas Duri, Procurator generalis Dalphinatus, comparentibus Petro Berlionis, Notario, pro DICTIS NOBILIBUS DE AGNATIONE ET ARMIS DICTI PUPILLI AC COGNOMINE DE BELLOMONTE, una secum dicto nobili GLAUDIO DE BELLOMONTE Domino Frayte ex una & Bertrando de Cizerino pro dictâ Dominâ Briciaci, aviâ Maternâ ipsius pupilli ex altera partibus... visis inprimis litteris prædictis...nobis dudum per nobiles & potentes viros AMBLARDUM DOMINUM BELLIMONTIS, ARTHAUDUM DE BELLOMONTE, ANDREAM DE BELLOMONTE Dominum Alticampi & dictum GLAUDIUM DE BELLOMONTE, Dominum Frayte nominibus suis & aliorum DE AGNATIONE, COGNATIONE ET ARMIS DE BELLOMONTE...exhibitis & præsentatis, quarum tenor talis est. Ludovicus, Regis Francorum Primogenitus, Dalphinus Viennensis...dilectis & fidelibus nostris Gubernatori aut ejus Locumtenenti & gentibus consilii nostri Dalphinatus salutem & dilectionem, ad nostri pervenit auditum nobiles viros & dilectos nostros Vassallos HUMBERTUM DE BELLOMONTE quondam Militem & LUDOVICUM DE BELLOMONTE nuper ab hoc seculo migrasse relicto nobili pupillo GUILLELMO DE BELLOMONTE filio naturali & legitimo ipsius LUDOVICI & ipsius nec non & successive præfati HUMBERTI herede & successore universali & nomine hereditario eorumdem HUMBERTI avi sui paterni & LUDOVICI patris & genitoris ipsius pupilli, Domino plurimum locorum & Castrorum in nostris Dalphinatus & Comitatibus Valentinensis & Dyensis cum juridictione alta & bassâ ac mero & mixto imperio; post quorumquidem...obitum scitur nostram dilectam LOYSIAM matrem dicti pupilli....tutelæ...ipsius.... renunciasse, quâquidem renunciatione caussante...controversiâ...inter aviam maternam ipsius ex unâ & quosdam de agnatione & parentelâ seu progenie ipsius pupilli COGNOMINIS ET ARMORUM DE BELLOMONTE ex altera, partibus...Quocirca & hiis actentis vobis destricte præcipiendo mandamus quatenus...aliquem de agnatione & parentelâ cognominis & armorum ipsius pupilli...

DE LA MAISON DE BEAUMONT. Liv. IV. 115

ad gerendum ipsam tutelam...decernatis, eandem aviam maternam atque matrem predicti pupilli si opus fuerit ab eadem tutella..expellendo....Datum apud sanctum Agnianum in Bicturia prima die mensis Octobris anno Domini Mo. CCCC°. XLVI°. Per Dominum Dalphinum ad relationem consilii : Bourre. Visoque processu...ac quibusdam aliis licteris... exhibitis hujusmodi sub tenore : Ludovicus, Francorum Regis Primogenitus, Dalphinus...dilectis ac fidelibus nostris Gubernatori aut ejus Locumtenenti & gentibus consilii nostri Dalphinatus salutem & dilectionem ; ad humilem supplicationem dilecte nostre JOHANNE DE GRUYERIA, Domine Brissiaci avie materne dilecti nostri Vassalli GUILLELMI DE BELLOMONTE, filii pupilli nobilis viri LUDOVICI DE BELLOMONTE quondam Domini Pellafolli, dicentis....quod....actenta declaratione facta per dilectam nostram LUDOVICAM DE GROLEYA matrem predicti pupilli...onus tutelle se nolle acceptare...ipsam tutelam...sibi decerni...vobis...mandamus quathinus partibus...vocatis... ministretis bonum & breve justicie complementum...providendo de tutore sufficienti & ydoneo prout vobis videbitur juridice faciendum...Datum in villa nostra de Romanis xiiii^a. mensis Februarii anno Domini M°. CCCC°. XLVI°. more gallicano. Per Dominum Dalphinum ad relacionem consilii: Bourre. Una cum omnibus aliis que dicte partes...dicere... voluerunt & super omnibus habitura matura deliberatione ad utilitatem dicti pupilli...ordinamus tutelam jam dictam nobili ARTHAUDO DE BELLOMONTE ad hoc sufficienti & ydoneo reperto fore & esse decernendam & quam sibi tenore presentium decernimus, mediantibus tamen juramento consueto ac ydonea caucione per eum super prestandis, silencium perpetuum propterea dicte avie materne imponentes...de quibus...concessimus...litteras nostras testimoniales sigilli Regiminis Dalphinatus munimine roboratas...presentibus providis viris Johanne de Liliers, Johanne Joffredi, Secretariis Dalphinalibus, Johanne Guigonis, Johanne Marrelli, Notariis & Johannino Trazillionia, Hostiario superioris Concistorii Dalphinatus, testibus...Subsequenter anno predicto & die ultima dicti mensis Junii apud Grationopolim...coram jam dicto venerabili consilio Dalphinali quo erant Domini Stephanus Guillonis, Presidens...Johannes de Aurigniaco, Johannes de Marolis, Auditores computorum & Andreas Dury, Procurator generalis Dalphinatus...dictus nobilis ARTHAUDUS DE BELLOMONTE...ad sancta Dei Evangelia juravit in manibus dicti venerabilis consilii...ad opus dicti GUILLELMI DE BELLOMONTE pupilli...personam dicti pupilli bene probe & dilgenter alere... & bonis moribus erudire... & erudiri facere...ac jura, res, bona...gubernare... & legale computum...reddere...pro quibus...se constituerunt & constituunt fidejussores...nobiles & potentes viri AYNARDUS DE BELLOMONTE Dominus Sancti Quintini & de Adextris, Aymo Allamandi, Dominus de Campis, AMBLARDUS DE BELLOMONTE, Dominus Bellimontis & Montisfortis, GLAUDIUS DE BELLOMONTE Dominus Frayte, Johannes de Theysio, Dominus de Bayecta, Jacobus de Theysio, Radulphus de Comeriis, Condominus Sancti Johannis veteris, Ludovicus de Arciis, senior, Jacobus Boniparis, Anthonius Bellionis, Petrus Rolandi, Johannes Roberti, Guillelmus Boniparis, Andreas Falconis, Huguetus Roberti & Johannes Rueti... & incontinenti dictus nobilis ARTHAUDUS DE BELLOMONTE, tutor dicti nobilis GUILLELMI DE BELLOMONTE pupilli...considerans....quod pro causis & litibus dicti pupilli...in judiciis comode interesse non posset...constituit...suos & dicti pupilli Procuratores...egregios providosque & discretos viros Dominos, Franciscum de Cizerino, utriusque juris Doctorem, Johannem Aujardi, Licentiatum in Legibus, Petrum Berlionis, Desiderium Gonterii, Petrum de Boliaco, Valentinum Baquellerii, Bertrandum de Cizerino, Stephanum Autrandi, Petrum Botini, Anthonium Rustici alias Morlet, Petrum de Asteriis, Johannem Guigonis, Johannem Faucherencii, Petrum Morelli, Matheum Dalmasii, Hugonem Dardeti, Poncetum Leguier, Jacobum Chevalis & Petrum Malo, Notarios, cives & habitatores Grationopolis ; item Dominos Johannem Lasnerii, Johannem Rebuffi, Johannem Barrerie, Legum Doctores de Montepesulo ; Dominos Jacobum de Aurelianis, Romanum Bellionis, Johannem Fauteti, Johannem Millonis, Legum Doctores ; Johannem Brunelli, Humbertum de Rota, Notarios, Cives Avinionis ; Petrum Montanerii, Guillelmum Barnaudi, Anthonium Milhonis, Notarios de Crista Arnaudi ; Petrum & Anthonium Giraudi, Petrum & Anthonium de Sala, Matheum Locelli, Johannem Locelli, Notarios, cives Valentie ; Anthonium Rollandi, Petrum Gaspardi, Michaelem de Moleria, Julianum Burgensis, Rolinum de Conteville, Notarios de Romanis ; Anthonium Girardi, Laurentium de Ecclesia, Anthonium Vitalis, Anthonium Messonnerii, Guillelmum Diocti, Johannem Calhueti, Notarios, cives Vienne ; Johannem Milheti, Anthonium Raynaudi, Franciscum Rebuti, Guigonem Olerie, Michaelem de Arzago, Notarios Sancti Marcellini ; Gatnerium de Rua, Stephanum Garini, Johannem Gonini de Letra, Johannem Galeysii, Johannem de Portu, Notarios Burgondi ; Bartholomeum Burgensis, Jacobum de Fonte, Berthelum de Cadio, cives Gebennenses ; Petrum Mathei, Humbertum Bernardi, Jacobum Tropt, Aymonem Tressordi, Franciscum Hereterii, Aymonem Rigaudi, Hugonem Panaterii ; Notarios Chamberiaci ; nec non Dominum Johannem Vialis, Cappellanum, nobilem Guillelmum Buffaventi, Perronetum Rosseti, Johannem Fabri, Clericum, servitores & Officiarios dicti tutoris ; Berthonum de Frassia, Castellanum Bastide Rolandi, Jacobum Chaudi, Johannem de Fonte & Petrum Trucheti, de Veyneto & Josserandum Regis, Castellanum Neytiaci & Marchiarum de Cordone...concedens...dictis suis actoribus & procuratoribus...potestatem...pro dicto tutore constituente ac prefato pupillo...agendi...Acta fuerunt hec anno die & loco quibus supra, presentibus venerabili & religioso nec non nobilibus & discretis viris, Domino Petro Botuti, Priore Prioratus Bregnini, Johanne Guiffredi, Eynardo Guiffredi, Petro Botuti, de Baraceno, Johanne Odrici, Johanne Albi, Secretariis Dalphinalibus & pluribus aliis... Per Dominum

P ij

Gubernatorem ad relacionem confilii... Botuti... facta est collatio de presenti copia... à quâdem âlia copiâ sufficienter repertâ correctâ & tabellionatâ cujusdam originalis processus in Ven͞ Curiâ sigilli Regis Montispesuli ventilati & agitati & de anno Incarnationis Domini M°. CCCC°. XLIX°. & die saba... instituta die septimâ mensis madii incohati, per Clericum fidelem extractâ sive scriptâ... correctâ per me Petrum Boneti, Notarium Dalphinalem ville Montilii Adhemarii, hic signeto meo manuali subsignatum, die decima mensis Januarii, anno nativitatis Domini millesimo CCCC°. LXXIIII°. (*Signé*) Boneti.

CHAPITRE III.

Guillaume de BEAUMONT, Seigneur de Pelafol, de Barbieres, de Val, des Marches, de Veynes, de Rochefort, de Fiançayes & de la Bastie-Roland, fils unique de Louis de Beaumont.

Hommage rendu à l'Evêque de Valence au nom de Guillaume de Beaumont, *Seigneur de Pelafol, fils de* Louis de Beaumont, *du Château de Pelafol.*

Original en parchemin conservé aux Archives de M. le Comte de Beaumont-de la Roque, au Château du Repaire, en Périgord.

23 Juin 1441. In χp̄i nomine amen.... anno Domini millesimo quadringentesimo q....(*)........primo

(*) Le parchemin est emporté ici par vétusté: il ne pouvoit y avoir que *quadragesimo* ou *quinquagesimo*; il est plus que probable que c'est *quadragesimo*, puisque dans cet acte Guillaume de Beaumont paroît comme mineur; & qu'il est prouvé d'ailleurs qu'il étoit majeur dès 1443.

& die vicesima tercia mensis Jugnii....personaliter constitutus.... coram Reverendo in χp̄o patre Domino nostro Domino Johanne....(*).......Dei gratiâ Episcopo & Comite Valen͞ & Dyen͞....nobilis Franciscus de Bellomonte, Dominus de la Fraitâ..(*)....tutor & tutorio nomine nobilis Guillelmi de Bellomonte, Domini Pellafolli, Valentin͞ Dyocesis, pupilli filii & universalis heredis nobilis Ludovici de Bellomonte condam, prout..(*)...constat... instrumento per Magistrum Petrum Branchonis, Notarium publicum, habitatorem Montilii-Adhemarii, die jovis vices..(*)....Januarii anno Domini millesimo quadringentesimo tricesimo nono.... ad prestandum homagium pro dicto pupillo... à tempore decessus dicti condam nobilis Ludovici de Bellom...(*)......obtulit....eidem Domino..(*)...Episcopo & Comiti facere & prestare homagium pro dicto pupillo, modo & forma contentis in condam publico ins....(*)....continente homm̄ag....(*)......Franciscum de Bellomonte, Militem, *abavum* dicti Guillelmi bone memorie, Reverendo in χp̄o Patri & Domino Domino..(*)...& Comiti Valen͞ & Dyen͞.... cujus...tenor s...(*)...... (*Cet acte qui est ici inséré en entier, est le même qu'on a rapporté au Chap. II. du III*e *Livre de ces Preuves, sous la date du 10 Juillet 136..*) Dictus vero Dominus noster Episcopus & Comes modernus, viso dicto instrumento... per me Johannem Perini, secretarium & conotarium subscriptum perlecto....asserens dudum eundem..(*)...Franciscum de Bellomonte aliud apud Grationopolim novissimè fecisse.... homagium multum differens a predicto homagio....paratum se obtulit....cum protestatione.... facta...quod non intendit juri...sibi & Ecclesiis suis....competenti...derogare....homagium ipsum per dictum nobilem Franciscum de Bellomonte tutorem presentatum recipere. Quibusquidem protestationibus salvis memoratus nobilis Franciscus de Bellomonte, tutor..., confessus fuit...se tutorio nomine...tenere ipsumque Guillelmum de Bellomonte, pupillum... tenere &... habere in feudum ab eodem Domino nostro Episcopo & Comite, suisque Ecclesiis Valen͞ & Dyen͞, Castrum de Pelafollo, Dyocesis Valen͞ cum ejus mandamento, territorio & districtu, mero & mixto imperio... pro quibus eidem Domino Episcopo & Comiti...ipse nobilis Franciscus, tutor...homagium non ligium, oris osculo intervenientre, fecit... Acta fuerunt hec Valencie in esciis domus Episcopalis: presentibus nobili & potenti Johanne de Pictaviâ, Domino Caprilarum; egregio Domino Symone Messes, decretorum Doctore, Decano Dyen͞ Vicario & Officiali Valen͞, venerabili Domino Guillermo Martelli, Canonico Valen͞, ipsius Domini nostri Episcopi & Comitis Thesautario, testibus ad premissa vocatis. Et me Johanne Perrini, Canonico Valen͞, Apostolica & Imperiali auctoritatibus Notario supradictique...Episcopi....Secretario, qui premissis omnibus...presens fui...& de eis una cum Magistro Johanne Ruphi, Notario publico....notam sumpsi...&...deinde...me subscripsi...

Vers les dernieres lignes de cet acte sont figurés les Monogrammes desdits Notaires.

DE LA MAISON DE BEAUMONT. *Liv. IV.*

Jugement du Conseil Delphinal rendu en faveur de GUILLAUME DE BEAU-
MONT, *Seigneur de Pélafol, comme heritier de* LOUIS & HUMBERT DE
BEAUMONT, *ses pere & ayeul.*

Extrait parte in quâ, *délivré par les Conseillers du Roi, Notaires à Grenoble, sur l'expédition originale étant aux Archives de M. de Rouvillase, ensuite de l'Ordonnance de la Cour de Parlement de Dauphiné, du 2 Mai 1748; signé Hebraël & Toscan, & légalisé comme l'acte rapporté au Chap. II. du Liv. I.er de ces Preuves, sous la date de 1103 à 1132.*

IN nomine Domini amen. Notum sit omnibus presens publicum instrumentum inspecturis, quod cùm lis, causa & controversia fuerit & sit inter magnificum Dominum Aymarum de Pictaviâ Dominum Sancti Valerii ex unâ, & nobilem &' potentem virum GUILLIERMUM DE BELLOMONTE, Dominum de Pelafollo, heredem Domini HUMBERTI DE BELLOMONTE quondam ejus avi, per medium LUDOVICI DE BELLOMONTE, ejus patris ex aliâ; de & super quod, cum magnificus vir Dominus Ludovicus de Pictaviâ quondam, Dominus Sancti Valerii, avus dicti Domini Aymari nuper, de anno Domini M.° CCCC.° XXV.° & die sextâ mensis Februarii, dederit... donatione purâ,.. inter vivos, nobili quondam viro Domino HUMBERTO DE BELLOMONTE, Militi, Domino Pellafolli, Castrum novum & vetus Rupisfortis Valentinensis Diocesis, cum eorum mandamentis, jurisdictionibus, territoriis, expertinentiis quibuscumque, constante notâ receptâ per Magistrum Bertrandum Raboti, anno & die proxime dictis, & eodemque anno & die quâ dictus Dominus Ludovicus de Pictaviâ, in tractatu pendente inter Dominum Karolum, Regem Dalphinum & ipsum Dominum Ludovicum super transportu Comitatûs Valentinensis & Diensis, promisisset reddere dicto Domino Dalphino omnia & singula Castra dicti Comitatûs de quibus erat dictum Castrum Rupisfortis, dictus Dominus HUMBERTUS DE BELLOMONTE promisit... reddere & restituere dictum Castrum Rupisfortis supra eidem donatum, eidem Domino Ludovico pro tradendo & expediendo dicto Domino Dalphino casu quo tractatus predictus sortiretur effectum & dictum Castrum dictus Dominus Dalphinus habere vellet vigore, dicti tractatûs & dictus Dominus Ludovicus promisit juravitque casu predicto adveniente, dare dicto Domino HUMBERTO tantumdem in revenurâ, valore & existimâ sicut valet & valere potest dictum Castrum Rupisfortis in Castris... cum mero & mixto imperio, & in tetris dicti Domini Ludovici Domini Sancti Valerii, antequam ipse Dominus HUMBERTUS teneatur dictum Castrum Rupisfortis tradere... Paulò post, videlicet de anno Domini M.° CCCC.° XXVI.° & die XXIV.ª mensis Julii dictus tractatus habitus super transportu dicti Comitatûs Valentie sortitus est suum effectum, in quo inter cetera dictus Dominus noster Dalphinus tradidit eidem Domino Sancti Valerii in recompensam & in diminutione majoris summe... Castra Vallis & de Veyneto cum eorum pertinentiis, pro certâ summâ in eodem transportu contenta, & dictus Dominus Sancti Valerii, promisit reddere eidem Domino nostro Dalphino omnes & singulas plateas & Castra dicti Comitatûs, prout latiùs constat instrumento super hoc recepto anno & die predictis per Magistrum Henricum de Freysnero, Notarium publicum Parisiensis... adeò quòd dictus Dominus Dalphinus habere voluit dictum Castrum novum & vetus Rupisfortis cum eorum territoriis & mandamentis quibuscumque & pro eo Dominus Karolus de Pictaviâ quondam filius & heres dicti Domini Ludovici, paterque dicti Domini Aymari de Pictaviâ nunc Dominum Sancti Valerii, fuit de anno Domini M.° CCCC.° XXXVII.° compulsus... ad restituendum dictum Castrum Rupisfortis juxta per dictum Dominum Ludovicum ejus patrem promissa... & demùm de anno Domini M.° CCCC.° XL.° fuit dictus Dominus Karolus de Pictaviâ, sententiâ condemnatus ad restituendum... dicto Domino Dalphino dictum Castrum Rupisfortis, & quia Dominus Karolus de Pictaviâ, dictum Castrum Rupisfortis non possidebat nec facultatem habebat restituendi quia dictus DE BELLOMONTE seu ejus heredes eundem tenebant & possidebant, in executione dictæ sententie dictus Dominus noster Dalphinus Castra Vallis & Parerie de Veyneto cum eorum territoriis & pertinentiis quibuscumque ad dictum Dominum Sancti Valerii pertinentia reduci, ad manus suas fecit, donec & quousque dictus Dominus Sancti Valerii eidem realiter fecisset expedire & deliberare de dicto Castro Rupisfortis; que Castra Vallis & de Veyneto dictus Dominus Dalphinus tenuit & possedit usque ad annum Domini millesimum quatercentesimum quadragesimum tertium, circa mensem Junii, quo tempore iterum pro restitutione dicti Castri Rupisfortis fuit pro parte Procuratoris Fiscalis Dalphinensis citatus... heres dicti Domini HUMBERTI DE BELLOMONTE seu ejus tutor possessor dicti Castri Rupisfortis ad restituendum dictum Castrum dicto Domino Dalphino, nonobstante pacto inito inter eundem & dictum Dominum Ludovicum de Pictaviâ, instante quo dicto herede, dictus Dominus Karolus de Pictaviâ fuit evocatus emparatus dictum heredem ad saltem factutus recompensam juxtà dudùm pacta inita inter dictum Dominum Ludovicum & dictum Dominum HUMBERTUM; & tandem multis habitis altercationibus coram... Dominis de Consilio Dalphinensi, habitisque variis prelocutionibus per dictos Dominos de Consilio cum tutore dicti Domini de Pellafollo & Procuratore dicti Domini Karoli Domini Sancti Valerii, ordinatio extitit per eosdem Dominos de Consilio Dalphinensi, quod dicta castra Vallis & de Veyneto cum eorum

16 Juin 1443.

* P iij

118 PREUVES DE L'HISTOIRE GÉNÉALOGIQUE

territoriis... expedirentur, traderentur... ex tunc per eofdem Dominos de Confilio Dalphinenfi & que ipfe Dominus noster Dalphinus ad manus fuas tenebat dicto Domino de Pellafollo teneatur & poffideatur per eundem donec factâ fibi recompensâ positâ, juxta pacta alias inter eos inita, extrà tamen prejudicium ipfarum partium in aliis que in dictâ ordinatione continentur & quod poffet dictus Dominus de Pellafollo dictam recompensam profequi dum & quando fua puraret interesse & quod dictus Dominus de Pellafollo redderet... incontinenti dicto Domino nostro Dalphino feu ejus commisso dictum Castrum Rupisfortis cum ejus pertinentiis & fi dicta Castra Vallis & Paterie de Veyneto magis aut minus afcendant feu valerent quam recompenfa ut premittitur juxtà dictas pactiones fienda, quod fuper hoc tempore dictæ fiende recompense habeatur & habere debeat confideratio, qualia erit rationabiliter habenda ad cognitionem & ordinationem dicti Confilii... & ita... fuit ordinatum per dictos Dominos de Confilio Dalphinali, ut in ipfâ ordinatione continetur receptâ per Magistrum Cathalanum Chantarelli, Secretarium Dalphinalem, anno Domini millefimo quatercentefimo quadragefimo tertio, & die decimâ fextâ Junii, &c.

Reconnoiffance féodale paffée à GUILLAUME DE BEAUMONT, *Seigneur de Pélafol & des Marches, fils de* LOUIS.

Cet acte est inféré à la fuite du roulleau des reconnoiffauces de 1438, rapportées au Chapitre précédent.

2 Avril 1451. ANNO Domini millefimo quatercentefimo quinquagefimo primo, indicione decimâ quartâ die fecundâ menfis Aprilis... perfonaliter conftituti Jacobus Maczardi alias Goneti, de Eviaco... & Benedictus Maczardi ejus nepos, nominibus fuo, Johannis & Jacermeti ejus fratrum... confitentur tenere de emphiteofi perpetuâ & dominio directo nobilis Guillermi de Bellomonte, filii quondam... nobilis Ludovici de Bellomonte, Domini Pellafolli & Marchiarum, abfentis... quandam peciam terre & prati... apud Eviacum, loco dicto à la Louyna...ˊdecem jornalia terre fita en Corvenx... fub fervicio annuo... unius feftarii frumenti, & nobilis Jocerandus Regis percipit... unum bichetum avene... quandam peciam terre & prati... cum domibus habitationis ipforum... fitam apud Eviacum à parte Forefte juxta forestam Marchiarum... & est fciendum quod nobilis Johannes de Foresta, percipit ibidem unum feftarium frumenti... Actum apud Glandiacum in logiâ Domus nove Andree Burleti; prefentibus Stephano Pecheti aliàs Charamel, de Eviaco; Johanne Victaz, aliàs Lauezon, Tiffato, Parrochie de Bregnies, Johanne Jarruti & Amedeo Nicolaudi, Parrochie Sancti Benedicti.

Accord paffé entre GUILLAUME DE BEAUMONT, *Seigneur de Pélafol & de la Baftie-Rolland, &* ANDRÉ DE BEAUMONT, *Seigneur d'Autichamp, fon oncle.*

Copie en papier non fignée, mais de l'écriture du temps, conservée dans les Archives de M. le Marquis d'Autichamp, au Château d'Autichamp.

7 Juillet 1457. IN nomine Domini amen:... Anno Incarnacionis.... Domini millefimo quatercentefimo quinquagefimo feptimo, & die feptimâ menfis Jullii, Illustrissimo Principe & Domino nostro Domino Ludovico, Regis Francorum Primogenito, Dalphino Vianencis, Comicte que Valentinˊ & Diencis feliciter triumphante, cum nobilis & potens vir Guillelmus de Bellomonte, Dominus locorum Pellafolli & Baftide Rolandi, Valentinenfis Diocefis, filiufque & heres univerfalis nobilis & potentis viri, Ludovici de Bellomonte, condam Domini dictorum locorum... teneatur... nobili & potenti viro Andree de Bellomonte ejus *confanguineo* (*)
(*) Sic. Domino locorum de Antullino & de Alticampo... ad caufam.... reppeticionis dotis nobilis Brunissendis Cornilhane, filie nobilis & potentis viri Domini Petri Cornilhani, Militis & Domini de Balmâ Cornilhanâ condam, matris prefati nobilis Andree... confiderato per eumdem nobilem Guillelmum... quod ipfe non habet... pro fatisfaciendo eidem nobili Andree, nifi ejus factum & hereditates fibi nobili Guillelmo pertinentia.. tam in locis Crifte-Arnaudi & Caprilhiani, quam eorum territoriis & mandamentis, quod.. con voluntate & licensiâ nobilis Artaudi de Bellomonte, ejus avunculi & curatori paratus erat... tradere..., eidem nobili Andree... per tempus fex annorum... in mei notarii publici & teftium infra fcriptorum prefenciâ... fupra nominatus Guillelmus de Bellomonte, Dominus predictus... Pellafolli & Baftide Rolandi filiufque & heres univerfalis dicti condam nobilis Ludovici... con voluntate... fupra nominati nobilis Artaudi de Bellomonte ejus avunculi & curatori... tradidit... prenominato nobili Andree de Bellomonte, confanguineo fuo, Domino... de Antullino & de Alticampo... ejus factum... five affare... in predictis locis Crifte-Arnaudi & Caprilhiani... five fit in revenutis domorum, vinearum, terrarum, pratorum, mollendinorum quorumcumque graduum... ac terragiis & aliis fervitutibus... ad fumpmam... quaterviginti & decem florenorum... per tempus... fex annorum... &;..

DE LA MAISON DE BEAUMONT. Liv. IV.

in fine... ipforum fex annorum... ipfe partes.. debeant fimul computare.... Acta & recitata fuerunt in Caftro fupradicti loci Baftide Rollandi, videlicet in aula anteriori, teftibus prefentibus venerabilibus & nobili ac difcretis viris Dominis Vitalle Peliffe, Curato, Gemeto Revelli, Prefbitero, Johanne Frefcheti, Baftardo ac Johanne Goyrandi, filio Stephani, tam dicti loci Baftide, quam habitatoribus ejufdem, ad premiffa vocatis.

Contrat de Mariage de GUILLAUME DE BEAUMONT, Seigneur de Pelafol & & de Veynes, avec ANTONIE ALLEMAND-DE CHAMPS.

Original en parchemin confervé aux Archives de M. le Marquis d'Autichamp, au Château d'Autichamp.

IN nomine Domini noftri Jehu χρi amen... Cum... tractatum extiterit de legitimo Matrimonio contrahendo.... inter nobilem & potentem virum GUILLELMUM DE BELLOMONTE, Dominum Pellafolli & Veni, Valentinenfis Diocefis ex una parte, & nobilem & potentem virum Aymonem Alamandi, Dominum de Campis & Taulinhali, Gratianopolis Diocefis nomine nobilis ANTHONIE ALAMANDE, ejus filie ex parte altera.... hinc igitur fuit quod anno nativitatis ejufdem Domini milleſimo quatercentefimo fexagefimo, & die decima fexta menfis Junii.... fuperius nominatus nobilis GUILLELMUS DE BELLOMONTE promifit... de licentia... nobilis ARTAUDI DE BELLOMONTE, ejus curatoris... dictam nobilem ANTHONIAM ALAMANDE, filiam prefati nobilis & potentis viri Aymonis Alamandi, Domini de Campis, in ejus uxorem.... duxere.... & viceverfa.... nobilis & potens vir Aymo Alamandi... promifit... quod eadem nobilis ANTHONIA dictum nobilem GUILLELMUM DE BELLOMONTE in ejus virum... ducet.... in facie fanctæ Dei Matris Ecclefie... quibus fic actis... coram nobis Anthonio Belleronis, de Tullino & Johanne Regis, alias de Jo habitatore Taulinhani, Notariis publicis... fuperius nominatus nobilis & potens vir Aymo Alamandi, Dominus de Campis, pater dicte nobilis ANTHONIE... dedit... pro dote... fummam trium millium florenorum monetæ currentis in Dalphinatu, valoris quolibet floreno viginti quatuor folidorum... & ducentum florenorum... pro veftibus nupcialibus ejufdem nobilis ANTHONIE ALAMANDE, fponfe future.... Quibus fic actis..., dictus nobilis GUILLELMUS DE BELLOMONTE... donavit dictæ nobili ANTHONIE ALAMANDE, ejus fponfe future pro jocalibus fuis... quatercentum florenos dictæ monetæ.... &... cafu quo... decederet... eadem nobilis ANTHONIA ALAMANDE... fupervivens... habere debeat... annis fingulis.. quamdiu.. vitam vidualem duxerit... ducentum florenorum monetæ pro quibus... hyppothecat... Caftrum & locum fuum Baftide Rollandi dicte Valentinenfis Diocefis... una cum garnimento condecenti... ad vivendum juxta ejus ftatum... Plus fuit actum ut fupra quo cafu quo ftarent liberi mafculi ex dicto futuro matrimonio procreati... quod... dictus nobilis GUILLELMUS DE BELLOMONTE... debeat dare... illi vel illis cui vel quibus eidem... videbitur faciendum... duas partes... bonorum fuorum... five fint caftra territoria & quæcumque alia bona.... in quibus.... caftrum Pellafolli.... integre intelligatur. Item... quod... debeat quictari facere dictæ nobili ANTHONIE ALAMANDE, ejus fponfe future omnia bona fua paterna, materna & fraterna quæcumque, dicto nobili & potenti viro Aymoni Alamandi, Domino predicto ejus patri.. ad fui primam requeftam... & infuper fuit.. actum.. quod dictæ partes contrahentes de predictis conftitutione doris, donationibus... per modum... & tenorem contenta.... in conftitutione doris facta per dictum nobilem & potentem virum Aymonem Alamandi, nobili & potenti viro Johanni Artaudi, Domino Rupis fupra Buxum, nomine nobilis Marie Alamande, filie ejufdem Domini de Campis, uxorifque dicti nobilis Johannis Artaudi, in contractu matrimonii eorumdem, quibus pactis... voluerunt ftare.... Acta fuerunt premiffa, anno & die predictis apud caftrum novum Dalmaffeni, videlicet in domo aule Petri Roffini, prefentibus teftibus, venerabili & egregio viro Domino Ferrando Dyeys, Judice Curie majoris Comitatuum Valentinenfis & Dienfis, nobilibus & potentibus viris Jacobo Eynardi, Domino Chalanconis, GLAUDIO DE BELLOMONTE, Domino Frayte, JACOBO & EYNARDO DE BELLOMONTE fratribus, Francifco Viennefii, Guillelmo Dalmacii, Caftellano dicti Caftri-Novi, Jacobo Chaudi, Caftellano Veyneti, Petro Garcini, mandamenti Caffenatici, & Petro Abraam, Caftellano Baftide Rollandi, ad premiffa vocatis & rogatis, & nobis Notariis fubfignatis. (Signé) Regis Not' (&) Belletonis.

16 Juin 1460.

120 PREUVES DE L'HISTOIRE GÉNÉALOGIQUE

Hommage de la Terre des Marches rendu par GUILLAUME DE BEAUMONT, *Seigneur de Pelafol, comme fils de* LOUIS *& petit-fils d'*HUMBERT, *à Amedée* (IX) *Duc de Savoye.*

Original en parchemin, conservé aux Archives de M. le Comte de Beaumont-de la Roque, au Château du Repaire, en Périgord.

9 Octobre 1466. IN nomine Domini amen.... Anno millesimo quatercentesimo sexagesimo sexto, indicione decima quarta... & die nona mensis Octobris, Pynerolii, videlicet in castro dicti loci, presentibus Reverendo, Spectabilibus, egregiis ac nobilibus viris Dominis Johanne Michaelis, Cancellario Sabaudie, Hugonino Alamandi, Domino Arbeucii, Milite; Georgio de Vallespargia, Domino Villarii; Johanne Fabri, Premicerio Thaurini, Consiliariis; Johanne de Chenay, Joffredo de Ripparolio, Martino de Strambino, Vincencio de Orliaco & Petro de Chalenderiâ, Scutifferis Ducalibus.... personaliter constitutus in presencia Illustrissimi & Excelsi Principis Domini nostri Domini Amedei, Ducis Sabaudie, Chablaysii & Auguste, Sacri Romani Imperii Principis, Vicariique perpetui, Marchionis in Ytalia, Pedemoncium Principis, Nycieque Vercellarium ac (*) Cet &c. est Friburgi, &c. (*) Domini, nobilis Glaudius Dambelli, Ducalis Scutiffer, Procurator... nobilis dans l'original. & potentis viri GUILLIERMI DE BELLOMONTE, Domini de Peylafol & Marchiarum, filii quondam nobilis LUDOVICI, filii quondam Spectabilis Militis Domini HUMBERTI DE BELLOMONTE, Domini ipsorum locorum de Peylafol & Marchiarum.... qui quidem nobilis Glaudius Dambelli.... paratum se offerendo.... prelibato Domino nostro Duci.... homagiare.... cujus supplicationem prefatus Dominus noster Dux... ipsum Glaudium Dambelli... ad opus dicti nobilis GUILLIERMI DE BELLOMONTE, suorumque heredum & successorum Dominorum dicti loci de Peylafol duntaxat... de predictis castro & loco Marchiarum... prout & quemadmodum ipse GUILLIERMUS suique predecessores.... per.... illustres prefati Domini Ducis antecessores.... investiti fuerunt...: investivit & retinuit traditione unius dague.... & insuper volens memoratus Dominus noster prefatum GUILLIERMUM DE BELLOMONTE, gratiâ tractare uberiori, eidem liberaliter remisit & quictavit omnem commissionem & excheytam.... quibus sic gestis prefatus Glaudius Dambelli, dicto nomine.... eidem Domino nostro Duci presenti.... prestitit.... & confessus fuit homagium ligium & fidelitatem ligiam pre ceteris Dominis & personis mundi; & hoc reverenter genibus flexis, manibusque junctis inter manus ipsius Domini nostri Ducis positis, ac interveniente oris osculo in signum perpetui & indissolubilis federis.... & me Antonio D... (*) Le parche- (*)... Bellicensis Dyocesis, auctoritate Imperiali Notario publico, ac... Illustrissimi Principis min est déchiré en Domini Sabaudie Ducis Secretario.... me subscripsi & signari in testimonium omnium, (Signé) cet endroit par vétusté. DU PLASTRE.

Transaction passée entre GUILLAUME DE BEAUMONT, *Seigneur de Pelafol, comme héritier de* LOUIS *&* HUMBERT, *ses pere & ayeul; &* Aymar *de Poitiers, Seigneur de S^t. Vallier.*

Original en parchemin conservé dans les Archives de M. le Marquis d'Autichamp, au Château d'Autichamp.

11 Août 1469. IN nomine Domini Amen.... cum lis.. sit inter Magnifficum Dominum Aymarum de Pictaviâ, Dominum Sancti Vallerii ex unâ & nobilem & potentem virum GUILLELMUM DE BELLOMONTE, Dominum de Pellafollo, heredem Domini HUMBERTI DE BELLOMONTE; condam ejus avi, per medium LUDOVICI DE BELLOMONTE ejus patris ex aliâ, de & super eo quod cum Magnifficus vir Dominus Ludovicus de Pictavia, condam Dominus Sancti Valerii, avus dicti Domini Aymati, nuper de anno Domini M°. CCCC°. XX°. V°. & die sexta mensis Febroarii dederit... nobili condam viro Domino HUMBERTO DE BELLOMONTE, Militi, Domino Pellafolli, castrum novum & vetus Rupisfortis, Valentinensis Diocesis, cum eorum mandamentis, juridictionibus, territoriis... constante notâ receptâ per Magistrum Bertrandum Raboti... & eodemque anno & die quia dictus Dominus Ludovicus de Pictavia in tractatu pendente inter Dominum Karolum, Regem Dalphinum & ipsum Dominum Ludovicum super transportu Comitatus Valentinensis & Diensis promisisset reddere... singula castra dicti Comitatus de quibus erat dictum castrum Ruppisfortis, dictus Dominus HUMBERTUS DE BELLOMONTE promisit... restituere dictum Castrum... casu quo tractatus predictus sortiretur effectum &... dictus Dominus Ludovicus promisit... tradere & expedire realiter.... dicto Domino HUMBERTO tantumdem in revenuta, valore & extimâ sicut valet... dictum castrum Rupisfortis, in castris, dominationibus cum mero, mixto imperio.... Paulo post... anno Domini M°. CCCC°. XX°. VI°. & die xx^a. iv^a. mensis Jullii, dictus tractatus... fortitus est... effectum in quo inter cetera dictus Dominus Dalphinus

DE LA MAISON DE BEAUMONT. LIV. IV.

phinus tradidit eidem Domino Sancti Valerii... Castra Vallis & de Veyneto... &... habere voluit dictum castrum novum & vetus Ruppisfortis... & pro eo Dominus Karolus de Pictavia condam filius & heres dicti Domini Ludovici, paterque dicti Domini Aymari de Pictavia... fuit de anno Domini M°. CCCC°. XXX°. VII°. compulsus... & demum de anno Domini M°. CCCC°. XL°... sententialiter condempnatus ad restituendum.. dictum castrum Ruppisfortis, & quia... dictus DE BELLOMONTE seu ejus heredes eumdem tenebant... Dominus noster Dalphinus castra Vallis & de Veyneto.. reduci ad manus suas fecit... & possedit usque ad annum Domini millesimum quatercentesimum quadragesimum tertium, quo tempore... fuit... citatus.. heres dicti Domini HUMBERTI DE BELLOMONTE seu ejus tutor... &... Dominus Karolus de Pictavia fuit evocatus amparaturus dictum heredem... & !.. ordinatum extitit per eosdem Dominos de Consilio Dalphinali, quod dicta castra Vallis & de Veneyto... traderentur... dicto DOMINO DE PELLAFOLLO... donec facta sibi recompensa petita.. & quod.. redderet.. castrum Ruppisfortis... ut in prefata ordinatione continetur recepta per Magistrum Catalanum Chantarelli, Secretarium Dalphinalem, anno Domini M°. CCCC. XL°. III°. & die xa. via. Jugnii; & vigore cujus ordinationis... dicta castra Vallis & de Veyneto... dictus Dominus GUILLELMUS DE BELLOMONTE... adhuc de presenti tenet... quorum.. occasione.. questio.. pendet indecisa coram Dominis de Parlamento Dalphinali, inter dictum Dominum Aymarum de Pictavia.. & dictum Dominum GUILLELMUM DE BELLOMONTE, Dominum Pellafolli, heredem dicti Domini HUMBERTI ejus avi, per medium LUDOVICI DE BELLOMONTE ejus patris &... pro eo maxime quia dictus Dominus Aymarus, Dominus Sancti Valerii petebat sibi restitui dicta castra.. quia fructus.. plus ascendunt.. quam redditus.. Ruppisfortis.. &.. offerebat recompensam facere eidem Domino Pellafolli... Dictus vero Dominus Pellafolli excipiendo dicebat quod fructus.. non plus valent quam castrum predictum Ruppisfortis, bene considerato valore ejusdem qui consistit in thuicione & fortifficacione castri bene ediffcati & in quo est fortis, tuta & amena atque honorabilis habitacio & etiam in censibus directi Dominii, feudis & homagiis.... verumtamen si.. aliquid.. esset taxandum.. pro majori valore.. Dominus Sancti Valerii teneretur refficere.. eidem.. edifficia, instructiones & reparationes factas per dictum Dominum HUMBERTUM condam ejus avum.. in quibus maximas & copiosas summas exposuit.... Tandem anno Domini M°. CCCC°. LX°. IX°. & die xia. mensis Augusti coram nobis Glandio de Janta & Johanne Velheu, Notariis publicis.. ad tractatum amicabile nonnullorum notabilium Dominorum parentum & amicorum dictarum partium.. transegerunt... quod dictus Dominus Sancti Valerii pro dicta recompensatione.. Ruppisfortis tradere debeat... Domino Pellafolli.. dictum castrum, sive pareriam de Veyneto cum suis castro, juridictione, territorio, juribus, homagiis, hominibus, censibus, servitutibus, corroatis, furnis, molendinis, venationibus, silvis, forestagiis, pascuis, polvoragiis & aliis omnibus Juribus.. comictendo ex nunc nobili Michaelli Pollicardi, ejus Castellano Sancti Valerii quathinus opus est, quathinus de eâdem pareria... ipsum Dominum Pellafolli.. inducat.... Item quod prefatus Dominus Pellafolli mediante dicta expedicione.. tradidit dicto Domino Sancti Valerii.. castrum, territorium & juridictionem Vallis.... Item quod casu quo dictum pariagium de Veyneto.. tantumdem.. non valeret quantum dictum castrum Ruppisfortis.. Dominus Sancti Valerii.. promisit.. supplere.. ad ordinationem.. quatuor nobilium.. videlicet nobilium & potentium virorum Aymonis Alamandi, Domini de Campis & nobilis Johannis Fabri, Castellani Pellafolli predicti, & in deffectu dicti nobilis Aymonis Alamandi, Domini de Campis, nobilis Johannis Marescalli, Domini de Montfort, electorum pro parte dicti Domini Pellafolli, & Domini Karoli de Groleya, Domini Castrivilani & in ejus deffectu nobilis Jacobi de Claromonte, Domini de Aultefort, & nobilis Michaellis Pollicardi, Castellani Sancti Valerii pro parte ipsius Domini Sancti Valerii.... Item quod quelibet dictarum partium.. suporret suas expensas litis, &.. inter ipsas partes sit pax, amor... & concordia....... Acta fuerunt hec Romanis in domo habitacionis viri Domini Anthonii Combe, Legum Doctoris, presentibus ibidem dicto nobili Aymone Alamandi, Domino de Campis, nobili Guichardo de Morgiis, Domino Mote.. nobilibus Joffredo de Claveysone, Michaele Policardi, Castellano Sancti Valerii, Anthonio de Plastro, de Romanis, Magistro Amedeo Jomaronis, Johanne Rassollis, Notariis, Garino Berengarii, Sebastiano Violi, mercatoribus dictae ville de Romanis... & me Claudio de Janta, in legibus Baccallario, qui una cum.. Magistro Johanne Veyllieu, auctoritate Apostolica & Dalphinali ambo Notarii publici de premissis notam sumpsimus de quâ hoc publicum instrumentum aliena manu nobis fideli extrahi.. fecimus, indeque hic me subscripsi & signo meo consueto in talibus signavi rogatus in testimonium premissorum : de Janta.

Ego vero Johannes Bonnivandi, ville de Romanis.. Notarius publicus Commissariusque.. in prothocollis suprà nominati Magistri Johannis Veilheu condam Notarii... exhibito prius michi pro parte nobilis & potentis Domini GUILLELMI DE BELLOMONTE, Domini Pellafolli, hujusmodi instrumento.. grossato.. manu.. Claudii de Janta.. in notis ipsius Johannis Velhieu.. comperi... & cum dicta nota brevi collationavi & inde requisitus parte cujus supra hic me subscripsi & subsignavi signo meo tabellionali consueto die xxa. 1a. mensis Aprilis anno Domini M°. quingentesimo nono, in fidem, robur & testimonium omnium & singulorum premissorum.

N.. *A la marge de la fin de cet acte est le Monogramme du Notaire.*

122 PREUVES DE L'HISTOIRE GÉNÉALOGIQUE

Hommage-lige du Château de Pelafol, rendu par GUILLAUME DE BEAUMONT, *à l'Evêque de Valence, conformément à celui de* FRANÇOIS DE BEAUMONT, *Seigneur de Pelafol, son Bisayeul.*

Extrait du Livre d'Hommages cotté: DILLERY, *pag.* 573, *conservé dans les Archives de l'Evêché de Valence ; délivré par le Secrétaire Episcopal & Notaire de ladite ville, signé:* Muanges.

4 Novembre 1474.

IN nomine Domini amen.... Anno Dominice Incarnationis M°. CCCC°. LXX°. IV°. & die quarta mensis Novembris.... In Reverendi in Christo Patris & Domini nostri Domini Antonii de Balsaco, Episcopi & Comitis Valentinensis & Diensis, ac Principis Subdionis, in meique Notarii.... presentia... nobilis vir GUILLELMUS DE BELLOMONTE, Dominus Pellafolli, Valentinensis Diecesis... certificatus... de contentis instrumento homagii per ejus predecessores, ipsius Domini Episcopi & Comitis predecessoribus alias facti eidem Domino Episcopo exhibiti cujus tenor talis est : « In nomine Domini amen... Anno Dominice Incarnationis M°. CCCC°. » LXX°. & die VII°. mensis Aprilis... coram Reverendo in Christo Patre, & Domino nostro » Domino Geraldo, miseratione divinâ Episcopo & Comiti Valentinensi & Diensi... nobilis vir » GUILLELMUS DE BELLOMONTE, Dominus Pellafoli, Valentinensis Diecesis, filius & heres nobilis » viri LUDOVICI DE BELLOMONTE, Domini dicti loci quondam.. prefato Domino nostro Episcopo... » se obtulit facere homagium modo & forma contentis in quodam instrumento... cujus tenor » sequitur... «« Anno Domini M°. CCCC°. XL°. I°. & die XX°. III°. mensis Junii... coram R°. in »» Christo Patre, & Domino nostro Domino Joanne de Pictavia, Dei gratia Episcopo, & Comite. »» Valentinensi & Diensi... nobilis FRANCISCUS DE BELLOMONTE, Dominus de la Fraita, Gratia- »» nopolis Diecesis, tutor & tutorio nomine GUILLELMI DE BELLOMONTE, Domini Pellafolli, »» Valentinensis Diecesis, pupilli, filii & universalis heredis LUDOVICI DE BELLOMONTE quondam, »» prout de ejus potestate legitime constat publico instrumento per Magistrum Petrum Branchonis, »» Notarii publici, habitatoris Montilii Adhemari... die jovis vigesima prima mensis Januarii, anno »» Domini millesimo quadringentesimo trigesimo nono.. n notam sumpto... obtulit... prestare »» homagium pro dicto pupillo modo & forma contentis in quodam publico instrumento.. conti- »» nente homagium per... FRANCISCUM DE BELLOMONTE, Militem abavum dicti GUILLELMI... »» factum in hec verba.... «« Anno Domini M°. CCC°. LXX°. IV°, & die decima mensis Julii, in »» Reverendi in Christo Patris & Domini D. Ludovici, Dei gratia Episcopi, & Comitis Valentinen- »»» sis & Diensis... nobilis & potens vir Dominus FRANCISCUS DE BELLOMONTE, Miles, Dominus »»» de Pellafolo... recognovit... se tenere.. in feudum a dicto Domino Episcopo & Comite & ejus »»» Ecclesiis castrum de Peliafolo cum ejus mandamento.... mero & mixto imperio.... & pro »»» predictis fecit... homagium novum ligium oris osculum tribuendo... acta sunt hec.. in grangia »»» Sancti Ruffi, in mandamento Valentinensi, presentibus testibus, Reverendo Patre in Christo »»» Abbate Sancti Ruffi, Domino Beaudino, Domino de Chalancone, Milite, Domino Venebenco, »»» Domino Vincentio de Montefortti, Presbytero, Joanne Meyresii. Ego vero Petrus Halenis, »»» de Valentia publicus... Notarius... interfui... & signum meum apposui consuetum..... «« Viso »»» dicto instrumento... memoratus FRANCISCUS DE BELLOMONTE tutor... jam dicto nomine »»» homagium novum ligium, oris osculo interveniente fecit.... Acta fuerunt hec Valentie in »»» estoriis Domus Episcopalis presentibus nobili & potenti Joanne de Pictavia, Domino Caprilliarum.. »»» Domino Simone Messes, decretorum Doctore, Decano Diensi, Vicario & Officiali Valentie, »»» Venerabili Domino Martelli, Canonico Valentinensi ipsius Domini nostri Thesaurario... & me »»» Joanne Proni, Canonico Valentinensi.. Notario... qui premissis.. presens fui.. ac de eis coram »»» Magistro Joanne Ruffi, Notario.. notam sumpsi... deinde hic me subscripsi... Ego vero Guil- »»» lelmus Berthoni, Clericus Matisconensis Diecesis, habitator Civitatis Valentie... Notarius »»» publicus... subrogatus in notis... Joannis Ruffi... in fidem & testimonium premissorum id »»» signavi. « Dictus vero Dominus noster Episcopus & Comes, viso dicto instrumento homagii... » dictum homagium recipere se obtulit... & » idem Dominus GUILLELMUS DE BELLOMONTE, » homagium novum ligium oris osculo interveniente fecit..... Acta sunt hec Valentie in camera » paramenti Domus Episcopalis, presentibus ibidem nobili & potenti Domino Aymone Alamandi, » Domino de Campis, nobilibusque Ludovico de Chieza, Joanne de Diona, studentibus, Magni- » ficoque Claudio de Janta, in legibus Bachalaureo..... Ego Joannes Chaboti, Clericus de » Valentia... Notarius publicus... signo meo manuali subsignavi in testimonium premissorum. » J. Chaboti ». Post cujusquidem instrumenti premissi exhibitionem, dictus nobilis GUILLELMUS DE BELLOMONTE... homagium ligium fecit, nobili more, stando pedes, junctis manibus suis & positis inter manus dicti Domini Episcopi & Comitis... pacis orisque osculo interveniente... Acta sunt hec... in camera paramenti ejusdem Domini presentis ibidem, testibus Venerabilibus viris Dominis Francisco Jaussaudi, Juris utriusque Doctore; Claudio de Janta, utriusque Juris Bachalaureo, nobilibus viris, Ludovico Palmerii, Magistro Domus dicti Domini Episcopi, Simoneto de Laye, Domino de la Marete, Claudio Vany de la Manche... ad premissa vocatis & rogatis. Martini.

Hommage de la Terre des Marches, rendu par Guillaume de Beaumont, *Seigneur de Pélafol, à Philbert (I.ᵉʳ) Duc de Savoie.*

Original en parchemin, conservé aux Archives de M. le Comte de Beaumont-de la Roque, au Château du Repaire, en Périgord.

IN nomine Domini amen.. Anno.. millesimo quatercentesimo septuagesimo nono, indicione duodecimâ, die vero vicesimâ quintâ mensis Maii, Actum Romanis in Domo habitationis Illustrissimi Principis Domini nostri Domini Philiberti, Sabaudie Ducis, Chablaysii & Auguste, Sacri Romani Imperii Principis, Vicariique perpetui, Marchionis in Italia, Principis Pedemontium, Nicieque, Vercellarium, ac Friburgi, &c... (*)... Domini; præsentibus Reverendo in χᵒ Patre Domino Antonio de Balsaco, Episcopo Vallentin, necnon Magnificis spectabilibusque Dominis Johanne, Domino de Jon, Milite & Locumtenente in Gubernio Patrie Delphinalis; Philiberto de Grolea, Domino de Lins, Gubernatore Præfati Domini nostri Ducis, Comite Thanlandi, Stephano Morelli, Presidente Consilii Chamberiaco residentis, Aleramo de Provanis, Domino Laynici; Henrico ex Comitibus & Dominis Vallispergie; Claudio de Marcossey, Magistro Hospicii; Hugonino de Montefalcone, Scutifero Scutiferie; Philippo Vagnoni, Milite, & Michaele ex Dominis Rippalte, Ducalibus Consiliariis ac pluribus aliis... Personaliter constitutus in præsentiâ præfati illustrissimi Principis Domini nostri Domini Philiberti Sabaudie.. Ducis, nobilis & potens vir GUILLERMUS DE BELLOMONTE, Domino de Peylafollo & Marchiarum.. paratum se offerendo prelibato Domino nostro Duci... homagiare.. cujus supplicationi præfatus Dominus noster Dux... ipsum nobilem GUILLERMUM.. de.. Castro & Loco Marchiarum, cum Jurisdicione & aliis suis juribus & pertinenciis feudisque retrofeudis... prout & quemadmodum ipse nobilis GUILLERMUS suique predecessores... investivit fuerunt.. investivit & retinuit traddicione unius Dague.. & insuper volens præfatus Dominus noster Dux, dictum nobilem GUILLERMUM, gratiâ tractare uberiori, eidem liberaliter remisit... omnem commissionem & excheytam que in premissis sibi competunt... Que sic egit prefatus Dominus noster Dux, tàm liberaliter & de speciali gratiâ quàm consideratione servitiorum suorum erga DOMUM SABAUDIE & præfatum Dominum nostrum Ducem, non minus promptè quam fideliter & utiliter impensorum. Quibus sic gestis præfatus nobilis GUILLERMUS... eidem Domino nostro Duce.. præstitit... & hoc reverenter genibus flexis, manibusque junctis, inter manus ipsius Domini nostri Ducis positis ac interveniente oris osculo in signum perpetui & indissolubilis federis... Et Ego Philipus de Caburreto, Thaurinen Diocesis, publicus Imperiali auctoritate Notarius, & præfati Illustrissimi Principis Domini nostri Sabaudie... Ducis Secretarius, præmissis omnibus... interfui, hocque instrumentum.. subscripsi manu propriâ.. in testimonium veritatis... (signé) DE CABURRETO.

25 Mai 1479.

(*) Cet &c. est dans l'original.

Rachapt de diverses rentes, fait par Guillaume de Beaumont, *Seigneur de Pélafol.*

Original en parchemin, conservé dans les Archives de M. le Comte de Beaumont-la Roque, au Château du Repaire, en Périgord.

IN nomine Domini amen... Anno Domini M.° CCCC.° nonagesimo nono, & die decimâ septimâ mensis Octobris, Nobilis GUILLERMUS DE BELLOMONTE, Dominus Pealafolli & Bastide Rollandi, Valentinensis Diocesis vendiderit, honorabili viro Johanni Joberti, Bajulo & Mercatori Civitatis Valencie, quinque sestaria cum dymidio frumenti ad mensuram Pealafoli, unam eyminam avene ad mensuram Romanis, quinque capones & duodecim solidos annuales.. quos percipiebat in loco Beysayarum, pretio ducentum florenorum parve monete.. computatis duodecim grossis... pro singulo floreno... ita quod anno predicto & die decimâ octavâ dicti mensis Octobris, dictus Johannes Joberti fecerit... promissionem eidem nobili GUILLELMO DE BELLOMONTE, de eidem revendendo huic ad duos annos... dictos census.. pro simili pretio... Huic igitur... est quod anno Domini M.° quingentesimo primo, & die vicesimâ quentâ mensis Septembris... dictus. Johannes Joberti... recognovit... recepisse... in auro.. à dicto nobili GUILLERMO DE BELLOMONTE... dictos ducentum florenos... pro... reemptione dictorum censuum; necnon arreyragia dictorum censuum de dictis duobus annis incursa.. Acta fuerunt hec Valencie.... testibus presentibus nobili Artaudo Fabri, Barbetiarum, Andrea de Platea-Cabeoli, Blasio de Plancheta, factoribus, habitatoribus Valencie, Michaelle de Villanova, Servitore dicti Domini Pealafolli, & me Anthonio de Cluseto, Clerico, auctoritatibus Apostolicâ, & Dalphinali Notario publico Valencie... (signé) de Cluseto.

25 Septembre 1501.

Donation faite par Guillaume de Beaumont, *Seigneur de Pélafol*, *à* Claude, *son fils, des deux tiers de ses Biens.*

Original en parchemin, conservé dans les Archives de M. le Marquis d'Autichamp, au Château d'Autichamp.

29 Janvier 1510.
* N.ª *Le commencement de cet acte est un peu endommagé par vétusté.*

* . . . . mini amen. Noverint universi . . . quod . . . nobi . . s Guillermus de Bell . . . . lafolli, Dyocesis Valen͞, recollens se in suo contractu matrimonii passati cum nobili Anthonia Alamande condam sue uxoris .. promississe .. uni vel duobus ex filiis suis .. ex dicto matrimonio, dare .. duas partes .. suorum bonorum .. prout .. asserit idem nobilis Guillermus..Bellomonte constare instrumento in notam sumpto per condam discretos viros Magistros Anthonium Belletonis, Notarium de Tullino, & Joh. .. Regis, Notarium Theolinhani, sub anno Domini M.º CCCC.º LX.º & die XVI.ª mensis Jugnii, vole...igitur..duas partes..suorum bonorum dare..nobili viro Glaudio de Bellomonte ejus filio legitimo & naturali genito à predictâ Anthonia Alamande, hinc igitur fuit & est quod (Anno) sanctissime incarnationis Domini millesimo quingentesimo decimo & die vicesimâ nonâ mensis Januarii .. coram me Notario .. & testibus subscriptis :. supradictus nobilis Guillermus de Bellomonte, Dominus Pellafolli, Dyocesis Valentinensis, actendens .. verum amorem & cordialem dilectionem quos gerit .. erga nobilem Glaudium de Bellomonte ejus filium legitimum & naturalem genitum à nobili Anthonia Alamande condam sue uxoris, propterque plurima servitia .. & curialitates .. ut valeat honorificè vivere .. dedit .. titulo .. donationis .. inter vivos .. dicto nobili Glaudio de Bellomonte suo filio .. duas partes omnium .. bonorum suorum .. in quibus duabus partibus .. comprendatur Castrum Pellafolli cum suis juribus & pertinentiis, reservato tamen super ipsis .. ususfructu tandiu quandiu vixerit ... Acta & recitata fuerunt hec in loco Bastide Rolandi in castro dicti Domini donatoris, videlicet in camerâ Domini, presentibus testibus Domino Glaudio Chassandi Presbitero dicti loci, Jacobo Roberti-Sauzeti, nobili Gabrielle de Parnaco habitatore dicti loci Bastide .. Et me Glaudio Breynati, Clerico, loci Criste-Arnaudi Dyensis Dyocesis auctoritate Dalphinali Notario publico, qui de premissis requisitus notam sumpsi, à quâ notâ hoc presens & publicum instrumentum .. grossavi manû meâ propriâ .. & signo meo manuali solito sic signavi ut ecce : (*signé*) Breynati.

Testament de Guillaume de Beaumont, *Seigneur de Pélafol & de la Bastie-Rolland, en faveur de* Claude, *son fils, & de* Claire, Louise *&* Jeanne de Beaumont, *ses filles.*

Copie en papier faite le 22 Juin 1560, & conservée dans les Archives de M. le Marquis d'Autichamp, au Château d'Autichamp.

11 Avril 1515.

In nomine Domini amen ... Anno sanctissime Incarnationis ejusdem Domini millesimo quingentesimo decimo quinto & die undecimâ mensis Aprilis .. coram me Notario ... & testibus subscriptis ... nobilis Guilhermus de Bellomonte, Dominus Pellafolli & Bastide Rollandi, Valentinensis Diocesis .. condidit & ordinavit suum ultimum nuncupativum testamentum licet in his scriptis .. dicendo in nomine Patris, & filii, & Spiritus Sancti, amen ... Corpori verò suo elegit sepulturam in venerabili Ecclesiâ Petrochiali Bastide Rollandi & ante altare Beate Marie in dictâ Ecclesiâ .. & interesse debeant centum Dominos Presbiteros pro missis .. celebrandis ... Item plus dedit & legavit idem nobilis Guilhermus de Bellomonte testator .. karissime nobili Clare de Bellomonte, sue filie legitime & naturali, uxori nobilis Phillippi de Belloconbe, Domini de Toveto, ultra dotem y contractu sui matrimonii constitutam .. quinque florenos .. Item plus dedit & legavit .. nobili Ludovice de Bellomonte, sue filie legitime & naturali .. mille quinque centum florenorum .. solvendos .. dum in matrimonio collocabitur .. Item plus dedit & legavit .. nobili Johanne de Bellomonte, Religiose & moniali Sancti Verani extra muros civitatis Avignonis ejus filie & naturali legitime .. ultra eidem moniali Johanne tradita dum ingressa fuerit in dictam Religionem que accendebant fere usque ad summam quatercentum florenorum, videlicet quinque florenos ... In omnibus .. aliis bonis suis .. ultra tamen alia bona olim nobili Glaudio de Bellomonte ejus filio legitimo & naturali . ; donata . . heredem suum universalem fecit .. dictum nobilem Glaudium de Bellomonte ejus filium naturalem & legitimum .. Hoc est autem suum ultimum nuncupativum testamentum ... Acta & recitata fuerunt hec in loco Bastide Rollandi, videlicet in castro Domini dicti loci, videlicet in Camerâ vocatâ *des hostes*, presentibus testibus, Domino Johanne Fayolle, Jurium Bacallario Criste, nobili Arthaudo Fabri, Barberiarum; Domino Glaudio Mathey, Presbitero Vicquario Bastide Rollandi, Jacobo Sourelli .. Domino Glaudio Cassagni Presbitero .. Stephano Crozo, Stephano Galhardi, Jacobo Berardi, Johanne Rodilli, habitatoribus Bastide-Rollandi .. & me

DE LA MAISON DE BEAUMONT Liv. IV.

Glaudio Breignati, Clerico, Criste-Arnaudi, Diensis Diocesis, auctoritate Dalphinali publico, qui de premissis requisitus notam sumpsi, à quâ notâ hoc presens & publicum instrumentum.. grossari feci per partem nobilis ANTHONII DE BELLOMONTE, Domini Pellafolli.. die vicesimâ octavâ mensis Septenbris mill°o quingentesimo vigesimo septimo, indeque factâ collactione diligenti.. signo meo manuali solito sic signavi ut ecce: Breynati.

« Ay prins copie.. huy vingt-cinquiesme Aoust mil cinq cens cinquante-huict. Chabaneis.
» J'ay presenté copie du present testement à Me Jehan de Balme, Procureur de Damoyselles
» FRANCOISE & LOYSE DE BEAUMONT, & monstré le present original.. ce vij^e Juing 1559.
» Rives.
» La coppie sustranscripte a esté par nous Procureurs soubzsignés collationnée à son original,
» & quant à moy Pynard, je n'empesche ains consentz que foy soit adjoustée à ladicte coppie
» comme à son original, sauf toutesfoys à mez parties de contredire ladite copie & original,
» & d'icelui original requerir la vision & communication en temps & lieu quand bon leur sem-
» blera. Faict ce xxij^e jour de Juing mil V^e soixante. (*Signés*) Pynard (&) Rives.

CHAPITRE IV.

CLAUDE DE BEAUMONT, Damoiseau, Seigneur de Pelafol, de la Bastie-Rolland, de Barbieres, & Co-Seigneur de Veynes, Fils unique de GUILLAUME.

Contrat de Mariage de CLAUDE DE BEAUMONT, *Fils de* GUILLAUME, *avec* RAGONDE D'URRE.

Original en parchemin conservé dans les Archives de M. le Marquis d'Autichamp, au Château d'Autichamp.

IN nomine Domini amen.... Posteritas non ignoret quod reperta per me Ludovicum Chabalis, 10 Mai 1498. Notarium Ville-Montillii, Vallentinensis Diocesis, commissum.. & subrogatum in notis.. per discretum virum Magistrum Andream Jacobi condam Notarium.. dicte Ville-Montillii Adheymarii.. sumptis.. litteris commissionalibus.. hic.. inseritis... Datum Montillii die prima mensis Februarii, anno Nativitatis Domini millesimo quingentesimo trigesimo sexto: Pro decreto; Reparati...... Auberri, pro graphario. Quapropter vigore... mee commissionis & ad requisitionem nobilis JOHANNIS DE BELLOMONTE, Domini moderni Bastide Rollandi ad grossationem dicte note processi.. & est talis: Matrimonium nobilis Domicelli GLAUDII DE BELLOMONTE, filii nobilis & potentis viri GUILHERMI DE BELLOMONTE, Domini locorum Pellafolli, Barberiarum, de Fiansays & Bastide-Rollandi, Vallentinensis Diocesis, ex una & nobilis Domicelle RUGONDE DE URRO, filie comdam nobilis & potentis viri Jordanoni de Urro, Comdomini de Urro, inde Vallentinensis Diocesis ex altera partibus. Anno Nativitatis Domini M°. CCCC°. nonagesimo octavo & die decima mensis Maii, in nostrum Johannis Gerente, Criste-Arnaudi Dyensis Diocesis, & Andree Jacobi, Montillii-Adheymarii dicte Vallentinensis Diocesis Notariorum publicorum & cujuslibet nostrum in solidum & testium subscriptorum presentia; cum tractatum fuerit de matrimonio.. inter dictas partes, fuit processus ad tractatum amicorum ambarum partium in hunc qui sequitur modum infrascriptum; inprimis quod idem nobilis & potens vir promisit.. quod ipse nobilis GLAUDIUS ejus filius accipiet & disponsabit eamdem nobilem RUGONDAM DE URRO, ibidem presentem, in facie Sancte Matris Ecclesie... & vice versa ipsa nobilis RUGONDA DE URRO pariter gratis promisit & juravit cum beneplacio nobilium amicorum suorum ac consensu, quod ipsa accipiet in virum suum & sponsum legitimum.. eumdem nobilem GLAUDIUM DE BELLOMONTE, licet absentem... & dicta nobilis RUGONDA... se constituit sibi... pro dote... videlicet mille & quinque centum florenos.. sibi donatos per comdam nobilem Jordanonum de Urro, ejus patrem, in suo ultimo testamento ac vestes nubtiales usque ad summam centum scutorum, ac tricentum & quinquaginta scuta auri sibi ipsi nobili RUGONDE data per condam nobilem ejus matrem in suo ultimo testamento, nec non omnia & singula alia bona sua jura.. expedienda... per solutiones annuales... ordinatas per Re. nobiles & Religiosos viros Iheronimum de Urro, Priotem Grane; Glaudium de Urro, Canonicum Ecclesie Sancti Salvatoris Criste-Arnaudi, patruum ipsius RUGONDE, & Guidonis de Vaesco, Prioris de Sallien; nobilem Pe^m de Vaesco, Dominum de Comps; & Dominum Johannem Nycollay, Consilliarium Regium in Parlamento Tholoze... Item.. fuit actum... quod casu quo ipse nobilis GLAUDIUS decederet.. ante dictam nobilem RUGONDAM.. ipse nobilis GUILHERMUS DE BELLOMONTE dedit & donavit eidem.. in augmentum dotis, videlicet quinque centum scuta auri.. & .. pro statu & doario suis, domum suam de Romanis cum suo pertenemento .. garnitam bonis mobilibus .. & locum & mandamentum de Fyansays cum suis juridicione mero & mixto imperio..que vallent.. anno quolibet circa ducentum florenos...... Actum in Castro de Urro .. T. P. Re. Patre & Domino Domino Aymario de Vaesco, Episcopo Vasionensi; nobilibus Aymario de Urro, Domino Orchie; Petro Gandellini, Condomino de Salli"; Arnaudo Fabri, Castellano Pellafolli; Cornellio Rambaudi, Castri duplicis; & dicto condam Magistro Andrea Jacobi, Notario .. qui de premissis .. notam sumpsit à quâ .. ego predictus Ludovicus Chabalis, Notarius .. hoc verum & publicum instrumentum .. grossati feci manu aliena michi fideli .. & inde facta collacione debita cum eâdem notâ ut convenit hic me subscripsi & signo meo auctentico quo in publicis utor instrumentis signavi in fidem premissorum ut ecce : (*Signé*) Chabalis, Nof.

Testament de CLAUDE DE BEAUMONT, *Seigneur de la Bastie-Roland, de Pelasol, de Barbieres, & Co-Seigneur de Veynes, en faveur de* JEAN, ANTOINE, CLAUDE, OLIVIER, FRANÇOISE, LOUISE, MAGDELEINE *&* ELISABETH DE BEAUMONT, *ses Enfans.*

Original en parchemin conservé dans les Archives de M. le Marquis d'Autichamp; au Château d'Autichamp.

8 Octobre 1516.

(*) Nᵃ. Le mot *anno est emporté par vétusté.*

IN nomine Domini amen... (*)... Sacratissime Incatnationis ejusdem Domini millesimo quingentesimo decimo sexto, die octava mensis Octobris... in mei Notarii... restiumque infra scriptorum presentia... nobilis & potens vir CLAUDIUS DE BELLOMONTE, Dominus Bastide Rollandi, Pellat"... Barberiarum ac condominus Veneti, habitator dicti loci Bastide, Valentinensis Diocesis... disposuit... suumque testamentum ultimum nuncupativum... fecit... in hunc qui sequitur modum. Inprimis... elegit... sepulturam... infra venerabilem Ecclesiam Marie Magdalenes, Ecclesie Parrochialis dicti loci Bastide Rollandi... in tumba suorum parentum predecessorum ... & convocari voluit ... centum Dominos Presbiteros... Item .... ordinavit idem Dominus testator in recompensationem servitiorum ... nobili generose Domine MADALENE DURRO, uxori sue tanquam benemerite & condigne mille scuta auri ... & usumffructum dominationis & seignorie loci & mandamenti Bastide Rollandi, tandyu quamdyu vixerit viramque vidualam tenuerit solvenda ... Item dedit & leguavit... nobilibus Damissellis & filhiabus suis ipsius Domini testatoris FRANSECIE, LUDOVICE, MAGDALENE & ALIXABETH DE BELLAMONTE, filiabus suis naturalibus & legitimis & ipsarum cuilibet pro ipsas & quamlibet ipsarum matrimonium *cologandum*... videlicet duos mille & ducentos florenos... Item dedit & legavit... filiis suis naturalibus & legitimis CLAUDIO & OLIVERIO DE BELLAMONTE, & ipsorum cuilibet, duos mille ducentos florenos.... Item similiter dedit... posthumis veniendis dicte nobilis MAGDALENE DE DURRO, uxoris sue casu quo sit gravida... duo mille ducentos florenos... Item dedit... nobili Domicelle LUDOVICE DE BELEMONTE, ejusdem nobilis testatoris sorore, silicet, viginti francos monete.... Item dedit... nobili Domicelle JOHANNETE DE BELEMONTE, ejusdem.... sorori Moniali Monasterii Sancti Veransi Civitatis Avignionis, videlicet quinque florenos... ultra... legata facta idem nobilibus Domicellis sororibus per quandam nobilem GUILHERMUM DE BELLAMONTE, patrem dicti nobilis testatoris.... In omnibus autem.. bonis.. suis ac dominationibus... heredes suos universales sibi instituit... sibi dilectos & precarrissimos JOHANNEM & ANTHONIUM DE BELLEMONTE fratres, filios suos .. naturales & legitimis equis porsionibus .. & casu quo in futurum contingerit mori.. dictum JOHANNEM DE BELLAMONTE ejus filium... sine liberis.. legitimis ... substituit ANTHONIUM, coheredem universalem .. & .. suos liberos ... & casu quo non existant liberi legitimi, idem , substituit CLAUDIUM DE BELLOMONTE, si vixerit & suos liberos.. & si non existent, OLIVERIUM DE BELOMONTE, predictum fratrem dicti CLAUDII ... Tutores & Curatores suorum heredum universalium & omnium aliorum suorum liberorum fecit.. nobilem & generossam Dominam MAGDALENAM DE URRO, ejusdem Domini testatoris caram uxorem, nobilem & egregium virum Dominum Ymbertum de Montibus, Priorem de .. Sozeto, & nobilem virum Ymbertum de Durro, Dominum Tuchie.... Acta.. fuere premissa omnia apud jamdictum Castrum Bastide Rolandi & in camera bassa dicti Castri, testibus presentibus dicto nobili & egregio viro Domino Ymberto de Montibus, Priore Prioratus Sancti Marcelli de *Sauzeto*, Domino Jacobo Fabri, Sagrista dicti Prioratus, Michaele Loysi... nobili Artaudo Fabri, Domino Benedicto Mathey, Bartessardo de Gogogatio, Domino Blasio Morelli, Presbitero, Domino Claudo Chassani, etiam Presbitero... tam oriondis quam habitatoribus dicti loci Bastide Rollandi.... Plaise à M. le Juge de Chasteauneuf, à la requeste de noble. ANTHOINE DE BEAUMONT, Seigneur de Barbieres, co-heretier de feû CLAUDE DE BEAUMONT, son pere, commander à Maistre Jehan Philip, dudict lieu, de grossoyer & espedier audict Suppliant le Testament dudit feû CLAUDE... & faires bien. A. DE BEAUMONT.......... Nycolas Chabeul, Licentié ez Droictz, Regent de la Judicature de Chasteauneuf de Mezenc, au premier Sergent sur ce requis; Salut... A la requeste de noble ANTHOINE DE BEAUMONT,

Seigneur de Barbieres, co-heritier de feu Claude de Beaumont, son pere, nous vous mandons... faire commandement à Maistre Philip, dudit lieu, à expedier en bonne forme audict Impetrant le Testement dudict feü Claude Beaumont.... Donné à Crest ce dixieme jour du moys d'April, l'an mil cinq cens cinquante. N. Chabeul, susdit: Brochanu, pour le Greffier.

CHAPITRE V.

Antoine de Beaumont, Ier du nom, Chevalier, Seigneur de Barbieres, de Pelafol, de la Bastie-Rolland, puis d'Autichamp, second Fils de Claude de Beaumont; ses Freres & Sœurs.

Extrait du Rolle des Payemens faiz aux cent Gentilshommes ordinaires de l'Hostel du Roy, estans sous la charge & conduite du S^r. de S^t. Vallier, par M^e. Guillaume Briçonnet, Tresorier commis par ledit S^r, à tenir le compte & faire le payement desdits Gentilshommes durant l'année commencée le premier jour d'Octobre 1519, & finie le dernier jour de Septembre 1520.

Ce Rolle conservé au Cabinet de l'Ordre du S^t. Esprit; Mélanges, vol. 8. fol. 713-719. en copie faite sur l'original étant à la Bibliotheque du Roi: Regne de Louis XII, vol. 10. fol. 20.

Et premierement,

Audit S^r. de S^t. Vallier, pour son Estat & droit de Capitaine durant icelle année, la somme de douze cens livres tournois, au feur de cent livres par mois; pour cecy... XII^c. l.   Ann. 1519.

A luy, pour son droit de Lance, comme à l'un des cent Gentilshommes de ladite Bande, trois cens quatre-vingt dix livres tournois, à raison de XXXII. l. par mois; pour cecy............................ III^c. IIII^{xx}. x. l.

A Gilles Nocaise, pour ses gaiges de ladite année, la somme de III^c. IIII^{xx}. x. l, au feur de XXXII. l. x. s. par mois; cy............. III^c. IIII^{xx}. x. l.

A François Pot, pour semblable.................................. III^c. IIII^{xx}. x. l.

A Jehan de Beaumont, pour ses gages des trois premiers quartiers de ladite année, II^c. IIII^{xx}. XII. l. x. s. au feur que dessus...... II^c. IIII^{xx}. XII. l.   x. s.

A Anthoine de Clermont, au lieu dudit de Beaumont, pour ses gaiges du dernier quartier de ladite année, audit feur que dessus...... IIII^{xx}. XVII. l.   x. s.

A François de Chassenaige.. III^c. IIII^{xx}. x. l.
A François de Beaumont.. III^c. IIII^{xx}. x. l.

A Osias de la Vernade, pour ses gaiges depuis le premier jour d'Octobre jusqu'à la fin d'Avril................................. II^c. XXVII. l.   x. s.

A Ymbert de Beaumont, S^r. d'Autichan, au lieu dudit de la Vernade, pour le reste de ladite année.................................. VIII^x. II. l.   x. s.

A Ymbert de Groullée, S^r. d'Eslin.............................. II^c. XXVII. l.   x. s.

A Claude Deurre.. III^c. IIII^{xx}. x. l.

A Jacques de Chaste... III^c. IIII^{xx}. x. l.

A Loys de Clermont.. III^c. IIII^{xx}. x. l.

A Michel Bastard de Beaumont................................... III^c. IIII^{xx}. x. l.

A Jehan de Poictiers dit Dallan..................................... III^c. IIII^{xx}. x. l.

« *Transaction faicte entre* ANTHOINE DE BEAUMONT, *Escuyer, Seigneur de*
» *Barbieres, Filz & Co-Heritier universel de feu* CLAUDE DE BEAUMONT,
» *Escuyer, Seigneur dudit Barbieres...* & CLAUDE DE BEAUMONT, *Escuyer...*
» *frere dudit* ANTHOINE....

*Copie en papier, non signée, mais de l'écriture du temps, conservée dans les Archives de
M. le Marquis d'Autichamp, au Château d'Autichamp.*

11 Février 1546. AU nom de Dieu soit faict... comme fut question... entre CLAUDE DE BEAUMONT, Escuyer, filz de feu CLAUDE DE BEAUMONT, Escuyer, Seigneur de Barbieres... & ANTHOINE DE BEAUMONT, Escuyer, fils & co-heretier universel dudit feu CLAUDE DE BEAUMONT, & frere dudit CLAUDE... pour... droictz... paternels, maternels... que ledit CLAUDE DE BEAUMONT a ez biens... dudit feu CLAUDE DE BEAUMONT, leur pere, &... de feue Damoyselle MAGDALEINE DURRE, leur mere.... Pour ce... l'an de grace courant mil cinq cens quarante-six... & le unziesme... Fevrier... ez presences de moy, Notaire Royal Dalphinal... lesd. Parties... ont transigé... que pour tous droictz, actions legitimes paternelz, maternelz, fraternelz & autres.. ledit ANTHOINE DE BEAUMONT, Seigneur de Barbieres, sera & est tenu ballier... aud. CLAUDE DE BEAUMONT, sond. frere... la somme de mil florins, petite monoye, à présent courant, comptés douze soulz tournois par chacun florin, & quatre liardz par checun soul.... Item... que .. ledit ANTHOINE DE BEAUMONT, Seigneur susd... remet aud. CLAUDE DE BEAUMONT, son frere, sa part & droit de vingt-cinq escus d'or sol que M. de la Touche lui porroyt debvoyr... par le legat de leurd. feue mere. Item a esté & est transigé... que la présente Transaction ne puisse estre au domage.. dud. CLAUDE DE BEAUMONT, ne des siens, sur la substitution faicte par les prédécesseurs desd. Parties..... Faicte... au lieu de Barbieres & à la meson de Margarite Moyrote, presentz Nycolas Verney, dud. lieu, Berton Frusaye, Coturier d'Alixan, Stienne Aloys de Sanson, Jacques Creyton, dit Belyer, de la Rapininiere, madament de Rochefort, Tesmoingtz à ce appellez.

*Contrat de Mariage d'*ANTOINE DE BEAUMONT, *Chevalier, Seigneur de
Barbieres, avec Demoiselle* MARGUERITE DE MONTEUX.

*Expédition originale en papier, conservée dans les Archives de M. le Marquis d'Autichamp,
au Château d'Autichamp.*

28 Avril 1555. AU nom de Dieu amen... Comme... Mariage ayt esté traicté... entre Messire ANTHOINE DE BEAUMONT, Chevallier, Sieur de Barbieres, au Diocese de Valence, d'une part, & Damoyselle MARGUERITE DE MONTEUX, fille naturelle & légitime de Messire Hierosme de Monteux, Chevallier, Seigneur de Miribel, Conseiller & Medecin ordinaire du Roy, Habitant de la Ville de Sainct Anthoine en Viennoys, Diocese de Vienne, d'aultre.... Pour ce est-il... que... l'an de l'Incarnation de Notre-Seigneur mil cinq cens cinquante-cinq, & le vingt-huictiesme jour du moys d'Apvril... led. Messire ANTHOINE DE BEAUMONT... a promis... espouser ladicte Damoyselle MARGUERITE DE MONTEUX... en face de Saincte Mere Esglise... pareillement ladicte Damoiselle MARGUERITE, du vouloir... dud. Messire Hierosme de Monteux, son pere, illec present... a promis... espouser led. Messire ANTHOINE DE BEAUMONT... ledict Messire Hierosme de Monteux.. a donné.. en dotte & verchiere à lad. Damoyselle MARGUERITE... la somme de six mil livres tournois... &... led. Messire ANTHOINE DE BEAUMONT, Espoux advenir.. a donné.. en accroissement de ladicte verchiere, la somme de douze cens cinquante escuz d'or au Soleil, & de poix...... Faict & passé... en la Maison dud. Sieur de Miribel, ès presences de Messieurs Claude Veilheu, Conseilher du Roy au Parlement de Daulphiné, Hevrard de Bourchenu, Chevallier, Vallier de Bourchenu. Escuier, Sieur Dieres... & moy Pierre de la Pelisse , Notaire Royal Delpinal, Habitant dud. St Anthoine, ici soubsigné : de la Pelisse. Le Contract susescript a esté treuvé aux papiers de feu Me de la Pelisse, quant vivoit Notaire Royal de Sainct Anthoine, par lui escript & signé.... ensuite du commandement faict du quinziesme Janvier année mil six cens seze , à moy André Chabrey , Notaire Royal, Garde dud. Contract... & Protocol... en vertu des Lettres obtenues de M. le Viballi de Sainct Marcellin, sur Requeste à lui présentée par noble GASPARD DE BEAUMONT, fils & co-heritier de ladite Damoyselle DE MONTEUX... j'ay extraict & expedié led. Contract en la forme que l'Original se treuve escript... requis par led. Sieur DE BEAUMONT, SEIGNEUR D'AUTICHANT, auquel délivré led. present Extraict led. jour. (*Signé*) A. Chabrey, Notaire. (&) G. DE BEAUMT.

Enqueste

DE LA MAISON DE BEAUMONT. Liv. IV.

« *Enqueste faicte par Nous Felix Dourjas, Conselhier du Roy, Seneschal du*
» *Valentinois & Diois . . à la requeste de* ANTHOYNE DE BEAUMONT,
» *Escuyer, Sr de Barbieres, Demandeur.*

» *Contre Damoyselles* FRANÇOISE & LOYSE DE BEAUMONT, *Deffenderesses,*
» *ce vingt-troysiesme jour du moys de May mil V^c. LIX.*

Original en papier conservé dans les Archives de M. le Marquis d'Autichamp, au Château d'Autichamp.

M^E Claude Chassaint, Prebtre, natif & Habitant de la Bastie Rolland, eagé de quatre-vingtz ans ou environ... dict qu'il n'a jamays cogneu IMBERT DE BEAUMONT... pour ce qu'il estoit mort devant sa souvenance, bien dit avoir souventesfoys ouy parler de lui, & que la voix & renommée publique est au lieu de la Bastie Rolland & aultres lieulx circonvoysins, & en ce pays de Vallantinoys, que led. IMBERT... estoit Seigneur de Rochesfort, Barbieres, Pellefort, la Bastie Rolland & plusieurs aultres Biens & Segniories... duquel IMBERT furent filz naturelz & legitimes LOYS & ANDRÉ DE BEAUMONT, lesquelz... n'a aulcunement cogneuz ne veu, mays cella est tenu pour certain & notoyre en ce pays... dict en oultre avoyr cogneu GUILLIAUME DE BEAUMONT, Seigneur de la Bastie Rolland, que l'on disoyt.. estre filz dud. LOYS naturel & legitime, & pour tel reputé... depuys la souvenance du Déposant, lequel GUILLIAUME est mort... car il estoit present à sa sepulture, delaissé & à luy survivant CLAUDE DE BEAUMONT, son filz naturel & legitime... lequel.. est mort... car il a veust ensepvellir, à lui survivant JEHAN & ANTHOYNE DE BEAUMONT, ses enfans naturelz & legitimes... lesquelz... a bien cogneuz ; lequel JEHAN DE BEAUMONT... a tenu & possedé le Chasteau, Terre, Jurisdiction & Segniorye de la Bastie Rolland... & led. ANTHOYNE la Segniorye & Jurisdiction de Barbieres... aussi est mort dernierement led. JEHAN DE BEAUMONT, filz dudit CLAUDE... & n'a laissé aulcungz enfans... survivant à luy led. ANTHOINE Demandeur, son frere, filz dud. CLAUDE... Que Damoyselles FRANCOYSE & LOYSE DE BEAUMONT... tiennent... le Chasteau de la Bastie... car il a veu un nommé M. DE GORDON, mary de ladicte FRANÇOYSE, & ladicte LOYSE, sa sœur, despuys la mort dud. JEHAN, se tenir audict Chasteau, prendre les fruictz... comme de leur chose propre.. qu'il.. a pertinemment déposé.. & s'est soubzsigné. (*Signé*) Claude Chassain.

23 Mai 1559.
1er Tém.

Jehan Nycollet, Laboureur, Habitant de la Bastie Rolland, agé de quatre-vingts ans ou environ... dict que notoyrement ont esté en nature IMBERT DE BEAUMONT... Segnieur de la Bastie Rolland, d'Otichant, Rochesfort, Barbieres, Pellefor, Fiansayes, lequel heust deux enfans naturelz & legitimes, LOYS & ANDRÉ, & ses heretiers, dont led. ANDRÉ succedat en la Segniorie d'Autichant & ses despendances, & LOYS en la Segniorie de la Bastie & ses despendances... qu'ilz estoient mortz devant sa memoire, mais il a ouy souventes foys parler d'eulx à plusieurs personnes qui disoient les avoir veuz... duquel LOYS fust fil GUILLEAUME DE BEAUMONT, lequel le Deposant a veu & cogneu, lequel estoyt Segnieur de la Bastie Rolland & ses apartenances... lequel est mort... à lui survivant CLAUDE, son fil naturel & legitime, qui succedat en ladicte Segniorye.... ledit CLAUDE est parailhement mort.... survivant à lui JEHAN & ANTHOYNE, ses enfans naturelz & legitimes, & heretiers, & ledict JEHAN succedat audict CLAUDE, son pere, en la Segniorye de la Bastie Rolland, & ledict ANTHOYNE, Barbieres. En dernier lieu, est mort JEHAN DE BEAUMONT... sans enfans... survivant ledict ANTHOYNE, Demandeur, son frere... que despuys la mort dud. JEHAN, Damoyselles FRANÇOYSE & LOYSE DE BEAUMONT, ses sœurs, se sont mises & geétées dans le Chasteau de la Bastie, ou bien pour ladicte FRANÇOISE, son mari nommé Monsr DE GORDON... lesquelz despuys... prenent les fruictz... Recité a persisté, n'a sceu escripre ne soy signer.... (N^a. *Sept autres temoins fournissent les mémes preuves*).

2e Tém.

Me Germain Mezard, Notaire... du Montellimar, agé de soixante-dix ans... dict qu'il a veu... GUILHEAUME DE BEAUMONT... Segnieur de la Bastie Rolland... & après luy CLAUDE, son filz naturel & legitime, luy succedat & après CLAUDE, JEHAN, son filz naturel & legitime, dernierement decedé... sans aulcungz enfans... survivant à luy ANTHOYNE, son frere, Seigneur de Barbieres... & s'est souzsigné. (*Signé*) Gerⁿ Mezard.

10e Tém.

Ainsi ont déposé lesd. Temoingz par nous ouys & interrogés, escripvant notre Greffier soubzsigné. (*Signé*) Fe. Dourjas, Seneschal, & moy Greffier, escripvant soubz mond. S^r. le Seneschal. (*Signé*) Rives. Gr

R

*Sentence du Sénéchal de Montelimart, en faveur d'ANTOINE DE BEAUMONT,
Seigneur de Barbieres.*

Original en papier conservé dans les Archives de M. le Marquis d'Autichamp, au Château
d'Autichamp.

23 Juin 1559. ENTRE ANTHOINE DE BEAUMONT, Escuyer, Seigneur de Barbieres, Demandeur ; contre Damoyselles FRANÇOISE & LOYSE DE BEAUMONT, héretieres à feu JEHAN DE BEAUMONT, Seigneur de la Bastie-Rolland, Deffenderesses. . . .

 Veu toutes & chascunes les pieces pardevant nous originellement produictes de la part du Sr DE BARBIERES, assavoir . . . . . . Acquisition faicte par feu IMBERT DE BEAUMONT de la Terre & Seigneurie dud. la Bastie Rolland, escript en parchemin, deuement signée ; Investiture prinse par led. feu IMBERT DE BEAUMONT . . . d'icelle, laquelle investiture est en parchemin ; Testement dud. feu IMBERT DE BEAUMONT, par lequel appert que feu LOYS DE BEAUMONT, Escuyer, (estoit) son fils naturel & legitime . . . estant en parchemin receu par Gauterii & grossoyé par Rochas ; Testement dud. feu LOYS DE BEAUMONT, lequel est en parchemin, signé Brunelli ; Testement de feu GUILHEAUME DE BEAUMONT, lequel est en parchemin, signé Breynat ; Testement de feu CLAUDE DE BEAUMONT, dans lequel est contenu la substitution, signé ledit Testement Philipi ; Enquefte sur se faicte le vingt-troiziesme May, année que dessus, signée par nous & Rives, Greffier. . . . Le tout considéré :

 Nous, attendu la preuve faicte par led. Demandeur, avons ordonné & ordonnons que les fruictz du Lieu, Jurisdiction & Mandement de la Bastie Rolland seront . . . gouvernés par sequestre . . . sans préjudice . . . des droictz des Parties au principal, auquel viendront procéder ; & lesdites Deffenderesses contrediront à l'enqueste, instrumentz & productions dud. Demandeur au premier jour juridict, après la Feste de la Magdeleyne prochaine. Clau. Colas, comme plus ancien Advocat ; Dufaure, Assesseur ; Baratier, Asst ; Ni. Rocil, Asst ; Pour les spices IIII v̄.

 L'an mil cinq cens cinquante-neuf, & le vingt-troiziesme jour du mois de Juing, au Greffe Royal du Monthelimard a esté publiée la susd. Ordonnance, en Audiance seant judicielement, & icelle tenant Monsr Mre Claude Colas, comme plus ancien Advocat . . . en presence de Me Loys Galand, Procureur d'ANTHOINE DE BEAUMONT, Escuyer, Sr de Barbieres . . . de Me Jehan de Balme, Procureur de Damoyselles FRANÇOISE & LOYSE DE BEAUMONT ; en presence aussi de GUILHEAUME ATENONS (*) dict GORDON, mary de lade. FRANÇOISE . . . . comme certiffie : Rives.   Extraict de son propre original. (Signé) Rives.

(*) Na. On peut également lire ATENOUS.

Ratification faite par Demoiselle LOUISE DE BEAUMONT, d'une Transaction passée en son nom avec ANTOINE DE BEAUMONT, Seigneur de Barbieres, (son Frere).

Original en papier conservé aux Archives de M. le Marquis d'Autichamp, au Château
d'Autichamp.

9 Mars 1559. L'AN mil cinq cens cinquante-neuf, & le neufviesme jour du moys de Mars, pardevant moy Notaire Royal . . . Damoyselle LOYSE DE BEAUMONT, vefve à feu noble MAURICE JOUBERT DE BAYS-SUR-BAYS, au bas Viverois . . . bien informée de certaine convention faicte & passée à son nom par Monsr Me Guilheaumes de Gabier, Docteur ez Droictz, son beau-filz, avec noble ANTHOINE DE BEAUMONT, Seigneur de Barbieres, pour raison de ses droictz . . . par le decez de feu JEHAN DE BEAUMONT, Escuyer, Seigneur de la Bastie Rolland, sur la Jurisdiction, Seigneurie & revenu de lad. Bastie . . . Lad. convention receuë par Me Symond Faure, Notaire du Montelimar, le septiesme de ce présent moys, a ratifié . , . icelle convention. . . . Faict à Bays, dans la Maison d'habitation de Me Pierre Chartriere, y present, & . . . Nicolas Champchoaches, & moy Jehan Faure, Notaire Royal soubzsigné. (Signé) Faure.

« *Accord & Convention d'entre noble homme ANTHOYNE DE BEAUMONT,*
» *Seigneur de Barbieres... & Damoyselle LOYSE DE BEAUMONT-de Bays*
» *au Reaulme, (sa Sœur).*

Original en papier conservé dans les Archives de M. le Marquis d'Autichamp, au Château
d'Autichamp.

25 Juin 1560. AU nom de Dieu, amen . . . Comme . . . Proces soit pendant d'entre . . . noble ANTHOYNE DE BEAUMONT, Demandeur . . . pour raison des substitutions . . . advenues en sa personne . . . par

DE LA MAISON DE BEAUMONT. LIV. IV

le deces de feu noble JEHAN DE BEAUMONT, Seigneur de la Baſtie Rolland, decedé ſans enfans, à l'encontre de.... Damoyſelle LOYSE DE BEAUMONT..., Damoyſelle FRANÇOISE DE BEAUMONT, ſeurs dud. feu noble JEHAN DE BEAUMONT, Deffendereſſes... pardevant le Seneſchal de Monthellimard &... à la Court... Pour.. s'accourder par les Parties... actandu la qualité & degré de conſanguinité dont elles ſont actaintes, cejourd'huy vingt-cinquieſme jour du mois de Juing mil cinq cens ſoixante, au lieu de Barbieres & dans la Maiſon d'habitation dudict ANTHOINE DE BEAUMONT, pardevant moy Notaire Royal... led. noble ANTHOYNE... & lad. Damoyſelle LOYSE DE BEAUMONT.... pour.... la partie des heritaiges la concernant.... ont convenu... qu'il ſera permictz & loyſible aud. ANTHOINE DE BEAUMONT... aprehender la poſſeſſion... & percevoir... les fruictz deſd.s biens... qui furent tenus... par led feu noble JEHAN DE BEAUMONT.... à la charge, s'il eſt dict par.... la Court, de rendre.... la partie... de lad. Damoyſelle LOYSE DE BEAUMONT..., &... par proviſion... delivrer à lad. Damoyſelle... la quatrieſme partie des fruictz... ſans prejudice de ſes droictz... Et oultre, pour fere eſmologuer le preſent accord... led. noble ANTHOINE DE BEAUMONT a conſtitué ſon Procureur ſpecial Me Anthoyne Rives, & lad. Damoyſelle... Me Anthoyne Pynard, Procureurs... aud. Grenoble..... Faict au lieu que deſſus, preſentz ad ce Me Pierre Mourier, Prebſtre, Vicquaire dudit lieu; Jehan Marron, Eſcuyer, de Charpey... & moy Jehan Faure, du lieu de Sanſon, Mandement de Rocheffort en Valentinoys, eſtably Notere Royal Dalphinal, ſoubzſigné, requis par la Partie dud. Seigneur de Barbieres. Exped (*Signé*) Faure.

A cet Acte eſt jointe la Piece ſuivante en Original en parchemin.

FRANÇOIS de Lorrayne, Duc de Guyſe, Pair & Grand Chambellan de France, Gouverneur & Lieutenant Général pour le Roy en Daulphiné : A tous ceulx qui ces Preſentes verront; Salut, ſavoir faiſons : Que ſur la Requeſte preſentée à la Cour par ANTHOYNE DE BEAUMONT, Eſcuyer, Sr de Barbieres, à ce que l'accord... d'entre luy... pour raiſon de la ſubſtitution de la Baſtie Rolland, & Damoyſelle LOYSE DE BEAUMONT... fuſt eſmologué.... Veu par la Cour le ſuſd. Accord & lad. Requeſte... & ſans prejudice du droict de FRANÇOYSE DE BEAUMONT... Lad. Cour... a eſmologué le ſuſd. Accord... lequel elle a ordonné eſtre enregiſtré. En foy de ce nous avons fait mectre le ſcel Royal Dalphinal à ceſd. Préſentes. Donné à Grenoble, en Parlement, le quatrieſme jour de Julhet, l'an mil cinq cens ſoixante. (*Sur le reply eſt écrit*) Par la Court. (*Signé*) Darragon.

Tranſaction paſſée entre ANTOINE DE BEAUMONT, *Seigneur de Barbieres & de la Baſtie-Rolland*, & JEANNE, CHARLOTTE & ANNE DE BEAUMONT, *ſes Couſines au 4ᵉ degré, à l'occaſion de la ſubſtitution de la Terre d'*AUTICHAMP.

Original en parchemin conſervé dans les Archives de M. le Marquis d'Autichamp, au Château d'Autichamp.
Le double de cet acte auſſi en original en parchemin eſt aux Archives de M. le Comte de Beaumont-la Roque, au Château du Repaire, en Périgord.

AU nom de Dieu le Créateur..... Comme ainſy ſoyt que Procés ſeuſt meu & pandant au Siege de Creſt-Arnaud, entre ANTHOINE DE BEAUMONT, Eſcuyer, Seigneur de Barbieres & de la Baſtie-Roland, Habitant audict lieu de la Baſtie, Diocéſe de Vallence, Demandeur en matiere de ſubſtitution, d'une part ; & Damoyſelle JEHANNE DE BEAUMONT, filhe naturelle & legitime, & heritiere ſubſtituée, auec beneffice d'hinventoyre, de feu Meſſire HUMBERT DE BEAUMONT, quand vivoit Chevalier, Seigneur d'Otichamp, & vefve de feu JEAN DE SALIGNON, Eſcuyer, Habitant de la Coſte-Saint-André, Deffendereſſe en lad. qualité; & entre ledict ANTHOINE DE BEAUMONT, Demandeur en meſme quallité, contre Dame CHARLOTTE DE BEAUMONT, femme de noble JEHAN DU FAY, Chevalier, Seigneur de Boſſieu, & Damoyſelle ANNE DE BEAUMONT, leur ſeur, Deffandereſſe d'aultre ; ſur ce que led. Demandeur diſoyt avoyr eſté aultreſfoys, en nature, magnific & puiſſant Seigneur Meſſire HUMBERT DE BEAUMONT, Chevallier, Seigneur de Pelleſol, Rochefort & pluſieurs aultres Plaſſes, lequel, en l'année mil quatre centz trente-ſix, & le cinquieſme jour du mois de Novembre, par ſon dernier Teſtement, n'ayant que deux enfans maſles, ſavoir ANDRÉ & LOYS DE BEAUMONT, auroyt inſtitué ledict ANDRÉ heritier en ſes mayſon & pertenement qu'il avoyt au lieu de Cremieu, & auſſi en ſes lieux d'Antoalher, Dizemieu, Mandemanz de Cremieu, Diocéſe de Viene.... Auſſi l'avoyt inſtitué, comme deſſus, en ſon Chaſteau d'Aultichamp, Diocéſe de Vallence, avec tout ſon tenement & ſa Juridiction haulte, moyene & baſſe, mere & mixt, impere.... choſes plus amplement contenues audit Teſtement, reçeu par Me Pierre Gaultier & Bertrand Faure, Noteres, avec telles ſubſtitutions que led. ANTHOINE DE BEAUMONT, Demandeur, ce treuvoyt appelé, comme eſtant falhie la lignée des enfans maſles dud. ANDRÉ, par la mort de Meſſire HUMBERT DE BEAUMONT, Chevallier, Seigneur d'Otichamp, filz de feu GUIS DE BEAUMONT, & pere deſd.tes Damoyſelles

1er Mai 1562.

JEHANNE, CHARLOTTE & ANNE DE BEAUMONT, & led. ANTHOINE DE BEAUMONT, Demandeur, eſtant des enfans maſles de LOYS DE BEAUMONT & de ſa lignée, pour ce que led. LOYS DE BEAUMONT, de loyal mariage, procrea GUILHAULME DE BEAUMONT, lequel GUILHAULME, auſſi de loyal Mariage, procrea CLAUDE DE BEAUMONT, & led. CLAUDE euſt & procrea led. ANTHOINE, Demandeur ; concluand par ce que deſſus contres leſd.tes Damoyſelles JEHANNE, CHARLOTTE & ANNE DE BEAUMONT, reſpectivement eſtre deſclairée ladicte ſubſtitution avoir heu lieu, comme deſſus, en la perſonne dud. ANTHOINE, Demandeur, & par conſequant eſtre condampnées & contrainctes de vuyder & relaxer reſpectivement aud. Demandeur leſd. biens... Au contraire diſoient leſdictes Damoiſelles... que ladicte ſubſtitution n'eſtoit point advenue pour ce que GUIS DE BEAUMONT, filz de ANDRÉ, de legitime mariage, auroyt heu & procréé led. HUMBERT DE BEAUMONT, dernier decedé, & quand bien ladicte ſubſtitution auroit lieu à la perſonne dudict Demandeur, touteſfois il y a lieu de ſere pluſieurs detractions.... replicant au contraire led. Demandeur... que... il y avoit beaucoup de biens alienés ; & par le reguard des aultres droictz concernans le mariage de Dame BRUNISSANZ CORNILHIANE, femme dud. Teſtateur & mere dud. ANDRÉ, de laquelle ledict ANDRÉ feuſt heritier, comme pretendent leſdictes Deſſendereſſes, & laquelle diſent avoir heu en mariage mil ducatz & pretendoient detraire iceulx, enſemble les robbes, jouyaulx & augment ſur les biens ſubſtitués ; à quoy replicquoyt icelluy ANTHOINE, qu'il n'apert point du poyement de lad. dotte.... Pour leſquels differantz juger en poinct de droict ou à l'amiable, auroyent paſſé deux compromis receuz par moy, Notere ſoubzſigné, dont au dernier d'iceulx feurent eſleuz & accordés pour Arbitres, Arbitrateurs & amiables Compoſiteurs, Egreges Hommes Meſſieurs Anthoine Mannel, Docteur ez Droictz, Juge-Maige de Vallence ; André Dexea, premier Docteur-Régent en l'Univerſité de Vallence ; Anthoine Garaignol, Juge Royal de Romans, & Barthelemy du Poyer, Advocat audit Vallence, & pardeſſus tous Monſieur Maiſtre Anthoine Fabri, Conſeilhier du Roy en ſon Parlement de Daulphiné.... En l'abſence du ſieur Mannel, ayant prins à ſa place Monſieur Mc Charles Montoyſon, Docteur & Advocat audit Vallence..... Pour ce eſt-il que, en l'an de grace Noſtre-Seigneur mil cinq centz ſoixante-deux, & le premier jour du moys de May.... pardevant moy Jehan la Boyſſe, Notere Royal Dalphinal.... led. ANTHOINE DE BEAUMONT, Demandeur, d'une part, & lad. Damoyſelle JEHANNE DE BEAUMONT, veſve à feu noble JEHAN DE SALIGNON, comme heritiere ſubſtituée ſuſd. avec beneffice d'inventoyre dud. feu Meſſire HUMBERT DE BEAUMONT, ſon pere, dernier decedé ; & auſſi led. noble JEHAN DU FAY, Chevalier, Seigneur de Boiſſieu, comme Mary & Procureur de lad. Dame CHARLOTTE DE BEAUMONT, ſa femme, auſſi comme Procureur de Damoyſelle ANNE DE BEAUMONT, ſa belle-ſeur, & de Meſſire PIERRE DU FAY, Seigneur de Saint-Romain, ſon frere, pour tous leſquelz ſuſnommez ledict Seigneur de Boſſieu c'eſt fait fort.... leſquelles Parties.... de leur bon gré.... au Traité deſd. Sieurs Arbitres.... ont tranſigé.... comme s'enſuit : Premierement, ont.... accordé que ledict Chaſteau, Terre, Place & Seigneurie d'Aultichamp, avec tout ſon tenement, Juridiction haulte, moyenne & baſſe, mere & mixte impere & tout ce qui eſt dans led. Mandement d'Aultichamp & contenu en icelluy, enſamble la Terre, Mayſon & Biens d'Aulthollet, aſſiz au Mandement de Veciluen ou de Cremieu, avec ſes appertenances & deppandances, ſeront & appartiendront aud. ANTHOINE DE BEAUMONT, Eſcuyer, Seigneur de Barbieres & de la Baſtie-Rolland, tant par le moyen de lad. ſubſtitution que aultrement.... Item, quand aux meubles de la Mayſon & Chaſteau dud. Aurichamp, ont convenu & accordé que les meubles de boys.... appartiendront aud. ANTHOINE DE BEAUMONT.... & tous les aultres meubles apartiendront auſd. Damoyſelles DE BEAUMONT. Item, & tant que touche le gran-jaige de la Repara & Biens eſtans dans le Mandement dud. lieu de la Repara, & aux lieux circonvoiſins aultres, touteſfois, que ceulx du Mandement d'Autichamp, ledic ANTHOINE DE BEAUMONT, Seigneur de Barbieres, les a quités & quite à ladicte Damoyſelle JEHANNE DE BEAUMONT, & à leſd. ſeurs reſpectivement..., Item, ont.... accordé.... que ladicte Damoyſelle JEHANNE DE BEAUMONT, en qualité d'heritiere avec beneffice d'inventoyre, acquitera & afranchira leſd. Terres, Places & Seigneuries d'Aultichamp & d'Autholetz de tous debtes & ypotheques............ Item, ont.... convenu que led. Seigneur de Barbieres, moyennant les choſes ſuſdictes, ſera attenu ſe deſpartir.... de tous les droictz qu'il a ou pourroyt pretandre ſur les Biens de Chabrilhan, qui ont eſté bailhés à Damoyſelle MARGUERITE DE DYES, pour ſes droictz à elle adjugés par Arreſt de la Court du Parlement de Daulphiné, ſur les Biens dud. feu Meſſire HUMBERT DE BEAUMONT, dernier decedé.... Que pour toutes les detractions.... demandées.... par leſd. Damoyſelles DE BEAUMONT ; & pour tous les droictz qu'elles pourroient pretandre.... ſur les biens ci-deſſus adjugés.... aud. Seigneur de Barbieres, led. Seigneur de Barbieres ſera athenu... payer auxd. Damoyſelles JEHANE, CHARLOTTE & ANNE DE BEAUMONT.... la ſomme de douze mil livres tourn. vallant chacune livre vingt ſoulz tourn. & au contraire ſavoyr eſt à lad. Damoyſelle CHARLOTTE, Dame de Boſſieu, ou pour elle aud. Seigneur de Bouſſieu, ſon mary, la ſomme de quatre mil ſept centz & deux livres tournoyſes ; à lad. Damoyſelle ANNE DE BEAUMONT ſix mil huict centz livres tourn. & la reſte deſd. douze mil livres tourn. à ladicte Damoyſelle JEHANNE DE BEAUMONT.... Item, & pour ce que led. Sieur Meſſire Pierre du Fay, Seignent de Saint-Romain, par interpoſition de Decret obtenu en la Court du Parlement de Daulphiné, ſe feroit faict adjuger lad. Place & Seigneurie d'Aultichamp, comme dernier Encheriſſeur, & en vertu dud. Decret, tient & poſſede lad. Place, ont.... accordé que led. Sieur de Sainct-Romain, ou bien pour lui led. Sieur de Boſſieu.... ſera tenu ſe deſpartir.... aud. droict

DE LA MAISON DE BEAUMONT. Liv. IV.   133

qu'il a par lad. interpofition de Decret.... Item, ont.... accordé que, au temps du dernier poyement de lad. fomme de douze mil livres tournoyfes, lad. Place & Seigneurie d'Aultichamp, enfemble les aultres Biens ci-deffus adjugés aud. Seigneur de Barbieres, lui feront bailhés & deflivrés par lefdictes Damoyfelles DE BEAUMONT.... Item, ont.... accordé que, en tant que concerne les Biens affis à Difemieu, & une Maifon & Biens de Cremieu & fes appartenanfes, qui fe trouvent alliénés ou poffedés par tiers-Poffeffeurs, led. Sieur de Barbieres, en vertu de fadicte fubftitution, les pourra revendiquer & repeter defd. tiers-Poffeffeurs..... Faict & paffé à Vallence, dans la Maifon d'habitation de Vener. & Egrege Perfonne M. Barthelemy de Salignon, Abbé de S. Felix, en prefences dud. Seigneur de Salignon, Mes Fortunat de Dorne, Chanoine, & Achiles Monier, P^{re}tre, Habitans dud. Vallence; Philipes de Durand, Escuyer de Ch'au double; Anthe^{ne} Chonnyn & Vincent Teyffier dict Terri, Habitans dud. Aultichamp, à ce appellés. En foy de quoy lefdites Parties contrahantes & Tefmoins qui fçavent efcripre, fe font foubzfignés avec moy, Notere foubzfigné. A. DE BEAUMONT, J. DE FAY, JEHANNE DE BEAUMONT, Barth^y de Salignon, Abbé de S. Felix, F. de Dorne, Achi. Monyer, Anthe^{ne} Chonyn, & moy Jehan la Boyffe, Public Royal Delphinal, quy des chofes fus efcriptes ait receu note à icelle regroffé ce p^{nt} public inftrument requis par led. noble ANTOINE DE BEAUMONT, Seigneur de Barbieres, en vertu du commandement que m'en a efté faict de l'auct^e de Monf^r le Juge-Mage de Vallen^{ne}, fur la Requefte p^{re}fantée par led. Sieur de Barbieres. (*Signé*) la Boyffe, Notere.

Teftament d'ANTOINE DE BEAUMONT, Seigneur de Barbieres, de Pelafol, d'Autichamp, de la Baftie-Roland, &c. en faveur de GASPARD, fon Fils unique, & de fes Filles.

« *Extrait vidimé & collationné fur fon propre original, exhibé & à l'inftant retiré par S^r. André*
» *Robin, Capitaine Châtelain du Mandement de Sanfons, Gardenotte de partie des Contractz*
» *de feu... M^e. Jean Faure, Notaire... expédié à noble...* (le nom eft en blanc) *DE BEAU-*
» *MONT... par le Notaire Royal de Romans, foubzfigné & Commiffaire avec ledit S^r. Robin,*
» *ce 1er Mars 1667.* (*Signé*) *Robin* (&) *Girard, Notaire & Commiffaire.*

AU nom de Dieu foict faict.... L'an mil cinq cens foixante-neuf, & le feptiefme jour d'Oc-   7 Octobre 1569.
tobre, pardevant moi Jean Faure, de Sanfon, en Vallentinois, eftabli Notaire Royal Dalphinal...
noble ANTHOINE DE BEAUMOND, Seigneur de Barbieres, Pellafol, d'Aulticham & Baftie-Roland....
ATTENDU LE VOYAGE QU'IL EST EN ESPERANCE FAIRE D'ALLER EN FRANCE TREUVER LA PER-
SONNE DU ROI, ET CONTINUER L'EXERCICE DES ARMES A SON SERVICE, & pour les dangers
qui fe prefentent.... à la guerre.... a faict fon Teftement.... que s'enfuict & premierement
a faict le Signe de la Croix.... fon ame a recommandé à Notre-Seigneur Jefus-Crift & à fa
glorieufe Vierge Marie, & à tous les Sainctz.... & fon corps eftre enfeveli dans l'Efglife
de la Baftie-Roland, en la tumbe où fes Predeceffeurs, Pere, Frere, Seigneurs de la
Baftie, & fa feu femme, font enfevelis, s'il advient deceder au prefent païs de Daulphiné; &
fi decede hors.... dans une Efglife la plus gradué de la Ville où fe treuvera deceder, plus
honorablement que faire ce pourra, &.... efte donné à treize pauvres, qui affifteront à fon
enterrement, à un chefcun deux aulnes drap raifonnable, une paire folliers & un bonnet, &
le chacun tiendra.... une torche fire, de la pezanteur de deux livres; allumée à fa main, avecq
les armes dud. Sieur.... & ladicte Sepulture ordonne eftre faicte A LA MODE DE CAPITAINE,
SCAVOIR ESTRE SUYVI PAR TEL NOMBRE D'ENSEIGNES QU'IL A HEU CHARGE POUR LE SERVICE
DU ROI... Item, adonné & legué... à Damoyfelles MADELLEYNE, FRANÇOISE & ANTHONIETTE
DE BEAUMOND, fes filhes naturelles & légitimes, & de Damoyfelle MARGUERITE DE MON-
THIEUX, fa feue femme, & à la chefcune d'icelles quatre mille livres.... Item, donne & legue
à ALEXANDRE DE BEAUMOND, fils naturel de feu CLAUDE DE BEAUMOND, fon frere.... la
fomme de deux cens livrés.... Item.... à Maiftre Louis Morier, Notaire de Creft-Arnaud,
pour.... agreables fervices.... cent livres.... & inftitue.... fon heritier univerfel, à fçavoir
GASPARD DE BEAUMOND, Efcuyer, fon filz naturel & légitime... & advenant le cas que
fond. heritier defceda en eagé pupillaire, ou aultrement, fans enfens... aud. cas a fubftitué...
lefd. MADELLEYNE, FRANÇOISE & ANTHONIETTE DE BEAUMOND, fefd. filhes... aux conditions que leurs maris feront tenus prendre le nom & armes de la Maifon dud. Teftateur, &....
perviendra à la chefcune une des trois Places & Seigneuries qu'il poffede... donnant le choix à
l'eynée... & à fond. heritier & filhes pupilles, a nommé pour Tuteur noble Sebaftien de
Montheux, fon beau-frere, Seigneur de Mirabel, & Damoyfelle Francoife Fournier, Dame
dud. Mirabel, fa belle-mere... & pour curateur.... hault & puiffant Seigneur Meffire Jean de
Dorgeoife, Seigneur de la Tivolhiere, Chevallier de l'Ordre du Roy & Gouverneur en la Ville
du Montelliemard & fon reffort, fon nepveu, fuppliant lefd. Tuteur & Curateur accepter
lad. Charge.... Faict & recité au lieu de Barbieres dans la Maifon dudit Seigneur Teftateur,
en la Chambre appellée la Gallerie, prefents à ce Maiftre Anthoine Faure, Prebre, Curé dud.
Barbieres, Mre Jean Lignorelhier, Docteur de la Sorbonne, Recteur de la Rectorie de Chateauneuf de Mazenc, Guilheaume Allois, de Sanfons, Fevrier du Bois, du Montelliemard.......
Anthoyne Grandjean Verney, Vi-Châftellain dud. Barbieres, Claude Chouet, Conful dud.

lieu.... Signé à l'Original. A. DE BEAUMOND, J. Faure, A. Faure, Duboys, J. de Lignoreller, Guilh^e alloix.

Nomination du SEIGNEUR DE BARBIERES (ANTOINE DE BEAUMONT) *à l'Ordre de St Michel.*

Original en parchemin, confervé dans les Archives de M. le Marquis d'Autichamp, au Château d'Autichamp.

De par le Roy, Chef & Souverain de l'Ordre de Monfieur St Michel.

30 Mars 1570. A NOTRE amé & féal le Sieur de Gordes, Chevalier dudiét Ordre, Capitaine de cinquante hommes d'armes de nos Ordonnances, Gouverneur & notre Lieutenant Gn'al en notre pays de Dauphiné; Salut & dilleétion. Comme en l'affemblée des Freres & Chevaliers dud. Ordre, eftans auprès de Nous, le Sieur DE BARBIERES ayt, pour fes vertus & mérites, efté choify & efleu pour eftre affocié en lad. Compaignye; au moyen de quoy, pour lui bailler le collier dud. Ordre, ayant advifé depputer quelque vaillant & notable Ch'ir d'icelluy, fcavoir vous faifons que Nous, confidérant que nous ne pourrions pour cet effet eflire perfonnaige plus à propos que vous; à ces caufes, & autres bonnes & grandes confidérations à ce nous mouvans, vous avons commis, ordonné & depputé, commettons, ordonnons & depputons par ces Prefentes, pour de par Nous prefenter & bailler aud. Sieur DE BARBIERES le collier dud. Ordre. & d'icellui prandre le ferment avec les conditions & cérémonyes accoutumées, plus à plain déclarées en l'inftruétion que prefentement nous vous envoyons, & generallement y faire ce que nous mefmes ferions e faire pourrions, fi préfent en perfonnes y eftions; & à ce faire vous avons donné & donnons plein pouvoir, puiffance, auétorité, commiffion & mandement fpécial. Donné à Angiers le penultiefme jour de Mars, l'an 1570. (*Signé*) Par le Roy, Chef & Souverain de l'Ordre; de Laubefpine.

CHAPITRE VII.

GASPARD DE BEAUMONT, Seigneur d'Autichamp, de Barbieres, de Pelafol, de Fiançayes, de St Mamant, &c. Fils unique d'ANTOINE ; & fes Sœurs.

Teftament de GASPARD DE BEAUMONT, *Fils de* LOUIS, *Seigneur d'Autichamp, &c.*

Original en parchemin confervé dans les Archives de M. le Marquis d'Autichamp, au Château d'Autichamp.

21 Aouft 1574. AU nom de Dieu, amen.... Cejourd'huy vingt-uniefme jour du moys d'Aouftz mil cinq cens feptente-quatre, pardevant moy Notaire Royal Delphinal.... noble GASPARD DE BEAUMONT, filz de feu ANTHOINE. Seigneur d'Autichant & de Barbieres.... avant que s'acheminer à ung vouyage qu'il a deliberé de fere, ET DE S'ALLER METTRE A LA SUITE DE QUELQUE PRINCE OU GRAND SEIGNEUR, COMME LA COUSTUME EST AULX GENTILHOMMES DE SON AIGE, & craignant que par néceffité, ou aultrement, il ne fuft induiét à difpofer de fes biens contre fon intention, & par ce moyen en priver ceulx envers lefquelz il fe fant grandement tenu & redevable.... a faiét.... fon dernier Teftement.... que s'enfuit. Premierement..... veult.... que fes obfeques.... foient faiétes.... cellon fon eftat..... Item, donne.... à MAGDALLEINA & FRANCOISE DE BEAUMONT, fes feurs naturelles & légitimes... à la chefcune... mille livres tournoifeś, oultre la dot.... affignée par led. feu ANTHOINE DE BEAUMONT, fon pere.... En confideration des grans biens & benefices qu'il a reçeu.... de noble Sebaftien de Montheux, Seigneur de Miribel, fon oncle maternel.... & ne voulant demeurer ingrat des peines & travaulx.... & fainétes amonitions dont fond. oncle, pendant fa pupillarité, a ufé en fon endroit, fans que pour cela led. Sieur en foit tenu fere aulcune preuve, de laquelle... il le relleve... il a iceluy... nommé fon heritier univerfel.... Ne veult... que les... Teftamentz... qu'il pourroit fere... ne fortent en aulcun effaiét.... nonobftant qu'il foit mineur de vingt-cinq

DE LA MAISON DE BEAUMONT. Liv. IV.

ans..: requerant tous Juges... de... proceder à la caſſation... de tous... actes... à... ce contraires, qu'il pourroit avoir faict.... à l'advenir, meſme quand ils ſeroient faicts en ung Camp, renonçant à tous Privilieges de guerre & Teſtement millitaire.... Recité à Sainct-Anthoine, dans la Maiſon de moy Jehan Poudrel... Notaire, preſans Claude Beche, dict Lambert, Claude Marchant, Lambert Touſſainctz, Anthoine Bouveron, Honnoras Jay, Triſtain Cancer, Benoiſt Vivier, dudict Sainct-Anthoine... & nous Jehan Poudrel & Claude Dupinet, Notaires Royaulx recepvant, expedié pour la part dud. Teſtateur. (*Signé*) Poudrel, Notaire. (&) Dupinet, Notaire.

Contrat de Mariage de GASPARD DE BEAUMONT, *Seigneur de Barbieres & d'Autichamp, avec Demoiſelle* ANTOINE DE VILLETE-DU MEY.

Original en papier, conſervé dans les Archives de M. le Marquis d'Autichamp, au Château d'Autichamp.

AU nom de Dieu ſoyt faict... Comme ainſy ſoyt qu'il ſoit eſté traité de legitime mariage... entre noble GASPARD DE BEAUMONT, Seigneur d'Autichamp & Barbieres, d'une part, & Damoiſelle ANTHOYNE DE VILLETTE, filhe naturelle & legitime de noble Charles de Villette, Sieur du Mey, d'aultre... doncques cejourd'huy ving-ſixieſme jour du mois de Novembre mil cinq centz ſoixante-dix-huict... pardevant moy Notaire Royal Delphinal ſoubzſigné..... ledict noble GASPARD DE BEAUMONT, Seigneur de Barbieres & Autichamp..., de l'advis & en preſence de noble JACQUES DE BEAUMONT, ſon couſin... Ymbert Coſte, Marchant, & Me Anthoine Chabeulh, Notere Royal *dudit* Creſt, & auttres ſiens Parens aſſamblés, a promis..... prendre pour... Eſpouſe ladicte Damoiſelle ANTHOJNE DE VILLETE.... &.... ladicte Damoiſelle... de l'advis... de noble Charles de Villete, Sieur du Mey, ſon pere, noble Loys de Villete, ſon frere, & aultres ſiens parentz... a promys prendre pour ſon mary... ledict Sieur de Barbieres.. A ceſte cauſe ledict noble Charles de Villete, Sieur du Mey, a donné & conſtitué en dot... à... ſa filhe... la ſomme de deux mil ſix centz ſoixante ſix eſcus ſol, deux tiers d'eſcu, à raiſon de ſoixante ſoulz tournois pour chacun eſcu, & deux robbes nupcialles drap de ſoye... pour tous les droictz paternelz... d'icelle.:.. & au nom de Damoyſelle Aymare de Saulvaing, filhe de feu noble Loys de Sovaing... Seigneur de Cheylat... la ſomme de trois centz trente-trois eſcus ſol ung tiers, & ce pour tous les droictz maternelz que ladicte Eſpouze a... ſur les biens de ladicte Damoyſelle Aymare de Saulvaing, ſa mere..... Faict à.. Creſt en la Maiſon de ſire Jaques Chion, Capitaine Chatellain dud. Creſt, preſentz ledict Chion & Meſſire Pierre Chion, Chantre de l'Eſglize Sainct Saulveur dudict Creſt... ſoubzſignés... G. DE BEAUMONT, Anthoine de Villete, C. de Villete, L. de Villete, P. Chion, J. DE BEAUMONT, J. Chion... & de moy Notre Royal Delphinal, receus en la Ville de Creſt... (*Signé*) Vincent, Not.

Inſinuation... du 24e Mars 1579, dans l'Auditoire... de Creſt... (*Signé*) N. Mattin, Comiſſ. (avec paraphe.)

26 Novembre 1578.

(2ᵈ) *Teſtament de* GASPARD DE BEAUMONT, *Seigneur d'Autichamp & de Barbieres, en faveur de* LOUIS, CHARLES, ANTOINE, LUCRECE & LOUISE DE BEAUMONT, *ſes Enfans.*

Original en papier, conſervé dans les Archives de M. le Marquis d'Autichamp, au Château d'Autichamp.

AU nom de Dieu ſoit... L'an mil cinq cens quatre-vingtz & cinq, & le dix-ſeptieſme jour du mois de Decembre... pardevant moy Notaire Royal... noble GASPARD DE BEAUMONT, Seigneur d'Aultichampt & Barbieres.. conſiderant QU'Y S'EN VA AU SERVICE DU ROY en la Guyenne, a faict ſon dernier Teſtement... comme s'enſuit. Premierement... veult... eſtre enſepvely dans la Chapelle de la Garenne de la Place d'Aultichampt, ſy faire ce peult.. Item... conſiderant l'amitié conjugale qu'il a porté & porte à Damoyſelle ANTHOYNE DE VILLETE, ſa tres-aymée Femme, il lui a donné, legué le regime, adminiſtration & fruictz de tous... ſes biens..., en nourriſſant & entretenant les enfans d'icelluy Teſtateur.... ſellon leurs facultés & qualités, ſans rendre aulcun compte.... & là, & quand lad. Damoyſelle ne voudroit prendre le regime... de ſeſd. biens & enfantz, ains vouldroit demeurer ſeparement, lui a donné & legué pour ſa viduité la Place, Seigneurie & Juriſdiction de Barbieres, Molin, Fourt... Item, a donné & legué à nobles CHARLES & ANTHOINE DE BEAUMONTZ, ſes filz naturelz & legitimes, à chacung d'eux la ſomme de mil eſcus ſol... Item... à Damoyſelles LUCREſſE & LOYSE DE BEAUMONTZ, ſes filhes naturelles & légitimes, à la chacune d'icelles, pareille ſomme de mil eſcus,

17 Decembre 1585.

& une robbe & cotte nuptialle... & inftitue fon héritier univerfel... noble LOYS DE BEAUMONT, fon filz aifné, naturel & légitime, & de lad. Damoyfelle DE VILLETE, fa femme.... & cas auquel ledit noble LOYS allaft de vie à trefpas en eage de pupillarité ou... fans enfans... luy a fubftitué... ledict noble CHARLES DE BEAUMONT, fon filz; & où viendroit auffi à deceder fans enfans mafles... ledit noble ANTHOINE DE BEAUMONT, & après eux defcendans fans enfans mafles... l'aifné des pofthumes mafles de degré en degré, & felon la priorité de leur eage; & à défaut des mafles a fubftitué lad. Damoyfelle LUCRESSE DE BEAULMONT, fa filhe aifnée, & à fes enfans; & à faulte d'enfans, fubftitue fes autres filhes par ordre comme deffus... Faict & recité à Creft à la Boutique de moy Notaire, ez prefences de Anthoyne Achard, Marchand de Creft... Jean Gins... Eftienne Bocon, Cordonnier, Me Eftienne de la Charurie, Cirurgien.... & Charles Amblard, dud. Creft, foubzfignés... G. DE BEAUMONT, Achard, E. de la Charurie. E. Bocon, J. Gins, C. Amblard, & moy, Notaire Royal Dalphinal foubzfigné, qui le prefent ay expedié à lad. Damoyfelle ANTHOYNE DE VILLETE, deue collation faicte. (Signé) J. Chabeul, Notaire.

Teftament de Charles de Villete, Ecuier, Seigneur du Mey de Creft, en faveur d'ANTONIE DE VILLETE, fa Fille, Epoufe de GASPARD DE BEAUMONT, Seigneur d'Autichamp.

Original en papier, confervé dans les Archives de M. le Marquis d'Autichamp, au Château d'Autichamp.

« Teftemant de noble Charles de Villete, Efcuyer, Seignieur du Mey de Creft ».

4 Septembre 1586.

AU nom de Dieu, amen... L'an de grace mil cinq cens huictante-fix, & le quatriefme jour de Septembre, après-midi, je Anthoine Vigoroux, Curé de St Gervais, à prefent refidant au lieu de Autichamp, y faifant le Service divin, à caufe du temps de guerre eftant requis à faulte de Notaire Royal... de la part dud. noble de Villete, de me tranfporter... à une grange de Laurans & Vincent Barberas, dans laquelle grange ledit noble de Villete eftoit retiré de Creft, à caufe de la contagion & pefte, & craifgnant de en eftre frappé... eftant forti... pour fe faire entandre, jufques foubz un noyer,.. a dict nous avoir appellé pour eftre tefmoing de fa derniere volonté, &... a dict... s'il plaict à Dieu de me appeller de ce monde, je fubftitue mon heritier univerfel & donne tous mes biens... à mon filz naturel & légitime noble Loys de Villete, Seigneur du Mey,.. & cas advenant que les enfans de mond. heretier... vinfent à deceder... fans enfans naturels & legitimes, je leur fubftitue en mefd. biens & heritages Damafelle ANTHOINE DE VILETE, ma fille naturelle & légitime, &... les enfans... de mad. fille & de noble GASPAR DE BEULMONT, Seigneur de Autichamp, fon mari... & c'eft ma derniere volanté... & recité ce que deffus aud. noble Charles de Villete... je l'ay après redigé par efcript.... Faict & prefences de noble JACQUES DE BEULMONT, Efcuyer & Chaftelen dud. Autichamp, de Monfieur Me Anthoine Latard, Docteur es Droicts & Advocat Confiftorial au Parlement de ce pays, Jehan & aultre Jehan Ferotin pere & filz... David Bruyere... Jacques Hafpagne... retirez audict Autichamp à caufe de la contagion qui eft aud. Creft... & led. noble Charles de Villete ne s'eft peu foubzfigner & n'ay aufé le fere figner, craicgnant lad. contagion de pefte. (Signé) J. DE BEAUMONT. (&) Ant. Latard, prefent. Ferotin. J. Ferotin, D. Bruyere, J. Defpagne, prefent.

Et moy Anthoine Vigoroux, natif de Veauche en Velay, Evefché du Puy, Presbtre & Curé de St Gervais, & refidant prefantement & faifant le Service divin aud. Autichamp, je me fuys foubzfigné en foy de tefmoignage des chofes fufd. (Signé) A. Vigoroux.

Traité de l'ufage des Fiefs, par M. Salvaing-de Boiffieu, in-fol. édit. de 1693. pag. 39.

Extrait d'un Arrêt du Parlement de Grenoble, rendu le 15 Mai 1607, à l'occafion de la Terre de la Baftie-Roland.

11 Juin 1594.

LA Cour, faifant droit.... a condamné la Defendereffe à paffer reconnoiffance & faire hommage... aud. Demandeur du Chafteau & Fief de la Terre de la Baftie-Roland, & droits en dépendans, mentionnés tant en l'achat fait de lad. Terre par feu noble Louys de Blain, Sieur du Poët, le 24 Juin 1591, que des Rentes & Devoirs feigneuriaux qu'il percevoit en ladite Terre; enfemble à payer les lods du prix porté par ledit achat. A débouté ledit Demandeur de

DE LA MAISON DE BEAUMONT. Liv. IV.

des lods par lui demandez de la somme de dix mil livres, contenue en la Transaction faite par ledit de Blain avec noble GASPARD DE BEAUMONT, Sieur d'Autichamp, le 11 Juin 1594, despens compensez....

(3°) *Testament de* GASPARD DE BEAUMONT, *Seigneur d'Autichamp, de Barbieres, &c. en faveur de* LOUIS, CHARLES, ANTOINE, CLAUDE & LOUISE DE BEAUMONT, *ses Enfans.*

Extrait tiré de son propre original, étant en un livre des Rolles de feu Me Sébastien Chapuys, Notaire de la ville de Crest, par le Notaire Royal, héréditaire du lieu de la Vache, Garde desdites Nottes, au requis du Seigneur d'Autichamp. (Signé) Martin, Notaire. (papier).

AU nom de Dieu soit tout faict.... L'an de grace Nostre-Seigneur, année mil six centz & le huictiesme jour d'Octobre après midi... pardevant moy Notnaire Royal & Tesmoins soubz nommés...: noble GASPARD DE BEAUMONT, Seigneur d'Autichamp, Barbieres & autres places... a... faict son dernier Testament... qui s'ensuict. Premierement... a esleu sepulture en la tumbe de ses Prédécesseurs... & commande de le faire ensevelir honnorablement... en la forme... de l'Eglise Catholique, Apostolique & Romaine.... Item, donne... à Damoiselle FRANÇOISE DE BEAUMONT, sa sœur, outre... les droictz... qu'elle a... sur les biens... de feu noble ANTOINE DE BEAUMONT, & Damoiselle MARGUERITE DE MONTEUX, leurs pere & mere, la somme de cent escutz.... Item, donne & legue à Damoiselle ANTOINETTE DE VILLETTE, sa bien aimée femme... le regime & administration de tous ses biens, tant qu'elle vivra viduellement.... Item, donne & legue... à nobles ANTOINE, CLAUDE & Damoiselle LOUISE DE BEAUMONT, ses enfans naturels & légitimes. & de Damoiselle ANTOINETTE DE VILLETTE, & à chascun d'eux, la somme de deux mil escutz... en tous & chacuns ses autres biens... a faict... ses heritiers universels; sçavoir, noble LOUIS DE BEAUMONT, en la Terre, Censes, Jurisdiction haute, moyenne & basse que ledit Seigneur Testateur a de Barbieres & Pellafol; & en la Terre, Jurisdiction haute, moyenne & basse d'Autichamp... & tout ce qui dépend de ladite Terre & Seigneurie... noble CHARLES DE BEAUMONT, son fils naturel & légitime, & de ladite Damoiselle DE VILLETTE, à la charge de payer les légats... faicts aussi. nobles ANTOINE, CLAUDE & LOUIZE DE BEAUMONT, & les cent escuts legués à ladite Damoiselle FRANÇOISE DE BEAUMONT. Item... legue au posthume ou posthumes qui naistront desd. Seigneur DE BEAUMONT & de lad. Damoiselle ANTONIE DE VILLETTE.... au chascun d'eux, semblable legat de deux mille escutz... Item... ordonne... que sesd. heritiers fassent dresser la Chapelle du Cœur de l'Eglise dud. lieu, ainsi qu'il avoit dessigné ci-devant, & la fassent vouster... & advenant le cas que ledit noble LOUIS vint à deceder... sans enfantz naturels & légitimes... a substitué aud. noble LOUIS... led. noble ANTOINE DE BEAUMONT & les siens masles; & si ledit noble CHARLES DE BEAUMONT venoit à deceder... sans enfantz masles... substitue... ledit noble CLAUDE DE BEAUMONT & ses enfans masles *usque ad infinitum*.... Faict à Crest dans la Maison de moy, Notaire, presents Me Claude Eyraud, Not & Procureur... Esprit Mestre, du lieu d'Autichamp, André Jourdan, Cublier de Crest, Jacob Bois, Cordonnier... & moy Notaire soubzsigné requis. Chapuys, Notaire.

8 Octobre 1600.

Quittance donnée par GASPARD DE BEAUMONT, *Seigneur d'Autichamp.*

Original en papier conservé dans les Archives de M. le Marquis d'Autichamp, au Château d'Autichamp.

JE soubzsigné Procureur-Econome du Chapitre de l'Eglise Saint Sauveur de Crest, ay reçeu de noble GASPARD DE BEAUMONT, Seigneur d'Autichant, trois escus trente-six solz, & ce pour les arreyrages de trente-six solz de pansion qu'il faict tous les ans à lad. Eglise, & le quicte desdictz arreyrages fins en l'an mil six centz & deux escluz, escheu à Noel dernier passé. Faict ce v^e Apvril mil six centz & trois. (Signé) Bruyeres.

5 Avril 1603.

Obligation passée par GASPARD DE BEAUMONT, *Seigneur d'Autichamp, de Pelafol & de Barbieres, en faveur de Claude Frere, Maître des Requêtes de l'Hôtel du Roi.*

Original en papier conservé aux Archives de M. le Marquis d'Autichamp, au Château d'Autichamp.

L'AN mil six centz six... & le huictiesme jour du mois de Novembre, advant midy, devant moy, Notaire... noble GASPAR DE BEAUMONT, Seigneur d'Aultichan... comfesse debvoir à noble

8 Novembre 1606.

S

238 PREUVES DE L'HISTOIRE GÉNÉALOGIQUE

Claude Frere, Conseiller du Roy & Maiftre des Requeftes ordinaire de fon Hoftel... la fomme de quatre mil huict centz livres tournois, par preft... laquelle..a déclaré... emprunter... pour payer, fçavoir trois mil livres, pour partye du dot de Damoyfelle LOYSE DE BEAULMONT, fa filhe, avec noble FRANÇOYS DU FAU, Seigneur de Chervan, & le furplus employer en fes affaires... laquelle fufdicte fomme led. Sieur DE BEAULMONT promet payer aud. Sieur Frere... dans quatre années prochaines... foubz obligation de fes biens... & particulierement de la Jurifdiction, Seigneurie & Terre de Pellefol, Barbieres, domaine, vingtain, grange, prés, terres, bois, molins & rentes que led. Seigneur DE BEAULMOND poffede aud. Barbieres & lieux circonvoifins.... Et.. a efté convenu... que, où ledit Sieur DE BEAULMOND ne payera la fufdite fomme... dans lefdites quatre années... audict cas led. SIEUR DE BEAULMONT... a vendu... &... tranfporté... aud. Sieur Frere lad. Terre, Jurifdiction de Pellafol, Barbieres... & Rentes..., moyennant le prix... eftimé par Experts... amiablement prins.... Faict & recité au Mandement dud. Valence, dans la Grange appellée du Colombier, appartenante audit Sieur Frere, prefentz à ce honnorable Jan Petit, Chaftellain dud. Barbieres & Notaire, Jacques Jacquetz, Notaire Royal Dalphinal de Sainct-Egreve, habitant de prefent à Valence.... Ainfi fignés à l'Original, DE BEAULMONT, Frere, Jacquet, prefent, J. Petit, prefent, & moy Notaire Royal Dalphinal de Valence, foubzfigné; expédié, requis par led. Sieur d'Autichan, & collationné. (*Signé*) Murat, Not.

Vente faite par GASPARD DE BEAUMONT, *Seigneur d'Autichamp, des Fruits des Terres de Barbieres & de Pelafol, pour l'espace de 4 ans.*

Original en papier confervé dans les Archives de M. le Marquis d'Autichamp, au Château d'Autichamp.

8 Novembre 1606.

L'AN mil fix cens fix, & le huictiefme jour du mois de Novembre, advant midy, devant moy Notaire & Temoingz... noble GASPARD DE BEAULMOND, Seigneur d'Autichan...a vendu... à noble Claude Frere, Confeilhier du Roy & Maiftre des Requeftes ordinaire de fon Hoftel... les fruictz... de la Terre, Seigneurie, Jurifdiction de Barbieres, Pallefol, cenfes, rentes, vingtain, molins, granges, domaine, prés, terres, bois & autres fonds... & ce pour le temps & terme de quatre années... moyennant le prix & fomme de douze cens livres tournois pour lefdites quatre années... receu dud. fieur Frere reallement... outre toutesfois la fomme aud. Sieur DE BEAULMOND preftée cejourd'huy... de quatre mille huict cens livres... & d'auftant que led. Sieur DE BEAULMOND, par contract receu devant Me Couftaing, Notaire... du fixiefme Octobre dernier, auroit arrenté lefd. fruictz... à Sieurs Jean Petit & Jean Andrever... led. Sieur Frere laiffera jouyr paifiblement aufd. Rantiers.... Faict & recité au Mandement dudict Valence, en la Grange appellée du Collombier... prefentz à ce Maiftre Jacques Jacquet, Notaire Royal Dalphinal, & Sieur Auguftin Ferrandin, Bourgeois dud. Valence.... Ainfi fignés en l'Original des Prefentes, C. Frere, G. DE BEAULMOND, J. Petit, Auguftin Ferrandin, prefent, Jacquet, prefent, & moy Notaire recepvant fouzfigné, expedié au requis dud. Sieur d'Aultichan, & collationné. (*Signé*) Murat, Not.

Vente faite par GASPARD DE BEAUMONT, *Seigneur d'Autichamp, des Terres & Seigneuries de Pelafol, de Barbieres, &c.*

Original en papier confervé dans les Archives de M. le Marquis d'Autichamp, au Château d'Autichamp.

25 Mai 1609.

AU nom de Dieu, amen. L'an de grace courant mil fix cens neuf, & le vingt-cinquiefme jour du moys de May... pardevant moy Notaire Royal Dalphinal foubzfigné, noble GASPARD DE BEAULMONT, Seigneur d'Autichan... a vandu... à noble Claude Frere, Confeillier du Roy en fes Confeils Privé d'Eftat, & Maiftre des Requeftes ordinere de fon Hoftel... la Terre, Seigneurie & Jurifdiction haulte, moyenne & baffe, mere, mixte & mixte impere de Pelafol, Barbieres & Sainct-Maman, & leurs Mandemens, qui joignent & confrontent aux Mandemens de Charpey, Rochefort, Sanfon, Pifançon, Marches, Bezayes, Alixan, Beauregard & Glun, avec leurs... deppendances, telles que led. Sieur d'Aultichan & fes Predeceffeurs en ont ufé & jouy.... Plus, toutes les rentes, cenfes & autres droits feigneuriaulx... defd. lieux de Pellafort, Barbieres, Sainct-Maman, comme auffi ez lieux de Fianfayes, Marches, Rochefort, Sanfon, Charpey, Bezayes, Sainct-Vincent, Alizan & autres lieux voifins... droictz de lauds.... corvées, vingtain, fours & mollin, ban, bans champeftres, paquerages, riverages & tous autres droictz.... Plus... les fonds & propriétés qu'il... Sieur d'Autichan... poffede aud. lieu de Barbieres & fon Mandement, confiftant en... deux vieux Chafteaulx, appellés les Chafteaulx de Pelaſſol & Sainct-Michel, qui, à préſent, ſont ruinés & deſmollis avec leurs plaſſages... une Maiſon d'hault en bas fort ruynée, avec ſon jardin & plaſſage, ſize dans le Village dud. Barbieres... & ce pour & moyennant le prix & ſomme de unze mil cent ſoixante-ſix livres tournois... laquelle ſomme ſera payée... ſçavoir... quatre mil huict cents livres... pour les cauſes declerées au contract... ſigné par Maiſtre Murat, Notere Royal de Vallance, du huictieſme Novembre mil ſix centz ſix.... Item... douze centz livres pour payement... de... deux divers contracts receuz & ſignés par leſd. Maiſtres Murat & Aſtier, Nor, des dix-neufvieſme Juing & dixieſme Novembre mil ſix cens ſept.... & les cinq mil cent ſoixante-ſix livres reſtantes ſeront payés... à noble Guichard de Florance, Sieur de Gerbes, en acquictement de ce que ledit Sieur d'Autichan lui eſt tenu.... par le mariage de noble ANTHOYNE DE BEAULMONT, ſon filz, avec Damoyſelle FRANÇOISE DE FLORANCE, fille dud. Sieur de Gerbes........ Faict & publié à Grenoble en Rue Neufve, dans la Maiſon d'habitation du Seigneur Preſident de Serre, en preſence de Anthoyne Ferrandin, Clerc de Vallance, Jean Blancher, mon Clerc, honnorable Jean Petit, Marchant de Vallance & Chaſtellain dud. lieu de Barbieres, Temoins requis & ſoubzſignés avec leſd. Parties. Ainſi ſigné en la cede originelle, DE BEAUMONT, Frere, Petit, Ferrandin, preſent, & moyd. Notaire Royal Dalphinal recepvant ſoubzſigné, audit. Sieur d'Autichamp, Vendeur, expédié... (Signé) Acthuer, Not.

Faculté de Rachapt des Biens ci-deſſus vendus, accordée par l'Acquereur à GASPARD DE BEAUMONT, *Seigneur d'Autichamp.*

Original en papier conſervé dans les Archives de M. le Marquis d'Autichamp, au Château d'Autichamp.

COMME ſoit que par Contract reçeu cejourd'huy par moy Notere, noble GASPARD DE BEAULMONT, Seigneur d'Autichamp, ayt vendu à noble Claude Frere, Conſeiller du Roy en ſes Conſeils Privé d'Eſtat, & Maiſtre des Requeſtes ordinere de ſon Hoſtel, la Terre, Seigneurie & Juriſdiction de Barbieres, avec ſes appartenances... pour le prix de unze mil cent ſoixante-ſix livres; que par autre Contract... led. Sieur d'Autichamp euſt vendu aud. Sieur Frere la Juriſdiction, Vintein & Cenſes que ſes Predeceſſeurs, Seigneurs de Barbieres, avoient au lieu de Fianſayes... pour le prix de deux mil livres... & deſirant ledit Sieur Frere lui accorder reachept que il lui a demandé, a eſté la cauſe que cejourd'huy vingt-cinquieſme May mil ſix centz neuf.. le ſuſnommé noble Claude Frere... a donné & accordé... au ſuſnommé noble GASPARD DE BEAULMONT, Seigneur d'Autichamp... faculté de reavoir & rachepter les biens par lui vendus par les ſuſd. deux contractz, entre cy & la fin du mois de Fevrier de l'année prochaine venant mil ſix cent dix..... Faict & publié à Grenoble, en Rue Neufve, dans la Maiſon d'habitation du Seigneur Preſident de Serres, ez preſences de Sieur Jean Petit, de Vallance, Chaſtellain dud. Berbieres, Anthoine Ferrandin, Clerc dud. Vallance... ſignés... à l'Original : Frere, DE BEAULMONT, Petit, Ferrandin... & moy Notere Royal Dalphinal dud. Grenoble recepvant ſoubzſigné... aud. Sieur d'Aultichamp expedié. (Signé) Acthuer, Not.

25 Mai 1609.

Tranſaction paſſée entre GASPARD DE BEAUMONT, *Seigneur d'Autichamp, & Claude Frere, Maître des Requêtes de l'Hôtel du Roi, à l'occaſion de la Vente qu'il lui a faite des Terres de Pelaſol, Barbieres, Fiançayes, de St Mamant, &c.*

Original en papier, conſervé dans les Archives de M. le Marquis d'Autichamp, au Château d'Autichamp.

COMME ainſy ſoit que noble GASPARD DE BEAUMONT, Seigneur d'Autichamp, heut vendu à Meſſire Claude Frere, Conſeiller du Roy & Maiſtre des Requeſtes ordinere de ſon Hoſtel, les Terres, Seigneurie & Juriſdictions haultes, moyennes & baſſes de Pelſaſol, Barbieres & Saint-Maman... deſignées au Contract... paſſé... le vingt-cinquieſme May mil ſix centz neuf, receu par Me Acthuer, Notere de Grenoble, pour le prix & ſomme de unze mil cent ſoixante-ſix livres... que du même jour led. SEIGNEUR D'AUTICHAMP heuſt vendu aud. SEIGNEUR Frere la Terre, Seigneurie & Juridiction haulte, moyenne & baſſe de Fianſayes... ci-devant alienée par noble ANTHOINE DE BEAUMONT, le vingt-cinquieſme Julhet mil cinq centz quarante-trois; heuſt auſſi vendu les cenſes & rentes alliennées cy-devant par nobles GUILHAUME & CLAUDE DE BEAUMONT à Jean & Pierre Joubertz, de Valence; plus, les cenſes vendues à Marguerite de Cabannes, cy-devant, par noble GUILHAUME DE BEAUMONT; plus, les rentes vendues cy-devant par noble ANTHOINE DE BEAUMONT à Me Jehan Faure; plus, les cenſes & rentes vendues cy-devant au Sieur Abbé de Lioncel, par FRANÇOIS DE BEAUMONT &... par noble ANTHOINE

16 Avril 1610.

S ij

DE BEAUMONT; plus, les vingtains & prez vendus cy-devant par led. noble GUILHAUME DE BEAUMONT à Giraud Chastain; plus, ung pré au Mandement de Fiansayes, vendu cy-devant à Pierre & Ponson Coutons, de Romans par GUILHAUME DE BEAUMONT; tous lesquels biens estoient anciennement des deppendances desd. Pellafol & Barbieres, & auroient esté vendus aud. Seigneur Frere par led. SEIGNEUR D'AUTICHAMP, au cas qu'il en heut heu adjudication contre les Possesseurs... en vertu des substitutions de ses Prédécesseurs, lad. vente faicte pour le prix de deux mil livres... par contract de main privée... led. jour vingt-cinquiesme May mil six centz neuf, recogneu pardevant led. Acuher, Notere... desquels biens... led. Seigneur d'Autichamp... auroit voulu... plus vallüe... à quoy repondoit led. Seigneur Frere qu'il estimoit avoir payé... ce qu'ils pouvoient valloir.... & pour raison des autres biens alliénés.... lesquelz il pretend reavoir, en vertu des substitutions apposées au Testament de HUMBERT DE BEAUMONT & autres ses Prédécesseurs... l'évenement en estoit incertain.... lesd. Parties.... après plusieurs contestations... ont convenu, transigé & accordé, le seiziesme Apvril mil six cent dix, pardevant moy Notaire... comme cy-après.... Premierement, led. SEIGNEUR D'AUTICHAMP a vendu... aud. Seigneur Frere, la Terre, Seigneurie & Jurisdiction haulte, moyenne & basse de Fiansayes, près de Romans, deppendant de lad. Terre de Barbieres... &... le droit & action qu'il a contre les Possesseurs... en vertu des substitutions apposées au Testament de feu noble HUMBERT DE BEAUMONT, faict le cinquiesme Novembre mil quatre centz trente-six, & autres ses Prédécesseurs, lesquelles ont esté declairées ouvertes à son proffit par Sentence du Vi-Seneschal de Crest du vingt-quatriesme Septembre mil cinq centz septante-ung; plus... tous autres droits... deppendantz ci-devant desd. Terres & Seigneuries de Pellafol & Barbieres... & ce moyennant... deux mil livres... que led. SIEUR D'AUTICHAMP doibt aud. Seigneur Frere... par obligation du dix-septiesme Mars mil six centz huict, receue par Me Crozat, soubz la caution de noble Jacob Silve, de Livron, & oultre ce, a été convenu... que led. Sieur Frere bailhera pour Estraine à Dame ANTHOINETTE DE VALETTE, femme dud. Seigneur d'Aultichamp, la somme de trois centz livres... & moyennant ce led. SEIGNEUR D'AULTICHAMP a quicté toute la plus vallue.... Faict... à Valence... ce susd. jour... dans la Maison dud. Seigneur Frere, ez presences de Sieur Augustin Ferrandin, Bourgeois dud. Valence, honnorable Jean Petit, Marchant, Alexandre Feyssier, Clerc, Sieur Anthoine Bon, Appothicaire, Jean Roussereau, Praticien, & Theodore Grasset, Marchant dud. Vallance... & moy Claude Murat, Notaire Royal Dalphinal de Valence soubzsigné; expedié, requis par led. Sieur D'AUTICHAN, & collationné. (Signé) Murat.

Ecritures signifiées à la Requéte de FRANÇOISE DE BEAUMONT, à l'occasion de la succession de ses Pere & Mere, & d'ANTOINETTE & MARGUERITE DE BEAUMONT, ses Sœurs.

Original en papier, conservé dans les Archives de M. le Marquis d'Autichamp, au Château d'Autichamp.

19 Octobre 1617.

DAMOYSELLE FRANÇOISE DE BEAUMOND, bailhant sa demande à la discution des biens de feu noble GASPARD DE BEAUMOND, vivant, Seigneur d'Otichamp, son frere,

Dict qu'en l'année mil cinq cent cinquante-cinq, vingt-huictiesme d'Apvril, fust contracté Mariage d'entre Messire ANTHOINE DE BEAUMOND & Damoyselle MARGUERITTE DE MONTEUX.....

Dudict Mariage sont procréés led. feu noble GASPARD, lad. Damoiselle FRANÇOISE, Demanderesse, ANTHOINETTE & MAGDELEYNE DE BEAUMONT.

En l'année mil cinq cent soixante-neuf, septiesme d'Octobre, ledict noble ANTHOINE DE BEAUMOND auroit faict son dernier Testament, & par icelluy auroit donné & legué ausdictes Damoyselles MAGDELEYNE, FRANÇOISE & ANTHOINETTE DE BEAUMONDZ, ses filhes, & de lad. Damoyselle DE MONTEUX, & à checune d'icelles quatre mille livres... & que noble GASPARD DE BEAUMONT fust institué héritier universel.

En ceste volonté le Testateur seroit decedé... deceda aussi lad. Damoyselle MARGUERITTE DE MONTEUX... *ab intestat*.

Despuis sont decedés *ab intestat* lesd. Damoiselles ANTHOINETTE & MARGUERITE DE BEAUMOND, survivant à elles led. feu noble GASPARD DE BEAUMOND & ladite Damoyselle Demanderesse, heritiers checung par moytié.

Par ainsi... conclud lad. Damoyselle à ce qu'elle sera allouée en son tour & degré en la Sentence de generalle discution qui eschoit ordonner sur les biens & heritages dud. feu noble GASPARD DE BEAUMOND... & autrement pertinnement. (*Signé*)... Bouschel.

DE LA MAISON DE BEAUMONT. Liv. IV. 141

CHAPITRE VIII.

ANTOINE DE BEAUMONT, II. du nom, Seigneur d'Autichamp, & de Roches; ses Freres & Sœur, Enfans de GASPARD DE BEAUMONT.

Donation faite par LOUISE DE BEAUMONT, *Epouse de noble* FRANÇOIS DU FAUR, *en faveur de Gaspard, son Fils, auquel elle substitue ses Pere & Mere, &* LOUIS, CHARLES, ANTOINE *&* CLAUDE DE BEAUMONT, *ses Freres.*

Original en papier, conservé dans les Archives de M. le Marquis d'Autichamp, au Château d'Autichamp.

AU nom de Dieu foyt faict.. cejourd'huy douziesme jour du moys de Febvrier, année mil 12 Février 1608. six centz huict... pardevant moy Notaire Royal Dalphinal de la ville de Crest soubzsigné.. Damoiselle LOYZE DE BEAUMONT, filhe de noble GASPART DE BEAUMONT, considerant qu'elle est sur son despart pour s'en aller en Vivarés en la maison de noble FRANCOYS DU FOR, son mary, creignant ne pouvoir estre lybre pour disposer.. a ceste cause.. suivant le pouvoir a elle cy-devant donné par ledit noble GASPART DE BEAUMONT, son pere, par acte par elle receu.. a donné & donne par donnation, a cauze de mort, aux pauvres du lieu d'Otichamp, la somme de vingt livres... Item donne.. a tous les posthumes.. qui nettront du mariage dudit noble FRANCOYS DU FOR, son mary, & au chacung d'eux la somme de quatre centz livres.... Item donne.. a noble GASPARD DU FOR, son filz naturel legitime. tous & ungz chacungz, ses autres biens..desquelz elle veult qu'il puisse fere disposer après son dexes.. a condition que où ledit donnataire universel viendroit a mourir en eage de popularité ou autrement sans enfans naturelz & legitimes.. a substitué & substitue les autres enfans masles posthumes qui naytront dudit mariage.. & où tous viendront a mourir comme dessus, a substitué au total de sesdits biens noble GASPARD DE BEAUMONT, son pere, & Dame ANTHOINETTE DE VILLETTE, sa mere, icy presente... & acceptante, & après eulx, nobles LOYS, CHARLES, ANTHOINE & CLAUDE DE BEAUMONTZ, ses freres.. sans aulcune diminution.. que celle qu'elle ne peult proyber de droict, declarant quand cas qu'elle ce treuvast a l'advenir fere autre disposition contrere a la presente, que .. sera faicte par craincte .. maritalle .. par .. menasses de son mary qui a ce l'a voulue presser.. jusques a avoir desja esté contraincte de sortir de ches son mary, & se retirer en la maison de son pere audit Otichamp, pour y estre en paix....... l'aicte & recitée .. audit Crest, dans ma maison ez presences de honnest homme Jacques Espagne, Jean Gondert, Pierre Saulsac, Guilhaume Cheval & Pierre Monier, tesmoingtz appellés & signés avec ladite donatrice LOYSE DE BEAUMONT. ANTHOINE DE VILLETE. J. Espagne present. J. Gondert. P. Saulsac. P. Monier present. Cheval present. Et moy Notaire soubzsigné recevant requis expédié à la part dudit Seigneur d'Otichamp. (Signé) Chaste, Notaire.

Contrat de Mariage de noble ANTOINE DE BEAUMONT, *fils de* GASPARD, *Seigneur d'Autichamp, &c. avec Demoiselle* FRANÇOISE DE FLORANCE.

Original en papier, conservé dans les Archives de M. le Marquis d'Autichamp, au Château d'Autichamp.

AU nom de Dieu soict tout faict amen... Comme ainsy soit qu'il ayt esté traicté & parlé de 1er Septembre mariage.. d'entre noble ANTHOINE DE BEAUMOND, filz naturel & legitime de hault & puissant 1609. Seigneur noble GASPARD DE BEAUMOND, Seigneur d'Otichant & de Barbyeres, & de Damoiselle ANTHOINETTE DE VILLETTE, dudit lieu d'Otichant, du Dioseze de Vallance, d'une part ; & Damoiselle FRANÇOISE DE FLORANCE, filhe naturelle & legitime de noble Guichard de Florance, Sr de Gerbeys, & de feu Damoiselle Heleyne de Vaulx, du lieu de Sainct Ramber, mandement d'Albon, au Dioseze de Vienne, d'autre... Pour ce est-il que cejourd'hui premier jour du moys de Septembre mil six centz & neuf avant midy, pardevant moy Notere Royal Dalphinal soubzsigné.. lesditz noble ANTHOINE DE BEAULMOND, & Damoiselle FRANÇOISE DE FLORANCE.. ont faict & son les paches de mariage qui s'ensuivent .. de l'advis, ledit Sr Espoux dudit Segnieur d'Otichant, son pere, & de ladite Damoiselle ANTHOINETTE DE VILLETTE, sa mere, & ladite Damoiselle FRANÇOISE DE FLORANCE.. de l'advis dudit noble Guichard de Florance, son pere... de soy prendre & espouser l'ung l'autre en sasse de Saincte Mere Esglise Apostolique & Romeyne... A ceste cause... ledit noble & puissant Segnieur, noble GASPARD DE BEAUMOND, Segnieur d'Otichant & de Barbieres, & ladite Damoiselle ANTHOINETTE DE VILLETTE.. ayant le present mariage agréable, ont donné... audit noble ANTHOINE DE BEAUMOND, leur filz.. la somme de dix mil lyvres.. sçavoir.... six mil lyvres r̄. laquelle somme ledit Sr de Florance confesse d'avoir ja receue.. de laquelle.. auroit ja employé au payement de ses debtes.. sçavoir a noble Jean Yserand, Segnieur de la Grange & du Mollard Bouchard, la somme de deux mil sept cent lyvres, ainsy qu'apert de sa quictance receu par Me Pierre Sadin, Notaire, du troiziesme Juillet année presente; plus six centz lyvres payées.. a noble Pierre de Thivoley, sieur de Barat, son beaufilz, en déduction.. de la dotte.. constituée a Damoiselle Mynerve de Florance, sa fillie, receu par le Notaire soubzsigné du dix-septiesme.. Juillet année presente.. & encore.. six centz livres a noble Henry de Bressac, Ballif de Vallance, comme apert de sa quittance de mein privé du dix-huitiesme Aoust mil six centz & neuf.... & le surplus icelluy Sr de Florance promect l.. employer en ses debtes..... Pareillhement.. ledit noble Guichard de Florance, Sr de Gerbeys.. a donné.. à ladite Damoiselle FRANÇOISE DE FLORANCE, sa filhe.. la moityé de tous.. ses biens.. en ce pays de Daulphiné.. soit au mandement d'Albon de dessa la Rosne tant seullement, mandement d'Anjou, Monberthon, Sablon & circonvoisins, sauf.. le domeyne, vignes & autres biens qu'il a au lieu de Champagne de della le Rosne... & reservé les fruictz & usufruictz sa vie naturelle durant, à la charge qu'il sera tenu.. nourir & entretenir avec soy lesditz sieur espoux & espouse comme ses ensans.... Et moyenant les susdittes donnations.. ladite Damoiselle FRANÇOISE DE FLORANCE.. quitte.. son pere... de cinquante escus.. à elle legués par seu noble Louis de Pouloud, Sr de Chuzelles, duquel ledit Sr de Florance est hereryer..... Et d'aultant que toute dotte merite augment.. ledit noble ANTHOINE DE BEAULMONT, espoux susdit.. a donné.. d augment.. à ladite Damoiselle espouse.. la somme de quatre mil livres r̄. & outre ce mil livres pour bagues & jouyaux... Et parceque.. toutes donnations requerent insignuation, lesd. partyes ont faict & constitués leurs Procureurs au Balliage de Sainct Marcellin.. Me François & Jean Boissetz.. Me Pierre Pein &.. Me Symond Chabert, tous quatre Procureurs audit Siege.... Et ainsy que dessus.. icelles partyes l'ont promis & juré.. ez meins de Messire Anthoine Levesque, Prebtre & Prieur dudit lieu de Sainct Rambert...... FAICT dans la maison dudit Sr de Florance, presentz noble Jan Donscieu, Segnieur de la Maison-forte de Gernye & Mallin, noble Fran̄ de Vaulx, Consegnieur dudit lieu, noble Jullyen de Vaulx, son frere; noble Herculles d'Arces; nobles Pierre & Benoist de Thivoley, freres; noble Nycoulas Faure, Sr des Bleins; noble CHARLES DE BEAULMOND, frere de l'espoux; noble Anth̄ Donsieu; noble Ennemond de Villyers, de Serieres; noble Jacques de Cussinel d'Anonay; noble Charles de Sicard, Sr de Clouas; & Hon̄ Nicoulas Disdier, de Crest.. soubzsignés.. à l'original..... Et moy Notaire Royal Dalphinal soubzsigné recevpvant; expedié à noble Guichard de Florance, Sr de Gerbeys, pere de ladite Damoiselle Espouse, dheubment collationné à son propre original par moy Notaire soubzsigné. (Signé) Fayard, Notaire.

---

*Testament mutuel d'*ANTOINE DE BEAUMONT, *Seigneur d'Autichamp & de Roches, & de* FRANÇOISE DE FLORANCE, *son Epouse, en faveur de* FRANÇOIS, CHARLES, ANNE & HELENE DE BEAUMONT, *leurs Ensans.*

Original en papier, conservé dans les Archives de M. le Marquis d'Autichamp, au Château d'Autichamp.

6 Septembre 1640.

AU nom de Dieu soict faict amen... Cejourd'huy sixiesme.. Septembre.. mil six centz quarante, devant le Nottaire Royal hereditaire soubzsigné... Noble ANTHOINE DE BEAULMONT, Seigneur d'Autichant & Roches, & Dame FRANÇOYSE DE FLORANCE, sa femme... ont vollu tester & disposer ensemblement comme sy-après sensuit.. &.. ordonne que leurs sepultures soict faicte au lieu où ils decederont, soict à Sainct-Rambert ou Autichant..... Item donne & legue iceux Seigneur Testateur à noble FRANÇOIS DE BEAULMONT, sieur de Gerbier, leurs filz ayné, naturel & legitime, la somme de dixhuict mil livres.... Item donnent & leguent à noble CHARLES DE BEAULMONT, Sr de Roches, aussi leurs filz naturel & legitime, la somme de seze mil cinq centz livres.... Item.. à Damoyselle ANNE DE BEAULMONT, leur fillie naturelle & legitime, & femme de noble FRANÇOYS DE POURROYE, Conseiller du Roy & Visf Seneschal de Crest, la somme de quinze centz livres... pour faire la totalle some de quinze mille livres constitué à ladite Damoyselle ANNE DE BEAULMONT, en leurs contract de mariage.... Item donnent.. à Damoyselle ESLEYNE DE BEAULMONT, leur autre fillie naturelle & legitime, & feme de noble JEAN DE LAUBE, Seigneur de St Trevier & Bron, outre la somme de quinze mille livres.. par son contract de mariage, la somme de cinq solz.... Item les̄d. Segnieur DE BEAULMONT, testateur, donne à noble LOUIS DE BEAULMONT, son frere ayné Sr Pallesort, sa vie durant, de pension annuelle, la somme de deux centz livres.. à la

DE LA MAISON DE BEAUMONT. LIV. IV. 143

charge que.. il ne pourra demander.. aulcung droictz paternelz, maternelz, fraternelz, ny de feu Damoyselle FRANÇOISE DE BEMONT, sa tante, voullant icelluy Seigneur d'Autichant que led. Sr de Pallefort soict pour contant de ladite pension.. & au cas qu'il vollut fere recherches de ses droictz... despuis le dexes de feu noble GASPARD DE BEAULMONT, leur pere.. le contraindre au contenu de la transaction passé entre eulx receue par Mr Paget, vivant Notre Royal...
Et parceque le chef & fondement de tout bon & valable testement est l'institution d'héritier... ledit Seigneur DE BEAULMONT, testateur, a institué son heritiere ladite Dame FRANÇOISE DE FLORANCE, sa bien-aymé femme, & ladite Dame DE FLORANCE, son heritier ledit noble ANTHOINE DE BEAULMONT, son bien aymé mary.. à la charge.. de remettre sondit héritage à noble FRANÇOIS DE BEAULMONT, leur fils naturel & legittime ayné.. & entend.. que pendant le temps qu'il gardera son heritage, qu'il fasse une pension sa vie durant à noble FRANÇOIS DE BEAULMONT, leursdict filz ayné de la somme de quatre centz livres, & audit noble CHARLES DE BEAULMONT, leur autre filz, de la somme de troys cenrz livres.. sur les .. biens .. à elle advenu par le testement de noble Guichard de Florance, vivant Seigneur de Gerbier, son pere.. Item ledit Seigneur d'Auticham.. nomme aussy de present pour son heritier ledit noble FRANÇOYS DE BEAULMONT, leursdict filz ayné. . . . . . FAICT audit Sainct-Rambert, maison desdits Seigneurs Testateurs; presents à ce Messire Jean Pouchon, Prêtre & Curé dudit lieu; Françoys Trollier; Thomas Ducrets; Symond Vial, dudit Sainct-Rambert... ainsy signiés à la cedde. A. DE BEAULMONT; FRANÇOYSE DE FLORANCE; Pouchon; Vial, present; F. Trollier, present; & moy Notre Royal soubzsigné recepvant, & auxdits Seigneurs Testateurs expedié, requis. (Signé) Morel, Notre.

Commission en faveur de LOUIS DE BEAUMONT, Seigneur de Pelafol.

Original en papier, conservé dans les Archives de M. le Marquis d'Autichamp, au Château d'Autichamp.

JEAN Richard, Docteur ez droictz, Juge ordinaire d'Autichamp: Au premier Sergent requis, Salut. A la requeste de noble LOUIS DE BEAUMONT, Sr de Pelafort, & à sa requeste vous mandons.. contraindre tous ceux qui se treuveront luy debvoir par actes obligatoires... de ce faire vous donnons pouvoir & commission. Donné à Crest, le septieme de Septembre mil six centz quarante-cinq. (Au dessous est écrit) Ainsi octroyés. (Signé) Avond.

7 Septembre 1645.

Testament de LOUIS DE BEAUMONT, Seigneur d'Autichamp, en faveur de FRANÇOIS & CHARLES DE BEAUMONT, ses Neveux.

Original en papier conservé dans les Archives de M. le Marquis d'Autichamp, au Château d'Autichamp.

AU nom de Dieu soict faict... L'an de grace mil six cens quarante-huict, & le dix-septiesme jour du mois d'Aoust... pardevant moy Notaire Royal... establiy aux lieux de Chabrillan, Roche & Autichampt..... noble LOUIS DE BEAUMONT, Sieur d'Autichampt..... a voulu & ordonné son dernier Testemant... eslizant la sepulture... dans l'Eglise Sainct Sebastien d'Autichampt, en la thumbe de ses Prédécesseurs trepassés... &... adverty de l'Ordonnance de Sa Magesté, portant d'advertir les Testateurs de vouloir donner aux Pauvres, Hospitaux & Malederies, il a dict ne pouvoir rien donner... Premjerement, donne & legue... à noble CHARLES DE BEAUMOND, son neveu, la somme de cent livres... &... en tous ses autres biens... il a... nommé pour son héritier universel... noble FRANÇOIS DE BEAUMOND, Seigneur d'Autichampt, son autre neveu..... Faict & recité à Roche-sur-Grane, dans la Maison de honnest Cathelin Bertrand, & en sa presence, & de Messire Claude Fleurans, Prestre & Curé d'Autichampt, Messire Anthoine Bremond, Prestre & Curé dudit Roche, Sieur Anthoine Raspail, Rantier dud. lieu, honnestes hommes Jean la Faurie, Louis Ferrotin & Alexandre Granou, dud. Roche.. & moy Notaire Royal soubzsigné recepvant requis. Pieds, Notaire.
Extraict de l'Original par main d'autruy à moy fiable, deubment collationné, me suis soubzsigné à la part dud. Seigneur D'AUTICHAMPT, heretier. (Signé) Pieds, Notaire.

17 Aoust 1648.

144 PREUVES DE L'HISTOIRE GÉNÉALOGIQUE

Acte donné par M. Dugué, Intendant de Dauphiné, &c. à CLAUDE DE BEAU-MONT-D'AUTICHAMP, & à CHARLES DE BEAUMONT, Seigneur de Miribel, son Neveu, de la représentation de leurs Titres de Noblesse.

Original en parchemin conservé dans les Archives de M. le Marquis d'Autichamp, au Château d'Autichamp.

4 Décembre 1667.
FRANÇOIS DUGUÉ, Chevalier, Conseiller ordinaire du Roy en ses Conseils d'Etat & Privé, Intendant de la Justice, Police & Finances de la Ville de Lion, Provinces de Dauphiné, Lionnois, Foretz & Beaujolois, Commissaire député par Sa Majesté pour l'exécution de ses Ordonnances esdites Provinces, & en ceste partie, par Arrest du Conseil d'Estat du 22e Mars 1666.

Nous certifions à tous qu'il appartiendra que nobles CLAUDE DE BEAUMONT D'AUTICHAMP, & CHARLES DE BEAUMONT, Seigneur de Mirebel, Gouverneur pour le Roy en la Ville & Chasteau d'Angers, oncle & nepveu, ayants esté assignés pardevant Nous, à la requeste de Me Ambroise de Tiger, commis par Sa Majesté à la recherche des usurpateurs du tiltre de Noblesse en Dauphiné, pour rapporter les tiltres & pieces justificatives de leur Noblesse, nous les ont représentés, & que nous les avons veus, examinés, parafés, & à l'instant rendus ausdits Sieurs DE BEAUMONT, quy, par lesd. tiltres, ont suffisamment prouvé leur Noblesse. En foy de quoy, nous leur avons fait expedier le present Certificat pour leur servir & valloir ce que de raison. Fait à Grenoble, le 4e jour de Décembre 1667. (Signé) Dugué. (Et plus bas) Par Monseigneur, Barancy.

CHAPITRE IX.

FRANÇOIS DE BEAUMONT, Seigneur d'Autichamp, de Gerbey, & de Roches, Fils aîné d'ANTOINE II. du nom.

Contrat de Mariage de FRANÇOIS DE BEAUMONT, Seigneur d'Autichamp & de Roches, avec Demoiselle LOUISE-OLYMPE DE BRESSAC.

Original en papier, conservé dans les Archives de M. le Marquis d'Autichamp, au Château d'Autichamp.

9 Juillet 1644.
AU nom de Dieu soict faict... L'an mil six centz quarante-quatre, & le neufviesme.. Julhet... pardevant moy Notaire-Secrettaire de... Valence... noble FRANÇOIS DE BEAULMOND, Seigneur d'Autichamp & de Roches, fils naturel & légitime de feu noble ANTHOINE DE BEAULMOND, vivant Seigneur dud. Autichamp, & Dame FRANÇOISE DE FLORENCE, d'une part, & Damoyselle LOUYZE-OLIMPE DE BRESSAC, filhe naturelle & légitime de feu noble Henry de Bressac, vivant Balif dud. Valence & son Ressort, & de Dame Justine de Coutaing, d'autre.... procédant ledict Seigneur d'Autichamp, de l'advis de noble François Pourroy, Conseilhier du Roy, Viceneschal de Crest, son beau-frere; noble Jean de Laube, Seigneur de Bron, aussi son beaufrere, & lad. Damoyselle DE BRESSAC, de l'advis... de ladicte Dame de Coustaing, sa mere, noble François de Bressac, Conseilhier du Roy au Parlement de ceste Province; noble Charles-Jacques de Bressac, Sieur de Favantinnes, ses freres, & de plusieurs autres leurs parantz & amys... ont promis... espouzer l'ung l'autre... en face de sainte Mere Esglize...... A ceste cause lad. Dame de Coustaing mere de lad. Damoyselle future Espouze... luy a donné... en dot... trente mil livres... comprins... dix-huict mil livres que led. feu Sieur de Bressac lui avoit donné en son dernier Testament solemnel soubzcript par Me Bruyere, Notaire... en augmentation de laquelle... dot led. Seigneur d'Autichamp a donné... à ladicte Damoyselle future Espouze... dix mil livres, & pour bages & joyaux... cinq mil livres... & outre la susd. constitution particuliere, lad. Damoyselle... c'est constituée en dot tous sez autres biens....... Faict & recité audict Valence dans la Mayson de ladicte Dame, ez presances de noble Pierre de la Baulme, Conseilhier du Roy en ses Conseils, & Doyen de Nosseigneurs les Conseilhiers au Parlement de Dauphiné, noble Estienne de la Villette, noble Anthoine d'Alby, Conseilher du Roy, Tresorier General de France en la Generalité de Daulphiné, M. Maistre Aymard Planta, Conseilher du Roy, Controlleur General des Gabelles en Dauphiné, noble Bernard de Monery, Sieur de la Robiniere, M. Maistre Jean Richard, Advocat consistorial aud. Parlement,
Sieur

DE LA MAISON DE BEAUMONT. Liv. IV.

Sieur Charles Breſſac, premier Conſul dudict Valence, M. Maiſtre Louis Charency, Juge des appellations reſſortiſſant aud. Valence, Mᵉ Jacques Chaſte, Procureur en lad. Sénéchauſſée de Creſt, & pluſieurs autres... ſignés à l'Original, & moy recepvant. Rodet, Notaire.

Extraict collationné à l'Original par moyd. Notᵉ recepvant ſoubzſigné requis, expedié audict Seigneur d'Autichamp. (*Signé*) Rodet, Notᵉ.

Teſtament de LOUISE-OLYMPE DE BRESSAC, *en faveur de* FRANÇOIS DE BEAUMONT, *Seigneur d'Autichamp & de Roches, ſon Mari.*

Original en papier, conſervé dans les Archives de M. le Marquis d'Autichamp, au Château d'Autichamp.

Au nom de Dieu ſoit... L'an mil ſix centz quarante-cinq, & le quinzieſme jour du mois d'Octobre, environ midy, pardevant moy Notaire & Tabellion Royal hereditaire en Daulphiné... Dame LOUISE-OLYMPE DE BRESSAC, femme de noble FRANÇOIS DE BEAUMONT, Seigneur d'Autichan & Roche... a faict ſon Teſtament... que s'enſuit... eliſant la ſepulture... dans l'Egliſe Perochialle de Sainct Rambert, au tumbeau des parens & amys treſpaſſez dudict Seigneur d'Autichan; donne & legue à lad. Egliſe Perochialle de Sainct Rambert... deux centz livres... à l'Egliſe Perochialle d'Autichan... deux centz livres... à Dame Juſtine de Coſtaing, Dame de Breſſac, ſa mere, la ſomme de dix mil livres.... Item... à Dame Juſtine de Breſſac, ſa ſœur, femme de noble Ennemond de Servient, Conſeilhier du Roy en ſes Conſeils d'Eſtat & Privé, & Preſident en ſa Chambre des Comptes de Daulphiné, la ſomme de mil livres..... Item... à noble François de Breſſac, ſon cher frere, Conſeilhier du Roy en ſa Cour de Parlement du Daulphiné, la ſomme de mil livres.... Item... à noble Charles-Jacques de Breſſac, ſon autre & bien aymé frere jumeau, la ſomme de deux mil livres.... Item... à Damoiſelle Ennemonde de Servient, ſa niece, fille dud. Seigneur Preſident de Servient & de la ſuſd. Dame Juſtine de Breſſac, ſa ſœur, ſon enſeigne de diamantz.... Item... à Dame Anne-Marguerite de Breſſac, ſa ſœur, Religieuſe Profeſſe à... Saincte Marie à Valence... la ſomme de trois centz livres.... Item... à noble Laurens de Breſſac, ſon frere, Preſtre-Religieux de la Compagnie de Jeſus... dans la Ville de Lyon, pareille ſomme de trois centz livres.... Item... à Anthoine Dupré, Jeanne Reboud, Anthoinette Caſtolin & Marie Charlet, Serviteur & Servante d'elle & dud. Seigneur d'Autichan, ſon mary, & à chacung d'eulx la ſomme de trente livres... & legue encore à André Faure, Laquais, la ſomme de dix-huict livres... &... a faict... ſon heritier general & univerſel, aſſavoir le ſuſd. noble FRANÇOIS DE BEAUMONT, Seigneur d'Autichan, ſon cher & bien aymé Mari.... Faict & recité aud. lieu de St Rambert, dans la Maiſon dud. Seigneur d'Autichan, preſentz à ce Meſſire Jean Pouchon, Preſtre & Curé dud. Sainct Rambert, Sieur Jean Cadet, Maiſtre Chirurgien de la Ville d'Annonay, honneſtes Nicolas Fayard, François Trollier, Anſelme Vial, Laurens Bert, Jacques Dorel... tous habitans dud. lieu de Sainct Rambert...

Et moyd. Notere Royal hereditaire ſoubzſigné recepvant, expedié à lad. Dame Teſtatrice, requis. (*Signé*) Allard.

margin: 15 Octobre 1645.

Requête preſentée par FRANÇOIS DE BEAUMONT, *Seigneur d'Autichamp, &c. à la Chambre des Comptes de Dauphiné, pour faire expédier un Acte paſſé par* LOUIS DE BEAUMONT, (*ſon V ͤ Ayeul*).

Original en papier, conſervé dans les Archives de M. le Marquis d'Autichamp, au Château d'Autichamp.

A Noſſeigneurs de la Chambre des Comptes & Cour des Finances de Dauphiné.

SUPPLIE humblement Meſſire FRANÇOIS DE BEAUMONT, Seigneur d'Autichamp, Roches, Gerbey & autres Places:

Que, pour juſtifier L'ANCIENNETÉ DE LA NOBLESSE DE LA MAISON DE BEAUMONT-D'AUTICHAMP, ſuivant l'intention de Sa Majeſté... il luy importe de faire extraire un acte de ceſſion de droit, faicte au proffit de Meſſire LOUIS DE BEAUMONT, filz de Meſſire HUMBERT DE BEAUMONT, Seigneur d'Autichamp, Pellafol & autres Places, par Jean Picon, Marchand de Vallance, eſtant led. acte dans... les nottes de Bertrand Rabot, Nottere, du premier Septembre mil quatre centz vingt-ſix, juſtifiiant la deſcendance de LOUIS DE BEAUMONT, filz du ſuſdict HUMBERT; (*) ce qui oblige le Sieur Suppliant de recourir,

A ce qu'il plaiſe à la Chambre ordonner & enjoindre aux Sieurs Secretaires d'icelle de faire

margin: 25 Juin 1667.

(*) Nᵃ. Cet acte eſt rapporté à la page 112 de ces *Preuves.*

146 PREUVES DE L'HISTOIRE GÉNÉALOGIQUE

expedition aud. Seigneur Suppliant du fufd. acte de ceffion... & ferez bien. (*Signé*) Martin; Pr, Me Belluard.

Veu l'acte demandé eftant riefre la Chambre & au livre énoncé en la Requefte, il eft enjoint au premier des Secrétaires requis d'expedier au Suppliant extraict dud. acte, pour luy fervir ce que de raifon. Faict en la Chambre le xxve Juin mil fix cent foixante-fept. (*Signé*) Salvaing de Boiffieu (1er Prefident.) (&) Pauze.

Acte donné par M. Dugué, Intendant de Dauphiné, &c. à FRANÇOIS DE BEAU-
MONT, Seigneur d'Autichamp, de Roches & Gerbey, de la repréfentation
de fes Titres de Nobleffe.

Original en parchemin confervé dans les Archives de M. le Marquis d'Autichamp, au Château d'Autichamp.

4 Décembre 1667.

FRANÇOIS DUGUÉ, Chevalier, Confeiller ordinaire du Roy en fes Confeils d'Eftat & Privé, Intendant de la Juftice, Police & Finance de la Ville de Lion, Provinces de Dauphiné, Lionnois, Foretz & Beaujolois, Commiffaire depputé par Sa Majefté pour l'exécution de fes ordres efd. Provinces, & en cefte partye, par Arreft du Confeil d'Eftat du vingt-deuxiefme Mars mil fix cent foixante-fix.

Nous certiffions à tous qu'il appartiendra que noble FRANÇOIS DE BEAUMONT, Seigneur d'Autichamp, Roches, Gerbey & autres Places, ayant efté affigné pardevant nous, à la requefte de Me Ambroife de Tiger, commis par Sa Majefté à la recherche des ufurpateurs du tiltre de Nobleffe en Dauphiné, pour rapporter les tiltres & pieces juftificatives de fa Nobleffe, nous les a reprefentés, & que nous les avons veus, examinés, paraffés, & à l'inftant rendus audict Sieur de DE BEAUMONT, qui, par lefd. tiltres, en a fuffifamment prouvé fa Nobleffe; en foy de quoy nous luy avons faict expedier le prefent Certificat pour luy fervir & valloir, ce que de raifon. Faict à Grenoble ce quatrieme jour de Décembre mil fix cent foixante fept. (*Signé*) Dugué. (*Et plus bas*) Par Monfeigneur; Barancy.

Jugement de maintenue de Nobleffe rendu par M. Dugué, Intendant de Dau-
phiné, en faveur de FRANÇOIS DE BEAUMONT, Seigneur d'Autichamp,
de Roches, &c. de CHARLES DE BEAUMONT-D'AUTICHAMP, Seigneur
de Miribel, fon Frere, & de JEAN-CLAUDE DE BEAUMONT-D'AUTICHAMP,
leur Oncle.

Original en papier, confervé au Cabinet de l'Ordre du St Efprit; Recueil des Jugemens de maintenue de Nobleffe de la province de Dauphiné, vol. IX. fol. 427-437.

Suite de l'Election de Montelimart.

5 Décembre 1667.

Nª. A la tête de cet Inventaire font imprimées les armes de Beaumont : de Gueules à la Fafce d'argent, chargée de 3 fleurs de Lys d'azur.

INVENTAIRE des Actes, Pieces, Procedures, Tiltres & Documentz que produit pardevers Vous Monfeigneur Dugué, Chevalier, Confeiller ordinaire du Roy en tous fes Confeils, Maiftre des Requeftes honoraire de fon Hoftel, Intendant de la Juftice, Police & Finances de Lyonnois, Foretz, Beaujolois & Dauphiné, Commiffaire en cette partie deputé par Sa Majefté, noble FRANÇOIS DE BEAUMONT, Seigneur d'Autichamp, Roches & autres Places, tant pour luy que pour noble JEAN-CLAUDE DE BEAUMONT-D'AUTICHAMP, fon oncle, cy-devant Gouverneur pour le Roy au Chafteau d'Exilles, & pour noble CHARLES DE BEAUMONT-D'AUTICHAMP, Seigneur de Miribel & autres Places, Gouverneur & Lieutenant-General pour Sa Majefté en la Ville & Chafteau d'Angers, fon frere... pour fatisfaire à votre Ordonnance du douze Novembre mil fix cent foixante fix.... faire voir l'ancienneté de la Nobleffe de la Maifon de Beaumont d'Auticham, & juftifier de la deffendance d'icelle.....

Premierement... employe le Teftament de noble HUMBERT DE BEAUMONT, Seigneur d'Autichamp, Pellafol, Rochefort, la Baftie-Rolland, Barbieres & autres Places, du cinq Novembre mil quatre cent trente-fix, receu par Pierre Gaultier & Bertrand Fabry, Notaires, par lequel.... il inftitue fon heritier univerfel LOUIS DE BEAUMONT, fon fils naturel & legitime, legue plufieurs Terres à noble ANDRÉ DE BEAUMONT, fon autre fils, & à Dame BRUNISSENDE DE CORNILLANE, fa femme, les Terres & Biens qu'il avoit au Montelimar... cotté de lettre B.......... Dudit LOUIS DE BEAUMONT, fils & heritier dud. feu HUMBERT... feroit iffeu en loyal Mariage, & de Dame LOUISE DE GROLLÉE, fa femme, noble GUILLAUME DE BEAUMONT, lequel fut laiffé... en aage de pupillarité, & lui fut pourveu... Tuteur... noble ARTHAUD DE BEAU-

DE LA MAISON DE BEAUMONT. LIV. IV.

MONT, comme appert de la procedure... du vingt-fix Juin mil quatre centz quarante-fix ; cy produite & cottée par lettre C. Ledit GUILLAUME DE BEAUMONT, Seigneur de Pellafol & autres Places... auroit contracté Mariage avec Dame ANTHOINE ALLEMAND, fille naturelle & legitime de noble Aymon Allemand, Seigneur de Champs & Taulignan... du feize Juin mil quatre centz foixante, receu par Regis & Velletonis, Nottaires, cy employé & cotté par lettre D... Tranfaction paffée entre Meffire Aymar de Poictiers... & noble & puiffant GUILLAUME DE BEAUMONT, Seigneur de Pellafol... heritier d'HUMBERT DE BEAUMONT, fon ayeul, & de LOUIS DE BEAUMONT, fon pere, fur ce que Louis de Poictiers avoit remis à HUMBERT DE BEAUMONT, Chevallier, la Terre de Rochefort... cy cottée par lettre E. Duquel noble GUILLAUME DE BEAUMONT, & de lad. Dame ANTONIE ALLEMAND, fa femme, feroit deffendu noble CLAUDE DE BEAUMONT, leur fils, lequel auroit... contracté Mariage... avec Dame RAIGONDE D'URRE, fille de noble Jourdain d'Urre, Seigneur dud. lieu, le dix May mil quatre centz nonante-huit... produit & cotté par lettre F.... Ledit noble GUILLAUME DE BEAUMONT...a... faict fon Teftament le unze Avril mil cinq centz quinze, receu par Breinati, Nottaire, par lequel Teftament il inftitue led. noble CLAUDE DE BEAUMONT, fon fils, fon heritier univerfel... apert d'iceluy... cotté de lettre G. L'an... mil cinq centz feize, & le huictiefme jour du mois d'Octobre, led. noble CLAUDE DE BEAUMONT, Seigneur de Pellafol, la Baftie-Rolland, Barbieres & autres Places, auroit... inftitué fon heritier univerfel noble ANTHOINE DE BEAUMONT, fon fils, & de lad. Dame RAIGONDE D'URRE, fa femme, ainfi qu'apert dud. Teftament receu par Philipi, Nottaire... cotté de lettre H. Ledit noble ANTHOINE DE BEAUMONT... auroit contracté Mariage avec Damoifelle MARGUERITE DE MONTEUX, fille naturelle & legitime de noble Hierofme de Monteux, Seigneur de Miribel, le vingt-huit Avril mil cinq centz cinquante-cinq, led. contract de mariage receu par de la Peliffe, Nottaire de Saint-Anthoine... produit foubz cotte de lettre I.... Led. ANTHOINE DE BEAUMONT... obligé de... fouftenir divers procès contre Damoifelles FRANÇOISE & LOUISE DE BEAUMONT... pour juftifier de la genealogie & deffendance de la Maifon defpuis HUMBERT DE BEAUMONT... auroit fait faire une Enquefte, contenant l'audition de dix Témoins pardevant le Senefchal de Valentinois, le vingt-trois May mil cinq centz cinquante-neuf, cy-produite... cotte de lettre K.... Le vingt-trois Juin aud. an mil cinq centz cinquante-neuf, feroit intervenu Sentence dud. Senefchal.... de laquelle ayant efté appelé à la part defd. Damoifelles FRANÇOISE & LOUISE DE BEAUMONT, pardevant la Cour de Parlement... feroit enfin intervenu accord... entre led. noble ANTHOINE DE BEAUMONT, Seigneur de Barbieres & autres Places, & lad. Damoifelle LOUISE DE BEAUMONT feulement, le vingt-cinq Juin mil cinq centz foixante, receu Faure, Nottaire... employée foubz cotte de lettre L... Tranfaction... defd. Parties, le premier jour de May mil cinq centz foixante-deux, receue par Laboiffe, Nottaire, par laquelle appert que led. Dames FRANÇOISE & LOUISE DE BEAUMONT cedderent... aud. noble ANTHOINE DE BEAUMONT les Terres, Seigneuries & Domaines qu'elles tenoient, produite foubz cotte de lettre M.... Teftament du fufd. noble ANTOINE... du fept Octobre mil cinq centz foixante-neuf, pardevant Me Faure, Nottaire, par lequel il inftitue led. noble GASPARD DE BEAUMONT, fon fils, fon heritier univerfel...... outre quelques legatz qu'il fait aux Damoifelles MADELAINE, FRANÇOISE & ANTONIE DE BEAUMONT, fes filles naturelles & legitimes, & de lad. Damoifelle DE MONTEUX, fad. femme, led. Teftament ci-produit fouz cotte de lettre N. Ledit noble GASPARD DE BEAUMONT, fils & heritier du fufd. noble ANTHOINE DE BEAUMONT... auroit contracté Mariage avec Damoifelle ANTHOINETTE DE VILLETTE, fille naturelle & legitime de noble Charles de Villette, Seigneur du Mey, le vingt-fix Novembre mil cinq centz feptante-huit, figné Vincent, Nottaire, par lequel contract led. Sieur GASPARD DE BEAUMONT eft qualiffié Seigneur d'Autichamp, Barbieres & autres Places, appert d'icelluy cy-cotté par lettre O. Produit led. SIEUR D'AUTICHAMP un dire par écrit que led. noble GASPARD DE BEAUMONT auroit faict faire... figné Expilly, par lequel eft amplemennt deduit la deffendance & filiation des fufd. Sieurs DE BEAUMONT, depuis HUMBERT jufques aud. GASPARD, cy-cottés par lettre P. Du Mariage de noble GASPARD DE BEAUMONT avec lad. Dame DE VILLETTE, feroit deffendu nobles LOUIS, ANTHOINE, CLAUDE & LOUISE DE BEAUMONT... comme appert par le Teftament dud. GASPARD pere, du huict Octobre 1600, receu par Me Chappuis, Nottaire, par lequel il inftitue fon heritier univerfel led. noble LOUIS DE BEAUMONT, fon fils... fubftitue led. noble ANTHOINE DE BEAUMONT, fon autre fils, outre les legatz faitz aufd. CLAUDE & LOUISE DE BEAUMONT, fes autres enfans... led. Teftament... cotté de lettre Q. En vertu de la... fubftitution... du fufd. noble GASPARD DE BEAUMONT... le fufd. noble ANTOINE, fils, auroit recuilly l'heritage de fond. pere, & auroit contracté Mariage avec Damoifelle FRANÇOISE DE FLORANCE, fille naturelle & legitime de noble Guichard de Florance, Seigneur de Gerbey, le premier Septembre mil fix centz neuf, receu Fayard, Nottaire... employé foubz cotte de lettre R.... Dud. noble ANTHOINE, fecond, DE BEAUMONT, & de lad. Dame DE FLORANCE, fa femme... feroyent deffendus... led. noble FRANÇOIS DE BEAUMONT, Seigneur d'Autichamp, Roches, Gerbey & autres Places, produifant, & led. noble CHARLES DE BEAUMONT, Seigneur de Miribel, Gouverneur & Lieutenant-General pour le Roy en la Ville & Chafteau d'Angers, &... DEUX FILLES, l'une mariée au Seigneur DE BRON, & l'autre au Sieur Viffenefchal de Creft, ainfi qu'appert du Teftament dud. noble ANTHOINE DE BEAUMONT, & de lad. FRANÇOISE DE FLORANCE, pere & mere defd. Sieurs produifans, par lequel Teftament ils inftituent leur heritier univerfel led. noble FRANÇOIS DE BEAUMONT, leur fils aifné, led. Teftament du fix Septembre mil fix centz quarante, receu

T ij

Morel, Nottaire, cy produit... cotté de lettre S...., Led. noble FRANÇOIS DE BEAUMONT, Seigneur d'Autichamp, Roches, Gerbey & autres Places... auroit contracté Mariage avec Damoiselle LOUISE-OLIMPE DE BRESSAC, fille naturelle & legitime de noble Henry de Bressac, Bailly de Valentinois, & de Dame Justine de Costaing de Pusignan, ainsi qu'appert dud. Mariage du neuf Juillet mil six centz quarante-quatre, receu par Rodet, Nottaire de Valance, cy produit... cotté de lettre T.... Led. noble FRANÇOIS DE BEAUMONT, Seigneur d'Autichamp, Roches, Gerbey & autres Places, tant pour luy que pour les susd. nobles JEAN-CLAUDE DE BEAUMONT, son oncle, cy-devant Gouverneur pour le Roy au Chasteau d'Exilies, & CHARLES DE BEAUMONT, Seigneur de Miribel, à present Gouverneur & Lieutenant-General pour Sa Majesté dans la Ville & Chasteau d'Angers, son frere, conclud... que les noms & armes desd. Sieurs d'Autichamp & Miribel, seront mis & enregistrés au Catalogue des anciens Nobles du Royaume & Province de Dauphiné. (*Signé*) Vion.

Soit communiqué au Procureur du Roy en notre Commission.... Fait à Grenoble le 4 Décembre 1667. (*Signé*) Dugué.

Veu les pieces mentionnées au present Inventaire, n'empesche que Messieurs DE BEAUMONT D'AUTICHAN & de Miribel soient confirmés dans leur Noblesse, suivant les titres qu'ils ont produits. (*Signé*) de Tiger.

Je consens à ladite maintenue ledit jour. (*Signé*) Chorier, Procureur du Roy.

Toutes lesquelles pieces ont esté par nousd. Sieur Dugué, Intendant & Commissaire susdit, veues, examinées, parafées, & à l'instant randues ausd. SIEURS DE BEAUMONT. Ce cinquiesme Décembre 1667. (*Signé*) Dugué (&) de Bressac, pour lesd. Sieurs DE BEAUMONT D'AUTICHAMP.

Testament de FRANÇOIS DE BEAUMONT, Seigneur d'Autichamp, Roches, &c. en faveur de CHARLES, LAURENT-FRANÇOIS, JOSEPH DE BEAUMONT, ses Fils, & de ses Filles.

Original en papier, conservé dans les Archives de M. le Marquis d'Autichamp, au Château d'Autichamp.

6 Janvier 1681. AU nom de Dieu soit faict, que cejourd'huy sixiesme... Janvier... mil six cent quatre-vingt & ung, pardevant moy Nottaire Royal, Garde-Notre hered.^{te} du Marquizat de Chabrillan... Messire FRANÇOIS DE BEAUMOND, Seigneur d'Autichampt, Roches & autres Places... a voulu ordonner son dernier Testament... à la maniere suivante... elizant la sepulture... dans l'Esglise Parochialle dud. Autichampt, ou de Sainct Rambert, s'il venoit à y dexceder.... Plus, il fonde à sa Chapelle, aud. Autichampt, une Messe tous les Sammedis, y compris les douze qu'il y avoit desja fondées à l'honneur de Nostre-Dame.... Plus, donne & legue à nobles LAURANS-FRANÇOIS & JOSEPH DE BEAUMOND, ses deux filz naturels & legitimes; sçavoir aud. noble LAURANS-FRANÇOIS la somme de quinze mil livres, & aud. noble JOSEPH celle de douze mil livres, & trois mil livres au chascung pour leur droict maternel.... Plus, donne... à Damoiselles MARIE-MARGUERITE, LOUIZE-HEYLENE & MARIE-ANNE DE BEAUMOND, ses filles naturelles & légitimes, toutes Religieuses, deux dans la Visitation Ste Marie de Vallence, & la cadette dans Ste Ursulle à Montelimard, à la chascune quarante livres pantion.... Plus, donne & legue... aux enfans de feue Dame MARIE DE BEAUMOND, sa fille, mariée avec M. DE LARNAGE, au chascung d'eux trois livres.... en tous & chascuns ses autres biens.... il a... nommé pour son heritier universel... noble CHARLES DE BEAUMOND, son filz ayné... revocant, par le present, tous autres Testamants... &. par exprés, les Testament & Codicille.... faict pardevant moyd. Not.^{re} le unziesme Novembre mil six cent soixante-dix-huict.... Faict & recité aud. Autichampt dans le Chasteau dud. Seigneur, en presence de noble Paoul de Pouroy, residant à Crest, nobles FLEURANS & FRANÇOIS DE BEAUMOND, habitans aud. Autichamp, M. Me Guys de Passis, Medecin dud. Crest, Messire Estienne Janoyer, Prebtre & Curé dud. Autichampt, Anthoine Lantelme & Claude Bertrand, Mesnagers dud. lieu.... Signés à l'Original, F. DE BEAUMONT, Pouroy, BEAUMONT, F. DE BEAUMONT, E. Janoyer, Curé, de Passix, A. Lantelme, C. Bertrand, & moy Not^{re} recepvant. Piedz, Not.^{te}

Collationné au Seigneur heritier. (*Signé*) Piedz, Not.^{re}

CHAPITRE X.

Charles-Just de BEAUMONT, Seigneur d'Autichamp, &c. Laurent-François, Joseph & Marie de Beaumont, ses Freres & Sœur, Enfans de François.

Certificat du Baptême de François-Laurent de Beaumont.

Original en papier, conservé dans les Archives de M. le Marquis d'Autichamp, au Château d'Autichamp.

Estienne Janoyer, Prestre & Curé Titulaire du lieu d'Autichamp : A tous ceux qui ces Présentes verront ; Salut.   7 Avril 1659.

J'atteste à tous ceux qu'il appartiendra, que le septiesme Avril mil six cent cinquante-neuf, dans l'Eglize St Sebastien, Paroissialle dud. lieu, j'ay administré les sainctes Cérémonies du St Sacrement de Baptême, à noble François-Laurans de Beaumont, fils à Messire François de Beaumont, Seigneur dud. Autichamp, Roche-sur-Grane & autres Places, & de Dame Louise-Olimpe de Bressac, lequel François-Laurans a esté nommé par Messire Alexandre-Laurans de Bressac, Conseiller du Roy, son oncle maternel, & par Damoiselle Marje de Beaumont, pour & au nom de Damoiselle Louyse de Ronstain, sa tante, fame de Monsr Charles de Beaumont, Seigneur de Mirabel ; lequel François-Laurans est né le dix-sept Juin 1658, & reçû l'eau de mains de Messire Jan Bruyne, Prebstre & Prevost de l'Eglise Collegiale Sainct Sauveur de la Ville de Crest, & il a esté confirmé à la derniere visite de Mr l'Evêque de Valence ; en foy de quoy j'ay escript & signé ces Présentes pour lui servir & valloir à ce que de raison ; aud. Autichamp ce 22 May mil six cent septante. (*Signé*) Janoyer, Curé d'Autichamp.

Extrait des Preuves de Noblesse des Pages de la Grande-Ecurie du Roi, depuis l'année 1668 jusqu'à l'année 1690, dressées par M. (Charles) d'Hozier.

Vol. Manuscrit du Cabinet de l'Ordre du St Esprit, cotté : 49. pag. 51.

Pages reçus en Janvier l'an 1673.

François de Beaumont-de Roches, fils de François de Beaumont, Seigneur d'Autichamps & de Roches, & d'Olimpe de Bressac ; il est cousin germain de Josef de Beaumont-de Miribel (reçu le même jour) & porte pour armes : *de Gueules, à la fasse d'argent chargée de 3 fleurs de Lis d'azur.*   Janvier 1673.

Services Militaires de Charles-Just de Beaumont-d'Autichamp.

Originaux en parchemin, conservés dans les Archives de M. le Marquis d'Autichamp, au Château d'Autichamp.

Aujourd'huy 13e du mois de Septembre 1675, le Roy estant à Versailles, desirant témoigner au Sr Audichant la satisfaction qui demeure à Sa Majesté des services qu'il lui a rendus dans toutes les occasions qui s'en sont présentées où il a donné des preuves de sa valleur.... Sa Majesté l'a retenu ... en la charge de Cornette en la Compagnie Mre de Camp du Régimt de Cavalerie d'Armagnac, vaccante par la promotion du Sr de la Bory-Boisseuil à une Lieutenance... (*Signé*) LOUIS ; (& *plus bas*) Le Tellier.   13 Septembre 1675.

Aujourd'huy 20e du mois de Mars 1678, le Roy estant au Camp devant Iptes, desirant témoigner au Sr Autichamp la satisfaction ... des services qu'il luy a rendus dans toutes les occasions ... Sa Majesté l'a retenu ... en la charge de Lieutenant, en la Compagnie Mestre de   20 Mars 1678.

250 PREUVES DE L'HISTOIRE GÉNÉALOGIQUE

Camp, du Régiment de Cavalerie d'Armagnac, vaccante par la caſſation du S.t de Boiſlabé...
(*Signé*) LOUIS ; (*& plus bas*) Le Tellier.

20 Octobre 1683.

LOUIS, par la grace de Dieu, Roy de France & de Navarre : A notre cher & bien amé le S.t AUTICHAMP, Salut. Ayant réſolu d'augmenter de pluſieurs Compagnies nos troupes de Cavalerie, & deſirant donner le Commandement de l'une deſdites Compagnies à une perſonne qui s'en puiſſe bien acquitter ; Nous avons eſtimé que nous ne pourrions faire ... un meilleur choix que de vous pour les ſervices que vous nous avez rendus dans toutes les occaſions qui s'en ſont préſentées... A ces cauſes... Nous vous ... établiſſons ... Capitaine de ladite Compagnie de Chevaux-Légers, laquelle vous leverez & mettrez ſur pied le plus diligemment qu'il vous ſera poſſible, du nombre de 50 Maîtres, les Officiers non compris.... Donné à Verſailles, le 20.e jour d'Octobre, l'an de grace M. VI.c. quatre-vingts-trois.... (*Signé*) LOUIS ; (*& plus bas*) par le Roy, Le Tellier.

20 Février 1686.

AUJOURD'HUY 20.e du mois de Febvrier 1686, le Roy eſtant à Verſailles, deſirant pourvoir à la charge de Major du Régiment de Cavalerie de Tilladet, & voulant reconnoiſtre les bons & fideles ſervices qui luy ont été rendus, dans toutes les occaſions qui s'en ſont préſentées, par le S.t DE DAUTICHAMP, Cappitaine réformé entretenu dans ledit Régiment, où il a donné des preuves de ſa valeur... Sa Majeſté l'a retenu ... en la charge de Major dudit Régiment.... (*Signé*) LOUIS ; (*& plus bas*) Le Tellier.

Contrat de Mariage de CHARLES-JUST DE BEAUMONT, *Seigneur d'Auti-champ*, &c. *avec Demoiſelle* GABRIELLE DE LA BAUME-PLUVINEL.

Original en papier conſervé aux Archives de M. le Marquis d'Autichamp, au Château d'Autichamp.

14. Novembre 1681.

AU nom de Dieu, amen. L'an mil ſix cents quatre-vingts & un, & le quatorzieſme jour du mois de Novembre... pardevant moy No.re à Pontaix... Meſſire CHARLES-JUST DE BEAUMONT d'Autichamp, Seigneur dud. Autichamp, Roche-ſur-Grane & autres Places, fils de deffunt Meſſire FRANÇOIS DE BEAUMONT, Seigneur deſd. lieux, d'une part, & Damoiſelle GABRIELLE DE LA BAULME DE PLUVINEL, fille de Meſſire Antoine de la Baulme de Pluvinel, Seigneur de la Vallée de Quint, Pontaix, Eglui, la Rochette & autres Places, Gouverneur pour le Roi de la Ville, Tour & Château de Creſt, & de deffunte Dame Alexandrine de Tertulle de la Roque, de l'avis & permiſſion dud. Seigneur de Pluvinel, ſon pere, d'autre... ont promis ſe prendre & eſpouſer en face de ſainte Mere Egliſe, à la forme de ceux de la Religion Catholique, Apoſtolique & Romaine, en faveur duquel Mariage led. Seigneur de Pluvinel conſtitue à lad. Damoiſelle ſa fille la ſomme de trente-neuf mille trois cents treize livres en deniers... outre quoi,.. la ſomme de neuf cents quarante-deux livres dix ſols ... deube par la Ville de Dye... au feu Seigneur Con.er de Pluvinel, & par lui leguée à lad. Damoiſelle... & conſtitue auſſi la ſomme de trois mil trois cents trois livres... à ... exiger des Conſuls,.. de Valence... reſultant de la ... liquidation... faite par M. de la Cheſe, Subdelegué de Monſeigneur l'Intendant... pour augment, en cas de ſurvie, led. Seigneur d'Autichamp donne à ladite Damoiſelle la moitié de ce qu'il recevra de ſeſd. droictz, & elle, au contraire, donne aud. Seigneur Eſpoux la moitié de ce qu'icelluy lui a donné ... & pour joyaux nuptiaux led. Seigneur d'Autichamp donne à ladite Damoiſelle la ſomme de cinq mille livres..... Fait & paſſé à Creſt, Hoſtel dud. Seigneur de Pluvinel, en preſence de Meſſire Joſeph de la Baulme-Pluvinel, Seigneur d'Eglui, frere de lad. Damoiſelle, Meſſire Joſeph de la Baulme, Seigneur de Chaſteauble, Conſeiller du Roi au Parlement de Grenoble, noble Paul Pouroy, ancien Viceneſchal de Creſt, M.r M.e Pierre de Richard, Conſeiller du Roi, Viceneſchal aud. Creſt, noble Pierre de Tarneſieu, Doyen de l'Egliſe Cathedralle de Dye, Meſſire Guillaume de Vincent, Abbé de Saou, M.r M.e François Eſcoffier Bajot, Advocat, Sieur Antoine Ferotin, Sieur de Montagnac, M.e Jean-Barthelemy, Procureur à Creſt, & autres ſignés... à l'Original. C. J. DE BEAUMONT-d'Autichamp, G. de Pluvinel, Pluvinel-d'Eglui préſent, de la Baulme, Pouroi, Richard, d'Arces, l'Abbé de Saou, Meney Chanoine, A. Ferotin, F. Eſcoffier, J. Barthelemy, C. Faure, & moy Marcel, Not.re Collationné aud. Seigneur d'Autichamp. (*Signé*) Marcel, Not.re

---

Extrait d'une Lettre à Madame la Marquiſe de L....

Mercure galant, vol. de Janvier 1682, pag. 267-274.

A Grenoble, ce 10 Janvier 1682.

10 Janvier 1682.

JE ne ſçay, Madame, pourquoi vous voulez que je vous parle du Mariage de M.lle DE PLUVINEL avec M. D'AUTICHAMP ; c'eſt un ſoin dont il me ſemble que vous auriez pu me diſpenſer, leur

DE LA MAISON DE BEAUMONT. Liv. IV.

mérite & leur nom vous font presque aussi connus qu'à moy ; vous sçavez, du moins, que la famille de M. D'AUTICHAMP est une branche de celle de BEAUMONT, dont il nous a esté dit que nous n'en avons point qui la surpasse en ancienneté, & peu qui l'égalent. L'histoire de FRANÇOIS DE BEAUMONT, Baron des Adrets, en a fait connoître quelque détail au Public, & lui a fait juger qu'il peut se former des Heros de cet illustre Sang. AMBLARD DE BEAUMONT, Chancelier du dernier des Dauphins, signa les deux Transports de la Souveraineté du Dauphiné, que son Maistre fit à nos Roys aux années 1343 & 1349, & il nous apprend qu'on se signale, dans cette famille, par la robe, aussi bien que par l'épée. Nostre heureux Epoux estoit Lieutenant de la Cavalerie de la Mestre-de-Camp du Régiment de Villeneuve, & commençoit, dans ses premieres campagnes en Catalogne, à marcher à grands pas sur les vestiges de ses Ancestres ; mais la mort de M. son pere l'a obligé, malgré lui, à faire ceder les desirs de la gloire aux soins des affaires domestiques.....

> Il murmura contre la Parque
> Qui l'arracha du service du Roy ;
> . . . .
> Il falloit que l'amour qui le vouloit gagner,
> Fist succéder une Maîtresse,
> Capable de produire & sentir la tendresse
> Et qui méritast de regner.

Il l'a trouvée, Madame, en la personne de l'illustre Mlle de LA BEAUME PLUVINEL. Il y a peu de mois que vous avez leu, dans le Mercure Galant, de quel Sang elle est sortie, lorsque vous y avez veu le Mariage de M. de la Baume-Chasteau-Double, Conseiller au Parlement de Grenoble. Elle est venue d'une branche de cette Maison, qui s'est alliée avec celle de M. le Mq^s de Monbrun, & de M. le Mq^s de la Roque de Carpentras, par M. de Pluvinel, pere de nostre Epouse, & Gouverneur de la Ville de Crest. Il s'estoit acquis cet Employ par ses services, non-seulement pour luy, mais aussi la survivance pour M. le Mq^s d'Aigluy, son fils unique, qui se voit déja maistre de 40 mille livres de rente, sans compter les successions qui le regardent. Mais le plus prétieux des biens de cette riche famille, est Mademoiselle de Pluvinel....

> Que peut-on espérer de ce beau mariage
> Que des enfans pleins de courage ?
> LE BARON DES ADRETS renaîtra de ce sang ;
> Ils auront des AMBLARS la science en partage.
> Voilà ce que d'eux tous leur étoile m'apprend.

Extrait de l'Armorial genéral de France, fait en exécution de l'Edit du Roi, du mois de Novembre 1696 ; Recueili en 30 vol. in-fol. conservés Mss. au Cabinet de l'Ordre du St Esprit ; vol. 16. fol. 775.

Généralitez de Lion & de Grenoble.

CREST.

De l'Estat du 19 Décembre 1698, présenté aux Commissaires généraux, le 20 Novembre précédent.

CHARLES-JUST DE BEAUMONT, Chevalier, Seigneur d'Autichamp, & GABRIELLE DE LA BAUME-PLUVINEL, sa femme, portent : *de Gueules à une face d'argent chargée de 3 fleurs de Lis d'azur, accolé : d'or à une bande vivrée d'azur, accompagnée au 2^d canton d'une moucheture d'hermines de sable.*   19 Décembre 1698.

Services Militaires de LAURENT-FRANÇOIS DE BEAUMONT.

Originaux en parchemin, conservés dans les Archives de M. le Marquis d'Autichamp.

AUJOURD'HUY 27 du mois de Juillet 1676, le Roy estant à Versailles, desirant témoigner au St Chevalier D'AUTICHAMP la satisfaction... des services qu'il lui a rendus... Sa Majesté l'a retenu... en la charge de Cornette en la Compagnie de St Estienne, dans le Régiment de Cavalerie de Villeneuve, vaccante par la promotion du S^r D'AUTICHAMP, son frere, à la Cornette Me de Camp dudit Régiment.... (Signé) LOUIS ; (& plus bas) Le Tellier.   27 Juillet 1676.

AUJOURD'HUY 9e du mois de Décembre 1678, le Roy estant à Versailles, desirant tesmoigner au S^r DE ROCHE la satisfaction ... des services qu'il lui a rendus ... Sa Majesté l'a retenu...   9 Décembre 1678.

PREUVES DE L'HISTOIRE GÉNÉALOGIQUE

en la charge de Lieutenant en la Compagnie de St Eftienne, dans le Régiment de Cavalerie de Villeneuve, vaccante par la démiſſion du St de Bonnet.... (*Signé*) LOUIS ; (*& plus bas*) Le Tellier.

7 Mai 1682.   LOUIS, par la grace de Dieu, Roy de France & de Navarre: A noſtre cher & bien amé le Sieur DES ROCHES D'AUTICHAMP ; Salut. Ayant réſolu d'augmenter de pluſieurs Compagnies nos Troupes de Cavalerie, & deſirant donner le commandement de l'une deſd. Compagnies à une perſonne qui s'en puiſſe bien acquitter, Nous avons eſtimé que nous ne pourrions faire, pour cette fin, un meilleur choix que de vous pour les ſervices que vous nous avez rendus dans toutes les occaſions qui s'en ſont préſentées.... A CES CAUSES... Nous vous... ordonnons & eſtabliſſons... Capitaine de lad. Compagnie de Chevaux-Légers, laquelle vous leverez & mettrez ſur pied le plus dilligemment qu'il vous ſera poſſible, du nombre de cinquante Mes, les Officiers non-compris, montez & armez à la légere, des plus vaillans & aguerris Soldats que vous pourrez trouver.... Donné à Verſailles le 7e jour de May, l'an de grace 1682. (*Signé*) LOUIS. (*Et plus bas*) Par le Roy, le Tellier. (*Et en marge eſt écrit*) Le Comte d'Auvergne, &c. Colonel Général de la Cavalerie légere de France, Lieutenant-Gnal ès armées du Roy, Gouverneur pour Sa Majeſté en la Province du haut & bas Limoſin, veu la préſente Commiſſion... Mandons à M. le Baron de Monclar, Maal de Camp Gnal de lad. Cavalerie, de faire recevoir & reconnoître led. Sieur DES ROCHES D'AUTICHAMP en ladite Charge.... Fait au Camp de Leſſines, le vingtieſme jour de Juin 1684. (*Signé*) le Comte d'Auvergne; (*& plus bas*) Par Monſeigr Colonel Général, La Peirouze, (*& ſcellé*).

De par le Roy.

22 Juin 1682.   SA MAJESTÉ ayant réſolu de ſe ſervir de la Compe de Chevaux-Légers, dont Elle a donné le Commandement au St DES ROCHES D'AUTICHAN, dans le Régiment de Cavalerie de Servon; ordonne audit St DES ROCHES, d'entrer avec ladite Compagnie dans ledit Régiment, pour y ſervir lorſqu'elle l'aura jointe de meſme que les autres Capitaines.... Mande... Sa Majeſté audit St de Servon, de recevoir ladite Compagnie dans ledit Regiment.... Fait à Verſailles, le XXIIe Juin 1682. (*Signé*) LOUIS ; (*& plus bas*) Le Tellier.

De par le Roy.

23 Mars 1687.   SA MAJESTÉ ordonne au St D'AUTICHAMP, Cappitaine réformé, entretenu à la ſuitte de la Compagnie de Phélippeaux dans le Régiment de Cavalerie de Villeneuve, de paſſer inceſſamment à la ſuitte de la Compe Me de Camp du Régiment de Cavalerie de Chartres, pour y ſervir doreſnavant, & eſtre payé de ſes appointemens pendant le temps ſeulement qu'il y ſera préſent.... Fait à Verſailles, le 23e Mars 1687. (*Signé*) LOUIS ; (*& plus bas*) Le Tellier.

20 Décembre 1688.   AUJOURD'HUY 20e du mois de Décembre 1688, le Roy eſtant à Verſailles, deſirant pourvoir à la charge de Major du Régiment de Cavalerie de Brionne, & voulant reconnoiſtre les bons & fidels ſervices qui luy ont été rendus par le Sr DES ROCHES D'AUTICHAMP.... Sa Majeſté luy a donné... ladite charge de Major dudit Régiment.... (*Signé*) LOUIS; (*& plus bas*) Le Tellier.

18 Juin 1689.   LOUIS, &c. A notre cher & bien amé le St D'AUTICHAMP, Major du Régiment de Cavalerie de Brionne, Salut. La charge de Lieutenant Colonel dudit Régiment, dont eſtoit pourveu le Sr de la Brique, eſtant à préſent vacante par ſa mort, & deſirant remplir cette charge d'une perſonne qui s'en puiſſe bien acquiter: Nous avons eſtimé que Nous ne pouvions faire pour cette fin un meilleur choix que de vous pour les ſervices que vous Nous avez rendus depuis pluſieurs années dans toutes les occaſions qui s'en ſont préſentées, meſme dans les fonctions de ladite charge de Major, où vous avez donné des preuves de votre valeur.... A ces cauſes... Nous vous... eſtabliſſons... Lieutenant Colonel dudit Régiment, & Cappitaine de la ſeconde Compagnie d'iceluy.... Donné à Verſailles, le 18e jour de Juin l'an de grace 1689. (*Signé*) LOUIS; (*& plus bas*) Par le Roy, Le Tellier. (*& en marge eſt écrit*) Le Comte d'Auvergne, &c. Colonel Gnal de la Cavalerie légere de France, Lieutenant Gnal ès Armées du Roy, & Gouverneur de la Province du Limoſin; veu la préſente Commiſſion.... ordonnons à tous Brigadiers & autres Commandans de Cavalerie, de reconnoiſtre le St D'AUTICHAMP en ladite qualité de Lieutenant Colonel, & Cappitaine de la ſeconde Compagnie d'iceluy. ⁊... Fait au Camp de Wackenheim, le 25 Juin 1690. (*Signé*) Le Comte d'Auvergne ; (*& plus bas*) Par Monſeigneur, Colonel Général, La Peirouze, (*& ſcellé*).

25 Février 1702.   AUJOURD'HUY 25e du mois de Février 1702, le Roy eſtant à Verſailles, voulant gratifier & favorablement traitter le St D'AUTICHAMP, Lieutenant Colonel du Régiment de Cavalerie de Broglio, tant en conſidération des bons & fideles ſervices qu'il lui a rendûs dans ſes Troupes pendant longues années, que des bleſſures qu'il y a receues, Sa Majeſté lûy a accordé & fait don d'une penſion de huit cens livres, du nombre de celles dont Sa Majeſté, par l'Arreſt de ſon Conſeil d'Eſtat, du 28 Janvier dernier, a aſſigné le payement ſur les deniers qui proviendront de la rente héritiere de cinquante mille livres, conſtituée en exécution du même Arreſt,

au

DE LA MAISON DE BEAUMONT. Liv. IV.

au proffit de l'Hôtel Royal des Invalides, en faveur des Officiers defdites Troupes, bleffez & eftropiez ou anciens dans le fervice, pour ladite penfion de huit cens livres, jouir & ufer par ledit S^r D'AUTICHAMPT fa vie durant, fans que ladite penfion puiffe être fufceptible d'aucune charge ny hypoteque, ny faifie par aucuns de fes Créanciers, fous quelques prétexte que ce puiffe eftre.... (*Signé*) LOUIS ; (*& plus bas*) Chamillart.

LOUIS, &c. A notre cher & bien amé le S^r D'AUTICHAMP, Lieutenant Colonel du Régiment de Broglie, Salut : Mettant en confidération les fervices que vous Nous avez rendus depuis plufieurs années, tant dans ladite charge de Lieutenant Colonel, que dans toutes les occafions qui s'en font préfentées, & voulant vous en tefmoigner notre fatisfaction, en vous donnant dans ledit Régiment, & dans nos Troupes de Cavalerie, un rang au deffus de celui que vous y avez préfentement. A ces caufes... Nous vous ... commettons ... & eftabliffons ... pour en ladite qualité de Lieutenant Colonel, prendre & tenir rang de Me de Camp dans ledit Régiment & dans nofdites Troupes de Cavalerie, du jour & date de ces Préfentes, tout ainfy que fi vous y aviez le Commandement en chef d'un Régiment.... Donné à Marly, le 1er Juillet, l'an de grace 1703.... (*Signé*) LOUIS , (*& plus bas*) Par le Roy, Chamillart. — 1er Juillet 1703.

LOUIS, &c. A notre très cher & bien amé le S^r D'AUTICHAMP, Lieutenant Colonel du Régiment de Cavalerie de Verac, Salut : La charge de Me de Camp d'un Régiment de Cavalerie dont eftoit cy-devant pourveu le S^r M^q's de Vignolle, eftant à-préfent vacante par fon changement à la charge de Me de Camp d'un Régiment de Dragons, & defirant la remplir d'une Perfonne qui s'en puiffe bien acquiter ; Nous avons eftimé que Nous ne pouvions faire pour cette fin un meilleur choix que de vous pour les fervices que vous Nous avez rendus depuis plufieurs années dans toutes les occafions qui s'en font préfentées, où vous avez donné des preuves de votre valeur, courage, expérience en la guerre, vigilence & bonne conduite, ainfy que de votre fidélité & affection à Notre fervice. A ces Caufes... Nous vous ... eftabliffons par préfentes fignées de Notre main, Me de Camp, dudit Régiment, & Capitaine de la premiere Compagnie d'icelui.... Donné à Verfailles, le 11e jour de Mars, l'an de grace 1705... (*Signé*) LOUIS ; (*& plus bas*) Par le Roy, Chamillart. — 11 Mars 1705.

Preuves de Nobleffe de JOSEPH DE BEAUMONT-D'AUTICHAMP, *pour fa réception au Chapitre de St Chef, près Vienne.*

Original en papier conferué dans les Archives de M. le Marquis d'Autichamp, au Château d'Autichamp.

DU mardy feptiefme jour du mois de Décembre de l'année mil fix cent quatre-vingt & huict, au lieux de Bourgoind.... pardevant Nous Pierre de Rigaud, Chanoine & Chamarier en l'Efglife Collégiale de St Chef & Louis de Vaulx, Chanoine & Hotellier en ladite Efglife, Commiffaire en cette part députtée du vénérable Chapitre de St Chef, a comparu noble François de Corbeaux, Chanoine & Aumonier de St Pierre de Vienne, lequel en fuitte de la procuration à luy paffée, le 16e d'Octobre 1687, reçuée par Me Vigne, Notaire de la ville de Vienne, par noble JOSEPH D'AUTICHAMP, Soubzdiacre du Diocefe de Valence, Nous a dict ... que ledit S^r d'Autichamp fe feroit pourvu par requefte à Meff^{rs} du Chapitre de St Chef.... & auroift conclud à ce qu'il pluft audit Chapitre, de lui vouloir accordder des Seigneurs Geantilhomme de leurs Chapitre, pour fe porter dans tous lieux requis & néceffaire pour procedder à ladite Enquefte literale & teftimonialle..... fur laquelle Requefte, nous aurions efté commis, & nous ayant ledit Sr Procureur requis de nous porter en fedict lieux de Bourgoind avec Jacques Jay, Sécrétaire dudit Chapitre, y eftant arrivés, il nous auroift requife de vouloir procedder à la viffions des actes qu'il nous a produit.... — 7 & 8 Décembre 1688.

Premier.... l'Extract de Baptiftaires dudit noble JOSEPH DE BAUMONT, où il eft qualifié fils de Meffire FRANÇOIS DE BAUMONT, Seigneur d'Autichamp, Roche & autres places, & de D^e LOUISE DE BRESSAT, du vingt de Novembre 1660 ; figné par Extraict, Janoire, Curé. Extraict le 22 Octobre 1677.

Plus.... Les Lettres de Tonfure donnée par Monfeigneur l'Archevefque de Vienne, audit noble JOSEPH DE BAUMONT, fils de noble FRANÇOIS DE BAUMONT-D'AUTICHAMP & de Dame AULINPPES DE BREYSSAT, Conjoingoin, de Vallance, le quatre Septembre 1678 ; figné A. Archevefque de Vienne ; *& de mandato Dominy meie*, Ponferre.

....Le Contract de Mariage de FRANÇOIS DE BAUMONT.... & D^{lle} AULINPPES DE BRESSAT....du 9e Juillet 1644, reçut & figné par Me Roddet, Notaire.

....Le Contract de Mariage de ANTHOINE DE BAUMONT & de D^{lle} FRANÇOISSE DE FLORANCE, par lequel ledit ANTHOINE eft qualifié Noble.... du premier Septembre 1609, reçut & figné par Me Fayard, Notaire.

....Le Teftement.... de noble ANTHOINE DE BAUMONT, Seig^r d'Autichamp & Roche, & de Dame FRANÇOISSE DE FLORANCE, fa femme... du 16e Septembre 1640, reçut & figné par Me Morel, Notaire.

V

.... Le Teſtement de noble François de Baumont, Seigr d'Autichamp, du 6e... Jeanvier 1681, reçeut & ſigné par Me Pieds, par lequel il fait leſgat audit noble Joseph de Baumont.
.... Le Contract de Mariage de noble Gaspard de Baumont.... Seigr des Barbieres & d'Autichamp, & Dlle Anthoinette de Villette, du 26e... Novembre 1578, reçeut & ſigné par Me Vincent, Notaire.
.... Le Teſtement de noble Anthoine de Baumont, Seigr de Barbieres & d'Autichamp, du 7e... Octobre 1569.
.... Le Contract de Mariage paſſé entre noble Guichard de Florance, ſieur de Gerbain, & Dlle *Eslayne* de Vaulx, fille de noble Jean de Vaulx, Seigr dudit lieux, & Dlle *Jeuſte* de Changiſt, du 17e... Juin 1571, reçeut & ſigné par Me Corddier, Notaire.
.... Le Teſtement de noble Guichard de Florance, Sr de Gerbain, du 5e... Juin 1615, reçeut & ſigné par Me Fayard, Notaire, par lequel il faict légat à Dlle Françoi*SSES* de Florance, qu'il dict eſtre femme dudict noble Anthoine de Baumont, & faict mentions de Damoiſelle *Eslayne* de Vaulx.
Produict auſſy l'arbre de *Jeneloſſie* (Généalogie) de la Maiſon & Famillie de Baumont, avec leurs aliance, produict pardevant Monſeigr du *Gay*. (*Signé*) Barancy, Secrétaire.

Preuve de ladite Dame (de Bressac).

Elle a cy-devant produict ſon Contract de Mariage d'entre noble François de Baumont, Seigr d'Autichamp, & Dlle Louise Olinppes de Bressat, fille naturelle & légitime de noble Henry de Breſſat, & de Dame Juſtine de Coſtain, du 9e Juillet 1644, reçut & ſigné par Me Roddet, Notaire.
Plus... a produict le Contract de Mariage d'entre noble Henry de Breſſat, Conſeiller du Roy, Notaire Secrétaire de la Maiſon & Couronne de France, Baillif de Vallance & ſon reſſord, d'une part, & Demoiſelle Juſtine de Coſtain, fille de feu noble François de Coſtain, Chevalier de l'Ordre du Roy, Geantilhomme ordinaire de ſa Chambre, Seigneur de Pallaix & Puſſiniant, (& de) Catherine de Roſtaing du 9e Jeanvier... (*).. reçeut par Me Jacquiners, Notaire; extraict vidimé & collationné par Me Martin, Notaire.

(*) L'année eſt oubliée.

...... Le Teſtement ſol*l*annel de noble Henry de Breſſat, par lequel il faict legat à Damoiſelle Ollinppes de Bressat, & inſtitue ſon heritieres univerſelles Damoiſelle Juſtine de Coſtain, du 5e Fevrier 1634, ouvert & publiez pardevant Me Thomas de Verſmanton led. jour, ſigné par Me Martin, Notaire.
...... Le Teſtement de Damoiſelle Juſtine de Coſtain, par lequel elle faict mentions de Dame Louiſſe-Ollinppes de Breſſat, qu'elle dict eſtre femme de noble François de Baumont, & inſtitue ſon heritier noble Charles-Jacques de Breſſat, ſon chers & biens aymé fils, Coner du Roy au Parlement de Dauphiné, ſigné par extraict Martin, du 11e May 1653.
...... Le Teſtement mutuel de noble Charles de Breſſat & Damoiſelle Izabaux Moneriſt, ſa femme, par lequel il inſtitue leurs heritier noble Henry de Breſſat...... leurs fils naturel & legiſtime, du 24e.... d'Octobre l'an 1575, collationné ſur ſon expédition faictes par Manuel, Notaire, par Me Teyſſier, auſſi Notaire.
...... Le Contract de mariage de noble André de Breſſat, du lieux de la Vache en Vallantinois, d'une part, & Damoiſelle Izabelle de Moneriſt, en ſon vivant Coner du Roy (ſic) en ſon Parlement de Dauphiné, du 8e... Aouſt 1550, reçeut par Me de la Forſt, Notaire, extraict par Tinqua ſur ſon expédition originalles, ſigné Cormiere....
...... Le Contract de mariage de noble François de Coſtaing, Seigneur de Puſſineant, & de Damoiſelle Catherine de Roſtaing, reçeut & ſigné par Me Boyſonnat, Notaire, du 2e May 1568.
...... Le Teſtement de Meſſire François de Coſtaing, par lequel il faict mantions de Damoiſelle Catherine de Roſtaing, & inſtitue ſon heritier noble Jacques de Coſtaing, du dernier Juillet 1688, ſigné Vigne, Notaire de Vienne.
...... Le Teſtement de Damoiſelle Catherine de Coſtaing, par lequel elle ſe qualiſſie vefve de noble François de Coſtaing, & faict legat à lad. Damoiſelle Juſtine de Coſtaing, du 16e Juin 1582, reçeut Vigne, Notaire de Vienne.
De laquelle viſſions Nous Comr ſuſd. avons octroyé actes, & en conſequence ordonné qu'il ſera tous preſentement procedd*é* à l'auditions des Seigneurs Geantilhomme qui nous feront produict par led. Seigt Procureur....
Premier. Meſſire Florimon de Cezargues-Myfray, natif de Paleyſein, *j* habitant, aagé d'environ quarante-huict année, 1er Teſmoin....
Dépoſe.... ne cognoiſtre pas Joseph de Baumont, poſtullan, ny toutes ſes familles ny alliences, mais ſaiſt & a touſjours ouy dire que la Maiſon de Beaumont-d'Autichan ſont des familles noble & noblement vivantz, comme ont faict la Maiſſon de Florance, celle de la Villete & celle de Helayne de Vaulx, & ne cognoiſt autres perſonnes de ſes familles qu'un frere du poſtulan, qui eſt dans le ſervice......
Enquis.... ce qu'il faict de la maiſon & famallie de Breſſat, a dict qu'il n'a pas veu ny cognu De Louiſſe-Ollinppes de Breſſat, mere du poſtullan.... que.... il n'a cognu autre perſonne de la maiſons des Breſſat que un Coner au Parlement de Dauphiné, ſaiſt que la maiſons de Coſtaing & de Roſtaing ſon noble & noblement vivant.... Signé : Meſſray-Cezardz.

DE LA MAISON DE BEAUMONT. Liv. IV.

Noble Thomas Darjac, natif à Tullin, habitant à Bourgoind, aagé d'environ soixante années, 2ᵈ Tesmoins......
Dépose... ne congnoistre le postulan, mais faict qu'il est au Estude à Paris, mais n'a pas veu ny cognu son pere, ny LOUISE-OLINPE DE BRESSAT.... mais faist & a toujours ouy dire que la MAISON DE BEULMONT, celle de Florance, celle de la Villete & Helayne de Vaulx son nobles & noblement vivant..... & a veut un Mʳ d'AUTICHAN, oncle dud. Postulan, qui estoiét Gouverneur de Zillin.

...... A dict qu'il n'a pas cognu la maison de Bressat, a ouy parler de la maison de Monerist comme une famillie tous nobles, comme auffi a ouy parler de la maison de Costaing & de Rostaing, qu'il faict estre noble, a ouy parler de la maison & famille de Bressat, & il en a veu deux Conᵉʳ au Parlement de Grenoble......

Messire Gabriel du Cros de Grollée, natif de Grollée & abitant de Bourgoind, aagé d'environ trante-six années, 3ᵉ Tesmoins......
Déposé... ne congnoistre le postullan non plus que ses devantiers, mais faift que la maison & famillie DE BEAUMONT-D'AUTICHAN son noble & noblement vivant, comme la maison de Florance, celle de la Vilete & celle de Vaulx, n'ayan jamais ouy dire qu'elle ayen faict actes quy ayen desrogez à leurs qualitée.

...... Mais faift & a tousjours ouy dire que la maison de Bressat, celle de Costaing, son noble & noblement vivant.... dict qu'il a cognu deux des Messieurs de Bressat, qu'il estoist Conᵉʳ au Parlement de Dauphiné, faist qu'il estoist frere de lad. Dame, lesquels il a veu très-souvant......

Messire Jean-Baptiste de Chevallet, Seigʳ de Chamoue, natif de Bourgoind, & y habitant, aagés d'environ trente-huict années, 4ᵉ Tesmoins......
Depose.... ne congnoistre le Postullan, maiz dict cognoistre Messieurs ses freres pour Geantihommes d'honneur, mais dict n'avoir pas congnu les autres ny leurs famallie, mais faist & a tousjours ouy dire que la MAISON DE BEAUMONT-D'AUTICHAND son des personnes noble & noblement vivant......

Enquis led. Seigneur Desposàn ce qu'il faist de la maison de OLINPES DE BRESSAC.... dict qu'il n'a congnu aucun des Bressac que un Conᵉʳ au Parlement de Grenoble, quy est frere de lad. Dame de Bressac, & qu'il cognoift la maison & famille de Rostaing & de Costaing, faist que toutes ses familles ils sont noble & noblement vivant......

Du 8ᵉ..... Décembre de l'année 1688..... se sont assemblés les Seigneurs Capitullan de l'Esglize Collégiale de Sainct Chef, ci-bas signé, au son de la cloche, aux formes ordinaires, dans leurs Salles Cappitullaires, cestant faict rapporter les pñtes enquestes litérales & restimoniales de noble JOSEPH DE BEAUMONT, Sʳ d'Autichan, apprès avoir ouy les Seigneur Commissaire à ce desputté quy ont proceder à icelles, veut & leut l'enquestes testimonialles & litéralles, ont auroist truvé qu'il n'y a rien à dire à ce que ledict Sʳ Postullan ne soist receut habitué en icelles à la forme de leur estat & coustume.... & ont lesd. Seigneur Capitullan signé, de Rigaud, Chamarier; de Garnier, Infirmier; de Vaulx, Hostellier; de Grimaud. Jay, Notaire.

Expédié aud. Seigneur Postulant par moyd. Notaire. (Signé) Jay, Notaire-Secrétaire.

Procuration passée par Mʳᵉ PAUL-LOUIS DE BRUNIER-DE LARNAGE, en qualité d'Epoux de Dame MARIE DE BEAUMONT-D'AUTICHAMP, sa première femme.

Original en papier, conservé dans les Archives de M. le Marquis d'Autichamp, au Château d'Autichamp.

L'AN mil six cent nonante-deux, & le dix-septième jour du mois de Mars.... pardevant moy Notaire Roïal de Mondragon.... establi.... Messire POL-LOUIS DE BRUNIER, Sʳ de Larnage, de ce lieu, lequel, de sont gré, en qualité de pere & legitime administrateur de la personne & biens de ses enfans, & de feue Dame MARIE DE BEAUMON-D'AUTICHAM, premiere famme dud. Monsieur de Larnage.... a fait & constitué sont Procureur spésial & gñal, sçavoir est (*) .... pour adsister à l'inventaire des biens délaissés par Monsʳ l'Abé de Bresac, liquider le susd. héritage, payer les Créanciers...... Fait & recité aud. Mondragon dans la maison dud. Sieur de Larnage, en présance de Mᵉ Estienne Revellud, Gʳeffier.... & moy Jacques Revellud, Notaire Royal dud. Mondragon...... (Signé) Larnage (&) Revellud. 17 Mars 1692.

(*) Le nom est en blanc.

Teſtament de CHARLES-JUST DE BEAUMONT, *Seigneur d'Autichamp, en faveur d'*ANTOINE, JOSEPH, FRANÇOIS, LOUIS-IMBERT, *ſes Fils, & de ſes Filles.*

Original en papier, conſervé dans les Archives de M. le Marquis d'Autichamp, au Château d'Autichamp.

3 Juin 1708. AU nom de Dieu ſoit faict.... Cejourd'huict troiſié.... Juin, année mil ſept cent huict... pardevant moy Notre Royal... puiſſant Seigneur Meſſire CHARLES-JUST DE BAUMONT, Chevallier, Seignieur d'Autichampt, Roches & autres Places.... a voulu diſpozer... par Teſtament... comme ci apprès. Premier, comme un bon Chretien Catholique, Apoſtolique, Romain... il eſlit ſepulture... dans la Chapelle qu'il a en l'Egliſe Parochielle de St Rambert, au vets & thumbe de ſes Prédéceſſeurs.... Plus, ordonne qu'après ſon décès, ont ne faſſe litrer les Eſgliſes dud. Autichampt, Roche, & ſa Chapelle de St Rambert, & le proube.... Et venant à ſes legatz... il donne... à Dame MARIE-GABRIELLE DE BAUMON, ſa fillie legitime, & de illuſtre Dame GABRIELLE DE LA BAUME, ſon Expouze, femme de M. DE LA GARDE, de Carpentras, outre ce qui lui a eſté conſtitué en ſon contract de mariage avec led. Sieur DE LA GARDE, cinq ſols.... Item... à Dame ANNE DE BAUMON, ſa fillie, Religieuſe au Monaſtere de Ste Marie de Creſt, une pention viagere de quarante-cinq livres.... Item... à Damoiſelle THEREZE DE BAUMONT, auſſi ſa fillie legitime, & de lad. Dame DE LA BAUME, ſon Expouze, la ſomme de huict mille livres... pour la mettre en Religion, &... lui faire une pention..... Item, donne... à nobles ANTHOINE, JOZEPT-FRANÇOIS & LOUIS-HIMBERT DE BAUMOND, ſes quatre fils legitimes, & de lad. Dame DE LA BAUME, ſon Expouze, outre ce qui a deſpancé pour leſd. nobles ANTHOINE & JOZEPT DE BEAUMONT, pour achept de leurs Compagnie de Cavalerie & eſquipage, au chacun la ſomme de ſaize mille livres.... &... led. Seignieur d'Autichamp, Teſtateur.... nome ſon heritier univerſel.... lad. Dame GABRIELLE DE LA BAUME, ſon Expouze, à la charge de remette ſon heritage... aud. noble ANTHOINE DE BAUMON, leur filz; & au cas qu'il ſoit decedé avant avoir reculis... aud. noble JOZEPT DE BAUMON, leur ſecond filz; & ſi pareliemant il eſtoit decedé, elle le remetra à leur autre filz.... l'eſné preferable au cader..... Faict & recité aud. St Rambert, dans la maiſon dud. Seignieur, en preſence de Meſſire Melquiol Porroy, Chanoine-Sacriſtain du Chapitre de St Bernard de Romans, noble FRANÇOIS-LAURANS DE BAUMOND-D'AUTICHAMPT, Coronel de Cavalerie, habitant à Creſt, Mre Anthoine Diſdier, Preſtre, Curé dud. St Rambert, M. Me Paul Ruel, Docteur en Medecine de la Ville de Romans..... Ainſi ſigné à l'Original, d'AUTICHAMP, M. Pourroi, AUTICHAMP, Didier, Curé, preſent, Ruel M... & moy recepvant, Vierou, No.re... Expedié au requis dud. Mre ANTHOINE D'AUTICHAMPT requis. (*Signé*) Vierou, Note.

Requête preſentée à la Chambre des Comptes de Dauphiné, par Dt GABRIELLE DE LA BEAUME-PLUVINEL, *Veuve de* JUST DE BEAUMONT, *Marquis d'Autichamp.*

Original en papier, conſervé dans les Archives de M. le Marquis d'Autichamp, au Château d'Autichamp.

A Noſſeigneurs de la Chambre des Comptes.

21 Janvier 1728. SUPPLIE humblement Dame GABRIELLE DE LA BEAUME DE PLUVINEL, Marquiſe d'Autichamp, veuve de Meſſire JUSTE DE BEAUMONT, Marquis dudit Autichamp:

Aux fins qu'il plaiſe à la Chambre Noſſeigneurs, permettre à l'un des Srs Secretaires en icelle de délivrer à lad. Dame Suppliante extrait en forme de la donnation faite le 5 May 1334, par Humbert Dauphin, à noble AMBLARD DE BEAUMONT, Seigneur dud. lieu, Chevallier, des hommes, hommages, cens, rentes & autres choſes qu'il avoit dans la Paroiſſe du Touvet, & des Lettres Patentes qui ſont à la ſuite de ladite donnation, contenant Mandement à Rolet d'Entremont, Drouet, ſon fils, à noble ARTAUD DE BEAUMONT, Chevallier, à Guignes Ravier & à tous autres, tant nobles que roturiers, de preſter homage & payer les mêmes droits aud. AMBLARD DE BEAUMONT, qu'ils les devoient aud. Dauphin, & ſera juſtice. (*Signé*) Verney, pour Me Marchand.

Commis Me Laurent-Charles Baudoin pour faire la verification de l'extrait requis, pour, ſon raport ouy, & ſur les concluſions du Procureur-General eſtre pourveu. Fait en la Chambre le xxi Janvier m. VIIe XXVIII. (*Signé*) Boiſſac. (*Et au-deſſous, ſigné*) Vingtain.

DE LA MAISON DE BEAUMONT. Liv. IV.

Veu l'Acte de donation dont il s'agit, n'empêchons qu'il en soit délivré extrait à la Suppliante. Fait au Parquet le xxi Janvier M. VIIe XXVIII. (*Signé*) Morel d'Arcy, Ad^t Gn'al.
Veu les conclusions du Procureur-General, & ouy le raport du Con^{er} Comre, soit délivré l'extrait requis. Fait en la Chambre le xxi Janvier M. VII^c XXVIII. (*Signé*) Boiffac. (*Et au-deſſous, ſigné*) Vingtain.

Extrait des Regiſtres des Baptêmes, Mariages & Sépultures de St Jean-Baptiſte d'Angers; délivré le 5 Décembre 1738. ſigné Blouin, *Curé de St Jean-Baptiſte d'Angers, & legaliſé.*

LE Jeudy ſixieme jour de Février mil ſept cent trente-huit, a été inhumé dans le bas-chœur de l'Egliſe des Dames Religieuſes du Couvent de Notre-Dame du Bon Conſeil, aliàs de la Fidélité, de cette Ville, ſitué dans l'étendue de cette Paroiſſe, le corps de haute & puiſſante Dame GABRIELLE DE LA BAUME DE PLUVINEL, veuve de haut & puiſſant S^{gr} CHARLES DE BEAUMONT-D'AUTICHAMP, Chevalier, Seigneur & Marquis d'Autichamp, Roche, St Lambert & autres lieux, Penſionnaire aud. Couvent, decedée le jour d'hier, aagée de quatre-vingt-cinq ans, par Meſſire Balthazar de Raphaëlix, Chanoine de l'Egliſe d'Angers, du conſentement & en preſence de Nous Curé de cette Paroiſſe ſouſſigné; ſans que le corps de lad. Dame ait été conduit proceſſionnellement par notre Clergé dans cette Egliſe Paroiſſiale, comme on auroit pu le faire ſuivant l'uſage, parce que nous, Curé ſuſdit, ne l'avons pas exigé, par conſidération pour la famille, ſans que néanmoins cela puiſſe prejudicier aud. uſage & à nos droits pour la ſuite.... Minutte ſignée de Raphælix, L. du Bois de Maquillé, J. Davy, Prieur-Curé de Saint-Aignan d'Angers, Bloüin, Curé de St Jean-Baptiſte d'Angers.

6 Février 1738.

CHAPITRE XI.

ANTOINE DE BEAUMONT, IIIe du nom, titré Marquis d'Autichamp, fils aîné de CHARLES-JUST; JOSEPH, FRANÇOIS, LOUIS-IMBERT & MARIE DE BEAUMONT, ſes Freres & Sœur.

Déclaration faite par Demoiſelle MARIE DE BEAUMONT-D'AUTICHAMP, *relativement à ſon mariage avec* Mre HENRI DE PELLETIER-DE GIGONDAS.

Original en papier conſervé dans les Archives de M. le Marquis d'Autichamp, au Château d'Autichamp.

L'AN mil ſix cent quatre-vingt-dix-huit, & le vingt-deuxieme du mois d'Avril, pardevant ſpectable, noble & egrege perſonne M. Me Jean-Baptiſte Bres, Docteur ez Droits, Juge ordinaire de la preſente Cité de Carpentras, & Majeur de tout ſon Reſſort pour notre St P. le Pape & ſainte Romaine Egliſe... établie perſonnellement noble Damoiſelle MARIE DE BEAUMONT-D'AUTICHAN, fille naturelle & legitime de haut & puiſſant Seigneur Meſſire CHARLES-JUST DE BEAUMONT, Marquis d'Autichant, & de haute & puiſſante Dame GABRIELLE DE LA BEAUME DE PLUVINEL, de la Ville de Creſt en Dauphiné; laquelle, moyennant ſon double & reiteré ſerment par elle prêté en mains dudit Sieur Juge... a dit & déclaré... que ſi bien dans le contrat de mariage qu'elle va preſentement paſſer avec Meſſire HENRI DE PELLETIER-DE GIGONDAS, dud. Carpentras, elle renonce à tous droits paternels & maternels, & legitimes, moyennant la conſtitution à elle faite par led. Seigneur ſon pere, tant de ſon chef que de celui de ladite Dame ſa mere, & conſente que la liberalité qui lui ſera faite par Madame la Marquiſe d'Aubignan, ſa tante, en contemplation dud. mariage, tienne lieu du ſupplément deſd. droits, conformément à l'Acte de procuration Mo. Seigneur d'Autichant, ſon pere, receu par Monſ. Floret, No^r, le trente-un du mois de Mars dernier; la vérité néanmoins eſt que la lad. Demoiſelle ne fait lad. renonciation & remiſſion de ſeſd. droits en faveur deſd. Seign^{rs} ſes pere & mere, & ne prête led. conſentement que par un effet de la crainte reverentiale, & parce qu'autrement ils n'auroient conſenti à ſond. mariage, quoique ſortable, declarant lad. Demoiſelle qu'elle proteſte de tous ſes plus amples droits, tant pour elle que pour les ſiens.... *Qu'a été fait & publié* aud. Carpentras, dans la maiſon d'habitation de noble Claude de Villeneufve, Docteur ez Droits & Avocat dud. Carpentras, & Eſtude d'iceluy, en preſence de noble Jean-François de

22 Avril 1698.

Villeneufve, Docteur ez Droits, & Monsr Jacques Veye, du lieu d'Aubignan... & de moy Joseph Fornerii, Nor public Apostolic dud. Carpentras, soussigné que dessus. (*Signé*) Fornerii, Nor. (*& légalisé*).

Extrait des Preuves de Noblesse des Pages de la Grande-Ecurie du Roi, vol. manuscrit du Cabinet de l'Ordre du St Esprit, cotté : 49. fol. 174 & 187.

Pages reçus en 1699.

Ann. 1699.   ANTOINE DE BEAUMONT-D'AUTICHAMP, Dauphiné, reçu sans preuves.

Pages reçus en 1702.

Ann. 1702.   JOSEPH DE BEAUMONT-D'AUTICHAMP, frere d'ANTOINE DE BEAUMONT-D'AUTICHAMP, reçu Page en 1699, & fils de CHARLES DE BEAUMONT-D'AUTICHAMP & de GABRIELLE DE PLUVINEL ; reçu sans Preuves.

Services Militaires d'ANTOINE DE BEAUMONT-D'AUTICHAMP.

Originaux en parchemin conservés dans les Archives de M. le Marquis d'Autichamp, au Château d'Autichamp.

17 Décembre 1702.   AUJOURD'HUY 17e du mois de Décembre 1702, le Roy estant à Versailles, se confiant en la valeur.... du St D'AUTICHAMP... luy a donné... la charge de Cornette en la Compagnie de Duché, dans le Régiment de Cavalerie de Broglie.... (*Signé*) LOUIS; (*& plus bas*) Chamillart.

30 Avril 1704.   LOUIS, par la grace de Dieu, Roy de France & de Navarre : A notre cher & bien amé le St AUTICHAMP, Salut. La Compagnie que commandoit le St Duchey dans le Régiment de Cavalerie de Broglie, estant à présent vacante par sa retraite... Nous vous avons... ordonné & estably... Capitaine de ladite Compagnie.... Donné à Versailles, le 30e jour d'Avril, l'an de grace mil sept cent quatre... (*Signé*) LOUIS; (*& plus bas*) Par le Roy, Chamillart.

Contrat de Mariage d'ANTOINE DE BEAUMONT, Chevalier, Marquis d'Autichamp, avec Demoiselle JEANNE-OLYMPE BINET-DE MONTIFRAY.

Grosse en papier conservée dans les Archives de M. le Marquis d'Autichamp, au Château d'Autichamp.

16 Juin 1710.   LE seizieme jour de juin l'an mil sept cent dix, avant midi, pardevant nous René Bouclier, Notaire Royal à Angers, furent presents hault & puissant Seigneur Messire ANTHOINE DE BEAUMONT, Chevallier, Marquis d'Autichamp, Capitaine dans le Regiment de Cavallerie de Marsillac, fils de hault & puissant Seigneur Messire CHARLES-JUST DE BEAUMONT, vivant aussi Chevallier, Marquis d'Autichamp, & de haulte & puissante Dame GABRIELLE DE LA BAUME, à présent sa veuve, demeurant ordinairement en son Château d'Autichamp, Paroisse dud. lieu, Province de Dauphiné, étant à présent au Château de Momoutier, Paroisse de Saint Florent-le-Vieil, d'une part; haulte & puissante Dame Dame LOUISE-OLIMPE DE BEAUMONT-D'AUTICHAMP, veuve de hault & puissant Seigneur Messire PIERRE BINET, Chevallier, Seigneur de Montifray, Capitaine de Carabiniers, & Damoiselle JEANNE-OLIMPE BINET-DE MONTIFRAY, leur fille, demeurant ordinairement aud. Angers, Paroisse de Saint Aignan, étant à présent en leurdit Chateau de Monmoutier, d'autre part; lesquels, traitant du mariage proposé dudit Seigneur Marquis d'Autichamp avec ladite Damoiselle Binet de Montifray, ont convenu..... par l'avis & consentement de laditte Dame de Montifray, de hault & puissant Seigneur Messire JEAN-CLAUDE DE BEAUMONT-D'AUTICHAMP, Chevallier, Seigneur de Mitibel & autres lieux, Lieutenant de Roy au Gouvernement de la Province d'Anjou, Ville & Château dudit Angers, tant en son nom, comme cousin issu de germain dudit Seigneur Marquis d'Autichamp, & oncle de ladite Damoyselle Binet de Montifray, qu'au nom & Procureur de ladite Dame Marquise d'Autichamp, suivant l'acte & procutation reçeu par Pieds, Notaire Royal du Marquisat de Chabrillon, dite Province du Dauphiné, le 4 de ce mois.... & par l'avis de hault & puissant Seigneur Messire JOSEPH DE BEAUMONT-D'AUTICHAMP, Chevallier, frere dudit Seigneur d'Autichamp, Lieutenant de Roy, & aussi oncle de laditte Damoiselle BINET DE MONTIFRAY;

DE LA MAISON DE BEAUMONT. Liv. IV.

de Damoiselle Jeanne-Eugenie Binet de Monmoutier, de Damoiselle Marie-Eulalie Binet de la Florenciere, sœurs puisnées de ladite Damoiselle BINET DE MONTIFRAY, & d'autres leurs parens & amis.... en conséquence de la dispense de degré de parenté qui est entre ledit Seigneur MARQUIS D'AUTICHAMP & ladite Damoiselle BINET DE MONTIFRAY, qu'ils ont obtenue de Cour de Rome, & de la fulmination qui en sera faite par M. l'Official dud. Angers, ils se sont promis la foy de matiage, & de le solemniser en nostre Eglize Catholique, Apostolique & Romaine..... A esté convenu que, suivant la Coutume d'Anjou.... il y aura entr'eux communauté de biens meubles & acquets....... Ledit Seigneur futur Espoux entre aud. Mariage avec tous.... ses droits.... à lui avenus par la succession dud. feu SEIGNEUR MARQUIS D'AUTICHAMP, son pere, comme aisné & son principal heritier noble........ Et au regard de laditte Damoiselle future Espouze, ladite Dame de Montifray, sa mere, la marie avec les droits qui lui appartiennent dans la succession noble dudit defunt Seigneur de Montifray, son pere, comme fille aisnée & principalle heritiere.... & en attendant la discution ou partage avec lesdites Damoiselles ses sœurs puisnées, ladite Dame de Montifray donne & délaisse à laditte Damoiselle future Espouse, par forme d'avancement.... le château, terre, fief & seigneurie de la Florenciere, composés dudit château, basse-cour, entourez de fossez, avec pont levis, bois de haulte futaye, bois taillis, prée, estangs, moulins à eau & à vent du Domaine de ladite terre, de la closerie de la Florenciere, des mettairies de la Barre, de Richebourg, de la closerie de Logerie, de la maison & closeries de Beauregard, des mettairies du Mesnil-Bourgeois, de la Frouardiere, de la moitié de la mettairie des Germonsiere... la mettairie de la Borde, &... droits honorifiques en l'Eglize de la Paroisse de Trementinnes.... En faveur & considération dud. Mariage, ledit Seigneur d'Autichamp, Lieutenant de Roy, & ledit Seigneur Chevalier d'Autichamp, son frere.... ordonnent qu'après leur deceds, les terres de Miribel & d'Osnay, & autres biens qui sont en pays de Droit-Escrit... ensemble tous les autres biens... offices, charges, rentes constituées, que lesdits Seigneurs... auront au tems de leur deceds... appartiennent pour le tout & en propriété, à laditte Damoiselle future Espouse.... Fait & passé audit Château de Mamoutier, en présences de Messire Michel Poncet de la Riviere, Evesque dudit Angers, Conseiller du Roy en tous ses Conseils; de Messire Jean-François Martineau, Abbé Commendataire de l'Abbaye de Saint Maur-sur-Loire, & Archi-Diacre & Chanoine de l'Eglise d'Angers, cousin de ladite Damoiselle future Epouse; de hault & puissant Seigneur Messire Charles-François d'Andigné, Chevalier, Seigneur, Marquis de Vezins; de hault & puissant Seigneur Messire Paul de la Brunetiere, Chevalier, Seigneur de la Pouliniere de Gesté; & Dame Lucye le Clerc, veuve de hault & puissant Seigneur Messire François de Godes, Chevallier, Seigneur de Varenne, de la Poriere & autres lieux, Gouverneur de Landrecy; Dame Marie Crespin, Espouse de Messire Georges-Gaspard de Contades, Chevallier, Seigneur de la Roche-Thibault & autres lieux, Major du Régiment des Gardes-Françoises de Sa Majesté, & autres personnes soussignées.... & de nousd. Notaires soussignés.

Suit... ladite Procuration.

Aujourd'huy quatrieme jour du mois de Juin.... mil sept cent dix; Pardevant moy Notaire Royal du Marquisat de Chabrillan, soussigné, fut presente haute & puissante Dame Dame GABRIELLE DE LA BAULME, Marquise d'Autichamp, veuve & heritiere grevée d'haut & puissant Seigneur Messire CHARLES-JUST DE BEAUMONT, Chevallier, Marquis d'Autichamp, Seigneur de Roche & autres Places, laquelle de gré, en consideration du mariage que haut & puissant Seigneur Messire ANTHOINE DE BEAUMONT-D'AUTICHAMP, son fils aisné, est sur le point de contracter avec Damoiselle JEANNE-OLIMPE DE MONTIFRAY, fille aisnée de hault & puissant Seigneur Messire Pierre Binet-de Montifray, Seigneur de Monmoutier & de la Florenciere, & de haute & puissante Dame Dame LOUISE-OLIMPE DE BEAUMONT-D'AUTICHAMP, & suivant la faculté qui lui a été donnée par le Testament dudit feu Seigneur Marquis d'Autichamp, son mary, du troisieme Juin mil sept cent huit, receu par Me Pieron, Notaire à Adancette... a restitué... audit Seigneur ANTHOINE DE BEAUMONT, son fils, tous les effets de ladite hérédité..... De plus... constitue pour son Procureur... hault & puissant Seigneur Messire JEAN-CLAUDE DE BEAUMONT-D'AUTICHAMP, Chevallier, Seigneur de Mirebel, Saint-Senez, Aunay & autres Places, Lieutenant de Roy de la Province d'Anjou, Ville & Château d'Angers... pour & au nom de ladite Dame... intervenir audit contrat de matiage... & faire donation universelle de tous... biens... se reservant ladite Dame une pension annuelle & viagere de quinze cens-livres.... l'entretien des Seigneurs JOSEPH-FRANÇOIS, LOUIS-IMBERT & de Demoiselle THEREZE DE BEAUMONT, ses autres enfans, demeurant à la charge dudit Seigneur ANTHOINE DE BEAUMONT, à la forme dudit Testament....... Fait & passé à Saint-Rembert dans la maison de ladite Dame; en présence de Messieurs Antoine Didier, Prêtre & Curé dudit Saint-Rembert, & Me Bernard Armand, Huissier, signés avec les Parties... Piedz, Notaire. (*Signé*) Bouclier.

*Extrait des Preuves de Nobleſſe des Pages de la Grande-Ecurie du Roi ; vol.
Manuſcrit du Cabinet de l'Ordre du S^t Eſprit, cotté : 49. fol. 219.*

Pages reçus en 1711.

Ann. 1711.   LOUIS-IMBERT DE BEAUMONT-D'AUTICHAMP, frere de LOUIS-ANTOINE DE BEAUMONT, reçu Page en 1699, & fils de CHARLES DE BEAUMONT-D'AUTICHAMP & de GABRIELLE DE PLUVINEL; depuis Exempt des Gardes du Corps.

Teſtament olographe de JEANNE-LOUISE-OLYMPE BINET-DE MONTIFRAY, en faveur d'ANTOINE DE BEAUMONT-D'AUTICHAMP, ſon mari.

Original en papier conſervé aux Archives de M. le Marquis d'Autichamp, au Château d'Autichamp.

19 Aouſt 1714.   AU nom du Pere, du Fils & du S^t Eſprit, ainſi ſoit-il. J'ay ſoubſigné JEANNE-LOUISE-OLIMPE-BINET DE MONTIFRAY, femme d'ANTHOINE DE BEAUMONT-D'AUTICHAMP, demeurante à préſent au chaſteau d'Angers.... fait ce préſant mon Teſtament olographe.... en la forme qui ſuit : Premierement, je donne mon ame à Dieu.... quant à mon corps je laiſſe le choix à mon mary & à mes parants du lieu de ſa ſépulture, laquelle je ſouhaite qui ſe faſſe ſans aucun appareil.... On fera dire le jour de mon deceds le plus de Meſſes qu'il ſe poura dans le lieu où il ſera arrivé, item dans les Egliſes des Jacobins, Récollets & Capucins de cette Ville, ſix trantins de Meſſes.... Item qu'il ſoit donné.... cent francs aux Filles du Bon Paſteur; cent francs à l'Hôpital Gn'al, cent francs à la Providence & cinquante à la petite Providence de Boiſnet.... Item cent francs aux Pauvres de cette Paroiſſe de St Aignant.... Item quinſe ſeptiers de blé ſegle aux Pauvres de la Paroiſſe de Tremantine..... Je ſouhaitte que ceux de mes ſens de ma terre de la Florantiere, qui ſeront néceſſiteux, ſoient préférés aux autres Pauvres; item pour l'amitié que je porte à ANTHOINNE DE BEAUMONT-D'AUTICHAMP, mon mary, & par reconnoiſſance de celle qu'il a pour moy ; je lui donne pour luy ces hoires & ayants cauſes, & les ſiens, tous & chacuns mes biens, meubles, acquets, conquets, & la tierce partie de mes propres & immeubles, que j'ay & pouray avoir lors & au tems de mon déceds pour.... en jouir après mondit déceds, à perpétuité.... Item je recommande à mon mary d'aſiſter par ces aumones Anne Guéſier, premiere nourice de feu mon fils ainé.... & pour exſecutteur du préſant mon Teſtament olographe, je nomme & choiſie Meſſire JEAN-CLAUDE DE BEAUMONT-D'AUTICHAMP, mon oncle.... En foy de quoy j'ai ſigné & arreſté ces Préſentes en plaine ſanté, au Chaſteau d'Angers ce 19e Aouſt 1714. (Signé) JEANNE-LOUISE-OLYMPE BINET-DE MONTIFRAY-DE BEAUMONT-D'AUTICHAMP.

Proviſions en ſurvivance de la charge de Lieutenant de Roi des Ville & Château d'Angers, en faveur de LOUIS-ANTOINE DE BEAUMONT-D'AUTICHAMP.

Original en parchemin, conſervé dans les Archives de M. le Marquis d'Autichamp, au Château d'Autichamp.

7 Novembre 1715.   LOUIS, par la grace de Dieu, Roy de France & de Navarre : A Notre cher & bien amé le Sr LOUIS-ANTOINE DE BEAUMONT-D'AUTICHAMP, Capitaine dans le Régiment du Meſtre de Camp, Général de la Cavalerie, Salut. Les ſervices que vous rendez depuis ſeize ans avec autant de valeur & de bonne conduite que d'affection & de fidélité, Nous portant à vous traiter favorablement ; Nous avons eu bien agréable la ſuplication que Nous a faite notre cher & bien amé le Sr JEAN-CLAUDE DE BEAUMONT-D'AUTICHAMP, votre oncle, notre Lieutenant en nos Ville & Chaſteau d'Angers, de vous accorder la ſurvivance de ladite charge, Nous perſuadant qu'à ſon exemple vous vous en acquitterez avec tout le zele convenable. A ces Cauſes.... de l'avis de Notre très cher & très amé oncle, le Duc d'Orléans, Régent de notre Royaume, Nous vous avons commis.... & eſtably, commettons.... & eſtabliſſons.... pour doreſnavant en ſurvivance dudit S^r D'AUTICHAMP, votre oncle, faire ladite charge de notre Lieutenant en Noſd. Ville & Chaſteau d'Angers, l'avoir, tenir, exercer, en jouir & uſer aux honneurs, autoiitez, prérogatives.... & appointements qui y apartiennent, tels & ſemblables qu'en a jouy ou

deub

DE LA MAISON DE BEAUMONT. Liv. IV.

deub jouir ledit Sr d'Autichamp, avec pouvoir en son absence & celle du Gouverneur de notre pays d'Anjou & de Nord, Ville & Château d'Angers, d'y commander, tant aux habitans qu'aux gens de guerre. . . . Donné à Vincennnes, le 7e jour de Novembre, l'an de grace 1715. . . . (*Signé*) LOUIS, (*& plus bas*) Par le Roy, Phelypeaux.

(*Au bas est écrit*) La présente Commission a esté lue, publiée, enregistrée & insinuée au Greffe de la Sénéchaussée & Siége Présidial d'Angers, l'audiance y tenant, par M. Baudry, Lieutenant général, le 21 Janvier 1716. (*Signé*) Murault.

Partage de la succession de PIERRE BINET, *Chevalier, Seigneur de Monti-fray, & de Dame* LOUISE-OLYMPE DE BEAUMONT-D'AUTICHAMP, *son Epouse ; entre* JEANNE-OLYMPE BINET-DE MONTIFRAY, *Marquise* D'AUTICHAMP ; *Demoiselle* JEANNE-EUGENIE BINET-DE MONTIFRAY ; *&* MARIE-EULALIE BINET-DE MONTIFRAY, *Comtesse d'Auti-champ, leurs Filles.*

Original en papier, conservé dans les Archives de M. le Marquis d'Autichamp, au Château d'Autichamp.

Nous soubzsignés puissant Seigneur Messire Anthoine de Beaumont, Chevallier, Seigneur Marquis d'Autichamp, Roche & autres Places, Lieutenant de Roy, en survivance, de la Province, Ville & Château d'Angers, & puissante Dame Jeanne-Ollimpe Binet-de Montifray, mon Epouse, que j'autorise... fille aînée & principale héritiere noble de feu puissant Seigneur Messire Pierre Binet, Chevallier, Seigneur de Montifray, & feue puissante Dame Louise-Ollimpe de Beaumont-d'Autichamp, son Epouse, d'une part ; Jeanne-Eugenie Binet-de Montifray, Damoiselle majeure, & puissant Seigneur Messire Joseph de Beaumont, Comte d'Autichamp, Mestre-de-Camp de Cavalerie, & Exempt des Gardes du Corps, & puissante Dame Marie-Eulalie Binet-de Montifray, mon Epouse, que j'autorise... filles puisnées desdits Seigneur & Dame de Montifray, d'autre part ; reconnoissons avoir procedé à l'examen des titres des successions desdits Seigneur & Dame de Montifray . . . & sommes convenus . . . Sçavoir : qu'à nous Marquise d'Autichamp, comme aînée & principale héritiere noble en l'une & l'autre desdites successions, demeure & retenons ; & nous Eugenie de Montifray, Comte & Comtesse d'Autichamp, relaissons à ladite Dame Marquise d'Autichamp, notre sœur aînée, tant pour son préciput que pour ses deux tiers dans les biens des susdites deux successions . . . le château, terre, fief & seigneurie de Monmoutier, toutes ses appartenances & dépendances ; plus, les deux tiers de la métairie de la Frouardiere, située Paroisse de Trementine ; plus, la moitié de la métairie des Germonnides, en la Parroisse du May ; plus . . . les portions des maisons sises au fauxbourg St Michel de la Ville de Rennes. . . . Et quant à nous Eugenie Binet-de Montifray, Comte & Comtesse d'Autichamp, puisnés esdites successions, nous demeurent & acceptons, & nous Marquis & Marquise d'Autichamp, aînés, relaissons pour leur tiers, lot & partage des susdits biens, les choses ci-après; sçavoir est, le surplus de la terre de la Fleuranciere, consistant ledit surplus dans ledit château . . . fiefs & seigneurie de la Fleuranciere . . . le domaine . . . dudit lieu . . . la métairie de la Barre . . . la métairie de la Borde . . . la métairie de Richebourg. Sauf à nous Binet de Montifray, fille, à faire le partage & subdivision en deux lots, suivant la Coutume, entre nous & lesdits Seigneur & Dame Comte & Comtesse d'Autichamp. Fait & arrêté au Château d'Angers, sous nos sings en triple minutte, l'une d'icelles demeurée à chacun de nous, ce vingt-deuxiéme jour de Février mil sept cent vingt-un. (*Signés*) Antoine de Beaumont-d'Autichamp, J. L. Olympe Binet-de Beaumont-d'Autichamp, Eugenie Binet de Montifray, Joseph de Beaumont-d'Autichamp, Marie-Eulalie Binet de Beaumont-d'Autichamp. J'aprouve les partages mentionnés dans ce Mémoire, Jean-Claude de Beaumont-d'Autichamp ; je suis du même avis, Joseph de Beaumont-d'Autichamp.

22 Février 1721.

Avis de Parens relatif à la minorité de JOSEPH, *Fils d'*ANTOINE DE BEAU-MONT, *Marquis d'Autichamp, & de feüe* JEANNE-OLYMPE BINET-DE MONTIFRAY, *son Epouse.*

Extrait des Registres du Greffe Civil de la Sénéchaussée d'Angers. Signé: Buisson (*Greffier*).

En l'Assignation & Inthimation pendente à ce jour entre Messire Anthoine de Beaumont, Chevallier, Seigneur, Marquis d'Autichamp, Roche & autres Places, Lieutenant de Roy, en survivance, de la Province, Ville & Château d'Angers, Demandeur affin de provision de cura-

23 Mai 1721.

X

telle.... d'une part, & Meſſire JEAN-CLAUDE DE BEAUMONT-D'AUTICHAMP, Chevalier; Seigneur de Miribel, Lieutenant de Roy au Gouvernement de la Province d'Anjou, Ville & Chaſteau d'Angers; Meſſire FRANÇOIS DE BEAUMONT-D'AUTICHAMP, Preſtre, Doyen & Chanoine de l'Egliſe d'Angers; Meſſire JOSEPH DE BEAUMONT, Chevallier, Comte d'Autichamp, Meſtre-de-Camp de Cavallerie & Exempt des Gardes du Corps; Meſſire JOSEPH DE BEAUMONT-D'AUTICHAMP, Chevallier; Meſſire Nicolas Martineau, Preſtre, Abbé Commendataire de l'Abbaye Royalle de l'Aumoſne, Chantre & Chanoine de l'Egliſe d'Angers; Meſſire Jean-Baptiſte Binet, Chevallier, Seigneur, Marquis de la Blottiere, Conſeiller du Roy en tous ſes Conſeils, Grand-Bailly d'eſpée en Bretagne, tous parens paternels & maternels, ont comparu les Parties.... Gouin l'aiſné pour ledit Sieur Marquis d'Autichamp, a dit que le decés de Dame JEANNE-OLIMPE BINET-DE MONTIFRAY, ſon Eſpouſe, étant arrivé le neufvieſme Mars dernier, avec laquelle il eſtoit en communauté de biens, que de leur Mariage eſt iſſu Mre JOSEPH DE BEAUMONT D'AUTICHAMP, leur fils mineur, aagé d'environ cinq ans; que ledit Sieur Marquis d'Autichamp acceptant la garde-noble... neantmoins, pour oſter tous prétextes de difficultés, & afin de conſerver les droits de qu'il appartiendra, ledit Sieur Marquis a eſté conſeillé de faire faire inventaire, & à cet effet a fait inthimer devant nous, à ce jour, leſdits Sieurs parents paternels & maternels, pour voir nommer l'un d'entr'eux Curateur ou ſubrogé Tuteur audit Sieur DE BEAUMONT, mineur, quant à la confection dudit inventaire ſeulement. Leſdits Sieurs JEAN-CLAUDE DE BEAUMONT-D'AUTICHAMP, FRANÇOIS DE BEAUMONT-D'AUTICHAMP, JOSEPH DE BEAUMONT, Comte d'Autichamp, ledit Sieur Abbé Martineau, preſents en leurs perſonnes, ſont d'avis de ladite confection d'inventaire requiſe par ledit Sieur Marquis d'Autichamp, & à cet effet ont nommés Meſſire JOSEPH DE BEAUMONT-D'AUTICHAMP, Chevallier, pour ſubrogé Tuteur à perſonne & biens dudit Sieur d'Autichamp, mineur, à la confection dudit inventaire ſeulement. Gouin le jeune, pour ledit Sieur Marquis de la Blottiere, eſt de pareil avis.... Sur quoi Partie, Parents & Procureur du Roi ouis, nous leur avons décerné acte de leurs dires... & nominations, & en conſéquence nous avons pourvu... ledit Sieur JOSEPH DE BEAUMONT-D'AUTICHAMP, Chevallier, ſubrogé Tuteur ou Curateur à perſonne & biens dudit Sieur DE BEAUMONT-D'AUTICHAMP, mineur, quant à la confection de l'inventaire ſeulement; ledit inventaire fait, la garde-noble dudit Sieur mineur, reſtant audit Sieur d'Autichamp, pere, ſuivant notre Coutume d'Anjou.... Donné à Angers par nous Charles Baudry, Conſeiller du Roy, Lieutenant-Général en la Sénéchauſſée d'Anjou & Siége Préſidial d'Angers, le Vendredy vingt-troiſieſme jour de May mil ſept cent vingt-un. Signé: Baudry.

Inventaire des Biens de feue Jeanne-Eugenie Binet-de Montifray, fait à la Requéte d'ANTOINE DE BEAUMONT, Marquis d'Autichamp, ſon Beau-frere.

Original en papier conſervé dans les Archives de M. le Marquis d'Autichamp, au Château d'Autichamp.

20 Décembre 1723.

INVANTAIRE fait cejourd'huy lundy vingtieſme Décembre mil ſept cent vingt-trois...; à la Requeſte de nous puiſſant Seigneur, Meſſire ANTHOINE DE BAUMONT, Chevallier, Seigneur, Marquis d'Autichamp, Roche, Saint Rembert, & autres lieux, receu, en ſurvivance, en la charge de Lieutenant de Roy des Ville & Chaſteau d'Angers, & Chevallier de l'Ordre militaire de Saint-Louis, au nom & comme ayant la Garde noble de Meſſire JOSEPH D'AUTICHAMP, mon fils unique & principal héritier, noble de deffuncte Dame JEANNE-OLLIMPE BINET DE MONTIFRAY, mon épouze, & en celle quallifé nepveu, & auſſi principal héritier noble de deffuncte Jeanne-Eugenie Binet de Montifray, Damoiſelle, des meubles, titres, pappiers & effets, reſtés du decés de ladite Damoiſelle de Montifray, arivé le quatorze du mois d'Aouſt dernier, qui ſont dans un apartement de maiſon eſtant dans le Chaſteau de cette Ville d'Angers, où elle feroit décedée, & ce en préſences & du conſentement de nous puiſſant Seigneur Meſſire JOSEPH DE BAUMONT, Compte d'Autichamp, Meſtre de Camp, & Exem des Gardes du Corps du Roy, auſſy Chevallier de l'Ordre militaire de Saint-Louis, & de nous Dame EULALID BINET-DE MONTIFRAY, épouze de nous Comte d'Autichamp, qu'avons autoriſée.... ſœur & héritière en partie de ladite deffuncte Damoiſelle de Montifray; icelui Inventaire fait ſous nos ſings pour ſervir & valloir ainſy que de raiſon, & ce auſſy en les préſences de puiſſant Seigneur Meſſire JEAN-CLAUDE DE BAUMONT-D'AUTICHAMP, Chevalier, Seigneur de Miribel & autres lieux, Lieutenant de Roy au Gouvernement de la Province d'Anjou, Ville & Chaſteau dudit Angers, & de Meſſire JOSEPH DE BAUMONT-D'AUTICHAMP, Chevallier, Oncle de nous luſdits nommés, & deſdittes deffunctes Dame & Damoiſelle Binet de Montifray..... Fait & arreſté le préſent Inventaire en triple... par nous fuſdits deſnommés & ſouſſignez: AUTICHAMP. JOSEPH D'AUTICHAMP. MONTIFROY D'AUTICHAMP. JOSEPH D'AUTICHAMP. D'AUTICHAMP.

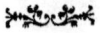

Accord passé entre ANTOINE DE BEAUMONT, *Marquis d'Autichamp, &*
JOSEPH DE BEAUMONT, *Comte d'Autichamp, son Frere.*

*Original en papier, conservé dans les Archives de M. le Marquis d'Autichamp, au Château
d'Autichamp.*

Nous soussignés puissant Seigneur Messire ANTOINE DE BEAUMONT, Chevallier, Marquis 25 Février 1724.
d'Autichamp, Roche, Saint-Rembert & autres lieux, reçeu en survivance en la Charge de
Lieutenant de Roy de la Ville & Chasteau d'Angers, & Chevallier de l'Ordre Millitaire de
Saint Louis, au nom & comme garde-noble de Messire JOSEPH DE BEAUMONT-D'AUTICHAMP,
nostre fils unique, & de deffunte Dame JEANNE-OLLIMPE BINET-DE MONTIFRAY, nostre Epouze,
héritier principal & noble de deffuncte Damoiselle Jeanne-Eugenie Binet de Montifray, sa tante
maternelle, d'une part; & puissant Seigneur Messire JOSEPH DE BEAUMONT, Compte d'Autichamp,
Mestre-de-Camp & Exempt des Gardes du Corps du Roy, aussi Chevallier de l'Ordre Millitaire
de Saint Louis, & Dame EULALIE BINET-DE MONTIFRAY, nostre Epouze, que j'authorize à
l'effet des présentes, seulle héritiere puisnée de ladite Damoiselle de Montifray, d'autre part;
sur ce que, de la succession de ladite Damoyselle de Montifray, dépend la Maison principale de
la Fleuranciere, le Domaine, Fief & autres héritages & rentes faisant partie de ladite terre de
la Fleuranciere... que ladite maison principalle est en très-mauvais état, & n'est pas logeable... que
le partage desdites choses, aux deux parts & au tiers, ne convient point, seroit domageable,
difficile & incomode... qu'ayant conferés de tout ce que dessus à Messieurs D'AUTICHAMP, Lieutenant de Roy au Gouvernement de la Province d'Anjou, Ville & Chasteau d'Angers, & Chevallier D'AUTICHAMP, nos oncles, ils ont esté d'avis que ladite maison, terre & seigneurye de
la Fleuranciere, demeure à l'entier à l'un de nous le plus offrant... ladite maison... demeure, pour
le tout, à nous Comte & Comtesse d'Autichamp, comme l'ayant portée à la plus haulte enchiere,
que nous Marquis d'Autichaump acceptons, la trouvant convenable & avantageuse à nostre fils;
à la charge par nous, Comte & Comtesse d'Autichamp, de payer, par forme de retour de
partage, à nous Marquis d'Autichamp, pour nostredit fils, la somme de vingt-cinq mille livres,
tant pour son préciput, que les deux tiers dans le surplus.... Fait & arresté en triple à Angers, ce
vingt-cinquiesme Février mil sept cent vingt quatre. (*Signés*) AUTICHAMP, JOSEPH D'AUTI-
CHAMP, MONTIFROY-D'AUTICHAMP, D'AUTICHAMP. D'AUTICHAMP.

Transaction entre ANTOINE DE BEAUMONT, *Marquis d'Autichamp, &*
HENRI DE PELLETIER - DE GIGONDAS, *Seigneur de la Garde, son
Beaufrere.*

*Original en papier, conservé dans les Archives de M. le Marquis d'Autichamp, au Château
d'Autichamp.*

Sur le différent pret à naitre entre haut & puissant Seigneur Messire HENRI DE PELLETIER-DE 24 Octobre
GIGONDAS, Chevalier, Con-Seigneur de la Garde-Pareol, Citoyen de cette Ville de Carpen- 1724,
tras, Capitale du Comté Venaissin, en qualité de mari & maitre des droits de Dame MARIE
DE BEAUMONT-D'AUTICHAMP, fille de deffunt haut & puissant Seigneur Messire CHARLES-JUST
DE BEAUMONT, Chevalier, Marquis d'Autichamp, en Dauphiné, & de Dame GABRIELLE DE
LA BEAUME, d'une part; & haut & puissant Seigneur Messire ANTOINE DE BEAUMONT, Che-
valier, Marquis d'Autichamp, frere de lad. Dame, en qualité d'héritier dudit Messire CHARLES-
JUST DE BEAUMONT, leur pere... & de Donnataire universel de ladite Dame de LA BAUME,
d'une part; disant ledit Seigneur de la Garde, en ladite qualité, que pour son mariage avec
ladite Dame MARIE DE BEAUMONT, contracté en cettedite Ville de Carpentras le vingt-deux
Avril mil six cent quatre vingt-dix-huit, devant Messrs Floret & Rogier, Nor dudit Car-
pentras, ledit feu Messire CHARLES-JUST DE BEAUMONT, tant & son nom, que de lad. Dame
GABRIELLE DE LA BAUME, son Epouse, avoit passé procuration... à haute & puissante Dame
Jeanne de Tertulle-de la Roque, Marquise d'Aubignan & de Loriol, pour & au nom desdits
Seigneur D'AUTICHAMP & Dame DE LA BAUME, constituer en dot à ladite Damoiselle MARIE
D'AUTICHAMP, leur fille, la somme de trois mille livres, du chef paternel, & trois mille livres
du chef maternel à condition... que lesd. six mille livres, ensemble ce que ladite Dame Marquise d'Aubignan, sa tante, donneroit, de son chef particulier, à ladite Damoiselle d'Autichamp; serviroit à icelle Dame pour tous ses droits paternels & maternels, & droits de légitime... lesdits Seigneurs d'Autichamp & de la Garde s'étant rendus dans la Ville de Grenoble,
& ayant convenu pour Arbitres... de Mr de l'Arrodiere & de Mr de la Coste, Conseillers au
Parlement de Dauphiné, & de Messieurs Thomas Nugue & Jean-Pierre Pujol, Avocats audit

X ij

Parlement... le résultat a été tel que cy-après... & la stipulation en a été renvoyée en cette Ville, où lesdites Parties se sont retirées : Il est donc ainsi que cejourd'huy vingt-quatrième jour du mois d'Octobre, année mil sept cent vingt-quatre, pardevant moy Notaire soussigné... se sont pnllement establis led. Seigneur HENRI DE LA GARDE, en ladite qualité de mary & maître des droits dottaux de ladite Dame MARIE DE BEAUMONT D'AUTICHAMP... d'une part, & ledit Seigneur Marquis d'AUTICHAMP, en qualité d'héritier dudit Seigneur son pere, & de Donataire universel de ladite Dame DE LA BAUME, sa mere, d'autre part, ont... transigé... comme s'ensuit ; sçavoir que, moyennant la somme de huit mille livres... comptée & nombrée par ledit Seigneur Marquis d'Autichamp... & moyennant aussi vingt-une mille livres, reçeues de ladite Dame Marquise d'Aubignan, lesdits Seigneur & Dame DE LA GARDE, mariés, tiennent quitte ledit Seigneur Marquis d'Autichamp... de toutes prétentions, p'ntes & à venir, tant de légitime paternelle & fruits d'icelle, que de légitime maternelle à escheoir, quelque nombre d'enfans qu'il y ait au décès de ladite Dame DE LA BAUME.... Fait & publié audit Carpentras... en présence de Messrs Esprit-Joseph-Laurent Chabrol & Gabriel Olivier, Praticiens dudit Carpentras... & de moy Joseph Fornerii, Notaire public Apostolique dud. Carpentras. (*Signé*) Fornerii, Nor.

Convention faite entre ANTOINE DE BEAUMONT, *Marquis d'Autichamp;* FRANÇOIS DE BEAUMONT, *Abbé d'Autichamp;* LOUIS DE BEAUMONT, *Chevalier d'Autichamp; &* MARIE-EULALIE BINET-DE MONTIFRAY, *leur Belle-sœur, Veuve de* JOSEPH DE BEAUMONT, *Comte d'Autichamp, leur Frere.*

Original en papier conservé dans les Archives de M. le Marquis d'Autichamp, au Château d'Autichamp.

2 Mars 1739. Nous soussignez puissante Dame MARIE-EULALIE BINET-DE MONTIFRAY, veuve de puissant Seigneur Messire Joseph DE BEAUMONT, Chevallier, Seigneur, Comte d'Autichamp & autres lieux, Brigadier des Armées du Roy, Enseigne des Gardes-du-Corps de Sa Majesté, commune en biens avec luy, & sa Donnatrice, d'une part ; puissant Seigneur Messire ANTHOINE DE BEAUMONT, Chevallier, Seigneur, Marquis d'Autichamp, Roche & autres lieux, reçeu en survivance aux Charges de Lieutenant de Roy de la Ville & Château d'Angers, héritier principal & noble dudit deffunt Seigneur Comte d'Autichamp ; Messire FRANÇOIS DE BEAUMONT D'AUTICHAMP, Prêtre-Doyen de l'Eglise d'Angers, Abbé Commendataire de l'Abbaye d'Oigny, tant en mon nom, que faisant pour puissant Seigneur Monsieur DE LA GARDE, & pour Mrs & Dame ses enfants, & deffunte puissante Dame MARIE DE BEAUMONT-D'AUTICHAMP, vivant Epouse dudit Seigneur de la Garde ; & puissant Seigneur Messire LOUIS DE BEAUMONT, Chevallier d'Autichamp, Mestre-de-Camp & Exempt des Gardes-du-Corps ; Nous, Abbé & Chevallier d'Autichamp, héritiers puisnez, conjointement avec lesdits Seigneur & Dame de la Garde, dud. deffunt Seigneur Comte d'Autichamp, d'autre part, sommes convenus de ce qui suit ; c'est à sçavoir que nous, héritiers dudit deffunt Seigneur Comte d'Autichamp, après avoir eu lecture & communication du Testament olographe dudit deffunt Seigneur Comte d'Autichamp, de luy écrit & signé, du douze Décembre mil sept cent vingt-un, par lequel il a donné à ladite Dame de Montifray tous ses meubles, droicts & actions mobilliairs... dans lesquels meubles & effets mobilliairs est comprise la somme de sept mille livres & intérêts d'icelle, dubs audit deffunt Seigneur Comte d'Autichamp, par nous Marquis d'Autichamp, en conséquence de mon contrat de mariage & du testament de deffunte puissante Dame GABRIELLE DE LA BAUME, ma mere, décédée veuve de puissant Seigneur Messire CHARLES-JUST DE BEAUMONT, Chevallier, Seigneur, Marquis d'Autichamp, mon pere.... sommes convenus que ladite Dame Comtesse d'Autichamp aura la moitié des acquêts de ladite communauté de son chef, & que dans l'autre moitié dépendante de la succession dudit Seigneur Comte d'Autichamp, elle y sera fondée pour un tiers, en conséquence dudit Testament ; & que par rapport aux deux autres tiers, ils apartiendront à nous héritiers pour notre légitime à deffault de propres dans la succession dudit feu Seigneur Comte d'Autichamp.... Les principaux de touttes les... Rentes reviennent ensemble à la somme de soixante un mil sept cent quatre-vingt huit livres, dont il en apartient à madite Dame Comtesse d'Autichamp les deux tiers... Il apartient à nous héritiers un tiers de tous les Contrats de laditte Communauté cy-dessus raportez, lequel tiers revient à la somme de vingt mil cinq cent quatre-vingt seize livres, laquelle divisée des deux parts au tiers entre nous Marquis d'Autichamp & lesdits Seigneurs Abbé & Chevallier d'Autichamp, audit nom, cela fait pour les deux tiers de nous Marquis d'Autichamp, la somme de treize mil sept cent trente livres, treze sols, quatre deniers ; & pour le tiers de nous puisnez, celle de six mil huit cent soixante-cinq livres, six sols, huit deniers...... Fait triple soubz nos seings, à Angers ce deux Mars mil sept cent trente-neuf. (*Signé*) MONTIFROY-D'AUTICHAMP. DE BEAUMONT-D'AUTICHAMP. BEAUMONT-D'AUTICHAMP, Doyen d'Angers. DE BEAUMONT, Chevallier D'AUTICHAMP.

DE LA MAISON DE BEAUMONT. Liv. IV.   165

Acquifition faite par ANTOINE DE BEAUMONT, *Marquis d'Autichamp.*

Original en parchemin conservé dans les Archives de M. le Marquis d'Autichamp,
au Château d'Autichamp.

L'AN mil sept cents trente-neuf, & le quinzieme jour du mois d'Octobre après midy, pardevant le Notaire Royal de la ville de Crest soussigné... fust présent honeste Jean Jeusne, travailleur de terre, journalier de Roche-sur-Grâne, lequel de gré vend... à très haut & très puissant Seigneur Mre ANTOINE DE BEAUMONT, Chevalier, Seigneur, Marquis d'Autichamp, Roche-sur-Grâne, & autres Terres, receu en survivance à la Lieutenance de Roy de la province d'Anjou, & Commandant dans les Villes & Château d'Angers, present & acceptant, le Domaine que ledit Jeusne possede au terroir dudit Roche-sur-Grâne... pour le prix & somme de six mille six cents livres, sur laquelle somme il en a été imputé & compensé celle de six mille deux cents livres qui sont dues à l'hoirie de haute & puissante Dame GABRIELLE DE LA BAULME, sa mere, veuve de très haut & très puissant Seigneur Mre JUST DE BEAUMONT.... Fait & récité audit lieu d'Autichamp, dans le Château dudit Seigneur, aux presences de Mr Me Antoine Richard, Conseiller du Roy, premier Assesseur au Siege dudit Crest, & de St André de Maleval, Greffier audit Siege, signés avec... Brochard, Notaire.

15 Octobre 1739.

Extrait du Mercure de Décembre 1740. 2d *vol. pag.* 2959.

LE Roi a nommé à l'Evêché de Tulles, en Limosin, suffragant de Bourges, vacant du 27 Septembre dernier, par la mort de Charles du Plessis d'Argentré, FRANÇOIS DE BEAUMONT-D'AUTICHAMP, Prêtre, Doyen de l'Eglise Cathédrale d'Angers, & Abbé Commandataire de l'Abbaye d'Oigny, O. S. A. D. d'Autun, depuis le mois d'Avril 1731. Il est fils de CHARLES DE BEAUMONT, Seigneur d'Autichamp & de Roche-sur-Grave, & de GABRIEL DE LA BAUME-PLUVINEL. Il a pour frere aîné ANTOINE-LOUIS DE BEAUMONT, Seigneur d'Autichamp, de Roche & S. Martin, au mandement de Montelimart & de St Rambert, près de Vienne en Dauphiné, Lieutenant de Roy dans la Province d'Anjou, & Commandant pour S. M. dans la Ville & Château d'Angers, lequel a un fils, second Cornette des Chevaulégers d'Orléans, depuis le mois d'Avril 1738, dont on a raporté le Mariage dans le Mercure d'Octobre 1737, p. 2316, où le nom de sa mere est défiguré. Elle se nommoit JEANNE-OLIMPE BINET-DE MONTIFROY. LOUIS-IMBERT DE BEAUMONT, Chevalier d'Autichamp, Mestre de Camp de Cavalerie, Exempt des Gardes du Corps du Roy, & Brigadier de ses Armées de la Promotion du 15 Mars dernier est frere puîné du nouvel Evêque. JOSEPH DE BEAUMONT, appellé le Comte d'Autichamp, Enseigne des Gardes du Corps du Roy, & aussi Brigadier de ses Armées, dont la mort est raportée dans le Mercure de Janvier 1739, p. 183, étoit leur frere. Cette Maison de BEAUMONT est d'une très ancienne Noblesse. Elle tire son origine & son nom du lieu de Beaumont, près de la Mure en Graisivaudan dans le Dauphiné. Allard en a donné une Généalogie imprimée. Le Laboureur en a aussi donné une dans ses Mazurés de l'Isle-Barbe, tom. II. p. 239.

Ann. 1740.

Accord passé entre ANTOINE DE BEAUMONT, *Seigneur d'Autichamp, &*
LOUIS-IMBERT DE BEAUMONT, *son Frere.*

Original en papier, conservé dans les Archives de M. le Marquis d'Autichamp, au Château
d'Autichamp.

NOUS soussignés ANTOINE DE BEAUMONT, Marquis d'Autichamp, & LOUIS-IMBERT DE BEAUMONT, Chevallier d'Autichamp, mon frere : Sur les differends qui auroient pu naîstres entre nous à l'ocasion de la succession mobiliere de nôtre mere decedée le 5e Février 1738... sommes convenus de ce qui suit... Il m'abandonne ladite succession de notre mere en quoy qu'elle consiste... pour une pention annuelle & viagere de cinq cent livres, qui s'étendra à sa mort... & je luy ay payé ladite pention de cinq cent livres jusqu'à ce jour 5e Février 1742, qu'elle recommence à courir jusqu'à son décès d'année en année. De plus je promets & m'oblige de payer à mondit frere le Chevallier la somme de six milles livres.... Fait... double sous nos *saints*, à Angers ce 5e Février 1742.... (*Signé*) Chr D'AUTICHAMP. D'AUTICHAMP.

3 Février 1742.

Teſtament de M.^{de} la Comteſſe d'Autichamp, (Marie-Eulalie Binet-de Montifray).

Groſſe en papier ſignée Michelin & Vatry, Notaires au Châtelet de Paris, conſervée dans les Archives de M. le Marquis d'Autichamp, au Château d'Autichamp.

9 Juillet 1749. AU nom du Pere, du Fils & du Saint Eſprit.... Je veux eſtre anterrée très-ſimplement dans la Parroiſſe où je mouray, qu'on y chante une Grande-Meſſe, & qu'on y diſe trente Baſſes-Meſſes pour le repos de mon ame; qu'on faſſe dire auſſy, avec meſme intantion, ſix cens Meſſes dans de pauvres Communautés de Relligieuſes, qu'on donne huit cens livres aux Pauvres de la Paroiſſe où je mouray, les plus neceſſiteux.... Je ſuplie Madame la Supérieure de cette Communauté de Miramion, de remettre à Monſieur le Supérieur de cettedite Communauté de Miramion, ce mien preſant Teſtament, afin que l'exécution en ſoit plus promte.... J'auray une grande obligation à Monſieur le Supérieur de cette Maiſon, & à Madame la Supérieure, d'avoir la bonté d'exécuter exactement mes volontés.... Je leurs demande en grace... d'envoyer mon préſent Teſtament à Monſieur l'Eveſque d'Angers, pour qu'il ait la bonté de le remettre à mes Parents. Fait, par la grace de Dieu, ſaine de corps & d'eſprit, ce neuf Juillet mil ſept cens quarante-neuf, ainſy ſigné Montifroy-d'Autichamp. Je ſuplie encore Monſieur le Supérieur & Madame la Supérieure de cette Communauté de Miramion, d'abord après mon deceds d'aller trouver Monſeigneur de Beaumont, Archeveſque de Paris, pour luy dire qu'ils ont mon Teſtament, & je le ſuplie avec la derniere inſtance, de vous donner ſes conſeils pour éviter les formalités en pareil cas, qui pourroient retarder l'exécution de mon Teſtament & couter de l'argent; j'eſpere qu'en faveur des bontés dont il m'a toujours honoré, il voudra bien vous accorder ſa protection pour ce qui vous regarde en cette occaſion.... L'original deſdits Teſtament & Codicil a été depoſé pour minutte à M. Vatry, l'un des Notaires ſouſſignez... ſuivant l'acte de dépôt, dudit jour cinq Février mil ſept cent cinquante. Le tout demeuré audit M. Vatry, Notaire.

Teſtament d'Antoine de Beaumont, Marquis d'Autichamp, en faveur de Jean-Thereze-Louis, François-Charles-Antoine, & Antoine-Eulalie-Joseph de Beaumont, ſes Petit fils.

. . . .

7 Juillet 1753. IN nomine Domini amen. Le ſeptiéme jour de Juillet mil ſept cent cinquante-trois, après midy, pardevant nous Pierre-Jacques Deville, Notaire Royal à Angers, fut préſent puiſſant Seigneur Meſſire Antoine de Beaumont, Chevallier, Seigneur, Marquis d'Autichamp, Roches, Saint-Rambert & autres lieux, Lieutenant de Roy au Gouvernement d'Anjou, Ville & Château d'Angers, Parroiſſe de St Aignan, lequel... a fait... le préſent ſon Teſtament... ainſi que s'enſuit. Premierement... veut... que... ſon corps... ſoit inhumé dans la Chapelle du Château d'Angers, en l'enfeu de M.^{rs} d'Autichamp, ſes oncles, après avoir été porté en l'Egliſe Parroiſſiale de Saint Aignan... ſans aucune pompe, le plus ſimplement que faire ſe pourra, voullant au ſurplus que aucune Communauté de Relligieuſes n'y ſoit invitée... ordonne qu'il ſoit donné aux Pauvres de la Parroiſſe de Saint Aignan cent livres... trois cens livres à M.^{rs} les Directeurs de l'Hôpital Général... aux pauvres Malades de l'Hôtel-Dieu Saint Jean-l'Evangéliſte de cette Ville, pareille ſomme de trois cens livres... aux pauvres Incurables de cette Ville, pareille ſomme de trois cens livres. Item donne & legue la ſomme de quinze cens livres à la nommée Marion, demeurante en Dauphiné, née les premiers jours de May mil ſept cent trente-trois, à la Parroiſſe de Miribel près Romans, & qui a té élevée, en partie, dans le Couvent du Bourg d'Argental, près d'Annonay en Vivarais; Mr Fontaine, qui ſe mêle des affaires dud.^t Seig.^r Teſtateur, la connoîſt, & a toujours payé ce qui étoit néceſſaire pour ſon éducation... legue.. à Meſſire François-Charles-Antoine de Beaumont, Clerc tonſuré, ſon petit-fils, étant actuellement à Paris au Collége du Pleſſis, la ſomme de dix mille livres; plus, lui donne pareille ſomme de dix mille livres, au cas qu'il n'entre pas dans les Ordres ſacrés; & ſi led. Seigneur d'Autichamp, ſon petit-fils, eſt promu auxd. Ordres ſacrés, led. Seigneur Teſtateur luy legue ſeullement la ſomme de cinq cens livres de rente viagere, au lieu de lad. derniere ſomme de dix mille livres... legue... à Meſſire Antoine-Eulalie-Joseph de Beaumont, ſon autre petit-fils, la ſomme de vingt mille livres... &... a fait & inſtitué ſon héritier univerſel & général Meſſire Jean-Thereze-Louis de Beaumont-d'Autichamp, auſſi ſon petit-fils aîſné, Sous-Lieutenant au Régiment du Roy, Infanterie. Item led. Seigneur Teſtateur, connoiſſant l'affection, amitié & tendreſſe de Madame la Marquise d'Au-

TICHAMP, sa belle-fille, pour luy Seigneur Testateur & ses petits-enfans, & les attentions & soins particulliers qu'elle donne à l'éducation & à l'avancement de ses enfans... led. Seigneur Testateur veut... que ladite Dame d'Autichamp jouisse de tous ses biens... jusqu'à ce que chacun desd. Seigneurs d'Autichamp, ses enfans, ayent atteint leur âge de majorité de vingt-cinq ans, sans être obligée de leur rendre aucun compte.... Item donne... à Monsieur le CHEVALLIER D'AUTICHAMP, son frere, Brigadier des Armées du Roy, sa tabattiere d'or. Item... a nommé & élu pour son son Exécutrice-Testamentaire lad. Dame MARQUISE D'AUTICHAMP.... Fait & passé au Château d'Angers, en présence de Messire Auguste-Claude-François de Goddes, Chevallier, Seigneur de Varennes, ancien Capitaine au Régiment des Gardes-Françoises, demeurant à Angers... Vincent Benoist, Ecuyer, Maire & Capitaine général de cette Ville; Me Urbain-Elie Cassin, Prêtre, Chanoine de l'Eglise d'Angers, Témoins à ce requis & appellés; & ont signé, DE BEAUMONT-D'AUTICHAMP, de Godde de Varenne, Benoist, Cassin, & Deville, Notaire.

Testament de FRANÇOIS DE BEAUMONT-D'AUTICHAMP, Evêque de Tulles.

Grosse en papier, conservée dans les Archives de M. le Marquis d'Autichamp, au Château d'Autichamp, & signée de Jubert, Notaire Royal de Tulle, dépositaire de la minutte.

Au nom du Pere, & du Fils, & du Saint Esprit, ainsi soit-il.

HUMBLEMENT prosterné aux pieds de Jesus-Christ mon Sauveur, devant qui je dois bientôt paroître, me confiant dans sa bonté, & attendant tout de son infinie miséricorde. Je soussigné FRANÇOIS DE BEAUMONT D'AUTICHAMP, par la grace de Dieu, & la miséricorde de St Siège Apostolique, Evêque, Seigneur & Vicomte de Tulle, jouillant actuellement d'une entiere & parfaite santé; mais considérant dans les vues de la foy la fragilité, l'inconstance de cette vie, & l'incertitude de l'instant de ma mort, & voulant assurer aux Pauvres de Jesus-Christ ce qui me restera à cette derniere heure de mes revenus ecclésiastiques, & de tous les effets qui s'y trouveront, que j'ai toujours regardé comme leur patrimoine, & un dépôt que la divine Providence m'avoit confié, dont je dois leur rendre compte; voulant, d'ailleurs, prévenir les contestations qui pourroient naître entre mes parens, si venois à mourir *ab intestat*, je fais mon Testament & les dispositions de ma derniere volonté, comme s'ensuit. Premierement... je déclare que si je viens à mourir dans ce Diocèse, je veux être enterré dans mon Eglise Cathédrale; si je viens à mourir ailleurs, je veux que mon cœur y soit porté & enterré; mes honneurs funèbres seront faits... sans pompes ni rien qui ressente le faste & la vanité mondaine, mais cependant avec une simplicité proportionnée au rang & à l'état où la Providence m'a élevé dans son Eglise.... Je déclare avoir reçu de ma famille, pour mes droits légitimaires, la somme de vingt-cinq mille quelques cents livres, que je veux lui être rendue, sans aucune diminution; quant à l'excédant de mes biens, comme ils proviennent de mes revenus ecclésiastiques, je veux qu'ils soient employés en œuvres pies, suivant l'ordre de Dieu, & suivant la nature & la destination des biens de l'Eglise; je prie mes parens d'agréer cette mienne présente disposition, je l'attends de leur pieté & de la tendre amitié qui a toujours été entre nous. Je donne & legue à mes chers & vénérables Freres les Doyen, Chanoines & Chapitre de ma Cathédralle, la somme de mille livres... à Messieurs de St Pierre & de St Julien, aux Récolets, & aux Peres Carmes de cette Ville, & aux Récolets d'Argentat, à chacune desd. Communautés la somme de cent livres... à chacune des Communautés de Filles de cette Ville, la Visitation, Ste Ursule, S Bernard & Ste Claire... la somme de cent cinquante livres, aux deux Communautés de Filles d'Argentat, Ste Ursule & Ste Claire, la somme de cent livres, aux Fabriques de St Pierre & de Saint Julien de cette Ville la somme de trois cens livres... aux Fabriques des Eglises de la Guenne, Sainte Feréole, Beausseilles, Rocamadour, Veyrac, Saint Dionis & Meronne, dont je suis Curé primitif, en qualité d'Evêque de Tulle, à chacune desdites Eglises la somme de cent livres; de plus, je donne à l'Eglise de la Guenne mon ornement blanc à fleurs d'or & d'argent, avec mon petit calice, dont se sert mon Aumônier, & à St Ferreole mon ornement rouge à fleurs d'or & d'argent; de plus je donne aux Pauvres des sept susdites Paroisses la somme de cent livres à chacune... aux Pauvres honteux & aux pauvres Prisonniers de cette Ville la somme de trois cens livres... de plus, je legue cent livres de rente à perpétuité aux Pauvres honteux.... Je donne & legue aux Peres Récollets & aux Peres Carmes de cette Ville, à chacune de ces deux Communautés deux cens livres, & aux Peres Récolets d'Argentat, & aux Peres Feuillants de cette Ville, à chacune de ces deux Communautés, cent livres. Je donne & legue aux Peres Jésuites de cette Ville, ma bibliothéque & tous mes livres, à l'exception des Mémoires & Procès-verbaux du Clergé, qui appartiennent de droit à mon futur Successeur.... Je déclare avoir joui, depuis l'année mil sept cent trente-un, de l'Abbaye de Notre-Dame d'Oigny en Bourgogne, Diocèse d'Autun; je destine les revenus de ce qui pourra m'y être deu à ma mort, aux réparations de lad. Abbaye... enfin déclare qu'en tous mes autres biens... je nomme & institue pour mes héritiers universels les Pauvres de l'Hôpital général de Tulle; la présente institution aux charges & conditions suivantes.... Il sera pris sur tous les meubles, effets, or, argent, argen-

30 Juillet 1753.

168 PREUVES DE L'HISTOIRE GÉNÉALOGIQUE

terie, que je laisse aud. Hôpital, la somme de vingt-cinq mille liv. deux cens liv. qui est le montant de mes droits légitimaires, pour être rendu à mes parens... & être entre eux distribué de la maniere qui s'ensuit. Je legue & donne, de ladite somme de vingt-cinq mille deux cens livres, à mon très-cher frere le Chevalier DE BEAUMONT D'AUTICHAMP, Brigadier des Armées du Roy, & ancien Exempt de ses Gardes-du-Corps, étant actuellement en Anjou, la somme de deux mille six cens livres..!. à Mr DE LA GARDE, mon neveu, fils; à Mr DE LA GARDE & à deffunte Dame DE BEAUMONT-D'AUTICHAMP, ma très-chere sœur, la somme de deux mille six cens livres.... Je donne & legue le reste de mes biens légitimaires, qui montent à vingt mille livres, à mon très-cher frere aîné ANTOINE DE BEAUMONT, Marquis d'Autichamp, Lieutenant de Roy & Commandant dans les Ville & Chateau d'Angers; je le prie de remettre lad. somme de vingt mille livres à tel qu'il lui plaira de ses petits-fils, mes petits neveux; & au cas que mond. frere aîné vienne à décéder sans Testament, ou à mourir avant moy, je nomme dès aujourd'huy, aud. cas, pour recuïllir ledit legs, mon petit neveu DE BEAUMONT, Marquis d'Autichamp, Lieutenant dans le Régiment du Roy, Infanterie, & Lieutenant de Roy des Ville & Château d'Angers, en survivance de son grand-pere, & l'aîné de ses petits-fils.

Je nomme... mes Exécuteurs-Testamentaires Mr Melon de Pradoux, Trésorier de ma Cathédralle, M. de la Selve, Grand-Chantre de la même Eglise, & tous les deux mes Grands-Vicaires, & Mr Mignard, Supérieur de mon Séminaire, qui, en outre, choisiront deux de Ms les Administrateurs de l'Hôpital Général, pour faire exécuter, conjointement, mesdites dernieres volontés. Fait, écrit & signé de ma main au bas de chaque page, à Tulle, dans mon Palais Episcopal, ce trentieme Juillet mil sept cent cinquante-trois; signé : † FRANÇOIS; Evêque de Tulle....

Lettre écrite à Madame la MARQUISE D'AUTICHAMP, à l'occasion de la mort de M. l'Evêque de Tulle, son Oncle.

Original conservé dans les Archives de M. le Marquis d'Autichamp, au Château d'Autichamp.

Tulle, ce 12 Novembre 1761.

Madame,

12 Novembre 1761.

SI la nature pouvoit se taire, nous ne serions pas affligés de la mort des Saints : Monseigneur notre Evêque mourut comme meurent les Saints, hier à six heures du soir. Nous comprenons bien quel coup amer va porter à votre grand cœur la nouvelle de la mort d'un oncle qui vous étoit si cher, & qui vous aimoit si tendrement, parcequ'il vous estimoit très-sincérement; mais nous avons aussi perdu un Pasteur si attaché à son Troupeau, & le pere le plus tendre; sa confiance & son attachement pour nous, nous fait bien sentir que nous ne vivrons pas assez pour le regretter, comme nous le devons.

Monseigneur l'Evêque, par son Testament, donne à Mr le Marquis d'Autichamp, votre fils & son petit neveu, vingt mille livres; l'Hôpital Général de cette Ville est chargé, comme héritier universel, de payer ce legat; nous croyons bien que vous voudrez lui en apprendre la nouvelle, car nous ne sçavons pas où il est.

Nous sommes, Madame, vos très-humbles & très-obéissans Serviteurs,

Melon de Pradon, Thrésorier; La Selve & Mignard, Supéreur du Séminaire de Tulle.

La Suscription est : A Madame, Madame la MARQUISE D'AUTICHAMP, à Angers.

CHAPITRE

CHAPITRE XII.

LOUIS-JOSEPH DE BEAUMONT, titré Marquis d'Autichamp, Fils unique d'ANTOINE DE BEAUMONT, IIIe du nom.

Extrait des Regiſtres de l'Egliſe Paroiſſiale de St Aignan d'Angers ; tiré du Greffe de la Sénéchauſſée d'Angers, le 6 Décembre 1732, ſigné Baret, Greffier de cette Sénéchauſſée, & légaliſé.

LE Lundy vingt-quatrieme jour d'Aouſt mil ſept cent ſeize, a été baptiſé par nous Prieur-Curé de Saint Aignan, ſouſſigné, LOUIS-JOSEPH, né cejourd'huy, fils de Meſſire ANTOINE DE BEAUMONT-D'AUTICHAMP, Chevallier, Marquis dud. lieu, & de Dame JEANNE-OLLIMPE-LOUISE BINET-DE MONTIFRAY, ſa femme; ont été Parrain Meſſire JOSEPH DE BEAUMONT-D'AUTICHAMP, & Maraine EULLALIE DE MONTIFRAY-BINET; ont eſté preſens Meſſire ANTOINE DE BEAUMONT, pere de l'enfant; Mademoiſelle DE LA FLORANCIERE, tante de l'enfant, tous de cette Parroiſſe, ſouſſignés. D'AUTICHAMP, JOSEPH D'AUTICHAMP, Mlle de la Floranciere. (*Signé*) C. Vallée, Prieur-Curé de Saint Aignan d'Angers.

14 Aouſt 1716.

Contrat de Mariage de LOUIS-JOSEPH DE BEAUMONT, Marquis d'Autichamp, avec MARIE-CÉLESTE-PERRINE DE LOCQUET-DE GRANDVILLE.

Expédition en papier, délivrée le 23 Décembre 1764, par M^e le Doux, Notaire au Châtelet de Paris, ſur la mnutte dudit Contrat étant en ſa poſſeſſion comme ſucceſſeur de M^e le Roux, ci-devant Notaire, lequel l'étoit de Me Laideguive, qui a reçu ce Contrat; ſigné le Doux & Horque-de Cerville, ſon Confrere.

FURENT preſens haut & puiſſant Seigneur ANTOINE DE BEAUMONT, Chevalier, Seigneur, Marquis d'Autichnmp, Roch, Saint-Ramberr & autres lieux, reçu en ſurvivance à la Charge de Lieutenant du Roy des Ville & Château d'Angers, demeurant ordinairement en ladite Ville d'Angers...... tant en ſon nom, que comme ſtipulant pour haut & puiſſant Seigneur LOUIS-JOSEPH DE BEAUMONT, Chevalier, Marquis d'Autichamp, mineur, ſon fils unique, & de deffunte Dame JEANNE-OLIMPE BINAY-DE MONTIFRAY, ſon Epouſe... d'une part; haut & puiſſant Seigneur Julien Locquet-de Grandville, Chevalier, Comte de Morainville, Maréchal des Camps & Armées du Roy, demeurant ordinairement à Luneville en Lorraine.... au nom, & comme Tuteur à l'effet de paſſer le préſent contrat de MARIE-CELESTE-PERINE DE LOCQUET-DE GRANDVILLE, Demoiſelle ſa niece, fille de deffunts Meſſire Charles de Locquet, Chevalier, Seigneur de Grandville, & de Dame Marie-Celeſte de Gaubert, ſon Epouſe..... led. Seigneur Comte de Marainville, tant en ſon nom, que comme ſtipulant, aud. nom, pour lad. Demoiſelle MARIE-CELESTE-PERINE DE LOCQUET DE GRANDVILLE, ſa niece, demeurante à Paris rue de Grenelle, au Couvent de Pantemont, Paroiſſe St Sulpice, à ce préſente... d'autre part... Meſſire Charles-Jean de Locquet-de Grandville, Gentilhomme à drapeau au Régiment des Gardes-Françoiſes, frere de lad. Demoiſelle de Locquet de Grandville..... led. Seigneur de Grandville émancipé d'âge, procédant ſous l'autorité de Sieur Marin Brodel, ſon Curateur aux cauſes..... & René Robert, Ecuyer, Seigneur des Marchais, Docteur-Profeſſeur en Droit, ancien Maire de la Ville d'Angers...... fondé de procuration de haut & puiſſant Seigneur JEAN-CLAUDE DE BEAUMONT-D'AUTICHAMP, Chevalier, Seigneur de Miribel & Donay, Lieutenant de Roy au Gouvernement d'Anjou, Commandant pour le Roy dans la Ville & Château d'Angers..... encore d'autre part. Leſquelles Parties, de l'agrément de Leurs Majeſtés LOUIS XV du nom, Roy de France & de Navarre, & MARIE, ſon Epouſe, Reine de France & de Navarre; de Monſeigneur LOUIS, Dauphin de France; de Meſdames de France LOUISE, ELIZABETH, HENRIETTE, ANNE, & de Son Eminence Monſeigneur Herculle-André de Fleury, ancien Evêque de Frejus, Cardinal-Prêtre de la ſainte Egliſe Catholique, premier Miniſtre; & encore de l'avis & conſeil de leurs parents & amis; ſçavoir de la part dudit Seigneur Marquis D'AUTICHAMP, de haut & puiſſant Seigneur (1) DE BEAUMONT-D'AUTICHAMP, Brigadier des Armées du Roy, & Enſeigne de ſes Gardes-du-Corps, oncle; de très-haut & très-puiſſant Seigneur Monſeigneur de Lorraine, Prince de Lambeſc, amy; & de la part de lad. Demoiſelle DE GRANDVILLE, de très-haut & très-puiſſant Seigneur Monſei-

23 & 24 Juin 1737.

(1) *Sic.*

Y

PREUVES DE L'HISTOIRE GÉNÉALOGIQUE

gneur François-Marie Comte de Broglie, Maréchal de France, Chevalier des Ordres du Roy, Gouverneur des Ville & Châtellenie de Bergue, oncle; très-haute & puissante Dame Madame Thereze-Gillette Locquer-de Grandville, son Epouse; Demoiselle Françoise-Gillette Locquet-de Grandville, sœur; Messire Julien Locquet-de Marainville, cousin-germain paternel; haute & puissante Dame Marie-Anne Du Bois-de Villers, Epouse de haut & puissant Seigneur Victor-François Comte de Broglie, Colonel du Régiment de Luxembourg, Infanterie, cousine-germaine; très-haut & très-puissant Seigneur Monseigneur Louis Le Pelletier de Rozambo, Conseiller du Roy en tous ses Conseils d'Etat & Privé, Premier Président du Parlement de Paris; haut & puissant Seigneur Messire Louis Le Pelletier de Rozambo, Conseiller au Parlement; très-haut & très-puissant Seigneur Christian-Louis de Montmorency-Luxambourg, Prince de Tingry, Maréchal de France, Chevalier des Ordres du Roy, Lieutenant-Général de la Province de Flandres; haut & puissant Seigneur Mgr Aymard-Jean Nicolaï, Chevalier, Conseiller ordinaire du Roy en ses Conseils, Premier Président en sa Chambre des Comptes.... amis & très-haut & très-puissant Seigneur Monseigneur le Duc de Durefort, cousin-germain........
En considération dud. futur Mariage, & en attendant que l'on puisse procéder au partage des biens des successions desd. Seigr & Dame de Grandville, pere & mere de lad. Demlle. future Epouse, & de Dame Gillette Rotrou, son Ayeule paternelle, au jour de son décès veuve de Messire Charles Locquet de Grandville, ledit Seigneur Comte de Marainville, esd. noms, constitue en dot à la Demoiselle de Grandville, future Epouse, la somme de deux cens mille livres........
Led. Seigneur Marquis d'Autichamp, pere, abandonne aud. Seigneur son fils, futur Epoux, la jouissance qu'il a du tiers de la... terre de Montmoutier..... lui donne, par donnation entre-vif.... la Terre & Seigneurie d'Autichamp, & Roche-sur-Grane ... situées en Dauphiné....
&.... s'en réserve la jouissance sa vie durant à titre de précaire..... Ledit Sieur Robert, aud. nom de fondé de procuration dudit Seigneur JEAN-CLAUDE DE BEAUMONT D'AUTICHAMP, à par ces présentes, donné... aud. Seigneur futur Epoux.... les Terres & Seigneuries de Miribel & Donay, situées en Dauphiné près St Marcellin... & généralement tous les autres biens...
dud. Seigneur JEAN-CLAUDE DE BEAUMONT D'AUTICHAMP ... sous la réserve.... de la jouissance de tous lesdits biens donnés la vie durant dudit Seigneur Donnateur.... à la charge par ledit Seigneur futur Epoux.... de payer, sitôt le décès arrivé dudit Seigneur D'AUTICHAMP, Donnateur, la somme de vingt-cinq mille livres ... à Madame la Comtesse D'AUTICHAMP, niece dud. Seigneur Donnateur... comme aussi... pareille somme de vingt-cinq mille livres, de laquelle derniere somme lad. Dame Comtesse D'AUTICHAMP aura seulement l'usufruit & jouissance sa vie durant........ Fait & passé, à l'égard du Roy, de la Reine, de Monseigneur le Dauphin, Mesdames de France, à Versailles le vingt-trois Juin; de S. E. Mgr le Cardinal de Fleury, le même jour; & des Parties contractantes & autres, en l'Hôtel de mondit Seigr le Maréchal de Broglie, le vingt-quatrieme jour de Juin après midy, l'an mil sept cent trente-sept, & ont signé ainsi, signé LOUIS, Marie, Louis, Louise-Elisabeth, Henriette, Anne. Le Cardinal de Fleury. Le Maréchal de Broglie, Locquet Maréchalle de Broglie. Le Pelletier de Rosanbo.
DE BEAUMONT-D'AUTICHAMPS. DE BEAUMONT-D'AUTICHAMPS. M. C. P. Locquet de Grand-ville, Robert, Locquet de Grandville. BEAUMONT-D'AUTICHAMPS. Jacques Denassat. Locquet de Grandville; avec Vatry & Laideguive, Notaires.

Services Militaires de LOUIS-JOSEPH DE BEAUMONT, Marquis d'Autichamp.

Originaux en parchemin, conservés dans les Archives de M. le Marquis d'Autichamp, au Château d'Autichamp.

6 Mars 1738. AUJOURD'HUY 16e du mois d'Avril 1738, le Roy étant à Versailles, aïant reçu divers bons témoignages de la valeur.... du Sr Mqs D'AUTICHAMP.... Sa Majesté l'a retenu... & établi en la charge de second Cornette en la Compagnie des Chevaux-légers, qui est sous le titre d'Orléans, vacante par la démission du Sr de Torcy.... (*Signé*) LOUIS; (& plus bas) Bauyn, & (*en marge est écrit*) Louis de la Tour d'Auvergne, Comte d'Evreux, Colonel général de la Cavalerie, veu le présent Brevet... Mandons à Monsieur le Mqs de Clermont-Tonnerre, Me de Camp Gnal de la Cavalerie, de faire recevoir ledit Sieur Mqs D'AUTICHAMP en ladite charge.... Donné à Paris le 14e Juin 1738. (*Signé*) Le Comte d'Evreux; (& plus bas) Par Monseigneur, Gaultier; avec l'attache de M. le Marquis de Clermont-Tonnerre, du 18 Juin 1738. (*Signé*) Clermont-Tonnerre; (*plus bas*) par Monsgr, Louvat, & scellé.

16 Avril 1738. LOUIS, par la grace de Dieu, Roy de France & de Navarre: A notre cher & bien amé le St Mqs D'AUTICHAMP, second Cornette en la Compagnie des Chevaux-légers, qui est sous le titre d'Orléans, Salut: Mettant en considération les services que vous nous avez rendus,... & voulant vous en témoigner notre satisfaction, en vous donnant dans nos Troupes de Cavalerie, un rang au dessus de celui que vous y avez présentement.... Nous vous... commettons:... & établissons par ces présentes... pour en ladite qualité de second Cornette, prendre & tenir rang

DE LA MAISON DE BEAUMONT. Liv. IV.

de Lieutenant Colonel dans nosdites Troupes de Cavalerie, du jour & datte de ces présentes....
Donné à Versailles, le seizieme jour du mois d'Avril, l'an de grace 1738. (*Signé*) LOUIS;
(*& plus bas*) Par le Roy, Bauyn; *avec l'attache de M. le Comte d'Evreux, dattée de Paris,
le 14ᵉ Juin 1738*. (*Signé*) Le Comte d'Evreux; (*& plus bas*) par Monseigneur, Gaultier; &
celle de *M. le Marquis de Clermont-Tonnerre, du 18 du même mois.* (*Signé*) Clermont-Tonnerre;
(*& plus bas*) Par Monseigneur, Louvat; *& scellé*.

AUJOURD'HUY 1ᵉʳ du mois de May 1742, le Roy étant à Fontainebleau, désirant recon- — 1ᵉʳ Mai 1742.
noître les bons & fideles services qui lui ont été rendus depuis plusieurs années, par le Sieur
Mⁱˢ D'AUTICHAMP, second Cornette en la Compagnie des Chevaux-légers, qui est sous le
titre d'Orléans.... Sa Majesté l'a retenu... & établi en la charge d'Enseigne en la Compagnie
d'Hommes d'armes de ses Ordonnances, qui est sous le titre des Anglois, vacante par la démission du Sieur Vicomte de Laval-Montmorency.... (*Signé*) LOUIS; (*& plus bas*) de Breteuil.

LOUIS, &c. A notre cher & bien amé le Sieur BEAUMONT-D'AUTICHAMP, Enseigne en la — 26 Décembre
Compagnie d'Hommes d'armes de nos Ordonnances, qui est sous le titre des Anglois, Salut: 1743.
Mettant en considération les services que vous avez rendus dans toutes les occasions qui s'en
sont présentées... Nous vous ... commettons... & établissons par ces Présentes.... pour en
ladite qualité d'Enseigne, prendre & tenir rang de Mᵉ de Camp dans nosdites Troupes de
Cavalerie, du jour & datte de ces Présentes.... Donné à Versailles, le 26ᵉ jour de Décembre,
l'an de grace 1743.... (*Signé*) LOUIS; (*& plus bas*) Par le Roy, M. P. de Voyer-d'Argenson.

LOUIS, &c. A notre cher & bien amé le Sieur MARQUIS D'AUTICHAMP, Enseigne en la — 10 Septembre
Compagnie des Gendarmes Anglois, avec rang de Mᵉ de Camp de Cavalerie, Salut: La charge 1744.
de Colonel-Lieutenant du Régiment d'Enghien, dont étoit pourvu le Sieur Comte
de l'Aigle, étant à présent vacante par sa promotion au grade de Maréchal de Nos Camps &
Armées, & désirant remplir ladite charge d'une personne qui ait toutes les qualités requises
pour s'en acquitter dignement.... Nous vous avons commis... & établi, commettons... & établissons par ces Présentes... Colonel-Lieutenant dudit Régiment, & Capitaine de la premiere
Compagnie d'icelui... pour en ladite qualité de Colonel-Lieutenant, commander ledit Régiment, le conduire & exploiter sous notre autorité & sous celle de nos Lieutenants Généraux...
Donné à Metz, le 10ᵉ jour de Septembre, l'an de grace 1744.... (*Signé*) LOUIS; (*& plus
bas*) Par le Roy, M. P. de Voyer-d'Argenson.

---

*Donation faite par LOUIS-JOSEPH DE BEAUMONT, Marquis d'Autichamp,
à JEAN-THEREZE-LOUIS DE BEAUMONT-D'AUTICHAMP, son Fils aîné.*

Grosse en parchemin conservée dans les Archives de M. le Marquis d'Autichamp, au Château
d'Autichamp.

LE vingt-huitieme jour de Juin mil sept cent quarante-sept, après midy, pardevant les Notaires — 14 Octobre
Royaux à Angers, soussignés, fut présent haut & puissant Seigneur Messire Charles-François 1746.
d'Andigné, Chevallier, Seigneur, Comte de Sainte-Gemme, d'Andigné, Seigneur de la Blanchaye & autres lieux; demeurant audit Angers..... au nom & comme Procureur de haut &
puissant Seigneur Messire LOUIS-JOSEPH DE BEAUMONT, Marquis d'Autichamp, Colonel-Lieutenant au Régiment d'Enguien, & Lieutenant de Roy de la Province d'Anjou, demeurant ordinairement au Château d'Angers, Parroisse de S. Aignan, suivant sa procuration du 5 Avril dernier, passée
devant Mᵉ Etienne Bazin, Avocat en Parlement, Greffier de la Connétablie, faisant seul les
fonctions de Notaire à l'Armée du Roy en Flandre..... lequel Seigneur d'Andigné, comme
Procureur dudit Seigneur Marquis d'Autichamp, a... fait donnation entre-vifs & irrévocable...
à Messire JEAN-THEREZE-LOUIS DE BEAUMONT D'AUTICHAMP, son fils aîné, issu de son mariage
avec haute & puissante Dame MARIE-CELESTE-PERRINE LOCQUET DE GRANDVILLE, son
Epouse, de la Terre & Seigneurie d'Autichamp, & Roche-sur-Grane, située dans la Province
du Dauphiné, Paroisses d'Autichamp & de Roche, circonstances & dépendances, pour par
ledit Seigneur JEAN-THEREZE-LOUIS DE BEAUMONT, Donnataire, ses hoirs & ayans causes,
jouir, faire & disposer desdites Terres en toute propriété.... à commencer ladite jouissance;
sçavoir, pour la propriété, de ce jour, & pour la jouissance des fruits, de celluy des deceds dud.
Seigneur d'Autichamp, Donnateur, & de haut & puissant Seigneur Messire ANTHOINE DE
BEAUMONT, Chevallier, Seigneur, Marquis d'Autichamp, pere dud. Seigneur Donnateur,
Lieutenant de Roy & Commandant de la Ville & Château d'Angers, lequel s'est réservé la
jouissance, pendant sa vie, de ladite Terre & Seigneurie d'Autichamp, la Roche-sur-Grane,
par le don qu'il en a fait audit Seigneur Donnateur, par son contrat de mariage avec ladite
Dame de Grandville..... & en outre à la charge par lui de payer à ses freres & sœurs puisnés,
nés & à naître en légitime mariage, la somme de vingt mille livres, à partager entr'eux par
portions égales..... ledit Seigneur Procureur, audit nom, substitue les autres fils dud. Seigneur

Y ij

PREUVES DE L'HISTOIRE GÉNÉALOGIQUE

Donnateur, les uns après les autres, par ordre de primogéniture, audit Seigneur Donnataire, pour recueillir, par substitution & fidéi-commis, lesdites Terres d'Autichamp & de Roche-sur-Grane, après les decèds desd. Seigneurs d'Autichamp, pere & ayeul dudit Seigneur Donnataire, & des Substitués & Constituaires; laquelle présente Donnation..... a été acceptée par haut & puissant Seigneur Messire LOUIS DE BEAUMONT, Chevallier d'Autichamp, Brigadier des Armées du Roy, son grand oncle..... à ce présent, demeurant aud. Angers..... pour ledit Seigneur JEAN-THEREZE-LOUIS DE BEAUMONT, comme son Tuteur institué pour l'acceptation de la présente Donnation...... Fait & passé audit Angers au Château dud. lieu, Paroisse de Saint Aignan......... (*Signé*) Bry, Notaire Royal, & Esnault, Notaire ℟......

Lettre de S. A. S. Monseigneur le Comte de Clermont, Prince du sang, à M. le Marquis D'AUTICHAMP, sur la mort de son Fils.

Original conservé dans les Archives de M. le Marquis d'Autichamp, au Château d'Autichamp.

23 Juillet 1747. J'AY fort regretté, Monsieur, M. D'AUTICHAMP, votre fils, qui étoit un très bon Officier & fort appliqué à son devoir. J'ay écrit à M. d'Argenson pour luy recommander ses Enfans, & leurs faire avoir quelques pensions : Ils sont dignes des graces du Roy, & il ne tiendra pas à moy qu'ils ne se ressentent des services de leur pere, & de l'amitié que j'avois pour luy. Soyés persuadé, Monsieur, de la considération que j'ay pour vous. (*Signé*) Louis de Bourbon. (*Au bas de la page sont ces mots*) M. LE M^Q^S D'AUTICHAMP.

CHAPITRE XIII.

JEAN-THEREZE-LOUIS DE BEAUMONT, Marquis d'Autichamp; FRANÇOIS-CHARLES & ANTOINE-JOSEPH-EULALIE, ses Freres; Enfans de LOUIS-JOSEPH.

Extrait des Regîstres de l'Eglise Paroissiale de St Aignan, de la ville d'Angers; delivré le 23 Avril 1768, par le Curé de St Evroul, en l'absence de M. Rangeard, Prieur-Curé de St Aignan, signé M. M. Gouppil; & légalisé.

18 Mai 1738. LE Dimanche dix-huitième jour du mois de May 1738, a été baptisé par moy soussigné, Doyen & Chanoine de l'Eglise d'Angers, Abbé d'Oigny, Vicaire-Général de Monseigneur l'Evêque dudit Angers, JEAN-THERESE-LOUIS, né d'hier au soir, fils de haut & puissant Seigneur Messire LOUIS-JOSEPH DE BEAUMONT, Chevalier, Marquis d'Autichamp, Guidon de Gendarmerie, présent, & de haute & puissante Dame MARIE-CELESTE-PERRINNE LOCQUET-DE GRANDVILLE, son Epouse; a été Parain haut & puissant Seigneur Messire JEAN-CLAUDE DE BEAUMONT, Chevalier, Seigneur d'Autichamp, Miribel & autres lieux, Lieutenant de Roy de la Province d'Anjou, & Commandant dans les Ville & Château dudit Angers, lequel Seigneur JEAN-CLAUDE DE BEAUMONT n'ayant pu faire par lui-même, à cause de son indisposition, a été représenté par haut & puissant Seigneur Messire JOSEPH DE BEAUMONT, Chevalier, Comte d'Autichamp, Brigadier des Armées du Roy, Enseigne de ses Gardes-du-Corps..... a été Maraine très-haute & très-puissante Dame Madame Therese-Gillette Locquet-de Grandville, Epouse de très-haut & très-puissant Seigneur Monseigneur François-Marie, Comte de Broglie, Maréchal de France, Chevalier, Commandeur des Ordres du Roy, Gouverneur des Ville & Châtellenie de Bergue.... représentée par haute & puissante Dame EULALIE BINET-DE MONTIFRAY, Epouse dudit Seigneur JOSEPH DE BEAUMONT...... La minutte est signée BEAUMONT D'AUTICHAMP. MONTIFRAY-D'AUTICHAMP. BEAUMONT-D'AUTICHAMP. BEAUMONT-D'AUTICHAMP. BEAUMONT-D'AUTICHAMP, Vic. Gen. & Doyen de l'Eglise d'Angers. J. Davy, Prieur-Curé de Saint Aignan.

Extrait des Regîstres de la même Paroisse, delivré le 30 Janvier 1768, sur la minute déposée au Greffe de la Sénéchaussée d'Angers, par le Greffier de ce Siège, signé Le Gras, & légalisé.

30 Mai 1739. LE Samedy trentieme jour de May mil sept cent trente-neuf, a été baptisé par moy soussigné, FRANÇOIS DE BEAUMONT-D'AUTICHAMP, Doyen & Chanoine de l'Eglise d'Angers, Abbé

DE LA MAISON DE BEAUMONT. L^{IV}. IV.   173

d'Oigny, Vicaire-Général de Monseigneur l'Illustriffime & Révérendiffime Evêque d'Angers, FRANÇOIS-CHARLES-ANTOINE, né d'aujourd'huy, fils de haut & puiffant Seigneur Meffire LOUIS-JOSEPH DE BEAUMONT, Chevalier, Marquis d'Autichamp, Guidon de Gendarmerie..... & de haute & puiffante Dame MARIE-CELESTE-PERRINNE DE LOCQUET-DE GRANDVILLE, son Epouse, demeurans au Château en cette Paroiffe ; a été Parain très-haut & très-puiffant Seigneur Monseigneur François-Marie Comte de Broglie, Maréchal de France, Chevalier, Commandeur des Ordres du Roy, Gouverneur des Ville & Château de Bergue, Commandant en chef, pour Sa Majefté, en haute & baffe Alface... reprefenté par Jean-Joseph Gillet, Etudiant..... a été Maraine, haute & puiffante Dame Charlotte-Elifabeth de Royer, Epouse de haut & puiffant Seigneur Meffire Etienne-Jullien de Locquet, Chevalier, Seigneur de Grandville, Comte de Marainville, Maréchal des Camps & Armées du Roy, demeurante à Lunéville en Lorraine.... repréfentée par Sophie Perrault, fille demeurante aud. Château..... signés... BEAUMONT-D'AUTICHAMP.... & J. Davy, Prieur-Curé de Saint Aignan.

Extrait des Regiftres de la même Paroiffe, délivré, signé & legalifé comme l'Extrait précédent.

LE Jeudi dixieme jour de Décembre mil sept cent quarante-quatre, a été baptisé par moy Prieur-Curé fouffigné, ANTOINE-JOSEPH-EULALIE, né d'aujourd'huy, fils de haut & puiffant Seigneur Meffire LOUIS-JOSEPH DE BEAUMONT, Chevalier, Marquis d'Autichamp, Seigneur de Monmortier, Miribel & autres lieux, Colonel du Régiment d'Enguien, Infanterie, abfent, & de haute & puiffante Dame MARIE-CELESTE-PERRINNE LOCQUET-DE GRANDVILLE, son Epouse ; a été Parein haut & puiffant Seigneur Meffire ANTOINE DE BEAUMONT, Chevalier, Marquis d'Autichamp.... Seigneur de Roche, Saint-Rembert & autres lieux, Lieutenant de Roy en la Province d'Anjou, Commandant dans la Ville & Château d'Angers, y demeurant..... grand-pere de l'enfant ; a été Mareine haute & puiffante Dame EULALIE BINET-DE MONTIFRAY, veuve de haut & puiffant Seigneur Meffire JOSEPH DE BEAUMONT, Chevalier, Comte d'Autichamp, Brigadier des Armées du Roy, Enfeigne de fes Gardes-du-Corps, grand-tante de l'enfant.... repréfentée par Demoifelle Marie Boylefve du Planty.... en préfence de M. Boylefve du Planty, ancien Lieutenant des Gardes-du-Corps. Signé D'AUTICHAMP... & J. Davy, Prieur-Curé de Saint-Aignan.

10 Décembre 1744.

Contrat de Mariage de JEAN-THEREZE-LOUIS DE BEAUMONT, Marquis d'Autichamp, avec MARIE-CHARLOTTE MAUSSION-DE LA COURTAUJAY, Veuve du Marquis de Vaftan.

Groffe en parchemin, confervé dans les Archives de M. le Marquis d'Autichamp, à Autichamp.

PARDEVANT les Confeillers du Roy, Notaires au Châtelet de Paris, fouffignés, furent préfents haut & puiffant Seigneur JEAN-THEREZE-LOUIS DE BEAUMONT, Chevalier, Seigneur Marquis d'Autichamp, Seigneur de Roche-fur-Grave, St Rambert, Meribel, Onay & autres lieux, Lieutenant de Roy des Ville & Château d'Angers & Province d'Anjou, Colonel du Régiment de fon nom, majeur, fils de deffunt haut & puiffant Seigneur LOUIS-JOSEPH DE BEAUMONT, Ch'lr, Sg^r Marquis d'Autichamp, Seigneur de Roche-fur-Grave... Lieutenant de Roy de la Province d'Anjou, & Colonel-Lieutenant du Régiment d'Enghien, & de haute & p^{te} Dame MARIE-CELESTE-PERINE LOCQUET-DE GRANDVILLE, son épouse, à préfent fa veuve ; ledit Seigneur Marquis d'Autichamp affifté... de ladicte D^e Marquife d'Autichamp, fa mere... demeurants lefd. Seigneur Marquis & Dame Marquife d'Autichamp, ordinairement au Château d'Angers, Paroiffe de St Aignan... d'une patt ; & haute & puiffante Dame MARIE-CHARLOTTE MAUSSION-DE LA COURTAUJAY, veuve de haut & puiffant Seigneur AUGUSTIN AUBERY, Ch'lr, Seig^r Marquis de Vaftan, Comte de St Ifnes, Brigadier des Armées du Roy, & Colonel d'un Régiment d'Infanterie de fon nom... ftipulante pour elle en fon nom comme émancipée par fon mariage, & encore affiftée au préfent Contract. de Mre Etienne-Charles Mauffion-de la Courtaujay, Ch'lr, Confeiller du Roy, Receveur Général des Finances de la Généralité d'Alençon, & de Dame Marie-Therefe-Antoine Bergeret, fon épouse ; mefdits S^r & D^e de la Courtaujay, ftipulants pour ladite D^e Mq^{fe} de Vaftan, leur fille encore mineure, d'autre part. Lefquels, en la préfence & de l'agrément de leurs Majeftés, le Roy & la Reine, & en préfence de Monseigneur le Dauphin, de Mefdames de France, de Mg^r le Duc d'Orléans, de Mg^r le Duc de Chartres, de Mg^r le Prince de Condé, de Mg^r le Comte de la Marche, de Mad^e la Comteffe de Brionne, de Mg^r le Prince de Lambefc, fon fils ; & auffy en la préfence des parents & amis cy-après nommés : c'eft à fçavoir, de la part dudit Sg^r futur Epoux, de haut & p^t Seig^r FRANÇOIS-CHARLES-ANTOINE DE BEAUMONT-D'AUTICHAMP, Chanoine de l'Eglife de Paris, frere ;

25 & 29 Aouft 1763.

DE Mgr L'ARCHEVÊQUE DE PARIS, cousin paternel; & de la part de madite Dlle future épouse; de Pierre-François Bergeret, Ecuier, Conseiller, Secrétaire du Roy, Maison, Couronne de France & de ses Finances, Sgr de Négrepelisse & autres lieux, ayeul maternel; de Mre Etienne-Thomas Maussion, Ch'lr, frere; de Mre Antoine-Pierre Maussion-Dénombré, Ch'lr, frere; Mre Jean-François Bergeret, Conseiller du Roy en ses Conseils, Secrétaire, Direction & Finances de Sa Majesté, oncle maternel; de Mre Pierre-Jacques-Onezime Bergeret, Conseiller du Roy, Receveur Gn'al des Finances, de la Généralité de Montauban, oncle maternel; de Mre Louis de Maussion, Ch'lr, Sgr de Candé, Conseiller au Parlement, cousin germain paternel; de haute & pte Dlle Marie-Victoire Boucher, veuve de haut & pt Sgr Louis-Marie-François-Honorine Vicomte de Rochechouart-Ponville, Cornette de la premiere Compagnie des Mousquetaires, cousine issue de germain maternelle... ont fait & arrêté les Traité de Mariage & Conventions qui suivent: Déclarent lesd. Seigr & Dame futurs époux qu'ils se marient avec les biens & droits à eux appartenants... les biens dudit futur époux consistent en ceux qui suivent, sçavoir: Premierement les Terres & Seigneuries d'Autichamp, Roche-sur-Grave, & Domaine de Chanron :.... en... Dauphiné... à la charge de fournir à chacun de ses deux freres puisnés la somme de vingt mille livres... Plus la Terre & Seigneurie de St Rambert située dans la même Province... appartenante audit Seigr futur époux comme héritier institué de son ayeul, à la charge de fournir à chacun de ses deux freres puisnés la soe de vingt mille livres... Plus il appartient audit Seigr futur époux la somme de vingt mille livres à luy léguée par Monseigneur l'Evêque de Tulle, suivant son Testament... Plus la charge de Lieutenant de Roy de la Ville & Château d'Angers, produisant six mille livres par an. Plus la charge de Lieutenant de Roy de la Province d'Anjou, dont la Finance est de quatante cinq mille livres. Plus le Régiment de son nom dont la taxe est de cent mille livres... Plus en six cent livres de pension à luy accordée par Sa Majesté sur le Trésor Royal... Et indépendamment des biens cy-dessus, ladite Dlle Marquise d'Autichamp & led. Seigr futur époux, ont déclaré que ladite Dlle Mqse d'Autichamp, a acquis tant pour elle que pour led. Seigr futur époux, la terre de Château-Gontier située en Anjou, moyennant quatre cent cinquante mille livres... Outre les biens cy-dessus, la succession dudit Seigneur Marquis d'Autichamp, pere, s'est trouvée composée des biens cy-après, sçavoir:... des terres de Meribel & Onay en Dauphiné... Plus la terre de Montmoutier en Anjou... Fait & passé, à l'égard de leurs Majestés, le Roy, la Reine, Monseigneur le Dauphin, Madame la Dauphine, & Mesdames de France, au Château de Versailles, l'an mil sept cent soixante-trois, le vingt-cinquieme jour d'Aoust, & à l'égard des autres Seigneurs Princes, des parties, Parents & Amis, en leurs Hôtels & demeures à Paris, le vingt-neuf dudit mois d'Aoust, avant & après midy, & ont signé la minutte des présentes, demeurée audit Me Le Bœuf-de le Bret, Notaire. (*Signé*) Le Bœuf-de le Bret & Laideguive.

Services & Grades Militaires de JEAN-THEREZE-LOUIS DE BEAUMONT, *Marquis d'Autichamp.*

Originaux conservés dans les Archives de M. le Marquis d'Autichamp, au Château d'Autichamp.

27 Mai 1749. MONSr le Comte de Guerchy ayant donné à D'AUTICHAMP la Charge de Lieutenant en second, sans appointemens, en la Compagnie de Coespelle, dans mon Régiment d'Infanterie que vous commandez, vacante par l'abandonnement de Julliac; je vous écris cette lettre pour que vous ayiez à le recevoir & faire reconnoître en ladite Charge..... Ecrit à Versailles le 27 May 1749. (*Signé*) LOUIS. (*Et plus bas*) M. P. de Voyer-d'Argenson.

20 Aoust 1753. LOUIS, par la grace de Dieu, Roy de France & de Navarre: A notre cher & bien amé le Sr DE BEAUMONT-D'AUTICHAMP, Officier dans notre Régiment, Infanterie; Salut: La Charge de notre Lieutenant en nos Ville & Château d'Angers, étant présentement vacante par le décès du Sieur LOUIS-ANTOINE DE BEAUMONT-D'AUTICHAMP, votre grand-pere, & ayant égard aux bons & utiles services qu'il nous a rendus, ainsy que ses ancestres, dans lad. Charge, Nous persuadans également, qu'à leur exemple, vous nous donnerez des preuves de votre fidélité & attachement à notre service, Nous avons cru ne pouvoir faire un meilleur choix, pour la remplir, que de votre personne, par la connoissance que Nous avons déjà de votre valeur, capacité & bonne conduite; à ces causes.... nous vous avons commis.... & étably, commettons.... & établissons par ces présentes.... pour faire lad. Charge de Lieutenant en nosd. Ville & Château d'Angers...... Donné à Versailles le 10e jour du mois d'Aoust, l'an de grace 1753.... (*Signé*) LOUIS; (*& plus bas*) par le Roy, Phelypeaux. Enregistré au Greffe de l'Hôtel commun de la Ville d'Angers.... ce jour dix-sept Septembre 1753... (*Signé*) Heurtelou, fils. (*Au dos est écrit*) La Commission, de l'autre part, a été lue & publiée.... l'Audience de la Sénéchaussée d'Angers tenante.... ordonné qu'elle seroit registrée à ce Greffe....(*Signé*) Mondain, (*Greffier*).

DE LA MAISON DE BEAUMONT. LIV. IV. 175

MONSIEUR le Comte de Revel ayant donné à JEAN-THERESE-LOUIS DE BEAUMONT- 25 Juin 1756.
D'AUTICHAMP, Lieutenant en second dans mon Régiment d'Infanterie, la charge d'Enseigne
en la Compagnie Colonelle du Régiment d'Infanterie de Poitou que vous commandez, vacante
par la promotion de St Ouen à une Lieutenance, je vous écris cette lettre pour vous dire que
vous ayiez à le recevoir & faire reconnoître en lad. Charge.... Ecrit à Versailles le vingt-cinq
Juin 1756. (*Signé*) LOUIS ; (*& plus bas*) M. P. de Voyer-d'Argenson.

LOUIS, &c. A notre cher & bien amé le St JEAN-THEREZE-LOUIS BEAUMONT, Mq's d'Au- 7 Juillet 1758.
tichamp, Enseigne dans le Régiment d'Infanterie de Poitou, Salut : Mettant en considération les
services que vous nous avez rendus dans toutes les occasions....Nous vous avons commis...
& établi, commettons... & établissons... Capitaine réformé à la suite du Régiment de Cavalerie
de la Meth, pour y servir en ladite qualité non-obstant ce qui est porté par le sixieme article de
notre Ordonnance du 29 Février 1728.... Donné à Versailles, le septieme jour de Juillet, l'an de
grace 1758.... (*Signé*) LOUIS ; (*& plus bas*) Par le Roy, Boyer.

LOUIS, &c. A notre cher & bien amé le St JEAN-THEREZE-LOUIS BEAUMONT, Marquis 20 Février 1761.
d'Autichamp, Capitaine réformé à la suitte du Régiment de Cavalerie de Ray, Salut : La charge
de Mt de Camp du Régiment de Dragons, dont étoit pourvu le St Comte de Caraman, étant
à présent vacante par sa promotion au grade de Ma'al de Camp en nos Armées, & désirant de
la remplir d'une personne qui s'en puisse bien acquiter.... Nous vous avons commis... & établi-
bly, commettons... & établissons... M. de Camp dudit Régiment.... Donné à Versailles, le
20e jour de Février, l'an de grace 1761.... (*Signé*) LOUIS ; (*& plus bas*) Par le Roy, Le
Duc de Choiseul. *Avec l'attache de M. le Duc de Chevreuse, Colonel Général des Dragons de
France, du 20 Mars 1761.* (*Signé*) Le Duc de Chevreuse; (*& plus bas*) Par Monseigneur
Colonel Gn'al, Bernard, Secrétaire Gn'al; & *celle de M. le Duc de Coigny, du 21 Mars 1761*.
(*Signé*) Le Duc de Coigny; (*plus bas*) Par Monseigneur, de la Miniere, *& scellé*.

NOUS François d'Azemard-de-Panat, Comte de la Serre... Lieutenant Gn'al des Armées 7 Février 1763.
du Roy, Inspecteur Gn'al d'Infanterie, Grand-Croix de l'Ordre Royal & Militaire de Saint-
Louis, & Gouverneur de l'Hôtel Royal des Invalides, &c. certifions qu'en exécution des Ordres
dont le Roy nous a honoré, le premier de Janvier 1763, nous avons conféré aujourd'huy
septieme de Février de la même année, à Monsieur JEAN-THERESE-LOUIS DE BEAUMONT, Mestre de Camp d'un Régiment de Dragons ; en foy de quoi nous lui avons délivré le présent, signé de notre main, & cacheté de nos
armes. Fait à Paris dans ledit Hôtel Royal des Invalides, le 7e jour du mois de Février 1763.
(*Signé*) La Serre.

AUJOURD'HUY troizieme du mois de Janvier 1770, le Roy étant à Versailles, mettant en 3 Janvier 1770.
considération les bons & fideles services que le St JEAN-THERESE-LOUIS DE BEAUMONT, Mq's
d'Autichamp, Mestre de Camp d'un Régiment de Dragons, lui a rendus en diverses charges &
Emplois de guerre qui lui ont été confiés.... & voulant lui en marquer sa satisfaction, Sa Majesté l'a retenu, ordonné & établi en la charge de Brigadier de Dragons en ses Armées....
(*Signé*) LOUIS ; (*& plus bas*) Le Duc de Choiseul.

LOUIS, &c.... Salut : La charge de Capitaine-Lieutenant de la Compagnie d'Hommes 3 Janvier 1770.
d'armes de Nos Ordonnances, qu'avoit le Mq's de Castellanne, étant à présent vacante par sa
promotion au grade de Ma'al de Camp en Nos Armées, & désirant la remplir d'une personne
qui ait toutes les qualités requises pour s'en acquiter dignement, Nous avons estimé que nous
ne pouvions faire pour cette fin un meilleur choix que de la personne du St JEAN-THERESE-
LOUIS DE BEAUMONT, Mq's d'Autichamp, Brigadier, Mestre de Camp d'un Régiment de
Dragons, pour les preuves qu'il nous a données de sa valeur... & bonne conduite dans toutes
les occasions de guerre qu'il a eus, dont il s'est acquité par-tout à notre entiere satisfaction ; &
pour la parfaite confiance que nous prenons en sa fidélité & affection à notre service dont il
Nous a aussi donné des marques particulieres dans toutes les occasions qui s'en sont présentées...
Nous... avons fait, constitué... & étably... ledit St Mq's D'AUTICHAMP, Capitaine-Lieutenant de ladite Compagnie d'Hommes d'armes de Nos Ordonnances sous le titre d'Anglois,
à laquelle nous avons attaché, par notre Ordonnance de ce jour, le Commandement en second
de notre Gendarmerie, en l'absence du Commandant Général, & sous son autorité en sa présence.... Donné à Versailles, le 3e jour de Janvier, l'an de grace 1770....(*Signé*) LOUIS ;
(*& plus bas*) Par le Roy, Le Duc de Choiseul ; (*& scellé*).

CHAPITRE XIV.

CHARLES DE BEAUMONT-d'Autichamp, Chevalier, Seigneur de Miribel, &c. 2d Fils d'ANTOINE DE BEAUMONT, IIe du nom; rapporté pag. 141 de ces Preuves.

Commissions données à M. D'AUTICHAMP, pour commander dans les Ville & Château d'Angers.

Originaux en parchemin conservés dans les Archives de M. le Marquis d'Autichamp, au Château d'Autichamp.

21 Février 1667. LOUIS, par la grace de Dieu, Roy de France & de Navarre : Noftre cher & bien amé, le St D'AUTICHAMP, Salut: Le St de Camarfat qui commandoit defpuis quelque temps pour noftre fervice dans noftre Ville & Chafteau d'Angers, eftant nagueres décédé, Nous avons eu d'autant plus agréable la fuplication qui nous a efté faicte par noftre Coufin le Comte d'Armagnac, Gouverneur particulier de noftred. Ville & Chafteau, de vous eftablir dans la place, que nous eftimons ne pouvoir pour ce faire un meilleur choix que de vous, tant pour l'entiere confiance que nous prenons en voftre fidélité & affection à noftre fervice, que pour les tefmoignages qui nous ont efté rendus de voftre valeur, courage, expérience au faict des armes, bonne conduite & diligence; à ces caufes.... Nous vous avons commis & ordonné, commettons & ordonnons... pour pendant le temps de trois ans à compter de ce jourd'huy avoir la garde defd. Ville & Chafteau, & y commander comme noftre Lieutenant, ainfy qu'a faict ledit feu St de Camarfat en l'abfence, maladie ou légitime empefchement de noftred. Coufin le Comte d'Armagnac... Donné à St Germain-en-Laye, le 21e jour de Febvrier, l'an de grace 1667. (*Signé*) LOUIS ; (*& plus bas*) Par le Roy, Phelypeaux. Enregiftrées aux Regiftres de la Mairie d'Angers, par moi commis Secrétaire d'icelle foubzfigné le 25 Juin 1667. (*Signé*) Touchaleaume. (*Au bas eft écrit*) Ce jourd'huy 4e Juillet 1667. Les Lettres de Provifion de Monft D'AUTICHAMP, de Lieutenant de la Ville & Chafteau d'Angers, données à St Germain-en-Laye, le 21e Febvrier dernier... ont efté leues & publiées en l'audiance de la Sénéchauffée d'Anjou, & Siège préfidial d'Angers... pardevant nous Louis de Boylefve, Efcuyer, Confeiller du Roy, Lieutenant Gn al audit lieu, foubz le feing de noftre Greffier, lefdits jour & an. (*Signé*) Careft.

17 Janvier 1670. LOUIS, &c. A noftre cher & bien amé le St D'AUTICHAMP, Salut : Par nos Lettres Pattentes du 21 Febvrier 1667, Nous vous avons commis pour, en l'abfence de Noftre Coufin le Comte d'Armagnac, Gouverneur de noftre Ville & Chafteau d'Angers, y commander pendant 3 ans, & comme ilz font fur le poinct d'expirer, & que nous avons toutte fatisfaction de voftre conduite & de vos fervices, Nous avons eftimé à propos de vous continuer en ladite Commiffion, fur la confiance que nous prenons en voftre fidélité & affection. A ces Caufes.... Nous vous avons de nouveau commis & ordonné, commettons, & ordonnons.... pour pendant autres trois ans, à compter du 21 Febvrier prochain, avoir la Garde efdits Ville & Chafteau d'Angers.... Donné à St Germain-en-Laye, le 17e jour de Janvier, l'an de grace 1670....(*Signé*) LOUIS ; (*& plus bas*) Par le Roy, Phélypeaux. (*Au dos eft écrit*) Ce jourd'huy 19 Avril 1670... Les Lettres de continuation de l'autre part ont efté leues & publiées en l'audiance de la Senefchauffée d'Anjou & Siège Préfidial d'Angers.... Vû & faict, regiftrées au Greffe..... (*Signé*) Girauld.

24 Janvier 1673. LOUIS, &c. A notre cher & bien amé le St D'AUTICHAMP, Salut : Par nos Lettres Pattentes du 17e Janvier 1670, Nous vous avons commis pour, en l'abfence de Noftre Coufin le Comte d'Armagnac, Gouverneur de Noftre Ville & Chafteau d'Angers, y commander pendant trois ans, à commencer au 21e Febvrier de la mefme année 1670, & comme ils font fur le poinct d'expirer, & que Nous avons toutte fatisfaction de voftre conduite & de vos fervices....Nous vous avons de nouveau commis & ordonné, commettons & ordonnons... pour pendant autres trois ans, à compter du 21 Febvrier prochain, avoir la Garde defd. Ville & Chafteau d'Angers.... Donné à St Germain-en-Laye, le 24e jour de Janvier, l'an de grace 1673...(*Signé*) LOUIS ; (*& plus bas*) Par le Roy, Phélypeaux. (*Au bas eft écrit*) Les Lettres cy-deffus ... enregiftrées au Regiftre des Infignuations du Greffe Civil de la Sénéchauffée d'Anjou & Siège Préfidial d'Angers... le lundy 13e Mars 1673, figné, au Regiftre, Boylefve. (*Signé*) Robert. Lefdites Lettres ont efté pareillement enregiftrées aux Regiftres de la Ville & Mairie d'Angers, pour

DE LA MAISON DE BEAUMONT. Liv. IV   177

pour y avoir recours fi befoin eft. Donné en l'Hoftel comun de ladite Ville, le 18e Mars 1673. (*Signé*) Touchaleaume.

LOUIS, &c. A noftre cher & bien amé le Sr D'AUTICHAMP, Salut : Par nos Lettres Patentes du 24e Janvier 1673, Nous vous avons commis pour, en l'abfence de noftre Coufin le Comte d'Armagnac, Gouverneur de noftre Ville & Chafteau d'Angers, y commander pendant trois ans, à commencer au 21 Febvrier de la mefme année 1673 ; & comme ilz font fur le poinct d'expirer, & que nous eftimons à propos de vous continuer.... A ces caufes... Nous vous avons de nouveau commis & ordonné, commettons & ordonnons... pour pendant autres 3 ans, à compter du 21e Febvrier prochain, avoir la Garde de Noftred. Ville & Chafteau d'Angers.... Donné à St Germain-en-Laye, le 27e jour de Janvier, l'an de grace 1676.... (*Signé*) LOUIS; (& *plus bas*) Par le Roy, Phelypeaux.

27 Janvier 1676.

LOUIS, &c. A noftre cher & bien amé le Sr D'AUTICHAMP, Salut: Par nos Lettres Patentes du 27e Janvier 1676, Nous vous avons continué pour commander pendant trois ans, à commencer le 21 Febvrier de la même année, dans noftre Ville & Chafteau d'Angers, en l'abfence de noftre Coufin le Comte d'Armagnac qui en eft Gouverneur, & comme lefdits trois ans font à préfent finis, & que nous eftimons à propos de vous laiffer encore le commandement dans la place.... A ces caufes....Nous vous avons de nouveau commis... & eftably, commettons & eftabliffons....pour, pendant autres trois ans prochains, à compter de ce jourd'huy, avoir la garde de noftred. Ville & Chafteau d'Angers.... Donné à St Germain-en-Laye, le 21e Janvier, l'an de grace 1679....(*Signé*) LOUIS; (& *plus bas*) Par le Roy, Phelypeaux.

21 Janvier 1679.

LOUIS, &c. A noftre cher & bien amé le Sr D'AUTICHAMP, Salut: Par nos Lettres Patentes du 21 Février 1679, Nous vous avons continué pour commander pendant trois ans, à commencer led. jour dans noftre Ville & Chafteau d'Angers, en l'abfence de Noftre Coufin le Comte d'Armagnac qui en eft Gouverneur, & comme lefd. trois ans doivent finir bientoft, & que nous eftimons à propos de vous renouveler ladite commiffion, attendu la fatisfaction qui nous demeure de vos services. A ces Caufes...Nous vous avons encores commis....& eftably, & en tant que befoin feroit commettons.. & eftabliffons...pour pendant autres trois ans prochains, avoir la garde de Noftred. Ville & Chafteau d'Angers.... Donné à St Germain-en-Laye, le 9e jour de Février, l'an de grace 1682.... (*Signé*) LOUIS; (& *plus bas*) Par le Roy, Phélypeaux.

9 Février 1682.

LOUIS, &c...... A noftre amé & féal le Sr D'AUTICHAMP ; Salut. Ayant eu bien agréable la démiffion que vous avez faicte en faveur de CLAUDE DE BEAUMONT, Sr d'Autichamp, voftre fils, de la charge de noftre Lieutenant en noftre ville & chafteau d'Angers, que vous exercez depuis l'année 1667, Nous l'en avons pourveu par nos Lettres patentes de cejourd'huy; mais comme nous defirons vous donner des marques de la fatisfaction qui nous refte des fervices que vous nous avez rendus en plufieurs occafions, notamment en lad. charge, Nous avons eftimé à propos de vous en laiffer encores les fonctions, attandu que nous prenons une entiere confiance en voftre fidélité & affection. A ces caufes.... Nous vous avons commis & ordonné, commettons & ordonnons.... pour faire & continuer, pendant trois ans, les fonctions de lad. charge de notre Lieutenant de noftred. ville & chafteau d'Angers, ainfy que vous avez ci-devant faict.... Donné à Verfailles ce 2e jour de May, l'an de grace 1683..... (*Signé*) LOUIS ; (& *plus bas*) Par le Roy, Phelypeaux.

2 Mai 1683.

LOUIS, &c...... A noftre cher & amé le Sr D'AUTICHAMP ; Salut. Par nos Lettres patentes du 2e May 1683, Nous vous avons commis & ordonné pour faire, pendant trois ans, la charge de noftre Lieutenant de noftre ville & chafteau d'Angers, nonobftant les provifions que Nous en avions accordées au Sr JEAN-CLAUDE D'AUTICHAMP, votre fils, fur votre démiffion ; mais comme le temps eft expiré, & que Nous eftimons à propos de vous continuer encore dans les mêmes fonctions. A ces caufes..... Nous vous avons commis & ordonné, commettons & ordonnons.... pour exercer pendant autres trois années lad. charge.... nonobftant les provifions accordées à voftred. fils, & le renouvellement d'icelles..... Donné à Verfailles le 3e jour de May, l'an de grace 1686..... (*Signé*) LOUIS ; (& *plus bas*) Par le Roy, Phelypeaux.

3 Mai 1686.

LOUIS, &c....... A noftre cher & bien amé le Sr D'AUTICHAMP ; Salut. Par nos Lettres patentes du 3 May 1686, Nous vous avons commis & ordonné pour faire, pendant trois ans, la charge de noftre Lieutenant en noftre ville & chafteau d'Angers, nonobftant les provifions que Nous en avions accordées au Sr JEAN-CLAUDE D'AUTICHAMP, voftre fils, fur votre démiffion ; mais comme ce temps eft près d'expirer, & que Nous eftimons à propos de vous continuer encore dans les mêmes fonctions.... Nous vous avons commis & ordonné, commettons & ordonnons.... pour exercer pendant autres trois années.... lad. charge.... nonobftant les provifions accordées à voftred. fils, & le renouvellement d'icelles....... Donné à Verfailles le 25e jour d'Avril, l'an de grace 1689....... (*Signé*) LOUIS ; (& *plus bas*) Par le Roy, Phelypeaux.

25 Avril 1689.

Z

Quittance donnée à CHARLES DE BEAUMONT-D'AUTICHAMP, *Seigneur de Miribel.*

Grosse en papier conservée dans les Archives de M. le Marquis d'Autichamp, au Château d'Autichamp.

28 Mars 1680. LE dix-huictiesme jour de Mars mil six cent quatre-vingt... pardevant nous Charles Phelipeau, Notaire Royal à Angers, fut présent Jean de Hallot, Escuier de la Grand-Escuirie du Roy.... tant en son nom, que comme Procureur de Pierre Gaultier, Sieur de Sainct-Vual, aussy Escuier de ladicte Grand-Escuirie, & de Dame Judic du Hallot, son Espouze..... lequel..... a receu contant.... de Messire CHARLES DE BEAUMONT-D'AUTICHAMP, Chevalier, Seigneur de Miribel, Lieutenant de Roy des ville & chasteau d'Angers, y demeurant, qui lui a payé, en conséquence de la Sentence rendue au Siége Présidial de cettedicte Ville, le 4 Aoust dernier, entre ledict Sieur du Hallot, ledit Seigneur d'Autichamp, & Dame de Geres, veufve feu M. de Carnasac, vivant Lieutenant pour le Roy & Commandant audict chasteau.... la somme de trois cens quarante-quatre livres dix solz..... Faict & passé au chasteau dudict Angers. .....
(*Signé*) Phelipeau.

Contrat de Constitution de rente passée par CHARLES DE BEAUMONT-D'AU-TICHAMP, *Seigneur de Miribel, &c. tant en son nom qu'en celui de* JEAN-CLAUDE DE BEAUMONT-D'AUTICHAMP, *son Fils.*

Grosse en parchemin conservée dans les Archives de M. le Marquis d'Autichamp, au Château d'Autichamp.

28 Mars 1692. ....LE dix-huitiesme jour de Mars mil six cent quatre-vingt-douze.... pardevant nous Pierre Bory, Notaire Royal (a) Angers, furent présens.... Messire CHARLES DE BEAUMONT-D'AUTICHAMP, Chevallier, Seigneur de Miribel, Lieutenant de Roy au Gouvernement de la ville & chasteau d'Angers, y demeurant aud. chasteau ; M. Me René Trochon, Seigneur de la Chappelle, Conseiller du Roy, Juge-Prévost d'Angers, & Dame Marie Martineau, son Epouse, de luy autorisée.... tant en leurs privés noms, qu'aux noms.... de Messire PIERRE BINET, Chevallier, Seigneur de Montifiray, de Dame LOUISE-OLLIMPE DE BEAUMONT-D'AUTICHAMP, son Epouse, & de Messire René Trochon, Advocat en Parlement, filz aisné desd. Sieur & Dame le Juge, ausquels ils promettent.... faire ratiffier.... ces présentes.... & de fournir acte vallable à Damoiselle Françoise le Manceau, veuve de noble homme Jacques Apvril, vivant Sieur de la Chaussée.... & encore ledit Seigneur d'Autichamp, au nom & comme Procureur spécial de Messire JEAN-CLAUDE DE BEAUMONT-D'AUTICHAMP, Chevallier, Seigneur de Miribel, son filz aisné , Capitaine de Cavallerie dans le Régiment de Souvré , par procuration passée devant Vevrant & Moet, Notaires au Chastelet de Paris, le douziesme de ce mois... lesquels... ont vendu... à ladite Damoiselle le Manceau... la somme de quatre cens livres de rente hypothécaire, annuelle & perpétuelle... moyennant la somme de huit mille livres, présentement payée......... Fait & passé aud. chasteau d'Angers, présens Pierre Proust & Joseph Huard, Praticiens. Suit aultant de lad. Procuration. Pardevant les Conseillers du Roy, Notaires-Gardenottes de Sa Majesté au Chastelet de Paris.... fut présent Messire JEAN-CLAUDE DE BEAUMONT-D'AUTICHAMP, Chevallier, Seigneur de Miribel, Capitaine de Cavallerie dans le Régiment de Souvré....lequel a fait & constitué son Procureur général & spécial Messire CHARLES DE BEAUMONT-D'AUTICHAMP, Chevallier, Seigneur de Miribel, son pere, Lieutenant de Roy au Gouvernement de la ville & chasteau d'Angers, auquel il a donné plein pouvoir.... d'emprunter, d'une ou plusieurs personnes, par contratz de constitution de rente... jusques à concurance de la somme de trente-cinq mille livres... pour employer au payement de la somme de quarante-cinq mille livres, prix de la charge de Lieutenant de Roy en la Province d'Anjou, qui a esté accordée aud. Seigneur constituant par Sa Majesté ; lad. charge a deux mille livres de gages, créés par Edit du mois de Febvrier dernier....... Fait & passé à Paris ès Estudes, l'an mil six cent quatre-vingt-douze, le douziesme jour de Mars, & a signé ; la minutte est signée DE BEAUMONT-D'AUTICHAMP, Vevant & Moet.
(*Signé*) Bory, Not.

Teſtament de CHARLES DE BEAUMONT-D'AUTICHAMP, *Seigneur de Miribel & d'Onay, en faveur de* JEAN-CLAUDE, JOSEPH & LOUISE-OLYMPE DE BEAUMONT, *ſes Enfans.*

Groſſe en papier, conſervée dans les Archives de M. le Marquis d'Autichamp, au Château d'Autichamp; ſignée Boucher, *& légaliſée, le 4 Juin 1692, par le Lieutenant Général en la Sénéchauſſée d'Anjou; ſigné* Boyleſve, *& ſcellé.*

LE cinquieſme jour d'Avril mil ſix cent quatre-vingt-douze... pardevant nous René Bouclier, Notaire Royal à Angers, a eſté préſent Meſſire CHARLES DE BAUMONT-D'AUTICHAMP, Chevallier, Seigneur de Miribel & d'*Auſ*nay, Lieutenant de Roy au Gouvernement de la ville & chaſteau d'Angers, demeurant aud. chaſteau, parroiſſe de Saint Aignan..., lequel a fait.... le preſent ſon Teſtament, ainſy que s'enſuit : Premierement, il a recommandé.... qu'après la .... ſéparation, ſon corps ſoit enſepulturé, ſous le bon plaiſir de Monſeigneur l'Eveſque dud. Angers, dans la chapelle dud. chaſteau, avec le moins de pompe que faire ſe pourra....qu'il ſoit dit & célebré par M^{rs} les Abbé & Religieux de l'Abbaye de Saint Anthoine en Dauphiné, dans leur Egliſe, dans laquelle led. Seigneur Teſtateur a droit de ſepulture, auſſi-toſt qu'ils auront eu connoiſſance de ſon deceds, un Service de trois grandes Meſſes.... qu'il ſoit dit & célebré dans chacunne des Eſgliſes des parroiſſes de Miribel & d'*Auſ*nay, auſſy en Dauphiné.... une grande Meſſe.... en l'Egliſe de l'Hoſtel-Dieu Saint Jean l'Evangeliſte, de cette ville, un annuel.... & pour ſurvenir aux neceſſités dud. Hoſtel-Dieu, led. Seigneur Teſtateur veut y eſtre donné la ſomme de mille livres.... tous leſquels Services led. Seigneur Teſtateur deſire eſtre dits.... pour le repos de ſon ame, de celle de deffunte Dame LOUISE DE ROSTAING, ſa premiere Eſpouſe, & de leurs parens & amis.... qu'il ſoit donné à l'Hoſpital général de cetted. Ville pareille ſomme de mille livres.... aux Religieux Auguſtins de cette ville la ſomme de deux cens livres, & aux Religieux Jacobins dud. lieu celle de cinquante livres.... aux Dames de la Charité de cette ville.... la ſomme de cinq cens livres..... Et d'autant que led. Seigneur Teſtateur eſt originaire de la Province de Dauphiné, qui eſt régie par le Droit-Eſcrit, il a, par le preſent ſon Teſtament, donné & legué à Meſſire JOSEPH DE BAUMONT-D'AUTICHAMP, Chevallier, ſon fils puiſné, & de lad. deffunte Dame DE ROSTAING, la ſomme de trente mille livres..... Au regard de Dame LOUISE-OLIMPE DE BAUMONT-D'AUTICHAMP, fille dud. Seigneur Teſtateur & de lad. deffunte Dame DE ROSTAING, lad. Dame Eſpouſe de Meſſire PIERRE BINET, Chevalier, Seigneur de Moutiſfray, led. Seigneur Teſtateur a déclaré lui avoir donné pareille ſomme de trente mille livres par ſon contract de mariage, laquelle ſomme elle a reçue, ſuivant l'acquit qui eſt enſuite.... Donne ledit Seigneur Teſtateur à Dame FRANÇOISE DE JOSNY, ſa ſeconde Eſpouſe, pour l'affection qu'il luy porte, la ſomme de ſix cens livres de penſion viagere annuelle, compris en lad. penſion ce que led. Seigneur Teſtateur a donné à lad. Dame DE JOSNY, par leur contract de mariage.... à prendre dans les revenus de ſon Fief.... veut.... qu'il ſoit donné à lad. Dame DE JOSNY un apartement dans ſa maiſon de Saint-Antoine en Dauphiné ... & pour les frais de ſon voyage, pour s'en retourner de cette ville en lad. Province de Dauphiné, ledit Seigneur Teſtateur veut luy eſtre payé la ſomme de quinze cens livres.... & au ſurplus de tous les autres biens, led. Seigneur en a fait don à Meſſire JEAN-CLAUDE DE BAUMONT-D'AUTICHAMP, Chevallier, Seigneur de Miribel, ſon fils aiſné, & de lad. deffunte Dame DE ROSTAING, qu'il inſtitue, par le preſent ſon Teſtament, ſon heritier univerſel, &.... a eſlu pour Exécuteurs-Teſtamentaires... Me Grandet, Maire de cette ville; M^e le Juge de la Prévoſté dud. lieu, & Me Pierre Daburon, Advocat aud. Angers..... Fait & paſſé... aud. chaſteau d'Angers, en preſence d'honnorables hommes Eſlie de la Barre, Maiſtre Chirurgien; Melaine de la Mothe, Marchand, & Me Charles Guetin, Praticien, demeurants aud. Angers.........
(*Signé*) Bouclier.

Extrait du Mercure Galant, vol. de Juin 1692, *pag.* 218 & 219.

DANS le même tems que la ville d'Angers a vu mourir ſon Evêque (Henri Arnaud), elle a perdu M. D'AUTICHAMP, Lieutenant de Roy de la Ville & du Chaſteau. Il étoit d'une ancienne Famille du Dauphiné, & avoit 40 ans de ſervice, avant qu'on lui fît occuper ce poſte : L'Académie d'Angers, fort exacte ſur le choix des perſonnes d'eſprit, l'avoit mis au nombre de ceux dont ſon Corps eſt compoſé.

Extrait d'un Eloge de M. D'AUTICHAMP, Gouverneur du Château d'Angers, décédé le 15 Mai 1692, prononcé à l'Académie Royale de cette Ville, le 15 Février de l'année suivante, par M. Grandet, Maire d'Angers & l'un des Membres de cette Académie.

Cet Eloge, conservé en Manuscrit au Cabinet de l'Ordre du St Esprit, Recueil des Chevaliers de cet Ordre, vol. 247. fol. 295-317.

15 Février 1693. ...... CHERCHONS..... aujourd'huy, Messieurs, notre consolation dans les louanges qui sont dues à la mémoire de Messire CHARLES DE BEAUMONT-D'AUTICHAMP, Chevalier, Seigneur de Miribel, d'Aunay & de Saint-Christophle, Lieutenant pour le Roy dans la ville & chasteau d'Angers, le souvenir de ses vertus vous sera toujours agréable..... Vous avez cru, Messieurs, que comme il m'a fait l'honneur de me choisir pour l'un des Exécuteurs de ses dernieres volontés, vous me deviez aussi charger des derniers devoirs que luy doit rendre cette Compagnie..... Il étoit de la noble & ancienne famille de BEAUMONT, qui a donné son nom à sa principale terre en la vallée de Graisivaudan, dans le Dauphiné : une grande tour, seul vestige qui reste de l'ancien chasteau, porte encore le nom de BEAUMONT : l'antiquité de cette famille, qui passe six siecles dans la connoissance de l'Histoire, le mérite de ceux qui en sont sortis, les alliances qu'elle a prises ou qu'elle a données dans les meilleures maisons de sa Province & des autres lieux du Royaume, sa longue suite en vingt degrés reconnus, son étendue en neuf branches principales, la nombreuse quantité de ses descendans la fait compter par le sçavant M. le Laboureur, dans son Histoire d'une illustre Abbaye, & par d'autres Autheurs, M. de Thou, dans son Histoire, le Pere de Coste, dans ses Eloges des Dauphins de France, & M. de Castelnau, dans ses Mémoires, entre les familles les plus nobles, les plus anciennes, & les plus qualifiées. Comme la noblesse n'est autre chose qu'une lumiere qui conduit les descendans à la vertu, par l'émulation que leur inspirent les belles actions de leurs ancêtres, je trouve que le courage, la prudence & la piété ont été les trois caracteres particuliers de cette noble famille de BEAUMONT, & le modele que Mr D'AUTICHAMP s'est proposé. Dès le douziesme siecle le zele pour la Religion engagea SOFFREY & GUILLAUME DE BEAUMONT dans les Croisades; ils donnerent des marques de leur valeur dans les guerres de la Terre-Sainte; leurs services mériterent de la distinction; le Pape Alexandre IIIe récompensa les généreuses actions de SOFFREY, de l'inféodation qu'il lui accorda de quelques dixmes dans le Viennois, par une Bulle particuliere en sa faveur, de l'an 1163.

JEAN, FRANÇOIS & IMBERT DE BEAUMONT se sont signalés en trois occasions fameuses dans l'Histoire; ce sont les journées de Verneuil, d'Authon & de Marignan, où ils eurent part au succès avantageux de nos armes.

FRANÇOIS DE BEAUMONT, Chevalier de l'Ordre du Roy, si connu sous le nom du BARON DES ADRETS, fit de choses extraordinaires dans le temps de guerres de la Ligue, & il fut la terreur & l'admiration de son siecle. Mais auparavant la prudence d'AMBLARD DE BEAUMONT, accompagnée de toute la force que la valeur peut donner, avoit encore davantage paru. Fidele Conseiller & Confident de deux de ses Souverains, employé dans toutes les grandes affaires de son temps, Chevalier du Dauphiné, il eut l'honneur d'être l'Arbitre du Dauphin. HUMBERT II. fut l'un des Tesmoins de l'acte solemnel qui unit le Dauphiné à la Couronne; il eut beaucoup de part à cette affaire importante, qui fut l'occasion du changement honorable des armes de sa Maison, de trois roses qu'elle portoit, en trois fleurs de lys, que le Roy Philippe de Vallois lui donna pour marque de sa considération.

Je n'ai pas assez de temps pour vous parler de tous les grands hommes de la famille de BEAUMONT dans ce siecle & dans les précédens; vous en jugerez par ce que vous avez sçu de JEAN & CLAUDE DE BEAUMONT-D'AUTICHAMP, dont les longs & considérables services furent récompensés du Gouvernement d'Uxelles & de Suze en même-temps; vous l'avez vu finir sa vie glorieuse entre les bras de son illustre neveu.

Ce sont les exemples domestiques que Mr D'AUTICHAMP a suivi. Né en 1621, les premieres années de sa jeunesse se passerent dans l'éducation convenable à une personne de sa naissance; les lettres & les armes furent ses occupations; mais la noble ardeur d'une famille toute guerriere l'emporta; il s'est signalé dans toutes les occasions, par des actions éclatantes d'une valeur extraordinaire & d'une prudence consommée; esprit ferme & vigoureux dans un corps fort & robuste, hardi dans l'entreprise, sage dans l'exécution, infatigable dans le travail, intrépide dans le péril, il eut l'avantage de mériter & d'acquérir l'estime du grand Comte de Harcourt.... ce Prince, dis-je, dans la noble fierté que donne la naissance & la valeur, disoit souvent qu'il ne sçavoit que Mr D'AUTICHAMP qui fut aussi brave que lui.

Il entra au service à l'âge de dix-sept ans, Enseigne de la Colonelle du Régiment de Mr de Pierre-Gourde, son oncle, & deux ans après il fut au siége de Turin, Capitaine d'une Compagnie du même Régiment, d'où il passa dans celui de Cavalerie d'Harcourt; il y a eu une Compagnie pendant plus de vingt campagnes, & dans les dernieres années, qui ont continué

DE LA MAISON DE BEAUMONT. Liv. IV.

jufqu'à la paix des Pyrenées, il commandoit ce Régiment, fi diftingué par fa valeur & par fes fervices.

Bleffé en diverfes occafions où fon courage, où fon devoir l'engageoient ; au combat de Llorens en Catalogne, où il fuivoit M. le Comte de Harcourt, Vice-Roy de cette Province conquife ; au Siege de Lerida & en beaucoup d'autres lieux, on le vit fur le canal de Nieuport refté prefque feul de tous les Capitaines de fon Régiment, foutenir & arrêter l'effort de deux mille chevaux. *Ann. 1645.*

Ce fut cette occafion qui le fit premierement connoître & eftimer par le Cardinal de Richelieu.... (*) ... qui fit l'éloge du Commandant auffi-bien que de fa troupe, & donna des ordres pour en faire remonter les Cavaliers. (ʸ) *Il falloit de Mazarin.*

A la bataille de Lens, M. D'AUTICHAMP, commandé par le Prince de Condé, chargea, en fa préfence, les ennemis fi à propos, avec tant de vigueur & de fuccès, que ce grand Prince, dont l'aprobation valloit un éloge, lui donna des témoignages publics de fatisfaction & de fon eftime ; cinq chevaux tués fous lui, en cette occafion, font voir le danger qu'il y courut. *Ann. 1648.*

Mais toute la gloire de Mʳ D'AUTICHAMP n'eft pas due à fa valeur ; fon courage n'eft pas le feul fondement de fa réputation ; la force de fon efprit & fa prudence la lui ont également acquife......

Mʳ le Comte de Harcourt s'eft fervi, ave un pareil fuccès, de fon bras & de fa tête, digne héritier de la fageffe d'AMBLARD DE BEAUMONT & de la valeur du BARON DES ADRETS.

Deux occafions augmenterent la réputation qu'il s'étoit déja faite à la Cour.

Dans la premiere, après avoir fait la charge de Maréchal général des Logis de la Cavalerie, en 1650 & 1651, aux guerres de Guienne, il fut choifi par toute l'Armée pour aller, député du corps de la Cavalerie, rendre compte à la Reine mere des progrès de leurs armes ; il le fit d'une maniere qui lui attira les éloges & les préfens de cette grande Princeffe. L'autre occafion eut encore plus d'éclat : Mʳ le Comte de Harcourt tomba dans la difgrace de la Cour en l'année 1653 ; il eft des temps dificiles, des conjonctures malheureufes ; fa fidelité devint fufpecte & le Maréchal de la Ferté fut envoyé pour le faire fortir de l'Alface ; il choifit Mʳ D'AUTICHAMP pour faire fon accommodement. Je ne vous dirai point le détail de cette importante & dificile négociation ; elle eft dans les Mémoires du Cardinal Mazarin, qui font devenus publics ; je remarquerai feulement que, par un principe de générofité & de fidélité, il refufa un Régiment de Cavalerie qui lui fut offert dans cette conjoncture ; il facrifia fon élévation particuliere aux intérêts de la Cour & d'un Prince qui lui avoit confié les fiens, ce qui lui acquit l'eftime des deux partis. C'eft à cette heureufe négociation que la Province d'Anjou doit l'avantage d'être fous le gouvernement des Princes de la Maifon de Lorraine, & nous avons l'obligation à Son Alteffe Mʳ le Comte d'Armagnac, héritier des vertus & des emplois de fon illuftre pere, dont il a continué l'eftime & la confidération pour Mʳ D'AUTICHAMP, de nous l'avoir fait donner pour Lieutenant de Roy dans la Ville & Chafteau d'Angers.

Ce fut en l'année 1666 que le Roy le pourvut de cet Emploi, d'une maniere particuliere & obligeante ; à la propofition que lui en fit Mʳ le Grand, Sa Majefté lui répondit que c'étoit lui faire plaifir ; qu'il avoit fur le cœur de n'avoir rien fait pour lui ; &, joignant les effets aux parolles, il lui donna, outre les appointemens ordinaires, une penfion confidérable ; l'eftime du plus grand des Rois eft l'éloge le plus accompli d'un Sujet, Mʳ d'AUTICHAMP n'a point été à la Cour que le Roi n'ait eu la bonté de lui parler avec diftinction, & d'une maniere qui a témoigné fa confidération pour un vieil Officier d'un rare mérite ; il n'y a point eu d'occafion que Sa Majefté ne lui ait fait du bien & à fa famille ; les Emplois pour fes enfans, & la furvivance pour le pere & le fils aîné, en font des témoignages glorieux....

Arbitre de la Nobleffe de la Province, plutoft par la confidération de fa fuffifance, que de fa dignité, il a prévenu les défordres & fui les querelles, fecondant, par fes foins, l'autorité fouveraine, qui a enfin heureufement empêché les combats particuliers où périffoit tous les jours la plus brave Nobleffe ; il a ouvert fa bourfe & prêté des fommes confidérables, lorfque l'intereft fut un obftacle à l'accommodement.......

Au Synode de Sorgues, où M. d'AUTICHAMP préfida par ordre du Roy, fa vigueur & fa fermeté empêcherent les bruits & les défordres qui arrivoient ordinairement dans ces fortes d'affemblées, & ce fut fous l'appui de fon autorité que deux célebres Profeffeurs reconnurent leurs erreurs & publierent la vérité, au milieu de l'affemblée de l'héréfie & du menfonge.....

Sa mort a été digne de fa vie ; il a rendu les derniers foupirs entre les bras de deux perfonnes illuftres qui partageoient fon cœur par la connoiffance de leur mérite & de leur vertu.

Une fainte Epoufe que vous vîtes, remplie de courage & de force, foutenir les aproches de cette cruelle féparation, mais dont la vive douleur éclata firôt qu'elle fut arrachée d'auprès des reftes de cet Epoux, qui faifoit toute la joie de fa vie.... une chere fille, digne de fa tendreffe & fa confiance, image fidelle de la penetration de fon cœur & de fa force, en qui il paroît une nobleffe d'efprit, encore plus glorieufe que celle du fang.

Heureux celui dont la felicité dure jufqu'à la mort.... mais le comble du bonheur eft de laiffer comme lui dans fa maifon, des honneurs qui n'ont point d'autres fources que la vertu, de fe voir renaître en des enfans qui lui donnent une feconde vie ; deux qui font heritiers de fa valeur & de fa bonté, de fa fageffe & de fa force, occupés comme lui, dans leurs premieres années, du glorieux emploi de la guerre, nous font voir que la véritable nobleffe fait defcendre, par une heureuse suite d'exemples, les vertus des peres dans leurs enfans...... Nous avons vu le pere & le fils aîné joints dans le Gouvernement de cette Ville en la survivance l'un de l'autre : nous avons perdu le pere : mais le fils, qui est un autre lui-même, nous reste, & il a réuni en sa personne ces grandes qualités, qui étoient comme partagées entr'eux ; attaché à cette Ville & à la Province par deux Emplois considérables dont il est pourvu, nous avons, depuis quelques jours, l'avantage d'être assurés de le posséder pour notre consolation.......

Extrait de l'Armorial Général de France, fait en exécution de l'Edit du mois de Novembre 1696 ; en 30 vol. in-fol. conservés en Manuscrit au Cabinet de l'Ordre du St Esprit, vol. 16. fol. 776.

Généralitez de Lyon & de Grenoble.
CREST.

De l'Etat du 19 Décembre 1698, présenté aux Commissaires Généraux, le 20 Novembre précédent.

19 Décembre 1698. FRANÇOISE DE JONY, veuve de M.... d'AUTICHAMP, Lieutenant de Roy de la Ville & Château d'Angers; Porte d'or à une Croix de Gueules.

CHAPITRE XV.

JEAN-CLAUDE DE BEAUMONT-D'AUTICHAMP, Seigneur de Miribel, JOSEPH & LOUISE-OLYMPE DE BEAUMONT, ses Frere & Sœur, Enfans de CHARLES.

Certificat de M. DE BEAUMONT-D'AUTICHAMP, sur la naissance de JEAN-CLAUDE, son Fils.

Original conservé au Cabinet de l'Ordre du St Esprit ; Recueil des Chevaliers de cet Ordre, vol. 247. fol. 289.

25 Mai 1656. CHARLES DE BEAUMONT-D'AUTICHAMP, Commendant au Gouvernement d'Angers, certifie que JEAN-CLAUDE DE BEAUMONT, son fils aîné, a estudié au College de Peres de l'Oratoire de cette Ville, en mille six cens soissante-huit, & qu'il est né le 25 de May 1656, & batisé deux jours après dans l'Eglise abatiale de St Antoine en Dauphiné, Diocese de Vienne. Fait à Angers le 4e Mars 1692. J'espere que ce certificat vaudra bien l'extrait de batesme, que je n'ai pas en ce pays, & feray certifier, s'il est nécessaire, par les Peres de l'Oratoire de cette Ville, que mondit fils estudioit dans leur College en l'an dit ci-dessus. (Signé,) d'AUTICHAMP ; & scellé en cire rouge, de son sceau réprésentant : une Fasce chargée de 3 fleur de lys, accompagnée, en chef, d'une Couronne fermée.

Extrait des Preuves de noblesse des Pages de la Grande Ecurie du Roi, depuis l'année 1668, jusqu'à l'année 1690, dressées par M. (CHARLES) D'HOZIER.

Vol. manuscrit, cotté 49, du Cabinet de l'Ordre du St Esprit, pag. 50.

Pages reçus en Janvier l'an 1673.

Janvier 1673. JOSEF DE BEAUMONT, fils de CHARLES DE BEAUMONT-D'AUTICHAMPS, Seigneur de Miribel, Lieutenant de Roy au Gouvernement des ville & château d'Angers. Cette Maison prend son nom de la terre de Beaumont, dans le Graissivodan en Dauphiné, & ARTAUD DE BEAUMONT en étoit Seigneur dès l'an 1240. AMBLARD, Ier du nom, Seigneur de BEAUMONT, son petit-fils, étoit un des principaux Cont^{ers} qui porterent le Prince Humbert, dernier du nom, Dauſin de Viennois, à tranſporter, comme il fit, la Province de Dauſiné à la Couronne, l'an 1340. De toutes les branches qui ſe formerent de la poſtérité qui ſortit du mariage de cet AMBLARD DE BEAUMONT, il n'en reſte plus que celles d'Autichamps, de Roches & de St Quentin en Dauſiné, & celle de Pompignan en Languedoc, comme il a été dit cy-deſſus....(1).... au ſujet de LAURENT DE BEAUMONT-DE VERNEUIL. Leurs armes communes ſont : *de gueules à la faſſe d'argent, chargée de trois fleurs de lys d'azur.* (1) Pag. 48 du même vol.

Contrat de Mariage de LOUISE-OLYMPE DE BEAUMONT-D'AUTICHAMP, *avec* PIERRE BINET, *Chevalier, Seigneur de Montifray, &c.*

Groſſe *en papier conſervée dans les Archives de M. le Marquis d'Autichamp, au Château d'Autichamp.*

LE dix-neufvieſme jour de Janvier mil ſix cent quatre-vingt-deux.......... Pardevant nous Charles Phelipeau & René Bouclier, Notaires Royaux à Angers, furent preſens..... hault & puiſſant Seigneur Meſſire CHARLES DE BEAUMONT-D'AUTICHAMP, Chevalier, Seigneur de Miribel, Sana, Senez, Ony, Sainct-Chriſtophle & autres lieux, Lieutenantde Roy & Commandant, pour le ſervice de Sa Majeſté, au Gouvernement des ville & chaſteau d'Angers, & Damoiſelle LOUISE-OLIMPE DE BEAUMONT-D'AUTICHAMP, ſa fille, & de deſ-functe Dame LOUISE DE ROSTAING, premiere femme dudit Seigneur d'Autichamp, demeurans auditt chaſteau, Parroiſſe de St Aignan, d'une part ; & Meſſire Pierre Binet, Chevalier, Seigneur de Montifray, de Monmorier & de la Fleurancerie, fils aiſné & principal héritier noble de deffunct Meſſire Pierre Binet, auſſy en ſon vivant Chevalier, Seigneur deſd. lieux, & de Dame Perrine Martrineau ;... procédant ſoubs l'authorité de Meſſire Anthoine Binet, Conſeiller du Roy en ſes Conſeils, Abbé de Meilleray, & Grand-Archidiacre de l'Egliſe de Nantes, ſon oncle & curateur aux cauſes.... d'autre part.... a eſté faict les accords.... & conventions matrimoniales qui enſuivent.... de l'advis.... de Meſſire François-Armand de la Porte de Vezins, Chevalier, Seigneur de la Thibaudiere, au nom & comme Procureur de Meſſire JEAN-CLAUDE DE BEAUMONT, Chevalier, Seigneur de Miribel, frere aiſné de ladicte Damoi-ſelle DE BEAUMONT, par procuration reçeue au.... Chaſtelet de Paris devant le Normand & Lorvedy, Notaires, le.... quatorzieſme de ce mois.... Meſſire JOSEPH DE BEAUMONT, Chevalier, auſſy frere de ladicte Damoiſelle ; Meſſire Eraſme de Contades, Chevalier, Seigneur dudict lieu ; Meſſire Louis Bachelier, Chevalier, Seigneur de St Canal, Maréchal des armées du Roy, & Capitaine du Régiment de Champagne ; Meſſire Louis de Couetlogon, Chevalier, Seigneur, Vicomte de Loict ; Meſſire Charles de Coſſé-du Lanoy, Chevalier, Seigneur de Nepuy, Meſſire Charles de Maillé, Chevalier, Seigneur de la Tour-Landry ; Frere Guy de la Bonnetiere, Chevalier de l'Ordre St Jean de Jeruſalem, Commandeur de Guclean & Lalande ; Meſſire Jacques de la Bonnetiere, Abbé de Vaux ; Meſſire Gabriel Conſtantin, Seigneur de Varanne, Grand-Prevoſt d'Anjou ; Meſſire Jouachin Janocan, Chevalier, Seigneur de Rigné ; Meſſire Guy le Bel, Chevalier, Seigneur de la Juliere, tous amis dudit Seigneur d'AUTI-CHAMP.... En faveur duquel mariage ledict Seigneur d'AUTICHAMP a promis.... donner à ladicte Damoiſelle DE BEAUMONT, qu'il a declaré marier & emparager noblement, ſuivant & au deſir de la Couſtume d'Anjou.... la ſomme de trente mille livres ; ſçavoir, la ſomme de vingt mille livres, en un contract de conſtitution de neuf cens ſoixante-quatorze livres treize ſolz de rente hypothéquaire.... que ledit Seigneur d'AUTICHAMP, enſemble Dame FRANÇOISE DE JOSNY, à préſent ſon Eſpouze, à ce preſent eſtably.... & de luy aucthoriſée.... & ledict Sieur de la Porte, audict nom, & Procureur dudict Seigneur JEAN-CLAUDE DE BEAUMONT, ſe ſont ſollidairement.... obligez.... rachapter d'huy en deux ans.... &.... la ſomme de dix mille livres, ledict Seigneur d'AUTICHAMP s'oblige la payer le jour de la Bénédiction nuptialle.... & outre promet loger, nourrir & entretenir leſdicts Seigneur & Damoiſelle, future Eſpoux, avecq leurs ſerviteurs & eſquipages, pendant le temps & eſpace de quatre années.... comme auſſy a ladicte Dame DE JOSNY renoncé & renonce à tous droictz & prétentions qu'elle pourroit avoir ſur ladicte ſomme de trente mille livres, ci-deſſus promiſe, pour quelque cauſe que ce ſoit...... Faict & paſſé audict chaſteau d'Angers.... (Signé) Phelipeau, No^{re}, vers lequel la minute eſt demeurée. 19 Janvier 1682.

Commissions de Lieutenant de Roi, de la Ville & Château d'Angers, en faveur de Jean-Claude de Beaumont-d'Autichamp.

Originaux en parchemin, conservés dans les Archives de M. le Marquis d'Autichamp, au Château d'Autichamp.

2 Mai 1683. LOUIS, par la grace de Dieu, Roy de France & de Navarre : A nostre cher & bien amé le Sr Jean-Claude d'Autichamp ; Salut. Le Sr d'Autichamp, vostre pere, s'estant volontairement démis en nos mains, en vostre faveur, de la charge de nostre Lieutenant en nostre ville & chasteau d'Angers, qu'il exerce depuis 1667, Nous avons, d'autant plus volontiers, agréé la chose, que nous desirons reconnoistre en vostre personne les bons services que led. Sieur d'Autichamp, vostre pere, nous a rendus pendant plusieurs années dans nos armées, & aussi en lad. charge de nostre Lieutenant en lad. ville & chasteau d'Angers ; outre que Nous nous promettons, qu'à son imitation, vous y ferez vostre devoir aux occasions qui s'en offriront, prenant toute confiance en vostre fidélité & affection à nostre service ; sçavoir faisons que Nous, pour ces causes... Nous vous avons commis.... & estably, commettons.... & establissons... pour, pendant le temps de trois ans, avoir la garde desd. ville & chasteau d'Angers, comme nostre Lieutenant, tout ainsy qu'a ci-devant fait vostred. pere, avec pouvoir d'y commander en l'absence, maladie ou empeschement de nostre cousin le Comte d'Armagnac, Gouverneur, nostre Lieutenant gn'al en nostre pays d'Anjou, & Gouverneur particulier de nostred. ville & chasteau d'Angers..... Donné à Versailles le 2e jour de May, l'an de grace 1683..... (*Signé*) LOUIS ; (*& plus bas*) Par le Roy. Phelypeaux. (*A la marge est écrit :*) Les Lettres de M. d'Autichamp fils, de Lieutenant de Roy de la ville & chasteau d'Angers, ont esté leues & publiées l'Audiance de la Juresdiction ordinaire de la Séneschaussée d'Anjou & Siege Presidial d'Angers tenant.... & icelles enregistrées sur le registre du Greffe civil desd: Sieges, fol° 52, v°. Donné audit Angers par nous Louis Boylesve, Conseiller du Roy, Lieutenant esdits Sieges, le 4e Juin 1683. (*Signé*) Malville.

3 Mai 1686. LOUIS, &c. A nostre cher & bien amé le Sr Jean-Claude-d'Autichamp, nostre Lieutenant de nostre ville & chasteau d'Angers ; Salut. Par nos Lettres pattentes du 2e jour de May 1603, Nous vous avons pourveu de lad. charge pour le temps de trois années ; mais comme elles sont expirées, & que Nous sommes bien aise de vous y continuer, prenant confiance en vostre fidélité & affection à nostre service....... Nous vous avons, de nouveau, commis & ordonné, commettons & ordonnons... pour, pendant autres trois années, avoir lad charge... Donné à Versailles le 3e jour de May, l'an de grace 1686.... (*Signé*) LOUIS ; (*& plus bas*) Par le Roy. Phelypeaux.

25 Avril 1689. LOUIS, &c.... A nostre cher & bien amé le Sr Jean-Claude d'Autichamp, nostre Lieutenant de nostre ville & chasteau d'Angers ; Salut. Par nos Lettres patentes du 3 May 1686, Nous vous avons commis, pour le temps de trois ans, avoir lad. charge ; mais comme elles sont près d'expirer, & que Nous sommes bien aise de vous y continuer, prenant confiance en vostre fidélité & affection à notre service.... Nous vous avons, de nouveau, commis & ordonné.... pour, pendant autres trois années, avoir lad. charge..... Donné à Versailles le 25e jour d'Avril, l'an de grace 1689.... (*Signé*) LOUIS ; (*& plus bas*) Par le Roy, Phelypeaux.

1er Décembre 1692. LOUIS, &c.... A nostre cher & bien amé le Sr d'Autichamp, nostre Lieutenant en nostre ville & chasteau d'Angers ; Salut. Par nos Lettres pattentes du 25e Aoust 1680, Nous vous avons commis, pour le temps de trois années, avoir lad. charge ; mais comme elles sont expirées il y a quelque temps, & que Nous sommes bien aise de vous y continuer, prenant confiance en vostre fidélité & affection en nostre service.... Nous vous avons de nouveau commis & ordonné.... pour, pendant autres trois ans.... jouir de lad. charge..... Donné à Versailles le 1er jour de Décembre, l'an de grace 1692.... (*Signé*) LOUIS ; (*& plus bas*) Par le Roy, Phelypeaux.

14 Novembre 1695. LOUIS, &c.... A nostre cher & bien amé le Sr d'Autichamp, notre Lieutenant en notre ville & chasteau d'Angers. Salut. Par nos Lettres patentes du 1er Décembre 1692, Nous vous aurions commis pour, pendant trois années, faire lad. charge ; mais comme elles sont expirées, & que Nous sommes bien aise de vous y continuer, prenant confiance en vostre fidélité & affection.... Nous vous avons, de nouveau, commis & ordonné.... pour, pendant autres trois ans...... exercer lad. charge..... Donné à Versailles le 14e jour Novembre, l'an de grace 1695.... (*Signé*) LOUIS ; (*& plus bas*) Par le Roy, Phelypeaux.

21 Novembre 1698. LOUIS, &c.... A notre cher & bien amé le Sr d'Autchamp, notre Lieutenant en notre ville & chasteau d'Angers, Salut. Par nos Lettres patentes du 14e Novembre 1695, Nous vous aurions

DE LA MAISON DE BEAUMONT. Liv. IV.

continué dans lad. charge pendant trois ans; & comme ils sont expirés, & que nous sommes satisfaits de vos services.... Nous vous avons de nouveau commis & ordonné.... pour, pendant autres trois ans.... exercer lad. charge..... Donné à Versailles, le 24e jour de Novembre, l'an de grace 1698.... (*Signé*) LOUIS; (*& plus bas*) Par le Roy, Phelypeaux.

LOUIS, &c..... A notre très-cher & bien amé le S^r D'AUTICHAMP; Salut. Par nos Lettres patentes du 24e Novembre 1698, Nous vous aurions continué dans la charge de notre Lieutenant en nostre ville & chasteau d'Angers pendant trois ans; & comme ils sont expirés il y a du temps, & que nous sommes satisfaits de vos services.... Nous vous avons, de nouveau, commis & ordonné.... pour, pendant autres trois ans, faire lad. charge.... Donné à Versailles, le 12e jour de Juin, l'an de grace 1702.... (*Signé*) LOUIS; (*& plus bas*) Par le Roy, Phelypeaux.   12 Juin 1702.

LOUIS, &c.... A notre cher & bien amé le S^r D'AUTICHAMP; Salut. Par nos Lettres patentes du 12e Juin 1702, Nous vous aurions continué dans la charge de notre Lieutenant en notre ville & chasteau d'Angers pendant trois ans; & comme il y a du temps qu'ils sont expirés, & que Nous estimons à propos de vous y continuer encore, estant satisfaits de vos services.... Nous vous avons, de nouveau, commis & ordonné.... pour, pendant autres trois ans prochains, faire lad. charge..... Donné à Versailles, le 1er jour de Mars, l'an de grace 1706.... (*Signé*) LOUIS; (*& plus bas*) Par le Roy, Phelypeaux.   1er Mars 1706.

LOUIS, &c.... A notre cher & bien amé le S^r D'AUTICHAMP; Salut. Par Lettres patentes du 1er Mars 1706, vous auriez esté continué dans la charge de notre Lieutenant en notre ville & chasteau d'Angers pendant trois ans; mais comme ils sont expirés depuis très-longtemps, & que nous voulons vous donner des marques de la satisfaction que Nous avons de votre attachement à notre service, ainsi que de ceux que vous avez rendus jusqu'à présent..... de l'avis de notre très-cher & très-amé oncle le Duc d'Orléans, Régent de notre Royaume, Nous vous avons, de nouveau, commis & ordonné.... pour, doresnavant continuer à faire lad. charge de notre Lieutenant en lad. ville & chasteau d'Angers.... ainsi que vous avez ci-devant fait, & ce tant qu'il Nous plaira..... Donné à Vincennes, le 5e jour de Novembre, l'an de grace 1715, & de notre regne le premier. (*Signé*) LOUIS; (*& plus bas*) Par le Roy, le Duc d'Orléans, Régent, présent, Phelypeaux.   5 Novemb. 1715.

Extrait de l'Armorial général de France, fait en exécution de l'Edit du mois de Novembre 1696, en 30 vol. in-fol. conservés en Manuscrit au Cabinet de l'Ordre du St Esprit, vol. 27. fol. 1471.

Généralité de Tours.

ANGERS.

De l'Etat du 22 Aoust 1698, présenté aux Commissaires Généraux, le 28 Juillet de la même année.

JEAN-CLAUDE DE BEAUMONT-D'AUTICHAMP, Lieutenant de Roi au Gouvernement de la Province d'Anjou, & des Ville & Château d'Angers; porte: *de Gueules à une face d'argent, chargée de 3 fleurs de Lis d'azur, & surmontée d'une Couronne Royale d'or.*   22 Août 1698.

Testament olographe de JEAN-CLAUDE DE BEAUMONT-D'AUTICHAMP, *Lieutenant de Roi à Angers.*

Original en papier, conservé dans les Archives de M. le Marquis d'Autichamp, au Château d'Autichamp.

AU nom de la très-sainte Trinité, le Pere, le Fils & le Saint Esprit. Je soussigné.... je fais le présent mon Testament olographe de la maniere qui suit:

Estant pleinement informé du contrat de mariage de mon neveu à la mode de Bretagne, le Marquis D'AUTICHAMP, & de feüe LOUISE-OLIMPE-BINET DE MONTIFRAY, ma niece, fille aisnée de feü Mr Binet de Montifray, & de feüe Dame LOUISE-OLIMPE DE BEAUMONT-D'AUTICHAMP, ma sœur; led. contrat de mariage passé devant Bouclier, Notaire Royal à Angers, le seize Juin mil sept cent dix; je confirme d'abondant toutes les dispositions y contenues, & ce qui regarde les biens de ma succession; je veux & entends qu'elles soient exécutées dans leurs entiers,   23 Octobre 1734; 25 Août 1736, 30 Août 1737, & 22 Juillet 1741.

entre Louis-Joseph de Beaumont-d'Autichamp, mon petit-neveu, fils unique du Marquis d'Autichamp, & de lad. Dame de Montifray, son Epouse, & Dame Eulalie Binet de Montifray, ma niece, Epouse de mon neveu, à la mode de Bretagne, le Comte de Beaumont-d'Autichamp, à présent seulle cadette & sœur de lad. feüe Dame Marquise d'Autichamp, par la mort de mon autre niece, leur sœur, décédée depuis le susdit contrat de mariage de leur aînée; & en expliquant encore mes intentions au sujet de ma charge de Lieutenant de Roy de Province, dont je suis pourvu en titre, je veux & prétends que sur & dans la portion de mes biens, & à deüe concurrence de lad. portion de mes biens qui adviendra à mond. petit-neveu, en conséquence des dispositions portées par le susd. contrat de mariage de sa mere, mad. charge de Lieutenant de Roy de Province lui demeure en propriété, & sans que mond. petit-neveu la puisse donner à ma niece la Comtesse d'Autichamp sur ses droits; & comme mad. niece la Comtesse d'Autichamp demeure seulle cadette dans la testée de ma sœur de Montifray, & que peut-être il y auroit quelque difficulté au sujet des cinquante mille frans, à quoi la portion de mes deux nieces cadettes, de feüe la Marquise d'Autichamp, leur sœur aînée, a esté reglée par le susd. contrat de son mariage; sçavoir, si ne restant en vie qu'une des deux cadettes qui me survive, elle l'auroit à l'entier la somme de cinquante mille francs, ou seulement la moitié de la somme, desirant faire cesser ce doute, & prévenir toute contestation; considérant les trop grands avantages que j'ay faits à mad. niece aisnée la Marquise d'Autichamp, par sond. contrat de mariage, & pour aucunement désintéresser ma niece la Comtesse d'Autichamp, par motif de conscience, je veux & mon intention est que madite niece la Comtesse d'Autichamp, comme seulle cadette dans ma succession présentement, ayt & prenne les vingt-cinq mille francs que mad. niece Mademoiselle de Montifray, morte fille, y auroit pris, si elle m'eust survêcu, & j'en fais don à mad. niece la Comtesse d'Autichamp, en pleine propriété, en cas qu'elle ayt quelque enfant de son mariage avec le Comte d'Autichamp qui survive à mad. niece; & si elle n'en a pas de survivant, audit cas, elle n'aura que l'usufruit, pendant sa vie, de lad. somme de vingt-cinq mille francs..... Je légue.... cinquante francs, une fois payés, à chacune des quatre Maisons Religieuses cy-nommées; sçavoir, les Jacobins, les Capucins, les Recollets & les Minimes.... deux cens francs.... pour les Pauvres de la Paroisse de Saint Aignan...; quatre cens frans à chacune de mes Paroisses de Miribel & Onay, pour être distribués aux plus pauvres familles. Je donne à mon neveu l'Abbé d'Autichamp, que je nomme mon Exécuteur-Testamentaire, les estampes & tableaux qui sont dans ma chambre, que je le prie de recevoir comme une marque de mon amitié..... Je demande en grace à mes héritiers de ne me faire enterrer que vingt-quatre heures après ma mort, & avec le moins de frais qu'il se pourra, desirant que ce que l'on mettroit pour la vanité en dépense superflue, soit employé pour assister quelques pauvres honteux dans cette Ville, reconnus pour tels.... Je charge aussi mes héritiers, qui le sont aussi de feü mon frere, de prendre soin de Françoise de la Tour, qui est sa fille naturelle.... Je desire être enterré dans la chapelle de ce chasteau & dans le même lieu que feü mon pere, si M. l'Evêque veut bien le permettre..... Fait à Angers le vingt-trois Octobre mil sept cent trente-quatre. (Signé) Beaumont-d'Autichamp.

Ayant relu mon Testament, cejourd'huy vingt-cinq Aoust mil sept cent trente-six, j'y adjoute ce qui suit.... Je prie mes héritiers de donner à mon neveu l'Abbé, outre ce qui est écrit de l'autre part, le peu de livres qui lui conviendront dans ce que j'en ay........ A Angers......... (Signé) Beaumont-d'Autichamp.

Ayant relu mon Testament cejourd'huy trente Aoust mil sept cent trente-sept, j'annulle les deux articles..... qui concernent Bouclier & Lestourmeau..... A Angers.... (Signé) Beaumont-d'Autichamp.

Le vingt-deux Juillet mil sept cent quarante-un, j'ay relu mon Testament cy-joint, & toutes les dispositions qu'il contient, que j'aprouve de nouveau, & dans lesquelles je persiste; je supplie seulement M. l'Evêque d'Angers d'agréer que je le nomme pour être mon Exécuteur-Testamentaire, ainsy qu'il me l'a permis, à cause de l'absence de mon neveu l'Evêque de Tulles. Fait à Angers les jour & an que dessus. (Signé) Beaumont-d'Autichamp.

CHAPITRE XVI.

Anciens SEIGNEURS D'AUTICHAMP, iſſus d'ANDRÉ DE BEAUMONT, Seigneur d'Autichamp, Fils puîné d'HUMBERT, rapporté au Chapitre Ier de ce Livre.

Extrait de la Montre & Revue faite au Mans, le 13e Novembre 1475, de 97 Hommes d'Armes, & 197 Archers du nombre de 100 Lances fournies, étant ſous la charge & conduite de Mre Jean de Daillon, Chevalier, Seigneur de Lude, Conſeiller & Chambellan du Roi, & Gouverneur de Dauphiné.

Cette Montre, conſervée en original en parchemin au Cabinet de l'Ordre du S^t Eſprit ; Recueil de Titres ſcellés, vol. 236, fol. 251.

Et premiérement.

Hommes d'Armes.

Monſ^r. le Gouverneur.... Monſ^r de Saint Supplice..... Monſ^r de Freſneau.... Gilles de Daillon.... André de Mornay.... Loys de Dreux.... Jehan Latier.... YMBERS DE BEAUMONT.... Françoys Latier.... Guiot du Breuil.... Saint Geoire....   13 Novembre 1475.

EXTRAIT de la Montre & Revue faite à Atras, le 8 Février 1483, de 60 Hommes d'Armes, & 120 Archers, du nombre de 100 lances fournies, n'agueres étant ſous la charge & conduite d'Olivier de Haultemer, & à préſent ſous la charge d'Olivier de Quoativen, Gouverneur d'Auxerre, duquel nombre, par l'Ordonnance du Roi, a été caſſé 40 lances; dans laquelle Montre au nombre des Hommes d'Armes, ſont Gilles de Daillon, (le 1er de tous), Perot d'Anton, Pierre Tallerau, Eſtienne de Lodieres, Guillemot Barrault, YMBERT DE BEAUMONT, René Vendoſmois, Guillaume de Segur, Anthoine de Longueval, Claude de Jars, Enard de Rouſſillon, Janicot de Loſtanges, &c.   8 Février 1483.

Cette Montre conſervée en original au Prieuré de St Martin des Champs à Paris, & communiqué, en Septembre 1748, par Dom Pernot, Bibliothécaire de ce Prieuré.

Teſtament & Codicile de GUY DE BEAUMONT, Seigneur d'Autichamp.

Expédition en papier, conſervée dans les Archives de M. le Marquis d'Autichamp, au Château d'Autichamp, en Dauphiné.

IN nomine Domini, amen..... Anno Dominice incarnationis milleſimo quatercenteſimo nonageſimo ſecundo, & die ultima menſis Decembris... nobilis vir GUIDO DE BELLOMONTE, Dominus Alticampi, Dioceſis Valentinenſis.,.. conſiderans quod ipſe intendit ire in Burgundia videlicet in guerra ad ſerviendum Domino noſtro Regi Daiphino, neſciens ſi de eadem unquam revertetur.... ſuum proptereà ultimum nuncupativum condidit Teſtamentum.... Corpori vero ſuo ſepulturam elegit in Eccleſia Conventus Fratrum Minorum Criſte, in tumba ſuorum patris & predeceſſorum.... & intereſſe voluit omnes Dominos Preſbiteros & ſervitores Eccleſie Collegiate Sancti Salvatoris Criſte.... Dominoſque Priores Sancti Johannis Hoſpitalis, & Sancti Anthonii de Briſamis.... &.... Dominum Curatum Alticampi.... Item voluit... triginta diebus poſt ejus obitum celebrari in magno altari dicti Conventûs.... in quo celebrantur Miſſe pro nobili GUILHERMO DE BELLOMONTE ejus avunculo, unam Miſſam.... &... offerti... unum pintalphum vini puri... Item dedit... dicto Conventui... in augmentum Miſſe... fundate per nobilem HUMBERTUM DE BELLOMONTE, ejus fratrem videlicet quinquaginta florenos....   31 Décembre 1492.

A a ij

semel.... Item dedit nobili GUILHERMETE FIANCERISE, ejus matri... quinque florenos....
Item... nobili Domino PHILIPO DE BELLOMONTE, ejus fratri... quinque florenos.... Item...
nobili SAFREDE, ejus forori uxori GLAUDII MARTINI, habitatoris mandamenti Crimiaci....
quinque florenos.... Item... nobili JOHANNE, filie nobilis Francifci de Port, Parrochie Balme
Diocefis de Bellee in Sabaudia, DOMICELLE UXORIS IPSIUS TESTATORIS videlicet quinquagenta
florenos... folvendos... dum ipfam matrimonio collocari contingerit.... Item dedit... hominibus fuis de Alticampo omnia arreyragia cenfuum.... Item dedit & legavit idem Teftator
nobili JOHANNE BERRIONE, ejus uxori quantum vidue & honefte vixerit, victum & veftitum
juxta ftatum fue perfone..., & quod ipfa fit Domina gubernatrix, tutrix & adminiftratrix
perfone & bonorum ejus heredis univerfalis fine reditione computi & confectione inventarii....
& cafu quo ipfa ejus uxor non poffit ftare cum heredi fuo... eidem dedit.... medietatem
omnium.... redituum inqueftarum Juridictionis, domus utencilium & aliorum bonorum fuorum ac medieratem caftri dicti loci Alticampi.... Item dedit... nobilibus NICHOLAO & JOHANNI
DE BELLOMONTE, ejus filiis naturalibus & legitimis videlicet cuilibet eorum ducenta fcuta auri
cugni Sereniffimi Francorum Regis... & quod heres fuus univerfalis.... ipfos tenere habeat
in efcolis ejus fumptibus..... Item dedit.... nobili CATHERINE DE BELLOMONTE, ejus filie
naturali... centum florenos monete... folvendos... dum ipfam contingerit matrimonio collocari... &... idem nobilis teftator... heredem fuum univerfalem fibi inftituit... nobilem HUM-
BERTUM DE BELLOMONTE, ejus filium naturalem & legitimum primogenitum., & cafu quo
contingeret... heredem predictum decedere... fine libero feu liberis... de legitimo matrimonio...
fubftituit nobilem NICOLAUM DE BELLOMONTE, ejus filium naturalem & legitimum, & ... eidem
fic decedenti fubftituit nobilem JOHANNEM DE BELLOMONTE, ejus alium filium naturalem &
legitimum, &... eidem fic decedenti fubftituit nobilem GUILHERMUM DE BELLOMONTE, ejus
confobrinum & poft eum ejus liberos... Exequtores vero hujus... teftamenti fecit & inftituit
nobiles Gaucherinum Aymarii, Dominum Greyahacii, & Johannem Blayni, Dominum Pogeti-
Celarii.......... Acta... fuerunt premiffa Alticampi in caftro dicti Teftatoris in camera fupra
coquinam... teftibus Colino de Grangiis, fervitore Domini Pogeti-Celaris; Johanne Brefilhon,
Andrea Valari, Claudio Murardi, Johanne Chovini, Claudio Columbi & Petro Codert, dicti
loci Alticampi... & me Johanne Gerente, Notario publico infrafcripto.

Codicile.

23 Juin 1494. POSTQUE anno Domini milleflmo quatercentefimo nonagefimo quarto, & die vicefima tertia
menfis Jugnii... coram me Notario publico... dictus nobilis GUIDO DE BELLOMONTE, Dominus
Alticampi... memorans... condidiffe fuum ultimum teftamentum... in quo heredem fibi inftituit univerfalem nobilem HUMBERTUM DE BELLOMONTE, ejus filium primogenitum naturalem
& legitimum... & legaffe CATHERINE, ejus filie naturali, centum florenos... nunc autem per
hos codicillos dictum legatum eidem confirmavit... Item recolens... legaffe nobili PHILIPO DE
BELLOMONTE, ejus fratri, fancte fedis Apoftolice Prothonotario, quinque florenos... nunc autem
codicillando ipfum legatum eidem augmentavit videlicet quod toriens quotiens eidem venire
placuerit in domo Alticampi...habere debeat fuper bonis ipfius Teftatoris ejus neceffarium & fui fervi-
tores... &... ipfum Dominum PHILIPUM, ejus fratrem ordinavit primum exequtorem dicti
fui teftamenti una cum aliis per eum conftitutis; recolens etiam... legaffe nobili JOHANNE
VERRIONE, ejus uxori... medietatem fructuum & hereditatis... tam in loco & mandamento
Alticampi quam Caprilhani... nunc... voluit quod officiarii Alticampi creantur tam nomine
dicte ejus uxoris quam fui heredis, & legavit dicte nobili JOHANNE VERRIONE, ejus uxori
cafu quo fe remaritare vellet... de confenfu fuorum parentum & amicorum ultra augmentum
fibi donatum in contractu eorum matrimonii videlicet centum fcuta auri.... Item plus recolens...
condidiffe heredem fuum dictum nobilem HUMBERTUM DE BELLOMONTE, cum fubftitucionibus...
fine faciendo mencionem de liberis, nunc... voluit... quod... dicta inftitutio heredis veniat in
ejus liberos mafculos & liberos mafculos liberorum fuorum... in infinitum &... quod eifdem
fubftituantur nobilis NICOLAUS, frater dicti nobilis HUMBERTI, & poft eum ejus liberi mafculi...
in infinitum &... eifdem... fubftituit nobilem JOHANNEM DE BELLOMONTE, ejus reliquum
liberum fratrem dictorum HUMBERTI & NICOLAY, & poft eum ejus liberos mafculos & liberos
liberorum fuorum mafculos... in infinitum &... eifdem omnibus... fubftituit nobilem GUI-
LHELMUM DE BELLOMONTE, ejufdem codicillantis confobrinum & poft eum ejus liberos & liberos
liberorum fuorum ufque in infiuitum.... Infuper rogavit ipfe codicillans.... me Johannem
Gerente, Notarium publicum... quathinus de premiffis contentis in hujufmodi codicillis... in
pede ejufdem teftamenti conficiam unum vel plura... inftrumentum & inftrumenta..... Acta...
fuerunt premiffa in camera retro aulam baffam caftri Alticampi, prefentibus teftibus nobili
Arnaudo de Prieu, Domino Condilhacii; Magiftro Petro de Rubiaco, Notario Crifte; Domino
Ludovico Taliferi, Priore Augufte; Magiftro Roberto Bourelli, Notario... Crifte ad premiffa
vocatis & per dictum Teftatorem fpecialiter rogatis.

« Extraict de fa Nocte extendue receue par feu Me Jehan Gerente, à laquelle plus à plain
» me rapporte. (*Signé*) Vincent, Subftitut.

DE LA MAISON DE BEAUMONT. Liv. IV. 189

» (*A la marge est écrit*) communiqué par copie, comme curateur de noble Pierre Fayn,
» outre autre communication, comme Procureur de ANNE DE BEAUMONT, ce ixe Febvrier
» 1562, à Nohel. (*Signé*) F. Alazard ».

(2°) *Testament de* GUY DE BEAUMONT, *Seigneur d'Autichamp.*

Copie en papier non signée, mais de l'écriture du temps, conservée dans les Archives de M. le Marquis d'Autichamp, au Château d'Autichamp.

IN nomine Domini amen.. Anno incarnati Verbi millesimo quingentesimo quarto & die decima quinta mensis Marcii..coram me Notario..publico.. nobilis & potens vir GUIDO DE BELLOMONTE, Dominus loci de Alticampo, Valentinensis Diocesis.. suum.. condidit testamentum.. suamque.. sepulturam elegit in choro Ecclesie Conventûs Fratrum Minorum Criste in tumba suorum patris & predecessorum... Item voluit.. durantibus triginta diebus.. celebrari in magno altari dicti Conventûs.. in quo celebrantur misse celebrari ordinate per nobilem GUILHELMUM DE BELLOMONTE, ejus condam avunculum, unam missam... Item dedit..dicto Conventui..in augmentum fondationis.. misse.. fundate per nobilem YMBERTUM DE BELLOMONTE fratrem ejusdem Domini Testatoris, videlicet quinquaginta florenos... Item dedit.. Reverendo in χ^ρο Patri Domino PHILIPO DE BELLOMONTE, sancte Sedis Apostolice Prothonotario, Priori Prioratuum Auripli & de Raco, ejus fratri.. quinque florenos monete currentis semel... Item.. nobili SUFFREDE ejus sorori, uxori nobilis GLAUDII MARTINI, habitatoris mandamenti Trimiaci Diocesis Viennensis..quinque florenos... Item dedit.. hominibus suis de Alticampo omnes inquestas debitas tempore decessus ipsius Testatoris... Item dedit.. nobili JOHANNE VIERRONE, Domine Alticampi ejus uxori bene dilecte, ejus vitum & vestitum juxta statum sue persone super bonis suis ipsius Testatoris.. ipsam nobilem JOHANNAM VIERRONE faciendo.. tutricem.. ejus heredis universalis infrascripti.. & in casum in quem dicta.. ejus uxor nollet..stare cum herede suo.. eidem.. dedit.. medietatem castri sui de Alticampo.. & omnium fructuum Juridictionis.. & etiam medietatem suarum hereditatum de Anrolhesio, de Caprilhiano, de Maso & de Reperta.. & super dicta medietate..debeat solvere medietatem..dotis nobilis Domicelle DIANE DE BELLOMONTE, ejus filie naturalis & legitime... Item dedit.. nobili MARTINO DE BELLOMONTE, ejus filio *naturali*, centum florenos.. & ejus vitum & vestitum... Item.. nobili MARGARITE DE BELLOMONTE, etiam ejus filie *naturali*, uxori nobilis JACOBI DE VILLANOVA, mandamenti Caprilhiani, ejus vitum & vestitum stando cum ejus herede universali... Item dedit.. nobili Domicelle DYANE DE BELLOMONTE, ejus filie naturali & legitime summam trium mille florenorum.. & vestes nubciales ad dictam parentum & amicorum.. dum collocabitur in matrimonio... Item dedit.. nobili JOHANNI DE BELLOMONTE, ejus filio naturali & legitimo.. Chabenciam census redditus..quas.. habet.. in loco & mandamento de Antholesio in Dalphinatu... Item dedit.. nobili NICOLAO DE BELLOMONTE, ejus filio naturali & legitimo.. sexcentum scuta auri... &.. voluit.. quod ejus heres universalis.. debeat.. eidem providere stando in scolis de alimentis..&.. libris etiam necessariis donec effectus fuerit presbiter.. In omnibus & singulis aliis bonis suis... heredem suum universalem sibi instituit.. nobilem YMBERTUM DE BELLOMONTE, ejus filium naturalem & legitimum... & casu quo contingeret.. mori.. sine liberis seu libero masculis.. substituit dictum nobilem NICOLAU DE BELLOMONTE, ejus filium naturalem & legitimum secundo genitum; si..conting^t.. mori.. sine libero seu liberis masculis.. substituit dictum nobilem JOHANNEM DE BELLOMONTE, ejus filium naturalem & legitimum.... Et si contingat.. ipsos tres.. mori.. sine liberis masculis & legirimis.. substituit nobilem GUILHERMUM DE BELLOMONTE, ejus consobrinum & post eum ejus liberos masculos.. usque in infinitum. Exsequtores autem sui.. testamenti fecit & instituit nobiles Gautherium Aymari, Dominum Grenihacii, Dominum PHILIPUM DE BELLOMONTE, fratrem ejusdem Domini testatoris, & nobilem Petrum Vierronis, Condominum Belaroni..... Acta & recitata fuerunt premissa apud dictum locum de Alticampo in domo providi viri Johannis Bresilhonis, Castellani ejusdem loci, presentibus testibus venerabili viro Domino Jacobo Borrelli, Curato Alticampi, eodem Johanne & Petro Bresilhoni, ejus fratre, Giraudo Albi, Johanne Bertrandi, Johanne Cholvini, Amedeo de Cabanis, Mondono Lamberti, Glaudio Columbi & pluribus aliis habitatoribus dicti loci Alticampi ad premissa vocatis.

15 Mars 1504.

(3°) *Testament de* GUY DE BEAUMONT, *Seigneur d'Autichamp.*

Expédition originale en parchemin, conservée dans les Archives de M. le Marquis d'Autichamp; au Château d'Autichamp.

CEJOURD'HUY mardy vingtiesme jour du mois d'Aoust, an mil cinq centz soixante, dans l'auditoyre, siège & greffe royal de Crest-Arnaud.. pardevant moy Barthelemy Dumont, Notayre royal.. dud. Crest... Me Jehan Jeusne, Procureur.. de Damoyselles CHARLOTTE &

17 Aoust 1512.

ANNE DE BEAULMONT..a dict..avoir obtenu..du Parlement du Daulphiné à Grenoble lettres compulſoires..le quatorzieſme jour du preſent mois d'Aouſt, ſcellées à ſimple queue, ſignées par la Cour, Daragon..que en vertu d'icelles il a faict adjourner..Damoyſelle MARGUERITE DE DYES &..DAMOYSELLE JEHANNE DE BEAULMONT..aux fins de veoyr procéder..à l'extraction de l'inſtrument de Teſtement de feu noble GUIS DE BEAULMONT..Seigneur d'Autichamp.. ſemblablement..il a faict fere commandement à Me Mathieu Melon dud. Creſt, comme Garde des papiers de feu Me Bernard Guilhaume, Notere dud. Creſt, lequel..avoit receu led. Teſtement..lequel Me Melon..a exhibé..ung livre & prothocol de nottes..ſignés..par led. feu Me Bernard Guilhaume...dans lequel j'ai faict extraict..ainſi que dud. teſtement, la teneur s'enſuyt.

« In nomine Domini amen... Anno incarnationis ejuſdem Domini milleſimo quingenteſimo
» duodecimo & decima ſeptima menſis Auguſti... coram me Notario publico..nobilis & potens
» vir GUIDO DE BELLOMONTE, Dominus de Alticampo, Dioceſis Valentinenſis..condidit teſta-
» mentum ſuamque voluntatem ultimam...corpori ſuo ſepulturam elegit in choro Eccleſie con-
» ventûs Fratrum minorum Criſte-Arnaudi in tumba ſui patris & predeceſſorum....Item dedit..
» in augmentum fundationis miſſe in eodem Conventu fundate per nobilem HUMBERTUM DE
» BELLOMONTE, fratrem ejuſdem Domini teſtatoris, videlicet quinquaginta florenos....Item
» dedit..nobili & Reverendo in χpo Patri Domino PHILIPPO DE BELLOMONTE, ſancte Sedis
» Apoſtolice Prothonotario ejus fratri...quinque florenos...Item legavit Marguerite de Villa-
» nova viginti florenos...Item..nobili JOHANNE VIERRONE, ejus uxori bene dilecte, ejus victum
» & veſtitum juxta ſtatum ſue perſone quamdiu vixerit..vidue & honeſte..eamdemque nobilem
» JOHANNAM VIERRONE..inſtituit Dominam..& adminiſtratricem perſone & bonorum..heredis
» univerſalis infraſcripti...Et caſu quo..nollet..morari cum dicto herede..eidem..dedit..me-
» dietatem caſtri dicti loci Alticampi pro ejus habitatione nec non medietatem omnium uten-
» cilium..nec non omnes fructus ſue hereditati ſcite infra mandamentum Preparate &..infra
» mandamentum Caprilhia in Roboſono..plus..centum ſcuta auri cum ſole in quibus ſibi
» tenentur Pe Viondi & Johannes Chionis, Mercatores Criſte-Arnaudi...Plus quater viginti ſcuta..
» in quibus ſibi tenetur nobilis Arnaudus Odoardi, de Marſana, cauſâ reſponderie ejus nomine
» Domini moderni de Garda. Item plus dictus Dominus confeſſus fuit..in ejus uſus convertiſſe
» videlicet quinque centum florenorum..tam in quibuſdam cathenis & coliari aureis quam aliis
» jocalibus ejuſdem nobilis JOHANNE VIERRONE habitis, quos..eidem..exſolvi voluit....Item..
» remiſit..ſuis hominibus (de) Alticampo omnes inqueſtas ſeu condemnationes debitas tempore
» mortis ejuſdem Domini Teſtatoris....Item..dedit nobili MARTINO DE BELLOMONTE, ejus filio
» naturali centum florenos..& ejus victum & veſtitum..donec actingerit etatem viginti unius
» que annorum...Item..legavit nobili MARGUERITE DE BELLOMONTE, ejus filie naturali
» uxori nobilis JACOBI DE VILLANOVA, de Caprilliano ejus victum & veſtitum ſtando cum ejus
» herede univerſali..ſi tamen contingat eamdem..effici viduam nec habere unde vivere,..
» Item dedit..nobili Domicelle DYANNE DE BELLOMONTE, ejus filie naturali & legitime uxori
» nobilis ANDREE DE THEYS, Domino de Cleſſes videlicet quinque florenos..ultra dotem ſibi
» conſtitutam....In omnibus & ſingulis aliis bonis ſuis..heredem ſuum univerſalem ſibi inſtituit..
» nobilem YMBERTUM DE BELLOMONTE, ejus unicum filium naturalem & legitimum..& poſt
» eum ejus liberos naturales & legitimos uſque in infinitum. Et ſi contingat eumdem..& ejus
» liberos mori..ſine liberis...ſubſtituit...predictam nobilem JOHANNAM VIERRONNE, ejus
» uxorem... Exequutores ſui preſentis Teſtamenti fecit & inſtituit nobiles Gaucherium Adhem-
« marii Dominum Greniani, dictum Dominum PHILIPPUM DE BELLOMONTE, ejuſdem Domini
» Teſtatoris fratrem, & nobilem Petrum Vierronis, Condominum Belaroni....Actum Alticampi
» in Camera de retro aulam magnam baſſam caſtri. P. T. Giraud Albi, Mondon Cubanis, Joh
» & Pe Bertrandi. Joh Ogier. Fran. Vigerii, Glaudio Morelli. Amedeo Cubanis. B. Guilh Nor ».

Et moy ſuſd. Barthelemy Dumont, Commiſſere, j'ay procédé à l'extraction du ſuſd. Teſtement..treuvé au ſuſd. livre & prothocol dud. Me Guilhaume, rendu audit Me Melon, Garde ſuſd. & en foy de ce me ſuis ſoubzſigné. (Signé) Dumont, Notere & Commiſſere.

DE LA MAISON DE BEAUMONT. LIV. IV.

Extrait du Rolle de la Montre faite à Lavau, en Languedoc, le 15 Juin 1517, de 40 Hommes d'Armes & 80 Archers, faisant le nombre de 40 Lances fournies des Ordonnances du Roi, étant sous la charge & conduite de Monsr̃ de Tournon, leur Capitaine.

Cette Montre, conservée en original en parchemin, au Cabinet de l'Ordre du St Esprit, Recueil de Titres scellés, vol. 243, fol. 777. A

Et premiérement.

Hommes d'Armes.

MONSEIGNEUR de Tournon. Le Cappitaine Alain Regnault. Jehan de Joyeuse, dit 15 Juin 1517. Sainct-Sauveur.... Guillaume de la Baulme.... YMBERT DE BEAUMONT.... Guinon de Lansac... Loys de la Baulme.... Pierre Latier..... Robert de Villars.... Emard de Beaujeu....

Extrait du Rolle du payement des gages des cent Gentilshommes ordinaires de l'Hostel du Roy, ordonnez pour la garde de son Corps, estans sous la charge & conduite de M. de St. Vallier, sa personne y comprinse, pour trois quartiers d'an, commançans le premier jour d'Octobre 1522, & finissant le dernier jour de Juin en suivant 1523; suivant le Rolle en parchemin, signé de la main du Roy, & de Maistre Florimond Robertet, Secretaire de ses Finances.

Ce Rolle conservé en Manuscrit au Cabinet de l'Ordre de St Esprit, Recueil cotté : Etat des Maisons des Rois, &c. vol. VIII. fol. 323-330.

MESS. de Poitiers, Chevalier, Seigneur de St. Vallier, Capitaine...	xIc. IIIIxx. XII. l. x. s.		Ann. 1523.
Me Anthoine de Clermont, Chevavlier, Lieutenant..............	IIc. IIIIxx. XII. l. x. s.		
Philibert de Ryvoire, Seigneur de la Bastie.....................	IIc. IIIIxx. XII. l. x. s.		
Thierry d'Eurre, dit Tartarin, Seigneur de Portes.............	IIc. IIIIxx. XII. l. x. s.		
Pierre de Thais, Seigneur d'Hercules...........................	IIc. IIIIxx. XII. l. x. s.		
Jean de Maubec, Seigneur d'Aiguebelle........................	IIc. IIIIxx. XII. l. x. s.		
Philippes de la Tour, Seigneur de Vatilleu.....................	IIc. IIIIxx. XII. l. x. s.		
Mre François, Seigneur de Sassenages, Chevalier.............	IIc. IIIIxx. XII. l. x. s.		
Claude de Thais, Seigneur de Sillans............................	IIc. IIIIxx. XII. l. x. s.		
FRANÇOIS DE BEAUMONT...	IIc. IIIIxx. XII. l. x. s.		
YMBERT DE BEAUMONT, SEIGNEUR DE AUTICHAMP...........	IIc. IIIIxx. XII. l. x. s.		
Ymbert de Grollée, Seigneur d'Illins............................	IIc. IIIIxx. XII. l. x. s.		
Claude d'Eurre, Seigneur de Puy-Saint-Martin................	IIc. IIIIxx. XII. l. x. s.		
Jacques de Chaste, Seigneur de la Faye.........................	IIc. IIIIxx. XII. l. x. s.		
MICHEL BASTARD DE BEAUMONT..................................	IIc. IIIIxx. XII. l. x. s.		
Jehan de Poitiers, Seigneur d'Allan..............................	IIc. IIIIxx. XII. l. x. s.		
Philibert de Ryvoire, dit Coustin.................................	IIc. IIIIxx. XII. l. x. s.		

192 PREUVES DE L'HISTOIRE GÉNÉALOGIQUE

Extrait du Rolle de la même Compagnie, étant sous la charge & conduite de Monseigneur le Vidame de Chartres, pour une année entière, commençant le premier Janvier 1523, & finissant le dernier Décembre suivant, l'an révolu 1524.

Ce Rolle conservé en Manuscrit, au même vol. fol. 330-339.

Ann. 1524.

Mess. Loys de Vendosme, Chevalier, Vidame de Chartres, Prince de Chabanois, Prince & Baron de Thessanges & Poussanges, Chambellan ordinaire du Roy, Capitaine................ xvc. iiiixx. x. l.
M're Anthoine de Clermont, Chevalier, Lieutenant............. iiic. iiiixx. x. l.
Philibert de Ryvoire, Sgr de la Bastie.................. iiic. iiiixx. x. l.
Philippe de la Tour, Sgr de Vatillieu, jusques au dernier Juin... ixxx. xv. l.
Jehan Flotte, Baron de la Roche-Arnault, M a place du premier Juillet............. ixxx. xv. l.
M're Jacques du Puy Chevalier, Sgr de Nazelles & de Saint-Médard, jusques au dernier Septembre................... iic. iiiixx. xii. l. x. s.
M're François de Sassenages, Chevalier, jusques au dernier Juin... ixxx. xv. l.
Laurans de Beaumont, Seigneur de St. Quentin, en sa place, du premier jour du Juillet.............. ixxx. xv. l.
François de Beaumont............................ iiic. iiiixx. xii. l. x. s.
Ymbert de Beaumont, Seigneur d'Autichamp.......... iiic. iiiixx. x. l.
Ymbert de Grollée, Seigneur d'Illins................... iiic. iiiixx. x. l.
René de Clermont, Seigneur de Saint-Georges............ iiic. iiiixx. x. l.
Michel Bastard de Beaumont..................... Néant.
Guillaume de la Baume Seigneur de Suze, en sa place, du 1re Janv... iiic. iiixx. x. l.
Jehan de Poitiers, Seigneur d'Alen............ iic. iiixx. x. l.
Philibert de Clermont, Seigneur de Vaussere, du premier Avril... iic. iiiixx. xii. l. x. s.

Extrait du Rolle de la même Compagnie, étant sous la charge & conduite de François de la Tour, Vicomte de Turenne, pour l'année commençant le premier Janvier 1527, & finissant le dernier jour de Décembre suivant, l'an révolu 1529.

Même vol. fol. 344-355.

Ann. 1528.

Mess. François de la Tour, Chlr de l'Ordre, Vicomte de Turenne, Capitaine............ xvc. iiiixx. x. l.
Mess. Anthoine de Clermont, Chevalier, Lieutenant........... iiic. iiiixx. x. l.
Laurans de Beaumont, Seigneur de Saint-Quentin...... iiic. iiiixx. x. l.
M're Jehan de Chandieu, Chevalier, Seigneur dud. lieu, Pere & seul héritier de Loys de Chandieu, son fils, l'un desd. Gentilshommes... iiic. iiiixx. x. l.
Ymbert de Beaumont, Seigneur d'Autichamp............ iiic. iiiixx. x. l.

(Nota.) Ce sont presque tous les mêmes Sujets que dans le précédent Rolle.

Extrait

DE LA MAISON DE BEAUMONT. Liv. IV.

Extrait du Rolle de la même Compagnie, pour l'année commencée le premier Janvier 1528, & finissant le dernier Décembre suivant, l'an révolu 1529.

Même vol. fol. 357-365.

Mre François de la Tour, Chevalier de l'Ordre, Vicomte de Turenne. xv^c. IIII^{xx}. x. l.
Mre Anthoine de Clermont, Chevalier, Lieutenant............ III^c. IIII^{xx}. x. l.   Ann. 1529.

LAURANS DE BEAUMONT, SEIGNEUR DE SAINT-QUENTIN...... III^c. IIII^{xx}. x. l.

YMBERT DE BEAUMONT, SEIGNEUR D'AUTICHAMP, jusques au dernier Septembre..
Jehan de Beziers, Seigneur de Venezen, en sa place du premier Octobre.. II^c. IIII^{xx}. XII. l. x. s.
.... III^{xx}. XVII. l. x. s.

Déclaration faite par HUMBERT DE BEAUMONT, Chevalier, Seigneur d'Autichamp, des Terres & Fiefs qu'il tient du Roi, comme Comte de Valentinois.

Extrait du Regiſtre cotté : Dénombrement, Valentinois & Diois 1543 : Cayer IIIIe. IIII. étant aux Archives de la Chambre des Comptes de Dauphiné, délivré par le Greffier en Chef de cette Chambre ; Signé, Chabert.

MOY HYMBERT DE BEAUMONT, Chevallier, Seigneur d'Aultichant, certiffye par ces preſentes ſignées de ma main, comme je tyens la Terre & Seignorie d'Autichamp en droict de Chaſtellanie du Roy, comme Compte de Valentinois, laquelle Terre & ce qui eſt par moy noblement tenu, charges ordinaires deyduictes, peult valoir en revenu, par chacun an, la ſomme de troys cent livres, & oultre ce au mandement de Chabrelhan, que je tyens noblement, qui peult valoir, par chacun an, dix livres tournoiſes. Davantage je tyens la maiſon forte d'Antolhes au Baliage de Vienne, du Roy Daulphin, qui peult valoir, toutes charges deyduytes, la ſomme de quatrevingtz livres. Parelhement je tyens aux lieux de Donzere, d'Auriple & de Rat, leſquelles je tyens de l'Eveſque de Viviers, du Seigneur de Sainct Valier, & du Seigneur de Rat reſpectivement, le tout peult valoir la ſomme de vingt-cinq livres, charges ordinaires deyduictes. Et oultre ce que deſſus, comme pere & légitime adminiſtrateur de la perſonne & biens de CHARLOTE DE BEAUMONT, ma filhe ; je tyens dudict Seigneur, comme Compte de Valentinois, une chavance noble au lieu de Chaſteau-double, qui peult valoir, charges ordinaires deyduictes, la ſomme de troys centz dix livres tournoiſes. Et quant en la charge en quoy je ſuys tenu à l'Ariere-ban, pour autant que le pays du Daulphiné doibt pourter la charge de cent hommes d'armes & deux centz archiers ; & quant le riere-ban eſt mandé par led. Seig^r, il eſt faite novelle cotiſation ſur les Gentilhommes, quelquefoys plus & quelquefoys moingtz, ainſy qu'ils ont vendu ou acquis. A ceſte cauſe je ne ſçaurey fere juſte denombrement de ce en quoy je ſuys tenu, forzque avecques toult le corps du pays je porte pour ma cote-part la charge des deſſuſd. centz hommes d'armes & deux centz archiers. Et les chouſes ſuſd. je aſſure eſtre vrayes ſur ma loyaulté & conſciance, ayant donné charge expreſſe à Procureur ſouffizement fundé pour jurer en mon ame les chouſes ſuſd. eſtre vrayes ; & en teſmoing de ce que dict eſt, j'ay ſigné la preſente de ma main, à Greignan, le penultieme jour d'Aouſt, mil V^c XL. YMBERT DE BEAUMONT. (Signé) HUMBERT DE BEAUMONT.   30 Août 1540.

Tranſaction paſſée entre HUMBERT DE BEAUMONT, Chevalier, Seigneur d'Autichamp, & Laurent de Saſſenage, Seignear de Pont-en Royans, ſon Beau-Pere.

Original en parchemin conſervé dans les Archives de M. le Marquis d'Autichamp, au Château d'Autichamp.

AU nom de Dieu ſoit, amen... Comme procès eſtoit pendent en la Court du Parlement du Daulphiné entre Meſſire Laurens de Ceſſenage, Seigneur du Pont-en Royans, Demandeur d'une part ; & Meſſire HUMBERT DE BEAUMONT, Chevalier, Seigneur d'Aultichamp, deffendeur d'autre, Prétendoit le Demandeur que le unzieſme de Juing mil cinq cens quarante-trois il pro-   19 Novembre 1544.

Bb

PREUVES DE L'HISTOIRE GÉNÉALOGIQUE

mist au Deffendeur paier... quinze cens livres tournois dotauz pour Damoiselle GILLETE DE CESSENAGE, femme dud. Deffendeur, & à faulte de ce luy bailler les fruictz... de la place de Rencurel... revenant communément à deux cens livres tournois, qu'estoit somme tant excessive oultre la rate du cinq pour cent que en résulteroit usure... Respondoit led. Deffendeur que en son mariage... le Demandeur fist constitution dotalle de quatre mille livres, desquelles les paiemens debvoient estre parfaictz à la Tousssainctz, l'an mil cinq cens quarante-ung, à faulte de quoy les fruictz & revenuz de la Terre & Seigneurie... de Rencurel... à joyr & posseder par lesd. mariés... Surquoy... ont... volu en estre à la sominaire Ordonnance... de Messieurs, Messire Germain Durre, Chevalier, Seigneur de Molans, Andrée Berengier, Seigneur de Guad, Honoré Dupuy, Seigneur de Rochefort, & Maistre Jehan Destuard, Conseillier du Roy Daulphin en sa Chambre des Comptes du Daulphiné. Or est-il que ce unziesme de Novembre l'an mil cinq cens quarante-quatre, en présence de moy Notaire Royal... au tracté desd. Seigneurs arbitres... lesd... parties... ont transigé & accordé comme s'ensuit. Premiérement, led. Seigneur Dupont demandeur, promect payer aud. Seigneur d'Aultichamp deffendeur.... lesd. quinze cens livres tournois, avec l'intérest d'icelles, à raison de cinq pour cent d'icy au mois de May prochain, &.: dix-huit livres pour dépens..... Faict & récité, à Grenoble, dans l'Eglise des Freres Prescheurs, hors porte Troyne; à ce présens Maistre Guys Chaperon, Docteur ès Droitz, Habitant de Sainct Marcellin, Maistre Pierre du Bonet, Procureur en laditte Cour de Parlement... Maistre Fiacre Cor, Docteur ès Droitz, & Me Valier Gerboud, Clerc, natifz & Habitans de Grenoble, tesmoings à ce appellés & requis. (*Signé*) Lymojon.

Pieces relatives au Procès de CHARLOTTE, JEANNE, ANNE *&* DIANE DE BEAUMONT, *Filles d'*HUMBERT, *Seigneur d'Autichamp & Antoine de Beaumont, Seigneur de Barbieres, leur Cousin.*

Ces Pieces conservées en original aux Archives de M. le Marquis d'Autichamp, au Château d'Autichamp.

A Nosseigneurs de Parlement.

12 Novembre 1560.
SUPPLIENT humblement Damoiselles CHARLOTTE & ANNE DE BEAUMONT, intervenantes au procès d'entre Damoiselles JANE DE BEAUMONT, d'une part, & MARGUERITE DE DIES, d'autre; disantz avoir faict signifier les pieces à plaid contenant faictz cy attachez.....
Ce consideré, vous plaise ordonner... que lesd. pieces cy jointes sont tenues pour duement communiquées, pour y estre heu tel égard que de raison, si ferez bien. (*Signé*) Bovier, p^r Fernet. Prendra partie communication des pieces cy attachées dans huy, autrement forclos, & seront jointes au procès pour y avoir tel égard que de raison & soit signifié. Faict en Parlement, le XII Novembre mil v^c. soixante. (*Signé*) Daragon, (*avec paraphe*).

A Nosseigneurs de Parlement.

8 Novembre 1560.
SUPPLIENT humblement Damoiselles CHARLOTTE & ANNE DE BEAUMONT, intervenantes au procès d'entre Damoiselle JANE DE BEAUMONT & Damoiselle MARGUERITE DE DIES, pour raison de l'hoirie de feu Messire HUMBERT DE BEAUMONT, Seigneur d'Autichamp, disans que pour leur justification... de leur requeste d'intervention elles produisent le présent Testament & plaide cy joinct....
Ce consideré qu'il vous plaise ordonner lesd. pieces estre jointes aud. procès.... si ferez bien. (*Signé*) Fernet. Soit joincte... Faict à Grenoble, en Parlement, le VIIIe jour de Novembre M. V^c. LX. (*Signé*) Fustier.

DAMOISELLES CHARLOTTE & ANNE DE BEAUMONT déclarans... leur intervention... au procès pendent entre Damoiselle JANE DE BEAUMONT... & Damoiselle MARGUERITE DE DIES, disent...
Que feu noble GUIS DE BEAUMONT... Seigneur d'Autichamp, faisant son dernier Testament, du XVII Aoust M. D. XII, auroit institué son héritier universel, noble HUMBERT DE BEAUMONT, son fils unique, naturel & légitime, & après luy ses enfans... *usque in infinitum*... Led. HUMBERT DE BEAUMONT... comme tel auroit tenu & possedé les biens & hoirie dud. feu GUIS DE BEAUMONT son pere, & despuys seroit décédé laissant... quatre filles, à sçavoir, Damoiselles CHARLOTTE, JANE, ANNE & DIANE DE BEAUMONT, auxquelles par conséquent les biens dud. noble GUYS DE BEAUMONT, leur ayeul appartiennent par égales portions.
Et pour ce que entre lad. Damoiselle JANE DE BEAUMONT, héritiere avec bénéfice d'inventere, tant dud. HUMBERT, que de Damoiselle DIANE & lad. DE DIES, y a procès sur les biens & hoerie dud. HUMBERT... requierent... ung quart des biens dud. GUYS pour chacune des intervenantes... demandans despens en cas de contredit &... *officium quod decet*, &c. (*Signé*) LL. De Villers.

CHAPITRE XVII.

Branche iſſue d'un *Fils naturel* d'HUMBERT DE BEAUMONT, IIe du nom, Seigneur d'Autichamp, rapporté au Chapitre précédent.

Production faite par noble FLORENT DE BEAUMONT, *Seigneur de Chamrond-d'Autichamp, devant M. du Gué, Intendant de Dauphiné.*

Original en papier conſervé au Cabinet de l'Ordre du S^t Eſprit ; Recueil des Inventaires & Jugemens de maintenue de Nobleſſe de la Province de Dauphiné, vol. IX, *fol.* 451-465.

Suite de l'Election de Montelimar.

Inventaire de Production contenant advertiſſement Sommaire.

NOBLE FLORANS DE BEAUMONT, Sieur de Chamrond-d'Auticham, filz & donnataire univerſel de feü noble HERCULES DE BAUMONT, a eſté aſſigné pardevant vous, Monſeigneur du Gué, Chevalier,...Intendant de la Juſtice, Pollice & Finances de la ville de Lyon, Province de Lyonnois, Foretz, Baujolois & Dauphiné, Commiſſaire en cette partye... aux fins de repréſenter les titres juſtificatifs de ſa qualitté d'ancien noble, repréſente très-humblement... qu'il y a lieu de le deſcharger de ladicte aſſignation & en tant que de beſoing confirmer ſon ancienne nobleſſe, & le deſclarer iſſu d'ancien noble.   10 Juillet 1668.

Pour eſtablyr la juſtice de cette propoſion, il ne luy ſera pas néceſſaire de deſduire nouvellement la deſſandance & filiaſion de ſes prédéceſſ^{rs}, ny leur qualitté d'anciens nobles, encore moingz leurs beaux & glorieux amploys, puiſque la choſe a eſté cydevant faicte lorſque led. feü noble HERCULES DE BEAUMONT, pere dud. ſieur prodhuizant heuſt procès & inſtance, tant pardevant le Seigneur de Tallon, lors Intandant de cette Province, Commiſſaire pour Sa Majeſté pour l'execuſion de l'Arreſt du Cadaſtre, & depuis pardevant les Eſleux du Mont^{ard} où led. Seig^r de Tallon ranvoya les partyes ; que depuis pardevant les Seig^{rs} Intandantz de Chaſſe & de Seve, leſquelz firent des jugementz dont ſera cy appretz parlé dans ſon ordre, comme appert des diverſes eſcriptures & actes prodhuittes au procès formé contre les Conſulz & Communauté du lieu d'Autichant & ceux de Chabrillan qui avoient voullu par vexaſion & animozitté diſputer la qualitté d'ancien noble dud. feü HERCULES DE BAULMONT, pere dud. ſieur prodhuizant & ſon exemption auſquelz eſcripz & actes led. prodhuizant ſe rapporte pour nuzer de redicte ſeulement ; il produira led. procez qui eſt celluy formé pardevant leſdits Eſleux ſuivant l'invantaire y eſtant. *Signé*, Richon, tirant des lettres à fins lettres tripples XXX. Inclus & cy cotté comme au dos dud. cayer de lettre A.

Dans ce premier cayer... il eſt clairement juſtifié de la nobleſſe & qualitté de noble dud. prodhuizant... & par effect leſdits Eſleux du Mont^{ard} à quy led. Seig^r de Talon avoir ranvoyé le procez firent Sent^{ce} *viſis actis* & ſur la commune production des partyes, le vingt-huicts Avril M. VI^c quarante, par laquelle led. feü noble HERCULES DE BEAUMONT fuſt maintenu en ſa qualitté d'ancien noble, ordonna qu'il en jouiroit ſuivant & à la forme de l'Arreſt & Réglement de Sa Majeſté comme appert en l'extraict de ladite Sentence ; *Signé* Pellappra, *Greffier* ; cy cotté par lettre : B.

Apretz cella led. feü noble HERCULES DE BEAUMONT, pere dudit ſieur produizant fuſt aſſigné pardevant led. Seigneur Intandant de Chaſſe enſuitte de ſon Ordonnance, du 12e Avril 1641, à la requeſte deſdites Communautés de Chabrillan & d'Auticham, par exploit des 21e & 22e May meſme année, comme appert des deux coppies cy cottées lettre C 11.

Sur ces aſſignations ledit noble HERCULES DE BAULMONTS'eſtant preſté, il y auroit heu quelque formalittez pardevant ledit Seigneur Intandant de Seve...comme appert deſdittes procédé, & formalittez en nombre de ſept pieſses, cy cottées par lettre D. VII.

Ledit Seigneur de Seve, Intandant, auroit.... randu jugement en pleyne cognoiſſance de cauze, le 2e Aouſt M. VI^c. cinquante-un, par lequel il auroit ordonné que la Sentence deſdits Eſleux du Mont^{ard}, du XXVIIIe Avril M. VI^c, quarante, ſeroit executée ſellon ſa forme & teneur ; & ce faiſant auroit faict deffiances auſdits Conſulz de Chabrillan & Autichant de comptendre les biens dud. ſieur de BAULMONT ès Regr^{es} & Cadaſtre deſdites Communautées ny de cottizer dans leur Roolle, comme mieux réſulte dud. jugement eſtant en parchemin ; (*Signé*) Drevet, Greffier, & ſçellée, cottée par lettre : E.

De mesmes est produit un extraict du Testament de noble FLORANS DE BAULMONT, ayeul dudit sieur produizant, & de Damoiselle JEANNE D'HEURRE, sa femme, en datte du XVIII Avril M. VIe dix-neuf, receu Poncet Notaire, par lequel il résulte que ledit noble FLORANS DE BAULMONT, qui estoit filz naturel & légittime de JACQUES, institua son hér universel ledit noble HERCULES DE BEAUMONT, son filz naturel & légitime, lequel HERCULES estoit pere dudit sieur produizant, appert & cy cotté par lettre F.

Pour justifier encore de l'ancienne noblesse dudit feu noble HERCULES DE BEAUMONT, pere dudit sieur produizant & de ses devanciers, est produit un extraict de Lettre & Ordonnance randue ensuitte par les Esleux dudit Montard, portant qu'ensuitte de la Lettre de Monseigr de Tallon, qui ordonnoit que ledit noble HERCULES seroit mis au roolle des auciens nobles, ce qui fust faict deubement, inthimée ausditte Communautées le XXIIIe Juin M. VIc. trente-cinq, par Mre Poncet, Notaire, cy cottée par lettre G.

Oultre les tiltres & qualifications des devanciers dudit sieur produizant, il produit encore lettre de l'achept du Roy Louis XIII d'heureuze mémoire, escripte au sieur du Mas, Gouverneur de la Perouze, de pourvoir de la Lieutenance de sondit Gouverneur ledit noble HERCULES DE BAULMONT d'Autichant, pere dudit sieur produizant, ensuitte de laquelle il excerça longtemps lad. Lieutenance, & a esté perpétuellement employé au service du Roy ainsi qu'il seroit justifié par une infinité d'autres actes, attestaons s'yl en estoit nécessaire; appert de laditte lettre de cachept du 22 May 1640. Signée, plus bas, Sublet, & cy cotée par lettre H.

Ledit noble FLORAN DE BAULMONT produizant est filz naturel & légitime dudit feu noble HERCULES DE BAULMONT, & de Damoiselle MARGUERITE FABRE; cella se justifie par le contract dudit sieur produisant, du 18e Juin M. VIc cinquante-huict, passée avec Damoiselle DIANE DE DIGOINNE; par lequel il résulte que ledit HERCULES, son pere, & laditte Damoiselle FABRE, sa mere luy ont faict une donation universelle de leurs biens en faveur dud. mariage, comme mieux résulte par yceluy, receu Bruyere, Notaire, lequel acte a esté deubement insinué en la Sénéchaussée Royale de Crest, le XXVIe Juin M. VIc cinquante-huict, cy produit & cotté par lettre I.

Ledit noble HERCULES DE BEAUMONT est depuis décédé sans avoir faict Testament, n'y au dispoon de volfonté, ayant laissé ledit noble FLORANS DE BAULMONT produhizant, son filz ayné & donnattaire susdit, lequel apprèz avoir long-temps faict la guerre pour le service de Sa Magesté & avoir remply les charges de Lieutenant, & apprèz celle de Cappitaine dans le Régiment de Pienne, se seroit retiré.

Ceppendant son fraire le cadet, nommé noble JEAN DE BEAUMONT, a esté comme il est encor actuellement dans le service de Sa Magesté, dans la Compagnie de Mr le Duc d'Orléans, ainsy qu'il est notoire, ce qui montre qu'ilz n'ont jamais dégénéré, ains glorieuzement conservé leur qualitté d'ancienne noblesse.

Partant ledit noble FLORANS DE BAULMONT, sieur Chanrond, conclud à ce qu'il plaire à vostre grandeur, Monseigneur, le descharger de l'assignation à luy donnée le susd. jour xe Mars M. VIe soixante-sept; & en conséquence, en confirmant en tant que de besoing son ancienne noblesse, desclarer qu'il jouira des priviléges des anciens nobles de cette Province, & ordonner que ses tiltres, qualifficaons & autres pieces luy seront randus, & autres plus pertinentes. (Signé) DE BEAUMONT, (&) Crozier.

Soit cosqué au Procureur du Roy en nostre coission, & à Me de Tiger, chargé par Sa Majesté de la recherche des usurpateurs du titre de noblesse en Dauphiné; fait à Vienne, le 23e Juillet M. VIc. soixante-huict. (Signé) Dugué.

Je n'empesche que ledit sieur FLORENS DE BEAUMONT-D'AUTICHANT soit maintenu dans sa noblesse, suivant les titres qu'il a produits, à Vienne, le vingtieme Juillet M. VIc. soixante-huict. (Signé) de Tiger. J'adhere ledit jour, Chorier, Procureur du Roy.

Touttes lesquelles susd. pieces ont esté randues aud. sieur DE BEAUMONT. Fait à Vienne, le XXIe Juillet 1668. (Signé) DE BEAUMONT.

Jugement de maintenue de Noblesse, rendu par M. du Gué, Intendant de Dauphiné, en faveur de Noble FLORENT DE BEAUMONT.

Original en papier conservé au Cabinet de l'Ordre du St Esprit: Recueil des Jugemens de maintenue de Noblesse de la Province de Dauphiné, vol. IX. fol. 467-473.

Suite de Montelimart.

20 Juillet 1668. L'AN mille six centz soixante-huit, & le vingtieme jour de Juillet,.... en cette ville de Vienne, pardevant Nous François Dugué, Chlr, Coner ordinaire du Roy en ses Conseils d'Estat & Privé, Intendant de la Justice, Police & Finances de la ville de Lion, Province de Dauphiné, Lionnois, Forest & Beaujolois, Coissaire départy par Sa Majesté pour l'exécution de ses Ordres esdittes Provinces, & en cette partie par Arrest du Conseil, du 22e Mars 1666.... a comparu noble FLORANS DE BEAUMONT, aagé de trente ans ou environ, demeurant ordinairement au

DE LA MAISON DE BEAUMONT. LIV. IV.

lieu d'Autichampt, Esleƈtion de Montelimart, assisté de Billiard, son Procureur, lequel nous a dit.... que pour sattisf˜e ausd. Déclarations, Arrest & Ordonnance randue en conséquence, le douſiesme Novembre 1666, & à l'assignaˀon à luy donnée... il nous (a) représenté les tiltres & pieces justificatives de sa noblesse, & sur lesquels il pretend de fonder sad. qualitté de noble par luy prise pour luy estre fait droit.....Et pour justiffier qu'il est d'extraƈtion noble, dit premiérement qu'il a pour armoiries: *de Gueules à la fasce d'argent, chargée de trois fleurs de Lys d'azur, & en pointe à un Croissant montant d'argent*, & qu'il est fils de HERCULES DE BEAUMONT; que ledit HERCULES estoit fils de FLORANS; que led. FLORANS estoit fils de JACQUES; que led. JACQUES estoit fils de LOUIS; que led. LOUIS l'estoit d'IMBERT DE BEAUMONT, tous lesquels susnommés ont toujours vescu noblement sans fe˜ aƈte dérogeant à lad. qualitté, & pour tels ont esté reconnus & jouy payssiblement des priviléges & immunités attribués aux anciens & véritables Gentilh˜es du Royaume.

Et pour justiffier de la Généalogie articulée pat led. noble FLORANS DE BEAUMONT, & pour l'establissement du premier degré; sçavoir, qu'il est fils dudit HERCULES DE BEAUMONT, produit le mariage par luy contraité avec Demoiselle DIANE DE DIGOINE, dans lequel il est qualiffié noble sieur de Chandrond, & fils naturel & légitime dudit noble HERCULES DE BEAUMONT, du 10ᵉ Juin 1658, receu & expédié en papier par Bruyere, Notaire.

Pour la preuve du second degré; sçavoir, ledit HERCULES estoit fils de FLORANS DE BEAUMONT, produit le Testament réciproque dud. noble FLORANS DE BEAUMONT, & de Demoiselle JEANNE D'HSURRE, mariés du 18ᵉ Avril 1619, receu & expédié en papier par Poncet, Notaire Royal, dans lequel ledit HERCULES DE BEAUMONT est légataire & qualiffié noble, leur fils naturel & légitime.

Pour justiffier du troisieme degré, sçavoir, que ledit FLORANS estoit fils de JACQUES DE BEAUMONT, produit le Testament de Demoiselle BENOITE BARBERACHE, femme dudit JACQUES DE BEAUMONT, dans lequel led. FLORANS est légataire & qualiffié noble, & son fils naturel & légitime, du 1ᵉʳ Novambre 1562, receu par Claude Terras, Notaire Royal, & expédié par Poncet, aussi Notaire Royal & Commissaire pour lad. expédition; le Testament dud. noble JACQUES DE BEAUMONT, qualiffié Escuyer, dans lequel il institue pour son héritier universel led. noble FLORANS DE BEAUMONT, qualiffié son fils naturel & légitime, du 29ᵉ Janvier 1590, receu par Guillaume Terras, Notaire Royal, & expédié en l'année 1597; par Appolinart Giry, Notaire Royal, & Co˜ss˜re pour lad. expédition.

Pour la preuve du quatriesme degré; sçavoir, que led. JACQUES estoit fils de LOUIS DE BEAUMONT, produit une enquefte faite de l'authorité du Juge d'Autichampt, du 19ᵉ Juillet 1582, pardevant le Greffier de lad. Judicature à ce commis, de laquelle il résulte par le nombre des tesmoings ouys en icelle, que ledit noble JACQUES DE BEAUMONT, estoit fils naturel & légitime dud. noble LOUIS DE BEAUMONT: ladite enquefte (*Signée*) Chabert, Greffier.

Pour la preuve du cinquiesme degré; sçavoir, que ledit LOUIS estoit FILS NATUREL D'IMBERT DE BEAUMONT, produit le Testament dudit noble HUMBERT DE BEAUMONT, du 27ᵉ Octobre 1484, expédié en parchemin par Ceas, dans lequel led. LOUIS DE BEAUMONT est légataire & qualiffié BASTARD DUDIT IMBERT DE BEAUMONT: Quittance passée du susd. légat. par led. noble LOUIS DE BEAUMONT, qualiffié FILZ BASTARD DUD. HUMBERT, en faveur de noble GUY DE BEAUMONT, fils & héritier dud. noble HUMBERT DE BEAUMONT, du 19ᵉ Avril 1510, receu par Bernard Guillaume, Notaire, & expédié par le nommé Barnaud aussi Notaire & Co˜ss˜re pour lad. expédition.

Produit de plus ledit sieur comparant une Ordonnance provisionelle, randue par le sieur Intendant de Talon, le 13ᵉ Octobre 1635, (*Signé*) Talon. *Et plus bas*, Bourguignon; laquelle porte que HERCULES DE BEAUMONT, jouira provisionellement de sa qualitté d'ancien noble, & au surplus renvoye les parties aux Esleus de Montelimart pour estre fait droit ainsy qu'ils verroient bon estre: Santance randue par les Esleus du Montelimart en contradiƈtoire Jugement, par laquelle led. HERCULES DE BEAUMONT est diff˜initivement maintenu dans sa qualitté d'ancien noble, du 28 Avril 1640, (*Signée*) Pellapra, Greffier: Jugement randu par les sieurs Intendans de Chase & de Seve, le 2ᵉ Aoust 1641, expédié en parchemin & signé Drevet; par lequel led. noble HERCULES DE BEAUMONT, pere dud. sieur comparant, est de mesme maintenu dans son ancienne possession de noblesse: Commission donnée aud. sieur comparant d'une Lieutenance d'une Compagnie commandée par le sieur de la Perouse, du 22ᵉ May 1640. (*Signé*) Louis. *Et plus bas*, Sublet: Finallement diverses autres proceddures & formalités, sur lesquelles lesdits Santance & Jugement sont intervenus.

Par touttes lesquelles pieces, la qualitté de noble ayant toujours esté donnée & prise, tant par les prédécesseurs dud. sieur comparant que par luy, il a soubtenu qu'elle ne luy peut estre légittimement contestée, & nous a suplié le vouloir descharger de l'assignaˀon à luy donnée, à la requeste dud. Mᵉ Ambroise de Tiger, & en conséquence le maintenir & ses descendans aux priviléges & immunités attribués aux véritables gentilh˜es du Royaume. (*Signé*) DE BEAUMONT. (*Et plus bas*.) Billiard.

Led. Mᵉ de Tiger, ayant eu pareillie coˀquaˀon de toutes lesd pieces, s'est remis à nous d'y faire droit.

Et le Procureur du Roy en n˜re coˀssion ayant eu pareille coˀquaˀon de toutes lesd. pieces, a conclud à ce que led. noble FLORANS DE BEAUMONT soit maintenu & ses descendans vivans noblement aux priviléges & immunités, rangs, tiltres & exemptions dont jouissent les autres Nobles du Royaume, & n'empesche que ses tiltres luy soyent rendus

198 PR. DE L'HIST. DE LA MAIS. DE BEAUMONT. Liv. IV.

Pourquoy nous Intendant & Co'iss're susdit avons donné acte audit FLORANS DE BEAU-
MONT, de la représenta'on de ses tittres de noblesse; lesquels après avoir esté par nous veus,
examinés & partaffés, ont esté, du consantement dud. Pro'eur du Roy & de Tiger, rendus
audit noble FLORANS DE BEAUMONT, quy par lesd titttres a suffisammant prouvé sa noblesse,
dont luy avons donné certifficat pour luy servir & valloir ce que de raison. Fait à Vienne,
ledit jour & an que dessus. (*Signé*) Dugué.

*Extrait de l'Armorial Général de France, fait en exécution de l'Edit du Roi,
du Mois de Novembre 1696, recueilli en 30 vol. in-fol. conservé Mss. au
Cabinet de l'Ordre du Saint-Esprit, vol. 16. fol. 776.*

Généralités de Lion & de Grenoble.

Crest.

De l'Etat du 19 Décembre 1698, présenté le 20 Novembre précédent.

15 Décembre 1698. FLORENT DE BEAUMONT-D'AUTICHAMP; porte de Gueules, à une face d'argent chargée de trois fleurs de lys d'azur.

PIECES JUSTIFICATIVES
POUR SERVIR DE PREUVES
A L'HISTOIRE GÉNÉALOGIQUE
DE LA MAISON
DE BEAUMONT.

LIVRE CINQUIEME.

LIVRE V.

SEIGNEURS DES ADRETS
& premiers Seigneurs
DE SAINT-QUENTIN.

CHAPITRE PREMIER.

AYNARD DE BEAUMONT, premier du nom, Damoiseau, Seigneur des Adrets & de Saint Quentin, troisieme Fils de François, premier du nom, rapporté au IIe Chapitre du 3e Livre de ces Preuves.

Transaction entre AYNARD DE BEAUMONT, au nom d'AYMONETTE ALEMAND, sa Femme, & Jean Alemand, Seigneur d'Uriage, son Beau-Frere.

Original en parchemin conservé dans les Archives de MM. de Beaumont-St Quentin.

Transactio Domini Uriatici & nobilis EYNARDI DE BELLOMONTE, nomine nobilis EYMONETE ALAMANDE, ejus uxoris.

IN nomine Sancte & inviduę Trinitatis... cum lis... & controversia verterentur... inter nobilem AYMONETAM ALAMANDE filiam nobilium & potentium Domini Guigonis Alamandi, Militis, Domini Uriatici, ac Domine Anne de Castronovo quondam conjugum, uxorem nobilis viri EYNARDI DE BELLOMONTE ex una parte, ac nobilem & potentem virum Johannem Alamandi, Dominum modernum dicti loci Uriatici, filium dictorum quondam conjugum, fratremque dicte nobilis AYMONETE, ex altera; super eo... quod dicta nobilis AYMONETA dicebat nobilem & potentem virum Franciscum Dominum Castrinovi quondam fratrem dicte Domine Anne ab intestato decessisse, nullis sibi relictis liberis... legitime procreatis, relictis sibi tamen dictis Domino Uriatici & AYMONETA ejus nepotibus & proximioribus in gradu generis & parentele & exhic medietatem bonorum & hereditatis que quondam fuerunt dicti nobilis Francisci Domini Castrinovi, que fuerunt Castra Castrinovi, S^{ti} Quintini, Castrum & villa Albenci, Castra Nerpondi, Merolii & de Recullatis, Domus fortis de Boczozello & quecumque alia bona... dicti nobilis Francisci... ad eandem AYMONETAM... pertinere debere... dictam medietatem ipsorum bonorum... ac eciam medietatem hereditatis & bonorum que fuerunt nobilis Bertrandi de Castronovo, avi materni dicte AYMONETE quam eciam dicebat ad se pertinere virtute testamenti... ipsius condam Bertrandi una cum dicto Johanne fratre suo... Ipse partes... se compromiserunt... in nobiles viros & potentes Dominos Soffredum de Arciis, Militem, Anthonium Alamandi, Dominum Sancti Georgii, Eynardum de Bellocombâ, Dominum Castri de Thoveto & FRANCISCUM DE BELLOMONTE, Dominum Frayte tanquam in amicos arbitros arbitratores... sentencia que arbitralis fuerit lata... & inde à dicta sententia... recursum fuerit... Propterea fuit & est quod anno nativitatis Domini millesimo quatercentresimo vicesimo quinto, Indicione tercia... die septima mensis Augusti, prenominatus nobilis EYNARDUS DE BELLOMONTE maritus ac Procurator.... prefate nobilis AYMONETE ejus consortis.... & dictus Dominus Uriatici.... ad.... consilium nobilium & potencium virorum Dominorum Karoli de Claromonte, Domini Vallisferre & de Pupeto, Humberti de Groleyâ, Domini Yllini, Militum & Stephani Guillion legum Doctoris, amicorum partium predictarum amicabiliter inter se.... transfigerunt... quod dictus Dominus Uriatici... prosequatur sibi... expediri... totam terram & Baroniam Castrinovi & Sancti Quintini cum aliis Castris, locis... &... pertinenciis dictarum terre & Baronie... Quod quando dicta terra & Baronia... sibi Domino Uriatici fuerint expedite

17 & 22 Aoust 1425.

& ipſe in poſſeſſionem realem earumdem miſſus fuerit & manus Delphinalis ſub quâ detinentur & redductæ fuerunt, fuerit remota, quod dictus Dominus Uriatici.... teneatur.... tradere & realiter expedire ſibi AYMONETE, vel ejus legitimo Procuratori, Caſtrum, locum & mandamentum Sancti Quintini.... pro omni Jure, parte.... ſucceſſione.... ſibi AYMONETE in dictis terrâ & Baroniâ.... & bonis quibuſcumque dictorum quondam Berrrandi & Franciſci av̓ʼnculi dictorum Johannis & Aymonete.... ſic quod in eiſdem dicta AYMONETA & ſui nichil ulterius.... petere .... poſſint... Acta fuerunt hec Gratianopoli ante Cappellam Capituli Eccleſie Fratrum Minorum.... preſentibus nobilibus viris Hugone de Caſſenatico, Domino Vignayti; Andreâ de Groleyâ, Domino Paſſini; Humberto Daineſini, Eymaro Robe, Guioneto de Loraſio, Eynardo Yſnardi, Franciſco Soffredi aliàs Machera, Ludovico de Baima aliàs Balmetaz, Anthonio de Sancto Germano, mandamenti Viſiaci & Franciſco, filio Domini Jacobi de Grangiis, Militis, teſtibus.... vocatis.... & me Johanne Berengarii, Notario publico ſubſcripto. Conſequenter anno, indictione predictis, & die viceſima ſecunda menſis auguſti, ſupranominata nobilis AYMONETA ALAMANDE, uxor dicti nobilis EYNARDI DE BELLOMONTE ejus mariti.... dictam tranſactionem .... laudavit, approbavit, ratifficavit & emologavit.... Actum apud Valentineſium in Caſtro d'Urrez.... preſentibus nobilibus viris Aymaro d'Urrez, Domino dicti loci, Lantermo de Podio-Groſſo, Condomino de Eſpinello, Lantermo Gauberto, Condomino d'Urrez, Petro Geniſonis dicti Loci d'Urrez, omnibus Valen̄ Dyoceſis & Glaudio Chardonis, de Podio-Galterii, in Sabaudiâ. Ego vero Jacobus Berengarii, Clericus, auctoritatibus Imperiali & Dalphinali.... ſupradictum inſtrumentum.... à papiris & regiſtris.... mei quondam genitoris levari & groſſari feci.... ad requiſitionem nobilis JACOBI DE BELLOMONTE, filii dictis nobilis & potentis viri AYNARDI DE BELLOMONTE, Domini Sancti Quintini, virtute m̄ee commiſſionis (1) & in eodem... me ſuſcripſi .... ſigno meo conſueto....

Vis-à-vis les dernieres lignes de cet acte, eſt figuré le monogramme du Notaire.

(1) *Cette Commiſſion, qui eſt ici rapportée en entier, eſt dattée du premier Mars* 1459.

Extrait de l'Inventaire des titres de la Chambre des Comptes de Dauphiné, étant à la Bibliothéque du Roi, Tom. VIII du Graiſivodan, fol. 364.

30 Décembre 1425. AU Rég. cotté QUARTUS *Liber Retentionum ab anno* 1435, fol. 152, v°. eſt rapporté que noble Pierre Genton devoit 31 écus d'or anciens & 2 florins & demi pour les Lods de l'acquiſition par lui faite le pénultieme Décembre 1425 de noble AYNARD DE BEAUMONT, Seigʳ des Adrests & de Sᵗ Quentin, de quelques cens & rentes à prendre dans la Chaſtelainie de Theis, au prix de 62 écus d'or & 5 florins, monnoie courante.

Fol. 167 du même Rég̃ il apert que led. Sᵗ DE BEAUMONT avoit racheté leſd. cens dud. Sᵗ Genton.

15 Septembre 1431. Fol. 168 dud. Rég̃ eſt rapporté que noble Antᵉ Albert dit de Tencin, devoit dix florins d'or pour les lods de quelques cens qu'il avoit acquis de N. EYNARD DE BEAUMONT, Seigʳ des Adrets, ſur des Particuliers à Tencin, au prix de 20 florins d'or, par acte du 15 Septembre 1431.

Lettres du Roi Charles VII, Dauphin de Viennois, en faveur D'AYNARD DE BEAUMONT, Seigneur des Adrets & de Sᵗ Quentin.

Original en parchemin, conſervé dans les Archives de M. le Comte de Beaumont-de la Roque, au Château du Repaire, en Périgord.

14 Aouſt 1436. CHARLES par la Grace de Dieu, Roi de France, Daulphin de Viennois, à noz Amez & Féaulx les Généraulx Conſeillers ſur le fait & gouvernement de toutes nos Finances, les Gouverneur ou ſon Lieuten̄, Gens de Conſeil, des Comptes & Tréſorier de Nr̄e Daulphiné, & à chacun de vous..... ſalut & dilection; nr̄e bien amé AYNARD DE BEAUMONT, Eſcuier, Seigneur des Adrez & de Saint Quentin en nr̄ edit Daulphiné, nous a fait expoſer que Jehan Cantepie, premier Huiſſier d'Armes de Nr̄e très-cher & très-amé ainſné filz Loys le Daulphin, par vertu de certaine Commiſſion qu'il a de Nous, a fait prandre de gaige le Chaſtel & Forterreſſe des Adrez en nr̄e Chaſtellenie de Theys, avecques toutes les proprietez & appartenances d'icellui, pour certaine debte, en quoy il nous eſt tenu pour peines & multes déclarées contre lui en la Cour Souveraine de nr̄ edit Daulphiné; c'eſt aſſavoir pour cent mars d'argent fin, dont en l'an CCCC. & XV. ou mois d'Aouſt il fut peiné & multé à cauſe de certain procès formé contre lui en la dicte Souveraine Court, à la dénonciacion & proſequcion de Guionnet de Torchefelon; item pour ſx mars dont ſemblablement il fut peiné & multé à la pourſuitte & dénonciacion de Albert Garnier, Notaire, ou mois d'Aouſt l'an de Nr̄e Seigneur mil CCCC. XXIIII; item pour cent livres, monnoie courante oudit pays, qui valent cinquante livres tourn̄, dont auſſi il fut multé & peiné ou mois

d'Avril l'an derrein passé courant CCCC. XXXV. à cause de certain autre procès formé contre lui ; & icellui Chastel avecques sesdictes propriétez & appartenances fait mectre à l'enchant publique... & en deffault d'acheteurs au derren enchant pour lesdictes peines & multes nous a esté délivré, & en oultre a esté par ledit Cantepie par vertu de voz Lettres à l'instance de nre Procureur, cité led. AYNARD à certain jour à dire cause ou causes pourquoy ne doyons estre mis en possession dud. Chastel & de ses appartenances, auquel jour il ne comparut point, ne autre pour lui ; & pour ce furent octroyées Lettres à nr edit Procureur de mission en possession, laquelle ne s'en est encores ensuye, mais encores tient & possède icellui AYNARD ledit Chastel avecques ses appartenances ; en laquelle mission en possession se faicte estoit ou se faisoit, ou qu'il lui convenist paier lesd. peines & multes, seroit & demourroit du tout désert & deshérité, actendu que depuis, comme il nous a fait dire, a esté par deux fois peiné & multé en nr edicte Souveraine Court du Daulphiné en la somme de xx mars d'argent ou environ, & au-dessoubs, l'une fois à la dénonciacion de Anthoine Berart & l'autre à la dénonciacion de Pierre Brosse ; en nous requiérant humblement que toutes lesd. peines & multes ou consignat qui montent ou puent monter à la somme de IX^{xx}. mars d'argent ou environ, & au dessoubz, & L. l. t. de nre grace lui vueillons donner, quicter & remectre, ou au moins icelles modérer & remectre à aucune somme qu'il puisse payer & supporter sans estre désert & desherité en adnullant du tout & mectant au néant tout ce qui a esté fait à l'encontre de lui... c'est assavoir la prinse de gaige, enchans & libracion à nous faicte du Chastel & Forteresse des Adrez... avec les Lettres de mission en possession d'icellui ; pourquoi Nous, ces choses considérées, & que desja par noz autres Lettres-patentes données le VIe jour de Décembre CCCC. XXIX. nous ayons audit Escuier fait don de la plusart desd. multes & condempnation ; c'est assavoir desd. cent mars & soixante mars d'argent, ainsi que plus à plain puet apparoir par nosdictes Lettres qui encores n'ont point sorty leur effect ; aussi en regart à la charge qu'il a de femme & de plusieurs enfans, & à la faveur d'anciens ses parens & amis qui de ce nous ont humblement supplié & requis, avons de notre grace espéciale moderé les dessud. peines, montans comme dessus, IX^{xx}. mars d'argent & au-dessoubs, & L. l. t. à la somme de trois cens cinquante florins, monnoie Dalphinal, laquelle somme ledit AYNARD DE BEAUMONT paiera & délivrera pour une fois, à vous, Trésorier, pour nous & en nre nom, & le demourant lui avons donné, quicté & remis... par ces présentes & par icelles, aussi adnullons & mectons au néant tout ce qui a esté fait à l'encontre dudit AYNARD & ses biens, tant gaigement, enchans, libracion & quelxconques Lettres sur ce faictes jusques aujourdui à cause du paiement des multes devant dictes, les cas principaulx & procès sur ce faiz demourans en leur estat & sans préjudice du droit des parties privées.... Donné à Tours, le IIIIe jour d'Aoust l'an de grace mil quatre cens trente & six, de notre regne le XIIIIe. (*Signé*) Par le Roy-Dauphin en son Conseil, Budé.

(*A ces Lettres sont attachées celles qui suivent*).

Nous les Généraulx, Conseillers sur le fait & Gouvernement de toutes Finances, vues par nous les Lettres du Roy, nre Sire Daulphin, cy attachées soubs l'ung de nos signez faisans mencion de AYNART DE BEAUMONT, Escuier dud. Daulphiné, auquel led. Seigneur a donné, remis & quicté la somme de huit vins marcz d'argent & cinquante francs monnoie dalphinal, en quoy il a esté condempné par la Cour Souveraine d'icellui Daulphiné, pourveu qu'il sera tenu paier, au trésor dud. Daulphiné, la somme de trois cens cinquante florins monnoie Dalphinal, consentons en tant que en nous est, l'accomplissement & entérinement desdictes Lettres pour les causes contenues esdictes Lettres, tout ainsi par la forme & maniere que le Roy nr edit Sire Daulphin le veult & mande par icelles : Donné à Tours, soubz noz signetz, le XXme. jour d'Aoust l'an mil quatre cens trentez-six. (*Signé*) P. Viaut ; (*& scellé en placard*).

20 Août 1436.

Lettres de Raoul Seigneur de Gaucourt, Gouverneur de Dauphiné, relatives aux précédentes.

Original en parchemin, conservé dans les Archives de M. le Comte de Beaumont-de la Roque, au Château du Repaire, en Périgord.

RADULPHUS Dominus de Gaucourt, Consiliarius & Cambellanus Regius, Gubernator Dalphinatus, dilectis nostris Computorum Dalph Auditoribus, Thesaurarioque Generali Dalphinatus, vel eorum Vicesgeren salutem : Licteras Serenissimi Principis Domini Karoli Regis Francorum, Dalphini Vienn Domini Nostri.... & eciam Licteras Generalium Consiliariorum dicti Domini Nostri supra facto omnium Financiarum eisdem alligatas, nobis seu venerabili Consilio Dalphinali Vices nostras gerenti exhibitas & oblatas pro parte nobilis AYNARDI DE BELLOMONTE, Domicelli, Domini de Adestris in eis nominati, reverenter recipimus & contenta in illis vidimus formam que sequitur continentem : CHARLES, PAR LA GRACE DE DIEU, &c. (*Ici sont insérées en entier les Lettres ci-dessus rapportées*). Quarum auctoritate Licterarum & in exequcionem earumdem, informati de voluntate dicti Domini Nostri, interinacioni ipsarum consentimus in quantum de jure possumus & debemus ; in cujus rei testimonium, sigillum regiminis Dalph presentibus

10 Novembre 1436.

Licteris duximus apponendum. Datum Gratianop die decimâ mensis Novembris anno Domini millesimo quatercentesimo tricesimo sexto : (*Signé*) Per Dominum Gubernatorem ad relationem Consilii ; Chaterelli.

N^a. *Le sceau est détaché de ces Lettres.*

« *Extraict des Registres de la Chambre des Comptes & Cour des Finances en* » *Dauphiné, tiré du Livre intitulé* : Liber Homagiorum ab anno Domini » millesimo quatercentesimo quadragesimo quo adepta fuit possessio, &c. » *& des fol.* XXXIIII, *&* XLII, *expédié de l'Ordonnance de ladite Chambre* » *mise au bas de la Requête à elle présentée par noble* Jean de Beaumont, *de* » *ce jour, troisieme d'Août mil six cens trente-cinq* ».

Cet Extrait, délivré par le Conseiller du Roi, Secrétaire en lad. Chambre. (Signé) *Bergier.*

Cy s'ensuivent les hommages faicts à Monsieur le Chancelier, pour & au nom de notre très-redouté Seigneur Monseigneur le Dauphin de Viennois, des personnes ci-après nommées, & commandés à Me Jean Poictiers, Secrétaire ordinaire dudit Seigneur, pour en faire les lettres nécessaires. Premierement, le dixieme jour de Février, &c. (*).
(*) *Ces &c. sont* Le dix-septieme de Février, à Valence, Claude de Pierre-Gorde, &c. (*).
dans l'Extrait. AYNARD DE BEAUMONT, Seigneur de Saint-Quentin, a fait les foy & hommage lige, & serment de fidélité, à cause de son Hôtel ou Maison forteresse des Addrez, avec les droits, censes, revenus, rentes appartenans à ladite forteresse, par la maniere que ses prédécesseurs, &c. (*).

Extrait de l'Inventaire des Titres de la Chambre des Comptes de Dauphiné, étant à la Bibliothèque du Roi, Tom. VIII. *du Graisivodan, fol.* 370 *&* 373.

Anno 1440. AU Reg. cotté : *Liber Homagiorum ab anno* 1440, *fol.* 42, est rapporté qu'AYNARD DE BEAUMONT, Seigneur de Saint-Quentin, presta homage pour la Maison forte des Adrets, avec les cens, rentes & droits en dépendans.

13 Septembre Au Reg. cotté : *Quartus Liber retentionum ab anno Domini* 1435, *fol.* 161, est rapporté que 1440. noble Antoine Guers devoit 18 ducats d'or pour les lods de l'aquisition par lui faite de noble EYNARD DE BEAUMONT, de trois sestiers une émine froment de cens, mesures de Goncelin, avec la directe sur les fonds, sur lesquels lesdits cens étoient asservis dans la Paroisse de Tencin, au prix de 52 ducats d'or, par acte du 13 Septembre 1440, lesquels lods furent payés le 22 Juin 1446.

27 Janvier 1443. Au Reg. cotté : *Quartus Liber retentionum ab anno Dⁿⁱ* 1435, *fol.* 117, v°. est rapporté que Michel Cassard, de Grenoble, devoit 200 florins pour les lods & incapacité, à raison du tiers denier de l'acquisition qu'il avoit faite de noble EYNARD DE BEAUMONT le 27 Janvier 1443, de seize sestiers de froment de cens réduits en argent & poules, que devoient des particuliers de la Paroisse des Adrets, dans la terre de Theys, au prix de 320 florins d'or, dont ledit Cassard fut ensaisiné par le Conseil Delphinal, le 10 Septembre 1445, à la charge de payer double lods à cause de son incapacité, ce qui fut payé au sieur Erland, Receveur Général du Dauphiné, le 19 Février 1446.

19 Septembre Au Reg. cotté : *Liber homagiorum ab anno* 1440, fol. 26, sont les Lettres-Patentes du Roi 1447. Louis XI, lors Dauphin, données à Grenoble le 19 Septembre 1447, contenant l'homage à lui fait par Michel Cassard, de Grenoble, pour tous les cens, rentes & revenus qu'il avoit au mandement d'Oisant ; plus pour ceux qu'il avoit en la Paroisse des Adrets au mandement de Theis, par lui acquis d'AYNARD DE BEAUMONT, Seigneur de Saint-Quentin ; plus, pour ceux qu'il avoit es Mandemens de la Terrasse & du Touvet par lui acquis du SEIGNEUR DE BEAUMONT, &c.

DE LA MAISON DE BEAUMONT. Liv. V.

Acte de dépôt fait en la Chambre des Comptes de Dauphiné, par AYNARD DE BEAUMONT, Seigneur des Adrets, d'une inféodation faite en 1327, par Amédée, Comte de Genève, à ARTAUD DE BEAUMONT, (IVe du nom) son ayeul.

Extrait d'un Regiftre cotté : Recognoiffances des nobles de Theis, la Pierre, Domaine, &c. de l'année 1378, fol. 115, v°. étant aux Archives de la Chambre des Comptes de Dauphiné; délivré en vertu d'Ordonnance de cette Chambre, du 16 Octobre 1747, & (Signé) Chabert, Greffier en Chef de la même Chambre.

Infeudatio facta Domino ARTHAUDO DE BELLOMONTE, Milite, per Dominum Amedeum Comitem Gebenenfem.

ANNO Domini millefimo tercentefimo vicefimo feptimo fumpto millefimo in nativitate Domini, inditione decimâ fextâ die menfis Februarii, &c. (*Cet Acte eft rapporté en entier d'après l'original au Chapitre 1er du 3e Liv. de ces Preuves, pag. 54 & 55*). Datum anno & die predictis.   11 Novembre 1445.

Facta fuit collatio de prefenti copiâ continente quinque folia fcripta, cum fuo originali a quo fuit extracta per nos Notarios infrafcriptos, que fuit reperta vera juxta tenorem dicti originalis. Ita eft. Ber^{us} Buxerie : G. Aufonis. Jo. Albi. G. Juliani.

Nobilis AYNARDUS DE BELLOMONTE, Dominus de Adeftris, filius & heres in hac parte Domini FRANCISCI DE BELLOMONTE, militis, filii nobilis ARTHAUDI DE BELLOMONTE in inftrumento infeudationis proxime fuprafcripto nominati, actulit in prefenti Camera computorum Dalphinalium copiam fuperius defcriptam in pede manibus dictorum quatuor Notariorum fubfcriptam & fubfignatam, afferendo habere penes fe originale groffatum & figillatum.

Facta fuit collatio de prefenti copiâ cum dictâ copiâ de quâ fupra proxime mentio fit, fignetis manualibus dictorum quatuor Notariorum fignatâ, fic per dictum nobilem AYNARDUM DE BELLOMONTE productâ, per nos Computorum Dalphinalium Clericos, die videlicet XI^a menfis Septembris, anno Domini millefimo quatercentefimo quadragefimo quinto. Guifredi, Jo. Panioti, P. Andrici.

CHAPITRE II.

AYNARD DE BEAUMONT, IIe du nom, Seigneur des Adrets, de la Tour de Tencin, &c. fils d'AYNARD Ier; GEORGES, fon fils, & fes autres enfans.

« *Extrait des Regiftres de la Chambre des Comptes & Cour des Finances en* » *Daufiné, tiré du Livre intitulé :* Denominatio ultima revifionis focorum » Graifivodani, *de l'an mil quatre cens cinquante-huit, & du Cayer quarante-* » *fix ; expédié de l'Ordonnance de ladite Chambre, mife au bas de la Requête à* » *elle prefentée par noble* Jean de Beaumont, *de ce jour troifieme d'Août,* » *mil fix cens trente-cinq* ».

Cet Extrait, délivré par le Conseiller, Secrétaire du Roi en lad. Chambre, (Signé) Bergier.

SEQUUNTUR relationes & revelationes factæ & fieri factæ in mandamentis Theifii, Petræ & 12 Juin 1458. Domenæ per nobilem Joannem Pilati, Caftellanum dictorum locorum, & Domino locorum eorumdem de omnibus habitantibus in dictis mandamentis caput domus facientibus.... & primò in Parrochia Thefii per Dominum Claudium Cuicte, Vicarium ipfius loci, Petrum Aymonis, Joannem Beati, Petrum de Albano, Antonium Ervium, Notar°, & Antonium Guillioti Molor, probos electos & juratos fuper fanctis Dei Evangeliis, in manibus dicti Caftellani die duodecima menfis Junii, anno Domini millefimo quatercentefimo quinquagefimo octavo, & fequitur. Apud Vernetum.

Et primò Joannes, &c.

Omnium hominum habitantium caput domus facientium Parrochiæ Adeſtrorum, in quantum tangit homines Domini Theſii & Petræ, relatio & revelatio factæ per Claudium Ambroſium de Villa, Claudium Garini Chaalons, & Petrum Armandi Porchon, probos super hoc electos & juratos in manibus Præfati Caſtellani, nec non Dominum Antonium Garin, Canonicum Curatum dicti loci ſequuntur & ſunt tales.

Et primò Joannes, &c.

Homina nobilium sunt hæc. Et primò nobilis & potens vir EYNARDUS DE BELLOMONTE, Dominus Sancti Quintini.

« *Extraict des Regiſtres de la Chambre des Comptes & Cour des Finances en Dau-*
» *finé, tiré du Livre intitulé*: Quintus Liber Reviſionum Focorum Bailli-
» vatus Graiſivodani, *& du fol. ou Cayer cinquante-neuf, expédié de l'Or-*
» *donnance de ladite Chambre, mise au bas de la Requête à elle préſentée par*
» *noble Jean de Beaumont, de ce jour treize d'Août, mi ſix cens trente-cinq* ».

Cet Extrait délivré par le Conſeiller Secrétaire du Roi en lad. Chambre, (Signé) *Bergier*.

1er Février 1450. INFORMATIONES ſumptæ & receptæ super reviſione focorum, hominum & habitantium infrà mandamenta Theyſii, Petræ & Domenæ, nec non nobilium in eiſdeme xiſtentium per Egregium virum Dominum Franciſcum de Cizernios utriuſque Doctorem, Conſiliarium Delphinalem, ut infrà deſcribitur Commiſſarium deputatum.

Primò Theyſii, Petræ & Domenæ, deinde nobilium nomina ſequuntur.

In nomine Domini, amen. Noverint univerſi & ſinguli præsentes & futuri, quòd anno nativitatis Domini milleſimo quatercenteſimo quinquageſimo, & die prima menſis Februarii, apud Theyſium in domo Domini Joannis Jarroys, Capitani, coram nobili & egregio viro Domino Franciſco de Cizerino, utriuſque juris Doctore, Conſiliario Delphinali, Commiſſario... ad informationes ſumendum de & super focis ſolubilibus & miſerabilibus....

Conſequenter coram dicto Domino Cominiſſario comparuerunt probi electi per habitantes dictarum Parrochiarum quorum nomina, &c.

In Patrochia de Adeſtris: nomina Electorum ſunt Drenonus Sicardi, &c.

Nobiles in dicta Parrochia nulli ſunt, niſi nobilis EYNARDUS DE BELLOMONTE, Condominus ipſius loci.

---

*Teſtament d'*AYNARD DE BEAUMONT, *Co-ſeigneur des Adrets, en faveur de*
GEORGES, ANTOINE, CLAUDE, FRANÇOIS, GABRIELLE, CATHERINE
& MICHELETTE DE BEAUMONT, *ſes enfans*.

Copie en papier, non ſignée, mais de l'écriture du tems, conſervée dans les Archives de M. le Comte de Beaumont-de la Roque, au Château du Repaire, en Périgord.

TESTAMENTUM nobilis & potentis viri EYNARDI DE BELLOMONTE,
Cum-domini Adeſtrorum.

20 Septembre 1499.
(*) Ces &c. ſont dans l'original.

ANNO Domini milleſimo quatercenſimo nonageſimo nono & die viceſimâ menſis Septembris; coram nobis Stephano Guerci & Anthonio Taveli, Notariis publicis & teſtibus infràſcriptis pro hoc preſens, &c. (*) Cum nobilis & potens vir EYNARDUS DE BELLOMONTE Cum-dominus Adeſtrorum ſanus mente, cenſu & intellectu per Dei gratiam, licet eger corpore ſuo &c. (*) in ſuâque bonâ memoriâ.... exiſtens.... ſuum ultimum teſtamentum nuncupativum fecit.... in hunc qui ſequitur modum.... In primis ordinavit ipſe teſtator ſepelliri ſuum corpus in Eccleſiâ Parrochiali Beati Andree de Adeſtris, infrà eamdem Eccleſiam prope magnum altare.... Item plus ordinavit convocari in dicta œpulturâ... quadraginta Dominos Capellanos Miſſas celebrantes, quibus & cuilibet ipſorum precepit ſolvi tres groſſos debilis monete, & in loco Tencini, eadem die, etiam convocari precepit viginti Dominos Capellanos Miſſas celebrantes, quibus & cuilibet ipſorum etiam ordinavit ſolvi tres groſſos monere predicte.... Item ordinavit ipſe teſtator induci & veſtiri die dicte ſue œpulture treſdecim Jhū Xp̄i pauperes, quenlibet ipſorum de veſte & capucio de Groſſo panno albo.... & factâ ipſâ ſepulturâ eiſdem pauperibus dari ad prandium. Item plus ordinavit ipſe teſtator fiery ſuam novem & ſuum annuale in dictâ Eccleſiâ Adreſtorum de pani vino & candelâ ut eſt conſuetum in ipſo loco Adreſtorum & aliis Parrochiis circumvicinis pro uno conſimili nobile. Item plus ordinavit ipſe teſtator fieri unum convivium infrà annum poſt ejus deceſſum, in quo convocentur ſexaginta Domini Capellani Miſſas celebrantes, quorum Dominorum Capellanorum, quadraginta habeant celebrare in dictâ Ecclesiâ Adreftorum, alii vero viginti celebrare habeant in dictâ Parrochiâ Tencini, quibus & quilibet ipforum ordinavit folvi tres Groffos debilis monete. ... Item plus ordinavit ipfe teftator, quod dicti fui heredes teneantur conftrui facere infrà dictam Ecclefiam Adeftrorum unam Cappellam feu unum altare garnitum de fuis ornamentis neceffariis in quo Miffa ... in perpetuum celebretur... Item dimifit & relinquit dictus teftator nobilem FRANCESIAM DE LERA, ejus uxorem cariffimam, Dominam Magiftram & Gubernatricem Bonorum & domorum ipfius teftatoris dum caftè viduè vixerit & alia vota fi exvollare abftinebit. Item cum ipfe teftator in contractu matrimonii ipfius & dicte nobilis FRANCESIE, dederit eidem FRANCESIE de duatio, centum florenos & medietatem caftri Adeftrorum cum garnimento & utencili neceffariis, propterea ordinavit ipfe teftator quod dicta FRANCESIA habeat & percipiat omnes cenfus tam frumenti, avene, argenti, Pollaliarum & nucleorum que habet ipfe teftator in totâ Parrochiâ Urteriarum cum Dominiis directis feudorum fuper quibus debentur, unâ etiam cum operibus & manuoperibus hominum ipfius teftatoris dicte Parrochie Urteriarum, in dyminutionem duati predicti, dictique fui heredes infràfcripti teneantur & debeant eidem nobili FRANCESIE tradere & expedire loco medietatis Caftri Adeftrorum, habitationem baffam Turris ipfius teftatoris de Tencino .... fupplementum vero dicti duearii ... heredes infràfcripti, fibi FRANCESIE folvant anno quolibet... Item inftituit ipfe teftator heredem particularem fuum venerabilem & religionem virum fratrem GLAUDIUM DE BELLOMONTE ejus filium cariffimum, Priorem Prioratus domus Religiofe Beate Marie de Infulâ propè Lugdunum, fcilicet in omnibus bonis fuis que habet teftator ipfe in mandamento Sancti Quintini, vitâ ipfius fratris GLAUDII naturali durante, provifo quod ipfe frater GLAUDIUS illa bona teneatur & debeat redimere & folvere pretium pro quo ipfa bona funt vendita fub certo reacheto & poft deceffum ipfius fratris GLAUDII ... vult ... ipfe teftator quod ipfa Bona deveniant & pertineant nobili GEORGIO DE BELLOMONTE alteri fuo filio & fuis liberis mafculis, & cafu quo ipfe nobilis GEORGIUS decederet fine libero mafculo, uno vel pluribus, eo cafu fubftituit nobilem ANTHONIUM DE BELLOMONTE & fuos liberos mafculos. Item plus inftituit ipfe teftator heredem fuum particularem fratrem FRANCISCUM DE BELLOMONTE ejus filium Religiofum Abaptife Vifcondoni in decem florenis monete debilis, pro quibus premiffis ipfe teftator eofdem fratres GLAUDIUM & FRANCISCUM excludit & exclufos effe voluit à ceteris omnibus bonis fuis; volens .... & ordinans ipfe teftator, quod tempore & loco, heredes fui univerfales infràfcripti teneantur & debeant eidem fratri FRANCISCO, pro obtinendo aliquod beneficium, juvare de centum florenis debilis monete, quos dictus teftator eidem fratri FRANCISCO ultra dictos decem florenos... precipit folvi... Item inftituit fibi ipfe teftator fuos heredes particulares Dominas CATERINAM, Religiofam Dominis de Clunas, & MICHAELETAM, Religiofam Montis - floriti ejus filias cariffimas, in penfione cujuflibet ipfarum per dictum teftatorem datâ tempore quo receperint habitum & ultra ipfam penfionem, qualibet ipfarum in quinque florenos debilis monete folvendos cuilibet ipfarum ad ejus requifitionem, pro uno femel. Item plus inftituit fibi heredem fuam particularem dictus teftator nobilem & egregiam GABRIELLAM ejus filiam cariffimam uxorem nobilis & egregii viri GUELLESII MENZE legum Doctoris, in dote alias fibi conftitutâ per eundem teftatorem, & ultra, in quinque florenos debilis monete pro uno femel; pro quibus ipfe teftator dictas CATERINAM, MICHAELLAM & GABRIELLAM exclufit à ceteris bonis fuis omnibus quibufcumque; & quia inftitutio eft caput totius teftamenti, in ceteris vero univerfis & fingulis bonis fuis ipfius teftatoris, domibus, terris, pratis, vineis, cenfibus & redditibus, homagiis, fidelitatibus que ipfe teftator habet & percipit in Parrochiis Adeftrorum, Urteriarum, Vallis Sancti Stephani, nec non in tota juriditione quam habet in toto mandamento Theyfii, Petre & Domene, nec non in vineâ fuâ de Terraciâ, exiftente fubtus Caftrum Terracie & etiam in jure quod habet ratione fui rachecti in quadam vineâ quam tenent heredes nobilis Johannis Chapelli apud Terraciam, fibi fuum heredem univerfalem inftituit & ore fuo proprio nominavit nobilem GEORGIUM DE BELLOMONTE ejus filium cariffimum folum & infolidum; per quenquidem GEORGIUM voluit precepit & ordinavit dictus teftator tres partes fuorum debitorum & legatorum folvi & attendi. Item plus inftituit fibi heredem fuum univerfalem dictus teftator nobilem ANTHONIUM ejus filium cariffimum folum & infolidum in omnibus univerfis & fingulis bonis fuis ipfius teftatoris, domibus, poffeffionibus, redditibus, homagiis, fidelitatibus, excepta juriditione Parrochiarum Tencini, Petre, Campi, Frogiarum & Brignoudi, ac etiam in uno feftario frumenti cenfus cum Dominio directo quod fibi faciunt heredes Oddonis Eygreti, de Goncelino, & in omnibus aliis cenfibus de plano; per quenquidem nobilem ANTHONIUM voluit precepit, & ordinavit idem teftator quartam partem fuorum debitorum & legatorum folvi & actendi, &c. Si vero contingerit alterum dictorum GEORGII & ANTHONII heredum univerfalium fupra inftitutorum ab humanis decedere five mori fine liberis mafculo, vel liberis mafculis legitimis fuftituit eidem fic defcendenti vel defcend~ alterum fuperftilem eorumdem & ejus liberos mafculos & liberos liberorum fuorum mafculorum ufque ad infinitum, & fi contingerit ambori dictos GEORGIUM & ANTHONIUM & eorum liberos mafculos, & liberos liberorum fuorum mafculorum ufque ad infinitum ab humanis decederunt five mori fine liberis mafculis legitimis, fuftituit videlicet nobilem SOFFREDUM DE BELLOMONTE filium nobilis & potentis viri JACOBI DE BELLOMONTE Domini Sancti Quentini, quondam fratris dicti teftatoris & fuos liberos mafculos legitimos & liberos liberorum fuorum ufque ad infinitum, refervatis ufufructibus dictis Fratribus, GLAUDIO & FRANCISCO, Religiofis fuis filiis & cuilibet ipforum fi tunc fuerint in humanis, feu alteri ipforum fuerit in humanis, & cafu quo contingeret dictum SOFFREDUM &

PREUVES DE L'HISTOIRE GÉNÉALOGIQUE

liberos mafcullos legitimos & liberos liberorum fuorum mafcullorum ufque ad infinitum decedere, five mori fine liberis mafcullis, fuftituit nobilem BATISARDUM DE BELLOMONTE, Fratrem docti SOFFREDI, & fuos liberos legitimos & liberos liberorum mafcullorum fuorum, ufque ad infinitum ; & cafu quo contingeret dictum BATISARDUM & fuos liberos mafculos & liberos liberorum fuorum mafcullorum ufque ad infinitum ab humanis decederent fine liberis legitimis mafcullis fuftituit nobilem & potentem virum LAURENTIUM DE BELLOMONTE Dominum modernum Sancti Quintini ejufdem teftatoris nepotem catiffimum & fuos liberos mafcullos & liberos liberorum fuorum mafcullorum ufque ad infinitum ; & cafu quo contingeret dictum LAURENTIUM & ejus liberos mafcullos, & liberos liberorum fuorum mafcullorum legitimorum, ufque ad infinitum decedere ab humanis fine liberis mafculis, inftituit nobilem & potentem virum AMBLARDUM DE BELLOMONTE, Dominum Bellimontis & fuos liberos mafcullos & liberos liberorum fuorum mafcullorum ufque ad infinitum. Hec eft autem fua ultima voluntas ; per quos quidem heredes precepit legata fua folvi. &c. (*) Et revocans ipfe teftator omnia alia fua teftamenta per ipfum condita tenore prefentis ordonans, &c. (*) precipiens, &c. (*) Acta, lecta & publicè recitata per me dictum Stephanum Guerci, Notarium, fuerunt premiffa, in Parrochiâ Tencini in domo forti ipfius teftatoris in aulâ inferiori ; prefentibus ibidem nobili Johanne Bectonis, Domino Anthonio Pillofii, Claudio Tavelli, d'Arna, Petro Cymini-Guerra, Anthonio filio Guigonis Coctini, Johanne Coques, Berthon juniore de Valletraversâ, Anthonio filio Johannis Cymini-Guerra, Anthonio filio Iaquerii Baboni, de Thes... ad premiffa vocatis... & rogatis... dictis Notariis hic fignatis.

(*) Ces &c. font dans l'original.

NB. *Il existe un Extrait du même Testament conservé dans les Archives de M. DE BEAUMONT-St. QUENTIN, sous ce titre* : Subftantia Teftamenti nobilis & potentis viri EYNARDI DE BELLOMONTE, Cum-domini Addreftorum ; & *ainsi caractérisé à la fin* : pro ut fupra continetur hec verba fubfticialia fuere extracta papiris Magiftri Stephani Guercii, condam Notarii Theyfii, per me Cuftodem & Commiffarium papirorum & prothocollorum ejufdem (*Signé*) G. Gleyfacti.

---

*Extrait des Quartiers des Chevaliers de l'Ordre de S*t *Jean de Jérufalem de la Langue de Provence : du Recueil Mff. concernant l'Ordre de Malte, confervé au Cabinet de l'Ordre du S*t *Efprit, in-fol. Vol. V, pag. 93.*

N. GEORGES DE BEAUMONT, St des Adrets : de ... a la face de... chargée de 3 étoiles; dont la fille : Damlle GABRIELLE DE BEAUMONT-DES ADRETS, époufe N. CLAUDE DE GUIFFRAY, Sr du Freine : dont N. Georges de Guiffray, Sr du Freine, qui de Dlle Clemence Coct-du Chaftelar, eut noble Antoine de Guiffray du Freine, (reçu Chevalier de Malte au Prieuré de St Gilles) en 1608.

CHAPITRE III.

FRANÇOIS DE BEAUMONT, Baron des Adrets, fils de Georges, & petit-fils d'AYNARD DE BEAUMONT, IIe du nom.

Aveu rendu au Roi Dauphin par FRANÇOIS DE BEAUMONT, Co-feigneur des Adrets ; de fes Châteaux des Adrets, de la Freyte, &c.

Extrait d'un Regiftre cotté : Dénombrement ; Graifivodan, 1540, folo. IIIc. XXXVII. *étant aux Archives de la Chambre des Comptes de Dauphiné ; délivré par le Greffier en Chef de cette Chambre.* (*Signé*) Chabert.

24 Août 1540. MOY, FRANÇOYS DE BEAUMONT, Efcuyer, *Confeigneur des Adrets*, de la Compagnie & de la Maifon de Monfeigneur le Duc d'Orléans, dis & déclare tenir du Fief du Roy Daulphin, notre Sire, par le moyen de Madame la Ducheffe de Nemoux, comme Dame de Theys, la Maifon & Chaftel des Adrets, enfemble fes plaffaiges affis au Mandement de Theys, en la Paroiffe des Adrets, cenfives portant lotz & vands, & certains hommes habitans en plufieurs lieux du Mandement de Theys, & fur lefquels hommes ay jurifdiction Haulte, Moyenne & Baffe, & Officiers pour icelle excercer, lefquels lieu des Adrets, & Mandement de Theys, font du reffort

du ressort & Bailliage de Grayssivodan & Siege d'yceluy, séant à Grenoble, laquelle Maison forte ou Chastel des Adrets, avec ses droicts & appartenances, héritages, censives, Juriditions & droicts d'ycelle comprins, bannage & corvées que j'ay aud. Mandement, vallent respectivement ensamble, en revenu annuel, toutes charges ordinaires desduictes, la somme de cent cinquante livres tournoises.

Item, je déclare tenir du Fief du Roi Daulphin, notre Sire, un Chastel assis au Mandement du Thovet appellé la Fraicte, avec ses plassaiges & un héritage contenant terres, prés, vignes & Boys, avec certains hommes, habitans audit lieu de la Fraicte ; sur lesquels hommes ay Jurisdiction Haulte, Moyenne & Basse, & Officiers pour icelle excercer, & tiens aud. lieu censives, portans lotz & vands & corvées, lequel Chastel de la Fraicte est du ressort du Bailliage de Graisivodan, séant à Grenoble, & peult valloir annuellement, toutes charges desduictes, la somme de trente livres tournoises.

Item, m'est deu certaines censives au Mandement de Goncellin, portant lotz & vands, lesquelles censives vallent, de revenu annuel, desduictes toutes charges, la somme de cinq l. t.

Et quant à la dyminution desd. Fiefs, je n'en ay point faict.

Quant au debvoir du Ban & Arriere-Ban deu, quant il convient icetluy estre mandé, je ne le sauroys dire, pour ce que led. cas advenant, tous & ung chacungs les Gentilshommes de ce pays du Daulphiné sont peréquéys pour tous & ung chacuns leurs biens tant feudaulx, tiere feudaulx que autres indifféremment, parquoy il advient que aulcune foys je suis plus péréqué, & à l'autre moings, ainsi que les facultez des Gentilshommes croissent ou dyminuent.

Déclarant que là, & quant le bon plaisir du Roy sera vouloir entendre plus à plain, & par le menu, les qualitez desd. Fiez & facultez, & qu'il luy plaira ainsi le commander, je le feray de mon pouvoir.

Protestant aussi que là, & quant en la présente Déclaration il y auroit aulcune erreur, que led. erreur aucunement ne soit à moye ne aux miens dhonmageable ; ains me soit & aux miens loysible corriger led. erreur des l'eure qu'il sera venu à ma notisse.

Ainsi par ma foy & loyauté comme dis & déclare, & en signe de vérité, me suis signé dessoubs la présente Déclaration de mon seing manuel. Cy mis le XXIIIIe. jour du mois d'Aoust mil cinq cent quarante. (*Signé*) LES ADRETS.

« *De l'Etat des Officiers Domestiques de Charles, Duc d'Orleans, fils du Roi François Ier, depuis l'an* 1540, *jusqu'au* 9 *Septembre* 1545, *qu'il mourut* ».

Cet Etat est au IVe Vol. fol. 2397 & suiv. du Recueil intitulé : Officiers des Maisons des Roys, Reynes, Enfans de France, & de quelques Princes du Sang, *conservé en MSS. au Cabinet de l'Ordre du St Esprit, en XI vol. in-fol.*

Gentilshommes de la Chambre, extraordinaires ; sans gages.   De 1540 à 1545.

RENÉ DE LA ROCHE-BEAUCOURT.   Fol. 2403 & 2404.
Jacques de Humieres.
Claude de Hangest, Seigneur de Montmor.
Péquigny.
LE SEIGNEUR DES ADRETS.
Le Vicomte du Mont Notre-Dame.
Claude de Levis, Seigneur de Cousan.

Contrat de Mariage de François de Beaumont, *Seigneur des Adrets,
avec* Dem*lle* Claude de Gumin-de Romanesche.

*Grosse en papier, conservée aux Archives de M. le Comte de Beaumont-de-la Roque,
au Château du Repaire, en Périgord.*

« Mariage de noble François de Beaumon, Seigneur des Adrets, Mandement de
» Teys, Dyocèse de Grenoble, d'une part, & noble Damoyselle Glaude, filhie
» de Messire Anthoine de Gumin, Chevallier, Seigneur de Romanesche, vefve
» de feû noble Guilhaume Vachon, de la Paroisse de Roches, Mandement de
» la Tour du Pin, Dyocèse de Vienne, d'autre part*ie* ».

26 Mars 1544. A tous modernes & futeurs, ce présent contract soyct notoyre, comme mariage auroit esté
traiélé entre noble Françoys de Beaumon, Seigneur des Adretz, d'une part, & noble Glaude
filhie de Messire Anthoine de Gumin, Chevallier, vefve de feû noble Guilliaume Vachon,
d'autre partie, par aulchuns leurs nobles parents & amys par paroles de futeurs ; pourtant ainsy
est, que l'an courant mil cinq cent quarante-quatre, & le vingtz & sixiesme jour du moys de
Mars, par devant nous, Pierre Basset & Baptiste Lyasse, de la Tour du Pin, Notaires Royaulx
Dalph, & les tesmoingts soubscripts, personnellement établys, d'une part, ledit noble François
de Beaumon, Seigneur des Adretz, saichant de son bon gré, promect & jure ez mains de
Me Jehan Mol, Presbtre de Roches, prendre pour sa femme exposée, lad*te* noble Glaude de
Gumin & expouse, en la face de Sainte Mere Eglise quant requis sera par lad*te* noble Glaude
de Gumin, & pareillement laditte noble Glaude de Gumin, de l'aucthorité & licence dudit
Messire Anthoine de Gumin, son pere, promect & jure ès mains dud. Me Jehan Mol, Pbre,
ledit noble François de Beaumon prendre par son mary & espoux.... ledit Messire Anthoine
de Gumin, Chevallier, & Loyse de Rochefort, mariés, Seigneurs de Romanesche, pere &
mere de laditte noble Glaude.... donent, constituent & assignent en dote pour dote & à cause
de la dote de la d*te* noble Glaude, leur fille, ezdits nobles Françoys de Beaumon, &
Glaude de Gumin, époux futurs.... tous & ungs chacungs leurs biens immeubles présents
& advenir que lesdits nobles de Gumin constituants tiennent & possédent de présent en la
Baronie & Mandement de Reviriaz, comme Maisonsfor, Tours de maisons, jardins, granges,
terres, prés, rentes, censes, vignes, estans, dimerie, selves, boys, garennes, hommages, Juriditions, tribuz, & génerallement tous & ung checun droits, actions, tel quel lesd. Nobles Constituants peuvent avoir en lad. Baronie & Mandement au pays de Lyonnoys, delar le Rhosne,
lesquels Biens lesdits Nobles Constituants promettent maintenir de vallue & revenu annuel la
somme de deux cents livres tornoyses esdits nobles expoux futeurs, *saulx* & réservé ezdits Cons-
tituans, à leur vie, nature & légitime, les fruitz desdits biens susconstitués en dote ezdits
époux futeurs, & ce par tous droicts, actions, querelles, demandes, légitimes, & supplément
(de) légitime appartenans à laditte noble Glaude, desdits biens paternels maternels, droictz,
actions d'iceux présents & advenir quelconques, & pareillement établie laditte noble Glaude
de Gumin, épouse future, baille, donne, constitue en dote aud. noble François de Beaumon,
son espoux futeur, la somme de mille escus d'or sol à elle deu par noble Glaude Vachon, Seigneur
de Montrevel, pour cause contenue en l'appoinctement entre eux faict, recept par Me Pierre
Basset & Pierre Revel, Notaires, pour avoir, tenir, répéter, retirer & faire à son bon plaisir &
vouloir ; & en outre ledit noble Anthoine de Gumin baille, donne & assigne à lad*te* noble Glaude
la somme de cent cinquante escus d'or sol, dorures, & trois cens livres T pour robbes nuptiales, promect payer à sçavoir lesdits cent cinquante escus d'or sol, dorures, à la premiere
requeste desdits nobles mariés futeurs, & en payement desd*ites* trois cens livres T pour robbes
nuptiales, ledit Messire Gumin céde & remect ezdits mariez futeurs semblable somme de troys
cens livres T à lui dûes par Françoys Morard, Chatellain de la Paroisse Sainct Pierre à Layal,
& desquelles led. Morard aud. de Gumin est tenu, oblige recepte par Me Finc, de Grenoble...
encluse en ceste présente constitucion de docte la constitucion à elle faicte & donée au contrat
de dotte desd. feû noble Guilliaume Vachon & noble Claude de Gumin, par lesdits nobles
Anthoine de Gumin & Loyse, mariés, receptz par Mes Pierre Basset & Pierre Galleat, Notaires ;
& pour ce constitucion de dote, mérite augmentacion, pour ce dit noble Françoys de Beaumon,
expoux futeur, se jouyssant de ce présent mariage, baille & donne, constitue & assigne, en
augmentacion de dote & de survie, à laditte noble Glaude, son espouse future, la somme de
huit cens escus d'or sol, de bon or & poyes, laquelle somme de bon or docte, cas de restitucion advenant, que Dieu ne veulie, ledit expoux futeur promest & jure rendre & restituer à la ditte noble
Glaude expouse ez sciens, avec augmentacion d'icelle, que sont huict cens escus d'or sol, de
bon or poys.... & pareillement lad*te* noble Glaude de Gumin, expouse futeure, de l'authorité de sond. pere, baille, donne & assigne de survie audit noble François de Beaumon,
son expoux futeur, la somme de quatre cens escus d'or sol ... & lesquelles sommes de mille
escus donnés, cens cinquante escus de dorures, sera tenu ledit noble François de Beaumon

DE LA MAISON DE BEAUMONT. LIV. V.   211

..... affigner à ladte noble GLAUDE, fon expoufée, à fa premiere requefte, fur tous fes biens, fufdonnés en docte par lefdits de Gumin mariez ; iceux de Gumin & Loyfe matiez, la femme, de l'authorité de fond. mary, fe font deveftu, & lefdits expoux futeurs *avont* envestu & retenu pour tradicion d'une pleume, neul droict, actions, querelles, propriétés, ufance, retenans ezd. biens, faulfs & réfervé les fruicts d'iceux biens à leur vie tant feulement.... Faict au Chafteau de Romanefche, en la Chambre Supérieute, préfens noble Glaude Vachon, de Virieu; noble Glaude Guiffrey, de Chullies Bodet, Me Glaude Martin, Pbre d'Ambrun, Me Jehan Mol Pbre de Roches, Laurent Cuet de Monceaulx, Pierre Perrin, Godet Chappuis, tefmoingz. Donné par copie extraictz du propre original par moi, Notayre foubffigné & recepvant. (*Signé*) LYASSE.

Extrait de la Chambre des Comptes de Dauphiné, délivré par le Confeiller, Secrétaire du Roi en cette Chambre, (Signé) *Molard.*

Cet Extrait confervé en original, au Vol. 18 *du Recueil des Mff. de M. l'Abbé le Laboureur, dépofés au Cabinet de l'Ordre du St Efprit ;* fol. 181, 182, 183 & 184.

EXTRAIT des Regiftres de la Chambre des Comptes & Cour des Finances de Dauphiné, &   20 Mai 1562. en partie d'un compte rendu en icelle par Claude Amel, de la recepte & defpenfe par lui faite en vertu de la Commiffion & Charge que lui en a donnée MONSIEUR LE BARON DES ADRETS, fous l'authorité du Seigr Prince de Condé, prit le x d'Avril M. V. LXV.
    Copies & extraicts des Commiffions, lefquelles doivent fervir à ce préfent compte.
    FRANÇOIS DE BEAUMONT, SEIGNEUR DES ADREST, Gentilhomme ordinaire de la Chambre du Roi, Colonnel des Légions de Dauphiné, Provence, Lyonnois & Auvergne, efleu Général & Chef des Compagnies affemblées pour le fervice de Dieu, la liberté du Roy & de la Reyne, fa mere, & confervation de leurs Eftats efd. pays, à Mre Claude Amel, Citoien & Bourgeois de Valence, &c.
    FRANÇOIS DE BEAUMONT, SEIGNEUR DES ADREST, Gentilhomme ordinaire de la Chambre du Roi, Colonel des Légions de Dauphiné, Lyonnois & Auvergne, efleu Chef & Général des Compagnies affemblées pour le fervice de Dieu, la liberté & délivrance du Roi & de celle de la Reyne, fa mere, & confervation de leurs Eftats efdit pays, au Seigneur de Changy. &c. Fait à Lyon, fous noftre feing & fcel de nos armes, le vingtiéme jour de Mai l'an mil cinq cent foixante-deux, ainfy figné ; LES ADREST, & au-deffous, par commandement de MONDIT SEIGNEUR DES ADREST, de Salles ; fcellées du fcel de fes armes.
    FRANÇOIS DE BEAUMONT, SEIGNEUR DES ADREST, Gentilhomme ordinaire de la Chambre du Roy, Colonel des Légions de Dauphiné, Provence, Lyonnois, Languedoc & Auvergne, Gouverneur & Lieutenant Gnral pour le Roy en Dauphiné, & Lieutenant de Monfeigneur le Prince de Condé en l'armée Chreftienne affemblée pour le fervice de Dieu, la liberté & delivrance du Roy & de la Reyne, fa mere, confervation de leur Eftat & grandeurs, & de la liberté Chreftienne efdit pays, à Me Claude Amel, falut, &c. Donné à Lyon, le vingt-troifiéme jour du mois de Juin mil cinq cent foixante-deux, (*Signé*) Des Adrets, & fcellés.

Recepte de l'Argenterie.

Premierement fe charge, &c.
    Plus, mfil vingt livres T˜ pour la valeur de foixante-huit marcs d'argent en billon provenus de l'argenterie de l'Eglife St Rufs-lès Valence, au fur fufdit de quinze livres tournois, chacun marc : pour ce cy . . . . M. XX. ₶ T˜.
    Plus, deux mil fix cent foixante-dix livres T˜ pour pareille fomme, en quoi fe font montés cent foixante dix-huict marcs : argent en billon, provenus de l'Eglife St Apollinair de Valence, au fur fufd. de quinze livres T˜ chacun marc : pour ce cy . . . . . MM. VIc. LXX ₶ T˜.
    Plus, trois mil fept cent quatrevingt-treize livres T˜ pour la valeur de deux cent cinquante-deux marcs quatre onces & demy d'argent, réduit & mis en billon au fur de quinze livres T˜, chacun marc, provenus de l'argenterie de Dye, de Creft, de St Anthoine, de St Martin & de St Jean de Valence, & de plufieurs autres lieux, dont la plus grande partie fuft apportée à Valence par Monfieur de Morgues, lequel, durant la maladie d'icelui Amel, les mit tous enfemble fans en faire féparation ne defcription à part : pour ce cy . . . . . MMM. VIIc. IIIIxx. XIII.

Dd ij

Quittances Militaires données par François de Beaumont, *Chevalier de l'Ordre du Roi, Colonel des Bandes Françoises en Dauphiné.*

Originaux en parchemin, conservés aux Archives de M. le Comte de Beaumont de la Roque; au Château du Repaire, en Périgord.

28 Novembre 1568. Nous François de Beaumont, Seigneur des Adretz, Collonnel des Bandes Françoises, estans pour le service du Roy en ce pays de Daulphiné, confessons avoir eu & reçeu comptant de Me Jherosme de Bragelongne, Conseiller du Roy & Trésorier de l'Extraord.re de ses Guerres, la somme de deux cens livres T̄ à nous ordonnée pour n're entretenement aud. estat durant le présent moys de Novembre ; de laquelle somme de IIc. L̄ nous nous tenons pour content & bien payé, & en avons quité & quitons led. Me Jherosme de Bragelongne, Trésorier susdit, & tous autres ; en tesmoing de quoy nous avons signé la présente, & à icelle fait mectre le scel de nos armes : à Vallence, le XXVIIIme jour dud. mois de Novembre mil Vc soixante-huit. (*Signé*) Des Adrès.

Cette Quittance, scellée en placard d'un sceau où l'on ne distingue plus les armes, mais qui est entouré du Collier de l'Ordre de S.t Michel.

15 Avril 1569. Nous François de Beaumont, Seigneur des Adretz, Chevalier de l'Ordre du Roy, & Collonnel des dix-huit Bandes de Gens de Guerre à pied du pays de Daulphiné, confessons avoir eu & reçeu comptant de Me Jehan Pajot, Conseiller dud. Seigneur & Trésorier de l'Extraord.re de ses Guerres, la somme de trois cens livres tournoys à nous ordonnée pour n'rd. estat & entretenement de Collonnel desd. dix-huit Bandes durant le moys de Février dern'r passé mil cinq cens soixante-neuf ; de laquelle somme de IIIc L̄ nous nous tenons contant & bien payé, & en avons quicté & quictons led. Pajot, Trésorier susd. & tous autres ; tesmoing n're seing manuel cy mis : au Camp, près Langtres, le XVme jour d'Avril mil Vc soixante-neuf. (*Signé*) Des Adrès.

17 Juin 1571. Nous François de Beaumont, Baron des Adrès, Chevalier de l'Ordre du Roy, confessons avoir reçeu comptant de Me Pierre de Ficte, Conseiller dud. Seigneur & Trésorier de son Espargne, la somme de cinq cens livres T̄ en VIIIxx escus sol̄ à LIIII. s̄ T̄ piece, & le reste Testons à XII. s. T̄ aussi piece à nous ordonnée par led. S.t pour les fraiz & despenses d'un voyage que Sa Majesté nous envoye faire en diligence & sur chevaux de poste de Gaillon en certain lieu & endroict, pour ses affaires & service, dont elle ne veult estre faict nulle mention ne déclaration ; de laquelle somme de Vc. L. T. nous nous tenons contenz & en avons quicté & quictons led. de Ficte, Trésorier de l'Espargne susd. & tous autres ; en tesmoing de quoy nous avons signé la présente de n're main & à icelle faict mectre le seel de nos armes, le XVIIe jour de Juing l'an mil Vc soixante-unze. (*Signé*) *Pour cinq sans livres :* Des Adrès.

Cette Quittance est scellée en placard d'un sceau représentant :
une bande chargée de 3 fleurs de lys.

Indications des Auteurs qui ont parlé du Baron des Adrets.

Na. *Comme il seroit trop long de rapporter tout ce que ces Auteurs ont écrit du Baron des Adrets, on se contentera d'indiquer les Ouvrages où ils en ont parlé, afin de mettre à portée de les consulter.*

Belleforest : *Grandes Annales, ou Histoire Générale de France*; impr. à Paris en 1579, in-fol. Tom. II. Liv. VI. fol. 1629. V°. 1630. R°. 1633. R°. & 1664. R°.

La Popeliniere : *Histoire de France, depuis l'an 1550 jusques à ces tems*; imprimée en 1581 : in-fol. Livr. IX. pag. 357. V°. & 358. R°.

Theodore de Beze : *Histoire Ecclésiastique des Eglises Réformées au Royaume de France*; in-8. édition de 1580. Livre II. pag. 221. 222. 223. 225. 231. 232. 233. 234. 235. 255. 256. 257. 258. 259. 265. 266. 267. 268. 269. 270. 271. 272. 273. 274. 275. &c. 307.

Histoire des Troubles & Guerres Civiles advenues de nostre tems, depuis l'an 1560 jusques à présent, par Jean Le Frere, *de Laval* ; Paris, 1584 : in-8°. Tom. I.er. fol. 182. V°. 200. R°. V°. 201. R°. & 272. R°.

Mémoires de Michel de Castelnau, (cet Ecrivain est mort en 1592) édit. de 1731 ; Tom. I.er. pag. 111. 112. 113. 146. & 147.

DE LA MAISON DE BEAUMONT. Liv. V.

Additions aux mêmes Mémoires, par M. *l'Abbé Le Laboureur*; même édit. Tom. II. pag. 22. 23. & 24.

Histoire des choses mémorables advenues en France, depuis l'année 1547 jusqu'à l'an 1597; in-8°. édit de *1599.* pag. 253-273.

Histoire de M. le Président DE THOU : édition de Londres ; *1733*, in-fol.
Vol. Ier. Liv. XXI. fol. 705. & 706.
Vol. II. Liv. XXXI. fol. 222. 223. 224. 225. 229. 230. 231. 232. 235. 237. 238. 239. 241. 242. 243. Liv. XXXII. fol. 278. 279. 280. 281, Liv. XXXIII. fol. 307. 308. 309. 310. 311. Liv. XLV. fol. 700.

Mémoires sur la Vie de M. DE THOU, impr. au VIIe Vol. de son Hist. même édit. pag. 9.

N°. Pour la traduction de la même Histoire, consultez la Table générale, Vol. 16. de l'édit. in-4°. de *1734.* au mot : ADRETS (Baron des).

Mémoires DE BRANTOME; *Hommes Illustres*, édit. de *1666.* petit in-12. Tome 2. pag. 244. 245. & 246 ; & édit. de *1740.* Tom. VII. 2de Partie, pag. 279. 280. 281. & 282.

Histoire Universelle, par D'AUBIGNÉ, édit. de Maillé, *1616*; Tom. Ier. pag. 144. 145. 146. 147. 148. 149. 152. 153. 154. 155. 176. 178. 179. 221. 284. & 285.

Mémoires de FRANÇOIS DE BOYVIN, Baron DU VILLARS; édit. de *1629.* in-8°. Tom. Ier. pag. 85. 86. 348. 349. 350. 358. & Tom. 2. pag. 244.

Histoire de France, par MEZERAY ; édit de *1646.* in-fol. Tom. II. pag. 708. 709. 858. 859. 860. 861. 862. 863. 864. 983. & 1010.

Histoire Chronologique de Provence, par HONORÉ BOUCHE ; in-fol. *1664.* Tom. II. pag. 633. 638. 639. 640. & 641.

Histoire de Dauphiné, par CHORIER : in-fol. édit. de *1672.* Tom. 2d. pag. 537. 544. 555. 56. 57. 58. 59. 60. 61. 62. 63. 64. 65. 67. 68. 69. 70. 71. 72. 73. 75. 76. 77. 78. 79. 80. 81. 82. 87. 88. 601. 604. 608. 613. 18. 21. 23. 25. 27. 39. 41. 44. 46. 72. 79. & 717.

Histoire de Charles IX, par VARILLAS ; édit. de Cologne, *1686*, Tom. Ier. pag. 199-230. 270-81.

Histoire du Calvinisme, par MAIMBOURG ; in-4°. édit. de *1686.* pag. 245. 246. 247. & 248.

BAYLE : *Dictionnaire Historique & Critique*; article BEAUMONT DES ADRETS.

Histoire de France du P. DANIEL, in-fol. édit. de *1713.* Tom. III. fol. 815. & 816.

Histoire de la Milice Françoise du même ; in-4°. édit. de *1721.* Tom. 2. pag. 341. 342. & 344.

Histoire de Lorraine, par Dom CALMET ; in-fol. édit. de *1728.* Tom. II. pag. 1390.

MORERI ; *Dictionnaire Historique :* diverses éditions ; au mot ADRETS. (Beaumont des).

Histoire de Languedoc, par Dom VAISSETTE; in-fol. édit. de *1745.* Vol. 5. fol. 234. 235. 236. 237. 238. 241. 243. 244. & 278. Même Vol. fol. 132. 133. & 134. des Preuves.

Nouveau Dictionnaire des Hommes Illustres, imprimé en 6 Vol. in-8°. au mot ADRETS. (des).

Vie de FRANÇOIS DE BEAUMONT, BARON DES ADRETS ; par M. GUY ALLARD, Conseiller du Roi , Président en l'Election de Graisivodan & Duché de Champsaur ; imprimée pour la premiere fois à Grenoble en *1675.*

Na. *Comme cet Ouvrage est devenu extrêmement rare, on a jugé à propos de le faire réimprimer ici en entier.*

Vie de François de Beaumont, Baron des Adrets, *par M. Guy Allard, Conseiller du Roi, Président en l'Election de Graisivodan & Duché de Chamsaur ; Grenoble,* 1675.

LA FAMILLE de Beaumont n'est pas esteinte, comme Mr le Laboureur a crû en parlant du Baron des Adrets dans ses additions aux Mémoires de Castelnau. Elle subsiste encore par les Branches de Pompignan en Languedoc, de Besset en Auvergne, d'Autichamp & de Saint-Quentin en Dauphiné.

Il est vray que celle du Baron des Adrets se termina par deux filles ; l'aînée desquelles, nommée Susanne, fut mariée deux fois, la premiere avec le Seigneur de Tarvanas en Piemont ; & la seconde avec Cesar de Vauserre, à qui elle porta la terre des Adrets ; l'autre eut nom Ester, Epouse d'Antoine de Sassenage, Seigneur d'Iseron.

Leur pere estoit fils de George de Beaumont Seigneur des Adrets, & de Jeanne de Guiffrey, sœur du brave Boutieres. Il avoit eu pour quatorziéme ayeul Guy de Beaumont, qui vivoit l'an 1080, & par qui je commence la Genealogie de cette Famille, que j'ay composée apres de grandes recherches & avec beaucoup de soins.

Ce n'est pas icy où je dois m'étendre là-dessus ; venons à nostre fameux François de Beaumont, qui s'aquit tant de réputation, qui fit si bien parler de luy, & dont le nom fut connu par toute la France, parlant aux termes de Castelnau, livre 4. chap. 2.

Avant que de commencer d'écrire sa vie, je veux bien qu'on sçache de quels Auteurs je me suis servi pour ce sujet. Ce sont Mr de Thou, la Popeliniere, Castelnau, le Laboureur sur Castelnau, Brantome, Mezerai, Daubigné, de Serre, Hilarion de Coste, Minime, & plusieurs memoires & journaux imprimés & manuscrits. La Chambre des Comptes de Dauphiné a plusieurs Registres où il est parlé de luy, & la tradition en ce pays m'en a appris plusieurs choses. Voici le détail de tout.

Aprés la bataille de Pavie, qui fut si malheureuse pour la France, & aprés la prison du Roy, chacun sçait que la paix ne fut pas de longue durée, & que François I. & l'Empereur Charles-Quint recommencerent à faire connoistre qu'ils estoient ennemis irreconciliables.

Odet de Foix, Seigneur de Lautrec, fut envoyé en Italie pour y commander une Armée où se trouverent deux cens Gentils-hommes Dauphinois, dont Beaumont estoit du nombre, n'ayant encore que quinze ans : c'estoit l'an 1527. Charles Allemand 4e du nom, Seigneur de Laval, qui estoit Lieutenant General au Gouvernement de Dauphiné depuis l'an 1524 fut son Capitaine. Il ne pouvoit marcher sous les Estendarts d'un plus vaillant homme, & il ne pouvoit mieux commencer de porter les armes que sous la conduite d'un Chef si excellent, qui à Mezieres, dans l'Estat de Gennes & ailleurs, s'estoit acquis une grande reputation. Il commandoit le corps le plus fort de la Cavalerie, & il mourut devant Naples, aussi bien que Lautrec ; mais ils firent avant cette heure fatale, des actions trés-memorables, dont tous les Historiens François font mention.

Beaumont qui les suivit par-tout, se signala aussi par-tout. Comme ils furent dans la Lombardie ils y combattirent les Lansquenets, que Ludovic, Comte de Lodun, avoit envoyez du costé d'Alexandrie, & Beaumont fit prisonnier l'un des Chefs. Aprés ils allerent du costé de Gennes ; le Chevalier de Boutieres, dont j'ay aussi écrit la vie, estoit avec eux. Là ils tinrent les Gennois bloquez par Terre, comme ils l'estoient sur la Mer, par André Doria, General des Galeres de France. Enfin la famine les ayant pressez, ils ouvrirent leurs portes à Lautrec, qui y mit Theodore Trivulse pour Gouverneur, & plusieurs Compagnies pour garnison, soit Cavalerie, soit Infanterie. Celle des Gens-d'Armes de Laval fut du nombre, & Beaumont en estoit fut obligé de s'arrêter là. Ce fut pour un an seulement : car la campagne suivante & l'an 1528. Lautrec ayant tourné ses Armes du costé de Naples, tira des garnisons une partie des Troupes qui y estoient ; & la Compagnie de Laval ayant esté rappellée, Beaumont eut l'honneur de combattre avec le brave Laval son Capitaine, en diverses occasions, particulierement contre le Prince d'Orange, qui avec cinq mille Allemans, cinq mille Espagnols, & quinze cens Italiens, s'estoit venu opposer aux progrès de Lautrec & au siege de Melphe, où il fut blessé d'une arquebusade à la main.

Lautrec assiegea Naples par Mer & par Terre ; de cette conqueste dépendoit l'establissement assuré de l'autorité Françoise en Italie ; mais elle ne suivit pas les desseins de ce General, qui vit mourir dans son Armée plusieurs excellens Capitaines, & entre autres Laval, qui rendit l'ame entre les bras de Beaumont qu'il aimoit extremement, Antoine d'Urre dit Cornillon, fils du Seigneur Dupuy S. Martin, & Gaspard de Gaste, fils du Seigneur de Lupé, Gentils-hommes de Dauphiné, quoyque ce dernier habitât en Forest ; mais sa Famille estoit Dauphinoise. Lautrec y perdit aussi la vie, dont ce fut grand dommage, estant un General vigilant & expérimenté : dit M. de Brantôme, qui fait son éloge dans ses Memoires.

Aprés cette perte Beaumont quitta ce païs-là, aussi bien que le reste des François, qui joignirent ceux que le Comte de S. Paul commandoit dans le Milanois, & qui estoient destinez pour s'opposer au Duc de Brunswic, qui menoit pour l'Empereur dix mille Lansquenets. Le

DE LA MAISON DE BEAUMONT. Liv. V.

Comte ne fit rien contre ce Duc, parce qu'il n'en trouva pas l'occafion ; & Brunfwic ne put fe fignaler avec fes Troupes, parce qu'elles fe débanderent faute de payement.

Après cela Pavie, que de Leve avoit pris fur nos François, fut affiegé ; Beaumont s'y trouva dans la Compagnie de Guior de Maugiron, où il demeura jufques à l'année 1532. qu'il eut le Guidon de celle de Claude d'Urre dit Cornillon, Seigneur Dupuy S. Martin, Lieutenant au Gouvernement de Provence, & qui avoit efté Gouverneur de Gennes, qui lors eftoit à Campobaffe au Royaume de Naples, où il avoit paffé pour y donner quelques ordres au nom de Louis Ademar, Comte de Grignan & de Campobaffe, fon beau-frere, & où Beaumont l'eftoit allé voir après les malheureux fuccez des Armes Françoifes en Italie.

Il demeura Guidon pendant quatre ans ; & comme la Compagnie de Dupuy S. Martin ne fut pas employée, & qu'elle fut en garnifon, Beaumont ne put pas fe faire connoître. Enfin l'an 1537, elle fut commandée pour aller en Italie, & à peine fut-elle arrivée à Thurin que le Capitaine tomba malade. Comme il croyoit de guerir, il ordonna à fa Compagnie de marcher toûjours ; mais fon mal augmentant & ne voyant pas grande apparence d'échaper, il fe fit porter en Dauphiné, où il mourut fur la fin de la même année, fçavoir au mois de Février, qui eftoit autrefois le dernier des douze avant la reformation du Calendrier.

Sa Compagnie eftoit commandée par George d'Urre-de Venterol, fon parent, qui à la fuite acquit une grande reputation dans les armées du Roy & du Pape ; eftant devenu Lieutenant General en celle du Roy, & Marefchal de Camp en celle du Pape. Il eftoit alors fort jeune ; mais il avoit déja fait des actions qui lui avoient fait meriter la Lieutenance de Dupuy S. Martin. Il eut fa Compagnie après fa mort, & comme il avoit eu quelques démêlés avec des Adrets, il s'oppofa aux prétentions que ce Guidon témoigna d'avoir pour la Lieutenance ; & en effet il en obtint l'exclufion par le Seigneur de Taix, qui eftoit Lieutenant General. Ce qui fâcha Beaumont de telle maniere, qu'il protefta de ne plus fervir, & fe retira en Dauphiné auprès de fon pere qui vivoit encore.

Boutieres ayant efté fait General de l'Armée de Piemont, convia tous les Braves de Dauphiné de le venir joindre, & tâcha de les retenir par divers emplois qu'il leur donna. Des Adrets fe fentit obligé à une lettre de civilité qu'il en reçeut, & le fut trouver à Thurin où il eftoit. Boutieres le reçeut comme un oncle doit recevoir un neveu ; car comme j'ai déja dit, Beaumont étoit fils d'une de fes fœurs ; le retint auprès de lui pour fon fervice dans les occafions ; & afin qu'il parût plus honorablement, il lui laiffa la conduite de quelques Legionnaires de cette Province, qui faifoient une partie de la garnifon de la Ville. Il demeura dans cet emploi jufques à la difgrace de Boutieres, qui arriva en 1544, & qui obligea l'oncle & le neveu de fe retirer en Dauphiné.

J'ai dit dans la vie de Boutieres, avec quelle générofité il fe trouva à la bataille de Cerifoles : Beaumont ne put l'y fuivre, ayant efté arrefté dans fa maifon de la Frette par une maladie qui faillit à lui donner la mort, & qui l'empêcha de rendre aucun fervice pendant plus de trois ans, & jufques à la mort du Roy François I. qui arriva le dernier jour de Mars 1547.

Henri II. fon fils luy fucceda, il recommença la Guerre contre l'Empereur, après avoir fecouru l'Ecoffe, qui eftoit menacée par l'Anglois de lui faire perdre fon autorité & fon indépendance.

Pour faire voir l'origine de la Guerre qui fe renouvella entre la France & l'Allemagne, il faut remarquer que le Pape Paul III. avoit donné Parme à Octavian Farnefe, fils de Pierre-Louis Farnefe, qui l'étoit de ce Pape. Ce Pierre-Louis favorifoit extrêmement les François, ce qui donna de la haine contre luy à la maifon de Doria & à celle de Gonzague, qui gagnerent fes domeftiques, & le firent par eux affaffiner. L'empereur à qui on s'en plaignit, ne fit rendre aucune juftice : au contraire il pratiqua fi bien le Pape qu'il le fit faire en cette occafion, & l'obligea de fe ranger de fon party contre Octavian, qui fe voyant abandonné fe refugia en France, pour conferver Parme, que l'Empereur avoit envie d'avoir, & pour fauver fa vie, que Charles-Quint tâchoit par fes brigues, de luy faire ofter. Celuy qui eftoit alors Souverain Pontife eftoit nommé Iules III. Il avoit bien fuccedé à Paul dans la Chaire de S. Pierre ; mais il n'étoit pas fi bon François que luy ; & d'ailleurs il n'avoit pas le lien du fang, qui attachoit fon predeceffeur aux interefts d'Octavian Farnefe : tellement qu'il fe rangea facilement du party de l'Empereur. Voila donc les Armes prifes de part & d'autre. Ferdinand Gonzague affiegea Parme au nom de l'Empereur. Charles de Coffé de Briffac Marefchal de France, fut fait Lieutenant General pour le Roy en Italie, & fous luy des Adrets eut une Compagnie de Cavalerie. D'abord que Parme fut affiegé, Briffac dépecha quelques Troupes pour renforcer la garnifon de la Mirandole : des Adrets eut ordre de fe jetter dedans avec fa Compagnie. Comme il voulut le faire, il fut attaqué par les Gens de Gonzague qui fe trouverent en plus grand nombre, & fut obligé de fe fauver comme il put à travers un bois qui fe rencontra dans fon paffage. Ses Cavaliers furent faits prifonniers, & quoy qu'ils fuffent de bonne guerre, Gonzague les fit tous cruellement mourir, & en fecret, comme le difent les Hiftoriens François. Il fe trouva dans cette fatale rencontre, quelques jeunes Gentils-hommes de Dauphiné, & entre autres Hugues Angelin, d'une famille du Viennois, Pierre Ferrand-Tefte, & Henry de Menze. Des Adrets, eftant retourné auprès du Duc de Briffac, & luy ayant raconté l'infortune de fa Compagnie, eut ordre de venir en Dauphiné pour en lever une autre ; ce qu'il fit avec beaucoup de diligence, & la compofa de quatre cens hommes. Il eftoit encore en cette Province, lors que par le credit du Marefchal de Briffac de qui il eftoit extrêmement aimé, il fut fait Colonel General des Legionnaires de Dauphiné par Lettres Patentes du Roy, & les Capitaines qui passerent en Italie marcherent sous luy. Ils arriverent dans le Parmesan, s'aiderent à chasser Gonzague du Païs, & à prendre S. Quiers & Damian, où ces Legionnaires furent mis en garnison.

Sur la fin de Juillet le Duc d'Albe, successeur de Gonzague au Gouvernement de la Lombardie, se mit en campagne avec vingt mille hommes de pied, quatre mille Chevaux & quarante Canons. Le Mareschal qui avoit été joint par le Duc d'Anguien, le Prince de Condé, les Ducs d'Aumale & de Nemours, le Vidame de Chartres, d'Aubigny, Convor, Ventadour, Urfé, la Chastre, de Lude & plusieurs autres Gentils-hommes en 1555, assiegea Vulpian & défit le secours que le Duc d'Albe y avoit envoyé; des Adrets y fut blessé en trois endroits, mais legerement; la Ville fut emportée de force & le Chasteau se rendit par composition. On assiegea après Montcalve qui se rendit; Pequigny en fut fait Gouverneur & le Baron y fut mis en garnison avec le commandement sur mille Legionnaires de Dauphiné.

Il ne s'enferma pas si-tost dans cette Ville, & suivit Brissac avec une partie de ses Troupes. Le Mareschal se servoit volontiers de luy dans les rencontres où il faloit payer de beaucoup de hardiesse. C'estoit le caractere du Baron d'affronter les plus grands perils, d'y paroitre avec intrepidité, & de les franchir avec autant de bravoure que de bon-heur.

Brissac le renvoya en Dauphiné pour y lever de nouveaux Legionnaires, il luy fit encore donner par le Roy, la Charge de Colonel de ceux de Provence, Lionnois & Auvergne, avec ordre de faire en ces Provinces quinze Compagnies de quatre cent Hommes la chacune. J'ay veu quelques commissions données à ceux qui les devoient commander l'année 1557, où il est dit que c'étoit sous le Baron des Adrets, Colonel General des Legionnaires de ces quatre Provinces. Il arriva avec ces Troupes dans la Ville de Thurin, où le Duc de Guise se trouva avec quinze mille Pietons, huit cent hommes d'Armes, & douze cens Chevaux-Legers. Le Mareschal qui estoit dans le Milanois, joignit ses forces à celles-là, & tous ensemble allerent assieger Valence, qui se rendit, prirent Ostie à composition, & chasserent les Espagnols de Velitre, Tuscule, Marin, Grotte-Ferrare, Pelesan, S. Ange, S. Paul, Vico-Valerio, & autres petites Places, au territoire de Rome.

Tout sembloit fournir aux victoires des François; parce que les Espagnols & leurs alliez laisserent passer toute leur fougue; & cependant ils ramassoient des Troupes de tous costés. Les nostres s'en virent attaquez lorsqu'ils y songeoient le moins, & l'année 1558, ils commencerent de connoître que la fortune n'est pas toujours constante dans les Armes.

La solde vint à leur manquer, ce qui dissipa une partie de l'Armée; & celle des Espagnols estoit fort augmentée: tellement qu'ils ne purent empêcher la perte d'une partie de leurs Places. Le Mareschal de Brissac qui estoit resté seul Lieutenant General de la les Monts, fit sans doute tout ce que l'on pouvoit attendre d'un grand Capitaine, & le Baron des Adrets, suivant le rapport de la Popeliniere, livre 4, y servit fidellement & longuement.

Moncalve fut assiegé par les Espagnols. Cette Ville est dans le milieu du Montferrat. Il y avoit dedans huit Enseignes de François partie de Dauphiné, deux d'Italiens, & autant d'Allemans. Pequigny de la maison d'Ailly en Picardie en estoit Gouverneur, comme j'ay déja dit. Le secours que l'on envoya d'Albe, ne put pas entrer dans la Place, & fut défait. Le Duc de Sessa, chef des Ennemis, en fit approcher vingt-cinq pieces de Canon le second d'Octobre 1558. Des Adrets qui avoit appris les desseins de ce Siege, s'estoit jetté dans la Place avec le Capitaine de l'Isle. Elle fut battue pendant tout un jour par le Canon, qui fit une breche assez raisonnable; mais n'ayant pas paru suffisante pour y donner l'assaut, on renvoya au lendemain pour la faire plus grande. Cependant avant que de commencer une seconde batterie, un petit nombre d'Espagnols, comme le rapporte Mr de Thou, livre 21 de son Histoire, voulurent s'en approcher pendant le disner de leur General, & une entreprise qui n'estoit au commencement qu'un simple essay, fut à la suite une action de bonne fortune; car Pequigny qui commandoit dans cet endroit, croyant que les Ennemis fussent en plus grand nombre, se retira sans combattre dans le Chasteau, & laissa entrer les Espagnols dans la Ville par la breche qu'ils avoient faite.

Des Adrets cependant gardoit un autre quartier de la Ville, & avoit résolu de le deffendre jusques à la mort: de l'Isle avoit fait le même dessein; mais il n'un & l'autre ayant esté investis par un endroit où ils ne s'attendoient pas, ils furent obligez de se rendre, dont le Baron faillit à mourir de regret. Son bagage fut pillé, & il paya sa rançon. Le Capitaine du Mas qui étoit de la Maison de Sassenage, y fit tout ce qu'on pouvoit attendre d'un homme de cœur, c'est ce que dit le mesme de la Popeliniere.

Comme le Baron accusa Pequigny de la perte de la Ville & de celle de sa liberté & de son bagage, il pretendit qu'il l'en devoit degrever: il le cita pour ce sujet devant le Roi François II. qui avoit succedé à Henri II. où il soûtint admirablement bien sa cause, & dit que Pequigny avoit laissé entrer l'Ennemy sans combattre, qu'il pouvoit deffendre la breche avec facilité, puis qu'elle estoit petite, & que ceux qui avoient resolus d'y passer estoient en petit nombre: que s'il le nioit, il le luy feroit avouer par un duël.

Ce different parut singulier à la Cour, & ces deux Ennemis trouverent des partisans parmy les Grands, qui empêcherent quelque temps qu'il ne fût décidé. Il le fut néantmoins en faveur de Pequigny par le crédit de la Maison de Guise, qui commençoit d'en avoir un bien grand en France; & il leur fut deffendu de rien attenter l'un contre l'autre, à peine d'estre punis comme criminels de leze-Majesté: dont le Baron fut tellement outré de colere, qu'il jura de s'en venger

contre

DE LA MAISON DE BEAUMONT. Liv. V.

contre les Guisards ; & ce fut la cause qu'il embrassa ensuite le party des Protestans : c'est le témoignage de Mr de Thou, & c'est la vérité.

La Doctrine de Calvin ayant trouvé des Partisans en Dauphiné, & ses Dogmes ayant esté prechez à Valence, Romans & Montelimar, trois Villes de cette Province, avec plus de hardiesse & de liberté que n'en devoit attendre une Religion naissante, obligea le Roy de donner ses ordres à ceux qui gouvernoient, de s'opposer à ses progrez. Le Duc de Guise, Gouverneur de Dauphiné, ordonna au Seigneur de Clermont, premier Baron de cette Province, & Lieutenant de Roy, de faire son possible pour cela ; mais comme il estoit d'un naturel extrémement doux, il avoit toujours temporisé, & laissé par là précipiter plusieurs personnes de considération dans ces nouvelles erreurs.

Le Grand Prieur de France, frere du Duc de Guise, vint en Dauphiné, avec ordre de faire chastier ceux qui s'estoient abandonnez à cette Doctrine, & qui pour la soûtenir avoient fait quelques violences dans ces trois Villes. Laurent de Maugiron, de qui j'ay aussi écrit la vie, estoit déja en grande estime dans cette Province. Clermont & luy assemblerent des Gens de guerre, & le Baron des Adrets fut commandé de les joindre avec quelques Legionnaires qu'il avoit ramenez d'Italie ; c'estoit en 1560. Cesar d'Ancesune Seigneur de Venejan, Claude de Clermont Baron de Monteson, Gaspard de Saillans, Annet de Maugiron Seigneur de Leissins, André de la Porte Seigneur de l'Artaudiere, & plusieurs autres Personnes de qualité se mirent dans le mesme party, & coururent où les ordres du Roy & leur Religion les appelloient. Le Baron des Adrets estoit assurément bon Catholique, & quelque party qu'il ait tenu, il n'a jamais changé de Religion ; tellement que le temps de vengeance n'estant pas encore venu, il suivit ce que sa Religion luy inspira. Charles Dupuy de Montbrun, Jacques Pape de Saint-Auban, de la Famille de Guy Pape, celebre Jurisconsulte de Dauphiné, Mary de Vesc Seigneur de Comps, dont la Famille a herité de celle de Comps, de laquelle estoient Arnaud & Bertrand de Comps, Grands Maistres de l'Ordre de S. Jean de Jerusalem aux années 1163. & 1248. Henri de Caritat Seigneur de Condourcet, & quelques autres Gentils-hommes soûtenoient les Protestans ; mais leur party fut foible, & il fallut se soûmettre. Les Habitans suspects furent désarmez, les uns furent faits prisonniers, & les autres se sauverent en Vivarais.

On ne vit rien faire alors au Baron des Adrets qui parust opposé à la Religion Catholique ; au contraire, il fit dans Valence, à la teste de trois Compagnies de Gens de pied, tout ce qu'un Catholique veritablement zelé pouvoit faire pour le soustien de l'Eglise. Il fut secondé par Jean de Dorgeoise la Thivoliere, & par Antoine de Murat de l'Estang, deux braves Gentils-hommes, qui à la suite furent Chevaliers de l'Ordre du Roy. La famille du premier a fini par le Sr de Montferrier Mestre de Camp de Cavalerie, mort en Allemagne l'an 1674. avec beaucoup de réputation : je parle ailleurs de l'autre.

Les Protestans se réveillerent depuis souvent, & cette mesme année 1560, & celle de 1561, ils emporterent la Ville de Vienne, briserent les Images, & firent d'autres desordres non moins criminels que ceux-là : puisque les Reliques & les Vases sacrez ne purent échaper à leurs violences.

Deux partis se formerent alors en France, la maison de Bourbon & celle de Coligny estoient Chefs de l'un, & les Guisars l'estoient de l'autre ; les premiers se disoient Reformés ou Protestans, quoyque par tout on les appellât Huguenots, & les autres paroissoient avec le zele, & le nom de Catholiques. Cependant la Maison de Guise qui avoit ses desseins, agissoit bien plus par politique que par un principe de Religion ; & si nous en croyons la plus-part des Historiens, le Trône n'estoit pas la moindre de ses prétentions. Catherine de Medicis, cette Reine si renommée par son crédit & son autorité, sous les regnes de ses trois fils, François II. Charles IX & Henri III. ne tomba pas absolument dans les sentimens des Guisars, & eut de veritables soupçons de leurs desseins : tellement que ne voulant pas laisser croistre leur party, parce que celuy du Roy sembloit diminuer de sa puissance, elle songea de leur opposer tout ce qu'elle crut leur pouvoir resister. Elle se ressouvint du Baron des Adrets, & des ressentimens qu'il avoit contre la maison de Guise à cause de l'affaire de Pequigny sur la reduction de Moncalve : Elle luy écrivit à peu près en ces termes : *Qu'il luy feroit plaisir de s'appliquer à détruire l'autorité de la Maison de Guise en Dauphiné, par quelque voye que ce fût, pourveu que la chose reussît; que s'il ne pouvoit pas trouver des forces pour luy opposer parmy les Catholiques, il pouvoit en prendre parmi les Huguenots ; que ce n'estoit pas, à proprement parler, une affaire de Religion, mais une affaire de politique ; que l'Eglise y estoit moins interessée que le Roy, & qu'il ne fit aucune difficulté de se servir des Religionnaires, ne luy pouvant rien arriver de fâcheux pour tout cela, puis qu'elle auroit soin de toutes choses, & qu'elle le soûtiendroit par tout.*

A ce Mandement le Baron des Adrets réveilla tous ses ressentimens contre la Maison de Guise, & l'année 1562 il fit des choses si extraordinaires à la teste des Protestans, qu'elles meritent d'estre racontées.

La Mothe Gondrin estoit Lieutenant au Gouvernement de Dauphiné, & son zele pour la Religion Catholique estoit extrême. Il en donnoit tous les jours des marques par des violences & des exécutions contre les Protestans, ce qui les avoit puissamment animés contre luy : Et d'ailleurs il n'estoit pas aimé des Catholiques. Il estoit à Valence lorsque le Baron des Adrets, en suite des Mandemens de la Reyne, se présenta le 25 d'Avril pour entrer dans la Ville à la teste de plus de huit mille hommes de la Religion. Gondrin qui se vit perdu, se fortifia dans la maison où il estoit ; mais tout fut enlevé, & luy même ayant esté poursuivy jusques sur les toits, il fut

E e

poignardé par Jean de Vefc, Seigneur de Montjoux, beau-frere de Pierre de Forets Seigneur de Blacons, à qui il avoit fait une mortelle offenfe. Ce Montjoux a efté le dernier de fa branche. La Famille de ce nom fubfifte encore par plufieurs autres rameaux, que je nomme dans mon Nobiliaire imprimé l'an 1671. Ceux qui avoient accompagné le Baron des Adrets eftoient Louis de Sauvain du Cheylar, d'une famille efteinte & tombée en celle de la Tour-Gouvernet, par le mariage d'Anne de Sauvain, petite fille de ce Louis, avec Hector de la Tour-de Gouvernet, Seigneur de Montauban, dès l'an 1616; François de Mirabel; Montjoux que je viens de nommer; Beaumont; Pontaix & Rocoles, Gentilshommes du Valentinois & du Dyois, dont je parleray ailleurs.

Les Catholiques qui jufques alors avoient eu quelques avantages, furent obligés de céder, & de rendre les armes que les Proteftans emporterent, & le corps de la Motte Gondrin fut pendu à une fenestre.

Des Adrets ufurpa alors l'autorité que la Motte Gondrin avoit auparavant, & le Prince de Condé l'ayant déclaré fon Lieutenant en cette Province, il commença de fe qualifier ainfi. *François de Beaumont, Seigneur des Adrets, Gentil-homme ordinaire de la Chambre du Roy, Colonel des Legionnaires de Dauphiné, Provence, Lyonnois, Languedoc & Auvergne, Gouverneur & Lieutenant Général pour le Roy en Dauphiné, & Lieutenant de Monfeigneur le Prince de Condé en l'Armée Chreftienne, affemblée pour le fervice de Dieu, la liberté & la délivrance du Roy & la Reyne fa Mere, confervation de leurs Eftats & Grandeur, & de la liberté Chreftienne efdits Païs.*

J'ai veu plufieurs Ordonnances dreffées en fon nom dans la Chambre des Comptes de Grenoble, où il prend cette qualité, & en d'autres il fe dit : *Chef, Gouverneur des Compagnies affemblées pour le fervice de Dieu, &c.* On en voit qui font ainfi adreffées : *A tous vrais fideles fujets du Roy, noftre Souverain & naturel Seigneur, affociez en la confeffion des Eglifes reformées, & Zelateurs du repos & tranquillité de ce Pays de Dauphiné, falut & paix par Noftre Seigneur Iefus-Chrift.*

Sous ces qualités, il eftabliffoit fa puiffance par-tout, & faifoit régner la Religion Proteftante en divers endroits, malgré la réfiftance des Catholiques qu'il mal-traittoit, quoy que, felon le bruit commun, il n'ait jamais efté Huguenot. Mais quand on a pour objet de fe venger, la Religion eft un bien foible obftacle, & celuy-là n'en a point qui confulte la politique. On a blâmé le Baron des Adrets d'eftre emporté & cruel, & l'on tient que fa conduite a eu moins de jugement que de bonheur. Nous le verrons à la fuite, & je diray en fon lieu comment luy-mefme fe juftifiât de bien des chofes que l'on luy impofât.

Suivons-le dans fes Exploits. Après qu'il eut eftably dans Valence la liberté de la Religion, il porta fes armes dans d'autres endroits, & comme un torrent impetueux qui abbat les digues qu'on luy oppofe, il renverfa tout ce qui luy refifta. Mr le Laboureur fur les Memoires de Caftelnau, livre 4. chap. 2. dit *qu'on ne fongeoit pas à lui quand on entendit parler de fes premieres entreprifes, qu'on apprit que d'heureux avanturier il eftoit devenu Chef de Party, & qu'il faifoit la guerre à main armée, & que jamais homme ne s'acquit tant de réputation en fi peu de temps.*

Tournon, Ville du Vivarais, fut le lieu où il porta fes armes en fortant de Valence, il n'y fit aucun defordre que dans les Eglifes, qui furent pillées. Il abolit la Meffe & laiffa Blacons pour commander dans le lieu, & y eftablit la Cene. Après il revint en Dauphiné, & la terreur de fon nom ayant obligé les Catholiques de Romans & de Montelimar, de vivre en paix avec les Proteftans, il ne fe crut pas neceffaire dans ces Villes, & prit le chemin du Viennois pour y combattre Maugiron, que le Roy avoit fait fon Lieutenant en cette Province, & qui s'eftoit emparé du Viennois.

D'abord le Baron fe faifit de la Tour du Pin, de Moretel, de Bourgoin, de Maubec, de Faverges, & de quelques autres Places où il mit garnifon. Il ne crut pas à propos de pouffer fes progrez plus avant dans ce pays, & il fit deffein de venir à Grenoble. A fon approche les Catholiques tomberent dans une confternation eftrange, & le Parlement ne fçavoit quel remede y apporter : André de Ponnat & Paul Remy, deux de fes Confeillers, s'eftoient mefme fait Proteftans; la race du premier fubfifte encore, & ceux qui la compofent font très bons Catholiques. L'autre n'a pas eu de fuite.

Le Baron cependant perfuadé qu'il y avoit des Officiers dans le Parlement qui s'oppofoient directement à fes intentions, leur fit dire de fortir de la Ville dans un certain temps, ou qu'il leur arriveroit du mal. Guillaume de Portes fecond Prefident, Pierre Bucher Procureur General eftoient de ceux-là, & furent obligez de fe retirer à Chambery. Ce fut dans la Cour du Duc de Savoye où l'un & l'autre fe firent connoiftre, & de Portes fut après choifi pour eftre Arbitre des differens de la Royale Maifon de Savoye. C'a efté un homme d'excellent merite. Sa race eft encore en exiftence, & celle de Bucher auffi.

Les Proteftans fiers par l'approche de leur Chef, commencerent à maîtrifer les Catholiques, & à demander des Eglifes pour faire leur Prêche. Ils voulurent mefme avoir part dans l'adminiftration publique. Le Parlement ne fçavoit de quelle maniere il devoit s'y prendre, & ordonna pour ce fujet une Affemblée de tous les Eftats qui feroit libre pour les deux Religions. Elle le fut en effet, & les Proteftans furent admis dans le Confulat. L'Eglife des Cordeliers leur fut donnée pour y faire leur exercice; ils s'en faifirent précipitemment, rompirent les images, abbatirent les Autels, & chafferent les Religieux de leur maifon. Leur Eglife a efté depuis fermée

DE LA MAISON DE BEAUMONT. Liv. V.

dans l'enclos de la Citadelle, & ils sont encore dans le Prioré de la Magdelaine, où ils furent logez peu de temps après ces tumultes.

Les Protestans coururent avec autant de precipitation dans l'Eglise des Freres Prêcheurs ; qu'ils abbatirent & pillerent avec la mesme liberté, que si c'eût esté un pays de conqueste exposé au pillage des soldats.

Enfin le Baron arriva au mois de May de l'année 1562. Il continua ce que les Protestans avoient commencé, fit prendre tous les canons & autres pieces d'Artillerie qui estoient dans Grenoble, afin de desarmer les Catholiques, & les fit mettre dans un batteau sur l'Isere, pour les transporter à Valence. Il entra dans l'Eglise de Nostre Dame, qui est la Capitale, avec dessein d'en piller l'argenterie & les ornemens, qui ne se trouverent pas dans les lieux accoustumez; mais un petit Clerc ayant revelé celuy où ils estoient, qui estoit une grotte dans la Chapelle, que l'on voit au costé de l'Evangile du Grand Autel, tout y fut saisi & vendu pour fournir à la dépense du Baron : ce fut bien malgré François de S. Marcel-d'Avanson, nommé à l'Evesché de cette Ville, qui mesme s'estoit opposé à l'entrée de des Adrets, son parent, dans cette Eglise, & avoit empesché par ses soins & son credit auprès du Baron, que les Images ne fussent déchirées & les Autels abbatus. Il estoit oncle de Guillaume de S. Marcel-d'Avanson, qui assista au Concile de Trente. La Famille de ce nom est finie il n'y a pas long-temps, celle de Simiane en a hérité par le mariage de Baltesard de Simiane, Seigneur de Gordes, avec Anne de S. Marcel. Jean de S. Marcel d'Avanson, son ayeul, eût esté Garde des Seaux de France, s'il eût vescu ; l'Histoire en fait une honorable mention.

Ce ne fut pas dans la seule Eglise de Nôtre-Dame où les Vases sacrez & les Reliquaires furent pillez & profanez ; il n'en fut point dans les autres Eglises qui n'eût le mesme sort. L'or & l'argent dont ils estoient composez, furent sans doute plus respectez & mieux conservez que les rares Reliques qu'ils enfermoient, qui furent exposées à leur prophanation & à leur désordre. Le Baron ne se contenta pas de traiter ainsi les pieux restes de nos Saints, il fit encore publier à son de trompe, & mesme de par le Roy & de sa part, que tout le monde eût à aller au Prêche, mesme les Moines & les Ecclesiastiques, & que les Officiers du Parlement & de la Chambre des Comptes eussent à en faire autant. C'estoit justement vouloir abolir la Religion Catholique en cette Ville, sur quoi il y a lieu de croire, contre la tradition, que le Baron estoit Protestant. Enfin personne n'eut la hardiesse de refuser, les Officiers mesme n'oserent s'y opposer; car le defaillant parmi eux devoit payer cinq cens escus d'amende, & tous les autres devoient estre bannis de Dauphiné ; il laissa neantmoins la liberté à ceux qui ne vouloient point obeir, de sortir de la Ville dans trois jours. Enfin le Prêche fut dit dans l'Eglise des Freres Prêcheurs, quelque délabrée qu'elle fut, le Parlement & la Chambre des Comptes y furent en Corps, ayant à leur teste le Baron des Adrets, qui les conduisoit avec une escorte de plus de deux mille hommes. Il en avoit mis dans tous les quartiers de la Ville afin de tenir les Catholiques gehennez. On remarqua parmy les Officiers une tristesse inconcevable, & tous ne pûrent s'empêcher de jetter quelques larmes : On dit que le Baron ayant oüy Felicien Boffin-d'Argenson, Avocat General du Parlement, qui gemissoit, il luy fit une rude remontrance, & l'obligea à la fuite de sortir de Grenoble pour sauver sa vie. Il estoit extremement zelé pour sa Religion, & Felicien Boffin son fils, & successeur en la mesme Charge, ne le fut pas moins : j'ay parlé d'eux dans la Genealogie de leur Maison, imprimée dans le second volume de l'Histoire Genealogique de Dauphiné.

Le Prêche ayant esté dit dans l'Eglise des Freres Prêcheurs, on le fit dire dans celle des Religieuses de Ste Claire, où ces devotes Filles souffrirent mille indignitez, mais ni la force ni les menaces ne les purent faire changer. Après cela on alla demolir le reste de l'Eglise de S. Dominique ; & dans celle de S. André on y fit des desordres si grands, que l'on n'épargna pas mesme les tombeaux de quelques-uns des Princes Dauphins qui furent abbatus sans aucun respect.

Ils estoient persuadez qu'il y avoit de grands tresors dans la Grande Chartreuse, soit que la chose fût ou non, ils n'y trouverent rien que des murailles & de bons Religieux, qui furent mal-traittez, & les bastimens consumez par le feu.

Le Baron, chargé des dépoüilles des Eglises de Grenoble, partit de cette Ville pour descendre à Valence : il y laissa trois personnes pour y commander en son absence. Ils estoient tous trois Gentils-hommes, & nommez Jean des Vieux, Seigneur de Brion, André de Ponnat, Conseiller au Parlement, & qui pourtant n'alloit point dans une épée à ses côtez, & Pierre de Theys, dit la Coche. Les familles des uns & des autres estoient anciennes en cette Province, celle de des Vieux n'est plus, & est esteinte depuis peu de temps.

Comme des Adrets fut à Valence il écrivit aux Consuls de Vienne qu'ils eussent à luy obeir, & à se saisir de la personne de Maugiron. Ils ne purent & ne voulurent le satisfaire ; ce qui le fit avancer jusques aux portes de cette Ville, où il fut introduit avec assez de facilité par ceux de son Party, parce qu'on ne l'y attendoit pas encore. Il se saisit du Palais des Canaux, qui estoit alors l'Hostel de Ville, & personne n'osa murmurer. Il demanda d'abord qu'on abolist la Messe, qu'on luy remit les ornemens & Vases sacrez, & qu'on donnât ordre à la subsistance de ses Troupes, qui estoient conduites par de braves Chefs. Voicy leurs noms.

Charles des Isnards, Seigneur d'Odefret, Capitaine de trois cens hommes de pied, qui fut tué à la porte de S. Just de Lyon l'an 1565. la defendant avec sa Compagnie. Il eut un fils qui fut tué l'an 1580. combatant en Flandres dans l'Armée du Duc d'Alençon. Il en eut un autre qui a continué sa Branche en Dauphiné.

Antoine de Montauban, Seigneur de la Charce, qui ne laissa qu'une fille matiée dans la Maison de la Tour-Gouvernet.

E e 2

Alexandre de Caſſard, qui avoit pour pere Jean de Caſſard, qui mourut au voyage de Milan, un peu avant la bataille de Pavie, & fut regretté du Roi François I. De ſa famille, qui eſtoit du Graiſivodan, il y a eu François de Caſſard, Cardinal, qui mourut l'an 1237, & eſt enterré aux Cordeliers de Lyon, où l'on voit ſon Epitaphe.

Jacques de Saſſenage, Sieur de la Rochette, petit fils de Claude de Saſſenage, qui eſtoit fils naturel de Jacques Baron de Saſſenage, & de Sidonie de la Tour.

Antoine de la Roche, d'une Famille du Valentinois, tombée en quenoüille de nos jours.

François de Granges, qui déja s'étoit ſignalé en pluſieurs occaſions, & particulierement lors de la Bataille de Ceriſoles.

Charles du Puy de Montbrun, de qui j'ay fait l'Eloge en particulier.

Jean Baile, dont la poſterité eſt connuë par le Seigneur d'Aſpremont. Un autre Jean Baile, Seigneur de Pellafol, a eſté Preſident unique au Parlement de Grenoble.

Jean Borel, Sieur de Ponſonas, dont les ſucceſſeurs ont donné des témoignages qu'ils eſtoient d'une Famille où la valeur eſt hereditaire.

Pierre de Foreſt, Seigneur de Blacons, celebre par pluſieurs belles actions.

Avec de ſi braves Chefs le Baron ne vit rien d'impoſſible à ſes deſſeins, il quitta Vienne pour aller à Lyon où les Habitans l'avoient appellé. Avant ce voyage il avoit envoyé Ponſonas au Prince de Condé qui eſtoit à Orleans, & ce Prince le lui avoit renvoyé avec ſes ordres pour s'emparer de Lyon. La choſe ne luy fut pas difficile ; l'effroy que ſon ſeul nom donnoit lui faiſoit ouvrir les portes par-tout. Il fit dans cette Ville ce qu'il avoit fait ailleurs, c'eſt à dire, que la pluſpart des Egliſes furent abatuës, & que toutes furent pillées.

Il retourna à Vienne, & en donna le Gouvernement à François de Terrail, Sieur de Bernins, de la race du Chevalier Bayard. Puis il vint à Grenoble, où il ne trouva rien qui ſe fût oppoſé à ſes premiers ordres.

Après il décendit a Romans, à Valence & à Montellimart, où il ne fit rien de remarquable, puiſque tout y eſtoit ſoûmis.

Il apprit que dans Pierre-Late les Catholiques y faiſoient la loy, & que François de la Baume de Suze y avoit mis une Compagnie de trois cens hommes : il y courut & s'empara facilement de la Ville ; la Garniſon reſiſta queiques jours dans le Château, puis elle fut priſe de force, paſſée au fil de l'épée ou précipitée par les rochers avec beaucoup d'inhumanité. Ce fut pourtant un coup de repreſailles ; car le Comte de Suze avoit ainſi traité les Proteſtans à Orange.

Comme les Adrets ſe préparoit d'aller en Provence y ſoûtenir ceux de ſon party, & qu'il eut pris le Bourg S. Eſprit, Vaureas, Viſans, Bagnol, Mornas & Boulenes, il apprit que Maugiron s'eſtoit emparé de Grenoble, qu'il y eſtoit entré ſans avoir trouvé de la réſiſtance parmy les Proteſtans, que la Religion Catholique y avoit eſté reſtablie, & qu'on y avoit fait une Proceſſion générale où l'on avoit porté le Sacré Corps de Dieu, afin de reparer celle qu'on n'avoit pas pû faire le jour de la Feſte-Dieu, à cauſe de l'autorité des Pretendus Reformez, que les Egliſes avoient eſté purifiées, & que par-tout on avoit fait dire la Meſſe. Cette nouvelle le fit ſortir d'auprès d'Orange qu'il alloit aſſieger, avec deſſein d'aller prendre Avignon, où non ſeulement tout trembloit ; mais à Rome meſme on apprehendoit qu'il n'y allât faire un tour, tant ſa reputation couroit par tout.

Il fit marcher ſes troupes le long du Rhône, entra dans Romans, où l'approche de Maugiron qui avoit quitté Grenoble pour aller à la rencontre du Baron, avoit donné quelque courage aux Catholiques ; mais il le leur abbatit & les deſarma. Il vint à S. Marcellin & y aſſiegea Maugiron qui fut ſurpris par cette diligence ; car il ne l'attendoit pas ſi toſt, & les Troupes qui marchoient pour le joindre n'eſtoient pas encore arrivées. Tellement que ſe voyant preſſé, il ſortit de nuit pour ſauver ſa vie, entra en Bourgogne, & laiſſa ſes Soldats en proye ; car comme ils n'eſtoient que 1500, & que les Proteſtans eſtoient huit mille ; ils ne purent pas reſiſter, ils furent forcez, les Adrets entra dans la Ville & la remplit toute d'horreur & de carnage.

Grenoble qui l'appelloit le vit bien toſt dans ſon enceinte. Il y fut plus moderé que la premiere fois ; car ſans violence & ſans cruauté, il y eſtablit une bonne union, malgré la difference des Religions : il eſt vrai que les deux Partis en avoient déja convenu avant ſon arrivée, & les Proteſtans intercederent auprès de luy pour les Catholiques.

Comme il eſtoit appellé à Lyon, il y fut, & en changea le Gouverneur : de là il paſſa à Muton, puis à Montbriſon en Foreſts, où ayant emporté le Chaſteau, il fit ſauter d'un precipice trente Soldats, & le Gouverneur même ; Mr de Thou & d'Aubigné rapportent que l'un de ceux qu'il faiſoit precipiter s'eſtant arreſté ſur le bord, le Baron lui dit, *Quoi! tu le fais en deux ? Monſieur,* répondit-il, *je vous le donne en dix ;* & que cette réponſe luy ſauva la vie.

Cependant toutes ces cruautez ne plurent pas au Prince de Condé : tellement que pour en éviter les ſuites, il envoya Jean de Parthenay, Seigneur de Soubiſe, pour ſon Lieutenant Général dans le Lyonnois, Foreſt & Beaujolois, à l'excluſion du Baron : Ce fut le commencement de la decadence de ſon autorité. Il s'en plaignit à Soubiſe qui lui apporta les Ordres du Prince, & lui dit avec emportement qu'on lui raviſſoit un honneur qui lui eſtoit bien deû ; puiſqu'il l'avoit acheté avec de grands ſoins & beaucoup de travail. Soubiſe le ramena avec une douceur admirable, qui lui eſtoit naturelle. Il ne lui dit pas que l'Admiral de Chaſtillon eſtoit l'auteur de ce changement ; mais il tâcha de luy perſuader qu'un Gouvernement plus doux que le ſien eſtoit une choſe neceſſaire pour leur party.

Pendant ſon abſence de Dauphiné, le Comte de Suze joint à Simiane reprit Pierre-Late &

DE LA MAISON DE BEAUMONT. Liv. V.

Mornas ; comme il voulut attaquer Vaureas, le Baron courut à son secours avec quelques Compagnies, & alla chercher le Comte contre lequel il eut quelque avantage, puis il remit dans son Party Mornas, où il continüa ses mesmes cruautez suivant Castelnau dans ses Memoires, livre 4, chap. 2. qui dit qu'il fit sauter 100 Catholiques du Chasteau en bas par des rochers : on ne convient pas fort de cette derniere action ; & mesme on tient qu'après celle de Pierre-Late & de Montbrison, il n'en fit plus de pareille nature. De là il passa en Provence, où avec ses Troupes du Comte de Suze, il fit fuir toutes les Garnisons Italiennes de Caderousse, Bedaride, Courtezon, Orange, Serres, Piolennes, Chasteau-neuf, le Pont de Sorgues. Avignon trembloit de crainte d'estre assiegé ; mais comme ses Troupes estoient lasses, il les mena à Valence pour se rafraîchir.

Mouvans & Senas, deux Chefs de son party, ne le laisserent gueres en repos & le rappellerent en Provence. Le dernier estoit de la Maison de Gerente, & de nos jours son petit fils s'est fait Catholique. Il retourna donc en Provence, & alla au secours de Cisteron assiegé par les Catholiques. Comme il estoit encore dans le chagrin de ce que l'on lui avoit donné un Successeur dans le Lyonnois, on ne le vit pas extrêmement empressé pour conserver cette Ville ; mais Montbrun s'estant joint à luy auprès de Nions, il sceut le gagner, & lui fit comprendre que la conservation de cette Ville estoit importante à ceux de leur Party : tellement qu'il commença à marcher ; mais si lentement, que Montbrun, plus zelé que luy, avança seul avec ses troupes, qui se trouvant moindres que celles du Comte de Suze, il fut defait auprès d'Orpiere, & la ville de Cisteron se rendit aux Catholiques. Ce ne fut qu'une conqueste de plusieurs murailles, car presque tout le monde en sortit, parce presque tout le monde y estoit Huguenot.

On tient que ce qui avoit augmenté le chagrin du Baron, c'est qu'un peu avant que de marcher pour Cisteron, & venant de battre la Noblesse d'Arles, il avoit receu des lettres qui luy avoient appris que son credit auprès du Prince & de l'Admiral estoit fort diminué.

Neantmoins, comme son engagement estoit grand, il dissimula quelque temps, & passa dans le Viennois, où la perte de Vienne l'attira. Il ne crût pas à propos de l'assieger, tellement qu'ayant appris que le Duc de Guyse estoit à Beaurepaire, il y alla pour lui donner combat, mais il fut receu aussi vigoureusement qu'il attaqua. Pierre de Salvaing, l'un de ses Lieutenans, se trouva dans l'entreprise, & avoit souvent donné des marques de son courage. Quelques lettres qu'il intercepta luy apprirent que l'Admiral écrivoit à quelques Officiers, qu'il se falloit servir de lui comme d'un Lyon furieux, & non pour autre chose. Il en fut si outré, qu'il commença dès-lors de songer à prendre un autre party. Neantmoins, comme la chose estoit difficile, il n'en témoigna rien, & fut encore au secours de Montpellier, assiegé par les Catholiques, sous le Duc de Joyeuse. Il fut r'appellé à Lyon par les Habitans, qui craignoient d'estre assiegez.

Saint Chaumont prit Annonay : le Baron l'ayant sceu, quitta Lyon, qu'il avoit mis en seurté & se rendit en Vivarais. S. Chaumont à ses approches ne pût pas estre maitre d'Annonay, les Habitans trembloient au seul nom du Baron, & contraignirent leur Gouverneur de se rendre.

Après cette prise d'Annonay, il revint en Dauphiné, & s'approcha de Vienne, tenuë par le Duc de Nemours. Il se campa entre cette Ville & celle de Lyon, & ses Troupes s'écarmoucherent souvent avec les Catholiques. En un combat qui dura trois heures dans une Plaine, Claude Girard, Seigneur de S. Paul, fut tué du costé des Catholiques. Iean, Balthasard & François de Girard, ses successeurs, ont esté de grands Capitaines, & la famille subsiste encore dans la Côte S. André.

Les Adrets peu satisfait des premiers Chefs de son party, songea veritablement à le quitter; il ne vouloit pas le faire par une perfidie, mais il ne vouloit plus paroistre parmy les Troupes qu'il ne pouvoit plus absolument commander. Cependant, comme il ne crût pas que les Catholiques le voulussent recevoir, à cause de la haine que ses cruautez leur avoient inspiré contre luy, il chercha les moyens de faire la Paix, & gagner par là leur amitié.

Il le fit dire au Duc de Nemours, qui consentit à une entrevue. Castelnau parle de luy en cette maniere, chap. 11. Liv. 4. *Le Duc de Nemours, qui connoissoit son humeur, & sçachant qu'il n'avoit pas tant d'affection à la Religion des Huguenots qu'à son profit particulier, soit qu'il vit qu'il n'y avoit plus de Calices ni de Reliques à prendre, ou qu'il se fâchât de ce party, soit pour acquerir de la reputation du costé des Catholiques, ou bien pour se venger des injures qu'il avoit receuës des Huguenots. Le Duc le connoissant pour Capitaine, & qui avoit beaucoup de credit & de reputation, pensa que c'estoit le plus seur & expedient pour le service du Roy de le gagner, que de le combattre par force. Le gagna, &c.*

Il est bien vray que cette entreveuë contribua de beaucoup au changement du Baron, mais il ne fut pas si prompt ; au contraire, il ne voulut consentir à l'entreveuë qu'après en avoir communiqué avec les principaux Chefs de son armée, qui estoient alors Iacques de Gerbais, Seigneur de Sonas, d'une famille de Savoye, habituée en Dauphiné depuis quelques années, par le moyen de ce Iacques; Borel, Ponsonas, Blacons, Sauzer, Mouvans & Miribel. Ils n'y voulurent pas consentir que la chose n'eût esté communiquée à Soubise. Mais Des-Adrets ne voulut pas tant de retardement, & s'aboucha avec le Duc auprès de S. Saphorin d'Ozon. Là ce Prince tâcha de gagner par sa douceur un homme qui n'en avoit jamais esté capable, & s'estant fait un pretexte du repos public, il parla au Baron comme d'un homme maltraité par ceux de son party, & luy persuada qu'il pouvoit sans deloyauté quitter des gens qui estoient des ingrats, & qui reconnoissoient si peu ses services.

Si le Baron ne fût absolument persuadé, on peut dire qu'il fut ému : Enfin, soit pour la Paix de la Province ou pour fon intereft particulier, il conclut une Tréve avec le Duc, & de là il alla à Lyon pour apprendre de Soubize s'il vouloit y eftre compris. Soubize le refufa, tellement que le Baron revint à Vienne, où il entra non pas comme ennemy, mais comme un veritable Catholique, & là on confirma la Tréve pour douze jours.

N'ayant donc plus rien qui l'arreftât en Dauphiné, il defcendit en Provence pour s'oppofer aux progrez du Comte de Suze, & reprit fur luy toutes les Places qu'il avoit oftées aux Proteftans. A fon retour il affembla les Eftats de Dauphiné à Montelimart; il y prefida, ufurpant toûjours la qualité de Lieutenant General pour le Roy en cette Province; ce fut là où il fit conclure de faire la Paix avec le Duc de Nemours: mais comme il fortoit de l'affemblée, quelques Gentils-hommes y formerent empefchement, les uns fous pretexte qu'on ne devoit rien faire fans l'avis du Prince; les autres, que par les Lettres du Gouvernement de Dauphiné données au Duc de Nemours, on avoit traitté les Proteftans de rebelles & de feditieux, & qu'il falloit, avant que de parler de Paix, faire rayer ces mots injurieux: Enfin, ce qui avoit efté conclû fut furcis.

Il defcendit en Languedoc jufques au Pont S. Efprit, avec deffein de conferer avec Cruffol & le Cardinal de Châtillon qui eftoient du party Proteftant; mais fes amis l'en diffuaderent, parce qu'ils luy dirent qu'ils commençoient fortement de le foupçonner, & qu'ils luy feroient quelque deplaifir.

Enfin, voyant de tous coftez que fa difgrace approchoit, il ne fçavoit de quelle maniere il devoit agir. Il envoya donc Iacques Pape, Seigneur de S. Auban, au Prince de Condé, pour le voir & le faluer de fa part, luy offrir la continuation de fes fervices, & apprendre de luy à quels Exploits il le deftinoit encore. Saint Auban ne luy fut pas fidelle, au contraire, il dit au Prince que le Baron n'eftoit plus propre à rien; que les occafions où il falloit eftre cruel ne fe trouvoient plus; qu'il n'avoit qu'un foible credit auprès des Troupes; que les autres Chefs faifoient difficulté de fuivre fes ordres; qu'il méditoit fa retraite auprès des Catholiques, & qu'il n'agiffoit plus que mollement par-tout où il falloit détruire le party des ennemis. Déja le Prince avoit receu de femblables plaintes, & l'Admiral qui n'avoit jamais aimé ni eftimé le Baron, avoit fouvent parlé de luy très-defavantageufement.

Le Prince n'hefita donc plus à figner la difgrace entiere de Des-Adrets, & à donner la Lieutenance générale de Dauphiné à S. Auban, qui partit d'auprès de luy avec fes Lettres de provifion, & des ordres precis au Baron de joindre le Prince, qui luy mandoit que fa prefence luy eftoit abfolument neceffaire pour des affaires très-importantes.

Saint Auban fut pris par les Catholiques fur la Montagne de Tarare; fes papiers furent portez au Duc de Nemours, qui les ayant ouverts & leus, les envoya au Baron, ce qui acheva de le déterminer, & le faire refoudre à fon changement.

Il fit affembler la Nobleffe de Dauphiné à Valence, & luy reprefenta la neceffité de la Paix, à quoy elle s'accorda, & le confirma dans fa qualité de Lieutenant General en cette Province. En vertu de laquelle, il changea les Charges, & confirma celles qu'il voulut, s'acquit pour amis tous ceux auprès defquels il vit quelque utilité pour fes projets, fe conferva ceux qui s'eftoient toûjours declarez pour luy, éloigna fes ennemis, & priva de leur employ ceux qu'il crût ne luy eftre pas fidelles.

Ceux qu'il maltraita ainfi, étoient des plus confiderables Seigneurs du bas Dauphiné: tellement qu'ils fe joignirent, & tous enfemble eftans defcendus jufques à Montelimart, ils y firent une affemblée affez nombreufe pour s'oppofer aux deffeins du Baron. Il ne leur fut pas difficile, car comme la Religion Catholique eftoit abfolument bannie de cet endroit de la Province, les Huguenots fortement perfuadez des deffeins du Baron pour un changement parmy leurs ennemis, il fe trouva qu'à la fuite tout ce qu'il ordonnoit en ce pays là eftoit defapprouvé, & tout ce qu'il vouloit refufé. Il fit une autre Affemblée de notables dans Romans, & malgré les plus intereffez & zelez Proteftans, la Paix fut encore une fois arreftée avec cette condition, que l'on mettroit dans les Articles, que c'eftoit fous le bon plaifir du Prince de Condé, ce qui facilita toutes chofes.

Mais comme le Prince fut fait prifonnier à la bataille de Dreux, cela ne fervit de rien.

Comme nous fommes à la fin des fameufes Actions du Baron Des-Adrets, qui fe firent dans l'année 1562, & qui ont fait dire que jamais perfonne n'a acquis tant de reputation en fi peu de temps; rapportons icy les éloges que j'ay tirez de quelques Hiftoriens au fujet de ces mefmes Exploits.

La Popeliniere en parle ainfi, Liv. IX.

L'extréme diligence, la grande fobrieté, le foin vigilant, la liberalité, la vaillance & refolution heureufe en tous accidens luy avoient acquis telle créance parmi les Soldats, qu'il mit enfin des entreprifes eftranges & dignes d'éternifer fon nom, fi la demefurée ambition & ordinaire cruauté n'euffent obfcurcy le luftre de fi excellentes vertus, paffions néantmoins qu'il maintenoit dignes d'un grand Capitaine.

Michel de Caftelnau dans fes Mémoires, Liv. 4. chap. 2.

Ledit Baron Des-Adrets fit bien parler de luy, & fon nom fut connu par toute la France.

Le Laboureur fur ces Memoires.

Jamais homme ne s'acquit tant de réputation en fi peu de temps, & jamais Capitaine n'en décheuft pluftoft; ce n'eft pas qu'il ne fut toufiours le mefme en valeur & en experience: mais il y a beaucoup de différence entre la maniere de faire la guerre pour ou contre fon Roy.

M. de Thou, tome 2.

DE LA MAISON DE BEAUMONT. Liv. V.

Le Baron Des-Adrets homme cruel, mais vaillant Capitaine.
D'Aubigné Livre 3, chap. 7.
Le Baron Des-Adrets que nous vous ferons connoistre par ses actions.
A l'oüir de son Nom toutes les Garnisons Italiennes, de Caderousse, de Bedaride, de Courteson, d'Orange, de Serres, de Pioleinc & de Chateauneuf fuyoient; & chap. 18.
Saint Chaumont quitte la ville d'Annonay au seul nom du Baron Des-Adrets.
Brantôme en ses Memoires, parlant du Maréchal de Montluc, le compare au Baron Des-Adrets: *Tous deux*, dit-il, *furent tres-Braves, tres-Vaillans, fort bizarres & cruels, & tous deux fort bons Capitaines. Le Baron a fait trembler sous luy le Dauphiné, le Lyonnois, le Forets, le Vivarets, l'Auvergne, le Languedoc & la Provence. Dans Rome on appréhenda mesme qu'il armât sur mer, & qu'il la vint visiter, tant sa renommée, sa fortune & sa cruauté voloient par-tout; & s'il eût fait pour le Roy, comme pour les Huguenots, il eût esté Mareschal de France aussi bien que Montluc, comme la Reine l'avoit souvent dit.*
De Serre, Hist. de France sous Charles IX.
Le Baron Des-Adrets, Vaillant mais altier; sa cruauté flétrit & souilla sa belle réputation.

Tous conviennent qu'il fut cruel. Ce seroit aller contre la vérité de l'Histoire de vouloir dire le contraire. Nous verrons dans la suite comment il s'en justifia à d'Aubigné qui le rapporte. Suivons maintenant le fil de notre narration.

L'année 1563 arriva; le Baron voyant de tous costez des marques visibles de sa cheute & de sa disgrace auprès du Prince de Condé & des autres Chefs Protestans, & dans son party ne voyant rien à espérer que ce que son courage & son changement lui suggereroient. Il alla trouver le Duc de Nemours à Vienne, au commencement de Ianvier, & luy demanda du secours pour establir par force la paix dans le Dauphiné, à laquelle plusieurs des plus considerables parmy les Protestans resistoient puissamment.

Il obtint 50 chevaux, avec lesquels il descendit à Romans; il y avoit quelques intelligences, mais elles furent découvertes, & Montbrun avec Mouvans s'opposerent à ses desseins, & empescherent qu'il n'entrât dans la Ville. Il alla à Valence, où pendant son crédit il faisoit sa place d'Armes & ses Quartiers d'assemblée, & où assurément il étoit aimé : mais comme cette Ville estoit presque toute Protestante, & que par tout on sçavoit déja que le Baron changeoit de party, il trouva tout le monde revolté contre luy; il ne pût mesme y rencontrer un amy ni une maison de retraite pour éviter d'estre pris. On se saisit de luy, & il fut mené à Nismes; Soubize & Crussol en donnerent les ordres, & Montbrun l'executa. Par la perte du Baron, Montbrun commença de se rendre nécessaire, & sur la ruine de l'autre, il éleva les degrez qui le porterent à l'authorité qu'il eut à la suite. Je parle de luy dans un chapitre particulier.

Avant que Des-Adrets fut fait prisonnier, il remit entre les mains des Catholiques, une partie des Places qu'il occupoit pour les Protestans; c'est ce qui obligea la Reyne d'écrire une lettre à l'Evesque de Rennes, le 12 de Ianvier 1563, dont voicy quelques termes. *L'avis que vous avez des affaires de Lyon, n'est pas hors de propos, & sans qu'il en fût quelque chose; il est vray que nous avons de cette heure le Baron Des-Adrets de nostre costé, lequel a remis à l'obeyssance du Roy mondit Sieur & Fils, tout ce que les rebelles luy occupoient en Dauphiné,* &c.

La Reyne avoit cru avec la pluspart des Catholiques, que le Baron Des-Adrets ayant changé de party, toutes les Villes de Dauphiné, qui estoient celui des Protestans, devoient bientost se rendre, à cause de l'autorité de ce Baron; mais la Religion se trouva plus forte que luy, & on ne l'écouta pas à Romans ni à Valence, comme je viens de remarquer.

Après qu'il fut arresté, une Assemblée fut convoquée à Valence le 26 de Ianvier; on y fit un Reglement pour la Guerre, pour la Police, pour les Finances & pour la Iustice. Il y eut des deputés pour le faire observer, qui furent Montbrun, S. Auban, Mirabel, Sauzet & Furmeyer: celuy-cy s'appelloit Gaspard de la Villette, d'une ancienne famille du Gapençois; ce n'a pas esté le seul de la race renommé par les armes; nous parlerons d'un autre dans la vie du Connestable de Lesdiguieres.

La paix se fit. Des-Adrets sortit de prison au mois d'Avril de la mesme année 1563. Les Villes de Dauphiné se soûmirent au Roy, & s'assemblerent pour leurs Deputez dans celle de Grenoble, avec facilité & sans aucun désordre. Le Baron se retira dans sa maison, ne voulant pas paroistre dans une Province où Maugiron, qu'il n'aimoit pas, gouvernoit en qualité de Lieutenant de Roy. Mais dès-lors qu'il sçeut sa disgrace, & que Gordes, de l'ancienne & illustre Maison de Simiane, avoit esté mis en sa place, il se rendit fort assidu auprès de luy, & tesmoigna par ses soins, qu'il estoit veritablement attaché aux interests du Roy & de l'Eglise. Aussi Sa Majesté pour le reconnoistre, lui fit presenter son ordre, qu'il refusa, par une excuse qu'il tira de ce qu'ayant fait profession de la Religion Pretenduë Reformée, il ne meritoit pas cet honneur. Il suivit Gordes dans les montagnes de Dauphiné avec quelques Troupes qu'il commandoit, alla avec lui en Piemont. Néantmoins il avoit tousjours de grandes intelligences avec les Huguenots, mais il ne s'en servoit pas pour leur nuire & en profitoit auprès de Gordes pour le service du Roy.

Gordes descendit au bas Dauphiné, le Baron Des-Adrets fut du voyage. Montbrun & S. Auban visiterent ce Lieutenant, & le Baron les vit avec beaucoup de fierté. Ils faillirent mesme en venir à quelque extremité : Gordes y mit son autorité, & s'il ne les rendit amis, du moins il les empescha de se quereller. Il aimoit effectivement Des-Adrets, & il se le conservoit avec beaucoup de foin. Il apprit que Iean Armuet-de Bonrepos avoit eu quelque démêlé avec luy, il s'en rendit l'arbitre & les accommoda; la famille de cet Armuet est tombée en quenoüille de nos jours.

La division recommença en Dauphiné, les Protestans reprirent les armes, & toutes les Villes se soûmirent à eux. Gordes n'estoit pas sans occupation, il avoit écrit à la Cour pour avoir des Troupes, parce qu'il avoit appris que les Protestans vouloient remuer, mais on avoit negligé ses avis. Tellement que s'il eût eu des forces pour prévenir l'orage, il n'eût pas esté en peine pour le dissiper. Il assembla neantmoins ce qu'il pût de Catholiques. Le Baron Des-Adrets, qui s'estoit effectivement bien remis dans l'Eglise, & qui avoit un Regiment, se joignit à luy. Le Duc de Nemours qui revenoit de Piemont, & qui avoit quelques Soldats, les luy donna, & avec eux il reprit Vienne; c'estoit en 1567. De là on alla à S. Marcellin, qu'on remit dans le party du Roy.

Cependant le Duc de Nevers ayant receu de l'argent du Pape, & fait passer les Monts à la Cavalerie de Biragues, de Iules Centurion, de S. Fior & de Moretes, & à six Enseignes Italiennes, commandées par Alexandre Purpurat, d'une famille de Piémont; ayant receu les deux Colonelles Françoises qu'Aunoux luy amena; ayant joint encore les Compagnies de Bellegarde, les Regimens du Baron Des-Adrets & de Maugiron, avec six mille Suisses nouvellement levez, fit une armée de 14000 hommes, qu'il fit passer à Lyon, & qu'il conduisit à Mascon, que les Huguenots tenoient. De Thou & d'Aubigné dans cet endroit, disent que le Baron Des-Adrets estoit devenu Catholique, & mettent cette expedition l'an 1567: Mascon fut assiegé & pris, & le Duc de Nevers mena son armée dans celle de Monsieur, frere du Roy, qu'il trouva en Champagne.

Le Baron Des-Adrets ramena son Regiment en Dauphiné, où il estoit appellé par Gordes, qui méditoit le siege de la Coste Saint-André: c'estoit en 1568. Ce Lieutenant le tira d'Ornacieux où il estoit en garnison, & le mena devant la Coste, qui fut investie. Son Regiment estoit composé de deux mille hommes. Le canon commença de tirer dès le lendemain, & de faire une bresche raisonnable. On resolut d'y donner l'assaut; Claude de Berenger, Seigneur de Pipet, de cette ancienne & illustre race des Berengers, *si renommez chez nous & chez les Estrangers*, parlant en rime après des Portes, estoit Gouverneur de la Place. Monsieur de Thou fait son éloge en divers endroits. La Popeliniere dit qu'il y commandoit trois cents Arquebusiers, dont le courage les porta à reparer la bresche, malgré le canon qu'ils avoient sujet d'apprehender, & de soûtenir l'assaut que les Catholiques y donnerent. Neantmoins, se voyant trop foibles & sans esperance de secours, ils virent bien qu'il falloit se rendre. Mais comme dit le mesme la Popeliniere, apprehendans de n'estre pas mieux traitez que les Catholiques, qui estoient precedemment tombez entre les mains du Baron, ils resolurent d'abandonner la Place & de se sauver de nuit; ce qu'ils firent assez heureusement. Cesar de Grolée, Seigneur de Chasteauvillain, fils du Comte de Virville, reçeut tant de coups à l'assaut de cette Place, qu'il en mourut. François, son pere, le rapporte dans son testament du 15 de Iuillet 1569.

Le Baron Des-Adrets mena son Regiment à S. Anthoine, & fut l'un de ceux qui prirent cette Place pour Gordes, qui la fit démanteler avec les mesmes Troupes. Gordes prit Moirenc, Chasteauneuf de l'Albent, S. Marcellin, Moras & Aneyron. Ce fut-là où il assembla tous ses Capitaines, & qu'il tint Conseil de Guerre avec eux. Les principaux estoient les Adrets; Jean-Anthoine de Briançon, Seigneur de Varce, d'une très-ancienne famille, originaire de Savoye, dont j'ai veu les Titres depuis sept cens ans; Tarentaise luy a autrefois appartenu en Souveraineté, comme je le justifie dans la Genealogie que j'en ay dressée; André de la Porte, Seigneur de l'Artaudiere; Philippes Philibert de Saint-André, qui fut en après Chevalier de l'Ordre du Roy, Gentilhomme de sa Chambre, & Gouverneur de la Ville de Romans, dont la race est tombée en quenoüille; Pierre de Chissé, Seigneur de la Marcousse. Il y fut arresté que la jeunesse Catholique qui seroit capable de porter les armes, luy seroit envoyée. Il visita le Chasteau de la Roche-de-Glun, entre Romans & Valence, & ne mena avec luy que le Baron Des-Adrets, qu'il envoya ensuite devant Romans pour le bloquer. Il eut pour compagnon, en cette entreprise, Anthoine de Murat de l'Estang. Cependant la Paix se fit entre le Roy & le Prince de Condé, tellement que les choses changerent de face, & dans le Dauphiné on chercha les moyens de l'exécuter. Gordes y fit tout ce qu'un homme qui aime bien le public doit faire, & y réüssit: si bien que les Protestans rendirent au Roi les Villes de cette Province qu'ils tenoient encore. Des-Adrets estoit campé devant Romans, & n'estoit pas moins la terreur des Protestans, qu'il avoit esté celle des Catholiques: ce qui faisoit que la pluspart des Places se rendoient quand il s'en approchoit, de crainte d'estre traitée aussi cruellement que celles du party Catholique l'avoient esté avant son changement. Comme il pressoit Romans de se rendre, ceux qui gardoient cette Ville gagnerent un Bourguignon pour l'aller assassiner dans son Camp; mais ayant esté pris, & n'ayant pu se défendre de confesser la chose, il fut chastié comme il le méritoit.

On publia la Paix par toute la Province, au contentement de tous ceux qui l'aimoient; mais elle fut troublée par les Protestans, qui ne se contenterent pas des Articles qu'elle contenoit, & qui estoient d'ailleurs suscitez par le Prince de Condé mal satisfait. Montbrun, Precomtal, S. Romains, Blacons, Mirabel, Cheylar & Crose Gentilshommes Dauphinois, leverent des Regimens. Gordes de sa part fit faire des Troupes parmy les Catholiques. Les-Adrets fut fait Colonel general de l'Infanterie de Dauphiné. Les Protestans furent repoussés hors de cette Province, qui par ce moyen, demeura calme pour quelques temps: cependant, comme les Mestres de Camp que je viens de nommer s'estoient jettez au-delà du Rhône, & avoient joints quelques

Troupes

DE LA MAISON DE BEAUMONT. Liv. V.

quelques Troupes du Prince de Condé, il falloit leur en opposer d'autres : quelques Compagnies du Dauphiné y furent : Gordes mesme descendit jusques au Rhône.

Le siége de Sancerre attira tous les Protestans de plusieurs Provinces, & quelques Catholiques prirent party dans l'armée du Duc d'Anjou. Gordes luy envoya dix-huit Compagnies & quarante Argolets; c'étoit en 1568. Les Adrets les commanda comme Colonel de l'Infanterie, & servit avec eux très-utilement en ce siége. Briançon-de Varces & Chastelard d'Eydoches eurent des Compagnies parmy ces Troupes. Le Baron passa de-là en Lorraine avec le mesme commandement & une partie de ses Soldats. Ce fut pour y accompagner le Duc d'Aumale, qui alloit recevoir & conduire les forces qu'amenoient au Roi le Duc Iean-Guillaume de Saxe, le Marquis de Bade & autres Chefs.

A son retour, Gordes & luy eurent quelques froideurs, causées de ce que le Baron n'avoit pas esté maître des Charges de son Regiment : cela n'empescha pas qu'il ne fit son devoir en toutes les occasions où le service du Roy le requeroit. Il marcha du côté d'Exilles, & s'ayda à reprendre cette Place; de braves Gentilshommes estoient avec luy : comme Beaumont, Marc, Size, Vallin-Rosset, Grolée-Chasteauvillain, la Poype-Serrieres, Disimieu, Torchefelon-Moncara, Loras-Montplaisan, Briançon-Varces, d'Orgeoise, la Perriere & autres.

La bataille de Montcontour se donna, plusieurs Gentilshommes de cette Province s'y signalerent; Maugiron, Clermont, Tholon-sainte-Ialle, la Poype-Serrieres & Les-Adrets, furent du nombre parmi les Catholiques. Montbrun, Mirabel & Quintel parmy les Protestans.

Des-Adrets à son retour en Dauphiné, fut obligé de se retirer dans sa maison, parce que Gordes avoit conceu beaucoup de haine contre luy, & mesme ne le pouvoit souffrir parmy les gens de guerre. On tient qu'il le soupçonoit de ne s'estre pas entierement défait de ses inclinations Huguenotes, & mesme d'avoir favorisé l'armement qui s'étoit fait auprès de Geneve par le Comte Ludovic de Nassau, & d'estre d'intelligence avec luy.

On n'avoit pas des preuves certaines pour cette conduite, mais on dit que le Duc des Deux-Ponts, qui estoit du party du Prince d'Orange & de Nassau, l'ayant attaqué auprès de Selonge, il s'estoit si mal défendu, qu'il avoit laissé perdre quatre de ses drapeaux. D'Aubigné le rapporte Livre 5. de son Histoire, chap. 10. Quoy qu'il en fût, il est certain que Gordes fit peu d'état de luy, dont le Baron murmura hautement, & fit des plaintes qui furent un peu hardies, & mesmes temeraires : tellement que le Roy l'ayant sçeu, Gordes eut ordre de le faire arrester; ce qu'il fit. Il fut conduit à Grenoble, & de là à Lyon, dans Pierrecise. D'abord on le crût perdu, & cela d'autant mieux qu'on intercepta des Lettres des Princes & de l'Admiral en sa faveur, & que les principaux Chefs Protestans parlerent pour lui faire rendre sa liberté.

Beaumont son parent, & la Frette son fils, eurent recours au crédit de Gordes, qui eut la generosité d'écrire à la Cour pour luy : cette intercession d'un homme de consideration comme Gordes, contribua de beaucoup à faire arrester les poursuites qu'on faisoit contre luy, & la Paix qui se fit d'abord, lui rendit sa liberté; ce fut en 1571, au mois de Ianvier.

Comme il crût que ses ennemis luy avoient procuré ce desordre, & d'ailleurs estant persuadé de son innocence, il partit pour aller au Roi, à qui il se présenta, estant en son Conseil. Là il declara, qu'estant innocent, il supplioit Sa Majesté de luy permettre de renoncer au benefice des Edits de pacification faits en faveur de ceux qui avoient agy contre ses interests, sous pretexte de Religion ou de Politique; qu'il n'avoit jamais rien fait qui pût luy estre imputé à blâme; que si quelqu'un estoit assez hardy pour luy soutenir qu'il fût criminel en quelque maniere, il estoit prest de l'en faire dédire les armes à la main, si Sa Majesté vouloit avoir la bonté de le souffrir. Le Roi lui respondit qu'il estoit persuadé de son innocence & de ses bonnes intentions, qu'il n'avoit jamais douté de sa bonne conduite & du zele pour son service; qu'il estoit extremement satisfait de luy; qu'il avoit bien toûjours cru que ses intentions avoient esté bonnes, & autres choses de cette nature, dont il pria Sa Majesté de luy octroyer Actes; ce qu'Elle fit volontiers. Il est dans les Registres de la Chambre des Comptes, dont je l'ay tiré, & que je mets ici comme une piece curieuse.

Pour Monsieur le BARON DES-ADRETS.

AUJOURD'HUY 17e jour du mois de Mars, l'an 1571, le Roy estant au Fauxbourg S. Honoré-lez Paris : sur l'instance que le Baron Des-Adrets a fait audit Seigneur d'estre oüi en sa présence, afin de se purger des causes pour lesquelles il avoit esté fait & constitué prisonnier sur la fin des derniers troubles. Ledit Baron Des-Adrets a esté appellé en la présence dudit Sieur Roy, estant en son Conseil, auquel assistoient Messeigneurs les Ducs d'Anjou & d'Alençon ses freres; Monsieur le Duc de Lorraine, Messieurs les Cardinaux de Guyse & d'Este, Monsieur le Duc de Nemours, les Seigneurs de Morvilliers, Evesque de Limoges, de Carnevenoy, de Roissy, de Beliévre & autres de son Conseil Privé : où après avoir icelui Baron fait entendre qu'il estoit venu pour rendre compte de ses actions des seconds & derniers troubles, il a déclaré qu'il n'entendoit se servir & aider du benefice des Edits de pacification faits par le Roy pour aucune sorte de punition, au cas qu'il fût trouvé s'estre départi de la fidelité qu'un Sujet doit à son Roy & Souverain, ni fait aucune faute au service dudit Seigneur durant les troubles : au moyen dequoy il estoit prest de soustenir, soit en Iugement, devant qui il plairoit au Roy ordonner, ou par les armes

Ff

contre quiconque se presenteroit, avoir esté faussement & méchamment calomnié & accusé. Sur quoy ledit Seigneur Roi luy a, de sa propre bouche, fait entendre qu'attendu la qualité de la Guerre qui estoit en son Royaume, lorsqu'il avoit esté arresté par son commandement, il n'avoit pu moins faire pour son service de s'asseurer de sa personne pour plusieurs sortes d'avertissemens qu'il avoit eus de luy, de la vérité desquels ayant désiré estre éclaircy, il demeuroit bient content & satisfait ; le tenoit pour homme de bien & pour fidelle serviteur, & sujet hors de tout soupçon, & lesdits avertissemens pour faux & inveritables ; l'admonestant de continuer à bien faire, & ne diminuer d'affection à son service : dequoi ledit Seigneur Roy a voulu estre délivré audit Baron Des-Adrets ce present Acte signé de sa propre main, & contresigné par moy Secretaire d'Estat, pour servir de tesmoignage par tout où besoin sera, du contenu en iceluy, Signé CHARLES, & plus bas DE NEUFVILLE.

Il demeura quelques mois auprès du Roy, qui le voyoit souvent avec plaisir. Estant revenu en Dauphiné, il eut ordre de lever mille hommes de pied, & les mener en garnison dans la ville de Thurin. Il fut en estat de marcher en six semaines, & n'eût pas de la peine à lever ce nombre de Soldats dans un temps où la Province estoit assez tranquille ; & d'ailleurs, sa réputation lui en attiroit de toutes parts.

La journée de S. Barthelemy arriva, & dans ce cruel massacre, un de ses fils fut enveloppé : il avoit esté Page du Roy, & je remarqueray en passant, une assez plaisante chose de luy. Un jour le Roy luy ordonna d'aller appeller son Chancelier, ce Page le trouva à table, & lorsqu'il luy eut dit que le Roy le demandoit, le Chancelier luy ayant repondu, qu'après avoir disné il iroit recevoir ses ordres : Comment, dit le Page, il faut retarder d'un moment lorsque le Roy commande ? Vîte, qu'on marche sans excuse : & là-dessus il prit l'un des bouts de la nappe, & jetta tout ce qui étoit dessus par terre. Ce conte fut fait au Roy par le Chancelier mesme, & sa Majesté en riant ne repartit autre chose, sinon que le fils seroit aussi violent & emporté que le pere.

Comme le Baron eut demeuré quelque temps à Thurin, il s'impatienta & demanda son congé pour revenir en Dauphiné : il trouva cette Province dans de grands désordres & presque toute en armes. Les Protestans y donnoient bien de l'occupation à Gordes, & Montbrun qui les conduisoit, leur faisoit faire bien du chemin.

On vit plusieurs Places prises & reprises, tantost par les uns, tantost par les autres. Des-Adrets ne fût point mêlé dans toutes ces brouilleries, les Protestans le haïssoient mortellement, & les Catholiques n'avoient pas grande confiance en luy ; tellement qu'il demeura sans employ. Il faisoit pourtant tout ce qu'il pouvoit pour se rendre nécessaire, mais il y réussit mal, & quelques avis qu'il voulut donner à Gordes, furent aussi mal suivis qu'ils avoient esté mal écoutez : ainsi voyant le peu d'estat qu'on faisoit de luy, il se retira à la Frette dans le Graisivodan, en attendant un temps plus heureux ; mais il n'en arriva point pour lui, & il fut obligé de passer en ce lieu-là quelques années, sans s'occuper à d'autres choses qu'à celles qui se font communément dans une vie sédentaire.

On commença de parler de ligue en 1577, & les formulaires en furent dressez. Les Gouverneurs des Provinces en eurent des copies pour les faire signer aux plus considérables de leur Gouvernement. Gordes écrivit au Baron Des-Adrets pour ce sujet, mais il refusa de signer, ne croyant pas, comme il estoit vray, que cette ligue deût rien produire pour le service du Roy, pour le bien public & pour la Religion Catholique.

Charles IX. mourut, Henri III, qui estoit Roy de Pologne, luy succeda, & vint en France.

Comme il estoit à Lyon, les plus qualifiez de cette Province furent lui rendre leurs devoirs ; le Baron y fut comme les autres. Un jour estant allé chez le Roy, & voulant entrer avec le vieux Comte de Bennes, la porte luy fut refusée par un Huissier. D'Aubigné dans son Histoire, Livre 3, chap. 9, raconte : Que s'étant luy-mesme presenté après eux, on luy offrit d'entrer, & qu'il en eut honte, ayant veu le refus qu'on avoit fait à Bennes & à Des-Adrets. Qu'estant resté avec eux, il s'adressa au Baron, & conversant familierement, il luy demanda trois choses : la premiere, pourquoy, avec tant de valeur, il avoit eu tant de cruauté ? La deuxieme, pourquoy il avoit quitté un party où il avoit tant d'authorité ? & la troisieme, pourquoy il n'avoit pas esté aussi heureux dans celuy des Catholiques, comme il l'avoit esté parmy les Huguenots ? Qu'à la premiere demande il avoit repondu, que ce n'est pas faire une action de cruauté quand on la rend ; que celle qu'on commence se peut ainsi appeller, mais que l'autre en est une de Iustice. Que le seul moyen de faire cesser les barbaries des ennemis, c'étoit de leur rendre la revanche ; qu'il n'y a rien de si dangereux de montrer à ses partisans imparité de droit & de personnes, pour ce que quand ils font la guerre avec respect, ils montrent le cœur bas ; qu'un soldat ne peut avoir l'épée & le chapeau à la main tout ensemble. Qu'à la deuxieme proposition il avoit reparty, que l'Admiral avoit disposé la guerre par des maximes Ministrales, & vouloit donner les diseurs pour Iuges aux faiseurs ; que Soubise estoit bon, vaillant, sage & meilleur Capitaine que luy, mais que pour rompre la vieille police du Royaume, il n'en falloit point d'autre que la Militaire. Que la modestie n'est pas bonne pour abbattre l'orgueil des ennemis qui n'en ont point. Qu'il avoit envoyé un Censeur où il falloit un Dictateur, & un Fabius au lieu d'un Marcel. Qu'ayant veu son sang & ses peines sujettes à de tels supplantemens, il avoit traité avec M. de Nemours, non par avarice ou par crainte, mais par vengeance, & après plusieurs ingratitudes redoublées en son endroit. Que sur la troisiesme proposition il avoit soupiré, puis respondu, qu'avec les Huguenots il avoit

DE LA MAISON DE BEAUMONT. Liv. V.

des Soldats, que depuis il n'avoit eu que des Marchands: qu'il n'avoit pu fournir des resnes aux premiers, & que les autres avoient usé ses esperons.

Cette conversation est assez curieuse pour n'avoir pas deub estre oubliée. Après que le Roy eut quitté Lyon, le Baron retourna chez luy, sans qu'il s'engageât dans aucun party, bien que les Catholiques & les Protestans fussent souvent aux mains; le fameux Lesdiguieres commençant déja de donner des marques de sa valeur & de sa conduite.

Des-Adrets estoit dans son Château de la Frette lorsque le Duc de Mayenne arriva dans le Dauphiné avec 7000 hommes de pied & mille chevaux pour les mener contre les Protestans. Ce n'est pas icy que je dois raconter ses exploits ; je diray seulement qu'estant à Grenoble en 1581, le jeune Pardaillan, fils de la Mothe-Gondrin, parla fierement & injurieusement du Baron Des-Adrets, à cause de la perte de son pere à Valence. Le Baron apprit dans sa retraite, de quels termes il s'estoit servy, & que mesme il avoit dit que s'il le rencontroit il le traiteroit mal; ce qui l'obligea de venir à Grenoble, où après avoir salüé le Duc de Mayenne, & en avoir esté caressé, il dit plusieurs fois, & mesme en presence de Pardaillan, qu'il avoit quitté sa solitude & reveu le monde, pour sçavoir si quelqu'un avoit de la rancune contre luy, pour le satisfaire; que son épée n'étoit pas si roüillée, son bras si foible, & ses forces si diminuées par son âge, qu'il ne fit bien raison à tous ceux qui avoient quelque plainte à luy faire. Pardaillan ne dit & ne fist rien qui donnât lieu à une querelle; tellement que Les-Adrets se retira content de cette derniere bravoure.

Il se promenoit un jour dans un grand chemin, sans épée, & avec un bâton à la main, lorsqu'un Ambassadeur de Savoye, qui venoit à Grenoble, le rencontra. L'Ambassadeur qui le connoissoit, & qui avoit pour luy de ces estimes de respect & de veneration qu'on a de coustume d'avoir pour les grands hommes, s'arresta, & mit pied à terre pour le salüer, & pour lui demander de ses nouvelles : *Ie n'ay rien à vous dire*, lui repartit-il, *sinon que vous rapportiez à vostre Maistre, que vous avez trouvé le Baron Des-Adrets, son tres-humble serviteur, dans un grand chemin, avec un bâton blanc à la main, & sans épée, & que personne ne lui demande rien.*

La Valette vint en Dauphiné contre Lesdiguieres : comme il fut à Grenoble l'an 1585, il demanda d'abord où estoit le Baron Des-Adrets. Le Baron le sçeut & le fut voir : il l'embrassa plusieurs fois, le traita le plus civilement & obligemment du monde, luy témoigna qu'il auroit eu un grand regret de quitter cette Province sans l'avoir vû; qu'il respectoit sa vertu, & que sa reputation avoit depuis long-temps acquis toute son estime : enfin il luy dit mille choses, dont le Baron fut si satisfait, que quoy que son âge le dispensât d'aller à la guerre, il le suivit néantmoins en Trièves, & ne refusa pas de combattre quand il le fallût. La Valette revint à Grenoble, il y suivit, & ne le quitta point pendant qu'il y sejourna.

Enfin, las de tant de fatigues, accablé par la vieillesse, & extrémément dégoûté du monde, il se retira encore à la Frette, où il vécut un an avec des marques visibles de son retour au Giron de l'Eglise. Il mourut donc véritablement Catholique, après avoir fait son testament le 2 de Février 1586, & fut enterré dans une Chapelle de l'Eglise Paroissiale, qui appartenoit à sa Maison.

Sa femme estoit de la race de Gumin-Romanesche : il en eut deux fils & deux filles ; j'ai parlé des filles au commencement de cette Histoire. Davila, Liv. 5. des Guerres civiles de France, dit que les deux fils s'appelloient les Colonels Montaumor & Rouvray, & que l'un d'eux fut tué au massacre de la S. Barthelemy; l'autre mourut de maladie. Brantome rapporte que le Baron leur apprenoit d'estre cruels, & que l'un ne s'épargna pas dans cette cruelle rencontre.

Fin de la Vie de François de Beaumont, Baron Des-Adrets.

CHAPITRE IV.
Enfans du Baron DES ADRETS.

Extrait d'un Recueil manuscrit du Cabinet de l'Ordre du St Esprit, cotté: Etat des Maisons des Rois ; *vol. V. fol° 2879-2975.*

Officiers Domestiques de la Maison du Roy Charles IX ; depuis le Ier Janv^{er} 1560 jusqu'au dernier X^{bre} 1574.

Gentilshommes ordinaires servans par quartier.

....

Autres Gentilshommes qui entreront en quartier et places (des) dessusdits advenant vaccation d'icelles, auquel cas de provision & de mort, ne sera pourveu en leurs places qu'ils ne soient tous réduits au Ier Nombre de XLVIII. à VIe livres de gages.

IIII^{xx} XVIII en 1561. 1562. 1563. XXXVIII en 1564. 1565. 1566. 1567. XXXII en 1568. XXXIIII en 1569. XXIX en 1570. 1571. LXXV en 1572. 1573. 1574.

....

BASTIEN de Luxembourg, Seigneur de Martigues, hors en *1564.*
Mess. François de Bourbon, Comte Dauphin d'Auvergne, Chevalier de l'Ordre, hors en *1564.*
Mess. Henry de Lorraine, Prince de Joinville, Duc de Guise en *1562,* hors en *1564.*
Mess. Charles de Montmorancy, Seigneur de Meru, hors en *1564.*
Gabriel de Montmorancy, Seigneur de Montberon, hors en *1564.*
Guillaume de Montmorancy, Seigneur de Thoré, hors en *1564.*
Timoleon de Cossé, Comte de Brissac, hors en *1564.*
Armand de Gontault, Seigneur de Biron, eu *1564.*

....

Philipes Rheingrave, Comte du Rhin, hors en *1564.*
Jehan de Luxembourg, Comte de Brienne, hors en *1570.*
Fr. François de Lorraine, Grand Prieur de France, hors en *1564.*

Ann. 1572.
Fol. 2911. LAURENT DE BEAUMONT, BARON DES ADRETS, en *1572.*

....

Henry Seigneur de Noailles, en *1572.*

....

Claude de Bueil, fils de Mons. de Sancerre, en *1572.*

....

Anthoine de Beaufremont, fils du Seigneur de Listenois, en *1572.*

....

Michel de Castelnau, Seigneur de Mauvissiere, en *1570.*

....

Valets Tranchans servans par quartier.

....

Autres Gentilshommes servans, à réduire, qui entreront en quartier et places des dessus nommés avenant vacation d'icelles, auquel cas de provision & de mort ne sera pourveu en leurs places qu'ils ne soient tous réduits au nombre de XII. & ne seront payés qu'enfin d'année, si les finances du Roy le peuvent porter, à II^c liv. de Gages.

IIII^{xx} en 1561. 1562. 1563. LXII en 1564. 1568. LXIII en 1566. 1567. 1568. LXVI en 1569. LVII en 1570. 1571. XLVII en 1572. 1573. 1574.

....

FRANÇOIS DE POLIGNAC, Seigneur des Roys, hors en *1572.*
Jacques Tiercelin, Seigneur de Brosse.

DE LA MAISON DE BEAUMONT. Liv. V.

Jacques du Bellay, Seigneur de Thouarcé, hors en 1572.
- François d'Ailly, Seigneur de Pequigny, hors en 1564.
Anthoine de Haraucourt, Seigneur de Paroy.

André de Bourbon-Vendofme, Seigneur de Rubempré, hors en 1564.

LAURENS DE BEAUMONT, SEIGNEUR DES ADRETS, hors en 1572.   Fol. 2931.

Loys de Rochechouart, dit le jeune Mortemar, hors en 1564.

Guy de Sainte-Maure, Seigneur de Montauzier, hors en 1564.

N. du Pleffis, Seigneur de Richelieu, hors en 1564.

Philipes de Ligneville, Seigneur d'Haraucourt.
Pierre de Caumont, Seigneur de la Motte-Rouge.
Claude de Levis, Seigneur de Charlus.

François de Montmorancy, Seigneur d'Hauteville.
Gafpard de Montmorin, Seigneur de St. Heran, hors en 1570.

Pierre de Montmorency, Seigneur de Fosseux, hors en 1570.

Gabaiel de Caumont, Seigneur de Lauzun, hors en 1564.
Pierre de Tournemine, dit la Guerche.

Anthoine de Levis, Seigneur de Quelus, hors en 1572.
Geoffroy Seigneur de Pompadour.

Loys de Caftelane, Seigneur d'Entrechafteaux.

André Seigneur de Bourdeilles en 1566, hors en 1570.
Pierre Segur, dit de Pardillan l'aîné en 1566, hors en 1572.

François de Rochechouart-Jars en 1566, hors en 1570.

*Officiers Domeftiques de la Maifon du Roy Henry III. depuis le Ier Janv^r 1575,
jufqu'au dernier X^{bre} 1589.*

Idem vol. fol. 3019 – 3179.

Gentilshommes de la Chambre, fervans par quartier, à IIe efcus de Gages.

Octobre, Novembre, Décembre
XXXI en 1575. 1576. 1577. 1578 1579. LXVIII en 1580. 1581.
IIII^{xx} XIII en 1582 1583. XXXVIII. en 1585.

CLAUDE de Bauffremont, Baron de Senecay.

N. de la Marck, Comte de Maulevrier.

Gafpard, Seigneur de Schomberg.

Jehan de Salagnac, Seigneur de la Motte-Fenelon.

N. de Maillé, dit le jeune Brezé.

Anthoine de Levis, Seigneur de Quelus.
Le Comte de la Rochefoucault.
N. de Montluc, Seigneur de Balagny.

Pierre de Bordeilles, Seigneur de Brantofme.
Le Vicomte de Canillac.

130 PREUVES DE L'HISTOIRE GÉNÉALOGIQUE

Fol. 3076. LAURANS DE BEAUMONT, BARON DES ADRETS.

Le Seigneur de Prie.
Euſtache de Conflans, Vicomte d'Auchy.

Urbain de Laval, Seigneur de Boiſdauphin, en 1580.
François de Mailly, Seigneur de Villiers-l'Eſpau, en 1580.
René du Bellay, Seigneur de Lande, en 1580.

Jehan de Vivonne, Seigneur de la Chaſtaigneraye, en 1580.

Jehan du Chaſtelet, Seigneur de Thon, en 1580.

Charles Turpin, Seigneur de Criſſé, en 1580.

Anne de Crequy, Seigneur de Ricey.

Jacques de Maillé, Sgṛ·r de Bouchart en 1580.

Jacques du Bellay, Sg·r de Thouarcé en 1580.

Le Sg·r DE St QUENTIN en 1583.

Charles d'Appelvoiſin, Sg·r de la Roche-du-Mayne en 1585.

Le Sg·r de Maugiron le jeune en 1585.

Extrait des Mémoires de l'État de la France ſous Charles IX : in-8°. 1577 ;
2ᵈ vol. pag. 456. 458.

Du nombre des Capitaines morts devant la Rochelle. (Ann. 1573).

Ann. 1573. BEAUMONT.   *Lieutenans.*

BEAUMONT, Lieutenant de M. du Gua.

Mandement du Tréſorier de l'Épargne, en faveur du BARON DES ADRETS,
le jeune.

Original en parchemin, conſervé dans les Archives de M. le Comte de Beaumont-de la Roque,
en ſon Château du Repaire, en Périgord.

15 Juillet 1580. JACQUES LE ROY, Conſeiller du Roy & Tréſorier de ſon Eſpargne, à Mᵉ Noel Waſſe, auſſi Conſeiller dudit Sᵗ & Receveur-Général de ſes Finances à Paris ; ſalut : Nous, pour ſariſfere au vouloir d'icellui Sʳ, vous mandons que des deniers provenans de la ſolde de cinquante mil hoimmes de pied que Sa Majᵗᵉ a ordonné eſtre levée en la préſente année, vous paiez & délivrez comptant au Sᵗ BARON DES ADRETZ le jeune, la ſomme de cent eſcuz ſol ; de laquelle Sa Majᵗᵉ luy a faiᶜᵗ don ; dont nous l'avons appoincté & aſſigné … ſur vous. … Faiᶜᵗ à St Maur de Foſſez, le xvᵉ jour de Juillet mil Vᶜ quatre vingtz. (*Signé*) LE ROY. (*Au dos eſt écrit*) Enregiſtré au Regiſtre des Intendans & Controrojeurs Généraux des Finances par moy, l'un d'iceux ſoubſigné. A St Maur des Foſſez, le xvɪᶜ jour de Juillet l'an M. Vᶜ quatre vingtz : (*Signé*) Hennequin. La ſomme contenue de l'autre part … a eſté paié à moy porteur du mandement. … Faiᶜᵗ ce xᵉ jour d'Aouſt mil cinq cens quatre vingtz. (*Signé*) Des Eſſars.

Extrait des quartiers des Chevaliers (de l'Ordre) de St Jean de Jérusalem de la Langue de Provence.

Du Recueil Mss. concernant l'Ordre de Malte, conservé au Cabinet de l'Ordre du St Esprit ; Vol. V. fol. 210.

N. FRANÇOIS DE BEAUMONT, Baron des Adrets ; D. CLAUDINE DE GUMIN, D^e de Romaneſche, ſon épouſe ; D. ESTER DE BEAUMONT-DES ADRETS, leur fille, épouſa N. ANTOINE DE SASSENAGE, Seigneur & Baron de Monteliet ; dont Mre Alphonſe de Saſſenage, Seigneur & Baron de Monteliet, Iſeron, &c. qui de D. Louiſe de Latier-de Charpey, ſon épouſe, eut noble Guillaume-Antoine de Saſſenage (reçu Chevalier de Malte) en 1644.

Hommage de la Terre des Adrets, &c. *par* SUZANNE DE BEAUMONT, *Dame des Adrets.*

Extrait de la Chambre des Comptes de Dauphiné, cotté en marge : Homagiorum Libri 3. 4. & 5. en 1600. fol. 34. du 2^d Répertoire ; le 19. Avril : *cet Extrait délivré par le Greffier en Chef de cette Chambre.* (Signé) Chabert.

LES GENS des Comptes de Dauphiné, Conſeillers du Roy, notre Sire, à tous ceux qui ces 19 Avril 1600. preſentes verront, ſalut : ſçavoir, faiſons que ce jourd'huy, date des preſentes, s'eſt preſenté au Bureau, Me Jean Bolliat, Procureur en la Cour de Parlement de ce païs, & Procureur ſpécialement fondé de Demoiſelle SUZANNE DE BEAUMONT, DAME DES ADRETS. Comme il nous a fait apparoir de ſa procuration du dixneufuieme du mois d'Avril dernier, reçue & ſignée par Revel, No^{re}... lequel Bolliat aud. nom étant ſur ſes pieds, & tenant ſes mains jointes entre celles de Meſſire Florent Regnard, Chevallier, Seigneur de St Jullien & Baron de Châteauneuf, de Mazent, Conſeiller du Roy en ſes Conſeils Privé & d'Etat, & Premier Préſident eſdits Comptes, a reconnu & confeſſé, reconnois & confeſſe... tenir & vouloir tenir en Fief franc, noble, gentil & bien conditionné, du Roy Dauphin & de ſes ſucceſſeurs audit Dauphiné, le Château dud. lieu des Adrets, rentes, cenſes, fiefs, biens & autres droits en dépendans en quoy qu'ils conſiſtent, & de quelque maniere & nature qu'ils puiſſent être... étant aſſis aux Mandemens de Theys, la Pierre & Domene, & pour raiſon deſquels ledit Procureur & à ce nom en a fait les foy & hommage, ſerment de fidélité en baiſant à la joüie led. Seigneur Préſident en témoignage de perpétuel amour, fidélité & dilection... & ſi a promis & juré led. Bolliat, Procureur ſuſdit & audit nom, que ladite DEMOISELLE DE BEAUMONT ſera bonne & vaſſalle & ſujette dudit Roy Dauphin & de ſes ſucceſſeurs audit Dauphiné, & qu'elle gardera & obſervera tous les chapitres tant de la vieille que nouvelle forme de fidélité, baillera ſon adveu & dénombrement ; en foy & témoignage deſquelles choſes a été mis le ſçel Royal Dalphinal deſd. Comptes à l'expédition des préſentes. Fait à Grenoble, au Bureau deſd. Comptes, où étoient leſd. Meſſieurs Mes Florent Reynard ; M. de Bazemont, P. le Blanc, Préſidents-Conſeillers, F. Coſte, A. Rures, F. Leſcot, P. de Micha, G. Calignon ; P. Mitallier & J. Francon, tous Conſeillers du Roy, Maîtres ordinaires en la Chambre, préſents.

Notice de quelques Actes conſervés dans les Archives de la Maiſon de Saſſenage.

Mariage d'Antoine de Saſſenage & d'HESTER DE BEAUMONT, *fille du Baron des Adrets, du 20 Juin 1583.*

Teſtament de Mre *Antoine de Saſſenage & de Dame* ESTER DE BEAUMONT, *mariés ; du 3 Janvier 1611.*

Codicille des Seigneur & Dame Antoine de Saſſenage & ESTER DE BEAUMONT, *mariés ; du 22 Mars 1613.*

Testament mutuel d'ANTOINE DE SASSENAGE, Seigneur d'Yzeron, &c. & de Dame ESTER DE BEAUMONT, son épouse.

Grosse conservée dans les Archives de la Maison de Sassenage.

27 Août 1615. AU NOM DE DIEU soit... cejourd'huy vingt-septiesme... d'Aoust... mil six centz quinze, par-devant moy, Notaire Royal, Hault & Puissant Seigneur Messire Anthoine de Sassonnage, Segneur d'Yzeron, Certeaux, Romanesche & aultres places... & Dame ESTER DE BEAUMONT, sa femme... ont... faict leur... Testament comme s'ensuit... Et ordonnant de la sepulture de leurs corps, veullent qu'elle soit dans le thumbeau de leurs predecesseurs ou de l'ung d'iceux Segneur & Dame.... Lesquels donnent... à Damoyselle Suzanne de Sassonnage leur filhe naturelle & légitime, à présent femme de noble Michel de Baronnat, sieur de Châteauneuf, la somme de deux mille livres... heu esgard à la coustitution par eux faicte en son contract de mariage avec lesd. Segneur de Chateauneuf... chargent... leurs héritiers de payer... les pensions que lesd. Segneur & Dame font à leurs filhes naturelles & legitimes, qui sont à présent aux Couventz & Monasteres de Sainct Just à Romans, & de Saincte Clere à Grenoble ; sçavoir, à Dame Janne de Sassonnage... soixante livres... & à Dame Marguerite de Sassonnage, cinquante-quatre livres... Item, veullent... que celluy... qui sera institué en la Terre & Jurisdiction de Montelliez soit chargé de vestir & entretenir noble Laurens de Sassonnage son oncle, pendant son indisposition, & de luy rendre, venant à mourir, les honneurs funebres........ Et... lesdictz Segneur & Dame... ont faict... leurs heritiers universelz, nobles Claude & Alphonse de Sassonnage freres, leurs enfantz naturelz & legitimes; sçavoyr, led. Claude en la Terre & Jurisdiction de Monteilliez... & ledit noble Alphonse... en la Terre & Jurisdiction d'Yzeron... de Certeaux & de Romanesche........... Faict & stipulé audict Montelliez, dans le Chateau appellé de la Bastie... presents... Monsr & Me Jehan Guiguo, Advocat en Parlement, Juge dud. Monteillez, residant à Romans, honl Claude Lucrain, Procureur d'Office dud. Montelliez, honl Pierre Clément Clerc, Anthoine Boytat, filz à feu Jehan, aussi Clerc dud. Montelliez... & moy André Petinot, Notaire Royal Dalphinal, habitant d'Yzeron recepvant, (*Signé*) Petinot, Notre.

Testament d'ESTER DE BEAUMONT, veuve d'ANTOINE DE SASSENAGE, Seigneur d'Yzeron, &c.

Grosse conservée dans les Archives de la Maison de Sassenage.

7 Mai 1633. LE NOM DE DIEU soit premier invocqué & à tous notoire, que l'an de grace mil six cent trente-troys, & le septieme... May... pardevant moy Notaire Royal... Haute & Puissante Dame HESTEL DE BEAUMONT, Dame d'Yzeron, Romanesche, Certeaux & aultres Places, Vefve à destunct Hault & Puissant Seigneur Messire ANTHOINE DE SASSONAGE... Seigneur desd. Places a... faict... son dernier Testament... que cy-après... elysant la sepulture... au thumbeau de ses predecesseurs &... ordonnant... la volonté... de... son bien aymé mari, en leur Testament mutuel faict devant M. Petinot, Notaire, le vingt-septiesme d'Aoust mil six cents quinze... estre... satisfait... Davantage, ayant ladite Dame Testeresse... par led. Testament mutuel... legué... à Dame Suzane de Sassonnage leur filhe, & femme de noble Michel de Baronnat, sieur de Châteauneuf, & à présent Seigneur de Pollomieux... deux mille livres... Icelle Dame Testaresse... faict donnation à Damoyselle Janneton de Baronnat, filhe desd. Seigneur & Dame de Pollomieux... de dix-huit centz livres, pour estre... Religieuse de Ste Claire à Romans... Ordonne ladite Dame Testaresse... de payer... à Dame Jeane de Sassonnage, leur filhe légitime & naturelle Religieuse... de St Just à Romans... soixante livres, & à Dame Marguerite de Sassonnage leur aultre filhe légitime & naturelle Religieuse... de Ste Claire à Grenoble... cinquante-quatre livres annuellement... De mesme a donné & donne... à Venerable & Religieuse personne Messire Claude de Sassonnage, Religieux de l'Ordre de St Ruf-lès-Valence, & Prieur du Prieuré dud. Monteillier & Châteaudouble son filz & dud. feu Seigneur d'Yzeron son mary... trente livres... Et institue par cestui son heretier universel... Genereux & Puissant Seigneur Messire Alfonce de Sassonnage, Seigneur & Baron dud. Monteiller & autres lieux, son filz, & dud. Seigneur d'Yzeron son deffunct mari......... Fait & recité à Monteiller, dans la maison dotalle dud. Seigneur Baron de Monteiller, présents Joseph Durand, Marchand... & moy Notaire Royal Dalphinal, (*Signé*) Durand, Nre.

CHAPITRE V.

CHAPITRE V.

JACQUES DE BEAUMONT, Seigneur de St Quentin, fils puiné d'AYNARD Ier, Seigneur des Adrets, rapporté ci-deſſus, pag. 201.

Contrat de Mariage de JACQUES DE BEAUMONT, Seigneur de St Quentin, & de MARGUERITE DE LA TOUR-DE VATILLIEU.

Original en parchemin, conſervé dans les Archives de la Maiſon de Saſſenage.

IN NOMINE DOMINI. Amen. Anno à nativitate ejuſdem Domini ſumpto milleſimo quater- 17 Janvier 1460. centeſimo ſexageſimo, inditione octava & die decima ſeptima menſis Januarii, cum tractaretur de matrimonium contrahendo... inter nobilem & potentem virum JACOBUM DE BELLOMONTE, Dominum Sancti Quintini, agentem ex unâ parte & nobilem & potentem virum Aymarum de TURRE, Dominum Vatilleni & Armeu agentem ... nomine nobilis Domicelle MARGUA-RITE, ejus filie parte ex altera. Tandem ... dictus nobilis JACOBUS DE BELLOMONTE ... promiſit ... dictam nobilem MARGARITAM in ... facie Sancte Dei Matris Eccleſie diſponſare ... & viceverſa dictus nobilis & potens Aymarus de Turre ... pater predicte Domicelle MARGA-RITE ... promiſit ... procurare ... quod ... ejus filia dictum nobilem & potentem JACOBUM DE BELLOMONTE ... diſponſabit ... & aſſignavit in dotem ipſius nobilis Domicelle MARGARITE ... mille & ſexcentum ſcuta auri. &... de veſtibus nuptialibus uſque ad ſommam & valorem centum & quinquaginta ſcutorum auri. ... Item... fuit... per dictum nobilem JACOBUM ... promiſſum & juratum... quod ipſe debeat... premiſſa... ratificari facere per nobilem & potentem virum EYNAR-DUM DE BELLOMONTE ejus patrem, ante ſolemnizationem preſentis futuri matrimonii... Item plus fuit... per dictum nobilem conſtituentem promiſſum ... quod ipſe debeat ... premiſſa ... approbare facere per nobilem & egregiam honoratam de Caſtellanâ ejus uxorem, ante ſolempnizationem preſentis matrimonii.... Acta fuerunt predicta Gratianopoli in Camera Patris Gardiani Fratrum Minorum Gro͞nop͞, preſentibus ibidem nobilibus & potentibus viris Reymondo Eynardi, Domino Montis Eynardi, Henrico Alamandi, Domino Vallis Sancti Stephani, Aymone Alamandi, Domino de Campis, Aymone Alamandi, Domino Revelli, Jacobo de Caſſenatico, Domino de Vurey & Petro Odoberti, cive Gratìonopolis. . . . . . . Et me Johanne Morardi, de Sancto Petro de Alavardo, cive... Gratìonopolis ... Notario publico, qui in premiſſis omnibus ... preſens fui de ipſiſque una cum honorabili viro Magiſtro Anthonio de Caſtro, Notario, noſtro collega, inſtrumentum recepi quod inde levavi & groſſavi ad opus dicti Domini SANCTI QUINTINI ... & principio mee ſubcriptionis ſignetom eo quo in talibus utor, ſignavi in robur & teſtimonium premiſſorum.

(Vis-à-vis les dernieres lignes de cet Acte, eſt le Monogramme du Notaire.)

Hommage du Château de St Quentin rendu par JACQUES DE BEAUMONT, au nom de noble AYMONETTE ALLEMAND, ſa mere, Dame de St Quentin.

Extrait des Archives de la Chambre des Comptes de Dauphiné ; délivré le 25 Juin 1628. & collationné par le Conſeiller, Ier Secrétaire du Roi en cette Chambre. (Signé) Brocherieu.

IN NOMINE DOMINI NOSTRI JESU X͞ PI. Amen. Noverint Univerſi... quod anno Ier Xbre 1463. nativitatis ejuſdem Domini milleſimo quatercenteſimo ſexageſimo tertio indicione undecimâ, cum ipſo anno ſumpta & die prima menſis Decembris, apud Granop͞ in Camera poſteriori venerabilis Curie Parlamenti Dalphinalis in quâ ſtrictum teneri ſolet conſilium ſeu Parlamentum, ubi erant ſpectabiles & Egregii viri Domini Aymo Alamandi, Dominus de Campis , Locumtenens magnifici & potentis viri Domini Joannis Convenarum Comitis, Mareſcalli Francie , Gubernatoris Dalphinatus, Petrus Gonelli, utriuſque Juris Preſidens, Gaufredus de Eccleſia, Johannes de Ventes, decretorum Doctores, Petrus Odiberti, Computorum Dalphinalium Auditor, Claudius Cocti , Theſaurarius Generalis Dalphinalis , Guil͞lmus de Cabreneya , Procurator Fiſcalis , in mei Notarii publici ſubſignati, & teſtium inferius nominatorum preſentia perſonaliter conſtitutus nobilis JACOBUS DE BELLOMONTE, filius nobilis AYMONETE ALLEMANDE, Domine Sancti Quintini, ad infraſcripta peragenda per eandem ut aſſerit miſſus quiquidem JACOBUS, ſcienter & ſponte per ſe & ſuos heredes , & quoſcumque ſucceſſores ut dicebat nomine dicte AYMONETE ejus matris confeſſus fuit ſe tenere.... ab illuſtriſſimo Principe Domino noſtro Dalphino Viennenſi... Caſtrum jam dictum Sancti Quintini, unà cum Juriſdictione, hominibus, mero & mixto, Imperio, directoque Dominio, Seignoria, feudis, feudataris... quemadmodum predeceſſores ejuſdem AYMONETE ſue matris tenuerunt.... pro quibus omnibus dictus nobilis JACOBUS DE BELLOMONTE... preſtitit... homagium & fidelitatis ſacramentum... & dictus Dominus Locumtenens, predictum homagium..... ſtando pedes tenendo manus dicti nobilis JACOBI junctas & comploſas inter manus ſuas & oris oſculo interveniente in ſignum perpetui federis & amoris nomine Dalphinali à dicto JACOBO... recepit... Acta fuerunt hec anno, indictione, die, loco & teſtibus quibus ſupra, & me Stephano Nigey Clerico Dalphinali Compt^r Not^r & Secretario ſubſignato. Nigey.

Lettres du Roi Louis XI. en faveur de JACQUES DE BEAUMONT, *Seigneur de St Quentin.*

Extrait du Regiſtre cotté : Secundus Liber Alienationum, 1444. fol. IIIe. LXIII. *conſervé aux Archives de la Chambre des Comptes de Dauphiné ; & délivré par le Greffier en Chef de cette Chambre.* (Signé) *Chabert.*

22 Juin 1467. LOUYS par la Grace de Dieu, Roy de France, Daulphin de Viennoys, Conte de Valentinoys & de Dioys : A tous ceulx qui ces preſentes Lettres verront; Salut. Comme puis certain temps en-çà procès ſe ſoit meu pardevant nos amés & feaulx les Gouverneur, ou ſon Lieutenant & Gens de noſtre Parlement du Daulphiné ſur l'enterinement de certaines nos Lettres Patentes données & octroyées par Nous à JAQUES DE BEAUMONT, Eſcuyer, Seigneur de Saint-Quentin, le dix-neufvieſme jour d'Octobre mil CCCC. ſoixante-cinq, ſur ce que les hommes, manans & habitans du mandement du lieu de Saint Quentin pretendoient eſtre quictes & paiſibles à touſjours du vingtain des blez qui croiſſent chacun an en icelluy mandement en paiant à la feüe mere dud. JAQUES Dame en ſon vivant d'icelluy lieu de Saint Quentin, la ſomme de IIII^c. florins, par vertu d'un certain arbitraige fait ſans noſtre licence & congié, laquelle choſe led. JAQUES diſoit à luy eſtre en grant dommaige & dyminution de la revenüe dud. lieu, auſſi en préjudice de noz droitz & Seigneurie, pour ce que ledit lieu, Chaſtel & mandement avecques ſes dépendances & appartenances quelzconques, ſe tient de nous & noſtre Fief, auquel Procès noſtre Procureur s'eſt fait Partie pour noſtre intereſt, & tant y a eſté procedé que par vous a eſté led. vingtain déclaré a nous confiſqué & adjugé, & appliqué à noſtre Demaine, ainſi que l'en dit plus à plain apparoir par la Sentence ſur ce donnée; ſi nous a fait led. Jacques remonſtrer que ledit vintain eſt une des principales revenües dud. mandement, & quant icelluy vintain en ſeroit oſté, & mis hors le Chaſtel, qui eſt place forte & de grand couſt, à maintenir, pourroit venir à ruyne & deſtruction; auſſi il n'auroit pas bien au temps advenir dequoy nous ſervir en nos guerres, en nous humblement requerant, qu'il nous plaiſe lui remettre & donner lad. confiſcation; pour quoy nous, ces choſes conſiderées, & LES SERVICES QUE NOUS A FAITZ LED. JACQUES PAR CYDEVANT EN NOS GUERRES ET ARMÉES, & autrement fait chacun jour, & eſperons que plus fera ou temps à venir, à icelluy pour ces cauſes & autres........ avons donné... & remis... par ces preſentes... ladite confiſcation à nous faite dud. vintain... En teſmoing de ce, nous avons fait mettre noſtre ſcel à ceſd. preſentes. Donné à Rouen le ſecond jour de Juing, l'an de grace mil CCCC. ſoixante-ſept & de noſtre regne le ſixieſme. Par le Roy Daulphin, le Conneſtable; le Sire de Craon, maiſtre Jehan de Ladrieſche, Treſorier, & autres preſents. B. Meurin.

22 Juin 1467. JOHANNES Convenarum Comes, Mareſcallus Francie, Gubernator Dalphinatûs, notum harum ſerie fieri volumus univerſis Litteras patentes per Sereniſſimum Principem Dominum noſtrum Francorum Regem, Dalphinum Viennenſem, nobili viro JACOBO DE BELLOMONTE, Domino Sancti Quintini, in eiſdem nominato conceſſas, ejuſdem Domini noſtri magno ſigillo cum cauda dupplici impendenti ſigillatas, ſuper facto Vinteni Biadi... recepiſſe... pro parte ejuſdem Domini Sancti Quintini, exhibitas & preſentatas ad effectum interinationis & executionis ipſarum; quibuſquidem Litteris viſis & in matura Curie Parlamenti Delphinatûs.... deliberatione poſita, Curia ipſa, Litteras ipſas... in preſentia Domini Glaudii Laterii, Vice-Procuratoris Generalis Dalphinalis, nichil in contrarium vallidum dicentis ſeu opponentis, interinavit... noſque interinavimus & interinamus per preſentes... In cujus rei teſtimonium ſigillum Regiminis Dalphinatûs Litteris preſentibus duximus apponendum. Datum Gratianopoli viceſimâ ſecundâ die menſis Jugnii, anno Domini milleſimo CCCC LXVII^{mo}. Per Dominum Gubernatorem ad relationem Curie quâ erant Domini P. Gruelli Preſidens, Jo. de Ventes, Jo. Robertti, Jo. Philippi Computorum Preſidentes ; P. Odoberti, Auditor computorum. (Signé) A. Chaſtagnii.

CHAPITRE VI.

LAURENT DE BEAUMONT, Seigneur de S*t* Quentin, petit-fils de JACQUES.

Extrait du Supplément à l'Histoire du Chevalier Bayard, par Claude Expilly, Président au Parlement de Grenoble, inséré à la suite de cette Histoire: impr. à Grenoble en 1652; pag. 463. 464. & 465.

OR, en cette bataille glorieuse, (la bataille de Marignan) se trouverent plus de trois cens Ann. 1515. Gentilshommes de Dauphiné, outre le sieur de Bayard, entr'autres Rostain de Vesc, sieur de Becosne, Capitaine de cinq cens hommes de pied, François de Beranger, sieur de Morges, Antoine d'Urre, Guy de Vesc, Philibert de la Revoire, sieur de Romagnieu, Giraud d'Ancezune, Pierre de Latier. Je nomme ceux-ci les premiers, pource qu'ils moururent depuis à la bataille de Pavie, combattant vaillamment. Antoine, sieur de Clermont, Capitaine des cent Gentilshommes de la Chambre du Roy; Bernardin de Clermont, Vicomte de Talard, Antoine de Meuillon, Baron de Bressieu; Claude Alemand, sieur de Taulignan, avec ses deux enfants; Guyot de Maugiron, sieur d'Ampuy, Lieutenant de la Compagnie de cent hommes d'armes & de deux cents chevaux-légers du Comte de S. Paul; Gaspard Terrail, sieur de Bernin, cousin du sieur de Bayard; Michel de Poisieu, fils de Sibuet; Marin de Montchenu, premier Maistre d'Hostel de la Maison du Roy; Guy ou Guygues Guisfray, sieur de Botieres; Philippes de la Tour, sieur de Vatilleu; Meraud du Fay, S*r* de S*t* Jean d'Ambournay; Humbert de Grolée, sieur d'Illins; Claude de Theis, sieur de Sillans; JEAN DE BEAUMONT, Jean de Maubec, Jacques Robe, Claude de Maisonneufve, le Bastard de Poitiers; Humbert ou Imbert, ou Imbaut de la Revoire, frere de Philibert; Pierre de Beauvoir, sieur de Faverges; Pierre de la Revoire, nepveu d'Humbert & de Philibert; LAURENS DE BEAUMONT, sieur de S. Quentin; Louys de Jons. Tous ceux-ci furent depuis prisonniers, à la même bataille de Pavie; Marin de Montchenu demeura toujours auprès de la personne du Roy son Maistre durant sa détention. Aux deux journées de Marignan, Jean-Jacques Linard, François de Sassenage, BALTHASAR DE BEAUMONT, Louis de Tolon, sieur de S*t* Jalle; Jean de Bonne, sieur de Lesdiguieres; Honoré de Bone, sieur de la Rochete; Philippes de Ville; Pierre de Theis, sieur d'Hetcules; Jean de Galles, fils de Jean, qui mourut à Fornoue; Philibert de S*t* André, de S. Laurent du Pont, & grand nombres d'autres Dauphinois, firent de grands exploicts & servirent bien.

Symphorien Champier fait mention de plusieurs Seigneurs & Gentils-hommes de Dauphiné, qui se sont signalez durant les regnes de Louys XI. Charles VIII. Louys XII. & François I. comme de la Maison de Clermont, de Tournon, de Poictiers, de Maubec, de Sassenage, des Alemans, de Grolée, de Bocfozel, de Fay, du Bouchage, de Romagnieu, des Guiffreis, de Monteinard, de la Beaume-d'Autun, de la Garde, de Chasteauneuf, de Chandieu, de S*t* Prix, DE BEAUMONT, de Montplaisant, du Puy, de Bizonnes, de Mions, de Theis, de Terrail, de Morges, D'AUTICHAMP, de Champier, de Beranger, de Jon, de Disimieu, de Poisieu, de Maugiron, de Revel, de Martel, de Tardes, de Mantonne, du Puy-S.-Martin, d'Yzeron, de Granges, de Vatillieu, d'Arces, de Varces, de Clavaison, de la Baume-Cornillane, de Cornillieu, d'Ieres, de Serrieres, de Joffrey, de la Balme.

« *Extrait de l'Estat & Rolle du payement des gages des cent Gentilshommes*
» *ordinaires de l'Hostel du Roy, ordonnés pour la garde de son corps, étant*
» *sous la charge & conduite de M*g*r le Vidame de Chartres, pour une année*
» *entiere, commençant le I*er *jour de Janvier 1523, & finissant le dernier jour*
» *de Décembre, l'an revolu 1524, selon l'etat sur ce fait à Maistre Guillaume*
» *Briçonnet, servant à son acquit.* »

Ce Rolle est au VIII. vol. fol. 330 & suiv. du Recueil intitulé: Officiers des Maisons des Roys, &c. *conservé en Mss. au Cabinet de l'Ordre du S*t *Esprit, en XI vol. in-fol. comprenant la I*re *Bande de 100 Gentilshommes de la Maison du Roi.*

MESS. Loys de Vendosme, Chevalier, Vidame de Chartres, Prince de Chabanois, Prince & Ann. 1524. Baron de Thessanges & Poussanges, Chambellan ordinaire du Roy, Capitaine xv*c*. IIII*xx* x. l.

PREUVES DE L'HISTOIRE GÉNÉALOGIQUE

Meff. Anthoine de Clermont, Chevalier, Lieutenant................ IIIe. IIII^{xx}. x. l.

Philibert de Ryvoire, Seigneur de la Baftie...................... IIIe. IIII^{xx}. x. l.

Thierry d'Eurre, dit Tartarin, Sg^r r de Porres...................... IIIe. IIII^{xx}. x. l.

Philippes de la Tour, Seigneur de Vatillieu, jufques au dernier Juin..... IX^{xx}. XV. l.
Jehan Flotte, Baron de la Roche-Arnault, en fa place du Ier Juillet...... IX^{xx}. XV. l.

François de Montmorin, Seigneur de St Heran.................... IIIe. IIII^{xx}. x. l.
Meff. François de Saffenages, Chevalier, jufques au dernier Juin........ IX^{xx}. XV. l.
Fol. 333. Laurans de Beaumont, Seigneur de St Quentin, en fa place du premier jour de Juillet...... IX^{xx}. XV. l.

Fol. 335. François de Beaumont.................................. IIIe. IIII^{xx}. x. l.

Ymbert de Beaumont, Seigneur d'Autichamp..................... IIIe. IIII^{xx}. x. l.

Ymbert de Grollée, Seigneur d'Illins............................. IIIe. IIII^{xx}. x. l.

Claude d'Eurre, Sg^r r du Puy-St Martin........................... Id.

Chriftophe du Chaftelet, jufques au dernier Septembre............... IIe. IIII^{xx}. x. l. XII. f.

René de Clermont, Seigneur de St Georges........................ IIIe. IIII^{xx}. x. l.

Fol. 337. Michel Bastard de Beaumont ; néant........................
Guillaume de la Baume, Seigneur de Sufe, en fa place du Ier Janv^r...... IIIe. IIII^{xx}. x. l.

Jehan de Poitiers, Seigneur d'Alen............................... IIIe. IIII^{xx}. x. l.

Philibert de Clermont, Seigneur de Vauffere, du Ier Avril .... IIe. IIII^{xx}. XII. l.

Extrait du Rôle de la même Compagnie, pour l'année commençant le Ier Janvier 1527 & finiffant le dernier jour de Décembre fuivant l'an révolu 1528. Même vol. fol. 348 & fuiv.

Mess. François de la Tour, Chevalier de l'Ordre, Vicomte de Turenne, Capitaine.. xc^e. IIII^l. x. f.
Meff. Anthoine de Clermont, Chevalier, Lieutenant................ IIIe. IIII^{xx}. x. l.

Fol. 350. Laurans de Beaumont, Seigneur de St Quentin............... IIIe. IIII^{xx}. x. l.

Fol. 351. Ymbert de Beaumont, Seigneur d'Autichamp.................. IIIe. IIII^{xx}. x. l.

Extrait du Rôle de la même Compagnie, pour l'année commencée le Ier Janvier 1528, & finiffant le dernier Décembre fuivant l'an révolu 1529. Même vol. fol. 357 & fuiv.

Ann. 1528. Mess. François de la Tour, Chevalier de l'Ordre, Vicomte de Turenne, Capitaine.. XVe. IIII^{xx}. x. l.
Mre Anthoine de Clermont, Chevalier, Lieutenant................. IIIe. IIII^{xx}. x. l.

Fol. 360. Laurans de Beaumont, Seigneur de St Quentin.............. IIIe. IIII^{xx}. x. l.

Fol. 361. Ymbert de Beaumont, Seigneur d'Autichamp, jufques au dernier Septembre.. IIe. IIII^{xx}. XII. l. x. f.

DE LA MAISON DE BEAUMONT. Liv. V.

Extrait du Rôle de la même Compagnie, pour six mois, commencés le Ier Janvier 1529 & finis le dernier Juin 1530.
Même vol. fol. 367 & suiv.

Mess. François de la Tour, Chevalier de l'Ordre, Gouverneur de l'Isle de France, Vicomte de Turenne, Capitaine.................. VII^c. IIII^{xx}. xv. l.   Ann. 1530.
Mess. Anthoine de Clermont, Chevalier, Lieutenant............. IX^{xx}. xv. l.
....
Laurans de Beaumont, Seigneur de St Quentin.............   Fol. 369.
....

Extrait du Rôle de la même Compagnie, pour l'année commencée le Ier Janvier 1530, & finissant le dernier jour de Décembre suivant l'an révolu 1531.
Même vol. fol. 376.

Mess. François de la Tour, Chevalier de l'Ordre, Vicomte de Turenne, Capitaine.. XV^c. IIII^{xx}. x. l.   Ann. 1531.
....
Laurent de Beaumont, Seigneur de St Quentin............ III^c. IIII^{xx}. x. l.   Fol. 378.
....

Extrait du Rôle de la même Compagnie, pour l'année commencée le Ier Janvier 1531, & finissant le dernier Décembre suivant 1532.
Même vol. fol. 384.

Mess. François de la Tour, Chevalier de l'Ordre, Vicomte de Turenne, Capitaine.. XI^c. IIII^{xx}. xII. l. x s.   Ann. 1532.
Loys Monsieur de Cleves & de Nevers, Comte d'Auxerre, Chevalier de l'Ordre, en sa place du 1er Octobre................... III^c. IIII^{xx}. xvII. l. x s.
....
Laurens de Beaumont, Seigneur de St Quentin............. III^c. IIII^{xx}. x. l.
....

Extrait du Rôle de la même Compagnie, pour l'année commencée le Ier Janvier 1532, & finissant le dernier Décembre suivant l'an révolu 1533.
Même vol. fol. 394.

Loys Monsieur de Cleves & de Nevers, Comte d'Auxerre, Chevalier de l'Ordre, Capitaine........................... XV^c. IIII^{xx}. x. l.   Ann. 1533.
Mess. Guigo Guieffray, Chevalier, Seigneur de Boutieres, Lieutenant... III^c. IIII^{xx}. x. l.
....
Laurans de Beaumont, Seigneur de St Quentin............ III^c. IIII^{xx}. x. l.   Fol. 397.
....

Extrait du Rôle de la même Compagnie, pour l'année commencée le Ier Janvier 1536 & finie le dernier Décembre suivant 1537.
Même vol. fol. 404 & suiv.

Loys Monsieur de Cleves & de Nevers, Comte d'Auxerre, Chevalier de l'Ordre, Capitaine........................... XV^c. IIII^{xx}. x. l.   Ann. 1537.
....
Mess. Laurans de Beaumont, Chevalier, Seigneur de St Quentin.... III^c. IIII^{xx}. x. l.   Fol. 406.
....

Extrait du Rôle de la même Compagnie, pour l'année commencée le Ier Janvier 1537 & finie le dernier Décembre suivant 1538.
Même vol. fol. 414 & suiv.

Loys Monsieur de Cleves & de Nevers, Comte d'Auxerre, Chevalier de l'Ordre, Capitaine........................... XV^c. IIII^{xx}. x. l.   Ann. 1538.
....

238 PREUVES DE L'HISTOIRE GÉNÉALOGIQUE

Fol. 416. Meſſ. Laurens de Beaumont, Chevalier, Seigneur de St Quentin. . . . .iiic. iiiixx. x. l.

*Extrait du Rôle de la même Compagnie, pour l'année commencée le I*er *Janvier* 1538 *& finiſſant au dernier Décembre ſuivant* 1539.
Même vol. fol. 424 *& ſuiv.*

Ann. 1539. Loys Monſieur de Cleves & de Nevers, Comte d'Auxerre, Chevalier de l'Ordre, Capitaine. . . . . xvc. iiiixx. x. l.

Fol. 426. Meſſ. Laurans de Beaumont, Chevalier, Seigneur de St Quentin. . . . iiic. iiiixx. x. l.

Extrait du Rôle de la même Compagnie, pour l'année commencée le 1er *Janvier* 1539 *& finie le dernier Décembre ſuivant* 1540.
Même vol. fol. 433 *& ſuiv.*

Ann. 1540. Loys Monſieur de Cleves, &c. (*comme ci-deſſus.*). . . . .

Fol. 436. Meſſ. Laurans de Beaumont, Chevalier, Seigneur de St Quentin. . . . iiic. iiiixx. x. l.

*Extrait, &c. pour l'année commencée le I*er *Janvier* 1540 *& finie, &c.* 1541.
Même vol. fol. 443 *& ſuiv.*

Ann. 1541. Loys Monſieur de Cleves, &c. . . . . iiic. iiiixx. x. l.

Fol. 446. Meſſ. Laurans de Beaumont, Chevalier, Seigneur de St Quentin. . .

*Extrait, &c. pour l'année, &c. comm. le I*er *Janvier* 1541 *& finie &c.* 1542.
Même vol. fol. 453.

Ann. 1542. Loys Monſieur de Cleves, &c. . . . .

Fol. 455. Meſſ. Laurans de Beaumont, Chevalier, Seigneur de St Quentin. . .

*Extrait, &c. pour l'année comm. le I*er *Janv.* 1542 *& finie, &c.* 1543.
Même vol. fol. 463.

Ann. 1543. Loys Monſieur de Cleves, &c. . . . .

Fol. 465. Meſſ. Laurans de Beaumont, Chevalier, Seigneur de St Quentin. . .

*Extrait, &c. pour l'ann. comm. &c. le I*er *Janv.* 1543 *& finie, &c.* 1544.
Même vol. fol. 478.

Ann. 1544. Loys Monſieur de Cleves, &c. . . . .

Meſſ. Laurans de Beaumomt, Chevalier, Seigneur de St Quentin. . .

*Extrait, &c. pour l'ann. comm. &c. le I*er *Janv.* 1544 *& finie, &c.* 1545.
Même vol. fol. 489 *& ſuiv.*

Ann. 1545. Loys Monſieur de Cleves, &c. . . . .

Fol. 492. Meſſ. Laurens de Beaumont, Chevalier, Seigneur de St Quentin. . .

DE LA MAISON DE BEAUMONT. Liv. V. 239

Extrait, &c. pour l'ann. comm. le Ier Janv. 1545 & finie, &c. 1546.
Même vol. fol. 500 & suiv.

Mess. Claude Gouffier, Chevalier de l'Ordre, Seigneur de Boify, Grand
Ecuyer de France, Capitaine. . . . . xv^c. 1111^{xx}. x. l.   Ann. 1546.

Meff. Laurens de Beaumont, Chevalier, Seigneur de St Quentin. . .
. . . . Fol. 502.

Extr. &c. pour l'ann. comm. le Ier Janv. 1546 & finie, &c. 1547.
Même vol. fol. 509 & suiv.

Mess. Claude Gouffier, &c. . . . . Ann. 1547.
Meff. Laurens de Beaumont, Chevalier, Seigneur de St Quentin. . .
. . . . Fol. 511.

Extr. &c. pour l'ann. comm. le Ier Janv. 1547 & finie, &c. 1548.
Même vol. fol. 520 & suiv.

Mess. Claude Gouffier, &c. . . . . Ann. 1548.
Meff. Laurens de Beaumont, Chevalier, Seigneur de St Quentin. . .
. . . . Fol. 522.

Extr. &c. pour l'ann. comm. le Ier Janv. 1548 & finie, &c. 1549.
Même vol. fol. 330 & suiv.

Claude Gouffier, Chevalier, Sg^r de Boify, Capitaine. . . . .   Ann. 1549.
Meff. Laurens de Beaumont, Chevalier, Seigneur de St Quentin. . .
. . . . Fol. 533.

Extr. &c. pour l'ann. comm. le Ier Janv. 1549 & finie, &c. 1550.
Même vol. fol. 540 & suiv.

Claude Gouffier, &c. . . . . Ann. 1550.
Meff. Laurens de Beaumont, Chevalier, Seigneur de St Quentin. . .
. . . . Fol. 543.

Extr. &c. pour l'ann. comm. le Ier Janv. 1550 & finie, &c. 1551.
Même vol. fol. 550 & suiv.

Claude Gouffier, Chevalier de l'Ordre, Grand Ecuyer, Capitaine. . .   Ann. 1551.
Meff. Laurens de Beaumont, Chevalier, Seigneur de St Quentin. . .
. . . . Fol. 552.

Extr. &c. pour l'ann. comm. au Ier Janv. 1551 & finie, &c. 1552.
Même vol. fol. 559 & suiv.

Claude Gouffier, Chevalier de l'Ordre, Sg^r de Boify, Capitaine. . . xv^c. 1111^{xx}. x. l.   Ann. 1552.
Meff. Laurans de Beaumont, Chevalier, Sg^r de St Quentin, jufques au
dernier Mars.   1111^{xx}. xvii. l. x. f.   Fol. 563.
Georges d'Oranges, Seigneur de la Feuillée, en fa place du Ier Avril. . . . II^c. 1111^{xx}. xii. l. x. f.

Quittances Militaires données par LAURENT DE BEAUMONT, Seigneur de St Quentin.

Originaux en parchemin, conservés dans les Archives de M. le Comte de Beaumont-de-la Roque, au Château du Repaire, en Périgord.

12 Août 1531. EN LA présence de noz Notaires Dalphinaux desoubz signez..... noble homme LAURENT DE BEAUMONT, Segneur de St Quentin en Daulphiné, l'um des cent Gentilzhomes ordinaires de la Maison du Roy, nre Sire, soubz la charge de Monsf. le Viconte de Turayne.... confesse avoir reçeu de Monsf le Trésorier, Maistre Guilliaume Briçonnet, Trésorier desd. cent Gentilzhomes, la somme de quatre vings dix sept livres dix sols tornois pour payement de ses gaiges... pour le quartier d'Avrilz, May & Juing dernier passés.... Donné à Sainct Quentin, devant la meyson de moy Hugo Robert, Connotaire, le douziesme jour d'Aoust l'an mil cinq cens & trente ung, & moy Johan la Jon, Notayre Dalphinal, habitant de Grenoble... (*Signé*) H. Robert (&) La Jon.

4 Juil. 1533. En la présence de Moy, Notaire & Tabellion Royal soubzsigné, Citoyen de Lyon... fut présent... noble home LAURENS DE BEAUMONT, Seigneur de Sainct-Quentin en Daulphiné, l'ung des cent Gentilzhomes de la Maison du Roy, nre Sire, lequel... confesse... avoir... reçeu de noble homme Monsf. Maistre Guillaume Briçonnet, Trésorier & Commis ez payemens des gaiges desd. cent Gentilshommes.... la somme de troys cens quatre vingtz & dix livrez tourn. pour une année... finie le dernier... Décembre mil cinq cens trante-deux... Donné dans Lyon, en la Boutique du Notaire Royal soubzsigné, le quatriesme jour de Juillet l'an mil cinq cens trante-troys, ès préfences de nobles hommes Pierre Bynet & Jehan de Malbec, Seigneur dud. lieu.... & de moy, Notaire Royal (*Signé*) Gozebauld.

Dénombrement de la Terre de St Quentin, donné par LAURENT DE BEAUMONT, Seigneur de cette Terre.

Extrait du Registre cotté: Dénombrement Viennois & Valentinois; 1540, fol. 39, conservé aux Archives de la Chambre des Comptes de Dauphiné, & délivré par le Greffier en Chef de cette Chambre. (Signé) Chabert.

Dernier Aoust 1540. JE LAURENT DE BEAUMONT, Segnieur de Saint-Quentin, Gentilhomme de la Maison du Roy Daulphin, declare tenir dudit Seigneur le Chasteau, Segniorie & la Terre de Sainct Quintin, avefque son mere & mixte ampire, Juredition aulte, balie & moyenne, & les dépendances d'icelluy... aus debuoers qui s'ansuyvent ; c'est assavoir que led. Chasteau, Segniorie... & les dépendances, sont tenus aux lauds & vendes, quant il échet, lesquelles dépendances sont, peages, vinteyn, ban de vin, chorotage, couvés, gellinage de carementrand, paliage, senage, riveratages, & quant aulx rentes, prés, terres, vignies, boyes, je n'an doys nul debvoir ny nul laud, ne ventes, fors que de contribuer aus arriere-bans avefque lesdits biens feudaux sus només qui dépendent de ladte Segniorie ; & quant à la valeur de tous lesd. biens, je dis que je n'ey heu jamais que huit cens florins d'arrantement, desquieulx J'an ey balié à mon oncle BATEZARD DE BEAUMONT, la valiue de trois cens sexante florins par an, par son partage... Quant à ce que je doyes des arriere-bans, je n'en sçai rien, car je n'an hey jamais rien peyé à cause que le Roy a esfané ceulx de sa Maison.
Item. Plus je tiens au mandement de Tullins, la maison forte de Guallerne, avefque les rentes, prés, terres, estang & vignies... lesquels mes predecesseurs ont recogneu en particulier... & quant aulx rantes, je n'en doys nul devoer, fors de peier aux arrieres-bans, & je ne sçay qu'il n'an faict peier, car du tamps que je tiens lesd. biens, il n'a point esté faict d'arrieré-ban...
Item, je tiens à Romans, Pisanson & Chantamerle, an rentes, terres, vignies, maison, vingtz francs par an... Faict à Sainct Quentin, ce dernier jour du mois d'Aoust, l'an de grace mil cinq cent & quarante, & aincy par ma foy le declere & assere : DE BEAUMONT.

Déclaration de LAURENT DE BEAUMONT, Sgr de St Quentin, sur ce qu'il tient en Fief du Roi en Graisivodan.

Extrait du Registre cotté : Dénombrem. Graisivodan. 1540, fol. 56, conservé aux Archives de la Chambre des Comptes de Dauphiné, & délivré par le Greffier en Chef de cette Chambre. (Signé) Chabert.

Aun. 1540. JE LAURENS DE BEAUMONT, Segnyeur de St Quentin, avoer seu le mandement du Roy, sertifie avoer faict mon devoer à trouver l'omage & sidelité & denombrement de se que je tiens
dudit

DE LA MAISON DE BEAUMONT. Liv. V.   241

dudit Segnyeur au Balliage de Graisivaudan, c'eſt à ſavoer à cauſe de ſe que je poures avoer à la Fraicte, & de ſé qui m'a été ajugé, & à SOFFREZ DE BEAUMONT mon oncle, de qui mon fils MILCHIOR tient le lieu, qui ſe monte de la moytié de la reveniie & Segniorie des ſept pars, les deux & ne l'ey peu atrouver juſques à préſent, & aucy ey antandu que j'an doys l'omage au SEGNYEUR DE BEAUMONT, lequel cherche ſes titres pour faire ſon devoer anvers le Roy, ſuivant ledit mandement, par leſquels je pourrey eſtre informé ſy, je doys faire homage au Roy, ou audit Segnieur de Beaumont, & avoer ſeu auquel je doys, je m'offre à faire le debvoer.

Mandement de la Chambre des Comptes de Dauphiné, relatif à l'hommage fait au Roi par LAURENT DE BEAUMONT, de ſa Terre de St Quentin.

Extrait ſur l'original, conſervé aux Archives de la Chambre des Comptes de Dauphiné ; Caiſſe de St MARCELLIN, & délivré par le Greffier en Chef de cette Chambre. (Signé) Chabert.

Nᵃ. *Cet Acte a été depuis deplacé, & ne ſe retrouve plus dans cette Caiſſe.*

LES GENS des Comptes du Roy Dauphin Meſſire Jean(*) Bailly de Viennois & Valentinois, Procureur, ou leurs Lieutenans, Salut. Il nous eſt apparu par Lettres-Patentes dud. Seigneur, données....... le neufvieme jour de Septembre dernier..... LAURENT DE BEAUMONT, Eſcuyer, Seigneur de St Quentin, avoir led. jour fait au Roy Dauphin notredit Sire, ez mains de Monſeigneur le Chancellier, les foy, homage & ſerment de fidélité qu'il étoit tenu faire audit Seigneur, à raiſon & à cauſe de lad. Terre & Seigneurie de St Quentin, & autres biens qu'il a en cedit païs.... Si vous commandons.... que ſi pour cauſe deſd. foy & homage non faits, lad. Terre & Seigneurie de St Quentin.... ſont, ou étoient miſes à la main dud. Seigneur.... vous les lui mettriez ou faiſtes mettre en delivrance incontinent... Donné à Grenoble le vingt-deuxieme jour de Novembre mil cinq cent quarante-un.

(*) Sic. Il doit y avoir dans l'original: notre Sire, aux 22 Novembre 1541.

Teſtament d'ANNE DE SASSENAGE, veuve de LAURENT DE BEAUMONT, Seigneur de St Quentin.

Expédition faite par Cot & Lynard, Notaires Royaux Dalphinaux, ſur l'original trouvé dans les cédes & notes de feü Mᵉ Jacques Calignon, exhibées par Mᵉ Pierre de la Coſte, Procureur au Parlement de Dauphiné, Garde deſd. cédes ; en vertu d'Ordonnance du Juge Royal de Grenoble, du 17 Février 1616 : ſigné Cot, Notaire ; Lynard, Notaire, & de la Coſte : cette Expédition en parchemin, conſervée dans les Archives de la Maiſon de Saſſenage.

AU NOM de Noſtre Seigneur Jeſus... le deuxieme... d'Avril, l'an mil cinq centz huictante-quatre... pardevant moy, Notaire Royal... Damoyſelle ANNE DE SASSONNAGE, veſve de feû noble LAURENS DE BEAUMONT... Seigneur de Sainct Quentin... ſe voyant conſtituée en l'âge de vieilleſſe... a fait ſon teſtement... que s'enſuit. Premierement... au cas qu'elle dexcede au lieu de Galerne ou de preſent elle habite, elle a esleu ſa ſepulture en l'Egliſe Perrochielle de Tullin, & ſi elle dexcede à Sainct Quentin, elle a esleu ſa ſepulture dans l'Egliſe dud. lieu, en la Chappelle des Seigneurs de Sainct Quentin, où feu ſon mary a eſté inhumé... &... a remis ces obeeques à la diſcretion de ſon nepveux Monſieur le Baron de Saſſenage... Item, donne & legue à Dame Yzabeau de Saſſenage, ſa ſœur, Religieuſe au Couvent de Sainte Clere à Grenoble........ à Dame Loyſe de Saſſenage, ſa ſœur, Religieuſe à Montfleury... à Meſſire Anthoyne de Saſſenage, Seigneur de Monteilhier, ſon frere, la ſomme de dix eſcus... Item, a donné... à Meſſire Anthoine de Saſſenage, Seigneur & Baron dud. lieu & Pont-en-Royans, ſon nepveux, tous & chacuns les deniers qu'il pourroit devoir... de ſa dotte... Et en tous & chacuns ſes autres biens... elle a faict & inſtitué ſon heretier univerſel... noble GASPARD DE BEAUMONT, Seigneur de Sainct Quentin ſon filz naturel & legitime, & les ciens enfans legitimes ; & attendu que led. noble GASPARD DE BEAUMONT... eſt allienné de ſes bons ſens & entendement, jugement & raiſon, comme il auroit été par cy devant puis environ trente ans & davantage, au cas que ledit ſieur vienne à dexceder ſans enfentz naturelz & legitimes, eſtant ainſi furieux & inſenſé... lad. Damoyſelle teſtatrixe luy a ſubſtitué... Damoyſelle Jehanne de Saſſonnage ſa niepce, femme de Monſieur Mre François Ruzé, en la mayſon forte de Galerne, prés, terres, vignes, rentes en dependant. Item, au tenement de la grange Deſcouges, prés l'iſle des Ayes, & aulx biens de Romans, Sainct Pol, Piſanſon & Chantemerle... & en tous ces aultres biens... ſubſtitue... le ſurnommé Meſſire Anthoyne Seigneur Baron de Saſſenage ſon nepveu, & couſin de ſond. filz... & pource que la choſe la plus précieuſe que lad. Damoyſelle teſtatrice aye en ce monde, eſt la perſonne de ſond. filz, qu'elle

2 Avril 1584.

H h

desire estre servy, traité, nourry, vestu, honoré & entretenu honorablement selon sa qualité... se confiant de la pruhommie de... Me Jehan Phelippon, Notaire Royal aud. Tullin... icelle... ordonne qu'iceluy Phelippon aye la charge des affaires dud. S^r de St Quentin... lequelle elle charge de faire servir, traiter & honorer ledit S^t de St Quentin, selon sa qualité, aud. lieu de Galerne.... sans que.... icelluy.... soit distrait, ni amené hors la maison de Galerne... à la charge qu'icelui Phelippon, rendra compte annuellement de son administration aud. Seigneur Baron de Sassenage, lequel... elle a nommé curateur pour avoir la garde-noble de sond. filz... pour l'exécution de tout le contenu au present... nomme... led. sieur Ruzé son nepveu... Fait & stipulé en la chambre haulte de la Tourt de lad. mayson de Galerne, ez presences de Monsieur Mre Guignes Calygnon, Docteur ez Droitz, Official de Grenoble ; Mre Ennemond Bordoriat.... Israel Bressieu.... & moy Jacques Calignon, Notaire Royal Dalphinal, habitant à Grenoble, soubzsigné : Calignon, Notaire.

PIECES JUSTIFICATIVES
POUR SERVIR DE PREUVES
A L'HISTOIRE GÉNÉALOGIQUE
DE LA MAISON
DE BEAUMONT.

LIVRE SIXIEME.

LIVRE VI.

SEIGNEURS DE LA TOUR-DE-TENCIN,

De Rochemure, du Besset, de St Quentin, de Montaut, de St Sauveur, &c.

CHAPITRE PREMIER.

ANTOINE DE BEAUMONT, Seigneur de la Tour des Adrets & de la Tour-de-Tencin, fils puîné d'AYNARD II, Seigneur des Adrets, rapporté au Chapitre IIe du Livre précédent, pag. 205.

*Contrat de Mariage d'*ANTOINE DE BEAUMONT, *Seigneur de la Tour des Adrets, avec* CLAUDE DE MARC.

Original en papier, conservé dans les Archives de M. de Beaumont-de St Quentin.

4 Février 1526.

IN NOMINE Domini amen. Cum Magister Claudius Galberti quomdam Notarius.... plures contractus receperit.... quos morte preventus grossare non potuit, quorum grossatio mihi Guigoni Vallisserii, Notario subsignato fuit commissa, constante meâ Judiciali Commissione infertus incerta interquos.... inveni notam Instrumenti.... cujus tenor est talis : Matrimonium nobilis ANTHONII DE BELLOMONTE, Domini de Turre-Adextrorum ex unâ ; & nobilis CLAUDIE filie quomdam nobilis & egregii Domini CLAUDII MARCHE, Jurium Doctoris ex aliâ partibus...... per hoc publicum instrumentum cunctis fiat manifestum quod anno ejusdem Domini millesimo quingentesimo vigesimo sexto, & die quarta mensis Februarii, cum tractatum fuerit de Matrimonio contrahendo per verba de futuro inter nobilem ANTHONIUM DE BELLOMONTE, Dominum de Turre-Adextrorum ex unâ ; & nobilem CLAUDIAM MARCHIE, filiam quomdam nobilis & egregii Domini Claudii Marche, Jurium Doctoris, civis Grationop. ex aliâ, partibus ; hinc propterea fuit & est quod coram me Notario publico... constitutus personaliter dictus nobilis ANTHONIUS DE BELLOMONTE... &... dicta nobilis CLAUDIA MARCHIE, sponsa futura, que.... licentiâ & consilio nobilium Alisie Cocte, ejus avie materne ac Johanne de Avallone, ejus matris nec non nobilis Gilleti Marche ejus patrui, ibidem presentium.... dictum nobilem ANTHONIUM accipete.... in ejus... sponsum... eadem nobilis Alisia Cocte, avia materna ipsius sponse tutrix & administratrix persone & bonorum nobilis Johannis Anthonii Marche, filii pupilli & heredis dicti nobilis & egregii Domini Claudii Marche... gratis & sponse tutorio nomine dicti pupilli dedit... & assignavit... dicto nobili ANTHONIO DE BELLOMONTE.... in dotem.... summam septem centum scutorum auri cugni Regis Dalphini ad signum solis.... & centum scuta similia pro suis vestibus nupcialibus.... Item plus eadem nobilis CLAUDIA MARCHE.... constituit dicto nobili ANTHONIO DE BELLOMONTE... in augmentum sue dotis videlicet ducentum scuta auri ad signum solis, eidem nobili CLAUDIE MARCHE legata per nobilem Petrum de Avallone quomdam ejus avum maternum.... solvenda per nobilem Johannem de Avallone ejusdem sponse matrem.... Item dictus nobilis ANTHONIUS DE BELLOMONTE.... dedit & constituit dicte nobili CLAUDIE... de Jocalibus summam ducentum scutorum auri ad signum solis..... summam septem centum scutorum auri cugni Regis Dalphini ad signum solis.... Acta fuerunt hec in Castro Bucuryonis in Camerâ bassâ dicti Castri.... presentibus nobili Paulo Cocti, Domino Bucuryonis, nobili Johanne Cocti ejus filio, nobili Guigone Cocti, Domino de Chastellario ; nobili Gilleto Marche, nobili Johanne Bectonis, de Petra, Parrochie Campi ; Domino Laurentio Davidis, Presbitero dicti Castri Bucurionis, Matheo Semoneti, Clerico, servitore dicte nobilis Alisie Cocte, tutricis prædicte, Michaele Pomeri, de Merlano.... & me Notario Dalphinali publico subsignato : Galbert.... Ego vero Guigo Vallisserii, de Domena, auctoritate Dalphinali Notarius publicus, Commissarius predictus instrumentum supra scriptum per supra nominatum Magistrum Claudium Galberti, condam Notarium receptum pro ut inveni, levavi & grossavi.... virtute mee commissionis, deinde me subscripsi & signavi pro ut in talibus utor requisitus.... (*Signé*) Vallisserii.

246 PREUVES DE L'HISTOIRE GÉNÉALOGIQUE

Dénombrement donné par ANTOINE DE BEAUMONT, *Seigneur de la Tour-de-Tencin, de ce qu'il possède dans le Mandement de Theys.*

Extrait du Régiftre cotté : Dénombrement ; Graifivodan, 1540. fol. IIII^{xx}. v. confervé aux Archives de la Chambre des Comptes de Dauphiné, & délivré par le Greffier en Chef de cette Chambre. (Signé) Chabert.

« Dénombrement des Rentes & Cenfes que le noble ANTHOINE DE BEAUMONT, » Seigneur de la Tour-de-Tencin, prent es Parroches & Mandements deffoubs » efcriptes dedens le Mandement de Teys. »

Ann. 1540. ET PREMIEREMANT en la Parroche de Tencin, de froment cinquante-fix feftiers... à la Pierre, de froment dix-fept feftiers... la Terraffe, de froment deux civiers... au Champ, de froment trois feftiers... à Froges, de froment treize feftiers... à Brignioud, de froment fix feftiers... en Theys, Urtieres & Tignieu, de froment cinquante-deux feftiers... à Goncellin, de froment huit feftiers... au Adrect, de froment trois feftiers... à Villarbonoud, de froment IIII^{or} quartralia... au Verfouz, de froment un quartaz... à Domene, de froment trois modures... à Sainct Jehan-le-Vieux, de froment un civier deux modures... à Sainct Agniés, de froment douze civiers. ...

Plus, oultre ce que deffus tien ledict noble ANTHOYNE DE BEAULMONT audict Mandement de Theys, tant en terres, prés & vignies, que boes, foixante festeriés.

Item, plus tien au Mandement de Sainct-Quentin une piece de terre, boes, pré & ifle, avefque la maifon & grange....

Item, plus tien fix journaux de vigne avec un feftier à la Patroiffe de la Terraffe.

Quant à la cottization du Riere-Ban, je n'en fauroy rien dire, pource que l'on cottize les Gentilshommes l'une foes plus que à l'autre.... (Signé) ANTHOYNE DE BEAUMONT.

---

*Teftament d'*ANTOINE DE BEAUMONT, *Seigneur de la Tour-de-Tencin, en faveur de* CLAUDE, ENNEMOND, ANTOINE *&* ROLLAND DE BEAUMONT, *fes fils.*

Expédition faite par Allexandre, Notaire héréditaire, fur l'original exhibé par Hon͞ Sébaftian Durand, Garde des Papiers de feû Me Pipon, Notaire, à la requifition de noble JEHAN DE BEAULMONT, en vertu de Commiffion du Juge de Grenoble, du 23 Juillet 1635 ; figné Allexandre : cette Expédition en papier, confervée aux Archives de M. de Beaumont-de St Quentin.

« Teftament de noble & puiffant home ANTHOYNE DE BEAULMOND, » Seigneur de la Tour-de-Tencin. »

10 Juillet, 1552. AU NOM de Dieu foyt amen. L'an mil cinq centz cinquante-deux, & le dixiefme jour du mois de Julliet, es préfance de moy, Notaire Royal Dalphinal fouffigné... parfonellement eftably noble & puiffant home ANTHOINE DE BEAUMONT, Seigneur de la Tour-de-Tencin, lequel... a faict... fon Teftament au mode que s'enfuit, & premierement... veult la fépulture de fon corps dedans le cœur de l'églife Sainct Jehan Baptifte de Tencin, au bas & tombe de fes parants & amis trépaffés, en laquelle feront appellés cinquante Meffieurs les Preftres... & donne à ung chefcun Preftre trois foulx... Donne & légue à Damoifelle CLAUDE MARCHE, fa fame, pour fon douyre & panfion annuelle... vingt-cinq feftiers blé froment, cenfe annuelle & perpétuelle, à la moffure de Gonfellin, avec leur directe Seigneurie... Item fes mollintz que ledit Seigneur a aquis de Madame de Lanas, fitués à Tencin, avecq la terre & plaftage... defdits moullints qui folloient eftre à feû noble Gafpard Buiffiere... Veulx fes héritiers particulliers Dame ANNE & MARGUERITTE DE BEAULMOND, fes filles légitimes, Religieufes, ladite Anne à St Pol, au Viennois, & ladite Margueritte à Monfloty, deflus Grenoble, une chefcune d'icelles Religieufes en la fome de cinq efcus d'or fol.... Inftitue fon héritier particullier noble ENNEMOND DE BEAULMOND, fon filz légitime.... en ung grangeage.... fitué au Mandement de Sainct-Quentin, appellé l'Ifle-des-Ayes.... maifons, granges, prés, terres, vignes.... Item.... en les trois pars du Marthinet, deffoubz de Tencin.... Item en la fomme de mille livres tournoifes.... Inftitue ledit Segnieur Teftateur, fes héritiers particuliers, noble ANTHOYNE & ROLLAND DE BEAUMONT, fes enfans mafles légitimes, Religieux de Noftre-Dame de l'Ifle-de-Lion, chefcun d'iceux, en la fomme de cinquante efcus d'or fol.... Et inftitue fon héritier univerfel.... noble CLAUDE DE BEAUMOND, fon filz légitime & les fiens enfans malles légitimes.... Et en cas advenant que ledit noble CLAUDE DE BEAUMOND alle de vie à trefpas fans avoir enfans mafles légitimes.... ledit.... Teftateur.... fuftitue ledit noble ENNEMOND DE BEAUMOND fon filz.... & les fiens enfans malles légitimes ; & fi ledit noble ENNEMOND

DE LA MAISON DE BEAUMONT. Liv. V.   247

DE BEAUMOND alle de vie à trespas sans avoir enfans malles légittimes, substitue les susnommés, nobles ANTHOINE & ROLLAND DE BEAUMOND, Religieux & les leurs enfans masles légittimes; & en cas advenand que lesditz ANTHOINE & ROLLAND DE BEAUMOND allent de vie à trespas sans avoir enfans masles légittimes... substitue noble FRANÇOIS DE BEAUMOND, Segnieur des Adretz, son nepveulz, & les siens enfans malles légittimes..... Faict & arretté à Tencin, en préfance de Jaques Coques, Berthon dict Sacher, Clerc.... & moy, Claude Pipon, de Tencin, Diocèse de Grenoble, Notaire Royal Dalphinal soussigné. Pipon, Notaire.

CHAPITRE II.

CLAUDE DE BEAUMONT, fils aîné d'ANTOINE, & ses descendans;
Seigneurs de la Tour-de-Tencin, de Rochemure, du Besset, &c.

«Continuation... de la parcelle des Contractz... receu... par feû Maistre Aymard
» Pinet... Notaire Royal de Tencin, en faveur de hault & puyssant Seigneur
» Messire CLAUDE DE BEAUMONT, Chevalier, Seigneur de la Tour-de-
» Tencin ».

Cette Notice, en papier non signée, mais de l'écriture d'environ 1600, contenant quarante-six pages, est conservée dans les Archives de M. le Comte de Beaumont-de la Roque, au Château du Repaire, en Périgord.

ET PREMIEREMENT acquest de reachept... de Messire CLAUDE DE BEAUMONT, Chevallier, Ann. 1577 & suiv. Seigneur de la Tour-de-Tencin, à lui passé par Anthoyne Coques, Berthon Gagnoud, Laboureur dudit lieu... datté de l'an 1577, & du 28e... Février....
Autre acquest... dud. Messire CLAUDE DE BEAUMONT, Chevalier, Seigneur de la Tour-de-Tencin, à lui passé par Anthoyne & Claude, enfans à feû Blays Cymin-Guerra.... datté de l'an 1577, & du 4e.. Mars.....
Albergement dud. Messire CLAUDE DE BEAUMONT, Chevallier, Seigneur de la Tour-de-Tencin faict à... Guigues Cyvellet & à Anthonye Roux-Boudra, sa mere... datté de l'an 1578, & du 15e... Mars....
Recognoissance au profict de Messire CLAUDE DE BEAUMONT, CHEVALLIER DE L'ORDRE DU ROY, à luy passé par Guigues & Claude Cymin-Guigon.... datté de l'an 1579, & le 29e.... Octobre....
Albergement de Messire CLAUDE DE BEAUMONT, CHEVALLIER DE L'ORDRE DU ROY, Seigneur de la Tour-de-Tencin, à.... Pierre, filz à.... feû Jehan Ramel-Blanc... datté de l'an 1581, & du 13e... may....
Albergement de hault & puyssant Seigneur Messire CLAUDE DE BEAUMONT, CHEVALLIER DE L'ORDRE DU ROY, Seigneur de la Tour-de-Tencin, faict à Jacques Veyrat, de Tencin.... datté de l'an 1582, & du pénultieme jour d'Octobre....
Oblige pour led. Seigneur de la Tour de Tencin, contre noble George Guiffrey, Seigneur du Fiezney, de douze centz ezcus, datté de l'an 1584....
Cession... pour Messire CLAUDE DE BEAUMONT, Chevallier, Seigneur de la Tour-de-Tencin, à luy passé par noble Claude du Hault-Villat, Seigneur dudict lieu en Vivarès... datté de l'an 1584....
Oblige pour ledict Seigneur de la Tour-de-Tencin; contre noble Sébastien de Theys... datté de l'an 1585.....
Quictance pour le Seigneur de la Tour-de-Tencin, à luy passé par noble Claude de Ludesse, sieur dudict lieu.... datté de l'an 1585.....
Acquest de Messire CLAUDE DE BEAUMONT, CHEVALLIER DE L'ORDRE DU ROY, Seigneur de la Tour-de-Tencin, à luy passé par honnest homme Gabriel Roux-Boudraz... datté de l'an 1586, & du 4e... Juing....
Albergement de Messire CLAUDE DE BEAUMONT, Chevalier de l'Ordre du Roy, Seigneur de la Tour-de-Tencin, faict à Gabriel Roux-Boudraz.... datté de l'an 1586, & du 12e... Juing....
Obligation pour le Seigneur de la Tour-de-Tencin, contre le sire Jaques de Ricolles, Appothicaire de Goncellin... datté de l'an 1591.......

Quictance de hault & puyssant Seigneur Messire CLAUDE DE BEAUMONT, Chevalier, Seigneur de la Tour-de-Tencin, à lui passé par noble Balthezard de Genthon, Seigneur de Mallies, & noble YPOLIDAIRE DE GENTHON, son filz, comme mary de Damoyselle SUZANNE DE BEAUMONT, filhe dud. Seigneur de la Tour-de Tencin ; assavoir plain payement de la somme de douze centz escus par ledict Seigneur.... donnés de dotte à la dicte Damoyselle... sa filhe : datté de l'an 1594, & du 11e... Septembre.

Commande pour Damoyselle JEHANNA DE ROCHEMURE, femme du Seigneur de la Tour-de-Tencin, datté de l'an 1592...

Quictance pour Messire CLAUDE DE BEAUMONT, Chevallier, Seigneur de la Tour-de-Tencin, à lui passée par le sire Ambroys Jaqueluz, Libraire... datté de l'an 1592, & du 29e... Octobre....

Commande pour Damoyselle JEHANNA DE ROCHEMURE, contre Anthoyne Coques-Javollin.... datté de l'an 1594, & du 5e... Mars.....

Accensement de noble ENNEMOND DE BEAUMONT, Seigneur de l'Isle.... au nom de Messire CLAUDE DE BEAUMONT, Chevallier, Seigneur de la Tour-de-Tencin, faict à Me Gabriel Mola, Clerc de Brignoud... datté de l'an 1589, & du 15e... Janvyer.....

. . . .

Contrat de Mariage de SUZANNE DE BEAUMONT, fille de CLAUDE, avec BALTHAZAR DE GENTON-DE MAILLES.

Extrait parte in quà, collationné par le Conseiller, Secrétaire du Roi, Maison & Couronne de France, Greffier en Chef de la Chambre des Comptes de Dauphiné ; signé, Pizon, & conservé dans les Archives de M. de Beaumont-de la Roque, au Château du Repaire, en Périgord.

15 Juin. 1591. AU NOM de Dieu soit, amen..... Ce jourd'huy l'an de grace Notre Seigneur 1591, & le 15e jour du mois de Juin.... par-devant moy, Notaire soussigné.... se sont établis.... noble HYPOLIDONE DE GENTON, fils de noble Baltazard de Genton, Seigneur de Mailles, & Dlle SUZANNE DE BEAUMON, fille de Mre CLAUDE DE BEAUMON, Seigneur de la Tour-de-Tencin, & de Dlle JEANNE DE ROCHEMONT, (*) mariés ; lesquels... ont promis & jurés... qu'ils se prendront & épouseront en face de la Ste Mere Eglise.... le susnommé Mre CLAUDE DE BEAUMONT, Seigneur de la Tour-de-Tencin, pere de lad. Dlle SUZANNE DE BEAUMONT.... a donné.... en dotte & verchere à la susnommée Dlle SUZANNE DE BEAUMONT, sa susd. fille, & aud. Hypolidone de Genton... la somme de treize cents trente-trois écûs & tier d'autre écû, à raison de soixante sous piece, suivant l'Ordce, y comprenant cent soixante-six écûs, & deux tiers pour le vestement nuptiaux.... Led. noble Hypolidone de Genton, de la licence dud. noble Baltazard de Genton, son pere, a donné..... à lad. Dlle SUZANNE DE BEAUMONT, sa ditte future femme.... la somme de trois cents trente-trois écûs & tier d'autre de joyaux, de laquelle somme lad. Dlle pourra disposer & & faire à son plaisir à la vie & mort.... Fait... à Tencin, dans la Tour dud. Seigr, en la grande salle basse de la Tour... présent noble George de Guyfray, Seigneur Duffreney, noble ROLLAND DE BEAUMONT, fils de noble ENNEMOND DE BEAUMONT, Seigneur de l'Isle, du Mandement du Touvet, discret Me Antoine du Bœuf, Greffier d'Avalon, & Me Claude Reymond, Notaire Royal dud. Mandement d'Avalon, témoins.... & moi, Eymar Pinet, du lieu de Tencin, Nore Royal Dalphinal.... soussigné : Pinet, Notaire....

(* C'est Rochemure.)

Voici comment cet Acte est énoncé dans la notice des Actes reçus par Aymard Pinet, mentionnés ci-dessus.

MARIAGE de noble YPOLIDAIRE DE GENTHON.... & Damoyselle SUZANNE DE BEAUMONT, filhe de Messire CLAUDE DE BEAUMONT, Chevallier, Seigneur de la Tour de Tencin... à laquelle Damoyselle a esté constitué en dotte par ledict Seigneur de la Tour, son pere, la somme de treze centz trente-troys escus & tiers.... Item ledict sieur de GENTHON donne de survye à ladicte Damoyselle DE BEAUMONT six centz soixante-six eseus & deux tiers,... datté de l'an mil cinq cents nonante & ung, & du quinziezme jour de Juing.....

« Testament

DE LA MAISON DE BEAUMONT. Liv. VI.

« *Testament de Messire* CLAUDE DE BEAULMONT, *Chevallier, Seignier de la Tour-de-Tencin & de Sainct-Quentin, filz à feu noble* ANTHOYNE DE BEAULMONT.... *Seigneur de la Tour-de-Tencin.* »

Original en papier, conservé dans les Archives de M. le Comte de Beaumont-de-la Roque, au Château du Repaire, en Périgord.

L'AN... mil cinq centz nonante-six, & le dernier jour du moys de Janvyer.... pardevant moy, Notere soubsigné en personne, s'est.... constitué Messire CLAUDE DE BEAULMONT, Chevallier, Seigneur de la Tour-de-Tencin & de Sainct Quentin, filz de feu noble ANTHOINE DE BEAULMONT.... Seigr de la Tour-de-Tencin : lequel.... ayant ci-devant testé.... par testament receu par feu Me Jehan-George Pipon, & cregnant que led. Testament, par le déces de feüe Damoyselle MARGUERITE DE BEAULMONT, filhe dud. Seigr... ne fust... invalide... a faict... son testament... comme cy-après s'ensuyct : premierement... veult... que son corps soyt... en sépulturé en l'église du lieu de Tencin, au sépulcre de ses prédécesseurs, où sont sépulturez feu noble ANTHOYNE DE BEAULMONT, son feu pere, & Damoyselle CLAUDE MARC, sa feüe mere.... ordonne que à Madame MARGUERITE DE BEAULMONT, seur aud. Seigneur Testateur, Religieuse de Monthory, soyt délivré tout ce que luy plaira & sera nécessayre, selon sa discrécion, des biens.... de la Mayson dud. Seigr pour l'uzage d'icelle.... & quant il playra à lad. Dame... venyr fere sa résidance en la tour dud. Seigr... veult... qu'elle y soyt receüe & entretenüe avecques sa Chanbryere.... Item... veult... que à noble ROLAND DE BEAULMONT, Prieur de Gilloin, son frere, soyent payez annuellement cinquante francz de pention.... & pour ce que par les pertes que auroyt faict led. Seigr Testateur en ses guerres, il seroyt demeuré à payer à sond. frere la susd. pention quatre années... entend qu'elles soyent payez par son.... héritier universel.... Lègue à Damoyselle SUZANNE DE BEAULMONT, sa filhe, femme de noble Ypollidaure de GENTHON, Seigr de Malhes.... la somme de cinq centz escutz... à Damoyselle CHARLOTTE DE BEAULMONT, sa filhe, pour la cologuer en mariage... la somme de mille troys cens trente-trois escutz & tyers... & outre ce... la somme de cinq centz escutz sol... Consirme & ratiffie... touchant Damoyselle JEHANNE DE ROCHEMEURE, sa femme, tous ses droitz & choses à elle données... par leur contraict de mariage... & ... en tous & un chacuns ses biens... son héritier universel a faict... & nommé... noble EYNARD DE BEAULMONT, son chyer filz, seul & pour le tout.... & advenant que led. noble Eynard.... vînt à décéder sans enfans... substitue.... Damoyselle SUZANNE DE BEAULMONT, sa filhe, à la charge de transporter lad. hérédité.. à ung de ses enfans masles..., à la charge qu'il portera le nom & les armes dud. Seigneur Testateur.... à ce que la mémoyre de son nom soyt conservée.... & advenant que la susd. Damoyzelle SUZANNE DE BEAULMONT, vînt à décéder sans enfans masles, veult... que lad. substitution aye lieu en la personne d'ung des enfans masles de lad. Damoyselle CHARLOTTE DE BEAUMONT.... & advenant que les susdites Damoyzelles substituez vincent à décéder sans enfans masles, veult... que les biens... viennent à estre partagez par moytié entre celles de leurs filhes qu'elles vouldront nommer.... & advenant que les susdites filhes... vincent à décéder sans nulz enfans... veult... que son héridité parvyenne aux enfans masles de noble ENEMOND DE BEAULMONT, son frere, Seigneur de l'Isle de Sainct-Quentin... Faict... & récité à Tencin, dans la Tour dud. Seigr en la grande salle basse... présentz Me Guigues d'Arbon, Clerc... Cohard Revol, Guigues, Bally... tesmoingz... (*Signé*) LA TOUR-DE BEAUMONT, Seigneur Testateur.... & moy, Aymar Pinet, du lieu de Tencin, Notre Royal soubsigné. (*Signé*) Pinet.

Dernier Janvier 1596.

« *Homage de noble* CLAUDE DE BEAUMONT, *pour St Quentin.* »

Extrait de la Chambre des Comptes de Dauphiné : Homagiorum 3, 4 & 5, fol. 30. Délivré par le Greffier en Chef de cette Chambre ; signé Chabert.

LES GENS des Comptes du Dauphiné, Conseillers du Roy, à tous ceux qui ces présentes verront, sçavoir, faisons que ce jourd'huy .... a été présent au Bureau des Comptes noble CLAUDE DE BEAUMONT, Seigneur de St Quentin, lequel tant en son nom propre & comme Procureur de noble ENNEMOND DE BEAUMONT, son frere, aussi Seigneur dud. St Quentin, étant sur ses pieds, & tenant ses mains jointes entre les mains de Monsieur Me Floris Reynard, Conseiller du Roy en son Conseil Privé & d'Etat, Premier Président en lad. Chambre, a fait les foy & homage que doivent & sont tenus faire au Roy à cause de lad. Terre, Seigneurie & Juridition dudit St Quentin, en le baisant à la joüe en signe de perpétuel amour & dilection, & si a promis & juré qu'il tient & veut tenir dudit Seigneur Roy Dauphin, à cause dudit Dauphiné en Fief franc, noble, gentil & Juridition lad. Terre & Seigneurie de St Quentin, avec son Château, maison, terre, fief, rente, cense & autres droits & devoirs desquels il sera tenu de bailler, par

30 Mars 1606.

PREUVES DE L'HISTOIRE GÉNÉALOGIQUE.

dénombrement particulierement en la Chambre, dans trois mois..... Le tout fait à Grenoble, aud. Bureau, le pénultieme Mars mil six cent six, préſents ledit Seigneur Préſident, Conſeillers & Maîtres, & led. Seigneur de Beaumont. Signé : LA TOUR-DE BEAUMONT, & moy recevant. (*Signé*) Bouier.

Vente faite par MARC DE BEAUMONT-DE ROCHEMURE, Baron du Beſſet.

Extrait vidimé le 1er Mai 1767, par Sappey, Notaire Royal du Mandement d'Allevard, ſur l'Expédition en forme à lui repréſentée & à l'inſtant retirée par Vénérable Pere Dom Chriſtophe Dupré, Procureur-Sindic de la Chartreuſe de St Hugon ; ſigné, Fr. C. Dupré, Sindic juſdit, Sappey, Notaire, & légaliſé.

25 Mai 1663. L'AN MIL ſix cent ſoixante-trois, & le vingt-cinquieme jour du mois de Mai, après midy, par-devant moy Felix Bouverot, Notaire héréditaire étably au Mandement de Goncelin.... fut préſent.... Meſſire MARC DE BEAUMONT-DE ROCHEMURE, Seigneur, Baron du Beſſet & auttres places ; lequel.... a vendu à noble Pierre de Vente, Seigneur de Monpaſſa, dudit Goncelin.... ſept quartes blé froment, meſure de Goncelin, & demi-geline de rente directe, portant lods & vente au ſixieme de mois.... avec le plait accoutumé, à mutation de Seigneur & poſſeſſeur.... ſur environ un journal terre & pré ſitués à la Paroiſſe de Goncelin, deſſus la Croix Rouge ; ... reconnû.... moyennant le prix & ſomme de ſeptante-ſept livres..... Fait & paſſé à la Maiſon-Forte de la Tour ſur Tencin, préſent ſieur Claude Piſon, Marchand.... & ſieur Jean Gaillar, fils à feû Jean, dudit Goncelin.... & moy.... Bouverot, Notaire....

De l'Etat des Nobles qui ont été jugés dans la Province de Dauphiné.

Extrait du Ier Vol. pag. 2 du Recueil ſur la Recherche de la Nobleſſe, faite en Dauphiné en 1666 & années ſuivantes ; ce Recueil, conſervé en original au Cabinet de l'Ordre du St Eſprit.

Ellection de Grenoble.

Ann. 166... MARC DE BEAUMONT-BESSET, de Grenoble ; maintenu.

Acte donné par M. de Fortia, Intendant d'Auvergne, à Cecille DE TORANC, 2e femme de MARC DE BEAUMONT-DE ROCHEMURE, Seigneur de St Quentin & du Beſſet, de la repréſentation de ſes titres de nobleſſe.

Extrait du Régiſtre des Comparutions de ceux qui ont été aſſignez pour la Nobleſſe, ès années 1666, 1667, 1668, 1669 & 1670 ; cotté : Auvergne ; 2e vol. fol. 602 ; conſervé en original, au Cabinet de l'Ordre du St Eſprit.

9 & 13 Juillet 1669. LE 1xe jour de Juillet 1669, par-devant nous, Commiſſaire & Intendant ſuſdit, eſt comparue Damlle CECILLE DE TORENC, eſpouſe en ſecondes nopces de MARC DE BEAUMOND-DE ROCHEMEURE, Eſcuier, Seigr de la Terre St Quentin, le Beſſet & auttres places, marié en premieres nopces avec deffunte De JEANNE DE TORAN, faiſant pour lui, aſſigné pour la repréſentation de ſes titres de nobleſſe, laquelle a dit que led. ſieur DE BEAUMOND eſt depuis cinq années deſtenu malade des goutes, aagé de ſoixante-trois à quatre ans, demeurant ordinairement au Chaſteau de Beſſet, en Auvergne, près de la Paroiſſe de Nozerolles, Ellection de Brioude, porte pour armes d'argent à la faſce d'azur, chargée de 3 fleurs de lis d'or, à la couronne de Comte, ayant un enfant maſles du 1er lit, nommé JEAN-JOSEPH, aagé de 25 ans, & quatre du ſecond lit, ſçavoir : ANTOINE, de dix-neuf ; GABRIEL, douze ; autre JOSEPH, de huit ; & FULCRAN, de ſix : qu'il n'a autre perſonne en cette Province de ladite famille, laquelle vient de Dauphiné, où il y en a pluſieurs ; qu'ils poſſédent la Terre & Chaſteau de Beſſet, du Fief relevant, à ce que lad. Comparante croit, du Déché de Merqueure, & pour juſtifier de la nobleſſe dud. ſieur DE BEAUMOND. Lad. Dlle Comparante a mis au Greffe de noſtre Commiſſion les titres énoncés en l'inventaire d'iceux, ſous huit cottes, qu'elle maintient aud. nom bons & valables, à laquelle comparution a eſté préſent Me François St Jal, Procureur, qui a ſigné avec lad. Comparante. (*Signé*) CECILLE DE TORANC (&) de Sainct Jal.

Après que les titres produits par led. ſieur DE BEAUMOND ont été par nous examinés, viſés & ſignés, ils ont eſté rendus, du conſentement dud. ſieur Procureur du Roy, qui a ordonné qu'il ſera employé au Cathalogue des Gentilshommes de cette Province d'Auvergne. Fait à Riom, le 13e de Juillet 1669. (*Signé*) de Fortia, Rochette, Ducoudray.

DE LA MAISON DE BEAUMONT. Liv. VI. 251

J'ay retiré les Pieces par moy produites pour led. sieur DE BEAUMONT, mon mary, led. jour, en foy de quoi j'ai signé : CECILLE DE TORANC.

Jugement de maintenue de Noblesse, rendu par M. de Fortia, Intendant d'Auvergne, en faveur de MARC DE BEAUMONT-DE ROCHEMURE, Seigneur de la Tour-de St Quentin & du Besset.

Original en papier, conservé au Cabinet de l'Ordre du St Esprit : Recueil des Jugemens de Maintenue de Noblesse de la Province d'Auvergne, vol. VI. fol. 211 - 214.

BERNARD de Fortia, Chevalier, Seigneur du Plessis & de Clereau, Conseiller du Roy en ses 13 Juill. 1669. Conseils, Mᵉ des Requestes ordinaire de son Hostel, Intendant de Justice, Police & Finances en la Province & Généralité d'Auvergne, Commissaire Départy & Député par Arrest du Conseil, du 22 Mars 1666, pour la vérification des titres de noblesse en lad. Généralité. Veu led. Arrest du Conseil, l'Ordonnance par nous rendue en exécution d'iceluy, le 22 Avril en suivant, aux fins de faire assigner par devant nous les véritables Gentilshommes & autres personnes qui ont pris les qualités de Chevalier ou d'Escuier pour la représentation de leurs titres. Exploit de signification desd. Arrest & Ordonnance au sieur DE BEAUMONT-ROCHEMEURE, avec assignation à lui donnée en conséquence, l'Acte de Comparution fait par-devant nous le ixᵉ du présent mois de Juillet, par Damˡˡᵉ CECILLE DE TORRENC, espouse en secondes nopces de MARC DE BEAUMOND-DE ROCHEMEURE, Escuier, Seigʳ de la Tour Sᵗ Quintin, le Besset, & autres places, veuf de feüe Damˡˡᵉ JEANNE DE TORRENC, faisant pour led. sieur DE BEAUMONT, demeurant au Chasteau de Besset, près Nozeirolles, Ellection de Brioude, contenant la représentation de plusieurs contracts de mariages & autres pieces qu'elle avoit produites & mises au Greffe dud. sieur Commissaire, pour justifier de sa noblesse : le Contract de Mariage de noble MARC DE BEAUMONT-DE ROCHEMEURE, Seigʳ de la Tour Sᵗ Quintin, le Besset & autres places, fils de noble AYMARD DE BEAUMONT, demeurant au Château du Besset, Diocèse de Mande, & de Dame CICILLE DE LA GARDE, sa mere, avec Damˡˡᵉ JEANNE DE TORRANC, du 13ᵉ Aoust 1626 ; contract de mariage de noble AYMARD DE BEAUMOND & de Rochemeure ; sieur de Besset, fils de noble CLAUDE DE BEAUMOND, sieur de la Tour Sᵗ Quentin & autres places, & de Damˡˡᵉ JEANNE DE ROCHEMEURE, Dame de Besset, ses pere & mere, avec Dˡˡᵉ CICILLE DE VERNET, du 26 Juin 1603 ; donation faite par puissant Seigʳ noble AYMARD DE BEAUMONT-DE ROCHEMURE, Seigʳ de Besset &c. autres places, habitant aud. Château de Besset, Evesché de St Flour, de tous ses biens en faveur de Dame CECILLE DE LA GARDE, sa très-chere femme, sous les clauses & conditions y enoncées, & à la charge de disposer, à la fin de sa vie, desd. biens en faveur de leurs enfans, par ordre, les malles préférés, du 28e Décembre 1630. Autre Contract de Démission, fait par Dame CECILLE DE LA GARDE, veuf de feü noble AYMARD DE BEAUMOND-ROCHEMEURE, vivant Seigʳ de Besset, de tous les biens qui luy avoient esté donnés par led. feü AYMARD, son mary, au proffit de Messire MARC DE BEAUMONT DE ROCHEMEURE, Seigʳ de la Tour, Besset, Sᵗ Maurice & autres places, du 3e Septembre 1632 ; copie collationnée du Contract de Mariage de Messire CLAUDE DE BEAUMOND, Chevalier, Seigneur de la Terre de Tusin, Diocèze de Grenoble, avec Damˡˡᵉ JEANNE DE ROCHEMEURE, du 13ᵉ Juillet 1561 ; Testament de noble CLAUDE DE BEAUMONT, Seigʳ de la Tour-Tensin & de Sᵗ Quintin, par lequel il avoit fait des legs à noble AYMARD DE BEAUMONT, sieur de Besset, son fils, fait son héritiere universelle Damˡˡᵉ JEANNE DE ROCHEMEURE, sa très-chere & bien aimée feme, à la charge de remettre lad. hérédité à noble MARC DE BEAUMONT, fils audit AIMARD DE BEAUMOND, sieur de Besset, & de Damˡˡᵉ CECILLE DE LA GARDE, du ixᵉ Novembre 1607 ; Contract de Mariage en latin de noble ANTOINE DE BEAUMONT avec Damˡˡᵉ CLAUDE MARCHE, du 4e Febvrier 1526 ; Testament de noble & pᵗ homme ANTOINE DE BEAUMONT, Seigʳ de la Tour-de-Tencin, par lequel il fait plusieurs legs à Damˡˡᵉ CLAUDE MARCHE, sa femme, & institue son héritier universel noble CLAUDE DE BEAUMOND, son fils, du 10ᵉ Juillet 1552 ; Testament en latin de noble AYMARD DE BEAUMOND, par lequel il auroit institué pour son héritier universel noble ANTOINE DE BEAUMOND, son fils, du 20ᵉ Septembre 1499 ; le Consentement de Me François de Coudray, Procureur de Mᵉ Jean du Bois, chargé par Sa Majesté à la recherche des faux nobles en cette Généralité, à ce que les titres produits par led. sieur DE BEAUMONT-ROCHEMEURE lui soient rendus ; Conclusions du Procureur du Roy en notre commission, auquel le tout a été communiqué : tout considéré, nous avons donné Acte audit MARC DE BEAUMONT-ROCHEMEURE, Escuier, sieur de Besset, de la représentation de ses titres de noblesse. Et après qu'ils ont été par nous examinés, visés & signés, ils ont esté rendus à lad. Damˡˡᵉ DE TORRENC, du consentement desd. Procureur du Roy & du Coudray, ordonnons que led. sieur DE BEAUMONT sera employé au Cathalogue des Gentilshommes de cette Province d'Auvergne, au desir de l'Arrest du Conseil du 22ᵉ Mars 1666. Fait à Riom, le 13 Juillet 1669. (Signé) De Fortia.

I i ij

Arrêt de Décharge rendu par M. Bazin-de Bezons, Intendant en Languedoc, en faveur de MARC DE BEAUMONT-DE ROCHEMURE, Baron du Besset.

Original en papier, conservé au Cabinet de l'Ordre du St Esprit : Recueil de Manuscrits servant à l'Histoire de cet Ordre ; vol. 247, fol. 399 ; 400 & 401.

9 Septemb. 1669. ENTRE le Procureur du Roy en la Commission, dilligence de Me Alexandre Belleguize, chargé par Sa Majesté de la poursuite & vérifica͞on des titres de noblesse & recherche des uzurpateurs d'icelle en Languedoc, demandeur en exécu͞on de la Declara͞on du 6e Fevrier 1664, & Arrest du Con͞l du 6e Décembre 1667, d'une part.

Et noble MARC DE BEAUMONT-DE ROCHEMEURE, Seigneur & Baron du Besset, rezidant aud. lieu, en la Province d'Auvergne, assigné & Deffendeur d'autre.

Veu lad. Desclara͞on & Arrest du Con͞el ; l'Exploit d'assigna͞on donnée au Deffendeur en remize des titres en vertu desquels il a pris la qualitée de noble ; Jugem^t par nous rendu contre led. Deffendeur, portant condempna͞on de la somme de mil livres ; la Requeste à nous prezantée par led. Deffendeur avec nostre Ord^{ce} du septiesme Aoust dernier, par laquelle nous aurions mis led. Deffendeur en l'estat qu'il estoit auparavant led. Jugem^t, en payant les despans, modérés à trante livres, & ordonné qu'il justiffieroit dans huitaine comme il estoit domicillié de la Province d'Auvergne ; Quittance de la somme de trante livres faitte par Me Dupuy, du 16e Aoust dernier ; autre Requeste à nous prezantée par led. Deffendeur avec nostre Ord^{ce} qu'il produiroit, du 29e Aoust dernier ; Exploit d'assigna͞on donnée aud. Deffendeur, pard^t Me de Fortia, pour reprezanter ses titres de noblesse, le 3e Aoust 1667 ; le Jugem^t rendu par Me de Fortia, par lequel il ordonne que led. sieur DE BEAUMONT-DE ROCHEMEURE sera employé au Catalogue des Gentilshommes de la Province d'Auvergne, du troiziesme Juillet 1669.... donnation faitte par noble AYMARD DE BEAUMOND-DE ROCHEMEURE, Seigneur du Besset, ba͞rit au Chasteau du Besset, parroisse de la Bessiere St Mary, Dioceze de St Flour, du 18e Décembre 1630.... Contrediz de Belleguize, inventaire & dire dud. Deffend^r, servant de response ausd. Contrediz, Conclusions du Procu^rt du Roy, ouy le raport du sieur de Sollas, Comm^{re} à ce deputé ; tout consideré :

Nous Intendant susd. par Jugem^t Souverain & en dernier Ressort, de l'advis des Officiers par nous pris au dezir de l'Ord^{ce}, attendeu que led. sieur du Besset, est domicillié de la Province d'Auvergne, avons icelluy deschargé de lad. assigna͞on, faizant defsance aud. Belleguize, ses Prépozés & Commis, de, pour raizon de ce, luy donner aucun trouble, à peine de tous despans, domaiges & intheretz. Fait à Montpellier, le neufuiesme jour de Septembre 1669. (*Signé*) Bazin.

CHAPITRE III.

ENNEMOND DE BEAUMONT, Seigneur de S.t Quentin & de Lifle, fils puiné d'ANTOINE, rapporté pag. 245.

« *Teſtement de hault & puiſſant Seigneur noble* ENNEMOND DE BEAUMONT,
» *Seigneur de Sainct-Quentin.* »

Original en papier, conſervé dans les Archives de MM. de Beaumont-S.t Quentin.

AU NOM de Dieus ſoit faict.... Noble & puiſſant Seigneur ENNEMOND DE BEAUMONT, Seigneur 14Décemb.1607; de Sainct Quentin & de Lifle, a vollu faire ſon teſtement.... & à ceſte cauſe, ce jourd'huy quatorziefme jour du moys de Dexcembre, avant midi, mil fix cens ſept, par-devant moy, Claude Molin, Nor Royal Dalph & Greffier de la Chaſtellenie dud. Sainct Quentin...s'eſt eſtably... le fus nommé noble ENNEMOND DE BEAUMONT, Seigneur de Sainct Quentin, lequel.... a faict ſon Teſtement.... Et premierement.... veult.... eſtre porté & enſepulturé dans la Chapelle deſd. Seigneurs, ſoubz le vocable Sainct Chacques, dans l'Egliſe Paroiſſiale dud. Sainct Quentin, au tumbeau des ſeuz Seigneurs dud. lieu, decedant icelluy dans led. Mandement de Sainct Quentin. Et le cas eſtant que ledit Seigneur Teſtateur deceda au Thouvet, veult.... led. Seigneur ſons corps eſtre mis & inhumé au ſepulchre ou tumbeau de ſes predeſſeſſi s, en la Chapelle de la Maſon des BEAUMONTZ, en l'Egliſe dud. Thouvet.... Legue.... à Damlle JEANNE DE BEAUMONT, ſa fille naturelle & legitime, à preſent femme du ſieur de l'ESCHIRENNE, en Savoye, la ſomme de quinze livres pour une fois & ce, outre ce qu'il luy auroit conſtitué en dotte en ſon contract de mariage paſſé entre elle & le ſieur de St HELENE DU LAC, ſon premier mary.... Item plus, led. Teſteur legue.... à noble JEAN DE BEAUMONT, ſon filz naturel & legitime, aſſavoir ſon terrier, cens & rentes.... qu'il a acoſtumé prendre aux Mandementz du Thouvet, la Terraſſe & audits lieux limitrophes & circonvoizins de la vallée & Balliage de Graiſivodant.... Plus, la ſomme de trois cens vingt-huict eſcus d'or ſol, revenant à mil ſeptante-quatre livres, que ſon deus aud. Seigneur Teſtateur... pour les biens & paiement des debtes de l'heritage de ſeü Damlle LOUYSE DE RAVIER, femme dud. Seigneur Teſtateur.... à la charge.... que led. noble JEAN DE BEAUMONT ſera tenu obſerver.... la tranſaction faicte entre icelluy Legataire & noble ROLLAND DE BEAUMONT autre filz dud. Seigneur Teſtateur.... reçeue par Me Claude Cuchet, Notaire Chaſtelain dud. Sainct Quentin.... contenant la donnaton faicte aud. noble ROLLAND DE BEAUMONT en ſon contract de mariage faict avecq Damlle JEANNE TESTE par lad. Damoiſelle LOUYSE DE RAVIER, ſa mere, femme dud. Seigneur Teſtateur... Item... legue... à noble CLAUDE DE BEAUMONT, ſon autre filz naturel & legitime, aſſavoir tous les fondz aud. Seigneur Teſtateur ceddés par noble Nicollas de Morard, Cappne & Chaſtelain Royal d'Allevard, par acord.... faict par-devant le ſieur Lieutenant Particulier au Balliage de Graiſivodan, en la Ville de Voiton, leſquels fonds ſont ſitués tant à Sainct Pierre d'Allevard que au lieu de la Terraſſe.... Enſemble legue.... aud. CLAUDE.... la ſomme de ſix cens livres.... à Damlle Gaſparde de RAVIER, ſoeur de lad. Damoiſelle LOUYZE DE RAVYER, vivante femme dud. Teſtateur, aſſavoir la ſomme de cent cinquante livres.... Item.... aux enfans de feü le noble ROLAND DE BEAUMONT, ſon fiz, ſçavoir, à Dame SUZANNE DE BEAUMONT, Profeſſe au Monaſtere de Montfiory, la ſommede cinq livres.... à Dlle MARIE, DIANNE & GABRIELLE DE BEAUMONT, filhes dud. feü noble ROLLAND DE BEAUMONT, & à noble PIERRE, GUILLAUME & FRANÇOIS DE BEAUMONT, enfans maſles dud. feü noble ROLLAND DE BEAUMONT : & encore à Damlle LYENOR DE BEAUMONT, ſon autre filhe, & de Damlle JEANNE TESTE, leur mere... au checun & checune... la ſomme de douze centz livres pour une fois. En ce compriſs le legat que led. feü noble ROLLAND DE BEAUMOMT leur porroit avoir faict.... Et à checun d'eux leur norriture & entretenement aux frais & deſpans de ſon heritiere.... Ordonne leſd. FRANÇOIS, GABRIELLE & LIENOR eſtre inſtruits pour eſtre d'egliſe & mis en religion, car c'eſt ainſi ſa vollonté & de quoy les exhorte.... Et en tous checun ſes autres biens.... il a.... inſtitué......ſon heritiere generalle & univerſelle aſſavoir, Damoizelle JEANNE TESTE, ſa belle-fille, relaiſſée dud. filz noble ROLLAND DE BEAUMONT, filz dud. Seigneur Teſtateur.... à la charge.... que lad. Damlle.... ſera tenue rendre.... led. heritage après ſon decès à noble PIERRE DE BEAUMONT, ſon fils ayſné naturel & legitime & dud. feü noble ROLAND DE BEAUMONT.... Et en outre led. Seigneur Teſtateur.... donne à lad. JEANNE TESTE... le choix.... de diſpoſer en.... faveur de celluy ou de ceux des fuſd. ſieurs enfans maſles noble PIERRE, GUILLAUME & FRANÇOIS DE BEAUMONT, & lequel d'eux qui bon lui ſemblera, aſſavoir tant ſeulement pour raiſon des biens que led. feü noble ROLLAND DE BEAUMONT, leur pere, pouvoit avoir acquis cy-devant, & qui ſont ſitués aux Mandemens d'Izeron, Viennois & Mandement commun.... Faict.... en presence de Michel Brotel dit Charmeil.... Anthoine Brotel.... & moy, susdit Notaire Royal Dalphinal recepvant...... (*Signé*) Molin, Notaire.

CHAPITRE IV.

ROLLAND DE BEAUMONT, Seigneur de Lisle, fils aîné d'ENNEMOND.

Contrat de Mariage de ROLLAND DE BEAUMONT, *fils d'*ENNEMOND, *avec* JEANNE DE TESTE-DE LA MODRINIERE.

Original en parchemin, conservé dans les Archives de MM. de Beaumont-St Quentin.

3 Juillet 1586.   AU NOM de N^{re} Seigneur Jesus-Crist... comme... mariage soit esté traité... entre noble ROLLAND DE BEAUMONT, filz de noble ENYMOND DE BEAUMONT, sieur de Lisle, du lieu & Paroisse du Thouvet en la vallée de Graysivodan.... & Damoyselle JEHANNE DE TESTE, filhe de noble Lyonard de Teste, sieur de la Modriniere, au Mandement d'Yzeron..... Ce jourd'huy troysieme jour du moys de Julhet l'an mil cinq cent huictante-six,... devant... nous, Berthon de la Combe & Françoys Martinays, Notaires Royaulx Dalphinaulx.... les Parties susnommées... du vouloir..... leurs Peres.... ont promis.... se prendre & espouzer l'un l'aultre.... Le susnommé noble L...... de Teste.... a.... constitué & assigné en dotte à icelle Damoyselle, sa filhe & pour elle, au........oble DE BEAUMONT, son espouz.... la somme de mil escus sol, à soixante soulz piece, suyvant ....ict du Roy.... oultre.... cent escus sol pour ses robes nuptialles.... Les susnommés nobles ENYMON... & ROLLAND DE BEAUMONT, pere & filz.... ont donné d'acrest & augment à icelle Damoyzelle DE TESTE.... la somme de cinq centz escus d'or sol.... & deux centz escus sol.... pour ses Joyaulz.... le sudict noble ENYMOND DE BEAUMONT, pere dudict noble ROLLAND.... donne.... audict noble ROLLAND, son filz.... tous.... les biens.... maisons.... terres, vignes, boys, isles.... qu'il a.... au Mandement de St Quentin, routesfoys du costé delà la riviere de l'Ysere, appellé en l'Ysle des Hayes.... avec tous droictz.... seigneuriaulx.... Plus.... toutes.... les successions.... & substitutions à luy.... eschues & à escheoyr aux.... Seigneuries.... des Adretz & de St Quentin.... Davantage ledict noble ENYMOND DE BEAUMONT.... comme Procureur.... fondé par Damoyselle LOYSE DE RAVYER, sa femme & mere dudict noble ROLLAND, ainsy que de lad. procuration appert, reçeue par Me Chaboud, Not^{re} du Thouvet, du vingt-neufvieme Juing dernier.... Donne.... à icelluy noble Roland, son filz.... la moytié de tous.... les biens.... de lad. Damoyselle RAVYER.... dotaulx.... parafernaulx.... hommages, droitz seigneuriaulx & aultres.... se réservant.... les fruitz.... sa vie durant & de lad. Damoyselle.... &.... a nommé.... ses Procureurs au Bailliage de Graysivodan, Me Jehan Guy Basset, André Chaboud, & au Bailliage de St Marcellin, Mes Hector Maleyn, Franç Folhion.... Faict & recité au Chasteau d'Yseron.... presens noble FRANÇOYS DE BEAUMONT, SEIGNEUR DES ADRETZ, Chevalier de l'Ordre du Roy, noble CLAUDE DE BEAUMONT, sieur de la Tour ; Me Jehan Petinoel, Not^{re} & Chastelain d'Yseron ; Loys Agard, du Thouvet ; Jehan Bayet, de St Vincent.... & nous, Notaires Royaulz, Dalphinaulz soubzsignés.... (*Signés*) De la Combe (&) F. Martinays, Not^{re}....

Tastament de ROLLAND DE BEAUMONT, *sieur de Lisle, en faveur de* JEANNE TESTE, *sa femme & de leurs enfans.*

Original en papier, conservé dans les Archives de MM. de Beaumont-St Quentin.

24 Juillet 1606.   AU NOM de Nostre Seigneur Jesus-Christ.... Soit notoire en l'an mil six cent six, & le vingtquatrieme jour du mois de Janvier.... Par-devant moy Claude Molin, Notaire Roial Dalphinal, soubligné recevant.... s'est establi en personne noble homme ROLAND DE BEAUMONT, Sr de Lisle, fils naturel & légitime de noble ENNEMOND DE BEAUMONT, Con-Seigneur de Sainct Quentin, lequel.... de l'advis.... & authorité dudit noble ENNEMOND DE BEAUMONT, son pere cy-présent.... a faict son testament nomcupatif.... Après son decès, il veult.... son corps estre mis & inhumé au thumbeau & sepulture de ses Ancestres predecesseurs, dans l'Eglise Paroissiale dud. St Quentin, soubs le clochier de la Chappelle de la Paroisse dud. lieu.... Item.... legue.... à Dame SUZANNE DE BEAUMONT, sa fille, Religieuse au Monastere de Montflory, la somme de cinq livres.... Legue.... à MARIE, DIANE, GABRIELLE, PIERRE, GUILLAUME, FRANÇOIS & LYENOR DE BEAUMONT, ses enfans naturels & légitimes au chung d'iceux sept enfans.... la somme de mille deux cents livres.... &.... de l'advis.... & pouvoir que dessus,

DE LA MAISON DE BEAUMONT. Liv. VI. 255

icelui Teſtateur a créé.... & inſtitué ſon heritiere generalle & univerſelle.... Damoiſelle
JEANNE TESTE, ſa chere & bien aymée femme.... à la charge de teſter & diſpoſer deſd. biens
& heritages.... en faveur des ſieurs PIERRE, GUILLAUME & FRANÇOIS DE BEAUMONT, ſes
enfans maſles, naturels & légitimes, & legataires ſuſdits, & au profit d'iceux ou de l'ung d'eux,
celluy ou ceux que bon lui ſemblera.... Et.... au cas que ſeſd. enfans maſles.... viennent
à deceder ſans enfans maſles.... ledit Seigneur Teſtateur veult.... que ſad. hoirie vienne....
à noble JEAN DE BEAUMOND, ſon frere, & ſes enfans maſles, de degré en degré, par droit
d'aiſneſſe, & a condiſon, & non autremen, que ledit noble JEAN DE BEAUMONT fera ſemblable
ſubſtituon,... Faict & publiquement recité aud. St Quentin, & dans la maiſon dudit Seigneur
& en preſence de nobles Eſtienne de Gautheron, Seigneur d'Hurthieres, honneſte André Beniſ-
tam.... Me Anthoine Flory, Chirurgien de la Coſte St André, & André Troilhon, Clerc de
Sainct Quentin.... (*Signé*) MOLIN; Nott^{re}.

CHAPITRE V.

PIERRE DE BEAUMONT, Seigneur de St Quentin, de Liſle, de la
Modriniere, &c. & FRANÇOIS, ſon frere, enfans de ROLLAND.

Contrat de Mariage de PIERRE DE BEAUMONT, *Seigneur de Liſle, de la Modriniere & Coſeigneur de* St Quentin, *avec Damoiſelle* ANNE DE JOFFREY.

*Extrait le 28 Février 1627, par Grand, Notaire, en vertu de Commiſſion du Juge de St Quentin,
ſur l'original repreſenté & retiré par la veuve de feû Molin, Notaire de St Quentin.*

A LA gloire & louange de Dieu ſoict, que mariage aict eſté traicté par l'entremiſe de noble   1er Novembre
Pierre de Joffrey, Seigneur de Bardonnanche, Larbe & ſon Mandement, & noble Claude de   1623.
Joffrey, Eſcuyer de la Ville de Briançon, & Monſieur Me Anthoine de Calignon, Conſeiller du
Roi, & Lieutenant General en la Prevoſté de Dauphiné, parans & amis des Parties.... d'entre
noble PIERRE DE BEAUMONT & DE TESTE, Seigneur de Liſle, la Modriniere & Con-Seigneur
de Sainct Quentin, au Balliage de Sainct Marcellin d'une part; & Damoizelle ANNE DE JOFFREY,
fille de noble Guillaume de Joffrey, Conſeiller du Roy, & Lieutenant Particulier au Bailliage
de Briançonnois, d'aultre.... Ce jourdhuy, premier jour du mois de Novembre après midi,
mil ſix cents vingt-trois; Par-devant nous, Claude Molin, Notaire Royal Dalphinal dudit St Quentin, & Antoine Fantin, auſſy Notaire du Roy, réſidant en la Ville de Briançon.... ſe ſont
eſtablis en leurs perſonnes les ſuſdits nobles PIERRE DE BEAUMONT & la Damoyzelle ANNE DE
JOFFREY; leſquels.... lad. Damoyzelle procédant de la licence dudit noble Guillaume de Joffrey ſon pere, & de Damoyzelle Barbe de Chalhol, ſa mere, & de Dame Barbie Ayme, ſa grand
mere...., ſoy ſont promis & juré.... expouſer.... en légitime & loyal mariage.... A ceſte
cauſe...., les ſuſd. noble Guillaume de Joffrey & Damoyzelle Barbe de Chalhol.... ont conſtitué.... pour dot à lad. Damoyzelle ANNE, leur fille.... & pour elle audit Seigneur de Sainct
Quentin.... la ſomme de dix mille livres.... comprenant en ces les legatz.... à ladite Damoyzelle.... faicts par feû noble Hugues de Challhol & Damoyzelle Marie Roiſtellay, ſon grand-
pere & mere.... D'avantaige, ledit noble Guillaume de Joffrey & Dam^{lle} Barbe du Chahol
ont conſtitué à leurdite fille la ſomme de trois cents livres pour robbe de fiançailles.... De plus,
ledit Seigneur de Sainct Quentin gracieuzement a donné.... à ladite Damoyzelle de Joffrey,
ſa future épouſe, pour bague & joyaux, la ſomme de quinze cens livres...., Faict.... à la
Ville de Briançon, & dans maiſon deſd. ſieurs de Joffrey & Damoyzelle de Challiol, mariés, ez
preſence de noble Claude de Chalbol, Eſcuyer, Conſeiller du Roy, Juge Royal, Préſidial &
Vi-Bally au Briançonnois; noble MARC DE BEAUMONT, Seigneur de la Tour & aultres places, auſſi
Con-Seigneur de Sainct Quentin, Cozin dudit futur époux; Monſieur François Roſtolan, Doc-
teur en droit, Juge ordinaire de Nevache; Cappitaine George Lioraud, Premier Conſul de
Briançon; Monſieur Maiſtre J... Eſtienne, Advocat de la Cour, Juge ordinaire de Bardonnenche;
M. Me Anthoine Genſoulx, Docteur, auſſi Advocat en la Cour & audit Balliage; & autres
teſmoings parans & amis des Parties.... (*Signés*) FANTIN, Nott^{re} (&) MOLIN, Notaires.

Déclaration de Noblesse donnée par MM. les Commissaires du Roi, en faveur de Pierre de Beaumont, Co-Seigneur de St Quentin.

Original en parchemin, conservé dans les Archives de MM. de Beaumont-St Quentin.

7 Février 1641.
(*) Le commencement de cet Acte a été rongé, ainsi que les autres endroits marqués d'une (*).

............(*) Mes des Requ..........
la Justice, Police & finances en Dauphiné, Commres & Juges, Souver.... Députez par sa Maj. pour l'execuon de l'arrest par elle rendue entre les trois Ordres de ladite Province, le vingt-quatre Octobre mil six cens trente-neuf. A tous ceux qui ces presentes Lettres verront : Salut. Scavoir faisons que veu par nous, l'extraict de la revision des feuz de cettedite Province de Dauphiné, de l'an mil quatre cens cinquante, dans laquelle noble YSNARD DE BEAUMONT, de la Paroisse des Adretz a esté inscript en ladite qualité de noble ; Coppie du testement dudit noble YSNARD DE BEAUMONT, Con-Seigneur dudict lieu des Adrets, de l'an mil quatre cens nonante-neuf, & du vingt Septembre, par lequel il auroit faict un legat à noble ANTHOINE DE BEAUMONT, son fils, & institué son héritier universel noble GEORGE DE BEAUMONT, son autre fils, frere dudict ANTHOINE ; Coppie d'une transaction faicte entre nobles ENNEMOND DE BEAUMONT, Sr de Lisle, & CLAUDE DE BEAUMONT, Sr de la Cour-de-Tensin d'une part, & Dame SUZANNE DE BEAUMONT, Dame des Adrets, & Tartenas, fille de noble FRANÇOIS DE BEAUMONT, Chevalier de l'Ordre du Roy, d'autre, pour la substitution des biens dudict noble YSNARD DE BEAUMONT, Seigneur dudict lieu des Adrets, leur ayeul, & dudict noble GEORGE DE BEAUMONT, du sixiesme Janvier mil cinq cens huictante-huit, par laquelle ils sont qualifiez nobles, & apert que lesdits ENNEMOND & CLAUDE DE BEAUMONT, freres, sont enfans de noble ANTHOINE DE BEAUMONT, fils dudict YSNARD, & que ladite Dame DE BEAUMONT est fille dudict FRANÇOIS, fils dudict GEORGE, & led. GEORGE dudict YSNARD ; Coppie du testement dudict noble ENNEMOND DE BEAUMONT ....(*)........ la charge de raudre l'herittage à noble PIERRE DE BEAUMONT, Seigneur de Sainct Quentin, fils dudit ROLLAND, petit-fils dudict ENNEMOND ; Coppie du Contract de mariage dudit noble ROLLAND avecq ladicte Damoyzelle JEANNE TESTE, du troisiesme Juillet mil cinq cens huictante six, par lequel il est qualifié noble ; Coppie du testement de noble JEAN DE BEAUMONT, Seigneur de Lisle, fils dudict noble ENNEMOND, & frere dudit ROLLAND, par lequel il institue noble PIERRE DE BEAUMONT, Con-Seigneur de St. Quentin, son nepueu, du dixiesme Julliet mil six cens trente six ; Jugement randu par le sieur Talon, Conseiller du Roy en ses Conseils d'Estat, & Privé, Commissaire pour l'execuon de l'Arrest du trentiesme May mil six cens trente quatre, par lequel il est dict qu'au lieu du nom de LOUIS DE BEAUMONT qu'y avoit esté mis au desnombrement qu'il avoit envoyé aux Commissaires de l'Election de Grenoble, des antiens nobles d'icelle, il seroit garny le nom dudict noble JEAN DE BEAUMONT, & qu'en cette qualité d'antien noble, il jouiroit des privileges à eux attribués, & à cette fin, il l'auroit renvoyé aux Esleux de ladicte esllection, pour mettre à execuon ledit jugement du quatorze Aoust mil six cens trente-cinq ; Coppie de Santence desd. Esleux par eux rendue ensuitte & execution dud. Jugement, le dix-huictiesme dudit mois d'Aoust mil six cens trente-cinq.....exploicts de notification dudict Jugement & Sentans ausd. Consuls de la Terrasse & Tensin, des vingt-un & vingt-deux dud. mois d'Aoust ; La généalogie de la descendance dudict noble PIERRE DE BEAUMONT, Con-Seigneur de St Quentin ; Consentement donné par les Consuls de la Terrasse, à ce que ledict noble PIERRE DE BEAUMONT jouissent des privileges accordez aux (*)....de St Quentin (*)........cens quarante, pour preuve de sa qualité & assigon à luy donnée par lesd. Consuls de la Terrasse & autres ; Pour ce faire nous avons declaré & declarons led. sieur DE BEAUMONT issu d'ancienne noblesse,....& avons ordonné & ordonnons que tous les herittages roturiers acquis de quelques personnes que ce soit, taillables ou nobles, & possedés par led. sieur DE BEAUMONT jusqu'au premier May mil six cens trente-cinq, ne seront comprins en regres & cadastres des fondz & herittages taillables quy seront par nous cy apres faictz & dressez....& demeureront à l'avenir francs & exempts de toutes tailles, impositions & levées de den ordres & extraordires en quelles mains qu'ilz passent, mesme de condition roturiere, & jouira ledict sieur DE BEAUMOND de toutes autres exemptions, immunitez, prerogatives & privileges attribuez....aux nobles.... Faict à Grenoble, le septiesme jour de Febvrier mil six cens quarante-un, Signez ; De la Guette & de Seve. (*Signé*) David, Greffier.

DE LA MAISON DE BEAUMONT. Liv. VI.

Même Déclaration donnée en faveur de François de Beaumont, *frere de* Pierre.

Original en parchemin, conservé dans les Archives de MM. de Beaumont-de-St Quentin.

ALEXANDRE DE SEVE, Seigneur de Chantignonville, Conseiller du Roy en ses Conseils d'Estat & Privé, Maistre des Requestes ordinaire de son Hostel, Intendant de la Justice, Police & Finance en Dauphiné, Commissaire & Juge Souverain depputé par Sa Majesté pour l'exécution de l'Arrest par elle rendu entre les trois Ordres de lad. Province, le vingt-quatrieme Octobre mil six cens vint-neuf. A tous ceux qui ses presentes verront, salut : sçavoir fezons que veu la Requeste à nous présentée par noble FRANÇOIS DE BEAUMOND, tendante à ce qu'il nous plaise, & attendu qu'il nous apparoissoit de nostre jugement rendu le septieme febvrier dernier, en faveur de noble PIERRE DE BEAUMOND, son frere, le descharger de l'assigna'on à luy donnée à la requeste des Consuls d'Yseron en consequence de nostre Ordonnance du dousieme Avril dernier, affin de rapporter par les Particulliers Habitans, ou Biens-tenants, en leur teroir, de quelque qualité & condition qu'ils soient, leursdictes pieces concernant leur pretendue exemption ; Ce fesant, qu'il jouiroit de tous les privilleges attribués à l'ancienne noblesse par l'Arrest du vingt-quatriesme Octobre mil six cens vint-neuf. Ledit exploit d'assignation du quinziesme May dernier ; Testlement de noble ENNEMOND DE BEAUMOND, Seigneur de St Quentin, du quatorziesme Decembre mil six cens sept, par lequel il faict legataires nobles PIERRE, GUILLAUME & FRANÇOIS DE BEAUMONT, enfans de noble ROLAND DE BEAUMONT, son filz ; a institué son legataire universelle Damoiselle JEANNE *After* (TESTE,) sa belle-fille, relaissée dud. noble ROLAND DE BEAUMONT, à la de rendre l'heritage apprès son décès, à noble PIERRE DE BAUMONT, son fils ayné & dudit ROLAND, lequel il substitue audict heritage ; Nostredit Jugement dudit jour, par lequel nous aurions déclaré led. sieur PIERRE DE BEAUMOND estre yssu de l'ancienne noblesse, & que conformement à l'Arrest du vingt-quatriesme Octobre mil six cens vingt-neuf, il jouiroit de tous les privileges & exemptions y attribués ; acte d'assemblée tenue audit lieu par les Habitans d'Yseron, le dousieme de May dernier, par laquelle appert comme ils recognoissent que noble PIERRE DE BEAUMOND est frere de noble FRANÇOIS DE BEAUMOND; tout consideré :

Nous, ayant egard à lad. Requeste, avons dechargé & dechargeons led. sieur FRANÇOIS DE BEAUMOND de lad. assigna'on à luy donnée à la Requeste desd. Consuls d'Yseron, & conformement à nostred. Jugement, du septieme Febvrier dernier, ordonné & ordonnons qu'il jouira de tous les privilleges & exempons attribués à l'ancienne noblesse par l'Arrest du vingt-quatriesme Octobre mil six cens vingt-neuf : ce fesant, que tous les biens & heritages roturiers par luy acquis & possedés au premier May mil six cens trente-cinq, demeureront francs & exempts de touttes tailles & impositions roturieres à perpetuité, & comme tels, seront tirés des registres & cadastres & son nom des rolles des tailles de lad. Communauté d'Yseron.... Faict & expédié à Valence, ce dousieme Aoust mil six cens quarante-un. Signé de Seve. (Signé) Drevet, Greffier, & scellé en placard.

12 Aoust 1641.

« *Homage de noble* PIERRE DE BEAUMONT, *pour la moitié de la Seigneurie*
» *de* St *Quentin.* »

Extrait de la Chambre des Comptes de Dauphiné : L. des Homages de St Marcellin & Romans, 1645, fol. 13 ; délivré par le Greffier en Chef de cette Chambre, signé Chabert.
On conserve dans les Archives de MM. de Beaumont-de-St Quentin une Expédition originale en parchemin de cet Hommage ; signée Molard.

LES GENS des Comptes & Cour des Finances de Dauphiné, Conseliers du Roy, notre Sire ; sçavoir faisons, que cejourd'huy, datte des presentes, a comparu en ladite Chambre noble PIERRE DE BEAUMONT, lequel satisfaisant à l'Arrest de la Chambre, du seizieme Janvier dernier, etant sur ses pieds, tenant ses mains jointes entre celles de Messire Denis de Salvaing, Chevaillier, Seigneur de Salvaing & de Boissieu, Conseiller du Roy en son Conseil d'Etat & Premier President en ladite Chambre, a recognu & confessé, suivant les precedens homages, qu'il tient en fief franc, noble & ancien du Roy, Daufin de Viennois, Comte de Valantinois & Dyois, notre Souverain Seigneur, la moitié du Château, Terre & Seigneurie de St Quentin, ses appartenances & dependances, situés audit pays de Dauphiné, au Balliage de St Marcellin, en toute Justice haute, moyenne & basse, & que pour raison d'icelle il est homme lige & vassal de Sa Majesté, & luy en doit la foy & homage à cause de sondit Pays de Dauphiné, jurant à ces fins sur les saintes Evangiles, qu'il servira Sadite Majesté envers tous & contre tous avec la fidélité qu'un Vassal & Sujet doit avoir pour son Souverin Seigneur & Prince legitime.... En signe de quoy il a baisé à la joue ledit Seigneur de Salvaing.... Fait en la Chambre, le deusieme jour du mois de Juin, mil six cent quarante-cinq, presents MM. Denis de Salvaing de Boissieu, Premier President, F. de Porte & de Buffevant,

2 Juin 1645.

K k

J. du Vache, Préfident ; H. de Lionne ; A. Francon, J. Peliffon ; A. Perrot, B. Paufe, A. Pourroy ; J. Garnier, C. Falcoz, B. Montagne, J. Ganel, J. Ponnat, de la Beaume, J. Charbonneau & Barthelemy Buiffonnier, tous Confeillers du Roy & Maiftres ordinaires en ladite Chambre. (*Signé*) DE BEAUMONT, & moy, Confeiller, Secretaire du Roy en ladite Chambre, recevant fouffigné. (*Signé*) Mollard.

Teftament de PIERRE DE BEAUMONT, *Co-Seigneur de St Quentin ; en faveur de* GUILLAUME, ROLLAND, LOUIS, ANTOINE, JEAN, BALTHAZAR, CLAUDE & DOMINIQUE, *ſes fils*.

Groffe en papier, conſervée dans les Archives de MM. de Beaumont-de-St Quentin.

25 Juillet 1563.   L'AN MIL ſix cent ſeptante-un, & le dernier jour de Décembre.... pardevant moy, Antoine Deruſan, Notaire Royal de Sainct Marcellin.... furent preſants noble ROLAND DE BEAUMONT, tant à ſon nom qu'en qualité de Procureur de noble BALTHESARD DE BEAUMONT, ſon frere, par procuration du vingt-uniefme du preſent mois & an, receue par Maiftre Boſſan, Notaire, & nobles LOUIS, ANTOINE & JEAN DE BEAUMONT, enfans naturels & légitimes de deffunt noble PIERRE DE BEAUMONT, Con-Seigneur de Sainct Quentin, leſquels.... après avoir veu entre mes mains & leu le Teftament holographe dudit Seigneur PIERRE DE BEAUMONT, leur pere, écrit de ſa main privée & par lui foubſcript.... dans lequel noble GUILLAUME DE BEAUMONT, Seigneur de Liſle, & Con-Seigneur de Sainct Quentin, eſt inſtitué héritier univerſel.... ledit Teftament, en datte du vingt-cinquieſme Juillet mil ſix cent ſoixante-trois, ont leſd. nobles ROLAND, LOUIS, ANTOINE & JEAN DE BEAUMONT, recogneu... ledit Teftament holographe eftre écrit & foubſcript par ledit Seigneur DE BEAUMONT leur pere avecq conſentement par eux preſté, qu'au bas de leur preſente reconnoiſſance, la coppie dudit Teftament y ſoit par moy incerée, pour faire meſme foy & preuve que l'original qu'ils conſentent eſtre gardé par ledit Seigneur de Sainct Quentin, leur frere & héritier.... preſent noble François de Pourret, habitant à la Riviere & Monſieur Me François Dautour, Advocat en Parlement, reſidant audit Sainct Marcellin....

« Au nom de Dieu ſoit-il, que cejourd'huy, vingt cinquieſme jour du mois de Juillet mil ſix
» cent ſoixante-trois, je noble PIERRE DE BEAUMONT, Con-Seigneur de Sainct Quentin, fils
» naturel & légitime à feü noble ROLAND DE BEAUMONT, mon pere.... ay fait.... mon der-
» nier Teſtament, écrit de ma propre main.... En premier lieu.... ay eſleu ſepulture.... ſelon
» le lieu où il plaira à Dieu m'appeler, ſçavoir, au lieu le plus proche des trois Egliſes ſuivantes,
» ſçavoir, de Sainct Quentin, le Chenet, & Carmes de Beauvoir en Royans, aux Chappelles & Se-
» pultures deſdictes Egliſes où mes devanciers ont efté enterrés.... Je donne à noble ROLAND
» DE BEAUMONT, mon fils naturel & légitime, outre ce que cy-devant je lui ay donné en ſon
» Contract de Mariage la ſomme de trante livres.... Item.... à noble LOUIS, ANTOINE, JEAN,
» BALTHESARD & CLAUDE DE BEAUMONT, mes enfans naturels & légitimes, à ſçavoir, la ſomme
» à un chacun d'eux, de ſix mil livres, en ce compris les droits de feü leur mere.... & ce toutes
» fois lorſqu'ils auront treuvé leur party, & qu'ils voudront retirer leurſdicts droits eſtants en aage
» de majorité, & juſques à ce ſeront entretenus par mon heritier univerſel ſoubz-inſtitué à ſes
» frais & deſpens honneſtement, ſelon leur condition.... Item.... à noble DOMINIQUE DE BEAU-
» MONT, mon fils naturel & légitime, Religieux Profez & Preſtre à Sainct Antoine, la ſomme de
» cinq livres.... outre ce que j'ay donné cy-devant audict Couvent de Sainct Antoine, lors de
» ſa reception, l'inſtituant en ce mon héritier particulier, pour tout droict qu'il pourroit pretandre
» ſur mes biens, tant de mon chef que de feüe Dame ANNE DE JEOFFREY, ſa mere, morte *ab inteſtat*;
» & en tous mes autres biens, deſquels je n'ay cy-deſſus diſpoſé, je n'ay & inſtitue mon héritier
» univerſel a ſçavoir, noble GUILLAUME DE BEAUMONT, mon fils aiſné naturel & legitime.... &
» cas advenant que ledit noble GUILLAUME DE BEAUMONT, mon heritier univerſel, vint à mourir
» ſans enfans maſles & légitimes, je ſubſtitue à mon dit heritage noble ROLAND DE BEAUMONT,
» mon fils naturel & légitime, & conſecutivement les uns aux autres, à deffaut d'enfans-maſles,
» en preferant touſjours les aiſnés aux puiſnés.... en foy de quoy me ſuis ſoubzſigné a.... toutes les
» pages du p^{nt} Teſtament, le vingt-cinquieſme Juillet mil ſix cenz ſoixante-trois. P. DE BEAUMONT. »

Et ont les ſufnommés ſignés comme fus eſt dit, ayant l'original dudit Teſtament eſté retiré par ledit Seigneur de St Quentin; ainſy ſigné : GUILLAUME DE BEAUMONT, ROLAND DE BEAUMONT-Sainct-Quentin, BEAUMONT-de-Montaud, St PIERRE DE BEAUMONT, DUZET DE BEAUMONT. Extrait collationné, expédié audit Seigneur de St Quentin par moi Not^{re} ſoubſigné.
(*Signé*) De Ruſan, Not^{re}.

CHAPITRE VI.

Guillaume de Beaumont, Seigneur de Lisle, St Quentin & Montaud ; & ses freres, ensans de Pierre de Beaumont.

Contrat de Mariage de Guillaume de Beaumont, *Seigneur de Lisle & de* St *Quentin, avec* Françoise de Berniere-de-Ville.

Grosse en papier, conservée dans les Archives de MM. de Beaumont-de-Saint-Quentin.

Au nom de Dieu sçachant tous.... Que comme.... mariage ayt esté traicté... entre Messire 22 Décembre Guilheiaume de Beaumont, Seigneur de Lisle & St Quentin, filz & heritier de feu Messire 1664. Pierre de Beaumont, vivant Seigneur desdits lieux, & de Dame Anne de Joffrey d'une part, & Damoiselle Françoise de Bernieres, filhe de Messire Louys de Berniere, Seigneur de Ville, Commandeur & Lieutenant General des Ordres Millitaires de Nostre-Dame de Mont-Carmel, de Sainct Lazaire de Hierusalem, tant deçà que delà la mere, & de Dame Marguerite de Montagniat d'aultre.... Il est ainsin que ce jourd'huy vingt-deuxiesme.... Novembre l'an mil six centz soixante-quatre... par devant moy, Notaire Royal Dalphinal... est establi... led. Seigneur de St Quentin, de l'advis de ses parens cy bas nommés, & lad. Damoiselle de Berniere, de l'authorité .... dud. Seigneur de Berniere, son pere, & de lad. Dame de Montagniat, sa mere, & autres parens aussi cy bas nommés, lesquelles Partyes.... ont promis.... soy prendre comme mari & femme en loyal mariage.... c'est personnellement establi led. Messire Louys de Berniere, & de son authorité, lad. Dame Marguerite de Montagniat, sa femme, lesquelz.... ont.... constitué en dotte à lad. Damoiselle.... sçavoir, led. Seigneur de Berniere son Chasteau & Maison forte de Ville & tous les droictz & fondz qui en despendent, situés entre lad. Paroisse de Ville.... sans y rien reserver que la somme de six mille livres en deniers, dont il pourra disposer à la vie & à la mort à sa vollonté, & oultre la somme de trente ou quarante livres de pension annuelle pour une fondation qu'il desire faire à une chapelle qu'il doib faire bastir dans fond. Chasteau de Ville, lieu de son habitation, se reserve aussi led. Seigneur sa maison de Cremieu.... avec les fruitz & revenus desd. biens cy-dessus donnés durant sa vie & de celle de lad. Dame de Montagniat, sa femme.... Lad. Dame, de l'authorité susd. & suyvant le consentement de Messire Claude de Montagniat, Seigneur de Bessey & le Rochin, son pere, habitant en la Ville d'Aurel, donné par sa procuration passée à sieur Jean Falle, Me Appotiquaire de Cremieu, du neufviesme Septembre dernier, receuë Montchamt, Notaire.... Constitue.... à lad. Damoiselle Françoise de Berniere, sa filhe.... la somme de douze mille livres.... Et en faveur dud. Mariage led. Seigneur de Sainct-Quentin.... a donné.... pour augment.... de dotte à lad. Damoiselle de Berniere, sa futeute espouze, la somme de vingt-quatre mille livres.. . & oultre ce, la somme de trois mille livres pour survye.... & pour bagues & joyaulx.... la somme de trois mille livres... Faict & passe dans led. Chasteau de Ville, en presence de Messire Rolland de Beaumont, Messire Louys de Beaumont, Seigneur de Montaud, Messire Anthoyne de Beaumont, sieur de Sainct-Pierre, Messire Jean de Beaumont, sieur Duzès, Messire Jean de Porret, sieur de Berniere, Messire Anthoyne de Pourret, noble Jean-Baptiste d'Ecosse, M. Me François Dautour, Advocat au Parlement de Daulphiné.... & moy, Notaire cy signé, recepvant requis. (*Signé*) Amaurit.

Production faite par Guillaume de Beaumont, *Seigneur de* St *Quentin, & ses freres, devant M. Dugué, Intendant de Dauphiné.*

Original en papier, conservé au Cabinet de l'Ordre du St *Esprit :* Recueil des Inventaires de Production, Procès-verbaux & Jugemens de Maintenue de Noblesse de la Province de Dauphiné, *Vol. VIII, fol. 183-203.*

Election de Romans.

La Maison de Beaumont est connue en Dauphiné depuis plusieurs siecles. Elle a esté consi- 1er Juillet 1669. derable soubz la domination des Dauphins de Viennois, & elle n'a pas esté inutille aux Roys Na *A la tête de* de France depuis que le Dauphiné a esté transporté à la Coronne. *cette Production*

L'an mil trois centz trente-six Aubert de Beaumont fust desputé par le Dauphin sur un diffe- *sont imprimées les* rant qu'il avoit aveq le sire de Villard. *armes de Beau-*

mont : de gueules à la fasce d'argent, chargée de trois fleurs de lys d'azur.

AMBLARD DE BEAUMONT fuſt pñt dans un Acte paſſé à Romans entre Humbert, Dauphin, & Pierre, Duc de Bourbon, du premier Decembre mil trois centz quarante-huict. Il eſtoit Seigneur de Beaumont, & l'an mil trois centz trente-quatre le meſme Humbert, Dauphin, luy donna le Chaſteau du Thouvet en accroiſſement de fief.

ARTAUD DE BEAUMONT, Seigneur de Beaumont & de la Frette, vivoit l'an mil trois centz cinquante-deux.

IMBERT DE BEAUMONT, Seigneur de la Frette, vivoit l'an mil trois centz nonante-trois, & il eſtoit ſi puiſſant l'an mil trois centz ſeptante-ſix, qu'il ſoubſtint une ſanglante guerre contre Louis de Poitiers, Comte de Vallentinois, qui eſtoit Souverain dans ſes Eſtatz.

Tous ceux-cy ſont renommés dans les Hiſtoires ; Mr le Préſident de Boiſſieu dans ſon ſçavant Traité des Fiefs, le ſieur Ducheſne dans ſon Hiſtoire des Dauphins, le ſieur Guichenon dans ſon Hiſtoire de Breſſe, le ſieur Chorier dans ſon Hiſtoire de Dauphiné, en parlent ſouvent fort honorablement.

Le ſçavant Juriſconſulte Guy Pape dict, dans Conſeil 140, que ledict AMBLARD, qui vivoit l'an mil trois centz quarante-huict, eut deux filz, ſçavoir, EYMARD & AMBLARD ; que EYMARD mourut ſans enfans, & que AMBLARD recueillit les biens de la Maiſon, & eut pour filz un autre AMBLARD, qui fut preſent d'un autre AMBLARD & d'un REYMON ou EYMON.

Ce meſme Autheur adjouſte que l'an mil quatre centz ſeptante, ledict AMBLARD, dernier, eſtant venu à mourir, REYMON ou AYMON, ſon frere, ſucceda à tous ſes biens ; l'un de ces AMBLARDS fuſt preſent au tranſport du Dauphiné.

L'un deſd. AMBLARD preſta homage au Roy le dix-huictieſme Juin mil trois centz quatre-vingtz-dix-neuf ; & dans l'Acte cotté A il eſt faict mention d'un autre homage paſſé par AMBLARD, ſon pere.

Aujourd'huy noble GUILLAUME DE BEAUMONT, Seigneur de St Quentin, ayant eſté aſſigné pour repreſenter les tiltres de ſa nobleſſe par-devant Monſeigneur l'Intendant ; il a faict les precedentes remarques pour faire connoître l'ancienneté de ſon nom.

Et pour eſtablir plainement que le ſieur prodhuiſant eſt d'une branche de cette Maiſon quy a conſervé la qualité de noble plus de deux ſiecles ;

Il produit premierement l'extraict d'une reviſion de feûs de l'an mil quatre centz cinquante où un EYNARD DE BEAUMONT eſt compris au nombre des nobles. Cet extraict a eſté tyré de la Chambre des Comptes par le ſieur Berger, Secretraire en icelle ; par lettre : A.

Cet EYNARD eut de Damoiſelle AYMONETTE ALLEMAND, ſa femme, JACQUES & EYNARD ; appert d'une tranſaction, du xxij Septembre mil quatre centz ſoixante, dans laquelle leſd. JACQUES & EYNARD ſont qualifiſés hautz & puiſſant Seigneurs, filz de noble & puiſſant homme EYNARD DE BEAUMONT, Seigneur de Sainct Quentin & des Adretz ; & dans le corps de l'Acte il eſt faict mention de ladicte AYMONETTE ALLEMAND, leur mere.... cotté : B.

Le vingtieſme Septembre de l'année 1499, cet EYNARD ſecond, fict ſon Teſtement ; il y eſt qualifié haut & puiſſant Seigneur : il fict deux heritiers ſçavoir, GEORGE & ANTHOYNE ; ce Teſtement eſt reçeu par Gleſat, Notaire, & cy cotté par lettre : C.

GEORGE fuſt pere du fameux BARON DES ADRETZ, Chlr de l'Ordre du Roy, de qui la poſterité ſe termina à des filles, un ſeul filz avoit, ayant eſté tué à Paris, à la journée de St Barthelemy, comme le dict Davila dans ſon Hiſtoire des Guerres Civiles de France.

ANTHOINE a continué la branche du ſieur Produiſant, & eſpouſa, le quatrieſme Febvrier mil cinq centz vingt-ſix, CLAUDINE MARC, d'une famille qui a donné au Dauphiné un ſçavant Ariſtographe ; le Contract de Mariage feut reçeu par Valiſſier, Notaire, & l'on le void ſoubz la lettre : D.

Le meſme ANTHOINE teſta, le dixieſme Julliet mil cinq centz cinquante-deux. Il eſt auſſi qualifié haut & puiſſant Seigneur dans ſon Teſtement, reçeu par Pipon, Notaire, où l'on void qu'il faict mention de la Dame CLAUDINE MARC, ſa femme, d'ENNEMON, l'un de ſes enfans, legataire, & de CLAUDE, ſon her, comme dudict teſtement appert, cotté : E.

On laiſſe à part CLAUDE, & on vient audict ENNEMON, de la deſcendance duquel il eſt queſtion.

Cet ENNEMON tranſige, le ſixieſme janvier mil cinq centz huictante-huict, conjoinctement avecq CLAUDE, ſon frere, & SUZANNE DE BEAUMONT, fillie du Baron des Adretz, ont remarque pluſieurs choſes dans cette tranſaction reçeue par Drier, & cottée : F.

Premierement leſditz CLAUDE & ENNEMOND y ſont qualifiſés filz d'ANTHOINE, 1°. il eſt parlé d'EYMARD, leur ayeul. 3° Le Teſtement dudict EYNARD, du xxe Septembre 1499, cy-devant cotté ſoubz la lettre C, y eſt énoncé. Et finallement ROLLAND DE BEAUMONT, filz dudict ENNEMON, y paroit pour & au nom de ſon pere.

Tellement que par cette ſeulle piece, on y void quatre generations de pere en filz, & EYNARD y eſt dict pere d'ANTHOINE, ANTHOINE, pere d'ENNEMOND, & ENNEMOND, pere de ROLLAND.

On voit le Teſtement dudict ENNEMOND, reçeu par Molin, Notaire, le quatorzieſme Decembre mil ſix centz ſept, où il eſt auſſi qualifié haut & puiſſant Seigneur de St Quentin, cotté par lettre G.

Il eut pluſieurs enfans, entre autres ROLLAND, comme il a eſté dict cy-devant & comme il ſe prouve encor dans ledict Teſtement, où il parle dudict ROLLAND, ſon filz, qu'il dict eſtre mort & avoir laiſſé pour enfans maſles PIERRE, & GUILLAUME, & FRANÇOIS.

La preuve de la filiation de ROLLAND à ENNEMOND ſe prouve encore par le Mariage dudict ROLLAND, contracté le troizieſme Julliet 1586, avec Damoiſelle JEANNE TESTE, dans lequel

DE LA MAISON DE BEAUMONT. Liv. VI.

ledict ROLLAND est qualiffié fils d'ENNEMOND, & a esté reçeu par la Combe & Martinay, Notaires ; ledict Acte prodhuit & cotté par lettre H.

La mesme preuve se tire par le Testement dudict ROLLAND, le vingt-quatriesme Janvier mil six cent six, cotté H. II. MOND ; il seut reçeu par Molin, Notaire, où il est qualiffié filz d'ENNE-PIERRE, filz dudict ROLLAND, a esté pere du sieur produisant, & de ROLLAND, LOUIS, JEAN, ANTHOINE, BALTHEZARD, CLAUDE & DOMINIQUE, qu'il nomme tous dans son Testement, reçus par Chalou, Notaire, le vingt-cinquiesme Julliet 1663, où il est qualiffié filz de ROLLAND, cotté par lettre J.

Ce PIERRE estoit Seigneur de St Quentin, & le douziesme Juin 1645 il preste homage de ladicte Terre au Roy, entre les mains de Monsieur de Boissieu, Premier President en la Chambre des Comptes ; l'extraict en est produit soubz la lettre K.

Il avoit espousé Damoiselle JEANNE DE JOFFREY, le premier Novembre mil six centz vingt-trois ; appert du Contract de Mariage reçeu par Grand, Notaire, cotté K. II.

GUILLAUME DE BEAUMONT, Seigneur de Sainct-Quentin, qui est le sieur assigné, a sans doubte nettement preuvé sa descendance despuis EYNARD jusques à luy, & on ne peut rien opposer contre les preuves de cette filiation.

```
                    EYNARD.
                       |
                    EYNARD II.
                       |
                    ANTHOINE.
                       |
                    ENNEMOND.
                       |
                    ROLLAND.
                       |
                    PIERRE.
      _____|_____
     |        |        |         |       |       |
BATHEZARD. JEAN. ANTHOINE. GUILLAUME. ROLLAND. LOUIS.
```

L'Histoire est assez remplie de ceux de son nom pour doubter que la source de son sang ne soit pas pure.

Outre les remarques cy-dessus, on adjoustera que l'un desd. EYNARD, Seigneur de Sainct-Quentin & des Adretz, presta hommage au Dauphin, entre les mains de son Chancellier, pour la Maison forte des Adretz. L'on en prodhuit l'extraict, tiré de la Chambre des Comptes, signé Berger, & cotté par lettre L.

L'an 1458 l'un desd. EYNARDS fust compris dans une Revision de Feux au rang des Nobles, l'extraict *Parte in qua*, tyré de la Chambre des Comptes, en est une preuve certaine, ont le void soubz la lettre M.

Quand la Noblesse de Dauphiné a marché aux Arrieres-Bans LES BAUMONT y ont tousjours tenu un rang honnorable, & ont passé en qualité de nobles ; on prodhuit, pour en justiffier, huict Quittances d'Arrieres-Bans, cottées par lettre N. VIII &.

Enfin la qualité d'ancien noble fust conservée à ceux de cette Famille par deux Jugementz de Messieurs de Seve & de Chasey, Intendans en cette Province, du septiesme Febvrier & douziesme Aoust 1641 ; cottés par lettre O. 11.

Il s'ensuit donc que ledict noble GUILLAUME DE BEAUMONT, & ses freres, sont bien fondées à conclure à ce qu'ilz soient renvoyés & deschargés de l'assignation quy leur a esté donnée & à ce que leurs noms & leurs armes soient mis au Cathalogue quy se doib faire des veritables Gentilshommes. (*Signé*) Bellon.

Soit communiqué au Procureur du Roy en notre Commission, & à Me d'Ouvreleul, chargé par Sa Majesté de la recherche des usurpateurs du tiltre de noblesse en Dauphiné. Fait à Grenoble ce 1er Julliet 1667. (*Signé*) Dugué.

J'ay eû communiquation & veu les Pieces mentionnées au present Inventaire, & me rapporte à la prudance de Monseigneur l'Intendant d'y pourvoir. Faict à Grenoble ce premier Julliet 1667. (*Signé*) Douvreleul, Preposé.

Je consens que led. sieur DE BEAUMONT soit congedié de l'assignation, & en consequence maintenu en la possession de sa noblesse ledit jour. (*Signé*) Chorier, Procureur du Roy.

Toutes lesquelles Pieces mentionnées au present Inventaire ont esté, par nousd. sieur Dugué, Intendant & Commissaire susd. veues, examiné, paraffé & à l'instant rendues ausd. sieur DE BEAUMONT, qui ont signé. Fait ce premier Julliet 1667. (*Signé*) GUILLAUME DE BEAUMONT, *tant pour moy que pour mes freres*, Bellon & Dugué.

262 PREUVES DE L'HISTOIRE GÉNÉALOGIQUE

Acte donné par M. Dugué, Intendant en Dauphiné, à GUILLAUME DE BEAU-MONT, Seigneur de St Quentin, & à ses freres, de la representation de leurs titres de noblesse.

Original en papier, conservé au Cabinet de l'Ordre du St Esprit; même vol. que le précédent, fol. 205-219.

1er Juillet 1667. L'AN mil six cent soixante-sept, & le premier jour du moys de Juillet, deux heures de relevée, en nostre Hostel en cette Ville de Grenobie, par-devant nous François Dugué, Ch'r, &c. ont comparu nobles GUILLAUME DE BEAUMOND, Seigneur de St Quentin, ROLLAND, LOUIS, ANTHOINE, JEAN & BALTEZARD DE BEAUMONDS, ses freres, âgés de, sçavoir, led. GUILLAUME de quatante-sept ans, led. ROLLAND de quarante-quatre ans, led. LOUIS de trante-huit ans, led. ANTHOINE DE BEAUMONT de trante-sept ans, led. JEAN de trante-deux ans, & led. BALTEZARD de trante, demeurantz-ordinairement, sçavoir, led. GUILLAUME dans sa maison de Lisle, Bailliage de St Marcelin, led. ROLLAND à Tulzin, mesme Bailliage, & lesd. LOUIS, ANTHOINE, JEAN & BALTEZARD dans lad. maison de Lisle avec led. GUILLAUME; adsistés de Me Bellon, leur Procureur, lesquels nous ont dit & remonstré que pour satisfaire aux Déclarations, Arrest & Ordonnance rendue en conséquence, le 12 Novembre dernier, & de l'assignation qui leur a été donnée ce . . . . . . dernier, à la requeste de Me Jacques Ouvreleul, commis par Sa Majesté à la recherche des usurpateurs du titre de noblesse en Dauphiné, pour representer par-devant nous les titres & pieces justificatives de leur noblesse, & sur lesquelles ils pretendent fonder leurd. qualité de noble par eux prise, & pour justifier que lesd. sieurs Comparantz sont d'extraction noble,

(*) Nota: Erreur; c'est une Fasce; lys d'azur; voy. plus haut, pag. 260.

exposent qu'ils ont pour armoiries : *de gueulle à la bande* (*) *d'argent chargée de trois fleurs de lys d'azur* ; que lesd. nobles GUILLAUME, LOUIS, ROLLAND, ANTHOJNE, JEAN & BALTHEZARD DE BEAUMOND sont enfans de noble PIERRE DE BEAUMOND, qui estoit fils de noble ROLLAND DE BEAUMOND, lequel estoit issu de noble ENNEMOND DE BEAUMOND, led. noble ENNEMOND DE BEAUMOND estoit filz de noble ANTHOINE DE BEAUMOND, lequel estoit filz de noble EYNARD DE BEAUMOND, & led. noble EYNARD DE BEAUMOND estoit filz d'autre noble EYNARD DE BEAUMOND ; tous lesquels susnommés ont tousjours vescu noblement, sans avoir faict acte derogeant à lad. qualité, ont esté recognus pour tel & ont servy Sa Majesté en divers employs considerables & joui paisiblement des privileges, immunités & exemptions attribuées aux veritables Gentilshommes du Dauphiné & du Royaume.

Et pour justifier la Généalogie articulée cy-dessus par lesd. sieurs Comparants qu'ils sont fils de noble PIERRE DE BEAUMOND, Seigneur de St Quentin, produisent le Testament dud. noble PIERRE DE BEAUMOND, du 25 Juillet 1663, receu par Me Challoud, Notaire, dans lequel il est qualifié noble, y faysant legat à nobles LOUIS, ROLLAND, ANTHOINE, JEAN & BALTHEZARD DE BEAUMOND, ses fils naturels & legitimes, & instituant son heritier universel noble GUILLAUME DE BEAUMOND, aussi son fils naturel & legitime.

Pour establir le deuxiesme degré. . . . PIERRE DE BEAUMOND produict le Testament dud. noble ROLLAND DE BEAUMOND, du 24e Janvier 1606, receu. . . . par Molin, Notaire, dans lequel led. ROLLAND DE BEAUMOND y est qualiffié noble, & y faict legat à noble PIERRE DE BEAUMOND, son fils naturel & légitime.

Pour l'establissement du troisiesme degré. . . . le Contract de Mariage en parchemin. . . . dud. noble ROLLAND DE BEAUMOND avec Dem^{lle} JEANNE TESTE, receu. . . . par Me Lacombe & Martinais, Notaire, du 3 Juillet 1586. . . . dans lequel led. noble ROLLAND DE BEAUMOND est qualiffié fils de noble ENNEMOND DE BEAUMOND. Testament de noble ENNEMOND DE BEAUMOND, du 14e Dexembre 1607, receu. . . . par. . . . Moulin, Notaire, où il est qualiffié haut & puissant Seigneur noble ENNEMOND DE BEAUMOND, Seigneur de St Quentin, & dans lequel il institue pour son heritiere universelle JEANNE TESTE, sa belle-fille, femme de noble ROLLAND DE BEAUMOND, son filz.

Pour justifier du quatriesme degré. . . . produit le Testament dud. noble ANTHOINE DE BEAUMOND, où il est qualiffié noble & puissant homme ANTHOINE DE BEAUMOND, Seigneur de la Tour-de-Tencin, receu Pipon, Notaire, du 10 Juillet 1552. . . . dans lequel il institue son heritier universel noble ENNEMOND DE BEAUMOND son filz naturel & légitime.

Et pour establir le cinquiesme degré. . . . produict le Testament dud. noble EYMARD DE BEAUMOND de l'année 1499, escript en lattin, collationné à l'original & signé par extraict Gleysar, Notaire, où il se qualifie noble & puissant Seigneur EYMARD DE BEAUMOND, dans lequel il faict deux heritiers, sçavoir, nobles GEORGE & ANTHOINE DE BEAUMOND, ses enfans naturels & légitimes. Contract de Mariage escript en lattin, passé entre noble ANTHOINE DE BEAUMOND & Damoyselle CLAUDINE MARC, du 4 Febvrier 1526 : receu Froment, Notaire ; collationné & signé par extraict Vallissier, Notre.

Pour establir le sixiesme & dernier degré. . . . produict une transaction en parchemin, escripte en lattin, du 22e Septembre 1460. Noble EYMARD DE BEAUMOND est qualiffié haut & puissant

Seigneur, filz de noble & puiſſant homme EYMARD DE BEAUMONT, Seigneur de St Quentin & des Adretz.

Et pour juſtiffier que tant led. EYMARD premier que ſes deſcendantz ont tousjours eſté qualiffiés & reputés pour anciens nobles, produiſt un extrait tiré des Regiſtres de la Chambre des Comptes, d'une Reviſion de feux où EYNARD DE BEAUMOND eſt compris au nombre des nobles.... ſigné Bergier, Secrétaire en la Chambre des Comptes de Dauphiné....

..... Extraict tiré des Regiſtres de la Chambre des Comptes de Dauphiné..... ſigné par extrait Bergier, Notaire, du 3e Aouſt 1635, où il appert que l'un deſd. EYNARD, Seigneur de St Quentin, preſtat hommage au Dauphin entre les mains de ſon Chancellier: Lettres d'hommage expédiées à noble PIERRE DE BEAUMOND, pere deſd. Comparants, dans leſquelles il eſt qualifié noble, & preſta hommage noble au Roy entre les mains de Monſieur de Boiſſieux, Premier Preſident en la Chambre des Comptes du Parlement de Dauphiné ; leſd. Lettres données à Grenoble, en lad. Chambre des Comptes, le 2e Juin 1645, ſignées par la Chambre de Cour des Finances de Dauphiné, Molard. Jugement rendu par Meſſieurs de Seve & de Chaſſey, Intendantz en la Province de Dauphiné, le 7e Febvrier 1641, eſtant en parchemin ; collationné & ſigné David, Greffier, par lequel noble PIERRE DE BEAUMOND, pere deſd. Comparantz, eſt declaré antien noble : autre Jugement rendu par led. ſieur de Seve, en faveur de noble FRANÇOIS DE BEAUMOND, frere de noble PIERRE DE BEAUMOND, par lequel il eſt auſſi declaré antien noble ; led. Jugement eſtant eſcripte en parchemin, collationné & ſigné de Revet, Greffier dud. ſieur de Seve, & duement ſcellé en datte du 12 Aouſt 1641.

Pour juſtiffier des employs & ſervices randus à Sa Majeſté par leſd. nobles ROLLAND & LOUIS DE BEAUMONDS, freres, produiſent premierement des Lettres de Commiſſion d'une Compagnie d'Infanterie accordée audit ROLLAND dans le Regiment de Monſieur le Duc de Sully, données à Paris, le vingt-huitieme Avril 1648, ſignées Louis, & plus bas par le Roy, la Reyne Regente ; ſa mere priſe, le Tellier ; ſcellées du grand ſçeau en cire jaune : autres Lettres de Commiſſion en faveur dud. noble ROLLAND DE BEAUMOND, d'une Compagnye de Chevaux-Legers donnée à Paris, le xe Juillet 1653, ſignées Louis, & plus bas par le Roy le Tellier, & ſcellées en cire jaune. Lettres de Commiſſion en faveur dud. Regiment, ſigné Louis, & plus bas le Tellier ; eſcripte à Toulon, le 9e Febvrier 1660, au-deſſus de laquelle ſuſcription eſt : à MONSIEUR DE BEAUMOND, Capitaine d'une Compagnye de Chevaux-Legers au Regiment de Cavalerye de la Marcouſſe, & en ſon abſence à celuy qui la commande, & deuem't ſcellé du cachet du Roy. Un congé donné par le Duc de Nauailles, General des Armées de Sa Majeſté en Italye, à noble LOUIS DE BEAUMOND-DE-MONTAUX, Lieutenant de Cavalerye au Regiment de la Marcouſſe, pour ſe retirer en perſonne ; du 15e Octobre 1659, ſigné le Duc de Nauailles, & plus bas du Laurans. Certificat donné par le ſieur de la Marcouſſe aud. ſieur DE MONTAUX pour aller ſe retirer en France, donné au Camp de Bourg-Laverſac, le 14 Octobre 1659, ſigné la Marcouſſe, & cacheté du cachet dud. ſieur de la Marcouſſe.

Par toutes leſquelles Pieces leſd. ſieurs Comparantz & leurs predeceſſeurs ayants toujours eſté qualiffiés nobles & reputés pour anciens nobles, ils nous requierent les vouloir maintenir en la poſſeſſion & jouiſſance, rang, tiſtre, privilege, immunité & exemptions attribuées aux veritables & antiens nobles du Royaume.... (Signé) GUILLAUME DE BEAUMOND, tant pour moy que pour mes freres, (&) Bellon.

Ledict d'Ouvreleuil ayant eu communiquation de touttes leſd. Pieces, s'eſt remis à nous de faire droict.

Et le Procureur du Roy en lad. Commiſſion ayant eu pareillement communiquation de touttes leſd. Pieces, a concludd à ce que leſd. ſieurs DE BEAUMOND ſoient maintenus & leurs deſcendans vivans noblement au rang, tiſtres, privileges & immunités des veritables & antiens nobles du Royaume, & n'empeſche que leurs titres leurs ſoient rendus.

Sur quoy nous, Intendant & Commiſſaire ſuſd. avons donné acte auſd. ſieurs DE BEAUMOND de la repreſentation de leurs tiſtres de nobleſſe, leſquels après avoir eſté par nous veus, examinez & paraphez, ont eſté, du conſentement deſd. Procureur du Roy & d'Ouvreleuil, rendus auſd. ſieurs Comparans, qui, par leſd. tiſtres, ont ſuffiſamment prouvé leur nobleſſe, dont nous leur avons donné certificat pour leur ſervir & valloir ce que de raiſon. Faict à Grenoble, les jour & an cy-deſſus. (Signé) Dugué.

Certificat de Nobleſſe donné par M. Dugué, Intendant en Dauphiné, à GUIL-LAUME, ROLLAND, LOUIS, ANTOINE, JEAN & BALTHAZARD DE BEAUMONT, freres.

Original en parchemin, conſervé dans les Archives de MM. de Beaumont-de-St Quentin.

1er Juillet 1667. FRANÇOIS Dugué, Chevalier, Conſeiller Ordinaire du Roy en ſes Conſeils d'Eſtat & Privé & direction de ſes Finances, Maiſtre des Requeſtes Honoraire de ſon Hoſtel, Intendant de la Juſtice, Police, & Finances de la Ville de Lyon, Provinces de Dauphiné, Lyonnois, Foretz & Beaujollois, Commiſſaire deſparti par Sa Majeſté pour l'execuon de ſes ordres eſd. Provinces & en ceſte partie par Arreſt du Conſeil d'Eſtat du vingt-deuxieme Mars mil ſix cent ſoixante-ſix. Nous Certifions à tous qu'il appartiendra que noble GUILLAUME DE BEAUMONT, Seigneur de Sainct Quentin, ROLLAND, LOUIS, ANTHOINE, JEAN & BALTHAZARD DE BEAUMONT, freres, ayant eſté aſſignés par-devant nous à la requeſte de M. Jacquin d'Ouvreleul, commis par Sa Majeſté à la recherche des uſurpateurs du titre de nobleſſe, en Dauphiné, pour rapporter les titres & pieces juſtificatives de leur nobleſſe, nous les ont repreſenté, & que nous les avons viſé, examiné, parafé, & à l'inſtant rendu auſdits Sieurs DE BEAUMONT, qui par leſd. tiltres ont ſuffiſamment prouvé leur nobleſſe. En foy de quoy nous leur avons faict expedier le preſent Certificat, pour leur ſervir & valoir ce que de raiſon. Faict à Grenoble, le premier Juillet mil ſix cens ſoixante-ſept. (Signé) DUGUÉ. Par Monſeigneur BARANCY.

Extrait du Recueil des Inventaires de Production, Procès-verbaux & Jugemens rendus ſur la recherche de la nobleſſe faite dans la Province de Dauphiné; ce Recueil conſervé en Manuſcrit au Cabinet de l'Ordre du St Eſprit: vol. XI, fol. 1er.

Ellection de Vallence.

Ann. 166... GUILLAUME DE BEAUMONT-St Quentin, d'Yzeron, ... maintenu.
FRANÇOIS DE BEAUMONT, dud. lieu, ... maintenu.
LOUIS DE BEAUMONT, dud. lieu, ... maintenu.
JEAN DE BEAUMONT, dud. lieu, ... maintenu.
ANTOINE DE BEAUMONT, dud. lieu, ... maintenu.
BALTHAZARD DE BEAUMONT, dud. lieu, ... maintenu.

« *Hommage de noble* GUILLEAUME DE BEAUMONT, *Con-Seigneur
» de St Quentin, pour la Con-Seigneurie dud. lieu.* »

Original en parchemin, conſervé dans les Archives de MM. de Beaumont-St Quentin.

17 Février 1677. LES GENS des Comptes & Cour des Finances de Dauphiné, Conſeillers du Roy noſtre Sire, ſçavoir faiſons que, ce jourd'huy, datte des Preſentes, a comparu en lad. Chambre noble GUILLEAUME DE BEAUMONT, Con-Seigneur de Sainct Quentin, lequel ſatisfaiſant à l'Arreſt de la Chambre du treizieſme Mars mil ſix cens ſoixante-douze, eſtant ſur ſes pieds, à la maniere des nobles, tenant ſes mains jointes entre celles de Meſſire Joſeph de la Porte, Chevallier, Seigneur dudict lieu, Edoche, & Eyguebelle, Conſeillers du Roy en ſes Conſeils, & Preſident en lad. Chambre, a recogneu & confeſſé, ſuivant les precedens hommages, tenir en fief noble, franc & ancien, du Roy, Dauphin de Viennois, Comte de Valentinois & Dyois, notre ſouverain Seigneur, la moitié des Chaſteaux, terre & Seigneurie de Sainct Quentin, ſes appartenances & deſpendances, ſituées aud. pays de Dauphiné, au Bailliage de Sainct Marcellin, en toutte Juſtice, haulte, moyenne & baſſe, & que pour pour raiſon de ce, il eſt homme lige & Vaſſal de Sa Majeſté, & qu'il en doit les foy & hommages, à cauſe de ſondict pays de Dauphiné, jurant à ces fins ſur les Sainéts Evangiles, qu'il ſervira ladite Majeſté envers tous & contre tous, avec la fidelité qu'un Vaſſal & Sujeét doibt à ſon Souverain Seigneur & Prince légitime.... en ſigne de quoy il a baiſé à la joue ledict Seigneur de la Porte.... En teſmoing de quoy nous avons faict appoſer le Scel Royal Dalphinal de ladite Chambre à ceſdites preſentes. Donné à Grenoble, en ladite

DE LA MAISON DE BEAUMONT. LIV. VI.

ladite Chambre, le dix-septieme Febvrier mil six cents soixante-dix-sept. Par la Chambre & Cour des Finances de Dauphiné. (*Signé*) BARDE.

« *Dénomination que baille à vous Nosseigneurs de la Chambre des Comptes &*
» *Cour des Finances de Dauphiné Messire* GUILLAUME DE BEAUMONT,
» *Con-Seigneur de St Quentin, des Droits & Devoirs, Censes, Lauds &*
» *autres Droits qu'il perçoit ou avoit deu percevoir dans lad. Terre, situé*
» *dans le Balliage de St Marcellin, mouvant immédiatement de Sa Majesté.* »

Extrait de la Chambre des Comptes de Dauphiné : Dénombrement, Vienne & St Marcellin; *1643, fol. 120 : cet Extrait délivré par le Greffier en Chef de cette Chambre signé* Chabert.

PREMIER, ledit Seigneur déclare qu'il tient & possede ladite terre de Sainct Quentin en toute 9 Avril 1680. Justice, haute, moyenne & basse, conjoinctement avec Messire Joseph de Chaulnes, President au Bureau des Finances de Dauphiné, laquelle terre est présentement composée de deux Paroisses, l'une audict Sainct Quentin, & l'autre à Montaud, dans lequel lieu de Sainct Quentin est situé un vieux Château ruiné qu'il tient & possede de mesme.

Plus, tient & possede dans lesdites deux paroisses, par indevis, comme dessus, de cense annuelle.... deux cens setiers froment.... à la mesure dudit lieu, portant lauds & vands qui se payent aux deux septiemes du prix, avec le plaid & doublement de cense, à mutation de Seigneur ou de Possesseur.

Plus, le droit de vingtain sur les blés, froment, seigle & avoine....

Le droit de faire régler par ses Officiers les mesures du blés & vin, & icelles faire marquer de ses armes, avecque pouvoir d'amander ceux qui se servent desdites mesures sans être réglées ny marquées.

Le droit de ban de vin comançant immédiatement après la premiere Messe du jour & Feste de Pâques, finissant aussi immédiatement après la premiere Messe du jour & Feste de Pentecoste, pendant lequel tems, nul des habitans ne peut vandre du vin en détail dans ledit lieu, sans la permission dudict Seigneur ou de ses Fermiers, avec pouvoir d'augmenter le vin d'un petit denier par pot, pandant ledit tems; & en cas de continuation, le contrevenant encourt l'amande de cent florins d'or au profit dudit Seigneur.

Plus, ledit Seigneur a droit, conjointement comme dessus, de prendre la langue de tous les bœufs, vaches & vaux excedans la valleur de deux florins, qui seront vandus & debités, en gros ou en detail, dans la boucherie dudit lieu....

Le droit de chasse & de pesche, sans qu'il soit permis à aucuns desdits habitans de chasser ny pescher.

Le droit de gelinage, que chacun des habitans ayant maison, & faisant feu, doit une geline, outre les censes particulieres, payable annuellement, depuis les festes de Noël jusques en Caréme prenant.

Plus, autre droit appellé Chevrotage ; sçavoir, que chaque habitant ayant plusieurs chevres, doit, toutes les années, un chevrot, payable aux festes de Pasques.

Plus, le droit de faire travailler aux prés, vignes, terres, & samblables travaux, les maneuvres habitans, au plan dudit St Quentin, en nourrissant & payant lesdits maneuvres.

Le droit de régler, ou faire régler à ses Officiers, les vandanges, sans qu'il soit permis à aucuns desdits habitans de vandanger avant le tems réglé.

Plus, perçoit & lui est dû, conjoinctement comme dessus, par chacun des habitans dudit Montaud ayant bœuf, une traine ou charge de bois à deux bœufs, payable annuellement aux festes de Noël.

Plus, & de mesme les courvées, sçavoir, que tous les habitans, dans ladite terre & Seigneurie, tenant bœuf ou chevaux de labourage, soient tenus annuellement une journée de labourage pour ledit Seigneur, & les maneuvres une journée de leurs personnes au temps qu'ils en sont requis, si mieux ils n'ayment payer, pour la journée de labourage, dix sols, & pour la journée d'homme, trois sols, & au cas qu'ils fassent ladite journée, lesdits Seigneurs doivent nourrir les bœufs, ou chevaux, bouviers & maneuvres.

Laquelle courvée sont exempts les habitans de Montaud, tenants bœufs & charrue.

Plus, de mesme appartient audit Seigneur, conjointement comme dessus, tous les assablissemens & posées de la Riviere, riere ladite terre & Seigneurie.

Plus, perçoit ledit Seigneur, & lui appartient, conjointement comme dessus, l'entier péage sur la Riviere d'Isere ; sçavoir, pour chaque radeau ayant rames, gros ou petit, une livre ; jointe aux conditions que si un grand radeau vient à rompre dans le Mandement dudit St Quentin, & qu'il soit nécessaire d'en faire plusieurs, ils ne doivent que pour un....

Declarant en outre ledit Seigneur DE BEAUMONT qu'il possede & luy appartient en particulier le port de Thulin, à St Quentin, sur la riviere d'Izere, pour la moitié duquel il fait rante au Terrier de Sa Majesté de la Chatellenie de Theulin, suivant la déclaration & recognoissance qu'il en a faite.

L l

Le présent Denombrement a esté receu de l'Ordonnance de la Chambre, sans préjudice des droits du Roy, de ceux non ouy, des usages & priviléges de la Province, le neuf Avril mil six cent quatre-vingt. (*Signé*) DUBOIS.
.... Fait à Grenoble, le neuviesme Avril mil six cent quatre-vingt. (*Signé*) GUILLAUME DE BEAUMONT.

Testament de GUILLAUME DE BEAUMONT, *Seigneur de Lisle, Con-Seigneur de St Quentin & de Montaud, en faveur de* PIERRE-LOUIS, *son fils.*

Grosse en papier, conservée dans les Archives de MM. de Beaumont-de St Quentin.

15 Aoust 1680. AU NOM DE DIEU.... cejourd'huy, quinziesme jour du mois d'Aoust, année mil six cent quatre-vingt.... par-devant moy, Notaire Royal Dalphinal hered^{re} de Sainct Quentin.... feust present Messire GUILLAUME DE BEAUMONT, Seigneur de Lisle, Con-Seigneur dudict St Quentin & Montaud, legue, estant.... en très parfaicte santé.... a voulu faire son Testament noncupatif, & ... ordonné que son.... corps... soit enterré dans l'Eglise Paroissiale dudict St Quentin, ou dans l'Eglise des Reverands Peres Carmes de Beauvoir, dans l'endroict où ses Autheurs sont enterrés.... Ordonne en outre.... qu'au cas il n'aye, avant son descedz, faict construire & fondé une Chapelle en sa maison dud. Lisle, sous le vocable de Saincte Barbe, que son héretier fera construire lad. Chappelle hors sadite mason soubz ledit vocable de Ste Barbe, & fonder... une Messe toutes les sepmaines, à perpétuité... Legue.. à Demoiselle CLAUDA-MARGUERITTE & JEANE MARIE DE BEAUMONT, ses deux filles naturelles & legitimes, à la chacune, la somme de huict mille livres.... payables.... lorsqu'elles trouveront leur parti de mariage, ou lorsqu'elles auront atteinct l'âge de vingt-cinq ans..... Item donne & legue.... à noble GUILLAUME DE BEAUMONT, son nepveu, fils naturel & legitime de feu nob^{le} LOUIS DE BEAUMONT, Sieur de Montaud, son entretient, vivant dans sa mason, jusques qu'il ait atteint l'âge de vingt ans.... &.... a faict.... & institué.... son héritier universel & g^{ral}, noble PIERRE-LOUIS DE BEAUMONT, son fils naturel & legitime.... Faict & recité au lieu de St Pierre de Cherene, Mandement commun de Beauvoir & Izeron, dans la maison curiale, ez presances de Messire Louis Armand, Pretre & Curé dudit St Pierre, de Sr François Barneoud, Docteur en Saincte Théologie, rezidant avec ledit Seigneur Testateur.... & moy susd. recevant. (*Signé*) JAYME, No^{re}.

Codicile de GUILLAUME DE BEAUMONT, *Seigneur de Lisle, Con-Seigneur de St Quentin & de Montaud.*

Copie collationnée par Renard, Notaire, sur l'original à lui représenté & retiré par sieur Jean-Anthoine Ricoint, signés Ricoint & Renard, Notaires ; cette copie en papier, conservée dans les Archives de MM. de Beaumont-de St Quentin.

Dern. Mars 1684. L'AN MIL six cent huitante-quatre, & le dernier jour du mois de Mars après midy, pardevant moy, Notaire Royal Dalphinal, hereditaire de Saint Quentin... fut present Messire GUILLAUME DE BEAUMONT, Seigneur de Lisle, Con-Seigneur dudit Saint Quintin & Montaud, lequel après avoir pris lecture de son Testament du quinziesme Aoust mil six cent huictante, receu par moy, No^{tre}, auquel il a institué heritier universel noble PIERRE-LOUIS DE BEAUMONT son fils, il a voulu pourvoir par codicile, à quelques cas & évenemens auxquels il n'a pas pourveu par sond. Testament : à quel effet, en revoquant, autant que de besoin, les legats de huit mille livres faits à Demoiselle CLAUDE-MARGUERITTE DE BEAUMONT, sa fille, qui depuis a fait profession dans le Monastere des Dames de la Visita^{on} de Saint Marcellin, il lui donne & legue une pension annuelle de trente livres.... Il a donné & legué à Demoiselle JEANNE-MARIE DE BEAUMONT sa fille, la somme de quatre mille livres, pour une fois payée, outre celle de huit mille livres en laquelle ledit Seigneur de Saint Quentin l'a instituë en sondit Testament... & au cas que ledit noble PIERRE-LOUIS DE BAULMONT son fils ..... decedât sans enfans masles, naturels & légitimes, audit cas il veut... qu'il rende & restitue tous ses biens & heritages à noble JEAN DE BEAUMONT, frere dudit Seigneur de Saint Quentin, auquel il l'est substitué pour fidei-Commis universel, à condition néanmoins que susdit noble JEAN DE BEAUMONT son frere, rendra & remettra, après son decds, tout led. heritage à celui de leurs neveux qu'il jugera le plus digne & plus capable, sans pouvoir le diviser & partager.... Fait audit lieu de Lesle, dans le Chateau dudit Seigneur de Saint Quentin, en présence de honnet, Pierre & Antoine Robert, pere & fils, Marchands du lieu de Saint Pierre de Cherine, mandement commun de Beauvoir & d'Iseron... Et moy soussigné recevant ; JAYME, No^{re}.

DE LA MAISON DE BEAUMONT. Liv. VI.

Extrait des Regiſtres du Bureau des Finances de Dauphiné, (ſigné) Piɀon.

Sur la Requeſte preſentée par noble Guilhaume de Beaumont, Con-Seigneur de Saint 20 Mars 1685. Quentin, à ce qu'il plaiſe au Bureau ordonner que l'Acte de foy & hommage qu'il a preſté à la Chambre des Comptes, pour rayſon de la conſeignorie dudit Saint Quentin, avec l'eſtat, adveu & deſnombrement de ce qui en deſpent, ſeront regiſtré pour ſervir & valoir au ſupt de ce que de rayſon. Veu ledit acte de foy & hommage du 17 Février 1677, ſigné Barde : l'extrait dudit eſtat, adveu & denombrement, ſigné Dubois ; ladite Requeſte ſignée de Beaumont ; les Concluſions du Procureur du Roy ; ſigné Rostaing, Procureur du Roy. Ouy le rapport du Commiſſaire, le Bureau faiſant droit ſur lad. Reqte, a ordonné & ordonne led. Acte de foy & hommage, eſtat, adveu & deſnombrement eſtre regiſtré au greffe, pour ſervir & valoir au ſupt ce que de rayſon. Fait à Grenoble, ce vingt Mars mil ſix cent quatre-vingt cinq.

CHAPITRE VII.

Pierre-Louis de Beaumont, Ier du nom, Seigneur de St Quentin, de Liſle, de Montaud, &c. fils de Guillaume.

Extrait de l'Armorial général de France, fait en exécution de l'Edit du Roi, du mois de Novembre 1696 ; recueilli en 30 vol. in-fol. conſervés Mſſ. au Cabinet de l'Ordre du St Eſprit ; vol. 16, fol. 675, 681, 682, 687 & 689.

St Marcellin.

De l'Eſtat du 19 Décembre 1698, préſenté aux Commiſſaires, le 10 Novembre 1698.

N..... de Beaumont, Vis-Bailly au Baillage de St Marcellin ; porte : *de Gueules, à une une face d'argent, chargé de trois fleur de lis d'azur.*

Pierre-Louis De Beaumont ; porte comme ci-devant.
Roland de Beaumont ; porte de même.

Antoine de Beaumont, ſieur de St Pierre ; porte comme ci-devant.

Du Supplément d'Armes fauſſes du 15 Février 1709, préſenté le 2 Sept. 1705.
Suite de St Marcellin.

N....... femme de N. de Beaumont, Vis-Bailly au Baillage de St Marcellin ; porte : *d'argent à deux barres d'azur & deux pals d'or, brochants ſur le tout.*

N......... femme de Roland de Beaumont ; porte : *de Gueules à deux barres d'or & deux pals de ſinople, brochants ſur le tout.*

Hommage rendu en la Chambre des Comptes de Dauphiné par Pierre-Louis de Beaumont, Co-Seigneur de St Quentin & de Montaud, de la partie deſd. Terres dont il eſt Seigneur.

Original en parchemin, conſervé dans les Archives de MM. de Beaumont-de St Quentin.

Les Gens des Comptes de Dauphiné, Conſeillers du Roy noſtre Sire, à tous ceux qui ces 10 Juillet 1704. préſentes verront, ſavoir faiſons que, ce jourd'huy, datte des Préſentes, a comparu en la Chambre des Comptes, noble Pierre-Louis de Beaumont, Con Seigneur de Saint Quentin & Montaud, lequel ſatisfaiſant aux Arreſts de la Chambre, eſtant ſur ſes pieds, à la maniere des Gentilshommes, tenant les mains jointes entre celles de Meſſire Jean-Pierre Moret-de-Bour-

Ll ij

chenu, Marquis de Valbonnays, Chevalier, Conseiller du Roy en ses Conseils d'Etat & direction de ses finances, premier Président en ladite Chambre, a reconnu & confessé, suivant les precedens hommages, qu'il tient en fief franc, noble & antien du Roy, Dauphin de Viennois, Comte de Valentinois & Diois, la con-seigneurie de Saint Quentin & Montaud, avec ses appartenances & dépendances en toute justice, haute, moyenne & basse, située audit pays de Dauphiné, au Baillage de Saint Marcellin ; que pour raison de ce, il est homme-lige & Vassal de Sa Majesté, & luy en doit les foy & hommages, à cause de sond. pays de Dauphiné, jurant à ces fins sur les Saintes Evangiles, qu'il servira sadite Majesté envers & contre tous, avec la fidelité qu'un Vassal & sujet doit à son Souverain Seigneur & Prince legitime.... En signe de quoy il a baisé à la joue ledit Seigneur premier Président.... Fait en la Chambre, ce dixieme Juillet mil sept cent quatre. (*Signé*) Par la Chambre VINGTAIN.

Contrat de Mariage de PIERRE-LOUIS DE BEAUMONT, *Seigneur de Lisle, Co-Seigneur de St Quentin & de Montaud, avec* PAULE DE BEAUMONT-DU ROSSET.

Extrait collationné par Ferrouillat, Notaire, sur l'original représenté & retiré par Dem^{lle} Catherine Daillier, veuve & Garde-Nottes des Papiers de M^{tre} Millias, Notaire ; signé Daillier-Millias & Ferrouillat, Not ^{re}. (Parchemin.)

23 Juillet 1717. AU NOM de Dieu. Soit à tous notoire que cejourd'hui, vingt-trois du mois de Juliet... mil sept cent dix-sept, pardevant moy, Jean Rue Millias, Notaire, habitans à la Riviere... ont estez p^{nts} Messire PIERRE-LOUIS DE BEAUMON, fils à feû Messire GUILLAUME DE BEAUMON & à defunte D^e FRANÇOISE DE BRENIERE, Seigneur de la maison forte de Lisle, Con-Seigneur de Saint Quantain & Monteau d'une part, & Dame PAULE DE BEAUMON-DU ROSSET, fille à feû Messire ANTOINE DE BEAUMON & à Dame MARIE BABOY, habitantz à St Romant, d'autre ; lesquels... ont declarez qu'ensuite des promesses verbales de mariage entre eux cy-devant faites, ils ont reçues la Bénédiction nuptiale le jour d'hier, & desirant faire rediger leur convention par escrit ... elle l'ont fait, & sont telles que cy-après ; sçavoir, que ladite Dame s'est constituée en dot, tous & un chaq'uns ses biens & droits p^{nts} & advenir... & par exprès la somme de cinq cens livres à elle léguéez par ledit feû noble ANTOINE DE BEAUMON son pere, par son dernier Testament, resceu par Me Bletton, Notaire... pour l'exaction de laquelle somme & de tous lesd. autres biens & droits cy-dessus constitués, ladite Dame a fait & créé ledit Seigneur son époux son Procureur irrévocable.... Fait & publié audit Saint Romand, dans le Château de Ferié de Dame BABOY, en présence de noble PIERRE DE BEAUMON, Sr de Saint Pierre, frere à ladite D^e de Saint Quantain, de noble MELCHIOR-ANTOINE DE BEAUMON, fils à M^{tre} JACQUE DE BEAUMOND, Escuyer, Conseiller du Roy, Vibaly de Saint Marsellin, neveu à ladite Dame épouze... & encore à l'asistance de M^{tre} JEAN DE BAUMON, Prieur d'Autun, Sacristain de Saint Roman, frere à ladite Dame épouze. Ainsy à l'original de BAUMON-St QUANTAIN, PAULLE DE BEAUMOND, DE BEAUMON-St Pierre, DE BEAUMON, DE BEAULMON, Prieur.... RUE-MILLAS, Notaire.

Hommage rendu par PIERRE-LOUIS DE BEAUMONT, *Seigneur de Lisle, des Co-Seigneuries de St Quentin & de Montaud.*

Original en parchemin, conservé dans les Archives de MM. de Beaumont-de St Quentin.

9 Aoust 1717. LES GENS des Comptes de Dauphiné, Conseillers du Roy notre Sire, sçavoir faisons que, cejourd'huy .... noble Jean-Louis Miard, Avocat en la Cour, en qualité de Procureur, specialement fondé de noble PIERRE-LOUIS DE BEAUMONT, Seigneur de la maison forte de Lisle.... lequel satisfaisant à l'Arrêt de la Chambre du dixieme Décembre mil sept cent quinze, étant sur ses pieds, à la maniere des nobles, tenant ses mains jointes entre celles de Messire Joseph Aymard de Verna, Conseiller du Roy en ses Conseils, Président en ladite Chambre, a reconnu & confessé, suivant les precedens hommages, que le Sieur DE BEAUMONT tient en fief franc, noble & ancien du Roi, Dauphin de Viennois, Comte de Vallantinois & Diois, la con-seigneurie de Saint-Quentin & Montaud, avec la justice, haute, moyenne & basse..,. devoirs seigneuriaux, ses appartenances & dépendances, situées audit pays de Dauphiné, riere le Bailliage de Saint-Marcellin ; que pour raison de ce, il est homme lige & vassal de Sa Majesté, & lui en doit les foy & hommage, à cause de sond. pays de Dauphiné, jurant à ces fins, ledit Sieur Miard, sur les Saints Evangiles, en l'ame dudit Sieur constituant, qu'il servira sadite Majesté envers & contre tous, avec la fidelité qu'un sujet & Vassal doit à son Souverain Seigneur & Prince legibime.... Fait en la Chambre, le neuvieme Aoust mil sept cent dix-sept. (*Signé*) Par la Chambre ; VINGTAIN.

DE LA MAISON DE BEAUMONT. Liv. VI.

Articles du Mariage de PIERRE-LOUIS DE BEAUMONT, *Seigneur de St Quentin, Lisle, Montaud, &c. & de* FRANÇOISE DE BERTRAND-DE-CHATRONIERES.

Original en papier, conservé dans les Archives de MM. de Beaumont-de St Quentin.

CONVENTIONS passées entre PIERRE-LOUIS DE BEAUMONT, Chevalier, Seigneur de St Quentin, Montau, Lisle & autres Places, & Dem^{lle} FRANÇOISE DE BERTRAND-DE CHATRONIERES, fille naturelle & légitime de noble Just-Baltazard Bertrand, Ecuyer, Sr de Chatronieres & de Dame Anne de Fassion-de Ste Jay.   15 Janvier 1731

Il a esté convenu entre ledit Messire PIERRE-LOUIS DE BEAUMONT, Seigneur de Saint Quentin, & Demoiselle FRANÇOISE DE BERTRAND... agissante ladite Demoiselle... de l'avis, authorité & consentement de lesdits pere & mere; sçavoir, que lesdites parties promettent de s'épouser... à la premiere requisition... & comme ledit mariage est très-agreable audit noble Just-Baltazar Bertran, Sieur de Chatronieres pere, & à Dame Anne de Fassion-de Sainte Jay, mere de ladite Demoiselle FRANÇOISE DE BERTRAND... ledit noble Just-Baltazar Bertrand, pere de ladite Demoiselle, luy constitue, de son chef, la somme de quatre mille cinq cens liv., & Dame Anne de Fassion sa mere, celle de mille cinq cens livres, aussi de son chef..... Pour augment, bagues & joyaux, ledit Messire PIERRE-LOUIS DE BEAUMONT, Seigneur de Saint Quentin, futur époux, donne à.... sa future épouse, la somme de douze mille livres dont elle pourra disposer... dans le... cas... qu'elle reste en veufvage, ledit Messire PIERRE-LOUIS DE BEAUMONT... lui donne son logement avec les meubles, vaisselles d'argent, & autres ustencilles nécessaires à une personne de sa qualité, dans son château de Lisle, sa vie durant; & vivant viduellement.... Fait à double, dans la maison d'habitation de noble Just-Baltazar Bertrand, sieur de Chatronieres, le quinze Janvier mil sept cent trente-un, & ont signéz lesdites parties.... (Signés) DE BEAUMONT-St QUENTIN, DE BERTRAND-DE CHATRONIERES, CHATRONIERES, ANNE FASSION-DE SAINTE JAY.

Acte de Célébration dudit Mariage.

Extrait des Registres de la Paroisse de St Thomas en Royans, délivré le 14 Octobre 1760, par le Curé de lad. Eglise, signé Perret, & légalisé par le Vice-Bailli de St Marcellin en Dauphiné, signé Reynaud-Vallier, Vib. Robin, Greffier, & scellé.

L'AN MIL sept cent trente-un, le seizieme Janvier... après avoir obtenue la dispense de....   16 Janvier 1731. deux bancs.... par Monseigneur l'Evêque & Comte de Valence, le 14e Janvier de ladite année 1731.... Je soussigné ai béni le mariage d'entre Messire PIERRE-LOUIS DE BEAUMONT, Chevalier, Seigneur de St Quentin, Montaud, Lisle & autres places d'une part, & de Demoiselle FRANÇOISE DE BERTRAND-DE CHATRONIERES, fille naturelle & légitime de noble Just Baltazard de Bertrand, Sieur de Chatronieres, Ecuyer, & de Dame Anne de Fassion de Sainte Jay, d'autre part.... Signés DE BEAUMONT-St QUENTIN, DE BERTRAND-CHATRONIERES, A. DE FASSION de S^{te} JAY, CHATRONIERES.... DELAFAYE, Curé.

Investiture de la Co-Seigneurie de St Quentin & de Montaud, accordée par le Roi à PIERRE-LOUIS DE BEAUMONT.

Original en parchemin, conservé dans les Archives de MM. de Beaumont-de St Quentin.

LOUIS PAR la grace de Dieu Roy de France & de Navarre, Dauphin de Viennois, Comte   10 Février 1740. de Valentinois & Dyois.... Ce jourd'huy.... est comparu en notre Chambre des Comptes de Dauphiné notre amé & féal Joseph Bertrand-de Chartronniere, Procureur spécialement fondé de notre amé PIERRE-LOUIS DE BEAUMONT, par Acte du deuxieme Décembre dernier, reçeu Baboy, Notaire; lequel ensuite de l'Arrêt de ce jour, donné par notre Chambre sur Requête à elle présentée par ledit sieur DE BEAUMONT, portant qu'investiture lui sera passée de la Co-Seigneurie de Saint-Quentin & Montaud, Justice haute, moyenne & basse, mere, mixte & impere, droits & devoirs Seigneuriaux, appartenances & dépendances par lui acquises de notre amé & féal Claude-Hiacinte Ferrand-Teste-de Guimettiere, Chevalier de l'Ordre Militaire de Saint Louis, Lieutenant Provincial d'Artillerie de résidance en notre Ville de Grenoble, par Acte receu du vingt-cinq Novembre mil sept cent trente-huit Héraud & son Confrere, Notaires audit Grenoble, au prix de vingt mille livres, icelle dite Con-Seigneurie située en notre pays de Dauphiné, riere notre Bailliage de Saint-Marcelin, se mouvant de nous, comme Roi, Dauphin de Viennois, Comte de Valentinois & Dyois, le féodal de laquelle acquisition a été fixé sur le pied desdits vingt-mille livres, & les lods liquidés à la somme de trois mille trois cens trente-trois livres six sols huit deniers par Jugement du Bureau de nos Finances & Chambre du Domaine de Dauphiné, du treizieme Décembre mil sept cent trente-huit, laquelle somme a ensuite été payée à notre amé Antoine Raby-de la Ponte, notre Conseiller-Trésorier, Receveur général de nos Domaines & Bois en ladite Province, suivant sa quitance du vingt-sixiesme du mesme mois de Décembre, en conformité duquel Arrêt de ce jour, nos amez & féaux Conseillers les Gens tenans notre Chambre des Comptes de Dauphiné ont investi...... ledit sieur DE BEAUMONT de ladite Con-Seigneurie de Saint-Quentin & Montaud, Justice haute, moyenne & basse, mere, mixte, impere, droits & devoirs Seigneuriaux, appartenances & dépendances.... Donné à Grenoble, en notre Chambre, le vingtieme Février l'an de grace mil sept cent quarante, & de notre regne le vingt-cinquieme. (*Signé*) Par la Chambre, MARJOLET.

Hommage rendu par PIERRE-LOUIS DE BEAUMONT, de la Co-Seigneurie de St Quentin & de Montaud.

Original en parchemin, conservé dans les Archives de MM. de Beaumont-de St Quentin.

20 Février 1740. LES GENS des Comptes de Dauphiné, Conseillers du Roi, notre Sire.... Ce jourd'hui.... est comparu en la Chambre desdits Comtes noble Joseph de Bertrand-de la Chartronniere, Procureur spécialement fondé de noble PIERRE-LOUIS DE BEAUMONT..... lequel..... étant sur ses pieds en la maniere des nobles, tenans ses mains jointes entre celles de Messire Joseph-François de Bally, Seigneur du Perre & Montcara, Conseiller du Roi en tous ses Conseils, Premier Président en ladite Chambre, a reconnu & confessé, suivant les précédens hommages, que ledit sieur DE BEAUMONT tient en Fief franc, noble & ancien du Roi, Dauphin de Viennois, Comte de Valentinois & Dyois, la Con-Seigneurie de Saint-Quentin & Montaud, avec la Justice haute, moyenne & basse, mere, mixte, impere, droits & devoirs Seigneuriaux.... située audit pays de Dauphiné, riere le Bailliage de Saint-Marcelin, par lui acquise de noble Claude-Hiacinte Ferrand-Teste-de Guimettiere, par Acte du vingt-cinquieme Novembre mil sept cent trente-huit.... & dont il a été investi par ledit Arrêt de ce jour; que pour raison de ladite Con-Seigneurie il est homme-lige & vassal de Sa Majesté, & lui en doit les foi & hommage à cause de sondit pays de Dauphiné, jurant à ces fins ledit sieur Bertrand-de Chartronniere, en l'ame dudit sieur DE BEAUMONT, sur les saints Evangiles, qu'il servira Sadite Majesté envers & contre tous avec la fidélité qu'un Sujet vassal doit à son Souverain Seigneur & Prince légitime.... En signe de quoi ledit sieur Bertrand-de Chartronniere a baisé à la joue ledit Seigneur Premier Président de Bailly.... Fait en la Chambre, le vingtieme Février 1740. (*Signé*) Par la Chambre. MARJOLET.

Testament de PIERRE-LOUIS DE BEAUMONT, Seigneur de Lisle, St Quentin & Montaud, en faveur de PIERRE-LOUIS, CLAUDE-HYACINTHE, FRANÇOIS-GUILLAUME, MARIE-THEREZE, JEANNE-MARIE, & MARIE-GASPARDE DE BEAUMONT, ses enfans.

Grosse en parchemin, conservée dans les Archives de MM. de Beaumont-de St Quentin.

23 Février 1744. AU NOM de Dieu soit fait. Ce jourd'hui vingt-troisieme Février année mil sept cent quarante-quatre.... au lieu de Saint-Thomas-en-Royans, dans la Maison forte de Chatroniere, devant moi Joseph Cara, Notaire à Saint-Nazaire, audit Royans, au Duché & Pairie d'Hostun, en présence de Charles Carat-de Grand-Champ, Ecuyer, Garde du Corps du Roi, originaire dudit Saint-Nazaire.... a été présent noble PIERRE-LOUIS DE BEAUMONT, Seigneur de la Maison forte de Lisle, & des Terres & Seigneuries de Saint-Quentin & Montaud, habitant dans sa Maison forte de Lisle, Paroisse de Saint-Pierre d'Echerene, Mandement commun de Beauvoir & Izeron, lequel étant en santé.... voulant faire son Testament nuncupatif.... a élu.... sa sépulture dans l'église des RR. PP. Carmes de Beauvoir, dans le tombeau de sa famille.... Legue.... à noble CLAUDE-HYACINTHE DE BEAUMONT, à noble FRANÇOIS DE BEAUMONT, ses deux fils cadets & de la défunte Dame FRANÇOISE BERTRAND DE CHATRONIERE, son épouse, & à Demoiselles MARIE-THEREZE,

DE LA MAISON DE BEAUMONT. Liv. VI.

Jeanne-Marie, & Marie-Gasparde de Beaumont, ses trois filles & de ladite feüe Dame Bertrand-de Chatroniere, au chacun & à la chacune la somme de six mille livres.... & au cas que un ou plusieurs de sesdits enfans legataires mâles ou filles viennent à décéder en pupillarité, audit cas ledit Seigneur Testateur leur substitue, par substitution vulgaire pupillaire expresse & par fideïcommis.... son héritier ci-après nommé.... & ledit Seigneur Testateur a institué.... pour son héritier universel noble Pierre-Louis de Beaumont, son fils aîné & de ladite feüe Dame Bertrand-de Chatroniere.... lui substitue.... ledit noble Claude-Hyacinthe de Beaumont, son second fils, & au.... dit noble Claude-Hyacinthe.... noble François-Guillaume.... son troisieme fils, aussi par substitution vulgaire pupillaire expresse & par fideï-commis.... Le tout fait au lieu que dessus, & dans la Maison forte de Chatroniere. (*Signé*) Cara, Nre.

Extrait des Registres de l'Eglise Paroissiale de St Pierre de Nácon, Diocèse de Grenoble, délivré par le Curé de ladite Eglise, signé Remillier, & légalisé par le Lieutenant-Général au Siége de St Marcellin, le 7 Février 1757; signé Boisset, Lantelme (Greffier) & scellé.

Le dize-neuf Novembre mil sept cens quarante-neuf, est décédé Messire noble Pierre-Louis de Beaumont, Seigneur de St Quentin & autres Places.... & est mort dans la Communion de l'Eglise.... ayant fait mes fonctions, j'ai remis à Monsieur le Curé de Beauvoir le corps de ce Seigneur, le priant de faire sur lui les fonctions ecclésiastiques.... Remillier, Curé.   19 Novembre 1749.

L'an mil sept cent quarante-deux, & le sacré jour fête de l'Immaculée Conception de la Sainte Vierge, huitieme jour du mois de Décembre, décéda noble Françoise Bertran-de Chatroniere, Dame de Beaumond-Saint-Quentin, le lendemain fut ensevelie dans l'Eglise des Révérands Peres Carmes du Couvent de Beauvoir, au vaze & tombe des nobles de Beaumont, habitans à Beauvoir, Saint-Pierre & à Saint-Romand, ou à Saint-Marcellin. Pascalys, Curé.

CHAPITRE VIII.

Pirre-Louis de Beaumont, II. du nom, Seigneur de St Quentin, de Lisle & de Montaud ; & Claude-Hyacinthe, son frere ; enfans de Pierre-Louis, Ier du Nom.

Extrait des Registres de l'Eglise Parissiale de St Pierre de Nácon, Diocèse de Grenoble ; délivré, signé & légalisé comme le précédent.

L'an mil sept cens trente-un, & le vingt-unieme.... Novembre, environ sept heure du soir, est né & le lendemain a été baptizé noble Pierre-Louis de Beaumond, fils à noble Pierre Louis de Beaumond-Saint-Quentin & à noble Françoise Bertrant-de Chatroniere, ses pere & mere légitimes : son Partin a été noble Pierre-Louis de Beanmond, sieur de St Pierre, & la Marrine noble Anne de Falcion de St Ageig ; en foi : Pascalys, Curé.   22 Novembre 1731.

Contrat de Mariage de Pierre-Louis de Beaumont, Seigneur de St Quentin, &c. avec Anne-Charlotte Duprat.

Grosse en parchemin, conservée dans les Archives de MM. de Beaumont-de St Quentin.

A tous ceux qui ces présentes Lettres verront. Théodore de Tschoudy, Chevalier, Seigneur de Colombé, Conseiller du Roi, Bailly de Metz ; salut : sçavoir, faisons que par-devant M^{tre} Michel Barte & Jean-Nicolas Suby, Conseillers du Roi, Notaires, Gardes-Nottes & Gardes-Scel de Sa Majesté au Bailliage de Metz soussignés, furent présens Messire Pierre-Louis de Beaumont, Chevalier, Seigneur de St Quentin en Dauphiné & autres lieux, fils majeur de feu Mre Pierre-Louis-de Beaumont, Chevalier, Seigneur de St Quentin & autres lieux, & de M^{de} Françoise de Chatroniere, ses pere & mere, demeurant actuellement à Metz.........   7 Avril 1757.

Et Madame Marie-Louise Evrard, veuve de Mre Thomas-Roger Duprat, Ecuyer, Chevalier de l'Ordre Royal & Militaire de St Louis, Major pour le Roi de la Ville de Metz.... ftipulante pour Mademoiselle Anne-Charlotte Duprat, fa fille mineure.....

Lefquels ont fait les traités & conventions de mariage qui fuivent en la préfence & de l'agrément de leurs patens & amis.... fçavoir, de la part de mondit futur époux, de très-haut & très-puiffant Seigneur Monfeigneur Claude de St Simon, Comte & Pair de France, Evêque de Metz, de Mre François Uldric de Chamiflot, Chevalier, Seigneur de Ville-fur-Iron & autres lieux, Capitaine d'Infanterie au Régiment de St Germain.

Et de la part de ladite D^lle future épouse, de Mad^e Cafimir-Fortuné Duprat, fa fœur, époufe de Mre Jean de la Roche, Chevalier, Comte du Ronfet, de Mre Erneft-Louis Comte de Mortaigne, Chevalier de l'Ordre Royal & Militaire de St Louis, Lieutenant-Général des Armées du Roi, Commandant dans les Trois Evêchés, fon ami, de Me Louis-Jofeph Georgin-de Mardigny, fon grand-oncle, Ecuyer, Confeiller honoraire du Roi en fa Cour de Parlement de Metz, de Mre Claude-François de Beffe-de la Richardie, Prêtre, Abbé Commandataire de l'Abbaye de St Clement de Metz, Chanoine & Archidiacre de l'Eglife Cathédrale de Metz, de Mre Gafpard de Beffe-de la Richardie, Prêtre, Docteur de Sorbonne, Chanoine & Grand Chantre de l'Eglife Cathédrale de Metz, de Mre Henry Poutet, Chevalier, Seigneur de Burtoncourt & autres lieux, Confeiller du Roi en fes Confeils, Préfident à Mortier en fadite Cour de Parlement, & de Mre Louis de Bouteiller, Ecuyer, Seigneur de Sabrée, Confeiller du Roi en fadite Cour de Parlement, auffi fes amis.....

Mondit fieur futur Epoux accorde à ladite D^lle fa future Epoufe, pour bagues & joyaux, une fomme de trois mille livres.....

Douaire échéant, la future époufe aura pour douaire préfix & limité.... la fomme de mille livres de rente & penfion viagere, rachetable de dix mille livres.....

Le futur Epoux fe conftitue en dot les biens & droits qui lui font échus, tant de la fucceffion de ladite défunte Dame fa mere, décédée *ab inteftat*, que de celle dudit défunt fieur fon pere, qui l'a inftitué fon héritier univerfel par fon Teftament.... le vingt-trois Février mil fept cent quarante-quatre, confiftans en la Terre & Seigneurie de St Quentin, les Ifles-fur-l'Ifere, & les cinq Domaines & autres biens en dépendans, les fix Domaines fitués à St Pierre & Iferon, dépendans de la Maifon forte de l'Ifle, & leurs dépendances, le tout fitué dans la Province de Dauphiné, de valeur de cent mille livres ; fur laquelle fomme, déduifant les légitimes que le futur époux doit à fes freres & fœurs puînés, & ce qui leur revient de la fucceffion de la Dame leur mere, montant à quarante mille livres, refte foixante mille livres, qui forme la dot du futur époux.....

Madite Dame Duprat conftitue en dot à ladite D^lle fa fille, par préciput & fans rapport à fa fucceffion future.... la fomme de cinq mille livres. Plus, elle lui conftitue en dot.... en avancement d'hoirie, & à charge de rapport.... la fomme de vingt mille livres..... Ladite Dame Duprat céde à ladite D^lle fa fille la Seigneurie vouée du Village d'Aube, avec tous les revenus en dépendans.....

Madite Dame Duprat promet en outre de loger & nourrir avec elle les futurs époux & leurs Domeftiques pendant quatre années.... les.... préfentes.... faites & paffées à Metz, en la demeure de mad. D^e Duprat.... l'an mil fept cent cinquante-fept, le feptieme Avril... la minutte... demeurée en la garde.... de Me Suby, l'un des Notaires fouffignés. (*Signés*) BARRE & SUBY.

Hommage rendu par PIERRE-LOUIS DE BEAUMONT, *Seigneur de St Quentin & de Montaud, en la Chambre des Comptes de Dauphiné.*

Original en parchemin, confervé dans les Archives de MM. de Beaumont-de St Quentin.

24 Novembre 1762.

LES GENS des Comptes de Dauphiné, Confeillers du Roy notre Sire, féants à Grenoble... Aujourd'hui, vingt-quatrieme jour du mois de Novembre mil fept cent foixante-deux, au grand Bureau de la Chambre des Comptes de Dauphiné, s'eft préfenté noble PIERRE-LOUIS DE BEAUMONT, Seigneur de Saint Quentin & Montéaud, lequel.... étant fur fes pieds, à la maniere des nobles, tenant fes mains jointes entre celles de Meffire Alexis de Gauteron, Confeiller du Roi en fes Confeils, Préfident en ladite Chambre, a reconnu & confeffé, fuivant les précédens hommages, qu'il tient en fief franc, noble & ancien du Roi-Dauphin, Comte de Valentinois & Dyois, la terre & Seigneurie de Saint Quentin & Montéaud, avec la juftice haute, moyenne & baffe, Mere, mixte, impaire droits & devoirs Seigneuriaux.... le tout fitué au pays de Dauphiné, riere le Baillage de Saint Marcellin, que pour raifon de ladite terre & Seigneurie, il eft homme-lige & vaffal de Sa Majefté, & lui en doit les foy, hommage & ferment de fidélité, à caufe de fondit pays de Dauphiné, jurant à ces fins ledit fieur DE BEAUMONT, qu'il fervira fadite Majefté envers & contre tous, avec la fidélité qu'un vrai & fidele fujet & vaffal doit à fon Souverain, Seigneur & Prince légitime.... En figne de quoi il a baifé à la joue ledit Seigneur, Préfident de Gauteron,... Fait en la Chambre, les jour & an que deffus : figné par la Chambre, TROUILLOUD.

Certificat

Certificat de Réception de Claude-Hyacinthe de Beaumont-St-Quentin, *dans le Chapitre de Lion.*

Original en papier.

Nous Doyen, Chanoines & Chapitre de l'Eglise, Comtes de Lyon, certifions & atteſtons 23 Juin 1774, à tous ceux qu'il appartiendra, que illuſtre Seigneur, Meſſire Claude-Hyacinthe de Beaumont-de Saint Quentin, Chanoine de notre Egliſe & Comte de Lyon, fils naturel & légitime de noble Pierre-Louis de Beaumont-de Saint-Quentin, & de noble Françoise Bertrand-de Chartronniere, a fait la preuve littérale de ſa nobleſſe, le cinq Novembre 1761, pour entrer dans notre Chapitre, conformément à nos ſtatuts & réglemens; qu'il a produit pour cet effet, en expéditions originales, les titres & contrats néceſſaires pour la filiation, ainſi que les titres honorifiques, pour établir l'ancienne extraction de nobleſſe de chaque dégré, tant du côté paternel que du côté maternel, laquelle preuve de nobleſſe a été déclarée bonne & valable dans notre Chapitre général, d'après la Fête de Touſſaint, tenu & célébré ledit jour, cinq Novembre 1761, pour avoir été faite ſuivant les ſtatuts de notre Egliſe : en témoignage de quoy nous avons fait délivrer le préſent certificat audit Meſſire Claude-Hyacinthe de Beaumont-de Saint Quentin, pour ſervir & valoir ce qu'il appartiendra. Donné à Lyon, dans l'aſſemblée tenue à l'iſſue de la grand-meſſe, le Jeudi, vingt-troiſieme Juin mil ſept cent ſoixante & quatorze, & avons fait appoſer le ſceau ordinaire des Armes de notredit Chapitre. (*Signé*) De Poix, Précenteur, pour le Chapitre. (*Plus bas*) Par leſd. Seigneurs; Roches, Ste (&) Manin Ste (*& ſcellé en placard.*)

CHAPITRE IX.

Enfans de Pierre-Louis-de Beaumont & d'Anne-Charlotte Duprat.

Extraits de Baptême de Christophe, Augustine-Marie-Magdelaine, Marie-Charles, Justine-Silvie *&* Marguerite-Claire-Félicienne de Beaumont.

Extrait des Regiſtres de l'Egliſe Paroiſſiale de St Pierre de Nâcon, Dioceſe de Grenoble; délivré par le Curé de ladite Egliſe : ſigné Remillier, & légaliſé le 8 Septembre 1774, par le Lieutenant-Général au Bailliage de St Marcellin, ſigné Boiſſet & Robinſon, Clet.

Ce jourd'hui vingtieme Mars l'an mil ſept cent ſoixante-cinq, dans l'Egliſe Paroiſſiale de 20 Mars 1765. St Pierre de Nâcon, Dioceſe de Grenoble, par Meſſire François de Beaumont, Chanoine Régulier de St Auguſtin, Ordre de St Antoine, Prieur de la Maiſon dudit Ordre, au Pont-en-Royans, en préſence & aſſiſtance de nous ſouſſigné, Curé de ladite Paroiſſe de St Pierre de Nâcon, a été baptiſé noble Christophe de Beaumont, fils naturel & légitime de Meſſire Pierre-Louis de Beaumont, Chevalier & Seigneur de St Quentin, Montaud & autres lieux, & de Dame Anne-Charlotte Duprat, mariés, habitans de cette Parroiſſe, dans leur Maiſon forte de Liſle, né le dix-huit du préſent mois de Mars ; le Parrein a été illuſtriſſime Seigneur Monſeigneur Christophe de Beaumont, Archevêque de Paris, Duc de St Cloud, Pair de France, Commandeur de l'Ordre du St Eſprit, &c. abſent, repréſenté par Meſſire Melchior-Antoine de Beaumont, Chevalier, Seigneur du Coupier dans St Sauveur, Beauvoir & autres lieux ; la Marreine, Dame Anne de Garnier, épouſe dudit Seigneur Melchior-Antoine de Beaumont, réſidens à St Marcellin, en préſence de Meſſire Joſeph Bertrand, Chevalier, ſieur de Chatronnieres, réſidant à St Thomas-en-Royans, dans ſa Maiſon forte de Chatronnieres, oncle maternel dudit Seigneur Pierre-Louis de Beaumont. ...

Ce jourd'hui trente-un Janvier mil ſept cent ſoixante-neuf. . . . a été baptiſée Demoiſelle Augustine-Marie-Magdelaine de Beaumont, fille naturelle & légitime de Meſſire Pierre-Louis de Beaumont, Chevalier, Seigneur de St Quentin, Montaud & autres lieux, & de Dame Anne-Charlotte Duprat, mariés, habitans de cette Parroiſſe, dans leur Maiſon forte de Liſle, née le trente-un du préſent mois de Janvier ; le Parrein a été Meſſire Augustin de Facion, Chevalier, Seigneur de Ste Jay, Varaſſieux, Brion, le Jay & autres Places, abſent, repréſenté par Monſieur Antoine Robert, Bourgeois de cette Parroiſſe ; la Marraine Dame Marie-Jeanne de Beaumont, épouſe de Monſieur de Fontanille, auſſi abſente, repréſentée par Demoiſelle Magdelaine Gali, épouſe dudit ſieur Antoine-Robert.

M m

Le quinze Août mil sept cent soixante & dix a été baptisée Demoiselle MARIE-CHARLES DE BEAUMONT, née du treize, fille naturelle & légitime de Messire PIERRE-LOUIS DE BEAUMONT, Chevalier, Seigneur de St Quentin, Montaud & autres lieux, & de Dame ANNE-CHARLOTTE DUPRAT ; son Parrein a été Messire JACQUES-CHARLES DE BRENIER-DE PRÉVILLE, ancien Capitaine d'Infanterie, Chevalier de l'Ordre Royal & Militaire de St Louis, & sa Marraine Demoiselle MARIE-LOUISE DE BEAUMONT, sœur de ladite baptisée, laquelle a été baptisée par Messire CLAUDE-HYACINTHE DE BEAUMONT, Chanoine de l'Eglise, Comte de Lyon, Vicaire-Général de l'Evêché de Dijon, Prieur de Bord, oncle de ladite baptisée, en présence & assistance de Messire Jacques Remillier, Curé....

Le six Février mil sept cent septante-deux a été baptisée Demoiselle JUSTINE-SILVIE DE BEAUMONT, née d'hier, fille légitime de Messire PIERRE-LOUIS DE BEAUMONT, Seigneur de St Quentin, & de Dame ANNE-CHARLOTTE DUPRAT ; le Parrain a été Messire JACQUES DE FONTANILLE, & la Marraine Demoiselle MARIE-FRANÇOISE-ANNE-SILVIE DE FONTANILLE....

Le vingt-un Février mil sept cent septante-quatre a été baptisée Demoiselle MARGUERITE-CLAIRE-FÉLICIENNE DE BEAUMONT, née d'hier, fille naturelle & légitime de Messire PIERRE-LOUIS DE BEAUMONT, Seigneur de St Quentin, & de Dame ANNE-CHARLOTTE DUPRAT, habitans de cette Paroisse ; le Parrain a été haut & Puissant Seigneur Messire Noel-Félicien de Bosin, Marquis de la Sône, Baron de Chate, Seigneur de St Pierre, d'Argenson, Izeron, Cormin, St Pierre de Nâcon, Chalval & autres lieux, Capitaine de Cavalerie, absent, représenté par noble JUST-JACQUES DE BOUVIER-DE FONTENILLE, la Marreine Dame Marguerite de Perrotier de Bellegarde, épouse de Messire Claude d'Antour, résidant à St Marcellin....

PIECES JUSTIFICATIVES
POUR SERVIR DE PREUVES
A L'HISTOIRE GÉNÉALOGIQUE
DE LA MAISON
DE BEAUMONT.

LIVRE SEPTIEME.

LIVRE VII.

SEIGNEURS DE BEAUMONT ET DE MONTFORT;

Sortis des premiers Seigneurs DE BEAUMONT.

CHAPITRE Ier.

AMBLARD DE BEAUMONT, Ier du nom, Chevalier, Seigneur de Beaumont, de Montfort, de la Terrasse, &c. fils puîné du second mariage d'ARTAUD III. DE BEAUMONT, rapporté au IIIe Chapitre du IIe Livre de ces Preuves, pag. 28.

Donation faite par le Dauphin Humbert (II) à AMBLARD DE BEAUMONT, son Conseiller, de tout ce que ce Prince possédoit en la Terre du Touvet.

Extrait du Regiftre cotté : Tertius Liber Copiarum concernantium patrimonium Domini noftri Dalphini, étant aux Archives de la Chambre des Comptes de Dauphiné, n° 27 & 29, ann. 1334, fol. 487; délivré par le Greffier en Chef de cette Chambre, figné Chabert.

.... ANNO.... DOMINI milleſimo tercenteſimo triceſimo quarto, inditione ſecunda, die quinta 5 Mai 1334; menſis Maii.... Illuſtris Princeps Dominus Humbertus Dalphinus Viennenſis, Vienne & Albonis Comes...., inſpectis utique & previſis gratis & acceptabilibus obſequiis ſibi Domino Dalphino inpenſit, ut dicebat, per virum nobilem, Dominum AMBLARDUM DE BELLOMONTE, Legum Doctorem, ejus Conſiliarium, & que ſibi ſperat inpendi per eum.... dedit.... & conceſſit.... dicto Domino AMBLARDO tanquam bene merito, & majori dono digno, preſenti & recipienti pro ſe, ſuiſque heredibus & ſucceſſoribus.... omnes & ſingulos homines vaſſallos, cenſus, redditus, ſervitia, uſagia, feuda, alodia, terras.... & alia..... jura.... que.... in totâ perrochiâ,... de Toveto.... ſalvo.... quod idem Dominus AMBLARDUS & ſui poſteri perpetuo teneant.... in augmentum feudi Bellimontis; predicta omnia.... in feudum.... & ad homagium ligium.... inveſtiens idem Dominus Dalphinus, predictum Dominum AMBLARDUM de predictis omnibus.... per traditionem cujuſdam calami..... Actum apud Gratianopolim, in Domo Fratrum Predicatorum, preſentibus.... Domino Humberto de Choulay, milite, Fratre Johanne Decors, Priore Dictorum Predicatorum, Confeſſore dicti Domini Dalphini, Fratre Johanne de Romanis, dicti ordinis Predicatorum. Et ego Humbertus Pilati, de Buxeria, Clericus Gratianopolis Dioceſis, Imperiali, & Domini Francorum Regis, auctoritatibus, Notarius publicus, premiſſis omnibus interfui... ſignoque meo conſueto ſignavi.

Nos vero Humbertus Dalphinus Viennenſis predictus.... ex habundanti.... mandamus viris nobilibus, Roleto de Intermontibus, Droueto ejus filio, Domino ARTAUDO DE BELLOMONTE militi, Guigoni Raverii, & aliis.... nobilibus, & innobilibus.... dictæ perrochiæ de Thoveto ... quatenus, ſi & inquantum amorem noſtrum diligunt & indignationem cupiunt evitare, ipſi Domino AMBLARDO incontinenti.... homagia & recognitiones faciant, recognoſcentes eum verum & immediatum Dominum eorumdem.... & per omnia efficaciter pareant.... prout nobis, ante donationem hujuſmodi, facere tenebantur..., in quorum omnium... teſtimonio ſigillum noſtrum majus in ibi duximus appendendum....

Traité de Paix fait entre Aymon Comte de Savoye, & le Dauphin Humbert II.

Extrait du Regiſtre cotté : Pilati, du 3e Cahier, fol. 6 & 8, année 1334, étant aux Archives de la Chambre des Comptes de Dauphiné ; délivré par le Greffier en Chef de ladite Chambre, ſigné Chabert.

7 Novemb. 1335. .... ANNO DOMINI milleſimo tricenteſimo triceſimo quinto, indictione tertia, Pontificatus Sanctiſſimi in Xp̄o Pattis & Domini, Domini Benedicti, Pape duodecimi anno primo, die ſeptima menſis Novembris, per hoc publicum inſtrumentum cunctis appareat evidenter quod illuſtres & magnifici Principes, Dominus Aymo Comes Sabaudiæ, Dux Chablaiſii & Auguſtæ & in Italia Marchio, & Dominus Humbertus Dalphinus Viennenſis, Dux Campiſauri, Brianczoneſii Princeps, Viennæ, Albonis, Grayſivodani, Vapinceſii & Ebreduneſii Comes, Sezanæ in Italia Marchio, Baronniarumque de Turre, Fucigniaci, Valliſbone, Montisalbani & Medulionis Dominus, propter ea que ſequntur. ... Et primo ... pacem noviſſimam factam inter ... Dominos parentes eorum, Comitem Amedeum & Dalphinum Johannem, felicis memorie, cujus tenor & forma continetur in quodam publico inſtrumento ſigillato, confecto per Humbertum Diſderii, Notarium publicum, ſubſcripto & ſignato per Petrum Franciſci, Andream Czuppi, Johannem de Sancto Dioniſio, Petrum Clochayronis, publicos Notarios, ſub anno Domini M° CCC° XIIII°, indictione XIIª, decima die menſis Junii, apud Vilarium Benedictum, & deinde dictam pacem nuper factam inter ipſos Dominos nunc Comitem & Dalphinum contentam in publico inſtrumento confecto & ſignato & ſubſcripto per nos Notarios infraſcriptos, ſub anno Domini milleſimo CCC° XXXIIII°, die ſeptima menſis Maii. ... in omnibus ſuis clauſulis ... plenarie & perfecte laudant ... & confirmant ... ſalvisque in inſtrumento preſenti inferius deſcribuntur &c. ... Item, idem Dominus Comes... reddit ... ac reddere ... promittit ... Domino Dalphino predicto, ... incontinenti caſtra de Corlerio & Sancti Martini de Fraxino ... Baſtiram de Paladruto ... Caſtrum Alemorum cum ſuis juribus, ita tamen quod dirui debeat funditus, & idem Dominus Comes dirui facere teneatur, ſi Domini Anthonius de Claromonte, Miles & AMBLARDUS DE BELLOMONTE, Legum Doctor, qui fuerunt duo ex tractoribus dictæ pacis, jurati per eorum juramenta dixerint concorditer dictum caſtrum dirui debere, qui Domini Anthonius & AMBLARDUS teneantur jurare, & jurare compellantur, ad dicendum ſuper hec quod eorum legalitati videbitur faciendum. ... Item cum in pace predicta ultimo facta ... ipſi Domini, Comes & Dalphinus, auctoritatem plenam & liberam poteſtatem comiſerunt & conceſſerunt Dominis Anthonio de Claromonte, Militi, Philipo de Provanis, Legum Doctori & Militi, Humberto de Choulay, Militi, & AMBLARDO DE BELLOMONTE, Legum Doctori. .. ordinandi, declarandi & determinandi id quod ſibi videbitur de feudis Dominorum de Vilariis & Belliregardi, ſi Dominus noſter Papa non determinaret de ipſis, ac etiam ordinandi de nobilibus Sancti Germani, interpretandique & declarandi dubia & obſcuritates que poſſent oriri quomodolibet in pace, & ex pace predicta dependentibus & emergentibus ex eadem ac querendi modos & vias quibus ipſa pax firmius perpetuo obſervetur, & plura alia faciendique & prout in ipſa pace, vel in aliquibus ipſius capitulis continentur; qui Dominus Philippus de Provanis expirando ſolvit debitum naturale & ipſe Dominus AMBLARDUS abſens eſt & diu fuit agens in remotis partibus, quapropter ad ſupplementum commiſſorum eiſdem, vacare nequeunt. ... ipſi Dominus Aymo Comes, Dominum Guillermum de Caſtillione, Militem, loco dicti Domini Philippi defuncti ; & Dominus Humbertus Dalphinus Viennenſis, loco dicti Domini AMBLARDI abſentis, venerabilem virum Dominum Soffredum Nigri, Doctorem decretorum, cum & ſub eadem poteſtate, commiſſione & auctoritate attributis dictis Dominis Philippo & AMBLARDO, una cum aliis duobus Dominis Anthonio & Humberto, Collegis ſuis. ... unanimiter ſubrogarunt. ... Acta ... in grangia de Silva prope Moyrencum que eſt ordinis Cartuſienſis, ubi interfuerunt ... Reverendi Patres in Xp̄o, Domini Johannes, Epiſcopus Turinenſis; Guillelmus, Abbas Sancti Anthonii Viennenſis; Religioſi viri Domini, Amedeus Alamandi, Prior Sancti Laurentii Gracinopolis; Joffredus de Comeriis, Prior Sancti Stephani de Sancto Juers; nobiles viri Domini, Albertus Dominus de Caſſenatico, Guido de Groleya, Dominus Neyriaci, Antelmus Aynardi, Guillelmus Artaudi, Conradus de Nueſeſtaint; Amedeus de Roſſillione, Condominus de Boſchagio, Henricus de Dreuis, Antelmus de Grangiis, Milites; Domini Pontius Clari, Jacobus Capurgroſſi, Legum Profeſſores ; Stephanus de Rupho, Stephanus Pelati, Juriperiti; Eynardus de Bellacomba, Perretus de Avalone, Domicelli dicti Domini Dalphini, & Religioſus vir Dominus Jacobus de Broen, Prior Lem̃eti; viri nobiles, Domini Girardus Liguespa, Dominus de Varas, Johannes Dominus Corgeronis, Guillelmus Dominus Intermontium, Novi & Montisbelli, Girinus de Sancto Simphoriano, Petrus Mareſcalci, Humbertus Baſtardus de Sabaudia, Dominus de Eſcloſa, Aymo de Verdone, & Franciſcus de Bacigno, Milites; Johannes de Meyriaco, Petrus de Muris, Juriperiti, Conſiliarii dicti Domini Comitis, & Odebrandus Alferni de Florencia, ipſius Domini Comitis Domicellus, una cum quatuor Commiſſariis ſuperius ordinatis, & multitudine aliorum, & Johanne Miſtralis Notario, mecum ad ſupra ſcripta vocato. Et ego Humbertus Pilati, de Buxeria, Clericus Gratianopolitane Dioceſis, Imperiali & Domini Francorum Regis auctoritatibus Notarius publicus, premiſſis omnibus & ſingulis, una cum dicto Johanne Miſtralis & teſtibus ſupra ſcriptis interfui &c.

Contrat de Mariage d'AMBLARD Seigneur DE BEAUMONT, avec BEATRIX ALEMAND-DE VALBONNAIS.

Original en parchemin, conservé dans les Archives de M. le Comte de Beaumont-la Roque, au Château du Repaire en Périgord.
On conserve aussi dans les Archives de la Chambre des Comptes de Dauphiné la minute de ce Contrat au Protocole original de Guigues Frumenti, fol. VII^{xx} X; & une Expédition en parchemin de ce même Contrat, cottée : Graisivodan, 1336, Caisse de la Généralité.

IN NOMINE Domini, amen, anno ejusdem millesimo tercentesimo tricesimo sexto, indicione quarta, die decima nona mensis Madii, Pontificatûs Sanctissimi Patris & Domini Domini Benedicti Pape XII anno secundo, noverint universi.... quod cum, magnifico & excellenti Principe Domino nostro, Domino Humberto Dalphino Vienne, Viennensis, Albonis, Graysivodani Comite ac Palatino, & illustrissimis Dominabus, Domina Maria de Baucio, Dalphina Vienne & Andree Comitissa, & Beatrice de Viennesio, Domina de Atlato, volentibus & contractantibus, cum effectu super matrimonio contrahendo inter nobilem & discretum virum Dominum AMBLARDUM BELLIMONTIS & Mirollii Dominum, Legum Doctorem ex parte una, & nobilem BEATRICEM ALAMANDE-de Vallebonneysio filiam, bone memorie, quondam Domini Guillelmi Alamandi, Domini Vallisbonnesii, eorumdem Domini nostri Dalphini, Domine Dalphine, Domine de Atlato consanguineam, ex parte altera; dudum in annopresenti ipsis sistentibus apud Clusas; predictus Dominus AMBLARDUS promisit.... predictam BEATRICEM ALAMANDE.... ducere in uxorem.... & versa vice dicta BEATRIX ALAMANDE etiam promisit.... dictum Dominum AMBLARDUM in virum suum ducere legitimè... interveniente oris osculo in signum veri matrimonii inter eos contrahendi; ad premissa ibidem assistentibus Reverendis in Xpō Patribus Dominis, Petro Dei gratia Geben, & Johanne, ejusdem Dei permissione, Tinieñ, Episcopis, Arraudo Alamandi, Priore Nantoaci, Amedeo Alamandi, Priore Sancti Laurentii Grationopolis, Odone Alamandi, Preceptore de Veneto, Patruis BEATRICIS predictè, sponse future, Hugonino Alamandi, germano ejusdem, Jacobo Caputgrassi, Legum Professore, Henrico de Drenco, Milite, ac pluribus aliis nobilibus, ut dictus Dominus AMBLARDUS, necnon dictus Hugoninus, germanus ipsius BEATRICIS, nomine ejusdem, nunc per juramenta sua asserebant, securumque fuerit quod dictum matrimonium noviter ad effectum sollenizatum extitit inter eos, & alter alterum duxerit per verba de presenti; hinc est quod dictus Hugoninus Alamandi, Dominus Vallisbonnesii.... dedit.... Domino AMBLARDO, viro dictæ BEATRICIS, sororis ipsius Hugonini.... in dote.... duo millia florenorum auri fini, boni ponderis & egalis.... pro quibus... ad... requisitionem dicti Hugonini se constituerunt fidejussores.... Dominus Girardus, Dominus Anjove; Dominus Albertus Dominus de Cassenatico, Dominus Guillelmus Artaudi, Dominus de...(*)... Dominus Odobertus Dominus Castri novi; Dominus Guigo de Morgiis, Dominus de Gensaco; Dominus Humbertus de Cholay, Dominus Pontis Burengii; Dominus Amedeus de Rossillione, Condominus Boschagii; Dominus Amblardus de Briordo, Dominus de Serrata; Dominus Arnaudus, Dominus Rupis fortis; Dominus Sostredus de Arciis, Milites; Johannes Berengarii, Dominus Pontis, & Eynardus de Bellacomba, Domicelli.... dictus vero Dominus noster Dalphinus Viennensis.... volens se cum effectu erga dictum Hugoninum, consanguineum suum, ad premissa, ut dicebat pretendere liberalem, pro se & dictâ Dominâ Dalphinâ, ejus conforte donavit, liberaliter concessit & contulit gratiosè predicto Hugonino.... in subsidium.... solutionis dotis predictè, & pro dote BEATRICIS memorate consanguineæ suæ, uxorifique dicti Domini AMBLARDI mille quingentos florenos auri.... pro quibus meliùs attendendis & complendis ad requisitionem ipsius Domini AMBLARDI, se constituerunt fidejussores & principales solutores.... Quibus sic actis ibidem.... voluit dictus Dominus noster Dalphinus, & dictus Hugoninus Alamandi, Dominus Vallisbonneysii, suæ voluntati reverenter inclinans, consentiit, ad hoc etiam consentientibus venerabilibus Religiosis Dominis Artaudo Alamandi, Priore Nantoaci, ac Amedeo Alamandi, Priore Sancti Laurentii Grationopolis, Patruis suis presentibus supra dictis, postulante dicto Domino AMBLARDO, quod ipse Dominus AMBLARDUS, ad vitam ipsius Domini nostri Dalphini quam Deus, per sui gratiam, prosperam concedat & longevam, etiam ad vitam ipsius Domini AMBLARDI & cujuslibet ipsorum liber sit totaliter & immunis à prestatione & deprestatione homagii & fidelitatis, ad que idem Dominus AMBLARDUS tenetur dicto Hugonino Domino Vallisbonesii, teneri potest & debet ratione, occasione, & ex causâ Castri, seu feudi de Mirollio quod noviter dictus Dominus AMBLARDUS noscitur acquisisse.... Actum in Castris Bellivisus, in Royanis, in logia nova, presentibus discretè viro Domino Bonifacio Bonifacii, Juris perito; Perretode Avalone, Guillelmo Borgdorelli, Domicello; Jacobo Faverii, de Mura, Johanne Nicoleti, de Crimiaco & Johanne Amendruci, de Grotionopoli, Notariis.... & me Guigone Frumenti, de Grationopoli, Apostolica & Imperiali &c. Ego vero Humbertus Pilati, de Buxeriâ, Clericus Grationopolitan dyocesis.... Notarius publicus, Commissarius.... ad grossandum instrumenta recepta per dictum Guigonem Frumenti, Notarium condam, hoc instrumentum de.... prothocollis ipsius Guigonis.... extrahi feci.... &.... manu propriâ me subscripsi, & signum meum consuetum apposui....

Vis-à-vis les dernieres lignes de cet Acte, est figuré le monogramme du Notaire.

19 Mai 1336.

(*) *Le nom manque dans l'Original.*

Cession faite par BEATRIX ALEMAND, *à* HUGONIN ALEMAND-DE
VALBONNAIS, *son frere.*

Extrait d'un rouleau en parchemin, cotté : Graisivodan, *sur la Généralité de l'année* 1336, *conservé aux Archives de la Chambre des Comptes de Dauphiné, & délivré par le Greffier en Chef de cette Chambre, signé* Chabert.

7 Janvier 1336. IN NOMINE Domini nostri Jesu Xp'i Amen, anno a nativitate Domini millesimo tercentesimo tricesimo sexto, indictione quarta, die septima mensis Januarii... cum... tractatum fuerit per Serenissimum Principem Dominum nostrum, Dominum Humbertum Dalphinum Viennensem, & illustrem Principissam Dominam Mariam de Baucio, Dalphinam Viennensem & Andrie Comitissam, ejus consortem, ac spectabilem Dominam, Dominam Beatricem de Viennesio, Dominam de Arlato, de matrimonio celebrando inter nobilem & circonspectum virum Dominum AMBLARDUM DOMINUM BELLIMONTIS, in Grasivodano, juris civilis Professorem, & nobilem Domicellam BEATRICEM ALAMANDE, filiam bone memorie Domini Guillelmi Alamandi, Domini Valbonnesii condam, & ordinata certa dos constitui eidem Domino AMBLARDO pro dicta BEATRICE per nobilem & potentem virum Hugoninum Alamandi, Dominum Valbonnesii, fratrem BEATRICIS predicte, quantitatis duorum millium florenorum auri.... Sciendum est quod dicta nobilis BEATRIX ALAMANDE ad plenum certificata & consulta per magnificam Dominam, Dominam de Arlato predictam, & per venerabiles viros, Dominum Amedeum Alamandi, Priorem Sancti Laurentii Gratianopolis, & Dominum Odonem Alamandi, Ordinis Sancti Anthonii, Patruos suos... cessit & remisit... dicto Hugonino... fratri suo... omnia & singula jura... ad ipsam BEATRICEM pertinentia... super bonis.... prefati Domini Guillelmi Alamandi, condam ejus patris, & Domine Agnesie de Vilariis, ejus matris condam.... Acta fuerunt hec apud Clusas Gebennensis Diocesis, infra hospitium Roleti Pugini, presentibus Reverendo in Xp'o Patre, Domino Johanne, Dei gratia, Episcopo Tigniensi, Cancellario Dalphinali, nobilibus Domino Guillelmo de Boenco, & Domino Falcone de Morasio, Militibus; Domino Andrea Pallacii, Priore de Brennino, fratre Johanne de Romanis ordinis Fratrum Predicatorum, Johanne de Jacio Domicello, Guillelmo de Cambayriaco, de Grationopoli, vocatis & rogatis testibus ad premissa. Et me Jacobo Faverii, de Mura, Grationopolirane diocesis, auctoritate inperiali, Notario publico, & dicti Domini nostri Dalphini... qui predictis omnibus... interfui... signoque meo signavi.

Confirmation de toutes les Donations faites par le Dauphin Humbert,
à AMBLARD SEIGNEUR DE BEAUMONT.

Original en parchemin, conservé dans les Archives de M. le Comte de Beaumont-de la Roque, au Château du Repaire, en Périgord.

22 Mai 1337. HUMBERTUS Dalphinus Vienn', Dux Campisauri, Vienne Comes & Albonis ac Palatinus, dilecto fideli Consiliario nostro AMBLARDO DOMINO BELLIMONTIS, Prothonotario Dalphinatus, salutem & dilectionem sinceram; tue merentur probitatis & obsequiorum merita, ut à nobis in assequtione gratiarum ceteris preferaris; Igitur, ne donationes, assignationes & aliequevis gratie tibi facte per nos huc-usque... per aliquas constitutiones, innovationes, seu revocationes quas forsam sub instrumentis confectis per Humbertum Pilati, Clericum, Secretarium nostrum, vel al' fecimus, postmodum vacuentur effectu, eas omnes... confirmamus... & ratifficamus, & ipsis constitutionibus & revocationibus nostris que postea sequte sunt nonobstantibus, quoquomodo ratas & firmas esse volumus habere, & tenere promittimus bona fide. Datum Buxi, sub annulo nostro secreto, cum appositione alterius sigilli, die xxij mensis Madii, anno Domini M° CCC° XXXVII°.

Cet Acte scellé sur lacs ; le sceau perdu.

Extrait du Recueil de du Tillet, contenant les Guerres *&* Traités de Paix *d'entre les Rois de France & d'Angleterre, fol.* 60, v°. *édition de Paris,* 1587.

7 Janvier 1339. HOMAIGE faict au Roy Philippes (de Valois) par AMBLARS SIRE DE BEAUMONT, Chevalier du Daulphiné, de 200 livres de rente à vie sur le Trésor, le 7 Janvier 1339 ; *ou* Trézor Layette, *homagia* XIIII^{xx}. VIII. C.

Procuration

DE LA MAISON DE BEAUMONT. Liv. VII.

Procuration passée par le Dauphin Humbert à AMBLARD SEIGNEUR DE BEAUMONT, Chevalier.

Extrait sur l'original, conservé aux Archives de la Chambre des Comptes de Dauphiné, Caisse du Dauphiné, année 1341; délivré par le Greffier en Chef de cette Chambre, signé Chabert.

IN DEI nomine, Amen... anno Nativitatis... millesimo tercentesimo quadragesimo primo, indictione nona, & die ultima mensis Octobris, illustris & serenissimus Princeps Dominus Humbertus, Dalphinus Viennensis, attendens... quod ipse tenetur... in certa pecunie summa Domino nostro summo Pontifici & camere ejusdem ; propter quod quia in solutione dictæ pecunie summe, debito tempore, facienda cessavit, excomunicationis vinculo fuit & est innodatus, volens satisfacere eidem Domino nostro & ejus Cammere, & beneficium absolutionis a dicta excomunicatione ab eodem obtinere... fecit... & ordinavit suos certos... Procuratores... & nuncios speciales... Dominos AMBLARDUM DOMINUM BELLIMONTIS presentem, & in se onus dictæ procurationis sponte suscipientem, Guillelmum de Ruyno seniorem, Guillelmum de Ruyno juniorem, & Stephanum de Russo, Milites, licet absentes... ad presentandum pecuniam & summam dicti debiti... & realiter numerandum Domino Cammerario... & Clericis ipsius Cammere dicti Domini nostri summi Pontificis.... Item ad petendum... ac obtinendum beneficium absolutionis excomunicationis sententie late in dictum Dominum Dalphinum, occasione dicti debiti non soluti, terminis debitis.... Acta fuerunt hec in territorio Sancti Heuberti, loco dicto in parrateria Viennensis dyocesis, presentibus nobilibus & discretis viris Dominis, Raynaudo Falavelli, de Capriliis, dictæ Viennensis dyocesis, Perro Panis-Calidi, de Bellovidere, Grationopolitane dyocesis, Militibus; Humberto Pilati, de Buxeria dictæ diocesis Grationopolitane, & Magistro Philippo Philippi, de Ebreduno, Phisico dicti Domini Dalphini... testibus.... Ego vero Johannes Amandrini, de Grationopoli, Notarius Imperiali auctoritate Publicus & dicti Domini Dalphini Clericus... premissis omnibus interfui, & hoc presens publicum instrumentum vocatus & rogatus scripsi, & in hanc formam publicam redegi, & signo meo... consueto... signavi... *Dernier Octobre 1341.*

Rôle des Amendes prononcées par le Juge de Beaumont, au nom d'AMBLARD SEIGNEUR DE BEAUMONT, & Co-Seigneur du Touvet.

Original en papier, conservé dans les Archives de M. le Comte de Beaumont-de la Roque, au Château du Repaire, en Périgord.

IN NOMINE Domini, Amen. Anno Nativitatis ejusdem M° CCC° XLIII°, die XXIIII^a mensis Jan^r, fuerunt tenute assise generales apud Tovetum per nobilem & circonspectum virum Dominum Guigonem Borrelli, juniorem, Judicem terre nobilis & potentis viri Domini, Domini AMBLARDI DE BELLOMONTE, Domini Bellimontis & Condomini de Toveto, & fuerunt condemnate persone infrascripte... mandantes... Castellano dicti Domini AMBLARDI... quatenus lapsis proximis X diebus, personas infrascriptas viriliter compellat... ad solvendum dicto Domino AMBLARDO quantitatem pecunie infrascriptam.... (Ici sont, avec la quotité des amendes, les noms des personnes condamnées, au nombre de 97, parmi lesquelles on trouve Garona, filia BEATRICIS DE BELLOMONTE & ejus filii...: Donatus Domini Humberti de Interimontibus, & Bastardus Girardi de Toveto)... Item Guillemus Laurenceti, & Mermonus & Johannes ejus filii, & Fracisia ejus uxor, particulariter fuerunt condemnati in XVI libris V. s^r de quibus sibi remisit dictus Dominus Judex, de voluntate Domini ARTHAUDI DE BELLOMONTE, & Hug^r de Crolliis, Castellani Bellimontis, medietatem.... *14 Janvier 1343.*

Cet Acte est scellé en placard d'un sceau effacé.

Confirmation faite par le Dauphin Humbert, d'un échange passé entre ce Prince & AMBLARD SEIGNEUR DE BEAUMONT.

Original en parchemin, conservé dans les Archives de M. le Comte de Beaumont-de la Roque, au Château du Repaire, en Périgord.

HUMBERTUS Dalphinus Viennensis, notum facimus universis quod cum nos titulo permutationis habuerimus & acquisierimus a dilecto fideli & Consiliario nostro Domino AMBLARDO BELLIMONTIS Domino, Castra sua Mirvellii, Bastide de Jayssano, Mote Galabri & Parrochiam de Reculas, cum mandamentis... hominibus & jurisdictione eorumdem cum mero & mixto imperio & omnimoda juridictione, que predictæ, facta diligenti examinatione per dilectos fideles *15 Avril 1345.*

Dominos, Jacobum de Dya Militem, & Petrum Durandi Jurisperitum, Auditores nostrorum computorum, Comissariosque per nos deputatos ad examinandum valores proprietatum locorum predictorum, fuit repertum... quod valor Castrorum & Parrochia predictorum... valent in summa novies viginti octo libras, octo solidos, unum d. & pictam bonnorum Vienn', grosso turon' argenti computato pro decem & septem denariis, in quâ summâ non computantur vinee, prata, nemora, nec alie proprietates. Pro quibus omnibus tradidimus & assignavimus dicto Domino AMBLARDO castrum Montisfortis in Graysivodauo, cum toto ejus Mandamento, pertinentiis & appendentiis, mero & mixto imperio & juriditione omnimoda, ac etiam census, servitia, usagia, redditus, proventus, homines nobiles & innobiles ac vassallos dicti castri; que omnia universa & singula sibi reddita, ad castrum predictum Montisfortis spectantia reperta fuerunt per dictos Comissarios nostros valere in redditibus annuis quater viginti quinque libras, quatuor solidos, duos denarios & pictam monete predicte; & quia castrum predictum Montis-Fortis non valet tantam quantitatem quantam Castra & Parrochia per nos a dicto Domino AMBLARDO habita, dictis Comissariis iterum comissimus supplere & complere dictam assignationem eidem Domino AMBLARDO in aliis locis, usque ad valorem restantem... cujus comissionis virtute, iidem Comissarii assignaverunt & assetaverunt dicto. Domino AMBLARDO... in Mandamento Terracie, homines, redditus... & jura ibidem nobis competentia... in Partochia Beate Marie Episcopal', a rivo d'Aloys, citra versus Bruysonum & Thovetum, homines... & alia jura... que ibidem habebamus... in parrochia Goncelini, citra Yseram, versus Thovetum & Sanctum Vincentium de Malcusa, homines... servitia... & alia quecumque jura pro nobis ibidem competentes & competentia.... Igitur... premissa omnia & singula... laudamus... & emologamus.... Volentes cum eodem agere generose, & in recompensationem viginti hominum nobilium qui reperti fuerunt plus redditi cum dictis castris Miruellii & Bastide, ac locis predictis quam fuerunt dicto Domino AMBLARDO assettati & redditi in castro Montisfortis; eidem Domino AMBLARDO cedimus, concedimus & donamus liberaliter in premissis sibi citra rivum d'Aloys versus Thovetum assetatis & assignatis merum & mixtum imperium & juriditionem omnimodam ac etiam in aliis que sunt eidem Domino AMBLARDO assignata in prata Goncelini, citra Ysseram, que sunt infra limites & territoria dicti Domini AMBLARDI & Drouëti de Intermontibus.... Datum Romanis, die XIIII^a mensis Aprilis anno Domini M° CCC° quatragesimo quinto. Per Dominum, in Consilio assistentibus Dominis Cancellario, Preceptore Mar ellie'n & Petro Durandi. Expedita (*Signé*) Jo: MATHEY. Registrata.

N^a. *Le sceau est perdu.*

Sentence arbitralle prononcée entre AMBLARD DE BEAUMONT, *Seigneur* DE BEAUMONT *& de Montfort, Chevalier, &* Drodon de Vaux, *Seigneur de la Terrasse.*

Original en parchemin, conservé dans les Archives de la Terre de Château-Bayard, en Dauphiné.

4 Novemb. 1346. IN NOMIME Domini nostre J'hu X'pi Amen. Anno a Nativitate ejusdem millesimo CCC° quadragesimo sexto, inditione decima quarta, die quarta mensis Novembris, coram me Notario & testibus infrascriptis; cum questiones, seu controversie... verterentur... inter nobiles & potentes viros Dominum AMBLARDUM Dominum BELLIMONTIS & Montisfortis ex una parte, & Dominum Droudonem de Vallibus, Dominum Terracie, Milites, ex altera... super eo quod idem Dominus AMBLARDUS dicebat & asserebat ad ipsum solum pertinere... Alpem del Sueyl & del Ansour, cum mero, mixto imperio & omnimoda juriditione & omnimodam jure percipiuntur... Dicebat etiam... prefatus Dominus AMBLARDUS ad se ipsum pertinere homagium P. Morardi de Thesio & suorum, ac etiam pedagium... apud portum de Brignione, de Frogiis, de Campo & de Petra qui esse dicuntur in Mandamento Montisfortis... homagiumRomanorum & suorum parrochie Sancti Michaelis de Monte super Bellummontem; ex adverso dicto Domino Droudone de Vallibus, Domino Terracie predicta negante...., sed etiam dicente, asserente & proponente predicta omnia ad ipsum solum esse & pertinere debere... ratione dicti castri de Terracia... Item cum... discordie...verterentur & essent inter prefatum Dominum Droudonem de Vallibus, Dominum Terracie, ex una parte, & nobiles Johannem Ysoardi, nomine suo & suorum, nec non & nomine heredum Francisci Ysoardi condam fratris sui, Hugonem Gonelli, nomine suo & suorum, & nomine neporum suorum de cognomine Gonellorum seu Ysoardorum ex altera, super eo videlicet quod prefati Johannes Ysoardi & Hugo Gonelli... dicebant... omnimodam habere juriditionem & banna ac plenam ac penam infligere in & sub hominibus suis habitantibus & commorantibus infra patrochiam Sancti Bernardi... quod prefati homines ipsorum non debebant nec tenebantur eidem Domino Terracie ad aliquas manu operas, nec etiam coroatas ullo tempore.... Hinc est quod nobilis vir Dominus ARTAUDUS DE BELLOMONTE, Miles fraterque dicti Domini AMBLARDI DOMINI BELLIMONTIS & Montisfortis, nomine & ex parte dicti Domini AMBLARDI... vigore... potestatis & posse per dictum Dominum AMBLARDUM eidem Domino ARTAUDO datorum & concessorum... & dictus Dominus Droudo de Vallibus, Dominus Terracie, nec non & prefati Johan-

nes Yſoardi & Hugo Gonelli... ſe compromiſerunt... & maxime dictus Johannes Yſoardi, de conſenſu & ſpeciali mandato ſibi facto per dictum Dominum ARTAUDUM DE BELLOMONTE... nomine... dicti Domini AMBLARDI fratris ſui, videlicet in nobiles & circumſpectos viros Dominos Franciſcum de Theſio, Guillelmum Grinde, Milites, Reymondum Falavelli & Franciſcum Andree, Juriſperitos, tanquam in arbitros arbitratores, ſeu amicabiles compoſitores.... Quibus ſic pactis... prefati Domini arbitri... inprimis pronunciaverunt... quod dicte Alpes del Sueyl & del Anſaor, videlicet proprietas & poſſeſſio eorumdem... remaneant & pertinere debeant pleno jure ad dictum Dominum AMBLARDUM & ſuos heredes ac ſucceſſores, vigore acquirimentorum per ipſum Dominum AMBLARDUM factorum a Religioſis domus, ſeu Prioratus Vallis Sancti Hugonis; ſeu ab aliis quibuſcumque perſonis, acto tamen & retento per dictos Dominos arbitros arbitratores, ſeu amicabiles compoſitores, quod omnimoda juriditio dictarum Alpium ac merum & mixtum imperium dictarum Alpium ſpectet & pertineat ad dictos, Dominum AMBLARDUM Dominum BELLIMONTIS & Dominum Drudonem, Dominum Terracie & ſuos heredes ac ſucceſſores, prout inferius declaratur... videlicet quod dicte Alpes dividantur prout antique mete poſite ſubtus rupem dictarum Alpium dividentes parrochiam Sancti Bernardi & Sancti Michaelis de Monte ſupra Bellummontem, & prout ſuperius recte proceduntur & protendantur uſque ad montem ſuperiorem & terram Domini de Intermontibus; itaquod pars dictarum Alpium que erit & eſt juxta formam dictarum metarum dictarum parrochiarum, ſupra parrochiam Sancti Bernardi, ſupra Terraciam recte protendendo uſque ad terram dicti Domini de Intermontibus, quantum ad juriditionem, merum & mixtum imperium ſit, remaneat & pertineat ad dictum Dominium de Terracia & ejus heredes & ſucceſſores, & verſa vice, alia vero pars que eſt & erit ſupra dictam parrochiam Sancti Michaelis, recte protendendo uſque ad terram dicti Domini de Intermontibus ſit, remaneat & pertinere debeat dicto Domino AMBLARDO DE BELLOMONTE.... Item... quod homagium & fidelitas dicti P. Morardi ſit, remaneat... & pertinere debeat dicto AMBLARDO.... Item, fuit actum.... & pronunciatum.... quod feuda que dictus P. Morardi tenet in dicto Mandamento Terracie, a dicto Domino de Terracia ſint & remaneant... excepto ſemper dicto homagio ipſius Petri Morardi quod ſemper... remaneat... dicto Domino AMBLARDO & ſuis heredibus, & etiam alia feuda quecunque que tenet dictus P. Morardi a dicto Domino AMBLARDO ubicunque.... Item... pronunciaverunt... quod dictus Dominus AMBLARDUS & ſui levent dictum pedagium juxta... formam privilegiorum olim conceſſorum per Sereniſſimum Imperatorem Henricum, bone memorie condam, dicto Domino Hugoni Dalphini, condam Domino Fucigniaci, Terracie & Montisfortis, ſcilicet, in fine, ſeu exitu terre ſue Montisfortis & Thoveti de denariatis animalibus & perſonis exeuntibus de terra dicti Domini AMBLARDI & de denariatis emptis in terra ſua & dictum pedagium debentibus.... Irem... pronunciaverunt... quod prefatus Dominus Droudo de Vallibus, Dominus Terracie & heredes... ſui non poſſint... exigere... aliquas coroatas... ab & ſuper hominibus predictorum Johannis & heredum Franciſci Yſoardi, Hugonis Gonelli & nepotum ſuorum... & quod prefati Johannes & Hugo ſuis & quibus ſupra nominibus... poſſint... exigere... ſuper & ab hominibus ipſorum... infra parrochiam Sancti Bernardi, bannum trium ſolidorum & ſex denariorum & inferius, que banna & coroatas... teneant... a dicto Domino Terracie... in feudum, ſine homagio, excepto dicto Johanne Yſoardi qui... faciat homagium ligium dicto Domino Terracie.... Acta fuerunt hec apud Grationopolim, in domo Fratrum Minorum dicti loci... teſtibus preſentibus... videlicet nobilibus viris Drouveto de Intermontibus, Hugone de Avalone, Morardo de Arciis, Chaberto de Royno, Aymaro de Fontanis, Hugonero de Crolliis, Jacerono Cono, Hugonero de Milleuf, Domicellis & Jacobo Martini, Notario publico... & ego Aymo Clavelli de Montebon‾, Clericus, auctoritate imperiali Notarius publicus, ac curie Domini noſtri Domini Dalphini Vien‾ juratus hiis omnibus interfui, & hanc cartam rogatus ſcripſi, ſignoque meo ſignavi & tradidi.

Vis-à-vis les premieres lignes de cet Acte, eſt le monogramme du Notaire.

Lettres du Dauphin Humbert II, à l'occaſion d'un échange paſſé entre ce Prince & AMBLARD DE BEAUMONT, Chevalier.

Original en parchemin, conſervé dans les Archives de M. le Comte de Beaumont-de la Roque, au Château du Repaire, en Périgord.

HUMBERTUS Dalphinus Viennenſis.... (*).... & Dux exercitus X‾pianorum contra Turchos, notum facimus univerſis preſentes litteras inſpecturis, quod cum olim ex certa utili pro nobis cauſa habere voluerimus.... (*).... titulo a dilecto fideli Conſiliario noſtro Domino AMBLARDO Domino BELLIMONTIS, legum Doctore, Milite, caſtra & terram ipſius que habebat in Vienneſio, videlicet.... (*).... & parrochias de Reculays & de Fagiis cum eorum Mandamentis, mero & mixto imperio, ac juridictione omnimoda, hominibus, feudis, redditibus... (*).... in contractu permutationis predicte & in excambium predictorum, caſtrum Montisfortis in Grayſivodano, cum mero & mixto imperio, omnimodaque juridictione.... (*).... juribus & pertinentiis ſuis.... (*)..., in Mandamento Moraſi, ſub inito pacto expreſſo in hujuſmodi contractu...(*).... caſtrorum & terre ipſius Domini AMBLARDI predictorum, id quod deficeret com-

(*) Il y a ici un eſpace emporté par vétuſté.
(*) Idem.
(*) Idem.
(*) Idem.
(*) Idem.
(*) Idem.
(*) Idem.

6 Janvier 1347.

284 PREUVES DE L'HISTOIRE GÉNÉALOGIQUE

(*) *Idem.* putatis & etiam deductis valore & redditibus Montisfortis & pertinent.... (*).... ſuplere, reddere & aſſignare in Grayſivodano, juxta quod pactum, una cum dicto caſtro Montisfortis &
(*) *Idem.* ſuis pertinentiis mandato non fuerint tradita & aſſignata....(*).... AMBLARDO pro ſe & ſuis certi redditus & aliqua alia jura in Mandamento. Terracie, Monte Epiſcopali & prata Goncelini que
(*) *Idem.* fuerunt Domini Chaberti de Moreſtello.... (*).... quondam; deindeque inſtante predicto Domino AMBLARDO, noſtrorum comiſerimus auditoribus computorum examinationem valorum & reddituum predictorum, tam per nos dicto Domino AMBLARDO, quam per eundem nobis traditorum; & ipſi.... nobis retulerint ſe veraciter invenifſe, facta recompenſatione de redditibus ac redditus & de valoribus ad valores, nos debere eidem reddere propterea & aſſignare uſque ad ſummam quater viginti & trium librarum bonorum Viennen̄ annuatim & ſibi etiam compenſationem facere de nobilibus predicte terre quam habuimus, cum nullos, ſeu paucos nobiles habeat in caſtro & Mandamento Montisfortis.... Eidem Domino AMBLARDO pro ſe & ſuis heredibus & ſucceſſoribus perpetuo, in augmentum feudi & ſub homagio ad quod nobis tenetur, tradimus.... & expreſſe aſſignamus parrochiam noſtram de Brenino Grationopol̄ dioceſis, & parrochiam ſeu territorium de Clemis, ac vineam noſtram ibidem ſituatam, una cum omnibus & ſingulis aliis redditibus que habemus, nobiſque competunt quoquo modo, uſque ad rivum deſcendentem de Magnival uſque ad turrim de Colleto, protendendo uſque ad Yſeram incluſive, & ultra verſus Mandamentum antiquum Montisfortis, cumque mero & mixto imperio & juridicione omnimoda, alta & baſſa, & hominibus nobilibus & innobilibus, feudis, retrofeudis,
(*) *Idem.* juribus & pertinentiis quibuſcumque.... Confitentes nos habuiſſe & recepiſſe....(*).... AMBLARDO, ratione & ex cauſa premiſſorum, mille florenos auri de Florencia.... Datum in Rodo, die ſexta menſis Januarii, anno Nativitatis Domini milleſimo tercenteſimo quadrageſimo ſeptimo.

Le ſceau eſt perdu.

Certificat des Officiers du Dauphin de payemens faits à AMBLARD DE BEAUMONT, *Didier de Saſſenage & autres, au ſujet des affaires qu'ils avoient traitées pour ce Prince auprès du Pape à Avignon.*

Extrait ſur une copie du tems, cottée : DAUPHIN : *Quittance paſſée par les Procureurs de Dauphin Humbert, du reſtant des 4000 florins que le Pape lui avoit promis pour ſon voyage contre les Turcs, en faveur du Tréſorier de la Chambre Apoſtolique ; étant aux Archives de la Chambre des Comptes de Dauphiné, dans la Caiſſe du Graiſivodan* 1347 *: délivré par le Greffier en Chef de cette Chambre, ſigné Chabert.*

17 Avril 1347. NOS GUILLELMUS de Vareyo, Prior Sancti Benedicti de Seyſſiaco, GUILLELMUS de Royno Miles, & Guillelmus Fornerii, Procurator in Curia Romana, familiares & ſervitores illuſtris Principis Domini Humberti Dalphini Viennenſis, fidei opera in Romanie partibus exercentis, notum facimus univerſis quod cum Reverendus Pater in Xp̄o Dominus Henricus de Villars, Archiepiſcopus Lugduni & Comes, locumtenens prefati Domini Dalphini, per ſuas litteras mandaverit Jacobo Faverii, ejuſdem Domini noſtri Clerico & receptori communis pacis Ruthen̄, quod ſolveret in Romana Curia certas pecunie quantitates, quarum litterarum tenor ſequitur in heꝫ verba. « Henricus de Villars, Dei gratia Archiepiſcopus & Comes Lugduni, locumtenens
» Domini noſtri Dalphini Viennenſis, dilecto noſtro Jacobo Faverii, dicti Domini noſtri Dalphini
» Clerico & Receptori ejuſdem communis pacis ſeneſcalie Ruthen̄ ſalutem ; cum nuper Dominus
» noſter Papa dicto Domino noſtro ſubventionem quinque millium Florenorum fecerit in auxi-
» lium expenſarum factarum per eum contra Turcos, fueritque per ipſum Dominum noſtrum
» Papam ordinatum quod ſex millia Florenorum ſolvantur apud Venetias procuratoribus Domini
» noſtri Dalphini, per nos ejus nomine conſtitutis, vel conſtituendis, per collectorem ipſius Domini
» noſtri Pape, tam cauſa ſolutionis quinque milium Florenorum predictorum, quam etiam pro
» mile Florenis qui ſuperſunt ultra dicta quinque milia Florenorum aſſignanda Camere dicti
» Domini noſtri Pape pro parte Dalphinali ; igitur tibi precipimus & mandamus quatenus dictos
» mile Florenos Theſaurario Domini noſtri Pape in Dicta Camera expedias realiter & aſſignes;
» item Bullas gratiarum per ipſum Dominum noſtrum Papam nudius factarum dicto Domino
» noſtro Dalphino redimas, & expenſas inde ſolvendas perſolvas & deliberes, una cum ſumma
» reſtante ad ſolvendum de expenſis noviter apud Avinionem factis per Dominos, AMBLARDUM
» DE BELLOMONTE, Diſderium de Caſſenatico & Guillelmum de Royno, milites uſque ad ſum-
» mam quatercentum florenorum predictorum, necnon una cum expenſis Domini Humberti
» Pilati, Secretarii Dicti Domini noſtri Dalphini & noſtri, quem.... Avinione pro expeditione
» predictorum perſonaliter deſtinamus, eundo, ſtando & redeundo, faciendis.... Datum Roma-
» nis die tertia menſis Aprilis, anno Domini millſo cccᵒ. XLVIIᵒ. Per Dominum, aſſiſtentibus
» Dominis, Priore Sancti Donati, A. DOMINO BELLIMONTIS, Franciſco de Revello, & Johanne
» de Gez, militibus. Expedivi Joannes Nicoleti. » Hinc eſt quod nos teſtificamur dictum Jacobum Faverii ſolviſſe & deliberaſſe apud Avinionem virtute dicti mandati..... videlicet, in Camera Domini noſtri Pape, Dominis, Camerario & Theſaurario, mille florenos auri ponderis & cugni Florentie nominatos florenos de Camera, Item pro Bulla littere Apoſtolice ſuper con-

DE LA MAISON DE BEAUMONT. Liv. VII.

cessione duodecim Galearum & duarum navium quas Dominus noster Dalphinus, autoritate Papali potest licentiare & privilegiare de mercando ubicumque, etiam in terra Sarracenorum centum florenos.... Item Domino Guillelmo de Vareyo, quos dicebat se mutuasse Domino AMBLARDO DE BELLOMONTE nuper cum fuerit in Curia pro negotiis dicti Domini nostri Dalphini, sex florenos de Camera, ut supra...... Item solvit & deliberavit Michi, dicto Guillelmo de Royno, pro resta debita de expensis Dominorum, AMBLARDI DE BELLOMONTE, & Disderii de Cassenatico, predictorum & mei dicti Guillelmi de Royno usque ad diem jovis factam, qua die recesserunt dicti Domini AMBLARDUS & Disderius, inclusis octo florenis auri, grossi ponderis quos eis mutuavi & tradidi Simoni de Cruce pro expensis eorum faciendis, recedendo in Viennam, triginta novem florenos parvi ponderis. Item solvit & deliberavit pro expensis meis, dicti Guillelmi de Royno, cum tribus equis & familiaribus meis, a die predicta jovis facta qua recesserunt dicti Domini AMBLARDUS & Disderius, usque ad diem hodiernam & pro remanendo hic in Curia, adhuc per quatuor dies pro consumandis negociis predictis Dalphinalibus & pro recedendo usque Grationopolim, quadraginta tres florenos auri parvi ponderis & septem denarios, & tres quartos grossorum Turonensium auri..... In quorum robur & testimonium sigilla nostra duximus presentibus litteris apponenda. Datum Avignoni die XVII^a. mensis Aprilis, anno Domini M°. CCC°. XLVII°.

Hommage-lige rendu par AMBLARD DE BEAUMONT, SEIGNEUR DE BEAUMONT, *à Charles, Dauphin de Viennois.*

Extrait d'un Registre original, cotté: Pilati, 1348-1349, cayer 3, fol. 7, étant aux Archives de la Chambre des Comptes de Dauphiné; délivré par le Greffier en Chef de cette Chambre, signé Pizon.

Hommagium Domini Rossillionis.

IN NOMINE Domini nostri Jehu X^pi amen, Noverint universi & singuli presentes & futuri quod anno ejusdem Domini millesimo ccc.^{mo} XL nono, inditione secunda, die XVI mensis Julii, Pontificatûs sanctissimi in X^po Patris & Domini nostri Domini Clementis, Divinâ providente Clementiâ, Pape Sexti, anno octavo, constitutus in presentia illustris Principis Domini Karoli Dalphini Viennensis, primogeniti Illustrissimi Principis Domini Johannis, primogeniti Serenissimi Principis Domini Philippi, Dei gratia, Francorum Regis, Ducis Normandie & Acquitanie & Pictavensis, Andegavensis & Cenomanensis Comitis & coram me Notario & testibus infrascriptis, nobilis & potens vir Dominus Aymarus Dominus Rossillionis, ipse Dominus Aymarus, de mandato expresso sibi facto per Dominum Humbertum Dalphinum Viennensem antiquiorem, homagium ligium fecit & prestitit dicto Domino Karolo Dalphino Viennensi...... Acta fuerunt hec apud Lugdunum in Domo Fratrum Predicatorum, presentibus Reverendis in X^po Patribus ac illustribus & nobilibus & discretis viris Dominis, Henrico de Vilars, Archiepiscopo Lugdunensi; Johanne, Episcopo Grationopolitano; Johanne, Episcopo Auraficensi; Petro, Duce Borbonii; Jacobo de Borbonio ejus fratre; Johanne Abbate de Ferreriis, Magistro Symone de Lingoniis, Magistro in Theologia; Petro de Foresta, Cancellario Normandie; Ludovico de Vilars, Archidiacono Lugdunensi; Guilliermo Fornerii, de Clusis, Procuratore Dalphinali in Curia Romana; Guillermo de Savigniaco, Johanne Challoudi, Clericis Regiis, Johanne Nicoleti, de Crimiaco; & Guigone Leussonis, de Buxeria, Clericis Dicti Domini Dalphini, vocatis & rogatis testibus ad premissa. Et ego Humbertus Pilati, &c.

16 Juillet 1349.

DOMINI AMBLARDI DOMINI BELLIMONTIS.

Item anno, inditione, die, loco, Pontificatu & coram testibus supra scriptis & coram me Notario supra & infra scripto, nobilis vir Dominus AMBLARDUS DE BELLOMONTE, Dominus Bellimontis, de mandato Domini Humberti, Dalphini Viennensis antiquioris, fecit homagium ligium Prefato Domino Karolo, Dalphino Viennensi, stando junctis manibus & oris osculo interveniente prout & quemadmodum olim dicto Domino Humberto seu predecessoribus suis homagium fecerat, promicteps & jurans, tactis Evangeliis sacro sanctis, omnia capitula fidelitatis nove & veteris forme eidem Domino Karolo, Dalphino Viennensi, fideliter observare; quod homagium Dictus Dominus Dalphinus recepit, salvis suis juribus & alienis, de quibus fuit potestatus. De quibus omnibus Dicti Domini, Dalphinus & AMBLARDUS petierunt & requisiverunt per me Humbertum Pilati, Notarium infrascriptum sibi fieri tot quot habere voluerint publica instrumenta. Acta fuerunt hec, ut supra. Et predictus Humbertus Pilati, Notarius, &c. H. P. Grossatum est pro Domino Dalphino.

Transaction passée par les Evêques de Grenoble & d'Orange, AMBLARD, SEIGNEUR DE BEAUMONT, & François de Parme, Seigneur d'Apremont, Chevalier, au nom d'Humbert & de Charles, ancien & nouveau Dauphins, entre ces Princes & Guy Comte de Forez.

Extrait d'un Registre cotté : Rouleau de parchemin, contenant 22 Actes, passés depuis le mois de Juillet jusqu'au 6 Dexambre 1349 ; reçus par Humbert Pilati, étant aux Archives de la Chambre des Comptes de Dauphiné, Caisse de la Généralité : délivré par le Greffier en Chef de cette Chambre, signé Chabert.

21 Juillet 1349. IN NOMINE Domini amen, Noverint universi & singuli presentes & futuri quod anno ejusdem Domini millesimo tercentesimo quatragesimo nono, indictione secunda, die vicesima prima mensis Julii, Pontificatus Sanctissimi Patris & Domini nostri, Domini Clementis, Divina providentia Pape Sexti, anno octavo, in presentia nostrum Notariorum & testium infrascriptorum, Reverendi Patres Domini Johannes, Episcopus Gratianopolitanus, & Johannes, Episcopus Auraficensis, & AMBLARDUS DOMINUS BELLIMONTIS, & Franciscus de Parma, Asperimontis Dominus, Milites, exequtores illustris Principis Domini Humberti condam, Dalphini Viennensis antiquioris, ad solvendum debita & sedandum clamores & forefacta dicti Domini Dalphini & predecessorum suorum, nominibus suis, ac nominibus aliorum Collegarum & exequtorum suorum, ac etiam nomine & vice dicti Domini Dalphini, necnon illustris Principis Domini Karoli primogeniti Domini Ducis Normannie, primogeniti Domini Regis Francorum, Dalphini Viennensis junioris, ex una parte ; & Magnificus vir Dominus Guido Comes Forestii, pro se & suis heredibus, ex alia parte ; personaliter constituti : dicto Domino Guidone asserente predecessores dicti Domini Humberti antiquioris Dalphini Viennensis, ipsumque Dominum Humbertum, teneri & astrictum esse ad solvendum eidem Domino Comiti Forensi, filio & heredi, bone memorie, Domini Johannis Comitis Forensis, tam causa homagii per ipsum prestiti, bone memorie, Domino Hugoni condam Dalphino, quam pro quibusdam quantitatibus pecunie mutuo acceptis in Romana Curia per dictum Dominum Guigonem Dalphinum condam, pro quibus dictus, bone memorie, condam Dominus Johannes, Comes Forensis, ad requestam dicti Domini Guigonis, Dalphini condam se principaliter obligavit penes Bencium Carnorii, condam mercatorem in Curia Romana & pro usuris, interesse & expensis inde sequtis, ut dicebatur, necnon proquibusdam expensis factis per dictum Dominum Comitem quondam apud Morasium in quadam cavalgata, tempore, bone memorie, Domini Guigonis Dalphini condam, & pro emendis equorum, & pro quibusdam aliis expensis factis per dictum Dominum Comitem in Romana Curia pro dicto Domino Dalphino Viennensi, & etiam pro pluribus pecuniariis quantitatibus que sibi debebantur ex pluribus aliis & diversis causis pro quibus dictus Dominus Comes Forensis, asserebat dictum Dominum Dalphinum sibi teneri, omnibus Computatis que sibi ex causis predictis & aliis quibuscumque causis pecuniariis deberentur usque ad summam triginta unius milium florenorum auri, vel circa ; dictis Dominis exequtoribus asserentibus quod de predictis quantitatibus florenorum solute fuerant magne pecunie quantitates que debebant deduci de summa florenorum predicta..... Acta fuerunt hec in Domo Predicatorum Lugduni; testes fuerunt.... Frater Jacobus Riverie, Preceptor Navare, Domini Guillelmus Fornerii in utroque Jure Licentiatus, Guillelmus de Mars, Guillelmus Bastardi Dominus de Furmeriério, Milites, Petrus de Verneto Juriperitus, nobilis Droanetus de Intermontibus, Petrus Girardini, Johannes Nicoleti & Franciscus Bermondi, Notarii,

Et ego Humbertus Pilati, de Buxeria, Clericus Gratianopolitane Dyocesis, Apostolica, Imperiali & Domini Francorum Regis auctoritatibus Notarius publicus,.... hoc recepi,.... & signum meum consuetum apposui in robur & testimonium premissorum.

Confirmation faite par Charles Dauphin, des Lettres du Roi Jean, son pere, par lesquelles ce Prince avoit assigné à AMBLARD SEIGNEUR DE BEAU-MONT, *Chevalier, le Château de Beaumont-en-Trieves, pour lui tenir lieu des* 600 *liv. de rente à lui données par le Roi Philippes de Valois, en considération des peines & travaux qu'il avoit employés en moyennant le transport du Dauphiné à la France.*

Extrait du Regiſtre cotté : Tertius Liber Copiarum, lettre M. 3. 3. *étant aux Archives de la Chambre des Comptes de Dauphiné, sous le N° 27 & 29, fol.* VI°. IIII^{xx}. VIII ; *délivré par le Greffier en Chef de cette Chambre, signé Chabert.*

Nta. *Le vidimé du même Acte fait par Alixandre de Crevecuer, Garde de la Prevosté de Paris, le 17 Novembre 1353, est conservé en original en parchemin dans les Archives de M. le Comte de Beaumont-de-la-Roque, au Château du Repaire, en Périgord.*

De Castro BELLIMONTIS in Triviis.

KAROLUS Francorum Regis primogenitus, Dalphinus Viennensis, notum facimus universis 16 Juillet 1351. presentibus pariter & futuris nos vidiſſe litteras prefati Domini genitoris noſtri Regis, adminiſtratorio nomine noſtro factas, ejuſque figillo in cera viridi ex filis Sericeis figillatas tenoris & continentione ſubſequentis. « Johannes Dei gratia Francorum Rex, notum facimus universis, tam
» preſentibus, quam futuris, nos infraſcriptas vidiſſe litteras formam que ſequitur continentes.
»» Johannes primogenitus Regis Francorum, Dux Normanie & Acquitanie, Comes Pictavienſis,
»» Andegavienſis & Coromanenſis, & Karolus ejus primogenitus Dalphinus Viennenſis, notum
»» facimus univerſis, preſentibus & futuris, nos vidiſſe, tenuiſſe ac de verbo ad verbum diligenter
»» inſpecſiſſe litteras Kariſſimi Domini & genitoris noſtri Ducis & avi noſtri Dalphini predicto-
»» rum, figillo ſuo figillatas in cera viridi, ſanas & integras, formam que ſequitur continentes. »
»»» Philippe, par la grace de Dieu Roy de Francze, ſçavoyr faiſons à tout preſent & avenir,
»»» que, pour conſideration DES PEYNES ET TRAVAUX que noſtre Amé & feal Chevalier &
»»» Conſelier ANBLART, SENNEUR DE BEAUMONT, à euz & ſoſtenuz ez traittés & acors faiz
»»» entre nous pour l'un & nos enfantz, d'une part, & noſtre cher & feal cuſin Humbert,
»»» Dalphin de Viennoys, d'autre part, ſur la ſucceſſion de ſon Dalphinel & d'autres certaynes
»»» Terres pour l'un de nozdit enfantz en cas que noſtredit Couſin trepaſſeroyt de ceſt ſiecle
»»» ſanz hoir de ſon corps né de loyal mariage, & pour ce que nous eſperons que led. ANBLART
»»» & ſi hoir ſoient & doient eſtre de plus grande volunté & plus tenuz à ſervir loyaument tel
»»» de noſd. enfans qui vendra en Dauphinel, nous à ycelui ANBLART, ſon nom, & pour celuy
»»» de noz diz enfans qui vendroyt auz Dauphinel, comme dit eſt, avons donné & donnons
»»» de grace ſpeciale, por lui & por ſes hoirs & por telx qui de luy auront cauſe, ſix cenz
»»» livres de rente, leſqueles nous li permetrons à fayre aſſeoir & aſſigner auz Dauphinel en
»»» lieux ſouſfiſant & convenables aut plus pres & plus ayſé de luy & de les Terres, & au meins
»»» de demage que faire ſe poura bonnement pour celluy qui ſera Dalphin ou cas contenouye
»»» que l'unz de noz ditz enfanz, par les accors & convenances deſſuſdit, vendra auz Dauphinel
»»» & dedans l'anz que il non ſeroyt venuz, auzquelles chouſes nous obligons & voulons eſtre
»»» obligié noſtredit filz qui vendroyt en Dauphinel, & promettons à curer & faire que il la
»»» ratiffiera & accomplira por aynſi contenoye que led. AMBLART, ſez hoir & ſucceſſours qui
»»» tendront lad. Tetre en ſeront homes liege du Dauphin, & la tendront de lui en foy &
»»» homage auz us & Couſtumes de Vienne ; en teſmoingn de quelles choſes nous avons fait
»»» ſceller ces Lettres de noſtre grant ſcel. Donné en Royns, entre la Herneline & Vilers-en- Juillet 1343.
»»» Loyge, l'an de grace mil troys cenz quarante-troys, ou mois de Juillet. « Nos autem
»» omnia & ſingula in ſupraſcriptis litteris concepta, rata & grata habentes, ipſa volumus, lau-
»» damus, approbamus, ratifficamus & tenore preſentium confirmamus, quod ut firmum &
»» ſtabile permaneat in futurum, preſentibus litteris noſtra fecimus apponi figilla, noſtro in alteris
»» & alieno in omnibus jure ſalvo. Datum Lugduni anno Domini milleſimo trecenteſimo qua-
»» drageſimo nono, menſe Julii. « Nos autem nolentes dictum donum ſuo fruſtrari effectu, Juillet 1349.
» habita ſuper predictis relatione Kariſſimi conſanguinei noſtri Humberti Sancte Alexandrine,
» Eccleſie Patriarche, ac Dalphini Viennenſis antiquioris, & dilecti Conſiliarii Archiepiſcopi Lug-
» dunenſis, quibus comiſeramus & per noſtras certi tenoris litteras mandaveramus ut ipſi & qui-
» libet ipſorum adverterent & conſiderarent in quibus locis & redditibus dicti Dalphinatus poſſet
» fieri aſſignatio dictarum ſexcentarum librarum redditus annui & perpetui dicto AMBLARDO,
» cum minori dampno dicti Dalphini filii noſtri , prenominato AMBLARDO pro ſe heredibus
» & ſucceſſoribus ſuis damus, tradimus, concedimus & adſignamus tenore preſentium admi-
» niſtratorio nomine dicti Dalphini primogeniti noſtri, tam pro dictis ſexcentis libris annui &
» perpetui redditus, quam pro ducentis libris bonorum Viennenſium de redditibus annuis

288 PREUVES DE L'HISTOIRE GÉNÉALOGIQUE

» & perpetuis dicto AMBLARDO datis & conceffis ad hereditatem per dictum Dalphinum Pa-
» triarcham confanguineum noftrum, prout continetur in quodam inftrumento publico con-
» fecto & fignato per manum Humberti Pilati, Notarii publici fub anno Domini milleſimo tercen-
» teſimo triceſimo quarto, inditione fecunda, die prima menſis Aprilis diu ante conventiones
» primo habitas inter dictum Dominum genitorem noſtrum & dictum Dalphinum Patriarcham
» confanguineum noſtrum fuper ſucceſſione Dalphinatus, Caſtrum Bellimontis in Triviis, Dyoceſis
» Vapincenſis, cum villa, mandamento, territorio & diſtrictu ejuſdem Caſtri, cumque omnibus
» & fingulis cenſibus, redditibus, valoribus, emolumentis, obventionibus, eycheutis, vaſſallis,
» hominibus, homagiis, fidelitatibus, villis, feudis, retrofeudis, domibus, terris cultis & incultis,
» vineis, pratis, nemoribus, fulnis, molendinis, aquis, aquaruin curſibus, angariis, perangariis,
» coroatis, piſcationibus, venationibus, feris, ferarum tractibus, mero, mixto imperio & juriditione
» omnimoda, alta media & baſſa, & cum omnibus aliis & univerſis & fingulis juribus, appen-
» dentiis, & pertinentiis dicti Caſtri ad dictum Dalphinum quomodocumque pertinentibus ratione
» Caſtri, territorii, mandamenti, diſtrictus BELLIMONTIS predicti, etiam ſi majora eſſent expreſſa-
» tis. Quodquidem Caſtrum cum Villa, mandamento, territorio & aliis juribus & pertinentiis ſuis
» predictis dictus AMBLARDUS & heredes ac ſucceſſores ejuſdem teneant & tenere debeant ac
» recognoſcere perpetuis temporibus in augmentum feudi & homagii à dicto Dalphino primo-
» genito noſtro & ſucceſſoribus ſuis Dalphinis Viennenſibus juxta formam & tenorem donationis
» predictæ dictarum ſexcentarum librarum annui & perpetui redditus ſibi facere ; inveſtientes
» dictum AMBLARDUM preſentem & recipientem nomine ſuo, heredum & ſucceſſorum ſuorum
» per conceſſionem preſentium litterarum ; mandantes & præcipientes expreſſe omnibus & ſin-
» gulis hominibus, vaſſallis & ſubditis noſtris Dalphini predicti, nobilibus & innobilibus dictorum
» Caſtri, territorii & mandamenti, preſentibus & futuris quatinus dicto AMBLARDO homagia &
» recognitiones ad que & quas dicto Dalphino primogenito noſtro ſunt aſtricti, preſtent, faciant
» & recognoſcant, nec non cenſus, redditus, jura, emolumenta quecumque ad que eidem pri-
» mogenito noſtro ratione Dalphinatus, tenentur; eidem & fuis heredibus & ſucceſſoribus ſol-
» vant & recognoſcant, & de hiis omnibus & ſingulis ſibi reſpondeant & obediant deinceps per-
» petuo abſque difficultate quacumque & alterius expectatione mandati ; de quibus homagiis,
» fidelitatibus, recognitionibus, cenſibus, redditibus, juribus & aliis omnibus ad que dicto Dal-
» phino primogenito noſtro tenentur dicti homines vaſſalli & ſubditi Caſtri, Ville, mandamenti
» & territorii predictorum, ut ea preſtent, ſolvant, & faciant dicto AMBLARDO, heredibus &
» ſucceſſoribus ſuis perpetuo, ipſos omnes univerſos & fingulos vaſſallos, homines & ſubditos
» abſolvimus, liberamus totaliter & quictamus nomine adminiſtratorio predicto, homagio,
» ſuperioritate & reſſorto dicto primogenito noſtro & ſuis ſalvis . . . . requirentes nichilomi-
» nus dictum noſtrum conſanguineum qui dictum Caſtrum in manu ſua poſſidere dicitur
» de preſenti, ut predictis aſſignationi, dono & omnibus & ſingulis ſupradictis prout ſupra
» plenius continetur, ſuam auctoritatem prebeat & aſſenſum, & quathenus opus eſt approbet &
» confirmet, ſuas ſuper hoc ſi opus fuerit litteras concedendo, realemque poſſeſſionem ejuſdem
» Caſtri, & Caſtellanie & pertinentiarum ſuarum ſibi tradat & deliberet, quibus traditione &
» deliberatione ſibi factis, eumdem conſanguineum noſtrum à traditione & deliberatione dicti
» Caſtri, Caſtellanie & pertinentiarum ſuarum quas nobis, mediantibus conventionibus inter nos
» ad invicem, tenetur facere, quictamus & tenore preſentium liberamus. Quod ut firmum & ſta-
» bile perpetuo perſeveret, noſtrum preſentibus litteris fecimus apponi ſigillum, noſtro in aliis &
» alieno, in omnibus, jure ſalvo. Datum & actum Patiſiis, die ultima menſis Martii, anno Domini

Dernier mars 1350.

» milleſimo, tercenteſimo quinquageſimo. Per Regem in Conſilio ſuo, nobis & Domino Comite
» Armaniaci preſentibus. Y. Symon. » Quibus viſis & attentis deliberatione, conſideratione habita
ad predictum Dominum AMBLARDUM DOMINUM BELLIMONTIS, Militem, fidelem noſtrum cariſſimum qui circa tranſlationem Dalphinatus predicti in nos factam, A PRINCIPIO, MEDIO ET EFFEC-
TUALITER IN EFFECTU CUNCTIS SOLICITUDINIBUS LABORAVERIT & noſtris in hiis & aliis pluribus
adherens obſequiis, ſe ſemper exibuit & adhuc exibet promptiorem, donationem, traditionem,
conceſſionem & aſſignationem predictas ſibi factas per dictum Dominum genitorem noſtrum
noſtro nomine de predicto Caſtro Bellimontis in Triviis, Dyoceſis Vapincenſis, cum villa, mandamento, territorio & diſtrictu ejuſdem, aliiſque juribus pertinentiis, dependentiis & beneficiis
ſuis prout in dictis regiis litteris continetur, ratas & gratas habentes, eiſque conſentientes expreſſe
laudamus, approbamus, & etiam confirmamus, de novoque ad cautelam, moti rationibus ſuper
ſcriptis & ex cauſis in ipſa donatione contemptis, ea ſibi confirmamus, damus & concedimus, ac
etiam aſſignamus ſicut & ipſe Dominus noſter Rex ſibi dederat & adſignaverat, ut in predictis
ſuis litteris continetur ; mandantes & præcipientes expreſſe quemadmodum & dictus Dominus
noſter Rex mandaverit & preceperit, & modo alio quo poſſumus fortiori, omnibus & ſingulis
hominibus, vaſſallis & ſubditis noſtris, nobilibus & innobilibus Caſtri, territorii & mandamenti
predictorum preſentibus & futuris quatinus prefato Domino AMBLARDO homagia, fidelitates &
recognitiones at que & quas nobis ſunt aſtricti, preſtent, faciant & recognoſcant ; nec non cenſus,
redditus, jura & emolumenta quelibet ad quos & que nobis tenentur, eidem fuiſque heredibus
& ſucceſſoribus ſolvant & recognoſcant & de eis omnibus & ſingulis ſibi reſpondeant & obediant
deinceps perpetuo abſque difficultate quacumque & alterius expectatione mandari ; dequibus
homagiis, fidelitatibus, recognitionibus, cenſibus, redditibus, juribus & omnibus aliis ad que nobis
tenentur dicti homines vaſſalli & ſubditi dictorum Caſtri, Ville, territorii & mandamenti, ut ea
preſtent, ſolvant, faciant & recognoſcant dicto Domino AMBLARDO, heredibus & ſucceſſoribus

ſuis

DE LA MAISON DE BEAUMONT. Liv. VII.

suis perpetuo ; ipsos.... absolvimus & liberamus penitus & quictamus, homagiis, superioritate & ressorto nobis & successoribus nostris in Dalphinatu salvis & retentis ; requirentes nichilominus supradictum Dominum Humbertum Sanctæ Alexandrinæ Ecclesiæ Patriarcham & Dalphinum Viennensem antiquiorem, patrem nostrum carissimum, qui dictum Castrum in manu sua possidere dicitur depræsenti, ut prædictis omnibus & singulis suprascriptis, prout superius plenius continentur, suam auctoritatem præbeat & assensum, & ea, quatinus opus est, approbet & confirmet, suas super hoc, si opus fuerit, literas concedendo, realemque possessionem Castri prædicti Castellanieque jurium & pertinentiarum ejusdem dicto Domino AMBLARDO tradat & deliberet ; quibus traditione & deliberatione sibi factis, eumdem patrem nostrum à traditione & deliberatione dicti Castri, Castellaniæ & pertinentiarum suarum quas nobis, mediantibus inter dictum Dominum genitorem nostrum & eum habitis facere tenetur, absolvimus & quitamus tenore præsentium litterarum. In quorum omnium robur & testimonium sigillum nostrum majus quo ante susceptum per dictum Dominum genitorem nostrum regni sui regimen utebamur præsentibus litteris duximus apponendum. Datum apud Yrigimis die decima sexta mensis Jullii anno Domini millesimo tercentesimo quinquagesimo primo. Per Reverendum in Xpo Patrem Dominum Henricum de Vilario, Archiepiscopum Lugduni, Locumtenentem dicti Domini nostri Dalphini, assistentibus eidem, Dominis Francisco de Palma, Domino Asperimontis, Cancellario Dalphinatus & Francisco de Theysio, Domino de Thorana, Militibus. Expedita.

Confirmation faite par Charles, Dauphin, des Lettres du Roi Jean, son pere, par lesquelles ce Prince avoit assigné à AMBLARD SEIGNEUR DE BEAUMONT, Chevalier, sur les revenus de Dauphiné, les arrérages dûs au même AMBLARD en vertu du don à lui fait par Philippe de Valois ; en attendant qu'il pût jouir du Château de Beaumont-en-Trieves que le Roi Jean lui avoit précédemment donné.

Original en parchemin, conservé dans les Archives de M. le Comte de Beaumont-de la Roque, au Château du Repaire, en Périgord.

KAROLUS Francorum Regis primogenitus, Dalphinus Viennensis, notum facimus universis præsentibus pariter & futuris nos vidisse literas præfati genitoris nostri Regis administratorio nomine nostro factas ejusque sigillo sigillatas tenoris & continentiæ subsequentis. « Johannes, Dei gratia Francorum Rex, universis præsentes literas inspecturis salutem ; notum facimus nos literas sigillo dilecti & fidelis consiliarii nostri Archiepiscopi Lugdunensis, Locumtenentis Carissimi primogeniti nostri Karoli Dalphini Viennensis, Gubernatoris Dalphinatus sigillatas, formam que sequitur continentes. « Henricus de Vilars, Archiepiscopus & Comes Lugdunensis, Locumtenens illustris Principis Domini Karoli, Francorum Regis primogeniti, Dalphini Viennensis, dilectis nostris, thesaurario & auditoribus compotorum dicti Domini nostri Dalphini in Dalphinatu, salutem ; literas præfati Domini nostri Regis nos noveritis recepisse formam que sequitur continentes. « Johannes, Dei gratia Francorum Rex, dilecto & fideli nostro Archiepiscopo Lugdunensi, Locumtenenti Carissimi primogeniti nostri Karoli, Dalphini Viennensis, Gubernatori Dalphinatus salutem. Mandamus vobis administratorio nomine dicti Da'phini primogeniti nostri quatinus arreragia debita dilecto nostro AMBLARDO DOMINO BELLIMONTIS, Militi, Consiliario dicti Dalphini filii nostri de dono gracioso dudum sibi facto per, inclite recordationis, Dominum & genitorem nostrum in & super recepta nostra Matisconensis... assignetis ac solvi, tradi & expediri realiter faciatis de & super emolumentis & commoditatibus Dalphinatus prædicti eidem Militi vel ejus certo mandato pro tempore præterito & etiam pro tempore præterito & etiam pro tempore futuro, donec ipse Miles, possessionem Castri Bellimontis in Triviis, Vapincensis Diocesis & pertinentiarum suarum, quod sibi pro dono prædicto tradidimus & assignavimus administratorio nomine prædicto, prout in aliis nostris literis continetur, adeptus fuerit corporalem, absque alterius spectatione mandati ; quequidem arreragia administratorio nomine prædicto, dicto Militi super emolumentis & commoditatibus prædictis dictam receptam nostram Matisconensis exonerando, tenore præsentium assignamus & quidquid inde solutum fuerit in compotis illius vel illorum ad quem vel ad quos pertinuerit allocari volumus & jubemus. Mandantes Nichilominus ex/habundanti Cancellario Dalphinatus, quatinus nomine & sigillo dicti Dalphini Filii nostri cum nostra auctoritate quam eidem quo ad hec duximus concedendam prædicto Militi literas opportunas quot & que pro effectu prædictorum fuerit necessariæ faciat & sigillet. Datum Parisiis die duodecima Aprilis, anno Domini millesimo CCC. quinquagesimo. Per Regem in Consilio suo, vobis & Domino Comite Armeniaci præsentibus. Y. Simon. « Ad quarum exequtionem pariter & effectum vobis & cuilibet vestrum prout ad vos spectat districte præcipiendo mandamus quatinus facta fide de dicto dono Regio & facta etiam verificatione debita juxta formam Litterarum dicti Domini nostri Regis coram vobis Tesaurario supradicto, de arreragiis que

6 Décemb. 1351.

12 Avril 1350.

»» ſibi ratione dicti doni deberi aſſerit dictus Dominus AMBLARDUS in literis nominatus pre-
»» dictis, totum id quod apparebit eidem debitum eſſe de dictis arreratgiis.... ſolvi & delibe-
»» rari vos theſaurario faciatis eidem, omni alia excuſatione remota de & ſuper emolumentis &
»» commoditatibus noſtris Caſtellanie Belli-creſcentis quem tenet idem Dominus AMBLARDUS,
»» ſuper quibus ipſa arreragia eidem ſolvi juxta mandatum Regium ordinamus.... Datum Gra-
»» tionopoli die xxvii° Septembris anno Domini Mo. ccco. quinquageſimo primo. Per dictum
»» Dominum Archiepiſcopum, aſſiſtentibus Dominis Cancellario & Amedeo de Roſſillione.
»» Expedita H. P. (*) &c. « Nos autem ſupraſcriptas literas .... laudamus ratificamus, appro-
» bamus, de gratia ſpeciali & adminiſtratorio nomine quo ſupra, & auctoritate noſtra Regia
» confirmamus & ex uberiori dono noſtre gratie ſicut conceſſimus dicto Militi, de novo eidem
» Militi concedimus per preſentes.... Datum Pariſiis die quinta menſis Octobris anno Domini mil-
» leſimo ccco. quinquageſimo ſecundo. Per Regem ad relationem conſilii in quo vos eratis.
» J. Royer. » Quibus viſis & attemptis, deliberata conſideratione habita ad predictum Dominum
AMBLARDUM DOMINUM BELLIMONTIS, Militem fidelem noſtrum cariſſimum QUI CURIS SOLLI-
CITIS LABORAVIT ET LABORAT CIRCA FACTA ET NEGOCIA NOSTRA ET OBSEQUIIS NOSTRIS FIDE-
LITER SEMPER SE EXHIBUIT ET ADHUC SE EXHIBET PRIMITIOREM, predictas conceſſiones, ordinationes & aſſignationes ratas & gratas habentes, eas laudamus, ratificamus & confirmamus &
ex ampliori dono noſtre gratie predictas conceſſiones ordinationes & aſſignationes facimus & concedimus ſuper dictis commoditatibus Caſtellanie noſtre Belli-creſcentis, quam tenet dictus Dominus AMBLARDUS. Mandantes & precipientes predicto Locumtenenti noſtro & Gubernatori Dalphinatus & teſaurario & auditoribus compotorum noſtrorum dicti Dalphinatus quatinus omnia
& ſingula prout ſupra, eidem Domino AMBLARDO cuſtodiant & obſervent & in compuris ſuis
dicta arreratgia ſibi allocent juxta ordinationes literarum ſupraſcriptarum. Datum Pariſius die
ſexto menſis Decembris, anno Domini milleſimo trecenteſimo quinquageſimo ſecundo. Sub
ſigillo noſtro quo ante ſuſceptum Regni regimen per dictum Dominum genitorem noſtrum utebamur.

Per Dominum.... Cancellarium mandato Regio expedita: T. CAVAIL"....

(Cet Acte ſcellé ſur doubles lacs de Parchemin, d'un ſceau en cire rouge à moitié briſé.)

Procès-verbal de l'aſſignation faite par Berenger de Montaut, Archidiacre de Lodeve, AMBLARD SEIGNEUR DE BEAUMONT, Chevalier, & François de Parme, Seigneur d'Apremont, Chancellier de Dauphiné, en qualité de Commiſſaires du Roi Jean, de Charles Dauphin, ſon fils, & de Humbert, ancien Dauphin, Patriarche d'Alexandrie, du douaire de l'ancienne Dauphine, mere de ce dernier Prince.

Extrait du Regiſtre cotté: Pilati, 1352-1355, fol. 1er du 3e Cayer; étant aux Archives de la Chambre des Comptes de Dauphiné: délivré par le Greffier en Chef de cette Chambre, ſigné Chabert.

IN NOMINE Domini, Amen. Proceſſus habitus ſuper infraſcriptis per venerabilem & nobiles viros Dominos Berengarium de Monte Alto, Archidiaconum Lodonenſem, AMBLARDUM Dominum BELLIMONTIS, & Franciſcum de Parma, Dominum Aſperimontis, Cancellarium Dalphinatus, Milites, Commiſſarios à ſereniſſimo & illuſtriſſimo, Principibus, Dominis, Johanne, Dei gratia, Francorum Rege, & Karolo, ejus primogenito, Dalphino Viennenſi, & Comite Picta-vienſi, ac etiam à Reverendiſſimo Patre in X̄po Domino Humberto, Sancte Alexandrie Ecleſie Patriarche, Adminiſtratore perpetuo Ecleſie Remenſis, & Dalphino Viennenſi antiquiore, in hac parte deputatos, ſeu duos ex ipſis.

Primo, anno Domini milleſimo tercenteſimo quinquageſimo tertio, die viceſima quarta menſis Aprilis, apud Grationopolim, in domo in qua Dalphinaia computa audiuntur, convenerunt in ſimul dicti Domini Berengarius de Monte-Alto, Archidiaconus Lodonenſis, & AMBLARDUS Dominus BELLIMONTIS, Commiſſarii, & ad exſequendum ſpecialem commiſſionem ſibi & dicto Domino Franciſco de Parma factam per dictos Dominos noſtros, Regem & Dalphinum, ad aſſignandum Domine Dalphine antiquiori, matri dicti Domini Patriarche antiquioris Dalphini, duo millia florenos pro ſuo dotalitio habendos per eam anno quolibet, vita ſua durante, cujus commiſſionis tenor inferius eſt inſertus; vocatis & exiſtentibus coram eiſdem Dominis Commiſſariis, Domino Abbate Monaſterii Bonevallis, Commiſſario per dictum Dominum Patriarcham antiquiorem Dalphinum deputato, ad recipiendum aſſignationem predictam nomine dicte Domine Dalphine, ut conſtat de commiſſione ejuſdem Domini Abbatis, per litteras dicti Domini Patriarche... nec non fratre Johanne Morelli, Monacho Bonevallis Ciſtercienſis Ordinis, Procuratore dicte Domine noſtre Dalphine, ... ordinaverunt vocati ipſi Domini Commiſſarii coram eis ad diem Sabbati, qua

DE LA MAISON DE BEAUMONT. Liv. VII.

» » litterarum dicti Domini nostri Regis, coram vobis Tesaurario supradicto, de arrearagiis que erit dies quarta instantis mensis Maii Castellanos & alios infra scriptos ; videlicet Bertonum de Maloco, exactorem pedagii Pisancziani, & Castellanum Bellimontis prope Romanis; item Guinonetum de Breins & Guillelmum Rosseti dictum Marchandia, Gabellatores Viennenses; item Castellanum Sancti Nazarii, vel ejus locumtenentem & Bajulum dicti loci; item Castellanum Moyrenci vel ejus Locumtenentem; item Castellanos Vizilie, Curnillionis in Graysivodano, Montisbonodi, Mure, Corvi, Campisauri, Oysencii, Albonis & Vallis Grationopolis, una cum eis Mistralibus Dalphinalibus dictarum Castellaniarum; quibus omnibus Castellanis fuerunt directe littere.

Tenor Commissionis dictorum Dominorum Archidiaconi & Amblardi ad assignandum dicta duo millia florenos, talis est.

« Johannes, Dei gratia, Francorum Rex, & nos Karolus ejus primogenitus, Dalphinus Viennensis, cum auctoritate dicti Domini & Genitoris nostri quam nos Rex ad infrascripta sibi dedimus, atque damus per presentes, dilectis & fidelibus nostris, Magistro Berengario de Monte-Alto, Archidiacono Lodonensi, Consiliario, Amblardo de Bellomonte, & Francisco de Palma, Cancellario nostri Dalphini, Militibus, salutem & dilectionem. Cum per tractatus novissime habitos inter nos ex una parte, & carissimum & fidelem consanguineum nostrum, Patriarcham Alexandrie, antiquioremque Dalphinum Viennensem, ex altera, super restitutione Castrorum & villarum que & quas tenet ad presens in dicto Dalphinatu per conventiones olim factas inter nos & ipsum super facto translationis Dalphinatus ejusdem in personam carissimi primogeniti nostri Karoli Dalphini Viennensis, & super quibusdam aliis inter cetera concordatum, quod doarium, seu dotalicium debitum catissime consanguinee nostre antiquiori Dalphine, matri dicti nostri consanguinei assignentur in locis infra scriptis; primo habeat castrum & Castellaniam Sancti Nazarii, pro ducentis florenis.... Item habeat pedagium de Pisanczono pro ducentis florenis; item gabellam de Payrins pro VIII^{xx} florenis ; item portum Castri novi Izere & gabellam Sancti Johannis Altivionis pro centum florenis; item gabellam, Leydam, seu pedagium de Moyrenco pro viginti quinque florenis; item supra Vizilam ducentos florenos; item supra Curnillionem in Graysivodano, II^c XXV florenos; item in Castellania Oysentii III^c florenos; item in Castellania Mure & Corvi ducentos quindecim florenos; item in Castellania Montisbonoudi C. florenos; item in Castellania de Grationopoli L. florenos; supra Campumsaurum C. florenos; item in Castellania Albonis L. flor ; item in Castellania Vallis L. flor ; item in Castellania Beilimontis, prope Romanis, XXV florenos. Summa II^m florenos per annum.... Nos ... vobis committimus ... quatenus ... dictam assignationem ... faciatis.... Datum Patisiis, die XXVII^a Decembris anno Domini millesimo tercentesimo quinquagesimo secundo. Per Consilium quo vos Domini Episcopi Parisiorum, Cabilon & Dolensis, & Dominus de Revello, eratis. Y Symon. »

27 Décembre 1352.

---

*Lettres de Humbert, ancien Dauphin, Patriarche d'Alexandrie, par lesquelles il confirme celles du Roi Jean & de son fils aîné Charles, Dauphin, données en faveur d'*Amblard Seigneur de Beaumont*, Chevalier ; avec l'ordre de ces derniers Princes pour mettre toutes ces Lettres à exécution.*

Extrait du Registre cotté : Liber Copiarum, Lettre M. 3, 3 ; étant aux Archives de la Chambre des Comptes de Dauphiné, sous le n° 27 & 29, fol. VI^c. IIII^{xx}. XI : délivré par le Greffier en Chef de cette Chambre, signé Chabert.

Qualiter fuit concessum per Dominum Dalphinum, Domino Amblardo de Bellomonte, Castrum Bellimontis in Triviis cum suis pertinentiis.

Humbertus, miseratione Divina, Patriarcha Alexandrin, Administrator perpetuus Ecclesie Remensis, Dalphinus antiquior Viennensis, notum facimus... quod cum olim propter multa servitia et obsequia nobis impensa fideliter et longevis temporibus , per dilectum & fidelem nostrum Dominum Amblardum dominum Bellimontis , Militem, eidem Domino Amblardo donavissemus ducentas libras bonorum Viennensium de redditibus annuis & perpetuis ad hereditatem, cum mero, mixto imperio & omnimoda juriditione, alta & bassa, & diù antè translationem Dalphinatûs per nos factam in personam illustris Principis Domini & filii nostri carissimi Domini Karoli Francorum Regis primogeniti, Dalphini Viennensis, prout constat instrumento publico, confecto & signato per Humbertum Pilati, Notarium publicum, Clericum, Secretarium nostrum, sub anno Domini millesimo tercentesimo trigesimo quarto, inditione secunda, die prima mensis Aprilis, postque serenissimus Princeps Dominus Johannes,

26 Mars 1353.

Dei gratia, Francorum Rex, inclite memorie, prefato Domino AMBLARDO, contemplatione nostra, & confideratione obfequiorum & laborum per eum, noftris fervitiis infiftendo, fuftentorum, etiam donaffet & conceffiffet, de fpeciali gratia, fexcentas libras de redditibus eidem Domino AMBLARDO ad hereditatem perpetuam in Dalphinatu affignandas, & fereniffimus Princeps Dominus nofter, Dominus Johannes, Dei gratia, Francorum Rex primogenitus, & fucceffor fupra dicti Domini noftri Regis, Adminiftratorio nomine dicti Domini, & filii Dalphini primogeniti fui, prenominato Domino AMBLARDO, prefenti & recipienti pro fe, heredibus & fuccefforibus fuis dederit, tradiderit & affignaverit, tam pro dictis ducentis libris Viennenfium bonorum, per nos, quam pro dictis fexcentis libris de redditibus, per dictum Dominum noftrum Regem quondam datis eidem, caftrum Bellimontis in Triviis, Vapincenfis diocefis... quequidem donatio & affignatio de dicto caftro eidem Domino AMBLARDO de confenfu noftro, proceffit, & non obftante quod dictum caftrum ad manum noftram retinueramus in dicta translatione Dalphinatûs, fuitque noftra donatio & affignatio per dictum Dominum & filium Dalphinum ratificata & approbata, ac de novo conceffa, prout in litteris dicti Domini Dalphini, ejus magno figillo impendenti, figillatis, continetur; requirentes nos predictas litteras fupradicti Domini Rex & Dalphinus, ut predictis omnibus & fingulis fuprafcriptis noftram auctoritatem preberemus pariter & affenfum, & ea quatenus opus eft, approbaremus & confirmaremus, realemque poffeffionem caftri predicti, Caftellanieque jurium & pertinentiarum ejufdem dicto Domino AMBLARDO traderemus, & deliberaremus; quibus, traditione & deliberatione dicto Domino AMBLARDO factis; nos à traditione & deliberatione caftri & Caftellanie & pertinentiarum fuarum quas nos, mediantibus quibufdam conventionibus inter eos & nos habitis, facere tenebamur, abfolverunt & quittaverunt, prout hec, & alia in litteris predictorum Dominorum, Regis & Dalphini plenius continetur; nos igitur dictas, affignationem, donationem & conceffionem dicto Domino AMBLARDO factas, ut predicitur per dictos Dominos noftros, Regem & Dalphinum, de caftro Bellimontis predicto, juribusque & pertinentiis fuis, ratas & gratas & firmas habentes eas, & omnia & fingula in eis contenta & narrata, volumus & confirmamus, & etiam approbamus tenore prefentium litterarum, dictumque caftrum Bellimontis cum villa, Mandamento, territorio & diftrictu ejufdem, cumque omnibus & fingulis cenfibus, redditibus... vaffallis, hominibus, homagiis, fidelitatibus, feudis, retro feudis... mero, mixto imperio & juriditione omnimoda, alta, media & baffa... memorato Domino AMBLARDO pro fe & heredibus & fucceffibus fuis... tradimus, concedimus, & realiter expedimus... quod quidem caftrum... dictus Dominus AMBLARDUS, heredes & fucceffores fui teneant... perpetuò, in augmentum feudi & homagii, à dicto Domino Dalphino, dicti Domini noftri Regis primogenito & fucceffo-ribus fuis Dalphinis Viennenfibus... Mandantes etiam, & fpecialiter committentes Domino Aymaro Alamandi, de Bellovidere, in Roanis, Bayllivo terre noftre Grayfivodani & Caftellano dicti loci, quatenus dictum Dominum AMBLARDUM in realem & corporalem poffeffionem caftri predicti & pertinentiarum fuarum ponat... ac etiam à juramento nobis per eundem fuper hoc preftito quictamus, & tenore prefentium liberamus; quod ut firmum & ftabile perfeveret, noftrum prefentibus litteris fecimus apponi figillum. Datum in caftro noftro Portemattis Remenfis, die vigefima fexta Martii anno à Nativitate Domini milleſimo tercenteſimo quinquageſimo tertio.

25 Septembre 1354.

Johannes, Dei gratia, Francorum Rex, & nos Karolus, ejus primogenitus, Dalphinus Viennenfis, cum auctoritate dicti Domini & genitoris noftri, quam nos Rex, quoad infrafcripta fibi damus per prefentes, dilecto & fideli Comiti Valentinenfi, Locumtenenti noftro in Dalphinatu, & cuicumque alteri Locumtenenti, necnon Bayllivis, Judicibus, Caftellanis & ceteris Officiariis dicti Dalphinatûs qui nunc funt, & pro tempore fuerunt, vel eorum Locatenentibus, falutem & dilectionem, volumus, vobisque & cuilibet veftrum prout ad vos fpectat & fpectare poterit in futurum, diftrictè precipiendo mandamus quatenus litteras quafcumque quas dilectus & fidelis Confiliatius nofter AMBLARDUS Dominus BELLIMONTIS, Miles, habet a nobis & Domino & genitore noftro kariffimo, bone memorie, tam fuper caftro, Mandamento & pertinentiis Bellimontis in Triviis, quam aliis quibufcumque donis & affignationibus fibi factis, prout in ipfis litteris videbitur contineri, & prout inftrumenta fuerint, obfervetis & exequioni mandetis, nichil in contrarium attemptantes nec permittentes per quenvis alium attemptari. Datum Parifiis, die vigefima quinta menfis Septembris anno Domini milleſimo tercenteſimo quinquageſimo quarto. Per Confilium quo vos & Dominus de Revello, eratis, Y. SYMON.

DE LA MAISON DE BEAUMONT. Liv. VII.

Hommage rendu à AMBLARD SEIGNEUR DE BEAUMONT ET DE MONTFORT, Chevalier, par Etienne de Leupard, Damoiseau.

Protocolle original de Jean Chaftagnii, Notaire à Crolles; confervé dans les Archives de M. le Comte de Beaumont-de la Roque, au Château du Repaire; en Périgord.

.... ANNO DOMINI milleſimo trecenteſimo quinquageſimo quinto, inditione octava, die 26 Juillet 1355. XXVI menſis Julii apud Crollas, juxta domum Richardi de Crollis... coram dicto Richardo, Hugone de Crollis fratribus, teſtibus... ad inſtantiam & requiſitionem nobilis & potentis viri Domini AMBLARDI DOMINI BELLIMONTIS & Montisfortis, Militis... nobilis Domicellus Stephanus Leupardi, Veyerius de Bregnino... confeſſus fuit... ſe tenere... in feudum à prefato Domino AMBLARDO omnes cenſus, redditus, jura, juridictiones, Banneriam, homagia, placita, uſagia, ſervitia... que & quas... poſſidet... in toto mandamento, juridictione & diſtrictu de Monteforti in Grayſivodano & Patrochia de Crollis... pro quibus omnibus... confeſſus fuit dictus Stephanus ſe & omnes deſcendentes ab eodem... debere eſſe homo ligius dicti Domini AMBLARDI, ſalvo ſemper uno homagio & fidelitate Domini Dalphini Vienū... &... manibus junctis & intercluſis inter manus dicti Domini AMBLARDI, Militis, ipſumque oſculando in ore fecit homagium... promittens... renuntians omnibus juribus &c. Fiant duo inſtrumenta &c.

Hommage rendu au Dauphin par AMBLARD SEIGNEUR DE BEAUMONT, Chevalier, du Château de Millieu, comme Adminiſtrateur d'AYMAR, ſon fils.

Extrait du Regiſtre cotté : Nota plurium Homagiorum receptorum per Franciſcum Bermundi 1355, fol. 23, v°. étant aux Archives de la Chambre des Comptes de Dauphiné; délivré par le Greffier en Chef de cette Chambre, ſigné Pizon.

ANNO DOMINI M°. CCC°. LV°., indictione VIII (die V^a Decembris) apud Septimum, in 5 Décemb. 1355. domo Anthonii de Septimo, Domicelli, preſentibus Domino Egidio de Foreſta, Milite, Odeto de Moraſio, Girino Parentis, Domino de Menura, Humberto de Fagu, Girardo Miribolli, Domicellis, Stephano de Miſterio & Johanne Revoyrelli, Notariis, &c.

Caſtrum Milliaci.

Item ibidem & incontinenti & coram predictis teſtibus, Dominus AMBLARDUS DOMINUS BELLIMONTIS, Miles, Adminiſtrator legitimus AYMARI DE BELLOMONTIS, Domicelli, filii ſui, mariti nobilis Domicellæ ANNÆ, filiæ Domini Droneti DE VALLIBUS, Militis, condam Domini Terraciæ & Milliaci, & tutor ac tutorio nomine, ut aſſerit, dictæ ANNÆ, confeſſus fuit dictos AYMARUM & ANNAM tenere in feudum Francum & nobile à dicto Domino Dalphino, caſtrum Milliaci dotale ipſius ANNÆ & villam cum eorum pertinentiis & appendentiis univerſis, & pro predictis, Adminiſtratorio & Tutorio nominibus quibus ſupra, fecit & preſtitit Dominis Franciſco de Parma, Domino Aſperimontis, Cancellario & Berengario de Monte-Alto, Archidiacono Lodonenſi, Conſiliariis & Comiſſariis dicti Domini Dalphini, ejuſque nomine recipientibus, homagium ligium, excepto homagio alio in quo tenentur dicti AYMARUS & ANNA, conjuges dicto Domino Dalphino, tanquam Domine de Turre, oſculando dictum Dominum Archidiaconum in ore; promittens & jurans, &c. De quibus dicti Domini Cancellarius & Archidiaconus Comiſſarii, nomine dicti Domini Dalphini, & idem Dominus AMBLARDUS, nominibus quibus ſupra, petierunt ſibi fieri per me Notarium infraſcriptum, tot quot habere voluerint publica inſtrumenta. Actum ut ſupra. Ego vero, Franciſcus Bermundi, Notarius, &c.

Hommage rendu à AMBLARD DE BEAUMONT, Seigneur de BEAUMONT & de Montfort, par noble Albert de Montfort.

Protocolle original de Jean Chaſtagnii, Notaire de Crolles, conſervé dans les Archives de M. le Comte de Beaumont-de la Roque, au Château de la Roque, en Périgord.

IN NOMINE Domini Amen. Anno Nativitatis ejuſdem milleſimo trecenteſimo quinquageſimo 9 Janvier 1358. octavo, inditione undecima, die nonā menſis Januarii... ad... requiſitionem viri magnifici & potentis Domini AMBLARDI DE BELLOMONTE, dicti loci BELLIMONTIS & Montisfortis Domini, Militis... nobilis Albertus de Monteforti filius condam nobilis Domicelli Lantelmoni de Monteforti... non vi... confeſſus fuit... eſſe... hominem ligium dicti Domini AMBLARDI & ejus heredum &... junctis manibus... infra manus dicti Domini AMBLARDI & *hore* ipsius Domini occulato, homagium ligium fecit dictus Albertus, salva fidelitate Domini nostri Dalphini Vienn :.. & tenere se confitetur... in feudum à prefato Domino AMBLARDO... quidquid habet... in Mandamento dicti Castri Montisfortis... Hoc acto quod dictus Albertus habeat... merum, mixtum imperium & omnimodam juriditionem in omnibus hominibus suis... dum tamen non delinquerent in officialibus & proprietaribus dicti Domini AMBLARDI, & exceptis mortis illatione & membris mutilatione, in quibus casibus... delinquentes condempnatos remittere dicto Domino AMBLARDO, vel ejus Castellano Montisfortis teneatur ad faciendum exequtionem... & si contingeret... sententiam latam... converti in pecuniam, medietas pecunie sit Domino AMBLARDO, & alia medietas dicto Alberto. Item etiam fuit actum... quod dictus Albertus habeat banna menuta in omnibus hominibus suis.... Item quod in casu quo dictus Albertus vel ejus Castellanus defficerent vel negligentes essent ministrari justitiam de predictis hominibus ipsius... juriditio, merum & mixtum Imperium... pertineant ad dictum Dominum AMBLARDUM.... Item... dictus Albertus... remisit eidem Domino AMBLARDO & suis omne jus, si quod habebat... venandi ad cuniculos & ad alia animalia fera in predicto mandamento Montisfortis.... Actum apud Crollas... presentibus nobilibus viris Domino Guillo̅ Bigocti, Milite; Morardo de Arciis, Ludovico ejus filio, Reynaudo Berardi, Guigoneto de Bellaconba alias Raffavel & Rondono de Monteforti... & ego vero Johannes Chastagnii, auctoritate Imperiali Notarius publicus,...

Lettres de Charles, Dauphin, Régent du Royaume, par lesquelles, pour indemniser AMBLARD SEIGNEUR DE BEAUMONT, *en Graisivodan, de la non-jouissance du Château de Beaumont, au Diocése de Gap, il lui inféode l'hommage d'*AYMAR DE BEAUMONT, *son fils, celui de Drouet d'Entremont, & le Château de Morestel ; avec la confirmation de ces Lettres par le même Prince après son avenement à la Couronne.*

Extrait du Regiſtre cotté : Informationes concernantium Dominum nostrum Dalphinum in pluribus Ballivativus, &c. 1372, fol. XLI ; *étant aux Archives de la Chambre des Comptes de Dauphiné : délivré par le Greffier en Chef de cette Chambre, signé* Chabert.

Aouſt 1358.   KAROLUS, Dei gratia, Francorum Rex, Dalphinus Viennensis, Notum facimus universis presentibus, pariter & futuris, nos infrascriptas literas nostras vidisse, formam que sequitur continentes. « Karolus Regis Francie primogenitus, regnum regens, & Dalphinus Viennensis, notum
» facimus universis, tam presentibus quam futuris, quod cum super eo quod dilectus & fidelis nos-
» ter AMBLARDUS DOMINUS BELLIMONTIS in Graysivodano dicebat & asserebat ad se pertinere
» Castrum Bellimontis Vappincensis Diocesis, pluribus de causis, & etiam nos teneri eidem in certis
» & magnis pecuniarum summis, & quod impedimentum appositum in Castro predicto, de nostro
» mandato amoveretur ad finem quod de eodem, fructibus & emolumentis ad eumdem pertinentibus gaudere posset & uti ad plenum, & etiam quod de dictis summis sibi satisfieri facere di-
» gnaremur, plures literas, tam Dominorum avi nostri ac genitoris, & Humberti antiqui Dalphi-
» ni, predecessoris nostri, super premissis sibi concessas, nobis & magno consilio nostro exhibendo,
» ipsique litteris per nos & dictum magnum Consilium nostrum, una cum requestâ, per dictum
» AMBLARDUM, super premissis nobis factâ, visis & diligenter inspectis & vocatis dilectis & fide-
» libus Locumtenenti & Gubernatori ac thesaurario, & pluribus aliis officiariis nostris dicti Dal-
» phinatûs, & habita matura deliberatione super eisdem cum dicto AMBLARDO & de voluntate
» & assensu ipsius concordavimus, transegimus & concordamus in modum qui sequitur. Primo,
» namque pro omni jure quod idem AMBLARDUS habet... in Castro predicto Bellimontis Vapin-
» censis Diocesis... pro omnibus debitis quod asserit sibi deberi per supra nominatos, & nos in
» recompensationem ipsorum, eidem AMBLARDO... dedimus & concessimus, & per presentes
» damus & concedimus ad hereditragium, videlicet homagium & feudum ad que nobis tenentur
» AYMARUS, filius dicti AMBLARDI & ANNA, filia condam Droneti de Vallibus, Militis, Domini
» Terracie, uxor dicti AYMARI, ratione & causa Castri Terracie, ejus territorii & Mandamenti,
» cum omnibus aliis juribus ex causis predictis nobis competentibus in predictis. Item feudum &
» homagium ad que nobis tenetur Dronetus de Intermontibus, ratione & ex causa que habet in
» Parrochia Sancti Vincentii de Malcusa, Gro̅nop̅ Diocesis... transferentes in eumdem AMBLAR-
» DUM, Dominium predictorum pro se & heredibus suis, nichil in eis nobis retinendo, hoc salvo
» & acto quod dictus AMBLARDUS in augmentum feudi Castri sui Bellimontis in Graysivodano,
» quod a nobis tenet in feudum & homagium, predicta feuda & homagia nobis recognoscere
» teneatur, & prefati, AYMARUS & ANNA & Dronetus & quilibet ipsorum & sui heredes & suc-
» cessores & causam ab eis habituri tenebuntur dicto AMBLARDO & suis heredibus & successoribus
» & causam ab eisdem habituris facere homagia & recognitiones que & quas nobis Dalphino sunt
» astricti & prestare & recognoscere tenentur.... Item damus & concedimus eidem blada que-

DE LA MAISON DE BEAUMONT. Liv. VII.

» cumque exiſtentia & nobis pertinentia de duobus annis noviſſime preteritis in dicto Caſtro, ſeu
» Mandamento Bellimontis, Vapincenſis dioceſis.... Item damus & concedimus eidem AMBLARDO,
» ad vitam ſuam dumtaxat, Caſtrum de Moreſtello in Grayſivodano & ipſius Mandamentum, cum
» ſuis juribus... univerſis, homagiis & fidelitatibus, tamen quod dictus AMBLARDUS de fructibus
» & emolumentis provenientibus ex dicto Caſtro & pertinenciis, ipſe AMBLARDUS anno quolibet
» recipiet, pro omnibus ſuis voluntatibus faciendis, treſcentos florenos auri ponderis Dalphinalis... &
» dictus AMBLARDUS, dicta vita ſua durante, dictum Caſtrum & Mandamentum Moreſtelli in
» augmentum feudi dicti Caſtri ſui Bellimontis, quod à nobis tenet ad homagium tenebit; quibus
» omnibus premiſſis mediantibus, dictum AMBLARDUM & ſuos de omnibus que petere, habere
» ſeu exigere poſſemus ad eodem, RATIONE, SIVE CAUSA ADMINISTRATIONIS SEU GUBERNATIONIS
» BONORUM DICTI DOMINI DALPHINI, predeceſſoris noſtri, aut alia quavis de cauſa uſque ad pre-
» ſentem diem, tam conſideratione premiſſorum, quam gratuitorum ſerviciorum nobis per eum-
» dem AMBLARDUM fideliter impenſorum, & de gratia ſpeciali eumdem & bona ſua quictamus
» & quictum ac pacificum teneri volumus, nec contra tenorem preſentium in perſona, ſive bonis
» quoviſmodo, impediri ſeu moleſtari, Et vice verſa, idem AMBLARDUS pro ſe & ſuis de omni-
» bus que ratione premiſſorum, aut alias quoviſmodo petere, habere, ſeu exigere poſſet predictis
» per nos ſibi ſuperius conceſſis, retentis & reſervatis, nos quictavit & quictos eſſe voluit uſque
» ad diem preſentem, per receptionem preſentium litterarum, voluit, etiam literas per dictos avum,
» genitorem, nos & predeceſſorem noſtrum Dalphinum, preſentibus tamen exceptis, eſſe caſſas,
» irritas & nullas & nullius efficacie & momenti, quas prefatus AMBLARDUS reddere & reſtituere
» promiſit dicto Gubernatori, ſeu Gentibus computorum predictorum.... Datum Pariſiis, anno
» Domini milleſimo CCC° quinquageſimo octavo, menſe Auguſti. » Quaſquidem literas ſuperius
inſertas... laudamus & ratificamus... ac etiam de noſtra certa ſcientia & ſpeciali gratia tenore
preſentium confirmamus & volumus habere robur & firmitatem. Quocirca dilectis & fidelibus
Gubernatori & Gentibus computorum noſtrorum, ac theſaurariis, ceteriſque Juſticiariis & Officiariis noſtris Dalphinatus noſtri,... precepimus & mandamus diſtrictius, injungentes quatenus
eaſdem preſcriptas literas, adimpleant,... ac etiam debite exequtioni de puncto ad punctum demandari faciant viſis preſentibus, abſque contradictione quâcumque.... Datum apud VINCENAS,
juxta Pariſius, anno Domini milleſimo tercenteſimo ſeptuageſimo ſecundo, regnique noſtri nono, Septembre 1372.
menſe Septembris. Per Regem Dalphinum: J. DE TEREMIS. Collatio facta cum originalibus
litteris ſuperius inſertis per me J. DE TEREMIS.

---

*Commiſſion de Guillaume de Vergy, Seigneur de Miribel, Lieutenant-Général
en Dauphiné, pour faire mettre à exécution les Lettres précédentes.*

*Original en parchemin, conſervé dans les Archives de M. le Comte de Beaumont-de la Roque,
au Château du Repaire, en Périgord.*

GUILLELMUS de Vergeyo, Dominus Miribelli, Locumtenens illuſtris Principis Domini 3 Janvier 1359.
Karoli, Francorum Regis primogeniti, Dalphini Viennenſis, dilecto noſtro Domino Arnaudo
Ripperie, Licentiato in Legibus, Judici majori appellationum Dalphinatus ſalutem. Litteras patentes prefati Domini noſtri Dalphini, ejus ſigillo in cerâ viridi ſigillatas, nobis oblatas per virum
nobilem Dominum AMBLARDUM DOMINUM BELLIMONTIS, Militem, recepimus formam que
ſequitur continentes: « Karolus, Regis Francie primogenitus, regnum regens, & Dalphinus Vien-
» nenſis, &c...(*)... Datum Pariſiis, anno Domini milleſimo CCC° quinquageſimo octavo, menſe (*) Nª. Ces Lettres
» Auguſti... » verum quia ad exequtionem eorum que nobis juxta formam dicte littere exequi ſont ici inſérées en
ſunt commiſſa, vacare non poſſumus... vobis... vices noſtras... committimus... Datum Gronop, entier, telles qu'el-
die tercia menſis Januarii, anno Nativitatis Domini milleſimo CCC° quinquageſimo nono. les ſont rapportées
Per Dominum Locumtenentem, preſentibus Dominis Berengario de Montealto, Archidiacono ci-deſſus.
Lodovenſi, Cancellario, Attaudo Domino Clavaytonis, Diſderio de Caſſenatico, & Guillelmo
de Monteſalione. H. P. Facta collatio cum originali. H. P.   *Humbertus Pilati.*

---

*Acte de la remiſe faite par AMBLARD DE BEAUMONT, Chevalier, Seigneur
de Beaumont, au Lieutenant-Général du Dauphiné, des différentes Lettres qui
lui ont été accordées par le Roi Philippe de Valois, par le Roi Jean, par
Charles, Dauphin, & par Humbert, ancien Dauphin.*

*Extrait du Regiſtre cotté: Pilati, 1355-1359, fol. 1ᵉʳ. du 7ᵉ Cayet; étant aux Archives de la
Chambre des Comptes de Dauphiné: délivré par le Greffier en Chef de cette Chambre, ſigné Chabert.*

IN NOMINE Domini noſtri Jehu X̄pi, Amen. Noverint univerſi & ſinguli preſentes & fu- 3 Janvier 1359.
turi, quod anno Nativitatis ejuſdem Domini milleſimo tercenteſimo quinquageſimo nono, in-

ditione undecima, die tertia mensis Januarii, Pontificatus Sanctissimi Patris & Domini nostri Domini Innocentii Pape VI. anno septimo, & serenissimo Principe Domino Karolo, Imperatore Romano regnante, ejus imperii anno quarto, constitutus vir nobilis Dominus AMBLARDUS DE BELLOMONTE, Miles, Dominus Castri Bellimontis in Graysivodano, in presentia viri magnifici, Domini Guillelmi de Vergeyo, Militis, Domini Mitibelli, Locumtenentis illustris Principis Domini Karoli, Francorum Regis primogeniti, Dalphini Viennensis, & coram me, Notario & testibus infra scriptis; ipse Dominus AMBLARDUS exhibuit dicto Domino Locumtenenti quasdam Patentes Litteras in cera viridi & cordono siriceo sigillatas à predicto Domino nostro Dalphino emanatas, quarum tenor sequitur in hec verba : « Karolus, Regis Francie primogenitus, tegnum

<small>Nᴀ. *Ces Lettres sont ici insérées en entier telles qu'elles sont rapportées ci-dessus.*</small>

» regens, & Dalphinus Viennensis &c..(*)..» virtute cujus Littere & in exequtionem ejusdem, dictus Dominus AMBLARDUS, prefatum Dominum nostrum Dalphinum, licet absentem, heredes & successores ejusdem, dictumque Dominum Locumtenentem, & me Humbertum Pilati, Notarium infrascriptum, tanquam publicam personam, presentes, stipulantes & recipientes vice nomine & ad opus dicti Domini nostri Dalphini, heredum & successorum suorum, de omnibus juribus, actionibus & requisitionibus que & quas habebat, habere poterat & debebat in Castro, Mandamento & territorio Bellimontis, Vapincensis Diocesis, omnibusque & singulis debitis & aliis in quibus ipse Dominus Dalphinus pro se, seu successoribus suis tenebatur & teneri poterat ipsi Domino AMBLARDO, solvit, liberavit penitus & quittavit juxta formam littere Dalphinalis prescripte, & prout dictum Dominum Dalphinum quittaverat in eadem, & in signum quittationis predicte reddidit & tradidit realiter dicto Domino Locumtenenti litteras infrascriptas, quas ipse Dominus Locumtenens incontinenti tradidit Johanni Mathei, de Grationopoli Co-auditori computorum Dalphinalium, reponendas & custodiendas in camera computorum, donec cancellentur & reponantur in Archivis Dalphinalibus juxta mandatum dominicum, contentum in littera supradicta; primo Litteram Regis Philippi, continentem donum sexcentarum librarum, factum per dictum Regem Philippum dicto Domino AMBLARDO Domino BELLIMONTIS, assignandarum eidem AMBLARDO infra annum postquam unus de liberis dicti Regis Philippi, seu Regis Johannis moderni adheptus fuerit possessionem Dalphinatus, datam anno Domini millesimo CCCº XLIIIº mense Julii.... Item quamdam aliam Litteram Regis Johannis moderni, tunc Ducis Normannie, & Domini Karoli, ejus primogeniti Dalphini Viennensis, continentem confirmationem dicti doni qum Dalphinatus fuit translatus in personam dicti Domini Karoli, Dalphini Viennensis, sub anno Domini millesimo CCCº XLIXº, mense Julii, apud Lugdunum, sigillatam sigillo dicti Domini Ducis, in filo siriceo & ceta rubea, more Dalphinatus. Item quamdam aliam Litteram dictorum Dominorum, Regis Johannis & Karoli, ejus primogeniti, Dalphini Viennensis, sigillatam dumtaxat sigillo Regio, in cera viridi & cordono siriceo, continentem assignationem dictarum sexcentarum librarum & ducentarum librarum, que date fuerunt dicto Domino AMBLARDO per, bone memorie Dominum Humbertum antiquiorem Dalphinum, pro quibus sexcentis & ducentis libris fuit assignatum dicto Domino AMBLARDO, Castrum Bellimontis, Vapincensis Diocesis, datam Parisiis, die ultima mensis Martii, anno Domini millesimo tercentesimo quinquagesimo, sigillatam in filo cirico & ceta viridi. Item quamdam Litteram Domini Humberti, Patriarche Alexandrini, Administratoris Ecclesie Remensis, & Dalphini antiquioris Viennensis, continentem quod dictus Dominus Patriarcha, in exequtionem dictarum litterarum Regiarum & Dalphinalium assignabat consimiliter ipsi Domino AMBLARDO, Castrum & Mandamentum Bellimontis, Vapincensis Diocesis, cum juribus & pertinentiis suis....Item aliam Litteram Domini Humberti, Dalphini Viennensis, ejus sigillo sigillatam, continentem debitum mille VIᶜ. & L, florenorum, in quibus ipse Dominus Dalphinus eidem Domino AMBLARDO tenebatur; pro quibus exsolvendis, assignavit eidem Domino AMBLARDO latas, clavias, penas, mulctas & contumacias majoris Curie Viennensis; item quamdam aliam Litteram dicti Domini Humberti Dalphini, per quam eidem Domino AMBLARDO assignabat & statuebat gagia, seu stipendia CCC. florenorum auri per annum percipienda super juribus, redditibus & proventibus Castri Montisbrisonis. Item aliam Litteram dicti Domini Humberti Dalphini, per quam assignabat eidem gagia viginti florenorum auri per mensem, pro quorum & aliorum satisfactione assignabat sibi latas datas, contumacias Curie Viennensi. Item aliam Litteram dicti Domini Karoli Dalphini, in qua est inserta littera Regis Johannis, per quam assignabat dicto Domino AMBLARDO, Castrum Bellimontis, tam pro VIᶜ. libris eidem donatis, per Regem Philippum & pro IIᶜ libris sibi donatis per Dominum Humbertum Dalphinum, & subsequebatur confirmatio dicti Domini Karoli Dalphini. Item Litteram aliam dicti Domini Karoli Dalphini, super arresto computi dicti Domini AMBLARDI, redditi coram Auditoribus computorum Dalphinalium, ex quo computo dictus Dominus Dalphinus remansit debens eidem Domino AMBLARDO, ducentas sexaginta quinque libras, tres solidos, undecim denarios & obolum, grossorum turonensium, computando florenum parvi ponderis pro duodecim denariis.... Acta fuerunt hec apud Grationopolim, in domo Fratrum Minorum, presentibus nobilibus viris, Dominis Berengario de Montealto, Archidiacono Lodonensi, Cancellario Dalphinatus, Artaudo Domino Clavaysonis, Disderio de Cassenatico, Guillelmo de Montesallione, Canonico *Auraliensi*, vocatis & rogatis testibus ad premissa; & ego Humbertus Pilati de Buxeria, &c.

❦

Extrait

DE LA MAISON DE BEAUMONT. Liv. VII. 297

Extrait de l'Inventaire des titres de la Chambre des Comptes de Dauphiné, étant à la Bibliothèque du Roi ; Tom. V. du Graiſivodan, n°. 22, fol. 180, v°.

Comptes de la Chaſtelainie de Moreſtel.

Au Folo. 9 & ſuiv. du Regiſtre cotté ſur la couverture de parchemin : *Graiſivodan :* Compte Ann. 1360-1374, rendu par Chabert Pinel, Miſtral, Lieutenant d'AMBLARD DE BEAUMONT, Chevalier, en 1360: Item en 1361, 1364, 1365, 1366, 1367, 1368, 1369, 1370. Au fol. 62, ſemblable compte rendu par le même pour l'année 1371. Autre pour les années 1372 & 1373. Au fol. 79. Item en 1374.

Hommage rendu à AMBLARD SEIGNEUR DE BEAUMONT, Chevalier, par Aynard de Bellecombe, auſſi Chevalier, du Château du Touvet.

Protocolle original de François Bermundi, *Notaire de S.t Theoffroy, fol. 13, conſervé dans les Archives de M. le Préſident de Barral, en ſon Château de Crolles, en Dauphiné.*

IN NOMINE Domini noſtri Jh̄u X̄ⁱpi, Amen. Noverint univerſi & ſinguli preſentes & futuri, 5 Juin 1361. quod anno ejuſdem Domini milleſimo CCC° ſexageſimo primo, indictione quartâ decimâ, die quintâ menſis Junii; cum dudum, bone memorie, Dominus Humbertus Dalphinus Viennenſis, diu antequam aliquas tractaſſet ſeu inhiiſſet conventiones cum Domino noſtro, Francorum Rege, ſeu ejus liberis , ſuper ſucceſſione Dalphinatus, donaverit... viro nobili Domino AMBLARDO Domino BELLIMONTIS, Militi... in augmentum feudi Caſtri ſui Bellimontis predicti, omnes & ſingulos homines, vaſſallos... feuda & alia omnia & ſingula jura... que ipſe Dominus Dalphinus habebat in tota parrochia de Thoveto, & mandaverit ſpecialiter Roleto de Intermontibus & Droneto de Intermontibus, ejus filio condam, & quibuſdam aliis... qui eidem Domino Dalphino ante dictam donationem ad homagia... ſervitia, aut tributa alia tenebantur, ut eadem exhiberent, facerent, recognoſcerent & ſolverent prefato Domino AMBLARDO...... Preterea cum poſtmodum etiam ante conventiones habitas per dictum Dominum Humbertum, Dalphinum cum dictis, Domino noſtro Rege & ejus liberis ſuper dicta ſucceſſione Dalphinatus, ipſe Dominus Dalphinus... inter cetera donaverit... prenominato Domino AMBLARDO... parrochias Thoveti predictam & Sancti Michaelis contiguas Mandamento dicti Caſtri Bellimontis, cum Mandamentis... juribus... hominibus, vaſſallis, nobilibus & innobilibus, homagiis, feudis & retrofeudis... mandaveritque... omnibus & ſingulis hominibus & perſonis nobilibus & innobilibus dictarum parrochiarum quatinus dicto Domino AMBLARDO homagia, fidelitates & recognitiones facerent.... Poſteà verò illuſtris Princeps & Dominus noſter Dominus Karolus, Francorum Regis primogenitus, Dalphinus Viennenſis... eidem Domino AMBLARDO ceſſerit & conceſſerit... perpetuo & hereditariè... feudum & homagium ad que ſibi tenebatur dictus Dronetus de Intermontibus, ratione & ex cauſa que habebat in parrochia Sancti Vincentii de Malcuſa, Grationopolitanenſis dioceſis.... & nuper dicto Droneto de Intermontibus, Domino Caſtri de Thoveto... viam univerſe carnis ingreſſo, dictum Caſtrum de Thoveto... poſitum fuerit ad manum dicti Domini noſtri Dalphini, & per eum tranſlatum facta de eodem Caſtro & totâ aliâ terrâ dicti Droneti condam, in nobilem virum Dominum Aynardum de Bellacomba, Militem... nuperque etiam, orta queſtione coram viro magnifico Domino Guillelmo de Vergeyo, Domino Miribelli, Locumtenenti dicti Domini noſtri Dalphini, ſuper dicto Caſtro Thoveti & terrâ aliâ ac hereditate dicti Droneti condam, in quibus nobiles viri Domini Arthaudus Dominus Clavayſonis, Dominus Johannes de Comeriis, Milites; Aymarus de Caſſenatico, Domicellus & Dominus Johannes de Bouenco, Procurator & Advocatus Fiſcalis Dalphinalis, nomine Dalphinali, ſe jus habere dicebant, & cujus queſtionis cognitionem dictus Dominus AMBLARDUS ſibi remitti poſtulabat, aſſerens ipſam ad eum pertinere tanquam ad Dominum feudi... ipſe Dominus Locumtenens... ordinaverit... quod dictus Dominus Aynardus de Bellacomba... & ſui heredes & ſucceſſores eidem Domino AMBLARDO... homagium debitum... ac ſacramentum fidelitatis preſtent & faciant.... Hinc eſt quod dictus Dominus Aynardus de Bellacomba, conſtitutus propterea que ſequntur in preſentia dicti Domini AMBLARDI... confeſſus fuit & publice recognovit... ſe tenere... in feudum Francum, nobile & antiquum à dicto Domino AMBLARDO, & de Dominio & Seignoria ejuſdem dictum Caſtrum de Thoveto, cum ejus territorio, Mandamento, diſtrictu, mero, mixto Imperio & omnimoda juridictione, hominibuſque, homagiis,... & aliis juribus & pertinentiis univerſis & ſingulis ejuſdem Caſtri, necnon ea omnia & ſingula alia bona immobilia que dictus Dronetus condam habebat, tenebat & poſſidebat in dictis Parrochiis Thoveti, Sancti Michaelis & Sancti Vincentii de Malcuſa, ſcilicet à Mandamento antiquo Terracie, uſque ad rivum d'Aloy, & à cacumine moncium uſque ad medium Yſere, & pro predictis ſe teneri confeſſus fuit ipſe Dominus Aynardus, ut ſupra, dicto Domino

Pp

PREUVES DE L'HISTOIRE GÉNÉALOGIQUE

AMBLARDO ad homagium ligium & fidelitatis facramentum, falvo homagio ligio, in quo, tam de perfona, quam de feudo tenetur, ex alia parte, Domino noftro Dalphino prediĉto. Quodquidem homagium ligium pro prediĉtis fecit & preftitit diĉtus Dominus Aynardus prefato Domino AMBLARDO, prefenti & recipienti, ut fupra, ftando pedes, more nobilium, & tenendo manus fuas junĉtas & complofas inter manus diĉti Domini AMBLARDI, ac oris ofculo interveniente inter eos in fignum fidelitatis perpetui federis & amoris... verum cum diĉtus Dronetus condam teneretur diĉto Domino noftro Dalphino, & poftmodum diĉto Domino AMBLARDO ab eodem caufam habente, ad homagium ligium de perfona, quod homagium ligium perfonale facere non poteft diĉto Domino AMBLARDO Dominus Aynardus prediĉtus, eo quia ad homagium ligium de perfona fua tenetur diĉto Domino noftro Dalphino, ut ipfi Domini AMBLARDUS & Aynardus dicebant, fuit aĉtum & in paĉtum exprefle deduĉtum inter ipfos, quod in cafu quo diĉtus Dominus Aynardus, feu aliquis ex ejus pofteritate faceret duos aut plures heredes quorum unus effet Dominus diĉti Caftri de Thoveto, quod in cafu prediĉto ille qui Dominus effet Caftri prediĉti ad homagium ligium pro prediĉtis bonis diĉto Domino AMBLARDO, & fuis heredibus & fuccefforibus... preftandum & faciendum teneatur, ante omnes perfonas.... Aĉta fuerunt hec apud Grationopolim, in viridario, retro domum Domini Morgiarum quam inhabitat Dominus Raynaudus Reymundi, Judex appellationum Dalphinatûs, prefentibus ipfo Domino Raynaudo, Henrico ejus filio, Gonono Mayacii, de Terracia, Clerico, & Raynaudo Odonis de Bonavalle, diocefis Dyenfis... teftibus.... Ego vero, Francifcus Bermundi, de Sanĉto Theofredo, Ebredunenfis Diocefis imperiali & Domini Francorum Regis auĉtoritatibus Notarius publicus, premiffis omnibus... interfui, hoc inde inftrumentum publicum requifitus recepi & notavi, &c.

Groffatum eft pro diĉto Domino AMBLARDO; item & pro Domino Aynardo; iterum groffatum pro heredibus diĉti Domini Aynardi.

Sentence rendue par le Juge de Montfort, pour AMBLARD SEIGNEUR DE BEAUMONT, relative à la Jurifdiĉtion de la Seigneurie de Montfort.

Minute originale en papier, conferveé dans les Archives de M. le Comte de Beaumont-de la Roque, au Château du Repaire, en Périgord.

23 Janvier 1365. IN NOMINE Domini, amen. Anno Nativitatis ejufdem Domini milleſimo tercenteſimo ſexageſimo quinto, inditione tertia & die viceſima tertia menſis Januarii; comparentibus in judicio coram nobili & circonſpeĉto viro Domino Leuczone Leuczonis, judice Montisfortis pro Domino diĉti loci, diſcreto viro Johanne Chaſtagnii procuratore.... nobilis & potentis viri Domini AMBLARDI DOMINI BELLIMONTIS, ex una parte, & nobili Alberto de Monteforti ex parte altera; ipſe ſi quidem Johannes.... propoſuit quod diĉtus nobilis Albertus de Monteforti nuper, Johannem Buriani, ejus hominem delatum de morte Petri Bochuti interfeĉti per quemdem infra mandamentum Montisfortis, accepit & carceribus ſuis propriis mancipavit.... ipſumque per quemdam ſuum judicem abſolvi fecit à morte.... condempnando eumdem in certa pecunie quantitate danda & ſolvenda diĉto nobili Alberto, temere veniendo contra paĉta & conventiones.... habitas inter eoſdem Dominum AMBLARDUM & Albertum.... inſtrumento confeĉto & ſignato manu diĉti Johannis Chaſtagnii... Quare petebat diĉtum nobilem Albertum compelli.).. ad remiĉtendum diĉtum Johannem Buriani, Curie diĉti Domini AMBLARDI, pro exequtione de ipſo facienda.... Diĉto nobili Alberto dicente.... quia eſt in poſſeſſione pacificâ.... & ejus predeceſſores.... detinendo carceribus.... quoſqunque homines ſuos delinquentes infra mandamentum Montisfortis in domo ſua de Crappenodo & quod judex ſeu cognitionem cauſarum quarumcumque Criminalium vel Civilium habebat in diĉtos homines ſuos & contra eoſdem, exequtione dumtaxat corporali excepta, que ad diĉtum Dominum ſeu ejus Officiarios ſpeĉtabat.... Ad hec nos Leuczo Leuczonis, Judex Montisfortis pro Domino diĉti loci, Dei nomine invocato.... viſis, petitione.... reſponſione.... inſtrumento cujus tenor talis eſt; « In nomine » Domini amen: anno Nativitatis ejuſdem millesimo ccc.o quinquageſimo oĉtavo, inditione unde» cima, die nona menſis Januarii .... ad .... requiſitionem viri magnifici**s** & potentis Domini » AMBLARDI DE BELLOMONTE diĉti loci Bellimontis & Montisfortis Domini, Militis.... nobilis » Albertus de Monteforti, filius condam nobilis Domicelli Lantelmoni de Monteforti.... confeſſus
(*) Nā, *Cet Aĉte, qui eſt ici rapporté en entier, ſe trouve à la p. 293 de ces Preuves.* » fuit, &c. ..... (*) ...... ac ceteris proceſſu & ſentencia habitis in Curia diĉti nobilis Alberti.... pronunciamus.... Dominum Anthonium de Blado, judicem diĉti Alberti, bene.... judicaſſe.... verumquia diĉta cauſa ex ſui origine criminalis erat.... proferimus inſequendo formam diĉtarum conventionum, mediectatem condempnationis pecuniarie .... late contra diĉtum Johannem Buriani, pertinere.... ad diĉtum Dominum AMBLARDUM.... Lata & publicata fuit hujuſmodi ſentencia.... apud Grationopolim infra domum que condam fuit Henrici Czuppi, preſentibus Johanne de Vallibus, Petro de Meolano, Petro Guy alias Colombet, de Campis teſtibus....& me Francifco Andrea, de Bran Ebredunenſis Diocefis, auĉtoritate imperiali publicus Notarius.... qui premiſſis omnibus.... preſens fui & hoĉ preſens publicum inſtrumentum.... ſcripſi.... & ſigno meo ſolito preſignavi.

DE LA MAISON DE BEAUMONT. Liv. VII.

Hommage rendu à AMBLARD DE BEAUMONT, Chevalier, Seigneur de Beau-
mont, par Antoine & Jean de Bellecombe, du Château du Touvet.

Protocolle original de Jean Chaftagnii, Notaire de Crolles, confervé dans les Archives de
M. le Comte de Beaumont-de la Roque, au Château du Repaire, en Périgord.

IN NOMINE Domini amen. Anno Nativitatis ejufdem Domini millefimo ccc°. LX quinto, indi-   12 Septembre
tione tertia, die XII menfis Septembris.... cum dudum nobilis Eynardus de Bellaconba, Miles,   1365.
condam Dominus Caftri de Thoveto teneretur viro nobili & potenti Domino AMBLARDO DE BEL-
LOMONTE, Militi, Domino dicti loci BELLIMONTIS, ad homagium ligium.... pro dicto Caftro de
Thoveto, prout.... homagii preftatio per dictum Dominum Eynardum condam dicto Domino
Amblardo de predictis.... inftrumento.... confecto manu Fraṉ. Bermondi, Notarii publici fub
anno Domini M°. CCC°. LX. primo, inditione XIIII̱. die quinta menfis Januarii.... continetur;
dictufque Dominus Eynardo, viam univerfe carnis fit ingreffus, relictis fibi Anthonio & Johanne
liberis fuis naturalibus & legitimis heredibus in dicto Caftro ; hinc eft quod ad inftantiam....
dicti Domini AMBLARDI DE BELLOMONTE prefentis.... dicti nobiles Anthonius & Johannes filii
& heredes dicti Domini Eynardi de Bellaconba, Militis condam.... attentis conditionibus, pactis &
forma dicti homagii in preallegato inftrumento contentis.... confeffi fuerunt.... fe tenere....
in feudum francum, nobile & antiquum à dicto Domino AMBLARDO & de Dominio & Seygnoria
ejufdem, dictum Caftrum de Thoveto cum territorio, mandamento, diftrictu, mero, mixto
imperio, & omnimoda juriditione, hominibufque, homagiis.... & aliis juribus.... & omnia....
bona immobilia, que nobilis Dronetus de Intermontibus condam Dominus dicti Caftri de Thoveto
habebat.... in Parrochiis de Thoveto, Sancti Michaelis & Sancti Vincentii de Malcufa.... &
pro predictis.... confitentur.... teneri dicto Domino AMBLARDO & fuis.... ad homagium
ligium.... falvo homagio in quo tam de perfona, quam de feudo ipfi Anthonius & Johannes
tenerentur, ex alia parte, Domino noftro Dalphino. Quodquidem homagium ligium.... preftiterunt.... ftando pedibus, more nobilium, tenendo manus fuas junctas & complofas inter manus
dicti Domni AMBLARDI, oris ofculo interveniente inter eos.... promittentes.... effe boni & fideles dicto Domino AMBLARDO & fuis... in feudo predicto.... & facere.... que in fex capitulis
fidelitatis.... continentur.... quam.... homagii preftationem.... dictus Dominus AMBLAR-
DUS.... admifit.... promittendo.... dictos Anthonium & Johannem & fuos.... tuberi.... ut
vaffallos fuos ligios.... quemadmodum illuftris & Magnificus Princeps, bone memorie, Dominus Johannes Dalphinus, a quo dictus Dominus AMBLARDUS caufam habuit, Roletum de intermontibus cujus olim dictum Caftrum de Thoveto erat, defendere... promiferit.... inftrumento...
confecto manu Johannis Bonardi, Notarii publici fub anno Nativitatis Domini milḻ ccc°. XVII.
ind. XV. die penultima menfis Maii.... Actum apud dictum Caftrum de Thoveto, infra Turrim...
prefentibus nobilibus Domino Stephano de Alconiḻ, Milite, Guig̱. de Bellaconba, Johanne Jarfe,
Artẖ. Boueti, Domino Hug̱. Morardi, Frati̱. & Stephano Conbro, Morardo de Curia, Guillelmo
de Grangia, Notario, Petro de Nauto & Johanne de Bellaconba naturali.... Ego vero Johannes
Chaftagnii alias Rogerii, de Crollis, Gro̱nop̱. Diocefis, autoritate Imperiali Notarius publicus,
una cum Johanne de Alenis, Notario publico & dictis teftibus interfui, hoc indè publicum inftrumentum rogatus per dictum Dominum Bellimontis, recepi & notavi con dicto Johanne, Connotario & in hanc publicam formam ad opus prefati Domini manu propria redegi, &c.....

Tranfaction paffée entre AMBLARD SEIGNEUR DE BEAUMONT &
DE MONTFORT, & Albert de Montfort, Damoifeau.

Protocolle original de Jean Chaftagnii, Notaire de Crolles, confervé dans les Archives de M. le
Comte de Beaumont-de la Roque, au Château du Repaire, en Périgord.

IN NOMINE Domini amen. Anno Nativitatis ejufdem millefimo tercentefimo feptuagefimo   6 Septembre
primo, indictione nona, die fexta menfis Septembris, coram me Notario... Noverint univerfi...   1371.
quod cum orta effet queftio & materia diffencionis.... inter virum magnificum & potentem
Dominum AMBLARDUM Dominum BELLIMONTIS, & Montisfortis, in Grayfivodano, ex una parte,
& nobilem virum Albertum de Monteforti, Domicellum ex alia, fuper eo quod dicebat....
dictus Albertus quod dictus Dominus AMBLARDUS, ipfo nobili Alberto exiftente minoris etatis
legitime & fub regimine ejus matris fibi fieri fecit recognitionem fub homagio, & requirebat ut
ipfe Dominus AMBLARDUS vellet informiare fi predeceffores ipfius Alberti, ad hec eidem Domino
AMBLARDO, tenebantur & fi ipfum homagium fibi preftiterant.... Indè.... dicte.... partes...
tractatum virorum nobilium & potentium Dominorum FRANCISCI DE BELLOMONTE, Domini Frayte
& Pelafolli, Morardi de Arciis & Johannis Berlionis, Militum, amicorum & arbitrorum communium per dictas partes electorum, concordaverunt, tranfigerunt & pacificaverunt fuper predictis

Pp ij

300 PREUVES DE L'HISTOIRE GÉNÉALOGIQUE

per modum qui sequitur infrascriptum. In primis fuit actum.... quod.... recognitio & homagii prestatio per dictum Albertum eidem Domino facta... secundum formam... & tenorem.... expressat in quodam publico instrumento.... signato per me Notarium infrascriptum, sub anno Nativitatis Domini millesimo tercentesimo quinquagesimo octavo.... die nona mensis Januarii in suo robore permaneat.... hoc tamen declarato quod dictus Albertus predicta omnia que tenet in dicto Mandamento Montisfortis, à dicto Domino in feudum, ut in dicto instrumento recognitionis continetur, teneat & tenere debeat, tenereque confitetur idem Albertus à dicto Domino Montisfortis in feudum nobile, antiquum, paternum & bene condicionatum.... Item fuit actum.... quod homagium.... Petri de Tollino, cum posteritate ipsius Petri ad dictum Dominum Montisfortis sit & pleno jure pertineat & quod dictus Dominus insolidum omnimodam juriditionem habeat in eodem, sic usus est habere. Item quod homagium.... Villeti de Pererla, ad dictum Albertum pertineat.... Item fuit actum.... quod dictus Albertus, census & servitia que tenet in mandamento Montisfortis, que condam fuerunt Stephani Leupardi, Veyerii de Bregnino, tenere & recognoscere teneatur & debeat dicto Domino & annexare cum aliis que tenet dictus Albertus à dicto Domino.... Item fuit actum.... quod dictus Albertus omnia supra dicta sibi declarata tenere & recognoscere teneatur & debeat ab eodem Domino Montisfortis cum aliis in dicta recognitione contentis, in feudo nobili & antiquo paterno & bene conditionato.... Actum apud Bellummontem predictum : infra Castrum dicti loci, cilicet in aula inferiori dicti loci, presentibus Prefato Domino FRANCISCO DE BELLOMONTE, Gonono Bigocti, de Terracia, Johanne Rachescii, aliàs de Chignino, Parrochie beate Marie de Aloy & Johanne Marchandi, de Valencinis, in Aynaudo, Dyocesis Cambraysii, testibus vocatis & rogatis ad premissa. Ego vero Johannes Chastagnii aliàs Rogerii, de Crollis, Grationop". Dyocesis, auctoritate Imperiali Notarius publicus, premissis omnibus..... una cum dictis testibus interfui, &c.

Levatum est unum, ad opus dicti Alberti per me instrumentum.

Levatum ad opus prefati Domini AMBLARDI per Johannem Rogerii, juniorem, aliud instrumentum.

Hommage rendu par Jean de Berlion-de la Terrasse, Chevalier, à AMBLARD, SEIGNEUR DE BEAUMONT, représenté par AYMAR DE BEAUMONT, Chevalier, Seigneur de la Terrasse, son fils aîné.

Protocolle original de Jean Chastagnii, Notaire de Crolles, conservé dans les Archives de M. le Comte de Beaumont-de la Roque, au Château du Repaire, en Périgord.

16 Juin 1374. IN NOMINE Domini amen. Anno Nativitatis ejusdem millesimo tercentesimo septuagesimo quarto, inditione decima secunda, die vicesima sexta mensis Junii.... in presentia viri nobilis & potentis Domini AYMARI DE BELLOMONTE, Militis, Domini Terracie, filii viri magnifici & potentis Domini AMBLARDI DE BELLOMONTE, Domini dicti loci Bellimontis & Comissarii.... per prefatum Dominum AMBLARDUM genitorem suum deputati.... vir nobilis Dominus Johannes Berlionis, de Terracia, Miles.... exhibuit quoddam publicum instrumentum.... cujus tenor

17 Sept. 1347. talis est. « In nomine Domini nostri Jhu Xpi amen.... Anno Nativitatis ejusdem Domini mille-
» simo ccc°. quadragesimo septimo, inditione decima quinta, die decima septima mensis Sep-
» tembris.... Johannes Berlionis, de Terracia.... attendens grata servitia ac merita sibi facta &
» inpensa per nobilem & potentem virum Dominum AMBLARDUM DE BELLOMONTE, Militem,
» Dominum Montisfortis & de Bellomonte.... dedit.... eidem Dominum AMBLARDO.... quan-
» dam petiam.... terre.... sitam in eadem Parrochia de Terracia.... Item quandam petiam
» vinee continentem circa viginti quinque fossor.... de puro & franco alodio.... &.... pro-
» misit.... manutenere eidem Domino AMBLARDO.... in judicio & extra judicium.... de puro
» & franco alodio.... & incontinenti prefatus Dominus AMBLARDUS considerans.... affectionem
» quam habet & habuit dictus nobilis Johannes.... concessit.... bona superius confrontata in
» feudum francum nobile & paternum dicto nobili Johanni.... & ex uberiori dono gratis dedit
» dicto Johanni.... octo viginti florenorum auri ponderis Dalphinalis.... quibus omnibus....
» peractis, dictus nobilis Johannes, ratione donationis &.... ex munificentia & liberalitate prefati
» Domini AMBLARDI.... hominium seu homagium fecit.... Domino AMBLARDO predicto....
» retento fidelitatis excellentie Dalphinali homagio.... super hoc fidelitatis osculum tribuendo....
» Actum Grationopoli, in domo Fratrum Predicatorum dicti loci, propè Capellam del Gay, presen-
» tibus, nobili viro Domino Francisco de Theysio, Militi, Morardo de Arciis, Domicello & Fratre
» Johanne de Moyren. ordinis memorati. Ego vero Johannes Maynardi, de Grationop".... Nota-
» rius publicus.... hoc presens publicum instrumentum rogatus scripsi & signavi. » Quoquidem instrumento.... lecto.... dictus Dominus Johannes Berlionis.... confessus fuit.... ad instantiam ipsius Domini AYMARI DE BELLOMONTE, tanquam primigeniti & succedere debentis dicto Domino genitori suo indictis locis BELLIMONTIS & MONTISFORTIS.... se tenere.... à prefato Domino AMBLARDO, & suis in feudum francum, nobile & paternum, quinque sestaria frumenti ad mensuram Goncel", cen". cum eorum placito, feudo & Dominio.... Item unum sestarium frumenti.... cen".,.. quem.... debent Petrus & Johannes Pascati, de Terracia.... Item.... ea

DE LA MAISON DE BEAUMONT. Liv. VII.

que... nuper acquifivit à Johanne & Guilloˉ de Paſſu, de Lumbino, fratribus... & primo homagium ligium Petri Clementis, filii condam Guigonis Clementis ; item homagium ligium Petri & Guillelmi, filiorum condam Johannis, Clementis. Item homagium ligium Guilliˉ & Johannis filiorum condam Guilliˉ. Clementis, Notarii.... proquibufquidem homagiis.... confitetur debere... eidem Domino Montisfortis & ſuis, duos denarios bone monete, de placito... in mutatione Domini.... & poſſeſſoris.... Actum apud Terraciam, in platea.... de ulmo, antè domum Margarite Guaberte, preſentibus nobilibus Richardo Berlionis, Gonono de Herbeyſio, Johanne de Vallibus, Baſtardo Terracie, Gonono Bigoti, Johanne de Tructo, Gonono Mayachii, Notario.... Ego vero Johannes Chaſtagnii alias Rogerii, autoritate Imperiali Notarius, &c.

Tranſaction paſſée entre BEATRIX ALEMAND, *veuve d'*AMBLARD SEIGNEUR DE BEAUMONT ; *& entre* AIMAR *&* AMBLARD DE BEAUMONT, *ſes fils.*

Protocolle original de Jean Chaſtagnii, Notaire de Crolles, conſervé dans les Archives de M. le Comte de Beaumont-de la Roque, au Château du Repaire, en Périgord.

IN NOMINE Domini amen. Anno Nativitatis ejuſdem milleſimo tercenteſimo ſeptuageſimo quinto, die xx menſis Octobris, coram me Notario & teſtibus infrafcriptis, cunctis.... appareat... quod cum orta eſſet queſtio & fortius ventilare ſperaretur inter nobiles & potentes, Dominam BEATRICEM ALAMANDE relictam viri nobilis & potentis Domini AMBLARDI DE BELLOMONTE, DOMINI BELLIMONTIS condam, Dominum AYMARUM, Militem & AMBLARDUM, Domicellum, fratres, filios dictorum Dominorum AMBLARDI & BEATRICIS condam conjugum, heredeſque univerſales dicti Domini AMBLARDI, ſuper eo & pro eo quod dicta Domina BEATRIX dicebat & aſſerebat Caſtrum Bellimontis predicti, cum ejus mandamento, territorio.... mero, mixto imperio & juriditione omnimoda ad ipſam pertinere ad vitam ſuam & dum vixerit in humanis, una cum medietate uſtencili, garnimenti & vayſelle ipſius Domini AMBLARDI & que, tempore mortis, dictus Dominus AMBLARDUS habebat, ad ſuam voluntatem faciend" & ordinand" inter dictos ſuos liberos per dictum Dominum AMBLARDUM ejus virum condam, ſibi legata in ſuo teſtamento, ut conſtat teſtamento ipſius Domini AMBLARDI, per me Notarium infraſcriptum recepto; item etiam & ſuper eo quod dictus AMBLARDUS dicebat.... ad ſe pertinere.... omnia bona.... que dictus AMBLARDUS ejus pater habebat, ultra Yſeram verſus Goncellinum, in Caſtris, Villis & Mandamentis Avalonis, Alavardi & Moreſtelli, una cum domo de Vineis, que condam fuit GUIGONIS DE BELLOMONTE dicti Guerſi, ejuſdem AMBLARDI patrui, & omnes cenſus & ſervitia que dictus GUIGO habebat in Parrochia Thoveti, vigore inſtitutionis ſibi facte per dictum Dominum ejus pattern in dicto ſuo teſtamento, petente etiam ex cauſa predicta quartam partem utenſili, garnimenti & veyſelle ipſius Domini ejus patris, ad ipſum pertinere debere, ut ſupra; Prefato Domino AYMARO ex adverſo dicente & proponente de predictis non potuiſſe dictus Dominus AMBLARDUS ejus pater aliqualiter ordinaſſe, cum idem Dominus AYMARUS in predictis & ſpecialiter in dicto Caſtro Bellimontis cum ejus Mandamento.... & ſingulis.... juribus ad dictum Caſtrum pertinentibus, per dictum Dominum AMBLARDUM ejus patrem, contemplatione & ex cauſa matrimonii contracti inter ipſum Dominum AYMARUM & Dominam ANNAM DE VALLIBUS ejus conſortem, in contractu dicti matrimonii exſtiterit mancipatus, etiam predicta ſibi donaverit donatione pura, perpetua & irrevocabili, ymo ſibi ipſi ſolo & inſolidum pertinere.... Unde.... dicte.... partes.... ad tractarum religioſorum virorum nobilium & potentium Dominorum, Johannis de Fayno, Caſtellani & Preceptoris Scalarum, Aymari de Arciis, Canonici Beate Marie Grationopolis & Prioris Eleſmoſine dicti loci, Hugonini Morardi, Prioris Thoveti, Morardi de Arciis, Militis, & Arthaudi Boneti, Domicelli, amicorum communium & communiter electorum per dictas partes, concordaverunt.... ſuper predictis per modum qui ſequitur infraſcriptum. In primis fuit actum.... quod conſideratione quamplurimorum legatorum per dictum Dominum AMBLARDUM condam.... factorum, facilius & brevius ſolvendorum & ſuportandorum, dicti, Dominus AYMARUS & AMBLARDUS fratres ſolvant & deliberent dicti Domine BEATRICI, eorum matri, ſingulis annis pro penſione.... ſcilicet, dictus Dominus AYMARUS, viginti quinque ſeſtaria frumenti ad menſuram Goncellini, quadraginta gallinas, viginti pollatos & viginti quinque florenos auri, & dictus AMBLARDUS, viginti ſeſtaria frumenti.... & quindecim florenos auri annis ſingulis in feſto omnium ſanctorum ſolvendos vitâ, ipſius Domine Beatricis durante... Item .... quod omnia utenſilia, garnimenta & veyſella ipſius Domini AMBLARDI.... dividatur.... in duabus partibus.... per dictam Dominam BEATRICEM & Dominam ANNAM conſortem dicti Domini AYMARI.... ita quod.... dicta Domina BEATRIX habeat unam ex ipſis.... & poſt ejus mortem dicta pars.... pertineat ad AMBLARDUM predictum ejus filium & ſuos ; alia vero medietas ad dictum Dominum AYMARUM & ſuos pertineat.... Item.... quod omnia bona & jura.... que prefatus Dominus AMBLARDUS.... habebat.... ultra Yſeram ubicumque.... ad dictum AMBLARDUM.... pertineant, una cum omnibus & ſingulis bonis & rebus que condam fuerunt GUIGONIS DE BELLOMONTE predicti, eorum patrui, ubicumque tam ultra, quam citra Yſeram exiſtentibus, ſalvo ſemper & reſervato dicto Domino AYMARO homagio inquo dictus AMBLARDUS ſibi tenetur pro predictis. Item fuit actum.... quod omnia alia univerſa & ſingula bona,

20 Octobre 1375.

Castra, Ville, Mandamenta, cum eorum.... mero, mixto imperio & juriditione omnimoda, feudis, retrofeudis, juriditionibus, homagiis & juribus quibuscumque que idem Dominus AMBLARDUS eorum pater habebat.... citra Yseram.... ad dictum Dominum AYMARUM & suos sint ut pertineant. Item.... quod ad dictam Dominam BEATRICEM sit & pertineat ejus vita durante ut supra, unum censum quod prefatus Dominus AMBLARDUS habebat & percipiebat apud Terraciam & in Mandamento Terracie. Item.... quod si dicta Domina BEATRIX non posset comode & honorabiliter sustentare.... & sibi non sufficerent predicta pro pensione sibi taxata, ut supra, quod dicti, Dominus AYMARUS & AMBLARDUS, fratres, ejus filii, dictam pensionem.... augmentare teneantur, quilibet pro rata sua..... Item convenerunt dicti Dominus AYMARUS & AMBLARDUS, fratres, quod testamentum dicti Domini AMBLARDI eorum patris per me Notarium infrascriptum confectum & receptum.... semper in suo robore & firmitate permaneat..... Actum in Castro Bellimontis predicti, videlicet in aula inferiori dicti Castri, presentibus dictis Dominis amicis & tractatoribus, Hugone Maleti, de Scalis, Guillelmo Billionis, de Champagniaco, Grationopolis Dyocesis & Dreveto Filenti, de Sancto Anthonio, de Vienneysio, Viennensis Dyocesis.... Ego vero Johannes Chastagnii alias Rogerii, de Crollis, Grationop. Dyocesis, auctoritate Imperiali Notarius publicus, premissis omnibus, una cum dictis testibus, interfui, &c.

Mémoire des Cordeliers de Grenoble, sur le Legs à eux fait par le Codicile de BEATRIX ALEMAND, veuve d'AMBLARD DE BEAUMONT, Chevalier.

Original en papier, conservé dans les Archives de M. le Comte de Beaumont-de la Roque, au Château du Repaire, en Périgord.

25 Octobre 1381. PRO DECLARATIONE supplicationis & licterarum in hac causa productarum pro parte venerabilium & Religiosorum virorum Dominorum Gardiani, & Conventus Fratrum Minorum hujus civitatis Grationop.... adversus nobiles AMBLARDUM DE BELLOMONTE, Dominum Bellimontis & AYMONEM DE BELLOMONTE, ejus fratrem ; & ut appareat ipsos de Bellomonte... condemnandos fore ad solvendum duas summatas frumenti.... una cum expensis.... ipsi fratres.... dant.... articulos sequentes......... In primis, quod.... anno currente Domini millesimo tercentesimo octuagesimo primo & die vicesima quinta mensis Octobris, nobilis & egregia Domina BIATRISIA ALAMANDE, relicta nobilis & potentis viri Domini AMBLARDI DE BELLOMONTE, Militis, Domini quondam BELLIMONTIS predicti, suum de morte cogitans condidit testamentum per Johannem Chastagnii Notarium receptum....

Item & ultra anno predicto & die vicesima sexta mensis Octobris predicti, codicillando, dedit & legavit dictis Fratribus Minoribus Gro'nop'. duas summatas frumenti annue pensionis annis singulis persolvend'. per.... suum heredem.... super redditibus & obventionibus ad ipsam Dominam testatricem & codicillantem pertinentibus, ad causam sue domus Mesatici....

Item quod ipse due summate per Dominos successivos Bellimontis, heredes ipsius Domine BIATRISIE ALAMANDE universales, longo tempore & à morte ejusdem solute fuerunt usque quo ipsi redditus & hereditas ejusdem pervenerit ad manus ipsorum nobilium, AMBLARDUM & AYMONEM DE BELLOMONTE supplicatos....

Item quod mortuo patre ipsorum nobilium AMBLARDI & AYMONIS DE BELLOMONTE, videlicet ipso AMBLARDO herede universali & dicto AYMONE, particulari, in dictis redditibus Mesatici, prout dicebatur, de anno currenti Domini millesimo quatercentesimo tricesimo primo & de ultima mensis Januarii, nobilis & potens vir Hugo de Arciis, Dominus Bastide Meolani, tanquam curator & procurator dicti nobilis AMBLARDI DE BELLOMONTE, tunc minoris viginti quinque annis, cum Fratre Guillelmo Clementis, tunc Gardiano.... computum & concordiam fecit de certis legatis peccuniariis ac debitis, nec non de arreragiis ipsarum duarum summatarum.... & nomine predicto se obligavit erga ipsos Gardianum & Conventum in centum & quinquaginta florenos auri ex una parte & viginti summatis frumenti ad mensuram Gro'nop'. ex alia parte & solvere convenit &.... ratifficari facere per ipsum nobilem AMBLARDUM, ut constat instrumento per Gonetum Martini aliàs Panaterii confecto & signato quod producitur. Item quod ipsis anno & die, ipse nobilis AMBLARDUS DE BELLOMONTE, Dominus Bellimontis.... ipsam obligationem ratifficavit.........

Item quod ipsi nobiles AMBLARDUS & AYMO DE BELLOMONTE fratres, heredes & successores per certa media ipsius Domine BIATRISIE ALAMANDE, vendiderunt.... redditus atque census & canones qui fuerunt dicte nobilis BIATRISIE ALAMANDE ad causam dicte sue quondam Domus de Mesatico.........

Item quod.... ipsi nobiles AMBLARDUS & AYMO DE BELLOMONTE in mora solvendi.... debent conjunctim vel divisim.... condempnari.... & requirunt ipsi Gardianus & Fratres Minores.... judiciale officium humiliter, prout decet, implorando.

Item quod premissa omnia universa & singula sunt vera, notoria, manifesta, de ipsis est publica vox & fama. BOLLIACO.

CHAPITRE II.

AMBLARD DE BEAUMONT, II du nom, Seigneur DE BEAUMONT & de Montfort, & AYMAR DE BEAUMONT, son frere aîné, enfans d'AMBLARD I.ᵉʳ

Contrat de Mariage d'AYMAR DE BEAUMONT, avec ANNE DE VAUX.

Original en papier, conservé dans les Archives de M. le Comte de Beaumont-de la Roque, au Château du Repaire, en Périgord.

... IN NOMINE Domini nostri Jʰu Xᵗpi, amen. Anno à Nativitate ejusdem Domini millesimo CCC° quinquagesimo, inditione tertiâ, die primâ mensis Januarii, coram me Notario & testibus infrascriptis, cum tractaretur de matrimonio contrahendo, maxime ad tractatum Reverendi in Xᵗpo Patris ac Domini, Domini H. de Villariis, Divinâ gratiâ, Episcopi & Comitis Lugdunᵗ & illustris & potentis viri Domini Humberti de Villariis, Germani ipsius Domini Archiepiscopi, videlicet inter nobilem & potentem virum Dominum AMBLARDUM DE BELLOMONTE, ejusdem loci & Montisfortis Dominum, nomine & ex parte AYMARI DE BELLOMONTE, filii & primogeniti ipsius Domini AMBLARDI & succedentis in dictis Castris Bellimontis & Montisfortis, ut idem Dominus AMBLARDUS asserit; que Castra predicta dictus Dominus AMBLARDUS dat dicto AYMARO... donatione pura & irrevocabili inter vivos ad contemplationem dicti matrimonii, una cum Mandamentis, omnimoda juridictione & pertinentiis & appendentiis universis & singulis dictorum Castrorum, ex una parte; & nobilem & potentem virum Dominum Drodonem de Vallibus, Dominum Castri Terracie, nomine & ex parte ANNE, filie sue primogenite ipsius Domini Terracie, ex alterâ. Hinc est quod dictus Dominus AMBLARDUS promisit... procurare cum toto effectu suo quod dictus AYMARUS filius suus ducet in uxorem legitimam dictam ANNAM... versâ vice prefatus Dominus Droudo, Dominus Terracie promisit... quod dicta ANNA ejus filia ducet in legitimum virum dictum AYMARUM... quibus sic actis, dictus Dominus Droudo, Dominus Terracie... dat, constituit & assignat dicto Domino AMBLARDO DE BELLOMONTE... nomine dotis & pro dote dicte ANNE filie sue, ter mille flor' auri boni & fini, justi ponderis Dalphinalis; quosquidem ter mille flor'... promisit... solvere... dicto Domino AMBLARDO vel dicto AYMARO... videlicet infra annum quod dicti conjuges futuri pervenerint & fuerint etatis nubilis, ipso matrimonio solempnizato in facie Sanctæ matris Ecclesiæ, ducentos florenos.... & in alio anno proxime subsequenti, anno revoluto, alios ducentos florenos auri & sic de anno in annum. Et fuit actum quod dictus Dominus AMBLARDUS debeat solvere & tradere Jocalia pro ornamentis capitis, & dictus Dominus Droudo induere raubis & paramentis pro personâ ipsius, secundum statum dictæ ANNE.... Actum apud gratianopolim, in domo Episcopali, in camera parva ipsius, testibus presentibus, Domino Johanne de Villariis, Domino Petro de Guigniaco, Milite; Domino Laurencio de Vilarderia, Archipresbitero Liberonis, Boudero de Planteys, Domicello, & fiant plura instrumenta. Ego vero Aymo Clavelli, &c.

Ego vero Johannes Grindonis, de Meolano, Clericus, auctoritate imperiali Notarius publicus supradictus ex comissione... mihi facta per... Dominum Johannem de Bosco, Judicem.... Graysivodani... Datᵗ Gratianopoli, die XVᵃ Marcii, anno Domini M° CCC° LXIII°... hoc presens publicum instrumentum per dictum Aymonem Clavelli, Notarium receptum levavi, grossavi, & in hanc presentem formam redegi, signoque meo consueto presignavi & tradidi rogatus.

1ᵉʳ Janvier 1350.

Testament de Drodon de Vaux, Chevalier, Seigneur de la Terrasse, en faveur d'ANNE, sa fille.

Original en parchemin, conservé dans les Archives de M. le Comte de Beaumont-de la Roque, au Château du Repaire, en Périgord.

IN NOMINE Domini nostri Jʰu Xᵗpi, Amen. Anno Nativitatis ejusdem millesimo tercentesimo quinquagesimo, inditione tertiâ, die undecima mensis Januarii, coram me Notario & testibus infrascriptis, noverint universi... quod nobilis & potens vir Dominus Drodo de Vallibus, Miles, Dominus Terracie.... suum testamentum nuncupativum.... fecit.... per modum qui sequitur : inprimis... elegit sepulturam suam... in Ecclesia Sancti Apri, de Terracia, juxta altare,

11 Janvier 1350.

304 PREUVES DE L'HISTOIRE GÉNÉALOGIQUE

subtus Caysiam dicti Sancti Apri, & inibi vult & percipit sepeliri ubi heredes sui faciant tumulum de Albatro, juxta statum & condicionem generis sui, cum infixura armorum suorum, infra unum annum post obitum suum..... Item vult & precipit dictus testator quantum potest, ut si aliquis fuerit dampnificatus propter guerram suam, qui non esset de guerra, quod eidem fiat restitutio & emenda rationabilis & condigna..... Item vult.... quod ANNA filia sua teneatur .... tenere & alimentare unum Capellanum in Castro de Terracia, qui habeat celebrare cotidie Capelle sue dicti Castri, vel in Ecclesia Sancti Apri, pro remedio anime sue & predecessorum suorum; & simili modo alium tenere in Castro de Miliaco, qui habeat facere ut supta. Item vult & ordinat quod filia sua Luca teneatur & debeat tenere & alimentare unum Capellanum in Castro suo, seu in domo sua forti de Quinsiaco.... Item dat & legat Johanni de Neareria pro serviciis bonis impensis sibi diu pro tempore retroactis.... centum solid⁻ gross⁻ semel & omnes equos suos & armaturas corporis sui.... Item instituit sibi dictus testator heredem universalem carissimam filiam suam ANNAM, in Castro suo de Terracia, Diocesis Gro͞napolis, & in Castro suo de Miliaco seu de Milleu, diocesis Vienn͞, cum eorum Mandamentis, terrotoriis, districtibus, mero, mixto Imperio, juridicione omnimoda, alta & bassa, cum hominibus vasallis, homagiis... &... debitis in quibus sibi tenetur, seu reperiri posset deberi Dominus Dalphinus Viennensis, ita tamen quod amplius non possit petere in hereditate sua, & quod tria millia flor͞ auri que constituit sibi in dotem, sint quicta & remissa, ita quod ipsa & maritus suus nichil possit petere in bonis suis aliis; & si contingat sibi filia nasci postumum masculum, dictum Castrum suum de Milliaco, seu de Milleu ademit dicte ANNE filie sue, & dictum postumum sibi heredem instituit in dicto Castro de Milleu, & in domo sua forti de Quinsiaco... ita quod postumus suus & dicta ANNA filia sua teneantur dare in dotem Luce, filie sue, duo millia flor͞ per soluciones centum flor͞ anno quolibet.... Item vult... quod illud quod reperiretur revera habuisse & recepisse à tempore mortis sue de dote consortis sue Agnesiie de Fayno, quod illud sibi reddatur & solvatur per heredes suos.... Item vult... dictam Agnesiiam, consortem suam predictam, Aministratricem & Gubernatricem dicte filie sue Luce & eorumque dicte filie sue dimisit, quamdyu se abstinuerit ... à secundis nupciis.... Item... ordinat dictis filiabus suis Tutores, magnificum virum & potentem carissimum Dominum suum, Humbertum Dominum de Thoria & de Villars, & carissimos fratres suos & amicos, Dominum AMBLARDUM Dominum BELLIMONTIS & Drovetum de Intermontibus, Dominum Thoveto.... Executores sue ultime voluntatis facit .... Reverendum in X͞po Pattrem Dominum Henricum de Vilars, Dei gratia Archiepiscopum & Comitem Lugdunensem; Reverendum in X͞po Pattrem Dominum Johannem, Dei gratia Episcopum Grationapolis; Curatum Terracie; Hugonem de Herbosio de Terraco, & Johannem de la Noaery, Priorem Predicatorum & Gardianum Fratrum Minorum Gro͞napolis... Actum apud Castrum Terracie, infra Turem veteram; testes autem interfuerunt hujus testamenti vocati & specialiter rogati per dictum Testatorem, videlicet, Dominus Hugo Falconis, Capellanus, Curatus Terracie; Dominus Johannes de Herbesio, Monacus de Thoveto; Dominus AMBLARDUS Dominus BELLIMONTIS, Artaudus Boveti, de Thoveto, Heutachius Berlionis, Humbertus de Sancto Michaeli, Hugo de Herbesio, Bernardus Eymini, Petrus Mercerii dictus Pelucher, de Terracia, Johannes de Lanarery, Bartolomeus Gilberti, de Sancto Petro de Alavardo, Jacobus Gay de Lagnarry, & Johannes Garnoudi filius Perreti Garnoudi, de Lumbino. Et ego Guillelmus Clementis, de Lumbino, Notarius auctoritate Imperiali publicus, hiis omnibus interfui & rogatus hanc cartam scripsi & signo meo consueto signavi & tradidi.

Hommage rendu par AMBLARD DE BEAUMONT, (II) *autorisé d'* AMBLARD (I), *son pere, au Roi Charles* (V), *Dauphin de Viennois.*

Extrait du Regiftre cotté : 2ᵈᵘˢ Liber Homagiorum Joannis Nicoleti, 1356, fol°. VIIˣˣ. I. verso étant aux Archives de la Chambre des Comptes de Dauphiné ; délivré par le Greffier en Chef de cette Chambre, signé Chabert.

Dernier Septembre 1367.

IN NOMINE Domini Jehu X͞pi, Amen. Noverint universi... quod anno ejusdem Domini millesimo trecentesimo sexagesimo septimo, die ultima mensis Septembris, inditione quinta, in presentiâ viri spectabilis & magnifici Domini Rodulphi Domini de Louppeyo, Gubernatoris Dalphinatûs pro illustrissimo Principe Domino Karolo, Dei gratiâ Francorum Rege, Dalphino Viennensi... personaliter constitutus vir nobilis Dominus AMBLARDUS Dominus BELLIMONTIS, Miles, Consiliarius Dalphinalis; idem Dominus AMBLARDUS exhibuit & presentavit dicto Domino Gubernatori quasdam litteras sigillo, inclite recordationis, Domini Johannis, Dalphini Viennensis inpendenti sigillatas, continentie subsequentis. « Nos Johannes, Dalphinus Viennensis, notum facimus universis quod ARTAUDUS DE BELLOMONTE, Domicellus, confessus fuit » & recognovit se tenere, &c. . (*)... Datum Grationopoli, die vigesima quarta Junii anno Domini » millesimo trecentesimo decimo septimo ». Quibusquidem litteris... lectis & publicatis .... prefatus Dominus AMBLARDUS dicens & asserens res & bona predicta devenisse & devoluta fuisse ad eumdem ex successione GUIGONIS DE BELLOMONTE, alias Guers, quondam fratris sui... dicens etiam... ipse Dominus AMBLARDUS... bona predicta dedisse AMBLARDO filio suo, &... dictum

(*) *Cet Acte, qui est ici rapporté en entier, est imprimé au Chap. III. du II*ᵉ*. Livre de ces*

DE LA MAISON DE BEAUMONT. Liv. VII.

dictum AMBLARDUM filium presentavit dicto Domino Gubernatori ad faciendum & prestan- *Preuves, pag. 33* dum... homagium debitum de predictis juxta dictarum litterarum seriem.... Hiis igitur gestis, *& 34.* dictus AMBLARDUS filius, de auctoritate paternâ... confessus fuit & recognoscit se tenere... in feudum à dicto Domino nostro Dalphino, predicta omnia... prout in dictis litteris continetur, & prout predecessores sui eadem tenuerunt... temporibus retroactis, & dictum homagium fecit & prestitit dicto Domino Gubernatori, Dalphinali nomine stipulanti... stando pedes, ritu nobilium, junctisque manibus suis inter manus ipsius Domini Gubernatoris, & oris osculo interveniente inter ipsos in signum perpetui federis & amoris; promittens dictus AMBLARDUS... per juramentum suum ad Sancta Dei Evangelia prestitum... dicto Domino nostro Dalphino, heredibus & successoribus suis in Dalphinatu esse deinceps obediens firmiter & fidelis.... Acta fuerunt hec apud Grationopolim, in camera Dalphinalium computorum, in presentiâ & testimonio Reverendi in X°po Patris, Domini Guillelmi, Dei gratiâ, Gebenensis Episcopi, & virorum nobilium Dominorum, Disderii de Caffenatico, Amedei de Mota, Militum; Humberti Pilati, prepositi Ecclesie Sancti Andree Grationopolis, Raynaudi Raymondi, Judicis majoris appellationum Dalphinatûs, Jacobi de Roynis, Legum Doctoris, Judicis communis Curie Grationopolis, Johannis de Salice, Auditoris, Stephani Chalvetonis, Notarii Dalphinalium Computorum & plurium aliorum.... Et ego Johannes Nicoleti, publicus Notarius... premissis omnibus... presens vocatus interfui & recepi.

Aveu rendu à AYMAR DE BEAUMONT, *Chevalier & à* ANNE DE VAUX, *son épouse, Seigneur & Dame de la Terrasse, par noble Jean d'Ysuard.*

Original en parchemin, conservé dans les Archives de la Terre de Château-Bayard, en Dauphiné.

IN NOMINE Domini nostri J͞hu X͞pi, amen. Anno Nativitatis ejusdem millesimo tercentesimo *15 Juin 1368.* sexagesimo octavo, inditione sextâ, die quindecimâ mensis Junii, coram nobis Johanne Chastagnii alias Rogerii & Domengeto Balbi, Notariis publicis ac Comissariis viri nobilis & potentis Domini AYMARI DE BELLOMONTE, Militis & Domine ANNE DE VALLIBUS ejus consortis, Dominorum Terracie..., & etiam coram viro nobili Gonono de Herbeyssio, dato... pro Curia per dictos Dominos conjuges, ipsaque Curia... approbata per nobilem Johannem, filium condam nobilis Johannis Ysuardi, de Sancto Bernardo... dictus siquidem nobilis Johannes Ysuardi... recognovit... se tenere... de feudo & directo Dominio & emphiteosi dictorum Dominorum conjugum, Dominorum dicti loci Terracie res subscriptas... & primo quamdam peciam boysonate... sitam in manso Robellini... quatuor fossoriatas vinee sitas in manso Robellini.... sex fossoriatas vinee sitas in comba Gauterinorum, & possidet Dominus Johannes Berlionis, Miles, ex una parte, Dominus Heustachius Berlionis, Miles, ex aliâ.... Actum apud Lumbinetrum, in Parrochiâ Terracie... Subsequenter anno Nativitatis... millesimo tercentesimo sexagesimo nono, inditione septimâ, die tresdecima mensis Aprilis... dictus nobilis Johannes Ysuardi, filius quon- *13 Avril 1369.* dam nobilis Johannis Ysuardi... recognovit... se tenere... in emphiteosi à dictis Dominis conjugibus, & de eorum feudo & dominio directo... circa octo fossoriatas vinee.... Actum apud ulmum Terracie... Subsequenter anno & inditione quibus suprâ, & die vicesima secunda... *22 Juin 1369.* mensis Junii, dictus Johannes YSUARDI filius quondam JOHANNIS YSUARDI... recognovit... tenere à Domino Terracie... in emphiteosi... quamdam peciam vinee,.... Actum ut supra, presentibus Domino Heutachio Berlionis, Milite; Johanne Raverii & Johanne Ysuardi, filio quondam Francisci Ysuardi, testibus.... Ego vero Johannes Chastagnii alias Rogerii, de Crollis Grationop͞ Dyocesis, auctoritate Imperiali Notarius publicus, premissis omnibus.... una cum dicto Domengio Balbi, Connotario meo... interfui & de ipsis presens exemplum... scribi.... feci per Stephanum Massonis, de Sancto Ysmerio, dicte Diocesis Notarium publicum.... &..., hic manu propriâ me subscripsi.....

Vis-à-vis les dernieres lignes de cet Acte, est figuré le monogramme du Notaire.

Aveu rendu à AYMAR DE BEAUMONT, *Chevalier & à* ANNE DE VAUX, *sa femme, Seigneur & Dame de la Terrasse, par noble Berthon Signeti.*

Original en parchemin, conservé dans les Archives de la Terre de Château-Bayard, en Dauphiné.

IN NOMINE Domini, amen.... Anno Nativitatis ejusdem millesimo tercentesimo septuage- *15 Février 1370.* simo, inditione octavâ... & die quinta mensis Februarii, coràm nobis Johanne Chastaignii, alias Rogier & Demengeto Balbi, Notariis, Comissariis cum nobili Gonono de Herbeyssio, Domicello, ad recipiendas recognitiones Castri & Mandamenti Terracie, nomine viri magnifici & potentis Domini AYMARI DE BELLOMONTE, Militis, & Domine ANNE DE VALLIBUS, ejus consortis, Dominorumque dicti loci Terracie..., nobilis Berthonus Signeti, de Terracia, filius Jo-

Q q

PREUVES DE L'HISTOIRE GÉNÉALOGIQUE

hannis Signeri, dicti loci... confessus fuit... se esse... hominem ligium nobilem dictorum Dominorum conjugum... & teneri erga ipsos ad cavalgatam, cum arneyssiis *Placcarum finium*, cum suis garnimentis & generaliter ad omnia illa ad que nobiles dicti loci eisdem Dominis tenentur, & se tenere... de feudo & dominio directo ipsorum... tam suo nomine, quam nominibus Caterine, Eynarde & Annete, neptum suarum, filiarumque condam Johannis Signeti, fratris sui... quamdam peciam terre... sitam loco dicto in Gorgia.... Item unum jornale terre... & fuit de bonis Eynarde, matris condam dicti Berthoni.... Item ibidem & incontinenti.... Bribennota, filia condam Guillelmi Banastre, uxorque dicti Berthoni Signeti, de voluntate.... mariti sui... recognovit... se tenere... de feudo... ipsorum Dominorum consortum... medietatem pro indiviso duorum jornalium terre, sitorum in corvata Terracie.... Actum apud Terraciam, in domo Johannis Meyachi alias Johonnetz, presentibus... Domino Johanne Berlions, Milite; Johanne, filio condam Johannis Rameti & Gonono Rameti, de Terracia, & me dicto Domengeto Balbi, publico Imperiali auctoritate Notario... qui hiis omnibus... presens fui... meoque signo signavi.

Vis-à-vis la premiere ligne de cet Acte, est figuré le monogramme du Notaire.

Hommage de la Terre de Montfort, &c. *rendu par* AYMAR SEIGNEUR DE BEAUMONT, *Chevalier*, *au Gouverneur du Dauphiné*.

Extrait du Registre original, cotté : I^{us} Homagiorum Johannis Nicoleri 1349, fol. LXII. *étant aux Archives de la Chambre des Comptes de Dauphiné, sous le N° 6 & 8 ; délivré par le Greffier en Chef de cette Chambre, signé* Chabert.

Homagium Domini Aymari Domini Bellimontis.

18 Juin 1375.   IN NOMINE Domini nostri Jehu X^{pi}, amen. Noverint universi... quod anno ejusdem Domini millesimo tercentesimo septuagesimo quinto, die decima octava mensis Junii, inditione decima tertia, in presentia viri spectabilis & magnifici Domini Karoli Domini de Bovilla, Gubernatoris Dalphinatûs... constitutus vir nobilis Dominus AYMARUS DOMINUS BELLIMONTIS, Miles, idem... prefato Domino Gubernatori obtulit, exhibuit & presentavit quasdam litteras... quarum tenor... noscitur esse talis. « Nos Johannes, Dalphinus Viennensis, notum facimus uni-
(*) Cet Acte, qui » versis, quod ARTHAUDUS DE BELLOMONTE, Domicellus, confessus fuit, &c....(*).... Datum
est rapporté ici en » Grationopoli, die vicesima quarta Junii, anno Domini millesimo tercentesimo decimo septimo. »
entier, estimprimé Item quoddam publicum instrumentum... sub anno Domini millesimo tercentesimo tricesimo
au Chap. III. du quarto, inditione secunda, die quarta mensis Maii... continens... quod illustris Princeps Do-
IIe Livre de ces minus Dalphinus Viennensis dedit... viro nobili Domino AMBLARDO DE BELLOMONTE, Legum
Preuves, pag. 33 Doctori, ejus Consiliario... omnes & singulos homines vassallos.... feuda, allodia... &...
& 34. omnia... jura... que... idem Dominus Dalphinus habebat... in totà Parrochià... de Thoveto...
Item quoddam aliud publicum instrumentum per Guigonem Frumenti & Johannem Amoudruti, publicos Notarios, receptum... sub anno Domini millesimo tercentesimo quadragesimo tertio... continens... quod dictus Dominus Humbertus, Dalphinus... & dictus Dominus AMBLARDUS... inter se fecerunt permutationes de Castro Montisfortis dicti Domini Dalphini & Castro de Mirolio dicti Domini AMBLARDI, qua permutatione mediante, dictus Dominus Dalphinus... eidem Domino AMBLARDO... dedit... Castrum Montisfortis, in Grayfivodano.... & vice versà dictus Dominus AMBLARDUS... eidem Domino Dalphino... dedit... Castra Mirolii, Bastide Jayssani, & Mote Galabri... cum parochiis de Reculay & de Fayno, cum pertinentiis earumdem, una cum redditibus quos idem Dominus AMBLARDUS habebat in Mandamento Morassi; hoc acto... quod si dictum Castrum Montisfortis... non haberet tantum quantum Castra predicta... idem Dominus Dalphinus... eidem Domino AMBLARDO... dare... teneatur in locis propinquioribus dicto Castro Montisfortis vel Bellimontis, videlicet in Castellaniis Buxerie, Avalonis, Montisbonoudi, Alavardi & Morestelli, hac forma... quod... sub homagio quo alias tenebatur, dicto Domino Dalphino teneat & etiam recognoscat in augmentum feudi Bellimontis, & quod in mutatione Domini & vassalli, vexillum Dalphinale supra dictum Castrum Montisfortis ponatur & teneatur in signum Dominii, tribus diebus qualibet vice; habeat tamen hoc feudum, naturam feudi paterni, nobilis & antiqui, prout habet feudum Bellimontis predictâ.... Item obtulit... dictus Dominus AYMARUS quasdam litteras à dicto Domino Humberto, Dalphino Viennensi, memorie recolende emanatas... sub anno Domini millesimo tercentesimo quadragesimo quinto, die quindecima mensis Aprilis... continentes... quod dictus Dominus noster Dalphinus in recompensationem horum que plus valebant Castra Mirolii, Bastide de Geyssano & Mote-Ga-
(*) Cet Acte est labri... assignavit &c...(*)... Item quasdam alias Litteras à Serenissimo Principe Domino Karolo,
rapporté ci-dessus, Regis Francie primogenito, Regnum gerente, emanatas... datas Parisiis, in anno Domini mille-
pag. 281. simo tercentesimo quadragesimo octavo(**) mense Augusti... continentes... quod cum dictus
(**) N^a. C'est une Dominus AMBLARDUS diceret & assereret ad se pertinere Castrum Bellimontis, Vapincensis dio-
erreur; ces Lettres cesis, pluribus ex causis, etiam diceret dictum Dominum Dalphinum eidem teneri in certis &

DE LA MAISON DE BEAUMONT. Liv. VII.

magnis pecuniariis summis, & etiam peteret tolli impedimentum per dictum Dominum Dalphinum in dicto Castro appositum, dictus Dominus noster Dalphinus concordando & transigendo pro omni jure quod dictus Dominus AMBLARDUS habere posset in Castro Bellimontis predicto, & pro omnibus debitis sibi debitis & in recompensationem eorumdem, eidem Domino AMBLARDO... dedit &c..(*).. Quibusquidem instrumentis & litteris prefato Domino Gubernatori... exhibitis... dictus Dominus AYMARUS, Dominus BELLIMONTIS & Montisfortis... recognovit... se tenere... in feudum, prout superius continetur omnia & singula suprascripta... & predicta homagia ligia fecit... memorato Domino Gubernatori, stipulanti ut supra, stando pedes, ritu nobilium personarum, junctisque manibus suis inter manus Domini Gubernatoris antedicti, & oris osculo interveniente inter ipsos in signum perpetui fæderis & amoris.... Acta fuerunt hec apud Grationopolim, infra hospicium Dalphinale, in presentiâ & testimonio nobilium & circumspectorum virorum, Dominorum Nicolai de Rancia, Licentiati in Legibus, Sigilliferi; Raynaudi Raymondi, Judicis majoris appellationum Dalphinarûs; Aymari de Arciis, Canonici Grationopolis, Amedei de Miribello, Morardi de Arciis, Militum; Guigonis Raymondi, Canonici Sancti Andree, Arthaudi & Ludovici de Arciis, fratrum, Johannis Bataille, Leuzonis de Tencino, Petri Carrerii, Gononi de Herbesio, Johannis de Vallibus, Bastardi de Royno, Scutifferorum; Johannis Rogerii, Stephani Chalvetonis, Andreti Garini, Notariorum & plurium aliorum fide dignorum, per me Notarium infrascriptum, vocatorum & rogatorum testium ad premissa.

Et ego Johannes Nicoleti, publicus Notarius antedictus, premissis omnibus, dum sic, dicta die XVIIIª Junii, agerentur, presens interfui, &c....

sont de l'année 1358. Voy. plus haut, pag. 294, où elles sont rapportées en entier.

Hommages rendus à AYMAR DE BEAUMONT, Chevalier, Seigneur de Beaumont & de Montfort, par plusieurs de ses Vassaux.

Protocolle original de Jean Chastagnii, Notaire de Crolles, où sont tous ces Hommages; conservé dans les Archives de M. le Comte de Beaumont-de la Roque, au Château de Repaire, en Périgord.

IN NOMINE Domini, amen, Anno Nativitatis ejusdem Mº trecentesimo LXXVº, inditione XIIIª, die penultima mensis Junii... ad... requisitionem viri nobilis & potentis Domini AYMARI DE BELLOMONTE, dicti loci Bellimontis & Montisfortis Domini, Militis... nobilis Albertus de Monteforti, filius condam nobilis Domicelli Lantelmi de Monteforti... confessus fuit... se esse... hominem ligium dicti Domini AYMARI... fidelitate & homagio Domini nostri Dalphini, semper salvis. Quodquidem homagium... dictus nobilis Albertus fecit... stando pedes, more nobilium, & tenendo manus suas junctas & complosas inter manus dicti Dominii AYMARI, ac oris osculo interveniente inter eos in signum fidelitatis & perpetui fæderis & amoris... & confessus fuit... tenere.. in feudum francum, nobile, antiquum paternum & benè conditionatum à dicto Domino AYMARO & suis, quidquid idem Albertus habet... in Mandamento dicti Castri Montisfortis... à fluvio Isare usque ad quaqumen, seu verticem montium Sanctorum Hilarii & Pancratii, à rivo de Lumbino ad rivum de Craponodo.. Hoc acto... quod Dominus Albertus habeat... merum, mixtum Imperium & omnimodam juriditionem in omnibus hominibus suis... dum tamen non delinquerent in Officiariis & proprietatibus dicti Domini AYMARI, & exceptis mortis illatione & membrorum mutilatione, in quibus casibus... Judex dicti Alberti... delinquentes habeat condemnare... & dictus Albertus, ipsos condemnatos remittere teneatur dicto Domino AYMARO vel ejus Castellano Montisfortis, ad faciendum executionem... & si contingeret aliquâ de causâ rationabili, dictam sententiam... converti in pecuniam, medietas....sit dicto Domino AYMARO & alia... dicto Alberto.., Item... in casu quo dictus Albertus vel ejus Castellanus deficerent, vel negligentes essent ministrare justitiam de predictis hominibus dicti Alberti, sive cause essent civiles, sive criminales, tunc juriditio, merum & mixtum Imperium & omnimoda cognitio pertineat ad dictum Dominum AYMARUM & suos.... Item... idem Albertus remisit eidem Domino AYMARO & suis omne jus, si quod habebat... venandi ad cuniculos & ad alia animalia fera in predicto Mandamento Montisfortis... Actum apud Bruuf, in patrochiâ de Crollis, in domo mei Notarii infrascripti, presentibus viris nobilibus Dominis, FRANCISCO DE BELLOMONTE, Domino Frayte & Pellafoli, Aynardo de Arciis, Militibus; Arthaudo Boueti, Antonio de Crollis, Aymarono Motardini, Johanne de Vallibus, Bastardo Terracie, testibus.... Ego vero Johannes Chastagnii alias Rogerii, de Crollis, Grationopolitensis Diocesis, auctoritate Imperiali, Notarius publicus recepi.

29 Juin 1375.

IN NOMINE Domini, Amen. Anno Nativitatis ejusdem millesimo tercentesimo septuagesimo quinto, inditione decima, tertia mensis Julii... ad.... requisitionem viri nobilis & potentis Domini AYMARI DE BELLOMONTE, dicti loci Bellimontis & Montisfortis Domini, Militis.... nobilis Hugo de Crollis... confessus fuit... tenere debere in feudum & de feudo ipsius Domini AYMARI... res infrascriptas... de quibus asserit nuper recognitionem fecisse... viro magnifico & Potenti Domino AMBLARDO, Domino dicti loci Bellimontis, condam genitori ipsius

3 Juillet 1375.

308 PREUVES DE L'HISTOIRE GÉNÉALOGIQUE

Domini AYMARI... inftrumento... notato per Domengetum Balbi, Notarium... & primo..; homagia & fidelitates in quibus eidem Hugoni tenentur & fibi debent... Hugo Bracheti, filius Johannis Bracheti quondam & ab eo defcendentes... Huguetus Bracheti, filius Petri... Johannes Bracheti... Guillelmus Bofonis... Domengius Tenturerii... Domengius Bofonis.... Item... Martinus Bofonis, fi vivat. Item omnes cenfus & omnia ufagia, cum fuis placitis, feudis & dominiis... que percipit idem Hugo in parrochiâ Thoveti... & pro predictis omnibus.... homagium ligium.., fecit & preftitit dictus Hugo, prefato Domino AYMARO... ftando pedes, more nobilium, & tenendo manus fuas junctas & complofas inter manus dicti Domini AYMARI, ac oris ofculo interveniente inter eos in fignum fidelitatis, perpetui federis & amoris..... Actum apud Bellummontem, juxta Caftrum dicti loci.... prefentibus viris nobilibus AMBLARDO DE BELLOMONTE, Domicello, Arthaudo Boueti, Gonono de Herbeyfio, Johanne Berlionis, Servono Raverii, Johanne de Paffu, Petro Fabri, Notario, reftibus.... Ego vero Johannes Chaftagnii alias Rogerii, de Crollis, &c.

3 Juillet 1375. IN NOMINE Domini, Amen. Anno Nativitatis ejufdem millefimo trecentefimo LXX quinto, indictione decima tertia, die tertia menfis Julii.... nobilis Anthonius de Crollis, filius, heres univerfalis nobilis Richardi de Crollis condam, in viri nobilis & potentis Domini AYMARI DE BELLOMONTE dicti loci Bellimontis & Montisfortis Domini, Militis, prefentiâ... confeffus fuit... fe tenere... in feudum francum.... nobile & antiquum à dicto Domino AYMARO, tanquam Domino dicti loci Montisfortis... & à nobili Alberto de Monteforti, communiter & pro indivifo & de dominio & Seygnoria eorumdem, videlicet omnes... poffeffiones... feuda & retrofeuda & placitaque... habet... in Mayaco de Frogiis & de Campo... & pro predictis fe teneri... ad homagium ligium... Quodquidem homagium... preftitit... prefato Domino AYMARO, pro media parte... more nobilium, pedes ftando, fuas manus tenendo junctas & complofas inter manus dicti Domini AYMARI, ac oris ofculo interveniente inter eos in fignum fidelitatis perpetui federis & amoris.... Actum apud Caftrum Bellimontis predictum... prefentibus viris nobilibus AMBLARDO DE BELLOMONTE, fratre dicti AYMARI, Domicello, Arthaudo Boueti, Johanne Berlionis, Gonono de Herbeyfio, Sermono Raverii, Johanne de Paffu, de Limbino, Petro Fabri alias de Goncelino, Notar, teftibus...... Ego vero Johannes Chaftagnii alias Rogerii de Crollis, &c.

30 Juillet 1375. IN NOMINE Domini, Amen. Anno Nativitatis ejufdem millefimo trecentefimo LXX quinto, indictione decima tertia, die penultima menfis Julii... cum nuper nobilis Arthaudus Boueti de Thoveto, fidelis & vaffalius, bone memorie Domini AMBLARDI DE BELLOMONTE, Militis condam, eidem Domino AMBLARDO Domino BELLIMONTIS recognoverit... res & bona... in feudo & fub homagio.... Hinc eft quod ad inftantiam... viri nobilis & potentis Domini AYMARI DE BELLOMONTE, filii & heredis in hac parte prefati Domini AMBLARDI... dictus nobilis Arthaudus Boueti... confeffus fuit... coram nobili Anthonio de Bellaconba, Domino Caftri de Thoveto, dato & pofito pro Curia per dictum Dominum AYMARUM.... fe tenere à dicto Domino AYMARO... tam in feudum quam in emphiteofim, feu alio modo res & bona... pro triginta folidis bone monete de placito... in mutatione Domini & poffeffioris... & fub duobus homagiis ligiis que... preftitit idem nobilis Arthaudus pro fe & fuis... prefato Domino AYMARO... ftando pedes, more nobilium, tenendo manus fuas junctas & complofas inter manus dicti Domini AYMARI, oris ofculo interveniente inter eos in fignum fidelitatis, perpetuique federis & amoris, homagio ligio Domini noftri Dalphini, dumtaxat primo exceptato... confitens etiam... fe tenere... à dicto Domino AYMARO... in feudum francum, nobile, antiquum, paternum... domum fuam fortem de Thoveto... fitam in parrochiâ Thoveti... pro quaquidem... confitetur... fe debere... eidem Domino AYMARO & fuis quinque folidos bone monete de placito... acto tamen.... quod dictus Arthaudus & fui domum predictam tradere & reddere teneatur eidem Domino AYMARO & fuis... quandocumque... de eadem domo fe juvare voluerit pro guerra vel alia de caufa fibi neceffaria... & quod in qualibet mutatione Domini & vaffalli, vexillum dicti Domini AYMARI fuper dictam domum ponatur & teneatur in fignum dominii, tribus diebus.... Actum apud Bellummontem, in aulâ inferiori Caftri dicti loci, prefentibus nobilibus AMBLARDO DE BELLOMONTE, fratre dicti Domini AYMARI, Gonono de Herbeyfio, Johanne de Vallibus, Naturali, Petro de Barrahibus, & Johanne Pafqualis, de Alenis, Notario..... Ego vero Johannes Chaftagnii alias Rogerii, de Crollis, &c.

30 Juillet 1375. IN NOMINE Domini, amen. Anno Incarnationis Domini millefimo trecentefimo feptuagefimo quinto, inditione decima tertia, die penultima menfis Julii... ad... requifitionem viri nobilis & potentis Domini AYMARI DE BELLOMONTE, Militis, Domini dicti loci, filii & heredis quantum ad infrafcripta, bone memorie, Domini AMBLARDI DE BELLOMONTE, Militis condam... & coram nobis Notariis... datis pro Curia per dictum Dominum AYMARUM, & per nobilem Anthonium de Bellacumba, filium Domini Aynardi de Bellacumba, Militis quondam, Domini Caftri de Thoveto, laudata & approbata. Idem nobilis Anthonius... recognofcit fe tenere... à dicto Domino AYMARO... in feudum francum, nobile & antiquum, videlicet Caftrum de Thoveto, cum ejus dominio & feignoria, territorio & mandamento, meroque mixto Imperio & omnimoda juridictione ejufdem, hominibufque & homagiis... necnon & omnia univerfa & fingula bona immobilia que nobilis Roletus de Intermontibus, condam Dominus Caftri de Tho-

DE LA MAISON DE BEAUMONT. Liv. VII.

vero, & succeſſive Dronetus ejus filius, vel alter ipſorum habebat... in parrochiis de Thoveto, Sancti Michaelis, Sancti Vincentii de Malcuſa, & Mandamento antiquo Terracie, uſque ad rivum d'Aloy & à cacumine montium uſque ad medium Yſere, & pro prediētis confitetur... teneri... ad homagium ligium... ſalvo homagio & fidelitate in qua.... tenetur tam de perſona quam de feudo, ex alia parte Domino noſtro Dalphino. Quodquidem homagium & fidelitatem ligiam.... idem nobilis Anthonius... fecit... dicto Domino AYMARO... ſtando pedes, more nobilium, tenendo manus ſuas junctas & complofas inter manus dicti Domini AYMARI, & oris oſculo interveniente inter eos in ſignum fidelitatis, perpetuique federis & amoris.... Actum apud Caſtrum Bellimontis, in aulâ inferiori dicti Caſtri, preſentibus nobilibus AMBLARDO DE BELLOMONTE, fratre dicti Domini AYMARI, Arthaudo Boueri, Gonono de Herbeyſio, Johanne de Vallibus Naturali, & Petro de Barralibus, teſtibus...... Ego vero Johannes Chaſtagnii alias Rogerii, de Crollis, &c....

IN NOMINE Domini, Amen. Anno Nativitatis ejuſdem milleſimo tercenteſimo ſeptuageſimo 16 Juin 1379. nonó, inditione ſecunda, die decima ſexta menſis Junii... in preſentiâ viri nobilis & potentis Domini AYMARI DE BELLOMONTE, Militis, dicti loci Bellimontis & Montisfortis Domini... nobilis Anthonius de Crollis, tanquam Aminiſtrator legitimus AYMARI, filii ſui, heredis univerſalis nobilis Hugoni de Crollis, patrui ſui.... confeſſus fuit.... tenere... in feudum & de feudo ipſius Domini AYMARI tanquam Domini Caſtri Bellimontis.... homagia & fidelitates in quibus... renentur... Gononus Bracheti, filius Johannis... Hugonerus Bracheti, filius Petri.... Johannes Bracheti... Guillus Boſonis... Domengius Boſonis... &.., heredes Martini Boſonis... Item omnes cenſus & omnia uſagia... que percipit in Parrochia de Thoveto.... deſuper Domum fortem que condam fuit Drouetide Intermontibus.... & deſuper domum Bayete tendendo... uſque ad vineam Domini FRANCISCI DE BELLOMONTE, vocatam de Caſalibus & indè deſuper Domum fortem dicti Domini FRANCISCI, de Frayta..... Et pro prediētis.... confeſſus fuit idem Anthonius de Crollis.... debere eidem Domino AYMARO DE BELLOMONTE.... homagium ligium.... quodquidem homagium ligium.... preſtitit.... ſtando pedes more nobilium & tenendo manus ſuas junctas & complofas inter manus dicti Domini AYMARI ac oris oſculo interveniente inter eos.... qui Dominus Aymarus prediētas recognitionem.... & homagii preſtationem de ſpeciali gratia.... admiſit, cum idem Anthonius ex alia parte ſit homo ſuus ratione dicti Caſtri Montisfortis..., volens dictos Anthonium & Aymarum patrem & filium proſequi cum gratia & favore..... Actum apud Terraciam, in Caſtro dicti loci, preſentibus Guillelmo, filio Guillelmi Chevretii, dicti loci, Nycoleto de Mollena, de Caſtellario Bogiar. Geben. Dyoceſis & Johanne Garnetii alias Berliacz, Parrochie de Crollis, Mandamenti Montisfortis.... Ego vero Johannes Chaſtagnii alias Rogerii, de Crollis, &c....

IN NOMINE Domini amen. Anno Nativitatis ejuſdem milleſimo tricenteſimo LXXX°, indi- 17 Juillet 1380. tione tertia, die decima ſeptima menſis Julii... ad inſtantiam... viri nobilis & potentis Domini AYMARI DE BELLOMONTE, Militis, filii & heredis viri magnifici & potentis Domini AMBLARDI DE BELLOMONTE, Militis condam, dicti loci BELLIMONTIS & Montisfortis Domini.... Richardus Berlionis, de Terracia, Domicellus, filius & heres univerſalis viri nobilis Domini Heutachii Berlionis, Militi, condam.... recognovit... coram viro nobili & potenti Domino FRANCISCO DE BELLOMONTE, Milite, Domino de Frayta & me Notario infraſcripto, poſitis pro curiâ per dictum Dominum AYMARUM & per dictum Richardum laudatâ & approbatâ, ſe tenere... à dicto Domino AYMARO DE BELLOMONTE & ſuis heredibus & ſucceſſoribus, que tenuiſſe à predeceſſoribus dicti Domini AYMARI tempore longiſſimo, in feudum francum, nobile & antiquum... quamdam domum murenchiam cum... pertinentiis una cum quâdam peciâ vineę.... ſitas in Parrochia de Lunbino deſuper Borjayllium.... Item molendina ſua.... in rivagio Lunbini.... una cum viginti ſolidis bone monete donatis per dictum Dominum AMBLARDUM condam patrem dicti Domini AYMARI dicto, Domino Heutachiq, patri condam dicti Richardi.... Et pro prediētis omnibus idem RICHARDUS.... homagium ligium... fecit.... eidem Domino AYMARO.... ſtando pedes more nobilium & tenendo manus ſuas junctas & complofas inter manus dicti Domini AYMARI, ac oris oſculo interveniente inter eos.... Actum apud Terraciam in platea intus Caſtrum dicti loci, preſentibus viris nobilibus, ARTAUDO filio Domini FRANCISCI DE BELLOMONTE, Militis, Domini Fraytę, Johanne Berlionis, Gonono de Herbeyſio, Domicell. Guill'o Eymini, dicti loci, Gratio nop̄ Dyoceſis; Guillo Cavelleti, de Sancto Trener, Maſticon Dyoceſis ; Stephano Robinii, de Balma; Lugdun Dyoceſis & Nycoleto de Mollena, de Caſtellario Bogiarum, Gebenn. Dyoceſis, teſtibus vocatis & rogatis ad premiſſa. Ego vero Johannes Chaſtagnii alias Rogerii, Gro nop̄ Dyoceſis, &c.

Montre Militaire, dont l'original en parchemin eſt conſervé au Cabinet de l'Ordre du St Eſprit ; Recueil de titres ſcellés ; vol. 49, fol. 3694.

LA MONSTRE de Jehan Fourmy, de Collandon, & ſept autres Eſcuiers de ſa Compagnie, 5 Septemb. 1380. receus à Chartres, le chenquieme jour de Septembre, l'an M. CCC. quatre vins.
Ledit Jehan Fourmy, de Coullandon, Pierre Chabert, Guillaume Dautune, AMBLART DE BIAUMONT, Annot de Saint-Ynochent, Berengon Fouiſnier, Rodon Raoul, Damas de Flandrines,

Testament d'AYMAR DE BEAUMONT, Chevalier, Seigneur de BEAUMONT & de Montfort.

Extrait dud. Testament, cotté : Montbonnot-Beaumont, 1382 ; *étant aux Archives de la Chambre des Comptes de Dauphiné, Caisse de Graisivodan : délivré par le Greffier en Chef de cette Chambre, signé* Chabert.

On conserve aussi dans les Archives de M. le Comte de Beaumont-de la Roque, au Château du Repaire, en Périgord, une Copie en papier de cet Acte, non signée, mais de l'écriture du tems.

11 Juillet 1382. IN NOMINE Domini amen. Anno Nativitatis ejusdem Domini millesimo CCCo. LXXXo. secundo, indictione quinta, cum ipso anno sumpta, & die undecima mensis Julii... nobilis & potens vir Dominus AYMARUS DE BELLOMONTE, Miles, Dominus dicti loci BELLIMONTIS & Montisfortis, filius quondam nobilis & potentis viri Domini AMBLARDI DE BELLOMONTE, Militis, dudum locorum predictorum Domini, sanus mente & corpore.... per Dei gratiam.... testamentum suum.... fecit & condidit....infrascriptum. In primis... corpori suo elegit sepulturam in Ecclesia Terracie, videlicet in tumba viri nobilis & potentis Domini Drodonis de Vallibus, Militis, Domini Terracie quondam, patrisque Domine ANNE ejus consortis.... vel.... apud Thovetum in tumba predecessorum suorum. Item ordinavit .... fieri sepulturam suam & convivium suum honorabiliter juxta statum suum, in qua sepultura convocentur centum sacerdotes missam celebrantes, quibus detur prandium & cuilibet ipsorum in mensa offerantur tres grossi ad aurum.... Item prohibuit dictus testator ne in dicta sua sepultura offerantur equi nec alia paramenta, preter quam vexillum, Stimbrum, scutum & ensem sui & ne super corpus suum seu caissam suam ponatur nisi solum quoddam copertorium panni albi cum cruce rubea. ... Item ordinavit.... quod in casu quo contingeret..., quod ipse testator & ipsa Domina ANNA ejus consors, in dicto loco Terracie simul essent sepulti, per heredem infrascriptum edificari unam capellam in Ecclesia Terracie ad honorem Beatorum Georgii & Michaelis & Beate Caterine pro remedio animarum dicti testatoris & ejus consortis ac parentum & predecessorum suorum; pro quâ capellâ edificandâ dat & legat semel centum florenos auri.... Item dedit & legavit.... Fratribus Minoribus Grationopolis, anno quolibet, duo sestaria frumenti & duo sestaria vini ad mensuram Lumbini, & tres florenos auri pro uno anniversario.... Item.... Curato suo de Thoveto, unum florenum auri semel.... Curato Terracie.... Curato Lumbini.... Curato Crollarum, unum florenum auri semel.... Item voluit & precepit quod legatum per Dominum AMBLARDUM, ejus quondam patrem, factum Johanni Rogerii, Notario, stet & sit semper in suo robore.... Item voluit & precepit testitui Johanni de Passu, Mistrali suo Terracie, quandam quantitatem vini per dictum Johannem dicto testatori deliberatam.... Item dedit & legavit Domine ANNE, ejus consorti, omnia sua hospicii garnimenta & bona mobilia.... Item.... Castrum Montisfortis una cum Dominio ejusdem.... & alia quecumque bona que habet ratione Castri Bellimontis, ad sui vitam tantum & dum se... à secundis nuptiis abstinuerit, exceptis hiis que inferius continentur.... & primo exceptavit pensionem quam percipit nobilis Domina BEATRIX ejusdem testatoris mater, super dicto Castro Bellimontis, de viginti quinque sestariis frumenti, decem sommatis vini & de viginti florenis auri & de certa quantitate Gallinarum.... Item dedit & legavit dictus testator predicte Domine BEATRISIE ejus testatoris matri, Castrum Bellimontis, una cum Dominio, juriditione... reservato in premissis homagio in quo Castrum Terracie predicto Castro Bellimontis tenetur, quin eidem Domine ANNE ejus consorti illud dedit & reservavit in casu quo eum testatorem non contingeret habere liberos masculos legitimos.... Item dedit.... predicte Domine ANNE ejus Consorti, in casu quo eam contingeret ad secundas nuptias pervenire, mille florenos auri semel... & in casu quo.... non contingerit.... quinquies centum florenos auri ad omnimodam ejus voluntatem.... Item dedit & legavit AMBLARDO DE BELLOMONTE ejus fratri carissimo, post decessum dictae Domine ejus matris, Castrum Bellimontis.... in casu quo eum testatorem non contingeret habere liberos masculos legitimos. In omnibus autem aliis vero bonis suis quibuscumque, sibi heredes universales instituit filium seu filios legitimos si eum vel eos habere contingerit equis portionibus.... si vero contingeret predictos suos futuros liberos decedere absque liberis masculis, vel etiam eum decedere absque dictis liberis, in eo casu, sibi instituit heredes & substituit in Castrum Montisfortis.... filiam seu filias si eas vel eam habere contingerit.... si vero contingeret dictum testatorem decedere absque liberis masculis vel fumellis, uno vel pluribus, & etiam dictos suos liberos decedere contingeret absque liberis, in eo casu sibi instituit & substituit in omnibus bonis suis quibuscumque AMBLARDUM DE BELLOMONTE ejusdem testatoris carissimum fratrem ; si vero contingeret dictum AMBLARDUM decedere.... absque liberis masculis legitimis, in eo casu sibi substituit in omnibus bonis suis, AYMARUM filium Domini FRANCISCI DE BELLOMONTE, filiolum suum ; & si contingeret dictum AYMARUM decedere absque liberis masculis legitimis, in eo casu sibi substituit dictum Dominum FRANCISCUM DE BELLOMONTE & ejus liberos masculos prout dictus Dominus FRANCISCUS eis ordinare voluerit ; & si contingeret bona ipsius Domini testatoris ad manum dicti Domini FRANCISCI, seu ejus liberorum pervenire, in eo casu dat & legat filie seu filiabus predicti AMBLARDI, ejus fratris, mille florenos

DE LA MAISON DE BEAUMONT. Liv. VII.

auri semel ; & si contingeret dictum Dominum Franciscum & omnes ejus liberos masculos absque liberis legitimis masculis deccedere, in eo casu sibi substituit Dominum Aynardum de Bellacomba, Militem, alias Brunel ; & si contingeret dictum Dominum Aynardum mori absque liberis masculis legitimis, in eo casu sibi substituit Anthonium de Bellacomba alias Malbruni ; & si contingeret predictum Anthonium & ejus liberos masculos mori absque liberis masculis legitimis, in eo casu sibi substituit filiam seu filias Amblardi de Bellomonte, ejus fratris predicti.... Executores vero hujus sui presentis testamenti.... elegit dictus testator, videlicet prefatum Dominum Franciscum de Bellomonte, Militem, Dominum Hugonem Morardi, Priorem Thoveti, fratrem Johannem de Barralibus, ordinis fratrum Minorum & Arthaudum & Ludovicum de Arciis.... Acta fuerunt hec apud Tetraciam, infra Castrum dicti loci, presentibus Domino Johanne Laurentii, Cappellano, Guillelmo Garcini, Viennensis Diocesis, Domino Hugone Chevrerii, Cappellano, Guillelmo filio Guillelmi Chevrerii, Guigone Juglar, de Scalis, Johanne Chevrerii & Johanne ejus filio, Guillelmo Becheti & Petro Durandi, de Terracia, Testibus.... Ego vero Petrus de Herbesio, Imperiali authoritate Notarius publicus, premissis interfui, &c. de Herbesio.

Hommage de la Terre de Montfort, &c. rendu par Amblard Seigneur de Beaumont, au Gouverneur de Dauphiné.

Extrait du Registre original, cotté : 3us Nicoleti, 1377, fol. 1111^{xx}. 111 ; étant aux Archives de la Chambre des Comptes de Dauphiné ; délivré par le Greffier en Chef de cette Chambre, signé Chabert.

In nomine Domini Amen. Anno Nativitatis ejusdem Domini millesimo tercentesimo octogesimo quarto, die xx^a. quarta mensis Januarii, inditione septima,... in presentia viri spectabilis & magnifici Domini Karoli Domini de Bovilla, Gubernatoris Dalphinatus, personaliter constitutus nobilis vir Amblardus Dominus Bellimontis, filius quondam Domini Amblardi Domini Bellimontis, Grationopolis Diocesis, utriusque Juris professoris & Militis, fraterque & successor Domini Aymari Domini Bellimontis, nuper defuncti, &... presentavit... instrumentum... cujus tenor noscitur esse talis. « In nomine Domini nostri Jh̄u Xp̄i amen..... Anno ejusdem Domini millesimo tercentesimo septuagesimo quinto, die decima octava mensis Junii, indicione decima tertia, in presentia spectabilis & magnifici Domini Karoli Domini de Bovilla, Gubernatoris Dalphinatus.... constitutus vir nobilis Dominus Aymarus Bellimontis, Miles, &c. (*)... Quo siquidem instrumento dicto Domino Gubernatori exhibito.... lecto.... prefactus Amblardus Dominus Bellimontis.... confitetur.... ad opus Domini nostri Dalphini.... omnia & singula.... que dictus Dominus Aymarus, frater quondam suus tenebat tempore mortis sue.... & predictum homagium ligium fecit.... stando pedes ritu nobilium personarum, junctisque suis manibus & complosis inter manus ipsius Domini Gubernatoris & oris osculo interveniente inter ipsos.... Acta fuerunt hec apud Grationopolim, in hospicio Dalphinali... presentibus viris nobilibus & circonspectis Dominis Roberto Cordigeri, Licentiato in Legibus, Consiliario Regio, Presidenteque in Consilio Dalphinali, Johanne Pavioti, Milite, Johanne Baralle, de Duysou, Johanne Berlionis, Johanne de Vilario, Domicellis, Stephano Charvetonis, Clerico Dalphinalium Computorum, Johanne Rogerii, Notario, Matheo Pavallonis, Cursore Dalphinali & Hugonino, Chambrerio Domini Gubernatoris..... Et ego Johannes Nicoleti, de Crimiaco, Viennensis Diocesis Clericus, Secretarius Dalphinalis, publicus Apostolica, Imperiali & Domini nostri Francorum Regis auctoritatibus, premissis omnibus.... presens fui & hic manu propria me suscripsi....

24 Janvier 1384.

(*) *Ces Lettres, rapportées, ci-dess̄ sus, pag. 306.*

Hommages rendus à Amblard Seigneur de Beaumont, Damoiseau, par plusieurs de ses Vassaux.

Protocolle original de Jean Chastagnii, Notaire de Crolles, où sont ces Hommages ; conservé dans les Archives de M. le Comte de Beaumont-de la Roque, au Château du Repaire, en Périgord.

In nomine Domini nostri Jeh̄u X̄pi, Amen. Anno Nativitatis ejusdem millesimo tercentesimo octuagesimo tertio, inditione sexta, die sexta mensis Julii.... ad instantiam & requisitionem viri nobilis & potentis Amblardi de Bellomonte, Domicelli, Domini dicti loci.... vir nobilis & potens Anthonius de Bellaconba, filius viri nobilis Domini Aynardi de Bellaconba, Militis condam, Dominus Castri de Thoveto, constitutus.... coram viro nobili & potenti Domino Francisco de Bellomonte Milite, Domino de Frayta & nobis dictis Notariis infrascriptis positis pro Curia per dictum Amblardum & per dictum Anthonium.... approbata.... confessus fuit.... se tenere.... à dicto Amblardo de Bellomonte & suis.... & tenuisse à predecessoribus dicti Amblardi in dicto Castro Bellimontis, tempore longissimo, in feudum francum, nobile

6 Juillet 1383.

312 PREUVES DE L'HISTOIRE GÉNÉALOGIQUE

& antiquum, videlicet, Castrum de Thoveto, cum ejus Dominio & Seygnoria.... nec non omnia.... bona immobilia que nobilis Roletus de Intermontibus condam Dominus Castri de Thoveto & successive Drouetus ejus filius.... possidebat in Parrochiis de Thoveto, de Sancto Michaele, Sancti Vincentii, de Marcusa, à mandamento antiquo Terracie usque ad rivum de Aloy & à cacumine montium usque ad medium Ysare ; & pro predictis.... homagium ligium.... prestitit dicto nobili AMBLARDO.... stando pedes, more nobilium, tenendo manus suas junctas & complosas inter manus dicti nobilis AMBLARDI, osculo horis interveniente inter eos in signum vere fidelitatis.... Actum Frayte in fortalitio dicti loci in magna aula, presentibus nobili Roleto Alamandi, naturali ; Francisco Guille̅rii, de Thoveto, Michaele Vallini, habitatore Lunbini, Notariis & Hugone de Prato, alias Pradel testibus.... Ego vero Johannes Chastagnii alias Rogerii de Crollis, Gro̅nop̅. Dyocesis, auctoritate Imperiali Notarius publicus, premissis omnibus.... una mecum Guillo̅. Mirallii, de Goncellino, Notario.... interfui....

2 Février 1384. **IN NOMINE** Domini, amen. Anno Nativitatis ejusdem millesimo tercentesimo octuagesimo quarto, indicione septima, die secunda mensis Februarii.... in presentia viri nobilis & potentis AMBLARDI DE BELLOMONTE, Domicelli, dicti loci BELLIMONTIS Domini... vir nobilis Anthonius de Crollis... tanquam administrator legitimus Aymari, filii sui, heredis universalis instituti per nobilem Hugonem de Crollis, patrui condam dicti Anthonii.... obtulit.... instrumentum.... cujus tenor.... noscitur esse talis. « In nomine Domini, amen ; anno Nativitatis ejusdem millesimo
(*) *Cet Acte rapporté, ci-dessus, pag. 309.* » tercentesimo septuagesimo nono, indicione septima, die decima sexta mensis Junii.... (*).... Quoquidem instrumento.... lecto... dictus Anthonius de Crollis.... confessus fuit.... tenere... in feudum.... omnia & singula suprascripta.... & predictum homagium ligium.... fecit.... memorato AMBLARDO Domino Bellimontis.... stando pedes, more nobilium personarum, junctisque manibus suis inter manus AMBLARDI Domini BELLIMONTIS ante dicti, & oris osculo interveniente inter ipsos.... Actum infra Castrum Montisfortis.... presentibus.... Roleto Alamandi, naturali, Amblardo filio nobilis Guill̅. de Chalenderia, dicti loci habitatoris & Domino Bertrando de Artigia, Presbitero.... Ego vero Johannes Chastagnii alias Rogerii, de Crollis, &c.

2 Février 1384. **IN NOMINE** Domini nostri J̅hu X̅pi, amen. Anno Nativitatis ejusdem millesimo tercentesimo octuagesimo quarto, inditione septimâ, die secundâ mensis Februarii.... in presentiâ viri nobilis & potentis AMBLARDI DE BELLOMONTE, Domicelli, dicti loci Domini... constituerus vir nobilis Anthonius de Crollis, idem Anthonius prefato AMBLARDO, Domino Montisfortis obtulit... publicum instrumentum.... sub anno Domini millesimo tercentesimo septuagesimo quinto, inditione XIII, die tertiâ mensis Julii.... cujus tenor talis est. « In nomine Domini, amen....
Nta. *Cet Acte est rapporté ci-dessus, pag. 308.* » nobilis Anthonius de Crollis, &c., (*).... » Quo quidem instrumento.... lecto... dictus Anthonius de Crollis... confessus fuit.... se tenere... in feudum francum, nobile & antiquum à dicto AMBLARDO, tanquam Domino dicti loci Montisfortis, medietatem omnium & singulorum predictorum.... & predictum homagium.... prestitit... stando pedes, more nobilium personarum, junctisque manibus suis inter manus dicti AMBLARDI, & oris osculo interveniente inter ipsos.... Actum apud Montemfortem predictum, in aulâ Castri dicti loci, presentibus viris Religiosis Fratribus, Petro de Bregnino, Petro Bruneri, Ordinis Fratrum Minorum Gro̅nop̅, Rolero Alamandi, Naturali, Amblardo filio Guill̅. de Chalenderia, dicti loci habitatoris, & Domino Bertrando de Artigia, Presbitero Archiepiscopatus Tholose Dyocesis, testibus..... Ego vero Johannes Chastagnii alias Rogerii, de Crollis, &c.

12 Février 1384. **IN NOMINE** Domini nostri J̅hu X̅pi, amen.... Anno Nativitatis ejusdem millesimo CCC° LXXX quarto, inditione septima, die decima secunda mensis Februarii, in presentiâ viri nobilis & potentis AMBLARDI DE BELLOMONTE, Domicelli, filii & heredis viri nobilis & potentis Domini AMBLARDI DE BELLOMONTE, Militis condam, dicti loci Bellimontis & Montisfortis Domini... nobilis Arthaudus Boueti, Domicellus... per me subscriptum Notarium exhiberi & presentari postulavit quoddam publicum instrumentum.... cujus.... tenor noscitur esse talis. « In nomine Domini, amen. Anno Nativitatis ejusdem millesimo tercentesimo septuagesimo, in-
12 Août 1370. » ditione octavâ, die duodecimâ mensis Augusti.... cum athenus Franciscus Boueti, de Tho- » veto recognoverit... nobili viro & potenti Domino ARTHAUDO DE BELLOMONTE, de Mis- » tralia & Banneria de Thoveto... & inde... homo ligius esse dicti Domini ARTHAUDI... » excepto uno Domino, videlicet Domino nostro Dalphino Viennensi... ut... constat publico » instrumento, confecto & signato manu... Petri Lumbardi, habitatoris Goncellini, Imperiali
Ann. 1294. » auctoritate Notarii publici condam, sub anno à Nativitate Domini millesimo ducentesimo no-
Na. *Cet Acte est rapporté en entier ci-dessus, p. 23. de ces Preuves.* » nagesimo quarto, inditione VII, septimo ydus mensis Junii. Item & cum Berardus Boueti » filius & heres dicti Francisci Boueti, teneret in albergamentum ab illustri Principe Domino » Hugone, Dalphini, bone memorie, Domino Fugniaci... Mistraliam dicti loci de Thoveto... » in feudum... pro qua... debebat... homagium, salvis duobus Dominis, videlicet, Domino » Dalphino & ARTHAUDO DE BELLOMONTE, ut constat... littera... sigillata sub anno Domini
Ann. 1319. » millesimo CCC° XIX°, data cujus die Jovis, in Vigilia Apostolorum Petri & Pauli... tenue- » rintque dicti Franciscus & Berardus ejus filius, & per consequens Arthaudus Boueti, filius, & » heres universalis dicti Berardi tenuit & adhuc tenet... predictas Mistraliam & Banneriam... » requirente viro nobili & potenti Domino AMBLARDO DE BELLOMONTE, Domino dicti loci Bel- » limontis & Montisfortis, tanquam successore in predictis infrascriptis dictorum Dominorum
» Hugonis

DE LA MAISON DE BEAUMONT. Liv. VII.

» Hugonis, Dalphini & Arthaudi de Bellomonte... incontinenti dictus nobilis Arthaudus
» Boueti... confitens... tenere debere in feudum à dicto Domino Amblardo de Bellomonte...
» dictas Mistraliam & Banneriam... pro triginta solidis bone monete de placito... & sub duobus
» homagiis. .. dicta duo homagia... fecit ... stando pedes, junctisque & complosis manibus
» suis inter manus dicti Domini Amblardi, & interveniente inter eos oris osculo... confitens
» etiam... se tenere... à dicto Domino Amblardo... in feudum francum & nobile, anti-
» quum paternum & bene conditionatum, reddibile tamen pro bono Domino, domum suam
» fortem de Thoveto... juxta domum & vineam Prioratûs... pro qua... confessus fuit se de-
» bere... quinque solidos bone monere de Placito.... Acto etiam.... quod dictus Arthaudus
» domum predictam... reddere teneatur eidem Domino Amblardo & suis.... quandocum-
» que, indigerit... pro guerra, vel alia de causa, & quod in qualibet mutatione Domini &
» vassalli, vexillum dicti Domini super dictam domum ponatur & teneatur in signum Domini,
» tribus diebus. Item prefatus Dominus Amblardus... dedit & concessit in feudum, predicto
» Arthaudo Boueti... in augmentum homagiorum predictorum, Bannerias & Mistralias quas
» habebant... in dictâ Parrochiâ de Thoveto, & in mandamentis Bellimontis & Morestelli, citra
» Ysseram, Perretus de Mornaro, de Terracia condam & Chabertus Pinelli, de Morestello, per
» dictum Dominum ab eisdem acquisitas... promittens dictus Dominus Amblardus... dictas
» Mistralias & Bannerias... eidem Arthaudo & suis... manutenere... contra omnes in judicio
» & extra judicium, & specialiter contra Dominum Franciscum de Bellomonte, Dominum
» Frayte.... Acto tamen... quod casu quo contingeret dictum Dominum Franciscum de Bel-
» lomonte, aliquod jus habere contra dictum Arthaudum Boueti... quod... sibi salvum rema-
» neat. ... « Actum apud Bellummontem, infra Castrum dicti loci... presentibus Aymoneto
» de Briançzone, Domino Vartie, Johanne Perrioudi, Notario Patrochie Thoveti, &c. .... »
Quoquidem instrumento prefato Amblardo, pro parte dicti Arthaudi, ut supra, exhibito...
dictus Arthaudus.... confessus fuit.... se tenere.... à dicto Amblardo & suis.... omnia
& singula suprascripta.... & predicta homagia ligia.... fecit.... stando pedes, ritu nobilium
personarum, junctisque manibus suis inter manus dicti Amblardi, & horis osculo interveniente inter ipsos... homagio ligio Domini nostri Dalphini... reservato.... Actum apud
Montem Fortem, in Castro dicti loci, in camera desuper Coquinam, presentibus Roleto Alamandi, Naturali, Johanne de Passu, de Lumbino, & Johanne Jordani, Notariis, filio condam
Guillelmi Jordani, de Goncellino, testibus.... Ego vero Johannes Chastagnii alias Rogerii de
Crollis, &c.

In nomine Domini nostri J͞hu X͞pi, amen. Anno Nativitatis ejusdem millesimo tercentesimo 3 Mars 1384.
octuagesimo quarto, inditione septimâ, die tertiâ mensis Martii... cum nobilis Johannes Ysuardi,
Domicellus condam dederit... viro nobili & potenti Domino Amblardo de Bellomonte,
condam Militi, Domino Bellimontis & Montisfortis... quinquaginta solidos bone monete, veteris & antique, annuales & censuales, de puro & franco alodio... qui Dominus Amblardus
incontinenti dicto nobili Johanni Ysuardi, ipsos... dedit... in feudum, antiquum, nobile & paternale... quod... instrumentum nobilis Johannes Ysuardi, filius & heres dicti nobilis Johannis
Ysuardi, condam ejus patris, nobili & potenti viro Amblardo de Bellomonte, Domicello,
filio & heredi prefati Domini Amblardi, ejus patris, Militis, condam dictorum locorum Bellimontis & Montisfortis Domino, obtulit... cujus tenor noscitur esse talis : « In nomine Domini, 1346.
» amen, anno Nativitatis ejusdem millesimo tercentesimo quadragesimo sexto, inditione decimâ
» quartâ... & die decimâ octavâ mensis Martii, apud Grationopolim, in Virgulto Fratrum Mi-
» norum dicti loci, presentibus... nobili viro Domino Guillelmo Grinde, Milite, Morato de
» Arciis, Berardo Grinde, Petro Malleni, filio Guigonis Malleni, condam, Amedeo, ejus fratre,
» Domicellis, & Francisco Motardini, de Crollis... Nobilis Johannes Ysuardi, Domicellus ....
» dedit... viro nobili & potenti Domino Amblardo de Bellomonte, Militi & Legum Doctori,
» Domino Bellimontis & Montisfortis... quinquaginta solidos... censuales de puro & franco
» alodio... affectandos... in mandamento Terracie... & ibidem incontinenti... dictus Do-
» minus Amblardus de Bellomonte... ipsos... remisit... eidem nobili Johanni Ysuardi...
» in feudum antiquum, nobile & paternale. Item dedit... eidem... quoddam Chasale grangia-
» gii Castri Montisfortis..... Item... juxta dictum Chasale, tam in terra & orto, quam prato,
» valorem quindecim florenorum auri..... Item... quinquaginta florenos auri... & pasque-
» ragium pro suis animalibus, in montanea Alpis del Suel, & pro predictis omnibus, dictus
» Johannes Ysuardi, per se & suos heredes... fecit... homagium ligium... oris osculo in-
» terveniente, dicto Domino Amblardo de Bellomonte.... Actum & supra ... & me Hu-
» gone Julliani, Imperialis aule Notario publico..... » Hinc est quod ... dicti Amblardus
de Bellomonte, Domicellus.... & nobilis Johannes.... volentes dictas conventiones....
adimplere..... Confessus fuit.... dictus Johannes Ysuardi.... se debere.... homagium
ligium... quodquidem homagium ligium... fecit... prefato Amblardo, Domino Bellimontis & Montisfortis.... stando pedes, ritu nobilium personarum, junctisque manibus suis
inter manus Amblardi antedicti, & oris osculo interveniente inter ipsos.... Acta fuerunt hec
apud Montemfortem... presentibus nobilibus Anthonio de Bellaconba alias Malbruni, Domino Castri Thoveti, Arthaudo Boueti, dicti loci Thoveti, Johanne Berlionis, de Terracia,
Guillo. de Chalenderia, habitatore de Crollis, Domicellis; Michaele Vallini, Johanne de Passu,
Notariis.... Ego vero Johannes Chastagnii alias Rogerii, de Crollis, &c.

R r

514 PREUVES DE L'HISTOIRE GÉNÉALOGIQUE

22 Avril 1353. IN NOMINE Domini, amen. Anno Nativitatis ejufdem millefimo tercentefimo octuagefimo quarto, inditione feptimâ & die vicefimâ fecundâ menfis Februarii... ad inftantiam... viri nobilis & potentis AMBLARDI DE BELLOMONTE, Domicelli, dicti loci Bellimontis & Montisfortis Domini... nobilis Aymaronus Motardini, de Crollis... confeffus fuit... fe tenere... à dicto AMBLARDO... in feudo... primò... unam eyminam frumenti.... & unam gallinam Cenfus quas fibi faciunt heredes Guillelmi Gauterii.... Item tres cartas frumenti cenfus.... Pro quibus cenfibus, cum fuis placitis & feudis... confitetur... debere... dicto Domino AMBLARDO, Domino Montisfortis, homagium ligium, nobile... falvo homagio... Domini Comitis Gebenn... quodquidem homagium... fecit... ftando pedes, more nobilium, tenendo manus fuas junctas & complofas inter manus dicti nobilis AMBLARDI, ofcullo oris interveniente inter eos. Actum apud Crollas... prefentibus Jaymono Lamberti, Stephano Maffonis, Michaele Vallini, Notar., Domino Lantelmo Chamardi, Cappellano Monafterii Ayarum, Petro Lamberti.... & pluribus aliis teftibus.... Ego vero Johannes Chaftagnii alias Rogerii, de Crollis, &c.

5 Aouft 1388. IN NOMINE Domini, amen. Anno Nativitatis ejufdem Mo CCCo octuagefimo octavo, inditione undecimâ, die quintâ menfis Augufti... in prefentiâ viri nobilis & potentis AMBLARDI DE BELLOMONTE, Domicelli, Domini Bellimontis & Montisfortis... nobiles Aynardus & Amblardus de Chalenderia, fratres, filii condam nobilis Guillelmi de Chalenderia, habitatoris de Crollis... prefentaverunt... inftrumentum, cujus tenor... nofcitur effe talis: « In nomine » Domini, amen. Anno Nativitatis ejufdem millefimo tercentefimo fexagefimo, inditione de-
Ann. 1360. » cimâ tertiâ, die vicefimâ primâ menfis Februarii... ad... requifitionem viri nobilis & po-
» tentis Domini AMBLARDI DE BELLOMONTE, Militis, dicti loci Bellimontis & Montisfortis Do-
» mini... nobilis Guillelmus de Chalenderia, filius nobilis Domicelli Arthaudi de Chalenderia,
» habitator de Crollis... recognovit fe effe... hominem ligium dicti Domini AMBLARDI, &
» ... junctis manibus... infra manus dicti Domini AMBLARDI, & hore ipfius Domini occulato
» eidem... homagium ligium fecit... &... prefatus Dominus AMBLARDUS..., fuit confeffus
» ... habuiffe... de omnibus... redditibus... per dictum Guillelmum de Chalenderia, olim
» Miftralem ejufdem Domini Miftralie, caftri Montisfortis... recuperatis... bonum computum
» &... integram folutionem... nam... omniaque prefato Domino remanferat debens....
» eidem gratiofè remifit.... Actum fuit hoc apud Bellummontem predictum, in Caftro dicti loci,
» infra aulam inferiorem, prefentibus Arthaudo Boueti, Domicello, AMBLARDO, filio nobilis
» GUIGONIS DE BELLOMONTE dicti Guers, Domino Guillelmo Gauterii, Capellano, Petro Egidii,
» dicto alias Perrin.... Et ego vero Johannes Chaftagnii, auctoritate Imperiali, Notarius pu-
» blicus.... » Quoquidem inftrumento... lecto... dicti Aynardus & Amblardus de Chalenderiâ, fratres, eidem AMBLARDO, dictorum locorum Bellimontis & Montisfortis Domino.... confeffi fuerunt... fe effe... homines ligios... dictumque homagium ligium preftiterunt pro fe & fuis... ftando pedes, ritu nobilium perfonarum, junctis & complofis manibus fuis inter manus ipfius AMBLARDI, & oris ofculo interveniente.... Actum apud Crollas.... prefentibus nobilibus Anthonio de Montefortis, Anthonio de Crollis, &... Johanne Grillodi, teftibus.... Ego vero predictus Johannes Chaftagnii alias Rogerii, de Crollis, &c.

Tranfaction paffée entre AMBLARD DE BEAUMONT, *Seigneur de* BEAUMONT *& de Montfort ;* FRANÇOIS DE BEAUMONT, *Seigneur de la Freyte & de Pelafol ; & Anthoine de Bellecombe, Seigneur du Château du Touvet, touchant leur Jurifdiction fur les Habitans du Touvet & de St Michel-du-Mont.*

Original en parchemin, confervé dans les Archives de la Terre du Touvet, appartenant à M. le Marquis de Marcieu.

2 Septemb. 1392. IN NOMINE Domini, amen. Anno Nativitatis ejufdem Domini milleſimo tercentefimo nonagefimo fecundo, inditione quindecimâ, die fecundâ menfis Septembris... cum lis... & rancura verteretur... inter viros nobiles & potentes AMBLARDUM DE BELLOMONTE, Dominum dicti loci Bellimontis & Montisfortis ex unâ parte, & Anthonium de Bellacomba, Dominum Caftri de Thoveto & de Sancto Vincentio, ex parte alterâ; fuper... quod dictus nobilis vir Anthonius de Bellacomba... dicebat... fibi... pertinere... juridicionem... in Johannem Fortis, de Sancto Petro, habitatorem loci predicti de Thoveto, necnon & in Johannem Micholoti alias Cara, filium quondam Petri Micholoti, habitatoris ipfius loci de Thoveto, necnon etiam & in omnibus & fingulis hominibus & mulieribus quibufcunque habitantibus... in parrochiis de Thoveto & de Sancto Michaele de Monte... & etiam in extraneis... delinquentibus... in Parrochiis predictis... vigore cujufdam permutationis facte per, inclite recordationis, Dominum Johannem Dalphini, cum Roleto de Intermontibus, quondam tunc Domino Caftri de Thoveto.... Item petebat... quemdam obolum aureum quem... debent anuatim Domini Prior & conventus domus religiofe Vallis Sancti Hugonis... pro quadam pecia prati... fita in parrochiâ de Thoveto... Dicto nobili AMBLARDO DE BELLOMONTE dicente... fibi folo & in folidum juridictionem predicto-

rum... pertinere debere tam titulo, usu & confuetudine per ipfum AMBLARDUM & ejus predecefſores de cognomine Bellimontis ufitatis longo, longiori & longiſſimo tempore, quam etiam donationis facte per, bone memorie, Dominum Humbertum Dalp. potenti viro Domino AMBLARDO DE BELLOMONTE, quondam Patri predicti nobilis AMBLARDI DE BELLOMONTE. Tandem... partes predicte volentes... ad pacem... pervenire.... mediantibus & tractantibus quibufdam eorum amicis... preſente volente & conſentiente nobili viro & potente Domino FRANCISCO DE BELLOMONTE, Frayte & Pelafolli Domino pro juribus & intereſſe ſuis, tranſigerunt... dicti nobiles, Dominus FRANCISCUS DE BELLOMONTE, AMBLARDUS DE BELLOMONTE, & Anthonius de Bellacomba inter ſe... in primis... quod... ſuper juridictionem predictam & quam quelibet parcium predictarum ſibi aſſerebat pertinere, ut ſupra, etiam aſſerebat prefatus Dominus FRANCISCUS ſibi pertinere debere in parte... utantur... per modum inferius declaratum... Videlicet quod quilibet dictorum Domini FRANCISCI, AMBLARDI & Anthonii & ſui... habeant & ad ipſos pertineat omnimoda juridictio predictorum habitancium, ſupervenientium & etiam extraneorum delinquencium & comitencium in predictis Parrochiis de Thoveto & de Sancto Michaele de Monte... in feudis vel retrofeudis ac hominibus & bonis mulieribus ſuis... & etiam in illis qui dictis Dominis vel alteri ipſorum recognitionem juridictionis vel homagii fecerunt. Item... quod ſi contingerit aliquem forencem vel extraneum venire & habitationem facere in dictis Parrochiis... quo ille ex dictis tribus Dominis penes quem ſe... recollexerit... in feudo vel retrofeudo ejuſdem... ad ipſum... pertineat juridicio omnimoda... ſi vero dictus ſic ſuperveniens vel habitans alibi quam ſupra deſignatur, ſuam contingerit facere mancionem continuam per unum annum integrum, infra dictas Parrochias de Thoveto & de ſancto Michaele... abſque recognicione juridicionis vel homagii facienda, alteri dictorum Dominorum, quod lapſo dicto anno, ipſe ſic habitans... pleno jure pertineat ipſi nobili AMBLARDO DE BELLOMONTE & ſuis... Item fuit actum... quod juridicio predicti Johannis Fortis... pertinere debeat ad dictum nobilem AMBLARDUM DE BELLOMONTE... &... quod juridicio Johannis Micholoti alias Cara... ſit... predicto nobili Anthonio de Bellacomba.... Item... quod obbolus aureus de quo ſupra fit mencio... pertineat... predicto nobili Anthonio de Bellacomba.... Acta fuerunt predicta apud Thoverum, prope Eccleſiam dicti loci... preſentibus... viris nobilibus Johanne Berlionis, Richardo Berlionis, Arthaudo Boueri, Arthaudo Guiffredi, Domino Jacobo Guiffredi, Monaco, Petro de Grangiis, & Humberto Orcelli, & me Franciſco Guillermerii, de Thoveto, publico auctoritate Imperiali Notario, qui premiſſis omnibus, cum teſtibus predictis, una cum Johanne Chaſtagnii, Notario publico, preſens fui....

Vis-à-vis la premiere ligne de cet Acte, eſt figuré le monogramme du Notaire.

Tranſaction paſſée entre le GOUVERNEUR DU DAUPHINÉ, au nom du Dauphin, & AMBLARD SEIGNEUR DE BEAUMONT.

Extrait du Regiſtre, cotté : 3us *Liber Copiarum concernantium Patrimonium Domini noſtri Dalphini, &c.* fol. VIC. LVI, *étant aux Archives de la Chambre des Comptes de Dauphiné, ſous les* n°. 27 & 29, *année* 1334 ; *délivré par le Greffier en Chef de cette Chambre, ſigné* Chabert.

JACOBUS de Montemauro, Cambellanus Regius, Gubernator Dalphinatūs... notum fieri 19 Juillet 1393; volumus, quod cum nuper queſtio verteretur inter nobilem virum AMBLARDUM Dominum BELLIMONTIS, heredem & ſucceſſorem Domini AMBLARDI, condam ejus patris, & dicti loci Domini, parte unā, & Avocatum & Procuratorem Fiſcalem totius Dalphinatūs, nomine Dalphinalis, parte ex alterā ; ſuper eo quod dictus AMBLARDUS dicebat... quod licet dudum in aſſetamento dicto Domino AMBLARDO, condam ejus patri, per recolende memorie Dominum Humbertum Dalphinum Viennenſem facto, de Caſtro... Montisfortis in Grayſivodano, fuiſſet aſſetratum... ſuper Chavanería & buſſia de Craponodo, medietas pro indiviſo trium ſeſtariorum unius eymine, cum uno quartali frumenti cenſus ; item medietas pro indiviſo trium ſeſtariorum & unius eymine avene cenſus ; item medietas trium ſeſtariorum vini puri... & quod licet à tempore dicti aſſetamenti... ipſe AMBLARDUS & ejus predeceſſores tenuiſſent... abſque impedimento molendina quedam in dicto mandamento Montisfortis ſita, predictaſque medietates cenſuum... nichilominus Comiſſarii, de novo deputati ad recipiendum recognitiones juris Dalphinalis, Caſtellanie... Montisbonodi, ipſum AMBLARDUM... impediverunt... in perceptione dictorum cenſuum... molendinaque predicta ad manus Dalphinales reduxerunt.... ſupplicans ſibi ſuper hiis providerí... necnon decem ſolidos bone monete Cenſus & antique reſtantes ad aſſetandum pro majore valentia traditorum per dictum ejus patrem prefato Domino noſtro Humberto Dalphino, ad cauſam excambii... ſibi aſſignari... petenſque ulterius & requirens ſibi recompenſationem condignam pro parte Dalphini fieri equipollentem in valore annuo, valori molendini & torcularis que erant in loco Mirollii, tradita per eum Domino noſtro, ex cauſâ dicte permutationis.... Quibus auditis & in deliberatione Conſilii... deductis, viſiſque inſtrumentis permutationis, ſeu excambiorum & aſſettamentorum per partem utramque productis... ſuper premiſſis nomine & auctoritate Dalphinali tranſegimus... quod in predicto Mandamento Montisfortis ſituata, cum ejus molumentis, juribus & pertinentiis univerſis, ſint & remaneant....

R r ij

perpetuo... dicto AMBLARDO & suis successoribus... & census omnes & singuli per quoscumque in dicto mandamento Domino nostro Dalphino debiti.... Quibus mediantibus Dominus noster Dalphinus & sui sint... quicti & inmunes de omnibus quibuscumque que per dictum AMBLARDUM ...peti possent.... Quocirca dilectis nostris, Castellano Montisbonodi... necnon Comissariis ad recipiendum recognitiones jurium Dalphinalium dicte Castellanie... damus in mandatis qua thinus manus Dalphinales in predictis molendinis appositas tollant.... necnon de omnibus & singulis censibus in dicto mandamento Montisfortis, per quoscumque Domino nostro Dalphino debitis, ipsum AMBLARDUM & suos... gaudere pacifice... faciant & permittant... in cujus rei testimonium, presentes litteras Grationopoli datas, die decima nona mensis Julii anno Domini millesimo tercentesimo nonagesimo tertio. Per Dominum Gubernatorem ad relationem Consilii quo erant Domini, Johannes Serpe, Guillermus Gelinon, Advocatus & Procurator Fiscalis totius Dalphinatus, Johannes Veteris, judex appellationum & Andritus Gatini, Computorum Dalphinalium Auditor. A Fabri.

Saisie faite sur quelques Biens de noble Jean Cochie, comme répondant d'AMBLARD SEIGNEUR DE BEAUMONT & de Montfort.

Original en parchemin, conservé dans les Archives de M. le Comte de Beaumont-de la Roque, au Château du Repaire, en Périgord.

16 Janvier 1396..... NOVERINT universi.... quod anno Nativitatis.... Domini millesimo tercentesimo nonagesimo sexto, & die decima Octava mensis Januarii.... Johannes Ytarelli, familiaris & Vice-Preco publicus Curie Dalphinalis Montisbonoudi, preconisavit.... in foro publico dicti loci pro primo foro de bonis nobilis Johannis Cochie, fidejussoris... nobilis viri AMBLARDI DE BELLOMONTE, DOMINI BELLIMONTIS & Montisfortis... captis.... pro pignore.... per ipsummet familiarem, ad instantiam nobilis Bertrandi Magnani, vigore & pretextu quarumdam Litterarum Dominicalium.... quarum tenor.... inferius est insertus.... Postque anno quo supra & die ultima mensis predicti Januarii.... prenominatus Vice-Preco iterum & pluriès preconisavit.... pro secundo foro.... bona & census predesignata.... Subsequenter vero anno quo supra & die septima mensis Febroarii.... prenominatus Vice-Preco.... iterum sepiès & pluriès.... preconisavit.... bona & pignora predesignata.... Denique comparuit Johannes Massonis, Parrochie Sancti Ysmerii, qui... de ipsis... darurum se obtulit.... viginti octo florenos.... Igitur dictus Vice-Preco... dictos census & bona superiùs expressata.... dicto Johanni Massonis libravit, traditione unius plume anseris, ut est moris.... Tenor Litterarum.... de quibus supra habetur mensio, sequitur : « Jacobus de Montemauro, Cambellanus & Consiliarus Regius, » Gubernator Dalphinatus, notum facimus.... quod cum dilectus noster Bertrandus Magnani, » Castellanus Montisbonoudi rexerit & gubernaverit Dalphinali nomine Castrum & Mandamen-» tum Montisfortis, cum tota jurisdictione ejusdem Castri, que reducta erant ad manus Dalphi-» nales pro nonnullis delictis & criminibus per DOMINUM & Castellanum ejusdem loci commissis » & perpetratis spacio quinque mensium & ultra, plures que expensas & labores penosos fecerit... » in gubernando ipsam terram & juridictionem, & in perquirendo & capiendo captosque addu-» cendo apud Grationop' infra carceres Daiphinales, non nullos delatos de emutilatione seu des-» tructione pedis Glaudii Humberti, filii Aymari Humberti alias Chaignatz, prout sumus plena-» rii informati... Nos itaque cupientes quod qui laborat dignam recipiat Mercedem... dictus » que Dominus MONTISFORTIS coram nobis legitimè citatus, seu ejus legitimus procurator se » submisserit ordinationi nostri; igitur... salarium & expensas... per dictum Bertrandum factas,... » taxavimus & taxamus ad viginti quinque florenos auri... solvendos... per dictum DOMINUM » MONTISFORTIS... dantes in mandatis vobis dilectis nostris Castellanis Grationopolis & Buxe-» rie... quatenus dictum DOMINUM MONTISFORTIS, seu Johannem Cochie, ejus fidejussorem...) » viriliter & rigidè compellatis... ad... solvendum... predictam... summam cum expensis...' » Datum Grationopoli die octava mensis Octobris anno Domini millesimo tercentesimo nonage-» simo quinto, per Dominum Gubernatorem ad relationem Consilii, quo erant Domini Jo. Serpe; » G. Gelinon, Advocatus Fiscalis & Petrus Rastatii : P. Paneti. » De quibus omnibus... dictus Bertrandus fieri petiit.. publicum instrumentum. Acta sunt hec... presentibus Petro Galiani, Martino Ponceti & Guillelmo Telmi, testibus... & me, Arthaudo de Cizerino, publico autoritate Imperiali Notario, qui premissis... interfui... signatoque meo solito presignavi.

Vis-à-vis les premieres lignes de cet acte, est figuré le monogramme du Notaire.

DE LA MAISON DE BEAUMONT. Liv. VII. 317

Obligation passée par PHILIPPE (DE St AGNIAN,) *Dame* DE BEAUMONT *& de Montfort, veuve d'*AMBLARD DE BEAUMONT*, comme Tutrice de leurs Enfans mineurs.*

Original en parchemin, conservé dans les Archives de M. le Comte de Beaumont-de la Roque, en son Château du Repaire, en Périgord.

IN NOMINE Domini amen. Anno à Nativitate ejusdem Domini millesimo tercentesimo nona- 26 Janvier 1399. gesimo nono, inditione septima... & die vicesima sexta mensis Januatii... ad instantiam... discreti viri Michaelis Vallini, de Lumbino Notarii... nobilis Domina PHILIPPA, DOMINA BEL-LIMONTIS & MONTISFORTIS, relicta viri nobilis & potentis AMBLARDI DE BELLOMONTE, Castrorum predictorum condam Domino, Tutrix & Administratrix Liberorum communium dictorum nobilium AMBLARDI condam & PHILIPPE, non decepta... recognovit... tutorio nomine predicto, debere dicto Michaeli Vallini... quaterviginti & tresdecim florenos auri justi ponderis, causa responderie, dicto Michaeli Vallini per dictam Dominam PHILIPPAM, nomine quo supra, facte, nomine Domini Johannis Terracii, Curati Lombini; & inquibus... dicti liberi prefato Domino Johanni tenebantur... pro remissione undecim sestariorum & trium cartarum frumenti, quatuordecim gallinarum cum dymidia; de cen° servitio dicto Domino Johanni Terracii olim venditorum, per dictum nobilem AMBLARDUM condam Dominum Bellimontis & Montisfortis... Quosquidem quaterviginti & tresdecim florenos... promisit dicta Domina PHILIPPA... solvere... eidem Michaeli Vallini....... Acta fuerunt predicta apud Thovetum infra domum Anthonii Escosterii, presentibus... nobili viro Antonio de Bellacomba, Domino Castri de Thoveto, nobili Eynardo ejus filio, nobili Aynardo de Chalenderia & Johanne de Theysio alias Gaboni, Fabro, & me Francisco Guillermerii, de Thoveto, public° auctoritate Imperiali Notario, qui premissis omnibus... presens fui... signoque meo presignavi...

Vis-à-vis les premieres lignes de cet Acte, est figuré le monogramme du Notaire.

CHAPITRE III.

AMBLARD DE BEAUMONT, IIIe du nom, Chevalier, Seigneur de Beaumont & de Montfort, fils aîné d'AMBLARD II; LOUIS & HENRY ses freres.

Hommages rendus à AMBLARD DE BEAUMONT *par ses Vassaux.*

Protocolle original de Jean Chastagnii, Notaire de Crolles, où sont tous ces Hommages; conservé dans les Archives de M. le Comte de Beaumont-de la Roque, au Château du Repaire, en Périgord.

IN NOMINE Domini amen. Anno Nativitatis ejusdem millesimo tercentesimo nonagesimo 12 Juin 1399. nono, indicione septima, die decima secunda mensis Junii... in presentia viri nobilis AMBLARDI filii condam AMBLARDI, Domicelli, filii condam & heredis universalis viri nobilis & potentis Domini AMBLARDI DE BELLOMONTE, dicti loci Bellimontis & Montisfortis Domini, Militis condam, assistentium sibi, venerabilis viri & Religiosi Fratris Roberti de Sancto Agniano, Preceptoris generalis Auvernie, ordinis Sancti Anthonii ejus patrui, & nobilis Domicelli Johannis Berlionis, de Terracia, ejus curatoris, nobilis vir Anthonius de Monteforti, filius condam nobilis Alberti de Monteforti, Domicelli... confessus fuit... se tenere... in feudum... conditionibus contentis in instrumento superius designato (*), & homagium ligium fecit... stando pedes ritu (*) *C'est l'Acte* nobilium, junctisque manibus suis inter manus AMBLARDI antedicti & oris osculo interveniente *du 29 Juin 1375,* inter ipsos... fidelitate & homagio Domini nostri Dalphini semper salvis......... Actum in *rapporté ci-dessus.* Castro dicti loci Bellimontis... presentibus nobilibus Anthonio de Crollis, Aymaro Motardini, AYNARDO DE BELLOMONTE, & Michaele Vallini, Notario... Ego vero Johannes Chastagnii alias Rogerii, auctoritate Imperiali Notarius, premissis omnibus una mecum Johanne Brontini, Notario publico... interfui hoc inde publicum instrumentum rogatus... recepti & notavi...

IN NOMINE Domini nostri Jesu X" amen... Anno ejusdem Domini millesimo tercentesimo 12 Juin 1399. nonagesimo nono, inditione septima, die decima secunda mensis Junii, in presentia viri nobilis

328 PREUVES DE L'HISTOIRE GÉNÉALOGIQUE.

AMBLARDI, filii condam AMBLARDI, Domicelli, filii & heredis universalis viri nobilis & potentis Domini AMBLARDI DE BELLOMONTE dicti loci Bellimontis & Montisfortis Domini condam, Militis, affiftentibus fibi prefentibus & confulentibus, viro venerabili & Religiofo Fratre Roberto de Sancto Hagniano, Preceptore generali Auvernie, ordinis Sancti Anthonii, ejus patrui & nobili Johanne Berlionis ejus curatore, nec non viri nobilis Anthonii de Monteforti Domicelli... nobilis Anthonius de Crollis... confeffus fuit... fe tenere... in feudum prout fuperius continetur... (*) & predicum homagium ligium fecit... memoratis AMBLARDO & Anthonio... ftando pedes ritu nobilium perfonarum, junctifque manibus... & oris ofculo interveniente inter ipfos........ Acta fuerunt hec in Caftro Bellimontis... prefentibus nobilibus AYNARDO DE BELLOMONTE, Aymarono Motardini, Arthaudo Guiffredi alias Guiguetz, Anthonio Guillermerii feniore, Michaele Vallini, Notariis, & Aymaro de Sancto Johanne, teftibus... Ego vero Johannes Chaftagnii alias Rogerii, de Crollis... Notarius publicus... prefens fui, &c....

(*) *C'eft-à-dire, dans l'Acte du 27 Septembre 1365, rapporté ici en entier.*

12 Juin 1399. IN NOMINE Domini amen. Anno Nativitatis ejufdem millefimo tercentefimo nonagefimo nono, inditione feptima, die XII. menfis Junii... ad inftantiam... viri potentis AMBLARDI filii AMBLARDI Domicelli condam, filii & heredis univerfalis nobilis & potentis viri Domini AMBLARDI, Militis condam... BELLIMONTIS & Montisfortis Domini, affiftentibus fibi, venerabili viro & Religiofo Fratre Roberto de Sancto Agniano, Preceptore generali Auvernie, ordinis Sancti Anthonii, ejus patruo & nobili Johanne Berlionis, ejus curatore, nobilis Anthonius de Crollis, tanquam Aminiftrator legitimus Aymari filii fui, heredis univerfalis nobilis Hugonis de Crollis, patrui fui ipfius Anthonii... confeffus fuit... fe tenere... in feudum & de feudo ipfius AMBLARDI, tanquam Domini dicti loci Bellimontis... homagium & fidelitatem in quibus fibi tenetur Hugonetus Bracheti, filius Petri... Johannes Bracheti... Item omnes cenfus & ufagia... que percipit... in Parrochia de Thoveto... videlicet... de fuper Caftrum Thoveti quod eft nobilis Anthonii de Bellacomba &... inde... defuper domum Bayete... ufque ad vineam Domini FRANCISCI DE BELLOMONTE, vocatam de Catalibus, & inde defuper domum fortem de Frayta, ejufdem Domini FRANCISCI... & pro predictis... confeffus fuit... fe debere... homagium ligium... quodquidem homagium ligium... fecit & preftitit dictus Anthonius, prefato AMBLARDO... more nobilium... ac oris ofculo interveniente inter eos........ Actum Bellimonti.. prefentibus nobilibus, Anthonio de Monteforti, Arthaudo Guiffredi alias Guiguetz, Aymarono Motardini, Aynardo & Amblardo de Chalenderia fratribus, Aymaro de Sancto Johanne & Anthonio Guillermerii, Seniore, Notario, teftibus... Ego vero Johannes Chaftagnii alias Rogerii, de Crollis, &c....

12 Juin 1399. IN NOMINE Domini, amen.... Anno ejufdem Domini millefimo CCC° nonagefimo nono, inditione VII, die decimâ fecundâ menfis Junii, in prefentiâ viri nobilis & potentis AMBLARDI, filii condam AMBLARDI, Domicelli, filii & heredis univerfalis nobilis & potentis viri Domini AMBLARDI DE BELLOMONTE, Militis condam dicti loci Bellimontis & Montisfortis Domini, affiftentibus fibi &c..... nobilis Aymaronus Motardini, de Crollis.... confeffus fuit... fe tenere... à dicto AMBLARDO & fuis, ut fupra, in feudum... excepto homagio Domini Comitis Geben... & ex nunc pertinere dicitur Domino noftro Dalphino, ad cujus manum reducta dicitur terra condam prefati Domini Comitis, in Grayfivodano; ad cujus caufam, idem Aymaronus tenetur ad dictum homagium, & predictum homagium ligium fecit... memorato AMBLARDO DE BELLOMONTE..... ftando pedes, ritu nobilium perfonarum, juctifque manibus fuis inter manus AMBLARDI antedicti, & oris ofculo interveniente.... Actum in Caftro Bellimontis,... Ego vero Johannes Chaftagnii alias Rogerii de Crollis... Notarius publicus, &c....

12 Juin 1399. IN NOMINE Domini, amen..... Anno Nativitatis ejufdem Domini millefimo tercentefimo nonagefimo nono... die decimâ fecundâ menfis Junii... in prefentiâ viri nobilis AMBLARDI, filii AMBLARDI, Domicelli condam, filii & heredis viri nobilis & potentis Domini AMBLARDI DE BELLOMONTE, Militis, dicti loci Bellimontis & Montisforris condam Domini... aftantibus fibi & confulentibus, &c.... conftitutus nobilis Aymarus de Sancto Johanne, filius condam nobilis Jacobi de Sancto Johanne... confeffus fuit... fe tenere... à dicto AMBLARDO, Domino Bellimontis... & tenuiffe, tam ipfe quam fui predeceffores, à predeceffionibus dicti AMBLARDI, in dicto caftro Bellimontis, tempore longiffimo, in feudum... res bona... & ufagia... defignata in quodam inftrumento publico confecto... manu... Mengeti Balbi, Notarii publici, fub anno Nativitatis Domini millefimo tercentefimo fexagefimo octavo... die XX menfis Novembris... quod inftrumentum..., continet.... quod nobilis Jaquemetus de Sancto Johanne, filius condam nobilis Aymari de Sancto Johanne, & Dominus Guigo de Sancto Johanne, ejus frater, Monachus Thoveti, Ordinis Cluniacenfis, confeffi fuerunt tenere à viro magnifico & potenti Domino AMBLARDO... & inde pro predictis... confeffus fuit idem nobilis Aymarus de Sancto Johanne... teneri dicto AMBLARDO, Domino BELLIMONTIS & fuis... ad homagium ligium... quod homagium... fecit... dicto nobili AMBLARDO... ftando pedes, more nobilium... ofculo oris interveniente inter eos... Actum in aulâ fuperiori Caftri Bellimontis predicti... Ego vero Johannes Chaftagnii alias Rogerii de Crollis... Notarius publicus, &c....

12 Juin 1399. IN NOMINE Domini, amen.... Anno ejufdem Domini millefimo tercentefimo nonagefimo nono... & die decimâ fecundâ menfis Junii... conftitutus in prefentiâ viri nobilis AMBLARDI

DE LA MAISON DE BEAUMONT. Liv. VII. 319

de Bellomonte, filii Amblardi, Domicelli condam, filii & heredis universalis viri nobilis & potentis Domini Amblardi de Bellomonte, Militis condam Bellimontis & Montisfortis Domini, & cui idem Amblardus, nepos prefati Domini Amblardi, ipsi Domino Amblardo, ejus avo sucedit, nobilis Johannes Berlionis, Domicellus.... confessus fuit.... se tenere.... in feudum francum, nobile & paternum à dicto Amblardo... sub modo formâ & conditione contentis... in instrumento... &... predictum homagium inpendit, fecit & prestitit prefato Amblardo... more nobilium.. & oris osculo interveniente inter ipsos.... Actum in Castro Bellimontis... Ego verò Johannes Chastagnii aliàs Rogerii, de Crollis... Notarius, &c....

In nomine Domini, amen... Anno Nativitatis ejusdem Domini millesimo tercentesimo nona- *12 Juin 1399.*
gesimo nono, inditione septimâ... & die decimâ secundâ mensis Junii, in presentiâ viri nobilis Amblardi de Bellomonte, filii condam Amblardi, Domicelli, filii & heredis universalis viri nobilis & potentis Domini Amblardi de Bellomonte, Militis, dicti loci Bellimontis & Montisfortis... constituti nobiles Aynardus & Amblardus de Chalenderiâ, fratres, filii condam nobilis Guillelmi de Chalenderiâ condam, habitatores de Crollis... confessi fuerunt... dicto nobili Amblardo Bellimontis & Montisfortis Domino, se esse.... homines ligios ejusdem Domini & suorum.... Quodquidem homagium & fidelitatem ligiam.... fecerunt... stando pedes, more nobilium, tenendo manus suas junctas & complosas inter manus dicti nobilis Amblardi Bellimontis Domini, osculo oris interveniente inter eos.... & predictum homagium... fecit... stando pedes, ritu nobilium personarum, junctique manibus suis inter manus dicti nobilis Amblardi, & oris osculo interveniente inter ipsos.... Actum in Castro Bellimontis.... Ego vero predictus Johannes Chastagnii aliàs Rogerii, de Crollis ... Notarius publicus, &c.

In nomine Domini , amen.... Anno ejusdem Domini millesimo tercentesimo nonagesimo *12 Juin 1399.*
nono... & die decimâ secundâ mensis Junii, in presentiâ viri nobilis Amblardi, filii potentis viri Amblardi , Domicelli condam, filii & heredis nobilis & potentis Domini Amblardi de Bellomonte, condam Militis, dicti loci Bellimontis & Montisfortis Domini... nobilis Arthaudus Guistredi , tanquam heres universalis nobilis Arthaudi Boueti condam & dicto Arthaudo, in omnibus succedens.... prefato Amblardo de Bellomonte, dicti loci Bellimontis & Montisfortis...... confessus fuit... se tenere... tam in feudo, quam in emphicheosin, à prefato Amblardo & suis... &... teneri... ad homagium ligium.... & predictum homagium... fecit... stando pedes, ritu nobilium personarum, junctique manibus suis inter manus dicti nobilis Amblardi, & oris osculo interveniente inter ipsos.... Actum in Castro Bellimontis.... Ego vero predictus Johannes Chastagnii aliàs Rogerii, de Crollis ... Notarius publicus, &c....

In nomine Domini nostri Jhu Xpi amen.... Anno ejusdem Domini millesimo tercentesimo *15 Juin 1399.*
nonagesimo nono... die decima quinta mensis Junii ; in presentia viri nobilis Amblardi, filii condam Amblardi Domicelli, filii & heredis universalis viri nobilis & potentis Domini Amblardi de Bellomonte, dicti loci Bellimontis & Montisfortis condam Domini Militis .. nobilis Richardus Berlionis, filius condam & heres universalis viri nobilis Domini Heutachii Berlionis, de Terracia, Militis... confessus fuit... se tenere... in feudum francum nobile & antiquum à dicto Amblardo... res... designatas... homagium fecit... prefato Amblardo Bellimontis & Montisfortis Domino... stando pedes more nobilium personarum... & oris osculo interveniente inter ipsos........ Actum Terracie in domo dicti Johannis Berlionis, presentibus nobilibus Aynardo Coni, Florimondo Berlionis, & Anthonio Guillermerii, Seniore, testibus.... Ego verò predictus Johannes Chastagnii, alias Rogerii... Notarius publicus, &c....

In nomine Domini amen. Anno Nativitatis ejusdem millesimo ccc. nonagesimo nono... & *30 Juin 1399.*
die penultima mensis Junii... ad instantiam & requisitionem viri nobilis & potentis Amblardi de Bellomonte, filii Amblardi Domicelli, filii & heredis universalis viri nobilis & potentis Domini Amblardi de Bellomonte, Militis dicti loci condam Domini.... vir nobilis & potens Anthonius de Bellacomba, filius viri nobilis Domini Aynardi de Bellacomba, Militis condam, Dominus Castri de Thoveto... confessus fuit... se tenere... à dicto Amblardo de Bellomonte... & tenuisse à predecessoribus dicti Amblardi, in dicto Castro Bellimontis tempore longissimo, in feudum francum, nobile & antiquum, videlicet Castrum de Thoveto, cum ejus Dominio & Seygnoria, territorio & mandamento, meroque mixto imperio & omnimoda juriditione ejusdem, omnibusque homagiis... & aliis juribus... ipsius Castri, nec non omnia universa & singula bona inmobilia que nobilis Roletus de Intermontibus, condam Dominus Castri de Thoveto, & successive Drouetus de Intermontibus, ejus filius... possidebat in Parrochia de Thoveto, in Sancto Michaele, Sancti Vincentii de Marcusa, à Mandamento antiquo Terracie, usque ad rivum de Aloy & à cacumine montium usque ad medium Ysere ; & pro predictis omnibus , confessus fuit idem nobilis Anthonius de Bellacomba... teneri dicto Amblardo Domino Bellimontis & suis... ad homagium ligium... salvo homagio & fidelitate in qua... tenetur tam pro persona, quam pro feudo ex alia parte Domino nostro Dalphino ; quod homagium... prestitit dicto nobili Amblardo... stando pedes more nobilium, tenendo manus suas junctas & complosas inter manus dicti nobilis Amblardi, osculo horis interveniente inter eos .. & fuit actum... inter partes predictas quod in casu quo dictus Anthonius, duos vel plures liberos masculos haberet... quod ille quem heredem suum institueret in predicto Castro Thoveti, & in aliis predictis... solus & in solidum homagium ligium... prestare teneatur dicto Amblardo, & suis... Actum Thoveti in aula domus Prioris dicti loci, presentibus nobi-

libus Richardo Berlionis, Amblardo de Chalenderia, Anthonio Guillermerii, Seniore, Francisco Guillermerii, ejus fratre, Notariis, & Petro Mayachii, testibus... Ego vero Johannes Chastagnii alias Rogerii, de Crollis... Notarius publicus premissis omnibus... una mecum... Johanne de Alenis, Notario publico... hoc... publicum instrumentum... recepi & notavi, &c....

Hommage rendu par AMBLARD DE BEAUMONT, en qualité d'héritier de ses pere & ayeul, au Gouverneur de Dauphiné, au nom du Roi, Dauphin de Viennois.

Extrait du Registre original, cotté : Notæ Francisci Nicoleti ab anno 1395-1399, fol° IIII^{xx}. VII ; étant aux Archives de la Chambre des Comptes de Dauphiné : délivré par le Greffier en Chef de cette Chambre, signé Chabert.

Homagium Domini BELLIMONTIS.

18 Juin 1399. IN NOMINE Domini, amen. Anno ejusdem Domini millesimo tercentesimo nonagesimo novo ; & die decima octava mensis Junii, inditione septima, cum anno sumpta, in presentia spectabilis & magnifici viri Domini Jacobi de Montemauro, Cambellani & Consiliarii Regii, Gubernatoris Dalphinatus, pro Excellentissimo Principe & Domino, Domino Karolo Dei gracia Francorum Rege & Dalphino Viennense, & coram me Francisco Nicoleti, de Crimiaco, Viennensis Diocesis, Secretario Dalphinali, publico auctoritate Imperiali, Notario... personaliter constitutus nobilis vir AMBLARDUS DE BELLOMONTE, filius & heres nobilis viri AMBLARDI DE BELLOMONTE, Domini Bellimontis & Montisfortis... presentavit... testamentum nobilis & potentis viri Domini AMBLARDI DE BELLOMONTE, Militis, Domini Bellimontis & Montisfortis condam... receptum per Johannem Chastagnii aliàs Rogerii... Notarium publicum, sub anno Nativitatis Domini millesimo tercentesimo septuagesimo secundo, inditione decima & die decima nona mensis Decembris... per quodquidem testamentum dictus nobilis AMBLARDUS, in dictis Castris, & aliis bonis que condam fuerunt dicti Domini AMBLARDI, deindè dicti nobilis AMBLARDI, patris condam ipsius nobilis AMBLARDI, extitit substitutus, que substitutio per mortem dicti nobilis AMBLARDI, noviter vita functi, dicto nobili AMBLARDO, vendicavit locum ; exhibuit etiam... aliud publicum instrumentum.... receptum per Johannem Nicoleti, de Crimiaco... publicum Notarium, sub anno Nativitatis Domini millesimo tercentesimo octuagesimo quarto, die vicesima quarta mensis Januarii... homagii prestationis & feudi recognitionis factarum per dictum nobilem AMBLARDUM Dominum Bellimontis & Montisfortis, bone memorie, Domino Karolo Domino de Bovilla, Gubernatori Dalphinatus nomine Dalphinali de dictis Castris Bellimontis & Montisfortis........ quibus.... instrumentis exhibitis.... ipse idem nobilis AMBLARDUS DOMINUS BELLIMONTIS major, ut suo juramento asseruit, quatuordecim annis, minor very viginti quinque.... confessus fuit.... ad opus Domini nostri Dalphini :... teneri ad homagium ligium de persona, seque tenere.... in feudum à dicto Domino nostro Dalphino Viennense, omnia & singula in predicto instrumento... contenta & declarata, & que dictus nobilis AMBLARDUS, ejus pater tenebat & possidebat tempore mortis sue... & predictum homagium fecit & prestitit prefatus nobilis AMBLARDUS pro se & suis... stando pedes ritu nobilium personarum, junctisque & complosis manibus suis inter manus Domini Gubernatoris predicti, & oris osculo interveniente inter ipsos in signum perpetui federis & amoris, promittens... esse deinceps dicto Domino nostro Dalphino, & suis successoribus obediens firmiter & fidelis.... Acta fuerunt hec apud Grationopolim in auditorio superioris Consistorii Dalphinatus, in presentia & testimonio venerabilium & circonspectorum virorum Dominorum Johannis Sarpe, in utroque jure, Guillelmi Gelmon, in legibus, licentiatorum, Roberti de Sancto Aniano, Preceptoris Alvergnie, Jacobi de Sancto Germano, Advocati Fiscalis & Procuratoris Generalis Dalphinatus, Andriti Garini, Computorum Dalphinalium Auditoris, nobiliumque virorum, Anthonii de Bellacomba, Domini Thoveti, Johannis Berlionis, & plurium aliorum per me jam dictum Notarium vocatorum & rogatorum testium ad premissa.

Quittances données par AMBLARD SEIGNEUR DE BEAUMONT, de partie de la dot d'Eustache DE MONTMAYOUR, son Epouse.

Expéditions délivrées le 9 Décembre 1757, sur les originaux étant aux Archives Royales de la Cour de Turin, signées : B. Cottalorda, Regii Archivii Preses ; scellées d'un cachet aux armes du Roi de Sardaigne, & légalisées, le 12 du même mois, par M. de Chauvelin, Ambassadeur de Sa Majesté Très-Chrétienne auprès du Roi de Sardaigne ; signé : le Chevalier Chauvelin, & par son Excellence, Arnaud.

28 Septembre 1405. ANNO DOMINI millesimo quatercentesimo quinto, inditione decimâ tertiâ, die vigesimâ octavâ mensis Septembris... ad instantiam... mei Notarii... recipientis vice nomine & ad opus nobilis

DE LA MAISON DE BEAUMONT. Liv. VII.

nobilis HOSTACHIAE, filiae quondam nobilis viri JOANNIS DE MONTEMAJORI, filii nobilis & potentis viri Domini Gaspardi de Montemajori, Militis, quondam Domini Villarii-Saleti... confessus fuit.... nobilis & potens vir AMBLARDUS DE BELLOMONTE, Dominus dicti loci Bellimontis, se habuisse & realiter recepisse à dictâ nobili HOSTACHIA ejus uxore, videlicet quingentos florenos boni auri & parvi ponderis per manum nobilis & potentis viri Domini Gaspardi de Montemajori, Militis, Domini Villarii Saleti, solvente nomine nobilis Hostachiae, & hoc in exonerationem duorum millium & quingentorum florenorum auri predicti eidem nobili AMBLARDO... constitutorum per nobiles Joannem de Verdone, Joannem de Ruppecula, & Gulielmum de Muris, tamquam Procuratores... nobilis Antoniae de Muris, relictae dicti nobilis Joannis de Montemajori, matrisque dictae HOSTACHIAE in dotem... ipsius nobilis HOSTACHIAE, prout de dicta constitutione plenius continetur in duobus publicis instrumentis receptis, per Anthonium Guiglielmerii, Notarium publicum ad opus dicti Domini BELLIMONTIS, & alio per me Joannem Coquardi, ad opus dictae nobilis HOSTACHIAE : de quibus quidem quingentis florenis auri..... dictus nobilis AMBLARDUS.... dictam Anthoniam, Matrem dictae HOSTACHIAE ejus uxoris & dictos suos Procuratores... quittavit.... Acta fuerunt in Castro Villarii Saleti, videlicet in turri magna dicti Castri, ubi testes... fuerunt... venerabilis vir Dominus Aymarus de Arciis, Prior Thoyriaci, nobilis Hugo de Arciis, Dominus de Bastitâ, Joannes de Ruppecula, Gulielmus de Muris, Domicelli, & Joanninus de Mes. Et ego Joannes Coquardi de Montemeliano, Notarius publicus praesens instrumentum... levavi & scribi feci per Gulielmum Bolomeri, de Montefloro, Lugdunensis Diocesis, Coadjutorem meum.... & signo meo solito signavi...

ANNO DOMINI millesimo quatercentesimo decimo quarto, indictione septimâ, die undecimâ mensis Aprilis... vir nobilis & potens Dominus AMBLARDUS DOMINUS BELLIMONTIS in Dalphinatu... confitetur... recepisse à nobili & potenti viro Domino Gaspardo de Montemajori, Milite, Domino Villarii-Saleti, & hoc de & pro dote nobilis Dominae HOSTACIAE DE MONTEMAJORI, neptis ejusdem Domini Gaspardi, & uxoris dicti Domini BELLIMONTIS, videlicet mille & ducentos florenos parvi ponderis, inclusis... ducentis florenis tradditis per ipsum Dominum Gaspardum, pro vestibus dictae Dominae HOSTACIAE, inclusis insuper & computatis... omnibus... solutionibus factis de dicta dote per ipsum Dominum Gaspardum... eidem Domino BELLIMONTIS... de tempore praeterito usque nunc ; de quibus mille & ducentis florenis praefatus Dominus AMBLARDUS... quittat.... Acta sunt haec in Castro Villarii-Saleti ante capellam, praesentibus Domino Petro Giroleti, Capellano ; Petro Franceseti & Hugone Fusentis, de Musterio, Notariis, testibus.... Ego vero Antonius Wlliet, de Sancto Raynberto Jurensi, Clericus, auctoritatibus Imperiali & Domini nostri Sabaudiae Comitis, Notarius publicus, hoc instrumentum rogatus recepi, aliisque negotiis occupatus scribi feci manu Joannis Vaniti, Notarii, coadjutoris mei, meisque signo & subscriptione signavi fideliter & tradidi...

11 Avril 1414.

Hommage rendu à AMBLARD DE BEAUMONT.

Extrait d'un ancien Regiftre, cotté : Viallety, couvert de bazane verte, fol. 205-232 ; conservé dans les Archives de M. le Comte de Beaumont-de la Roque, au Château du Repaire, en Périgord.

IN NOMINE Domini, amen. Anno Nativitatis ejusdem millesimo quatercentesimo septimo... & die secundâ mensis Martii... ad instantiam... viri nobilis & potentis ANBLARDI DE BELLOMONTE, filiique & heredis..... nobilis, potentis viri AMBLARDI DE BELLOMONTE, quondam Domini... locorum Bellimontis & Montisfortis... assistentibus... sibi nobilibus & circonspecto viro Domino Jacobo Marchi, Legum Doctore, Judice Castrorum Bellimontis.... & Montis fortis, & Eynardo de Chalenderiâ, Castellano Montisfortis pro dicto nobili AMBLARDO, nobilis Johannes Chastagni alias Rogeri, de Crollis, Notarius, filiusque nobilis Johannis Chastagni alias Rogeri, Notarii quondam, heres in hac parte, nobilis discreeti viri Johannis Chastagni alias Rogeri, Notarii quondam, avi sui paterni... confessus fuit... & recognovit se esse... hominem dicti nobilis AMBLARDI.... Quodquidem homagium... prestitit eidem AMBLARDO... stando pedes, more nobilium, & tenendo manus suas junctas... inter manus dicti AMBLARDI, & horis osculo interveniente.... Item tenere confitetur ipsum Johannes à prefacto ejus Domino, ex aquiramento per eum facto à nobili Guigone Reymondi, Veherio de Bregnino, Veheriam dicti loci Montisfortis, cum suis juribus.... Acta.... in Monasterio Ayarum, in aulâ inferiori Domine Abbatisse, presentibus nobilibus Johanne Henrici, Secretario Dalphinali, Claudio Moleti alias de Esp'maia, Aymaro Motardini, Notario... & me Michaele Vallini, Clerico, habitatore Lumbini, Imperiali auctoritate Notario publico... Extractum.... à papiris... Magistri Michaelis Vallini, Notarii condam... per me subsignatum, Custodem papirorum ipsius... secundâ mensis Jullii, anno Domini millesimo quingentesimo vigesimo primo, GAULTERII.

2 Mars 1407.

❦

S s

Acte de Réception de HENRI DE BEAUMONT, *au Monastere de Saucillanges,
Ordre de Cluni.*

*Original en parchemin, conservé dans les Archives de M. le Comte de Beaumont-de la Roque,
au Château du Repaire, en Périgord.*

20 Décembre 1407.
(*) Emporté par vétusté.

ANNO... Domini millesimo quatercentesimo septimo...(*)... & die Martis, in Vesperiis festi Beati Thome, Apostoli... personaliter existentes & constituti apud Frugeyras, infra Capellam Sancti Anthonii... venerabilis & Religiosus vir Domp'us Guillelmus Genoys, Sacrista & Monacus Monasterii Celsiniarum, Ordinis Cluniacensis... & nobilis ENRICUS DE BELLOMONTE, Clericus, filius nobilis defuncti AMBLARDI DE BELLOMONTE, & Philippe de Sancto Aziano, conjugum.... Idem HENRICUS presentavit dicto Sacriste quasdam... litteras... quarum... tenor sequitur.... « Venerabilibus & carissimis fratribus nostris de Rampone Sancti Andree de Rossanis » & de Calvis, domorum nostrarum Prioribus ac Sacriste domûs nostre Celsiniarum... Frater » Raymundus, miseratione divinâ, Ecclesie Cluniacensis Minister humilis, salutem in Domino. » vobis... mandamus quatenùs HENRICUM DE BELLOMONTE filium nobilis viri AMBLARDI DE » BELLOMONTE... Clericum quem... in Monacum nostri Ordinis recepi decrevimus... dum » tamen sciat legere & cantare.... Datum in nostro Cluniacensi Monasterio, sub sigillo nostro, » die primâ mensis Junii, anno Domini M° quadringentesimo septimo.... Signatum, J. Guia-» neti..... » Qui idem Sacrista & Commissarius dictum HENRICUM legere & cantare fecit, & ipsum... examinavit... & dictum HENRICUM, genibus flexis, per manum cepit, cum oris osculo ipsum induit habitu Monacali, & secundum regulam dicti Ordinis ipsum recepit.... Acta fuerunt hec infra dictam Capellam de Frugeyras, in presentiâ nobilis viri Domini Guillelmi de Cureyrâ, Militis, Astorgii de Salhenx, Domino de Mamiac; Rigauldo de Saugeyras, Domicellorum..... Et ego Johannes Sobenas alias Vitalis, Clericus de Alzonio, Sancti Flori Diocesis, Notarius, auctoritate Imperiali publicus, predictis omnibus... presens interfui, & signo meo... signavi....

Vis-à-vis les dernieres lignes de cet Acte, est figuré le monogramme du Notaire.

Hommage rendu à Louis, fils aîné du Roi, Dauphin de Viennois, par
AMBLARD SEIGNEUR DE BEAUMONT *& de Montfort.*

Extrait du Registre original, en parchemin, cotté : Tertius Homagiorum Petri Paneti, n°. 6 & 8, ann. 1407, fol. VII^{xx}. VII ; *étant aux Archives de la Chambre des Comptes de Dauphiné : délivré par le Greffier en Chef de cette Chambre, signé* Chabert.

30 Octobre 1413.

IN NOMINE Domini amen. Noverint... quod anno Nativitatis ejusdem Domini millesimo quatercentesimo decimo tertio, inditione septimâ, & die penultimâ mensis Octobris, in presentiâ spectabilis & magnifici viri Domini Reynerii Pot, Domini Prugnie, & Ruppis de Nolay, Cambellani & Consiliarii Regii, Gubernatoris Dalphinalis pro illustrissimo Principe, & Domino nostro Domino Ludovico, Francorum Regis primogenito, Duce Acquittanie & Dalphino Viennensi... personaliter constitutus vir nobilis & potens Dominus AMBLARDUS Dominus BELLIMONTIS & Montisfortis; ipse imquam Dominus AMBLARDUS.... confessus fuit.... & recognoscit dicto Domino Gubernatori... se esse, suos predecessores fuisse, & suos successores Dominos BELLIMONTIS & Montisfortis, esse debere homines ligios dicti Domini nostri Dalphini qui nunc est, & pro tempore fuerit & eidem teneri ad homagium ligium de personâ; seque tenere... in feudum à dicto Domino nostro Dalphino Viennensi quicquid habet... suique, predecessores habere tenere & possidere consueverunt in locis, territoriis & mandamentis dictorum locorum Bellimontis & Montisfortis, & in locis, territoriisque & mandamentis Avalonis & Goncellini, ac Buxerie & Terrassie, ac in Perrochia Sancti Vincentii de Malcusâ, cum omnibus censibus, servitiis, redditibus, juribus, angariis, perangariis, aquarum decursibus, meroque & mixto, imperio, feudis, hominum homagiis, & aliis quibuscumque latius declaratis & designatis in instrumento homagii dudum per eum, bone memorie, Domino Jacobo de Monte-Mauro, quondam Gubernatori Dalphinatûs, facti & prestiti... sub anno Domini millesimo tercentesimo nonagesimo nono... & die decimâ octavâ mensis Junii..... & predicta homagia ligia fecit..... memorato Domino Gubernatori.... stando pedes, ritu nobilium personarum, junctisque manibus suis inter manus Domini Gubernatoris ante dicti, & oris osculo interveniente inter ipsos in signum perpetui federis & amoris... Acta fuerunt premissa apud Grationopolim in aula superioris Consistorii Dalphinatûs, presentibus honorabilibus & magne auctoritatis viris Dominis, Guillermo Gelmonis, Johanne Genis, Jacobo de Sancto Germano, Guiffredo Tholoni, Licentiatis in Legibus, Magistro Andricto Garini, Computorum Dalphinalium auditore, Consiliatiis Dalphinalibus, Domino Johanne Alamandi, Milite, Dominio Sechilline, Domino Hugone de Cometiis, Domino de Stapis, etiam

DE LA MAISON DE BEAUMONT. Liv. VII.

Milite, Antonio de Ruffo, Marqueto de Boczofello, & Guillermo Chapufi, Teftibus ad premiffa vocatis. Ego vero Petrus Paneti, de Bellomonte, Valentinenfis Diocefis, publicus auctoritate Imperiali Notarius, Secretarius Dalphinalis, premiffis homagii preftationi & feudi recognitioni... una cum prenominatis teftibus, Francifco que Nicoleti & Johanne Guiffredi, Secretariis Dalphinalibus, Connotariis meis prefens fui ut priùs, &c. ....

Suppliques d'AMBLARD SEIGNEUR DE BEAUMONT, Chevalier, au Conseil Delphinal, pour être mis en possession du Château de la Terrasse.

Original en papier, conservé dans les Archives de M. le Comte de Beaumont-de la Roque, au Château du Repaire, en Périgord.

EXELLENCIE Venerabilis Confilii Dalphinalis humiliter fupplicat AMBLARDUS DOMINUS BELLIMONTIS, Miles, Vaffallus Dalphinalis, quod cum homagium & feudum in quibus ad cau- *17 Mai 1415.* fam Caftri, territorii & mandamenti Terracie, Domini ipfius loci, Domino noftro Dalphino hactenùs tenebantur, cum omnibus aliis juribus ex caufis predictis eidem Domino noftro Dalphino, feu ejus anteceforibus dudum competentibus, ejdem exponenti per medium fuorum predeceforum à Domino noftro Dalphino in hâc parte caufam habenti, legitimo titulo pertinere nofcantur, refforto & fuperiorate eidem Domino noftro Dalphino femper falvis, ut conftat patentibus litteris... nuncque per obitum Domine Luce de Vallibus quondam Domine dicti loci & mutacione novi fucceforis, dicti homagii preftatio, cum juribus & prerogatoriis dictorum feudi & homagii occafione debitis, vendicet fibi locum ; dignetur exellencia prelibata dictum fupplicantem omnibus & fingulis juribus & prerogativis fibi tanquam Domino dicti feudi... competentibus uti & gaudere pacifficce... mandare, ne jufto fuo titulo & Principis beneficio... deftitui videatur....

Vobis venerabili Confilio Dalphinali ac Domino Procuratori & Advocato Fifcali.... humiliter fupplicat AMBLARDUS DOMINUS BELLIMONTIS quatenùs quicquid pars privata, videlicet Dominus utilis Caftri Terracie facere vel contendere velit, vos faltem quos contra conceffa... & mandata per Dominum noftrum Dalphinum venire vel actemptare non decet, fed ea pociùs exequi... nil contra ipfarum concordie, tranfactionis & mandati tenorem facere, vel actemptare vetitis ; occafione feudi dicti Caftri per illuftriffimum Principem memoratum ipfi DOMINO BELLIMONTIS feu ejus avo & predeceffori remiffi Penuncellos Dalphinales in dicto Caftro, tanquam reddibili apponendo, feu apponi mandando.... Quinymo fi quid per vos... in contrarium factum vel mandatum prout creditur, exiterit, revocando... fibi benigniter providendo prout negocii qualitas exhigit & requirit, concedendo fi placet fuper hoc litteras opportunas.

IIIIc. XV. XVII. menfis Maii, oblatâ prefenti fupplicatione venerabili Confilio Dalphinali quo erant Domini G. Gelinon, Prefidens, Jo. Guers, Advocatus Fifcalis ; Syffredus Tholoni.... & Conputorum Auditores... fuit ordinatum quod Penoncelli Dalphinales ponantur in Caftro Terracie, juxta formam infeudacionis & homagia & predicta fiant citra prejudicium utriufque partis. GUIFFREDI.

Reconnoissances féodales données à AMBLARD DE BEAUMONT, Chevalier, Seigneur de Beaumont & de Montfort.

Minute originale d'Aymar Motardini, Notaire, conservée dans les Archives de M. le Comte de Beaumont-de la Roque, au Château du Repaire, en Périgord.

IN NOMINE Domini amen. Anno à Nativitate ejufdem Domini milleſimo quatercenteſimo, decimo feptimo, indicione decimâ... & die viceſimâ menſis Octobris, coram me Eymaro Mo- *20 Octobre 1417.* tardini, Notario publico... ad inftantiam & requiſitionem nobilis & potentis viri Domini AMBLARDI DE BELLOMONTE, Militis, DOMINI BELLIMONTIS & Montisfortis.... omnes & finguli feudatarii... infrafcripti... de precepto... honorabilis viri Domini Petri Magnini, alias Sor, Cappni, Miſtralis & Procuratoris Generalis venerabilis ac Religioſe Domine, Domine ALISIE DE BELLOMONTE, Dei gratia Monafterii Ayarum Abbatiffe & totius conventus ejufdem..., confeffi fuerunt... tenere... de feudo & dominio directo dicti Domini AMBLARDI DE BELLOMONTE & fuorum... ex aquirimento per dictum Dominum AMBLARDUM, facto titulo permutationis à dicta Domina Abbatiffa & fuo Monafterio, res feuda & poffefſiones infraſcriptas... Inprimis Petrus Lajonis, Efcoferius, filius Petri Lajonis condam, de Lumbino... confeſſus fuit... fe tenere in emphiteoſim & de Dominio directo dicti Domini AMBLARDI & fuorum, duas foſſoratas vinee fitas in Parrochia Lumbini.... Actum apud Lumbinum in domo Cure dicti loci, prefentibus Nicoleto de Luyſino, Clerico, Guillelmo Ribotti, Michaele Jay, teftibus ad premiffa vocatis. Ego vero Eymarus Motardini, Notarius publicus. Item Petrus Brandonis, filius Guillelmi Brandonis, condam de Lumbino... Michael Jay, Efcoferius... Guillelmus Ribocti... & nomine Johannette ejus uxoris... Petrus Clementis, filius... Johannis Clementis condam, nomine fuo, & Johannis ejus fratris... Guillelmus Jay... &... nomine Mengete, ejus uxoris... Johannes Chivallerii, filius Johannis Chivallerii condam, nomine fuo & nominibus Petri & Goneti, fratrum fuorum... Petrus filius Nantermi, Chivallerii condam... Johannes Gauterii, de Lumbino... Johannette uxor Anthonii Paffatoris... Guillelmus Bolfradi.... nominibus Johannis & Petri Bolfradi, fratrum fuorum... Petrus Garnoudi, aliàs Moyn'o... & nomine Johannis ejus fratris.... Item anno & inditione predictis & die quinta menfis Novembris... ad inftantiam & requifitionem dicti Domini AMBLARDI, Stephanus Maffonis, Notarius... tanquam caufam habens à Petro Lamberti aliàs Camiaz, herede Jacobi Lamberti, Notarii condam, confeffus fuit... coram nobili JOHANNE DE BELLOMONTE, naturali, Caftellano Bellimontis, dato & exiftente pro curia... fe tenere in emphiteofim à dicto Domino AMBLARDO, & de ipfius directo dominio... quamdam peciam terre... fit', apud Crollas... &... fe debere confeffus fuit... eidem Domino & fuis... duos folidos & quatuor denarios bone monete cenfus & placitum confuetum..... Actum Crollis in domo Johannis Grilloudi, prefente ipfo Johanne Grilloudi, nobili Aynardo de Chalenderia, Petro Brandonis, juniore, teftibus.... Item Petrus, filius Johannis Brandonis condam.... Item Aymo Jay... Drevonus Pleycenti... Guillelmus Chaftagnii aliàs Polliar, nomine Biatrifie ejus uxoris, filie Guillelmi Clementis condam... &... Mengetus Oyfencii aliàs Racloz, habitator Lumbini.... Actum Lumbini in Cimenterio ejufdem Loci, prefentibus Michaele Vallini, Notario Guigone Clementis, Johanne Somardi, teftibus.... Ego vero Eymarus Motardini, Notarius publicus infrafcriptus.

Commiffion de Henri DE BEAUMONT, Doyen du Monaftere de Mauriac, pour régir & gouverner la Ville de Mauriac, en fon nom, pendant l'efpace d'une année.

Original en parchemin, confervé dans les Archives du Monaftere de St Pierre de Mauriac, Ordre de St Benoît, & communiqué par le Prieur de ce Monaftere.

17 Février 1418. Nos HENRICUS DE BELLOMONTE, divina permiffione Decanus Monafterii Mauriaci, ordinis Sancti Benedicti, Claromontenfis Diocefis, univerfis & fingulis prefentes litteras infpecturis & audituris facimus notum, quod cum Religiofi viri Fratres Stephanus Riberii, Celerarius Monafterii noftri Mauriaci, Guillelmus Jarnagie, Thezaurarius dicti Monafterii, Johannes Riberii, Prior de Vigano, & Johannes Ruffi, Camerarius dicti Monafterii, & Monachi ejufdem Monafterii, & Geraldus la Jarrigha, Johannes Galaup, Johannes la Laffaurgas, Johannes Sarreti alias Bolon, Petrus Volpilheyra, Stephanus Dalb', Johannes Conftans, Jocobus Softra, Michael gen' Johannis Dangles, Johannes Yfchart, Durandus de Ponte, Petrus Baudo, Johannes Dangles aliàs Cenhier, Jacobus Bercen, Petrus Barrat, Petrus Glenat, Aymericus Dalb', Bertrandus Bergier, Johannes Archinbal, Adhematius Danglars, Francifcus Fabri, Jacobus Vitalis de Solatges, Petrus Aldi, Petrus Pelegri, Johannes d'Artigas aliàs Pradel, Stephanus Dalbatut, Petrus Yfchardi, Durandus la Vernha, Petrus de Segur & Johannes Barre, homines noftri Ville noftre Mauriaci, requirerent fibi provideri de aliquibus probis ad regendum & gubernandum Villam & negotia Mauriaci, & fupplicarent concedere per unum annum duos probos cum uno ex Religiofis Monafterii noftri ad predicta expedienda ; nos vero volentes utilia Ville & hominum noftrorum Mauriaci pro poffe cum effectu procurare & inutilia evitare & rem publicam augmentare, de concenfu dictorum Religioforum & predictorum hominum ordinavimus & ordinamus & conftituimus dictum Fratrem Johannem Riberii, Priorem de Vigano, Petrum Volpilhoyra & Johannem Dangles aliàs Cenhier, homines noftros, gubernatores, cuftodes ad regendum, gubernandum Villam, claves portarum Ville Mauriaci, infidias, cuftodias de die & de nocte, & hedificare, reparare faciendum ac fieri committendum & faciendum muros, fchiffias, portas, foffatos & alia neceffaria ad dictam Villam, litigia & negotia Ville & hominum Ville & Terre Mauriaci, profequendum & faciendum ac profequi faciendum ; dantefque eifdem Fratri Johanni Riberii & Petro Volpilloyra & Johanni Dangles, & quilibet ipforum poteftatem & fpeciale mandatum predicta faciendi, & talhias ad fieri faciendum, ordinandum, judicendum, levandum, folvendum operarios manoperarios & alia neceffaria, nec non & talhias & fubventiones fi judicent per dictos Petrum Volpilheyra & Johannem Dangles, vocato quodam probo viro Parrochie de extra Villam ordinand' levand', defficient' ad predictas cuftodias & infidias de nocte & de die ad portas gatgiandi, & decem denarios turonen' pro pena ultrà falarium infidiarum à quolibet defficiente levandi, & dictam penam fcilicet decem denarios ad reparationem Ville & foffatorum convertendi, malifactores fi de die vel nocte armatos vel alias reperiebantur pro nobis capiendi & ad carceres noftros ducendi precipiendique hominibus fubdditis noftris ut eifdem gubernatoribus & cuilibet ipforum prefient auxilium, juvamen & favorem ad predicta & ea tangentia excercenda, quibus etiam fubdditis licentiam predicta faciendi contulimus, & omnia alia univerfa & fingula excercendi que ad negotia Ville & hominum & habitantium Ville & Terre Mauriaci,
(*) Ainfi dans incumbent & pertinent (*) poterunt, dum tamen in prejudicium noftrum Monafteriique noftri &

Religioforum dicti Monasterii non convertant. Predicti vero frater Johannes Riberii, Petrus *Paste pour petits* Volpilheyra & Johannes Dangles prestarunt nobis juramentum ad Sancta Dei Euvangelia de *nete,* bene & fideliter regere, gubernare, & esse boni & fideles nobis & Ville & ad predicta facienda, & compota nobis, aut deputando à nobis & Villa aut cuidam probo Ville pro omnibus aliis reddere. Predicta vero volumus & concedimus durare & habere firmitatem per unum annum continuum & complendum. Datum & actum presentibus quibus supra, in Villa nostra Mauriaci, die decima septima mensis Februarii anno Domini millesimo quadringentesimo decimo octavo. In quorum fidem & testimonium premissorum sigillum nostrum presentibus litteris duximus apponendum. (*Le sceau qui pendoit à cet Acte n'existe plus.*)

Moyens proposés par LOUIS DE BEAUMONT, *pour parvenir au partage des biens de ses pere & ayeul avec* AMBLARD DE BEAUMONT, *son frere aîné.*

Original en papier, conservé dans les Archives de M. le Comte de Beaumont-de la Roque, au Château du Repaire, en Périgord.

IN DIETA amicabili tenenda inter nobiles Dominum AMBLARDUM & LUDOVICUM DE BEL- Ann. 1426. LOMONTE, fratres... de & super bonis... Domini AMBLARDI DE BELLOMONTE, avi paterni dictorum fratrum & subsequenter AMBLARDI ipsorum fratrum patris, dicendum est per amicos dicti nobilis LUDOVICI, quod predicta bona omnia & quecunque sint veniunt inter ipsos fratres equaliter dividenda, non obstante testamento per dictum Dominum AMBLARDUM, avum paternum dictorum fratrum, inquo disposuisse legitur de Castris Bellimontis, Montisfortis & Terracie, & ipsa casu substitutionis de qua ibi adveniente voluit decurrere ad primogenitum dicti AMBLARDI, patris dictorum fratrum ; quoniam predicta Castra sunt feudalia, & non valuit talis dispositio secundùm jura feudorum & etiam secundùm Leges Imperiales civiles in dispendium aliorum fratrum, etiam si hoc processisset de consensu Domini directi feudi, & si dicatur quod fratres primo fuerunt contenti de tali dispositione, adhuc non obstat LUDOVICO, quia talis concensus non potest sibi prejudicare secundum dicta jura. Et iterum si dicatur quod de consuetudine nobiles vassalli & varvassores testantur de bonis feudalibus, respondetur quod hujusmodi consuetudo est facti, contra legem scriptam & tantùm locum habet, si habeat locum alicubi, in regno Francie; sicut aliqui Doctores pratici dicunt, non autem habet locum in imperio & alibi ubi sunt feuda. Et si ita fuerit observatum per aliquos, non prejudicat aliis nec potest induci consuetudo contra legem scriptam civilem sine expresso consensu ipsius qui legis condende habet potestatem, & si multi nobiles ita observarent, non propterea noceret aliis non consentientibus nec tolleretur vigor legis talis prout hec omnia ample per jura declarabuntur si necesse fuerit. Et preterea posito quod talis esset indubitata consuetudo, sicut esse asseritur per doctores in regno Francie, que tamen non est in Imperio nec alibi revera, que de jure prejudicare possit, nisi illis qui specialiter & expresse consentiunt testantibus de feudis; adhuc Dominus AMBLARDUS modernus male moveretur petendo sibi dividi alia bona quam dicta tria Castra. Sed de ipsis tribus Castris deberet esse contentus & fratri suo LUDOVICO, dimittere omnia bona in quibus fuit per ipsius avum institutus AMBLARDUS pater condam dictorum fratrum modernorum, sicut etiam voluit quod Dominus AYMARUS, ejus primogenitus pro ejus parte & porcione haberet dumtaxat dicta tria Castra, & AMBLARDUS haberet medietatem terre que fuit GUIRSI DE BELLOMONTE, & totam terram existentem in Mandamento Avalonis, Goncellini & Alavardi. Ita etiam voluit quod casu quo eveniret focus substitutionis per ipsum facte, quod primogenitus haberet dumtaxat dicta tria Castra, & alia bona remanerent penes alios vel alium inquibus fuit institutus dictus AMBLARDUS & talis fuit ejus mens & intentio que aliter accipi non potest sane. Nec verisimiliter aliter reperiretur iste LUDOVICUS multum fraudatus contra mentem testatoris que talis fuit & talem fuisse interpretatur lex, quia non est verisimile quod plus de ejus hereditate voluerit decurrere ad ejus nepotem, primogenitum AMBLARDI, quam ad ejus proprium filium primogenitum. Et ita si amici cognoscerent aliquomodo quod Dominus AMBLARDUS modernus haberet dicta Castra tria, non debent aliquomodo cognoscere quod ultrà dicta Castra aliquid capere debeat in aliis bonis, in quibus per ipsorum avum fuit institutus AMBLARDUS, & super hoc puncto, etiam si fuerit necesse allegabitur plene ; & hec sufficient dicere in via amicabili, quia si predicta decidantur secundum jura, ample scribetur super predictis, &c.

Transaction passée entre AMBLARD DE BELLOMONTE, Chevalier, & LOUIS DE BEAUMONT, son frere, sur le Partage de leurs Biens.

Protocolle original d'Antoine Masson, Notaire de Crolles, fol. LXXVIII-LXXXI; conservé dans les Archives de M. le Comte de Beaumont-de la Roque, au Château du Repaire, en Périgord.

23 Mai 1426. IN NOMINE Domini amen. Anno Nativitatis ejusdem Mo. IIIIc. XXVI. inditione quarta, cum dicto anno sumpta & die XXIII^a mensis Maii... cum lis... seu discencio verteretur... inter nobilem & potentem virum Dominum AMBLARDUM DE BELLOMONTE, Militem, ex una parte, & virum nobilem & potentem LODOVICUM DE BELLOMONTE ejusdem Domini AMBLARDI fratris, ex parte altera, super eo & ex eo quod dictus nobilis LODOVICUS, petebat per eumdem Dominum AMBLARDUM ejus fratrem sibi expediri... partem & frareschiam in terris Castrorum Bellimontis & Montisfortis, & etiam in mandamentis eorumdem... & dictus Dominus AMBLARDUS dicebat... dicta mandamenta ac etiam Castra & obventiones eorumdem eidem Domino AMBLARDO totaliter pertinere... secundum testamenta predecessorum suorum & petit plus dictus Dominus AMBLARDUS partem, portionem & frareschiam in terra seu censibus & obventionibus Avalonis & Alavardi que secundum testamenta remanet dicta terra eisdem fratribus de communi. De quibusquidem... tractatu amicabili egregiorum virorum nobilium & potentium Dominorum, tàm Religiosorum quàm laycorum, Roberti de Sancto Agnyano, Preceptoris domus Freugeriar, in Alvernia, licentiati in decretis, Arthaudi de Arciis, Infirmarii Ecclesie Quatedralis Beate Me Grationopolis, Prioris Prioratus Campi, Francisci de Atciis, Prioris Prioratus Sancti Georgii, Begelar in decretis, HENRICI DE BELLOMONTE, Decani Moriasci in Alvernia, Johannis Nycolay, Canonici Beate M^e. Gro^{nop}. Baquelar in decretis, Soffredi de Arciis, Militis, Hugoni de Arciis, Domini Pastide-Arciarum; Francisci de Villario & Alberti de Monteforti, transigerunt... in hunc modum... Inprimis... quod eidem nobili LODOVICO pro omni jure, parte & partagio & Frareschia... remaneat tota terra sita in mandamento Avalonis & Alavardi.... Item... quod dicta mandamenta Bellimontis & Montisfortis & omnia alia bona quecumque sint... eidem Domino AMBLARDO & suis... totaliter pertineant... sive sint citrà Yserem vel ultrà & extra dicta mandamenta Avalonis & Alavardi. Item plus transigerunt... quod dictus nobilis LODOVICUS solvat... de dote egregie BYATRISIE DE BELLOMONTE, eorum sororis, uxoris dicti nobilis HUGONIS DE ARCIIS Domini Bastide-Arciarum, videlicet ducentum florenorum... tempore quo dictus Dominus AMBLARDUS teneatur solvere residuum seu restam dicte dotis. Item fuit transactum... quod dictus nobilis LODOVICUS eidem Domino AMBLARDO ejus fratri ab inde in antea nichil petere seu querelare possit.... Item plus transigerunt: .. de voluntate & consensu nobilis egregie Domine FILIPE DE SANCTO AGNIANO, Domine Bellimontis, eorum matris, quod ipsa eadem Domina habeat... domicilium suum cum illo cum quo maluerit morari... & &, si ipsa Domina maneat... cum dicto Domino AMBLARDO... dictus nobilis LODOVICUS teneatur & debeat sibi Domine FILIPE anno quolibet solvere, videlicet, viginti quinque florenos pro suo vestiario; & si econverso placeat sibi Domine manere... cum dicto nobili LODOVICO... dictus Dominus AMBLARDUS, eidem Domine solvere teneatur anno quolibet viginti quinque florenos, &... ille cum quo morabitur... teneatur sibi providere in victu; & pro predictis dicta Domina PHILIPA doarium sibi ordinatum super terra Avalonis quietat.... Item plus transigerunt... quod si contingeret aliquem ipsarum partium decedere absque liberis legitimis masculis... quod tota hereditas illius... pervenire debeat alteri pro se & eorum liberis masculis & legitimis.... Acta... fuerunt hec infra Castrum Montisfortis... presentibus... viris nobilibus, Johanne Conchie, Fratre Petro de Montemajori, Monacho Prioratus de Heyrone, Guillelmo Lasteros, Girardino Quarterii, Dioces du Liege, Claudo de Arsiis, & Hugone de Comeriis, Domino de Srapis, & Johanne Gaberii, Clerico de Alavardo. Et me Anthonio Massonis, Notario publico, &c. Ego vero Joh Gay, Notarius publicus.

Testament d'AMBLARD DE BEAUMONT, Chevalier, Seigneur de Beaumont & de Montfort, en faveur d'AMBLARD, AYMON, ANTOINE, CLAUDE & ANTOINETTE DE BEAUMONT, ses enfans.

Original en parchemin, conservé dans les Archives de M. le Comte de Beaumont-de la Roque, au Château du Repaire, en Périgord.

10 Mars 1427. IN ILLIUS nomine, à quo cuncta procedunt, Patris & Filii & Spiritûs Sancti.... Anno Nativitatis ejusdem Domini millesimo quatercentesimo vicesimo septimo, indicione quintâ... & die decimâ mensis Marcii... vir nobilis & potens, Dominus AMBLARDUS DE BELLOMONTE, Miles, Dominus Bellimontis & Montisfortis, sanus per Dei gratiam mente, licet eger corpore... suum

testamentum nuncupativum... fecit... & difpofuit... in modum qui fequitur fcriptum. In primis... corpori fuo elegit fepulturam in Prioratu de Thoveto, Grationopolis Dyocefis, Ordinis Clunyacenfis, videlicet in Capellâ ibidem fondatâ per ejus predeceffores ècontra Chorum dictæ Ecclefie... in quâ fepultura vult... convocari & effe triginta Dominos Cappellanos Miffas celebrantes.... Item percipit... facere... in Ecclefiâ dicti loci, poft fuam fepulturam... ejus fepelimentum, in quo convocari vult & ordinat fexaginta duos Dominos Cappellanos Miffas celebrantes, & dari prandium, & cuilibet ibi offerri tres groffos, & cuilibet Clerico fupervenienti fex den monete. Item precipit & ordinavit ibidem fieri unum tabernaculum in medio dictæ Ecclefie, & ponere fuum feretrum in mediætate dicti tabernaculi, fuper quod ponatur una coperta nigra albo croyfiata... & indui quindecim pauperes Xp̄i panno albo groffo de fardili, qui ftent circumcirca tabernaculum... volens... ulterius... ibidem offerri fuum enfem, timbrum & fcutum, more folito, per aliquem virum nobilem.... Item dedit & legavit conventui Fratrum Minorum & conventui Predicatorum civit Grationop, cuilibet decem florenos, ad rationem auri femel..., Item dedit & legavit nobili Johanni Conchie, pro bono fervitio fibi facto... centum florenos.... Item..., Johanni Gay, Notario infrafcripto, pro bono fervitio... fexaginta florenos... Item... Guillelmo Albi, mancipio fuo, videlicet, decem florenos.... Item... Alifie, Donatæ Johanni de Villalumen, quadraginta florenos.... Item... Ecclefie de Crollis, pro uno anniverfario, quindecim florenos... pro quo ordinat recipi per Curatum de Crollis, à Monerio molendinorum dicti Domini Teftatoris, de Craponoudi, unum feftarium frumenti.... Item confeffus fuit idem Dominus Teftator habuiffe... de dote egregie Domine HOSTACIÆ DE MONTEMAJORI ejus conforte, videlicet duo millia & ducentos florenos auri quos fibi affignavit... fuper caftrum fuum Montisfortis... taliter quod ipfa Domina ipfum caftrum teneat & poffideat... dum fe à fecundis nupciis abftinebit.... Item voluit... idem Dominus Teftator, egregiam Dominam PHILIPPAM DE SANCTO AGNIANO, ejus matrem, & dictam Dominam HOSTACIAM ejus conforrem, fore Tuttices, Gubernatrices & Aminiftratrices liberorum fuorum & totius terre dicti Domini, non computando de fructibus caftrorum & terre fue cuicunque... & in cafu quo dictæ Domine non poffent ftare, & in pace fimul perfeverare.... legavit dictæ Domine ejus matri, fuam... habitationem... in domo ipfius Teftatoris, vocata de Vineis.... Item ordinavit quod fi aliquid novi occurreret in dictis caftris, vel aliquâ parte tocius terre ipfius Domini Teftatoris; quod dictæ Domine... nichil in eifdem fe intermittere valeant... fine confilio... nobilium Hugonis de Arfiis & LUDOVICI DE BELLOMONTE.... Item confeffus fuit idem Dominus.... recepiffe à dictâ Dominâ HOSTACIA ejus conforte, ultra dotem fuperiùs confeffatam, videlicet centum florenos auri quos fibi vult... reftitui per AMBLARDUM, heredem fuum univerfalem dictorum caftrorum Bellimontis & Montisfortis.... Item inftituit fibi heredem particularem nobilem ANTHONIUM DE BELLOMONTE, ejus filium cariffimum, in quindecim florenis, ad rationem auri, anno quolibet fibi folvendos per nobilem AMBLARDUM, heredem fuum fuperius nominatum, & quod dictus ANTHONIUS teneatur & debeat ftare cum fuis heredibus communiter, & quod fibi teneantur & debeant providere in fuis neceffitatibus licitis. Item GLAUDIUM, ejufdem Teftatoris filium cariffimum inftituit fibi heredem particularem in centum florenis auri femel, & ordinavit ipfum effe Religiofum... & ipfum tenere in fcolis per dictos fuos heredes communiter, donec & quoufque fuerit beneficiatus. Item ANTHONIAM, ejufdem Teftatoris filiam, Monyalem Monafterii Ayarum inftituit fibi heredem particularem in centum florenis, ad rationem auri femel folvendis per dictum AMBLARDUM heredem fuum dictorum caftrorum Bellimontis & Montisfortis, volens... quod dicti AMBLARDUS & AYMO, heredes fui infrafcripti communiter folvant eidem ANTHONIE, anno quolibet quinque florenos, donec & quo ufque dictus AMBLARDUS folverit dictos centum fimul.... Item AYMONEM DE BELLOMONTE ejus filium dilectiffimum inftituit fibi heredem particularem in domo forti de Mefactico, cum omnibus fuis juribus... competentibus infra mandamentum Avalonis; item & in vineis que quondam fuerunt nobili Aymaro de Sancto Johanne, & Domino Hugoni Gilbergie, Monacho Thoveti, quondam fitis in mandamento Bellimontis... In ceteris verò bonis fuis, mobilibus & inmobilibus, Caftris, Cenfibus, homagiis, fidelitatibus & aliis quibufcunque juribus... cum omnimoda juridictione, fibi heredem fuum univerfalem inftituit... & in Caftris Bellimontis & Montisfortis fuum dilectiffimum filium AMBLARDUM DE BELLOMONTE, fuum primumgenitum.... Si verò contingeret dictum AMBLARDUM decedere,.. fine liberis mafculis, uno vel pluribus legitimis & naturalibus, fibi fubftituit.., dictum AYMONEM, fratrem dicti AMBLARDI & ejus liberos mafculos, qui ex legitimo matrimonio nati fuerint, & eo cafu... legatum dicti AYMONIS veniat ANTHONIO DE BELLOMONTE, ejus fratri, cafu quo non intraverit religionem, & fi intraverit religionem, fubftituit dictum GLAUDIUM ejus fratrem, cafu quo non intraverit religionem, & fi intraverit, fubftituit fibi poftumum mafculum, fi quis ex dicta uxore fua natus fuerit, cafu quo non intraverit religionem, & fi intraverint omnes religionem, remaneat dicto AYMONI, & fimiliter de omnibus aliis per rectam lineam, tenendo femper locum fubftitutionis eorum; fi verò contingeret dictum AYMONEM decedere fine liberis mafculis legitimis... fubftituit dictum ANTHONIUM & ejus liberos mafculos legitimos... &... fibi fubftituit dictum GLAUDIUM... &, fi contingeret dictos AMBLARDUM, AYMONEM, ANTHONIUM & GLAUDIUM... pofthumum... mafculum &... omnes fuperius nominatos liberos mafculos decedere fine liberis mafculis... fubftituit nobilem LUDOVICUM DE BELLOMONTE, ejufdem Teftatoris fratrem, & ejus liberos mafculos, ordine fucceffive, ita quod dictus frater fuus primo veniat, & poft eum ejus liberi mafculi, & femper primum natum in dictis caftris Bellimontis & Montisfortis; & fi contingeret dictum nobilem LUDOVICUM, fratrem suum decedere sine liberis masculis... substituit nobilem BYATRISIAM DE BELLOMONTE, ejusdem Testatoris sororem, uxoremque nobilis HUGONIS DE ARSIIS, & BONUM ejusdem BYATRISIE filium; & si contingeret dictam BYATRISIAM, & BONUM & ejus filium decedere sine liberis masculis... substituit nobiles ARTHAUDUM DE BELLOMONTE, filium nobilis ARTHAUDI DE BELLOMONTE, quondam & LUDOVISCUM DE BELLOMONTE, filium Domini HUMBERTI DE BELLOMONTE, & eorum liberos masculos, equis portionibus... Exequtores autem hujus sui testamenti... ordinavit Venerabiles & Religiosos Dños Arthaudum de Arsiis, Ensirmatium Ecclesie Grationop͞, Priorem Campi, & Johannem Mycolay, Canonicum dictæ Ecclesie, Priorem Ruppis, & Curatum de Crollis. . . . Acta fuerunt predicta & recitata in Castro Montisfortis, in camera à parte Ruppis, presentibus nobilibus Eynardo de Chalenderiâ, de Crollis, Anthonio Guillermerii, de Thoveto, Glaudio de Crollis, Johanne Brandonis, de Lumbino, Johanne Jay, Petro & Johanne Bolfradi fratribus, Johanne Bolfradi, filio dicti Petri, Termono de Ponte alias Picat, Johanne Burriani, partochie de Crollis, testibus. . . . . Ego vero Michael Vallini, habitator Lumbini . . . Notarius publicus, premissis omnibus... interfui, una cum ... Johanne Jay, Connotario. . . . Ego verò Johannes Gay, de Lumbino, Gro͞nop͞ Dyocesis Clericus, Imperiali auctoritate Notarius publicus... hoc instrumentum publicum cum dicto Michaele Vallini, Connotario, recepi....

Vis-à-vis les dernieres lignes de cet Acte, sont figurés les monogrammes des Notaires.

Extrait de l'Inventaire des titres de la Chambre des Comptes de Dauphiné, étant à la Bibliothèque du Roi; tom. Ier du Graisivodan; n°. 18, fol. 204, &c.

Ann. 1431-1446. AU REGISTRE cotté : *Quartus Liber retentionum ab anno Dñi 1435*, fol. 159, est rapporté que noble Pierre Terrail, de Grenoble, devoit 8 florins deux gros d'or pour les laods, à raison du 6e denier, de l'acquisition qu'il avoit faite de noble LOUIS DE BEAUMONT, d'un setier de froment, mesure d'Avalon, & une poule de cens, avec le plait, & directe sur les fonds sur lesquels lesdits cens étoient dus par ledit acheteur, sur deux journaux de vigne situés dans la paroisse de Grignon, au plan de Bayard, joignant ledit acheteur de deux parts & au prix de 16 florins d'or, par acte du 2 Octobre 1431.

De suite est un estat en 4 articles, contenant quelques rentes en 20 poules, argent, froment, & autres especes, avec leurs plaits & directe à prendre des particuliers debiteurs y nommés, dans la paroisse St Maximen ; que nobles Antoine & Jean Guers, oncle & neveu, avoient acquis de noble LOUIS DE BEAUMONT, dont ils devoient les lods au Dauphin, comme estant lesdites rentes mouvantes de son fief, lesquels furent payées au Receveur-Général de Dauphiné ; & lesd. Guers furent ensaisinés desdites rentes par le Conseil Delphinal, le 28 Novembre 1446.

Audit Registre, fol. 24, est la vente passée le 27 Octobre 1446, par noble LOUIS DE BEAUMONT, à Gonat Panatier, de 4 setiers de froment, mesure d'Avalon, que ledit Panatier faisoit devant la présente vente audit S^r DE BEAUMONT, avec directe Seigneurie sur les héritages où lesdites ventes étoient assises, avec plait, lods & ventes, le cas arrivant ; au prix de 70 florins d'or.

Audit Registre, fol. 162 V°. est rapporté que noble Pierre Terrail, jeune, de la paroisse de Grignon, devoit 5 florins 6 gros pour les laods, à raison du 6e denier de l'acquisition qu'il avoit faite de noble LOUIS DE BEAUMONT, de 4 garcines, froment censuel, & 15 deniers de plait, dus par Pierre Vallon ; plus, d'un setier froment censuel, & 3 sols de plait, dus par ledit Pierre Vallon, au prix de 39 florins, par acte du 8 Aoust 1441, lesquels laods étoient tenus en fief & hommage du Dauphin, lesquels laods furent payés au sieur Erland, Receveur-Général de Dauphiné, le 14 Février 1446.

Plus, devoit ledit Terrail, 4 florins pour les lods d'autre acquisition qu'il avoit faite dudit sieur DE BEAUMONT, d'un setier froment, un septier de vin, & deux poules de cens, avec leur plait dus audit vendeur par ledit acquéreur, sur deux vignes situées au-dessous de la Porte Galeuse d'Avalon, au prix de 12 écus d'or, par acte du 7 Mai 1431.

Plus, devoit ledit sieur Terrail, 3 florins 2 gros pour les lods de l'échange qu'il avoit fait avec ledit LOUIS DE BEAUMONT, qui lui avoit baillé le rachat des susdits cens à lui vendus ; plus, 25 sous, bonne monnoie, de cens dus par François Coques, sur une piece de pré, située dans la paroisse de Grignon, vers les moulins dudit lieu ; plus, 9 coupes de froment censuel dus par ledit Pierre Terrail, sur une piece de terre & pré, situées vers Vapiedon ; plus, une coupe & demie froment, due par ledit Terrail, sur une piece de vigne située vers Rattier, lieu dit *in Nuce*; par acte du 27 Mars 1441, lesquelles susdites choses échangées avoient été estimées 38 florins, les susdits lods furent payés au sieur Receveur-Général de Dauphiné.

Albergement

DE LA MAISON DE BEAUMONT. Liv. VII.

Albergement passé par Louis de Beaumont.

Original en parchemin, conservé dans les Archives de M. le Comte de Beaumont-de la Roque, au Château du Repaire, en Périgord.

.... Cum Johannes Talifert, Notarius quondam de Avalone, Gratianop. Dyocesis,... 26 Janvier 1437, diversas notas receperit, quas morte preventus grossare... non valuit, & inter alias... in suis prothocollis... quandam reperi notamque talis est: In nomine Domini, amen. Anno à Nativitate ejusdem... M° CCCC° XXX° VII°, inditione XVª... & die vicesima VIª mensis Januarii.... nobilis vir Ludovicus de Bellomonte, Diocesis Gratianop... considerans commodum & suam utilitatem, attento etiam quod res inferius confinata & per ipsum albergata cadit in ruynam... ea propter de novo albergavit... Johanni Ramisii, Naturali, de Avalone... quandam Dominiculam... que nunc est matri dicti Johannis Ramisii... pro censu & placito quale reperietur in recognicionibus dicti nobilis Ludovici de Bellomonte... & pro uno cadrente Mutonis, de introgiis... per traditionem unius calami, ut est moris, dictum... Johannem... investiendo... Actum apud Avalonem, infra domum dicti nobilis Ludovici de Bellomonte... Ego vero, Clemens Clementis, de Villario-Benedicto, Gratianop. Dyocesis, auctoritatibus Imperiali & Dalphinali, Notarius publicus, virtute comissionis... à papiris... Johannis Tallefert, Notarii condam extrahi... reddegi... & signo meo signavi....

Vis-à-vis les dernieres lignes de cet Acte est figuré le monogramme du Notaire, qui renferme son nom Clementis.

CHAPITRE IV.

Aymon de Beaumont, Seigneur de Beaumont & de Montfort, & Amblard de Beaumont, son frere aîné, fils d'Amblard III.

Hommage rendu au Gouverneur du Dauphiné pour le Roi Charles VII, Dauphin de Viennois, par Hugues d'Arces, Seigneur de la Bastie-Meylan, au nom d'Amblard de Beaumont, des Terres de Beaumont & de Montfort.

Extrait du Registre, cotté: Homagia recepta per Secretarios Computorum Delphinalium, &c. ab anno 1420-1429, n°. 6 & 8, fol. 111°. LXXII ; étant aux Archives de la Chambre des Comptes de Dauphiné : délivré par le Greffier en Chef de cette Chambre, signé Chabert.

In nomine Domini amen.... Anno Nativitatis Domini millesimo quatercentesimo vigesimo 15 Février 1428. octavo, & die decimâ quintâ mensis Februarii, in presentiâ illustris & magnifici viri Domini Mathei de Fuxo, Comitis Convenarum, Gubernatoris Dalphinatûs pro serenissimo Principe Domino nostro Domino Karolo, Dei gratiâ, Francorum Rege, & Dalphino Viennensi ... nobilis vir Hugo de Arciis, Dominus Bastide Meolani, Procurator & nomine Procuratorio nobilis & potentis viri Amblardi de Bellomonte, Domini dicti loci & Montisfortis, filii & heredis universalis, bone memorie, Domini Amblardi de Bellomonte quondam Domini dictorum locorum ... & presentavit dicto Domino Gubernatori quoddam publicum instrumentum, confectum & signatum per Petrum Paneti, Secretarium Dalphinalem, Notarium publicum, sub anno Domini millesimo quatercentesimo decimo tertio, inditione septimâ & die penultimâ mensis Octobris, continens in se homagii ligii prestationem... factam... per dictum Dominum Amblardum quondam, magnifico Domino Reynerio, dudum Gubernatori Dalphinatûs... exhibuit ulterius & presentavit idem nobilis Hugo de Arciis... instrumentum procuratoris.... & est talis. «In » nomine Domini, amen. Anno Nativitatis ejusdem Domini millesimo quatercentesimo vicesimo » octavo, inditione sextâ .... & die vicesimâ primâ mensis Januarii ... vir nobilis & potens » Amblardus de Bellomonte, Dominus dicti loci Bellimontis ac Montisfortis, major quatuor- » decim annis, prout asseruit, fecit... & ordinavit suos certos & indubitatos Procuratores... » viros nobiles & potentes Ludoviscum de Bellomonte patruum, & Hugonem de Arciis, » Dominum Bastide, avunculos suos, nec non virum egregium Dominum Stephanum Guillionis, » Legum Doctorem, Judicem sue terre... ad omnes & singulas ipsius constituentis causas.... » ac expresse ad faciendum & prestandum Domino nostro Dalphino homagium & fidelitatis sacra- » mentum.... Acta fuerunt hec infra castrum Asperimontis, in Sabaudiâ, in camerâ bassâ Domini » dicti castri, presentibus viris nobilibus, Michaele de Montemajori, Aymone de Revoyra, Ay-

T t

» monc de Chatillione '& Domino Petro Giroleti.... Ego vero Johannes Gay, de Lumbino,
» Grationopolis Diocefis Clericus, Imperiali auctoritate, Notarius publicus.... recepit.... »
Quibufquidem inftrumentis per dictum Dominum Gubernatorem vifis & .... per venerabile
Confilium Dalphinale cum ipfo affiftens quo erant viri egregii & circonfpecti Domini, Johannes
Girardi, Guiffredus Valerii, Johannes Dury, Stephanus Durandi, Computorum Dalphinales Audi-
tores, Advocatus Fifcalis & Judex appellationum, ipfum nobilem Hugonem de Arciis, Procura-
torio nomine jamdicto gratis & fponte confeffus fuit... dictum nobilem AMBLARDUM Dominum
Bellimontis & Montisfortis effe & effe debere hominem ligium Domini noftri Dalphini.... &
eidem teneri ad homagium ligium de perfona & ipfum tenere... in feudum à dicto Domino...
Caftra, territoria & mandamenta predicta Bellimontis & Montisfortis, & quidquid habet... fuique
predeceffores habere.... confueverunt in locis, territoriis & mandamentis.... Bellimontis &
Montisfortis, Avalonis, Gonfolini, Buxerie & Terraffie, ac in Parrochiis Sancti Vincentii de
Malcuza, cum omnibus cenfibus, fervitiis, redditibus, angariis, perangariis, aquarum decurfibus,
meroque & mixto Imperio, feudis hominum, homagiis & aliis quibufcumque,... & dictum
homagium ligium fecit... idem nobilis Hugo de Arciis... ftando pedes, more nobilium perfonarum, junctifque & complofis manibus fuis inter manus dicti Domini Gubernatoris, & oris
ofculo interveniente inter ipfos.... Acta fuerunt hec Grationopoli, in domo Dalphini in quâ
tenetur Theforia Dalphinis, prefentibus nobilibus, honorabilibus & circunfpectis viris. Dominis
Syffredo de Arciis, Milite, Ballivo Brianczonis, Stephano Guillionis, Legum Doctore, Francifco
Nicoleti, Clerico Dalphinalium computorum, Petro Paneti, Johanne Pavioti, Secretariis Dalphinalibus, teftibus ad premiffa aftantibus, vocatis & rogatis.

Obligation passée au profit d'AMBLARD SEIGNEUR DE BEAUMONT & de Montfort, relativement à la miftralie du Château de Beaumont.

Protocolle original d'Antoine Maffon, Notaire de Crolles, fol. CXXXVI ; confervé dans les Archives de M. le Comte de Beaumont-de la Roque, au Château du Repaire, en Périgord.

17 Juin 1433. IN NOMINE Domini, amen. Anno Nativitatis milleﬁmo quatercentefimo trigefimo tertio, inditione XI... & die XVII menfis Junii... ad inftantiam... nobilis & potentis viri AMBLARDI DE BELLOMONTE, Domini Bellimontis & Montisfortis, prefentis... Blayfius Garnoudi, Clericus Parrochie Lumbini... confeffus fuit... fe debere... dicto nobili AMBLARDO... feptem viginti & decem feptem florenos monete currentis... in quibus fibi tenetur caufa refte arrearagiorum... de Miftralia & recupera caftri Bellimontis, & hoc pro duobus annis currentibus, milleﬁmo quatercentefimo XXX. XXXI prout conftat in fuis compuctis... quos feptem viginti & decem feptem florenos... dictus Blayfius Garnoudi, Clericus... promifit... folvere... dicto nobili AMBLARDO ... ad... fimplicem requifitionem.... Actum in parrochiâ Lumbini, domi Johannis Guay, prefentibus Joh'i Guay, feniore, Rodeto Lajonis & Petro Morelli, Naturali, teftibus... & me Anthonjo Maffonis, Notario.

Acte par lequel AMBLARD SEIGNEUR DE BEAUMONT & de Montfort confirme à Jean Gay, l'Office de Notaire & de Greffier du Mandement de Montfort.

Protocolle original d'Antoine Maffon, Notaire de Crolles, fol. CXXXX ; confervé dans les Archives de M. le Comte de Beaumont-de la Roque, au Château du Repaire, en Périgord.

28 Janvier 1436. IN NOMINE illius à quo cuncta bona procedunt, Patris & Filii & Spiritûs Sancti, amen. Noverint univerfi... quod cum Johannes Gay-Chapuﬁus, parrochie Lumbini haberet.... infra mandamentum Montisfortis... in Borfallio Lumbini, quemdam Clibanum, feu furnum in quo ... Parrochiani... tenebantur... panes coquere... quem furnum... tenebat à nobili & potenti viro AMBLARDO DE BELLOMONTE, Domino Bellimontis & Montisfortis ad certum cenfum, quem furnum... dictus nobilis AMBLARDUS albergare voluit popularibus... quare Johannes Gay, Notarius, filius dicti Johannis Gay-Chapuﬁi... fe oppofuit... Sic fuit & eft quod anno Nativitatis ejufdem Domini milleﬁmo quatercentefimo tricefimo fexto, inditione quatuordecimâ,.. & die vicefimâ octavâ menfis Januatii... ad inftanciam... dicti nobilis AMBLARDI... dictus Johannes Gay, Notarius... predicta albergamenta... laudavit... quibus... confideratis, prefatus nobilis AMBLARDUS DE BELLOMONTE, Dominus predictorum locorum... certificatus de fufficientiâ probitate ac legalitate dicti Johannis Gay, Notarii, eidem dedit... Scribaniam & Notariatum Montisfortis... cum... emolumentis ipfius Officii Notariatus & Scribanie, videlicet ad ipfius Johannis Gay, Notarii, vitam... prout ante prefentem donationem... tenebat virtute donationis fibi Johanni, facte per nobilem & potentem virum Dominum AMBLARDUM DE BELLOMONTE, Militem confactæ, patrem dicti nobilis AMBLARDI.... Mandans & precipiens dictus nobilis AMBLARDUS,

DE LA MAISON DE BEAUMONT. Liv. VII.

tenore presentium, omnibus suis subditis & juridiciabilibus dicti mandamenti Montisfortis quathinus dicto Johanni Gay, Notario dicte Scribanie, pareant & obediant, prout Notario dicte Curie obedire tenentur.... Acta fuerunt hec in Castro Montisfortis, presentibus nobilibus & potentibus viris Domino Francisco de Arciis, Baquelerio in decretis, Religiosoque & Priore Prioratûs Sancti Georgii, in Sabaudiâ, Domino Soffredo de Arciis, Milite; Domino Petro Durandi, Cap̃ & Guillelmo Falconis alias Bret, testibus... & me Anthonio Massonis.

Renonciation faite par MARGUERITE DE SASSENAGE, *Epouse future d'*AMBLARD DE BEAUMONT, *Seigneur de Beaumont & de Montfort, à tous ses droits paternels & maternels.*

Original en parchemin, conservé dans les Archives de la Maison de Sassenage.

IN X̄PI JHU nomine, Amen. Anno Nativitatis Domini millesimo quatercentesimo tricesimo 15 Janvier 1438.
octavo & die quindecimâ mensis Januarii . . . cum ita sit quod magnificus & potens Dominus Anthonius de Cassenatico, Milex, Dominus Sancti Andree, & Vicecomes Talardi, Tutorque liberorum, bone memorie, Domini Henrici de Cassenatico, Militis, Domini dicti loci Cassenatici & Pontis in Royanis... dederit... pro dote nobilis Domicelle MARGARITE DE CASSENATICO, filie condam dicti Domini Henrici, nobili AMBLARDO DE BELLOMONTE, Domino dicti loci de Bellomonte & Montisfortis, ejus viro futuro... duo millia & quinque centum flor̃ auri. . . . .
Item... pro vestibus nupcialibus, tercentum flor̃ auri... in instrumento contractus Matrimonii ipsorum futurorum conjugum recepto manibus discretorum virorum Guiffredi Fabri & Anthonii Massoni, Notariorum. . . . Hinc est quod dicta nobilis Domicella MARGARITA DE CASSENATICO, contenta pro dicta dote, de omni jure...super bonis... dicti condam Domini Henrici de Cassenatico, ejus patris, & Domine Anthonie de Saluciis, Domine Suze, relicte dicti condam Domini Henrici... ejus matris... de... licentiâ dicti nobilis AMBLARDI DE BELLOMONTE... ejus viri futuri... quictavit... nobilibus Francisco de Cassenatico, Domino dicti loci Cassenatici & Ludovico de Cassenatico, Domino Pontis in Royanis... fratribus suis. . . . Acta fuerunt hec... in Castro Sancti Andree... presentibus... nobili Eymaro de Turre, Domino de Armeo, Francisco Disderii... Johanne Conyo, Guillelmo ejus fratre, Guigone Girodi alias Bonayre & me J. Bajuli. Verum quia dictus nobilis Johannes Bajuli, Notarius condam morte preventus nullum de premissis conficere potuit publicum instrumentum, idcircò ego Johannes Bajuli, filius dicti condam nobilis Johannis Bajuli, Notarius auctoritate Dalphinali publicus... hoc presens instrumentum extraxi à papiris dicti... patris mei... condam inde me subscripsi.... Ita est per me Notarium & Commissarium BAJULI.

Notice de diverses Ventes faites par AMBLARD DE BEAUMONT, *Seigneur de Beaumont & de Montfort.*

Extrait de l'Inventaire des titres de la Chambre des Comptes de Dauphiné, étant à la Bibliothèque du Roi, Tom. 8, Graisivodan, n°. 25, Chapitre du Thouvet, la Terrasse, Beaumont, Montfort & Crolles, &c.

FOL. 247, au Reg. cotté : 4us. *Liber retentionum ab anno Dr̃i 1435, f. 242, v°.* est raporté 2 Novemb. 1442.
que noble Jean Conche, du Thouvet, devoit les lods de l'acquisition par lui faite de N. AMBLARD & ann. suiv.
DE BEAUMONT, Seigneur dudit lieu, de quelques cens à prendre dans le Mandement du Thouvet, sur certains emphitéotes ; montans lesd. cens 4 sestiers froment, mesure de Goncelin, au prix de 80 florins, par acte du 5 Novembre 1442.

Fol. 288, au Reg. cotté 10us. *Copiarum Graisivaudani, lettre A, f. 7*, est la vente passée le 21 Décembre 1438, par N. AMBLARD S. DE BEAUMONT & de Montfort, à n. Jean de Berenger, Citoyen de Grenoble, d'un sestier de froment de cens, mesure de la Buissiere, sur une piece de terre y ayant des arbres plantés, située en la Patroisse de Ste Marie d'Alois, avec autres rentes sur des particuliers de la Patroisse du Thouvet, pour, par l'acquéreur, en jouir avec toute justice, étant de franc aleu : cette vente pour 45 ducats de bon or.

Fol. 248, v°. au 7e. *Compte de Nicolas Erland, de l'an 1441, fol. 19, v°.* est dit que Jean Berenger, Not^{re} de Grenoble, acquit dud. Seig^r DE BEAUMONT, pour 45 ducats d'or, des cens que led. Seig^{ur} prenoit sur les Patroisses de Ste Marie d'Aloix & du Touvet, & qu'il en paya les lods au Roy à raison du 6e denier.

Fol. 249, aud. Reg. f. 161, est rapporté que noble Michel Cassard devoit 33 florins 4 gros pour les lods & incapacité, à cause de l'acquisition qu'il avoit faite de N. AMBLARD DE BEAUMONT, le dernier novembre 1442, au prix de cent florins, de divers cens en froment, avoine, vin & poules, avec la directe sur les fonds qui y étoient asservis, à prendre dans le Mandement

T t ij

de la Terraſſe, des particuliers débiteurs y nommés, leſquels lods & incapacité furent payés au S^t. Rec^r. Gn^{al} de Dauphiné, le 22 Juin 1442, ſur le pied du 6e denier.

Fol. 250, aud. Reg. 162, Humbert Achard, Licentié ès Loix, devoit 10 florins pour l'acquiſition qu'il avoit faite de N. AMBLARD Sg^r DE BEAUMONT, de 3 ſeſtiers une émine de froment & 4 poules de cens, dûs par Antoine Franceſod, du Touvet, au prix de 60 florins, par acte du 14 Août 1444, leſquels furent payés le pénultieme Novembre 1446.

Extrait du même Inventaire, même Vol. n°. 22, fol. 73.

Montfort.

Au Regiſtre cotté : 10 *Regiſtre retentionum*, com'encé en 1547 & finiſſant en 1557, f. 55, eſt un albergement paſſé le 28 Janvier 1447, par noble AMBLARD DE BEAUMONT, Seigr. dud. lieu & de Montfort, à noble Antoine Maſſon, Notaire de Croles, de la Ch'lainie ou Office de Chatelainie du Mandement de Montfort, aux gages de 10 florins, payables aud. Maſſon, ſur les deniers provenans des aſſiſes dud. Mandement, & au deffaut deſd. aſſiſes, par le Vehier dud. Mandement, ſous le cens annuel & perpétuel d'une obolle d'or, payable annuellement à la St Michel, avec faculté aud. Maſſon d'exercer lad. Chaſtelaitie par lui ou par autre, &c.

De ſuite eſt un Acte, du 28 Janvier 1447, par lequel led. AMBLARD DE BEAUMONT, en récompenſe des ſervices dud. Maſſon, ſe départit en ſa faveur de lad. obole d'or de cens qu'il s'étoit réſervée aud. albergement, à la charge de lui preſter hommage-lige & ſerment de fidélité pour lad. Chatelainie, lequel hommage led. Maſſon lui preſta par le même acte ; avec l'inveſtiture paſſée par le Gouv^r. & la Chambre des Comptes, le 27 Décembre 1464, audit Maſſon dud. office de Chatélainie de Montfort, attendu le payement des lods par lui faits au Tréſorier, Receveur gn'al de Dauphiné, montant, à raiſon du 6e. denier, à 12 florins 4 gros.

Fol. 251, au Reg. cotté : *Quartus Liber retentionum ab anno 1435*, f. 214, eſt rapporté que noble Amblard Chaſtaigne, de la Parroiſſe de Crolles, devoit 3 florins 4 gros pour les lods de l'acquiſition qu'il avoit faite de noble AMBLARD SEIGNEUR DE BEAUMONT & de Montfort, de 2 portions par indivis les langues de bœufs & vaches qui ſe vendoient à la boucherie & autres du Mandement de Montfort, au prix de 20 florins, par acte du 19 Décembre 1450.

Aud. Reg. f. 241, eſt rapporté que noble Jean Chapel, du lieu de Gonſelin, devoit 23 florins 4 gros pour les lods de l'acquiſition par lui faite, à l'*inquant* public, de la Seigneurie & Juriſdiction haute, moyenne & baſſe, que N. AMBLARD DE BEAUMONT, Seigr. dud. Beaumont & de Montfort, avoit dans toute la Parroiſſe du Thouvet, avec les hommes y étans, que led. ſieur Chapel lui avoit fait ſaiſir d'autorité du Parlement, & ce pour le prix de 100 florins, par acte du 18 Avril 1455 ; leſquels lods furent donnés aud. Chapel par Louis, fils aîné du Roy de France, Dauphin, par Lettre du 29 May 1455, avec l'Areſt d'enrégiſtrement au Parlement de Grenoble, du 3 Juin 1455.

Extrait du même Inventaire, même Vol. n° 25, f. 253.

Chapitre de Thouvet, la Terraſſe, Beaumont, Montfort, Crolles, Lumbin, Laval & S^t. Vincent de Mercuſe.

Au Compte de Claude Coct, de 1461, fol. 154, v°. il eſt dit que JACQ. DE BEAUMONT, Seigneur de St Quentin, ayant aquis de noble AMBLARD SEIGNEUR DE BEAUMONT & de Montfort, led. Château (DE BEAUMONT) enſemble toute la Juriſdiction, haute, moyenne & baſſe, mere, mixte & impere, cens, hommes, hommages & fidélitez que led. DE BEAUMONT avoit en toute la Parroiſſe du Thouvet, pour le prix de 200 florins, foible monoye de 25 gros pour écu ; il en paya les lods au Roy à raiſon du 6e. denier.

Au compte du même Claude Coct, des années 1468 & 1469, fol. 16, v°. il eſt dit que noble JACQUES DE BEAUMONT ayant revendu à AYMÉ (AYMOND) DE BEAUMONT le Château & place de Beaumont, avec Juriſdiction, mere, mixte & impere, hommes & ſes appartenances, pour le prix de 200 florins, foible monoye ; led. AYMÉ DE BEAUMONT en paya les lods au Roy à raiſon du 6e. denier.

Ratification faite par HENRI DE BEAUMONT du compromis paſſé en ſon nom par AYMON DE BEAUMONT, ſon Neveu.

Protocolle original d'Antoine Maſſon, Notaire de Crolles, fol. LVIIII, r°. & v°. ce Protocolle conſervé dans les Archives de M. le Comte de Beaumont-de la Roque, au Château de Repaire, en Périgord.

14 Avril 1444. IN NOMINE Domini noſtri Jh'u Xp'i amen. Noverint univerſi ... quod cum nobilis AYMO DE BILLOMONTE ... Procuratorio nomine venerabilis & Religioſi viri fratris HENRICI DE BELLOMONTE ejus avunculi, ex una parte & venerabilis ac Religioſus vir Domnus Johannes de Rivo,

DE LA MAISON DE BEAUMONT. Liv. VII.

invicem contendentes de Prioratu Thoveti... se... compromiserunt... in nobiles & egregios viros Dominos Johannem Fautrerii, decretorum Doctorem, Officialem Grationopolitanum, & Johannem Bajuli, legum Doctorem, Consiliarium Dalphinalem... tractatores... ut... constat instrumento per discretos viros Johannem Allardi & Petrum Berlionis, Notarios... Grationopolis... recepto sub anno Domini millo quatercentesimo quadragesimo quarto, indicione septima... & die prima mensis Aprilis... hinc... est quod anno Nativitatis ejusdem Domini millesimo III c. XLIIII to. indicione septima... die vero decimâ quartâ mensis Aprilis... supra nominatus frater HENRICUS DE BELLOMONTE... universa & singula per dictum nobilem AYMONEM DE BELLOMONTE, nomine ejusdem Domini HENRICI, occasione dicti compromissi facta... ratificavit.... Acta fuerunt hec in Castro Montisfortis... presentibus ibidem nobili & potenti AMBLARDO DE BELLOMONTE Domino Bellimontis, venerabili & Religioso, nec non providis viris, Fratre Stephano Riperandi, Ordinis Fratrum Predicatorum, Rondeto Lajonis, Anthonio Eydelonis & Guillelmo Bolfardi, de Lumbino, testibus ad premissa vocatis & rogatis.

Quittance donnée par AMBLARD DE BEAUMONT, Seigneur de Beaumont, d'une partie de la dot de MARGUERITE DE SASSENAGE, son épouse.
Original en parchemin, conservé dans les Archives de la Maison de Saffenage.

IN NOMINE Domini, amen... cum Johannes Porreti, Notarius civis Grationopol... diversas 14 Mai 1446. ... notas... notaverit inter quas... quoddam instrumentum quictancie... inveni non alias grossatum... ego Petrus de Asteriis, Notarius subsignatus... cujusquidem note dicte quictancie tenor talis est. « Anno Domini millesimo quatercentesimo quadragesimo sexto, indicione nona » & die decimâ quartâ mensis Maii cum nobilis & potens vir Franciscus de Cassenatico, Dominus » Cassenatici, teneatur nobili & potenti viro AMBLARDO DE BELLOMONTE Domino Bellimontis, » in mille & ducentis florenis auri pro & super dote Domine MARGARITE, ejus uxoris dicti » Domini BELLIMONTIS... hinc est quod prefatus nobilis AMBLARDUS DOMINUS BELLIMONTIS... » confessus fuit se habuisse... à dicto Domino Cassenatici, quadraginta scuta auri.... Item plus... » sex viginti florenos... in dyminutione dicte summe & hoc in responderia facta... per Girar» dum Vendrandi, Mistralem Cassenatici, & sic sunt in summa ducentum floreni, monete cur» rentis... de quibus ipsum quictavit.... Actum Grationopoli in curte domus Domini Cassena» tici, presentibus nobilibus & potentibus viris Aymone Alamandi, Domino de Campis, AYMONE » DE BELLOMONTE, Domino Aymaro de Morgiis, Jacobo Morelli & Vitali Fabri, de Claysio, » Not. testibus, &c. & nobis Petro Fabri & Johanne Porreti, Notariis. ».... Ego Petrus de Asteriis, Notarius... cui note... dicti Johannis Porreti fuerunt... commisse... eamdam notam... grossari... feci... deindè... signo meo solito signavi....

Vis-à-vis les dernieres lignes de cet Acte, est figuré le monogramme du Notaire.

Ventes faites par AMBLARD, SEIGNEUR DE BEAUMONT & de Montfort, au Curé de Crolles.

Protocolle original d'Antoine Masson, Notaire de Crolles, fol. XXXVII. v°. XXXXII, conservé dans les Archives de M. le Comte de Beaumont-de la Roque, au Château du Repaire, en Périgord.

IN NOMINE Domini amen. Anno Nativitatis ejusdem millesimo quatercentesimo quadragesimo 20 Avril 1449. nono, indicione duodecimâ... & die vicesimâ mensis Aprilis... nobilis & potens vir AMBLARDUS DE BELLOMONTE, Dominus Bellimontis & Montisfortis.... vendidit.... Domino Guillo Maliolli, Cappellano Curato Crollarum... vintenum quod faciunt Johannes & Guillu's Falconis alias Gobet, super eorum omnibus bonis.... precio & nomine precii quindecim florenorum monete, quod precium dictus nobilis AMBLARDUS, venditor, confessus fuit habuisse & recepisse à dicto Domino Guillo Maliolli.... Actum in Parrochia Crollarum, domi Johannis Grilliaudi, presentibus fratre Petro Rolandini, Johanne Morcelli & Johanne Rayonis, testibus... & me Anthonio Massonis, Notario.

IN NOMINE Domini, amen. Anno Nativitatis ejusdem millesimo quatercentesimo quadragesimo 2 Septemb. 1449. nono, indicione duodecimâ... & die secundâ mensis Septembris... nobilis & potens vir AMBLARDUS DE BELLOMONTE, Dominus Bellimontis & Montisfortis... vendidit... Domino Guillo Maliolli, Cappellano Curato Crollarum presenti, ementi... nomine dicte Cure Crollarum... duas gallinas census & sex denarios bone monete una eum directo Dominio & placito racione dictorum sex denariorum, quas & quos... faciebat dictus Dominus Guillu's Maliolli emptor dicto nobili AMBLARDO venditori, super quadam pecia vinee sita in Parrochia Crollarum, loco dicto in Perouveriis... vendidit inquam dictus nobilis AMBLARDUS DE BELLOMONTE... cum suis placitis, laudimiis & vendicionibus & dominio directo... de puro, mero, & franco alodio & sine aliquo genere servitutis... precio & nomine precii quinque florenorum monete currentis, quod precium dictus nobilis AMBLARDUS venditor confessus fuit habuisse & recepisse à dicto Domino Guillo͞. emptore.... Actum domi Cure Crollarum, presentibus Domino Durando Bertrandi, Cappellano, Johanne Grilliaudi, Reymondo Lamberti, Notario, & Guillo͞. Maliolli, Clerico, testibus....

Procuration passée par les Habitans de Crolles, à l'occasion de leur Procès avec AMBLARD *Seigneur* DE BEAUMONT *& de Montfort.*

Protocolle original d'Antoine Masson, Notaire de Crolles, fol. XXXIII & XXXIIII, *conservé dans les Archives de M. le Comte de Beaumont-de la Roque, au Château du Repaire, en Périgord.*

25 Mai 1449. IN NOMINE Domini amen. Anno Nativitatis ejusdem millesimo quatercentesimo quadragesimo nono, indicione duodecimâ... & die vicesimâ quintâ mensis Maii... coram me Notario & testibus infrascriptis... Johannes Amalberti alias Bacart, Petrus Neyreti, Petrus Dysderii, Martinus Amalberti, Stephanus Gilberti, Petrus Combe-Crollint, Johannes Gilberti & Anthonius Amalberti, de Crollis... constituerunt... heorum certos... procuratores... & hoc de licentiâ autoritate & precetto nobilis & circonspecti viri Domini Francisci de Cizerino, Doctoris in utroque Jure, Judicis Bellimontis & Montisfortis... in omnibus... eorum causis, litibus... & demandis per eosdem constituentes motis & movendis contrà nobilem & potentem virum AMBLARDUM DE BELLOMONTE, Dominum Bellimontis & Montisfortis, videlicet in causis habicîis coram dicto Domino Francisco de Cizerino, Judice dicti Domini... Actum Crollis antè domum Johannis Grilliaudi, presentibus Michaele Sacheti, Goneto Crapponodi & Guigone Buxii, testibus... & me Anthonio Massonis, Notario.

Procuration passée par les Habitans de Crolles & de Lumbin pour transiger avec AMBLARD SEIGNEUR DE BEAUMONT *& de Montfort.*

Protocolle original d'Antoine Masson, Notaire de Crolles, fol. LX-LXII, *conservé dans les Archives de M. le Comte de Beaumont-de la Roque, au Château du Repaire, en Périgord.*

11 Avril 1456. IN NOMINE Domini amen. Anno Nativitatis ejusdem millesimo quatercentesimo, quinquagesimo sexto, inditione quartâ... & die undecimâ mensis Aprilis... noverint universi... quod cum expositum fuerit nobili & circumspecto viro Poncio Galberti, Legum Doctori, Viceballivô Graysivodani, Judicique appellacionum, pro parte hominum... mandamenti Montisfortis litigancium cum Domino ipsius loci super eo quod cum ipsi in procecucione ipsius cause non possint continue interesse... requisierunt licentiam... se congregandi & procuratores constituendi... pro transfigendo cum ipso Domino.... & virtute cujusdam littere date & concesse eisdem hominibus per dictum... Lecum Doctorem... idcircò Petrus Dysderii, Glaudius Neyreti, Johannes Dysderii alias Colint, Termonus Eysencii, Berthonus Ponsardi, Anthonius Albi, Jacobus Amalberti, Reymondus Morcelli, Johannes filius Jacobi Amalberti Drevoys, Johannes Amalberti Coduṟ͞. Johannes Galberti, Anthonius Amalberti-Thomas, Anthonius Martini, Drevonus Gilberti, Anthonius Mattelli, Glaudius Gononis, Guionetus Grilliaudi, Johannes Chivalerii, Vincentius Heurvardi, Anthonius Gorrut, Petrus Lajonis, Johannes Jay-Michot, Petrus Meynardi, Johannes Villareti, Glaudius Somardi, Petrus Combe-Crollint, Johannes Clementis-Goyert, Guigo Lajonis, Petrus Bruni aliàs Barral, Johannes Garnaudi-Clopinc, & Petrus Carolli aliàs Rey, tam Parrochie Crollarum, quam Lumbini... prose & suis... constituerunt... eorum procuratores... videlicet Petrum Sigaudi, Johannem Amalberti-Bacart, Johannem Jay-Gudy, Petrum Eysencii aliàs Racloz... & Guigonem Clementis... in quadam causâ mota in Curia Graysivodani, inter dictum nobilem & potentem virum AMBLARDUM DE BELLOMONTE, Dominum Bellimontis & Montisfortis, ex una parte & homines superiùs nominatos ex alia parte... dantes... dictis suis procuratoribus... potestatem... pro ipsis & ipsorum nomine agendi... concordandi de omnibus hiis in quibus dicti homines dicto Domino teneri possent... ac etiam obligandi nominibus dictorum constituhencium.... Actum in Parrochia Crollarum antè domum Johannis Grilliaudi, presentibus Johanne Bossuti, de Carreria, Johanne Delionis, Anthonio Moreti, aliàs Babaut, habitatoribus Goncellini, & Petro Galeysii aliàs Vaciez, testibus,...

Affiette faite par AMBLARD DE BEAUMONT, *Seigneur de Beaumont, de la la dot de* MARGUERITE DE SASSENAGE, *sa femme, sur les Château & Mandement de Montfort.*

Original en parchemin, conservé dans les Archives de la Maison de Saffenage.

IN NOMINE Domini, amen. Cum discretus vir Magister Simondus Galberti, condam Notarius 16 Mai 1456. de Sancto Marcellino, inter suas notas... quamdam... que non... groffata... reperitur... &... redactio ipsius... michi Claudio Ferrandi, Notario... cumipsa extiterit... Tenor... litterarum sequitur... Guilliermus de Arzago, Legum Doctor, Vice-Bayllivus & Judex Curie Majoris Viennensis & Valentinensis, dilecto nostro Magistro Claudio Ferrandi, Notario... salutem; cum inter ceteras notas receptas per Magistrum condam Symondum Galberti, Notarium... quedam nota quictationis... reperiatur recepta ad opus... nobilis Domine MARGARITE DE CASCENATICO... quam morte preventus groffare... minime potuit... vobis... mandamus... predictam notam... groffare.... Datum in Sancto Marcellino, die vicesimâ septimâ mensis Martii, anno ab Incarnatione Domini millesimo quingentesimo duodecimo. Guiller de Arzago, Judex & Vice-Bayl". Bergerandi pro sigillo. Deinde tenor dicte note.... « In nomine Domini
» nostri J͞hu X͞p͞i, amen.... Fiat notum... quod cum Anno Domini millesimo quatercentesimo
» quinquagesimo & de mense Novembris, nobilis & potens vir Dominus AMBLARDUS DE BELLO-
» MONTE, Dominus ejusdem loci Bellimontis & Montisfortis... proponens, ut dicebat, pere-
» grinari visitaturus limina Apostolorum Petri & Pauli, in urbe Romana, ad veniam obtinendam
» generalem que, eodem anno, concedebatur Eclesias ipsius urbis visitantibus, dubitans & formi-
» dans viarum discrimina, & casus fortuitus & inopinatos qui sepe viatoribus in Patriis longincis
» evenire & accidere solent, & considerans bonam fidem & amorem conjugalem quos habet &
» habere debet erga nobilem & potentem Dominam MARGARITAM DE CASCENATICO, ejus con-
» fortem carissimam... recognoverit... recepisse à nobili & potente Domissello Francisco de
» Caffenatico, Domino ipsius loci Caffenatici, fratre Germano ejusdem Domine MARGARITE...
» septem centum florenos auri dotales.... Item... recognoverit quod in contractu matrimonii
» ipsius & dicte Domine MARGARITE... promiserit... de Jocalibus... sexcentum flor auri...
» que jocalia... non... tradiderat.... Item magis confessus fuerit... quod prefatus... frater
» ejusdem Domine MARGARITE... eidem... providerat... de vestibus nuptialibus, usque ad
» valorem tercentum flor auri... quasquidem vestes idem Dominus AMBLARDUS postea pro
» suis necessitatibus... alienaverat, sic quod ipsa Domina... fruftrata remaneret post ejusdem
»[Domini sui viri decessum... de summis predictis.... Sic igitur est quod anno Dominice Incar-
» nationis millesimo quatercentesimo quinquagesimo sexto, & die decimâ sextâ mensis Martii,
» apud Grationopolim, in Capellâ clauftri Conventûs Fratrum Minorum... prefactus nobilis &
» potens Dominus AMBLARDUS DE BELLOMONTE... confessus fuit... assertiones per eum, ut
» supra factas.... esse veras... & quia à datâ dicti instrumenti confessionum... recepit...
» ampliores summas de docte ejusdem Domine MARGARITE voluit, &... se refert quictanciis,
» esse situatas & incorporatas... super dictis castro, Mandamento Montisfortis, juridictione, ho-
» magiis... & pertinentiis... citra tamen... prejudicium primetiarum obligationum... supra suo
» castro jam dicto Bellimontis.... Acta ubi supra presentibus nobilibus & potentis viris Aymaro
» Alamandi, Domino de Campis; Arthaudo de Chafta, Domino Chafte, Domino Francisco
» de Cizerino, Legum Doctore ; Anthonio de Monteforti, fratre Gonigno Ruffi, Ordinis
» Predicatorum, commorante in Monasterio Montisfluruti: S. Galberti.
Ego autem Claudius Ferrandi... Notarius... & Commiffarius... subsignatus, sineto meo manuali assueto. G. Ferrandi.

Remise faite à AYMON SEIGNEUR DE BEAUMONT *par Philbert d'Arces, Seigneur de la Baftie-Meylan, de la Terre de Lumbin.*

Original en parchemin, conservé dans les Archives de M. le Comte de Beaumont-de la Roque, au Château du Repaire, en Périgord.

IN NOMINE Domini amen.... Sit notum quod cum pro ducentis florenis monete restantibus 23 Décembre ad solvendum de summâ duorum millium florenorum auri dotalium per nobilem & potentem 1463. virum AMBLARDUM DE BELLOMONTE, Dominum Bellimontis, quondam nobili & potenti HUGONI DE ARCIIS, Domino Baftide-Meolani, quondam constitutorum in dotem.... nobilis BEATRISIE DE BELLOMONTE, nobilis & potens vir Philibertus de Arciis, Dominus Baftide predicte Meolani, virtute licterarum à venerabili Curiâ Parlamenti Dalphinalis emanatarum... se micti in possessionem fecerit de omnimodâ Seigniorâ & Juridicione altâ, mediâ & bassâ, meroque & mixto Imperio, ac de hominibus juridicialibus, feudis, censibus, serviciis quos & quas & que nobilis & potens AMBLARDUS DE BELLOMONTE, Dominus Castri Montisfortis.... habebat... in locis

Lumbini, ſcilicet parvi & magni, ejuſdem Mandamenti Montisfortis.... Hinc... eſt quod, anno à Nativitate ejuſdem Domini milleſimo quatercenteſimo ſexageſimo tercio, indictione undecimâ & die viceſimâ terciâ menſis Decembris, in mei Notarii publici & teſtium ſubſcriptorum preſentiâ ... præfatus nobilis & potens Philibertus de Arciis, heres in hac parte... præfate condam Domine BEATRISIE DE BELLOMONTE... ad requiſitionem nobilis & potentis viri AYMONIS DE BELLO-MONTE, Domini moderni Bellimontis, fratris dicti Domini Montisfortis... ceſſit... & remiſit... præfato nobili AYMONI DE BELLOMONTE.... omnimodam Seignioriam, Juridicionem, altam, mediam & baſſam... de quibus... extitit vigore dictarum litterarum... miſſus in poſſeſſionem de bonis dicti nobilis AMBLARDI... mediantibus ducentis florenis... quos... nobilis Philibertus de Arciis... ſupranominatus ſe habuiſſe... confeſſus fuit à præfato nobili AYMONE DE BELLO-MONTE.... ſic quod de dictis ducentum florenis ..... ac etiam de reſiduo dictorum duorum millium florenorum auri dotalium.... dictum Dominum AMBLARDUM DE BELLOMONTE, Do-minum Montisfortis, ejus fratrem, licet abſentem... quietat... & liberat..... Acta fuerunt præmiſſa Grationopoli... in ſtudio domûs habitationis nobilis & egregii Domini Franciſci de Cizerino, juris utriuſque Doctoris, præſentibus, præfato Domino Franciſco de Cizerino, vene-rabili viro, Domino Anthonio Fabri, Cappellano Sancti Andreæ Grationopolis, nobilibus & po-tente Hugone de Brianſone, Domino Eybeni, & Heynardo de Revello, Not̄, teſtibus, ad præmiſſa vocatis, & me Roleto Silventis, Clerico Gebenn̄ Dyoceſis, habitatore Gracinopoli, Imperiali & Dalphinali auctoritatibus publico Notario... præmiſſis.... preſens fui... ſignoque meo majori... ſignavi....

Vis-à-vis les dernieres lignes de cet acte, eſt le monogramme du Notaire, avec ces mots : Roletus Silventis.

Contrat de Mariage d'AYMON DE BEAUMONT, avec GIRARDE CASSARD.

Original en parchemin, conſervé dans les Archives de M. le Comte de Beaumont-de la Roque, au Château du Repaire, en Périgord.

Nta, Le Contrat ſe trouve auſſi dans un ancien Regiſtre rempli d'Actes concernant Michel Caſſard, fol. 10-14.

16 Février 1464. IN NOMINE Domini, amen. Noverint univerſi.... quod cum Magiſter Roletus Silventis, Notarius publicus, quondam Civis Grationopolis... quamplures... notas... receperit... quas morte præventus groſſare... minimè potuit, inter quas notas ... ego Anthonius Sarraceni, No-tarius & Commiſſarius..... quamdam reperi notam.... que talis eſt. In nomine Domini, amen..... Cunctis... ſit notum... quod cum tractaretur de matrimonio canonice contrahendo ... inter nobilem virum AYMONEM DE BELLOMONTE... & nobilem Domicellam GIRARDAM, filiam nobilis Michaelis CASSARDI, de Grationopoli..... Hinc fuit & eſt quod, anno Nativitatis ejuſdem Domini ſumpto, milleſimo quatercenteſimo ſexageſimo quarto, inditione duodecimâ, cum dicto anno ſumpto, & die decimâ ſextâ menſis Februarii... dictus nobilis AYMO DE BELLO-MONTE.. promiſit... diſponſare dictam nobilem GIRARDAM CASSARDE, in facie Sanctæ matris Eccleſie... & vice verſâ, dictus nobilis Michael Caſſardi pater ... dictæ nobilis GIRARDE... promiſit... procurare cum effectu... quod dicta nobilis GIRARDA, ejus filia ducet & accipiet in ejus virum & ſponſum legitimum, dictum nobilem AYMONEM DE BELLOMONTE... quibus ſic actis.... ſupradictus nobilis Michael Caſſardi... conſtituit... in dotem.... dictæ nobilis GIRARDE, ejus filiæ, & ejus nomine dicto nobili AYMONI DE BELLOMONTE, ejus ſponſo & viro futuro... pro omni jure... in bonis paternis & maternis ejuſdem... videlicet cenſus & ſervicia quos & que ipſe nobilis Michael Caſſardi habet & percipit in Mandamentis Bellimontis & Mon-tisfortis, acquiſitos & acquiſita à nobili & potente AMBLARDO DE BELLOMONTE, Domino Belli-montis & Montisfortis, ejuſdem nobilis AYMONIS fratre, & à nobili CLAUDIO DE BELLOMONTE, Domino Frayte, dumtaxat & unam ſomatam frumenti... quam ſibi facit vocatus Sancto de Sancto Quintino; item quamdam montem vocatum de Alto de Solio, ſeu de *l'Aut du Sueil*, ſitum in Mandamento Bellimontis, uſque ad ſummam & valorem ſexcentum ſcutorum auri novorum... ad habendum... & exhigendum cum placito & dominio directo, juribuſque & pertinentiis eorumdem.... Item plus conſtituit '... in dotem ejuſdem nobilis GIRARDÆ CAS-SARDE... novem centum ſcuta auri nova.... Acto ex pacto expreſſo... quod... implicabuntur & convertentur in reemendo & acquirendo... cenſus & redditus venditos & alienatos per ſupra-dictum Dominum BELLIMONTIS, in miandamento Bellimontis, & aliàs in aliis... Et ulterius idem nobilis Michael dedit... eidem nobili GIRARDE, ſponſæ futuræ, veſtes nuptiales, uſque ad ſummam centum ſcutorum auri... & idem nobilis AYMO dedit & dat eidem nobili GIRARDE ... jocalia nuptialia, uſque ad valorem ducentum ſcutorum auri.... Item... ſi contingat ipſum decedere ab humanis ante dictam nobilem GIRARDAM... dedit... pro ſupervità ducentum ſcuta auri... & idem nobilis Michael, ſi contingat dictam nobilem GIRARDAM decedere ante dictum nobilem AYMONEM... dat dicto nobili AYMONI centum ſcuta auri retinenda de dote prædictâ....
Item plus, ipſe nobilis AYMO dedit & dat eidem nobili GIRARDE... pro ſuo doario, ut honeſte vitam vidualem ducere poſſit... videlicet quinquaginta ſcuta auri ſimilia... ſingulis annis... necnon unam domum in mandamento predicto Bellimontis.... Ceterum, nobilis & potens vir AMBLARDUS DE BELLOMONTE, Dominus dictorum locorum Bellimontis & Montisfortis... ipſius
matrimonii

DE LA MAISON DE BEAUMONT. L*iv*. VII. 337

matrimonii contemplatione dedit... supradicto AYMONI DE BELLOMONTE, sponso futuro, ejus fratri carissimo... omnia jura... que... eidem competere poterunt... in bonis nobilis viri LUDOVICI DE BELLOMONTE, de Avallone eorum patrui, vigore & ex causâ cujusdam transactionis... facte... inter nobilem & potentem virum, Dominum AMBLARDUM DE BELLOMONTE, Militem, Dominum Bellimontis & Montisfortis, patrem quondam dictorum fratrum, & eumdem nobilem LUDOVICUM, fratres... rogando... dictum nobilem LUDOVICUM, quathinus huic donationi... suum prebeat consensum.... Item ulterius, cum occasione hujusmodi matrimonii, dicti nobiles... fratres intendant eorum bona & hereditates in unum reducere... ut amplius non ita alienetur, ut temporibus retroactis allienate exitierint, actentis.... tenoribus testamentorum predicti eorum patris, & aliorum suorum predecessorum... ea propter... pepigerunt quod nullus ipsorum bona aliqua de bonis dicti quondam Domini Bellimontis, eorum quondam patris, vel aliorum suorum predecessorum... allienate possit.... Acta fuerunt hec... apud Buxeriam Gratianopolitane Diocesis, infra Cappellam Sancti Johannis ejusdem loci, presentibus, illustri Domino, Domino Jacobo de Montemajori, Comite Montismajoris, nobilibusque & potentibus viris Jacobo Eynardi, Domino Chalancenis; Guichardo de Morgiis, Domino Mote Sancti Martini, egregioque viro Domino Francisco de Cizerino, utriusque juris Doctore, Dalphinali Consiliario, ac nobilibus Guigone de Montemajori, Georgio de Roveria, Ludovico Cocti, ejusdem loci Buxerie, & pluribus aliis testibus... & me Roleto Silventis, Clerico Gebenn Diocesis, altero ex dictis Notariis publicis subsignato &c. ROLETUS SILVENTIS..... Tenor commissionis... talis est. Anthonius Girodi, Legum Doctor, Consiliarius & Magister Requestarum Regius, Judexque Curie communis civitatis Gratianop, dilecto nostro Anthonio Sarraceni, Notario, Custodi papirorum Magistri Rolleti Silventis, quondam Notarii dicte civitatis Gratianop, salutem vobis... mandamus quathinùs notas... à papiris... dicti quondam Rolleti Silventis... partibus requirentibus... expediatis.... Datum Gro'nop, die vicesimâ primâ mensis Jugnii, anno Domini millesimo quaterecentesimo nonagesimo septimo. A. Girodi.... Ego Anthonius Sarraceni, auctoritate Dalphinali Notarius publicus... Gro'nop, vigore preinferte commissionis, predictum instrumentum... grossari feci, &... signavi pro parte Domini Montisfortis & Domine, ejus consortis.... SARRACENI....

Vis-à-vis les dernieres lignes de cet Acte, est figuré le monogramme du Notaire.

Transport fait par MARGUERITE DE SASSENAGE, *femme d'*AMBLARD DE BEAUMONT, *Seigneur de Montfort, au Couvent des Freres Mineurs de Grenoble.*

Extrait du fol°. 32, v°. du Protocolle original de Jean Masson, Notaire de Crolles, conservé dans les Archives de M. le Président du Barral à Crolles.

IN NOMINE Domini, amen. Anno Nativitatis ejusdem M° IIII° LXV°, inditione XIII°, cum 18 Mars 1465. ipso anno sumpta, & die XVIII° mensis Marcii... noverint universi... quod cum nobilis egregia MARGARITA DE CASSENATICO, uxor nobilis & potentis viri AMBLARDI DE BELLOMONTE, Domini Montisfortis, teneatur & sit abstricta & obligata conventui Fratrum Minorum Gratianopolis, in certâ summâ argenti..... Hinc est... quod dicta nobilis MARGARITA DE CASSENATICO, de licentiâ & auctoritate dicti nobilis AMBLARDI, ejus viri, gratis & sponche cessit, remisit, & in solutum tradidit dicto conventui Fratrum Minorum Gratianopolis, videlicet omne id & quicquid Petrus de Montibus, dicte nobili MARGARITE debere posset, tam principaliter debiti, quam expensarum, dictum conventum in suum proprium locum ponendo.... Actum in castro Montisfortis, presentibus Anthonio Aydellonis, Claudio de Ponte & X'piano de Ponte, testibus ad premissa vocatis & rogatis. Et me Johanne Massonis, Notario.

Quittances données par AYMON DE BEAUMONT *de différentes parties de la Dot de* GIRARDE CASSARDE, *son Epouse.*

Ancien Regiftre d'Actes concernans Michel Cassard, couvert en parchemin, & de l'écriture du tems, fol. 17, 20 & 27, conservé dans les Archives de M. le Comte de Beaumont-de la Roque, au Château du Repaire, en Périgord.

ANNO Domini M° IIII° LXVI° & die XVI mensis aprilis, nobilis vir AYMO DE BELLOMONTE, 16 Avril 1466. confessus fuit se habuisse & realiter recepisse à nobili Michaele Cassardi, Cive Gratianop, ejus socero, videlicet tercentum & XXXIIII scuta auri nova, cugni Regis Dalphini, Domini nostri, in diminutionem dotis nobilis GIRARDE, uxoris sue ipsius nobilis AYMONIS, dicti nobilis Michaelis filie... ultra... ea que dicto nobili AYMONI.... per ipsum nobilem Michaelem, in contractu matrimonii ipsorum nobilium conjugum fuerunt tradita in instrumento dotali contenta & desi-

V v

338   PREUVES DE L'HISTOIRE GÉNÉALOGIQUE

gnata. Irem confitetur quod ipfe nobilis Michael, ejus focer, tradidit dictæ nobili GIRARDE, & folvit veftes nuziales in eodem contractu matrimonii promiffas, ad valorem centum fcutorum auri novorum; de quibus tercentum triginta quatuor fcutis & veftibus idem nobilis AYMO eumdem nobilem Michaelem Caffardi... &c. (*) quictavit... & promifit... hanc quictantiam gratam habere, &c. (*)

(*) Ces &c. font dans l'original.

20 Décembre 1468.   ANNO Domini Mº IIIIᶜ LXVIIIº, & die XXᵃ menfis Decembris, nobilis AYMO DE BELLOMONTE confeffus fuit... recepiffe à nobili Michaele Caffardi, Cive Grationopᵒ... ducentum fexaginta-fex fcuta auri nova... in diminucionem dotis nobilis GIRARDE, ejus uxoris, filiæ dicti nobilis Michaelis, & ultra fummam tercentum XXXIIII fcutorum, per ipfum nobilem AYMONEM ab eo receptorum... de quibus ducentum LXVI fcutis ipfum nobilem Michaelem... quictavit & quictat... promictens &c.

7 Avril 1473.   ANNO Domini Mº IIIIᶜ LXXIIIº, & die feptimâ menfis Aprilis, coram me Notario, &c. (*) nobilis & potens vir AYMO DE BELLOMONTE, Dominus Bellimontis confeffus fuit... recepiffe à nobili Michaele Caffardi, Sive Groˉnopˉ, ejus focero, videlicet centum & duo fcuta auri nova, in diminucionem dotis nobilis GIRARDE, ejus uxoris, filiæ prefati nobilis Michaelis.... De quibus centum & duobus fcutis... idem nobilis Aymo dictum nobilem Michaelem Caffardi... quictavit & quictat, &c. (*) ultra alias quictancias eidem nobili Michaeli, per ipfum Dominum Bellimontis conceffas, promictendo fub juramenro, &c. (*) renuncians, &c. &c. (*)

Procuration paffée par Claude Caffard, Ecuyer, Echanfon de la Reine, à Michel Caffard, fon pere.

Original en parchemin, confervé dans les Archives de M. le Comte de Beaumont-de la Roque, au Château du Repaire, en Périgord.

15 Novembre 1466.   A TOUS ceulx qui ces prefentes Lectres verront. Jehan Framberge, Licencié en Lois, Garde de la Prévofté d'Orléans, falut; fçavoir faifons que, par-devant Taffin Berthelin, Clerc, Notaire-Juré du Chaftellet d'Orléans, fut préfent... Claude Caffart, Efcuier & Efchanfon de la Royne, lequel... conftitua & eftablit fon amé & féal Procureur Général... noble homme Michel Caffart, fon pere, auquel il a donné... pouvoir... de prendre la poffeffion... de la Chaftellenie & recepte de la Meure Mathezine, laquelle... Monfʳ le Comte de Longueville lui a donnée... En tefmoing de ce, nous, à la rélation dudit Notaire Juré, avons fait fceller ces prefentes Lectres du fcel aux Contratz de ladite Prévofté d'Orléans. Ce fut fait le quinzieme jour de Novembre l'an de notre Seigneur mil CCCC foixante-fix. Berthelin.

Cet Acte fcellé en cire jaune du fceau de la Prevôté d'Orléans.

Sentence Arbitrale rendue entre AMBLARD & AYMON DE BEAUMONT, freres, Seigneurs de BEAUMONT & de Montfort, & Claude de Grolée, Dame de la Terraffe.

Original en parchemin, confervé dans les Archives de la Terre de Château-Bayard, en Dauphiné.

5 Avril 1469.   IN NOMINE Domini, amen.... Cum difcreti viri Magiftri, Johannes Gauteri, de Lumbino, & Ferminus de Aureyca, de Domena, condam Notarii publici... recepterint... inftrumentum fubfcriptum quod fuit repertum in notis dicti Gauterii... &... groffacio... nobis Johanni Gauterii, habitatori dicti loci Lombini... & Petro Fracti, habitatori dicti loci Domene... commiffa extitit... dictum inftrumentum... prout invenimus... groffavimus &... eft talis..... «In » nomine Domini, amen. Anno Domini milleſimo quatercenteſimo fexageſimo nono, inditione »fecundâ... & die quintâ menfis Aprilis... cum lis & queftio fuiffet... inter nobiles & potentes »viros AMBLARDUM & AYMONEM DE BELLOMONTE, fratres, Dominos dicti loci & Montisfortis, »petentes, ex unâ parte, & nobilem & egregiam Dominam Glaudam de Groliâ, Dominam »Terraffie, nomine nobilis Anthonii de Fayno, ejus filii, ex parte alterâ, fuper eo quod aliàs »inter mandamentum Terraffie & Montisfortis fuerint plantate certe mete... de quibus metis »de prefenti non teperiontur, nifi tres... fe compromiferunt in nobiles & potentes viros, Gui- »chardum de Morgiis, Dominum Mote; GLAUDIUM DE BELLOMONTE, Dominum Frayte, & »Johannem de Theyfio, de Bayeta, electos pro parte dictorum nobilium Amblardi & Aymonis, »& nobiles viros, Aymonem Alamandi, Dominum Revelli, & Glaudium & Anthonium de »Arciis, electos pro parte dictæ Dominæ; qui Domini arbitri... accefferunt fuper loco.... & »ordinaverunt poni in medio ipfarum metarum unam bonam; deinde... inter... duas jufticias

» ... plantaverunt unam aliam bonam... Actum in itinere publico... presentibus nobilibus
» Glaudio Mayachii, Johanne Ranerii, Johanne de Chalenderiâ, Ludovico de Arciis, Johanne
» Pillosii, Anthonio Guerci de Terraffia, Johanne Cioppini, de Lombino, & Anthonio de Nemore
» aliàs Brayot, de Sancto Prancaffio, pro testibus vocatis. Jo. Gauterii, de Aureyca.... » Ego
verò Johannes Gauterii... auctoritate Dalphinali Notarius publicus, Commiffarius... instru-
mentum transactionis superiùs descriptum... groffari feci, hic me subscripsi.... Ego vero Petrus
Fracti, de Domena, auctoritate Dalphinali Notarius publicus, Commiffarius... cum dicto
Magistro Johanne Gauterii, subscripsi & signavi. FRACTI.

Supplique & Déclaration faites par AYMON DE BEAUMONT, *après la mort*
*d'*AMBLARD, *son frere aîné.*

Copie en papier, non signée, mais de l'écriture du tems, conservée dans les Archives de M. le
Comte de Beaumont-de la Roque, au Château du Repaire, en Périgord.

HAC DIE 11 Maii, ad quam instante nobili AYMONE DE BELLOMONTE, citati sunt... coram   1 Mai 1470.
vobis magniffico Dalphinali Parlamento, vigore litterarum vestrarum, creditores, legatarii & alii
jus habere pretendentes in bonis & hereditate que condam Dominus AMBLARDUS DE BELLO-
MONTE, Miles, pater dicti nobilis AYMONIS... possidebat, ac etiam bona predicta detinentes,
visuri & audituri adhicionem hereditatis dicti Domini AMBLARDI, ejus condam patris cum beneficio inventarii, necnon... complementum ipsius inventarii quod dictus nobilis AYMO facere
intendit... ut jura sua... salva sibi remaneant... declarans... quod ipse vult esse heres universalis dicti Domini AMBLARDI, ejus condam patris vigore substitutionis adjectæ in testamento
dicti Domini AMBLARDI ejus condam patris. Et ulterius..... quia licet dictus Dominus
AMBLARDUS, Miles, ejus condam pater... teneret Castrum BELLIMONTIS, quod Castrum
de presenti tenet ipse nobilis AYMO, ipse tamen... tenet seu titulo quam hereditario nomine
dicti sui patris, nam verum fuit quod.... nobilis AMBLARDUS, frater dicti nobilis AYMO-
NIS, tempore ejus vite, dictum Castrum BELLIMONTIS, cum certa parte juridicionis ejusdem
Castri vendidit nobili JACOBO DE BELLOMONTE, Domino *Sancti Quintini* (*), qui Domi-   (*) Nª. *Il y avoit*
nus *Sancti Quintini* (*) dictum Castrum posteà vendidit dicto AYMONI, etiam vivente   *auparavant ces*
dicto AMBLARDO, ejus fratre. Alia etiam consideracione dictus nobilis AYMO, non tenet dic-   *mots :* DE ADES-
tum Castrum ut heres dicti sui patris, quia dictum Castrum BELLIMONTIS, fuit de bonis & here-   TRIS, *qu'on a ef-*
ditate Domini AMBLARDI, proavi dicti nobilis AYMONIS & qui AYMO reperitur in testamento   *facés pour y substi-*
dicti sui proavi substitutus, ac eciam vigore prohibitionis dicti condam Domini AMBLARDI   *tuer ceux-ci. Cette*
DE BELLOMONTE *ejus condam proavi, facte in dicto suo testamento ne bona sua extra fami-*   *correction est an-*
liam & posteritatem suam allienarentur.... (*) & sic dictum Castrum alio etiam jure spectat   *cienne.*
dicto nobili AYMONI quam hereditario sui patris, maxime quia dictus suus proavus prohibuit   (*) Nª. *Ce qui est*
omnem alienacionem in suo testamento ut supra.   *ici en italique est*
    Affirmans dictus nobilis AYMO... quod non reperit aliqua alia bona que dictus ejus condam   *porté sur la marge,*
pater,.. possideret, quia dictus AMBLARDUS ejus condam frater, omnia bona que ad eum per-   *de la même main*
venerunt ex successione dicti Domini AMBLARDI eorum condam patris, hinc indè alienavit, ypo-   *qui a fait la cor-*
thecavit & diripavit & que bona de presenti possidentur & detinentur pro citatos in hac causa   *rection ci-dessus.*
inventarii, ita quod de ipsis bonis alienatis inventarium pro presenti facere non potest. Protesta-
tur tamen ipse nobilis AYMO, quod quandocumque dicta bona alienata ad manus suas deve-
rint, ea describi faciet in presenti inventario si... addi debeant, quia illa bona alienata per dictum AMBLARDUM, fratrem dicti AYMONIS non processerunt à dicto Domino AMBLARDO, secundo
testatore, sed à dicto Domino AMBLARDO, primo testatore & proavo dicti nobilis AYMONIS.
    Supplicando vobis magnificis Dominis Curiam Parlamenti tenentibus quatinus dictum inven-
tarium admictere dignemini... & ad majorem firmitatem presentis inventarii ego AYMO
DE BELLOMONTE me propria manu subscripsi.

Jesus.

Secuntur bona que tenebat & possidebat nobilis & potens vir Dominus AMBLARDUS DE BEL-
LOMONTE, Miles, Dominus dicti loci BELLIMONTIS & Montisfortis, condam pater nobilis AYMO-
NIS supplicantis, tempore ejus vite & mortis; & primo... dictum Castrum BELLIMONTIS in quo
Castro, seu Mandamento & tam in Parrochiis Thoveti, Sancti Michaelis, & Beate Marie de
Monte, seu in Bella-Camera erant circa LX vel LXX homines juridiciabiles.
    Item & circa sex vel septem homagia nobilium, videlicet homagium Fraye, Thoveti, Hugo-
nis de Crollis, Arthaudi Boueri, Aymari de Sancto Johanne, homagium seu recognitio juridicionis
nobilis Johannis de Thesio. Item homagium Terraciey quod est in litigio & erat tempore Domini
AMBLARDI condam, & homagium Domini Johannis Berlionis.
    Item & percipiebat dictus condam Dominus AMBLARDUS, Miles, tam in dicto loco Belli-
montis, quam in Parrochiis predictis Thoveti, Sancti Michaelis de Monte, quam in Parrochiis
Chelasii, Gonselini, ad causam dicti Castri & alias, videlicet de frumento circa LXX vel IIII^{xx},
sestaria frumenti.

Item de avena.... Item in deneriis circa xxxı vel xxxıı florenos. Item tenebat.... dictus Dominus AMBLARDUS condam quemdam montem apellatum de Alto folio.... Item & percipiebat... certum pedagium in loco Thoveti valoris 1us vel duorum florenorum. Item tenebat... unam Turim... que Turis vocatur *la Sellier de Beaumont*.... Item & in Caftro predicto Bellimontis... erant multa bona mobilia que omnia funt alienata & de prefenti nulla funt....

De bonis fupradictis tenet idem nobilis AYMO que fecuntur & titulis fupradictis.

Primo videlicet Caftrum predictum BELLIMONTIS cùm xx vel xxv hominibus juridicionis vel circa & cum homagiis Frayte & Thoveti... & homagium Henrici de Crollis. Item & dictas quatuor pecias nemoris.... Item & pratum cum terra dicto Caftro contigua....

Item & montem predictum appellatum montem de Alto folio... Item & Turim feu celerium vocatum de vineis cum dictis vineis... quas tenet tam ex remiffione facta dicto nobili AYMONI per venerabilem & Religiofam Dominam ANTHONJAM DE BELLOMONTE monialem, quam alias & quas vineas tenebat... dicta Domina ANTHONIA pro fua penfione, que quidem vince tempore dicte remiffionis erant totaliter dirupte & quafi ermes.

De Caftro Montisfortis.

Item tenebat & poffidebat prefatus Dominus condam AMBLARDUS, Miles... Caftrum Montisfortis cum fuo Mandamento in quo funt due Parrochie, filicet Parrochia Crollarum & Lumbini, in quibus Parrochiis funt circa LXX vel IIIIxx homines juridiciabiles. Item & circa fex vel feptem homagia nobilium etiam juridiciabilium, videlicet homagium nobilis Alberti de Montefortı, Johannis Rogerii alias Chatayn, Aymari Motardini, Aynardi & Amblardi de Chaleuderia, heredum nobilis Glaudii de Crollis, Anthonii Maffonis, homagium Richardi Berlionis, homagium nobilis Johannis Yfuardi. Item percipiebat dictus condam Dominus AMBLARDUS, Miles... circa cxx vel xxv feftaria frumenti. Item de Avena.... Item & vintenum fuper certis hominibus dicti Caftri Montisfortis. Item.... Caftrum quod nunc eft diruptum.... Item in Lumbino, quoddam tenementum... ubi eft garena Domini.... Item erat... quoddam molendinum valoris xx feff. bladi ad menfuram Montifbonodi....

De predictis bonis dicti Caftri Montisfortis tenet dictus nobilis AYMÒ, juridicionem Parrochie Lumbini, à petra appellata *que fonat*, ufque ad rivum Lumbini, cum xxx vel xxxıı hominibus titulo fupradicto.

Item de bonis mobilibus infra dictum Caftrum Montisfortis exiftentibus, nullum facit inventarium quia detinentur per Dominam relictam nobilis & potentis viri AMBLARDI DE BELLOMONTE, Domini dicti loci Montisfortis, licet plura effent bona mobilia tempore vite mortis dicti Domini condam AMBLARDI, Militis, patris dictorum AMBLARDI & AYMONIS, que omnia funt vendita & alienata. Omnia autem alia bona exiftentia in dictis Caftris Bellimontis & Montisfortis detinentur tam per Dominam relictam dicti nobilis AMBLARDI, quam per alias creditores citatos exceptis hiis que habet dictus nobilis AYMO, titulis & rationibus fupradictis.... Item de inftrumentis infradictum Caftrum exiftentibus nullum facit inventarium, quia detinentur per dictam nobilem MARGUARITAM, relictam dicti nobilis AMBLARDI.

Tranfaction paffée entre MARGUERITE DE SASSENAGE, *veuve d'*AMBLARD DE BEAUMONT, *Seigneur de Montfort, &* Raymond Aynard, *Seigneur de Montaynard.*

Original en parchemin, confervé dans les Archives de la Maifon de Saffenage.

12 Août 1476. IN NOMINE Domini noftri Jh'u Xp'i amen. Cum lif.... & controverfia... mote forent... inter nobilem & egregiam Dominam MARGARITAM DE CASSENATICO, relictam nobilis & potentis viri AMBLARDI DE BELLOMONTE, Domini condam Montisfortis ex una, & nobilem & potentem virum Raymundum Eynardi, Dominum Montis Eynardi, partibus ex altera, de & fuper infrafcriptis, videlicet quod... in... contractu matrimonii eidem nobili MARGARITE, conftituta extitit dos... duorum millium & quingue centum florenorum auri & pro veftibus... tercentum florenorum auri... necnon fexcentum floreni auri... pro jocalibus... & conceffit idem AMBLARDUS quictancias particulares, indeque per unam generalem quictantiam... voluit... quod dicta Domina MARGARITA, & fui Caftrum predictum Montisfortis... poffideret... expoft prelibata Domina... quod habebat... in dicto Caftro... ceffit & remifit prefato nobili & potenti viro Raymundo Eynardi, Domino Montis-Eynardi... ut... ftare afferitur inftrumentum publicum receptum per Petrum Martini, Notarium... quamque ceffionem... ipfa Domina... coram

DE LA MAISON DE BEAUMONT. LIV. VII

nobili & egregio viro Domino Johanne Moleti, Legum Doctore tunc Vice-Baillivo.. Graysivodani.. ratificavit.. Demum predictus Dominus Raymundus.. omnia.. sibi cessa & remissa per dictam Dominam MARGARITAM.. donavit nobili Hectori Eynardi, filio suo carissimo, Scutistero Xp'ianissimi Principis Regis Dalphini Domini nostri; & .. ipsa Domina MARGARITA, readvisa supplicationem magnifico Dalphinali Parlamento porrexit.. ad recisionem contractus.. inter ipsam Dominam & jam dictum Dominum Montis-Eynardi inhiti, super quâ .. extitit lis.. in manibus magistri Petri Eynardi, Notarii & Secretarii Dalphinalis pendens adhuc indecisa... & potens Dominus Jacobus, Miles, Dominus Cassenatici, nepos dicte Domine Margarite.. nomine ipsius.. & ipsi Raymundus Dominus Montis-Eynardi, ac Hector ejus filius... considerantes affinitatem & parentelam quibus conjunguntur.. compromissum fecerunt in venerabilem nobilesque & egregios Dominos Anthonium Armueti, Prepositum Ecclesie Collegiate Beati Andree Gratianopolis, Johannem de Sancto Germano, Legum Doctorem, Advocatum Fiscalem, Franciscum de Cizerino, Juris utriusque Doctorem, Consiliarios Dalphinales & Franciscum Matchi, Jurisperitum.. Tandem sic fuit & est quod anno ejusdem Domini millesimo quatercentesimo septuagesimo sexto, & die duodecimâ mensis augusti.. partes.. bene advise... concordaverunt tractatu amicabili supranominatorum Dominorum... quod omnia jura... predicte.. Domine Margarite.. pertinere debeant... dicto nobili & potenti Raymundo Eynardi.. quoad usumfructum, & quoad proprietatem & Dominium preloquto nobili Hectori Eynardi ejus filio... & dictus Dominus Cassenatici, nomine ipsius Domine MARGARITE, habeat habereque debeat summam duorum millium florenorum auri pro uno semel tantum... quibus.. mediantibus.. supportare teneatur & debeat onera ipsius Domine MARGARITE, ipsainque alere & alimentare... & ... dicti Dominus Montis-Eynardi, pater & Hector ejus filius.. cedunt.. quidquid juris & rationis eisdem competunt.. super bonis, hereditate & terrâ Cassenatici ex personâ dicte nobilis MARGARITE.. Acta fuerunt premissa Gratianopoli in Domo magnifici Domini Gubernatoris Dalphinatus.. presentibus.. Dominis tractatoribus, nobilibus & potentibus viris Jacobo de Cassenatico, Domino Nuceriti & de Vurey, Georgio Berengarii, Domino de Vado, nobilibusque & egregio Domino Johanne de Villeta, Legum Doctore, Guilliermo Armueti, Civibus Gratianopolitanis, & Johanne Armueti, loci Sancti Martini Vinosii...

Et me Natali Materonis, Clerico, Cive Gratianopolis.. Notario publico, Secretarioque Dalphinali, quia.. presens una cum.. nobili Eynardo de Revello, Connotario meo.. interfui.. notam.. sumpsi, ideo hoc presens publicum instrumentum.. subscripsi & manu ac signo meis solitis signavi... MATERONIS.

Testament d' AYMON DE BEAUMONT, *Seigneur de Beaumont & de Montfort, en faveur d'*AMBLARD, LOUIS & FRANÇOISE DE BEAUMONT, *sans enfans.*

Protocolle original de Pierre Martin dit Panatier, Notaire de la Combe, lequel commence ainsi: Prothocollum mis Petri Martini aliàs Panaterii, Notarii publici, de notis per me receptis anno Nativitatis Domini M.° IIII.ᶜ octuagesimo primo ; *ce protocolle étoit en 1748 en la possession de M. Pizon, Trésorier de France à Grenoble, & a été communiqué en 1757.*

ANNO DOMINI M.° IIII.ᶜ octuagesimo primo & die octavâ mensis Januarii... nobilis,&   8 Janvier 1481. potens vir AYMO DE BELLOMONTE Dominus Bellimontis, sanus mente.. licet eger corpore.. fecit... suum ultimum testamentum... in hunc... modum... In primis.. corpori... suo sepulturam elegit in Prioratu de Thoveto dicti Mandamenti Bellimontis, in tumulo suorum predecessorum, in quâquidem sepulturâ interesse voluit.. triginta Cappellanos & Sacerdotes.. & ordinavit... provideri pro sua luminaria sex faces... in quibus facibus sint depicte arme dicti Domini testatoris in penuncellis... Item dedit & legavit.. sue Cappelle fundate in dicto Prioratu de Thoveto quatervigintiflorenos... & sue Cappelle fundate in.. Prioratu Avallonis, viginti florenos.. pro dotatione unius misse qualibet septimanâ... Item instituit dictus testator suam heredem particularem nobilem Domicellam FRANCESIAM, ejusdem Domini testatoris filiam carissimam in sexcentum scutis Regis boni auri... solvendis.. quando ipsa nobilis FRANCESIA maritabitur... & ordinavit... quod.. habeat ejus victum & vestitum in domo ipsius Domini testatoris... donec ipsa Domicella sit matrimonio collocata, &.. quod suus heres universalis eidem Domicelle provideat de suis vestibus nuptialibus... secundum statum dicte Domicelle... Item instituit & ordinavit dictus Dominus testator suum heredem particularem, nobilem scutifferum LUDOVICUM, ejusdem Domini testatoris secundum genitum in tercentum scutis ad cugnum novum Regis boni auri... cum suo victu & vestitu donec ceperit partitum.. ipsum nobilem LUDOVICUM ordinando esse de Rodis si velit. Item voluit & ordinavit dictus Dominus testator nobilem GIRARDAM CASSARDE, ejus carissimam uxorem & nobilem GLAUDAM GUARNERIE, relictam nobilis LUDOVICI DE BELLOMONTE, condam patrui dicti Domini testatoris, Dominas & gubernatrices omnium & singulorum bonorum... & suorum liberorum... sine confectione inventarii & redditione computi... dùm se abstinebunt de convolando ad secunda vota, consilio magnificum & potentum Dominorum Commitum Montismajoris, Clarimontis

V iij

& Myolani, quibus Dominis ipse testator commendat dictos suos liberos & heredes, nec non nobilium Glaudi Cassardi, Vrbani Guarnerii alias Ronda, Aymonis & Yvonis Terrallii, Anthonii & Glaudii Bectonis, sivè alterius ex ipsis... In omnibus autem aliis bonis suis mobilibus & immobilibus, Juribus, Castris, juridicionibus & aliis... heredem suum universalem instituit...' nobilem scutifferum AMBLARDUM DE BELLOMONTE, ejus primogenitum & suos liberos masculos naturales & legitimos... semper primos ipsorum liberorum ; & si contingeret, dictum heredem universalem decedere... sine liberis... substituit dictum nobilem LUDOVICUM suum secundum filium... & suos liberos semper primos... & si contingeret decedere sivè mori dictos nobilem AMBLARDUM & LUDOVICUM, filios dicti Domini testatoris, sine liberis naturalibus & legitimis... substituit nobilem GLAUDIUM DE BELLOMONTE, Dominum Frayte, & ejus liberos masculos naturales & legitimos, scillicet semper primos, &... in ipso casu dictus Dominus testator augmentavit dotem dictae nobilis Domicellae FRANCESIE, ejus filiae de quatercentum scutis novis Regisboni auri & boni ponderis, & si contingeret dictum Dominum Frayte, decedere sine liberis vel ejus liberos sine liberis, substituit DOMINUM SANCTI QUINTINI, & suos liberos ut supra, & in deffectu dicti Domini... & suorum liberorum substituit DOMINUM DE ADESTRIS, & suos liberos ut supra & in deffectu dicti DOMINI DE ADEXTRIS, & suorum liberorum substituit DOMINUM PELLAFOLLI, & suos liberos semper primos ut supra & post ipsum DOMINUM PELLAFOLLI & suos liberos, substituit propinquiores suos de cognomine & armis illorum DE BELLOMONTE ; volens & ordinans dictus Dominus testator, quod Castra Bellimontis & Montisfortis non possint.. separari.. destendens.. quatenus de dictis Castris, juridictione, censibus ac rebus eorumdem nichil vendere nec alienare possint,. prohibens... super eisdem Castris quartam trabellionicam & legitimam, sed illas secundum juris dispositionem capiant super aliis bonis dicti Domini testatoris ; confirmando & approbando testamentum spectabilis Militis Domini AMBLARDI DE BELLOMONTE condam, Domini Bellimontis ; ratificando pariter & approbando transactiones factas per eumdem Dominum AMBLARDUM & Dominum FRANCISCUM DE BELLOMONTE, & nobilem AMBLARDUM, filium dicti Domini AMBLARDI.. receptas per Johannem Rogerii alias Chastagnii,. Exequtores vero dicti sui testamenti.. ordinavit Dominum Priorem Thoveti, nec non nobiles Aymonem & Yvonem Terralii.. Acta fuerunt hec apud Avallonem in domo dicti Domini testatoris.. presentibus honorabilibus viris Dominis Petro Mazeti, Curato Avallonis, Petro Bruneti & Anthonio Barbe, Cappell˜, nobilibus Aymone & Yvone Terrallii, & Johanne de Passis, de Florenciâ, Medico, habitatore Grationopolis, ac Claudio Bectonis, & Anthonio Philippi, de Avallone, & Stephano Bruneti, servitore dicti Domini testatoris, testibus... & me Notario subsignato. P. MARTINI.

N.° *On conserve dans les Archives de M. le Comte de Beaumont-de la Roque, au Château de Baynac, en Périgord, une grosse en parchemin de ce Testament, faite par Jean Monachi, Notaire Dalphinal du Mandement d'Avalon, en vertu de Commission de Louis de Poisieu, dit Capdorat, Seigneur de Pusignieu, Conseiller du Roi, Bailly de Graisivaudan, du 20 Décembre 1493.*

Investiture donnée par GIRARDE CASSARD, *veuve d'* AYMON DE BEAUMONT, *comme Tutrice d'* AMBLARD, *leur fils, & déclaration de* CLAUDE GARNIER, *veuve de* LOUIS DE BEAUMONT.

Protocolle original de Pierre Martin dit Panatier, Notaire de la Combe, lequel étoit en 1748 en la possession de M. Pizon, Trésorier de France à Grenoble.

9 Avril 1481.

ANNO Domini M° IIIIe octuagesimo primo, & die nonâ mensis Aprilis... cùm Aymo Migneti, Notarius & Maria Murgerie, ejus uxor... acquisiverint à Guillemeto de Plateâ alias Bruni, primò quamdam peciam terrae... sitam in parrochiâ Sancti Maximi, apud Perreriam... Item.. circa unam sestariatam, cum dymidia prati, sitam in Parrochiâ Grignionis, loco dicto in cruce ramis palmarum.. quequidem peciae... moventur de emphiteosi & dominio directo hered˜ nobilis LUDOVICI DE BELLOMONTE condam ; hinc est quod ad requisitionem dicti Aymonis.. nobilis GIRARDA CASSARDE, relicta nobilis & potentis viri AYMONIS DE BELLOMONTE condam, domini Bellimontis, heredis dicti condam nobilis LUDOVICI DE BELLOMONTE, sui patrui, tutrix testamentaria nobilis AMBLARDI DE BELLOMONTE, Domini Bellimontis, sui filii, informata de dictis venditionibus, ipsas laudavit & approbavit, dictumque Aymonem Migneti... de eisdem retinuit & investivit... Acta fuere hec apud Avallonem, in domo dicti Domini Bellimontis, presentibus Johanne Coronacti... & me Notario. P. MARTINI. . . Pro nobili GLAUDA GUARNERIE, relicta nobilis LUDOVICI DE BELLOMONTE. . . Ibidem nobilis GLAUDA GUARNERIE, relicta nobilis LUDOVICI DE BELLOMONTE, condam declaravit.. quod ipsa non intendit acceptare tutelam nec regimen sibi traditas per nobilem & potentem virum AYMONEM, condam Dominum Bellimontis, in ejus ultimo testamento, per me Notarium, subsignatum recepto, de quâ declaratione dicta nobilis GLAUDA petiit instrumentum, presentibus ... testibus quibus supra, & Aymone Migneti, Notario... & me Notario ; P. MARTINI.

DE LA MAISON DE BEAUMONT. Liv. VII.

Cession faite par GIRARDE CASSARDE, *veuve d'*AYMON DE BEAUMONT, *Seigneur de Beaumont, à Pierre de Montfort, son Gendre.*

Original en parchemin, conservé dans les Archives de M. le Comte de Beaumont-de la Roque, au Château du Repaire, en Périgord.

IN NOMINE Domini, amen. Notum sit omnibus.... quod cum olim vir discretus, Petrus 21 Mai 1484. Martini, Notarius condam de Comba... diversas notas... receperit... quas morte preventus grossare non potuit, quarum... grossatio... michi Notario subsignato commissa extitit... in quibus... notam subscriptam inveni, cujus tenor talis est.... « Anno Domini millesimo quater- » centesimo octuagesimo quarto, & die vicesimâ primâ mensis Maii, coram me Notario publico... » nobilis & egregia GIRARDA CASSARDE, relicta nobilis & potentis AYMONIS DE BELLOMONTE, » Domini Bellimontis condam... cessit... nobili & potenti viro Petro de Monteforti, Domino de » Castellario, & Condomino Montisfortis... in solutum partis dotis nobilis FRANCESIE DE BEL- » LOMONTE, filie dictæ Domine GIRARDE BELLIMONTIS, uxoris Domini de Castellario, tradidit » ea in quibus eidem Domine Bellimontis teneri possunt heredes nobilis Michaelis Cassardi, ejus » condam patris, ad causam reste ejus dotis.... Actum apud Avalionem, in logiâ domûs dicti » Bellimontis condam, presentibus nobilibus, Aymone Terrallii, Johanne Mayachii, Guigone » Boneti, Notario... testibus... & me Notario Martini.... » Ego vero Valentinus Martini, aliàs Papaterii, Capp. de Comba, mandamenti Avalonis, Clericus... Notarius Dalphinalis subsignatus, qui presens instrumentum à papiris.... Petri Martini, Notarii quondam, vigore mee commissionis... extrahi... feci per fidelem coadjutorem meum... hic me subsignavi. V. Martini.

Testament de noble GIRARDE CASSARDE, *veuve d'*AYMON DE BEAUMONT, *Seigneur de Beaumont, en faveur d'*AMBLARD *& de* FRANÇOISE DE BEAU- MONT, *ses enfans.*

Original en papier, par extrait, conservé dans les Archives de M. le Comte de Beaumont-de la Roque, au Château du Repaire, en Périgord.

ANNO Domini millesimo IIIIc nonagesimo septimo, & die primâ mensis Jugnii. Ego Johannes 1er Juin 1497. Monachi, Notarius... recepi Testamentum nobilis GIRARDE CASSARDE, relictæ nobilis potentis AYMONIS DE BELLOMONTE, Domini Bellimontis, in quo, inter cetera continentur subscripta. Primo quod dicta nobilis testatrix... sepulturam sui corporis elegit in cimenterio Ecclesie patrochialis de Thoveto, in tumulo Dominorum de Bellomonte, in quâ sepultura ordinavit interesse triginta Dominos Cappellanos Missas celebrantes.... Item ordinavit vestiri duodecim pauperes filias.... Item instituit dicta testatrix heredem suam particularem nobilem FRANCESIAM, uxorem nobilis potentis PETRI DE MONTEFORTI, Domini Montisfortis, ejusdem testatricis filiam carissimam... in triginta florenis parve monete... & ... heredem suum universalem instituit.... nobilem potentem AMBLARDUM DE BELLOMONTE, Dominum Bellimontis, ejusdem testatricis filium, per quem vult legata sua... solvi... ut plenius constat instrumento per me dictum Notarium, in presentiâ testium recepto quod aliis negociis occupatus, grossare non potui : ita attestor ego dictus Notarius subsignatus. (*Signé*) MONACHI.

CHAPITRE V.

AMBLARD DE BEAUMONT, IVe. du nom, Seigneur de Beaumont, de Montfort, &c. de Lumbin & FRANÇOISE, sa sœur, enfans d'AYMON DE BEAUMONT.

Contrat de Mariage de Françoise DE BEAUMONT avec PIERRE DE MONTFORT, Seigneur de Chastelard.

Original en parchemin, conservé dans les Archives de M. le Comte de Beaumont-de la Roque, au Château du Repaire, en Périgord.

8 Mars 1482. IN NOMINE... Patris & Filii & Spiritûs sancti.... Cum fuerit & sit tractatum de legitimo matrimonio... inter nobilem & potentem virum PETRUM DE MONTEFORTI, de Bregnino, Dominum de Castellario, ex unâ parte, & nobilem Domicellam FRANCESIAM, filiam nobilis & potentis viri AYMONIS DE BELLOMONTE, Domini Bellimontis quondam, parte ex alterâ, omnes Grationopolis Dioces; hinc.... est quod anno Nativitatis Domini nostri Jhu Xpi millesimo quatercentesimo octuagesimo secundo, indicione quindecimâ... & die octavâ mensis Marcii, in nostrum Notariorum publicorum, Johannis Massonis, Johannis Gauterii & Michaelis de Plateâ... presencia... dictus nobilis PETRUS DE MONTEFORTI... juravit in manibus sacratis viri venerabilis & Religiosi Domini Petri Porte, Prioris Thoveti, supradictam nobilem FRANCESIAM DE BELLOMONTE, in ejus uxorem... in facie Sanctæ Matris Ecclesiæ desponsare.... & vice versâ, nobilis GIRARDA CASSARDE, mater & tutrix dictæ nobilis FRANCESIÆ DE BELLOMONTE, cum... concensu.... Domini Humberti de Turre, Militis, nobilis & potentis viri GLAUDII DE BELLOMONTE, Domini Frayte, suorum Consiliariorum, parentum & amicorum... eciam promisit... procurare cum effectu... quod dicta nobilis FRANCESIA, ejus filia, supradictum nobilem PETRUM DE MONTEFORTI in ejus virum & sponsum... recipiet.... Quibus sic actis... supradicta nobilis GIRARDA CASSARDE, mater & tutrix dictæ nobilis FRANCESIÆ, necnon nobilis AMBLARDI DE BELLOMONTE, sui filii, & dicti nobilis AYMONIS DE BELLOMONTE... sui condam viri, & nomine ejusdem nobilis AMBLARDI DE BELLOMONTE... constituit... in dotem... ipsius nobilis FRANCESIÆ.... primo sexcentum scuta auri nova, cugni Regis Domini nostri Dalphini, valoris cujuslibet triginta grossorum... sibi nobili FRANCESIE donata & legata per dictum nobilem AYMONEM DE BELLOMONTE, ejus quondam patrem.... Item plus.... ducentum scuta auri nova... de bonis & dote ipsius nobilis GIRARDE, matris dictæ nobilis FRANCESIE.... Item... pro vestibus nupcialibus... centum scuta auri nova..... Item supradictus nobilis PETRUS DE MONTEFORTI... dedit... dictæ nobili FRANCESIE, sponsæ suæ futuræ.... ducentum scuta auri nova... pro jocalibus... emendis.... Item plus dedit... de duario.... unum membrum suæ domûs de Craponodo quam maluerit... una cum garnimento & domûs utensilibus sibi necessariis. Item plus, de annuâ pensione, quinquaginta florenos monete currentis..... Acta, scripta & recitata fuerunt omnia premissa in Monasterio Ayarum, presentibus... nobile & potente viro Domino Humberto de Turre, Milite, nobili & potente viro GLAUDIO DE BELLOMONTE, Domino Frayte, nobili Aymone Terrallit, nobili Glaudio Cassardi, nobili Jacobo Cony, Domino Johanne de Ponte, & Domino Odone Grimaudi, Cappellanis, testibus... Ego vero Michael de Plateâ, de Thovero, Grationopolis Dyocesis, auctoritate Dalphinali Notarius publicus, in premissis omnibus, una cum prenominatis Notariis & testibus presens fui... meque subscripsi & signavi signo meo....

Vis-à-vis les derniers mots de cet Acte, est figuré le monogramme du Notaire.

Cession faite par GIRARDE CASSARDE, comme Tutrice d'AMBLARD SEIGNEUR DE BEAUMONT, son fils, à Pierre de Montfort, Seigneur de Chastelard, de la Mistralie de Visilie, pour le payement de partie de la dot de FRANÇOISE DE BEAUMONT.

Original en Parchemin, conservé dans les Archives de M. le Comte de Beaumont-de la Roque, au Château du Repaire, en Périgord.

3 Janvier 1488. IN NOMINE Domini, amen. Notum sit omnibus.... quod cum olim vir discretus Petrus Martini, Notarius condam de Combâ... diversas notas... receperit... quas morte preventus grossare

groſſare non potuit; quarumquidem notarum groſſatio... michi Notario ſubſignato commiſſa extitit... in quibus... notam ſubcriptam inveni.. Anno Domini milleſimo quatercenteſimo octuageſimo octavo, & die terciâ menſis Januarii, coram nobis Notariis publicis & teſtibus infraſcriptis; cum nobilis & potens vir AMBLARDUS DOMINUS BELLIMONTIS, ſive nobilis & egregia GIRARDA CASSARDE, Domina Bellimontis, ejus mater & tutrix teneretur.. nobili & potenti viro PETRO DE MONTEFORTI, Domino de Chaſtellario, ejuſdem Domini Bellimontis ſororio, in ſummâ ducentum ſcutorum auri vel circa, pro terminis lapſis dotis nobilis & generoſæ FRANCESIE DE BELLOMONTE, ejuſdem Domini de Chaſtellario, uxoris, ſororiſque dicti Domini de Bellomonte... Hinc eſt quod dicta nobilis & egregia GIRARDA CASSARDE, Domina Bellimontis, tutrix & tutorio nomine dicti Domini Bellimontis, ejus filii... tradidit... dicto Domino de Chaſtellario... Miſtraliam, Bannariam & omnes cenſus, penſiones & taſchias, domum & omnia ac ſingula alia que dictus Dominus Bellimontis habet in toto mandamento Viſiliæ, exceptis reachectis rerum venditarum per predeceſſores dicti Domini Bellimontis... ad habendum &c. pretio & nomine pretii tercentum florenorum monete currentis habitorum, in dyminucionem dictæ dotis... Acta fuerunt hec apud Avallonem, in aulâ domûs dicti domini Bellimontis, preſentibus nobilibus, Jacobo Salvagnii, Vice - Caſtellano Avalonis, Reymondo de Vienneyſio Johanne Gremillionis, & Petro Martini aliàs Panaterii, de Combâ, & nobis Michaele de Plateâ, & Petro Martini, Notariis ſubſignatis. P. Martini... Ego verò Valentinus Martini aliàs Panaterii, de Combâ, mandamenti Avallonis, Clericus... Notarius Dalphinalis ſubſignatus, preſens inſtrumentum... à papiris... providi viri quondam Petri Martini, Notarii extrahi.. feci per fidelem meum Coadjutorem... &.. hic me ſubſignavi.. (Signé,) V. MARTINI.

Engagement du Château de Montfort fait par AMBLARD DE BEAUMONT, *Seigneur de Beaumont & de Lumbin, en faveur de Pierre de Montfort, ſon Beau-frere.*

Original en parchemin, conſervé dans les Archives de M. le Comte de Beaumont-de la Roque, au Château du Repaire, en Périgord.

IN NOMINE Domini, amen... Cum nobilis & potens vir AMBLARDUS DE BELLOMONTE, Dominus modernus Bellimontis & Lumbini teneatur.. nobili & potenti viro PETRO DE MONTEFORTI, Domino de Chaſtellario, Parrochie Bregnini, mandamenti Montisbonodi, viro & conjuncte perſone nobilis FRANCESIE DE BELLOMONTE, ſororis dicti nobilis AMBLARDI DE BELLOMONTE, in ſummâ octo centum ſcutorum pro dote, & centum ſcutorum auri.. pro veſtibus nuptialibus ipſius nobilis FRANCESIE. Hinc.. eſt quod anno Nativitatis ejuſdem Domini milleſimo quatercenteſimo octuageſimo octavo, & die viceſimâ octavâ menſis Marcii.. ſupradictus nobilis AMBLARDUS DE BELLOMONTE, Dominus dicti loci Bellimontis & Lumbini.. de licentiâ.. nobilium virorum Aymonis Terrallii, Domini de Bayardo, mandamenti Avalonis, & Glaudii Caſſardi, Civis Grationopolis, avunculi materni, ſuorum.. Curatorum, ac etiam nobilium GIRARDÆ CASSARDE, matris & Yvonis Terrallii, Domini Bregnini.. ceſſit.. ſupradicto nobili PETRO DE MONTEFORTI, ſuo Sororio.. Caſtrum Montisfortis, cum juridicione omnimodâ, mixto imperio, cenſibus, corvatis, privilegiis, prerogativis, feudis, homagiis, prediis & aliis emolumentis ipſius Caſtri.. jure pignoris & ypothece.. donec & quouſque eidem nobili Petro de Monteforti fuerit ſolutum.. de dictis dote & veſtibus.. Acta fuerunt hec Grationopoli, in Ruâ Bornolenchiorum, infrâ domum ſupranominati Glaudii Caſſardi, preſentibus ibidem nobilibus & potente viris, Aymone Alamandi, Condomino Vriatici, Humberto Comborſerii, Parrochie Mure, Anthonio Guill˜erii, Parrochie Thoveti, Boniſparono Boniſparis, Parrochie Revelli, Johanne de Orgniaco, Cive dicti loci Grationopol˜, & diſcretis viris Anthonio de Pereriâ, Parrochie Crollarum, & Michaele de Plateâ, Parrochie Thoveti, Not˜ Dalph˜ teſtibus ad premiſſa vocatis & rogatis.

Et me Anthonio Eyberti, Cive Grationop˜.. Notario, qui in premiſſis.. interfui.. & de eiſdem inſtrumentum preſens publicum confixi.. ipſum in hanc publicam formam expedivi. A. EY^TI. (*Cette ſignature eſt ſurmontée du monogramme du Notaire.*)

Nos Anthonius Galeyſii, Legum doctor, Vice - Baillivus Curie majoris Dalphinalis Grayſivodani... dictum inſtrumentum.. remiſſionis... auctoriſamus.. Acta fuerunt hec Grationop˜... preſentibus ibidem nobilibus & potentibus viris Aymone Alamandi, Condomino Vriatici, EYNARDO DE BELLOMONTE, Domino Adextrorum.. & me Anthonio de Chappanis, Commiſſario & Firmario dictæ Curie jurato, ſubſignato. A. GALEYSII, Vice-Baillivus. A. CHAPANIS.

N.ª *Cet Acte eſt ſcellé d'un ſceau pendant en cire rouge à moitié briſé.*

28 Mars 1488.

Obligation passée par AMBLARD DE BEAUMONT, *Seigneur de Beaumont & de Montfort, à Pierre de Montfort, Seigneur de Chaſtelard, ſon Beau-frere.*

Original en parchemin, conſervé dans les Archives de M. le Comte de Beaumont-de la Roque, au Château du Repaire, en Périgord.

28 Mars 1488.

IN NOMINE Domini, amen. Noverint univerſi... quod cum nobilis & potens vir Raymondus Aynardi, Dominus de Monte-Eynardo, ſive nobilis Hector, ejus filius, teneret Caſtrum Montisfortis... tanquam jus habens à nobili MARGARITA DE CASSENATICO, ac magnifico Domino Jacobo de Caſſenatico, ejus nepote, ad cauſam dotis, augmenti, jocalium, ſupervite & doarii ipſius Domine MARGARITE... tandem ipſe nobilis Hector... jura & actiones ſibi in dicto Caſtro ...ſpectantia...remiſerit nobili viro AMBLARDO DE BELLOMONTE, Domino moderno Bellimontis & dicti loci Montisfortis, mediantibus decem & novem centum ſcutis... quam ſummam, nomine ipſius Domini Bellimontis, nobilis vir Petrus de Monteforti, Dominus de Chaſtellario, ejus ſororius, eidem nobili Hectori de Monte-Eynardo.. ſolvere ſe obligavit. & de quâquidem ſummâ... dictus Dominus Bellimontis reſtat debitor eidem nobili Petro de Monteforti, Domino de Chaſtellario, in ſummâ ſexdecim centum triginta unius ſcutorum, cum dimidio auri. . Hinc ... eſt quod anno Domini milleſimo quatercenteſimo octuageſimo octavo, & die viceſimâ octavâ menſis Marcii, coram me Notario ſubſignato, .ſupradictus nobilis AMBLARDUS DE BELLOMONTE, Dominus modernus ipſius loci... de auctoritate nobilium Aymonis Terralii & Claudii Caſſardi, ejus avunculi materni, ſuorum Curatorum... & conſenſu nobilis GIRARDE CASSARDE, ejus matris... confeſſus fuit ſe debere... dicto nobili Petro de Monteforti, Domino de Chaſtellario ...predictam ſummam mille ſexcentum & triginta unius ſcutorum, cum dimidio auri Regis novorum... & fuit actum quod dictus Dominus Bellimontis... non poſſit.., eidem Domino de Chaſtellario aufferre.. Caſtrum Montisfortis... eidem... jure pignoris, pro dote nobilis FRANCESIE DE BELLOMONTE, ejuſdem nobilis Petri uxoris... traditum.. donec plenarie... dicta ſumma.. fuerit reſtituta... Acta fuerunt premiſſa Grationopoli, infra domum dicti nobilis Claudii Caſſardi, preſentibus ibidem nobilibus & potentibus viris Aymone Alamandi, Condomino Vriatici, Humberto Comborſerii, Parrochie Mure... & me Anthonio Eyberti, Cive Gracionopolis... Notario, qui in premiſſis... interfui... & de eiſdem hoc preſens publicum inſtrumentum confixi... &... ipſum in hanc formam expedivi. A. EY[TI].

Cette ſignature eſt ſurmontée du monogramme du Notaire.

Tranſaction paſſée entre AMBLARD SEIGNEUR DE BEAUMONT, *& Hector de Montaynard.*

Cahier en papier, contenant pluſieurs Actes non ſignés, mais de l'écriture du temps, conſervé dans les Archives de M. le Comte de Beaumont-de la Roque, au Château du Repaire, en Périgord.

28 Mars 1488.
(*) C'eſt une erreur ; il paroit par les Actes qui ſuivent dans le même Cahier que ce doit être octavo.

IN NOMINE Domini, amen. . Anno Nativitatis ejuſdem Domini milleſimo quatercenteſimo octuageſimo nono (*) & die viceſimâ octavâ menſis Marcii... cum lis... & controverſia forent inter nobilem & potentem virum AYMONEM DE BELLOMONTE, Dominum Bellimontis & Lumbini condam, & poſt ejus deceſſum, ejus heredes... ex unâ, & certos poſſeſſores :. bonorum ... nobilis AMBLARDI DE BELLOMONTE, Domini Bellimontis & Montisfortis, & inter ceteros, Dominam MARGARITAM DE CASTENASSENATICO, relictam dicti nobilis AMBLARDI quondam & ſubſequutivè nobilem & potentem Reymondum Eynardi, Dominum Montis-Eynardi, ſubrogatum in jus & locum dicte nobilis MARGARITE DE CASSENATICO, partibus ex alterâ ; ſuper eo quod dictus nobilis quondam AYMO DE BELLOMONTE, & conœquutor ejus heredes.. dicebant ...bona dicti nobilis AMBLARDI DE BELLOMONTE ſubgeſſere fidei Comiſſarie reſtitutioni, vigore teſtamenti Domini AMBLARDI DE BELLOMONTE, proavi paterni dicti nobilis AYMONIS, & pari modo vigore teſtamenti nobilis AMBLARDI DE BELLOMONTE, patris dicti AYMONIS, & tam ob ideo ſibi reſtitui dictum Caſtrum Montisfortis..: Adverſusque.. ſe opponebat dictus Dominus Montis Eynardi... ſeu nobilis & potens Hector Eynardi, Gubernator Aſten˜, filius dicti Reymondi... diceps... quod jura *totalia* dicte Domine MARGUERITE ſibi competunt ; & primo, duo mille quingentum floreni auri, nomine dotis dicte nobilis MARGUERITE, quos confeſſus ſuit habuiſſe dictus nobilis AMBLARDUS DE BELLOMONTE, ejus maritus ; ſecondo, ſexcentum floreni auri, pro jocalibus ; tertio, tercentum floreni auri, pro veſtibus nupcialibus ; quarto, octo centum floreni auri pro doerio... Tandem dicte partes, videlicet nobilis AMBLARDUS, DE BELLOMONTE, filius & heres univerſalis nobilis AYMONIS... major quatuor decem annis, & minor

DE LA MAISON DE BEAUMONT. Liv. VII.

vinginti quinque, de auctoritate nobilis Aymonis Terralii, & Glaudii Caffardi, tutorum dicti AMBLARDI.... confensu & confilio, videlicet GIRARDE, Matris pridem tutricis, nobilium EYNARDI DE BELLOMONTE, Domini Adreftorum, Yvonis Terrallii, & Johannis Pilati, ex unâ, & dictus Dominus Hector Eynardi, tam nomine fuo, quam nomine dicti Domini de Monte-Eynardo, fui patris... concordaverunt ad tractatum Reverendi Patris Domini Glaudii de Arcils, Abbaetis Bofcoudoni, nobilium & egregiorum virorum, jurium Doctorum, Dominorum Johannis Moreti, Judicis appellationum, Johannis Girardi, Francifci Marchi, & Anthonii Girodi, Guigonis Alamandi, Domini de Molario, & dictorum Johannis Pilati & Yvonis Terrallii, in hunc qui fequitur modum... & primo quod pro omnibus dictis juribus dotalibus dictæ nobilis MARGUERITE DE CASSENATICO quondam, ac etiam pro omnibus... que poffent competere dicto nobili Hectori... in dicto Caftro Montisfortis... quod dictus nobilis AMBLARDUS... reftat debens dicto nobili Hectori... fummam mille & novem centum fcutorum novorum auri Regiorum fine fole... &... pro majori fecuritate... nobilis Petrus de Monteforti, Dominus de Chatelario,.. fe conftituit principalem debitorem... & quafu quo idem de Monteforti defficiat in folutionem... vendit dicto nobili Hectori, fexaginta feftaria frumenti que percipit in Mandamento Teyfii & Petre annui cenfus cum Domino directo... plus vendit eo cafu centum ceftariatas tàm terre quàm prati, feu jornalia fita in eodem Mandamento Petre prope moram... & hoc pretii jufto extimando per nobiles... Jacobum Bectonis & Petrum Salvagnii &... nobiles Aymarum Bellionis & Guigonem Cogny.... Item plus fuit actum... quod ipfe nobilis Hector teneatur... reddere & reftituere eidem nobili AMBLARDO, inftrumentum Matrimonii fupradicte nobilis MARGUERITE DE CASSENATICO... inftrumentum donationis per dictam Dominam MARGUERITAM, facte dicto nobili Reymondo Eynardi, nec non inftrumentum quictantie dotis... pet dictum nobilem AMBLARDUM virum dicte Domine Marguerite quondam... date nobilis & poten. viro Jacobo de Caffenatico... Item recognitiones, terreria & inftrumentum tranfactionis facte cum Domino Caffenatici moderno, ac etiam omnia & fingula inftrumenta, documenta quacumque... dicti Caftri & Mandamenti... Acta fuerunt premiffa Grationopoli infra domum dicti nobilis Glaudii Caffardi, prefentibus ibidem nobilibus potentibus viris Aymone Alamandi, condomino Vriatici, Humberto Comborferii, Parrochie Mure, Anthonio Guilliermeri, Bonifparono Bonifparis, Parrochie Revellii, Michaele de Platea, Anthonio de Pereria, Parrochie de Croilis, & nobili Johanne Dargniaco, Cive Gracionopolis, teftibus ad premiffa vocatis & rogatis & me.

Contrat de Mariage d'AMBLARD DE BEAUMONT, Seigneur de Beaumont & de Montfort avec MARGUERITE ALEMAND.

Cet Acte, en papier, ne paroît être qu'une copie, mais qui a le caractère d'écriture du tems; confervé dans les Archives de M. le Comte de Beaumont-de la Roque, au Château du Repaire, en Périgord.

IN NOMINE Domini amen... cum tractatum fuit de matrimonio contrahendo inter nobilem & potentem virum AMBLARDUM DE BELLOMONTE, Dominum Bellimontis & Montisfortis parte ex una, & nobilem Domicellam MARGUERITAM ALLEMANDE, filiam nobilis & potentis viri Domini CAROLI ALLAMANDI condam Militis, Domini Vallis & Sechilinie parte ex altera; de predicto tractato matrimonii conftat inftrumentum recepto per Magiftrum Claudium Berttrandi, Notarium Viffillie, fub anno milleffimo quatercentefimo nonagefimo nono, & die penultima menfis Septembris; quodquidem matrimonium nonfum fortitum fuit fuum effectum... propterea fuit & eft quod anno falutiffere Nativitatis Domini Noftri Jefu Chrifti milleffimo quingentefimo quarto, & die octava menfis Septembris, coram nobis Notariis fubfcriptis.... nobilis AMBLARDUS DE BELLOMONTE promifit... prefactam nobilem MARGUERITAM ALLEMANDE accipere in uforen... & vice verfa dicta nobilis Domicella MARGUERITA ALLEMANDE de licentia... Reverendiffimi in Chrifto Patris Domini noftri Domini Laurentii Alemandi, Epifcopi & Principis Gracionop. ejus patris (*) tutoris & adminiftratoris... promifit... dictum nobilem AMBLARDUM DE BELLOMONTE, accipere in ejus virum & fponfum... quibus fic actis... nobilis & potens Carolus Allamandi, filius & heres univerfalis fupranominati nobilis & potentis viri Caroli Allamandi condam Militis, fraterque ipfius nobilis Domicelle MARGUERITE ALLAMANDE... de licentia... fupramemorati Reverendiffimi... Domini Laurentii Allamandi, Epifcopi & Principis Gro nop. ejufdem nobilis patrui, tutoris & adminiftratoris... dedit... fummam videlicet mille fcutorum... eidem nobili MARGUERITE in dotem... conftitutam per prefactum Dominum Carolum Allamandi condam Militem, patrem ipforum nobilium Caroli Allamandi... & MARGUERITE ALLAMANDE, & hoc pro omni jure... in omnibus bonis paternis, falva... legali eycheuta... &... fi contingeret dictum nobilem AMBLARDUM DE BELLOMONTE... reddimere Caftrum fuum & Seigneriam Montisfortis... ipfe nobilis Carolus... & adminiftrator tenebuntur... in unam folutionem tradere... dicta mille fcuta auri.... Item... dedit... dictæ nobili MARGUERITE, ejus forori pro veftibus nupcialibus ejufdem, ducentum fcuta auri... & ibidem dictus nobilis AMBLARDUS DE BELLOMONTE... favore dicti matrimonii ejufdem... eidem

(*) Erreur : *Il devoit y avoir patrui qui fe retrouve plus bas.*

nobili MARGUERITE, sue sponse future, ejus jocalia usque ad summam quatercentum scutorum auri... &... pro augmento sue dotris, videlicet summam quinque centum scutorum auri...
& assignavit eidem nobili MARGUERITE, pro ejus doerio de annua pensione, quandiu... vitam duxerit vidualem... ducentum florenos parve & debilis monete... qua/squidem, dotem, augmentum... seu doerium... assignat... in & super domo, censibus... & bonis quibuscumque que idem nobilis AMBLARDUS habet in Mandamento Avalonis... & si contingeret ipsam nobilem MARGUERITAM premori... dat... prefacto nobili AMBLARDO DE BELLOMONTE... pro supervita ejusdem, summam ducentum & quinquaginta scutorum auri... &... in casum in quem contingeret eumdem nobilem AMBLARDUM, nullis relictis liberis ex eodem matrimonio... descedere... eo casu dat... donatione... dicte nobili MARGUERITE & suis heredibus... Castrum de Mandamentum Montisfortis cum suis Domino, Seguoria, juribus & pertinentiis... quibus sic actis partes ipse anichillaverunt... & anichillant... instrumentum matrimonii super declaratum, per Claudium Bertrandi receptum.... Facta fuerunt hec in Castro de Alenis en magna camera, presentibus ibidem nobilibus Johannes de Briançone, Domino de Varcia, nobilem & egregio viro Georgio de Sancto Marcello, Juris utriusque Doctoris & Officialis Gra̅nop̅, nobili Jacobo de Guiria, scutifero prelibati Reverendissimi Domini Episcopi Gra̅nop̅, venerabilibusque viris, Enuevero Bombeni, Anthonio Sonerii, Guigone Melati, Capelanis, nobili Francici de Grangeis, dicti R^{di} Domini Episcopi servioritoribus ac honesto viro Petro Guigonis, Clerico, & pluribus aliis testibus astantibus & vocatis. D. MAILLES.

Arrêt de la Cour du Parlement de Dauphiné, qui remet AMBLARD DE BEAUMONT, Seigneur de Beaumont, en possession du Château de Montfort.

Extrait d'un ancien Registre, cotté : Vialletty*, couvert de basane verte, fol. 348-366, conservé dans les Archives de M. le Comte de Beaumont-de la Roque, au Château du Repaire, en Périgord.*

6 Sept. 1515.

LUDOVICUS Dux Longueville, Marchio Rothelini, Comes Novi Castri, Princeps de Castelaillione, Magnus Cambellanus Francie, Gubernator Dalphinatus, harum serie universis notum fieri volumus quod... coram nobis in Curia Parlamenti Dalphinatus... in quâdam causâ... inter nobilem AMBLARDUM DE BELLOMONTE, Dominum Bellimontis supplicantem ex una, & nobilem Petrum de Monteforti... & indè post illius decessum ejus heredes... necnon nobiles Guigonem Cocti & Margueritam de Monteforti conjuges interventos, ac pariter nobilem FRANCESIAM DE BELLOMONTE, relictam dicti nobilis Petri de Montefortis... ex alia, partibus... & dicta Parlamenti Curia... visis... supplicatione & liberis dicte partis supplicantis... quarum tenor talis est. « Magnifico Dalphinali Parla-
» menti humiliter supplicatur pro parte nobilis & potentis AMBLARDI DE BELLOMONTE, Domini
» Bellimontis, super eo quod cum de anno Domini millesimo quatercentesimo octuagesimo octavo,
» & die vicesima octava mensis Marcii fuerit facta... transactio inter ipsum... & nobilem
» Petrum de Monteforti... ipso Domino supplicante in minori etate existente, de auctoritate
» tamen... nobilium Aymonis Tarrallii & Claudii Cassardi suorum Curatorum, pretextu & ad
» causam Castri de Monfort, pro summa mille sexcentum triginta unius scutorum cum dimidio
» auri... & cum ipse Dominus... intendat... reddimere &... summam solvere... recurrit...
» adjornari mandare prefactum nobilem Petrum de Montfort, visurum fieri deppositum summe
» predicte, necnon dicturum cur ipsum Castrum cum Juridicione... relaxare non teneatur....
» Gasto, Dux Nemorsi, Comesque de Fuxo & Stampis, Gubernator Dalph̅. primo Castellano,
» servienti, sivè Officiario Dalphinali... salutem... supplicationem nobilis & potentis AMBLARDI
» DE BELLOMONTE, Domini Bellimontis... recepimus hiis annexam, cujus meditato tenore...
» vobis... mandamus quathinus adjornetis partem supplicatam.... Datum Gracionopoli, die
» octava mensis Marcii anno Domini millesimo quingentesimo nono... Per Dominum Guber-
» natorem ad relacionem Curie qua erant Domini A. Muleti, A. Putodi, Jo. de Ventis, B. Ra-
» bocti. Ja. Bochon, F. Marchi, M. Galliani, S^{te}. Oliverii & Advocatus. Chapuys ». Deindè visis articulis.... nobilis AMBLARDI DE BELLOMONTE, Domini Bellimontis & Montisfortis... quibus... dicit... quod prefactus nobilis Petrus, ante. annum Domini millesimum quatercentesimum octuagesimum octavum... illius nomine solvit nobili Hectori de Monte-Eynardo... summam decem & novem centum scutorum auri.... Item quod de anno predicto... & die vicesima octava mensis Marcii... remansit debitor prefato nobili Petro de Monteforti... in summa sexdecim centum triginta unius scutorum cum dimidio auri... & pro eo... tenuit jure pignoris Castrum predictum Montisfortis.... Item... quod ipse... summam predictam... animo & intencione solvendi eidem nobili Petro... de precepto dicte Curie, in manibus nobilis Johannis Griffonis depposuit.... Visis deindè... instrumentis... de anno Domini millesimo quatercentesimo octuagesimo octavo, & die vicesima octava mensis Marcii, per Anthonium Eyberti, Notarium publicum, condam Gro̅nop̅ recep̅... successive visa cedula... dictorum nobilium Cocti... viso ex ihdè alio instrumento depposti per dictum DE BELLOMONTE facti, de novem centum & sex scutis auri... pro restitutione & solutione doris dicte nobilis FRANCESIE DE BELLOMONTE.... & post hec visa quadam cedula parte dicte nobilis FRANCESIE

DE LA MAISON DE BEAUMONT. Liv. VII.   349

de Bellomonte... & omnibus aliis que dictæ partes... allegare voluerunt.... Curia ipsa...
actento depoſito per nobilem Amblardum de Bellomonte... de ſumma mille ſexcentum &
triginta unius ſcutorum cum dimidio, ſine ſole ab una parte, item de ſumma novem centum &
ſex ſcutorum ſimilium, ab alia... pronunciat Caſtrum Montisfortis cum ſuis Juridictione, juribus
& pertinenciis pridem per dictum nobilem Amblardum ſupplicantem, nobili condam Petro de
Monteforti... pro dictis ſummis... pignori... traditum, fore & eſſe eidem nobili Amblardo
... reſtituendum... una cum fructibus à die deppoſitationis.... Quo vero ad expeditionem
dictarum peccugniarum & ſummarum... deppoſitarum, quia altera... eſt dotalis... nobilis
Francesie de Bellomonte, relictæ condam dicti nobilis Petri.... Curia prefacta pronunciavit
& pronunciat ſummam predictam dotalem eidem nobili Francesie fore & eſſe expediendam...
Quathinus autem concernit reliquam ſummam... Curia... aſſignat ad diffiniendum ad octo...
actentis cedulatis dictæ nobilis Francesie... retencionis uſusfructus in inſtrumento matrimonii
nobilium Guigonis Cocti & Marguerite de Monteforti, in preſenti cauſa producto adjecta, dicant
partes adverſe... cur ſumma jamdicta... eidem nobili Francesie, jure pretenſi uſusfructus,
mediante cautione debita & ydonea... expediri non debeat... expenſas hinc indè factas compenſando. In cujus rei teſtimonium ſigillum Regiminis Dalphinatus prefentibus duximus apponendum. Datum Gro'nopl" die ſexta menſis Septembris anno Dominice Nativitatis milleſimo
quingenteſimo decimo quinto.
   Per Dominum Gubernatorem, ad relacionem Curie quâ erant Domini Ja^{dus} Caroli, Miles, Preſidens, Petrus Laterii, Franciſcus Matchi, Martinus Galliani, Stephanus Oliverii, Johannes
Morardi, Guido Materonis & Jacobus Galliani. Chapuys.

Teſtament d'Amblard de Beaumont, Seigneur de Beaumont & de Montfort, en faveur de Laurent de Beaumont, ſon fils unique.

Original en parchemin, conſervé double dans les Archives de M. le Comte de Beaumont-de la Roque, au Château du Repaire, en Périgord.

In nomine Domini amen..... Anno Domini milleſimo quingenteſimo decimo ſeptimo, 4 Juin 1517,
& die quarta menſis Jugnii.... nobilis & venerabilis Dominus Amblardus de Bellomonte, Dominus Bellimontis & de Monteforti, ſanus & compos mente, corpore & intellectu per Dei grariam... cupiens... de bonis... à Deo ſibi collatis diſponere... maximè cum
intendat Deo previo ad ſacros presbiteratus ordines promoveri, Religionemque ingredi...
coram me Johanne Chapuſii, Notario Secretario Dalphinali & teſtibus infraſcriptis... ſuum
fecit... teſtamentum... In primis... ordinat corpus ſuum inhumari & ſepelliri in Cappella
Bellimontis, fondata per ejus predeceſſores in Eccleſia parrochiali de Thoveto, in rumulo ſuorum
predeceſſorum honnorificè ad dictum & ordinationem Reverendi Patris Domini Laurencii Alamandi, Abbatis Abbatie Sancti Saturnini Tholoſe, & nobilis & potentis Caroli Allamandi, Domini
Vallis in Graiſivodano.... Item dedit & legavit... nobili Francesie de Bellomonte, relictæ
nobilis Petri de Monteforti, ejus ſorori decem ſcuta auri ſolis ſemel.... Item retinuit & retinet
ad ſe ipſum idem Dominus teſtator... anno quolibet... centum florenos parve monete...
quandiu vixerit.... Item commemorans... ſe teneri... nobili Carolo Alamandi, Domino Vallis
ſuo ſororio in ſumma quatercentum ſcutorum auri... cauſa mutui eidem realiter facti... pro
expenſis... ſuſtentis... in proſequendo... cauſas pet eum habitas in... curia Parlamenti Dalphinatus... cum nobili Petro de Monteforti... ad cauſam Caſtri & Juridicionis Montisfortis &...
cum heredibus nobilis Joachimi Caſſardi, ad cauſam ſubſtitucionis bonorum... nobilis Michaellis
Caſſardi... inſtrumento... recepto per nobilem Anthonium de Colongiis, Notarium Ceyſſini,
iterato confitetur debere dictum debitum... & ordinat bona ſua... eſſe... yppothecata... &
vult ipſam ſummam exſolvi .,.. in ceteris omnibus & ſingulis bonis rebus & juribus ſuis... Heredem ſuum univerſalem ſibi inſtituit... nobilem & potentem Laurencium de Bellomonte,
ejus filium cariſſimum naturalem & legitimum... & caſu quo ipſe nobilis Laurencius de Bellomonte, ejus filius... decederet... in pupilari etate vel... ſine libero aut liberis maſculis...
eidem ſubſtituit vulgariter... in caſtro Juridicionis & Segnioria Bellimontis... inſequendo ſubſtitucionem & voluntatem teſtamentariam nobilis condam Aymonis de Bellomonte, Domini
Bellimontis, ejus condam patris... nobilem Laurencium de Bellomonte, Dominum Sancti
Quintini, & ejus liberos maſculos, & in aliis bonis ipſius Domini teſtatoris... etiam ſubſtituit...
nobilem & potentem Carolum Alamandi, Dominum Vallis & ſuos.... Exequtores ſuos hujuſmodi ſui teſtamenti... fecit... ſupradictos reverendum Dominum Laurencium Alamandi,
Abbatem Abbatie Sancti Saturnini Tholoſe, & nobilem Carolum Alamandi, Dominum Vallis,
ejus ſororios.... Acta fuerunt premiſſa omnia ni Parrochia Ceyſſini, in domo habitacionis nobilis
viri Anthonii de Colongiis, Caſtellani dicti loci Ceyſſini, preſentibus ibidem ipſo nobili Anthonio
de Colungiis.... Glaudio Darbionis, Audienciario emolumenti ſigilli inſignis Curie Parlamenti
Dalph". nobilibus, Anthonio, Glaudio Enermondo & Humberto de Colongiis dicti loci Ceyſſini,
& nobili Gabrielle Guilliermerii, de Cras, teſtibus...
   Expeditum fuit hujuſmodi publicum teſtamenti inſtrumentum... receptum per me ſupradictum Notarium Secretarium Dalphinalem... ſub hoc ſigneto meo manuali.... Chapusii.

Profession faite par AMBLARD DE BEAUMONT, *de la Règle de St Augustin.*

Original en parchemin, conservé dans les Archives de M. le Comte de Beaumont-de la Roque, au Château du Repaire, en Périgord.

12 Juin 1517. IN DEI nomine amen.... Anno Domini millesimo quingentesimo decimo septimo, & die duodecima mensis Jugnii, constitutus personaliter coram venerandis in Xp͞o Dominis, Anthonio Moteti, Preceptore, Petro Giraudi & Gabrielle de Comeriis, Archipresbitero Viennesii, Canonicis Ecclesie Cathedralis Beate Marie Gracionopolis, in Cappella Sancti Mauricii, fundata in dicta Ecclesia, venerabilis Dominus AMBLARDUS DE BELLOMONTE, Canonicus & Sacrista Prioratus Sichilline, eosdem Dominos Canonicos requisivit quatinus eisdem placeret professionem ipsius recipere, quisquidem Domini... admiserunt... idcirco... suam professionem fecit... sub verbis sequentibus. Ego AMBLARDUS DE BELLOMONTE, Canonicus Regularis & Sacrista Prioratus Sichilline, sub regula Beati Augustini constitutus coram vobis venerandis Dominis... promicto & voveo reverendo Domino Decano & Capitulo... servare paupertatem, obedienciam & castitatem in quantum Deus fragilitati mee dederit & permiserit & renuncio bonis & pompis secularibus, me propterea & mea quecumque Deo & Beate Marie Virgini ac Beato Augustino vovendo & dedicando; & alias prout continetur in quadam parva cedula... signata... manu propria A. DE BELLOMONTE. De quibus... dicti Domini Canonici fieri preceperunt dicto Domino AMBLARDO petenti, litteram seu publicum instrumentum. Actum ubi supra presentibus ibidem venerabilibus & Religioso, Dominis, Guidone Pape, Canonico Prioratus Beate Marie Magdalenes Gro͞nop͞, ordinis Sancti Augustini, Johanne de Clavensis, Jurium Professore, Presbitero, Diocesis Apamiar͞. & Johanne Ferrandi, Presbitero dicte Cathedralis Ecclesie, nobili Glaudio de Malliis, Notario, & cive Gro͞nop͞, ac discreto viro Jacobo Dulsa, Notario Tholosano, Reverendi in Xp͞o Patris & Domini Domini Laurencii Allamandi, Episcopi & Principis Gro͞nop͞, Secretario... in quorum testimonium ego Nicolaus Foassini, Notarius, & dicti Capituli Secretarius, hic me subsignavi. FOUACINI.

CHAPITRE VI.

LAURENT DE BEAUMONT, Seigneur de Beaumont, de Montfort & de Crolles, fils unique d'AMBLARD DE BEAUMONT, IVe. du nom.

Procuration passée par LAURENT ALEMAND, *élu Evêque de Grenoble, en qualité de Tuteur de* LAURENT DE BEAUMONT, *Seigneur de Beaumont & de Montfort, à un Notaire d'Urtieres, pour faire le recouvrement de ses revenus.*

Original en papier, conservé dans les Archives de M. le Comte de Beaumont-de la Roque, au Château du Repaire, en Périgord.

4 Novemb. 1519. ANNO DOMINI millesimo quingentesimo decimo nono, & die quarta mensis Novembris, apud Castrum de Herbeysio... in mis Notarii publici & testium subscriptorum presentia, Reverendus in Xp͞o Pater Dominus Dn͞s Laurentius Alamandi, electus in Episcopatu Grationop͞... nomine tutorio... nobilis LAURENTII DE BELLOMONTE, Domini Bellimontis & Montisfortis pupilli, ejus nepotis... tradidit Magistro Berthono Gauterii, Notario Urteriarum Mandamenti Theysii... ad... recuperandum omnes & quoscumque censas & servitia quos & que ipse DOMINUS BELLIMONTIS habet, percipere debet vigore missione in possessionem infavorem ipsius DOMINI BELLIMONTIS, per supremam Curiam Parlamenti Dalphinatus, de censibus que condam fuerunt nobilis Michaelis Cassardi, in Mandamentis Theysii, Goncellini, Sancti Petri Alavardi, Montisfortis, Terrassie, Lumbini & Thoveri, pro presenti anno millesimo V^{mo}. XIX^{mo} pro pretio & salario decime partis dictorum censuum.... Item habebit ipse Gauterii... tertiam partem Laudimiorum & venditionum.... Item fuit actum quod ipse Dominus teneatur expedire... dicto Gauterii, Terterium ipsorum censuum.... Actum apud Castrum de Herbeysio, presentibus nobilibus Gabrielle Guilliermi, Rollino Porreti, venerabili viro Domino Carolo Grassu, & Magistro Guigone Disderii, Notario de Crollis, testibus.... Habeo ego Berthonus Gauterii, subsignatus, copiam tetterii seu recepte facte per Huguetum Tresseti, Clericum, olim

DE LA MAISON DE BEAUMONT. *LIV. VII* 351

receptorem nobilium filiarum pupillarum & heredum nobilis condam Johachimi Caffardi... quam copiam terrerii feu recepte promito reftituere dicto Reverendo Domino.. tefte figneto meo manuali hic appofito;die decimâ feptimâ menfisDecembris anni quingentefimi decimi noni.GAUTERII.

Pièces & Requêtes relatives au Procès de LAURENT DE BEAUMONT, *Seigneur de Beaumont & de Montfort, avec Guigues Cocl & Marguerite de Montfort, fa femme, au fujet du droit de Bannerie ou de Veherie, dans le Mandement dudit Montfort.*

Extrait d'un ancien Regiftre, cotté : Viallety, *couvert de bafane verte, contenant toutes les Pièces produites en ce Procès, & confervé dans les Archives de* M. *le Comte de Beaumont-de la Roque, au Château du Repaire, en* Périgord.

EXCIPIENDO adverfus propofita pro parte nobilium Guigonis Cocti, & Margarite de Monteforti, conjugum fupplicantum.. pro parte nobilis Johannis Maffonis, fupplicati, ac nobilis LAURENCII DE BELLOMONTE, Domini Montisfortis, qui in hujufmodi caufâ pro confervatione juris fui intervenit.. primo dicunt quod tàm dictus nobilis LAURENCIUS.. quàm nobilis AMBLARDUS DE BELLOMONTE, ejus pater fuerunt.. Domini loci & Mandamenti Montisfortis, &.. in eifdem loco & Mandamento habuit & habet omnem Juridictionem merumque & mixtum imperium.. tenere que confuevit Officiarios; fcilicet : Judicem, Caftellanum, Procuratorem, Grapharium & alios.. Item.. Bannum dicti loci & Mandamenti.. juraque ejufdem Banni... Quod fi conftet dictos fupplicantes aliquando quidquid percepiffe de dicto Banno.. illud fuit.. fub eo colore quia nuper.. pater dicte nobilis Margarite tenuit.. dictam Caftrum Montisfortis, & illius Segnhoriam pro pignore, & donec certa fumma fibi foluta, que tandem fibi foluta fuit per dictum Dominum BELLIMONTIS, & ipfius loci Montisfortis... Item quod prenominatus Johannes Maffonis, fuit & erat longè antè tempus oblate fupplicationis partis adverfe, Caftellanus dicti loci Montisfortis, pro prefato nobili LAURENCIO DE BELLOMONTE, pro ut nunc eft.. DE FONTE.

Vers l'an 1120. Fol. 16-20.

...Proteftantur... dicti conjuges.; &.. in primis dicunt.. quod Banneria predicta per tempora immemorata, tempus centum annorum excedencia, fpectavit & pertinuit nobili Amblardo Chaftagnii, & aliis predeceffofibus nobilis Amblarde Chaftagne, loci de Crolis... quequidem Banneria appellarur.. in antiquis inftrumentis.. Veheria feu Vicaria loci & Mandamenti Montisfortis.. pro quâquidem Veheriâ fuerunt facta Domino noftro Regi Dalphino plura homagiâ per predeceffores dicti Chaftagnii.. Quod dictus nobilis Amblardus Chaftagnii, quandiù vixit tenuit.. dictam Banneriam, Veheriam appellatam.. & Officium dicte Bannerie exercuit, feu per fuos Bannarios exerceri fecit pacificè.. indè deceffit dictus nobilis Amblardus.. relicto fuperftite Petro Pavioti, filio nobilis Mathei Pavioti, fuo nepote & herede univerfali ; . Item.. dictus nobilis Matheus... pater & legitimus adminiftrator dicti nobilis Petri Pavioti ejus filii... tradidit... nobili Petro de Montefortii, dictam Veheriam five Banneriam.. Item.. dictus nobilis Petrus de Monteforti quandiù vixit, tenuit.. tàm per fe quàm fuos Bannerios.. dictam Banneriam.. &.. deceffit.. relictis fuperftitibus fupradictis nobilibus Guigone Cocti & Margaritâ de Monteforti, filiâ naturali & legitimâ dicti nobilis Petri de Monteforti, conjugibus & in dicto Officio Bannere fucceffioribus.. Quiquidem... conjuges dictam Banneriam.. tenuerunt & poffiderunt... quare.. debent in ufu & poffeffione; . dicte Bannerie manuteneri.. DE TURRE.

Fol. 110-115.

In caufâ fupplicationis nobilium Guigonis Cocti & Margarite de Monteforti, conjugum contra nobilem Johannem Maffonis, & nobilem LAURENCIUM DE BELLOMONTE, Dominum Bellimontis & loci Montisfortis.. dictus Dominus Bellimontis, minor, & prefatus Maffonis fupplicati... petunt fe primò adverfus dictam affignationem ad deffiniendum reftitui ad fines demonftrationis & probationis jurium fuorum... Ita reftituendi funt ex caufis fequentibus. Prima, quia notoriè idem Dominus BELLIMONTIS, minor eft, ymo adhuc infra pupillarem etatem.. Secunda, propter impedimentum quod fuit hâc eftate ultimo effluxâ in pefte que viguit tam in prefenti Civitate quam loco Herbefii, in quo idem DOMINUS BELLIMONTIS manfit cum Reverendo Epifcopo Grationop. propter quam peftem fuit denegata converfatio cum Dominis Advocatis... & etiam acceffus ad loca opportuna ut omnibus notorium eft... DE FONTE.

Fol. 193-201.

Nobilis LAURENCIUS DE BELLOMONTE, Dominus Montisfortis... producit inftrumentum transactionis... factum inter Johannem Chaftagnii alias Rogerii... & nobilem AMBLARDUM DE BELLOMONTE, Dominus Bellimontis... ad caufam Veherie feu Banni.. in quâ.. dictum fuit quod ipfe Chaftagnii non poffit dicta bona dare nec legare nifi dumtaxat Johanni ejus filio.. prout continetur in inftrumento recepto per Anthonium Guilhermerii, feniorem, fub anno M.º IIII.º tercio & die XVIII. Maii.. Item producit... tria inftrumenta.. in quibus.. fuit traditum Caftrum predictum Montisfortis, prefato nobili Petro de Monteforti, jure pignoris & ypothece pro dote uxoris ejufdem nobilis Petri, donec foluta fumma ibi conrenta.. Item producit fentenciam.. in quâ fuit pronunciatum Caftrum predictum.. quod tenebat prefatus de Monteforti, jure pignoris, effe reftituendum dicto DE BELLOMONTE, cum fuis juribus & pertinenciis..: Proponit idem LAURENCIUS, quod prefatus AMBLARDUS, ejus pater, jam funt

Fol. 334-336.

decem anni vel circa, ingressus fuit religionem & effectus fuit religiosus & antè ipsum ingressum fecit ejus testamentum in quo ipsum LAURENCIUM ejus filium unicum, ejus heredem universalem instituit... G. DE FONTE.

Sentence rendue par le Commissaire du Parlement de Dauphiné, en faveur de Guigues Guiffrey, Chevalier, pour faire mettre à exécution une autre Sentence sur Procès, rendue à l'occasion de la Jurisdiction de la Terre du Touvet; dans laquelle sont rapportés l'Acte de Tutèle de LAURENT DE BEAUMONT, Seigneur de Beaumont & de Montfort; la Requête d'AMBLARD, son pere; & plusieurs autres Actes relatifs à ce Procès ou à cette Tutèle.

Expédition du temps, en papier, conservée dans les Archives de M. le Comte de Beaumont-de la Roque, au Château du Repaire, en Périgord.

21 Septembre 1529.

IN NOMINE Domini, amen. Nos Claudius Falconis, jurium Doctor, Vice-Baillivus & Judex Curie majoris Delphinalis Graysivodani, Commissariusque in hâc parte, per supremam Curiam Parlamenti Delphinatûs, specialiter deputatus, notum fieri volumus universis, quod anno Domini millesimo quingentesimo vicesimo nono, & die Martis vicesimâ primâ mensis Septembris, ad... requisitionem nobilis & potentis Guigonis Guiffredi, Militis, Domini moderni Thoveti L... requirentis sententiam... per ipsum obtentam contra nobilem LAURENTIUM DE BELLOMONTE, debite exequtioni demandari, & nos... ad fines... premissos, nos personaliter transtulimus ad locum Thoveti, & nobiscum Magister Urbanus Gaberii, Confirmarius Graysivodani, acta de ipsâ exequtione recipiens, quò applicavit... comparuit... nobilis Petrus Trollieti, Castellanus... Thoveti, nomine ipsius nobilis & potentis Guigonis Guiffredi... petens... ad exequtionem sententie prefate... procedi... Quibus... auditis... precepimus adjornari ipsum Dominum Bellimontis... &... Serviens... retulit adjornasse Disderium Perreti, Castellanum, Magistrum Guiffredum de Plateâ, Grapharium, Anthonium Guiffredi, Procuratorem, & alios Officiarios ipsius Domini Bellimontis, & in eorum personas ipsum Dominum Bellimontis... presentibus... nobilibus Claudio Raverii, Magistris Johanne Gosaudi & Johanne Martini, Notariis... testibus... Tenor ipsius Sententie. « In nomine Domini, amen. Nos Franciscus Faysani,

2 Juin 1508.
Sentence du Lieutenant du Vi-Bailli de Graisivodan.

» jurium Doctor, Locumtenens & Vice-Judex nobilis & egregii Domini Philiberti de Arciis, » jurium Doctoris, Vice-Baillivi... Graysivodani, Commissarii in hâc parte per magnificum » Dalphinale Parlamentum, specialiter deputati.. notum fieri volumus... quod anno Domini » millesimo quingentesimo octavo, & die secundâ mensis Jugnii... in... causâ... inter nobilem » Philippum de Bellacombâ, Dominum Thoveti, supplicantem, ex unâ, & nobilem Anthonium » Guilhiermerii, Raymundum Durandi, Officiarios Domini Bellimontis, seu ipsum Dominum » Bellimontis, supplicatos ex aliâ... visis inprimis supplicatione... nobilis & potentis viri Philippi » de Bellacombâ, Domini Thoveti... super eo quod... in... permutationibus factis per... » Dominum Johannem Dalphinum nobili Roleto de Intermontibus, dictus Roletus & sui suc- » cessores... habere debere merum, mixtum imperium & omnimodam jurisdictionem... quod » nichilominus Dominus modernus Bellimontis nititur turbare dictum supplicantem... in vena-

14 Mars 1508.
Ajournement d'Amblard de Beaumont.

» tionibus... & usurpat juridictionem predictam... Anno quò interiùs dieque decimâ quartâ » mensis Marcii... retulit Michael de Nive, Serviens generalis Dalphinalis... citasse nobilem » & potentem virum AMBLARDUM DE BELLOMONTE, Dominum Bellimontis in personam supra- » dicti nobilis Antonii Guilhiermerii... sui Castellani... Visis deinde omnibus aliis in dictâ causâ » productis... ad nostram sententiam... processimus... & ... conclusâ in jam dictâ supplicatione » articulatâ, parte Domini Philippi de Bellacombâ... fieri debere dicimus, & sententiando pronun- » ciamus cum expensis.. Lata.. fuit hujusmodi nostra sententia, die, loco & anno predictis videlicet

2 Juin 1508.
Ordre du Bailli de Graisivodan, pour faire mettre la Sentence de son Lieutenant à exécution.

» in auditorio publico Curie majoris Dalphinalis Graysivodani... Franciscus Bourserii, Miles, » Consiliarius Regius, Bayllivus Graysivodani... primo Castellano, Servienti, vel Officiario Dal- » phinali.. salutem; visâ sententiâ per Locumtenentem, in favorem nobilis Philippi de Bellacombâ, » Domini Thoveti, adversus nobilem AMBLARDUM DE BELLOMONTE, Dominum Bellimontis latâ, » hiis annexâ... vobis mandamus quathinùs inhibeatis... dicto nobili AMBLARDO DOMINO BELLIMONTIS & suis Officiariis... ne dictum supplicantem & suos Officiarios, quovismodo turbare » habeant... in venationibus & exercitio jurisdictionis, in supplicatione... declaratis... Datum Gro'nop', die secundâ mensis Jugnii anno Domini millesimo quingentesimo octavo. GALBERT.

1.er Juin 1510.
Signification.

Tenor exequtionis dictarum litterarum. « Anno Domini millesimo quingentesimo decimo, » die primâ mensis Jugnii... Amedeus Colay, Serviens Dalphinalis, retulit mihi subsignato » inhibuisse... nobili AMBLARDO DE BELLOMONTE, Domino Bellimontis... nec non & Officiariis » suis... ne nobilem Philippum de Bellacombâ, Dominum Thoveti... in venationibus & exer- » citio jurisdictionis... turbare habeat... BONARDI... » Tenor aliarum Litterarum inhibi

2 Avril 1529.
Lettres du Bailli de Graisivodan contre Amblard, en

toriarum... « Anthonius de Claromonte, Miles, Vice-Comes & Dominus Claromontis, Primus » Baro Dalphinatûs, Consciliarius & Cambellanus Regius, Bayllivus Graysivodani, primo Castel- » lano, Servienti, vel Officiario Delphinali requirendo salutem, visis sententiis & litteris Predeces- » soris nostri... pro parte nobilis & potentis viri Domini Guigonis Guiffredi, Militis, Prepositi » Hospicii

DE LA MAISON DE BEAUMONT. Liv. VII

» Hospicii Regii, & Domini moderni Thoveti... vobis... mandamus quathinùs inhibeatis... *faveur de Philippe*
» Domino moderno Bellimontis, suisque Officiariis... sub penâ centum marcharum argenti pro *de Bellecombe.*
» quolibet, ne eumdem Dominum modernum Thoveti, ejusve Officiarios in venationibus &
» exercitio jurisditionis... turbare.. audeant... Datum Grationopoli, die secundâ mensis
» Aprilis anno Domini millesimo quingentesimô vicesimo nono. ARGODI. »..Visis insuper Pro- 3 Juillet 1499.
curatoriis hinc indè productis, cum copiâ tutelle nobilis LAURENTII DE BELLOMONTE, quorum *Procuration*
tenores sequuntur.... « Anno Domini millesimo quatercentesimo nonagesimo nono, & die tertiâ *d'Amblard.*
» mensis Jullii... nobilis & potens vir AMBLARDUS DE BELLOMONTE, Dominus Bellimontis...
» constituit Procuratores, videlicet nobilem Johannem Civati, Petrum Galliani, Hugonem Va-
» lerii... in omnibus suis causis motis & movendis.... Acta fuerunt premissa Grationopoli...
» in Appothecâ nobilis Glaudii Marrelli quam tenet... à nobili Enymondo Anselmi, presentibus
» ibidem nobili Jacobo Guersi, Parrochie Grignionis... & Antonio Albi, de Buxeria, testibus...
» & me Valentino Martini, Notario... » Procuratorium nobilis & potentis LAURENTII DE BEL- 12 Février 1526.
LOMONTE, Domini Bellimontis & Montisfortis, factum per R. P. & D. Dominum Episcopum *Procuration de*
Gronop, ejus tutorem.... « Anno Domini millesimo quingentesimo vicesimo sexto, & die *l'Evêque de Gre-*
» duodecimâ mensis Februarii... R. in Xp̃o Pater & D. Dominus Laurentius Allamandi... *noble, comme Tu-*
» Episcopus & Princeps Gro͞nop̃, Abasque Sanctorum Saturnini Tholose & Martini de Mise- *teur de Laurent.*
» reaco, ac Decanus Sabaudie, tutorque decretus per supremam Curiam Parlamenti Delphi-
» natûs, persone nobilis LAURENTII DE BELLOMONTE, Domini Bellimontis & Montisfortis, filii
» pupilli nobilis AMBLARDI DE BELLOMONTE, & eo nomine tutorio... constituit,.. procuratorem
» ... Dominum Anthonium Galliani, in jure Professorem... ad comparendum vice, nomine &
» ad opus prelibati ipsius nobilis LAURENTII DE BELLOMONTE... in omnibus... litibus motis
» & movendis.... Acta fuerunt hec Grationopoli, in Curte domus, five Palatii Episcopalis, pre-
» sentibus ibidem venerabili & egregio viro Domino Johanne Ferrandi, Priore de Nascone,
» Domino Glaudio Baylii, & Laurentio de Brione, ipsius Reverendi Domini Episcopi servitoribus
» testibus... & me Notario Dalphinali, Secretarioque prefati R. D. Episcopi constituentis sub-
» signato : VOLONIS. » .. Copia tutelle nobilis LAURENTII DE BELLOMONTE. « In nomine Domini 7 Juillet 1517.
» amen.... Anno Domini millesimo quingentesimo decimo septimo, & die septimâ mensis Jullii *Acte de Tutèle de*
» ... vigore supplicationis & litterarum ab insigni Curiâ Parlamenti emissarum, & aliarum cita- *Laurent de Beau-*
» toriarum desuper per spectabilem & egregium virum Dominum Stephanum Oliverii, Consci- *mont, décernée en*
» liarium Delphinalem, Commissarium in hâc parte... ad supplicationem & instantiam venera- *présence d'un Con-*
» bilis & Religiosi viri, Domini AMBLARDI DE BELLOMONTE, Ordinis Sancti Augustini, olim *seiller au Parle-*
» dummodò erat Dominus Bellimontis & Montisfortis, patris nobilis LAURENCII DE BELLO- *ment, Commissaire*
» MONTE, ejus filii, in pupillari etate instituti omnium & quorumcumque bonorum dicti nobilis *ad hoc.*
» AMBLARDI DE BELLOMONTE, adjornati, necnon R. P. Dominus Laurentius Allamandi, Abbas
» Sancti Saturnini, & Philippus Terralii, Decanus Ecclesie Cathedralis beate Marie Graciono-
» polis, necnon nobiles Carolus Allamandi, Dominus de Valle, Rodolphus Cogni, Dominus
» de Craponodo, LAURENTIUS DE BELLOMONTE, Dominus Sancti Quentini, BALTHESARDUS
» DE BELLOMONTE, Dominus de Insulâ, SOFFREDUS DE BELLOMONTE, dictus de Galerne, &
» GEORGIUS DE BELLOMONTE, Dominus Adextrorum, comparituri coram dicto Domino Ste-
» phano Oliverii, Commissario predicto, visuri & audituri provideri de Tutore & Administratore
» persone & bonorum dicto nobili LAURENTIO DE BELLOMONTE.... & alias ad actus in pre-
» dictis supplicatione & litteris contentis quatum tenor sequitur. « « Magnifici Domini : Est verum Juin 1517.
» » quod nobilis & potens Dominus AMBLARDUS DE BELLOMONTE, Dominus Bellimontis & Mon- *Requête d'Am-*
» » tisfortis, sicut Deo placuit, novissimè Religionem Sancti Augustini intravit & profectionem *blard de Beaum.*
» » solempniter dimisit, in seculo tamen carissimo ejus filium nobilem LAURENTIUM DE BELLO- *pour faire donner*
» » MONTE dimisit, quem ante aliquem ingressam prefectionem, Dominum omnium & quorum- *un Tuteur à son*
» » cumque instituit ; quia tamen in pupillari est nobilis filius etate constitutus, propterea suppli- *fils.*
» » catur humiliter dignemini ajornari parentes & amicos dicti pupilli facturos suas effectiones de
» » tutore, provisionem committendo, si videbitur M: V. Domino Stephano Oliverii Dalphinali
» » Consciliario, qui parte ejusdem pupilli habet exequi sententiam contra heredes nobilis condam
» » Michaellis Cassardi, decretum opportunum, si placet concedendo. Artus Gossier de Stampis
» » & Carnasit, Baro de Maulevrier & Ville-Dei, Dominus de Boysi, Conscilliarius & Cam- *Commission don-*
» » bellanus Regius, Magnus Magister Francie ; Gubernator Dalphinatûs, dilecto nostro specta- *née à un Conseiller*
» » bili & egregio viro Domino Stephano Oliverii, Conscilliario Delphinali... salutem : Visâ *pour faire ajourner*
» » supplicatione... nobilis & potentis Domini AMBLARDI DE BELLOMONTE, Domini Bellimon- *les Parens.*
» » tis & Montisfortis.. vobis. committendo mandamus quathinùs vocatis coram vobis vo-
» » candis. eidem :. juridicè provideatis... Datum Gro͞nop̃ die ultimâ mensis Jugnii, anno
» » Domini millesimo quingentesimo decimo septimo : Per Dominum Gubernatorem ad relatio-
» » nem Curie quâ erant Domini Falco de Aurelliaco, Presidens. A Palmerii, P. Laterii, M.
» » Galliani, F. Marchi, Ste. Oliverii, Jo. Morardi & Stephanus Galliani : JOFFREDY. Stephanus *Ordre de ce Com-*
» » Oliverii.. primo Castellano servienti vel Officiario Delphinali requirendo salutem... vobis *missaire pour faire*
» » ... mandamus quathinùs adjornetis parentes & amicos nobilis LAURENCII DE BELLOMONTE, *ajourner les Pa-*
» » filii nobilis & potentis AMBLARDI DE BELLOMONTE, Domini Bellimontis, pupilli, compari- *rens de Laurent.*
» » turos... coram nobis... visuros provisionem fiendam de tutore ipsi pupillo... Datum
» » Gro͞nop̃, die tertiâ mensis Jullii, anno Domini millesimo quingentesimo decimo septimo,
» per prefatum Dominum Commissarium, sic concessum : DE PORTU. » Comparuit supranomi-
» natus venerabilis & religiosus vir Dominus AMBLARDUS DE BELLOMONTE, unâ secum nobili &
» egregio viro Domino Zachariâ Volonis, jurium Doctore, ejus.. Advocato.. Comparuerunt

354 PRUVES DE L'HISTOIRE GÉNÉALOGIQUE

» etiam supranominati Reverendus Dominus Laurencius Allamandi, Abbas Sancti Saturnini ;
» avunculus dicti nobilis LAURENTII DE BELLOMONTE, pupilli, Philippus Terrallij, Decanus ..
» necnon nobilis Carolus Allamandi, Dominus de Valle, avunculus dicti pupilli, JOFFREDUS DE
» BELLOMONTE, dictus Galerne, nominibus, suo & nobilium LAURENTII DE BELLOMONTE, Do-
» mini Sancti Quintini, BALTHESARDI DE BELLOMONTE, Domini de Insulâ, & Rodulphi Cogni,
» parentes & amici ... qui ... nominaverunt in tutorem prefati pupilli supranominatum R. D.
» Laurentium Allamandi, Abbatem Sancti Saturnini... qui juravit benè, probè & legaliter regere
» .. personam & bona predicti pupilli ... &. ... dictus Dominus Commissarius decrevit tutorem
» dicti nobilis LAURENCII DE BELLOMONTE, Domini Bellimontis & Montisfortis, dictum R. in
» Xp̄o Patrem Dominum Laurentium Allamandi ... presentibus ... venerabili viro Dn̄o Petro
» Pollardi, & nobili Nycolao de Grangia, testibus... Ego vero Petrus Joffredi, Notarius & Se-
» cretarius Delphinalis .. hic me .. signavi in fidem .. premissorum : Stephanus Oliverii, Com-
» missarius : JOFFREDI. » Successivè .. actenis mandatis, productis, sententiisque & suis exequtionibus .. que in rem transiunt judicatam .. ad utilitatem pupilli & potentis Guigonis Guis-
fredi, moderni Domini Toveri, exponentis, ordinavit & ordinat .. expensis .. compensatis,
Litteras ad premissa opportunas concedendo. G. Falconis ; Vice-Baillivus. Lata, lecta & publicata
fuit hujusmodi suprascripta ordinatio, ubi supra, anno & die premissis .. cum appositione sigilli
Curie nostre .. G. Falconis, Vice-Baillivus & Judex prefatus. Et me Urbano Gaberii, Notario
Dalphinali, & Graphario Curie majoris Delphinalis Graysivodani, premissa recipienti, subsignato :
GABERII. Par copie : GIRARD.

Contrat de Mariage de LAURENT DE BEAUMONT, Chevalier, Seigneur de Beaumont, avec Delphine de Verneuil.

« Extraict vidimé & collationné à l'expédition dudit Contrat de Mariage exhibée & à l'instant
» retirée par noble LAURENTZ-PHELLIBERT DE BEAULMONT, Seigneur dudict-lieu,
» Peyrac & aultres, pour servir à Messire Claude Frere, Chevalier, Seigneur de Mont-
» fort, Beaulmont, &c. Conseiller du Roi en ses Conseils Privé & d'Estat, & Premier
» Président en la Cour de Parlement de Dauphiné ; ensuite du Contrat & acquisition qu'il
» a faicte desd. Terres de Beaulmont, le premier jour de la présente année ; icelui Extraict
» fait par nous Notaires Royaux Delphinaux soubsnommés à Grenoble le XXIII.e Mars
» M. VI.c XVII. (Signé,) DISDIER, Notaire, (&) PERDECY, Notaire. »

Autre

Extrait vidimé par François Monzie, Conseiller du Roi, Lieutenant-Particulier en la Séné-
chaussée & Siége Présidial de Sarlat, le 24 Décembre 1666, sur l'original en parchemin : ce
Vidimus en papier, signé, NABIRAC-DE BEAUMONT, pour avoir exhibé & retiré l'original :
Monzie, Lieutenant-Particulier, & la Ville, Commis Greffier.

Ces deux Vidimus, conservés aux Archives du Château de Baynac, en Périgord.

1.er Décembre 1538.

SÇAICHENT tous presents & advenir que, l'an de l'Incarnation de Notre-Seigneur mil cinq cent trente-huit, & le premier jour du mois de Decembre, qu'estoit le lendemain de la solemni-sation des nopces faites entre Messire LAURENS DE BEAUMONT, Chevalier, Seigneur dudit lieu, & Damoyselle DELPHINE DE VERNEULH, fille naturelle & légitime de feü Messire Gracien de Verneulh ... Chevalier, Seigneur de Payrac ... pardevant moy Notaire Royal & tesmoings soubznommés, estant dans la maison Abbatiale de l'Abbaye de St. Sernin de Tholoze .. les dessus nommez, Messire LAURENS DE BEAUMONT, Chevalier, Seigneur dudit lieu, & Damoy-selle DELPHINE DE VERNEULH, mariés, & Messire Laurens Alemand, Evesque de Grenoble, & Abbé dudit St Sernin de Tholoze, oncle dudit DE BEAUMONT, d'une part ; & Dame Jeanne de Durfort, mere de ladite Delphine, & egrege personne Mons.r Mc Arnaud de Verneulh, Chanoine de l'Eglize Cathedralle de Cahours, oncle de ladite Damoiselle Delphine de Ver-neulh, d'autre ; lesquels .. ont .. confirmés les pactes & convenences matrimoniaux icy au long inférés... «Entre Messire LAURENT DE BEAUMONT, Chevalier, Seigneur dudit lieu, & Da-
» moiselle DELPHINE DE VERNEULH, fille de feü Messire Gratien de Verneulh ... Chevalier,
» Seigneur de Peyrac, Messire Laurens Alemand, Evesque de Grenoble, oncle dud. Beaumont,
» du côté dudit Beaumont, & Dame Jeanne de Durfort, mere de ladite Delphine, Maistre
» Arnaud de Verneulh, Chanoine en l'Eglize Cathedrale dudit Cahours, oncle de ladite Del-
» phine, & Mc Pierre de la Garde, Conseiller du Roy, notre Sire, & Jean de Ginolhac, Sei-
» gneur & Baron de Valhac, du cousté de ladite Delphine de Verneulh. Premierement, a esté
» accordé & convenu que led. DE BEAUMONT espouzera & prendra ladite DELPHINE DE VER-
« NEULH en sainte Mere Eglise, avec tous ses droits. Item... ledit DE BEAUMONT baillera ...
» la somme de trois mil livres, ou plus grande, si par le testament dudit feü Messire Gracien,
» pere de ladite Delphine, se treuvoit avoir esté laissée à Damoiselle Isabelle de Verneulh, sœur
» d'icelle Delphine. Item a esté convenu & accordé que, un des enfans masles descendent dud.
» mariage .. sera heritier de la moitié de tous & chacun des biens d'iceux DE BEAUMONT & de
» Verneulh. ... Item, que les enfans masles .. qui succéderont à ladite moitié, s'appelleront
» DE BEAUMONT DICT DE VERNEULH, pour conserver le nom & armes dud. feü Messire Gra-

DE LA MAISON DE BEAUMONT. Liv. VII. 355

» cien de Verneulh, & de la maison de Peyrac.. & se sont ici soubzsignés, l'Evesque de Gre-
» noble, BEAUMONT, le Chanoine de Payrac, Desmassues, Veilhac, de la Garde, de Ginolhac,
» d'Arpajon.. & de tout ce dessus ont demandé instrument estre retenu par moy Notaire soubz-
» signé. Fait à Tholoze, les an, jour & lieu que dessus, ès presences de Monsr Me Pierre de
» la Garde, Conseiller du Roy, nostre Sire, en sa Cour de Parlement de Tholoze, noble Jean
» de Ginolhac, Seigneur de Vaillac, Mre Raymond Cayssials, Chanoine de Cahours, & noble
» Ramond.... (*) Dict le Capdet de Fabas, tesmoings à ce appellez, & moy Adhemar Mejani,   (*) Le nom est
» Notaire Royal.. de Thoulouze, & ung des quarre-vingz Notaires réduits aud. nombre ordonnez   en blanc.
» à faire residance pour le Roy en la présente Cité qui de tout ce dessus ay retenu instrument..
» duquel ay fait extraire & grossoyer le present, en foy de quoy me suis icy signé de mon seing
» autentique acostumé. Ainsi signé, A. Mejani, Nor.»

---

*Hommage fait au Roi en la Chambre des Comptes de Dauphiné, par LAURENT
DE BEAUMONT, Seigneur de Beaumont & de Montfort, de sa Seigneurie
de Montfort.*

*Extrait du Registre cotté : Hommages 1541-1560, fol. VIIIxx. xv ; étant aux Archives de la
Chambre des Comptes de Dauphiné : délivré par le Greffier en Chef de cette Chambre.
Signé, Chabert.*

LES GENS des Comptes du Roy, nostre Sire, en Dauphiné . : . sçavoir faysons que cejour-   12 Septembre
d'huy, LAURENS DE BEAUMONT, Escuyer, Seigneur de Beaumont & de Montfort, en Graysi-   1541.
vodan, a... par Jehan de Surdys, son Procureur... fondez, confessé... tenir... en fief franc,
antique, noble & bien conditionné, le château, terre, mandement, jurisdiction, haulte, moyenne
& basse, mere & mixte, impere de Montfort, ensemble les hommes, hommaiges, corvées,
droits & devoirs quelconques qu'il tient... audit château & mandement de Montfort, mouvans dudit Seigneur, pour reyson desquels biens, & aussi de sa personne, il a faict hommaige-
lige... estant sur ses pieds, tenant ses mains joinctes entre les mains de M. Joffrey-de Chapponay, Président desdits Comptes, en le baisant à la joue... suivant les hommaiges sur ce faictz
par ses prédécesseurs aud. Montfort.... En tesmoing de ce, nous avons faict mettre le scel
desd. Comptes à ces présentes. Donné à Grenoble, le douzieme jour du mois de Septembre,
l'an mil cinq cent quarante-ung. Par Messeigneurs des Comptes du Daulphiné, Commissaires.
(*Signé*) MATERON.

---

*Requéte de LAURENT DE BEAUMONT, Seigneur de Beaumont ; & Informa-
tions faites en conséquence pour constater ses droits de Jurisdiction sur la
Terre du Touvet.*

*Originaux en papier & en parchemin, conservés dans les Archives de M. le Comte de Beaumont-
de la Roque, au Château du Repaire, en Périgord.*

A Nosseigneurs de Parlement.

SUPPLIE humblement LAURENS DE BEAUMONT, Escuier, Seigneur dud. lieu, disant qu'il   19 Juillet 1542.
seroict venu à sa notice Messire Guygues Guyffrey, Seigneur de Botieres, avoir présenté Requeste... & donné à entendre à lad. Cour, led. Suppliant ou ses Officiers, au lieu & mandement du Tovet, aveoir actenté, en visitant & regulans certains chemins aud. lieu. ... Or est il,
Messieurs:... pour autant qu'il est en possession & saisine que ses prédécesseurs, dont il a le droict,
pour tel temps qu'il n'est mémoire du contraire, de visiter & régler les chemins sur ses fiefs...
car met en faict led. Supp qu'il a toute jurisdition mere, mixte & impere audit lieu & mandement du Thovet & limites d'icelluy, tant sur ses fiefs que sur lesdits hommes hommageables
y habitans, comme led. Guiffrey sur les siens, & est ledit Suppliant le ault Seigneur dudit lieu
du Thovet, comme il offre sere apparoyr, tant par tesmoings, que par tiltres & abalhemens
faictz par les feuz Daulphins, que Dieu absolve, à ses prédécesseurs dont il a droict, & despuis
iceulx confirmés par les Royes Daulphins. Ce considéré, vous plaira, nosdits, Seigneurs....
octroyer lettres de commission audit Suppliant, adressantes au premier Huissier... pour informer
sur le contenu de la presente Requeste.. Si ferez bien. (*Au bas est écrit:*) ausea fet : BEAULMONT:
Soit communiqué aux Gens du Roy & à Partie. Faict en Parlement, le XIX Julhet 1542. B. CHAT.
Non impedit fac. le XIX Juillet 1542. DE LAUTIER, Procur. Giral.

François Duc d'Estouteville, Conte de Sainct Pol, Gouverneur & Lieutenant-Général pour   24 Juillet 1542.
le Roy, en Daulphiné, au premier Huissier de la Cour de Parlement.... Veue par vous la
Requeste ;.. présentée à lad. Cour pat LAURENS DE BEALMONT, Escuier, Seigneur dud. lieu,
Y y ij

nous vous mandons & commettons...que... vous informez & enquerez fecretement, & bien avec les tefmoingz que par led. DE BEAULMONT, vous feront adminiftrés de & fur le contenu en ladite requête... Donné à Grenoble, en Parlement, le XXIIIIe Juillet l'an mil cinq cens quarante-deux. Par Mond. Seigneur à la relation de la Court. (*Signé*) BERCHAT.

29 Juillet 1542.   Avoir reçeu avec honneur... les Lettres-Patentes & commiffion cy-foubz attachez, le vingt-neufviefme jour du mois de Julhet prefent, pour la part du puiffant Seigneur LAURENS DE BEAULMONT, en l'an prefent courant mil cinq cens quarante-deux... Je Michiel Faure, premier Huiffier du Parlement de Daulphiné, eftant audit lieu du Thovet... me fuis offert... fuivant la requifition dudit Seigneur de Beaumont & de fon Procureur, icelles Lettres mettre à deue & entiere exéquution.

Jehan Clavel, Efcuyer, habitant du Thovet & lieu de la Freyte, aagé de quarante ans ou environ... tefmoing produict, ouy, juré & examiné pour la part que deffus... dit que luy qui deppoufe, a toujours veu & fceu... que la jurifdiction haulte, moyenne & baffe, excepté la fupériorité du Roy, a appartenu & appartient de prefent, fur tous manans & habitans dud. mandement du Thovet... tant au Seigneur DE BEAULMONT, au Seigneur de la Freyte, & aulx Seigneurs de Bellecombe... que ledit Seigneur DE BEAULMONT, de tout temps... a faict adminiftrer juftice à cefdits hommes fubjetz... aud. lieu du Thovet, par ces Officiers qu'il a heu depuis ledit temps en ça, & a encourez de prefent, c'eft à fçavoir, Juge, Chaftelain, Procureur d'Office, Greffiert & Sergent. &... eft en poffeffion... de vifiter & fere vifiter & reigler tous les ans, les chemins... Sur les généraux interrogatoires, a pertinement répondu...

30 Juillet 1542.   Du XXXe de Julhet 1542, au.. lieu de Croles. Difdier Roufz-Porret de la Terraffe, aagé .. de trente-huict ans ou environ.. tefmoing produict & examiné pour la part que deffus.. dict que toute la jurifdiction du Thovet, haulte, moyenne & baffe, excepté la fupériorité du Roy, a tousjours appartenu .. tant audit Seigneur DE BEAULMONT que au Seigneur de la Frete, que auffi aux Seigneurs de Bellecombe, par le moyen defquels Meffire Guigues Guiffrey, Chevalier, Seigneur de Botyeres, fuccède comme héritier d'iceulx . & c'eft foubzfigné (*Signé*) PORRETI. . .

Maiftre Jehan Gaultier, jadys Notaire de Lumbin, aagé de foixante ans.. dict.. que la jurifdiction haulte, moyenne & baffe dud. mandement du Thovet, a appartenu & appartient, excepté la fupériorité de juftice du Roy Daulphin .. tant audit Seigneur DE BEAULMONT, au Seigneur de la Frete, que aux Seigneurs de Bellecombe, auxquels Seigneurs, ledit Seigneur Guyffrey fuccède .. que ledit Seigneur DE BEAULMONT a ces Officiers . à fçavoir, Juge, Chaftelain , Procureur d'Office , Greffiert & Sergent, &.. que du temps.. qu'il avoit en charge les afferes dudit Seigneur DE BEAULMONT, & qu'il étoit fon Recepveur general, comme il dict, qu'il a veu & fceu que ledit Seigneur DE BEAUMONT & fes predeceffeurs eftoient en poffeffion & couftume .. de fere reigler & vifiter tous les chemins tous les ans .. & c'eft foubzfigné: GAUTIER.

Comme deffus eft efcript & contenu, ont deppoufé les tefmoings deffus nommez... Maiftre Guigues Dupont, mon adjoinct, Notaire Royal & Dalphinal, abfiftant avec moy, entre les mains de moy premier Huiffier & Commiffaire foubzfigné, comme certiffie l'an & jours que deffus. (*fignés*,): DUPONT (*&*) FAURE.

Déclaration faite au nom de LAURENT DE BEAUMONT, *Seigneur de Beaumont & de Montfort, de ce qu'il tient en fief & en arriere-fief du Roi Dauphin.*

Extrait du Regiftre cotté: Dénombrements 1543, fol. VIe. LXVI, *étant aux Archives de la Chambre des Comptes de Dauphiné; délivré par le Greffier en Chef de cette Chambre. Signé Chabert; & autre expedition, fignée Troullioud.*

26 Aouft. 1542.   DECLARATION.. de noble LAURENS DE BEAULMONT, Seigneur dudit lieu & de Montfort .. faict en vertu de l'ommaige prefté ès mains de Monfieur le Chancelier de France, pour icelluy remettre en la Chambre des Comptes du Daulphiné...

Et premierement declare & denomine Jehan Racles, du lieu de Crolles, Serviteur & Procureur dudit Seigneur DE BEAULMONT & de Montfort, en la abfence dudit Seigneur.. les.. Jurifdictions, mandement, fiefs, rierefiefs & aultres choufes qu'il a.. connus fe tenir & movoir du fief & rierefiefs du Roy Daulphin, notre Souverain Seigneur.. & premierement.. que led. Seigneur DE BEAULMONT tient .. dedant le.. Bailliage.. de Grayfivodan, le Chafteaulx de Beaumont & dedans la Paroiffe du Thovet... Item.. tien.. dedans led. Mandement & Paroiffe du Thovet par indivis avecque les Seigneurs de la Freyte & du Chafteaulx du Thovet, le Mandement & Jurifdiction, haulte, moyenne & baffe... Item declare qu'il prant le ban du vin qui fe vent... Item le ban champeftre & tien bannier pour l'ecercice de ladicte bannerie. Item dict & declare que led. Seigneur DE BEAULMONT a Jurifdiction aulte, moyenne & baffe, haulx hommes foretiers ayans poffeffions aud. Mandement du Thovet. Item.. poffede les deux pars du montaignaige.. appellé l'Aulx du Suel par non partir avecque le Seigneur d'Entre-

DE LA MAISON DE BEAUMONT. LIV. VII. 357

mont... Item.. recouvre.. à caufe de fond. Chafteaulx de Beaulmont les cenfes.. portant los & vends à reyfon du fixfens denier, tant aud. Mandement du Thovet que à Sainct Bernard.. ainfi que.. confte par recognoiffances receptes par Mes Guiffrey Place, Notaire du Thovet, & Guigues Gleyzat, Notaire de la Terraffe.

Item dict & declare que les Seigneurs des Chafteaux de la Freyte & du Thovet, jouxte la forme des documens & reconnoiffances dud. Seigneur DE BEAUMONT, tiennent en fielz franc noble & antifz dud. Seigneur DE BEAULMONT lefd. Chafteaulx de la Freyre & du Thovet, avecque leurs directes Seigniories, territoires mandemens, mere, mixte, impere, toute jurifdiction, homaiges, cenfes.. & appartenances defd. Chafteaulx, & femblablement tous biens immeubles qui tienne.. dedans lefdits Mandemens (du) Thovet, Sainct Michiel & Sainct Vincent de Mercuzaz.. pour lefquels choufes font tenus fere aud. Seigneur DE BEAULMONT hommaige-lige

Item declare que led. SEIGNEUR DE BEAULMONT.. a heux de Meffieurs les Daulphins, & lefquelles choufes tien & poffede du fiefz & hommaige lige du Royt Daulphin, noftre Souverain Seigneur, comment s'apert les documens dud. Seigneur...

Item declare que led. Seigneur DE BEAULMONT prant dans led. Mandement du Thovet, & comme fucceffeur en cefte partie de Michel Caffard, en fon vivant Efcuyer, fenfe annuelle portant los & vends, à reyfon du fixfens denier... Item.. dedans le Mandemant de la Terraffe, fenfe annuelle, portant loz & vends... Item.. dedans le.. Mandement de Lumbin & Crolles, fenfe annuelle, portant loz & vends.

Item.. tien.. aud. Bailliage.. de Grayfivodan la Jurifdiction haulte, moyenne & baffe de Montfort, avecque le Chafteaulx, boys, terres.. &.. a Juge, Chaftelleint & autres Officiers.. Ban champeftre, & tien Bannier pour l'ecercifle d'iceluy... & prant... le ban du vin.... Item dict... que le R. Perévecque & Prince de Grenoble at dedans led. Mandement de Montfort certayns hommes Jurifdiciables auques led. Seigneur DE BEAULMONT & de Montfort à l'haulte & moyenne Juridition.

Item declare que Jehan Berlie, en fon vivant Efcuyer, ayant caufe de noble Guigues Coct, Seigneur du Chatellard a dedans led. Mandement de Monfort, XVIII... hommes Jurifdiciables auiquelz, comme deffus, led. Seigneur de Montfort à l'haulte & moyenne Jurifdiction....

Item declare que la noble Francoyfe de Monfort & Gilet Cognyoz, Efcuyer, fon fils... Anthoyne Paviot, Efcuyer, Anthoyne de Crolles, Efcuyer, Jehan de la Chalandiere, Efcuyer, & plufieurs autres Gentilshommes, & femblablement la Rde. Abbeffe du Monaftere des Ayes., exhigent plufieurs... fances dedans led. Mandement de Montfort, lefquelles croyt fe tenit & mouvoir du rierefiefz dud. Seigneur de Montfort à caufe de fa dicte Jurifdiction de Montfort.

Item declare que led. Seigneur DE BEAULMONT exhige... au Aymes, Melan, Montfleury, Mandement de Montbonoud, Grenoble, Sainct Martin-le Vinoz, Ques, Sainct Martin-d'Here, Eybens, Venon, Giere, Maurianete, Domene & autres... fence annuelle pourtant loz & vends à reyfon du fixfens denier..

Item... led. Seigneur DE BEAULMONT prant... la fixiefme partie des langues harmaillies qui fe... vendent à la Boucherie de Goncelin.

Item... prant aud. Goncellin annuellement & à une checune Faicte Sainctz Laurens & à une checune vellie de Noel, la Leyde, affavoir la fifiefme partie... du fruictz que l'on aporte vendre... des epifes & aultres marchandifes,...

Item... exhige... dedans le Mandement d'Oyfens... & recouvre au Mandement d'Avallon & Bayard fance annuelle portant los & vends à reyfont du fixfens deniers....

Item quant au fervice que led. Seigneur DE BEAULMONT & de Montfort eft tenu fere au Roy à reyfon defd. fiefs.. a dict que toute nobleffe du Daulphiné faict ordinairement en quas d'aulftilité Dalphinale, cens hommes d'armes qui fervent aut depens de ladicte nobleffe ung moys durant, après lequel led. Seigneur les foudoye, eftans dedans led. peys du Daulphiné, & fi fortent pour la guerre & fervice dud. Seigneur hors yceluy peys, led. Seigneur les foudoye anquotes que ce fut dedans led. moys, eelon la liberté & coutume, & quant led. Seigneur mande led. hommes d'armes qu'on appelle ban & rierebant, lors (dans) checun Bailliage font comis & depputés des Gentilshommes qui perequent, checun Gentilhommes felon fa calité, pour foy eyder à mettre à equipaige les cens hommes d'armes.. & led. Seigneur DE BEAULMONT & de Montfort en at payé & paye pour fa rate comme Gentilhomme & comme fes predeceffeurs ont accoutumé fere...

Procure pour Jean Racle.

Au nom de Dieu.. l'an de grace mil cinq cens quarante-deux, & le vingt-fixiefme jour du moys d'Aouft, perfonnalement eftabli puiffant Seigneur LAURENS DE BEAULMONT, Efcuyer, Seigneur dud. lieu & de Montfort, lequel ordonne font Procureur.. fpecial.. Jehan Racle, fon ferviteur.. pour fere denombrement de tous les biens, cens & revenus que led. Seigneur.. tient, poffede, mouvans du fiefz & rierefiefz du Roy Daulphin nouftre Sire, pour raifon defquels led. Seigneur DE BEAULMONT conftituant auroit deja prefté foy & hommaige es meyns de Monfieur le Chancellier de France... Faictz à Grenoble, auprès du banc de Maulconfeil, en la boctique de Pierre Claude dictz Grocin, Marchant, prefent led. Pierre Claude, Anymond Corrue dict Graffet, & Denys Barbier, tous Marchans dud. Grenoble.. & moy, Jehan Difdier, Note de Crolles, Note Royal & Dalphinal : Difdier Racle, Procureur dud. Beigneur DE BEAULMONT. Collation a été faicte à l'originale procuration, par moy Clerc & Secretaire defd. Comptes du Daulphiné. (figné,) MATERON.

PREUVES DE L'HISTOIRE GÉNÉALOGIQUE

Teſtament mutuel olographe de LAURENT DE BEAUMONT *& de Dauphine de Verneuil, ſon Epouſe.*

Minute originale en papier, conſervée dans les Archives de M. le Comte de Beaumont-de la Roque, au Château du Repaire, en Périgord.

2 Avril 1550.

AU NOM de Dieu ſoet aujourd'hui mil ſinc ſans cinquante, & le ſeguon d'Avril, nous LAURANS DE BEAULMONT & DAUFINE DE VERNUL, mariés.. Dieu nous a fet la graſe d'avoir ja procréés LAURANS, CHARLES, ARNAUT, nous enfans malles, & ISABEAU, notre fille defunte, prevoiant les trobles en quoy journellement len voet tunber enfans.. nous ſuſdis LAURANS DE BEAULMONT & DAUFINE DE VERNUL, mariés, pere & mere de LAURANS, CHARLES, ARNAUT, nous enfans ſuſnommés, naturelz legitimes.. avons ordoné que celuy de nous DE BEAULMONT OU DE VERNUL, mariés, qui ſurvivra l'autre, demeure antier heretier de ſa partie deffunte.. nous reſervant auſi que ſeluy de nous qui deſedera le premier pourra prandre ſans inrerrompre ſe preſant notre eſcrit.. tels leguas qui luy plera tan pour ſon ame que autrement, & nomer de ſa part tel heritier de nous enfans malles qui lui plera; & le cas avenant que le premier de nous defunt ne print aucun leguat, & ne nomât aucun heretier de nous anſfans, auſd. quas voulons que le ſurvivant faſe le tout à ſa diſcreſion jouſte le ſus eſcrit.. & pour mieus lier.. ſette notre franche, libre & derniere volonté.. l'avons ſiné de nous propres meins & ſcellé de nous armes. Fet l'an & jour que deſus, au notre chanbre de ſette notre meſon de Ponpinigean, Senechauſſée de Touloufe. Moy, LAURANS DE BEAULMONT ateſte ſe deſus eſcrit,

(*) L'un de ces cachets eſt briſé & l'autre repréſente une faſce où l'on ne diſtingue plus rien.

(*) Ces armes ne ſubſiſtent plus.

(**) Emporté par vétuſté.

eſtre vrey, temoin mon ſein & mes armes. *(Signé entre deux cachets en placard)* (*) BEAULMONT. Moe, DALPHINE DE VERNUEL, ateſte ſe deſſus écrit *(eſtre)* vrey; temon mon ſin & mes armes (*). D. DE PAYRAC. Moi Bernar D. Dorbeſan, Eſcuier, preſent à ſe que deſus, temoen à mon ſen. *(ſigné)* La Buſquere. Je Antoine Dayguebelle, Chanoine de Sainct Sernin de Touloufe... preſant, & ſigné de mon ſein.... A. Dayguebaille. Je Pierre Mazet, Curé de Sainct Barthelemy du Groin, en Daulphiné, Diocèſe de Grenoble... Mazet. Je Loys Talegrein, habitant de Griſolle & Procureur d'Offiſe dudit lieu... preſen... L. Talegrein. Je Jehan Raſcle, habitans de Touloufe & du lieu de Vifz... preſant... Jeh. Raſcle. Je Jehan Thournyer, avitant du lieu de Vacquieres... preſant... Thournier...(**)... De la Tapie, habitant deu lieu de Pompiniban... preſen... J. de Tapie.

Teſtament de LAURENT DE BEAUMONT, *Seigneur de Beaumont & de Montfort, en faveur de* LAURENT, CHARLES & ARNAUD, *ſes enfans.*

Original en parchemin, conſervé dans les Archives de M. le Comte de Beaumont-de la Roque, au Château du Repaire, en Périgord.

5 Mars 1552.

SACHENT tous preſens & advenir que, aujourd'huy, cinquieſme jour du mois de Mars l'an mil cinq cent cinquante-deux... par-devant moi François Revol, de St Laurens du Pont, Notaire Royal Dalphinal, & les teſmoins ſoubz ecriptz, preſens, eſtably en ſa perſonne, noble & puiſſant Seigneur LAURENS DE BEAULMONT, Seigneur dudit Beaulmont & de Montfort, en Dauphiné, Diocèſe de Grenoble... conſiderant... que du prochain lui convient aller au ſervice du Roi notre Sire, au faict de ſes guerres, par quoy il... diſpoſe, ordonne & teſte... comme s'enſuit. Premierement... s'il meurt dans le Dauphiné, veult & ordonne que ſon corps ſoit porté en l'Egliſe du Thovet, & inhumé dans la Chapelle... fondée par ſes predeceſſeurs Seigneurs de Beaumont & Montfort, au thumbeau où repoſent les corps de ſes predeceſſeurs. Veult... à chaſcun des... ſervices... y avoir & aſſiſter cent Prebſtres chantans Meſſe... en lad. Eſgliſe, & qui auront chaſcun deux ſouz & demy.... Item donne... à l'Egliſe de Crolles deux eſcus ſol... à l'Egliſe du Thovet deux eſcus ſol... à Jacques Maſſon, Eſcuyer, cinquante eſcus d'or ſol... à Claude Bret, vingt eſcus... à Bertrand Baſque, vingt eſcus ſemblables, & aux autres qui ſe trouveront à ſon ſervice.... Item veult... que la penſion, laquelle noble AMBLARD DE BEAULMONT, pere dudit teſtateur, s'eſtoit reſervée, luy ſoit payée... & lègue ledit teſtateur à ſon pere... les uſufruictz de toutes les pieces & poſſeſſions deppendantes de Motardingeres, acquiſes par led. teſtateur, & en outre les uſufruits de la vigne de Montfort... &... ſon habitation en maiſon appellée *la Joyeuſe-garde*, s'il lui plaîſt y habiter en preference.... Item ledit teſtateur a légué... à noble & puiſſante Dame noble DAULPHINE DE VERNOYL, ſa chere & bien aymée eſpouſe... la totalle & entiere adminiſtration & gouvernement des perſonnes & biens de nobles LAURENS, CHARLES & HARNAUD DE BEAULMONT, enfans communs deſdits teſtateur & Dame DAULPHINE... & vivant en viduité, elle ſera tenue nourrir & entretenir feſd. enfans en tel eſtat, honneur & debvoir que porte & requiert la maiſon & lignée deſdits pere & mere, ſans que l'héritier univerſel dudit teſtateur ci-après nommé, puiſſe jamais rien demander à ladite Dame DAULPHINE... ne quereller ou retirer la ſomme de troys mil livres tournois par ledit teftateur au contract de leur mariage portés & mifes en la maifon & à utilité de la maifon & biens de ladite Dame ... pour payer le mariage de Damoyfelle Yfabel de Verneil, fœur de ladite Dame Delphine... Item a donné & légué... au-deffus nommé CHARLES DE BEAUMONT, fon fecond fils, la fomme de deux mille livres tournois ... & la ou ledit CHARLES voudroit & auroit defir d'être homme eccléfiaftique ... en ce cas ... donne audit CHARLES fon fils, outre & par-deffus lefdits deux mille livres ... la fomme de mille livres tourn... Item donne ... à fon fils HARNAUD DE BEAUMONT les biens que le teftateur a euz de Michel Caffard, avecq les honneurs & charges d'iceux... Item veult ... ledit teftateur que fi ladite Dame DAUPHINE alloit de vye à trepas dellaiffez furvivantz lefdits LAURENS, CHARLES & ARNAUD DE BEAUMONT & aultres enfans qui naiftront après ce prefent teftament ... en aage pupillaire ... que Reverend Pere en Dieu, Monfeigneur Laurens Allamand, Evefque de Grenoble, oncle dudit teftateur foit adminiftrateur ... des perfonnes & biens de tous lefd. enfans naiz & à naiftre ... & ... led. Seigneur teftateur ... a inftitué ... fon héritier univerfel LAURENS DE BEAUMONT, fon fils deffus nommé, naturel & légitime & premier nay de luy & de ladicte Dame DAULPHINE DE VERNOIL & fes enfans mafles, naturels & légitimes ... & fes enfans mafles des enfans mafles ... *in infinitum* ... & fi ... la ligne mafculine dudit LAURENS viendroit à deffaillir ... fubftitue ... ARNAUD DE BEAUMONT, tiers nay, fils dudict Sr teftateur, & de ladicte Dame DAULPHINE & fes enfans mafles ... comme deffus ... refervant led. teftateur observer ... les teftamens ... de fes predeceffeurs Seigneurs, par ci-devant de Beaumont & de Montfort ... En cas que ... la ligne mafculine ... defd. LAURENS & ARNAUD viendroit à deffaillir ... fubftitue ... CHARLES DE BEAUMONT fon fils, avecq toutes les claufes de fubftitutions comme deffus ... & deffaillans tous les enfans mafles ... descendans dud. teftateur ... fubftitue ... en tous les biens anciens de Beaumont & de Montfort, tant feullement; affavoir noble LAURENS DE BEAUMONT, Seigneur de Sainct Quentin, en Dauphiné, & fes enfans mafles ... *ufque ad infinitum*. ... Item ... commande, fuivant les fubftitutions faictes par les predeceffeurs dud. teftateur, que icelles ... foient obfervées ... de poinct en poinct, principalement en ce que touche tous les mandemens & jurifdictions de Beaumont & de Montfort ... & deffend très-expreffément ... de n'aliéner lefd. biens ... ny deppendances. ... Les exécuteurs de ce prefent teftament ... a nommés ... LAURENS DE BEAULMONT, Seigneur de Sainct Quentin, Urban d'Arvillat, Sr de la Baftie de Revel, & Meffire André de Sainct André, Chevalier, Seigneur des Maifons fortes de la Baftie de Vourey & de Chabanes, affize à Gyvord. ... Faict & recité en Dauphiné, en la ville de Sainct Laurens du Pont, dans la ... maifon d'habitation de Meffire André de Sainct André, Chevalier ... led. Seigr de Sainct André préfent, Georges de Martel, Efcuyer, Seigneur de la Revoyre, Georges Galliffet, Efcuyer, Chaftellain dud. Sainct Laurens du Pont, Jehan Galliffet, Efcuyer, Archier de la Porte du Roy, noftre Sire, Gondet Galliffet, auffi Efcuyer de la Compagnie de Monfeigneur le Conneftable, Me André Galliffet, Chanoine de la Saincte Chapelle de Chambery, Georges Revol, Prebtre, Vicaire dudict Sainct Laurens, & Batthelemy d'Alieres, auffi Prebtre dud. lieu; tous iceulx tefmoings dud. Sainct Laurens du Pont ... ainfy figné de mon propre mouvement: BEAULMONT, teftateur: & moyd. Notaire, qui ledit inftrument ... ay expédié, &... de mon feing manuel ... me fuys foubzcript.... (*figné*): REVOL.

Codicile.

L'an fufdict, & le fixiefme jour dudict mois de Mars ... ledict ... Seigneur LAURENS DE BEAULMONT, Seigneur dudict Beaumont & de Montfort, Teftateur ... veut ... & ordonne que les biens légués ... à noble ARNAUD DE BEAUMONT, fon tiers né fils ... fi led. ARNAUD venoit à deceder fans enfans mafles legitimes ... retornent ... à LAURENS DE BEAUMONT, fils. & héritier dud. Seigneur Teftateur, ou à fes enfans mafles & enfans mafles de fes enfans .... Faict & paffé en la fufd. maifon dud. Seigneur de Sainct André, icelluy prefent ... & moyd. Notaire. ... (*figné*): REVOL.

6 Mars 1552.

Tranfaction paffée entre LAURENT DE BEAUMONT, *Seigneur de Beaumont, & les Adminiftrateurs des Hôpitaux de Grenoble.*

Original en parchemin, confervé dans les Archives de M. le Comte de Beaumont-de la Roque, au Château du Repaire, en Périgord.

A TOUS foyt notoire, comme fur le procès meu & intenté en la Cour de Parlement de ce pays de Dauphiné, entre le Syndic des pouvres de l'hofpital de la préfante Cité de Grenoble ... d'une part, & LAURENS DE BEAUMONT, Efcuyer, Seignieur dudit lieu, heritier par certains moyens de feû noble Michel Caffard, Cytoyen de Grenoble, Deffendeur ... pour raifon d'une aulmone de troys fommées de froment & troys fommées de vin que ledict Michel Caffard, par fon dernier teftament, faict en l'an mil quatre cens huictante-deux, & le cinquiefme Juing, receu par Me Jehan Chappellain, Notayre, ordonna eftre donnée & payée aufdictz pouvres .. Arreft de ladite Court s'en feroyt enfuyvi du cinquiefme Fevrier mil cinq cens cinquante-deux & defpuys fur l'exequution d'icelluy Arreft auroyent efté faictes certaines procédures ..

27 Novembre 1552.

contre ledict Seigneur DE BEAULMONT, lequel finablement, pour venir en accord.. pour raison de ce que dessus auroyt passé procuration de telle teneur. « Sçachent tous presens & advenir, » que l'an .. mil cinq cens cinquante-deux, & le douziesme jour du moys d'Octobre .. au » lieu de Ponpenhan, Diocese & Seneschaulsée de Thoulouse, noble LAURENS DE BEAULMONT, » Chevalier, Seigneur dudit lieu de Pompinahan & de Payrac, lequel a faict & constitué ses » Procureurs .. nobles Estienne Fassion dict de Manthone, Jacques de Biviers dict de Franco, » Jehan Masson, Escuyers .. pour .. transiger .. avec le Sindic des pouvres de lad. Cyté » de Grenoble... presens Jehan la Tapia, Pierre de Vors & Pierre Picat, pour le present dudit » lieu de Ponpinhan, habitans... Et moy François Bontinot, Notaire Royal, habitans de Gri- » solles, qui de ce que requis, ay retenu instrument & icelluy ... de ma propre main escript, » expédié soubz mon seing: Bontinot. » Suyvant laquelle procuration ... nobles Estienne Fassion, dict de Manthonne, Jaques Francoz, & Jehan Masson, Escuyers, avec Maistre Henry Matheron, Secretayre des Comptes, &'Maistre Jehan de Sordis, Soliciteur dudit Seigneur DE BEAUL-MONT, à present absent de ce pays .. & ... les ... Administrateurs des hospitaulx dudit Grenoble, sçavoir est; Monsieur Maistre Loys de Bressieu, Prieur de Beaucressent, comme Vicaire-général de Monseigneur Messire Laurens Allamand, Evesque & Prince de Grenoble, Me Vital Rebollet, Chanoine en l'Eglize Sainct André de Grenoble, Me Pierre Bressieu, Docteur ès droictz, Lieutenant-Particulier, ... de la Cour commune de Grenoble, Charles Chamoux, Jehan Robert, Claude Chapuys & Jehan Marrel, Docteurs ez droictz, Advocatz consistoriaulx ... André de Naves, Marchand ... avec Jaques Vilar, Sindicq & Procureur desd. pouvres ... assemblez cejourd'hui vingt-septiesme de Novembre mil cinq cens cinquante-deux, auroyent accordé, transigé ... que ledit Seigneur de BEAULMONT ... sera tenu ... payer audit Syndicq ... les arreraiges... de ladite aulmosne... de six années... & ... payera ... par cy-après ... dans ledict hospital, lad. aulmosne de troys sommées de bled froment, & trois sommées de vin .. pour la distribuer .. aux pouvres dudict hospital. ... Item .. que dict Seigneur DE BEAULMONT payera les despens du procès... Faict & passé à Grenoble .. en la maison & salle basse de l'hospital de la Magdaleinne .. ès presences de Me Thomas Seigneuret, habitué en l'Esglise Sainct André de Grenoble .. & de moy Françoys Symonet, Notaire Royal Dal-phinal, habitant dudict Grenoble. (*signé*,) SYMONET.

Arrêt de la Cour du Parlement de Grenoble, en faveur de LAURENT DE BEAU-
MONT, *Chevalier, Seigneur de Beaumont & de Crolles.*

Original en parchemin, conservé dans les Archives de M. le Comte de Beaumont-de la Roque, au Château du Repaire, en Périgord.

28 Février 1561.
FRANÇOIS de Lorraine, Duc de Guyse, Pair & Grand-Chambellan de France, Gouverneur & Lieutenant-général pour le Roy, en Daulphiné, à tous ceulx qui ces presentes verront, Salut: sçavoir faisons, comme par arrêt de la Cour de ceans du vingtiesme Decembre mil cinq cens soixante, donné au proussit des pouvres de la presente Cyté de Grenoble; à l'encontre de Messire LAURENS DE BEAUMONT, Chevalier, Seigneur dud. lieu & de Crolles, l'amende de cent livres, auroit esté déclerée contre ledit DE BEAUMONT, auroit presenté Requeste, préten-dant .. que verification fût faicte des .. payements, par-devant l'un des Conseillers de ladite Court .. sur laquelle notre amé & féal Conseiller du Roy en ladite Court, Me Gerard Ser-ment auroit esté commis .. devant lequel lesdites parties auroient comparu .. & par Arrest de ladicte Cour cejourd'huy donné entre LAURENS DE BEAUMONT, Escuyer, Seigneur de Mont-fort, & le Syndic des pouvres de Grenoble ... La Cour .. veu .. les quittances produictes par ledit DE BEAUMONT, dict & declere qu'icelluy DE BEAUMONT n'a encouru aucune de amendes pourtées par l'Arrest dudit jour .. & ordonne la Cour .. que ledit DE BEAUMONT continuera doresnavant de payer annuellement audit Syndic .. ladicte pension de trois charges de blé & trois charges de vin... En foy & tesmoing de ce, nous avons faict mettre le scel Royal à cesdictes presentes. Donné à Grenoble, en Parlement, le vingt-huictiesme jour du moys de Février l'an mil cinq cens soixante-ung, à Noel.
Par la Cour. AUDEYER.

(*Le sceau n'existe plus.*)

PIECES

PIECES JUSTIFICATIVES
POUR SERVIR DE PREUVES
A L'HISTOIRE GÉNÉALOGIQUE
DE LA MAISON
DE BEAUMONT.

LIVRE HUITIEME.

LIVRE VIII.

SEIGNEURS DE VERNEUIL,
DE Payrac, de Pompignan & d'Auty.

CHAPITRE Ier.

LAURENT DE BEAUMONT, IIe du nom, Seigneur de Verneuil, de Crolles, de Montfort, de Payrac & de Pompignan ; fils aîné de Laurent Ier, rapporté au dernier Chapitre du Livre précédent.

« *Inventaire des biens... de feü noble & puissant Seigneur* LAURENS DE BEAUL-
» MONT, *en son vivant Seigneur dud. lieu, Crolles & Montfort en Daulphiné,*
» *faict à la requeste & poursuytte de noble & puissant Seigneur* LAURENS
» DE BEAULMONT-VERNEYL, *Seigneur dud. lieu, Crolles & Montfort en*
» *Daulphiné, Peyrac en Quercy & Ponpyniat en Languedoc, son fils naturel,*
» *légitime & héretier avecq. bénéfice d'inventaire.* »

Original en papier, formant un Cayer in-4°, cotté depuis 1. jusqu'à LXVII. R°. & V°. conservé dans les Archives de M. le Comte de Beaumont-de la Roque, au Château du Repaire, en Périgord.

N^a. Il y a un double de cet Acte aussi en original conservé dans les Archives de MM. de Beaumont-d'Auty.

L'AN DE Notre Seigneur mil cinq centz soixante-cinq, & le Mardy, unziesme jour du moys de Septembre, à Crolles... dans la maison dudict feü sieur LAURENS DE BEAULMONT, en son vivant Seigneur dud. lieu, Crolles & Montfort en Daulphiné, pardevant moy Ennemond Millon, Notaire Royal Dalphinal, Commissere en ceste partye, noble & puissant Seigneur LAURENS DE BEAULMONT-VERNEYL, Seigueur dudict lieu, Crolles & Montfort en Daulphiné, & de Peyrac en Quercy, & Ponpigniat en Languedoc, fils naturel legitime, & heretier avecq. benefice d'inventaire dudict feü noble LAURENS DE BEAULMONT, lequel m'auroit remonstré... qu'il auroit accepté judiciellement... L'heritaige... dudict feü noble LAURENS DE BEAULMONT, son dict feu pere... auroit faict faire troys divers adjournemantz à voix, sont de trompe & à cry publiq... à tous creanciers, legataires & pretendanz droict audict heritaige... &... auroit faict assigner Maistre Ennemond Chabuel, comme curateur decerné à l'hoerie, & Maistre Dalmas, Procureur des absantz... me tequerant... proceder à... l'inventaire desd. biens... suyvant laquelle requisition... avoir faict appeller preudhommes, Jehan Masson, Escuyer, aagé de quarantecinq ans, Jayme Amabert Thomas, aagé de soixante ans, Glodon Guionnet, aagé de cinquantecinq ans ou environ, habitantz dud. Crolles & ... presantz lesd. preudhommes... ay dict que par moy serat procedé à commancer l'inventaire susd. ainsi que cy après est contenu.   11 Septembre & jours suivans 1565.

En oultre ledict SEIGNEUR DE BEAUMONT a dict & declaire que la sufd. maison dud. feü son Fol. IIII. R°. pere a esté pilhée & sacagée par les gentz de guerre qui ont corus en ces troubles passés....

Et premierement la dicte maison en laquelle habite ledict Seigneur DE BEAUMONT, size audict Fol. III. v°. Crolles, close & avironnée de muralhes....

    Item ung arnés d'ung homme d'armes, gravé, garny de toutes ces pieces....   Fol. VIII. v°.
    Item deux masses d'armes, ung bocliet Barsollonoys & ung morlyon....
    Item ung sçaye de vellours de livrée d'homme d'armes à colleurs faict am broderie....   Fol. X. R°.
    Item deux paniers pour pourter les arnés, couvers de cuyr, avec leur sarture & clefz....
    Item... ung-porte-bonet, dans lequel avons trouver ung bonet de vellours noir serré de Fol. XII. v°. botons lonngs d'or avecq une medalhe d'or.... Item aultre bonet de vellours blanc & rouge faict

à la Turcque, sur lequel il y a plusieurs petictz boëtons d'or plaictz, & quatre medalhes d'or...

Fol. XIII. Biens immeubles, situés dans le Mandement dud. Montfort & Crolles... le Chasteau dudict Monfort tout ruyné & despery....

Fol. XVII. Led. sieur DE BEAULMONT & Vulneyl... ma requis continuation... au lieu de la Fraiste, Parroisse du Thovet... à Vendredy vingt & uniesme dud. present moys... audict lieu de la Fraiste, Parroisse du Thovet....

Fol. XIX. Premierement le Cellyer faict à mode d'une tourt carrée....

Fol. XX. V°. Item le Chasteau de BEAULMONT depery & tout ruyné....

Et... ma requis continuation pour ce fere aud. lieu d'Avallon, dans la maison dud. feû sieur DE BEAULMONT, dans le Bourg dud. Avallon audit jour....

Fol. XXIII. R°. Premierement une maison cloze de muralhes à l'entour....

Fol. XXVII. V°. Et d'aultant qu'il est necessaire continuer aud. lieu de Crolles, dans la maison dudit feû sieur DE BEAULMONT, ont sont tous les papiers, tiltres & documentz dud. feû sieur, m'a requis... à Vandredy prochain, vingt & huictiesme jour dud. present moys de Septembre....

Audict lieu de Crolles, dans ladte maison... ce dit jour Vandredy... le sus nommé noble LAURENS DE BEAULMONT-VEULNEYL, Seignieur dud. lieu de Beaulmont & Peyrac... m'a declairé les biens, tiltres & documentz... cy après....

Fol. XXVIII. V°. Premierement ung instrument d'eschange... par Messieurs les Daulphins avecq Messire AMBLARD DE BEAULMONT... du neufviesme Octobre mil troys centz quarante-troys... contenant six peaulx, scellé d'ung grand sceau de cire verde....

Fol. XXXII. Item... Homaige faict par JEHAN DE BEAULMONT, filz de feû AMYEU, Humbert de Theys & aultres, au Seignieur de Fossigny, daté de l'an mil troys centz & deux, & le quatorziesme Septembre....

Fol. XXXV. v°. Donation faicte par Messire Humbert Daulphin à Messire AMBLARD DE BEAULMONT de tous les droictz... censes, mollins, peycherie... qu'il avoit au lieu & parroisse de Thovet... de l'an mil troys centz trante, & le cinquiesme May....

Fol. XXXIX. R°. Instrument d'achapt de noble AMBLARD DE BEAULMONT, des censes... hommes, possessions... Jurisdiction, tant en les Parroisses du Thovet, St Michiel, de la Terrasse, St Vincent, Goncelin, que aultres lieux; audict sieur DE BEAULMONT passé, par Damoysselle Anthoiny, filhe de Ansermet de Theys, femme de Loys de Chichié, datte de l'an mil troys centz quarante-huict, & le premier Septembre....

Instrument d'achapt de noble ARTHAUD DE BEAULMONT, à luy passé par AMYEU DE BEAULMONT, de tous les droictz, possessions... hommes, fiefz... que led. AMYEU avoit, & les siens, à la montaignye size sus Beaulmont à Sainct Michiel du Mont, daté de l'an mil deux centz soixante-huit, & le jour y contenu.

Fol. XXXIX. v°. Item, Instrument d'achapt dud. ARTHAUD DE BEAULMONT, à luy passé par noble Humbert de Theys, de certaines possessions, droictz, hommes, servis... daté de l'an mil deux centz soixante-huict, & le douziesme de Decembre.

Item, Instrument de recognoissance passé à noble ARTHAUD DE BEAULMONT, par Damoyssella Cherla de la Terrasse, daté de l'an mil deux centz quarante-cinq, & tertia Idus Maii.

Item... Recognoissances de Belle-Chambre, faites au profict de noble AMBLARD DE BEAULMONT... de l'an mil troys centz septante-ung....

Fol. XLI. V°. Instrument par lequel Messire Humbert Daulphin, avoit donné aud. sieur AMBLARD DE BEAULMONT, la Bastie de Gessans, situé au Diocèse de Vienne, avecq le Mandemant... droictz... hommes, vassalz nobles... fiefs... Maisons-Fortes... toute Jurisdiction, mere, mixte, impere... de l'an mil troys centz trante-quatre, & le vingt-deuxiesme Novembre, scellé d'ung grand grand scaulx.

Fol. XLII. R°. Aultre instrument, par lequel ledict... Daulphin auroit donné à Messire AMBLARD DE BEAULMONT, le Chasteau, Vilage, Mandement... de Monte-Calabre... nobles, velinnobles... scellées d'un grand seaulx de cire, avecq ung lact de soye verde & rouges daté de l'an mil troys centz trante-six, & le vingt-septiesme Janvier....

... Lettres... contenant la vériffication des Lettres Royaulx inférées, par lesquelles le Roy Charles avoit donné aud. Messire AMBLARD DE BEAULMONT l'homaige de la Terrasse avecq ces droictz... &... les Fiefs & Homaiges auquel Drovet d'Ahtremontz luy est tenu... à cause de la Parroisse Sainct Vincentz de Marcusa... dattées de l'an mil troys centz cinquante-neufz, & le troysiesme de Janvier....

Fol. XLIII. v°. ... Homaige... presté par Drouvet d'Entremont, fils de Rollet, à Messire AMBLARD DE BEAULMONT, de tout ce qu'il Drovet... possédoit en les Parroisses du Thovet & Sainct Michiel, & qu'il Drouvet estoit tenu faire au... Daulphin, en date de l'an mil troys centz cinquante-troys, & le vingt & uniesme Septembre...

Fol. XLV. R°. ... Instrument par lequel noble Arthaud de Guisfrey, Chastelle de Beaulmont & de Thovet, pour noble & puissant Seignieur AYMAR DE BEAULMONT... de la part dud. sieur AYMAR, auroit inhibé au Juge & Officiers de noble Anthoyne de Bellecomba de ne exserser leut Office de la Court en la plasse du Thovet, sur peyne de cinquante mars d'argent, daté de l'an mil troys centz huictante, & le cinquiesme Mars...

Acte de sommation faicte par Messire LAURENS DE BEAULMONT, Seignieur dud. lieu, à Messire Guigues Guisfrey, Seignieur du Thovet, de luy fere l'homaige, pour raison du Chasteau

DE LA MAISON DE BEAUMONT. Liv. VIII.

dud. lieu, & de ce qu'il tenoit dud. Chasteau, en date de l'an mil cinq centz trante-neufz, & le dix-septiesme Juing....

Item la Jurisdiction, Seignorie & mandement de Montfort & Crolles, où il a toute Jurisdic- Fol. XLVI. R°. tion... confrontant au Mandemant de Montbonoud... Mandemant de la Terrasse... le Fleuve... d'Ysere... le Mandemant de Sainct Yllaire...

Item la Jurisdiction DE BEAULMONT... confrontant... le Mandemant de la Terrasse... le Fol. id. v°. fleuve... d'Ysere.... Item les censes & directe qu'il... prenoit tant dans les sud. Mandemantz... que au Mandement de la Terrasse, Sainct-Bernard, Lumbin, Montfleury, Grenoble, Sainct-Martin-le-Vynoulx, Eybent, Sainct-Martin-d'Here, Gyere, Venon & Murianectz....

Et ainsi que sus est contenu & escript en soixante-six feulhetz, escript a esté par moy dict, Fol. LXVI. R°. Notaire & Commissaire aud. Inventaire procedé... sçavoir aud. lieu de Crolles... audict lieu de la Fraiste, Parroisse du Thôver... au lieu d'Avallon... & au lieu du Bourd d'Hoystentz... (Signé) MILLON, Notaire & Commissaire.

Pour l'entiere perfection... dudict Inventaire, je LAURENS DE BEAULMONT-VEULNEYL, Sei- Fol. LXVII. R°. gnieur dud. lieu de Beaulmont, Crolles & Montfort en Daulphiné... confesse & declaire avoir treuvé les chouses sus descriptes... de quoy requiers actes... & me suys soubz escript & signé avecq led. Notaire & Commissaire. (Signé) DE BEAULMONT & PAYRAC, (&) MILLON, Notaire & Commissaire.

Donation faite à LAURENT DE BEAUMONT-DE-VERNEUIL, *Seigneur de Crolles, Montfort, Payrac & Pompignan.*

Original en parchemin, conservé dans les Archives de MM. de Beaumont-d'Auty.

?.... AU NOM de Dieu... comme ainsi soit que Damoyselle Janne de Crolles, fille de feu 29 Juillet 1569. noble Jean de Crolles & vefve de feu Guigues l'Arbaretier, Notaire de la Parroisse de Teys, heust donné a noble & puissant Seigneur LOURENT DE BEAULMONT, Seigneur de Crolles & Montfort, tous les biens-meubles, immeubles, droitz... quelle pouvoit avoir... pour ce est-il que l'an mil cinq centz soixante-neufz, & le vingt-neufviesme jour du mois de Juillect... la susd. Damoiselle Janne de Crolles... ayant pris avys de... noble George Villier, Vis-Chastelain dud. lieu de Teys... considerant les bons & agreables services à elle faictz par led. Seigneur DE BEAULMONT, en son vivant Seigneur de Crolles & de Montfort, & aussi des biens & agreables services de noveau faits par noble & puissant Seigneur LOURENT DE BEAUMONT-VERNUEL, Seigneur de Crolles & Montfort, Perat & Ponpignan... a donné & donne... par donation... entre... vifs... aud. noble & puissant Seigneur LOURENS DE BEAULMONT-VERNUEL... heretier universel du susd. LOURENTZ... son pere, par benefice d'inventaire, absent... tous les biens-meubles, immeubles, droitz & actions que lad. donatrix a... & peut avoir... par les testamentz... ou aultrement de feu Anthoine de Crolles, frere de Jean, pere de lad. Janne, d'autre Anthoine de Crolles, bisayeul desd. Jan & Anthoine, & de tous autres, leur predecesseurs... Faict.... en la Parroisse de Teys... presentz... Me Jernes Pichat, Curé de Chasteney, Mestre Jan Guichard Drie, Presbtre, Firman Jullian, Chastelain des Sujetz des Seigneurs d'Arcules & du Chastel... & moy, Notaire Royal Dalphinal. (*Signé*) LA MARCHE.

Contrat de Mariage de LAURENT DE BEAUMONT-DE-VERNEUIL, *Baron de Beaumont, Montfort, &c. avec* MARGUERITE DE PÉLEGRY.

Expédition en papier, conservée dans les Archives de MM. de Beaumont-d'Auty.

Au NOM de Dieu soict, sçaichent tous presans & advenir que cejourd'hui... avoir esté passés 12 Juin 1577. & accordés les pactes de mariage... d'entre noble LAURENS DE BEAUMOND & DE VERNEUL, Seignieur & Baron dudict lieu de Beaumont, Montfort, Payrac, Pompinhiac, & autres lieulx, d'une part, & Damoyselle MARGUERITE DE PELEGRY, filhie legitime & naturelle de feu noble Raymont de Pelegry, Seignieur de Gansac, la Brasconhie & autres lieulx, acistée de noble Anthoine Hebrard de Sainct Suplisse, & Damoiselle Jehanne de Pelegry, maryés, Seignieur & Dame du Vigan & aultres lieux, ses beaulx-frere & seur d'autre part... au chasteau dud. Vigan, le douhie jour du moys de Juing mil cinq cens septante-sept... Premierement... lesd. DE BEAUMONT & Damoyselle MARGUERITE DE PELEGRY s'espouseront... en face de Sainte Mere Esglise Catholique, Apostolique & Romaine... & pour tout droict... que lad. MARGUERITTE peult avoir... ez biens, tant de sondict feu pere que de Dam^{lle} Magdelene de Themines, sa mere, ensamble de feu noble Pierre de Pelegry, Escuyer, Seignieur en son vivant dudit Vigan, son frere... lesd. de Sainct Suplisse & Damoyselle Jehanne de Pelegry, maryés, ses beau-frere & seur luy donneront... en tiltre de doct, la somme de unze mile livres tournois qu'ils seront tenus luy paier, sçavoir... acquitter ledit DE BEAUMONT envers noble Anthoine du Garic, Sei-

PREUVES DE L'HISTOIRE GÉNÉALOGIQUE

gnieur du Soch, de la somme de quinze cens livres... & oultre lad. somme... donnent à lad. DE PELEGRY, leur seur, une robe de velours rouge cramoisin, garnie de pasement d'argeant... Plus a été dict & accordé que ledict DE BEAUMONT... donnera... à ung des enfans masles descendans d'icelluy... tel que bon luy semblera d'eslire & chousir, la moytié & chescungs ses biens, & ou... ledict DE BEAUMONT precederoict lad. DE PELEGRY, icelle DE PELEGRY ganiera pour droict d'aumant sur les biens dudict DE BEAUMONT, la somme de quatre mille livres tournois. Item... jouira, pendant sa viduité, de la maison de Pompinhan, garnie & meublée suivant sa qualité, ensemble de la plasse & Seigneurie, rantes, revenus, dommaynes & autres appartenances dud. Pompinhan... Presans Messire Jehan de Ginolhiac, Chevalier de l'Ordre du Roy, Seigneur & Baron de Valiac & autres lieulx, Messire Flotart de Ginolhiac, S^r dudict lieu, Douien de Ronsanac, noble Galibert de Durfort, Sr de Prolhiac, noble CHARLES DE BEAUMONT, Sr du Repere, Messire Gaspar Dextreisses, S^r dud. lieu, Chevalier de l'Ordre du Roy, Enseine de cinquante hommes d'armes des ordonnances de Sa Majesté, soubz la charge de Monsieur de Clermont de Lodeve, Gouverneur de Quercy, noble Guabriel de Themines, S^r & Baron dud. lieu, Verdun de Turene, S^r d'Aynac, & Françoys de Merindol, S^r dud. lieu soubzsignés, avecque les parties à l'original des presantes.... & moy Notere susd. qui l'ay retenu & expedié en ceste forme... & signé de mon sain acoustumé suivant. G. Maynial, Notere. Le presant extrait a esté tiré d'autre escript dans ung livre couert de bazane noyre, devers moy, Nor Royal soubzsigné, remys par Dame Jeanne de Pelegry, Dame dud. Vigan, & plusieurs autres lieulx.... (*Signé*) DE PATRAS, Nor.

Nous Pierre Despars, Docteur en droitz, Juge ordinere du lieu & jurisdiction du Vigan, en Quercy, certisions... que feu Me Guilhaume Maynial, habitant du lieu de Baumac audict Quercy estoit Notaire Royal, recepvant tous actes & instrumens publicz auxquelz on adjoucte foy... comme aussy... que Me Ramond Patras, du lieu du Vigan, qui a faict le present extraict, est Notaire Royal, & a acousthume de recepvoir tous instrumens & actes publiques auxquelz on adjoucte foy, tant en jugement que d'hors. En foy de quoy avons signé ses presantes avec notre Greffier. A Gordon, le vingt-quatre Janvier mil six cent dix-sept. (*Signé*) DESPARS, Juge susd. (&) BRUNET, p^r le Greff.

Transaction passée entre LAURENT DE BEAUMONT-DE-VERNEUIL, *Baron de Beaumont,* &c. *&* CHARLES DE BEAUMONT, *Seigneur du Repaire, son Frere.*

Grosse en papier, conservée dans les Archives de MM. de Beaumont-d'Auty.

2 Juillet 1577. COMME ainsin soict que sur le differant que se pourroit esmouvoir entre noble CHARLES DE BEAUMOND, Seigneur du Repaire, & noble LAURENS DE BEAUMOND & de Verneilh, Seigneur & Baron de Beaumond, de Montfort, de Payrac, Pompinhan & autres lieux, son frere, pour raison du droict appartenant aud. CHARLES, tant à cause de la subcession de feu Messire LAURENS DE BEAUMOND, Chevalier, pere comung desd. parties, & aux biens de feu Michel Cassart... de la maison de Laval... appartenans à-present ou à l'advenir à la maison de Beaumond que aussi pour la subcession de Damoiselle DALPHINE DE VERNEIL, leur mere comune & de leurs tantes ou autres droitz qu'il pourroict avoir à lad. maison de Payrac... lesd. freres... sont venus à l'accord qui s'ensuit. Cejourd'huy, second du mois de Julhet mil cinq cens soixante-dix-sept, en la ville de Gourdon, en Quercy... par-devant moy Notaire Royal Souz^{né}... lesd. nobles LAURENS & CHARLES DE BEAUMOND, freres... ont accordé que led. CHARLES quittera tous lesd. biens & droictz... par luy prethandus, moyennant la somme de neuf mille six cens cinquante livres, & moyennant ce, tous les biens de leurs feus pere & mere, ayeul, ayeulles, oncles, tantes, frere, soeur & tous autres assendans & collatereaulx, soict en ce pays de Quercy ou ez pays de Languedoc, Périgord, Dauphiné, Saboye ou alhieurs, demeureront par entiers aud. LAURENS... sauf en tout la future subcession qui pourroict appartenir aud. CHARLES à l'advenir sur ledit Laurens, au moyen des substitutions faictes par leurs predecesseurs, au cas que led. LAURENS decederoict sans enfans... & à leur requizition ay receu le present contract ez presances de Mes Pierre Tardieu, Greffier audit Gourdon, & Jean Chalon, Notere de Payrac, soubzsignés avec les parties, & de moy Jean Mostolac, Notaire Royal de lad. ville... signés à l'original, dont le present extraict a esté tiré par moy Anthoine Mostolac, Notaire Royal dud. Gourdon souz^{né} qui l'ay en mon pouvoir, comme Garde-nottes dud. feu Mostolac, mon ayeul... (*Signé*) MOSTOLAC, Nor.

DE LA MAISON DE BEAUMONT. Liv. VIII.

Vente faite par LAURENT DE BEAUMONT-DE-VERNEUIL,
Seigneur de Pompignan, &c.

Original en parchemin, conservé dans les Archives de MM. de Beaumont-d'Auty.

SÇAICHENT touz presens & advenir que cejourd'huy, dix-septiesme du moys d'Aoust mil 17 Août 1585. cinq cens quatre-vingtz-cinq... dans la ville de Grenade... Diocese & Seneschaucée de Thoulouse... par-devant moy Not' Royal... noble LAURENT DE BEAUMONT & de Vernulh, Escuyer, S' desd. lieux, Con-Seigneur du lieu de Pompinhan... a vendu... à Guill" Vignié, habitant dud. lieu de Pompinhan... une maison... assize aud. lieu de Pompinhan... moyennant le pris... de cinquante-troys escuz sol un tiers... presens Jean Laval, Hoste, Estienne Forcas, Marchant dud. Grenade..... Et moy Jean Bonefont, Notaire Royal dudit Grenade. (*Signé*) BONEFONT, Not'.

L'AN MIL cinq cent nonante-six, & le trentie' jour du moys d'Apvril.... à Pompinhan & 30 Avril 1596. château de M' de Payrac... noble CHARLES DE BEAUMONT, Escuyer, S' du Repaire.... au nom de noble LAURENS DE BEAUMONT & de Verneulh, Seig' de Payrac, & Con-Seigneur dud. Pompinhan, son frere... a dict avoyr... reçeu du susd. Guill" Vignier, Hoste Acheteur.... la somme de cinquante escuz sol, vingt sols... à cause de la presente vente... presens Sixte Absalon, Marchant, habitant de Grenade... &... moy Arnauld Bonafors, Not' Royal dudit Pompinhan.... (*Signé*) BONAFORS, Not'.

Procuration passée par LAURENT DE BEAUMONT-DE-VERNEUIL, *Seigneur de Pompignan*, &c. *à* CHARLES DE BEAUMONT, *Seigneur du Repaire, son frere.*

Original en papier, étant dans un Cayer couvert de parchemin, cotté : Titres concernans les Maisons du Pouget & DE BEAUMONT ; fol. 70, 71 & 70 ; *ce Cayer conservé dans les Archives de M. le Comte de Beaumont-de la Roque, au Château du Repaire, en Périgord.*

SÇAICHENT tous presens & advenir que aujourd'huy troisiesme jour du moys de Juing mil 3 Juin 1586. cinq cens quatre-vingtz-six, au lieu de Payrac, en Quercy, & dans le chasteau du Seigneur de Payrac... noble LAURANS DE BEAUMOND & Vernelh, Seignieur dudict Payrac, Pompinhan, en Languedoc, le Repere des Trelhes, Laidournac, en Périgort, & autres lieulx... a faict... son Procureur especial & général... noble CHARLES DE BEAUMOND, Seignieur du Repere, son frere, & especiallement & par exprès de arrenter les cens, rentes & autres devouers seignioriaulx... tant en la plasse & seniorie de Payrac, Pompinhan, Repere-des-Trelhes, Laidournac & autres lieulx, & en prendre lever & exiger toutes les sommes... &... employer les deniers... aulx afferes & negosses dud. Seigneur constituant.... De quoy ledict Sieur constituant m'a requis à moy Not'here soubzsigné, luy en prendre instrument.... Signés à l'ouriginal... DE BEAUMOND & PAYRAC, G. Laval, Prestre présent, de Leyson présent, & de moy. Tiré de l'ouriginal collationné. J. Capelle, Not'.

Hommage rendu en la Chambre des Comptes de Dauphiné par LAURENT DE BEAUMONT, *des Seigneuries de Beaumont, de Crolles & de Montfort.*

Extrait du Registre, cotté : Hommages, 1560-1602, fol. 1x^{xx} ; *étant aux Archives de la Chambre des Comptes de Dauphiné : délivré par le Greffier en Chef de cette Chambre, Signé*, Chabert.

LES GENS des Comptes du Daulphiné, Conseillers du Roy... sçavoir faisons que cejour- 16 Février 1594. d'huy... c'est présenté au Bureau des Comptes noble LAURENS DE BEAUMONT, Seigneur dud. lieu, Crolles & Montfort & Payract, lequel... a confessé... tenir en fief franc, anticq & bien conditionné les châteaulx, terre, Segneurie & jurisdiction dud. Beaulmont, Crolles & Monfort, & tout ce que par cy-devant a esté recogneu par seus nobles AYMARD & AMBLARD DE BEAULMONT, ses prédécesseurs, plus amplement contenu aux hommaiges sur ce faictz receus par M° Jehan Nicolet, Secrétaire Dalphinal du vingt-quatriesme Janvier mil troys centz quatre-vingtz & quatre, & pour raison d'iceulx, estant sur ses pieds, & tenant ses mains joinctes entre les mains de Monsieur M° Marc de Bazemont, Conseiller du Roy, & second Président en sa Chambre des Comptes, a faict les foy & hommaige... en le baisant à la joue... en foy de quoy nous avons faict... mettre scel Royal Dalphinal desd. Comptes à sesd. presentes. Donné à Grenoble, au Bureau desd. Comptes où estoyent Messieurs Mes Marc de Bazemont, Président, J. de Rue, & A. Carles, tous Conseillers du Roy, Maistres & Auditeurs desd. Comptes, & en presences de Me Jacques Calignon, Procureur en la Cour, le seiziesme jour du moys de Febvrier mil cinq centz quatre-vingt & quatorze. (*Signé*) BEAULMONT & PAYRA. (&) par Messeigneurs des Comptes du Daulphiné. Bovier.

Sentence du Bailliage de Grenoble, en faveur de LAURENT DE BEAUMONT, *Seigneur de Montfort & de Crolles.*

Expédition originale, en papier, conservée dans les Archives de MM. de Beaumont-d'Auty.

12 Juillet 1594.   ENTRE noble LAURENS DE BEAUMONT, Seigneur de Montfort & Crolles... héritier avec benefice d'inventere de feu noble LAURENS DE BEAUMONT son pere, & les creanciers, légataires & autres prétendantz droict en ladicte hoerie... Me André Chaboud, Procureur en la Cour, & Curateur decerné à ladicte hoerie... ledit Sieur DE BEAUMONT... demandeur en déclaration de fidei-commis, apposé au testament de feu noble Michel Cassard, & ledit Maistre Chaboust, Curateur, Deffendeur.

Veu la Requeste à nous par ledict sieur Demandeur présentée..., l'Inventere des biens délaissés par led. feu noble LAURENS DE BEAUMONT... le testament de noble Michel Cassard, Maistre d'*Autel*, en son vivant, de la maison du Roy, lequel... institue ses heretiers Claude Cassard son filz, & Joachin son nepveu, & à iceux substitue... Damoyselle GIRAUDE CASSARD sa filhe, & après icelles noble AMBLARD & LOYS DE BEAUMONT, du cinquiesme Juin mil cinq centz huictante-deux, reçeu & signé par Me Jehan Chapellain.... Nous... avons reçeu & recepvons l'inventaire des biens de l'hoerie dou s'agist... & declarons ledict sieur Demandeur heretier avec benefice du droict & d'inventere pour en jouyr par luy à la forme du droict.... La susdite sentence a esté publiée par-devant nous François de Micha, Docteur ez droitz, Conseiller du Roy, Vibally du Viennois au Siege Royal Presidial de Graisivodⁿ séant à Grenoble dans l'auditoire du Baillage. En jugement, ce dousiesme jour de Julhet mil V^c. nonante-quatre.

Extraict à son propre original, demeurant rieste le Greffe dud. Baillage, pour led. Sr Demandeur. (*Signé*) SERRELZ.

Quittance génerale donnée par LAURENT DE BEAUMONT-DE-VERNEUIL, *Seigneur de Pompignan,* &c. *à* CHARLES DE BEAUMONT, *Seigneur du Repaire, son Frere.*

Original en papier, étant dans un Cayer couvert de parchemin, cotté : Titres concernans les Maisons du Pouget & de Beaumont, *fol. 71-75 ; ce Cahier, conservé dans les Archives de M. le Comte de Beaumont-de la Roque, au Château du Repaire, en Périgord.*

26 Novembre 1603.   COMME ainsin soict que Messire LAURENS DE BEAUMONT & Vernelh, Seignier de Payrac, Pompinhan, en Languedoc, du Repere-des Trelhes, Laidournhac, en Périgort, & autres lieulx, en l'année mil cinq cens quatre-vingt-six.... allant en Dauphiné, auroict prié noble CHARLES DE BEAUMOND, Seignieur du Repere & autres lieulx, son frere vouloir... exiger... les rentes & revenus... que led. sieur de Payrac a... en ce pays... &... luy auroit faite procuration... du troisie^e jour du moys de Juing mil cinq cens quatre-vingt-six... & que suivant icelle... auroit administré... jusques à l'année mil six cent quatre-vingt dix-sept... pour ce est-il que, aujourd'huy vingt-sixiesme du moys de Novembre mil six cens troys, au chasteau du Repere, en Périgort, ledict Messire LAURENS DE BEAUMOND & Vernelh, sieur dudict Payrac... a quicté & quicte le sieur du Repere, son dict frere... de tout ce que ledict sieur du Repere auroit... reçeu... desd. cens & revenus... pendant le temps susd.... moyennant... deux mille troys cens quatre-vingt huict livres dix-sept solz que ledict sieur du Repere c'est trouvé reliquatere... laquelle somme... ledict sieur de Payrac a reçeuz... sçavoir mille livres en cancellation d'une obligation que ledict sieur de Payrac estoict obligé... anvers ledict sieur du Repere... par le bal & cession de aultres troys oubligations... montant... troys cens quatrevingtz-huict livres dix-sept solz que le feu noble Jacques de Durefort, Seignieur de Liaubart, est obligé par icelles aud. sieur du Repere... &... mille livres... reçeuz dudict sieur du Repere, avant la passation de ce present instrument... tellement que... ledict sieur de Payrac en a quicté... sondict frere... ez presences de Me Guilleaume Clayrac, Nothere de la ville de Donme, & Anthoine Vinies, de la ville de Solhac... & de moy,

Tiré de l'original collationné. (*Signé*) A. CAPELLE, Not^r.

Testament

Teſtament de LAURENT DE BEAUMONT-DE-VERNEUIL, *Seigneur de Pompignan, Crolles, Monfort, &c. en faveur de* LAURENT-PHILBERT, GRATIEN, FRANÇOISE, ANTOINETTE, SUZANNE & CATHERINE DE BEAUMONT, *ſes Enfans.*

Original en parchemin, conſervé dans les Archives de MM. *de Beaumont-d'Auty.*

AU NOM de Dieu ſoit. Sçaichent tous preſans & advenir que l'an mil ſix cens ſept, & le trentieſme jour du mois d'Octobre, en Tholouſe... par-devant moy Notaire Royal... noble LAURANS DE BEAUMOND dict DE VERNEIL, Con-Seigneur de Pompinhan & Payrac, Crolles, Montfort, en Daufiné, Broduiſan, Cavalon, & aultres lieux, lequel eſtant... detenu de certaine maladie corporelle... a faict... ſon teſtament... que s'enſuit. Premierement... veult eſtre enterré dans l'Egliſe parrochelle dudict Pompinhan.... Declaire ledict ſieur Teſtateur eſtre marié avec Dame MARGUERITTE DE VIGAN & Pelegry.... Veult que ſad. femme jouiſſe de la Seigneurie & autres biens... de Pompinhan, &... de la moytié des biens meubles & maiſon qu'il a au lieu de Payrac, vivant viduellement & honneſtement. Declaire... qu'il a mariée Damoyſelle FRANÇOISE DE BEAUMONT, ſa fille légitime & naturelle avec noble GABRIEL DABZAC, Sieur de la Serre, à laquelle il a faite conſtitution honneſte... & en ce l'a inſtitué ſon heritiere particuliere... declaire auſſy avoir mariée Damoyſelle ANTHOINETTE DE BEAUMOND, auſſy ſa fille légitime & naturelle avec noble... (*)... à laquelle auſſy... auroit conſtitué dot compe- (*) *Le nom eſt en* tant pour ſa legitime.... Dict auſſy ledict ſieur Teſtateur que Damoyſelle SUSANNE DE BEAU- *blanc dans l'ori-* MOND, ſa fille légitime & naturelle, eſt à-preſant Relligieuſe du Monaſtere de la Daurade, à *ginal.* Cahours, à laquelle... donna la ſomme d'argent & aultres choſes mentionnées au contract ſur ce faict, oultre le contenu duquel veult... que luy ſoit donné.., pendant qu'elle vivra en lad. relligion, la ſomme de cent cinquante livres, payable de ſix en ſix mois.... Legue... à Damoyſelle CATHERINE DE BEAUMOND, ſa fille légitime & naturelle qui eſt encore à marier, la ſomme de ſix mille livres... & veult que ſoit veſtue & hornée le jour de ſes nopces de pareilles robes & joyeaux que... ſes aultres filles.... Plus ledict Seigneur teſtateur a legué & donné à noble GRATIAN DE BEAUMOND, ſon filz légitime & naturel, la ſomme de douzte mille livres... En tous & chaſcuns ſes aultres biens... a faict... ſon heretier univerſel... noble LAURANS-PHILIBERT DE BEAUMONT, ſon filz ayné, légitime & naturel.... Declaire ledict ſieur Teſtateur que Maiſtre Guillaume Jullia, Docteur & Advocat en la Cour, a acquis certains biens audict lieu de Pompinhan & Griſolles, mouvans de ſa directe... &... pour raiſon des droictz ſeigneuriaux... luy quitte & donne, en conſideration des ſervices & offices qu'il luy a faictz.... Dict auſſy... avoir mariée JEANNE DE BEAUMONT & de Verneil, ſa fille baſtarde, à laquelle, oultre ce qu'il luy a donné... veult qu'il luy ſoit payé la ſomme de troys eſcus... caſſant... ung teſtement qu'il auroict faict en Dauphiné, retenu par Calignon, Notaire... Sy a prié & requis.... moy Notaire ſoubzſigné luy en retenir acte... ez preſances de Me Jean Darabs... Rogier Sainctis, Jean Borrelli, Praticiens... Jean Moynier & Loys Coſti, Me Chandelier de Tholouſe... & de moy Ramond Parrouton, Notaire Royal dudict Tholouſe... ſoubzſigné. (*Signé*) PARROUTON, Nore.

(*) *Le nom eſt en blanc dans l'original.*

10 Octobre 1607.

CHAPITRE II.

LAURENT-PHILBERT DE BEAUMONT, Seigneur de Beaumont, de Pompignan, de Payrac, &c. fils aîné de LAURENT II.

Contrat de Mariage de LAURENT-PHILBERT DE BEAUMONT, *Seigneur de Beaumont, de Crolles, Pompignan, &c. avec* CATHERINE DE CLERMONT-DE GOURDON.

Copie collationnée le 27 Octobre 1712. & légaliſée ; conſervée dans les Archives de MM. *de Beaumont-d'Auty.*

AU NOM de Dieu, amen.... L'an mil ſix cent onze, & le dix-ſeptieſme jour du mois d'Oc- 17 Octobre 1611. tobre, au chaſteau de Clermon, en Quercy... par-devant moy Notaire Royal ſoubzſigné... ont eſté... arreſté les pactes & articles de mariage... entre Meſſire LAURANS-PHILIBERT DE BEAUMON, Seigneur dud. lieu, Croles, Montfort, Peyrac, Ponpiniam & autres lieux, fils naturel & légitime de feu Meſſire LAURANS DE BEAUMON, Seigneur, quand vivoit, deſd. lieux & de Dame MARGUERITTE DE PELIGRIS, d'une part, & de Demoiſelle CATHERINE DE CLERMON, fillie naturelle & légitime à Meſſire Guion de Clermon, Seigneur dud. lieu, Concores, Bertilhiac, de Ganhiac, St Proget, St Gery & autres lieux, Baron deſd. lieux & de Gourdon, Chevalher des Ordres du Roy, Cappne de cinquante hommes d'armes des Ordonnances, & de noble Françoiſe de Clermon, mariés; aſſiſtés de noble François de Clermon, Prieur & Seigneur de Cathus; François de Clermon, Seigneur de St Proget; Meſſire Antoine de Clermon, Seigneur & Baron deſd. lieux, Armand de Gonteau & de St. Grey, noble Jacques de Salhian ſieur de Sarazac, tous proches parans de lad. Demoiſelle de Clermon, future épouſe ; & de noble GRACIAN DE BEAUMON, Seigneur de Ponpiniam, Meſſire LAURANS DE BEAUMON, Seigneur du Repere, St. Alby & Nevirac, frere & couſin dud. Seigneur de Peyrac, futur époux, & d'autres leurs parans & amis & alliés. . . . Premierement a été convenu . . que led. mariage ſe ſolemniſera, s'il plaiſt à Dieu, en la faſſe de la Ste Mere Egliſe . . . led. Seigneur & Dame de Clermon . . . conſtituent en dot . . à leurd. fillie . . . vingt mil livres . . . En faveur . . . dud. mariage led. Meſſire LAURANS DE BEAUMONT, Seigneur de Peyrac . . . donne la moytié de tous ſes biens . . . à un de ſes enfans maſles provenant d'icelluy. . . . A eſté accordé auſſy que lad. Demoiſelle de Clermon, future eſpouſe, tombant eu veſvage . . . jouira . . . de la Terre & Seigneurie de Ponpinian . . . & de tant que pour le preſent Dame Margueritte de Peligry, tante dud. feû Meſſire LAURANS DE BEAUMONT, jouit lad. Terre . . . en cas elle feuſt vivante lors du ſuſd. veſvage . . . icelle CATHERINE jouira de la Terre & Seigneurie de Peyrac . . . enſamble des rentes que led. Seigneur a dans le Péligord. . . . Ainſin l'ont promis & juré . . . en la préſence des ſuſd. Seigneurs . . . & moy Guilhe. Deviers, Nore Royal de St. Claire . . . Deviers, Nore Royal . . . ſignés à l'original. Duquel original le préſent a eſté tiré par moy, Notaire Royal ſouſſigné, icelluy à moy remis par Jeanne Daulhié, fillie à feû Me Pierre Daulhié, Notaire de Cavalet, Paroiſſe de St Amarand, & . . . icelluy par elle retiré . . . à la requeſte de noble GRACIAN DE BEAUMONT, ſieur de Ponpinian, habitant de Peyrac. . . . A Cavalet, ce vingt-ſeptieme Octobre mil ſept cent douze . . . (Signés) POMPIGNAN-BEAUMONT. Maynié. Maynié. Delſeſcoux, Notaire Royal.

Nous Jean de Danroſt, Coner au Senechal de Gourdon, certiffions . . . que le ſeing . . . cy-deſſus appoſé eſt le veritable ſeing de Delſeſcoux, Notaire Royal, reſervé du lieu & paroice de St Chamarand, reſſort dud. Senechal. . . . A Gourdon, le 29e Octobre 1712. (Signés) Danros. Coner ; Deliamp, Greffier en Chef.

Scellé au Bureau de Gourdon, le 29 Octobre 1712. . . (Signé) Bronhonat.

Lettres Royaux en faveur de LAURENT-(PHILBERT) DE BEAUMONT, *Seigneur de Crolles*, &c.

Original en parchemin, conſervé dans les Archives de MM. de Beaumont-d'Auty.

8 Mars 1613. LOUIS par la grace de Dieu Roy de France & de Navarre, Daulphin de Viennois, Comte de Vallentinois & Dioys, à noſtre amé le Vi-Bally de Graiſivodan, ou ſon Lieutenant, ſalut; reçeu avons l'humble ſupplication de noble LAURENS DE BEAULMONT, Seigneur dudict lieu, Crolles & autres places, contenant que feû noble LAURENS DE BEAULMONT, ſon pere, eſtant venu à deceder en l'année mil ſix centz ſept, & l'ayant laiſſé . . . n'ayant . . . que l'aage de vingt ans ou environ, il auroit accepté ſon heritage purement & ſimplement . . . depuis . . . par . . . conſiderations deſireroit ledict ſieur Suppliant d'eſtre reçeu de l'accepter ſoubz le benefice accordé par le droict à ceux qui font bon & loyal inventaire. . . . A ces cauſes. . . vous mandons, . . . que ſi . . . il vous appert . . . de la minorité dudict ſieur Suppliant lhors dudict decès dudict feû ſieur DE BEAULMONT, ſon pere . . . vous audict cas admettés & recepvés ledict Suppliant . . . à accepter l'héritage de ſondit pere avec benefice du droit & inventaire . . . car tel eſt noſtre plaiſir. Donné à Grenoble le huitieſme jour de Mars l'an de grace mil ſix centz treze, & de notre regne le troizieſme. Par le Conſeil. (Signé) GALBERT.

Ceſſion faite par LAURENT DE BEAUMONT, *Seigneur du Repaire, d'une ſomme à lui dûe par* (LAURENT)-PHILBERT DE BEAUMONT, *Seigneur de Payrac, ſon couſin-germain.*

Original en papier, étant au Cayer cotté : Tittres concernans les Maiſons du Pouget & de Beaumont; fol. 134-136.

22 Aouſt 1614. L'AN MIL ſix cens quatorze, & le vingt-deuxieſme jour du mois d'Aouſt, en la Ville de Gourdon en Quercy . . . pardevant moy Notere . . . noble LAURENS DE BEAUMONT, Seigneur du Repaire & Ybirac . . . a faicte ceſſion . . . à François David, auditeur de Compte dud. Gourdon . . . de la ſomme de trois cens livres tournois à luy dûe par noble PHILIBERT DE BEAUMONT, Sei-

DE LA MAISON DE BEAUMONT. Liv. VIII.

gneur de Payrac, par obligation reçeüe par Me Arnaud Cappelle, Nor. dud. lieu, le vingt-troisiesme du mois de Mars mil six cents douize... avec pacte... que icelluy David sera tenu... aud. Seigneur du Repaire de l'acquiter de pareille somme... envers Pierre Paiot, Escuyer... & ainsi l'a juré : presens... Me Arnaud Cassaignes, Nor. Royal dud. Payrac.... & moy. (*Signé*) DARNAL, Nor. R.

Extrait de l'Inventaire des Titres de la Chambre des Comptes de Dauphiné, étant à la Bibliothèque du Roi, Tome V. du Graisivodan, n°. 22, fol. 82.

Au REGISTRE cotté : 21e *Regiſtre Retentionum*, commencé en l'année 1610 & fini en 1620, 1er Janvier 1617. fol. 519 suivans jusqu'au fol. 539, est la vente passée le premier Janvier 1617 par Messire LAURENT-PHILIBERT DE BEAUMONT, Sgr. dud. lieu, Crosles, Montfort & autres places, à Mre Claude Frere, 1er Président au Parlement de Dauphiné, de tous les biens fonds & propriétez, tant meubles qu'immeubles, droits, noms, raisons & actions que led. DE BEAUMONT avoit dans la vallée de Graisivodan, consistans ez Terres, Seigneuries, & Jurisdictions, & Mandemens, fiefs, arriere-fiefs, directe Seigneurie, droit d'investir & retenir, lods, hommes, vassaux, œuvres, manœuvres, droits de régale & de prélation, &c. moyennant le prix de 48 m. liv.

Avec les Lettres-Patentes du Roy Louis XIII. données à Paris le 15 Décembre 1616, portant don au profit dudit sieur Président Frere, des lods par lui dûs à Sa Majesté à cause de la susd. acquisition, l'Arrest de vérification & enregistrement desd. Lettres de don en la Chambre des Comptes, du 21 Avril 1617, & liquidation desd. lods, à la somme de 6000 liv. L'Investiture passée en conséquence, le 24 Avril 1617, aud. sieur Frere, desd. Terres & Jurisdictions de Beaumont, Montfort & Crosles & droits en dépendans, qu'il déclara tenir en fief du Roy Dauphin & de ses successeurs, & promit d'en prester hommage, & fournir l'aveu & dénombrement.

L'hommage presté le 24 Avril 1617 par le susd. Mre Claude Frere, des susd. biens, est dans le Registre cotté : *Homagiorum libri* 3, 4 & 5, *recepta per Secretarios*, de 1600 à 1620 f. 105 du 3e repertoire dud. Registre. Autre hommage presté le 21 Mars 1645 au Roy Louis XIV. par De. Madelaine de *Plouvier*, veuve dud. Président, pour les mêmes biens & du Fief du Touvet, relevant en fief & hommage dud. BEAUMONT.

Inventaire des papiers, tiltres & documens qu'a... remis à Messire Claude Frere, Chevallier, 24 Mars 1617. Seigneur de Barbieres, Pellafol, Crosles, Montfort & Beaumont.... Coner du Roy.... Premier Président en sa Cour de Parlement de Dauphiné, noble LAURENS-PHILIBERT DE BEAUMONT, Seigneur dud. lieu, Peyrac, Pompeignan, St. Rustice & autres places au pays de Gascongne, ensuite du contract de vente... du premier jour de l'an mil six cens six-sept... & desquels il a dechargé ledit Seigneur DE BEAUMONT & de Peyrac... Titres... que je soubzsigné ay deslivré à Messire Claude Frere... comme j'estois tenu faire par la vente que je lui ai passée des Terres de BEAULMONT & Monfort le premier de Janvier année presente, l'original duquel demeure riesre moy, & signé par ledit Seigneur Premier Président.... Faict à Grenoble, le XXIIII Mars M. VIe. dix-sept. (*Signé*) BEAUMONT & PAIRAC.

Original en papier, conservé dans les Archives de MM. de Beaumont-d'Auty.

CHAPITRE III.

LAURENT DE BEAUMONT, IIIe. du nom, Seigneur de Payrac, de Pompignan, &c. fils de LAURENT-PHILBERT.

Contrat de Mariage de LAURENT DE BEAUMONT, *Seigneur de Payrac, avec* HELENE DE CHEVERY-DE LA REULE.

Extrait en papier, collationné par le Conseiller du Roi, Référendaire en la Chancellerie de Languedoc, établie près le Parlement de Toulouse ; signé Binet.

Au NOM de Dieu soit.... L'an mil six cens cinquante-quatre, & le vingt-septiesme jour du 27 Janvier 1654. mois de Janvier... dans le noble Chasteau de Messire Jean de Vabres, Seigneur, Baron, Marquis dud. Castelnau, Diocese & Seneschaussée de Thoulouse, devant moi Notaire & tesmoings

Aaa ij

... Meſſire LAURANS-PHILIVERT DE BEAUMONT, Seigneur de Pompignan, Pairac & autres places, & Dame Catherine de Clermont ſon eſpouſe, & Meſſire LAURANS DE BEAUMONT leur fils, d'une part, & Damoiſelle HELEINNE DE CHEVERI, filhe à feu Meſſire François de Cheveri, Seigneur, Baron de la Reule, Hardiſas & Briguemont, Saint Michel & autres lieux, & de Dame Catherine de la Rochefoucaud ces pere & mere d'autre.... ont fait les pactes de mariage ſuivant: Sçavoir que led. LAURANS DE BEAUMONT... & lad. Damoiſelle DE CHEVERI, aſiſtée du Conſeil de Meſſire Jean-Jacques de Cheveri, Seigneur, Baron de la Reule, Saint Michel & autres lieux... ont promis reſpectivement ce prandre en légitime mariage.... en faſſé de noſtre ſainte mere Eſgliſe Catholique, Apoſtolique, Romaine... ladicte Damoiſelle a conſtitué au nom de dot aud. ſieur DE BEAUMONT, ſon fuctur eſpoux, la ſomme de trante... mille livres que Meſſire Arnaud Dangereux, Seigneur de Beaupui, de Franzinhac & autres lieux, Compte de Mailhé c'eſt chargé... de payer à la deſcharge dud; ſieur de la Reule à lad. Damoiſelle HELEINNE DE CHEVERI ſa niepce... trois mille livres qui ſont entre les mains de Madame la premiere Préſidente de Pontatq au Parlement de Bourdeaux, appartenants à lad. DE CHEVERI... d'un laig à elle fait par defunte Dame Heleinne de Fonſeque, Dame de la Reule, ſon aieule... & ... trois mille livres... en vaiſſelle d'argent, pierrerie, tapiſſerie, & autres meubles... que ledit Seigneur DE BEAUMONT a recogneu avoir en ſon pouvoir... leſd. Seigneur de Pairac & Dame de Clermont mariés... ont fait donnation... de tous & chaquns leurs biens... audit ſieur DE BEAUMONT leur fils... ſans aucune reſervation que de la jouiſſance, leur vie durant, de la terre & Seigneurie de Pairac... préſents Meſſire Jean-Anne de Vabres, Seigneur & Baron, Marquis dud. Caſtelnau, Meſſire François de Peiron, ſieur de Beaucaire & autres lieux, Meſſire François de Palre, Seigneur & Baron de Ferebaux, la Capelle & autres places, noble François de Raimond, Seigneur de Liſel, noble Antoine de Juriges, Eſcuier, habitant de Thoulouſe, ſignés à la cede, avec parties, & moi Pontie Peiranne, Notaire Royal recevant. Peiranne.

Arrêt du Parlement de Toulouſe, qui déclare ouverte en faveur de LAURENT DE BEAUMONT la ſubſtitution portée au Teſtament de LAURENT DE BEAUMONT, Ier du nom, ſon Biſayeul, & dans celui de MARGUERITE PÉLEGRY-DU VIGAN, ſon Ayeule.

Expédition originale, en parchemin, conſervée dans les Archives de MM. de Beaumont-d'Auty.

17 Aouſt 1654. LOUIS, par la grace de Dieu, Roi de France & de Navarre, au premier noſtre Juge ou Magiſtrat ſur ce requis, Salut. Comme par arreſt donné par noſtre Cour de Parlement de Thoulouſe entre LAURENS DE BEAUMONT, fils de LAURENS-PHILIBERT DE BEAUMONT, ſieur & Baron de Payrac, impetrant noz Lettres... pour eſtre reſtitué en entier envers l'arreſt de la Cour du unzieſme Avril mil ſix cens cinquante, & Dame Catherine de Clermont, famme aud. ſieur de Payrac, auſſi impetrante autres Lettres... pour adherer à celles dudict DE BEAUMONT ſon fils... d'une part, & Gratien de Ginyes, ſieur de Langles, Deffendeur d'autre, & entre Daniel Belujon, Sieur & Baron de Conps, & Anthoine Vernays, Sieur de Meſclat, impetrans Lettres Royaux en oppoſition envers la ſaiſie de la place dudit Payrac... d'une part, & leſd. de Beaumont & de Genieys Deffendeurs... d'une part, & ledit Louis de Vernis, ſieur de Laſtours, Suppliant pour eſtre receu partie intervenante.... d'une part, & ledit LAURENS DE BEAUMONT Deffendeur... d'autre. Noſtredite Cour veu le procès... Arreſt de la Cour d'adjudication de decret au profit dud. de Genyes ſur la terre & Seigneurie de Payrac du unzieſme Avril mil ſix cens cinquante... Teſtament de feu LAURENS DE BEAUMONT, du cinquieſme May mil cinq cent cinquante-deux, contenant la ſubſtitution dont l'ouverture eſt demandée par led. LAURENS DE BEAUMONT; autre Teſtament de Margueritte de Pelegry-du Vigan du quatorze Aouſt mil ſix cens vingt-cinq, contenant autre ſubſtitution dont l'ouverture eſt pareilhement demandée par ledit LAURENS DE BEAUMONT ſon petit-fils; Contract de mariage d'entre LAURENS-PHILIBERT DE BEAUMONT & CATHERINE DE CLERMONT, du dix-ſeptieſme Octobre mil ſix cens unze... obligation de la ſomme de trois mille trois cents livres, conſentie par ledit LAURENS-PHILIBERT DE BEAUMONT, au profit de Pierre de Gruels, ſieur de Labourel, du ſixieſme Septembre mil ſix cens douze... acte du quatrieſme Aouſt mil ſix cent quarante-neuf, contenant... l'eſmancipation dudict LAURENS DE BEAUMONT dudit LAURENS-PHILIBERT DE BEAUMONT avec HELENE DE CHEVERY, du vingt-ſept Janvier mil ſix cent cinquante-quatre... (Tranſaction) dud. LAURENS-PHILIBERT DE BEAUMONT & ANTHOINETTE DE BEAUMONT, femme de FRANÇOIS DE GENYES, ſieur de Langle, du vingt-deuxieſme Janvier mil ſix cent vingt-quatre, par laquelle led. de Beaumont s'oblige de payer à ſad. ſœur... ſuplement de legitime; autre tranſaction paſſée entre led. LAURENS PHILIBERT DE BEAUMONT & GRATIAN DE BEAUMONT ſon fraire, le ſeptieſme Octobre mil ſix cent vingt-neuf, par laquelle led. PHILIBERT... s'oblige de payer à ſond. fraire la ſomme de ſept mille livres pour reſte de tous ſes droitz... obligation conſentie par led. LAURENS-PHILIBERT DE BEAUMONT, au profit de Daniel Belujon-de Conps de ſix mille livres

DE LA MAISON DE BEAUMONT. Liv. VIII.

du second Febvrier mil six cent vingt-cinq; contract de mariage d'entre ANTHOINE DE VERBAIS, Sieur de Mascla, & ANGELIQUE DE BEAUMONT, filhe dudit LAURENS-PHILIBERT, du septiesme Septembre mil six cens quarante-deux... obligation... par led. LAURENS-PHILIBERT DE BEAUMONT, au profit de Vernhes, sieur de Lastours, à la descharge de la constitution à lui faicte par ledit François de Genyes de Langle son beau-pere... vente faicte par ledit LAURENS-PHILIBERT DE BEAUMONT des biens qu'il avoit en Dauphiné au sieur Premier-Président le Frere, pour la somme de quarante-huict mille six cens livres, le premier Janvier mil six cens dix-sept; extraict de Baptistaire de LAURENS DE BEAUMONT, fils de LAURENS-PHILIBERT, duquel il résulte qu'il nasquit le seiziesme Jullet mil six cens vingt-neuf... & autres productions des parties, & dire & conclusions du Procureur-general du Roi, par son arrest prononce... les substitutions apposées aux testemens dudit LAURENS DE BEAUMONT dud. jour cinquiesme Mars mil cinq cent cinquante-deux & de lad. Marguerite de Pelegry, du quatorziesme Aoust mil six cens quinze, ouvertes au profit dud. LAURENS DE BEAUMONT.... Pour ce est-il que nous vous avons commis & deputté, commettons & deputons par ces presentes à la requeste dudict LAURENS DE BEAUMONT le present arrest de nostredite Cour mettre à execution en ce que porte ouverture de substitution maintenue à son profit.... Donné à Tholouze, en nostredict Parlement, le dix-septiesme jour du mois d'Aoust l'an de grace mil six cens cinquante-quatre, & de notre regne le douziesme.

Par arrest de la Cour (Signé) DEVILLELE.

Arrêt du Parlement de Toulouse, qui déclare ouverte en faveur de LAURENT DE BEAUMONT la substitution portée au Testament de Gratien de Verneuil, Seigneur de Payrac, son Trisayeul maternel.

Extrait en papier, collationné par le Conseiller du Roi & Secrétaire au Parlement de Toulouse, signé de la Croix.

LOUIS, par la grace de Dieu, Roi de France & de Navarre, au premier nostre Juge ou Magistrat sur ce requis... en l'instance pendante en nostre Cour de Parlement de Thoulouse entre Messire LAURANS DE BEAUMONT-de Verneuil, fils de LAURENS-PHILIBERT DE BEAUMONT, sieur de Peyriac imperrant... tant de son chef, que... de feue Dame CATHERINE DE CLERMONT, Dame de Peyrac, sa mere... d'une part, & Gratian de Ginies, sieur de Langle, Deffendeur d'autre.... Nostredicte Cour, veu le procès... extraict du testement du XXI Mars 1540, fait par Messire Gratian de Verneuil, Seigneur de Peyrac, en Quercy... par son arrest prononcé le neufviesme Septembre 1666, disant quand à ce droict sur les lettres & requestes dudict de Beaumont, sans avoir esgard quant à ce à celles dud. de Ginies... la receu & reçoit à se restraindre à la donnation à luy faite par le Contract de mariage dud. PHILIBERT DE BEAUMONT son pere, avec feue CATHERINE DE CLERMONT du 17 8bre 1611, de la moitié des biens de fond. pere, tels qu'ils estoient au temps dud. contract de mariage... & pareillement a declaré & declare la substitution apposée au testement dud. feu Gratian de Verneuil du 21 Novembre 1540, ouverte au proffit dud. de Beaumont, & ce faisant, l'a maintenu & maintient, tant en la terre de Peyrac que autres biens, ayant appartenu aud. feu de Verneuil, lors de son décès... Donné à Tholouse, en nostredict Parlement, le 4 Xbre 1666, & de nostre Regne le 24. Par la Cour. De Palis. Signé, collationné, Bossier. M. de Castellan, Rapporteur.

4 Décemb. 1666.

Jugement de maintenue de Noblesse, rendu par M. Bazin-de Bezons, Intendant de Languedoc, en faveur de LAURENT DE BEAUMONT-DE VERNEUIL, Seigneur de Pompignan, &c.

Original en papier, conservé au Cabinet de l'Ordre du St. Esprit; Recueil de Jugemens de maintenue de Noblesse de la Province de Languedoc, vol. II. fol. 141-143.

ENTRE le Procureur du Roy en la commission, diligence de M. Alexandre Beleguise, chargé par Sa Majesté de la poursuitte & vérification des titres de noblesse & recherche des usurpateurs d'icelle en la province de Languedoc, Demandeur en exécution de la Déclaration du huitième Février 1664, & arrest du Conseil du 24 May 1667 d'une part.

4 Janvier 1671.

Et noble LAURENS DE BEAUMONT-de Verneuil, Escuyer, Seigneur de Pompignan & autres lieux, du Diocese de Tholose, assigné & Deffendeur d'autre.

Veu lad. Déclaration & arrest du Conseil; exploit d'assignation donnée au Deffendeur en remize des titres, en vertu desquels il a pris la qualité de noble du 24 Janvier 1669. Procuration par lui faite à Me Saunier son Procureur, pour soutenir lad. qualité du 23 Janvier 1669. Généalogie & armes du Deffendeur; Mariage de Messire LAURENS DE BEAUMONT-de Verneuil, Seigneur de Pompignan & Peyrat, avec Dame HELEINE DE CHEVERY; du 27 Janvier 1654; testament de noble LAURENS DE BEAUMONT dit de Verneuil, Con-Seigneur de Pompignan & autres places, par lequel il institue son héritier noble LAURENS-PHILIBERT DE BEAUMONT son fils aîné, du 30 Octobre 1607. Testament olographe de noble LAURENS DE BEAUMONT & Damoiselle DAUPHINE-DE-VERNEUIL mariez; par lequel ils declarent que l'hérédité demeurera au survivant d'eux, du 2 Avril 1550. Collationné & vérifié avec son original par le St Dambet, Juge mage de Tholoze. Contract de mariage de Messire LAURENS DE BEAUMONT, Chevalier, Seigneur dud. lieu, avec Damoyselle Dauphine de Verneuil, du 1er Décembre 1538, aussy collationné par led. St Dambet. Procès-Verbal dudit sieur Dambet par nous Subdélégué, sur le collationnement desd. extrait du 19 Janvier 1669. Inventaire du Deffendeur; contredits dud. Beleguize, conclusions du Procureur du Roy; ouy le rapport du sieur Bernard, Commissaire à ce député, & de l'advis des Officiers, au nombre de l'Ordonnance, tout considéré:

Nous Intendant susd., par jugement souverain & en dernier ressort, avons déclaré led. LAURENS DE BEAUMONT-de Verneuil, noble & issu de noble race & lignée, ordonne & ordonnons que tant luy que sa postérité nais & à naître de légitime mariage, jouiront des privileges de noblesse tant & si longuement qu'ils vivront noblement, & ne faîront actes dérogeans à noblesse, & à ces fins qu'il sera mis & inscrit par nom, surnom, armes & lieu de sa demeure, dans le cathalogue des nobles de la Province de Languedoc. Fait à Montpellier, le quatrieme Janvier 1671. (*Signé*) BAZIN.

Vérification faite du Testament d'AYMON DE BEAUMONT, relativement au Procès de LAURENT DE BEAUMONT, Seigneur de Payrac, avec les Héritiers du Président Frere.

Originaux en papier, conservés dans les Archives de MM. de Beaumont-d'Auty.

5 Mars 1674. DU CINQUIESME jour du mois de Mars l'an mil six centz soixante-quatorze, pardevant nous Antoine Copin, Escuyer, Conseiller du Roy, Vi-Baly du Viennois, Lieutenant-General, Civil & Criminel au Siege Royal Presidial de Graisivodan séant à Grenoble ... a comparu Drogat, Procureur... de Laurence Frere, Dame de la Riviere, Montfort & autres places, lequel nous a remontré qu'en l'instance que lad. Dame a pardevant nous... contre Messire LAURENS DE BEAUMONT, Seigneur de Peyrac & autres lieux, il y a eu communiquation de deux diverses expéditions... du Testament de Messire AYMON DE BEAUMONT, du 8 Janvier 1481... sur la diversité desquelles nous ayant pleu faire ordonnance du dixieme Fevrier dernier, portant que l'original d'iceluy seroit raporté pardevant nous par... M^e. Laurens, garde d'iceluy, pour estre lesd. expeditions verifiées & collationnées..... (*Signé*) DROGAT.

A aussi comparu Febvrier, Procureur de Messire LAURENS DE BEAUMONT, lequel a dit... que les expeditions du Testament dont s'agit sont en bonne forme.... (*Signé*) FEBVRIER.

Nous avons octroyé acte desd. Comparants... & nommé d'Office... Mes Perrin & Duclot, Advocatz au Parlement de Dauphiné, pour procéder à la verification du Testament dont s'agist & à la collation des expeditions dud. Testament.... (*Signés*) COPIN, VIB.; BEGOUD, Greff^r.

17 Juillet 1675. Nous François Perrin & Claude Duclot, Advocats au Parlement de Grenoble, Prudhommes & Experts nommés d'office par ordonnance de Monsieur le Vi-Balli de Gresivodan... rendue entre desunt noble LAURANS DE BEAUMOND, Seigneur de Peyrac, Ponpignan & autres places, demandeur en ouverture de fideicommis contre Dame Laurance Frere, veuve de Messire Antoine du Faure, Seigneur de la Riviere, Tencin & autres places, President au Parlement de Grenoble..., la procedure ayant été interrompue par le decez dud. sieur DE BEAUMOND, laissant ses enfans en bas aage sous l'administration de sieurs Guillaume Destils & Pierre Compte, leurs Tuteurs & Curateurs, avec lesquels Dame Matie du Faure, Dame de Crolles, Beaumond & autres places, heritiere de ladite Dame Frere, sa mere, espouse de Messire Nicolas du Prunier, Seigneur de S^t. André & autres places, & second President aud. Parlement de Grenoble, a repris ledit procès, après avoir vu le protocol de Martini, Not^{re}, relié en parchemin... ledit protocol etant en latin... ensemble deux expeditions originelles du Testament de noble AYMON DE BEAUMOND, du huictiesme Janvier mil quatre centz quatrevingtz & un, dont l'original inscript audit protocol, commance au vingt-cinquiesme feullietz & finit au trantiesme, l'une desd. expeditions... signée par Laurent, Notaire, en datte du dixhuictiesme Novembre mil six centz soixante-quatre..., & l'autre en parchemin... signée Monachi, Notaire, du vingtiesme Dexembre mil quatre centz nonante-trois.... Nous estimons... l'expedition... signée Monachi... conforme à l'original.... Procedant de mesme à la collation de l'expédition originelle... faite par Laurent, Notaire,... nous estimons qu'au lieu du mot *Domini*, qui est le dernier de la quatriesme ligne de la premiere page, il faut mettre *Dominus*... &... tout le surplus... conforme....

Ainsy procedé le dix-septiesme Juillet mil six centz soixante-quinze, & avons rendu les pieces. (*Signés*) PERRIN. CL. DUCLOT.

CHAPITRE IV.

Gratien de Beaumont, Seigneur de Pompignan, Laurent, Antoine, Jacques, Jean-Laurent, Jean-François & César de Beaumont, ses freres, enfans de Laurent III.

Extrait des Preuves de Noblesse des Pages de la Grande Ecurie du Roi, depuis l'année 1668 jusqu'à l'année 1690, dressées par M. (Charles) d'Hozier.

Vol. manuscrit, cotté 49, du Cabinet de l'Ordre du St. Esprit, pag. 48.
Pages reçus le premier Janvier 1672.

Laurent de Beaumont-de Verneuil, fils de Laurent de Beaumont, Seigneur de Pompignan, & d'Helene de Cheveri. Cette branche de Beaumont, établie en Languedoc il y a six vingts ans, est cadette de la Maison de Beaumont-d'Autichamps en Dauphiné, & porte comme elle pour armes : *de Gueules à une fasse d'argent, chargée de trois Fleur de Lis d'azur.* 1er Janvier 1672.

Sentence du Bailliage de Grenoble en faveur des Enfans mineurs de Laurent de Beaumont.

Expédition originale, en papier, conservée dans les Archives de MM. de Beaumont-d'Auty.

Entre Dame Marie Dufaure, épouse de Messire Nicolas de Prunier, Seigneur de Saint-André, Virieu & autres places, Conseiller du Roy en ses Conseils, President au Parlement de Dauphiné, laditte Dame fille & heritiere de Dame Laurence de Frere, Dame de Crolles, Montfort & autres places, demanderesse en reprise de procès pendant pardevant nous entre deffunt Messire Laurens de Beaumont-de Verneuil, Seigneur de Pompignan, demandeur en ouverture de fidei commis apposé au Testament de Messire Aymon de Beaumont ... & en maintenue & vuidange des Terres & Jurisdictions de Beaumont & Crolles ... d'une part & Messire Guillaume Dextel & Pierre Comte, Tuteurs & Curateurs des enfans & heritiers dudit Messire Laurens de Beaumont ... insistant à lad. demande du deffunt Seigneur de Beaumont d'autre.... Veu... l'extrait du contrat de vente de la Tetre de Beaumont, Monsfort & Crolles, passée en faveur de seû M. le President Frere, par Messire Laurens Philibert de Beaumont, du premier Janvier mil six cens dix-sept... l'extrait du Testament en latin de noble Aymon de Beaumont, du huitieme Janvier mil quatre cens quatre-vingt un ; extrait du Contrat de Mariage d'Amblard de Beaumont, du dernier Septembre mil quatre cens quatrevingtz-dix-neuf, l'extrait des conventions de mariage de Messire Laurens de Beaumont & Demoiselle Delphine de Verneuil, du premier Decembre mil cinq cens trente-huit, l'extrait du Testament de noble Laurens de Beaumont, du trentieme Octobre mil six cent sept, l'extrait du Contrat de Mariage de Messire Laurens-Philibert de Beaumont avec Demoiselle Helene de Chevry, du vingt-septiesme Janvier mil six cens cinquante-quatre ... le tout veu & consideré.
Nous, de l'avis du Conseil, enterinant quant à ce la demande desdits sieurs de Beaumont, avons ouvert le fidei-commis apposé au Testament d'Aymon de Beaumont, du huitieme Janvier mil quatre cens quatrevingtz-un, en faveur de deffunt Laurens de Beaumont, pete desdits Demandeurs, par le predecès de Laurens de Beaumont, leur ayeul.... Donné à Grenoble, le dix-huitieme Decembre mil six cens soixante-quinze. Signé à l'original. A. de Petitchet, Vi Bally, Reynaud, Brunet, Conseiller, Perdillon, Conseiller ... Extrait collationné au requis du sieur de Beaumont. (*Signé*) Giroud, Greffier. 18 Décembre 1675.

Arrêt du Parlement de Toulouse, qui déclare ouverte en faveur de LAURENT DE BEAUMONT-DE VERNEUIL *la substitution portée au Testament de Gratien de Verneuil contre les prétentions de* GRATIEN, ANTOINE, JACQUES, JEAN-LAURENT, JEAN-FRANÇOIS *&* CÉSAR DE BEAUMONT, *ses freres puînés.*

Extrait collationné par le Conseiller du Roi, Référendaire en la Chancellerie près le Parlement de Toulouse, signé ; La Porte.

11 Septembre 1682. LOUIS, par la grace de Dieu, Roi de France & de Navarre, au premier notre Juge ou Magistrat sur ce requis, Salut. Comme en l'instance pendante en nostre Cour de Parlement de Thoulouse entre GRACIAN DE BAUMONT, sieur de Ponpignan, fils Co-héritier de Messire LAURENS DE BAUMONT-VERNEIL, Seigneur dud. Ponpignan, Peyrac & autres lieux, Suppliant par requête... en adjudication de la somme de 3500 liv. à prendre sur les biens dud. de Beaumont pere... pour estre employée à la charge de Lieutenant de cavalerie du Régiment Royal, &... pour son équipage, veu les offres... de prendre du bien fonds... en cas le... sieur de Beaumont son frere ayné & la Dame de CHEVERRY sa mere ne voudront luy en faire le payement en argent... d'une part, Messire LAURENS DE BAUMONT, Seigneur de Ponpignan, Deffendeur d'autre, & entre Messire LAURENS DE BAUMONT-VERNEUIL, fils & donnataire... de feu Messire LAURENS DE BAUMONT son pere.... Dame HELEINE DE CHEVERRY mere, veuve dud. sieur DE BAUMONT, Seigneur de Ponpignan... JACQUES DE BAUMONT, Pierre Compte, Tuteur de JEAN-LAURENS DE BAUMONT... Deltit, Advocat en la Cour... Curateur donné à JEAN-FRANÇOIS & ZEZARD DE BAUMONT, freres, fils de Messire DE BAUMONT VERNEUL, Seigneur de Peyrac, Ponpignan & autres places, & Pierre Compte, aussy... Tuteur d'ANTOINE DE BAUMONT, fils audit feu sieur DE BAUMONT... Nostred. Cour veu le procès faisant quand à ce droit sur les lettres & requettes dud. LAURENS DE BAUMONT & de lad. DE CHEVERRY, sans avoir esgard à celles desd. GRACIAN & JACQUES DE BAUMONT, Deltil Curateur de JEAN-FRANÇOIS & CEZAR DE BAUMONT & Comte, Tuteur d'ANTOINE DE BAUMONT... a declaré & declare la substitution apposée au Testament de GRACIEN DE VERNEUIL, du 22 Novembre 1540, ouverte au profit dud. LAURENS DE BAUMONT... comme aussi a maintenu... led. LAURENS DE BAUMONT en la moitié par preciput des biens de LAURENS DE BAUMONT, son pere, en consequence de la donnation apposée au Contrat de Mariage desd. BAUMONT & CHEVERY, du 27 Janvier 1654... ordonne que par experts... il sera procedé... au partage desd. biens, & cependant adjuge à chacun des freres dud. LAURENS-DE BAUMONT la somme de 200 liv. de provision.... Donné à Toulouse, en nostred. Parlement, le 15 Septembre, l'an de graces 1682, & de nostre regne le 48. Par la Cour : De Carresgue. Scellé le 19 Septembre 1682. Collationné : Jougla. M. de Burlet, Raporteur.

Extrait des Arrêts remarquables du Parlement de Toulouse, recueillis par M. de Catelan *; imprimés à Toulouse* 1705, *in-*4°. *Tom.* 2, *pag.* 326.

4 Décemb. 1697. LA DAME de Cheverry fait une donation à JEAN DE VERNEUIL-BEAUMONT, & autres ses enfans cadets, de la somme de 1500 liv. à chacun, à la charge d'exécuter certaine transaction passée entre tous les cadets & leur aîné pour la succession paternelle. Quelques-uns d'eux n'ayant pas voulu exécuter cette transaction, la Mere revoque la donation à eux faite ; mais à l'égard de JEAN, elle est confirmée par Arrêt. Cette Mere fait ensuite une donation à JEAN, son fils, de 4000 liv. & venant à ses derniers jours, elle institue LAURENT DE VERNEUIL-BEAUMONT, son fils aîné. JEAN, donataire, demande à cet heritier le payement des sommes de 1500 & 4000 liv. contenues aux deux donations, l'aîné pretend, au contraire, que ce Donataire doit imputer sur la somme de 4000 liv. mentionnée en la derniere donation la somme de 1500 liv. mentionnée en la premiere, d'autant que les deux donations ne peuvent être considerées comme deux donations differentes, puisque toutes deux sont faites pour les droits maternels, & que lad. derniere contient en soy la premiere, *in majori summa minor inest* ; que la seconde donation ayant été faite dix ans après la premiere, la Mere apparemment avoit oublié la premiere, & sans cet oubli elle auroit stipulé l'imputation. Par Arrest du 4 Decembre 1697, au rapport de M. Burta, en la Grand-Chambre, l'heritier est condamné payer les deux sommes contenues aux deux donations.

Extrait

DE LA MAISON DE BEAUMONT. Liv. VIII.

Extrait de l'Etat de la Recherche de la Nobleſſe de la Généralité de Montauban.

Recueil des Jugemens de Maintenue de Nobleſſe de la Province de Guyenne, conſervé au Cabinet de l'Ordre du St. Eſprit ; vol. 44, fol. 212, v°.

LAURENS DE BEAUMONT, Seigneur de Peyrat, deſchargé, 2 Août 1698. ſur ſes titres.

Contrat de Mariage de GRATIEN DE BEAUMONT, *Seigneur de Pompignan, avec* THEREZE DE LONGUET-DE LA BASTIDETTE.

Groſſe en papier, conſervée dans les Archives de MM. de Beaumont-d'Auty.

PACTES de Mariage accordés & arrêtés entre noble GRATIAN DE BEAUMONT ſieur de Pom- 18 Août 1710. pignan, fils de feû Meſſire LAURENS DE BEAUMONT, Seigneur de Payrac, Pompignan & autres places, & de fue Dame HELEINE DE CHEVERRY, mariés, habitant du lieu de Payrac, & Demoiſelle THEREZE DE LONGUET-DE LA BASTIDETTE, fille de noble Joſeph de Longuet, ſieur de la Baſtidette & de Dame Marie d'Albarel-de St Cla, habitante de Caors ; leſquels . . . . aſſiſtés de leurs communs amis, & lad. Dem.lle future de ſon pere, ont promis de ſe prendre en mariage... a été convenu que led. ſieur de la Baſtidette, pere de lad. future épouſe . . lui conſtituera en dot la legitime telle que put lui competer par raport au nombre des enfans ſurvivans lors de ſon décès. . . . Plus a été convenu que led. ſieur DE BEAUMONT-DE POMPIGNAN donnera à un des Enfans mâles du preſent mariage la moytié de tous ſes biens preſens & à venir, avec la moytié des charges, & en deffaut de males à une fille, ſe reſervant la nomination de l'un & de l'autre. . . Convenu qu'en cas de prédécès, led. ſieur DE BEAUMONT, futeur époux, donnera à lad. Dem.lle future épouſe, par forme d'augment, la ſomme de trois mille livres, & lad. Demoiſelle future épouſe, aud. ſieur futeur époux, la ſomme de cinq cens livres . . . Les preſents articles ont été paſſés, dans la maiſon dudit ſieur de la Baſtidette, au lieu de Freiſſinet, après midy, le dix-huit Août mil ſept cens dix, par devant moy Notaire. (*Signé*) RICHARD, Nore Royal . . . .
Nous Alexandre Calmels, Conſeiller Honoraire au Préſidial & Sénéchal de Caors y habitant, certifions . . . que le ſieur Richard, qui a extrait le préſent contrat, eſt Notaire Royal, que c'eſt ſon véritable ſeing auquel foy doit être ajoutée. . . . A Caors, le treizieme jour du mois de Septembre mil ſept cent ſoixante-quinze. (*Signé*) CALMELZ. Par mondit ſieur GALDEMAR, Secrét.

Arrêt du Parlement de Dauphiné, par lequel GRATIEN, JACQUES, JEAN & CÉSAR DE BEAUMONT *ſont déboutés de la réclamation qu'ils faiſoient des Terres de Beaumont & de Montfort, &c.*

Expédition originale, en parchemin, conſervée dans les Archives de MM. de Beaumont-d'Auty.

LOUIS, par la grace de Dieu, Roy de France & de Navarre, Dauphin de Viennois, Comte 22 Août 1712. de Valentinois & Diois... ſçavoir faiſons que Procès-Civil auroit été meu & intenté par-devant nôtre Cour de Parlement, Aydes & Finances de Dauphiné, entre Meſſires GRATIEN, JACQUES, JEAN & CESAR DE BEAUMONT, freres, ſieurs de Pompignan, fils & heritiers de Meſſire LAURENS DE BEAUMONT, Appellants de Sentence rendue par le Vice-bailly de Graiſivaudan, le dix-huitieme Decembre mil ſix cent ſoixante & quinze, ſuivant les fins de leurs écritures . . . . tendantes . . . à vuider . . . auxdits DE BEAUMONT les terres de Beaumont, Montfort & leurs dependances . . . & . . . que leſdites terres ſoient declarées, affectées au . . . fidei-commis d'AYMON DE BEAUMONT, à concurrence de ſept onces & demy de l'heredité d'AMBLARD DE BEAUMONT . . . & de la dot, bagues & joyaux d'EUSTACHIE DE MONTMAJOR, femme dudit AMBLARD . . . & encore leſdittes terres affectées & dependantes de la donation de la moitié des biens, faitte par LAURENS-PHILIBERT A LAURENS ſon fils . . . d'une part, & nôtre amé & féal Jacques Michel du Soſay, Conſeiller en notreditte Cour, en qualité de Syndic des . . . créanciers de feu . . . Dame Marie du Faure, Marquiſe de Virieu, veuve de nôtre amé & féal Nicolas Prunier, Chevallier, Marquis de Saint André, Premier-Preſident en notreditte Cour, intimé d'autre . . . . Vû par notreditte Cour . . . les pieces ſur leſquelles la ſentence dont eſt appel a été rendue . . . copie du contract de mariage de LAURENS-PHILIBERT DE BEAUMONT avec CATHERINE DE CLERMONT, du dix-ſept Octobre mil ſix cent dix . . . Teſtament d'AMBLARD DE BEAUMONT . . . du dixieme Mars mil quatre cent vingt-ſept . . . Declaration faitte par le ſieur de Virieu de Beauvoir, Conſeiller en notreditte Cour, un des Juges du procès, des cauſes de recuſation qu'il croit être en

Bbb

luy, attendû que la Dame d'Autichamp eſt venue ſolliciter le procés... Sentence du Vicebailly de Graiſivodan, du douzieſme Juillet mil cinq cent quatre-vingt-quatorze, qui declare Laurens de Beaumont ſecond héritier, avec inventaire de Laurens premier, ſon pere ; l'Inventaire fait des biens de Dauphiné... au mois de Septembre mil cinq cent ſoixante-cinq... Ouy ... notre aîné & féal Pierre-Joſeph Barrin, Conſeiller... Commiſſaire en cette partie... notreditte Cour a mis l'appellation... ou néant... ſans s'arreſter à la demande principale deſdits de Beaumont, en delaiſſement des terres de Beaumont & Montfort dont elle les a debouté, faiſant droit ſur les fins ſubſidiaires.... déclare le fidei-commis contenu au teſtament d'Aymon de Beaumont du huitieme Janvier mil quatre cent quatre-vingt-un conſiſter... aux hypotheques competantes audit Aymon ſur les biens d'Amblard premier, ſon pere, &... leſdites terres de Beaumont, Montfort... affectées, en cas d'inſuffiſance des autres biens dudit Amblard.... Ordonne au ſurplus que les pieces & expéditions originales de la famille deſdits de Beaumont ... reſteront au Greffe de notreditte Cour... Donné à Grenoble, en Parlement, le vingt-deuxieſme Aouſt mil ſept cent douze. Expédié le vingt-neuf Décembre l'an de grace mil ſept cent quarante-ſept, & de notre regne le trente-troiſieme.

Par la Cour. (*Signé*) AMAT.

Arrêt du même Parlement, qui déclare LAURENT DE BEAUMONT-DE VERNEUIL, *Seigneur de Payrac*, &c. *intervenant comme aîné dans la Cauſe de* GRATIEN, JACQUES, JEAN & CÉSAR, *ſes freres puînés*, &c.

Expédition originale en parchemin, conſervée dans les Archives de MM. de Beaumont-d'Auty.

1er Juin 1718. Louis par la grace de Dieu, Roi de France & de Navarre... ſçavoir faiſons que procés-civil auroit été meu & intanté par-devant notre Cour de Parlement, Aydes & Finances de Dauphiné, entre Meſſire LAURENS DE BEAUMONT-DE VERNEUIL, Chevalier, Seigneur dudit lieu & de Pairac, en Quercy, Demandeur en requette d'intervention.... d'une part, & Meſſire Jacques Michel du Sozay, notre Conſeiller, en qualité de Syndic des Créanciers de feue Dame Marie du Faure, veuve de Meſſire Nicolas du Prunier, Seigneur de Saint-André, Marquis de Virieu, Premier Préſident dudit Parlement, & nobles GRATIAN, JACQUES, JEAN & CEZAR DE BEAUMONT freres, Deffendeurs d'autre.... Ouy Vallet Verſin, Procureur de noble LAURINS DE BEAUMONT-DE VERNEUIL.... Notreditte Cour.... ordonne.... qu'ayant eſgard à l'intervention dudit LAURENS DE BEAUMONT, l'arreſt de notredite Cour du vingt-deux d'Aouſt mil ſept cent douze ſera exécuté ſuivant ſa forme & teneur, & qu'en conſéquence, la donation de moitié de biens contenue dans le contract de mariage de LAURENS-PHILIBERT DE BEAUMONT du dix-ſept Octobre mil ſix cent onze, ſubſtituée à LAURENS DE BEAUMONT ſon fils, cedera pour la moitié & par préciput en faveur dudit LAURENS DE BEAUMONT-DE VERNEUIL, intervenant en vertu de la donation contenue dans le contract de mariage du vingt-ſept de Janvier mil ſix cent cinquante-quatre, d'entre ledit LAURENS DE BEAUMONT, qui eſt le quatrieme du nom, & Dame HELEINE DE CHEVERY ſes pere & mere, comm'eſtant ledit LAURENS DE BEAUMONT-DE VERNEUIL intervenant, l'aîné mâle venu dudit mariage.... & ſur le fidei-commis adjugé par ledit arreſt.... appoſé au teſtament d'AYMOND DE BEAUMONT, du huitieſme Janvier mil quatre cent quatre-vingt-un, fini au dernier degré, en la perſonne dudit LAURENS DE BEAUMONT quattrieme, conſiſtant... aux ypotheques competant audit AYMONT ſur les biens d'AMBLARD DE BEAUMONT premier ſon pere, pour raiſon de quoy les terres de Beaumont, Montfort... ont été déclarées... affectées...... Donné à Grenoble, en Parlement, le premier Juin l'an de grace mil ſept cent dix-huit, & de notre Regne, le troiſieme.

Par la Cour. (*Signé*) BOZONNIER.

CHAPITRE V.

JACQUES DE BEAUMONT, Seigneur de Payrac, de Verneuil & d'Auty, fils de GRATIEN.

Contrat de Mariage de JACQUES DE BEAUMONT, avec THEREZE DE LON-GUET-DE LA BASTIDETTE.

Grosse en papier, conservée dans les Archives de MM. de Beaumont-d'Auty.

AUJOURD'HUY troisiesme jour du mois de Juillet mil sept cent quarante-deux, au lieu de 3 Juillet 1742. St Vincent de Ribadot, en Quercy... pardevant le Nore Royal soubsigné... ont esté personnellement establis Messire JAQUES DE BEAUMON, fils à feû noble GRATIEN DE BEAUMON, Seigneur de Pompignan & de Dame THEREZE DE LONGUET-DE LA BASTIDETTE, mariés, d'une part, & Demoiselle THERESE DE LONGUET-DE LA BASTIDETTE, fille à feû noble Jacques de Longuet de la Bastidette & de fue Dame Anne de Bondoire, mariés, d'autre... assistées lesd. Parties, savoir: led. sieur DE BEAUMONT, du sieur Habran Falip, Bourgeoix, en qualité de mary & de Procureur fondé de lad. Dame THEREZE DE LONGUET, sa mere, & lad. Demoiselle DE LONGUET, de Dame Anne-Thereze de Longuet, veuve à feû M. de Guilhielmy, Conseilher au Présidial de la Ville de Caors... sa tante, & autres parens & amis.... Lad. Dame Anne-Thereze de Longuet-de la Bastidette, veuve dud. feû sieur de Guilhielmy... a donné & constitué en dot à lad. Delle de Longuet, future épouse... savoir est, les deux tiers de tous & uns chacuns ses biens présens & advenirs, avec les deux tiers de toutes les charges & debtes... Lad. Delle future épouse s'est constituée tous & uns chacuns ses biens présens & advenirs en quoy qu'ils puissent consister, lesquels peuvent s'élever à la somme de mille cinq cens livres, & ceux à elle donnés par sad. Tante à celle de deux mille livres... led. sieur Habran Falip... en la susdite qualité de mary & de Procureur fondé de lad. Dame THEREZE DE LONGUET, mere audit sieur futur espoux... a donné & constitué aud. sieur futur... du chef de lad. Dame sa mere, savoir, est la somme de mille livres... soubz la réserve de l'ususfruit de lad. somme sa vie durant... De mesme remet... aud. sieur futur espoux l'entyere héréditté & fidey-comis dud. feû noble GRATIEN DE BEAUMON, pere aud. futur espoux... Led. sieur Falip, en faveur dud. présent mariage, a aussi donné & constitué audit sieur DE BEAUMONT, futur espoux... de son chef propre & particulier... la somme de mille livres... (*Signé*) L'ESCALIÉ, Nore Royal....

Extrait des Regîstres de l'Eglise Paroissiale de St Vincent de Rivedot, Diocèse de Caors; délivré le 19 Février 1760, par le Curé de lad. Eglise, signé: FOULHIAC, *Curé.*

L'AN mil sept cents quarante-deux, & le troisieme Juillet, les bancs de mariage proclamés 3 Juillet 1742. d'entre Messire JACQUES DE BEAUMONT-DE VERNEUIL, Chev*ali*er, & de noble Demoiselle THEREZE DE LONGUET, pendent deux fois, la dispense obtenue du troisième Ban & du degré de parenté, je leur ai donné la Bénédiction nuptiale... MASSABIE, Curé.

Acte d'acquisition de la Terre d'Auty par JACQUES DE BEAUMONT, Seigneur de Verneuil.

Grosse en papier, conservée dans les Archives de MM. de Beaumont-d'Auty.

L'AN mil sept cent soixante-quatre, & le vingt-quatrieme Août à Montauban... pardevant 14 Août 1764. nous Notaire Royal... constitué en personne Messire Joseph-François-Xavier d'Aubery, Chevalier, Seigneur Marquis de St Julien, Momont, St Bazile, La Chapelle, Auxsaints, Lagarde & autres places, demeurant en son Château de St Julien, en bas Limousin, faisant tant pour lui que pour & au nom de Dame Marie de Raymond, sa mere, venue de Messire Leonard d'Aubery, Seigneur de St Julien & autres places... lequel ezdits noms... a fait vente, cession & transport perpétuel & irrévocable par ces présentes à Messire JACQUES DE BEAUMONT, Seigneur de

380 PREUVES DE L'HISTOIRE GÉNÉALOGIQUE

Verneuil, habitant de St Vincent de Rivedolt, ici présent & acceptant, de la Terre & Seigneurie d'Auty, biens-fonds, rentes foncieres & directes... droits utiles & honorifiques... & généralement avec toutes les apartenances & dépendances de lad. Terre & Seigneurie d'Auty sans en rien excepter ni réserver... Cette vente... faite moyennant le prix & somme de cent quatre mille livres... Etoit à ce dessus présente Dame MARIE-ANNE DE BEAUMONT, épouse de MM. D'HEBRARD, Avocat en Parlement, habitante en son Château de Payrac, laquelle sur l'indication à elle présentement faite par led. Seigneur DE BEAUMONT, son frere, a réellement payé à son acquit & décharge aud. Seigneur d'Aubery, en déduction de la somme de cinquante mille livres... celle de vingt mille livres... pour se libérer de pareille somme qu'elle devoit aud. Seigneur DE BEAUMONT, son frere, pour reste du prix de la licitation & légats exprimés en l'acte du vingt-quatrieme Août mil sept cent soixante-un, retenu par Me Gausset, Notaire Royal à Sarlar... Récité ez préfences de Messire Geraud-Louis de Lavaur, Chevalier, Seigneur de la Boisse, Président, Trésorier Général de France de la Généralité de Montauban, & MM. Antoine Belueze, Avocat en Parlement, habitans dud. Montauban... (*Signé*) MORIN, Note.

CHAPITRE VI.

ABRAHAM-JACQUES, MARQUIS DE BEAUMONT-D'AUTY, ses freres & sœurs, enfans de Jacques.

Extraits des Baptêmes d'ABRAHAM-JACQUES, FRANÇOIS, BERTRAND, GUILLAUME-JOSEPH & MARIE-THEREZE DE BEAUMONT.

Extrait des Registres de la Paroisse St Vincent de Rivedot, Diocèse de Cahors en Quercy; portant :

Avril 1743. Qu'ABRAHAM-JACQUES, fils de Messire JACQUES DE BEAUMONT-DE VERNEUIL, Chevalier, Seigneur de Payrac, & de Dame ANNE-THEREZE DE LONGUET-DE LA BASTIDETTE, mariés, né le 20 Avril 1743, fut baptisé le 28 ; le parain Abraham Phaly, son grand-oncle ; la maraine Dame Anne-Therese de Longuet-de Bastidette, sa grand'-tante.

Avril 1744. Que noble FRANÇOIS, fils de Me JAQUES DE BEAUMOND, Chevalier & Conseigneur de Peyrac, & de noble Dame THEREZE DE LONGUET-DE LA BASTIDETTE, mariés, né le 17 Avril 1744, fut baptisé le 21 ; le parain Me François de Longuet-de la Bastidette, Prieur de Soucirac, Chanoine de Rocomadou ; la maraine noble Dame Thereze de Longuet-de la Bastidette.

Sept. 1745. Que BERTRAND, fils de Messire JACQUES DE BEAUMONT & de Dame THEREZE DE LONGUET-DE LA BASTIDETTE, mariés, naquit le 26 Septembre 1745 ; le parain M. Bertrand Galiot Dominici ; la maraine Demoiselle Marie Longuet de la Bastidette, tante maternelle de l'Enfant.

9 Mars 1749. Que GUILLAUME-JOSEPH DE BEAUMONT, fils de Mr. noble JACQUES & de Dame THERESE DE LA BASTIDETTE, mariés, naquit le 9 Mars 1749 ; le parain noble Joseph de Guarine sieur de Monbel ; la maraine Dame Therese de Guilielmi.

8 Oct. 1750. Et que MARIE-THEREZE, fille de Monsieur noble JACQUES DE BEAUMON & de Dame THEREZE DE LA BASTIDETTE, mariés, né le 10 Octobre 1750, fut baptisée le 11 ; le parain M. HABRAIN DE BEAUMON ; la maraine Marie-Thereze de Bart-de Villemade.

Ces extraits délivrés par le Curé de lad. Paroisse de St Vincent-de Rivedot. (*Signés*) FOULHIAC, & légalisés.

Certificat de service pour ABRAHAM-JACQUES DE BEAUMONT.

Original en papier.

21 Avril 1759. NOUS Louis-François Marquis de Monteynard, Lieutenant-Général des Armées du Roi, Secrétaire d'Etat ayant le département de la Guerre, certifions... que suivant les Registres qui sont entre nos mains, le sieur ABRAHAM-JACQUES DE BEAUMONT a été fait Cornette dans le Régiment de Dragons d'Apchon, par Brevet du vingt-un Avril mil sept cent cinquante-neuf, en

DE LA MAISON DE BEAUMONT. Liv. VIII. 381

foy de quoy nous avons délivré le préfent Cortificat... Fait à Compiegne, le seize Juillet 1772.
(*Signé*) MONTEYNARD.

Commiſſion de Capitaine de Dragons pour ABRAHAM-JACQUES
DE BEAUMONT.

Original en parchemin.

LOUIS, &c. à notre cher & bien amé le Capitaine ABRAHAM-JACQUES DE BEAUMONT, ci-   1ᵉʳ Mars 1765.
devant Cornette dans le Régiment de Dragons de Nicolay, falut : la Compagnie dont étoit
pourvû le Capitaine Brehant le Chevalier dans le Régiment de Dragons de la Reine, étant à
préfent vacante par fa démiſſion, & defirant la remplir d'une perfonne qui s'en puiſſe bien
acquitter, nous... vous avons commis, ordonné & eſtably... par ces préfentes... Capitaine
de lad. Compagnie... laquelle vous commanderez... fous notre autorité & fous celle de notre
très-cher & bien amé couſin le Duc de Chevreuſe, Colonel Général de nos Dragons, & de
notre très-cher & bien amé couſin le Duc de Coigny, Mᵉ de Camp Général... Donné à Verfailles le premier jour de Mars mil sept cent foixante-trois... (*Signé*) LOUIS. (& plus bas) par
le ROY, LE DUC DE CHOISEUL. (*& ſcellé.*)

*Contrat de Mariage d'*ABRAHAM DE BEAUMONT-D'AUTY *avec* CLAIRE-
MARGUERITE RICHÉ-DE BEAUPRÉ.

Groſſe en parchemin.

PARDEVANT les Confeillers du Roi Notaires au Châtelet de Paris fouffignez, furent préfens   16 Septembre
haut & puiſſant Seigneur Meſſire ANTOINE VICOMTE DE BEAUMONT, Lieutenant de Vaiſſeaux   1768.
du Roi, demeurant ordinairement à Rochefort, étant de préfent à Paris, logé à l'Archevêché
de Paris, paroiſſe Sainte Marine, au nom & comme Procureur de haut & puiſſant Seigneur
MESSIRE JACQUES DE BEAUMONT, Chevalier, Seigneur Baron d'Auty & autres lieux, & de
haute & puiſſante Dame THERESE DE LONGUIT-DE LA BASTIDET, fon épouſe, fuivant leur procuration générale & fpéciale à l'effet des préfentes paſſée devant la Combe, Notaire Royal de la
Ville de Cauſſade en Quercy... le deux des préfens mois & an... Et en ladite qualité ledit Sei-
gneur Vicomte DE BEAUMONT, ſtipulant & contractant en ces préfentes pour & au nom deſd.
Seigneurs & Dame DE BEAUMONT, & encore pour haut & puiſſant Seigneur Meſſire ABRAHAM
DE BEAUMONT, leur fils majeur, Capitaine au Régiment de la Reine, demeurant ordinairement
à Auty, avec leſd. Seigneur & Dame ſes pere & mere, étant de préfent à Paris, logé auſſi aud.
Archevêché... ſtipulant & contractant auſſi pour lui & en ſon nom, d'une part; Illuſtriſſime &
Révérendiſſime Seigneur Monſeigneur CHRISTOPHE DE BEAUMONT, Archevêque de Paris, Duc
de Sᵗ Cloud, Pair de France, Commandeur de l'Ordre du Sᵗ Eſprit, Proviſeur de Sorbonne,
demeurant en ſon Palais Archiépiſcopal, ſtipulant auſſi en ces préfentes à cauſe de la donation
qui ſera ci-après faite par ſa Grandeur d'autre part ; ſieur Adrien-Pierre Riché-de Beaupré,
Pourvoyeur honoraire du Roi, & Dame Marie Claire-Françoiſe de Zienaſte, ſon épouſe...
demeurant à Paris, rue Neuve & Paroiſſe Saint Roch, ſtipulans & contractans tant pour eux...
que pour Demoiſelle CLAIRE-MARGUERITE RICHÉ-DE BEAUPRÉ, leur fille majeure... encore d'au-
tre part... leſquelles Parties... en la préſence, favoir du côté dud. Seigneur futur époux, de
Meſſire BERTRAND DE BEAUMONT, Acolithe du Dioceſe de Cahors, fon frere... de Meſſire
CHRISTOPHE DE BEAUMONT, Brigadier des Armées du Roi & Colonel du Régiment de la
Fere, Chevalier de l'Ordre Royal & Militaire de Saint Louis, Couſin ; & Meſſire François
Vicomte d'Eſcars, Maréchal des Camps & Armées du Roi, Chevalier de l'Ordre Royal &
Militaire de Sᵗ Louis, ami ; & de la part de lad. Demoiſelle future Epouſe ; de Dᵉˡˡᵉ Olive Riché
de Beaupré, ſœur ; de Meſſire Pierre-Joſeph de Guyger, Colonel d'Infanterie & Chevalier de
Sᵗ Louis, Couſin iſſu de germain... Ont fait & arrêté entr'elles les clauſes & conditions dud.
futur mariage de la maniere & ainſi qu'il ſuit... Leſdits Seigneur & Demoiſelle futurs Epoux
feront communs en tous biens, meubles & conquets, immeubles... En faveur dudit futur
mariage ledit Seigneur VICOMTE DE BEAUMONT, aud. nom de Procureur dud. Seigneur DE BEAU-
MONT, pere dud. Seigneur futur Epoux, lui donne & conſtitue en dot la Terre & Baronnie
d'Auty avec toutes ſes dépendances... pour par led. Seigneur futur Epoux... jouir de lad.
Terre & Baronnie... maiſn'entrer en jouiſſance & poſſeſſion d'icelle... qu'à compter du jour du
décès dud. Seigneur DE BEAUMONT pere... Il eſt expreſſément convenu que la préſente conſtitution ne pourroit rien nuire ni préjudicier aux droits acquis ſur lad. Terre & Baronnie d'Auty,
aux Seigneurs & Demoiſelles, freres & ſœurs dud. Seigneur futur Epoux, qui, au nombre de
cinq, auront à prendre partie de leur légitime ſur ladite Terre & Baronnie... Comme auſſi en

faveur & considération dud. futur mariage Mondit Seigneur Archevêque de Paris, tant à cause de la proche parenté que pour continuer à donner aud. Seigneur futur Epoux des marques de bonté en contribuant à son établissement, lui a par ces présentes donné, créé & constitué irrévocablement... une rente & pension annuelle de six mille livres... Pareillement en faveur & considération dudit futur mariage lesd. sieur & Dame Riché-de Beaupré donnent & constituent en dot à lad. D^{lle} future Epouse, leur fille, en avancement d'hoirie de leurs successions futures, également & chacun par moitié, la somme de cent soixante mille livres... Plus lesd. sieur & Dame Riché de Beaupré ont... institué & instituent lad. D^{lle} future Epouse, leur fille, leur héritiere universelle pour moitié en tous les biens, meubles & immeubles... Fait & passé à Paris, audit Palais Archiépiscopal, l'an mil sept cent soixante-huit, le seize Sept^{bre}... (*Signé*) DERON & DESMEURE.

Retenue d'Aumônier du Roi pour M. l'Abbé DE BEAUMONT.
Original en parchemin.

5 Avril 1773. DE PAR LE ROY. Grand Aumônier de France, &c. salut : sur le bon & louable rapport qui nous a été fait de la personne du sieur BERTRAND-RENÉ DE BEAUMONT, & de son zele & affection à notre service... nous l'avons ce jourd'hui retenu... & retenons en la Charge de l'un de nos Conseillers Aumôniers, vacante par le décès du sieur Abbé de Caulaincourt, dernier possesseur d'icelle... Donné à Versailles, sous le scel de notre secret, le cinq avril mil sept cent soixante-treize. (*Signé*) LOUIS : par le Roy, PHELIPEAUX. (& *scellé en placard.*) *En marge est écrit* : Ce jourd'hui dix-huit Avril mil sept cent soixante-treize, M. BERTRAND-RENÉ DE BEAUMONT, pourvû de la Charge d'Aumônier du Roy... a prêté entre les mains de son Eminence Monseigneur le Cardinal de la Roche-Aymon, Grand Aumônier de France, le serment de fidélité qu'il doit à Sa Majesté à cause de sad. charge... Moi soussigné Secrétaire général de la Grande Aumônerie de France, présent... (*Signé*) LE RAT, Abbé de Bellosane, Vic. Gén. de Reims.

Commission de Colonel du Régiment Provincial de Châlons pour le sieur ABRAHAM-JACQUES *Marquis* DE BEAUMONT-D'AUTY.
Original en parchemin.

11 Juin 1774. LOUIS, &c. à notre cher & bien amé le sieur ABRAHAM-JACQUES Marquis DE BEAUMONT-D'AUTY, Capitaine dans le Régiment de Dragons de la Reine, salut : la charge de Colonel du Régiment provincial de Châlons, dont étoit pourvû le sieur Comte de Monteynard, étant à présent vacante par sa démission, & désirant remplir lad. charge d'une personne qui ait toutes les qualités requises pour s'en acquitter dignement, nous avons estimé que nous ne pouvions faire... un meilleur choix que de vous, pour les services que vous nous avez rendus dans toutes les occasions qui s'en sont présentées où vous nous avez donné des preuves de votre valeur, courage, expérience en la guerre... & affection à notre service ; à ces causes... nous vous avons commis... commettons & établissons... Colonel dud. Régiment... en pleine qualité commander led. Régiment... sous notre autorité & sous celle de nos Lieutenans Généraux... Donné en notre Château de la Muette, le onzieme jour de Juin l'an de grace mil sept cent soixante-quatorze, & de notre regne le premier. (*Signé*) LOUIS ; par le Roy. DE FELIX-DU MUY. (& *scellé.*)

Contrat de Mariage de MARIE-THEREZE DE BEAUMONT-D'AUTY *avec* JEAN DU PEIRON-DE LA COSTE.
Grosse en parchemin.

15 Novembre 1774. AUJOURD'HUI sont comparus pardevant les Notaires du Roi au Châtelet de Paris soussignés, Messire Jean Dupeiron, Ecuyer, Seigneur de la Coste & autres lieux, & Dame Charlotte-Marie-Jeanne Petit-de Longny, son épouse... Messire Jean Dupeiron, Ecuyer, & Dame Marie-Thereze DE BEAUMONT-D'AUTY, à présent son épouse... Lesquels ont apporté & présenté à Me Arnaud, l'un des Notaires soussignés, un des doubles originaux des articles du mariage d'entre Mondit sieur Jean Dupeiron, fils dudit sieur Jean Dupeiron & de ladite Dame Charlotte-Marie-Jeanne Petit de Logny, son épouse, avec ladite Dame MARIE-THEREZE DE BEAUMONT-D'AUTY, fille de Mre JACQUES DE BEAUMONT-D'AUTY, Marquis DE BEAUMONT, & de défunte Dame THEREZE DE LONGUET DE LA BASTIDETTE, son Epouse: lesdits articles arrêtés à Paris le quinze Novembre mil sept cent soixante-quatorze, & à Cahors le dix-neuf Décembre suivant... Lesquels articles lesdits sieurs Jean Dupeiron de la Coste, Dame Charlotte-Marie-

DE LA MAISON DE BEAUMONT. Liv. VIII.

Jeanne Petit de-Logny, son épouse, sieur Jean Dupeiron fils, & Dame MARIE-THEREZE DE BEAUMONT-D'AUTY, son époux, reconnoissent & déclarent être signés de leurs seings manuels ordinaires ; en conséquence consentent qu'ils tiennent lieu de contrat de mariage... Le double original... demeuré annexé à la minute des présentes, avec l'extrait qu'ils ont représenté de l'acte de célébration dudit mariage tiré des Registres de la paroisse de St Aubin, qui est la paroisse du Château du Repaire, dans la chapelle duquel lesdits sieurs Dupeiron fils & la Dame son épouse ont reçu la Bénédiction Nuptiale par les mains de M. l'Evêque de Leictoure le vingt Décembre mil sept cent soixante-quatorze... Fait & passé à Paris... le vingt-un Janvier mil sept cent soixante-quinze.

Suit la teneur desdits articles de Mariage.

Articles de Mariage entre Messire Jean Dupeiron, Ecuyer, Seigneur de la Coste, & haute & puissante Demoiselle MARIE-THEREZE DE BEAUMONT, passés de l'autorité & consentement de Messire Jean Dupeiron, Ecuyer, Seigneur de la Coste & autres lieux, & de Dame Charlotte-Marie-Jeanne Petit-de Logny, son épouse, pere & mere dudit Seigneur futur époux, dudit sieur son mari, autorisée.

Et de l'autorité & consentement de haut & puissant Seigneur Messire JACQUES DE BEAUMONT, Marquis DE BEAUMONT, Seigneur d'Auty & autres lieux, pere de lad. Demoiselle future épouse.

Ensemble de l'agrément & approbation de Monseigneur CHRISTOPHE DE BEAUMONT, Archevêque de Paris, Duc de St Cloud, Pair de France, Commandeur dès Ordres du Roi, Cousin de la Dlle future, Mre CHRISTOPHE Marquis DE BEAUMONT, ci-devant Menin de Monseigneur le Dauphin, Cousin de la Demoiselle future Epouse, & Dame DE BAYNAC, son épouse, Me JACQUES-ABRAHAM Marquis DE BEAUMONT-D'AUTY, frere aîné de la Demoiselle future Epouse, Mre ANTOINE-FRANÇOIS Vicomte DE BEAUMONT, Cousin de lad. Demoiselle future, & Dlle CAYLUS-DE BEAUMONT, son épouse, Messire JOSEPH, Chevalier DE BEAUMONT, frere de lad. Demoiselle future, Messire LOUIS Comte DE BEAUMONT, Brigadier des Armées du Roi, son Cousin, Mre ARMAND DE BEAUMONT, Chevalier, Comte de la Roque, Made DE FAURIE DE LA ROQUE-BEAUMONT, son épouse, Cousins, M. DE BEAUMONT, Chevalier du Repaire, de Monseigneur l'Evêque de Sarlat, de Monseigneur l'Evêque de Leictoure, de M. le Comte de Durfort-de Boissiere, de Made Rozier-de Durfort, de M. de St Chamaran, de M. DE BEAUMONT, de M. DE BEAUMONT-BAYNAC, de M. le Comte de Cugnac, M. de Durfort-de Leoban, de M. de la Bouisse, de M. de Termes, de M. Bertier, de la Dame Commès de Blandinieres, de Madame de Faurie-de Gailhac, de M. le Comte de Gontaut, de M. le Comte de Lostanges, de M. le Marquis de St Alvere, de Mde de la Cropte-de Chanterac, Supérieure de la Communauté de Notre-Dame de Sarlat, des Dames la Cropte-de Beauvais, de Montmege, de Montmege-de Reillac, de Chamillac & de Boissac, toutes Religieuses de ladite Communauté, tous parens & amis de la Demoiselle future Epouse. De la part du futur Epoux :

De Anne Charlotte Neyret, Dame du Pin, fille majeure, tante maternelle du futur Epoux, de M. le Marquis de Belcastel-du Montausun, de M. le Chevalier de Belcastel & de M. de Gaulejac, Cousins dud. futur Epoux... En contemplation de ce mariage lesd. Seigneur & Dame Dupeiron, pour l'agrément qu'ils en ont, donnent & constituent en dot audit Seigneur futur Epoux, leur fils, la somme de soixante-dix mille livres... Ledit Seigneur Marquis DE BEAUMONT, marie lad. Demoiselle DE BEAUMONT, future Epouse, sa fille, avec tous les droits légitimaires qui lui sont acquis en la succession de defunte Dame THEREZE DE LONGUET, son Epouse... Par même considération, & en faveur dud. mariage, Messire BERTRAND DE BEAUMONT, Aumônier du Roi, donne, à titre de donation entrevifs pure & simple & à jamais irrévocable, à lad. Demoiselle DE BEAUMONT, sa sœur, future Epouse, la moitié du total des droits légitimaires qui lui sont acquis ou qui peuvent lui advenir.. Et comme ledit Seigneur Abbé DE BEAUMONT ne peut être présent à la signature des articles ni assister au mariage de la Demoiselle sa sœur, à cause de son voyage de Rome, Mr le Marquis DE BEAUMONT, son frere aîné, & Mr le Chevalier DE BEAUMONT, son frere cadet, connoissant les intentions & volonté dudit Seigneur Abbé, se rendent solidairement cautions de la susdite donation qu'ils feront ratifier par ledit Seigneur Abbé, leur frere, aussi tôt qu'il sera revenu de Rome... Ledit Seigneur Marquis DE BEAUMONT, frere aîné de la Demoiselle future Epouse, lui donne aussi... la moitié d'une légitime, c'est-à-dire, une somme égale à celle donnée par ledit Seigneur Abbé DE BEAUMONT... Fait & arrêté double... pour un des doubles être déposé entre les mains d'un Notaire, à Paris, le quinze Novembre mil sept cent soixante-quatorze, & à Cahors le dix-neuf Décembre suivant... « Le » double original des articles ci-dessus est demeuré, comme dit est, annexé à la minute de l'acte » de reconnoissance & de dépôt des autres parts, expédié le tout en la possession dud. Me Arnaud, Notaire. » ARNAUD. HAMEL.

Extrait des Registres de l'église paroissiale de Notre-Dame d'Auty, Diocèse de Cahors, portant ? que M. CHRISTOPHE-FRANÇOISE DE BEAUMON, fils de JACQUES Marquis DE BEAUMONT, Capitaine dans le Régiment de la Reine, Dragon, habitant dans son Château d'Auty, & de Dame CLAIRE-MARGUERITE RICHÉ-DE BEAUPRÉ-DE BEAUMON, mariés, né dans le Château d'Auty, le 7 Octobre 1769, fut baptisé le 8 ; le parain CHRISTOPHE DE BEAUMON, illustrissime & révérendissime Archevêque de Paris, représenté par Mre JACQUES DE BEAUMON, Grand-Pere paternel ; la Maraine Made Françoise de Lienant-de Riché-de Beaupré, représentée par Made Thereze de LONGUET-DE BEAUMON, Grand-mere maternelle : cet extrait délivré par le Curé de lad. paroisse ; *(signé)* SALES, Curé, & légalisé.

LIVRE IX.
SEIGNEURS DU REPAIRE.

CHAPITRE Ier.

CHARLES DE BEAUMONT, Seigneur de Montfort, de Payrac & du Repaire, fils puîné de LAURENT DE BEAUMONT, Ier du nom, rapporté au dernier Chapitre du Livre VII. pag. 350 de ces Preuves.

« *Extrait du rolle de la Compaignye de cinquante Lances des Ordonnances du* » *Roi, estant soubz la charge & conduitte de Monsieur de Clermont-de Lodesve,* » *leur Capitaine.... dont la monstre & reveue a esté faicte en armes au Vil-* » *laige de Celly, près la Ferté-Aleps, le dixiesme jour de Juing mil cinq cens* » *soixante-huict, pour les quartiers de Janvier, Février & Mars dernier, &* » *le présent d'Avril, May & Juing, par nous Odet Vicomte de Baillon,* » *Seigneur de Forges, Commissaire, & Jehan Bonvallet, Contrerolleur ordi-* » *naires des Guerres, & depputez pour faire lad. monstre.....* »

Ce rolle conservé en original au Cabinet de l'Ordre du St Esprit ; Recueil cotté : TITRES SCELLÉS ; vol. 265, fol. 2127-2137.

Premierement.

CHEFZ.

Monsieur de Clermont-de Lodesve, Capitaine, ... II^c liv. 10 Juin 1568.
François d'Orbessan sieur de la Bastide y demourant, Senechaucée de Thoulouze, Lieutenant, II^c l.
François de Montceaulx, Sg^r de Brosses, y demourant, Senechaucée d'Auvergne, Enseigne, II^c l.
Pierre de Maisès, S^r dud. lieu, y dem^r. Senechaucée de Thoulouze... Guydon, . . II^c l.
Corbon de la Mazere, Sg^r de Grantmont, y demour^t. Senechaucée de Thoulouze, Mar^{al}
    des Logis, ... II^c l.

Hommes d'Armes présens.

Jehan de Montbeton, Sg^r d'Aguyn, y demourant, Senechaucée de Toulouze, . . . II^c l.
Jehan de Guavaret, Sg^r de St Leon, y demourant, Senechaucée de Thoulouze, . . II^c l.
Jehan de St Chamans, Sr de Longueval, y dem^t. Senechaucée de Lymosin, ... II^c l.
François de Commanges, Sg^r de Guytault, y dem^t. Senechaucée de Thoulouze, . . II^c l.
Jehan de Voysins, Sg^r d'Allezan, y demour^t. Senechaucée de Carcassonne, ... II^c l.
CHARLES DE BEAUMONT, S^r dud. lieu, demourant à Peyrat, Senechaucée de Quercy, . II^c l.
Xro^{fle} de Kaylus, Sr de Coulombieres, y dem^t. Senechaucée de Carcassonne, . . II^c liv.

(*Signé*) Françoys d'Orbessan ; le Vicomte de Baillon ; Bonvallet, (&) Meneust.

Contrat de Mariage de CHARLES DE BEAUMONT, *Seigneur de Montfort &*
de Payrac, avec ANTOINETTE DU POUGET, *Dame du Repaire.*

Minute originale, en papier, conservée dans les Archives de M. le Comte de Beaumont-de la
Roque, au Château du Repaire, en Périgord.

3 Mars 1577. COMME mariage a esté acordé entre les parens & amis de nobles CHARLES DE BEAUMONT, Escuyer, Segneur de Montfort, du lieu de Peyrac, d'une part, & Damoyselle ANTHOINETTE DU POUGET, Dame du Repaire, Laval, Ybirac & Sainct Alby en Périgord, d'autre; & deziderant lesdictz Partyes & parens led. mariage sortyr à esfaict... aujourduy tiers du myes de Mars mil v^c. soixante-dix-sept, au Chasteau du Repaire-Laval, paroisse de S^t. Alby en Périgort... les pactes & articles... ont esté rédigés par escript; la teneur desquelz s'ensuyt : Pactes acordés de mariage entre noble CHARLES DE BEAUMONT, Escuyer, Sg^r de Montfort, du lieu de Peyrac... & Damoyselle ANTHOINETTE DU POUGET, du lieu dud. Repaire... entre les parens & amis desd. Partyes. Premierement... led. DE BEAUMONT prandra pour espose lad. DE POUGET & lad. DE POUGET led. DE BEAUMONT... led. DE BEAUMONT aportera la some de neuf mille cinq cens livres... laquelle some sera employée à aquicter les debtes de la Maison de lad. DE POUGET... laquelle some... sera recogneue par lad. DE POUGET, sur toutz & chascungs ses biens mobles & immobles presens & advenyr non données sibas... d'avantage... Lesdictz futurs Espouxs... donent à ung des Enfens mâles dud. futur mariage à leur Election... la mytié de toutz & chacuns leurs biens... & où ils ne eslироient ny nommeroient, dès à présant ont esleu leur prémier enfent masle... & ou led. premier masle viendroict à décéder sans enfens, au segond, & du segond au tiers, & consequement de l'ung à l'autre suyvant l'ordre de primogeniture, & où il ne y auroit point d'enfens masles s'il n'est que filhes... donnent à une d'icelles à leur choix lad. muytié de leursd. biens... où ilz ne nommeroient, dès à presanct nomment la premiere... & consequement come a esté dict des masles; a esté aussi acordé que où led. DE BEAMONT predecederoict à lad. DU POUGET sans enfans, lad. DU POUGET gagnera sur les biens dud. DE BEAMONT la some de quatre mille livres en propriété & ususfruyt... & au contraire ou lad. DE POUGET predecederoict... led. DE BEAMONT gagnera sur les biens de lad. DU POUGET en proprietté & ususffruyct... la troysiezme partie de toutz & chescungs ses biens... & où il auroict des enfens soyct masles ou filhes... led. DE BEAMONT jouyra de l'ususfruict des biens de lad. DU POUGET sa vie durant... parelhement a esté acordé que led. DE BEAMONT tirera sur les autres deulx tiers des biens par lad. DU POUGET reservés, la susd. some de neuf mille cinq cens livres, oultre la susdicte tierce des biens donnés... ainsin l'ont juré d'ung cousté & d'autre de quoy ont requis par nous Notaires leur en onoyer instrument... en presence de nobles Raymond de la Rocque, Sg^r de Marty, Jehan de Viel-Castel, Sg^r de Campagne, Jehan de Durfort, Sg^r de Leobart, LAURENS DE BEAMONT, Sg^r de Peyrac, François de Merendol, tesmoings, & nous (*Signés*) C. D. BEAUMONT, contractant; ANTOINETE DU REPERE, contrante; L. DE BEAUMONT-PAYRA, la Rocque, de Durfort, Françoys de Mirandol; J. Chalon, Not... (&) Vidal, Nof. R...

Certificat de Service pour CHARLES DE BEAUMONT, *Seigneur du Repaire.*

Original en parchemin, conservé dans les Archives de M. le Comte de Beaumont-de la Roque,
au Château du Repaire, en Périgord.

Dernier Octobre 1577.

NOUS Jehan de Vezins, Chevalier de l'Ordre du Roy, Seigneur & Baron de Seneulh, Luganhac, le Rodie, Charry & autres lieulx, Gentilhome ordinaire de sa Chambre, Conseiller de Sa Majesté, Cappitaine de cent Homes d'Armes soubz la charge de Monsieur le Marquis de Vilars, Admiral de France & Seneschal de Quercy, à toutz ceulx qui ces présentes verront, sçavoir faisons & attestons que nous ayant commandement & authorité en notredite Seneschauffée à raison de nous estatz de Seneschal & Cappitaine, des années mil cinq cens septante-six & septante-sept, despuys le commancement des troubles esd. années jusques au jour de la publication de l'Edit de P...(*)... tion desd. troubles pour le service du Roi & concern...(*)

(*) Na. *Le parchemin a été emporté par vétusté à tous les endroits marqués d'une étoile.*

... LES DE BEAUMONT S^r DU REPAIRE, lequel suyva...(*)... mandement nous auroit suiviz...(*)... es lieulx & endroitz dud. pays de Quercy...(*) vertifement la guerre pour le service de S...(*)... les enemys perturbateurs du repos public...(*) our ce fere led. Seig^t DU REPAIRE auroict combatteu...(*)... esd. enemys sur leurs personnes & biens ainsin quest requis & acoustumé par les effortz de lad. guerre ce fa...(*)... ec compaigne de soldatz & autres gens de guerre auroient & se seroient emparés de diverses maisons & châteaux dud. pays, prins & emporté les biens & meubles, fruictz & revenus desd. perturbateurs du repos public ; auroict parelhement à cop d'espées, de pistolés & autres armes, occiz & faict morir aulcung desd. enemys, ensemble les autres qui avoient intelligence avec lesd. enemys,

DE LA MAISON DE BEAUMONT. Liv. IX.

singulierement au lieu & jurifdition de Saluiac, & autrement auroict led. Seig^r DU REPAIRE suyvi & obey à nos commandemens pour le fervice de lad. Majefté, & car en tout ce deffus il a faict actes de bon & loyal ferviteur du Roy ; nous dict de Vezins... avons donné & donnons par ces préfentes audit Seig^r DU REPAIRE & autres qui en ce deffus l'ont accompaigné adveu de tout ce que dit eft... en foy de ce nous avons faict expédier cefd. préfentes. Au Château de Charry le dernier jour du moys d'Octobre an mil cinq cens feptante-fept. (*Signé*) DE VESINS. (*& plus bas eft écrit*) P...(*)... on dict Seigneur le Senefchal. (*Signé*) D'HARAMBURE.

(*Il ne refte plus que la marque de l'empreinte d'un cachet.*)

Tranfaction paffée entre CHARLES DE BEAUMONT, *Seigneur du Repaire,* & *Jeanne d'Aubuffon, veuve de* JEAN DU POUGET, *frere d'*ANTOINETTE DU POUGET, *fa femme.*

Original en papier, étant dans un Cayer couvert de parchemin, cotté : †. *Titres concernans les Maifons du Pouget & de Beaumont, fol 1-22. Ce Cayer confervé dans les Archives de M. le Comte de Beaumont-de la Roque, au Château du Repaire, en Périgord.*

AU NOM de Dieu foyt fcaichent tous prefens & advenir comme il y eut procês... entre Damoyfelle ANTHOYNETE DU POUGET, fille de feû noble Imbert du Pouget, & (de) Damoyfelle Florete de Bar, d'une part, & Damoyfelle Jehanne d'Aubuffon, veufve de feû noble Jehan du Pouget, en fon vivant Seigneur du Repaire, pour raifon des biens & fucceffion tant dud. feû Imbert que de fes enfans, foutenant ladicte DU POUGET luy appartenir... en vertu du codicille faict par ledict Imbert, en datte du fecond de Mars mil cinq cens cinquante-ung, reçeu & figné par feû Me Leonard Bauffe, Notaire Royal de la Ville de Domne, & outre ce, plufieurs cothités luy eftre advenues par le predeces de Louyfe, Jacques & Raymond du Pouget, fes freres & feur... &... cinq cens efcutz à elle legués par le teftament de feû François du Pouget, fon frere, en datte du dernier de Janvier mil cinq cens foixante-deux, enfemble fa legitime fur les biens de la dicte de Bar, fa mere ; au contraire, ladicte d'Aubuffon, comme heritiere dudict Jehan du Pouget, fon mary, en vertu du teftament par luy faict, pretendoyt... la moytié des biens & le chafteau & maifon du Repaire, appartenans audict feû Imbert, en vertu des pactes de mariage accordés entre led. feû Imbert & Florete de Bar, dattées du vingt-troifiefme d'Avril mil cinq cens trente-ung, & auffi en vertu du teftament dud. François... que pour le chef d'Arpaye, fa feur, les droictz de laquelle... fond. feû mary avoyt acquis de lad. Arpaye moyennant la fomme de trois mil trois cens francz comme apert par inftrument d'accord, du vingt-deuxiefme Janvier mil cinq cens foixante-douze... fur quoy feroyent intervenus plufieurs jugemens en la Court Souveraine de Parlement de Bourdeaulx, & par exprès ung Arreft en la Chambre de l'Edict ordonné par le Roy en la Ville d'Agen, en datte du dixiefme jour de Decembre mil cinq cens foixante-dix-neuf... contre lequel Arreft ladicte DU POUGET difoyt s'eftre pourveuë... au Roy... fur quoy... pour le bien de paix, de l'advis de hault & puyffant Seigneur Meffire Bertrand de Salignac, Vifcomte de Sainct Julhen, fieur & Baron de Loubert, Chevallier de l'Ordre du Roy, Confeiller d'Eftat & du Confeil Privé de Sa Majefté, traictans auffi leurs parans & amis... Ce jourd'huy dix-huictiefme jour du mois de Novembre... mil cinq cens quatre-vingtz, au chafteau de Fenelon, en la Senefchaulcée de Périgort... pardevant nous Notaires Royaulx... noble CHARLES DE BEAUMONT, mari de ladicte DU POUGET... d'une part & Damoyfelle Jehanne d'Aubuffon, veufve dud. feû Jehan du Pouget... ont tranfigé... que ladicte d'Aubuffon cedera & quittera... aufdictz DE BEAUMONT & DU POUGET mariés tous les droictz... que luy peuvent competer & appartenir fur les biens dudict feû Imbert du Pouget & Florete de Bar, pere & mere dud. feû Jehan, fond. mary... & aulx biens de François, Louyfe, Jacques & Raymond, feurs & freres dud. feû Jehan predecedés, enfemble ez biens des autres feurs encores aujourd'huy vivantes... fauf une obligation & cedulle de cent efcuz, deuz par le Seigneur de Sainct Martial audict feû Jehan fon mary... & les actions... contre Marguerite du Pouget, comme heritiere de Raymond du Pouget, fon frere, en vertu d'un accord & ceffion faicte entre lefdict feuz Raymond & Jehan du Pouget freres, en datte du unziefme de Jullet mil cinq cens foixante-neuf, figné POGETI ; & dabondant generalement tout ce que pourroyt pretendre ladicte d'Aubuffon... en ladicte maifon du Repaire... moyennant le prix & fomme de fix mille efcutz, valant foixante foulz piece, revenant à la fomme de dix-huict mille livres... que moyenant la fufdicte ceffion lefditz BEAUMONT & DU POUGET mariés tiendront lad. d'Aubuffon quitte de tout ce que lad. Arpaye luy pourroyt demander... enfemble de toutes autres charges hereditteés de ladicte Maifon & fucceffion du Repaire... & ... ladicte d'Aubuffon fera tenue... mettre entre les mains dud. Seigneur de la Mothe tous papiers & tiltres de ladicte Maifon du Repaire... comme en depoft... jufqu'à ce que ladicte d'Aubuffon fera fatisfaicte... (*Signés*) BIDORE, Not^r. P. DE CAZALZ, Not^r. recepvant.

18 Novembre 1580.

Faict au Chafteau du Repaire de Laval, en Périgort, le neufviefme jour de Janvier an mil cinq cens quatre-vingtz & ung... pardevant moy Not^r. Royal... Damoyfelle ANTHOINETTE DU

9 Janvier 1581.

388 PREUVES DE L'HISTOIRE GÉNÉALOGIQUE

Pouget, femme de noble Charles de Beaumont, Seigneur dud. Repaire... a alloué, approuvé & ratifié... le contenu dudict contract... (*Signé*) Dalbie, Not. Royal, qui ainfin l'ay reçeu.

28 Avril 1581. Au Chasteau de Fenelon, paroisse de Saincte Mandane, en Périgort, le vingt-huitiesme jour du mois d'Apvril l'an mil cinq cens quatre-vingtz & ung... noble Jehanne d'Aubusson a recogneu & confessé avoir heu & reellement receu de nobles Charles de Beaumont & Anthonyete du Pouget, conjoinctz, Sr & Dame du Repaire... la somme de huict mille cinq cens livres... par les mains dud. de Beaumont, qui a assuré estre de son bien propre, & ce en payement & deduction de la somme de six mille escuz sol... en laquelle lesdictz conjoinctz soyent demeurés redevables à ladicte d'Aubusson par accord... Signé tant par feû Me Pierre Bidore, Not. de la Ville de Gourdon, & moy, Not. soubzsigné... De Cazals (*avec paraphe*).

Quittances données par Jeanne d'Aubusson à Charles de Beaumont *&* Antoinette du Pouget, *Seigneur & Dame du Repaire, ses Beau-frere & Belle-sœur.*

Originaux en papier, conservés au fol. 26, Rᵒ. & Vᵒ. & fol. 38-44. du même Cayer †.

26 Juillet 1582. En la Ville & Cité de Sarlat, en Périgort, le vingt-sixiesme du mouys de Julhiet an mil cinq cens quatre-vingts & deulx... noble Jehanne d'Aubusson... a confessé & confesse avoir receu reallement de nobles Charles de Beaumont & Damoyselle Anthoinjete du Pouget, Seigneur & Dame du Repere illec presents... la somme de mille escus sol... & ce en desduction... de deulx mille escus sol restans de plus grand somme portée par contract de transaction... du dixhuictiesme Novembre mil cinq cens quatre-vingts soixe par Cazalz, Notaire Royal... de laquelle somme de mille escus ladicte d'Aubusson en a quicté... lesdictz Sgʳ & Dame du Repere... presents Monsʳ Me Anthoine Ceron, Advocat au Siege de Sarlat, & Jehan de Caussade, Escuyer, habitant de la Bastie, en Quercy... & moy. (*Signé*) De Roffignac, Notaire Royal de la Ville de Domme.

13 Mai 1587. Scaichent tous presans & advenir que cejourd'huy tretziesme du moys de May mil cinq cens quatre-vingtz-sept... dans la Ville de Gourdon & maison de Monsieur Me Jehan de Massant, Conseiller du Roy au Siege de lad. Ville en Quercy... noble Josué de Massre, Escuyer, Seigneur Danglars & Calhiac... & Damoiselle Jehanne d'Aubusson, mariés... ont reallement reçu de noble Charles de Beaumont, Seigneur du Repaire... troys mil livres tournois en laquelle somme... ledict sieur du Repaire & Damoiselle Anthoinete du Pouget, sa femme, estoient debiteurs envers lad. d'Aubusson... que faict fin & entier payement de la somme de six mil escus.... Faict en la presance de Messieurs Mes Jehan de Massant, Conseiller du Roy au present Siege, Pierre de Marsis, Advocat aud. Siege... & de moy.... (*Signé*) De Vorichol, Notaire.

Quittance donnée par Charles de Beaumont, *Seigneur du Repaire, au nom de* Laurent, *son fils, à François de Salignac, Baron de la Mothe-Fenelon.*

Grosse en papier, conservée au fol 84-93 du même Cayer †.

15 Octobre 1603. Au nom de Dieu amen... comme par instrument... passé entre Messire Claude de Plas sieur dud. lieu & de St Hylaire, Conseigneur (de) Curamonte, Floyrac, Foussac... Gentilhomme ordinaire de la Chambre du Roy, & Dame Antoinette de Pelegrue de Cassanel, mariés, d'une part, & haut & puissant Seigneur Messire François de Salignac, sieur Baron de la Mothe-Fenelon & Salignac, Vicomte de Sainct-Julien & autres lieux, Chevalier de l'Ordre du Roy, d'autre part ; led. sieur de la Mothe pour tous les droictz... tant du chef de feû Dame Jeane de Balagnier, Dame de Cassanel & de Salvaignac, sa mere, que pour tous droictz... advenus à lad. Dame de Plas par le deces de feue Damoyselle Anthoinette de Pelegrue de Cassanel, sa sœur, droict de legitime... & autres est tenu payer... à lad. Dame de Plas, sa tante... dix mil livres.... Acette cause, ce jourd'huy Lundy, neufviesme du mois de Juing mil six cens troys... led. Seigneur de la Mothe-Fenelon... a vandu... à sieur François Frausit, Bourgeois de la Ville de Figeac... la... Seigneurie de Laure... dix mil livres... lequel pris... led. Frausit... seratenu... delivrer à lad. Dame de Plas... à sa decharge. (*Signé*) Pierre Donsac, Not. Royal, habitant de la Ville de Figeac, requis.... Advenu le quinziesme jour du moys d'Octobre an... que dessus... la susd. Dame Antoinette de Cassanel de Pelegrue, Dame de Plas... a reçeu du susd. Frausit... la susd. somme de dix mil livres... & en a quitté & quitte led. sieur de la Mothe-

DE LA MAISON DE BEAUMONT. LIV. IX.

Fenelon.............. Le mesme jour que dessus...dans la...Ville de Cujarc... la susd. Dame de Plas d'une part & le susd. Seigneur de la Mothe-Fenelon, & noble CHARLES DE BEAUMONT, Seigneur du Repaire & autres lieux d'autre part... comme... par les pactes de mariage... entre noble LAURENS DE BEAUMONT, Seigneur de Nebirac, filz aud. sieur du Ripaire, & Damoyselle MARGUERITE DE SALIGNAC, fille de Messire Jean, Seigneur... de la Mothe-Fenelon, & de Dame Anne de Castanel... eust été constitué en dot à lad. Damoyselle MARGUERITE... seize mil livres, & la somme de quinze cens livres pour les vestemens ; comme aussi... Messire Bertrand de Salignac, Chevaillier des deux Ordres du Roy, Conseiller en son Conseil d'Estat & Privé, Grand-oncle de lad. Marguerite, luy auroit constitué... deux mil livres... de laquelle constitution reste encore à payer aud. Seigneur DU RIPAIRE, par led. Seigneur de la Mothe, comme héritier de lad. Dame sa mere &... dud. seu Messire Bertrand de Salignac... la somme de unze mil livres... led. Seigneur de la Mothe auroit prié lad. Dame de Plas, sa tante, de luy prester lad. somme de dix mil livres... laquelle somme... ledit Seigneur du Reppaire à illec realement reçue des mains de lad. Dame de Plas... & outre ce a... reçeu du susd. Seigneur de la Mothe-Fenelon... mil livres... pour reste desd. constitutions... & en a quicté & quicte led. Seigneur de la Mothe... presens honorables hommes Messieurs Mes Martin Dupuy, Docteur en Droictz, Procureur du Roy au Siege de Gourdon, Jean Fournier, Docteur en Droictz... & moy... Nor. requis. (*Signé*) DONSAC, Nor. Royal.

Testament de CHARLES DE BEAUMONT, *Seigneur du Repaire, &c. en faveur d'*ANTOINETTE DU POUGET, *sa femme, & de* LAURENT DE BEAUMONT, *leur fils.*

Expédition en papier, conservée dans les Archives de M. le Comte de Beaumont-de la Roque, au Château du Repaire, en Périgord.

AU CHASTEAU du Repere-Laval, en la paroisse de Sainct Alby, Jurisdiction de Ybirac, en Périgort, le vingt-quatriesme jour du mois de Septembre l'an mil six cens cinq... devant moy Noutere Royal... Messire CHARLES DE BEAUMONT, sieur desdictz Repere-Laval, Ybirac & dudict Sainct Alby, lequel considerant estre mourtel, dans son lict... a... faict... son dernier testement... que s'ensuict. Premierement... ordonne... que son corps soict ensepvely & inhumé au Simitiere de l'église de Sainct Alby... En toutz & cheścungs ses... biens... a institué son heretiere universelle sa bien aymée fame noble ANTHONNJETE DU POUGET, Dame desdictz Repere-Laval, Ybirac & Sainct Alby, &... luy a substitué & substitue noble LAURANS DE BEAUMONNT, leur commun filz naturel & legitime, & a default de luy les siens... & au cas que ledict sieur de Ybirac decede... sans enfans desśandans de luy en vray & loyal mariaige, oudit cas a voulu sesdictz biens... revenir & apartenir à Messire LAURENS DE BEAUMONT sieur de Peyrac..., &... à l'heritier d'iceluy sieur de Payrac, ou à default de luy, aulx siens... & des choses susdictes ledict Testateur a requis & demandé à moy, Noutere Royal soubzsigné, instrumant que luy ay concedé ez presances de Maistre Jacques Liegol, Chirurgien du lieu & Bourg de Salviac en Quercy, André de Gain, demurant serviteur avec ledict sieur de Peyrac, & natif du pays de Daufiné... signés & non ledict Testateur à raison de sa maladie... & de moy. Coupie a esté faicte du susdict Testemant receu par feu Maistre Guilhaume Cleyrac, mon pere, en son vivant Noutere Royal, & par luy escript, que j'ay escript & signé comme son Collationnere... A Donme le vingt-deuxiesme May mil six cens trante-deux. (*Signé*) CLEYRAC, Noutere Royal & Collationnere susdict. *Vérifié sur la minute originale par M. de la Brousse, Subdélégué de M. Pellot, Intendant de Guyenne, le* 29 *Novembre* 1666. *Signé :* DE LA BROUSSE, Commissaire-Subdélégué, & *par Mond. sieur Commissaire :* DE BELEGUARDE, Greffier.

24 Septembre 1605.

CHAPITRE II.

LAURENT DE BEAUMONT, Seigneur du Repaire, de Nebirac, &c.
fils unique de CHARLES.

Contrat de Mariage de LAURENT DE BEAUMONT, *Seigneur de Nebirac avec*
MARGUERITE DE SALIGNAC-DE LA MOTHE-FENELON.

*Original en parchemin, conservé dans les Archives de M. le Comte de Beaumont-de la Roque,
au Château du Repaire, en Périgord.*

30 Juillet 1595. SÇAICHENT toutz presans & advenir que comme ainsin soict que sur le traicté & pourparlé du mariaige d'entre noble LAURANS DE BEAUMONT sieur de Ybirac, & Damoiselle MARGUERITE DE SALINIHAC, le trantiesme jour de Juliet mil cinq cens quatre-vingt & quinze, heussent esté acourdés pardevant des Segniers parans & amis comungs des Parties, les articles qui s'ensuyvent. Au nom de Dieu ce sount les articles de mariaige d'entre noble LAURANS DE BEAUMONT, Escuyer, Seignier de Nebirac, unique filz legitime & naturel de nobles CHARLES DE BEAUMONT & Damoiselle ANTHONNIE DU POUGET, sieur & Dame du Repere, o l'authorité & connsantemant d'iceulx, & l'acistance de Monsur du Vigan, de Monsur le Lieutenant-General de Gourdon, de Monsur de la Panonnie & Monsur du Repere, son frere, de Monsur Masant, Conseilhier au Sieige de Gourdon, & autres personnaiges d'honneur, toutz proches parans ailhiés & amis dudict Seignier de Nebirac d'une part, & Damoiselle MARGUERITE DE SALINIHAC, filhie naturelle & legitime de feu hault & puissant Messire Jehan de Salinihac, en son vivant Chevailhier, Gentilhome ordinere de la Chambre du Roy, Capitene de cinquante hommes d'armes des Ordonnances de Sa Majesté, & Dame Anne de Palegrue, relicte dudict Messire Jehan, ses pere mere, Seignier & Dame de la Mothe-Fenelon, o l'authorité & connsantemant d'icelle, & de haulte & puissante Jehane de Balagnier, Dame de Cassancilh & de Salinihac, mere de ladicte Dame Anne & Grande-mere de ladicte Damoiselle MARGUERITE DE SALINHAC, o l'authorité aussi de hault & puissant Messire Bertrant de Salinhac, Chevailhier de deulx Ordres du Roy, Conseilhier du Conseilh d'Estat & Privé de Sa Majesté, Grand-honcle paternel de la dicte Damoiselle, & de Reverant Pere en Dieu Messire Loys de Salinhac, Evesque de Sarlat, & de Messire Armant de Salinhac, Chevailhier, Gentilhome ordinere de la Chambre du Roy, Seignier de Graulejac, & de nobles Pierre & Ponce de Salinhac, sieurs de Fonpiton & de Voluc, & de Meissiers de Canquon, & de Plas, Chevailhier de l'Ordre du Roy, & à l'acistance de Messiers de Chabans & de la Broue, Advocat du Roy au Sieige de Sarlat, & aultres noutables personnaiges, toutz prouchains parans paternels & maternels ailhiés & amis de ladicte Damoiselle, & faisant pour hault & puissant François de Salinhac absent, sieur à presant de la Mothe-Fenelon, frere Germain de ladicte Damoiselle, filz unique & heretier du defunt Messire Jehan, leur pere, d'aultre part. Premieremant que ledict noble LAURANS DE BEAUMONT, & ladicte Damoiselle MARGUERITE DE SALIGNIHAC, solampnizeronnt le mariaige entre eulx en face de saincte Mere Eglize Catholique, Apostolique, Romene ... à laquelle Damoiselle MARGUERITE ladicte Dame Anne de Cassancilh, sa mere, tant de son chef que comme mere administraresse dudict noble Françoys, son fils ... constitue ... huict mil livres pour les droictz que ladicte Damoiselle peut avoir ez biens dudict feu Messire Jehan, son pere, &: ... huict mil livres pour les droictz ... ez biens de la dicte Dame de Cassancilh, sa mere, & ledict Messire Bertrant, son Grand-oncle paternel ... luy constitue ... deux mil livres ... revenant à dix-huict mil livres de constitution ... outtre laquelle somme ... ladicte Dame de Cassancilh ... bailhiera à ladicte Damoiselle, pour les vestemens de nopces, la somme de cinq cens escus ... pour estre employés ... en abitz convenables & condissans à la dicte Damoiselle, heu esgart tant à la Maison d'où elle est yssue que à celle où elle entre ... en faveur ... duquel mariaige ledict sieur & DAME DU REPERE confirmeronnt audict Seignier de Nebirac, leur filz ... en effectuant ... les; ... pactes pourrés par leurdict conntract de mariaige ... la moytié de tourz ... leurs biens ... oultre & pardessus laquelle moytié lesdictz Seignier & Dame du Repere ... donnent ... le chasteau & maison du Repere avec le pourpris.... Faict & arresté au Chasteau de Fenelon, Diocèze de Cahours & Seneschaucé de Périgort, le trantiesme jour de Juliet mil cinq cens quatre-vingtz quinze. La cede & original desquels articles arrestés audict lieu & Chasteau de Fenelon est demeuré ez mains de moy, Pierre Cazals, Noutere soubzsigné. Or est-il que cejourd'huy huictiesme du moys de Septambre mil cinq cens quatre-vingtz & seize, au Chasteau de Fenelon ... ayant ledict mariaige esté solampnizé.... Les susditz Conntractans onnt requis & demandé à nous, Nouteres Royaulx soubzsignés, instrument que leur avons concedé ... & advenant le douziesme

dez fufdictz moys & an que deffus, au Chafteau du Repere, en Périgort... la fufdicte Dame ANTHONNIETE DU POUGET, Dame dudict lieu, ayant entendu le comptenu tant des fufdictz articles que conntract transport accepté par le fufdict fieur DU REPERE, fon mary... les a ratifiés... (*Signé*) DE CAZALS, Notaire fufd.... (*&*) DE CLEYRAC, Notere Royal....

Contrat de Mariage de LAURENT DE BEAUMONT, Seigneur du Repaire, avec FRANÇOISE DE CHAUNAC-DE LANSAC.

Expédition en papier, confervée dans les Archives de M. le Comte de Beaumont-de la Roque, au Château du Repaire, en Périgord.

SUR LE mariage pourparlé entre noble LAURANS DE BEAUMONT, Seigneur du Repaire de Ybirac d'une part, & Demoizelle FRANSOIZE DE LANZAC, filhie naturelle legitime de noble Barthelemy DE CHAUNAC, fieur de Lanzac, & Damoizelle Catherine de Clermont d'autre, par l'advis & deliberation de Meffire Franſois de Clermont, fieur de Cattus, noble LAURANS DE BEAUMONT fieur dud. lieu de Peyrac, Armand de Gontaud fieur Dandaux, Gabriel Dauzac fieur de la Serre, Franſois de Clermont fieur de Saint-Proger.... (*)... de Chaunac fieur dud. lieu, & auttres leurs commungz parans & amis font efté convenus & accordés les articles que fanfuivent. Premierement que led. fieur DU REPAIRE & ladite Damoizelle FRANSOIZE DE CHAUNAC folempnizeront mariage en fafse de fainte Mere Efglife... Led. fieur de Lanzac... conftitue en dost à lad. Damoizelle FRANSOIZE, fa filhie... doulze mile livres... En faveur... dud. mariage, pour le dezir que Damoizelle ANTOINETTE DU POUGET, Dame du Repaire, a qu'il forte à effect, led. Meffire (*) ARMAND DE BEAUMONT, Seigneur de Peyrac... comme Procureur & ayant chargé d'elle, a confirmé la donation par elle faite de la moytié de ces biens par le contrad de mariage de lad. Damoizelle DU POUGET avec feü noble CHARLES DE BEAUMONT, vivant fieur du Repaire, en faveur dud. fieur du Repaire, fon filz.... A efté auffy accordé que où lad. Damoizelle DE CHAUNAC furvivroit audict fieur du Repaire, icelle pour fon veuvage & apanage prandra, durant fa viduité... la moytié des fruitz... de la Terre & Seigneurie du Repaire, anfamble des aultres biens que led. fieur poura avoir & oultre... une maifon dans lad. Juftice du Repaire meublée, fuivant la qualitté de lad. Damoizelle FRANSOIZE.... Fait & recipté dans le Chafteau noble de Grolejeac, en Périgort, le vingtiefme jour de Novambre mil fix cens cinq... en prefance de Monfieur Mᵉ Giraud de Leygue, Docteur & Advocat à... Sarlat, Leonard du Pouget, du lieu de Veyrinhiac.... Bourdet, Notᵉ. Royal... avec Mᵉ Eftiefnne Clayrac, auffy Notᵉ. ainfin fignés. Extraict tiré de fon originai par moy Jean Bourdet, Notᵉ. Royal, petit-filz & Collationere des papiers & notes de feü Mᵉ Jean Bourdet, Notᵉ. Royal mon Grand-pere... Faict à Lanzac le premier Avril mil fix cens cinquante-fix. (*Signé*) BOURDET, Nᵗᵉ.

20 Novembre 1605.

(*) En blanc.

(*) Erreur: c'eſt LAURENT.

Transaction passée entre LAURENT DE BEAUMONT, Seigneur du Repaire & de Nebirac, & François de Salignac, Seigneur de la Mothe-Fenelon.

Original en papier, étant au fol. 100-106. du Cayer cotté : †. cité deſſus.

SAICHENT tous qu'il appartiendra que en la Ville & Cité de Sarlat, en Périgort, le vingtunieſme de Juillet mil fix cens fix... haut & puyſſant François de Salignac, Chevailler, Seigneur de la Mothe-Fenelon, Vicomte de Sᵗ Julien, Baron de Laubert & auttres places, faifant tant pour luy que pour... Damoyfelle Anthoynette de Salignac, fa foeur, & noble Jaques de Gaulejac, Seigneur de Sainct Paoul del Buages, comme ayant le droict cedé de Damoyfelle de Salignac, femme à noble Jehan-Claude de Gaulejac fieur de Tanfailhes... d'une part, & noble LAURENS DE BEAUMONT, Seigneur du Repaire & de Nebirac d'autre. Dict a efté par lefd. Parties que comme... dez le trantiefme Juillet mil cinq cens quatre-vingtz-quinze, mariage euft efté accordé entre ledict fieur du Repaire & feüe Damoyſelle MARGUERITE DE SALIGNAC, & qu'il luy ayt efté conftitué de dot la fomme de dix-huict mil livres, tant pour les droictz paternelz, maternelz, que de la fomme de deux mil livres, conftituée par feü Meffire Bertrand de Salignac, Chevalier des deux Ordres du Roy, Seigneur defd. lieux... & que defpuis lad. Damoyfelle de Salignac eftant decedée *ab inteftat*, & fans hoirs, la fucceffion d'icelle foyt advenue... auld. fieur de la Mothe, Damoifelle Jehanne & Anthoynette de Salignac, fes frere & foeur.... A cefte caufe icelles Partyes... ont convenu que de lad. dot led. fieur du Repaire fera tenu de payer... prefentement... huict mil livres, de laquelle fera defduict... mil deux cens livres... à luy donné par lad. feue Damoyſelle Marguerite de Salignac.... C'eft pourquoy... lefd. fieur de la Mothe, tant de fon chef que au nom de fad. foeur, que led. noble Jaques de Gaulejac... ont... receu dud. fieur du Repaire, ſçavoir led. fieur de la Mothe... quatre mil cinq cens trente-troys livres fix foulz huict deniers, & ce en une obligation... par

21 Juillet 1606.

PREUVES DE L'HISTOIRE GÉNÉALOGIQUE

led. sieur de la Mothe, deue à feû noble CHARLES DE BEAUMONT, pere aud. sieur du Repaire, par contract du dernier d'Octobre mil six cens troys, reçeu par Darnal, Not. Royal de la Ville de Gordon... &... six cens livres de... transport... sur noble Pierre de Salignac sieur de Fompiton... &... led... sieur de St Paoul... a reçeu dud. sieur du Repaire... deux mil deux cens soixante-six livres treize soulz quatre deniers... pour sa cotte part... le surplus de lad. dot... sera payé par led. sieur du Repaire conformément aulx pactes... dud. mariage... en presence de Mes Gerauld de Leygue & Jehan Deniste, iceulx Advocatz au Siege dud. Sarlat. (*Signé*) BOYER, Not. Royal.

Cautionnement passé par LAURENT DE BEAUMONT, *Seigneur du Repaire, en faveur d'*Armand de Gontaut, *Seigneur d'Andaux.*

Original en papier, étant au fol. 119-123. du Cayer cotté : †. *cité ci-dessus.*

1er. Août 1607. COMME par transaction du huictiesme Juing mil six cens cincq, faicte entre hault & puyssant Seigneur Messire Jehan de Gontauld de Biron, Seigneur & Baron dudict lieu & autres places, Maistre de Camp du Regiment de Picardye... comme mary de Dame Jaqueline de Gontauld-de Sainct Ginyes... & haulte & puyssante Dame Jaqueline de Bethune, Dame de Bailfou d'une part, & Messire Armand de Gontaud, sieur Dandaulx... ledict Armand pour tous... droictz... sur les biens de feû Messire Jehan & Armand de Gontaud, ses Ayeul & pere, & Dame Jehanne de Foix, sa mere... se fut contenté de... quarante-cinq mille livres, & moyennant le payement stipulé... que ledict Messire Armand heust à fournir cautions... de la moytié de ladicte somme, ledict Messire Armand auroyt remonstré avoir d'hipotheque sur les biens de noble Barthelemy de Chaunac, sieur de Lanzac, la somme de douze mille livres de partye de sa dot, dont la moytié lui restoit libre... n'est en tout cas de la somme de mille escuz de l'agensement donné à Dame Anthoniette de Chaunac, sa femme, dont la condition estoit de doubteux evenement. Aujourd'huy, premier du moys d'Aoust mil six cens sept, après midy, en la Ville & Cité de Sarlat, maison de Maistre Jehan de Custejoul, Advocat au Siege Royal de lad. Ville... honorable homme Françoys de Philipes, sieur de la Queyrie, comme Procureur de ladicte Dame Jaqueline de Bethune... a illec bailhé & deslivré audict Messire Armand de Gontaud... ladicte somme de quarante-cinq mille livres... de laquelle... il a quicté & quicte tant ladicte Dame de Bailfou que lesdictz sieur & Dame de Biron &... illec ledict noble Barthelemy de Chaunac, sieur de Lansac, & noble LAURENS DE BEAUMONT, Seigneur du Repaire, Ybirac & autres places... se sont constitués pleges & cautions dudict Messire Armand de Gontaud... lesquelz sieurs de Lanzac & du Repaire ledict Messire Armand a promys relever indemnes.... (*Signé*) DE MARTINI, Notaire, qui ai reçeu le present contract, avec MONTEILH, & chascun en avons retiré ung original.

Quittance finale donnée par François de Salignac-de la Mothe-Fenelon, à LAURENT DE BEAUMONT, *Seigneur du Repaire, de la dot de* MARGUERITE DE SALIGNAC, *sa premiere Epouse.*

Original en papier, étant au fol. 110-113. du Cayer cotté : †. *cité ci-dessus.*

18 Octobre 1610. SÇAICHENT tous qu'il apartiendra que en la Ville & Cité de Sarlat, en Périgort, le dix-huictiesme d'Octobre mil six cens dix... pardevant moy, Notaire & Tabellion Royal... comme ainsin soyt que... le vingt-uniesme de Julhet mil six cens six, contract... aye esté passé entre hault & puissant François de Salignac, Seigneur de la Mothe-Fenelon, Visconte de Sainct Julhien, Baron de Laubert & autres places, & noble LAURENS DE BEAUMONT, Seigneur du Repaire, Laval, Ybirac & Sainct-Alby, led. Seigneur de la Mothe faisant tant pour luy que pour noble Anthoniette de Salignac, sa sœur... & recitté que comme cydevant mariage heust esté entre le susdict Seigneur DU REPAIRE & noble MARGUERITE DE SALIGNAC... à laquelle auroyt esté constitué... dix-huict mil livres pour toutz droictz paternelz, maternelz, que deux mille livres constituées par feû Messire Berttrand de Salignac, Chevalier des deux Ordres du Roy, Seigneur desdictz lieulx... & que despuis ladicte de Salignac estant decedée *ab intestat*, & sans hoirs, la sussession d'icelle soict advenue esgallement audict sieur de la Mothe, Damoyselle Jehanne & Anthoniette, ses freres & sœurs.... Ledict sieur de la Mothe a reçeu dudict sieur du Repaire... & promis tenir quite tant envers ladicte Damoyselle Anthoniette de Salignac, sa dicte sœur, que tous autres ensamble, de toute la restitution dudict dot pour lesdictes deux tierces partyes à eulx advenues... ez presances de Mes Anthoyne Maraval, Advocat en la Court de Parlement de Bourdeaulx, Anthoyne Martini, Procureur au Siege dudict Sarlat... & moy, HELIAS. (*Signé*) VOYER, Not. Royal, (*avec paraphe.*)

Quittance

DE LA MAISON DE BEAUMONT. Liv. IX. 393

Quittance donnée à Laurent de Beaumont, *Seigneur du Repaire.*

Original en papier, étant au fol. 130-132. du Cayer cotté : †.

L'AN MIL six cens quatorze, & le vingt-deuxiesme jour du mois de Juillet, en la Ville de Gourdon, en Quercy... pardevant moy, Notaire... Bernard Deyssac... pere de Anthonierte de Dissac, femme de Jehan Ouvrier, Merchant Chappellier... de Caours... confesse avoir reallement reçeu de noble LAURENS DE BEAUMONT, Seigneur du Repaire & Ybirac, absent, mais François Lescure, demeurant au service dud. sieur du Repaire, pour luy, present... la somme de deux cens soixante-dix livres... provenant du legat par feû noble CHARLES DE BEAUMONT, pere aud. Seigneur Dibirac... Seigneur Dibirac... à lad. Anthoinette de Dissac, par son dernier testament, de laquelle somme... promet l'en fere tenir quiete... & ainsi l'a juré presents Me Pierre Frizal, Greffier au Siege dud. Gordon & Jacques Vaissiere, Notaire du lieu de Socirac... (*Signé*) DARNAL, Nor. 22 Juillet 1614.

Délégation passée par Laurent de Beaumont, *Seigneur du Repaire, &c.*

Original en papier, au fol. 134-136. du même Cayer, cotté : †.

L'AN MIL six cens quatorze, & le vingt-deuxiesme jour du mois d'Aoust, en la Ville de Gourdon, en Quercy... dans la maison de Me Guillaume Courriu, Docteur ez Droictz... pardevant moy, Notere... noble LAURENS DE BEAUMONT, Seigneur du Repaire & Ybirac... a faicte cession & delegation à François David, Auditeur de Compte dud. Gourdon... de la somme de trois cens livres T̃. à lui deue par noble PHILIBERT DE BEAUMONT, Sgr. de Payrac, par obligation... du... vingt-troisiesme... Mars mil six cens douize... avec pacte exprès... qu'icellui David sera tenu... de l'acquiter de pareille somme... envers Pierre Palot, Escuyer... presens led. Courrieu & Me Arnaud Casfaignes, Nor. Royal dud. Payrac... & moy... D'ARNAL, Nor. Royal. 22 Aoust 1614.

Testament de Laurent de Beaumont, *Seigneur du Repaire, en faveur de* Barthelemy, Antoine, Armand, Raymond, Catherine, Antoinette & Françoise de Beaumont, *ses Enfans.*

Original en papier, conservé dans les Archives de M. le Comte de Beaumont-de la Roque, au Château du Repaire, en Périgord.

AUJOURD'HUY vingt-quatriesme du mois de Febvrier mil six cens quarante & cinq, au Château de Lanzac, en Quercy... en presance de moy, Notaire Royal... noble LAURENS DE BEAUMOND, Escuyer, Seigneur du Repaire... a faict & ordonné son testament... que s'ensuit. Premierement... a voulu estre enseveli en sacré sepulture & ses honneurs funebres luy estre faictes honnorablement suyvant sa qualité... par son heritier universel... declaire led. sieur Testateur avoir... marié Damoiselle CATHERINE DE BEAUMOND, sa filhe naturelle & légitime, & de Damoizelle FRANÇOISE DE LANSAC, son espouse, avec noble BERNARD DE ROUSSEAU, sieur de Puy-la-Vaisse, & par le contract de leur mariage avoir dotté lad. Damoiselle... comme aussy... avoir marié Damoizelle ANTHOINETTE DE BEAUMOND, sa filhe, avec noble JOSEPH MEYNARD, sieur de Clairsage, à laquelle il a aussy constitué de ses biens suffizament.... Item a dict... avoir faict pension à Dame FRANÇOIZE DE BEAUMOND, sa filhe naturelle & légitime, Professe & Religieuse de l'Ordre de Saincte Claire, laquelle pension il luy confirme... Legue au Reverend Pere ANTHOINE DE BEAUMOND, son filz naturel & legitime, Religieux Capucin, la somme de trente livres, laquelle somme il veult estre paiée au Sindicq du Couvent... de Gourdon.... Legue ledit sieur Testateur à nobles ARMAND & RAIMOND DE BEAUMOND, ses enfans naturels & legitimes, & de lad. Damoizelle de LANSAC, son espouse, à un chascun la somme de trois mille livres... & outre ce, donne & legue aud. sieur RAYMOND DE BEAUMOND, son filz, son cheval & equipage.... Item donne... à Dame LOUIZE DE BEYNAC, espouse du sieur de Nabirac, son filz, la somme de cinq cens livres... &... a fait & institué son heritier universel... noble BARTHELEMY DE BEAUMOND, sieur de Nabirac, son filz ayné... & entend que ledit sieur de Nabirac, sondit heritier, laisse jouir lad. Damoizelle DE LANZAC, son espouze, des avantaiges qu'il luy a faictz par leur contract de matiage... & ce dessus a dict estre son testament.... Presans noble Clemens de Colnac, Prieur de Croixe, Me Geraud Bourder, Prebtre & Recteur de Lanzac, Me Pierre Vacgnié, Docteur en Medecine, Me Michel Dusaure, Docteur & Advocat en Parlement, Me François de la Chiese, Procureur du Roy de Martel.... & moy. (*Signé*) ANTHONI, Notaire Royal. 14 Février 1645.

Ddd

CHAPITRE III.

BARTHELEMY DE BEAUMONT, Seigneur du Repaire, S^t. Aubin, Nabirac, &c. fils aîné de LAURENT.

Contrat de Mariage de BARTHELEMY DE BEAUMONT, *Seigneur d'Ibirac, avec* LOUISE DE BEYNAC-DE LA ROQUE.

Extrait collationné le 24 Décembre 1674, par les Commissaires Subdélégués à cet effet, sur l'Expédition délivrée d'après les Registres du Greffe de Sarlat ; signé : Salvat, *Commissaire ;* Merlin, *Commissaire, & par lesdits sieurs Commmissaires,* Roques.

17 Mai 1633. SCACHENT tous presans & advenir que aujourd'huy dix-septiesme du mois de May mil six cens trente-trois, avant midi, au Chasteau de la Roque-des Piagers, en Périgord... pardevant moy, Notaire & Tabellion Royal... Messire LAURANS DE BEAUMON, Seigneur du Repaire & autres places, & Messire BARTHELEMY DE BEAUMON, Seigneur d'Ibirac, son fils, & de Damoizelle FRANÇOIZE DE LANZAC... d'une part, & LOUIZE DE BEYNAC, Dame des Masuales, veuve à feu noble Jean de Garobeuf, Seigneur dud. Masuales, habitante au present Château... de l'authoritté de Messire Claude de Beynac, Seigneur de Tayac & autres places, son Curateur, à ses fins... & de l'advis & consantemant de Dame Diane d'Autefort, Dame doiariere dudit la Rocque, sa mere, d'autre... ont... accordés les articles de mariage que s'ensuivent ; premierement que lesdits sieurs d'Ibirac & Dame de Masuales s'espouzeront... en fasse de Ste Mere Esglise.... Ladite Dame de Masuales... s'est constituée en dot tous & chescuns ses biens consistant en la somme de doulze mille livres d'un cousté... trois cens livres a Elle annuellement deubs... par Anthoine de Garobeuf, Escuier, sieur de la Valousse... neuf mille livres de reste de la constitution a Elle faicte par feu Messire François de Beynac, Seigneur du present lieu & autres places, & lad. Dame de la Rocque, ses pere & mere, au contract de mariage d'entre elle & led. sieur de Masuales, en dacte du dixiesme Novembre mil six cent trente, reçeu par moy, Not^{re}... en faveur... dud. mariage led. Seigneur du Repaire... a donné... aud. sieur d'Ibirac, son filz... la moytié de tous & checuns ses biens... de quoy ausd. parties ce requerant a esté concédé instrument, presens Me Jean Lavergnie, Advocat au Siege de Sarlat, Pierre Barry, Juge ordinaire dud. la Rocque... ainsin signés à l'original. Diane Dautefort, contractante, LE REPAIRE, contractant, NABIRAC, LOUIZE DE BAYNAC, Tayac, Curateur... Laborie, Bounassous, Graulejac de la Rocque-Montmiral, le Chevalié Louclaux, la Brousse, LE CHEVALIÉ DU REPAIRE, de Lavernhie, tesmoings, de Barry, tesmoingz...

Lettres de Committimus pour BARTHELEMI DE BEAUMONT, *Seigneur du Repaire, Gentilhomme ordinaire de la Chambre du Roi.*

Original en parchemin, conservé dans les Archives de M. le Comte de Beaumont-de la Roque, au Château du Repaire, en Périgord.

18 Mars 1647. LOUIS par la grace de Dieu Roy de France & de Navarre, au premier de nos Huissiers ou Sergent sur ce requis, salut. A la supplication de notre cher & bien amé BARTHELFMY DE BEAUMONT, sieur du Repaire, l'un des Gentilhommes ordinaires de notre Chambre, estant à cause de ce en notre protection & sauve-garde, nous te mandons adjourner tous ceux dont par luy sera requis... pardevant nos amez & teaux Conseilliers les Maîtres des Requêtes ordinaires de nostre Hostel ou les Gens tenans nos Requetes ou Palais à Paris, à son choix, & faire commandement, de par nous, à tous Juges devant lesquels le Suppliant a, ou aura causes personnelles, possessoires ou mixtes... de les renvoyer... ausd. Requêtes... ou Palais à Paris... car tel est notre plaisir. Donné à Paris, le dix-huitieme jour de Mars mil six cens quarante-sept, & de notre regne le quatriesme. (*Au bas est écrit*) De par le Roy en son Conseil. (*Signé*) DUBOSC.

(*Le sçeau est perdu.*)

DE LA MAISON DE BEAUMONT. Liv. IX.

Extrait d'une Lettre particuliere, dattée d'Agen le 15 Mars 1653, signée Le Bel, dont la suscription est : à Monsieur Monsieur DE BEAUMONT, Commandant pour le service du Roi dans la Ville & Château de Doume, à Doume.

... JE VOUS prie de... me... donnez des nouvelles... de ce qui se passe en vostre pays ; de deça il n'y a rien autre chose, sinom que S. A. partira à la fin du mois pour aller se marier, & sera de retour quinze jour après : c'est une nouvelle que je vous puis donner pour certaine. Il n'y a que quatre jours que je suis arrivé de Bayonne & d'Ax où j'ay esté par ordre de Sad. Altesse... Il est arrivé ce soir un Courier du Costé des Lannes de Dax qui porte nouvelle comme quoy M. le Chevalier d'Aubeterre a bien frotté Baltazar, luy a fait six vingts prisonniers & tué beaucoup de monde, l'ayant fait passer & ses trouppes la riviere à la nage.

15 Mars 1653.

Cette Lettre, scellée d'un cachet en cire rouge, conservée en original dans les Archives de M. le Comte de Beaumont-de la Roque, au Château du Repaire, en Périgord.

Testament de BARTHELEMI DE BEAUMONT, *Seigneur du Repaire, de S*^{t} *Aubin, Nabirac, &c. en faveur de* LOUISE DE BÉNAC, *son Epouse, de* FRANÇOIS, JEAN, GRATIEN, *autre* FRANÇOIS, ARMAND, *autre* JEAN, FRANÇOISE, MARIE, ANNE, *autre* MARIE, *&* autre ANNE DE BEAUMONT, *leurs Enfans.*

Original en papier, conservé dans les Archives de M. le Comte de Beaumont-de la Roque, au Château du Repaire, en Périgord.

AU NOM de Dieu soit amen... Aujourd'huy douziesme jour du mois de Mars mil six cens soixante-sept, après midy, au Chasteau du Repere, paroice de St Aubin, en Périgord, regnant Louis, &c. Pardevant moy, Notaire Royal & tesmoins... Messire BARTHELEMY DE BEAUMON, Chevalier, Seigneur du présent Chasteau, Sainct Aubin, Nabirac & autres lieux... desirant faire son testament, a disposé de la sorte que suit. Premierement... a dit vouloir estre ensevely dans ses tumbeaux qui sont dans l'Esglise de Sainct Aubin, & que ses honneurs funebres soient faictes à la discreption de son heretiere bas nommée.... Veut estre faict faire... dans l'an, après son decès, un tableau où soient painctz un Sainct Berthelemy & Sainct Louis, & donné à l'Eglize dud. Sainct Aubin.... Item a dit led. Seigneur Testateur estre joint en mariage avec Dame LOUIZE DE BEYNAC, sa chere & bien aymée expouse, & de leur mariage avoir FRANÇOIS, sieur de Nabirac, JEAN, sieur de la Borie, Prestre & Chantre en l'Esglise Collegiale de St Avid, GRATIEN, sieur de la Boissiere, FRANÇOIS, sieur de Sainct Avid, ARMAND, Chevalier, JEAN, sieur de la Bastide, FRANÇOISE, Damoiselle de Nabirac, MARIE, Dame de Guiral, ANNE, Damoiselle de la Bastide, MARYE, Damoiselle de la Borie, & ANNE, Religieuse, leurs enfans naturels & légitimes ; qu'il a marié lad. MARYE, Dame de Guiral, à laquelle a constitué dot... que ladite ANNE est Religieuse Professe au Couvent des Religieuses de Ste Clere du Pouget, à laquelle fut constitué dot lorsqu'elle entra en religion.... Item led. Seigneur Testateur donne à chescun de ses autres enfans, nommés JAN, sieur de la Borie, GRATIEN, sieur de la Boissiere, FRANÇOIS, sieur de St. Avid, ARMAND, Chevalier, JEAN, sieur de la Bastide, FRAÇOISE, Damoiselle de Nabirac, ANNE, Damoiselle de la Bastide, MARYE, Damoiselle de la Borie, au chescun d'iceux legue leur droit de legitime, & en ce les a faictz ses heritiers particuliers, laissant neanmoins à son heritiere bas nommée la liberté d'advantager led. ARMAND, Chevalier, de quelque chose au delà sad. legitime. Et parce'que le chef de tout bon & valable testament est institution d'heretier ou heretiere led. Seigneur Testateur a institué... lad. Dame LOUIZE DE BEYNAC, sa très-chere & aymée espouse, à la charge de rendre son heredité aud. FRANÇOIS, sieur de Nabirac, lorsqu'il se mariera, & plutost si elle veut.... De quoy led. Seigneur Testateur m'a requis acte que luy ay concedé ez presences de Messire Jean Lansac, Escuier, sieur de Cernè, habitant de la Ville de Doume, Mr. Me Henry d'Espaniac, Docteur en Medecine, & Pierre Albie, Me Appoticaire, habitans de la Ville de Gourdon, Messire Jacques de Beynac, Chevalier, sieur de Mongaliard, habitant du lieu de Beynac, Jean de Chaunac, Escuier, sieur de Marsons, habitant... de Gourdon... qui ont signé avec led. Seigneur Testateur.... (*Signé*) DE BARRY, Notaire Royal.

12 Mars 1667.

Jugement de Maintenue de Nobleſſe rendu par M. Pellot, Intendant de Guyenne, en faveur de BARTHELEMI DE BEAUMONT, *Seigneur du Repaire, & de* FRANÇOIS DE BEAUMONT, *Seigneur de Nabirac, ſon fils.*

Original en papier, conſervé au Cabinet de l'Ordre du St. Eſprit : Recueil des Jugemens de Maintenue de Nobleſſe de la Province de Guyenne, vol. xxx. fol. 349-363.

15 Mars 1668. LE DOUZIESME de Novembre mil ſix cens ſoixante-ſix, pardevant nous François de la Brouſſe, Eſcuyer, Advocat en la Cour de Parlement de Bourdeaux, Commiſſaire Subdélégué par Meſſire Claude Pellot, Seigneur du Port David & Sandras, Conſeiller du Roy en ſes Conſeils, Maiſtre des Requeſtes ordinaires de ſon Hoſtel, Intandant de la Juſtice, police & Finances ez Generalité de Guyenne, Commiſſaire exécuteur de la Declaration du Roy, du huictieſme Febvrier mil ſix cens ſoixante-un, & Arreſt de ſon Conſeil, du vingt-ſixieſme Febvrier & vingt-deuzieſme Mars dernier, conſernant la recherche des faux & véritables nobleſſe.

A compareu FRANÇOIS DE BEAUMOND, Eſcuyer, Seigneur de Nabirac, faiſant pour & au nom de BARTHELEMY DE BEAUMOND, Eſcuyer, Seigneur du Repaire, Nabirac & Sainct Alby, habitant en ſon Chaſteau du Repaire, aſſiſté de Me Jean Martini, ſon Procureur, lequel, pour ſatisfaire à la repreſentation faicte volontairement par ledit Seigneur du Repaire le neufieſme de ce mois pour la juſtification de ſa nobleſſe, a dict, ledit Seigneur DE NABIRAC, faiſant tant pour ledict Seigneur du REPAIRE, ſon pere, aſſiſté dudit Martini, ſon Procureur, avoir led. Seigneur du Repaire l'aige de ſoixante ans ou environ, & quilz ont pour leurs armes de leur Maiſon : *trois fleurs de lis ſur une bande d'argent, l'eſcuzon portant Gules.*

Et que led. Seigneur du Repaire eſt filz naturel & légitime de feū noble LAURANS DE BEAUMOND, Eſcuyer, Seigneur dudict Repaire, & de Damoizelle FRANÇOIZE DE LANZAC, en ſon vivant Dame du Repaire, & led. feū Seigneur LAURANS DE BEAUMOND eſtoict filz de feū noble CHARLES DE BEAUMOND, Eſcuyer, & en ſon vivant Seigneur de Monfort & de Peyrat, & de feū ANTOINETTE DU POUGET, Dame du Repaire-de Nabirac & autres lieux, & ledit CHARLES, filz de feū autre LAURANS DE BEAUMOND & (de) DALPHINE DE VERNEUL, Dame & heritiere de Peyrat & Ponpignac & ledict LAURANS, fils de feū AMBLARD DE BEAUMOND ; déclarant ledict Seigneur du Repaire qu'il a ſix anfans, ſçavoir ledit FRANÇOIS, Eſcuyer, Seigneur de Nabirac ; JEAN DE BEAUMOND, Eccleſiaſtique ; GRATIEN, ſieur de la Boyſiere, FRANÇOIS, ſieur de Sainct Avid, eſtant ledict FRANÇOIS & GRATIEN dans la premiere Compaignie des Moqueſteres du Roy ; JEAN DE BEAUMOND & autre JEAN DE BEAUMOND : toutz les quelz ſuſdict enfans (ſont) ſoubz la puiſſance dud. Seigneur du Repaire, led. Chaſteau du Repaire eſtant de la Séneſchauſſée & Exlection dudict Sarlat ; déclarant en outre ledict Seigneur du Repaire qu'il ſont de la Maiſon Dauſhfine, & qu'il recognoit pour eſtre de la meſme famille le Seigneur DE BEAUMOND-DE-PEYRAT.

Premierement employe le dict Seigneur du Repaire ſon contract de mariage paſſé avec De. LOUIZE DE BEYNAC, en datte du dix-ſeptieſme de May mil ſix cens trante-troys, receu par Delbarry, Notaire . . . cotté . . . A . . . Le teſtament dudict feū noble LAURANS DE BAUMOND, Eſcuyer, Seigneur dudict Repaire, ſon pere. . . . du vingt-quatrieſme de Febvrier mil ſix cens quarante-cinq . . . ſigné par coppie : Anthony, Notaire Royal, & cotté . . . B . . Le contract de mariage d'entre led. feū noble DE LAIRANS DE BAUMOND, Eſcuyer, Seigneur dud. Repaire, ſon pere, & de feue Damoizelle MARGUERITTE DE SALIGNAC, fille de feū hault puiſſant Seigneur Mre Jean de Salignac, en ſon vivant Gentilhomme de la Chambre du Roy, Capitaine de cinquante Hommes d'Armes, en datte du trantieſme Juillet mil cinq cent quatre-vingt-quinze . . . cotté C . . . Contract de mariage d'entre ledict feū noble LAURANS DE BAUMOND, Eſcuyer, Seigneur du Repaire & autres ſes places ſon pere, & de feue FRANÇOISE DE LEMZAC, en ſon vivant Dame du Repaire, ſa mere. . . du ſeptieſme Mars mil ſix cens cinq : ſigné . . . Clayrac . . . cotté D. . . . Le contract de mariage d'entre noble CHARLES DE BAUMOND, Eſcuyer, en ſon vivant Seigneur de Montfort & de Peyrat, & de feū ANTHOINETTE DU POUGET, Dame du Repaire, Nabiras & autres lieux, ſon expouſe, pere & mere dud. feū noble LAURANS, Seigneur dud. Repaire, original, . . . du troizieſme Mars mil cinq cens ſoixante-dix-ſept . . . cotté E. Le teſtamant dud. feū noble CHARLES DE BAUMOND, Eſcuyer, ayeul dudict Seigneur Produiſant . . . du quatrieſme dud. feū Septembre mil ſix cens cinq, receu par Cleyrac, Notaire . . . cotté . . . F . . . Autre contract de mariage de feū noble LAURANS DE BAUMOND, Seigneur de Monfort, Beaumont, Ponpignan & Peyrat & autres places, & De. DALPHINE DE VERNEUL, pere & mere de feū CHARLES, du trentieſme Decembre mil cinq cens trante-huict, ſigné Meyan, Notaire, & cotté G . . . Le teſtament olographe & en original dud. feū LAURANS, pere dud. feū CHARLES, de l'année mil cinq cens cinquante, & du ſecond du mois d'Apvril . . . cotté . . . H . . . Une tranſaction paſſé entre nobles CHARLES DE BAUMOND, Seigneur du Repaire, noble LAURANS DE BEAUMOND & DE VERNEUL, Seigneur & Baron de Beaumond & autres places, filz de feū Meſſire LAURANS DE BAUMOND, Chevallier, & de lad. Dame DE VERNEUL, en dacte du ſecond du mois de Juillet mil cinq cens ſoixante-dix-ſept, reçue par Moſtolat, & cotté . . . I. . . Autre contract de mariage

DE LA MAISON DE BEAUMONT. Liv. IX.   397

d'entre AMBLARD DE BAUMOND, Seigneur dudict Beaumond, Monfort & autres places, & de noble MARGUERITTE ALMAUDY, pere & mere dud. feû LAURANS... du penultiefme Septembre mil quatre cens nonante-neuf... cotté K... Le teftament dudict feû AMBLARD DE BEAUMOND, Seigneur du dict Beaumond & Monfort & autres places, de l'année mil cinq cens dix & fept, & quatriefme de Juin... cotté L... Dict led. Seigneur du Repaire que pour juftifier plus emplement de fa qualitté & des honnorables (tefmoignages) des deffus Roys & Dauphins, produict premierement le dont faict de Beaumont, des fiefz mantionnés en icelluy par Humbert Dauphin, dacté du vingt-feptiefme Janvier mil trois cens vingt-fix... cotté... N. Plus... les lettres patantes du mefme Dauphin du divers autres phiefz en faveur du mefme AMBLARD DE BEAUMOND pour le fervice par luy randeu... du vingt-deuziefme Novembre mil trois cens trantequatre... cotté... O... Certain dont de certaines fommes d'argent données aud. AMBLARD DE BEAUMOND par la Dame Beatrix de Vienne, Dame d'Arlay... par lettres patantes du quatriefme Juin mil trois cens cinquante-huict... cotté... P. Finalement... certaine donnation faicte par le Dauphin audict AMBLARD DE BEAUMOND de touz la phiez que led. Dauphin poffedoit dans certaines parroiffes, appellé de Thoyat (*) en Dauphiner, contenant hommage, en   *C'eft le Thouvet. dacte du cinquiefme May mil trois cens trante quatre, au pied de laquelle eft la verifffication d'icelle & augmentation des phiez accordez par le Roy de France & Dauphin, contenant hommage randu.... par ledict AMBLARD DE BEAUMOND, en datte du mois de Septembre mil trois cens feptante-deux; figné par extraict: Bouyer, & cotté... Q.
   Collationné par moy, Greffier commis foubz figné fur l'original. (Signé) ROQUE-JOFRE.
   Vû les tiltres ennoncés au pn't Invantaire, nous n'empechons qu'il foit donné acte aud. noble FRANÇOIS DE BEAUMOND, Efcuier, de la repréfentation de fes tiltres, & qu'il foit infcript dans le Catalogue des Nobles, fuivant l'Arreft du Confeil, du 22 Mars 1666. (Signé) L. DUPUY, Procureur du Roy.
   Veu les tiltres énoncez au pn't Inventaire, paraffés par le fieur de la Brouffe, noftre Subdélégué en l'Eflection de Sarlat, avec fon procès-verbal, nous avons donné acte aud. fieur DE BEAUMOND, Efcuier, de la repréfentation de fes tiltres, & ordonné qu'il foit infcript dans le Catalogue des Nobles, fuivant l'Atreft du Confeil, du 22ᵉ Mars 1666. Fait à Agen, le 15ᵉ Mars 1668. (Signé) PELLOT.

Teftament de LOUISE DE BEYNAC, Veuve de BARTHELEMY DE BEAUMONT, Seigneur du Repaire.

Original en parchemin, confervé dans les Archives de M. le Comte de Beaumont-de la Roque, au Château du Repaire, en Périgord.

AUJOURD'HUY dix-huitiefme Janvier mil fix cent foixante-dix-neuf, au Chafteau de la   18 Janvier 1679. Roque-des Peagiers, Paroiffe de Meyrals, en Périgord, regnant Louis, &c. pardevant moy, Notaire & tefmoins bas nommez... Dame LOUISE DE BEYNAC, Dame du Repere & du prefent Chafteau... a dit... avoir fait fon teftament, qui eft cy clos & cacheté de fon cachet de fes armes... de quoy m'a requis acte... ez prefences de noble Leonard de Teilles, Efcuyer, fieur de Conftaly... Pierre Lavergne, fieur de Combe-Negre... & Noel Chaffain, Mᵉ Chirurgien... qui ont figné avec lad. Dame... & moy. Suit la teneur dud. teftament. « Je fouffignée
» LOUIZE DE BEYNAC, Dame du Repere & de la Roque, vefve de Meffire BARTHELEMY DE
» BEAUMONT, Chevalier, Seigneur du Repere... ay voulu faire mon teftament clos... que
» j'ay fait efcrire par Mᵉ Jean Barry. Premierement... veux, après mon déceds, eftre enfevelie
» en mes tombeaux dans l'Eglize parroiffielle de Meyrals, & où les Seigneurs & Dames du prefent Chafteau de la Roque, mes predeceffeurs, font efté enfevelis; veux mes honneurs funebres eftre faites fans grand fafte, mais beaucoup de prieres.... Je declare que du mariage de
» mondit Seigneur du Repere, mon deffunct mary & moy, eft provenu & reftent en vie FRAN-
» çois, Seigneur du Repere, Guidon des Gendarmes de Monfeigneur, frere du Roy, JEAN,
» fieur de la Borie, Prebtre & Chantre à St Avit, ARMAND, Chevalier, ANNE, Religieufe...
» de Stᵉ Claire du Pouget, FRANÇOISE, Damoifelle DE BEAUMONT, MARIE, Dame de Guiral,
» MARIE, Damoifelle de la Borie, ANNE, Damoifelle de la Baftide, nos enfans naturels & légitimes. Je donne & legue à lad. ANNE, Religieufe, la fomme de vingt livres pour une chafcune année pendant fa vie.... Je declare que lors du mariage de lad. MARIE, Dame de Guiral, je luy conftituay dot... & outre ce, luy donne & legue la fomme de trois mil livres...
» & la ptie vouloir employer le revenu de lad. fomme à l'education de fon fils ayné... Je donne
» & legue auxd. JEAN, fieur de la Borie, Prebtre & Chantre, ARMAND, Chevalier, FRAN-
» çoise, Damoifelle DE BEAUMONT, MARIE, Damoifelle de la Borie, & ANNE, Damoifelle de
» la Baftide, & à chafcun d'iceux la fomme de trois mil livres... &... je fais & nomme mon
» heritier univerfel... le dit FRANÇOIS, Seigneur du Repere, par lequel veux ma volonté
» cydevant efcrite eftre accomplie.... Fait à la Roque, le dix-huitiefme Janvier mil fix cent
» foixante-dix-neuf, ainfy figné: L. DE BEYNAC. (Signé) DE BARRY, Notaire Royal.

Procès-verbal d'appofition de fcellé au Château de la Roque, après la mort de
LOUISE DE BEYNAC, *Dame de la Roque & du Repaire.*

Original en papier, confervé dans les Archives de M. le Comte de Beaumont-de la Roque, au Château du Repaire, en Périgord.

27 Janvier 1679. AUJOURD'HUY vingt-feptiefme du mois de Janvier mil fix cens foixante-dix-neuf, pardevant nous Jean-Guy Barry, Lieutenant de la Jurifdiction de la Roque-des Peagers... Siquaire Barriere, Procureur d'Office... a reprefenté que Dame LOUIZE DE BEYNAC, Dame de la Roque & du Repaire, veufve à feü Meffire BARTHELEMY DE BEAUMON, vivant Seigneur dudict Repaire, Navirac & autres places, eft decedée le vingt-troiziefme du prefent moys, & comme Meffire FRANÇOIS DE BEAUMON, Seigneur dudict Repaire & autres places, Guidon de Jeans-d'Armes de Son Alteffe Royalle Monfieur, Frere unique du Roy, filz aîné de ladicte feue Dame & dudict feü Seigneur du Repaire, eft au fervice du Roy en fes armées, il importe qu'il foit procedé au felé... & tout incontinent... nous nous fommes portés audict Chafteau de la Roque, ou eftans en prefance de Meffires JEAN DE BEAUMON, Preftre, Chantre, Chanoine en l'Eglife Colegialle de Sainct Avit, Seigneur ARMAND DE BEAUMON, Chevalier du Repaire, FRANÇOIS DE TOULON, Efcuier, Seigneur de Guiral, & Dame MARIE DE BEAUMON, Dame dudict Guiral, fon efpoufe, & Damoifelle ANNE DE BEAUMON, Damoifelle de la Baftide, enfens & gendre de la dicte feue Dame de la Roque & auffi en préfence de Marcq Jofeph de Goudinb, Efcuier, Seigneur de la Rouffie, & Leonard de Teillies, Efcuier, fieur de Couftaty... a efté eftimé à propos de feler & cacheter le guabinet appellé de Madame, qui eft dans la tour carrée & au-deffus la chapelle dudit Chafteau... & fur leur ferrures a efté pozé une bande de papiers... & ... trois cachets... des armes de la Maifon du Repaire... & ... dudict fieur de la Rouffie... *Signé*) CASTANIER, Greffier.

CHAPITRE IV.

FRANÇOIS DE BEAUMONT, Comte du Repaire, de la Roque, &c. fils aîné de Barthelemi.

Brevet de la Charge de Guidon de la Compagnie des Gendarmes d'Orléans pour FRANÇOIS DE BEAUMONT, *Seigneur du Repaire, & don relatif à cette Charge.*

Originaux en parchemin, confervés dans les Archives de M. le Comte de Beaumont-de la Roque, au Château du Repaire, en Périgord.

24 Février 1677. AUJOURD'HUY vingt-quatriefme du mois de Febvrier 1677 le Roy eftant à St Germain-en-Laye, & ayant reçeu divers bons tefmoignages de la valeur, courage, experience en la guerre, vigilence & bonne conduite du fieur Du REPAIRE, & de fa fidélité & affection à fon fervice, Sa Majefté la retenu, ordonné & eftably en la charge de Guidon de la Compagnie d'Hommes d'Armes de fes ordonnances, eftant foubz le tiltre de Monfeigneur le Duc d'Orleans ... pour ... en faire les fonctions & en jouir aux honneurs, auctoritez, prérogatives, états & appointe-menz qui y appartiennent ... Sa Majefté, pour tefmoignage de fa volonté, a figné de fa main & fait contrefigner par moy, fon Confeiller Secretaire d'Eftat & de fes Commandemens & Finances. (*Signé*) LOUIS. (& *plas bas*) LE TELLIER.

24 Déc. 1677. Aujourd'huy vingt-quatriefme Decembre M. VIc. foixante-dix-fept, Monfeigneur, filz de France, frere unique du Roy, Duc d'Orleans, de Valois, de Chartres & de Nemours, eftant à Paris, voulant reconnoiftre les bons fervices du feü fieur Comte de la Rocque, vivant Capitaine Lieutenant de la Compagnie de Gendarmes de Son Alteffe Royalle, en la perfonne du fieur FRAN-ÇOIS DE BEAUMONT, fieur du Repere, en le faifant jouir paifiblement tant de la charge de Guidon de lad. Compagnie dont fad. A. R. l'a fait pourvoir ... Que des quinze mil livres qui luy ont efté payez par forme de recompenfe par le feü fieur de Beauvo qui avoit fuccedé aud. fieur de la Rocque à la charge de Capitaine Lieutenant de lad. Compagnie, Son Alteffe Royalle voulant d'autant plus donner lieu aud. fieur DE REPAIRE de tenir fa brigade en bon eftat, a declaré que fon intention eft que led. fieur DE REPAIRE jouiffe fans trouble, tant de lad. Charge de

DE LA MAISON DE BEAUMONT. Liv. IX.

Guidon que defd. quinze mil livres dont Elle a voulu qu'il euft efté recompenfé par led. fieur de Beauvo, & pour tefmoignage de fa volonté, m'a commandé d'en expedier le prefent Brevet, qu'Elle a figné de fa main & fait contrefigner par moy, fon Confeiller & Secretaire de fes Commandemens, Maifon & Finances. (*Signé*) PHILIPPE. (*& plus bas*) DE HANYVEL.

Extrait de l'Abregé Chronologique & Hiftorique des Troupes de la Maifon du Roi ; par Le Pippre : in-4°. Tom. 2. pag. 592.

Chronologie des Guidons de la Compagnie des Gendarmes d'Orléans.

I.

FRANÇOIS DE BEAUMONT, Seigneur du Repaire, fut reçu à cette Charge en 1677, après la Bataille de Montcaffel. Ses armes font : *de Gueules à une face d'argent* (chargée) *de 3 fleurs de lis d'azur.*   Année 1677.

II.

Nicolas Chauvel-de la Martiniere fut reçu à ce Guidon en 1689, &c.

Congé pour le SEIGNEUR DU REPAIRE.

Original en papier, confervé dans les Archives de M. le Comte de Beaumont-de la Roque, au Château du Repaire, en Périgord.

LE ROY fçachant le befoin qu'a le fieur LE REPAIRE, Guidon de la Compagnie des Gendarmes d'Orleans, d'aller vaquer à fes affaires particulieres ... Sa Majefté luy a donné & donne congé pendant quatre mois, après lequel temps Elle veut & entend qu'il retourne à fa Charge, & que cependant il foit paffé abfent comme prefent ... & payé de fes appointemens en vertu de la prefente. Fait à Verfailles, le fixiefme Avril 1686. (*Signé*) LOUIS. (*& plus bas*.) LE TELLIER.   6 Avril 1686.

Traité paffé par le SEIGNEUR DU REPAIRE *de fa Charge de Guidon des Gendarmes d'Orléans, & conventions relatives à ce Traité.*

Originaux en papier, confervés dans les Archives de M. le Comte de Beaumont-de la Roque, au Château du Repaire, en Périgord.

NOUS fouffignés fous le bon plaifir du Roy & de Monfieur fommes convenus ... que moy, DU REPERE, ay vendu ma charge de Guidon des Gendarmes d'Orleans, à commancer la jouiffance du premier Decembre de l'année derniere mil fix cent quatre-vingt-fept, pour les appointemens feulement, & à l'efgard de la remonte du quinze du prefent mois pour & moyennant la fomme de treize mil cent livres, à moy de Chauvel, qui *le* l'ay acceptée, & ay promis aud. fieur DU REPAIRE de luy payer la fufd. fomme ... lorfqu'il me mettra fa demiffion entre mes mains ... qui fera au plus tar dans le quinze dud. prefent mois. ... Fait à Paris, ce neufe Mars mil fix cens quatre-vingtz-huict, ces prefentes double. (*Signé*) DEU REPAIRE. (&) CHAUVEL.   9 Mars 1688.

Je fouffigné ay reffeu les treffe mille finc fans livres. (*Signé*) LE REPAIRE.

FUT PRESENT Jean-Nicolas Chauvel, Efcuyer, fieur de Villiers, Capitaine, Guidon des Gendarmes d'Orleans ... lequel, en confideration de la vente qui luy a efté faite de lad. Charge de Guidon des Gendarmes d'Orleans, par Meffire FRANÇOIS DE BEAUMONT, Chevalier, Seigneur-Comte Durpere, cy-devant pourveu de lad. Chargé, pour ce prefent & comparant, demeurant ordinairement en fon Chafteau Durpere ... a promis & s'eft obligé envers led. fieur Durpere qu'en cas que dans deux ans ... Sa Majefté luy accorde ... une pencion de luy en faire dellivrer la premiere année. ... Fait & paffé à Paris es Eftudes l'an mil fix cens quatre-vingts-huict, le dix-huictiefme Mars après-midy. (*Signés*) LE REPAIRE-BAUMONT. Chauvel. De Troyes (&) Le Vaffeur.   18 Mars 1688.

Contrat de Mariage de François de Beaumont, Seigneur du Repaire, Comte de la Roque, &c. avec Louise d'Aubusson-de Miremont.

Original en parchemin, conservé dans les Archives de M. le Comte de Beaumont-de la Roque, au Château du Repaire, en Périgord.

15 Juillet 1690. Aujourd'huy quinsiesme Julhiet mil six cens quatre-vingt-dix, au Chasteau de Miremon, Paroisse de Mauzens en Périgord... pardevant nous, Notaires Royaux soubzsignés... ont estés personnellement establis hault & puissant Seigneur Messire Fransoys de Beaumont, Chevalier, Seigneur du Repere, Compte de la Roque-des Peagers, Meyralz & Castel, habitant en son Chasteau de la Roque, Paroisse de Meyralz d'une part, & hault & puissant Seigneur Messire Jean d'Aubusson, Chevalier, Seigneur Marquis de Miremon, Baron de Vilhac, Dapniac & autres plaßes, & Dame Louyse d'Aubusson, Dame Marquise dud. Miremon, son espouse, & Damoiselle Jeanne d'Aubusson, Damoizelle de Miremon, leur fillie naturelle & legitime... habitans dud. present Chasteau d'autre, assistés les uns les autres de leurs freres, seurs, oncles & autres parans. Par lesquelles Partyes a esté dict mariage avoir esté traicté entre led. Seigneur du Repere & ladicte Damoizelle de Miremon, & promettent icelluy solempniser en fasse de Ste Mere Eglise Catholique, Apostholique Romaine... Lesdictz Seignieur & Dame de Miremon constituent à ladicte Damoizelle, leur filhie, la somme de vingt & quatre mille livres... scavoir... six mille livres dheues par hault & puissant Seigneur Messire Jehan-Jacques d'Aubusson, Compte de Peyran, par contract du vingt & septiesme Julhiet mil six cens quatre-vingtz-six, receu par Bardeß, l'un des Notaires soubzsignés... Le tout ez presances de Messieurs Maittre Pierre de Rupé, Advocat en la Cour, habitant de la Ville de Sarlat, & Jehan Rougier, aussy Advocat... qui ont signé avecq les Partyes & parans... & moy. (*Signé*) Hodemon, Notaire Royal.

Commission du Roi à M. du Repaire, pour travailler à la confection du rôle de la Capitation de la Noblesse de sa Province.

Original en papier, conservé dans les Archives de M. le Comte de Beaumont-de la Roque, au Château du Repaire, en Périgord.

22 Février 1695. Monsr du Repaire ayant reglé, par ma Declaration du XIIIIe Janvier dernier, que les rolles de la Capitation, en ce qui regarde les Gentilshommes, seront arrestez par les Intendans conjointement & de concert avec un Gentilhomme de chaque Bailliage que je choisiray, & estant informé de votre zele pour mon service, & de la connoissance particuliere que vous avez de la noblesse de la Senechaussée de Sarlat, je vous ay choisy pour travailler avec le sieur de Besons, Intendant de Justice de la Generalité de Bordeaux, à la confection du rolle de la Capitation, & je m'asseure que vous l'aiderez de vos lumieres afin que l'imposition soit faite avec le plus d'équité qu'il sera possible; sur ce je prie Dieu qu'il vous ayt, Monsr du Repaire, en sa Ste garde. A Versailles, le XXIIe jour de Fevrier 1695. (*Signé*) Louis. (& plus bas) Phelypeaux. La suscription est : A Monsieur du Repaire-la Roque-Meyrals.

Brevet d'Armoiries pour François de Beaumont, Seigneur du Repaire, &c.

Original en parchemin, conservé dans les Archives de M. le Comte de Beaumont-de la Roque, au Château du Repaire, en Périgord.

Ici sont peintes les
Armes de la Maison
de Beaumont : *de Gueules
à la Fasce d'argent,
chargée de trois
Fleurs de Lys d'azur.*

25 Mars 1698. Par Ordonnance rendue le 21e du mois de Fevrier de l'an 1698. par Mrs les Commissaires Généraux du Conseil députés sur le fait des armoiries, Celles de François de Beaumont, Sgr du Repaire & de la Roque, telles qu'elles sont ici peintes & figurées, après avoir été reçues, ont

DE LA MAISON DE BEAUMONT. Liv. IX.

ont été enregistrées à l'armorial général, dans le Registre cotté Guienne, en consequence du payement des droits reglés par les Tarif & Arrest du Conseil, du 20 de Novembre de l'an 1696; en foi de quoi le present Brevet a été delivré par nous Charles d'Hozier, Conseiller du Roi & Garde de l'Armorial Général de France, &c. A Paris, le 25e du mois de Mars de l'an 1698. (*Signé*) D'HOZIER.

Contrat de Mariage de FRANÇOIS DE BEAUMONT, *Seigneur du Repaire*, &c. *avec* MARIE-ANNE DE LOSTANGES-DE St ALVAIRE.

Original en parchemin, conservé dans les Archives de M. le Comte de Beaumont-de la Roque, au Château du Repaire, en Périgord.

AUJOURD'HUY quatriesme du mois de Janvier mil six cens quatre-vingtz-dix-neuf avant midy, au Chasteau de Sainct Alvere, en Périgord, devant moy, Notaire Royal... ont esté personnellement establis haut & puissant Seigneur Messire FRANÇOIS DE BEAUMON, Seigneur de la Roque, le Repaire, Nabirac & autres places, filz naturel & legitime de feü Messire BARTHELEMY DE BEAUMON, Seigneur du Repaire, & de Dame LOUIZE DE BEYNAC, ses pere & mere, habitant en son Chasteau de la Roque d'une part, & Demoiselle MARIE-ANNE DE LOSTANGES-DE SAINCT-ALVERE, Demoizelle du Vigan, filhie naturelle & legitime de feü haut & puissant Seigneur Messire Emanuel-Galiot de Lostange, Seigneur Marquis de St Alvere, & de Dame Claude Simonne d'Hebrard-de St Suplice, Dame Marquize de St Alvere, acistée de haut & puissant Seigneur Messire Louis de Lostange, Chevalier, Seigneur Marquis dudict Sainct, Puidereges, Bidonnet & autres ses places, Seneschal & Gouverneur pour le Roy en la Province de Quercy, son fraire ayné, substitué universel de la Maison de Sainct Alvere & autres ses patans soubzsignés, habitante dudict Chasteau de St Alvere d'autre part. Lesquelles Parties ont dict mariage avoir esté traicté entre ledict Seigneur DE BEAUMONN & ladicte Damoizelle DE LOSTANGE, qu'ilz promettent de solennizer du premier jour en face de Ste Mere Esglise Catholique, Apostolique & Romaine.... Ladicte Damoizelle future Espouze, majeure & maitresse de ses droictz, c'est constituée tous & chascungtz ses biens... & led. Messire Louis de Lostange, Seigneur Marquis de St Alvere... sans prejudice de la liquidation telle que de droict... c'est chargé de payer audi. Seigneur du Repaire sur lesd. droits... la somme de huict mille livres... & de plus ledict Seigneur futur Espoux donne à ung ses Enfans malles dud. mariage... la moitié de tous... ses biens, s'en reservant neanmoing la nomination, & s'il vient à mourir sans nommer, ladicte Demoizelle aura la liberté de la faire, & sy l'ung & l'autre decedent sans faire lad. nomination, le premier enfan malle abille à subceder reculira l'effect de ladicte donation.... Presans Monsieur Me Pierre de Rupe, Advocat en la Cour, habitant de la Ville de Sarlat, & Me Pierre Blondel, Lieutenant de la presente Jurisdiction de Sainct Alvere... & moy.... (*Signé*) AYMON, Notaire Royal.

4 Janvier 1699.

Testament de FRANÇOIS DE BEAUMONT, *Comte de la Roque,* &c. *en faveur d'*ARMAND, LOUIS & CHRISTOPHE DE BEAUMONT, *ses Enfans, & de* MARIE DE LOSTANGES-DE Se ALVAIRE, *son Epouse*.

Original en papier, conservé dans les Archives de M. le Comte de Beaumont-de la Roque, au Chátean du Repaire, en Périgord.

AUJOURD'HUY vingt-huictiesme du mois d'Avril mil sept cent dix, au Chasteau noble du Repaire-Laval, paroisse de St Alby, en Périgord... Dame MARIE-ANNE DE LOSTANGES-DE St ALVERE, veuve de Messire FRANÇOIS DE BEAUMONT, Conte de la Roque, Seignieur du present lieu, Nabirac & autres places, habitante du present Chasteau... nous a representé que led. feü Seigneur du Repaire, son mary, auroit faict son testament clos dont l'acte de suscription a esté ressué par moy, Notaire soussigné, le dix-huictiesme du present mois, &... prié... estre procedé à l'ouverture dud. testament, en presance de Messire ARMAND DE BEAUMON, Chevalier du Repaire, habitant du present Chasteau, & de Mr Me Pierre de Rupé, Advocat en la Cour... suivant l'intansion du Testateur... & à l'instant nous aurions ouvert icelluy en presance des susnommés qui s'est trouvé de la teneur qui... suit. « Je soussigné desirant faire mon
» testament... j'ay faict ma disposition de la maniere qui s'ensuit. Je vus que mon corps soict
» enterré dans l'Eglize de St Alby ou bien dans celle de Meyralz... Je donne aux pauvres habi-
» tans des Paroisses de Meyrals & de Castel la somme de mille livres... Je declare estre joint en
» mariage avec Dame MARIE DE LOSTANGES-DE St. ALVERE, ma très-chere Espouze, & de nostre
» mariage avoir trois enfans malles, l'ayné, nommé ARMAND, le segond LOUIS, le troiziesme
» CRISTOFLE... Je donne & legue à ladicte Dame la jouissance de la Terre du Repaire pen-
» dant sa vie, en payant année par année les revenus qui coutent, à Madamoizelle DE BEAUMON,

28 Avril 1704.

Eee

» ma fur, &... à Monfieur le Chevalier DU REPAIRE, mon fraire... Je le prie... & Madame
» du Repaire, mon Expoufe, de faire ellever... mes enfans... dans la crainte de Dieu &
» felon leur qualité. Je donne & legue à Monfieur de Toulon la fomme de mille livres... à
» condition qu'il ne faſſe aucune demande.... Et parce que le chef de tout bon & valable teſ-
» tament eſt l'inſtitution d'heritier... Je nomme... led. ARMAND, mon fils aîné... & en cas il
» viendroict à deſſeder fans enfans malles de legitime mariage, je fuſtitue... LOUIS DE BEAU-
» MON, mon fegond fils, &... CRISTOFLE DE BEAUMONT, mon troizieſme fils... & en cas mes
» enfans viendroicť à deceder fans enfans de legitime mariage, je fuſtitue ARMANT DE BEAU-
» MONT, mon fraire... Je vus qu'il foict faict invantere de mes biens & esfaiĉts, & je prie
» Mr de Giſſou, Confelier du Roy au Siege Prezidial de Sarlat, de le faire faire exactement.
» Telle eſt ma volonté... que j'ay eſcript & figné le vingtieſme Avril mil fept cent quatre,
» figné à l'original LE REPAIRE-BEAUMONT. »

Aujourd'huy dix-huictieſme du mois d'Avril mil fept cens dix, au Chateau noble du Repaire-
Laval en Périgord, Paroiſſe de St Alby... devant moy, Notaire... Meſſire FRANÇOIS DE BEAU-
MON, Comte de la Roque, Seigneur du Repaire, Nabirac & St Alby, & auttres places... a dict
qu'il a faict fon teſtament clos eſcript de fa main... cacheſté... de fon cacheſt ordinaire &
figné de fon faint... de quoy m'a requis inſtrument... en preſance de Mr Mr Francois de
Marſis, Docteur en Teologie, Preſtre, Curé de St Alby, & Monfieur Me Anthoine Vidal, Con-
felier du Roy au Siege de Gourdon... qui ont figné... & moy. (*Signé*) DE BUALBRE (ou
BRIALBRE) Notaire Royal.

Extrait du Mercure de France du mois d'Avril 1747. *pag.* 201 & 202.

Avril 1747. LE DIX-SEPT Dame Marie-Anne de Loſtange-de St. Alvere, veuve de FRANÇOIS DE BEAU-
MONT, Seigneur du Repaire en Périgord, avec lequel elle avoit été mariée le 4 Janvier 1699,
mourut à Sarlat âgée de quatre-vingt ans, ou environ, ayant eu de fon mariage entr'autres
enfans N..... DE BEAUMONT-DU REPAIRE, qui a pluſieurs enfans, dont les deux aînés font
Officiers dans le Régiment des Gardes-Françoiſes; Mad. DE BEAUMONT laiſſe auſſi pour fils
M. CHRISTOPHE DE BEAUMONT-DU REPAIRE, fucceſſivement Evêque de Bayonne, Archevêque
de Vienne, & enfin de Paris au mois d'Août 1746, à l'occaſion duquel nous avons rendu compte
de la nobleſſe & de l'ancienneté de la Maiſon de Beaumont, & de ſes alliances, dans le Mercure
du mois d'Août de l'année derniere 1746, fol. 167. Feue. Mad. DE BEAUMONT étoit fille d'Emmanuel Galiot de Loſtange, Marquis de St. Alvere, Sénéchal & Gouverneur de Quercy, & de
Claude-Simonne Ebrard-de St. Sulpice, & petite-fille de Jean-Louis de Loſtange, Seigneur &
Baron de St Alvere, & de Dame Eliſabeth de Cruſſol-d'Uzès, qu'il épouſa le 14 Décembre
1603, fille de Jacques de Cruſſol, Duc d'Uzès, Pair de France, Chevalier des Ordres du Roi,
& de Françoiſe de Clermont-Tonnerre, mariés le 20 Août 1568. La Maiſon de Loſtange, dans
le Bas-Limoſin, eſt marquée entre les premieres de cette Province par fon ancienneté, par
ſes alliances & par ſes ſervices militaires: ſes armes font *d'argent à un lyon de gueules cou-
ronné, lampaſſé & armé d'or, & une orle de cinq étoiles de gueules poſées* 2. 2. *& une.* Voyez
cette Généalogie dans le Dictionnaire Hiſtorique de Morery, vol. 4. fol. 664.

CHAPITRE V.

SIMON-ARMAND DE BEAUMONT, Comte de la Roque, Seigneur du
Repaire, Nebirac, St Aubin, *&c.* & LOUIS DE BEAUMONT, Chevalier
du Repaire, ſon frere puîné, Enfans de FRANÇOIS.

Extrait des Regiſtres de la Paroiſſe de St. Aubin, délivré le 28 *Octobre* 1775. *par le Curé de
ladite Egliſe, ſigné Danglars; & légaliſé par le Lieutenant-Général en la Sénéchauſſée &
Siége Préſidial de la Ville de Sarlat: ſigné Giſſon, Lieut. Gn al & ſçellé.*

12 Juillet 1701. SIMON-ARMAND DE BEAUMONT, fils de noble FRANÇOIS DE BEAUMONT, Comte de
la Roque, Seigneur du Repaire, & de Dame MARIE-ANNE DE LOSTANGES-DE SAINTE-
ALVERE, ſa femme, né le douze Juillet dernier, a été porté à l'Egliſe de Saint-Aubin le vingt
& quatrieſme Juin mil fept cent un, où les ceremonies du Baptême ont été ſuppléés: il a été
tenu par noble ARMAND DE BEAUMONT, Chevalier du Repaire, fon oncle, & par Dame noble
Simonne d'Hebrard-de Saint-Suplice, Dame du Vigan, fon ayeule... il avoit été baptiſé à la
Roque-Mayral, par le Curé de lad. Paroiſſe, le treize du mois de Juillet. LE CHEVALIER
DU REPAIRE: BEAUMONT DU REPAIRE: DU VIGAN. DUCROS, Curé de Saint-Aubin...

Extrait des Registres de la Paroisse de Meyrals, délivré le 3 Décembre 1775, signé Peyrellade ; & légalisé comme le précédent.

AUJOURD'HUY huitieme Janvier 1702 a reçu les cérémonies du Baptême de noble LOUIS DE BEAUMONT-DU REPAIRE, fils naturel & légitime de noble FRANÇOIS DE BEAUMONT-DU REPAIRE & de Dame ANNE-MARIE DE LOSTANGES-DE SAINT-ALVAIRE ; il naquit au Château de la Roque le neuvieme de Novembre 1701, & fut ondoyé le même jour au Château de la Roque par ordre de Messieurs les Vicaires Généraux le Siege vaquant. Son Parain a été haut & puissant Seigneur Messire Louis de Lostanges, Marquis de S^t. Alvaire, Gouverneur du Quercy, & sa Maraine Demoiselle MARIE DE BEAUMONT : ce Baptême a été fait par moi soussigné Merlin, Curé de Meyrals.....

Contrat de Mariage d'ARMAND DE BEAUMONT, Comte de la Roque, Seigneur du Repaire, &c. avec MARIE-ANNE DE FAURIE.

Original en parchemin, conservé dans les Archives de M. le Comte de Beaumont-de la Roque, au Château du Repaire, en Périgord.

ARTICLES de Mariage entre Messire ARMAND DE BEAUMONT, Chevalier, Comte de la Roque, Seigneur du Repaire, Nevirac, Sainct-Aubin, Mayral, Castel & autres places, fils legitime & naturel de feu Messire FRANÇOIS DE BEAUMONT, Comte de la Roque & Seigneur desd. places, & de Dame MARIE-ANNE DE LOSTANGES-DE SAINT-ALVERE, Dame du Repaire... assisté de lad. Dame &... de Messire ARMAND DE BEAUMONT, Chevalier du Repaire... de Messire Christophe de Loftanges-de Saint Alvere, Grand Archidiacre en l'Eglise Cathedrale de Caors, Baron d'Ussel, Seigneur de la Mothe, Nadilhac, Mural, Fages, Vidonnet & autres places, & de Messire Antoine de Loftanges-de Sainct Alvere-d'Ussel, son oncle maternel d'une part, & Demoiselle MARIE-ANNE DE FAURIE, fille legitime & naturelle de feu Messire Jean-Baptiste de Faurie, Chevalier, Thresorier General de France en la Generalité de Montauban, Seigneur de la Guilhonne & Conseigneur de Saint Gery, assistée de Dame Jeanne de Calmon, sa mere, de Dame Anne de Dablanc, sa grande-mere, de Messire Pierre-Louis de Roquemaurel, Chevalier, Seigneur de Gailhac, Roquemaurel, Albiac & autres places, de Monsieur M^e. François de Faurie, Prieur de Saint Martin de Cailles au Diocese d'Agen, & Prebendé en l'Eglise Cathedrale, de Monsieur Me Joseph Valet, antien Procureur du Roy & Conseiller honoraire au Presidial de cette Ville, son grand-oncle paternel, de noble Louis de Dablanc, Seigneur de la Bouisse, son grand-oncle maternel, & de noble François de Dablanc de la Bouisse, son cousin-germain.

Primo il a été convenu que led. mariage sera solemnisé, les formalités de l'Eglise prealablement observées.... Secundo.... lad. Demoiselle future Espouse se constitue en dot la somme de cinquante mille livres... Tertio lad. Dame de Calmon a donné à lad. Demoiselle DE FAURIE, sa fille... la somme de dix milles livres payables après son decès... Fait double & arrêté à Caors ce quinsiesme Mars mil sept cens vingt-quatre...

15 Mars 1724.

L'an mil sept cens vingt-quatre, & le vingt-quatriesme jour du mois d'Avril, dans la Ville de Caors, en Quercy... devant moy, Notaire soussigné... Messire ARMAND DE BEAUMONT, Chevalier, Comte de la Roque, Seigneur du Repaire, Navirac, Sainct Aubin, Mayral, Castel & autres places, fils legitime & naturel de feu Messire FRANÇOIS DE BEAUMONT, Comte de la Roque & Seigneur desd. places, & de Dame MARIE-ANNE DE LOSTANGES-DE SAINT ALVERE, Dame du Repaire... assisté de ladite Dame du Repaire, sa mere, de Messire ARMAND DE BEAUMONT, Chevalier du Repaire, son oncle paternel, de Messire Christophe de Loftanges-de Sainct Alvere, antien Grand Archidiacre en l'Eglise Cathedrale de cette Ville, Baron d'Ussel, Seigneur de la Mothe, Nadilhac, Mural, Fages, Vidonnet & autres places, & Antoine de Loftanges-de Sainct Alvere-d'Ussel, ses oncles maternels, de Messire LOUIS DE BEAUMONT, son frere, & de Messires Emanuel Gailhot de Cuigniac-de Giverzac, Grand Archidiacre de lad. Eglise, Prieur Commandataire de Bonzic, & Emanuel Gailhot de Cuigniac, Comte de Giverzac, Vicomte de Puycalvet, Seigneur de Sermet, Saint Plainpon, la Bastide, la Theze & autres places, d'une part, & Demoiselle MARIE-ANNE DE FAURIE, fille legitime & naturelle de feu Messire Jean-Baptiste de Faurie, Chevalier, Thresorier de France en la Généralité de Montauban, Seigneur de la Guilhonne, Conseigneur de Saint Gery, & de Dame Jeanne de Calmon... assistée de lad. Dame de Calmon, sa mere, de Dame Anne de Dablanc, sa grande-mere, de Monsieur Me François de Faurie, Prieur de Saint Martin de Cailhes, au Diocese d'Agens, & Prebendé en l'Eglise Cathedrale de cette Ville, de Monsieur Me Pierre Fournié, antien Secretaire du Roy, de noble Louis Dablanc, Seigneur de la Bouisse, son grand-oncle maternel, de noble François de Dablanc de la Bouisse & du sieur Pierre Valet-de Reganiac, ses cousins, d'autre... ont remis devers

24 Avril 1724.

moyd. Notaire, les articles de mariage entr'eux passés... le quinsieme Mars dernier, avec consentement... qu'ils soint... reduictz en acte public... en presence de noble Pierre de la Broue, Seigneur de Gaunie, y habitant dans son Château, noble Pierre le Blanc, Seigneur de Trespoux, Conseiller, Secretaire du Roy, Professeur du Droict François en l'Université de cette Ville, & & Messieurs Mes Jean du Breil & Jean Joseph Gisbert, Advocats en Parlement, habitants de cette Ville soubsignés après lesd. Parties... à l'original & moyd. Notaire... d'où j'ay extraict le present à la requisition dud. Seigneur Comte de la Roque, lequel original est devers moy; & auquel me remets. (*Signé*) Jourson, Notaire.

Acquisition faite par Armand de Beaumont, *Comte de la Roque, le Repaire,* &c. *de la Terre de S^{te}. Sabine.*

Original en parchemin, conservé dans les Archives de M. le Comte de Beaumont-de la Roque, au Château du Repaire, en Périgord.

22 Décembre 1743.

Aujourd'hui vingt-deuxieme jour du mois de Décembre mil sept cent quarante-trois avant midi, dans le Bourg de Saint-Martial, en Périgord, par-devant moi, Notaire Royal... a été présent Messire Jaques de Calvinon, Ecuyer, Enseigne de Vaisseaux, habitant de la Ville de Libourne, étant de présent audit Bourg de Saint-Martial, lequel, de son bon gré & volonté, a fait vente pure, simple & à jamais irrévocable, à Messire Armand de Beaumont, Seigneur Comte de la Roque, le Repaire & autres Places, habitant de son Château de la Roque, Parroisse de Maytrals... de la Seigneurie & Justice de Sainte-Sabine, avec tous les droits utilles & Seigneuriaux.... & autres généralement quelconques sans aucune réservation, ensemble du Domaine de Sainte-Sabine *sivè* Monplaisir, situé dans les Parroisses de Castel & Saint Cyprien... moyennant... le prix & somme de vingt-deux mille cinq cens livres... ès présances de Messire Jean de Calvinon, Baron de Saint-Martial, & Messire Jean de Calvinon de Lalebenché, Capitaine au Régiment d'Infanterie de Bourbonnois, Chevalier Militaire des Ordres du Roy, habitant du Château de Saint-Martial, témoins.... (*Signé*) Hodemon, Notaire Royal.

Nous reconnoissons avoir reçu de Monsieur le Comte de la Roque la somme de huit cent livres pour les lots & ventes de l'acquisition mentionnée au présent Contrat, dont partie, avec la Justice, releve de nous en hommage, comme dépendante de la Seigneurie & Terre de la Roque-Meyral.... Donné à Sarlat, dans notre Palais Episcopal, le quatorze Juillet mil sept cent quarante-cinq. (*Signé*) Denis-Alexandre le Blanc, Evêque de Sarlat. (&) par Monseigneur, Marmier, Secrétaire.

Services Militaires de Louis de Beaumont, *Chevalier du Repaire.*

Originaux en parchemin & en papier, conservés dans les Archives de M. le Comte de Beaumont-de la Roque, au Château du Repaire, en Périgord.

1733-1745.

Commission de Capitaine d'une Compagnie de nouvelle levée dans le Régiment d'Infanterie de Richelieu, accordée par le Roi à son cher & bien Amé le Capitaine de Ruper, datée de Fontainebleau le 10 Novembre 1733. Signée Louis, & plus bas par le Roi, Bauyn, & scellé.

Au Camp devant Tournay, le 20 May 1745.

Sur le Compte, Monsieur, que j'ai rendu au Roi de vos services & de l'impossibilité où vous êtes de les continuer, Sa Majesté a bien voulu vous accorder une pension de retraite de quatre cens livres. Je vous en donne avis, & suis, Monsieur, &c. (*Signé*) M. P. d'Argenson. *Au bas:* le sieur du Repaire, Capitaine dans le Régiment d'Infanterie de Crillon.

Nomination de M. le Chevalier du Repaire *à l'Ordre Royal & Militaire de S^t. Louis.*

Original en papier, conservé dans les Archives de M. le Comte de Beaumont-de la Roque, au Château du Repaire, en Périgord.

26 Novembre 1745.

Mons. de Beaumont-du Repaire, la satisfaction que j'ai de vos services m'ayant convié à vous associer à l'Ordre Militaire de S^t. Louis, je vous écris cette Lettre pour vous dire que j'ai commis le sieur de la Rocque, ci-devant Capitaine au Régiment de M^r. de Camp Général des Dragons & Chevalier dudit Ordre, pour, en mon nom, vous recevoir & admettre à la dignité de Chevalier de S^t. Louis, & mon intention est que vous vous adressiez à lui pour prêter en ses mains le serment que vous êtes tenu de faire en ladite qualité de Chevalier dudit

Ordre, & recevoir de lui l'accollade & la croix que vous devez dorefnavant porter fur l'eftomac, attachée d'un petit ruban couleur de feu : voulant qu'après cette réception faite, vous teniez rang entre les autres Chevaliers dudit Ordre, & jouïffiez des honneurs qui y font attachés, & la préfente n'étant pour autre fin, je prie Dieu qu'il vous ait, Monf. DE BEAUMONT DU REPAIRE, en fa fainte garde. Ecrit à Verfailles, le vingt-fix Novembre 1745. *(figné)* LOUIS. *(& plus bas)* M. P. Voyer d'Argenfon. *La fufcription eft* : A Monf. DE BEAUMONT-DU REPAIRE, ci-devant Capitaine au Régiment de Crillon.

CHAPITRE VI.

LOUIS, CHRISTOPHE & ANTOINE-FRANÇOIS DE BEAUMONT, fils de SIMON-ARMAND.

Extrait des Regiftres de la Paroiffe de Meyrals, délivré le 18 Janvier 1761, par le Curé de ladite Eglife, figné Rougier, & légalifé par le Vicaire général de M. l'Evêque de Sarlat ; figné : l'Abbé de la Barthe-de Thermes, Vic. Gén. & par mandement : Fournet.

LE VINGT-NEUF Avril mil fept cent vingt-huit eft né au Château de la Roque noble LOUIS DE BEAUMON, fils naturel & légitime de noble ARMAND DE BEAUMON, Seigneur Comte de la Roque, Meyrals & du Repaire, & de Dame MARIE-ANNE DE FAURIE, conjoints, habitans dudit Château, a été ondoyé... aud. Château, par permiffion de Monfeigneur l'Evêque de Sarlat, le premier Mai de la même année... Le vingt-fept Février mil fept cent vingt-neuf, j'ai fait les cérémonies de baptême à noble LOUIS-CLAUDE DE BEAUMON, fils légitime de Meffire ARMAND DE BEAUMON & de Dame de Faurie, conjoints, né le vingt-neuf Avril, & ondoyé le premier Mai mil fept cent vingt-huit, par permiffion de Monfeigneur l'Evêque de Sarlat ; a été Parrain Meffire LOUIS DE BEAUMON-DU REPAIRE, & Matraine Dame Claude de Faurie-de Gaillad... 29 Avril 1728.

Extrait des Regiftres de la même Paroiffe, délivré le 27 Août 1775, par le Curé de lad. Eglife ; figné Peyrellade, Prieur de Meyrals, & légalifé comme celui du 13 Juillet 1701.

LE DEUX Décembre mil fept cent trente un, je fouffigné ai adminiftré les cérémonies du Baptême à noble CHRISTOPHE DE BEAUMONT, né au Château de la Roque le onze Avril dernier, & ondoyé le treize dudit mois par la permiffion de Meffieurs les Vicaires Généraux. Meffire CHRISTOPHE DE BEAUMONT, Comte de Lion, & Dame Claude DE FAURIE, Dame de Gaillad, ont tenus ledit noble CHRISTOPHE DE BEAUMONT pendant les cérémonies.... figné MICHEL, Prieur de Meyrals... 2 Décemb. 1731.

Services Militaires de LOUIS COMTE DE BEAUMONT.

Originaux en papier & en parchemin.

LETTRE de Gentilhomme à Drapeau en la Compagnie Colonelle du Régiment des Gardes Françoifes pour le fieur DE BEAUMONT, dattée de Fontainebleau le 14 Octobre 1743, fignée LOUIS, & plus bas M. P. de Voyer-d'Argenfon. 1743-1769.

Lettre de fecond Enfeigne en la Compagnie du fieur de Guers dans le Régiment des Gardes Françoifes pour le fieur DE BEAUMONT, Gentilhomme à Drapeau, dattée de Marly le 26 Janvier 1744 ; fignée LOUIS, & plus bas M. P. de Voyer-d'Argenfon.

Lettre de Soulieutenant de nouvelle création en la Compagnie de Rochegude dans le Régiment des Gardes Françoifes pour le fieur DE BEAUMONT, fecond Enfeigne, dattée de Verfailles le 19 Février 1745 ; figné Louis, & plus bas M. P. de Voyer-d'Argenfon.

Lettre du Roi à Monf. LOUIS DE BEAUMONT, Soulieutenant dans le Régiment de fes Gardes Françoifes, dattée de Verfailles le 29 Mars 1758, pour lui annoncer que Sa Majefté a commis le fieur Chevalier de Guer, Lieutenant-Général en fes Armées, Lieutenant-Colonel du même Régiment, & Commandeur de l'Ordre Militaire de St. Louis, pour, en fon nom, le recevoir & admettre à la dignité de Chevalier dudit Ordre ; figné LOUIS, & plus bas le Ma'al Duc de Belleifle.

Commiffion accordée par le Roi, le 3 Septembre 1759, au fieur LOUIS DE BEAUMONT, Soulieutenant dans le Régiment de ses Gardes Françoises, pour tenir rang de Colonel dans ses troupes d'Infanterie, à l'effet d'être employé en ladite qualité dans le Régiment des Grenadiers de France toutes les fois que Sa Majesté le jugera à propos pour son service ; datée de Versailles, signée Louis, & plus bas Boyer ; & scellé.

Lettre du Roi à Monsr. le Comte DE BEAUMONT, Colonel en son Infanterie, du premier Juin 1762, pour lui donner avis que Sa Majesté desirant se servir de lui en sa charge de Colonel en son Infanterie, sous les ordres de ses Cousins les Maréchaux Comte d'Estrées & Prince de Soubize, Commandans ses Armées pendant la campagne ; son intention est qu'il s'emploie pour son service selon qu'il lui sera ordonné par sesdits Cousins : cette Lettre datée de Versailles, signée Louis, & plus bas le Duc de Choiseul.

Lettre du Roi au sieur Comte DE BEAUMONT, Colonel dans le Corps des Grenadiers de France, du 12 Novembre 1763, par laquelle Sa Majesté jugeant nécessaire, au bien de son service, d'établir un Commandant à Bergerac, & se confiant particulierement en la valeur, expérience en la guerre, zele & affection à son service dudit sieur Comte DE BEAUMONT, Elle le commet pour commander à Bergerac, sous l'autorité du Gouverneur, Lieutenant-Général ou Commandant en Guyenne : cette Lettre, datée de Fontainebleau, signée Louis, & plus bas le Duc de Choiseul.

Brevet de Brigadier d'Infanterie dans les Armées du Roi, accordé par Sa Majesté au sieur LOUIS COMTE DE BEAUMONT, ci-devant Colonel dans le Corps des Grenadiers de France ; daté de Versailles le 22 Janvier 1769, signé Louis, & plus bas le Duc de Choiseul.

Services Militaires de CHRISTOPHE MARQUIS DE BEAUMONT.

Originaux en papier & en parchemin.

1744-1771. Nous Louis Comte de Saint-Germain, Lieutenant-Général ez Armées du Roi, Secrétaire d'Etat ayant le Département de la Guerre, certifions ... que, suivant les Registres qui sont entre nos mains, le sieur DE BEAUMONT a été fait Cornette dans le Régiment de Cavalerie de Maugiron le 15 Septembre 1744, & que l'emploi dont il étoit pourvu a été rempli le 8 Avril 1746, comme étant vacant par son délaissement.... Fait à Versailles le 24 Novembre 1775. (*Signé*) Saint-Germain, (*& scellé.*)

Lettre de second Enseigne en la Compagnie du sieur de Montchevreuil, dans le Régiment des Gardes Françoises, pour le sieur DE BEAUMONT, datée de Versailles le 7 Avril 1746, signée Louis, & plus bas M. P. de Voyer-d'Argenson.

Lettre de Souslieutenant en la Compagnie du sieur de Courtomer, dans le Régiment des Gardes Françoises, pour le sieur CHRISTOPHE CHEVALIER DE BEAUMONT, premier Enseigne ; datée de Marly le 7 Mai 1752, signé Louis, & plus bas M. P. de Voyer-d'Argenson.

Ordre du Roi au sieur CHEVALIER DE BEAUMONT, Officier au Régiment des Gardes Françoises, pour remplir la charge d'Aide-Major Général de l'Infanterie, surnuméraire de l'armée que Sa Majesté fait assembler sur le Bas-Rhin, sous les ordres du sieur Maréchal Comte d'Estrées, daté de Versailles le premier Mars 1757, signé Louis, & plus bas A. R. de Voyer.

Même ordre du Roi au sieur Chevalier DE BEAUMONT pour remplir la Charge d'Ayde-Major Général de l'Infanterie de l'armée, dont Elle a donné le commandement en chef à M. le Comte de Clermont, daté de Versailles le 16 Mars 1758, signé Louis, & plus bas A. R. de Voyer.

Commission de Colonel du Régiment d'Infanterie de la Fere, dont étoit pourvu le sieur Marquis de Fenelon, accordée par le Roi à son chef & bien aimé le sieur CHRISTOPHE MARQUIS DE BEAUMONT, ci-devant Sous-Lieutenant dans le Régiment de ses Gardes Françoises ; datée de Versailles le 10 Février 1759, signé Louis ; par le Roi, Boyer, & scellé.

Lettre du Roi à Monsr. CHRISTOPHE MARQUIS DE BEAUMONT, Colonel du Régiment de la Fere, pour lui donner avis que Sa Majesté a commis le sieur Comte de la Serre, Lieutenant-Général en ses Armées, Gouverneur en son Hôtel Royal des Invalides, pour le recevoir en son nom Chevalier de l'Ordre Militaire de St. Louis ; datée de Versailles, signée Louis, & plus bas le Maal Duc de Belleisle : avec le Certificat de M. le Comte de la Serre, du 25 Mars 1759, portant qu'il a conféré ledit jour la Croix dudit Ordre à Monsieur CHRISTOPHE MARQUIS DE BEAUMONT, Colonel du Régiment de la Fere, signé La Serre, & scellé.

Lettres de 2000 livres de pension annuelle dans l'Ordre Militaire de St. Louis, accordées par le Roi au sieur CHRISTOPHE MARQUIS DE BEAUMONT, Colonel du Régiment d'Infanterie de la Fere, en considération de ses services ; datées de Choisy le premier Septembre 1766, signé Louis, par le Roi, Chef, Souverain & Grand-Maître de l'Ordre Militaire de St. Louis, le Duc de Choiseul, & scellé du grand sceau dudit Ordre.

Brevet de Brigadier d'Infanterie accordé par le Roi, le 20 Avril 1768, au sieur CHRISTOPHE MARQUIS DE BEAUMONT, Colonel du Régiment de la Fere ; daté de Versailles, signé Louis, & plus bas Le Duc de Choiseul.

Brevet du Roi, daté de Versailles le premier Mai 1770, par lequel Sa Majesté ayant résolu de nommer un nombre de personnes distinguées par le mérite & la naissance pour accompagner ordinairement Monseigneur le Dauphin, a fait choix du sieur MARQUIS DE BEAUMONT, Colonel du Régiment de la Fere, pour l'un de ceux qu'Elle a destiné à cet honneur, signé Louis, & plus bas Phelypeaux.

DE LA MAISON DE BEAUMONT. Liv. IX.

Provifions de la Charge de Gouverneur du Château de Domme, vacante par la mort du fieur Marquis de Crequi, accordées par le Roi à fon cher & bien amé le fieur MARQUIS DE BEAUMONT, Chevalier de l'Ordre Royal & Militaire de St. Louis, Brigadier de fes Armées, & l'un des Menins de fon très-cher petit-fils le Dauphin, pour l'exercer aux honneurs, prérogatives & émolumens dont jouiffoit ledit feû fieur Marquis de Crequi : ces Provifions, dattées de Verfailles le 20 Septembre 1771, fignées LOUIS, fur le repli, par le Roi, Bertin : avec la preftation de ferment fait pour ladite Charge, par ledit fieur MARQUIS DE BEAUMONT, entre les mains de Monfeigneur de Maupeou, Chancelier de France, le 11 Avril 1772, figné Petigny ; l'enrégiftrement en la Chambre des Comptes le 28 Août fuivant, figné Henry, & en l'Hôtel-de-Ville de Domme le 10 Avril 1773, figné Souriac, Secrétaire-Greffier.

Lettres de différens Miniftres écrites à M. le MARQUIS DE BEAUMONT.

Originaux.

A VERSAILLES le 14 Août 1757. Vous ne devez point douter, Monfieur, que je n'aye vu avec beaucoup de plaifir les témoignages avantageux qui font revenus de la diftinction avec laquelle vous vous êtes comporté à la Bataille d'Haftembeck ; j'en ai rendu compte au Roi, & j'ai trouvé Sa Majefté difpofée à vous en marquer fa fatisfaction par l'avancement que vous defirez quand Elle en aura l'occafion ; mais en attendant Elle me charge de vous mander qu'Elle vous accorde les appointemens attachés à l'état d'Aide-Major dont vous rempliffez les fonctions. Je ferai très-aife que vous puiffiez reffentir bientôt l'effet des difpofitions favorables dans lefquelles Sa Majefté m'a paru être pour vous. Je fuis, &c. (*Signé*) A. R. de Paulmy.

1757-1771.

A Compiegne le 16 Septembre 1766. Sur le compte, Monfieur, que j'ai rendu au Roi du zele & de l'activité que vous montrez pour fon fervice, Sa Majefté a bien voulu, pour vous marquer la fatisfaction qu'Elle en a, vous accorder une penfion de 2000 liv. dans l'Ordre Militaire de St. Louis. J'ai l'honneur, &c. (*Signé*) le Duc de Choifeul.

A Compiegne le 4 Août 1771. J'ai l'honneur de vous informer, Monfieur, que fur la démiffion que vous m'avez fait celui de me remettre le Régiment de la Fere il y a déjà longtems, Sa Majefté, qui l'avoit alors promis à M. le Vicomte de St. Chamans, ainfi que vous en êtes inftruit, vient de le lui accorder ; Elle vous conferve à fon fervice, avec promeffe pofitive d'être fait Maréchal de Camp à votre rang de Brigadier. . . . J'ai l'honneur d'être, &c. (*Signé*) Monteynard. Na. *Cette Lettre eft en entier de la main de ce Miniftre.*

A Compiegne le 6 Août 1771. Le Roi vous ayant permis, Monfieur, de vous démettre de la Charge de Colonel du Régiment d'Infanterie de la Fere, Sa Majefté en a difpofé en faveur de M. le Vicomte de St. Chamans, Capitaine, Commandant dans fon Régiment de Cavalerie, qui en payera le prix fixé à quarante mille livres, & voulant vous donner un témoignage de la fatisfaction qu'Elle a de vos fervices, Elle a réglé que vous continueriez d'être attaché à fon fervice avec votre grade de Brigadier, & que vous ferez avancé au grade de Maréchal de Camp à votre rang. L'intention de Sa Majefté a été de vous donner, par ces graces, des marques de fa bienveillance, & je vous prie d'être perfuadé que je fuis charmé d'avoir pu y contribuer. J'ai l'honneur d'être, &c. (*Signé*) Monteynard.

Contrat de Mariage de LOUIS DE BEAUMONT, *Comte de Beaumont, avec* MARIE-JACQUETTE DE BIRAN-D'ARMAGNAC, *Comteffe de Goas.*

Groffe en papier.

ARTICLES de mariage entre haut & puiffant Seigneur Meffire LOUIS DE BEAUMONT, Chevalier, Seigneur, Comte de Beaumont, Colonel aux Grenadiers de France & Royaux. Et haute & puiffante Demoifelle MARIE-JACQUETTE DE BIRAN-D'ARMAGNAC, Comteffe de Goas, Vicomteffe de Gimois, Baronne de Goalard, la Mothe, &c. paffés de l'autorité & confentement de haut & puiffant Seigneur Meffire ARMAND DE BEAUMONT, Chevalier, Seigneur, Comte de la Roque & du Repaire ; & de haute & puiffante Dame MARIE DE FAURIE, Comteffe de la Roque, pere & mere dudit Seigneur Comte DE BEAUMONT : & de l'autorité & confentement de haute & puiffante Dame Jeanne-Leonarde de Sabourin, veuve de haut & puiffant Seigneur Meffire Louis de Biran-d'Armagnac, Chevalier, Seigneur, Comte de Goas, Brigadier des Armées du Roi & Colonel du Régiment de Bourbonnois, mere de ladite Demoifelle de Goas ; & de l'approbation tant de haute & puiffante Dame Jeanne-Marie de Fimarcon, premiere Douairiere, Comteffe de Goas, aïeule paternelle, que de celle de haute & puiffante Dame Jeanne Deffenault, veuve de Meffire Jean-Baptifte-Gafton de Sabourin, aïeule maternelle de ladite Demoifelle de Goas ; enfemble de l'agrément & approbation des fouffignés.

5 Janvier 1761.

Il eft convenu qu'en contemplation dudit mariage, la Dame Comteffe de Goas, feconde Douairiere, mere de la future époufe, confirme & renouvelle la donation par elle faite dans fon contrat de mariage du tiers de fes biens en faveur de la Demoifelle fa fille. . . . Ladite Dame

Jeanne-Marie de Fimarcon, aïeule paternelle de ladite future épouse, confirme & renouvelle la donation par elle faite, dans le contrat de mariage dudit Seigneur Comte de Goas, son fils, de la tierce-partie de ses biens présens & à venir ; institue de plus ladite petite-fille dans l'une des deux tierces restantes ; & veut que, faute d'en disposer autrement, la troisieme & derniere tierce soit comprise dans la présente institution ; se réservant de disposer de ladite tierce, & en outre de la somme de dix mille livres sur celle présentement donnée ; de laquelle somme elle fait don audit Seigneur Comte DE BEAUMONT pour lui donner une marque d'amitié personnelle, & lui témoigner la satisfaction qu'elle a audit mariage.... En faveur & contemplation dudit mariage, le Seigneur DE BEAUMONT, Comte de la Roque, élit ledit Seigneur Comte DE BEAUMONT, son fils, pour recueillir la donation de la moitié de tous ses biens présens & à venir, qu'il avoit faite dans son contrat de mariage en faveur de ses enfans mâles, avec faculté de choix, & fait remise desdits biens audit Seigneur Comte DE BEAUMONT, son fils aîné, pour en jouir du jour de son mariage, en supportant la moitié des charges & des légitimes, sans qu'il puisse s'affranchir du paiement des légitimes, en renonçant aux biens à venir : comme aussi ledit Seigneur Comte de la Roque institue ledit Seigneur Comte DE BEAUMONT dans l'agencement stipulé dans son contrat de mariage au cas qu'il vînt à le gagner : il l'institue même son héritier général & universel au cas qu'il vînt à décéder sans avoir fait d'autres dispositions, dans lesquelles donations & institutions ne sera pas néanmoins comprise la créance de soixante & dix mille livres établie en faveur dudit Seigneur de la Roque par contrat du 23 Avril 1756, consenti en sa faveur par le Curateur des Demoiselles de Baynac.

En même faveur & contemplation, ladite Dame Comtesse DE LA ROQUE nomme & élit ledit Seigneur Comte DE BEAUMONT, son fils aîné, pour recueillir la donation de la moitié de ses biens par elle faite dans son contrat de mariage, se réservant la jouissance desdits biens donnés pendant sa vie : elle institue pareillement ledit Seigneur son fils dans l'agencement, au cas qu'elle vînt à le gagner, & même dans l'universalité de ses biens, si elle vient à décéder sans avoir fait d'autres dispositions.

Les futurs conjoints ont fait & font donation, savoir, le Seigneur Comte DE BEAUMONT, de la moitié de tous ses biens présens & à venir, & ladite Demoiselle de Goas, du tiers de ses mêmes biens en faveur de l'un de ses enfans mâles à naître du présent mariage, avec faculté, chacun en droit soi, d'en faire le choix, & faute de choix à l'aîné desdits enfans mâles, non engagé dans les Ordres sacrés ; & à défaut de mâles, lesdits futurs époux font donation à une des filles à naître du présent mariage, sous la réserve du choix, chacun en droit soi, & faute de choix, à l'aînée, d'une double légitime....

Fait & arrêté double, pour être déposé entre les mains d'un Notaire, le cinquieme Janvier mil sept cent soixante-un ; signé : Sabourin de Goas, LA ROQUÉ-BEAUMONT, le Comte DE BEAUMONT, la Faurie-de Gaillac, Marquis DE BEAUMONT, Dessenault-de Sabourin, Fimarcon-de-Goas, de Faurie-de la ROQUE-BEAUMONT, Armagnac-de-Goas, du REPAIRE-BEAUMONT, Sainte-Alvere, & † CHR. ARCH. DE PARIS....

Il est ainsi audit double original des articles & conventions de mariage, duement certifié véritable, signé & paraphé, & déposé pour minute à Desmeure, l'un des Notaires soussignés, par ladite Dame Comtesse de Goas, par acte du 16 Septembre 1762 : le tout demeuré audit Desmeure, Notaire. (*Signé*) DESMEURE & L'ESCUYER, Notaires...

Contrat de Mariage de CHRISTOPHE MARQUIS DE BEAUMONT, avec MARIE-CLAUDE DE BEYNAC.

Grosse en papier.

16 Mars 1761. L'AN MIL sept cent soixante-deux, & le neuvieme du mois de Juillet après-midi, Regnant Louis, &c. dans le Château de la Roque, paroisse de Meyral, en Périgord, par-devant le Notaire Royal soussigné... furent présents constitués en leurs personnes haut & puissant Seigneur Messire ARMAND DE BEAUMONT, Chevailler, Comte de la Roque, Seigneur du Repaire, Nabirat, Saint-Aubin & autres places, & haute & puissante Dame MARIE-ANNE DE FAURIE, Comtesse de la Roque, son épouse, habitans du présent Château ; Haut & puissant Seigneur Messire CHRISTOPHLE MARQUIS DE BEAUMONT, Colonel du Régiment d'Infanterie de la Fere, Chevailler de l'Ordre de Saint Louis ; & haute & puissante Dame MARIE-CLAUDE DE BAYNAC, Marquise de Beaumont, son épouse, habitans du Château de Baynac, paroisse dud. lieu : par lesquelles Parties a été dit que les conventions de mariage d'entre ledit Seigneur Marquis DE BEAUMONT & de ladite Dame de Baynac furent passez sous signature privée, & rédigées par double, le six Mars mil sept cent soixante-un, & desirant les mettre en formes publiques & authentiques, elles ont remis & déposé entre les mains de moi, Notaire, un des originaux desdites conventions... ont déclaré lesdites Parties approuver, confirmer & ratifier le contenu auxdites conventions, & vouloir qu'elles sortent leur plain & entier effet comme si elles eussent été rédigées du premier jour en acte public, & que l'original ci-dessus déposé serve de minute...

La teneur desdits articles de mariage suit : Articles de mariage arrêtés entre haut & puissant Seigneur Messire CHRISTOPHE MARQUIS DE BEAUMONT, Colonel du Régiment d'Infanterie de

DE LA MAISON DE BEAUMONT. Liv. IX.

de la Fere, Chevailler de l'Ordre de Saint Louis, fils légitime de haut & puiffant Seigneur Meffire ARMAND DE BEAUMONT, Chevailler, Comte de la Roque, Seigneur du Repaire, Nabirat, Saint-Aubin & autres places, & de haute & puiffante Dame Dame Marie-Anne de Faurie, Comteffe de la Roque, fon époufe, procédant fous l'autorité dudit Seigneur Comte de la Roque. Et haute & puiffante Demoifelle De lle MARIE-CLAUDE DE BAYNAC, fille de haut & puiffant Seigneur feû Meffire Pierre Marquis de Baynac, premier Baron de Périgord, Seigneur de Commarque, Montgaillard, Dade, Montfort, Larriviere & autres places, & de haute & puiffante Dame feüe Dame Anne-Marie Boucher, Marquife de Baynac, fon époufe.

En faveur dudit mariage... ledit Seigneur Comte de la Roque a donné purement, fimplement & entre-vifs audit Seigneur Marquis DE BEAUMONT... le contrat de rente conftituée de foixante-dix mille livres de principal confenti en fa faveur, le quatorze Avril mil fept cent cinquante-fix, devant Rauzan & Duprat, Notaires à Bordeaux, par Meffire Louis Raymond de Pignol, Seigneur de Grandbos & de Rochecourbe, au nom & comme Curateur réel de ladite Demoifelle de Baynac, de Demoifelle Gabrielle-Cezarine de Baynac-de Commarque, Marie-Anne de Baynac-de Montgaillard, & Julie-Conftance de Baynac-de Montrecourts, fes fœurs... ladite donation faite par précipur & avantage... De plus... ledit Seigneur Comte de la Roque a donné aud. Seigneur Marquis DE BEAUMONT, futur époux, pour fes droits de légitime paternelle, la fomme de trente mille livres... ladite Dame de Faurie, Comteffe de la Roque, a donné & conftitué audit Seigneur Marquis DE BEAUMONT, futur époux, pour fes droits de légitime maternelle, la fomme de dix mille livres...

Ladite Demoifelle de Baynac, future époufe, s'eft conftituée tous fes biens préfents & à venir, à la réferve de fa part & portion dans les biens donnés audit feû Seigneur Marquis de Baynac, fon pere, par la Dame de Villiers, fa feconde époufe, & de la fomme de quarante mille livres donnée fur les mêmes biens à ladite Demoifelle de Baynac, qui demeureront de nature de biens paraphernaux. Les futurs époux donneront à un des enfans mâles à naître du préfent mariage, avec réferve de choix, chacun en droit foi, fçavoir ledit Seigneur Marquis DE BEAUMONT la moitié & ladite Demoifelle de Baynac le tiers de leurs biens préfens & à venir, & à défaut de choix pour l'un des deux époux, l'élection fera référée au furvivant, & au cas où ils vinffent à décéder l'un & l'autre fans en avoir fait, l'aîné mâle habile à fuccéder & non engagé dans les Ordres facrés demeurera élû...

Fait double, avec promeffe de rédiger en acte public à la premiere requifition de l'une des Parties. A Sarlat, le fixieme Mars mil fept cent foixante-un... (*Signé*) LAGRANGE, Notaire Royal.

Extraits de Baptême des Enfans de CHRISTOPHE MARQUIS DE BEAUMONT, *& de* MARIE-CLAUDE DE BAYNAC.

EXTRAIT des Regiftres de la Paroiffe de Baynac, Diocèfe de Sarlat, des années 1765 & 66. 1765-1774. Aujourd'hui quatorzieme du mois d'Avril mil fept cent foixante-cinq les cérémonies du baptême ont été fuppléées à Demoifelle MARIE-JACQUETE-CLAUDE DE BEAUMONT, fille naturelle & legitime de haut & puiffant Seigneur, Meffire CHRISTOPHE, Marquis DE BEAUMONT, Colonel du Régiment d'Infanterie de la Fere, & de haute & puiffante Dame MARIE-CLAUDE DE BAYNAC, fon époufe, née au Château de Baynac le vingt-fixieme Septembre mil fept cent foixante-deux, à dix heures du matin, & ondoyée le lendemain... ont été Parrein Meffire Claude de Boucher, Chantre en dignité de l'Eglife St Honnoré à Paris, & Confeiller, Doyen des Clercs en la Grand'-Chambre du Parlement, repréfenté par Meffire ANTOINE Vicomte DE BEAUMONT, Lieutenant des Vaiffeaux du Roi, & Marreine haute & puiffante Dame MARIE-JACQUETTE DE BIRAN-D'ARMAGNAC, Dame du Palais de Madame la Dauphine, époufe de haut & puiffant Seigneur LOUIS Comte DE BEAUMONT, Colonel aux Grenadiers de France, Commandant pour le Roi en la Ville de Bergerac, repréfentée par Demoifelle Anne de Monzie... Signé... Carrier, Curé de Baynac.

Le même jour quatorzieme Avril mil fept cent foixante-cinq, les cérémonies du baptême ont été fuppléées à Demoifelle MARIE-ANNE-LOUISE DE BEAUMONT, fille naturelle & légitime de haut & puiffant Seigneur Meffire CHRISTOPHE Marquis DE BEAUMONT, Colonel du Régiment d'Infanterie de la Fere, & de haute & puiffante Dame MARIE-CLAUDE DE BAYNAC, fon époufe, née au Château de Baynac le troifieme Aouft mil fept cent foixante-trois, & ondoyée le lendemain... ont été Parrein Meffire LOUIS DE BEAUMONT-DU REPAIRE, Chevalier de l'Ordre Militaire de St Louis, repréfenté par Meffire LOUIS COMTE DE BEAUMONT, Colonel aux Grenadiers de France, Commandant pour le Roi en la Ville de Bergerac; Marreine haute & puiffante Dame MARIE-ANNE DE FAURIE, époufe de haut & puiffant Seigneur Meffire ARMAND DE BEAUMONT, Comte de la Roque, repréfentée par Dame Françoife de la Vieuxville, époufe de Meffire Pierre de Blancher, Chevalier, Seigneur de Feyrac... Signé Carrier, Curé de Baynac.

Le même jour, quatorzieme Avril mil fept cent foixante-cinq, les cérémonies du baptême ont été fuppléées à CHRISTOPHE-MARIE DE BEAUMONT, né le douzieme Octobre mil fept cent foixante-quatre, au Château de Baynac, & ondoyé le lendemain par le fieur Antoine Carrier

Fff

de Ladeveze, Curé de la préſente Paroiſſe, fils naturel & légitime de haut & puiſſant Seigneur Meſſire CHRISTOPHE Marquis DE BEAUMONT, Colonel du Régiment d'Infanterie de la Fere, & de haute & puiſſante Dame MARIE-CLAUDE DE BAYNAC, ſon épouſe : ont été Parrein Monſeigneur CHRISTOPHE DE BEAUMONT, Archevêque de Paris, Duc de St Cloud, Pair de France, Commandeur de l'Ordre du S^t Eſprit, repréſenté par Meſſire Antoine de Brons, Chevalier, Seigneur de Sezerac & de la Romigniere ; Marreine haute & puiſſante Dame Marie de Baynac, veuve de haut & puiſſant Seigneur Meſſire Céſar Phœbus, Comte de Bonneval, Brigadier des Armées du Roi, repréſentée par Dame Louiſe de La Vieuville, épouſe de Meſſire Pierre de Blancher, Chevalier, Seigneur de Feyrac...

Aujourd'hui, ſecond du mois de Décembre mil ſept cent ſoixante-ſept, les cérémonies du baptême ont été ſuppléées par Monſeigneur Henry-Jacques de Monteſquiou, Evêque de Sarlat, à ARMAND-HENRY-GABRIEL-CÉSAR-CHRISTOPHE DE BEAUMONT, né le treize Octobre mil ſept cent ſoixante-cinq, & ondoyé le même jour... fils naturel & légitime de haut & puiſſant Seigneur Meſſire CHRISTOPHE MARQUIS DE BEAUMONT, Colonel du Régiment d'Infanterie de la Fere, & de haute & puiſſante Dame MARIE-CLAUDE DE BAYNAC, ſon épouſe ; ont été Parrein haut & puiſſant Seigneur Meſſire ARMAND DE BEAUMONT, Seigneur Comte de la Roque & du Repaire, & Marreine Dame Gabrielle-Céſarine de Baynac, Religieuſe de Notre-Dame à Sarlat ; repréſentée par Demoiſelle MARIE-JACQUETTE-CLAUDE DE BEAUMONT, ſœur du Baptiſé... ſigné.... Carrier de Ladeveze, Curé de Baynac.

Le même jour, ſecond du mois de Décembre mil ſept cent ſoixante-ſept, les cérémonies du baptême ont été ſuppléées par Monſeigneur Henry-Jacques de Monteſquiou, Evêque, Baron & Seigneur de Sarlat, à JULIE-CONSTANCE-LOUISE, fille naturelle & légitime de haut & puiſſant Meſſire CHRISTOPHE MARQUIS DE BEAUMONT, Colonel du Régiment d'Infanterie de la Fere, & de haute & puiſſante Dame MARIE-CLAUDE DE BAYNAC, ſon épouſe, née au Château de Baynac le quinzieme Septembre mil ſept cent ſoixante-ſix, & ondoyée le même jour.... ont été Parrein haut & puiſſant Seigneur Meſſire LOUIS COMTE DE BEAUMONT, Colonel d'Infanterie, Commandant pour le Roi à Bergerac, & Chevalier de l'Ordre Royal & Militaire de Saint Louis ; & Marreine haute & puiſſante Dame Dame Julie-Conſtance de Baynac, Marquiſe de Caſtelnaud, repréſentée par Demoiſelle MARIE-ANNE-LOUISE DE BEAUMONT, ſœur de la Baptiſée... Signé Carrier de Ladeveze, Curé de Baynac.

Le même jour, ſecond du mois de Décembre mil ſept cent ſoixante-ſept, les cérémonies du baptême ont été ſuppléées par Monſeigneur Henry-Jacques de Monteſquiou, Evêque, Baron & Seigneur de Sarlat, à ANTOINE-FRANÇOIS-CLAUDE-MARIE-CHRISTOPHE DE BEAUMONT, né au Château de Baynac le vingt-ſeptieme Août dernier, & ondoyé le même jour. ... fils naturel & légitime de haut & puiſſant Seigneur Meſſire CHRISTOPHE MARQUIS DE BEAUMONT, Colonel du Régiment d'Infanterie de la Fere, & de haute & puiſſante Dame MARIE-CLAUDE DE BAYNAC, ſon épouſe : ont été Parrein haut & puiſſant Seigneur Meſſire ANTOINE-FRANÇOIS Vicomte DE BEAUMONT, Lieutenant des Vaiſſeaux du Roy, & Marreine haute & puiſſante Dame Marie-Claude de Faurie, Marquiſe de Gailhac, habitante de la Ville de Caors.... Signé.... Carrier de Ladeveze, Curé de Baynac.

Nous ſouſſigné Curé de l'Egliſe Notre-Dame de Baynac, Dioceſe de Sarlat, certifions à ceux qu'il appartiendra que les ſix extraits ci-deſſus de baptême des Enfans de M. le Marquis DE BEAUMONT ont été tirés mot à mot des regiſtres de cette Paroiſſe ſans y avoir rien altéré, & que foi doit y être ajoutée en & hors jugement. A Baynac, ce 3 Septembre 1775. (*Signé*) Carrier de Ladeveze, Curé de Baynac.

Henry-Jacques de Monteſquiou, par la Miſéricorde Divine & la grace du Saint Siege Apoſtolique, Evêque, Baron & Seigneur de Sarlat, Conſeiller du Roi en tous ſes Conſeils, atteſtons à tous qu'il appartiendra, que les ſeings appoſés aux ſix extraits ci-contre & des autres parts, ſont les véritables du ſieur Carrier de Ladeveze, Curé de Beynac, en notre Dioceſe, & que foi doit y être ajoutée tant en jugement que dehors. A Sarlat ce quatre Septembre mil ſept cent ſoixante-quinze. (*Signé*) HENRY JACQUES, Evêque de Sarlat. (&) Par Monſeigneur, Fournel.

Nous Jean-Jacques de Giſſon, Conſeiller du Roi, Lieutenant-Général de Robe & d'Epée en la Sénéchauſſée & Siege Préſidial de la Ville de Sarlat, certifions que le ſeing appoſé au bas des extraits baptiſtaires ci-deſſus, eſt le véritable ſeing du ſieur Carrier de Ladeveze, Curé de Baynac, de la préſente Sénéchauſſée, & que foi doit y être ajoutée en, & hors jugement, en foi de quoi nous avons ſigné le préſent certificat, & y avons appoſé le ſceau de nos armes. A Sarlat, le ſept Septembre mil ſept cent ſoixante-quinze. (*Signé*) Giſſon, Lieu^t. Ge^{al}. & *ſcellé*.

Extrait des Regiſtres des Baptêmes de l'Egliſe Paroiſſiale de Saint Sulpice, à Paris.

LE NEUF Novembre mil ſept cent ſoixante-neuf, a été baptiſé CHRISTOPHE-ARMAND-VICTOIRE, fils de très-haut & très-puiſſant Seigneur CHRISTOPHE Marquis DE BEAUMONT, Brigadier des Armées du Roi, Colonel du Régiment d'Infanterie de la Fere, Baron de Baynac, Seigneur de Comarque & autres lieux, & de très-haute & très-puiſſante Dame Madame MARIE-CLAUDE DE BAYNAC, ſon épouſe.... Le Parrain très-haut & très-puiſſant Seigneur ARMAND DE BEAUMONT, Comte de la Roque & le Repaire, Grand-pere de l'Enfant... La Matraine très-haute & très-puiſſante Dame Eliſabeth-Victoire de Loſtanges, Marquiſe de Saint-Projet... Le Pere préſent.

LE TRENTE-UN Décembre mil sept cent soixante-dix, a été baptisé CHRISTOPHE-ARNAUD-PAUL-ALEXANDRE, fils de très-haut & très-puissant Sgr. Mre CHRISTOPHE Marquis DE BEAUMONT, premier Baron du Périgord, Brigadier des Armées du Roi, Colonel du Régiment d'Infanterie de la Fere, Menin de Mgr le Dauphin ; & de très-haute & très-puissante Dame MARIE-CLAUDE DE BAYNAC, MARQUISE DE BEAUMONT, son épouse... Le Parrain Mre Arnaud-Louis-Claude-Simon de Lostanges, Marquis de St Alvere, Gouverneur & Grand Sénéchal du Quercy, représenté par Mre Alexandre-Rose Comte de Lostanges, son fils, Maréchal des Camps & Armées du Roi. La Marraine Dame Marie-Pauline-Elisabeth-Charlotte Galluchi-de l'Hôpital, Dame de Madame Adelaïde de France, veuve de Mre Arnaud-Louis Marie-Stanislas Marquis de Lostanges, Maréchal des Camps & Armées du Roi, premier Ecuyer de Madame Adelaïde de France en survivance. Le Pere absent....

Collationné à l'original, par moi soussigné, Prêtre, Vicaire de ladite Paroisse. A Paris, ce vingt-sept du mois de Février de l'année mil sept cent soixante-douze. (*Signé*) Symon.

LE VINGT-QUATRE du mois de Décembre de l'année mil sept cent soixante-quatorze, a été baptisée MARIE-ELIZABETH, née d'hier, fille de très-haut & très-puissant Seigneur Mre CHRISTOPHE Marquis DE BEAUMONT, premier Baron de Périgord, Brigadier des Armées du Roi, ancien Colonel du Régiment d'Infanterie de la Fere, ancien Menin de Mgr. le Dauphin actuellement Roi, & de très-haute & très-puissante Dame MARIE-CLAUDE DE BAYNAC, Marquise DE BEAUMONT, son épouse, demeurant en leur hôtel rue des Vieilles Thuilleries. Le Parrein M^{re}. CHRISTOPHE-MARIE DE BEAUMONT, fils mineur, frere dudit Enfant ; la Marreine très-haute & très-puissante Dame ELISABETH-FRANÇOISE-AMABLE DE CAYLUS, épouse de très-haut & très-puissant Seigneur ANTOINE Vicomte DE BEAUMONT, Lieutenant des Vaisseaux du Roi : le Pere présent.

Collationné à l'original, par moi soussigné, Prêtre & Vicaire de ladite Paroisse. A Paris, ce vingt-deux du mois de Novembre de l'année mil sept cent soixante & quinze. (*Signé*) Roulloin.

Testament de Marie de Baynac, Comtesse de Bonneval, Marquise de la Marthonie, &c. en faveur de MARIE-CLAUDE DE BAYNAC, MARQUISE DE BEAUMONT, sa Niece.

Expédition en papier.

AUJOURD'HUI est comparu devant les Conseillers du Roi, Notaires au Châtelet de Paris ; Janvier 1768. soussignés, Me Guillaume Jurien, Procureur au Châtelet de Paris... ayant charge & pouvoir, ainsi qu'il a dit, de très-haut & très-puissant Seigneur Mre CHRISTOPHE Marquis DE BEAUMONT, Brigadier des Armées du Roi, Colonel du Régiment de la Ferre, Infanterie, Menin de Monseigneur le Dauphin, & de très-haute & très-puissante Dame MARIE-CLAUDE DE BAYNAC, son épouse. Lequel a déposé à Me Jarry, l'un desdits Notaires soussignés, une expédition délivrée par Me Pineau, Notaire Royal en la Sénéchaussée de Limoges, légalisé par le sieur Roulhac, Lieutenant-Général Civil & de Police en la Sénéchaussée & Siege Présidial de Limoges, le treize des présens mois & an, d'un acte passé devant ledit Me Pineau, le douze dudit mois de Juillet présent mois... Fait & passé à Paris, en l'Etude dudit Me Jarry, Notaire, l'an mil sept cent soixante-dix, le vingt-huit Juillet avant midi, & a signé la minute des présentes demeurée audit Me Jarry, Not^e...

Dispositions contenues audit Testament.

Nous, Marie de Baynac, Dame Comtesse de Bonneval, Marquise de la Martonnie, veuve de César-Phœbus-François Comte de Bonneval, en son vivant Brigadier des Armées du Roi, habitante actuellement du Château de Bonneval, près & paroisse de Coursac, en Limousin, étant, par la grace de Dieu, en mon bon sens, mémoire & entendement... J'ai fait mon Testament & disposition de derniere volonté, lequel j'ai dicté à Me André Pineau, Notaire Royal... en la maniere qui suit...

Je veux qu'après mon... décès mon corps soit enterré le plus humblement qu'il se pourra dans la Chapelle de mon Château de la Martonnie, contiguë à l'église des Religieux de Saint Jean de Cole...

Je donne & legue à ma Filleulle, fille de M. de Brocat-de Castelnaud & de Dame Julie de Baynac, ma niece, la somme de six mille livres...

Je donne & legue à Marie-Blaise de Bonneval, aussi ma filleulle, pareille somme de six mille livres...

Je nomme & institue mon héritiere universelle Dame MARIE-CLAUDE DE BAYNAC, l'aînée de nieces, épouse de M. le Marquis DE BEAUMONT, Colonel du Régiment de la Fere, & voulant

Fff ij

conserver l'unité de mes biens & en éviter tout partage, je la charge de remettre mon entiere hérédité sans aucune distraction de quarte ni autre que je lui prohibe expressément, à CHRISTOPHE MARIE DE BEAUMONT, mon filleul, son fils aîné & de mondit sieur DE BEAUMONT, lors de son mariage ou à sa majorité, lequel je lui substitue, & à défaut d'icelui, & au cas qu'il fut lié aux Ordres Sacrés ou inhabile à succéder, je veux qu'elle remette mon hérédité à tel de ses autres enfans mâles & dudit Seigneur DE BEAUMONT que bon lui semblera, & à défaut de mâles, à l'une des filles de leur mariage telle qu'elle voudra nommer, voulant même qu'au cas que ladite Dame DE BEAUMONT vienne à mourir avant moi, ledit CHRISTOPHE-MARIE DE BEAUMONT, son fils aîné, soit & demeure nommé & institué mon héritier universel, & au cas que ledit fils aîné de mesdits sieur & Dame DE BEAUMONT vînt à prédécéder ladite Dame sa mere, ou qu'il se trouvât lié aux Ordres Sacrés ou inhabile à succéder, & qu'elle décédât sans avoir fait l'élection & remise en faveur de l'un de ses enfans mâles, ou à défaut de mâles, l'une des filles, dans l'ordre prescrit ci-dessus ; je veux que l'aîné desdits enfans mâles, & à défaut d'iceux, l'aîné des filles habiles à succéder & non liés ès Ordres Sacrés, demeurent nommés & élus pour recueillir mon hérédité, & prohibant toujours toutes distractions de quarte dans tous les degrés...

Fait au Château de Bonneval, paroisse de Courlac en Limousin, le troisieme Janvier mil sept cent soixante-huit... Signé à l'original Beynac de Bonneval, Testatrice &... Pineau, Notaire Royal.

Il est ainsi en l'original dudit procès-verbal duement légalisé, certifié véritable, signé & paraphé, & déposé pour minute audit Me Jarry ; par l'acte dont expédition est en tête d'icelui, le tout demeuré audit Me Jarry, Notaire. (*Signé*) Jarry & Peron.

---

*Brefs de minorité de l'Ordre de Malte, en faveur d'*ANTOINE-FRANÇOIS-CLAUDE-MARIE CHRISTOPHE *& de* CHRISTOPHE-ARMAND-VICTOIRE DE BEAUMONT, *fils de* CHRISTOPHE MARQUIS DE BEAUMONT, *& de* CLAUDE-MARIE DE BAYNAC.

Originaux en papier.

2 Avril 1768. FRATER Emmanuel Pinto, Dei grā, sacræ domus Hosp̄lis Sc̄ti Jō is Jerōsn̄i & Militaris Ordinis Sc̄ti Sepulcri Dom̄ci Magīster humilis, pauperumque Jesu Xp̄i Custos... notum facimus... qualiter infrascripta Bulla extracta fuit ex libro Bullarum in Cancellaria nostra conservato... quamquidem in hanc publicam formam extrahi, & redigi jussimus... cujus tenor est, qui sequitur videlicet.

Frater Emmanuel Pinto, Dei grā, sacræ domus Hosp̄lis Sc̄ti Jō is Jerosn̄i, & Militaris Ordinis Sc̄ti Sepulcri Dominici Magīr humilis, pauperumque Jesu Xp̄i custos : nobili puero ANTONIO-FRANCISCO-CLAUDIO-MARIÆ-CHRISTOPHORO DE BEAUMONT, nobilium CHRISTOPHORI MARCHIONIS DE BEAUMONT, & Marchionissæ MARIÆ CLAUDIÆ DE BAYNAC, conjugum nato, nobis dilecto salm in Dn̄o sempiternam. Cum Sm̄us Dn̄us Clemens, Divinā Provī. PP. XIII. per quasdam suas Lrās Aplīcas in formā Brevis dat. Romæ apud S. Mariam Majorem sub annulo Piscatoris die xxjx. mensis Februarii ptoxē preteriti, Pontūs sui anno x. nobis directas super tua in frem̄ Militem de justitia receptione, tuæque minoris ætatis dispensatione facultatem nobis tribuerit, & permiserit, prout infra indulgendi & concedendi ; cumque pro parte tua nobis fuerit petitum & suplicatum, ut juxta pot̄am auct̄em nobis attributam te in gradu Frūm Militum de justitia nr̄æ ven̄dæ linguæ Provinciæ recipere dignaremur, tua presenti minori ætate in aliquo non obstante ; hinc est, quod hum̄oi suplicationibus inclinati, tenore pn̄tium, auc̄te & facultate prædicta Aplīca nobis, ut p̄tur, concessā & attributā ; tecum nobile Puero ANTONIO-FRANCISCO-CLAUDIO-MARIÆ-CHRISTOFORO super minori ætate, in qua impræsentiarum constituus es, dispensamus, ac plenarie, & sufficienter te dispensatum declaramus; teque in gradu Frūm Militum de justitia pcī æ nī ræ ven̄dæ linguæ Provinciæ recipimus... dummodo infra terminum annorum duorum ab hodie in antea enumerandorum summa, scutorum mille auri ad rationem Tarenorum quatuordecim singulis scutis, tuo nomine nr̄o Communi Ærario pro tuo Passaggio, sive trajectu persolvatur. Inque tempore debito nobilitatis tuæ, aliorumque requisitorum probationes facias, & statim atque vigesimum quintum ætatis tuæ annum compleveris, ad conventum n̄r rum, ut noviziatum peragas, & professionem regr̄em emittas, omnino persona l̄r accedas... sub hac tamen expressā conditione, quod privilegium, sive facultatem gestandi, & deferendi parvam crucem auream consequi, & obtinere minime possis, nisi prius constiterit tuæ nobilitatis probationes fecisse, easque in Conv̄tu nr̄o per debitam Vd̄a m linguæ Provinciæ pro bonis, & validis admissas, receptas, & approbatas fuisse, ac etiam de solutione supradicti tui passagii in vd̄a Camera Computorum nr̄i ærarii prædicti juxta formam præcitate Ordinationis Capitularis... In cujus rei Testim̄ Bulla nr̄a Magī s Plumbea pntib̄us est appensa. Datum Melitæ in Conv̄tu nr̄o die ij. Mensis Apl̄is 1768. Et quia ita se habet veritas. Ideo in hujus rei testim̄ Bulla nostra Magl̄is in cera nigra pntīb us est impressā. Datum Melitæ in Conv̄tu nr̄o die, mense, & anno supradictis. Regīsr. in Cancell. (*Signé*) Bajul. Aquilæ Franc. Guedes ; Vice-Cam. (*Et scellé en placard du sceau du Grand-Maître.*)

FRATER Emmanuel Pinto, Dei grā, sacræ domus Hosp̄lis Sancti Joā is Hierōsn̄i, & Militaris Ordinis Sancti Sepulchri Dom̄. Maḡ. humilis, pauperumque Jesu Xp̄i custos... notum facimus... quā lr infrasē Bulla extracta fuit ex libro Bullarum in Cancellā nostra conservato... quamquidem in hanc publicam formam extrahi, & redigi jussimus... cujus tenor est, qui sequitur, videlicet.

Frater Emmanuel Pinto, Dei grā, sacræ domus Hospˡis Sancti Joāis Hieroˢmi, & Militaris Ordinis Sancti Sepulcri Domˉci Magˉ. humilis, pauperumque Jesu Xˉpi custos, nobili puero Christophoro-Armando-Victorio de Beaumont, nobilium Christophori Marchionis de Beaumont, & Mariæ-Claudiæ de Baynac conjugum nato, nobis dilecto, salutem in Dnˉo sempiternam. Cum Santissimus Dominus noster Dominus Clemens, divinā Providentiā PP. XIIII. per quasdam suas litteras Aplicˉas in forma Brevis, datˉ Romæ apud Snˉ Mariam sub annulo Piscatoris die v. Februarii proˉxe preteriti, Pontusˉ nˉri anno primo, nobis directas super tua in Fratrem Militem de justitia receptione ; tuæque minoris ætatis dispensatione facultatem nobis tribuerit, & permiserit, prout infra indulgendi, & concedendi ; cumque pro parte tua nobis fuerit petitum, & supplicatum ut juxta pˉtam ancˉsem nobis attributam te in gradu Fratrum Militum de justitia nˉræ vˉda linguæ, & Priorˉ Franciæ recipere dignaremur, tua pnˉtˉi minori ætate in aliquo non obstante ; hinc est, quod hmoi supplicationibus inclinati, tenore pnˉtˉium, aucˉte & facultate prædicta Aplicˉa nobis, ut pˉtur, concessa, & attributa, tecum nobˉe Puero Christophoro-Armando Victorio super minori ætate, in qua impræsentiarum constitus es, dispensamus, ac plenarie, & sufficienter te dispensatum declaramus ; Teque in gradu Fratrum Militum de justitia pˉtæ nˉræ vendˉæ linguæ, & Prioratus Franciæ recipimus, & cooptamus... dummodo infra terminum annorum duorum ab hodie in antea enumerandorum, summa scutorum mille auri ad rationem Tarenorum quatuordecim singulis scutis ; tuo nomine, nˉo Cōi Ærario pro tuo Passagio, sive trajectu persolvatur ; inque tempore debito nobilitatis tuæ, aliorumque requisitorum probationes facias, & statim atque vigesimum quintum ætatis tuæ annum compleveris, ad conventum nˉtrūm, ut novitiatum peragas, & professionem regularem emittas, omnino personaliter accedas... sub hac tamen expressa conditione, quod privilegium, sive facultatem gestandi, & deferendi parvam crucem auream consequi, & obtinere minime possis, nisi prius constiterit tuæ nobilitatis probationes fecisse, easque in Conventu nˉro per dictam Venerabˉ Linguam Franciæ pro bonis, & validis admissas, receptas, & approbatas fuisse, ac etiam de solutione supradicti tui passagii in venˉda Camera Computorum nˉri Ærarii pˉti juxta formam præcitate ordoˉnis Capˉla ris... In cuius rei testimonˉ Bulla nostra Magˉlis plumbea pnˉtibus est appensa. Datum Melitæ in Conventu nˉro, die mensis Martii 1769. ab Incarnˉ, juxta stylū m nˉtˉæ Cancellˉ, secundum vero cursum ordinarium 1770.

Et quia ita se habet veritas ; ideo in hujus rei testimonium Bulla nˉra Magˉlis in cera nigra pntibˉus est impressa. Datum Melitæ in Conventu nˉro die, mense, & anno supradictis. Regist. in Cancellˉ. (Signé) *Bajulus Aquilæ Franc. Guedes*, Vice - Camerˉ, (& *scellé en placard du sçeau du Grand-Maître.*)

---

*Contrat de Mariage d'*Antoine *Vicomte* de Beaumont, *avec* Amable-Elisabeth-Françoise de Cailus.

Grosse en parchemin.

Pardevant le Conseiller du Roi, Notaire à Toulouse & de la Province de Languedoc, sous- 3 Janvier 1768. signé, en présence des témoins bas nommés, furent présens haut & puissant Seigneur Antoine Vicomte de Beaumont, Lieutenant de Vaisseau du Roi, demeurant ordinairement à la Roque, en Périgord, fils légitime de haut & puissant Seigneur Arnaud de Beaumont, Seigneur Comte de la Roque, Meyral, Castel, le Repere, Saint-Aubin, Nabiral & autres places, & de haute & puissante Dame Marie-Anne de Faurie, Dame desdites Terres, sa femme, habitans ordinairement dans leur Château de la Roque, en Périgord, procédant de l'autorité & du consentement desdits Seigneur & Dame ses pere & mere, représentés par Mᵉ Ignace Bousigues, Prêtre, habitant en cette Ville, en vertu de leur procuration expresse du vingt-sept Juillet dernier, retenue par Mᵉ Grafeille, Notaire en la Sénéchaussée de Sarlat, que ledit sieur Abbé Bousigues nous a déposée en original... d'une part.

Et haute & puissante Demoiselle Amable-Elizabeth-Françoise de Cailus, procédante de l'autorité & agrément de haut puissant Seigneur Joseph-François de Cailus, Marquis de Cailus, Chevalier de l'Ordre Royal & Militaire de Saint Louis, Baron des Etats de la Province de Languedoc, & Baron de Veués, Seigneur d'Haussatiere, Bouniols & autres places, Coseigneur de la Prevôté de Réalmont, & de haute & puissante Dame Amable-Elizabeth-Jeanne de Beaumont, Marquise de Cailus, Dame de Villeneuve, ses pere & mere, demeurants en cette Ville, dans leur hôtel... de hautes & puissantes Demoiselles Louise, Henriette & Ombeline de Cailus, ses sœurs, d'autre part.

Lesdites Parties procédant encore de l'approbation & consentement de haut & puissant Seigneur Illustrissime & Révérendissime Seigneur Monseigneur Christophe de Beaumont, Archevêque de Paris, Duc de Saint-Cloud, Pair de France, Commandeur de l'Ordre du Saint Esprit, Proviseur de Sorbonne, demeurant à Paris, en son Palais Archiépiscopal, absent, étant représenté par haut & puissant Seigneur Pierre-Louis-Joseph-Antoine Le Comte, Marquis de Noé &

autres places, Conseiller du Roi en tous ses Conseils, & son Procureur Général au Parlement de Toulouse, en vertu de sa procuration... de celui de haut & puissant Seigneur LOUIS DE BEAUMONT-DU REPERE, Chevalier de l'Ordre Royal & Militaire de Saint Louis, habitant au même Château de la Roque, absent, étant représenté par M. Jaques Moncassin, ancien Capitoul, habitant en cette Ville, en vertu de sa procuration... lesdits Seigneurs Archevêque DE BEAUMONT & BEAUMONT-DU REPERE, oncles paternels dudit Seigneur futur Epoux; & encore de haut & puissant Seigneur LOUIS DE BEAUMONT, Chevalier, Comte DE BEAUMONT, Brigadier des Armées du Roi, Commandant à Bergerac, de haut & puissant Seigneur CHRISTOPHE DE BEAUMONT, Chevalier, Marquis DE BEAUMONT, Brigadier des Armées du Roi, Menin de Monseigneur le Dauphin, premier Baron de Périgord, de haute & puissante Dame MARIE-JAQUETTE D'ARMAGNAC, Comtesse de Goisse, Dame du Palais de feue la Reine, & Dame de Madame la Comtesse de Provence, épouse dudit Seigneur Comte DE BEAUMONT, de haute & puissante Dame MARIE DE BAINAC, premiere Baronne de Périgord, épouse dudit Seigneur Marquis DE BEAUMONT, comme aussi de l'approbation de haut & puissant Seigneur Pierre-Joseph-Hiacinthe Comte de Cailus, Chevalier de l'Ordre Royal & Militaire de Saint Louis, & de haute & puissante Dame Anne-Roze Daliez, son épouse, de haute & puissante Demoiselle Marie-Henriette de Cailus, oncle & tante de ladite Demoiselle de Cailus, future Epouse, de Messire Etienne-Antoine-Louis de Playbault-de Vilars-Lugein, Prêtre, Chanoine de l'Eglise Métropolitaine de Toulouse, Abbé de Saint Marcel, grand-oncle paternel de ladite Demoiselle de Cailus, de Messire Joseph-Frédéric de Panat, Seigneur & Prieur de Saint Leon, son Cousin... de haute & puissante Dame de Lanta, épouse dudit Seigneur Procureur Général, de Messire Jean-George Dejean-de Roquemaure, Maréchal des Camps & Armées du Roi, & autres parens & amis communs...

En contemplation du présent mariage... led. Seigneur Marquis de Cailus, pere de ladite Demoiselle future épouse, lui donne & constitue en dot la somme de quarante mille livres, & de plus celle de vingt mille livres en bien paraphernal, faisant ensemble lesdites deux sommes, celle de soixante mille livres... led. Seigneur Marquis de Cailus donne de plus à ladite Demoiselle sa fille, future Epouse... la somme de vingt mille livres... laquelle dite somme ne sera cependant payable qu'après le décès dudit Seigneur de Cailus.... Ledit Seigneur de Cailus donne encore à ladite Demoiselle future Epouse la Baronie des Etats de Languedoc pour en jouir après son décès, laquelle donation n'aura cependant lieu que dans le cas où ledit Seigneur de Cailus n'auroit point d'enfans mâles de la Dame son Epouse actuellement vivante.

Au même cas que ledit Seigneur de Cailus n'auroit point d'enfans mâles de ladite Dame, son Epouse, il institue ladite Demoiselle DE CAILUS, sa fille, future Epouse, son héritiere universelle, & lui donne irrévocablement tous ses biens présens & à venir, même la somme de vingt mille livres à lui dûe sur la Terre de Courtenais, située en Brie, suivant son contrat de mariage avec ladite Dame DE BEAUMONT, ainsi que la portion virille de la dot de ladite Dame son Epouse, le cas y échéant, pour en jouir & disposer après son décès, moyennant lesquellesd. institution & donation, ladite Demoiselle future Epouse sera chargée de payer aux Demoiselles ses sœurs leur légitime telle que de droit, quand même l'institution ou donation seroit optée pour les biens présens....

Ledit Seigneur Marquis de Cailus se réserve, pour en disposer comme bon lui semblera, la somme de cinquante mille livres, laquelle somme néanmoins appartiendra à la Demoiselle future Epouse au cas (que) ledit Seigneur Marquis de Cailus décédât sans en avoir disposé.

Ladite Dame Marquise de Cailus, mere de ladite Demoiselle future Epouse, lui donne & constitue de son chef, en faveur du présent mariage, & par conséquent audit Seigneur, son futur Epoux, la somme de vingt mille livres... Plus, ladite Dame Marquise de Cailus fait donation irrévocable à ladite Demoiselle sa fille, en faveur de son mariage, de la somme de trente mille livres... pour en jouir à titre de bien paraphernal après le décès de ladite Dame sa mere... revenant lesdites deux sommes données & constituées à celle de cinquante mille livres.

Dans le cas où ladite Marquise de Cailus auroit des enfans mâles de son mariage actuel avec ledit Seigneur Marquis de Cailus, elle donne, outre les cinquante mille livres énoncées dans l'article précédent, à ladite Demoiselle sa fille, future Epouse, la somme de quatre-vingt mille livres, & ce, tant en pure libéralité qu'à cause qu'audit cas elle ne succédera point aux biens de ladite donation ou institution contractuelle dudit Seigneur son pere ni à ladite entrée aux Etats de Languedoc...

Ledit sieur Abbé Bousigues, en vertu de la procuration desdits Seigneur & Dame DE BEAUMONT-DE LA ROQUE, pere & mere dudit Seigneur futur Epoux, fait donation irrévocable audit Seigneur futur Epoux, de la somme de quarante mille livres...

Pour la satisfaction & le contentement que ledit Seigneur Archevêque de Paris, oncle paternel dudit Seigneur futur Epoux, a du présent Mariage, ledit Seigneur Procureur Général, en vertu du pouvoir à lui donné par ladite procuration... fait donation entre-vifs auxdits futurs Epoux d'une pension annuelle & viagere de six mille livres que ledit Seigneur Procureur Général, en vertu de ladite procuration, oblige ledit Seigneur Archevêque de Paris de leur payer par chacun an, durant sa vie & jusques à son décès...

Ledit sieur Moncassin, en vertu de ladite procuration dudit Seigneur Comte DE BEAUMONT-

DE LA MAISON DE BEAUMONT. Liv. IX.

DE REPERE, oncle paternel dudit Seigneur futur Epoux, lui fait donation pure, simple, entrevifs & à jamais irrévocable, non sujette à réversion de la Terre & Seigneurie de l'Albergement-le-Duc, située en Bourgogne, avec tous ses droits, appartenances & dépendances, telle que ledit Seigneur du Repere l'a acquise de Son Altesse Sérénissime Monseigneur le Comte de la Marche, Prince du Sang, par contrat du douze Août mil sept cent soixante-neuf, passé devant Desmeures & son Confrere, Notaires à Paris, pour par ledit Seigneur futur Epoux en jouir dès le jour de la célébration du présent mariage, à la charge de substitution au profit d'un des enfans mâles qui proviendront dudit mariage dont ledit Seigneur futur Epoux aura le choix, & à défaut de choix & de nomination en faveur de l'aîné desdits enfans mâles non engagé dans les Ordres Sacrés & dans l'Etat Religieux, & au cas qu'il ne proviendroit que des filles du présent mariage, l'effet de ladite substitution sera partagé entre elles également, sauf un préciput de six mille livres que l'aînée desdites filles prendra au-dessus de sa part & portion afferante; & au cas où il n'y auroit ni mâles ni filles du présent mariage, ladite substitution passera audit Seigneur LOUIS Comte DE BEAUMONT, Brigadier des Armées du Roi, &, après lui, à l'aîné de ses enfans mâles non engagé dans les Ordres Sacrés ni dans l'Etat Religieux; & au cas (où) ledit Seigneur Comte DE BEAUMONT décéde sans enfans mâles, à Messire CHRISTOPHE DE BEAUMONT, aussi Brigadier des Armées du Roi & Menin de Monseigneur le Dauphin, &, après lui, à l'aîné de ses enfans mâles sous les mêmes conditions & désignations ci-dessus... Fait & passé dans l'hôtel dudit Seigneur Marquis de Cailus audit Toulouse, le second jour du mois d'Août mil sept cent soixante-douze. (*Signé*) Campmas, Not. Royal...

Nomination de M. le VICOMTE DE BEAUMONT à l'Ordre Militaire de Saint Louis.

Original en papier.

MONS. le Vicomte DE BEAUMONT, la satisfaction que j'ai de vos services m'ayant convié à 5 Janvier 1773. vous associer à l'Ordre Militaire de St Louis, je vous écris cette Lettre pour vous dire que j'ai commis mon Cousin de Baufremont, Prince de Listenois, Chevalier dudit Ordre, pour, en mon nom, vous recevoir & admettre à la dignité de Chevalier de St Louis, & mon intention est que vous vous adressiez à lui pour prêter en ses mains le serment que vous êtes tenu de faire en ladite qualité de Chevalier dudit Ordre, & recevoir de lui l'accolade & la Croix que vous devez doresnavant porter sur l'estomac, attachée d'un petit ruban couleur de feu : voulant qu'après cette réception faite, vous teniez rang entre les autres Chevaliers dudit Ordre, & jouissiez des honneurs qui y sont attachés. Et la présente n'étant pour autre fin, je prie Dieu qu'il vous ait, Monsf. le Vicomte DE BEAUMONT, en sa sainte garde. Ecrit à Versailles le 5 Janvier 1773. LOUIS. (*Et plus bas*) BOURGEOIS DE BOYNES.

La suscription est : à Monsieur le Vicomte DE BEAUMONT, Lieutenant de Vaisseau.

Extraits de Baptême des Enfans d'ANTOINE VICOMTE DE BEAUMONT, & d'ELISABETH-FRANÇOISE-AMABLE-DE CAILUS, son Epouse.

Originaux.

EXTRAIT des Registres des Baptêmes de l'Eglise Paroissiale de Saint Sulpice de Paris. 18 Août 1773.
Le dix-huit du mois d'Août de l'année mil sept cent soixante & treize a été baptisée JOSEPHINE-MARIE-ANNE-LOUISE-XAVIERE, née d'hier, fille de Mre ANTOINE DE BEAUMONT, Vicomte de Beaumont, Lieutenant des Vaisseaux du Roi, Chevalier de l'Ordre Royal & Militaire de St Louis, & de Dame ELISABETH-FRANÇOISE-AMABLE DE CAILUS, son Epouse, demeurants rue de Taranne : Le Parrein très-haut & très-puissant Seigneur Joseph-François de Cailus, Marquis de Cailus, Baron des Etats de la Province de Languedoc, Chevalier de l'Ordre Royal & Militaire de Saint Louis : La Marreine MARIE-ANNE DE FAURIE, Epouse de Mre ARMAND DE BEAUMONT, Comte de la Roque, représentée par Dame MARIE-CLAUDE DE BAYNAC, Epouse de Mre CHRISTOPHE Marquis DE BEAUMONT, Menin de Monseigneur le Dauphin, Brigadier des Armées du Roi ; le pere présent.
Collationné à l'original, par moi soussigné, Prêtre & Vicaire de ladite Paroisse. A Paris, ce dix-huit du mois d'Août de l'année mil sept cent soixante & treize. (*Signé*) De Maussac.

Extrait des Registres des Baptêmes de l'Eglise Paroissiale de Saint Sulpice, à Paris.

EXTRAIT du Registre des Baptêmes de la Paroisse Saint Jacques-du-haut-Pas à Paris. Le dix-neuf Mars mil sept cent soixante & quinze, a été baptisée ARMANDE-LOUISE, née d'aujourd'hui, fille d'ANTOINE Vicomte DE BEAUMONT, Lieutenant des Vaisseaux du Roi, Chevalier de l'Ordre Royal & Militaire de St Louis ; & de Dame Madame ELISABETH-FRANÇOISE DE CAILUS, son Epouse : le Parrain a été haut & puissant Seigneur ARMAND DE BEAUMONT, Comte de la Roque, Grand-pere de l'Enfant... & la Marraine Mademoiselle Louise de Cailus, Tante maternelle de l'Enfant...

Collationné à l'original, par moi soussigné, Vicaire de ladite Paroisse. A Paris, le dix-huit Septembre mil sept cent soixante & quinze. (*Signé*) Vaschaldes, Vic.

CHAPITRE VII ET DERNIER.

CHRISTOPHE DE BEAUMONT, Archevêque de Paris, frere puîné d'ARMAND, rapporté ci-dessus, pag. 403 de ces Preuves.

Extrait de la Preuve de M. l'Archevêque de Paris, pour sa réception dans l'Ordre du St Esprit.

Cette preuve conservée en original au Cabinet de cet Ordre ; Recueil concernant les Chevaliers du même Ordre ; vol. 247. fol. 7 - 69.

18 Novembre 1747.

EXTRAIT des titres produits par Messire CHRISTOPHE DE BEAUMONT-DU REPAIRE, Archevêque de Paris, Duc de St. Cloud, Pair de France, nommé Commandeur de l'Ordre du Saint Esprit ; pour les Preuves de sa noblesse : devant Messieurs les Maréchaux Ducs de Harcourt & de Biron, Pairs de France, Chevaliers & Commandeurs des Ordres du Roi, Commissaires à ce députés par Lettres-patentes de Sa Majesté, du 18 Novembre 1747.

(*Ici sont peintes les armes de la Maison DE BEAUMONT* : d'azur à la fasce d'argent, chargée de trois fleurs-de-lys d'azur.)

Lettres-Patentes du Roi, Chef & Souverain Grand-Maître des Ordres de St Michel & du St Esprit, adressées à ses très-chers & bien amés Cousins les Ducs d'Harcourt & de Biron, Pairs & Maréchaux de France, Chevaliers de ses Ordres ; portant que son très-cher & bien amé Cousin CHRISTOPHE DE BEAUMONT-DU REPAIRE, Archevêque de Paris, Duc de St Cloud, Pair de France, ayant été élu au Chapitre du 21 Mai dernier, pour être reçu Commandeur de son Ordre du St Esprit à la premiere cérémonie, en satisfaisant aux preuves requises par les Statuts ; Sa Majesté les a commis pour les examiner sur le rapport qui leur en sera fait par le sieur Clairambault, Généalogiste desdits Ordres ; & que, s'ils les trouvent suffisantes, ils en signeront avec lui le Procès-verbal, & y feront apposer le cachet de leurs armes, pour être ensuite remis à son très-amé & féal Doyen de son Conseil d'Etat, Commandeur, Chancelier-Garde des Sceaux de sesdits Ordres, & Surintendant des deniers d'iceux, le sieur Abbé de Pomponne, pour en faire rapport au premier Chapitre : Ces lettres, données à Fontainebleau le 18 Novembre 1747, signées Louis. Et plus bas par le Roi, Chef & Souverain Grand-Maître des Ordres de Saint Michel & du St Esprit, Phelypeaux. A côté *visa* Arnauld de Pomponne, & scellées du grand sceau & contre-sceau desdits Ordres en cire blanche.

Premier Degré.

Mémoire des Services de M. l'Archevêque de Paris, pour satisfaire à l'article XXIV. des Statuts, portant :

Qu'en 1732, il fut reçu Chanoine & Comte de Lyon.
En 1735, le 22 Juin, Grand Vicaire de l'Evêché de Blois, & Official de cet Evêché le 22 Novembre 1737.
En 1738, le 4 Avril, nommé à l'Abbaye de Notre-Dame-des-Vertus, Ordre de St Augustin, Diocèse de Châlons-sur-Marne.
En 1741, le 20 Août, nommé à l'Evêché de Bayonne, & sacré le 24 Décembre suivant, dans l'Eglise des Religieuses du Chassemaidi à Paris.
En 1745, le 20 Avril, nommé Archevêque, Primat & Comte de Vienne.
En 1746, fait Archevêque de Paris, Duc de St Cloud, Pair de France, dont il a pris possession le 7 Novembre de cette année.
Et que dans tous ces différens emplois & dignités, il a donné des preuves de son zele pour la Religion & pour le service de Sa Majesté.

Brevet

DE LA MAISON DE BEAUMONT. Liv. IX.

BREVET du 5 Août 1746, par lequel le Roi, étant à Versailles, bien informé des bonnes vie, mœurs, grande suffisance & des autres vertueuses & recommandables qualités qui sont en la personne du sieur CHRISTOPHE DE BEAUMONT-DU REPAIRE, Conseiller en ses Conseils, Archevêque de Vienne ; Sa Majesté lui accorde & fait don de l'Archevêché de Paris, vacant par le décès du sieur de Bellefonds, Conseiller en ses Conseils. Signé LOUIS. Et plus bas, Phelypeaux; auquel Brevet sont jointes ses Bulles de Provisions de cet Archevêché, accordées par le Pape Benoît XIV, datées de Rome, à Ste Marie-Majeure, l'an 1746, le 13 des Calendes d'Octobre, signées & scellées en plomb, certifiées véritables, & contrôlées à Paris le 5 des mêmes mois & an. Signé De la Noue & Ravault ; & autres Bulles de la même date, qui permettent audit Seigneur Archevêque de porter *le Pallium*.

Lettres-Patentes, du 29 Octobre 1746, & Brevet du 2 Novembre suivant, par lesquels le Roi donne à M. CHRISTOPHE DE BEAUMONT-DU-REPAIRE, choisi par Sa Majesté pour remplir l'Archevêché de Paris, les fruits & revenus de cet Archevêché, échus & à écheoir depuis le jour de sa nomination jusqu'à celui de sa prise de possession. Signés LOUIS. Et plus bas, Phelypeaux : ces Lettres registrées au Contrôle général des Finances le 4 Novembre 1746. Signé Machault, & à la Chambre des Comptes de Paris le 14 suivant, signé Noblet.

Bulles de Provision de l'Archevêché de Vienne, en Dauphiné, vacant par la démission d'Henri-Oswal de la Tour-d'Auvergne, Cardinal de la Sainte Eglise Romaine, accordées par le Pape Benoît XIV, sur la nomination du Roi, à vénérable frere CHRISTOPHE DE BEAUMONT, ci-devant Evêque de Bayonne, dattées de Rome, à Ste Marie-Majeure, le 10 des Calendes de Septembre 1745 ; signées, scellées, certifiées véritables, & insinuées : avec deux autres Bulles de même date, l'une qui lui permet de porter *le Pallium*, & l'autre adressée au Chapitre de Vienne pour sa réception ; & Lettres-Patentes du Roi, portant don en faveur du même Archevêque, des fruits & revenus de cet Archevêché, échus depuis le jour de sa nomination jusqu'à celui de sa prise de possession, dattées de Fontainebleau le 25 Octobre 1745. Signées LOUIS. Plus bas, Phelypeaux, & scellées, registrées à la Chambre des Comptes de Paris, le 8 Novembre suivant, signé Noblet.

Brevet datté de Versailles le 10 Août 1741, par lequel Sa Majesté fait don au sieur CHRISTOPHE DE BEAUMONT, Prêtre, Comte de Lyon & Vicaire Général de Blois, de l'Evêché de Bayonne, vacant par la démission du sieur de Bellefonds ; signé LOUIS ; & contresigné, Phelypeaux : avec ses Bulles de Provisions de cet Evêché, dattées de Rome, à Ste Marie-Majeure, le 15 des Calendes de Décembre 1741, & autres de même datte, adressées au Chapitre de Bayonne, pour sa réception ; & Lettres-Patentes & Brevet du Roi, portant don des fruits de cet Evêché en sa faveur, depuis sa nomination, &c. des 27 Décembre 1741, & 15 Janvier 1742, régistrées.

Autre Brevet du 4 Avril 1738, portant don de Sa Majesté en faveur du sieur CHRISTOPHE DE BEAUMONT, Comte de Lyon, de l'Abbaye de Notre-Dame des Vertus, Ordre de St Augustin, Diocèse de Chaalons, vacante par le décès du sieur d'Aubenton. Signé, LOUIS. Et contresigné, Phelypeaux : avec ses Bulles Apostoliques pour cette Abbaye, datées de Rome, à Ste Marie-Majeure, le 7 des Calendes de Février 1738, signées & scellées, &c.

Provisions d'un Canonicat de l'Eglise & Comté de Lyon, vacant par le décès de noble René de Levy, données par les Doyen, Chanoines & Chapitre de cette Eglise & Comtes de Lyon, à noble CHRISTOPHE DE BEAUMONT-DU REPAIRE, Clerc du Diocèse de Sarlat, en satisfaisant par lui, pour y être reçu à l'enquête ordinaire sur sa naissance & aux preuves de sa noblesse, tant du côté paternel que maternel, jusqu'au quatrieme degré inclusivement. Cet acte, passé à Lyon, en leur Chapitre assemblé à cet effet le 2 Mai 1732, signé de Billy, Secrétaire, & scellé en placard du sceau de leurdite Comté : contrôlé en la même Ville le 12 Septembre suivant, auquel est joint l'Acte de la prise de possession de ce Canonicat & Comté, du 27 Août de la même année 1732, par le Procureur de Messire CHRISTOPHE DE BEAUMONT, Bachelier de Sorbonne, &c. signé Bardez & Theve, Notaires.

Extrait du Livre des Baptêmes de l'Eglise Paroissiale de Meyrals, Diocèse de Sarlat, qui porte que le 10 Août 1703, reçut les cérémonies de Baptême noble CHRISTOPHE DE BEAUMONT-DU REPAIRE, fils de noble FRANÇOIS DE BEAUMONT-DU REPAIRE, & de Dame ANNE-MARIE DE LOSTANGES-DE Ste ALVERE, sa femme ; qu'il naquit au Château de la Roque le 26 Juillet de la même année, & avoit été ondoyé le 29 suivant par ordre de Mgr de Sarlat : délivré le 11 Mai 1723, signé Michel, Prieur de Meyrals, & légalisé, &c.

Par lesquelles Preuves il est constaté qu'il eut pour pere & mere :

FRANÇOIS DE BEAUMONT, Chevalier, Comte de la Roque, Seigneur du Repaire, Nabirac, &c. Guidon des Gendarmes de Monsieur, & Dame MARIE-ANNE DE LOSTANGES DE St. ALVERE, sa seconde femme.

Pour Ayeul & Ayeule :

BARTHELEMY DE BEAUMONT, Chevalier, Seigneur du Repaire, St. Aubin, Nabirac, & Dame LOUISE DE BEYNAC, Dame de la Roque.

PREUVES DE L'HISTOIRE GÉNÉALOGIQUE

Pour Bifayeuls :

LAURENT DE BEAUMONT, Seigneur du Repaire & d'Ybirac, aliàs de Nebirac, & de Dame FRANÇOISE DE CHAUNAC-DE LANZAC, sa seconde femme.

Pour Trifayeuls :

CHARLES DE BEAUMONT, Seigneur du Repaire-Laval, Ybirac & S'. Alby, & Dame ANTOINETTE DU POUGET, Dame desdits lieux.

Pour Quadris-Ayeuls :

LAURENT DE BEAUMONT, Chevalier, Seigneur de Beaumont, de Montfort, &c., & DELPHINE-DE VERNEUIL, Dame de Pompignan & de Payrac.

Pour Cinquiemes Ayeux :

AMBLARD DE BEAUMONT, quatrieme du nom, Seigneur de Beaumont & de Montfort, & Dame MARGUERITE ALLEMAN.

Pour Sixiemes Ayeux :

AYMON DE BEAUMONT, Seigneur de Beaumont & de Montfort, & Dame GIRARDE CASSARD.

Pour Septiemes Ayeux :

AMBLARD DE BEAUMONT, troisieme du nom, Chevalier, Seigneur de Beaumont & de Montfort, & Dame EUSTACHIE DE MONTMAJOR.

Pour Huitiemes Ayeux :

AMBLARD DE BEAUMONT, deuxieme du nom, Damoiseau, Seigneur de Beaumont & de Montfort, & Dame PHILIPPE DE S'. AGNAN.

Pour Neuviemes Ayeux :

AMBLARD DE BEAUMONT, Premier du nom, Chevalier, Seigneur de Beaumont, de Montfort, &c. & Dame BÉATRIX ALLEMAN-DE VAUBONNAIS.

Pour Dixieme Ayeul :

ARTAUD DE BEAUMONT, Deuxieme de nom, Seigneur de Beaumont, Damoiseau.

Et pour Onzieme Ayeul :

ARTAUD DE BEAUMONT, Premier du nom, Chevalier.

(*Après les Preuves de ces degrés est ajouté ce qui suit :*)

M. l'Archevêque de Paris représente qu'étant de la branche des Seigneurs du Repaire & de la Roque, en Périgord, cadette & séparée depuis environ 200 ans de celle des Seigneurs de Beaumont en Dauphiné, de Peyrac en Quercy, & de Pompignan en Languedoc, il n'a pu recouvrer les plus anciens titres de sa Maison, qui ont passé aux acquereurs des terres de Beaumont, de Montfort & de Crolles, vendues en l'an 1617... en sorte qu'il ne peut, quant à présent, remonter sans interruption, sa filiation au-delà de son treizieme degré ; mais, en attendant de plus amples découvertes, & pour donner une juste idée de l'ancienneté de sa Maison, il fait l'emploi des Actes & Extraits qui suivent :

Na. *Ces Actes & Extraits font ceux des années* 1301, 1283, 1220, 1200, 1179, 1108 *bis* & 1106 *qui sont mentionnés à la tête de cet Ouvrage.* (*après est écrit ce qui suit :*)

DE LA MAISON DE BEAUMONT. Liv. IX.

Nous François Duc de Harcourt, Pair & Maréchal de France, Marquis de la Mailleraye, Capitaine d'une Compagnie des Gardes du Corps du Roi, Gouverneur de la Ville & Château de Sedan & pays en dépendans, & Charles-Armand-Dominique de Gontaut, Duc de Biron, Pair & premier Maréchal de France, Marquis de Cabretès & de Roussillon, Comte de Lauzun, de Gurson & du Flex, Baron d'Eymer, de Levignac, de Montcucq, de Villefranche, de Mugron, Pouyale, Lorquene & Russey, Chevaliers & Commandeurs des Ordres du Roi, certifions à Sa Majesté & à tous ceux qu'il appartiendra, que nous avons, en vertu de notre Commission du 18 Novembre dernier, vu & examiné, au rapport du sieur Clairambault, Généalogiste des mêmes Ordres, les titres produits par Messire Christophe de Beaumont-du Repaire, Archevêque de Paris, Duc de St Cloud, Pair de France, & trouvé qu'il a prouvé treize degrez de filiation suivie ; que sa Maison est des plus nobles & des plus anciennes de la Province de Dauphiné, & qu'il est très-digne d'être reçu Commandeur de l'Ordre du St Esprit : en foi de quoi nous avons signé ces présentes avec ledit sieur Clairambault, & y avons fait apposer les cachets de nos armes. A Paris, le dix-septieme jour du mois de Décembre mil sept cent quarante-sept. (*Signés*) Le Maréchal Duc de Harcourt. Le Maréchal Duc de Biron. (*&*) Clairambault. (*&*) *scellé du cachet de leurs armes en cire rouge.*)

Suit l'Information des Vie & Mœurs ; après laquelle sont ces mots :

Les preuves de Religion & de Noblesse ci-dessus mentionnées ont été rapportées par M. l'Abbé de Pomponne, Chancelier, & admises au Chapitre tenu dans le Cabinet du Roy ; ensuite M. l'Archevêque de Paris a presté serment & a reçeu le Cordon Bleu & la Croix de l'Ordre du Saint Esprit des mains de Sa Majesté, avant la Messe, dans la Chapelle du Château, à Versailles le premier jour du mois de Janvier mil sept cent quarante-huit. (*Signé*) Clairambault.

Nomination de M. l'Archevêque de Vienne à l'Archevêché de Paris.

Extrait du Mercure de France, du mois d'Août 1746, fol. 167, 168 & 169.

Le 5 de ce mois le Roi nomma M. l'Archevêque de Vienne à l'Archevêché de Paris, vacant par la mort de M. de Bellefont ; il se nomme Christophe de Beaumont-du Repaire. Il fut reçu Chanoine & Comte de Lyon aux fêtes de la Toussaint de l'an 1732. Il étoit Grand-Vicaire 1734, de l'Evêque de Blois, (François de Crussol-d'Uzès-d'Amboise, son Cousin,) il fut 1735. en nommé à l'Abbaye de Notre-Dame des Vertus O. S. A. au Diocèse de Châlons en 1738, puis à l'Evêché de Bayonne, & sacré le 24 Décembre 1741, & enfin transféré à l'Archevêché de Vienne par la démission de M. le Cardinal d'Auvergne au mois d'Avril 1745. Il est né en 1701 ou 1702 *, & est fils de François de Beaumont, Chevalier, Seigneur de la Roque-Fayac-du Repaire, en 1703. de Saint-Aubin, de Castel, &c. en Périgord, Guidon de la Compagnie de Gendarmes de feu M. Philippe de France, Duc d'Orléans, frere unique du Roi Louis XIV en 1677, & de Dame Marie-Anne de Lostanges de Saint-Alvaire, mariée le 10 Janvier 1699, Petite-fille d'Elisabeth de Crussol-d'Uzès. Il a pour frere le Comte de Beaumont-du Repaire, retiré dans ses terres auprès de Périgueux, lequel a plusieurs enfans encore jeunes, dont l'aîné, âgé de quinze à seize ans, est actuellement Sous-Lieutenant au Régiment des Gardes-Françoises. La Maison de Beaumont est originaire du Dauphiné, où est située la Terre de ce nom, près la Mure en Graisivodan, & d'une noblesse marquée par son ancienneté, étant connue il y a plus de 500 ans, & par ses alliances. Laurent de Beaumont, Chevalier, Seigneur de Beaumont & de Montfort en Dauphiné, quatrieme Ayeul de M. l'Archevêque de Paris, fut marié le premier Décembre 1538 avec Delphine de Verneuil, Dame de Pompignan & de Peyrac, & fut pere de Charles de Beaumont, Chevalier, Seigneur de Montfort, qui, par le mariage qu'il contracta le 3 Mars 1577 avec Antoinette du Pouget, fut Seigneur du Repaire & de Saint-Aubin, & ce fut par ces deux alliances que cette branche de Beaumont se transplanta dans le haut Languedoc, le Quercy & le Périgord. Il se voit par les quartiers que M. l'Archevêque produisit lors de sa réception de Chanoine & Comte de Lyon, & dans lesquels entrent les noms d'Alleman, de Touchebeuf, de Salignac, de Baynac, de Lauzieres-Thémines, de Fumel, de Hautefort, de Chabannes, de Bonneval, de Blanchefort, d'Escars, de Vienne, de Baufremont, de Lostanges, de Montberon, de Gourdon-Genouillac, de Crussol-d'Uzès, de Clermont-Tonnerre, de Poitiers-Saint-Valier, de la Queille-Châteaugay, de Béthurnay *, de Bourbon-Carency, du Saix & de Seneret, &c. que ce Prélat, à l'avantage d'être allié & parent à ce qu'il y a de grand dans le Royaume, outre celui d'avoir pour dixieme Ayeul Amblard Seigneur de Beaumont, l'un des principaux Seigneurs qui porterent le Dauphin Humbert II. à transporter le Dauphiné près de France, & qui en signerent le Traité au mois d'Avril 1343. Entre les différentes branches sorties de cette Maison, celle des Seigneurs d'Autichamp, de laquelle est Mre François de Beaumont-d'Autichamp, Evêque de Tulles depuis l'année 1740, subsiste encore dans le Dauphiné avec beaucoup de dis-

* Erreur : c'est en 1703.

* Ce doit être : Batarnay.

tinction. Les armes de Beaumont-du Repaire font : *de gueules à une fafce d'argent chargée de trois fleurs-de-lys d'azur*; voyez la Généalogie de cette Maifon, imprimée & dreffée par Allard, ou plutôt celle qui eft imprimée dans l'Hiftoire des Mazures de l'Ifle-Barbe, par le fieur le Laboureur.

ADDITIONS

AUX PREUVES

DE L'HISTOIRE GÉNÉALOGIQUE

DE LA MAISON

DE BEAUMONT.

ADDITIONS
AUX PREUVES DE L'HISTOIRE DE LA MAISON
DE BEAUMONT.

Sur FRANÇOIS DE BEAUMONT, *Chevalier, Seigneur de la Freyte, de Péla-*
fol, &c. rapporté à la page 62 & suiv. de ces Preuves.

Copie de la main de M. du Fourny, Auditeur de la Chambre des Comptes, d'un titre du Trésor
des Chartes ; cette copie conservée au Cabinet de l'Ordre du S^t. Esprit : Recueil concernant
les Chevaliers de cet Ordre, vol. 253, fol. 273.

« Rémission pour François de Sassenage de l'emprisonnement qu'il avoit fait du Sg^r DE BEAUMONT. »

Extrait d'un Registre du Trésor ; cotté : CI. N°. CXXIIII.

KAROLUS notum f. v. p. & f. quod pro parte FRANCISCI DE BELLOMONTE, Domini de Octobre 1369.
Pellefolio, Militis, de nostro Dalphinatu, nobis extitit significatum, quod cum super debato pridem moto inter ipsum... & Franciscum Dominum de Chacenagio, Militem... ratione Castri
Bastide in Regalibus Galliæ *en Royaulx* ; dilectus & fidelis noster Gubernator ejusdem Dalphinatus partes concordaverit & ordinaverit quod dictum Castrum eidem significanti remaneret ;
ita tamen quod dictus significans eidem de Chacenagio quatercentum florenos auri solveret certis
terminis quos idem Gubernator nominare retinuit ; ortâque... discordiâ... inter ipsos Milites
occasione ejusdem summe, prefatus Gubernator, terminos solutionis dictorum florenorum ordinaverit, & inhibuerit ex parte nostra ambabus partibus ne sub pena mille marcharum argenti
nobis applicanda, guerram inter se facerent, nec alter alteri, quomodolibet injuriaret : nichilo-
minùs, ipsâ inhibitione nonobstante, idem de Chacenagio, malo ductus animo, cum compliei-
bus suis, Consilio nostro Dalphinatus predicti cum pluribus militibus & aliis ejusdem Patrie in
Domo Fratrum Minorum Grationopolit. existente ; pro deffensione Patrie, cepit dictum significantem ante Portam ejusdem Domus circa festum B. Marie Magdalenes ultimo elapsum &
ipsum in quâdam navi per Riperiam Yfere transire fecit & duxit in quodam Castrorum suorum
& eundem significantem Prisionarium expost tenuit atque tenet : quiquidem de Chacenagio
dictum significantem expedire seu deliberare à dictâ prisione obtulit & expediet dum tamen
primitùs & ante omnia eidem de Chacenagio per nos remissa fuerit pena predicta mille Marcharum argenti una cum omni offensa & emenda corporali & criminali quam ab hoc erga nos
incurisse potuit, satisfacto eidem de dictâ florenorum summa que solvi sibi alias oblata fuit ;
alias ipsum significantem non deliberaret, ymo dictus significans formidat dictam prisioniam non
exire & ibidem dies suos finire dolorose extremos, nisi graciam nostram super hoc velimus elar-
giri, sicut dicit : nos vero hiis attentis, pacem inter subditos nostros querere affectantes, dicto
de Chacenagio, factum predictum, penamque seu mulctam mille marcharum argenti & aliam
corporalem, criminalem & civilem, quam erga nos ob hoc incurisse potuit, remisimus & quit-
tavimus, remittimus que & quittamus in casu predicto, autoritate nostra & de gracia speciali
ipsum de Chacenagio ad Patriam bonamque famam si propter hoc denigrata extitit & bona sua
quecumque ad plenum restituendo ; quocirca dicto Gubernatori nostro, ceterisque Justiciariis &
Officiariis nostris ejusdem Dalphinatus... damus... in mandato quatenùs ipsum de Chacenagio
nostrâ presenti gratiâ & remissione uti pacifice faciant & gaudere... quod ut firmum & stabile...
perseveret sigillum nostrum presentibus litteris duximus apponendum.... Datum Paris. M. Octobris anno Dn̄i M°. CCC. sexagesimo nono, regni vero nostri sexto. (*Signé*) Per Regem in suis
Requestis : HENRY.

Reconnoissances passées en faveur de FRANÇOIS DE BEAUMONT, *Seigneur de la Freyte & de Pellafol, par les Tenanciers de la Freyte, du Thouvet, de Beaumont,* &c.

Extrait d'un ancien Regiſtre couvert de parchemin, & cotté depuis I. R°. & V°. *juſqu'à* VI^{xx}. XIX : *ce Regiſtre conſervé dans les Archives de M. le Comte de Beaumont-de la Roque, au Château du Repaire, en Périgord.*

6 Octobre 1399 & jours suivans. Fol. Ier. ... ANNO Nativitatis Domini ... milleſimo tercenteſimo nonageſimo nono, indictione ſeptima ... & die ſextâ menſis Octobris & aliis ſequentibus ad inſtantiam ... nobilis viri Raymondi Gauterii, habitatoris Cheſii; Procuratoris & Commiſſarii Egregii & Potentis viri Domini FRANCISCI DE BELLOMONTE, Frayte & Pelafolii Domini ... homines & perſone infraſcripte ... confeſſi fueruut & confeſſe ... ſe eſſe, eſſe que debere ... homines dicti militis & ſuorum ... tam de feudo, emphiteoſi, Dominio, quàm alias ... ſub cenſu, ſervictis, placitis & aliis tributis ... confitentes ... quod dictus miles habet in eos ... omnimodam juridictionem altam & baſſam, merum & mixtum imperium ... Et Primo Gononus, Johannes & Petrus Bruſſonis, Fratres ... anno

Fol. IV. Domini milleſimo IIII^c. & die XXI Januarii ... Petrus de Baſtida, habitator Montis-Abonis &
Fol. VII. Domengia, ejus uxor ... anno Domini milleſimo IIII^c. XXVII. Januarii : Margarita relicta Petri
Fol. VIII. Ruffi ... preſentibus nobili Petro d'Eſbeyſio, Hugoneto Martelli, teſtibus ... Guillelmus Belli aliàs Coſſon, nomine Petri & Guillelmi Belli, fratrum, filiorum Petri Belli aliàs Coſſon, nepotum
Fol. XIII. ſuorum. ... Item Termetus Termeti. ... Item Johanneta filia Goneti Belli condam. ...
Fol. XX. Domengetus Pannelli nomine Caterine ejus uxoris ... preſentibus Anthonio Franciſco & alio Anthonio Guillerii, Johanne Paſcalis, de Alenis. ... Item Babellona uxor Johannis de Moiario. ..
Fol. XXI. V°. Item Guillelmus Fillotti, filius Johannis Piliotti, de Frayta. ... Item Guillelmus Belli aliàs Endruf... Item Guillionetus Falconis, filius Guillioni Falconis quondam. .. Item Drenonus Chaberti nomine
Fol. XXXI. Caterine ejus uxoris filie Termoni Bruni quondam. ... Item Petrus Falconis, filius Johannis Falconis. ... Item Guillelmus Conteys, filiz Guigonis Conteys, habitator Frayte. ... Item Petrus
Fol. LI. Termeti, filius Gononi Termeti. ... Item Petrus Pertini. ... Item Anthonius Planczonis. ... Item Johannes Rignonis. ... Item Johannes de Chantanhiâ, habitator Thoveti. ... Item Johannes, filius Petri Roſſerii. ... Item Mengeta Garnerie, relicta Petri Roſſeroni, nomine ſuo ... &
Fol. LVII. Johannis Roſſeroni, ejus filii. ... Item ... Johannes Barruelli, nomine ſuo ... Anthonii, Petri & Berthoni fratrum ſuorum ... actum apud Fraytam in domo forti dicti Domini in camerâ novâ preſente nobili Johanne de Pollomato. ... Item Johannes Neyreti, Anthonius Neyreti & Gonetus Neyreti fratres ... preſent. nobili Amblardo de Chalenderiâ. ... Item Anthonius Vincentii,

F. LXXIIII. V°. filius condam Petri Vincentii, de Conthiâ. ... Anno Domini milleſimo IIII°. & die X Februarii, Petrus Vitalis, ſenior ... requiſivit dictum nobilem Raymondum Gauterii, Commiſſarium & Procuratorem viri potentis Domini FRANCISCI DE BELLOMONTE, Domini Frayte, deduci de ſummâ ſervicii per ipſum recogniti ... pro dimidio Jornali contento in quodam publico inſtrumento cujus tenor ... talis eſt. « Anno à Nativitate Domini M°. CC°. nonageſimo VI°. indi-

Ann. 1296. » tione IX, VI idus Septembris Jo. DE BELLOMONTE ... pro ſe & GUILLELMO DE BELLOMONTE, » fratre ſuo ... albergavit ... Jacon Vial ... duo Jornalia terre ſite ſubtus Revoyrias ... » juxta revoyriam Domini Domini Rodulphi de Intermontibus, Militis. ... Actum eſt hoc apud » Goncelimum ... & ego Jacobus Burgi, auctoritate Imperiali Notarius ... hanc cartam ſcripſi ... » de quibus dictus Raymondus ... petiit ſibi fieri publicum inſtrumentum ... » Jo. REGIS...

Fol. LXXV. &... nobilis Anthonius, filius nobilis Richardi de Crollis, nomine ſuo ... & Eymarii ejus filii
Fol. LXXIX. heredis univerſalis Gononi de Crollis ... pro una pecia vinee ... juxta vineam que fuit ANDROUDI DE BELLOMONTE. ... Item nobilis Atthaudus Guiffredi ... confeſſus fuit ſe tenere de dominio dicti Domini ... tres cartas frumenti ... preſentibus nobili Petro de Bellâcumba, Termeto Ter-
F. IIII^{xx}. IX. V°. meti. ... Item Peronella Sapientis, relicta Johannis Laurenceti. ... Item Johannes Bruni, filius
Fol. CXVI. V°. Petri Bruni, de Bellomonte ... milleſimo IIII. & die XIX Januarii. ... Item Johannes Fornerii aliàs Quiblerii. ... Actum ... preſentibus nobilibus & potenti viro AMBLARDO DOMINO BELLIMONTIS, AYNARDO DE BELLOMONTE, genito dicti Domini de Fraytâ ; Stephano Viebo. ... Item
Fol. CXVIII. nobilis Aymarus de Sancto Johanne, naturalis. ... Item nobilis Richardus Berlionis. ... Item nobilis Anthonius de Sancto Johanne, nomine ſuo ... & Guigonis ejus fratris. ... Item nobilis
Fol. VI^{xx}. Johannes Aiberti aliàs de Tencino. ... Item AMBLARDUS DOMINUS BELLIMONTIS, confeſſus fuit ſe tenere de dicto Dominio dicti Domini ... tres foſſoratas vinee. ... Item anno & inditione predictis die XVI. menſis Martii Guillelmus Giroudi, filius Giroudi Giroudi, de Bellomonte, parro-
Fol. VI^{xx}. IV. chie Sancte Marie de Monte. ... Item Dominus Johannes Morardi, Monachus Thoveti ejus medio juramento confeſſus fuit ſe tenere de Dominio dicti Domini. ... in emphiteoſim perpetuam...
Fol. VI^{xx}. VIII. otto foſſoratas vinee. ... Item ... nobiles Anthonius, Franciſcus & alter Anthonius Guiſſerii...
Fol. VIXIX. Item nobilis Johannes de Breninis. ... Item anno & inditione predictis & die XIII menſis Madii nobiles Guigo & Anthonius de Sancte Johanne, fratres... Actum apud Fraytam in Domo Forti dicti Domini, preſentibus nobili Johanne de Polloginato, Bertholomeo de Valle-Sallato, teſtibus...

Sur

*Sur le même FRANÇOIS DE BEAUMONT ; Sur HUMBERT DE BEAUMONT,
Seigneur d'Autichamp, rapporté à la pag. 99 & suivantes de ces Preuves,
& sur plusieurs autres Sujets de la Branche d'Autichamp.*

Extrait d'un gros Regiſtre en papier, couvert de parchemin, contenant des extraits au long de
différens titres de la Maiſon de BEAUMONT, faits vers l'an 1560 : ce Regiſtre cotté depuis
1 juſqu'à CCLXXXXIX R°. & V°. & conſervé dans les Archives de M. le Comte de Beaumont-de la Roque, au Château du Repaire, en Périgord.

FRANÇOIS DE BEAUMONT.

TESTEMENT de puyſſant Seigneur Humbert de Rochefort, Chevalier, Seigneur de Pelleſol; Fol. Iᵉʳ - VI.
ledit Seigneur a eſleu ſa ſépulture dans l'égliſe des Fraires Preſcheurs de Valence... Item Mar- 17 Aouſt 1349.
guerite, ſa filhe, l'a inſtituée ſon heretiere particuliere en mille florins d'our... payables ung an
après... mariage... moyennant... que lad. Marguerite n'aye rien ſur la docte de Dame Alienor
Alamande, femme dud. Teſtateur & mere de lad. Marguerite... a inſtitué ſon aultre filhe Joan-
nete heritiere... en mille florins d'or... ordonne tutrice... de ſon heretier... Damoyſelle
Helenyor, ſa femme.. a faict ſon heretier univerſel Aymar de Rochefort, ſon filz... & de ſad.
femme... ſubſtitue M. Arnaud de Rochefort, Chevalier... dud. Arnaud ſubſtitue FRANÇOYS,
filz de M. ARTAUD DE BEAUMONT, ſon nepveu; lequel ſera tenu de porter les armes dud. Sgʳ
Teſtateur, nom & ſurnom de Rochefort... dud. FRANÇOYS DE BEAUMONT, ſubſtitue Albert
de Caſſenas (*), fils du Seigneur de Caſſenas, en ſemblable condition & qualité, ſon parent ; & (*)C'eſtſaſſenage
dud. Caſſenas ſubſtitue... Henry de la Tour, frere du Seigneur de Vinay, en la qualité que dit *de Caſſnaticv.*
eſt de porter ſes armes, nom & ſurnom... executeuts de ſon teſtament... a faict... Meſſeigneurs
Henry Seigneur de Caſſenas, ARNAUD DE BEAUMONT, Chevaliers, Guilhaume de Monteilhes,
& Pierre Marron de la Baulme-d'Aultun... le... dit... Teſtament reçeu & ſigné par Maiſtre
Guillaume Maniſſeu, du Pont, en Beauvoyſin, en l'an mil troys cens quarante-neuf, & du dix-
ſepriesme jour du moys d'Aouſt...

Quictance pour nobles ARTHAUD & FRANÇOYS DE BEAUMONT, pere & fils, Seigneurs de Fol. LXXXII.V°.
Pelleſol, à eux concedée par Dame Alienor Allamande. Pierre Jordain, de Freyſſeniere, No- 22 Juin 1359.
taire, Procureur de noble Dame Helienor Alamande, releyſſée de noble Humbert de Rochefort,
Chivalier, Sgʳ de Pelleſol... a confeſſé avoir... reçeu de nobles & puyſſiantz Seigneurs ARTHAUD
& FRANÇOIS DE BEAUMONT, pere & fils,... cent florins d'or au nom & fin,... en déduction de la reſtitution de ſa dot en quoy leſd. pere & filz eſtoient & ſont tenuz à lad. Alicnnor...
le... dit inſtrument reçeu & ſigné par Me. Guillᵉ Guille Notaire du Toyet... l'an mil troys
cens cinquante-neuf, & du vingt-deuxᵉ Juing...

Quittance pour noble & puyſſant Seigneur FRANÇOYS DE BEAUMONT, Seigneur de Fraince & Fol. LXXIX. Rˢ.
Pelleſol, à luy concedée par noble Reymond Eynard, Seigneur de Monteynard, & noble Mar- 5 Novemb. 1365.
guerite de Rochefort, mariez... Jehan Beymond, Procureur... de noble & puyſſant Seigneur
Reymond Eynard... & de Dame Marguerite de Rochefort, ſa femme... a confeſſé avoir...
reçeu du ſuſd. noble FRANÇOYS DE BEAUMONT, Seigneur de Pelleſol... la ſomme de troys
cens florins, bon or fin, poys du Dauphiné, pour la dote de lad. Dame Marguerite de Rochefort,
femme dud. Seigneur de Monteynard... led... inſtrument... reçeu par... Maiſtre Guilhaume
Guilhaume, Notaire, ſur l'an mil troys cens ſoixante-ſept, & du cinquieſme de Novembre...

Quictance aultre pour noble & puyſſant Seigneur FRANÇOYS DE BEAUMONT, Seigneur de Fol. LXXIX. V°.
Pelleſol... contre noble Reymond Eynard, Seigneur de Mont Eynard. L'an mil troys cens ſoi- 14 Juin 1369.
xante-neuf, & du quatorzieſme jour du moys de Jung, Jehan Beymond, Procureur... dud.
noble & puyſſant Reymond Eynard... & de noble Marguerite de Rochefort, ſa femme, Dame
en partie de l'Argentiere... a confeſſé avoir... reçeu... du ſuſd. noble & puyſſant Seigneur
FRANÇOYS DE BEAUMONT... la ſomme de cent florins d'or bon & fin... tant pour la dote de
lad. Dame Marguerite... que auſſy de Jehannete, ſa ſeur...

Quictance aultre pour noble & puyſſant Seigneur FRANÇOYS DE BEAUMONT, Seigneur de Fol. LXXXI. V°.
Pelleſol. & aultres lieux, à luy concedée par noble & puyſſant Seigneur Reymond Eynard, Sei- 18 Février 1374.
gneur de Mont-Eynard... de la ſomme de cent cinquante florins d'or bon & fin, au poys du
Daulphiné, en defalcation... de plus grand ſomme auquel led. Seigneur FRANÇOYS DE BEAU-
MONT eſtoit tenu aud. noble Raymond Eynard... à cauſe de la dote... de Dame Marguerite
de Rochefort, femme dud. Seigneur Reymond Eynard... led... inſtrument... reçeu... par
Maiſtre Guilhaume Mirailh, Notaire de Goncelin, ſur l'an mil troys cens ſeptante-troys, & du
dixhuictieſme Febvrier...

Achept pour noble & puyſſant Seigneur FRANÇOYS DE BEAUMONT, Seigneur, Chivalier de Fol. CXXXII.
Pelleſol, à luy paſſée par Pierre Peyta, habitant de la Balme... au nom... de noble Jehan de 15 Sept. 1397.
Balma... en vertu de certains mandatz emanés de la Cour dez appellations de Grenoble à noble
CATHERINE DE BEAUMONT, releyſſée de noble HUMBERT DE LORASIO, Chivalier... led. inſ-

Hhh

trument... reçeu... par Mᵉ. Jehan d'Espaliere, Notaire, sur l'an mil troys cens nonante-sept, & du quinzîesme Septembre...

Fol. XXXV.
13 Nov. 1404. Licence ou Procuration concedé par noble FRANÇOYS DE BEAUMONT à ARTHAUD, HUMBERT & EYNARD DE BEAUMONT, ses filz... L'an mil qnatre cens quatre, & le trezièsme jour... de Novembre, noble & puyssant Seigneur FRANÇOYS DE BEAUMONT, Seigneur de la Freyte & Pellafol... coñciderant que nobles ARTHAUD, HUMBERT & EYNARD DE BEAUMONT, ses enfantz, sont en eage de regir & gouverner leurs personnes & biens, desirant... sesd. enfantz .. estre & demeurer en bonne paix & bonne amytié avec Reverend Pere en Dieu Monseigneur l'Evesq. de Valence, & Die & puyssant & manifᵗ. Monsgʳ Charles de Poictiers, & Monsgʳ Loys, & avec les enfantz dud. Seigr. Charles... à sesd. enfantz... combien que soient absentz moy, Notaire... acceptant au nom de tous... a donné & concedé... licence... (de) transhiger... de tout ce que avec lesd. Seigʳˢ Evesque, Charles & Loys de Poictiers, ont heu affere... reçeu & signé par Mᵉ. Anthoine Grillier, le Vieux, Notaire...

HUMBERT DE BEAUMONT, Seigneur d'Autichamp.

Fol. CCXLII. Vᵒ.
& Vᵒ. 25 Janvier
1392. Infeudation du Chasteau de Barbieres & Fiançayes ensemble adjassentz, faicte par noble & puyssant Seigneur Guilhaume Bastard de Poictiers, Chivalier, Lieuctenent de manificque & puyssant Seigneur Monsʳ. Loys de Poictiers, Comte de Valentinois & Dyois, à noble & puyssant Seigneur HUMBERT DE BEAUMONT, Seigneur desd. lieux & Mandementz... actendu lez agreables services aud. Seigneur Comte faictz par led. noble DE BEAUMONT; & led. noble Guilhaume Bastard de Poictiers, au nom dud. Comte, aud. noble HUMBERT DE BEAUMONT & aux siens... a quicté... lesd. fieu feudal & homaige desd. Chasteaulx de Barbieres & Fiancayes, ne soy reservant nulz droictz ne actions sur lesd. Chasteaulx, Mandementz & Juridictions... avec pache que led. DE BEAUMONT sera & se fera homme lige de la personne dud. Comte & des siens, & lui fera homaige de sa personne en forme due... En après lesd. an & jour, led. Seigneur Loys de Poictiers, Comte de Valentinois & Dyois, a ratifié & confirmé la susd. infeudation... reçeu & signé par Maistre Giraud Picon, Notaire de Crest-Arnaud, sur l'an mil troys cens nonante-deux, & du vingt-cinquiesme Janvyer...

Fol. CXXVII. Vᵒ,
& CXXVIII. Rᵒ,
17 Juin 1404. Achept pour noble Pierre de Marcel, de Savoye, à luy faicte par noble & puyssant Seigneur HUMBERT DE BEAUMONT, Seigneur de Pellesol, de la Leyde des Bledz... &... de toutes choses que se vendent en menu... en la Ville du Crest-Arnaud... Plus deux fours audict lieu & Ville de Crest... avec leurs droictz... & a passé led. DE BEAUMONT lad. vente pour ses urgentes necessités subvenir, mesmement pour faire la guerre à ceulx d'Avignon & du Comté de Venisse... reçeu & signé par Mᵉ. Jehan Pignat, Notaire de Romans, sur l'an mil quatre cens quatre, & du dixseptiesme de Jung...

Fol. CCXLI. Vᵒ,
dernier Av. 1406. Requeste faicte par noble & puyssant Seigneur Guilhaume de Rigaud, Chivalier, à noble & puyssant Seigneur HUMBERT DE BEAUMONT, pour faire la guerre aux Cytoyens d'Avignon & Habitans du Comté de Venisse, de ce qu'ilz ont faict morir villenement, & sans cause ung appellé Fricquet de Fricaut, parent proche dud. noble Guilhaume de Rigaud, au lieu de Cadanet : ce que led. DE BEAUMONT a respondu qu'il se supercederoit de d'aultant qu'il a promis & juré au manificque nostre Seigneur Loys, Roy de Jhʳᵐ. & Cecille, Comte de Provence, & Forcolquier, de ne faire jamays la guerre contre luy, ne aux Habitans de ses Terres, ne nostre Sᵗ. Pere le Pape, ne à sez subjectz d'Avignon & du Comté de Venisse, comme il est contenu aux articles inserés aud. instrument reçeu & signé par Mᵉ. Jehan Motel, Notaire de Romans, sur l'an mil quatre cens & six, & du dernier jour d'Apvril...

Fol. VI - XIV.
24 Juillet 1417. ... Acquisition de la Seigneurie... de la Bastye-Rolland... L'an mil quatre cens dixsept & le... vingt-quatriesme... Juilet, en la Cour du Monteilheymar, par devant Monsʳ. Hugon Peyroli, Expert aux droictz, Balif & Juge dud. Monteilheymar... sont venuz... Mᵉˢ. Jehan de Monteilz, Expert aux Droictz du Crest-Arnaud, Pierre Branthon, Notaire, Procureurs de noble & puyssant Seigneur HUMBERT DE BEAUMONT, Seigneur d'Autichamp... lesquelz... ont dict... que... en la cause de discution des biens de noble Giraud de la Bastye-Rolland, jadis Seigneur dud. lieu... & pour la somme aud. Seigneur HUMBERT adjugée... ont esté prins certains biens meubles dud. feu noble Giraud dans le lieu & Chasteau de la Bastye estantz, ensemble le lieu & Chasteau susd... Juridiction, aulte, basse... Mandament... hommes, homaiges, fieufz, riere-fieufz, terres... chasse... corvées, vingtains... ainsi que conste de la prinse & saysie desd. biens... ont dit que lesd. biens ont été Inquantés & subastés... publicquement par plusieurs & diverses foys, qu'il ne s'est trouvé personne qu'il en aye volu donner que mille quatre cens florins, du Piemont, dud. Chasteau... & Juridiction, & des biens meubles, vingt florins... à ceste cause le... Sergent du Mandement dud. Seigr. Balif ajuge lesd. biens meubles pour vingt florins, le... Chasteau de la Bastye... au pris de mil quatre cens florins d'or de Puymont, par le bailh d'ung baston qu'il tenoit en ses mains... protestantz lesd. Procureurs d'avoir recours contre les aultres biens dud. noble Geraud de la Bastye pour la reste du debte dud. HUMBERT, leur maistre, auquel, ... lesd. biens ne sont souffizantz... led. instrument... reçeu... par Mᵉ. Gerenton Grasse, Notaire & Greffier du Monteilheymar...

F. LXXXIII. Vᵒ,
12 Novembre
1417. Quictance pour noble HUMBERT DE BEAUMONT, filz de feu FRANÇOYS DE BEAUMONT, Seigneur de Pellesol & Rochefort, à luy concedée par noble AMBLARD DE BEAUMONT, Chivalier, Seigneur de Beaumont, Montfort & autres, de la somme de cinq cens florins d'or, en dyminution

DE LA MAISON DE BEAUMONT.

de six centz florins esquelz led. noble François estoit tenu aud. noble Amblard de Beaumont, pour reponce faicte par led. Amblard, au nom dud. François, à noble Arthaud & Eynard, filz dud. François & (de) Dame Polie, sa femme; desquelz cinq cens florins... en a quicté... led. Humbert... le... dict instrument receu... par Me. Eymar Motardin, Notaire de Crolles, sur l'an mil quatre cens dix-sept, & du douziesme de Novembre...

Investiture de la Seigneurie & Juridiction de la Bastye-Rolland pour noble & puissant Seigneur Humbert de Beaumont, Seigneur dud. lieu, à luy concedée par hault & puyssant Seigneur Loys Adheymar, Seigneur du Monteil & la Guarde... l'an mil quatre cens vingt & le dixneufviesme... Aoust... led.... instrument... reçeu par Maistre Augier Soubeyran, Notaire : (*dans le préambule de cet acte on lit ces mots*) : comme noble Giraud de la Bastye, Seigneur de la Bastye-Rolland, feust decedé sans nulz enfantz, heretiers, ne successieurs, à l'instance de plusieurs crediteurs dud. noble Giraud... ses... biens. ... auroient été mis en discution... s'est presenté noble Humbert de Beaumont, Seigneur de Pellefol & d'Autichamp, ou son Procureur, & demandoit ausd. biens. ... mille & huict cents florins d'or à luy quictés & remis par noble & puyssant Seigneur Pierre Cornilhan, Chivalier, Seigneur de la Beaulme-Cornilhane, heretier substitué de noble Ysabel Cornilhane, en son vivant femme dud. feu noble Giraud de la Bastye-Rolland, Seigneur dud. lieu ; le... Curateur auroit nyé lad. demande & en après led. noble Humbert, icelle auroit justifiée par bons instrumentz & documentz, &c.

F. XIIII-XVIII.
19 Aoust 1420.

Compromis faict & passé entre noble & puyssant Seigneur Lancellot de Poictiers, Seigneur de Chasteauneuf, de Mezanc, d'une part, & noble & puyssant Seigneur Humbert de Beaumont, Seigneur de Pellefol, Aultichamp & aultres lieux d'aultre partie, à cause de certaines questions, quereles, injuries & gueres l'ung contre l'aultre... lesquelles Parties... compromettent & veulhent estre & demeurer à la... cognoissance & sentence de excellent Prince le Duc de Savoye, auquel ont donné toute puyssance desd. differentz & de tout ce qu'en deppend de cognoistre, sentencier, & ordonner & ont promis... de tenir... & ratiffier... tout ce que par led. Seigneur & Prince fera dict. ... & ordonné... soubz obligation de tous leurs biens & vertu de leurs... seremenz prestés... reçeu & signé par Maistre Guillaume de la Farge, Notaire du Monteilheymar, sur l'an mil quatre cens vingt-quatre & du (1)... du moys d'Octobre...

F. CLXXXXIIII.
Octobre 1424.

(1) Le nom est en blanc.

Procure faicte par noble & puyssant Seigneur Humbert de Beaumont, Seigneur de Pellefol & Autichamp, à noble Loys de Beaumont, son filz, à exiger & recouvrer de hault & puyssant Seigneur Philip de Levis, Chevalier, Seigneur de la Roche de Villars & de la Voulte de Lancret, sept centz livres... en laquelle somme led. Sgr Philip estoit tenu aud. noble Humbert pour les causes contenues en ung oblige reçeu par Me. Maguinard, Notaire de Nysmes... l'an mil quatre cens dixneuf, & du penultiesme d'Apvril... l'instrument de procure... reçeu... par Maistre Jullien Burgensis, Notaire de Romans, sur l'an mil quatre cens vingt-quatre, & du vingtneufviesme d'Apvril...

Fol. IIc. XXXI.
29 Avril 1424.

Quictance generale concedée à noble & puyssant Seigneur Humbert de Beaumont, Seigneur de Pellefol, par noble & puyssant Seigneur Gaudesfre le Maygre dict Boucicaut, Seigneur de Borbon en Provence & du Chasteau de Narbonne, de toutes les sommes de deniers que led. noble de Beaumont pourroit avoir receu pour & au nom dud. Gaudesfre le Maygre, de toutes personnes & en quelque sorte que ce soit, durant le tems qu'il de Beaumont faisoit la guerre à ceulx d'Avinion ; avec ratification faicte par led. Boucicaut aud. de Beaumont de tout ce qu'il avoit faict & exercé pour led. Gaudesfre le Maygre... le... dit instrument reçeu par... Me. Lantelme Velheu, Notaire de Romans, sur l'an mil quatre cens vingt-sept & du troysiesme ... Jung...

Fol. LXXXXIX.
Ro. 5 Juin 1427.

Quictance... passée entre R. P. en Dieu Monsieur Messire Jehan de Poictiers, Evesque de Valence, lez Consulz,. Conseilhiers dud. Valence d'une part, & noble & puyssant Seigneur Humbert de Beaumont, Seigneur de Pellefol, & noble Loys de Beaumont, son filz, & plusieurs aultres Prétendantz, à cause de plusieurs offences, injures, violences données en la personne dud. de Beaumont par Pierre de Genas, Bourgeois & Marchant, & aultres Bourgeois de lad. Cité ; desquelles offences... une partie a quicté l'aultre... avec les clauses... contenues aud. instrument reçeu par Maistres Bertrand Faure & Pierre Gautier, Notaires, sur l'an mil quatre cens vingt-neuf & du vingt-cinquiesme d'Apvril...

Fol. IIc. XXXIII.
Vo. 25. Av. 1429.

Oblige pour noble & puyssant Seigneur Humbert de Beaumont, Seigneur de Pellefol & de Rochefort, contre Loys Chapuys, Bourgeois & Marchant de Rochefort, Diocèse de Vienne, lequel Chapuys s'est obligé & promis fere avoir Lettres de Grauce pardonnacés aud. noble Humbert de Beaumont, absent, noble Loys, son filz, present, envers notre St. Pere le Pape & nostre Souveyrain Prince le Roy de France, & à tous aultres, estantz coupables de la detention & forfaict perpetré en la personne de Jehan (&) Pierre de Genas & aultres de Valence, detenuz au Chasteau de Rochefort, & envers tous les Officiers desd. nostre St. Pere le Pape & Souverain Roy de France... reçeus & signés par Me Jehan Gayre, de Romans, & Bertrand Faure, de Barbieres, Notaires, sur l'an mil quatre cens trente & du sixiesme May... Plus le septiesme May led. Loys Chapuys s'est obligé & a promis rendre sez deux filz dans le Chasteau de Rochefort entre les mains dud. noble Humbert de Beaumont, en cas qu'il n'eust Lettres de Grace dessus declairées... reçeu... par ceulx que dessus.

F. IIc. XXXIII.
Ro. Vo. 6 Mai 1430.

Aultre oblige... pour noble & puyssant Seigneur Humbert de Beaumont, Seigneur de Pellefol & Rochefort, à luy faict... par Loys Chapuys, Bourgeois de Condrieu, à la requisition de noble Loys de Beaumont, filz dud. noble Humbert, de guarantir de tous... dommaiges qu'ils

Fol. CCXXXV.
7. Mai 1430.

Hhh ij

DE BEAUMONT & leurs Complices pourroient souffrir... pour la retardation ou bien pour non imperrer & rendre aud. DE BEAUMONT Lettres de Grace & pardonnan. du forfaict & detention de Pierre & Jehan de Genas & aultres Cytoientz de Valence, detenus au Château de Rochefort, lesqueles led. Chapuys & Monsgr. Humbert de Groleya ont promis bailher aud. DE BEAUMONT bones & valables, & icelles impetrer en toutes Courtz necessaires... l'an mil quatre cens trente & du septiesme May...

Fol.id.V°.&Fol. CC. XXXVI. V°. Mai 1430.

Lettres de Graces imperrées pour la partie de noble & puyssant Seigneur HUMBERT DE BEAUMONT, Seigneur de Pellefol & Rochefort, & ses Complices & adherantz & aultres pretendentz interestz, sur les debat heu entre le Seigneur Evesque de Valence & les Cytoiens d'illec, & sur la detention & emprisonnement de Pierre (&) Jehan de Genas & aultres Cytoiens de Valence, detenuz au Château de Rochefort, par certain tems, par led. Seigneur DE BEAUMONT ; données à Jarneau au moys de May mil quatre cens trente, & de nostre reigne le huictiesme, signées par le Roy Daulphin, en son Conseil, le Picard ; sçelées d'ung grand scel en cire jaune pendent... Plus les Lettres de *Placet* du *Parlement* de Grenoble & Gouverneur de Daulphiné, données à Valence le vingtungniesme Juin mil quatre cens trente...

Fol. CCXXXIX. V°. 23 Juin 1430.

Lettres de Absolution de Excommunication pour nobles HUMBERT DE BEAUMONT, Seigneur de Rochefort, LOYS DE BEAUMONT, son filz, ARTHAUD DE BEAUMONT, son nepveu, & plusieurs aultres concedée par le Vice-Gerent de la Cité d'Avignon contre le Procureur de nostre St. Pere le Pape aud. Avignon, de ce qu'ils avoient faict la guerre contre les Cytoiens d'Avignon, & aultres du Comté de Venisse ; receue & signée par Mc. Jehan Frayiechetii, Notaire, sur l'an mil quatre cens trente & du vingttroysiesme Juin ; sçelée en cire roge à queue pendent...

Sur LOUIS DE BEAUMONT, fils D'HUMBERT.

F. CCXL. R°. & V°. 5 Fév. 1436.

Vidimus... de certaines Lettres de Grace imperrées pour la partie de noble & puyssant Seigneur LOYS DE BEAUMONT, filz & heretier universel à feu noble HUMBERT DE BEAUMONT, en son vivant Seigneur & Chivalier de Pellefol, à cause de certaines prinse & detention dez personnes de feu Pierre de Genas, Bastard, Jehan de Genas, Marchand de Valence, & aultres auxd. Lettres mentionnés, & pource que led. feu HUMBERT DE BEAUMONT avoit esté condamné en cinquante mars d'or ; lesqueis led. noble LOYS DE BEAUMONT estoit contrainct de payer par Justice... combien que led. feu HUMBERT, son pere, heust obtenu Lettres de Grace du Roy... sur quoy led. noble Loys fut contrainct impetrer autres Lettres pour ce fere acquicter desd. cinquante marcz d'or du Roy, nostre Seigneur ; données au Monteilheymar, le cinquiesme jour de Febvrier année mil quatre cens trente-six... le present Vidimus... signé P. Fornerii...

Fol. XXIX - XXXIII. 1 Octobre 1459.

Testament de noble LOYS DE BEAUMONT... Puyssant homme noble LOYS DE BEAUMONT, Seigneur de Rochefort & Pellefol, Diocèse de Valence... a faict... son testament.. a esleu sa sepulture au Couvent des Freres Mineurs du Crest-Arnaud... veult que soit faict & edifé de ses biens ung autel entre deux monumentz... Legue pour ayder à marier... dix pauvres filhes la somme de cent florins... Legue à ses Serviteurs... c'est au bastard de Casa-nova, dix florins... à Jehan de *Tuoyeto*, alios decem florenos... à Bernard de Granges, son aultre Serviteur bien amé, cinquante florins... Institue son heretier universel... GUILLAUME DE BEAUMONT, son filz legitime & naturel, aux lieux, Chasteaulx, Fortaresses de Marches... *Bellocen*. Diocèse, Rochefort, Barbieres, Pellefol, Fiancayes & de Roffieu, Diocèse de Valence... & en tout ce que luy sera deub... desquelz debtes veult qu'en adviene... à HUMBERT DE BEAUMONT, son aultre filz... quatre cens escus d'or... Item led. HUMBERT... l'a... Institué son heretier universel... au Chasteau, Fortaresse de la Bastye-Rolland, en Vauldanes, Diocèse de Valence... ensemble sez mandement... & aultres droitz... & au/suld. quatre cens escus d'or... & aussi aux biens qu'il a... aux lieux & mandementz du Crest, Monteilheymar & Chabreilhe... Tuteurs... & Administrantes, a faict... noble LOYSE, sa femme & mere desd. enfantz, & noble FRANÇOYS DE BEAUMONT, son Cousin germain... substitué en ses... biens... le survivant d'iceulx (enfans) noble ANDRÉE DE BEAUMONT, son frere... &... sa generation... & après... noble FRANÇOYS DE BEAUMONT, son parent proche & les siens & dud. noble FRANÇOYS decedant... sans avoir generation... a substitué... le plus prochain de sa generation... Exequeters de son testement... a faict... venerable homme Mc. Loys *de Gaudiaco*, Prieur de St. Marcel-lez-Sauzet, noble Anthoine *de Obsieduno*, Seign. de la Baulme-Doutung, son oncle, & frere Andrée Teyssellin, Gardian du Couvent des Freres ineurs dud. Crest-Arnaud... le... dit testement reçeu par... Mc. Bertrand Rabot... Notaire du Crest-Armand, sur l'an mil quatre cent trente-neuf, & du segond d'Octobre...

Sur GUILLAUME DE BEAUMONT, fils de LOUIS.

Fol. LXXXIII. 17 Juin 1455.

Quitance pour noble ARTHAUD DE BEAUMONT, Seigneur de Pellefol, à luy concedée par noble Thomas Grange, de *Chambayriaco* l'an mil quatre cens cinquante-cinq, & du dixseptiesme jour du moys de Juin. Noble Thomas Grange a confessé avoir heu & reçeu de noble GUILHEAUME DE BEAUMONT, Seigneur de Pellefol, & par les mains de noble ARTHAUD DE BEAUMONT, son tuteur... la somme de cinq cens cinquante-quatre florins... & ce en exoneration

(1) Le nom est en blanc.

de la dote de noble LOYSE DE BEAUMONT, femme dud. noble THOME GRANGE... le... dit instrument reçeu... par Maistre Hugonet...(1)... Notaire dez Echelles...

DE LA MAISON DE BEAUMONT.

Sur CLAUDE DE BEAUMONT, fils de GUILLAUME.

Licence de Tester pour noble & puyssant Seigr. CLAUDE DE BEAUMONT, Seigneur de Bar- Fol. CCXXXVII.
bieres à luy concedée par noble & puyssant Seigneur GUILLAUME DE BEAUMONT, Seigneur de 9 Janvier 1510.
la Bastie-Rolland, son pere ; avec pache que led. noble GUILLAUME, pere, sera & demeurera
maistre, gouverneur & ususfruictier des biens dud. noble CLAUDE, à luy donnés au contract de
son mariage tant qu'il vivra... Plus, que si led. noble CLAUDE est rebelle & inobediant à son
pere, aud. cas led. noble Guillaume pourra revocquer lad. licence... le... dit instrument reçeu...
par Maistre Mondon Berole, Notaire de Chasteauneuf de Mezane, sur l'an mil cinq cens & dix,
& du neufviesme jour du moys de Janvyer....

Licence pour sere encepvelir noble & puyssant Seigneur CLAUDE DE BEAUMONT, Seigneur Fol. LXII.
de la Bastye-Rolland, dans la Chapelle fundée à l'honneur de Nostre-Dame dans led. lieu de la Octobre 1516.
Bastye-Rolland, dans laquelle a esté encepvely feu noble GUILLAUME DE BEAUMONT, pere dud.
CLAUDE ; concedée par R. P. en Dieu Monsieur Messire Caude de Tornon, Evesque de Viviers,
Viccaire General... de R. P. en Dieu Monsieur Messire Gaspard de Tornon, Evesque de Valence ;
donné à Viviers le   du moys d'Octobre mil cinq cens seize....

... Transaction passée entre noble MAGDALENE D'URRE, relevssée de feu noble CLAUDE DE F. CXXIII. V°.
BEAUMONT, Seigneur... de Pellefol & Barbieres d'une part & noble ANTHOINE DE BEAUMONT, CCXIIII. CCXV.
Seigneur à present desd. Pellefol & Barbieres d'aultre part à cause de la dote...... de lad. R°. & V°.
noble MAGDALENE... &... aussi à cause du regement de la tutelle dud. DE BEAUMONT... 17 Juill. 1543.
& par le payement de la dote... de Damoyselle MAGDALENE DE BEAUMONT, seur dud. noble
DE BEAUMONT & filhe de lad. noble D'URRE, femme de Messire ANDRÉE DE St. ANDRÉE, Chivalier, Conseilleur de St. Laurens du Pont & Seigneur de la Maison Forte de la Bastye de
Veurey... ont transhigé... que moyennant la procure ce jourdhuy faicte par lad. D'URRE aud.
Seigneur de Barbieres, son filz, pour vendre la juridiction & droictz Seignoriaulx du Mandement
de Flamssayes... lad. procure forte... son... entier effaict... & lad... D'URRE sera tenue...
ratiffier... lad. vente... le... dit instrument receu... par Me. Jehan Faure, Notaire de Sauson,
sur l'an mil cinq cens quarante-troys, & du dixseptiesme Juillet....

Sur JEAN & ANTOINE DE BEAUMONT, fils de CLAUDE.

Divisions & partaiges faitz... entre nobles JEHAN DE BEAUMONT... d'une part & noble AN- Fol. XLV-XLVII.
THOINE DE BEAUMONT... d'autre... freres, filz & heretiers universels du... feu noble CLAUDE dern. Juin 1519.
DE BEAUMONT, en son vivant Seigneur de la Bastye-Rolland & aultres lieux... l'an mil cinq
cens dixneuf... & le dernier du... moys de Jung... a esté proveu de curateur au susd. noble
JEHAN DE BEAUMONT, de noble Aymar de Vaesc, Seigneur du Teil... en après ont procedé à
la division... des biens... est advenu à la part dud. noble JEHAN, tout le Chasteau de la Bastye-Rolland, avec ses mandements, terroir, juridiction... & à la part dud. noble ANTHOINE est
advenu les Chasteau de Pellefol, Barbieres, Fiancayes, avec leurs mandements, terroirs, juridictions... plus la Seigneurie Majour de Veyne, ensemble les mandement, terroir, juridiction...
plus les molins estantz auprès du pont de Crest... tous les biens estantz au lieu & mandement
de Chabreilhe... plus la faculté de reachepter tout ce que a esté vendu ou engagé ausd. lieux
& mandementz de Pellefol, Barbieres, Fiancayes & aultres lieux... ensemble les droictz &
recompense qu'est debue ausd. heretiers par le Seigr. de St. Valier pour la maix value de Rochefort & de Veynet ; & pour la maix value du Chasteau de la Bastye, led. noble Jehan sera tenu
payer aud. noble ANTHOINE la somme de six cens florins... avec plusieurs paches touchant led.
partage & negoces de noble MAGDALENE D'URE & clausules... contenues aud. instrument...
receu... par... Me. Jacques de Bressac, Notaire du Monteilheymar.

Transaction... passée entre ANTHOINE DE BEAUMONT, Escuyer, Seigneur de Barbieres & Fol. CCXV. V°.
Pellefol... & les manantz & habitantz dud. Barbieres, mandement d'icelluy & Pellefol... à CCXX.
raison du vingtain, censes, tailhes, muages, charreyages & aultres droitz seignoriaulx, lesquelz ...Juill. 1546.
led. Seigneur pretendoit... lesd. habitantz estre tenuz... en ensuyvant certaines recognoissances
faites au proffit de ses predecesseurs... au contraire, iceulx habitantz disoient n'estre actenuz
& mesme en ce que concerne lez muages, tailhes & subsides pour marier filhes, pour raison du
Seigneur ou pour la guerre, à moingz des charreyaiges.... pour ce que par cy devant par
tel tems que n'est memoire du contraire lesd. habitants en auroient esté exems... Pour pacifier
lesd. differentz led. noble ANTHOINE DE BEAUMONT, Seigneur susd. d'une part & Bartholemy
Aubert dict Pouffey, Consul, Mondon Andrenet, François Chouvet, Jehan Michel, Conseilhiers... d'aultre partie... ont transhigé... que lesd. Consul, Conseilhiers & habitantz, seront
tenuz reconnoistre... & recognoistent... estre subjectz, hommes juridiciables d'icelui Seigneur...
seront tenuz de nouveau recognoistre les pieces, proprietés, terres... se mouvantz de la directe
dud. Seigneur... avec leur cense & charge... & des biens... non recognuz aud. Seigneur...
lesd. habitantz seront tenuz en fere denombrement sans les recognoistre.... Item & en tant que
concerne le vintain... lesd. habitans... seront tenuz recognoistre ycelluy aud. Seigneur... &
payer tous les grains... à raison de vingt-six sestiers ung & du vin, treys porz pour charge ou
somme.... Quant aux charreages, muages, tailhes, aydes pour marier filhes, pour aller à la
guerre, pour la raison & aultres extraordinaires, a esté accordé... sans toutesfoys aulcunement
aprouver les recognoissances pretendues, & sauf aud. habitans leurs protestations par lesquelles

ADD. AUX PR. DE L'HIST. GÉNÉALOGIQUE

ilz ne pretendent aprouver... lesd. droictz estre deubz aulcunement que pour la reparation dud. Chasteau de Pellefol & à ce que du tout il ne tumbe en ruyne & pour evicter procès &, redimer vexation lesd. habitans seront tenuz bailher pour une foys tant seullement aud. Seigneur la somme de cent cinquante florins... moyennant laquelle somme led. Seigneur s'est desparti... des recognoissances que pourroient avoir esté faictes desd. chartreages, muages, tailhes... & toutes aultres non concernantz les censes & seigneuries directes & corvées ou vingtain d'icelluy Seigneur.... Pour les corvées... lesd. habitans... seront tenuz... payer aud. Seigneur... ung soul tourn". chacune année... perpetuellement... En tant que concerne le palqueyraige.... il sera loisible... à chescun desd. habitantz faire paistre leur bestaill par tous les boys & tenementz dud. Seigneur... fors... les parties reservées autour dud. Chasteau de Pellefol... & finablement en tant que concerne le Bam a esté transhigé... que lesd. habitans... seront tenuz tous ansemble toutes les années bailher & payer audict Seigneur & à sez hoirs... quarante soulz tournois... moyennant lesquels... ne sera mis aulcung banier sur lesd. habitans, sauf aud. Seigneur son droit contre les estrangiers... moyennant lesquelles choses traictées... tous procès... pendentz en la Cour de Parlement seront en surceance perpetuellement, & les despens seront payés communement.... Item sera paix & amytié entre lesd. parties... le... dit instrument reçeu... par Me. Jehan Lambert, Notaire de Peyrus, sur l'an mil cinq cens quarante-six & le ungniesme Jullet. ...

Fol. XLVII. V°. XLIX.
17 Janvier 1553.

Achept pour magnificq". ho'me noble ANTHOINE DE BEAUMONT, Seigneur de Pellefol & Barbieres; comme Estienne Chivalier, Cappitaine de Verizet en Maconoys, Archier de la Compagnie de Mos". de Maugiron, heusse vendu à Andrée Jaussland, de Tornon la Grange... du Gorey... pour le pris de six cens escus d'or sol, deux cens livres & vingt escus... pour ce est-il led. Chivalier a vendu à magnifiq home noble ANTHOINE DE BEAUMONT, led. grangeage... moyennant la somme de six centz escus deux cens livres & vingt escus d'or sol... & icelles sommes led. ANTHOINE... a promis... restituer aud. Jaussland... le... dit instrument... reçeu... par Maistre Barthol". de Tibaldis, de (la) Ville d'Ast, sur l'an mil cinq cens cinquante-troys, & le dixseptiesme Janvyer...

Fol. LI. R°.
11 Octobre 1555.

Quictance pour noble ANTHOINE DE BEAUMONT, Seigneur de Barbieres, à luy concedée par Claude de Sainct Andrée, Escuyer, fils & heretier testamentaire de feu Me. ANDRÉE DE SAINCT ANDRÉE, Chivalier, Seigneur de la Bastye... de la somme de cinq cens livres... pour l'entier payement de... douayre... de feu Dame MAGDALENE DE BEAUMONT, seur dud. CAPITAINE BARBIERES, femme dud. feu ANDRÉE DE SAINCT ANDRÉE, son pere... le... dit instrument reçeu... par Me. Jehan-Mathe Olivier, Notaire Royal de Thurin, sur le unziesme jour d'Octobre l'an mil cinq cens cinquante-cinq...

Fol. CCXLVII-CCLI.
18 Octobre 1553.
29 Mars 1555
& 16 Mars 1556.

Lettres de octroy... par noble & puyssant Seigneur ANTHOINE DE BEAUMONT, Seigneur de Barbieres & Pellefol impetrées du Seigneur Gouverneur... du Dauphiné, de deux foyeres au lieu de Barbieres toutes les années... la premiere le jour St. Marc, vingt-cinquiesme jour.... d'Avril & la segonde au jour St. Luc dixhuictiesme... du moys d'Octobre.... Donné à Fontainebleau... ou mois de Mars mil cinq cens cinquante-troys avant Pasques; François: par Monseigneur le Duc & Pair, Gouverneur & Lieutenant General, Brunet.... En après s'enfuyt l'Enquette faicte sur le contenu ez Lettres de don desd. Foyeres; Requestes & Lettres de Commission... Lettres-patentes joinctes ensemble sur le contenu au don des foyres, donné par le Roy nostre Sire à noble ANTHOINE DE BEAUMONT, Seigneur de Barbieres, Cappitaine de troys cens hommes de pied, datté du moys de Mars mil cinq cens cinquante-troys avant Pasques, scelées en cire verde du scel royal... ce vingtneufviesme... Mars mil cinq centz cinquante-cinq à Romans... secutivement sont joinctes,... Lettres obtenues de la... Cour de Parlement... à la requeste dud. Seigneur DE BARBIERES aux fins de interiner lesd. Patentes du don.... Données à Grenoble... le seiziesme jour du moys de Mars l'an mil cinq cens cinquante-six prins à Noel, signé par la Cour, Fustier...

A la suite de ce Regiftre eſt relié un Cayer contenant 32 feuillets d'où eſt tiré ce qui ſuit.

(Même Branche d'Autichamp; pag. 187 des Preuves.)

3 & 4 Avril 1572.

Inventaire des tiltres, instrumentz... pappiers & enseignementz appartenantz à Damoyselles JEANNE DE BEAULMONT, veufve à feu JEAN DU CHASTELLARD, Damoyselle ANNE DE BEAULMONT, femme à noble JEAN DE GLAINS, sieur de Vezin & Damoyselle Claude du Fay, femme à noble Jean de Sainct Chomond... lesquelz tiltres... sont au pouvoyr & garde de noble Charles de Gobert, sieur de Recolles.... Au Crest le troysiesme Avril mil cinq centz soixante-douze...
Testament faict par noble ANDRIEU DE BEAULMONT, sieur d'Autichamp, datté du treiziesme d'Octobre mil quatre centz quarante-ung, reçeu par Mcs. Suedi & Bochodi, Notaires.... Testement... faict par noble CLAUDE DE BEAULMONT, sieur d'Autichamp... datté du douziesme de Septembre mil quatre centz soixante-sept, reçeu... par Me. Jacques Gerente, Notaire.... Testement faict par IMBERT DE BEAULMONT, sieur Dotichamp, qui deceda à Arras, reçeu par... Jean Lucas, Notaire & Presbtre dud. Arras, datté du vingt-septiesme... d'Octobre mil quatre centz huictante-quatre.... Donation,... faicte par Damoyselle CATHERINE DE BEAULMONT, relleysse de noble IMBERT DE LHORAS, reçeue par Me. Mathieu Sourt, Notaire, en datte du

DE LA MAISON DE BEAUMONT.

huictiesme de Juing mil troys centz nonante-six.... Transaction... passée entre Damoyselle GUILHERMETE FRANÇOYSE & noble IMBERT DE BEAULMONT, tant à son nom que de GUYS DE BEAULMONT, son frere, reçeuë par Me. Claude Chapuis & Jacques Gerente, Notaires, du seiziesme... Septembre mil quatre centz septante-troys.... Remission de tutelle... faicte par Damoyselle GUILHERMETTE FRANÇOYSE, teleyssée de noble ANDRÉ DE BEAULMONT, en datte du neufviesme... Septembre mil quatre centz soixante-sept, signée *Chaberti*.... Transaction... passée entre noble Jacques de Blon & Damoyselle Claude Simeysone, sa femme, de Charmes, & noble IMBERT DE BEAULMONT, sieur d'Autichamp, & noble BENOICTE CHABERTE, sa femme, en datte du vingtquatrieme... Julhet mil cinq centz vingt-deux, reçue par Me. Guilhaume l'Herisse.... Lettres de Provysion de l'Office de Gentilhome de la Maison du Roy faite à feu IMBERT DE BEAULMONT par le Roy, cotté au-dessus *François*.... Instrument passé entre noble ANDRÉ DE BEAUMONT... & noble Jean Martin, de Cremieu... datté du vingtsixiesme... Novembre mil quatre centz cinquante-troys, reçeu,... par Me. Jean Barrali, Notaire de Cremieu.... Cense acquise par noble GUYS DE BEAULMONT, de noble George Forestz, Seigneur de Blacons, du vingtneufviesme... Febvrier mil quatre centz nonante-sept.... Hommage... faict... par Jean Sauvaing à noble IMBERT BEAULMONT... du dixseptiesme du moys de Mars mil quatre centz septante-deux, signé par Me. Jacques Gerente, Notaire.... Aultre... hommage... faict par Anthoine Teyssier, d'Aultichamp à noble IMBERT DE BEAULMONT... en datte du second d'Avril mil quatre centz septante-troys, reçeu... par Me. Jacques Gerente.... Recognoyssances... faictes par plusieurs personnes... au proffict de noble ANDRÉ DE BEAULMONT, de l'année mil quatre centz cinquante-quatre & de derniers jours, receues par Me. Jean Vial, Notaire Imperial.... Hommage faict par feu IMBERT DE BEAULMONT, au feu Roy François, des Terres d'Autichamp & autres... datté... du vingtseptiesme de Septembre mil cinq centz quarente-ung.... Quictance... concedée par SOUFFREDE DE BEAULMONT, femme à CLAUDE MARTIN, au proffict de noble GUYS DE BEAULMONT, son frere, de tous... ses droictz, reçeuë par Me. Guilhe Sourt, de Cremieu, Notaire, du treiziesme de Mars mil quatre centz soixante-cinq.... Quictance... en faveur dud. GUYS DE BEAULMONT, octroyée par Messire FELLIPPE DE BEAULMONT, Protonotaire, son frere, de tous biens & droictz, reçeuë par Me. Jan Gerente... dattée du vingtseptiesme de May... mil quatre centz septante-deux.... Quictance au proffict de noble GUYS DE BEAULMONT, concedée par DIANE, sa filhe, femme de ANDRÉ DE THEYS, sieur de Clesles, datte du premier Febvrier mil cinq centz & six, reçeuë... par Estienne Argenson.... Transaction passée entre noble Falcon d'Aurilhac, premier President du Daulfiné... & noble IMBERT DE BEAULMONT, sieur d'Autichamp & Antholhes... du penultiesme Septembre mil cinq centz vingt-six, reçeu par Me Jan Tibaud, Notaire... Pappiers de peu ou poinct de valeur, comme missives & pardons du Pappe, avec unes Lettres du Roy... à feu noble IMBERT DE BEAULMONT, sieur d'Autichamp.... Instrument de mariage passé entre CLAUDE MARTIN, filz de noble Jan Martin & SOUFFRÉE, filhe de noble ANDRÉ DE BEAULMONT, sieur d'Autichamp, reçeu par Me. Therbert, datté du penultiesme Decembre mil quatre centz soixante-cinq.... Arrest donné par la Cour de Parlement de Daulphiné entre noble IMBERT DE BEAULMONT, contre noble Lorans de Sassenage, Seigneur du Pont en Royans... datté du vingtneufviesme jour de Novembre mil cinq centz quarente-huict.... Testement... faict par noble BENOITE CHABERTE, femme de IMBERT DE BEAULMONT, en l'an mil cinq centz trente & le huictiesme Jung.... Instrument de remission de la place de Renaurel faicte par noble Laurans de Sassenage, à noble IMBERT DE BEAULMONT, sieur d'Autichamp, du dixhuictiesme jour de Jung mil cinq centz quarante-cinq, reçeu par Me. Piberes, Notaire...

Tous... lesquelz... instrumentz... papiers & enseignementz ce jourdhuy quatriesme... Avril année presente... le susnommé... noble JEAN DE GLAINE, Seigneur de Vezin... comme mari... de Damoyselle ANNE DE BEAUMONT... à heus & reallement receups du susnommé Charles de Gobert, sieur de Rocolles... par les mains de noble Robert de Giraud, sieur de Dieu-adjeu... son Procureur a ces fins... tellement que par ce moien led. sieur de Vezin... a quicté d'iceulx pappiers... led. sieur de Rocolles & promect le sere acquicter, ensemble Damoyselle MARGUERITE DE DYES, sa femme, envers tous & contre tous.... Faict... aud. Crest, dans la maison où habite led. sieur de Vezin.... (*Signé*) DE TROMPARENC, Notaire.

ADDITIONS A LA PAGE 78 DE CES PREUVES.

BRANCHE DE LA FREYTE.

Albergement passé par Dame ALISE DE BEAUMONT, Abbesse du Monastere des Hayes, Diocèse de Grenoble.

Protocolle original d'Antoine Masson, Notaire de Crolles, fol. CXXIIII-CXXVIII. conservé dans les Archives de M. le Comte de Beaumont-de la Roque, au Château du Repaire, en Périgord.

25 Mai 1400. IN NOMINE Domini amen ; anno nativitatis ejusdem Domini Mº. IIIIº. inditione octava cum anno sumpta, die xxv mensis Maii... venerabilis & Religiosa Domina, Domina ALISIA DE BELLOMONTE, Abbatissa monasterii Ayarum Citertiensis ordinis, Grationopolis Diocesis, de consilio... venerabilium ac Religiosarum Dominarum monialium & sororum suarum dicti monasterii infrascriptarum, videlicet, Gilete Beymonde, Priorisse, BEATRISIE DE BELLOMONTE, Subpriorisse, Agnesie Guerse, Sacristane, dicti Monasterii, Juliane Galone, Arthaude Flacherie, FRANCESIE DE BELLOMONTE, Reymonde Francone, Benastrue de Curia, Caterine de Liverio, Benastrue Gisse. & Symonde Vulpe, ac omnium aliarum Dominarum Monialium dicti Monasterii... capitulantium, habito prius... consilio cum viro nobili & potenti Domino Johanne Alamandi, Milite, Domino Sechelline ejus sororio, & nobili Symono Raverii, Mistrale & Procuratore Monasterii predicti... albergavit... Durando Richardi & Guigoni Chaberti, de Rippis... videlicet... duodecim jornalia terre sic. in mandamento Ripparum, loco dicto el Bruchons.... Item magis unum parvum campum situm loco predicto continentem circa septem jornalia.... Item magis quoddam tenementum terre, prati, domus & nemoris simul contiguum situm loco dicto in grangiagio de Beycey..... pro quinque sommatis siliginis, unius sommate nucleorum ad mensuram Ripparum & quatuor florenis auri boni, fini, ponderis marchiandi Dalphinalis... de servitio ceñ. solvendo quolibet anno.... Actum in capitulo dicti Monasterii Ayarum, presentibus viris nobilibus, Henrico Alamandi, Domino de Aletiis, Anthonio filio potentis viri Georgii Alamandi, Domini de Campis, & Anthonio Bermondi.... Ego vero Johannes Chastagnii alias Rogerii de Crollis... Notarius publicus... hoc inde publicum instrumentum rogatus & requisitus... recepi & notavi,...

ADDITIONS A LA PAGE 81 DE CES PREUVES.

MÊME BRANCHE.

Procuration passée par la Prieure & les Religieuses du Monastere de Montfleury, au Diocèse de Grenoble.

Original en parchemin, conservé dans les Archives de M. le Comte de Beaumont-de la Roque, au Château du Repaire, en Périgord.

9 Juillet 1519. IN NOMINE Domini, amen... fiat notum... quod anno Domini millesimo quingentesimo decimo nono, & die nonâ mensis Julii, coram nobis Petro Morelli, Dalph. Secretario & Jacobo Piiosii, Notariis Dalph. publicis... personaliter constitute reverenda & venerabiles Domine Ludovica du Fays, Priorissa inchti Monasterii Montisfloriti, Gro͞nop. Diocesis, Glauda Bonipare, Subpriorissa, Anthonia de Poysiaco, Cellaretia, JANA DE BELLOMONTE, Catherina Chapuysete, Anna Bernarde, Blanchia Dodieu, Ysabella de Cassenatico, Glauda la Torte, Jana Cocte, Catherina Chanterelle, Anna de Belloponte, Glaudia Prolhe, Aymara Clapelle, Anthonia de Claromonte, Meranda de Sancto Prejecto, Gabriella de Maladeria, Catherina de Cezarges, Glaudia de Herys, Ysabella Boniraris, Francisca Alamande, Ysabella Motete, MICHALETA DE BELLOMONTE, Ludovica Rode, Sibilla de Arciis, Francesia Chapuysete, Arthauda de Murmeysio, Guigona Marche, Anna de Balma, Ludovica de Poysiaco, Glauda de Miribello, Arthauda de Viennesio, Glauda de Arciis, Philippa de Comeriis, Guigona de Theysio, Jana de Sillanis, Michalleta Cocte, Julliana de Avalione, Jana Fleharde, Philberta de Massues, Catherina Berlione, Francesia Pillar, Jana de Feugeras, Peronera Boubeni, Miranda Chaponay, Ysabella de Arciis, Ysabella de Cassenatico, Glauda Muler, Margarita de la Foy, Jana de Chandiaco & Anna de Ruppe, Religiose dicti Monasterii Professe.... Quequidem Domine Priorissa & Religiose in presenciâ venerabilium virorum Fratrum Anthonii Boverii, Vicarii Reverendi Prioris dicti Conventus, Johannis Salamonis & Aymari Comitis, Religiosorum & Confessorum ejusdem conventus... fuerunt... & constituerunt... earum Procuratorem specialem... videlicet nobilem & egregium Dominum Petrum de Paya, in Medecinâ Doctorem & Medicum Serenissime Domine Regine Francie...
ad....

DE LA MAISON DE BEAUMONT. 433

ad... recepiendum à nobili & egregio Domino Jacobo Ragueneau, Thesauratio & Receptore decime Papalis... summam sexaginta trium Librarum... eisdem Dominabus Montisfluriti per Regiam Magestatem donatam... pro solucione *quote* ipsarum dictæ decime.... Acta fuerunt promissa capitulariter in dicto Monasterio... presentibus... Enymondo Amaberti aliàs Bacardi de Crolis & Johanne Pillionis, parrochie Corencii, Mandamenti Montisfluriti, testibus... & nobis Petro Morelli, Dalph. Secretario & Jacobo Pilosi, Notariis Dalphinalibus publicis, civibus Gronopolis.... (*Signé*) Morelli (&) Pilosi.

ADDITIONS A LA PAGE 125.

BRANCHE D'AUTICHAMP.

Extrait d'une Montre de la Compagnie de M. le Comte de Suze, conservee en original en parchemin au Cabinet de l'Ordre du S^t. Esprit : Recueil cotté : TITRES SCELLÉS ; vol. 272. fol. 3697-3707.

ROOLLE du paiement faict... es Villes d'Avignon & autres du païs de Daulphiné & Lion aux 30 Janvier 1574. Chefz, Hommes d'Armes & Archiers de la Compagnie de Monsieur le Comte de Suze... de leurs estatz, gaiges & solde des quartiers de Janvier, Fevrier & Mars, Apvril, May & Jung mil cinq cens soixante-treize....

Premierement.

Chefs.

Monsieur le Conte de Suze, pour son estat & place,	XI. c. l.
Le sieur Lois de Clairet, sieur de Touchenus, Lieutenant,	v^c. xxv. l.
Le sieur Lois de Montenard, Seigneur de la Pierre, Enseigne,	IIII^c. l.
Le sieur Jehan de Reynauld, sieur d'Allin, Guidon,	IIII^c. l.
Le sieur Jehan de Chaste, sieur de Gessans, Ma'al des Logis,	II^c. LXXVI. l.

Hommes d'Armes.

Claude de Montenard, demourant audict lieu,	II^c. l.

Archers.

Phillebert Allemand-de Pimelin,	c. l.
Michel de la Baulme, Seigneur dud. lieu, demeurant à *Aurenge*,	c. l.
Jehan Leppis, demourant à ... Avignon,	c. l.
ALEXANDRE DE BEAUMONT, Seigneur de la Bastie-Rolland,	c. l.
Henry de la Garde, Seigneur de Chambonnas,	c. l.
Claude de Chaste, demourant à la Bretonniere,	c. l.
Gaspard d'Urre, demourant à Vinsobre,	c. l.

Nous Loys de Clairet, Seigneur de Truchenus, Chevalier de l'Ordre du Roy & Lieutenant de la Compagnie de Monsieur le Comte de Suze, certifions... que M^e. Loys Moreau, Tresorier & Paieur de lad. Compagnie, a... paié... tous les Chefs, hommes d'armes & Archers de lad. Compagnie... au nombre de vingtneuf Hommes d'Armes, compris lesd. Chefs, & quarantequatre Archers... suivant la monstre... faicte... au lieu de Roquemaure en Languedoc... le trentiesme jour de Janvier... mil cinq cens soixante-quatorze.... A Lyon ce dernier jour d'Octobre l'an mil cinq cens soixante-quinze. (*Signé*) TRUCHENUS. (*Contresigné*) MOREAU: (& scellé en placard).

Iii

ADDITIONS A LA PAGE 160.

MÊME BRANCHE.

Extrait du Rolle des noms & surnoms des Capitaines, Lieutenans, Enseignes, Exempts, Brigadiers, Sous-Brigadiers & Gardes du Corps de la première & plus ancienne Compagnie Françoise commandée par le sieur Duc de Villeroy...

Ce Rolle conservé au Cabinet de l'Ordre du St. Esprit, vol. 76. Second, cotté: Gardes du Corps; fol. 965-971.

Exempts.

Ann. 1719. LE SIEUR Chevalier D'AUTICHAMP pourvû le 10e. Mars 1719: Capitaine de Cavalerie.

N. sieur D'AUTICHAMP....

ADDITIONS A LA PAGE 176.

MÊME BRANCHE.

Extrait d'une Lettre du Cardinal Mazarin au Marquis de Castelnau - Mauvissiere, datée de Paris le 16 Avril 1654.

Cette Lettre conservée en copie au Cabinet de l'Ordre du St. Esprit, Recueil des Chevaliers de cet Ordre, vol. 62, fol. 9453.

Ann. 1654. SURTOUT il ne faut pas perdre un moment de tems à l'exécution de l'affaire principale qui concerne Brissack. Le sieur Brachet, à mon avis, sera le plus propre de tous pour traiter avec M. le Comte d'Harcourt.... Je crois toujours que le sieur Brachet s'en acquitteroit fort bien, & il pourra mesmement agir avec le sieur D'AUTICHAMP, qui témoigne d'avoir de très-bonnes intentions, & que je tiens pour homme sincere & de grande probité.... *Signé le Cardinal* MAZARINY.

Extrait d'une Lettre de M. le Tellier au Marquis de Castelnau, du 9 Mai 1654.

Même vol. pag. 9465 & 9466.

... Toutes ces négociations ont passé par mes mains... Je puis rendre témoignage que jamais Son E. n'a promis que le Roy gratifieroit M. le Comte de Harcourt d'une somme de 200 m. liv. & d'une Abaye ; je puis même ajouter que Monf. le Duc d'Elbeuf ne lui en a pas écrit en ce sens puisqu'il a voulu que je visse sa Lettre auparavant que de la mettre aux mains du sieur D'AUTICHAMP comme il fit moi present....

Extrait d'une Lettre de M. le Comte de Harcourt, à M. le Marquis de Castelnau, datée de Brizac le 9 Mai 1654.

Même vol. fol. 9468.

Monsieur, vous apprendrez par M. D'AUTICHAMP la confiance entiere que je prends en vostre franchise & sincerité qui est le seul fondement que je puis faire pour l'execution des choses qui m'ont été promises, &c.

(1) Il étoit Lieutenant de Roi au Gouvernement de Brissack sous Henri de Lorraine, Comte de Harcourt.

Extrait d'une Lettre de M. de Charlevois (1) *à M. le Marquis de Castelnau, dattée de Brizac le 16 May 1654.*

Même vol. fol. 9469.

M. La probité de M. D'AUTICHAMP est assez connue pour m'assurer qu'il vous plaira prendre croyance en ce qu'il prendra la peine de vous dire, de ma part, sur la Lettre qu'il vous a plû

DE LA MAISON DE BEAUMONT. 435

m'écrire presentement. Il vous assurera que Mgr le Comte d'Harcourt & moy sommes tousjours en volonté d'accepter & executer les offres qu'il ... (1) ... de nous faire avec la seureté que (1) En blanc; nous sommes obligez de prendre, &c.

Lettre du sieur D'AUTICHAMP à M. le Marquis de Castelnau, datée de Brisac le 18 Mai 1654.

Même vol. fol. 9470.

Monsieur, Son Altesse m'a ordonné de vous escrire par ce Trompette pour vous prier de vouloir m'envoyer un passeport pour m'en aller vous trouver & vous dire les intentions de Sadite Altesse. C'est, Monsieur, vostre très-humble & très-obeïssant serviteur, *signé*, D'AUTICHAMP.

Extrait d'une Lettre du Roi au Marquis de Castelnau, datée de Fontainebleau le 10 Mai 1654.

Même vol. fol. 9471.

Monsieur le Marquis de Castelnau ayant apris par vos depesches & par celles du sieur Brachet, des 26 & 29 du mois passé & troisieme du present, que le Comte d'Harcourt, au lieu de remettre Brisack, comme il l'avoit promis par l'acceptation qu'il avoit faite des choses que je lui avois accordées en ce faisant, par l'écrit que j'en avois adressé à mon Cousin le Ma^{al} de la Ferté-Senneterre, & comme le sieur D'AUTICHAMP l'avoit confirmé de sa part; & mon oncle, le Duc d'Elbeuf, me l'avoit assuré, a tiré l'affaire en longueur... led. Comte d'Harcourt ayant bien sçeu, lorsqu'il a fait lad. acceptation, qu'il ne devoit pas attendre, pour le present, autre chose que ce qui estoit contenu aud. écrit, lequel il avoit accepté, ayant été bien nettement expliqué de ma part, tant à mond. oncle le Duc d'Elbeuf qui le lui a fait sçavoir par ses Lettres qu'aud. D'AUTICHAMP, qui ne peut avoir manqué de lui en faire raport, que je n'y ajouterois rien, mais qu'après que led. Comte de Harcourt seroit sorty de Brisack, je donnerois volontiers une Abbaye ... à son fils, &c. &c.

Extrait d'une Lettre du Cardinal Mazarin à M. le Marquis de Castelnau, sans date.

Même vol. fol. 9501.

... J'espere qu'auparavant que vous receviez cette Lettre M. le Comte d'Harcourt sera sorty de Brisack ; il eut été à souhaiter qu'il n'eut pas aporté des difficultés à le faire au retour de AUTICHAMP, ainsy qu'il avoit solemnellement promis au Roy, &c.

Extrait des choses accordées le 21 Mai 1654 entre S. A. Monsgr le Comte de Harcourt, Pair & Grand Ecuyer de France, &c. & M. le Marquis de Castelnau, Lieutenant-Général ès Armées de Sa Majesté en exécution des volontés du Roi, &c.

Même vol. fol. 9505.

Mond. Sgr & M. de Carlevois promettent à M. le Mqis de Castelnau de lui faire remettre la Ville & Forteresse de Brisack avec toutes les appartenances & dependances du Gouvernement de lad. Place ... le Lundi premier jour du mois de Juin prochain de la presente année ... Mond. Sgr le Comte de Harcourt mettra es mains de M^{rs} les Magistrats de la Ville & Canton de Basle pour ostage & seureté de la remise de la Ville & Forteresse de Brisac, Mgr le Comte d'Armagnac, son fils aisné & M. le Baron de Meslay, & entre les mains de M. le Mqis de Castelnau, M^{rs} de l'Aubespin, D'AUTICHAMP, d'Arson & de Valcourt .... lesquels seront mis en liberté incontinent après que la Garnison, qui est maintenant dans la Place, en sera sortie & que les troupes que M. de Castelnau y voudra mettre y seront entrées.

Extrait d'une Lettre de M. le Comte de Harcourt à M. de Castelnau, datée de Brisac le 22 Mars 1654.

Même vol. fol. 9513.

Monsieur, je vous renvoye le Memoire signé tout comme vous desirez... Je me remets à M. D'AUTICHAMP vous temoigner plus particulierement ... la confiance avec laquelle je m'assure que vous aurez la bonté de faire tout ce qui dependra de vous pour la satisfaction & l'interest, Monsieur, de votre très-humble serviteur. (*Signé*) HARCOURT.

MÊME PAGE 176.

Arrêt du Conseil d'Etat du Roi, du vingt-deuxieme Août 1670, pour Monsieur d'AUTICHAMPS, Gouverneur d'Angers, contre le Doyen de la Cathédrale.

Extrait des Registres du Conseil d'Etat.

1670. SUR ce qui a esté remontré au Roy estant en son Conseil, qu'ayant esté donné avis à Sa Majesté de la contestation survenue le jour de Pâques dernier entre le sieur D'AUTICHAMPS, son Lieutenant au Gouvernement de la Ville & Château d'Angers ; & le sieur Doyen de l'Eglise Cathédrale de ladite Ville, touchant la premiere Place que chacun prétend occuper après celle du sieur Evêque, dans le Chœur de ladite Eglise, tant les jours de cérémonies & de fêtes solemnelles, que les ordinaires : Sa Majesté auroit ordonné au sieur Voisin de la Noraye, Conseiller en ses Conseils, Maître des Requêtes ordinaire de son Hôtel, & Commissaire départi en la Généralité de Tours, de s'informer de l'usage ci-devant pratiqué, & des raisons que les uns & les autres peuvent alléguer pour appuyer leurs prétentions & en donner son avis ; à quoi ayant satisfait, & le tout rapporté à Sa Majesté, Elle auroit estimé d'autant plus à propos de régler lesdits différens qui pourroient à l'avenir causer quelque scandale en ladite Eglise, & interrompre le Service Divin : ce qu'étant nécessaire de pourvoir. LE ROI ÉTANT EN SON CONSEIL, a ordonné & ordonne qu'à l'avenir, tant aux jours de cérémonies que de Dimanches & Fêtes solemnelles, ledit sieur D'AUTICHAMPS prendra & aura sa place dans le chœur de ladite Eglise, à la premiere chaise du côté fenestre, entrant de la nef audit chœur, & que la deuxieme du côté droit sera toujours occupée par ledit sieur Doyen, lequel, en l'absence dudit sieur Evêque, sera encensé le premier, & ensuite ledit sieur D'AUTICHAMPS : & à l'égard des jours que l'on chantera le *Te Deum* par ordre de Sa Majesté, & autres cérémonies où les Officiers du Présidial de ladite Ville d'Angers assisteront en corps, ledit sieur D'AUTICHAMPS aura & prendra sa place à leur tête dans une chaise qui sera mise exprès avec un tapis pour lui. Enjoint Sa Majesté aux uns & aux autres d'observer & exécuter ponctuellement le présent Arrêt servant de réglement, lequel sera enregistré par tout où il appartiendra, afin d'y avoir recours en cas de besoin. Fait au Conseil d'Etat du Roi, Sa Majesté y étant, tenu à Saint-Germain-en-Laye le vingt-deuxieme Août mil six cens soixante-dix. *Signé*, PHELYPEAUX.

Collationné à l'original, par nous Ecuyer, Conseiller-Secrétaire du Roi, Maison, Couronne de France & de ses Finances.

ADDITIONS AUX PAGES 245 & 246.

BRANCHE DE LA TOUR DE TENCIN ET DE ST. QUENTIN.

ANTHOINE ET BALTHAZAR DE BEAUMONT.

Extrait d'une Montre de la Compagnie du Chevalier Bayard : cette Montre conservée en original en parchemin au Cabinet de l'Ordre du St. Esprit ; Recueil cotté : Titres Scellés *; vol. 247. fol. 943.*

24 Octobre 1523. ROLLE de (la) monstre & reveue faicte à Cassan en Italie le vingt & quatriesme jour d'Octobre l'an mil cinq cens vingt & troys, de quatrevingtz dix-neuf Hommes d'Armes & deux cens Archiers du nombre des cent Lances fourniez de l'Ordonnance du Roy, nostre Sire, estans soubz la charge & conduicte de Mess'. Pierre de Bayart, Seigneur dud. lieu, Chevalier de l'Ordre dud. Seigneur, leur Cappitaine, sa personne y comprise... pour le quartier de Janvier, Fevrier & Mars dernier passé... desquelz... les noms... s'ensuivent :

Hommes d'Armes.

Monsr. de Bayart ; Guigo Guiffrey ; Germain d'Eurre... Jacques de Monteynart... Charles de l'Artaudiere... Anthoine de Clermont ; le Baron de Sassonnaige ; Anthoine de Romanesche... Sebastien de Vescq,.. Humbert d'Anconne... ANTHOINE DE BEAUMONT... Claude de Loras... ierre de Montfort ; Lyonnet de Theze... Charles de Cordon... Georges de Cordon... Jehan de St. Jehan... Guillaume de Chastillon ; BALTHEZAR DE BEAUMONT... Humbert de la Cardonniere...

Archers.

... Jehan de Montbrun... le Batd. de Cordon... Claude Chapponnay... Rostaing Esperendieu... le Batd. du Gast... Guigo de Montbonod... Claude de Commiers... Gaspard de St. Germain... Jehan le Mareschal ; Pierre de Blacon... Colin Allement... Claude Bossozel... Claude Flocte.... (*Signé*) de Berard, (*Commissaire* ; *& scellé en placard.*)

Extrait des Livres des Vêtures & réceptions du Monastere de Montfleury, délivré le 24 Octobre 1770, en présence de Madame de Puisinieu, Prieure, par le Gardien des Cordeliers Conventuels de Grenoble ; signé F. Victor Morlon.

LE 19 Septembre 1539 noble & puissant Seigneur ANTOINE DE BEAUMONT, Seigneur de la Tour, a payé, pour l'entrée de Mademoiselle MARGUERITE DE BEAUMONT, sa fille, trois cents écus d'or au soleil & cinquante florins. 1539-1665.

En 1574 Dame IZABEAU DE BEAUMONT, Religieuse, présenta une de ses Nieces pour être reçue, & à la requête de Dame MARGUERITE DE BEAUMONT, une de ses parentes, fut reçue.

Le 28 Mai 1600 Demoiselle SUZANNE DE BEAUMONT, fille de noble ROLLAND DE BEAUMONT, Seigneur de Lisle de Beaumont, a pris & reçu l'habit de Novice au Monastere de Montfleury en la place de Dame MARGUERITE DE BEAUMONT, sa tante, Religieuse dudit Monastere & le Seigneur de Beaumont, son pere, paya cent dix écus qu'il devoit pour l'entrée de sa fille audit Monastere, comme appert par contract reçu Pilon, Notaire, le 29 Janvier 1600.

Les Demoiselles Lucrece Prunier & SUZANNE DE BEAUMONT, Novices reçues, ont payé chacune une charge de vin düe à la religion, & ce en deux écus pour une chacune charge, ensemble le pain & la chair qui a été fournie aux Dames.

Le 15 Juillet 1603 Dame SUSANNE DE BEAUMONT, dite Saint Quentin, a fait profession de Religieuse au Monastere de Montflory.

Le 25 Septembre Demoiselle JEANNE DE BEAUMONT, fille de noble PIERRE DE BEAUMONT, Seigneur de Saint-Quentin, & de Dame ANNE DE JOUFFREY, fut admise au nombre des Religieuses de Montfleury, ledit Seigneur de Saint-Quentin donna & constitua à sa fille, & pour elle, aux dites Dames, la somme de 3000 livres tournois. Acte reçu Mathieu.

On voit, par les Livres de Montfleury, que Dame SUSANNE DE BEAUMONT, fille de noble ROLLAND DE BEAUMONT, & de Demoiselle JEANNE FERRAND-TESTE, a été Supérieure à Montfleury quatre fois, savoir depuis Avril 1637 jusqu'en 1640, & continuée jusqu'en 1643. Elle fut encore élue Supérieure en Avril 1650 jusqu'en 1653, & enfin en Juillet 1662 jusqu'en 1665. On a tout lieu de conclurre de là qu'elle étoit Dame d'un très-grand mérite...

ADDITIONS A LA PAGE 274.

BRANCHE DE ST. QUENTIN.

Extrait de l'Inventaire des Titres de la Chambre des Comptes de Dauphiné, étant à la Bibliothèque du Roi ; tome premier de St. Marcelin, n°. 27. fol. 456.

AU REG. cotté : *Hommages des Bailliages de la Province* 1704, fol. 97, est l'Hommage presté en la Chambre des Comptes le 10 Juillet 1704, par noble JACQUES DE BEAUMONT & De. ANNE-MARIE DE GARAGNOL, son Epouse, pour la Terre de Beauvoir en Royans, la Conseigneurie de St. Laurens en dependant, & la Maison Forte de Coupier, apartenances & dependances. 10 Juillet 1704.

ADDITIONS A LA PAGE 360.

BRANCHE DES SEIGNEURS DE BEAUMONT ET DE MONTFORT.

« *Double du dire que le Seigneur* DE BEAUMONT *en Daulphiné a dict & pro-*
» *nuncé de sa bouche à Monseigneur de Maugiron, Chevalier de l'Ordre du*
» *Roy, Capitaine de cinquante Hommes d'Armes de ses ordonnances & son*
» *Lieutenant-General en Daulphiné & Savoye en l'absence de Monseigneur*
» *le Duc de Guyse, en presence des Gentilshommes & autres cy-après nommez.* »

Extrait sur l'original étant à la Chambre des Comptes du Dauphiné : 2^{dus} Liber Copiarum ; Gratonopolis ; *Cayer LXXVIII.*

MONSIEUR, avec votre licence je vous supplie bien humblement, & toute ceste honnorable compaignye avoir ceste oppynion de moy, joinct que je dictz que tous ceulx ou celluy qui ont 2 Février 1554.

dict & malheureusement controuvé que j'eusse dict que ce que le Fontanas avoyt mis sus à Monsr. de Grenoble, mon oncle, estoyt vray. Ilz ont malheureusement & meschantement menty par leur poltronne & meschante gorge, & mentiront toutes & quantesfois qu'ilz le diront, & generalement de toute aultre imputation qui peult importer & prejudicier mon honneur & reputation, & quand il plaira à Monsr. de Grenoble ou aultre m'en nommer aulcun, asseurez-vous, Monsieur, que, avec la licence du Roy, je luy coupperay la gorge & luy feray voumir son sang avec son ame plus oultre que les portes d'enfer, si c'est personne de mon calibre, & hors de mon calibre je le feray assommer à ung Vallet, faysant cognoistre à Monsr. de Grenoble qu'il n'eut jamais ung plus loyal & fidelle parent que moy. Et affin que mon dire demeure ferme & estable entre les vivans perpetuellement à la descharge de mon honneur & innocence, je vous supplie très-humblement, Monsieur, pour la conservation de ce qui m'appartient & à toute ma suytte, & ordonner, de votre bonté, que le tout soyt mis & enregistré en la Chambre des Comptes de ceste Ville pour m'en servir en temps & lieu comme le debvoir me le commandera, aux protestations que si aucun, de gayeté de cueur, me voyant enquester de mon accusateur print oppynion dire ou penser que je me voulusse faire encroyte chose qui feust dependente de subgect de ceste malheureuse orde & salle imputation n'y aultres, ilz ont menty & menryront toutes & quantes fois qu'ilz le diront, reservant tousjours en tout & pat-tout l'honneur & reverence que je dobys à Monsr. de Grenoble, mon oncle, sauf que an premier lieu luy plaise m'estimer homme de bien, & que je ne luy ferey jamais tort, & concluant à toutesfins. Voyssi mon dire par escript tissu & signé de ma propre main, lequel bien humblement je vous presente aux prerogatives de mon droict, *signé* BEAUMONT.

Le deuxieme jour de Fevrier l'an mil cinq cens cinquante-quatre, le dire & propos contenuz cy-dessus ont estes dictz & pronuncez par la bouche du Seigneur DE BEAUMONT, parlant à Monseigneur de Maugiron, Chevallier de l'Ordre du Roy, Cappitaine de cinquante Hommes d'Armes de ses ordonnances, & son Lieutenant-General en Daulphiné & Savoye, en l'absence de Monseigneur le Duc de Guise, Mondict Seigneur de Maugiron estant en une des Chambres de la Maison de la Tresaurerie de Grenoble, appellée la Chambre du Roy, en la presence de Monsr. de Bressieu, Monsieur de Ribiers, le Seigneur de Pont, le Seigneur de Montoyson, le Seigneur de Preyssins, le Prieur de Sainct Jehan, le Seigneur de Chateauvillain, le Prieur de Sainct Antoine, le Prieur de Chateaudouble, le Chanoine de Jarjayse, le Chanoine de Beauchasteau, le Cappitaine Mas, les Seigneurs du Passaige & de Serrieres, le Chanoine de Siché, LE CAPPITAINE BARBIERES, le Seigneur de l'Arthaudiere, le Seigneur de Sablieres, le Seigneur Dernyn, le Seigneur de la Tyvolliere, le Seigneur du Ga, le Seigneur de Massonas, le fils du Seigneur de Serrieres, le Seigneur du Chastellard, le Seigneur du Chastel, le Seigneur de la Tour-du-Pyn, le Seigneur de Charpey, le Seigneur de Neyrolles, le Seigneur de Vatillieu, le Pyllon & Sainct-Mury, & plusieurs aultres tant Ecclesiastiques que Nobles. Surquoy Mondict Seigneur de Maugiron, à la requeste dudict Seigneur DE BEAUMONT, a ordonné que lesdits propoz mis en escript par icelluy Seigneur DE BEAUMONT & par luy pronuncez, seront enregistrez en la Chambre des Comptes du pays de Daulphiné, pour luy servir & valloir en temps & lieu ce que de raison, & moy, Secretaire de Mondit Seigneur de Maugiron soussigné, j'ay esté present. Ainsi signé de la Tour. Le scel en forme de placard de scel de Mondict Seigneur de Maugiron, & au marge sont signez les Seigneurs soubsnommez comme s'ensuyt. Bressieus. Ribiers. Chateauvillain. Serrieres. Chassenaige. L'artaudiere. Passage. Neyrolles. Dornyn.

A Messieurs de la Chambre des Comptes.

Supplie humblement LAURENS DE BEAUMONT, Seigneur de Beaumont, comme ainsy feroyt que hault & magnifficque Seigneur Messire Guy de Maugiron, Chevallier de l'Ordre du Roy & Cappitaine de cinquante Hommes d'Armes de ses ordonnances, & son Lieutenant-General en ce pays de Daulphiné & Savoye, en l'absence de Monseigneur le Duc de Guise, auroyt ordonné mettre & enregistré ceans la justification sur le point d'honneur proposé par le Suppliant soubs la très-humble reverence de la Sacré Majesté du Roy & licence dudit Seigneur de Maugiron, presens l'assistance des Seigneurs & Gentilshommes y nommés le deuxieme de Fevrier mil cinq cens cinquante-quatre, à vous presenté par Monsieur de la Tour, Secretaire dudit Seigneur;

Ce consideré vous plaise, attendu ladicte Ordonnance dudit sieur Lieutenant du Roy, mettre & enregistrer ceans laditte justification proposée par ledit Suppliant de point en point, selon sa forme & teneur, pour luy servir en temps & lieu, comme de raison, & ferez bien. Ainsi signé BEAUMONT.

Est ordonné que ce dont est supplié, avec la presente requeste, sera enregistré ceans par le premier des Secretaires de ceste Chambre sur ce requis. Faict au Bureau des Comptes à Grenoble le huitieme jour de Fevrier l'an mil cinq cens cinquante-quatre à la Nativité, ainsi signé Joubert.

Extrait à l'original rendu à la partie du commandement de Messeigneurs des Comptes, Conseillers du Roy. (*Signé*) BOUIER.

Nª. *Cette piece est aussi imprimée au troisieme vol. de l'Histoire Généalogique de plusieurs Familles du Dauphiné, par Guy Allard, Président en l'Election de Grenoble, ann. 1680, pag. 206-208, jusqu'à ces mots:* & plusieurs autres tant Ecclesiastiques que Nobles, &c.

DE LA MAISON DE BEAUMONT.   439

ADDITIONS A LA PAGE 378.

BRANCHE DE BEAUMONT-D'AUTY.

Extrait des Regiſtres des Baptêmes, Mariages & Sépultures de l'Egliſe Paroiſ-
ſiale de Saint Pierre de Payrac en Querci, Diocèſe de Caors.

LE VINGT-QUATRE Octobre mil ſept cent treize mourut, dans la foi de l'Egliſe, après avoir   24 Octob. 1713.
reçu les Sacremens, noble GRATIAIN DE BEAUMONT, ſieur de Pompignan, de Payrac, âgé de
ſoixante ans, & fut enſeveli dans l'Egliſe le vingt-cinq.... (*Signé*) Carlac, Curé.
   Nous Vicaire ſouſſigné de ladite Egliſe Saint Pierre de Payrac, certiffions que l'extrait ci-deſſus
a été tiré fidelement & mot à mot des Regiſtres de ladite Paroiſſe en foi de ce, à Peyrac ce ſeize
Decembre mil ſept cent ſoixante-quinze, jour auquel nous l'avons délivré. LOURADOUR,
Vicaire de Payrac.
   Nous Antoine d'Hebray, Conſeiller du Roi, Lieutenant-Général en la Sénéchauſſée de Gour-
don... certifions... que la ſignature ci-deſſus eſt la véritable de Mᵉ. Louradour, Vicaire de
Payrac, Paroiſſe dépendante de ladite Sénéchauſſée... A Gourdon, le dix-neuf Décembre mil
ſept cens ſoixante-quinze. (*Signé*) HEBRAY, Lieutenant-Général.

ADDITIONS A LA PAGE 380.

MÊME BRANCHE.

Certificat de Garde de la Marine pour GUILLAUME-JOSEPH
Chevalier DE BEAUMONT.

CÉSAR-GABRIEL DE CHOISEUL, Duc de Praſlin, Pair de France, Chevalier des Ordres   15 Août 1768.
du Roi, Lieutenant-Général de ſes Armées & de la Province de Bretagne, Chef du Conſeil
Royal des Finances, Miniſtre & Secrétaire d'Etat ayant le Département de la Marine. Certiffions
à tous qu'il appartiendra, que GUILLAUME-JOSEPH Chevalier DE BEAUMONT, a été cejourd'hui
employé ſur la liſte des Gentilshommes deſtinés pour ſervir en qualité de Garde de la Marine
au Département de Rochefort, en foi de quoi nous lui avons accordé le préſent Certificat, ſigné
de notre main, contre-ſigné par l'un de nos Secrétaires, & y avons fait apposer le cachet de nos
armes. Fait à Compiegne le 15 Août 1768. (*Signé*) LE DUC DE PRASLIN, (&) Par Monſeigneur,
RODIER.

SUJETS INCERTAINS DU NOM DE BEAUMONT.

Extrait de l'Histoire des Evêques de Valence & de Die par le P. Colombi, in-4°. édition de 1638, pag. 189.

Valentini & Diensés Episcopi, per annos expansos digesti, cum suis probationibus.

Ann. 1283. JOHANNES I. familia Genevensis sedebat anno M. CC. LXXXIII. ex Homagio Rogerii de Andusia... Giraudi Ademari, Guilelmi Artaudi... ISOARDI DE BEAUMONT... NICOLAÏ DE BELLOMONTE... Odonis Alemanni...

Id. pag. 197 & 198.

Ann. 1390. Johannes III. de Pictaviâ filius Caroli à S. Valerio sedebat anno M. CCC. LXXXX. ex conventionibus cum FRANCISCO DE BELLOMONTE.
Ann. 1399. M. CCC. LXXXXIX. ex Homagio JOANNIS DE BELLOMONTE, Guilelmi de Auraicâ, &c.

Extrait de l'Histoire de Bresse & de Bugey, par Guichenon ; troisieme Partie, pag. 42. Cerdon.

Ann. 1336. LES Habitans du lieu de Cerdon ayant été molestés par les Officiers du Dauphin au sujet de quelques droits que ces derniers pretendoient lever sur eux ; le Sire de Villars, pour lors leur Seigneur, s'interessa pour eux, & il y eut une assemblée des Députés du Dauphiné & du Sire de Villars en l'an 1336 pour juger ce different ; de la part du Sire de Villars furent Anthoine de Lyarens & Guillaume de Chastillon, Chevaliers ; & de celle du Dauphiné, HUMBERT DE BEAUMONT OU DE BELMONT, & Humbert de Chalant, aussi Chevalier.

Extrait de la Montre Militaire du Gallois de Vire, Escuier, & de XII. autres Escuiers de sa Compagnie, receuz à Mascon du nombre & soubz le Gouvernement de Monseigneur le Comte de Savoye, le XII. jour de Juillet l'an Mil. CCC. LV.

Original en parchemin, conservé au Cabinet de l'Ordre du St. Esprit : Recueil de titres scellés; vol. 114, fol. 8933.

12 Juillet 1355. LEDIT Gallois, cheval gris mouch., fesses pommellées, ... xL. l.
Hugonnet de Villette, ... xxx. l.
YMBERT DE BIAUMONT ; cheval bruns bay, C. Q. J. noires, ... xxv. l.

Extrait de la Montre de M. AMÉ Comte de Savoye, Chevalier Banneret, Chef & Capitaine de 400 Hommes d'Armes, de 25 Chevaliers Bacheliers, & 389 Ecuyers de sa Compagnie, sous la Charge de Jean de Chambly, dit le Haze, Chevalier, faite le 15 Octobre 1369.

Cabinet l'Ordre du St. Esprit ; vol. 8 des Mélanges, fol. 79 & 80.

15 Octobre 1369. LED. M. le Comte Banneret. Mre. Pierre le Bastard de Geneve. Mre. Thomas de Thenon. Mre. Thinart de Montoux.... M. Mathurin de Grolée. M. Pierre de St. Joire. M. Raoul de Commiers.... M. Jehan Alemant.... Le Palain de Dyo. Amey de Dyo. Jehan de Sachins.... Pierre de la Chambre.... François de Rougemont.... Gerart de Montfaucon.... Henry de Chastillon. Robert Sire de Mentous. Jacmet de Mentons. .... Aymé de Mentons.... Guy de Grolée.... Le Bar. de Grolée.... François d'Espaigne. HENRY DE BEAUMONT. Thomas de Lunges.... François de la Balme.... Guiot de Senecey.... Pierre Berenger.... Simon de Compeys.... Jehan d'Alinges. Jehan de Chasteillon. Jehan de Saluces. Falques Sire de Monchenon. Pierre de

DE LA MAISON DE BEAUMONT.   441
de Beaujeu... Pillart de S^t. Germain. Pierre de Buffevant. Jehan de Chaftelus... Jaquelin de Clermont. Le Bat. de Beaujeu. Raoul de Joinville. Jehan de Praelles.

Extraits de titres de la Maison de Clermont-Tonnerre.

Cabinet de l'Ordre du S^t. Esprit : Recueil concernant les Chevaliers de cet Ordre, vol. 279, fol. 631.

CONTRAT de Mariage d'Aymar de Clermont, fils de M^{re}. Geoffroi Vicomte & Seigneur 13 Mars 1376. de Clermont, avec Jeannette, fille de noble homme Pierre Gerbais, Seigneur de Chateauneuf. La dot est de 3000 florins, dont le payement est cautionné par nobles hommes Messires Jean de Montbel, Sg^rr. d'Entrémont, Pierre d'Hauteville, Conseigneur d'Auteville & Seigneur de la Coste, Gaspar de Montmajour, Seigneur de Villars, Pierre de Roussillon, Jean de Molar, Amédée de Mondragon, Chevaliers ; Amédée de Beauvoir, Seigneur de la Palu, Sibuet de Rivoire, Seigneur de Gerbais, Berlion de Rivoire, Seigneur du Bruis, Pierre de Rivoire, Seigneur de Domaissin, Aynard de Rivoire, Seigneur de Praissins... Henri de Chastillon, Seigneur du Chastellat ; Jean de Chastillon, son frere... Henri de Montfaucon, François de la Brime, Hendriset de la Balme, FRANÇOIS DE BEAUMONT, le jeune, & PHILIPPE DE BEAUMONT, Damoiseau : ce Contrat, du 13 Mars 1376, reçu par Jean Acri & Jean Gerrodi, Notaires, *apud Bellicium* (*id. est* Bellay.)

Extrait de l'Inventaire des Titres de la Chambre des Comptes de Dauphiné, étant à la Bibliothèque du Roi, Tome premier de Graisivaudan, p. 520.

AU REGISTRE cotté : *Undecimus Copiarum Graisivodani, fol. 5,* est la Reconnoissance passée 28 Avril 1393. devant Durand Empereur, Notaire & Commissaire pour le renouvellement des Reconnoissances Delphinales *du Mandement de Beaumont en Trieves* le 21 Décembre 1392, par Matthieu Houderut, Guigues Rey, Jean Dornud, Michel Dauroud, Marlin Honderut & autres y dénommés, par laquelle ils déclarent estre hommes-liges & justiciables du Dauphin, & d'estre tenus de deffendre le Château dud. BEAUMONT, quand on déploye l'étendart, comme aussi aux corvées & autres impositions généralement quelconques ausquelles les hommes-liges & justiciables Delphinaux sont tenus.

Semblable Reconnoissance passée le 28 Avril 1393 de nobles JACQUES DE BEAUMONT & JEAN DE BEAUMONT.

La Revuë de Messire Guiot Seigneur de S^t. Priet, Chevalier Banneret, de trois autres 2 Septemb. 1426. Chevaliers Bacheliers, & de 21 Escuiers de sa Chambre, soubz la retenuë de Messire Loys Seigneur de Montlaur, Chevalier, reçeuë à Jarginau le 2.e jour de Septembre l'an 1426, dans laquelle lesd. Chevaliers Bacheliers sont M^{re}. André Bonnas, M^{re}. Anthoine de la Poype, M^{re}. Jehan de Cardelhac.

Et du nombre des Escuiers sont : Henry l'Alemant, ARNAUT DE BEAUMONT, Artaut Alemant, Anthoine Alemant, &c. (*extrait sur l'original en parchemin, communiqué en Septembre 1746, par Dom Pernot, Bibliothécaire du Prieuré de Saint Martin-des-Champs à Paris.*)

Ex nomenclaturâ Abbatum Boscoduni ; in Diœcesi Ebredunensi.

Gallia Christiana, Tom. 3us. fol. 1106.

JOHANNES DE BELLOMONTE ; ann. 1473. Libertatum à Comitibus Provinciæ suo Monasterio Ann. 1473. concessarum obtinuit confirmationem à Renato Siciliæ Rege & Comite Provinciæ. Is autem esse videtur, qui nuper promotus dicitur in Litteris Apostolicis Pauli II. Papæ, de provisione Præceptoriæ S. Sepulchri, datis ann. 1468. Cal. Decemb. cessit. ann. 1474.

Kkk

Extrait des Minutes de Bernard Combet, Notaire.

Cabinet de l'Ordre du S^t. Esprit; Recueil concernant les Chevaliers de cet Ordre, Vol. 247. fol. 187.

9 Juin 1541. TESTAMENT fait au Château de Vaillac le 9 Juin 1541, par noble Dame Marguerite d'Aubusson, Dame dud. lieu de Vaillac, veuve de Mre Jean de Ginouilhac, Seigneur dud. Vaillac, &c. par lequel elle légue par institution particuliere à Demoiselle JACQUETTE DE GINOUILHAC, femme de noble JEAN DE BEAUMONT, Seigneur de Peyretaillade, en Périgord, cent sols tournois, & institue son héritier universel noble Jean de Ginouilhac, son fils, Baron de Gourdon & Seigneur de Vaillac, Ginouilhac, Levirac, Beaumac, Rilhac & Coseigneur du lieu de S^t. Clar.

Extrait du Rolle de la Montre & revue faite en armes à Chaumont en Bassigny, le 2 Juin 1567, de 36 Hommes d'Armes & 55 Archers, du nombre de 40 Lances des Ordonnances du Roi, sous la Charge de Monsieur le Duc de Guyse, leur Capitaine.

Original conservé au Cabinet de l'Ordre du S^t. Esprit; Recueil de Titres scellés; vol. 263. fol. 1855. B.

2 Juin 1567. MONSEIGNEUR le Duc de Guyse, Capitaine.
Anthoyne de la Garde, Lieutenant, Seigneur de Tranchillon, Gouverneur de Guyse.
Françoys des Essars, Enseigne, sieur de Saultour...
Loys de Lenonçourt, Guydon, sieur de Collombey, Bailly de Vermandois.
Claude de Dygoynne, Marechal des Logis, sieur du Pall´.

Hommes d'Armes.

Jehan de Blondefontaine, sieur de Nagu, demeurant à Thonnerre, près Chastillon.
René de Villiers, sieur de Chailly, demeurant aud. lieu.
Francisque de S^{te}. Fortunade, sieur dudit lieu y demeurant, Gouverneur de Monseigneur le Marquis de Maynne.

Absens & cassez.

Denis des Fossez, Soubzlieutenant & Hommes d'Armes de ladite Compagnie...
Francisque Scobinate, mort, & parce qu'il n'est apparu de procuration, a esté mis absent & cassé...
En son lieu JACQUES DE BEAUMONT, Seigneur dud. lieu, demeurant en Daulphiné, dud. deuxiesme jour de ce présent mois de Juing.

Archers.

Claude de Loire sieur de Voulgre, près Chaourse, pais de Champaigne, demourant aud. lieu, &c.

NOUVELLES ADDITIONS
AUX PREUVES DE L'HISTOIRE
DE LA MAISON DE BEAUMONT.

ADDITION A LA PAGE 16, après l'Acte du 21 Juillet 1256.

Confirmation par ARTAUD I.er DE BEAUMONT, *d'une vente faite par Amédée de Beaumont à François, son frere.*

Original en parchemin, conservé aux Archives du Château de Baynac en Périgord.

ANNO Domini millesimo ducentesimo sexagesimo tertio, indictione sextâ decimâ, quintâ Kalendarum Maii, presentibus AMEDEUS DE BELLOMONTE, non deceptus, non coactus vendidit & nomine venditionis concessit FRANCISCO, fratri suo & suis heredibus atque successoribus in perpetuum, quidquid juris... habet & habere debet & potest exigere a rivo de Forretâ, usque ad Mandamentum de Terraciâ & à raviorïâ Domini Radulphi de Intermontibus superiùs usque ad Rupes, & quidquid habet infra dictos locos, excepto CORPORE CASTRI DE BELLOMONTE : scilicet medietatem omnium rerum & usagiorum pro indiviso ibidem existentium, pro pretio octo librarum bonorum Viennensium, quod consessus est dictus AMEDEUS se recepisse & numerasse à dicto FRANCISCO; de quibus omnibus se devestivit dictus AMEDEUS... promittendo... per... juramentum prestitum super sanctâ Dei Evangelia.. dictam venditionem in integrum salvare & deffendere.... Item Dominus ARTAUDUS DE BELLOMONTE, dictam venditionem laudavit, confirmavit & approbavit dicto FRANCISCO, retento... usufructu in predictis & retento quod predicta omnia possit vendere... seu aliter alienare in vitâ suâ si voluerit: Actum fuit hoc apud maladeriam in prata de Goncelino, juxta Ecclesiam : ad hoc fuerunt testes vocati & rogati. ARTAUDUS DE BELLOMONTE, Franciscus Bovet. . . Ego Ramundus auctoritate Imperii Notarius, hiis fui & rogatus hanc cartam scripsi & tradidi feliciter.

15 des Calend. de Mai 1263.

Au commencement & à la fin de cet Acte est le Monogramme du Notaire.

ADDITION A LA PAGE 19, après l'Acte du 4 des Nones de Février 1268.

Reconnoissances féodales données à Dame PHILIPPE, *au nom d'*ARTAUD II DE BEAUMONT, *Chevalier, son mari.*

Original en parchemin, conservé aux Archives du Château de Baynac, en Périgord.

IN NOMINE Domini millesimo ducentesimo sexagesimo nono, indictione decimâ tertiâ & quartâ Nonarum Junii, ad instantiam & requisitionem Domine PHILIPPE, uxoris Domini ARTAUDI DE BELLOMONTE, Militis, petentis seu exigentis, nomine ipsius Domini ARTAUDI, viri sui, coram curiâ ipsius, videlicet Umberto de Theys & Guyoneto de Chinino, curiâ datâ à predictâ Domina PHILIPPA, nomine quo supra, laudatâ & approbatâ ab omnibus infrascriptis facientibus confessiones seu recognitiones feudorum & alberguamentorum, per sacramentum omnes & coram eâdem curiâ recognoverunt. . . omnia illa que tenebant ab eodem Domino ARTAUDO viro suo & usagium si exinde debent : In primis, Hugo Neyreti tenet ab eodem quatuor jugera terre site in campo Sofredi juxta terram Aynardi de Crollis . . . . & unum jornale terre site juxta vineam Guarnerii de Frayta . . . & dimidium jornale terre site subtus Revoyriam Radulphi de Intermontibus . . . . & unum jornale terre site juxta Revoyriam Domini Gauterii de Uriantone & quamdam petiam terre. . . . & tria seyteria prati siti subtus Fraytam. . . & tria seyteria prati siti ibidem juxta pratum predicti Domini ARTAUDI. . . unum seytarium prati siti subtus vilarium juxta pratum Aynardi de Crollis & quamdam petiam prati . . . & quamdam petiam nemoris siti juxta Revoyriam Radulphi de Intermontibus ; de quibus debet homagium ligium tam pro predictis rebus quam pro personâ ipsius. . . Item tenet ab ipso quamdam petiam nemoris sitam subtus BELLUMMONTEM juxta ayam ejusdem

4 des Nones de Juin 1269.

ADD. AUX PR. DE L'HIST. GÉNÉALOGIQUE

Domini Artaudi & inde debet.... duplum placitum. Item Reymundus Rufi tenet ab ipso septem jugera terre... Item Johannes de Molario tenet ab ipso quamdam petiam terre sitam apud Molarium, juxta terras Umberti de Theys & quamdam petiam nemoris sitam juxta Revoyriam Radulphi de Intermontibus.... Item Petrus de Molario tenet ab ipso Domino unum jornale terre situm apud Molarium... Item Petrus Veyreti tenet ab ipso nomine uxoris sue.. unum jornale terre,... & dimidium jornale terre... & quamdam petiam terre.... juxta terram de Sancto Johanne & Casale domus... pro quibus debet eidem:. census & duplum Placitum quando contingerit:.. Item Jacobus Beus tenet ab ipso unum seyterium prati... Item Petrus de Channas tenet ab ipso tanquam tutor, nomine Petri filii condam Petri Rogerii.... Item Petrus Flachiers etiam recognitionem laudavit & approbavit & juravit non venire contra. Item Domengius Asters tenet ab ipso tres seyt prati siti alia cula juxta pratum Regis de Frayta:.. Item Petrus Guanaudi tenet ab ipso.... Item Petrus Maynnaudi tenet ab ipso duo jugera terre... juxta terram Aynardi de Crolles.... Item Guarnerius de Frayta tenet ab ipso... Item Guillelma Valery tenet ab ipso quoddam castanetum situm in cumba falcuen... pro quo debet.,. duplum placitum. Item Guillelmus Bues. Item Petrus Lamberti tenet ab ipso quatuor jugera terre...& unum jornale terre site apud Vilarium juxta terram Aynardi de Crolles & quoddam nemus situm apud Ayam de Bellomonte.. Item Dominus Johannes Albanelli, Cappellanus beati Michaelis tenet ab ipso, nomine Ecclesie sue de Sancto Michaele; quamdam petiam prati.... & medietatem cujusdam vinee que data fuit dicte Ecclesie pro Dei amore. Item Guirardus Jordans tenet ab ipso omne tenementum quod tenet & possidet vel quasi à rivo superborum usque ad rivum de portis.... Item Petrus Guaynere tenet ab ipso quoddam castanetum situm in nigra cumba juxta castanetum Johannis Salvayat... Item Guigo Guaynere dictam recognitionem laudavit... Item Domengius Perini.... Item Andreus Guilleti... Item Guillelmus Guaynere tenet ab ipso unum jornale terre site subtus closum Radulphi de Intermontibus juxta terram Francisci Bover... Item Petrus Chaberti tenet ab ipso,.. census & duplum placitum. Item Petrus Racos & Andreas Racos.... Item Martinus Bues tenet ab ipso quoddam nemus... juxta nemus Radulphi de Intermontibus.... census & duplum placitum. Item Petrus Ayndrius tenet ab ipso & Umbertus frater ejus rivagiam per quod venit aqua versus molendinum ipsorum.... Item Vidalis Lamberti... Item Richardus Polleti.... Item Guillelma uxor condam Petri Viebo nomine liberorum suorum, & inde sunt homines sui predicti liberi.;. Item Hugonetus Lamberti nepos Vidalis... Item Aynardus de Crolles per sacramentum requisitus tenet ab ipso Domino Artaudo novem fossor vinee site apud Vilarium juxta vineam condam, Umberti de Toveto... quamdam aliam petiam vinee sitam ibidem quam tenet ab eodem Aynardo dictus Befcens & quindecim fossor vinee site ibidem juxta vineam Margarite uxoris Erluyni de Chinino... & unum jornale terre site ibidem juxta terram Amedei de Bellomonte & duo jugera terre site ibidem juxta terram Claustri de Toveto & octo jugera terre... & duo seytaria prati... juxta pratum maladerie & quoddam aliud pratum quod tenet ab eodem Aynardo ibidem Andreas Massuers; pro quibus predictis omnibus debet eidem Domino Artaudo dictus Aynardus unam fidelitatem ligiam citra Yseram & aliam fidelitatem uno anno & alio non, citra Yseram & unum danarium cum dimidia apud Bellummontem et duodecim dies pro custodia apud Bellummontem cum propriis expensis ipsius Aynardi... Item Franciscus Boveri..debet., duplum placitum.. Item Hugo de Sancto Johanne... Item Umbertus de Theysio... Item Antonius de Buxeria... Item Petrus Hugo pro se & fratre suo Vincentio tenent ab ipso..: quamdam chavannariam... Item Johannes Blancheti... Item Andreas Veyrer... & inde est homo suus ligius.. Item Domengius de Fonte pro se & Domengia uxore condam avunculi sui tenet ab ipso unum jornale terre apud Bellummontem in loco de Chanas... juxta terram Amedei de Bellomonte.... Eodem anno, indictione eadem, decimâ octavâ Julii apud Ecclesiam deus Adreys, coram Hugone Veyret, Petro Morelli, Lantelmo Alberti, testibus vocalis specialiter & rogalis ad instantiam & requisitionem ipsius Domine Philippe petentis nomine quo supra, coram curiâ suâ videlicet Francisco Bovet, Artaudo deus Adreys, laudatâ & approbatâ à Domino Umberto de Acu, Milite, per sacramentum recognovit quod tenebat in feudum ab ipsa quidquid tenet, possidet vel quasi à rivo currente juxta Ecclesiam deus Adreys usque ad domum del Bochez inter duo itinera, item quidquid tenet... à via publica.... usque ad viam transverseriam que vocatur de Urteriis desuper; item & omnes taschias quas dictus Dominus Umbertus habet seu percipit super predictam viam transverseriam partiuntes cum liberis Domini Ogerii & Domini Eutaschii deus Adreys; item omne tenementum ab ipsa omne tenementum quod tenet ab ipso Domino Umberto albergum al Boches.,. pro quibus predictis omnibus debetur eidem Domine Phillippe medietatem unius homagii seu fidelitatis ligie & quinquaginta solidos de placito... Actum hoc publice apud Tovetum juxta Ecclesiam.. testes vocari specialiter & rogati Amedeus de Bellomonte, Domicellus, Magister Guylletus de Toveto, Petrus Bolliaud, Petrus Martini & ego Jacobus de Buxeria, Notarius publicus hiis omnibus interfui & inde rogatus hanc cartam scripsi & tradidi fideliter.

Au commencement & à la fin de cet Acte est le Monogramme du Notaire.

DE LA MAISON DE BEAUMONT. 445

ADDITION A LA PAGE 23, après l'Acte du mois de Mai 1291.

Donation faite par ARTAUD II DE BEAUMONT, Chevalier, à Artaud III, son fils.

Original en parchemin, conservé aux Archives du Château de Baynac, en Périgord.

ANNO ab Incarnatione Domini millesimo ducentesimo nonagesimo quarto, indictione octava, tertia Calendarum Februarii, Dominus ARTAUDUS DE BELMONT, Miles, non deceptus... aseravit... & dedit in solutum tradidit vel quasi & concessit ARTAUDO dilecto filio suo... & ipsius heredibus imperpetuum pro sexagenta libris Viennensibus quas confitetur idem Dominus ARTAUDUS, Miles, se olim habuisse & recepisse à Domina ANBLARDA matre condam dicti ARTAUDI, nomine dotis ipsius, omnes res possessiones & dreyturas quas ipse Dominus ARTAUDUS pater habebat & habere debebat & possidebat in Parrochiis Sanctæ Mariæ de Marcusa & Sancti Vincentii & de Buyseria à Bruysone superiùs & in toto Mandamento de Buyseria, quocumque res sint sive terræ, prata, census, placita vel usagia vel homines vel quecumque aliæ res que alio nomine censeantur; donans eidem ARTAUDO filio suo tanquam bene merito, puro dono inter vivos, quidquid res possessiones... predicte... valent plus de dictis sexaginta libris, ita quod ipsas res de cetero dictus ARTAUDUS filius... possideat pacifice... promittens dictus Dominus ARTAUDUS pater... ipsas res, possessiones!... defendere ab omni personâ renunciando dictus Dominus ARTAUDUS pater... omni juri Canonico & Civili.... Actum est hoc apud Goncelinum in domo Stephani Combri, ubi testes fuerunt vocati & rogati Franciscus Boveti, de Toveto, Nantelmetus filius Richardi, Algo, Hugonetus Algodi & ego Aymo Combri actoritate imperiali publicus Notarius, his omnibus interfui & sic vocatus & rogatus hanc cartam scripsi & tradidi feliciter.

3 des Calend. de Février 1294.

Au commencement & à la fin de cet Acte est le Monogramme du Notaire.

ADDITION A LA PAGE 79.

« La Monstre M.ʳᵉ Geuffroy d'Argenton, Chevalier, & de dix Escuiers
» de sa Compaignie, receus à Chaalons en Champaigne le deuxieme jour de
» Septembre l'an 1388. »

PREMIEREMENT ledit Messire GEUFFROY, EMART DE BEAUMONT, Perrot Dize, l'ainsné, Jehan Dize, Perrot Dize, le jeune, Perrot de Saint-Hillaire, Jehan Goulart, Guillaume Chauderon, Jean Rosille, Eliot de Masse, Mangot Bernart.

2 Septemb. Ann. 1388.

« La revue de M.ʳᵉ Geuffroy d'Argenton, Chevalier-Bachelier, & de dix
» Escuiers de sa Compaignie, receue à Courenzich en Alemaigne, le 3.ᵉ jour
» d'Octobre l'an 1388. »

Premierement ledit Messire Geuffroy, Chevalier. . . . .

3 Octobre 1388.

Escuiers.

EMART DE BEAUMONT, Jehan Dize, Perrot Dize, son frere, Perrot Dize, frere d'Uguet Dize, Perrot de Saint-Hillaire, Jehan Goulart, Guillaume Chauderon, Jean Rosille, Eliot de Masse, Manço Bernart.

Originaux en parchemin, conservés au Prieuré de Saint-Martin-des-Champs, à Paris.

ADDITION A LA PAGE 211, après l'Acte du 20 Mai 1562.

Contrat de Mariage d'AYNARD DE BEAUMONT, avec AYMONETTE ALLEMAN-D'URIAGE.

Original en parchemin, conservé aux Archives du Château de Baynac, en Périgord.

5 Juin 1413. IN NOMINE Domini... cum nobilis Johannes Berengarii, senior, quondam civis Gratianop. genitor meus, Notarius publicus utendo Tabellionatus Officio pro parte nobilis & potentis EYNARDI, filii nobilis & potentis viri Domini FRANCISCI DE BELLOMONTE, Militis, Dñi Frayte, una cum Johanne Vacherii etiam Notario publico, qui pro parte nobilis EYMONETE ALAMANDE, filie Domini Guigonis Alamandi, Militis, Domini Uriatici & Revelli quondam... receperit... matrimonium dictorum nobilium Eynardi... & Eymonete... quod... fuerit aliâ grossatum... sic... est... quod anno Domini millesimo quatercentesimo quinquagesimo septimo & die decimâ tertiâ mensis Jugnii, ad instanciam & requisicionem dicti nobilis EYNARDI DE BELLOMONTE, Domini Sancti Quintini & Adextrorum, commissum fuerit michi Jacobo Berengarii, Notario auctoritatibus Imperiali & Dalphinali publico, per nobilem & egregium virum Dominum Johannem Guillionis, legum Doctorem, judicem communis curie civitatis Grationop. pro ut constat litteris patentibus à dicto Dño Judice emanatis... quathinùs dictum instrumentum matrimonii iterato.... grossarem... & eidem nobili EYNARDO traderem......

(*Suit ladite Commission en entier.*)

« In nomine Domini, amen. Noverint universi... quod anno Nativitatis Domini millesimo
» quatercentesimo decimo tercio... & die quinta mensis Jugnii, habito tractatu matrimo-
» nii... de futuro contrahendo inter nobilem EYNARDUM DE BELLOMONTE, filium viri nobilis
» & potentis Domini FRANCISCI DE BELLOMONTE, Militis, Dñi Frayte ex una parte & nobi-
» lem Domicellam AYMONETAM ALAMANDE filiam nobilis & potentis viri Dñi Guigonis Ala-
» mandi, Militis, Dñi Uriatici & Revelli quondam, ex altera parte : Cum dictus... Guigo...
» in suo... testamento.. heredem dictam EYMONETAM sibi instituerit in summa duorum
» millium & quingentorum florenorum auri... solvendorum per suos..: heredes.. quando
» matrimonio fuerit collocata... quolibet anno ducentos florenos, ..: Item & cum Domina
» Anna de Castronovo, relicta dicti Domini Guigonis Alamandi, materque predicte Eymo-
» nete... dederit ipsi... sexcentum florenos auri... dicta Eymoneta sentiens nobilem virum
» & potentem Johannem Alamandi, Dominum modernum dictorum locorum Uriatici & Re-
» velli ejus fratrem fore oneratum... posuerit dicto... ejus fratri ad centum florenos sin-
» gulis annis... hinc est,.. quod dictus nobilis EYNARDUS DE BELLOMONTE de voluntate
» prefati Dñi FRANCISCI DE BELLOMONTÉ, Dñi Frayte ejus patris... promisit... dictam
» nobilem EYMONETAM ducere in uxorem..: & è converso nobiles & potentes viri Domini
» Johannes Alamandi, Dominus Sechilline & Hugo de Comeriis Dñus de Stappis, Milites,
» promiserunt quod ipsa Eymoneta... constituer dicto EYNARDO in dotem.. dictas.. sum-
» mas..: ascendentes in summâ grossâ tria millia & centum florenorum... sovendorum dicto
» Domino Francisco de Bellomonte, patri dicti EYNARDI per heredes dictorum... parentum
» suorum, singulis annis videlicet centum florenos... Se constituerunt fidejussores.. nobiles &
» potentes viri Dominus AMBLARDUS DE BELLOMONTE, Miles, Dominus Bellimontis & Mon-
» tisfortis; Mermetus de Teysio, Dñus Thorane; Guigo de Comeriis, Dñus de Bors; Johannes
» de Theysio aliàs Malart; Anthonius de Comeriis, Dominus de Masso;.. Franciscus de
» Monteforti; Johannes Perinelli, de Morestello; Florimundus Berlionis, de Terraciâ; Guigo
» de Grangiis, de Buxeria; Johannes de Grangiis, junior de Barralibus; Johannes de Bardo-
» nechia, de Fonsimato; Petrus de Pratis, de Martona; Glaudius Coni; Eynardus Coni; Petrus
» Flacherie, de Barralibus; Guigo Guersa, de Montata; Anthonius de Monteforti & Petre-
» manus Aquini : Quiquidem... sub obligatione omnium bonorum suorum... predicta
» omnia... actendere & complere casu quo dicti Dominus FRANCISCUS ET EYNARDUS
» deficerent quoquo modo in toto, vel in parte... Acta fuerunt hec Groñop. ante Capellam
» Capituli Fratrum Minorum... presentibus nobilibus & potenti viro Dño Henrico Dño Casse-
» natici, Milite; Anthonio Boniparis, Johanne Grinde aliàs Pichat, civibus Groñop. Hugone
» Fontanati, Notario & Johanne Conchi habitatoribus Thoveti, testibus vocatis.. & nobis
6 Juin. » Notariis subscriptis... & die sextâ presentis mensis Jugnii... nobilis EYMONETA ALAMANDE
» ... de consensu & voluntate supradicti Duī Johannis Alamandi, Dñi Sechilline... appro-
» bando testamenta dictorum Dñi Guigonis Alamandi & Domine Anne de Castronovo paren-
» tum suorum & donationem factam per dictam Dominam Annam ejus condam matrem eidem
» Eymonete... dedit... & assignavit in dotem... ejusdem... dicta duo millia & quin-
» gentos florenos... sibi Eymonete... legatos per dictum Dominum Guigonem Alamandi..
» ejus quondam patrem & sexcies... donatos... per dictam Dnam Annam ejus quondam
» matrem exigendo & recuperando... à predicto nobili Johanne Alamandi, Dño Uriatici &
» Revelli, herede universali dicti Domini Guigonis Alamandi quondam,. Actum apud Uriaticum

DE LA MAISON DE BEAUMONT. 447

» ante Castrum dicti loci, presentibus nobilibus Guigone Raverii, Francisco Soffredi aliàs Ma-
» chera, Johanne Marchi, de Gronop", juniore; Bartholomeo filio Michaelis Falconis, habita-
» tore Uriatici; Guiocto Nobleti, de Puigrio in Sabaudia ; & Janino Lalier, Scutiffero dicti
» nobilis EYNARDI DE BELLOMONTE, testibus ad premissa vocatis. » . . . Et ego . . . supradictus Jacobus Berengarii, Clericus, habitator Goncellini, auctoritatibus imperiali & Dalphinali
publicus Notarius.... supradictum instrumentum.. per dictum *condam* Johannem Berengarii, seniorem, genitorem meum receptum... à papiris & prothocollis dicti mei genitoris
extrahi... & grossari feci, virtute supradictæ meæ commissionis.. ipsumque signo meo.
signavi...

A la fin de cet Acte est le Monogramme du Notaire.

ADDITION A LA PAGE 211, après l'Acte du 20 Mai 1562.

Arrêt du Parlement de Dauphiné, en faveur du BARON DES ADRETS.

Expédition délivrée le 2 Août 1776, par le Conseiller Secrétaire du Roi, Maison, Couronne de France & de ses Finances, Greffier en Chef de ce Parlement, signée, J. Borssel.

ENTRE MESSIRE FRANÇOIS DE BEAUMONT, Chevalier, Seigneur des Adrets, Demandeur en Requête tendante entre autres choses à ce qu'il luy soit rendu & restitué les papiers, armes, Chevaulx, deniers & autres meubles qui luy furent saisis lors & après qu'il fut constitué prisonnier à Valence, durant les troubles derniers, au mois de Janvier mille cinq cens soixante-trois pris à Noel, Demandeur ; Et Jehan *Barbalestier*, Seigneur de Beaufort, Antoine Mainssier, M^{es}. François Guilloud & Charles Meyssonat Deffendeurs d'autre ; Et entre ledit Mainssieur Demandeur en garantie pour le regard de ce que dessus d'autre part, & les Consuls, Manans & Habitans de Romans, Deffendeurs d'autre. Veu ladite Requête présentée par ledit DE BEAUMONT au sieur de Vieilleville, Maréchal de France, le dixieme Décembre mille cinq cens soixante-trois; autre Requête d'icelui à la Cour de céans, sur laquelle il est enjoint aux Huissiers d'icelle d'exécuter l'Ordonnance dudit sieur Maréchal ; les lettres à ces fins; les exploits des ajournemens faits à certains qui estoient du prétendu Conseil Politique établi à Valence durant les troubles derniers; Requête dudit de Beaumont du vingt-septieme Janvier mille cinq cens soixante-quatre, sur laquelle certains des Conseillers de ladite Cour *est* commis pour ouir les Parties, former & instruire le Procès, le régler & appointer en droit.... La demande libellée dudit Demandeur, commençant Messire François, communiquée le vingt-deux Janvier mille cinq cens soixante-trois à Noel, par laquelle, outre les fins & conclusions de sa Requête fondamentale, il requiert serment de plaid pour raison des choses omises en l'inventaire des biens à luy saisis; icelui inventaire fait par Antoine de Sales, soit-disant Juge de Valence & Commissaire en cette partie, Député par ceux de la guerre & Conseil Politique du Pays de Daulphiné, dattée du quatorzieme Janvier mille cinq cens soixante-deux, & signée Antoine de Salles Commissaire, expédiée par Bressure. Extrait dudit Conseil, contenant les noms de ceux qui furent commis par ledit Conseil Politique signé Perrocon; autre Extrait desdits Registres, contenant l'Ordonnance dudit Conseil, tant de la guerre que politique, par lequel il est (dit) que le sieur de Changy remettra la somme de quatre mille livres tournois par luy rapportées du pays de Languedoc, pour les Arrêts de l'accord fait avec ceux dudit Languedoc par ledit sieur de Changy, entre les mains dudit Aniel, Receveur-général dudit pays, datée du onzieme jour du mois de Janvier mille cinq cens soixante-trois, signé, Terrocy. Autre Extrait des Registres dudit Conseil, contenant Ordonnance que la somme de deux mille trois cens onze livres dix sept sols six deniers tournois, trouvés dans les coffres dudit sieur DES ADRETS & remise entre les mains dudit sieur de Changy, sera remise & baillée entre les mains dudit Messire Aniel, Receveur-général, pour être envoyée à Romans pour le payement des gens de guerre étans à présent audit lieu, moyennant aquits que ledit sieur de Changy tiendra dudit Aniel ; fait à Valence audit Conseil, le mercredy treizieme jour de Janvier, l'an mille cinq cens soixante-quatre, & au-dessoubs la certification de Besanton, comme de ladite somme les six cens livres tournois ou environ, appartenoient audit Aniel, & le reste au sieur DES ADRETS. Certification du sieur de Changy, comme par commandement dudit sieur DES ADRETS il étoit allé quérir en Languedoc quatre mille livres, lesquelles les Députés dudit pays de Languedoc lui baillarent pour délivrer audit sieur DES ADRETS par accord entre eux, laquelle somme néanmoins ils auroient mis entre les mains dudit Aniel, par commandement dudit Conseil Politique daté du vingt-six octobre mille cinq cens cinquante-cinq*... Certaine Requête présentée audit sieur de Vieilleville, par Messire Félix Bourjac, Sénéchal du Valentinois, aux fins d'être déchargé de la poursuite contre luy faite par ledit sieur DES ADRETS, pour remettre les informations & procédures contre luy prises; Coppie de l'inventaire desdites procédures avec le récépissé d'icelles signé Crussol; les inventaires desdites Parties ; l'Arrêt donné par la Cour le vingt-quatrieme

21 Mal.
1565.

* Erreur de date.

jour du mois de Mars mille cinq cens soixante-quatre, entre ledit de Beaumont d'une part, & lesdits Deffendeurs & autres y nommés d'autre; par lequel entre autres choses sans préjudice des fins de non-recevoir & autres proposées respectivement par les Deffendeurs, & sauf après à y faire droit par ordre, il est ordonné que iceux Deffendeurs réponderont & contesteront chacun pour son regard sur les faits dudit demandeur, & à iceux bailleront exception dans le premier jour après Quasimodo, aultrement forclos; & ayant égard à la décharge dudit Bourjac, que commandement sera fait & à tous autres qu'il appartiendra, d'apporter ou envoyer les charges & INFORMATIONS & procédures faites contre iceluy de Beaumont, tant pour raison de son emprisonnement, que de la saisie & séquestration de ses biens, pour être fait droit aux parties comme de raison; . . . Certain extrait des Registres dudit Conseil Politique, contenant les Ordonnances d'iceluy & de celuy de la guerre, touchant les saisies, séquestrations des biens dudit de Beaumont, sur laquelle il est dit qu'après avoir vu la réponse de Fornet, Procureur desdits Buillioud, Arbalestier & Meyssonant, nonobstant iceluy, luy est enjoint de rendre dans quinzaine pour tout délai, aultrement forclos, & seroient mises les pièces pardevers ledit Conseiller, pour y être fait droit, sans préjudice des fins de non-recevoir prétendues par ledit Fornet ; . . Requête dudit sieur des Adrets audit sieur Maréchal, sur laquelle est enjoint aux Consuls des Villes, & à tous autres qu'il appartiendra, venir pardevant ledit sieur Maréchal, ou des Conseillers & Commissaires Députés pour l'exécution des Edits de la paix, pardevant ceux qui seront députés pour ouir les comptes des déniers levés pour le fait des guerres civiles pour déclarer qu'elles preuves ils ont; . . . Les Lettres de la Cour sur ladite Requête ; l'exploit d'icelles aux Consuls de Saint-Marcellin, des Communes, Villaiges, de Valence, de Montelimart, de Crest, de Dye ; certification & déclaration dudit Aniel, pour raison desdites sommes de quatre mille livres d'une part, & deux mille trois cens onze livres dix-sept sols six deniers d'autre, du douzième Avril mille cinq cens soixante-cinq. . . LA COUR, sans avoir égard aux fins de non-recevoir proposées respectivement par les Deffendeurs, en entérinant quant à ce la Requête dudit de Beaumont, Demandeur, condamne iceux Deffendeurs à luy rendre dans deux mois la somme de deux mille trois cens onze livres dix-sept sols six deniers tournois, contenue en l'Extrait des Registres dudit prétendu Conseil Politique, daté du onzième Janvier mille cinq cent soixante-trois, detraict de laditte somme de cinq cens quatre vingts-trois livres onze sols six deniers tournois que Messire Claude Aniel a certifié luy appartenir & estre de sa recette, & dont est fait mention en la déclaration de Besanson, mise au-dessoubs dudit exttrait; & quant à la somme de quatre mille livres tournois, contenue en autre Arrêt, extrait desdits Registres du treizième jour dudit mois, les parties sont appointées contraires feront leurs Enquêtes de huitaine en huitaine, preuves & enquêtes sur iceux dans deux mois, par les Commissaires dont elles conclurront dans trois jours, autrement le délay passé, par ceux qui seront par ladite Cour députés, & communiqueront respectivement les Procès-verbaux de leurs Enquêtes dans la huitaine après, & dans autre huitaine diront causes si aucunes auront pour empêcher la réception desdites Enquêtes, passé laquelle huitaine seront icelles reçues, bailleront lesdites parties reproches & salvations dans le temps de l'Ordonnance, & le délay passé sont les Enquêtes publiées & en endroit, & néanmoins par provision, sans préjudice du droit des Parties au principal, condamne iceulx Deffendeurs à consigner semblablement dans deux mois icelle somme de quatre mille livres entre les mains dudit de Beaumont, en baillant par luy bonne & suffisante caution de rétablir ladite somme s'il est dit en fin de cause, détrait toutefois ce qui se trouvera avoir été délivré desdites sommes susdites par mandement ou de consentement dudit de Beaumont, & sauf aux Deffendeurs se pourvoir au contraire iceluy de de Beaumont en la reddition du compte par luy offert; Et pour le regard des papiers, armes, chevaux & autres meubles saisis & séquestrés par Ordonnance de ceux dudit Conseil Politique, ladite Cour condamne lesdits Deffendeurs à en faire rendre compte, & prêter le reliquat au Demandeur ; Et si lesdites choses ne seront en nature payent la légitime valeur d'icelles, excepté de ce qui se trouvera avoir été délivré par son consentement, ou autrement luy aura été rendu, pour raison de quoy il se purgera par serment, sauf aux Deffendeurs d'informer au contraire, & avant que faire droit sur le serment de plaid requis par ledit de Beaumont, ordonne qu'il baillera par déclaration les choses qu'il prétend avoir été omises & mettra en l'inventaire & soutiendra, & à icelle déclaration sera répondu par les Deffendeurs dans la quinzaine après; Et les Parties demeureront contraires elles en iront prendre l'Appellant au Greffe avec réglement de tous les délais requis en la cause ; sauf aux Deffendeurs leurs recours pour le regard de toutes les choses susdites, contre les autres Ordonnateurs & autres qu'ils verront être à faire, & à iceux leurs deffenses au contraire ; & quant à la garantie prétendue par iceluy de Manissieu, la Cour en a absout & relaxé lesdits Consuls, Manans & Habitans de Romans, le tout sans dépens. Fait le vingt-uniéme May mille cinq cens soixante-cinq.

ADDITION

DE LA MAISON DE BEAUMONT.

Acte de la remise de la personne du BARON DES ADRETS, entre les mains des Gens de M. de Mandelot, Gouverneur de Lyon.

Original en papier aux Archives du Château de Laval en Dauphiné, appartenant à S. A. S. Mgr. le Duc de Bourbon.

COMME ainsi soyt que Messire FRANÇOYS DE BEAUMONT, sieur & Baron DES ADRÈS,   19 Juillet 1570.
Chevalier de l'Ordre du Roy, soyt esté constitué prisonnier par Monseigneur de Gordes, Chevalier de l'Ordre du Roy, Gouverneur & Lieutenant-Général en l'absence de Monseigneur le Prince Daulphin, par authorité de Sa Majesté, remys & baillé en garde entre les mains de Messire Gabriel de Morges, Seigneur de la Mote-Verdoyer, aussi Chevalier de l'Ordre du Roy, Gouverneur de Grenoble & Bailliage de Graisivaudan, par provision & jusques autrement feust ordonné, & que despuys du quattorziesme de Julliet mil cinq cens septante, ledit sieur de Gordes eust escript & mandé audit sieur de la Motte de conduire ledit sieur DES ADRÈS jusques à la Coste sainct-André & illec le remettre entre les mains de Monseigneur de Mandelot, aussi Chevalier de l'Ordre du Roy, & Gouverneur pour Sa Majesté au Lionnoys en l'absence de Monseigneur le Prince Dennemours, ou bien à autre ou autres que de la part dudit sieur de Mandellot seront envoyez & que du dix-huictiesme dudit moys de Jullier au soir ledit sieur de la Motte, accompagné du sieur de Veanne, Mareschal de la Compagnie dudit sieur de Gordes & plusieurs autres Gentilshommes de ladite Compagnie & d'environ cinquante ou soixante autres chevaulx de son Gouvernement, seroyt venu audit conduict & mené ledit sieur DES ADRÈS & illec auroÿt receu Lettres missives dudit sieur de Mandellot, dattées à Lyon le dix-septiesme dudit moys de Julliet, par laquelle il escript audit sieur de la Motte qu'il aye à remettre ledit sieur DES ADRÈS entre les mains des Capitaines Poujol, Ensegne de la Compagnie du sieur Alphonce d'Est, Navalles, Lieutenant des Gardes de mondit sieur Dennemours & Apvril, Capitaine des Suisses entretenus dans la Ville de Lyon, ainsi que ledit sieur de la Motte a dict apparoir par lesdites Lettres missives estans vers luy, mesmement de le remettre entre les mains dudit Capitaine Navalles qui s'an chargeroyt pourveu qu'il feust demy lieu hors ledit lieu de la Coste du costé de Lyon. Or est-il que ce jourd'huy dix neufviesme jour du moys de Julliet mil cinq cens soixante & dix, à Semons en la maison de Noble Jacques de Clavoyson, appellée la Maison-Forte de Semons, distant d'une grand lieu de la Coste du costé de Lyon, en la présence desdictz de Veanne, des sieurs de Galliffet, de Chapponey & de Chappottieres & autres illec estans & de nous Notaires soubsignez, ledit sieur de la Motte a remys entre les mains desdictz Poujol, Navalles & Apvril, Capitaines susdictz, ledit sieur DES ADRÈS, qui s'an sont chargez & promis par leurs foy & serement entre noz mains presté sur les Sainctz Evangilles de Dieu, & icelluy conduyre, randre & mener en toutte asseuran dans ladite Ville de Lyon, & entre les mains dudit sieur de Mandellot en toutte diligence & ce avec les promesses, soubmissions & autres clauses requises & nécessaires: Desquelles choses susdictes ledit sieur de la Motte a requis actez luy estre faictz par moy Jehan de Lisle, Notaire Roial soubsigné, entre les mains duquel ladicte note demeure, qui luy ont esté octroyez; faict où & présence que dessus & se sont soubsignez, ainsi signez Poujol, Navalles, Apvril, A. Veanne, de Chappottieres, Galiffer & de nous & de noz Adrian Baron & Jehan de Lisle, Notaires Roiaulx soubsignez requis de la part dudit sieur de la Motte-Verdoyer: de Lisle, Notaire; Baron, Notaire.

« Extrait de son propre original ou vraiement de l'Expédiction qu'en a esté fete au susdit
» sieur de la Motte par moy Sébastien Narcie, Notaire Roial Dalphinal dudit Grenoble; icelluy
» original de la part dudit sieur de Verdoyer pour ce faire, exhibé & depuys à soy retiré; deue
» collation fete à sondit original, combien que d'aultre main par ung myen féal Coadjucteur
» soyt escript; en foy & tesmogniage de quoy, je Notaire susnommé me suys cy soubsigné &
» le tout audit sieur de Verdoyer expédié le 26.e jour de Julliet l'an mil cinq cens septante.
» (Signé,) NARCIE. »

Et au dos est écrit d'un caractere du temps: Descharge de la délivrance faicte de M. DES ADRES ès mains des Gens de M. de Mandelot, le 19.e Juillet 1570.

Lettre du Roi Charles IX, au BARON DES ADRETS.

Original en papier aux Archives du Château de Laval en Dauphiné.

MONS.r DES ADRÈS, ayant entendu le bon & grand debvoir que vous avez faict depuis que les   18 Juillet 1573.
affaires sont du costé de delà, & que vous continuez par chacun jour pour mon service auprès du sieur de Gordes, mon Lieutenant-Général, je ne vous veulx pas celer le contantement que j'en ay, en vous priant de ne vous lasser, mais de continuer en la mesme affection que vous avez faict jusques icy, estant asseuré que selon les occasions qui se présenteront pour votre advancement, je vous feray par effect paroistre le desir que j'y ay, de maniere que vous aurez aussi de votre costé toute occasion de demeurer contant de moy, priant Dieu Mons.r des Adrès vous avoir en sa saincte & digne garde. Escrit à Gaillon le 18.e jour de Juillet 1573. (Signé,) CHARLES (& plus bas,) DE NEUFVILLE.
(*La suscription est*) à MONS. DES ADRÈS, CHEVALIER DE MON ORDRE.

ADDITION A LA PAGE 281, après l'acte du 24 Janvier 1343.

Echange entre le Dauphin Humbert II & Amblard (Ier) de Beaumont, Chevalier, du Château de Montfort pour celui de Mirol, &c.

Copie faite vers 1520, signée, SAVOYATI & LYONNE, & inférée dans le Regiftre cotté: VIALETTY, fol. 315=324. Ce Regiftre conferé aux Archives du Château de Baynac, en Périgord.

Ann. 1343. 17 Août.

IN NOMINE Domini amen; neverint univerfi quod anno ejufdem Domini millefimo tercentefimo quadragefimo tertio... die decima feptima menfis Augufti... in prefentia noftrum Notariorum, & teftium infra fcriptorum, conftituti perfonaliter propter ea que fequntur Illuftris Princeps Dominus Humbertus Dalphinus Viennenfis, ex una parte & nobilis vir Dominus AMBLARDUS DOMINUS BELLIMONTIS, & Mirollii, Miles, ex parte aliâ. Cum de queftione que vertebatur, inter dictum Dominum noftrum Dalphinum ex unâ parte, & magnificum virum Dominum Ludovicum de Pictaviâ, Comitem Valentie & Dienfis ex alterâ, fuper bonis & hereditate Domini Guichardi Domini Clariaci condam, & fuper totâ Baroniâ Clariaci, quam dictus Dominus Ludovicus dicebat ad eum pertinere, fint ipfe partes in via tranfactionis amicabilis & concordie, de Baronia, terra & hereditate predictis, dictusque Dominus Dalphinus, in tranfactione & concordia hujufmodi proponat, & intendat, ut dicit, dare & tradere dicto Domino Ludovico, pro fe & fuis, dictum Caftrum Domini AMBLARDI, Mirolli, cum juribus & pertinentiis ejufdem, in recompenfationem Caftri Ruppis de Clivo & aliarum rerum que ipfi Domino Dalphino & fuis, de dictis terrâ & hereditate Clariaci, in tranfactione predictâ remanebunt; propterea velit etiam ipfe Dominus Dalphinus, titulo permutationis, habere ad manus fuas, & retinere Caftra & Domus Fortes Baftide-Jayffani, Mote-Galabri, & Parrochias de Reculay & de Fayno, cum eorum Mandamentis, hominibus... que funt Domini AMBLARDI fupradicti, & etiam redditus & terram, quam idem Dominus AMBLARDUS habet in mandamento Morafii; cupiens idem Dominus Dalphinus, cum prefato Domino AMBLARDO, permutationem facere, & excaimbium fibi reddere de predictis, que habere vult ab ipfo Domino AMBLARDO, ut prefertur. Hinc eft quod dictus Dominus Dalphinus, pro fe & fuis heredibus & fucceforibus, eidem Domino AMBLARDO prefenti pro fe & fuis heredibus & fucceforibus, ex causâ verè & irrevocabilis permutationis, dedit... Caftrum Montisfortis in Grayfivodano, cum mero, mixto imperio, & omnimoda jurifdictione, cum itineribus... Dominiis, feudis... cenfibus... mandamento & pertinentiis ipfius Caftri Montisfortis quibufcumque; retentis per dictum Dominum Dalphinum regaliis in viis publicis, & hiis que fub jure regalium continentur; attamen in ipfis viis, ex pacto convento & expreffo in prefenti permutatione, & contractu, dictus Dominus AMBLARDUS & fui heredes & fucceffores etiam habeant punitionem omnimodam fuorum hominum quorumcumque; Et versa vice dictus Dominus AMBLARDUS fciens & fpontaneus, pro fe, fuifque heredibus & fucceforibus, eidem Domino Dalphino... dedit... & conceffit, pro permutatione & excambio predicti Caftri Montisfortis, ipfa Caftra predicta Mirollii, Baftide-Jeyffani & Monte Galabri, cum mero, mixto imperio, & alta jurifdictione, & cum hominibus... cenfibus... mandamentis... molendinis, & cum Parrochiis de Reculay & de Fayno cum pertinentiis earumdem, una cum redditibus quos idem Dominus AMBLARDUS habet in mandamento Morafii.... Hoc acto, & in pactum expreffe deducto, inter dictas partes .. quod fi dictum Caftrum Montisfortis, una cum ejus juribus & pertinentiis, non valeat tantum, quantum Caftra predicta, cum fuis juribus, & pertinentiis permutata & tradita, per dictum Dominum AMBLARDUM, quod illud minus quod valeret, idem Dominus Dalphinus... eidem Domino AMBLARDO... dare... & affetare teneatur in locis propinquioribus dicto Caftro Montisfortis & BELLIMONTIS; videlicet in Caftellaniis Buxerie, Avalonis, Montisbonodi, Alavardi & Moreftelli, hâc formâ videlicet quod jurifdictio, homines... ceteraque emolumenta dictorum Caftrorum, Parrochiarum cum fuis pertinentiis, ac omnium traditorum, hinc inde, debeant eftimari, & factâ eftimatione legali, illud quod eidem Domino AMBLARDO defficiet in dicto Caftro & mandamento Montisfortis idem Dominus Dalphinus in predictis Caftellaniis in redditibus planis, abfque jurifdictione, cum tamen directo Dominio ipforum reddituum eidem Domino AMBLARDO dare, affetare & reddere teneatur. Conftituentes fe dictæ partes, dictas res permutatas... precario nomine, poffidere vel quafi, donec ipfarum... quælibet partium, poffeffionem vel quafi acceperit corporalem.. deveftientes fe dictæ partes de predictis rebus permutatis... per traditionem anuli dicti Domini Dalphini; videlicet tradendo unus alteri... Hoc etiam acto, inter dictas partes pacto folempni... quod dictus Dominus Dalphinus debeat facere... quod Dominus Vallis-Bonneyfii, de cujus feudo Caftrum Mirollii, ut dicitur tenetur huic permutatione confentiat, & ipfam approbabit, & recompenfationem feudi faciet eidem Domino Vallis-Bonneyfii, taliter quod dictus Dominus Vallis-Bonneyfii inde debeat contentari... promifit etiam dictus

DE LA MAISON DE BEAUMONT. 451

Dominus Dalphinus... curaturum cum effectu quod illustris Domina Domina Maria de Baucio, Dalphina Viennensis, consors ejusdem Domini nostri Dalphini, predictæ permutationi consentiet... & promittet quod nunquam per se...Contraveniet...Convento... per dictum Dominum Dalphinum, quod dictus Dominus AMBLARDUS.. dictum Castrum Montisfortis.. in feudum & de feudo reddibili dicti Domini Dalphini, heredum & successorum suorum, sub homagio, quo alias tenetur eidem Domino Dalphino teneat & etiam recognoscat in augmentum feudi Bellimontis, & quod in mutatione Domini & Vassali, Vexillum Dalphinale supra dictum Castrum Montisfortis ponatur, & teneatur in signum Dominii, tribus diebus, qualiber vice. Habeat tamen hoc feudum, naturam feudi paterni, nobilis & antiqui, prout habet feudum BELLIMONTIS prædicti... Quibus ita factis, Dominus AMBLARDUS.. recognoscens se tenere... de feudo reddibili dicti Domini Dalphini, & in augmentum feudi dicti Castri *Montisfortis*... ita tamen quod dictum feudum... habeat (naturam) feudi paterni, nobilis & antiqui, prout haber... feudum Bellimontis, fecit & prestitit homagium ligium de persona, ad quod alias tenebatur, dicto Domino Dalphino presenti... stando pedes, complosis suis manibus inter manus dicti Domini Dalphini & intervenienti oris osculo inter eos, in signum fidelitatis, ut est moris... Acta fuerunt hec apud Viennam in Monasterio Abbatie Sancti Petri foris portani presentibus Reverendis in Christo Patribus Dominis P. Clarom.* & Jo. Dei gratia Gratianopolis Episcopo, magnifficis & potentibus viris Dominis Ludovico de Pictaviâ, Comite Vallentie & Diensis, & Humberto Domino de Villariis, Guilliermo Flote, Domino Revelli, *Chan*cellario Francie, Humberto de Choulay, Domino Tullini, Amedeo de Rossillione, Condomino Bochagii, Francisco de Theysio, Domino Thoranne, Militibus; Jacobo Brunerii, *Chancellario Dalphinatus*, Johanne de Alta-Villa legum doctoribus, & Reymundo Falavelli, Francisco de Cagino & Gerio de Ymola; juris-peritis, pluribusque aliis vocatis testibus ad premissa; & ego Guigo Frumenti, de Gratianopoli publicus apostolica, imperiali, Domini Francorum Regis, & Dalphinali autoritatibus Notarius, premissis... inter Dominum Dalphinum & Dominum Amblardum.. personaliter interfui. Ego vero Johannes Amandrini, de Gratianopoli, Notarius Imperiali, Domini Francorum Regis & Dalphinali auctoritatibus publicis, premissis omnibus... unâ cum dicto Guigone, connotario meo... hic me manu propria subscripsi, & signo meo publico & consueto... signavi fideliter.. « Hujusmodi copia fuit a suo proprio originali » extracta & cum illo collationata per nos clericos subscriptos. (*Signé*,) SAVOYATI & LYONNE.

Lettres du Roi Charles V, confirmatives de celles du Dauphin Humbert II, du 23 Août 1343, pour faire l'assiette de ce qu'il devoit à Amblard (I) de Beaumont, Chevalier, en conséquence de l'échange fait avec lui le 17 du même mois.

Copie faite vers 1520, signée DARELLI, *& insérée dans le Registre coté :* VIALETTY, *fol. 241=255. Ce Registre conservé aux Archives du Château de Baynac, en Périgord.*

CAROLUS Dei gratiâ Francorum Rex, Dalphinus Viennensis notum facimus.. nos (vidisse) quoddam instrumentum publicum per carissimum consanguineum nostrum Humbertum antiquiorem Dalphinum Viennensem concessum, non vitiatum, non cancellatum, non corruptum, nec in aliqua sui parte suspectum... continentie subsequentis.   Ann. 1366. dernier Octobre.

« In nomine Domini amen; anno Nativitatis Domini millesimo tercentesimo quadragesimo » tertio... die decima mensis Octobris coram me Notario... noverint universi & singuli » quod nobilis & potens vir Dominus AMBLARDUS BELLIMONTIS, Dominus, Miles & legum » Professor exhibuit & presentavit venerabilibus & discretis viris Domino Petro Durandi, » jurisperito, & Jacobo de Dya dicto Lappo, Compotorum Dalphinalium Auditoribus ac Com- » missariis, ad infrascripta specialiter deputatis per excellentissimum & magnificum princi- » pem Dominum nostrum Humbertum Dalphinum Viennensem, quasdam patentes » litteras in pargamino scriptas a dicto Domino nostro Dalphino emanatas .. per me Notarium » infrascriptum legi & publicari... fieri publica instrumenta... & requirens ipse Dominus » Amblardus, contenta in dictis litteris, prout Dominus noster Dalphinus mandat, per dictos » Commissarios debite observari ; quarumquidem litterarum tenor ... sequitur in hec verba » & primo tenor littere in pargamino scripte talis est :   Ann. 1343. 10 Octobre.

»» Humbertus Dalphinus Viennensis... dilectis fidelibus nostris Dominis Francisco de Re- »»» vello, Militi, Petro Durandi jurisperito & Jacobo de Dyo, dicto Lappo, Auditoribus Com- »»» potorum Dalphinalium. Salutem. Cum nuper permutationis titulo habere voluerimus à »»» Domino AMBLARDO DOMINO DE BELLOMONTE, nostro Consilliario & Secretario fideli, »»» Castra sua Mirolii, Bastide-Jayslani, More-Galabri & Parrochias de *Yrculays*, & de *Faymo*, »»» cum mandamentis, territoriis, hominibus, homagiis, feudis, retrofeudis, redditibus, »»» proventibus & pertinentiis, & aliis juribus quibuscumque ipsorum Castrorum; & cum »»» mero, mixto imperio, & jurisdictione omnimoda una cum redditibus quos idem Dominus   Ann. 1343. 23 Août.

L ll ij

„„ Amblardus habebat in Castellaniâ Morasii ; & propterea in excambium & recompensa-
„„ tionem predictorum, eidem Domino Amblardo tradidimus, & concessimus Castrum Mon-
„„ tisfortis in Graysivodano, cum mandamentis & territoriis, hominibus, homagiis, feudis,
„„ retrofeudis, proventibus & pertinentiis, aliisque juribus quibuscumque predicti Castri Mon-
„„ tisfortis in ipso Castro Montisfortis, cum predictis suis pertinentiis, semper de feudo
„„ nostro reddibili remanente, subjunctâ conditione per nos concessâ, & promissâ quod factâ
„„ vetâ & legali estimatione de valoribus dicti Castri Montisfortis, & omnium rerum &
„„ pertinentiarum dicti Castri Montisfortis. . . . . . . supplere ipsi Domino Am-
„„ blardo & assignare debeamus in Castellaniis Buxerie, Avalonis, Alavardi, Morestelli &
„„ Montis-Bonodi, in redditibus planis. Propterea cum nuper etiam in transactione & con-
„„ cordia quam facere volumus amicabiliter cum dilecto, fideli & consanguineo nostro Do-
„„ mino Ludovico de Pictavia, Comite Valentinensi & Dyensi, sibi reddidimus Baroniam atque
„„ Castrum Clayriaci & de Chantamerlo, cum eorum mandamentis, juribus, & pertinentiis
„„ universis, in modo & forma quibus Dominus Guichardus Dominus Clayriaci quondam ea
„„ tenebat, tempore mortis sue ; remanentibus tamen nobis & nostris, directis de dicto man-
„„ damento Clayriaci, Villa de Monteux, Molari de Bellmon, & aliqua parte territorii, latiùs,
„„ in transactione eâdem declaratâ nobisque virtute hujusmodi transactionis, perpetuo rema-
„„ nente Castro Ruppis de Clivo cum suis juribus, mandamento, pertinentiis universis, in
„„ cujus Castri de Ruppe recompensacionem, ipsi Domino Ludovico Comiti tradidimus &
„„ concessimus Castrum supradictum de Mirolio, cum suis juribus & pertinentiis universis,
„„ conditione adjectâ, quod si plus valet vel reddat in annuo valore predictum Castrum de
„„ Ruppe cum portu de Confolenx, & pedagio de Charamancen, redditibus, aliis juribus
„„ ejusdem Castri quod valeat vel reddat in annuo valore, predictum Castrum de Mirolio,
„„ cum suis pertinentiis, excluso tamen pedagio Ruppis per aquam, alibi in loco propinquiori
„„ dicto Castro Mirolii, ubi comodiùs fieri poterit, illud quod defficiet, supplere & assignare
„„ debemus, dicto Domino Ludovico in redditibus & jurisdictione meri & mixti imperii, &
„„ ecconverso si plus valeret vel redderet dictum Castrum Mirolii cum suis pertinentiis, quam
„„ dictum Castrum de Ruppe cum pertinentiis, illud plus reducatur de quantitate ipsi Domno
„„ Ludovico ut inferius sequitur, super pedagio sancti Albani assignandâ . . . . ; Hinc
„„ est quod nos confidentes de legalitate vestrâ, volumus & vobis committimus , . . quathe-
„„ nùs primo ad partes Graysivodani, deinde Viennensis, vos propterea personaliter trans-
„„ ferentes, vos informetis de valoribus dicti Castri Montisfortis & pertinentiarum suarum
„„ traditarum dicto Domino AMBLARDO, vocatis vobiscum Judice & Procuratore nostris
„„ Graysivodani, in hiis que pro predictis facere habebitis in Graysivodano ; posteà de valo-
„„ ribus Castrorum, Parrochiarum & reddituum predictorum per nos habitorum, à dicto
„„ Domino AMBLARDO, & etiam de valoribus Castri Ruppis, portus de Confolenx, & pedagii
„„ Charamangii, & etiam de valore pedagii Ruppis, sumendo informationem hujusmodi, de
„„ singulis Castris, suarumque pertinentiarum ad partem sufficientam & particularem, in
„„ scriptis redigendam ; deinde, dicto Domino AMBLARDO, primo predicta suppleatis & assi-
„„ gnetis in Castellaniis Buxerie, Avalonis, Morestelli, & Montisbonodi supradictis ; ut melius
„„ pro ipso & nobis videritis expedire etiam dicto Domino Ludovico assignationem faciatis que
„„ sibi facienda fuerit . . . Vobis in predictis omnibus & singulis faciendis . . . committimus
„„ plenarias vices nostras. Datum Vienne die XXIII.ª mensis Augusti anno Domini millesimo
„„ tercentesimo quadragesimo tertio per Dominum. MOLETI . . .
„ Summam assituatorum Domino AMBLARDO predicto noviter, rationibus quibus supra,
„ assituati fuerunt in aliis assituationibus centum trium solidorum octo denariorum cum obolo
„ bonorum Viennensium ; & sic restant adhuc Domino AMBLARDO predicto assituari quas plus
„ valent ea de quibus supra conquestus fuit, quam illa que de presenti fuerunt recompensata,
„ eidem decem solidos & duos denarios dicte monete . . . predicta autem omnia, universa
„ & singula supra tradita, assituata & assignata, per dictos Dominos Commissarios, dicto
„ Domino AMBLARDO, eidem assignaverunt ut supra dictum est. Retento in eisdem Do-
„ mino nostro Dalphino mero & mixto imperio dumtaxat excepto, in mandamento & districtu
„ Castri Montisfortis, in quo penitus nichil retinuerunt . . . mandantes . . . ex Dalphinali parte
„ & ex sua rogantes . . . omnibus . . . Castellanis modernis & futuris sub quorum jurisdictione
„ renementarii debentes census & servitia supradicta consistunt quathenùs . . compellant . . se
„ tenere de feudo & dominio ipsius Domini AMBLARDI suorumque heredum . . Acta fuerunt hec
„ anno inditione & die quibus supra Grationopoli . presentibus Johanquino de Magistro habita-
„ tore de Vapinco, Stephano Riberie habitatore de Serro & Francisco Mostardini de Crollis
„ testibus ad premissa vocatis specialiter & universis, Ego vero Hugo Moleti, de Gracionopol.,
„ imperiali auctoritate Notarius publicus & Domini nostri Dalphini Clericus & juratus. . . .
„ signavi. . .

Nos autem instrumentum suprascriptum . . . laudamus, ratificamus approbamus ; dilecto
& fideli Militi & Consiliario nostro Gubernatori dicti Dalphinatûs ceterisque justiciariis nostris
ipsius Dalphinatûs . . . dantes in mandatis quathenùs dictum AMBLARDUM, ejus heredes . . .
uti, frui, & gaudere faciant pacificè & quietè . . . quod ut firmum & stabile perpetuo perseveret in futurum nostrum presentibus litteris fecimus apponi sigillum. . Datum Rothomagi die
ultima mensis Octobris anno Domini millesimo tricentesimo sexagesimo sexto & regni nostri tertio.

Copia hujusmodi debitè per nos subsignatos collationata fuit à suo proprio originali extracta.
(*Signé*.) DARRELLI.

DE LA MAISON DE BEAUMONT. 453

ADDITION A LA PAGE 282, après l'Acte du 15 Avril 1345.

Hommage-lige rendu à Amblard Ier de Beaumont Chevalier, Seigneur de Beaumont, &c. par Noble Simon de la Croix.

Original en parchemin, conservé aux Archives du Château de Baynac, en Périgord.

Noverint universi... presentes pariter & futuri quod cum Guillelmus Clementis, Tabellio, morte preventus perficere non potuerit plures & diversas notas per ipsum receptas... idcirco ego Andreas Mayachii, Notarius publicus, ex commissione michi super hoc factâ per discretum virum Dominum Guillelmum Hemx, judicem Montisfortis, pro Domino dicti loci, quamdam notam per dictum Guillelmum, Notarium condam receptam & cancellatam & nundum in formam publicam redactam, levavi, grossavi, & in hanc formam publicam redegi nichil addito nichilque mutato propter quod facti substantia possit in aliquo variari, prout in protocollis ipsius Guillelmi, Notarii condam, inveni; cujusquidem note tenor talis est; « Anno Domini millesimo trecentesimo quadragesimo sexto, indictione decima quarta, die tertia mensis Maii, nobilis Symondus de Cruce, non deceptus, &c. *pro se & suis confessus fuit, &c*. se esse & esse velle & debere homo legius DOMINI AMBLARDI DOMINI BELLIMONTIS ET MONTISFORTIS, & omnes heredes & successores descendentes ab eodem, tali conditione ajectâ quod si unus filius descendens a dicto Symondo remaneat in Gebennensi, quod possit facere homagium unum legium vel plura, si faciebant eorum mansionem in Gebennensi seu alibi quod possint facere... unum vel plura homagia legia, ad eorum omnimodam voluntatem suam excepto uno homagio qui semper remaneat in homagio DICTI DOMINI AMBLARDI; quibus sic actis dictus Symondus fecit homagium legium dicto Domino, osculo pacis interveniente, pro se & suis heredibus atque successoribus, &c. » & dictus Dominus promisit bonâ fide dictum Symondetum degravaire ad suam voluntatem & cognitionem Morardi de Arciis. Actum apud Montemfortem juxta Curtile dicti Domini. Testes Hugo Guioneti, Codurerius, habitator Thoveti, Hugo Beysonis, Franciscus Motardini & Morardus de Arciis. » Ego vero Andreas Mayachii, supradictus auctoritate imperiali Notarius publicus, hoc presens publicum instrumentum... scripsi fideliter signoque meo consueto presignavi.

Ann. 1346.
3 Mai.

* Ces &c. sont dans l'original.

Au commencement de cet Acte, est le Monogramme du Notaire.

ADDITION A LA PAGE 289, après l'Acte du 16 Juillet 1351.

Hommage éventuel prêté à Amblard Ier de Beaumont, Chevalier, Seigneur de Beaumont, &c. par Jean de Commiers, Damoiseau.

Original en parchemin, conservé aux Archives du Château de Baynac, en Périgord.

IN NOMINE Domini Nostri Jesu Christi amen; noverint universi & singuli presentes & futuri quod anno ejusdem Domini millesimo trecentesimo quinquagesimo primo, indictione quarta, die penultimâ mensis Septembris, constituti propter ea que sequuntur in presentia mei Notarii & testium subscriptorum nobilis & potens vir Dominus A.* (1) ... BELLIMONTIS, Miles, ex una parte & Johannes de Comeriis, Domicellus, filius Domini Hugonis de * ... eriis, Militis, condam ex parte alterâ; cum dictus Dominus AMBLARDUS * ..... & assereret quod Drouetus de Intermontibus, Domicellus, Dominus de Thoveto eidem Domino AMBLARDO teneretur ad homagium ; pro quibusdam homagiis, hominum censibus, redditibus, deveriis & aliis bonis, & juribus que & quos habet & possidet ipse Drouetus in Parrochiis Thoveti, Sancti Vincentii de Malcusâ & sancti Michaelis & alibi in mandamento Castri .... AMBLARDI BELLIMONTIS predicti & hoc virtute cujusdam donationis dudum prefato Domino AMBLARDO pro se & suis heredibus & successoribus ut dicebat factæ per Reverendum in Christo patrem Dominum Umbertum Dalphinum Viennensem antiquiorem, nunc Patriarcham Alexandrie, & per illustrem Principem Dominum Karolum Francorum Regis primogenitum, Dalphinum Viennensem * ..... ate, prout in eotum litteris concessis exinde dicto Domino AMBLARDO dicitur latiùs contineri; dictusque Johannes de Comeriis diceret etiam quod ipse sperabat & adhuc sperat quod ex * ... affectione & amore quos habent ad invicem, inter eumdem

Ann. 1351.
29 Septemb.

(1) Cet endroit & les autres marqués d'une * sont emportés par vétusté dans l'original.

Johannem & prenominatum Drouetum, eidem Johanni in toto vel in parte evenient dicta homagia hominum, censûs, redditus... jura, pro quibus dictus Drouetus dictum homagium debere dicitur prefato Domino AMBLARDO. Hinc est quod dictus Johannes, non deceptus, non cohactus... pro predictis homagiis, censibus, redditibus & aliis bonis & juribus quibusdam, dicti Droueti qui & que ad eumdem Johannem evenient & evenire poterunt quomodolibet in futurum, fecit & prestitit homagium *.. BLARDO presenti, stipulanti & recipienti.. & successoribus, qui pro tempore fuerunt Domini dicti Castri sui BELLIMONTIS, stando pedes, junctis & complosis manibus suis inter manus dicti Domini AMBLARDI & interveniente oris osculo inter eos in signum fidelitatis, perpetuique federis & amoris; promittens dictus Johannes & jurans... quod ipse erit perpetuo bonus & fidelis Vassallus pro predictis dicto Domino AMBLARDO, & successoribus suis Dominis dicti Castri sui BELLIMONTIS... & pro eis faciet, servabit, conplebit & attendet ea omnia & singula que in sex capitulis que sunt, incolume, tutum, honestum, utile, facile & possibile, & in aliis *... de formâ fidelitatis novâ & veteri continentur. Dictus vero Dominus AMBLARDUS sciens & spontaneus promisit dicto Johanni & supra sanctâ Dei Euvangelia juravit quod ipse poss *.. bonâ fide juvabit eumdem Johannem cum effectu erga predictum Drouetum ad habendum & obtinendum homagia hominum, censûs, redditus, bona & jura predicta pro quibus eidem Domino AMBLARDO, idem Johannes fecit homagium supradictum; & fuit actum & in pactum expresse deductum inter partes predictas, & per dictum Johannem de Comeriis *.. & promissum sub juramento predicto per eum prestito, quod statim & incontinenti quando homagia, censûs, redditus & jura predicta pro quibus dictum fecit homagium *.. ejus manum pervenerint, ea omnia & singula recognoscet tenere in feudum & homagium à dicto Domino AMBLARDO, & successoribus suis Dominis dicti loci Bellimontis, dictumque homagium renovabit eò tunc & de novo faciet predicto Domino AMBLARDO, seu heredibus aut successoribus suis, qui Domini fuerint dicti CASTRI BELLIMONTIS; de quibus omnibus dicti Dominus AMBLARDUS & Johannes petierunt & requisiverunt sibi & eorum cuilibet fieri per me Notarium infrascriptum, tot quod habere voluerint publica instrumenta. Acta fuerunt hec apud Gracionopolim, infra Ecclesiam Beate Marie dicti loci, presentibus nobilibus viris Dominis Aynardo de Bellacomba & Guigone de Comeriis, Militibus, vocatis & rogatis testibus ad premissa. Ego vero Franciscus Bermundi de sancto Theoffredo, Ebredunensis Diocesis, Imperiali auctoritate Notarius publicus premissis omnibus unà cum dictis testibus interfui; hoc inde instrumentum publicum requisitus recepi & notavi & in hanc formam publicam manu propriâ redegi; hic etiam me subscripsi & signum meum in principio mee presentis subscriptionis apposui consuetum.

A la fin de cet Acte, est le Monogramme du Notaire.

ADDITION A LA PAGE 309, avant l'Acte du 5 Septemb. 1380.

Lettre du Roi Charles V, Dauphin, pour faire rétablir les Forteresses d'Aymar Sire de Beaumont, Chevalier, avec l'ordre du Gouverneur de Dauphiné, pour faire mettre ces Lettres à exécution.

Original en parchemin, conservé aux Archives du Château de Baynac, en Périgord.

Ann. 1377. 3 Mars.

CAROLUS Dominus de Bovillâ, Gubernator Dalphinatûs, dilectis nostris Castellanis Montisbonodi, Buxetie, Avalonis, Alavardi, Morestelli, & ceteris qui super hoc fuerint requisiti, vel eorum Locatenentibus, salutem & litteras serenissimi Principis Domini Karoli Dei gratiâ Francorum Regis & Dalphini Viennensis ejus sigillo Dalphinatûs cerâ rubeâ inpendenti sigillatas nobis exhibitas & oblatas reverenter recepimus, formam que sequitur continentes :
« Charles, par la grace de Dieu, Roy de France & Dalphin de Viennois, au Gouverneur
» à tous nos autres Justiciers & Officiers de nôtredit Dalphiné ou à leurs Lieuxtenans, salut ;
» comme vous Gouverneur ayés nagaire par délibération de nostre Conseil fait certaine Orde-
» nance & Déclaration sur le fait des Fortifications & réparations nécessaires à faire ès Villes
» Chasteaux & Fortaressez estans en nostredit Dalphiné, si comme en vos Lettres sur ce faites
» len dit icelle Ordenance & Déclaration estre a plain contenue, & de la partie de notre amé
» & féal Chevalier, AYMAR SIRE DE BEAUMONT, nous ait esté exposé que ladite Orde-
» nance & Déclaration est bien necessaire d'estre tenue & gardée en plusieurs lieux de nostre
» dit Dalphiné, là où icelluy Chevalier a plusieurs Forteresses, en nous suppliant que sur ce
» lui veuillons pourveoir; Nous vous mandons & enjoignons estroictement & à chascun de
» vous, si comme a lui appartiendra que les Lettres dessusdites avecques l'Ordenance & Dé-
» claration & autres choses contenues en ycelles en tant qu'il touche ledit Chevalier & ses

DE LA MAISON DE BEAUMONT. 455

» dites Forteresses, vous enterinés & accomplissés ou faites enteriner & acomplir de point en
» point, telement que par deffaut de ce, péril, dommage ou inconvénient ne s'en ensuive
» à nous, ne à nos subgez de nostredit Dalphiné. Donné à Paris, le troisieme jour de Mars,
» l'an de grace mil trois cens soixante dix & sept, & de notre regne le quatorzieme. » Et
erant dicte littere sic signate : *par le Roy Dauphin à la relation du Conseil*, J. DE REMIS.
Quarum auctoritate litterarum vobis & vestrum cuilibet, harum serie prevenimus, committimus & mandamus quathenùs ordinationes & declarationes nostras factas super fortificationi-
bus & clausuris predictis observetis integriter & observari ac fieri faciatis & omnia in dictis
litteris contenta exequamini cum effectu juxta dictarum ordinacionum seriem & tenorem.
Datum Gracionopoli, die decimâ nonâ mensis Martii, anno Nativitatis Domini millesimo tercentesimo septuagesimo nono. Reddite litteras exhibenti. Per Dominum Gubernatorem ad
relationem consilii : (*Signé,*) J. N. (*avec un Paraffe en forme de Monogramme.*)

ADDITION A LA PAGE 320, après l'Acte du 18 Juin 1399.

Reconnoissance de la Veherie de Montfort, donnée à Amblard (III) de
Beaumont, par Jean Chastaing aliàs Roger, de Crolles.

Copie faite vers 1520, signée SAVOYATI & LYONNE, inserée dans le Registre
coté VIALLETTY; fol. 295=313. Ce Registre conservé aux Archives du Château
Baynac, en Périgord.

IN NOMINE Domini amen. Anno Nativitatis ejusdem Domini millesimo quateroentesimo
tertio, indictione undecimâ cum anno sumptâ & die decimâ octavâ mensis Maii, coram me
Notario publico, & testibus infrascriptis ; noverint universi . . . quod ad instantiam . . . viri
nobilis AMBLARDI, filii & heredis in hâc parte, potentis viri AMBLARDI DE BELLOMONTE,
condam Domini Bellimontis & Montisfortis, & sibi in Castris dictorum locorum succedentis,
presentis . . . pro se . . . assistentibus sibi & consulentibus viris nobili & potenti Domino
FRANCISCO DE BELLOMONTE, Milite, ejus avunculo, & nobili Johanne Berlionis Curatore suo
& discretus vir Johannes Chastagnii alias Rogerii, de Crollis Notarius, non vi . . per se & suos
heredes & successores . . . recognovit se esse & velle esse . . . hominem dicti Amblardi . .
in dicto Castro Montisfortis : quodquidem homagium dictus Johannes pro se & suis fecit &
prestitit eidem Amblardo . . stando pedes more nobilium, & tenendo manus suas junctas &
complosas, inter manus dicti AMBLARDI & oris osculo interveniente inter eos, in signum fidelitatis, perpetui federis & amoris insequendo modum & formam, antiquitùs per ipsum,
Johannem factos & prestitos bone memorie Domino AMBLARDO DE BELLOMONTE, condam
dictorum locorum Domino, avo suo ipsius AMBLARDI, contentos & designatos in . . instrumento . . . per Franciscum Motardini condam Notarium publicum, sub anno Nativitatis
Domini millesimo tercentesimo sexagesimo septimo, die octavâ mensis Jugnii, per ipsum
Johannem exhibitum. Promittens ipse Johannes . . . quod ipse erit perpetuò . . bonus & fidelis
dicto Amblardo . . in dicto Castro Montisfortis & servabit . . . ea omnia & singula que
bonus & fidelis homo Domino suo & pro ipso facere tenetur & debet . . . recognovit se
tenere à dicto Domino suo Montisfortis & suis res infrascriptas . . . de bonis nobilis Anthonii
de Monteforti ab eodem per dictum Johannem acquisitis . . Item magis de acquisitis à dicto
Anthonio de Monteforti que tenentur à dicto Domino & quos vendidit michi dicto Michaeli
Bayllivi publico Notario ad rehemptionem . . . Item tenere confitetur idem Johannes à prefato
ejus Domino, titulo albergamenti, sibi facti per prefatum Dominum genitorem ipsius Amblardi, Domini moderni, duo molendina, sub uno tectu sita & existentia, cum eorum plassagiis
sita in rivagio de Craponondo, in Parrochiâ de Crollis . . ad censum unius sestarii frumenti
& unius sestarii avene . . . Item eodem titulo, tenere confitetur, ut supra, rivagia & aquarum decursus tam jamdicti rivagii de Craponondo, quam rivagii de Crollis . . . de quo alber-
gamento constat, instrumento publico per Johannem Silvestri Notarium publicum recepto,
quod exhibet. Item tenere confitetur, ut . supra, à prefato ejus Domino aquam & precursum
aque labentis à dicto rivagio de Crollis inferiùs versus domum ipsius Johannis, & infra dictam
domum & fossata circumdantia dictam domum, . . ex concessione sibi factâ per prefatum
Dominum AMBLARDUM, avum dicti Amblardi moderni Domini : & de concessione constat,
instrumento predicto super producto & exibito, per dictum Franciscum Motardini confecto,
& signato ; quos census supra, per dictum Johannem Rogerii recognoscentem eidem Domino
suo debere recognitos, ipse Johannes promisit & convenit per heredes suos solvere
dicto suo Domino & ejus successoribus in dicto Castro Montisfortis, anno quolibet in festo
omnium sanctorum vel circa . . . . : . Item tenere recognovit . . . . Veheriam

18 Mai 1403.

dicti loci Montisfortis... & secundum modum & formam quibus aliàs per predecessores
suos, ... predecessorum prefati Amblardi ejus Domini recognita fuerunt
& reperiuntur, & qui modus talis est . . . ut sequitur in hec verba : « Anno Domini
13 des Calend. » millesimo ducentesimo nonagesimo septimo... calendarum XIII Septembris, presentibus
de Septem. 1297. » Amedeo de Cezerino, Petro de Balma & Hugone Chabuel, Clericis, Berardus Lombardi
» de Crollis... confessus fuit & publicè recognovit se fecisse homagium ligium & fidelita-
» tem corporaliter prestitisse, de voluntate & mandamento illustri viri Domini Humberti
» Dalphini & *Abbatis Communitatis* Dominique de Turre, illustri viro Domino Hugoni Dalphini,
» filio dicti Domini Dalphini pro rebus... que.. habet... infra mandamentum & terri-
» torium Montisbonodi & Montisfortis, pro domo forti in dicto mandamen-
» to... recognoscens dictus Berardus... se promisisse dicto Domino Hugoni servire & obe-
» dire tanquam homo & Vassallus ligius & fidelis, & eidem Domino Hugoni tenere, servare
» fidelitatem & ea omnia que continentur tam in novâ formâ fidelitatis, quam in antiquâ,
» quamdiù ipse nomine quo supra, per alium tenebit... asserens dictus Berardus, quod dicta
» Vicaria pretenditur.. usque ad rivum de Lumbino.. & quod ipse recepit ratione dicte Vicarie
» tertiam partem condemnationum que sunt quando homines delinquunt... exceptis homini-
» bus dicti Domini Montisfortis infra confines dicte rive & Petre Sonantis. Item dixit quod ipse
» habere debet & percipere.. banna trium solidorum & sex denariorum, & à dictis tribus solidis &
» sex denariis superius, debet habere & percipere tertiam partem. Item dixit quod ratione dicte
» Vicarie ponit bannerium suum per se solum, à festo Pasche usque ad festum Beati Michaellis,
» à Petra Pichi usque ad Chancornan de Chaffanens, exceptis bladis quibuscumque generis
» sint, preter.. . vineis in Parrochia de Crollis, in quibus ponit bannerium suum, à festo Beati
» Petri ad vincula usque ad festum Beati Michaellis, qui Bannerius extraher banneriam suam infra
» confines superius nominatos. Item & percipere linguas bovinas per Vicariam suam, excepto
» loco de Crollis, in quo eas percipit tertiam partem linguarum, & sic ut supra. Reperitur in
» recogni,tionibus Dalphini ut constat cedulâ à dictis recognitionibus Dalphini per Johannem
» Seydest Notarium extractâ, & ipsius manu signatâ. » De quâ Veheriâ docet fore retentus
per prefatum Amblardum genitorem dicti Amblardi Domini sui ipsius moderni, ut constat
instrumento, per me dictum Michaellem Baillivi, Notarium predictum confecto quod exhibe-
tur. Confitens dictus Johannes recognoscens quod prefatus ejus Dominus in predictis rebus
supra recognitis percipiet & percipere tenetur & debet laudimia, venditiones, si venderen-
tur vel transportarentur, & alia jura percipiet... Quam recognitionem... dictus Johannes
promisit.. ratam habere.. sub omni.. ypothecâ ; renuntians dictus Johannes..: exceptioni
... De quibus omnibus prefatus Dominus & dictus Johannes petierunt.... sibi & cuilibet
ipsorum fieri unum vel plura :.. publica instrumenta ejusdem tenoris ... per me Notarium
infrascriptum. Acta fuerunt predicta Lumbini... presentibus viris nobilibus & potenti Domino
Francisco de Bellomonte, Milite, Anthonio de Crollis, Eynardo de Bellomonte, Anthonio Guilliermerii seniore & Reymundo Reymond, Vapincensis Diocesis, testibus ad premissa vocatis & rogatis. Et ego vero Michael Bayllivi, Clericus, habitator Lumbini, auctoritate
imperiali Notarius publicus... requisitus hanc cartam recepi & in hanc publicam formam..
reddigi feci.... hîc me subscripsi & signum meum in principio hujus mee presentis subscriptionis apposui consuetum, in testimonium premissorum omnium.

Collationata fuit hujusmodi copia cum suo originali per nos Clericos subscriptos : Savoyati,
Lyonne.

ADDITION A LA PAGE 322, après l'Acte du 20 Décemb. 1407.

*Sentence arbitrale entre Amblard (III) de Beaumont & Jean Chastaing
aliàs Roger, de Crolles.*

Copie faite vers 1520, signée, SAVOYATI & LYONNE ; inserée dans le même
Registre coté VIALETTY, fol. 336=347.

18 Mai 1409. In nomine Domini amen. Anno à Nativitate ejusdem Domini, millesimo quatercentesimo
nono, & die decimâ octavâ mensis Maii, in presentiâ nostrum Notarium & testium subscriptorum ; cum lis... verteretur, & major verti speraretur, inter providum & sapientem virum
Johannem Chastagni alias Rogerii, Notarii Parrochie de Crollis, ex una parte, & virum nobilem & potentem Amblardum de Bellomonte, filium & heredem in hac parte, & bonorum
successorum nobilis viri Amblardi condam Domini Bellimontis & Montisfortis, ex parte
aliâ; super eo quod dictus Johannes Chastagni requirebat dictum Dominum, ut recognitionem
recipere & admittere dignaretur, de acquisitis per ipsum Johannem à nobili Anthonio de
Monteforte ; scilicet de certis censibus contentis & declaratis, in quodam instrumento confecto
& signato

DE LA MAISON DE BEAUMONT.

& signato manu Michaellis Vallini, Notarii publici. Item & de Veyeriâ per eumdem Johannem acquisitâ... à nobili Guigone Reymundi, ut constat de eodem acquirimento, quodam alio instrumento etiam confecto & signato manu propriâ Michaellis Vallini, Notarii predicti. Item & de molendinis de Crapponoudo & de rippagio ejusdem loci, & de aliis rebus contentis & designatis in quodam instrumento constructo & signato manu & signo Johannis Silvestri, Notarii publici; contineretur albergamentum eidem Johanni factum & concessum, per predictum nobilem AMBLARDUM, patrem dicti Domini moderni dictorum locorum BELLIMONTIS & Montisfortis, qui pro tunc etiam erat Dominus dictorum locorum, juxtà formam juris, & sibi Johanni necessariam; de quibus quidem acquirimentis supradesignatis & specificatis, dictus Johannes Rogerii retentus extitit per predictum nobilem AMBLARDUM condam Dominum dictorum locorum, ut stare asserit dictus Johannes, quibusquam aliis instrumentis constructis & signatis manu & signo dicti Michaellis Vallini, Notarii publici. Et ulteriùs requirebat dictus Johannis Chastagnii dictum Dominum, ut pacta, remissiones & questiones sibi Johanni factas, per predecessores dicti Domini, confirmari... dignaretur sibi Johanni. Dicto Domino BELLIMONTIS & Montisfortis adversùs predicta replicante & dicente, predicta omnia per dictum Johannem, sic ut premittitur acquisita, sibi fore commissa, & aperta propter quod recognitionem, supra per eum Johannem petitam, non fore admittendam, per eumdem Dominum, ex causis & rationibus infrascriptis. Et primo, quia dudum, per BONE MEMORIE, Dominum AMBLARDUM BELLIMONTIS & Montisfortis, avum paternum dicti AMBLARDI, Domini moderni, fuit conditum & factum quoddam suum testamentum, continens ultimam suam voluntatem, quod fuit receptum... manu Johannis Chastagnii Notarii predicti. In quo testamento, inter cetera sunt certa pacta & ordinationes, que fuerunt ordinate & facte, per eumdem Dominum AMBLARDUM, & deinde confirmate... per Dominum AYMARUM & AMBLARDUM DE BELLOMONTE, filios & heredes dicti Domini AMBLARDI; mediantibus quibus, dictus AMBLARDUS, ejus pater, albergamentum Molendinorum predictorum, & aliarum rerum predictarum, in instrumento dicti albergamenti contentorum, eidem facere non poterat; nec etiam de acquisitis per eumdem, à dictis Anthonio de Monteforte, & Guigone Reymundi, ipse AMBLARDUS pater suus, eumdem Johannem retinere non debuit, nec poterat; nec etiam de acquisitis, per eumdem, à dictis Anthonio de Monteforti, & Guigone Reymundi; moventur & tenentur de feudo nobili, & sub homagio ligio & nobili, quod homagium dictus Johannes deservire non potest, per modum & formam, ad quos ipsi census & segnoria eidem AMBLARDO sunt astracti. Quare tam ex istis causis, quam pluribus aliis... dicit & proponit ipse AMBLARDUS, predicta molendina, rippagium, census & segnoriam & alia contenta in dictis instrumentis, supra per dictum Johannem allegatis sibi fore commissa, & eumdem non teneri ad recipiendum recognitionem petitam per dictum Johannem. Tandem habitis inter ipsas partes super predictis pluribus... tractatibus; volentes etiam de litibus... ex eisdem ad bonam pacem... pervenire; volentes etiam facere.... generale compromissum.... presente Johanne Chastagnii juniore... compromiserunt & compromissum fecerunt alte & basse inter viros venerabilem & relligiosum Fratrem Robertum de Sancto Agniano, Preceptorem Alvernie Ordinis Sancti Anthonii, & Dominum FRANCISCUM DE BELLOMONTE, Militem, Dominum Frayte, ibidem presentem & onus hujusmodi compromissi in se gratis suscipientem, tamquam in amicos communes arbitros... eo modo quod predicti amici... dictas questiones audire... possint & debeant... juris ordine servato... prout eis visum, licitum... & visum fuerit expedire... Promittentes etiam dicte partes.... sub... obligatione & ypotheca omnium & singulorum bonorum suorum... stare & obedire... mandato dictorum amicorum... Quibus sic actis predicti amici... visis, auditis... habito etiam amicabili contractu inter partes predictas... in mandatis dederunt in hunc qui sequitur modum... In primis quod pro bono servitio, per dictum Johannem Chastagnii, dudum facto & impenso, predicto Domino AMBLARDO DE BELLOMONTE, avo paterno dicti Domini moderni BELLIMONTIS & Montisfortis, & post ipsius Domini AMBLARDI decessum, Domino AYMARO DE BELLOMONTE ipsius Domini moderni avunculo, & AMBLARDO ipsius Domini moderni patris... & post ipsorum avi, avunculi, & patris decessum, sibimet Domino, & quod sperat ipsemet Dominus per eumdem Johannem per ipsa futura sibi impendi, ipse Dominus recipiat recognitionem ab eodem Johanne de petitis per eumdem, per modum & formam contentos & declaratos in quodam publico instrumento recognitionis confecto & signato, ut in eo legitur, manu & signo Francisci Motardini, Notarii publici sumpto, sub anno Domini millesimo tercentesimo sexagesimo septimo, & die octavâ mensis Januarii, continente recognitiones, per dictum Johannem Chastagnii, aliàs factam, dicto Domino AMBLARDO. Item & per modum & formam contentos & declaratos, in quodam papiri folio scripto manu ipsius Johannis, & per eumdem oblato, in manibus Michaellis Vallini, Notarii publici, sub cujus formâ, idem Michael suam recognitionem recipere debet. Item quod dictus Dominus pro se & suis, in compensationem dictorum servitiorum dicto Johanni Rogerii & suis cedat & remittat & quittet omnes commissiones quas, in bonis dicti Johannis supra designatis, & in aliis quibuscumque dicto Johanni spectantibus, ipse Dominus habet & habere potest & debet, sibique competunt & pertinent... usque ad hanc presentem diem; ita quod occasione dictarum commissionum, si que sint, vel reperiantur aliqualiter esse, ipse Dominus in eisdem bonis nullum jus... petere possit & valeat. Item quod dictus Johannes Chastagnii abinde in anthea bona sua predicta, & etiam domum suam fortem, & alia bona sua mobilia... dare, legare & promittere non possit nec debeat, nisi dumtaxat ejus filio, & aliis liberis masculis descendentibus ab eodem Johanne, & Johanne nascituris & pro-

M m m

creandis ab eifdem, & de legitimo matrimonio. Item quod fi contingeret ipfos Johannem, & Johannem avum & filium habere filias, unam vel plures, quod eam & eas maritare poffit & dotare, juxtà exigentiam & facultatem bonorum eorumdem. Item, quod eafdem filias, fi que fint, vel fuerint, ipfi Johannes avus & filius in eorum bonis hereditare non poffint aliqualiter. Item, quod fi contingeret ipfos Johannem & Johannem avum & filium decedere ab humanis, nullis fibi relictis liberis mafculis, ab eorum corporibus naturaliter, & de legitimo matrimonio procreatis, quod eo cafu, in compenfationem bonorum acceptorum, per tempora preterita per dictum Johannem à predictis Dominis BELLIMONTIS, & à quolibet ipforum avi & filii, plenariè fint & remaneant ipfi Domino Montisfortis & fucceffloribus fuis, in caftro Montisfortis predicti. Item, quod dicti Johannes & Johannes Chaftagnii, in eorum ultimâ voluntate, poffint legare pro remedio eorum animarum & predecefforum fuorum, juxta facultatem bonorum eorumdem. Item, quod dicti Johannes & Johannes avus & filius abinde in anthea de bonis eorum nullas donationes facere poffint per modum teftamenti vel aliter, mediantibus quibus, predicta fuperius ordinata & pronunciata per dictos arbitros, aliqualiter poffent annullare. Item, quod fi aliquas donationes vel teftamenta . . . per tempora preterita fecerint, quod & ea, fi que fint, vel fuerint facte vel facta, fint caffe & nullius efficaffie, roboris & valoris, ut fi unquam facte fuiffent . . . . Item, quod ipfe Johannes Chaftagnii avus teneatur reddere & reftituere dicto Domino molendina, rippagium de Crappanoudo, & alia contenta in inftrumento albergamenti eidem Johanni facti, de eifdem molendino & rippagio, per patrem dicti Domini moderni, juxta modum & formam contentos & declaratos in eodem inftrumento dicti albergamenti. Item, pronuntiaverunt. . . quod ab inde in anthea dicti Johannes & Johannes nullas donationes vel teftamenta faciant, mediantibus quibus predicta per eofdem pronuntiata, in eorum vim fortire non debeant, & in eorum robore & firmitate non debeant effe, ftare & remanere; & fi eas & ea fecerint vel faciant, quod abfit, pronuntiaverunt, & dicti amici & arbitri, quod remiffio commiffionis bonorum eorumdem Johannis & Johannis fuperius eifdem remiffa & facta, & etiam recognitio recipienda per eumdem Dominum à dicto Johanne avo, fint caffe & nulle, & nullam firmitatem, vim & roborem obtineant, ut fi nunquam facte extitiffent, & quod omnia bona que ipfe avus & filius à dicto Domino tenent, fint eo cafu, & remaneant commiffa ipfi Domino. Item. . . & ordinaverunt. . . quod abinde in anthea dictus Johannes fit . . . fidelis erga ipfum Dominum, & quod in omnibus ipfius Johannis actibus, ipfe Dominus ipfum Johannem & fuos habeant comendatos, & ipfum Johannem & fuos teneatur & debeat ipfe Dominus fervare. . . ut verus Dominus. Item, quod mediantibus premiffis, fit inter ipfas partes, pax. . . Item quod predicta omnia dictus Dominus per fe. . . & dicti Johannes. . confirment. Quamquidem tranfactionem. . ¡ dicte partes. . . pro fe. . . fpecialiterdictus Dominus. . . & dictus Johannes Chaftagnii. . confirmaverunt & promiferunt pro fe. . necnon fub obligatione. . bonorum fuorum. . . contra ea, . . non facere, . fed ea omnia, . prout fcripta, . ¡ & ordinata funt per dictos arbitros habere rata. . ¡ Volentes. . ¡ dicte partes quod omnis . . . via contraveniendi. . . fit eifdem per pactum expreffum & folempne exclufa, . . Renunciantes, . . fpecialiter dicti Dominus BELLIMONTIS & Johannes Chaftagnii, . . omni exceptioni, doli. . . & demum omni alio juti canonico & civili, : . Acta fuerunt predicta apud Lumbinum . . . prefentibus nobilibus viris Johanne Bermondi, Anthonio de Crollis, & Reymondo Reymondi, de Cigonterio Vapuicenfis Diocefis, teftibus ad premiffa vocatis & rogatis.

Et me Anthonio Guillermerii feniore, auctoritate imperiali Notario publico, qui in premiffis omnibus, unà mecum dicto Michaelli Vallini, Notario mecum requifito . . . prefens fui, hoc prefens publicum inftrumentum . . . pro parte dicti Johannis Chaftagnii, in hanc formam publicam reddegi manu meâ propriâ, & fignum meum in principio hujus mee prefentis fubfcriptionis appofui confuetum in robur & teftimonium premifforum.

Collationata extitit prefens coppia cum fuo originali, per nos Clericos fubfcriptos.

(Signé) SAVOYATI. (&) LYONNE.

ADDITION A LA PAGE 347, après l'Acte du 28 Mars 1488.

Contrat de Mariage entre Marguerite de Montfort & Noble Guigues Coct, avec la ratification de ce Contrat par FRANÇOISE DE BEAUMONT, mere de ladite Marguerite.

Groffe fignée, VOLONIS; vidimée par deux Clercs du Parlement de Grenoble, & inférée dans le Volume coté : VIALETTY, fol. 170=180.

23 Août 1497.

IN NOMINE DOMINI, Amen. Cunctis, tàm prefentibus quàm futuris, fiat notum atque manifeftum, quod cum tractaretur de matrimonio, in facie fancte matris Ecclefie, celebrando inter

DE LA MAISON DE BEAUMONT. 459

nobiles potentem Petrum de Monteforti, ac FRANCESIAM DE BELLOMONTE, conjuges, Dominum Montisfortis, nominibus nobilis domicelle Margarete eorumdem conjugum filie ex unâ, & quia ipsa non fecit nec faciet propter quod dictum futurum matrimonium suum debitum non fortiatur effectum ; & nobilem & circumspectum virum Hugonem Cocti, Camere Compotorum Dalphinalium Auditorem, nomine nobilis scutiferi Guigonis Cocti ejus filii, parte ex alterâ, & quod ipse non fecit nec faciet propter quod dictum futurum matrimonium suum debitè non fortiatur effectum, & quia dotes ex parte mulierum constitui solent ; hinc propterea fuit & est quod anno Domini millesimo quatercentesimo nonagesimo septimo, die vero vicesima tertia mensis Augusti, personaliter constitutus prefatus Dominus Montisfortis, pater jam dicte nobilis Margarete... assignavit in dotem... nobili Margarete... castrum & domum suam fortem Montisfortis, cum ejusdem castri jurisdictione... Item fuit actum quod dictus nobilis Hugo Cocti, pater dicti Guigonis, teneatur & debeat... nobili Margarete pro jocalibus... usque ad summam ducentorum scutorum... de quibus disponere possit & valeat in vitâ pariter & in morte... Item... dictus nobilis Hugo Cocti... dat & donat dicto nobili Guigoni ejus filio carissimo, summam ducentorum sestariorum censûs & redditus...; Item... domum suam sitam in loco & villa Theisii... Acta fuerunt hec Gronop, infra ambitum Palatii Episcopalis, in galeria bassa, infrà viridarium, presentibus ibidem Reverendo in Christo Patre Domino Domino Laurentio Alamandi, Episcopo Principe Gronop, venerabili ac egregio viro Domino Sebastiano de Chappanis, jurium Licentiato, Vice-Officiali Gronop, ac Domino Guigone Gay, Presbytero, Sigillifero Episcopali, testibus ad hoc astantibus & vocatis, & me Johanne Volonis, Notario authoritate Apostolica, & Delphinali publico Secretario Reverendi in Christo Patris Domini Domini Episcopi Principis Gronop, subsignato : VOLONIS.

In nomine Domini, Amen. Cum nobilis & potens Petrus de Monteforti, Dominus Montisfortis promiserit &... juraverit in contractu matrimonii per me passati, inter eumdem nomine Domicelle Margarete ejus filie, à nobili FRANCESIA DE BELLOMONTE suscepta, & nobilem virum Hugonem Cocti, Camere Compotorum Dalphinalium Auditorem, nomine nobilis Scutifferi Guigonis Cocti, ejus filii... ipsum instrumentum & omnia... habere rata... ratificare facere per jam dictam nobilem FRANCESIAM.. Hinc..est quod anno Domini millesimo quatercentesimo nonagesimo septimo, die vero undecimâ mensis Novembris personaliter constituta coram me Notario... prefata nobilis FRANCESIA DE BELLOMONTE, ad requisitionem prediti Domini Montisfortis ejus viri, ità fieri, prout promiserat, requisita, que certificata..,laudavit...! promittens.. sub obligatione.. omnium bonorum suorum.. instrumentum & omnia habere rata. Acta fuerunt premissa, Gronopol... & me Johanne Volonis.. subsignato: (Signé VOLONIS.)

Collationata extitit presens copia cum suo proprio originali, per nos supreme Curie Parlamenti Dalphinalis Clericos. (Signés): SAVOYATI & SEYPINEL.

ADDITION A LA PAGE 348, après l'Acte du 8 Septemb. 1504.

Enquête, faite à la Requête de Marguerite Richard-de Saint-Priest, veuve de Charles Alleman, Seigneur de Laval ; par laquelle il est prouvé que MARGUERITE ALLEMAN, *leur fille, avoit épousé le* SEIGNEUR DE BEAUMONT.

» *Testium actestationes examinatorum pro parte & ad instantiam nobilis &*
» *generose Domicelle Margarite Richarde relicte nobilis & potentis Caroli*
» *Alamandi, quondam Domini Vallis & Chichilline, contra & adversus*
» *nobilem Carolum Alamandi, seu honorabilem magistrum Petrum Galliani*
» *Notarium, Curatorem datum bonis ipsius nobilis Caroli.*

Original en papier dans un gros cahier, contenant plusieurs titres de la Maison d'Alleman ; fol. LXIII-LXXIII ; *tiré du Château de Laval & actuellement aux Arch. du Palais Bourbon.*

CUNCTIS fiat notum atque manifestum, quod anno Nativitatis Dominice millesimo quingentesimo octavo, & die quartâ mensis Februarii, apud locum de Valle mandamenti Thesii, & in domo providorum Gaspardi & Anthonii Sacheti, Laboratoris dicti loci, quâdamque camera superiori ipsius domûs, coram me Andrea de Sala, Clerico Jurato & approbato, ac humili servitore magnifice & insignis Curie Parlamenti Dalphinatûs, Commissarioque in hâc parte, ab eâdem specialiter deputato... comparuit honorabilis Magister Anthonius Fuzeril, Notarius civis & Habitator Grationopolis, Procurator, & eo nomine procuratorio nobilis &

4 Février 1508.

generose Domicelle Margarite Richarde, relictæ nobilis & potentis Domini Caroli Alamandi, quondam Domini Vallis, qui ad probationem & verificationem quorumdam articulorum incipientium, *retronominata nobilis & generosa*, &c. parte ipsius nobilis Margarite Richarde traditorum in quâdam supplicationis causâ in & coram dictâ magnificâ & insigni Curiâ Parlamenti Dalphinatus motâ & vertente indecisâ per & inter eamdem nobilem Margaritam Richarde, supplicantem ex unâ, & honorabilem Magistrum Petrum Galiani, Curatorem datum bonis nobilis Caroli Alamandi, filii nobilis Caroli Alamandi, quondam Domini Vallis supplicatum ex aliâ ; & in quâquidem causâ novissime die Sabbati decimâ octavâ mensis proxime effluxi Decembris, inter cetera per dictam Curiam ordinatum extitit, quod ipsa nobilis Margarita supplicans probet & probare habeat dictum nobilem Carolum Alamandi, supplicatum esse heredem in toto vel in parte, & si in parte pro quâ nobilis Caroli Alamandi, ejus quondam patris; propter quod equidem ad ipsius propositi justificationem michi dicto Commissario nominavit & producit in testes homines & personas inferius nominatos....

Comparuerunt ibidem personaliter dicti testes.... Quiquidem... deposuerunt & actestati fuerunt prout post ipsorum nomina & cognomina continetur & describitur.

Nomina & cognomina dictorum testium.

Primo, Petrus Alamandi, Laborator loci Vallis Mandamenti Thesii, etatis quadraginta annorum....

Primo, super secundo articulo dictorum articulorum... dicit & deponit contenta in ipso articulo fore & esse vera... quia loquens ipse bene meminit de tempore sponsalium dictorum nobilium Caroli Alamandi, quondam Domini presentis loci Vallis, & Margarite Richarde de Sancto Prejecto... qui simul steterunt ut veri conjuges pluribus annis, & usque ad mortem dicti nobilis Caroli....

Super decimo tertio & decimo quarto articulis... dicit verum esse quod sunt circà duodecim anni proxime elapsi quod dictus nobilis Carolus Alamandi quondam, in articulis nominatus ab humanis decessit in partibus extramontanis & Lumbardie, & ut eidem testi videtur Novarrie, ut ita publicè extitit relatum à majori parte populi in presenti loco Vallis, & hoc relictis sibi & superstitibus dictâ nobili Margaritâ ejus uxore, viduâ remanente, necnon nobilibus Carolo & Laurentio Alamandi, suis liberis masculis naturalibus & legitimis, nec non duabus filiabus, de quarum nominibus nesciret deponere susceptis à dictâ nobili Margaritâ ejus viduâ remanente, ac etiam reverendo Domino Laurentio Alamandi, Episcopo Grationopolis eorumdem liberorum patruo & administratore personarum & bonorum dictorum liberorum, prout dictæ administrationi ipsorum bonorum se inmiscuit & inmiscet....

Super proposito in prohemio hujusmodi mentionato, interrogatus dicit & deponit verum esse quod dictus nobilis Carolus Alamandi, primogenitus nobilis Caroli Alamandi, quondam Domini presentis loci Vallis... est heres universalis, & in toto sui quondam patris...

Item, Anthonius Eymineti Chivaletii, affanator loci Vallis mandamenti Thesii, etatis quadraginta... dicit & deponit verum esse quod sunt circa decem octo aut viginti anni proxime elapsi, quod fuit contractum matrimonium & carnali copulâ consummatum inter nobilem Carolum Alamandi, quondam Dominum presentis loci Vallis & nobilem Margaritam Richarde, ut publicè fuit vulgatum in presenti loco... Dicit & deponit verum esse quod sunt circa duodecim anni proxime elapsi, quod dictus nobilis Carolus Alamandi ab humanis decessit in loco Novarrie, extra montes, ut publicè relatum extitit in presenti loco Vallis, & hoc relictis & sibi superstitibus dictâ nobili Margaritâ Richarde ejus uxore, necnon nobilibus Carolo & Laurentio, suis liberis masculis naturalibus & legitimis à dictâ nobili Margaritâ susceptis, duabusque filiabus, quarum una est conjugata cum Domino Bellimontis, & appellatur Margarita. Alia vero est nubta Domino de Alleriis, de cujus tamen proprio nomine deponere nesciret; an vel ne universaliter institutis heredibus, nesciret deponere, quia non presens fuit in testamento per dictum condam nobilem Carolum condito si quod sit; necnon reverendissimo Domino Laurentio Alamandi, Episcopo Grationopolis, eorumdem liberorum patruo, qui administrationi ipsorum liberorum se immiscuit, & pro eorum Tutore & Administratore se gessit & reputavit palam & publicè pro talique habitus, tentus & reputatus....

Super proposito in prohemio hujusmodi examinis... dicit & deponit quod dictus nobilis Carolus Alamandi, filius primogenitus predicti nobilis Caroli Alamandi habetur & communiter à majori parte populi presentis loci Vallis reputatur pro herede universali dicti quondam sui patris....

Item, Johannes Grassi, Faber oriundus & Habitator Vallis Mandamenti Theysii, etatis sexaginta annorum... dicit & deponit quod bene meminit cum matrimonium inhitum inter nobilem Carolum Alamandi & dictam nobilem Margaritam Richarde, supplicantem, fuit carnali copulâ consummatum in presenti loco Vallis, in quo pluribus annis simul ut veri conjuges steterunt, & pro veris conjugibus habiti, tenti & reputati fuerunt usque ad decessum ipsius nobilis Caroli Alamandi.... Verum esse quod dictus nobilis Carolus quondam ad humanis decessit Novarrie, extra montes sunt circa decem aut duodecim anni proxime elapsi, ut publicè relatum extitit in presenti loco, relictis sibi & superstitibus dictâ nobili Margaritâ ejus uxore, necnon nobilibus Carolo & Laurentio, suis liberis masculis naturalibus ac legitimis, necnon duabus filiabus, de quarum tamen nominibus nesciret deponere, ac Reverendo Domino Laurentio Alamandi, Episcopo Grationopolis, eorumdem liberorum patruo, qui administratione

DE LA MAISON DE BEAUMONT.

persone & bonorum ipsorum liberorum se immiscuit, & immiscet palam & publicè... tamen quis ipsorum liberorum fuit universaliter heres institutus à patre nesciret deponere, quia non fuit presens in testamento condito per dictum quondam Nobilem Carolum... Dicit... scire & verum esse quod dictus nobilis Carolus Alamandi in proposito nominatus habetur, tenetur & reputatur publicè & notoriè in presenti loco Vallis, pro herede universali dicti quondam nobilis Caroli ejus patris quondam, saltem postquam predictus nobilis Laurentius ejus frater fuit effectus vir ecclesiasticus & dictus Reverendus Dominus Laurencius Alamandi eidem resignavit quamdam suam Abbatiam quam habebat in civitate Tholose, ut est vulgatum in presenti loco Vallis.

Item, Gaspardus Sacheti, Laborator oriundus & Habitator Vallis Mandamenti Thesii, etatis quadraginta duorum annorum... dicit & deponit contenta in articulo fore & esse vera, prout ipsi nobiles Carolus Alamandi quondam & Margarita conjuges, pro veris conjugibus habiti, tenti & reputati fuerunt usque ad decessum dicti quondam nobilis Caroli, ut scivit & vidit loquens ipse... Dicit & deponit quod dictus quondam nobilis Carolus Alamandi ab humanis decessit extra montes, sunt circa decem aut duodecim anni proxime elapsi, ut vulgata fama se habuit & habet in presenti loco Vallis, & hoc relictis & sibi superstitibus dictâ nobili Margaritâ Richarde supplicante, necnon nobilibus Carolo & Laurentio Alamandi, suis liberis masculis naturalibus & legitimis, ac heredibus universalibus, universaliter ut fertur institutis, ac duabus filiabus, quarum una que est nupta DOMINO BELLIMONTIS, nominatur MARGARITA, alia veto Laurentia, que est nupta Domino de Alleriis; pariter R. D. Laurentio Alamandi, Episcopo Grationopolis, eorumdem liberorum patruo, qui habuit & habet administrationem ipsorum liberorum....

Item, Guigo Bernardi aliàs Droveri, Laborator oriundus & Habitator loci Vallis Mandamenti Thesii, etatis quinquaginta annorum... dicit & deponit quod ipse scivit & audivit ipsum matrimonium, de quo in articulis, fuisse contractum & solempnizatum, ac carnali copulâ consummatum... Dicit & deponit quod dictus nobilis Carolus Alamandi quondam ab humanis decessit extra montes, sunt circa tredecim anni proxime elapsi, ut publicè relatum extitit in presenti loco Vallis, & hoc relictis & sibi superstitibus dictâ nobili Margaritâ ejus uxore, necnon etiam relictis & superstitibus nobilibus Carolo & Laurentio Alamandi, suis liberis masculis naturalibus & legitimis, ac duabus filiabus, de quorum nominibus nesciret deponere, prout pro suis liberis naturalibus & legitimis, ac heredibus universalibus habentur....

Item, Anthonius Cartier aliàs Guenon, Laborator oriundus & Habitator loci Vallis Mandamenti Thesii, etatis quadraginta annorum... deponit verum esse quod sunt circa decem aut duodecim anni proximi elapsi, quod dictus quondam nobilis Carolus Alamandi ab humanis decessit in voyagio Neapolitano & Novarrie, ut publicè relatum extitit in presenti loco Vallis, & hoc relictis & sibi superstitibus dicta nobili Margarita ejus uxore, necnon quatuor liberis, videlicet Carolo & Laurentio, masculis, ac duabus filiabus naturalibus & legitimis, & pariter R. D. Laurentio Alamandi, Episcopo Grationopolis, suo fratre, patruo ipsorum liberorum, qui administrationi personarum & bonorum ipsorum liberorum se immiscuit & immiscet palam & publicè....

Item, Michael Ludovici Chapusius, oriundus Revelli, nunc vero & à quinquaginta annis citra habitator presentis loci Vallis Mandamenti Thesii, etatis quaterviginti annorum vel circa... dicit & deponit verum esse quod ipse bene meminit de tempore celebrationis nuptiarum dictorum nobilium Caroli Alamandi & Margarite Richarde, conjugum... verum esse quod sunt circa decem & undecim anni proxime elapsi, quod dictus Nobilis Carolus Alamandi ab humanis decessit Novarrie, unusque ex liberis ipsius loquentis, qui in servitio ejusdem nobilis Caroli extra montes accesserat; & quod decesserunt fama est vulgata in presenti loco Vallis, & hoc relictis & sibi ipsi nobili Carolo superstitibus nobilibus, Margaritâ ejus uxore, & quatuor liberis, videlicet Carolo & Laurentio Alamandi ac duabus filiabus, de quarum tamen nominibus propriis nesciret deponere ipse loquens, eorumdem Caroli Alamandi & Margarite, conjugum, liberis naturalibus & legitimis....

Item, Telmonus Truffati, Laborator & Fornerius hujus loci, etatis quinquaginta annorum & ultra... dicit & deponit verum esse quod sunt circa viginti anni proximè elapsi, quod fuit consommatum matrimonium etiam per carnalem copulam inter nobiles Carolum Alamandi & Margaritam Richarde, conjuges in articulis nominatos... Deponit quod dictus nobilis Carolus Alamandi quondam ab humanis decessit Novarrie, sunt ultra decem anni proximè elapsi, ut est fama vulgata in presenti loco Vallis, & hoc relictis & sibi superstitibus duobus liberis, videlicet Carolo & Laurentio, ac duabus filiabus eorumdem nobilium Caroli Alamandi & Margarite, conjugum, liberorum naturalium & legitimorum....

Et ita prout superius describitur prenominati testes deposuerunt in mis subsignati Commissarii manibus: (*Signé*) DE SALA.

Vente faite par Amblard de Beaumont, Seigneur de Beaumont, à Laurent Alleman, Evêque de Grenoble, de tout ce qu'il possède à Bellechambre en paiement d'une somme qu'il lui devoit.

Original en parchemin, conservé aux Archives du Château de Baynac, en Périgord.

13 Mars 1508.

IN NOMINE Domini, amen. Noscat modernorum presentia, futurorumque posteritas non ignoret, quod anno millesimo quingentesimo octavo à Nativitate sumpto & die decimâ tertiâ mensis Martii, coram Notario publico & testibus inferius nominatis ; constitutus personaliter nobilis & potens AMBLARDUS DE BELLOMONTE, Dominus Bellimontis, qui gratis . . . . . confessus fuit se debere & legitimè solvere teneri Reverendissimo in Christo Patre & Domino nostro Domino Laurentio Alamandi, Episcopo & Principi Gratonopolis presenti . . . summam tercentum & triginta duorum scutorum auri, cugni regis sine sole boni auri & ponderis nomine & ex causâ veri & liciti mutui. . pro reddemptione Castri sui cum dominio & seignioria Montisfortis quod tenet nobilis Petrus de Montefortis ; pro quâquidem summâ . . . idem nobilis AMBLARDUS vendidit . . . . , & remisit supra nominato R. Domino Laurentio Alamandi, Episcopo & Principe Gratonopolis presenti . . videlicet domos, census, servitia, predia, possessiones, homines, segnioriam, bona sua & hereditatem, totum dominium cum mero & misto imperio, quos, quas & que, idem nobilis AMBLARDUS habet in loco Belle-Camere Parrochie Beate Marie de Monte, nec non & de suis ipsius Domini BELLIMONTIS censibus, prediis, possessionibus, hominibus, dominio, segnioria & omnimodâ jurisdictione & bonis, quibuscumque quos quas & que habet circum quaque dictum locum Belle Camere usque ad dictam summam tercentum triginta duorum scutorum auri cugni predictorum ad extimationem ; vendit inquam & dictus AMBLARDUS DOMINUS BELLIMONTIS bona predicta . . . D. nostro Domino Laurentio Alamandi, ementi ut supra pro se vel amico suo quem in locum suum ponere voluerit . . . ad habendum . . . pretio predeclarato . . . per eumdem DOMINUM BELLIMONTIS . . . recepto ; de quo eumdem Reverendum Dominum & suos quittavit & quittat cum pacto . . . juramento . . . de ulterius quiquid ab eodem vel suis non petendo. Quamquidem venditionem . . . juravit idem DOMINUS BELLIMONTIS, super sanctis Dei Euvangeliis . . . subque expressâ obligatione . . . habere ratam . . . & nunquam contravenire . . . quinymo res . . . supravenditas manutenere . . . . Devestiens se ex nunc dictus nobilis AMBLARDUS venditor . . . . . & prenominatum R. D. Episcopum investiens, & si res supravendite plus valerent . . . plus valens donavit . . . Constituens idem venditor se tenere res . . . precario nomine antedicti R. D. emptoris donec & quousque idem R. D. emptor . . . possessionem corporalem acceperit quam accipere possit . . licentiâ ejusdem venditoris . . . minimè expectatâ ; & insuper, idem venditor renuntiavit omni exceptioni . . . doli, mali, vis, metus . . . omnique alii juri canonico . . . quo mediante idem nobilis AMBLARDUS contra premissa . . . venire posset . . . & maximè juri dicenti generalem renuntiationem non valere . . . de quibus premissis omnibus & singulis partes prenominate voluerunt & preceperunt fieri publicum instrumentum. . . dictamine jurisperitorum . . . Acta fuerunt hec in Castro de Planâ in camerâ que est supra Capellam Beati Blasii ; presentibus ibidem nobili & egregio viro Domino Johanne de Rochella, Legum Doctore, Domino Ludovico Morardi, Presbitero Ecclesie Gratonopolis, Domino Gasperido Cristini, Cappellano, nec non nobilibus Francisco de Comeriis, de sanctâ Agnete, Petro Bocgardi & Marqueto Preposti, servitoribus antedicti R. D. Episcopi Gratonopolis testibus ad premissa adstantibus & vocatis, & me Glaudio de Malliis, Clerico Curie Officialatûs Gratonopolis Congraphario, Notarioque auctoritate Dalphinali publico subsignato. (Signé,) DE MALLIIS.

ADDITION A LA PAGE 350, avant l'Acte du 4 Novemb. 1519.

Cession faite par Laurent de Beaumont, de l'autorité de Laurent Alleman, son Tuteur, & du consentement d'Amblard, son pere, à Charles Alleman, Seigneur de Laval, d'une portion du Mandement de Montfort, pour remplacement de la moins valüe de la Terre de Lumbin & Lumbinet, vendue par ledit Amblard audit Seigneur de Sechilline, le 26 Mai 1515.

Original en parchemin, conservé aux Archives du Château de Baynac, en Périgord.

17 Septemb. 1519.

IN NOMINE Domini, amen. Notum sit omnibus præsentibus & futuris quod cum Magister Jacobus Dulsa, quondam Notarius Dalphinalis & Secretarius Reverendi Domini Laurentii Alamandi, quondam Episcopi Gratianopoli, adhuc in humanis vitam gerens, recepit plura & diversa instrumenta ad opus Domini Lumbini, ratione singulariter dictæ suæ signorie Lumbini faventia, que morte præventus.. grossare..non potuit. Ideo ego Guigo Brugnodi, auctoritate Dalphinali Notarius publicus, virtute litterarum commissionalium inferius insertarum, pro parte nobilis & generosæ Domine Anne de Arbiniaco, Domine Vallis & dicti loci Lumbini à propriâ notâ manu dicti Dulsâ receptâ & signatâ serie Magistro Johanne Gauterii, Notario Dalphinali, instrumentum elargiationis & ampliationis factum per Reverendum Dominum Laurentium Alamandi, uti Tutorem & Administratorem nobilis LAURENTII DE BELLOMONTE, manu meâ levavi, grossavi, tenoris sequentis. « In Dei nomine, noverint universi quod cum
» nobilis & potens Dominus AMBLARDUS DE BELLOMONTE, Dominus Bellimontis & Mon-
» tisfortis, ad præsens Sacristæ Sechelline vendiderit, cesserit, remiserit & perpetuo desam-
» paraverit nobili & potenti viro Carolo Alamandi, Domino Vallis & Sechelline, Patrochiam
» locum & juridicionem Lumbini & Lumbineti, cum suo districtu juridicione altâ bassâ &
» mediâ, cum mero & mixto imperio, hominibus, subditris, censibus, juribusque, ac pertinen-
» tiis universis pro ut dictus locus situatus, in comba Graysivodani confrontatur ab unâ
» parte, cum mandamento Terrasiæ ex bisiâ cum residuo mandamenti & juridicionis Mon-
» tisfortis, & cum terrâ & juridicione sancti Ylari, & cum Riparia Ysare & cum suis aliis
» confinibus, & hoc, pretio & nomine pretii novem centum & quinque scutorum auri regis
» sine sole, constante instrumento dictæ venditionis super hoc confecto per discretum virum
» Magistrum Chappusii, Secretarium Dalphinalem, anno Natalis Domini millesimo quingen-
» tesimo quindecimo & die vicesimâ sextâ mensis Maii, sumpto & recepto sub pacto & con-
» ditione quod casu quo dictum mandamentum locus & Parrochia Lumbini & Lumbineti,
» ut dictum est venditum non valeret nec valere posset, prætium prædictum novem centum
» & quinque scutorum sine sole, ex tunc, ipse Dominus AMBLARDUS DE BELLOMONTE ven-
» ditor teneatur, debeat, & sit abstrictus ad elargiandum, tradendum perpetuo & relaxandum
» expediendum, dicto nobili Carolo Allamandi & suis de parte, territorio, juridicione & man-
» damento prædicto Montisfortis, & det immediate proximiori parte contiguâ prædictæ Parro-
» chie territorio & juridicione Lumbini & Lumbineti... ad estimationem tamen duorum
» nobilium ad hoc expertorum... & cum tempore dictæ venditionis passate ipsum manda-
» mentum & territorium Montisfortis foret litigiosum... inter ipsum Dominum AMBLAR-
» DUM DE BELLOMONTE supplicantem & actorem ex unâ, & nobilem Petrum de Monteforti,
» & post ejus decessum, nobilem FRANCESIAM DE BELLOMONTE, relictam ipsius nobilis Petri
» dictique DOMINI BELLIMONTIS sororis; quodque mandamentum, & juriditio Montisfortis
» expost fuerit per arrestum dictæ Curiæ adjudicatum ipsi Domino AMBLARDO DE BELLO-
» MONTE ; debuissetque à tempore adeptæ possessionis, seu processus finiti, dicto Domino
» Vallis elargiare, ampliare & crescere dictum mandamentum Lumbini & Lumbineti, prout
» promiserat : Hinc igitur fuit & est quod anno Domini millesimo quingentesimo decimo
» nono, à Nativitate sumpto & die decimâ septimâ mensis Septembris, fuerit facta visio... :
» valoris totius loci dicti, mandamenti & Parrochiæ Lumbini & Lumbineti... per nobiles
» Johannem Bettanis, de Petrâ, mandamenti Theysii, & Johannes Munriane, loci Vallis sancti
» Stephani... visis terreriis... & aliis apparentibus ad summam septem centum duodecim
» scutorum, cum dymidio cum sole & hoc de consensu... dicti nobilis & potentis Domini
» AMBLARDI DE BELLOMONTE, necnon Reverendi in Christo Patris & Domini, Domini
» Laurentii Alamandi ;...... Electi Gratianopol. tutoris & administratoris personæ
» & bonorum nobilis LAURENTII DE BELLOMONTE, filii & heredis pupilli
» dicti nobilis AMBLARDI, in venditione præscriptâ nominati necnon nobilis Francisci
» de Torneriis, Domini sanctæ Agnetis, Procuratoris nobilis & potentis Caroli Alamandi,
» emptoris absentis; & sic dixerunt,. restare de dictâ summâ novem centum & quinque

» scutorum sine sole, summam octo viginti quatuordecim scutorum sine sole, triginta soli-
» dorum cum dymidio turonensium, valente quolibet scuto trigenta novem solidorum, &
» quolibet solido quatuor liardos ; Hinc fuit & est quod anno & die predictis personaliter
» constituti, dictus Revendus Dominus Electus nomine quo supra Tutoris & Administratoris dicti
» nobilis LAURENTII DE BELLOMONTE, filii & heredis ipsius Domini AMBLARDI DE BELLOMONTE,
» de consensu & voluntate ipsius Domini AMBLARDI, presentis & consensientis... vendidit
» ... & elargiavit dictum mandamentum... loci predicti Lumbini & Lumbineti... à
» parte quâ ipse locus jungebatur & jungitur dicto territorio, & mandamento Montis-
» fortis videlicet usque ad rivum fluentem à monte sancti Yllarii, qui rivus vocatur rivus
» Montisfortis, superiùs prout descendit de monte recte filando ab exitu gorgie ejusdem
» rivy ad Ecclesiam Parrochialem & Campanile sancti Quyntiny de Frogiis, & juxta confines
» mandamenti sancti Yllarii à parte occidentis, & juxta Ysaram à parte orientis, & ejusdem
» Domini Vallis pro re jam vendita à parte bisie, cum juribus ac pertinentiis dicto nobili
» LAURENTIO DE BELLOMONTE pertinentibus & intra ipsos confines existentibus absque ullâ
» reservatione ad habendum... & nomine pretii octo viginti quatuordecim scutorum sine
» sole & triginta solidorum cum dymidio turonensium habitorum... & centum scutorum
» auri regis cum sole, habitorum per ipsum Dominum... ad implicandum in prosequutione
» & expensis fundis in processu exequutionis atesti cause que ventilatur inter ipsum DOMINUM
» BELLIMONTIS & heredem nobilis Johannis Cassardi prout dicte partes asserunt... de quo
» pretio ipse Dominus Tutor... ipsum Dominum Vallis & suos quittavit cum pacto de
» non petendo... investientes... devestientes... promittentes, &c. sub obligatione...
» predicta vendita dicto Emptori... deffendere... necnon & dictum mandamentum
» Lumbini lymytare... consentiendo... aponantur ipsi lymites; de quibus ipse Dominus
» sancte Agnetis procuratorio nomine quo supra petiit, & supradictus nomine... fieri, con-
» cessit, publicum instrumentum per nos Notarios infrascriptos.... Actum infra Ecclesiam
» Parrochialem Lumbini, presentibus nobilibus Johanne Berlionis, Petro Majan, Johanne
» Massonis & Domino Glaudio Colini, Cappellano... & nobis Notario subsignatis: Jo. GAU-
» TERII: JA. DULSA. » Et quia predictus Magister Jacobus Dulsa... prescriptum instru-
mentum elargitionis... manu sua scribserit... cum Magistro Johanne Gauterii, etiam
Notario demumque signaverit cum predicto Gauterii... Ideo ego Guigo Brugnodi, aucto-
ritate Dalphinali Notarius publicus vigore mee commissionis... à propriâ notâ Domini
Dulsa scriptâ... dicto Gauterii signatâ, manu mea propria,... grossavi prout in eadem
inveni... & hoc pro parte supranominate nobilis & generose Domine Anne de Arbiniaco,
Domine Vallis & Lumbini & dehinde hic me subscripsi, & in fine & pede mee presentis subscriptionis, signo meo manuali consueto signavi, cum ptenominato Magistro Gauterii penes
quem dicta notâ manu dicti Dulsa scripta remanente & existente in testimonium omnium
& singulorum premissorum : (Signé,) BRUGNODI. Et me Johanne Gauterii, de Lumbino
... Notario... qui in premissis omnibus, dum sic agebantur presens fui, cum supranomi-
nato Jacobo Dulsa, ipsaque omnia ipse Magister Dulsa & ego in notam sumpsimus manu
ipsius scriptam, ex quâ notâ Magister Guigo Brugnondi Notarius... manu suâ propriâ hoc
verum & publicum instrumentum.... in formam publicam reddegit requisitus pro parte
magnifici Domini Vallis & Lumbini ; deinde factâ collatione cum ipsâ propriâ notâ penes
me remanente, hic me subscripsi & signetum meum tabellionale consuetum, in principio
mee presentis subscriptionis apposui in robur & fidem omnium premissorum : (Signé de la
marque dudit Notaire.)

Requête de Laurent (I.er) de Beaumont, Seigneur de Beaumont & de Montfort, au Parlement de Grenoble.

Original inseré au Volume coté : VIALETTY, fol. 292=294.

Vers 1520. MAGNIFICI DOMINI, nobilis LAURENTIUS DE BELLOMONTE, Dominus Bellimontis & Montisfortis, minor viginti quinque annis, & absens à presenti patriâ, habet causam in manibus Magistri Chappusii, cum nobilibus Guigone Cocti & Margaritâ de Monteforti conjugibus, pretextu Veherie seu Bannerie Montisfortis, in qua ultimate, pro ejus parte, fuit productum Rescriptum Dalphinale, per quod mandatum fuit huic insigni Curie, quathenus Curiam constito sibi de expositis per ipsum Dominum BELLIMONTIS in dictâ causâ procederet in petitorio & posses-sorio simul; super quâ productione, dictum fuit per prefatam Curiam, quod rescriptum ipsum insereretur, & super illo haberetur respectus qualis de jure... non probantur in totum per actu maximè qualiter idem DOMINUS BELLIMONTIS est minor.....
Credit quod idem de Bellomonte est minor XXV annis, & nichil ad factum. Pro-ducens ulterius ad pleniorem justificationem, juris sui, instrumentum permutationis dudum factum de certis castris olim traditis per suos predecessores, cum Domino tunc Delphino, qui castrum & mandamentum dicti loci Montisfortis, tradidit eisdem suis predecessoribus, cum
mero,

mero, mixto imperio & altâ jurifdictione, & cum hominibus, vafallis, feudis, retrofeudis & aliis juribus quibufcumque, nichil juris in eo retinendo, exceptis folum Regaliis in viis publicis : prout in eo continetur. Quod inftrumentum eft receptum per Guigonem Frumenti & Johannem Amadrini, Notarios, fub anno millefimo tercentefimo quadragefimo tertio.

Item, pariter producit originale alterius inftrumenti, cujus copia aliàs fuit producta, & in proceffu inferta, homagii preftiti per Johannem Chaftagnii aliàs Rougerii, de Crolis, nobili AMBLARDO DE BELLOMONTE, Domino Bellimontis & Montisfortis, de anno Domini millefimo quatercentefimo tertio, decimâ octavâ Maii, recepti per Michaelem Vallini. ...

Et ulterius petit fcribi dicto Magiftro Chappufii, pro copiâ inftrumenti traditionis dicti Caftri Montisfortis, pro pignore, nobili Petro de Montefforti, ut fepe in hac caufa deductum fuit ; quodquidem inftrumentum eft infertum in proceffu olim agitato in manibus ejufdem Chappufii, ad caufam dicti caftri Montisfortis, inter partes predictas, & litteras opportunas fibi concedi, aut alias precipi eodem Magiftro Chappufii, ut ipfum inftrumentum ab eodem proceffu extrahere, & in prefenti inferere habeat.

Et pariter petit fcribi Magiftro Johanni Fontane, cuftodi papirorum Magiftri Rodulphi Fontane, Notarii condam Sancti Nazari, pro copiâ inftrumenti transhactionis olim facte, inter dictum nobilem Petrum de Monteforti ex una parte, & nobilem Matheum Pavyocti ex altera, fuper dictis Bannis ; & litteras opportunas fibi concedi, & ita ordinari, & fuper fingulis premiffis fibi provideri, & in cunctis jus & juftitiam fibi miniftrari, officium quod licet humiliter implorando. (*Signé*) : DE FONTE.

Première Enquéte dans le Procès de Laurent (I) de Beaumont, Seigneur de Beaumont & de Montfort, contre Guigues Coct & Marguerite de Monfort, fa femme.

Original inféré au Volume coté : VIALLETY *; fol. 37=61. Ce Vol. confervé aux Archives du Château de Baynac, en Périgord.*

« *Teftium quorumdam productorum & examinatorum pro parte nobilium Gui-*
» *gonis Cocti & Marguerite de Monteforti, conjugum, contra nobilem*
» *Johannem Maffonis, Caftellanum Montisfortis, necnon nobilem & poten-*
» *tem Dominum* LAURENTIUM DE BELLOMONTE, *modernum dicti loci*
» *Montisfortis Dominum, dicta & depofitiones.* »

SERIE hujufmodi infrafcripti examinis cunctis notum fiat, quod anno Domini millefimo quingentefimo vicefimo, & die veneris... quinta menfis Octobris, apud locum de Crolis mandamenti Montisfortis... coram me Petro Vialleti, Clerico fupreme Curie Parlamenti Dalphinalis approbato Commiffario... conftante fupplicatione decretatâ fuo loco inferius adjunctâ comparuit nobilis Guigo Cocti, confupplicans nomine fuo & ejus uxoris, qui ad probationem quorumdam articulorum exordientium *pro declaratione* & per dictos nobiles conjuges oblatorum in quâdam fupplicationis caufâ coram dictâ Parlamenti Curiâ morâ & pendente indecifâ inter dictos nobilem Guigonem Cocti & Margueritam de Monteforti, conjuges, fupplicantes ex unâ, & nobilem Johannem Maffonis, fupplicantem, necnon nobilem & potentem LAURENTIUM DE BELLOMONTE, Dominum Montisfortis in dictâ caufâ interventum partibus ex aliâ, produxit & nominavit michi dicto Commiffario in teftes inferius nominatos, ad hoc per Johannem Coronon, Servientem Delphini Frogiarum, ut retulit ... adjornatos, à quibus petii juramenta recipi corporalia in prefentiâ dictorum Johannis Maffonis & nobilis LAURENTII DE BELLOMONTE, fupplicantis & intervenientis adjornatorum per Heliam Boutacii, Clericum dicte Parlamenti Curie in perfonam tamen Magiftri Petri Galliani, eorum Procuratoris, & per dictum Servientem in perfonam propriam dicti Maffonis in dicto loco Lumbini, deinde ipfos teftes fuper ipfis articulis interrogari & examinari & eorum depofitiones poni fcripto fideliter.

Quiquidem teftes inde fuper fanctis Dei Evangeliis in noftris dicti Commiffarii manibus juraverunt in abfentiâ dicti fupplicantis & intervenientis, ut fupra adjornatorum, prefentiâ tamen Magiftri Johannis Gauterii, folicitatoris & negotiorum, ut afferuit, geftoris prefati nobilis LAURENTII DE BELLOMONTE, dicentes & deponentes omnimodam quam fciverunt de petendo ab eifdem veritatem, & qui tandem interrogati depofuerunt, ut gradatim fequitur.

Supplicatio decretata fupra mentionata hic eft juncta.

Magnifici Domini, nobiles Guigo Cocti & Marguerita de Monteforti, conjuges in caufâ fupplicationis quam habent... contra nobilem Johannem Maffonis, affertum Caftellanum Montisfortis, & nobilem LAURENTIUM DE BELLOMONTE, Dominum ipfius loci Montisfortis,

Ann. 1520,
5, 8, 10, 11, 12
& 24 Octobre.

dederunt non nullos articulos.... Placeat igitur juramentum ipforum teftium receptionem, & examen in obfervantiam edicti fuper hoc facti, committere nobili Johanni Chapufii, Secretario ipfius Cancellarii, feu ejus Subftituto approbato, & cuilibet in folidum fi placeat concedendo. ... *juxta ordinata*.

Et primo, probus vir Glaudius Latonis, Agricola loci & Mandamenti Montisfortis, etatis fue, ut afferuit, fexaginta octo annorum, vel circa, memorie vero bone quinquaginta octo, teftis, ut fupra productus juratus, & examinatus.

Primo, fuper primo, fecundo, tertio, quarto & quinto articulis predictorum articulorum, interrogatus fingulariter fuper fingulo & examinatus, deponit quod à tempore federis matrimonii inhiti, inter quondam nobilem Petrum de Monteforti, Dominum, dum viveret, Montisfortis, patremque nobilis Margarite de Monteforti, confupplicantis, & nobilem FRANCESIAM DE BELLOMONTE, quondam fororem DOMINI BELLIMONTIS & Montisfortis, & citra circa fuo videri per fpatium quadraginta annorum nuper decurforum, vidit & fcivit tam eumdem nobilem Petrum de Monteforti, quam poft eum, & à deceffu ipfius & citra refpective nobiles fupplicantes unum poft alium fuiffe & effe in quafi poffeffionem officii Bannerie Montisfortis ibidem mentionati, & pro illius exercitio creandi, faciendi & conftituendi in eodem loco & Mandamento Montisfortis, unum Bannerium pro dampnis per animalia infra ipfum Mandamentum Montisfortis illatis & inferendis, evictandis & reponendis ; quemquidem Bannerium, & illos qui pro tempore illo fuerunt per eofdem refpective creati, pariter vidit & fcivit dicto officio utendo fuiffe, & eft in poffeffione dicto durante tempore, animalia quecumque infra dictum Mandamentum Montisfortis dampnum & dampna inferentia, & que retroactis temporibus inibi intulerunt, faltim de dicto tempore capiendi, arreftandi, detinendi, & in arrefto infra curtem domus de Raconyeres, ibidem menandi, ponendi, donec eymendatis dictis dampnis & banno foluto dictis Officiatis five Banneriis predictis, feu Dominis ipfis, aut aliàs cum eis amicabiliter de hiis concordato, & ita ipfo tempore durante in eodem loco & Mandamento Montisfortis obfervari & uti fcivit & vidit fine contradictione, prout in dies fic utitur & obfervatur modernas, contradictione excepta caufe ; fic fciens, reddens, nam loquens ipfe qui eft & fuit ipfo tempore durante, & longe ultra continuus ipfius Mandamenti Montisfortis habitator vidit & fcivit, tam per tempus quondam nobilem Petrum de Monteforti, quam dictos fupplicantes refpective per diverfa temporum intervalla fuiffe pro dicto officio exercendo, ibidem conftitutos & creatos Bannerios, ut foliti funt conftituendi ad eorum beneplacitum ; quibufquidem Banneriis refpective de dicto tempore fcivit & vidit dicto officio utendo, plura animalia in ipfo loco & Mandamento Montisfortis groffa & minuta plurium habitantium ipfius Mandamenti Montisfortis etiam extraneorum, reperta fuiffe & capta, & in arrefto in curte domus predicte pofita & ibidem detenta, fingulariter certas equas vocatorum les Bocquars ipfius Mandamenti, etiam equas appellatorum les Peyriers, vaccas vocatorum les Jaquemons & Perrons, ac plurium aliorum, de quibus ad prefens non meminit. Aliter vero nec aliud de contentis in ipfis articulis fciret deponere, pluribus fibi factis interrogatoriis.

Super fexto & octavo articulis eorumdem articulorum medio omiffo, quia non fignato per teftes, examinatus dicit & deponit de contentis in eifdem fe tantum fcire & verum effe quod de tempore ibidem mentionato aut circa per dictum tempus idem teftis vidit, eodem exiftente quàdam die eidem prefentialiter irrecordata in ipfo loco Montisfortis, prope domum fupplicantium fuperius mentionatam, dum nobilis Johannes Maffonis, confupplicatus fecum certis aliis quorum ignorat nomen, cepit fex boves inibi in arrefto, ut dicebatur eo tunc per Bannerium ipforum nobilium fupplicantium in arrefto pofitos, ad caufam certi dampni per ipfos tunc illati, & illos ad Caftrum Montisfortis ultra, ut credit, velle ipforum nobilium fupplicantium, per Petrum Latonis conducere fecit ; aliud nefcit.

Super undecimo & ultimo vocis & fame articulo predictorum articulorum, intermediis de voluntate partis producentis obmiffis, examinatus dicit, per eumdem depofita effe vera ; & de aliis nefcire fuper generalibus interrogatoriis recte deponit.

Item, Glaudius Stay, Laborator Patrochie de Crolis, Mandamenti Montisfortis... deponit ut fequitur. ...

Item, probus vir Gabriel Pereyrati, Agricola parrochie de Crolis... deponit ut fequitur...

Item, probus vir Anthonius Colini, Laborator parrochie Crolarum.... deponit ut fequitur. ...

Item, Petrus Latonis, Laborator parrochie de Crolis... deponit ut fequitur. ...

Item, venerabilis Dominus Petrus Baquardi, Prefbiter Montisfortis.... Item, Dominus Jacobus Bruni aliàs Regis, Prefbiter Crolarum, Mandamenti Montisfortis.... Item, Petrus Rafculli, Laborator Patrochie Crolarum.... Item, Anthonius Drevoys, Laborator Patrochie de Crolis.... Item, Petrus Garduyn, Parrochie de Crolis.... Item, nobilis Glaudius de Hiftoriâ, Donatus, oriundus Sancti Romani, in Ducatu Sabaudie. ...

Alia Productio.

Succeffivè anno quo fupra Domini milleffimo quingentefimo vicefimo, & die octavâ menfis predicti Octobris, coram me affato Commiffario, ubi fupra comparuit Magifter Johannes Peyraudi, Notarius de Caftellario, procuratorio nomine... nobilium fupplicantium... produxit... teftes... quiquidem juraverunt... depofuerunt ut fequitur.

Et primo, probus vir Guigo Amblardi, Agricola parrochie de Croles... deponit ut fequitur.

DE LA MAISON DE BEAUMONT.

Primo, super primo, secundo, tertio, quarto & quinto articulis... dicit & deponit... verum esse quod circa viginti novissimè decurrerunt anni, aliter de tempore non recordatur, quibus nobilis Petrus de Monteforti, pater nobilis Marguerite de Monteforti, consupplicantis, in pignus à nobili de Monte-Aynardo, pro tunc Dominus Montisfortis... Seigneriam Montisfortis tenuit & possedit, à quoquidem tempore, & citra post eum nobiles supplicantes Bannum & officium Bannerie ipsius loci & Mandamenti Montisfortis, ut verè illius Domini & possessores respectivè habuerunt... prout adhuc dicti supplicantes habent... jura... ejusdem banni percipiendi, & unum Bannerium ad hoc per eosdem in ipso loco Montisfortis expressè deputatum pro illius exercitio, videlicet pro dampnis illatis... per animalia in ipso Mandamento Montisfortis reperiendis & evictandis habendi & creandi, & qui, ipso durante tempore, inibi ipsum Bannerium semper habuerunt... Quiquidem Bannerius est, fuitque, & alii qui pro tempore extiterunt... fuerunt in usu & possessione, animalia quecumque infra eumdem Mandamentum in dampnis... reperta... pro & nomine jam dictorum nobilium supplicantium nunc Bannerius, in ipso loco & Mandamento Montisfortis; eisdem quoque pro Banneriis plura animalia plurium ipsius Mandamenti Montisfortis habitantium, sicut equas Johannis Perati, equas Jacobi Bonet, equas Johannis Jaquemonis, & plurium aliorum quos nesciret nominare, capere in dampnis & in ipso loco de Raconyeres, prout supra dixit, detineri vidit & scivit; dicens etiam quod animalia ejusdem deponentis equina, fuere, dicto durante tempore, pluries per diversa temporis intervalla, per ipsum Bannerium ipsorum nobilium, etiam dicti nobilis quondam Petri de Monteforti capta in dampnis, & ibidem in ipso loco de Raconyeres, adducta & detenta, quibus Banneriis solvit bannum in talibus solvi solutum; ita deponit, nec aliter de contentis in ipsis articulis sciret deponere.

Super sexto & octavo articulis... dicit se nichil scire... super ultimo vocis & fame articulo... dicit quod per eumdem deposita sunt vera; de aliis se nescire... super generalibus interrogatoriis rectè deponit.... Item, honestus vir Guigo Petralis-Chapusius, Parrochie Crolarum.... Item, nobilis Glaudius Massonis, Habitator Parrochie Crolarum.... Item, Guichardus de Ponte aliàs Picacti, Laborator parrochie Crolarum. . . .

Alia Productio.

Postque anno quo supra Domini millesimo quingentesimo vicesimo, & die vicesimâ quartâ mensis Octobris, ... coram me prefato superius nominato Commissario, comparuit supradictus nobilis Guigo Cocti, suo & sue uxoris nominibus, qui ad probationem pleniorem suorum supradictorum articulorum produxit & nominavit michi ipsi Commissario in testem inferius nominatum ad hoc per Soffredum Godeti, servientem Dalphinalem, ut retulit adjornatum....

Nomen & cognomen ipsius testis, Magister Franciscus Secundi, Notarius civitatis Grationop ... deponit ut sequitur.

Primo, super primo, secundo, tertio, quarto & quinto articulis ... deponit fore verum quod circa triginta sex anni novissimè preterierunt, aliter de tempore non memoratur, quibus ipse loquens, quinque aut sex annis durantibus de Clerico & Receptore summe nobili Amblardo Chastagnii, Secretario Dalphinali, pro tunc Bannerio & possessore officii Bannerii Montisfortis ibidem mentionati in loco Crolarum dicti Mandamenti Montisfortis, quo durante vidit & scivit eidem nobili Amblardo Chastagnii dictum officium Bannerie sui suum .. tenere .. & habitus fuit palam & publicè jura emolumenta ipsius banni percipiendo & levando, illudque exerceri faciendo per quemdam ejus Bannerium, pro tunc ad hoc constitutum, ... cujus nomine ignorat, cum ipso durante tempore, eumdem officium pro eodem nobili Chastagnii, suo Magistro, infra ipsum Mandamentum Montisfortis exercere vidit & scivit palàm & publicè, nemine contradicente, sicuti animalia in dampnis reperta. . . . in dicto Mandamento, ipso tempore durante, capiendo, & illa ad domum nobilis Chastagnii adducendo, arrestando, & in arresto detinendo, donec banno & jura ipsius banni eidem Chastagnii soluta, & de ipsis dampnis per magistros talium animalium satisfacto. . . . Secum eodem Bannerio ad adducendum ad ipsam domum animalia que in dampnis ipse Bannerius reperierat, interdumque cum eodem bannerio ad ipsa animalia in dictis dampnis reperienda accedebat, & certis vicibus accessit, de quibus juribus & emolumentis predicti banni unum rotulum pro eisdem recuperandis faciebat pro dicto suo Magistro, quem rotulum post dicti Chastagnii obitum, nobili Anthonio Paviocti, heredi dicti Chastagnii, pro ut credit dicta banna exhigendo, tradidit & expedivit; quomodo nec qualiter ex post de ipso banno gestum fuerit nesciret deponere, super hoc interrogatus, nec aliud de contentis in ipsis articulis.

Super undecimo & ultimo vocis & fame articulo & generalibus interrogatoriis rectè, jam dicti testes superiùs nominati prout supra, . . in nostris substituti Commissarii manibus deposuerunt. (*Signé*): VIALLETI.

Seconde Enquête dans le Procès de Laurent (Ier) de Beaumont, Seigneur de Beaumont & de Montfort, contre Guigues Coct & Marguerite de Montfort, sa femme.

Original inséré au Volume coté : VIALLETY; fol. 68=104. Ce Vol. conservé aux Archives du Château de Baynac, en Périgord.

« Non nullorum testium depositiones productorum & indè examinatorum pro
» parte nobilium Johannis Massonis, Castellani Montisfortis supplicati &
» LAURENTII DE BELLOMONTE, moderni dicti loci Domini, intervenientis,
» contra nobiles Guigonem Cocti & Margueritam de Monteforti, conjuges
» supplicantes. »

8 Octobre 1520. CUNCTIS appareat manifestum quod anno Domini millesimo quingentesimo vicesimo, & die octavâ mensis Octobris, apud locum & Parrochiam, Crolarum Mandamenti Montisfortis.... Coram me Petro Vialleti, Clerico, insignis Curie Parlamenti Dalphinalis approbato Commissario ad supradicta peragenda per eamdem insignem Curiam Parlamenti Dalphinalis specialiter deputato, comparuerunt nobilis Johannes Massonis, supplicatus ejus nomine proprio, nec non Magister Johannes Gautherii, procuratorio nomine, ut asseruit, nobilis & potentis LAURENTII DE BELLOMONTE, Domini Montisfortis, tam conjunctìm quam divisim, qui, ad probationem contentorum in quibusdam articulis exordiendo, excipiendo adversus, tàm per dictum Massonis supplicatum, quàm prefatum DOMINUM BELLIMONTIS intervenientem, oblatis in quâdam supplicationis causâ, dudum coram dictâ Parlamenti Curiâ motâ & pendente indecisâ inter nobiles Guigonem Cocti & Margaritam de Monteforti, conjuges supplicantes ex unâ, & predictum nobilem Johannem Massonis, supplicatum, ac nobilem LAURENTIUM DE BELLOMONTE, in dictâ causâ intervenientem, partibus ex aliâ, produxerunt & nominaverunt michi ipsi Commissario in testes inferius nominatos. . . . . Nomina & cognomina ipsorum testium,

Supplicatio decretata hic est juncta.

Placeat magnifico Dalphinali Parlamento ad humilem supplicationem nobilium LAURENTII DE BELLOMONTE, Domini moderni Montisfortis & Johannis Massonis, sui Castellani, conjunctìm, receptionem juramentorum testium & examen ipsorum partium facienda ad probandum contentorum in articulis ipsorum partium traditis. . . concedendo . . ;

Et primo, probus vir Guigo Amblardi, Laborator parrochie Crolarum Mandamenti Montisfortis... deponit ut sequitur.

Primo, super primo, secundo, tertio & quarto articulis dictorum articulorum... dicit & deponit quod circa per tempus ibidem declaratum, tàm nobilis AMBLARDUS quàm LAURENTIUS DE BELLOMONTE inibi nominati pater & filius quos bene cognoscit loquens ipse, respectivè unus post alium, fuerunt Domini in solidum loci & Mandamenti Montisfortis ibidem pariter mentionati, prout est in presenti idem nobilis LAURENTIUS, proque talibus & ut tales, ipso durante tempore, fuerunt habiti in eodem Mandamento, apud notos, prout habetur jam dictus nobilis LAURENTIUS palam & notoriè, & qui nobiles AMBLARDUS & LAURENTIUS DE BELLOMONTE, jam dicto tempore durante in ipso loco & Mandamento Montisfortis habuerunt, & nunc ipse nobilis LAURENTIUS habet omnimodam juridictionem & potestatem, merumque & mixtum imperium, suosque Judicem, Castellanum, Procuratorem Fiscalem, & alios Officiarios, dictam exercentes juridictionem; quiquidem Officiarii, dicto durante tempore, in ipso loco & Mandamento Montisfortis, etiam totis sue ipsius deponentis memorie temporibus exercuerunt, exercent de presenti & exercere consueverunt dictas juridictionem & imperium, justitiamque omnibus & singulis subditis ejusdem nobilis LAURENTII DE BELLOMONTE, habitantibus in eodem Mandamento Montisfortis, ac etiam extraneis reddendo & ministrando, prout ponitur in articulis ipsis palam & publicè, ut scivit & vidit idem loquens... & ita deponit verum & notorium in dicto loco esse....

Super decimo tertio articulo ;.. deponit quod vivente nobili Petro de Monteforti, patre nobilis Marguerite de Monteforti, consupplicante superius nominato, idem loquens eidem nobili Petro de Monteforti, circa per spatium viginti annorum, & usque ad ejus obitum inclusivè vidit & scivit tenere & possidere ipsum locum & Mandamentum Montisfortis, cum juribus & pertinentiis universis, jura & emolumenta percipiendo & levando, proque Domino ipsius loci & vero possessore, ipso durante tempore habuisse & reputatus in ipso loco & Mandamento Montisfortis inter omnes de hiis notitiam habentes; quodquidem Mandamentum

DE LA MAISON DE BEAUMONT.

Montisfortis & Seignoriam tenuit & tenebat, ut publicè dicebatur in pignus à nobili de Monte-aynardo, quod etiam illud habebat & possidebat in pignus à nobili AMBLARDO DE BELLOMONTE quondam, seu veriùs ab ejus RELICTA, DOMINA IPSIUS loci Montisfortis, pro certâ pecuniarum summâ, que tandem fuit dicto quondam nobili Petro de Monteforti soluta & restituta per MODERNUM IPSIUS LOCI DOMINUM seu veriùs per ejus patrem; ita deponit verum esse, ut scivit & vidit circa quatuor aut quinque anni...

Item, Petrus Albi aliàs Verron, Agricola Patrochie de Croles.. deponit quod circà quatuor aut quinque anni.. quibus oblit.. nobilis Petrus de Monteforti, Dominus.. per tunc.. Montisfortis, à quoquidem tempore & citra... vidit nobiles AMBLARDUM & LAURENTIUM DE BELLOMONTE, ibidem nominatos, se bene cognoscere fuisse & esse unus post alium ipsius loci & Mandamenti Montisfortis respectivè Dominos, prout est de presenti ipse nobilis LAURENTIUS, interventus...

Item, Gabriel Pereracti, Laborator Parrochie Crolarum... deponit... quod nobiles AMBLARDUS & LAURENTIUS DE BELLOMONTE, pater & filius ibidem nominati respectivè unus post alium, fuerunt... Domini loci & Mandamenti Montisfortis, prout de presenti est idem nobilis LAURENTIUS...

Item, probus vir Anthonius Collini, Laborator Montisfortis... deponit.... verum fore quod à quatuor aut quinque annis proxime fluxis citra vel circa, nobiles AMBLARDUS & LAURENTIUS DE BELLOMONTE, pater & filius respectivè unus post alium... fuerunt Domini in solidum loci & Mandamenti Montisfortis, prout est... idem nobilis LAURENTIUS DE BELLOMONTE, habentes ibidem... in solidum totalem juridicionem, merumque & mixtum imperium & dominacionem, Judicem, Castellanum, Procuratorem Fiscalem, & alios Officiarios, per quos predicta exercetur juridicio, palàm & notoriè...

Alia productio.

Consequenter anno quo supra, & die decimâ mensis predicti Octobris, apud locum jam dictum Crolarum, Mandamenti Montisfortis... testes... deposuerunt ut sequitur.

Et primo Johannes Jay aliàs Gudy, Parrochie & Mandamenti Lumbini Laborator.

Primo, super primo, secundo, tertio & quarto articulis... dicit & deponit quod, suo videri circa per tempus quatuor annorum ibidem declaratum, nobiles LAURENTIUS & AMBLARDUS DE BELLOMONTE, pater & filius in articulis ipsis nominati respectivè unus post alium, fuere, prout est de presenti ipsis nobilis LAURENTIUS, Domini in solidum loci & Mandamenti Montisfortis, & qui, ipso tempore durante, ibidem habuerunt, prout habet prefatus nobilis LAURENTIUS, omnimodam juridictionem, altam & bassam, merumque & mixtum imperium, ac dominationem, suos Judicem, Castellanum, Procuratorem Fiscalem, Graffarium & ceteros Officiarios necessarios predictam juridictionem exercentes palàm & publicè, proque talibus habiti fuere, & reputatur idem nobilis LAURENTIUS in pre*sentiarum*, & quiquidem Officiarii, ipso durante tempore, etiam totis sue ipsius deponentis memorie temporibus infra eumdem Mandamentum, tam pro prefatis nobilibus AMBLARDO & LAURENTIO DE BELLOMONTE, tempore quo fuerunt ejusdem loci & Mandamenti Montisfortis Domini, quod pro aliis ante eos Dominis exercuerunt & exercere consueverunt, ac exercent presentialiter dictam juridictionem & merum imperium, reddendo & ministrando omnibus & quibuscumque subditis ipsius Mandamenti Montisfortis, equidem aliis extraneis, bonam & brievem justitiam prout articulariter, ut scivit & vidit idem loquens. :.

Super decimo tertio articulo... deponit quod, vivente nobili quondam Petro de Monteforti, patre nobilis Marguerite de Monteforti, consupplicantis, eidem scivit & vidit pluribus annis tenere & possidere Castrum, locum & Mandamentum Montisfortis predictum, ut suum & tanquam suum proprium, quodquidem Mandamentum & locum, ut dici audivit publicè in ipso loco Montisfortis tenebat in pignus pro certâ pecuniarum summâ que ex post fuit, ut credit, nobilibus supplicantibus restituta, adeò quod illud nobilis AMBLARDUS DE BELLOMONTE, voce & famâ publicè referente, redemit; aliud nescit.

Super decimo quinto articulo... deponit quod ante oblationem supplicationis, super quâ presens causa suum habuit exordium, dicto eidem tempore oblationis ejusdem... nobilis Johannes Massonis ibidem nominatus, erat, fuit & est pro dictis nobilibus AMBLARDO & LAURENTIO DE BELLOMONTE in dicto loco & Mandamento Montisfortis Castellanus, proque tali & ut talis habebatur, habetur & reputatus fuit palàm & notoriè, dictum officium castellanicum exercendo, ut scivit & vidit.

Item, Petrus Franconis dit Menun, Agricola Patrochie Lumbini... deponit se bene cognoscere nobiles AMBLARDUM & LAURENTIUM DE BELLOMONTE, patrem & filium.... quos vidit... fuisse & esse Dominos loci & Mandamenti Montisfortis....

Item, Johannes Brandonis, Agricola Patrochie Lumbini... dicit quod nobiles AMBLARDUS & LAURENTIUS DE BELLOMONTE, pater & filius... unus post alium fuerunt Domini loci & Mandamenti Montisfortis....

Item, Michael Franconis, Laborator Lumbini...

Item, Johannes Falconis, dit Gober, affanator Parrochie Lumbini... dicit quod circa quatuor anni.. quibus nobilis AMBLARDUS DE BELLOMONTE ibidem nominatus, quem dicit se bene cognoscere locum & Mandamentum Montisfortis... à nobilibus supplicantibus redemit, voce & fama ita publicè differentibus... tam ipse nobilis AMBLARDUS DE BELLOMONTE, certo tempore, quam nobilis LAURENTIUS DE BELLOMONTE ejus filius, unus post alium, fuerunt Domini ipsius loci & Mandamenti Montisfortis, prout est de presenti idem nobilis LAURENTIUS....

Alia productio.

Successive anno quo supra Domini millesimo quingentesimo vicesimo, & die undecimâ mensis Octobris... Commissario superius nominato, comparuit prefatus Magister Johannes Gauterii, quo supra nomine qui, pro ampliori probatione jam dictorum articulorum, produxit & nominavit michi jam dicto Commissario in testes inferius nominatos ad hoc, per quem superiùs Servientem, ut retulit, & de nostro mandato adjornatos, à quibus petiit in presentiâ dictorum Dominorum supplicantium, si compareant, alioquin in eorum contumaciam, juramenta recipi corporalia, deinde ipsos super predictis articulis interrogari & examinari, & eorum dicta & depositiones... scripto poni... Testes... adjornati... deposuerunt ut sequitur.

Et primo, nobilis Amblardus de Challanderia, Habitator Crolarum... Primo, super primo, secundo, tertio & quarto articulis, dicit & deponit quod nobiles AMBLARDUS & LAURENTIUS DE BELLOMONTE, ibidem nominati, pater & filius quos dicit se bene cognoscere, unus post alium à tempore ibidem declarato, citra respectivè fuerunt, prout est idem nobilis LAURENTIUS, Domini loci & Mandamenti Montisfortis ibidem nominati, & pro talibus habiti fuere & habetur jam dictus nobilis LAURENTIUS palàm & publicè, & qui durante ipso tempore habuerunt prout habet idem nobilis LAURENTIUS in presen*tiarum* in eidem loco & mandamento Montisfortis, omnimodam juridictionem, altam & bassam, merumque & mixtum imperium, suosque Judicem, Castellanum, Procuratorem Fiscalem, & ceteros Officiarios necessarios pro dictâ exercendâ jurisdictione, & qui Officiarii, retroactis temporibus ibidem, tam prefatis nobilibus AMBLARDO & LAURENTIO DE BELLOMONTE, à jam dicto tempore citra quàm aliis ante eos ipsius loci & mandamenti Montisfortis Dominis, ipsam juridictionem exercuerunt & exercent de presenti.... (*Signé*): AMBLARDUS DE CHALENDERIA.

Item, Raymondus Oysencii, dict Rasclo, Cordanerius Parrochie Crolarum.... Item, Johannes Merguini, Laborator Parrochie & mandamenti Sancti Yllarii.... Item, Michael Desiderii, Laborator loci & mandamenti Sancti Yllarii.... Item, Guigo Perrardi, Chapusius parrochie de Crolis....

Alia productio.

Ceterum anno quo supra, & die duodecimâ mensis Octobris, ubi supra novissimè, & coram me predicto Commissario... testes... juraverunt.... &... deposuerunt ut sequitur.

Et primo, Bonetus Poncini dit Roux, loci de Crapono... deponit ut sequitur....

Item, Guigo Desiderii, Laborator Parrochie Brengnini... Item Glaudius Oysencii, Parrochie Bregnini... Item, Petrus Turti, loci de Campo... Item, Petrus Eymini, Parrochie de Campo... Item, probus vir Guigo Eymini, Laborator Parrochie Campi... Item, Franciscus Coctini, Marescallus, de Campo....

Ita, prout superiùs continetur & describitur, predicti testes supra nominati in nostris subdicti Commissarii manibus deposuerunt. (*Signé*) VIALLETI.

Troisieme Enquête dans le Procès de Laurent (I) de Beaumont, Seigneur de Beaumont & de Montfort, avec Guigues Coct & Marguerite de Montfort, sa femme.

Original inséré au Volume coté : VIALLETY, fol. 161=175. Ce Vol. conservé aux Archives du Château de Baynac, en Périgord.

« Nomina & depositiones nonnullorum testium pro parte nobilis & potentis
» LAURENTII DE BELLOMONTE, Domini Montisfortis, contra nobiles
» Guigonem Cocti & Margueritam de Monteforti, conjuges, ad causam
» Veyrie dicti loci Montisfortis productorum & examinatorum. »

Juillet 1523.

UNIVERSIS & singulis appareat manifestum, quod anno Dominice Nativitatis labente Domini millesimo quingentesimo vicesimo tertio, & die tertiâ mensis Julii, apud Parrochiam de Crolis, mandamenti Montisfortis, coram me Petro Vialleti, Notario Dalphinali, & Clerico insignis Curie Parlamenti Dalphinalis approbato Commissario, ad infra scripta peragenda, per ipsam insignem Curiam Parlamenti Dalphinalis specialiter deputato... comparuit honorabilis vir Magister Johannes Gauterii, Castellanus dicti loci Montisfortis, Procuratorio nomine, ut asseruit, dicti nobilis LAURENTII DE BELLOMONTE, qui ad probationem contentorum in qui-

DE LA MAISON DE BEAUMONT. 471

buſdam articulis incipientibus *in causâ supplicationis*, per eumdem nobilem & potentem LAU-
RENTIUM DE BELLOMONTE, Dominum dicti loci Montisfortis, datis in quâdam causâ supplicationis, pridem coram dictâ insigni Curiâ Parlamenti Dalphinalis motâ & vertente indecisâ,
inter dictos nobiles Guigonem Cocti & Margueritam de Monteforti, conjuges supplicantes
ex unâ, & nobilem Johannem Massonis, supplicantem, necnon dictum nobilem & potentem
LAURENTIUM DE BELLOMONTE, interventum, ex aliâ partibus, produxit michi Commissario
in testes inferius nominatos, adjornatos, per Petrum Sinemoz, Servientem ordinarium dicti loci,
ut retulit, à quibus petiit juramenta recipi corporalia, in presentiâ dictorum nobilium supplicantium, adjornatorum, per Anthonium Charrelli, Clericum dictæ Parlamenti Curiæ, in personâ Magistri Benedicti de Bons, eorum, in dictâ causâ Procuratoris & Domini litis, si
compareant, alioquin in eorum contumaciam . . . . deinde eosdem testes
super ipsis articulis interrogari & examinari, illorumque dicta & depositiones scripto fideliter
reddigi.

Quiquidem testes inde juraverunt . . . & . . . deposuerunt ut sequitur.
Nomina & cognomina ipsorum testium sunt hec.

Supplicatio decretata superius mentionata hic est adjuncta.

Magnifici Domini, nobilis LAURENTIUS DE BELLOMONTE, Dominus Bellimontis & Montisfortis, in causa supplicationis quam habet . . . cum nobili Guigone Cocti & Margerita de
Monteforte, conjugibus, pretextu Bannorum dicti Mandamenti Montisfortis, dedit certos
articulos sui juris & suæ intentionis latioris declaraturos, qui eidem ad probandum fuerunt
admissi, stante assignatione, ad diffiniendum in dictâ causâ, commissâque testium examinan-
dorum super eisdem, juramentorum receptio, & examinato Secretario dictæ causæ, seu ejus
substituto approbato, & quia idem Substitutus Secretarii est in partibus proximè accessurus,
placeat eidem committere testium predictorum juramentorum receptionem & examen, insequendo edictum super hoc factum decretum, si placeat concedendo. *Committatur juxta
supplicata.*

Et primo honestus vir Reymondus Oysencii aliàs Rasculli, Cordanerius Parrochiæ Crolatum,
Mandamenti Montisfortis, deponit ut sequitur.

Primo, super secundo articulo predictorum articulorum . . . deponit pluriès vidisse & benè re-
cognovisse nobilem Petrum de Monteforti, in dicto articulo nominatum, quondam, qui de
Monteforti, ante ejus obitum, spatio duodecim annorum continuorum habuit. . . . .
Castrum & segnoriam dicti loci & mandamenti Montisfortis, ut sua & tanquam sua propria
proque Domino dicti loci Montisfortis, & vero possessore ipsorum Castri, segnorie & juridictionis
ac jurium & pertinentiarum illorum, fuit durante ipso tempore, in dicto loco & mandamento
Montisfortis, publicè habitus . . . inter omnes de eodem notitiam habentes; census, redditus,
emolumenta & fructus dicti castri & seignorie percipiendo, & in suos usus convertendo, ut
scivit & vidit idem loquens . . . . & tenuit ipsum Castrum, durante eodem
tempore, idem nobilis Petrus de Monteforti in pignus, ut dicebatur, à nobilibus de Monte-
aynardo, pro certâ pecunie summâ eisdem traditâ, qui nobiles Domini de Monte-aynardo
ipsos Castrum & seignoriam tenebant anteà, prout etiam dicebatur pro quâdam dote; que
summa inde fuit ut fertur publico sermone jam dicto nobili Petro de Monteforti, seu suis
heredibus per DOMINUM MODERNUM BELLIMONTIS restituta, qui eosdem Castrum & seignoriam
ab ipsâ redemtione, & citra tenuit & possedit, prout tenet & possidet, ut sua & tanquam
sua propria, palam & publicè, ut scivit & vidit; aliud nescit.

Super undecimo articulo . . . deponit quod ipse pluriès vidit & benè cognovit nobilem
Amblardum Chastagnii, Civem, dum viveret, civitatis Grationopolis, & Secretarium Dalphinalem nominatum in dicto articulo; qui nobilis Amblardus Chastagnii de dicto tempore suæ vitæ,
etiam suæ mortis habebat & tenebat in dicto loco de Crolis, Mandamenti jam dicti Montisfortis,
unam Domum fortem & plura alia bona, tàm mobilia quàm immobilia, ut sua & tanquam sua
propria, etiam habuit . . Veyriam inibi mentionatam, ut suam . . & pro possessore illius & Domino
trini habitus fuit in dicto loco & Mandamento Montisfortis tentus & reputatus; quam Veyriam
exercere faciebat per Servientem dicti loci Montisfortis, quos comperiebantur dampnum
inferentes in aliquibus prediis & pressis eorumdem, in dicto mandamento Montisfortis capiendo
& arrestando, Banagiumque, occasione premissorum, debitum percipiendo & exhigendo, ut
scivit & vidit. Si vero idem nobilis Amblardus Chastagnii fuerit successor nobilis Johannis
Chastagnii, ut in ipso articulo ponitur, nesciret deponere; quia non vidit nec novit dictum
nobilem Johannem Chastagnii, bene tamen id audivit dici à pluribus antiquis personis dicti
mandamenti Montisfortis, diû est mortuus, de quibus non recolit, & aliud nescit de contentis
in ipso articulo.

Super duodecimo articulo interrogatus deponit quod idem nobilis Amblardus Chastagnii
obiit in dicto loco de Crolis, triginta anni novissimè & ultra preterierunt, quem inhumare
vidit infra Ecclesiam dicti loci, in quâdam suâ capellâ, nullis sibi superstitibus liberis relictis,
causam suæ scientie reddendo, quia eo defuncto, suis bonis & hereditate successit quidam
Prior Sancti Nizezii ejus frater, cujus nomen ignorat, ex eo quia idem nobilis Amblardus Chas-

tagnii deceſſit abſque liberis; & mortuo dicto Priore, in eiſdem bonis & hereditate ſucceſſit nobilis quondam Matheus Pavyocti, qui eadem bona reſpectivè tenuerunt & poſſiderunt unus poſt alium, prout adhuc illa tenent & poſſident heredes dicti Pavyocti, ut ſcivit & vidit.

Super viceſimo tertio... & quinto articulis... ſe tantum ſcire de contentis in eiſdem, quod mortuo dicto Domino Priore Sancti Nizeſii, ſucceſſore, ut jam dixit dicti condam Amblardi Chaſtagnii, videlicet ante tempus tranſactionis in dictis articulis declaratæ, dictus nobilis Petrus de Monteforti tunc tenens, ut ſupra dixit dictum Caſtrum & ſeignoriam Montisfortis, venit quâdam die de quâ non meminit, ad ipſum loquentem, necnon nobilem Guillelmum Maſſonis, Gaſpardum Bruni, & certos alios dicti mandamenti Montisfortis mortuos, ipſis tunc exiſtentibus ſimul congregatis in domo dicti loquentis, & eos rogavit ut irent, nomine ipſius, tentum garniſonem in domo & aliis bonis que condam fuerant dicti nobilis Amblardi Chaſtagnii, quoniam dictus Prior Sancti Nizezii in dicta domo obierat de certâ, ut dicebatur, infirmitate contagioſâ, abſque ſucceſſore nec herede; & quod omnia ipſa bona, ad eumdem tamquam Dominum dicti loci pervenerant & ſpectabant : & quod illis bene ſatisfaceret de ſuis penis & laboribus; qui loquens & alii ſupradicti, illicò ad ipſam domum acceſſerunt, & infra domum ſe intruſerunt nomine ejuſdem nobilis Petri de Monteforti, ubi tenuerunt poſt modum garniſonem, ſpatio quinque aut ſex ſeptimanarum, quibus lapſis, prefatus nobilis Petrus de Monteforti ad eos, ad ipſam domum venit, & illis dixit quod recederent ab ipſa domo, quoniam fecerat tranſactionem & appunctuamentum cum ſupra dicto nobili Matheo Pavyocti, occaſione dictorum bonorum & hereditatis in quoquidem appunctuamento, idem nobilis Matheus Pavyocti ceſſerat & remiſerat eidem nobili Petro de Monteforti Bannum ſeu Veyriam dicti Mandamenti Montisfortis ibidem mentionati, unà cum ſeptem ſeſtariis bladi cenſus, quod ipſe Chaſtagnii ab eodem in pignus tenebat, necnon omnes linguas bovum qui infra dictum Mandamentum eſcoriabantur & occidebantur; & quod hiis mediantibus dictus nobilis Petrus de Monteforti, dicto Pavyocti quittaverat omnia alia ipſius Chaſtagnii bona, omniaque jura & actiones, que & quas, in dictis bonis habebat, & habere poterat; & hiis dictis receſſerunt ab eâdem domo: dicens inſuper vidiſſe & ſciviſſe dicto nobili Petro de Monteforti, ab ipſo tempore uſque ad ejus obitum, tenere & poſſidere dictam Veheriam, ſeu Banneriam, ut ſupra, & tanquam ſuam propriam, animalia in dampnis infra eumdem Mandamentum comperta, capiendo & arreſtando, ſeu capi & arreſtari per ejus ſervientem faciendo ; Bannumque horum occaſione debitum à magiſtris talium animalium exhigendo, & exhigi faciendo publicè & palam, ceteraque alia faciendo, ut ſcivit & vidit.

Super triceſimo articulo... dicit... per eumdem depoſita eſſe vera, & de aliis neſcire.

Super generalibus interrogatoriis rectè deponit; dicit tamen quod eſt homo juridictionalis & ſubditus dicti Domini Bellimontis in eodem loco Montisfortis, propter hoc non depoſuit, nec deponere vellet, niſi puram veritatem.

Item nobilis Anthonius Panyocti, loci de Crolis, mandamenti Montisfortis.... Item diſcretus vir Magiſter Anthonius Charmini, Notarius Dalphinalis loci Crolarum.... Item honeſtus vir Henricus Amaberti, Sartor parrochie Crolarum.... Item probus vir Guigo Amblardi, Laborator loci de Crolis.... Item vir diſcretus Magiſter Johannes Pererii, Notarius Dalphinalis loci Crolarum....

Alia productio.

Conſequenter anno quo ſupra, & die quartâ dicti menſis Julii... comparuit dictus Magiſter Johannes Gauterii, nomine quo ſupra, qui ad probationem latiorem deductorum in dictis articulis, produxit & nominavit michi ipſi Commiſſario in teſtem inferius nominatum....

Et primo probus Agricola Blaſius Amblardi, loci de Crolis, Mandamentis Montisfortis.... depoſuit ut ſequitur.

Primo, ſuper ſecundo articulo... deponit quod predictus nobilis Petrus de Monteforti, nominatus in dicto articulo tenuit & poſſedit, dum viveret, viginti annis continuis & ultra, & uſque ad ejus deceſſum incluſivè, Caſtrum & ſegnoriam Montisfortis ibidem mentionati, reddituſque, cenſus, jura, emolumenta & revenurum illorum percepit, & levavit, durante eodem tempore, tanquam Dominus, & pro tali fuit in dicto loco & Mandamento Montisfortis publicè, inter ſuos notos & habitus Dominus certus & reputatus ; & tunc dicebatur, prout ex poſt dictum fuit, in dictis loco & Mandamento Montisfortis pluries, quod ipſe nobilis Petrus de Monteforti dictos Caſtrum & ſegnoriam tenebat in pignus à Domino Bellimontis, pro certâ pecunie ſummâ, que ſumma indè fuit eidem nobili Petro de Monteforti, ſeu ſuis heredibus reſtituta per Dominum modernum Bellimontis ut ita diù etiam audivit, eumdemque Caſtrum & ſegnoriam dicto Domino Bellimontis fuerunt reſtituta, & dictum Caſtrum & ſegnoriam ad preſens tenet & poſſidet ; & ita dixit, ut ſcivit, vidit & audivit ipſe loquens....

Ut ſupra continetur, depoſuerunt teſtes in noſtris dicti Commiſſarii ſubſcripti manibus. (Signé) Vialleti.

Procuration

DE LA MAISON DE BEAUMONT. 475

Procuration passée par Laurent Alleman, Evéque de Grenoble, à Jean Ferrand, Prieur de Nacon, pour rendre compte en son nom de la Tutèle que ce Prélat avoit eue de LAURENT DE BEAUMONT, son neveu.

Copie du temps, signée, VOLONIS & PLATELLI, à la suite dudit compte de Tutèle, conservée aux Archives du Château de Baynac, en Périgord.

« *Procuratorium passatum per Reverendissimum Dominum Laurentium*
» *Alamandi, Episcopum & Principem Grationopolitanensem.* »

IN NOMINE Domini, amen. Noverint universi & singuli presentes, pariter & futuri, quod anno Dominice Incarnationis currentis millesimo quingentesimo vicesimo nono, & die tertiâ mensis Augusti, coram me Notario publico subsignato, & in presentiâ testium inferiùs nominatorum, existens & personaliter constitutus, propter ea que sequuntur supradictus Reverendissimus Dominus Laurentius Alamandi, Episcopus & Princeps Grationopolitanensis, qui sciens certus, prudens, ex ejus certâ scientiâ, omnibus melioribus modo, viâ, jure & formâ, quibus meliùs fieri potest & debet, citrà suorum Procuratorum hactenùs per eum constitutorum revocationem, suum de novo facit, creat, constituit & solemniter ordinat Procuratorem generalem & Nuntium specialem, ita tamen quod generalitas specialitati non deroget, nec è contra videlicet venerabilem & egregium Dominum Johannem Ferrandi, Priorem Prioratûs de Nacone, Vicarium suum Generalem Episcopatûs sui Grationopolitanensis, licet absentem tanquam presentem, specialiter & expressè, ad, pro & nomine prelibati reverendissimi Domini constituentis, reddendum computa de gestis & administratis receptis & exactis per ipsum Reverendissimum Dominum constituentem, & alios ejus nomine circa tutelam, regimen & administrationem persone & bonorum nobilis LAURENTII DE BELLOMONTE, filii nobilis AMBLARDI DE BELLOMONTE, Domini Bellimontis, & hoc pro tempore quo jam dictus Reverendissimus Dominus constituens extitit tutor & administrator persone & bonorum prefati nobilis LAURENTII DE BELLOMONTE, ipsis nobilibus AMBLARDO & LAURENTIO DE BELLOMONTE, patri & filio, tàm conjunctìm quàm divisìm, & coram Dominis arbitrandis per eosdem de Bellomonte & ipsum Dominum Ferrandi eligendis & ad eligendum arbitros, pro parte dicti Reverendissimi Domini constituentis, & eos nominandum ad ipsa computa audiendum & concludendum; necnon de eisdem gestis & administratis transfigendum, componendum, pacifficandum, concordandum & appunctuandum cum eisdem nobilibus AMBLARDO & LAURENTIO DE BELLOMONTE, obligandumque propterea personam & bona quecumque ejusdem Reverendissimi Domini constituentis, & alia faciendum, dicendum, gerendum, exercendum & procurandum circa premissa que erunt necessaria, & que prelibatus Reverendissimus Dominus constituens faceret & facere posset, si in eis personaliter interesset, etiam si talia forent que de se mandatum magis exigerent speciale quam suprà sit expressum; promittens prelibatus Reverendissimus Dominus Episcopus & Princeps Grationopolitanensis per juramentum suum proprium, per eum manus ad pectus, more Dominorum Prelatorum ponendo prestitum, & sub speciali & expressâ obligatione & ypothecatione omnium & singulorum bonorum suorum mobilium & immobilium Ecclesiasticorum & mundanorum presentium & futurorum quorumcumque, omne id & quidquid per supradictum Dominum Johannem Ferrandi, ejus Procuratorem supra constitutum actum, gestum, concordatum, pacifficatum, conclusum, transactum & promissum, occasione & pretextu premissorum dependentium, emergentium & connexorum ex eisdem, ratum, gratum, validum & firmum perpetuò habere, & contra non venire nec venire volenti consentire, stareque ac judicio sisti & judicatum solvere in formâ relevans insuper & relevatum esse volens affatus Reverendissimum Dominum constituens jam dictum Dominum Johannem Ferrandi, ejus Procuratorem, ut premittitur constitutum, ab omni onere satisdandi cum aliis promitionibus, datihabitionibus, satisdationibus, relevationibus & ceteris clausulis opporrunis, juramento simili prelibati Reverendissimi Domini constituentis firmatis, supponendo se propter ea, & obligando ac omnia bona sua predicta quecumque, quantum opus est omnibus Curiis Ecclesiasticis ad premissa attendendum, observandum & complendum cum & sub omni juris & facti renuntiatione ad hec necessaria pariter & cautheli; de quibus premissis omnibus & singulis jam dictus Reverendissimus Dominus Episcopus & Princeps Grationopolitanensis fieri voluit & concessit per me Notarium prefatum subsignatum hujusmodi publicum instrumentum ad opus supradicti Domini Johannis Ferrandi, Procuratoris ut supra constituti, necnon omnium aliorum & singulorum quorum interest, intererit aut imposterum quomodolibet interesse poterit, & tot quot fuerunt necessaria, etiam ad dictamen sapientum, si opus fuerit, facti tamen substantiâ in aliquo non mutatâ. Acta fuerunt premissa

3 Août 1529.

Vienne, in Clauſtro Sanɗe Viennenſis Eccleſie, in domo habitationis Reverendi Domini Aymari Maligeronis Decani ejuſdem Sanɗe Viennenſis Eccleſie, & datâ, anno & die quibus ſupra; preſentibus ibidem nobili & venerabili Domino Ennemondo Rollandi, Canonico Eccleſie Cathedralis Beate Marie Grationopolitanenſis; nobilibus & potentibus Glaudio de Poyſiaco, Domino Paſſagii, Franciſco Alamandi, Domino de Cenas, & Franciſco de Botcezello, Domino de Caſtellario, teſtibus ad premiſſa aſtantibus, vocatis ſpecialiter & rogatis ac adhibitis, & me Notario publico prefato ſubſignato: Maliardi.

Facta fuit collatio preſentis copie cum proprio originali cum quo concordat, & inde extracta per nos Notarios ſubſignatos. (*Signé*) VOLONIS & PLATELLI.

Compte de Tutèle rendu par Laurent Alleman, Evêque de Grenoble à LAURENT (Ier) DE BEAUMONT, *Seigneur de Beaumont, ſon neveu; à la ſuite ſont les payemens faits par l'Evêque de Grenoble, dans le temps qu'il a géré cette Tutèle.*

Original en papier, conſervé aux Archives du Château de Baynac, en Périgord.

« *Computus quem reddit Reverendus in Chriſto Pater Dominus Laurentius*
» *Alamandi, Epiſcopus Grationopolitanenſis, nobili* LAURENTIO DE
» BELLOMONTE, DOMINO BELLIMONTIS, *ejus nepoti, de adminiſtratis*
» *per eum, in & de bonis dicti* DOMINI BELLIMONTIS, *ab anno Domini*
» *milleſimo quingenteſimo decimo ſeptimo, quo fuit ipſe Reverendus Do-*
» *minus Epiſcopus, deputatus Tutor ipſius* DOMINI BELLIMONTIS, *uſque*
» *ad nunc.* »

Ann. 1529. PRIMO dicit ipſe Reverendus Dominus quod poſt tempus dationis dictæ tutelæ, omnia & quecumque bona dicti DOMINI BELLIMONTIS fuerunt ſemper uſque ad nunc tradita per arrendamenta particularibus accenſatoriis ſuorum bonorum & maxime Magiſtro Johanni Gauterii, Lumbini, qui partem ipſorum bonorum in arrendamentum tenuit & de reliquis generalem adminiſtrationem habuit ſub dicto Reverendo Domino, & qui Gauterii inde de dictis bonis, tam, de hiis que habuit in arrendamento quam aliis, reddidit pro quolibet anno particularia computa ſua dicto Reverendo Domino Epiſcopo, & que computa fuerunt tradita dicto Domino Bellimontis uſque ad diem preſentem, quo idem Gauterii reddidit computum pro quatuor annis proximè lapſis, ſcilicet milleſimo quingenteſimo viceſimo quinto, viceſimo ſexto, viceſimo ſeptimo & viceſimo octavo, & reliquatum omne ſolvit; & ideo idem Dominus Epiſcopus, medio dictorum computorum dicti Gauterii, erga dictum Dominum Bellimontis remanet quitrus de revenutis & redditibus dictorum bonorum. Verum quod idem Dominus Epiſcopus dictis annis durantibus aliquando à dicto Gauterii & de redditu dictorum bonorum accepit certas particulares ſummas & etiam certas preiſias vinearum, de ipſis ideo reddit computum, ut infra deſcribitur; & quoad bona mobilia, quia illa ſemper remanſerunt in domibus dicti Domini Bellimontis, abſque eo quod ipſe Dominus Epiſcopus umquam de eiſdem aliquid adminiſtraverit, ideo nullus de illis tenetur computus, cum ſint in dictis domibus.

Summe ſupramentionate particulares, ut ſupra recepte per dictum Dominum Epiſcopum & fructus vinearum.

Primo, anno Domini milleſimâ quingenteſimo viceſimo, & die viceſimâ menſis Auguſti, recepit à prefato Magiſtro Johanne Gauterii, Arrendatario & Receptore Generali Domini LAURENTII DE BELLOMONTE, Domini Bellimontis, pupilli, ſummam quadraginta quinque ſcutorum ad ſolem, valentium centum & quinquaginta florenos, conſtante quittantiâ Reverendo Domino redditâ in primo computo dicti Gauterii. . . . . CL. fl.

Item, de anno Domini milleſimo quingenteſimo viceſimo primo, & die decimâ nonâ menſis Auguſti computat recepiſſe à dicto Magiſtro Johanne Gauterii, Arrendatario & Receptore ſummam ducentum florenorum, conſtante quittantiâ datâ, & inde in computis primis redditâ ideo. . . . . II. C. fl.

DE LA MAISON DE BEAUMONT. 475

Item, de anno Domini millesimo quingentesimo vicesimo quarto, & die decimâ nonâ Septembris, computat recepisse ab eodem Johanne Gauterii, arrendatario & receptore predicto, summam quater viginti scutorum solis valentium ducentum sexaginta sex florenos & octo solidos; ideò hic constante quittantiâ datâ & redditâ in dictis primis computis. II. CLVI. fl. VIII. s.

Item, de anno Domini millesimo quingentesimo vicesimo octavo, & die decimâ tertiâ mensis Septembris, computat recepisse ab eodem Johanne Gauterii, arrendatario & receptore predicto summam sex viginti scutorum solis valentium quatercentum florenos, & constante quittantiâ, ut supra datâ & redditâ in ultimis computis dicti computi; ideò. . . IIII. c. fl.

Item, computat recepisse ab eodem Johanne Gauterii, arrendatario & receptore predicto de anno Domini millesimo quingentesimo vicesimo nono, & die vicesimâ secundâ Januarii, videlicet quinquaginta scuta solis valentia centum & sexaginta sex florenos & octo solidos, constante quittantiâ redditâ in ultimis computis; ideò hic. . . . . . CLXVI. fl. VIII. s.

Item, computat recepisse preysiam vinearum Sancti Mattini Vinosii habitarum in bonis condam Cassardi, de quo primo anno Reverendus Dominus Episcopus condam fecit plura dona vini in illis excrescentis, favore sive obtente & aliis annis sequentibus, saltem pro majori parte solvit certam pensionem decem flormatarum Domino de Fonte, pro consilliis in causis Domini Bellimontis, & durantibus dictis preysiis fuerunt certe valdè steriles & tenues, & factura earumdem vinearum valdè cara, & proptereà de consensu ambarum partium non fit comparatio valoris dictarum preysiarum, & consentiunt ambe partes quod attentis premissis modicitate preysiarum, & oneribus jam dictis supportatis per dictum Reverendum Dominum Episcopum quod idem Reverendus Dominus Episcopus, cum hiis solvat facturam dictarum vinearum, que factura ascendit pro novem annis, presenti incluso, computando pro quolibet anno quinquaginta quinque florenos, sic pro novem predictis annis quatercentum & nonaginta quinque florenos, quibus adduntur quinque floreni pro custodiâ earumdem vinearum, & sic in universo quingenti floreni, quibus & premissis mediantibus prefatus Reverendus Dominus Episcopus remanet quittus sub onere solvendi ut supra dictos quingentos florenos; ideò v. c. fl.

Et eodem Reverendo Domino Episcopo remanet preysia pendens presentis anni millesimi quingentesimi vicesimi noni. Item, computat recepisse à Domino Jacobo Regis, Presbytero arrendatario revenuti Castri Montisfortis, pro tribus annis contentis in instrumento per Magistrum Domenjon recepto de anno 1521, & die XXI Decembris, videlicet summam quinquaginta scutorum solis valentium centum sexaginta & sex florenos & octo solidos; ideò hic. . . . . c. LXVI. ff. VIII. s.

Item, computat recepisse pro arrendamento facto 1521, XXI Decembris recepto per Domenjon per ipsum Reverendum Dominum, Magistro Gauterii, de censibus & redditibus Theysii, Thoueti & Terrassie, Lombini, & aliis adjacentibus, excepto Oysentii pro tribus annis, videlicet tercentum sexaginta florenos; ideò hic. . . . . III. c. LX. fl.

Summa universalis: Duo mille ducentum & decem florenorum.

Payemens faits par Laurent Alleman, Evêque de Grenoble, durant le temps qu'il a eu la Tutèle de LAURENT (Ier), DE BEAUMONT, *son neveu.*

« Sequntur solutiones & liberationes facte pro parte Reverendi in Christo
» Patris & Domini, Domini Laurentii Alamandi, Episcopi Grationo-
» politanensis, Abbatisque Sancti Saturnini Tholose, Tutoris & Adminis-
» tratoris bonorum nobilis & potentis Domini LAURENTII DE BELLO-
» MONTE, ejus nepotis, durante tutelâ & tempore quo illam administravit. »

ET PRIMO, computat solvisse & librasse dé contentis in quâdam quittantiâ grossatâ de summâ quingentorum triginta septem scutorum auri ad coronam in unâ parte & aliorum quinquaginta in aliâ, ac sexaginta sestariorum frumenti in reliquâ partibus, concessâ per nobiles Monetum Salvagnii & Franceysiam Cassarde, ejus uxorem, prefato nobili LAURENTIO DE BELLOMONTE, pupillo, de anno Domini millesimo quingentesimo vicesimo secundo, & die decimâ octavâ Septembris, per Magistrum Glaudium Seytoris, de Buxeriâ, Notarium, receptâ & signatâ; summam videlicet quatercentum scutorum ad coronam; ideò . . . . IIII. c. v. valentium in florenis tresdecim centum florenos; ideò. . . . . . . I. m. III. c. fl. 22 Septemb. 1529.

Item, solvi & librari fecit dictus Reverendus Dominus Episcopus honorabili viro Antonio Galberti, Mercatori Grationopolitanensi, summam octuaginta librarum Turonensium, in quibus dictus nobilis LAURENTIUS DE BELLOMONTE tenebatur eidem Galberti pro certis pannis laneis & sericis; quas LXXX libras ipse Reverendus Dominus solvit, & ipse Galberti dictum Dominum Bellimontis quittavit, constante parcellâ & quittantiâ hic redditâ, ideò . . . IIII. xx lib. valent . . . . CXXXIII. fl. IIII. s.

O o o ij

ADD. AUX PR. DE L'HIST. GÉNÉALOGIQUE

Item, librari, solvi & expediri fecit dictus Reverendus Dominus Episcopus, tutor prefato nobili Laurentio de Bellomonte, per manus Domini Franscisci Brunodi, Presbiteri, Receptoris Episcopalis, honorabili viro Georgio Dupuy, Mercatori Lugduni, summam triginta novem librarum Turonen*t*ium, pro certis mercantiis panni sericei veluti, per ipsum Dupuy mercatorem, dicto nobili de Bellomonte, venditis & expeditis die XXI Januarii 1529, apparente quittantiâ manu dicti Dupuy, Mercatoris, signatâ sub die XV Aprilis anni predicti 1529; ideò hic . . . . XXXIX. liv.
valent . . . . LXV. fl.

Item, librari & expediri fecit idem Reverendus Dominus Episcopus dicto nobili Domino Laurentio de Bellomonte, per manus Domini Caroli Grassi, in partibus Tholose, summam centum librarum Turonen*t*ium, apparente quittantiâ per Notarium receptâ & signatâ; ideò c. l.
valent . . . . CLXVI. fl. VIII.

Item, librari & expediri fecit idem Reverendus Dominus Episcopus prelibato nobili Laurentio Domino Bellimontis, in partibus Tholose, seu de Vaquiers, per venerabilem Dominum Johannem Clotheraudi, Priorem de Savarduno, Vicarium Sancti Saturnini Tholose, pro emendo certos magnos equos, pro servitio ipsius Domini Bellimontis, qui est de Militibus Comitie Domini Destré; videlicet summam ducentarum librarum, apparente quittantiâ per Magistrum P. Carrerii, Notarium, signatâ; ideò hic . . . . . . II. c. lib.
valent . . . . II. c. xxxIII. fl. IIII. s.

Item, librari & expediri fecit dictus Reverendus Dominus Episcopus prefato Domino Bellimontis, quando venit ex Neapoli, seu paulò post & quando accessit ad Curiam Regiam pro emendo unum equum, & pro expensis & aliis suis necessariis & simul accessit ad dictam Curiam Dominus Vallis cum Domino de Villanovâ, suo Conductore, centum libras turonenses; ideò hic . . . . c. lib.
valent . . . . CLXVI. fl. VIII. s.

Summa universalis premissorum expositorum est duorum mille centum sexaginta sex florenorum.

Recepta vero est prout supra de duobus mille & ducentum & decem florenos, de quâ summâ recepte detractâ dictâ summâ expositorum, remanet debens dictus Reverendus Dominus Episcopus quadraginta quatuor florenos; ideò hic debet ipse Reverendus Dominus Episcopus dicto Domino Bellimontis, eamdem summam . . . . XLIII. ff.

Et est advertendum quod de reliquis proventibus & redditibus bonorum dicti Domini Bellimontis, & eorum administratione, reliqua ultra contenta in hujusmodi compuris fuerunt computata eidem Domino Bellimontis, & reliqua soluta per alia computa facta per me Johannem Gauterii, ejusdem Domini Bellimontis, Procuratorem Generalem, & Assensatarium partis bonorum ipsius, prout supra, in principio hujusmodi computorum fuit facta mentio; de quibus computis nunc clausis, apparet ad plenum per quater annos debitè signatum, de quo unum originale remanet dicto Domino Bellimontis, cum quittantiis & justifficationibus illius & aliud penes dictum Gauterii, qui semper ideò videri poterit.

Ulteriùs est notandum quod faciendo hujusmodi computum, fuit comperta una quittantia, concessa per dictum Reverendum Dominum Episcopum, prefato Magistro Gauterii, de anno millesimo quingentesimo vicesimo, & die vicesimâ Januarii, de summâ tercentum sexaginta florenorum, de redditu bonorum dicti Domini Bellimontis, super quâ fuit dictum quod eodem tempore, idem Reverendus Dominus nihil administravit, sed R. Dominus Laurentius Alamandi quondam patruus ejusdem, qui suo tempore quamdiù vixit, rexit eadem bona, & quod ideò ipse Dominus modernus ad hoc non teneretur, quâ de causâ ipse articulus est dubius, nec comodè potest verifficari sine presentiâ & scientiâ dicti Domini Episcopi, cum etiam dictus Dominus Episcopus quondam, plura, ut dicere, exposuerit pro eodem Domino Bellimontis; propterea hujusmodi articulus & summa predicta contenta in dictâ quittantiâ fuerunt suspensi, & ab illis separarentur usque ad adventum dicti Domini Episcopi moderni, nunc in partibus Tholose existentis, quò tunc cum eo partes ipse articulum ipsum inter se poterunt verifficare.

Premissa computa fuerunt facta & reddita per Reverendum Johannem Ferrandi, Priorem de Nascone, Vicarium Generalem Episcopalem, & Procuratorem specialem ad hoc constitutum dicti Reverendi Domini, in presentiâ nostrorum subsignatorum, & que computa ideò fuerunt clausa modo supra scripto, anno Domini millesimo quingentesimo vicesimo nono, & die vicesimâ secundâ Septembris, & fuerunt reddite quittantie omnes & parcelle supra designate. (*Signés*): De Chapponay; Jo. Ferrandi; Beaulmon; Beaulmon; Gauterii; G. de Fonte; Volonis.

DE LA MAISON DE BEAUMONT.

Quittance donnée par LAURENT (Ier) DE BEAUMONT, *Seigneur de Beaumont, du consentement d'*AMBLARD, *son pere, à Laurent Alleman, Evêque de Grenoble, son oncle, de tout ce qu'il lui devoit à raison de sa Tutèle.*

Original en papier à la suite du compte de Tutèle, ci-dessus, conservé aux Archives du Château de Baynac, en Périgord.

« *Quittantia dictorum quadraginta quatuor florenorum sequitur.* »

ANNO DOMINI millesimo quingentesimo vicesimo nono, & die vicesimâ tertiâ mensis Septembris, coram me Notario publico &c.* personaliter constitutus nobilis & potens LAURENTIUS DE BELLOMONTE, Dominus Bellimontis, qui gratis & liberè, de consensu & licentiâ venerabilis Domini AMBLARDI DE BELLOMONTE, ejus patris ibidem presentis &c. confitetur se habuisse prout & realiter habuit & recepit in presentiâ testium & Notarii infrascripti à supradicto Reverendo Domino Laurentio Alamandi, Episcopo & Principe Grationopolitanensi, licet absente per manus tamen venerabilis Domini Johannis Ferrandi, Prioris de Nascone, ejus Vicarii presentis & stipulantis, &c. videlicet quadraginta quatuor florenos monete debilis per dictum Reverendum Dominum in cemputo supra clauso eidem Domino BELLIMONTIS, restantes; de quibusquidem quadraginta quatuor florenis supra pro predictâ restâ solutis, ipse Dominus Bellimontis, de licentiâ quâ suprà, eumdem Reverendum Dominum Episcopum, licet absentem me tamen Notario & eodem Domino Ferrandi, ejus nomine stipulante quittavit & quittat cum pacto de non ulteriùs plus petendo &c. quamquidem quittantiam promisit & juravit habere ratam & gratam, & non contravenire &c. se propter ea & ejus bona Curie Parlamenti & omnibus aliis Curiis subd. . . . &c. omnique juri renunciando cum clausulis opportunis. Actum Grationopoli, in domo habitationis venerabilis Domini Claudii Ferrandi Ecclesie Grationopolitanensis Canonici, presentibus ibidem Domino Petro Lathodi, Presbytero dictæ Ecclesie, & Magistro Johanne Gauterii, Notario Lumbini, testibus, & me Paulo Symundi, Notario publico subscripto. (*Signé*) : SYMUNDI.

23 Septemb. 1529.

* N.^a *Tous les &c. marqués dans cet Acte, sont ainsi dans l'original.*

Reconnoissances féodales données à LAURENT (Ier) DE BEAUMONT, *Seigneur de Beaumont & de Montfort, par ses Vassaux & Tenanciers, à cause de ses Terres de Montfort & de Crolles.*

Grand Registre relié en bazane verte, contenant 184 *feuillets* R.^s & V.^s, & coté sur le dos : DE PONTE ; *ce Registre conservé dans les Archives de la Terre de Crolles, appartenant à M. de Rochechinard, Conseiller au Parlement de Grenoble, qui l'a communiqué.*

« *Recognitiones nobilis & potentis viri* LAURENTII DE BELLOMONTE,
» *Domini Bellimontis & Montisfortis, receptas per me Guigonem de*
» *Ponte, Notarium Dalphinalem.*

IN NOMINE Domini amen. Cunctis tàm presentibus quàm futuris, ad quorum presentes recognitiones in presenti libro descripte pervenerint in notitiam, quod anno Nativitatis ejusdem Domini millesimo quingentesimo trigesimo tertio, & die nonâ mensis Jugnii, & etiam aliis diebus, mensibus & annis infrascriptis, ad instantiam & requisitionem personalem *mis* Guigonis de Ponte, Notarii publici de Lumbino, more persone publice stipulantis & recipientis vice, nomine & ad opus nobilis & potentis viri LAURENTII DE BELLOMONTE, Domini Bellimontis & Montisfortis, suorumque heredum & successorum quorumcumque in dicto Castro Montisfortis, & coram me dicto Guigone de Ponte, Notario & Commissario subsignato, & testibus inferiùs nominatis, prout de meâ commissione constat litteris Commissionalibus, per Dominum Vice-Bayllivum Curie majoris Greysuvodani concessis inferiùs insertis, homines & persone inferiùs nominati & nominate confessi fuerunt publicè & in Rey veritate maniffestè

8 Février 1533.
Nota. *La cotte du Registre ne commence qu'à la* Ire *Recognoissance.*

478 ADD. AUX PR. DE L'HIST. GÉNÉALOGIQUE

Les endroits marqués par des points, sont emportés par vétusté.

recognoverunt se tenere & velle tenere, suosque predecessores tenuisse in emphiteosim perpetuam de feudo & *... minio directo ip*... Domini BELLIMONTIS & Montisfortis & su*. *...edum & successorum in dicto Castro Montisfortis, r*... proprietates, predia & possessiones subscriptas & subscripta, prout & quemadmodum de recognitione cujuslibet ipsorum, infra per ordinem continetur, sub censibus, usagiis, serviciis, homagiis, fidelitatibus & aliis oneribus sequentibus, & non nulli ex ipsis confitentibus & recognoscentibus infrascripti recognoverunt & confessi fuerunt esse & velle esse ac debere esse, & se & suos cum eorum & quolibet eorumdem posteritatibus esse constituerunt homines-ligii fideles, justiciabiles, seu alio modo inferiùs designato, ejusdem Domini Bellimontis & Montisfortis, ratione dicti sui castri Montisfortis, suorumque heredum & successorum in dicto Castro, & eidem teneri ad operam, manu operam, calvagatam & ad alia tributa & servitia inferiùs designata, modis, conditionibus & formis inferiùs contentis & descriptis; confitentes ulteriùs dicti homines tenementarii, tam nominibus suis propriis, quam quorum agunt, quod prefatus Dominus Bellimontis & Montisfortis & sui habent & habere consueverunt & debent in & super ipsis rebus, possessionibus & bonis inferiùs recognitis & confessatis omn*em* jus emphiteosis & Dominii directi, juriditionis, prelationis, laudandi, & investiendi, laudimia*... venditiones *... sibus contingentibus percipiendi & habendi *... missionibus, apperturis, & aliis juribus quibus *.. ad eumdem Dominum pertinentibus contra quoscumque homines feudatarios, emphiteotas & personas presentes & futuras, & omnes personas obnoxias & obligatas, & alias prout casus exhigunt & requirunt,.. Promittentes & jurantes dicti homines tenementarii per se & suos heredes & successores quoscumque... ad sancta Dei Evangelia... michi dicto Notario & Commissario stipulanti & recipienti... predictas & infrascriptas recognitiones... ratas, gratas, firmas... habere, tenere & observare perpetuò.. ipsosque census, redditus & servitia, talh*.. & alia que*... tributta & jura dare & solv.*...annis singulis perpetuò in quolibet festo Beati*... Archangelli dicto Domino seu ejus Mistrali, in pace & sine lite, reddendumque & portandum in dicto Castro Montisfortis, prout in debitis & juribus fiscalibus est fieri assuetum Curie ipsius Domini Montisfortis... & omnia facere que incumbunt; dictique homines ligii & justiciabiles ipsius Domini servare & custodire omnia capitul*l*a fidelitatis contenta & descripta in novâ & veteri formâ, scilicet incolume, tutum, honestum, utile, facile & possibile..... Acta fuerunt hec omnia annis, mensibus, diebus, locis, temporibus, & coram testibus infrascriptis, & me Guigone de Ponte, Notario & Commissario subsignato. (*Signé*) DE PONTE.

Tenor jàndicte mee Commissionis talis est, ut sequitur.

Marinus de Monte-Canuro, Miles & Dominus dicti loci, Consilliarius Regius, Bayllivus Greysivodani, dilectis nostris Magistris Guiffredo de Platheâ, Guigoni de Ponte, Guigoni Gleyzacti, Philippo Basteri, & Guigoni Brugnoudi, Notariis Dalphinalibus, salutem; Locumtenenti nostro subsignato expositum extitit pro parte nobilis & potentis *... LAURENTII DE BELLO.*.. Domini Bellimontis & Montisfortis... uti heres nobilis Michaelis Cassardi condam, super eo quod ipse exponens habeat plures & diversos census cum directo Dominio rerum super quibus census ipsi inpositi exterierunt & aliàs, qui census propter illorum & recognitionum eorumdem vestutatem & antiquitatem prodesse possent in ipsius exponentis magnum prejudicium, dampnum & interesse, qui propter ea petit sibi providere, ipsasque recognitiones dictorum censuum renovari mandare; cui igitur providere volentes eodem exponenti, instanti, vobis dictis Notariis Dalphinalibus, & vestrum cuilibet in solidum, harum serie committimus & committendo mandamus quatenùs recognitiones jam dictorum censuum, juxta formam recognitionum & aliorum legitimorum antiquorum titulorum precedentium renoveris & à tenementariis & emphiteotis predia, super quibus census inpositi ipsi reperientur, recipiatis & summatis, ipsasque recognitiones grossetis in libro volumine ab utrâque patte raso, miratis in publicam formam & eidem exponenti salario moderato vobis salvo tradatis & expediatis, debitè per vos seu alterum vestrûm signatas vestris tabellionalibus signetis, cogendo & compellendo dictos tenementarios, emphiteotas & predia super quibus dicti census signati & inpositi repetientur penarum formidabilium *... sitionibus & omni *... meliori modo quo juridicè fortiori fieri poterit ad dictas recognitiones prestandas, recognosc. *.. nisi adversus premilla aliqui ipsorum se opponere velit; quo casu ipsos & quemlibet ipsorum opponentium, coram nobis, seu eorumdem opponentium Judicibus ordinariis remittatis & adjornetis comparituros ad certam & competentem diem, nobis & dictorum eorumdem opponentium Judicibus ordinariis prefigendum & eisdem certificandum & causas suarum oppositionum edocturum & dicturum cur ad premissa non teneantur, cum comminatione quod aliàs quod ipsis procedetur viâ juris; Nam ita fieri volumus, vobisque & cuilibet vestrûm vires nostras committimus, & per quoscumque Officiarios & alios mediatè vel immediatè Dalphinales subditos pareri, efficaciterque intendimus, volumus & jubemus per presentes. Datum Gratianopoli, die octavâ mensis Februarii anno Domini millesimo quingentesimo trigesimo tertio: H. FALCONIS, *Vice-Baillivus*; BERTRANDI.

Extractum à suo originali per me dictum Guigonem de Ponte, Notarium & Commissarium supra nominatum hic signatum. (*Signé*) DE PONTE.

DE LA MAISON DE BEAUMONT. 479

Recognitio Jacobi de Ponte, filii condam Anthonii.

Anno Domini millesimo quingentesimo trigesimo tertio, & die nonâ mensis Jugnii, coràm me Notario publico auctoritate Dalphinali constituto & Commissario per venerabilem Curiam Parlamenti Dalphinalis depputato & testibus infrascriptis, ad instantiam, petitionem & requisitionem superiùs nominati nobilis & potentis viri LAURENTII DE BELLOMONTE, Domini Bellimontis & Montisfortis, instantis & requirentis nomine suo & suorum heredum & successorum quorumcumque, constitutus personaliter dictus Jacobus de Ponte, nomine suo & Petri ejus fratris, qui confitetur suo juramento se esse hominem ligium & tailliabilem dicti Domini Montisfortis, & eidem tenere ad operam & manuoperam, calvagatam, gueytam, & ad omnia alia ad que ceteri homines dicti mandamenti eidem Domino tenentur facere, & promisit esse bonus erga dictum Dominum & jura ac juriditionem dicti Domini servare pro posse & omnia alia universa & singula facere, prestare que bonus, fidelis & ligius homo facere & servare tenetur & debet & que in cappitullo fidelitatis continetur. Promittens, jurans, confitens & renunsians ut in generali prohemio continetur. Actum Crollis, infra domum venerabilis viri Domini Jacobi Bruni Rei; presentibus ibidem discreto viro Magistro Guillermo Allandi, Clerico Grationopolitanensi; Philiberto Picati, filio Petri; Claudio Picati, filio Jacobi, testibus, & me Notario hîc subsignato. (*Signé*) DE PONTE.

9 Juin 1533.
Fol. I.er R.°

Anno Domini millesimo quingentesimo trigesimo tertio, & die nonâ mensis Jugnii, coram me Notario & Commissario suprascripto, & testibus subscriptis, ad instantiam quam supra constitutus personaliter dictus Philibertus Picati, filius condam Petri, parrochie de Crollis, homine suo, Jacobi ejus cognati, filii condam Cristiani, qui confitetur suo juramento se esse hominem ligium & tailliabilem dicti Domini Montisfortis & suorum heredum & successorum, eidemque teneri ad operam & manuoperam, calvagatam, gueytam, & ad omnia alia ad que ceteri homines dicti mandamenti eidem Domino facere tenentur, & promisit esse bonus & fidelis erga dictum dominum & jura ac juriditionem dicti Domini servare pro posse & omnia alia universa & singula facere, prestare que bonus, fidelis & ligius homo facere & servare tenetur & debet, & que in cappitullo fidelitatis continetur. Promittens, jurans, confitens & renunsians ut in generali prohemio continetur. Actum ubi supra.... (*Signé*) DE PONTE.

Fol. I.er V.°

Anno Domini millesimo quingentesimo trigesimo tertio, & die decimâ mensis Jugnii... constitutus... Gabriel Jay-Gudy, qui... confitetur se esse hominem ligium & tailliabilem dicti Domini Montisfortis... (*Signé*) DE PONTE.

Fol. 12 R.°

Anno & die antedictis, coràm me Notario & Commissario subscripto... constitutus... Claudius Grillioudi, filius condam Petri... qui confitetur... se esse hominem ligium & tailliabilem dicti Domini Montisfortis... de bonis aliàs per Petrum Grillioudi, ejus patrem, albergatis à nobili & potenti AMBLARDO DE BELLOMONTE, Domino Bellimontis & Montisfortis, constante instrumento albergamenti per Notarium recepto... quamdam peciam terre.... in parrochiâ de Crollis..... (*Signé*) DE PONTE.

10 Juin 1533.
Fol. 12 V.°
Fol. 13 R.° & V.°

Anno Domini millesimo quingentesimo trigesimo tertio, & die undecimâ mensis Jugnii, coràm me Notario & Commissario... Johannes Gojonis, de Rua, parrochie de Crollis... confitetur suo juramento se esse hominem ligium & tailliabilem dicti Domini Montisfortis, eidemque teneri ad operam manuoperam, calvagatam, gueytam... &... recognovit.... tenere de emphyteosi, feudo & dominio directo dicti Domini Montisfortis... de bonis aliàs albergatis... per nobilem AMBLARDUM DE BELLOMONTE, Dominum Bellimontis & Montisfortis, ut constat instrumento... per Notarium recepto; videlicet septem jornalia... vinee, sita in parrochiâ de Crollis. (*Signé*) DE PONTE.

11 Juin 1533.
Fol. 14 R.°=17.

« *Recognitio nobilis Amblardi de Chalanderiâ, filii condam Anthonii de Challanderid.* »

Anno Domini millesimo quingentesimo trigesimo tercio, & die decimâ octavâ mensis Jugnii, coràm me Notario Dalphinali & Commissario predicto... constitutus nobilis Amblardus de Chalanderiâ qui... recognovit... tenere... de emphiteosi, feudo & dominio directo dicti Domini Montisfortis & suorum, videlicet de bonis aliàs recognitis per nobilem Eynardum de Chalanderiâ... &... per nobilem Claudium de Chalanderiâ... quamdam peciam prati.... in dictâ partochiâ de Crollis.... Actum Crollis... presentibus nobili Johanne de Chalanderiâ, venerabili viro Domino Guigone Columbini.... (*Signé*) DE PONTE.

18 Juin 1533.
Fol. 46 R.° 47.
R.° & V.°

« *Recognitio nobilis Johannis de Chalanderiâ, filii condam nobilis Eynardi de Chalanderiâ,*
» *parrochie de Crollis.* »

Anno & die jam dictis... constitutus nobilis Johannes de Chalanderiâ, filius condam nobilis Eynardi, qui confessus fuit tenere de feudo & dominio directo dicti Domini, videlicet de bonis aliàs recognitis... per nobilem Claudium de Chalanderiâ... videlicet unam sestariatam

18 Juin 1533.
Fol. 47 V.°=49.

480 ADD. AUX PR. DE L'HIST. GÉNÉALOGIQUE

prati, sitam in dictâ parrochiâ.... Item plus... de bonis aliàs recognitis per nobilem Claudium de Chalanderiâ, ejus fratrem... quamdam peciam vineæ... cum nobili Amblardo de Chalanderiâ.... Actum ubi supra...: (*Signé*) DE PONTE.

Pénult. Fév. 1536.
Fol. 174. V.°

Anno Domini millesimo quingentesimo trigesimo sexto, & die penultimâ mensis Februarii personaliter constitutus... Guillaudus Albi-Verroz, qui... confessus fuit... tenere de feudo... dicti Domini Montisfortis, de bonis aliàs per Johannem Albi-Verroz, sui condam patris albergatis à nobili & potenti viro AMBLARDO DE BELLOMONTE, Domino Bellimontis & Montisfortis... in manibus Magistri Johannis Gautheri, Notarii Lumbini; videlicet duo jornalia terræ & nemoris, sita in parrochiâ de Crollis, loco dicto desuper Campò-Mazardi.... Actum Crollis.... (*Signé*) DE PONTE.

15 Mars 1538.
Fol. 175 R.° & V.°
& 176.

Anno Domini millesimo quingentesimo trigesimo octavo, & die quindecimâ mensis Marcii... constitutus... Carolus Baccardi, qui... confitetur... se esse hominem ligium & tailliabilem dicti Domini Montisfortis.... de bonis aliàs albergatis.... à nobili & potenti viro nobili AMBLARDO DE BELLOMONTE, Domini Bellimontis & Montisfortis, prout constat instrumento albergamenti per Magistrum Guigonem Disderii, Notarium de Crollis recepto.... Actum Lumbini, ante domum nobilis Johannis Gautheri; presentibus nobili Laurentio Massonis, & dicto nobili Johanne Gautheri, testibus.... (*Signé*) DE PONTE.

« Recognitio nobilis *Anthonii Paviocti*, de Crollis. »

15 Mars 1538.
Fol. 177 R.° & V.°

Anno Domini millesimo quingentesimo trigesimo octavo, & die quindecimâ mensis Marcii... constitutus... nobilis Anthonius Paviocti, de Crollis, qui... confessus fuit... tenere de feudo... dicti Domini Montisfortis... octo fesforiatas vineæ, sitas in parrochiâ de Crollis... pro quâ peciâ... nihil facit dicto Domino de censu, nisi laudas & vendas in quâlibet mutatione possessoris tantum.... Actum Crollis.... (*Signé*) DE PONTE.

« Recognitio nobilis *Glaudii Massonis*, de Crollis. »

15 Mars 1538.
Fol. 178 R.° & V.°

Anno Domini millesimo quingentesimo trigesimo octavo, & die quindecimâ mensis Marcii... constitutus personaliter supradictus nobilis Glaudius Massonis, qui... confessus fuit.... se tenere... de feudo... dicti Domini Montisfortis... quamdam peciam vineæ... ad censum decem & septem danariorum... & dicto Domino placitum consuetum, laudas & vendas.... Actum Crollis.... (*Signé*) DE PONTE.

4 Mars 1540.
Fol. 176 V.° = 181.

Anno Domini millesimo quingentesimo quadragesimo, & die quartâ mensis Marcii, coràm me Notario publico... ad instanciam hon' viri Johannis Rasculi, Receptor & Procurator generalis nobilis & potentis viri LAURENTII DE BELLOMONTE, Domini Bellimontis & Montisfortis, abscentis, constitutus personnaliter.. *Charolus* filius condam Johannis de Tollinobret, qui... confitetur... se esse hominem legium & talliabilem Domini Montisfortis, eidemque teneri ad opperam & manuoperam, calvagatam, gueytam, & etiam omnia alia æque ceteri hommines dicti mandamenti eidem Domino facere tenentur.... Actum Crollis... presentibus ibidem nobili Jacobo du Fay, Habitatore dicti loci, Guigone Perrardi... testibus.

« Addiction de recognoissance de *Michiel Amabert*, fils à feû *Nicolas*, faicte au nom de
» luy & de *Laurens*, son frere. »

10 Septemb. 1547.
Fol. 182 R.° & V.°

L'an mil cinq cens quarante-sept, & le dixiesme jour du moys de Septenbre... c'est estably & constitué led. Michiel Amabert... lequel recognoyt... tenir du fief emphiteose & directe seigniorie de puissant Seigneur LAURENS DE BEAULMONT, Seigneur dudict lieu & de Montfort... deux journaulx de vigne, autrefois albergés par François de la Perriere, ès mains de Jehan Gaultier, Notaire de Lumbin, de l'*am* mil quatre cens soixante-neufz, & du premier jour du moys de Fevrie*l*.... Faict à Crolles, en la maison de la Retoryes....

Nota. *Ces deux dernieres reconnoissances, ainsi que quatre autres qui terminent le volume, ne sont point signées, quoiqu'écrites de la mème main que les précédentes.*

ADDITION

DE LA MAISON DE BEAUMONT. 481

ADDITION A LA PAGE 354, avant l'Acte du 1.er Décemb. 1538.

Arrêt du Parlement de Dauphiné, par lequel Laurent (I.er) de Beaumont, Seigneur de Beaumont, est condamné, comme héritier de son Pere, à payer une somme de 400 écus d'or que celui-ci avoit empruntée, en 1517, à Charles Alleman, Seigneur de Laval.

Original en parchemin, conservé aux Archives du Château de Baynac, en Périgord.

FRANCISCUS Comes Sancti Pauli, Gubernator & Locumtenens Generalis Delphinatûs,   23 Juin 1534.
universis & singulis, harum serie notum facimus quod anno & die subscriptis, procedendo
per Curiam Parlamenti Delphinatûs, in quâdam civili super litteris compulsoriis causâ, in
eadem Curiâ motâ & agitatâ inter nobilem Dominam Annam de Albinyaco, Dominam Vallis,
Actricem hinc, & nobilem LAURENTIUM DE BELLOMONTE, Dominum Bellimontis, reum,
inde, ad ordinem super totâ causâ assignatâ, quibusquidem anno & die apud Grationopolim,
& in consistorio publico dictæ Curiæ, ubi Curia est teneri assueta, corámque eadem Curia
Audiencie horâ, comparuit Magister Benedictus de Bons, Procurator, & nomine procuratorio
nomine dictæ Dominæ Actricis, petens arrestum juxtà petita & conclusa ferri cum expensis;
Ex adverso comparuit Magister Aymundus Rossignol, Procuratorio nomine Domini Bellimontis
rei, petens se ab impetitis relaxari, cum expensis: & dictâ Curiâ Parlamenti, premissis auditis;
visis in primis litteris compulsoriis, super quibus causâ ipsa suum sumpsit exordium, quarum
tenor sequitur: « Franciscus Comes Sancti Pauli, Gubernator Delphinatûs primo Castellano,
»Servienti, vel Officiario Delphinatûs, super hoc requirendo salutem; instante nobili Dominâ
»Annâ de Albinyaco, Dominâ Vallis, vobis harum serie precipimus & mandamus quatenús
»cogatis & compellatis nobilem LAURENTIUM DE BELLOMONTE, Dominum Bellimontis, filium
»& heredem universalem nobilis Domini AMBLARDI DE BELLOMONTE, captione, vendicione,
»& festinâ distractione suorum pignorum & bonorum per dictam instantem eligendorum, ad
»dandum & solvendum eidem instanti summam quatercentum scutorum auri ad signum solis,
»in quâ sibi tenetur, constante instrumento publico, per Magistrum Anthonium de Colungiis,
»Notarium publicum, sub anno Domini millesimo quingentesimo decimo septimo, & die quartâ
»mensis Jugnii, sumpto & recepto, viribus Curie Parlamenti Dalphinatûs roborato, & in causam
»oppositionis ipsum adjornetis, apud Grationopolim coràm nobis in Curiâ Parlamenti Delphi-
»natûs, die decimâ post presentium exequutionem, die exequutionis minimè computatâ, compa-
»riturum de causis suarum oppositionum edocturum, cum communicatione. . quam aliàs ad con-
»cessionem preciatarum proceditur viâ juris. Datum Grationopoli, die tertiâ mensis Januarii, anno
»Nativitatis Domini millesimo quingentesimo trigesimo tertio, per Dominum Gubernatorem,
»ad relationem Curie: D. Chapuis; » Visis insuper articulis ipsas compulsorias declarantibus, quorum tenor talis est; « Pro declaratione litterarum compulsariarum impetratarum per generosam
»Dominam Annam de Albyniaco, Dominam Vallis, heredem universalem per media infrascripta
»magnifici Domini Caroli Alamandi, Militis, Domini Vallis, & Locumtenens hujus Patriæ
»Dalphinatûs, sui condam viri, contra nobilem & potentem LAURENTIUM DE BELLOMONTE,
»Dominum Bellimontis, filium & heredem universalem, seu successorem nobilis & venerabilis
»Domini AMBLARDI DE BELLOMONTE, sui patris, Religiosi & expressè Professi ordinis Sancti
»Augustini, Sacristæ Sichillinæ, Grationopolitani Diocesis, dantur proposita sequentia parte dictæ
»Dominæ, quibus expositis petit removeri & negata ad probandum admitti non se abstringendo
»oneri alicujus superflue probationis. In primis dicit quod de anno Domini millesimo quingen-
»tesimo decimo septimo, & die quartâ mensis Jugnii, antequam ipse nobilis AMBLARDUS effi-
»ceretur Religiosus ordinis Sancti Augustini, ipse nobilis AMBLARDUS, gratis & liberè in presentiâ
»Notarii publici & testium confessus fuit & recognovit se debere & legitimè solvere teneri
»præfato Domino Carolo, Domino Vallis, summam quatuor centum scutorum auri ad signum
»solis causâ veri & liciti mutui, per dictum Dominum Vallis eidem nobili DE BELLOMONTE,
»facti, constante instrumento per Notarium publicum, sub anno & die predictis ad sumssionem
»hujus insignis Curie confecto, quod producitur. Item, quod exposi prefatus nobilis AMBLAR-
»DUS DE BELLOMONTE effectus fuit Religiosus ordinis Sancti Augustini expressè professus, fuitque
»inde prout & adhuc est Religiosus professus & Sacrista in Prioratu Sichilline dicti ordinis, &
»pro tali fuit habitus, tentus & reputatus, habeturque & reputatur palàm & notoriè. Item, quod
»post professionem expressè emissam dicti Domini AMBLARDI, prenominatus nobilis LAU-
»RENTIUS DE BELLOMONTE, filius & heres universalis, testamento dicti Domini AMBLARDI
»condito ante professionem, institutus, bona & hereditatem dicti Domini AMBLARDI, sui patris
»tenuit & possedit, tenetque & possidet palàm & publicè, uti sua propria, pro herede univer-

Ppp

»fali dicti ejus patris se gerendo in judicio & extra, & pro tali fuit habitus, tentus & reputatus;
»prout habetur, tenetur & reputatur palam & publicè. Item, quod postmodum ab humanis
»decessit supranominatus nobilis Carolus Alamandi, creditor, relicto & sibi superstite nobili
»Laurentio Alemandi, ejus filio naturali & legitimo, ac herede universali, qui pro tali se
»gessit & gerit, habitusque fuit & reputatus; item quod deindè ab humanis decessit jam dictus
»nobilis Laurentius Alamandi, relicta & sibi superstite supradicta generosa Dominâ Annâ de
»Albinyaco, Dominâ Vallis, ejus matre, & herede universali que bona & hereditatem dicti
»sui filii adducit, & pro illius herede universali se gessit & gerit, proque tali fuit habita à
»morte sui filii, habeturque, tenetur & reputatur palam & publicè. Item quod premissa &
»singula sunt vera, notoria & manifesta, & de ipsis fuit & est publica vox & fama,
»quare propter ea ex premissis sic veris existentibus veniunt & sunt littere precise eidem Do-
»mine Actrici, super jam dictis suis compulsoriis debitè justifficatis, concedende cum expensis,
»prout ex parte dicte Domine petitur & justitiam ministrari, officium quod decet humiliter im-
»plorando : BONETI. » Visis etiam articulis exceptionalibus dicti Rei, processui adjunctis : Visis
deinceps testibus examinatis rectè & legitimè publicatis, & que ipse partes, tam in jure quam in
facto dicere, proponere & alegare voluerunt, servatisque juris solempnitatibus in talibus assuetis;
Signo sanctæ crucis premisso sic dicendo, in nomine Patris, & filii, & Spiritûs Sancti, amen.
Curia Parlamenti ad suum arrestum & sententiam diffinitivam processit ut sequitur : Litteras
precisas nobili Anne de Albyniaco, Domine Vallis, pro summâ in suis compulsoriis contentâ
fore concedendas, & in exequutionem earumdem depositum factum, eidem esse expediendum; causis exactis apparentibus, Curia per suum arrestum dicit & pronunciat cum expensis, taxâ earumdem ipse Curie reservatâ; in cujus arresti exequutionem dictâ nobili Dominâ
Annâ de Albyniaco, Dominâ Vallis, Actrice instanti, primo Castellano servienti, vel Officiario
Delphinatûs super hoc requirendo, salutem. Vobis & cuilibet vestrûm precipimus & mandamus
quatenus cogatis & compellatis Claudium Magnin, Mercatorem Grationopoli depositarium
in cujus manibus fuit deposita dicta summa quatercentum scutorum auri solis per dictum
DOMINUM BELLIMONTIS, debitorem, juxta per dictam Curiam ordinata, & eidem Domine
Vallis tenore dicti Arresti adjudicatam, solvi & expediri ordinatam, penarum impositionibus,
& aliis viis juris & remediis opportunis ad eidem Domine Vallis solvendum, tradendum, &
raliter expediendum suprascriptam summam quatercentum scutorum auri solis, absque con-
tradicione insequendo formam dicti arresti; quid sic fieri, sigillumque regiminis Delphinatûs,
presentibus apponi volumus & jubemus. Datum Grationopoli, die vigesimâ tertiâ mensis
Jugnii anno Domini millesimo quingentesimo trigesimo quarto.
Per Dominum Gubernatorem, ad relationem Curie, quâ erant Domini B. Rabocti; A.
Caroli; G. de Avancone; A. Rivaillii; H. de Herbesio; Ey. Muleti; H. Marrelli; V. Tardi-
nonis, & Petri Mercerii. (*Signé*) CHAPUISI.

ADDITION A LA PAGE 364 des Preuves.

Après ces mots, *Scellé d'un grand Sceau en cire verde* : ajoutez.

Pag. XXX R°. Item : Instrument de transaction faicte entre Nobles AMBLARD DE BEAULMONT, d'une part, & ARTAUD DE BEAULMONT, d'autre part ; daté de l'an mil troys centz cinquante deux, & le dixneufviesme Avril.

Pag. XXXI R.° & V.° Item : Instrument par lequel Messire AMBLARD DE BEAULMONT auroit donné puissance à Noble ARTAUD DE BEAULMONT, son frere, de & sur les limites des Mandementz de la Terrasse & du Touvet ; daté de l'an mil troys centz quarante six, & le quinziesme Septembre.

Pag. XXXV R.* Item : Instrument d'arrest de compte, faict d'entre Noble AMBLARD DE BEAULMONT & Jacques Terrail ; daté de l'an mil quatre centz & quatre, & le vingt-cinquiesme Aoust.

Pag. XLV V.° .... Testament de feü Messire Gratian Veulneyl ... Chivalher, Seigneur de Peyrac & Pompignyat, contenant deux peaulx, scellé d'une fleur *delly*, daté de l'an mil cinq centz trante-sept.

Pag. L R.* .. Item.. Volume de Recognoissances escriptes *am* parchemin, faictes au profict de Noble LAURENS DE BEAULMONT, Seigneur dudict lieu, & de Pierre de Theys, Escuyer, des censives qu'il prenoit à *Hoyssent*, receues & signées par Messire *Galhardi*, Notaire de Vizille ; contenant quatre centz septante cinq feulhetz.

Pag. L V.° ...Item, aultre Volume de Recognoissances, escriptes *am* papier, couvertes de parchemin, faictes au profict desdit LAURENS sieur DE BEAULMONT & de Theys, des censives qu'ils prenoientz aud. *Hoyssentz*; contenant six centz soixante huict feulhetz.

Pag. LI. V.¶ ... Item, aultre Volume de Recognoissances ... au proffict de Noble AMBLARD DE BEAULMONT, des censes qu'il prenoit au lieu & Mandement de Montfort ... receues par Gay, Notaire ... contenant cent douze feulhetz. , .

DE LA MAISON DE BEAUMONT.

... Item, ung gros Volume de Recognoiſſances... en faveur de Noble LAURENS DE BEAULMONT, des cenſes qu'il prenoit au lieu & Mandement d'Avalon, receptes par Guigues Gleyſat, Notaire, & au premier feulhet ſont miſes les Armoyries dud. ſieur Laurens de Beaumont ; contenant ſix centz ſeptante - ung feulhet... *Pag.* LIV R.¹

... Item, aultre Volume de Recognoiſſances... au proffict dud. ſieur Laurens de Beaulmont... des cenſes qu'il prenoit à Crolles, receptes & ſignées par... du Pont, (Notaire de Lumbin) ; contenant cent vingt-huict feulhetz. *Pag.* LIV V.¹

... Item, aultre Volume de Recognoiſſances... en faveur dud. ſieur Laurens de Beaulmont, des cenſes qu'il prenoit au-lieu de Gyere & aultres lieux... reçues par Vilhet Gaultier & de Cluzel, Notaires. *Pag.* LV R.⁹

Item, aultre Livre de Recognoiſſances... au proffict dud. ſieur de Beaumont, des cenſes qu'il prenoit au lieu & Mandement d'*Heybentz*, Sainct Martin, Gere & aultres lieux... recues par feû Meſſire *Balthezard* de Cluzel, Notaire... cottée ſeptante quatre feulhetz. *Pag.* id.

... Item, ung Cayer de Recognoiſſances des hommages faicts par les hommes du Thovet, ſubjects & juriſdiciables du Seigneur de Beaumont, pour raſon de Juriſdiction & Seigneurie dud. lieu du Thovet, reçue par Meſſire Guigues Gleyzat, Notaire, daté de l'an mil cinq centz quarante, & le dixſeptieſme Novembre. *Pag.* LVIII R.⁹

ADDITION A LA PAGE 365, après l'acte du 29 Juillet 1569.

Lettre de Laurent II de Beaumont, à M. de Gordes, Lieutenant du Roi en Dauphiné.

Original en papier, aux Archives du Palais Bourbon.

MONSIEUR, quant je partys de la Court, Monſieur de Veynes me donna des Lettres pour vous porter, laquelle choſe j'ay penſé fere, mais eſtant en ceſte Ville, Monſieur DES ADRETZ a eſté d'avis que je retournaſſe en Court comme je faictz préſentement ; & ayant trouvez Monſieur de Lodum qui s'en va de pardellà, qui ma promis les vous fere tenir, je les vous envoye. Mond. S.ʳ de Veynes m'a dict que je deyſſe que Mons.ʳ de la Roche, vôtre frere ſe porte bien, qui eſt à la Court, eſtoit arrivé le jour que j'en partys. Il ſe réſould d'eſtre bientoſt de pardeça, ayant donné ordre à voz afferes. Quant aux nouvelles, il ne ſe parle en Court que de courir bagues, combats à la barriere & de toutte ſortes de paſſetemps. Je crois à ceſte heure icy que les Reyſtres ſont hors de la France ; l'on parle fort des nopces du Roy : touttesfois l'on ne s'en apreſte pas fort encors. Je crois auſſy que les nopces de Monſieur de Guiſes ſe feront partout ce mois pour le plus tard, quy ſont touttes les nouvelles quy ſe diſoient quant je partys : Et quant au faict dud. Sieur DES ADRETZ, j'eſpere qu'il en ſortira en brief & au contentement de ces bons ſerviteurs & amys, & ſur ce,

Monſieur je vous ſupplie croire que je vous ſuis très-humble ſerviteur, & que le vous ferey paroiſtre quant vous me ferez ceſte honneur me commander & ferez obey d'auſſi bon cueur que je vous ſupplie accepter mes très-humbles recommandations à vôtre bonne grace, après avoir prié Notre Seigneur vous donner en parfaicte ſanté, Monſieur, heureuſe & très-longue vye.

De Lyon, ce 11 Septembre 1570.

Votre très-humble & très-obéyſſant Serviteur, (*Signé*) DE BEAUMONT-&-PAYRA.

(*La ſuſcription eſt*) à Monſieur

Monſieur de Gordes, Chevalier de l'Ordre du Roy, Cappitaine de cinquante Hommes d'Armes, Conſeillier de Sa Majeſté au Conſeil Privé, & Lieutenaut pour Saditte Majeſté en Daulphiné, à Valance.

11 Septemb. 1570.

ADDITION A LA PAGE 368, après l'Acte du 12 Juillet 1594.

Papier terrier des Seigneuries de Crolles & de Montfort, fait à la Requête & au nom de Laurent de Beaumont, (II du nom,) Seigneur defdits lieux, Payrac, Pompignan, &c.

Gros Volume relié en Bafane, contenant 921 feuillets, coté fur le dos: LAURENS 1595; chaque Reconnoiffance fignée dudit Laurens, Notaire & Commiffaire: ce Terrier confervé dans les Archives de la Terre de Crolles, appartenant à M. de Rochechinard, Confeiller au Parlement de Grenoble.

Pag. Iere R.° « Recognoiffance génerale des Rantes, Cenfes, Pentions, Hommages,
» Fiefs, Droicts & Debvoirs Ségnioriaulx... appartenants à noble & puif-
» fant Seigneur LAURANS DE BEAULMONT-DE VERNUL, Seigneur
» dudict lieu, Crolles, Montfort, Payrat & Ponpignan, tant pater-
» nelles que acquizes de noble Pierre de Macon & de noble Jacques du
» Fain... receues par moy Notere & Commiffaire foubzfigné.

Dernier Mars 1595.

A L'HONNEUR de Dieu tout puiffant foict & à tous préfentz & fucteurs notoire... comme l'an mil cinq centz norante cinq, & le dernier jour du moys de Mars & les aultres ans, jours & heures en chefcune des Reconnoiffances cy bas particulierement efcriptz, pardevant moy Guigues Laurens, de Crolles, Notaire Royal, Delphinal & Commiffaire député à la renovation des Recognoiffances des Fiefs, Riefre-Fiefs, Redebvances, Rentes, Pentions,

Pag. Iere V.° Hommages, Droits, Debvoirs, deubz & appartenantz à hault & puiffant Seigneur Noble LAURENTZ DE BEAULMONT-DE VERNUL, Seigneur dud. lieu, Crolles, Montfort, Payra & Ponpignan, tant par raifon que à caufe de fa Terre, Jurifdiction & Seigneurie dud. Montfort, & ainfi que... eft contenu en la Commiffion à moy dirigée, & par ledict Seigneur obtenue de la Chanfellerye de ce Pais de Daulphiné... en leurs parfonnes ont eftés établys les hommes & femmes, efdictes Recognoiffances particulieres nommés... lefquels agréablement... fuivant & en vertu des précédantes Recognoiffances... auparavant receues tant en faveur dudit SEIGNEUR DE BEAULMONT, de feu SON PERE, que aultre fes Prédéceffeurs, auffy à Noble Pierre de Macon & Noble Jacques du Fay, ez mains de feu Maiftre Jehan du Pont, Maiftre Ennemond Melhon, que aultres Notaires Royaulx Dalphinaux...

Pag. 2 R.° ont confeffé & publiquement en bonne foy, recogneus de nouveau... eulx & les Defendantz d'Iceulx eftres hommes-liges, fubjectz & juridiciables en toute juftice dudit Seigneur de Beaumont, Crolles & Montfort, quant aux Habitans riere fa Jurifdiction & ceulx qui font de toute antiquité fes Subjects & Vaffaux.. foubz les cenfes... droitz, redebvances portée par la chacune d'icelles Recognoiffances paiables... annuellement... audict Seigneur... à chefque jour & fefte Saint-Michel Arcange, dans le Chafteau dudit Seigneur, ou aultre qu'il lui plaira choifir... dans led. Mandement de Montfort... confeffantz en outtre... comme fes Prédéceffeurs ont heu... fur lefd. poffeffions toult droict d'emphiteofe & de directe Seigneurie, pouvoir, en cas d'aliénation ou tranfport, de prendre & fe faire paier les laouds & vands... à raifon du fixiefme denier... & les plaicts felon la coutume...

Pag. 3 R.° & V.° lefquelles Reconnoiffances... ont efté faictes... préfentz les témoingtz nommés... & moyd. Notere Royal Delphinal & Commiffayre foubzfigné. (Signé): LAURENS, Commiffayre.

Coppie des Lectres Commiffionables.

Pag. 5 R.° & V.° & 6 R.°

JEHAN D'AUMONT, Comte de Chafteau-Roux, Marefchal de France, Gouverneur & Lieutenant-Général pour le Roy Monfeigneur en Daulphiné; au premier Notaire Royal Dalphinal, fur ce requis, Salut: receu avons l'houmble fuplication de Noble LAURANS DE BEAULMONT ET DE VERNEUL, Seigneur dud. lieu, Crolles & Montfort, Payra & Ponpignam, contenant... que... il auroict plufieurs enphiteotes tenementiers.. qui tiennent.. plufieurs.. biens.. fe mouvant de fon Fiefz.. & par aulcune mallice en eux eftant ne les veullent recognoiftre, ni paier les arrerages... ny les droictz de nouvel acqueft... d'ailheurs les Prodhomes... fe rendent difficilz fe tranfporter fur les lieux: ce que revient

DE LA MAISON DE BEAUMONT.   485

tout à fon grand préjudice ... pour ce ... vous mandons ... faire faire commandement de par le Roy & nous ... aufd. enphithéotes, tenementiers . ; . de incontinent & de nouveau pardevant vous recognoiftre lefd. cenfes, rentes, penfion, droitz, debvoirs & aultres revenus annuels fe mouvoir & tenir du Fiefz & directe dudit Suppliant ... felon la forme & teneur des précédantes Recognoiffances ... Donné à Grenoble le unziefme jour ... de Mars mil cinq centz quatre-vingtz & quinze. (*Signé*,) par Monfegneur le Conte, Gouverneur & Lieutenant-Général, BESSON.

« *Recognoiffance de preudhomme Jehan du Pont-Picat, Laboreur de Montfort,*   Pag. 7=11.
» *Paroiffe de Crolles.* »

AU NOM de Dieu ... l'an courant mil cinq centz norante-cinq, devant midy & le troifiefme   3 Avril 1595.
jour .. d'Apvril .. pardevant moy Guigues Laurens, Notaire Royal Delphinal, & Commiffaire député à la renovation des Recognoiffances de hault & puiffant Seigneur LAURANS DE BEAUMONT-DE VERNEUL, Seigneur dudict lieu, Crolles, Montfort, Payrat & Pompignam, eftably en fa perfonne ... Jehan du Pont-Picat, Laboureur de Montfort, Paroiffe de Crolles, lequel agréablement ... fuivant la Recognoiffance cy-devant faicte par feu Meffire Jehan du Pont-Picat, pere dudit Recognoiffant, pardevant feû Meffire Jehan du Pont, Notaire, en l'an mil cinq centz foixante neufs & le doziefme jour du mois d'Aouft au proffict dudit Seigneur DE BEAUMONT ... recognoift eftre homme fubject en toutte Jurifdiction & Jurifdiciable dudit hault & puiffant Seigneur LAURENS DE BEAUMONT - DE VERNEUL, Seigneur dudict lieu, Crolles, Montfort, Payra & Pompignam, ad cauze de fa Terre, Seigneurie & Jurifdiction de Montfort ... & ... luy eftre tenu à l'euvre, maneuvre, guet, efcharguet, chevauchée & aultre droictz feignoriaulx, telz & comme les aultres fubjectz Habitans audict Montfort, font tenus audict Seigneur ... (*Signé*;) LAURENS, Notaire préfent.)

« *Recognoiffance de Benoict Jail, fils à feû Pierre, Laboureur de Montfort,*   Pag. 29=32.
» *Paroiffe de Crolles.* »

L'AN mil cinq cenrz norante cinq, & le dix-neufviefme jour du moys d'Apvril, devant   19 Avril 1595.
moy Guigues Laurentz, Notaire Royal, Commis à la renovation des Recognoiffances de hault & puiffant Seigneur Noble LAURENTZ DE BEAUMONT-DE VERNUL, Seigneur dud. lieu, Crolles, Montfort, Payra & Pompignan ... eftab'ly ... le fufnommé ... Benoict Jail ... lequel ... en enfuivant la Recognoiffance faicte par led. feû Pierre Jay, pere dud. Recognoiffant, aa proffict de feû Meffire LAURENTZ DE BEAUMONT, CHEVALLIER DE L'ORDRE, Seigneur quand vivoyt dud. Beaumont, Crolles, & Montfort, pere dud. Seigneur de Beaulmont moderne, pardevant feû M.e Guigues du Pont, Notaire & Commiffaire, le dixiefme jour du moys de Juing, l'an mil cinq centz trante-troys .., à confeffé .. eftre homme, fubject & jurifdiciable au Seigneur de Marcieu & aud. Seigneur DE BEAULMONT, abfant ... (*Signé*.) LAURENS, Commiffaire.

L'AN mil cinq centz nonante-cinq, & le vingtiefme jour .. d'Avril ... Ennemond Car-   20 Avril 1595;
mual .. Laboreur de Laval .. à confeffé ... tenir du Fiefz, emphithéote & directe Sei-   Pag. 36 V.º, 37
gneurie de Noble & puiffant Seigneur LAURENTZ DE BEAULMONT-DE VERNUL, Seigneur   R.º & V.º
dud. lieu, Crolles, Montfort, Payrat & Pompignan .. des biens cy-devant recognus au proffict de Meffire LAURENTZ DE BEAUMONT, Chevallier, Seigneur quand vivoyt dud. Beaulmont, Crolles & Montfort, pere aud. Seigneur moderne .. pardevant M.e Guigues du Pont, Notaire & Commiffaire, le neufviefme Jour ... de Juing mil cinq centz trantetroys ... (*Signé*,) LAURENS, Commiffaires.

« *Recognoiffance de Noble Jehan de Challendier, filz à feû Loys, du lieu de Crolles.* »

L'AN & jour que dernier (22 Mai 1595) ... eftably .. Noble Jehan *de Challandier*, le-   22 Mai 1595.
quel ... confeffé ... tenir du Fiefz ... dud. Seigneur de Beaumont ... des biens cy-   Fol. 99 V.º=101
devant recogneus par Noble Ambiard *de la Challandiere*, au feû Seigneur de Crolles & Montfort Noble LAURENS DE BEAUMONT, Seigneur dud. lieu ... devant feû M.e Guigues de Pont, Notaire, de l'an mil cinq centz trante-troys, & du dix-huictiefme jour de Juing ... (*Signé*,) J. DE CHALLANDIER, (&) LAURENS, Commiffaire.

« *Recognoiffance de Noble Jacques de Maffon, Paroiffe de Crolles, Mandement*
» *de Montfort.* »

L'AN mil cinq centz nonante cinq & le troifiefme jour .. de Novembre ... Noble Jacques   Fol. 214 V.º =
de Maffon ... a confeffé .. tenir du Fiefz ... de Noble & puiffant Seigneur LAURENS DE   217.
BEAULMONT-DE VERNUL, Seigneur dud. lieu, Crolles, Montfort, Payrat & Pompi-

pnan... des biens cy-devant recogneus au proffict dud. Seigneur, par Noble Jehan Maſſon, pere dud. Recognoiſſant, ez mains de M.ᵉ Jehan du Pont, Notaire & Commiſſaire, le quatorzieſme Juin mil V. ſeptante. : . (Signé,) J. Chasson (&) Laurens, Commiſſaire.

« Addiction à la Recognoiſſance de Noble Jehan Challandier, de Crolles. »

Fol. 406=407.
26.Avril 1590.
L'An mil cinq centz nonante ſix, & le vingt-ſixieſme jour. . : d'Apvril. . : Noble Jehan Challandier... en adjouſtant à la recognoiſſance jà par luy cy-devant faicte au proffict de Noble & puiſſant Seigneur Laurens de Beaulmont-de Vernul, Seigneur dud. lieu, Crolles, Montfort, Payrat & Pompignam... a confeſſé tenir du Fiefz... dud. Seigneur cy préſent, des biens cy-devant albergés par feu Meſſire Laurentz de Beaulmont, Chevallier, quand vivoit Seigneur dudict lieu, Crolles, Montfort, pere audict Seigneur moderne ...le vingtieſme Janvier mil V.ᶜ cinquante quatre... Fait & ſtipullé à Crolles au Chaſtean dud. Seigneur... (Signé,) Beaulmont-&-Payrac, J. Challandier (&) Laurens, Commiſſaire.

« Recognoiſſance de Noble Jehan March, de Crappononḍ, Paroiſſe de Bernin. »

Fol. 605=606.
18 Mars 1597.
L'An mil cinq centz nonante ſept, & le dixhuictieſme jour. . de Mars . . Noble Jehan March, filz de feu Noble Jacques March, de Crappοnοud, Parroiſſe de Bernin. . ac onfeſſé . . . tenir du Fiefz . . . de Noble & puiſſant Seigneur Laurentz de Beaulmont - de Vernul, Seigneur dud. lieu, Crolles, Montfort, Payrat & Pompignan... des biens aultrefois recogneuz . . . par led. feu Noble Jacques March . . . (Signé,) March, recognoiſſant, (&) Laurens, Commiſſaire.

« Recognoiſſance de Noble Berthon de Vantes - de Lance, Paroiſſe de Vilarbonnoud. »

Fol. 652 V.°=
653.
29 Mars 1599.
L'An mil cinq centz nonante neufz, & le vingt neufvieſme jour . . . de Mars . . . Noble Berthon de Vantes, filz à feu Noble Charlles de Lance. . a confeſſé . . tenir du Fiefz . . . de Noble & puiſſant Seigneur Laurens de Beaulmont-de Vernul, Seigneur dud. lieu, Crolles, Montfort, Payrat & Pompignan . . . droict ayant de Noble Jacques du Fay, des biens autrefois recogneuz au proffict dud. Noble Jacques du Fay, & de Noble Gaſpard Terrail... (Signé,) B. de Vantes (&) Laurens, Commiſſaire.

« Recognoiſſance de Damoiſelle Catherine de la Vaye, vefve de feu Noble Jacques » de Paviot, de Crolles. »

Fol. 656=663.
13 Janv. 1600.
L'An & jour ſufdict (13 Janvier 1600). establye . . Catherine de la Vaye, vefve . . . de feu Noble Jacques de Paviot, de Brocey, Paroiſſe de Crolles . . . laquelle . . . à confeſſé . . tenir du Fiefz . . . de Noble puiſſant Seigneur dud. lieu, Crolles, Montfort, Payrat & Pompignan... des biens aultrefois recognez au proffit de Noble Jacques du Fay & de Noble Gaſpard Terrail, duquel ſieur du Fay ledict Seigneur de Beaulmont a droict & cauſe par Noble Anthoyne de Paviot... (Signé,) Laurens, Commiſſaire.

Fol. 673=680.
2 Mars 1600.
L'An mil ſix centz, & le deuxieſme jour du mois de Mars . . . eſtably en ſa perſonne, Damoiſelle Claude de Lauras-de Montplerſant, vefve de feu Noble Loys Cognoz, quand vivoict ſieur de la Maiſon - Forte de Crappоnoud, & comme mere & légitime adminiſtrareſſe de la perſonne & biens de Damoiſelle Anthoynette de Cognoz, ſa fille, héritiere univerſelle dudict feu ſieur de Crapоnnoud, laquelle... à confeſſé... tenir du Fiez, emphitéote & directe Seigneurie de Noble & puiſſant Seigneur Laurens de Beaulmont-de Vernul, Seigneur dudict lieu, Crolles & Montfort, Payrat & Pompignan... des biens aultrefois regnuz au proffict dudict Seigneur de Beaulmont, par Noble Gilles Cognoz quand vivoict Seigneur de ladicte Maiſon-Forte de Crappоnnoud, ez mains de feu Noble Jacques March, le vingt huictieſme jour... d'Octobre l'an mil cinq centz ſoixante cinq, en enſuyvant l'abergement par led. Seigneur de Beaulmont audict ſieur de Crapоnnoud... aſſavoir deux Moullins . . ſituéz rieſre le Mandement de Crolles & Montfort... (Signé,) C. de Montplesant (&) Laurens, Commiſſaire.

Fol. 685=687.
10 Janv. 1601.
L'An mil ſix centz & ung, & le dixieſme jour : . . de Janvier . . . eſtably en ſa perſonne Reverendiſſime Dame Anne Allemande-de Paſquiers, Dame Abeſſe au Monaſtere des Ayes, ſize en la Paroiſſe de Crolles, laquelle . . a confeſſé . . tenir du Fiez . de Noble & puiſſant Seigneur Laurens de Beaulmont-de Vernul, Seigneur dudict lieu, Crolles, Montfort, Payrat & Pompignan . . par indivis de Fiefz avec Noble Eſtienne Dambel, & Damoiſelle Janne Bruine, mariez, ſieur & Dame de Montbonnoud, led. Seigneur de Beaulmont, droict ayant de Noble Jacques du Fay. . des biens aultrefois (reconnus) par Reverente Dame Marguerite de Riberel, quand vivoict Abeſſe dud. Monaſtere, ez mains de M.ᵉ Guigues Gleylat,

DE LA MAISON DE BEAUMONT. 487

Notaire & Commissaire le 12 Mars 1549... au profict de Nobles Jacques du Fay & Gaspard Terrail... Faict... dans ladict Abbeye dans la Chambre de ladicte Dame... (Signé,) ANNE ALLEMANT (&) LAURENS, Commissaire.

L'AN mil six centz deux, & le unziesme jour...de Janvier... establye... Damoiselle Gasparde de Francon, vefve de feu Noble Emné de Gerbeys, sieur de Sonnas, laquelle.. a confessé... tenir en Fiefz... de Noble & puissant Seigneur LAURENS DE BEAUMONT-DE VERNUL, Seigneur dud. lieu, Crolles, Montfort, Payrat & Pompignan... droict ayant de feu Noble Jacques du Fay... par indiviz de Fiefz avec Noble Etienne Dambel & Damoiselle Jehanne Brune, mariez, sieur & Dame de Monbonnoud... des biens aultrefois recogneuz au proffict dudict Noble Jacques du Fay, & de Noble Gaspard Terrail...Faict .. au .. lieu de Bernin, dans la maison delad. Dame recognoissante... (Signé,) GUASPARDE DE FRANCON (&) LAURENS, Commissaire.

11 Janvier 1602.
Fol. 722 V.°=735.

L'AN mil six centz & deux, & le dixiesme jour .. d'Apvril.. Noble Loys de Sainct-Remy, Docteur ez Loix, Advocat en la Souvereyne Court de Parlement de ce Pays de Daulphiné ...a confessé... tenir du Fiefz .. de Noble & puissant Seigneur LAURENS DE BEAUMONT-DE VERNUL, Seigneur dud. lieu, Crolles, Montfort, Payrat & Pompignan, droict ayant de Noble Jacques du Fay ... des biens aultrefois recogneuz au proffict desdicts Nobles du Fay & Terrail... (Signé,) DE SAINCT-REMY (&) LAURENS, Commissaire.

10 Avril 1602.
Fol. 742 R.° & V.°

L'AN mil six centz & six, & le septiesme du mois de Februier... pardevant moy Notaire Royal Delphinal & Commissaire... depputé à la renovation des Recognoissances de haut & puissant Seigneur Noble LAURENS DE BEAUMONT, Seigneur dudict lieu, Crolles, Montfort, Peyrat, Pompignan & aultres Places... se sont personnement estabiis, Noble Françoys de Paviot & Damoyselle Guigonne de Paviot, veufve de feu Monsieur Pierre Arthuyer ... quand vivoit Advocat en la Cour de Parlement de ce Pays de Daulphiné, ensens & héritiers... de feu Noble Jacques de Paviot & de Damoyselle Catherine de la Vaye, leur mere ; lesquels .. tant à leurs noms propres que de Damoiselle Jehanne Roulx, filhie de Noble Claude Roulx, sieur d'Ard & de Damoiselle Marguerite de Paviot, aussi héritiere pour la tierce part desd. feu sieur de Paviot & Damoyselle de la Vaye... en adjoustant à la Recognoissance... passée par lad. feüe Damoyselle de la Vaye, au proffict dudict Seigneur ... ont confessé .. tenir .. du Phiefz... dudict Seigneur de Beaumont... des biens jà si devant recogneux au proffict dudict Seigneur... Faict ... dans le Chasteau dudict Seigneur de Beaumont aud. Crolles... (Signé,) PAVIOT (&) LAURENS, Commissaire.

7 Février 1606.
Fol. 826 V.°=830.

L'AN mil six centz & sept, & le dix-huictiesme jour du moys d'Apvril .. Noble Jehan André Acquin de Sainct-Nazaire... a confessé... tenir du Fiefz ... de Noble & puissant Seigneur LAURENS DE BEAUMONT-DE VERNUL, Seigneur dudict lieu, Crolles, Montfort, Payrat & Pompignan... droict ayant de Noble Jacques du Fay... des biens aultrefoys recogneuz au proffict dud. feu Noble du Fay & de Noble Gaspard Terrail ... ez mains de feu M.e Guigues Gleysat, Notaire & Commissaire le 27 Februier 1549 .. (Signé,) AQUIN (&) LAURENS, Commissaire.

18 Avril 1607.
Fol. 833 V.° 836.

ADDITION A LA PAGE 379, avant l'Acte du 3 Juillet 1742.

Extrait des Regiſtres des Baptémes, Mariages & Sépultures de l'Egliſe paroiſſiale de Saint-Pierre de Payrac en Querci, Diocèſe de Cahors.

LE DOUZE Novembre mil sept cent douze, naquit Noble JACQUES DE BEAUMONT, fils légitime & naturel de Noble GRATIEN DE BEAUMONT & de Noble THÉRÈSE DE LONGUET-DE LA BASTIDETTE, de Payrac, fut baptisé le dix-sept; Parrain Noble Jacques de Beaumont ; Marraine Dame Anne de Bondoire. Présens, Jean Chambon & Guillaume Blan qui n'ont scu signer. Carla, Curé ; Anne de Bondoire ; de la Bastidette ; DE BEAUMONT-POMPIGNAN, pere.

12 Novembre 1712.

Nous soussigné Vicaire de ladite Eglise, certifions avoir tiré fidèlement & mot-à-mot des Registres de ladite Paroisse, l'Extrait ci-dessus, en foi de ce à Payrac ce 15 Juin 1777, jour auquel nous l'avons délivré. (signé,) Louradour, Vicaire.

ADDITION A LA PAGE 383, après l'Acte du 15 Septemb. 1774.

Commiffion de Meftre-de-Camp en fecond du Régiment de Cavalerie de Bourgogne, & Lettre de Chevalier de Saint-Louis, pour le MARQUIS DE BEAUMONT-D'AUTY.

Originaux en parchemin.

18 Avril 1776.
LOUIS &c. à notre cher & bien amé le fieur ABRAHAM-JACQUES MARQUIS DE BEAUMONT-D'AUTY, ci-devant Colonel du Régiment Provincial de Châlons; Salut: étant néceffaire de pourvoir à la Charge de Meftre-de-Camp-Lieutenant en fecond du Régiment de Cavalerie de Bourgogne, créée par notre Ordonnance du 25 Mars dernier, & défirant la remplir d'une perfonne qui ait toutes les qualités pour s'en acquitter dignement. . . . Nous vous avons commis, ordonné & établi, commettons, ordonnons & établiffons. . . . Meftre-de-Camp Lieutenant en fecond dudit Régiment de Cavalerie de Bourgogne, & Capitaine de la Compagnie Colonelle d'icelui, pour, en ladite qualité de Meftre-de-Camp-Lieutenant en fecond, commander ledit Régiment. . . . fous notre autorité & fous celle du fieur Marquis de Béthune, Colonel-Général de notre Cavalerie-Légere, & du fieur Marquis de Caftries, Meftre-de-Camp-Général d'icelle. . . Mandons au fieur Marquis de Maupeou, Meftre-de-Camp-Lieutenant, Commandant dudit Régiment. . . de vous recevoir & faire reconnoître en la dite Charge. . . Donné à Verfailles, le 18.e jour d'Avril l'an de grace 1776, & de notre Regne le deuxieme. (*figné*,) LOUIS, (plus bas) par le Roi, ST. GERMAIN. (& fcellé.)

21 Avril 1777.
Lettre du Roi à Mons. ABRAHAM-JACQUES MARQUIS DE BEAUMONT-D'AUTY, Meftre-de-Camp en fecond du Régiment de Bourgogne Cavalerie, pour lui donner avis que Sa Majefté à commis le fieur Baron d'Efpagnac, Maréchal-de-Camp en fes Armées, Gouverneur de fon Hôtel Royal des Invalides, & Commandeur de l'Ordre Militaire de Saint-Louis, pour le recevoir en fon nom Chevalier du même Ordre; datée de Verfailles, le 24 Avril 1777. (*figné*,) LOUIS. (Et plus bas,) ST-GERMAIN.

Acquifition du Marquifat de Puiguilhen, par le MARQUIS DE BEAUMONT-D'AUTY, au nom de fon fils mineur.

Groffe en parchemin.

5 Juillet 1777.
PARDEVANT les Confeillers du Roi, Notaires au Châtelet de Paris, fouffignés, fut préfent Meffire Alexandre-Remy-Marie de Larrard, Chevalier de Larrard, Seigneur du Marquifat de Puiguilhen & autres lieux, Officier au Régiment des Gardes Françoifes. . . majeur & non marié. . . lequel a vendu. . . & s'eft obligé de garantir de tous troubles. . . à MARIE-CHRISTOPHE DE BEAUMONT, Chevalier, mineur, fils de haut & puiffant Seigneur JACQUES-ABRAHAM DE BEAUMONT, MARQUIS DE BEAUMONT, Meftre-de-Camp du Régiment de Bourgogne Cavalerie, & de haute & puiffante Dame CLAIRE-MARGUERITE RICHER-DE BEAUPRÉ, décédée, fon Epoufe; ce accepté par M. le Marquis de Beaumont, au nom & comme Tuteur du fieur fon fils mineur, nommé & élu à cette qualité de l'avis de fes Parens & amis, homologué par Sentence du Juge Royal de la Ville & Baronnie de Cauffade, rendue le 3 Janvier 1772. . . & autorifé fpécialement par autre Sentence . . . rendue par M. le Lieutenant Civil au Châtelet de Paris, le 23 Décembre dernier. . . la Terre, Seigneurie & Marquifat de Puiguilhen, fes appartenances, circonftances & dépendances, fituées en la Province de Périgord, confiftant en maifon noble . . . garenne. . . terres. . . cens, lods & ventes, rente, Juftice, Greffes. . . droits honorifiques, prélature . . . domaines & forêts; le tout compofé de quatre Paroiffes, favoir: Puiguilhen, Tenac, Montbos & Sainte-Eulalie, compris . . . le droit de chaffe fur l'étendue des quatre Paroiffes, rentes foncieres. . . tous les émolumens de fiefs . . . les quatre Paroiffes . . . relevant en plein fief, foi & hommage du Roi, à caufe de fon Duché de Guyenne, & vers Sa Majefté chargées de tels droits féodaux & domaniaux quelles peuvent devoir . . . La préfente vente eft faite . . . moyennant le prix & fomme de deux cent foixante-dix mille livres . . . préfentement payée par M. le Marquis de Beaumont, pour fon fils mineur. . . Fait & paffé à Paris en l'Etude, le 5 Juillet mil fept cent foixante-dix-fept, avant midi, & ont figné la minutte des préfentes demeurée à M.e Dofne, l'un des Notaires fouffignés. (*figné*,) DOSNE & ROUEN.)

Brevet

Brevet d'Enseigne de Vaisseau, pour le BARON (*Vicomte*) DE BEAU-
MONT-(DE VERNEUIL,) *Garde de la Marine à Rochefort.*

Original en parchemin.

AUJOURD'HUI quatrieme jour du mois d'Avril mil sept cent soixante-dix-sept, le Roi   4 Avril 1777.
étant à Versailles, voulant commettre des personnes capables & expérimentées au fait de la
Guerre & de la Navigation, pour faire les fonctions d'Enseigne sur les Vaisseaux de Guerre,
& sachant que le sieur BARON DE BEAUMONT, Garde de la Marine, a les qualités nécessaires
pour s'en bien acquitter, Sa Majesté l'a retenu & ordonné, retient & ordonne Enseigne de
l'un de ses Vaisseaux, pour ladite Charge exercer & en jouir & user aux honneurs, auto-
rités, prérogatives & droits y appartenans, & aux appointemens qui lui seront ordonnés par
les Etats & Ordonnances qui seront pour cet effet expédiés, le tout sous l'autorité de Monsr.
le Duc de Penthiévre, Amiral de France, & des Vice-Amiraux, Lieutenans-Généraux,
Chefs d'Escadres & Capitaines de sesdits Vaisseaux, auxquels elle mande, & à tous autres
Officiers de Marine qu'il appartiendra, de faire reconnoître ledit sieur BARON DE BEAUMONT
en sadite qualité d'Enseigne de Vaisseau ès choses concernant ladite Charge ; & pour témoignage de sa volonté, Sa Majesté m'a commandé de lui expédier le présent Brevet qu'elle
a voulu signer de sa main, & être contresigné par moi Conseiller Secrétaire d'Etat & de ses
Commandemens & Finances. (*signé*, LOUIS. (*Et plus bas:*) DE SARTINE.

(*Au dos est écrit.*)

Le Duc de Penthiévre, Amiral de France, vû le Brevet du Roi de l'autre part à nous
adressé, mandons aux Vice-Amiraux, Lieutenans-Généraux, Chefs d'Escadres, Capitaines
de Vaisseaux, & à tous autres Officiers de Marine qu'il appartiendra, de reconnoître le sieur
BARON DE BEAUMONT en qualité d'Enseigne de Vaisseau.
Fait à Sceaux, le dix Mai mil sept cent soixante–dix–sept. (*signé,*) L. J. M. DE BOURBON.
(*Plus bas:*) Par son Altesse Sérénissime, DE GRANDBOURG. (*A côté :*) Enregistré au Contrôle
de la Marine, ce vingtieme Juillet mil sept cent soixante-dix-sept. (*signé,*) REDON-DE
BEAUPREAU.

Articles de Mariage de GUILLAUME-JOSEPH VICOMTE DE BEAUMONT-
VERNEUIL, *avec Demoiselle* SOPHIE CAUVET.

Grosse en parchemin.

POUR PARVENIR au Mariage proposé entre très-haut & très-puissant Seigneur GUILLAUME-   29 Mai 1778.
JOSEPH VICOMTE DE BEAUMONT-DE VERNEUIL, Chevalier, Enseigne des Vaisseaux du Roi,
fils en légitime mariage de très-haut & très-puissant Seigneur, Monseigneur JACQUES COMTE
DE BEAUMONT, Chevalier, Seigneur d'Auty, la Faille, du Mas & autres lieux, & de feüe
très-haute & très-puissante Dame, Madame Thérèse de la Bastidette, COMTESSE DE BEAU-
MONT, son Epouse.
Et Demoiselle SOPHIE CAUVET, fille en légitime mariage de feü Messire Philippe-Nicolas
Cauvet, Chevalier, ancien Capitaine d'Infanterie dans les Troupes détachées de la Marine,
ancien Commandant pour le Roi au Mirebalais, Chevalier de l'Ordre Royal & Militaire de
Saint-Louis, & de feüe Dame Charlotte de Saccardy, son Epouse.
Pardevant les Notaires du Roi à Nantes soussignés, furent présens ledit Seigneur VICOMTE
DE BEAUMONT-DE VERNEUIL, futur Epoux, majeur, demeurant à son Département à Roche-
fort, Paroisse de Saint-Louis, stipulant en son nom, d'une part :
Messire Victoire-Arnold-Martin O-Gorman, Chevalier, ancien Mousquetaire de la seconde
Compagnie de la Garde du Roi, Capitaine de Dragons, beau-frere, à cause de Dame Ca-
therine-Charlotte Cauvet, son Epouse, sœur de ladite Demoiselle Sophie Cauvet, future
Epouse, mineure, stipulant pour elle, tant en qualité de son Tuteur, institué par Sentence
du Siége Royal du Port au Prince, rendue sur les conclusions de la Partie publique, en date
du vingt-sept Octobre mil sept cent soixante quinze, & du serment par lui prêté en conséquence le même jour, qu'en celle de son Tuteur *ad hoc*, élu par Sentence homologative
d'avis de Parens & Amis de ladite Demoiselle émanée du même Siége, sur les conclusions
de la Partie publique, en date du six Avril mil sept cent soixante-dix-huit, laquelle charge
il a accepté le même jour & prêté le serment au cas requis & du consentement de ladite

Demoiselle Sophie Cauvet, à ce présente & stipulante en son nom sous ladite autorité ; demeurant, savoir, ledit sieur O-Gorman Paroisse de Sainte-Roze de la Croix des Bouquets, dépendances du Port au Prince, Côte Saint-Domingue, actuellement en la Ville de Nantes, logé au quartier de la Fosse, Paroisse de Saint-Nicolas, & ladite Demoiselle Sophie Cauvet demeurante Pensionnaire chez la Demoiselle de la Salle-le Marié, rue & Paroisse de Saint-Laurent de la Ville de Nantes, d'autre part:

Entre lesquelles Parties, de l'avis & consentement de leurs Parens & Amis; savoir, de la part du futur Epoux, de Messire BERTRAND DE BEAUMONT, Prêtre du Diocèse de Cahors, Licentié en Théologie de la Maison & Société de Sorbonne, Aumônier du Roi, Chanoine de l'Eglise de Paris, Abbé Commandataire de l'Abbaye de Lieux-Croissant des Trois-Rois, Ordre de Citeaux, Diocèse de Besançon, Vicaire-Général de Blois, son frere; & d'Illustrissime & Révérendissime Messire Jean-Augustin de Fretat-de Satra, Evêque de Nantes, Conseiller du Roi en tous ses Conseils; & de la part de ladite Demoiselle Cauvet, future Epouse, de Messire Anne-Pierre Coustard-de Massy, Chevalier de l'Ordre Royal & Militaire de Saint-Louis, Lieutenant de Nosseigneurs les Maréchaux de France, & de Messire Pierre-Jacques Coustard, Ecuyer, Capitaine au Régiment Royal Lorraine Cavalerie, ont été faits les traités, accords & conventions qui suivent, pour le mariage dudit Seigneur VICOMTE DE BEAUMONT & de ladite Demoiselle Sophie Cauvet être célébré en face d'Eglise, le plutôt que faire se pourra, & qu'il sera avisé entr'eux.

ARTICLE PREMIER. Seront lesdits Sieur & Demoiselle futurs Epoux uns & communs en tous les biens meubles & conquêts immeubles qu'ils ont, auront, ou feront durant & constant leur mariage, conformément à la Coutume de Paris...

ART. II. Ne seront néanmoins tenus des dettes l'un de l'autre contractées avant le présent mariage...

ART. III. Se prennent lesdits Sieur & Demoiselle futurs Epoux aux biens & droits à chacun d'eux appartenans, ceux de la Demoiselle future Epouse consistans dans sa part & portion des successions du sieur son Pere, de la dame sa Mere, & des sieurs ses Freres.

En outre en sa part & portion, tant du chef du sieur son Pere, que du chef du sieur son Frere aîné & de ses autres Freres dans la succession de la feüe dame Vicomtesse de Beon, sa tante paternelle.

Et finalement dans sa part & portion du chef de la dame sa Mere, dans la succession de la dame de Gourgues, habitante au Cap, décédée en France, icelle dame de Gourgues nièce de la feüe dame Cauvet & cousine germaine de la Demoiselle future Epouse.

ART. IV. Les biens du Seigneur futur Epoux consistent en sa portion afférente de ceux de la succession échue de Madame la COMTESSE DE BEAUMONT, sa mere, & dans sa part & portion de ceux du COMTE DE BEAUMONT, son pere, suivant sa légitime.

ART. V. En faveur duquel mariage, ledit Seigneur futur Epoux a doué & doue la Demoiselle future Epouse d'une somme de cinquante mille livres argent de Saint-Domingue, de douaire préfix & sans retour une fois payée, à l'avoir & prendre par elle, sitôt que le douaire aura lieu, sur le plus clair de ses biens, sans être tenue d'en faire demande en justice, pour, par elle, en jouir au desir de la Coutume de Paris, à la sûreté duquel douaire les biens du futur Epoux demeureront affectés & hypothéqués de ce jour.

ART. VI. Le survivant desdits Seigneur & Demoiselle futurs Epoux, aura & prendra par préciput & avant partage des biens de leur communauté, tout son linge, hardes, effets, bijoux & armes à son usage, une chaise roulante avec quatre chevaux, un postillon, deux valets & deux servantes, en outre en autres effets de la communauté jusqu'à la concurrence de vingt mille livres, argent de Saint-Domingue, suivant la prisée de l'inventaire qui en sera fait & sans crue, ou bien ladite somme en argent comptant, au choix du survivant...

Et comme ces présentes requierent insinuation, les Parties se sont données tout pouvoir de le faire au Greffe du Siége Royal du domicile du Seigneur futur Epoux, au Greffe du Siége Royal du Port au Prince, & par tout ailleurs où besoin sera, constituant, à cet effet, pour leur Procureur le porteur d'une expédition des présentes: Consenti, fait & passé demeure de la Demoiselle future Epouse, chez ladite Demoiselle de la Salle-le Marié, l'an mil sept cent soixante dix-huit, le vingt-neuf Mai avant midi, & ont signé la minute des présentes demeurée vers M.e Jalaber, l'un des Notaires soussignés, ainsi signé; VICOMTE DE BEAUMONT-VERNEUIL, SOPHIE CAUVET, O-Gorman, l'ABBÉ DE BEAUMONT, J. Aug. Evêque de Nantes, Coustard-de Massy, l'Abbé de Poly, Vicaire-Général, de Kerseau, Petit-des Rochettes, Recteur de Saint-Denys & Promoteur du Diocèse, le Marié, J. le Marié, de la Salle, Hélene le Marié-de la Salle, Elisabeth Caillaud, DE BEAUMONT, Victoire Richard, Colombe Brossaud, Jeanne Blay, Anne Esturmy, Magdelène Richard, Céleste le Chauff, veuve du Fort, Hélene Bernard, du Fort-de Marmé, Victoire le Chauff, Marguerite Murphi, Marchand, Coustard-de Massy, Jollivet-de Guivaré, Coustard-de la Valerie, J. Gallouïn, Recteur de Saint Laurent, l'Abbé Urvoy, Scholastique & Vicaire-Général de Nantes, Auguftin de Luynes, de Luynes-des Fontenelles, de Luynes, Capitaine de Dragons, le Chevalier de Sanglier, Hay-Montaudoüin, veuve Brée, Provost, Mabille de Bruc-du Cléray, de Bruc-de Goulaine, de Bruc-du Cleray, & des Notaires soubsignés: Contrôlé à Nantes, le onze Juin suivant, par Bouhier qui a reçu deux cens quatre-vingt livres & averti de l'insinuation aux termes de la Déclaration de 1731. (signé:) HÉRAULT & JALABER.

DE LA MAISON DE BEAUMONT.

Branche des SEIGNEURS DU REPAIRE.

ADDITION A LA PAGE 388, après l'Acte du 28 Avril 1581.

Quittance donnée par Jeanne d'Aubusson, veuve de Jean du Pouget, à CHARLES DE BEAUMONT, Seigneur du Repaire.

Original à la page 22 V.°, 23 R.° & V.° du Cayer coté †, conservé aux Archives du Château de Baynac, en Périgord.

AU LIEU de Salviac en Quercy, le tiers jour du mois de Janvier l'an mil cinq cent quatre- — 3 Janvier 1582.
vingtz & deux... dans le Chasteau de la Coste...pardevant moy Notaire Royal...Damoy-
selle Jehanne d'Aubusson, veufve de feû Jehan du Poget, en son vivant Seigneur du Repaire...à confessé avoir prins & réellement reçu de Noble CHARLES DE BEAUMONT, Seigneur du Repaire...la somme de...mille livres... en payement & desduction...de certain accort entre eulx passé, prins & receu par M.es Pierre Cazalz & Pierre Bidore, Notaires.
De lad. somme de mille livres tournoyses l'en a quitté... présents Noble Guyon du Serech,
Seigneur de la Coste, & Jehan Dumont... signés ainsin à la cede : Jehanne d'Aubusson. La-
Coste, tesmoing. J. Dumont présent & moy, (*signé*) : J. BORRET, Notaire.

Dans le Chasteau du Reppaire en Périgord, le vingt cinquiesme jour de Janvier l'an mil — 25 Janvier 1582.
V.c quatre-vingtz & deux... pardevant moy Notaire Royal... Damoiselle Jehanne d'Aubusson, veufve à feû Noble Jehan du Poget, en son vivant Seigneur dud. Reppaire...
a prins & receu réallement de Noble CHARLES DE BEAUMONT, Seigneur dud. Reppaire,
illec présent la somme de... mille livres... en payement & desduction de majeure somme
par led. Seigneur à ladite Damoyselle deue, par certain accort entre eulx passé, receu par
Bidore & Cazalz, Notaires; promettant ne luy rien plus demander à raison desdits mille livres...
présens Prudent de Veccat & Jehan Dumont, tesmoings, signés à la cede ensemble ladite
Damoyselle & moy. (*Signé*:) J. BORRET, Notaire.

Retrait féodal exercé par CHARLES DE BEAUMONT, Seigneur du Repaire.

Original à la page 34=38 du Cayer coté †, conservé aux Archives du Château de Baynac, en Périgord.

COMME ainsin soict que feû Pierre Very, Merchant... de Gourdon eust acquis de An- — 26 Septembre
thoine Bessiere une terre & vigne assize au Vilaige de Larchie... pour le pris & somme 1586.
de trente sept livres cinq soulz... Noble CHARLES DE BEAUMONT, Seigneur du Repaire,
Seigneur foncier & direct d'icelle vigne, eust sommé & requize, Françoise de Marty, veufve
& héritiere dud. feû Very, luy vouloir faire la revante par droict de prélation, comme Seigneur d'icelle... Or est-il que cejourd'huy vingt-sixiesme du mois de Septembre mil cinq
cens quatre-vingt six après midy, en la Ville de Gourdon en Quercy... ladicte Françoise
de Marty... fera revante comme présentement faict aud. sieur DU REPAIRE... de la sud.
vigne & terre... moyennant lad. somme de trente-sept livres cinq soulz... bailhé réallement...s'en tenant pour bien contente, payée & satisfaicte... présans Messieurs M.es Josephe
Punhet, Docteur & Juge Royal du Mont-Sainct-Amarie, & Alix - Jacques de la Coste,
Advocat au Siége de Gourdon, témoings à ce appellés & se sont soubzsignés : DE BEAULMONT,
Punhet, de la Coste présent, ainsi signés & moy. Extrait de son original ; (*signé* :) DE
VORICHOL, Notaire.

Qqq ij

Quittance donnée à CHARLES DE BEAUMONT, *Seigneur du Repaire.*

Original au Cahier coté † , *fol.* 68=70.

23 Février 1589. COMME Françoize de Marty, vefve & héritière de Pierre Very, foiét demeurée redepvable à Marque de Broffes , Damoifelle , femme de Monfieur M.e Joufeph de Punhet, Docteur ez droiétz, Juge pour le Roy du Mont-Sainéte Marie, & ... pour ... payement ... auroiét baillé à lad. de Broffes une oubligation ... deu par Noble CHARLES DE BEAUMONT, Seigneur du Repaire ... pour ce eft-il que aujourd'huy vingt-troifiefme du mois de Febvrier mil cinq cent quatre-vingtz neuf à Gourdon en Quercy, & dans la maifon des héritiers de feü Noble Jehan de Lanjac ... lediét M.e Joufeph de Punhet faifant pour ladite de Broffes, fa diéte femme ... a receu réallement dudiét DE BEAUMONT, Seigneur du Repaire, par les mains de Noble Anthoinette du Pouget, Damoifelle, fa femme ... la fomme de cent liv. tournoifes ... & moyennat fe lefdiétz de Punhet ... & ladiéte de Marty ... quite lediét Seigneur du Repaire ... & ainfi l'ont juré, préfans M.e Guilhaume Clayrac, Notaire Royal de la Ville de Dhomme foubzfigné avec led. Punhet ... Punhet ... de Clayrac fufd. ainfy fignés & moy Jehan Moftolac, Notaire Royal. Extraiét de l'original; (*figné* :) MOSTOLAC.

Vidimus d'un Livre de Reconnoiffance fait à la Requéte de CHARLES DE BEAUMONT, *Seigneur du Repaire, comme chargé de la Procuration de* LAURENT (II) DE BEAUMONT, *Seigneur de Payrac, fon frere.*

Original en papier, confervé aux Archives du Château de Baynac , en Périgord.

22 Janvier 1594. AUJOURD'HUY vingt deuxiefme du moys de Janvier mil cinq cens quatre-vingts quatorze, dans le Chafteau de Payrac en Quercy, a efté fait par nous Noutheres foubfignés, eftraiét, collaon & vidimus des recogneyffances précédemen efcriptes, contenues en cent trente-huiét fulliéts , ainfin qu'ils fon coutés, toutes lefd. recogneyffances tranfcriptes par moy Arnauld Capelle quy ay efcript cefte préfente atteftation , & ce d'ung livre couvert de pargemin, exibé par Noble CHARLES DE BEAUMOND, Seigneur du Repere, comme Procureur-général & ayant charge de Noble LAURENS DE BEAUMOND & VERNELH, Seigneur dud. Payrac & autres lieux, tiré & prins led. livre, par led. fieur du Repere, d'ung coffre du gabinet dud. fieur de Payrac, fignées lefd. recogneyffances toutes & chefcunes d'icelles, par André , Nothere Rouyal du lieu de Salhanhac en Périgord ... lequel Extraiét & Vidimus avons fait à la requifition dud. fieur du Repere & de M.e Annet Galiart, faifant pour & au nom de fire Jehan Montet Delrayffe, Fermié des rentes contenues auxd. recogneyffances & autres que lediét Seigneur a en Périgort, comme apert par contraéts fur ce faiéts & réceus par moy diét Capelle, les jours & an en iceux contenus; lequel Eftraiét de recogneyffances a efté baillié par lediét fieur du Repere audiét Galiart, pour lever lefd. rentes & autres droiéts feigneuriaulx affermés audiét Montet, avec une lieve contenent lefd. rentes ou parties d'icelles , efcripte par led. lieve par les mains de feü Jehan Boys, Jadis Receveur dud. fieur de Payrac, enfemble autre Eftraiét contenent dix-fept fuliéts & demy de papier, par nous diéts Notheres faiét comme eft pourté par icelluy efcript par moy diét Capelle ; lefquels fufd. Extraiéts & lieve led. Galliart a promys aud. non rendre aud. fieur après avoir jouy de lad. afferme es préfences de Hugot Maffis & Jehan Brouffes , Clerc diét Payrac , foubfigné, led. Maffis a dit ne fçavoir efcripre ; De BEAULMONT, Requérant fufd. & Procureur, Broffes, préfent, Gaillard, CAPELLE, Nothere, que avec led. Chalon ay faiét lefd. Eftraiéts, J. CHALON, Nothere Rouyal, que avec le fufd. Capelle ay faiét le fufd. Extraiét.

DE LA MAISON DE BEAUMONT. 493

Obligation passée par CHARLES DE BEAUMONT, *Seigneur du Repaire ;*
& Quittances des sommes contenues dans cette Obligation.

Origin. au Cahier coté †, *au*' *fol. 96=97, conservé aux Arch. du Château de Baynac, en Périgord.*

A GOURDON en Quercy, dans la maison de sire Guillaume de Lestevenie, Bourgeois, le 11 Décembre unziesme jour du mois de Décembre mil six cens... pardevant moy Notere Royal soubz- 1600. signé... CHARLES DE BEAULMONT, sieur DE BEAUMONT, Seigneur du Repaire, & sire Pierre Griffoul, Merchant dud. Gourdon... ont recogneu & confessé debvoir à Damoiselle Anne de Lestevenie de lad. Ville... quinze cent livres tournois, à cause de vray & pur prest... laquelle somme... lad. de Lestevenie Damoiselle a dit provenir de la somme... à elle payés par Noble Jehan de Lestevenie, Escuyer, son frere... de quoy... a demandé instrument... ez présences de sires Ramond Giraudet & Jehan Bonneti, Merchans dud. Gourdon... ainsi signés, C. DE BEAUMONT, débiteur...... & de moy Jehan Arnal, Notere Royal de lad. Ville soubz-signé, qui l'ay receu tiré de son original. (*signé* :) D'ARNAL, Notaire.

Le trentiesme jour du mois de Mars mil six cens deux, à Gourdon... Damoiselle Anne 30 Mars 1602. de Lestevenie... a receu dud. sieur DE BEAUMONT, Seigneur du Repaire... unze cent livres... en duction de la somme de cinq cens escuz à elle deue... ez présence dud. sire Guillaume Lestevenie & Pierre Dauraoust, Merchans de lad. Ville, signés à l'original.... & moy Jehan Arnal, Notaire Royal dud. Gourdon soubzsigné.
Extraict de l'original escript au pié de cellui de lad. obligation. (*signé*) : D'ARNAL, Notaire

Le douziesme Mars mil six cens quatre à Gourdon... Ramond de Lestevenie, Escuyer 12 Mars 1604. de lad. Ville... comme Procureur de la susd. Damoiselle Anne de Lestevenie sa sœur.... a receu aud. nom dud. sieur DE BEAUMONT... la somme de quatre cens livres... & en a quitté & quitte le susd. sieur du Repaire & Griffout... & consent à la cancellation de la susd. obligation... ez présences de sires Pierre Coutbes & Jehan Sourdes, Marchans dud. Gourdon soubzsignés à l'original. De Lestevenie... & de moyd. Arnal, Notaire Royal, soubzsigné.
Extraict de l'original. (*Signé* :) D'ARNAL, Notaire.

Quittance donnée par CHARLES DE BEAUMONT, *Seigneur du Repaire,*
de partie de la dot de Marguerite de Salignac-de la Mothe-Fénelon,
femme de Laurent, son fils.

Original au Regist. coté †, *fol. 84=94. conservé aux Archives du Château de Baynac,*
en Périgord.

AU NOM de Dieu, amen. Scachent tous présens & advenir que comme par instrument 1.er Octobre 1603. du vingt-neufiesme jour du mois de Mai mil six cens deux, receu par M.e Jean Ramade, Notaire de Curamonte en Lymosin, faict & passé entre Messire Claude de Plas, sieur dudict lieu & de Sainct Hylaire, Conseigneur dudict Curamonte, Floyrac, Fousfac & autres lieux, Gentilhomme ordinaire de la Chambre du Roy, & Dame Antoinette de Pelegrue-de Cassanel, mariez d'une part ; & haut & puissant Seigneur Messire François de Salignac, Seigneur Baron de la Mothe-Fénelon & Salignac, Vicomte de Sainct Julien & autres lieux, Chevaillier de l'Ordre du Roy, d'autre part ; led. Seigneur de la Mothe pour tous les droict... qu'elle pourroit prétendre tant du chef de feüe Dame Jeanne de Balaguier, Dame de Cassanel & de Salvaignac, sa mere, que pour tous droictz successifz escheuz & advenus à lad. Dame de Plas, par le décès de feüe Damoyselle Anthoinette de Pelegrue-de Cassanel, sa sœur, droict de légitime, supplément d'icelle & autres, est tenu payer... à lad. Dame de Plas, sa tante, la somme de dix mil livres tournois dans ung an, escheu le vingt-neufiesme du mois de Mai dernier : Et soit ainsi que lad. feüe Damoyselle Anthoinette de Cassanel, par instrument du quatorziesme jour de Mars mil cinq cens quatre-vingt quinze, receu par led. Ramade & Fournier, Notaires de Cajarc, eust aquis de Messire Antoine de Gourdon, Baron dudit lieu, Vicomte de Gaiffres, Seneveres & autres lieux, la Place, Terre & Seigneurie de Laure... pour le prix de dix mil livres tournois, soubz toutesfois faculté de rachapt, & partant lad. Place de Laure au moien que dessus estant aquize & appartenant soubz lad. faculté de rachapt aud. Seigneur de la Mothe, lequel desirant satisfaire au payement de lad. somme de dix mil livres à lad. Dame de Plas, sa tante, en faisant la vente soubzescrite soubz faculté de rachapt de ladite Place de Laure, au foubzefcript Frauft comme s'en fuit : A cefte caufe; cejourd'huy lundi neufviefme du mois de Juing mil fix cens troys, après midy... dans le lieu & Fauxbours de Montfalcon en Quercy, & maifon d'Antoine la Borne-Houfte, perfonnelement eftably led. Seigneur de la Mothe-Fénelon, lequel de gré pour luy & les fiens, a vandu... à fieur François Frauft, Borgeois de la Ville de Figeac... lad. Place, Terre & Seigneurie de Laure, en la forme & maniere que lad. feüe Damoyfelle Antoinette de Pelegrue-de Caffanel l'auroit aquife dud. fieur de Gourdon... pour femblable prix & fomme de dix mil livres tournois; led. Frauft... fera tenu & a promis payer... à ladite Dame de Plas, affiftée dudit fieur de Plas, fon mary, & fera faict le payement réel & effectuel dans l'une des deux Villes de Figeac ou Cajarc... & de ladite Place fus vendeue, ledit fieur de la Mothe s'eft déveftu & en a inveftu ledit Frauft, achapteur par le bail de la cede du préfent inftrument... préfents Noble Pierre de Salignac, Seigneur de Fonpiton, Françoys Laborie, Clerc, fils audit Anthoine Laborie, foubzfignés avec lefd. parties... & moy Pierre Donfac, Notaire Royal de ladite Ville de Figeac requis. Et cejourd'huy premier du mois d'Octobre an & regnant que deffus.... heure de quatre heures après midy ou envyron, dans ladite Ville de Cajarc & maifon de Pierre Cornede & de fa femme, perfonnelement eftablis la fufdire Dame de Plas, d'une part, & le fufd. fieur de la Mothe-Fénelon, Noble CHARLES DE BEAUMONT, Seigneur du Repaire & autres lieux, d'autre part; & comme par lefdits fieurs de la Mothe & du Rippaire eut efté dict que par les Pactes de mariages faictz & paffez entre Noble LAURENS DE BEAUMONT, Seigneur de Nébirac, filz aud. fieur du Rippaire, & Damoyfelle MARGUERITE DE SALIGNAC, fille de Meffire Jean, Seigneur en fon vivant dudit lieu de la Mothe-Fénelon, & de Dame Anne de Caffanel, icelle de Caffanel, tant pour elle que pour & au nom dudit Meffire Françoys, fon filz, & dudit Meffire Jean, euft conftitué en dot à lad. Damoyfelle, fa fille, pour les droictz qu'elle pouvoit avoir fur les biens de fond. pere, la fomme de feize mil livres & la fomme de quinze cens livres pour les veftemens; comme auffi par iceux Pactes, Meffire Bertrand de Salignac, Chevailler des deux Ordres du Roy, Confeiller en fes Confeils d'Etat & Privé, grand oncle de ladite Marguerite, luy auroit conftitué la fomme de deux mil livres; en déduction defquelles fommes auroit efté payé aud. fieur de Ripaire la fomme d'huict mil livres tournois; & à lad. Damoyfelle Marguerite auroit efté baillé par lad. Dame fa mere, la fomme de cinq cens livres, pour lefd. accouftremens par elle conftitué, ainfi que plus à plain réfulte defd. Pactes de mariage, confirmation d'iceux, & quictances de trentiefme Juillet mil cinq cens huictante cinq, huictiefme & douziefme Septembre mil cinq cens huictante fix, inftrumens receuz par Cazals & Cleyrac, Noteres dud. la Mothe-Fénelon & de la Ville de Dome; de laquelle conftitution refte encores à payer aud. fieur du Ripaire, par ledit fieur de la Mothe, comme héritier de ladite Dame fa mere, & auffi comme héritier avec bénéfice d'Inventaire dud. feü Meffire Bertrand de Salignac, la fomme de dix mil livres, & mil livres pour lefd. veftemens, revenans le tout à la fomme de unze mil livres; de laquelle fomme de unze mil livres, led. fieur du Rippaire vouloit obtenir payement; auquel payement ne pouvant fatisfaire led. fieur de la Mothe, auroit prié lad. Dame de Plas, fa tante, de luy prefter la fufd. fomme de dix mil livres par elle receu des mains dud. Frauft, pour fatisfaire aud. fieur du Rippaire, ce que par lad. Dame luy auroit efté accordé foubz la ftipulation & condition qui s'en fuit; à cefte caufe, led. fieur de la Mothe a recogneu & confeffé debvoir à ladite Dame de Plas, fa tante, ftipulant & acceptant, affavoir ladite fomme de dix mil livres tournois, & ce pour amiable preft illec réalement faict, laquelle fomme de dix mil livres tournois led. fieur du Rippaire a illec réalement receue des mains de ladite Dame de Plas, en préfance de moy Notere & tefmoings, en troys cens efcus d'or fol, cent efcus piftolletz d'Efpaigne, cent ducatons, francz & demy francz, mil livres trois cens piftolles, douze cens quarante pièces de feize foubz, quatre cens quarante teftons, deux cens livres en réalles ou réals, fix vingtz livres en pièces de fix blantz, cent foixante livres en foubz & bonne monoye illec nombrée, comptée, receue & retirée par led. fieur du Rippaire & tout ainfi que lad. Dame l'auroit receu des mains du fufd. Frauft, & comme a efté virifié illec par le Bordereau fur ce faict, & outre ce led. fieur du Rippaire a auffi réalement receu du fufd. fieur de la Mothe-Fénelon, & par fes mains la fomme de mil livres pour lefd. veftemens de lad. Damoyfelle Marguerite, à quoy led. fieur de la Mothe a promis affifter à la premiere requifition; laquelle fomme de mille livres led. fieur du Rippaire a illec receu & retirée en préfence de moy d. Notaire & tefmoins, & ce le tout pour reftes defd. conftitutions faictes comme dict eft à lad. Damoyfelle Marguerite avec led. fieur DE NEBIRAC, fon mary, de toute laquelle fufd. fomme entierre de unze mille livres reftant comme dict eft defdictes conftitutions, led. fieur du Rippaire s'eft tenu pour bien contant, payé & fatisfaict, par les mains & au moien que deffus, & en a quitté & quitte led. fieur de la Mothe & les fiens hoirs & fucceffeurs, & ayans de luy droict & caufe & promis tenir quitte envers led. fieur de NEBIRAC & lad. Marguerite fa belle-fille; laquelle dicte fomme de dix mil livres receue comme dict eft par led. fieur du Rippaire, des mains de lad. Dame de Plas, led. fieur de la Mothe a promis payer, & bailler & délivrer à lad. Dame de Plas, ftipulant dans fa maifon de Plas, dans le premier jour du mois de May prochain, venant en ung an auffi prochain venant, à peine de tous defpens... & a efté ftipullé & convenu entre lefd. fieur & Dame, par pacte exprès, que led. fieur fera tenu donner advis à lad. Dame lorfqu'il vouldra fere led. payement de lad. fomme de dix mil livres à lad. Dame quatre mois auparavant, comme auffi elle donera advis aud. fieur de la Mothe, avant le mefme temps de quatre moys lorfqu'elle vouldra avoir fon payement de lad. fomme; demeurant lad. Dame de Plas, pour l'affeurance de la dicte fomme; fubrogée au lieu, droict, action & hypoteque defd. fieurs du Rippaire & de Nebirac pere & filz, & de lad. Damoyfelle Marguerite, de confentement, tant dud. fieur du Rippaire que dud. fieur de la Mothe, fans toutesfois que led. fieur du Rippaire foit tenu d'aucune caution ny guerendie envers lad. Dame de Plas. . . . . laquelle fufd. fomme de unze mil livres, par led. fieur du Rippaire receu comme deffus, fuivant lefd. pactes & contractz, il a recogneu & affigné, recognoit & affigne par teneur du préfent inftrument fur tous & chacuns fes biens. . . . pour l'affeurance & reftitution d'icelle à qui appartiendra, autres toutesfois que les biens donnés aud. fieur de Nebirac, fon filz; fy ont promis lefd. parties . . . préfens honorables hommes Meffire Maiftres Martin du Puy, Docteur en Droict, Procureur du Roy au Siége de Gourdon, Jean Fournier, Docteur en Droict, Jean Héraudz, Borgeois, Pierre Grifoul, Manant, & Pierre Salaup... & moy fufdict Donfac, Notere, requis. Extrait de l'original expédié aud. fieur du Rippaire, collationné par moy. (*Signé:*) Donsac.

ADDITION A LA PAGE 392, après l'Acte du 18 Octobre 1610.

Quittance donnée à Laurent de Beaumont, *Seigneur du Repaire, de la reftitution de la dot de feüe Marguerite de Salignac-de la Mothe-Fénelon, fon Epoufe.*

Original au Regiftre coté †*, fol.* 114=117*, confervé aux Archives du Château de Baynac, en Périgord.*

Aujourd'huy douziefme du moys de May, l'an mil fix cens unze avant mydi, en la Ville & Cité de Sarlat en Périgord ... en préfence de moy Notaire Royal & tefmoings bas efcriptz & nommés, a efté perfonnellement conftituée haulte & puyffante Dame Marie de Bonnaval, Dame de la Mothe-Fénelon, Maignac & autres Places, femme & Epoufe de hault & puyffant Seigneur Meffire Françoys de Salignac, Chevaillier, Seigneur de la Mothe-Fénelon, Vicomte de Sainct Jullien, Baron de Loubert & autres Places; laquelle au nom & comme Procuratrice fubftituée dud. fieur de la Mothe-Fénelon, fon mary, & ledict fieur comme Procureur & ayant charge expreffe de Noble Jehanne de Salanhac, Damoyfelle douariere de Touffailhes, en vertu des procuration... cy au fons inferrées, a confeffé avoir heu & réalement receu de Noble Laurens de Beaumont, Efcuyer, Seigneur du Repaire illec préfent, fçavoir eft la fomme de deux mille deux cens foixante treze livres tournoifes, & ce pour refte & dernier payement de la *quothe* part efcheue & advenue à ladicte Noble Jehanne de Salanhac, Damoyfelle de Touffailhes, de la reftitution de dot de feüe Noble Marguerite de Salanhac, fa fœur, femme en fon vivant dud. Noble Laurens de Beaumont, enfemble la fomme de cent neuf livres tournois pour les intéreftz de ladicte fomme au fur du denier quinze, efcheuz defpuys le vingt-uniefme de Juillet mil fix cens dix jufques au dernier jour d'Avril dernier paffé, montant en tout la fomme de deux mille deux cens quatre vingtz deux livres tournois; laquelle fomme ledict fieur du Repaire a illec réalement baillée & payée à ladicte Dame de la Mothe-Fénelon, au nom que deffus en piftolles d'or, efcus fol, quartz d'efcus & autre bonne monoye, ayant cours, nombrée & comptée en préfence de moy Notaire & tefmoings, & par lad. Dame retirée, tellement que d'icelle fomme, au nom fufdit, elle s'eft tenue pour bien payée & fatisfaite, faifant, comme dict eft, le contenu de l'entier payement, joinct aveq les autres quictances faites précédament, tant par la dicte Damoyfelle Jehanne de Salanhac que par feü Noble Jehan d'Efpanel, fon mary, ou autres, lefquelles quictances ladicte Dame de la Mothe, en la qualité fufdicte, fuyvant lefdictes procurations, alloue, approuve & ratifye, & avec la fufdicte fomme préfentement receue, fe tient, comme dict eft aud. nom, pour bien contente & fatisfaite de tout ce qui pourroit en quelque forte que ce foit, tant en principal que intéreftz, defpens appartenir à la dicte Noble Jehanne de Salanhac, par led. décés de la fufdicte feüe Marguerite de Salanhac, fa fœur, & femme en fon vivant dudit Noble Laurens de Beaumont, de quoy audict nom & qualité que deffus ladicte Dame quicte & promet tenir quicte envers & contre tous, pourquoy faire & entretenir, en la qualité fufdicte, elle a obligés & yppotequés tous & chacuns les biens, tant dudict fieur de la Mothe-Fénelon, que de ladicte Noble Jehanne de Salaignac, à laquelle auffy a promis faire ratifier ladicte quictance lors & quand par ledict fieur du Repaire en fera requife... Préfens Meffieurs Maiftres François Maraval & Guillaume Faiol, Advocatz au Siége dudict Sarlatz, tefmoings, ainfi fignés, Marie de Bonneval, de Faiol préfent, Maraval préfent.

ADD. AUX PR. DE L'HIST. GÉNÉALOGIQUE

La teneur desdictes Procurations s'ensuyt.

L'an mil six cens unze, & le neufviesme jour du moys de Février après mydi dans le Chasteau d'Espanel en Quercy........ pardevant moy Notaire Royal & tesmoings establye en sa personne Noble Jehanne de Salanhac, Damoiselle douariere de Toussailhes, laquelle faict son Procureur spécial hault & puissant Seigneur Françoys de Salanhac, Seigneur & Baron de la Mothe-Fénelon & autre places, son frere,... pour recepvoir des mains de Laurens de Beaumont, Seigneur del Repaire, la somme de deux mille deux cens quarante livres tournois & les interests deubz de lad. somme & despens faictz à faulte de payement que ledict de Beaumont doibt à ladicte constituante, pour la *substitution* à elle advenue, à cause du décés de feüe Marguerite de Salanhac, sa sœur, & d'icelles sommes donner quictances... amologant, par vertu des présentes, toutes autres quictances faictes tant de la somme de dix neuf cens livres tournois, que Noble Jaques de Gaulejac, Seigneur de Sainct Pol, a faicte audict DE Beaumont, suyvant la puyssance à luy donnée par la constituante... comme aussi... la quictance de la somme de unze cens livres tournois que Noble Pons de Salanhac, Seigneur du Voluc, a prinse du susd. de Beaumont ; ensemble approuve & amologue & ratifie autres deux quictances faictes audict de Beaumont, par Noble Françoys de Beaufort, Seigneur del Poujol & Lesparre, & par Jehan Cavailhon d'Espanel, de la somme de dix huict vingtz livres Tournois... présens Messires Jehan Dalles, Prieur de Sainct-Victour, & Loys Faure, Praticien dudict lieu soubzsignés avec ladicte Constituante, à l'original, & moy Anthoine Carrier, Notaire Royal dudict Espanel, qui requis l'ay retenu & expédié... ainsi signé, A. Carrier, Notere Royal.

Comme ainsi soit que dès le neufviesme jour de Février mil six cens unze, Noble Jehanne de Salanhac, douairiere de Toussailhes ayt faict & constitué son Procureur M.re François de Salaignac, Chevalier, Seigneur de la Mothe-Fénelon, Vicomte de Sainct Jullien, Baron de Loubert, Seigneur de Salvanhac, Maignac & autres places, spécialement & par exprès, pour & au nom de lad. Damoyselle constituante, prendre & recepvoir de Noble Laurens de Beaumont, Seigneur du Repaire & Nabirac, la somme de deux mille deux cens quarante livres & les interestz deubz de ladite somme & despens faictz, à faulte de payement que ledict sieur du Repaire devoit à lad. de Salaignac, pour la succession à elle advenue, à cause du décès de feüe Marguerite de Salaignac, sa sœur, & estant ledict Seigneur de la Mothe-Fénelon contrainct donner ordre à certains siens importans affaires, faict voyage en Languedoc : à ceste cause cejourd'huy dixiesme de May mil six cens unze après midy, dans le Château de Fénelon, en Périgord,... pardevant moy Notaire Royal & tesmoings soubz escriptz, c'est constitué en sa personne ledict Messire Françoys de Salaignac, Seigneur de la Mothe-Fénelon & autres places, lequel, suyvant le pouvoir à luy donné, par ladicte Jehanne de Salaignac, Damoyselle douairiere de Toussailhes, sa sœur, à faict & créé Procuratrice haulte & puyssante Dame Marie de Bonneval, Dame de la Mothe-Fénelon, son espouze.. pour prendre & recepvoir, en vertu de la susdicte procuration, pour & au nom de ladicte Jehanne de Salaignac, sa sœur, dudict Noble Laurens de Beaumont, Seigneur du Repaire, ladicte somme de deux mile deux cens quarante livres & les interestz deubz de ladicte somme.... ez présences, de Noble Guillaume de la Borie, Escuyer, Sieur de la Tour, & Jehan Géoffroy Champaigne, Tailheur, tesmoings qui ont signé avec ledict sieur constituant, ainsi signés: la Mothe-Fénelon, constituant ma susdicte femme procuratrice, G. de la Borie, présent, Jehan Geoffroy, présent, & Joly, Notaire Royal.

Copp.e par moy faicte, (*signé*,) Dartigole, Notaire Royal.

Quittance donnée à Laurent de Beaumont, *Seigneur du Repaire.*

Original au Registre coté †, *fol.* 136=138 : *conservé aux Archives du Château de Baynac, en Périgord.*

9 Février 1612. Comme ainsin soict que dès le dix-huictiesme d'Octobre mil six cens six, Noble Laurens de Beaumont, Seigneur du Repayre, Laval, Ybirac & Sainct Albi, se soict obligé, soubz les caultions de Sires Gerauld Mariol & Gracien Sainctclar, Marchans, envers Monsieur M.e Pascal de la Brousse, Esleu pour le Roy en Périgord, & habitant en la présente Ville de Sarlat, en la somme de quatre mille quarante & cinq livres tournois, ainsin qu'appert par contract d'obligation receu par Royer, Notere Royal, & que avant le terme escheu dudict payement, prétendant Damoiselle Guabrielle de Massault, declerant led. sieur de la Brousse luy estre débiteur de certaine somme de deniers, elle auroict faict saisir entre les mains dudict sieur du Repayre lad. somme de quatre mille quarante & cinq livres, & de l'authorité de la Court de Parlement de Bourdeaulx; laquelle saisie auroit esté deuement notifiée, tant aud. sieur de la Brousse que ausd. Sainctclar & Mariol, & pour avoir main levée d'icelle somme, ladicte Damoyselle auroit fait assigner en lad. Court de Parlement de Bourdeaulx, tant led. sieur du Repayre, que lesd. sieurs de la Brousse, Sainctclar & Mariol, en laquelle Court led. sieur du Repaire se seroit présenté par M.e Jacques Forestié, Procureur en ladicte Court,

Court, & faict offre de délivrer ladicte somme à qui la Court ordonneroit, & protesté de consigner icelle où led. procès prandroit loing traict, & estant led. Forestié décédé, ladicte Damoyselle auroit de rechef faict assigner led. sieur du Repayre en lad. Court, pour constituer nouveau Procureur, ce qu'il auroit faict de rechef, savoir aud. sieur de la Brousse, & desirant led. sieur DU REPAIRE payer & acquitter lad. somme, pour le notable interestz qu'il a qu'icelle somme ne demeure plus longuement saisie entre ses mains, sur le requis que led. sieur de la Brousse luy auroit faict de luy payer icelle : à ceste cause aujourd'hui neutviesme du mois de Febvrier mil six cens douze audict Sarlat avant midi... pardevant moy Notere Royal & tesmoings bas nommés, a esté constitué en sa personne led. sieur de la Brousse, Esleu, lequel a presentement receu dud. sieur DU REPAIRE absant, par les mains de Françoys de Lescure, demurant au service dud. sieur du Repayre, & des deniers propres d'icelluy sieur du Repayre, ladicte somme de quatre mille quarante & cinq livres tournois en quartz d'escutz, pistoles dor, pièces de vingt & ung sol, quatre deniers, pièces de dix solz huict deniers, pièces de huict solz & autre bonne monoye de Roy, illec nombrée & comptée & par led. sieur de la Brousse prinse & retirée, de laquelle en a quicté & quicte, tant ledict sieur du Repayre que lesd. Sainctclar & Mariol, ses caultions & promis icelle ne plus demander ny faire demander à l'advenir, & consanty comme consant que lad. obligation demeure cancellée, laquelle obligation led. sieur de la Brousse a presentement délivrée en original en ma presence & des tesmoings aud. Lescure, faisant pour led. sieur du Repaire, icelle signée, LE REPAIRE, débiteur, pour quatre mille quarante & cinq livres, Mariol, cautions susd. Sainctclar, cautions, Maraval, presant, du Bourg, presant, & Royer, Notaire Royal, & d'icelle dicte somme de quatre mille quarante & cinq livres, ledict sieur de la Brousse a promis & c'est obligé en rellever indempne, tant icelluy sieur du Repaire que lesd. Mariol & Sainctclar envers lad. Damoyselle déclerans ensemble de tous despens domages & interestz qu'ilz en pourroyent souffrir, tant à raison de lad. saisie que frais & despens, à raison dud. procès pendant en lad. Cour de Parlement de Bourdeaulx, le tout sans préjudice à icelluy sieur de la Brousse, des intérests de lad. somme, puys led. jour dixhuictiesme d'Octobre dernier auquel jour led. sieur du Repaire debvoit payer lad. somme contre qui la Court ordonnera... de quoi & presans M.e Anthoine Mortemousque, Praticien dud. Sarlat, & Géraud la Reynie, Clerc dud. sieur de la Brousse, tesmoingz ; ainsin signés à l'original de ses presantes P. de la Brousse, pour avoir receu la somme de quatre mille quarante & cinq livres, Lescure, Procureur sud. Mortemousque, presant, la Reynie, presant, & moy. (*Signé*,) ROYER, Notaire Royal.

ADDITION A LA PAGE 405, après l'Acte du 26 Novembre 1745.

Testament olographe D'ARMAND DE BEAUMONT, Comte de la Roque, en faveur de Louis, Christophe & Antoine de Beaumont, ses fils.

Original en papier, aux Archives au Château de Baynac, en Périgord.

JE SOUSSIGNÉ ARMAND DE BEAUMONT, Comte de la Roque, considérant l'incertitude de la vie & voulant disposer de mes biens, ay fait & écrit mon testament de la maniere qui suit : J'emplore la miséricorde divine, par les mérites de Notre Seigneur & Sauveur Jésus-Christ, par l'intercession de la Sainte Vierge & de tous les Saints. Je veux estre enterré dans l'Eglise paroissiale de Meyrals & dans les tombeaux de la Mayson ; je remets le soin de mes honneurs funèbres à mes héritiers. Je donne & legue à chacun des Curés de Meyrals & de St. Aubein la somme de cent livres, à ceux de Castel & de Nevirac cinquante livres à chacun, aux M.rs de Saint Lazare du Séminere de Sarlat cent livres; pareille somme de cent livres aux Peres Capucins de Gourdon ; le tout payable dans l'année de mon décès, à la charge par lesdits sieurs Curés de Meyrals & de Saint-Aubein de dire chacun deux cent messes pour le repos de mon ame, dans le cours de la même année, par les sieurs Curés de Castel & de Nevirac cent messes chacun, par les M.rs de Saint Lazare autres cent, & deux cent par les Peres Capucins de Gourdon.

Je donne & legue aux pauvres des Paroisses de Meyrals, de Castel & de la Paroisse de Saint Cyprien, qui dépand de la Jurisdiction de la Roque, douze cent livres d'arrérages de rante, dont mes héritiers feront le partage comme ils jugeront à propos, par remise desdits arrérages aux pauvres Tenanciers, ou par distribution à ceux qui ne possèdent point de fons dans ma Censive.

Je donne & legue, à ceux des Paroisses de Saint Aubein & Nevirac, la somme de cinq cens livres, que mes héritiers leur distribueront, selon leur connessance, dans l'année de mon décès, & cent livres d'arrérages de rante dont ils feront remise aux plus pauvres Censiteres.

Je veux qu'on peye incontinent après ma mort à tous mes Domestiques, les gages qui

16 Juin 1773.

pourront leur eftre deus; je légue à Jean la Sudrice au-delà defdits gages, la nourriture & l'entretrien dans fa mayfon fa vie durant.

Je déclare avoir refu de la dot de Dame MARIE-ANNE DE FAURIE, ma très-chere Epoufe, en divers peyemants, la fomme de quarante cinq mille livres que je reconnois fur tous mes biens, moyenant quoy les quittances que j'en ay tourny & qui font revêtues de leurs formalités ne feront qu'une feule & même reconneffanfe avec celle-cy; le furplus de ce que j'ay pris ou puis avoir refu ayant été employé pour elle.

Je donne & légue à laditte Dame, la jouiffance du Château de la Roque & celle de tous les meubles meublants, argenterie & uftanciles qui fe trouveront au temps de mon décès, enfemble celle des jardins, du pigonnier, du parc en entier y compris le Domaine de la Bouteyrice, celle des Météries de Sainte Sabine & de Capette, y compris le péage qui fe leve audit lieu de Capette, celle des moulins & preffoir de Cahrou, celle du pré appellé de Lander, douze bariques de vein à prandre annuelemant de celuy qui fe fera dans laditte Terre, fon chauffage à prendre où bon luy femblera & la propriété de toutes les dantées qui fe trouveront au temps de mon décès, à condition qu'elle ne pourra prétandre pendant laditte jouiffance aucun revenu des fommes que mon hérédité luy devra, foit à raifon de fa dot, de fon agencement, ou à quelque autre titre que fe foit.

Je déclare avoir eu de mon mariage avec laditte Dame DE FAURIE, ma très-chere Epoufe, trois enfans mâles, LOUIS COMTE DE BEAUMONT, Brigadier des Armées du Roy, Commandant de Bergerac, CRISTOPHE MARQUIS DE BEAUMONT, Menein de Monfeigneur le Dauphin, auffi Brigadier des Armées du Roy, & ANTOINE VISCOMTE DE BEAUMONT, Lieutenant des Vaiffeaux du Roy.

J'ay donné audit CRISTOPHE MARQUIS DE BEAUMONT, dans fon contrat de mariage avec Dame Marie-Claude DE BAYNAC, la fomme de trante mille livres, payable aux termes portés par ledit contrat; je luy légue de plus la fomme de dix mille livres & l'inftitue mon héritier particulier.

J'ay avancé à ANTOINE VISCOMTE DE BEAUMONT la fomme de vingt & cinq mille livres, dont il m'a fourny quittance, & de plus je luy ay donné dans fon contrat de mariage avec la Dame de CAYLUS, pareille fomme de vingt & cinq mille livres, payables enfin qu'il eft porté audit contrat que je confirme en tant que de befoin, en quoy je l'inftitue mon héritier particulier & en la fomme de cent livres que je lui légue.

Je déclare enfein que dans mon contrat de mariage j'avois donné la moitié de mes biens préfens & à venir à un de mes enfans à naître, en fupportant la moitié des charges, fous le nom defquelles les légitimes étoient comprifes par l'ufage obfervé au temps dudit contrat; j'ay élu ledit LOUIS COMTE DE BEAUMONT, mon fils ayné, dans fon contrat de mariage avec la Dame DE GOAS, pour recullir l'effait de laditte donation, fous la condition expreffe qu'il ne pourroit pas la divifer & renoncer aux biens à venir, pour s'affranchir du paiement des légitimes; je confirme, en tant que de befoin, laditte donation & laditte élection dans l'émolument defquelles j'inftitue ledit LOUIS COMTE DE BEAUMONT, mon héritier particulier.

Et parce qu'il me paroit important d'en régler l'effet, je veux & entans que ledit LOUIS COMTE DE BEAUMONT la reprenne en entier fur fa Terre & Seigneurie du Repere, que je luy affigne franche & quitte pour le remplir du montant de laditte donation & de celle de la moitié des biens dotaux de la Dame DE FAURIE, ma très-chere Epoufe, à laquelle il a été pareillement élu par fon contrat de mariage, & qu'il ne puiffe rien prétandre fur mes autres biens en vertu de ces deux donations.

Je l'inftitue de plus mon héritier univerfel, fous la condition expreffe de fe conformer à l'arangemant que je viens de fayre au fuget defdittes donations, & cepandant pour rayfon de convenance & d'utilité je fixe & liquide l'effait de laditte inftitution à la fomme de cent mille livres, & veux que la Terre & Seigneurie de la Roque & tous les droits actifs & paffifs de mon hérédité demeurent audit CRISTOPHE MARQUIS DE BEAUMONT, à la charge de peyer audit LOUIS COMTE DE BEAUMONT laditte fomme de cent mille livres de la maniere qui fera réglé cy-après.

Dans le cas où ledit LOUIS COMTE DE BEAUMONT aura des enfans mâles de fon mariage avec la Dame DE GOAS, je fubftitue en laditte fomme de cent mille livres, un defdits enfans mâles à fon choix, & à deffaut de choix, l'ayné defdits enfans mâles, habile à fuccéder & non engagé dans les Ordres Sacrés.

Et au cas où ledit LOUIS COMTE DE BEAUMONT décéderoit fans enfans mâles dudit mariage, ou fes enfans mâles fans enfans mâles, je veux que laditte fomme de cent mille livres revienne audit CRISTOPHE MARQUIS DE BEAUMONT, mon fegond fils, & à fon deffaut à celuy de fes enfans mâles qui fera fon héritier univerfel, au deffaut d'inftitution, à l'ayné de fes enfans mâles habile à fuccéder & non engagé dans les Ordres Sacrés.

Et pour affurer de plus fort laditte fubftitution, je veux que ledit LOUIS COMTE DE BEAUMONT, mon fils ayné, ne puiffe exiger laditte fomme de cent mille livres qu'au cas où il aura des enfans mâles de fon mariage avec laditte Dame DE GOAS, & à la charge d'un employ foivable.

Cepandant ledit CRISTOPHE MARQUIS DE BEAUMONT luy peyera annuelement pendant la vie de laditte Dame DE FAURIE, la fomme de mille livres quitte de toutes retenues pour luy tenir lieu du revenu de laditte fomme de cent mille livres, & apprès le décès de laditte

Dame DE FAURIE jufques au rembourfement, s'il a lieu, les intérefts en entier defdittes cent mille livres, à rayfon du denier trante, pareillement quittes de toutes retenues.

Plus je donne & lègue à M.^r DU REPERE, mon frere, fon habitation dans le préfent Château, avec le choix du logement & l'uzage des meubles qui lui feront plaifir.

Je révoque toutes les difpofitions que j'ay fait précédamant, je veux que celle-cy vaille par forme de Teftamant, Codicile, Donation à caufe de mort ou autremant en la meilleure forme de droit, & après l'avoir releu avec attantion, je l'ay figné de ma main au Château de la Roque, ce faife Juen mille fept cens feptante trois. (Signé): LA ROQUE-BEAUMONT.

Acte de célébration du Mariage de CHRISTOPHE MARQUIS DE BEAUMONT *avec* MARIE-CLAUDE DE BAYNAC.

NOUS SOUSSIGNÉ, Curé de l'Eglife Notre-Dame de Baynac, Diocèfe de Sarlat, certifions à tous ceux qu'il appartiendra, que le mariage d'entre haut & puiffant Seigneur, Meffire CHRISTOPHE MARQUIS DE BEAUMONT, Colonel du Régiment d'Infanterie de la Fere, Chevalier de l'Ordre de Saint-Louis, fils légitime de haut & puiffant Seigneur, Meffire Armand de Beaumont, Chevalier, Comte de la Roque, Seigneur du Repaire, Nabirac, Saint-Aubin & autre Places, & de haute & puiffante Dame Marie-Anne de Faurie, Comteffe de la Roque, Habitans du Château de la Roque, Paroiffe de Meyrals, & haute & puiffante Demoifelle MARIE-CLAUDE DE BAYNAC, fille légitime de haut & puiffant Seigneur feû Meffire Pierre Marquis de Baynac, Premier Baron du Périgord, Seigneur de Commarque, Montgaillard, Montfort, la Riviere & autres Places, & de haute & puiffante Dame feüe Anne-Marie de Boucher, Marquife de Baynac, Habitante de fon Château de Baynac, a été célébré, avec les cérémonies accoutumées, le dixieme Mars mil fept cent foixante-un, par Meffire Henri-Jofeph-Claude de Bourdeille, Vicaire-Général de Périgueux, Abbé de l'Abbaye-Cardinale de la Sainte-Trinité de Vendôme; en notre préfence & de celle de M. Me Barry, Avocat en Parlement, Habitant de la Ville de Sarlat, de Jean Cantalaube, Juge de Commarque, Habitant de la Paroiffe de Marquaix, & du fieur Pierre Redon, Lieutenant de la préfente Jurifdiction, qui ont figné avec toutes les parties. Ainfi figné, l'Abbé de Bourdeille, Carrier, Curé de Baynac, Barry, Cantalaube, Redon, conformément au Regiftre dont je l'ai extrait; cejourd'hui 21 Juillet 1777, (figné,) CARRIER DE LA DEVEZE, Curé de Baynac.

10 Mars 1761.

Cet Extrait légalifé par les Vicaires-Généraux du Diocèfe de Sarlat, le Siège vacant, le vingt-un Juillet mil fept cent foixante-dix-fept; Signé, *L'ABBÉ DE BEAUPUY*: & contrefigné: GAUSSEN, Secrétaire; le même jour par le Lieutenant-Général de Robe & d'Epée en la Sénéchauffée & Siége Préfidial de la Ville de Sarlat; Signé: GISSON, Lieutenant-Général.

Extrait de Baptême de CRISTOPHE-AMABLE-LOUIS DE BEAUMONT.

EXTRAIT du Regiftre des Bantêmes de la Paroiffe Saint-Jacques du Haut-Pas, à Paris, le feptieme jour du mois de Mars mil fept cent foixante & feize, a été baptifé CHRISTOPHE-AMABLE-LOUIS, né d'hier, fils de très-haut & très-puiffant Seigneur Meffire ANTOINE VICOMTE DE BEAUMONT, Lieutenant des Vaiffeaux du Roi, Chevalier de l'Ordre Royal & Militaire de Saint-Louis, & de très-haute & très-puiffante Dame, Madame ELISABETH-FRANÇOISE DE CAILUS, fon Epoufe; le Parrain a été Illuftriffime & Révérendiffime Seigneur Monfeigneur CHRISTOPHE DE BEAUMONT, Archevêque de Paris, Duc de St. Cloud, Pair de France, Commandeur de l'Ordre du Saint-Efprit, Provifeur de Sorbonne, &c. grand-oncle paternel, repréfenté par très-haut & très-puiffant Seigneur Meffire Chriftophe Marquis de Beaumont, Premier Baron du Périgord, ancien Menin du Roi, Brigadier de fes Armées; la Matraine, très-haute & très-puiffante Dame JEANNE-AMABLE-ELISABETH DE BEAUMONT, Marquife de Cailus, grand'mere maternelle, repréfentée par très-haute & très-puiffante Dame Madame Marie-Claude de Baynac, Marquife de Beaumont, Epoufe de mondit Seigneur de Beaumont, oncle paternel, qui ont figné avec nous fur la minute.

7 Mars 1776.

Collationné à l'original par moi fouffigné Vicaire de ladite Paroiffe, à Paris, le troifieme du mois de Mai mil fept cent foixante & feize. (Signé): VASCHALDES, Vic.

FIN DES PREUVES.

TABLE ALPHABÉTIQUE
DES SUJETS DE LA MAISON
DE BEAUMONT
MENTIONNÉS DANS CES PREUVES.

A

Abraham-Jacques de Beaumont, Marquis d'Auty, Colonel d'infanterie, *pag.* 380, 381, 382, 383.
Agnès, femme d'Ancelot d'Avalon, *p.* 34, 46.
Aimar de B., Chevalier, Seigneur de Beaumont, *p.* 69, 294, 295, 300, 301, 302, 303=310, 311, 364.
Aimar de B. (autre) *p.* 78, 310.
Albert de B., *p.* 11.
Alise de B., Abbesse des Hayes, *p.* 323, 432.
Alix de B., *p.* 11.
Amable-Elizabeth-Jeanne, femme de Joseph-François de Caylus, *p.* 413.
Amblard I, Seigneur de Beaumont, &c. Principal Ministre du Dauphin Humbert II, *p.* 36, 37, 46, 59, 60, 64, 71, 79, 84, 260, 177=302, 304, 308, 310, 311, 312, 306, 313, 314, 325, 364.
—— II, Seigneur de Beaumont, &c. Damoiseau, *p.* 71, 73, 74, 222, 301, 304=317, 318, 322, 326, 327.
—— III, Seigneur de Beaumont, &c. Chev. *p.* 74, 317, 327, 329, 339, 426.
—— IV, Seigneur de B., &c. *p.* 83, 84, 86, 87, 114, 326, 329=339, 340, 346.
—— V, Seigneur de Beaumont, &c. *p.* 208, 341, 342, 344=350, 353, 358.
—— (autre) *p.* 314.
Amédée de B., Damoiseau, *p.* 15, 18, 19, 29, 30, 39, 41, 66, 67, 75, 364.
André, Seigneur d'Autichamp, *p.* 110, 114, 118, 129, 131, 428, 430, 431.
Angelique, femme d'Antoine de Verbais-de-Mascla, *p.* 373.
Anne, femme de Jean de Glain-de Vezin, *p.* 121, 194, 430, 431.
——, femme de François de Pourroy, *p.* 142.
——, Religieuse, *p.* 156.
——, (autre) Religieuse, *p.* 246.
——, (autre) Religieuse, *p.* 395, 397.
——, Demoiselle de la Bastide, *p.* 395, 397. *Table.*

Anonymes de Beaumont, *p.* 6, 10, 11, 65.
Antonie, Religieuse, *p.* 110.
Antoine I, Seig. d'Autichamp, Chev. de l'Ordre du Roi, &c. *p.* 127=134, 109, 111, 134, 137, 139, 429, 430, 436, 438.
—— II, Seigneur d'Autichamp, *p.* 133, 137, 139, 141=144, 441.
—— III, Seigneur d'Autichamp, Lieutenant de Roi en Anjou, *p.* 156, 157=168, 169, 173, 185.
Antoine-Eulalie-Joseph, Vicomte d'Autichamp, Capitaine de Dragons, *p.* 166, 173.
Antoine, Seigneur de la Tour-de Tencin, *p.* 207, 245=247, 249, 260, 437.
——, Seigneur de Saint-Pierre, *p.* 259, 260, 261, 267, 268.
——, Capucin, *p.* 393.
——, (autre) *p.* 250.
——, (autre) *p.* 376.
——, Moine à l'Isle-Barbe, *p.* 246.
——, (autre) Moine, *p.* 84, 326.
——, Vicomte de Beaumont, Lieutenant de Vaisseau, *p.* 413, 415.
Antoine-François-Claude-Marie-Christophe, Chevalier de Malte, *p.* 410, 412.
Antoinette, femme de François de Genyèz-de Langle, *p.* 369, 372.
Antoinette, femme de Joseph Meynard-de Clairfage, *p.* 393.
Armand, *p.* 393.
——, Chevalier du Repaire, *p.* 395, 397, 402, 403.
Armand-Henri-Gabriel-Cesar-Christophe, *p.* 410.
Armande-Louise, *p.* 405.
Arnaud, *p.* 337.
Artaud de B. I, Chevalier, Seigneur de Beaumont. *p.* 15, 18, 29, 30, 364.
—— II, Chevalier, Seigneur de Beaum., &c. *p.* 16=27, 15, 16, 29, 30, 32, 33, 45, 51, 53, 364.
—— III, Damoiseau, Seigneur de Beaumont, *p.* 28=38, 25, 26, 27, 33, 40, 46, 51, 52, 65, 94.

TABLE ALPHABÉTIQUE

ARTAUD IV, Chevalier, Seigneur de la Frette. p. 49=62, 32, 34, 35, 39, 41, 42, 47, 63, 64, 70, 277, 282, 312.
——— V, Damoiseau, Seigneur de la Frette, p. 77, 78=80, 81, 88, 99, 101, 103, 109, 426, 427.
——— VI, Seigneur de Tullins, p. 81, 82, 83, 84, 86, 89, 93, 111, 114, 118, 119, 328, 428, 441.
———, (autre) p. 36, 37, 46, 95.
AUGUSTINE-MARIE-MAGDELAINE, p. 273.
AYMON, Seigneur de Beaumont, &c. p. 83, 84, 86, 326, 332=343, 344, 346, 349, 351.
———, (autre) p. 79, 90.
AYNARD I, Damoiseau, Seigneur des Adrets, p. 83, 90, 111, 115, 201=205, 233, 234, 317.
——— II, Seigneur des Adrets, p. 119, 203= 208, 256, 260, 342, 345, 347.
———, Seigneur de la Tour-de Tencin, p. 249, 251.
———, (autre) p. 79, 89.

B.

BALTHAZAR DE BEAUMONT, Seigneur de l'Isle, Homme d'armes de la Compagnie du Chevalier Bayard, p. 91, 208, 235, 240, 253, 436.
———, (autre) p. 258, 260, 262.
BARTHELEMI, Seigneur du Repaire, &c. Gentilhomme de la Chambre du Roi, p. 393, 394=398, 401.
BEATRIX, Religieuse, p. 432.
———, femme d'Hugues D'ARCES, Seigneur de la Bastie, p. 326, 327, 328, 335.
BERARD DE B., p. 53.
BERLION, p. 6.
BERTRAND, ABBÉ DE BEAUMONT, AUMÔNIER DU ROI, p. 380, 382.

C.

CATHERINE DE BEAUMONT, femme 1.º d'HUMBERT DE LORAS, 2.º de Pierre DE ROUSSILLON, p. 72, 73, 425, 430.
———, (autre) femme de Jacques DE BONPAR, p. 83.
———, (autre) femme de Bernard DE ROUSSEAU-DU-PUY-LAVAISSE, p. 393.
———, Religieuse, p. 207.
———, (autre) p. 269.
CESAR, p. 376, 477, 378.
CHARLES, p. 89, 90, 93.
———, Seigneur de Montfort, du Repaire, &c. p. 357, 358, 366, 367, 368, 385= 389, 390, 391, 393.

CHARLES, Seigneur d'Autichamp, p. 133, 137, 141, 142.
——— DE B. D'AUTICHAMP-MIRIBEL, Lieut. de Roi à Angers, p. 143, 144, 146, 148, 155, 176=182, 183, 434, 436.
CHARLES-JUST, Seigneur d'Autichamp, Capitaine de Cavalerie, p. 148, 149=157, 158, 259, 163, 164.
CHARLOTTE, femme 1.º de Jean DU FAY-DE BOSSIEU, & 2.º de Jean DU CHASTELARD, 131, 132, 193, 194, 430.
———, (autre) p. 249.
CHRISTOPHE, ARCHEVÊQUE DE PARIS, &c. p. 402, 405, 416=420.
———, Marquis de Beaumont, Brigadier des Armées du Roi, Menin de Mgr. le Dauphin, &c. p. 402, 405=412.
CHRISTOPHE-FRANÇOIS, p. 383.
CHRISTOPHE-MARIE, p. 409, 411.
CHRISTOPHE-ARMAND-VICTOIRE, Chevalier de Malthe, p. 410, 412.
CHRISTOPHE-ARMAND-PAUL-ALEXANDRE, p. 411.
CLAIRE, femme de Philippe DE BELLECOMBE, p. 124.
CLAUDE DE B., Seigneur de la Frette, p. 84=88, 83, 94, 114, 115, 119, 328, 336, 343, 344.
———, Damoiseau, Seigneur de Pelafol, p. 124, 125=127, 128, 129, 239, 429.
———, (autre) p. 126, 128, 133.
———, Gouverneur du Château d'Exiles, p. 137, 141, 144, 146, 148, 180.
———, Prieur de l'Isle-Barbe, p. 207.
———, Seigneur de la Tour de Tencin, Chevalier de l'Ordre du Roi, &c. p. 146, 247=249, 254, 255, 260.
———, (autre) p. 253.
———, (autre) p. 258.
———, (autre) Moine, p. 326.
CLAUDE-HYACINTHE DE BEAUMONT-S. QUENTIN, Comte de Lyon, p. 270, 273, 274.
CLAUDE-MARGUERITTE, Religieuse, p. 266.

D.

DIANE DE BEAUMONT, femme d'André DE THEYS, p. 189, 190, 431.
———, (autre) p. 112, 194.
———, (autre) p. 253, 234.
DOMINIQUE, Religieux à S. Antoine, p. 258.

E.

ELIZABETH DE BEAUMONT, p. 126.
ENNEMOND, Seigneur de l'Isle, p. 230, 146, 248, 249, 250, 253, 254, 256, 260.
ESTHER, femme d'Ant. DE SASSENAGE, p. 231, 322.

F.

Florent de Beaumont, Seigneur de Champ-rond, Cap. p. 195, 196, 197, 198.
François de B. I, p. 15, 66.
——— II, p. 24, 25, 26, 27, 29, 45, 46, 66.
François de Beaumont, Chevalier, Seigneur de la Frette, p. 62=78, 84=90, 99, 103, 106, 116, 121, 307, 310, 311, 314, 423, 424, 425, 426, 427, 440.
——— II, Seigneur de la Frette, p. 81=84, 79, 94, 111, 114, 116, 122, 428.
———, Seigneur d'Autichamp, p. 143, 144=149, 150, 151.
——— d'Autich., Evêque de Tulles, p. 156, 162, 164, 165, 167, 172, 186.
———, Baron des Adrets, &c. p. 127, 191, 192, 228, 447, 254, 256, 260.
———, Comte du Repaire, &c. Guidon des Gendarmes d'Orléans, p. 395, 396, 397, 398=402, 403.
———, Seigneur de S. Avit, Mousquétaire, p. 395, 396.
———, Moine de Boscodon, p. 207.
———, (autre) p. 253, 254 & 257.
———, (autre) p. 380.
François-Charles-Antoine, Abbé d'Autichamp, p. 166, 173.
François-Guillaume, p. 270.
Françoise, p. 26, 27.
———, femme de **Geoffroy de Galles**, Damoiseau, p. 37, 60.
———, Religieuse, p. 432.
———, p. 110.
———, femme de Guillaume **Atenous-de Gordon**, p. 129, 130.
———, femme de Pierre de **Montfort-du Chastelard**, p. 341, 343, 344, 345, 346, 348, 349.
———, femme de Gabriel **d'Abzac-de la Serre**, p. 369.
———, (autre), p. 393.
———, Demoiselle de Nabirac, p. 395, 397.
La Frette (N. de B.) tué à la S. Barthelemi, p. 225, 226, 227.
Fulcran p. 250.

G.

Gabriel de Beaumont, p. 250.
Gabrielle, femme de Guillès Menze, p. 207.
———, femme de Claude de Guiffrey, p. 208.
———, (autre) p. 253, 254.

Gaspard, Seig. d'Autichamp, p. 133, 134=141.
———, Seigneur de S. Quentin, p. 230, 241.
Georges de B., p. 83, 86.
———, Seigneur des Adrets, 214, 256, 260.
Gratien I, Seigneur de Pompignan, p. 369, 370, 372.
Gratien II, Seigneur de Pompignan, p. 374, 376, 377, 378, 379, 439.
———, Seigneur de la Boissiere, Mousquetaire, p. 395, 396.
Guigues I, p. 5.
——— II, p. 6.
Guigues dit Guers de Beaumont, Chevalier, Bailly de Graisivaudan, p. 38=47, 25, 26, 27, 33, 49, 50, 51, 53, 57, 59, 62, 65, 73.
Guigues dit Guers de B., Damoiseau, p. 36, 46, 52, 64, 75, 94, 301, 304, 314.
Guillaume, p. 4.
——— II, Chevalier, p. 8, 9, 11.
——— III, Chevalier, p. 12, 13, 17, 41, 51, 66, 67, 424.
——— IV, Seig. de Pelarol, p. 83, 116=125, 129, 130, 188, 189, 341, 428.
———, (autre) p. 187, 189.
———, (autre) p. 253, 254.
———, Seigneur de Saint-Quentin, p. 258, 259=267, 268.
———, (autre) p. 266.
Guillaume-Joseph, Garde-Marine, p. 380, 383, 439.
Guitfred I, p. 6.
——— II, p. 6.
——— III, p. 6.
Guy, Seigneur d'Autichamp, p. 187, 188, 189, 190, 431.

H.

Helene de Beaumont, femme de Jean de Laube-de Saint-Trevier, p. 142.
Henri, p. 37, 46, 96.
———, (autre) Homme d'armes, p. 440.
———, (autre) Prieur de Thouvet, Doyen de Maurlac, p. 84, 321, 324, 326, 332.
Hercules, Lieutenant de Roi à la Perouse, p. 195, 196, 197.
Humbert I, p. 4 bis.
——— II, p. 11 bis.
Humbert de B. I, Seigneur d'Autichamp, &c. Ch., p. 79, 84, 99=112, 113, 114, 117, 118, 120, 129=132, 426=428.

HUMBERT II, Seigneur d'Autichamp, p. 187, 189, 190, 430, 431.
———— III, Seigneur d'Autichamp, l'un des 100 Gentilhommes de l'Hôtel du Roi, p. 109, 111, 112, 188, 189, 190, 191=195, 235, 236, 431.
————, Seigneur de la Baftie-Rolland, p. 428.
————, (autre) p. 440.

J.

JACQUES DE BEAUMONT, Seigneur de S. Quentin, p. 88, 89, 93, 119, 202, 207, 232, 233, 244, 332, 342.
————, Seigneur de S. Sauveur, p. 267, 268.
————, Co-Seigneur de Pompignan, p. 376, 377, 378.
JACQUES DE BEAUMONT-VERNEUIL, Seig. de Payrac & d'Auty, p. 379, 380, 381, 383.
————, (autre) p. 197.
JEAN, Seigneur de la Baftie-Rolland, p. 109, 121, 125, 126, 127, 129, 130.
————, (autre) p. 253, 254, 256.
————, (autre) p. 38, 66, 67, 364, 424.
————, (autre) Seigneur de Barraux, p. 83, 84, 86.
————, (autre) p. 127, 188, 189, 235.
————, Seigneur d'Uzès, p. 259, 260, 262, 266.
————, Prieur, p. 268.
————, Sieur de la Borie, Chanoine de S. Avit, p. 395, 397.
————, Sieur de la Baftide, p. 395.
————, Officier au Régiment d'Orléans, p. 196.
JEAN-CLAUDE DE BEAUMONT D'AUTICHAMP, Seig. de Miribel, Lieut. de Roi en Anjou, p. 158, 159. 160, 162, 169, 170, 177, 178, 179, 182=186.
JEAN-FRANÇOIS, p. 176.
JEAN-JOSEPH, p. 250.
JEAN-LAURENT, p. 376, 377, 378.
JEAN-THERESE-LOUIS, Marquis d'Autichamp, Commandant en fecond la Gendarmerie, &c. p. 166, 168, 172=175.
JEANNE, Religieufe à Montfleury, p. 82, 89, 432.
————, (autre) Idem, p. 437.
————, (autre) Religieufe, p. 126.
————, femme de Jean DE SALIGNON, p. 131, 132, 190, 194.
————, femme 1.° du Sieur DE SAINTE-HELENE-DU LAC, 2.° du Sieur DE LESCHIRENNE, p. 253.
JEANNE-MARIE, femme d'Abel ALLEMAN-DE CHAMPIER, p. 266.
————, Epoufe de Juft-Jacques DE BOUVIER-FONTANILLE, p. 270.

JOSEPH, Chanoine de S. Chef, p. 148, 153=155.
JOSEPH DE BEAUMONT D'AUTICH. p. 159, 158, 179, 183.
JOSEPH DE B., Comte d'Autich., Brigadier des Armées du Roi, &c. p. 156, 158 161, 162, 163, 164, 165, 166, 172, 173, 186, 434.
JOSEPH, (autre), p. 250.
JOSEPHINE-MARIE-ANNE-LOUISE-XAVIERE, p. 415.
ISABEAU, p. 357.
ISOARD, p. 440.
JUSTINE-SYLVIE, p. 374.

L.

LANTELME DE BEAUMONT, p. 13.
LAURENT, Seigneur de S. Quentin, l'un des 100 Gentilhommes de l'Hôtel du Roi, p. 89, 192, 193, 208, 230, 235=242, 308, 349, 353, 358.
————, Baron des Adrets, Gentilhomme Ord. du Roi, p. 228, 229, 230.
———— I, Seigneur de Beaumont, &c. Chevalier, p. 349, 350=360, 362, 366, 368, 437, 438.
———— II, Baron de Beaumont, &c. Seigneur de Verneuil, &c. p. 357, 358, 363= 369, 370, 386, 389, 391.
———— DE B. VERNEUIL III, Seigneur de Pompignan, &c. p. 371=375, 376, 377, 378.
———————— IV, Seigneur de Payrac, Page de la Grande Ecurie, p. 374, 375, 377, 378.
LAURENT-FRANÇOIS DE B. D'AUTICHAMP, Meftre-de-Camp de Cav., p. |148, 149, 151, 152, 153.
LAURENT-PHILBERT, Seigneur de Beaumont, de Pompignan, &c. p. 369= 371, 372, 373, 375, 393.
LAURENT, Seigneur du Repaire, p. 370, 388, 389, 390=393, 394.
LIENOR, p. 253, 254.
LOUIS I, Seigneur de Pelafol, p. 105, 109, 110, 112=116, 117, 118, 120, 129, 131, 328, 427, 428.
———— II, Seigneur de Pelafol & d'Autichamp, p. 136, 137, 141, 142, 143.
————, Seigneur de Montaud, Lieutenant de Cavalerie, p. 259, 260, 262, 263, 266.
————, (autre) p. 325, 326, 327, 328, 329, 337, 341, 342.
————, (autre) Chevalier de Rhodes, p. 341.
————, Chevalier du Repaire, Capitaine d'infanterie, p. 383, 401, 403, 404.
————, Comte de Beaumont, Brigadier des Armées du Roi, p. 402, 405, 406, 407, 409, 419.

DES SUJETS DE LA MAISON DE BEAUMONT. v

Louis-Imbert de B. d'Autichamp, Brigadier des Armées du Roi, &c. p. 156, 160, 164, 165, 166, 168.

Louis-Joseph, Marquis d'Autich., Colonel-Lieutenant du Régiment d'Enghien, Lieut. de Roi en Anjou, p. 161, 162, 163, 167, 169=172, 173, 186.

Louise, femme de Thomas Grange, p. 110, 428.

———, (autre) p. 126.

Louise, femme de Maurice Joubert-de Bays, p. 126, 129, 130.

———, femme de François du Faur-de Chervan, p. 135, 138, 141.

Louise-Helene, Religieuse, p. 148.

Louise-Olympe de Beaumont d'Autichamp, femme de Pierre Binet-de Montifray, p. 161, 178, 179, 183, 185.

Lucie de B., p. 135.

Luque, Religieuse, p. 110.

M.

Magdelène de Beaumont, p. 133, 134, 140.

————, femme d'André de S. André, p. 126, 429, 430.

Marc de Beaumont de Rochemure, Baron du Bessel, p. 250=252, 255.

Margueritte de B., femme d'Albert Bigot, p. 28, 33, 65.

————, femme d'Aymar d'Urre, p. 81.

Margueritte, Religieuse à Montfleury, p. 246, 249, 437.

————, (autre) 249.

Margueritte Claire-Felicienne, p. 274.

Marie, p. 110.

———, femme de Paul Louis de Brunier-de Larnage, p. 148, 149, 155.

———, femme de Henri de Pelletier-de Gigondas, p. 156, 157, 163, 164.

———, (autre) p. 253, 254.

———, femme de François de Toulon-de Guiral, p. 395, 397, 398.

———, Demoiselle de la Borie, p. 395, 397.

Marie-Anne, Religieuse, p. 148.

————, femme de M. d'Hebrard, p. 380.

Marie-Anne-Louise, p. 409.

Marie-Charlotte, p. 274.

Marie-Elizabeth, p. 411.

Marie-Gasparde, p. 270.

Marie-Jacquette-Claude, p. 409.

Marie-Louise, p. 274.

Marie-Margueritte, Religieuse, p. 148.

Marie-Therese, femme de Jean du Peyron-de la Coste, p. 380, 383.

Melchior, p. 241.

Melchior-Antoine, Seigneur de S. Sauveur, p. 268, 273.

Michelette, Religieuse à Montfleury, p. 207.

N.

Nicolas de Beaumont, p. 440.

———, (autre) p. 188, 189.

O.

Olivier de Beaumont, p. 126.

P.

Paule de Beaumont, femme de Pierre-Louis de Beaumont, p. 268.

Philippe de B., Protonotaire Apostolique, p. 188, 189, 190.

————, (autre) p. 26 & 27.

————, Dame de la Frette, femme 1.º de Humbert de la Tour-de Vinay, 2.º de Claude de Clermont-S.te Helene, p. 88=92.

Pierre I, p. 4.

——— II, p. 10 & 11.

———, Seigneur de S. Quentin, de l'Isle, &c. p. 253, 254, 255=258, 259, 260, 487.

———, Seigneur de S. Pierre, p. 268.

Pierre-Louis I, Seigneur de S. Quentin, &c. p. 266, 267=271.

———— II, Seigneur de S. Quentin, &c. p. 270, 271, 272, 273, 274.

Polie, p. 110.

R.

Raymond de Beaumont, p. 393.

Reforciat de B., Seigneur de S. Quentin, p. 91.

Rolland, Moine à l'Isle-Barbe, p. 246, 249.

————, Seigneur de l'Isle, p. 248, 249, 253, 254, 258, 260, 437.

————, Capitaine de Chevaux-Legers, p. 258, 259, 260, 262, 263, 267.

S.

Sebelie de Beaumont, femme de Jean Alleman, Seig. de Sechilline, p. 74, 82.

Simon-Armand, Comte de la Rocque, Seigneur du Repaire, &c. 401, 402=405, 407, 408, 310, 414, 416.

Soffrede de B. femme de Claude Martin-de Dizimieu, p. 188, 189, 431.

SOFFREY DE B., Chevalier, *p.* 7 & 8.
SOFFREY, Seig. de Galerne, *p.* 88=91, 207, 241.
SUZANNE DE B., Dame des Adrets, femme 1.º de N. DE TARVANAS, 2.º de Cefar DE VAUSSERRE, *p.* 214, 231, 256, 260.
SUZANNE, femme d'Ypolidaire DE GENTHON-DE MAILLES, *p.* 248, 249.

————, Supérieure du Monaftere de Montfleury, *p.* 253, 254, 437.
————, Religieufe à Cahors, *p.* 369.

T.

THERESE DE B., *p.* 156.

BATARDS DE LA MAISON DE BEAUMONT.

ALEXANDRE DE BEAUMONT, Seigneur de la Baftie-Rolland, *p.* 133, 433.
ANTONIE DE B., *p.* 94.
CATHERINE, *p.* 188 *bis*.
FRANÇOIS, *p.* 63.
FRANÇOISE, dite FRANÇOISE DE LA TOUR, *p.* 186.
HUMBERT, *p.* 47.
JACQUES DE B., *p.* 90, 94.
JEANNE, *p.* 94.

JEANNE, (autre) *p.* 369.
LOUIS DE B. a fait la branche de CHAMPROND-D'AUTICHAMP, *p.* 197.
MARGUERITTE DE B., *p.* 94.
MARGUERITTE, (autre) femme de noble Jacques DE VILLENEUVE, *p.* 189, 190.
MARTIN, *p.* 189, 190.
MICHEL, l'un des 100 Gentilhommes de l'Hôtel du Roi, *p.* 191, 192, 236.

TABLE ALPHABÉTIQUE

Des noms contenus dans les Preuves de l'Histoire Généalogique de la Maison de Beaumont. On a distingué par de petites capitales accompagnées d'une *, les noms des Maisons ou Familles alliées à la Maison de Beaumont.

A

Abraam (Pierre), Châtelain de la Bastie-Rolland. 119.
Absalon (Sixte), Marchand. 367.
* Abzac Sr. de la Serre. (Gabriel d') 369, 391.
Achard. 111.
——— (Antoine), Marchand à Crest. 136.
——— (Humbert), Légiste. 332.
Achille. 9.
Achin ou Aquin, Chevalier. 6, 7, 8.
Acri (Jean), Notaire. 441.
Acuher, Notaire. 139, 140.
Adclays (la Comtesse). 8.
Adhemar, *Bajulus*. 9.
Adhemar ou Aymar (Gaucherin), Seigneur de Grignan. 188, 189, 190.
——— (Giraud). 440.
——— (Hugues), Chev. Seigneur de la Garde. 59.
——— (Louis), Comte de Grignan. 215.
——— (Louis), Seigneur de Monteil, Baron de la Garde. 106, 427.
Adon, Religieux de Bonnevaux. 10.
Adrets (Boniface des). 44.
——— (Henri des). 20.
——— (Lantelme des). 44.
——— (Nantelme des). 46.
Agard (Louis). 254.
Agoud (Pascal). 96.
Ailly (François d'), Seigneur de Pequigny, Gentilhomme Ordinaire du Roi. 229.
Airalde ou Hairalde, Doyen. 6.
Ais (Quintin des). 7.
Aix (Gautier d'). 8.
Alamento (François d'), Notaire. 73.
Alazard (F.), Notaire. 189.
Albano (Pierre de), Notaire. 205.
Albarel-de S. Cla. (Marie d'). 377.
Alberti ou Albert, dit de Tencin (Antoine). 202.
——— (Guigues), Prieur. 45.
——— (Jean). 59.
——— aliàs de Tencin (Jean). 424.
Albi (Antoine). 334.
——— (Guillaume). 327.
——— (Jean), Secrétaire Delphinal. 111.
——— (Joseph), Notaire. 205.
Alby ou *Albi* (Antoine), Trésorier de France. 144.
Albie (Pierre), Apothicaire. 391.
Albin (Pierre d'), Damoiseau. 61.
Albins (Hugonet de). 38.
Alconil' (Etienne d'), Chevalier. 299.
Aldi (Pierre). 324.
* Alleman, écrit Aleman, Allemand, Allamand, Alamandi, Allemande, Allement, &c.
——— (Alienor), Demoiselle. 425.
——— (Amédée), Prieur de S. Laurent de Grenoble. 270, 278, 279.
——— (Antoine), Ecuyer. 432, 441.
——— (Antoine), Seigneur de S. Georges. 201.
——— (Antoine), Dame. 147.
——— (Antoinette) de Champs. 119.
——— (Artaut), Ecuyer. 441.
——— (Artaud), Prieur de Nantua. 279.
——— (Aymar), Bailly & Châtelain de Graysivodan. 292.
——— (Aymar), Seigneur de Champs. 335.
——— (Aymon), Seigneur de Champs. 119, 121, 122, 233, 333.
——— (Aymon), Seigneur de Champs & Taulignan. 147.
——— (Aymon), Seigneur de Revel. 233, 338.
——— (Aymon), Conf. d'Uriage. 345, 346, 347.
——— (Aimonette), Demoiselle, Dame de Saint-Quentin. 201, 202, 233, 234, 260.
——— (Beatrix) Demoiselle. 301, 302.
——— de Valbonnais (Beatrix), Demoiselle. 270, 279, 418.
——— (Briande), Demoiselle. 81.
——— (Charles), Seigneur de Laval & de Sechilline, Lieutenant-Général du Dauphiné. 214, 347, 349, 353.
——— (Claude), Seigneur de Taulignan. 235.
——— (Colin), Archer. 436.
——— (Eléonore d'), Dame de l'Argentiere. 61.
——— (Eudes), Prieur de S. Antoine, Commandeur de Veynes. 270, 279.
——— (Françoise), Religieuse du Monastere de Montfleury. 432.
——— (Georges), Seigneur de Champs. 432.
——— (Guigues), Seigneur du Molat. 347.
——— (Guigues), Chevalier, Seigneur d'Uriage. 201.
——— (Guillaume). 96.
——— (Guillaume), Seigneur de Sechilline. 81, 82, 83.
——— de Valbonnais (Guillaume). 270, 279.
——— (Henri). 85.
——— (Henri l'), Ecuyer. 441.
——— (Henri), Seigneur de Aleriis. 432.
——— (Henri), Seigneur de la Vallée S. Etienne. 233.
——— (Henri), Seigneur de Vaux. 81.
——— (Hugonin), Chevalier, Seigneur de Valbonnais. 120, 270, 279.
——— (Jean). 96.
——— (Jean), Chevalier. 440.
——— (Jean), Chevalier, Seigneur de Sechilline, Châtelain de Bellecombe. 58, 74, 322, 432.
——— (Seigneur d'Uriage. 201.
——— (Laurent), Evêque & Prince de Grenoble, Abbé de S. Sernin de Toulouse, &c. 347, 349, 353, 354, 358, 259.
——— (Marie). 119.
——— (Marguéritte), Dlle. 347, 348, 397, 418.
——— (Nicolas d'). 440.
——— (Paul), Ecuyer. 79.
——— de Pimelin (Philebert d'), Archer. 433.
——— (Rodolphe ou Raoul), Damoiseau. 107.
——— (Rolet). 312, 313.
——— de Sechilline (Syboud). 82.
Alenis (Jean de), Notaire. 299, 320.
Aleyros (Pierre). 42.
Alserni (Odebrand), Damois. du Comte de Savoie. 278.

TABLE ALPHABÉTIQUE

Alian (Jeanne), Dame du Poël. Pag. 105.
Alinges (Jean d'), Homme d'Armes. 440.
Alixan (Cotnier d'). 128.
Allard (Jean), Notaire. 333.
——, Notaire. 141.
Allois (Guillaume). 133, 134.
Alnulphe (Guillaume). 96.
Alvernaz (Hugues). 17.
Amalbert, *Amaberti* & *Amalberti* (Antoine). 334.
Amalbert-Thomas (Antoine). 334.
—— (Durand). 54.
—— aliàs *Bacardi* (Enymond). 433.
—— (Hugues). 54.
—— Drevoys (Jacques). 334.
—— (Jean). 334.
—— (Jean). 334.
—— (Jean), aliàs Fellon. 70.
—— Bacart (Jean). 334.
—— (Martin). 334.
—— (Pierre). 70.
Amaldrada, femme d'Anselme de S. André. 5.
Amanderus (Jean). 11.
Amandrini (Jean), Notaire. 281.
Amat, Greffier. 378.
Amatus, Chanoine de S. Ruf. 4, 6.
Amaurit, Notaire. 259.
Amblardus. 9.
Amblard, Prieur de S. Valier. 10.
—— (Charles). 136.
Amé, Comte de Genève. 22, 26.
—— III, Comte de Savoie. *Voy*. Savoie.
Amédée (Bornon). 61.
——, Comte de Genève. 50, 53, 54, 55, 60, 62.
——, Evêque de Lausanne. 10.
Amel (Claude), Bourgeois. 211.
Amendruci (Jean), Notaire. 279.
Amesin (Guillaume d'). 8.
Amond (Conseigneur d'). 96.
Ancesune (Cesar d'), Seigneur de Venejan. 217.
—— (Giraud d'). 235.
Anconne (Humbert d'), Homme d'Armes. 436.
Andigné (Charles-François d'), Chevalier. 171.
—— (Charles-François d'), Chevalier, Marquis de Vezins. 159.
André (François), Notaire. 298.
—— (François), Jurisconsulte. 283.
—— (Guillaume). 28.
Andrée, Comtesse de Vienne. 270, 279.
Andrevet ou Andrenet (Jean). 138.
—— (Mondon). 429.
Andrici, *Endrici* & *Andricus* (Jean), Notaire. 83.
—— (P.). 205.
Andronz (Guillemet). 52.
—— (Jamete). 32.
Angelin (Hugues). 215.
Augonnes (Raymond des). 96.
Anjou (Girard d'), Chevalier. 279.
Anne de France. 169.
Anselme ou Asselme, Chevalier. 6.
——, Médecin. 47.
—— (Ennemond), Notaire. 353.
Anthoni, Notaire. 393, 396.
Anton (Perrot d'), Homme d'Armes. 187.
Antour (Claude d'). 274.
Appelvoisin (Charles d'), Seigneur de la Roche-du-Maine, Gentilhomme Ordinaire du Roi. 230.
Apolini (Ruphe). 53.
Apothecarii (Durand), Juge commun de Grenoble. 39.
Aquin, *Voy*. Achin.
Arbarêtier (Guigues l'), Notaire. 365.
Atbert. 9.
——, Clerc. 11.
Arbon (Guigues d'), Praticien. 249.

* Arces, de *Arciis* (d'). Pag. 150, 255.
—— (Antoine d'). 338.
—— (Artaud d'). 307, 311.
—— (Arthaud d'), Prieur de Champs. 326, 328.
—— (Aymar d'), Chanoine de Sainte-Marie de Grenoble, & Pr. de Thoyte. 301, 307, 321.
—— (Aynard d'), Chevalier. 307.
—— (Claude d'). 326, 338.
—— (Claude d'), Abbé de Boscodon. 347.
—— (Claude d'), Religieuse à Montfleury. 432.
—— (François d'), Prieur de S. Georges. 326, 331.
—— (Hercule d'). 142.
—— (Hugues d'), Chevalier. 326, 327, 328.
—— (Hugues d'), Seigneur de la Bastie-Meylan. 302, 321, 329, 330, 335.
—— (Jaquemet), Ecuyer. 79.
—— (Isabelle d'), Religieuse à Montfleury. 432.
—— (Louis d'). 307, 311, 315, 339.
—— (Louis d'), fils de Morard. 294.
—— (Morard d'), Chevalier. 283, 294, 299, 300, 301, 307, 313.
—— (Philbert d'), Vice-Bailly du Graysivodan. 352.
—— (Philibert d'), Seigneur de la Bastie-Meylan. 335, 336.
—— (Philippes d'). 79.
—— (Soffrey d'), Chevalier. 39, 46, 59, 60, 201, 279, 326, 351.
—— (Soffrey ou Syffred d') Chevalier, Bailly de Briançon. 330.
—— (Sibille d'), Religieuse à Montfleury. 432.
Arcy (Morel d'), Avocat-Général de la Chambre des Comptes de Dauphiné. 157.
Archaurius (Jean). 92.
Archinbal (Jean). 324.
Archiniaudi (Amédée), Damoiseau. 79, 102, 104.
Ardenchus, Prieur. 10.
Argenson (Etienne), Notaire. 411.
Argodi, Greffier. 353.
Argoud (Antoine). 110.
Arma (Pierre). 218.
Armand (Bernard), Huissier. 159.
—— (Guillaume). 96.
—— (Louis), Curé. 266.
Armuet, *Armueti*. (A...) 76.
—— (Antoine). 341.
—— (Guillaume). 341.
—— (Jean). 341.
Armuet-de Bon-Repos (Jean). 224.
Arnaud & *Arnaldi*, Notaire. 383.
—— (Bertrand). 36.
—— (Giraud). 96.
—— (Guillaume). 9, 36.
—— (Henri), Evêque d'Angers. 179.
—— (Hugues). 36.
—— (Reymond). 36.
Arnini. 92.
Arold (Guillaume). 5.
Arpajon (d'). 354.
Artaud, Artauld, & *Artoudi*. 96.
——, frere d'Eudes d'Uriage. 14.
—— (Guillaume). 96, 440.
—— (Guillaume), Chevalier. 278, 279.
—— (Jean), Seigneur de la Roche-sur-Buys. 119.
Arthaudiere (le Seigneur de l'), Conseiller au Parlement de Dauphiné. 163, 438.
—— (Charles de l'), Homme d'Armes, *Voy*. La Porte. 436.
Artigas, aliàs Pradel (Jean d'). 324.
Artigia (Bertrand de), Prêtre. 312.
Artoudi, ou Artaud (Guigues). 17.
Arvez (Jean). 42.
Arvillar (Urbain d'), Seig. de la Bastie-de-Revel. 359.

Arzago

DES NOMS DE LA MAISON DE BEAUMONT.

Arzago (Guillaume de), Vice-Bailly, Juge Majeur de Viennois, & Valentinois. *Pag.* 335.
——— (Michel de), Notaire. 115.
Afnieres (Jean d'), Ecuyer. 79.
——— (Henri d'), Ecuyer. *Idem.*
Asteriis (Pierre de), Notaire. 115, 333.
Aftier, Notaire. 339.
* ATENOUS dit GORDON (Guillaume). 330.
Atenulfus, Sous-Prieur. 10.
——— (Hugues). 5.
Atulfus. 4.
Aubert (.....), Greffier. 125.
——— dit Pouffey (Barthélemi), Conful de Barbieres. 429.
Aubery (Auguftin), Chevalier, Marquis de Vaftan. 173.
——— (Joseph-François-Xavier d'), Chevalier, Seigneur, Marquis S. Julien, &c. 379, 380.
——— (Leonard d'), Seigneur de S. Julien. 379.
* AUBUSSON (Jean d'), Chevalier, Seigneur, Marquis de Miremon, Baron de Vilhac, &c. 400.
——— Jean-Jacques d'), Comte de Peyran. 400.
——— (Jeanne d'), Demoiselle de Miremon. 387, 388, 389.
——— (Louife d'), Dame, Marquife de Miremon. 400.
——— (Margueritte d'), Dame de Vaillac. 442.
Andeardi (Humbert). 111.
Audeyer, Greffier. 360.
Audoart (Arnaud). 112.
Aujard (Jean), Licentié ès Loix. 115.
Aurelianis ou d'Orléans (Jacob de), Docteur ès Loix. 115.
Auraicà, de Aureycà ou d'Orange (Guillaume de). 440.
——— (Firmin de), Notaire. 83, 338.
Aurigniaco (Jean d'), Auditeur des Comptes. 115.
Aurilhac (Falques d'), Premier Préfident du Dauphiné. 91, 431.
Auriole (Pierre d'), *Vicarius.* 9.
Aufon (G.), Notaire. 205.
Autrand (Etienne), Notaire. 115.
* AVALON & *Avalonis* (Gonet). 70.
——— (Gonin). *Idem.*
——— (Guillaume). *Idem.*
——— (Hugues d'), Damoiseau. 383.
——— (Jacques d'), Chartreux. 30.
——— (Jean). 54, 245.
——— (Jeanne). 245.
——— (Joannet). 70.
——— (Julienne), Religieufe à Montfleury. 432.
——— (Marguerite d'), Dame. 34.
——— (Nanterme). 70.
——— (Perret d'), Damoifeau du Dauphin. 278, 279.
——— (Pierre). 70, 245.
* AVIGNON (FRANÇOISE D'), Dame. 12.
Avignonnet (Odon d'). 96.
Avond. 143.
Avril (Antoine). 89.
——— (Jacques), Seigneur de la Chauffée. 178.
Autun (Jean d'). 96.
Aydellon (Antoine). 337.
Aymard (Hugues). 96.
Aymars (Jean-Baptifte Efcalin des), Seigneur de la Garde. 105.
Ayme (Barbe), Dame. 255.
Aymeffeti (Berlion), Marchand. 111.
Aymond. 7.
Aymon, Comte de Genève). 20, 22, 50, 53, 70.
———, Comte de Savoie. 278.
———, Notaire. 401.
——— (Pierre), Notaire. 42, 205.
Aynard. 52.
———, fils d'Aynard. 4, 5, 9.
———, Archevêque de Vienne. 10.
——— (Antelme), Chevalier. 278.
——— (*Blancus*). 4.
Table.

Aynard (Falques). *Pag.* 10.
——— (Guigues). 5.
——— (Hector). 346, 347, 348.
——— (Jacques), Seigneur de Chalençon. 119.
——— (Jean). 92, 96.
——— (Pierre), Confeiller du Dauphin. 35.
——— (Pons). 4.
——— (Raymond), Seigneur de Montaynard. 340, 341, 346, 347.
Voy. Eynard & Montaynard.
Aynarde, femme d'Aymar Breffieu. 10.
Azemar-de Panat (François d'), Comte de la Serre, Lieutenant-Général des armées du Roi. 75.

B.

BABELLONA, femme de Jean Molar. 414.
Baboni (Antoine). 208.
——— (Jacquier). *Idem.*
* BABOY (MARIE), Dame. 268.
——— (N.), Notaire. 269.
Bacaleti (Berthon). 95.
——— (Jacquemet). *Idem.*
Bachelier (Louis), Chevalier, Seigneur de S. Canal, Maréchal-de-Camp. 183.
Bachelteri (Valentin), Notaire. 115.
Bacigno (François de), Chevalier. 278.
Bajot (François Efcoffier), Avocat. 130.
Baile. (V.) 9.
Baile-d'Afpremont. 210.
Baile de Pellafol (Jean), Préfident de Grenoble. *Idem.*
Baylii (Claude), Officier de l'Evêque de Grenoble. 333.
Baillon (Odet de), Vicomte, Seigneur de Forges, Commiffaire des guerres. 385.
Bais ou Bayie (Pierre de). 96.
Bajuli (Barthélemi). 9.
——— (Jean), Légifte. 333.
——— (Jean), Notaire. 331.
Balagnier (Jeanne de), Dame de Caffanel & de Salvaignac. 388, 390.
Balbi (*Domingetus*), Notaire. 305, 306, 308, 318.
——— (*Gattaret*). 32.
——— (*Ermengiona*). *Idem.*
——— (*Margaronz*). *Idem.*
Bally (Guigues). 249.
Bally ou Bailly (Joseph-François de), Seigneur du Perre & Moncara, Préfident de la Chambre des Comptes de Dauphiné. 270.
* BALME ou de Balma (de la). 235.
——— (Anne de la), Religieufe à Montfleury. 432.
——— (Antoinette de la). 79, 80.
——— (Didier de la). 8.
——— (François de la), Homme d'armes. 440.
——— (Hendrifet de la), Damoifeau. 441.
——— (Jacques de la). 108, 109.
——— (J. de la). 112.
——— (Jean de), Procureur. 125, 130.
——— (Jean de). 425.
——— (Ilion de la). 7.
——— (Louis de la). 111.
———, aliàs *Balmetaz* (Louis de la). 202.
——— (Uldric de la). 7.
Balonis (Laurent), Notaire. 75.
Balfac (Antoine de), Evêque & Comte de Valence. 306.
——— (Benbennota ou Bénoîte). *Idem.*
Banes (Pierre). 32.
Bannes. *Idem.*
Banaftre (Guillaume). 111, 123.
Bar (Florette de), Demoiselle. 387.
——— (Robert de). 103.
Barancy, Secrétaire de l'Intendant de Dauphiné. 144, 146, 264.
Baratier, Affefeur. 130.
Baratiers (Pierre de). 96.
Barbati (Jean). 70.

TABLE ALPHABÉTIQUE

Barbati (Etienne). Pag. 70.
——— (Termet). Idem.
Barbe (Antoine), Chapelain. 342.
——— (Guillaume). 20.
——— (Hugues). Idem.
Barberache (Bénoîte), Demoiselle. 197.
Barberes (Laurent). 135.
——— (Vincent). Idem.
Barberii ou Barbier (Romanet), Notaire. 54, 55.
Barbier (Denis), Marchand. 357.
Barde, Greffier. 265.
Bardes, Notaire. 400.
Bardonnanche (François de), Damoiseau. 36.
Bardin (Etienne). 63.
——— (Ponson). 111.
Barge (Godemaire de). 96.
Barges (Ardutius de). 8.
Barjado (Jean, Seigneur de), Maréchal de Savoie. 108, 109.
Baron ou Baro (Antoine). 70.
——— (Drevon). 54, 70.
——— (Gaspard). 111.
——— (Martin). 54, 70.
Baronnat (Jeanneton de). 232.
——— (Michel de), Seigneur de Châteauneuf. Idem.
Barnaud ou Barnaudi, Notaire. 197.
——— (Berthon), Notaire. 113.
——— (Guillaume), Notaire. 115.
Barneoud (François), Prêtre. 266.
Barral ou Barrali (Aymon). 18.
——— (Jacquemon), Ecuyer. 105.
——— (Jean) Notaire. 431.
——— (Jean de), Cordélier. 311.
——— (Pierre). 308, 309.
Barrat (Pierre). 324.
Barrault (Guillemot), Homme d'armes. 187.
Barraux, de Barralibus (Amédée de). 42.
——— (Humbert de), Ecuyer. 42, 79.
——— (Millet). 42.
——— (Pierre de). 52.
Barre (Elie de la), Chirurgien. 179.
——— (Jean de la). 105, 324.
Barrerie ou Barriere (Jean), Docteur de Montp. 115.
Barriere (Siquaire), Procureur. 398.
Barrin (Pierre-Joseph), Conseiller au Parlement de Dauphiné. 378.
Barry (de), Notaire. 395.
——— (Jean de), Notaire. 397.
——— (Jean-Guy de), Lieutenant de la Roque-des Peagers. 398.
——— (Pierre), Juge de la Rocque. 394.
Bart-de Villemade (Marie-Therèse de). 380.
Barte ou Barre (Michel), Notaire. 271, 272.
Barthelemy (Jean), Procureur. 150.
Barruelli ou Barruel, Barruelz & Bâtruez (Antoine). 424.
——— (Berthon). Idem.
⎱ (Jean). ⎰ 41, 82.
⎰ ⎱ 424.
⎱ (Pierre). ⎰ 41.
⎰ ⎱ 424.
Basque (Bertrand). 41.
Baslet (Jean-Guy), Procureur. 358.
——— (Pierre), Notaire. 254.
Bastardi, aliàs Arbelet. 210.
——— (Guillaume), Chevalier, Seigneur de Furmeriero. 100.
Bastide (Jean de). 186.
——— (Pierre de). 87.
Bastye (Giraud de la), Seigneur de la Bastie-Rolland. 424.
426, 427.
Batarnay. 419.
Bataillie (Jean), Ecuyer. 307.
——— (Jean), Damoiseau. 311.
Baudo (Pierre). 324.

Baudoin (Laurent-Charles), Praticien. 156.
Baudry (Charles), Lieutenant-Gén. d'Anjou. 161, 162.
Baulme ou Baume (Guillaume de la), Homme d'armes. 191.
——— (Louis de), Homme d'armes. Idem.
——— (Michel), Seigneur de la Baulme, Archer. 433.
——— (N. de la), Me. des Comptes de Daup. 258.
——— (Pierre de la), Conseiller au Parlement de Dauphiné. 144.
Baume-d'Autun (de la). 235.
Baume-Château-Double (le Sieur de la), Conseiller au Parlement de Grenoble. 151.
——— (Joseph, Seigneur de), Cons. au Parl. de Grenoble. 150, 151.
Baume-Cornillane (de la). 235.
* BAUME DE PLUVINEL. 150, 151.
——— (Antoine de la), Gouverneur de Crest. Idem.
——— (Gabrielle de la), Dlle. 150, 151, 156, 157, 158, 159, 160, 163, 165.
——— (Joseph de la), Seign. d'Eglui. 150, 151.
Baume-de Suze (François de la). 220.
——— (Guillaume de la), Seigneur de Suze, Gentilh. Ord. de l'Hôtel du Roi. 192, 236.
Baux (Raymond de), Prince d'Orange. 55.
——— (Marie de), Dauphine de Viennois. 270, 279.
Bauyn, Secrétaire. 170, 171.
Bayard (le Chevalier). Voy. Terrail.
Bayet (Jean). 254.
Bayllifi (Betnardin). 89, 90.
* BAYNAC. Voy. BRYNAC.
Bayniolo (Jean de), Notaire. 17.
Bazemont (Marc de), Président de la Chambre des Comptes de Dauphiné. 231, 367, 368.
Bazin (Etienne), Avocat. 171.
Bazin-de-Bezons, Intend. de Languedoc. 252, 374, 400.
Beati (Jean), Notaire. 205.
Beatrix de Vienne, Dame d'Arlay. 270, 279, 397.
Beau-Châtel (Guigues de). 9.
Beaufremont (Antoine de), Gentilhomme Ordinaire du Roi. 228.
——— (Claude de), Baron de Senecai, Gentilhomme Ordinaire du Roi. 229.
Beaujeu (Aymar de), Homme d'armes. 191.
——— (Guichard, Sire de). 8.
——— (Pierre de). 441.
——— (le Bâtard de), Homme d'armes. Idem.
Beauregard (le Seigneur de). 278.
Beaurepaire (Etienne de). 96.
Beausemblant (Villein de). 96.
Beausse (Léonard), Notaire. 387.
Beauveau (de), Capitaine-Lieutenant des Gendarmes d'Orléans. 398, 399.
Beauvoir (Amédée de), Dam., Seig. de la Palu. 441.
——— (Guillaume de). 9.
——— (Pierre de), Seigneur de Faverges. 235.
Beaux (Agout des). 96.
Beche dit Lambert (Claude). 135.
Becheti (Guillaume). 311.
* BECTOZ, Bedonis ou Becton (Antoine). 342.
——— (Claude). 342.
——— (Jacques). 347.
——— (Jean). 208, 245.
Begoud, Greffier. 374.
Bel (Guy le), Chevalier, Seigneur de la Juliere. 183.
Belcastel-de-Montlaufun (le Marquis de). 383.
——— (le Chevalier de). Idem.
Bel-Châtel ou Beau Chastel (de). 105.
Belfort (Jean Seigneur de), Chancelier de Savoie. 108, 109.
Bellay (Jacques du), Seigneur de Thouarcé, Gentilhomme Ordinaire du Roi. 229, 230.
——— (René du) Seigneur de Lande, Gentilhomme Ordinaire du Roi. 230.

DES NOMS DE LA MAISON DE BEAUMONT.

BELLECOMBE (Antoine de), Seigneur du Château du Touvet. *Pag.* 73, 74, 299, 308, 314, 315, 317, 319, 320, 364.
—— aliàs *Malbruni* (Antoine). 311, 313.
—— (Aynard de), Chevalier, Seigneur du Château du Touvet. 37, 96, 201, 299, 308, 317, 319.
—— (Aynard de), Damoiseau du Dauphin. 278, 279.
—— aliàs Brunel (Aynard de), Chevalier. 311.
—— (Berlion de). 29.
—— (Guigues ou Guigonet de). 42, 49, 299.
—— aliàs Raffavel (Guigonet de). 294.
—— (Henri de). 42.
—— (Jean de), Bâtard. 299.
—— (Johannet de). 29.
—— (Philippes de), Seig. du Thouvet. 352.
—— (Pierre de). 424.
—— (Pons de), Damoiseau. 279.
Bellefont (de), Archevêque de Paris, (le nom est Gigaut). 419.
Bellegarde (Jean-Froment de). 96.
Belleguarde, Greffier. 389.
Belleguise (Alexandre de), Commissaire à la vérification de la noblesse. 252, 373.
Belleton, *Belledonis*, Belletonis & *Velletonis*.
—— (Antoine), Notaire. 93, 119, 124.
—— (Artaud). 92, 94.
—— (Guillaume). *Idem*.
Belli (Gonet). 424.
—— aliàs Cosson (Guillaume). *Idem*.
—— (Guillemet). 39.
—— (Jean). 39.
—— (Jeanne). 424.
—— (Perret). 39.
—— aliàs Cosson (Pierre). 424.
Bellicen ou du Bellai (Hugues). 9.
Bellion (Antoine). 115.
—— (Aymar). 347.
—— (Romain), Docteur ès Loix. 115.
Bellon. 261, 263.
Belloponte (Anne de), Religieuse à Montfleury. 432.
Belluard, Praticien. 146.
Belueze (Antoine), Avocat. 380.
Belujon (Daniel), Sieur & Baron de Conps. 372.
Bénoît (Vincent), Ecuyer, Maire d'Angers. 167.
Benistam (André). 255.
Berard (de), Commissaire des guerres. 436.
Berard ou *Berardi* (Antoine). 203.
—— (Guigues), Professeur ès Loix. 95.
—— (Guionnet). 96.
—— (Jacques). 124.
—— (*Leuezo*), Chevalier. 43.
—— (Renaud). 294.
Bercen (Jacques). 324.
Berchel. 315.
Berenger, *Berengarii* (le Seigneur du Ga). 438.
—— (le Bâtard du Ga), Archer. 436.
—— (André), Seigneur du Guad. 194.
—— (Bertrand). 96.
—— (Claude de), Seigneur de Pipet. 224.
—— (François de), Sieur de Morges. 235.
—— (Gatin), Marchand. 111.
—— (Georges), Seigneur du Gua. 341.
—— (Guillaume), Chanoine. 9.
—— (Jacob), Praticien. 202.
—— (Jacques). 96.
—— (Jean). 17.
—— (Jean), Notaire. 202, 331.
—— (Johannet). 41, 111.
—— (Pierre). 96.
—— (Pierre), Homme d'armes. 440.
Berger ou Bergier, Greffier. 160, 261, 263.
Bergeret (Jean-François), Secrétaire du Roi. 174.
—— (Marie-Therese-Antoine). 173.

—— (Pierre-Jacques-Onezime), Receveur-Général des finances de Montauban. 174.
—— (Pierre-François), Secrétaire du Roi. *Idem*.
Bergier (Bertrand). 324.
Berlie (Jean), Ecuyer. 356.
Berlion, *Berlionis* ou de Berlion (Cathérine), Religieuse à Montfleury. 432.
—— (Eustache de), Chev. 304, 305, 309, 319.
—— (Florimond de). 319.
—— (Jean de), Damoiseau. 73, 74, 75, 317, 318, 319, 320, 339.
—— (Jean de), Chevalier. 299, 300, 305, 306, 308, 309, 311, 313, 315.
—— (Pierre), Notaire. 114, 115, 333.
—— (Richard-Ferrand). 75.
—— (Richard de), Damoiseau. 301, 306, 315, 319, 320, 340, 424.
Bermondi, ou *Bermundi*, ou Bermond (Antoine). 432.
—— (Ardencus), *Bajulus*.
—— (Bermondet). 61.
—— (François), Not. 63, 286, 293, 298, 299.
Bernard, Commissaire de la recherche de la Noblesse. 274.
——, Doyen. 6.
——, Notaire. 197.
——, Secrétaire. 175.
Bernard ou *Bernardi* (Anne), Religieuse à Montfleury. 432.
—— (Etienne). 96.
—— (Guillaume). 9.
—— (Humbert), Notaire. 115.
—— (Pierre), Notaire. 106.
Bernerii, ou Bernier (Hugues). 42.
BERNIERE-DE VILLE (Françoise de), Demoiselle. 259, 268.
—— (Louis de), Lieutenant-Général & Commandeur des Ordres de S. Lazare, de Jerus., &c. 259.
—— (Hugues). 42.
Berrard, Prévôt d'Oulx. 36.
Berrié (Guigues). 96.
Berrione. *Vide* Verrion.
Beroard. 43.
—— (Girald). 12.
Berod (Pierre). 24.
Berole (Mondon), Notaire. 429.
Bert (Laurens). 145.
Bertier. 383.
Berthelin (Taffin), Notaire. 338.
Berthon dit Sachet, Praticien. 247.
—— (Guillaume), Notaire. 122.
Bertrand, ou *Bertrandi* (Boson). 42.
—— (Cathelin), Notaire. 145.
—— (Claude), Ménager d'Autichamp. 148.
—— (Claude), Notaire. 347, 348.
—— (Durand), Chapelain. 334.
—— (Jean). 190.
—— (Pierre). *Idem*.
BERTRAND-DE CHATRONIERES (Françoise), Demoiselle. 269, 270, 271, 273.
—— (Joseph). 269, 270, 273.
—— (Just-Balthazard), Ecuyer. 270.
Bescenz (Guillemet). 32.
Besse-de la Richardie (Claude-François de) Abbé de S. Clément de Metz. 272.
—— (Gaspard de), Chanoine de Metz. *Idem*.
Besson (Pierre). 82.
Betenzi (Pierre). 87.
Bethune (Jacqueline de), Dame de Bailfou. 392.
Betoneto (Jacques de), Chartreux. 30.
Beuil de Sancerre (Claude de), Gentilhomme Ordinaire du Roi. 228.
Beuries (Jean de). 11.
Bex (Guillaume). 17.
Beymonde (Gilette), Prieure du Mon. des Hayes. 432.

b ij

TABLE ALPHABÉTIQUE

Beymond (Jean), Procureur. Pag. 425.
* BEYNAC, BAYNAC, ou BENAC. 419.
——— (N. de), Demoiselle. 383.
——— (Claude de), Seigneur de Tayac. 394.
——— (François), Seigneur de la Rocque. Idem.
——— de Commarque (Gabrielle-Césarine de), Demoiselle. 409, 410.
——— (Jacques de), Chevalier, Seigneur de Mongaillard. 395.
——— (Julie de). 411.
——— de Montrecourt (Julie-Constance), Demoiselle, Marquise de Castelnaud. 409, 410.
——— (Louise de), Demoiselle. 393, 395, 397, 398, 401, 417.
——— (Louise de), Dame de Mazuales. 394, 395, 397, 398, 401.
——— (Marie de). 410, 414.
——— (Marie de), Comtesse de Bonneval, Marquise de la Martonnie. 411, 412.
——— de Montgaillard (Marie-Anne de), Demoiselle. 409.
——— (Marie-Claude de), Marquise de Beaumont. 408, 409, 410, 411, 412, 413, 415.
——— (Pierre Marquis de), Premier Baron de Périgord. 409.
Beziers (Jean de), Seigneur de Venezen, Gentilhomme Ordinaire de l'Hôtel du Roi. 193.
Biays (Hugues). 12.
Bidore (Pierre), Notaire. 387, 388.
Bienfait. 77.
* BIGOT ou Bigoti (Albert). 33.
——— (Alberet). 28.
——— (François). 58, 70.
——— (Gorion). 300, 301.
——— (Guillaume). 28.
——— (Guillaume), Chevalier, Châtelain de Bellecombe. 58, 60, 70, 96, 294.
——— (Lantelme). 58.
——— (Nanternet). 33.
Billiard, Procureur. 19.
Billrodi (Joannin), Notaire. 113.
Billion (Guillaume). 402.
Billons (Girold). 17.
——— (Pierre). 17.
* BINET (Antoine), Abbé de Meilleraye. 183.
——— de la Florancière (Marie-Eulalie), Demoiselle. 159, 169.
——— (Jean-Baptiste), Chev. Marquis de la Blottière, Grand Bailly d'épée en Brétagne. 162.
——— (Pierre). 240.
——— de Monmoutier (Jeanne-Eugénie), Demoiselle. 159.
——— de Montifray (Eulalie de). 169, 172, 173, 186.
——— (Jeanne-Eugénie). 161, 165.
——— (Jeanne-Louise-Olympe), Demoiselle. 158, 159, 161, 162, 163, 165, 269, 185.
——— (Marie-Eulalie). 161.
——— (Pierre), Chevalier. 158, 161, 178, 179, 183.
* BIRAN-D'ARMAGNAC (Louis de), Chevalier, Seig. Comte de Goas, Brigadier des armées, Colonel du Régiment de Bourbonnois. 407, 408.
——— (Marie-Jacquette de), Comtesse de Goas, Dame du Palais de la Dauphine. 407, 309, 414.
Bisage (Jar... de). 9.
Bisson (Pierre). Idem.
Biviers dit de Francoz (Jacques de), Ecuyer. 359.
Bizonnes (de). 235.
Blacon (Pierre de), Archer. 436.
Blado (Antoine de). 298.
Blain (Jean de), Seigneur de Poët-Celar. 188.
Blain (Louis de), Seigneur du Poët. 156.
Blanc (Denis-Alexandre le), Evêque de Sarlat. 404.

——— (P. le), Président de la Chambre des Comptes. 231.
——— (Pierre le), Seigneur de Trespoux, Secrétaire du Roi. 404.
Blanchard (Antoine). 87.
Blanchefort. 419.
Blancher (Pierre de), Chevalier, Seigneur de Feyrac. 409, 410.
Blanchet (Antoine). 87.
——— (Domengetus). 32.
——— (Domingie). Idem.
——— (Guillemete). Idem.
——— (Jean), Praticien. 139.
——— (Perretus). 32.
——— (Petronille). Idem.
Blesin (Antoine), Notaire. 102.
Blon (Jacques de). 431.
Blondefontaine (Jean de), Sieur de Nagu, Homme d'armes. 442.
Blondel (Perret). 54.
——— (Pierre), Lieutenant de S. Alvere. 401.
Blandisse (Hugues de). 73.
Blonnay (Guillaume de). 8.
Blouin, Curé. 157.
Bochat (Hugues). 55.
——— (Jean). Idem.
——— (Lantelme). Idem.
Bochey (Jean). 38.
Bochodi, Notaire. 430.
Bochon (Ja.), Cons. au Parlement de Dauphiné. 348.
Bochuti (Pierre). 298.
Bocon (Etienne), Cordonnier. 136.
Bocsozel (de). 255.
——— (Aymond de). 8.
——— (Claude de), Archer. 436.
——— (Guy de). 10.
——— (Humbert de). 7.
——— (Marquet de). 323.
Bœuf (Antoine du), Greffier. 248.
——— (Hugues). 96.
Le Bœuf-de-Le-Bret, Notaire. 174.
Boges (Pierre de). 25.
Boffin (Noel-Felicien de), Marquis de la Sône. 274.
Boffin-d'Argenson (Félicien), Avocat-Général du Parlement de Dauphiné. 219.
Boyer, Notaire. 392.
Bois (Février du). 133, 134.
——— (Géoffroy du), Clerc du Roi. 29.
——— (Jacob), Cordonnier. 137.
——— (Pierre). 19.
Boislabé (le Sieur de). 150.
Boissac, Praticien. 156, 157.
——— (de), Dame, Religieuse. 383.
Boisse (Jean de la), Notaire. 132, 133, 147.
Bolfradi (Guillaume). 324.
——— (Jean). 324, 328.
——— (Pierre). Idem.
Boliaco (Pierre de), Notaire. 115, 302.
Bolliat (Jean), Procureur au Parlement de Paris. 231.
Bolliati (Michel). 74.
Bolomerii ou Bolomier (Guillaume), Notaire. 108, 109, 321.
Bombeni (Ennevro), Chapelain. 348.
Bon (Antoine), Apothicaire. 140.
Bonafors (Arnauld), Notaire. 367.
Bona-Mona (Jean de), Juge-Mage de Provence. 12.
Bonard (Jean), Notaire. 299.
Bonardi, Greffier. 352.
Bondoire (Anne de). 379.
Bonefont (Jean), Notaire. 367.
Bonet (François). 41.
——— (Pierre du), Procureur. 194.
Boneti (Arthaud). 69.
——— (Artaud), Damoiseau. 301.
——— (Berard). 56, 312.
——— (Bernard). 39, 42, 46, 47, 52, 44, 57.
——— (Beroard). 44, 57.

DES NOMS DE LA MAISON DE BEAUMONT. xiij

Boneti (Guigues), Notaire. Pag. 343.
——— (Pierre), Notaire. 116.
  (On n'a pu distinguer, en plusieurs endroits, s'il y avoit
  Boneti ou Boveti. Voyez ce dernier mot.)
Bonielli (Guigues), Trésorier du Dauphin. 35.
Boniface (Boniface de), Jurisconsulte. 279.
——— (Jacques). 38.
——— (Pierre), Notaire. 74.
Bonyſons (Hugonet). 45.
✝ BONPAR, *Boniparis* (Bonpar de). 345, 347.
——— (Claude de), Sous-Prieure du Monaſtere de Montfleury. 432.
——— (Guillaume de). 115.
——— (Jacques de). 84, 115.
——— (Iſabelle de), Religieuſe du Monaſtere de Montfleury. 432.
Bontinot (François), Notaire. 319.
Bonvallet (Jean), Contrôleur ordinaire des guerres, 385.
Bonnas (André), Chevalier, Bachelier. 441.
Bonne (Honoré de), Sieur de la Rochette. 235.
——— (Jean de), Sieur de Leſdiguieres. Idem.
Bonnetiere (Guy de la), Chevalier de St. Jean de Jéruſalem. 183.
——— (Jacques de la), Abbé de Vaux. Idem.
Bonneval (César-Phœbus-François de), Comte, Brigadier des armées. 410.
——— (Marie-Blaiſe de), Demoiſelle. 411.
——— (Renaud-Odon de). 298.
Bonnivandi (Jean), Notaire. 121.
Borel (Jean), Sieur de Ponſonas. 220.
Borrelli (Guigues), Juge de Beaumont. 281.
——— (Jacques), Curé d'Autichamp. 189.
——— (Jean), Praticien. 369.
——— (Robert), Notaire. 188.
Bordoriat (Ennemond). 242.
Borgdorelli (Guillaume), Damoiſeau. 279.
Borie N. La). 394.
Borno (Aymon). 32.
Bornon, Doyen de Vienne. 11.
——— (Guillemet). 32.
——— (Guillemette). Idem.
——— (Perronet). Idem.
Borſe (Jean du). 96.
——— (N. du). 394.
Bory (Pierre), Notaire. 178.
Bory-Boiſſeuil (le Sieur de la). 149.
Boſchatii (Jean). 54.
——— (Guillemet). Idem.
——— (Hugues). Idem.
Boſcheti (Paſcal). Idem.
Boſco (Jean de), Juge de Grayſivodan. 303.
Boſon ou *Boſonis*, Prêtre. 3—4.
——— (Agnès). 54.
——— (André). Idem.
——— (*Brunus* ou le Brun). Idem.
——— (Dominique). 30, 81.
——— (Guillaume). 308, 309.
——— (Martin). 37, 308, 309.
——— (Matthieu), Notaire. 73.
——— (Petronnelle). 54.
Boſſan, Notaire. 258.
Boſſier, Notaire Greffier. 373.
Boſſuti (Jean). 334.
Boſuis (Pierre). 9.
Botini (Pierre), Notaire. 115.
Botuti (Pierre), Prieur. 115, 116.
Bouardi (Jean), Notaire. 39.
Bovaro (Pierre). 432.
Boubeni (Peronette), Religieuſe à Montfleury. 105, 235.
Bouchage (du). 105, 235.
Boucher (Anne-Marie), Marquiſe de Beynac. 409.
——— (Claude de), Grand-Chantre de St. Honoré à Paris, Conſeiller au Parlement de Paris. 409.
——— (Marie-Victoire). 174.
Boucicaut. Voy. le Maygre ou le Maingre.
Bouclier (René), Not. d'Angers. 158, 159, 179, 183.
Boudiers (Pierre). 42.
Bouenco, *Bovenco*, ou *Boenco* (Jean de), Procureur & Avocat Fiſcal du Dauphin. 63, 297.
——— (Guillaume), Chevalier. 280.
Boverii (Antoine), Prêtre. 432.
Boveti (Arthaud), Damoiſeau. 37, 299, 304, 307, 308, 309, 312, 313, 314, 315, 319, 339.
——— (Bernard), fils de François. 27, 83.
——— (François), Miſtral du Thouvet. 18, 19, 21, Voy. Boneti. 23, 24, 26, 27, 38.
Bovier, Praticien. 394.
———, Notaire. 250, 397.
———, Greffier. 368.
———, Greffier de la Chambre des Comptes. 438.
Bouiſſe (de la). 383.
Bounaffous. 394.
Bouqueron (Joffrey de). 96.
Bourbon (François de), Comte, Dauphin d'Auvergne, Chevalier de l'Ordre, Gentilhomme Ordinaire du Roi. 228.
——— (Jacques de). 285.
——— (Pierre, Duc de), ſon frere. 285.
Bourbon-Carency. 419.
Bourbon-Vendôme (André de), Seigneur de Rubempré, Gentilhomme ordinaire du Roi. 229.
Bourchenu (Evrard de), Chevalier. 128.
——— (Vallier de), Ecuier, Sieur d'Hieres. 128.
Bourdeilles (André Seigneur de), Gentilhomme ordinaire du Roi. 229.
——— (Pierre de), Seigneur de Brantôme, Gentilhomme ordinaire du Roi. Idem.
Bourdet (Geraud), Prêtre, Recteur de Lanſac. 393.
——— (Jean), Notaire. 191.
Bourelli (Robert), Notaire. 188.
Bourg (Chabert du), Chanoine. 9.
——— (Marie du). 11.
Bourguignon. 197.
Bourgondionis, ou Bourgoing (Pierre). 102.
Bourſerii, ou Bourſier (François), Chevalier, Bailly du Grayſivodan. 312.
Bouſchel, Notaire. 140.
Bouſignes (Ignace), Prêtre. 413, 414.
Bouteiller (Louis de), Ecuyer, Seigneur de Sabrée, Conſeiller au Parlement. 272.
Bouveron (Antoine). 135.
Bouverot, Notaire. 250.
✝ BOUVIER-DE FONTANILLE (Juſt-Jacques de). 274.
——— (Jacques de). 373, 374.
Bouville, ou *de Bovillá* (Charles de), Gouverneur de Dauphiné. 300; 311, 320.
Boyleſve (Louis de), Ecuyer, Lieutenant-Général d'Angers. 176, 184.
Boyleſve-du Planty (Marie). 173.
———, Lieutenant des Gardes-du-Corps. Idem.
Boyſeria (Jacques de la), Notaire. 29.
Boyſon (Pierre). 25.
Boyſſerati (Guigues) Notaire. 77.
Boyſſennat, Notaire. 154.
Boyſſetz { François. { Procureurs. 142.
          { Jean.
Boytat { Antoine. { Praticiens. 232.
       { Jean.
Bozonnier, Greffier. 378.
Brachet. 434, 435.
Bracheti (Gonon). 309.
——— (Hugonet). 308, 309, 318.
——— (Hugues). 308.
——— (Jean). 308, 309, 318.
——— (Pierre). Iidem.
Bragelonne (Jérôme de), Tréſorier de l'extraordinaire des guerres. 212.
Braielii (Michel). 54.
Branchonis (Pierre), Notaire. 116, 122.
Brandon (Guillaume). 323.
——— (Jean). 324, 328.

TABLE ALPHABÉTIQUE

Brandon (Pierre). Pag. 323, 324, 326.
Branthon (Pierre), Notaire. 426.
Bregnino (Jean de), Notaire. 85.
——— (Pierre de). 312.
Breil (Jean du), Avocat. 404.
Breins (Guigonet de), *Gabellator* de Viennois. 291.
Bremond (Antoine), Curé. 143.
* BRENIER-DE PRÉVILLE (Jacques-Charles de), Chevalier de St. Louis, Capitaine d'infanterie. 274.
Breninis (Jean de). 424.
* BRESSAC, Bressat ou Breyssac (Alexandre-Laurent de), Conseiller du Roi. 149.
——— (André de), Conseiller au Parlement de Dauphiné. 114.
——— (Anne-Marguérite de), Religieuse de Ste. Marie, à Valence. 145.
——— (Charles), Consul de Valence. *Idem.*
——— (Charles-Jacques de), Sieur de Faventines. 144, 145.
——— (François de), Conseiller au Parlement de Dauphiné. *Idem.*
——— (Henri de), Bailly de Valentinois. 142, 144, 148, 154.
——— (Jacques de), Notaire. 429.
——— (Justine de). 145.
——— (Laurent de), Jésuite. *Idem.*
——— (Louise-Olympe de), Demoiselle. 144, 145, 148, 149, 153, 154, 155.
Bressieu (Ademar ou Aymar de). 8, 10, 12.
——— (Amédée de), Abbé d'Entremont. 50.
——— (Béatrix de). 106.
——— (Guillaume de). 10.
——— (Israël). 242.
——— (Louis de), Prieur de Beaucrescent, Vicaire-Général de Grénoble. 359.
——— (Pierre), Lieutenant-Partic. de Grénoble. *Idem.*
Bres (Jean-Baptiste), Juge de Carpentras. 157.
Bresilhon (Jean), Châtelain d'Autichamp. 189.
Bret (Claude). 318.
Breteuil. 171.
Breuil (Guiot du), Homme d'armes. 187.
Breyda (Albert de). 36.
Breynat, Notaire. 130, 147.
Breynati (Claude), Notaire. 124.
——— (Jean). 124, 125.
Briançon (Aymon de). 8.
——— (Aymonet de). 96, 313.
——— (Hugues de), Seigneur d'Eybens. 336.
——— (Jean de), Seigneur de Varces. 348.
——— (Jean-Antoine de), Seig. de Varces. 224, 225.
Briconc (Colomb de). 4.
Briçonnet (Guillaume), Trésorier des Gentilshommes ordinaires du Roi. 240.
Brignoudi (Melmet de). 55.
——— (Pertonet de). *Idem.*
——— (Termet de). *Idem.*
Brime (François de), Damoiseau. 441.
Briniolo (Michel de). 33.
——— (Michelon), fils naturel de Michel. *Idem.*
Brion (Renauld de). 12.
Brionne (Mme. la Comtesse de). 171.
Brione (Laurent de), Officier de l'Évêque de Grenoble. 313.
Briord, de Briordo (Amblard de), Chevalier, Bailly de Graisivodan. 60, 279.
——— (Ancelot de). 96.
Brisset. *Idem.*
Brocat-de Castelnaud (N.). 11, 411.
Brochanu, Vice-Greffier à Poitiers. 127.
Brochard, Notaire. 161.
Brocheri (Jean), Notaire. 73.
Brodel (Mayin), Secrétaire de M. le Maréchal de Broglie. 169.
Broen (Jacob de), Prieur de *Lemereti*. 278.
Broglie (François-Marie, Comte de), Maréchal de France. 170, 172, 173.
——— (François, Comte de), Colonel du Régiment de Luxembourg. 170.
Bronhonat. 370.
Brons (Antoine de), Chevalier, Seig. de Sezerac. 410.
Brontini ou Broutini & Broustini (Jean), Notaire. 72,
Brosse (Pierre). 73, 317.
Brotel (Antoine). 203.
——— dit Chermeil (Michel). 354.
Brotetti (Jean). *Idem.*
Broue (N. de la), Avocat du Roi à Sarlat. 71.
——— (Pierre de la), Seigneur de Gaunie. 390.
Brousse (François de la), Ecuyer, Avocat & subdélégué de Sarlat. 404.
Bruardi (Perret ou Pierre). 389, 396, 397.
Brun (Perret le). 27, 39, 41.
Brun ou *Bruni* (Jean). 32.
——— (Pierre). 424.
——— alias Barral (Pierre). 32, 424.
——— (Termon). 334.
Brunel (Jean), Notaire. 424.
Brunet (....), Greffier. 115.
——— , Conseiller au bailliage de Grénoble. 366.
Bruneti (Etienne). 371.
——— (Pierre). 342.
——— (Pierre), Cordélier. *Idem.*
Brunetiere (Paul de la), Chevalier, Seigneur de la Pouliniere de Jesté. 312.
Bruneto (Perret de). 119.
Brumicart (Hugues), Chapelain. 42.
Brunielli (Jean). 15.
* BRUNIER-DE LARNAGE (Paul-Louis). 155.
——— (N.), Sieur de Larnage. 148.
Bruno. 6.
Brunus ou le Brun (Jean). 21.
Brussonis { Gonon. }
{ Jean. } 424.
{ Pierre. }
Brut (Bincin de), Juge. 58.
Bruyere, Notaire. 196.
——— (David). 136, 144.
Bruyeres, Procureur du Chapitre de Crest. 137.
Bruyne (Jean), Prévôt de la collégiale de Crest. 149.
Bruysons (Hugonet). 39.
Bry, Notaire. 172.
Bualbre ou Brialbre, Notaire. 402.
Bucher (Pierre), Procureut-Général du Parlement de Grénoble. 218.
Bues (Martin). 52.
* BUFFEVANT (N. de), Président de la Chambre des Comptes de Dauphiné. 237.
——— (Abel de), Vi-Bailly de Graisivodan. 111.
——— (Artaud). 93.
——— (Guillaume). 93, 115.
——— (Jacques). 92.
——— (Jeanne). 93.
——— (Pierre). *Idem.*
——— (Pierre), Homme d'armes. 441.
Bussiere ou Buissiere, de Buxeria & Buixeria (Ant. de). 19.
——— (Bern.), Notaire. 205.
——— (Gaspard). 246.
——— (Jacques de), Notaire. 19, 30.
Buissonnier (Barth.), Me. des Comptes de Daup. 258.
Buord (Amblard de), Chev., Châtelain d'Avalon. 58.
Burgenfis (Julien), Notaire. 115, 427.
——— (Barthólomée). 115.
Burgi (Jacques), Notaire. 424.
Buriani (Jean). 298, 328.
Burlacti alias *Colandi* (Bénoît). 115.
Burlet (de), Conseiller au Parlement de Toulouse. 376.
Burletti (André). 118.
Butta, Conseiller au Parlement de Toulouse. Pag. 376.
Busfquere (la). 318.
Bussy (Jean de). 8.

DES NOMS DE LA MAISON DE BEAUMONT. xv

Buxii (Guigues). 334.
Buyamont (Lantelme). 96.
Byoleyd (la Dame de). 107.

C.

CABANIS ou *Cubanis* (Amédée de). 189, 190.
——— Mondon. 190.
Cabannes (Marguéritte de). 139.
Cabit (Hugues), Notaire. 58.
Cabreneyd (Guillaume de), Procureur-Fiscal. 233.
Caburreti (Philippe), Notaire. 123.
Cadet (Jean), Chirurgien. 145.
Cadiu (Berthet de). 115.
Cailar (... de). 105.
* CAILUS & CAYLUS (Amable-Elizabeth-Françoise de), Demoiselle. 413.
——— (Chriftophe de), Sieur de Colombieres, Homme d'armes. 385.
——— (Elizabeth-Françoise-Amable de). 411.
——— (Henriette de), Demoiselle. 413.
——— (Joseph-François de), Marquis de Cailus, Chevalier de St. Louis, Baron des Etats de Languedoc, &c. 413, 414, 415.
——— (Louife de), Demoiselle. 413, 416.
——— (Marie-Henriette de), Demoiselle. 414.
——— (Ombeline de), Demoiselle. 413.
——— (Pierre-Joseph-Hyacinthe de), Chevalier de St. Louis. 414.
Calhueti (Jean), Notaire. 115.
Calignon (Antoine de), Lieutenant-Général en la Prévôté de Dauphiné. 215.
——— (N.), Notaire. 369.
——— (G.), Maître des Comptes. 231.
——— (Guigues), Official de Grenoble. 242.
——— (Jacques), Procureur. 368.
——— (Jacques), Notaire. 242.
——— (N.), Notaire. 369.
Callardi (Perret ou Perronet). 31, 32.
Calluerio (Marmet de). 80.
Calma (Eudes de), Notaire. 61.
Calmels (Alexandre), Conseiller-Honoraire au Présidial & Sénéchal de Cahors. 377.
Calmon (Jeanne de). 403.
Calvinon (Jean de), Ecuyer, Enseigne de vaisseaux. 404.
——— (Jean de), Baron de St. Martial. Idem.
——— de Lalebenché (Jean de), Capitaine du régiment d'infanterie de Bourbonnois. Idem.
Cambayriaco (Guillaume de). 280.
Campmas, Notaire. 415.
Cancer (Tristain). 135.
Canel (J.), Maître des Comptes du Dauphiné. 258.
Canillac (le Vicomte de), Gentilh. ord. du Roi. 229.
Canquon (N. de). 390.
Cantepie (Jean), Huissier. 202, 203.
Cara (Joseph), Notaire. 270.
Carat-de Grand-Champ (Charles), Ecuyer, Garde-du Corps du Roi. 270.
Capelle (Arnaud), Notaire. 368, 371.
——— (J.), Notaire. 367.
Capeline (François), Notaire. 73.
Capellonis (P.), Notaire. 77.
Capitis (Pierre). 92.
Caputgroffi ou *Têtegroffe* (Jacques), Juge-Majeur du Graifivodan. 95, 278, 279.
Carcavellii (Richard). 42.
Cardelhac (Jean de), Chevalier. 441.
Cardonniere (Humbert de la), Homme d'armes. 436.
Careft, Greffier. 176.
Caritat (Henri de), Seigneur de Condorcet. 217.
Carlac, Curé. 439.
Carles (A.), Maître des Comptes du Dauphiné. 368.
Carmafac ou Carmafat (le Sieur de), Commandant d'Angers. 176, 178.
Carnorii (Bencius), Marchand. 286.
Carrelle (Bertrand). 36.
Carrerii (Pierre), Ecuyer. 307.
Carrier (Antoine), Curé de la Deveze. 409, 410.
Carresque, Greffier au Parlement de Toulouse. 376.
Carrolli aliàs Rey (Pierre). 334.
Casanova (le Bâtard de). 428.
Cassaignes (Arnaud), Notaire. 371, 393.
Cassan (Guionnet de). 96.
* CASSARD ou *CASSARDI* (Alexandre de). 220.
——— (Claude de), Ecuyer, Echanfon de la Reine. 338, 342, 344, 346, 347, 348.
——— (François de), Cardinal. 220.
——— (Girarde), Demoiselle. 336, 338, 341, 342, 343, 344, 345, 346, 347, 368, 418.
——— (Joachim). 349, 351, 368.
——— (Jean). 42, 220.
——— (Michel), Châtelain de la Meure-Mathezine, puis Maître-d'Hôtel de la Maison du Roi. 82, 204, 331, 336, 337, 338, 343, 349, 350, 356, 358, 359, 366, 368.
——— (Pierre), Notaire. 29, 33.
Cassin (Urbain-Elie), Chanoine. 167.
Caffolin (Antoinette), Domestique. 145.
Castanier, Greffier. 398.
Caftaygnii (Gonet). 70.
——— (Pierre). Idem.
Castellan (de), Conf. au Parl. de Toulouse. 373, 376.
Castellane (le Marquis de), Maréchal-de-Camp. 171.
——— (Louis de), Seigneur d'Entrechâteaux, Gentilhomme ordinaire du Roi. 229.
Castelnau (le Marquis de), Lieutenant-Général des armées. 434, 435.
——— de Mauvissiere (Michel de), Gentilhomme ordinaire du Roi. 228.
Caftillione (Guillaume de), Chevalier. 278.
Caftini (Jourdain). 49.
Caftrobucco (Guillaume de). 9.
Caulaincourt (N. Abbé de), Aumônier du Roi. 382.
Caulis (Pierre). 114.
Caumont (Gabriel de), Seigneur de Lauzun, Gentilhomme ordinaire du Roi. 229.
——— (Pierre de), Seigneur de la Motte-Rouge, Gentilhomme ordinaire du Roi. 229.
Cauffade (Jean de), Ecuyer. 388.
Cavelleti (Guillaume). 309.
Caylus. *Voy.* Cailus.
Cayssials (Raymond), Chanoine de Cahors. 354.
Cazalz (Pierre de), Not. 387, 388, 389, 390, 391.
Cellacii (Jean). 94.
Ceron (Antoine), Avocat. 388.
Cesarges (Catherine de), Religieuse à Montfleury. 432.
Cezargues-Meffray. *Voy.* Meffray.
Chabalis (Louis), Notaire. 125, 126.
Chabans (M. de). 390.
Chabannes. 419.
Chabaffii (D...), Drapier. 113.
* CHABERT (Bénoîte), Demoiselle. 431.
Chaberti ou Chabert, Notaire. 82, 431.
——— , Greffier. 197.
——— (Aynard), Ecuyer. 106.
——— (Drenon). 424.
——— (Guigues). 432.
——— (Jean), Chartreux. 15.
——— (Jean). 87.
——— (Lantelme). 12.
——— (Pierre). 52, 100.
——— de Murinais (Pierre). 96.
——— (Pierre), Ecuyer. 309.
——— (Simon), Procureur. 142.
Chabeul, *de Chabeolo* (Iſmidon de). 9.
Chabeul (J.), Notaire. 136.
——— (Nicolas), Régent de Château-neuf de Mezenc. 126, 127.
Chabeulh (Antoine), Notaire. 135.
Chabodi ou Chabod (Bartholomée), Tréforier de Savoie. 108, 109.
——— (Vontier). 108.

TABLE ALPHABÉTIQUE

Chaboti (Jean), Notaire. Pag. 122.
Chaboud (André), Praticien & Procureur. 254, 368.
Chaboudi (Guillaume). 37.
Chabrey (André), Notaire. 128.
* CHABRILLAN (Amé de), Chevalier. 106.
——— (Aynard de), Chevalier, Seigneur d'Autichamp. 76.
——— (Polie de). Idem.
Chabrol (Esprit-Joseph-Laurent), Praticien. 164.
Chabuel ou Chabeul (Ennemond), Procureur. 363.
Chaiz (Jacmet). 13.
——— (Pierre). 36.
——— (Raymond). Idem.
Chalancone (Baudon Seigneur de), Chevalier. 63.
Chalendiere, de Chalenderiâ (Amblard de la). 82, 312, 314, 319, 320, 324, 340.
——— (Artaud de la), Damoiseau, puis Chevalier. 27, 40, 314.
——— (Artaudet). 27.
——— (Aynard de la), Châtelain de Montfort. 314, 317, 318, 319, 321, 324, 328, 340.
——— (Guill. de la). 71, 312, 313, 314, 319.
——— (Jean de la), Ecuyer. 339, 317.
——— (Pierre de), Ecuyer du Duc de Savoie. 40, 320.
Chalant (Humbert de), Chevalier. 440.
Chalhol (Barbe de), Demoiselle. 215.
——— (Hugues de). Idem.
Chaloud, Notaire. 261, 262.
——— (Jean), Notaire. 285.
Châalons (Claude-Garin). 206.
Chalon (Jean), Notaire. 366, 386.
Chalveton (Etienne), Notaire. 305, 307.
Chamardi (Lantelme), Chapelain. 214.
Chambly dit le Haze (Jean de), Chevalier. 440.
Chambre (Amé de la). 8.
——— (Pierre de la), Homme d'armes. 440.
——— (Oddon de la). 8.
Chambier. (Andr.), Notaire. 73.
Chambua (Louise). 107.
Chamcors (Pr.). 9.
Chamillac (de), Dame, Religieuse. 383.
Chamissot (François-Uldric de), Chevalier, Seigneur de Ville-sur-Iron. 272.
——— 70.
Chamosset (Jean). 54.
——— (Richard). 319.
Chamoux (Charles), Avocat consistorial. 319.
Champchoaches (Nicolas). 130.
Champier (Symphorien de). 235.
Champion (Jean). 108.
Champronon (Antoine de). 80.
——— (Jean de). Idem.
Chandieu, de Chandiaco (de). 235.
——— (Jean de), Chevalier. 115.
——— (Louis de), Gentilhomme ordin. de l'Hôtel du Roi. 192.
——— (Jeanne de), Religieuse à Montfleury. 432.
Chanelli (Jean). 18, 32, 42.
Changist (Juste de), Demoiselle. 154.
Changy (le Seigneur de). 211.
Chantanhid (Jean de). 424.
Chantarelli (Cathalan), Secrétaire Delphinal. 118, 121.
Chanterelle (Catherine), Religieuse à Montfleury. 432.
Chantre-de Milly (Guillaume), Clerc du Roi, id est, Receveur ou Trésorier. 29.
Chapanis (Antoine de), Commissaire & Firmarius du Parlement de Dauphiné. 345.
Chaparillan ou Chaparylent (Bartholomée de), Chartreux. 30.
Chapel (Jean). 332.
Chapelain (Jean), Notaire. 268, 319.
Chapelli (Jean). 207.
Chaperon (Guys), Jurisconsulte. 194.
Chapponnay (Claude), Archer. 436.
——— (Joffrey), Prés. des Comptes du Daup. 355.

——— (Miranda), Religieuse à Montfleury. 432.
Chapuys, Notaire. 137, 147.
——— Greffier du Parlement de Dauph. 348, 349.
——— (Claude), Notaire. 431.
——— (Claude), Avocat consistorial. 319.
——— (Godet). 211.
——— (Hugues). 24.
——— (Jacques). 31.
——— (Louis), Marchand. 427, 428.
——— (Pierre). 22.
Chapuysette ou de Chapuis (Cathérine), Religieuse à Montfleury. 432.
——— (Françoise), Religieuse à Montfleury. Idem.
Chapusii ou Chapuis (Jean), Notaire. 349.
——— (Guilerme). 323.
Charasson (Antoine). 84.
Charbonneau (J.), Maître des Comptes de Dauphiné. 258.
Charbonent (Martin), Chevalier. 13.
Charbonnelli. 22.
Charbonnieres de Charbonneriis (Ufred de). 7.
Chardon (Claude). 102.
Chardonnot (Guillaume). 13.
Charency (Louis), Juge au Siege de Valence. 145.
Charles V, Dauphin, puis Roi de France & Dauphin de Viennois. 60, 285, 286, 287, 289, 290, 291, 292, 294, 295, 296, 297, 304, 306,
——— VII, Roi de France, Dauphin de Viennois. 329.
——— VIII, Roi de France. 113, 117.
——— d'Anjou, Comte de Provence. 12.
Charles (Ja....), Chevalier, Président au Parlement de Dauphiné. 349.
Charlet (Marie), Domestique. 145.
Charlevois (de), Lieut. de Roi de Brissack. 434, 435.
Charmelli (Etienne), Notaire. 93.
Charpey (le Seigneur de). 438.
Charpini (Pierre). 41.
Charriere (Pierre). 130.
Chartres (Regnauld de), Archevêque de Reims. 104.
Chartoffe (Jean). 82.
Charurie (Etienne de la), Chirurgien. 136.
Charvet (Rolland). 96.
Charveton (Etienne), Notaire. 311.
Chassagni, Chassani, ou Chassandi ou Chassaint (Claude), Prêtre. 124, 126, 129.
——— (Noël), Chirurgien. 397.
Chassey (de), Intendant de Dauphiné. 261, 263.
Chastagni, Chastaing & Châtain.
——— (A.), Greffier. 234.
——— (Amblard), Bannier ou Vehier de Montfort. 351.
——— (Amblarde). Idem.
——— (Giraud). 140.
——— alias Polliat (Guillaume). 324.
——— alias Rogerii ou Roger (Jean), Notaire. 69, 71, 72, 74, 75, 85, 294, 297, 298, 299, 300, 301, 302, 305, 307, 308, 309, 310, 311, 312, 313, 314, 315, 317, 318, 319, 320, 321, 340, 342, 351, 432.
Voy. Rogerii.
Chaste, Notaire. 141.
——— (Jacques), Procureur à Crest. 141.
Chaste & de Chastâ (Noble de). 96.
——— (Arthaud de), Seigneur de Chaste. 335.
——— (Claude de), Archer. 433.
——— (Jacques de), l'un des 100 Gentilshommes ordinaires de l'Hôtel du Roi. 127.
——— (Jacques de), Seigneur de la Faye, Gentilhomme ordinaire de l'Hôtel du Roi. 192.
——— (Jean de), Sieur de Gessans, Maréchal-des-Logis de la Comp. du Comte de la Suze. 433.
Chastel (le Seigneur du). 438.
Chastelard-d'Eydoches. 225.
——— (le Seigneur du). 438.
——— (Jean du). 430.
Chastelet (Christophe du), Gentilhomme ordinaire du Roi. 236.
Chastelet

DES NOMS DE LA MAISON DE BEAUMONT. xvij

Chaftelet (Jean du), Seigneur de Thon, Gentilhomme ordinaire du Roi. Pag. 230.
Chaftelus (Jean de), Homme d'armes. 441.
Chaftillon (Aymon de). 320.
——— (Guillaume de). 8.
——— (Guillaume de), Homme d'armes, puis Chevalier. 436, 440.
——— (Henri de), Damoifeau, Seigneur du Chaftelard, Homme d'armes. 440, 441.
——— (Jean de), Damoifeau, Homme d'armes. 440.
Châtardi (Pierre). 47.
Château (Antoine du), Notaire. 233.
Châteaudouble (le Prieur de). 438.
Châteauneuf (de). 235.
——— de Galaure (le Seigneur de). 96.
——— (Anne). 201.
——— (Bertrand Seigneur de). Idem.
——— (François Seigneur de). Idem.
——— (Hugues de), *Inquifitor jurium Dalphini*. 13.
——— (Oddobert Seigneur de), Chevalier, 36, 96, 276.
Châteauvillain (le Seigneur de). 438.
Châtelains (les). 34.
Chaterelli, Greffier. 204.
Chaudebonne (Jourdan). 36.
Chaudi (Jacques), Châtelain de Veynes. 111, 119.
Chaulnes (Jofeph de), Préfident de la Chambre des Comptes de Dauphiné. 265.
* CHAUNAC (Antoinette de), Dame. 292.
——— (Barthélemy de), Sieur de Lanzac, 391, 392.
——— DE LANZAC (Françoife de), Dlle., Dame du Repaire. 391, 393, 394, 396, 418.
——— (Jean de), Écuyer, Sieur de Marfons. 395.
——— (Jean), Écuyer, Sieur de Cerne. Idem.
Chauvel (Jean-Nicolas), Écuyer, Sieur de Villiers & de la Martiniere, Guidon des Gendarmes d'Orléans. 399.
Chavana (Guifred de la). 17.
Chavanes (Pierre de). 42.
Chaviardi (Sando). 72.
Chavillardi (Jacques), Drapier. 113.
Chavrerii (Pierre). 107.
Chenay (Jean de), Écuyer du Duc de Savoie. 120.
Cherlieu (Guillaume de). 13.
Chefe (le Sieur de la), Subdélégué de l'Intendant. 150.
Cheval (Guillaume). 141.
Chevalis (Jacques), Notaire. 115.
Chevalier (Etienne), Capitaine de Verizet, Archer de la Compagnie de Mgr. de Maugiron. 430.
Chevallet (Jean-Baptifte de), Seigneur de Chamoue. 155.
Chevanes (Pierre de), Écuyer. 79.
Chevelu (Toreftan de). 8.
——— (Bernard de). Idem.
* CHEVERI (Helene de), Demoifelle. 372, 374, 375, 376, 377, 378.
——— (François de), Seigneur, Baron de la Reule. 372.
——— (Jean-Jacques de), Seigneur, Baron de la Reule. 372.
Chevrerii (Guillaume). 309.
——— (Hugues). 311.
Chevreufe (le Duc de), Colonel-Général des Dragons. 175, 381.
Chevrieres, *de Capriliis* (Pons de), Châtelain de Fiancayes. 62.
Chevron (Guillaume de). 8.
Cheyllafio (Pierre de). 37.
Chieqa (Loüis de). 122.
Chiefe (François de la), Proc. du Roi de Martel. 393.
Chinin ou Chignin, *de Chignino* (Aymonet de). 19.
——— (*Geraldus de*). 6.
——— (Guillaume de). 8.
Chion (Jacques), Capitaine, Châtelain de Creft. 135.
Table.

Chion (Pierre), Chantre de l'Eglife de Saint-Sauveur de Creft. Pag. 135.
Chionis (Jean), Marchand. 190.
Chiffé, *Chichié*, *Siché* (Louis de). 364.
——— (Pierre de), Seigneur de la Marcouffe. 224.
——— (le Chanoine de). 438.
Chivallerii (Gonet). 324.
——— (Jean). Idem.
——— (Nanterme). Idem.
——— (Pierre). Idem.
Chochia (Nantelme de). 10.
Choifeul (Céfar-Gabriel de), Duc de Praflin, Pair de France, Secrétaire d'Etat au département de la Marine, &c. 439.
Cholay ou Choulay (Humbert de), Chevalier. 277, 278, 279.
Chominet (Jean de), Clerc.
Chorier, Procureur du Roi. 148, 196, 261.
Chouet (Claude), Conful de Barbieres. 133.
Chounyn (Antoine). 233.
Chouvet (François). 429.
Chovini ou *Cholvini* (Jean). 188, 189.
Chrétien, Prêtre. 9.
Civati (Jean). 353.
Civellet (Guigues). 247.
Cizerino ou Cizerin (Arthaud de), Notaire. 316.
——— (Bertrand de), Notaire. 115.
——— (Bertrand de), Docteur en droit. 314.
——— (François de), Confeiller de Dauphiné. 115, 206, 337, 341.
——— (François de), Juge de Beaumont. 334, 335, 336.
Clairet (Louis de), Sieur de Truchenu, Lieutenant de la Compagnie du Comte de la Suze, Chevalier de l'Ordre du Roi. 433.
Clapelle (Aymare), Religieufe à Montfleury. 432.
Claret (Guigues). 17.
——— (Perronnet). 96.
——— (Pierre). Idem.
Clari (Pons), Jurifconfulte. 278.
Claude dit Grocin (Pierre), Marchand. 357.
Clavafon (de). 235.
Clavafon, *de Claveyfone* (Artaud), Chevalier. 295, 296, 297.
——— (Joffrey de). 121.
Clavel (Jean), Écuyer. 355.
Clavelli (Aymond), Notaire. 283, 303.
——— (Meraud). 91, 92.
Clavenfis (Jean de), Prêtre & Légifte. 350.
Clayrac, Notaire. 389, 396.
——— (Etienne), Notaire. 391.
——— (Guillaume), Notaire. 368, 389, 391.
Clays (Guillaume de), Chevalier. 21.
Clément (Béatrix). 324.
——— (Clément), Notaire. 329.
——— (Guigues). 301, 324, 334.
——— (Guillaume), Gardien des Cordeliers. 302.
——— (Guillaume), Notaire. 301, 304, 324.
——— (Jean). 324.
——— (Pierre), Notaire. 73.
——— (Pierre), Praticien. 232, 301.
——— (Pierre). 324.
Clément-Goyert (Jean). 334.
Clerc (Claude le). 92.
——— (Lucie le), Dame. 119.
Clericu (Graton Seigneur de). 36.
——— (Guichard de). 96.
* CLERMONT (de). 235.
——— (le Comte de). 341.
——— (Antoine de). 54, 370.
——— (Antoine de), Homme d'armes. 416.
——— (Antoine de), Chevalier. 278.
——— (Antoine de), Chevalier, Vicomte & Seigneur de Clermont, Premier Baron du Dauphiné, Bailly de Grayfivodan. 352.

c

TABLE ALPHABÉTIQUE

✝ CLERMONT (Antoine de), Gentilhomme ordinaire Lieutenant, puis Capitaine des 100 Gentilshommes de l'Hôtel du Roi, 127, 191, 192, 235, 236, 237.
——— (Antonie de), Religieuse à Montfleury. 432.
——— (Aymar de), Lieutenant de Roi en Dauphiné. 114, 441.
——— (Bernardin de), Vicomte de Tallard. 235.
——— (Charles de), Chevalier, Seigneur de Vausserre. 201.
——— (Claude de), Baron de Montoison. 217.
——— (Claude de), Seigneur de Ste. Hélene. 92.
——— (François de), Prieur & Seigneur de Cathus. 370, 391.
——— (François de), Sieur de Saint-Proget. 370, 391.
——— (Françoise de), Dame. 370.
——— (Geoffroi, Vicomte de). 441.
——— (Guillaume de), fils de Siboud, 10, 11.
——— (Jacques de), Seigneur de Hautefort. 121.
——— (Jacquelin de), Homme d'armes. 441.
——— (Jean de). 105.
——— (Louis de), l'un des 100 Gentilshommes ordinaires de l'Hôtel du Roi. 127.
——— (Philibert de), Seigneur de Vausserre, Gentilhomme ordinaire de l'Hôtel du Roi. 192, 236.
——— (Pierre de). *Idem*.
——— (Siboud de). 10, 11.
Clermont-Tonnerre. 419.
——— (le Marquis de). 170.
——— (Françoise de). 402.
Clermont (le Bâtard de). 103.
✝ CLERMONT-DE GOURDON (Guyon de), Baron de Gourdon, Chev. des Ordr. du Roi, Capitaine de 50 Hommes d'armes. 370.
——— (Catherine de), Demoiselle. 370, 372, 373, 377, 391.
Clermont-de Lodeve (de), Gouverneur de Quercy. 366.
———, Capitaine de 50 Lances des Ordonnances du Roi. 385.
Cletis (Albert de), Chevalier. 50.
Cleves-de Nevers (Louis, Monsieur de), Comte d'Auxerre, Capitaine des Gentilshommes ordinaires du Roi. 237, 238.
Clochayron (Pierre), Notaire. 278.
Cloppin (Jean). 339.
Clusel (Antoine de), Notaire. 123.
Cochacti (Jean). 87.
Cochi (Hugonet dit). 38.
Cochie (Jean). 316.
Coct (Alisie), Dame. 245.
——— (Claude), Trésorier-Général de Dauphiné. 232, 233.
——— du Chastelar (Clémence), Demoiselle. 208.
——— (Guigues), Seigneur du Chastellard, 208, 245, 348, 349, 351, 256.
——— (Jean). 245.
——— (Jeanne), Religieuse à Montfleury. 432.
——— (Louis). 337.
——— (Michelette), Religieuse à Montfleury. 432.
——— (Paul), Seigneur de *Bucuryon*. 245.
Coctini (Antoine). 208.
Codert (Pierre). 188.
Coëtiven, *Quoaitiven* (Olivier de), Gouverneur d'Auxerre. Pag. 187.
Coetlogon (Louis de), Chevalier, Vicomte de Loict. 183.
Cohards (les). 34.
Coynet (Jean de). 96.
Cogni (Guigues). 347.
——— (Raoul), Seigneur de Crapponed. 353.

Cognyoz (Gilet), Ecuyer. 357.
Colas (Claude), Avocat. 130.
Colay (Amédée), Sergent Delphinal. 352.
Coligny (Guerric Site de). 8.
Collet (François). 80.
Colonelli (Humbert). 111.
Colongiis (Antoine de), Notaire & Châtelain de Ceyssin. 349.
——— (Claude). *Idem*.
——— (Ennemond). *Idem*.
——— (Humbert de). *Idem*.
Colonia (Guillaume de). 32, 47.
Columbi (Claude). 188, 189.
Columbierre (Jeanne de la), Demoiselle. 110, 111, 112.
Comba (Laurent de). 22, 26.
——— (Mayencie de). 26.
Combe (Antoine), Légiste. 121.
——— (Berthon de la), Notaire. 254, 261, 262.
——— Crollint (Pierre). 334.
Combis (Rosset de). 25, 26.
Comboussier (Humbert), Ecuyer. 345, 346, 347.
Combri (Aymon), Notaire. 22, 31, 38, 41, 44.
——— (Berton). 32.
——— (Etienne), Notaire. 31, 38, 40, 41, 44, 45.
——— (Hugonet). 32.
——— (Petronet). *Idem*.
——— (Pierre), Notaire. 38, 41, 44.
Combro (François). 299.
——— (Etienne). *Idem*.
Combront (Aymon), Notaire. 29, 30.
Commiers, *de Comeriis* (Antoine de), Juge Majeur de Vienne & de Valence. 76.
——— (Boudon de). 96.
——— (Claude de), Archer des Ordonnances. 436.
——— (Gabriel de), Archiprêtre de Vienne, & Chanoine de Grenoble. 350.
——— (Guigues de), Seigneur de St. Jean. 81.
——— (Hugues de), Conseiller du Dauphin. 28, 55, 65.
——— (Hugues de), Chev., Seigneur de *Stapis*. 322, 326.
——— (Hugues de), Ecuyer du Seigneur de Saffenage, puis Chevalier. 33, 42, 106.
——— (Jean de), Chevalier. 297.
——— (Joffrey de), Prieur de St. Etienne de St. Juers. 278.
——— (Philippe de), Religieuse à Montfleury. 432.
——— (Raoul de), Chevalier, Seigneur de Masse. 44, 59, 60, 115.
——— (Thomas de). 64.
Commès-de Blandiniere, Dame. 383.
Comminges (François de), Seigneur de Guytault, Homme d'armes. 385.
——— (Jean de), Maréchal de France, Gouverneur du Dauphiné. 233, 234.
Comitis ou le Comte (Aymar), Prêtre. 432.
Compeys (Etienne de), Conseiller du Dauphin. 51.
——— (Simon de), Homme d'armes. 440.
Comps (Arnaud de), Grand-Maître de St. Jean de Jerusalem. 217.
——— (Bertrand de), Grand-Maître de St. Jean de Jerusalem. *Idem*.
Comte (Pierre-Louis-Antoine le), Marquis de Noé, Procureur-Général au Parlement de Toulouse. 413.
Compte (Pierre), Avocat. 374, 375, 376.
Conche ou Conchie (Jean). 326, 327, 331.
Conchi (Claude). 85.
——— (Grangeret de la). 17.
Condrieu, *de Condriaco* (Alamand Seigneur de), Chevalier. Pag. 12.
Conflans (Eustache de), Vicomte d'Auchy, Gentilhomme ordinaire du Roi. 230.
Coni (Aynard). 319.
——— (Jacques). 344.
Cono (Jaceron), Damoiseau. 283.
Constance (Antoine), Notaire. 102.

DES NOMS DE LA MAISON DE BEAUMONT. xix

Conſtancii (Nicolas), Docteur ès Loix, & Profeſſeur.
Conſtans (Jean). 324.
—— 50, 95.
Conſtantin. 6,
—— (Gabriel), Seigneur de Varanne, Grand-Prévôt d'Anjou. 183.
Contades (Eraſme de), Chevalier. *Idem.*
—— (Georges-Gaſpard de), Chevalier, Seigneur de la Roche-Thibault. 159.
Contevile (Rolin de), Notaire. 115.
Conteys (Guigues). 424.
Contor (Pierre), Moine. 84.
Conyo (Guillaume). 331.
—— (Jean). 331.
Copier (Gilles), Chevalier. 79.
—— (Pierre). 96.
Copin (Antoine), Ecuyer, Vi-Bailly de Viennois, Lieutenant-Général au Préſidial de Grayſivodan. 374.
Coquardi (Jean), Notaire. 321.
Coques (Antoine). 247.
—— Javollin (Antoine). 248.
—— (François). 328.
—— (Jacques). 247.
—— (Jean). 208.
Cor (*Jarmet* de). 54.
Corbeaux (François de), Chanoine de St. Pierre de Vienne. 153.
Corddier, Notaire. 154.
Cordigeri (Robert), Préſident de Grenoble. 311.
* CORDON, de *Cordone* (Ainard de), Seigneur des Marches. 103, 106, 107, 108.
—— (Antoine). 107.
—— (Charles de), Homme d'armes. 436.
—— (Georges de), Homme d'armes. *Idem.*
—— (Guigues de). 107.
—— (Guillaume de), Damoiſeau, Seigneur des Marches. 101, 107.
——, *aliàs Jacermet* (Jean de). 113.
—— (Perronette de), Dame. 107.
—— (Raoul de), Chevalier. *Idem.*
—— (le Bâtard de), Archer. 436.
Corgeron (Jean Seigneur de), Chevalier. 278.
Cormiere. 154.
* CORNILLAN, CORNEILHAN ou CORNILHAN (Antoine de). 103.
—— (Bruniſſende de), Demoiſelle. 103, 110, 118, 132, 146.
—— (Iſabelle), Damoiſelle. 427.
—— (Pierre de), Chevalier, Seigneur de la Beaulme-Cornilhane. 103, 118, 427.
Cornillieu (de). 235.
Coronadi (Jean). 342.
Correard (Gnigues de). 96.
Corrue dit Graſſet (Anymond), Marchand. 357.
Coſchans (Humbert). 13.
Coſnac (Clément de), Prieur de Croix. 393.
Coſſé-de Briſſac (Charles de), Maréchal de France. 215.
—— (Thimoléon de), Gentilhomme ordinaire du Roi. 228.
Coſſé-du Lanoy (Charles de), Chevalier, Seigneur de Nepuy. 183.
Coſta (Laurent de), Moine. 12.
Coſtaing ou Couſtaing (François de), Seigneur de Puſignan. 154.
—— (Jacques de). *Idem.*
—— (Juſtine de), Dame de Breſſac. 144, 148, 154.
—— (N.), Notaire. 138.
Coſte (le Sieur de la), Conſeiller au Parlement de Dauphiné. 163.
—— (F.), Maître des Comptes. 231.
Coſte (Imbert), Marchand. 135.
Coſti (Louis), Chandellier. 369.
Coſtis (Hugonin de). 49.
—— (Perret de). *Idem.*
Cot, peut-être Coct (Fiacre), Juriſconſulte. 194.
Cour & de *Curid* (*Benaſtrue* de la), Religieuſe du Monaſtere des Hayes. 432.
—— (Morard de la). 61, 299.
—— (Pierre de la). 111.
Courtieu (Guillaume), Juriſconſulte. 391.
Court (Antoine de la), Vi-Bailly de Vienne. 111.
Coutons (Guillaume). 140.
—— (Pierre). *Idem.*
Cramone (Jean de), Ecuyer. 79.
Craon (le Sire de). 234.
Crapponodi (Gonet). 334.
Créquy, Seigneur de Ricey (Anne de), Gentilhomme ordinaire du Roi. 230.
Creſpin (Marie), Dame. 159.
Crevecœur (Alexandre de), Garde de la Prévôſté de Paris. 287.
Creyſns (Guillaume). 21.
Creyton dit Belier (Jacques). 128.
Criblier (Monet). 96.
Criſpini (G.). 42.
—— (Guillaume), Damoiſeau. 101.
—— (Jean). 42.
—— (Pierre). *Idem.*
Criſta ou de Creſt (Barbier). 100.
—— (Payen de). 9.
Croix (Jacques de la), Chartreux. 30.
—— (Simon de la). 285.
Crolard (Jean). 107.
Crolles (Antoine de), Ecuyer. 72, 307, 308, 309, 312, 314, 317, 318, 317, 365.
—— (Aymar de). 312, 318.
—— (Aynard de). 17, 19.
—— (Claude de). 328, 340.
—— (Didier de). 25, 26, 41.
—— (Gonon de). 69, 424.
—— (Guigues). 25, 46.
—— (Henri). 340.
—— (Hugues de), Châtelain de Beaumont. 281, 283, 293, 307, 309, 312, 318, 339.
—— (Jean de). 365.
—— (Jeanne de), Demoiſelle.
—— (Pierre de), Chevalier. 15.
—— (Richard de). 293, 308.
Cropte-de Chanterac (N. de la), Supérieure de Notre-Dame de Sariat. 383.
Cropte de Beauvais (N. de la), Dame, Religieuſe. *Idem.*
Cros (Gabriel). 155.
Crozat, Notaire. 140.
Croze, Gentilhomme. 224.
Crozier. 196.
Croyo (Etienne). 124.
Cruſſol (de). 88.
—— (Aldebert de). 9.
—— d'Uzès (Elizabeth de), Dame. 401, 419.
—— (Foulques de). 9.
—— d'Uzès-d'Amboiſe (François de), Evêque de Blois. 419.
—— (Guy de). 9.
—— (Guillaume de). *Idem.*
—— (Guy Co-Seigneur de). *Idem.*
—— (Jacques de), Duc d'Uzès, Pair de France. 402.
—— (Po... de). 9.
Cuchet (Claude), Notaire. 213.
Cuet de Monceaux (Laurent). 211.
Cueti (Giroud). 39.
Cuicte (Claude), Vicaire. 205.
Cugnac (le Comte de). 383.
Cunil (André). 96.
Cural (André). 96.
Cureyra (Guillaume de), Chevalier. 322.
Cuſſinel-d'Anonay (Jean de). 142.
Cuſtejoul (Jean de), Avocat. 392.
Cuygnett (Pierre). 37.
Cuyne (Pierre de). 8.
Cyuppi (André), Notaire. 278.
—— (André), Conſeiller du Dauphin. 35.
—— (Henri) 298.

c ij

TABLE ALPHABÉTIQUE

Cymini (Claude). 247.
—— (Antoine). 208.
Cymini-Guerra (Blaise). 247.
—————— (Jean). Idem.
—————— (Pierre). 208.
Cymin-Guigon (Guigues). 247.

D.

Dablanc (Anne de). 403.
—— (Louis de), Seigneur de la Bouisse. Idem.
—— de la Bouisse (François de). Idem.
Daburon (Pierre), Avocat. 179.
Dagoud (Beraud). 95.
—— (Guillaume). Idem.
Dayguebelle (A.), Chanoine. 358.
Daillon (Gilles de), Homme d'armes. 187.
—— (Jean de), Seigneur du Lude, Gouverneur du Dauphiné. 89.
Dayrolles (Jourdan), Seigneur de la Bastie de Costes-chaudes. 36.
Dalb. (Aymeric). 324.
—— (Etienne). Idem.
Dalbatut (Etienne). Idem.
Dalbie, Notaire. 388.
Dalbin (Ranzus). 96.
Daliez (Anne-Rose), Demoiselle. 414.
Dalmas, Procureur. 361.
Dalmacii (Guillaume), Châtelain de Châteauneuf. 119.
Dalmasii (Mathieu), Notaire. 115.
Dambelli (Claude), Ecuyer du Duc de Savoie. 120.
Dambet, Juge-Mage de Toulouse, & Subdélégué de l'Intendant. 374.
Damesin (Humbert). 202.
Dangereux (Arnaud), Seigneur de Beaupui, &c, Comte de Mailhé. 372.
Danglars (Adémar). 324.
Dangles (Jean). 324, 325.
———, aliàs Cenhier (Jean). 324.
Danrost (Jean), Conseiller à la Sénéchaussée de Gour-don. 370.
Darabs (Jean), Praticien. 369.
Daragon, Praticien. 194.
Darragont, Notaire. 131.
Darbins (Hugues). 40.
Darbion (Claude), Audiencier du Parlement de Dau-phiné. 349.
Darboys (Gaultier ou Gontier). 41, 45.
Darbon (Berte). 41.
Dardet (Hugues), Notaire. 115.
Dargniaco (Jean). 347.
Datjac (Thomas). 115.
Darnal, Notaire. 371, 392, 393.
Darvilliers (Etienne). 96.
Daulhié (Jeanne). 370.
—— (Pierre), Notaire. Idem.
Dautour (François), Avocat. 258, 259.
Dautune (Guillaume), Ecuyer. 309.
Dauroud (Michel). 441.
Davy (J.), Curé. 157, 172, 173.
David. 7.
———, Greffier. 256, 263.
—— (François), Auditeur des Comptes de Gourdon, en Quercy. 370, 371, 393.
—— (Laurent), Prêtre. 245.
Decors (Jean), Prieur des Jacobins. 277.
Dejean-de Roquemaure (Jean-Georges), Maréchal-de-camp. 414.
Delbeuf. 23.
Deliamp, Greffier. 370.
Delion (Jean). 334.
Delluchaor (Lantelme), Chevalier. 12.
Delsescoux, Notaire. 370.
Deltil & Delstils (Guillaume), Avocat. 174, 375, 376.
Desmassues. 354.

Denassar ('Jacques).
Deniste (Jean), Avocat. 370.
Derbeis (Imbert). 392.
Dernyn (le Seigneur). 13.
Deron, Notaire. 438.
Descalons (Etienne). 382.
Desmeure, Notaire. 13.
Despars (Pierre), Juge du Vigan, en Quercy. 382.
Destenault (Jeanne), Demoiselle. 366.
Destuard (Jean), Conseiller à la Chambre des Comptes du Dauphiné. 407, 408.
Deviers (Guillaume), Notaire. 194.
Deville (Pierre-Jacques), Notaire. 370.
Devillele, Greffier. 166, 167.
Desea (André), Régent de l'Université de Valence. 132.
Dextreisses (Gaspar), Chevalier de l'Ordre du Roi, Enseigne de 50 Hommes d'armes. 366.
Deysiac (Antoinette). 393.
—— (Bernard). Idem.
Didier (François). 334.
—— (Guigues), Notaire. 331.
—— (Guillaume). 350.
—— (Hugues). 19.
—— (Humbert), Notaire. 19, 22.
—— (Jean), Notaire. 278.
—— aliàs Colint (Jean). 22, 357.
—— (Nicolas). 334.
—— (Perret), Châtelain de Beaumont. 142.
—— (Pierre). 352.
Disdier (Antoine), Curé. 334.
Digoine (Diane de), Demoiselle. 156, 159.
—— (Claude de), Seigneur du Pal", Maréchal-des-Logis de la Compagnie du Duc de Guise.
Diona (Jean de). 442.
Diodi (Guillaume), Notaire. 122.
Disimieu (de), Gentilhomme. Voy. Martin. 225, 231.
Dodieu (Blanche), Religieuse à Montfleury. 115.
Doimet (Gaultier), Conseiller du Roi de Sicile Comte de Provence. 432.
Domène, de Dominâ ⎰ Alvisus de. ⎱
             ⎱ Guillaume de. ⎰ 5.
             ⎰ Willa de.   ⎱
Doncieu (Jean, Seigneur de). 142.
Donfac (Pierre), Notaire. 388, 389.
Dorchia (Marguerite), Dame. 17.
Dorel (Jacques). 145.
Dorgeoise de la Thivoliere (Jean de), Chevalier de l'Ordre du Roi, Gouverneur de Monte-limart. 133, 217.
Dorne (Fortunat de), Chanoine de Valence. 133.
Dornud (Jean). 441.
Dos (Pierre). 96.
Domjaz (Felix), Sénéchal du Valentinois. 129.
Dragon. 190.
Dragons, de Draconibus (Antoine des), Chev. 108, 109.
Drenco (Henri de), Chevalier. 279.
Dreux (Louis de), Homme d'armes. 187.
Drevet, Greffier. 195, 197, 257.
Drevis (Henri de), Chevalier. 278.
Dtie (Jean-Guichard), Prêtre. 365.
Drier , Notaire. 260.
Drogat, Procureur. 374.
Dubois, Greffier. 266, 267.
—— (Jean), Procureur. 109.
—— (idem), Commissaire Vérificateur de la No-blesse. 231.
Dubois-de Maquillé (Louis). 157.
Dubois-de Villers (Marie-Anne). 170.
Duchey (le Sieur). 158.
Duclot (Claude), Avocat. 374.
Ducondray (François), Procureur. 250, 251.
Ducretz (Thomas). 143.
Ductos, Curé. 402.
Dugué. Voy. Gué (du).
Duyne (Jean de), Prieur. 54.

DES NOMS DE LA MAISON DE BEAUMONT. xxj

Duyne (Pierre de), Chevalier. 54.
Dulfa (Jacques), Notaire de Toulouse, Secrétaire de de l'Evêque de Grenoble. 350.
Dumont (Barthélemi), Notaire. 189, 190.
Dupeyron. *Voy.* Peyron (du).
Dupinet (Claude), Notaire. 135.
Dupont (Guigues), Notaire. 316.
Duprat, Notaire. 409.
* DUPRAT (Anne-Charlotte), Dlle. 272, 273, 274.
——— (Casimire-Fortunée), Demoiselle. 272.
——— (Thomas-Roger), Ecuyer, Chevalier de St. Louis, Major de Metz. *Idem.*
Dupré (Antoine), Domestique. 145.
Dupuy, Procureur. 252.
——— de Montbrun (Charles). 257.
——— (Honoré), Seigneur de Rochefort. 194.
——— (L.), Procureur du Roi. 397.
——— (Martin), Procureur du Roi de Gourdon. 389.
Durandi & Durand (Domengius). 42.
——— (Etienne), Auditeur des Comptes du Dauphiné. 330, 331.
——— (Jean). 42.
——— (Joseph), Marchand & Notaire. 232.
——— (Margarona). 52.
——— (Philippes de), Ecuyer de Châteaudouble. 131.
——— (Pierre), Jurisconsulte. 49, 282, 311.
——— (Raymond). 312.
Durfort (Galibert de), Sieur de Prolhiac. 366.
——— (Jacques de), Seigneur de Liobart. 368.
——— (Jean de), Seigneur de Liobart. 383, 386.
——— (Jeanne de), Dame. 314.
——— de Boissiere (le Comte de). 383.
Duri (André), Procureur-Gén. du Dauphiné. 114, 115.
——— (Jean), Auditeur des Comptes du Dauphiné. 330.
* DYES, Dya ou de Die.
——— (Ferrand), Juge-Majeur de Valence. 119.
——— (Jacques de), Chevalier. 282.
——— dit Lapon (Jacquemet de). 95.
——— (Marguérite de), Dame du Pegue, Dlle. 109, 110, 111, 112, 132, 190, 431.
Dyo (le Palayn de). 440.
——— (Amé de), Homme d'armes. *Idem.*

E.

EBEYS (Pierre). 424.
Ecclesia (Gaufredus de), Jurisconsulte. 89, 233.
——— (Laurent de), Notaire. 115.
Ecosse (Jean-Baptiste d'). 259.
Egidius aliàs Perrin (Pierre). 314.
Elbœuf (le Duc d'). 434, 435.
Elchelmancsons. 26.
Eldulphe (Humbert). 5.
Elperon (Raymond d'). 96.
Empereur (Durand), Notaire. 441.
Endrici & Endrys (Berthet). 36.
——— (Perelli). *Idem.*
——— dit Gridin (Pierre). 36, 44.
Entremont (Aymar d'), Chevalier, Bailly du Comte de Geneve. 54, 55.
——— (Drouanet, Drouet ou Drouvet), Seigneur du Château du Touvet. 156, 277, 281, 283, 286, 294, 297, 299, 304, 309, 312, 364.
——— (Guillaume, Seigneur d'), Chevalier. 278.
——— (Raoul d'), Chev. 23, 25, 26, 40, 424.
——— (Robert d'). 36.
——— (Rolet d'), Seigneur du Thouvet. 40, 42, 43, 46, 49, 52, 156, 277, 297, 299, 308, 312, 314, 319, 352, 364.
——— (le Bâtard d'). 281.
Erland, Receveur-Général du Dauphiné. 204, 328.
Erlondi (Guillemet). 16.
Ervius (Antoine), Notaire. 205.
Escalié (N. l'), Notaire. 379.

Escalon (Jean), Notaire. 57.
——— (Nantelme), Notaire. 45, 47, 50, 57.
Escars (d'). 459.
——— (François, Vicomte d'), Maréchal-de-Camp, Chevalier de St. Louis. 381.
Eschayllone (Guillaume de), Chevalier. 12.
——— (Lambert), Notaire du Sacré Palais. *Idem.*
* ESCHIRENNE (le sieur de l'). 253.
Escombelles (Pierre d'), Sergent d'armes du Roi. 79.
Escofferii (Antoine). 317.
——— (Bernard). 19.
——— (Jean). 58.
——— (Pierre). 24, 26, 42.
Esgoreura (Isard de). 4.
Esnault, Notaire. 172.
Espagne (Jacques). 136, 141.
Espaigne (François d'), Homme d'armes. 440.
Espaliere (Jean d'), Notaire. 426.
Espaniac (Henri d'), Médecin. 391.
Essars (des), Greffier. 230.
——— (François des), Sieur de Saultour, Enseigne de la Compagnie de M. le Duc de Guise. 442.
Estouville (François, Duc d'), Comte de St. Pol, Gouverneur & Lieutenant-Général du Dauphiné. 255.
Etienne, Médecin. 47.
———, Evêque de Metz. 7.
——— (J.), Avocat. 251.
Eudes, Evêque de Valence. 7 ou 8.
Eustache (Jean). 79.
Evrard (Marie-Louise), Demoiselle. 272.
Expilli, Notaire. 147.
Eyberti (Antoine), Notaire. 345, 346, 348.
Eydelon (Antoine). 333.
Eygreti (Eudes). 207.
Eymendi (Domingius). 31.
——— (Guillemet). *Idem.*
——— (Jacques). 32.
——— (Jean.
——— (Petronille. } 31.
——— (Pierre.
Eymido (Lantelme). 13.
Eymini (Bernard). 304.
——— (Guillaume). 309.
Eynard (Hector), Ecuyer du Dauphin, Roi de France. 341.
——— (Jacques), Seigneur de Chalençon. 337.
——— (Raimond), Seigneur de Monteynard. 233, 425.
——— (Pierre), Notaire & Secr. Delphinal. 341.
Voyez Aynard & Monteynard.
Eyrand (Claude), Notaire. 137.
Eysencii, aliàs Racloz (Pierre). 314.
——— (Termon). *Idem.*
Ezupe (Guigennet). 96.

F.

FABAS (Raimond, dit le Cadet de). 314.
Faber (Humbert). 42.
Fabre (Humbert). 13.
——— (Marguerite), Demoiselle. 196.
Fabri ou Fabre ou Favre, Notaire. 317.
——— (A.) 316.
——— (Antoine), Conseiller au Parlement de Dauphiné. 132.
——— (Antoine), Chapelain de St. André de Grenoble. 336.
——— (Arnaud), Châtelain de Pelafol. 116.
——— (Artaud), Factor. 125, 126.
——— (Bertrand), Notaire. 110, 112, 146.
——— (François). 324.
——— (Garin). 111.
——— (Guiffred), Notaire. 331.
——— (Guillaume). 70, 71.
——— (Jacques). 23.

TABLE ALPHABÉTIQUE

Fabri (Jacques), Sacriftain. Pag. 126.
—— (Jean). 115.
—— (Jean), Confeiller du Duc de Savoie. 120.
—— (Jean), Châtelain de Pellafol. 121.
—— (Perronet). 23.
—— (Pierre), Tréforier du Dauphin. 25.
—— (Pierre), Notaire. 308.
—— (Vital), Notaire. 333.
Façonis (Pierre), Bourgeois. 54.
Fagu (Humbert de), Damoifeau. 293.
Falaterii (André). 38.
—— (Jean). 24.
Falatteu (Guigues), Chevalier. 16.
Falavelli ou Falavel (Guigues), Jurifconfulte. 57.
—— (P.). 10.
—— (Raymond), Jurifconfulte. 57, 60, 283.
—— (Renaud), Chevalier. 281.
Falcion, *Voy.* Faffion.
* Falip (Habran), Bourgeois. 379.
Falle (Jean), Apothicaire. 259.
Falcos ou Falcoz, *Falconis* ou Falques (André de). 335.
—— (C.), Maître des Comptes du Dauphiné. 258.
—— (Claude), Vi-Bailly & Juge de la Cour-Majeure du Graifivodan. 352, 353.
—— (Jacquemet, Bâtard de). 62.
—— (Perret). 41.
⎱ Guyon.
⎰ Guyonet.
⎱ Jean. 424.
⎰ Pierre.
Palques, Evêque de Valence. 9.
——, Religieux de Bonnevaux. 10.
—— (Arbert). Idem.
——, aliàs Bret (Guillaume). 331.
——, aliàs Gobet (Jean). 333.
—— (Guillaume). Idem.
—— (Hugues), Curé de la Terraffe. 304.
Fantin (Antoine), Notaire. 255.
Farge (Guillaume de la), Notaire. 427.
Farnier, dit Frayno (Antoine). 70.
—— (Pierre). 54.
Farfy (Siboud). 7.
Faffion-de St. Jay (Anne), Demoifelle. 269.
—— (Auguftin de), Chevalier. 273.
——, dit de Manthone (Etienne), Ecuyer. 359.
* Faur (François de), Seigneur du Chervan. 138, 140.
—— (Gafpard du). Idem.
Faucherencii (Jean), Notaire. 115.
Faucigny (B. Dauphine Dame de). 36.
Voy. Foucigny.
Faure, Notaire. 147, 150.
—— (André), Domeftique. 145.
—— (Bertrand), Notaire. 131, 427.
—— (Antoine du), Curé. 133, 134.
—— (Antoine du), Sieur de la Riviere, Préfident au Parlement de Grenoble. 374.
—— (Guigues du). 96.
—— (Jean), Notaire. 130, 133, 139, 429.
—— (Marie du), Dame de Crolles. 374, 375.
—— (Marie du), Marquife de Virieu, Dame. 377, 378.
—— (Michel), Premier Huiffier au Parlement de Grenoble. 155, 156.
—— (Michel du), Avocat. 393.
—— (N. du), Affeffeur. 130.
—— (Nicolas), Sieur des Bleins. 142.
—— (Pierre), Chanoine de Gap. 36.
—— (Simon), Notaire. 130.
* Faurie-de Gaillac (Claude de), Marquife de Gaillac. 405, 408.
—— (François de), Prieur de St. Martin de Cailles. 403.
—— (Jean-Baptifte de), Chevalier, Tréforier de France, Seigneur de la Guilhonne, &c. Idem.
—— (Marie-Anne de), Demoifelle. 383, 405, 405, 408, 409, 413, 415.

Faurie (Jean la). 143.
Fautet (Jean), Docteur ès Loix. 115.
Fautrerii (Jean), Official de Grenoble. 333.
Favard ou *Favardi* (Guillemine). 26.
—— (Hugues). Idem.
—— (Jean). 52.
—— (Marguerite). Idem.
—— (Peronelle). Idem.
Faverges (Genis de). 8.
Favier (Jacques), Receveur pour le Dauphin. 284.
—— (Jean), Notaire. 270, 279.
* Fay, *de Fayno* (Agnès du). 304.
—— (Antoine du). 338.
—— (Claude du), Demoifelle. 430.
—— (François du), Damoifeau. 102.
—— (Jean du), Chevalier, Seigneur de St. Romain. 131, 132, 133.
—— (autre Jean), Châtelain des Echelles. 301.
—— (Louife du), Prieure du Monaftere de Montfleury. 432.
—— (Meraud), Sieur de St. Jean d'Ambournay. 235.
Fayard, Notaire. 142.
—— (Nicolas), Notaire. 145, 147, 153, 154.
Paye (de la), Curé de St. Thomas, en Royans. 269.
Fayn (Pierre). 189.
Fayni (Jean), Notaire. 79, 104.
Fayolle (Jean), Légifte. 124.
Fayfani (François), Lieutenant de la Cour de Graifivodan. 352.
Feny. (Pierre), Curé des Adrêts. 58.
Feniculi (Guillaume). 22.
Ferlay (Aymar de). 8.
Fernet, Praticien. 194.
Ferotin-de Montagnac (Antoine, Sieur de). 130.
—— (Jean). 136.
—— (Louis). 143.
* Ferrand-Tefte-de Guimetierre (Claude-Hyacinthe), Chevalier de l'Ordre de St. Louis, Lieutenant d'artillerie. 270.
—— (Jeanne), Demoifelle. 253, 254, 255, 256, 257, 260, 262.
—— (Pierre). *Voy.* Tefte. 215, 437.
Ferrandi (Claude), Notaire. 335, 350.
—— (Jean), Prieur de Nafcone. 350, 353.
Ferrandin (Auguftin), Bourgeois. 138, 139, 140.
Ferrati (Jocerand). 10.
Ferté-Senneterre (le Maréchal de la). 435.
Feugeras (Jeanne de), Religieufe à Montfleury. 412.
Fevrier, Notaire. 374.
Feyffier (Alexandre). 140.
Ficquet. 111.
Ficte (Pierre de), Tréforier de l'Epargne. 212.
Filenti (Drevet). 302.
Fimatcon (Jeanne-Marie), Comteffe de Goas. 407, 408.
Finc, Notaire. 210.
Fines. 112.
Flacheri (Benoît-Raoul). 17.
Flacheriâ (Arthaude d'), Religieufe du Monaftere des Hayes. 432.
—— (Hugues de). 36, 52.
—— (Hugonet de). 46, 53.
Flandrines (Damas de), Ecuyer. 309.
Flayel (Lantelme). 21.
Fleharde (Jeanne), Religieufe à Montfleury. 432.
Fleurans (Claude), Curé. 143.
Fleury (Hercule-André de), Cardinal, Evêque de Fréjus. 169.
Flome (Pons). 36.
* Florance (Françoife de). 139, 141, 142, 143, 144, 147, 154.
—— (Guichard de), Sieur de Gerbey ou Gerbais. 139, 141, 142, 145, 147, 153, 154.
—— (Minerve de), Demoifelle. 142.
Floret, Notaire. 163.

DES NOMS DE LA MAISON DE BEAUMONT. xxiij

Flory (Antoine), Chirurgien. Pag. 255.
Flotard, Chevalier. 36.
Flotte (Arnaud). 96.
—— (Claude), Archer. 416.
—— (Jean), Baron de la Roche-Arnault, Gentilhomme ordinaire de l'Hôtel du Roi. 192, 216.
Focherii ou Foucher (Lantelme), Notaire Impérial. 22.
Foix (Gaston de), Duc de Nemours, Gouverneur de Dauphiné. 348.
—— (Jeanne de). 392.
—— (Mathieu de), Comte de Comminges, Gouverneur de Dauphiné. 329.
—— (Odet), Seigneur de Lautrec. 214.
Folhion (François), Praticien. 254.
Fond (de la), Notaire. 154.
Fonseque (Helène de), Dame de la Reule. 372.
Fontaine (le Sieur), Homme d'affaires. 166.
—— (Bernard). 42.
—— (Pierre). 88.
Fontaines (Sindon de), Chevalier, Sénéchal de Provence. 12.
Fontanas. 438.
Fontane ou Fontaine (Perret). 52, 53.
Fontanille (Marie-Françoise-Anne-Silvie de), Demoiselle. 274.
Fontanis ou de Fontaines (Aymar de), Damoiseau 283.
Fonte (de), Greffier. 351, 352.
—— ou de la Font } Jacques de } Citoyens de Jcan de } Genève. 115.
Foras (Jean de), Chevalier. 55.
Forcas (Etienne), Marchand. 367.
Forès (Guy Comte de). 12, 59, 286.
—— (Jean Comte de). 36, 286.
Forest (Georges), Seigneur de Blacons. 431.
—— (Gilles de la), Chevalier. 293.
—— (Jean de la). 118.
—— (Pierre de), Seigneur de Blacons. 218, 220.
—— (Pierre de la), Chancelier de Normandie. 285.
Fornerii, Notaire Apostolique. 158.
—— aliàs Quiblerii (Jean). 424.
—— (Joseph), Notaire. 164.
—— (P.). 428.
Fort (Antoine le). 70.
—— dit Calabre (Etienne le). Idem.
—— dit le Fol (Hugues le). Idem.
—— dit Jacquer (Jacques le). Idem.
—— dit Babuyn (Jacques le). Idem.
—— (Jean le). Idem.
—— (Pierre le). Idem.
Fortia (Bernard de), Intendant d'Auvergne. 250, 251, 252.
Fossez (Denis des), Homme d'armes. 442.
Fouacini (Nicolas), Notaire, Secrétaire du Chapitre de Grenoble. 350.
Foucher, Chanoine. 6.
Foucigny (Aymond de). 8.
—— (Hugues de). 41.
—— (Rodolphe ou Raoul de). 8.
Fouisnier (Berengon), Ecuyer. 309.
Four de Furno (Richard du), Notaire. 75.
Fourmy-de Collandon (Pierre). 309.
Fournié (Pierre), Secrétaire du Roi. 403.
—— (Françoise), Dame de Mirabel. 133.
Fournier (Guillaume), Procureur Delphinal en la Cour de Rome. 284, 285, 286.
—— (Jean), Jurisconsulte. 389.
—— (Pierre). 96.
Foy (Marguerite de la), Religieuse à Montfleury. 432.
Fradi (Pierre), Notaire. 338, 339.
Framberge (Jean), Garde de la Prévôté d'Orléans. 338.
Franceseti (Pierre), Notaire. 321.
Franchelin (Humbert de), Ecuyer. 79.
Francia ou France (Jean de), Maison. 38.
* FRANÇOIS (Guillemette), Demoiselle. 188.
—— (Pierre), Notaire. 278.

Francon (A.), Maître des Comptes de Dauphiné. 258.
—— (J.), Maître des Comptes. 231.
—— (Reymonde), Religieuse du Monastère des Hayes. 432.
Frasse (Betton de la), Châtelain de la Bastie-Rolland. 110, 115.
—— (Jeanne de la). 110.
Frauft (François), Bourgeois de Figeac. 388.
Frayecherii (Jean), Notaire. 428.
Frayney (Girod de), Notaire. 91.
Frelaud (Jean). 96.
Frere (Claude), Maître des Requêtes, puis Premier Président au Parlement de Dauphiné. 138, 139, 371, 373.
—— (Laurence), Dame de la Riviere, de Crolles, de Montfort, &c. 374, 375.
Frescheti (Jean). 119.
Fresneau (le Sieur de), Homme d'armes. 187.
Freysnero (Henri de), Notaire de Paris. 117.
Fricaut (Fricquet de). 426.
Frizal (Pierre), Greffier. 393.
Froment ou Frumenti, Notaire. 262.
—— (Guigues), Notaire. 279.
Frufaye (Berthon). 128.
Futceu (Guillaume de). 9.
Fumel. 419.
Furbant (Guillaume). 17.
Furbaudi (Pierre), Notaire. 37, 38.
Fusentis (Hugues), Notaire. 321.
Fustier, Greffier ou Procureur. 194, 430.

G.

GA (du). Voy. Bérenger. 436.
Gaste (Gaspard de). 214.
Gabier ou Gaberii (Guillaume de). 130.
—— (Jean), Notaire. 326.
—— (Urbain), Greffier & Notaire Delph. 352, 353.
Gagnoud (Berthon), Laboureur. 247.
Galhardi ou Gaillard (Etienne). 124.
—— (Jean). 250.
Gain (André de), Domestique. 389.
Galanp (Louis). 130.
Galaud (Jean). 324.
Galbert, Greffier. 352.
—— (Claude), Notaire. 245.
—— (Jean). 334.
—— (Pons), Vice-Bailly de Grayfivovan. Idem.
—— (Simon), Notaire. Voy. Gaubert. 335.
Galdemar, Secrétaire. 377.
Galesii ou Galeysii, Galès ou Galet ((Antoine), Vice-Bailly de la Cour majeure de Grayfivodan. 103, 104.
—— (Jean), Notaire. 115.
—— aliàs Vaciez (Pierre). 334.
Gali (Magdelaine), Bourgeoise de Nâcon. 373.
Galiot-Dominici (Bertrand). 380.
* GALLES ou GALONIS (Jean de). 235.
—— (Joffred de), Châtelain de Laval & de Bellecombe, Damoiseau. 37, 58, 60.
—— (Jullienne), Religieuse du monastère des Hayes. 432.
Galliani (Antoine), Légiste. 353.
—— (Jacques), Conseiller au Parlement de Dauphiné. 91, 92, 349.
—— (M.). 91.
—— (Martin), Conseiller au Parlement de Dauphiné. 348, 349.
Galliani (Pierre). 316, 353.
Gallifet (André), Chanoine de la Sainte Chapelle de Chambery. 319.
—— (Georges), Ecuyer, Châtelain de St. Laurent du Pont. Idem.
—— (Gondet), Ecuyer de la Compagnie du Connétable. Idem.
—— (Jean), Ecuyer, Archer de la porte du Roi. Id.

xxiv TABLE ALPHABÉTIQUE

Galleat (Pierre), Notaire. 210.
Galliot-de Cuigniac (Emanuel), Comte de Giverzac. 403.
——— de Giverzac (Emanuel), Prieur Commandataire de Bonzic. Idem.
Gallois de Vire, Ecuyer. 440.
Galluchi-de l'Hôpital (Marie-Pauline-Elizabeth-Charlotte), Dame de Madame Adélaide de France. 411.
Gandellin (Pierre), Conseigneur de Salli. 126.
* GARAGNOL (ANNE-MARIE DE), Demoiselle. 437.
——— (Antoine), Juge de Romans. 132.
Garcin & Garcini. 77.
——— (André). 84.
——— (Antoine). 87.
——— (Guillaume). 311.
——— (Pierre). 119.
Garde (... de la). 156.
——— (le Sieur de la), Seigneur de Tranchillon, Lieutenant de la compagnie du Duc de Guise. 442.
——— (Henri de la), Archer, Seigneur de Chambonnas. 433.
——— (Pierre de la), Conseiller au Parlement de Toulouse. 354.
* GARDE (Cécile de la). 251.
Gardin (Thomas). 92.
——— (Pierre). Idem.
Garelle (Jean). 21, 22.
——— (Marcie). Idem.
Garic (Antoine du), Seigneur du Soch. 365.
Garini ou Garin (André), Notaire. 307.
——— (Andricus). 81.
——— (Andritus), Auditeur des Comptes de Dauphiné. 316, 320, 322.
——— (Antoine), Curé. 206.
——— (Etienne), Notaire. 115.
——— (Guigues). 5.
Garnaudi-Clopinc (Jean). 334.
——— (Blaise). 330.
Garners (Pierre). 38.
* GARNIER, GARNERII, GUARNERII (N.), Prêtre. 9.
——— (N. de), Infirmier de la Collégiale de St. Chef. 155.
——— (Albert), Notaire. 201.
——— (Anne de), Dame. 273.
——— (Antoine). 65, 66, 67, 68.
——— (Berthon). 84.
——— aliàs Bayaud (Berthon). 87.
——— (Claudine). 341, 342.
——— (Guillaume). 52.
——— (Humbert). 90.
——— (Jean). 87.
——— aliàs Betliacz (Jean). 309.
——— (J.), Me. des Comptes de Dauphiné. 258.
——— (Mengeta). 424.
——— aliàs Ronda (Urbain). 342.
Garnoudi & Garnaud (Jean). 304, 324.
——— (Perret). 304.
——— aliàs Moyn'o (Pierre). 324.
Garobeuf (Antoine), Ecuyer, Sieur de la Valouffe. 394.
——— (Jean de), Seigneur de Mafuales. 394.
Gaspard (Pierre), Docteur ès Loix. 102.
——— (Jeannette), Demoiselle. 115.
Gavaret (Jean de), Seigneur de St. Léon, Homme d'armes. 383.
Gaubert (Lanterme). 202.
——— (Marie-Céleste de). 169.
Gaucourt (Raoul de), Gouverneur de Dauphiné. 114, 203.
Gaudiaco (Louis de), Prieur de St. Marcel-lez-Sauzet. 428.
Gaulcjac (de). 383.
——— de la Rocque-de Montmiral. 394.
——— (Jacques de), Seigneur de St. Paul del Buages. 391.
——— (Jean-Claude de), Sieur de Tanfailhes. Idem.

——— (Jeanne de). 391, 392.
Gauffet, Notaire. 380.
Gaulterii ou Gauterii, Gautherii, Gautier, Notaire. 130, 321.
——— (Berthon), Notaire. 250, 251.
——— (Guillaume), Chapelain. 314.
——— (Jacques). 22.
——— (Jean), Notaire. 9, 324, 338, 339, 344, 356.
——— (Pierre), Notaire. 110, 111, 131, 146, 147.
——— (Pierre), Sieur de St. Vual, Ecuyer de la Grande Ecurie. 178.
——— (Raymond), Notaire. 424.
Gauteron (Alexis de), Président de la Chambre des Comptes de Dauphiné. 272.
——— (Etienne de), Seigneur d'Huttieres. 255.
Gautier, Secrétaire. 170.
Gay (Guillemet), Bourgeois des Echelles. 81, 82.
——— de Lagnarry (Jacques). 304.
——— (Jean), Notaire. 82, 326, 328.
——— (Jean), le jeune. 82.
——— (Jean), Notaire & Greffier de Montfort. 330, 331.
——— Chapufius (Jean). 330.
——— (Michelle). Voyez Jay. 82.
Gayneres (Perret). 82.
Gayte (Jean), Notaire. 41.
Gelandi (Jacob). 427.
Gelinon, Gelinonis (Guillaume), Avocat-Fiscal du Dauphiné. 316, 320, 322.
——— (G.), Président de la Chambre des Comptes de Dauphiné. 423.
Gelinoti (G.). 76.
Geü (Michel). 314.
Genas (Jean de). 427, 428.
——— (Pierre de), Marchand. Idem.
Geneve (Mariete de). 38.
——— (Pierre le Bâtard de), Chevalier. 440.
Genevois (Jean), Ecuyer. 105.
* GENIÈS-DE LANGLES, GENYÈS ou GINIÈS (François de). 373.
——— (Gratien de), Sieur de Langles. 372, 373.
Genis (Jean), du Conseil Delphinal. 322.
Genifonis (Pierre). 202.
Genouillac, Ginolach, Genolhiac, Genouilhac (Flotard de), Sieur de Genouillac, Doyen de Roufanac. 366.
——— (Jacquette de). 442.
——— (Jean de), Baron de Gourdon, &c. Idem.
——— (Jean de), Chevalier de l'Ordre du Roi, Seigneur & Baron de Vallat. 354, 356, 442.
Genoys (Guillaume), Moine. 322.
* GENTHON ou GENTON (Balthazar de), Seigneur de Mailles. 248.
——— (Ypollidaure), Ypolidaire ou Hypolidone de), Seigneur de Malhes. 248, 249.
——— (Pierre). 202.
Gensac (le Seigneur de), Chevalier. 279.
Gensoux (Antoine), Avocat. 255.
Georgin-de Mardigny (Louis-Joseph), Ecuyer, Conseiller Hon. du Parlement de Metz. 272.
Geraldus, Evêque de Valence. 122.
Gerbais (Jacques de), Seigneur de Sonas. 221.
——— (Jeannette), Demoiselle. 441.
——— (Pierre), Seigneur de Châteauneuf. Idem.
Gerboud (Valier), Praticien. 194.
Gerente (Jacques), Notaire. 430, 431.
——— (Jean), Notaire. 125, 188, 431.
Geres (la Dame de), veuve de M. de Carmafac. 178.
Gerrodi (Jean), Notaire. 441.
Gertre (François de). 96.
Gez (Jean de), Chevalier. 284.
Gilbergie (Hugues), Religieux du Touvet. 327.
Gilberti ou Gilbert (Barthelemi). 304.
——— (Drevon). 334.
——— (Etienne). Idem.
——— (Jean). 47, 334.

Gillet

DES NOMS DE LA MAISON DE BEAUMONT.

Gillet (Jean-Joseph). 173.
Ginesii (Pierre), Boucher. 113.
Gins (Jean). 136.
Girard, Greffier ou Notaire. 355.
Girard ou *Girardi* (Antoine). 115.
—— (Balthazard), Capitaine. 221.
—— (Claude), Seigneur de S. Paul. Idem.
—— (François), Capitaine. Idem.
—— (Jean), Capitaine. 221, 347.
—— (Jean), Auditeur des Comptes du Dauphiné. 330, 347.
—— (Pierre). 59.
Girardin (Pierre), Notaire. 286.
Giraud ou *Giraudi*, Greffier. 176.
—— (Antoine), Notaire. 115.
—— (Jarconnet). 96.
—— (Pierre), Notaire. 115.
—— (Pierre), Chanoine de Grenoble. 350.
—— (Robert de), Sieur de Dieu-Adjeu. 431.
Giraud-Albi (P. T.). 190.
Girbert (Guidon). 11.
Girin (Lantelme). 96.
Giry (Apollinard), Notaire. 197.
Giroleti (Pierre), Chapelain. 321, 330.
Giroud, *Giroudi*, *Girodi* & Girou. 22.
——, Greffier. 375.
—— (Antoine), Maître des Requêtes, Juge de Grenoble. 337, 347.
—— aliàs Bonayre (Guigues). 331.
—— (Guillaume). 10, 17.
—— (N., fils de Guillaume). 10.
—— (autre Guillaume). 424.
—— (*Giroudi*). Idem.
—— (Jacques). 96.
—— (Pierre). 33.
—— aliàs Bernard (Pierre). 87.
Gisbert (Joseph), Avocat. 404.
Gisson (de), Conseiller au Présidial de Sarlat. 402.
—— (Jean-Jacques de), Conseiller du Roi, Lieutenant-Général de robe & d'épée au Siége de Sarlat. 410.
* GLAINE (Jean de), Seigneur de Vezin. 430, 431.
Glenat (Pierre). 324.
Glesat & Gleysat, Notaire. 260.
—— (Guigues), Notaire. 356.
Gobert (Charles de), Sieur de Rocolles. 430, 431.
Godes (Auguste-Claude-François de), Chev., Seig. de Varennes. 167.
—— (François de), Chevalier, Gouverneur de Landrecy. 159.
Gogogatio (Balthazar de). 126.
Goncelin (Etienne de). 17.
—— (Jean de), Chartreux. 30.
—— (Pierre). 28.
Gondert (Jean). 141.
Gondrin (N. Pardaillan-de la Mothe), Lieutenant de Dauphiné. 217, 218.
Gonelli (Hugues). 282, 283.
—— (Pierre), Président. 233.
Gonin-de Letra (Jean), Notaire. 115.
Gonon (Claude). 334.
Gontaut (le Comte de). 383.
—— (Armand de), Sieur d'Andaux. 370, 391, 392.
—— de Biron (Armand de), Gentilhomme ordinaire du Roi. 228.
—— (Charles-Armand-Dominique de), Duc de Biron, Pair & premier Maréchal de France, &c. 419.
—— (Jean de), Seigneur & Baron dudit lieu, Mestre-de-Camp du Régiment de Picardie. 392.
Gontaut-de St. Ginyes (Jacqueline), Demoiselle. 392.
Gontier (Didier), Notaire. 115.
Gordon (A.), Greffier. 366.
Gorra (Bartholomée). 26, 41.
Table.

Gorrut (Antoine). 334.
Gosaudi (Jean), Notaire. 352.
Goslin ou Jozlen. 6.
Gothafred, Gothafrey, Gotafreys. 10.
—— (Guillaume). 10.
—— (Jacques). 42.
—— (Jausleran). 111.
—— (Pierre). 6, 7.
Goudin (Marc-Joseph de), Ecuyer, Seigneur de la Roussie. 398.
Gouffier (Artus), Gouverneur du Dauphiné. 88, 91.
—— (Claude), Chevalier de l'Ordre, Seigneur de Boisy, Grand-Ecuyer de France, Capitaine des Gentilhommes ordinaires du Roi. 239.
—— (Guillaume), Seigneur de Bonnivet, Gouverneur de Dauphiné. 92.
Goyrandi (Jean). 119.
—— (Etienne). Idem.
Gozebauld, Notaire. 240.
Grafeille, Notaire. 413.
Grand, Notaire. 261.
Grandet (N.), Maire d'Angers. 179.
Grandjean-Verney (Antoine), Vi-Châtelain de Barbieres. 133.
Grandmont (Humbert de). 8.
Graner (Jean). 42.
Grange (la), Notaire. 409.
—— (Guillaume de la), Notaire. 61.
—— (Nantelme de la). 28.
—— (Nicolas de la). 353.
—— (Thomas). 428.
Granges (de). 235.
—— (Bernard de). 428.
—— (Guillaume de), Notaire. 299.
—— (Antelme des), Chevalier. 278.
—— (Colin des), Serviteur du Seigneur de Poët-Celar. 188.
—— (François des), Damoiseau, puis Chevalier. 61, 202, 220, 348.
—— (Guigues des). 77.
—— (Jacques des), Chevalier. 202.
—— (Lantelme des). 44, 96.
—— (Perret des). 44.
—— (Pierre des), Damoiseau. 63, 73, 74, 77.
Grasse (Gerenton), Notaire. 315.
Grasset (Théodore), Marchand. 426.
Graffi (Jean). 140.
Graffu (Charles). 54.
Gremillion (Jean), Notaire. 350.
Grenonis & Grenon (Alexandre). 345.
—— (Guillaume). 143.
—— (Michel). 21, 22.
Gresy (Pierre de). 21.
Griffon (Jean). 8.
Grillaudi & *Grillodi* (Guionnet). 348.
—— (Jean). 314, 324, 333, 334.
—— (Pierre). 70.
Grillier (Antoine), Notaire. 426.
Grimaud & *Grimaudi*. 155.
—— (Eudes), Chapelain. 344.
—— (Gonet). 70.
—— (Guigues). 54.
—— (Guillaume). Idem.
Grinde (Berard), Damoiseau. 61.
—— (Guillaume), Chevalier. 313.
—— (Guillaume), Jurisconsulte. 283, 313.
Grindon (Jean), Notaire. 42, 43.
* GROLÉE (Amé de). 305.
—— (André de), Seigneur de Passins. 102, 103, 105.
—— (Antoine de), Chevalier. 202.
—— (César de), Seigneur de Châteauvillain. 115.
—— (Charles de), Seigneur de Châteauvillain. 224, 225.
125.

TABLE ALPHABÉTIQUE

* GROLÉE (Claudine de), Dame de la Terrasse. 338.
———— (Gui de), Seigneur de Nerieu, Chevalier. 36, 72, 278.
———— (Guy de), Homme d'armes. 440.
———— (Guichard de). 72.
———— (Humbert de). 428.
———— (Imbert ou Humbert de), Chevalier, Seig. d'Illins, l'un des 100 Gentilhommes ordinaires de l'Hôtel du Roi. 127, 191, 192, 201, 235, 236.
———— (Louise de). 114, 115, 146.
———— (Mathurin de), Chevalier. 440.
———— (Philibert de), Seigneur d'Illins. 123.
———— de Virville. 224.
———— (le bâtard de). 440.
Gros (Albert le), Mistral. 17.
——— (Michel le). 70.
——— (Pierre). 32, 70.
Grossi ou le Gros (Hugues), Notaire. 95.
——— (Telmet). 54.
Gruel ou Gruelli (P.), Président de la Chambre des Comptes de Dauphiné. 89, 234.
Gruels (Pierre de), Sieur de Labourel. 372.
Gruets (Martin). 11.
Gruyeres (Jeanne de). 114, 115.
Gua, de Vado (Guigues du). 12.
—— (Guillaume du), Chevalier, fils de Guigues. Idem.
—— (Raoul du), Chevalier. 12.
Guabert (Marguerite). 301.
Guarine (Joseph de), Sieur de Monbel. 380.
Guaruer (Li.). 26.
Gué (François du), Intendant de Dauphiné & de Lyon. 144, 146, 148, 154, 194, 196, 198, 261, 262, 263, 264.
Guelesii (Jean), Notaire. 79, 102, 103, 104.
Guelis (Guillaume). 96.
Guéfier (Anne). 160.
Guerci (Etienne), Notaire. 206, 208.
Guerin (Charles), Praticien. 179.
Guerra (Pierre). 49.
Guets & Guersi (Agnès), Sacristine du Monastère des Hayes. 432.
——— (Antoine). 204, 328, 339.
——— (Jacques). 353.
——— (Jean), Avocat-Fiscal Delphinal. 323, 328.
Guette (de la), Maître des Requêtes. 256.
Guianeti (J.), Moine. 322.
Guibert (Etienne), Chanoine. 12.
Guichard. 42.
——— (Albert). 13.
——— (Guillaume). 70.
——— (Guillemet). 31.
——— (Jean). 54, 70.
——— (Jordanet). 70.
——— (Michel). 54, 70.
——— (Pierre). Idem.
——— (Telmet). 55.
——— (Trimon). 62.
* GUIFFREY, Guiffred, Guiffredi, Guiffray (de). 235.
——— (N.), Clerc de la Chambre des Comptes de Dauphiné. 205.
——— dit Carrier (Amédée). 19.
——— (Antoine), Procureur de la Jurisdiction de Beaumont. 352.
——— (Antoine), autre. 85, 86.
——— du Fresne (Antoine de), Chevalier de Malthe. 208.
——— (Arthaud). 315, 319.
——— alias Guiguetz (Artaud). 318.
——— (Arthaud de), Châtelain de Beaumont. 364, 424.
——— (Aynard). 84, 86, 115.
——— du Fresne (Claude de). 108.
——— de Chullies-Bodet (Claude). 111.
——— (Georges), Seigneur du Fresne. 208, 247, 248.

———— (Guigo ou Guigues), Chevalier, Seigneur de Boutieres, Lieutenant des Gentilhommes ordinaires du Roi. 235, 237, 355, 356.
———— (Guigues), Chevalier, Seigneur du Touvet, puis Prévôt de l'Hôtel du Roi. 352, 353, 364.
———— (Guigues), Homme d'armes. 436.
———— (Jacques), Religieux. 315.
———— (Jean). 86, 315.
———— (Jean), Notaire, Secrétaire Delphinal. 323.
———— (Jeanne de). 214.
———— dit Malbuya (Rondet). 82.
Guigniaco (Pierre de), Chevalier. 305.
Guigonet. 41, 42.
Guigues, Guigon, ou Guigonis (Jean), Notaire. 115.
——— (Pierre), Notaire. 348.
Guigues Comte, (Comte d'Albon). 5.
——— VII, Dauphin. 12.
——— , Dauphin. 36.
Guiguo (Jean), Avocat. 232.
Guilarda (Margarona). 32.
Guillaume, Archevêque de Brundicino. 95.
———, Evêque de Geneve. 305.
———, Abbé de St. Antoine de Vienne. 278.
———, Prêtre. 4, 4, 5.
———, Comte de Geneve. 44, 50, 54.
Guillaume & Guillermi (Bernard), Notaire. 190.
——— (Gabriel). 350.
——— (Guillaume), Notaire. 425.
Guilielmi ou Guilhielmy (Thérèse de), Dame. 380.
——— (N. de), Conseiller au Présidial de Cahors. 379.
Guillemine, Abbesse des Hayes. 15.
Guillermerii, Guillermerius ou Guillermier (Antoine), Notaire. 74, 75, 318, 319, 320, 321, 328, 345, 347, 351, 352, 424.
——— (François), Notaire. 69, 73, 74, 75, 312, 315, 317, 320, 424.
——— (Gabriel). 349.
——— (Guillaume), Notaire & Châtelain de la Frette. 61, 65, 82, 84, 85, 87.
Gpilliet (Jean). 81.
Guillion & Guillionis (Etienne), Juge de Beaumont. 329, 330.
——— (Etienne), Chevalier, Président du Conseil Delphinal. 114, 115.
Guionnet (Glodon). 363.
Guiria (Jacob de), Ecuyer de l'Evêque de Grenoble. 348.
Guy alias Colombet (Pierre). 298.
Guyanour (Perret). 24.
Guyger (Pierre-Joseph de), Colonel d'infanterie, Chevalier de St. Louis. 381.
* GUMIN-DE ROMANESCHE (Antoine de), Chev. 210.
——— (Claude de), Demoiselle. 210, 231.
Gutuherii (And"), Notaire. 73.

H.

HAIS (Humble de le). 133.
Halenis (Pierre), Notaire de Valence. 122.
Hallot (Jean de), Ecuyer de la Grande Ecurie. 178.
——— (Judic du). 383.
Hangest (Claude de), Seigneur de Montmor, Gentilhomme de la Chambre. 209.
Hanyvel (de), Secrétaire des Commandemens de M. le Duc d'Orléans. 399.
Hatambure (d'), Secrétaire. 387.
Haraucourt (Antoine de), Seigneur de Paroy, Gentilhomme ordinaire du Roi. 229.
Harcourt (le Comte de). Voy. Lorraine.
——— (François Duc d'), Maréchal de France, 419, 17.
Harenis (Boson de). 17.
Haultemer (Olivier de), Homme d'armés. 187.

DES NOMS DE LA MAISON DE BEAUMONT.

Hault-Villar (Claude du). 247.
Hautefort (Diane d'), Dame de la Rocque. 394, 419.
Hauterive (Amédée d'). 10.
Hauteville (Pierre d'), Seigneur de la Coste, Chevalier. 441.
* HEBRARD (D'), Avocat. 380.
——— de St. Sulpice (Antoine), Seigneur du Vigan, en Quercy. 365.
——— (Claude-Simone), Dame, Marquise de St. Alvaire. 401, 402.
Hebray (Antoine d'), Lieutenant-Général de la Sénéchaussée de Gourdon. 439.
Helenger (André). 17.
Helin (Humbert d'). 96.
Hennequin, Greffier. 230.
Henri, Dauphin, Seigneur de Montauban. 230.
———, Evêque de Toul. 36.
———, Secrétaire du Conseil. 7.
——— (Jean), Secrétaire Delphinal. 423.
Heraud, Notaire. 321.
Herbeys, de Herbesio (Gonon d'), Damoiseau, Ecuyer. 270.
301, 305, 307, 308, 309.
——— (Hugues d'). 304.
——— (Jean d'), Religieux du Thouvet. Idem.
——— (Pierre d'). 18, 19.
——— (Pierre d'), Notaire. 73, 311.
Hereterii (François), Notaire. 115.
Herisse (Guillaume l'), Notaire. 431.
Herons (Etienne de). 5.
Herys (Claude de), Religieuse à Montfleury. 432.
Hcurtelou, Greffier. 174.
Heurvard (Vincent). 334.
Héyralde ou Airalde, Doyen de Grenoble. 6.
Hoé (Jean). 87.
Hodemon, Notaire. 400, 404.
Honderut ou Houderut (Martin). 441.
——— (Matthieu). Idem.
Hostaschii (Guillaume). 20.
Hostung, de Obsteduno (Antoine de), Seigneur de la Baulme d'Hostun. 428.
Hozier (Charles d'), Commissaire du Roi pour la vérification des preuves de Noblesse des Pages de la Grande Ecurie, & Garde-Général de l'Armorial de France. 149, 182, 375, 401.
Huard (Joseph), Praticien. 1, 8.
Hugona (Domengia). 32.
Hugues, Dauphin. 35, 51, 283, 286, 312, 313,
———, Evêque de Grenoble. 4, 5, 6.
———, Prieur de Domêne. 3, 4, 5.
——— (Pierre). 32.
Humbert I, Dauphin. 58, 59, 94, 95.
——— II, Dauph. de Viennois, puis Patriarche d'Alexandrie. 270, 277, 278, 279, 281, 283,
285, 286, 287, 289, 290, 291, 294,
296, 297, 306, 315, 364, 397, 419.
———, Evêque de Geneve. 7.
———, Evêque de Valence. 9.
Humbert alias Chaignatz (Aymar). 316.
——— (Claude). Idem.
Humieres (Jacques de), Gentilhomme de la Chambre. 209.
Hyeres (Pons d'). 96.
Hymidon, Chartreux. 30.

J.

JACIO (Jean de), Damoiseau. 280.
Jacob (André), Notaire. 125, 126.
Jacqueluz (Ambroise de), Libraire. 248.
Jacquetz (Jacques), Notaire. 158.
Jacquinets, Notaire. 154.
Jacquon (Jacquet). 80.
Jacsaud (Lantelme). 96.
Janocan (Joachim), Chevalier, Seigneur de Rigné. 183.
Janoyer (Etienne), Curé. 148, 149, 153.
Janta (Claude de), Notaire. 121, 122.

Jarii (Jean). 113.
Jarjayse (le Chanoine de). 438.
Jarjuye (Monnet de). 96.
Jarnage (Guillaume), Trésorier de l'Abbaye de Mauriac. 324.
Jarrigha (Gerald la). 324.
Jarroys (Jean), Capitaine. 106.
Jarrvti (Jean). 118.
Jarry, Notaire. 411, 412.
Jars (Claude de), Homme d'armes. 187.
——— (Jean). 299.
Jauffand (André). 430.
Jauffaudi (François), Légiste. 122.
Jay, Notaire. 155.
— — (Antelme). 55.
— — (Aymon). 324.
— — (Gonet). 70.
— — (Guillaume). 324.
— — (Honoras). 135.
— — (Jacques), Secrétaire du Chapitre de St. Chef. 113.
— — Gudy (Jean). 334.
— — Michot (Jean). Idem.
— — (Jean), Notaire. 70, 328.
— — (Jourdain). 54, 57.
— — (Lantelme). 54.
— — (Michel). 70, 323, 324.
— — alias Jordan (Pierre). 70.
— — (Pierre). 38.
— — (Vivien). Idem.
Jayme, Notaire. 166.
Jean, Roi de France. 285, 287, 289, 290, 291, 292,
296.
———, Dauphin de Viennois. 33, 34, 67, 241, 278,
299, 304, 314, 352.
———, Evêque de Grenoble. 285, 286, 303.
———, Evêque d'Orange. 285, 286.
———, Evêque de Tinia, Tignienfis ou Tinienfis. 270,
278, 279, 280.
——— I, Evêque de Valence. 116, 440.
———, Abbé de Ferreriis ou Ferrieres. 285.
Jean, Notaire. 69.
Jeres (d'). 235.
Jeune (Aymar). 96.
——— (Aymaron). Idem.
——— (Jean). 165.
Jeufne (Procureur). 189.
Jobert (Jean), Marchand à Valence. 123.
Joffrey, Jofred, Jostredi, Jouffrey (de). 235.
* JOFFREY (Anne de), Demoiselle. 255, 258, 259,
437.
——— (Claude de), Ecuyer, Vi-Bailly de Briançon. 255.
——— (Guillaume de), Lieutenant-Particulier de Briançon. Idem.
——— (Jean), Secrétaire Delphinal. 315.
——— (Jeanne de). 261.
——— (Pierre), Notaire & Secrétaire Delphinal. 353.
——— (Pierre de), Seigneur de Bardonnanche. 255.
Joinville (Raoul de), Homme d'armes. 441.
Jomaron (Amédée), Notaire. 121.
Jon (Jean la), Notaire. 240.
Jon (Jean Seigneur de), Chevalier. 123.
Jons (Louis de). 255.
Jordani (Jaquemon). 72.
Jordant (Pierre). 49.
* JOSNY (Françoise de). 179, 182, 183.
Jougla, Greffier. 376.
Joubert, Secrétaire de la Chambre des Comptes de Dauphiné. 438.
——— de Montleron (Antoine), Vi-Bailly de Viennois. 6.
——— (Jean). 13, 139.
——— (Pierre). 139.
* JOUBERT DE BAYS-SUR-BAYS (Maurice de). 130.
Jourdain (Guillaume). 353.

d ij

TABLE ALPHABÉTIQUE

Jourdain (Jean), Notaire. Pag. 313.
——— (Pierre), Notaire. 425.
Jourdan (André), *Cublier* de Crest. 137.
Jourson, Notaire. 404.
Joyeuse (Jean de), dit St. Sauveur, Homme d'armes. 191.
Jpoeras (Pierre). 47.
Jsard. 4.
Jschardi (Pierre). 324.
Jschatt (Jean). *Idem.*
Jseran (Jean), Seigneur de la Grange & du Mollard-Bouchard. 142.
Jseron (d'). 235.
Jsinidonis (Gilet). 59.
Jsnard { Antoine, Antoinet, } Notaires. 102.
——— (Eynard). 202.
Jsnards (Charles des), Seigneur d'Odefret, Capitaine. 219.
Jsoard (François). 282.
——— (Jean). 282, 283.
Jstoris (Guillaume), Notaire. 99.
Isuardi & Jsnard (François). 305.
——— (Jean). 305, 340.
——— (Jean), Damoiseau. 313.
Itarelli (Jean), Crieur public. 316.
Juif (Vinian). 96.
Juglar (Guigues). 311.
——— (Jean). *Idem.*
Jullia (Guillaume), Avocat. 369.
Jullian (Firman), Châtelain des Seigneurs d'Arcules & du Châtel. 365.
Juliani (G.), Notaire. 205.
——— (Huguet), Notaire. 95, 313.
——— (Jean), Notaire. 17.
Jurid (Mermet de), Avocat-Fiscal. 108.
Jurien (Guillaume), Proc. au Châtelet de Paris. 411.
Juriges (Antoine de), Ecuyer. 372.
Izel { Hugues d' Jacques d' } 96.

L.

Lachesa (Nantelme). 13.
Laideguive, Notaire. 170, 174.
Ladriesche (Jean de), Trésorier. 234.
Laye (Simoner de), Seigneur de la Marete. 122.
Layniaco dit Bores (Étienne). 57.
Lajon, *Lajonis* (Guigues). 334.
——— (Pierre), fils d'autre Pierre. 323, 334.
——— (Rondet). 330, 333.
Lalbenc (Repignel de). 96.
Lambert, Doyen. 9.
Lamberti & Lambert (Guigues). 42.
——— (Guillaume). 23.
——— (Jacques). 72, 324.
——— (Jaymon), Notaire. 314.
——— (Jean), Notaire. 37, 41, 430.
——— (Johannet). 37.
——— (Mondon). 189.
——— (Pierre). 73, 314.
——— alias Camiaz (Pierre). 324.
——— (Reymond), Notaire. 82, 334.
——— (Rouffin). 96.
Lanarery (Jean de). 304.
Lanas (Madame de). 246.
Landaldus (Bernard). 5.
Landeue (Jean). 96.
Laniac (Guinon de), Homme d'armes. 191.
Lanta (de), Demoiselle. 414.
Lantelme (Antoine), Ménasger d'Autichamp. 148.
Lajenarena (Albert de). 4.
Lainier (Jean), Docteur de Montpellier. 115.
Lassaurgas (Jean la). 324.
Lasteros (Guillaume). 326.

Latard (Antoine), Avocat. 136.
Laterii & Latier (Claude), Vice-Procureur-Général de Dauphiné. 234.
——— (Pierre), Conseiller au Parlement de Dauphiné. 349.
——— (François), Homme d'armes. 187.
——— (Jean), Homme d'armes. *Idem.*
——— de Charpey (Louise de). 251.
——— (P.). 91, 92.
——— (Pierre), Homme d'armes. 191, 235.
★ Laube (Jean de), Sieur de St. Treviet & Bron. 142, 144, 147.
Laurenceti (Guillaume & Guillermet). 37, 39, 281.
——— (Jean). 281, 424.
——— (Mermon). 281.
Laurent, Notaire. 374.
——— (Jean), Chapelain. 311.
Laurentii (Guillaume). 37.
Lautier (de), Procureur-Général du Parlement de Grenoble. 355.
Lauzieres-Thémines. 419.
Laval-Montmorency (le Vicomte de). 171.
——— (Urbain de), Seigneur de Bois-Dauphin, Gentilhomme ordinaire du Roi. 230.
Laval (G.), Prêtre. 367.
——— (Jean de). 96.
——— (Jean), Hôte. 367.
Lavaur (Geraud-Louis de), Chevalier, Seigneur de la Boisse, Président, Trésorier-Général de France de la Généralité de Montauban. 380.
Lavergne (Pierre), Sieur de Combe-Negre. 397.
Lavergne (Jean), Avocat. 394.
Laveysino (Jean), Notaire. 74.
★ Layre, de Lera (Françoise de), Dame. 207.
Leguier (Poncet), Notaire. 115.
Leygne (Giraud de), Avocat. 391, 392.
Leyson. 367.
Leems (N. de), frere d'Adon, Chanoine de Vienne. 10.
Lemps (Hugues de). 11.
Lenoncour (Louis de), Sieur de Collombey, Bailly de Vermandois, Guidon de la Compagnie du Duc de Guise. 442.
Lescot (F.), Maître des Comptes. 231.
Lescure (François), Domestique. 393.
Letard. 4.
Leuzon, *Leuqonis, Leuçonis*, Leuson, Leusson ou de Lense (André), Notaire. 77.
——— (Aymeri de), Chevalier. 55, 56, 96.
——— (Aynard), Chevalier. 43, 46, 96.
——— (Eudes de), Chevalier. 55, 56.
——— (Guigues), Notaire. 285.
——— (Guillaume de), Damoiseau. 55, 56.
——— (*Leuçon* de), Juge de Montfort. 298.
——— (Raymond), Châtelain d'Avalon. 55, 56, 58, 96.
Leupard (Etienne de), Damoiseau, Vehier de Bernin. 293, 300.
Levesque (Antoine), Prieur de St. Rambert. 142.
Levis (Antoine de), Seigneur de Quelus, Gentilhomme Ordinaire du Roi. 229.
——— (Claude de), Seigneur de Cousan, Gentilhomme de la Chambre. 209.
——— (Claude de), Seigneur de Charlus, Gentilhomme ordinaire du Roi. 229.
——— (Philippes de), Chevalier, Seigneur de la Roche-Villars & de la Voulte de Lancret. 104, 427.
Lha (Guigues de). 23.
Libeoni (Guillaume de). 9.
Liegol (Jacques), Chirurgien. 389.
Lienant-de Riché de Beaupré (Françoise de), Dame. 383.
Ligneville (Philippe de), Seigneur de Haraucourt, Gentilhomme ordinaire du Roi. 229.
Lignorelhier (Jean), Recteur de Châteauneuf de Mazenc. 133, 134.
Liguespa (Jean de), Secrétaire Delphinal. 115.

DES NOMS DE LA MAISON DE BEAUMONT. xxix

Limojon, Notaire. 194.
Linard (Jean-Jacques). 235.
Lincaſtre (Pierre de). 69.
Lingonis ou de Langres (Simon de), Prêtre. 285.
Lionćel (le Sieur Abbé de). 139.
Lionne (H. de), Maître des Comptes de Dauphiné. 258.
Liotaud (le Capitaine Georges), premier Conſul de Briançon. 255.
Liverio (Catherine de), Religieuſe du Monaſtere des Hayes. 432.
Locelli } Jean, Matthieu, { Notaires. 115.
* LOCQUET-DE GRANVILLE (Charles-Jean de), Gentilhomme à Drapeau des Gardes Françoiſes. 169.
——— (Charles de), Chevalier. 169, 170.
——— (Franç. Gillette de). 170.
——— (Julien), Chev., Comte de Morainville. 169.
——— (Julien-Etienne de), Chevalier, Maréc. de-Camp. 170, 173.
——— (Marie-Céleſte-Perrine). 169, 171, 173.
——— (Théreſe-Gillette de). 170, 172.
Lodieres (Etienne de), Homme d'armes. 187.
Loire (Claude de), Sieur de Voulgre, Archer. 442.
Lombard & Lumbardi (Jean). 96.
——— (Pierre). 24, 26, 33, 41, 42, 43, 49, 112.
* LONGUET-DE LA BASTIDETTE (Anne-Théreſe de). 379, 380.
——— (François de), Prieur de Soucirac, Chanoine de Rocomadou. 380.
——— (Jacques de). 379.
——— (Joſeph de). 377.
——— (Marie de). 380.
——— (Théreſe de), Demoiſelle. 377, 379, 380, 381, 382, 383.
Longueval (Antoine de), Homme d'armes. 187.
Longueville (le Comte de). 338.
——— (Louis Duc de), Marquis de Rhotelin, Grand-Chambellan de France, &c. Gouverneur du Dauphiné. 348.
Lonroy (Jacques Seigneur de). 102.
Loppis, écrit Lappis (Jean), Archer. 435.
* LORAS, de Loraſio (Claude de), Homme d'armes. 436.
——— (Guyonnet de). 202.
——— (Humbert ou Imbert de), Chevalier. 71, 425, 430.
——— (Louis de). 99.
——— Montplaiſan, Gentilhomme. 225.
· Lorraine (N. de) Duc de Guiſe, Capitaine de 40 Lances. 442.
——— (François de), Grand-Prieur de France, Gentilhomme ordinaire du Roi. 228.
——— (François de), Duc de Guiſe, Gouverneur du Dauphiné. 131, 360, 438.
——— (Henri de), Prince de Joinville, Duc de Guiſe, Gentilhomme ordinaire du Roi. 228.
——— (Henri de), Comte d'Harcourt, Pair de France, &c. 434, 435.
——— (N. de), Comte d'Armagnac, Gouverneur d'Angers. 176, 177, 181.
Lorvedy, Notaire. 183.
* LOSTANGES (Alexandre-Roſe Comte de), Maréchal-de-Camp. 383, 411.
——— de St. Alvaire (Anne-Marie de). 417, 419.
——— de St. Alvaire-d'Uſſel (Antoine de). 403.
——— (Arnauld-Louis-Claude-Simon de), Marquis de St. Alvaire, Gouverneur &

Grand-Sénéchal du Quercy. 411.
——— (Arnaud-Louis-Marie-Staniſlas de), Marquis de Loſtanges, Maréchal-de-camp, premier Ecuyer de Madame Adélaïde de France. 411.
——— de St. Alvaire (Chriſtophe de), Grand-Archidiacre de Cahors, Baron d'Uſſel, &c. 402.
——— (Elizabeth-Victoire de), Marquiſe de St. Projet. 410.
——— (Emanuel-Galiot de), Marquis de St. Alvaire. 401, 402.
——— (Janicot de), Homme d'armes. 187.
——— (Louis de), Marquis de St. Alvaire, Sénéchal & Gouverneur de Quercy. 401, 402, 403.
——— (Marie-Anne de), Demoiſelle du Vigan. Idem.
Louclaux, Chevalier. 394.
Louis le Jeune, Roi de France. 7, 8.
——— XI, Roi de France, Dauphin de Viennois. 87, 102, 114, 115, 118, 322.
———, Roi de Jéruſalem & de Sicile, Comte de Provence. 101, 426.
———, Evêque de Valence. 63, 122.
Louppeyo (Rodolphe ou Raoul Seigneur de), Gouverneur du Dauphiné. 304.
Louradour, Vicaire. 439.
Lovati. 42.
Louvat, Secrétaire. 170.
Lucas (Jean), Notaire & Prêtre. 430.
Luci (Guigues), Notaire. 100, 101.
Lucrain (Claude), Procureur d'Office. 232.
Ludeſſe (Claude de). 247.
Lumbino (Paſcal de). 19.
Lunges (Thomas de), Homme d'armes. 440.
Luſarches (Henri de), Chanoine de Chartres. 12.
Luxembourg (Baſtien de), Seigneur de Martigues, Gentilhomme ordinaire du Roi. 228.
——— (François de). 91.
——— (Jean de), Comte de Brienne, Gentilhomme ordinaire du Roi. 228.
Luyrieux (Humbert de). 8.
Luys (Jacques), Notaire. 25, 27, 39.
Luyſino (Aymon de). 71.
——— (Nicolet de), Clerc. 323.
Lyarens (Antoine de), Chevalier. 440.
Lyaſſe (Baptiſte), Notaire. 210, 211.

M.

MACHINES (Aymaret de). 96.
Macţardi (Bénoît). 113, 118.
——— } Jacermet, { 118.
——— Jean
——— aliàs Goneti (Jacques). Idem.
——— aliàs Berton (Mathieu). 113.
Mafflet (Jean), Notaire. 12.
Maffre (Joſué de), Ecuyer, Seigneur d'Anglars & Calbiac. 388.
Magnani (Bertrand), Châtelain de Montbonnod. 316.
Magnini aliàs Sof (Pierre), Chapelain. 323.
Magnoudi & Magnioudi (Jean). 25.
——— (Michel). 82.
Maguinard, Notaire. 427.
Maillé, dit le Jeune Brezé (N. de), Gentilhomme ordinaire du Roi. 229.
——— (Charles de), Seigneur de la Tour-Landry. 183.
——— (Jacques de), Seigneur de Bouchart, Gentilhomme ordinaire du Roi. 230.
Mailles, de Malliis ou de Maylliis (D.), Notaire. 348.
——— (Claude de), Notaire. 350.
——— (Richard de). 40.
Mailly (François de), Seigneur de Villiers l'Eſpau, Gentilhomme ordinaire du Roi. 230.

TABLE ALPHABÉTIQUE

Major (Guillaume). 13.
Maifonneuve (Claude de). 235.
Maiſſellers (Guillaume). 13.
Maladeriá (Gabrielle de), Religieuſe à Montfleury, 432.
Malbec (Jean de). 240.
Malehailla (Guillaume de). 9.
Malet (Hugues). 302.
—— (Jean). 80.
—— (Louis), Ecuyer. 79.
—— (Ponçon). 96.
Maleval (André de), Greffier. 165.
Maleyn (Hector), Praticien. 254.
Malicie (Pierre). 12.
Maliolli (Guillaume). 86.
—— (Guillaume), Curé. 333, 334.
Malleni { Amédée, { Guigues, { Damoiſeaux. 313.
{ Pierre,
Mallenus (Pierre). 6, 9.
Mallet (Jean), Tréſorier de Savoye. 108.
Malo (Pierre), Notaire. 115.
Maluco (Berthon de), Châtelain de Beaumont. 291.
Manatii (Arnaud de), Médecin. 37.
Manreau (Françoiſe le), Demoiſelle. 178.
Mandaer (Humbert). 18.
Manderie (Guers). 46.
Manin, Secrétaire. 273.
Maniot (François). 96.
Maniſſeno ou Manaſſeno (Attaud de). 93, 94.
Maniſieu (Guillaume), Notaire. 425.
Mannars (Jean de). 21.
Mannel (Antoine), Juge-Mage de Valence. 132.
Mantonne (de). 235.
Manuel, Notaire. 154.
Maotet (Guillaume). 36.
Maraval (Antoine), Avocat. 392.
* MARC & Marchi (de), Gentilhomme. 225.
—— (Claude de), Juriſconſulte. 245.
—— (Claude de), Demoiſelle. 241, 246, 249,
 251, 260, 262.
—— (F.). 89, 91, 92.
—— (François), Juriſconſulte, puis Conſeiller au
 Parlement de Dauphiné. 341, 347, 348, 349.
—— (Gillet de). 245.
—— (Guigone), Religieuſe à Montfleury. 432.
—— (Jacques), Juge de Beaumont. 321.
—— (Jean-Antoine de). 245.
Marcel, Notaire. 130.
—— (Pierre de), de Savoye. 426.
Marchand, Praticien. 156.
—— (Guillaume), Juge. 78, 104.
—— (Joyette). 93.
Marchandi ou Marchiandi (Jean). 300.
—— (Pierre), Lieutenant en la Chancellerie de
 Savoye. 108, 109.
Marchant (Claude). 135.
Marche (la), Notaire. 365.
Marchianz (Pierre). 11.
Marcho (Joffre de). 73.
Margoſſey (Claude de), Aubergiſte. 123.
Marjolet, Greffier. 270.
Marck (N. de la), Comte de Maulevrier, Gentilhomme
 ordinaire du Roi. 229.
Marcoz. 17.
Marelli (Claude), Notaire. 353.
—— (Hugonet). 424.
—— (Jean), Notaire. 115.
—— (Jean), Avocat Conſiſtorial. 359.
Mareſcalli ou Marechal (Girardin), Curé. 111.
—— (Jean), Seigneur de Montfort. 121.
—— (Jean le), Archer. 436.
—— (Pierre), Chevalier. 278.
Marion, Demoiſelle. 166.
Marmier, Secrétaire. 404.
Maroles (Jean de), Auditeur des Comptes. 115.
Marton (Jean), Ecuyer. 131.

—— (Lambert).
—— de la Baulme-d'Autun (Pierre). 96.
Mars (Guillaume de), Chevalier. 425.
Marſis (François de), Curé. 286.
—— (Pierre de), Avocat. 402.
Martel (de). 388.
—— (André de), Chevalier. 255.
—— (Georges de), Seigneur de la Revoyre. 113.
—— (Guillerme), Chanoine, Tréſorier de l'Evêque 359.
 de Valence. 116.
Marielli (Antoine). 116.
Martello (Guillaume de). 334.
* MARTIN & MARTINI (N.), Commiſſaire. 122, 135.
—— (N.), Praticien. 1, 105.
—— (N.), Notaire. 146.
—— (André), Légiſte. 154, 374, 392.
—— (Antoine), Procureur. 107.
—— (Claude). 392, 334.
—— (Guigues). 188, 189, 211, 431.
—— (Jacques), Notaire. 42.
—— (Jean), Notaire. 283.
—— (Pierre), Notaire. 352, 396, 431.
—— aliàs Panaterii ou Panetier (Gonet), Notaire. 340.
—— dit Panatier (Pierre), Notaire. 341, 342, 302.
 343, 344, 345.
—— aliàs Panatier (Valentin), Notaire. 343, 353.
Martinays (François), Notaire. 254, 261, 262.
Martineau (Nicolas), Abbé de l'Aumône, & Chantre
 d'Angers. 161.
—— (Jean François), Abbé de St. Maur-ſur-Loire,
 Archidiâcre d'Angers. 159.
—— (Perrine), Dame. 183.
Mas (le Sieur du), Gouverneur de la Perouze. 196.
—— (N. du), Capitaine. 235, 438.
—— (Mattin du). 28.
—— (Marguerite du), Dame. 28.
Maſſabie, Curé. 379.
Maſſant (Jean de), Conſeiller au Siége de Quercy.
Maſſès (Pierre de), Sieur dudit lieu, Guidon des Or- 388, 390.
 donnances du Roi. 385.
Maſſo ou du Mas (Pierre de), Notaire. 81.
—— (Pons de), Notaire. 82.
Maiſon & Maſſonis (Antoine), Notaire, Châtelain de
 Montfort. 82, 84, 85, 326, 330, 331, 332,
 333, 334, 340.
—— (Etienne de), Notaire. 305, 314, 324.
—— (Jacques), Ecuyer. 318.
—— (Jean), Notaire, Châtelain de Montfort. 88,
 316, 337, 344, 351.
—— (Jean), Ecuyer. 359, 363.
Maſſonas (le Seigneur de). 438.
Maſſoz (Pierre). 17.
Maſſues (Philberte de), Religieuſe à Montfleury. 432.
Maſuers (Etienne). 31.
Maſze (... de). 105.
Materon & Materonis (Guy), Conſeiller au Parlement
 de Dauphiné. 449.
—— (Henri), Greffier & Secrétaire des Comptes. 355, 357, 359.
—— (Natal), Notaire. 341.
Mathei ou Mathieu (Jean), Auditeur des Comptes de
 Dauphiné. 296.
—— (Pierre). 61.
Mathey (Benoît). 126.
—— (Claude), Prêtre. 124.
—— (Jo.), Greffier. 282.
—— , Notaire. 437.
—— (Pierre), Notaire. 115.
Mathon (Michel), Notaire. 73.
Maubec (Jean de), Seigneur d'Aiguebelle, Gentil-
 homme ordinaire de l'Hôtel du Roi. 191.
—— (Jean de). 235.
Maugiron le jeune (le Seigneur de), Gentilhomme or-
 dinaire du Roi. 230.

DES NOMS DE LA MAISON DE BEAUMONT. xxxj

——— (Annet de), Seigneur de Leissins, 217.
——— (Guiot de), Lieutenant, puis Capitaine, Seig. d'Ampuy. 215, 235.
——— (Guy de), Chevalier de l'Ordre du Roi, Capitaine de 50 hommes d'armes, Lieutenant-Général de Dauphiné & de Savoie. 438.
Maurienne (François de). 96.
* MAUSSION (Etienne-Thomas), Chevalier. 174.
——— (Louis de), Chevalier, Seigneur de Candé, Conseiller au Parlement. 174.
——— Dénombré (Antoine-Pierre), Chevalier. Idem.
——— de la Courtaujay (Charles-Etienne), Chevalier, Receveur-Général des Finances d'Alençon. 173.
——— de la Courtaujay (Marie-Charlotte), Dame, Marquise de Vastan. Idem.
Mauterre (Bertrand de). 96.
Mayacii, Mayachii, Mayachi ou Meyachi (Cl.). 339.
——— (Gonon), Notaire. 298, 301.
——— (Guillaume). 38.
——— (Jean). 306, 343.
——— (Peronet). 37.
——— (Pierre). 320.
Mayer (Guillaume). 13.
Maygre ou Maingre dit Boucicaut (Gaudeffre ou Godefroi le), Seigneur de Borbon, en Provence. 427.
Maynardi (Jean), Notaire. 300.
Maynial (Guillaume), Notaire. 366.
Maynié. 370.
Mayrens (Aymon), Notaire. 39, 42.
Mayresii (Joannin). 63.
Mazere (Corbon de la), Seigneur de Grantmont, Maréchal-des-Logis des Ordonnances du Roi. 385.
Mazet & Mazeti (Pierre), Curé. 342, 358.
Mejani (Ademar), Notaire. 354.
Melati (Guigues), Chapelain. 348.
Melon (Matthieu), Notaire. 190.
——— de Pradoux, Trésorier de la Cathédrale de Tulles. 168.
Mency, Chanoine. 150.
Menerii ou Menier (Ja...), Général de la Monnoie de Savoie. 108.
Meneust, Secrétaire. 385.
Menon (Jean), Secrétaire Delphinal. 91, 92.
Mentons ou Mentous (Aymé de), Homme d'armes. 440.
——— (Jacmet de). Idem.
——— (Robert Sire de), Homme d'armes. Idem.
Menze (Guillezii), Jurisconsulte. 207.
——— (Henri de). 215.
Meolano (Pierre de). 298.
Mercator (Girbert). 9.
Mercerii ou Mercier (Jean). 46.
——— dit Peluchet (Pierre). 304.
Merindol (François de), Sieur dudit lieu. 366, 386.
Merlint, Curé. 403.
Mes... (Joannin de). 321.
Meslay (le Baron de). 435.
Messes (Simon), Docteur en Décret, Official de Valence. 116.
Messonnerii (Antoine), Notaire. 115.
Mestre (Esprit). 137.
Meuillon, Meulhon ou Menouillon (Antoine de), Baron de Bressieu. 235.
——— de Chalmá (Bertrand de), Chevalier. 12.
——— (Guillaume de), Sénéchal de Beaucaire, 105.
——— (Robert de). 96.
Meuriñ (B.). 234.
Meyan, Notaire. 396.
Meyeroz (Reyverius del). 13.
Meyers (Umbert). 13.
Meyllureti (Antoine), Notaire. 33, 39, 52, 53, 57.
* MEYNARD (Joseph), Sieur de Clairfage. 393.
——— (Pierre). 334.

Meynier (Guincterius). 6.
Meyresii (Jean). 122.
Meyriaco (Jean de), Jurisconsulte, Conseiller du Comte de Savoie. 278.
Mezard (Germain), Notaire. 129.
Miard (Jean-Louis), Notaire. 268.
Micha (François de), Vi-Bailly du Viennois au Présidial de Graisivodan. 368
——— (P. de), Maître des Comptes. 231.
Michel ou Michaelis (Jean), Chancelier de Savoie. 120, 429.
{ Henri.
{ Michelet.   51.
{ Raymond.
——— , Curé. 405, 417.
Michelin, Notaire. 166.
Micholoti aliàs Cara (Jean). 414, 515.
——— (Pierre). 314.
Misray (Florimon-Césargues). 154.
Voyez Cézargues.
Mignard, Supérieur du Séminaire de Tulles. 168.
Migneti (Aymon), Notaire. 342.
Milleti ou Millet (Guillaume). 52.
——— (Jean), Notaire. 115.
Milletus. 42.
Milleuf (Hugonet de), Damoiseau. 283.
Million (Antoine), Notaire. 115.
——— (Jean), Docteur ès Loix. 115.
——— (Ennemond), Notaire. 363, 364.
Miolan ou Myolan (le Comte de). 342.
——— (Jacques Seigneur de). 108, 109.
——— (Geoffroy de). 8.
Mions (de). 235.
Mirabel (François de). 218.
Mirailh, Mirallii, ou Mirayellii (Guillaume), Notaire. 62, 69, 71, 312, 425.
Miribel (Amédée de), Chevalier. 307.
——— (Claude de), Religieuse à Montfleury. 432.
——— (Girard de), Damoiseau. 293.
Misterio (Etienne de), Notaire. 293.
Mistral & Mistralis (Chrétien), Notaire. 113, 114.
——— (François), Notaire. Idem.
——— (Jean), Notaire. 278.
Mitaillier (P.), Maître des Comptes. 231.
Modi (Jo...). 91, 92.
Moët, Notaire. 178.
Moirans (François-Gilbert de). 96.
Moisy, Chanoine de Vienne. 10.
Mol (Jean), Prêtre. 210, 211.
Mola (Gabriel), Notaire.
Molaz & de Molavio (Jean de), Chevalier. 424, 441.
Moleria (Michel de), Notaire. 115.
Moleti aliàs d'Espmaia (Claude). 321.
——— (Jean), Vice-Bailly de Graisivodan. 341.
Moliis & Moyllis (Jean de), Prieur de la Chartreuse de St. Hugon. 29, 30.
Molin (Claude), Notaire. 253, 254, 255, 260, 261.
Molini (Michel), Notaire. 57.
Mollena (Nicolet de). 309.
Molot (Guillot). 205.
Monachi ou le Moine, Notaire. 374.
——— aliàs Pitit (Jean). 113.
——— (Jean), Notaire. 342, 343.
——— (Jeanne). 113.
Monbel (Jean de), Chevalier, Seigneur d'Entremonts. 441.
Moncassin (Jacques), Capitoul de Toulouse. 414.
Moncerii (Etienne), Notaire. 19.
Monclar (le Baron de), Maréchal-de-camp. 152.
Mondain, Greffier. 174.
Monery (Bernard de), Sieur de la Robiniere. 144.
Monerist (Isabelle), Demoiselle. 154.
Monier ou Monerii (Achilles), Prêtre. 133.
——— (Arnaud). 100.
——— (Pierre). 42, 141.

xxxij   TABLE ALPHABÉTIQUE

Montabun ou Montabon (Blanchard de). 25.
Montagne (B.), Maître des Comptes de Dauphiné. 258.
Montagniat (Claude de), Seigneur de Beſſey ou Beſſet. 259.
——— (Marguerite de), Dame. 259.
Montalban ou Montauban, *de Montealbano* (Pierre de). 96.
——— (Raynaud de), Chevalier. 12, 96.
Montanerii (Pierre), Notaire. 115.
Montargiaco (Jean de). 92.
Montauban (Antoine de), Seigneur de la Charce. 219.
Montaumor. 227.
Montaut (Berenger de), Archidiacre de Lodeve. 290, 291, 293, 295, 296.
Montberon. 419.
Montbeton (Jean de), Seigneur d'Aguyn, Homme d'armes. 385.
Montbonod (Guigues de), Archer. 436.
Montbrun (Jean de), Archer. 436.
——— (le Marquis de). 151.
Montceaux (François de), Seigneur de Broſſes, Enſeigne des Ordonnances du Roi. 385.
Montchamt, Notaire. 259.
Montchenu, *de Montecanuto* (Aynard de). 10.
——— (Falques Sire de), Homme d'armes. 440.
——— (Euſtache), Moine. 96.
——— (Marin de), Maître d'Hôtel de la Maiſon du Roi. 235.
Montdragon (Amédée de), Chevalier. 73, 441.
Monteil (Gaucher de), Chevalier, Seigneur de Montemareyo. 59.
Monteilh, Notaire. 392.
Monteilhes (Guillaume de). 425.
Monteilz (Jean de), Juriſconſulte. 426.
Monteynard (de). 235.
——— (Claude de), Homme d'armes. 433.
——— (Hector de). 348.
——— (Jacques de), Homme d'armes. 436.
——— (Louis de), Seigneur de la Pierre, Enſeigne de la Compagnie du Comte de la Suze. 433.
——— (Louis-François Marquis de), Lieutenant-Général, Secrétaire d'Etat au départ. de la guerre. *Voy*. Aynard & Eynard. 380, 381.
Montesallione (Guillaume de), Chanoine. 295.
Monteſquiou (Henri-Jacques de), Evêque de Sarlat. 410.
* Montbux (Marguerite de), Demoiſelle. 128, 133, 137, 140, 147.
——— (Hyerôme de), Chevalier, Seigneur de Miribel, & Médecin du Roi. 128, 147.
——— (Sébaſtien de), Seig. de Miribel. 133, 134.
Montevitreo ou Montvitré (Jean de), Chevalier. 50.
Montfalcon ou *de Montefalcone* (Hugonin de), Ecuyer. 123.
——— (Thibaud de). 8.
Montfaucon (Gérard de), Homme d'armes. 440.
——— (Henri de), Damoiſeau. 441.
——— (Jean de). 72.
Montferrand (Guiliard de). 96.
Montferrat (Baſtardinus de). 12.
——— (Guillaume Marquis de). 7, 8.
Montfevraud (Philippes de). 96.
* Montfort (Albert de), Damoiſeau. 41, 71, 293, 294, 298, 299, 300, 307, 308, 326, 340.
——— (Antoine de). 314, 318, 335.
——— (Françoiſe de), Dame. 317.
——— (Lantelme de), Damoiſ. 293, 298, 307.
——— (Laurent de), Chât. de Bellecombe. 58.
——— (Marguerite de). 348, 349, 351.
——— (Pierre de), Seigneur de Chaſtelard, Vehier ou Bannier de Montfort. 343, 344, 345, 346, 347, 348, 349, 351, 352.
——— (Pierre de), Homme d'armes. 436.
——— (Rondon de). 294.

Monthou (Philibert de). 108.
Monthoux (Thinart de), Chevalier. 440.
Montjay (Rolland de). 96.
Montlaur (Louis Seigneur de), Chevalier. 441.
Montluc (N. de), Seigneur de Balagny, Gentilhomme ordinaire du Roi. 229.
Montmaur (Jacques de), Chambellan du Roi, & Gouverneur du Dauphiné. 76, 315, 320, 322.
* Montmayeur, Montmayour, Montmajeur & Montmajori, (*de Montemajori*) (Amé de). 8.
——— (Euſtachie de), Demoiſelle. 321, 327, 377, 418.
——— (Gaſpard de), Chevalier, Seigneur de Villars Saletes. 441.
——— (Ja… Seigneur de). 108, 109.
——— (Jacques de), Comte de Montmayour. 337, 341.
——— (Jean de). 321.
——— (Michel de). 329.
——— (Pierre de), Religieux. 326.
Momtmege (de), Dame, Religieuſe. 383.
——— de Reillac (de), Dame, Religieuſe. 383.
Montmorency (Charles de), Seigneur de Meru, Gentilhomme ordinaire du Roi. 228.
——— (Chriſtian-Louis de), Prince de Tingry. 170.
——— (François de), Seigneur de Hauteville, Gentilhomme ordinaire du Roi. 229.
——— (Gabriel de), Seigneur de Montberon, Gentilhomme ordinaire du Roi. 228.
——— (Guillaume de), Seigneur de Thoré, Gentilhomme ordinaire du Roi. *Idem*.
——— (Pierre de), Seigneur de Foſſeux, Gentilhomme ordinaire du Roi. 229.
Montmorin (François de), Seigneur de St. Heran, Gentilhomme ordinaire du Roi. 216.
——— (Gaſpard de), Seigneur de St. Heran, Gentilhomme ordinaire du Roi. 229.
Mont-Notre-Dame (le Vicomte du), Gentilhomme de la Chambre. 209.
Montoyſon (le Seigneur de). *Voyez* Clermont.
Montoyſon (Charles), Avocat à Valence. 132.
Montplaiſant (de). 235.
Montrigaut (Hugues-Raimbaud de). 96, 105.
Monts (Imbert des), Prieur. 126.
Monſie (Anne de, Demoiſelle. 409.
Morard (François), Châtelain de St. Pierre à Laval. 210.
Morardi ou de Morard (Hugues), Prieur du Touvet. 73, 299, 301, 311.
——— (Jean), Notaire. 233, 424.
——— (Jean), Conſeiller au Parlement de Dauphiné. 349.
——— (Meynonet). 72.
——— (Nicolas de), Capitaine & Châtelain Royal d'Allevard. 253.
——— de Theys (P.). 282, 283.
Moras (Gilles de). 96.
Morasio (Falques de), Chevalier. 280.
——— (Odet de), Damoiſeau. 293.
Morcelli (Jean). 333.
——— (Raymond). 334.
Moreau (Louis), Tréſorier de la Compagnie du Comte de la Suze. 433.
Morel ou *Morelli*, Notaire. 143, 148, 153.
——— (Blaiſe), Prêtre. 126.
——— (Claude). 190.
——— (Etienne), Préſident du Conſeil de Chambéry. 123.
——— (Jacques ou Jacquemet), Notaire. 73, 113, 333.
——— (Jean), Notaire. 104, 426.
——— (Jean), Religieux de l'Abbaye de Bonneval. 290.
——— dit *Mec* (Mermet). 334.
——— (Pierre), Notaire, puis Secrétaire Delphinal. 50, 54, 113, 115, 330, 432, 432, 433.
Morenay (Guillaume de). 8.
Moreſtel (Chabert de). 284.

                                                        Moreſtel

DES NOMS DE LA MAISON DE BEAUMONT. xxxiij

Morestel (Eudes de). 54.
Moret (Geralt). 6.
Moret-de Bourchenu (Jean-Pierre), Marquis de Valbonnays, Chevalier, Président de la Chambre des Comptes de Dauphiné. 267.
Moreth ou Moret (Guitfred). 6.
Moretel } Einart de, }
  } Hugonet de, } Ecuyers. 79.
  } Pierre de, }
Moreti aliàs Babaut (Antoine). 334.
Morges & de Morgiis (de). 235, 298.
—— (Aymar de), Notaire. 333.
—— (Guichard de). 121.
—— (Guichard de), Seigneur de la Mothe de Saint-Martin. 337, 338.
—— (Guigues de), Chevalier. 279.
—— (Hugues de), Chevalier. 13.
Morgues. 211.
Morier (Louis-Arnaud), Notaire à Crest. 133.
Morin, Notaire. 380.
Morinais (Pierre de). 10.
Mornay (André de), Homme d'armes. 187.
Mortaigne (Ernest-Louis Comte de), Chevalier de St. Louis, Lieutenant-Général des Armées du Roi, Commandant des Trois-Evêchés de Lorraine. 272.
Mortier (Guillon du). 96.
Mostolac (Jean), Notaire. 366, 396.
Mota ou de la Mothe (Amédée de), Chevalier. 305.
Motardin ou Motardini (Aymar), Notaire. 427.
—— (Aymar), Notaire. 323, 324, 340.
—— (Aymaron), Notaire. 307, 314, 317, 318, 321.
—— (François). 313.
Motario (Jean de). 16.
—— (Guillemine de). Idem.
Motet & Moteti (Antoine), Précenteur du Chapitre de Grenoble. 250.
—— (Jean), Juge. 347.
—— (Isabelle), Religieuse à Montfleury. 432.
Mothe (Melaine de la), Marchand. 179.
Moulin & de Molino (Jacques du). 21.
—— (Jean du). Idem.
Mouners (Jean). 17.
Mourier (Pierre), Vicaire. 131.
Mouvans. 221.
Mouson (Renaud Comte de). 7.
Moyd..., Notaire. 145.
Moynier (Jean). 369.
Moyrenc (Jean de), Religieux. 11, 300.
—— (Raoul de), Juge-Majeur de Graisivodan. 19.
—— (Veherius de). 11.
Moyrote (Marguerite). 528.
Mueti (Pierre). 26.
Muler (Claude), Religieuse à Montfleury. 96.
Muleti (A.), Conseiller au Parlement de Dauph. 348.
—— (Jean), Notaire. 77.
Mura aliàs Menest (Jean de). 73.
Murat de l'Estang (Antoine), Chevalier de l'Ordre du Roi. 217.
—— (Claude), Notaire. 138, 139, 140.
Murator (Pierre). 19.
Murault, Greffier ou Secrétaire. 161.
Muraz (Jean). 42.
—— (Pierre). Idem.
Mure (Pascalet de la). 96.
Mures (Antoinette de). 321.
—— (Guillaume de), Damoiseau. Idem.
Murgerie (Marie). 342.
Murmeyſio (Atthaude de), Relig. à Montfleury. 432.
Muris ou Mures (Pierre de), Jurisconsulte. 55.
Murs (Pierre de), Courier de la Chartreuse de St. Hugon. 55.
—— (Pierre de), Jurisconsulte, Conseiller du Comte de Savoie. 278.
Musi aliàs Dormicayns (Jean). 73.
Table.

N.

Nagru (Jean), Ecuyer. 79.
Natagio (Guigues de). 80.
Nauto (Pierre de). 299.
Naves (André de), Marchand. 319.
Nearcria (Jean de). 304.
Nemore aliàs Brayot (Antoine de). 339.
Nemours (la Duchesse de). 208.
Neyret & Neyreti (Anne-Charlotte), Dame du Pin. 383.
—— (Antoine). 424.
—— (Claude), Notaire. 82, 84, 87, 334.
—— (Gonet). 424.
—— (Hugues). 18, 26.
—— (Jean). 424.
—— (Pierre). 334.
Neyrolles (le Seigneur de). 438.
Nihaz (Jean). 42.
Nicolai (Aymar-Jean de), Chevalier, Premier-Président de la Chambre des Comptes de Paris. 170.
—— (Jean), Chanoine de Grenoble. 326, 328.
—— (Jean), Conseiller au Parlement de Toulouse. 125.
Nicolas, Mistral de Siboud de Clermont. 10.
Nicolaudi (Amédée). 118.
Nicolet & Nicoleti (Jean), Notaire & Secrétaire Delphinal. 279, 284, 285, 286, 305, 307, 311, 367.
—— (François), Notaire & Secrétaire Delphinal. 320, 323, 330.
—— (Jean), Laboureur. 129.
Nigey (Etienne), Notaire. 234.
Nigri (Soffrey), Jurisconsulte. 278.
Noaery (Jean de la), Gardien des Cordeliers. 304.
Noailies (Henri de), Gentilhomme Ordinaire du Roi. 228.
Nocaiſe (Nicolas), l'un des 100 Gentilshommes ordinaires de l'Hôtel du Roi. 127.
Normand (le), Notaire. 183.
Noſeray (Amé de), Ecuyer. 79.
Noucyſan (Verdun-Benoît de). 36.
Novelli (Jean). 93.
Nueſeſtaint (Conrad de), Chevalier. 278.
Nugue (Thomas), Avocat. 163.

O.

Oddon (Marquis). 8.
Odibert (Pierre), Auditeur des Comptes de Dauphiné. 233, 234.
Odolric. 4.
Odric (Jean), Secrétaire Delphinal. 115.
Ogerii, Oger ou Ogier. 42.
—— (Guillaume), Chevalier. 12.
—— (Jean). 190.
Olatd (Joffred). 23.
Olerie (Guigues), Notaire. 115.
Olivier (Etienne), Conseiller au Parlement de Dauphiné. 348, 349, 353.
—— (Gabriel), Praticien. 164.
—— (Jean-Mathe), Notaire de Turin. 430.
Oranges (Georges d'), Seigneur de la Feuillée, Gentilhomme Ordinaire du Roi. 239.
Orbessan (Bernard d'), Ecuyer. 358.
—— (François d'), Sieur de la Bastide, Lieutenant des Ordonnances du Roi. 385.
Orcelli (Humbert). 315.
Orgerius (Pierre). 4.
Orgniaco (Jean d'). 345.
Orliaco (Vincent de), Ecuyer du Duc de Savoie. 120.
Orpenne (Aynard). 96.
Orſeti (Guillaume). 21.

e

TABLE ALPHABÉTIQUE

Otger (André). 9.
——— (Audebert). Idem.
Otmar. 4.
Ouvreleul (Jacquin ou Jacques d'), Commissaire à la vérification de la Noblesse. 261, 262, 263, 264.
Ouvrier (Jean), Marchand Chapelier. 393.
Oyet ou Oyeti (Guigues). 24, 46.
Oysencii aliàs Raclox (Mengetus). 324.
Oysiardi (Pierre). 82.

P.

Pachondi (Hugues). 31.
Paco (Peronet). 32.
Pagani ou Payen (Jean), Chevalier. 59.
Paget, Notaire. 143.
Pajot (Jean), Trésorier de l'extraordinaire des guerres 412.
Paladru, Peladru & de Paladruto (Guigues de). 11.
——— (Guillaume de). Idem.
——— (Guitfred de). 10.
——— (Hugues de). 11.
Palanifo (Amédée de). 73.
——— (Jean de). Idem.
Palis (D.), Greffier du Parlement de Toulouse. 373.
Pallacii (André), Prieur de Brennino. 280.
Pallati (Hugues). 57.
Palmier & Palmerii (A...). 91, 92.
——— (Louis), Intendant de l'Evêque de Valence. 122.
Palot (Pierre), Ecuyer. 371, 393.
Palre (François de), Seigneur & Baron de Ferebaux. 372.
Palu (Pierre de la). 8.
Panat (Joseph-Frédéric de), Seigneur & Prieur de Saint-Léon. 414.
Panaterii ou Panetier (Hugues), Notaire. 115.
——— (Gonat). Voy. Martini. 328.
Panerii (Jean). 39.
Paneti (P.). 316.
——— (Pierre), Notaire & Secrétaire Delphinal. 323, 329, 330.
Panieri (Ermengiona). 32.
Panioti (Jo...), de la Chambre des Comptes de Dauphiné. 205.
Panis-Calidi ou Pain-Chaud (Pierre), Chevalier. 281.
Pannelli (Domengetus). 424.
Pannonie (... de la). 390.
Pape (Guy), Jurisconsulte. 114, 217.
——— (Guy), Chanoine de Grenoble. 310.
——— de Saint-Auban (Jacques). 217, 222.
Pardaillan (Gondrin de). 227.
Parent (Girin), Damoiseau, Seigneur de Menuta. 293.
Parerii. 42.
Pareti (Guillaume). 9.
——— (Ramerius). Idem.
Paris (Rosset de), Châtelain de la Terrasse. 41.
Parme (François de), Seigneur d'Apremont, Chancelier du Dauphin. 286, 289, 290, 291, 293.
Parnacu (Gabrielle de). 124.
Parrouton (Raymond), Notaire. 369.
Parthenay (Jean de), Seigneur de Soubise. 220.
Pascal (Guillaume). 70.
——— (Jean), Notaire. 58, 61, 308.
} Pascalon. }
} Pierre. } 70.
Pascalis (Jean). 424.
Pascalys, Curé de Beauvoir. 271.
Pascati (Jean & Pierre). 300.
Pasquerio (Jacques de), Notaire. 77.
——— (Michelon de). 76.
Pasquiets (Roux de). 96.
Passage (le Seigneur du). 438.

Passard & Passardi (Etienne). 23.
——— (Françoise). 37.
——— (Guillaume). 43, 44, 47, 49.
——— (Humbert), Notaire. 37.
——— (Jean). 37, 59.
Passarins (Othmar de). 10.
Passator (Antoine). 324.
——— (Jacques), Chapelain. 82.
Passis ou Pazzi (Guy de), Médecin. 148.
——— (Jean de), Médecin de Florence. 342.
Passu ou du Pas (Guillaume de). 301.
——— (Jean de), Notaire. 72, 301, 308, 310, 313.
Patras (Raymond de), Notaire. 366.
Pause (B.), Maître des Comptes de Dauphiné. 258.
Pavallon (Matthieu), Domestique. 311.
Paviot & Pavioti (Antoine), Ecuyer. 317.
——— (Jean), Chevalier. 311.
——— (Jean), Secrétaire Delphinal. 330.
——— (Mathieu). 351.
——— (Pierre). Idem.
Pauze. 146.
Paya (Pierre de), Médecin de la Reine de France. 432.
Payan (Jean). 96.
Payns (Michel). 38.
Pecheti aliàs Charamel (Etienne). 113, 118.
Pectenatus, Maître. 9.
Pein (Pierre), Procureur. 142.
Peiranne (Pontie), Notaire. 372.
Peiron (François de), Sieur de Beaucaire. Idem.
Peladru, Voyez Paladru.
Pelati (Durand). 12.
——— (Etienne), Légiste. 278.
* Pelegry (Jeanne de), Dame du Vigan. 365, 366.
——— (Marguerite de, Demoiselle. 365, 365, 36.), 370, 372, 373.
——— (Pierre de), Ecuyer, Seigneur du Vigan. 365.
——— (Pierre). 324.
——— (Raymond de), Seigneur de Gansac, &c. 365.
Pelegrue (Anne de). 390.
——— de Cailanel (Antoinette de). 388.
Pelins (Jean). 11.
Pelisse (Pierre de la), Notaire. 128, 147.
——— (Vital), Curé. 119.
Pelisson (J.), Maître des Comptes de Dauphiné. 258.
Pellapra, Greffier. 195, 197.
Pellarini (Hugonet). 49.
——— (Hugues). Idem.
Pellat (Hugues). 96.
* Pelletier de la Garde (N.). 235, 252.
——— de Gigondas (Henri de), Co-Seigneur de la Garde-Paréol. 157, 163, 164, 168.
Pelletier-de Rozambo (Louis le), Premier-Président du Parlement de Paris. 170.
Pelliparius (Juvenis). 9.
Pellissierius (Jean). 34.
Pellot (Claude), Maître des Requêtes, Intendant de Guyenne. 396, 397.
Pennini (Martin). 26.
Pepin (Simon), Notaire. 77.
Pequigny, Gentilhomme de la Chambre. 209.
Perault (Sophie). 175.
Perdillon, Conseiller au Bailliage de Grenoble. 375.
Perdris (Bartholomée). 112.
Pereyferii (Pierre). 73.
Permene (Gauthier). 10.
Perriere (Villet de la). 300.
——— (Ia), Gentilhomme. 225.
Pererii ou Perrier (Antoine). 87.
Pererid ou de la Perriere (Antoine de), Notaire. 345, 347.
——— (Etienne de). 37.
Perrin (François), Avocat. 374.
——— (Pierre). 211.

DES NOMS DE LA MAISON DE BEAUMONT.

Perrini (Henri), Moine. 26.
——— (Jean), Notaire & Chanoine. 116.
——— (Pierre). 424.
Perrioud ou *Perrioudi* (Jean), Notaire. 65, 69, 313.
Perron, Notaire. 412.
Perrot (A.), Maître des Comptes de Dauphiné. 258.
Perrotier de Bellegarde (Marguerite de), Dame. 274.
Pestorelli (Jean), Damoiseau. 73.
——— (Lancelot), Damoiseau. 107.
Petinoel (Jean), Notaire. 254.
Petinot (André), Notaire. 232.
Petit (Jean), Notaire & Marchand. 138, 139, 140.
——— de Logny (Charlotte-Marie-Jeanne), Demoiselle. 282, 283.
Petitchet (A. de), Vi-Bailly de Grenoble. 371.
Peyrodi (Pierre). 24.
Peyroli (Hugon), Bailly & Juge de Montelimar. 426.
Peyrouse (le Sieur de la), Secrétaire du Comte d'Auvergne. 152.
Peyta (Pierre). 425.
Peytes (Guillaume de). 96.
Peytieu (Amédée de). Idem.
*PEYRON (Jean du), Ecuyer, Seigneur de la Coste. 382, 383.
Phallasterii ou Falastier (André). 42.
Phaly (Abraham). *Voy*. Falip. 380.
Phelipeau (Charles), Notaire. 178, 183.
Phelippon (Jean), Notaire. 242.
Philip. (Jean), Greffier. 126, 127.
Philipi & *Philippi*, Notaire. 130, 147.
——— (Antoine). 342.
Philippes de Valois, Roi de France. 280, 287, 196.
Philippes (François de), Sieur de la Queyrie. 392.
——— (Humbert). 59.
——— (Jo.), Président de la Chambre des Comptes de Dauphiné. 234.
——— (Philippes), Médecin. 281.
Piberes, Notaire. 431.
Picat (Pierre). 359.
Pichat (Jernes), Curé de Chastenev. 365.
Picon (Giraud), Notaire. 426.
——— (Jean), Marchand de Valence. 113, 145.
Piconis (Girin). 100, 101.
Piedz, Notaire. 143, 148, 154, 158, 159.
Pierre, Comte de Geneve. 70.
———, Duc de Bourbon. 285.
———, Evêque de Geneve. 279.
———, Religieux de Bonnevaux. 10.
———, Neveu d'Eudes d'Uriage. 4.
Pierre-Gourde, de *Petragorda* (Claude de). 204.
——— (Hugues de), Chevalier. 153.
——— (N. de), Colonel. 180.
Pierre, de *Petrâ* (François de la). 18.
Pigace (Jeannin). 107.
Pignat (Jean), Notaire. 426.
Pignol (Louis-Raymond de), Seigneur de Grand-Bos & de Rochecourbe. 409.
Pilati (Jean), Châtelain de Theis, de la Pierre & Domène. 205, 347.
——— (Humbert), Notaire & Secrétaire Delphinal. 95, 270, 277, 279, 281, 284, 285, 286, 288, 291, 295, 296, 305.
Pillar (Françoise), Religieuse à Montfleury. 432.
Pillion (Jean). 433.
Pillosii, *Pilosus* ou Peloux (Antoine). 208.
——— (Guillaume). 32.
——— (Jacques), Notaire & Secrétaire Delphinal. 432, 433.
——— (Jean). 339.
Pilloti (Guillaume). 424.
——— (Jean). Idem.
Pineau (André), Notaire. 411, 412.
Pinel & *Pinelli* (Chabert), Mistral de Morestel. 297, 313.
Pinet (Aymar), Notaire. 248, 249.

Pinto (Emanuel), Grand-Maître de l'Ordre de Malte. 412, 413.
Pipon, Notaire. 260, 262.
——— (Claude), Notaire. 247.
——— (Jean-Georges), Notaire. 249.
Pison (Claude), Marchand. 250.
Pissins (Guillaume de), Prêtre. 11.
Pit (Jean), Notaire. 73.
Pizançon (Eustache de). 96.
Place (Guiffrey), Notaire. 356.
Plan (Raymond du). 36.
Plancheta (Blaise de), *Factor*. 123.
Planczonis (Antoine). 424.
Planta (Aymar), Contrôleur des Gabelles du Dauphiné. 144.
Plantatis (Jean de), Chartreux. 30.
Planteys (Boudet de), Damoiseau. 303.
Plas (N. de), Chevalier de l'Ordre du Roi. 390.
——— (Claude de), Sieur de Hylaire, &c. Gentilhomme Ordinaire du Roi. 388.
Plastre (Antoine du), Notaire. 120, 121.
Plastro (Pierre de), Curé. 111.
Plat (Jean). 96.
Platache (Cristanus), Notaire. 102.
Plated Cabeoli (André de), *Factor*. 123, 124.
Plated ou de la Place (Guiffred de), Greffier de la Jurisdiction de Beaumont. 353.
——— (Guigues de). 42.
——— aliàs Bruni (Guillemet de). 342.
——— (Jean de), Notaire. 42, 52.
——— (Michel de), Notaire. 344, 345, 347.
Plessis-d'Argenteé (Charles du), Evêque de Tulles. 165.
Plessis-Richelieu (N. du), Gentilhomme ordinaire du Roi. 229.
Pleybault-de Vilars-Lugein (Etienne-Antoine-Louis de), Abbé de Saint-Marcel. 414.
Pleycenti (Drevon). 324.
Plouvier (Magdelène), Dame. 371.
Pochessii (Gonet). 70.
——— (Jean). Idem.
Pochies aliàs Penot (Nanterme). Idem.
——— (Pierre). Idem.
Podio ou du Puy (Aymar de). 101.
——— (Gilet de), Damoiseau. 102.
——— Grosso (Lanterme de). 102.
Poisieu, de *Poysiaco* (Anthonie de), Celeriere du Monastere de Montfleury. 432.
——— dit Capdorat ou Tête Dorée (Louis de), Seig. de Pusignen, Bailly de Graisivodan.
——— (Louise de), Religieuse à Montfleury. 432.
——— (Michel de). 235.
Poitiets, de *Pictavia*. 419.
——— (Aymar de), Comte de Valentinois, Seigneur de Saint-Vallier. 63, 76, 106, 117, 120, 121, 147.
——— (Amédée de), Seigneur de *Toliniano*. 59.
——— (Charles de). 106, 121, 426.
——— (Guillaume Bâtard de), Chevalier. 99, 106, 426.
——— (Guyonet Bâtard de). 101.
——— (Jacques Bâtard de), Chevalier. 100.
——— (Jean), Secrétaire du Dauphin. 204.
——— (Jean de), Evêque de Valence. 123, 427.
——— (Jean III de), Evêque de Valence. 440.
——— (Jean de), Seigneur d'Allan, Gentilhomme ordinaire de l'Hôtel du Roi. 127, 191, 192, 230.
——— (Jean de), Seigneur de Chevrieres. 116, 122.
——— (Lancelot de), Seigneur de Châteauneuf. 427.
——— (Louis de). 117, 120, 121, 147.
——— (Louis de), Comte de Valentinois. 76, 99, 112, 426.
——— (N. de), Seigneur de Saint-Vallier, Capitaine des 100 Gentilhommes de l'Hôtel du Roi. 127, 191, 419.

Poitiers (N. Bâtard de). 235.
——— (Jean), Secrétaire du Dauphin. 204.
Poix (de), Précenteur du Chapitre de Lion. 273.
Polignac (François de), Seigneur des Roys, Gentilhomme ordinaire du Roi. 228.
Poligny (Jean de). 105.
Poloniaco (Jean de). 74.
Pollardi (Pierre). 353.
Polleni (Etienne). 79.
Pollerii (Etienne). 104.
Pollicardi (Michel), Châtelain de Saint-Vallier, 121.
Polloginato (Jean de). 424.
Pollomato (Jean de). Idem.
Pomeri (Michel). 245.
Pomers (Jacques de). 31.
Pompadour (Geoffrey, Seigneur de), Gentilhomme ordinaire du Roi. 229.
Poncea (Quintin). 70.
Poncet, Notaire. 196, 197.
——— (Antoine). 54.
Poncet de la Riviere (Michel), Evêque d'Angers. 159.
Ponceti (Martin). 316.
Ponnat (André de), Conseiller au Parlement de Grenoble. 218, 219.
——— (J.), Maître des Comptes de Dauphiné. 258.
Pons, Evêque de Bellai. 7.
——— (Jean de), Prêtre. 11.
Pons-Burengii (le Seigneur de), Chevalier. 279.
Ponsardi (Berthon). 254.
Pont, de Ponte (Claude du). 337.
——— (Durand du). 324.
——— (Jean du), Chapelain. 344.
——— (Jean du). 86.
——— alias Picat (Termon du). 328.
——— (X pian du). 337.
——— (le Seigneur de). 438.
Pontac (N. de), Premier-Président du Parlement de Bordeaux. 372.
Pontaix. 218.
Pontealto (Guizues de). 13.
Pontevitrio (Girard de), Chevalier. 42.
Porcheti (Jacquemet). 40, 42.
Porchon (Pierre-Armand). 206.
Porret ou Porreti (Didier Rouf). 355, 356.
——— (Jean de), Sieur de Berniere. 259.
——— (Jean), Notaire. 333.
——— (Rollin). 350.
Port (le). 108.
——— (François de). 188.
——— (Jeanne de). 188.
——— (Jean du), Notaire. 115.
Porte (F. de), Président de la Chambre des Comptes de Dauphiné. 257.
——— (Guillaume de), Président du Parlement de Grenoble. 218.
Porte (André de la), Seigneur de l'Artaudiere 217, 224.
——— de Vezins (François-Armand de la), Chevalier, Seigneur de la Thibaudiere. 183.
——— (Joseph de la), Seigneur d'Eydoche & d'Aiguebelle, Président de la Chambre des Comptes de Dauphiné. 264.
——— (Pierre de la), Prieur de Thouret. 344.
Pot (François), l'un des 100 Gentilhommes ordinaires de l'Hôtel du Roi. 127.
— (Regnier), Gouverneur du Dauphiné. 102, 322, 329.
Pouchon (Jean), Curé de Saint-Rambert. 143, 145.
Poudrel (Jean), Notaire. 134, 135.
* POUGET (Antoinette du), Dame du Repaire, &c. 386, 387, 388, 389, 390, 391, 396, 418, 419.
——— (François du). 387.
——— (Jacques du). Idem.
——— (Jean du), Seigneur du Repaire. Idem.
——— (Imbert du). Idem.

——— (Léonard du). 392.
——— (Louise du). 387.
——— (Marguerite du). 387.
——— (Raymond du). Idem.
Pogeti. Idem.
Poulloud (Louis de), Sieur de Chuzelles. 142.
* POURROY, POURRET & POURROYE (A.), Maître des Comptes de Dauphiné. 258.
——— (Antoine de). 259.
——— (François de). 258.
——— (François de), Vice-Sénéchal de Crest. 142, 144.
——— (Melquiot), Chanoine-Sacristain du Chapitre de Saint-Bernard de Romans. 156.
——— (Paul), Vice-Sénéchal de Crest. 148, 150.
Poutet (Henri), Chevalier, Seigneur de Buttoncourt, Président au Parlement. 272.
Poyet (Barthélemi du), Avocat à Valence. 132.
——— (Jean). 22.
——— (Renaud). Idem.
Poype (Antoine de la), Chevalier, Bachelier. 441.
——— (Girard de la), Chev., Châtelain d'Avalon. 58.
——— (Guichard de la); Chevalier. 73.
——— Serrieres (la), Gentilhomme. 225.
Pra (Jean), Sergent. 111.
Pradel & Pradelli. 89, 312.
Praelles (Jean de), Homme d'armes. 441.
Pré, Prati ou de Prato (Antoine). 55, 57.
— alias Pradel (Hugues du). 412.
— (Pierre). 5.
Précomtal, Gentilhomme. 224.
Prés (Guillaume des). 29.
Preyssins (le Seigneur de). 438.
Prie (le Seigneur de), Gentilhomme ordinaire du Roi.
Prieu (Arnaud de), Seigneur de Condilhac. 230, 188.
Piolhe (Claude), Religieuse à Montfleury. 432.
Proni (Jean), Chanoine & Notaire. 122.
Proust (Pierre), Praticien. 178.
Provand ou de Provanis (Aleram de), Seigneur de Layni. 123.
——— (Philippes de), Chevalier. 278.
Pruchous. 39.
Prunier (Artus), Receveur-Gén. du Dauphiné. 110, 111.
——— (Lucrece), Demoiselle, Religieuse à Montfleury. 417.
——— (Nicolas), Chevalier, Seigneur de Saint-André, Marquis de Virieu, Premier Président du Parlement de Dauphiné. 374, 375, 377, 378.
Puy (du). 235.
— (Jacques du), Chevalier, Seigneur de Nazelles, Gentilhomme ordinaire de l'Hôtel du Roi. 192.
— Saint-Martin. 235.
— de Montbrun (Charles du). 210.
Pugini (Etienne), Clerc, Conseiller du Dauphin. 36.
Pugnii (Jacques). 80.
Pujol (Jean-Pierre), Avocat. 163.
Purpurat (Alexandre), Capitaine. 224.
Putodi (A.), Conseiller au Parlement de Dauphiné. 348.
Pyllon (le). 438.
Pynard, Procureur. 112, 125.
——— (Antoine), Notaire. 131.

Q.

QUADRATI (Jacques), Prieur. 50.
Quartier ou Quarterii (Drevon). 70.
——— (Girardin). 326.
——— (Guillaume). 20, 70.
——— (Jean). 70.
——— (Martin). Idem.
——— (Millon). 54.

DES NOMS DE LA MAISON DE BEAUMONT. xxxvij

———— (Pierre). 54, 70.
———— (Termon). Idem.
Queille-Châteaugay (la). 419.
Quinciacu (Falques de). 113.
Quint (Guillaume de). 96.
Qunel (Aymaron). Idem.
Quyene (Humbert de). 96.

R.

Rabbi (Etienne). 96.
Rabot, Raboĉti ou Raboti (B.), Conseiller au Parlement de Dauphiné. 91, 92, 348.
——— (Bertrand), Notaire. 106, 117, 113, 120, 145, 428.
——— (Jean), Notaire. 100.
Raby-de la Ponte (Antoine), Receveur-Général des Bois & Domaines de Dauphiné. 270.
Racles (Jean). 356, 357, 358.
Raconis (Louis, Seigneur de). 108, 109.
Radulphe (Pierre). 6, 7.
Ragi (Soffrey). 80.
Ragueneau (Jacob), Trésorier & Receveur. 433.
Rambaud (Corneille). 126.
Rambett (Vincent, Notaire. 73.
Rambures (David de). 102.
Rame (Odon de). 96.
Ramel-Blanc (Jean). 247.
———— (Pierre). Idem.
Ramerius Guillaume. 9.
Ramiſii (Jean), Aubergiſte. 329.
Rameti (Gonon). 306.
——— Jean). Idem.
Rari (Jean). 73.
Rançia (Nicolas de), Garde des Sceaux du Dauphin. 307.
Ranerii (Jean). 339.
Rani (Pierre), Notaire. 73.
Raoul (Rodon), Ecuyer. 309.
Raphaëlis (Balthazar de), Chanoine d'Angers. 157.
Rappeti (Guillaume), Prêtre. 84.
Roſcha (Pierre). 5.
Raſcherii alias Chignino (Jean). 300.
Raſpail (Antoine). 143.
Raſſollis (Jean), Notaire. 121.
Raſtatii (Pierre). 316.
Rat (N. le), Abbé de Beliosane, Vicaire-Général de Reims, &c. 382.
Rauneis (Guillaume). 15.
Rauzan, Notaire. 409.
Raverii & Ravier (Claude), Notaire. 352.
——— (Gasparde de), Demoiselle. 253.
——— (Guigues). 156.
——— (Guigon). 277.
——— (Jean). 301.
——— (Louise de), Demoiselle. 253, 254.
——— (Servon). 308.
——— (Simon), Mistral. 432.
Rayon (Jean). 333.
Razon (Jacquemet). 24.
Rebollet (Vital), Chanoine de Saint-André de Grenoble. 319.
Reboud (Jeanne), Domestique. 145.
Rebuffi (Jean), Docteur de Montpellier. 115.
Rebuti (François), Notaire. Idem.
Regina, quæ fuit de Angliâ, femme du Comte Guigues. 5.
Regis, Notaire. 147.
——— (André). 114.
——— (Guillaume), Notaire. 30.
——— (Jean), Notaire. 114, 119, 124, 424.
——— (Jean), Moine. 64.
——— (Josserand), Châtelain de Neyrieu & des Marches. 115, 118.
——— (Pierre). 96.

——— alias Jaquier (Pierre). 114.
Regnaud (Florent ou Floris), Chevalier, Seigneur de Saint-Julien, Baron de Châteauneuf, Premier Président de la Chambre des Comptes. 231, 249.
Remillier (Jacques), Curé. 271, 274.
Remondet. 421
Remy (Paul), Conseiller au Parlement de Grenoble. 218.
Renaud, Regnaud, Reynaud, Regnauld (N.), Conseiller au Baillage de Grenoble. 375.
——— (Alain), Capitaine d'une compag. d'Hommes d'armes. 191.
——— (Antoine), Notaire. 115.
——— (Jean de), Sieur d'Allin, Guidon de la Compagnie du Comte de la Suze. 433.
——— (Jean), Notaire. 77.
Rennon (Simon), Régent de la Cour Majeure de Graisivodan. 77.
Retourtour (Eudes de), neveu d'Eudes, Evêque de Valence. 8.
——— (Pierre de). 9.
Revel, Revelli, ou de Revello (N.), Notaire. 231, 235.
——— (le Seigneur de). 175, 291, 292.
——— (Aynard de), Notaire. 341.
——— (Domingus ou Dominique). 32.
——— (Eynard de), Notaire. 336.
——— (François de), Chevalier. 284.
——— (Gemet). 119.
——— (Perronet). 32.
——— (Pierre), Notaire. 210.
——— (Pierre). 80.
Revelud } Etienne, } Greffier,
        } Jacques, } Notaire. 155.
Revenchin (Jean). 102.
Revet, Secrétaire. 265.
Revol & Revolli (Cohard). 249.
——— (François), Notaire. 358, 359.
——— (Georges), Prêtre, Vicaire de Saint-Laurent du Pont. 359.
——— (Hugues). 14.
——— (Pierre). 70.
Revoire. Voy. Rivoire. 329, 235.
Revoyrelli Jean), Notaire. 293.
Rey (Guigues). 441.
Reybaud (Raymond), Seigneur de la Bastie. 36.
Reymond, Raymond, Raimond, (N.), Chapelain de la Terrasse. 22.
———, Général de l'Ordre de Cluni. 322.
———, Notaire. 29, 30.
——— (Claude), Notaire. 248.
——— (François de), Seigneur de Lisel. 372.
——— (Guigues), Chanoine de Saint-André. 307.
——— (Guigues), Vehier de Bernin. 321.
——— (Henri). 298.
——— (Jean). 20.
——— (Marie de), Dame. 379.
——— (Renaud), Juge-Majeur. 298, 305, 307.
Reynier (Guigues). 96.
Reyniers (Lantelme). 15.
Reyrete (Petronille). 32.
Rez (Jacmes de). 13.
Rheingrave (Philippes), Comte du Rhin, Gentilhomme ordinaire du Roi. 228.
Riberii (Etienne), Célérier de l'Abbaye de Mauriac. 324.
——— (Jean), Prieur du Vigan. 324, 325.
Ribboti ou Riboĉti (Guillaume). 323, 324.
Ribiers (de). 438.
Richard & Richardi (N.), Notaire. 109, 377.
——— (Antoine), Conseiller Assesseur. 165.
——— (Boson). 18, 19.
——— (Durand). 432.
——— (Jean), Juge d'Autichamp. 143, 344.
——— (Michel). 54.
——— (Pierre de), Vice-Sénéchal de Crest. 150.
——— (Ruphe). 42.

xxxviij TABLE ALPHABÉTIQUE

* Riché-de Beaupré (Adrien-Pierre), Pourvoyeur honoraire du Roi. 381.
——— (Claude-Marguerite de), Demoiselle. 381, 383.
——— (Olive), Demoiselle. 381.
Richon, Greffier. 195.
Ricolles (Jacques de), Apothicaire. 247.
Ricon. 9.
Rigaud (Aymon), Notaire. 115.
Rigaut (Guillaume de), Chevalier. 101, 426.
——— (Pierre de), Chanoine & Chamarier de Saint-Chef. 153, 155.
Rignonis (Jean). 424.
Rimiaci (Raymond). 33.
Riperandi (Etienne), Moine. 333.
Riperia ou Ripperie (Aymon de). 9.
——— (Arnaud), Juge Majeur. 295.
Rippalte (Michel de), *ex Comitibus Rippaltæ*. 123.
Ripariolo (Joffrey de), Ecuyer du Duc de Savoie. 120.
Rivalli (Jean), Bachelier en Droit. 77.
Rive (Jean de), Prieur du Thouvet. 332.
Riverie ou Rivière (Jacques de la), *Præceptor Navarræ*. 286.
Rives, Greffier. 129, 130, 131.
——— (Antoine), Notaire. 131.
Rivoire ou Revoire (Aymon de la). 329.
——— (Aynard de), Damoiseau, Seigneur de Prassins. 441.
——— (Berlion de), Damoiseau, Seigneur de Bruis. 441.
——— (Humbert ou Imbert de la). 235.
——— (Philibert de), Seigneur de la Bastie, Gentilhomme ordinaire de l'Hôtel du Roi. 191, 192, 235, 236.
——— dit Coustin (Philibert de), Gentilhomme ordinaire de l'Hôtel du Roi. 192.
——— (Philibert de la), Seigneur de Romagnieu. 231.
——— (Pierre de), Damoiseau, Seigneur de Domaissin. 235, 441.
——— (Sibuet de), Damoiseau, Seigneur de Gerbais. 441.
Robe (Eymard). 202.
——— (Jacques). 215.
Robert & *Roberti*, Greffier. 176.
——— (Antoine), Marchand. 266.
——— (Antoine), Bourgeois. 89, 273.
——— (Jean). 94, 115.
——— (Jean), Ecuyer. 79.
——— (Jean), Avocat Consistorial. 319.
——— (Hugues ou Hugo), Notaire. 79, 111, 240.
——— (Pierre), Marchand. 266.
——— (René), Ecuyer, Seigneur des Marchais, Maire d'Angers. 169.
Roberteli (Ja...). 89.
Robinii (Etienne). 309.
Rochard (Pierre), Notaire. 109, 111, 112.
Rochas, Greffier. 130.
Roche (Antoine de la). 220.
——— (Jean de la). 82, 84, 85, 107.
——— (Jean de la), Chevalier, Comte du Ronset. 272.
——— (Vincent de la), Notaire. 108, 109.
Roches, Secrétaire. 273.
Rochette, *de Ruppeculd*. 250.
——— (François de la). 20, 21.
——— (Guigues de la), Chevalier. 20.
——— (Jean de la), Damoiseau. 321.
Roche-Aymon (le Cardinal de la), Grand-Aumônier de France. 382.
Roche-Baucourt (René de la), Gentilhomme de la Chambre. 209.
Rochechouart-Jars (François de), Gentilhomme ordinaire du Roi. 229.
Rochechouart dit le jeune Mortemar (Louis de), Gentilhomme ordinaire du Roi. *Idem*.

——— Ponville (Louis-Marie-François-Honorine Vicomte de), Cornette des Mousquetaires. 174.
* Rochefort (Arnaud Seigneur de), Chevalier. 279, 425.
——— (Artaud de). 96.
——— (Aymar de). 425.
——— (Humbert de), Chevalier, Seigneur de Pelafol. 79, 425.
——— (Jeannette de). 425.
——— (Louïse de), Dame de Romanesche. 210.
——— (Marguerite de). 425.
Rochefoucault (le Comte de la), Gentilhomme ordinaire du Roi. 229.
——— (Catherine de la), Demoiselle. 372.
* Rochemure (Jeanne de), Demoiselle. 248, 249.
Rocil (Nicolas), Assesseur. 130.
Rocoles. 218.
Rode (Louïse), Religieuse à Montfleury. 432.
Rodet, Notaire. 147, 148, 153.
Rodilli (Jean). 124.
Roffignac (de), Notaire. 388.
Rogemont (Guillaume de). 96.
Roger, *Rogerii* & Rogier.
——— (Jean). 73.
——— (Laurence). 54, 57, 95.
——— (Laurent), Damoiseau. 58, 95.
——— *de Andusiâ*. 440.
——— , Notaire. 163.
——— alias *Chastagnii*. Voy. *Chastagnii*.
Roi (Jacques le), Trésorier de l'Epargne. 230.
Roistellay (Marie), Demoiselle. 255.
Roland (Antoine), Notaire. 115.
——— (Pierre). *Idem*.
Rolandini (Pierre). 333.
Rolet-Pugin. 280.
Romanesche (Antoine de), Homme d'armes. 436.
Romagnieu (de). 235.
Romani (Pierre), Chevalier. 13.
Romanis (Jean de), Moine. 270, 277.
Romans (Guillemet). 32.
Romée (Maître). 9.
Roque (le Marquis de la), à Carpentras. 151.
——— (N. de la), Chevalier de Saint-Louis, Capitaine du Mestre-de-Camp-Général des Dragons. 404.
——— (Raymond de la), Seigneur de Matthy. 386.
Roque-Joffre, Greffier. 397.
Roque-maurel (Pierre Louis de), Chevalier, Seigneur de Gailhac, &c. 403.
Ros (Jean). 112.
Rossan (Guigues). 24.
——— (Reynaud de). 96.
Rosse (Perreti). 23, 24.
Rosserii. 42.
——— (Jean). 424.
——— (Pierre). *Idem*.
Rosseroni (Jean). 424.
——— (Pierre). *Idem*.
Rosset, *Rosseti* ou de *Rosseto* (Brunus). 10.
——— (Guillaume). 22.
——— dit Marchandie (Guillaume), *Gabellator* de Viennois. 291.
——— (Jean), Notaire. 73.
——— (Perronet). 115.
——— (Pierre). 22.
——— (Martin). *Idem*.
——— (Pierre-Rostaing-de). 12.
* Rossillon, Rossillion, Roussillon, de Rossillione.
——— (Amédée de), Chevalier, Co-Seigneur du Bouchage. 278, 279, 290.
——— (Artaud de). 96.
——— (Aymar de), Chevalier, Seigneur du Bouchage. 59, 60, 285.
——— (Aynard de), Homme d'armes. 287.

DES NOMS DE LA MAISON DE BEAUMONT.   xxxix

———— (Bernard de). 7, 8.
———— (Girard de), Seigneur d'Anjou. 19.
———— (Guillaume de), Chevalier Banneret, Seig. du Bouchage. 73, 79.
———— (Pierre de), Chevalier Bachelier. 73, 79, 441.
———— aliàs Bonard (Pierre de), Damoiseau. 113.
———— (le Seigneur de). 96.
Rossini (Pierre). 119.
Rostaing & Rostagni, Procureur du Roi de Grenoble. 267.
———— (Catherine de). 154.
———— (Durand), Notaire. 45.
———— (Louise de), Dame. 149, 179, 183.
———— (Esperendieu), Archer. 436.
Rostolan (François), Juge de Nevache. 255.
Rota (Humbert de), Notaire. 115.
Rote (Raymond Seigneur de la). 36.
Rotrou (Gillette), Dame. 170.
Roucini (Jean). 93, 94.
Rougemont (François de), Homme d'armes. 440.
———— (Geoffroy de). 8.
Rougier (Jean). 96.
———— (Jean), Avocat. 400.
Roulhac, Lieutenant de Police de Limoges. 411.
Rouillon, Prêtre. Idem.
* Rousseau (Bernard de), Sieur du Puy-Lavaisse. 393.
Roussereau (Jean), Praticien. 140.
Rouvray. 227.
Roux-Boudra (Antoine). 247.
———— (Gabriel). Idem.
Roveria (Georges de la). 337.
Rovoiri (Siboud). 10.
Rovoison (Bonet). 12.
Royer (Charlotte-Elizabeth de). 173.
———— (J.). 290.
Royns, de Royno, de Ruyn, de Royne, de Ruyho.
———— (Chabert de), Damoiseau. 283.
———— (Guigard de), Prieur. 59.
———— (Guillaume de), Chevalier, 60, 231, 284, 285.
———— (Guillaume le Vieux), Chevalier, Châtelain d'Avalon. 58.
———— (Jacques), Juge de Grenoble. 305.
———— (P. de), Prieur. 43.
———— (Pierre de). 47.
———— (le Bâtard de), Ecuyer. 307.
Rozans (Rolland de). 96.
Rozier-de Durfort, Dame. 383.
Rua (Garnier de), Notaire. 115.
Rubiac (Pierre de), Notaire. 188.
Rue { Argout de.
      { Goyet de } 96.
———— (J. de), Maître des Comptes de Dauphiné. 368.
———— Millas (Jean), Notaire. 268.
Ruel (Paul), Médecin. 116.
Ruet (Jean). 115.
Ruffe, Rufe, Ruffi, Ruphe (Antoine de). 323.
———— (Etienne). 11.
———— (Etienne de), Légiste & Chevalier. 91, 281.
———— (François), Notaire. 80.
———— aliàs de Masso (François de), Notaire. Idem.
———— (G.), fils de Po... 9.
———— (Gerald). Idem.
———— (Gonigno de), Religieux. 331.
———— (Guillermus).
———— (Jean). 41.
———— (Jean), Notaire. 116, 122.
———— (Jean), Camérier de l'Abbaye de Mauriac. 324.
———— (Peronon). 113.
———— (Pierre), Notaire. 13, 28, 84, 100, 424.
———— (Po...). 9.
Ruphin. 42.

Ruppe ou de la Roche (Anne de), Religieuse à Montfleury. 432.
Rupé (Pierre de), Avocat. 400, 401.
Rures (A.), Maître des Comptes. 231.
Rustia (Antoine de). 31.
Rustici aliàs Morlet (Antoine), Notaire. 115.
Rusan (Antoine de), Notaire. 258.
Ruzé (François). 241.

S.

Sablieres (le Seigneur de). 438.
Sabourin-de Goas (Jean-Baptiste-Gaston de). 407.
———— (Jeanne-Léonarde de), Demoiselle. Idem.
Sacheti (Michel). 334.
Sachins (Jean de), Homme d'armes. 440.
Sade ou Sauze (Jean de), Conseiller du Roi de Sicile, Comte de Provence. 101.
Sadin (Pierre), Notaire. 142.
Sage (Jean le). 42.
Saillans (Gaspard de). 217.
Sancta-Alena (Pierre de). 100.
* Saint-Aignan & Saint-Agnian (Beraud de). 85, 86, 88.
———— (Isabelle de). 85.
———— (Marguerite de). 88.
———— (Pierre de). 85, 86.
———— (Philippe de), Demoiselle. 317, 322, 326, 418.
———— (Robert de), Præceptor Aveniæ, de l'Ordre de Saint-Antoine, ou Commandeur de Freugeres, en Auvergne. 75, 317, 318, 320, 326.
Saint-André (André de), Chevalier, Seigneur de la Bastie du Vourey & de Chabanes. 319, 429, 430.
———— (Anselme de). 5.
———— (Boson de). 17.
———— (Claude de), Ecuyer. 430.
———— (Nanteime de). 5.
———— (Philibert de). 235.
———— (Philippes-Philibert de), Chevalier de l'Ordre du Roi, Gouverneur de la ville de Romans. 224.
Saint-Chamans (Jean de), Sieur de Longueval, Homme d'armes. 385.
Saint-Chamaran (de). 383.
Saint-Chaumon. 221.
Saint-Denis (Jean de), Notaire. 278.
Saint-Didier (Guillaume de). 11.
Saint-Genis (Amé de), Ecuyer. 79.
Saint-Geoire & Saint-Jeoire (N. de), Homme d'armes. 187.
———— (Guilesus de). 11.
———— (Pierre de), Chevalier. 440.
Saint-Georges (Alamand de). 111.
Saint-Germain (Autoine de). 202.
———— (Gaspard de), Archer. 436.
———— (Jacques de), Chevalier & Avocat-Fiscal du Conseil Delphinal. 114, 320, 322.
———— (Jean de), Avocat-Fiscal. 341.
———— (Louis Comte de), Lieutenant-Général, Secrétaire d'Etat au Département de la Guerre. 406.
———— (Pillart de), Hommes d'armes. 441d
Saint-Gervais (Jean de), Ecuyer. 75.
* Sainte-Helene du Lac (le Sieur de). 253.
Saint-Jal (François), Procureur. 250.
Saint-Jean (Antoine de). 424.
———— (Aymar de). 318, 327, 339.
———— (Aymar de), Bâtard. 424.
———— (Guigues de), Damoiseau. 17, 19, 96, 424.

TABLE ALPHABÉTIQUE

Saint-Jean (Guigues de), Religieux de Cluni. 318.
—— (Jacques de), 26, 318.
—— (Jacquemet de). 318.
—— (Jean), Homme d'armes. 436.
—— (Pierre de), Notaire Impérial. 23.
Saint-Marcel (Georges de), Official de Grenoble. 348.
Saint-Marcel d'Avanson (Anne de). 219.
—— (Guillaume de). Idem.
—— (François de), Evêque de Grenoble. Idem.
—— (Jean de). Idem.
Saint-Michel (Humbert de). 304.
Saint-Mury. 438.
Saint-Olivier. 91.
Saint-Pierre (Aymon de), Chevalier, Châtelain d'Avalon. 58.
—— (Etienne). 11.
Saint-Priet (Guyot Seigneur de), Chevalier Banneret. 441.
Saint-Prix (de). 235.
Saint-Project (Meranda de), Religieuse à Montfleury. 432.
Saint-Romain (Boson de). 8.
Saint-Simon (Claude de), Comte & Pair de France, Evêque de Metz. 272.
Saint-Sixte (Uffred de), Vicomte. 7.
Saint-Sulpice (le Sieur de), Homme d'armes. 187.
Saint-Symphorien (Girin de), Chevalier. 278.
Saint-Valier (Charles de). 440.
Sainte-Fortunade (Francifque de), Homme d'armes. 442.
Sainte-Maure (Guy de), Seigneur de Montauzier, Gentilhomme ordinaire du Roi. 229.
Sanctis (Roger), Praticien. 269.
Saix. 419.
Sala (Antoine). 215.
—— (Guillaume de). 12.
—— (Jo... de). 88.
—— (Pierre), Notaire. 215.
Salamon (Jean), Prêtre. 432.
Salaniunis (Jean), Notaire. 77.
Sales, Curé. 383.
—— (de), Secrétaire. 211.
—— (Pierre des). 9.
Saleni (Pierre), Notaire. 87.
Saletis (Jean de), Notaire. 73.
Salheux (Afforge de), Seigneur de Marniac, Damoiseau. 322.
Salhian (Jacques de), Sieur de Sarazac. 370.
Salice (Jean de), Auditeur de la Chambre des Comptes de Dauphiné. 305.
* SALIGNAC ou SALAGNAC (Antoinette de), Demoiselle. 391, 392, 449.
—— (Armand de), Chevalier, Gentilhomme ordinaire de la chambre du Roi, Seigneur de Graulejac. 390.
—— (Bertrand de), Vicomte de Saint-Julien, Sieur & Baron de la Loubert, Chevalier de l'Ordre du Roi, Conseiller d'Etat. 387, 389, 390, 391, 392.
—— (François de), Vicomte de Saint-Julien, Baron de la Mothe-Fenelon, Chevalier de l'Ordre du Roi, Seigneur de Loubert, 388, 390, 391, 392.
—— (Jean de), Seigneur de la Mothe-Fenelon. 389.
—— (Jean de), Chevalier, Seigneur de la Mothe-Fenelon, Gentilhomme ordinaire de la Chambre du Roi, Capitaine de 50 Hommes d'armes. 229, 390, 396.
—— (Louis de), Evêque de Sarlat. 390.
—— de la Mothe-Fenelon (Marguerite de), Demoiselle. 389, 390, 391, 396.
—— (Pierre de), Sieur de Fompiton. 390, 391.
—— (Ponce de), Sieur de Voluc. 390.

Salignon (Barthélemi de), Abbé de Saint-Felix. 135.
* SALIGNON (Jean de), Ecuyer. 131, 132.
Salleto. 42.
Saluces (Antoinette de), Dame de la Suze. 331.
—— (Jean de), Homme d'armes. 440.
Saluchat (Guigues). 28.
Salvagii (Jean). 74.
Salvaing, Salvagnii ou Saulvaing (Aymare de), Demoiselle. 135.
—— (Aymon), Lieutenant du Châtelain de Buffiere. 77.
—— du Cheylar (Anne de). 218.
—— de Boiffieu (Denis), Chevalier, Premier Président de la Chambre des Comptes de Grenoble. 146, 257, 261, 263, 264.
—— (Guillaume). 96.
—— (Jacob), Vice-Châtelain d'Avallon. 345.
—— (Jean). 431.
—— (Louis de), Sieur de Cheylat. 135, 218.
—— (Perronet). 17.
—— (Pierre de). 40, 221, 347.
Samier (Hugonet). 28.
Samuel (Pierre). 32.
Samuella (Margarona). Idem.
Sanfon (Etienne-Aloys de). 128.
Sapientis (Peronelle). 424.
Saquini (Joannet). 113.
Saralleti (Jean). 23.
Sarpe (Jo..). 76.
Sarraceni (Antoine), Notaire. 336, 337.
Sarreti alias Bolon (Jean). 324.
* SASSENAGE, CHACENAGE, DE CASSENATICO (le Baron de), Homme d'armes. 436.
—— (Albert de), Ecuyer, puis Chevalier. 36, 43, 96, 278, 279, 425.
—— (Alphonse de), Baron de Montelier & d'Iferon. 231, 232.
—— (Anne de). 240.
—— (Antoine de), Seigneur d'Yzeron. 214, 232.
—— (Antoine de), Baron de Montelier. 231, 241.
—— (Antoine de), Seigneur de Pont-Royans. Idem.
—— (Antoine de), Chevalier, Seigneur de Saint André, Vicomte de Talard. 331.
—— (Aymar de), Chevalier Bachelier. 79.
—— (Aymar de), Damoiseau. 297.
—— (Claude de). 220, 232.
—— (Didier de), Co-Seigneur d'Iferon, Bailly de la terre de la Tour, puis Chevalier. 60, 284, 285, 295, 296, 305.
—— (Disderon de). 96.
—— (François de), Chevalier. 42, 64.
—— (François de), Chevalier, Gentilhomme ordinaire de l'Hôtel du Roi. 127, 191, 192, 231, 233, 235, 236.
—— (François de), Damoiseau, puis Chevalier. 331, 423.
—— (Gillette de). 194.
—— (Guillaume de). 5.
—— (Guillaume-Antoine de), Chevalier de Malte. 231.
—— (Henri de), Chevalier, Seigneur de Pont-en-Royans. 106, 331, 425.
—— (Hugues de), Seigneur de Vinay. 202.
—— (Jacques de), Seigneur de Vurey. 220, 233, 341, 346, 347.
—— (Jacques de), Seigneur de la Rochette. 210.
—— (Jeanne de). 232, 241.
—— (Isabeau de), Dame. 241.
—— (Isabelle de), Relig. à Montfleury. 432.
—— (Laurent de), Seigneur de Pont-en-Royans. 193, 232, 431.
* SASSENAGE

DES NOMS DE LA MAISON DE BEAUMONT. xlj

* SASSENAGE (Louis de), Seigneur de Pont-en-Royans. 331.
――― (Louise de). 241.
――― (Marguerite de), Demoiselle. 231, 232, 333, 335, 337, 340, 341, 346, 347.
――― (Suzanne de). 232.
Saucherie (Etienne). 114.
――― (Jean). 113.
――― alias Corbel (Jean). Idem.
――― (Mariette). 114.
――― (Pierre). Idem.
Saugeyras (Rigaud de), Damoiseau. 322.
Saugid alias Berton, { Benoît de, Etienne de, Guillaume de, Joannet de, Pierre de } 113.
Saulsac. (Pierre) 141.
Saumayol. 17.
Saunier, Procureur. 373.
Sauzeti. (Jacob-Robert) 124.
Savelli (Jean), Notaire. 77.
Savigniaco, (Guillerme de) Notaire. 285.
Savoie (Amé ou Amédée III. Comte de) 7, 8.
――― (Amé Comte de), Chevalier Banneret au service de France, 440.
――― (Amédée. Comte de) 278.
――― (Amédée. Duc de) 108, 109, 120.
――― (Béatrix de), Dame de Faucigny. 24.
――― (Edouard de), Damoiseau. 19.
――― (Etienne de). 23.
――― (Henri Bâtard de). 108.
――― (Humbert Bâtard de), Chevalier, Seigneur de Esclosa. 109, 278.
――― (Louis de), Prince de Piémont. 108, 109.
――― (Philbert), Premier, Duc de). 123.
――― (Philippe de), Comte de Geneve. 108.
――― (Pierre de). 19.
Savny (Ermenjous). 42.
Scobinate (Francisque), Homme d'armes. 442.
Schomberg (Gaspard Seigneur de), Gentilhomme ordinaire du Roi. 229.
Segur (Guillaume de), Homme d'armes. 187.
――― (Pierre de). 324.
――― dit de Pardaillan l'aîné (Pierre de), Gentilhomme ordinaire du Roi. 229.
Seigneuret (Thomas). 359.
Selve (le Sieur de la), Grand-Vicaire de Tulle. 168.
Selvestros (Guigues). 42.
――― (Pierre). Idem.
Senas. 221.
Senecey (Guyot de), Homme d'armes. 440.
Senefied (Amédée). 10.
――― (Aymon). Idem.
Senneret. 419.
Septême, de Septimo (Antoine de), Damoiseau. 293.
Serguini (Humbert de). 13.
Serment (Gérard), Conseiller au Parlement de Grenoble. 360.
Serpe ou Sarpe (Jean). 316, 320.
Serrata (le Seigneur de), Chevalier. Voy. Briord. 279.

* SERRAVALLE } Jacquemette. { Pierre. 91.
Serre (le Comte de la), Lieutenant-Général des Armées du Roi, Gouverneur de l'Hôtel des Invalides, Chevalier de St. Louis. Voy. Azemar. 406.
Serrelz, Greffier. 368.
Serrieres (Miles de). 8, 235.
――― (le Seigneur de). 235, 438.
Servient (Ennemond de), Conseiller d'Etat & Président à la Chambre des Comptes de Dauphiné. 145.
――― (Ennemonde de), Demoiselle. Idem.
Servon (le Sieur de). 152.
Table.

Sesanna (Michel de), Jurisconsulte. 57.
Seve (Alexandre de), Seigneur de Chantignonville, Intendant de Dauphiné. 256, 257, 261, 263.
Sevetac (Amaury de), Chevalier. 106.
Seyssel (Pierre de). 8.
Sias (Jean). 49.
Siboud, Siboudi (Guillaume). 10.
Sicard (Charles de), Sieur de Clouas. 142.
Sicardi (Drenon). 206.
Sicards (François des), Docteur ès Loix. 111.
Sigaudi (Pierre). 334.
Signeti (Annette). 306.
――― (Aynarde). Idem.
――― (Berthon). 305.
――― (Catherine). 306.
――― (Jean). Idem.
Silens (le Sire de), Ecuyer. 79.
Sillans (Jeanne de), Religieuse à Montfleury. 432.
Silvaignii (Perronet). 54.
Silve (Jacob de). 140.
Silventis (Rolet), Notaire. 336, 337.
Silvestri (Jean), Notaire. 71, 72, 73.
Simiane (N. de), Sieur de Gordes, Chevalier de St. Michel, Capitaine de 50 Hommes d'armes, Gouverneur de Dauphiné. 134.
――― (Balthazar de), Seigneur de Gordes. 219.
Singe (Perronet). 96.
Size, Gentilhomme. 225.
Sobenas alias Vitalis (Jean), Notaire. 322.
Soffrey, Chevalier. 6.
――― alias Machera (François de). 202.
Sollas (de), Commissaire à la vérification de la Noblesse. 252.
Somardi (Claude). 334.
――― (Jean). 324.
Sonna (Pierre de), Clerc. 9.
Sonne (Guillot de la). 96.
Sonerii ou Sonier (Antoine), Chapelain. 438.
――― (Chabert). 54.
――― (Quintin). Idem.
Sortes (Mermet), Notaire. Idem.
Sosay (Jacques-Michel du), Conseiller au Parlement de Dauphiné. 377, 378.
Sostra (Jacques). 324.
Soubeyran (Augier), Notaire. 427.
Souners (Guillaume). 17.
Sourelli (Jacob). 124.
Sourt & Surdi (Guillaume), Notaire. 431.
――― (Matthieu), Notaire. 107, 430.
Soufmont (Ulric de). 8.
Stella ou de l'Etoile. { Bernard de, Bertrand de, Hugues de, V. de } 9.
Strambino (Martin de), Ecuyer du Duc de Savoie. 120.
Sublet (Greffier). 196, 197.
Suby (Jean-Nicolas), Notaire. 271, 272.
Suedi, Notaire. 430.
Surdys ou Sordis (Jean de). 354, 359.
Surfred (Guillaume). 10.
Sutron. (Joffroy de) 8.
Suze, (le Comte de) Capitaine. 433.
――― (le Marquis de). 8.
Symeysone (Claude), Demoiselle. 431.
Symon, Prêtre. 411.
――― (Y.), Greffier. 288, 289, 291, 292.
Symonet (François), Notaire. 359.

T.

TALEGREIN (Louis), Procureur. 358.
Taliferi (Louis), Prieur. 188.

f

xlij TABLE ALPHABÉTIQUE

Talifert (Jean), Notaire.	329.
Taillardi { Guillaume. Guillermon. Johannet. Pierre. }	53.
Tallart. (le Vicomte de)	105.
Taillefer. (François)	96.
Tallereau (Pierre), Homme d'armes.	187.
Talon (le Seigneur de), Intendant de Lyon.	195, 196, 197, 256.
Tapia & de la Tapie (Jean la).	358, 359.
Tardes. (de)	235.
Tardieu (Pierre), Greffier.	366.
Tarnefieu (Pierre de), Doyen de la Cathédrale de Dye.	150.
* TARVANAS ou TARNAVAS. (le Seigneur de)	214.
Tavelli (Antoine), Notaire.	206, 208.
Tazani (Pierre), Notaire.	58.
Teillies ou Teilles (Léonard de), Ecuyer, Sieur de Constaly.	397.
Tellerini { Jean, Laurent, } Notaires.	94.
Telmi. (Guillaume)	316.
Tencin (Leuzon), Ecuyer.	307.
Tenturerii & Teinturier (Domengius ou Dominique).	65, 308.
Teremis (J.), Greffier.	295.
Termeti (Gonon).	424.
——— (Pierre).	Idem.
——— (Termetus).	Idem.
Terras (Claude), Notaire.	197.
——— (Guillaume), Notaire.	Idem.
Terraffe (Aftier de la).	26.
——— (le Bâtard de la).	307.
——— (Cherla de la), Demoiselle.	364.
——— (Jean de la), Curé.	317.
——— (Liaunette de la).	46.
——— (Pellerin de la).	19.
——— (Robert de la), Damoifeau.	18.
* TERRAIL & Terrallii (Aymon de), Seigneur de Bayard.	342, 343, 344, 345, 346, 347, 348.
——— (François de), Sieur de Bernin.	220.
——— (Gaspard), Sieur de Bernin, cousin du Chevalier Bayard.	235.
——— (Philippes), Doyen du Chapitre de Grenoble.	353.
——— (Pierre), le Chevalier Bayard, Capitaine de 100 Lances, &c.	235, 436.
——— (Pierre).	328.
——— (Yvon), Seigneur de Bernin.	342, 345, 347.
Terraz (Didier).	13.
Tertulle-de la Roque (Alexandrine), Dame.	150.
——— (Jeanne de), Marquise d'Aubignan & de Loriol.	163.
Teste. (Jeanne de) Voy. Ferrand-Teste.	
——— (Léonard de), Sieur de la Modriniere.	254.
Teftouq. (Pierre del)	13.
Teuderic.	4.
Teyffelin (André), Gardien des Freres Mineurs.	428.
Teyffier, Notaire.	154.
Teyssier de Terri (Vincent).	133.
Teyffoq. (Pierre)	17.
Thanco (François de), Notaire.	83, 84.
Thanlandi, Talant. (Louis Comte de)	123.
Thematis (François de), Président de Geneve.	108.
Themines (Gabriel), Sieur & Baron dudit lieu.	366.
——— (Magdelène de).	365.
Thenon (Thomas de), Chevalier.	440.
Thetbert, Notaire.	431.
Thermes. (... de)	383.
Thetbert, Prêtre.	4.
* THEYS, de Theyfio & de Tedefio (de).	
——— (André de), Sieur de Clefles.	190, 431.
——— (Anfermet de).	364.
——— (Antonie de), Demoiselle.	364.
——— (Claude de), Seigneur de Sillans, Gentilhomme ordinaire de l'Hôtel du Roi.	191, 235.
——— (François de), Chevalier, Seigneur de Thorane.	56, 59, 60, 283, 289, 300.
——— dit Roffet (François de), Damoiseau.	70.
——— (Ginnet de).	43.
——— (Guigone de), Religieuse à Montfleury.	432.
——— (Humbert de), Damoiseau,	15, 17, 18, 37, 41, 364.
——— (Jacques de).	115.
——— (Jean de), aliàs Gaboni (Jean de), Faber.	84, 86, 115, 338. 317.
——— (Lantelme de).	16.
——— (Lyonnet de), Homme d'armes.	436.
——— (Mermet), Doyen de Grenoble.	43.
——— (Pierre de), Vicaire de la Chartreuse de St. Hugon.	30.
——— (Pierre de), Seigneur d'Hercules, Gentilhomme ordinaire de l'Hôtel du Roi.	191, 235.
——— dit le Coche (Pierre de).	219.
——— (Raymond de), Chevalier, Châtelain d'Avalon.	58.
——— (Sébastien de).	247.
Theyffier (Antoine).	431.
Thoire (Humbert Sire de).	8.
——— (Humbert), Seigneur de Thoire & de Villars.	304.
——— (Humbert), Damoiseau, Conseiller du Dauphin. Voy. Villars.	36.
Tholoni ou Thoion (Guifred), du Conseil Delphinal.	76, 322, 323.
——— (Louis de), Sieur de Ste Jalle.	225, 235.
Thomas (Jayme-Amabert).	363.
Thomaffin (Matthieu), Docteur ès Loix.	114.
Thonini (Pierre), Notaire.	17.
Thournyer (Jean).	358.
Thyvolei. (Benoît de)	142.
——— (Pierre de), Sieur de Barat.	Idem.
Tibaldis (Barthélemi de), Notaire d'Ast.	430.
Tibaud (Jean), Notaire.	431.
Tiercelin (Jacques), Seigneur de Brosse, Gentilhomme ordinaire du Roi.	228.
Tiger (Ambroise), Commissaire du Roi.	144, 146, 148, 196, 197.
Tingua, Praticien.	154.
Tisons (Bernard).	11.
Tifferand (Hugues).	96.
Tochimi. { Bernard G. Humbert Jean Pierre Raymond }	42.
Tollin. (Pierre de)	300.
Tor. (Marguerite del)	42.
Torchefellon. (Guigonet de)	96, 202.
——— Moncara, Gentilhomme.	225.
Torencus, frere d'Eudes d'Uriage.	4–5.
——— (Nantelme).	5.
* TORRENC, TORENC, TORAN & TORRANC (Cécile de), Demoiselle.	250, 251.
——— (Jeanne de), Demoiselle.	Idem.
Torte (Claude de la), Religieuse à Montfleury.	432.
Tots (Raymond de).	8.
Touche (de la).	128.
Touchebeuf.	419.
* TOULON (François de), Ecuyer, Seigneur de Guiral.	398, 402.
Tour (... de la), Greffier.	311.
——— (de la), Secrétaire.	438.
* TOUR (Aimar de la), Seigneur d'Armieu.	331.
——— (Albert de la).	10.
——— (Berlion de la), Chevalier.	12.

DES NOMS DE LA MAISON DE BEAUMONT. xliij

—— (Gillette de la). 90, 94.
—— (Guillaume de la). 96.
—— (Humbert de la). 91.
—— (Jean de la). 96.
—— (Perronet de la). 31, 32.
—— (Sidonie de la). 220.
—— d'Auvergne (Louis de la), Comte d'Evreux. 170.
—— de Gouvernet (Hector de la), Seigneur de Montauban. 218.
—— du-Pyn (le Seigneur de la). 438.
—— (François de la), Vicomte de Turenne, Capit. des 100 Gentilhommes ordinaires de l'Hôtel du Roi. 192, 193, 236, 237.
—— de Vatillieu (Aynard de la). 233.
—— (Marguerite de la). Idem.
—— (Philippes de la), Seigneur de Vatillieu, Gentilhomme ordinaire de l'Hôtel du Roi. 191, 192, 235, 236.
—— de Vinay (Antoine de la), Chevalier, Banneret, 79.
—— (Henri de la), Seigneur de Vinay. 425.
—— (Humbert de la), Chevalier, Seigneur de Vinay. 344.
—— (Jean de la), Seigneur de Vinay. 96.
Touraine (Lantelme de). 96.
Tournemine dit la Guerche (Pierre de), Gentilhomme ordinaire du Roi. 229.
Tournon (le Seigneur de). 96, 106, 235.
—— (N. de), Commandant d'une Compagnie d'hommes d'armes. 191.
—— (Claude de), Evêque de Viviers. 429.
—— (Eudes de). 10.
—— (Gaspard de), Evêque de Valence. 429.
—— (Guillaume Seigneur de), Chevalier. 59.
—— (Guigues de). 9.
Toussaints. (Lambert) 135.
Touvet, de Thoveto (Androudus du). 18.
—— (Anselmet du). 15.
—— (Brunus du). 18.
—— (Gilbert du). 19.
—— (Gilet du). 33.
—— (Girard du). 23.
—— (Humbert du), Jurisconsulte. 41.
—— (Jean du). 428.
—— (Panerius du). 18.
—— (Pierre du), Notaire. 18, 19.
—— (Rabastetus du). 19.
—— (Vivien du). 23, 24.
—— (le Bâtard du). 281.
Travalles (G.). 42.
Trazillionia (Joannin), Huissier du Conseil Delphinal. 115.
Trellis (Didier de). 37.
Tresseti (Huguet), Notaire. 350.
Tressordi (Aymon), Notaire. 115.
Trest (Guigues del). 13.
Trochon (René), Avocat. 178.
—— (autre René), Seigneur de la Chapelle, Prévôt d'Angers. 178.
Troilhon (André), Praticien. 255.
Trolheti (Amédée). 92, 94.
Trollier (François). 143, 145.
Trollieti (Pierre), Châtelain du Thouver. 352.
Tromparenc, Notaire. 431.
Tropt (Jacques), Notaire. 115.
Trouilloud, Greffier. 272.
Troyes (de), Notaire. 399.
Trucheti (Pierre). 115.
Tructo (Jean de). 301.
Tschoudi (Théodore de), Chevalier, Seigneur de Colombé, Bailly de Metz. 271.
Tupini (Jean), Notaire. 113.
Turenne (Verdun de), Sieur d'Aynac. 366.
Turpin (Charles), Seigneur de Crisé, Gentilhomme ordinaire du Roi. 230.

Tusseyo (Jean de), Chevalier. 101.
Tyvolliere (le Seigneur de la). 348.

U.

U_{DINI}. (Perronet) 74.
Ulmo ou de l'Orme (Jean del). 87.
Uriage. (Adon d') 4.
—— (Eudes d'). 3.
—— (Guillaume d'). 4.
—— (Pierre d'). 3.
—— (Pons d'). 4.
URRE, EURRE, DURRE, D'HEURRE (Aymard d'), Seigneur d'Ourche. 126.
—— dit Cornillon (Antoine d'). 114, 235.
—— (Claude d'), Chanoine. 125.
—— dit Cornillon (Claude d') Seigneur de Puy-Saint-Martin, l'un des 100 Gentilhommes ordinaires de l'Hôtel du Roi, & Lieutenant de Provence. 127, 191, 215, 236.
—— (Gaspard d'), Archer. 433.
—— de Venterol (Georges d'), Lieutenant-Général des Armées. 215.
—— (Germain d'), Chev., Seigneur de Molans. 194.
—— (Germain d'), Homme d'armes. 436.
—— (Hyérôme d'), Prieur de Grane. 125.
—— (Jeanne d'), Demoiselle. 196.
—— (Imbert d'). 126.
—— (Jourdain d'), Seigneur de Rochefort. 125, 147.
—— (Magdelène d'), Demoiselle. 126, 128, 429.
—— (N.), Seigneur de Portes. 191.
—— (Ragonde d'). 125, 147.
—— dit Tartarin (Thierry d'), Seigneur de Portes, Gentilhomme ord. de l'Hôtel du Roi. 191, 236.
Urret (Aymard d'). 202.

V.

V_{ABRES} (Jean-Anne de), Seigneur, Baron & Marquis de Castelnau. 371, 372.
Vacgnié (Pierre), Médecin. 393.
Vache (J. du), Président de la Chambre des Comptes de Dauphiné. 258.
Vacheri (Guillemine). 26.
Vacherii ou Vacher (Pierre). 107.
Vachon (Claude), Seigneur de Montrevel. 210.
—— (Claude), Seigneur de Virieu. 211.
—— (Guillaume). 210.
Vagnoni (Philippe), Chevalier. 123.
Vagnyardi & Vaynardi (Robert), Chevalier, Conseiller du Dauphiné. 36, 51.
Vaily (Heirat de), Ecuyer. 79.
—— (Henri de), Chevalier Bachelier. 79.
Vaissiere (Jacques), Notaire. 393.
Valbonnais (Didier de). 13.
Valerii (Guiffred), Auditeur des Comptes du Dauphiné. 330.
—— (Hugues). 353.
Valet (Joseph), Procureur du Roi au Siége de Cahors. 403.
—— de Reganiac (Pierre). Idem.
Vallain-Rosset, Gentilhomme. 225.
Vallée (C.), Curé. 169.
Valle-Salto (Barthélemi de). 424.
Valle-Traversa (Berthon de). 208.
Vallin, Vallini (Michel), Notaire. 312, 313, 314, 317, 318, 321, 324, 328.
—— (Trimon). 62.
Vallesperges, Vallispergiæ (Georges de), Conseiller du Duc de Savoie. 120.
—— (Henri de). 123.
—— (Ja...., ex Comitibus Vallispergiæ), Chancelier de Savoie. 108.
Valissier, Notaire. 260, 262.

f ij

xliv   TABLE ALPHABÉTIQUE

Vallon (Pierre). 328.   Vernha (Durand la). 324.
Vany de la Manche (Claude). 12.   Vernis ou Vernhes (Louis de), Sieur de Laſtours, 372,
Vaniti (Jean), Notaire. 321.   373.
Varces & de Varſe. 12. 235.   Veron (Guillaume), Notaire. 62.
——— (Raymond de). 96.   * VERRION ou BERRION (Jeanne). 188, 189, 190.
Varey & de Vareyo (Guillaume de), Chevalier 285,   Verſin (Vallet), Procureur. 378.
287.   Verſmanton (Thomas), Notaire. 154.
——— (Guillaume de), Prieur. 284, 285.   Verſonay (Jean de), Clerc. 20.
Vaſchaldes, Prêtre. 416.   Veſc, Vaeſc, Veſcq (Aymar de), Evêque de Vaiſon. 126.
Vaſſe (Noël), Rec. Général des Finances à Paris. 230.   ——— (Aymar de), Seigneur du Teil. 429.
Vaſſeur (le), Notaire. 399.   ——— (Guy de). 235.
Vatilieu (le Seigneur de). Voy. La Tour. 235, 438.   ——— (Guigues de), Prieur de Sallien. 125.
——— (Pierre de). 96.   ——— (Guillaume de). 9.
Vatry, Notaire. 166, 470.   ——— (Jean de), Seigneur de Montjoux. 218.
Vaudemont. (Hugues, Comte de) 7.   ——— (Mary de), Seigneur de Comps. 217.
* VAUSBRRE (Céſar de). 214.   ——— (Pierre de), Seigneur de Comps. 125.
——— (Guigon), Notaire. 245.   ——— (Roſtaing de), Seigneur de Beſcone, Capitaine
* VAUX (Anne de), Dame. 293, 294, 301, 303,   de 50 Hommes d'armes. 235.
305, 310.   ——— (Sébaſtien de), Homme d'armes. 436.
——— (Drodon de), Chevalier, Seigneur de la Ter-   Veſſon (Hugonet). 51.
raſſe. 282, 283, 303, 304, 310.   Veteris (Jean), Juge. 316.
——— (Drouet de), Chevalier, Seigneur de la Ter-   Vetus. (Pierre) 17.
raſſe & de Millieu. 293, 294.   Vevrant, Notaire. 178.
——— (Heleine de), Demoiſelle. 141, 154, 155.   Veye. (Jacques) 158.
——— (François de). 142.   Veyerii (Sybuec), Seigneur de Sillans. 101.
——— (Jean de), Ecuyer. 96, 154, 298, 307, 308,   Veyrat. (Jacques) 247.
309.   Veyſos. (Hugonet) 46.
——— (Jean de), Bâtard de la Terraſſe. 301, 309.   Veyſonſi. (Hugonet) 52, 53.
——— (Julien de). 142.   Vezins (Jean de), Chevalier de l'Ordre du Roi, Seig.
——— (Louis de), Chanoine Hôtellier de la Collé-   & Baron de Seneuil, &c. Capitaine de 100
giale de St. Chef. 153, 155.   Hommes d'armes. 100, 386, 387.
——— (Luce de), Demoiſelle. 304, 323.   Vial (Li). 26.
Vayreti (Guillaume). 52.   Vial (Anſelme). 145.
——— (Jean). Idem.   ——— (Jacon). 424.
——— (Perreti). 23.   ——— (Jean), Chapelain, Notaire de l'Official. 85, 115.
——— (Perronet). 52.   ——— (Jean), Notaire. 85, 431.
Velheu ou Veyllieu (Claude), Conſeiller au Parlement   ——— aliàs Michiel (Pierre). 87.
de Dauphiné. 128   ——— (Pierre). 17.
——— (Jean), Notaire. 121.   ——— (Simon). 143.
——— (Lantelme), Notaire. 427.   Vialeted. (Jaquet de) 100.
Vendôme (Louis de), Chevalier, Vidame de Chartres,   Vialonis (Pierre), Notaire. 63.
Chambellan du Roi, & Capitaine des 100.   Viauz, (Jacquemet) 19.
Gentilhommes ordinaires de l'Hôtel du Roi.   ——— (Jacous). Idem.
192, 235.   ——— (Perret). Idem.
Vendômois (Réné), Homme d'armes. 187.   Vicedominis. (Paulet de) 79, 104, 107.
Vendrandi (Girard), Miſtral de Saſſenage. 333.   Vicherdi. (Guigues) 81.
Ventes, de Ventis (Jean de), Juriſconſulte. 233.   Vicini. (Humbert) 52.
——— (Jo. de), Préſident de la Chambre des Comptes   Victaz aliàs Laueton. (Jean) 118.
de Grenoble. 234.   Vidal, Notaire. 386.
——— (Jo. de), Conſ. au Parlement de Dauphiné. 348.   ——— (Antoine), Conſeiller au Siège de Gourdon. 402.
——— (Pierre de), Seigneur de Monpaſſa. 230.   Viebo. (Etienne) 424.
* VERBAYS ou VERNAYS (Antoine), Sieur de Maſcla.   ——— (Guillaume). 52.
372, 373.   Viel-Caſtel (Jean de), Seigneur de Campagne. 386.
Verdone ou Verdon (Aymon de), Chevalier. 178.   Vienne. 419.
——— (Jean de). 321.   ——— (Guillaume de). 8.
Verger (Jean du). 96.   ——— (Jean de), Clerc. 20.
Vergy (Guillaume de), Chevalier, Seigneur de Miribel,   Viennois, de Viennefio (Arthaude de), Religieuſe à
Lieutenant-Général en Dauphiné. 295, 296, 297.   Monſleury. 432.
Verna (Joſeph-Aymard de), Préſident de la Chambre   ——— (François). 119.
des Comptes de Dauphiné. 268.   ——— (Raymond de), Notaire. 345.
Vernade (Oſias de), l'un des 100 Gentilhommes ordi-   Vieron, Notaire. 156.
naires de l'Hôtel du Roi. 127.   Vierron, (Pierre) 189, 190.
Verné (Guillaume). 96.   Vieux. (Albert) 36.
Verney, Praticien. 156.   ——— (Jean des), Seigneur de Brion. 219.
——— (Nicolas). 128.   Vieuxville (Françoiſe de la), Demoiſelle. 409, 410.
* VERNET (Cécile de), Demoiſelle. 251.   Vigan (... du). 390, 402.
Verneto ou Vetnet (Pierre de), Juriſconſulte. 286.   Vigerii, (François) 190.
* VERNEUIL (Arnaud de), Chanoine de Cahors. 354.   Vignal. (Jean) 96.
——— (Catherine de), Demoiſelle. 375.   Vigne, Notaire. 153, 154.
——— (Delphine ou Dauphine de) Dame de   Vignier, (Guillaume) 367.
Payrac & Pompignan. 354, 357, 358,   Vignolles. (le Marquis de) 353.
366, 374, 396, 418, 419.   Vigoroux (Antoine), Curé. 136.
——— (Gratien de), Chevalier, Seigneur de   Villa. (Claude-Ambroiſe de) 206.
Payrac. 354, 373.   Villacys. (Guigues) 42.
——— (Iſabelle de). 354, 358.   Vilar (Jacques), Syndic. 359.

DES NOMS DE LA MAISON DE BEAUMONT. xlv

Vilarderia (Laurence de), Archiprêtre de Livron, 303.
Villareti (Jean). 334.
Villars, (le Seigneur de) 278.
——— (le Marquis de), Amiral de France & Sénéchal de Quercy. 386.
——— (le Sire de). 440.
——— (Agnès de), Demoiselle. 280.
——— (François de). 326.
——— dit *Gros Villaus*. (Guillaume de) 59.
——— (Henri de), Archevêque de Lyon, Bailly du Comté d'Embrun. 60, 284, 285, 289.
——— (Jean de). 303, 304.
——— (Humbert de). 303.
——— (Humbert Seigneur de). 59.
——— (Jean de), Chevalier. 60.
——— (Jean de), Damoiseau. 311.
——— (Louis de), Archidiâcre de Lyon. 285.
——— (Robert de), Homme d'armes, *Voy.* Thoire. 191.
Vilet aliàs *Arbelii* (Jacques). 113.
Ville (Philippes de). 235.
Villelume (Jean de). 327.
Villeneuve (Claude de), Avocat. 257.
——— (Jacques de). 190.
——— (Jean-François de, Légiste. 158.
——— (Marguerite de). 190.
——— (Michel de), Domestique du Seigneur de Pelafol. 123.
Villepaille (Guionnet de). 96.
Villers (L. de), Greffier ou Procureur. 96.
* VILLETTE-du Mey (Antoinette de), Demoiselle. 135, 136, 137, 141, 142, 147, 154.
——— (Charles de), Seig. du Mey. 135, 136, 147.
——— (Etienne de la). 144.
——— (Gaspard de la). 223.
——— (Hugonet de). 440.
——— (Jean de), Légiste. 341.
——— (Louis de). 135, 136.
Villier (Georges), Vi-Châtelain de Theys. 365.
Villyers (Ennemond de). 142.
——— (René de), Sieur de Chailly, Homme d'armes. 442.
Vinay (Henri de). 96.
Vincent, Notaire. 135, 154, 147, 188.
——— (Antoine). 424.
——— (Guillaume de), Abbé. 150.
——— (Jean), Notaire. 70.
——— (Pierre). 424.
Vingtain, Greffier. 156, 157, 268.
Viniès (Antoine), Notaire. 368.
Violi (Sébastien), Marchand. 121.
Vion, Notaire. 148.

Viondi (Pierre), Marchand. 190.
Vity (Anselme). 23.
——— (Guichard de). 8.
Viridario. (Guillaume de) 70.
Virieu, (Arbert de) 11.
——— (Béatrix de). *Idem.*
——— (Martin Seigneur de). *Idem.*
——— de Beauvoir (de), Conseiller au Parlement de Dauphiné. 377.
Viroleti. (Lambert) 96.
——— (Raymond). *Idem.*
Visco. (Guigues) 24.
Vitalis (Antoine), Notaire. 115.
——— de Sorlages (Jacques). 324.
——— (Pierre). 424.
Viteos (Berthon). 37.
Vivier, (Benoît) 135.
Vivonne (Jean de), Seigneur de la Chastaignerae, Gentilhomme ordinaire du Roi. 230.
Voisin-de la Noraye, Maître des Requêtes. 436.
Voissent. (Gaillard de) 96.
Volonis, Notaire, Secrétaire de l'Évêque de Grenoble. 353.
——— (Zacharie), Avocat. *Idem.*
Volpilheyra (Pierre). 324, 325.
Vorichol (de), Notaire. 388.
Vors (Pierre de). 359.
Vourey (Isoard de). 31.
Voyer, Notaire. 392.
Voyer d'Argenson (M. P.). 171, 174, 175.
Voyers. (Guigues) 96.
Voysins (Jean de), Seign. d'Allezan, Homme d'armes. 385.
Vulfout. (Hugues) 55.
Vulfri, (Hugues) 54.
Vulpe (*Symonde*), Religieuse du Monastère des Hayes. 432.
Vyanes. 42.
Vybodi (Richard). 42.
Wadelbert. / 5.
Waleruf. *Idem.*
Wlliet (Antoine), Notaire. 321.
Wolbert, Prêtre. 4.

Z.

ZIENASTE (Marie-Claire-Françoise de), Demoiselle. 381.
Zuins-le Vieux (Guillaume de). 96.

FIN DE LA TABLE.

TABLE ALPHABÉTIQUE

Des Noms contenus dans le Supplément des Preuves de l'Histoire de la Maison de Beaumont, depuis la page 443 jusqu'à la fin.

A.

Acquin (Noble Jean), de Saint-Nazaire. 487.
Acu (Humbert de), Chevalier. 444.
Adrets (Artaud des). 444.
——— (Eustache des). 444.
——— (Ogier des). 444.
Aignan (Robert de Saint), Commandeur de l'Ordre de Saint-Antoine. 457.
Albanelli (Jean), Chapelain. 444.
Alberti (Lantelme). 444.
Albi (Pierre), *alias* Verron, Laboureur. 469.
Albigny (Anne d'.), Dame de Laval. 463, 482.
Albi-Verroz (Guillaud). 480.
——— (Jean). 480.
Algo. 445.
——— (Hugonet). 445.
Allandi (M.e Guillaume). 479.
Alleman (Noble Aymonette). 446.
——— (Charles I.er), Seigneur de Laval & de Sechilline, Lieutenant-Général du Dauphiné. 459, 460, 461, 463. (pluriès).
——— (Charles II.), Seigneur des mêmes Tetres. 459, 460, 461, 476. (pluriès).
——— (François), Seigneur de Cénas. 474.
——— (Guigues), Chevalier, Seigneur d'Uriage & de Rével. 446, (pluriès).
——— (Jean), Seigneur d'Uriage & de Rével. 446.
——— (Jean), Chevalier, Seigneur de Sechilline. 446.
——— (Laurence). 465.
——— (Laurent I.er), Evêque de Grenoble. 459, 460, 461, 462. (pluriès).
——— (Laurent II), Evêque de Grenoble. 460, 461, 463, 464; 473=477.
——— (Marguerite), femme de Laurent I.er, Seigneur de Beaumont. 460, 461.
Alleman (Pierre), Laboureur. 460.
Alleman-de Pasquiers (Anne), Abbesse des Hayes. 486.
Allieres (le Seigneur des). 460, 461.
Amabert (Laurent).
——— (Michel), } 480.
——— (Nicolas).
Amaberti (Henri), Tailleur. 472.
Amadrini ou *Amandrini* (Jean), Notaire. 465.
Ambel (Noble Etienne d'), Seigneur de Montbonnod. 486, 487.
Amblarde (Dame). 445.
Amblardi (Blaise). 472.
——— (Guigues), Laboureur. 466, 468, 472.
André , Notaire. 492.
Aniel (Claude), Receveur-Général de Languedoc. 447, 448.
Apvril, Capitaine d'une Compagnie de Suisses. 449.
Aquini (Noble Petreman). 446.
Arbalestier (Jean), Seigneur de Beaufort. 447, 448.
Arces (Morard d'). 453.
Argenton (Geoffroy d'), Chevalier. 445.
Arnal *ou* d'Arnal (Jean). Notaire. 493.
Artigole (d'), Notaire. 496.
Artuyer (Pierre), Avocat. 487.

Asters (Domenge).
Avancone (G. de), Conseiller au Parlement de Dauphiné. 444.
Aubusson (Demoiselle Jeanne d'). 482.
Aumont (Jean d'), Maréchal de France, Gouverneur de Dauphiné, &c. 491.
Ayndrins (Pierre & Humbert), freres. 484. 444.

B.

Bacardi (Charles).
Balaguier (Jeanne de), Dame de Cassanel & de Salvaignac. 480.
Balma (Pierre de), Clerc. 493.
Baquardi (Pierre), Prêtre. 456.
Bardonnenche (Noble Jean de). 466.
Baron (Adrien), Notaire. 446.
Barry (M.), Avocat. 449.
Bastertii (Philippe), Notaire. 499.
Bayllivi (Michel), Notaire. 478.
Beaufort (Noble François de), Seigneur de Poujol & de l'Esparre. 455, 456. 498.
Beaupuy (l'Abbé), Vicaire-Général de Sarlat. 499.
Bellecombe (Aynard de), Chevalier. 454.
Béon (N. Vicomtesse de). 490.
Bérenger (Jacques), Notaire. 446, 447.
——— (Jean), Notaire. 446.
Berlion (Noble Florimond). 446.
——— (Noble Jean). 455, 464.
Bermondi (Noble Jean). 458.
Bermundi (François), Notaire. 454.
Bernard (Guigues), *alias Droveti*, Laboureur. 461.
——— (Mangot), Ecuyer. 445. (bis).
Bertrandi, Greffier. 478.
Bescena. 444.
Bessière (Antoine). 491.
Besson, Secrétaire. 485.
Bettanis (Noble Jean). 463.
Beus (Jacques). 444.
Beysonis. (Hugues). 453.
Bidore (Pierre), Notaire. 491.
Blanchet (Jean). 444.
Boegardi (Noble Pierre), Domestique de l'Evêque de Grenoble. 462.
Boefozel (François), Seigneur du Chastelard. 474.
Bolliaud (Pierre). 444.
Bondoire (Dame Anne de). 487.
Bonet (Jacques). 467.
Bonneti (Jean), Marchand. 493.
Bonneval (Marie de), Dame de la Mothe-Fénelon. 495, 496.
Bonpar (Noble Antoine). 446.
Bons (M.e Benoît de) Procureur. 471, 481.
Borie (Antoine la). 494.
——— (François la), Clerc. 494.
——— (Guillaume de la), Ecuyer, Seigneur de la Tour. 496.
Borret (Jean). 493.
Boucher (Dame Anne-Marie), Marquise de Baynac. 499.
Boves (François). 443, 444, 445.

g

xlviij   TABLE ALPHABÉTIQUE DES NOMS

Bourdeilles (Henri - Joseph - Claude de), Vicaire-
    Général de Périgueux, &c.   499.
Boutjac (Félix), Sénéchal de Valentinois.   447.
Boutacii (Hélie), Clerc.   465.
Bouville (Charles de), Gouverneur de Dauphiné. 454.
Boys (Jean), Receveur.   492.
Brandonis (Jean), Laboureur.   469.
Bressure.   447.
Brosses (Demoiselle Marques de),   492.
Brousse (M. M.ᵉ Pascal de la), Elu en Périgord. 496,497.
Brousses (Jean), Clerc.   492.
Bruc (N. de), du Cléray.   490.
——— (N. de), de Goulaine.   490.
——— (Mabille de).   490.
Brugnodi ou *Brugnondi* (Guigues), Notaire. 463,
    464, 478.
Brune (Demoiselle Jeanne).   486, 487.
Bruni (Gaspard).   472.
Bruni (Jacques), aliàs *Regis* ou *Rey*, Prêtre. 466,479.
Brunier (Jacques) Chancelier du Dauphiné.   451.
Brunodi (François), Prêtre, Receveur de l'Evêque
    de Grenoble.   476.
Bues (Guillaume).   444.
——— (Martin).   444.
Builloud (M.ᵉ François).   447, 448.
Bussiere (Antoine de la),   444.
——— (Jacques de), Notaire.   444.

C.

Cagino (François de), Jurisconsulte.   451.
Cantalaube (Jean), Juge de Commarque.   499.
Capelle (Arnaud), Notaire.   492.
Carla, Curé.   487.
Carimual (Ennemond), Laboureur.   485.
Caroli (A.) Conseiller au Parlement de Dauphiné. 482.
Carrerii (M.ᵉ P.), Notaire.   476.
Carrier (Antoine), Notaire.   496.
Carrier - de la Deveze (M.), Curé de Baynac. 499.
Cartier (Antoine) aliàs *Guenon*, Laboureur.   461.
Cassanel (Dame Anne de).   494.
Cassard (Noble Françoise).   475.
——— (Jean).   464.
——— (Noble Michel).   478.
Cavailhon (Jean).   498.
Cauvet (Demoiselle Charlotte).   489.
——— (Philippe - Nicolas), Capitaine d'Infante-
    rie, Commandant au Mirebalais, &c. 489.
——— (Demoiselle Sophie),   489.
Cazals (Pierre), Notaire.   491.
Cezerino (Amédée de), Clerc.   456.
Chabert (Pierre),   444.
Chabuel (Hugues), Clerc.   456.
Chalendiere (Noble Amblard de la).   470, 479,
    480, 485.
——— (Noble Aynard de la).   479.
——— (Noble Claude de la).   479, 480.
——— (Noble Jean de la).   479, 485, 486.
Chalon (J.), Notaire.   492.
Changy (le Sieur de).   447.
Channas (Pierre).   444.
Chappanis (Sébastien *de*), Vice-Official de Greno-
    ble.   459.
Chapponay (de).   476.
Chapponney (le Sieur de).   449.
Chappotieres (le Sieur de).   449.
Chappusii ou Chapuis, Secrétaire Delphinal & Secré-
    taire du Chancelier du Dauphiné. 463,
    464, 465, 481, 482.
Charelli (Antoine), Clerc.   471.
Charles V, Dauphin.   451, 453, 455.
Charmini (Antoine), Notaire.   472.

Chastagnii ou Chastaing (Noble Amblard) Secrétaire
    Delphinal, Bannier de Montfort. 467, 471.
——— (Jean), aliàs *Rogerti*, Notaire. 455, 456.
    (*pluriès*) 457, 465.
Châteauneuf (Dame Anne de).   446.
Chauderon (Guillaume), Ecuyer.   445. (*bis*).
Chauff (Céleste le).
——— (Victoire le).   490.
Chinin (Guyonnet de).   490.
——— (Erluin de).   443.
Choulay (Humbert de), Seigneur de Tullins, Che-
    valier.   444.
Clavayson (Noble Jacques de).   451.
Clayrac (Guillaume), Notaire.   447.
Clementis (Guillaume), Tabellion.   492, 494.
Clerieu (Guichard de), Chevalier.   453.
Clotheraudi (Jean), Prieur de Savardun.   450, 452.
Cluzel (Balthazard de), Notaire.   476.
Coct (Guigues), Ecuyer. 459 (*pluriès*), 464, 465,
    467, 468, 470, 471.
——— (Hugues), Auditeur des Comptes de Gre-
    noble.   459 (*pluriès*).
Coctini (François), Maréchal.
Cognoz (Demoiselle Antoinette de).   479.
——— (Gilles), Seigneur de Craponnod.   486.
——— (Noble Louis de), Seigneur de Crapon-
    nod.   486.
Cokini (Antoine), Laboureur.   466, 469.
——— (Claude), Chapelain.   464.
Colonges (M.ᵉ Antoine de), Notaire.   481.
Columbini (Guigues).   479.
Combri (Aymon), Notaire.   445.
——— (Etienne).   445.
Commiers (Antoine de), Seigneur *de Masso*.   446.
——— (Noble François de), Officier de l'Evêché
    de Grenoble.   452.
——— (Guigues de), Seigneur de Bors.   446.
——— (Guigues de), Chevalier.   454.
——— (Hugues de), Chevalier, Seigneur *de
    Stappis*.   446.
——— (Hugues de), Chevalier.   453.
——— (Jean de), Damoiseau.   453.
Conchi (Jean).   446.
Coni (Noble Claude).   446.
Cornede (Pierre).
Coronon (Jean), Sergent.
Coste (Alix-Jacques de la), Avocat.   465.
Courbes (Pierre), Marchand.   491.
Coustard - de Massy (Anne-Pierre), Lieutenant des
    Maréchaux de France.   493.
——— (Pierre-Jacques), Capit. de Cavalerie. 490.
——— - de Guivaré.   490.
——— - de la Vallerie.   490.
Cristini (*Gasperidus*), Chapelain.   462.
Croix (Noble Simon de la).   453.
Crolies (Ainard de).   443, 444.
——— (Noble Antoine de).   456, 458.

A.

Dalles (Jean) Prieur.   496.
Darrelli, Notaire.   452.
Dauraoust (Pierre), Marchand.   493.
Desiderii (Guigues), Laboureur.   470.
——— (Guigues), Notaire.   470.
——— (Michel), Laboureur.   480.
Dize (Huguet).   445.
——— (Jean), Ecuyer.   445. (*bis*.).
——— (Perrot), l'aîné, Ecuyer.   445. (*bis*.)
——— (Perrot), le jeune, Ecuyer.   445. (*bis*.)
Donsac (Pierre), Notaire.   494, 495.
Dosne, Notaire.   488.

DU SUPPL. DES PR. DE LA MAISON DE BEAUMONT. xlix

Drevoys (Antoine), Laboureur. 466.
Dulfa (Jacques), Notaire & Secrétaire de l'Evêque de Grenoble. 463, 464.
Dumont (Jean). 491.
Durand (Pierre), Auditeur des Comptes. 451.
Dye (Jacques de), dit *Lappo*, Auditeur des Comptes. 451.

E.

ENTREMONT (Drouet d') , Damoiseau, Seigneur du Touvet. 453.
——— (Raoul), Chevalier. 443, 444.
Espanel (Noble Jean d'). 475.
Est (Alphonse d'). 449.
Estrées (le Seigneur d') . 476.
Eymeneti-Chivalerii (Antoine), Paysan. 460.
Eymini (Guigues). 470.
——— (Pierre). 470.

F.

FAIOL (Guillaume), Avocat. 495.
Falavel (Raymond), Jurisconsulte. 451.
Falconis (H.) Vi-Bailli de Graisivaudan. 478.
——— (Noble Barthélemi). 478.
——— (Jean) dit Gobet. 469.
——— (Noble Michel). 447.
Faure (Louis), Praticien. 476.
Fay (Noble Jacques du). 480, 484, 486, 478.
Ferrand (Claude), Chanoine de l'Eglise de Grenoble. 477.
——— (Jean), Prieur de Nacon, Vicaire-Général du Diocèse de Grenoble. 473, 476, 477.
Flacherie (Noble Pierre). 446.
Flachiers (Pierre). 444.
Flotte (Guillaume), Seigneur de Révél, Chancelier de France. 451.
Fontanati (Hugues), Notaire. 446.
Fontane (M.e Jean). 465.
——— (Raoul), Notaire. 465.
Fonte (de), Procureur. 455.
——— (Domenge de). 444.
——— (G. de) Notaire. 476.
Forestier (Jacques), Procureur. 496, 497.
Fornet, Procureur. 448.
Fournier, Notaire. 493.
——— (Jean), Docteur en Droit. 494.
Francon (Demoiselle Gasparde de). 487.
Franconis (Michel), Laboureur. 469.
——— (Pierre), dit Menun, Laboureur. 469.
Frault (François), Bourgeois. 494.
Fretat-de Sarra (Jean-Augustin de), Evêque de Nantes. 490.
Frette (Garnier de la). 444.
Frumenti (Guigues), Notaire. 411.
Fuzerii (Antoine), Notaire. 459.

G.

GALBERTI (Antoine), Marchand. 475.
Galhardi (N.), Notaire. 482.
Galiart (M.e Annet). 492.
Galliani (Pierre), Notaire. 459, 460, 465.
Gallifet (le Sieur de). 449.
Garduyn (Pierre). 466.
Gaulejac (Noble Jacques de), Seigneur de Saint-Paul. 496.
Gaultier (Vilhet), Notaire. 483.
Gaussen, Secrétaire. 499.
Gauterii (Jean), Notaire & Solliciteur d'Affaires , Châtelain de Monsfort , Receveur-général de Laurent I.er de Beaumont. 463, 464, 465, 468, 470, 471, 474, 475, 476, 477, 480 *(bis.)*
Gay (N.), Notaire. 482.

Gay (Guigues), Chancelier ou Garde du Sceau (Sigillifer) de l'Evêque de Grenoble. 459.
Geoffroy (Jean) Tailleur. 496.
Gerbeys (Noble Emé de), Seigneur de Sonnas. 487.
Giraudet (Ramond), Marchand. 493.
Gisson (Jean-Jacques de), Lieutenant-Général en la Sénéchaussée de Sarlat. 499.
Gleysat. 483.
Gleyzadi (Guigues), Notaire. 478.
Godeti (Soffrey), Sergent Delphinal. 467.
Gojonis (Jean). 479.
Goulart (Jean), Ecuyer. 445 *(bis.)*
Gourdon (Antoine de), Baron dudit lieu, Vicomte de Gaifres, &c. 493.
Gourgues (N.) Dame de). 490.
Grandbourg (de), Secrétaire. 489.
Granges (Noble Guigues de). 446.
——— (Noble Jean de). 446.
Graffi (M.e Charles). 476.
Graffi Faber (Jean). 460.
Griffoul (Pierre), Marchand. 493, 495.
Grillioudi (Claude). 479.
——— (Pierre). 479.
Grinde (Noble Jean), aliàs Pichat.
Guanaudi (Pierre). 444.
Guaynere (Guigues). 444.
——— (Guillaume). 444.
——— (Pierre). 444.
Guerse (Noble Guigues). 446.
Guillermerii (Antoine), Notaire. 458.
Guillet (André). 444.
Guilliermerii (Noble Antoine). 456.
Guillon (Jean), Juge Commun de la Ville de Grenoble. 446.
Guionetti (Hugues), Tailleur. 453.

H.

HAUTE-VILLE (Jean de), Docteur ez Loix. 451.
Hemx (Guillaume), Juge de Montfort. 453.
Hérauds (Jean), Bourgeois. 495.
Hérault, Notaire. 490.
Herbesio (H. de), Conseiller au Parlement de Dauphiné.
Hilaire (Perrot de Saint), Ecuyer. 445 *(bis.)*
Historia (Claude *de Donatus*). 466.
Hugo (Pierre & Vincent), freres. 444.
Hugues, Dauphin, fils d'Humbert I.er 456.
Humbert I.er , Dauphin, Seigneur de la Tour. 456.
Humbert II , Dauphin. 450, 451, 453.

J.

JALABER, Notaire. 490.
Jaquemonis (Jean).
Jay (Benoît). 485.
——— (Jean) aliàs *Gudy*, Laboureur. 469.
——— (Pierre). 485.
Jay-Gudy (Gabriel). 479.
Joly, Notaire. 496.
Jordans (Guirard). 444.

L.

LALIER (Noble Jeannin). 447.
Lamberti (Hugonet). 444.
——— (Pierre). 444.
——— (Vidal). 444.
Lances (Noble Charles de). 486.
Lanjac (Noble Jean de). 492.
Latrard (Alexandre-Remi-Marie de), Chevalier de Larrard, Officier aux Gardes. 488.
Lathodi (Pierre), Prêtre. 477.
Latonis (Claude), Laboureur. 466.
——— (Pierre), Laboureur. 466.
Laurens (Guigues), Notaire. 484-487.
Lescure (François de), Domestique. 497.

g ij

TABLE ALPHABÉTIQUE DES NOMS

Leftevenie (Demoifelle Anne de). 493.
——— (Guillaume de), Bourgeois & Marchand. 493 (bis).
——— (Noble Jean de), Ecuyer. 493.
——— (Ramond de), Ecuyer. 493.
Lifle (Jean de), Notaire. 449.
Lodum (M. de). 483.
Lombardi (Bérard). 466.
Loras- de Montplaifant(Demoifelle Claude de). 486.
Louradour, Vicaire. 487.
Ludovici -Chapufius (Michel.) 461.
Luynes (Auguftin de). 490.
——— (N. de), Capitaine de Dragons. 490.
——— (N. de) des Fontenelles. 490.
Lyonne, Clerc. 450, 451, 455, 456, 458.

M.

Macon (Noble Pierre de). 484.
Magiftro (Johanquinus de). 412.
Magnin (Claude), Marchand de Grenoble. 482.
Majan (Noble Pierre). 464.
Mailles (de) (de Maliis), (Claude) ; Notaire & Greffier de l'Officialité de Grenoble. 462.
Mainffier ou Maniffier (Antoine). 447, 448.
Mandelot (M.), Gouverneur du Lyonnois. 449.
Maraval (François), Avocat. 495.
March (Noble Jacques). 486.
——— (Noble Jean). 447, 486.
——— de la Salle (J. le). 490.
Marié (Hélène le). 490.
Mariol (Gérard), Marchand. 496.
Marrelli (H.), Conseiller au Parlement de Dauphiné. 482.
Mattin (Pierre). 444.
Marty (Françoise de) 491, 492.
Maffault (Demoifelle Gabrielle de). 496.
Maffe (Eliot de), Ecuyer. 445 (bis).
Maffis (Hugot). 492.
Maffon (Noble Jacques de) 485.
——— (Noble Jean). 486.
Maffonis ou Maffon (Noble Claude). 467, 480.
——— (Noble Guillaume). 472.
——— (Noble Jean), Châtelain de Montfort. 464, 465, 468, 469, 471.
——— (Noble Laurent). 480.
Maffuers (André). 444.
Maugiron (Aymar de), Doyen de l'Eglife de Vienne. 474.
Mayachii (André), Notaire. 453.
Maynaudi (Pierre). 444.
Melhon (Ennemond), Notaire. 484.
Mercerii (Pierre), Conseiller au Parlement de Dauphiné. 482.
Merguin (Jean), Laboureur. 470.
Meyffonat (M.e Charles) 447, 448.
Molario (Jean de). 444.
Moleti (Hugues), Notaire. 452.
Montaynard (le Seigneur de). 467, 471.
Montchenu (Marin de), Chevalier, Conseiller du Roi & Bailli de Graifivaudan. 478.
Montel - Delrayffe (Jean), Fermier. 492.
Montfort (Noble Antoine de). 446, 455, 456, 457.
——— (Noble François de). 446.
——— (Demoifelle Marguerite de). 459 (pluriés.) 462, 464, 465, 466, 467, 468, 469, 470.
——— (Noble Pierre de). 459 (pluriés), 463, 464, 465 (pluriés), 466 (pluriés), 467 (pluriés), 469, 471 id, 472.
Morard (Louis), Prêtre. 461.
Morelli (Pierre). 444.
Morges (Gabriel de), Seigneur de la Motte-Verdoyer, Gouverneur de Grenoble. 449.

Mortemoufque (Antoine), Praticien. 499.
Moftardin ou Moftardini (François). 452, 453, 455, 457.
Moftolac (Jean), Notaire. 492.
Muleti (Ey.) Conseiller au Parlement de Dauph. 482.
Munrianne (Noble Jean). 463.

N.

Narcie (Sébaftien), Notaire. 449.
Navailles, Lieutenant des Gardes du Duc de Nemours. 449.
Neufville (de). 449.
Neyreti (Hugues). 443.
Noblet (Noble Guyot). 447.

O.

O-Gorman (Victoire - Arnold - Martin.), Capitaine de Dragons. 489.
Oyfencii dit Rafcult ou Rafelo (Claude). 470.
——— (Raimond), Cordonnier. 470, 471.

P.

Paviot (Noble Antoiné). 467, 472, 480, 487.
——— (Noble François de). 487.
——— (Demoifelle Guigone de). 487.
——— (Noble Jacques de). 486, 487.
——— (Demoifelle Marguerite de). 487.
——— (Noble Matthieu). 465, 472 (pluriés).
Pelegrue - de Caffanel (Demoifelle Antoinette de). 493 (bis), 494.
Perati (Jean). 467.
Pereracti ou Pereyrat (Gabriel), Laboureur. 466, 469.
Pererii (Jean), Notaire. 472.
Perini (Domenge). 444.
Perinelli (Noble Jean). 446.
Perralis-Chapufius (Guigues). 467.
Perrardi (Guigues). 480.
Perrardi - Chapufius (Guigues). 470.
Perreon. 447.
Perriere (François de la). 480.
Peyraudi (Jean), Notaire. 466.
Philippe (Dame). 443, 444.
Plas (Claude de), Seigneur de Saint - Hilaire, &c. Gentilhomme de la Chambre du Roi, 493.
Plated (Guiffrey de), Notaire. 478.
Platelli, Notaire. 474.
Picati (Chriftian).
——— (Claude).
——— (Jacques).   } 479.
——— (Philbert)
——— (Pierre).
Poifieu (Claude de), Seigneur du Paffage. 474.
Poitiers (Louis de), Comte de Valentinois & de Diois. 450, 451, 452.
Pol (François Comte de Saint), Gouverneur de Dauphiné. 481.
Polleti (Richard). 444.
Poly (l'Abbé de), Vicaire-Général. 490.
Poncini dit Roux (Bonet). 445.
Pont (Jean du), Notaire. 483, 484, 485, 486.
Pont - Picat (Jean du), Laboureur. 485 (bis).
Ponte (Antoine de). 479.
——— (Guichard de) aliàs Picati, Laboureur. 467.
——— (Guigues de), Notaire & Commiffaire à Terrier. 477-480.
——— (Jacques de). 479.
——— (Pierre de). 479.
Pouget (Noble Antoinette du). 492.
——— (Jean du), Seigneur du Repaire. 491.
Poujol (le Capitaine). 449.
Pratis (Noble Pierre de). 446.

DU SUPPL. DES PR. DE LA MAISON DE BEAUMONT. lj

Prepositi (Marquet), Serviteur de l'Evêque de Grenoble. 462.
Punhet (Joseph), Juge. 491, 492.
Puy (Georges du), Marchand de Lyon. 476.
―――― (Martin du), Procureur du Roi à Gourdon. 495.

R.

*R*ABOCTI (B.), Président au Parlement de Grenoble. 482.
Racos (André). 444.
―――― (Pierre). 444.
Raimond, Notaire. 443.
Ramade (Jean), Notaire. 493.
Rasculi ou *Rascle* (Jean) ; Receveur & Procureur de Laurent I.er de Beaumont. 480.
―――― (Pierre), Laboureur. 466.
Ravier (Noble Guigues). 447.
Redon (Pierre), Lieutenant de la Jurisdiction de Commarque. 499.
Redon - de Beaupreau. 489.
Regis (Jacques), Prêtre , Receveur de Montfort. 475.
Remis (J. de), Secrétaire du Roi Charles V. 415.
Remy (Noble Louis de Saint), Avocat. 487.
Revel (François de) , Chevalier. 451.
Reymond (Noble Reymond de). 456, 458.
Reymundi (Noble Guigues). 475.
Reyne (Géraud la) Clerc. 497.
Riberel (Dame Marguerite de), Abbes. des Hayes. 486.
Riberie (Etienne). 452.
Richard (Magdeleine). 490.
―――― (Victoire). 490.
Richard - de Saint - Priest (Demoiselle Marguerite). 459, 460, 451 (*pluriès*)
Rivaillii (A.), Conseiller au Parlement de Dauphiné. 482.
Rochelle (Jean de la), Docteur ez Loix. 462.
Roger (Pierre). 444.
Rolland (Ennemond), Chanoine de l'Eglise de Grenoble. 474.
Rosille (Jean), Ecuyer. 445 (*bis*).
Rossignol (M.e Aymon), Procureur. 481.
Rouen, Notaire. 487.
Roulx (Noble Claude), sieur d'Ard. 487.
―――― (Demoiselle Jeanne). 487.
Roussillon (Amédée de), Chevalier , Co - Seigneur du Bouchage. 451.
Royer, Notaire. 496, 497.
Rusi (Raymond). 444.

S.

*S*ACCARDI (Demoiselle Charlotte de). 459.
Sacheti (Antoine), Laboureur. 459.
―――― (Gaspard) Laboureur. 459, 461.
Sainct Clar (Gratien), Marchand. 496.
Sald (André de) , Clerc. 459, 461.
Salaup (Pierre). 495.
Sales (Antoine de), Juge de Valence. 497.
Salignac (Bertrand de), Chevalier des Ordres du Roi, Conseiller au Conseil d'Etat & Privé. 494.
―――― (François de), Baron de la Mothe-Fénelon, &c. Chevalier des Ordres du Roi. 493, 494, 495, 496 (*bis*).
―――― (Jean de), Seigneur de la Mothe - Fénelon. 494.
―――― (Noble Jeanne de), Demoiselle de Toussailles. 493, 496 (*bis*).
―――― (Marguerite de). 494, 495.
―――― (Noble Pierre de), Seigneur de Fontpiron. 494.

Salignac (Noble Pons de), Seigneur de Voluc. 496.
Salvaing (Noble Monet). 475.
Salvayat (Jean). 444.
Sanglier (le Chevalier de).
Sassenage (Henri Seigneur de), Chevalier. 446.
Savoyati , Clerc. 410, 411, 455, 456, 458, 459.
Secundi (François), Notaire. 467.
Serech (Noble Guyon du), Seigneur de la Coste. 491.
Seydest (Jean), Notaire. 456.
Seypinel. Clerc. 459.
Seytoris (Claude), Notaire. 475.
Silvestri (Jean), Notaire. 415, 417.
Simiane - de Gordes (M. de), Lieutenant du Roi en Dauphiné. 449 (*bis*), 483.
―――― , M. de la Roche, son frere. 483.
Sinemoz (Pierre), Sergent. 471.
Soffredi (Noble François) aliàs *Maschera*. 447.
Sourdes (Jean), Marchand. 493.
Stay (Claude), Laboureur. 466a
Symundi (Paul), Notaire. 477.

T.

*T*ARDINOBIS (V.), Conseiller au Parlement de Dauphiné. 482.
Terrail (Noble Gaspard). 486, 487.
―――― (Jacques). 482.
Tetrocy. 447.
Theys (François de), Chevalier, Seigneur de Thoranne. 451.
―――― (Humbert de). 443, 444.
―――― (Noble Jean de), aliàs Malart. 446.
―――― (Noble Mermet de), Seigneur de Thoranne. 446.
―――― (Pierre de), Ecuyer. 482.
Tollinobret (Charles de). 480.
―――― (Jean de). 480.
Torneriis (Noble François *de*), Seigneur de Saint-Agnès. 463.
Touvet (M.e Guillet du). 444.
―――― (Humbert du).
Truffati (*Telmonus*), Laboureur. 461.
Turri (Pierre). 470.

V.

*V*ACHERII (Jean), Notaire. 446.
Valery (Guillelme). 444.
Vallini (Michel) Notaire. 457 (*pluriès*), 458.
Vantes (Noble Berthon de), de Lance. 486.
Vaye (Catherine de la). 486, 487.
Veanne (le Sieur de), Maréchal de la Compagnie de Gordes. 449.
Veccat (Prudent de). 491.
Vicbo (Pierre). 444.
Vieilleville (le Maréchal de). 447.
Villars (Thoire) (Humbert Seigneur de) , Chev. 451.
Villeneuve (le Seigneur de) 476.
Volonis (Jean), Notaire & Secrétaire de l'Evêque de Grenoble. 419 (*pluriès*); 474, 476.
Verneuil (Gratien de), Chevalier , Seigneur de Payrac & de Pompignan. 482.
Véry (Pierre), Marchand. 491, 492.
Veynes (M. de). 483.
Veyreti (André). 444.
―――― (Hugues). 444.
―――― (Pierre). 444.
Vialleti (Pierre), Clerc & Notaire. 465, 467, 468, 470, 472.
Vorichol (N. de), Notaire. 491.
Urvoy (l'Abbé), Vicaire - Général. 490.

Fin de la Table Alphabétique du Supplément des Preuves.

TABLE ALPHABÉTIQUE

Des Terres qui ont été possédées, à différentes époques, par la Maison de Beaumont.

A.

Adrets (des), en Graisivaudan, 20, 38, 44, 45, 46, 50, 55. Mont-Adrets, 54, 58, 64, 70, 90, 115, 201, 208, 234, 245, 256, 260, 261, 263, 342, 345, 347, 353, 444, 446, 449.
Albergement le-Duc, en Bourgogne, 415.
Alby (Saint), *Voyez* Saint-Aubin.
Antoilles, Maison-Forte en Viennois, 72, 107, 110, 111, 118, 131, 132, 189, 193, 431.
Arc (l'), Montagne en Graisivaudan, 15, 29, 30.
Arquille, Montagne en Graisivaudan, 15.
Aubin (Saint), en Périgord, 386, 389, 392, 395, 403, 408, 409, 413, 417, 418, 419, 496, 497, 499.
Auti, en Querci, 379, 380, 381, 382, 383, 489.
Autichamp, en Valentinois, 76, 84, 103, 111, 112, 113, 118, 127, 129, 131, 132, 133, 134, 135, 137, 138, 141—198, 419, 426, 427, 430, 431, 434.

B.

Barbieres, en Valentinois, 62, 71, 78, 103, 104, 111, 123, 126, 128, 129, 130, 131, 133, 134, 135, 137, 138, 139, 142, 371, 426, 428, 429, 430.
Barraux, en Graisivaudan, 41, 51, 61, 78.
Barre (la), en Savoie, 107, 109.
Bastie-Gessans (la), en Dauphiné, 306, 364, 450, 451, 452.
Bastie-Rolland (la), en Valentinois, 108, 115, 118, 123, 124, 125, 126, 129, 130, 131, 133, 136, 426, 427, 428, 429, 431.
Beaumont, Château en Graisivaudan, 13, 16, 19, 26, 64, 65, 66, 67, 68, 71, 93, 260, 277— 377, 378, 385, 396, 397, 407, 408, 418, 419, 442, 444, 446, 450, 411, 413—418, 462—487.
Beaumont, Château en Trièves, 287, 288, 289, 292, 441.
Beauvoir en Royans, 437.
Besset en Auvergne, 250, 251, 252, 259.
Bovinant, Montagne en Graisivaudan, 6.
Bouteyrice (la), Domaine en Périgord, 498.
Brisitorta en Graisivaudan, 24, 70.
Broduisan; 369.

C.

Capette, Métairie en Périgord, 498.
Castel en Périgord, 400—404, 413, 419, 497.
Gavalon, 369.
Chabrillan en Valentinois, 76, 106, 118, 189, 190.
Chanron, ou Champ-rond, Domaine en Dauphiné, 174, 195, 196.
Chantemerle en Briançonnois, 89, 90, 93, 95, 240, 452.
Château - Gontier, en Anjou, 174.
Christophe (Saint), 180 183.
Coupier, (Maison-Forte), en Dauphiné, 275, 437.
Crémieu en Viennois, 110, 111, 131, 259.
Crolles en Graisivaudan, 333, 334, 340, 351, 356, 360, 363, 365, 367, 368, 369, 370, 371, 374, 375, 418, 415, 416, 466, 479 480, 483, 484—487, 497.
Cyprien (Saint), en Périgord, 497.

D.

Dizimieu en Viennois, 110, 111, 131.
Duzès, 259.

E.

Echelles (des), en Savoie, 10, 81, 93.
Eulalie (Sainte), en Périgord, 488.

F.

Fay (le), 450, 451.
Fiançayes en Valentinois, 62, 71, 78, 104, 125, 129, 139, 426, 428, 429.
Floranciere (la), en Anjou, 159, 161, 163, 183.
Frette (la), en Graisivaudan, 16, 24, 26, 33, 40, 41, 47, 51, 52, 61, 64, 65, 66, 67, 68, 71, 72, 73, 74, 78, 81, 82, 83, 87, 88-93, 209, 241, 260, 299, 307, 309, 311, 312, 315, 318, 339, 340, 342, 344, 355, 356, 424, 426, 446.

G.

Galerne, Maison-Forte, 88, 93 240, 241, 242.
Gerbeys; 141, 142, 145, 146, 441.

H.

Hercules ou Réculat en Dauphiné, 201, 235, 250, 251.

I.

Ibirac en Périgord, 370, 386, 389, 390, 392, 393, 394, 418, 496. *Voyez* Nabirac.
Isle (l'), ou l'Isle des Ayes, en Dauphiné, 246, 249, 253, 254, 255, 256, 259, 266, 268, 269, 270, 272, 273, 354.

L.

Laidournac en Périgord, 367, 368.
Laval en Dauphiné, 7, 60, 81, 117, 121, 419, 460, 461, 463, 464, 476, 487.
Lumbin en Dauph. 334, 336, 340, 345, 346, 350, 356, 363, 456, 463, 464, 469, 475, 480.
Lumbinet en Dauphiné, 463, 464.

M.

Mamans (Saint), en Valentinois, 71, 138, 139. Marches (des), en Savoie, 101, 106, 107, 108, 109, 113, 115, 118; hommage, 120; autre, 123, 428.
Masso (de), en Dauphiné, 59, 189.
Meyrals en Périgord, 400, 401, 403, 405, 413, 497, 498. *Voyez*, la Roques - Meyrals.
Miribel près Romans, en Dauphiné, 128, 133, 134, 146, 158, 162, 166, 172, 173, 174, 178, 179, 182, 295, 296, 297.

DES TERRES DE LA MAISON DE BEAUMONT. liij

Mirol en Dauphiné, 201, 279, 306, 315, 450, 451, 452.
Montaud en Dauphiné, 259, 263, 265, 266, 267, 268, 269, 270, 272, 273, 274.
Montbos en Périgord, 488.
Montfort, Château & Mandement en Graisivaudan, 71, 74, 87, 282, 283, 284, 293, 294, 298, 299, 300, 303, 306—378, 386, 396, 397, 409, 418, 419, 446, 450, 451, 453, 455—459, 463—480, 484—489.
Montmoutier en Anjou, 158, 159, 173, 174, 183.
Mothe-Galaure (la), en Dauphiné, 306, 364, 410, 451, 452.

N.

NABIRAC ou Nébirac ou Névirac, en Périgord, 389, 390, 391, 393, 395, 396, 401, 402, 403, 408, 409, 413, 417, 418, 494, 497, 499.

P.

PAYRAC en Quercy, 354, 359, 363, 364, 365, 366, 367, 368, 369, 370, 371, 372, 373, 374, 376, 377, 378, 380, 386, 389, 391, 393, 396, 418, 419, 439, 482, 484—487.
Pélafol en Valentinois, 62, 63, 64, 71, 72, 73, 78, 101, 103, 104, 106, 108, 109, 110, 113; hommage, 116, 117, 118, 119, 120, 121, 122, 123, 124, 125, 126, 129, 133, 137, 138, 139, 220, 299, 307, 315, 342, 371, 423, 424, 425, 426, 427, 428, 429, 430.
Peyretaillade en Périgord, 442.
Pompignan en Languedoc, 359, 363, 365, 367, 368, 369, 370, 371, 372, 373, 374, 375, 376, 377, 379, 396, 418, 419, 439, 482, 484—487.
Puiguilhen en Périgord, Matquisat, 488.

Q.

QUENTIN (Saint), 83, 88—91, 93, 115, 201, 202, 204, 206, 207, 233—242; Dénomb. 240, 249, 250—274, 336, 339, 342, 358, 359, 446, 464.

R.

RAMBERT (Saint), en Viennois, 145, 148, 156, 157, 162, 163, 166, 169, 173, 174.
Repaire en Périgord (le), 366, 367, 368, 370, 383, 386—405, 407—410, 413, 417, 418, 419, 491—497, 498, 499.
Repaire-Laval (le), 418, 496.

Repaire des Treihes (le), en Périgord, 367, 368.
Reparra (la), en Valentinois, 132, 189; la Préparate, 190.
Roche-fut-Grane, en Valentinois, 76, 142—146, 148, 149, 150, 152, 156, 157, 159, 161, 163, 165, 166, 169, 171, 173, 174.
Rochefort en Valentinois, 106, 107, 110, 117, 120, 124, 129, 138, 194, 426, 427, 428, 429.
Rochemure en Auvergne, 250, 251, 252, 253.
Roissieu en Valentinois, 61—71, 428.
Roque (la), en Périgord, 400—405, 407—410, 413, 417, 419, 497, 498, 499.
Roque-Meyrais (la), 404, 497.
Roque-des-Péagers (la), 394, 397, 398, 400.
Rustice (Saint), en Gascogne, 371.

S.

SABINE (Sainte), ou Monplaisir, Métairie en Périgord, 404, 468.
Sana, 183.
Sellier de Beaumont (le), en Graisivaudan, (Tour) 340.
Senez, 183.
Seuil, ou l'Ault du Seuil, en Graisivaudan, 15, 29, 30, 336, 340, 356.

T.

TENAC en Périgord, 488.
Terrasse (la), en Graisivaudan, 22, 41, 49, 204, 253, 282, 283, 293, 300, 302, 303, 304, 309, 310, 313, 322, 323, 325, 330, 332, 338, 339, 350, 356, 364, 365, 443, 463, 475, 482.
Tencin en Dauphiné, 59, 207, 208, 246, 249, 374.
Tour de Tencin (la), en Graisivaudan, 245, Dénombrement, 207, 246, 247, 249, 253, 256, 262, 437.
Touvet (le), en Graisivaudan, 16, 19, 22, 23, 24, 25, 31, 34, 35, 37, 40, 45, 46, 52, 64, 66, 68, 73, 75, 84, 125, 201, 253, 260, 277, 281, 297, 298, 299, 301, 304, 308, 309, 311, 312, 314, 317, 318, 319, 331, 332, 339, 340, 341, 350, 352, 353, 355, 356, 364, 399, 444, 453, 475, 482, 483.
Tullins en Dauphiné, 81, 84, 89, 93, 94, 241, 265, 411.

V.

VEYNES en Dauphiné, 117, 119, 121, 125, 326, 429.

Fin de la Table des Terres de la Maison de Beaumont.

ns
TABLE ALPHABÉTIQUE

DES NOMS des Terres mentionnées dans ces Preuves.

A.

Aguyn, 385.
Aiguebelle, 191.
Aimes, 357.
Ainac, 366.
Albenc, 201.
Albiac, 403.
Aleriis (de), Castrum, 348, 432.
Alixan, 89, 138.
Allau, 191, 192.
Allefan, 385.
Allevard, 37, 43, 44, 50, 60, 253, 301, 306, 325, 326, 350, 450, 452, 454.
Allin, 433.
Alnulphi, (Castrum), 76.
Ampuy, 235.
Andaux, 391, 392.
Anjou, 59.
Apremont, 286, 290, 293.
Arbencii, (Castrum), 320.
Ard, 486.
Argenson, 219, 274.
Argentiere (l'), 61.
Ariat, 279, 280.
Armen, 233, 331.
Artaudiere (l'), 217, 224.
Avalon, 20, 33, 35, 42, 43, 46, 51, 52, 57, 58, 94, 301, 306, 322, 325-328, 330, 341, 342, 343, 345, 348, 357, 410, 452, 454.
Avançon, 219.
Aube, 272.
Aubignan, 163.
Auchy, 230.
Audefret, 219.
Aux-Saints, 379.

B.

Bailfou, (Badefol), 392.
Baiagny, 229.
Barat, 142.
Barbentane, 101.
Bastide (la), 321, 385, 395, 397, 398, 403.
Bastidette (la), 377.
Bastie (la), 191, 192, 236.
Bastie-en-Royans (la), 64, 423.
Bastie-d'Arces (la), 326.
Bastie-Meylan (la), 329, 335.
Bastie-de Revel, (la) 359.
Bastie-de Vourey, 359, 429.
Baulme (la), 433.
Bayard, 357.
Bayette, 115.
Baynac en Périgord, 499.
Beaucaire, 372.
Beauchastel, 8.
Beaufort, 447.
Beaumac, 442.
Beaupuy, 372.
Beauvoir, 273.
Becon, 46.
Bellechambre, 26, 86, 339, 364, 462.

Bellecombe, 58, 60, 355, 356.
Bellegarde, 278.
Berniere, 259.
Fernins, 220.
Bertilhiac, 370.
Blacons, 218, 220, 431.
Blanchaye (la), 171.
Bleins (des), 142*.
Blottiere (la), 162.
Boczozel, 201.
Bois-Dauphin, 230.
Boisse (la), 380.
Boissiere (la), 110, 395, 396.
Boissieu, 131, 132, 257.
Bonnevaux, Abbaye, 10.
Bonrepos, 224.
Borie (la), 395, 397.
Bors, 446.
Boscodon, Abbaye, 86.
Botieres, 355, 356.
Bouchage (le), 60, 79, 278, 279, 451.
Bouchard, 230.
Bouisse (la), 403.
Bouniolis, 413.
Bourbon en Provence, 427.
Brantofme, 229.
Brafconhie (la), 365.
Bressieu, 114, 235.
Brezé, 229.
Brienne, 228.
Brignoud, 207.
Briguemont, 372.
Brion, 219.
Bron, 142, 144.
Broise (de), 228.
Brosses, 385.
Bruis, 441.
Bruison, 445.
Buissiere (la), 17, 35, 58, 77, 78, 306, 322, 330, 337, 441, 450, 452, 454.
Burset, 103.

C.

Calhiac, 388.
Campagne, 386.
Candé, 174.
Capelle (la), 372.
Cassanel, 388, 390, 493.
Castelnau, 371.
Cathus ou Cattus, 370, 391.
Cenas, 474.
Certaux, 232.
Chabannes, 359.
Chabreilhe, 428, 429.
Chailly, 442.
Chaylar (du), 218.
Chalancon, 337.
Chalval, 274.
Chambonas, 433.
Chamoue, 355.
Champ, 115, 119, 121, 207, 233, 333, 335, 432.
Chantignonville, 257.
Chapelle (la), 378, 379.
Charaman, 462.

Charce (la), 219.
Charpey en Valentinois, 89, 93, 138, 231.
Chatty, 386.
Chartreuse (la grande) 6, 37, 46.
Chartreuse de Saint-Hugon (la), Voyez Saint-Hugon.
Chaste, 535.
Chastelard, 208, 245, 344, 345, 346, 347, 356, 441.
Chate, 274.
Château-double, 150.
Châteauneuf, 201, 231, 232, 279, 441.
Château-villain, 414.
Chatronieres, 269, 270, 271, 273.
Chelas, 339.
Chevrieres, 122.
Chuzelles, 142.
Clairfage, 393.
Cléreau, 251.
Clérieu, 93, 450, 452.
Clermont, 370, 441.
Clesles (de), 190, 431.
Ciouas, 142.
Coche (la), 219.
Collombey, 442.
Combe-nègre, 397.
Commarque, 409, 410, 499.
Comps, 125, 217, 374.
Concores, 370.
Condillac, 188.
Condorcet, 217.
Confollenc en Auvergne, 85.
Confollenx en Dauphiné, 452.
Corgeron, 278.
Comin, 274.
Coste (la), 382, 383, 441.
Coste Saint-André (la), 449.
Coulombieres, 385.
Courenzich, 445.
Courtaujay (la), 173.
Cousan, 209.
Coustaty ou Constaty, 397, 398.
Crapanod, Maison-Forte, 455, 486.
Curamonte, 388, 493.
Crest, 426, 428, 429.
Crest-Arnaud, 10.
Crissé, 230.

D.

Dade, 409.
Danglars, 388.
Dapniac, 428.
Dextresseisses, 366.
Dieu-Adjeu, 431.
Domaissin, 441.
Domene, Prieuré, 3, 5, 22, 38, 46, 77, 206, 437.

E.

Eglui, 150.
Eibons, 357, 367, 483.
Eidoches, 225.
Entrechasteaux, 229.
Entremonts,

DES TERRES MENTIONNÉES DANS CES PREUVES.

Entremonts, 40, 50, 277, 278, 283, 356, 441.
Éschirenne, (l') 253.
Estang, (l') 217, 224.

F.

Fages, 403.
Faye, (la) 191.
Faucigny ou Foucigni, 35, 283.
Faventines, 144.
Féirac, 410.
Férebaux, 372.
Feuillée, (la) 239.
Floyrac, 388, 493.
Fompiton, 390, 392, 494.
Fonfimat, 446.
Fosseux, 229.
Foussac, 388, 493.
Franzinhac, 372.
Fresne, (du) 208.
Froges, 59, 207, 464, 465.

G.

Gaifrbs, 493.
Gajlhac, 403.
Gaillard, 405.
Ganhac, 370.
Garde, (la) 59, 106, 379.
Garde-Paréol (la), au Comtat Venaissin, 163.
Gastine en Auvergne, 85.
Gaunie, 404.
Gensac, ou Ganfac, 279, 365.
Gernye, 142.
Gessans, 364, 433.
Giere, 357, 365, 483.
Gigondas, 157.
Gigors, Château, 76, 77.
Gimois, 407.
Ginouilhac, 442.
Giverzac, 403.
Goalard, 407.
Goas, 407, 408.
Goncelin, 16, 60, 322, 325 330, 339, 350, 357, 364, 443, 445.
Gourdon, 370.
Grandbos, 409.
Grandville, 169, 172.
Grandmont, 113, 385.
Grange, (la) 142.
Graulejac, 390.
Gresse, 10.
Grignan, 188, 189, 190.
Gua, (du) 194.
Guerche, (la) 229.
Guilhonne, 403.
Guiral, 395, 397, 398.
Guytault, 385.

H.

Hayes (les) Abbaye, 12, 15, 46, 86, 486.
Hataucourt, 229.
Hardifas, 372.
Haussatiere, 413.
Hauteville, 229, 441.

J.

Jans, 229.
Illins 123, 127, 191, 162, 201.
Iseron, 60, 231, 232, 274.
Juliere (la), 183.

L.

Labourel, 372.
Laini, 125.
Lande, 230.
Langles, 372, 373.
Lanzac, 392, 391.
Larnage, 155.
Lastours, 372, 373.
Laval-Saint-Etienne, 253.
Laubert, 387, 391, 392.
Laure, 388, 493.
Lauzon, 219.
Leissins, 217.
Léobart, 368, 386.
Lespatte, 496.
Lévirac, 442.
Lifel, 372.
Listenois, 228.
Longueval, 385.
Loriol, 163.
Loubert, 388, 393, 494, 496.
Luganhac, 486.

M.

Maignac, 495, 496.
Mailles, 248.
Maires, 4.
Maljin, 142.
Mallissolle, 111.
Mamiac, 322.
Mauvissiere, 228.
Marcousse, (la) 224.
Marfons, 395.
Marty, 386.
Martigues, 229.
Mas, (le) 28, 33.
Masles, 385.
Masso, 446.
Masuales, (les) 394.
Maulevrier, 229.
Mauriac, 324.
Mazent, 231.
Mey de Crest, 135, 136.
Meilletay, Abbaye, 183.
Melan, 357.
Merindol, 366.
Meru, 228.
Mesadico (Maison-Forte de), 327.
Mesclat, 372, 373.
Meure-Mathézine, (la) 338.
Millieu, 293, 304.
Miremont, 400.
Modriniere, (la) 255.
Moirenc, 60, (bis).
Molans, 194.
Mollard-Bouchard, 142.
Momont, 379.
Montagnac, 150.
Montaynard, 340, 351, 346, 425.
Montauzier, 229.
Montbel, 278, 380.
Montberon, 228.
Montbonod, 306, 415, 316, 345, 357, 450, 452, 414.
Monteil, 106.
Montellier, 231, 282, 241.
Montélimar, 111, 428.
Monteux, 412.
Montfetrier, 217.
Montfleuri, Monastere, 25, 82, 89, 357, 365.
Montfort en Périgord, 499.
Montgaillard, 395, 409.

Montifrai, en Anjou, 158, 161, 162, 178, 183.
Montjoux, 218.
Montluel, 60.
Montmarcy, 59.
Montmor, 209.
Montpaila, 250.
Morainville, 169.
Moras, 306, 450, 451.
Morestel, 35, 43, 44, 60 (bis), 301, 306, 322, 450, 451 464.
Moriemat, 229.
Motte, (la) 403, 407.
Mothe-Fénelon, (la) 229, 388, 389, 390, 391, 392, 493.
Mothe-de-Saint-Martin, (la) 337, 338, 495, 496.
Motte-Rouge, 229.
Motte-Verdoyer, 449.
Mural, 403.
Mure, (la) 13.
Murianette, 357, 365.

N.

Nacon, 473.
Nadilhac, 403.
Nagu, 442.
Narbonne, (le Château de) 427.
Nazelles, 192.
Negrepelisse, 174.
Neirac, 278.
Népuy, 183.
Nerpond, 201.

O.

Ourche ou Orche, 126.
Oysens, 357, 475.

P.

Palu, (la) 441.
Pardaillan, 229.
Paroy, 219.
Passage, 474.
Passins, 202.
Peiran, 400.
Peirins, 93.
Pécquigny, 229.
Perriere, (la) 342.
Pierre, (la) 10, 30, 53, 55, 58, 70, 77, 206, 207, 347, 425, 463.
Pipet, 224.
Pisançon, 240.
Planty, (du) 173.
Plessis, 251.
Poet, (le) 105, 136.
Poet-Celar, 188.
Pollomieu, 232.
Pontaix, 210.
Pont-Burengii, 279.
Pont en Royans, 193, 331, 431.
Ponsonas, 220.
Porlere, (la) 119.
Portes, 191, 236.
Poujol, 496.
Pouliniere, (la) 119.
Poussanges, 192.
Preissins, 441.
Proliach, 366.
Puy-Calvet, 403.
Puygrio, (de) en Savoie, 447.
Puy-la-Vaisle, 393.
Puy Saint-Martin (du), 191, 214.

h

TABLE ALPHABÉTIQUE, &c.

Pupet, 201.

Q.

Qurlus, 229.
Ques, 357.
Queyrie, (la) 392.

R.

Raconnieres, 466, 467.
Rancurel, 394, 431.
Réalmont, 413.
Récolles ou Rocolles, 430, 431.
Rével, 233, 338, 446, 451.
Reviriaz, 210.
Réule, 372.
Révoyre, 319.
Rhodie, 386.
Ricey, 230.
Richelieu, 229.
Rigné, 183.
Rilhac, 442.
Ripailles en Savoie, 109.
Riviere, (la) 374, 409, 499.
Roag, 4.
Roche, (de) 104.
Roche-Arnaut, (la) 236.
Roche-Courbe, 409.
Roche-du Mayne, (la) 230.
Roche-de Villars, 427.
Roche sur Buis, 119.
Roche-de Glun, 450, 452.
Roche-Thibaut, (la) 159.
Rochette, (la) 150, 220, 235.
Rochin, (le) 259.
Romanefche, 59, 89, 103, 110, 240, 448.
Roumiguiere, 410.
Roquemaurel, 403.
Rofambeau, 170.
Rote, (la) 36.
Rouffic, (la) 393.
Roys, (des) 228.
Rupembré, 229.

S.

Sainte-Agnès, 463.
Saint-Agnian, 115.
Saint-Alvaire, 401, 403, 403.
Saint-André en Savoie, 6, 331, 374, 375, 377, 378.
Saint-Auban, 217, 222.
Saint-Avid, 395, 396.
Saint-Bernard, 26, 37, 110, 356, 365.
Saint-Lanal, 183.
Saint-Cyprien, 404.
Saint-Clar, 442.
Saint-Erige, 4.
Sainte-Fortunade, 442.
Sainte-Gemme, 171.
Saint-Georges, 192, 201, 236.
Saint-Géry, 370, 403.
Sainte-Hélène, 91, 92.
Sainte-Hélène du Lac, 253.
Saint-Héran, 229.
Saint-Hilaire, 388, 463, 464, 493.
Saint-Hugon, Chartreuse, 15, 29, 30, 37, 45 (bis) 73.
Sainte-Jay, 269.
Saint-Jean, 444.
Saint-Jean-le-vieux, 115.
Saint-Juft en Royans, Monaft. 110.

Saint-Ifnes, 171.
Saint-Julien, 231, 379, 387, 388, 391, 392, 493, 495.
Saint-Jalle, 225.
Saint-Laurent, 437.
Saint-Laurent du Pont, 319, 429.
Saint-Léon, 385.
Sainte-Magdelène du Port, 37.
Sainte-Marie, 3.
Sainte-Marie de Champ, 45. Voyez Champ, 46, 59.
Sainte-Marie de Mercufe, 44, 445.
Sainte-Marie du Mont, 339, 462.
Saint-Martial, 404.
Saint-Martin de Miferiaco, 43, 46.
Saint-Martin d'Hère, 357, 365.
Saint-Martin le Vinoux, 357, 365, 475, 483.
Saint-Médard, 192.
Saint-Michel, 319, 356, 364, 372, 413.
Saint-Michel, Château en Valentinois, 139.
Saint-Michel du Mont, 18, 26, 31, 37, 46, 66, 68, 75, 339, 364.
Saint-Paul, 93.
Saint-Paoul del Buages, 391.
Saint-Pierre en Dauphiné, 259, 268, 274.
Saint-Pierre de Nâcon, 274.
Saint-Pierre du Bourg, 9.
Saint-Plainpon, 403.
Saint-Pol, 496.
Saint Prieft, 441, 459, 460.
Saint-Projet, 370, 391.
Saint Romain en Savoie, 132, 466.
Saint-Sulpice en Bugey, 7.
Saint-Trevier, 142.
Saint-Vallier, 117, 120, 121, 127, 191.
Saint-Vincent, 17.
Saint-Vincent de Mercufe, 314, 319, 321, 330, 356, 364, 445, 453.
Saint-Vual, 178.
Salettes en Lyonnois, Monaft. 110.
Saliancii (Caftrum), en Valent. 76.
Salignac, 388, 390.
Salvaignac, 388, 493, 496.
Sanferre, 228.
Sanfon, 138.
Sarazac, 370.
Saffenage, 278, 279, 331, 333, 335, 341.
Savardun, 476.
Saultour, 442.
Sechilline, 58, 75, 81, 82, 322, 347, 446, 459, 463, 464.
Semons, Maifon-Forte, 449.
Senecey, 229.
Seneveres, 493.
Seneulh, 386.
Sermet, 403.
Serrate, (la) 60, 279.
Setre, (la) 175, 369, 392.
Serrieres, 225.
Sezerac, 410.
Sillans, 101, 191.
Soch, (le) 366.
Sonas, 211, 486.
Sône, (le) 274.
Soubife, 229.

Stapis, (de) 446.
Suze, 111, 192, 236, 331.

T.

Tartenas, 256.
Tarvanas en Piémont, 214.
Taulignan, 59, 119, 235.
Tayac, 394.
Teil, 429.
Theffanges, 191.
Thémines, 366.
Theys, (de) 20, 46, 50, 53, 55, 77, 206, 208, 347, 350, 365, 459, 460, 461, 475.
Théze, (la) 403.
Thibaudiere, (la) 183.
Thoire, 304.
Thon, 230.
Thorane, 59, 60, 446, 451.
Thoré, 228.
Thouarcé, 229.
Tivollierre, (la) 133, 217.
Touffailles, 391, 495, 496.
Tour, (la) 60, 293, 495.
Tout-de Creft, (la) 106.
Tour-Landry, (la) 183.
Tour-du Pin, (la) 218.
Tranchillon, 442.
Trémentines, 119.
Trefpoux, 404.
Truchenus, 433.

V.

Vaillac ou Valhac ou Vallac, 314, 366, 442.
Valbonnais ou Vaubonnais, 60, 279, 280, 410.
Vallée de Quint, (la) 150.
Valouffe, 394.
Varal, 278.
Varcé, 224, 348.
Varennes, 159, 167.
Vaftan, 171.
Vatillieu, 191, 192, 193.
Vauflerre, 192, 201.
Veinet, 429.
Velleron, 189, 190.
Venejan, 217.
Venezen, 191.
Venon, 357, 361.
Vezins, 159, 183, 430, 431.
Vidonnet, 403.
Vigan, (le) 365, 401, 402.
Vilhac, 400.
Villars, 178, 304, 341, 444.
Ville, 259, 301, 302.
Villeneuve, 413.
Villers-Sallettes, 322.
Villiers-l'Efpau, 230.
Vinay, 79, 89, 91, 202, 344.
Vinfobres, 103.
Virieu, 375, 377, 378.
Vifille, 341.
Voluc, 390, 436.
Voluredc, 6.
Voulgre, 442.
Voulte, (la) 104.
Voulte-de Lancret, (la) 427.
Uriage, 207, 345, 346, 347, 446.
Uffel, 403.
Uurey, 232.

Fin de la Table des Terres mentionnées dans ces Preuves.

ÉTAT GÉNÉRAL,

PAR ORDRE CHRONOLOGIQUE,

Des Titres de la MAISON DE BEAUMONT, *imprimés dans ces Preuves.*

Nota. Tous ceux qui prouvent Filiation, sont marqués d'une étoile.

DATES DES ACTES.		NOTICE DES ACTES.	CARACTERE DES ACTES ET DÉPÔTS OU ILS SONT CONSERVÉS.	Pages des Preuves où ils sont imprimés.
ANNÉES.	MOIS.			
1080.	....	CHARTE DE PONS & de Guillaume d'Uriage, en faveur du Monastere de Domène; en présence d'Humbert (I.er) de Beaumont.	Cartulaire du Prieuré de Domène, à Saint-Denis de la Chartre, à Paris.	3.-4.
1106.	....	Donation au même Monastere; en présence de Guigues (I.er) de Beaumont.	Même Cartulaire.	5.
1108.	....	* Vente par Guigues (I.er) de Beaumont & ses enfans, à l'Evêque de Grenoble.	Cartulaire de St. Hugues, aux Archives de l'Evêché de Grenoble.	6.
1108.	Calend. de Févr.	* Confirmation par Pierre & Guigues de Beaumont, d'une donation d'Humbert (I.er), leur pere.	Même Cartulaire.	4.
de 1080 à 1132.	....	Donation à l'Evêque de Grenoble, par Anselme de Saint-André; en présence de Guigues de Beaumont.	Même Cartulaire.	5.
de 1103. à 1132.	....	* Donation à la grande Chartreuse, par Guitfred de Beaumont, Guigues (II) son frere & autres sujets de la Maison de Beaumont.	Ancien Mss. des Archives de la grande Chartreuse.	6.
Vers 1137.	....	Confirmation de la fondation de l'Abbaye de Saint-Sulpice, en Bugey; en présence de Soffrey de Beaumont.	Imprimé aux Preuves de l'Hist. de Bresse & de Bugey, par Guichenon, pag. 243.	7.
1179.	Févr.	Donation par Eudes, Evêque de Valence, à Eudes de Retourtour, son neveu; en présence de Guillaume (I.er) de Beaumont.	Archives de l'Evêché de Valence.	8.
1190.	3 des Cal. de Févr.	Traité entre Falques, Evêque de Valence, & ses Chanoines, dont Guillaume (I.er) de Beaumont est garant.	Mêmes Archives.	9.
1198.	11 des Cal. de Décemb.	* Traité entre la veuve d'Aymar de Bressieu & Albert de la Tour; en présence de Pierre de Beaumont.	Imprimé dans l'Hist. de Dauphiné de M. de Valbon. tom. I.er pag. 182.	10.
Vers 1200.	....	Charte en faveur de l'Abbaye de Bonnevaux, souscrite par Pierre de Beaumont.	Impr. au Regist. V.e de l'Armor. gén. de M. d'Hozier.	10.
1200.	....	* Donation à l'Eglise de Saint-Maurice de Vienne, par Humbert (II) de Beaumont, sa femme & ses enfans.	Cartulaire de St. Maurice de Vienne.	11.
1209.	17 des Calend. de Mai.	Accord entre les Chanoines de Saint-Pierre du Bourg, près Valence, & Guy & Adelbert de Crussol; en présence de Guillaume (I.er) de Beaumont.	Original aux Archives de St. Pierre-lès-Valence.	9.

ij   ÉTAT GÉNÉRAL PAR ORDRE CHRONOLOGIQUE

DATES DES ACTES.		NOTICE DES ACTES.	CARACTERE DES ACTES, ET DÉPOTS OU ILS SONT CONSERVÉS.	Pages des Preuves où ils sont imprimées.
ANNÉES.	MOIS.			
1220.	Avril.	Contrat de mariage entre Siboud de Clermont & Béatrix de Virieu; en présence d'Humbert (II) de Beaumont	Extrait de titres de la Maison de Clermont-Tonnerre, au Cabin. de l'Ord. du S. Esprit.	11.
1247.	8 des Ides d'Octob.	Donation par Francone d'Avignon, femme de Guillaume (II) de Beaumont, Chevalier, à l'Abbaye des Hayes.	Original aux Arch. de l'Abbaye des Hayes, près Grenob.	12.
1250.	10 des Calend. de Juin.	* Donation à la Chartreuse de Saint-Hugon, par Artaud (I.er) de Beaumont, Chevalier, & ses fils.	Cartulaire de la Chartreuse de Saint-Hugon.	15.
1256.	21 Juillet.	* Vente à l'Abbesse des Hayes, par Artaud (I.er) de Beaumont, Chevalier, & ses fils.	Original aux Archives de l'Abbaye des Hayes.	15.
1257.	Le Mardi avant la fête de la Magdelène.	Traité entre Charles d'Anjou, Comte de Provence, & le Dauphin Guigues VII; en présence de Guillaume (II) de Beaumont.	Impr. aux Preuv. de l'Hist. de Dauphiné de M. de Valbonnais, tom. I.er pag. 20J.	12.
1260.	18 des Calend. de Févr.	* Acquisition d'héritages, par Artaud (II) de Beaumont, Seigneur de Beaumont.	Original aux Archives de la Terre des Adrets.	16.
1262.	Févr.	Reconnoissances féodales des Habitans de la Buissierre & de la Paroisse de Saint-Vincent, où il est fait mention d'Artaud (I) de Beaumont.	Archives de la Chambre des Comptes de Dauphiné.	17.
1263.	15 des Calend. de Mai.	* Confirmation faite par Artaud (I.er) de Beaumont, Chevalier, d'une vente d'Amédée de Beaumont, son fils puîné.	Original aux Archives du Château de Baynac, en Périgord.	443.
1266.	14 des Calend. de Mars.	Etat des Nobles & hommes-liges du Dauphin, parmi lesquels sont compris Guillaume & Lantelme de Beaumont.	Archives de la Chambre des Comptes de Dauphiné.	13.
1268.	4 des Nones de Février.	Vente de portion de Fief, par Robert de la Terrasse, à Artaud (II) de Beaumont, Damoiseau.	Original aux Archives de la Terre des Adrets.	18.
1268.	4 des Nones de Février.	Inféodation par Artaud (II) de Beaumont, Damoiseau, à Pellerin de la Terrasse.	Original aux mêmes Archives.	18.
1268.	3 des Id. de Déc.	* Acquisition de Fiefs, par Artaud (II) de Beaumont.	Original aux Archives de la Terre du Touvet.	18.
1269.	Juin.	Reconnoissances féodales, passées au nom d'Artaud (II) de Beaumont, Chevalier, à Dame Philippe, sa seconde femme.	Original aux Archives du Château de Baynac.	443.
1272.	9 des Cal. de Novemb.	* Acquisition de Fiefs, par Artaud (II) de Beaumont, Chevalier, d'Amédée son frere.	Original aux Archives de la Terre des Adrets.	19.
1273.	.. Juillet	Inféodation à Artaud (II) de Beaumont, Chevalier, par Aymon, Comte de Genève.	Original aux mêmes Archives.	20.
1276.	5 des Id. d'Avril.	Echange entre Artaud (II) de Beaumont, Chevalier, & Guigues de la Rochette.	Original aux Archives du Château de Baynac.	20.
1280.	3 des Nones de Novemb.	Reconnoissance féodales envers Artaud (II) de Beaumont, Chevalier.	Original aux mêmes Archives.	21.
1287.	Mercredi après la fête de S. Michel.	Confirmation par Amé, Comte de Genève, d'une donation d'Aymon, son frere, à Artaud (II) de Beaumont, Chevalier.	Original aux Archives de la Terre des Adrets.	22.
1291.	.. Nones de Mai.	Ratification de vente faite à Artaud (II) de Beaumont, Chevalier.	Original aux Archives de la Terre du Touvet.	22.
1294.	3 des Nones de Février.	* Constitution de la dot de Marguerite de Beaumont, par Artaud (III) de Beaumont, son pere.	Original aux Archives de la Terre des Adrets.	28.
1294.	5 des Calendes de Févr.	*Donation par Artaud (II) de Beaumont, Chevalier, à Artaud (III) son fils, de différens héritages, pour le remplacement de la dot d'Amblarde, sa mere.	Original aux Arch. du Château de Baynac en Périgord.	445.

DES TITRES DE LA MAISON DE BEAUMONT.

DATES DES ACTES.		NOTICE DES ACTES.	CARACTERE DES ACTES, ET DÉPÔT OÙ ILS SONT CONSERVÉS.	Pages des Preuves où ils sont imprimés.
ANNÉES.	MOIS.			
1294.	7 des Ides de Juin.	Reconnoissance féodale donnée à Artaud (II) de Beaumont, Chevalier.	Protoc. orig. de Chastagnii; Archives du Château de Baynac.	23.
1296.	6 des Ides de Septemb.	Albergement pour Jean & Guillaume de Beaumont.	Cet acte est inféré dans celui du 6 Octobre 1399, ci-dessous.	424.
1301.	10 Avril.	* Inféodation d'héritages, par Béatrix de Savoie, à François de Beaumont, fils d'Artaud (II) de Beaumont, Chevalier.	Original aux Archives de la Terre des Adrets.	24.
1302.	12 des Calendes de Févr.	* Partage par Artaud (II) de Beaumont, Chevalier, entre ses enfans.	Ancienne Notice aux Archives de la Chartreuse de Saint-Hugon.	25.
1304.	7 des Ides de Janvier.	* Déclaration d'Artaud (II) de Beaumont, Chevalier, sur le partage de ses biens entre ses enfans.	Original aux Archives de la Terre du Touvet.	26.
1304.	Veille des Cal. de Janv.	Reconnoissances féodales envers Guigues dit *Guers* de Beaumont.	Original aux Archives de la Terre des Adrets.	38.
1304.	18 des Calendes d'Octob.	Inféodation d'héritages par Artaud (II) de Beaumont, Chevalier, à Pierre de Boges.	Original aux Archives de la Terre des Adrets.	25.
1306.	16 Mai.	* Confirmation par Artaud (II) de Beaumont, Chevalier, du testament de François, son fils.	Original aux Archives du Château de Baynac.	27.
1307.	4 des Calendes de Mai.	Vente par Jean de Beaumont, Chevalier, à Guers de Beaumont.	Original aux Archives de la Terre des Adrets.	38.
1307.	18 Août.	* Quittance d'Artaudet de Beaumont, Chevalier, à Guers de Beaumont, son oncle.	Original aux mêmes Archives.	39.
1309.	2 des Ides de Janvier.	* Vente par Amédée de Beaumont à Guers de Beaumont, Chevalier.	Original aux mêmes Archives.	39.
1309.	17 des Calendes de Févr.	Sentence arbitrale, entre Rolet d'Entremont & Guers de Beaumont, Chevalier.	Original aux Archives de la Terre du Touvet.	40.
1310.	18 des Calendes de Févr.	* Confirmation par Artaud (III) de Beaumont, Damoiseau, des donations faites à la Chartreuse de Saint-Hugon, par Artaud (II) & Artaud (I.er), Chevaliers, ses pere & ayeul.	Original aux Archives de la Grande-Chartreuse.	30.
1310.	Cal. de Juillet.	Reconnoissances féodales envers Guers de Beaumont, Chevalier.	Original aux Archives de la Terre des Adrets.	41.
1310.	Le Vendredi après la Fête de Saint Michel.	* Protestation des Religieux de la Chartreuse de Saint-Hugon, contre une Déclaration de leur Prieur, où mention est faite d'Artaud (III) de Beaumont, Damoiseau, d'Artaud (II) & d'Artaud (I.er), Chevaliers, ses pere & ayeul.	Original aux Archives de la Grande-Chartreuse.	29.
1312.	17 Févr.	* Acquisition de cens par Guers de Beaumont, Chevalier.	Original aux Archives de la Terre des Adrets.	41.
1313.	Le Lundi après la Fête de S. Georg. (Avril.)	Confirmation par Guillaume Comte de Genêve, d'un acte passé par Guers de Beaumont, Chevalier.	Original aux mêmes Archives.	44.
1313.	10 Juillet.	Sentence arbitrale entre Rolet d'Entremont & Guigues dit Guers de Beaumont, Chevalier.	Original aux mêmes Archives.	42.
1313.	8 des Id. d'Août.	Reconnoissances féodales envers Artaud (III) de Beaumont, Damoiseau.	Archives de la Chambre des Comptes de Dauphiné.	31.
1313.	10 Novembre.	Compte rendu au Dauphin, par Guigues dit Guers de Beaumont, Bailli de Graisivaudan, en qualité de Châtelain d'Avalon, d'Allevard & de Morestel.	Mêmes Archives.	43.

a ij

ÉTAT GÉNÉRAL PAR ORDRE CHRONOLOGIQUE

DATES DES ACTES.		NOTICE DES ACTES.	CARACTERE DES ACTES, ET DÉPOTS OU ILS SONT CONSERVÉS.	Pages des Preuves où ils sont imprimées.
ANNÉES.	MOIS.			
1313.	15 Novembre.	Compte rendu au Dauphin par le même, en ladite qualité.	Archives de la Chambre des Comptes de Dauphiné.	44.
1313.	7 des Ides de Décemb.	Inféodation par le même, à Lantelme des Adrets.	Original aux Archives de la Terre des Adrets.	44.
1314.	8 des Ides de Juillet.	* Confirmation par Artaud (III) de Beaumont, de la Constitution de dot de Marguerite sa fille.	Original aux mêmes Archives.	32.
1316.	10 Mai.	* Bail emphytéotique par Artaud (III) de Beaumont, Seigneur de la Frette.	Original aux mêmes Archives.	33.
1317.	. . Janv.	Donation par Guers de Beaumont, Chevalier, à la Chartreuse de Saint-Hugon.	Ancien Répertoire des titres de la Chartreuse de S. Hugon, aux Arch. de cette Maison.	45.
1317.	9 des Calendes de Févr.	* Testament de Guers de Beaumont, Chevalier, en faveur de ses Neveux.	Original aux Archives du Château de Baynac.	45.
1317.	Veille des Cal. d'Avril.	Confirmation d'inféodation, par Guillaume, Comte de Genève, en faveur d'Artaudet de Beaumont.	Original aux Archives de la Terre des Adrets.	50.
1317.	7 Mai.	* Acquisition par Artaudet de Beaumont, Seigneur de la Frette.	Original aux mêmes Archives.	49.
1317.	14 Juin.	Reconnoissance féodale, par Artaud (III) de Beaumont, Damoiseau.	Archives de la Chambre des Comptes de Dauphiné.	33.
1318.	8 Février.	* Investiture par Hugues, Dauphin, Seigneur de Faucigny, à Artaudet de Beaumont.	Original aux Archives de la Terre des Adrets.	51.
1318.	22 Juin.	* Déclaration & Concession nouvelle du Dauphin Jean, en faveur d'Artaud (III) de Beaumont, concernant la Justice du Touvet.	Archives de la Chambre des Comptes de Dauphiné.	34.
1318.	Le Lundi après la Fête de S. Luc. (Octob.)	* Confirmation par Hugues, Dauphin, Seigneur de Faucigny, de la Concession de la Justice du Touvet, faite par son frere à Artaud (III) de Beaumont.	Original aux Archives de la Terre du Touvet.	35.
1321.	27 Septembre.	Compte rendu au Dauphin, par Artaud (IV) de Beaumont, en qualité de Châtelain d'Avalon.	Archives de la Chambre des Comptes de Dauphiné.	51.
1321.	23 Décembre.	* Bail emphytéotique, par Artaud (IV) de Beaumont, Seigneur de la Frette.	Original aux Archives de la Terre des Adrets.	51.
1322.	15 Juillet.	Compte rendu par Artaud (IV) de Beaumont, comme Châtelain d'Avalon.	Archives de la Chambre des Comptes de Dauphiné.	52.
1324.	27 Janv.	Reconnoissance féodale envers Artaud (IV) de Beaumont, Seigneur de la Frette.	Original aux Archives de la Terre des Adrets.	52.
1324.	28 Janv.	Reconnoissance féodale envers le même.	Original aux mêmes Archives.	53.
1326.	3 Décembre.	* Hommage d'Artaud (IV) de Beaumont, Damoiseau, à Amédée Comte de Genève.	Original aux mêmes Archives.	53.
1327.	6 Février.	Investiture de Haute-Justice, par Amédée, Comte de Genève, à Artaud (IV) de Beaumont, Seigneur de la Frette, & reprise en Fief noble.	Original aux mêmes Archives.	54.
1328.	12 Févr.	* Hommage-lige à Artaud (IV) de Beaumont.	Original aux mêmes Archives.	57.
1328.	6 des Calendes d'Avril.	Donation par Jacquemette de Serravalle, femme d'Artaud (V) de Beaumont, Seigneur de Tullins.	Original aux mêmes Archives.	95.
1328.	18 Décembre.	Sentence arbitrale entre Artaud (IV) de Beaumont, Chevalier, & Eudes, Aymeri & Raymon de Leuzon.	Original aux mêmes Archives.	55.
1330.	17 Avril.	Compte rendu par Artaud (IV) de Beaumont, Chevalier, en qualité de Châtelain d'Avalon.	Archives de la Chambre des Comptes.	57.

DES TITRES DE LA MAISON DE BEAUMONT.

DATES DES ACTES.		NOTICE DES ACTES.	CARACTERE DES ACTES, ET DÉPOTS OU ILS SONT CONSERVÉS.	Pages des Preuves où ils sont imprimés.
ANNÉES.	MOIS.			
1331.	6 Juin.	* Reconnoissance féodale envers Agnès, Veuve d'Artaud (IV) de Beaumont, Damoiseau, & ses enfans.	Original aux Arch. du Château de Baynac en Périgord.	36.
1334.	9 Janv.	* Hommage au Dauphin Humbert (II), par Guigues dit Guers de Beaumont, (frere d'Artaud IV, Seigneur de la Fretre.)	Archives de la Chambre des Comptes de Dauphiné.	94.
1334.	5 Mai.	Donation à Amblard (I.er) de Beaumont, Seigneur de Beaumont, par le Dauphin Humbert II, de ce que ce Prince possédoit en la Terre du Touvet.	Mêmes Archives.	277.
1335.	7 Novembre.	Traité de Paix entre Aymon, Comte de Savoie, & Humbert II, Dauphin, par l'entremise d'Amblard (I.er) de Beaumont, Seigneur de Beaumont.	Mêmes Archives.	278.
1336.	7 Janv.	Cession par Béatrix Alleman-de Vaubonnais, à son frere.	Mêmes Archives.	280.
1336.	27 Mars.	Hommage-lige rendu à Artaud (IV) de Beaumont, Chevalier.	Original aux Archives de la Terre des Adrets.	58.
1336.	19 Mai.	Contrat de mariage d'Amblard (I.er) de Beaumont, Seigneur de Beaumont, & de Béatrix Alleman-de Vaubonnais.	Original aux Archives du Château de Baynac ; & Arch. de la Chamb. des Comptes de Dauphiné.	279.
1337.	2 Février.	* Testament d'Agnès, Dame de Beaumont, en faveur d'Amblard (I.er) & de ses autres enfans.	Original aux Archives du Château de Baynac.	37.
1337.	22 Mai.	Confirmation de donations faites par le Dauphin Humbert II, à Amblard (I.er) de Beaumont, Seigneur de Beaumont.	Original aux mêmes Archives.	280.
1337.	9 Octob.	Sentence arbitrale entre Artaud (IV) de Beaumont, Chevalier, & le Prieur de Champ.	Original aux Archives de la Terre des Adrets.	59.
1341.	Dernier Octobre.	Procuration du Dauphin Humbert II, à Amblard (I.er) de Beaumont, Chevalier, Seigneur de Beaumont, pour traiter en son nom avec le Pape à Avignon.	Archives de la Chambre des Comptes de Dauphiné.	281.
1342.	27 Févr.	Articles de Paix accordés par le Dauphin aux Bourgeois de Romans, souscrits par Artaud (IV) de Beaumont, Chevalier, & par Amblard (I.er) de Beaumont, aussi Chevalier.	Impr. au tom. II des Preuv. de l'Hist. de M. de Valbon. pag. 440 443.	59.
1343.	24 Janv.	Rôle des amendes imposées par le Juge de Beaumont, au nom d'Amblard (I.er), Seigneur de Beaumont.	Original aux Archives du Château de Baynac.	281.
1343.	.. Juillet.	Donation de 600 liv. de rente, faite par le Roi Philippe de Valois, à Amblard (I.er) de Beaumont, Seigneur de Beaumont, à cause du transport du Dauphiné à la France.	Cet acte est inséré dans les Lettres de Charles Dauphin, &c. du 16 Juillet 1351, ci-dessous.	287.
1343.	29 & 31 Juillet.	Procès-verbal de l'Election des nouveaux Baillis & Châtelains de Dauphiné, en présence des Commissaires du Roi Philippe de Valois, où sont nommés Artaud (IV) de Beaumont, Seigneur de la Frette, & Amblard (I.er) Seigneur de Beaumont, Chevaliers.	Impr. au tom. II des Preuv. de l'Hist. de Dauphiné, par M. de Valbonn. pag. 461, 466.	60.
1343.	17 Août.	Echange entre le Dauphin Humbert II & Amblard (I.er), Chevalier, Seigneur de Beaumont, du Château de Montfort pour celui de Mirol, &c.	Ancien Registre coté: VIALETTY, aux Archives du Château de Baynac.	450.
1343.	23 Août & 10 Octobre.	Lettres du Dauphin Humbert II, pour informer de la valeur du Château de Montfort, & des autres Fiefs qu'il avoit donnés en échange à Amblard (I.er) de Beaumont, Chevalier.	Ces Lettres, insérées dans celles du Roi Charles V, du dernier Octobre 1366, ci-dessous.	451.

ÉTAT GÉNÉRAL PAR ORDRE CHRONOLOGIQUE

DATES DES ACTES.		NOTICE DES ACTES.	CARACTERE DES ACTES, ET DÉPOTS OU ILS SONT CONSERVÉS.	Pages des Preuves où ils sont Imprimés.
ANNÉES.	MOIS.			
1345.	15 Avril.	Confirmation d'échange entre le Dauphin Humbert II & Amblard (I.er) de Beaumont, Seigneur de Beaumont, Chevalier.	Original aux Arch. du Château de Baynac en Périgord.	285.
1346.	18 Mars.	Hommage à Amblard (I.er) de Beaumont, Chevalier, Seigneur de Beaumont.	Inséré dans l'hommage du 13 Mars 1384, rendu à Amblard II.	313.
1346.	3 Mai.	Autre Hommage-lige à Amblard (I.er), Chevalier, Seigneur de Beaumont & de Montfort, par Noble Simon de la Croix.	Original aux Archives de Baynac.	453.
1346.	4 Novembre.	* Sentence arbitrale entre Amblard (I.er) de Beaumont, Chevalier, Seigneur de Beaumont, & Drodon de Vaux, Seigneur de la Terrasse.	Original aux Archives de la Terre du Château-Bayard.	282.
1347.	6 Janv.	Lettres du Dauphin Humbert II, en faveur d'Amblard (I.er) de Beaumont, Chevalier, Seigneur de Beaumont, sur un échange fait entr'eux.	Original aux Archives du Château de Baynac.	283.
1347.	17 Avril.	Certificats de paiemens faits à Amblard (I.er) de Beaumont, Seigneur de Beaumont, pour son Ambassade d'Avignon.	Archives de la Chambre des Comptes de Dauphiné.	284.
1347.	17 Septembre.	Inféodation d'héritages au lieu de la Terrasse, par Amblard (I.er) de Beaumont, Chevalier, Seigneur de Beaumont.	Insérée dans l'hommage de Jean Berlion de la Terrasse, de l'an 1374, ci-dessous.	300.
1349.	..Juillet.	Ratification, par le Roi Philippe de Valois, de la rente de 600 liv. par lui faite à Amblard (I.er) de Beaumont, Seigneur de Beaumont, à cause du transport du Dauphiné à la France.	Insérée dans la confirmation faite par Charles Dauphin, &c. du 16 Juillet 1351, ci-dessous.	287.
1349.	16 Juillet.	Hommage-lige par Amblard (I.er) de Beaumont, Seigneur de Beaumont, à Charles Dauphin.	Archives de la Chambre des Comptes de Dauphiné.	285.
1349.	16 Juillet.	Hommage-lige, par Artaud (IV) de Beaumont, à Charles Dauphin.	Mêmes Archives.	60.
1349.	21 Juillet.	Transaction entre Guy, Comte de Forez, & Amblard (I.er) de Beaumont, Seigneur de Beaumont, & autres, au nom d'Humbert & de Charles Dauphins.	Mêmes Archives.	286.
1349.	17 Août.	* Testament d'Humbert de Rochefort, Seigneur de Pélafol, en faveur de François (I.er) de Beaumont, Seigneur de la Frette.	Extrait fait vers 1560; ancien Regist. aux Archives du Château de Baynac.	425.
1350.	Premier Janvier.	* Contrat de mariage d'Aymar de Beaumont, fils d'Amblard (I.er) avec Anne de Vaux.	Original aux Archives du Château de Baynac.	303.
1350.	11 Janv.	Testament de Drodon de Vaux, Seigneur de la Terrasse, en faveur d'Anne de Vaux, sa fille, femme d'Aymar de Beaumont.	Original aux mêmes Archives.	303.
1350.	Dernier Mars.	Donation par le Roi Jean, du Château de Beaumont-en-Trieves, à Amblard de Beaumont, Seigneur de Beaumont, pour lui tenir lieu de la rente de 600 liv. à lui faite par Philippe de Valois.	Insérée dans la confirmation par Charles Dauphin, &c, du 16 Juillet 1351, ci-dessous.	287-8.
1350.	12 Avril.	Assignation par Jean Roi de France, sur les revenus du Dauphiné, des arrérages de la rente faite à Amblard (I.er) de Beaumont, Seigneur de Beaumont, par Philippe de Valois; en attendant que le même Amblard puisse jouir du Château de Beaumont-en-Trieves.	Insérée dans la confirmation faite par Charles Dauphin, le 6 Décembre 1352, ci-dessous.	289.

DES TITRES DE LA MAISON DE BEAUMONT. vij

DATES DES ACTES.		NOTICE DES ACTES.	CARACTERE DES ACTES, ET DÉPOTS OU ILS SONT CONSERVÉS.	Pages des Preuves où ils sont imprimés.
ANNÉES.	MOIS.			
1351.	16 Juillet.	Confirmation par Charles Dauphin de Viennois, de la donation du Château de Beaumont-en-Trieves, faite par le Roi Jean, à Amblard de Beaumont, pour lui tenir lieu de la rente de 600 liv. à lui aussi faite par Philippe de Valois, à cause du transport du Dauphiné à la France.	Archives de la Chambre des Comptes de Dauphiné ; & Original aux Archives du Château de Baynac en Périgord.	287.
1351.	29 Septembre.	Hommage à Amblard (I.er) de Beaumont, Chevalier, par Jean de Commiers, Damoiseau.	Original aux Archives du Château de Baynac.	453.
1352.	6 Décembre.	Confirmation par Charles Dauphin, des Lettres du Roi Jean, qui assignent sur les revenus du Dauphiné, les arrérages de la rente de 600 livres, faite par Philippe de Valois à Amblard (I.er) de Beaumont, Seigneur de Beaumont.	Original aux mêmes Archives.	289.
1352.	27 Décembre.	Commission à Amblard (I.er) de Beaumont, Chevalier, Seigneur de Beaumont, & à plusieurs autres, données par le Roi Jean, pour l'assignation du douaire de l'ancienne Dauphine.	Archives de la Chambre des Comptes de Dauphiné.	290.
1353.	26 Mars.	Lettres d'Humbert (II) ancien Dauphin, confirmatives de celles du Roi Jean, & de Charles Dauphin, en faveur d'Amblard de Beaumont, Chevalier, Seigneur de Beaumont.	Mêmes Archives.	291.
1353.	24 Avril.	Procès-verbal de l'assignation du douaire de l'ancienne Dauphine, faite par Amblard (I.er) de Beaumont, Chevalier, Seigneur de Beaumont, &c.	Mêmes Archives.	290.
1354.	25 Septembre.	Ordonnance du Roi Jean & de Charles Dauphin, pour l'exécution de leurs Lettres, en faveur d'Amblard de Beaumont, Seigneur de Beaumont.	Mêmes Archives.	291-2.
1355.	12 Juillet.	Montre militaire de Galiois de Vire, dans laquelle est compris un Humbert de Beaumont.	Original au Cabinet de l'Ordre du S. Esprit.	440.
1355.	26 Juillet.	Hommage à Amblard (I.er) de Beaumont, Chevalier, Seigneur de Beaumont & de Montfort.	Protoc. orig. de Chastagnii, aux Archives du Château de Baynac.	293.
1355.	5 Décembre.	* Hommage au Dauphin par Amblard (I.er) de Beaumont, Chevalier, Seigneur de Beaumont, à cause d'Aymar son fils.	Archives de la Chambre des Comptes de Dauphiné.	293.
1358.	9 Janv.	Hommage à Amblard (I.er) de Beaumont, Chevalier, Seigneur de Beaumont, par Albert de Montfort.	Protoc. orig. de Chastagnii, aux Archives du Château de Baynac.	293.
1358.	27 Févr.	Reconnoissances féodales par Pierre d'Albin, envers Artaud (IV) de Beaumont, Chevalier, Seigneur de la Frette.	Original aux Archives de la Terre des Adrets.	61.
1358.	. . Août.	* Lettres & Inféodations en faveur d'Amblard (I.er) de Beaumont, Chevalier, Seigneur de Beaumont, par Charles Dauphin, pour l'indemniser de la non-jouissance du Château de Beaumont-en-Trieves.	Ces Lettres insérées dans la Confirmation faite par le même Prince, en Septembre 1372, ci-dessous.	294.
1358.	9 Novembre.	Quittance par Eléonore d'Alleman, à Artaud (IV) de Beaumont, Chevalier, Seigneur de la Frette.	Original aux Archives de la Terre des Adrets.	61.
1358.	3 Janv. (Vieux style.)	Commission de Guillaume de Vergy, Gouverneur de Dauphiné, pour l'exécution des Lettres accordées à Amblard (I.er) de Beaumont, Chevalier, Seigneur de Beaumont.	Original aux Archives du Château de Baynac.	295.

viij ÉTAT GÉNÉRAL PAR ORDRE CHRONOLOGIQUE

DATES DES ACTES.		NOTICE DES ACTES.	CARACTERE DES ACTES, ET DÉPOTS OU ILS SONT CONSERVÉS.	Pages des Preuves où ils sont imprimés.
ANNÉES.	MOIS			
1359.	3 Janv.	Acte de la remise faite par Amblard (I.er) de Beaumont, Chevalier, Seigneur de Beaumont, des Lettres données en sa faveur.	Archives de la Chambre des Comptes de Dauphiné.	295.
1359.	26 Avril.	Concession par Artaud (IV) de Beaumont, Chevalier, Seigneur de la Frette.	Original aux Archives du Château de Baynac.	61.
1359.	20 Mai.	Lettres du Bailli de Graisivaudan, en faveur d'Artaud (IV) de Beaumont, Chevalier.	Original aux Archives de la Terre des Adrets.	62.
1359.	22 Juin	* Quittance de partie de dot, pour Artaud & François (I.er) de Beaumont, Seigneurs de la Frette & de Pélafol.	Extrait vers 1560 ; ancien Registre aux Archives du Château de Baynac.	425.
1360.	21 Févr.	Hommage à Amblard de Beaumont, Chevalier, Seigneur de Beaumont, par Guillaume de la Chalandiere.	Cet Hommage inséré dans celui du 5 Août 1388, ci-dessous.	314.
136..	10 Juillet.	Hommage par François (I.er) de Beaumont, Chevalier, Seigneur de Pélafol, de son Château de Pélafol, à l'Evêque de Valence.	Original aux Archives du Château de Baynac.	63.
1361.	5 Juin.	Hommage du Château du Touvet à Amblard (I.er) de Beaumont, Chevalier, Seigneur de Beaumont, par Aynard de Bellecombe.	Protocole original de Bermundi, aux Archives de la Terre de Crolles.	297.
1361.	9 Juillet.	Acte par lequel François (I.er) de Beaumont, Chevalier, Seigneur de la Frette & de Pélafol, institue Pons de Chevrieres, Châtelain de ses Terres de Fiançayes & de Roissieu.	Protocole idem, aux mêmes Archives.	62.
1365.	23 Janv.	Sentence en faveur d'Amblard (I.er) de Beaumont, Chevalier, Seigneur de Beaumont, pour la Seigneurie de Montfort.	Original aux Archives du Château de Baynac.	298.
1365.	12 Septembre.	Hommage du Château du Touvet à Amblard (I.er) de Beaumont, Chevalier, Seigneur de Beaumont, par Antoine & Jean de Bellecombe.	Protocole original de Chastagnii, aux Archives du Château de Baynac.	299.
1365.	5 Novembre.	Quittance pour François (I.er) de Beaumont, Seigneur de la Frette & de Pélafol, pour restitution de dot.	Extrait vers 1560 ; ancien Regist. aux Arch. du Château de Baynac.	425.
1366.	Dernier Octobre.	Lettres du Roi Charles V, confirmatives de celles du Dauphin Humbert II, des 23 Août & 10 Octobre 1343, concernant un échange fait entre ce Prince & Amblard (I.er) de Beaumont, Chevalier.	Ancien Regist, coté Vialetti, aux Archives du Château de Baynac.	451.
1367.	Dernier Septem.	* Hommage par Amblard (II) de Beaumont, au Roi Charles V, Dauphin de Viennois.	Archives de la Chambre des Comptes de Dauphiné.	304.
1368.	15 Juin.	Aveu à Aymar de Beaumont, Chevalier, & à Anne de Vaux, sa femme, Seigneur & Dame de la Terrasse.	Original aux Archives de la Terre du Château-Bayard.	305.
1369.	14 Juin.	Quittance par François (I.er) de Beaumont, de restitution de dot.	Extrait vers 1560 ; ancien Regist. aux Arch. du Château de Baynac.	425.
1369.	..Octob.	Rémission pour François (I.er) de Beaumont, Chevalier, Seigneur de la Frette.	MSS. du Cabinet de l'Ordre du S. Esprit.	423.
1369.	15 Octobre.	Montre militaire de la Compagnie d'Amé Comte de Genève, dans laquelle est compris Henri de Beaumont.	MSS. du même Cabinet.	440.
1370.	13 Févr.	Aveu à Aymar de Beaumont, Chevalier, & à Anne de Vaux, sa femme, Seigneur & Dame de la Terrasse.	Original aux Archives de la Terre du Château-Bayard.	305.

Hommage

DES TITRES DE LA MAISON DE BEAUMONT.

DATES DES ACTES.		NOTICE DES ACTES.	CARACTERE DES ACTES, ET DÉPOTS OU ILS SONT CONSERVÉS.	Pages des Preuves où ils sont imprimés.
ANNÉES.	MOIS.			
1370.	12 Août.	Hommage à Amblard (I.er) de Beaumont, Chevalier, Seigneur de Beaumont, de la Miſtralie du Touvet, par Artaud *Boveti*, Damoiſeau.	Cet Hommage, inſéré dans celui du 12 Février 1384, ci-deſſous.	312.
1371.	6 Sept.	Tranſaction entre Amblard (I.er) de Beaumont, Seigneur de Beaumont, & Albert de Montfort, Damoiſeau.	Protoc. orig. de Chaſtagnii; Archives du Château de Baynac.	299.
1372.	Sept.	Confirmation par le Roi Charles V, des Lettres & Inféodations accordées à Amblard (I.er) de Beaumont, Seigneur de Beaumont, par ce Prince encore Dauphin.	Archives de la Chambre des Comptes de Dauphiné.	294.-5.
1373.	14 Novembre.	* Pacte de famille entre Amblard (I.er), Chevalier Seigneur de Beaumont, & François, ſon neveu, auſſi Chevalier, Seigneur de la Frette & de Pélafol.	Protoc. orig. de Chaſtagnii; aux Archives du Château de Baynac.	64=69.
1374.	18 Févr.	Quittance à François (I.er) de Beaumont, Seigneur de la Frette, pour la reſtitution de partie de dot.	Extrait vers 1560; ancien Regiſt. aux Archiv. du Château de Baynac.	425.
1374.	16 Juin.	* Hommage par Jean Berlion-de la Terraſſe, Chevalier, à Amblard (I.er) de Beaumont, Chevalier, Seigneur de Beaumont, repréſenté par Aymar, ſon fils.	Protoc. orig. de Chaſtagnii, aux Archiv. du Château de Baynac.	300.
1374.	10 Juill.	Hommage-lige par François de Beaumont, Chevalier, à l'Evêque de Valence, de ſon Château de Pélafol.	Cet Hommage inſéré dans celui du 4 Novembre 1474, ci-deſſous.	122.
1375.	18 Juin.	* Hommage par Aymar Seigneur de Beaumont, Chevalier, au Gouverneur du Dauphiné, pour la Terre de Montfort.	Archives de la Chambre des Comptes de Dauphiné.	306.
1375.	19 Juin.	Hommage à Aymar de Beaumont, Chevalier, Seigneur de Beaumont, par Albert de Montfort.	Protoc. orig. de Chaſtagnii; aux Archiv. du Château de Baynac.	307.
1375.	3 Juillet.	* Hommage à Aymar de Beaumont, Chevalier, Seigneur de Beaumont, par Hugues *Bracheti*.	Même Protoc. aux mêmes Archives.	307.
1375.	3 Juillet.	* Hommage à Aymar de Beaumont, Chevalier, Seigneur de Beaumont, par Antoine de Crolles.	Même Protoc. aux mêmes Archives.	308.
1375.	30 Juill.	* Hommage à Aymar de Beaumont, Chevalier, Seigneur de Beaumont, par Artaud *Boveti*.	Même Protoc. aux mêmes Archives.	308.
1375.	30 Juill.	* Hommage à Aymar de Beaumont, Chevalier, Seigneur de Beaumont, par Antoine de Bellecombe.	Même Protoc. aux mêmes Archives.	308.
1375.	20 Octobre.	* Tranſaction entre la veuve & les enfans d'Amblard (I.er) de Beaumont, Seigneur de Beaumont.	Même Protoc. aux mêmes Archives.	301.
1376.	13 Mars.	Contrat de mariage d'Aymar de Clermont, avec caution de dot, par François & Philippe de Beaumont, Damoiſeaux.	Mſſ. du Cabin. de l'Ordre du Saint-Eſprit.	441.
1377.	3 Mars.	Lettres de Charles Roi de France, Dauphin, pour faire rétablir les Forteresses d'Aymar Sire de Beaumont, Chevalier; avec celles du Gouverneur de Dauphiné, pour faire mettre les premieres en exécution.	Original aux Arch. du Château de Baynac, en Périgord.	454.
1377.	18 Juin.	* Reconnoiſſance féodale par François (I.er) de Beaumont, Chevalier, envers le Comte de Geneve.	Archives de la Chambre des Comptes de Dauphiné.	70.
1379.	16 Juin.	Hommage à Aymar de Beaumont, Chevalier, Seigneur de Beaumont, par Aymar de Crolles.	Protoc. orig. de Chaſtagnii; aux Archives du Château de Baynac.	309.
1379.	7 Sept.	* Emancipation d'Artaud (V) de Beaumont, par François (I.er), ſon pere.	Original aux Archives de la Terre des Adrets.	78.

b

ÉTAT GÉNÉRAL PAR ORDRE CHRONOLOGIQUE

Dates des Actes.		NOTICE DES ACTES.	Caractere des Actes, et Dépots ou ils sont conservés.	Pages des Preuves où ils sont imprimés.
Années.	Mois.			
1380.	17 Juill.	* Hommage à Aymar de Beaumont, Chevalier, Seigneur de Beaumont, par Richard Berlion de la Terrasse.	Protoc. orig. de Chastagnii; aux Archives du Château de Baynac.	309.
1380.	5 Sept.	Montre militaire, où est compris Amblard (II) de Beaumont.	Original au Cabin. de l'Ord. du Saint-Esprit.	309.
1381.	25 Octobre.	* Mémoire sur la Codicile de Béatrix Alleman, veuve d'Amblard (I.er) de Beaumont, Seigneur de Beaumont, en faveur des Cordeliers de Grenoble.	Original aux Archives du Château de Baynac.	302.
1382.	11 Juill.	* Testament d'Aymar de Beaumont, Chevalier, Seigneur de Beaumont, en faveur d'Amblard (II) son frere.	Archives de la Chambre des Comptes de Dauphiné; & Copie du temps aux Arch. du Château de Baynac.	310.
1383.	6 Juillet.	Hommage à Amblard (II) de Beaumont, Damoiseau, Seigneur de Beaumont, par Antoine de Bellecombe.	Protoc. orig. de Chastagnii, aux Archives du Château de Baynac.	311.
1383.	10 Juill.	* Confirmation par François (I.er) de Beaumont, Chevalier, Seigneur de la Frette & de Pélasol, & par Amblard (II) de Beaumont, Seigneur de Beaumont, du Pacte de Famille de l'an 1373.	Même Protoc. aux mêmes Archives.	71.
1384.	24 Janv.	* Hommage de la Terre de Montfort, par Amblard (II) de Beaumont, Seigneur de Beaumont, au Gouverneur du Dauphiné.	Archives de la Chambre des Comptes de Dauphiné.	311.
1384.	1 Février.	Deux hommages à Amblard (II) de Beaumont, Damoiseau, Seigneur de Beaumont, par Antoine de Crolles, pour lui & pour son fils.	Protoc. orig. de Chastagnii; aux Archives du Château de Baynac.	312.
1384.	12 Févr.	* Hommage à Amblard (II) de Beaumont, Damoiseau, Seigneur de Beaumont, par Artaud Boveti.	Même Protoc. aux mêmes Archives.	312.
1384.	22 Févr.	Autre au même, par Aymaron Motardin, de Crolles.	Même Protoc. aux mêmes Archives.	314.
1384.	3 Mars.	* Autre au même, par Jean Isuard.	Même Protoc. aux mêmes Archives.	313.
1384.	6 Sept.	* Transaction entre François (I.er) de Beaumont, Chevalier, Seigneur de la Frette & de Pélasol, & Catherine de Beaumont, sa sœur.	Copie du temps aux Archiv. du Château d'Autichamp.	72.
1386.	8 Sept.	Montre militaire où comparoissent Artaud (V) de Beaumont & Humbert de Beaumont, Ecuyers.	Original au Prieuré de Saint-Martin-des-Champs, à Paris.	79.
1387.	9 Novembre.	Reconnoissance par ordre de François (I.er) de Beaumont, Chevalier, Seigneur, des donations faites à la Chartreuse de Saint-Hugon.	Original aux Archives du Château de Baynac.	73.
1388.	5 Août.	Hommage à Amblard (II) de Beaumont, Damoiseau, Seigneur de Beaumont, par Aynard & Amblard de la Chalendiere.	Protoc. orig. de Chastagnii; aux Archives du Château de Baynac.	314.
1388.	2 Sept. & 3 Octobre.	Montres militaires de la Compagnie de Geoffroi d'Argenton, Chevalier, où comparoît Aymar de Beaumont, Ecuyer.	Original aux Archives du Prieuré de Saint-Martin-des-Champs, à Paris.	445.
1389.	18 Juin.	* Procuration par Catherine de Beaumont, à François (I.er) de Beaumont, Chevalier, Seigneur de la Frette, & à Amblard (II) de Beaumont, Seigneur de Beaumont.	Original aux Archives de la Terre des Adrets.	73.
1391.	11 Mars.	* Quittance à François (I.er) de Beaumont, Seigneur de la Frette & de Pélasol, de la dot de Sebelie.	Original aux mêmes Archives.	74.

DES TITRES DE LA MAISON DE BEAUMONT.

DATES DES ACTES. ANNÉES.	MOIS.	NOTICE DES ACTES.	CARACTERE DES ACTES, ET DÉPOT OU ILS SONT CONSERVÉS.	Pages des Preuves où ils sont imprimés.
1392.	25 Janv.	Inféodation des Châteaux de Barbieres & de Fiançayes, à Humbert (II) de Beaumont, Seigneur d'Autichamp.	Extr. vers 1560; ancien Regist. aux Arch. du Château de Baynac.	426.
1392.	25 Janv.	* Rémission par Louis de Poitiers, Comte de Valentinois, à Humbert de Beaumont, Seigneur de Pélafol & de Barbieres.	Archives de la Chambre des Comptes de Dauphiné.	99.
1392.	2 Sept.	* Transaction entre Amblard (II) de Beaumont, Seigneur de Beaumont, François de Beaumont, Seigneur de la Frette, & Antoine de Bellecombe, Seigneur du Touvet.	Original aux Archives de la Terre du Touvet.	314.
1393.	28 Avril.	Reconnoissance envers Jacques & Jean de Beaumont.	Inventaire des titres de la Chamb. des Comptes de Dauphiné, à la Bibliothèque du Roi.	441.
1393.	19 Juill.	* Transaction entre Amblard (II) de Beaumont, Seigneur de Beaumont, & le Gouverneur du Dauphiné, au nom du Dauphin.	Archives de la Chambre des Comptes de Dauphiné.	315.
1396.	16 Janv.	Saisie sur Jean Cochie, caution d'Amblard (II) de Beaumont, Seigneur de Beaumont.	Original aux Archives du Château de Baynac.	316.
1397.	15 Sept.	Acquisition par François (I.er) de Beaumont, Chevalier, Seigneur de la Frette.	Extr. vers 1560; ancien Regist. aux Archives du Château de Baynac.	425.
1399.	26 Janv.	* Obligation de Philippe de Saint-Aignan, veuve d'Amblard (II) de Beaumont, Seigneur de Beaumont, comme Tutrice de ses enfans.	Original aux Archives du Château de Baynac.	317.
1399.	12 Juin.	* Hommage à Amblard (III) de Beaumont, Seigneur de Beaumont, par Antoine de Montfort.	Protoc. orig. de Chastagnii; aux Archives du Château de Baynac.	317.
1399.	12 Juin.	Autre au même, par Antoine de Crolles, pour Hugues son fils.	Même Protoc. aux mêmes Archives.	318.
1399.	12 Juin.	* Hommage à Amblard (III) de Beaumont, Seigneur de Beaumont, par Aymaron Motardin, de Crolles.	Même Protoc. aux mêmes Archives.	318.
1399.	12 Juin.	Autre au même, par Aymar de Saint-Jean.	Même Prot. aux mêmes Arch.	318.
1399.	12 Juin.	Autre au même, par Jean Berlion, Damoiseau.	Même Prot. aux mêmes Arch.	318.
1399.	12 Juin.	Autre au même, par Aynard & Amblard de la Chalendiere.	Même Protoc. aux mêmes Archives.	318.
1399.	12 Juin.	Autre au même, par Artaud Guiffrey.	Même Prot. aux mêmes Arch.	319.
1399.	15 Juin.	Autre au même, par Richard Berlion - de la Terrasse.	Même Protoc. aux mêmes Archives.	319.
1399.	18 Juin.	* Hommage par Amblard (III) de Beaumont, Seigneur de Beaumont, au Gouverneur de Dauphiné, pour le Roi Dauphin.	Archives de la Chambre des Comptes de Dauphiné.	320.
1399.	30 Juin.	* Hommage à Amblard (III) de Beaumont, Seigneur de Beaumont, par Antoine de Bellecombe, Seigneur du Château du Touvet.	Protoc. orig. de Chastagnii; aux Archives du Château de Baynac.	319.
1399.	6 Octobre & j. suivans.	Reconnoissances féodales envers François (I.er) de Beaumont, Seigneur de la Frette.	Ancien Regist. aux Archiv. du Château de Baynac.	424.
1399.	27 Novembre.	* Confirmation du Pacte de famille de 1373, entre François (I.er) de Beaumont, Seigneur de la Frette & de Pélafol, & Amblard (III) de Beaumont, Seigneur de Beaumont.	Protoc. orig. de Chastagnii; aux Archives du Château de Baynac.	74.

b ij

ÉTAT GÉNÉRAL PAR ORDRE CHRONOLOGIQUE

DATES DES ACTES.		NOTICE DES ACTES.	CARACTERE DES ACTES, ET DÉPOTS OÙ ILS SONT CONSERVÉS.	Pages des Preuves où ils sont Imprimés.
ANNÉES.	MOIS.			
1400.	25 Mai.	Albergement passé par Alise de Beaumont, Abbesse du Monastere des Hayes, Diocèse de Grenoble.	Protoc. original d'Antoine Masson, aux Arch. du Château de Baynac.	432.
1402.	15 Févr.	Sentence en faveur de François (I.er) de Beaumont, Chevalier, & de Dame Polie de Chabrillan, sa femme.	Archives de la Chambre des Comptes de Dauphiné.	76.
1403.	10 Mai.	* Reconnoissance féodale de la Veherie de Montfort, envers Amblard (III), Seigneur de Beaumont.	Anc. Regist. coté: Viallety; aux Archives du Château de Baynac.	455.
1404.	17 Juin.	Vente par Humbert de Beaumont, Seigneur de Pélafol & d'Autichamp.	Extrait vers 1560; ancien Regist. aux Archives du Château de Baynac.	426.
1404.	13 Novembre.	* Procuration par François (I.er) de Beaumont, Seigneur de la Frette, à ses enfans, pour transiger avec l'Evêque de Valence, &c.	Extr. idem, du même Regist. aux mêmes Archives.	426.
1405.	16 Avril.	* Ratification par Humbert de Beaumont, Damoiseau, Seigneur de Pélafol, d'un Traité entre lui & Louis, Roi de Jérusalem & de Sicile.	Original aux Archives du Château de Baynac.	101.
1405.	28 Septembre.	Quittance par Amblard (III) de Beaumont, Seigneur de Beaumont, de partie de la dot d'Eustachie de Montmayeur, sa femme.	Expédition d'après les Arch. Royales de la Cour de Turin.	320.
1406.	Dernier Avril.	Déclaration d'Humbert de Beaumont, Seigneur d'Autichamp, par laquelle il refuse de faire la guerre à la Ville d'Avignon.	Extr. vers 1560; un anc. Regist. aux Archiv. du Château de Baynac.	426.
1407.	2 Mars.	* Hommage à Amblard (III) de Beaumont, Seigneur de Beaumont, par Jean Chastagnii alias Roger, Notaire de Crolles.	Anc. Regist. coté: Viallety, aux Archives du Château de Baynac.	321.
1407.	12 Juillet.	Ordonnance de la Cour Majeure de Graisivaudan, en faveur de François (I.er) de Beaumont, Chevalier.	Original aux Archives de la Terre des Adrets.	77.
1407.	20 Décemb.	* Prise d'habit de Henri de Beaumont, dans le Monastere de Saucillanges, Ordre de Cluni.	Original aux Archives du Château de Baynac.	322.
1409.	18 Mai.	* Sentence arbitrale entre Amblard (III), Seigneur de Beaumont, & Jean Chastagnii alias Roger, Notaire de Crolles.	Anc. Regist. coté: Viallety; aux Archives du Château de Baynac.	456.
1411.	Dernier Février.	Compte de Jean de Pressy, Trésorier des Guerres, où Humbert de Beaumont est porté comme Capitaine de 41 puis de 60 Ecuyers.	Extr. de l'Abbé le Laboureur, au Cabin. de l'Ord. du S. Esprit.	102.
1413.	26 Mai.	* Testament d'Antoine de la Balme, femme d'Artaud (V) de Beaumont, en faveur de ses enfans.	Original aux Archives du Château de Baynac.	79.
1413.	5 Juin.	* Contrat de mariage d'Aynard (I.er) de Beaumont, Seigneur des Adrets, avec Aymonette Alleman-d'Uriage.	Original aux mêmes Archives.	446.
1413.	30 Octobre.	Hommage par Amblard (III) de Beaumont, Seigneur de Beaumont, à Louis Dauphin de Viennois.	Archives de la Chambre des Comptes de Dauphiné.	322.
1413.	2 Novembre.	Hommage par François (I.er) de Beaumont, Seigneur de la Frette & de Pélafol.	Mêmes Archives.	77.
1414.	11 Avril.	Quittance par Amblard (III) de Beaumont, Seigneur de Beaumont, de partie de la dot d'Eustachie de Montmayeur, sa femme.	Archiv. Royales de la Cour de Turin.	321.
1415.	17 Mai.	Requête d'Amblard (III) de Beaumont, Chevalier, Seigneur de Beaumont, pour être mis en possession du Château de la Terrasse.	Original aux Arch. du Château de Baynac.	323.

DES TITRES DE LA MAISON DE BEAUMONT. xiij

DATES DES ACTES.		NOTICE DES ACTES.	CARACTERE DES ACTES, ET DÉPOTS OU ILS SONT CONSERVÉS.	Pages des Preuves où ils sont imprimés.
ANNÉES.	MOIS.			
1415.	8 Octob.	Contrat de mariage d'Humbert de Beaumont, Seigneur de Pélafol & d'Autichamp, avec Brunissende de Cornilhan.	Copie de l'écriture du temps, aux Arch. du Château d'Autichamp.	103.
1417.	Mai.	* Testament (notice du) de François (I.er) de Beaumont, Chevalier, Seigneur de la Frette & de Pélafol.	Original aux Arch. du Château de Baynac.	77.
1417.	24 Juillet.	Acquisition de la Terre de la Bastie-Rolland, par Humbert de Beaumont, Seigneur d'Autichamp.	Extr. vers 1560; anc. Regist. aux Archives du Château de Baynac.	426.
1417.	20 Octobre.	Reconnoissances féodales envers Amblard (III) de Beaumont, Chevalier, Seigneur de Beaumont.	Protoc. orig. de Motardini; aux Archives du Château de Baynac.	323.
1417.	12 Novemb.	Quittance à Humbert de Beaumont, Seigneur d'Autichamp, par Amblard (III) de Beaumont, Seigneur de Beaumont.	Extr. vers 1560; anc. Regist. aux Archives du Château de Baynac.	426.
1418.	11 Janv.	Montre de la Compagnie d'Humbert de Beaumont, Chevalier-Bachelier.	Mss. du Cabinet de l'Ord. du S. Esprit.	105.
1418.	17 Févr.	Commission de Henri de Beaumont, Doyen de Mauriac, pour régir la Ville de Mauriac en son nom.	Original aux Archives du Prieuré de S. Pierre de Mauriac.	324.
1418.	18 Juin.	* Commission du Juge de Romans, à la Requête d'Humbert de Beaumont, Chevalier, Seigneur de Pélafol, pour l'expédition d'un Acte du 7 Septembre 1379, entre François & Artaud (IV) de Beaumont.	Original aux Archives du Château d'Autichamp.	103.
1418.	3 Novembre.	Etat des Gendarmes du Roi & du Dauphin, parmi lesquels est compris Humbert de Beaumont, comme Chevalier-Bachelier.	Mss. du Cabinet de l'Ord. du S. Esprit.	104.
1418.	14 Novembre.	Articles pour la Pacification du Languedoc, où est nommé Messire Humbert de Beaumont.	Impr. au tom. IV des Preuv. de l'Histoire de Languedoc, col. 412.	105.
1419.	8 Mars.	Quittance militaire par Humbert de Beaumont, Chevalier.	Mss. du Cabinet de l'Ordre du S. Esprit.	105.
1420.	19 Août.	Investiture de la Seigneurie de la Bastie-Rolland, pour Humbert de Beaumont, Seigneur d'Autichamp.	Extr. vers 1560; anc. Regist. aux Archives du Château de Baynac.	427.
1422.	....	Enquête sur le Comte de Valentinois, où dépose Humbert de Beaumont, Seigneur d'Autichamp, son parent.	Impr. aux Preuv. de la Général. des Comtes de Valent. par Duchesne, pag. 69 & 70.	106.
1424.	29 Avril.	* Procuration d'Humbert de Beaumont, Seigneur d'Autichamp, à Louis son fils.	Extr. vers 1560; anc. Regist. aux Archives du Château de Baynac.	427.
1424.	Octobre.	Compromis entre Lancelot de Poitiers, Seigneur de Châteauneuf, & Humbert de Beaumont, Seigneur d'Autichamp.	Extr. idem; même Regist. aux mêmes Archives.	427.
1424.	26 Octobre.	Remise de droits de lods & vente, par Louis de Poitiers, Comte de Valentinois, à Louis de Beaumont, Seigneur de Pélafol, son cousin.	Original aux Archives du Château d'Autichamp.	112.
1424.	19 Décembre.	* Partage entre François (II) Beaumont & Artaud (IV) de Beaumont, son frere.	Original aux Archives du Château de Baynac.	81.
1425.	7 & 22 Août.	* Transaction entre Aynard (I.er) de Beaumont, Damoiseau, Seigneur des Adrets & de Saint-Quentin, & Aymonette Alleman.	Original aux Archives de MM. de Beaumont-de-Saint-Quentin.	201.
1426.	....	* Partage (moyens de) entre Louis de Beaumont & Amblard (III) de Beaumont, son frere, Seigneur de Beaumont.	Original aux Archives du Château de Baynac.	325.

xiv ÉTAT GÉNÉRAL PAR ORDRE CHRONOLOGIQUE

DATES DES ACTES.		NOTICE DES ACTES.	CARACTERE DES ACTES, ET DÉPOTS OÙ ILS SONT CONSERVÉS.	Pages des Preuves où ils sont imprimés.
ANNÉES.	MOIS.			
1426.	23 Mai.	* Transaction sur partage entre Amblard (III) de Beaumont, Chevalier, Seigneur de Beaumont, & Louis de Beaumont, son frere.	Protoc. origin. d'Antoine Masson, aux Arch. du Château de Baynac.	326.
1426.	Premier Septemb.	* Acquisition par Louis de Beaumont, Seigneur de Pélafol.	Archives de la Chambre des Comptes de Dauphiné.	112.
1426.	2 Sept.	Montre militaire, où comparoît Arnaud de Beaumont, comme Ecuyer.	Original aux Archives du Prieuré de Saint-Martin-des-Champs, à Paris.	441.
1427.	10 Mars.	* Testament d'Amblard (III) de Beaumont, Chevalier, Seigneur de Beaumont & de Montfort, en faveur de ses enfans.	Original aux Archives du Château de Baynac.	326.
1427.	5 Juin.	Quittance donnée à Humbert de Beaumont, Seigneur d'Autichamp.	Extr. vers 560 ; anc. Regist. aux Archives du Château de Baynac.	427.
1428.	15 Févr.	* Hommage au Roi Charles VII Dauphin, par Hugues d'Arces, au nom d'Amblard (IV) de Beaumont, Seigneur de Beaumont & de Montfort.	Archives de la Chambre des Comptes de Dauphiné.	329.
1429.	25 Avril.	* Quittance donnée à Humbert de Beaumont, Seigneur d'Autichamp, & à Louis son fils.	Extr. vers 1560 ; anc. Regist. aux Archives du Château de Baynac.	427.
1430.	6 Mai.	* Obligation envers Humbert de Beaumont, Seigneur d'Autichamp, & Louis son fils.	Extr. idem, aux mêmes Archives.	427.
1430.	7 Mai.	* Garantie par Louis Chapuys, envers Humbert de Beaumont, Seigneur d'Autichamp.	Extr. idem, aux mêmes Archives.	427.
1430.	Vers la fin de Mai.	Lettres de grace en faveur d'Humbert de Beaumont, Seigneur d'Autichamp.	Extr. idem, aux mêmes Archives.	428.
1430.	23 Juin.	* Lettres d'absolution d'excommunication, en faveur d'Humbert de Beaumont, de Louis, son fils, & d'Artaud, son neveu.	Extr. idem, aux mêmes Archives.	428.
1432.	22 Janv.	Quittance donnée à François (II) de Beaumont, Seigneur de la Frette.	Original aux Archives de la Terre des Adrets.	81.
1433.	17 Juin.	Obligation au profit d'Amblard (IV) de Beaumont Seigneur de Beaumont.	Protoc. origin. d'Antoine Masson, aux Arch. du Château de Baynac.	330.
1435.	2 Sept.	Acquisition par Humbert de Beaumont, Seigneur de Pélafol, du Château de la Barre, en Savoie.	Original aux Archives du Château de Baynac.	107.
1435.	2 Sept.	Donation par Aynard de Cordon, à Humbert de Beaumont, Chevalier, Seigneur de Pélafol, du Château des Marches en Savoie.	Original aux mêmes Arch.	107.
1436.	28 Janv.	* Provisions renouvellées des Offices de Notaire & de Greffier de Montfort, par Amblard (IV) de Beaumont, Seigneur de Beaumont.	Protoc. origin. d'Antoine Masson, aux Arch. du Château de Baynac.	330.
1436.	5 Févr.	* Lettres de grace obtenues par Louis de Beaumont, Seigneur d'Autichamp.	Extrait vers 1560 ; ancien Regist. aux Arch. du Château de Baynac.	428.
1436.	29 Mai.	Inféodation de la Terre des Marches, par Louis de Savoie, Prince de Piémont, en faveur d'Humbert de Beaumont, Seigneur de Pélafol.	Original aux Archives du Château de Baynac.	108.
1436.	29 Mai.	Hommage de la Terre des Marches en Savoie, par Humbert de Beaumont, Chevalier, Seigneur de Pélafol, au Duc de Savoie.	Original aux mêmes Arch.	109.
1436.	14 Août.	Lettres du Roi Charles VII, en faveur d'Aynard (I.er) de Beaumont, Seigneur des Adrets & de Saint-Quentin.	Original aux mêmes Arch.	202.

DES TITRES DE LA MAISON DE BEAUMONT.

DATES DES ACTES.		NOTICE DES ACTES.	CARACTERE DES ACTES, ET DÉPÔTS OU ILS SONT CONSERVÉS.	Pages des Preuves où ils sont imprimés.
ANNÉES.	MOIS.			
1436.	5 Novembre.	* Testament d'Humbert de Beaumont, Chevalier, Seigneur de Pélafol, en faveur de ses enfans.	Copie du 22 Juin 1560, aux Archives du Château d'Autichamp.	109.
1436.	10 Novembre.	Lettres du Gouverneur de Dauphiné, en faveur d'Aynard (I.er) de Beaumont, Damoiseau, Seigneur des Adrets.	Original aux Archives du Château de Baynac.	203.
1436.	17 Novembre.	Contrat de mariage de Jean Baruel, auquel assiste François (II) de Beaumont, Seigneur de la Frette.	Minute origin. d'Antoine Masson, aux Archiv. du Château de Baynac.	82.
1437.	26 Janv.	Albergement passé par Louis de Beaumont, (frere d'Amblard III.)	Original aux Archives de la Terre de Crolles.	329.
1438.	15 Janv.	Renonciation par Marguerite de Sassenage, Epouse future d'Amblard (IV) de Beaumont, Seigneur de Beaumont, à ses droits paternels & maternels.	Original aux Archives du Château de Baynac.	331.
1438.	31 Janv. & 1, 14, 17, 18 Février.	* Reconnoissances féodales envers Louis de Beaumont, Seigneur des Marches & de Pélafol.	Original aux mêmes Arch.	113.
1439.	2 Octob.	* Testament de Louis de Beaumont, Seigneur de Pélafol, en faveur de ses enfans.	Extrait vers 1560; ancien Regist. aux Arch. du Château de Baynac.	428.
1440.	17 Févr.	Hommage d'Aynard (I.er) de Beaumont, Seigneur des Adrets & de Saint-Quentin.	Archives de la Chambre des Comptes de Dauphiné.	204.
1440.	4 Déc.	* Accord entre François (II) & Artaud (VI) de Beaumont, (freres.)	Original aux Archives du Château de Baynac.	82.
1441.	23 Juin	* Hommage par Guillaume de Beaumont, de son Château de Pélafol, à l'Evêque de Valence.	Original aux mêmes Arch.	116.
1442.	2 Nov. & suiv.	Ventes (notice de diverses) faites par Amblard (IV) de Beaumont, Seigneur de Beaumont & de Montfort.	Inventaire des Titres de la Chambre des Comptes de Dauphiné, à la Biblioth. du Roi.	331.
1443.	12 Juin.	* Procuration d'Henri de Beaumont, Seigneur de la Frette, à Claude de Beaumont.	Protoc. origin. d'Antoine Masson, aux Arch. du Château de Baynac.	84.
1443.	16 Juin.	* Jugement du Conseil Delphinal, en faveur de Guillaume de Beaumont, Seigneur de Pélafol.	Extr. sur l'original, aux Arch. de M. de Rouvillase.	117.
1444.	14 Avril.	* Ratification par Henri de Beaumont, (frere d'Amblard III) du compromis passé en son nom, par Aymon de Beaumont, son neveu.	Protoc. origin. d'Antoine Masson, aux Arch. du Château de Baynac.	332.
1444.	22 Déc.	* Quittance donnée à François (II) de Beaumont, Seigneur de la Frette, par Siboud Alleman-de Sechilline.	Original aux Archives de la Terre des Adrets.	82.
1445.	11 Nov.	* Acte de Dépôt fait par Aynard (I.er) de Beaumont, Seigneur des Adrets & de Saint-Quentin, d'une inféodation de 1327.	Archives de la Chambre des Comptes de Dauphiné.	205.
1446.	17 Mars.	* Testament de François (II) de Beaumont, Seigneur de la Frette, avec clause de substitution en faveur de ses fils.	Original aux Archives du Château de Baynac.	83.
1446.	14 Mai.	Quittance par Amblard (IV) de Beaumont, Seigneur de Beaumont, de partie de la dot de Marguerite de Sassenage, sa femme.	Original aux Archives de la Maison de Sassenage.	333.
1446.	7 Nov.	* Confirmation faite par Amblard (IV) de Beaumont, Seigneur de Beaumont, Claude de Beaumont, Seigneur de la Frette, & autres Seigneurs de la Maison, du Pacte de famille de 1373.	Original aux Arch. du Château de Baynac, en Périgord.	84.
1447.	26 Juin.	* Acte de Tutelle de Guillaume de Beaumont, Seigneur de Pélafol, où sont nommés tous les sujets vivants du nom de Beaumont.	Original aux Archives du Château d'Autichamp.	114.

xvj ÉTAT GÉNÉRAL PAR ORDRE CHRONOLOGIQUE

DATES DES ACTES.		NOTICE DES ACTES.	CARACTERE DES ACTES, ET DÉPOTS OU ILS SONT CONSERVÉS.	Pages des Preuves où ils sont imprimés.
ANNÉES.	MOIS			
1449.	20 Avril.	Vente au Curé de Crolles, par Amblard (IV) de Beaumont, Seigneur de Beaumont & de Montfort.	Protoc. origin. d'Antoine Maffon, aux Arch. du Château de Baynac.	333.
1449.	25 Mai.	Constitution de Procureur des Habitans de Crolles, contre Amblard (IV) de Beaumont, Seigneur de Beaumont & de Montfort.	Même Protoc. aux mêmes Archives.	334.
1449.	2 Sept.	Vente au Curé de Crolles, par Amblard (IV) de Beaumont, Seigneur de Beaumont & de Montfort.	Même Protoc. aux mêmes Archives.	333.
1450.	26 Janv.	* Contrat de mariage de Claude de Beaumont, Seigneur de la Frette, avec Antoinette de S. Aignan.	Même Protoc. aux mêmes Archives.	85.
1450.	26 Janv.	Constitution du Douaire d'Antoinette de S. Aignan, par Claude de Beaumont, Seigneur de la Frette.	Même Protoc. aux mêmes Archives.	86.
1450.	Premier Février.	Révision de feux, où se trouve compris Aynard (I) de Beaumont, Seigneur des Adrets.	Archives de la Chambre des Comptes de Dauphiné.	206.
1451.	22 Mars.	* Acquisition par Claude de Beaumont, Seigneur de la Frette.	Original aux Archives de la Terre du Touvet.	87.
1451.	2 Avril.	* Reconnoissance féodale envers Guillaume de Beaumont, Seigneur de Pélafol.	Original aux Archives du Château de Baynac.	118.
1451.	13 Déc.	* Acquisition par Claude de Beaumont, Seigneur de la Frette, & Aynarde Guiffrey, sa mere.	Original aux Archives de la Terre du Touvet.	87.
1453.	15 Févr.	* Remise de droits de lods & ventes, par Louis Dauphin, à Claude de Beaumont, Seigneur de la Frette.	Archives de la Chambre des Comptes de Dauphiné.	87.
1455.	17 Juin.	Quittance de dot, par Thomas Grange, à Guillaume de Beaumont, Seigneur de Pélafol.	Extrait vers 1560; ancien Registre aux Archives du Château de Baynac.	428.
1456.	11 Avril.	Procuration des Habitans de Crolles & de Lumbin, pour transiger avec Amblard (IV) de Beaumont, Seigneur de Beaumont & de Montfort.	Protoc. origin. d'Antoine Maffon, aux Arch. du Château de Baynac.	334.
1456.	16 Mai.	Constitution de la dot de Marguerite de Sassenage, sur les Château & Mandement de Montfort, par Amblard (IV) de Beaumont, Seigneur de Beaumont & de Montfort.	Original aux Archives de la Maison de Sassenage.	335.
1457.	7 Juillet.	* Accord entre Guillaume de Beaumont Seigneur de Pélafol, & André de Beaumont, Seigneur d'Autichamp, son oncle.	Copie de l'écriture du temps, aux Arch. du Château d'Autichamp.	118.
1458.	12 Juin.	Révision de feux où se trouve Aynard (I) de Beaumont, Seigneur des Adrets & de Saint-Quentin.	Archives de la Chambre des Comptes de Dauphiné.	205.
1460.	17 Janv.	Contrat de mariage de Jacques de Beaumont, Seigneur de Saint-Quentin, avec Marguerite de la Tour-de-Vatillieu.	Original aux Archives de la Maison de Sassenage.	233.
1460.	16 Juin.	* Contrat de mariage de Guillaume de Beaumont, Seigneur de Pélafol, avec Antoine Alleman-de Champ.	Original aux Archives du Château d'Autichamp.	119.
1463.	Premier Décemb.	* Hommage du Château de Saint-Quentin, par Jacques de Beaumont, au nom d'Aymonette Alleman, sa mere.	Archives de la Chambre des Comptes de Dauphiné.	233.
1463.	23 Déc.	* Remise à Aymon de Beaumont, Seigneur de Beaumont, par Philippe d'Arces, de la Terre de Lumbin.	Original aux Archives du Château de Baynac.	335.

* Contrat

DES TITRES DE LA MAISON DE BEAUMONT.

DATES DES ACTES.		NOTICE DES ACTES.	CARACTERE DES ACTES, ET DÉPOTS OÙ ILS SONT CONSERVÉS.	Pages des Preuves où ils sont imprimées.
ANNÉES.	MOIS.			
1464.	16 Févr.	* Contrat de mariage d'Aymon de Beaumont avec Girarde Caffard.	Origin. aux Arch. du Château de Baynac; & anc. Regist. concernant Michel Caffard.	336.
1465.	19 Janv.	Procuration de l'Abbeffe des Hayes, en préfence de Claude de Beaumont, Seigneur de la Frette.	Protoc. origin. aux Archiv. de la Terre de Crolles.	88.
1465.	18 Mars.	Tranfport par Marguerite de Saffenage, femme d'Amblard (IV) de Beaumont, Seigneur de Beaumont, au Couvent des Freres Mineurs de Grenoble.	Protoc. original de Jean Maffon, aux Archives de la Terre de Crolles.	337.
1466.	16 Avril.	Quittance par Aymon de Beaumont, de partie de la dot de Girarde Caffard, fa femme.	Ancien Regift. concernant Michel Caffard, aux Arch. du Château de Baynac.	337.
1466.	9 Octob.	* Hommage au Duc de Savoie, de la Terre des Marches, par Guillaume de Beaumont, Seigneur de Pélafol.	Original aux Archives du Château de Baynac.	120.
1466.	15 Novembre.	Procuration de Claude Caffard, à Michel Caffard, fon pere.	Original aux mêmes Archives.	338.
1467.	22 Juin.	Lettres-Patentes de remife de confifcation, en faveur de Jacques de Beaumont, Seigneur de Saint-Quentin.	Archives de la Chambre des Comptes de Dauphiné.	234.
1468.	20 Décembre.	Quittance par Aymon de Beaumont, de partie de la dot de Girarde Caffard, fa femme.	Ancien Regift. concernant Michel Caffard, aux Archiv. du Château de Baynac.	338.
1469.	5 Avril.	* Sentence arbitrale entre Amblard (IV) de Beaumont, Aymon de Beaumont fon frere, Seigneur de Beaumont & de Montfort, & Claude Grolée, Dame de la Terraffe.	Original aux Archives de la Terre de Château-Bayard.	338.
1469.	11 Août.	* Tranfaction entre Guillaume de Beaumont, Seigneur de Pélafol, & Aymat de Poitiers, Seigneur de Saint-Vallier.	Original aux Archives du Château d'Autichamp.	120.
1470.	2 Mai.	* Requête & Déclaration par Aymon de Beaumont, Seigneur de Beaumont.	Copie de l'écriture du temps, aux Archives du Château de Baynac.	339.
1473.	7 Avril.	Quittance par Aymon de Beaumont, de partie de la dot de Girard Caffard, fa femme.	Ancien Regift. concernant Michel Caffard, aux Archiv. du Château de Baynac.	338.
1474.	4 Novembre.	* Hommage-lige par Guillaume de Beaumont, Seigneur de Pélafol, de fon Château de Pélafol, à l'Evêque de Valence.	Archives de l'Evêché de Valence.	122.
1475.	13 Novemb.	Montre militaire où comparoît, comme homme d'armes, Humbert (II) de Beaumont, Seigneur d'Autichamp.	Original au Cabin. de l'Ordre du S. Efprit.	187.
1476.	12 Août.	Tranfaction entre Marguerite de Saffenage, veuve d'Amblard (IV) de Beaumont, Seigneur de Beaumont, & Raymond Aynard, Seigneur de Montaynard.	Original aux Archives de la Maifon de Saffenage.	340.
1477.	30 Mars.	* Teftament & Codicile d'Artaud (V) de Beaumont, Seigneur de Tullins, (frere de François II, Seigneur de la Frette.)	Original aux Arch. du Château de Baynac.	93.
1479.	25 Mai.	Hommage au Duc de Savoie, de la Terre des Marches, par Guillaume de Beaumont, Seigneur de Pélafol.	Original aux mêmes Archives.	123.
1481.	8 Janv.	* Teftament d'Aymon de Beaumont, Seigneur de Beaumont & de Montfort, en faveur de fes enfans.	Protoc. original de Pierre Martin dit Panatier, & groffe au Château de Baynac.	341.
1481.	9 Avril.	* Invefiture par Girarde Caffard, veuve d'Aymon de Beaumont, Seigneur de Beaumont, & Déclaration de Claude Garnier, veuve de Louis de Beaumont,	Même Protocole.	342.

xviij   ÉTAT GÉNÉRAL PAR ORDRE CHRONOLOGIQUE

DATES DES ACTES.		NOTICE DES ACTES.	CARACTÈRE DES ACTES, ET DÉPÔTS OÙ ILS SONT CONSERVÉS.	Pages des Preuves où ils sont imprimées.
ANNÉES.	MOIS.			
1482.	8 Mars.	* Contrat de mariage de Françoise de Beaumont, fille d'Aymon, avec Pierre de Montfort.	Original aux Archives du Château de Baynac.	344.
1483.	8 Févr.	Montre Militaire où comparoît, comme Homme d'armes, Humbert (II) de Beaumont, Seigneur d'Autichamp.	Original aux Archives du Prieuré de Saint-Martin-des-Champs, à Paris.	187.
1484.	21 Mai.	* Cession à Pierre de Montfort, par Girarde Caffard, veuve d'Aymon de Beaumont, Seigneur de Beaumont.	Original aux Archives du Château de Baynac.	343.
1488.	5 Janv.	* Cession par Girarde Caffard, comme Tutrice d'Amblard (V) de Beaumont, Seigneur de Beaumont, son fils.	Original aux mêmes Arch.	344.
1488.	28 Mars.	* Engagement du Château de Montfort, par Amblard (V) de Beaumont, Seigneur de Beaumont.	Original aux mêmes Arch.	345.
1488.	28 Mars.	* Obligation par Amblard (V) de Beaumont, Seigneur de Beaumont, envers Pierre de Montfort.	Original aux mêmes Arch.	346.
1488.	28 Mars.	* Transaction entre Amblard (V) de Beaumont, Seigneur de Beaumont, & Hector de Montaynard.	Copie du temps, aux Archiv. du Château de Baynac.	346.
1492.	31 Décemb.	* Testament de Guy de Beaumont, Seigneur d'Autichamp.	Expédition de 1462, aux Arch. du Château de Baynac.	187.
1492.	23 Juin.	* Codicile de Guy de Beaumont, Seigneur d'Autichamp.	Expéd. id. aux mêmes Archives.	188.
1497.	Premier Juin.	* Testament de Girarde Caffard, veuve d'Aymon de Beaumont, Seigneur de Beaumont, en faveur de ses enfans.	Original aux Archives du Château de Baynac.	343.
1497.	23 Août & 11 Novem.	Contrat de mariage entre Marguerite de Montfort & Guigues Coct, avec ratification dudit contrat par Françoise de Beaumont, mere de ladite Marguerite.	Anc. Regist. coté : Vialletty; aux Archives du Château de Baynac.	458.
1498.	10 Mai.	* Contrat de mariage de Claude de Beaumont, Seigneur de Pélafol, avec Ragonde d'Urre.	Original aux Archives du Château d'Autichamp.	125.
1499.	3 Juillet.	Procuration passée par Amblard (V) de Beaumont, pour suivre ses procès.	Cet acte inséré dans la Sentence du 21 Septembre 1529, ci-dessous.	353.
1499.	20 Septembre.	* Testament d'Aynard (II) de Beaumont, Co-Seigneur des Adrets, en faveur de ses enfans.	Copie du temps, aux Arch. du Château de Baynac; & Expéd. anc. aux Archives de MM. de Beaumont S. Quent.	206.
1501.	25 Septembre.	Rachapt de rentes par Guillaume de Beaumont, Seigneur de Pélafol.	Original aux Archives du Château de Baynac.	123.
1504.	15 Mars.	* Second Testament de Guy de Beaumont, Seigneur d'Autichamp.	Copie du temps, non signée, aux Arch. du Château d'Autichamp.	189.
1504.	8 Sept.	Contrat de mariage d'Amblard (V) de Beaumont, Seigneur de Beaumont, avec Marguerite Alleman, dans lequel sont mentionnés les articles de mariage arrêtés dès le 29 Septembre 1499.	Copie du temps, signée d'un Notaire, aux Arch. du Château de Baynac.	347.
1508.	4 Févr.	Enquête faite à la Requête de Marguerite Richard de Saint-Priest, veuve de Charles Alleman, Seigneur de Laval, qui prouve que Marguerite Alleman, leur fille, avoit épousé le Seigneur de Beaumont, (Amblard V.)	Original tiré du Château de Laval, en Dauphiné, actuellement aux Archives du Palais Bourbon.	459 = 461.
1508.	13 Mars.	Vente par Amblard (V) de Beaumont à Laurent Alleman, Evêque de Grenoble, de ce qu'il possédoit à Bellechambre.	Original aux Archives du Château de Baynac.	462.
1508.	14 Mars.	Ajournement donné à Amblard (V) de Beaumont, pour comparoître devant le Bailli de Graisivaudan.	Cet acte inséré dans la Sentence du 21 Septembre 1529.	352.

DES TITRES DE LA MAISON DE BEAUMONT. xix

DATES DES ACTES.		NOTICE DES ACTES.	CARACTERE DES ACTES, ET DÉPÔTS OU ILS SONT CONSERVÉS.	Pages des Preuves où ils sont imprimés.
ANNÉES.	MOIS.			
1508.	2 Juin.	Sentence du Bailliage de Graisivaudan, contre Amblard (V) de Beaumont, Seigneur de Beaumont, à l'occasion de la Jurisdiction du Touvet.	Insérée dans celle du 21 Septembre 1529.	352.
1508.	2 Juin.	Ordre du Bailli de Graisivaudan, pour faire mettre cette Sentence à exécution.	Inséré dans la même Sentence.	352.
1510.	9 Janv.	* Permission de Guillaume de Beaumont, Seigneur de Pélafol, à Claude de Beaumont, son fils, pour tester.	Extr. vers 1560; anc. Regist. aux Archives du Château de Baynac.	429.
1510.	29 Janv.	* Donation par Guillaume de Beaumont, Seigneur de Pélafol, à Claude son fils.	Original aux Archives du Château d'Autichamp.	124.
1512.	17 Août.	* Troisieme Testament de Guy de Beaumont, Seigneur d'Autichamp.	Expéd. aux Arch. du Château d'Autichamp.	189.
1515.	11 Avril.	* Testament de Guillaume de Beaumont, Seigneur de Pélafol, en faveur de ses enfans.	Copie du 22 Juin 1560, aux Arch. du Château d'Autichamp.	124.
1515.	6 Sept.	Arrêt du Parlement de Dauphiné, pour remettre Amblard. (V) de Beaumont, Seigneur de Beaumont, en possession du Château de Montfort.	Anc. Regist. coté: Viallery; aux Archives du Château de Baynac.	348.
1516.	..Octob.	*Concession de sépulture à Claude de Beaumont, Seigneur d'Autichamp, dans la Chapelle de Notre-Dame de la Bastie-Roland.	Extr. vers 1560; ancien Regist. aux Arch. du Château de Baynac.	429.
1516.	8 Octob.	* Testament de Claude de Beaumont, Seigneur de Pélafol, en faveur de ses enfans.	Original aux Archives du Château d'Autichamp.	126.
1517.	4 Juin.	* Testament d'Amblard (V) de Beaumont, Seigneur de Beaumont & de Montfort, en faveur de Laurent, son fils unique.	Original conservé double aux Archives du Château de Baynac.	349.
1517.	12 Juin.	Profession d'Amblard (V) de Beaumont, Seigneur de Beaumont, de la Régle de Saint-Augustin.	Original aux Archives du Château de Baynac.	350.
1517.	15 Juin.	Montre militaire où comparoît, comme Homme d'armes, Humbert (III) de Beaumont, Seigneur d'Autichamp.	Original au Cabin. de l'Ordre du S. Esprit.	191.
1517.	Juin.	* Requête d'Amblard (V) de Beaumont au Parlement de Dauphiné, pour donner un Tuteur à son fils.	Insérée en entier dans la Sentence du 21 Septembre 1529.	353.
1517.	Dernier Juin.	Commission du Parlement en conséquence de cette Requête.	Insérée idem.	353.
1517.	3 Juillet.	* Ordre du Commissaire du Parlement, pour faire assigner les Parens.	Inséré idem.	353.
1517.	7 Juillet.	* Tutèle de Laurent de Beaumont, en présence de son Pere & des principaux Seigneurs de la Maison de Beaumont.	Insérée idem.	353.
1517.	23 Déc.	* Arrêt du Parlement de Grenoble, & Réquisitoire en faveur de Philippe de Beaumont, Dame de la Frette, fille de Claude de Beaumont.	Archives de la Chambre des Comptes de Dauphiné.	88.
1519.	Dernier Juin.	* Partage entre Antoine (I) & Jean de Beaumont, fils de Claude de Beaumont, Seigneur de Pélafol, &c.	Extr. vers 1560; ancien Regist. aux Archives du Château de Baynac.	429.
1519.	9 Juillet.	Procuration passée par la Prieure & les Religieuses du Monastere de Montfleury, au nombre desquelles sont Jeanne & Michelette de Beaumont.	Original aux Archives du Château de Baynac.	432.

c ij

ÉTAT GÉNÉRAL PAR ORDRE CHRONOLOGIQUE

DATES DES ACTES.		NOTICE DES ACTES.	CARACTERE DES ACTES, ET DÉPÔTS OU ILS SONT CONSERVÉS.	Pages des Preuves où ils sont imprimés.
ANNÉES.	MOIS.			
1519.	17 Sept.	* Abandon par Laurent (I.er) de Beaumont, de l'autorité de Laurent Alleman, son Tuteur, & du consentement d'Amblard (V) son pere, à Charles Alleman, Seigneur de Sechilline, d'une portion du Mandement de Montfort, pour lui tenir lieu de la moins-valüe de la Terre de Lumbin & Lumbinet.	*Original aux Archives du Château de Baynac.*	463.
1519.	Premier Octobre.	Rôle du paiement des gages des 100 Gentilshommes ordinaires de l'Hôtel du Roi, où sont compris Jean, François & Humbert de Beaumont, avec Michel, Bâtard de Beaumont.	*Mss. du Cabinet de l'Ordre du Saint-Esprit.*	127.
1519.	4 Novembre.	* Procuration par Laurent Alleman, Evêque de Grenoble, comme Tuteur de Laurent (I.er) de Beaumont, Seigneur de Beaumont, son neveu.	*Original aux Archives du Château de Baynac.*	350.
Vers 1560.	....	* Pièces de procédure de Laurent (I) de Beaumont, Seigneur de Beaumont & de Montfort, contre Guigues Coct, &c.	*Anc. Regist. coté: Viallety, aux Archives du Château de Baynac.*	351.
Vers 1520.	...	Requête de Laurent (I) de Beaumont, Seigneur de Beaumont & de Montfort, au Parlement de Grenoble.	*Même Registre aux mêmes Archives.*	464.
1520.	31 Mars.	* Arrêt du Parlement de Grenoble, qui ordonne l'exécution d'un autre en faveur de Philippe de Beaumont, femme de Claude de Clermont, Seigneur de Sainte-Hélène.	*Archives de la Chambre des Comptes de Dauphiné.*	92.
1520.	5, 8, 10, 11 & 24 Octobre.	* Enquêtes dans le procès de Laurent (I) de Beaumont, Seigneur de Beaumont & de Montfort, contre Guigues Coct & Marguerite de Montfort, sa femme.	*Anc. Regist. coté: Viallety; aux Archives du Château de Baynac.*	465=470.
1523.	Dernier Juin.	Rôle du paiement des gages des 100 Gentilshommes ordinaires de l'Hôtel du Roi, où sont compris François de Beaumont, (Baron des Adrets), Humbert (II) de Beaumont, Seigneur d'Autichamp, & Michel, Bâtard de Beaumont.	*Mss. au Cabin. de l'Ord. du S. Esprit.*	191.
1523.	3 & 4 Juillet.	Enquête dans le procès de Laurent (I) de Beaumont, Seigneur de Beaumont & de Montfort, contre Guigues Coct & Marguerite de Montfort, sa femme.	*Anc. Regist. coté: Viallety; aux Archives du Château de Baynac.*	470=472.
1523.	24 Octobre.	Montre de la Compagnie d'Ordonnances du Chevalier Bayard, dans laquelle sont compris, en qualité d'Hommes d'armes, Antoine & Balthazard de Beaumont.	*Original au Cabin. de l'Ord. du S. Esprit.*	436.
1524.	....	Rôle du paiement des gages des 100 Gentilshommes ordinaires de l'Hôtel du Roi, où sont compris Laurent de Beaumont, Seigneur de Saint-Quentin, François de Beaumont, (Baron des Adrets), Humbert (III) de Beaumont, Seigneur d'Autichamp, & Michel, Bâtard de Beaumont.	*Mss. au même Cabinet.*	235.
1524.	Dernier Décemb.	Rôle *idem*.	*Mss. idem.*	192.
1526.	4 Févr.	Contrat de mariage d'Antoine de Beaumont, Seigneur de la Tour-de-Tencin, de la Tour-des-Adrets, &c. avec Demoiselle Claude Marc.	*Original aux Archives de MM. de Beaumont de Saint-Quentin.*	245.
1526.	12 Févr.	* Procuration de Laurent Alleman, Evêque de Grenoble, au nom de Laurent (I.er) de Beaumont, Seigneur de Beaumont & de Montfort, son neveu.	*Cet acte inséré en entier dans la Sentence du 21 Septembre 1529.*	352-3.

DES TITRES DE LA MAISON DE BEAUMONT. xxj

DATES DES ACTES.		NOTICE DES ACTES.	CARACTERE DES ACTES, ET DÉPOTS OU ILS SONT CONSERVÉS.	Pages des Preuves où ils sont imprimés.
ANNÉES.	MOIS.			
1527.	....	Rôle du paiement des gages des 100 Gentilshommes ordinaires de l'Hôtel du Roi, où sont compris Laurent de Beaumont, Seigneur de Saint-Quentin, & Humbert (III) de Beaumont, Seigneur d'Autichamp.	Mss. au Cabin. de l'Ordre du Saint-Esprit.	236.
1527.	Dernier Décemb.	Rôle idem.	Mss. du même Cabinet.	192.
1529.	2 Avril.	Lettres du Bailli de Graisivaudan, concernant la Jurisdiction du Touvet.	Insérées dans la Sentence du 22 Septembre 1529.	352.
1529.	3 Août.	*Procuration de Laurent Alleman, Evêque de Grenoble, pour rendre compte en son nom de la tutèle de Laurent (I) de Beaumont.	Copie du temps, signée de deux Notaires, à la suite dud. compte de Tutele, aux Arch. du Château de Baynac.	473.
1529.	22 Sept.	Sentence du Commissaire du Parlement de Dauphiné, contre Laurent (I.er) de Beaumont, Seigneur de Beaumont & de Montfort, à l'occasion du Touvet.	Expédition du temps, aux Arch. du Château de Baynac.	352.
1529.	22 Sept.	*Compte de Tutèle rendu par Laurent Alleman, Evêque de Grenoble, à Laurent (I) de Beaumont, Seigneur de Beaumont, son neveu, avec les paiemens faits durant la gestion de cette tutèle.	Original aux Archives du Château de Baynac.	474 = 476.
1529.	23 Sept.	*Quittance par Laurent (I.er) de Beaumont, du consentement d'Amblard, son Pere, à Laurent Alleman, Evêque de Grenoble, son oncle, de la gestion de sa tutèle.	Original à la suite dudit compte de tutele, aux Arch. du Château de Baynac.	477.
1529.	Dernier Décemb.	Rôle du paiement des gages des 100 Gentilshommes ordinaires de l'Hôtel du Roi, où sont compris Laurent de Beaumont, Seigneur de Saint-Quentin, & Humbert (III) de Beaumont, Seigneur d'Autichamp.	Mss. du Cabin. de l'Ordre du Saint-Esprit.	193.
1530 à 1552.	....	Autres où est compris Laurent de Beaumont, Seigneur de Saint-Quentin.	Mss. du même Cabinet.	273 - 9.
1531.	12 Août.	Quittance militaire de Laurent de Beaumont, Seigneur de Saint-Quentin.	Original aux Archives du Château de Baynac.	240.
1533.	4 Juillet.	Idem.	Original aux mêmes Arch.	240.
1533 = 1547.		*Reconnoissances féodales en faveur de Laurent (I.er) de Beaumont, Seigneur de Beaumont & de Montfort, à cause de ses Terres de Montfort & de Crolles.	Grand Regist. original coté de Ponte, aux Arch. de la Terre de Crolles.	477 = 480.
1534.	23 Juin.	*Arrêt du Parlement de Dauphiné, par lequel Laurent (I.er) de Beaumont, Seigneur de Beaumont, est condamné, comme héritier universel de son Pere, à payer une somme que celui-ci avoit empruntée en 1517.	Original aux Archives du Château de Baynac.	481.
1538.	Premier Décemb.	*Contrat de mariage de Laurent (I.er) de Beaumont, Chevalier, Seigneur de Beaumont, avec Delphine de Verneuil.	Extrait vidimé le 23 Mars 1617; & autre Extr. vidimé du 24 Décembre 1566, aux Arch. du Château de Baynac.	354.
1539.	19 Novembre.	*Paiement de dot pour l'entrée de Marguerite de Beaumont au Monastere de Montfleury.	Extrait des Regist. de Vétures du Monastere de Montfleury.	437.
1540.	....	Etat des Officiers Domestiques du Duc d'Orléans, fils du Roi François I.er, où est compris le Seigneur des Adrets, (François de Beaumont.)	Mss. du Cabin. de l'Ordre du Saint-Esprit.	209.
1540.	....	*Aveu de Laurent de Beaumont, Seigneur de Saint-Quentin, pour les Fiefs qu'il tient du Roi.	Archives de la Chambre des Comptes de Dauphiné.	240.

xxij   ÉTAT GÉNÉRAL PAR ORDRE CHRONOLOGIQUE

DATES DES ACTES		NOTICE DES ACTES.	CARACTÈRE DES ACTES, ET DÉPÔTS OÙ ILS SONT CONSERVÉS.	Pages des Preuves où ils sont imprimées.
ANNÉES.	MOIS.			
1540.	....	Dénombrement fourni par Antoine de Beaumont, Seigneur de la Tour-de-Tencin.	Archives de la Chambre des Comptes de Dauphiné.	246.
1540.	14 Août.	Aveu de François de Beaumont, (Baron des Adrets), pour ses Châteaux des Adrets & de la Frette.	Mêmes Archives.	208.
1540.	30 Août.	* Aveu & dénombrement d'Humbert (III) de Beaumont, Seigneur d'Autichamp.	Mêmes Archives.	193.
1540.	Dernier Août.	Dénombrement de la Terre de Saint-Quentin, par Laurent de Beaumont, Seigneur de Saint-Quentin.	Mêmes Archives.	240.
1541.	12 Sept.	Hommage au Roi par Laurent (I.er) de Beaumont, Seigneur de Beaumont, de sa Terre de Montfort.	Mêmes Archives.	354.
1541.	22 Novembre.	Mandement relatif à l'Hommage de Laurent de Beaumont, Seigneur de Saint-Quentin.	Mêmes Archives.	241.
1542.	19, 24 29 & 30 Juillet.	Requête de Laurent (I.er) de Beaumont, Seigneur de Beaumont, & Informations faites en conséquence, touchant sa Jurisdiction du Touvet.	Original aux Archives du Château de Baynac.	355.
1542.	16 Août.	Déclaration faite au nom de Laurent (I.er) de Beaumont, de ce qu'il tient en Fiefs & Arrieres-fiefs du Roi Dauphin.	Archives de la Chambre des Comptes de Dauphiné.	356.
1542.	26 Août.	Procuration par Laurent (I.er) de Beaumont, Seigneur de Beaumont & de Montfort.	Même Archives.	357.
1543.	17 Juill.	* Transaction entre Antoine de Beaumont, Seigneur de Pélafol, & Magdelène d'Urre, veuve de Claude de Beaumont.	Extrait vers 1560; ancien Regist. aux Arch. du Château de Baynac.	429.
1544.	26 Mars.	Contrat de mariage de François de Beaumont, Seigneur (Baron) des Adrets, avec Claude de Gumin-de Romanesche.	Grosse aux Archiv. du Château de Baynac.	210.
1544.	19 Nov.	Transaction entre Humbert (III) de Beaumont, Seigneur d'Autichamp, & Laurent de Sassenage, son beau-frere.	Original aux Archives du Château d'Autichamp.	193.
1546.	11 Févr.	* Autre entre Antoine (I.er) de Beaumont, Seigneur de Barbieres, & Claude son frere.	Copie du temps, aux Arch. du Château de Baynac.	128.
1546.	.. Juillet.	Autre entre Antoine (I.er) de Beaumont, Seigneur de Pélafol, &c. & ses Vassaux du lieu de Barbieres.	Extrait vers 1560; ancien Regist. aux Archiv. du Château de Baynac.	429.
1550.	2 Avril.	* Testament mutuel olographe de Laurent (I.er) de Beaumont, Seigneur de Beaumont, & de Dauphine de Verneuil, sa femme, en faveur de leurs enfans.	Minute origin. aux Arch. du Château de Baynac.	357.
1552.	5 Mars.	* Testament de Laurent (I.er) de Beaumont, Seigneur de Beaumont & de Montfort, en faveur de ses enfans.	Original aux Archives du Château de Baynac.	358.
1552.	6 Mars.	* Codicile de Laurent (I.er) de Beaumont, Seigneur de Beaumont.	Original à la suite du Testament du 5 Mars 1552.	359.
1552.	10 Juill.	* Testament d'Antoine de Beaumont, Seigneur de la Tour-de-Tencin, en faveur de ses enfans.	Expéd. de 1635, aux Arch. de MM. de Beaumont de Saint-Quentin.	246.
1552.	12 Octobre.	Procuration par Laurent (I.er) de Beaumont, Chevalier, Seigneur de Beaumont, de Pompignan, &c.	Insérée dans la Transaction du 27 Novembre 1552.	359.
1552.	27 Novembre.	Transaction entre Laurent (I.er) de Beaumont, Seigneur de Beaumont, & les Administrateurs des Hôpitaux de Grenoble.	Original aux Arch. du Château de Baynac.	359.

DES TITRES DE LA MAISON DE BEAUMONT. xxiij

DATES DES ACTES.		NOTICE DES ACTES.	CARACTERE DES ACTES, ET DÉPOTS OU ILS SONT CONSERVÉS.	Pages des Preuves où ils sont imprimés.
ANNÉES.	MOIS.			
1553.	17 Janv.	Acquisition faite par Antoine (I.er) de Beaumont, Seigneur de Pélafol, &c.	Extrait vers 1560; ancien Regist. aux Archiv. du Château de Baynac.	430.
1553.	.. Mars.	Lettres d'octroi de deux foires à Barbieres, accordées à Antoine (I.er) de Beaumont, Seigneur dudit lieu, de Pélafol, &c.	Extr. idem, aux mêmes Archives.	430.
1554.	2 Févr.	Déclaration & défi de Laurent (I.er) de Beaumont, Seigneur de Beaumont, à l'occasion de M. l'Evêque de Grenoble, son oncle.	Archives de la Chambre des Comptes de Dauphiné.	437 & suiv.
1555.	28 Avril.	Contrat de mariage entre Antoine (I.er) de Beaumont, Chevalier, Seigneur de Barbieres, & Marguerite de Monteux.	Expéd. originale aux Arch. du Château d'Autichamp.	128.
1555.	11 Octobre.	Quittance de paiement de douaire, à Antoine (I.er) de Beaumont, Seigneur de Barbieres, &c. par Claude de Saint-André.	Extrait vers 1580; ancien Regiftre aux Archives du Château de Baynac.	430.
1556.	16 Mars.	Lettres d'enthérinement de l'octroi de deux foires à Barbieres, en faveur d'Antoine (I.er) de Beaumont, Seigneur de Barbieres, &c.	Extr. idem, aux mêmes Archives.	430.
1559.	9 Mars.	Ratification par Louise de Beaumont, d'une Transaction entre elle & Antoine de Beaumont, son frere, Seigneur de Barbieres.	Original aux Archives du Château d'Autichamp.	130.
1559.	23 Mai.	* Enquête par le Sénéchal de Valentinois & Diois, pour Antoine de Beaumont, Seigneur de Barbieres, contre Françoise & Louise de Beaumont.	Original aux mêmes Arch.	129.
1559.	13 Juin.	Sentence du Sénéchal de Montélimar, en faveur d'Antoine de Beaumont, Seigneur de Barbieres.	Original aux mêmes Arch.	130.
1560.	25 Juin.	Accord entre Antoine de Beaumont, Seigneur de Barbieres, & Louise de Beaumont, sa sœur.	Original aux mêmes Arch.	130.
1560.	8 & 12 Octobre.	* Requêtes des filles d'Humbert (III) de Beaumont, Seigneur d'Autichamp.	Originaux aux mêmes Arch.	194.
1561.	28 Févr.	Arrêt du Parlement de Grenoble, en faveur de Laurent (I.er) de Beaumont, Chevalier, Seigneur de Beaumont.	Original aux mêmes Arch.	360.
1562.	Premier Mai.	* Transaction entre Antoine de Beaumont, Seigneur de Barbieres, &c. & Jeanne, Charlotte & Anne de Beaumont, ses cousines, sur la substitution de la Terre d'Autichamp.	Originaux aux Archives du Château d'Autichamp & du Château de Baynac.	131.
1562.	20 Mai.	Extrait des Regiftres de la Chambre des Comptes de Dauphiné, concernant François de Beaumont, Baron des Adrets.	Archives de la Chambre des Comptes de Dauphiné.	211.
1565.	21 Mai.	Arrêt du Parlement de Dauphiné, en faveur de François de Beaumont, Baron des Adrets.	Mêmes Archives.	447.
1565.	11 Septem. & suiv.	* Inventaire des biens & titres de Laurent (I.er) de Beaumont, Seigneur de Beaumont, &c. à la Requête de Laurent (II) de Beaumont-de-Verneuil, son fils.	Original aux Archives du Château de Baynac, & double aux Arch. de MM. de Beaumont-d'Aut.)	363.
1567.	2 Juin.	Montre militaire de la Compagnie de M. le Duc de Guise, où comparoît, comme Homme d'Armes, Jacques de Beaumont.	Original au Cabin. de l'Ordre du Saint-Esprit.	442.

ÉTAT GÉNÉRAL PAR ORDRE CHRONOLOGIQUE

DATES DES ACTES.		NOTICE DES ACTES.	CARACTERE DES ACTES, ET DÉPOTS OU ILS SONT CONSERVÉS.	Pages des Preuves où ils sont imprimées.
ANNÉES.	MOIS.			
1568.	10 Juin.	Rôle de la Compagnie d'Ordonnance de M. de Clermont-Lodève, où est compris, comme Homme d'armes, Charles de Beaumont.	*Original au Cabin. de l'Ordre du Saint-Esprit.*	385.
1568.	28 Nov.	Quittance militaire de François de Beaumont, Seigneur (Baron) des Adrets, Colonel des Bandes Françoises.	*Original aux Archives du Château de Baynac.*	212.
1569.	15 Avril.	Autre du même.	*Original aux mêmes Arch.*	212.
1569.	29 Juill.	* Donation à Laurent (II) de Beaumont-de-Verneuil, Seigneur de Montfort, &c.	*Original aux Archives de MM. de Beaumont-d'Auti.*	365.
1569.	7 Octob.	* Testament d'Antoine de Beaumont, Seigneur de Barbieres, Pélafol, &c. en faveur de Gaspard, son fils unique.	*Extrait vidimé le premier Mars 1667, aux Arch. d'Autichamp.*	133.
1570.	30 Mars.	Nomination d'Antoine de Beaumont, Seigneur de Barbieres, à l'Ordre de Saint-Michel.	*Original aux Arch. du Château d'Autichamp.*	134.
1570.	19 Juill.	Acte de la remise de la personne du Baron des Adrets, entre les mains des Gens de M. de Mandelot, Gouverneur de Lyon.	*Original aux Archives du Palais Bourbon.*	449.
1570.	11 Sept.	Lettre de Laurent (II) de Beaumont, Seigneur de Beaumont & de Payrac, à M. de Gordes, Lieutenant de Roi en Dauphiné.	*Original aux mêmes Arch.*	483.
1571.	17 Juin.	Quittance militaire de François de Beaumont, Baron des Adrets, &c.	*Original aux Arch. du Château de Baynac.*	212.
1572.	....	Etat des Gentilshommes ordinaires du Roi, où est compris Laurent de Beaumont, Baron des Adrets.	*MSS. du Cabin. de l'Ordre du Saint-Esprit.*	228 & 229.
1572.	3 & 4 Avril.	* Inventaire de Titres relatifs à la Maison de Beaumont.	*Original aux Arch. du Château de Baynac.*	430.
1573.	18 Juill.	Lettre du Roi Charles IX au Baron des Adrets.	*Original aux Archives du Palais Bourbon.*	449.
1574.	30 Janv.	Montre de la Compagnie de M. le Comte de Suze, où comparoît Alexandre (Bâtard) de Beaumont, Seigneur de la Bastie-Rolland.	*Original du Cabin. de l'Ordre du Saint-Esprit.*	433.
1574.	21 Août.	* Testament de Gaspard de Beaumont, Seigneur d'Autichamp.	*Original aux Archives du Château d'Autichamp.*	134.
1575.	. . Janv.	Etat des Gentilshommes ordinaires du Roi, où est compris Laurent de Beaumont, Baron des Adrets.	*MSS. du Cabin. de l'Ordre du Saint-Esprit.*	229.
1577 à 1594.	....	Notice de différens Actes concernant Claude de Beaumont, Chevalier, Seigneur de la Tour-de Tencin.	*Copie du temps aux Archiv. du Château de Baynac.*	247.
1577.	3 Mars.	Contrat de mariage de Charles de Beaumont, Seigneur de Montfort, avec Antoinette du Pouget, Dame du Repaire.	*Minute originale aux Arch. du Château de Baynac.*	386.
1577.	12 Juin.	Contrat de mariage de Laurent (II) de Beaumont-de Verneuil, Baron de Beaumont & de Montfort, avec Marguerite de Pelegry.	*Expéd. de 1617, aux Arch. de MM. de Beaumont-d'Auti.*	365.
1577.	2 Juillet.	* Transaction entre Laurent (II) de Beaumont-Verneuil, Baron de Beaumont, &c. & Charles de Beaumont, Seigneur du Repaire, son frere.	*Grosse aux Archives de MM. de Beaumont-d'Auti.*	366.
1577.	Dernier Octobre.	Certificat de service pour Charles de Beaumont, Seigneur du Repaire.	*Original aux Archives du Château de Baynac.*	386.

DES TITRES DE LA MAISON DE BEAUMONT.

DATES DES ACTES.		NOTICE DES ACTES.	CARACTERE DES ACTES, ET DÉPÔTS OÙ ILS SONT CONSERVÉS.	Pages des Preuves où ils sont imprimées.
ANNÉES.	MOIS.			
1578.	26 Novembre.	Contrat de mariage de Gaspard de Beaumont, Seigneur d'Autichamp, avec Antoine de Villette-du Mey.	Original aux Archives du Château d'Autichamp.	135.
1580.	15 Juill.	Mandement du Trésorier de l'Epargne, pour Laurent de Beaumont, Baron des Adrets (le jeune).	Original aux Archives du Château de Baynac.	230.
1580.	18 Nov.	Transaction entre Charles de Beaumont, Seigneur du Repaire, & Jeanne d'Aubusson, sa belle-sœur.	Original aux mêmes Arch.	387.
1581.	9 Janv.	Ratification de la Transaction précédente, par Antoinette du Poujet, Dame du Repaire.	Original aux mêmes Arch.	387.
1581.	28 Avril.	Quittance par Jeanne d'Aubusson, veuve de Jean du Poujet, à Charles de Beaumont, Seigneur du Repaire.	Original aux mêmes Arch.	388.
1582.	3 Janv.	Quittance donnée à Charles de Beaumont, Seigneur du Repaire, par Jeanne d'Aubusson.	Original au Cahier coté †, aux Archives du Château de Baynac.	491.
1582.	26 Juill.	Quittance par Jeanne d'Aubusson, à Charles de Beaumont, Seigneur du Repaire, & à Antoinette du Pouget, sa femme.	Original aux mêmes Arch.	388.
1583.	....	Etat des Gentilshommes de la Chambre du Roi, où est compris le Seigneur de Saint-Quentin.	Mss. du Cabin. de l'Ordre du Saint-Esprit.	230.
1584.	2 Avril.	* Testament d'Anne de Sassenage, veuve de Laurent de Beaumont, Seigneur de Saint-Quentin.	Expéd. de 1616, aux Arch. de la Maison de Sassenage.	241.
1585.	17 Août.	Vente par Laurent (II) de Beaumont-de Verneuil, Seigneur de Beaumont, de Pompignan, &c.	Original aux Archives de MM. de Beaumont-d'Auti.	367.
1585.	17 Décemb.	* Second Testament de Gaspard de Beaumont, Seigneur d'Autichamp, en faveur de ses enfans.	Original aux Archives du Château d'Autichamp.	135.
1586.	3 Juin.	* Procuration par Laurent (II) de Beaumont-de Verneuil, Seigneur de Pompignan, à Charles de Beaumont, Seigneur du Repaire (son frere.)	Original aux Archives du Château de Baynac.	367.
1586.	3 Juillet.	* Contrat de mariage de Rolland de Beaumont, Seigneur de l'Isle, avec Jeanne de Teste-de la Modriniere.	Original aux Archives de MM. de Beaumont-de Saint-Quentin.	254.
1586.	4 Sept.	Testament de Charles de Villette, Seigneur du Mey-de Crest, en faveur d'Antoinette de Villette, femme de Gaspard de Beaumont, Seigneur d'Autichamp.	Original aux Archives du Château d'Autichamp.	136.
1586.	26 Sept.	Retrait féodal, exercé par Charles de Beaumont, Seigneur du Repaire.	Original au Cahier coté †, aux Archives du Château de Baynac.	491.
1587.	13 Mai.	Quittance par Jeanne d'Aubusson, à Charles de Beaumont & Antoinette du Pouget, sa femme, Seigneur & Dame du Repaire.	Original au même Cahier; mêmes Archives.	388.
1589.	23 Févr.	Quittance par le même aux mêmes.	Original id. Archiv. id.	492.
1591.	15 Juin.	* Contrat de mariage de Suzanne de Beaumont, avec Balthasar de Genton-de Mailles.	Extr. collationné aux Arch. du Château de Baynac.	248.
1594.	22 Janv.	* Vidimus d'un Livre de Reconnoissances, à la Requête de Charles de Beaumont, Seigneur du Repaire, chargé de la procuration de Laurent (II) de Beaumont, Seigneur de Payrac, son frere.	Original aux Archives du Château de Baynac.	492.
1594.	16 Févr.	Hommage en la Chambre des Comptes de Dauphiné, par Laurent (II) de Beaumont, pour les Seigneuries de Beaumont, de Crolles & de Montfort.	Archives de la Chambre des Comptes de Dauphiné.	367.

xxvj ÉTAT GÉNÉRAL PAR ORDRE CHRONOLOGIQUE

DATES DES ACTES.		NOTICE DES ACTES.	CARACTERE DES ACTES, ET DÉPOTS OU ILS SONT CONSERVÉS.	Pages des Preuves où ils sont imprimés.
ANNÉES.	MOIS.			
1594.	12 Juill.	* Sentence du Bailliage de Grenoble, en faveur de Laurent (II) de Beaumont, Seigneur de Montfort, &c.	Expéd. originale, aux Archives de MM. de Beaumont-d'Auti.	368.
1595= 1607.	...	* Papier térrier des Seigneuries de Montfort & de Crolles, contenant un grand nombre de Reconnoissances féodales, pour Laurent (II) de Beaumont, Seigneur desdites Terres, de Payrac, de Pompignan, &c.	Gros Regist. origin. couvert de basane, conservé aux Archives de la Terre de Crolles.	484= 487.
1595.	30 Juill.	* Contrat de mariage de Laurent de Beaumont, Seigneur de Nébirac, avec Marguerite de Salignac-de la Mothe-Fénelon.	Original aux Archives du Château de Baynac.	390.
1596.	31 Janv.	* Testament de Claude de Beaumont, Chevalier, Seigneur de la Tour-de-Tencin.	Original aux mêmes Arch.	249.
1596.	30 Avril.	* Vente par Laurent (II) de Beaumont-de Verneuil, Seigneur de Beaumont, de Pompignan, &c.	Original aux Archives de MM. de Beaumont-d'Auti.	367.
1600.	29 Janv.	* Paiement de dot pour l'entrée de Suzanne de Beaumont, au Monastere de Montfleury.	Extrait des Regist. de Vêtures du Monastere de Montfleury.	437.
1600.	19 Avril.	Hommage par Suzanne de Beaumont, Dame des Adrets.	Archives de la Chambre des Comptes de Dauphiné.	231.
1600.	8 Octob.	* Troisième Testament de Gaspard de Beaumont, Seigneur d'Autichamp.	Expéd. aux Arch. du Château d'Autichamp.	137.
1600. 1602. 1604.	11 Déc. 30 Mars. 12 Mars.	Obligation passée par Charles de Beaumont, Seigneur du Repaire, & quittances à lui données des sommes contenues dans cette obligation.	Original au Cahier coté +, aux Archives du Château de Baynac.	493.
1603.	5 Avril.	Quittance à Gaspard de Beaumont, Seigneur d'Autichamp.	Original aux Archives du Château d'Autichamp.	137.
1603.	25 Sept.	* Profession de Jeanne de Beaumont, dans le Monastere de Montfleury.	Extrait des Regist. de Vêtures du Monastere de Montfleury.	437.
1603.	Premier Octob.	* Quittance par Charles de Beaumont, Seigneur du Repaire, de partie de la dot de Marguerite de Salignac, femme de Laurent, son fils.	Original au Regist. coté +, aux Archives du Château de Baynac.	493.
1603.	15 Octobre.	* Quittance par Charles de Beaumont, Seigneur du Repaire, au nom de Laurent, son fils, à François de Salignac-de la Mothe-Fénelon.	Grosse aux Archiv. du Château de Baynac.	388.
1603.	26 Novembre.	* Quittance générale par Laurent (II) de Beaumont-de Verneuil, Seigneur de Pompignan, de Payrac, &c. à Charles de Beaumont, Seigneur du Repaire, son frere.	Original aux Archives du Château de Baynac.	368.
1605.	24 Sept.	* Testament de Charles de Beaumont, Seigneur du Repaire, en faveur de Laurent son fils.	Expéd. de 1632, aux Arch. du Château de Baynac.	389.
1605.	20 Nov.	* Contrat de mariage de Laurent de Beaumont, Seigneur du Repaire, avec Françoise de Chaunac-de Lansac.	Expéd. de 1656, aux Arch. du Château de Baynac.	391.
1606.	30 Mars	* Hommage de Claude de Beaumont, Seigneur de la Tour-de-Tencin, pour Saint-Quentin.	Archives de la Chambre des Comptes de Dauphiné.	249.
1606.	21 Juill.	Transaction entre Laurent de Beaumont, Seigneur du Repaire, & François de Salignac, Seigneur de la Mothe-Fénelon.	Original aux Archives du Château de Baynac.	391.
1606.	24 Juill.	* Testament de Rolland de Beaumont, Seigneur de l'Isle, en faveur de ses enfans.	Original aux Archives de MM. de Beaumont de Saint-Quentin.	254.

DES TITRES DE LA MAISON DE BEAUMONT. xxvij

DATES DES ACTES.		NOTICE DES ACTES.	CARACTERE DES ACTES, ET DÉPÔTS OU ILS SONT CONSERVÉS.	Pages des Preuves où ils sont imprimés.
ANNÉES.	MOIS.			
1606.	8 Octob.	* Obligation passée par Gaspard de Beaumont, Seigneur d'Autichamp, &c.	Original aux Archives du Château d'Autichamp.	137.
1606.	8 Nov.	Vente par Gaspard de Beaumont, Seigneur d'Autichamp, des revenus de la Terre de Barbieres & de Pélafol.	Original aux Archives du Château d'Autichamp.	138.
1607.	Premier Août.	Cautionnement de Laurent de Beaumont, Seigneur du Repaire, en faveur d'Armand de Gontaud, Seigneur d'Andaux.	Original aux Archives du Château de Baynac.	392.
1607.	30 Octobre.	* Testament de Laurent (II) de Beaumont-de-Verneuil, Seigneur de Pompignan, de Montfort, &c. en faveur de ses enfans.	Original aux Archives de MM. de Beaumont-d'Auti.	369.
1607.	14 Déc.	* Testament d'Ennemond de Beaumont, Seigneur de Saint-Quentin & de l'Isle.	Original aux Archives de MM. de Beaumons de Saint-Quentin.	253.
1608.	12 Févr.	* Donation par Louise de Beaumont, femme de François du Faur, en faveur de ses enfans.	Original aux Archives du Château d'Autichamp.	141.
1609.	25 Mai.	* Vente par Gaspard de Beaumont, Seigneur d'Autichamp, des Terres de Pélafol, de Barbieres, &c.	Original aux mêmes Arch.	138.
1609.	25 Mai.	Faculté de Rachapt accordée à Gaspard de Beaumont, Seigneur d'Autichamp.	Original aux mêmes Arch.	139.
1609.	Premier Septem.	* Contrat de mariage d'Antoine (II) de Beaumont, (depuis) Seigneur d'Autichamp, avec Françoise de Florence.	Original aux mêmes Arch	141.
1610.	16 Avril.	Transaction entre Gaspard de Beaumont, Seigneur d'Autichamp, & Claude Frere, à l'occasion de la vente des Terres de Pélafol, de Barbieres, Fiançayes & Saint-Maman.	Original aux mêmes Arch.	139.
1610.	18 Octobre.	Quittance par François de Salignac, Seigneur de la Mothe-Fénelon, à Laurent de Beaumont, Seigneur du Repaire, &c.	Original aux Archives du Château de Baynac.	392.
1611.	12 Mai.	Quittance donnée à Laurent de Beaumont, Seigneur du Repaire, de la restitution de la dot de feue Marguerite de Salignac, son Epouse.	Original au Regist. coté †, aux Archives du Château de Baynac.	495.
1611.	17 Octobre.	* Contrat de mariage de Laurent-Philbert de Beaumont, Seigneur de Beaumont, de Pompignan, &c. avec Catherine de Clermont-de Gourdon.	Copie collationnée de 1712, aux Arch. de MM. de Beaumont-d'Auti.	369.
1612.	9 Févr.	Quittance donnée à Laurent de Beaumont, Seigneur du Repaire.	Original au Regist. coté †, aux Archives du Château de Baynac.	496.
1613.	8 Mars.	* Lettres Royaux de bénéfice d'inventaire, en faveur de Laurent-Philbert de Beaumont, Seigneur de Beaumont, de Crolles, &c.	Original aux Archives de MM. de Beaumont-d'Auti.	370.
1614.	22 Juill.	Quittance de legs délivré par Laurent de Beaumont, Seigneur du Repaire.	Original aux Arch. du Château de Baynac.	393.
1614.	22 Août.	* Cession par Laurent de Beaumont, Seigneur du Repaire, d'une somme à lui dûe par Laurent-Philbert de Beaumont, Seigneur de Pompignan, (son cousin-germain.)	Original aux mêmes Arch.	370 & 393.
1615.	27 Août.	Testament mutuel d'Antoine de Sassenage & d'Esther de Beaumont, sa femme.	Grosse, aux Archiv. de la Maison de Sassenage.	232.

d ij

Dates des Actes.		Notice des Actes.	Caractère des Actes, et Dépôts où ils sont conservés.	Pages des Preuves où ils sont imprimés.
Années.	Mois.			
1617.	Premier Janvier.	Vente par Laurent-Philbert de Beaumont, Seigneur de Pompignan, des Terres de Beaumont, Montfort, Crolles, &c.	*Extrait de l'Inventaire des titres de la Chamb. des Comp. de Dauphiné, à la Biblioth. du Roi.*	371.
1617.	14 Mars.	Remise de Titres, à l'occasion de cette vente, par Laurent-Philbert de Beaumont, Seigneur de Pompignan.	*Original aux Archives de MM. de Beaumont-d'Auti.*	371.
1617.	19 Octobre.	* Requête de Françoise de Beaumont, dans la discussion des biens de Gaspard de Beaumont, Seigneur d'Autichamp.	*Original aux Archives du Château d'Autichamp.*	140.
1623.	Premier Novem.	Contrat de mariage de Pierre de Beaumont, Seigneur de Saint-Quentin & de l'Isle, avec Anne de Joffrey.	*Copie collationnée de 1627, aux Arch. de MM. de Saint-Quentin.*	255.
1633.	7 Mai.	Testament d'Esther de Beaumont, veuve d'Antoine de Sassenage.	*Grosse aux Arch. de la Maison de Sassenage.*	232.
1633.	17 Mai.	* Contrat de mariage de Barthélemi de Beaumont, Seigneur du Repaire, avec Louise de Baynac-de la Roque.	*Copie collationnée de 1674, aux Archives du Château de Baynac.*	394.
de 1637 à 1662.	....	Election de Suzanne de Beaumont, pour Supérieure du Monastere de Montfleury.	*Extrait du Livre des Vêtures du Monast. de Montfleury.*	437.
1640.	6 Sept.	* Testament mutuel d'Antoine (II) de Beaumont, Seigneur d'Autichamp, & de Françoise de Florence, sa femme, en faveur de leurs enfans.	*Original aux Arch. du Château d'Autichamp.*	142.
1641.	7 Févr.	* Déclaration de Noblesse & décharge en faveur de Pierre de Beaumont, Co-Seigneur de Saint-Quentin.	*Original aux Archives de MM. de Beaumont de Saint-Quentin.*	256.
1641.	12 Août.	* Déclaration de Noblesse & décharge en faveur de François de Beaumont, Seigneur de Saint-Quentin.	*Original aux mêmes Arch.*	257.
1644.	9 Juillet.	* Contrat de mariage entre François de Beaumont, Seigneur d'Autichamp, & Louise-Olimpe de Bressac.	*Original aux Archives du Château d'Autichamp.*	144.
1645.	24 Févr.	* Testament de Laurent de Beaumont, Seigneur du Repaire, en faveur de ses enfans.	*Original aux Archives du Château de Baynac.*	393.
1645.	2 Juin.	Hommage par Pierre de Beaumont, de la moitié de la Seigneurie de Saint-Quentin.	*Archives de la Chambre des Compt. de Dauphiné, & Exp. orig. aux Arch. de MM. de Beaumont de Saint-Quentin.*	257.
1645.	7 Sept.	Commission en faveur de Louis de Beaumont-de Pélafol.	*Original aux Archives du Château d'Autichamp.*	143.
1645.	15 Octobre.	Testament de Louise-Olimpe de Bressac, en faveur de François de Beaumont, Seigneur d'Autichamp, son mari.	*Original aux mêmes Arch.*	145.
1647.	18 Mars.	Lettres de Committimus pour Barthélemi de Beaumont, Seigneur du Repaire, comme Gentilhomme ordinaire de la Chambre du Roi.	*Original aux Arch. du Château de Baynac.*	394.
1648.	17 Août.	* Testament de Louis de Beaumont, Seigneur d'Autichamp.	*Original aux Archives du Château d'Autichamp.*	143.
1653.	15 Mars.	Lettre missive à M. (Barthélemi) de Beaumont, Commandant pour le Roi à Domme.	*Original aux Arch. du Château de Baynac.*	395.
1654.	27 Janv.	* Contrat de mariage de Laurent (III) de Beaumont, Seigneur de Payrac, avec Hélène de Cheveri-de la Reule.	*Copie collationnée, aux Archives de MM. de Beaumont d'Auti.*	371.
1654.	Avril & Mai.	Lettres du Roi, du Cardinal Mazarin, de M. le Tellier, &c. faisant mention de M. (Charles) de Beaumont-d'Autichamp.	*Mss. au Cabin. de l'Ordre du Saint-Esprit.*	434 & suiv.

DES TITRES DE LA MAISON DE BEAUMONT. xxix

DATES DES ACTES.		NOTICE DES ACTES.	CARACTERE DES ACTES, ET Dépôts où ils sont CONSERVÉS.	Pages des Preuves où ils sont imprimés.
ANNÉES.	MOIS.			
1654.	17 Août.	* Arrêt du Parlement de Toulouse, en faveur de Laurent (III) de Beaumont, Seigneur de Payrac, &c.	Expéd. origin. aux Arch. de MM. de Beaumont-d'Auti.	372.
1656.	25 Mai.	Certificat sur la naissance de Jean-Claude de Beaumont-d'Autichamp.	Original au Cabin. de l'Ordre du Saint-Esprit.	182.
1659.	7 Avril.	* Certificat de Baptême de François-Laurent de Beaumont.	Original aux Arch. du Château a' Autichamp.	149.
1663.	25 Mai.	Vente par Marc de Beaumont - de Rochemure, Baron du Besset.	Extrait vidimé des Arch. de la Chartreuse de Saint-Hugon.	250.
1663.	25 Juill.	* Testament de Pierre de Beaumont, Co-Seigneur de Saint-Quentin, en faveur de ses enfans.	Grosse aux Arch. de MM. de Beaumont-de Saint-Quentin.	258.
1664.	22 Décembre.	* Contrat de mariage de Guillaume de Beaumont, Seigneur de l'Isle & de Saint - Quentin, avec Françoise de Berniere-de-Ville.	Grosse, aux mêmes Archiv.	259.
1666.	4 Déc.	* Arrêt du Parlement de Toulouse, en faveur de Laurent (III) de Beaumont, Seigneur de Payrac.	Copie collationnée, aux Archives de MM. de Beaumont-d'Auti.	373.
1667.	21 Févr.	Commission de Lieutenant de Roi d'Angers, pour Charles de Beaumont-d'Autichamp.	Original aux Archives du Château d'Autichamp.	176.
1667.	12 Mars.	* Testament de Barthélemi de Beaumont, Seigneur du Repaire, en faveur de ses enfans.	Origin. aux Arch. du Château de Baynac.	395.
1667.	25 Juin.	Requête de François de Beaumont, Seigneur d'Autichamp, pour une expédition d'Acte.	Original aux Archives du Château d'Autichamp.	145.
1667.	Premier Juillet.	* Production de Titres devant l'Intendant de Dauphiné, par Guillaume de Beaumont, Seigneur de l'Isle & de Saint-Quentin.	Original au Cabin. de l'Ordre du S. Esprit.	295.
1667.	Premier Juillet.	* Acte donné, par l'Intendant de Dauphiné, à Guillaume de Beaumont, Seigneur de Saint-Quentin, & à ses freres, de la représentation de leurs Titres de Noblesse.	Original au même Cabinet.	262.
1667.	Premier Juillet.	* Certificat de Noblesse délivré à Guillaume de Beaumont, Seigneur de Saint - Quentin, & à ses freres.	Original aux Archives de MM. de Beaumont de Saint-Quentin.	264.
1667.	4 Déc.	* Acte de la représentation des Titres de Noblesse de Claude de Beaumont-d'Autichamp, & de Charles de Beaumont, Seigneur de Miribel, par l'Intendant de Dauphiné.	Original aux Archives du Château d'Autichamp.	144.
1667.	4 Déc.	Acte de la représentation des Titres de Noblesse de François de Beaumont, Seigneur d'Autichamp, par l'Intendant de Dauphiné.	Original aux mêmes Arch.	146.
1667.	5 Déc.	* Jugement de maintenue de Noblesse, en faveur de François de Beaumont, Seigneur d'Autichamp, de son Frere & de son Oncle.	Original au Cabin. de l'Ordre du Saint-Esprit.	146.
1668.	15 Mars.	* Autre en faveur de Barthélemi de Beaumont, Seigneur du Repaire, & de François, son fils.	Original au même Cabinet.	396.
1668.	20 Juill.	* Inventaire de production pour la preuve de Noblesse de Florent de Beaumont, Seigneur de Champrond-d'Autichamp.	Original au même Cabinet.	195.
1668.	20 Juill.	* Jugement de maintenue de Noblesse, en faveur de Florent de Beaumont, Seigneur de Champrond-d'Autichamp.	Original au même Cabinet.	196.

xxx ÉTAT GÉNÉRAL PAR ORDRE CHRONOLOGIQUE

DATES DES ACTES.		NOTICE DES ACTES.	CARACTERE DES ACTES, ET DÉPOTS OÙ ILS SONT CONSERVÉS.	Pages des Figures où ils sont imprimés.
ANNÉES.	MOIS.			
1669.	9 & 13 Juillet.	* Acte de la représentation des Tittes de Noblesse de Cécile de Torrenc, femme de Marc de Beaumont-de Rochemure, Seigneur de Saint-Quentin & du Besset.	Original au Cabin. de l'Ordre du S. Esprit.	250.
1669.	13 Juill.	* Jugement de maintenue de Noblesse, en faveur de Marc-Antoine de Beaumont-de Rochemure, Seigneur de Saint-Quentin & du Besset.	Original au même Cabinet.	251.
1669.	9 Sept.	Arrêt de décharge, en faveur de Marc-Antoine de Beaumont-de Rochemure, Baron du Besset, Seigneur de Saint-Quentin.	Original au même Cabinet.	252.
1670.	17 Janv.	Commission de Lieutenant de Roi d'Angers, pour Charles de Beaumont-d'Autichamp.	Original aux Archives du Château d'Autichamp.	176.
1671.	4 Janv.	* Jugement de maintenue de Noblesse, en faveur de Laurent (III) de Beaumont-de Verneuil, Seigneur de Pompignan.	Original au Cabin. de l'Ordre du Saint-Esprit.	373.
1673.	.. Janv.	* Réception de François de Beaumont-de Roches, aux Pages de la Grande-Ecurie du Roi.	Mss. du même Cabinet.	149.
1673.	.. Janv.	* Réception de Joseph de Beaumont-d'Autichamp, aux Pages de la Grande-Ecurie du Roi.	Mss. du même Cabinet.	182.
1673.	24 Janv.	Commission de Lieutenant de Roi d'Angers, pour Charles de Beaumont-d'Autichamp.	Original aux Archives du Château d'Autichamp.	176.
1674. 1675.	5 Mars. 17 Juill.	Vérifications du Testament d'Aymon de Beaumont, relativement à un Procès de Laurent (III) de Beaumont, Seigneur de Payrac.	Originaux aux Archives de MM. de Beaumont-d'Auti.	374.
1675.	13 Sept.	Brevet de Cornette, pour Charles-Just de Beaumont-d'Autichamp.	Original aux Archives du Château d'Autichamp.	149.
1675.	18 Déc.	* Sentence du Bailliage de Grenoble, en faveur des enfans mineurs de Laurent (III) de Beaumont-de Verneuil, Seigneur de Pompignan.	Exped. originale aux Arch. de MM. de Beaumont-d'Auti.	375.
1676.	27 Janv.	Commission de Lieutenant de Roi d'Angers, pour Charles de Beaumont-d'Autichamp.	Original aux Archives du Château d'Autichamp.	177.
1676.	27 Juill.	Brevet de Cornette, pour Laurent-François de Beaumont-d'Autichamp.	Original aux mêmes Arch.	151.
1677.	17 Févr.	Hommage de Guillaume de Beaumont, Co-Seigneur de Saint-Quentin.	Original aux Archives de MM. de Beaumont-S. Quent.	264.
1677.	24 Févr.	Brevet de Guidon de la Compagnie des Gendarmes d'Orléans, pour François de Beaumont, Seigneur du Repaire & de la Roque.	Original aux Archives du Château de Baynac.	398.
1677.	24 Déc.	Confirmation de la Charge de Guidon des Gendarmes d'Orléans, à François de Beaumont, Seigneur du Repaire & de la Roque.	Original aux mêmes Arch.	398.
1678.	20 Mars.	Brevet de Lieutenant de Cavalerie pour Charles-Just de Beaumont-d'Autichamp.	Original aux Archives du Château d'Autichamp.	149.
1678.	9 Déc.	Brevet de Lieutenant de Cavalerie, pour Laurent-François de Beaumont-d'Autichamp.	Original aux mêmes Arch.	151-2.
1679.	18 Janv.	* Testament de Louise de Baynac, veuve de Barthélemi de Beaumont, Seigneur du Repaire.	Original aux Archives du Château de Baynac.	397.

DES TITRES DE LA MAISON DE BEAUMONT. xxxj

DATES DES ACTES.		NOTICE DES ACTES.	CARACTERE DES ACTES, ET DÉPOTS OU ILS SONT CONSERVÉS.	Pages des Preuves où ils sont imprimés.
ANNÉES.	MOIS.			
1679.	21 Janv.	Commission de Lieutenant de Roi d'Angers, pour Charles de Beaumont-d'Autichamp.	Original aux Archives du Château d'Autichamp.	177.
1679.	27 Janv.	*Procès-verbal d'apposition de scellé, après le décès de Louise de Baynac, Dame du Repaire & de la Roque.	Original aux Archives du Château de Baynac.	398.
1680.	18 Mars.	Quittance à Charles de Beaumont-d'Autichamp, Seigneur de Miribel.	Grosse, aux Archiv. du Château d'Autichamp.	178.
1680.	9 Avril.	Aveu & dénombrement à la Chambre des Comptes de Dauphiné, par Guillaume de Beaumont, Co-Seigneur de Saint-Quentin.	Archives de la Chambre des Comptes de Dauphiné.	265.
1680.	15 Août.	*Testament de Guillaume de Beaumont, Co-Seigneur de Saint-Quentin & de Montaud.	Grosse, aux Archives de MM. de Beaumont-de-Saint-Quentin.	266.
1681.	6 Janv.	* Testament de François de Beaumont, Seigneur d'Autichamp, en faveur de ses enfans.	Original aux Archives du Château d'Autichamp.	148.
1681.	14 Nov.	* Contrat de mariage de Charles-Just de Beaumont, Seigneur d'Autichamp, avec Gabrielle de la Baume-Pluvinel.	Original aux mêmes Arch.	150.
1682.	19 Janv.	* Contrat de mariage de Louise-Olympe de Beaumont-d'Autichamp, avec Pierre Binet, Chevalier, Seigneur de Montistray.	Grosse, aux Arch. du Château d'Autichamp.	183.
1682.	9 Févr.	Commission de Lieutenant de Roi d'Angers, pour Charles de Beaumont-d'Autichamp.	Original aux Archives du Château d'Autichamp.	177.
1682.	7 Mai.	Commission de Capitaine de Chevaux-Légers, pour Laurent-François de Beaumont-des Roches-d'Autichamp.	Original aux mêmes Arch.	152.
1682.	22 Juin.	Brevet de Capitaine à la suite d'un Régiment de Cavalerie, pour Laurent-François de Beaumont-d'Autichamp.	Original aux mêmes Arch.	152.
1682.	15 Septem.	* Arrêt du Parlement de Toulouse, en faveur de Laurent (IV) de Beaumont-de Verneuil, Seigneur de Pompignan, contre Gratien & ses autres freres puînés.	Copie collationnée, aux Archives de MM. de Beaumont-d'Auti.	376.
1683.	2 Mai.	* Commission de Lieutenant de Roi d'Angers, pour Charles de Beaumont-d'Autichamp.	Original aux Archives du Château d'Autichamp.	177.
1683.	2 Mai.	* Commission de Lieutenant de Roi d'Angers, pour Jean-Claude de Beaumont-d'Autichamp.	Original aux mêmes Arch.	184.
1683.	20 Oct.	Commission de Capitaine de Chevaux-Légers, pour Charles-Just de Beaumont-d'Autichamp.	Original aux mêmes Arch.	150.
1684.	Dernier Mars	* Codicile de Guillaume de Beaumont, Co-Seigneur de Saint-Quentin & de Montaud.	Copie collationnée, aux Archives de MM. de Beaumont de Saint-Quentin.	266.
1685.	20 Mars.	Ordonnance du Bureau des Finances de Dauphiné, pour l'enrégistrement de l'Hommage de Guillaume de Beaumont, Co-Seigneur de Saint-Quentin.	Extrait des Regist. du Bureau des Finances de Dauphiné.	267.
1686.	20 Févr.	Brevet de Major de Cavalerie, pour Charles-Just de Beaumont-d'Autichamp.	Original aux Archives du Château d'Autichamp.	150.
1686.	6 Avril.	Congé pour François de Beaumont, Seigneur du Repaire & de la Roque, Guidon des Gendarmes d'Orléans.	Original aux Archives du Château de Baynac.	399.

ÉTAT GÉNÉRAL PAR ORDRE CHRONOLOGIQUE

DATES DES ACTES.		NOTICE DES ACTES.	CARACTERE DES ACTES, ET DÉPOTS OU ILS SONT CONSERVÉS.	Pages des Preuves où ils sont imprimés.
ANNÉES.	MOIS.			
1686.	3 Mai.	* Commiſſion de Lieutenant de Roi d'Angers, pour Charles de Beaumont-d'Autichamp.	*Original aux Archives du Château d'Autichamp.*	177.
1686.	3 Mai.	Commiſſion de Lieutenant de Roi d'Angers, en ſurvivance, pour Jean-Claude de Beaumont-d'Autichamp.	*Original aux mêmes Arch.*	184.
1687.	23 Mars.	Brevet de Paſſe à la ſuite d'un Régiment de Cavalerie, pour Laurent-François de Beaumont-d'Autichamp.	*Original aux mêmes Arch.*	152.
1688.	9 Mars.	Traité par François de Beaumont, Seigneur du Repaire & de la Roque, de ſa Charge de Guidon des Gendarmes d'Orléans.	*Original aux Archives du Château de Baynac.*	399.
1688.	18 Mars.	Obligation envers François de Beaumont, Seigneur du Repaire & de la Roque, relativement à la Charge de Guidon des Gendarmes d'Orléans.	*Original aux mêmes Arch.*	399.
1688.	7 & 8 Décemb.	* Preuves de Nobleſſe de Joſeph de Beaumont-d'Autichamp, pour le Chapitre de Saint-Chef.	*Original aux Arch. du Château d'Autichamp.*	153.
1688.	10 Déc.	Brevet de Major de Cavalerie, pour Laurent-François de Beaumont-d'Autichamp.	*Original aux mêmes Arch.*	152.
1689.	25 Avril.	* Commiſſion de Lieutenant de Roi d'Angers, pour Charles de Beaumont-d'Autichamp.	*Original aux mêmes Arch.*	177.
1689.	25 Avril.	Commiſſion de Lieutenant de Roi d'Angers, en ſurvivance, pour Jean-Claude de Beaumont-d'Autichamp.	*Original aux mêmes Arch.*	184.
1689.	18 Juin.	Commiſſion de Lieutenant-Colonel & de Capitaine de Cavalerie, pour Laurent-François de Beaumont-d'Autichamp.	*Original aux mêmes Arch.*	152.
1690.	15 Juill.	Contrat de mariage de François de Beaumont, Seigneur du Repaire, avec Jeanne d'Aubuſſon-de Miremont.	*Original aux Archives du Château de Baynac.*	400.
1692.	17 Mars.	Procuration de Paul-Louis de Brunier-de Larnage, comme Epoux de Marie de Beaumont-d'Autichamp.	*Original aux Archives du Château d'Autichamp.*	155.
1692.	18 Mars.	* Contrat de conſtitution de rente, par Charles de Beaumont-d'Autichamp, Seigneur de Miribel.	*Groſſe, aux Arch. du Château d'Autichamp.*	178.
1692.	5 Avril.	* Teſtament de Charles de Beaumont-d'Autichamp, Seigneur de Miribel.	*Groſſe aux mêmes Arch.*	179.
1692.	Premier Décemb.	Commiſſion de Lieutenant de Roi d'Angers, pour Jean-Claude de Beaumont-d'Autichamp.	*Original aux Arch. du Château d'Autichamp.*	184.
1693.	15 Févr.	Eloge de Charles de Beaumont-d'Autichamp, Seigneur de Miribel, prononcé à l'Académie d'Angers.	*Mſſ. du Cabin. de l'Ord. du S. Eſprit.*	180.
1695.	22 Févr.	Commiſſion du Roi à M. (François de Beaumont) du Repaire-de la Roque-Meyrals, pour l'impoſition de la Capitation de Sarlat.	*Original aux Archives du Château de Baynac.*	400.
1695.	14 Novem.	Commiſſion de Lieutenant de Roi d'Angers, pour Jean-Claude de Beaumont-d'Autichamp.	*Original aux Archives du Château d'Autichamp.*	184.
1698.	....	Enrégiſtrement des Armes de MM. de Beaumont-Saint-Quentin, à l'Armorial général.	*Mſſ. du Cabinet de l'Ordre du Saint-Eſprit.*	267.
1698.	25 Mars.	Brevet d'Armoiries pour François de Beaumont, Seigneur du Repaire.	*Original aux Archives du Château de Baynac.*	400.
1698.	22 Avril.	* Déclaration de Marie de Beaumont-d'Autichamp, femme de Henri Pelletier-de Gigondas,	*Original aux Archives du Château d'Autichamp.*	157.

Maintenue

DES TITRES DE LA MAISON DE BEAUMONT.

DATES DES ACTES.		NOTICE DES ACTES.	CARACTERE DES ACTES, ET DÉPOTS OU ILS SONT CONSERVÉS.	Pages des Preuves où ils sont imprimés.
ANNÉES.	MOIS.			
1698.	2 Août.	Maintenue (notice de la) de Noblesse de Laurent de Beaumont, Seigneur de Payrac.	Archiv. du Cabinet de l'Ordre du Saint-Esprit.	377.
1698.	22 Août.	Enrégistrement des Armes de Jean-Claude de Beaumont-d'Autichamp, à l'Armorial-général.	Mss. au Cabin. de l'Ordre du Saint-Esprit.	185.
1698.	11 Nov.	Commission de Lieutenant de Roi d'Angers, pour Jean-Claude de Beaumont-d'Autichamp.	Original aux Archives du Château d'Autichamp.	184.
1698.	19 Déc.	Enrégistrement des Armes de Charles-Just de Beaumont, Chevalier, Seigneur d'Autichamp, à l'Armorial général.	Mss. du Cabinet de l'Ordre du Saint-Esprit.	151.
1698.	19 Déc.	Enrégistrement des Armes de Florent de Beaumont-d'Autichamp, à l'Armorial-général.	Mss. du même Cabinet.	198.
1699.	. . .	Réception d'Antoine (III) de Beaumont-d'Autichamp, aux Pages de la Grande-Ecurie.	Mss. du même Cabinet.	158.
1699.	4 Janv.	* Contrat de mariage de François de Beaumont, Seigneur du Repaire, avec Marie-Anne de Lostanges-de Saint-Alvaire.	Origin. aux Arch. du Château de Baynac.	401.
1700.	13 Juill.	* Extrait de Baptême de Simon-Armand de Beaumont-du Repaire.	Extrait légalisé des Regist. de la Paroisse de Saint-Aubin.	402.
1702.	. . . .	Réception de Joseph de Beaumont-d'Autichamp, aux Pages de la Grande-Ecurie.	Mss. du Cabin. de l'Ordre du Saint-Esprit.	158.
1702.	8 Janv.	* Extrait de Baptême de Louis de Beaumont-du Repaire.	Extrait légalisé des Regist. de la Paroisse de Meyrals.	403.
1702.	25 Févr.	Brevet de pension du Roi, accordé à Laurent-François de Beaumont-d'Autichamp.	Original aux Archives du Château d'Autichamp.	152.
1702.	12 Juin.	Commission de Lieutenant de Roi d'Angers, pour Jean-Claude de Beaumont-d'Autichamp.	Original aux mêmes Arch.	185.
1702.	17 Déc.	Brevet de Cornette pour Antoine, (III) de Beaumont-d'Autichamp.	Original aux mêmes Arch.	158.
1703.	Premier Juillet.	Commission pour tenir rang de Mestre-de-Camp, en faveur de Laurent-François de Beaumont-d'Autichamp.	Original aux mêmes Arch.	153.
1703.	10 Août.	* Extrait de Baptême de Christophe de Beaumont-du Repaire.	Employé dans les Preuves du 17 Décembre 1747.	417.
1704.	28 Avril.	* Testament de François de Beaumont, Seigneur du Repaire, Comte de la Roque, en faveur de ses enfans.	Original aux Arch. du Château de Baynac.	401.
1704.	30 Avril.	Commission de Capitaine de Cavalerie, pour Antoine (III) de Beaumont-d'Autichamp.	Original aux Archives du Château d'Autichamp.	158.
1704.	10 Juill.	Hommage de Pierre-Louis (I.er) de Beaumont, Seigneur de Saint-Quentin.	Original aux Archives de MM de Beaumont-de Saint-Quentin.	267.
1704.	10 Juill.	Hommage par Jacques de Beaumont-de Saint-Quentin, de sa Terre de Beauvoir-en Royans.	Inventaire des titres de la Chamb. des Comp. de Dauph. à la Biblioth. du Roi.	437.
1705.	11 Mars.	Commission de Mestre-de-Camp & de Capitaine de la première Compagnie d'un Régiment de Cavalerie, pour Laurent-François de Beaumont-d'Autichamp.	Original aux Archives du Château d'Autichamp.	153.
1706.	Premier Mars.	Commission de Lieutenant de Roi d'Angers, pour Jean-Claude de Beaumont-d'Autichamp.	Original aux mêmes Arch.	185.
1708.	3 Juin.	* Testament de Charles-Just de Beaumont-d'Autichamp, en faveur de ses enfans.	Original aux mêmes Arch.	156.

xxxiv ÉTAT GÉNÉRAL PAR ORDRE CHRONOLOGIQUE

DATES DES ACTES.		NOTICE DES ACTES.	CARACTERE DES ACTES, ET DÉPOTS OU ILS SONT CONSERVÉS.	Pages des Preuves où ils sont imprimés.
ANNÉES.	MOIS.			
1710.	16 Juin.	* Contrat de mariage d'Antoine (III) de Beaumont, Marquis d'Autichamp, avec Jeanne-Olympe Binet-de Montifrai.	Grosse aux Arch. du Château d'Autichamp.	158.
1710.	18 Août.	* Contrat de mariage de Gratien de Beaumont, Seigneur de Pompignan, avec Thérèse de Longuet-de la Bastidette.	Grosse aux Arch. de MM. de Beaumont-d'Auti.	377.
1711.	....	Réception de Louis-Imbert de Beaumont-d'Autichamp, aux Pages de la Grande-Ecurie.	Mss. du Cabinet de l'Ordre du Saint-Esprit.	160.
1712.	22 Août.	* Arrêt du Parlement de Dauphiné, contre Gratien de Beaumont, Seigneur de Pompignan, & ses freres, enfans de Laurent III.	Expéd. originale aux Arch. de MM. de Beaumont-d'Auti.	377.
1712.	12 Nov.	* Extrait de Baptême de Jacques de Beaumont-de Payrac.	Extrait légalisé des Regist. de la Paroisse de Saint-Pierre de Payrac, en Quercy.	487.
1713.	24 Octobre.	Extrait de mort de Gratien de Beaumont, Seigneur de Pompignan & de Payrac.	Extrait légalisé des Regist. de la même Paroisse.	439.
1714.	19 Août.	* Testament olographe de Jeanne-Louise-Olympe Binet-de Montifrai, Dame d'Autichamp, en faveur de son mari.	Original aux Archives du Château d'Autichamp.	160.
1715.	5 Nov.	Commission de Lieutenant de Roi d'Angers, pour Jean-Claude de Beaumont-d'Autichamp.	Original aux mêmes Arch.	185.
1715.	7 Nov.	Provisions de la Charge de Lieutenant de Roi d'Angers, en survivance, pour Antoine (III) de Beaumont-d'Autichamp.	Original aux mêmes Arch.	160.
1716.	14 Août.	* Extrait de Baptême de Louis-Joseph de Beaumont-d'Autichamp.	Extr. légalisé des Regist. de Saint-Aignan d'Angers.	169.
1717.	23 Juill.	* Contrat de mariage de Pierre-Louis (I.er) de Beaumont, Seigneur de Saint-Quentin, avec Paule de Beaumont-du Rosset.	Copie collationnée, aux Archives de MM. de Beaumont-de Saint-Quentin.	268.
1717.	9 Août.	Hommage par Pierre-Louis (I.er) de Beaumont, Seigneur de Saint-Quentin, des Terres de Saint-Quentin & de l'Isle.	Original aux Archives de MM. de Beaumont de Saint-Quentin.	268.
1718.	Premier Juin.	* Arrêt du Parlement de Dauphiné, sur l'intervention de Laurent (IV) de Beaumont-de Verneuil, Seigneur de Payrac, dans la cause de Gratien & de ses autres freres.	Expéd. origin. aux Arch. de MM. de Beaumont-d'Auti.	378.
1721.	22 Févr.	* Partage de la succession de M. & de M.me de Montifrai, entre les Marquise & Comtesse d'Autichamp, leurs filles.	Original aux Arch. du Château d'Autichamp.	161.
1721.	23 Mai.	* Avis de Parens, pour la nomination du subrogé Tuteur de Joseph de Beaumont-d'Autichamp.	Extrait du Greffe Civil d'Angers.	161.
1723.	20 Déc.	* Inventaire de Jeanne-Eugénie Binet-de Montifrai, à la Requête d'Antoine (III) de Beaumont, Marquis d'Autichamp, son beau-frere.	Original aux Archives du Château d'Autichamp.	162.
1724.	15 Févr.	* Accord entre Antoine (III) & Joseph de Beaumont, Marquis & Comte d'Autichamp, freres.	Original aux mêmes Arch.	163.
1724.	15 Mars.	* Articles de mariage entre Armand de Beaumont, Comte de la Roque & Seigneur du Repaire, & Marie-Anne de Faurie.	Original aux Archives du Château de Baynat.	403.

DES TITRES DE LA MAISON DE BEAUMONT.

DATES DES ACTES.		NOTICE DES ACTES.	CARACTERE DES ACTES, ET DÉPOTS OU ILS SONT CONSERVÉS.	Pages des Preuves où ils sont imprimés.
ANNÉES.	MOIS.			
1724.	14 Avril.	* Contrat de mariage d'Armand de Beaumont, Comte de la Roque & Seigneur du Repaire, avec Marie-Anne de Faurie.	A la suite des articles du 15 Mars 1724.	403.
1724.	24 Octobre.	* Transaction entre Antoine (III) de Beaumont, Marquis d'Autichamp, & Henri de Pelletier-de Gigondas, son beau-frere.	Original aux Archives du Château d'Autichamp.	163.
1728.	21 Janv.	Requête de Gabrielle de la Baume-Pluvinel, veuve de Just de Beaumont, Marquis d'Autichamp.	Original aux mêmes Arch.	156.
1728.	29 Avril.	* Extrait de Baptême de Louis-Claude de Beaumont-du Repaire.	Extrait légalisé des Regist. de la Paroisse de Meyrals.	405.
1731.	15 Janv.	Acte de célébration de mariage de Pierre-Louis (1.er) de Beaumont, Seigneur de Saint-Quentin, avec Françoise de Bertrand-de Chartronicres.	Extrait légalisé des Regist. de la Paroisse de Saint-Thomas-en Royans.	269.
1731.	22 Nov.	* Extrait de Baptême de Pierre-Louis (II) de Beaumont-de Saint-Quentin.	Extrait légalisé des Regist. de la Paroisse de Saint-Pierre de Nácon.	271.
1731.	2 Déc.	* Extrait de Baptême de Christophe de Beaumont-du Repaire.	Extrait légalisé des Regist. de la Paroisse de Meyrals.	405.
1732.	2 Mai.	Provisions d'un Canonicat de l'Eglise & Comté de Lyon, en faveur de Christophe de Beaumont-du Repaire.	Employé dans les Preuves du 17 Décembre 1747.	417.
1733.	10 Nov.	Commission de Capitaine d'Infanterie, pour Louis de Beaumont-du Repaire, Chevalier.	Original aux Archives du Château de Beynac.	404.
1734.	23 Octobre.	* Testament olographe de Jean-Claude de Beaumont-d'Autichamp, Lieutenant de Roi d'Angers.	Original aux Archives du Château d'Autichamp.	185.
1737.	23 & 24 Juin.	* Contrat de mariage de Louis-Joseph de Beaumont, Marquis d'Autichamp, avec Marie-Céleste-Perrine de Locquet-de Granville.	Exped. originale aux Arch. du Château d'Autichamp.	169.
1738.	6 Févr.	Extrait mortuaire de Gabrielle de la Baume-Pluvinel, veuve de Charles de Beaumont, Marquis d'Autichamp.	Extrait légalisé des Regist. de la Paroisse Saint-Jean-Baptiste d'Angers.	157.
1738.	7 des Cal. de Févr.	Bulles de provisions de l'Abbaye de Notre-Dame des Vertus, pour Christophe de Beaumont-du Repaire.	Employées dans les Preuves du 17 Décembre 1747.	417.
1738.	6 Mars.	Brevet de second Cornette des Chevaux-Légers, pour Louis-Joseph de Beaumont-d'Autichamp.	Original aux Archives du Château d'Autichamp.	170.
1738.	4 Avril.	Brevet de l'Abbaye de Notre-Dame des Vertus, pour Christophe de Beaumont-du Repaire, Comte de Lyon.	Employé dans les Preuves du 17 Décembre 1747.	417.
1738.	16 Avril.	Commission de Lieutenant-Colonel de Cavalerie, pour Louis-Joseph de Beaumont-d'Autichamp.	Original aux Archives du Château d'Autichamp.	170.
1738.	18 Mai.	* Extrait de Baptême de Jean-Thérèse-Louis de Beaumont-d'Autichamp.	Extr. légalisé des Regist. de la Paroisse de Saint-Aignan d'Angers.	172.
1739.	2 Mars.	* Accord entre Antoine (III), François & Louis de Beaumont-d'Autichamp, & Marie-Eulalie Binet-de Montifrai, leur belle-sœur.	Original aux Archives du Château d'Autichamp.	164.
1739.	30 Mai.	* Extrait de Baptême de François de Beaumont-d'Autichamp.	Extr. légalisé des Regist. de la Paroisse de Saint-Aignan d'Angers.	172.
1739.	15 Octobre.	* Acquisition par Antoine (III) de Beaumont, Marquis d'Autichamp.	Original aux Archives du Château d'Autichamp.	165.

e ij

DATES DES ACTES.		NOTICE DES ACTES.	CARACTERE DES ACTES, ET DÉPÔTS OU ILS SONT CONSERVÉS.	Pages des Preuves où ils sont imprimés.
ANNÉES.	MOIS.			
1740.	20 Févr.	Inveſtiture à Pierre-Louis (I.er) de Beaumont, Seigneur de Saint-Quentin, des Co-Seigneuries de Saint-Quentin & de Montaud.	Original aux Archives de MM. de Beaumont de Saint-Quentin.	269.
1740.	20 Févr.	Hommage par Pierre-Louis (I.er) de Beaumont, des Co-Seigneuries de Saint-Quentin & de Montaud.	Original aux mêmes Arch.	270.
1741.	20 Août.	Brevet de l'Evêché de Bayonne, pour Chriſtophe de Beaumont, Comte de Lyon.	Employé dans les Preuves du 17 Décembre 1747.	417.
1741.	15 Sept.	Bulles de proviſions de l'Evêché de Bayonne, pour Chriſtophe de Beaumont, Comte de Lyon.	Employées dans les mêmes Preuves.	417.
1742.	3 Févr.	* Accord entre Antoine (III) & Louis-Imbert de Beaumont-d'Autichamp.	Original aux Arch. du Château d'Autichamp.	165.
1742.	Premier Mai.	Brevet d'Enſeigne des Gendarmes Anglois, pour Louis-Joſeph de Beaumont-d'Autichamp.	Original aux mêmes Arch.	171.
1742.	3 Juillet.	* Contrat de mariage de Jacques de Beaumont, Seigneur de Payrac, avec Thérèſe de Longuet-de la Baſtidette.	Groſſe, aux Archives de MM. de Beaumont-d'Auti.	379.
1742.	3 Juillet.	Acte de célébration de mariage de Jacques de Beaumont-de Verneuil, Seigneur de Payrac, avec Thérèſe de Longuet-de la Baſtidette.	Extrait des Regiſt. de la Paroiſſe de Saint-Vincent de Rivedot.	379.
1742.	8 Déc.	Extrait mortuaire de Françoiſe Bettrand-de Chartronnieres, Dame de Saint-Quentin.	Extr. légaliſé des Regiſt. de la Paroiſſe de Saint-Pierre de Nacon.	271.
1743.	28 Avril.	* Extrait de Baptême d'Abraham-Jacques de Beaumont.	Extr. légaliſé des Regiſt. de la Paroiſſe de Saint-Vincent de Rivedot.	380.
1743.	14 Octobre.	Lettre de Gentilhomme à Drapeau dans les Gardes-Françoiſes, pour Louis Comte de Beaumont.	Original.	405.
1743.	22 Déc.	Acquiſition de la Terre de Sainte-Sabine, par Armand de Beaumont, Comte de la Roque, Seigneur du Repaire.	Original aux Archives du Château de Baynac.	404.
1743.	26 Déc.	Commiſſion de Meſtre-de-Camp, pour Louis-Joſeph de Beaumont-d'Autichamp.	Original aux Archives du Château d'Autichamp.	171.
1744.	26 Janv.	Lettre de ſecond Enſeigne dans les Gardes-Françoiſes, pour Louis Comte de Beaumont.	Original.	405.
1744.	23 Févr.	* Teſtament de Pierre-Louis (I.er) de Beaumont, Seigneur de Saint-Quentin, en faveur de ſes enfans.	Groſſe, aux Archives de MM. de Beaumont-S. Quent.	270.
1744.	21 Avril.	* Extrait de Baptême de François de Beaumont.	Extr. légaliſé des Regiſt. de la Paroiſſe de Saint-Vincent de Rivedot.	380.
1744.	10 Sept.	Commiſſion de Lieutenant-Colonel du Régiment d'Infanterie d'Enghien, pour Louis-Joſeph de Beaumont-d'Autichamp.	Original aux Archives du Château d'Autichamp.	171.
1744.	15 Sept.	Grade de Cornette accordé à Chriſtophe, Marquis de Beaumont, ſuivant un Certificat du 24 Novembre 1775.	Original aux Archives du Château de Baynac.	406.
1744.	10 Déc.	* Extrait de Baptême d'Antoine-Joſeph-Eulalie de Beaumont-d'Autichamp.	Extr. légaliſé des Regiſt. de la Paroiſſe de Saint-Aignan d'Angers.	173.
1745.	19 Févr.	Lettre de Sous-Lieutenant dans les Gardes-Françoiſes, pour Louis, Comte de Beaumont.	Original.	405.
1745.	20 Mai.	Penſion de retraite pour le Chevalier du Repaire, (Louis de Beaumont.)	Original aux Arch. du Château de Baynac.	404.

DES TITRES DE LA MAISON DE BEAUMONT.

DATES DES ACTES		NOTICE DES ACTES.	CARACTERE DES ACTES, ET DÉPOTS OU ILS SONT CONSERVÉS.	Pages des Preuves où ils sont imprimés.
ANNÉES.	MOIS.			
1745.	10 des Calendes de Sept.	Bulles de Provisions de l'Archevêché de Vienne, pour Chriftophe de Beaumont, Evêque de Bayonne, avec autres Bulles de même date, portant permiffion de porter le *Pallium*.	Employées dans les Preuves du 17 Décembre 1747.	417.
1745.	26 Sept.	Extrait de Baptême de Bertrand de Beaumont.	Extr. légalifé des Regift. de la Paroiffe de Saint-Vincent de Rivedot.	380.
1745.	26 Nov.	Lettre de Chevalier de l'Ordre de Saint-Louis, pour le Chevalier du Repaire.	Original aux Archives du Château de Baynac.	404.
1746.	7 Avril.	Lettre de fecond Enfeigne dans les Gardes-Françoife, pour Chriftophe, Marquis de Beaumont.	Original aux mêmes Arch.	406.
1746.	5 Août.	Brevet de Don de l'Archevêché de Paris, en faveur de Chriftophe de Beaumont, Archevêque de Vienne.	Employé dans les Preuves du 17 Décembre 1747.	417.
1746.	13 des Calendes d'Octob.	Bulles de Provisions de l'Archevêché de Paris, en faveur de Chriftophe de Beaumont, Archevêque de Vienne.	Employées dans les mêmes Preuves.	417.
1747.	13 Juill.	* Donation par Louis-Jofeph de Beaumont, Marquis d'Autichamp, à fon fils.	Groffe aux Archiv. du Château d'Autichamp.	171.
1747.	13 Juill.	Lettre de S. A. S. M. le Comte de Clermont, à M. le Marquis d'Autichamp.	Original aux Archives du Château d'Autichamp.	172.
1747.	17 Déc.	Preuves de Nobleffe de Chriftophe de Beaumont-du Repaire, Archevêque de Paris, pour fa réception dans l'Ordre du Saint-Efprit.	Original au Cabin. de l'Ordre du Saint-Efprit.	476 & fuiv.
1749.	9 Mars.	* Extrait de Baptême de Guillaume-Jofeph de Beaumont.	Extr. legalifé des Regift. de la Paroiffe de Saint-Vincent de Rivedot.	380.
1749.	27 Mai.	Lettre de Lieutenant en fecond d'Infanterie, en faveur de Jean-Thérèfe-Louis de Beaumont-d'Autichamp.	Original aux Archives du Château d'Autichamp.	174.
1749.	9 Juillet.	Teftament de Marie-Eulalie Binet-de Montifray, Comteffe d'Autichamp.	Groffe aux Archives du Château d'Autichamp.	166.
1749.	19 Nov.	Extrait mortuaire de Pierre-Louis (I.er) de Beaumont, Seigneur de Saint-Quentin.	Extr. légalifé des Regift. de la Paroiffe de Saint-Pierre de Nâcon.	271.
1750.	11 Oct.	* Extrait de Baptême de Marie-Thérèfe de Beaumont.	Extr. légalifé des Regift. de la Paroiffe de Saint-Vincent de Rivedot.	380.
1752.	7 Mai.	Lettre de Sous-Lieutenant dans les Gardes-Françoifes, pour Chriftophe Marquis de Beaumont.	Original aux Archives du Château de Baynac.	406.
1753.	7 Juillet.	* Teftament d'Antoine (III) de Beaumont, Marquis d'Autichamp, Lieutenant de Roi d'Angers, en faveur de fes petits-fils.	Original aux Archives du Château d'Autichamp.	166.
1753.	30 Juill.	* Teftament de François de Beaumont-d'Autichamp, Evêque de Tulles.	Groffe aux mêmes Arch.	167.
1753.	20 Août.	* Provisions de Lieutenant de Roi d'Angers, pour Jean-Thérèfe-Louis de Beaumont, Marquis d'Autichamp.	Original aux mêmes Arch.	174.
1756.	25 Juin.	Brevet d'Enfeigne, pour Jean-Thérèfe-Louis de Beaumont, Marquis d'Autichamp.	Original aux mêmes Arch.	175.
1757 à 1771.	. . .	Quatre Lettres de différens Miniftres, à Chriftophe, Marquis de Beaumont.	Original aux Arch. du Château de Baynac.	407.
1757.	Premier Mars.	Ordre du Roi, à Chriftophe, Marquis de Beaumont, de faire les fonctions d'Aide-Major général de l'Infanterie.	Original aux mêmes Arch.	406.

xxxviij ÉTAT GÉNÉRAL PAR ORDRE CHRONOLOGIQUE

DATES DES ACTES.		NOTICE DES ACTES.	CARACTÈRE DES ACTES, ET DÉPÔTS OÙ ILS SONT CONSERVÉS.	Pages des Preuves où ils sont imprimées.
ANNÉES.	MOIS.			
1757.	7 Avril.	* Contrat de mariage de Pierre-Louis (II) de Beaumont, Seigneur de Saint-Quentin, avec Anne-Charlotte du Prat.	Grosse aux Archives de MM. de Beaumont-de Saint-Quentin.	271.
1758.	16 Mars.	Ordre du Roi, à Christophe, Marquis de Beaumont, de faire les fonctions d'Aide-Major général de l'Infanterie.	Original aux Archives du Château de Baynac.	406.
1758.	29 Mars.	Lettre de Chevalier de l'Ordre de Saint-Louis, pour Louis, Comte de Beaumont.	Original.	405.
1758.	7 Juillet.	Commission de Capitaine de Cavalerie, pour Jean-Thérèse-Louis de Beaumont, Marquis d'Autichamp.	Original aux Archives du Château d'Autichamp.	175.
1759.	10 Févr.	Commission de Colonel du Régiment d'Infanterie de la Fere, pour Christophe, Marquis de Beaumont.	Original aux Archives du Château de Baynac.	406.
1759.	25 Mars	Certificat de la Promotion de Christophe, Marquis de Beaumont, à l'Ordre militaire de Saint-Louis.	Original aux mêmes Arch.	406.
1759.	21 Avril.	Certificat de service en qualité de Cornette, pour Abraham-Jacques de Beaumont.	Original aux Archives de MM. de Beaumont-d'Auti.	380.
1759.	3 Sept.	Commission de Colonel des Grenadiers de France, pour Louis, Comte de Beaumont.	Original.	405.
1761.	5 Janv.	* Contrat de Mariage de Louis, Comte de Beaumont, avec Marie-Jacquette de Biran, Comtesse de Goas.	Grosse.	407.
1761.	10 Févr.	Commission de Mestre-de-Camp de Dragons, pour Jean-Thérèse-Louis de Beaumont, Marquis d'Autichamp.	Original aux Archives du Château d'Autichamp.	175.
1761.	10 Mars.	Acte de célébration du mariage de Christophe, Marquis de Beaumont, avec Marie-Claude de Baynac.	Extr. légalisé des Regist. de la Paroisse de Baynac.	499.
1761.	16 Mars.	* Contrat de mariage de Christophe, Marquis de Beaumont, avec Marie-Claude de Baynac.	Grosse aux Archives du Château de Baynac.	408.
1761.	12 Nov.	Lettre sur la mort de M. l'Evêque de Tulles, (François de Beaumont-d'Autichamp.)	Original aux Archives du Château d'Autichamp.	168.
1762.	Premier Juin.	Ordre du Roi à Louis, Comte de Beaumont, pour servir en sa qualité de Colonel d'Infanterie.	Original.	406.
1762.	24 Nov.	Hommage par Pierre-Louis (II) de Beaumont, Seigneur de Saint-Quentin & de Montaud.	Original aux Archives de MM. de Beaumont de Saint-Quentin.	272.
1763.	7 Févr.	Nomination de Jean-Thérèse-Louis de Beaumont, Marquis d'Autichamp, à l'Ordre Militaire de Saint-Louis.	Original aux Archives du Château d'Autichamp.	175.
1763.	25 & 29 Août.	* Contrat de mariage de Jean-Thérèse-Louis de Beaumont, Marquis d'Autichamp, avec Marie-Charlotte Maussion-de la Courtaujay.	Grosse aux Arch. du Château d'Autichamp.	173.
1763.	12 Nov.	Commission pour commander à Bergerac, en faveur de Louis, Comte de Beaumont.	Original.	406.
1764.	14 Août.	Acquisition de la Terre d'Auti, par Jacques de Beaumont, Seigneur de Verneuil.	Grosse aux Archives de MM. de Beaumont-d'Auti.	379.
1765.	Premier Mars.	Commission de Capitaine de Dragons, pour Abraham-Jacques de Beaumont.	Original aux Archives de MM. de Beaumont-d'Auti.	381.
1765.	20 Mars.	* Extrait de Baptême de Christophe de Beaumont-de Saint-Quentin.	Extr. légalisé des Regist. de la Paroisse de Saint-Pierre de Nâcon.	273.

DES TITRES DE LA MAISON DE BEAUMONT.

DATES DES ACTES.		NOTICE DES ACTES.	CARACTERE DES ACTES, ET DÉPOTS OU ILS SONT CONSERVÉS.	Pages des Preuves où ils sont imprimés.
ANNÉES.	MOIS.			
1765.	14 Avril.	* Extraits de Baptême, 1.º de Marie-Jacquette-Claude de Beaumont, née le 26 Septembre 1762 ; 2.º de Marie-Anne-Louise de Beaumont, née le 3 Août 1763 ; 3.º de Christophe-Marie de Beaumont, né le 12 Octobre 1764.	Extraits légalisés des Regist. de la Paroisse de Notre-Dame de Baynac.	409.
1766.	Premier Septem.	Lettres de pension accordée par le Roi à Christophe, Marquis de Beaumont, sur l'Ordre Militaire de Saint-Louis.	Original aux Archives du Château de Baynac.	406.
1767.	2 Déc.	* Extraits de Baptême, 1.º d'Armand-Henri-Gabriel-César-Christophe de Beaumont, né le 13 Octobre 1765 ; 2.º de Julie-Constance-Louise de Beaumont, née le 15 Septembre 1766 ; 3.º d'Antoine-François-Claude-Marie-Christophe de Beaumont, né le 27 Août 1767.	Extraits légalisés des Regist. de la Paroisse de Notre-Dame de Baynac.	410.
1768.	3 Janv.	Testament de Claude-Marie de Baynac, Comtesse de Bonneval, en faveur de sa Nièce, Epouse du Marquis de Beaumont.	Expédition aux Archives du Château de Baynac.	411.
1768.	3 Janv.	* Contrat de mariage d'Antoine, Vicomte de Beaumont, avec Amable-Elisabeth-Françoise de Cailus.	Grosse.	413.
1768.	2 Avril.	* Bref de minorité de l'Ordre de Malte, en faveur d'Antoine-François-Claude-Marie-Christophe de Beaumont.	Original aux Archives du Château de Baynac.	412.
1768.	20 Avril.	Brevet de Brigadier d'Infanterie, pour Christophe Marquis de Beaumont.	Original aux mêmes Arch.	406.
1768.	15 Août.	Certificat de service de Garde de la Marine, pour Guillaume-Joseph de Beaumont-d'Auti.	Original.	439.
1768.	16 Sept.	* Contrat de mariage d'Abraham-(Jacques) de Beaumont-d'Auti, avec Marguerite Riché-de Beaupré.	Grosse aux Archives de MM. de Beaumont-d'Auti.	381.
1769.	22 Janv.	Brevet de Brigadier d'Infanterie, pour Louis Comte de Beaumont.	Original.	273.
1769.	31 Janv.	* Extrait de Baptême d'Augustine-Marie-Magdelène de Beaumont-de Saint-Quentin.	Extrait légalisé des Regist. de la Paroisse de Saint-Pierre de Nâcon.	406.
1769.	8 Octob.	* Extrait de Baptême de Christophe-François de Beaumont-d'Auti.	Extrait légalisé des Regist. de la Paroisse de Notre-Dame d'Auti.	383.
1769.	9 Nov.	* Extrait de Baptême de Christophe-Armand-Victoire de Beaumont.	Extrait de la Paroisse de Saint-Sulpice de Paris.	410.
1770.	3 Janv.	Brevet de Brigadier de Dragons, pour Jean-Thérèse-Louis de Beaumont, Marquis d'Autichamp.	Original aux Archives du Château d'Autichamp.	175.
1770.	3 Janv.	Commission de Capitaine-Lieutenant des Gendarmes Anglois, pour Jean-Thérèse-Louis de Beaumont, Marquis d'Autichamp, & de Commandant en second de la Gendarmerie Françoise.	Original aux mêmes Arch.	175.
1770.	.. Mars.	* Bref de minorité de l'Ordre de Malte, en faveur de Christophe-Armand-Victoire de Beaumont.	Original aux Archives du Château de Baynac.	413.
1770.	Premier Mai.	Brevet de Menin de Monseigneur le Dauphin, pour Christophe, Marquis de Beaumont.	Original aux mêmes Arch.	406.
1771.	15 Août.	* Extrait de Baptême de Marie-Charles de Beaumont-de Saint-Quentin.	Extrait légalisé des Regist. de la Paroisse de Saint-Pierre de Nâcon.	274.

ÉTAT GÉNÉRAL PAR ORDRE CHRONOLOGIQUE, &c.

DATES DES ACTES.		NOTICE DES ACTES.	CARACTÈRE DES ACTES, ET DÉPÔTS OÙ ILS SONT CONSERVÉS.	Pages des Preuves où ils sont imprimés.
ANNÉES.	MOIS.			
1770.	31 Déc.	* Extrait de Baptême de Christophe-Armand-Paul-Alexandre de Beaumont.	*Extrait des Regist. de la Paroisse de Saint-Sulpice de Paris.*	411.
1771.	20 Sept.	Provisions de Gouverneur du Château de Domme, pour Christophe, Marquis de Beaumont.	*Original aux Archives du Château de Baynac.*	407.
1772.	6 Févr.	* Extrait de Baptême de Justine-Silvie de Beaumont-de Saint-Quentin.	*Extrait légalisé des Regist. de la Paroisse de Saint-Pierre de Nâcon.*	274.
1773.	5 Janv.	Lettre de Chevalier de l'Ordre de Saint-Louis, pour Antoine, Vicomte de Beaumont.	*Original.*	415.
1773.	16 Janv.	* Testament d'Armand de Beaumont, Comte de la Roque, en faveur de Louis, Christophe & Antoine de Beaumont, ses fils.	*Original en papier aux Arch. du Château de Baynac.*	497.
1773.	5 Avril.	Brevet d'Aumônier du Roi, pour Bertrand-René de Beaumont.	*Original.*	382.
1773.	18 Août.	* Extrait de Baptême de Joséphine-Marie-Anne-Louise-Xaviere de Beaumont.	*Extrait des Regist. de la Paroisse de Saint-Sulpice de Paris.*	415.
1774.	21 Févr.	* Extrait de Baptême de Marguerite-Claire-Félicienne de Beaumont-de Saint-Quentin.	*Extrait légalisé des Regist. de la Paroisse de Saint-Pierre de Nâcon.*	274.
1774.	11 Juin.	Commission de Colonel du Régiment Provincial de Châlons, pour Abraham-Jacques de Beaumont-d'Auti.	*Original aux Archives de MM. de Beaumont-d'Auti.*	382.
1774.	23 Juin.	Certificat de réception de Claude-Hyacinthe de Beaumont-de Saint-Quentin, dans le Chapitre de Lyon.	*Original.*	273.
1774.	15 Novem.	* Contrat de mariage de Marie-Thérèse de Beaumont-d'Auti, avec Jean du Peiron-de la Coste.	*Grosse.*	382.
1774.	24 Déc.	* Extrait de Baptême de Marie-Elisabeth de Beaumont.	*Extrait des Regist. de la Paroisse de Saint-Sulpice de Paris.*	411.
1775.	19 Mars.	* Extrait de Baptême d'Armande-Louise de Beaumont.	*Extrait des mêmes Regist.*	415.
1776.	7 Mars.	* Extrait de Baptême de Christophe-Amable-Louis de Beaumont.	*Extrait des mêmes Regist.*	500.
1777.	4 Avril.	Brevet d'Enseigne de Vaisseau, pour le Baron de Beaumont, (Guillaume-Joseph.)	*Original.*	489.
1777.	18 Avril.	Commission de Mestre-de-Camp de Cavalerie, pour le Marquis de Beaumont-d'Auti, (Abraham-Jacques.)	*Original aux Archives de MM. de Beaumont-d'Auti.*	488.
1777.	21 Avril.	Lettre de Chevalier de l'Ordre de Saint-Louis, pour Abraham-Jacques de Beaumont, Marquis d'Auti.	*Original aux mêmes Arch.*	488.
1777.	5 Juillet.	* Acquisition du Marquisat de Puiguilhen, par Abraham-Jacques de Beaumont, Marquis d'Auti, au nom de son fils mineur.	*Grosse origin. aux Arch. de de MM. de Beaumont-d'Auti.*	488.
1778.	29 Mai.	Contrat de mariage de Guillaume-Joseph Vicomte de Beaumont-Verneuil, avec Demoiselle Sophie Cauvet.	*Grosse en Parchemin.*	489.

Fin de l'État Chronologique.

TABLE
DES MÊMES TITRES
PAR ORDRE ALPHABÉTIQUE.

Nota. *Pour le Caractere de ces Actes, & les Dépôts où ils sont conservés, Voyez, sous leurs dates, la Table Chronologique qui précède.*

ACTES.	MOIS.	ANNÉES.
A.		
ABANDON fait par Laurent I.er de Beaumont d'une portion du Mandement de Montfort.	17 Septembre.	1519.
ACCORD en présence de Guillaume I de Beaumont.	17 des Cal. de Mai.	1209.
—— entre François II & Artaud VI de Beaumont.	4 Décembre.	1440.
—— entre Guillaume & André de Beaumont, Seigneur d'Autichamp.	9 Juillet.	1457.
—— entre Antoine, Seigneur de Barbieres, & Louise de Beaumont.	25 Juin.	1560.
—— entre Antoine III & Joseph de Beaumont, Marquis & Comte d'Autichamp.	25 Février.	1724.
—— entre Antoine III, François & Louis de Beaumont, & Marie-Eulalie Biner-de Montifrai.	2 Mars.	1739.
—— entre Antoine III & Louis-Imbert de Beaumont-d'Autichamp.	3 Février.	1742.
ACQUISITION par Artaud II de Beaumont.	18 des Cal. de Févr.	1266.
—— par le même.	3 des Ides de Déc.	1268.
—— par le même, alors Chevalier.	9 des Cal. de Nov.	1272.
—— de cens, par Guers de Beaumont, Chevalier.	17 Février.	1312.
—— par Artauder de Beaumont, Seigneur de la Frette.	7 Mai.	1317.
—— par François I de Beaumont, Chevalier, Seigneur de la Frette.	15 Septembre.	1397.
—— de la Bastie-Rolland, par Humbert de Beaumont, Seigneur d'Autichamp.	24 Juillet.	1417.
—— par Louis de Beaumont, Seigneur de Pélasol.	1.er Septemb.	1426.
—— du Château de la Barre, par Humbert de Beaumont, Seigneur de Pélasol.	2 Septembre.	1435.
—— par Claude de Beaumont, Seigneur de la Frette.	21 Mars.	1451.
—— par Claude de Beaumont, Seigneur de la Frette, & sa Mere.	13 Décembre.	1451.
—— par Antoine I de Beaumont, Seigneur de Pélasol.	17 Janvier.	1553.
—— par Antoine III de Beaumont, Marquis d'Autichamp.	15 Octobre.	1739.
—— de la Terre de Sainte-Sabine, par Armand de Beaumont, Comte de la Roque & du Repaire.	22 Décembre.	1743.
—— de la Terre d'Auti, par Jacques de Beaumont, Seigneur de Verneuil.	14 Août.	1764.
—— du Marquisat de Puiguilhen, par Abraham-Jacques de Beaumont, Marquis d'Auti.	5 Juillet.	1777.
—— *Vide* DONATION, VENTE.		
ACTE de remise de Lettres, par Amblard I de Beaumont, Chevalier, Seigneur de Beaumont.	3 Janvier.	1359.
—— d'Institution de Châtelain, par François de Beaumont, Chevalier, Seigneur de la Frette.	9 Juillet.	1361.
—— de Dépôt d'une inféodation de 1327, par Aynard I de Beaumont, Seigneur des Adrets & de Saint-Quentin.	11 Novembre.	1445.
—— de Tutèle de Guillaume de Beaumont, Seigneur de Pélasol.	26 Juin.	1447.
—— de Tutèle de Laurent de Beaumont.	7 Juillet.	1517.
—— de la remise du Baron des Adrets, entre les mains de M. de Mandelot, Gouverneur de Lyon.	19 Juillet.	1570.

f

xlij TABLE PAR ORDRE ALPHABÉTIQUE

ACTES.	Mois.	Années.
ACTE de la repréſentation des Titres de Nobleſſe de Guillaume de Beaumont, & de ſes freres, Seigneurs de Saint-Quentin.	Premier Juillet.	1667.
———— de la repréſentation des Titres de Nobleſſe de François de Beaumont, Seigneur d'Autichamp.	4 Décembre.	1667.
———— de la repréſentation des Titres de Nobleſſe de Claude de Beaumont-d'Autichamp, & de Charles de Beaumont, Seigneur de Miribel.	4 Décembre.	1667.
———— de la repréſentation des Titres de Nobleſſe de Cécile de Torrenc.	9 & 13 Juillet.	1669.
———— de célébration de mariage entre Pierre-Louis I de Beaumont, Seigneur de Saint-Quentin, & Françoiſe Bertrand-de Chatronieres.	26 Janvier.	1731.
———— de célébration de mariage de Chriſtophe, Marquis de Beaumont, avec Marie-Claude de Baynac.	10 Mars.	1761.
———— Vide NOTICE D'ACTES.		
AJOURNEMENT donné à Amblard V de Beaumont.	2 Juin.	1508.
ALBERGEMENT pour Jean & Guillaume de Beaumont.	6 des Ides de Sept.	1296.
———— par Alize de Beaumont, Abbeſſe des Hayes.	23 Mai.	1400.
———— par Louis de Beaumont.	26 Janvier.	1437.
ARRÊT du Parlement de Dauphiné, pour Amblard IV de Beaumont, Seigneur de Beaumont.	6 Septembre.	1515.
———— du même Parlement, pour Philippe de Beaumont, Dame de la Frette	23 Décembre.	1517.
———— du même Parlement, pour la même.	31 Mars.	1520.
———— du même Parlement, contre Laurent I.er de Beaumont, Seigneur de Beaumont.	23 Juin.	1534.
———— du même Parlement, pour Laurent de Beaumont, Chevalier, Seigneur de Beaumont.	28 Février.	1561.
———— du même Parlement, pour François de Beaumont, Baron des Adrets.	21 Mai.	1565.
———— du Parlement de Toulouſe, pour Laurent III, de Beaumont, Seigneur de Payrac.	17 Août.	1654.
———— du même Parlement, pour le même.	4 Décembre.	1666.
———— de décharge, pour Marc-Antoine de Beaumont-de Rochemure.	9 Septembre.	1669.
———— du Parlement de Toulouſe, pour Laurent IV de Beaumont-de Verneuil.	15 Septembre.	1682.
———— du Parlement de Dauphiné, contre Gratien de Beaumont, Seigneur de Pompignan.	22 Août.	1712.
———— du Parlement de Dauphiné, pour Laurent IV de Beaumont-de Verneuil.	1.er Juin.	1718.
———— (Vide SENTENCE, JUGEMENT.		
ARTICLES de Paix souſcrits par Artaud IV de Beaumont, Chevalier, & Amblard I de Beaumont, Chevalier, Seigneur de Beaumont.	27 Février.	1342.
———— de Paix conclus par Humbert de Beaumont, Seigneur d'Autichamp.	14 Novembre.	1418.
———— de mariage entre Armand de Beaumont, Comte de la Roque, Seigneur du Repaire, & Marie-Anne de Faurie.	15 Mars.	1724.
———— de mariage entre Pierre-Louis I.er de Beaumont, Seigneur de Saint-Quentin, & Françoiſe-Bertrand-de Chatronieres.	15 Janvier.	1731.
ASSIGNATION d'arrérages de rente, accordée ſur les revenus du Dauphiné, à Amblard I.er de Beaumont, Seigneur de Beaumont, par le Roi Philippe de Valois.	12 Avril.	1350.
AVEU à Aymar de Beaumont, Chevalier, Seigneur de la Terraſſe.	15 Juin.	1368.
———— au même.	13 Février.	1370.
———— de Laurent de Beaumont, Seigneur de Saint-Quentin.	. . . .	1540.
———— de François de Beaumont, Baron des Adrets.	24 Août.	1540.
———— & Dénombrement d'Humbert III de Beaumont, Seigneur d'Autichamp.	30 Août.	1540.
———— & Dénombrement de Guillaume de Beaumont, Co-Seigneur de Saint-Quentin.	9 Avril.	1680.
———— Vide DÉNOMBREMENT, DÉCLARATION FÉODALE & RECONNOISSANCES FÉODALES.		
AVIS de Parens, concernant la Tutèle de Joſeph de Beaumont-d'Autichamp.	23 Mai.	1721.
B.		
BAIL emphytéotique, par Artaud III de Beaumont, Seigneur de la Frette.	10 Mai.	1310.
———— emphytéotique, par Artaud IV de Beaumont, Seigneur de la Frette.	23 Décembre.	1321.
BAPTEME. Vide CERTIFICAT, EXTRAIT DE BAPTEME.		
BREF de minorité de l'Ordre de Malte, pour Antoine-François-Claude-Marie-Chriſtophe de Beaumont.	2 Avril.	1768.

DES TITRES DE LA MAISON DE BEAUMONT.

ACTES.	MOIS.	ANNÉES.
BREF de minorité de l'Ordre de Malte, pour Christophe-Armand-Victoire de Beaumont.	.. Mars.	1770.
BREVET de Cornette, pour Charles-Just de Beaumont-d'Autichamp.	13 Septembre.	1675.
——— de Cornette, pour Laurent-François de Beaumont-d'Autichamp.	27 Juillet.	1676.
——— de Guidon des Gendarmes d'Orléans, pour François de Beaumont, Seigneur du Repaire.	24 Février.	1677.
——— de Lieutenant de Cavalerie, pour Charles-Just de Beaumont-d'Autichamp.	20 Mars.	1678.
——— de Lieutenant de Cavalerie, pour Laurent-François de Beaumont-d'Autichamp.	9 Décembre.	1678.
——— de Capitaine à la suite d'un Régiment de Cavalerie, pour le même.	22 Juin.	1682.
——— de Major de Cavalerie, pour Charles-Just de Beaumont-d'Autichamp.	20 Février.	1686.
——— de Passe à la suite d'un Régiment de Cavalerie, pour Laurent-François de Beaumont-d'Autichamp.	23 Mars.	1687.
——— de Major de Cavalerie, pour Laurent François de Beaumont-d'Autichamp.	20 Décembre.	1688.
——— d'Armoiries, pour François de Beaumont, Seigneur du Repaire.	25 Mars.	1698.
——— de Pension du Roi, pour Laurent-François de Beaumont-d'Autichamp.	25 Février.	1702.
——— de Cornette, pour Antoine III de Beaumont-d'Autichamp.	17 Décembre.	1702.
——— de second Cornette des Chevaux-Légers, pour Louis-Joseph de Beaumont d'Autichamp.	6 Mars.	1738.
——— de l'Abbaye de Notre-Dame des Vertus, pour Christophe de Beaumont du Repaire.	4 Avril.	1738.
——— de l'Evêché de Bayonne, pour le même.	20 Août.	1741.
——— d'Enseigne des Gendarmes Anglois, pour Louis-Joseph de Beaumont-d'Autichamp.	1.er Mai.	1742.
——— de Don de l'Archevêché de Paris, pour Christophe de Beaumont du Repaire.	5 Août.	1746.
——— d'Enseigne, pour Jean-Thérèse-Louis de Beaumont, Marquis d'Autichamp.	25 Juin.	1756.
——— de Brigadier d'Infanterie, pour Christophe Marquis de Beaumont.	20 Avril.	1768.
——— de Brigadier d'Infanterie, pour Louis Comte de Beaumont.	22 Janvier.	1769.
——— de Brigadier de Dragons, pour Jean-Thérèse-Louis de Beaumont, Marquis d'Autichamp.	3 Janvier.	1770.
——— de Menin de Monseigneur le Dauphin, pour Christophe Marquis de Beaumont.	1.er Mai.	1770.
——— d'Aumônier du Roi, pour Bertrand-René de Beaumont.	5 Avril.	1773.
——— d'Enseigne de Vaisseau, pour le Baron de Beaumont.	4 Avril.	1777.
——— *Vide* CERTIFICAT de service, ETAT, LETTRES, RÔLES.		
BULLES-DE-PROVISION de l'Abbaye de Notre-Dame des Vertus, pour Christophe de Beaumont-du-Repaire.	7 des Cal. de Févr.	1738.
——— de l'Evêché de Bayonne, pour le même.	15 Septembre.	1741.
——— de l'Archevêché de Vienne, pour le même.	10 des Cal. de Sept.	1745.
——— portant concession du Pallium, pour le même.	Idem.	Idem.
——— de l'Archevêché de Paris, pour le même.	13 des Cal. d'Oct.	1746.
——— *Vide* BREVET, PROVISIONS.		

C.

CAUTIONNEMENT par Laurent de Beaumont, Seigneur du Repaire.	2.er Août.	1607.
CERTIFICAT de paiemens faits à Amblard I de Beaumont, Seigneur de Beaumont.	17 Avril.	1347.
——— de service, pour Charles de Beaumont, Seigneur du Repaire.	31 Octobre.	1577.
——— sur la naissance de Jean-Claude de Beaumont-d'Autichamp.	25 Mai.	1656.
——— de Baptême de François-Laurent de Beaumont.	7 Avril.	1659.
——— de Noblesse, pour Guillaume de Beaumont, Seigneur de S.-Quentin.	1.er Juillet.	1667.
——— du Grade de Cornette, accordé à Christophe, Marquis de Beaumont.	15 Septembre.	1744.
——— de la Promotion de Christophe, Marquis de Beaumont, à l'Ordre de Saint-Louis.	25 Mars.	1759.
——— de service de Cornette, pour Abraham-Jacques de Beaumont-d'Auti.	21 Avril.	1759.
——— de service de Garde de la Marine, pour Guillaume-Joseph de Beaumont-d'Auti.	15 Août.	1768.
——— de Réception dans le Chapitre de Lyon, pour Claude-Hyacinthe de Beaumont-de Saint-Quentin.	23 Juin.	1774.

ACTES.	MOIS.	ANNÉES.
CESSION par Béatrix Alleman-de Vaubonnais.	7 Janvier.	1336.
——— par Girarde Caffard, veuve d'Aymon de Beaumont, Seigneur de Beaumont.	21 Mai.	1484.
——— par la même.	3 Janvier.	1488.
——— par Laurent I.er de Beaumont, Seigneur du Repaire.	22 Août.	1614.
CHARTE fouscrite par Pierre de Beaumont.		vers 1200.
CODICILE de Guy de Beaumont, Seigneur d'Autichamp.	23 Juin.	1494.
——— de Laurent de Beaumont, Seigneur de Beaumont.	6 Mars.	1552.
——— de Guillaume de Beaumont, Co-Seigneur de Saint-Quentin & de Montaud.	31 Mars.	1684.
——— Vide TESTAMENT.		
COMMISSION d'Amblard I.er de Beaumont, Chevalier, Seigneur de Beaumont, par le Roi Jean, pour l'affignation du douaire de l'ancienne Dauphine.	27 Décembre.	1352.
——— de Guillaume de Vergy, pour l'exécution des Lettres accordées en faveur d'Amblard I de Beaumont, Chevalier, Seigneur de Beaumont.	3 Janvier.	1359.
——— de Henri de Beaumont, pour régir la Ville de Mautiac.	17 Février.	1418.
——— du Juge de Romans, pour une expédition d'Acte.	18 Juin.	1418.
——— du Parlement de Dauphiné, pour la Tutèle de Laurent I.er de Beaumont.	30 Juin.	1517.
——— en faveur de Louis de Beaumont, Seigneur de Pélafol.	7 Septembre.	1645.
——— de Lieutenant de Roi d'Angers, pour Charles de Beaumont-d'Autichamp.	21 Février.	1667.
——— Idem.	17 Janvier.	1670.
——— Idem.	24 Janvier.	1673.
——— Idem.	27 Janvier.	1676.
——— Idem.	21 Janvier.	1679.
——— Idem.	9 Février.	1682.
——— de Capitaine de Chevaux-Légers, pour Laurent-François de Beaumont-des Roches-d'Autichamp.	7 Mai.	1682.
——— de Lieutenant de Roi d'Angers, pour Charles de Beaumont-d'Autichamp.	2 Mai.	1683.
——— de Lieutenant de Roi d'Angers, en furvivance, pour Jean-Claude de Beaumont-d'Autichamp.	2 Mai.	1683.
——— de Capitaine de Chevaux-Légers, pour Charles-Juft de Beaumont-d'Autichamp.	30 Octobre.	1683.
——— de Lieutenant de Roi d'Angers, pour Charles de Beaumont-d'Autichamp.	3 Mai.	1686.
——— de Lieutenant de Roi d'Angers, en furvivance, pour Jean-Claude de Beaumont-d'Autichamp.	3 Mai.	1686.
——— Idem, pour Charles de Beaumont-d'Autichamp.	25 Avril.	1689.
——— Idem, en furvivance, pour Jean-Claude de Beaumont-d'Autichamp.	25 Avril.	1689.
——— de Lieutenant-Colonel & de Capitaine de Cavalerie, pour Laurent-François de Beaumont-d'Autichamp.	18 Juin.	1689.
——— de Lieutenant de Roi d'Angers, pour Jean-Claude de Beaumont-d'Autichamp.	1.er Décembre.	1692.
——— du Roi, à François de Beaumont, pour l'impofition de la Capitation de Sarlat.	22 Février.	1695.
——— de Lieutenant de Roi d'Angers, pour Jean-Claude de Beaumont-d'Autichamp.	14 Novembre.	1695.
——— Idem.	21 Novembre.	1698.
——— Idem.	12 Juin.	1702.
——— de Meftre-de-Camp & de Capitaine de Cavalerie, pour Laurent-François de Beaumont-d'Autichamp.	11 Mars.	1703.
——— de Meftre-de-Camp, pour le même.	1.er Juillet.	1703.
——— de Capitaine de Cavalerie, pour Antoine III de Beaumont-d'Autichamp.	30 Avril.	1704.
——— de Lieutenant de Roi, d'Angers, pour Jean-Claude de Beaumont-d'Autichamp.	1.er Mars.	1706.
——— Idem.	5 Novembre.	1715.
——— de Capitaine d'Infanterie, pour Louis de Beaumont-du Repaire.	10 Novembre.	1733.
——— de Lieutenant-Colonel de Cavalerie, pour Louis-Jofeph de Beaumont-d'Autichamp.	16 Avril.	1738.
——— de Meftre-de-Camp, pour le même.	26 Décembre.	1743.
——— de Lieutenant-Colonel d'Infanterie, pour le même.	10 Septembre.	1744.

DES TITRES DE LA MAISON DE BEAUMONT.

ACTES.	MOIS.	ANNÉES.
COMMISSION de Lieutenant de Roi d'Angers, pour Jean-Thérèse Louis de Beaumont, Marquis d'Autichamp.	20 Août.	1753.
———— de Capitaine de Cavalerie, pour le même.	7 Juillet.	1758.
———— de Colonel d'Infanterie, pour Christophe, Marquis de Beaumont.	10 Février.	1759.
———— de Colonel des Grenadiers de France, pour Louis, Comte de Beaumont.	3 Septembre.	1759.
———— de Mestre-de-Camp de Dragons, pour Jean-Thérèse-Louis de Beaumont-d'Autichamp.	20 Février.	1761.
———— à Louis, Comte de Beaumont, pour commander à Bergerac.	12 Novembre.	1763.
———— de Capitaine de Dragons, pour Abraham-Jacques de Beaumont-d'Auti.	1.er Mars.	1765.
———— de Capitaine-Lieutenant des Gendarmes Anglois, & de Commandant en second de la Gendarmerie Françoise, pour Jean-Thérèse-Louis de Beaumont, Marquis d'Autichamp.	3 Janvier.	1770.
———— de Colonel du Régiment Provincial de Châlons, pour Abraham-Jacques de Beaumont-d'Auti.	11 Juin.	1774.
———— de Mestre-de-Camp de Cavalerie, pour le même.	18 Avril.	1776.
COMPROMIS entre Humbert I.er de Beaumont, Seigneur d'Autichamp, & Lancelot de Poitiers.	.. Octobre.	1424.
———— Vide RATIFICATION de Compromis.		
COMPTE rendu par Guers de Beaumont, comme Châtelain.	10 Novembre.	1313.
———— Idem.	13 Novembre.	1313.
———— rendu par Artaud IV de Beaumont, comme Châtelain.	27 Septembre.	1321.
———— Idem.	15 Juillet.	1322.
———— Idem.	17 Avril.	1330.
———— du Tréforier des Guerres, où Humbert I.er de Beaumont, Seigneur d'Autichamp, est porté comme Capitaine.	28 Février.	1411.
———— de Tutèle rendu par Laurent Alleman, Evêque de Grenoble, à Laurent I.er de Beaumont, son neveu.	22 Septembre.	1529.
CONCESSION par Artaud IV de Beaumont, Chevalier, Seigneur de la Frette.	26 Avril.	1359.
———— de Sépulture à Claude de Beaumont.	.. Octobre.	1516.
———— Vide CESSION, DÉCLARATION & CONCESSION NOUVELLE.		
CONFIRMATION d'une Donation en présence d'Humbert I.er de Beaumont.	. . . .	vers 1080.
———— par Pierre & Guigues de Beaumont, d'une Donation de leur Pere.	. . Cal. de Févr.	1108.
———— de la fondation de l'Abbaye de Saint-Sulpice en Bugey.		vers 1137.
———— d'une Vente, par Artaud I.er de Beaumont, Chevalier.	15 des Cal. de Mai.	1263.
———— d'une Donation à Artaud II de Beaumont, Chevalier.	Mercredi après la Fête de St. Michel.	1287.
———— du Testament de François de Beaumont.	16 Mai.	1306.
———— par Artaud III de Beaumont, Damoiseau, d'une Donation de ses Ayeux.	18 des Cal. de Févr.	1310.
———— d'un Acte passé par Guers de Beaumont, Chevalier.	Lundi après la Fête de Saint-Georges. (Avril.)	1313.
———— de la Constitution de dot de Marguerite de Beaumont.	8 des Ides de Juill.	1314.
———— d'Inféodation en faveur d'Artaudet de Beaumont.	Veille des Calendes d'Avril.	1317.
———— de la Concession de la Justice du Touvet, à Artaud III de Beaumont.	Lundi après la Fête de S. Luc. (Octob.)	1318.
———— de Donations faites à Amblard I de Beaumont, Seigneur de Beaumont.	22 Mai.	1337.
———— d'Echange avec Amblard I de Beaumont, Seigneur de Beaumont.	15 Avril.	1345.
———— de la Donation du Château de Beaumont-en-Trieves, à Amblard I.er de Beaumont, Chevalier.	16 Juillet.	1351.
———— des Lettres du Roi Jean, concernant la rente faite à Amblard I de Beaumont, par Philippe de Valois. (Vide ASSIGNATION, DONATION de 600 livres.)	6 Décembre.	1352.
———— des Lettres & Inféodations accordées à Amblard I de Beaumont, Chevalier, par le Roi Charles V.	. Septembre.	1372.
———— du Pacte de famille de la Maison de Beaumont, de l'an 1373.	10 Juillet.	1383.
———— Idem, par les Seigneurs de la Maison de Beaumont.	27 Novembre.	1399.
———— Idem, par autres Seigneurs de la Maison de Beaumont.	7 Novembre.	1446.
———— de la Charge de Guidon des Gendarmes d'Orléans, à François de Beaumont, Seigneur du Repaire.	24 Décembre.	1677.
CONGÉ pour François de Beaumont, Seigneur du Repaire, Guidon de Gendarmes.	6 Avril.	1686.
CONSTITUTION de la Dot de Marguerite de Beaumont.	3 des Nones de Fév.	1294.
———— de Procureurs des Habitans de Crolles, contre Amblard IV de Beaumont.	25 Mai.	1449.
———— du Douaire d'Antoinette de Saint-Aignan, par Claude de Beaumont.	26 Janvier.	1450.

ACTES.	MOIS.	ANNÉES.
CONSTITUTION de la dot de Marguerite de Saffenage, par Amblard IV de Beaumont.	16 Mai.	1456.
CONTRAT de Constitution de rente, par Charles de Beaumont-d'Autichamp.	18 Mars.	1692.
CONTRAT de Mariage, où est présent Humbert II de Beaumont.	..Avril.	1220.
———— d'Amblard I.er de Beaumont, Seigneur de Beaumont, avec Béatrix ALLEMAN-DE-VAUBONNAIS.	19 Mai.	1336.
———— d'Aymar de Beaumont avec Anne de VAUX.	1.er Janvier.	1350.
———— où François & Philippe de Beaumont, Damoiseaux, font caution de dot.	13 Mars.	1376.
———— d'Aymar I de Beaumont, Seigneur des Adrets, avec Aymonette ALLEMAN-D'URIAGE.	5 Juin.	1413.
———— d'Humbert de Beaumont, Chevalier, Seigneur de Pélafol, avec Brunissende de CORNILHAN.	8 Octobre.	1415.
———— où est présent François II de Beaumont, Seigneur de la Frette.	17 Novembre.	1436.
———— de Claude de Beaumont, Seigneur de la Frette, avec Antoinette de SAINT-AIGNAN.	26 Janvier.	1450.
———— de Jacques de Beaumont, Seigneur de Saint-Quentin, avec Marguerite de LA TOUR-DE VATILLIEU.	17 Janvier.	1460.
———— de Guillaume de Beaumont, Seigneur de Pélafol, avec Antoinette ALLEMAN-DE-CHAMPS.	16 Juin.	1460.
———— d'Aymon de Beaumont avec Girarde CASSARD.	16 Février.	1464.
———— de Françoise de Beaumont avec Pierre DE MONTFORT.	8 Mars.	1482.
———— de Marguerite de Montfort, ratifié par Françoise de Beaumont, sa mère.	23 Août & 11 Novembre.	1497.
———— de Claude de Beaumont, Seigneur de Pélafol, avec Ragonde d'URRE.	10 Mai.	1498.
———— d'Amblard V de Beaumont, Seigneur de Beaumont, avec Marguerite ALLEMAN.	8 Septembre.	1504.
———— d'Antoine de Beaumont, Seigneur de la Tout-Tencin, avec Claude DE MARC.	4 Février.	1526.
———— de Laurent I.er de Beaumont, Chevalier, Seigneur de Beaumont, avec Delphine DE VERNEUIL.	2.er Décembre.	1538.
———— de François de Beaumont, Baron des Adrets, avec Claude DE GUMIN-DE ROMANESCHE.	26 Mars.	1544.
———— d'Antoine I de Beaumont, Seigneur de Barbieres, avec Marguerite DE MONTEUX	18 Avril.	1555.
———— de Charles de Beaumont, Seigneur de Montfort, avec Antoinette DU POUGET, Dame du Repaire.	3 Mars.	1577.
———— de Laurent II de Beaumont-de Verneuil, avec Marguerite DE PELEGRY.	12 Juin.	1577.
———— de Gaspard de Beaumont, Seigneur d'Autichamp, avec Antoinette DE VILLETTE-DU MEY.	26 Novembre.	1578.
———— de Rolland de Beaumont, Seigneur de l'Isle, avec Jeanne DE TESTE-DE LA MODRINIERE.	3 Juillet.	1586.
———— de Suzanne de Beaumont, avec Balthazar DE GENTON-DE MAILLES.	15 Juin.	1591.
———— de Laurent de Beaumont, Seigneur de Nabirac, avec Marguerite DE SALIGNAC-DE LA MOTHE-FÉNELON.	30 Juillet.	1595.
———— de Laurent de Beaumont, Seigneur du Repaire, avec Françoise DE CHAUNAC-DE LANSAC.	20 Novembre.	1605.
———— d'Antoine de Beaumont, Seigneur d'Autichamp, avec Françoise DE FLORENCE-DE GERBEYS.	1.er Septembre.	1609.
———— de Laurent-Philbert de Beaumont, Seigneur de Beaumont & de Pompignan, avec Catherine DE CLERMONT-DE GOURDON.	17 Octobre.	1611.
———— de Pierre de Beaumont, Seigneur de Saint-Quentin, avec Anne DE JOFFREY.	1.er Novembre.	1623.
———— de Barthélemi de Beaumont, Seigneur du Repaire, avec Louise DE BAYNAC-DE LA ROQUE.	17 Mai.	1633.
———— de François de Beaumont, Seigneur d'Autichamp, avec Louise-Olympe DE BRESSAC.	9 Juillet.	1644.
———— de Laurent III de Beaumont, Seigneur de Payrac, avec Hélène DE CHEVERY-DE LA REULE.	27 Janvier.	1654.
———— de Guillaume de Beaumont, Seigneur de Saint-Quentin, avec Françoise DE BERNIERE-DE VILLE.	22 Décembre.	1664.
———— de Charles-Just de Beaumont, Seigneur d'Autichamp, avec Gabrielle DE LA BAUME-DE PLUVINEL.	14 Novembre.	1681.
———— de Louise-Olympe de Beaumont-d'Autichamp, avec Pierre BINET, Chevalier, Seigneur de Montiftrai.	19 Janvier.	1682.

DES TITRES DE LA MAISON DE BEAUMONT.

ACTES.	MOIS.	ANNÉES.
CONTRAT de Mariage de François de Beaumont, Seigneur du Repaire, avec Jeanne D'AUBUSSON-DE MIREMONT.	15 Juillet.	1690.
—— de François de Beaumont, Seigneur du Repaire, avec Marie-Anne DE LOSTANGES-DE SAINT-ALVAIRE.	4 Janvier.	1699.
—— d'Antoine III de Beaumont, Marquis d'Autichamp, avec Jeanne-Olympe BINET-DE MONTIFRAI.	16 Juin.	1710.
—— de Gratien de Beaumont, Seigneur de Pompignan, avec Thérèse-DE LONGUET-DE LA BASTIDETTE.	18 Août.	1710.
—— de Pierre-Louis I de Beaumont, Seigneur de Saint-Quentin, avec Paule DE BEAUMONT-DU ROSSET.	23 Juillet.	1717.
—— d'Armand de Beaumont, Comte de la Roque & Seigneur du Repaire, avec Marie-Anne DE FAURIE.	24 Avril.	1724.
—— de Louis-Joseph de Beaumont, Marquis d'Autichamp, avec Marie-Céleste-Pertrine DE LOQUET-DE GRANDVILLE.	23 & 24 Juin.	1737.
—— de Jacques de Beaumont, Seigneur de Payrac, avec Thérèse DE LONGUET-DE LA BASTIDETTE.	3 Juillet.	1742.
—— de Pierre-Louis II de Beaumont, Seigneur de Saint-Quentin, avec Anne-Charlotte DU PRAT.	7 Avril.	1757.
—— de Louis, Comte de Beaumont, avec Marie-Jacquette DE BIRAN, Comtesse DE GOAS.	5 Janvier.	1761.
—— de Christophe, Marquis de Beaumont, avec Marie-Claude DE BAYNAC.	16 Mars.	1761.
—— de Jean Thérèse-Louis de Beaumont, Marquis d'Autichamp, avec Marie-Charlotte MAUSSION DE LA COURTAUJAI.	25 & 29 Août.	1763.
—— d'Antoine Vicomte de Beaumont, avec Amable-Elisabeth-Françoise DE CAILUS.	3 Janvier.	1768.
—— d'Abraham-Jacques, Marquis de Beaumont-d'Auti, avec Marguerite RICHÉ-DE BEAUPRÉ.	16 Septembre.	1768.
—— de Marie-Thérèse de Beaumont-d'Auti, avec Jean DU PEIRON DE LA COSTE.	15 Novembre.	1774.
—— de Guillaume-Joseph, Vicomte de Beaumont-Verneuil, avec Sophie CAUVET.	29 Mai.	1778.
Vide ACTE de célébration de Mariage, ARTICLES, EXTRAIT de Mariage.		
D.		
DÉCLARATION d'Artaud II de Beaumont, Chevalier, sur partage.	7 des Id. de Janv.	
—— & Concession nouvelle, concernant la Justice du Touvet.	22 Juin.	1304.
—— pour fait de guerre par Humbert I.er de Beaumont, S.gr d'Autichamp.	30 Avril.	1318.
—— féodale de Laurent I.er de Beaumont, Seigneur de Beaumont.	16 Août.	1406.
—— & Défi de Laurent I.er de Beaumont, Seigneur de Beaumont.	2 Février.	1542.
—— & Décharge de Noblesse, pour Pierre de Beaumont.	7 Février.	1554.
—— & Décharge de Noblesse, pour François de Beaumont.	12 Août.	1641.
—— de Marie de Beaumont-d'Autichamp.	22 Avril.	1641.
—— *Vide* INVESTITURE & DÉCLARATION.		1698.
DÉLÉGATION faite par Laurent de Beaumont, Seigneur du Repaire.	22 Août.	1614.
DÉNOMBREMENT par Antoine de Beaumont, Seigneur de la Tour-de-Tencin.	. . . . .	1540.
—— de la Terre de Saint-Quentin, par Laurent I.er de Beaumont.	31 Août.	1540.
—— *Vide* AVEU & DÉNOMBREMENT, RECONNOISSANCE FÉODALE, DÉCLARATION FÉODALE.		
DÉPÔT, *Vide* ACTE de Dépôt.		
DONATION, en présence de Guigues I.er de Beaumont.	. . . . .	de 1080 à 1132.
—— à la Grande Chartreuse, par plusieurs Seigneurs de Beaumont.	. . . . .	Idem.
—— en présence de Guigues I.er de Beaumont.	. . . . .	1106.
—— en présence de Guillaume II de Beaumont.	. Février.	1179.
—— à l'Eglise de Saint-Maurice, par Humbert II de Beaumont.	8 des Id. d'Octob.	1200.
—— à l'Abbaye des Hayes, par Françoise d'Avignon, femme de Guillaume II de Beaumont.		1247.
—— à la Chartreuse de Saint-Hugon, par Artaud I.er de Beaumont, Chevalier.	10 des Cal. de Juin.	1250.
—— par Artaud II de Beaumont, Chevalier, à Artaud III, son fils.	3 des Cal. de Févr.	1294.
—— à la Chartreuse de Saint-Hugon, par Guers de Beaumont, Chevalier.	. . Janvier.	1317.
—— par Jacquemette de Serraval, femme d'Artaud V de Beaumont.	6 des Cal. d'Avril.	1328.
—— à Amblard I.er de Beaumont, Seigneur de Beaumont, de partie de la Terre du Touvet.	5 Mai.	1334.
—— de 600 livres de rente au même, par Philippe de Valois.	. . Juillet.	1343.

TABLE PAR ORDRE ALPHABÉTIQUE

ACTES.	MOIS.	ANNÉES.
DONATION du Château de Beaumont-en-Triéves, à Amblard I.er de Beaumont, Chevalier, Seigneur de Beaumont.	Dernier Mars.	1350.
——— du Château des Marches, en Savoie, à Humbert I.er de Beaumont, Seigneur d'Autichamp.	2 Septembre.	1435.
——— par Guillaume de Beaumont, Seigneur de Pélafol.	29 Janvier.	1510.
——— à Laurent II de Beaumont-de Verneuil, Seigneur de Montfort.	29 Juillet.	1569.
——— par Louise de Beaumont, femme de François du Faur.	12 Février.	1608.
——— par Louis-Joseph de Beaumont, Marquis d'Autichamp.	14 Octobre.	1746.
Vide CONFIRMATION DE DONATION, RECONNOISSANCES DES DONATIONS, &c.		

E.

ECHANGE entre Artaud II de Beaumont, Chevalier, & Guigues de la Rochette.	5 des Id. d'Avril.	1276.
——— du Château de Montfort, pour celui de Mirol, &c.	17 Août.	1343
Vide CONFIRMATION D'ECHANGE.	. . . . .	de 1637 à 1562.
ELECTION de Suzanne de Beaumont, pour Supérieure de Montfleuri.	. . . . .	
ELOGE de Charles de Beaumont-d'Autichamp, prononcé à l'Académie d'Angers.	15 Février.	1693.
EMANCIPATION d'Artaud V de Beaumont.	7 Septembre.	1379.
ENGAGEMENT du Château de Montfort, par Amblard V de Beaumont.	28 Mars.	1488.
ENQUÊTE où dépose Humbert I.er de Beaumont, Chevalier, Seigneur de Pélafol.	. . . . .	1421.
——— autre, qui prouve le mariage de Marguerite Alleman, avec Amblard V, Seigneur de Beaumont.	4 Février.	1508.
——— autre, dans le Procès de Laurent I.er de Beaumont, Seigneur de Beaumont & de Montfort.	5, 8, 10, 11 12 & 24 Octobre.	1520.
——— Idem.	3 Juillet.	1523.
——— pour Antoine de Beaumont, Seigneur de Barbieres.	23 Mai.	1559.
ENRÉGISTREMENT des Armes de MM. de Beaumont-de Saint-Quentin, à l'Armorial-général.	. . . . .	1698.
——— de celles de Jean-Claude de Beaumont-d'Autichamp.	22 Août.	1698.
——— de celles de Charles-Just de Beaumont-d'Autichamp.	19 Décembre.	1698.
——— de celles de Florent de Beaumont-d'Autichamp.	19 Décembre.	1698.
Vide BREVET D'ARMOIRIES.		
ETAT des Nobles & Hommes-liges du Dauphin.	14 des Cal. Mars.	1266.
——— des Gendarmes du Roi & du Dauphin.	3 Novembre.	1418.
——— du paiement des gages des cent Gentilhommes ordinaires de l'Hôtel du Roi.	. . . . .	1524.
——— Idem.	. . . . .	de 1527 à 1528.
——— Idem.	. . . . .	de 1530 à 1552.
——— des Officiers Domestiques du Duc d'Orléans.	. . . . .	1540.
——— des Gentilshommes de la Chambre du Roi.	. . . . .	1572.
——— Idem.	Janvier.	1575.
——— Idem.	. . . . .	1583.
Vide RÔLE du paiement, &c.		
EXTRAIT des Regist. de la Ch. des Compt. de Dauph. concernant le Bar. des Adrets.	20 Mai.	1562.
EXTRAIT-BAPTISTERE de Simon-Armand de Beaumont-du Repaire.	13 Juillet.	1700.
——— de Louis de Beaumont-du Repaire.	8 Janvier.	1702.
——— de Christophe de Beaumont-du Repaire.	10 Août.	1703.
——— de Jacques de Beaumont-de Payrac.	12 Novembre.	1712.
——— de Louis-Joseph de Beaumont-d'Autichamp.	24 Août.	1716.
——— de Louis-Claude de Beaumont-du Repaire.	29 Avril.	1728.
——— de Pierre-Louis II de Beaumont-de Saint-Quentin.	22 Novembre.	1731.
——— de Christophe de Beaumont-du Repaire.	2 Décembre.	1731.
——— de Jean-Thérèse-Louis de Beaumont-d'Autichamp.	18 Mai.	1738.
——— de François de Beaumont-d'Autichamp.	30 Mai.	1739.
——— d'Abraham-Jacques de Beaumont.	28 Avril.	1743.
——— de François de Beaumont.	21 Avril.	1744.
——— d'Antoine-Joseph-Eulalie de Beaumont-d'Autichamp.	10 Décembre.	1744.
——— de Bertrand de Beaumont.	26 Septembre.	1745.
——— de Guillaume-Joseph de Beaumont.	9 Mars.	1749.
——— de Marie-Thérèse de Beaumont.	11 Octobre.	1750.
——— de Christophe de Beaumont-de Saint-Quentin.	20 Mars.	1765.
——— de Marie-Jacquette-Claude de Beaumont.	14 Avril.	1765.

EXTRAIT-BAPTISTERE

DES TITRES DE LA MAISON DE BEAUMONT. xlix

ACTES.	MOIS.	ANNÉES.
EXTRAIT-BAPTISTERE de Marie-Anne-Louife de Beaumont.	14 Avril.	1765.
—— de Chriftophe-Marie de Beaumont.	Idem.	Idem.
—— d'Armand-Henri-Gabriel-Céfar-Chriftophe de Beaumont.	2 Decembre.	1767.
—— de Julie-Conftance-Louife de Beaumont.	Idem.	Idem.
—— d'Antoine-François-Claude-Marie-Chriftophe de Beaumont.	Idem.	Idem.
—— d'Auguftine-Marie-Magdelène de Beaumont-de Saint-Quentin.	31 Janvier.	1769.
—— de Chriftophe-François de Beaumont-d'Auti.	8 Octobre.	1769.
—— de Chriftophe-Armand-Victoire de Beaumont.	9 Novembre.	1769.
—— de Marie-Charles de Beaumont-de Saint-Quentin.	15 Août.	1770.
—— de Chriftophe-Armand-Paul-Alexandre de Beaumont.	31 Décembre.	1770.
—— de Juftine-Silvie de Beaumont-de Saint-Quentin.	6 Février.	1771.
—— de Joféphine-Marie-Anne-Louife-Xaviere de Beaumont.	18 Août.	1773.
—— de Marguerite-Claire-Félicienne de Beaumont-de Saint-Quentin.	21 Février.	1774.
—— de Marie-Elifabeth de Beaumont.	24 Décembre.	1774.
—— d'Armande-Louife de Beaumont.	19 Mars.	1775.
—— de Chriftophe-Amable-Louis de Beaumont.	7 Mars.	1776.
EXTRAIT de Mariage de Jacques de Beaumont-de Verneuil, Seigneur de Payrac, avec Thérèfe de Longuet-de la Baftidette. *Vide* CONTRAT de Mariage.	3 Juillet.	1742.
EXTRAIT-MORTUAIRE de Gratien de Beaumont, Seigneur de Pompignan, &c.	24 Octobre.	1713.
—— de Gabrielle de la Baume-de Pluvinel.	6 Février.	1738.
—— de Françoife Bertrand-de Chatronnieres.	8 Décembre.	1742.
—— de Pierre-Louis I.er de Beaumont-de Saint-Quentin.	19 Décembre.	1749.

G.

GARANTIE envers Humbert I.er de Beaumont, Seigneur d'Aurichamp.	7 Mai.	1430.

H.

HOMMAGE d'Artaud IV de Beaumont, Damoifeau, au Comte de Genêve.	3 Décembre.	1326.
—— lige à Artaud IV de Beaumont.	12 Février.	1328.
—— au Dauphin, par Guigues dit Guers de Beaumont.	9 Janvier.	1334.
—— lige à Artaud IV de Beaumont, Chevalier.	27 Mars.	1336.
—— à Amblard I.er de Beaumont, Chevalier, Seigneur de Beaumont.	18 Mars.	1346.
—— lige à Amblard I.er de Beaumont, Chevalier, Seigneur de Beaumont.	3 Mai.	1346.
—— au Dauphin, par Amblard I.er de Beaumont, Chevalier, Seigneur de Beaumont.	16 Juillet.	1349.
—— lige au Dauphin, par Artaud IV de Beaumont.	16 Juillet.	1349.
—— à Amblard I.er de Beaumont, Chevalier, Seigneur de Beaumont.	29 Septembre.	1351.
—— au même.	26 Juillet.	1355.
—— au Dauphin, par Amblard I.er de Beaumont, Chevalier, Seigneur de Beaumont.	5 Décembre.	1355.
—— à Amblard I.er de Beaumont, Chevalier, Seigneur de Beaumont.	9 Janvier.	1358.
—— du Château de Pélafol, par François I.er de Beaumont, Chevalier.	10 Juillet.	136..
—— à Amblard I.er de Beaumont, Chevalier, Seigneur de Beaumont.	21 Février.	1360.
—— du Château du Touvet, à Amblard I.er de Beaumont, Chevalier, Seigneur de Beaumont.	5 Juin.	1361.
—— Idem.	12 Septembre.	1365.
—— au Roi Charles V, Dauphin, par Amblard II de Beaumont.	30 Septembre.	1367.
—— à Amblard I.er de Beaumont, Chevalier, Seigneur de Beaumont.	12 Août	1370.
—— au même.	26 Juin.	1374.
—— lige du Château de Pélafol, par François de Beaumont, Chevalier.	10 Juillet.	1374.
—— de la Terre de Montfort, par Aymar de Beaumont, Chevalier, Seigneur de Beaumont.	18 Juin.	1375.
—— à Aymar de Beaumont, Chevalier, Seigneur de Beaumont.	29 Juin.	1375.
—— au même.	3 Juillet.	1375.
—— au même.	3 Juillet.	1475.
—— au même.	30 Juillet.	1375.
—— au même.	30 Juillet.	1375.
—— au même.	16 Juin.	1379.
—— au même.	17 Juillet.	1380.
—— à Amblard II de Beaumont, Damoifeau, Seigneur de Beaumont.	6 Juillet.	1383.

g

TABLE PAR ORDRE ALPHABÉTIQUE

ACTES.	MOIS.	ANNÉES.
HOMMAGE de la Terre de Montfort, par Amblard II de Beaumont, Seigneur de Beaumont.	24 Janvier.	1384.
———— à Amblard II de Beaumont, Damoiseau, Seigneur de Beaumont.	2 Février.	1384.
———— au même.	12 Février.	1384.
———— au même.	22 Février.	1384.
———— au même.	3 Mars.	1384.
———— (deux) au même.	5 Août.	1388.
———— (sept) à Amblard III de Beaumont, Seigneur de Beaumont.	12 Juin.	1399.
———— au même.	15 Juin.	1399.
———— par Amblard III de Beaumont, Seigneur de Beaumont.	18 Juin.	1399.
———— à Amblard III de Beaumont, Seigneur de Beaumont.	30 Juin.	1399.
———— au même.	2 Mars.	1407.
———— à Louis Dauphin, par Amblard III de Beaumont, Seigneur de Beaumont	30 Octobre.	1413.
———— par François I.er de Beaumont, Seigneur de la Frette.	2 Novembre.	1413.
———— au nom d'Amblard IV de Beaumont, Seigneur de Beaumont.	15 Février.	1428.
———— de la Terre des Marches en Savoie, par Humbert de Beaumont, Chevalier, Seigneur d'Autichamp.	29 Mai.	1436.
———— par Aynard I.er de Beaumont, Seigneur des Adrets & de Saint-Quentin.	17 Février.	1440.
———— du Château de Pélafol, par Guillaume de Beaumont.	23 Juin.	1441.
———— du Château de Saint-Quentin, par Jacques de Beaumont.	1.er Décembre.	1463.
———— de la Terre des Marches, par Guillaume de Beaumont.	9 Octobre.	1466.
———— lige du Château de Pélafol, par le même.	4 Novembre.	1474.
———— de la Terre des Marches, par Guillaume de Beaumont.	25 Mai.	1479.
———— au Roi, de la Terre de Montfort, par Laurent I.er de Beaumont, Seigneur de Beaumont.	12 Septembre.	1541.
———— des Seigneuries de Beaumont, de Crolles & de Montfort, par Laurent II de Beaumont.	16 Février.	1594.
———— par Suzanne de Beaumont, Dame des Adrets.	19 Avril.	1600.
———— de Saint-Quentin, par Claude de Beaumont, Seigneur de la Tour-de-Tencin.	30 Mars.	1606.
———— de la moitié de la Seigneurie de Saint-Quentin, par Pierre de Beaumont.	2 Juin.	1645.
———— par Guillaume de Beaumont, Co-Seigneur de Saint-Quentin.	17 Février.	1677.
———— par Pierre-Louis I.er de Beaumont, Seigneur de Saint-Quentin.	10 Juillet.	1704.
———— de la Terre de Beauvoir-en-Royans, par Jacques de Beaumont-de Saint-Quentin.	10 Juillet.	1704.
———— des Seigneuries de Saint-Quentin & de l'Isle, par Pierre-Louis I.er de Beaumont.	9 Août.	1717.
———— des Seigneuries de Saint-Quentin & de Montaud, par le même.	20 Février.	1740.
———— par Pierre-Louis II de Beaumont, Seigneur de Saint-Quentin & de Montaud.	29 Novembre.	1761.
———— *Vide* AVEU, DÉCLARATION FÉODALE, DÉNOMBREMENT, PAPIER-TERRIER, RECONNOISSANCE FÉODALE.		

I.

ACTES.	MOIS.	ANNÉES.
INFÉODATION par Artaud II de Beaumont, Damoiseau.	4 des Nones de Fév.	1268.
———— à Artaud II de Beaumont, Chevalier, par le Comte de Genève.	. . Juillet.	1273.
———— d'héritages à François de Beaumont, par Béatrix de Savoie.	10 Avril.	1301.
———— d'héritages, par Artaud II de Beaumont, Chevalier.	18 des Cal. d'Oct.	1304.
———— par Guers de Beaumont, à Lantelme des Adrets.	7 des Ides de Déc.	1313.
———— de partie de la Terre de la Terrasse, par Amblard I.er de Beaumont, Chevalier, Seigneur de Beaumont.	17 Septembre.	1347.
———— de Barbieres, &c. à Humbert I.er de Beaumont, Seigneur d'Autichamp.	25 Janvier.	1392.
———— de la Terre des Marches, par Louis de Savoie, Prince de Piémont, à Humbert I.er de Beaumont, Seigneur de Pélafol.	29 Mai.	1436.
———— *Vide* CONFIRMATION d'Inféodation &c. INVESTITURE, LETTRES & INFÉODATIONS.		
INSTITUTION de Châtelain. *Vide* ACTE D'INSTITUTION, &c.		
INVENTAIRE des biens & titres de Laurent I.er de Beaumont, S.gr de Beaumont.	11 Sept. & suiv.	1565.

DES TITRES DE LA MAISON DE BEAUMONT.

ACTES.	MOIS.	ANNÉES
INVENTAIRE de Titres relatifs à la Maison de Beaumont.	3 & 4 Avril.	1572.
——— de production des Titres de Florent de Beaumont, Seigneur de Champrond-d'Autichamp.	20 Juillet.	1668.
——— de Jeanne-Eugénie Binet-de Montifrai.	20 Décembre.	1723.
INVESTITURE à Artauder de Beaumont.	8 Février.	1318.
——— de Haute-Justice, à Artaud IV de Beaumont, & reprise en Fief Noble.	6 Février.	1327.
——— de la Seigneurie de la Bastie-Rolland, à Humbert I.er de Beaumont, Seigneur d'Autichamp.	19 Août.	1426.
——— par Girarde Cassard, & Déclaration de Claude de Garnier.	9 Avril.	1481.
——— à Pierre-Louis I.er de Beaumont, Co-Seigneur de Saint-Quentin & de Montaud.	20 Février.	1740.
JUGEMENT du Conseil Delphinal, pour Guillaume de Beaumont, Seigneur de Pélafol.	16 Juin.	1443.
——— de maintenue de Noblesse, pour Franç. de Beaumont, S.gr d'Autichamp.	5 Décembre.	1667.
——— Idem, pour Barthélemi de Beaumont, Seigneur du Repaire, & son Fils.	15 Mars.	1668.
——— Idem, pour Florent de Beaumont, Seigneur de Champrond-d'Autichamp.	20 Juillet.	1668.
——— Idem, pour Antoine de Beaumont-de Rochemure.	13 Juillet.	1669.
——— Idem, pour Laurent III de Beaumont-de Verneuil, S.gr de Pompignan.	4 Janvier.	1671.
——— Vide NOTICE de maintenue de Noblesse, PREUVE de Noblesse, ACTE de Représentation de Titres.		

L.

LETTRE du Dauphin Humbert II, concernant un échange avec Amblard I.er de Beaumont.	23 Août & 10 Octobre.	1343.
——— du même, sur le même échange.	6 Janvier.	1347.
——— du même, confirmatives de celles du Roi Jean, & de Charles, Dauphin.	26 Mars.	1353.
——— & Inféodations, par Charles, Dauphin, à Amblard I.er de Beaumont.	. . Août.	1358.
——— du Bailli de Graisivaudan, pour Artaud IV de Beaumont, Chevalier.	20 Mai.	1359.
——— du Roi Charles V, sur un échange avec Amblard I.er de Beaumont.	31 Octobre.	1366.
——— du Dauphin Charles, Roi de France, pour faire rétablir les Forteresses d'Aymar Sire de Beaumont, Chevalier.	3 Mars.	1377.
——— de Grace, en faveur d'Humbert de Beaumont, Seigneur d'Autichamp.	. . Mai.	1430.
——— d'Absolution & d'excommunication, pour Humbert, Louis & Artaud de Beaumont.	23 Juin.	1430.
——— de Grace, obtenues par Louis de Beaumont, Seigneur d'Autichamp.	5 Février.	1436.
——— du Roi Charles VII en faveur d'Aynard I.er de Beaumont.	14 Août.	1436.
——— du Gouverneur de Dauphiné, en faveur d'Aynard I.er de Beaumont.	10 Novembre.	1436.
——— Patentes de remise de confiscation.	22 Juin.	1467.
——— d'octroi de deux Foires au lieu de Barbieres.	. . Mars.	1553.
——— d'enthérinement des Lettres précédentes.	16 Mars.	1556.
——— de Laurent II de Beaumont, à M. de Gordes.	11 Septembre.	1570.
——— du Roi Charles IX, au Baron des Adrets.	18 Juillet.	1573.
——— Royaux de Bénéfice d'inventaire, pour Laurent-Philbert de Beaumont, Seigneur de Beaumont.	8 Mars.	1613.
——— de Committimus, pour Barthélemi de Beaumont, Seigneur du Repaire, comme Gentilhomme ordinaire de la Chambre du Roi.	18 Mars.	1647.
——— missive, à M. de Beaumont, Commandant pour le Roi à Domme.	15 Mars.	1653.
——— faisant mention de M. Charles de Beaumont-d'Autichamp.	Avril & Mai.	1654.
——— de Gentilhomme à Drapeau dans les Gardes Françoises, pour Louis, Comte de Beaumont	14 Octobre.	1743.
——— de second Enseigne dans les Gardes Françoises, pour Louis, Comte de Beaumont.	26 Janvier.	1744.
——— de Sous-Lieutenant dans les Gardes Françoises, pour Louis, Comte de Beaumont.	19 Février.	1745.
——— de Chevalier de l'Ordre de Saint-Louis, pour le Chevalier du Repaire.	26 Novembre.	1745.
——— de second Enseigne dans les Gardes Françoises, pour Christophe, Marquis de Beaumont.	7 Avril.	1746.
——— à M. le Marquis d'Autichamp.	23 Juillet.	1747.

TABLE PAR ORDRE ALPHABÉTIQUE

ACTES.	MOIS.	ANNÉES.
LETTRE de Lieutenant en second d'Infanterie, pour Jean-Thérèse-Louis de Beaumont-d'Autichamp.	27 Mai.	1749.
—— de Sous-Lieutenant dans les Gardes Françoises, pour Christophe, Marquis de Beaumont.	7 Mai.	1752.
—— de différens Ministres; à Christophe, Marquis de Beaumont.	. . . . .	1757-1771.
—— de Chevalier de l'Ordre de Saint-Louis, pour Louis, Comte de Beaumont.	29 Mars.	1758.
—— sur la mort de (François de Beaumont-d'Autichamp,) Evêque de Tulle.	12 Novembre.	1761.
—— du Roi à Louis, Comte de Beaumont, pour servir en sa qualité de Colonel d'Infanterie.	1.er Juin.	1762.
—— de pension accordée par le Roi, à Christophe, Marquis de Beaumont.	1.er Septembre.	1766.
—— de Chevalier de l'Ordre de Saint-Louis, pour Antoine, Vicomte de Beaumont.	5 Janvier.	1773.
—— Idem, pour Abraham-Jacques de Beaumont, Marquis d'Auti.	21 Avril.	1777.
—— Vide BREVET, CERTIFICAT, PROVISIONS.		

M.

ACTES.	MOIS.	ANNÉES.
MAINTENUE de Noblesse. Vide JUGEMENT, NOTICE, PREUVE.		
MANDEMENT relatif à l'Hommage de Laurent de Beaumont, Seigneur de Saint-Quentin.	22 Novembre.	1541.
—— du Trésorier de l'Epargne, pour le Baron des Adrets, le jeune, (Laurent de Beaumont.)	15 Juillet.	1580.
MARIAGE. Vide ACTE de célébration, ARTICLES, CONTRAT.		
MÉMOIRE sur le Codicile de Béatrix Alleman-de Vaubonnais. Vide CODICILE.	25 Octobre.	1381.
MONTRE Militaire où est compris un Humbert de Beaumont.	12 Juillet.	1355.
—— où est compris Henri de Beaumont.	15 Octobre.	1369.
—— où est compris Amblard II de Beaumont.	5 Septembre.	1380.
—— où sont compris Artaud V & Humbert de Beaumont, Ecuyers.	8 Septembre.	1386.
—— où est compris Aymar de Beaumont, Ecuyer.	2 Sept. & 3 Oct.	1388.
—— de la Compagnie d'Humbert de Beaumont, Chevalier-Bachelier.	11 Janvier.	1418.
—— où est compris Arnaud de Beaumont, Ecuyer.	2 Septembre.	1426.
—— où est compris Humbert II de Beaumont, Seigneur d'Autichamp, Homme d'armes.	13 Novembre.	1475.
—— Idem.	8 Février.	1483.
—— où est compris Humbert III de Beaumont, Seigneur d'Autichamp, Homme d'armes.	15 Juin.	1517.
—— où sont compris Antoine & Balthazar de Beaumont, Hommes d'armes.	24 Octobre.	1523.
—— où est compris Jacques de Beaumont, Homme d'armes.	2 Juin.	1567.
—— où est compris Alexandre de Beaumont, Seigneur de la Bastie-Rolland, (Bâtard)	30 Janvier.	1574.
MOYENS de partage entre Louis & Amblard III de Beaumont.	. . . . .	1426.

N.

ACTES.	MOIS.	ANNÉES.
NOBLESSE. Vide ACTE de représentation de Titres, CERTIFICAT, DÉCLARATION, JUGEMENT de maintenue, PREUVES.		
NOMINATION du Seigneur de Barbieres, (Antoine de Beaumont) à l'Ordre de Saint-Michel.	30 Mars.	1570.
—— à l'Ordre de Saint-Louis. Vide LETTRES de Chevalier de Saint-Louis.		
NOTICE d'Actes concernant Claude de Beaumont, Chevalier, Seigneur de la Tour-de-Tencin.	. . . . .	1577. 1594.
—— de la maintenue de Noblesse de Laurent de Beaumont, S.er de Payrac.	2 Août.	1698.
—— d'un Testament de 1417. Vide TESTAMENT.		
—— de diverses Ventes. Vide VENTES de 1442.		

O.

ACTES.	MOIS.	ANNÉES.
OBLIGATION de Philippe de Saint-Aignan, veuve d'Amblard II de Beaumont, Seigneur de Beaumont.	26 Janvier.	1399.
—— envers Humbert & Louis de Beaumont.	6 Mai.	1430.
—— au profit d'Amblard IV de Beaumont, Seigneur de Beaumont.	17 Juin.	1433.

DES TITRES DE LA MAISON DE BEAUMONT.

ACTES.	MOIS.	ANNÉES.
OBLIGATION passée par Amblard V de Beaumont, Seigneur de Beaumont.	28 Mars.	1488.
———— passée par Charles de Beaumont, Seigneur du Repaire.	11 Décembre.	1600.
———— passée par Gaspard de Beaumont, Seigneur d'Autichamp.	8 Novembre.	1606.
———— envers François de Beaumont, Seigneur du Repaire & de la Roque.	18 Mars.	1688.
ORDONNANCE du Roi Jean & de Charles, Dauphin, en faveur d'Amblard de Beaumont.	25 Septembre.	1354.
———— de la Cour Majeure de Graisivaudan, en faveur de François I.er de Beaumont.	12 Juillet.	1407.
———— pour l'enrégistrement de l'Hommage de Guillaume de Beaumont.	20 Mars.	1685.
ORDRE du Roi à Christophe, Marquis de Beaumont, pour faire les fonctions d'Aide-Major-Général de l'Infanterie.	1.er Mars.	1757.
———— Idem.	16 Mars.	1758.

P.

ACTES.	MOIS.	ANNÉES.
PACTE de Famille entre Amblard I.er de Beaumont, Chevalier, Seigneur de Beaumont, & François, son neveu, Chevalier, Seigneur de la Frette. *Vide* CONFIRMATION du Pacte de Famille.	14 Novembre.	1373.
PAIEMENT de dot, pour l'entrée de Marguerite de Beaumont, au Monastere de Montfleuri.	19 Septembre.	1539.
———— Idem, pour Suzanne de Beaumont.	29 Janvier.	1600.
PAPIER-TERRIER de Montfort & de Crolles, pour Laurent II de Beaumont.	12 des Cal. de Févr.	1595-1607
PARTAGE par Artaud II de Beaumont, Chevalier.	12 des Cal. de Févr.	1302.
———— entre François II & Artaud VI de Beaumont.	29 Décembre.	1424.
———— entre Antoine I & Jean de Beaumont.	30 Juin.	1519.
———— entre Mesdames les Marquise & Comtesse d'Autichamp.	22 Février.	1721.
———— *Vide* DÉCLARATION sur Partage, MOYENS de Partage, TRANSACTION sur Partage.		
PENSION de 600 livres de rente faite à Amblard I.er de Beaumont, Chevalier, Seigneur de Beaumont, par Philippe de Valois, à cause du transport du Dauphiné à la France.	Juillet.	1343.
———— de Retraite pour le Chevalier du Repaire, (Louis de Beaumont.) *Vide* ASSIGNATION, BREVET de Pension, CONFIRMATION, DONATION.	20 Mai.	1745.
PERMISSION à Claude de Beaumont, pour tester.	9 Janvier.	1510.
PIÈCES de procédure de Laurent I.er de Beaumont, Seigneur de Beaumont.	. . . .	Vers 1520.
PREUVES de Noblesse de Joseph de Beaumont-d'Autichamp, pour le Chapitre de Saint-Chef.	7 & 8 Décemb.	1688.
———— de Christophe de Beaumont-du Repaire, Archevêque de Paris, pour l'Ordre du Saint-Esprit.	17 Décembre.	1747.
———— *Vide* ACTE de représentation de Titres, CERTIFICAT de Noblesse, INVENTAIRE de Titres, JUGEMENT de maintenue, PRODUCTION de Titres.		
PRISE d'habit de Henri de Beaumont, dans l'Ordre de Cluni.	20 Décembre.	1407.
———— *Vide* ÉLECTION, PAIEMENT de Dot, PROFESSION.		
PROCÈS-VERBAL d'élection de Baillis & Châtelains de Dauphiné.	29 & 30 Juill.	1343.
———— d'assignation du douaire de l'ancienne Dauphine.	24 Avril.	1353.
———— d'apposition de scellé.	27 Janvier.	1679.
PROCURATION du Dauphin à Amblard I.er de Beaumont, Seigneur de Beaumont.	31 Octobre.	1341.
———— de Catherine de Beaumont, à François I.er & Amblard II de Beaumont.	18 Juin.	1389.
———— de François I.er de Beaumont, Seigneur de la Frette, pour transiger.	13 Novembre.	1404.
———— d'Humbert de Beaumont, Seigneur d'Autichamp, à Louis de Beaum.	29 Avril.	1424.
———— d'Henri de Beaumont, à Claude de Beaumont.	12 Juin.	1443.
———— des Habitans de Crolles & de Lumbin, pour transiger.	11 Avril.	1456.
———— passée en présence de Claude de Beaumont.	19 Janvier.	1465.
———— de Claude Cassard.	15 Novembre.	1466.
———— d'Amblard V de Beaumont.	3 Juillet.	1499.
———— des Prieure & Religieuses du Monastere de Montfleuri.	9 Juillet.	1519.
———— de Laurent Alleman, Evêque de Grenoble, Tuteur de Laurent I.er de Beaumont.	4 Novembre.	1519.
———— du même, en la même qualité.	12 Février.	1526.
———— du même, pour rendre compte de la Tutèle de Laurent I.er de Beaumont, son neveu.	3 Août.	1529.
———— de Laurent I.er de Beaumont, Seigneur de Beaumont & de Montfort.	26 Août.	1542.

TABLE PAR ORDRE ALPHABÉTIQUE

ACTES.	Mois.	Années.
PROCURATION de Laurent I.er de Beaumont, Seigneur de Beaumont & de Pompignan.	12 Octobre.	1552.
———— de Laurent II de Beaumont-de Verneuil, Seigneur de Pompignan.	3 Juin.	1586.
———— de M. de Latnage, Epoux de Marie de Beaumont-d'Autichamp.	17 Mars.	1692.
———— Vide VIDIMUS.		
PRODUCTION de Titres, par Guillaume de Beaumont, Seigneur de Saint-Quentin.	1.er Juillet.	1667.
PROFESSION d'Amblard V de Beaumont, Seigneur de Beaumont, de la Régle de Saint-Augustin.	22 Juin.	1517.
———— de Jeanne de Beaumont, dans le Monastere de Montfleuri.	25 Septembre.	1603.
PROTESTATION des Religieux de Saint-Hugon.	Vendredi après la Fête de S. Michel.	1310.
PROVISIONS d'Offices de Notaire & de Greffier, par Amblard IV de Beaumont.	28 Janvier.	1436.
———— de la Charge de Lieutenant de Roi d'Angers, en survivance.	9 Novembre.	1715.
———— d'un Canonicat de Lyon, pour Christophe de Beaumont-du Repaire.	2 Mai.	1732.
———— du Gouvernement du Château de Domme, pour Christophe, Marquis de Beaumont.	20 Septembre.	1771.
———— Vide BREVET, BULLES, COMMISSION, LETTRES.		

Q.

ACTES.	Mois.	Années.
QUITTANCE donnée par Artaudet de Beaumont, à Guers de Beaumont.	28 Août.	1307.
———— donnée à Artaudet de Beaumont, Chevalier, Seigneur de la Frette.	9 Septembre.	1358.
———— de partie de dot, donnée à Artaud & François I.er de Beaumont.	22 Juin.	1359.
———— donnée à François I.er de Beaumont, de restitution de dot.	5 Novembre.	1365.
———— Idem.	14 Juin.	1369.
———— donnée à François I.er de Beaumont, de partie de dot.	19 Février.	1374.
———— donnée à François I.er de Beaumont, de la dot de sa fille.	11 Mars.	1391.
———— donnée par Amblard III de Beaumont, Seigneur de Beaumont, de partie de dot.	28 Septembre.	1405.
———— Idem.	11 Avril.	1414.
———— donnée par le même, à Humbert I.er de Beaumont, S.gr d'Autichamp.	12 Novembre.	1417.
———— donnée à Humbert I.er de Beaumont, Seigneur d'Autichamp.	5 Juin.	1427.
———— donnée au même, & à Louis de Beaumont, son fils.	25 Avril.	1429.
———— donnée à François II de Beaumont, Seigneur de la Frette.	22 Janvier.	1432.
———— Idem.	22 Décembre.	1444.
———— donnée par Amblard IV de Beaumont, Seigneur de Beaumont, de partie de dot.	14 Mai.	1446.
———— donnée à Guillaume de Beaumont, Seigneur de la Frette, pour raison de dot.	17 Juin.	1455.
———— donnée par Aymon de Beaumont, de partie de dot.	16 Avril.	1466.
———— Idem.	20 Décembre.	1468.
———— Idem.	7 Avril.	1473.
———— de gestion de Tutèle par Laurent I.er de Beaumont, à Laurent Alleman, Evêque de Grenoble, son oncle.	23 Septembre.	1529.
———— donnée à Antoine I.er de Beaumont, Seigneur de Barbieres, pour douaire.	12 Octobre.	1555.
———— donnée à Charles de Beaumont, Seigneur du Repaire, (Vide TRANSACTION du 18 Novembre 1580.)	28 Avril.	1581.
———— donnée à Charles de Beaumont, Seigneur du Repaire, & Antoinette du Pouget.	3 Janvier.	1582.
———— donnée au même.	26 Avril.	1582.
———— donnée au même.	13 Mai.	1587.
———— donnée au même.	23 Février.	1589.
———— donnée au même.	30 Mars & 12 Mars	1602-1604
———— donnée à Gaspard de Beaumont, Seigneur d'Autichamp.	5 Avril.	1603.
———— donnée par Charles de Beaumont, Seigneur du Repaire, au nom de Laurent, son fils.	17 Juillet.	1603.
———— donnée par Charles de Beaumont, Seigneur du Repaire, au nom de son fils.	15 Octobre.	1603.
———— donnée par Laurent II de Beaumont-de Verneuil, à son frere.	26 Novembre.	1603.
———— finale donnée à Laurent de Beaumont, Seigneur du Repaire.	18 Octobre.	1610.
———— donnée au même.	22 Mai.	1611.

DES TITRES DE LA MAISON DE BEAUMONT.

ACTES.	Mois.	Années.
Quittance donnée à Laurent de Beaumont, Seigneur du Repaire.	9 Février.	1612.
—— de legs délivré par Laurent de Beaumont, Seigneur du Repaire.	22 Juillet.	1614.
—— donnée à Charles de Beaumont-d'Autichamp.	18 Mars.	1680.
Quittance-militaire par Humbert de Beaumont, Chevalier.	8 Mai.	1419.
—— de Laurent de Beaumont, Seigneur de Saint-Quentin.	12 Août.	1531.
—— Idem.	4 Juillet.	1533.
—— de François de Beaumont, Seigneur (Baron) des Adrets.	28 Novembre.	1568.
—— Idem.	15 Avril.	1569.
—— Idem.	17 Juin.	1571.
R.		
Rachapt de rentes, par Guillaume de Beaumont, Seigneur de Pélafol.	25 Septembre.	1501.
—— (faculté de) en faveur de Gaspard de Beaumont, Seigneur d'Autichamp.	25 Mai.	1609.
Ratification de vente faite à Artaud II de Beaumont, Chevalier.	.. Nones de Mai.	1291.
—— de la rente de 600 livres, faite à Amblard I.er de Beaumont, Seigneur de Beaumont.	.. Juillet.	1349.
—— d'un Traité, par Humbert I.er de Beaumont, Damoiseau, Seigneur de Pélafol.	16 Avril.	1405.
—— de compromis, par Henri de Beaumont.	14 Avril.	1444.
—— de Transaction, par Louise de Beaumont.	9 Mars.	1559.
—— de Transaction, par Antoinette du Pouget.	9 Janvier.	1581.
Réception de François de Beaumont-des Roches, aux Pages de la Grande Ecurie.	.. Janvier.	1673.
—— de Joseph de Beaumont-d'Autichamp, aux Pages de la Grande Ecurie.	.. Janvier.	1673.
—— d'Antoine III de Beaumont-d'Autichamp, aux Pages de la Grande Ecurie.	. . . .	1699.
—— de Joseph de Beaumont-d'Autichamp, aux Pages de la Grande Ecurie.	. . . .	1702.
—— de Louis-Imbert de Beaumont-d'Autichamp, aux Pages de la Grande Ecurie.	. . . .	1711.
Reconnoissance des Habitans de la Buissière & de la Paroisse de S. Vincent.	.. Février.	1262.
—— envers Artaud II de Beaumont, Chevalier.	.. Juin.	1269.
—— féodale, envers le même.	3 des Nones de Nov.	1280.
—— envers le même.	7 des Ides de Juin.	1294.
—— envers Guigues dit Guers de Beaumont.	veil. des Cal. de Jan.	1304.
—— envers Guers de Beaumont, Chevalier.	.. Cal. de Juillet.	1310.
—— envers Artaud III de Beaumont, Damoiseau.	8 des Ides d'Août.	1313.
—— par Artaud III de Beaumont, Damoiseau.	24 Juin.	1317.
—— envers Artaud IV de Beaumont, Seigneur de la Frette.	27 Janvier.	1324.
—— envers le même.	28 Janvier.	1324.
—— envers Agnès, veuve d'Artaud III de Beaumont.	6 Juin.	1331.
—— envers Artaud IV de Beaumont, Chevalier, Seigneur de la Frette.	27 Février.	1358.
—— par François I.er de Beaumont, Chevalier, envers le Comte de Genève.	18 Juin.	1377.
—— des donations faites à la Chartreuse de Saint-Hugon.	6 Novembre.	1387.
—— féodale envers Jacques & Jean de Beaumont.	28 Avril.	1393.
—— envers François I.er de Beaumont, Seigneur de la Frette.	6 Octob. & j. suiv.	1399.
—— envers Amblard III de Beaumont, Seigneur de Beaumont.	10 Mai.	1403.
—— envers le même.	20 Octobre.	1417.
—— envers Louis de Beaumont, Seigneur des Marches & de Pélafol.	31 Janv. 6 1, 14, 17, 18 Février.	1438.
—— envers Guillaume de Beaumont, Seigneur de Pélafol.	2 Avril.	1451.
—— envers Laurent I.er de Beaumont, Seigneur de Beaumont.	. . . . .	1533-1547
—— Vide Aveu, Dénombrement, Hommage, Papier-Terrier, Vidimus.		
Remise de lods & ventes à Louis de Beaumont, Seigneur de Pélafol.	26 Octobre.	1424.
—— de lods & ventes à Claude de Beaumont, Seigneur de la Frette.	15 Février.	1453.
—— de titres, par Laurent-Philbert de Beaumont, Seigneur de Pompignan.	24 Mars.	1617.
—— de Lettres, Vide Acte de Remise de Lettres.		
Rémission accordée à François I.er de Beaumont, Chevalier, Seigneur de la Frette.	.. Octobre.	1369.
—— accordée à Humbert I.er de Beaumont, Seigneur de Pélafol.	25 Janvier.	1392.

ACTES.	MOIS.	ANNÉES.
RENONCIATION de Marguerite de Saſſenage à ſes droits patrimoniaux.	15 Janvier.	1438.
RENTE. *Vide* RATIFICATION de Vente.		
RENTE de 600 livres, faite à Amblard I.er de Beaumont, Chevalier, Seigneur de Beaumont, par Philippe de Valois, Roi de France, à cauſe du tranſport du Dauphiné à la France. *Vide* ASSIGNATION, CONFIRMATION, LETTRES concernant cette Rente.	Juillet.	1343.
REPRÉSENTATION de Titres. *Vide* ACTE de repréſentation.		
REQUÊTE d'Amblard III de Beaumont, Chevalier, Seigneur de Beaumont.	17 Mai.	1415.
——— & Déclaration d'Aymon de Beaumont, Seigneur de Beaumont.	2 Mai.	1470.
——— d'Amblard V de Beaumont, pour faire donner un Tuteur à ſon fils.	. . Juin.	1517.
——— de Laurent I.er de Beaumont, Seigneur de Beaumont & de Montfort.	. . . . .	vers 1520.
——— & information de Laurent I.er de Beaumont, Seigneur de Beaumont.	19,24,29,30, Juil.	1542.
——— des filles d'Humbert III de Beaumont, Seigneur d'Autichamp.	8 & 12 Nov.	1560.
——— de Françoiſe de Beaumont.	19 Octobre.	1617.
——— de François de Beaumont, Seigneur d'Autichamp.	25 Juin.	1667.
——— de Gabrielle de la Baume - Pluvinel, veuve de Juſt de Beaumont, Marquis d'Autichamp.	21 Janvier.	1728.
RETRAIT de la Terre de Lumbin, exercé par Aymon de Beaumont, Seigneur de Beaumont.	23 Décembre.	1463.
——— féodale, exercé par Charles de Beaumont, Seigneur du Repaire.	26 Septembre.	1586.
RÉVISION de feux, où ſe trouve compris Aynard II de Beaumont, Seigneur des Adrets.	1.er Février.	1450.
——— *Idem*.	12 Juin.	1458.
RÔLE des Amendes impoſées au nom d'Amblard I.er de Beaumont, Seigneur de Beaumont.	24 Janvier.	1343.
——— du paiement des gages des cent Gentilshommes ordinaires de l'Hôtel du Roi, où ſont compris pluſieurs Sujets de la Maiſon de Beaumont.	1.er Octobre.	1519.
——— *Idem*.	30 Juin.	1523.
——— *Idem*.	31 Décembre.	1524.
——— *Idem*.	Idem.	1528.
——— *Idem*.	Idem.	1529.
——— de la Compagnie d'Ordonnance de M. de Clermont-Lodève, où ſe trouve Charles de Beaumont, Seigneur du Repaire.	10 Juin.	1568.
——— *Vide* ETAT.		

S.

SAISIE ſur Jean Cochie, Caution d'Amblard II de Beaumont, Seigneur de Beaumont.	16 Janvier.	1396.
SENTENCE en faveur d'Amblard I.er de Beaumont, Chevalier, Seigneur de Beaumont.	23 Janvier.	1365.
——— en faveur de François I.er de Beaumont, Chevalier & ſa femme.	15 Février.	1402.
——— contre Amblard V de Beaumont, Seigneur de Beaumont.	2 Juin.	1508.
——— contre Laurent I.er de Beaumont, Seigneur de Beaumont & de Montfort.	21 Septembre.	1529.
——— en faveur d'Antoine de Beaumont, Seigneur de Barbieres.	23 Juin.	1559.
——— en faveur de Laurent II de Beaumont, Seigneur de Montfort.	12 Juillet.	1594.
——— en faveur de Laurent III de Beaumont-de Verneuil, Seigneur de Pompignan.	18 Décembre.	1675.
——— *Vide* ARRÊT, JUGEMENT.		
SENTENCE-ARBITRALE, entre Guers de Beaumont, Chevalier, & Rolet d'Entremont.	19 des Cal. de Févr.	1309.
——— *Idem*.	10 Juillet.	1313.
——— entre Artaud IV de Beaumont, Chevalier, & les Seigneurs de Leuzon.	18 Décembre.	1328.
——— entre Artaud IV de Beaumont, Chevalier, & le Prieur de Champ.	9 Octobre.	1337.
——— entre Amblard I.er de Beaumont, Chevalier, Seigneur de Beaumont, & le Seigneur de la Terraſſe.	4 Novembre.	1346.
——— entre Amblard III de Beaumont, Seigneur de Beaumont, & Jean Chaſtaing *alias* Roger.	18 Mai.	1409.
——— entre Amblard IV de Beaumont & ſon frere, Seigneurs de Beaumont.	5 Avril.	1469.
——— *Vide* COMPROMIS, TRANSACTION.		
SERVICES militaires. *Vide* BREVET, CERTIFICAT, COMMISSION, COMPTES, ETAT, LETTRES, MONTRE militaire, ORDRE du Roi, QUITTANCE militaire, RÔLE.		

DES TITRES DE LA MAISON DE BEAUMONT.

T.

ACTES.	MOIS.	ANNÉES.
TESTAMENT de Guers de Beaumont, Chevalier.	9 des Cal. de Févr.	1317.
——— d'Agnès, Dame de Beaumont, veuve d'Artaud III.	2 Février.	1337.
——— d'Humbert de Rochefort, Seigneur de Pélafol.	17 Août.	1349.
——— de Drodon de Vaux, Seigneur de la Terrasse.	11 Janvier.	1350.
——— d'Aymar de Beaumont, Chevalier, Seigneur de Beaumont.	11 Juillet.	1382.
——— d'Antoinette de la Balme, femme d'Artaud V de Beaumont.	26 Mai.	1413.
——— (Notice du) de François I.er de Beaumont, Chevalier, Seigneur de la Frette.	.. Mai.	1417.
——— d'Amblard III de Beaumont, Chevalier, Seigneur de Beaumont & de Montfort.	10 Mars.	1427.
——— d'Humbert de Beaumont, Chevalier, Seigneur de Pélafol.	5 Novembre.	1436.
——— de Louis de Beaumont, Seigneur de Pélafol.	2 Octobre.	1439.
——— de François II de Beaumont, Seigneur de la Frette.	27 Mars.	1446.
——— & Codicile d'Artaud V de Beaumont, Seigneur de Tullins.	30 Mars.	1477.
——— d'Aymon de Beaumont, Seigneur de Beaumont & de Montfort.	8 Janvier.	1481.
——— (I.er) de Guy de Beaumont, Seigneur d'Autichamp.	31 Décembre.	1492.
——— de Girarde Caffard, veuve d'Aymon de Beaumont, Seigneur de Beaumont.	1.er Juin.	1497.
——— d'Aynard I.er de Beaumont, Co-Seigneur des Adrets.	20 Septembre.	1499.
——— (II.d) de Guy de Beaumont, Seigneur d'Autichamp.	15 Mars.	1504.
——— (III.e) du même.	17 Août.	1512.
——— de Guillaume de Beaumont, Seigneur de Pélafol.	11 Avril.	1515.
——— de Claude de Beaumont, Seigneur de Pélafol.	8 Octobre.	1516.
——— d'Amblard V de Beaumont, Seigneur de Beaumont, & de Montfort.	4 Juin.	1517.
——— mutuel olographe de Laurent I.er de Beaumont, Seigneur de Beaumont, & de sa Femme.	2 Avril.	1550.
——— de Laurent I.er de Beaumont, Seigneur de Beaumont & de Montfort.	5 Mars.	1552.
——— d'Antoine de Beaumont, Seigneur de la Tour-de-Tencin.	10 Juillet.	1552.
——— d'Antoine de Beaumont, Seigneur de Pélafol & de Barbieres.	7 Octobre.	1569.
——— (I.er) de Gaspard de Beaumont, Seigneur d'Autichamp.	21 Août.	1574.
——— d'Anne de Saffenage, veuve de Laurent de Beaumont, Seigneur de Saint-Quentin.	2 Avril.	1584.
——— (II.d) de Gaspard de Beaumont, Seigneur d'Autichamp.	17 Décembre.	1585.
——— de Charles de Villette, Seigneur du Mey, en faveur de la Femme de Gaspard de Beaumont, Seigneur d'Autichamp.	4 Septembre.	1586.
——— de Claude de Beaumont, Chevalier, Seigneur de la Tour-de-Tencin.	31 Janvier.	1596.
——— (III.e) de Gaspard de Beaumont, Seigneur d'Autichamp.	8 Octobre.	1600.
——— de Charles de Beaumont, Seigneur du Repaire.	24 Septembre.	1605.
——— de Rolland de Beaumont, Seigneur de l'Isle.	24 Juillet.	1606.
——— de Laurent II de Beaumont-de Verneuil, Seigneur de Pompignan, &c.	30 Octobre.	1607.
——— d'Ennemond de Beaumont, Seigneur de Saint-Quentin & de l'Isle.	14 Décembre.	1607.
——— mutuel d'Antoine de Saffenage & d'Efter de Beaumont, sa femme.	27 Août.	1615.
——— d'Efter de Beaumont, veuve d'Antoine de Saffenage.	7 Mai.	1633.
——— mutuel d'Antoine II de Beaumont, Seigneur d'Autichamp, & de Françoise de Florence, sa femme.	6 Septembre.	1640.
——— de Laurent de Beaumont, Seigneur du Repaire.	24 Février.	1645.
——— de Louise-Olympe de Breflac, femme de François de Beaumont, Seigneur d'Autichamp.	15 Octobre.	1645.
——— de Louis de Beaumont, Seigneur d'Autichamp.	17 Août.	1648.
——— de Pierre de Beaumont, Co-Seigneur de Saint-Quentin.	25 Juillet.	1663.
——— de Barthélemi de Beaumont, Seigneur du Repaire.	12 Mars.	1667.
——— de Louise de Baynac, veuve de Barthélemi de Beaumont.	18 Janvier.	1679.
——— de Guillaume de Beaumont, Co-Seigneur de Saint-Quentin & de Montaud.	15 Août.	1680.
——— de François de Beaumont, Seigneur d'Autichamp.	6 Janvier.	1681.
——— de Charles de Beaumont-d'Autichamp, Seigneur de Miribel.	5 Avril.	1692.
——— de François de Beaumont, Seigneur du Repaire, Comte de la Roque.	28 Avril.	1704.
——— de Charles-Juft de Beaumont, Seigneur d'Autichamp.	3 Juin.	1708.
——— olographe de Jeanne-Louise-Olympe Binet-de Montifrai, Dame d'Autichamp.	19 Août.	1714.

… lviij TABLE PAR ORDRE ALPHABÉTIQUE

ACTES.	MOIS.	ANNÉES.
Testament de Jean-Claude de Beaumont-d'Autichamp.	23 Octobre.	1734.
——— de Pierre-Louis I.er de Beaumont, Seigneur de Saint-Quentin.	23 Février.	1744.
——— de Marie-Eulalie Binet-de Montifrai, Comtesse d'Autichamp.	9 Juillet.	1749.
——— d'Antoine III de Beaumont, Marquis d'Autichamp.	7 Juillet.	1753.
——— de François de Beaumont-d'Autichamp, Evêque de Tulles.	30 Juillet.	1753.
——— de Marie-Claude de Baynac, Comtesse de Bonneval, en faveur de Madame la Marquise de Beaumont.	3 Janvier.	1768.
——— olographe, d'Armand de Beaumont, Comte de la Roque.	16 Janvier.	1773.
——— Vide Codicile, Confirmation, Vérification.		
Traité dont est garant Guillaume I.er de Beaumont.	3 des Cal. de Févr.	1190.
——— en présence de Pierre de Beaumont.	11 des Cal. de Déc.	1198.
——— en présence de Guillaume II de Beaumont.	. . . .	1257.
——— conclu par l'entremise d'Amblard I.er de Beaumont, S.gr de Beaumont.	7 Novembre.	1335.
——— par François de Beaumont, Seigneur du Repaire & de la Roque, de la Charge de Guidon des Gendarmes.	9 Mars.	1688.
——— Vide Ratification de Traité.		
Transaction entre Guy, Comte de Forez, & Amblard I.er de Beaumont, Seigneur de Beaumont.	21 Juillet.	1349.
——— entre Amblard I.er de Beaumont, Seigneur de Beaumont, & Albert de Montfort.	6 Septembre.	1371.
——— entre la Veuve & les Enfans d'Amblard I.er de Beaumont, Seigneur de Beaumont.	28 Octobre.	1375.
——— entre François I.er de Beaumont, Seigneur de la Frette, & Catherine de Beaumont.	6 Septembre.	1384.
——— entre Amblard II de Beaumont, François de Beaumont & Antoine de Bellecombe.	2 Septembre.	1392.
——— entre Amblard II de Beaumont, Seigneur de Beaumont, & le Gouverneur du Dauphiné.	29 Juillet.	1393.
——— entre Aynard I.er de Beaumont, Damoiseau, Seigneur des Adrets, & Aymonette Alleman.	7 & 22 Août.	1425.
——— sur partage, entre Amblard III & Louis de Beaumont.	23 Mai.	1426.
——— entre Guillaume de Beaumont, Seigneur de Pélafol, & Aymar de Poitiers.	11 Août.	1469.
——— entre Marguerite de Sassenage, veuve d'Amblard IV de Beaumont, Seigneur de Beaumont, & Aynard Seigneur de Montaynard.	12 Août.	1476.
——— entre Amblard V de B. S.gr de Beaumont, & Hector de Montaynard.	28 Mars.	1488.
——— entre Antoine de Beaumont, Seigneur de Pélafol, & Magdelène d'Urre, veuve de Claude de Beaumont.	17 Juillet.	1543.
——— entre Humbert III de Beaumont, Seigneur d'Autichamp, & Laurent de Sassenage.	19 Novembre.	1544.
——— entre Antoine I.er de Beaumont, Seigneur de Barbieres, & Claude de Beaumont.	11 Février.	1546.
——— entre le même & ses Vassaux du lieu de Barbieres.	. . Juillet.	1546.
——— entre Laurent I.er de Beaumont, Seigneur de Beaumont, & l'Hôpital de Grenoble.	27 Novembre.	1552.
——— sur la substitution de la Terre d'Autichamp, entre Antoine de Beaumont, Seigneur de Barbieres, & ses cousines.	1.er Mai.	1562.
——— entre Laurent II de Beaumont-de Verneuil, Baron de Beaumont, & Charles de Beaumont, Seigneur du Repaire.	2 Juillet.	1577.
——— entre Charles de Beaumont, Seigneur du Repaire, & Jeanne d'Aubusson.	18 Novembre.	1580.
——— entre Laurent de Beaumont, Seigneur du Repaire, & François de Salignac, Seigneur de la Mothe-Fénelon.	12 Juillet.	1606.
——— entre Gaspard de Beaumont, Seigneur d'Autichamp, & Claude de Beaumont.	16 Avril.	1610.
——— entre Antoine III de Beaumont, Marquis d'Autichamp, & Henri de Pelletier-de Gigondas.	24 Octobre.	1724.
——— Vide Ratification de Transaction.		
Transport par Marguerite de Sassenage, femme d'Amblard IV de Beaumont, Seigneur de Beaumont, au Couvent des Cordeliers de Grenoble.	19 Mars.	1465.
Tutèle. Vide Acte de Tutèle, Procuration de Laurent Alleman.		

DES TITRES DE LA MAISON DE BEAUMONT.

ACTES.	MOIS.	ANNÉES
V.		
VENTE par Guigues I.er de Beaumont & ses enfans.		1108.
—— par Artaud I.er de Beaumont, Chevalier & ses fils, à l'Abbesse des Hayes.	21 *Juillet*.	1256.
—— à Artaud II de Beaumont, Damoiseau, de partie de Fief.	4 *des Nones de Fév*.	1268.
—— par Jean de Beaumont, à Guers de Beaumont, Chevalier.	4 *des Cal. de Mai*.	1307.
—— par Amédée de Beaumont, à Guers de Beaumont, Chevalier.	2 *des Id. de Janv*.	1309.
—— par Humbert I.er de Beaumont, Seigneur d'Autichamp.	27 *Juin*.	1404.
—— (Notice de diverses) par Amblard IV de Beaumont, Seigneur de Beaumont.	2 *Nov. & suiv*.	1442.
—— par Amblard IV de Beaumont, Seigneur de Beaumont, au Curé de Crolles.	20 *Avril*.	1449.
—— *Idem*.	2 *Septembre*.	1449.
—— par Amblard V de Beaumont, à Laurent Alleman, Evêque de Grenoble.	13 *Mars*.	1508.
—— par Laurent II de Beaumont-de Verneuil, Seigneur de Beaumont, de Pompignan, &c.	17 *Août*.	1585.
—— *Idem*.	30 *Avril*.	1596.
—— par Gaspard de Beaumont, Seigneur d'Autichamp.	8 *Novembre*.	1606.
—— par le même, des Terres de Pélafol, de Barbieres, &c.	25 *Mai*.	1609.
—— par Laurent-Philbert de Beaumont, Seigneur de Pompignan, des Terres de Beaumont, Montfort, Crolles, &c.	1.er *Janvier*.	1617.
—— par Marc de Beaumont-de Rochemure, Baron du Besset.	25 *Mai*.	1663.
—— *Vide* ACQUISITION, RATIFICATION de Vente.		
VÉRIFICATION du Testament d'Aymon de Beaumont.	5 *Mars*.	1674.
——*Idem*.	17 *Juillet*.	1675.
VIDIMUS d'un Livre de Reconnoissances, à la Requête de Charles de Beaumont, Seigneur du Repaire, chargé de la Procuration de Laurent II de Beaumont, Seigneur de Payrac, son frere.	22 *Janvier*.	1594.

Fin de la Table Alphabétique des Titres.

ÉTAT DES TITRES,

Qui concernent les Sujets de la Maison de Beaumont, en ligne directe seulement, & qui forment la Filiation des différentes Branches qui subsistent, depuis 1250 jusqu'à nos jours.

Nota. Les Titres qui prouvent Filiation, sont marqués d'une *.

Années.	Mois.	§. PREMIER. *Titres communs à toutes les Branches.*	Caractères des Actes et Dépôt ou ils sont conservés.	Pages des Preuves où ils sont imprimées.
		PREMIER DEGRÉ. Artaud I.er de Beaumont, Chevalier, Seigneur de Beaumont, &c. *Sept Titres sur ce degré, dont quatre où il est rappellé.*		
1250.	10 des Calendes de Juin.	1.º Donation par lui faite à la Chartreuse de Saint-Hugon.	Cartulaire original à la Chartreuse de Saint-Hugon.	15.
1256.	21 Juill.	2.º Vente par lui faite à l'Abbesse des Hayes.	Orig. à l'Abb. des Hayes.	15.
1260.	18 des Calendes de Févr.	3.º Acquisition par Artaud II, son fils, où il est rappellé.	Original aux Archives des Adrets.	16.
1263.	15 des Calendes de Mai.	4.º Confirmation, par lui faite, d'une vente d'Amédée de Beaumont à François, son frere.	Original aux Archives du Château de Baynac.	443.
1268.	3 des Id. de Déc.	5.º Acquisition par Artaud II, son fils, où il est rappellé.	Original aux Archives du Touvet.	18.
1310.	18 des Calendes de Févr.	6.º Confirmation par Artaud III, son petit-fils, de la donation qu'il avoit faite à la Chartreuse de Saint-Hugon, où il est rappellé.	Original aux Archives de la Grande Chartreuse.	30.
1310.	Vendredi après la Fête de S. Mich.	7.º Protestation des Religieux de Saint-Hugon, à cette occasion, où il est rappellé.	Original aux mêmes Archives.	29.
		II. DEGRÉ. Artaud II de Beaumont, Chevalier, Seigneur de Beaumont, &c. *28 Titres, dont sept de filiation & sept où il est rappellé.*		
1250.	10 des Calendes de Juin.	1.º * Donation à la Chartreuse de Saint-Hugon, de concert avec son Pere.	Cartulaire original de cette Chartreuse.	15.
1256.	21 Juill.	2.º * Vente à l'Abbesse des Hayes, de concert avec son Pere.	Original à cette Abbaye.	15.

ÉTAT DES TITRES EN LIGNE DIRECTE

ANNÉES.	MOIS.	TITRES.	CARACTERES DES ACTES ET DÉPÔT OU ILS SONT CONSERVÉS.	Pages des Preuves où ils sont imprimés.
1260.	18 des Cal. de Février.	3.° * Acquisition d'héritages, où il rappelle son Pere.	Original aux Archives des Adrets.	16.
1268.	4 des Non. de Févr.	4.° Acquisition d'une portion de Fief.	Original aux mêmes Archives.	18.
1268.	même jour.	5.° Inféodation à Pellerin de la Terrasse.	Original aux mêmes Archives.	18.
1268.	3 des Id. de Déc.	6.° * Acquisition de Fiefs, où son Pere est rappellé.	Original aux Archives du Touvet.	18.
1269.	. . Juin.	7.° Reconnoissances féodales passées en son nom, à Dame Philippe, sa seconde femme.	Original aux Archives du Château de Baynac.	443.
1272.	9 des Cal. de Nov.	8.° * Acquisition de Fiefs d'Amédée, son frere.	Original aux Archives des Adrets.	19.
1273.	. . Juill.	9.° Inféodation à lui faite, par Aymon, Comte de Genève.	Original aux mêmes Archives.	20.
1276.	3 des Id. d'Avril.	10.° Echange avec Guigues de la Rochette.	Original aux Archives du Château de Baynac.	20.
1280.	3 des Non. de Nov.	11.° Reconnoissances féodales à lui données.	Original aux mêmes Archives.	21.
1287.	Mercredi après la Fête de S. Mich.	12.° Confirmation d'une donation en sa faveur, par Amé, Comte de Genève.	Original aux Archives des Adrets.	22.
1291.	Nones de Mai.	13.° Ratification d'une vente en sa faveur.	Original aux Archives du Touvet.	22.
1294.	3 des Non. de Févr.	14.° Constitution de dot, où il est rappellé, par Artaud (III), son fils.	Original aux Archives des Adrets.	28.
1294.	3 des Cal. de Févr.	15.° Donation par lui faite à Artaud (III), son fils, de différens héritages.	Original aux Archives du Château de Baynac.	445.
1294.	7 des Id. de Juin.	16.° Reconnoissance féodale en sa faveur.	Original aux mêmes Archives.	23.
1301.	10 Avril.	17.° Inféodation d'héritages, par Béatrix de Savoie, à François de Beaumont, son fils, où il est rappellé.	Original aux Archives des Adrets.	23.
1302.	12 des Calend. de Févr.	18.° Partage de ses biens entre ses enfans.	Anc. Notice aux Arch. de la Chartreuse de S. Hug.	24.
1304.	7 des Id. de Janv.	19.° Déclaration par lui faite sur ce partage.	Original aux Archives du Touvet.	26.
1304.	18 des Cal. d'Octob.	20.° Inféodation par lui faite, à Pierre de Boges.	Original aux Archives des Adrets.	25.
1306.	16 Mai.	21.° Confirmation du Testament de François, son fils.	Original aux Archives du Château de Baynac.	27.
1310.	18 des Calend. de Févr.	22.° * Confirmation de la donation qu'il avoit faite à la Chartreuse de Saint-Hugon; par Artaud (III), son fils, qui le rappelle, ainsi qu'Artaud I.er, son pere.	Original aux Archives de la Grande Chartreuse.	30.
1310.	Vendred. après la Fête de S. Mich.	23.° * Protestation des Religieux de la Chartreuse S. Hugon, où il est rappellé, ainsi qu'Artaud I.er, son pere.	Original aux mêmes Archives.	29.
1312.	17 Févr.	24.° Acquisition par Guigues dit Guers de Beaumont, Chevalier, où il est rappellé avec Artaud (III), son fils.	Original aux Archives des Adrets.	41.
1314.	8 des Id. de Juill.	25.° Confirmation d'une Constitution de dot, par Artaud (III), son fils, où il est rappellé.	Original aux mêmes Archives.	32.
1316.	10 Mai.	26.° Bail emphytéotique, par Artaud (III), où il est rappellé.	Original aux mêmes Archives.	33.
1317.	9 des Cal. de Févr.	27.° Testament de Guigues dit Guers de Beaumont, son fils, où il est rappellé.	Original aux Archives de Baynac.	45.
1317.	veille des Calend. d'Avril.	28.° Confirmation d'Inféodation en faveur d'Artaud (IV), son petit-fils, ou il est rappellé.	Original aux Archives des Adrets.	50.

DE LA MAISON DE BEAUMONT. lxiij

ANNÉES.	MOIS.	TITRES.	CARACTÈRES DES ACTES ET DÉPÔT OU ILS SONT CONSERVÉS	Pages des Preuves où ils font imprimés.
		### III.ᵐᵉ DEGRÉ. Artaud III de Beaumont, Damoiseau, Seigneur de Beaumont, &c. *24 Titres, dont neuf de filiation, deux de fraternité, & neuf où il est rappellé.*		
1294.	3 des Non. de Févr.	1.º * Constitution de dot à Marguerite de Beaumont, sa fille, où il est rappellé.	Original aux Archives des Adrets.	28.
1294.	3 des Cal. de Févr.	2.º * Donation à lui faite, par son Pere.	Original aux Archives du Château de Baynac.	44½
1302.	11 des Calendes de Févr.	3.º * Partage fait par son Pere, à lui & à ses freres.	Anc. notice aux Arch. de la Chartreuse de Saint-Hugon.	25.
1304.	7 des Id. de Janv.	4.º * Déclaration faite sur ce Partage, par son Pere, où il est rappellé.	Original aux Archives du Touvet.	26.
1309.	10 des Calendes de Févr.	5.º * Sentence arbitrale, par Guigues dit Guers de Beaumont, son oncle, où il est Arbitre.	Original aux mêmes Archives.	40.
1310.	18 des Calendes de Févr.	6.º * Confirmation par lui faite des Donations de son Pere & de son Ayeul, à la Chartreuse de Saint-Hugon.	Original aux Archives de la Grande Chartreuse.	30.
1310.	Vendredi après la Fête de S. Mich.	7.º * Protestation des Religieux de la Chartreuse de Saint-Hugon, à l'occasion de l'Acte précédent, où le Pere & l'Ayeul d'Artaud (III) sont aussi rappellés.	Original aux mêmes Archives.	29.
1312.	17 Févr.	8.º Acquisition par Guigues, dit Guers de Beaumont, son frere, où il est témoin.	Original aux Archives des Adrets.	41.
1313.	8 des Id. d'Août.	9.º Reconnoissances féodales en sa faveur.	Archives de la Chambre des Comptes de Dauphiné.	31.
1314.	8 des Id. de Juill.	10.º * Confirmation de la Constitution dotale de Marguerite, sa fille, où il rappelle son Pere.	Original aux Archives des Adrets.	32.
1316.	10 Mai	11.º * Bail emphytéotique, par lui passé, où son Pere est rappellé.	Original aux mêmes Archives.	33.
1317.	9 des Cal. de Févr.	12.º Testament de Guigues dit Guers de Beaumont, son frere, où il est nommé.	Original aux Archives du Château de Baynac.	45.
1317.	veille des Calendes d'Avril.	13.º Confirmation d'inféodations, en faveur d'Artaud (IV), son fils aîné, où il est rappellé.	Original aux Archives des Adrets.	50.
1317.	7 Mai.	14.º Acquisition par Artaud (IV), son fils aîné, où il est rappellé.	Original aux mêmes Archives.	49.
1317.	24 Juin.	15.º Reconnoissance féodale, par lui donnée au Dauphin Jean.	Archives de la Chambre des Comptes de Dauphiné.	33.
1318.	8 Févr.	16.º Investiture accordée à Artaud (IV), son fils aîné, où il est rappellé.	Original aux Archives des Adrets.	51.
1318.	22 Juin.	17.º Déclaration du Dauphin Jean, en sa faveur, & en celle d'Artaud (IV), son fils aîné.	Archives de la Chambre des Comptes de Dauphiné.	34.
1318.	Lundi après St. Luc. Oct.	18.º Confirmation d'Investiture en sa faveur, par Hugues, Dauphin de Faucigni.	Original aux Archives du Touvet.	35.
1321.	23 Déc.	19.º Bail emphytéotique par Artaud (IV), son fils aîné, où il est rappellé.	Original aux Archives des Adrets.	51.
1324.	28 Janv.	20.º Reconnoissances féodales à Artaud (IV), son fils aîné, où il est rappellé.	Original aux mêmes Archives.	55.

ANNÉES.	MOIS.	TITRES.	CARACTÈRES DES ACTES ET DÉPÔT OÙ ILS SONT CONSERVÉS.	Pages des Preuves où ils sont imprimés.
1331.	6 Juin.	21.° Reconnoiffance féodale donnée à Agnès de Bellecombe, fa veuve, à Amblard (I.er) de Beaumont, fon fils, & à fes autres enfans.	Original aux Archives du Château de Baynac.	36.
1334.	9 Janv.	22.° Hommage par Guigues de Beaumont, l'un de fes fils puînés, où il eft rappellé.	Archives de la Chambre des Comptes de Dauphiné.	94.
1337.	2 Févr.	23.° Teftament d'Agnès de Bellecombe, fa veuve, en faveur d'Amblard (I.er) de Beaumont, leur fils, & de leurs autres enfans puînés.	Original aux Archives du Château de Baynac.	37.
1373.	14 Nov.	24.° Pacte de Famille, conclu entre Amblard (I.er) de Beaumont, fon fils puîné, & François de Beaumont, fon petit-fils, fils d'Attaud (IV) fon fils aîné, où il eft rappellé.	Protocolle original aux Archives du Château de Baynac.	64.

§. II.

Titres concernant la Branche des Seigneurs de la Frette ; puis d'Autichamp.

IV.me DEGRÉ.

ARTAUD IV DE BEAUMONT, Chevalier, Seigneur de la Frette ; fils aîné du I.er Lit d'Artaud III.

31 *Titres, dont dix de filiation, & quatre où il eft rappellé.*

1307.	18 Août.	1.° * QUITTANCE par lui donnée, à Guigues dit Guers de Beaumont, fon oncle.	Original aux Archives des Adrets.	39.
1309.	2 des Id. de Janv.	2.° Vente faite au même, où il eft rappellé.	Original aux mêmes Archives.	39.
1310.	Calendes de Juill.	3.° Reconnoiffances féodales données au même, où il eft témoin.	Original aux mêmes Archives.	41.
1317.	9 des Cal. de Févr.	4.° * Teftament du même, où il eft inftitué héritier univerfel.	Original aux Archives du Château de Baynac.	45.
1317.	veille des Calendes d'Avril.	5.° * Confirmation d'Inféodations en fa faveur, par le Comte de Genève, où font rappellés fon Pere, fon Oncle & fon Ayeul.	Original aux Archives des Adrets.	50.
1317.	7 Mai.	6.° * Acquifition par lui faite, où fon Pere eft rappellé.	Original aux mêmes Archives.	49.
1318.	8 Févr.	7.° * Inveftiture à lui donnée, par Hugues Dauphin, Seigneur de Faucigny, où fon Pere eft rappellé.	Original aux mêmes Archives.	51.
1318.	22 Juin.	8.° * Déclaration du Dauphin Jean, en faveur de fon Pere, où il eft rappellé.	Archives de la Chambre des Comptes de Dauphiné.	54.
1318.	Lundi après St. Luc. Oct.	9.° * Confirmation du même Acte, par Hugues Dauphin, Seigneur de Faucigny, où il eft auffi rappellé.	Original aux Archives du Touvet.	35.
1318.	27 Sept.	10. Compte par lui rendu comme Châtelain d'Avalon.	Archives de la Chambre des Comptes de Dauphiné.	51.

11.° Bail

DE LA MAISON DE BEAUMONT.

ANNÉES.	MOIS.	TITRES.	CARACTERES DES ACTES ET DÉPÔTS OU ILS SONT CONSERVÉS.	Pages des Preuves où ils sont imprimées.
1321.	23 Déc.	11.° * Bail emphytéotique, par lui passé, où son Pere est rappellé.	Original aux Archives des Adrets.	51.
1322.	15 Juill.	12.° Compte, par lui rendu, comme Châtelain d'Avalon.	Archives de la Chambre des Comptes de Dauphiné.	52.
1324.	27 Janv.	13.° Reconnoissances féodales en sa faveur.	Original aux Archives des Adrets.	52.
1324.	28 Janv.	14.° * Autres Reconnoissances en sa faveur, où son Pere & son Oncle sont rappellés.	Original aux mêmes Archives.	53.
1326.	3 Déc.	15.° * Hommage à Amé, Comte de Genève, où il rappelle Guigues dit Guers de Beaumont, son oncle.	Original aux mêmes Archives.	53.
1327.	6 Févr.	16.° Investiture, par le même Prince, en sa faveur.	Original aux mêmes Archives.	54.
1327.	12 Févr.	17.° Hommage-lige à lui rendu.	Origin. aux mêmes Arch.	57.
1328.	18 Sept.	18.° Sentence arbitrale entre lui & Eudes, Aymon, & Raimond de Leuzon.	Original aux mêmes Archives.	55.
1330.	17 Avril.	19.° Compte, par lui rendu, comme Châtelain d'Avalon.	Archives de la Chambre des Comptes de Dauphiné.	57.
1336.	27 Mars.	20.° Hommage-lige à lui rendu, par Lantelme Bigot.	Original aux Archives des Adrets.	58.
1337.	9 Octob.	21.° Sentence Arbitrale entre lui & le Prieur de Champ.	Original aux mêmes Archives.	59.
1343.	29 Juill.	22.° Procès-verbal de l'élection des nouveaux Baillis & Châtelains de Dauphiné, où il est compris.	Impr. tom. II de l'Hist. de Dauphiné, pag. 461=466.	60.
1349.	16 Juill.	23.° Hommage-lige, par lui rendu à Charles de France, nouveau Dauphin.	Archives de la Chambre des Comptes de Dauphiné.	60.
1358.	27 Févr.	24.° Reconnoissance féodale en sa faveur.	Original aux Archives des Adrets.	61.
1358.	9 Sept.	25.° Quittance à lui donnée par Eléonore Alleman.	Origin. aux mêmes Arch.	61.
1359.	26 Avril.	26.° Concession par lui faite, comme Seigneur de la Frette.	Original aux Archives du Château de Baynac.	61.
1359.	10 Mai.	27.° Lettres du Bailli de Graisivaudan, en sa faveur.	Original aux Archives des Adrets.	62.
1359.	22 Juin.	28.° Quittance de dot, pour lui & pour François, son fils.	Extrait vers 1560; anc. Regist. aux Arch. de Bayn.	25.
1361.	9 Juill.	29 Acte par lequel François, son fils, établit un Châtelain à Fiançayes & à Roissieu, où il est rappellé.	Protocolle original aux Archives de Baynac.	425.
1373.	14 Nov.	30.° Pacte de Famille entre François, son fils, & Amblard I.er, son frere puîné, oncle de François, où il est rappellé.	Protocolle original aux Archives de Crolles.	64.
1377.	18 Juin.	31. Reconnoissances féodales en faveur de François, son fils, où il est rappellé.	Archives de la Chambre des Comptes de Dauphiné.	62.

V.me DEGRÉ.

FRANÇOIS DE BEAUMONT, Chevalier, Seigneur de la Frette, des Adrets, de Pélafol, &c.

29 Titres, dont six de filiation & cinq où il est rappellé.

1349.	17 Août.	1.° * TESTAMENT d'Humbert de Rochefort, son oncle maternel, en sa faveur.	Extrait vers 1560; anc. Regist. aux Arch. de Bayn.	425.
1359.	22 Juin.	2.° * Quittance pour lui & pour son Pere, par Eléonore Alleman, veuve d'Humbert de Rochefort.	Extr. id. aux mêmes Arch.	425.

i

lxvj   ÉTAT DES TITRES EN LIGNE DIRECTE

ANNÉES.	MOIS.	TITRES.	CARACTERES DES ACTES ET DÉPÔTS OU ILS SONT CONSERVÉS.	Pages des Preuves où ils sont imprimées.
136..	10 Juill.	3.° Hommage par lui fait à l'Evêque de Valence, de son Château de Pélafol.	*Original aux Archives du Château de Baynac.*	63.
1361.	9 Juill.	4.° * Acte, par lequel il institue un Châtelain à Fiançayes & Roissieu, où son Pere est rapellé.	*Protocolle original aux Archives de Crolles.*	62.
1365.	5 Nov.	5.° Quittance à lui donnée, par Raymond Aynard, Seigneur de Montaynard.	*Extr. vers 1560; ancien Regist. aux Archives de Baynac.*	425.
1369.	14 Juin.	6.° Autre Quittance du même au même.	*Extr. id. aux mêmes Archives.*	425.
1369.	Octobre.	7.° Rémission accordée à sa Requête, à François Seigneur de Sassenage.	*MSS. du Cabin. de l'Ordre du S. Esprit.*	423.
1373.	14 Nov.	8. * Pacte de famille conclu entre lui & Amblard (I.er) de Beaumont, son oncle, où son Pere & son Ayeul sont rappellés.	*Protocolle original aux Archives du Château de Baynac.*	64.
1374.	18 Févr.	9.° Quittance en sa faveur.	*Extr. vers 1560; ancien Regist. aux mêmes Arch.*	425.
1374.	10 Juill.	10.° Hommage-lige, par lui rendu à l'Evêque de Valence, de son Château de Pélafol.	*Expéd. d'après les Arch. de l'Eglise de Valence.*	122.
1377.	18 Juin.	11.° * Reconnoissances féodales en sa faveur, où son Pere est rappellé.	*Archives de la Chambre des Comptes de Dauphiné.*	70.
1379.	7 Sept.	12.° Emancipation d'Artaud V, son fils.	*Original aux Archives des Adrets.*	78.
1383.	10 Juill.	13.° Confirmation du Pacte de famille de 1373, faite par lui & par Amblard II de Beaumont, son cousin-germain.	*Original aux Archives du Château de Baynac.*	71.
1384.	6 Sept.	14.° Transaction entre lui & Catherine de Beaumont, sa sœur.	*Copie du temps aux Arch. du Château d'Autichamp.*	72.
1387.	6 Nov.	15.° Reconnoissance donnée, par son ordre, à la Chartreuse de Saint-Hugon.	*Original aux Archives du Château de Baynac.*	73.
1391.	11 Mars.	16.° Quittance à lui donnée de la dot de Sebelie, sa fille.	*Original aux Archives des Adrets.*	74.
1392.	25 Janv.	17.° Rémission accordée à Humbert, Seigneur de Pélafol, son fils puiné, où il est rappellé.	*Archives de la Chambre des Comptes de Dauphiné.*	99.
1397.	15 Sept.	18.° Acquisition faite par lui.	*Extr. vers 1560; ancien Regist. aux Arch. de Bayn.*	425.
1399.	6 Octob.	19.° Reconnoissances féodales en sa faveur.	*Regisfre idem.*	424.
1399.	27 Nov.	20.° * Nouvelle confirmation du Pacte de famille, entre lui & Amblard III, Seigneur de Beaumont, son cousin issu de germain, où son Pere est rappellé.	*Protocolle original aux Archives du Château de Baynac.*	74.
1402.	15 Févr.	21.° Sentence du Juge-Mage de Vienne en sa faveur, & en celle de POLIE DE CHABRILLAN, sa femme.	*Archives de la Chambre des Comptes de Dauphiné.*	76.
1404.	13 Nov.	22.° Procuration par lui passée à ses enfans, pour transiger avec l'Evêque de Valence.	*Extr. vers 1560; ancien Regist. aux Arch. de Bayn.*	426.
1407.	12 Juill.	23.° Ordonnance de la Cour Majeure de Graisivaudan, en sa faveur.	*Original aux Archives des Adrets.*	77.
1413.	5 Juin.	24.° Contrat de mariage d'Aynard, son troisieme fils, où il est rappellé.	*Original aux Archives de Baynac.*	446.
1413.	2 Nov.	25.° Hommage par lui rendu à la Chambre des Comptes de Dauphiné.	*Archives de la Chambre des Comptes de Dauphiné.*	77.
1417.	Mai.	26.° Son Testament en faveur de ses enfans.	*Notice d'environ 1560; aux Arch. de Baynac.*	77.

DE LA MAISON DE BEAUMONT.

ANNÉES.	MOIS.	TITRES.	CARACTÈRES DES ACTES ET DÉPÔTS OU ILS SONT CONSERVÉS.	Pages des Preuves où ils sont imprimés.
1417.	12 Nov.	27.° Quittance donnée à Humbert, son fils, où il est rappellé.	Extrait vers 1560; anc. Regist. aux Arch. de Bayn.	426.
1418.	18 Juin.	28.° Commission de Juge de Romans, en faveur d'Humbert, son fils, où il est rappellé.	Grosse origin. aux Archiv. du Château d'Autichamp.	103.
1424.	19 Déc.	29.° Partage entre François II & Artaud VI de Beaumont, ses petits-fils, enfans d'Artaud V, son fils aîné, où il est rappellé.	Original aux Archives du Château de Baynac.	81.

VI.ᵐᵉ DEGRÉ.

HUMBERT DE BEAUMONT, I.ᵉʳ du Nom, Chevalier, Seigneur de Pélafol & d'Autichamp; II.ᵈ fils de François.

32 Titres, dont quatre de filiation & cinq où il est rappellé.

1386.	8 Sept.	1.° MONTRE militaire où il comparoît comme Ecuyer.	Original à Saint-Martin-des-Champs, à Paris.	79.
1392.	25 Janv.	2.° * Rémission à lui accordée, par Louis de Poitiers, Comte de Valentinois, où son Pere est rappellé.	Archives de la Chambre des Comptes de Dauphiné.	99.
1392.	25 Janv.	3.° Inféodation à lui faite des Châteaux de Barbietes & de Fiançayes.	Extr. vers 1560; ancien Regist. aux Arch. de Bayn.	426.
1404.	17 Juin.	4.° Acte de vente par lui passé.	Extrait idem.	426.
1404.	13 Nov.	5.° * Procuration à lui passée, par son Pere, pour transiger avec l'Evêque de Valence.	Extrait idem.	426.
1405.	16 Avril.	6.° Ratification par lui faite d'un Traité qu'il avoit passé avec Louis, Roi de Jérusalem & de Sicile.	Original aux Archives du Château de Baynac.	101.
1406.	30 Avril.	7.° Déclaration par laquelle il refuse de faire la guerre à la Ville d'Avignon.	Extrait vers 1560; anc. Regist. aux Arch. de Bayn.	426.
1411.	28 Févr.	8.° Compte du Trésorier des Guerres, où il est compris, comme Capitaine de 60 Ecuyers.	Extr. de l'Abbé le Laboureur, au Cabin. de l'Ord. du Saint-Esprit.	102.
1415.	8 Octob.	9.° Son Contrat de mariage avec BRUNISSENDE DE CORNILHAN.	Copie du temps, aux Archives du Château d'Autichamp.	103.
1417.	24 Juill.	10.° Acquisition, par lui faite, de la Terre de la Bastie-Rolland.	Extr. vers 1560; ancien Regist. aux Arch. de Bayn.	426.
1417.	12 Nov.	11.° * Quittance à lui donnée, par Amblard (III), Seigneur de Beaumont, son cousin, où son Pere est rappellé.	Extrait idem.	426.
1418.	18 Juin.	12.° * Commission du Juge de Romans, en sa faveur où son Pere est rappellé.	Grosse origin. aux Arch. du Château d'Autichamp.	103.
1418.	3 Nov.	13.° Etat des Gendarmes du Roi & du Dauphin, où il est compris comme Chevalier Bachelier.	Mss. du Cabinet de l'Ord. du Saint-Esprit.	104.
1418.	14 Nov.	14.° Articles pour la pacification de Languedoc, où il est nommé.	Imprimés aux Preuves de l'Hist.deLangued. col. 412.	105.
1419.	11 Janv.	15.° Montre de sa Compagnie, comme Chevalier Bachelier.	Mss. du Cabin. de l'Ord. du Saint-Esprit.	105.
1419.	8 Mars.	16.° Quittance de ses gages militaires.	Mss. du même Cabinet.	105.

i ij

xviij ÉTAT DES TITRES EN LIGNE DIRECTE

ANNÉES.	MOIS.	TITRES.	CARACTÈRES DES ACTES ET DÉPÔTS OU ILS SONT CONSERVÉS.	Pages des Preuves où ils sont imprimés.
1420.	19 Août.	17.° Investiture à lui donnée de la Terre de la Bastie-Rolland.	Extr. vers 1560, ancien Regist. aux Arch. de Bayn.	427.
1421.	...	18.° Enquête sur le Comte de Valentinois, où il dépose comme son parent.	Impr. aux Preuves de la Généal. des Ct. de Valens. par Duchesne, p. 69 & 70.	106.
1424.	29 Avril.	19.° Procuration par lui passée à Louis, son fils.	Extr. vers 1560; ancien Regist. aux Arch. de Bayn.	427.
1424.	Octob.	20.° Compromis entre lui & Lancelot de Poitiers, Seigneur de Châteauneuf.	Extrait idem.	427.
1430.	23 Juin.	21.° Lettre d'Absolution d'Excommunication, en sa faveur & en celle de Louis, son fils.	Extrait idem.	428.
1435.	2 Sept.	22.° Donation à lui faite du Château des Marches en Savoie, par Aynard de Cordon.	Original aux Archives du Château de Baynac.	107.
1435.	2 Sept.	23.° Acquisition par lui faite du Château de la Barre, en Savoie.	Original aux mêmes Archives.	107.
1436.	5 Févr.	24.° Lettres de Grace accordée à Louis, son fils, où il est rappellé.	Extr. vers 1560; ancien Regist. aux mêmes Archiv.	428.
1436.	29 Mai.	25.° Inféodation à lui faite de la Terre des Marches, par Louis de Savoie, Prince de Piémont.	Original aux mêmes Archives.	108.
1436.	29 Mai.	26.° Hommage par lui fait, de la même Terre, au Duc de Savoie.	Original aux mêmes Archives.	109.
1436.	5 Nov.	27.° Son Testament en faveur de Louis, son fils, & de ses autres enfans.	Copie du 22 Juin 1560, aux Arch. d'Autichamp.	109.
1438.	Janvier & Févr.	28.° Reconnoissances féodales en faveur de Louis, son fils, où il est rappellé.	Original aux Archives du Château de Baynac.	113.
1443.	16 Juin.	29.° Jugement du Conseil Delphinal, en faveur de Guillaume, son petit-fils, où il est rappellé.	Extrait sur l'Original aux Arc. de M. de Rouvilliasc.	117.
1446.	7 Nov.	30.° Confirmation du Pacte de famille, par André de Beaumont, Seigneur d'Autichamp, son fils puîné, & les autres Seigneurs de la Maison, dans lequel il est rappellé.	Original aux Archives du Château de Baynac.	84.
1466.	9 Octob.	31.° Hommage rendu au Duc de Savoie, par Guillaume de Beaumont, son petit-fils, où il est rappellé.	Original aux mêmes Archives.	120.
1469.	11 Août.	32.° Transaction passée par Guillaume, son petit-fils, où il est rappellé.	Original aux Archives du Château d'Autichamp.	120.

VIIme DEGRÉ.

LOUIS DE BEAUMONT, Seigneur de Pélafol, &c.

15 Titres, dont sept de filiation & huit où il est rappellé.

ANNÉES.	MOIS.	TITRES.	CARACTÈRES DES ACTES ET DÉPÔTS OU ILS SONT CONSERVÉS.	Pages
1424.	29 Avril.	1.° * PROCURATION à lui passée par Humbert, son pere.	Extr. vers 1560; ancien Regist. aux Arch. de Bayn.	427.
1424.	26 Oct.	2.° Remise à lui faite de droits de lods & ventes, par Louis de Poitiers, Comte de Valentinois, son cousin.	Original aux Arch. du Château d'Autichamp.	112.

DE LA MAISON DE BEAUMONT. lxix

ANNÉES.	MOIS.	TITRES.	CARACTERES DES ACTES ET DÉPÔTS OU ILS SONT CONSERVÉS.	Pages des Preuves où ils sont imprimés.
1430.	23 Juin.	3.° * Lettres d'Absolution d'Excommunication en sa faveur, & en celle de son Pere.	Extr. vers 1560 ; ancien Regist. aux Arch. de Bayn.	428.
1436.	5 Févr.	4.° * Lettres de Grace, par lui obtenues du Roi Dauphin, où son Pere est rappellé.	Extrait idem.	428.
1436.	5 Nov.	5.° * Testament de son Pere en sa faveur.	Copie du 22 Juin 1560, aux Arch. d'Autichamp.	109.
1438.	31 Janv. & 1, 14, 17, 18 Fé.	6.° * Reconnoissances féodales en sa faveur, où son Pere est rappellé.	Original aux Archives du Château de Baynac.	113.
1439.	2 Octob.	7.° Son Testament en faveur de Guillaume, son fils.	Extr. vers 1560 ; ancien Regist. aux Arch. de Bayn.	428.
1441.	23 Juin.	8.° Hommage de Guillaume, son fils, à l'Evêque de Valence, où il est rappellé.	Original aux mêmes Archives.	116.
1443.	16 Juin.	9.° Jugement Delphinal en faveur de Guillaume, son fils, où il est rappellé.	Extrait sur l'origin. aux Arc. de M. de Rouvilliasc.	117.
1447.	26 Juin.	10.° Acte de Tutèle de Guillaume, son fils, où il est rappellé avec LOUISE DE GROLÉE, sa veuve.	Original aux Archives du Château d'Autichamp.	114.
1451.	2 Avril.	11.° Reconnoissance féodale en faveur de Guillaume, son fils, où il est rappellé.	Original aux Archives du Château de Baynac.	118.
1457.	7 Juillet.	12.° Accord passé par Guillaume, son fils, où il est rappellé.	Copie du temps, aux Archives d'Autichamp.	118.
1466.	9 Octob.	13.° * Hommage rendu au Duc de Savoie, par Guillaume, son fils, où son Pere & lui sont rappellés.	Original aux Archives du Château de Baynac.	120.
1469.	11 Août.	14.° * Transaction passée par Guillaume, son fils, où son Pere & lui sont rappellés.	Original aux Archives du Château d'Autichamp.	120.
1470.	7 Avril.	15.° Hommage rendu par Guillaume, son fils, à l'Evêque de Valence, où il est rappellé.	Inséré dans celui du 4 Novembre 1474.	121.

VIII.me DEGRÉ.

GUILLAUME DE BEAUMONT, Seigneur de Pélafol, de Barbieres, &c.

25 Titres, dont neuf de filiation, & cinq où il est rappellé.

1439.	2 Octob.	1.° * TESTAMENT de son Pere en sa faveur.	Extr. vers 1560 ; ancien Regist. aux Arch. de Bayn.	428.
1441.	23 Juin.	2.° * Hommage à l'Evêque de Valence, de son Château de Pélafol, où il rappelle son Pere & son Bisayeul.	Original aux mêmes Archives.	116.
1443.	16 Juin.	3.° * Jugement du Conseil Delphinal en sa faveur, où son Pere & son Ayeul sont rappellés.	Extrait sur l'origin. aux Arc. de M. de Rouvilliasc.	117.
1446.	17 Mars.	4.° Testament de François (II), Seigneur de la Frette, son cousin, qui l'appelle à la substitution de ses biens.	Original aux Archives du Château de Baynac.	83.
1447.	26 Juin.	5.° * Acte de sa Tutèle, où sont nommés son Pere & son Ayeul.	Original aux Archives du Château d'Autichamp.	114.
1451.	2 Avril.	6.° * Reconnoissances féodales en sa faveur, où son Pere est rappellé.	Original aux Archives du Château de Baynac.	118.

ÉTAT DES TITRES EN LIGNE DIRECTE

ANNÉES.	MOIS.	TITRES.	CARACTÈRES DES ACTES ET DÉPÔTS OÙ ILS SONT CONSERVÉS.	Pages des Preuves où ils sont imprimées.
1455.	17 Juin.	7.° Quittance de dot d'une de ses Tantes.	Extr. vers 1560; ancien Regist. aux Arch. de Bayn.	428.
1457.	7 Juillet.	8.° * Accord avec André de Beaumont, Seigneur d'Autichamp, son oncle, où il rappelle son Pere & Brunissende de Cornilhan, son ayeule.	Copie du temps, aux Arch. du Château d'Autichamp.	118.
1460.	16 Juin.	9.° Son Contrat de mariage avec ANTOINETTE ALLEMAN-DE-CHAMP.	Original aux mêmes Archives.	119.
1466.	9 Octob.	10.° * Hommage au Duc de Savoie, de sa Terre des Marches, où il rappelle son Pere & son ayeul.	Original aux Archives du Château de Baynac.	120.
1469.	11 Août.	11.° * Transaction comme héritier de ses Pere & Ayeul, avec Aymar de Poitiers, Seigneur de Saint-Vallier.	Original aux Archives du Château d'Autichamp.	120.
1470.	7 Avril.	12.° * Hommage de son Château de Pélafol, à l'Evêque de Valence, où il rapelle son Pere.	Inséré dans celui du 4 Novembre 1474.	122.
1474.	4 Nov.	13.° Autre Hommage rendu à l'Evêque de la même Ville, du même Château de Pélafol.	Extr. des Liv. d'hommag. des Archiv. de l'Evêché de Valence.	122.
1479.	25 Mai.	14.° Hommage de sa Terre des Marches, au Duc de Savoie.	Original aux Archives du Château de Baynac.	123.
1481.	8 Janv.	15.° Testament d'Aymon de Beaumont, Seigneur de Beaumont & de Montfort, son cousin, qui l'appelle à la substitution de ses biens, après les Seigneurs de la Frette, de Saint-Quentin & des Adrets.	Grosse origin. aux mêmes Archives.	341.
1492.	31 Déc.	16.° Testament de Guy de Beaumont, Seigneur d'Autichamp, son cousin-germain, qui l'appelle à la substitution de ses biens.	Expéd. de 1562, aux Archives d'Autichamp.	187.
1494.	23 Juin.	17.° Codicile du même, en sa faveur.	Expédition idem.	188.
1498.	10 Mai.	18.° Contrat de mariage de Claude, son fils, où il est rappellé.	Original aux Archives du Château d'Autichamp.	125.
1501.	25 Sept.	19.° Rachat, par lui fait, de diverses Rentes.	Original aux mêmes Archives.	123.
1504.	15 Mars.	20.° II.ᵈ Testament de Guy de Beaumont, Seigneur d'Autichamp, son cousin-germain, qui l'appelle à la substitution de ses biens.	Copie du temps, non signée, aux mêmes Archives.	189.
1510.	9 Janv.	21.° Permission de tester, par lui accordée, à Claude, son fils.	Extr. vers 1560, ancien Regist. aux Arch. de Bayn.	429.
1510.	29 Janv.	22.° Donation par lui faite, à sondit fils, de la moitié de ses biens.	Original aux Archives du Château d'Autichamp.	124.
1515.	11 Avril.	23.° Son Testament en faveur de Claude, son fils, & de ses filles.	Copie du 22 Juin 1560, aux mêmes Archives.	124.
1516.	8 Octob.	24.° Testament du même Claude, son fils, où il est rappellé.	Extr. vers 1560; ancien Regist. aux Arch. de Bayn.	429.
1516.	..Octob.	25.° Permission de Sépulture accordée à Claude, son fils, où il est rappellé.	Original aux Archives du Château d'Autichamp.	126.

Années.	Mois.	TITRES.	CARACTERES DES ACTES ET DÉPÔTS OU ILS SONT CONSERVÉS.	Pages des Preuves où ils font imprimés.
		IX.ᵐᵉ DEGRÉ. CLAUDE DE BEAUMONT, Damoiseau, Seigneur de Pélafol, &c. 11 Titres, dont sept de filiation, & trois où il est rappellé.		
1498.	10 Mai.	1.° * SON CONTRAT de mariage avec RAGONDE d'URRE, où son Pere est rappellé.	Original aux Archives du Château d'Autichamp.	125.
1510.	9 Janv.	2.° * Permission de tester, à lui accordée, par son Pere.	Extr. vers 1560; ancien Regist. aux Arch. de Bayn.	429.
1510.	29 Janv.	3.° * Donation à lui faite, par son Pere, de la moitié de ses biens.	Original aux Archives du Château d'Autichamp.	124.
1515.	11 Avril.	4.° * Testament de son Pere en sa faveur.	Copie de 1560, aux mêmes Archives.	124.
1516.	8 Octob.	5.° * Son Testament en faveur d'Antoine & de ses autres enfans, où son Pere est rappellé.	Original aux Archives du Château d'Autichamp.	126.
1516.	Octob.	6.° * Permission de Sépulture dans la Chapelle Notre-Dame de la Bastie-Rolland, où son Pere est rappellé.	Extr. vers 1560; ancien Regist. aux Arch. de Bayn.	429.
1519.	30 Juin.	7.° Partage de ses biens entre Jean & Antoine, ses fils.	Extrait idem.	429.
1543.	17 Juill.	8.° Transaction passée par Magdelène (Ragonde) d'Urre, sa veuve, avec Antoine, leur fils.	Extrait idem.	429.
1546.	11 Févr.	9.° Transaction passée entre Antoine & Claude, ses fils, où il est rappellé.	Copie du temps, aux Archives du Château d'Autichamp.	128.
1559.	23 Mai.	10.° Enquête faite pour Antoine, son fils, où il est rappellé.	Original aux Archives du Château d'Autichamp.	129.
1562.	1.ᵉʳ Mai.	11.° * Transaction par Antoine, son fils, sur la substitution de la Terre d'Autichamp, où il est rappellé, ainsi que son Pere, son Ayeul & son Bisayeul.	Original aux Archiv. du Château d'Autichamp; & autre original à celles de Baynac.	131.
		X.ᵐᵉ DEGRÉ. ANTOINE DE BEAUMONT, Chevalier, Seigneur de Pélafol, puis d'Autichamp, &c. 22 Titres, dont six de filiation, & quatre où il est rappellé.		
1516.	8 Octob.	1.° * TESTAMENT de son Pere en sa faveur.	Original aux Archives du Château d'Autichamp.	126.
1519.	30 Juin.	2.° * Partage entre lui & Jean, son frere, des biens de leur Pere.	Extr. vers 1560; ancien Regist. aux Arch. de Bayn.	429.
1523.	24 Oct.	3.° Montre de la Compagnie d'Ordonnances du Chevalier Bayard, où il est compris comme Homme d'armes.	Original au Cabinet de l'Ordre du Saint-Esprit.	436.
1543.	17 Juill.	4.° * Transaction passée avec sa Mere.	Extr. vers 1560, ancien Regist. aux Arch. de Bayn.	429.
1546.	11 Févr.	5.° * Transaction passée avec Claude, son frere, où leur Pere est rappellé.	Copie du temps, aux Archives d'Autichamp.	128.

ÉTAT DES TITRES EN LIGNE DIRECTE

ANNÉES.	MOIS.	TITRES.	CARACTERES DES ACTES ET DÉPÔTS OU ILS SONT CONSERVÉS.	Pages des Preuves où ils sont imprimés.
1546.	Juillet.	6.° Transaction avec ses Vassaux du lieu de Barbieres.	Extr. vers 1560; ancien Regist. aux Arch. de Bayn.	429.
1553.	17 Janv.	7.° Acquisition faite par lui.	Extrait idem.	430.
1553.	Mars.	8.° Lettres, par lui obtenues, d'établissement de deux Foires à Barbieres.	Extrait idem.	430.
1555.	28 Avril.	9.° Son Contrat de mariage avec MARGUERITE DE MONTEUX.	Exped. originale, aux Archives du Château d'Autichamp.	128.
1555.	11 Oct.	10. Quittance à lui donnée, par Claude de Saint-André.	Extr. vers 1560; ancien Regist. aux Arch. de Bayn.	430.
1556.	16 Mars.	11.° Lettres d'enthérinement de l'octroi de deux Foires à Barbieres.	Extrait idem.	430.
1559.	9 Mars.	12.° Ratification, par Louise de Beaumont, sa sœur, d'une Transaction passée entr'elle & lui.	Original aux Archives du Château d'Autichamp.	130.
1559.	23 Mai.	13.° * Enquête faite par le Sénéchal de Valentinois en sa faveur, où son Pere est rappellé.	Original aux mêmes Archives.	129.
1559.	23 Juin.	14.° Sentence du Sénéchal de Montélimar en sa faveur.	Original aux mêmes Archives.	130.
1560.	25 Juin.	15.° Accord entre lui & Louise de Beaumont, sa sœur.	Original aux mêmes Archives.	130.
1562.	1er Mars.	16.° * Transaction entre lui, Jeanne, Charlotte & Anne de Beaumont, ses cousines, sur la substitution de la Terre d'Autichamp; où il rappelle son Pere, son Ayeul, son Bisayeul & son Trisayeul.	Original aux mêmes Archives; & autre origin. aux Archives de Baynac.	131.
1569.	7 Octob.	17.° Son Testament en faveur de Gaspard, son fils unique.	Extrait vidimé en 1667, aux Arch. d'Autichamp.	133.
1570.	30 Mars.	18.° Sa nomination à l'Ordre de Saint-Michel.	Original aux mêmes Archives.	134.
1574.	21 Août.	19.° Testament de Gaspard, son fils, où il est rappellé.	Original aux mêmes Archives.	133.
1600.	8 Octob.	20.° Troisième Testament du même Gaspard, son fils, qui le rappelle, ainsi que Marguerite de Monteux, sa femme.	Exped. aux mêmes Archives.	137.
1610.	16 Avril.	21.° Transaction passée entre ledit Gaspard, son fils, & le Président Frere, où il est rappellé.	Original aux mêmes Archives.	139.
1617.	19 Oct.	22.° Requête présentée par Françoise, sa fille, où il est rappellé.	Original aux mêmes Archives.	140.

XI.me DEGRÉ.

GASPARD DE BEAUMONT, Seigneur d'Autichamp, &c.

15 *Titres, dont cinq de filiation, & quatre où il est rappellé.*

1569.	7 Octob.	1.° * TESTAMENT de son Pere en sa faveur.	Extrait vidimé en 1667, aux Arch. d'Autichamp.	133.
1574.	21 Août.	2.° Son premier Testament, où il rappelle Sébastien de Monteux, son oncle maternel.	Original aux mêmes Archives.	134.
1578.	16 Nov.	3.° Son Contrat de mariage, avec ANTOINETTE DE VILLETTE-DU MEY.	Original aux mêmes Archives.	135.

4.° Son second

ANNÉES.	MOIS.	TITRES.	CARACTERES DES ACTES ET DÉPÔTS OU ILS SONT CONSERVÉS.	Pages des Preuves où ils sont imprimées.
1585.	17 Déc.	4.° Son second Testament en faveur d'Antoine & de ses autres enfans.	Original aux Arch. du Château d'Autichamp.	135.
1586.	4 Sept.	5.° Testament de Charles de Villette, Seigneur du Mey-de-Cresi, en faveur de sa femme, fille dudit Testateur.	Original aux mêmes Archives.	136.
1600.	8 Octob.	6.° * Son troisieme Testament en faveur d'Antoine & de ses autres enfans, où il rappelle son Pere.	Expéd. aux mêmes Arch.	137.
1603.	5 Avril.	7.° Quittance à lui donnée.	Origin. aux mêmes Arch.	137.
1606.	8 Nov.	8.° Obligation par lui passée à Claude Frere, Maître des Requêtes.	Original aux mêmes Archives.	137.
1606.	8 Nov.	9.° Vente faite au même des revenus des Terres de Barbieres & de Pélafol.	Original aux mêmes Archives.	138.
1608.	12 Févr.	10.° Donation faite par Louise de Beaumont, sa fille, où il est rappellé.	Original aux mêmes Archives.	141.
1609.	25 Mai.	11. Vente, par lui faite, à Claude Frere, Maître des Requêtes, de ses Terres de Barbieres, de Pélafol, de Fiançayes, &c.	Original aux mêmes Archives.	138.
1609.	25 Mai.	12.° Faculté de Rachat desdites Terres, à lui accordée par l'Acquéreur.	Original aux mêmes Archives.	139.
1609.	1.er Sept.	13.° Contrat de mariage d'Antoine, son fils, où il est rappellé.	Original aux mêmes Archives.	141.
1610.	16 Avril.	14.° * Transaction entre lui & Claude Frere, portant ratification de la Vente qu'il lui avoit faite de ses Terres de Pélafol, de Barbieres, de Fiançayes, de Saint-Mamant, &c. où ses Pere, Ayeul & Trisayeul sont rappellés.	Original aux mêmes Archives.	139.
1617.	19 Oct.	15.° * Requête présentée par Françoise de Beaumont, sa sœur, où il est rappellé avec son Pere.	Original aux mêmes Archives.	140.

XII.ᵐᵉ DEGRÉ.

ANTOINE II DE BEAUMONT, Seigneur d'Autichamp, &c.

Sept Titres, dont cinq de filiation & deux où il est rappellé.

1585.	17 Déc.	1.° * SECOND TESTAMENT de son Pere en sa faveur.	Original aux Archives du Château d'Autichamp.	135.
1600.	8 Octob.	2.° * Troisieme Testament de son Pere en sa faveur.	Expéd. aux mêmes Arch.	137.
1608.	12 Févr.	3.° * Donation de Louise de Beaumont, sa sœur, femme de François du Faur, où elle substitue à ses enfans, Antoine de Beaumont & ses autres freres.	Original aux mêmes Archives.	141.
1609.	25 Mai.	4.° * Vente faite par son Pere, des Terres de Pélafol, de Barbieres, &c. où il est rappellé.	Original aux mêmes Archives.	138.
1609.	1.er Sept.	°* Son Contrat de mariage avec FRANÇOISE DE FLORANCE-DE GERBEYS, où il rappelle son Pere.	Original aux mêmes Archives.	141.

ANNÉES.	MOIS.	TITRES.	CARACTERES DES ACTES ET DÉPÔTS OU ILS SONT CONSERVÉS.	Pages des Preuves où ils sont imprimés
1640.	16 Sept.	6.° Testament mutuel d'Antoine & de sa femme, en faveur de François & de leurs autres enfans.	Original aux Archives du Château d'Autichamp.	142.
1644.	9 Juillet.	7.° Contrat de mariage de François, son fils, où il est rappellé.	Original aux mêmes Archives.	144.
1667.	5 Déc.	8.° Jugement de maintenue de Noblesse en faveur de François, son fils, où il est rappellé.	Original aux Archives du Cabinet de l'Ordre du Saint-Esprit.	146.

XIIIme DEGRÉ.

FRANÇOIS DE BEAUMONT, Seigneur d'Autichamp, &c.

11 Titres, dont quatre de filiation, & deux où il est rappellé.

ANNÉES.	MOIS.	TITRES.	CARACTERES DES ACTES ET DÉPÔTS OU ILS SONT CONSERVÉS.	Pages
1640.	6 Sept.	1.° * TESTAMENT de ses Pere & Mere en sa faveur.	Original aux Archives du Château d'Autichamp.	142.
1644.	9 Juillet.	2.° * Son Contrat de mariage, avec LOUISE-OLYMPE DE BRESSAC, où son Pere est rappellé.	Original aux mêmes Archives.	144.
1645.	15 Octob.	3.° Testament de Louise-Olympe de Bressac, sa femme, en sa faveur.	Original aux mêmes Archives.	145.
1648.	17 Août.	4.° * Testament de Louis de Beaumont, son oncle, en sa faveur.	Original aux mêmes Archives.	143.
1659.	7 Avril.	5.° Certificat de Baptême de François-Laurent, son fils.	Original aux mêmes Archives.	149.
1667.	15 Juin.	6.° Requête, par lui présentée, à la Chambre des Comptes de Dauphiné.	Original aux mêmes Archives.	145.
1667.	4 Déc.	7.° Acte à lui donné de la représentation de ses Titres de Noblesse, par M. du Gué, Intendant de Dauphiné.	Original aux mêmes Archives.	146.
1667.	5 Déc.	8.° * Jugement de maintenue de Noblesse, rendu en sa faveur, par le même Intendant, où ses Ayeux sont rappellés jusqu'en 1436.	Original aux Archives du Cabinet de l'Ordre du Saint-Esprit.	146.
1681.	6 Janv.	9.° Son Testament en faveur de Charles-Just, son fils, & de ses autres enfans.	Original aux Archives du Château d'Autichamp.	148.
1681.	14 Nov.	10.° Contrat de mariage de Charles-Just, son fils aîné, où il est rappellé.	Original aux mêmes Archives.	150.
1688.	7 & 8 Octobre.	11.° Preuves de Noblesse de Joseph, son troisieme fils, pour sa réception au Chapitre de Saint-Chef, où il est rappellé.	Original aux mêmes Archives.	153.

XIVme DEGRÉ.

CHARLES-JUST DE BEAUMONT, Seigneur d'Autichamp, &c.

13 Titres, dont deux de filiation, & cinq où il est rappellé.

ANNÉES.	MOIS.	TITRES.		
1675.	13 Sept.	1.° BREVET de Cornette de Cavalerie en sa faveur.	Original aux Archives du Château d'Autichamp.	149.
1678.	20 Mars.	2.° Brevet de Lieutenant de Cavalerie.	Origin. aux mêmes Arch.	149.

DE LA MAISON DE BEAUMONT.

Années.	Mois.	TITRES.	Caracteres des Actes et Dépôts ou ils sont conservés.	Pages des Preuves où ils sont imprimées.
1681.	6 Janv.	3.° * Testament de son Pere en sa faveur.	Original aux Archives du Château d'Autichamp.	148.
1681.	14 Nov.	4.° * Son Contrat de mariage avec GABRIELLE DE LA BAUME-PLUVINEL, où son Pere est rappellé.	Original aux mêmes Archives.	150.
1683.	20 Oct.	5.° Commission de Capitaine de Chevaux-Légers.	Origin. aux mêmes Arch.	150.
1686.	10 Févr.	6.° Brevet de Major de Cavalerie.	Origin. aux mêmes Arch.	150.
1698.	22 Avril.	7.° Déclaration de Marie, sa fille, femme de Henri de Pelletier-de Gigondas, où il est rappellé.	Original aux mêmes Archives.	157.
1698.	19 Déc.	8.° Extrait de l'Armorial général, où il est compris.	MSS. du Cabin. de l'Ord. du Saint-Esprit.	151.
1708.	3 Juin.	9.° Son Testament en faveur d'Antoine, son fils, & de ses autres enfans.	Original aux Archives du Château d'Autichamp.	156.
1710.	16 Juin.	10.° Contrat de mariage d'Antoine, son fils aîné, où il est rappellé.	Grosse aux mêmes Arch.	158.
1724.	24 Oct.	11.° Transaction entre Antoine, son fils, & Henri de Pelletier-de Gigondas, son gendre, où il est rappellé.	Original aux mêmes Archives.	163.
1728.	21 Jany.	12.° Requête présentée par Gabrielle de la Baume-Pluvinel, sa veuve, à la Chambre des Comptes de Dauphiné.	Original aux mêmes Archives.	156.
1738.	6 Févr.	13.° Extrait mortuaire de la même Dame, sa veuve.	Extr. légalisé aux mêmes Archives.	157.

XV.ᵐᵉ DEGRÉ.

ANTOINE III DE BEAUMONT, Marquis d'Autichamp.

21 Titres, dont cinq de filiation, & quatre où il est rappellé.

Années.	Mois.	TITRES.	Caracteres des Actes et Dépôts.	Pages.
1699.	...	1.° SA RÉCEPTION de Page en la Grande Ecurie.	MSS. du Cabinet de l'Ord. du Saint-Esprit.	158.
1702.	17 Sept.	2.° Brevet de Cornette de Cavalerie.	Original aux Archives du Château d'Autichamp.	158.
1704.	30 Avril.	3.° Commission de Capitaine de Cavalerie.	Origin. aux mêmes Arch.	158.
1708.	3 Juin.	4.° * Testament de son Pere en sa faveur.	Original aux mêmes Archives.	156.
1710.	16 Juin.	5.° * Son Contrat de mariage avec JEANNE-OLYMPE BINET-DE MONTIFRAI, où son Pere est rappellé.	Original aux mêmes Archives.	158.
1714.	19 Août.	6.° Testament olographe de son Epouse, en sa faveur.	Original aux mêmes Archives.	160.
1715.	7 Nov.	7.° Provisions de la Charge de Lieutenant de Roi d'Angers, en survivance, en sa faveur.	Original aux mêmes Archives.	160.
1716.	24 Août.	8.° Extrait de Baptême de Louis-Joseph, son fils, où il est rappellé.	Extr. légalisé aux mêmes Archives.	169.
1721.	22 Févr.	9.° Partage, au nom de son Epouse, de la succession de Pierre Binet, Seigneur de Montifrai, son beau-pere.	Original aux mêmes Archives.	161.
1721.	23 Mai.	10.° Avis de Parens, pour la nomination de subrogé Tuteur de (Louis)-Joseph, son fils.	Expédition du Greffe Civil d'Angers.	161.

k ij

ÉTAT DES TITRES EN LIGNE DIRECTE

Années.	Mois.	TITRES.	Caracteres des Actes et Dépôts où ils sont conservés.	Pages des Preuves où ils sont imprimés.
1723.	20 Déc.	11.° Inventaire fait à sa Requête, comme ayant la garde-noble de son fils, des biens de Jeanne-Eugénie Binet-de Montifrai, sa belle-sœur.	Original aux Archives du Château d'Autichamp.	162.
1724.	25 Févr.	12.° Accord entre lui & Joseph, Comte d'Autichamp, son frère.	Original aux mêmes Archives.	163.
1724.	24 Oct.	13.° * Transaction entre lui & Henri de Pelletier-de Gigondas, où son Pere est rappellé.	Original aux mêmes Archives.	163.
1734.	23 Oct.	14.° Testament de Jean-Claude de Beaumont-d'Autichamp, (son oncle à la mode de Bretagne,) où il est rappellé.	Original aux mêmes Archives.	185.
1737.	23 & 24 Juin.	15.° Contrat de mariage de Louis-Joseph, son fils, où il est présent.	Expédition aux mêmes Archives.	169.
1739.	2 Mars.	16.° * Accord entre lui, François & Louis, ses freres, & Marie-Eulalie Binet-de Montifrai, leur belle-sœur, où leurs Pere & Mere sont rappellés.	Original aux mêmes Archives.	164.
1739.	15 Oct.	17.° * Acquisition, par lui faite, d'un Domaine où ses Pere & Mere sont rappellés.	Original aux mêmes Archives.	165.
1742.	3 Févr.	18.° Accord entre lui & Louis-Imbert, son frere.	Origin. aux mêmes Arch.	165.
1747.	23 Juill.	19.° Lettre de S. A. S. M. le Comte de Clermont, sur la mort du Marquis d'Autichamp, son fils.	Original aux mêmes Archives.	172.
1753.	7 Juill.	20.° Son Testament en faveur de ses petits-fils.	. . . .	166.
1761.	12 Nov.	21.° Lettre à sa veuve, sur la mort de M. l'Evêque de Tulles, son frere.	Original aux Archives du Château d'Autichamp.	168.

XVI.ᵐᵉ DEGRÉ.

Louis-Joseph de Beaumont, Marquis d'Autichamp.

16 Titres, dont quatre de filiation, & cinq où il est rappellé.

1716.	14 Août.	1.° * Son Extrait de Baptême.	Extr. légalisé aux Arch. du Château d'Autichamp.	169.
1721.	23 Mai.	2.° * Avis de Parens, pour lui nommer un subrogé Tuteur, où son Pere est rappellé.	Expéd. du Greffe Civil d'Angers.	161.
1723.	20 Déc.	3.° * Inventaire fait à la Requête de son Pere, comme ayant sa garde-noble.	Original aux Archives du Château d'Autichamp.	162.
1734.	23 Oct.	4.° Testament de Jean-Claude de Beaumont-d'Autichamp, Seigneur de Miribel, son arriere-grand oncle, en sa faveur.	Original aux mêmes Archives.	185.
1737.	23 & 24 Juin.	5.° * Son Contrat de mariage avec Marie-Céleste Perrine Locquet-de Grandville, où son Pere est présent.	Exped. aux mêmes Archives.	169.
1738.	6 Mars.	6.° Son Brevet de second Cornette de Chevaux-Légers.	Original aux mêmes Archives.	170.
1738.	16 Avril.	7.° Sa Commission de Lieutenant-Colonel de Cavalerie.	Original aux mêmes Archives.	170.

DE LA MAISON DE BEAUMONT.

ANNÉES.	MOIS.	TITRES.	CARACTERES DES ACTES ET DÉPÔTS OU ILS SONT CONSERVÉS.	Pages des Preuves où ils sont imprimées.
1738.	11 Mai.	8.° Extrait de Baptême de Jean-Thérèse-Louis, son fils aîné, où il est rappellé.	Extr. légalisé aux Arch. du Château d'Autichamp.	172.
1739.	30 Mai.	9.° Extrait de Baptême de François-Charles-Antoine, son second fils, où il est rappellé.	Extr. légalisé aux mêmes Archives.	173.
1742.	1er Mai.	10.° Son Brevet d'Enseigne des Gendarmes Anglois.	Origin. aux mêmes Arch.	171.
1743.	16 Déc.	11.° Sa Commission de Mestre-de-Camp.	Origin. aux mêmes Arch.	171.
1744.	10 Sept.	12.° Sa Commission de Lieutenant-Colonel du Régiment d'Enghien, Infanterie.	Original aux mêmes Archives.	171.
1744.	10 Déc.	13.° Extrait de Baptême d'Antoine-Joseph-Eulalie, son troisieme fils, où il est rappellé.	Extr. légalisé aux mêmes Archives.	173.
1746.	14 Oct.	14.° Donation par lui faite, à Jean-Thérèse-Louis, son fils aîné.	Grosse aux mêmes Arch.	171.
1747.	23 Juill.	15.° Lettre de S. A. S. M. le Comte de Clermont, à son Pere, sur sa mort.	Original aux mêmes Archives.	172.
1763.	25 & 29 Août.	16.° Contrat de mariage de Jean-Thérèse-Louis son fils aîné, où il est rappellé.	Grosse aux mêmes Arch.	173.

XVII.me DEGRÉ.

JEAN-THÉRÈSE-LOUIS DE BEAUMONT, Marquis d'Autichamp.

13 Titres, dont six de filiation.

ANNÉES.	MOIS.	TITRES.	CARACTERES DES ACTES ET DÉPÔTS OU ILS SONT CONSERVÉS.	Pages.
1738.	18 Mai.	1.° * Son Extrait de Baptême, où son Pere est rappellé.	Extr. légalisé aux Arch. du Château d'Autichamp.	172.
1746.	14 Oct.	2.° * Donation à lui faite, par son Pere.	Grosse aux mêmes Arch.	171.
1749.	27 Mai.	3.° Lettre de Lieutenant d'Infanterie.	Origin. aux mêmes Arch.	
1753.	7 Juillet.	4.° * Testament de son Ayeul en sa faveur.	. . . .	174. 166.
1753.	30 Juill.	5.° * Testament de M. l'Evêque de Tulles, son grand-oncle, en sa faveur.	Grosse aux mêmes Arch.	167.
1753.	20 Août.	6.° * Ses Provisions de Lieutenant-de-Roi d'Angers, après la mort de son grand-Pere.	Original aux mêmes Archives.	174.
1756.	15 Juin.	7.° Son Brevet d'Enseigne.	Origin. aux mêmes Arch.	175.
1758.	7 Juillet.	8.° Sa Commission de Capitaine de Cavalerie.	Origin. aux mêmes Arch.	175.
1761.	20 Févr.	9.° Sa Commission de Mestre-de-Camp de Dragons.	Origin. aux mêmes Arch.	175.
1763.	7 Févr.	10.° Sa Lettre de Chevalier de l'Ordre de Saint-Louis.	Original aux mêmes Arch.	175.
1763.	25 & 29 Août.	11.° * Son Contrat de mariage avec MARIE-CHARLOTTE MAUSSION-DE LA COURTAUJAY, Marquise de Vastan.	Grosse aux mêmes Archives.	173.
1770.	3 Janv.	12.° Son Brevet de Brigadier de Dragons.	Origin. aux mêmes Arch.	175.
1770.	3 Janv.	13.° Sa Commission de Capitaine-Lieutenant des Gendarmes Anglois, avec Commandement en second de la Gendarmerie Françoise.	Original aux mêmes Archives.	175.

ÉTAT DES TITRES EN LIGNE DIRECTE

§. III.
Titres concernant la Branche des Seigneurs de Saint-Quentin.

VI.ᵐᵉ DEGRÉ.

AYNARD I.ᵉʳ DE BEAUMONT, Damoiseau, S.ᵍʳ des Adrets & de S.ᵗ Quentin, frere puîné d'Humbert, S.ᵍʳ d'Autichamp, & III.ᵐᵉ fils de François I.ᵉʳ de Beaumont & de Polie de Chabrillan.

17 Titres, dont cinq de filiation, & quatre où il est rappellé.

Années.	Mois.		Caracteres des Actes et Dépôts où ils sont conservés.	Pages des Preuves où ils sont imprimés.
1399.	12 Juin.	1.° HOMMAGE rendu à Amblard (III) de Beaumont, où il est présent.	Original aux Archives du Château de Baynac.	317.
1399.	8 Octob.	2.° * Reconnoissances féodales, en faveur de son Pere, où il est présent.	Original aux mêmes Archives.	424.
1404.	13 Nov.	3.° * Procuration à lui passée, par son Pere, pour transiger avec l'Evêque de Valence.	Extr. vers 1560 ; ancien Regist. aux Arch. de Bayn.	426.
1413.	5 Juin.	4.° * Son Contrat de mariage avec AYMONETTE ALLEMAN-D'URIAGE, où son Pere est rappellé.	Original aux mêmes Archives.	446.
1417.	Mai.	5.° * Testament de son Pere en sa faveur.	Notice d'environ 1500, aux mêmes Archives.	77.
1425.	7 & 22 Août.	6.° Transaction entre lui & Jean Alleman, Seigneur d'Uriage, son beau-frere.	Orig. aux Ar. de MM. de Beaumont-de S. Quentin.	201.
1436.	14 Août.	7.° Lettres du Roi Charles VII, en sa faveur.	Original aux Archives du Château de Baynac.	202.
1436.	5 Nov.	8.° Testament d'Humbert, Seigneur d'Autichamp, son frere aîné, qui l'appelle à la substitution de ses biens.	Copie de 1560, aux Archives d'Autichamp.	109.
1436.	10 Nov.	9.° Lettres du Gouverneur de Dauphiné, en sa faveur.	Original aux Archives du Château de Baynac.	203.
1440.	17 Févr.	10.° Hommage au Dauphin de sa forteresse des Adrets.	Archives de la Chambre des Comptes de Dauphiné.	204.
1445.	11 Nov.	11.° * Acte de dépôt, par lui fait en la Chambre des Comptes de Dauphiné, d'une Inféodation en faveur d'Artaud (IV), son Ayeul.	Archives de la même Chambre.	205.
1446.	27 Mars.	12.° Testament de François II de Beaumont, Seigneur de la Frette, son neveu, qui appelle ses enfans à la substitution de ses biens.	Original aux Archives du Château de Baynac.	83.
1447.	16 Juin.	13.° Acte de Tutelle de Guillaume de Beaumont, Seigneur de Pélafol, son petit-neveu, où il est présent.	Original aux Archiv. du Château d'Autichamp.	114.
1450.	1.ᵉʳ Févr.	14.° Révision de feux du Graisivaudan, où il est compris.	Archives de la Chambre des Comptes de Dauphiné.	206.
1458.	12 Juin.	15.° Autre révision de feux où il est aussi compris.	Mêmes Archives.	205.
1460.	17 Janv.	16.° Contrat de mariage de Jacques, son second fils, où il est rappellé.	Original aux Archives de la Maison de Sassenage.	233.
1463.	1.ᵉʳ Déc.	17.° Hommage du Château de Saint-Quentin, rendu au nom d'Aymonette Alleman, sa veuve, par Jacques, leur second fils.	Archives de la Chambre des Comptes de Dauphiné.	233.

DE LA MAISON DE BEAUMONT. lxxix

Années.	Mois.	TITRES.	Caractères des Actes et Dépôts où ils sont conservés.	Pages des Preuves où ils sont imprimés.
		VII.ᵐᵉ DEGRÉ.		
		AYNARD II DE BEAUMONT, Seigneur des Adrets, de la Tour-de-Tencin, &c.		
		Cinq Titres, dont un de filiation, & un où il est rappellé.		
1460.	16 Juin.	1.º * CONTRAT de mariage de Guillaume de Beaumont, Seigneur de Pélafol, son cousin germain, où il est présent avec Jacques, son frere, prouvé fils d'Aynard 1.ᵉʳ.	Original aux Archives du Château d'Autichamp.	119.
1481.	8 Janv.	2.º Testament d'Aymon de Beaumont, Seigneur de Beaumont & de Montfort, son cousin au IV.ᵉ degré, qui l'appelle à la substitution de ses biens, après les Seigneurs de la Frette.	Grosse origin. aux Arch. du Château d'Autichamp.	342.
1488.	18 Mars.	3.º Engagement du Château de Montfort, par Amblard (IV), Seigneur de Beaumont, où il est présent.	Original aux Archives du Château de Baynac.	345.
1488.	18 Mars.	4.º Transaction passée entre Amblard (IV), Seigneur de Beaumont & de Montfort, & Hector de Montaynard, où il est témoin.	Copie du temps aux mêmes Archives.	346.
1499.	20 Sept.	5.º Son Testament en faveur d'Antoine, son troisieme fils, & de ses autres enfans.	Expéd. anc. aux Arch. de MM. de Beaum. de Saint-Quentin; & Copie du temps aux Archives de Baynac.	206.
		VIII.ᵐᵉ DEGRÉ.		
		ANTOINE DE BEAUMONT, Seigneur de la Tour-de-Tencin, &c.		
		Six Titres, dont un de filiation, & un où il est rappellé.		
1499.	20 Sept.	1.º * TESTAMENT de son Pere en sa faveur.	Expéd. anc. aux Arch. de MM. de Beaum. de Saint-Quentin; & Copie du temps aux Arch. de Baynac.	206.
1526.	4 Févr.	2.º Son Contrat de mariage avec CLAUDE MARC.	Orig. aux Arch. de MM. de Beaumont-de S. Quent.	245.
1539.	19 Sept.	3.º Paiement par lui fait, au Monastere de Montfleuri, de la dot de Marguerite, sa fille.	Extr. du Liv. des Vêtures dud. Monastere.	437.
1540.	...	4.º Dénombrement, par lui fourni, à la Chambre des Comptes de Dauphiné.	Archives de la Chambre des Comptes de Dauphiné.	246.
1552.	10 Juill.	5.º Son Testament en faveur d'Ennemond, son second fils, & de ses autres enfans.	Expéd. de 1635, aux Archives de MM. de Beaum. de Saint-Quentin.	246.
1596.	31 Janv.	6.º Testament de Claude de Beaumont, son fils aîné, où il est rappellé.	Original aux Archives du Château de Baynac.	246.

ÉTAT DES TITRES EN LIGNE DIRECTE

ANNÉES.	MOIS.	TITRES.	CARACTHRES DES ACTES ET DÉPÔTS OU ILS SONT CONSERVÉS.	Pages des Preuves où ils sont imprimés.
		IX.ᵐᵉ DEGRÉ.		
		ENNEMOND DE BEAUMONT, Seigneur de Saint-Quentin, &c.		
		Sept Titres, dont deux de filiation, & deux où il est rappellé.		
1552.	10 Juill.	1.° * TESTAMENT de son Pere en sa faveur.	Expéd. de 1635, aux Archives de MM. de Beaum. de Saint-Quentin.	246.
1583.	....	2.° Etat des Gentilshommes de la Chambre du Roi, où il est compris sous le titre de Seigneur de Saint-Quentin.	Mss. du Cabin. de l'Ordre du S. Esprit.	230.
1586.	3 Juill.	3.° Contrat de mariage de Rolland, son fils, auquel il assiste.	Original aux Archives de MM. de Beaumont-de Saint-Quentin.	254.
1596.	31 Janv.	4.° * Testament de Claude, son frere aîné, où il est rappellé avec leur Pere.	Original aux Archives du Château de Baynac.	249.
1606.	30 Mars.	5.° Hommage rendu en son nom, par Claude, son frere aîné, de la Terre de Saint-Quentin.	Archives de la Chambre des Comptes de Dauphiné.	249.
1606.	24 Juill.	6.° Testament de Rolland, son fils aîné, auquel il assiste.	Original aux Archives de MM. de Beaumont-de Saint-Quentin.	254.
1607.	14 Déc.	7.° Son Testament en faveur de ses petits-fils, enfans de Rolland, son fils aîné.	Origin. aux mêmes Arch.	253.
		X.ᵐᵉ DEGRÉ.		
		ROLLAND DE BEAUMONT, Seigneur de l'Isle, &c.		
		Sept Titres, dont trois de filiation, & quatre où il est rappellé.		
1586.	3 Juill.	1.° * SON CONTRAT de mariage avec JEANNE DE TESTE-DE LA MODRINIERE, où son Pere est rappellé.	Original aux Archives de MM. de Beaumont-de Saint-Quentin.	254.
1600.	29 Janv.	2.° Paiement de la dot de Suzanne, sa fille, pour son entrée au Monastere de Montfleuri.	Extr. des Registres des Vétures dud. Monastere.	437.
1606.	24 Juill.	3.° * Son Testament du consentement de son Pere, en faveur de Pierre, son fils aîné, & de ses autres enfans.	Original aux Archives de MM. de Beaumont-de Saint-Quentin.	254.
1607.	14 Déc.	4.° * Testament de son Pere, où il est nommé avec ses enfans.	Original aux mêmes Archives.	253.
1641.	7 Févr.	5.° Déclaration de Noblesse, en faveur de Pierre, son fils aîné, où il est rappellé.	Original aux mêmes Archives.	256.
1641.	12 Août.	6.° Même Déclaration, en faveur de François, son fils puîné, où il est également rappellé.	Original aux mêmes Archives.	257.
1663.	25 Juill.	7.° Testament de Pierre, son fils aîné, où il est rappellé.	Grosse aux mêmes Arch.	258.

PIERRE DE BEAUMONT

DE LA MAISON DE BEAUMONT.

ANNÉES.	MOIS.	TITRES.	CARACTERES DES ACTES ET DÉPÔTS OÙ ILS SONT CONSERVÉS.	Pages des Preuves où ils sont imprimés.
		XIme DEGRÉ.		
		PIERRE DE BEAUMONT, Seigneur de Saint-Quentin, &c.		
		10 Titres, dont quatre de filiation, & quatre où il est rappellé.	Orig. aux Arch. de MM. de Beaumont-de S. Quent.	254.
1606.	24 Juill.	1.° * TESTAMENT de son Pere en sa faveur.	Original aux mêmes Archives.	253.
1607.	14 Déc.	2.° * Testament d'Ennemond, son Ayeul, en sa faveur.		
1623.	1.er Nov.	3.° Son Contrat de mariage avec ANNE DE JOFFREY.	Copie collation. de 1627, aux mêmes Archives.	255.
1641.	7 Févr.	4.° * Déclaration ou Jugement de Noblesse, donnée par les Commissaires du Roi, en Dauphiné, en sa faveur, sur le vu de ses Titres, depuis l'an 1450.	Original aux mêmes Archives.	256.
1641.	12 Août.	5.° * Même Déclaration en faveur de François, son fils puîné, où il est rappellé.	Original aux mêmes Archives.	257.
1645.	2 Juin.	6.° Hommage, par lui rendu, en la Chambre des Comptes de Dauphiné, de sa Co-Seigneurie de Saint-Quentin.	Original aux mêmes Archives, & Expéd. de la Ch. des Comptes de Dauphiné.	257.
1663.	25 Juill.	7.° Son Testament en faveur de Guillaume, son fils, & de ses autres enfans.	Grosse aux Archives de MM. de Beaum. de Saint-Quentin.	258.
1664.	22 Déc.	8.° Contrat de mariage de Guillaume, son fils, où il est rappellé.	Grosse aux mêmes Arch.	259.
1667.	1.er Juill.	9.° Production de Titres, par Guillaume, son fils, devant l'Intendant de Dauphiné, où il est rappellé.	Original aux Archives du Cabinet de l'Ordre du Saint-Esprit.	259.
1667.	1.er Juill.	10.° Jugement de maintenue de Noblesse, en faveur du même Guillaume, où il est rappellé.	Original aux mêmes Archives.	262.
		XIIme DEGRÉ.		
		GUILLAUME DE BEAUMONT, Seigneur de Saint-Quentin, de Montaud, &c.		
		11 Titres, dont quatre de filiation, & un seul où il est rappellé.		
1663.	25 Juill.	1.° * TESTAMENT de son Pere en sa faveur.	Grosse aux Archives de MM. de Beaum. de Saint-Quentin.	258.
1664.	22 Déc.	2.° * Son Contrat de mariage avec FRANÇOISE DE BERNIERE-DE VILLE, où son Pere est rappellé.	Grosse aux mêmes Arch.	259.
1667.	1.er Juill.	3.° * Production de ses Titres de Noblesse, devant l'Intendant de Dauphiné, depuis l'an 1336.	Original aux Archives du Cabinet de l'Ordre du Saint-Esprit.	259.
1667.	1.er Juill.	4.° * Acte, à lui donné, de la représentation desdits Titres, par cet Intendant.	Original aux mêmes Archives.	262.
1667.	1.er Juill.	5.° Certificat de Noblesse à lui donné, par le même Intendant.	Original aux Arch. de MM. de Beaum. de Saint-Quentin.	264.

l

ÉTAT DES TITRES EN LIGNE DIRECTE

Années.	Mois.	TITRES.	Caractères des Actes et Dépôts où ils sont conservés.	Pages des Preuves où ils sont imprimées.
1677.	17 Févr.	6.° Hommage, par lui rendu au Roi, de sa Co-Seigneurie de Saint-Quentin.	Original aux Arch. de MM. de B. de S. Quentin.	264.
1680.	9 Avril.	7.° Dénombrement, par lui donné, de cette Terre, à la Chambre des Comptes de Dauphiné.	Archives de la Chambre des Comptes de Dauphiné.	265.
1680.	15 Juill.	8.° Son Testament en faveur de Pierre-Louis, son fils.	Grosse aux Arc. de MM. de Beaumont-de Saint-Quent.	266.
1684.	31 Mars.	9.° Son Codicile en faveur de son même fils.	Copie collationnée aux mêmes Archives.	266.
1685.	20 Mars.	10.° Ordonnance du Bureau des Finances de Dauphiné, pour l'enrégistrement de son dénombrement de la Terre de Saint-Quentin.	Expéd. dud. Bureau des Finances aux mêmes Arch.	267.
1717.	23 Juill.	11.° Contrat de mariage de Pierre-Louis, son fils, où il est rappellé.	Copie collationnée aux mêmes Archives.	268.

XIIIme DEGRÉ.

Pierre-Louis Ier de Beaumont, Seigneur de Saint-Quentin, &c.

16 Titres, dont trois de filiation, & trois où il est rappellé.

Années.	Mois.	TITRES.	Caractères des Actes et Dépôts où ils sont conservés.	Pages.
1680.	15 Août.	1.° * Testament de son Pere en sa faveur.	Grosse aux Arc. de MM. de Beaumont de S. Quentin.	266.
1684.	31 Mars.	2.° * Le Codicile de son Pere en sa faveur.	Copie collationnée aux mêmes Archives.	266.
1698.	...	3.° Enrégistrement de ses armes à l'Armorial-général.	Mss. du Cabin. de l'Ord. du Saint-Esprit.	267.
1704.	10 Juill.	4.° Hommage, par lui rendu, d'une partie des Terres de Saint-Quentin, & de Montaud.	Original aux Archives de MM. de B. de S. Quent.	267.
1717.	23 Juill.	5.° * Son Contrat de mariage avec Paule de Beaumont-du Rosset, sa cousine germaine.	Copie collationnée aux mêmes Archives.	268.
1717.	9 Août.	6.° Hommage, par lui rendu, des Co-Seigneuries de Saint-Quentin & de Montaud.	Original aux mêmes Archives.	268.
1731.	15 Janv.	7.° Articles de son mariage avec Françoise de Bertrand-de Chatronniere.	Original aux mêmes Archives.	269.
1731.	16 Janv.	8.° Acte de célébration de ce mariage.	Extr. légalisé aux mêmes Archives.	269.
1731.	22 Nov.	9.° Extrait de Baptême de Pierre-Louis II, son fils, où il est rappellé.	Extr. légalisé aux mêmes Archives.	271.
1740.	10 Févr.	10. Investiture à lui donnée de l'autre partie des Seigneuries de Saint-Quentin & de Montaud.	Original aux mêmes Archives.	270.
1740.	10 Févr.	11.° Hommage, par lui rendu, des mêmes Seigneuries.	Original aux mêmes Archives.	270.
1742.	8 Déc.	12.° Extrait mortuaire de Françoise Bertrand-de Chatronniere, sa seconde Epouse.	Extr. légalisé aux mêmes Archives.	271.
1744.	23 Févr.	13.° Son Testament en faveur de Pierre-Louis II, son fils, & de ses autres enfans.	Grosse aux mêmes Arch.	270.
1749.	19 Nov.	14.° Son Extrait mortuaire.	Extr. légalisé aux mêmes Archives.	271.
1757.	7 Avril.	15.° Contrat de mariage de Pierre-Louis II, son fils aîné, où il est rappellé.	Grosse aux mêmes Arch.	271.
1774.	23 Juin.	16.° Certificat de réception de Claude-Hyacinthe, son fils, dans le Chapitre de Lyon, où il est rappellé.	Origin aux mêmes Arch.	273.

DE LA MAISON DE BEAUMONT.

ANNÉES.	MOIS.	TITRES.	CARACTÈRES DES ACTES ET DÉPÔTS OU ILS SONT CONSERVÉS.	Pages des Pieuves où ils sont imprimés.
		XIV.ᵐᵉ DEGRÉ. PIERRE-LOUIS II DE BEAUMONT, Seigneur de Saint-Quentin. *Neuf Titres, dont trois de filiation, & quatre où il est rappellé.*		
1731.	22 Nov.	1.° * SON EXTRAIT de Baptême.	Extr. légalisé aux Arch. de MM. de Beaum. de Saint-Quentin.	271.
1744.	23 Févr.	2.° * Testament de son Pere en sa faveur.	Grosse aux mêmes Arch.	270.
1757.	7 Avril.	3.° * Son Contrat de mariage avec ANNE-CHARLOTTE DU PRAT, où son Pere est rappellé.	Grosse aux mêmes Arch.	271.
1762.	24 Nov.	4.° Hommage, par lui rendu, des Terres de Saint-Quentin & de Montaud.	Original aux mêmes Archives.	272.
1765.	20 Mars.	5.° Extrait de Baptême de Christophe, son fils, où il est rappellé.	Extr. légalisé aux mêmes Archives.	273.
1769.	31 Janv.	6.° Extrait de Baptême d'Augustine-Marie-Magdelène, sa fille, où il est rappellé.	Extr. légalisé aux mêmes Archives.	273.
1770.	15 Août.	7.° Extrait de Baptême de Marie-Charles, son autre fils, où il est rappellé.	Extr. légalisé aux mêmes Archives.	274.
1772.	6 Févr.	8.° Extrait de Baptême de Justine-Silvie, sa fille, où il est rappellé.	Extr. légalisé aux mêmes Archives.	274.
1774.	21 Févr.	9.° Extrait de Baptême de Marie-Claire-Félicienne, sa fille, où il est rappellé.	Extr. légalisé aux mêmes Archives.	274.
		§. IV. *Branche des Seigneurs de Beaumont.* *Titres communs aux deux Branches de Pompignan & du Repaire.* **IV.ᵐᵉ DEGRÉ.** AMBLARD I.ᵉʳ DE BEAUMONT, Chevalier, S.ᵍʳ de Beaumont, de Montfort, &c. fils puîné d'Artaud III & d'Agnès de Bellecombe, sa II.ᵈᵉ épouse. *84 Titres, dont neuf de filiation, y compris trois de fraternité & trois de népotisme, & 21 où il est rappellé; outre 86 autres Titres qui le concernent, imprimés dans le II.ᵈ Vol. de l'Hist. de Dauph. de M. de Valbonnais & sept autres dans différ. Auteurs.*		
1317.	9 des Cal. de Févr.	1.° * TESTAMENT de Guigues, dit Guers de Beaumont, Chevalier, son oncle, qui le nomme son légataire universel.	Original aux Archives du Château de Baynac.	45.

ÉTAT DES TITRES EN LIGNE DIRECTE

ANNÉES.	MOIS.	TITRES.	CARACTERES DES ACTES ET DÉPÔTS OU ILS SONT CONSERVÉS.	Pages des Preuves où ils sont imprimés.
1331.	6 Juin.	2.° * Reconnoissance féodale envers Agnès de Bellecombe, veuve d'Artaud III de Beaumont, au nom d'Amblard & de leurs autres enfans.	Original aux Archives du Château de Baynac.	36.
1334.	9 Janv.	3.° Hommage par Guigues dit Guers de Beaumont, frere d'Amblard, où il est témoin.	Archives de la Chambre des Comptes de Dauphiné.	94.
1334.	5 Mai.	4.° Donation à lui faite, par le Dauphin Humbert II, de ce qu'il possédoit en la Terre du Touvet.	Archives de la même Chambre.	277.
1335.	7 Nov.	5.° Traité de Paix par lui conclue, entre le Dauphin Humbert II & Aymon, Comte de Geneve.	Archives de la même Chambre.	278.
1336.	19 Mai.	6.° Son Contrat de mariage avec BÉATRIX ALLEMAN-DE VAUBONNAIS, Cousine du Dauphin.	Arch. de la même Chamb. & original aux Archives du Château de Baynac.	279.
1336.	7 Janv. (v. styl.)	7.° Cession faite par ladite Béatrix, à Hugonin Alleman, son frere, où il est mentionné.	Archives de la même Chambre.	280.
1337.	2 Févr.	8.° * Testament d'Agnès de Bellecombe, sa mere, en sa faveur.	Original aux Archives du Château de Baynac.	37.
1337.	22 Mai.	9.° Confirmation par le Dauphin Humbert II, des Donations qu'il lui a ci-devant faites.	Original aux mêmes Archives.	280.
1341.	31 Oct.	10. Procuration à lui passée, par le Dauphin Humbert II, pour traiter en son nom avec le Pape, à Avignon.	Archives de la Chambre des Comptes de Dauphiné.	281.
1342.	27 Févr.	11.° Articles de Paix, souscrits de lui, accordés par le Dauphin Humbert II, aux Habitans de Romans.	Impr. aux Preuv. de l'Hist. de Dauphiné de M. de Valbonnais, tome II, pages 440 & 443.	59.
1343.	24 Janv.	12.° Rôle des Amendes prononcées en son nom, par le Juge de Beaumont.	Original aux Archives du Château de Baynac.	281.
1343.	. . Juill.	13.° Donation de 600 livres de rente en fonds de Terre, à lui faite par le Roi Philippe de Valois, en considération de *ses peines & travaux*, en moyennant le transport du Dauphiné à la France.	Cet Acte inséré dans les Lettres confirmatives de Charles Dauphin, du 16 Juillet 1351.	287.
1343.	29 & 31 Juillet.	14.° Procès-verbal de l'Election des nouveaux Baillis & Châtelains de Dauphiné, faite en sa présence.	Impr. aux Preuv. de l'Hist. de Dauphiné, tom. II, pag. 461=466.	60.
1343.	17 Août.	14.° Echange avec le Dauphin, du Château de Mirol pour celui de Montfort.	Anc. Regist. coté Vialetti; aux Archives du Château Baynac.	450.
1343.	23 Août, & 10 Oct.	16.° Lettres du Dauphin, à l'occasion de cet Echange.	Ces Lettres insérées dans celles du 30 Octob. 1368, ci-dessous.	451.
1345.	15 Avril.	17.° Confirmation de cet Echange, par le même Prince.	Original aux Archives du Château de Baynac.	281.
1346.	18 Mars.	18.° Hommage-lige à lui rendu, par Jean Ysuard, Damoiseau.	Cet Acte inséré dans celui du 3 Mars 1384, ci-dessous.	313.
1346.	3 Mai.	19.° Hommage-lige à lui rendu, par Noble Simon de la Croix.	Original aux Archives du Château de Baynac.	453.
1346.	4 Nov.	20. * Sentence arbitrale entre lui & Drodon de Vaux, Seigneur de la Terrasse, en présence d'Artaud IV de Beaumont, son frere.	Original aux Archives du Château Bayard.	282.
1347.	6 Janv.	21.° Lettres du Dauphin Humbert II, en sa faveur, à l'occasion de l'Echange de 1343.	Original aux Archives du Château de Baynac.	283.
1347.	17 Avril.	22.° Certificat de paiement à lui fait, pour ses dépenses dans son Ambassade d'Avignon.	Archives de la Chambre des Comptes de Dauphiné.	284.

DE LA MAISON DE BEAUMONT.   lxxxv

ANNÉES.	MOIS.	TITRES.	CARACTERES DES ACTES ET DÉPÔTS OU ILS SONT CONSERVÉS.	Pages des Preuves où ils sont imprimés.
1347.	17 Sept.	23.° Inféodation par lui faite, à Noble Jean Berlion, d'héritages au lieu de la Terraffe.	Cet Acte inféré dans l'hommage du 26 Juin 1374, ci-deffous	300.
1349.	Juillet.	24.° Ratification par le Roi Philippe de Valois, de la rente à lui faite, de 600 livres en fonds de terre, en reconnoiffance de la part qu'il avoit eue au Tranfport du Dauphiné à la France.	Cet Acte inféré dans les Lettres confirmatives de Charles Dauphin, du 16 Juillet 1351, ci-deffous.	287.
1349.	16 Juill.	25.° Hommage-lige, par lui rendu à Charles, nouveau Dauphin.	Archives de la Chambre des Comptes de Dauphiné.	285.
1349.	21 Juill.	26.° Transaction entre lui, au nom d'Humbert II, ancien Dauphin, & de Charles de France, nouveau Dauphin, d'une part, & Guy Comte de Forez, d'autre.	Archives de la Chambre des Comptes de Dauphiné.	286.
1350.	1.er Janv.	27.° Contrat de mariage d'Aymar, fon fils aîné, où il eft préfent.	Original aux Archives du Château de Baynac.	303.
1350.	11 Janv.	28.° Teftament de Drodon de Vaux, Seigneur de la Terraffe, qui le nomme Tuteur de fes filles.	Original aux mêmes Archives.	303.
1350.	31 Mars.	29.° Donation à lui faite, par le Roi Jean, du Château de Beaumont en Trièves, pour lui tenir lieu de la rente de 600 livres à lui donnée par Philippe de Valois.	Cet Acte inféré dans les Lettres confirmatives de Charles Dauphin, du 16 Juillet 1350, ci-deffous.	287.
1350.	12 Avril.	30.° Affignation par le Roi Jean, fur les revenus de Dauphiné, des arrérages de cette rente, en attendant qu'Amblard puiffe jouir du Château de Beaumont en Trièves.	Cet Acte inféré dans d'autres Lettres confirmatives du Dauphin Charles, du 6 Décembre 1352, ci-deffous.	289.
1351.	16 Juill.	31.° Confirmation par Charles, Dauphin, de la donation du Château de Beaumont en Trièves, faite par le Roi Jean à Amblard, en confidération des fervices qu'il lui a rendus, lors du Tranfport du Dauphiné à la France, à principiò, medio & effectualiter in effectu.	Archives de la Chambre des Comptes de Dauphiné, & original aux Archives du Château de Baynac.	287.
1351.	29 Sept.	32.° Hommage à lui rendu, par Jean de Commiers, Damoifeau.	Original aux Archives du Château de Baynac.	453.
1352.	6 Déc.	33.° Confirmation par Charles Dauphin, des Lettres du Roi Jean, qui affignoient, fur les revenus de Dauphiné, les arrérages de la rente de 600 livres, donnée par Philippe de Valois à Amblard ; en attendant qu'il puiffe jouir du Château de Beaumont en Trièves.	Original aux mêmes Archives.	289.
1352.	17 Déc.	34.° Commiffion à lui donnée, par le Roi Jean, pour l'affignation du douaire de l'ancienne Dauphine.	Archives de la Chambre des Comptes de Dauphiné.	290.
1353.	26 Mars.	35.° Lettres de Humbert II, ancien Dauphin, confirmatives de celles du Roi Jean & de Charles Dauphin, en fa faveur.	Archives de la même Chambre.	291.
1353.	24 Avril.	36.° Procès-verbal de l'affignation par lui faite, du douaire de l'ancienne Dauphine.	Archives de la même Chambre.	290.
1354.	25 Sept.	37.° Ordonnance du Roi Jean & de Charles Dauphin, pour l'exécution de leurs Lettres en fa faveur.	Archives de la même Chambre.	292.
1355.	26 Juill.	38.° Hommage à lui rendu, par Etienne Leupard, Damoifeau.	Protocole original de Chaftagnil, aux Archives de Baynac.	293.

ÉTAT DES TITRES EN LIGNE DIRECTE

ANNÉES.	MOIS.	TITRES.	CARACTÈRES DES ACTES ET DÉPÔTS OU ILS SONT CONSERVÉS.	Pages des Preuves où ils sont imprimés.
1355.	5 Déc.	39.° Hommage par lui rendu au Dauphin, au nom d'Aymar, son fils aîné, du Château de Millieu.	Archives de la Chambre des Comptes de Dauphiné.	293.
1358.	9 Janv.	40.° Hommage à lui rendu, par Noble Albert de Montfort.	Protocole original de Chastagnii, aux Archives de Baynac.	293.
1358.	Août.	41.° Lettres & inféodations à lui accordées, par le Dauphin Charles, pour l'indemniser de la non-jouissance du Château de Beaumont, en Trièves.	Ces Lettres insérées dans celles du mois de Septemb. 1372, ci-dessous.	294.
1359.	3 Janv.	42.° Commission de Guillaume de Vergy, Gouverneur de Dauphiné, pour l'exécution des Lettres précédentes.	Original aux Archives du Château de Baynac.	295.
1359.	3 Janv.	43.° Acte de la remise, faite par Amblard, des différentes Lettres accordées en sa faveur.	Archives de la Chambre des Comptes de Dauphiné.	295.
1360.	21 Févr.	44.° Hommage à lui rendu, par Noble Guillaume de la Chalendiere.	Cet Acte inséré dans l'hommage du 5 Août 1388, ci-dessous.	314.
1360 = 1374.	....	45.° Comptes à lui rendus, par Chabert Pinel, son Mistral, depuis 1360 jusqu'en 1374.	Archives de la Chambre des Comptes de Dauphiné.	297.
1361.	5 Juin.	46.° Hommage à lui rendu du Château du Touvet, par Aynard de Bellecombe, Chevalier.	Protocole original de Betmundi, aux Archives de Crolles.	297.
1365.	23 Janv.	47.° Sentence rendue en sa faveur, par le Juge de la Seigneurie de Montfort.	Original aux Archives du Château de Baynac.	298.
1365.	12 Sept.	48.° Hommage à lui rendu, du Château du Touvet, par Nobles Antoine & Jean de Bellecombe.	Protocole original de Chastagnii, aux Archives de Baynac.	299.
1366.	31 Oct.	49.° Lettres du Roi Charles V, Dauphin, confirmatives de celles du Dauphin Humbert II, concernant l'Echange fait avec Amblard, en 1343.	Anc. Regist. coté Vialetti, aux Archiv. du Château de Baynac.	451.
1367.	30 Sept.	50.° * Hommage au Roi Dauphin, rendu par Amblard II, son fils, autorisé de sa présence, où est rappellé Guigues dit Guers de Beaumont, frere d'Amblard I.er	Archives de la Chambre des Comptes de Dauphiné.	304.
1370.	12 Août.	51.° Hommage à lui rendu, de la Mistralie du Touvet, par Artaud Boveti, Damoiseau.	Cet Acte inséré dans l'hommage du 12 Février 1384, ci-dessous.	312.
1371.	6 Sept.	52.° Transaction entre lui & Albert de Montfort, Damoiseau.	Protocole original de Chastagnii, aux Archives de Baynac.	299.
1372.	Septemb.	53.° Confirmation par le Roi Charles V, Dauphin, des Lettres & Inféodations par lui accordées à Amblard, avant son avénement au Trône.	Archives de la Chambre des Comptes de Dauphiné.	294.
1373.	14 Nov.	54.° * Pacte de Famille, conclu entre lui & François de Beaumont, Seigneur de la Frette, son neveu, où Artaud (III), son pere, & Guigues dit Guers de Beaumont, son oncle, sont rappellés.	Protocole original de Chastagnii, aux Archives de Baynac.	64.
1374.	26 Juin.	55.° Hommage à lui rendu, par Jean Berlion de la Terrasse, Chevalier.	Protoc. origin. du même aux mêmes Archives.	300.
1375.	18 Juin.	56.° Hommage rendu au Gouverneur de Dauphiné, par Aymar, son fils aîné, où il est rappellé.	Archives de la Chambre des Comptes de Dauphiné.	306.
1375.	30 Juill.	57.° Hommage rendu par Noble Artaud Boveti, à Aymar, son fils aîné, où il est rappellé comme mort.	Protocole original de Chastagnii, aux Archives du Château de Baynac.	308.

DE LA MAISON DE BEAUMONT.   lxxxvij

ANNÉES.	MOIS.	TITRES.	CARACTÈRES DES ACTES ET DÉPÔTS OU ILS SONT CONSERVÉS.	Pages des Preuves où ils sont imprimés.
1375.	30 Juill.	58.° Hommage rendu à Aymar, son fils aîné, par Noble Antoine de Bellecombe, où il est rappellé.	Protocole original de Chastagnii, aux Archives du Château de Baynac.	308.
1375.	10 Oct.	59.° Transaction entre BÉATRIX ALLEMAN, sa veuve, & Aymar & Amblard, leurs fils.	Même Protoc. aux mêmes Archives.	301.
1380.	17 Juill.	60.° Hommage rendu, par Richard Berlion de la Terrasse, à Aymar, son fils aîné, où il est rappellé.	Même Protoc. aux mêmes Archives.	309.
1381.	25 Oct.	61.° Mémoire sur le Codicile de Béatrix Alleman, sa veuve.	Original aux Archives du Château de Baynac.	302.
1382.	11 Juill.	62.° Testament d'Aymar, son fils aîné, où il est rappellé.	Arch. de la Ch. des Compt. de Dauph. & Copie du temps aux Arch. de Baynac.	310.
1383.	10 Juill.	63.° * Confirmation faite par Amblard II, son fils puiné, du Pacte de Famille de l'an 1373, où il est rappellé comme oncle de François, Seigneur de la Frette.	Protocole original de Chastagnii, aux Archives du Château de Baynac.	71.
1384.	24 Janv.	64.° Hommage rendu par Amblard II, son fils puiné, où il est rappellé.	Archives de la Chambre des Comptes de Dauphiné.	311.
1384.	12 Févr.	65.° Autre Hommage rendu à Amblard II, son fils, où il est rappellé.	Protocole original de Chastagnii, aux Archives de Baynac.	312.
1384.	3 Mars.	66.° Autre Hommage rendu au même, où il est rappellé.	Même Protoc. aux mêmes Archives.	313.
1392.	2 Sept.	67.° Transaction passée par le même, où il est rappellé.	Original aux Archives de la Terre du Tourvet.	314.
1393.	19 Juill.	68.° Autre Transaction passée par le même, où il est aussi rappellé.	Archives de la Chambre des Comptes de Dauphiné.	215.
1399.	12 Juin.	69.° 70.° 71.° 72.° 73.° 74.° 75.° 76.° Hommages rendus à Amblard (III), son petit-fils, où il est rappellé.	Protocole original de Chastagnii, aux Archives de Baynac.	317= 319.
1399.	15 Juin.	77.° Autre Hommage à Amblard (III), son petit-fils, où il est rappellé.	Même Protoc. aux mêmes Archives.	319.
1399.	18 Juin.	78.° Hommage rendu par le même au Dauphin, dans lequel il est également rappellé.	Archives de la Chambre des Comptes de Dauphiné.	320.
1399.	30 Juin.	79.° Autre Hommage rendu au même, où il est aussi rappellé.	Protocole original de Chastagnii, aux Archives de Baynac.	319.
1399.	27 Nov.	80.° * Confirmation faite par le même Amblard (III), son petit-fils, du Pacte de Famille de 1373, dans lequel il est rappellé avec Artaud (IV), son frere, & avec François, Seigneur de la Frette, son neveu.	Même Protoc. aux mêmes Archives.	74.
1409.	18 Mai.	81.° Sentence arbitrale entre Amblard (III), son petit-fils, & Jean Chastaing alias Roger, de Crolles, où il est rappellé.	Anc. Regist. coté Vialetti, aux mêmes Archives.	456.
1426.	...	82.° Moyens de Partage entre le même Amblard (III) & Louis de Beaumont, ses petits-fils, où il est également rappellé.	Original aux mêmes Archives.	325.
1446.	7 Nov.	83.° * Derniere Confirmation du Pacte de Famille de 1373, par Amblard (IV) & Aymon de Beaumont, ses arriere-petits-fils, où il est rappellé avec François, Seigneur de la Frette, son neveu.	Original aux mêmes Archives.	84.
1481.	8 Janv.	84.° Testament d'Aymon de Beaumont, son arriere-petit-fils, où il est rappellé.	Protoc. origin. de Pierre Panatier, dit Mattin, aux mêmes Archives.	341.

ÉTAT DES TITRES EN LIGNE DIRECTE

N.ᵃ *On a cru devoir joindre ici l'Enoncé des Titres concernant AMBLARD I.ᵉʳ, qui sont imprimés dans le Vol. II de l'Hist. de Dauphiné de M. de Valbonnais; avec l'indication des pages où sont imprimés ces Titres, qui sont tous tirés des Archives de la Chambre des Comptes de cette Province.*

ANNÉES.	MOIS.	TITRES.	Pages du II. Vol. de l'Hist. de Dauphiné où ils sont imprimés.
1333 = 1336.	...	1.° COMPTE de Jean de Poncy, Trésorier du Dauphin Humbert II, où se trouvent plusieurs articles de dépense pour les Voyages & les Ambassades d'Amblard.	271 = 285.
1333.	14 Déc.	2.° Edit d'Humbert II, souscrit par Amblard, pour défendre le transport des bleds hors du Dauphiné.	245.
1334.	15 Janv.	3.° Lettres du même Prince, souscrites par Amblard, pour faire payer le Plait à ses Sujets.	246.
1334.	24 Janv.	4.° Lettres du même, à ses Châtelains, pour veiller avec plus de soin à la garde de leurs Châteaux, aussi souscrites par Amblard.	247.
1334.	2 Févr.	5.° Hommage-lige rendu par Jean de Châlon, Seigneur d'Atlai, au Dauphin Humbert II, en présence d'Amblard.	248.
1334.	16 Févr.	6.° Réponse du même Prince, aux Députés du Roi Philippe de Valois, faite en présence d'Amblard.	249.
1334.	2 Mars.	7.° Compromis entre Humbert II & le Comte de Savoie, entre les mains d'Amblard & de plusieurs autres.	250.
1334.	7 Mai.	8.° Traité de Paix entre ces deux Princes, par l'entremise d'Amblard.	251.
1334.	25 Juill.	9.° Lettres du Dauphin Humbert II, souscrites par Amblard, pour le paiement des Tailles & du Fouage que lui devoient ses Sujets.	261.
1334.	3 Août.	10.° Lettres du même Prince, souscrites par Amblard, pour la recherche de ceux qui avoient malversé dans le maniement des Finances du dernier Dauphin.	262.
1334.	7 Août.	11.° Déclaration du même Prince, souscrite par Amblard, pour obliger tous les Engagistes du Domaine Delphinal à représenter les Titres en vertu desquels ils possèdent.	263.
1334.	29 Nov.	12.° Lettres du même Prince, souscrites par Amblard, concernant les Priviléges des Evêques & des Eglises de Dauphiné.	264.
1334.	7 Nov.	13.° Lettres du même Prince, souscrites par Amblard, pour faire allouer certaines sommes à la Chambre des Comptes de Dauphiné.	264.
1335.	...	14.° Extrait du Compte du Bailli de Briançon, où est portée une somme pour les frais du Voyage d'Amblard à Naples.	299.
1335.	...	15.° Extrait du Compte du Châtelain d'Avisan, où est portée une somme pour les frais du Voyage d'Amblard à Avignon.	305.
1335.	24 Mars.	16.° Réponse donnée par le Dauphin, assisté d'Amblard, au Roi Philippe de Valois, touchant les prétentions de ce Monarque sur le Fauxbourg de Sainte-Colombe de Vienne.	268.
1335.	14 Mai.	17.° Assignation par le Dauphin, de 200 livres de rente à l'Evêque de Tinia, son Confesseur, en présence d'Amblard.	294.
1335.	14 Mai.	18.° Lettres du même Prince, souscrites par Amblard, par lesquelles il établit Henri de Villars, Evêque de Viviers, son Lieutenant-Général en son absence.	294.
1336.	28 Janv.	19.° Cession faite par le même Prince, en présence d'Amblard, à Jean de Montluel.	305.
1336.	1ᵉʳ Mars.	20.° Ordonnance portant Règlement sur la Maison du Dauphin, faite par Amblard, où son rang & son traitement sont marqués, ainsi que le rang de Béatrix Alleman-de Vaubonnais, depuis son Epouse.	308 & suiv.
		21.° Donation	

DE LA MAISON DE BEAUMONT. lxxxix

ANNÉES.	MOIS.	TITRES.	Pages du 11 Vol. de l'Hist. de Dauphiné où ils sont imprimés.
1336.	3 Mars.	21.º Donation du Dauphin à la Dauphine, son Epouse, en présence d'Amblard.	318.
1336.	...	22.º Création d'un Grand Conseil, dans l'Hôtel du Dauphin, à la tête duquel est Amblard.	43=45 du tom. 1.ᵉʳ
1336.	16 Mai.	23.º Reconnoissance donnée par Catherine de Viennois, à Humbert de Villars, en présence d'Amblard.	322.
1336.	4 Nov.	24.º Informations faites par des Commissaires du Dauphin, au nombre desquels est Amblard, sur les limites de son Etat & de celui du Comte de Savoie.	327.
1336.	15 Nov.	25.º Commission donnée en présence d'Amblard, aux Evêques de Bellay & de Tinia, relativement aux informations précédentes.	327.
1337.	22 Févr.	26.º Edit de création d'un Conseil Delphinal, souscrit par Amblard.	328.
1337.	24 Avril.	27.º Contrat de mariage de Catherine, fille Naturelle du Dauphin Humbert II, avec Pierre Bârard de Lucinge; duquel Amblard est l'un des témoins.	329.
1337.	5 Juill.	28.º Echange entre le Dauphin & le Prieur de Saint-Just, en présence d'Amblard.	342.
1337.	21 Juill.	29.º Confédération entre le même & D. Archevêque de Vienne, pour la conservation de leurs droits, en présence d'Amblard.	339.
1337.	23 Juill.	30.º Requête du Dauphin & de l'Archevêque de Vienne, au Chapitre de cette Eglise, dressée par Amblard.	340.
1337.	24 Juill.	31.º Réponse de ce Chapitre, donnée en présence d'Amblard.	340.
1337.	15 Sept.	32.º Réconciliation du même Chapitre avec le Dauphin, en présence d'Amblard.	346.
1337.	7 Déc.	33.º Confirmation de la Paix conclue, en 1334, par Amblard, avec le Comte de Savoie; laquelle Confirmation Amblard autorise de sa présence.	349= 352.
1338.	11 Mars.	34.º Réponse du Dauphin, souscrite par Amblard, aux Députés du Roi de Sicile, touchant la Jurisdiction & le droit d'Appel du Gapençois.	355= 358.
1338.	29 Avril.	35.º Hommage du Dauphin au Chapitre de Saint-Bernard de Romans, en présence d'Amblard.	360.
1338.	5 Mai.	36.º Traité entre le Dauphin & Aynard Seigneur de Clermont, dont Amblard est l'un des Garans.	421= 424.
1338.	22 Août.	37.º Acte par lequel les Citoyens de Vienne reconnoissent que les Dauphins sont Comtes de leur Ville, en présence d'Amblard.	363.
1338.	27 Août.	38.º Traité fait en présence d'Amblard, entre le Dauphin & le Chapitre de Vienne, qui transporte à ce Prince ses droits sur cette Ville.	364= 368.
1338.	29 Août.	39.º Réception du Dauphin, au nombre des Chanoines de l'Eglise de Vienne, en présence d'Amblard.	368.
1338.	29 Août.	40.º Lettres du Dauphin, souscrites par Amblard, par lesquelles il crée Siboud de Clermont, Vicomte de la Ville de Vienne.	369.
1339.	12 Nov.	41.º Hommage rendu au Dauphin, étant à Paris, par Ultic Thibaud, Damoiseau, en présence d'Amblard.	388.
1340.	8 Janv.	42.º Donation d'une rente de 200 livres en Fief, faite par le Dauphin, au fils de Guillaume Flotte, Chancelier de France, en présence d'Amblard.	389.
1340.	6 Avril.	43.º Edit du Dauphin, qui rend sédentaire à Grenoble, le Conseil Delphinal; cet Edit est souscrit par Amblard.	408.
1340.	10 Mai.	44.º Ordonnance souscrite par Amblard, touchant les Forges & la coupe des Forêts de Graisivaudan.	411.
1340.	14 Juill.	45.º Ordonnance sur le fait des Monnoies, souscrite par Amblard.	419.

ÉTAT DES TITRES EN LIGNE DIRECTE

ANNÉES.	MOIS.	TITRES.	Pages du II Vol. de l'Hist. de Dauphiné où ils sont imprimés.
1341.	15 Mai.	46.° Compromis passé par le Dauphin, entre les mains d'Amblard & de plusieurs autres Chevaliers, touchant la réparation des injures qu'il avoit reçues des Habitans de Romans.	428.
1341.	22 Août.	47.° Abandon, fait par le Dauphin, des Châteaux de Miribel & de Saint-Marcellin, pour ce qu'il devoit au Saint-Siége, en présence d'Amblard.	436.
1341.	29 Déc.	48.° Procuration passée par le Dauphin, en présence d'Amblard, pour vendre ses Châteaux en Normandie.	426.
1342.	14 Févr.	49.° Capitulation de la Ville de Romans, dressée par Amblard & d'autres Chevaliers, lors de la prise de cette Ville par le Dauphin; le même Amblard & Artaud (IV) de Beaumont, Seigneur de la Frette, (son frere), se rendent aussi Garans de cette Capitulation.	439.
1342.	17 Févr.	50.° Griefs du Dauphin, contre les Habitans de Romans, lus par Amblard auxdits Habitans assemblés, au nombre d'environ 2000, dans l'Eglise des Freres Mineurs de cette Ville.	440= 444.
1342.	23 Déc.	51.° Fondation du Monastere de Montfleuri, par le Dauphin Humbert II, en présence d'Amblard.	446.
1343.	23 Avril.	52.° Traité par lequel le Dauphin Humbert II transporte le Dauphiné à Philippe Duc d'Orléans, second fils du Roi Philippe de Valois : ce Traité dressé & souscrit par Amblard de Beaumont.	452= 457.
1343.	29 Juill.	53.° Procès-verbal de la remise des Châteaux de Dauphiné aux Commissaires du Roi Philippe de Valois, en présence d'Amblard.	461= 465.
1343.	31 Juill.	54.° Ratification faite par le Dauphin Humbert II, du Traité du 23 Avril, en présence d'Amblard.	465 & 466.
1343.	31 Juill.	55.° Serment fait par les Barons & Chevaliers du Dauphiné, au nombre desquels sont Amblard de Beaumont, & Artaud (IV), Seigneur de la Frette, (son frere), d'observer le même Traité.	466.
1344.	29 Oct.	56.° Concession faite au Prieuré de Saint-Robert, par le Dauphin Humbert II, en présence d'Amblard.	499.
1345.	11 Janv.	57.° Traité entre le même Prince & l'Abbé de Bonnevaux, en présence d'Amblard.	504.
1345.	16 Avril.	58.° Lettres du même Prince, souscrites par Amblard, par lesquelles il établit Henri de Thoire-Villars, son Lieutenant-Général en Dauphiné.	506.
1345.	24 Avril.	59.° Autres Lettres relatives aux précédentes, aussi souscrites par Amblard.	507.
1345.	14 Juin.	60.° Mémoires d'Humbert Pilati, Secrétaire du Dauphin Humbert II, où il est question d'Amblard.	513.
1345.	13 Juill.	61.° Lettres du Dauphin Humbert II, données en présence d'Amblard, confirmatives de celles du 16 Avril précédent.	623.
1345.	2 Sept.	62.° Ordonnance du même Prince, pour le Gouvernement de ses Etats, pendant son absence, par laquelle il nomme Amblard à la tête de ses Conseils, après le Régent.	518= 522.
1345.	10 Déc.	63.° Extrait d'un Compte d'Aymoner de Chissé, où sont portées diverses sommes pour la dépense d'Amblard, dans ses Ambassades à Avignon & à la Cour de France.	523= 525.
1346.	2 Sept.	64.° Ordonnance sur le fait des monnoies, donnée en présence d'Amblard.	536.
1346.	10 Déc.	65.° Lettre de Henri de Thoire-Villars, Archevêque de Lyon, & Régent du Dauphiné, au Dauphin Humbert II, pour lors Général de la Croisade contre les Turcs; où il lui marque qu'Amblard l'instruira de tout ce qu'il s'est passé pendant son absence.	538.

DE LA MAISON DE BEAUMONT.

ANNÉES.	MOIS.	TITRES.	Pages du II. Vol. de l'Hist. de Dauphiné où ils sont imprimés.
1347.	29 Janv.	66.° Testament du Dauphin Humbert II, fait en l'Isle de Rhodes, par lequel il fait un legs à Amblard, & le nomme un des Exécuteurs de ses dernieres volontés.	541= 548.
1347.	3 Mars.	67.° Mémoires d'Humbert Pilati, qui marque le retour d'Amblard en Dauphiné.	624.
1347.	4 Juin.	68.° Lettre de Henri de Thoire-Villars, Régent du Dauphiné, à Humbert II, où il lui rend compte de la Négociation d'Amblard à la Cour d'Avignon, & du projet de son Ambassade à la Cour de France.	557= 560.
1347.	16 Août & 1.er Sep.	69.° Traité d'Alliance conclu entre le Dauphin, l'Archevêque de Milan & Luchin Visconti, son frere; en présence d'Amblard, avec l'accession à ce Traité, par le Marquis de Saluces, aussi en sa présence.	563.
1347.	16 Déc.	70.° Lettres du Dauphin, souscrites par Amblard, en faveur de Morard d'Arces, Damoiseau.	569.
1347.	...	71.° Projet de Traité de mariage, entre le Dauphin & Blanche, sœur du Comte de Savoie, où Amblard est l'un des Plénipotentiaires.	569.
1348.	19 Mars.	72.° Lettres du Dauphin aux Baillis de sa Terre de la Tour & de Valbonne, par laquelle il leur ordonne d'obéir en tout à Amblard, touchant les préparatifs de la Guerre.	573.
1348.	19 Mars.	73.° Lettres du Dauphin, pour recommander à ses Sujets de ne point endommager les Terres du Comte de Savoie, données au rapport d'Amblard.	573.
1348.	12 Avril	74.° Lettres du même Prince, pour la convocation de ses Troupes, données en présence d'Amblard.	574.
1348.	28 Avril.	75.° Lettre du même Prince, pour le même objet, en présence d'Amblard.	575.
1348.	12 Mai.	76.° Edit du même Prince, pour réunir à son Domaine le Château de Miribel, donné à la Requête des Barons & Grands du Dauphiné, au nombre desquels est Amblard.	575.
1348.	24 Juin.	77.° Contrat de mariage du Dauphin, avec la fille aînée du Duc de Bourbon, conclu par l'entremise d'Amblard.	576.
1348.	1.er Déc.	78.° Protestation du Dauphin, au sujet de ce Contrat, par laquelle il se dégage de sa parole, donnée en présence d'Amblard.	582.
1348= 1349.	...	79.° Extrait d'un Compte des Châtelains de Graisivaudan, où il est question d'un Courrier dépêché par Amblard.	583.
1349.	22 Janv.	80.° Lettres du Dauphin, pour la convocation du Bailliage de Faucigny, souscrites par Amblard.	584.
1349.	16 Juill.	81.° Confirmation du dernier Transport du Dauphiné, fait par Humbert II, à Charles, fils aîné du Duc de Normandie, & petit-fils du Roi Philippe de Valois, autorisée de la présence d'Amblard.	601.
1349.	16 Juill.	82.° Serment fait par le Prince Charles, de conserver les Libertés & Franchises accordées, par Humbert II, à ses Sujets : ce Serment fait en présence d'Amblard.	606.
1350.	3 Janv.	83.° Remise faite par l'ancien Dauphin à Charles, nouveau Dauphin, de tous ses droits sur les biens des Juifs, en présence d'Amblard.	615.
1352.	10 Mars.	84. Lettres d'Humbert, Patriarche d'Alexandrie, ancien Dauphin, souscrites par Amblard.	617.
1356.	11 Mai.	85.° Testament du même Prince, où il nomme Amblard l'un des Exécuteurs de ses dernieres volontés.	618.

ÉTAT DES TITRES EN LIGNE DIRECTE

Autres Pièces concernant AMBLARD, imprimées dans différens Ouvrages.

ANNÉES.	MOIS.	TITRES.	Imprim. dans l'Ouvrage, intitulé: Bibliotheca Sebusiana, par Guichen, in-4.° pag. 263.
1334.	20 Févr.	86.° Priviléges accordés, par le Dauphin Humbert II, aux Habitans de Péroges, & souscrits par Amblard.	
1337.	7 Févr.	87.° Donation faite par le même Prince, aux Augustins de Crémieu, & souscrite par Amblard.	Imprim. dans le même Vol. pag. 275=280.
1339.	7 Janv.	88.° Hommage d'une rente de 200 livres, fait par Amblard Sire de Beaumont, au Roi Philippe de Valois.	Recueil de du Tillet, concern. les Guerres & Traité de Paix 1587, fol. 60 v.°
1340.	20 Juin.	89.° Traité entre le Dauphin Humbert II & Aynard Seigneur de Clermont, par lequel il le crée Connétable & Grand-Maître héréditaire de sa Maison, &c. dont Amblard est l'un des Garants.	Impr. aux Pr. de la Généal. des Dauphins, par Duchesne, in-4.° 1628, p. 60=65.
1343.	31 Juill.	90.° Traité entre le même Prince & Philippe de Vienne, Seigneur de Pimont, dont Amblard est l'un des Témoins.	Impr. Biblioth. Sebusiana, pag. 171=173.
1345.	17 Août.	91.° Lettres du même Prince, en faveur de François de Frédulphe, de Parme, Chevalier, données en présence d'Amblard.	Impr. aux Pr. de la Généal. des Dauphins, par Duchesf. p. 63.
vers 1350.	...	92.° Mémorial de la Chambre des Comptes de Paris, contenant les noms de *plusieurs Nobles du Royaume & dehors du Royaume*, qui depuis le commencement des *présentes guerres*, *sont entrés dans la foi & hommage du Roi* ; parmi lesquels est compris *Monsieur Amblard Sire de Beaumont*.	Memorial C impr. dans l'Examen de l'Usage Gén. des Fiefs, par Brussel, tom. I.er, p. 43=52.

Ces 92 Titres, joints aux 84 précédens, font un nombre de 176 Titres qui concernent AMBLARD I.er de Beaumont.

V.me DEGRÉ.

AMBLARD II DE BEAUMONT, Damoiseau, S.gr de Beaumont, de Montfort, &c.

40 Titres, dont 26 de filiation, y compris cinq de fraternité, & 18 où il est rappelé.

ANNÉES	MOIS	TITRES	CARACTÈRES DES ACTES ET DÉPÔTS OÙ ILS SONT CONSERVÉS.	Pages des Preuves où ils sont imprimés.
1367.	31 Sept.	1.° * HOMMAGE par lui rendu au Roi Charles V, Dauphin, étant autorisé de son Pere.	Archives de la Chambre des Comptes de Dauphiné.	304.
1373.	14 Nov.	2.° * Pacte de Famille conclu par son Pere, auquel il donne son consentement.	Protocole original de Chastagnii, aux Archives de Baynac.	64.
1375.	3 Juillet.	3.° * Hommage rendu à Aymar, son frere aîné, auquel il est présent.	Même Protoc. aux mêmes Archives.	307.
1375.	3 Juillet.	4.° * Autre Hommage rendu au même, où il est présent.	Même Protoc. aux mêmes Archives.	308.
1375.	30. Juil.	5.° * Autre Hommage rendu au même, où il est présent.	Même Protoc. aux mêmes Archives.	308.
1375.	30 Juil.	6.° * Autre Hommage rendu au même, où il est présent.	Même Protoc. aux mêmes Archives.	308.
1375.	20 Oct.	7.° * Transaction par lui passée avec sa Mere, & avec Aymar, son frere aîné.	Même Protoc. aux mêmes Archives.	301.

DE LA MAISON DE BEAUMONT.

ANNÉES.	MOIS.	TITRES.	CARACTERES DES ACTES ET DÉPÔTS OU ILS SONT CONSERVÉS.	Pages des Preuves où ils sont imprimés.
1380.	5 Sept.	8.° Montre militaire, où il comparoît comme Ecuyer.	Origin. aux Arch. du Cab. de l'Ordre du S. Esprit.	309.
1382.	11 Juill.	9.° * Testament d'Aymar, son frere aîné, qui l'institue son héritier universel.	Archives de la Chambre des Comptes de Dauphiné, & Copie du temps aux Arch. de Baynac.	310.
1383.	6 Juillet.	10.° Hommage à lui rendu, par Noble Antoine de Bellecombe, du Château du Touvet.	Protocole original de Chastagnii, aux Archives de Baynac.	311.
1383.	10 Juill.	11.° * Confirmation par lui faite du Pacte de Famille de 1373, avec François, Seigneur de la Frette, son cousin germain, dans lequel son Pere est rappellé.	Même Protoc. aux mêmes Archives.	71.
1384.	24 Janv.	12.° * Hommage par lui rendu au Gouverneur de Dauphiné, où son Pere est rappellé.	Archives de la Chambre des Comptes de Dauphiné.	311.
1384.	2 Févr.	13.° 14.° Hommages à lui rendus, par Noble Antoine de Crolles, pour lui & pour son fils.	Protocole original de Chastagnii, aux Archives du Château de Baynac.	312.
1384.	12 Févr.	15.° * Hommage à lui rendu, par Artaud Boyeti, Damoiseau, où son Pere est rappellé.	Même Protoc. aux mêmes Archives.	312.
1384.	22 Févr.	16. Autre Hommage à lui rendu, par Noble Aymaron de Crolles.	Même Protoc. aux mêmes Archives.	314.
1384.	3 Mars.	17.° * Autre Hommage à lui rendu, par Jean Isuard, Damoiseau, où son Pere est rappellé.	Même Protoc. aux mêmes Archives.	313.
1388.	5 Août.	18.° Autre Hommage à lui rendu, par Nobles Aynard & Amblard de la Chalendiere.	Même Protoc. aux mêmes Archives.	314.
1389.	18 Juin.	19.° Procuration à lui passée, par Catherine de Beaumont, sa cousine germaine.	Original aux Archives des Adrets.	73.
1392.	2 Sept.	20.° Transaction par lui passée avec Antoine de Bellecombe, Seigneur du Touvet.	Original aux Archives de la Terre du Touvet.	314.
1393.	19 Juill.	21. * Autre Transaction entre lui & Jacques de Montmaur, Gouverneur de Dauphiné, où son Pere est rappellé.	Archives de la Chambre des Comptes de Dauphiné.	315.
1396.	16 Janv.	22.° Saisie faite sur Noble Jean Cochie, Caution d'Amblard.	Original aux Archives du Château de Baynac.	316.
1399.	26 Janv.	23.° * Obligation passée par Philippe de Saint-Agnan, sa veuve, Tutrice de leurs enfans mineurs.	Original aux mêmes Archives.	317.
1399.	12 Juin.	24.° * 25.° 26.° 27.° 28.° 29.° 30.° 31.° Hommages rendus à Amblard III, son fils, où il est rappellé avec son Pere.	Protocole original de Chastagnii, aux Archives du Château de Baynac.	317, 318 & 319.
1399.	15 Juin.	32.° * Autre Hommage rendu à Amblard III, son fils, où il est rappellé avec son Pere.	Même Protoc. aux mêmes Archives.	319.
1399.	18 Juin.	33.° * Hommage rendu par Amblard III, son fils, au Gouverneur de Dauphiné, où il est rappellé avec son Pere.	Archives de la Chambre des Comptes de Dauphiné.	320.
1399.	30 Juin.	34.° * Hommage rendu à Amblard III, son fils, où il est rappellé avec son Pere.	Protocole original de Chastagnii, aux Archives du Château de Baynac.	319.
1399.	27 Nov.	35.° * Confirmation faite par Amblard III, son fils, du Pacte de Famille de 1373, où il est rappellé avec son Pere.	Même Protoc. aux mêmes Archives.	74.
1403.	10 Mai.	36.° Reconnoissance de la Véherie de Montfort, donnée à Amblard III, son fils, où il est rappellé.	Anc. Regist. coté Vialetti, aux mêmes Archives.	455.

Années.	Mois.	TITRES.	CARACTERES DES ACTES ET DÉPÔTS OU ILS SONT CONSERVÉS.	Pages des Preuves où ils sont imprimés.
1407.	2 Mars.	37.° Hommage rendu à Amblard III, son fils, où il est rappellé.	*Même Regist. aux Arch. de Baynac.*	321.
1409.	18 Mai.	38.° Sentence arbitrale entre Amblard III, son fils, & Jean Chastaing, de Crolles, où il est rappellé.	*Même Regist. aux mêmes Archives.*	456.
1426.	....	39.° * Moyens de partage entre Amblard III & Louis, ses fils, où il est rappellé avec son Pere.	*Original aux mêmes Archives.*	325.
1426.	21 Mai.	40. Transaction passée entre les mêmes, où Philippe de Saint-Agnan, sa veuve, est rappellée.	*Protocole original de Massonis, aux mêmes Archives.*	326.
1427.	10 Mars.	41.° Testament d'Amblard III, son fils, où Philippe de Saint-Agnan, sa veuve, est rappellée.	*Original aux mêmes Archives.*	326.

VI.ᵐᵉ DEGRÉ.

AMBLARD III DE BEAUMONT, Chevalier, S.ᵍʳ de Beaumont, de Montfort, &c.

30 *Titres*, *dont* 17 *de filiation*, *& cinq où il est rappellé.*

Années.	Mois.	TITRES.	CARACTERES DES ACTES ET DÉPÔTS OU ILS SONT CONSERVÉS.	Pages.
1399.	12 Juin.	1.° * Hommage à lui rendu, par Noble Antoine de Montfort, où sont rappellés son Pere & son Ayeul.	*Protocole original de Chastagnii, aux Archives de Baynac.*	317.
1399.	12 Juin.	2.° * Autre à lui rendu, par Noble Antoine de Crolles, où son Pere & son Ayeul sont rappellés.	*Même Protoc. aux mêmes Archives.*	317.
1399.	12 Juin.	3.° * Autre à lui rendu, par le même, au nom de son fils, où son Pere & son Ayeul sont rappellés.	*Même Protoc. aux mêmes Archives.*	318.
1399.	12 Juin.	4.° * Autre à lui rendu, par Noble Aymaron Motardini, où son Pere & son Ayeul sont rappellés.	*Même Protoc. aux mêmes Archives.*	318.
1399.	12 Juin.	5.° * Autre à lui rendu, par Noble Aymar de Saint-Jean, où son Pere & son Ayeul sont rappellés.	*Même Protoc. aux mêmes Archives.*	318.
1399.	12 Juin.	6.° * Autre à lui rendu, par Jean Berlion, Damoiseau, où son Pere & son Ayeul sont rappellés.	*Même Protoc. aux mêmes Archives.*	318.
1399.	12 Juin.	7.° * Autre à lui rendu, par Nobles Aynard & Amblard de la Chalendiere, où son Pere & son Ayeul sont rappellés.	*Même Protoc. aux mêmes Archives.*	319.
1399.	12 Juin.	8.° * Autre à lui rendu, par Noble Artaud Guiffrey, où son Pere & son Ayeul sont rappellés.	*Même Protoc. aux mêmes Archives.*	319.
1399.	15 Juin.	9.° * Autre à lui rendu, par Noble Richard Berlion, où son Pere & son Ayeul sont rappellés.	*Même Protoc. aux mêmes Archives.*	319.
1399.	18 Juin.	10.° * Autre par lui rendu, au Gouverneur de Dauphiné, où son Pere & son Ayeul sont rappellés.	*Même Protoc. aux mêmes Archives.*	320.
1399.	30 Juin.	11.° * Autre à lui rendu, par Noble Antoine de Bellecombe, où son Pere & son Ayeul sont rappellés.	*Même Protoc. aux mêmes Archives.*	319.
1399.	27 Nov.	12.° * Confirmation par lui faite du Pacte de Famille de 1373, où son Pere & son Ayeul sont rappellés.	*Même Protoc. aux mêmes Archives.*	74.
1403.	10 Mai.	13.° * Reconnoissance féodale à lui donnée, de la Véherie de Montfort, où son Pere & son Ayeul sont rappellés.	*Anc. Regist. coté Vialetti, aux mêmes Archives.*	455.

DE LA MAISON DE BEAUMONT.

Années.	Mois.	TITRES.	CARACTERES DES ACTES ET DÉPÔTS OU ILS SONT CONSERVÉS.	Pages des Preuves où ils sont imprimés.
1405.	28 Sept.	14.° Quittance de partie de la dot d'Eustachie de Montmayeur, son Epouse.	Archives Royales de la Cour de Turin.	320.
1407.	2 Mars.	15.° * Hommage à lui rendu par Jean *Chastagnii*, Notaire de Crolles, où son Pere est rappellé.	Anc. Regist. coté Vialetti, aux Archiv. de Baynac.	321.
1409.	18 Mai.	16.° * Sentence arbitrale entre lui & le même Jean *Chastagnii*.	Même Regist. aux mêmes Archives.	456.
1413.	5 Juin.	17.° Contrat de mariage d'Aynard I.er de Beaumont, Seigneur des Adrets, auquel il assiste.	Original aux mêmes Archives.	446.
1413.	30 Oct.	18.° Hommage par lui rendu au Dauphin, de ses Seigneuries de Beaumont & de Montfort.	Archives de la Chambre des Comptes de Dauphiné.	322.
1414.	11 Avril.	19.° Quittance de partie de la dot d'Eustachie de Montmayeur, son Epouse.	Archives Royales de la Cour de Turin.	321.
1415.	17 Mai.	20.° Requête au Conseil Delphinal, pour être mis en possession du Château de la Terrasse.	Original aux Archives du Château de Baynac.	323.
1417.	20 Oct.	21.° Reconnoissances féodales passées en sa faveur.	Protocole original de Motardini, aux mêmes Archives.	323.
1417.	12 Nov.	22.° Quittance par lui donnée, à Humbert de Beaumont, Seigneur d'Autichamp.	Extr. vers 1560 ; ancien Regist. aux mêmes Archiv.	426.
1426.	...	23.° * Moyens de Partage entre lui & Louis, son frere puîné, où ils rappellent leur Pere, & leur Ayeul.	Original aux mêmes Archives.	325.
1426.	23 Mai.	24.° * Transaction sur Partage entre les deux Freres, où ils rappellent également leur Pere & leur Ayeul.	Protocole original de Massonis, aux mêmes Archives.	326.
1427.	10 Mars.	25.° * Son Testament en faveur d'Amblard (IV) & d'Aymon, ses fils, où sa Mere est rappellée.	Original aux mêmes Archives.	326.
1428.	13 Févr.	26.° Hommage rendu au Dauphin, par Amblard (IV), son fils aîné, où il est rappellé.	Archives de la Chambre des Comptes de Dauphiné.	329.
1436.	28 Janv.	27.° Provisions données par Amblard (IV), son fils aîné, des Offices de Notaire & de Greffier de Montfort, où il est rappellé.	Protocole original de Massonis, aux Arch. du Château de Baynac.	330.
1464.	16 Févr.	28.° Contrat de mariage d'Aymon, son fils puîné, où il est rappellé.	Original aux mêmes Archives ; & anc. Regist. concernant Michel Cassard.	336.
1470.	2 Mai.	29.° Requête d'Aymon, son fils, au Parlement de Dauphiné où il est rappellé.	Copie du temps aux Arch. de Baynac.	339.
1488.	28 Mars.	30.° Transaction passée par Amblard (V), son petit-fils, où il est rappellé.	Copie du temps aux mêmes Archives.	346.

VII.me DEGRÉ.

Aymon de Beaumont, Seigneur de Beaumont, de Montfort, &c.

23 Titres, dont 11 de filiation, y compris six de fraternité, & neuf où il est rappellé.

1427.	10 Mars.	1.° * Testament de son Pere en sa faveur.	Original aux Archives du Château de Baynac.	326.
1444.	14 Avril.	2.° * Ratification par Henri de Beaumont, son oncle, d'un Compromis qu'il avoit passé en son nom, en présence d'Amblard, (son frere aîné).	Protocole original de Massonis, aux mêmes Archives.	332.

xcvj ÉTAT DES TITRES EN LIGNE DIRECTE

ANNÉES.	MOIS.	TITRES.	CARACTERES DES ACTES ET DÉPÔTS OU ILS SONT CONSERVÉS.	Pages des Preuves où ils sont imprimées.
1446.	27 Mars.	3.° * Testament de François II de Beaumont, Seigneur de la Frette, qui l'appelle à la substitution de ses biens, après Amblard (IV), son frere aîné.	Original aux Archives du Château de Baynac.	83.
1446.	7 Nov.	4.° * Confirmation faite par lui & par Amblard (IV), son frere aîné, du Pacte de Famille de 1373; dans laquelle Amblard I.er est rappellé.	Original aux mêmes Archives.	84.
1450.	16 Janv.	5.° * Contrat de mariage de Claude de Beaumont, Seigneur de la Frette, où il assiste avec Amblard (IV), son frere aîné.	Protocole original de Massonis, aux mêmes Archives.	85.
1463.	23 Déc.	6.° * Retrait par lui exercé, de la Terre de Lumbin, sur Philbert d'Arces, qui l'avoit acquise d'Amblard (IV), son frere aîné.	Original aux mêmes Archives.	335.
1464.	16 Févr.	7.° * Son Contrat de mariage avec GIRARDE CASSARD, où son Pere est rappellé, en présence d'Amblard (IV), son frere aîné.	Original aux mêmes Archives, & anc Regist, concernant Michel Cassard.	336.
vers 1465.	...	8.° * Mémoire des Cordeliers de Grenoble, contre Aymon & Amblard (IV), son frere aîné, à l'occasion du Codicile de Béatrix Alleman, leur Bisayeule.	Original aux Archives du Château de Baynac.	302.
1466.	16 Avril.	9.° Quittance de partie de la dot de Girarde Cassard, son Epouse.	Origin. anc. Regist, concernant Michel Cassard, aux mêmes Archives.	337.
1468.	10 Déc.	10.° Autre Quittance de partie de cette dot.	Origin. anc. Regist. idem.	338.
1469.	3 Avril.	11.° * Sentence arbitrale entre lui & Amb'ard (IV), son frere aîné d'une part, & Claude de Grolée, Dame de la Terrasse, d'autre part.	Original aux Arch. de la Terre du Château-Bayard.	338.
1470.	1 Mai.	12.° * Requête par lui présentée au Parlement de Dauphiné, où son Pere est rappellé ; avec un état des biens laissés par Amblard (IV), son frere, à sa mort.	Copie de l'écriture du tems, aux Archives de Baynac.	338.
1473.	7 Avril.	13.° Quittance de partie de la dot de Girarde Cassard, son Epouse.	Origin. anc. Regist, concernant Michel Cassard.	338.
1481.	8 Janv.	14.° * Son Testament en faveur d'Amblard (V), son fils aîné, & de ses autres enfans, où il rappelle Amblard I.er & Amblard II ses Bisayeul & Ayeul.	Protocole original de Panaterii, & Grosse aux Archives de Baynac.	341.
1481.	9 Avril.	15.° Investiture donnée par Girarde Cassard, sa veuve, comme Tutrice d'Amblard (V), leur fils.	Protocole original de Panaterii, aux mêmes Archives.	342.
1482.	8 Mars.	16.° Contrat de mariage de Françoise, sa fille, auquel assiste Girard Cassard, sa veuve.	Original aux mêmes Archives.	344.
1484.	21 Mai.	17.° Cession faite par ladite Dame, sa veuve, à Pierre de Montfort, leur gendre.	Original aux mêmes Archives.	343.
1488.	3 Janv.	18.° Autre Cession faite au même, par la même Dame, sa veuve, comme Tutrice d'Amblard (V), leur fils.	Original aux mêmes Archives.	344.
1488.	28 Mars.	19.° * Transaction passée par Amblard (V), son fils, assisté de ladite Dame, sa mere, avec Hector de Montaynard, dans laquelle Amblard IV), son frere; Amblard (III), son Pere, & Amblard (I.er), son Bisayeul, sont rappellés.	Copie de l'écriture du temps, aux mêmes Archiv.	346.

20.° Engagement

DE LA MAISON DE BEAUMONT. xcvij

ANNÉES.	MOIS.	TITRES.	CARACTERES DES ACTES ET DÉPÔTS OU ILS SONT CONSERVÉS.	Pages des Preuves où ils sont imprimées.
1488.	28 Mars.	20.° Engagement du Château de Montfort, par Amblard (V), son fils, assisté de Girarde Cassard, sa veuve.	Original aux Archives du Château de Baynac.	345.
1488.	28 Mars.	21.° Obligation passée par Amblard (V), son fils, assisté de ladite Dame, sa veuve.	Original aux mêmes Archives.	346.
1497.	1.er Juin.	22.° Testament de la même Dame, sa veuve, en faveur d'Amblard (V), leur fils.	Original aux mêmes Archives.	343.
1517.	4 Juin.	23.° Testament d'Amblard (V), son fils, où il est rappellé.	Origin. double aux mêmes Archives.	349.

VIII.me DEGRÉ.

AMBLARD V DE BEAUMONT, Écuyer, Seigneur de Beaumont, de Montfort, &c.

35 Titres, dont neuf de filiation, & neuf où il est rappellé.

ANNÉES.	MOIS.	TITRES.	CARACTERES DES ACTES ET DÉPÔTS OU ILS SONT CONSERVÉS.	Pages
1481.	8 Janv.	1.° * TESTAMENT de son Pere en sa faveur.	Prot. orig. de Panatetil, & Grosse aux Arch. de Bayn.	341.
1481.	9 Avril.	2.° * Investiture donnée par sa Mere, en qualité de sa Tutrice.	Même Protoc. aux mêmes Archives.	342.
1482.	8 Mars.	3.° * Contrat de mariage de Françoise, sa sœur, où sa Mere paroît en son nom, & comme sa Tutrice.	Original aux mêmes Archives.	344.
1488.	3 Janv.	4.° * Cession faite par sa Mere, en qualité de sa Tutrice.	Original aux mêmes Archives.	344.
1488.	28 Mars.	5.° * Transaction par lui passée, avec Hector de Montaynard, du consentement de sa Mere, autrefois sa Tutrice.	Copie de l'écriture du tems aux mêmes Archives.	346.
1488.	28 Mars.	6.° * Engagement du Château de Montfort, par lui passé, du consentement de sa Mere.	Original aux mêmes Archives.	345.
1488.	28 Mars.	7.° * Obligation par lui passée à Pierre de Montfort, son beau-frere, du consentement de sa Mere.	Original aux mêmes Archives.	346.
1499.	1.er Juin.	8.° * Testament de sa Mere en sa faveur.	Original aux mêmes Archives.	343.
1499.	3 Juillet.	9.° Procuration par lui passée, pour suivre ses Procès.	Cet Acte inséré dans la Sentence du 21 Septembre 1529, ci-dessous.	353.
1499.	10 Sept.	10.° Testament d'Aynard II de Beaumont, Seigneur des Adrets, qui l'appelle à la substitution de ses biens, après les Seigneurs de Saint-Quentin.	Expéd. anc. aux Archiv. de MM. de Saint-Quentin; & Copie du tems aux Arch. de Baynac.	206.
1504.	8 Sept.	11.° Son Contrat de mariage avec MARGUERITE ALLEMAN-DE SECHILLINE.	Copie de l'écriture du tems aux Archives de Baynac.	347.
1508.	4 Févr.	12.° Enquête faite à la Requête de Marguerite Richard-de Saint-Priest, veuve de Charles Alleman, Seigneur de Laval, qui prouve que Marguerite, leur fille, avoit épousé le Seigneur de Beaumont.	Original tiré du Château de Laval en Dauphiné, & actuellement aux Arch. du Palais Bourbon.	459.
1508.	13 Mars.	13.° Vente par lui faite à Laurent Alleman, Evêque de Grenoble, de ce qu'il possédoit à Bellechambre.	Original aux Archives du Château de Baynac.	459.
1508.	14 Mars.	14.° Ajournement à lui donné, pour paroître devant le Bailli de Graisivaudan.	Cet Acte inséré dans la Sentence du 21 Septembre 1529, ci-dessous.	352.

n

ÉTAT DES TITRES EN LIGNE DIRECTE

ANNÉES.	MOIS.	TITRES.	CARACTERES DES ACTES ET DÉPÔTS OÙ ILS SONT CONSERVÉS.	Pages des Preuves où ils sont imprimés.
1508.	2 Juin.	15.° Sentence du Bailliage de Graifivaudan, rendue contre lui, à l'occasion de la Jurifdiction du Touvet.	Inférée dans la Sentence du 21 Septembre 1529, ci-deffous.	352.
1508.	2 Juin.	16.° Ordre du Bailli de Graifivaudan, pour faire mettre cette Sentence à exécution.	Inféré dans la même Sentence.	352.
1515.	6 Sept.	17.° Arrêt du Parlement de Dauphiné, pour le remettre en poffeffion du Château de Montfort.	Anc. Regift. coté Vialetti, aux Archiv. de Baynac.	348.
1517.	4 Juin.	18.° * Son Teftament en faveur de Laurent, fon fils unique, où fon Pere eft rappellé.	Original confervé double aux mêmes Archives.	349.
1517.	12 Juin.	19.° Profeffion par lui faite de la Régle de Saint-Auguftin.	Original aux mêmes Archives.	350.
1517.	.. Juin.	20.° Requête par lui préfentée au Parlement de Dauphiné, pour faire pourvoir Laurent, fon fils, d'un Tuteur.	Cet Acte inféré dans la Sentence du 21 Septembre 1529, ci-deffous.	353.
1517.	30 Juin.	21.° Commiffion du Parlement, donnée en conféquence, pour faire affembler fes Parens.	Inférée dans la même Sentence.	355.
1517.	3 Juill.	22.° Ordre du Commiffaire du Parlement, pour faire affigner les Parens de Laurent, fon fils, où il eft nommé.	Inféré dans la même Sentence.	353.
1517.	7 Juillet.	23.° Acte de Tutèle de Laurent, fon fils, où il eft rappellé.	Cet Acte inféré en entier dans cette Sentence.	353.
1519.	17 Sept.	24.° Abandon fait en fa préfence, & de fon confentement, par Laurent, fon fils, d'une portion du Mandement de Montfort.	Original aux Archives du Château de Baynac.	463.
Vers 1520.	...	25.° Pièces du Procès de Laurent, fon fils, contre Guigues Coct, où il eft rappellé.	Anc. Regift. coté Vialetti, aux Archiv. de Baynac.	351.
1520.	8 Octob.	26.° Enquête faite dans ce Procès, par Laurent, fon fils, où il eft rappellé.	Origin. aux mêmes Regift.	465.
1526.	12 Févr.	27.° Procuration paffée au nom dudit Laurent, fon fils, où il eft rappellé.	Inférée dans la Sentence du 21 Septemb. 1529.	352.
1529.	3 Août.	28.° Procuration paffée par le Tuteur dudit Laurent, fon fils, où il eft rappellé.	Copie du temps à la fuite du Comp. de Tutèle, ci-deffous.	473.
1529.	23 Sept.	29.° Quittance donnée par fondit Fils, autorifé de fa préfence, à Laurent Alleman, Evêque de Grenoble, fon oncle, de la geftion de fa Tutèle.	Original aux Archives du Château de Baynac.	477.
1533. 1536. 1538.	10,11 Juin pénult. Février. 15 Mars.	30.° 31.° 32.° 33.° Reconnoiffances Féodales données à Laurent, fon fils, où il eft rappellé.	Grand Regift. origin. aux Arch. de la Terre de Crolles.	477= 480.
1534.	23 Juin.	34.° Arrêt du Parlement de Dauphiné, qui condamne Laurent, fon fils & fon héritier, à payer une fomme qu'il avoit empruntée.	Original aux Archives du Château de Baynac.	481.
1552.	5 Mars.	35.° Teftament de Laurent, fon fils, qui ordonne que fa penfion lui foit payée.	Original aux mêmes Archives.	358.

DE LA MAISON DE BEAUMONT.

Années.	Mois.	TITRES.	Caractères des Actes et Dépôts où ils sont conservés.	Pages des Preuves où ils sont imprimés.
		IX.ᵐᵉ DEGRÉ.		
		Laurent I.ᵉʳ de Beaumont, Chevalier, S.ᵍʳ de Beaumont, de Montfort, &c.		
		56 Titres, dont 15 de filiation, y compris quatre de népotisme, à l'égard de Laurent Alleman, son oncle maternel, & huit où il est rappellé.		
1517.	4 Juin.	1.° * Testament de son Pere en sa faveur.	Original conservé double aux Archives de Baynac.	349.
1517.	.. Juin.	2.° * Requête de son Pere au Parlement de Dauphiné, pour le faire pourvoir d'un Tuteur.	Cet Acte inséré dans la Sentence du 21 Sept. 1529.	353.
1517.	3 Juill.	3.° * Ordonnance du Commissaire du Parlement, pour faire assigner ses Parens, où son Pere est rappellé.	Cet Acte inséré dans la même Sentence.	353.
1517.	7 Juill.	4.° * Son Acte de Tutèle, exercé en présence de son Pere, de l'avis des principaux Seigneurs de sa Maison, par lequel on lui donne pour Tuteur Laurent Alleman, son oncle maternel.	Cet Acte inséré en entier dans la même Sentence.	353.
1519.	17 Sept.	5.° Abandon par lui fait, de l'autorité de Laurent Alleman, son Tuteur, & du consentement d'Amblard, son Pere, à Charles Alleman, Seigneur de Laval & de Séchillinne, d'une portion du Mandement de Montfort, pour lui tenir lieu de la moins-value de la Terre de Lumbin & Lumbiner, vendue au même par ledit Amblard.	Original aux Archives du Château de Baynac.	463.
1519.	4 Nov.	6.° * Procuration passée en son nom, par ledit Laurent Alleman, élu Evêque de Grenoble, son oncle & son Tuteur.	Original aux mêmes Archives.	350.
vers 1520.	...	7.° * Pièces de Procédures faites en son nom, contre Guigues Coct, touchant la Bannerie & la Véherie de Montfort, où son Pere est rappellé.	Original au Regist. coté; Vialetti, aux mêmes Arch.	351.
vers 1520.	...	8.° Sa Requête au Parlement de Grenoble, pour faire informer sur ce Procès.	Original au même Regist.	464.
1520.	8 Octob.	9.° Enquête faite à la Requête de Guigues Coct, dans ce Procès.	Original au même Regist.	464.
1520.	8 Octob.	10.° * Enquête faite à sa Requête, dans le même Procès, où son Pere est rappellé.	Original au même Regist.	465.
1523.	3 & 4 Juillet.	11.° Seconde Enquête faite à sa Requête, dans le même Procès.	Original au même Regist.	465= 470.
1526.	12 Févr.	12.° * Procuration passée en son nom, par Laurent Alleman, Evêque de Grenoble, son oncle & son Tuteur, où son Pere est rappellé.	Cet Acte inséré dans la Sentence du 21 Septembre 1529, ci-dessous.	352.
1429.	2 Avril.	13.° Lettres du Bailli de Graisivaudan, concernant sa Jurisdiction du Touvet.	Cet Acte inséré dans la même Sentence.	352.
1529.	3 Août.	14.° * Procuration de Laurent Alleman, Evêque de Grenoble, son oncle, pour rendre compte de sa Tutèle, dans laquelle son Pere est rappellé.	Copie du tems signée de deux Notaires, à la suite du Compte de Tutèle, ci-dessous.	473.

n ij

ÉTAT DES TITRES EN LIGNE DIRECTE

ANNÉES.	MOIS.	TITRES.	CARACTERES DES ACTES ET DÉPÔTS OU ILS SONT CONSERVÉS.	Pages des Preuves où ils sont imprimés.
1529.	21 Sept.	15.° Sentence du Commissaire nommé par le Parlement de Grenoble, rendue dans son Procès avec Guigues Guiffrey, Chevalier, à l'occasion de la Jurisdiction du Touvet.	Expédition du temps aux Archives du Château de Baynac.	352 & suiv.
1529.	22 Sept.	16.° * Compte de Tutèle à lui rendu, par Laurent Alleman, Evêque de Grenoble, son oncle, avec les paiemens faits durant la gestion de cette Tutèle.	Original aux mêmes Archives.	474= 476.
1529.	23 Sept.	17.° * Quittance par lui passée, du consentement de son Pere, à Laurent Alleman, Evêque de Grenoble, son oncle, de la gestion de sa Tutèle.	Original aux mêmes Archives.	477.
de 1533 à 1547.	...	18.° 19.° 20.° 21.° 22.° 23.° 24.° 25.° 26.° 27.° 28.° 29.° 30.° 31.° Reconnoissances féodales à lui données, dans quatre desquelles son Pere est rappellé, sans que la filiation soit exprimée.	Grand Regist. origin. coté de Ponte; aux Archives de la Terre de Crolles.	477 480.
1534.	23 Juin.	32.° * Arrêt du Parlement de Dauphiné, qui le condamne, comme héritier universel de son Pere, à payer une somme que celui-ci avoit empruntée en 1517.	Original aux Archives du Château de Baynac.	481.
1538.	1.er Déc.	33.° * Son Contrat de mariage avec DELPHINE DE VERNEUIL, en présence de Laurent Alleman, Evêque de Grenoble, son oncle.	Extrait vidimé le 23 Mars 1627, & autre Extrait vidimé en 1656, aux mêmes Archives.	354.
1541.	12 Sept.	34.° Hommage par lui rendu au Roi, de sa Seigneurie de Montfort.	Archives de la Chambre des Comptes de Dauphiné.	354.
1542.	19, 24, 29 & 30 Juillet.	35.° 36.° 37.° 38.° Requête par lui présentée au Parlement de Grenoble; Commission pour informer & information en conséquence, touchant sa Jurisdiction du Touvet.	Originaux aux Archives du Château de Baynac.	355.
1542.	26 Août.	39.° 40.° Déclaration faite en son nom; de ce qu'il tient en Fief & Arriere-Fief du Roi Dauphin, avec la Procuration passée à cet effet.	Archives de la Chambre des Comptes de Dauphiné.	356.
1550.	2 Avril.	41.° Son Testament olographe mutuel, & de Delphine de Verneuil, son épouse, en faveur de Laurent & Charles, leurs fils.	Minute origin. aux Arch. du Château de Baynac.	357.
1552.	5 Mars.	42.° * Son second Testament en faveur desdits Laurent & Charles, ses fils, où il recommande de payer la pension de son Pere.	Original aux mêmes Archives.	358.
1552.	6 Mars.	43.° Son Codicile en faveur dudit Laurent, son fils.	Original à la suite dudit Testament.	359.
1552.	12 Oct.	44.° Procuration par lui passée, comme Seigneur de Pompignan.	Cet Acte inséré dans la Transaction suivante.	359.
1552.	27 Nov.	45.° Transaction entre lui & les Administrateurs des Hôpitaux de Grenoble.	Original aux Archives du Château de Baynac.	359.
1554.	2 Févr.	46.° * Déclaration & Défi par lui faits, à l'occasion de M. l'Evêque de Grenoble, son oncle.	Archives de la Chambre des Comptes de Dauphiné.	437.
1561.	28 Févr.	47.° Arrêt du Parlement de Dauphiné, en sa faveur.	Original aux Archiv. du Château de Baynac.	360.
1565.	11 Sept. & suiv.	48.° Inventaire de ses biens & Titres, dressé à la Requête de Laurent (II), son fils aîné.	Origin. aux mêmes Arch. & un double aussi orig. aux Arc. de MM. de B. d'Auti.	363 & suiv.

DE LA MAISON DE BEAUMONT.

ANNÉES.	MOIS.	TITRES.	CARACTERES DES ACTES ET DÉPÔTS OU ILS SONT CONSERVÉS.	Pages des Preuves où ils sont imprimées.
1569.	29 Juill.	49.° Donation faite à Laurent (II), son fils aîné, où il est rappellé.	Original aux Archives de MM. de Beaum. d'Auti.	365.
1577.	2 Juill.	50.° Transaction entre Laurent (II) & Charles, ses fils, où il est rappellé avec Delphine de Verneuil, son épouse.	Grosse aux mêmes Archiv.	366.
1594.	12 Juill.	51.° Sentence du Bailliage de Grenoble, en faveur de Laurent, son fils aîné, où il est rappellé.	Expédition originale aux mêmes Archives.	368.
1595. 1596.	19, 20 Avril, & 22 Mai, 26 Avril.	52.° 53.° 54.° 55.° 56.° Reconnoissances féodales données à Laurent (II), son fils, où il est rappellé.	Papier terrier original contenant ces Reconnoissan. aux Archives de la Terre de Crolles.	477= 480.

§. V.

Seigneurs de Payrac, de Pompignan, & depuis d'Auti.

Xme DEGRÉ.

LAURENT II DE BEAUMONT, Seigneur de Beaumont, de Payrac, de Pompignan, &c. fils aîné de Laurent Ier & de Delphine de Verneuil.

36 Titres, dont 17 de filiation, y compris six de fraternité, & trois où il est rappellé.

ANNÉES.	MOIS.	TITRES.	CARACTERES.	Pages.
1550.	2 Avril.	1.° * TESTAMENT mutuel de ses Pere & Mere, en sa faveur.	Minute origin. aux Arch. du Château de Baynac.	357.
1552.	5 Mars.	2.° * Second Testament de son Pere, en sa faveur.	Origin. aux mêmes Arch.	358.
1552.	6 Mars.	3.° * Codicile de son Pere, en sa faveur.	Origin. aux mêmes Arch.	359.
1565.	2 Sept. & j. suiv.	4.° * Inventaire fait à sa Requête, des biens & Titres trouvés à Montfort & à Crolles, à la mort de son Pere.	Origin. aux mêmes Arch. & un double aussi orig. aux Arc. de MM. de B. d'Auti.	363.
1569.	29 Juill.	5.° * Donation en sa faveur, où son Pere est rappellé.	Original aux Archives de MM. de Beaum. d'Auti.	365.
1570.	11 Sept.	6.° Lettre de lui à M. de Gordes, Lieutenant du Roi en Dauphiné, au sujet du Baron des Adrets.	Origin. tiré des Arch. du Château de Laval, maintenant au Palais Bourbon.	483.
1577.	3 Mars.	7.° * Contrat de mariage de Charles, son frere puîné, où il est présent.	Minute origin. aux Arch. du Château de Baynac.	386.
1577.	11 Juin.	8.° * Son Contrat de mariage avec MARGUERITE DE PELEGRY, où Charles, son frere, est présent.	Expéd. de 1617, aux Archives de MM. de Beaum. d'Auti.	365.
1577.	2 Juillet.	9.° * Transaction entre lui & Charles, son frere puîné, où leur Pere & Mere sont rappellés.	Grosse aux mêmes Arch.	366.
1585.	17 Août.	10.° Vente par lui faite.	Origin. aux mêmes Arch.	367.
1586.	3 Juin.	11.° * Procuration par lui passée, à Charles, son frere.	Original aux Archives du Château de Baynac.	367.

ANNÉES.	MOIS.	TITRES.	CARACTÈRES DES ACTES ET DÉPÔTS OÙ ILS SONT CONSERVÉS.	Pages des Preuves où ils sont imprimés.
1594.	22 Janv.	12.° * Vidimus fait à la Requête de Charles, son frere, comme chargé de sa Procuration.	Original aux Archives du Château de Baynac.	492.
1594.	16 Févr.	13.° Hommage par lui fait en la Chambre des Comptes de Dauphiné, des Seigneuries de Beaumont, de Crolles & de Montfort.	Archives de la Chambre des Comptes de Dauphiné.	367.
1594.	12 Juill.	14.° * Sentence du Bailliage de Grenoble, en sa faveur, où son Pere est rappellé.	Expédition originale aux Arc. de MM. de B. d'Auti.	368.
de 1595 à 1607.	...	15.° 16.° * 17.° * 18.° * 19.° 20.° * 21.° 22.° 23.° 24.° 25.° 26.° 27.° 28.° 29.° 30.° 31.° Dix-sept Reconnoissances féodales à lui données par ses Tenanciers de Crolles & de Montfort, dans quatre desquelles son Pere est rappellé.	Gros Vol. contenant ces Reconnoissances originales aux Arch. de la Terre de Crolles.	484= 487.
1596.	30 Avril.	32.° * Vente faite en son nom, par Charles, son frere, chargé de sa Procuration.	Original aux Archiv. de MM. de Beaumont-d'Auti.	367.
1603.	26 Nov.	33.° * Quittance générale par lui donnée à Charles, son frere.	Original aux Archives du Château de Baynac.	368.
1607.	30 Oct.	34.° Son Testament en faveur de Laurent-Philbert, son fils aîné, & de ses autres enfans.	Original aux Archiv. de MM. de Beaumont-d'Auti.	369.
1611.	17 Oct.	35.° Contrat de mariage de Laurent-Philbert, son fils, où il est rappellé.	Copie collation. de 1712, aux mêmes Archives.	369.
1613.	8 Mars.	36.° Lettres Royaux en faveur de Laurent-Philbert, son fils, où il est rappellé.	Original aux mêmes Archives.	370.

XI.ᵐᵉ DEGRÉ.

LAURENT-PHILBERT DE BEAUMONT, Seigneur de Beaumont, de Pompignan, de Payrac, &c.

10 Titres, dont trois de filiation, & trois où il est rappellé.

ANNÉES.	MOIS.	TITRES.	CARACTÈRES DES ACTES ET DÉPÔTS OÙ ILS SONT CONSERVÉS.	Pages.
1607.	30 Oct.	1.° * TESTAMENT de son Pere en sa faveur.	Original aux Archiv. de MM. de Beaumont-d'Auti.	369.
1611.	17 Oct.	2.° * Son Contrat de mariage avec CATHERINE DE CLERMONT-DE GOURDON; où ses Pere & Mere sont rappellés.	Copie collation. de 1712, aux mêmes Archives.	369.
1613.	8 Mars.	3.° * Lettres de Bénéfice d'Inventaire, en sa faveur, où son Pere est rappellé.	Original aux mêmes Archives.	370.
1614.	22 Août.	4.° * Déclaration faite par Laurent de Beaumont, Seigneur du Repaire, (son cousin germain,) au sujet d'une somme qu'il lui devoit.	Original aux Archives du Château de Baynac.	370.
1617.	1.ᵉʳ Janv.	5.° Vente par lui faite des Terres de Beaumont, de Montfort & de Crolles.	Inventaire des Titres de la Ch. des Comptes de Dauphiné.	371.
1617.	24 Mars.	6.° Remise de Titres par lui faite, en vertu de cette Vente.	Original aux Archiv. de MM. de Beaumont-d'Auti.	371.
1654.	27 Janv.	7.° Contrat de mariage de Laurent (III), son fils, auquel il assiste avec son Epouse.	Copie collationnée aux mêmes Archives.	371.

DE LA MAISON DE BEAUMONT.

ANNÉES.	MOIS.	TITRES.	CARACTERES DES ACTES ET DÉPÔTS OU ILS SONT CONSERVÉS.	Pages des Preuves où ils sont imprimées.
1654.	17 Août	8.° Arrêt du Parlement de Toulouse, en faveur de Laurent (III), son fils, où il est rappellé.	Expéd. aux Archives de MM. de Beaum. d'Auti.	372.
1666.	4 Déc.	9.° Autre Arrêt du même Parlement, en faveur du même, où il est rappellé.	Copie collationnée aux mêmes Archives.	373.
1671.	4 Janv.	10.° Jugement de maintenue de Noblesse en faveur du même, où il est rappellé.	Original aux Archives du Cabinet de l'Ordre du Saint-Esprit.	373.

XII.ᵐᵉ DEGRÉ.

LAURENT III DE BEAUMONT, Seigneur de Pompignan, de Payrac, &c.

10 Titres, dont quatre de filiation, & cinq où il est rappellé.

ANNÉES.	MOIS.	TITRES.	CARACTERES DES ACTES ET DÉPÔTS OU ILS SONT CONSERVÉS.	Pages
1654.	27 Janv.	1.° * SON CONTRAT de mariage avec HÉLÈNE DE CHEVERY-DE LA RÉULE, où son Pere est rappellé.	Copie collationnée aux Arch. de MM. de Beaum. d'Auti.	371.
1654.	17 Août	2.° * Arrêt du Parlement de Toulouse, en sa faveur, où son Pere est rappellé.	Expédition originale aux mêmes Archives.	373.
1666.	4 Déc.	3.° * Autre Arrêt du même Parlement, où ses Pere & Mere sont rappellés.	Copie collationnée aux mêmes Archives.	373.
1671.	4 Janv.	4.° * Jugement de maintenue de Noblesse, en sa faveur, où son Pere est rappellé.	Original aux Archives du Cabinet de l'Ordre du Saint-Esprit.	373.
1674. 1675.	5 Mars. 17 Juill.	5.° Vérification faite à sa Requête du Testament d'Aymon de Beaumont, (son IV.ᵐᵉ Ayeul.)	Original aux Archiv. de MM. de Beaum. d'Auti.	374.
1675.	18 Déc.	6.° Sentence du Bailliage de Grenoble, en faveur de Gratien, son fils, & de ses autres enfans, dans laquelle il est rappellé.	Expédition originale aux mêmes Archives.	375.
1682.	15 Sept.	7.° Arrêt du Parlement de Toulouse, en faveur de Laurent (IV), son fils aîné, contre Gratien & ses autres enfans puînés, où il est rappellé.	Copie collationnée aux mêmes Archives.	376.
1710.	18 Août	8.° Contrat de mariage de Gratien, son fils, où il est rappellé avec feûe Hélène de Chevery, son Epouse.	Grosse aux mêmes Arch.	377.
1712.	22 Août	9.° Arrêt du Parlement de Dauphiné, contre Gratien & ses autres enfans, où il est rappellé.	Expédition originale aux mêmes Archives.	377.
1718.	1.ᵉʳ Juin.	10.° Arrêt du même Parlement, touchant le Procès de Gratien & de ses autres enfans, où il est rappellé.	Expédition originale aux mêmes Archives.	378.

XIII.ᵐᵉ DEGRÉ.

GRATIEN DE BEAUMONT, Seigneur de Pompignan, &c.

Neuf Titres, dont cinq de filiation, & trois où il est rappellé.

ANNÉES.	MOIS.	TITRES.	CARACTERES	Pages
1675.	18 Déc.	1.° * SENTENCE du Bailliage de Grenoble en faveur des enfans mineurs de Laurent III, (non nommés.)	Expéd. origin. aux Arch. de MM. de Beaum. d'Auti.	375.

ANNÉES.	MOIS.	TITRES.	CARACTERES DES ACTES ET DÉPÔTS OU ILS SONT CONSERVÉS.	Pages des Preuves où ils sont imprimés.
1682.	15 Sept.	2.° * Arrêt du Parlement de Toulouse, en faveur de Laurent (IV), son frere aîné, contre lui & contre ses freres puînés, où leur Pere est rappellé.	Copie collation. aux Archives de MM. de Beaumont d'Auti.	376.
1710.	18 Août.	3.° * Son Contrat de mariage avec THÉRÈSE DE LONGUET-DE LA BASTIDETTE, où ses Pere & Mere sont rappellés.	Grosse aux mêmes Archiv.	377.
1712.	22 Août.	4.° * Arrêt du Parlement de Dauphiné, qui le déboute, ainsi que ses freres puînés, de la réclamation des Terres de Beaumont & de Montfort, où leur Pere est rappellé.	Expédition originale aux mêmes Archives.	377.
1712.	22 Août.	5.° * Arrêt du même Parlement, contre lui & ses freres, qui rappelle leur Pere, & où sont visés les Testamens d'Amblard (III), son IV.e ayeul, & celui d'Aymon, son V.e ayeul.	Expédition originale aux mêmes Archives.	377.
1712.	12 Nov.	6.° Extrait de Baptême de Jacques, son fils, où il est rappellé avec son Epouse.	Extr. légalisé aux mêmes Archives.	487.
1713.	24 Oct.	7.° Son Extrait de mort.	Extr. légalisé aux mêmes Archives.	439.
1718.	1er Juin.	8.° Arrêt du Parlement de Dauphiné, en faveur de Laurent (IV), son frere aîné, où il est nommé avec ses autres freres puînés.	Expédition originale aux mêmes Archives.	378.
1742.	3 Juillet.	9.° Contrat de mariage de Jacques, son fils, où il est rappellé avec son Epouse.	Grosse aux mêmes Archiv.	379.

XIV.me DEGRÉ.

JACQUES DE BEAUMONT, Seigneur de Payrac, d'Auti, &c.

12 Titres, dont deux de filiation, & sept où il est rappellé.

ANNÉES.	MOIS.	TITRES.	CARACTERES DES ACTES ET DÉPÔTS OU ILS SONT CONSERVÉS.	Pages.
1712.	12 Nov.	1.° * SON EXTRAIT de Baptême, où ses Pere & Mere sont rappellés.	Extr. légalisé aux Arch. de MM. de Beaum. d'Auti.	379.
1742.	3 Juillet.	2.° * Son Contrat de mariage, avec THÉRÈSE DE LONGUET-DE LA BASTIDETTE, où ses Pere & Mere sont rappellés.	Grosse aux mêmes Arch.	379.
1742.	3 Juillet.	3.° L'Extrait de célébration de son mariage.	Extr. légalisé aux mêmes Archives.	379.
de 1743 à 1750.	....	4.° 5.° 6.° 7.° 8.° Extraits de Baptême d'Abraham-Jacques, de François, de Bertrand, de Guillaume-Joseph & de Marie-Thérèse, ses enfans, où il est rappellé, avec son Epouse.	Extr. légalisé aux mêmes Archives.	380.
1764.	14 Août.	9.° Acquisition par lui faite de la Terre d'Auti.	Grosse aux mêmes Archiv.	379.
1768.	16 Sept.	10.° Contrat de mariage d'Abraham (-Jacques), son fils, où il est rappellé avec son Epouse.	Grosse aux mêmes Archiv.	381.
1769.	8 Octob.	11.° Extrait de Baptême de Christophe-François, son petit-fils, où il est présent, ainsi que son Epouse.	Extr. légalisé aux mêmes Archives.	383.
1774.	15 Nov.	12.° Contrat de mariage de Marie-Thérèse, sa fille, où il est nommé avec son Epouse.	Grosse.	382.

XV.ᵐᵉ DEGRÉ.

ABRAHAM-JACQUES DE BEAUMONT, Marquis d'Auti, &c.

10 Titres, dont trois de filiation, & deux où il est rappelé.

ANNÉES.	MOIS.	TITRES.	CARACTÈRES DES ACTES ET DÉPÔTS OÙ ILS SONT CONSERVÉS.	Pages des Preuves où ils sont imprimés.
1743.	18 Avril.	1.º * Son Extrait de Baptême, où ses Pere & Mere sont rappellés.	Extr. légalisé aux Arch. d'Auti.	380.
1759.	21 Avril.	2.º Son Certificat de Cornette.	Origin. aux mêmes Arch.	380.
1765.	1.ᵉʳ Mars.	3.º Sa Commission de Capitaine de Dragons.	Origin. aux mêmes Arch.	381.
1768.	16 Sept.	4.º * Son Contrat de mariage avec MARGUERITE RICHÉ-DE BEAUPRÉ, où ses Pere & Mere sont rappellés.	Grosse aux mêmes Arch.	381.
1769.	8 Oct.	5.º * Extrait de Baptême de Christophe-François, son fils, où il est rappellé, avec ses Pere & Mere.	Extr. légalisé aux mêmes Archives.	383.
1774.	11 Juin.	6.º Sa Commission de Colonel du Régiment Provincial de Châlons.	Original aux mêmes Archives.	382.
1774.	15 Nov.	7.º Contrat de mariage de Marie-Thérèse, sa sœur, où il est présent.	Original aux mêmes Archives.	382.
1776.	18 Avril.	8.º Sa Commission de Mestre-de-Camp de Cavalerie.	Original aux mêmes Archives.	488.
1777.	21 Avril.	9.º Sa Lettre de Chevalier de Saint-Louis.	Original aux mêmes Archives.	488.
1777.	5 Juill.	10.º Acquisition par lui faite du Marquisat de Puiguilhen, au nom de Christophe-François, son fils.	Grosse aux mêmes Archiv.	488.

XVI.ᵐᵉ DEGRÉ.

CHRISTOPHE-FRANÇOIS DE BEAUMONT.

1769.	8 Oct.	1.º * Son Extrait de Baptême, où ses Pere & Mere sont rappellés.	Extr. légalisé aux Arch. d'Auti.	383.
1777.	5 Juill.	Et 2.º * Acquisition faite par son Pere, en son nom, du Marquisat de Puiguilhen.	Grosse aux mêmes Archiv.	488.

§. VI.
Seigneurs du Repaire.

X.ᵐᵉ DEGRÉ.

CHARLES DE BEAUMONT, Seigneur de Montfort, de Payrac, puis du Repaire, fils puîné de Laurent I.ᵉʳ & de Delphine de Verneuil.

26 Titres, dont neuf de filiation, y compris six de fraternité, & deux où il est rappellé.

1550.	2 Avril.	1.º * Testament mutuel de ses Pere & Mere, en sa faveur.	Minute origin. aux Arch. du Château de Baynac.	357.

ÉTAT DES TITRES EN LIGNE DIRECTE

Années.	Mois.	TITRES.	Caractères des Actes et Dépôts où ils sont conservés.	Pages des Preuves où ils sont imprimés.
1552.	5 Mars.	2.° * Second Testament de son Pere, en sa faveur.	Original aux Archives du Château de Baynac.	358.
1568.	10 Juin.	3.° Rôle de la Compagnie d'Ordonnance de M. de Clermont - Lodève, où il est compris comme Homme d'armes.	Original aux Archives du Cabin. de l'Ord. du Saint-Esprit.	
1577.	5 Mars.	4.° * Son Contrat de mariage avec ANTOINETTE DU POUGET, Dame du Repaire, auquel assiste Laurent II, son frere aîné.	Minute origin. aux Arch. du Château de Baynac.	386.
1577.	12 Juin.	5.° * Contrat de mariage de Laurent II, son frere aîné, auquel il assiste.	Expéd. de 1617, aux Archives de MM. de Beaum. d'Auti.	365.
1577.	2 Juillet.	6.° * Transaction entre lui & Laurent II, son frere aîné, où leur Pere & Mere sont rappellés.	Grosse aux mêmes Archiv.	366.
1577.	30 Oct.	7.° Certificat de Services militaires en sa faveur.	Original aux Archives du Château de Baynac.	386.
1580.	18 Nov.	8.° Transaction entre lui & Jeanne d'Aubusson, sa belle-sœur.	Original aux mêmes Archives.	387.
1581.	9 Janv.	9.° Ratification de la Transaction précédente, par Antoinette du Pouget, Dame du Repaire, sa femme.	Original à la suite de l'Acte précédent.	387.
1581.	28 Avril.	10.° Quittance à lui donnée par Jeanne d'Aubusson, sa belle-sœur.	Original à la suite des deux Actes précédens.	388.
1582.	3 Janv.	11.° Quittance à lui donnée, par la même Jeanne d'Aubusson.	Origin. au Regist. coté †, aux Archiv. de Baynac.	491.
1582.	26 Juill.	12.° Autre Quittance à lui donnée & à son Epouse, par la même.	Original aux mêmes Archives.	388.
1586.	3 Juin.	13.° * Procuration à lui passée, par Laurent II, son frere aîné.	Original aux mêmes Archives.	367.
1586.	16 Sept.	14.° Retrait féodal par lui exercé.	Origin. au Regist. coté †, aux Archives, de Baynac.	491.
1587.	13 Mai.	15.° Quittance à lui donnée & à son Epouse, par Jeanne d'Aubusson, sa belle-sœur.	Original aux mêmes Archives.	388.
1589.	23 Févr.	16.° Autre quittance à lui donnée, par la même.	Origin. aux mêmes Arch.	492.
1594.	22 Janv.	17°. * Vidimus d'un Livre de Reconnoissances, fait à sa Requête, comme chargé de la Procuration de Laurent II, son frere aîné.	Original aux mêmes Archives.	492.
1595.	30 Juill.	18.° Contrat de mariage de Laurent, son fils, où il assiste avec Antoinette du Pouget, son Epouse.	Original aux mêmes Archives.	390.
1596.	30 Avril.	19.° * Vente par lui faite, comme fondé de Procuration de Laurent II, son frere aîné.	Original aux Archives de MM. de Beaum. d'Auti.	367.
1600. 1602. 1604.	11 Déc. 30 Mars. 12 Mars.	20.° Obligation par lui passée, avec quittances des sommes contenues dans cette Obligation.	Origin.ᵉ au Regist. coté †, aux Archiv. de Baynac.	493.
1603.	1.er Oct.	21.° Quittance par lui donnée au nom de Laurent, son fils, de la dot de Marguerite de Salignac, sa brû.	Original au même Regist. mêmes Archives.	493.
1603.	15 Oct.	22.° Quittance par lui donnée au nom de Laurent, son fils.	Grosse aux mêmes Archiv.	388.
1603.	26 Nov.	23.° * Quittance générale à lui donnée, par Laurent II, son frere.	Original aux mêmes Archives.	368.
1605.	24 Sept.	24.° Son Testament en faveur de Laurent, son fils.	Expédition de 1632 aux mêmes Archives.	389.
1605.	20 Nov.	25.° Contrat de mariage de Laurent, son fils, où il est rappellé, & où sa Veuve assiste.	Expédition de 1656 aux mêmes Archives.	391.
1614.	22 Juill.	26.° Quittance donnée à Laurent, son fils, où il est rappellé.	Origin. aux mêmes Arch.	393.

DE LA MAISON DE BEAUMONT.

ANNÉES.	MOIS.	TITRES.	CARACTÈRES DES ACTES ET DÉPÔTS OÙ ILS SONT CONSERVÉS.	Pages des Preuves où ils sont imprimés.
		XIme DEGRÉ. LAURENT DE BEAUMONT, Seigneur du Repaire, &c. *15 Titres, dont six de filiation, & trois où il est rappellé.*		
1595.	10 Juill.	1.° * Son CONTRAT de mariage avec MARGUERITE DE SALIGNAC-DE LA MOTTE-FÉNELON, auquel assistent ses Pere & Mere.	Original aux Archives du Château de Baynac.	390.
1603.	9 Juillet.	2.° * Quittance donnée en son nom, par son Pere, de la dot de feüe Marguerite de Salignac, son épouse.	Origin. au Regist. coté †, aux mêmes Archives.	493.
1603.	15 Oct.	3.° * Quittance donnée en son nom, par son Pere, à François de Salignac-de la Motte-Fénelon.	Grosse aux mêmes Archiv.	388.
1605.	24 Sept.	4.° * Testament de son Pere, en sa faveur.	Expédition de 1632, aux mêmes Archives.	389.
1605.	20 Nov.	5.° * Son Contrat de mariage avec FRANÇOISE DE CHAUNAC-DE LANSAC, où son Pere est rappellé & où sa Mere est présente.	Expédition de 1656, aux mêmes Archives.	391.
1606.	21 Juill.	6. Transaction entre lui & François de Salignac-de la Motte-Fénelon.	Original aux mêmes Archives.	391.
1607.	1.^{er}Août.	7.° Cautionnement par lui passé, en faveur d'Armand de Gontaud, Seigneur d'Andaux.	Original aux mêmes Archives.	392.
1610.	18 Oct.	8.° Quittance à lui donnée, par François de Salignac-de la Motte-Fénelon.	Original aux mêmes Archives.	392.
1611.	12 Mai.	9.° Autre quittance à lui donnée de la restitution de la dot de Marguerite de Salignac, sa Iere épouse.	Origin. au Regist. coté †, aux mêmes Archives.	495.
1612.	9 Févr.	10.° Autre quittance à lui donnée, pour le même objet.	Origin. au même Regist. mêmes Archives.	496.
1614.	22 Juill.	11.° * Quittance à lui donnée, d'un legs fait par son Pere.	Original aux mêmes Archives.	393.
1614.	22 Août.	12.° Délégation d'une somme à lui dûe, par Laurent-Philbert de Beaumont, Seigneur de Pompignan, (son cousin germain.)	Original aux mêmes Archives.	393.
1633.	17 Mai.	13.° Contrat de mariage de Barthélemi, son fils aîné, auquel il assiste.	Copie collation. de 1674, mêmes Archives.	394.
1645.	24 Févr.	14.° Son Testament en faveur de Barthélemi, son fils aîné, & de ses autres enfans.	Original aux mêmes Archives.	393.
1668.	15 Mars.	15.° Jugement de Noblesse, en faveur de Barthélemi, son fils aîné, dans lequel il est rappellé, avec Françoise de Chaunac-de Lansac, sa seconde épouse.	Original aux Archiv. du Cabin. de l'Ord. du Saint-Esprit.	396.
		XIIme DEGRÉ. BARTHÉLEMI DE BEAUMONT, Seigneur du Repaire, &c. *Neuf Titres, dont trois de filiation, & trois où il est rappellé.*		
1633.	17 Mai.	1.° * Son CONTRAT de mariage avec LOUISE DE BAYNAC-DE LA ROQUE, auquel son Pere est présent.	Copie collation. de 1674, aux Archives du Château de Baynac.	394.

o ij

ANNÉES.	MOIS.	TITRES.	CARACTERES DES ACTES ET DÉPÔTS OÙ ILS SONT CONSERVÉS.	Pages des Preuves où ils sont imprimés.
1645.	24 Févr.	2.º * Testament de son Pere, en sa faveur.	*Original aux Archives du Château de Baynac.*	393.
1647.	18 Mars.	3.º Lettres de Committimus en sa faveur, comme Gentilhomme ordinaire de la Chambre du Roi.	*Original aux mêmes Archives.*	394.
1653.	15 Mars.	4.º Lettre missive, à lui adressée, comme Commandant pour le Roi à Domme.	*Original aux mêmes Archives.*	395.
1667.	12 Mars.	5.º Son Testament en faveur de François, & de ses autres enfans.	*Original aux mêmes Archives.*	395.
1668.	15 Mars.	6.º * Jugement de maintenue de Noblesse, rendu en sa faveur, où son Pere est rappellé.	*Original aux Archiv. du Cabin. de l'Ord. du Saint-Esprit.*	396.
1679.	18 Janv.	7.º Testament de Louise de Baynac, sa veuve, en faveur de François & de ses autres enfans.	*Original aux Archives du Château de Baynac.*	397.
1679.	27 Janv.	8.º Procès-Verbal d'apposition de scellé, après la mort de ladite Dame, où François & ses autres enfans sont nommés.	*Original aux mêmes Archives.*	398.
1699.	4 Janv.	9.º Contrat du second mariage de François, son fils, où il est rappellé, avec ladite Dame, son épouse.	*Original aux mêmes Archives.*	401.

XIII.ᵐᵉ DEGRÉ.

FRANÇOIS DE BEAUMONT, Comte de la Roque, du Repaire, &c.

18 Titres, dont cinq de filiation, & quatre où il est rappellé.

1667.	12 Mars.	1.º * TESTAMENT de son Pere en sa faveur.	*Original aux Archives du Château de Baynac.*	395.
1668.	15 Mars.	2.º * Jugement de maintenue de Noblesse, rendue en sa faveur, & en faveur de son Pere, sur Titres remontés à l'an 1334, & par filiation à Amblard V, son IV.ᵐᵉ Ayeul.	*Original aux Archiv. du Cabin. de l'Ord. du Saint-Esprit.*	396.
1677.	24 Févr.	3.º Son Brevet de Guidon de la Compagnie des Gendarmes d'Orléans.	*Original aux Archives du Château de Baynac.*	398.
1677.	24 Déc.	4.º Confirmation de ce Brevet, par Monsieur, frere du Roi.	*Original aux mêmes Archives.*	398.
1679.	18 Janv.	5.º * Testament de sa Mere, en sa faveur.	*Origin. aux mêmes Arch.*	397.
1679.	27 Janv.	6.º * Procès-verbal d'apposition de scellé, après la mort de sa Mere, où il est nommé.	*Original aux mêmes Archives.*	398.
1686.	6 Avril.	7.º Congé à lui donné, comme Guidon des Gendarmes d'Orléans.	*Original aux mêmes Archives.*	399.
1688.	9 Mars.	8.º Traité de sadite Charge de Guidon des Gendarmes d'Orléans.	*Original aux mêmes Archives.*	399.
1688.	18 Mars.	9.º Obligation en sa faveur, relativement à la même Charge.	*Original aux mêmes Archives.*	399.
1690.	15 Juill.	10.º Son Contrat de mariage avec JEANNE D'AUBUSSON-DE MIREMONT.	*Original aux mêmes Archives.*	400.
1695.	22 Févr.	11.º Commission du Roi, à lui adressée, pour l'imposition de la Capitation de la Noblesse de Sarlat.	*Original aux mêmes Archives.*	400.

DE LA MAISON DE BEAUMONT.

ANNÉES.	MOIS.	TITRES.	CARACTERES DES ACTES ET DÉPÔTS OU ILS SONT CONSERVÉS.	Pages des Preuves où ils sont imprimés.
1698.	25 Mars.	12.° Brevet d'Armoiries, en son nom.	Original aux Archives du Château de Baynac.	400.
1699.	4 Janv.	13.°* Contrat de son second mariage, avec MARIE-ANNE-DE LOSTANGES-DE SAINT-ALVAIRE, où son Pere est rappellé.	Original aux mêmes Archives.	401.
1700. 1702.	13 Juill. 8 Janv.	14.° 15.° Extraits de Baptême de Simon-Armand & de Louis leurs fils.	Extr. légalisé aux mêmes Archives.	402. 403.
1704.	28 Avril.	16.° Son Testament en faveur d'Armand, (Simon-Armand) son fils aîné, & de ses autres enfans.	Original aux mêmes Archives.	401.
1724.	28 Mars & 24 Avril.	17.° Articles & Contrat de mariage d'Armand, (Simon-Armand) son fils aîné, où il est rappellé, avec Marie-Anne de Lostanges-de-Saint-Alvaire, son épouse.	Original aux mêmes Archives.	403.
1747.	17 Déc.	18.° Preuves de Noblesse de Christophe, leur fils puiné, Archevêque de Paris, pour sa réception dans l'Ordre du Saint-Esprit, dans lesquelles ils sont également rappellés.	Original aux Archiv. du Cabin. de l'Ord. du Saint-Esprit.	416.

XIVme DEGRÉ.

SIMON-ARMAND DE BÉAUMONT, Comte de la Roque, Seigneur du Repaire, &c.

11 *Titres, dont trois de filiation, & cinq où il est rappellé.*

ANNÉES.	MOIS.	TITRES.	CARACTERES DES ACTES ET DÉPÔTS OU ILS SONT CONSERVÉS.	Pages.
1700.	13 Juill.	1.°* SON EXTRAIT de Baptême, où ses Pere & Mere sont rappellés.	Extr. légalisé aux Arch. du Château de Baynac.	402.
1704.	28 Avril.	2.°* Testament de son Pere en sa faveur.	Origin. double aux mêmes Archives.	401.
1724.	15 Mars & 24 Avril.	3.°* Articles & Contrat de son mariage avec MARIE-ANNE DE FAURIE, où ses Pere & Mere sont rappellés.	Original aux mêmes Archives.	403.
1728. 1731.	29 Avril. 2 Déc.	4.° 5.° Extraits de Baptême de Louis-Claude & de Christophe, ses fils, où il est rappellé avec ladite Dame, son Epouse.	Extr. légalisé aux mêmes Archives.	405.
1743.	22 Déc.	6.° Acquisition par lui faite de la Terre de Sainte-Sabine.	Original aux mêmes Archives.	404.
1761.	5 Janv.	7.° Contrat de mariage de Louis, son fils aîné, auquel il assiste avec son Epouse.	Grosse.	407.
1761.	10 Mars.	8.° Acte de célébration de mariage de Christophe, son second fils, où il est rappellé avec son Epouse.	Grosse aux mêmes Archiv.	408.
1761.	16 Mars.	9.° Contrat de mariage du même Christophe, où il est rappellé avec son Epouse.	Extr. légalisé aux mêmes Archives.	408.
1768.	3 Janv.	10.° Contrat de mariage d'Antoine, son troisieme fils, où il assiste par Procureur, ainsi que son Epouse.	Grosse.	413.
1773.	16 Janv.	11.° Son Testament en faveur de Louis, Christophe & Antoine, ses fils.	Original aux Archives de Baynac.	497.

ÉTAT DES TITRES EN LIGNE DIRECTE

ANNÉES.	MOIS.	TITRES.	CARACTERES DES ACTES ET DÉPÔTS OU ILS SONT CONSERVÉS.	Pages des Preuves où ils sont imprimés.
		XV.ᵐᵉ DEGRÉ. CHRISTOPHE, MARQUIS DE BEAUMONT, II.ᵈ fils de Simon-Armand. *29 Titres, dont trois de filiation, & 12 où il est rappellé.*		
1731.	2 Déc.	1.° * SON EXTRAIT de Baptême, où ses Pere & Mere sont rappellés.	Extr. légalisé aux Archiv. du Château de Baynac.	405.
1746.	7 Avril.	2.° Sa Lettre de second Enseigne aux Gardes Françoises.	Original aux mêmes Archives.	406.
1752.	7 Mai.	3.° Sa Lettre de Sous-Lieutenant aux Gardes.	Origin. aux mêmes Arch.	406.
1757 = 1771.	....	4.° 5.° 6.° 7.° Lettres à lui écrites par différens Ministres.	Original aux mêmes Archives.	407.
1757.	1.ᵉʳ Mars.	8.° Ordre du Roi, pour faire les fonctions d'Ayde Major-Général de l'Infanterie.	Original aux mêmes Archives.	406.
1759.	10 Févr.	9.° Commission de Colonel du Régiment d'Infanterie de la Fere.	Original aux mêmes Archives.	406.
1759.	25 Mars.	10.° Sa Nomination à l'Ordre Militaire de Saint-Louis.	Original aux mêmes Archives.	406.
1761.	10 Mars.	12.° * Acte de célébration de son mariage, avec MARIE-CLAUDE DE BAYNAC, où ses Pere & Mere sont rappellés.	Extr. légalisé aux mêmes Archives.	408.
1761.	16 Mars.	11.° * Son Contrat de mariage avec MARIE-CLAUDE DE BAYNAC, où ses Pere & Mere sont rappellés.	Grosse aux mêmes Arch.	408.
1765 = 1774.	....	13.° 14.° 15.° 16.° 17.° 18.° 19.° 20. 21.° Extraits de Baptême de leurs enfans, où ils sont rappellés.	Extr. légalisé aux mêmes Archives.	409.
1766.	1.ᵉʳ Sept.	22.° Lettre de pension à lui accordée, par le Roi, sur l'Ordre de Saint-Louis.	Original aux mêmes Archives.	406.
1768.	3 Janv.	23.° Testament de Marie-Claude de Baynac, Comtesse de Bonneval, en faveur de son Epouse, nièce de ladite Dame.	Expédition originale aux mêmes Archives.	411.
1768. 1770.	2 Avril. Mars.	24.° 25.° Brefs de minorité d'Antoine-François-Claude-Marie-Christophe, & de Christophe-Armand-Victoire, leurs fils, pour l'Ordre de Malte.	Original aux mêmes Archives.	412. 413.
1768.	20 Avril.	26.° Son Brevet de Brigadier d'Infanterie.	Origin. aux mêmes Arch.	406.
1770.	1.ᵉʳ Mai.	27.° Son Brevet de Menin de Monseigneur le Dauphin.	Original aux mêmes Archives.	406.
1771.	20 Sept.	28.° Ses Provisions du Gouvernement du Château de Domme.	Original aux mêmes Archives.	407.
1773.	16 Janv.	29.° *, Testament de son Pere en sa faveur.	Origin. aux mêmes Arch.	495.

DE LA MAISON DE BEAUMONT.

ANNÉES.	MOIS.	TITRES.	CARACTERES DES ACTES ET DÉPÔTS OU ILS SONT CONSERVÉS.	Pages des Preuves où ils sont imprimés.
		XVIme DEGRÉ.		
		Fils de Christophe, Marquis de Beaumont.		
		1.° *Christophe - Marie.*		
1765.	14 Avril.	1.° * Son Extrait de Baptême.	Extr. légalisé aux Arch. du Château de Baynac.	409.
1768.	3 Janv.	2.° * Testament de M.^{dme} la Comtesse de Bonneval, sa Grand'-tante, en sa faveur.	Expédition originale aux mêmes Archives.	411.
		2.° *Armand-Henri-Gabriel-Cesar-Christophe.*		
1767.	2 Déc.	* Son Extrait de Baptême.	Extr. légalisé aux mêmes Archives.	410.
		3.° *Antoine-François-Claude-Marie-Christophe.*		
1767.	2 Déc.	1.° * Son Extrait de Baptême.	Extr. légalisé aux mêmes Archives.	410.
1768.	2 Avril.	2.° Son Bref de minorité pour l'Ordre de Malte.	Origin. aux mêmes Arch.	412.
		4.° *Christophe-Armand-Victoire.*		
1769.	9 Nov.	1.° * Son Extrait de Baptême.	Extr. légalisé aux mêmes Archives.	410.
1770.	Mars.	2.° Son Bref de minorité pour l'Ordre de Malte.	Origin. aux mêmes Arch.	413.
		& 5.° *Christophe-Armand-Paul-Alexandre.*		
1770.	31 Déc.	Son Extrait de Baptême.	Extr. légalisé aux mêmes Archives.	411.
		XVme DEGRÉ.		
		ANTOINE, VICOMTE DE BEAUMONT, IIIme fils de Simon-Armand.		
1768.	3 Janv.	1.° * SON CONTRAT de mariage avec AMABLE ELISABETH-FRANÇOISE DE CAILUS, où ses Pere & Mere sont rappellés.	Grosse.	413.
1773. 1775. 1779.	18 Août 19 Mars. 7 Mars.	2.° 3.° 4.° Extraits de Baptême de Joséphine-Marie-Anne-Louise-Xaviere, d'Armande-Louise & de Christophe-Amable-Louis, leurs enfans, où ils sont rappellés.	Extraits légalisés.	415.
1773.	5 Janv.	6.° Sa Lettre de Chevalier de Saint-Louis.	Original.	415.
		XVIme DEGRÉ.		
		Fils d'Antoine, Vicomte de Beaumont.		
		Christophe - Amable - Louis.		
1776.	7 Mars.	Son Extrait de Baptême.	Extrait légalisé.	500.

Fin de la Table en Ligne directe.

APPROBATION

De M. Chérin, Généalogiste des Ordres du Roi, & Censeur Royal.

J'AI LU, par ordre de Monseigneur le Garde-des-Sceaux, un Ouvrage, intitulé : *Histoire Généalogique de la Maison de Beaumont, en Dauphiné*, pour servir de supplément ou de continuation à l'Histoire Généalogique & Chronologique de la Maison de France, & des Grands-Officiers de la Couronne, Chapitre du Duché-Pairie de Saint-Cloud ; ensemble les Preuves insérées à la suite & formées de Titres originaux, authentiques & nombreux, qui nous ont été communiqués, & je n'y ai rien trouvé qui doive en empêcher l'impression. Fait à Paris, ce 29 Avril 1779. *Signé*, CHÉRIN.

SENTIMENT

De M. d'Hozier-de Sérigny, Juge d'Armes de la Noblesse de France, sur cet Ouvrage.

ANTOINE-MARIE D'HOZIER-DE SÉRIGNY, *Chevalier, Juge d'Armes de la Noblesse de France, & en cette qualité Commissaire du Roi pour certifier à Sa Majesté la Noblesse des Élèves des Écoles Royales-Militaires, Chevalier-Grand-Croix-Honoraire de l'Ordre Royal de Saint-Maurice de Sardaigne.*

EN CONSÉQUENCE de la réquisition qui nous a été faite de donner notre avis, en notre qualité de JUGE D'ARMES DE LA NOBLESSE DE FRANCE, sur un Ouvrage qui a pour Titre : *Histoire Généalogique de la Maison de Beaumont, en Dauphiné, avec les Pièces Justificatives, pour servir de Preuves à l'Histoire, par M. * * * * * * *,* nous avons lu les deux Volumes *in-folio* de cette Histoire.

L'Auteur, dans l'Introduction historique, fait un tableau rapide des traits les plus frappants, qui distinguent cette Maison, & dit, avec fondement, « qu'elle réunit tous les » caractères qui constituent les races d'ancienne Chevalerie. »   * *Pag.* I.ere

Son Ouvrage, divisé en IX Livres, comprend l'Histoire de la Maison de Beaumont, depuis environ l'an 1080 jusqu'à présent, & il la suit dans toutes ses branches. Son amour pour la vérité se manifeste dans toutes les occasions ; nous n'en citerons qu'un exemple :

« Il y a * quatre cents cinquante ans qu'Amé III, Comte de Genève, donnant à Artaud   * *Pag.* 5.
» de Beaumont, IV du Nom, » Chevalier, Seigneur de la Frette & des Adrets, « l'investiture d'une Forteresse, pour l'attacher à ses intérêts par les liens de la vassalité, assuroit » qu'il s'y déterminoit *en considération de son ancienne & illustre naissance* : EJUS PRO-PAGINIS FAMOSA COMMENDATIO DEBET EIDEM MERITO SUFFRAGARI, dit-il dans ses Lettres » du 6 Février 1327, » que nous avons vues en original. (Preuves, pag. 54.)

L'Auteur observe très-judicieusement « qu'un pareil motif, énoncé par un Prince contemporain, pourroit en quelque sorte dispenser de toute autre preuve. » Nous observerons aussi que de l'an 1327 à l'année 1240, (époque où la filiation commence à n'être plus interrompue, depuis Artaud de Beaumont, I.er du Nom, Chevalier, Seigneur de Beaumont, jusqu'à présent,) l'intervalle n'étant que de quatre-vingt sept ans, le témoignage que le Comte de Genève rend de « *l'ancienne & illustre naissance* » d'Artaud IV, arriere-petit-fils d'Artaud I.er, nous paroît être une preuve autentique de l'attache de ce premier Artaud, vivant en 1240, aux anciens Seigneurs de Beaumont, en Dauphiné, connus par Chartes depuis l'an 1080 ou environ. Ce témoignage pourroit même autoriser des prétentions antérieures ; mais l'Auteur se renfermant dans les bornes que lui prescrit la vérité qui lui est chère, & se conformant à cet égard aux vues de la Famille entiere, loin d'adopter ce qui est dit dans une Généalogie de la Maison de Beaumont, imprimée en 1728, que cette Maison tire son origine des anciens Comtes de Beaumont (sur Oise), ne la cite que pour

P

Pag. 13. en faire une juste critique, & prononce affirmativement* que « ces Comtes » auxquels il rapporte deux Chartes tirées du Cartulaire de l'Abbaye de Saint-Germain-des-Prés, à Paris, des années 1042 & 1054, « & qui tenoient rang parmi les premiers Vassaux des Ducs » de France, *sont absolument étrangers aux Beaumont de Dauphiné.* »

Trois hommes célèbres entr'autres ont illustré cette Maison, Amblard de Beaumont, I.er du Nom, Humbert de Beaumont, son petit-neveu, & François de Beaumont, Baron des Adrets, arriere-petit-neveu de cet Humbert. L'histoire que M.******* a faite de chacun d'eux d'après les Ecrivains ou Contemporains, ou les plus dignes de foi entre les Modernes, annonce son goût pour notre Histoire de France & ses talens pour la rédiger.

La liberté avec laquelle l'Auteur a parlé du Baron des Adrets, dans un Ouvrage consacré à la Famille, doit lui mériter la confiance entière du Lecteur.

Le Tome II contient les Pièces justificatives, pour servir de Preuves aux faits énoncés dans le I.er Tome, « Preuves * *sans lesquelles*, dit Duchesne dans sa Préface de la Généalo-
Pag. ij de l'Avertissement. » gie de Béthune, *les plus judicieux n'estiment pas devoir tel genre d'écrire mériter aucune* » *créance.* »

Ces pièces sont en très-grand nombre; & nous avons reconnu qu'il n'y a point de générations sur lesquelles il n'y ait plusieurs titres originaux qui prouvent la filiation.

Les sources où l'Auteur a puisé, outre les titres domestiques, sont le Cartulaire du Prieuré de Domène, fondé au X.e siècle, par les Aynards, dans la Vallée de Graisivaudan, & qui est conservé en original au Prieuré de Saint-Denis de la Chartre, à Paris; le Cartulaire de Saint-Hugues, Evêque de Grenoble, qui est dans le Palais Episcopal de cette Eglise; les Archives de la Grande-Chartreuse, près de Grenoble; le Cartulaire de la Chartreuse de Saint-Hugon; les Archives de l'Evêché de Valence; l'ancien Cartulaire de l'Eglise de Saint-Maurice de Vienne; les Archives de l'Abbaye des Hayes, près de Grenoble; celles de l'Abbaye de Montfleuri & du Monastère de Mauriac en Auvergne; celles de la Terre du Touvet, (Paroisse où étoit situé le Château de Beaumont), de la Terre des Adrets & de la Terre de Crolles, celles de la Maison de Saffenage, & les Archives Royales de la Cour de Turin, le Cabinet de l'Ordre du Saint-Esprit, le Prieuré de Saint-Martin-des-Champs, à Paris, &
Introduction historique, pag. 87. plusieurs anciens Protocoles en originale de Notaires du Dauphiné: « Mais * il n'est point » de dépôt d'où l'on ait tiré plus de lumieres que de la Chambre des Comptes de cette » Province.

» En Général, « (dit avec raison M. *******) » l'on n'a rien écrit que les » preuves à la main; on a cité avec le plus grand scrupule les sources où l'on a puisé les » faits. Lorsque par hasard on en rapporte quelques-uns qui ne sont connus que par des » Historiens modernes, ou par des Mémoires domestiques, on a grand soin d'en avertir; » on ne rapporte ces faits que par surérogation, on ne les donne que pour ce qu'ils sont » & comme servant eux-mêmes de Mémoires. On a toujours pensé que la vérité fait le pre- » mier & même le seul mérite de ces sortes d'Ouvrages, trop souvent déshonorés par l'igno- » rance, le mensonge ou la flatterie. »

L'Auteur est justement à l'abri de ces reproches : son Ouvrage, constamment soutenu sur un ton de vérité, lui assure une place distinguée dans la classe des Historiens modernes. Nous souscrivons à tout ce qu'il expose dans l'analyse qu'il en a fait lui-même sous le titre d'*Introduction historique.* Nous sommes d'autant plus en état d'apprécier l'exactitude des faits, que nous avons vu & vérifié les Chartes anciennes & le plus grand nombre des titres originaux sur lesquels il a dressé cette nouvelle Histoire Généalogique de la Maison de Beaumont : nous la proposons pour modèle à ceux qui s'engageront dans la même carriere.

En foi de quoi Nous avons signé notre présent témoignage, & l'avons fait contresigner par notre Secrétaire, qui y a apposé le Sceau de nos Armes. A Paris, le Mardi vingt-deuxieme jour du mois de Juin de l'an mil sept cent soixante-dix-neuf.

Signé : D'HOZIER-DE SERIGNY.

Par Monsieur le Juge d'Armes de la Noblesse de France. *Signé :* DUPLESSIS; & scellé en placard.

PERMISSION DU SCEAU.

LOUIS, PAR LA GRACE DE DIEU, ROI DE FRANCE ET DE NAVARRE; A nos amés & féaux Conseillers, les Gens tenans nos Cours de Parlement, Maîtres des Requêtes ordinaires de notre Hôtel, Grand-Conseil, Prévôt de Paris, Baillifs, Sénéchaux, leurs Lieutenans-Civils, & autres nos Justiciers qu'il appartiendra : SALUT, notre amé le sieur Abbé B.r*** nous a fait exposer qu'il désireroit faire imprimer & donner au Public : L'*Histoire Généalogique de la Maison de Beaumont, en Dauphiné, &c,* s'il nous plaisoit lui accorder nos

Lettres de permiſſion pour ce néceſſaires. A ces Causes ; voulant favorablement traiter l'Expoſant, nous lui avons permis & permettons par ces Préſentes, de faire imprimer ledit ouvrage autant de fois que bon lui ſemblera, & de le faire vendre & débiter par tout notre Royaume, pendant le temps de cinq années conſécutives, à compter du jour de la date des Préſentes. Faisons défenſes à tous Imprimeurs, Libraires & autres perſonnes, de quelque qualité & condition qu'elles ſoient, d'en introduire d'impreſſion étrangere dans aucun lieu de notre obéïſſance : à la charge que ces Préſentes ſeront enrégiſtrées tout au long ſur le Regiſtre de la Communauté des Imprimeurs & Libraires de Paris, dans trois mois de la date d'icelles; que l'impreſſion dudit ouvrage ſera faite dans notre Royaume & non ailleurs, en bon papier & beaux caractères, que l'Impétrant ſe conformera en tout aux Réglemens de la Librairie, & notamment à celui du dix Avril mil ſept cent vingt-cinq, à peine de déchéance de la préſente Permiſſion; qu'avant de expoſer en vente, le manuſcrit qui aura ſervi de copie à l'impreſſion dudit ouvrage, ſera remis dans le même état où l'approbation y aura été donnée, ès mains de notre très-cher & féal Chevalier Garde-des-Sceaux de France, le ſieur Hue de Miromesnil, qu'il en ſera enſuite remis deux exemplaires dans notre Bibliothèque publique, un dans celle de notre Château du Louvre, un dans celle de notre très-cher & féal Chevalier, Chancelier de France, le ſieur de Maupeou, & un dans celle dudit ſieur Hue de Miromesnil; le tout à peine de nullité des Préſentes : du contenu deſquelles vous mandons & enjoignons de faire jouir ledit Expoſant, & ſes ayans cauſes, pleinement & paiſiblement, ſans ſouffrir qu'il leur ſoit fait aucun trouble ou empêchement. Voulons qu'à la copie des Préſentes, qui ſera imprimée tout au long, au commencement ou à la fin dudit ouvrage, foi ſoit ajoutée comme à l'original. Commandons au premier notre Huiſſier ou Sergent ſur ce requis, de faire pour l'exécution d'icelles, tous actes requis & néceſſaires, ſans demander autre permiſſion, & nonobſtant clameur de haro, charte normande, & lettres à ce contraires : Car tel eſt notre plaiſir. Donné à Paris, le deuxieme jour du mois de Juin l'an mil ſept cent ſoixante dix-neuf, & de notre regne le ſixieme. Par le Roi en ſon Conſeil. LE BEGUE.

Regiſtré ſur le Regiſtre XXI de la Chambre Royale & Syndicale des Libraires & Imprimeurs de Paris, n.º 1772, fol. 147, conformément aux diſpoſitions énoncées dans la préſente Permiſſion, & à la charge de remettre à ladite Chambre les huit exemplaires preſcrits par l'article CVIII du Réglement de 1723. A Paris, ce 8 Juin 1779.

Signé, A. M. Lottin l'aîné, Syndic.

De l'Imprimerie du Cabinet du Roi, Maison et Batimens de Sa Majesté.

CORRECTIONS

Pour le Volume des Preuves.

Page 7, ligne 7, Comte de Guigues ; *lisez*, Comte Guigues.
Pag. 19, ligne pénult. de Bruxeriâ ; *lisez*, de Buxeriâ.
Pag. 80, ligne 23, de Blamâ; *lisez*, de Balmâ.
Pag. 134, second titre du Chapit. VII, fils de Louis; *lisez*, fils d'Antoine.
Pag. 153, en marge, 11 Mars 1703; *lisez*, 11 Mars 1705.
Pag. 168, ligne pénult. de Pradon ; *lisez*, de Pradou.
Pag. 201, à la marge, 17 Aoust; *lisez*, 7 Aoust.
Pag. 229, ligne 9, Philippe de Ligneville; *lisez*, Philippe de Longueval.
Pag. 248, premier titre, ligne 2, Balthazar; *lisez*, Hypolidone.
Pag. 301, Béatrix Alemand; *lisez*, Béatrix Alleman.
Pag. 303, au titre, *idem*.
Pag. 314, à la marge, 22 Avril 1353; *lisez*, 22 Février 1384.
Pag. 329, Albergement du 26 Janvier 1437, ajoutez : *l'original de cet acte remis à M. le Président de Barral-de Montferrat, à qui il appartient.*
Pag. 380, à l'Extrait de Baptême de Guillaume-Joseph de Beaumont, 9 Mars 1749 ; *lisez*, 9 Mai 1749. *Idem*, en marge.
Pag. 400, ligne 2, Louise d'Aubusson ; *lisez*, Jeanne d'Aubusson.
Pag. 401, en marge, 28 Avril 1704; *lisez*, 18 Avril 1710.
Pag. 402, en marge, 12 Juillet 1701; *lisez*, 24 Juin 1701.
Pag. 413, en marge, 3 Janvier 1768 ; *lisez*, 2 Août 1772.
Pag. idem, après le titre, ligne 4, Arnaud de Beaumont ; *lisez*, Armand de Beaumont.
Pag. 416, ligne 18, d'Azur à la fasce d'argent ; lisez, *de Gueules à la fasce d'argent*.
Pag. 433, ligne 25, de Pimelin ; *lisez*, de Puvelin.
Pag. 440, au dernier titre, ligne premiere, Comte de Savoie; *lisez*, Comte de Genêve; & ligne 4, 15 Octobre 1639 ; *lisez*, 15 Octobre 1369.
Pag. 477, Acte du 23 Septembre 1529, ligne 9, in Cemputo; *lisez*, in Computo.
Pag. xxviij de la Table des Noms, col. 2, Ligneville ; (Philippe de) *lisez*, Longueval.

Preuves.

www.ingramcontent.com/pod-product-compliance
Lightning Source LLC
Chambersburg PA
CBHW052334230426
43664CB00041B/1334